宋遼夏金總部

主　編：燕永成　程　郁

編纂人員：燕永成　程　郁　許沛藻　趙　龍
孔妮妮　劉　宇　李　萍　齊曉芳
謝江珊　劉艷青　王　赫　李恬嬉

《宋遼夏金總部》提要

本總部所涉及的中國歷史人物，大約起公元九六〇年，迄公元一二七六年，其間先有宋、遼、西夏，繼有宋、金、西夏、蒙古並立。現存記述該段歷史人物的史籍，數量繁多，編纂中盡可能廣泛收録，並做了必要的甄别取捨。

本總部各部按一人一部設置，共設一百四十二部，其中宋一百零八部（含吐蕃二部），遼十三部，西夏三部，金十八部。

本總部下設綜述、雜録、藝文三項緯目。綜述項以正史紀、傳、《實録》附傳，以及行狀、墓誌銘、神道碑等爲主，略采其他相關史料補充。

雜録項分備録、備論兩部分。雜録主要列筆記、家傳、年譜、言行録等史籍。備論主要收録主要史家就宋、遼、西夏、金重要人物所作的評論。

藝文項略收祭文、挽詞、謚議、吊文、祠堂記、像贊，以及重要人物文集序、跋等，以期對宋、遼、西夏、金人物的生平事蹟有所加詳。

目録

宋太祖部

綜述

《宋史》卷一《太祖紀一》　太祖啓運立極英武睿文神德聖功至明大孝皇帝，諱匡胤，姓趙氏，涿郡人也。高祖朓，是爲僖祖，仕唐歷永清、文安、幽都令。朓生珽，是爲順祖，歷藩鎮從事，累官兼御史中丞。珽生敬，是爲翼祖，歷營、薊、涿三州刺史。敬生弘殷，是爲宣祖。周顯德中，宣祖貴，贈敬左驍騎衛上將軍。

宣祖少驍勇，善騎射，事趙王王鎔，爲鎔將五百騎援唐莊宗于河上有功。莊宗愛其勇，留典禁軍。漢乾祐中，討王景［崇］於鳳翔，會蜀兵來援，戰于陳倉。始合，矢集左目，氣彌盛，奮擊大敗之，以功遷護聖都指揮使。周廣順末，改鐵騎第一軍都指揮使，轉右廂都指揮，領岳州防禦使。從征淮南，前軍却，吴人來乘，宣祖邀擊，敗之。顯德三年，督軍平揚州，與世宗會壽春。壽春賣餅家餅薄小，世宗怒，執十餘輩將誅之，宣祖固諫得釋。累官檢校司徒、天水縣男，與太祖分典禁兵，一時榮之。卒，贈武清軍節度使、太尉。

太祖，宣祖仲子也，母杜氏。後唐天成二年，生於洛陽夾馬營，赤光繞室，異香經宿不散，體有金色，三日不變。既長，容貌雄偉，器度豁如，識者知其非常人。學騎射，輒出人上。嘗試惡馬，不施銜勒，馬逸上城斜道，額觸門楣墜地，人以爲首必碎，太祖徐起，更追馬騰上，一無所傷。又嘗與韓令坤博土室中，雀鬭户外，因競起掩雀，而室隨壞。

漢初，漫遊無所遇，舍襄陽僧寺，有老僧善術數，顧曰：「吾厚贐汝，北往則有遇矣。」會周祖以樞密使征李守真，應募居帳下。廣順初，補東西班行首，拜滑州副指揮。世宗尹京，轉開封府馬直軍使。

世宗即位，復典禁兵。北漢來寇，世宗率師禦之，戰于高平。將合，指揮樊愛能等先遁，軍危，太祖麾同列馳馬衝其鋒，漢兵大潰。乘勝攻河東城，焚其門，左臂中流矢，世宗止之。還，拜殿前都虞候，領嚴州刺史。

三年春，從征淮南，首敗萬衆于渦口，斬兵馬都監何延錫等。南唐節度皇甫暉、姚鳳衆號十五萬，塞清流關，擊走之。追至城下，暉曰：「人各爲其主，願成列以決勝負。」太祖笑而許之。暉整陣出，太祖擁馬項直入，手刃暉中腦，并姚鳳禽之。宣祖率兵夜半至城下，傳呼開門，太祖曰：「父子固親，啓閉，王事也。」詰旦，乃得入。韓令坤平揚州，南唐來援，令坤議退，世宗命太祖率兵二千趨六合。太祖下令曰：「揚州兵敢有過六合者，斷其足。」令坤始固守。太祖尋敗齊王景達于六合東，斬首萬餘級。還，拜殿前都指揮使，尋拜定國軍節度使。

四年春，從征壽春，拔連珠砦，遂下壽州。還，拜義成軍節度、檢校太保，仍殿前都指揮使。冬，從征濠、泗，爲前鋒。時南唐砦于十八里灘，世宗方議以槖駝濟師，而太祖獨躍馬截流先渡，麾下騎隨之，遂破其砦。因其戰艦乘勝攻泗州，下之。南唐屯清口，太祖從世宗翼淮東下，夜追至山陽，俘唐節度使陳承昭以獻，遂拔楚州。進破唐人于迎鑾江口，直抵南岸，焚其營柵，又破之于瓜步，淮南平。唐主畏太祖威名，用間於世宗，遣使遺太祖書，餽白金三千兩，太祖悉輸之内府，間乃不行。五年，改忠武軍節度使。

六年，世宗北征，爲水陸都部署。及莫州，先至瓦橋關，降其守將姚内斌，戰却數千騎，關南平。世宗在道，閲四方文書，得韋囊，中有木三尺餘，題云「點檢作天子」，異之。時張永德爲點檢，世宗不豫，還京師，拜太祖檢校太傅、殿前都點檢，以代永德。恭帝即位，改歸德軍節度、檢校太尉。

七年春，北漢結契丹入寇，命出師禦之。次陳橋驛，軍中知星者苗訓引門吏楚昭輔視日下復有一日，黑光摩盪者久之。夜五鼓，軍士集驛門，宣言策點檢爲天子，或止之，衆不聽。遲明，逼寢所，太宗入白，太祖起。諸校露刃列于庭，曰：「諸軍無主，願策太尉爲天子。」未及對，有以黄衣加太祖身，衆皆羅拜，呼萬歲，即掖太祖乘馬。太祖攬轡謂諸將曰：「我有號令，爾能從乎？」皆下馬曰：「唯命。」太祖曰：「太后、主上，吾皆北面事之，汝輩不得驚犯；大臣皆我比肩，不得侵凌；朝廷府庫、士庶之家，不得侵掠。用令有重賞，違即孥戮汝。」諸將皆載拜，肅隊以入。副都指揮使韓通謀禦之，王彦昇遽殺通於其第。

太祖進登明德門，令甲士歸營，乃退居公署。有頃，諸將擁宰相范質等至，太祖見之，嗚咽流涕曰：「違負天地，今至于此！」質等未及對，列校羅彦瓌按劍

厲聲謂質等曰：「我輩無主，今日須得天子。」質等相顧，計無從出，乃降階列拜。召文武百僚，至晡，班定。翰林承旨陶穀出周恭帝禪位制書于袖中，宣徽使引太祖就庭，北面拜受已，乃掖太祖升崇元殿，服衮冕，即皇帝位。遷恭帝及符后于西宫，易其帝號曰鄭王，而尊符后爲周太后。

建隆元年春正月乙巳，大赦，改元，定有天下之號曰宋。賜内外百官軍士爵賞，貶降者敍復，流配者釋放，父母該恩者封贈。遣使偏告郡國。丙午，詔諭諸鎮將帥。戊申，賜書南唐。贈韓通中書令，命以禮收葬。己酉，遣官告祭天地社稷。復安州、華州、兖州爲節度。辛亥，論翊戴功，以周義成軍節度使、殿前都指揮使石守信爲歸德軍節度使、侍衛親軍馬步軍副都指揮使，江寧軍節度使、侍衛親軍馬軍都指揮使高懷德爲義成軍節度使、殿前副都點檢，武信軍節度使、侍衛親軍步軍都指揮使張令鐸爲鎮安軍節度使、侍衛親軍馬步軍都虞候，殿前都虞候王審琦爲泰寧軍節度使、殿前都指揮使，虎捷右廂都虞候張光翰爲江寧軍節度使、侍衛親軍馬軍都指揮使，龍捷右廂都指揮使趙彦徽爲武信軍節度使，餘領軍者並進爵。壬子，賜宰相、樞密、諸軍校襲衣、犀玉帶、鞍馬有差。癸丑，放南唐降將周成等歸國。乙卯，遣使分振諸州。丁巳，命周宗正郭玘祀周陵廟，仍以時祭享。己未，宰相表請以二月十六日爲長春節。癸亥，以周天雄軍節度使、魏王符彦卿守太師，雄武軍節度使王景守太保、太原郡王，定難軍節度使、守太傅、西平王李彝殷守太尉，荆南節度使高保融守太傅，餘領節鎮者並進爵。甲子，賜皇弟殿前都虞候匡義名光義。己巳，立太廟。鎮州郭崇報契丹與北漢軍皆遁。

二月乙亥，尊母南陽郡夫人杜氏爲皇太后。以周宰相范質依前守司徒、兼侍中，王溥守司空、兼門下侍郎、同中書門下平章事，魏仁浦爲尚書右僕射、兼中書侍郎、同中書門下平章事，樞密使吴廷祚同中書門下二品。丙戌，長春節，賜羣臣衣各一襲。

三月乙巳，改天下郡縣之犯御名、廟諱者。丙辰，南唐主李景、吴越王錢俶遣使以御服、錦綺、金帛來賀。宿州火，遣使恤災。壬戌，定國運以火德王，色尚赤，臘用戌。癸亥，命武勝軍節度使宋延渥等率舟師巡江徼。

夏四月癸酉，竇儼上二舞十二樂曲名、樂章。乙酉，幸玉津園。遣使分詣京城門，賜饑民粥。丙戌，浚蔡河。癸巳，昭義軍節度使李筠叛，遣歸德軍節度使石守信討之。

五月，庚子，遣昭化軍節度使慕容延釗、彰德軍節度使王全斌將兵出東道，與守信會討李筠。壬寅，竇儼上太廟舞曲名。癸卯，石守信敗李筠于長平。甲辰，命諸道進討。丙午，幸魏仁浦第視疾。己酉，西京作周六廟成，遣官奉遷。丁巳，詔親征，以樞密使吴廷祚留守上都，都虞候光義爲大内都點檢，命天平軍節度使韓令坤屯兵河陽。己未，發京師。丁卯，石守信、高懷德破筠衆于澤州，禽僞節度范守圖，殺北漢援兵之降者數千人，筠遁入澤州。戊辰，王師圍之。

六月辛未，拔澤州，筠赴火死。命埋胔骼，釋河東相衛融，禁剽掠。甲申，免澤州今年租。乙酉，伐上黨。丁亥，筠子守節以城降，赦之。上如潞。辛卯，大赦，減死罪，免附潞三十里今年租，録陣殁將校子孫，丁夫給復三年。甲午，永安軍節度使折德扆破北漢沙谷砦。

秋七月戊申，上至自潞。壬子，幸范質第視疾。甲子，遣工部侍郎艾穎拜嵩、慶陵。乙丑，南唐進白金，賀平澤、潞。丁卯，南唐進乘輿御服物。

八月戊辰朔，御崇元殿，行入閤儀。辛未，遣郭玘饗周廟。壬申，復貝州爲永清軍節度。甲戌，命宰相禱雨。辛巳，以周武勝軍節度使侯章爲太子太師。壬午，以光義領泰寧軍節度，依前殿前都虞候。甲申，立琅琊郡夫人王氏爲皇后。戊子，南唐進賀平澤潞金銀器、羅綺以千計。

九月壬寅，昭義軍節度使李繼勳焚北漢平遥縣。癸卯，三佛齊國遣使貢方物。丙午，奉玉册謚高祖曰文獻皇帝，廟號僖祖，高祖妣崔氏曰文懿皇后；曾祖曰惠元皇帝，廟號順祖，曾祖妣桑氏曰惠明皇后；祖曰簡恭皇帝，廟號翼祖，祖妣劉氏曰簡穆皇后；皇考曰武昭皇帝，廟號宣祖。己酉，幸宜春苑。中書舍人趙逢坐從征避難，貶房州司户參軍。己未，淮南節度李重進以揚州叛，遣石守信等討之。甲子，歸太原俘。

冬十月丁卯朔，賜内外文武官冬衣有差。壬申，定縣爲望、緊、上、中、下，令三年一注。壬午，河決厭次。乙酉，晉州兵馬鈐轄荆罕儒襲北漢汾州，死之；龍捷指揮石進二十九人坐不救棄市。丁亥，詔親征揚州，以都虞候光義爲大内都部署，樞密使吴廷祚權上都留守。戊子，詔諸道長貳有異政，衆舉留請立碑者，委參軍驗實以聞。庚寅，發京師。

十一月丁未，師傅揚州城，拔之，重進盡室自焚。戊申，誅重進黨，揚州平。命諸軍習戰艦于迎鑾，南唐主懼甚。其臣杜著、薛良因詭迹來奔，帝疾其不忠，斬著下蜀市，配良廬州牙校。己酉，振揚州城中民人米一斛，十歲以下者半之。脅隸爲軍者，賜衣屨遣還。庚戌，給攻城役夫死者人絹三匹，復三年。乙卯，南

唐主遣使來犒師。庚申，遣其子從鎰來朝。

十二月己巳，駕還。丁亥，上至自揚。辛卯，泉州節度使留從效稱藩。

二年春正月丙申朔，上詣太后宮門稱慶。庚子，占城國王遣使來朝。壬寅，幸造船務，觀習水戰。戊申，以揚州行宮爲建隆寺。太僕少卿王承哲坐舉官失實，責授殿中丞。壬子，商州鼠食苗，詔免賦。謂宰臣曰：「比命使度田，多邀功弊民，當慎其選，以見朕意。」丁巳，導蔡水入潁。己未，遣郭玘饗周廟。靈武節度使馮繼業獻馬五百、槖駝百、野馬二。甲子，澤州刺史張崇詁坐黨李重進棄市。

二月丙寅，幸飛山營閱礮車。壬申，疏五丈河。癸酉，有司奏進士合格者十一人。荆南高保勗進黄金什器。甲戌，幸城南，觀修水匱。丁丑，南唐進長春節御衣、金帶及金銀器。己卯，賜天雄軍節度符彦卿粟。禁春夏捕魚射鳥。己丑，定竊盜律。

三月丙申，内酒坊火，酒工死者三十餘人，乘火爲盗者五十人，擒斬三十八人，餘以宰臣諫獲免。酒坊使左承規、副使田處巖以酒工爲盗，坐棄市。

閏月己巳，幸玉津園，謂侍臣曰：「沉湎非令儀，朕宴偶醉，恒悔之。」壬辰，南唐進謝賜生辰金器、羅綺。丁丑，金、商、房三州饑，振之。癸未，幸迎春苑宴射。

夏四月，壬寅，詔郡國置前代帝王、賢臣陵冢户。己酉，無棣男子趙遇詐稱皇弟，伏誅。己未，商河縣令李瑶坐贓杖死，左贊善大夫申文緯坐失覺察除籍。庚申，班私鍊貨易鹽及貨造酒麴律。

五月癸亥朔，以皇太后疾，赦雜犯死罪已下。丙寅，三佛齊國來獻方物。丁丑，以安邑、解兩池鹽給徐、宿、鄆、濟。庚寅，供奉官李繼昭坐盗賣官船棄市。詔諸道郵傳以軍卒遞。

六月甲午，皇太后崩于滋德殿。己亥，羣臣請聽政，從之。庚子，以太后喪，權停時享。辛丑，見百官於紫宸殿門。壬子，祈雨。庚申，釋服。

秋七月壬戌，以皇太后殯，不受朝。壬申，以光義爲開封府尹，光美行興元尹。

八月壬辰朔，不視朝。壬寅，詔諸大辟送所屬州軍決判。甲辰，南唐主李景死，子煜嗣，遣使請追尊帝號，從之。己酉，執易定節度使、同平章事孫行友，削官勒歸私第。辛亥，幸崇夏寺，觀修三門。女直國遣使來朝獻。大名府永濟主簿郭顗坐贓棄市。庚申，《周世宗實録》成。

九月壬戌朔，不御殿。南唐遣使來進金銀、繒綵。甲子，契丹解利來降。荆南節度使高保勗遣其弟保寅來朝。戊子，遣使南唐賻祭。

冬十月癸巳，南唐遣其臣韓熙載、田霖來會皇太后葬。丙申，遣樞密承旨王仁贍賜南唐禮物。戊戌，禁邊民盗塞外馬。丙午，葬明憲皇太后于安陵。

十一月辛酉朔，不視朝。甲子，太后祔廟。己巳，幸相國寺，遂幸國子監。癸酉，沙州節度使曹元忠、瓜州團練使曹延繼等遣使獻玉鞍勒馬。

十二月壬申，回鶻可汗景瓊遣使來獻方物。乙未，李繼勳敗北漢軍，俘遼州刺史傅廷彦、弟勳來獻。辛丑，幸新修河倉。庚戌，畋于近郊。癸丑，遣使賜南唐吴越馬、羊、槖駝有差。

三年春正月庚申朔，以喪不受朝賀。己巳，淮南饑，振之。庚午，幸迎春苑宴射。甲戌，廣皇城。詔郡國長吏勸民播種。丙子，瓜沙歸義節度使曹元忠獻馬。庚辰，女直國遣使只骨來獻。詔郡國不得役道路居民。癸未，幸國子監。

二月丙辰，復幸國子監，遂如迎春苑宴從官。庚寅，詔文班官舉堪爲賓佐、令録者各一人，不當者比事連坐。甲午，詔自今百官朝對，須陳時政利病，無以觸諱爲懼。乙未，滑州節度使張建豐坐失火免官。己亥，更定竊盗律。壬午，上謂侍臣曰：「朕欲武臣盡讀書以通治道，何如？」左右不知所對。甲寅，北漢寇潞、晉，守將擊走之。

三月戊午朔，厭次隕霜殺桑。壬戌，三佛齊國遣使來獻。癸亥，禱雨。丁卯，幸太清觀，遂幸開封尹後園宴射。己巳，大雨。詔申律文諭郡國，犯大辟者刑部審覆。乙亥，遣使賜南唐主生辰禮物。丁丑，女直國遣使來獻。丁亥，命徙北漢降人于邢、洺。

夏四月戊戌，幸太清觀。庚子，回鶻阿督等來獻方物。乙巳，贈兄光濟爲邕王，弟光贊爲夔王，追册夫人賀氏爲皇后。

五月甲子，幸相國寺禱雨，遂幸迎春苑宴射。乙亥，海州火。開太行運路。癸未，命使檢河北諸州旱。甲申，詔均户役，敢蔽占者有罪。復幸相國寺禱雨。乙酉，廣大内。齊、博、德、相、霸五州自春不雨，以旱減膳徹樂。

六月辛卯，振宿州饑。癸巳，吴廷祚以雄武軍節度使罷。乙未，賜酒國子監。丁酉，幸太清觀。己亥，減京畿、河北死罪以下。壬寅，京師雨。壬子，蕃部尚波于等争採造務，以兵犯渭北，知秦州高防擊走之。乙卯，幸迎春苑宴射。黄

陂縣有象自南來食稼。

秋七月庚申，南唐遣其臣翟如璧謝賜生辰禮，貢金銀、錦綺千萬。壬戌，放南唐降卒弱者數千人歸國。乙丑，免舒州菰蒲新稅。丁卯，索內外軍不律者配沙門島。己卯，北漢捉生指揮使路貴等來降。辛巳，遣從臣十人檢河北旱。

八月癸巳，蔡河務綱官王訓等四人坐以糠土雜軍糧，磔于市。乙未，用知制誥高錫言，諸行賂獲薦者許告訐，奴婢鄰親能告者賞。詔注諸道司法參軍皆以律疏試判。詔尚書吏部舉書判拔萃科。

九月庚午，吐蕃尚波于等歸伏羌縣地。壬申，修武成王廟。丙子，占城國來獻。禁伐桑棗。

冬十月乙酉朔，賜百官冬服有差。丙戌，幸太清觀，遂幸造船務，觀習水戰。己亥，幸岳臺，命諸軍習騎射，復幸玉津園。辛丑，以樞密副使趙普爲樞密使。辛亥，畋近郊。

十一月癸亥，禁奉使請托。縣令考課以户口增減爲黜陟。丙寅，南唐遣其臣顧彝來朝。丙子，三佛齊國遣使李麗林等來獻，高麗國遣李興祐等來朝。己卯，畋于近郊。壬午，賜南唐建隆四年曆。

十二月丙戌，詔縣置尉一員，理盜訟；置弓手，視縣户爲差。戊戌，蒲、晉、慈、隰、相、衛六州饑，振之。庚子，班捕盜令。甲辰，衡州刺史張文表叛。

是歲，周鄭王出居房州。

乾德元年春正月甲寅朔，不御殿。乙卯，發關西鄉兵赴慶州。丁巳，修畿內河隄。己未，遣使賜南唐吴越馬、橐駞、羊有差。庚申，遣山南東道節度使慕容延釗率十州兵以討張文表。乙丑，幸造船務，觀造戰船。甲戌，詔荆南發水卒三千應延釗于潭。己卯，女直國遣使來獻。

二月壬辰，周保權將楊師璠梟文表于朗陵市。甲午，慕容延釗入荆南，高繼沖請歸朝，得州三，縣十七。乙未，克潭州。辛亥，澶、滑、衛、魏、晉、絳、蒲、孟八州饑，命發廪振之。

三月辛未，幸金鳳園習射，七發皆中。符彥卿等進馬稱賀，乃徧賜從臣名馬、銀器有差。壬申，高繼沖籍其錢帛芻粟來上。癸酉，班新定律。戊寅，慕容延釗破三江口，下岳州，克復朗州，湖南平，得州十四，監一，縣六十六。

夏四月，旱。甲申，徧禱京城祠廟，夕雨。減荆南朗州、潭州管內死罪一等，鹵掠者給主。乙酉，遣使祭南岳。丁亥，幸國子監，遂幸武成王廟，宴射玉津園。庚寅，出內錢募諸軍子弟鑿習戰池。辛卯，《建隆應天曆》成，御製序。壬辰，賞湖南立功將士。癸巳，幸玉津園。丙申，兵部郎中曹匪躬棄市，海陵、鹽城屯田副使張藹除名，並坐不法。庚子，荆南節度使高繼沖進助宴金銀、羅紈、柱衣、屏風等物。癸卯，辰、錦、叙等州歸順。甲辰，詔疏鑿三門。禁涇、原、邠、慶等州補蕃人爲邊鎮將。夏西平王李彝興獻犛牛一。乙巳，幸玉津園，閱諸軍騎射。丙午，免湖南茶稅，禁峽州鹽井。辛亥，貸澶州民種食。

五月壬子朔，禱雨京城。甲寅，遣使禱雨嶽瀆。乙丑，廣大內。庚午，給荆南管內符印。癸酉，幸玉津園。

六月乙酉，免潭州諸縣無名配斂。壬辰，暑，罷營造，賜工匠衫履。乙未，詔：荆南兵願歸農者聽。丙申，詔歷代帝王三年一饗，立漢光武、唐太宗廟。己亥，澶、濮、曹、絳蝗，命以牢祭。庚子，百官三上表請舉樂，從之。減左右仗千牛員。丙午，雨。詔蜡祀、廟、社皆用戌臘一日。己酉，命習水戰于新池。

秋七月辛亥朔，定州縣所置雜職、承符、廳子等名數。甲寅，以湖湘殁王事靳彥朗男承勳等三十人補殿直。丙辰，幸新池，賜役夫錢，遂幸玉津園。丁巳，安國軍節度使王全斌等率兵入太原境，以俘來獻，給錢米以釋之。己未，詔民有疾而親屬遺去者罪之。癸亥，湖南疫，賜行營將校藥。丁卯，幸武成王廟，遂幸新池，觀習水戰。己巳，朗州賊將汪端寇州城，都監尹重睿擊走之。詔免荆南管內夏稅之半。甲戌，釋周保權罪。乙亥，詔繕朗州城，免其管內夏稅。丁丑，分命近臣禱雨。己卯，班《重定刑統》等書。

八月壬午，殿前都虞候張瓊以陵侮軍校史珪、石漢卿等，爲所誣譖，下吏，瓊自殺。丙戌，遣給事中劉載朝拜安陵。丁亥，王全斌攻北漢樂平縣，降之。辛卯，以樂平縣爲平晉軍，降卒千八百人爲效順軍，人賜錢帛。壬辰，詔《九經》舉人下第者再試。癸巳，女直國遣使獻名馬。蠲登州沙門島民稅，令專治船渡馬。丙申，北漢静陽十八砦首領來降。泉州陳洪進遣使來朝貢。齊州河決。京師雨。己亥，契丹幽州岐溝關使柴廷翰等來降。癸卯，宰相質率百官上尊號，不允。

九月甲寅，三上表請，從之。丙寅，宴廣政殿，始用樂。丁卯，責宣徽南院使兼樞密副使李處耘爲淄州刺史。戊辰，女直國遣使獻海東青名鷹。丙子，禁朝臣公薦貢舉人。賜南唐羊萬口。磔汪端于朗州。戊寅，北漢引契丹兵攻平晉，遣洺州防禦使郭進等救之。

冬十月庚辰，詔州縣徵科置簿籍。己亥，畋近郊。丁未，吴越國王進郊祀禮

金銀、珠器、犀象、香藥皆萬計。

十一月乙卯，荆南節度使高繼沖進郊祀銀萬兩。甲子，有事南郊，大赦，改元乾德。百官奉玉册上尊號曰應天廣運仁聖文武至德皇帝。丙寅，南唐進賀南郊、尊號銀絹萬計。丁卯，賜近臣襲衣、金帶、器幣、鞍馬有差。乙亥，畋近郊。

十二月庚辰，殿前祗候李璘以父讎殺員僚陳友，璘自首，義而釋之。辛巳，開封府尹光義、興元尹光美各益食邑，賜功臣號；宰相質、溥、仁浦並特進，易封，益食邑；樞密使普加光禄大夫，易功臣號；文武臣僚各進階、勳、爵、邑。甲申，皇后王氏崩。辛卯，罷登州都督。己亥，泉州陳洪進遣使貢白金千兩，乳香、茶藥皆萬計。己巳，南唐主上表乞呼名，詔不允。

閏月己酉朔，校醫官，黜其藝不精者二十二人。甲寅，命近臣祈雪。丁卯，覆試拔萃科，田可封、宋白、譚利用等稱旨，賜與有差。辛未，卜安陵于鞏縣。乙亥，折德扆敗北漢軍于府州城下，禽其將楊璘。以太常議，奉赤帝爲感生帝。

二年春正月辛巳，諭郡國長吏勸農耕作。有象入南陽，虞人殺之，以齒革來獻。京師雨雪，雷。癸未，幸迎春苑宴射。甲申，詔著四時聽選式。回鶻遣使獻方物。戊子，質以太子太傅、溥以太子太保、仁浦仍尚書左僕射罷。庚寅，以趙普爲門下侍郎、同中書門下平章事，李崇矩樞密使。壬辰，詔親試制舉三科，不限官庶，許直詣閤門進狀。甲辰，詔諸道獄詞令大理、刑部檢詳，或淹留差失致中書門下改正者，重其罪。乙巳，幸玉津園宴射。丁未，詔縣令、簿、尉非公事毋至村落。令、録、簿、尉諸職官有耄耋篤疾者舉劾之。

二月戊申朔，北漢遼州刺史杜延韜以城來降。癸丑，遣使振陝州饑。導漢水入京。丁巳，治安陵，隧壞，役兵壓死者二百人，命有司瘞恤。庚午，府州俘北漢衛州刺史楊璘來獻。甲戌，南唐進改葬安陵銀綾絹各萬計。浚汴河。

三月辛巳，幸教船池，賜水軍將士衣有差，還幸玉津園宴射。乙未，北漢耀州團練使周審玉等來降。丁酉，遣使祈雨于五嶽。禁臣僚往來假官軍部送。辛丑，遣攝太尉光義奉册寶上明憲皇太后謚曰昭憲，皇后賀氏謚曰孝惠，王氏謚曰孝明。

夏四月丁未朔，策賢良方正直言極諫科，博州判官穎贄中第。戊申，振河中饑。己酉，免諸道今年夏税之無苗者。乙卯，葬昭憲皇太后、孝明皇后于安陵。乙丑，始置參知政事，以兵部侍郎薛居正、吕餘慶爲之。己巳，靈武饑，轉涇粟以饟。壬申，祔二后于别廟。徙永州諸縣民之畜蠱者三百二十六家于縣之僻處，不得復齒於鄉。

五月己卯，知制誥高錫坐受藩鎮賂，貶萊州司馬。辛巳，宗正卿趙礪坐贓杖、除籍。癸未，幸玉津園宴射。

六月己酉，以光義爲中書令，光美同中書門下平章事，子德昭貴州防禦使。庚申，幸相國寺，遂幸教船池、玉津園。

秋七月乙亥，春州暴水溺民。辛巳，幸玉津園，還幸新池，觀習水戰。辛卯，詔翰林學士陶穀、竇儀等舉堪爲藩郡通判者各一人，不當者連坐。

九月甲戌朔，《周易》博士奚嶼責乾州司户，庫部員外王貽孫責左贊善大夫，並坐試任子不公。戊子，延州雨雹。乙未，幸北郊觀稼。辛丑，太子太傅質薨。壬寅，潘美等克郴州。

冬十月戊申，周紀王熙謹薨，輟視朝。

十一月甲戌，命忠武軍節度使王全斌爲西川行營前軍兵馬都部署，武信軍節度崔彦進副之，將步騎三萬出鳳州道；江寧軍節度使劉光義爲西川行營前軍兵馬副都部署，樞密承旨曹彬副之，將步騎二萬出歸州道以伐蜀。乙亥，宴西川行營將校于崇德殿，示川峽地圖，授攻取方略，賜金玉帶、衣物各有差。壬辰，畋近郊。

十二月乙巳，釋廣南郴州都監陳珝等二百人。戊申，劉光義拔夔州，蜀節度高彦儔自焚。丁巳，蠲歸、峽秋税。辛酉，王全斌克萬仞、燕子二砦，下興州，連拔石圖等二十餘砦。甲子，光義拔巫山等砦，斬蜀將南光海等八千級，禽其戰櫂都指揮袁德宏等千二百人。全斌先鋒史進德敗蜀人于三泉砦，禽其節度使韓保正、李進等。南唐進銀二萬兩、金銀器皿數百事。庚午，詔招復山林聚匿。辛未，畋北郊。

《宋史》卷二《太祖紀二》 三年春正月癸酉朔，以出師不御殿。甲戌，王全斌克劍門，斬首萬餘級，禽蜀樞密使王昭遠、澤州節度趙崇韜。乙亥，詔瘞征蜀戰死士卒，被傷者給繒帛。壬午，全斌取利州。乙酉，蜀主孟昶降。得州四十五、縣一百九十八、户五十三萬四千三十有九。高麗國王遣使來朝獻。戊子，史部郎中鄧守中坐試吏不當，責本曹員外郎。癸巳，劉光義取萬、施、開、忠四州，遂州守臣陳愈降。乙未，詔撫西川將吏百姓。丙申，赦蜀，歸俘獲，除管内逋賦，免夏税及沿徵物色之半。

二月癸卯，南唐、吴越進長春節御衣、金銀器、錦綺以千計。甲辰，遣皇城使竇思儼迎勞孟昶。丁未，全州大水。庚申，王全斌殺蜀降兵二萬七千人於成都。

三月癸酉，詔置義倉。是月，兩川賊羣起，先鋒都指揮使高彦暉死之，詔所在攻討。

夏四月乙巳，回鶻遣使獻方物。癸丑，職方員外郎李岳坐贓棄市。南唐進賀收蜀銀絹以萬計。戊午，遣中使給蜀臣鞍馬、車乘于江陵。癸亥，募諸軍子弟導五丈河，通皇城爲池。

五月辛未朔，詔還諸道幕職、令録經引對者，以涉途遠近，差減其選。壬申，幸迎春苑宴射。乙亥，遣開封尹光義勞孟昶於玉津園。丙戌，見孟昶於崇元殿，宴昶等於大明殿。丁亥，賜將士衣服錢帛。戊子，大赦，減死罪一等。壬辰，宴孟昶及其子弟於大明殿。

六月甲辰，以孟昶爲中書令、秦國公，昶子弟諸臣錫爵有差。庚戌，孟昶薨。

秋七月，珍州刺史田景遷内附。壬辰，追封孟昶爲楚王。丁酉，幸教船池，遂幸玉津園宴射。

八月戊戌朔，詔籍郡國驍勇兵送闕下。癸卯，河决陽武縣。庚戌，詔王全斌等廪蜀亡命兵士家。乙卯，河溢河陽，壞民居。戊午，殿直成德鈞坐贓棄市。己未，鄆州河水溢，没田。

九月己巳，閲諸道兵，以騎軍爲驍雄，步軍爲雄武，並隸親軍。壬申，詔蜀諸郡各置克寧軍五百人。辛巳，河决澶州。戊子，幸西水磑。

十月丁酉朔，大霧。己未，太子中舍王治坐受贓殺人，棄市。丙寅，濟水溢鄒平。

十一月丙子，甘州回鶻可汗遣僧獻佛牙、寶器。乙未，劍州刺史張仁謙坐殺降，貶宋州教練。

十二月丁酉朔，詔婦爲舅姑喪者齊、斬。己亥，詔西川管内監軍、巡檢毋預州縣事。戊午，甘州回鶻可汗、于闐國王等遣使來朝，進馬千匹、橐駝五百頭、玉五百團、琥珀五百斤。

四年春正月丙子，遣使分詣江陵、鳳翔，賜蜀羣臣家錢帛。丁亥，命丁德裕等率兵巡撫西川。己丑，幸迎春苑宴射。

二月癸卯，視皇城役。丙辰，于闐國王遣其子德從來獻。安國軍節度使羅彦瓌等敗北漢於静陽，擒其將鹿英。辛酉，試下第舉人。甲子，免西川今年夏税及諸徵之半，田不得耕者盡除之。岳州火。

三月癸酉，罷義倉。甲戌，占城國遣使來獻。癸未，僧行勤等一百五十七人，各賜錢三萬，遊西域。

夏四月丁酉，占城遣使來獻。丙午，潭州火。壬子，罷光州貢鷹鷂。丁巳，契丹天德軍節度使于延超與其子來降。進士李藹坐毁釋氏，辭不遜，黥杖，配沙門島。庚申，幸燕國長公主第視疾。

五月，南唐賀文明殿成，進銀萬兩。甲戌，光禄少卿郭玘坐贓棄市。乙亥，閲蜀法物、圖書。丁丑，詔蜀郡敢有不省父母疾者罪之。辛巳，潭州火。壬午，澶州進麥兩岐至六岐者百六十五本。

六月甲午，東阿河溢。甲辰，河决觀城。丙午，澧州刺史白全紹坐縱紀綱規財部内，免官。詔：人臣家不得私養宦者，内侍年三十以上方許養一子，士庶敢有閹童男者不赦。己酉，果州貢禾，一莖十三穗。

秋七月丙寅，詔：蜀官將吏及姻屬疾者，所在給醫藥錢帛。戊辰，西南夷首領董暠等内附。己巳，幸造船務，又幸開封尹北園宴射。癸酉，賜西川行營將士錢帛有差。庚辰，罷劍南蜀米麥征。華州旱，免今年租。給州縣官奉户。

八月丁酉，詔除蜀倍息。庚子，水壞高苑縣城。壬寅，詔憲臣及吏、刑部官三周歲滿日，即轉授加恩。庚戌，樞密直學士馮瓚、綾錦副使李美、殿中侍御史李檝爲宰相趙普陷，以贓論死；會赦，流沙門島，逢恩不還。辛亥，幸玉津園宴射。京兆府貢野蠶繭。壬子，衡州火。乙卯，録囚。丙辰，河决滑州，壞靈河大隄。普州兔食稼。

閏月乙丑，河溢入南華縣。己巳，衡州火。乙亥，詔：民能樹藝、開墾者不加征，令佐能勸來者受賞。

九月壬辰朔，水。虎捷指揮使孫進、龍衛指揮使吴瓌等二十七人，坐黨吕翰亂伏誅，夷進族。庚子，占城獻馴象。乙巳，幸教船池，遂幸玉津園觀衛士騎射。丙午，詔吴越立禹廟于會稽。

冬十月辛酉朔，命太常復二舞。癸亥，詔諸郡立古帝王陵廟，置户有差。己巳，禁吏卒以巡察擾民。

十二月庚辰，妖人張龍兒等二十四人伏誅，夷龍兒、李玉、楊密、聶贇族。

五年春正月戊戌，治河隄。丁未，合州漢初縣上青棡木，中有文曰「大連宋」。甲寅，王全斌等坐伐蜀黷貨殺降，全斌責崇義軍節度使，崔彦進責昭化軍

節度使，王仁贍責右衛大將軍。丙辰，詔伐蜀將校有受蜀人錢物者，並即還主。丁巳，賞伐蜀功，曹彬、劉光義等進爵有差。

二月庚申朔，幸造船務，遂幸城西觀衛士騎射。甲子，薛居正、吕餘慶並爲吏部侍郎，依前參知政事。己丑，幸教船池。

三月甲辰，詔翰林學士、常參官於幕職、州縣及京官内各舉堪任常參官者一人，不當者連坐。乙巳，詔諸道舉部内官吏才德優異者。丙午，以普爲尚書左僕射兼門下侍郎、同中書門下平章事，崇矩檢校太傅。是日，幸教船池，又幸玉津園宴射。丙辰，北漢石盆砦招收指揮使閻章以砦來降。

夏五月乙巳，賜京城貧民衣。北漢鴻唐砦招收指揮使樊暉以砦來降。甲寅，王溥爲太子太傅。

六月，辛巳，幸建隆觀，遂幸飛龍院。丁亥，牂牁順化王子等來獻方物。

七月丁酉，禁毁銅佛像。己酉，免水旱災户今年租。

八月甲申，河溢入衛州城，民溺死者數百。

九月壬辰，倉部員外郎陳郾坐贓棄市。甲午，西南蕃順化王子部才等遣使獻方物。己酉，畋近郊。

十一月乙酉朔，工部侍郎毋守素坐居喪娶妾免。供奉武仁海坐枉殺人棄市。

十二月丙辰，禁新小鐵鑞等錢、疏惡布帛入粉藥者。癸酉，升麟州爲建寧軍節度。趙普以母憂去位，丙子，起復。

開寶元年春正月甲午，增治京城。陝之集津、絳之垣曲、懷之武陟饑，振之。己亥，北漢偏城砦招收指揮使任恩等來降。

三月庚寅，班縣令、尉捕盜令。癸巳，幸玉津園。乙巳，有馴象自至京師。

夏四月乙卯，幸節度使趙彦徽第視疾。

五月丁未，賜南唐米麥十萬斛。

六月癸丑朔，詔民田爲霖雨、河水壞者，免今年夏稅及沿徵物。癸亥，詔：荆蜀民祖父母、父母在者，子孫不得别財異居。辛巳，龍出單父民家井中，大風雨，漂民舍四百區，死者數十人。

秋七月丙申，幸鐵騎營，賜軍錢羊酒有差。北漢潁州砦主胡遇等來降。丙午，幸鐵騎營，遂幸玉津園。戊申，坊州刺史李懷節坐強市部民物，責左衛率府率。北漢主劉鈞卒，養子繼恩立。

八月乙卯，按鶻于近郊，還幸相國寺。戊午，又按鶻于北郊，還幸飛龍院。丙寅，遣客省使盧懷忠等二十二人率禁軍會潞州。戊辰，命昭義軍節度使李繼勳等征北漢。

九月辛巳朔，禁錢出塞。癸未，監察御史楊士達坐鞫獄濫殺棄市。庚子，李繼勳敗北漢於銅温河。己酉，北漢供奉官侯霸榮弑其主繼恩，繼元立。

冬十月己未，畋近郊，還幸飛龍院。丙子，吴越王遣其子惟濬來朝貢。

十一月癸卯，日南至，有事南郊，改元開寶，大赦，十惡、殺人、官吏受贓者不原。

宰相普等奉玉册、寶，上尊號曰應天廣運大聖神武明道至德仁孝皇帝。

十二月甲子，行慶，自開封與元尹、宰相、樞密使及諸道蕃侯，並加勳爵有差。乙丑，大食國遣使獻方物。

二年春正月己卯朔，以出師，不御殿。

二月乙卯，命昭義軍節度使李繼勳爲河東行營前軍都部署，侍衛步軍指揮使黨進副之，宣徽南院使曹彬爲都監，棣州防禦使何繼筠爲石嶺關部署，建雄軍節度使趙贊爲汾州路部署，以伐北漢。宴長春殿。命彰德軍節度使韓仲贇爲北面都部署，彰義軍節度使郭延義副之，以防契丹。戊午，詔親征。己酉，以開封尹光義爲上都留守，樞密副使沈義倫爲大内部署，判留司三司事。甲子，發京師。乙亥，雨，駐潞州。

三月壬辰，發潞州。乙未，李繼勳敗北漢軍於太原城下。戊戌，駕傅城下。庚子，觀兵城南，築長連城。辛丑，幸汾河，作新橋。發太原諸縣丁數萬集城下。癸卯，北漢史昭文以憲州來降。乙巳，臨城南，謂汾水可以灌其城，命築長隄壅之，決晉祠水注之。遂砦城四面，繼勳軍於南，贊軍於西，彬軍於北，進軍於東，乃北引汾水灌城。辛亥，遣海州刺史孫方進率兵圍汾州。

四月戊申，幸城東觀築隄。壬子，復幸城東。己未，何繼筠敗契丹於陽曲，斬首數千級，俘武州刺史王彦符以獻，命陳示所獲首級、鎧甲于城下。壬戌，幸汾河觀造船。戊辰，幸城西上生院。丙子，復幸城西。

五月癸未，韓仲贇敗契丹於定州北。自戊子至庚寅，命水軍載弩環攻，横州團練使王廷義、殿前都虞候石漢卿死之。甲午，北漢趙文度以嵐州來降。甲辰，都虞候趙廷翰奏，諸軍欲登城以死攻，上愍之，不允。

閏月戊申，雉圮，水注城中，上遽登隄觀。己酉，右僕射魏仁浦薨。壬子，以太常博士李光贊言，議班師。己未，命兵士遷河東民萬户于山東。庚申，分命使

臣率兵赴鎮、潞。壬戌，駕還。戊辰，駐蹕於鎮州。

六月丙子朔，發鎮州。癸巳，至自太原。曲赦京城囚。

秋七月丁巳，幸封禪寺。詔鎮、深、趙、邢、洺五州管內鎮、砦、縣悉城之。甲子，大宴。賜宰相、樞密使、翰林學士、節度、觀察使襲衣金帶。戊辰，西南夷順化王子武才等來獻方物。癸酉，幸新水磑。汴決下邑。

八月丁亥，詔川峽諸州察民有父母在而別籍異財者，論死。

九月乙巳朔，幸武成王廟。壬戌，幸玉津園宴射。

冬十月戊子，畋近郊。庚寅，散指揮都知杜延進等謀反伏誅，夷其族。詔相、深、趙三州丁夫死太原城下者，復其家。庚子，以王溥爲太子太師，武衡德爲太子太傅。癸卯，西川兵馬都監張延通、內臣張嶼、引進副使王珏爲丁德裕所譖，延通坐不遜誅，嶼、珏並杖配。

十一月丙午，幸鎮寧軍節度使張令鐸第視疾。甲寅，畋近郊，還幸金鳳園。庚申，回鶻、于闐遣使來獻方物。

十二月癸未，幸中書視宰相趙普疾。己亥，右贊善大夫王昭坐監大盈倉，其子與倉吏爲姦贓，奪兩任，配隸汝州。丁德裕誣奏西川轉運使李鉉指斥，事既直，猶坐酒失，責授右贊善大夫。

三年春正月癸卯朔，雨雪，不御殿。癸丑，增河堤。辛酉，詔：民五千户舉孝弟彰聞、德行純茂者一人，奇才異行不拘此限，里閭郡國遞審連署以聞，仍爲治裝詣闕。

二月庚寅，幸西茶庫，遂幸建隆觀。

三月庚戌，詔閲進士十五舉以上司馬浦等百六人，並賜本科出身。辛亥，賜處士王昭素國子博士致仕。丙辰，殿中丞張顒坐先知潁州政不平，免官。己未，幸宰相趙普第視疾。

夏四月丁亥，幸寺觀禱雨。辛卯，雨。甲午，幸教船池。己亥，罷河北諸州鹽禁。詔郡國非其土產者勿貢。

五月丁未，禁京城民畜兵器。癸丑，幸城北觀水磑。癸亥，賜諸班營舍爲雨壞者錢有差。

六月乙未，禁諸州長吏親隨人掌廂鎮局務。

秋七月乙巳，立報水旱期式。壬子，詔蜀州縣官以户口差第省員加禄，尋詔諸路亦如之。戊辰，幸教船池，又幸玉津園宴射。

八月戊子，幸教船池，又幸玉津園。

九月己亥朔，命潭州防禦使潘美爲賀州道兵馬行營都部署，朗州團練使尹崇珂副之。遣使發十州兵會賀州，以伐南漢。甲辰，詔：西京、鳳翔、雄耀等州周文、成、康三王，秦始皇，漢高、文、景、武、元、成、哀七帝，後魏孝文，西魏文帝，後周太祖，唐高祖、太宗、中宗、肅宗、代宗、德、順、文、武、宣、懿、僖、昭諸帝，凡二十七陵，嘗被盜發者，有司備法服、常服各一襲，具棺槨重葬，所在長吏致祭。己酉，幸開寶寺觀新鐘。丙辰，女直國遣使齎定安國王烈萬華表，獻方物。丁卯，潘美等敗南漢軍萬衆於富州，下之。

十月庚辰，克賀州。

十一月壬寅，下昭、桂二州。乙巳，減桂陽歲貢白金額。癸丑，右領軍衛將軍石延祚坐監倉與吏爲姦贓棄市。癸亥，定州駐泊都監田欽祚敗契丹於遂城。丙寅，以曹州舉德行孔蟾爲章丘主簿。

十二月壬申，潘美等下連州。辛卯，大敗南漢軍萬餘於韶州，下之。癸巳，增河隄。

四年春正月戊戌朔，以出師，不視朝。丙午，罷諸道州縣攝官。丁未，右千牛衛大將軍桑進興坐贓棄市。癸丑，潘美等取英州、雄州。

二月丁亥，南漢劉鋹遣其左僕射蕭漼等以表來上。己丑，潘美克廣州，俘劉鋹，廣南平。得州六十、縣二百十四、户十七萬二百六十三。辛卯，大赦廣南，免二税，僞署官仍舊。

三月乙未，幸飛龍院，賜從臣馬。丙申，詔：廣南有買人男女爲奴婢轉傭利者，並放免；僞政有害于民者具以聞，除之。增前代帝王守陵户二。

夏四月丙寅朔，前左監門衛將軍趙玭訴宰相趙普，坐誣毁大臣，汝州安置。丁卯，三佛齊國遣使獻方物。己巳，詔禁嶺南商税、鹽、麴，如荆湖法。辛未，幸永興軍節度使吳廷祚第視疾。癸未，幸開寶寺。辛卯，南唐遣其弟從謙來朝貢。發廂軍千人修前代陵寢之在秦者。壬辰，監察御史閭丘舜卿坐前任盜用官錢，棄市。

五月乙未朔，御明德門受劉鋹俘，釋之；斬其柄臣龔澄樞、李托、薛崇譽。大宴於大明殿，鋹預焉。丁酉，賞伐廣南功，潘美、尹崇珂等進爵有差。

六月癸酉，遣使祀南海。丁丑，命翰林試南漢官，取書判稍優者，授令、録、簿、尉。壬午，以孝子羅居通爲延州主簿。封劉鋹爲恩赦侯。乙酉，罷賀州銀

場。賜劉鋹月奉外錢五萬、米麥五十斛。河決原武，汴決穀熟。

秋七月戊戌，賜開封尹光義門戟十四。庚子，幸新修水磑，賜役人錢帛有差。戊午，復著内侍養子令。癸亥，幸建武軍節度使何繼筠第視疾。汴決宋城。

八月壬申，文武百官上尊號，不允。

冬十月己巳，詔僞作黄金者棄市。庚午，太子洗馬王元吉坐贓棄市。辛巳，除廣南舊無名配斂。甲申，詔十月後犯强竊盜者郊赦不原。丙戌，放廣南民驅充軍者。

十一月癸巳朔，南唐遣其弟從善，吴越國王遣其子惟濬，以郊祀來朝貢。南唐主煜表乞去國號呼名，從之。庚戌，詔諸道所罷攝官三任無遺闕者以聞。河決澶州，通判姚恕坐不即上聞棄市。己未，日南至，有事南郊，大赦，十惡、故劫殺、官吏受贓者不原。詔置諸州幕職官奉户。壬戌，蜀班内殿直四十人，援御馬直例乞賞，遂撾登聞鼓，命各杖二十；翌日，悉斬于營，都指揮單斌等皆杖、降。

十二月癸亥朔，賜南郊執事官器幣有差。丁卯，行慶，開封尹光義、興元尹光美、貴州防禦使德昭、宰相趙普並益食邑。己巳，内外文武官遞進勳爵。辛未，賜《九經》李符本科出身。壬午，畋近郊。

《宋史》卷三《太祖紀三》　五年春正月壬辰朔，雨雪，不御殿。禁鐵鑄浮屠及佛像。庚子，前盧氏縣尉鄢陵許永年七十有五，自言父瓊年九十九，兩兄皆八十餘，乞一官以便養。因召瓊厚賜之，授永鄢陵令。壬寅，省州縣小吏及直力人。乙巳，罷襄州歲貢魚。

二月丙子，詔沿河十七州各置河隄判官一員。庚辰，以鳳州七房銀冶爲開寶監。庚寅，以兵部侍郎劉熙古參知政事。

閏月壬辰，禮部試進士安守亮等諸科共三十八人，召對講武殿，始放榜。庚戌，升密州爲安化軍節度。

三月庚午，賜穎州龍騎指揮使仇興及兵士錢。辛未，占城國王波美税遣使來獻方物。壬申，幸教船池習戰。乙酉，殿中侍御史張穆坐贓棄市。

夏四月庚寅朔，三佛齊國主釋利烏耶遣使來獻方物。丙午，遣使檢視水災田。丙寅，遣使諸州捕虎。

五月庚申，賜恩赦侯劉鋹錢一百五十萬。乙丑，命近臣祈晴。併廣南州十三、縣三十九。丙寅，罷嶺南採珠媚川都卒爲静江軍。辛未，河決濮陽，命穎州團練使曹翰往塞之。甲戌，以霖雨，出後宫五十餘人，賜予以遣之。丁亥，河南、北淫雨，澶、滑、濟、鄆、曹、濮六州大水。

六月己丑，河決陽武，汴決穀熟。丁酉，詔：淫雨河決，沿河民田有爲水害者，有司具聞除租。戊申，修陽武隄。

秋七月己未，右拾遺張恂坐贓棄市。癸未，邕、容等州獠人作亂。

八月庚寅，高麗國王王昭遣使獻方物。己亥，廣州行營都監朱憲大破獠賊於容州。癸卯，升宿州爲保静軍節度，罷密州仍爲防禦。

九月癸酉，李崇矩以鎮國軍節度使罷。

冬十月庚子，幸河陽節度使張仁超第視疾。甲辰，試道流，不才者勒歸俗。

十一月己未，李繼明、藥繼清大破獠賊於英州。癸亥，禁僧道習天文地理。己巳，禁舉人寄應。庚辰，命參知政事薛居正、吕餘慶兼淮、湖、嶺、蜀轉運使。

十二月乙酉朔，祈雪。己亥，畋近郊。開封尹光義暴疾，遂如其第視之。甲寅，内班董延諤坐監務盜芻粟，杖殺之。詔合入令録者引見後方注。乙卯，大雨雪。

是歲，大饑。

六年春正月丙辰朔，不御殿。置蜀水陸轉運計度使。癸酉，修魏縣河。

二月丙戌朔，棣州兵馬監押、殿直傅延翰謀反伏誅。丙申，曹州饑，漕太倉米二萬石振之。己亥，吴越國進銀裝花舫、金香師子。

三月乙卯朔，周鄭王殂于房州，上素服發哀，輟朝十日，謚曰恭帝，命還葬慶陵之側，陵曰順陵。己未，復密州爲安化軍節度。庚申，覆試進士於講武殿，賜宋準及下第徐士廉等諸科百二十七人及第。乙亥，賜宋準等宴錢二十萬。大食國遣使來獻。翰林學士、知貢舉李昉坐試人失當，責授太常少卿。試朝臣死王事者子陸坦等，賜進士出身。丙子，幸相國寺觀新修塔。

夏四月丁亥，召開封尹光義、天平軍節度使石守信等賞花習射於苑中。辛丑，遣盧多遜爲江南國信使。甲辰，占城國王悉利陀盤印茶遣使來獻方物。丙午，黎州保塞蠻來歸。戊申，詔修《五代史》。

五月庚申，劉熙古以户部尚書致仕。詔：中書吏擅權多姦贓，兼用流内州縣官。己巳，交州丁璉遣使貢方物。幸玉津園觀刈麥。辛巳，殺右拾遺馬適。

六月辛卯，閲在京百司吏，黜爲農者四百人。癸巳，占城國遣使獻方物。隰州巡檢使李謙溥拔北漢七砦。癸卯，雷有鄰告宰相趙普黨堂吏胡贊等不法，贊

及李可度並杖、籍没。庚戌，詔參知政事與宰相趙普分知印押班奏事。

秋七月壬子朔，詔諸州府置司寇參軍，以進士、明經者爲之。丙辰，減廣南無名率錢。

八月乙酉，罷成都府僞蜀嫁裝稅。辛卯，賜布衣王澤方同學究出身。丁酉，泗州推官侯濟坐試判假手，杖，除名。甲辰，趙普罷爲河陽三城節度使、同平章事。辛酉，幸都亭驛。

九月丁卯，餘慶以尚書左丞罷。己巳，封光義爲晉王、兼侍中，德昭同中書門下平章事，薛居正爲門下侍郎、同平章政事，户部侍郎、樞密副使沈義倫爲中書侍郎、同平章事，石守信兼侍中，盧多遜中書舍人、參知政事。壬申，詔晉王光義班宰相上。

冬十月甲申，葬周恭帝，不視朝。丁亥，幸玉津園觀稼。甲辰，特赦諸官吏姦贓。

十一月癸丑，詔常參官進士及第者各舉文學一人。

十二月壬午，命近臣祈雪。丙午，前中書舍人、參知政事多遜起復視事。行《開寶通禮》。限度僧法，諸州僧帳及百人歲許度一人。

七年春正月庚戌，不御殿。庚申，占城國王波美稅遣使獻方物。齊州野蠶成繭。癸亥，左拾遺秦亶、太子中允呂鵠並坐贓，宥死，杖、除名。

二月癸卯，命近臣祈雨。詔：《詩》、《書》、《易》三經學究，依《三經》、《三傳》資敘入官。乙巳，太子中舍胡德沖坐隱官錢，棄市。

三月乙丑，三佛齊國王遣使獻方物。

夏四月丙午，遣使檢嶺南民田。

五月戊申朔，殿中侍御史李瑩坐受南唐餽遺，責授右贊善大夫。甲寅，以布衣齊得一爲章丘主簿。乙丑，詔市二價者以枉法論。丙寅，幸講武池觀習水戰。丙子，又幸講武池，遂幸玉津園。

六月丙申，河中府饑，發粟三萬石振之。己亥，淮溢入泗州城；壬寅，安陽河溢，皆壞民居。

秋七月壬子，幸講武池觀習水戰，遂幸玉津園。丙辰，南丹州溪洞酋帥莫洪燕内附。詔減成都府鹽錢。庚午，太子中允李仁友坐不法，棄市。

八月戊寅，吴越國王遣使來朝貢。丁亥，諭吴越伐江南。戊子，陳州貢芝草，一本四十九莖。己丑，幸講武池，賜習水戰軍士錢。戊戌，殿中丞趙象坐擅稅，除名。甲辰，幸講武池觀習水戰，遂幸玉津園。

九月癸亥，命宣徽南院使、義成軍節度使曹彬爲西南路行營馬步軍戰櫂都部署，山南東道節度使潘美爲都監，潁州團練使曹翰爲先鋒都指揮使，將兵十萬出荆南，以伐江南。將行，召曹彬、潘美戒之曰：「城陷之日，慎無殺戮；設若困鬥，則李煜一門，不可加害。」丁卯，以知制誥李穆爲江南國信使。

冬十月甲申，幸迎春苑，登汴隄觀戰艦東下。丙戌，又幸迎春苑，登汴隄觀諸軍習戰，遂幸東水門，發戰櫂東下。江南進絹數萬，御衣、金帶、器用數百事。壬辰，曹彬等將舟師步騎發江陵，水陸並進。丁酉，命吴越王錢俶爲昇州東南行營招撫制置使。己亥，曹彬收下峽口，獲指揮使王仁震、王宴、錢興。

閏月己酉，克池州。丁巳，敗江南軍于銅陵。庚申，命宰相、參知政事更知日曆。壬戌，彬等拔蕪湖、當塗兩縣，駐軍采石。癸亥，詔減湖南新製茶。甲子，薛居正等上新編《五代史》，賜器幣有差。丁卯，彬敗江南軍于采石，擒兵馬部署楊收、都監孫震等千人，爲浮梁以濟。

十一月癸未，黥李從善部下及江南水軍一千三百九十人爲歸化軍。甲申，詔省劍南、山南等道屬縣主簿。丁亥，秦、晉旱，免蒲、陝、晉、絳、同、解六州逋賦，關西諸州免其半。己丑，知漢陽軍李恕敗江南水軍于鄂。甲午，曹彬敗江南軍於新林砦。辛丑，命知雄州孫全興答涿州修好書。壬寅，大食國遣使獻方物。

十二月己酉，彬敗江南軍於白鷺洲。辛亥，命近臣祈雪。甲子，吴越王帥兵圍常州，獲其人馬，尋拔利城砦。丙寅，彬敗江南軍於新林港。己巳，左拾遺劉祺坐受賂，黥面，杖配沙門島。庚午，北漢寇晉州，守臣武守琦敗之於洪洞。壬申，吴越王敗江南軍於常州北界。

八年春正月甲戌朔，以出師，不御殿。丙子，知池州樊若水敗江南軍於州界；田欽祚敗江南軍於溧水，斬其都統使李雄。乙酉，御長春殿，謂宰相曰：「朕觀爲臣者比多不能有終，豈忠孝薄而無以享厚福耶？」宰相居正等頓首謝。庚寅，曹彬拔昇州城南水砦。

二月癸丑，彬敗江南軍於白鷺洲。乙卯，拔昇州關城。丁巳，太子中允徐昭文坐抑人售物，除籍。甲子，知揚州侯陟敗江南軍於宣化鎮。戊辰，覆試進士於講武殿，賜王嗣宗等三十一人、諸科紀自成等三十四人及第。

三月乙酉，賜王嗣宗等宴錢二十萬。己丑，命祈雨。庚寅，彬敗江南軍於江中。己亥，契丹遣使克沙骨慎思以書來講和。知潞州藥繼能拔北漢鷹澗堡。辛

丑，召契丹使於講武殿觀習射。壬寅，遣内侍王繼恩領兵赴昇州。大食國遣使來朝獻。

夏四月乙巳，幸東水磑。癸丑，幸都亭驛閱新戰船。丁巳，吴越王拔常州。壬戌，彬等敗江南軍於秦淮北。戊辰，幸玉津園觀種稻，遂幸講武池觀習水戰。庚午，詔嶺南盜贓滿十貫以上者死。幸西水磑。

五月壬申朔，以吴越國王錢俶守太師、尚書令，益食邑。知桂陽監張侃發前官隱没羡銀，追罪兵部郎中董樞、右贊善大夫孔璘，殺之，太子洗馬趙瑜杖配海島；侃受賞，遷屯田員外郎。辛巳，祈晴。甲申，江南寧遠軍及沿江砦並降。乙酉，詔武岡、長沙等十縣民爲賊鹵掠者蠲其逋租，仍給復一年。甲午，安南都護丁璉遣使來貢。辛丑，河決濮州。

六月壬寅，曹彬等遣使言，敗江南軍於其城下。丁未，宋州觀察判官崔絢、録事參軍馬德休並坐贓棄市。辛亥，河決澶州頓丘。

秋七月庚辰，遣閤門使郝崇信、太常丞吕端使契丹。癸未，西天東印土王子穰結説囉來朝獻。甲申，詔吴越王班師。己亥，山後兩林鬼主、懷化將軍勿尼等來朝獻。

八月乙卯，幸東水磑觀魚，遂幸北園。辛酉，詔權停今年貢舉。壬戌，契丹遣左衛大將軍耶律霸德等致御衣、玉帶、名馬。西南蕃順化王子若廢等來獻名馬。癸亥，丁德裕敗潤州兵於城下。

九月壬申，狩近郊，逐兔，馬蹶墜地，因引佩刀刺馬殺之。既而悔之，曰：「吾爲天下主，輕事畋獵，又何罪馬哉！」自是遂不復獵。戊寅，潤州降。

冬十月己亥朔，江南主遣徐鉉、周惟簡來乞緩師。辛亥，詔郡國令佐察民有孝悌力田、奇材異行或文武可用者遣詣闕。丁巳，修西京宫闕。江南主貢銀五萬兩、絹五萬匹，乞緩師。戊午，改潤州鎮海軍節度爲鎮江軍節度。幸晉王北園。己未，曹彬遣都虞候劉遇破江南軍於皖口，擒其將朱令贇、王暉。

十一月辛未，江南主遣徐鉉等再奉表乞緩師，不報。甲申，曹彬夜敗江南軍於城下。丙戌，以校書郎宋準、殿直邢文慶充賀契丹正旦使。乙未，曹彬克昇州，俘其國主煜，江南平，凡得州十九、軍三、縣一百八十、户六十五萬五千六十。

十二月庚子，幸惠民河觀築堰。辛丑，赦江南，復一歲；兵戈所經，二歲。臨視新龍興寺。戊申，三佛齊遣使來獻方物。己酉，幸龍興寺。辛亥，免開封府諸縣今年秋租十之三。己未，以恩赦侯劉鋹爲彭城郡公。甲子，契丹遣使耶律烏正來賀正旦。丁卯，吴越國王乞以長春節朝覲，從之。

九年春正月辛未，御明德門，見李煜于樓下，不用獻俘儀。壬申，大赦，減死罪一等。乙亥，封李煜爲違命侯，子弟臣僚班爵有差。己卯，江南昭武軍節度使留後盧絳焚掠州縣。庚辰，詔郊西京。癸巳，晉王率文武上尊號，不允。

二月癸卯，三上表，不允。庚戌，以曹彬爲樞密使。辛亥，命德昭迎勞吴越國王錢俶於宋州。契丹遣使耶律延頵以御衣、玉帶、名馬、散馬、白鶻來賀長春節。乙卯，吴越王奏内客省使丁德裕貪很，貶房州刺史。丁巳，觀禮賢宅。戊午，以盧多遜爲吏部侍郎，仍參知政事。己未，吴越國王錢俶偕子惟濬等朝於崇德殿，進銀絹以萬計。賜俶衣帶鞍馬，遂以禮賢宅居之，宴於長安殿。壬戌，錢俶進賀平昇州銀絹、乳香、吴綾、紬綿、錢茶、犀象、香藥，皆億萬計。甲子，召晉王、吴越國王并其子等射於苑中，俶進御衣、壽星、通犀帶及金器。丁卯，幸禮賢宅，賜俶金器及銀絹倍萬。

三月己巳，俶進助南郊銀絹、乳香以萬計。庚午，賜俶劍履上殿，詔書不名。癸酉，以皇子德芳爲檢校太保、貴州防禦使，中書侍郎、同平章事沈義倫爲大内都部署，右衛大將軍王仁贍權判留司、三司兼知開封府事。丙子，幸西京。己卯，次鞏縣，拜安陵，號慟隕絶者久之。庚辰，賜河南府民今年田租之半，奉陵户復一年。辛巳，至洛陽。庚寅，大雨，分命近臣詣諸祠廟祈晴。辛卯，幸廣化寺，開無畏三藏塔。

夏四月己亥，雨霽。庚子，有事圜丘，迴御五鳳樓大赦，十惡、故殺者不原，貶降責免者量移叙用，諸流配及逋欠悉放，諸官未贈恩者悉覃賞。壬寅，大宴，賜親王、近臣、列校襲衣金帶鞍馬器幣有差。丙午，駕還。辛亥，上至自洛。丁巳，曹翰拔江州，屠之，擒牙校宋德明、胡則等。詔益晉王食邑，光美、德昭並加開府儀同三司，德芳益食邑，薛居正、沈義倫加光禄大夫，樞密使曹彬、宣徽北院使潘美加特進，吴越國王錢俶益食邑，内外文武臣僚咸進階封。己未，著令旬假爲休沐。丙寅，大食國王珂黎拂遣使蒲希密來獻方物。

五月己巳，幸東水磑，遂幸飛龍院，觀漁金水河。甲戌，遣司勳員外郎和峴往江南路採訪。殺盧絳。庚辰，幸講武池，遂幸玉津園觀稼。宋州大風，壞城樓官民舍幾五千間。甲申，以閤門副使田守奇等充賀契丹生辰使。晉州以北漢嵐、石、憲三州巡檢使王洪武等來獻。

六月庚子，步至晉王邸，命作機輪，輓金水河注邸中爲池。癸卯，吳越王進銀、絹、綿以倍萬計。

秋七月戊辰，幸晉王第觀新池。丙子，幸京兆尹光美第視疾。戊寅，再幸光美第。泉州節度使陳洪進乞朝觀。丙戌，命近臣祈晴。丁亥，命修先代帝王及五嶽四瀆祠廟。庚寅，幸光美第。

八月乙未朔，吳越國王進射火箭軍士。己亥，幸新龍興寺。辛丑，太子中允郭思齊坐贓棄市。乙巳，幸等覺院，遂幸東染院，賜工人錢。又幸控鶴營觀習射，賜帛有差。又幸開寶寺觀藏經。丁未，遣侍衛馬軍都指揮使黨進、宣徽北院使潘美伐北漢。丙辰，遣使率兵分五道入太原。

九月甲子，幸綾錦院。庚午，權高麗國事王伷遣使來朝獻。黨進敗北漢軍於太原城北。辛巳，命忻、代行營都監郭進遷山後諸州民。庚寅，幸城南池亭，遂幸禮賢宅，又幸晉王第。

冬十月甲午朔，賜文武百官衣有差。丁酉，兵馬監押馬繼恩率兵入河東界，焚蕩四十餘砦。己亥，幸西教場。庚子，鎮州巡檢郭進焚壽陽縣，俘九千人。辛丑，晉、隰巡檢穆彦璋入河東，俘二千餘人。黨進敗北漢軍於太原城北。己酉，吳越王獻馴象。癸丑夕，帝崩於萬歲殿，年五十，殯于殿西階，謚曰英武聖文神德皇帝，廟號太祖。太平興國二年四月乙卯，葬永昌陵。大中祥符元年，加上尊謚曰啓運立極英武睿文神德聖功至明大孝皇帝。

帝性孝友節儉，質任自然，不事矯飾。受禪之初，頗好微行，或諫其輕出。曰：「帝王之興，自有天命，周世宗見諸將方面大耳者皆殺之，我終日侍側，不能害也。」既而微行愈數，有諫，輒語之曰：「有天命者任自爲之，不汝禁也。」

一日，罷朝，坐便殿，不樂者久之。左右請其故。曰：「爾謂爲天子容易耶？早作乘快誤決一事，故不樂耳。」汴京新宮成，御正殿坐，令洞開諸門，謂左右曰：「此如我心，少有邪曲，人皆見之。」

吳越錢俶來朝，自宰相以下咸請留俶而取其地，帝不聽，遣俶歸國。及辭，取羣臣留俶章疏數十軸，封識遺俶，戒以途中密觀，俶屆途啓視，皆留己不遣之章也。俶自是感懼，江南平，遂乞納土。南漢劉鋹在其國，好置酖以毒臣下，既歸朝，從幸講武池，帝酌卮酒賜鋹，鋹疑有毒，捧杯泣曰：「臣罪在不赦，陛下既待臣以不死，願爲大梁布衣，觀太平之盛，未敢飲此酒。」帝笑而謂之曰：「朕推赤心於人腹中，寧肯爾耶？」即取鋹酒自飲，别酌以賜鋹。

王彦昇擅殺韓通，雖預佐命，終身不與節鉞。王全斌入蜀，貪恣殺降，雖有大功，即加貶絀。

宫中葦簾，緣用青布；常服之衣，澣濯至再。魏國長公主襦飾翠羽，戒勿復用，又教之曰：「汝生長富貴，當念惜福。」見孟昶寶裝溺器，擣而碎之，曰：「汝以七寶飾此，當以何器貯食？所爲如是，不亡何待！」

晚好讀書，嘗讀《二典》，歎曰：「堯、舜之罪四凶，止從投竄，何近代法網之密乎！」謂宰相曰：「五代諸侯跋扈，有枉法殺人者，朝廷置而不問。人命至重，姑息藩鎮，當若是耶？自今諸州決大辟，録案聞奏，付刑部覆視之。」遂著爲令。

乾德改元，先諭宰相曰：「年號須擇前代所未有者。」三年，蜀平，蜀宫人入内，帝見其鏡背有志「乾德四年鑄」者，召竇儀等詰之。儀對曰：「此必蜀物，蜀主嘗有此號。」乃大喜曰：「作相須讀書人。」由是大重儒者。

受命杜太后，傳位太宗。太宗嘗病亟，帝往視之，親爲灼艾，太宗覺痛，帝亦取艾自灸。每對近臣言：「太宗龍行虎步，生時有異，他日必爲太平天子，福德吾所不及云。」

王稱《東都事略》卷一《太祖紀一》　太祖啓運立極英武睿文神德聖功至明大孝皇帝，其先出于帝高陽氏之後，造父爲周穆王御，破徐偃，封趙城，因氏焉。自漢京兆尹廣漢居涿郡，遂爲涿郡人。至唐，而高祖僖祖皇帝生焉，僖祖仕至文安令。曾祖順祖皇帝，仕歷藩府從事，兼御史中丞。皇祖翼祖皇帝，少有大志，仕至涿州刺史，贈左驍衛上將軍。

皇考宣祖皇帝，少驍勇，善騎射，而雅好儒素，起家事趙王王鎔。時梁、晉爭天下，晉求援於鎔，鎔命宣祖以五百騎赴之。莊宗嘉其勇敢，因留之，命掌禁軍，爲飛捷指揮使，自同光至開運，踰二十年不遷，而宣祖亦未嘗以介意。漢乾祐中，王景崇以鳳翔叛，宣祖與征討，禦之於寶雞，敗之，殺獲萬計。是役也，宣祖身先士卒，面中流矢，勇氣彌厲，以功遷護聖都指揮使。仕周，累遷龍捷左廂都指揮使、岳州團練使。世宗征淮東，宣祖爲前軍副都指揮使，領兵先入維揚，禁止侵暴，民情大悦，世宗嘉之。未幾，以疾歸，與太祖會于壽春，歸及中途而崩，贈武清軍節度使。

太祖即第二子也，以後唐天成二年二月十六日，生于洛陽夾馬營。母昭憲皇后，嘗夢日入懷而娠，生之夕，光照室中，胞衣如菡萏，體被金色，三日不變。幼受學于鄉先生辛文悦，每歸，必令羣兒前導，路人往往避之。及長，天姿雄偉，

性沉厚，有大度。嘗游復州，干王彥超，不爲所禮，去。依隨州董宗本，鬱鬱不得志，又捨去。乃從周太祖于鄴。廣順初，補東西班行首。出爲滑州興順副指揮使，未行，會世宗自澶州入爲開封尹，以太祖爲馬直軍使。

顯德元年，世宗命太祖掌衛兵。太原劉崇寇澤、潞，世宗親征，陳于高平，大將樊愛能、何徽未戰而遁，世宗躬自督戰，太祖謂麾下曰：「主危如此，是吾致命之秋也。」即大呼躍馬徑犯其鋒，萬衆披靡，崇大潰。世宗以太祖爲殿前都虞候，領嚴州刺史，加永州防禦使。世宗懲樊愛能、何徽之敗，欲以兵力威天下，命太祖訓練武藝超絶者，分隸殿前諸軍，自是禁衛盛矣。二年，世宗命王景、向訓攻秦鳳，師久無功，然以餽運不繼，欲罷兵，意未能決，遣太祖視其形勢。使回，具言秦鳳可攻之狀，未幾悉平。

三年，世宗征淮，以太祖領親騎翼從，敗淮人于渦口。唐將皇甫暉、姚鳳率衆十五萬，塞清流關，太祖擊走之。暉退保滁州，斷橋自守，太祖追至城下，暉曰：「人各爲其主，願成列以決勝負。」太祖笑而許之。暉整陣以出，太祖擁馬項直入，左右馳突，大呼曰：「吾止取皇甫暉，他人非吾敵也。」手劍擊暉，生獲之，并擒姚鳳，遂下滁州。後數日，宣祖率兵夜半至城下，傳呼開門，太祖曰：「父子雖至親，城門王事也，須明乃敢奉命。」至明乃入。又破江南兵于六合，斬首五千級。時韓令坤爲招討使平揚州，唐主遣陸孟俊據蜀岡，以逼其城，令坤潛議退師，太祖下令曰：「揚州兵敢有過六合者，吾當折其足。」令坤懼，始有固守之志。太祖率兵擊之，孟俊遁，爲追兵所殺。又破其齊王景達兵於六合，斬首萬級。是役也，軍士有不用命者，太祖奮劍斫其皮笠，陽爲督戰以識之，明日索得數十人，斬以徇，於是皆死戰。宣祖崩，起復，拜定國軍節度使、殿前都指揮使。

四年，世宗復征淮，至壽州，命太祖率殿前諸兵擊紫金山連珠砦，拔之，遂下壽州。世宗還京師，以太祖領義成軍節度使。是歲，世宗征濠、泗，以太祖爲前鋒。周師以敵人壁于十八里灘，不能過淮，世宗患之，太祖躍馬以濟，遂破其砦。乘勝攻泗州，焚郭門，奪月城。世宗親率精騎與太祖夾淮東下，師及山陽東，太祖擒其保大軍節度使陳承昭以獻，遂拔楚州。又破淮人于鑾江口，太祖抵南岸，焚其營柵，破之于瓜步，淮南平。唐主畏太祖威名，用間於世宗，遣使遺太祖書，以白金三千兩爲餽，太祖悉輸之內府，由是間乃不行。五年，改忠武軍節度使。

六年，世宗北征，以太祖將水陸之師。至瓦橋關，降其守將姚內斌。契丹將高模翰率數萬騎來援，陳于關城之北，太祖將百餘騎禦之，虜不敢動，遂引去，關南平。世宗不豫，還京師，以太祖爲殿前都點檢。世宗崩，恭帝嗣位，改鎮歸德。

七年春正月辛丑朔，鎮定馳驛上言：「太原劉承鈞結契丹入寇。」乃命太祖統大軍北伐。癸卯，出師，遣宣徽使昝居潤餞于郊。時京師多飛語，云：「策點檢爲天子。」次陳橋驛，軍中共議推戴。戊夜，軍士聚于驛門，俄而列校畢集，曰：「我輩出萬死冒白刃，爲國家破敵，天子幼，不如先策點檢爲天子，然後北伐。」于時太祖以飲餞宣勸，至醉臥閤中，不之省。遲明，軍士控弦露刃，直扣寢門，相與扶太祖出聽事，被以黃袍，諸校列拜曰：「諸軍無主，願策點檢爲天子。」傳呼萬歲，聲聞數十里。太祖叱之，不退，即共擁太祖就馬南歸。太祖乃勒騎謂將校曰：「吾受命北征，爲汝輩推戴。吾有號令，汝能禀乎？」皆曰：「唯命。」太祖曰：「太后、主上，吾北面事之，朝廷大臣，吾之比肩也，汝等不得驚犯宮闈，侵陵朝貴。近世帝王，初舉兵入京城，皆縱兵夯市，汝等不得夯市及犯府庫。從吾令當厚賚汝，違吾令則連營孥戮。」諸校再拜禀令，乃肅部伍自仁和門入。

諸校翼從太祖登明德門，軍士釋甲歸營，無敢動，太祖亦歸公府。宰相范質、王溥、魏仁浦謁見，議遜位之禮。於是太祖詣崇元殿受禪，召文武百官就列，至晡，班定。恭帝制曰：「天生蒸民，樹之司牧，二帝推公而禪位，三王乘時以革命，其極一也。予末小子，遭家不造，人心已去，國命有歸。咨爾歸德軍節度使、殿前都點檢趙某，禀上聖之姿，有神武之略，佐我烈祖，格于皇天。逮事世宗，功存納麓，東征西怨，厥績茂焉。天地鬼神，享于有德，謳歌獄訟，歸于至仁。應天順民，法堯禪舜，如釋重負，予其作賓。嗚呼，欽哉！祗畏天命。」宣徽使引太祖就龍墀北面拜受，宰相扶太祖升殿，易服東序，還，即皇帝位。羣臣拜賀。詔曰：「周封杞宋，唐命介酅，所以重三恪之賓，奉二王之後也。其奉周帝爲鄭王，以承周祀，正朔服色一依舊制，稱朕意焉。」又尊帝太后爲周太后，遷于西宮。

王稱《東都事略》卷二《太祖紀二》 建隆元年春正月乙巳，詔改元，大赦天下，國號大宋。己酉，命官分告天地社稷。遣中使乘傳齎詔諭天下。丁巳，祀周廟，因詔有司以時朝拜祭享。令有司議立宗廟。己巳，議立四廟。鎮州言太原契丹軍皆遁。二月乙亥，尊帝母南陽郡太夫人杜氏曰皇太后。以周宰相范質兼侍中，王溥、魏仁浦仍同中書門下平章事，樞密使吳廷祚同中書門下二品。己卯，以吳越國王錢俶爲天下兵馬大元帥。三月壬戌，有司上皇高祖文安府君謚曰文獻皇帝，廟號僖祖，皇高祖妣崔氏謚曰文懿皇后，陵曰欽陵；皇曾祖中丞府君謚曰惠元皇帝，廟號順祖，皇曾祖妣桑氏謚曰惠明皇后，陵曰康陵；皇祖驍衛

府君諡曰簡恭皇帝，廟號翼祖，皇祖妣京兆郡夫人劉氏諡曰簡穆皇后，陵曰定陵；皇考武清府君諡曰昭武皇帝，廟號宣祖，陵曰安陵。有司言國家受周禪，周木德，木生火，當以火德王，色尚赤，臘用戌。夏四月，昭義軍節度使李筠叛，命石守信、高懷德率師討之。五月癸卯，石守信敗李筠於長平。丙午，周六廟成。丁巳，詔親征，削奪李筠官爵，吴廷祚爲東京留守，皇弟爲大內都點檢。己未，發京師。甲子，石守信、高懷德破李筠三萬衆于澤州南。六月辛巳，皇帝命衛士攻拔澤州，李筠伏誅。乙酉，北伐潞州。丁亥，筠子守節降，澤、潞平。辛卯，赦天下。丁酉，班師。秋七月戊申，皇帝至自澤、潞。八月戊辰朔，入閤。甲申，立琅邪郡夫人王氏爲皇后。趙普樞密副使。九月丙午，册四親廟。戊申，荆南高保融卒。淮南節度使李重進叛，命王審琦、李處耘、宋廷渥率師討之，削奪李重進官爵。冬十月丁亥，詔親征，皇弟爲大內都點檢，吴廷祚爲東京留守。庚寅，發京師。丁未，次揚州，即日拔其城，李重進伏誅，揚州平。十二月己巳，班師。丁亥，皇帝至自揚州。泉州留從效稱藩。

二年春，浚五丈河，上曰：「河渠之役，蓋非獲已，煩民奉己之事，朕不爲也。」夏四月，庚申，寬鹽麴法。五月癸亥朔，赦天下。六月甲午，皇太后杜氏崩。秋七月壬申，以皇弟爲開封尹、同平章事。八月庚子，江南國主李景卒。冬十月丙午，明憲皇后祔葬安陵。

三年春正月甲戌，詔曰：「民生在勤，所寶惟穀，先王之明訓也。朕奄宅中夏，爲之司牧，睠乃億兆，期臻富庶。矧農桑之業爲衣食之原，今陽和在辰，土膏脉起，當播種之云始，慮游墮之尚多，苟力作之不勤，則秋斂之何望。諸州長吏等，任居牧守，職司勸課，所宜敦率黎庶，勉厲農功，俾比屋之人，服勞於南畝，三時之務，無失於西成，極其薫蓘之勤，用致茨梁之詠。懋功信賞，國典在焉。」二月甲午，詔常參官每五日以次轉對。三月丁亥，詔曰：「王者設棺槨之品，建封樹之制，所以厚人倫而一風化也。近代以來，遵用夷法，率多火葬，甚愆典禮，自今宜禁之。」乙巳，追册故會稽郡夫人賀氏爲皇后。夏五月，大修宮闕。六月癸巳，吴廷祚罷。冬十月辛丑，趙普樞密使，李處耘樞密副使。朗州周行逢卒。十一月癸亥，詔曰：「古稱使於四方，不辱君命，可謂士矣。自今使諸道，敢有求託者，寘其罪。」荆南高保勗卒。十二月，衡州張文表叛，攻潭州，周保權使來乞師。是歲，周鄭王出居于房州。

乾德元年春正月庚申，慕容延釗、李處耘率師討張文表。二月，獲張文表。癸巳，克潭州，荆南高繼沖歸朝，得州三、縣十七。三月，克岳州。戊寅，克朗州。慕容延釗盡平湖南之地，得州十四、監一、縣六十六。夏四月甲申，曲赦荆湖。復增修宮闕，凡規爲制度，並上指授。既成，坐寢殿中，令洞開諸門，皆端直通豁，謂左右曰：「此如我心，小有斜曲，人皆見之。」秋九月，羣臣上尊號曰應天廣運仁聖文武皇帝。丁卯，李處耘貶。冬十一月癸亥，親享太廟。甲子，合祭天地于圜丘，以宣祖配，大赦天下，改元。十二月甲申，皇后王氏崩。閏月辛未，改卜安陵。

二年春正月辛巳，詔曰：「箕子之陳八政，食爲之首；夷吾之述四民，農居其一。今土膏將起，勾萌畢達，平秩東作，乃其時也。諸州長吏等，所宜敦率勸課，俾民力耕，謹視游墮，勿令廢業，厚生務本，副予意焉。」大雨雪，震雹。戊子，范質、王溥、魏仁浦罷。趙普同中書門下平章事，李崇矩樞密使。壬辰，詔曰：「先代置賢良方正能直言極諫、經學優深可爲師法、詳閑吏理達於教化三科，自今不限內外職官、前資見任、黄衣布衣，並許詣闕進狀，朕當親試焉。」己亥，王仁贍樞密副使。二月，浚閔河。夏四月乙卯，葬宣祖皇帝昭憲皇后于安陵，孝明、孝惠二后祔。乙丑，薛居正、吕餘慶並參知政事。秋七月辛卯，令翰林學士承旨陶穀等四十三人，各舉任藩鎮通判者各一人。冬十月甲戌，詔以王全斌、崔彦進、王仁贍、劉光毅、曹彬分路伐蜀。十二月，王全斌克興州，與蜀軍戰于三泉，敗之。

三年春正月，劉光毅克夔州，王全斌克利州。己丑，克劍州。劉光毅克萬、施、開、忠四州，乘勝至遂州。甲午，王全斌之師至魏城，蜀主孟昶降。丙午，赦蜀，得州四十六、縣二百四十。二月癸卯，命吕餘慶知成都府。王全斌殺蜀降兵二萬人，於是兩川盜賊羣起，詔所在討之。夏五月，孟昶至京師。戊子，赦天下。六月甲辰，以孟昶爲中書令，封秦國公。庚戌，昶卒。冬十一月，契丹寇易州。

四年秋七月甲寅，詔曰：「豐年之詠，播于頌聲，廣蓄之訓，垂於載籍。今三時不害，百姓小康，田里無愁歎之聲，壠畝有遺滯之穗。州縣長吏等，職司牧養，義當勸率，俾及歲穰，各務儲積，或値凶歉，不至匱乏。古者倉廩實，禮節興，所宜禁民蒱博，勿致游惰，戒其崇儉，免於靡穀，申嚴條教，稱朕意焉。」王全斌克雅州。詔曰：「五代以來，兵亂相繼，國用不足，庸調繁興。朕歷試艱難，周知疾苦，省嗇用度，未嘗加賦，優卹灾沴，率從蠲復。所在長吏，明加告諭，自今百姓有能廣植桑棗，墾闢荒田者，只輸舊租。」禁將帥取軍中精卒爲牙兵。冬十一月

癸丑，寬鹽禁。

五年春正月辛丑，王全斌、崔彥進、王仁贍並以在蜀貪殘殺戮貶。二月壬戌，沈倫樞密副使。秋七月己巳，詔曰：「自夏以來，水旱爲沴，深慮民庶至於流離，宜令諸州長吏，告民無轉徙，被灾民蠲其賦。」

開寶元年春二月，立皇后宋氏。夏六月癸亥，詔曰：「人倫以孝慈爲先，家道以敦睦爲美。矧犬馬而有養，豈父子之異居，傷敗風化，莫此爲甚。應百姓祖父母、父母在者，子孫無得別籍異財，長吏其申戒之。」秋七月，太原劉承鈞死。八月戊辰，羣臣上尊號曰應天廣運聖文神武明道至德仁孝皇帝。九月，太原劉繼恩爲其臣侯霸榮所弑。冬十月，以諸鎮節度爲環衛。十一月癸卯，合祭天地于圜丘，大赦天下，改元。

二年春正月戊午，詔親征太原。己未，皇弟留守京師。甲子，發京師。乙亥，駐蹕潞州。三月戊戌，皇帝至太原，決晉祠水灌城。夏四月壬子，何繼筠敗契丹于陽曲。五月甲申，壅汾水灌太原城。閏月戊申，太原南城陷，水注城中，劉繼元殺其宰相郭無爲。壬戌，皇帝以暑雨班師。六月癸巳，皇帝至自太原。秋九月，大霖雨。冬十月丁亥，詔曰：「昔西漢求吏民之明經術者，令與計偕，縣次續食，蓋優賢之道也。國家歲開貢部，敷求俊乂，四方之士，無遠弗屆，而經途遐阻，資用或闕，朕甚愍焉。自今西川、山南、荆湖等道，舉人往來給券。」

三年春正月辛酉，詔諸道州府，察民有孝悌彰聞、德行純茂，擅鄉曲之譽，爲士庶推服者以聞。夏四月庚子，除河北鹽禁。秋七月壬子，詔曰：「吏員冗多，而求其治者斯難也；奉禄鮮薄，而責以廉者無謂也。與其冗員而重費，不若省官而益奉。諸道州縣官，宜以户口爲率，差減其員，舊奉外月增給五千。」九月己亥，命潘美、尹崇珂伐嶺南。壬子，潘美克富州。冬十月，潘美克賀州。十一月，克昭、桂二州。十二月庚午，克連州。戊子，克韶州。

四年春正月，潘美克英、雄二州。二月丁亥，克廣州，擒劉鋹，廣南平，得州六十、縣二百十四。辛卯，赦廣南。三月乙巳，詔曰：「百越之人，久淪虐政，其令嶺南諸州長吏，察僞政有害於民者以聞，當悉除之。」夏五月乙未，皇帝御明德門受俘，釋鋹罪以爲右千牛衛大將軍，封恩赦侯。冬十月丙戌，詔嶺南諸州，劉鋹日煩苛賦斂並除之，平民爲兵者招誘復業。十一月癸未，合祭天地于圜丘，始用綉衣鹵簿，大赦天下。

五年春正月壬辰，大雨雪。禁民以鐵鑄佛像及浮圖。二月庚寅，劉熙古參知政事。夏五月壬戌，廢嶺南媚川都，禁民採珠。是月霖雨，放後宮五十餘人。秋九月癸酉，李崇矩罷。

六年春二月，周鄭王殂。夏六月庚申，劉熙古致仕。秋八月甲辰，趙普罷。九月丁卯，吕餘慶罷。己巳，皇弟封晉王。薛居正、沈倫並同中書門下平章事，盧多遜參知政事，楚昭輔樞密副使。壬申，詔晉王位宰相上。冬十月甲申，葬周恭帝于順陵。

七年秋九月，遣李穆使于江南，召李煜入朝，煜辭以疾，命曹彬、潘美征之。冬十月，克池州，曹彬頓兵于采石磯。十一月，曹彬等用浮梁以濟師。契丹來求通好。

八年夏四月庚午，吴越國王錢俶克常州。五月壬申，錢俶加太師。詔曰：「嶺表之俗，疾不呼醫，自皇化攸及，始知方藥，商人賫生藥度嶺者勿筭。」秋七月甲申，詔錢俶歸國。九月，克潤州。冬十月己亥，李煜遣其臣徐鉉、周惟簡來乞緩師。壬寅，遣歸其國。命修西京宮闕。十二月己亥，曹彬克昇州，擒李煜，江南平，得州十九、軍三、縣一百八。江南既平，捷奏至，上因泣下，謂左右曰：「宇縣分割，民受其弊，思布聲教以撫養之，攻城之際必有横遭鋒刃，此實何罪。」因讀《尚書》，嘆曰：「堯舜之世，四凶之罪，止從投竄，何近代法網之密邪！」辛丑，赦江南。

九年春正月戊辰朔，皇帝御明德門受俘，以李煜爲右千牛衛上將軍，封違命侯。庚辰，詔以後月幸西京，有事于南郊。二月癸卯，羣臣上尊號曰應天廣運一統太平聖文神武明道至德仁孝皇帝，上以燕、晉未平不許；羣臣復以立極居尊爲號，乃許。庚戌，曹彬樞密使。己未，吴越國王錢俶來朝。三月，詔俶歸國。壬申，享太廟。丙子，發京師。庚辰，謁安陵。賜河南府民今年田租之半，復奉陵户一年。辛巳，皇帝至西京。夏四月庚子，合祭天地于南郊，大赦天下，都民垂白者相謂曰：「我輩少經亂離，不圖今日復覩太平天子。」有泣下者。辛亥，皇帝至自西京。曹翰克江州。秋八月丙辰，分兵五路以討太原。有神降于盩。冬十月癸丑，皇帝崩於萬歲殿，聖壽五十，殯于殿之西階，羣臣上尊謚曰英武聖文神德皇帝，廟號太祖。明年四月乙卯，葬永昌陵。大中祥符元年，加上尊謚曰啓運立極英武聖文神德玄功大孝皇帝。五年，再加上尊謚曰啓運立極英武睿文神德聖功至明大孝皇帝。

雜録

備録

王曾《王文正筆録》 舊制，文武羣臣，由一命而上，自外至京，必先詣正衙見訖，乃得入見，辭謝亦如之。太祖皇帝御極之初，親總庶務，常驛召一邊臣入對，將授以方略，訝其到闕數日而未見，左右或奏以未過正衙。太祖意不平之，乃令自今皆先入見，辭謝畢，方得詣正衙，遂爲定制。

國初，方隅未一，京師儲廩仰給，唯京西、京東數路而已，河渠轉漕，最爲急務。京東自濰、密以西州郡，租賦悉輸沿河諸倉，以備上供，清河起青、淄，合東阿，歷齊、鄆，涉梁山濼、濟州入五丈河，達汴都，歲漕百餘萬石。所謂清河，即濟水也。而五丈河常苦於淺，每春初農隙，調發衆夫，大興力役，以是開濬，始得舟楫通利，無所壅遏。太祖皇帝素知其事，尤所屬意，至歲中興役之際，必輿駕親臨督課，率以爲常。先是，春夫不給口食，古之制也。上惻其勞苦，特令一夫日給米一升，天下諸處役夫亦如之，迄今遂爲永式。

太祖皇帝削平僭僞諸國，收其帑藏金帛之積，歸於京師，貯之別庫，號曰封椿庫，凡歲終國用羨贏之數，皆入焉。嘗密諭近臣：「(晉)〔昔〕石晉苟利於己，割幽燕郡縣以賂契丹，使一方之民獨限外境，朕甚憫之。欲俟斯庫所蓄滿三五百萬，當議遣使，謀於彼國，土地民庶倘肯歸之於我，則此之金帛悉令齎往，以爲贖直。如曰不然，朕特散滯財募勇士，俾圖攻取，以決勝負耳。」會太祖上僊，其事亦寢。太宗改爲右藏庫，今爲內藏庫。

周朝駙馬都尉張永德，輕財好施，喜延接方士。嘗遇一異人，言及時事，且曰：「天下將太平，真主已出。」永德曰：「其誰乎？」答曰：「天意所造，安能識諸？然而有一事，庶幾可驗。公或覩紫黑色屬豬人，善戰，果於殺伐者，善待之。」永德嘗陰自求訪，及太祖皇帝勳位漸隆，永德因潛識帝之英表，問其歲在亥，永德歎駭其事，傾身親附，相得甚懽，凡己之所玩好資用，子女玉帛，必先恣帝擇取，有餘乃以自奉。至國初，以舊恩體貌富貴，與佐命勳戚同等，終太祖世莫能替焉。

太祖皇帝與永德洎當時宿將數人，同從周世宗征淮南，戰於壽春，獲一軍校，欲全活之，而被瘡已重耳，自言素有癱風病，請就戮。及斬之，因令部曲視其病患之狀，既而覩其臟腑及肉色，自上至下，左則皆青，右則無他異，中心如線直分之，不雜髮毫焉。

舊制，宰相早朝上殿命坐，有軍國大事則議之，常從容賜茶而退，自餘號令除拜，刑賞廢置，事無巨細，並熟狀擬定進入。上於禁中親覽，批紙尾用御寶可其奏，謂之印畫，降出奉行而已。由唐室歷五代，不改其制，抑古所謂坐而論道者歟。國初，范魯公質、王宮師溥、魏相仁溥在相位，上雖傾心眷倚，而質等自以前朝相，且憚太祖英睿，具劄子面取進止，朝退，各疏其事，所得聖旨，臣等同署字以志之，如此則盡稟承之方，免誤之失。帝從之。自是奏御寢多，或至旰(昊)〔午〕，啜茶之禮尋廢，固弗暇於坐論矣。于今遂爲定式，自魯公始也。

文武陞朝官，遇郊祀展禮，諸大朝會並朝服，常朝起居並公服。今百執事由長趨而止，每歲誕節、端午、初冬，各賜時服有差，內公服舊制雖冬賜亦止單褧。至太祖皇帝在位，訝其方冬而賜單衣，詰諸有司，對以遵用已久，蓋前之闕典，上於是特命改制。今公卿大夫之有夾公服，自此始也。

太祖皇帝以神武定天下，儒學之士，初未甚進用，及卜郊肆，類備法駕乘大輅，翰林學士盧多遜攝太僕卿，升輅執綏，且備顧問。上因歎儀物之盛，詢政理之要，多遜占對詳敏，動皆稱旨。他日上謂左右曰：「作宰相須用儒者。」盧後果大用，蓋兆於此。

沈倫以明經事太祖潛躍中，伐蜀凱旋，奏事稱旨，遂有意於大用。其後命倫爲相，趙普執奏以爲不可，上曰：「如倫者忠孝謹飭，雖守散錢亦可。」普無以對，翌日制下。

太祖嘗遣曹彬下江南，許以平定之日，授之相印，洎凱旋之日，恩禮愈厚，絶無前命。彬等曲宴，從容陳叙及之。上曰：「非忘之也，顧河東未下耳。卿等官位甚重，豈可更親此事邪。」比彬等宴退，其家各賜金十萬貫，其重爵勸功如此。

傳爲丁謂《丁晉公談録》 太祖豁達，既得天下，趙普屢以在微時所不足者言之，欲潛加害。太祖曰：「不可，若塵埃中總教識天子宰相，則人皆去尋也。」自後普不復敢言。

士大夫不可争名競進，致有其缺行，玷平生之蹤跡。昔張去華當太祖朝乞

試，有數知己，皆館閣名臣，保舉之。太祖怒而問曰：「汝有多少文章得如陶穀？」曰：「不如。」「敢與竇儀比試？」曰：「不敢。」「汝與張澹比試。」遂遲遲不對，遂令張澹比試。試畢，考校所試，優於張澹，然澹是季父。自此去華一生不得入館閣，蓋由是耳。

竇儀尚書本燕人，爲性嚴重，家法肅整。【略】至宋太祖登極，猶在翰林。忽一日，宣召入禁闈中顧問事，行至屏鄣間，覘太祖衩衣，潛身却退。中官謂曰：「官家坐多時，請出見。」儀曰：「聖上衩衣，必是未知儀來，但奏云宣到翰林學士竇儀。」太祖聞之，遂起索衫帶着後，方召入見。復一日，中書臣僚皆罷，命韓王普爲相，見無宰臣署勑，太祖悔其倉遽，良久曰：「但去問竇儀，是他會。」儀對曰：「今晉王正守中書令，合且送相印，請晉王署勑用印。」太祖於是甚悦。

太祖明聖慈惠，歷代創業之主不可比也。初，陳橋爲三軍擁迫而回，不獲已，而徇其衆懇，乃先與三軍約曰：「汝等入城，不得驚動府庫，不得殺害人民，不得取奪財物。從吾令，則吾不違汝之推戴。」於是三軍皆曰：「不敢違命。」洎即位後，遣王全斌等先鋒，王自大散關入，船自夔峽而入，水陸齊攻，曹彬爲都監，沈義倫爲行營判官，收復西蜀。無何，全斌殺降兵三千人，是時曹不從命，但收其文案，不署字。王、曹、沈等回，太祖傳宣送中書取勘，左右曰：「方克復西蜀回，然殺降兵亦不可便按劾，今後陛下如何用人。」太祖曰：「不然。今河東、江南皆未歸復，若不勘劾，恐今後委任，轉亂殺人。」但令勘成案，宣令後殿見，責問曰：「如何敢亂殺人？」又曰：「曹彬但退，不干汝事。」曹不退，但叩頭伏罪曰：「是臣同商議殺戮降兵，朝廷問罪，臣首合誅戮。」太祖見曹如此，皆與原之。王受金州節度，餘皆次第進擢也。忽一日，宣曹太尉彬、潘太傅美曰：「命汝收江南。」又顧曹曰：「更不得似西蜀時亂殺人。」曹徐奏曰：「臣若不奏，又恐陛下未知。曩日西川，元不是臣要殺降卒，緣臣商量，固執不下，臣見收得當日文案，臣元不肯着字。」太祖令取進呈。太祖覽之，又謂曰：「卿既商量不下，爲何對朕堅自伏罪？」曰：「臣從初與王全斌等同奉陛下委任，若王全斌等獲罪，獨臣清雪，不爲穩便，臣是一向伏罪。」太祖曰：「卿既自欲當辜，如此又安用此文字？」曰：「臣從初謂陛下必行誅戮，臣留此文書，令老母進呈陛下，乞全母一身。」太祖尤器遇之，又潛謂曰：「但只要他歸伏，慎勿殺人。是他無罪，只是自家著他不得，卿切會取。」曹曰：「謹奉詔旨，不敢違越。」晉公曰：「今國家享無疆之休，良由是耳。」曹之四子：璨、瑋、琮、珣，皆享豐禄，豈非餘慶乎？

龔鼎臣《東原録》 藝祖時，新丹鳳門，梁周翰獻《丹鳳門賦》，帝問左右：「何也？」對曰：「周翰儒臣，在文字職，國家有所興建，即爲歌頌。」帝曰：「人家蓋一箇門樓，措大家又獻言語。」即擲於地。即今宣德門也。

藝祖嘗令傳宣於密院，取天下兵馬數，及本院供到，即後批曰：「我自別爲公事，誰要你天下兵馬數。」卻令還密院。

藝祖嘗以梁周翰補闕管綾錦院，多決工匠不能處，及駕幸本院，即欲決周翰，周翰急曰：「臣天下名士。」既而宰相救解，藝祖言欲決教知滋味，遂釋之。

蔡君謨説藝祖嘗留王仁贍語，趙普奏曰：「仁贍姦邪，陛下昨日召與語，此人傾毁臣。」藝祖於奏劄後親翰，大略：「言我留王仁贍説話，見我教誰去唤來？你莫腸肚兒窄，妒他。我又不見是證見，只教外人笑我君臣不和睦，你莫嫗惱官家。」趙約家見存此文字。

司馬光《涑水記聞》卷一 太祖嘗見小黄門損畫殿壁者，怒之，曰：「豎子可斬也。此乃天子廨舍耳，汝豈得敗之邪！」始平公云

太祖將親征，軍校有獻手檛者，上問曰：「此何以異於常檛而獻之？」軍校密言曰：「陛下試引檛首視之。檛首，即劍柄也。有刃韜於中，平居可以爲杖，緩急以備不虞。」上笑，投之於地，曰：「使我親用此物，事將何如？且當是時，此物固足恃乎？」魏舜卿云

太祖嘗罷朝，坐便殿，不樂者久之。内侍行首王繼恩請其故，上曰：「爾謂天子爲容易邪？早來吾乘快指揮一事而誤，故不樂耳。」孔子稱「如知爲君之難也，不幾乎一言而興邦乎」，太祖有焉。

太祖平蜀，孟昶宫中物有寶裝溺器，遽命碎之，曰：「自奉如此，欲求無亡得乎？」見諸侯大臣侈靡之物，皆遣焚之。

太祖初即位，頗好畋獵，嘗因獵墜馬，怒，自拔佩刀刺馬殺之。既而嘆曰：「我耽於逸樂，乘危走險，自取顛越，馬何罪焉？」自是遂不復獵。

開寶元年，羣臣請上太祖尊號曰應天廣運一統太平聖文神武明道至德仁孝皇帝，上曰：「幽燕未定，何謂一統？」遂却其奏。

太祖嘗謂左右曰：「朕每因宴會，乘懽至醉，經宿，未嘗不自悔也。」

太祖親征澤、潞，中書舍人趙逢憚涉山險，稱墜馬傷足，止於懷州。及師還，當草制，復稱疾，上怒，謂宰相曰：「逢人臣，乃敢如此！」遂貶房州司户。

太祖遣曹彬伐江南，臨行謂之曰：「克之還，必以使相爲賞。」彬平江南而

還，上曰：「今方隅未平者尚多，汝爲使相，品位極矣，豈肯復力戰邪！且徐之，更爲我取太原。」因密賜錢五十萬。彬怏怏而退，至家，見布錢滿室，乃歎曰：「好官亦不過多得錢耳，何必使相也。」太祖重惜爵位，不肯妄與人如此。孔子稱：「惟器與名，不可以假人，君之所司也。」

太祖嘗彈雀於後園，有羣臣稱有急事請見，太祖亟見之，其所奏乃常事耳。上怒，詰其故，對曰：「臣以爲尚急於彈雀。」上愈怒，舉柱斧柄撞其口，墮兩齒，其人徐俯拾齒置懷中。上罵曰：「汝懷齒欲訟我邪？」對曰：「臣不能訟陛下，自當有史官書之。」上悅，賜金帛慰勞之。

太祖幸西京，將徙都，羣臣不欲留。時節度使李懷忠乘間諫曰：「東京有汴渠之漕，坐致江淮之粟四五千萬，以贍百萬之軍，陛下居此，將安取之？且府庫、重兵皆在東京，陛下誰與此處乎？」上乃還。右皆出石介《三朝聖政録》

太祖初登極時，杜太后尚康寧，常與上議軍國事，猶呼趙普爲書記，嘗撫勞之曰：「趙書記且爲盡心，吾兒未更事也。」太祖寵待趙韓王如左右手。御史中丞雷德驤劾奏趙普强市人第宅，聚斂財賄，上怒，叱之曰：「鼎鐺尚有耳，汝不聞趙普吾之社稷臣乎？」命左右曳於庭數匝，徐使復冠，召升殿，曰：「今後不宜爾，且赦汝，勿令外人知也。」

初，梁太祖因宣武府署修之爲建昌宮，晉改命曰大寧宮，周世宗復加營繕，猶未盡如王者之制。太祖始命改營之，一如洛陽宮之制。既成，太祖坐正殿，令洞開諸門直望之，謂左右曰：「此如我心，小有邪曲，人皆見之。」

太祖聞國子監集諸生講書，喜，遣使賜之酒果，曰：「今之武臣，亦當使其讀經書，欲其知爲治之道也。」

太祖聰明豁達，知人善任使，擢用英俊，不問資級。察内外官有一材一行可取者，密爲籍記之，每一官缺，則披籍選用焉。是以下無遺材，人思自效。右皆出《三朝訓鑑圖》

太祖微時與董遵誨有隙，及即位，召而用之，使守通遠軍。通遠軍者，今環州是也。其母因亂没胡中，上因契丹厚以金帛贖而與之，遵誨涕泣，恨無死所。黨項羌掠回鶻貢物，遵誨寄聲誚讓之，羌懼，即遣使謝，歸其所掠。

太祖使郭進守西土，每遣戍卒，上輒戒曰：「有罪，我尚能赦汝，郭進殺汝矣，不可犯也。」有部下軍校告其謀反者，上詰問其故，軍校辭窮，服曰：「進御下嚴，臣不勝忿怨，故誣之耳。」上命執以與進，令自誅之，進釋不問，使禦河東寇，曰：「汝有功則我奏遷汝官，敗則降河東，勿復來也。」軍校往死戰，果立功而還。

張永德，周祖之壻也。爲鄧州節度使，有軍士告其謀反，太祖械送之，永德笞之十下而已。右皆始平公云

張美爲滄州節度使，民有上書告美强取其女爲妾，及受取民財四千緡。太祖召上書者諭之曰：「汝滄州，昔張美未來時，民間安否？」對曰：「不安。」曰：「既來則何如？」對曰：「既來，則無復兵寇。」帝曰：「然則張美全汝滄州百姓之命，其賜大矣，雖取汝女，汝安得怨？今汝欲貶此人，殺此人，吾何愛焉，但愛汝滄州之人耳。吾今戒勑美，美宜不復敢。汝女直錢幾何？」對曰：「直錢伍百緡。」帝即命官給美所取民錢，并其女直，而遣之。乃召美母，告以美所爲，母叩頭謝罪，曰：「妾在闕下，不知也。」乃賜其母錢萬緡，令遺美，使還所略民家，謂之曰：「語汝兒，乏錢欲錢，當從我求，無爲取於民也。」善遇民女，歲時贈遺其家，數慰撫之。」美惶恐，折節爲廉謹。頃之，以政績聞。美在滄州十年，故世謂之滄州張氏。龐安道云

王明爲鄢陵縣令，公廉愛民。是時天下新定，法禁尚寬，吏多受民賂遺，歲時皆有常數，民亦習之，不知其非。明爲鄢陵令，民以故事有所獻饋，明曰：「令不用錢，可人致數束薪芻水際，令欲得之。」民不諭其意。數日，積薪芻至數十萬，明取以築堤道，民無水患。太祖聞之，即擢明知廣州。

太祖時，宫人不滿三百人，猶以爲多，因久雨不止，故又出其數十人。

太祖嘗曰：「貴家子弟，唯知飲酒彈琵琶耳，安知民間疾苦！」由是詔：「凡以資蔭出身者，皆先使之監當場務，未得親民。」

太祖嘗謂秦王侍講曰：「帝王之子，當務讀經書，知治亂之大體，不必學作文章，無所用也。」

太祖性節儉，寢殿設布緣葦簾，嘗出麻屨布衫以示左右，曰：「此吾故時所服也。」右出《聖政録》

太祖欲使符彦卿典兵，趙韓王屢諫，以謂彦卿名位已盛，不可復委以兵柄，上不聽。宣已出，韓王復懷之請見，上迎謂之曰：「豈非以符彦卿事邪？」對曰：「非也。」因别以事奏，既罷，乃出彦卿宣進之。上曰：「果然。宣何以復在卿所？」韓王曰：「臣託以處分之語有未備者，復留之，惟陛下深思利害，勿爲後悔。」上曰：「卿苦疑彦卿，何也？朕待彦卿至厚，彦卿能負朕邪？」韓王曰：「陛下何以能負周世宗？」上默然，遂中止。藍元震云

太祖事世宗於澶州，曹彬爲世宗親吏，掌茶酒，太祖嘗從之求酒，彬曰：「此官酒，不敢相與。」自沽酒以飲太祖。及即位，常語及世宗舊吏，曰：「不欺其主者，獨曹彬耳。」由是委以腹心，使監征蜀之軍。堯夫云

太祖時，宋白知舉，疑爲陶穀，多受金銀，取捨不公，恐牓出羣議沸騰，迺先具姓名以白上，欲託上指以自重。上怒曰：「吾委汝知舉，取捨汝當自決，何爲白我？我安能知其可否？若牓出別致人言，當斫汝頭以謝衆。」白大懼而悉改其牓，使協公議而出之。

太祖既得天下，誅李筠、李重進，召普問曰：「天下自唐季以來，數十年間，帝王凡易十姓，兵革不息，蒼生塗地，其故何也？吾欲息天下之兵，爲國家建長久之計，其道何如？」普曰：「陛下之言及此，天地神人之福也。唐季以來，戰鬭不息，國家不安者，其故非他，節鎮太重，君弱臣强而已矣。今所以治之無他奇巧也，惟稍奪其權，制其錢穀，收其精兵，天下自安矣。」語未畢，上曰：「卿勿復言，吾已喻矣。」頃之，上因晚朝，與故人石守信、王審琦等飲酒，酒酣，上屏左右，謂曰：「我非爾曹之力不得至此，念爾之德，無有窮已。然爲天子亦大艱難，殊不若爲郡節度使之樂，吾今終夕未嘗敢安寢而卧也。」守信等皆曰：「何故？」上曰：「是不難知，居此位者，誰不欲爲之。」守信等皆頓首曰：「陛下何爲出此言？今天命已定，誰敢復有異心？」上曰：「然汝曹無心，其如汝麾下之人欲富貴者何？一日以黄袍加汝之身，汝雖欲不爲，不可得也。」皆頓首涕泣曰：「臣等愚不及此，惟陛下哀憐，指示以可生之途。」上曰：「人生如白駒之過隙，所以好富貴者，不過多積金銀，厚自娱樂，使子孫無貧乏耳。汝曹何不釋去兵權，擇便好田宅市之，爲子孫立永久之業，多置歌兒舞女，日飲酒相歡，以終其天年。君臣之間，兩無猜嫌，上下相安，不亦善乎！」皆再拜謝曰：「陛下念臣及此，所謂生死而肉骨也。」明日，皆稱疾請解軍權，上許之，皆以散官就第，所以慰撫賜賚之者甚厚，與結婚姻，更度易制，使主親軍。其後，又置轉運使、通判，主諸道錢穀，收選天下精兵以備宿衛，而諸功臣亦以善終，子孫富貴迄今不絶。向非趙韓王謀慮深長，太祖果斷，天下何以治平，至今斑白之者不覩干戈，聖賢之見何其遠哉！普爲人陰刻，當時以睚眦中傷人甚多，然其子孫至今享福，國初大臣鮮能及者，得非安天下之謀其功大耶？始平公云。

太祖既納韓王之謀，數遣使者分詣諸道，選擇精兵，凡其才力技藝有過人者，皆收補禁軍，聚之京師，以備宿衛，厚其賜糧，居常躬自按閲訓練，皆一以當百。諸鎮皆自知兵力精鋭非京師之敵，莫敢有異心者。由我太祖能强幹弱枝，制治于未亂故也。始平公云。

司馬光《涑水記聞》輯佚 太祖皇帝潛龍時，雖屢以善兵著奇功，而天性不好殺，故受命之後，其取江南也，戒曹秦王、潘鄭王曰：「江南本無罪，但以朕欲大一統，容他不得，卿等至彼，慎勿殺人。」曹、潘兵臨城，久之不下，乃草奏曰：「兵久無功，不殺無以立威。」太祖覽之，赫然批還其奏曰：「朕寧不得江南，不可輒殺人也。」逮批詔到，而城已破。契勘城破，乃批奏狀之日也。

佚名《道山清話》 太祖嘗有言，不用南人爲相。《實録》《國史》皆載，陶穀《開基萬年録》、《開寳史譜》言之甚詳，皆言太祖親寫南人不得坐吾此堂，刻石政事堂上。或云自王文穆大拜後，吏輩故壞壁，因移石他處，後寖不知所在。既而王安石、章惇相繼用事，爲人竊去。如前兩書，今館中有其名而亡其書也，頃時尚見，其他小説往往互見，今皆爲人節略去。人少有知者，知亦不敢言矣。

范鎮《東齋記事》卷一 劉尚書涣嘗言，宣祖初自河朔南來，至杜家莊院，雪甚，避於門下，久之，看莊院人私竊飯之。數日，見其狀貌奇偉兼勤謹，乃白主人，主人出見，而亦愛之，遂留於莊院。累月，家人商議，欲以爲四娘子舍居之婿。四娘子即昭憲皇太后也，其後生兩天子，爲天下之母。定宗廟大計，其兆蓋發於避雪之時。聖人之生，必有其符，信哉！

太祖時，李漢超鎮關南，馬仁瑀守瀛州，韓令坤常山，賀惟忠易州，何繼筠棣州，郭進西山，武守琪晉陽，李謙溥隰州，李繼勳昭義，趙贊延州，姚内斌慶州，董遵誨環州，王彦昇原州，馮繼業靈武，筦榷之利，悉以與之，其貿易則免其征税。故邊臣皆富於財，以養死士，以募諜者，敵人情狀，山川道路，罔不備見而周知之。故十餘年無西、北之憂也。

太祖一日御後殿慮囚，内有一囚告：「念臣是官家鄰人。」太祖以爲燕薊鄰人，遣問之。乃云：「臣住東華門外。」太祖笑而宥之。

范鎮《東齋記事》補遺 錢俶進寳帶，太祖曰：「朕有三條帶，與此不同。」俶請宣示，上曰：「汴河一條，惠民河一條，五丈河一條。」俶大媿服。

王闢之《澠水燕談録》卷一 開寳中，教坊使魏某，年老當補外，援後唐故事，求領小郡。太祖曰：「伶人爲刺史，豈治朝事，尚可法耶！」第令於本部中遷叙，乃以爲太常太樂令。

太祖討平諸國，收其府藏貯之別府，曰封樁庫，每歲國用之餘，皆入焉。嘗

語近臣曰：「石晉割幽燕諸郡以歸契丹，朕憫八州之民陷夷虜，俟所蓄滿五百萬緡，遣使北虜，以贖山後諸郡；如不我從，即散府財募戰士以圖攻取。」會上即位，乃寢。後改曰左藏庫，今爲內藏庫。

太祖登極數年，石守信等猶典禁衛，趙忠獻屢請于上授以他任，上乃曲燕守信等，道舊甚懽，從容曰：「朕與卿等義均手足，豈有他耶，而言者累及之。卿等各自擇善地，出就藩鎮，租賦之入，奉養甚厚，優游卒歲，不亦樂乎！朕有數女，與卿結親，庶無閒耳。」皆感稱謝。於是諸帥歸鎮，或有至二十餘年者，常富貴榮寵，極于一時。前代之保全功臣，無以過也。

歐陽修《歸田録》卷一　太祖皇帝初幸相國寺，至佛像前燒香，問當拜與不拜，僧録贊寧奏曰：「不拜。」問其何故，對曰：「見在佛不拜過去佛。」贊寧者，頗知書，有口辯，其語雖類俳優，然適會上意，故微笑而頷之，遂以爲定制。至今行幸焚香，皆不拜也。議者以爲得禮。

太祖時，郭進爲西山巡檢，有告其陰通河東劉繼元，將有異志者，太祖大怒，以其誣害忠臣，命縛其人予進，使自處置。進得而不殺，謂曰：「爾能爲我取繼元一城一寨，不止贖爾死，當請賞爾一官。」歲餘，其人誘其一城來降。進具其事送之於朝，請賞以官。太祖曰：「爾誣害我忠良，此纔可贖死爾，賞不可得也！」命以其人還進，進復請曰：「使臣失信，則不能用人矣。」太祖於是賞以一官。君臣之間蓋如此。

太祖時，以李漢超爲關南巡檢使捍北虜，與兵〔三〕千而已，然其齊州賦稅最多，乃以爲齊州防禦使，悉與一州之賦，俾之養士。而漢超武人，所爲多不法。久之，關南百姓詣闕，訟漢超貸民錢不還及掠其女以爲妾。太祖召百姓入見便殿，賜以酒食慰勞之，徐問曰：「自漢超在關南，契丹入寇者幾？」百姓二字一作「對」。曰：「無也。」太祖曰：「往時契丹入寇，邊將不能禦，河北之民，歲遭劫虜，汝於此時能保全其貲財婦女乎？今漢超所取，孰與契丹之多？」又問訟女者曰：「汝家幾女，所嫁何人？」百姓具以對。太祖曰：「然則所嫁皆村夫也。若漢超者，吾之貴臣也，以愛汝女則取之，得之必不使失所，與其嫁村夫，孰若處漢超家富貴。」於是百姓皆感悅而去。太祖使人語漢超曰：「汝須錢何不告我，而取於民乎？」乃賜以銀數百兩，曰：「汝自還之，使其感汝也。」漢超感泣，誓以死報。

太祖建隆(六)〔四〕年，將議改元，語宰相勿用前世舊號，於是改元乾德。其後，因於禁中見內人鏡背有乾德之號，以問學士陶穀，穀曰：「此僞蜀時年號也。」因問內人，乃是故蜀王時人。太祖由是益重儒士，而歎宰相一有「之」字。寡聞也。

釋文瑩《湘山野録》卷中　太祖皇帝將展外城，幸朱雀門，親自規畫，獨趙韓王普時從幸。上指門額問普曰：「何不秖書『朱雀門』，須著『之』字安用？」普對曰：「語助。」太祖大笑曰：「之乎者也，助得甚事。」

釋文瑩《續湘山野録》　國初文章，惟陶尚書穀爲優，以朝廷眷待詞臣不厚，乞罷禁林。太祖曰：「此官職甚難做，依樣畫葫蘆，且做且做。」不許罷，復不進用。穀題詩於玉堂，曰：「官職有來須與做，才能用處不憂無。堪笑翰林陶學士，一生依樣畫葫蘆。」駕幸見之，愈不悅，卒不大用。

祖宗居潛日，與趙韓王遊長安市。時陳摶乘一衛遇之，下驢大笑，巾簪幾墜。左手握太祖，右手挽太宗：「可相從市飲乎？」祖宗曰：「與趙學究三人并游，可當同之。」陳睥睨韓王甚久，徐曰：「也得，也得，非渠不得預此席。」既入酒舍，韓王足疲，偶坐席左，陳怒曰：「紫微帝垣一小星，輒據上次，不可！」斥之使居席右。

釋文瑩《玉壺清話》卷一　太祖征太原還，至真定，幸龍興觀。道士蘇澄隱「蘇」一作「薊」。迎鑾駕，霜簡星冠，年九十許，氣貌翹竦。上因延問甚久，自言：「頃與亳州道士丁少微、華山陳摶結遊於關、洛，嘗遇孫君房「遇」一作「訪」。處士。」上問曰：「得何術？」對曰：「臣得長嘯引和之法。」「和」一作「導」。遂令長嘯，其聲清入杳冥，移時不絕，上嘿久，低迷假寐，殆食頃，方欠伸，其聲略不中斷。上大奇之，因問引導之法，養生之要。「引導之法」四字，吴校增入。隱對曰：「王者養生異於是。老子曰：『我無爲而民自化，我無欲而民自正。』無爲無欲，凝神太和，黄帝、唐堯「黄帝」二字，吴校增入。所以享國永圖，得此道也。」遂賜頤素先生。

太祖問趙韓王：「儒臣中有武勇兼濟者何人？」趙以辛仲甫爲對，曰：「仲甫才勇有文，頃從事於郭崇，教其射法，後崇反師之。贍辨宏博，縱横可用。」遂召見。時太祖方以武臣戡定寰宇，更不暇他試，便令武庫以烏漆新勁弓令射。仲甫輕挽即圓，破的而中。又取堅鎧令擐之，若被單衣。太祖大稱愛。仲甫奏曰：「臣不幸本學先王之道，願致陛下於堯、舜之上，臣雖遇昌時，陛下止以武夫之藝試臣，一弧一矢，其誰不能？」上慰之曰：「果有奇節，用卿非晚。」後勅歷險

易，雍熙三年參大政。公嘗爲起居舍人，使契丹，虜主曰：「中朝党進者，真驍將也。如進輩有幾？」虜所以固矜者，謂進本虜族，中國無之。公亟對：「若進輩鷹犬駑材爾，行伍中若進者，不可勝數。」虜主少沮，意欲執之，辛曰：「兩國以誠講好，今渝約見留，臣有死而已。」嘗笑李陵輩苟生甘恥於羊酪之域，無足取也。」契丹因厚修遣禮送之，度其志必不可奪也。

釋文瑩《玉壺清話》卷二　太祖初郊，凡闕典大儀，修講或未全備，至於勘契之式，次郊方舉。大禮畢，鑾輅還至闕門，則行勘箭之儀，內中過殿門，則行勘契之儀。勘箭者，其箭以金銅爲鏃，長三寸，形若鑿枘。其笴香檀木爲之，長三尺，金鏤飾其端，以絳羅泥金囊韜之，金吾仗掌焉。其鏃以紫羅泥金囊貯之，駕前司掌焉。每大駕還，闔中扇，「扇」一作「扉」，下同。駐蹕少俟，有司聲云：「南來者何人？」一無「南」字。駕前司告云：「大宋皇帝。」行大禮畢，禮儀使跪奏曰：「請行勘箭。」金吾司取其笴，駕前司取其鏃，兩勘之罷，即奏曰：「勘箭訖。」有司又聲曰：「是不是？」贊喝者齊聲曰：「是。」如是者三，方開扇分班起居迎駕。大輅方進，勘契者以香檀刻魚形，金飾鱗鬣，別以香檀板爲魚形，「爲」一作「刻」。坎而爲範。其魚則駕前司掌焉，其範則宮殿門司掌焉。鑾輿過宮殿門，「輿」一作「輅」。以魚合範，然後開扇迎駕。其贊唱喝迎拜，一無「喝」字。一如勘箭之式。

太祖收并門，凱旋日，范杲爲縣令，叩迴鑾進講《聖壽詩》，「進」一作「請」。有「千里版圖來浙右，一聲金鼓下河東」之句。上愛之，賜一官，改服色。

擒劉鋹至闕下，欲獻俘太廟，莫知其儀。時張昭以户部尚書致仕於家，深識典故，國初規制，皆張昭與竇儀所定。太祖遣學士李瀚就問俘廟之儀，庶同參酌。張昭臥病，口占其式以授瀚，不遺一字，瀚遂心服昭之該明。

太祖嘗謂趙普曰：「卿苦不讀書，今學臣角立，雋軌高駕，卿得無愧乎？」普由是手不釋卷，然太祖亦因是廣閱經史。

釋文瑩《玉壺清話》卷三　太祖一作「太宗」，後又作「太祖」，與此本同，未知孰是，俟更攷。欲開惠民、五丈二河，以便運載。吏督治有陳承昭者，吳本作「史承昭」，後同。江南人，諳水利，使董其役。承昭先以緄都量河勢長短，計其廣深，次量鍤之闊狹，以鍤累尺，以尺累丈，定一夫自早達暮合運若干鍤，計鑿若干土，總其都數，合用若干夫，以目奏上。太祖歎曰：「不如所料，當斬於河。」至訖役，止衍九夫，上嘉之。又令督諸軍子弟濬池於朱明門外，以習水戰。後以防禦使從征太原，晉人嬰城堅拒，遂議攻討。以革內壯士，蒙之爲洞而入，雖力攻不陷，師已老。上深憫之，且將親幸其洞，攜藥劑果餌慰撫士卒。時李漢瓊爲攻城總管，挽御衣以諫，曰：「孤壘之危，何啻累卵，矢石如雨，陛下宜以社稷自重。」遂能其幸，止行頒賚而已。既不克，又欲增兵，承昭奏曰：「陛下有不語兵千餘萬在左右，胡不用之？」上不悟，承昭以馬策指汾，太祖遂曉，大笑曰：「從何取土？」承昭云：「紉布囊括其口投上流以塞之，不設板築，可成巨防。」用其策，投土將半，水起一尋，城中危蹙。會大暑，復晉人間道求契丹援兵適至，遂議班師。

釋文瑩《玉壺清話》卷七　太祖生于西京夾馬營，至九年西幸，還其廬駐蹕，以鞭指其巷曰：「朕憶昔得一石馬，兒爲戲，羣兒屢竊之，朕埋於此，不知在否？」斸之，果得。然太祖愛其山川形勝，樂其風土，有遷都之意。李懷忠爲雲騎指揮使，諫曰：「京師正得皇居之中，「皇居」一作「天下」。黃、汴環流，漕運儲廩，可仰億萬，不煩飛輓。況國家重兵，宗廟禁掖，若泰山之安，根本不可輕動也。」遂寢議。拜安陵，奠哭爲別，曰：「此生不得再朝于此也。」即更衣，取弧矢，登闕臺，「臺」一作「基」。望西北鳴弦發矢以定之，矢委處，謂左右曰：「即此乃朕之皇堂也。」以向得石馬埋於中。「中」一作「基」。又曰：「朕自爲陵名曰永昌。」是歲果晏駕。

楊信，高陽人，忠朴，善御士卒。開寶二年，爲散指揮，廨舍直大內之北。一夕中夜，忽夢巨龜銜敕叩其寢，信驚起披衣曰：「大庭必有警。」果太祖開玄武門，急召信入禁中，擒叛黨杜廷進三十九人，一云「杜廷進等十九人」。陰以姓名授之。黎明，盡爲信所捕，擒至便殿，不用吏鞫，面訐得實，「訐」一作「訊」。悉戮於市。信忽患瘖，太祖惜其善撫轄，以重兵之柄委之。雖不能語，而申明紀律，嚴肅有度。有童曰玉奴者，天賦甚慧，善揣信意。凡奏事及指揮軍律，賓客語論，但回顧玉奴，畫掌爲字，悉能代信語，輕重緩急，便否避就，盡協其意。

釋文瑩《玉壺清話》卷九　顯德中，周世宗即位，主遣韓熙載往朝。及歸，主因問新帝容表言動吳本「言動」作「動静」。及朝廷體貌，熙載盛言：「惟見殿前典親兵趙點檢，即太祖也，龍角虎威，凛然有異，舉目顧視，電日隨轉，公卿滿廷，爲氣焰所射，盡奪其色。新帝雖富威武，其厚重之態，負山河之固，但恐不及。」其後太祖即位，主方悟熙載之語。主將近暮年，厄運所會，日漸衰謝，自世宗平淮甸，已抱脣亡之憂。無何，太祖於京城南池按甲舫戰艦，日習水戰，間者歸報，主誤猜疑，愈抱隱憂，實將平揚州也。小人因是觀釁者，紛紛奔叛，竟以平吳之策獻於朝。初，彭澤令薛良者，以贓貶池州文學，因不逞之臣杜著者，吳校云「因不逞與

臣杜著者」。僞爲吴商，絶建德渡，奔獻策，請決秦汙陂。歲溉美田數千頃畝，江南深仰焉，使陰決之，以枯歲穀，廪實無仰，可俯而拾。太祖怒曰：「天産五稼，以養生民，決陂殺穀，吾其肯乎？」吴校「吾」作「天」。立命斬良并著於蜀市，下詔撫慰，主方少安，而狂妄輩因遂戢。終以城闉隘蹙，欲遷豫章，「遷」一作「還」，吴校「欲」作「遂」。尤不逮金陵之廣，上馳詔勸使仍舊，主遣熙載入朝聘謝。熙載歸語主曰：「五星連珠於奎，奎主文章，仍在魯分。今晉王鎮兖、海，料非久必爲太平中國之主，願記臣語。」時乾德丁卯之歲也。

釋文瑩《玉壺清話》佚文　建隆二年十月，賜近臣冬服。有司言：「累代故事，止賜將相、學士、諸軍大校。」太祖曰：「不賜百官，甚無謂也，宜亦賜之。」自是文武常參官悉賜春衣自此始。

蔣穎叔《蔣氏日録》　太祖常與趙中令普議事，有所不合，太祖曰：「安得宰相如桑維翰者與之謀乎？」普對曰：「使維翰在，陛下亦不用，蓋維翰愛錢。」太祖曰：「苟用其長，亦當護其短。措大眼孔，小賜與十萬貫，則塞破屋子矣。」

魏泰《東軒筆録》卷一　陶穀，自五代至國初，文翰爲一時之冠。然其爲人，傾險狠媚，自漢初始得用，即致李崧赤族之禍，由是縉紳莫不畏而忌之。太祖雖不喜，然藉其詞章足用，故尚寘於翰苑。穀自以久次舊人，意希大用。建隆以後，爲宰相者，往往不由文翰，而聞望皆出穀下。穀不能平，乃俾其黨與，因事薦引，以爲久在詞禁，宣力實多，亦以微伺上旨。太祖笑曰：「頗聞翰林草制，皆檢前人舊本，改换詞語，此乃俗所謂依樣畫葫蘆耳，何宣力之有？」穀聞之，乃作詩，書於玉堂之壁，曰：「官職須由生處有，才能不管用時無。堪笑翰林陶學士，年年依樣畫葫蘆。」太祖益薄其怨望，遂決意不用矣。

太祖皇帝得天下，破上黨，取李筠，征維揚，誅李重進，皆一舉蕩滅，知兵力可用，僭僞可平矣。嘗語太宗曰：「中國自五代以來，兵連禍結，帑廪虚竭，必先取西川，次及荆、廣、江南，則國用富饒矣。今之勍敵，止在契丹，自開運以後，益輕中國。河東正扼兩蕃，若遽取河東，便與兩蕃接境，莫若且存繼元，爲我屏翰，俟我完實，取之未晚。」故太祖末年始征河東，太宗即位即一舉平晉也。

錢俶初入朝，既而賜歸國，羣臣多請留俶，而使之獻地。太祖曰：「吾方征江南，俾俶歸治兵以攻其後，則吾之兵力可減半。江南若下，俶敢不歸乎？」既而皆如所處。

武陵、辰陽、澧陽、清湘、邵陽五州各有蠻徭嘯聚，依山阻江，迨十餘萬。在馬希範，周行逢時，數出寇邊，以至圍逼辰、永二州，殺掠民畜，歲歲不寧。太祖既下荆湖，思得通蠻情、習險扼而勇智可任者，以鎮撫之。有辰州徭人秦再雄者，長七尺，武健多謀，在周行逢時，屢以戰鬭立功，蠻黨服之。太祖召至闕下，察知可用，因以一路之事付之。起蠻酋，除辰州刺史，官其一子爲殿直，賜予甚厚，仍使自辟吏屬，盡予一州租賦。再雄感戴異恩，誓死報效，至州日，訓練士兵，得三千人，皆能被甲渡水、歷山飛塹，捷如猿猱。又選親校二十人，分使諸蠻，以傳朝廷懷徠之美意，莫不從風而靡，各得降表以聞。太祖大喜，再召至闕，面加獎激。再雄伏地流涕，嗚咽不勝。改辰州團練使。久之，以其門客王允成爲本州推官。再雄盡瘁邊圉，故終太祖之世，無蠻陌之患，五州延袤千里，不增一兵，不費帑庾，而邊境妥安，由神機駕馭一再雄而已。

陳摶，字圖南，有經世之才，生唐末，厭五代之亂，入武當山，學神仙導養之術，能辟穀，或一睡三年，後隱於華山。自晉、漢已後，每聞一朝革命，則嚬感數日，人有問者，瞪目不答。一日，方乘驢遊華陰，市人相語曰：「趙點檢作官家。」摶驚喜大笑，人問其故，又笑曰：「天下這迴定疊也。」太祖事周爲殿前都點檢，摶嘗見天日之表，知太平自此始耳。

雷德驤判大理寺，因便殿奏事，太祖方燕服，見之，因問曰：「古者以官奴婢賜臣下，遂與本家姓，其意安在？」德驤曰：「古人制貴賤之分，使不可瀆，恐後世譜牒不明，有以奴主爲婚者。」太祖大喜曰：「卿深得古人立法意。」由是歎重久之。自後，每德驤奏事，雖在燕處，必御袍帶以見。

周世宗壽春之役，太祖爲將，太宗亦在軍中，是時壽春久不下，世宗決淮水灌其城。一日，藝祖、太宗及節度使武行德共乘小艇，游於城下，艇中惟有一卒司鐐爐，世謂之茶酒司，一矢而斃，太祖、太宗安座以至迴舟，矢石終不能及。

錢俶入朝，太祖眷禮甚厚，然自宰相以下，皆有章疏，乞留俶而取其地。太祖不從。及賜還本國，復宴餞於便殿，屢勸以巨觥，陛辭之日，感泣再三。太祖命於殿内取一黄複，封識甚密，以賜俶，且戒以途中密觀。暨歸途啟之，凡數十軸，皆羣臣所上章疏，俶自是益感懼，江南平，遂乞納土。

太祖聖性至仁，雖用兵，亦戒殺戮。親征太原，道經潞州麻衣和尚院，躬禱於佛前曰：「此行止以弔伐爲意，誓不殺一人。」開寶中，遣將平金陵，親召曹彬、潘美戒之曰：「城陷之日，慎無殺戮。設若困鬭，則李煜一門，不可加害。」故彬於江南得王師弔伐之體，由聖訓丁寧也。真宗常語宰臣，以河東之役，兵力十

倍，當一舉克捷，良由上黨發願之時，左右有聞之者，賊聞此語，知神兵有戢，故堅守不下，至煩再舉也。

太祖幸西都，肆赦。張文定公齊賢時以布衣獻策，太祖召至便座，令面陳其事。文定以手畫地，條陳十策：一下并、汾，二富民，三封建，四敦孝，五舉賢，六大學，七籍田，八選良吏，九懲姦，十恤刑。內四說稱旨，文定堅執其六說皆善，太祖怒，令武士拽出。及車駕還京，語太宗曰：「我幸西都，惟得一張齊賢耳。我不欲爵之以官，異日，汝可收之，使輔汝爲相也。」至太宗初即位，放進士榜，決欲置於高等，而有司偶失掄選，寘第三甲之末，太宗不悦。及注官，有旨一榜盡與京官，通判。文定釋褐將作監丞、通判衡州，不十年，累擢遂爲相。

蔡絛《鐵圍山叢談》卷一　祕書省自政和末既徙於東觀之下，宣和中始告落成。上因踵故事爲幸之，御手親持太祖皇帝天翰一軸，以賜三館，語羣臣曰：「世但謂藝祖以神武定天下，且弗知天縱聖學筆札之如是也。今付祕閣，永以爲寶。」於是大臣近侍，因得瞻拜。太祖書札有類顏字，多帶晚唐氣味，時時作數行經子語。又間有小詩三四章，皆雄偉豪傑，動人耳目，宛見萬乘氣度。往往跋云「鐵衣士書」，似仄微時游戲翰墨也。時因又賜閣下以小李將軍《唐明皇幸蜀圖》一横軸。吾立侍在班底睹之，胸中竊謂，御府名丹青，若顧、陸、曹、展而下不翅數十百，今忽出此，何不祥耶。古人之於朝覲會同，得觀其容儀而知其休咎，則是舉也厥有兆矣。邈在炎陬而北望黄雲，書此疾首。

蔡絛《鐵圍山叢談》卷五　藝祖始受命，久之陰計：「釋氏何神靈，而患苦天下？今我抑嘗之，不然廢其教也。」一日且暮則微行出，徐入大相國寺。將昏黑，俄至一小院户旁，則望見一髠大醉，吐穢於道左右，方惡罵不可聞。藝祖陰怒，適從旁過，忽不覺爲醉髠攔胸腹抱定，曰：「莫發惡心。且夜矣，懼有人害汝，汝宜歸內。可亟去也。」藝祖動心，默以手加額而禮焉，髠乃捨之去。藝祖得促步還，密召忠謹小璫：「爾行往某所，覘此髠爲在否，且以其所吐物狀來。」及至，則已不見。小璫獨爬取地上遺吐狼籍，至御前視之，悉御香也。釋氏教因不廢。

蔡絛《鐵圍山叢談》卷六　開寶末，吴越王錢俶始來朝。垂至，太祖謂大官：「錢王，浙人也。來朝宿共帳內殿矣，宜創作南食一二以燕衎之。」於是大官倉卒被命，一夕取羊爲醢，以獻焉，因號「旋鮓」。至今大宴，首薦是味，爲本朝故事。

花蘂夫人，蜀王建妾也，後號「小徐妃」者。大徐妃生王衍，而小徐妃其女弟。在王衍時，二徐坐游燕淫亂亡其國。莊宗平蜀後，二徐隨王衍歸中國，半途遭害焉。及孟氏再有蜀，傳至其子昶，則又有一花蘂夫人，作宫詞者是也。國朝降下西蜀，而花蘂夫人又隨昶歸中國。昶至且十日，則召花蘂夫人入宫中，而昶遂死。昌陵後亦惑之。嘗進毒，屢爲患，不能禁。太宗在晉邸時，數數諫昌陵，而未果去。一日兄弟相與獵苑中，花蘂夫人在側，晉邸方調弓矢引滿，政擬射走獸，忽回射花蘂夫人，一箭而死。始所傳多僞，不知蜀有兩花蘂夫人，皆亡國，且殺其身。

陳師道《後山談叢》卷三　士不衣帛，酒肉食肆不近營，太祖之軍法也。

國初，荆湖既平，谿洞皆納土請吏，太祖不受，廷議獨置辰州，歲貢四萬緡爾。

陳師道《後山談叢》卷四　太祖既受位，使告諸道，東諸侯坐使者而問：「故宰相其誰乎？樞密使副其誰乎？軍職其誰乎？從官其誰乎？」皆不改舊，乃下拜。

陳師道《後山談叢》卷五　太祖爲太原鎮將，舍縣人李媪家，媪事之謹。他日訪其家，媪則死矣，得其子，以爲御厨使，久之不遷，求去。太祖曰：「以爾才地，御厨使其可得邪？爵禄以待賢能，而私故人，使我媿見士大夫，而爾意猶不滿邪？」

太祖閲蜀宫畫圖，問其所用，曰：「以奉人主爾。」太祖曰：「獨覽孰若使衆觀邪！」於是以賜東華門外茶肆。

太祖不以法吏爲獄官，畏其遷情而就法也。

前世陋儒，謂秦璽所在爲正統，故契丹自謂得傳國璽，欲以歸太祖，太祖不受，曰：「吾無秦璽，不害爲國。且亡國之餘，又何足貴乎！」契丹畏服。

趙普請繕都城，太祖不可，曰：「使寇至此，其誰駐足乎？」

陳師道《後山談叢》卷六　太祖嘗幸祕書省，召管軍官使觀書焉。

太祖置竹木務於汴上，市竹木於秦晉，由河入汴，有卒千五百人。出材於汴，納材於場，置事材場於務之側，有二三千人。凡興造者受成材焉。其法曰：「有敢請生材者徒二年。」今啓聖院乃其材也，今百年矣，梁栱之際，尚不容髮。

高晦叟《珍席放談》卷上　太祖召陳圖南對便殿，恩禮甚渥，問曰：「昔堯舜之爲天下，今可至否？」對曰：「堯舜土階三尺，茅茨不剪，其迹似不可及。然能以清淨爲治，則今之堯舜也。」上善其對。清淨之言，起於老莊，世多以爲道家虛

元之説，其源蓋出於乾坤易簡之道，堯舜繇之，修己以安百姓者也。希夷舉之以答睿問，可爲仁人之言，其利溥也，豈高引遠遯，方外泛泛之流，可攀企哉？太祖嘉納，帝道日隆，聖政日躋，偃武修文，函夏奠枕，視唐虞無間然矣。

太祖嘗下詔，吏員繁而求事之治，俸禄薄而責人以廉，甚無謂也，與其冗員而重費，不若省官以益俸。非獨垂一時之訓，足以爲萬世之制。

徐度《卻掃編》卷中　乾德二年，以兵部侍郎吕餘慶、薛居正並本官參知政事。先是，已命趙普爲相，欲命居正等爲之副，而難其名稱，詔問翰林承旨陶穀：「下丞相一等者有何官？」對曰：「唐有參知政事、參知機務。」故以命之。仍令不宣制，不押班，不知印，不升政事堂，止令就宣徽使廳上事，殿庭别設塼位於宰相後，勑尾署銜，降宰相數字，月俸雜給半之，蓋帝意未欲居正等名位與普齊也。史臣錢若水等曰：「按唐故事，裴寂爲右僕射，參知政事，杜淹爲御史大夫，參議朝政，魏徵爲祕書監，參議朝政，蕭瑀爲特進，參議政事，劉洎爲門下侍郎，參知政事，劉幽求爲中書舍人，參知機務，然並宰相之任也。又高宗嘗欲用郭待舉等參知政事，既而謂崔知温曰：『待舉等歷任尚淺，未可與卿等同稱。』遂令於中書門下同承受進止平章事，以此言之，平章事亞於參知政事矣。今穀不能遠引漢御史大夫亞丞相故事爲對，翻以參知政事爲下丞相一等，穀失之矣，議者惜之。」余以謂凡此官稱，皆唐一切之制，非有高下等級著爲定令也，亦何常之有？至唐中葉以後，雖左右僕射，不兼平章事皆不爲宰相，則平章之重也久矣，故本朝因之。既政事自中書門下出，則平章事固中書門下之長官也。御史臺自爲風憲之地，今一旦以御史大夫厠於中書門下之列，獨不爲紊亂乎？如必用漢制者，則丞相以下，舉易其名可也，史臣之論亦未爲允。

陳善《捫蝨新話》卷七《太祖皇帝詩語雄健》　帝王文章，自有一般富貴氣象。國朝江南遣徐鉉來朝，鉉欲以辨勝，至誦後主月詩云云，太祖皇帝但笑曰：「此寒士語耳，吾不爲也。吾微時夜自華陰道中，逢月出，有句云：『未離海底千山暗，纔到中天萬國明。』」鉉聞不覺駭然驚服。太祖雖無意爲文，然出語雄健如此。

王明清《揮麈録·後録》卷一　滁州清流關，昔在五季，太祖皇帝以五千之兵，敗江南李氏十五萬衆，執皇甫暉、姚鳳以獻周世宗，實爲本朝建國之根本。**【略】**當其始也，趙韓王教村童于山下，始與太祖交際。用其計畫，俾爲鄉導，提孤軍，乘月夜，指縱銜枚，取道于清流關側蘆子犰，浮西澗，入自北門，直擣郡治。皇甫暉方坐帳中，燕勞將士，養鋭待戰，倉黄聞變，初不測我師之多寡，躍其愛馬號千里電奔東郊。太祖追及於河梁，以劍揮之，人馬俱墜橋下，暉遂擒，姚鳳即以其衆解甲請降。自此兵威如破竹，盡取淮南之地。鳳之投降，時正午刻，擊諸寺鍾以應之，至今不改。紹興壬戌，郡守趙時上殿陳其事，詔付史館。東渡猶有落馬橋存焉。

太祖嘗令於瓦橋一帶南北分界之所，專植榆柳，中通一徑，僅能容一騎。後至真宗朝，以爲使人每歲往來之路，歲月浸久，日益繁茂，合抱之木，交絡翳塞。宣和中，童貫爲宣撫，統兵取燕雲，悉命剪薙之。逮胡馬南騖，遂爲坦途。使如前日有所蔽障，則未必能卷甲長驅。如此亦祖宗規撫宏遠之一也。王嗣昌云

太祖既廢藩鎮，命士人典州，天下忻便。於是置公使庫，使遇過客，必館置供饋，欲使人無旅寓之歎。此蓋古人傳食諸侯之義。下至吏卒批支口食之類，以濟其乏食。承平時，士大夫造朝，不齎糧，節用者猶有餘以還家，歸途禮數如前，但少損。

承平時，揚州郡治之東廡，扃鎖屋數間，上有建隆元年朱漆金書牌，云非有緩急不得輒開。宣和元年，盜起浙西，詔以童貫提師討之，道出淮南，見之，焚香再拜啓視之，乃弓弩各千，愛護甚至，儼然如新。貫命弦以試之，其力比之後來過倍，而製作精妙，不可跂及。士卒皆歎伏，施之於用，以致成功。此蓋太祖皇帝親征李重進時所留者。仰知經武之略，明見於二百年之前，聖哉帝也。辛仲由爲先人言

陸游《避暑漫鈔》　藝祖受命之三年，密鐫一碑，立於太廟寢殿之夾室，謂之誓碑，用銷金黄幔蔽之，門鑰封閉甚嚴。因敕有司，自後時享及新天子即位，謁廟禮畢，奏請恭讀誓詞。獨一小黄門不識字者從，餘皆遠立。上至碑前，再拜跪瞻默誦訖，復再拜出。羣臣近侍，皆不知所誓何事。自後列聖相承，皆踵故事。靖康之變，門皆洞開，人得縱觀。碑高七八尺，闊四尺餘，誓詞三行，一云：「柴氏子孫，有罪不得加刑，縱犯謀逆，止於獄内賜盡，不得市曹刑戮，亦不得連坐支屬。」一云：「不得殺士大夫及上書言事人。」一云：「子孫有渝此誓者，天必殛之。」後建炎中，曹勛自金回，太上寄語：「祖宗誓碑在太廟，恐今天子不及知。」

周必大《二老堂雜志》卷二　太祖皇帝嘗令江南李煜，作書諭廣南劉鋹令歸中國。煜命其臣潘佑視草，文甚辨麗，累數千言，今載之《太祖實録》。饒州董氏刻佑集亦有之，然皆不載最後十句，蓋私禮不敢以聞也。予年十餘歲，因隨侍至

廣州，嘗得其全文，今尚能記其辭曰：「皇帝宗廟垂慶，清明在躬，冀日廣徽猷，時膺多福。徒切依仁之戀，難窮報德之情。望南風而永懷，庶幾撫我。指白日以自誓，夫復何言。」

備論

《宋史》卷三《太祖紀三》 贊曰：昔者堯、舜以禪代，湯、武以征伐，皆南面而有天下。四聖人者往，世道升降，否泰推移。當斯民塗炭之秋，皇天眷求民主，亦惟責其濟斯世而已。使其必得四聖人之才，而後以行其事畀之，則生民平治之期，殆無日也。

五季亂極，宋太祖起介冑之中，踐九五之位，原其得國，視晉、漢、周亦豈甚相絶哉？及其發號施令，名藩大將，俯首聽命，四方列國，次第削平，此非人力所易致也。建隆以來，釋藩鎮兵權，繩贓吏重法，以塞濁亂之源；州郡司牧，下至令録、幕職，躬自引對；務農興學，慎罰薄斂，與世休息，迄於丕平；治定功成，制禮作樂。在位十有七年之間，而三百餘載之基，傳之子孫，世有典則。遂使三代而降，考論聲明文物之治，道德仁義之風，宋於漢、唐，蓋無讓焉。嗚呼，創業垂統之君，規模若是，亦可謂遠也已矣！

王稱《東都事略》卷二《太祖紀二》 臣稱曰：烏虖！自三代以上，莫不得天下以正也。堯、舜傳之賢，而禹傳之子，湯武雖以仁易暴，而湯有慙德，孔子謂武未盡善，則是湯武尚處聖人之不幸也。太祖皇帝聰明齊聖，由揖遜而有天下，如堯與舜，至於天禄之傳，不歸之子而歸之弟，則賢於禹遠矣，況湯武乎。烏虖！得天下以仁，棄天下如脱屣，數千百載之閒，繼堯、舜之正者，唯太祖爲不可及也已。

曾鞏《元豐類稿》卷一〇《太祖皇帝總叙》 孟唐之敝，自天寶已後，紀綱寖壞，不能自振，以至於失天下。五代興起，五十餘年之間，更八姓十有四君，危亡之變數矣，其尤甚也，契丹遂入中國，擅立名號。當是時，天地五行，人事之理，反易繆亂，不同夷狄者亡幾耳。太祖爲天下所戴，踐尊位，以生民爲任，故勸農桑，薄賦斂，緩刑罰，除舊政之不便民者，詔令勉覈相屬，推其心無一日不在百姓也。知方鎮之病民也，故設通判之員，使斂以繩墨。憂吏民之不良也，故數使在位舉其所知。患吏或受賕或不奉法也，故罪至死徒，一無所貸。原其意，蓋以謂遭世大衰，不如是吏不知禁，不能救民於焚溺之中也。征伐既下諸國，必先以逋欠滌煩苛，賙乏絶，雪寃滯，惠農民，拔人才，申命郡邑，反復不倦。或遇水旱，輒蔬食請禱，欲移災於己。其於羣臣有恩舊，有勞能，待之各盡其分，以位貴之，以財富之，有男使尚主，有女使嫁宗室，其予人之周也如此。即材可用，雖讎不廢，不可用，雖光顯矣，不處以勢。其有罪多縱貸之，或賜之使自媿，及至堅明約束以整齊天下者，亦使之不能踰也。强僭之國，皆接以恩禮，商賈往來不禁，有出境犯其令者，迺爲之置市邊邑，使兩利，有所乏少，常振助之。征伐所加，必其罪暴者，師出未嘗不以義也。其君長已降，及就俘執，道路勞問迎致，使者相望，既得以壽考終。自晉既覆滅，契丹寖大，中國惴畏不敢當。太祖拔用材武，護西北邊，寵以非常之恩，任屬專聽信明。常遣戍卒，戒之曰：「我猶赦汝，郭進殺汝矣。」有訟進者，謂曰：「進軍政嚴，此必犯進法。」送進使殺之。關市租賦，諸將得恣用，不問出入，以其故士附，鬭者盡力，諜者盡情。邊臣可誘者，皆十餘年不易其任，然位不過巡檢使，衆不過三五千人。蓋任專則勢便，位不極則士勵，兵少則用約，御將亦多術矣。總其所長，能兼用之，故能省費息民，振新集之衆，屈憑陵之虜也。蓋太祖篤於孝友，有天下之行，聰明智勇，有天下之材，仁必愛人，有天下之志，包含偏覆，有天下之量。守之以勤儉恭慎，虚心納諫，鑒於奧蜀以奢侈爲戒，思天下之重，不復遊畋。封拜諸子，務自約損，不盡循故典。收納學士大夫，用之不求其備，或守難進之節，亦不奪也。晚喜讀書，勸諸將以學，曰：「欲使之知治道也。」兼覆夷夏，從容以德，江南平，覽捷書而泣曰：「師征不義，而顧令吾民死兵，彼何負哉！」秦州已入尚波于之地，却而不受。錢俶來朝，復歸之越。契丹願聽盟約，逡巡退抑，不自矜伐。天下大勢，連數十城之鎮，割其故地，以小其力。易動勤畜之兵，歛置懷服，以值其難。至於舉賢良，崇孝弟，綴禮樂，明考課，雖宇内初輯，然庶政大體，彌綸備具，遺文故事，施於後世，皆可爲法。民於是時，從死更生，室家相保，士農工賈，各還其職，鳥獸草木，亦莫不遂。前世舊臣，備將相，處腹心爪牙之任者，一旦回心，奉令北鄉，如素委質。天下廣都通邑，兼地千里，德懷二三之臣，負衆自用，令之不從，召之不至者尚數十，皆束衽來庭，代易奔走，如水湊下。粤、蜀、吴、楚、歐閩之君，分天下爲八九，曰帝與王，傳子及孫，更數十歲者，編名囚虜並聚闕下。四海之内，混齊爲一。海東

之國高麗，極南交阯，西戎、吐番、回紇，北狄契丹，皆請吏奉貢，天地所養，通途之屬，莫不内附。當是時，更立天下，與民爲始，天地五行，人事之理亂而復正。蓋太祖之於受命，非如前世之君，圖衆以智，圖柄以力，其處心積慮，非一夕一日在於取天下也。其在天者曆數，在人者羣臣萬民，三軍之士不歸周，歸太祖，未有知其所以然者，所謂天也。及其傳天下也，舍子屬弟。是則太祖之受天下，與舜受之堯，禹受之舜，其揆一也。其傳天下，與堯傳之舜，舜傳之禹，其揆一也。受天下及傳天下，視天與人而已，非其心未嘗有天下豈能如是哉。世以謂太祖不世出之主，與漢高祖同。蓋太祖爲人有大度，意豁如也，知人善任，使與漢高祖同，固然也。太祖承自天寶以後，更五代二百餘年極敝之天下，漢祖承全盛之秦，二世之末，天下始亂，所因之勢既殊，太祖開建帝業，作則垂憲，後常可行，漢祖粗定海内而已，不及一。太祖立折杖法，脱民榜笞死禍，定著常刑，一本寬大，漢祖雖約法三章，然肉刑三族之誅，至孝文始去，不及二。太祖功臣皆故等夷，及位定，上下相安，始終一意，漢祖疑間諸將，夷滅其家，不及三。太祖削大弱彊，藩臣遵職，漢祖封國過制，反者更起，累世乃定，不及四。太祖征伐必克，漢祖數戰輒北，不及五。太祖文武自出，羣臣莫及，漢祖非得三傑之助，不得無失，不及六。開寶之初，南海先下，趙佗分越而帝，漢祖不能禁，不及七。太祖不用兵，契丹自附，漢祖折厄白登，身僅免禍，不及八。太祖後宮二百，問願歸者，復去四之一，漢祖溷於衽席，女禍及宗，不及九。太祖明於大計，以屬天下，漢祖擇嗣不審，幾墜厥世，不及十也。漢祖所不能及，其大者如此。是自三代已來，撥亂之主，未有及太祖也。三代盛矣，然禹之孫太康失國，湯之孫太甲放廢，文武之後，三世傳昭王，不返於楚，繇漢以下，變故之密，蓋不可勝道也。太祖經始大基，流風遺澤，所被者遠，五聖遵業，至今百有二十餘年，上下和樂，無變容動色之慮接於耳目，治安久長，自三代以來，所未有也。維太祖創始傳後，比迹堯舜，綱理天下，軼於漢祖，太平之業，施於無窮，三代所不及，成功盛德，其至矣哉！蓋唐天寶十四年，天下户八百九十一萬，太祖元年，户九十六萬，末年天下既定，户三百九萬。今上元豐二年，户一千三百九十一萬，六聖之德澤，覆露生養，斯其所以盛也，本原事實，所繇致此，有自也哉。

黎靖德《朱子語類》卷一二七　漢高祖、本朝太祖有聖人之材。必大。

或言：「太祖受命，盡除五代弊法，用能易亂爲治。」曰：「不然。只是去其甚者，其他法令條目多仍其舊。大凡做事底人，多是先其大綱，其他節目可因則因，此方是英雄手段。如王介甫大綱都不曾理會，却纖悉於細微之間，所以弊也。」儒用。

問：「藝祖平定天下如破竹，而河東獨難取，何耶？以爲兵强，則一時政事所爲，皆有敗亡之勢。不知何故如此？」曰：「這却本是他家底。郭威乘其主幼而奪之，劉氏遂據有并州。若使柴氏得天下，則劉氏必不服，所以太祖以書喻之，謂本與他無讐隙；渠答云不忍劉氏之不血食也。」此其意可見矣。被他辭直理順了，所以難取。榦。

國初下江南，一年攻城不下，是時江州亦城守三年。蓋其國小，君臣相親，故能得人心如此。因説先世理平公仕江南死事，及此。德明。

因説今官府文移之煩，先生曰：「國初時事甚簡徑，無許多虚文。嘗見太祖時，樞密院一卷公案，行遣得簡徑。畢竟英雄底人做事自别，甚樣索性！鬧番中却如此，文移極少。且如駕過景靈宫，差從官一人過盞子，有甚難事？只消宰相點下便了。須要三省下吏部，吏部下太常，太常擬差申部，部申省，動是月十日不能得了，所差又即是眼前人。趙丞相在位，甚有意要去此等弊，然十不能去一二，可見上下皆然。」太祖時公案，乃是蜀中一州軍變，復申來乞差管攝軍馬。樞密院具已經差使臣，及未經差使姓名，内一人姓樊。注云：「樊愛能孫。只有一人。」注：「此人清廉可使。」太祖就此人姓上點一點，就下批四字云：「只教他去。」後面有劵狀云：「雜隨四人，某甲某乙。」太祖又批其下云：「只帶兩人去。」「小底二人，某童某童，大紫騮馬一疋，并鞍轡；小紫騮馬一疋，并鞍轡。」太祖又批其下云：「不須帶紫騮馬，只騎騮馬去。」又乞下銓曹，作速差知州，後面有銓曹擬差狀。約只隔得一二日，又有到任申狀。其兵馬監押纔到時，其知州亦到了。其行遣得簡徑健速如此！雉。

秀才好立虚論事，朝廷纔做一事，鬨鬨地鬨過了，事又只休。且如黄河事，合即其處看其勢如何，朝夕只在朝廷上鬨，河東決西決。揚録云：「害幾多了，此中論要導向處亦未住。凡作一事皆然。漢時在上重，唐亦多爲虚論所沮。如憲宗討蔡，不是憲宗，如何做得！刺武元衡，傷裴度，憲宗決爲之，乃成。」凡作一事皆然。太祖當時亦無秀才，全無許多閑説。只是今日何處看修器械，明日何處看習水戰，又明日何處教閲。日日著實做，故事成。

問：「開寶九年，不待踰年而遂改元，何也？」曰：「這是開國之初，時人材粗疏，理會不得。當時藝祖所以立得許多事，也未有許多秀才説話牽制他。到這般處，又忒欠得幾箇秀才説話。」榦。

周密《齊東野語》卷一　梓人掄材，往往截長爲短，斲大爲小，略無顧惜之意，心每惡之。因觀《建隆遺事》，載太祖時，以寢殿梁損，須大木換易。三司奏聞，恐他木不堪，乞以模枋一條截用。模枋者，以人立木之兩傍，但可手模，不可得見，其大可知。上批曰：「截你爺頭，截你娘頭，别尋進來。」於是止。嘉祐中，修三司，敕中一項云：「敢以大截小，長截短，並以違制論。」即此敕也。大哉王言，豈區區靳一木哉？是亦用人之術耳！

陳櫟《歷代通略》卷三《宋東都汴京》　宋太祖其聖矣乎。趙氏，名匡胤，在位十七年，建隆三，乾德五，開寶九，庚申至丙子，壽五十歲，陵名永昌。後唐明宗天成丙戌即位，天成二年。焚香祝天，願早生聖人爲生民主。明年丁亥，太祖即生，生于洛陽夾馬營。越三十有四年，爲宋建隆元年庚申，果順天應人爲生民主焉。

初事周世宗，勳望夙著。世宗殂，少帝立，契丹犯邊，太祖爲殿前都點檢，督諸軍禦之。軍出愛景門，日下復有一日，黑光久相磨盪。軍校苗訓者，知天文，指謂楚昭輔曰：「此天命也。」是夕，次陳橋驛，將士扣寢門曰：「諸將無主，願策太尉爲天子。」太祖驚起，固拒之，不可，迺誓之曰：「少帝、太后，我北面事之，公卿大臣，皆我比肩之人也，汝等毋得陵暴。近世帝王初入京城，皆縱兵大掠，今無得復然。」衆皆拜，天命人心可見也。已，乃整軍自仁和門入，秋毫無犯。宰相范質以下迎拜，行禪代禮。奉少帝爲鄭王，遷西京，後遷房州。定國號曰宋，因周都汴京。開封府。革命之日，市不易肆，此一事漢唐以來所未有也。邵雍語。

當是時，四方多僭國叛鎮，澤潞李筠昭義節度。淮南李重進淮南節度。反，討平之。先取澤、潞，以通兩河之咽喉，次取淮南，以通淮揚之門户，繼取湖南、荆湘，而後及于蜀、廣、江南、河東，先易而後難，先近而後遠，削平混一之規模，蓋如此也。吕中講義。

二叛李筠、(童)〔重〕進。既誅，一日問宰相趙普普初爲掌書記，太祖謀臣，後爲相。曰：「唐季以來，五十年易八姓，何也？吾欲息兵，爲長久計，何如？」普曰：「此非他故，方鎮太重，君弱臣强而已。若稍奪其權，制其錢穀，收其精兵，天下自安矣。」上悟。時石守信、王審琦等，即策立之諸將。皆以故人典禁衛，乃召之宴，酒酣，謂曰：「我非爾曹之力不至此，然未嘗安枕而卧也。」守信曰：「天命已定，誰敢異心。」上曰：「爾曹雖無異心，如麾下欲富貴者何？一旦以黄袍加汝身，欲不爲得乎？人生如白駒過隙，所謂好富貴，不過多積金帛，厚自娱樂耳。爾曹何不釋去兵權，出守大藩，擇便好田宅市之，日飲相歡，以終天年，君臣之間兩無猜疑，上下相安，不亦善乎？」皆拜曰：「陛下念臣等至此，所謂生死而肉骨也。」明日，皆稱疾講罷，迺皆除節度，罷軍職。自此節度使皆無軍權，只請俸。杯酒間除一二百年不可除之痼疾，此趙韓王普封韓王。開國元勳善謀國之第一義也，而非太祖，其孰能行之。故專地、專兵、專利、專殺，五季承唐方鎮之弊也。於是以知州易方鎮，以收其地，始命昝居潤知鎮州，又多命文臣知州，復置諸州通判。籍諸道驍勇補禁衛，以收其兵，賦入輸京師，以收其財，命文臣榷場院，又置轉運使。大辟委刑部，以革其專殺。在外，則鳳翔節度使王彦超等皆罷節鎮，開寶二年。授環衛焉。内除宿衛之迫，外除方鎮之專，消之以漸，持之以久，不激不靡，以成遠圖，善矣。

先是，李漢超、郭進等已守關南洺、衛等州，至是又命李繼勳、姚内斌等守西潞、慶等州，委以邊寄。自此無西北虞，得以盡力東南。東南既平，將以漸理西北。于是荆南高繼沖服，乾德元，以荆、歸、峽三州降。湖南周保權擒，同上年，湖南十四州。平蜀而執孟昶，三年。平嶺南而執劉鋹，開寶四，即廣中。取江南而執李煜。八年。江南捷書至，上泣曰：「宇縣分割，民受其禍，思布聲教以撫安之。攻城之際，必有横罹鋒刃者，是可哀也。」大哉言乎，真仁心形于仁言也。待諸降王恩禮備至，皆得以牖下終。蘇軾有言，三代以後能一天下者四君，漢高祖、光武、唐太宗、宋太祖。皆以不嗜殺人得之，宋太祖居其一焉，信然矣。

嘗以雪夜幸趙普家，論及取大原，河東。普曰：「大原當西、北二邊，使一舉而下，邊患我獨當之，何不姑留以俟削平諸國，彼彈丸黑子之地，將何所逃。」上深然之，故終劉鈞世不加以兵。繼元立，始征之，會暑雨，即班師，雖未得河東，實禹征苗、文王伐崇遺意也，故諸僭國惟河東未平，若吴越則已奉正朔久矣。西、北二方，慮之甚遠，北方謂契丹，已見前。西方謂西夏，在唐時爲定難節度使，領銀、夏、綏、宥等州，元姓拓跋，後賜姓李，世領之。太祖朝，李彝興嘗貢馬，其後光叡、繼筠、繼捧嗣，太宗朝賜姓趙，仁宗朝元昊反，事並見後。置封樁庫，積貯金帛，期以贖石晉所割地，否則戰焉。使天假之年，則河東平、故地復，必皆不愆于素，其於收靈夏餘事耳。開寶八年，江南甫平，九年，太祖已晏駕，壽止五十，庸非天乎？

太祖之善，史不勝書。一日，罷朝不樂，或請其故，曰：「爾謂天子爲容易耶，屬乘快指揮一事而誤，故不樂耳。」後克艱，爲君難，太祖知之矣。嘗坐寢殿，令洞開諸門，皆端直軒豁，曰：「此如我心，少有邪曲，人皆見之。」朱文公謂「太祖不爲文字言語之學，而方寸之地正大光明，直與堯舜之心合」是也。即位之初，數幸國子監，葺先聖祠，用孔子遠孫爲主簿。初，在軍中，手不釋卷，命王昭素講

《易》，賞其「治世莫如愛民，養身莫如寡欲」二語，書之屏間。晚尤好讀書，君則曰作宰相須用讀書人，相則曰天下惟道理最大。蜀平，宮人入掖庭，有乾德所鑄鏡，問陶穀、竇儀，對曰：「僞蜀當有乾德年號。」太祖嘆曰：「作宰相須用讀書人。」嘗問趙普：「天下何物最大？」普對曰：「天下惟道理最大。」興以武功，而首崇儒學，後來濂洛之學，直紹洙泗，道理大明，使學者如生三代前。雖乾德丁卯，五年。五星聚于奎婁，天實開文明之祥，然扶植斯道之端，自太祖肇矣。他如悔飲醉，嘗曰：「沈湎于酒，何以爲人！」遣宮人，放願歸者百五十餘人。碎七寶溺器，孟昶物。服浣濯衣，寢殿設青布緑葦簾，戒皇女衣翠襦，晉王言：「陛下服用太草草。」上曰：「汝不記居甲馬營中時耶。」親試舉人，詔百官轉對，詔長吏勸農桑，贓吏或杖死棄市，或配海門島，任士人典獄，大閲省冗弱，斬川班卒妄訴者，曰：「士卒犯吾法，惟有劍耳。」諸如此類，遽數之不能終。開寶癸酉，庚申至此十四年。周幼主以壽殂，爲舉哀輟視朝，睎前代之酷虐矯誣，忠厚至矣。

至於不以天子私其子，尤可尚焉。昭憲太后杜氏太祖母。之將終也，謂太祖曰：「汝知所以得天下乎，正繇柴氏以幼兒主天下，羣心不附故耳。汝後當傳位汝弟，指太宗。能立長君，社稷之福也。」上泣曰：「敢不如太后教。」後因論建都，曰：「晉王龍行虎步，異日必爲太平天子。」則傳位太宗固太后之遺教，實太祖之真心也。太祖之削平僭亂，其英武不能過於漢高、光武、唐太宗，其存心檢身，正家傳位，則漢祖、唐宗不及之也。

獨立國之勢，定都之宜，則有可言者。嘗幸西京，洛陽。欲留都之，曰遷河南未已，又當遷長安。晉王切諫，上曰：「吾欲西遷無他，欲據山河之勝，而去冗兵，循周漢故事，以安天下也。晉王之言固善，然不出百年，天下民力殫矣。」蓋北不得幽薊，則兩河不可都，西不得靈夏，則關中不可都。《朱文公語録》曰：「關中之山，皆自蜀漢而來，至長安而盡。横山之險，乃山之極高處，宋自横山以北，盡爲西夏所有，山河之固，與我共之，反據高以臨下，是以關中不可都也。神宗鋭欲取横山，蓋得横山，則可據高以臨彼。然取横山之要，又在永洛之城，故夏人以死争之。」不得已因仍都汴，恃兵以爲彊，通漕以爲富耳。諸將皆歸老宿衛，諸州則署無兵權，一兵一財，皆朝廷自制之，故其始雖足以戢姦雄之變，而其終漸無以禦外敵之驕。太祖雖以武功開國，而文事已開端，武畧已微，不競立國之勢，甚似周魯，仁厚之積，漸必柔弱，理勢然也。

太祖朝用相數人，范質、王溥、魏仁浦、薛居正、沈義倫。最專且久，莫如趙普，外惟一竇儀有學有守，太祖屢欲相之，普忌其剛直，與陶穀等共排之矣。普爲開國元勳，最可稱者謀國，謀國最可稱者，削平藩鎮之謀與決征河東先後之謀二事也，修己正君無聞焉，用人則全非矣。開國之初，如天地重開，不可厚誣以爲無人，使能博引羣賢，以共贊大業，豈止如今所觀哉！開寶九年十月，上不豫，召晉王屬以後事而崩。宋皇后使召皇子德芳，見晉王至，遽曰：「官家，吾母子之命託于官家。」晉王曰：「共保富貴，無憂也。」晉王立，是爲太宗。先名匡乂，改名光乂，太祖同母弟也，即位改名炅。在位二十二年，太平興國八，雍熙四，端拱二，淳化五，至道三，丙子至丁酉，壽五十九歲，陵名永熙。

柯維騏《宋史新編》卷一《太祖紀》 論曰：唐太史令李淳風有言，天之所命，人不能違。信哉。周世宗鑒近代促運，悉誅戮諸將豐貌者，自謂無遺慮，然天下竟歸於終日侍側之點檢，此豈非天耶。夫剥必復，蹇必解，五季之亂，乃天悔禍時也。宋太祖挺生，實應明宗之祝，陳橋推戴，夫烏得而辭諸。逮天下既定，傳位有盟，先其弟，而後其子。雖素敦友于重違母命，要之晉王知略，孰與武功乎。夫帝之心，非利天下，灼然著矣。野史氏乃言其興以謀，又言晚渝盟，故崩于弑，皆弗綜其事實。兹述本紀闕之，毋令開創賢辟，蒙訾議焉。

于慎行《讀史漫録》卷一 宋之所以有天下，非有以異於五代也，國祚綿長，與漢、唐并永，徒以能削藩鎮之權耳。夫藩鎮之權，積數百年，非易削也，而何以能除之？此有機焉。人見其杯酒片言，立解諸將之柄，而不知其從容布置之方，有非旦夕可致者，其爲謀亦甚深。【略】蓋天下之事，弊極不可驟革，勢重不可亟返，皆有機焉。得其機而徐圖之，則批郤導窾，砉然而理矣。不得其機而暴更之，則壅決水潰，卒然而不可救。太祖於此，可謂得其機矣。

藝文

岳正《類博稿》卷二《讀史》四首《宋太祖》 家母素知兒有志，他人卻道帝無心。史官兼載非相悟，後世那知費討尋。

趙普部

綜述

《宋史》卷二五六《趙普傳》 趙普字則平，幽州薊人。後唐幽帥趙德鈞連年用兵，民力疲弊。普父迥舉族徙常山，又徙河南洛陽。普沈厚寡言，鎮陽豪族魏氏以女妻之。

周顯德初，永興軍節度劉詞辟爲從事，詞卒，遺表薦普於朝。世宗用兵淮上，太祖拔滁州，宰相范質奏普爲軍事判官。宣祖卧疾滁州，普朝夕奉藥餌，宣祖由是待以宗分。太祖嘗與語，奇之。時獲盜百餘，當棄市，普疑有無辜者，啓太祖訊鞫之，獲全活者衆。淮南平，調補渭州軍事判官。太祖領同州節度，辟爲推官；移鎮宋州，表爲掌書記。

太祖北征至陳橋，被酒卧帳中，衆軍推戴，普與太宗排闥入告。太祖欠伸徐起，而衆軍擐甲露刃，諠擁麾下。及受禪，以佐命功，授右諫議大夫，充樞密直學士。

車駕征李筠，命普與吕餘慶留京師，普願扈從，太祖笑曰：「若勝冑介乎？」從平上黨，遷兵部侍郎、樞密副使，賜第一區。建隆三年，拜樞密使、檢校太保。

乾德二年，范質等三相同日罷，以普爲門下侍郎、平章事、集賢殿大學士。中書無宰相署敕，普以爲言，上曰：「卿但進敕，朕爲卿署之可乎？」普曰：「此有司職爾，非帝王事也。」令翰林學士講求故實，竇儀曰：「今皇弟尹開封，同平章事，即宰相任也。」令署以賜普。既拜相，上視如左右手，事無大小，悉咨決焉。是日，普兼監修國史。命薛居正、吕餘慶參知政事以副之，不宣制，班在宰相後，不知印，不預奏事，不押班，但奉行制書而已。先是，宰相兼敕，皆用内制，普相止用敕，非舊典也。

太祖數微行過功臣家，普每退朝，不敢便衣冠。一日，大雪向夜，普意帝不出。久之，聞叩門聲，普亟出，帝立風雪中，普惶懼迎拜。帝曰：「已約晉王矣。」已而太宗至，設重裀地坐堂中，熾炭燒肉。普妻行酒，帝以嫂呼之。因與普計下太原。普曰：「太原當西北二面，太原既下，則我獨當之，不如姑俟削平諸國，則彈丸黑子之地，將安逃乎？」帝笑曰：「吾意正如此，特試卿爾。」

五年春，加右僕射、昭文館大學士。俄丁内艱，詔起復視事。遂勸帝遣使分詣諸道，徵丁壯籍名送京師，以備守衛；諸州置通判，使主錢穀。由是兵甲精鋭，府庫充實。

開寶二年冬，普嘗病，車駕幸中書。三年春，又幸其第撫問之，賜賚加等。六年，帝又幸其第。時錢王俶遣使致書於普，及海物十瓶，置於廡下。會車駕至，倉卒不及屏，帝顧問何物，普以實對。上曰：「海物必佳。」即命啓之，皆瓜子金也。普惶恐頓首謝曰：「臣未發書，實不知。」帝嘆曰：「受之無妨，彼謂國家事皆由汝書生爾！」

普爲政頗專，廷臣多忌之。時官禁私販秦、隴大木，普嘗遣親吏詣市屋材，聯巨筏至京師治第，吏因之竊貨大木，冒稱普市貨鬻都下。權三司使趙玭廉得之以聞。太祖大怒，促令追班，將下制逐普，賴王溥奏解之。

故事，宰相、樞密使每候對長春殿，同止廬中，上聞普子承宗娶樞密使李崇矩女，即令分異之。普又以隙地私易尚食蔬圃以廣其居，又營邸店規利。盧多遜爲翰林學士，因召對屢攻其短。會雷有鄰擊登聞鼓，訟堂後官胡贊、李可度受賕骩法及劉偉僞作攝牒得官，王洞嘗納賂可度，趙孚授西川官稱疾不上，皆普庇之。太祖怒，下御史府按問，悉抵罪，以有鄰爲秘書省正字。普恩益替，始詔參知政事與普更知印、押班、奏事，以分其權。未幾，出爲河陽三城節度、檢校太傅、同平章事。

太平興國初入朝，改太子少保，遷太子太保。頗爲盧多遜所毁，奉朝請數年，鬱鬱不得志。會柴禹錫、趙鎔等告秦王廷美驕恣，將有陰謀竊發。帝召問，普言願備樞軸以察姦變，退又上書，自陳預聞太祖、昭憲皇太后顧託之事，辭甚切至。太宗感悟，召見慰諭。俄拜司徒兼侍中，封梁國公。先是，秦王廷美班在宰相上，至是，以普勳舊，再登元輔，表乞居其下，從之。及涪陵事敗，多遜南遷，皆普之力也。

八年，出爲武勝軍節度、檢校太尉兼侍中。帝作詩以餞之，普奉而泣曰：「陛下賜臣詩，當刻石，與臣朽骨同葬泉下。」帝爲之動容。翌日，謂宰相曰：「普有功國家，朕昔與游，今齒髮衰矣，不容煩以樞務，擇善地處之，因詩什以導意。普感激泣下，朕亦爲之墮淚。」宋琪對曰：「昨日普至中書，執御詩涕泣，謂臣

曰：「此生餘年，無階上答，庶希來世得效犬馬力。」臣昨聞普言，今復聞宣諭，君臣始終之分，可謂兩全。」

雍熙三年春，大軍出討幽薊，久未班師，普手疏諫曰：

伏覩今春出師，將以收復關外，屢聞克捷，深快輿情。然晦朔屢更，荐臻炎夏，飛輓日繁，戰鬥未息，老師費財，誠無益也。

伏念陛下自翦平太原，懷徠閩、浙，混一諸夏，大振英聲，十年之間，遂臻廣濟。遠人不服，自古聖王置之度外，何足介意。竊慮邪諂之輩，蒙蔽睿聰，致興無名之師，深蹈不測之地。臣載披典籍，頗識前言，竊見漢武時主父偃、徐樂、嚴安所上書及唐相姚元崇獻明皇十事，忠言至論，可舉而行。伏望萬機之暇，一賜觀覽，其失未遠，雖悔可追。

臣竊念大發驍雄，動搖百萬之衆，所得者少，所喪者多。又聞戰者危事，難保其必勝；兵者凶器，深戒於不虞。所繫甚大，不可不思。臣又聞上古聖人，心無固必，事不凝滯，理貴變通。前書有「兵久生變」之言，深爲可慮，苟或更圖稽緩，轉失機宜。旬朔之間，時涉秋序，邊庭早涼，弓勁馬肥，我軍久困，切慮此際，或誤指蹤。臣方冒寵以守藩，曷敢興言而沮衆。蓋臣已日薄西山，餘光無幾，酬恩報國，正在斯時。伏望速詔班師，無容玩敵。

臣復有全策，願達聖聰。望陛下精調御膳，保養聖躬，挈彼疲氓，轉之富庶。將見邊烽不警，外户不扃，率土歸仁，殊方異俗，相率嚮化，契丹獨將焉往？陛下計不出此，乃信邪諂之徒，謂契丹主少事多，所以用武，以中陛下之意。陛下樂禍求功，以爲萬全，臣竊以爲不可。伏願陛下審其虛實，究其妄謬，正姦臣誤國之罪，罷將士伐燕之師。非特多難興王，抑亦從諫則聖也。古之人尚聞尸諫，老臣未死，豈敢面諛爲安身之計而不言哉？

帝賜手詔曰：

朕昨者興師選將，止令曹彬、米信等頓於雄、霸，裹糧坐甲以張軍聲。俟一兩月間山後平定，潘美、田重進等會兵以進，直抵幽州，然後控扼險固，恢復舊疆，此朕之志也。奈何將帥等不遵成算，各騁所見，領十萬甲士出塞遠鬥，速取其郡縣，更還師以援輜重，往復勞弊，爲遼人所襲，此責在主將也。

況朕踵百王之末，粗致承平，蓋念彼民陷於邊患，將救焚而拯溺，匪黷武以佳兵，卿當悉之也。疆埸之事，已爲之備，卿勿爲憂。卿社稷元臣，忠言苦口，三復來奏，嘉愧實深。

普表謝曰：

昨以天兵久駐塞外，未克恢復，漸及炎蒸，事危勢迫，輒陳狂狷，甘俟憲章。陛下特鑒衷誠，親紆宸翰，密諭聖謀。臣竊審命師討罪，信爲上策，將帥能遵成算，必可平定。惟其不副天心，由茲敗事。今既邊鄙有備，更復何虞。況陛下登極十年，坐隆大業，無一物之失所，見萬國之咸寧。所宜端拱穆清，嗇神和志，自可遠繼九皇，俯觀五帝。豈必窮邊極武，與契丹較勝負哉？臣素虧壯志，矧在衰齡，雖無功伐，願竭忠純。

觀者咸嘉其忠。四年，移山南東道節度，自梁國公改封許國公。會詔下親耕籍田，普表求入覲，辭甚懇切。上惻然謂宰相曰：「普開國元臣，朕所尊禮，宜從其請。」既至，慰撫數四，普嗚咽流涕。

陳王元僖上言曰：

臣伏見唐太宗有魏玄成、房玄齡、杜如晦，明皇有姚崇、宋璟、魏知古，皆任以輔弼，委之心膂，財成帝道，康濟九區，宗祀延洪，史策昭焕，良由登用得其人也。今陛下君臨萬方，焦勞庶政，宵衣旰食，以民爲心。歷考前王，誠無所讓，而輔相之重，未偕曩賢。況爲邦在於任人，任人在乎公正，公正之道莫先於賞罰，斯爲政之大柄也。苟賞罰匪當，淑慝莫分，朝廷紀綱，漸致隳紊。必須公正之人典掌衡軸，直躬敢言，以辨得失，然後彝倫式序，庶務用康。

伏見山南東道節度使趙普，開國元老，參謀締構，厚重有識，不妄希求恩顧以全祿位，不私徇人情以邀名望，此真聖朝之良臣也。竊聞儉巧之輩，朋黨比周，衆口嗷嗷，惡直醜正，恨不斥逐遐徼，以快其心。何者？蓋慮陛下之再用普也。然公讜之人，咸願陛下復委以政，啓沃君心，羽翼聖化。國有大事，使之謀之；朝有宏綱，使之舉之；四目未察，使之明之；四聰未至，使之達之。官人以材，則無竊祿，致君以道，則無苟容。賢愚洞分，玉石殊致，當使結朋黨以馳騖聲勢者氣索，縱巧佞以援引儕類者道消。沈冥廢滯得以進，名儒懿行得以顯，大政何患乎不舉，生民何患乎不康，匪踰期月之間，可臻清静之治。臣知慮庸淺，發言魯直。伏望陛下旁采羣議，俯察物情，苟用不失人，實邦國大幸。

籍田禮畢，太宗欲相呂蒙正，以其新進，藉普舊德爲之表率，册拜太保兼侍

中。帝謂之曰：「卿國之勳舊，朕所毗倚，古人恥其君不及堯、舜，卿其念哉。」普頓首謝。

時樞密副使趙昌言與胡旦、陳象輿、董儼、梁顥厚善。會旦令翟馬周上封事，排毁時政，普深嫉之，奏流馬周，黜昌言等。鄭州團練使侯莫陳利用驕肆僭侈，大爲不法，普廉得之，盡以條奏，利用坐流商州，普固請誅之。其嫉惡强直皆此類。

李繼遷之擾邊，普建議以趙保忠復領夏臺故地，因令圖之。保忠反與繼遷同謀爲邊患，時論歸咎於普，頗爲同列所窺，不得專決。

舊制，宰相以未時歸第，是歲大熱，特許普夏中至午時歸私第。明年，免朝謁，止日赴中書視事，有大政則召對。冬，被疾請告，車駕屢幸其第省之，賜予加等。普遂稱疾篤，三上表求致仕，上勉從之，以普爲西京留守、河南尹，依前守太保兼中書令。普三表懇讓，賜手詔曰：「開國舊勳，惟卿一人，不同他等，無至固讓，俟首塗有日，當就第與卿爲别。」普捧詔涕泣，因力疾請對，賜坐移晷，頗言及國家事，上嘉納之。普將發，車駕幸其第。

淳化三年春，以老衰久病，令留守通判劉昌言奉表求致政，中使馳傳撫問，凡三上表乞骸骨。拜太師，封魏國公，給宰相奉料，令養疾，俟損日赴闕，仍遣其弟宗正少卿安易齎詔書賜之。又特遣使賜普詔曰：「卿頃屬微痾，懇求致政，朕以居守之重，慮煩耆耋，維師之命，用表尊賢。佇聞有瘳，與朕相見。今賜羊酒如别録，卿宜愛精神，近醫藥，强飲食，以副朕眷遇之意。」七月卒，年七十一。

卒之先一歲，普生日，上遣其子承宗齎器幣、鞍馬就賜之。承宗復命，未幾卒。次歲，普已罷中書令。故事，無生辰之賜，特遣普姪婿左正言、直昭文館張秉賜之禮物。普聞之，因追悼承宗，秉未至而普疾篤。先是，普遣親吏甄潛詣上清太平宫致禱，神爲降語曰：「趙普，宋朝忠臣，久被病，亦有冤累耳。」潛還，普力疾冠帶，出中庭受神言，涕泗感咽，是夕卒。

上聞之震悼，謂近臣曰：「普事先帝，與朕故舊，能斷大事。嚮與朕嘗有不足，衆所知也。朕君臨以來，每優禮之，普亦傾竭自效，盡忠國家，真社稷臣也，朕甚惜之。」因出涕，左右感動。廢朝五日，爲出次發哀。贈尚書令，追封真定王，賜謚忠獻。上撰神道碑銘，親八分書以賜之。遣右諫議大夫范杲攝鴻臚卿，護喪事，賻絹布各五百匹，米麪各五百石。葬日，有司設鹵簿鼓吹如式。

二女皆笄，普妻和氏言願爲尼，太宗再三諭之，不能奪。賜長女名志願，號智果大師；次女名志英，號智圓大師。

初，太祖側微，普從之游，既有天下，普屢以微時所不足者言之。太祖豁達，謂普曰：「若塵埃中可識天子、宰相，則人皆物色之矣。」自是不復言。普少習吏事，寡學術，及爲相，太祖常勸以讀書。晚年手不釋卷，每歸私第，闔户啓篋取書，讀之竟日。及次日臨政，處決如流。既薨，家人發篋視之，則《論語》二十篇也。

普性深沈有岸谷，雖多忌克，而能以天下事爲己任。宋初，在相位者多齷齪循默，普剛毅果斷，未有其比。嘗奏薦某人爲某官，太祖不用。普明日復奏其人，亦不用。明日，普又以其人奏，太祖怒，碎裂奏牘擲地，普顔色不變，跪而拾之以歸。他日補綴舊紙，復奏如初。太祖乃悟，卒用其人。又有羣臣當遷官，太祖素惡其人，不與。普堅以爲請，太祖怒曰：「朕固不爲遷官，卿若之何？」普曰：「刑以懲惡，賞以酬功，古今通道也。且刑賞天下之刑賞，非陛下之刑賞，豈得以喜怒專之。」太祖怒甚，起，普亦隨之。太祖入宫，普立於宫門，久之不去，竟得俞允。

太宗入弭德超之譖，疑曹彬有軌，屬普再相，爲彬辨雪保證，事狀明白。太宗嘆曰：「朕聽斷不明，幾誤國事。」即日竄逐德超，遇彬如舊。

祖吉守郡爲姦利，事覺下獄，案劾，爰書未具。郊禮將近，太宗疾其貪墨，遣中使諭旨執政曰：「郊赦可特勿貸祖吉。」普奏曰：「敗官抵罪，宜正刑辟。然國家卜郊肆類，對越天地，告于神明，奈何以吉而隳陛下赦令哉？」太宗善其言，乃止。

真宗咸平初，追封韓王。二年，詔曰：「故太師贈尚書令、追封韓王趙普，識冠人彝，才高王佐，翊戴興運，光啓鴻圖，雖吕望肆伐之勳，蕭何指縱之效，殆無以過也。自輔弼兩朝，周旋三紀，茂巖廊之碩望，分屏翰之劇權，正直不回，始終無玷，謀猷可復，風烈如生。宜預享於大烝，永同休於宗祏。兹爲茂典，以答舊勳，其以普配饗太祖廟庭。」

普子承宗，羽林大將軍，知潭、鄆二州，皆有聲；承煦，成州團練使。弟固、安易。固至都官郎中。

杜大珪《名臣碑傳琬琰集》上卷一《太宗皇帝御製趙中令公普神道碑》 唐堯在位，聖賢謂之叶符；虞舜得人，天地以之開泰。八方理定，千載會昌，必旌柱石之林以觀其壯節，鹽梅之寄以濟其和平。是故應運握圖，明王聖帝，受天寶

命，開國成家，無不用忠確間世之臣先輔基業，股肱心膂之士共同甘辛。萬代通規，一時遭遇，保全令德，克荷洪勳者，其故真定王普之謂矣。王姓趙氏，字則平。其先顓頊之裔，佐禹平水土，是謂伯翳，帝堯賜姓白嬴氏，造父其後也。有功於周穆王，受封於趙。周德下衰，叔帶去周適晉，六卿取晉，遂開國焉。今爲常山人也。王藴人倫之風槩，稟山嶽之儀形，晦而不彰，寬而無撓，竭其誠志，有始有終，無善不臧，非義勿取。頃自我太祖從周世宗南平淮甸，水陸兼行，龍虎震威，號令始發，捷如響應，冥契人神。是時擒其僞將皇甫暉於滁上。王時爲郡之參佐，斷事明敏，獄無冤者。太祖聞名，召見與語，深器之。洎後太祖仗鉞左馮，因辟爲同州節度推官，歷滑臺、許田、睢陽三鎮從事。其在幕府也，恭謹畏慎，盡竭赤誠，夜思晝行，勿矜勿伐。可謂龍吟虎嘯，雲起風從，如懷萬頃之陂，遭遇承平之運。太祖光宅天下，龍躍商丘，知有佐時之才，早定君臣之契，擢爲諫議大夫、樞密學士，仍頒金紫以榮之。是歲，上黨帥李筠叛，太祖將議親征，委之留守，調發軍實。王以爲聖上躬擐甲胄，臣子宜效驅馳，乃陳懇上言，乞扈從鸞輅。洎中塗進策，曰：「陛下初登寶位，應天順人，將制驍雄，光耀神武。兵機貴速，不尚巧遲，若倍道兼行，掩其倉卒，所謂自天而下，可一戰而成擒也。」太祖深納其言，舉兵速進。未至高平，李筠果擁衆出戰。于時靈旗指寇，勇士齊心，叛帥自焚，餘黨就戮。旋又維揚帥李重進，苞藏禍心，阻抗王命。太祖便殿召對，問攻取之策。王籌其擅修孤壘，倚恃長淮，而士卒離心，資糧乏絶，以順討逆，動必成功。太祖深然之，乃親御大師，長驅淮楚，不渝數月，果致盪平。駕廻，疇其功賞，階級授金紫，加太保，充樞密使，仍賜功臣之號。爰自累代以來，朝廷多故，諸侯專制，兵甲亂常；加以僭僞未平，師旅未備，餘風未殄，思有以革之。王以庶務草創，深惟遠圖，利害靡不言，纖微靡不達，忠盡其力，言如轉規，啓心不疑，振舉風俗。故得遐邇悦服，政令惟新，皆其功也。乾德中，拜門下侍郎，同中書門下平章事，因之大用，出於流品矣。我太祖觀其才智，凡事責成。既升近密之權，可觀立功之效。英聲爲之間出，文物爲之復興。勠力同心，如石投水，固以蕭、張讓德，姚、宋推功，魚水之歡，未足爲此。惟誠惟信，少是少非。揚歷艱難，上副弼諧之任；明哲兼濟，聿臻命世之才。忠順其言，純誠克著。恢張出之於人表，翊戴以助於康平。狥公滅私，不忌片善；用心合道，逆耳求知。開寶六年，太祖以土始佐創業，克致昇平，伐罪吊民，開拓疆土，下西蜀，平南越，擒吴會，來北戎，威德綏懷，無遠不至，雲龍際會，大道合符，十有餘年矣。知無不爲，甚煩神用，務均勞逸，以優藎臣，尋授太傅，佩相印，持節河陽。洎朕嗣守丕圖，勤修庶政，腹心之寄，中外攸同，特授太尉，使相如故。乃睠并汾，民墜塗炭，戎車一駕，逆壘宵降。既静妖氛，爰覃爵賞，改太子太保，增加井賦，北連朔嶠，東盡海嵎，禹穴唐郊，盡爲王土。朕嘗念往年之舊德，褒賞輔弼之殊勳。帷幄之謀，明於果斷，思置之左右前後，任之以耳目股肱。粤自藩垣，入居廊廟，久渴弼諧之道，更資調燮之能，遂徵授守司徒、兼侍中、昭文館大學士。三階已正，百度惟貞，憂國忘家，直亮在意。嘗誡諸弟諸子，以爲授寵逾分，富貴逼身，一領名藩，再登上相，以身許國，私家之事，吾弗預焉。嘗念頃自宥密，升于宰輔，出入三十餘年，未嘗爲親屬而求恩澤，爾等各宜砥礪，無尚吾過。故自始至末，親黨無居清顯者。昔《春秋》美晉大夫羊舌肸，謀而鮮過，惠訓不倦，王復有焉。八年，以襄、鄧之俗，獄訟攸煩，惠彼疲民，寄之元老，下車布政，鄉閭阜安。事有未便於民者，削而去之；利於民者，舉而行之。豪猾畏威，鰥寡懷惠。暨改轅襄漢，民之去思，如失父母。時已得病於南陽，經年未差，就移漢水，重鎮便藩。常思報主之誠，每懷憂國之志，迺心王室，時有箴規。上表引唐姚元崇十事，陳古今治亂之由，極人臣獻納之意。興懷慷慨，詞甚激切，揣摩時事，居安慮危，此又其忠藎也。朕以歷代耤田，其禮久廢，勸農務本，其可忽諸？乃命有司，舉行舊典，改元布慶，帝載惟熙，造膝沃心，惠我耆德。而王久違宸扆，思拜闕庭，既累進於直言，宜再踐於寢廟，復授守太保、兼侍中、昭文館大學士。登雲宵之上位，擢列辟之崇資。燭幽明而無怠無荒，報恩榮而可大可久。刑政之務，知無不爲。功績播於謀猷，羣庶謂之明哲。獻替之職，理事皆通，不憚劬勞，夙夜匪懈，可以傳聞清世，書于簡編。而連歲之間，風疹頻發，願避賢良之路，乞歸閒散之官。朕以勳舊之臣，方深倚注，命駕臨問，涕泣興言：齒髮雖衰，疴瘵未退，荷天之寵，力所不任。特授太保、兼中書令、洛陽留守。又經歲，疾勢轉深，上表堅乞退避，以禳災眚。勉强誨諭，志不可奪，乃册拜守太師，進封魏國公，就便頤養。太醫中使，不絶於路，顒望有瘳，别加殊渥。豈期美疹，遽至彌留，以淳化二年七月十四日薨於洛陽之私第，享年七十有一。朕覽表驚嗟，悲慟累日，不得巫祝桃茢，親臨其喪，縗服舉哀，輟視朝五日。遣右諫議大夫范果持節，策贈尚書令，追封真定王，特賜謚曰忠獻，吊祭賵贈之數，並令加等，以盡君臣之禮焉。二年二月，命有司備鹵簿，葬於洛陽北邙之原，而合祔焉。嗚呼！梁木斯壞，哲人云萎，若濟巨川，予將安寄！王性本俊邁，幼不好學，及至晚歲，酷愛讀書，經史百家，

常存几按，强記默識，經目諳心，碩學老儒，宛有不及。既博達於今古，尤雅善於談諧。馬伏波詞辯分明，杜征南手不釋卷。見事而敏，抱器自然，壯志無窮，日新其德。許國常存於懷抱，令譽以至於宏彰。其爲子也，孝養于親，動不違禮，友愛於昆弟，嚴慈於子孫。其仕於公也，奢儉酌中，貞純許國，名器能守，謙卑益光。茂德崇勳，輝映朝列，寵遇之盛，今古罕聞。自再入廟堂，時陳規諫。負荷重寄，常懷啓沃之心；竭力輸忠，以待公家之事。有萬石之周慎，孔光之謹密，管、葛之智略，房、杜之經綸，舉而兼之，斯爲全德。朕於早歲，嘗與周旋，而節操有恒，始終無玷。荷台鉉之任，處輔弼之私，既集大勳，薦膺典册，紀其功烈，宜在旂常。昔唐、虞之得皋、夔，夏商之任虺、益，有周以閎、散佐佑，炎漢以蕭、曹弼諧，用能寅亮帝謨，緝熙庶績。儔庸比德，今其勝哉！天不憗遺，予何自律？是迺跡其景行，昭之鼎彝，昭巨範於將來，庶令名之不朽。銘曰：

應運開國，股肱任賢。委以心腹，操執彌堅。實猶令德，王佐周旋。裨贊明聖，厥位名傳。信之得人，方言柱礎。魚水同心，君臣盛美。夜寐夙興，有終有始。進思盡忠，見義從矣。退思補過，器識安閒。攀龍附鳳，備歷艱難。縱横志大，接對温顔。官崇薦陟，善惡之間。近密公朝，與奪非類。稟性懷柔，區别利害。踐揚貴職，綽有奇才。經綸宏異，學識通該。赫赫皇猷，恭恭近侍。任以機權，寵彰名器。啓沃王命，業茂勳崇。南征北伐，平盪姦雄。日侍冕旒，情僞明察。假仗元威，好生惡殺。若聞諠駭，事不忸怩。堪爲國重，制斷臨時。性直如繩，酌中如砥。孝悌於家，簡編信史。惟公之德，間代英靈。非義不理，庶務乃馨。積善寅緣，敦厚必顯。文教潛敷，聲聞自遠。殊勳表信，追思念功。素推臣節，澤被無窮。奇士挺生，民安俗阜。允洽克從，禮讓規矩。悲風颾颾，夜杳冥冥。咨嗟永隔，精魄長扃。喪此貞純，曷終暮景。魂影已沉，去路斯永。廟堂師傅，丘壠幽泉。勒銘翠琰，不勝潸然！

曾鞏《隆平集》卷四《趙普傳》　趙普，字則平，薊州人。父迥，徙常山，又遷洛陽，因占籍焉。劉詞節制永興，辟爲從事。詞遺奏稱其才，授滁州判官。太祖以周世宗命，破皇甫暉，拔滁州，聞普決獄多全活者，方出鎮馮翊，遂表爲從事。屬改命，普在幕府。即位，授諫議大夫，繼除樞密副使。乾德二年，代范質相。久之，罷。太平興國初，復相。堂帖之行，與詔敕無異。太宗命勿復行。八年授鄧州節制，端拱元年復相，淳化元年以疾罷，除河南尹，進位太師、魏國公。薨，追封真定王，謚忠獻，卒年七十一。設鹵簿葬，舉唐制也。普初無學術，太宗勉之，晚年頗該博。在相位十年，獨任政事。閤中設大瓦壺，中外章奏不欲行者，擲壺中，既而焚去。性多忌剋，太祖嘗稱馮瓚，欲大用，普遂請以知梓州，潛私奴從之郡，伺其過失，詣闕訟之，瓚配隸沙門島。十年，三司使趙玭廉其市木治第事，雷有鄰又訟中書不法。太祖惡之，學士竇儀入對，因訪普所爲，儀曰不知。退而曰：「我必不大用，而必不之朱崖。」及詢盧多遜，多遜乘間攻其短，亟進，預政事。及普再相，多遜遂有朱崖之命。蜀人侯莫陳利用，以方術進至團練使，所爲多不法。普力言之，上爲黜利用。普言之不已，利用卒伏誅，聞者欣快。普在相位，士大夫有言人短長者，必命吏追録之，有事則引以爲證。自是人無敢言，中書事益壅蔽。又嘗建議以趙保忠鎮夏臺，俾圖繼遷，反通謀，幾爲邊患，時論罪之。端拱復相，頗爲同列所窺，鬱鬱不得志而去。雖然，普遇事能斷，知無不言，與夫循嘿者有間矣。

王稱《東都事略》卷二六《趙普傳》　趙普字則平，幽州薊人也。父迥，以世亂徙其族常山，又徙洛陽。普性沈厚，有大略。周顯德初，永興軍節度使劉詞辟爲從事。詞卒，遺奏薦其才。

世宗用兵淮甸，太祖克滁州，以普爲軍事判官。太祖與語，奇之。時捕獲爲盗者百餘人，盡誅之，普意其中必有濫者，請加訊治，由是多所全宥，太祖益重之。時宣祖將兵抵滁上，得疾，普躬視藥餌，朝夕無倦。宣祖娩其情，與講同家之好。太祖領定國軍節度使，移鎮滑、許，普皆在幕府。最後爲歸德軍節度掌書記。

太祖北征，普從行。夜宿陳橋，六軍共議推戴，普諭將校曰：「幷寇與犬戎相結，點撿奉命征討，爾輩甲兵幾何，便欲扶策天子。點檢一心忠赤，通於神明，若聞此事，必誅爾輩。」列校皆不退。普即戒諸將，勿令縱兵，若都城人心不摇，則四方自然寧謐。黎明入白太祖，時太祖醉卧帳中，欠伸徐起，則萬衆擐甲露刃，諠不可止。或以黄袍加太祖之身，扶太祖上馬，擁逼南行。既而太祖受禪，普以佐命功授右諫議大夫、樞密直學士。

昭義李筠叛，太祖親征，以普留守京師。普願扈從，太祖曰：「趙普勝介胄乎？」許之。普因進策曰：「陛下初登寶位，光耀神武，挫英雄之氣，服天下之心，在此舉矣。且兵機貴速，不尚巧遲，若倍道兼行，掩其未備，所謂自天而下，可一戰而擒也。」太祖用其策。及筠誅，普以功遷兵部侍郎、樞密副使。維揚李

重進叛，太祖問普攻取之策。普曰：「重進味武侯之遠圖，守薛公之下計，不過繕修孤壘，以長淮爲恃也。況其内乏資儲，外無救援，以臣愚見，急攻亦取，緩守亦取，兵法尚速，不如速取之。矧陛下以順討逆，何憂哉！」不踰月，遂誅重進。

時昭憲皇后無恙，每與太祖參決政事，猶以「書記」呼普，嘗曰：「趙書記且爲盡心，吾兒未更事也。」及昭憲寢疾，普入與顧命，昭憲語太祖：「汝百歲後，當傳位于汝弟。」太祖曰：「敢不如太后教。」即令普就榻前爲誓書，藏之金匱。拜樞密使。

初，二叛既平，太祖召普問：「天下自唐季以來，數十年間，帝王凡易八姓。兵革不息，蒼生塗地，其故何也？吾欲息天下兵，爲國家長久之計，其道何如？」普曰：「陛下及此言，天地人神之福也。唐季以來，戰鬬不息，國家所以不安者，由節鎮太重，君弱臣强而已。今所以治之無他，惟稍奪其權，制其錢穀，收其精兵，則天下自安矣。」

頃之，太祖因晚朝與石守信、王審琦等飲。太祖屏左右，謂曰：「我非汝曹之力不得至此，念汝之德，無有窮已。然天子亦大艱難，殊不若爲節度使之樂也。」守信等曰：「何故？」太祖曰：「是不難知矣。居此位者，誰不欲爲之？」守信頓首曰：「陛下何謂出此言？今天命已定，孰敢有異心！」太祖曰：「不然。汝曹雖無異心，其如汝麾下之人欲富貴者何。一旦以黄袍加汝之身，汝雖欲不爲，其可得乎？」守信等曰：「臣等愚不及此，惟陛下哀矜，示以可生之塗。」太祖曰：「人生如白駒過隙，所爲好富貴者，不過多積金錢，厚自娱樂，使子孫無貧乏之憂。汝曹何不釋去兵權，擇便好田宅市之，爲子孫立永久之業，多置歌舞，日飲酒相歡，以終天年。君臣之間，兩無猜嫌，上下相安，不亦善乎？」於是守信等皆稱疾，請解軍職，太祖許之。

已而，太祖欲使符彦卿管軍，普屢諫，以爲彦卿名位已盛，不可復委以兵柄，太祖不從。宣已出，普復懷之請見。太祖迎謂之曰：「豈非以符彦卿事耶？」普對曰：「非也。」因奏他事，既罷，乃出彦卿宣進之。太祖曰：「果然。宣何以復在卿所？」普曰：「臣託以處分之語有未備者，復留之，惟陛下深思利害，勿復悔。」太祖曰：「卿苦疑彦卿何也？朕待彦卿厚，彦卿豈負朕者耶？」普曰：「陛下何以能負周世宗？」太祖默然，事遂中止。

乾德二年，范質等三相罷，以普爲門下侍郎同中書門下平章事、集賢殿大學士，監修國史。命薛居正、吕餘慶爲參知政事以副之。事無大小，皆決於普。自唐以來，方鎮多以賦入自擅，而上供殆鮮，場院率令部曲主之，厚斂以自利。其屬三司者，輸額之外，輒歸已。或私納貨賂以事貢奉，用冀恩奬。普勸太祖革其弊。方鎮闕帥，命文臣權知所在場院，間遣京朝官廷臣監臨。諸道置轉運使，諸州置通判使，主錢穀。自是利歸公上矣。又數遣使者分詣諸道，選本道兵驍勇者，籍其名送京師，以備宿衛。教習精練，太祖每御便殿，親臨試之。不數年，兵甲精鋭，府庫充實，皆普之謀也。

五年，拜尚書左僕射、昭文館大學士。普嘗爲某事擇官，列二臣姓名以進，太祖不用。明日復奏之，又不用。又明日復奏之，太祖怒，裂其奏擲陛上。普顔色自若，徐拾奏歸補綴，明日復進。太祖悟，乃可其奏。後二臣者果稱職。

太祖一日以幽燕地圖示普，普曰：「此必曹翰爲之。」太祖曰：「然。翰可取否？」普曰：「翰可取，孰可守？」太祖曰：「以翰守之。」普曰：「翰死孰可代？」太祖不語，久之曰：「卿可謂遠謀矣。」

太祖嘗夜幸普第，立風雪中，普皇恐出迎。太祖與普飲于堂中，設重裀地坐，熾炭燒肉。普妻和氏行酒，太祖以嫂呼之。普從容問曰：「夜久寒甚，陛下何以出？」太祖曰：「吾睡不能着，一榻之外皆他人家也。」普曰：「陛下小天下耶，南征北伐，今其時矣，願聞成算所嚮。」太祖曰：「吾欲取太原。」普默然久之，曰：「非臣所知也。」太祖問其故，普曰：「太原當西北二邊，使一舉而下，則二邊之患我獨當之，何不姑留以俟削平諸國，則太原彈丸黑誌之地，將無所逃矣。」太祖笑曰：「吾意正如此，特以試卿爾。」因謂普曰：「王全斌平蜀多殺人，吾今思之，猶耿耿不可用也。」普薦曹彬、潘美可用。其後，太祖征嶺南用潘美，伐江南任曹彬，而二國悉平。

兩浙錢俶遣使入貢，遺普書及物十甕。太祖幸其第，適見而問之，普以實對。太祖曰：「此必海味也。」即令啟之，皆滿貯瓜子金也。普謝曰：「臣未發書，實不知也。」太祖笑曰：「但收之無害也。彼謂國家事，皆由汝書生耳。」又江南李煜亦以白金五萬兩遺普，普以白太祖。太祖曰：「第受之，使之勿測也。」既而煜遣其弟從善朝于京師，太祖於常錫外復賜金如所以遺普者，江南君臣駭服。

太祖寵待普如左右手，判大理寺雷德驤憤其屬附普，增減刑名，因求見太祖，語不遜。太祖怒叱之曰：「鼎鐺尚有耳，汝不聞趙普吾之社稷臣乎？」德驤坐貶商州，又貶靈武。普遣親吏市木，關隴吏私市大木，冒稱普所市以規利。前三司使趙玭以白太祖，詔問太子太師王溥等：「趙玭誣

罔大臣。」乃出玭爲汝州牙校。盧多遜在翰林，頻召對，攻普之短。會德驤之子有鄰，憤其父流竄，乘隙訟堂吏過，悉抵以罪。而普由是罷爲河陽節度使同平章事。方普之在相位也，嘗於視事閤坐屏後設二大甕，凡中外表奏，普意不欲行者，必投之甕中，滿則束緼焚之，以是人多怨者。

太宗即位，改太子少保，遷太子太保，時盧多遜爲相，數於上前毀普。普鬱鬱不得志。會柴禹錫告秦王廷美與盧多遜交結，普奏：「臣開國舊臣，爲權倖所沮，願備樞軸察姦變。」太宗感悟，召普謂之曰：「人誰無過？朕不待五十，已盡知四十九年之非矣。」未幾，拜司徒、侍中，封梁國公。廷美廢，多遜南遷，普之力也。

有弭德超者，驟被委遇，誣奏曹彬有不軌之謀，太宗疑之。彬罷樞府，以德超爲樞密副使。普見太宗，因訴辨其誣，太宗大悟。德超既得罪，而待彬如故。自是，太宗頗不懌，從容謂普曰：「朕聽斷不明，幾誤大事，朕甚自媿。」普對曰：「陛下知德超有才而任用之，察曹彬無罪而昭雪之，有勞者進，有罪者誅，物無遁情，事至立斷，此所以彰陛下之明聖也，雖堯舜何以過哉！」太宗於是釋然。出爲武勝軍節度使兼侍中，太宗眷禮甚厚，作詩餞之。

雍熙三年，太宗命曹彬等北伐，普上疏切諫曰：

陛下出師將以收復幽薊，今戰鬬不息，民疲師老，臣以爲克復未可期也。陛下聰明睿智，自翦平太原，懷來閩、浙，混一諸夏，遂欲恢復舊疆。曾不思兵者凶器也，戰者危事也，可不慮哉！可不戒哉！自古聖帝明王，無不置夷狄於度外，陛下何必留意於斯乎？陛下興兵北伐，驅百萬生靈悉令輦運，使之耕桑失時，所得者少，所失者多，豈陛下之利耶？漢武帝時主父偃、徐樂、嚴安所上書及唐姚元崇説明皇以十事，其年代雖遠，事則與今無以異也。臣輒具録奏，願賜觀覽。

臣又聞之，聖人不凝滯於物，見可則進，知難則退，理貴變通，情無拘繫。所謂事苦則慮易，兵久則變生，此臣之所甚懼也。臣濫膺藩寄，切見差配，自鄧至莫，往來四千餘里，典桑賣牛，無慮十有六七，其閒有鬻男女者，有棄性命者，陛下豈容不知乎？而邪諂之徒進言者，曰契丹時逢幼君，災異屢見，可以用武，以中陛下之意。陛下樂禍求功，以爲萬全，遂興無名之舉，豈不過甚矣哉。

臣願陛下審其虛實，究其妄謬，正姦臣誤國之罪，罷將士伐燕之師。非特多難興王，抑亦從諫則聖也。古之人尚聞尸諫，老臣未死，豈敢面諛爲安身之計而不言？區區之忠，惟陛下裁察。

太宗賜詔褒之，移山南東道節度使，改封許國公。會有詔親耕籍田，普表求入覲。太宗謂宰相曰：「趙普，開國元臣，朕所尊禮，宜從其請。」禮成，册拜太保兼侍中。

時樞密副使趙昌言與翟馬周交通，毀時政，立朋黨，以求進用。普深疾之，奏流馬周，黜昌言。侯莫陳利用以左道得幸，爲鄭州團練使，驕肆僭侈，大爲姦利。普奏其事，太宗爲黜之商州。普固請誅之，太宗曰：「豈有萬乘之主而不能庇一人死乎？」普曰：「此巨蠹也，陛下不誅，是亂天下法。法可惜，此何足惜哉！」太宗悟，遣使誅之。既又貸其死，使者至而利用死矣。其疾惡彊直，皆此類也。

以疾求致仕，太宗不得已，以爲西京留守、河南尹加中書令。懇辭數四，詔曰：「開國勳舊，惟卿一人，不同他等，無致固辭。俟首途有日，當就第與卿爲别。」普捧詔泣涕，因力疾請對。賜坐移晷，頗言及國家事，太宗嘉納之。上章告老，拜太師，封魏國公，給宰相奉。仍遣其弟宗正少卿安易齎詔賜之。又遣使以璽書賜普曰：「皇帝問太師，頃以微痾懇求致政，朕以居守之重，慮煩耆耋，維師之命，用表尊賢。佇聞有瘳，與朕相見。今遣使撫問，仍賜銅羊上尊酒，太師宜愛精神，近藥石，以副朕眷注之意焉。」薨，年七十一。太宗聞訃震悼，謂近臣曰：「趙普，國初元勳，事先帝，與朕最爲舊故，能斷大事，盡忠國家，真社稷之臣。聞其殂謝，悽愴之懷不能已。」因出涕。左右皆感慟。册贈尚書令，封真定郡王，謚曰忠獻。太宗撰神道碑，親八分書以賜之，遣右諫議大夫范杲攝鴻臚卿護喪事。葬日，設鹵簿鼓吹如式，皆唐制也。至道二年，追封韓王。咸平二年，配享太祖廟廷。

普佐太祖、太宗定天下，平僭僞，大一統。當其爲相，每朝廷遇一大事，定一大議，纔歸第，則亟闔户，自啟一篋，取一書，而讀之有終日者，雖家人不測也。及翌旦出，則是事決矣，用是爲常。後普薨，家人始得開其篋而見之，則《論語》二十篇。普嘗戒其子弟曰：「吾本書生，偶逢昌運，受寵踰分，當以身許國。私家之事，吾不復與。爾等宜自勉勵，無重吾過。」故輔兩朝、出入三十餘年，未嘗爲子弟求恩澤者。

雜録

備録

朱熹《五朝名臣言行録》卷一之一《中書令韓國趙忠獻王》 普爲滁州判官,太祖與語,奇之。會獲盜百餘人,將就死,普意其有冤,啓太祖更訊之,所全活十七八。范蜀公《蒙求》

太祖既得天下,誅李筠、李重進,召趙普問曰:「天下自唐季以來,數十年間,帝王凡易十姓,兵革不息,蒼生塗地,其故何也?吾欲息天下之兵,爲國家建長久之計,其道何如?」普曰:「陛下之言及此,天地人神之福也。唐季以來,戰鬭不息,國家不安者,其故非它,節鎮太重,君弱臣强而已矣。今所以治之,無它奇巧也,惟稍奪其權,制其錢穀,收其精兵,則天下自安矣。」語未畢,上曰:「卿勿復言,吾已諭矣。」頃之,上因晚朝,與故人石守信、王審琦等飲酒,酒酣,上屏左右謂曰:「我非爾曹之力,不得至此,念汝之德,無有窮已。然爲天子亦大艱難,殊不若爲節度使之樂,吾今終夕未嘗敢安枕而卧也。」守信等皆曰:「何故?」上曰:「是不難知,居此位者,誰不欲爲之?」守信等皆惶恐起,頓首言曰:「陛下何爲出此言?今天命已定,誰敢復有異心?」上曰:「不然。汝曹雖無心,其如汝麾下之人欲富貴者何?一旦以黄袍加汝之身,汝雖欲不爲,不可得也。」皆頓首涕泣曰:「臣等愚不及此,唯陛下哀憐,指示以可生之塗。」上曰:「人生如白駒之過隙,所爲好富貴者,不過欲多積金錢,厚自娱樂,使子孫無貧乏耳。汝曹何不釋去兵權,擇便好田宅市之,爲子孫立永久之業,多置歌兒舞女,日飲酒相驩,以終其天年。君臣之間,兩無猜嫌,上下相安,不亦善乎!」皆再拜謝曰:「陛下念臣及此,所謂生死而肉骨也。」明日,皆稱疾,請解軍權。上許之,皆以散官就第,所以尉撫賜賚之甚厚,與結婚姻。更置易制者,使主親軍。其後,又置轉運使、通判,使主諸道錢穀。收選天下精兵,以備宿衛。而諸功臣亦以善終,子孫富貴,迄今不絶。曏非韓王謀慮深長,太祖聰明果斷,天下何以治平?至今戴白之老不覩干戈,聖賢之見,何其遠哉!普爲人陰刻,當其用事時,以睚眦中傷人甚多,然其子孫至今享福禄,國初大臣鮮能及者,得非安天下之謀,其功大乎?太祖既納韓王之謀,數遣使者分詣諸道,選擇精兵。凡其材力伎藝有過人者,皆收補禁軍,聚之京師,以備宿衛,厚其粮賜,居常躬自按閲訓練,皆一以當百。諸鎮皆自知兵力精鋭非京師之敵,莫敢有異心者,由我太祖能强幹弱支,制治於未亂故也。《涑水記聞》又王沂公《筆録》云:太祖在位歷年,石守信、王審琦等猶分典禁兵,相國趙公普屢以爲言。上不得已,召守信等曲宴,道舊甚樂,因諭之曰:「朕與公等昔嘗比肩,義同骨肉,豈有它哉!而言事者進説不已。今莫若自擇善地,各守外藩,優游卒歲,不亦樂乎?朕復有女數人,便當約婚。」守信等咸頓首稱謝。由是高、石、王、魏之族,俱蒙選尚,尋各歸鎮。幾二十年,貴盛赫奕,始終如一。又《程氏遺書》云:趙普除節度使權,便是烏重胤之策,以兵付逐州刺史。

太祖初登極,杜太后尚康寧,常與上議軍國事,猶呼趙普爲「書記」,嘗撫勞之曰:「趙書記且爲盡心,吾兒未更事也。」太祖寵待韓王如左右手。御史中丞雷德驤劾奏普强市人第宅,聚斂財賄,上怒叱之曰:「鼎鐺尚有耳,汝不聞趙普吾之社稷臣乎?」命左右曳於庭數匝,徐使復冠,召升殿曰:「今後不宜爾,且赦汝,勿令外人知也。」《記聞》

太祖即位之初,數出微行,以偵伺人情,或過功臣之家,不可測。趙普每退朝,不敢脱衣冠。一日大雪,向夜,普謂帝不復出矣。久之,聞叩門聲,普亟出,帝立風雪中。普惶懼迎拜,帝曰:「已約晉王矣。」已而太宗至,共於普堂中設重裀地坐,熾炭燒肉。普妻行酒,帝以嫂呼之。普從容問曰:「夜久寒甚,陛下何以出?」帝曰:「吾睡不能着,一榻之外,皆他人家也。故來見卿。」普曰:「陛下小天下耶?南征北伐,今其時也。願聞成算所向。」帝曰:「吾欲下太原。」普默然久之,曰:「非臣所知也。」帝問其故,普曰:「太原當西北二邊,使一舉而下,則二邊之患,我獨當之,何不姑留,以俟削平諸國,則彈丸黑誌之地,將無所逃。」帝笑曰:「吾意正如此,特試卿耳。」遂定下江南之議。帝曰:「王全斌平蜀多殺人,吾今思之猶耿耿,不可用也。」普於是薦曹彬爲將,以潘美副之。《邵氏聞見録》

太祖欲使符彦卿典兵,趙韓王屢諫,以爲彦卿名位已盛,不可復委以兵柄。上不聽。宣已出,韓王復懷之請見。上迎謂之曰:「豈非以符彦卿事耶?」對曰:「非也。」因别以事奏。既罷,乃出彦卿宣進之。上曰:「果然。宣何以復在卿所?」韓王曰:「臣託以處分之語未備者,復留之,惟陛下深思利害,勿爲後

悔。」上曰：「卿苦疑彦卿，何也？朕待彦卿至厚，彦卿能負朕邪？」韓王曰：「陛下何以能負周世宗？」上默然，遂中止。《記聞》

太祖一日以幽燕地圖示中令，問所取幽、燕之策。中令曰：「圖必出曹翰。」帝曰：「然。」又曰：「翰可取否？」中令曰：「翰可取，孰可守？」帝曰：「以翰守之。」中令曰：「翰死孰可代？」帝不語，久之，曰：「卿可謂遠慮矣。」帝自此絶口不言伐燕。至太宗，因平河東，乘勝欲搗燕、薊，時中令鎮鄧州，上疏力諫。其憂國愛君之深，言出乎文章之外，雖雜陸宣公論事中不辨也。《聞見録》

趙普嘗欲除某人爲某官，不合太祖意，不用。明日，普復奏之，又不用。明日，又奏之，太祖怒，取其奏壞裂投地，普顔色自若，徐拾奏，歸補綴。明日，復進之，上乃寤，用之。其後果稱職，得其力。《記聞》又《晉公談録》云：普嘗奏事忤旨，上怒，就趙手掣奏劄子挼而擲之，趙就地拾起，以手展開，近前復奏。上愈怒，拂袖起。趙猶奏曰：「此事合如此，容進入取旨。」其膽量如此。

太祖時，嘗有羣臣立功，當遷官。上素嫌其人，不與。趙普堅以爲請，上怒曰：「朕固不爲遷官，將若何？」普曰：「刑以懲惡，賞以酬功，古今之通道也。且刑賞者，天下之刑賞，非陛下之刑賞也，豈得以喜怒專之？」上怒甚，起，普亦隨之。上入宫，普立於宫門，久之不去。上寤，乃可其奏。《記聞》

國初，趙普爲相，於廳事坐屏後，置二大甕，凡有人投利害文字，皆置中，滿即焚於通衢。《聞見録》

太祖常與趙普議事不合。太祖曰：「安得宰相如桑維翰者與之謀乎！」普對曰：「使維翰在，陛下亦不用。」蓋維翰愛錢。太祖曰：「苟用其長，亦當護其短。」措大眼孔小，賜與拾萬貫，則塞破屋子矣。」《楊文公談苑》

太祖豁達，既得天下，趙普屢以微時所不足者言之，欲潛加害。太祖曰：「不可。若塵埃中總教識天子、宰相，則人皆去尋也。」自後普不復敢言。《談録》

開寶中，趙普猶秉政，江南後主以銀五萬兩遺普。普白太祖，太祖曰：「此不可不受，但以書答謝，少賂其來使可也。」普叩頭辭讓，上曰：「大國之體，不可自爲寢弱，當使之勿測。」既而後主遣其弟從善入貢，常賜外，密賚白金如遺普之數，江南君臣始震駭上之偉度。《談苑》又《記聞》云：太祖時，趙普爲相，車駕因出，忽幸其第。時兩浙錢俶方遣使致書及海物十瓶於普，置在左廡下。會車駕至，倉卒出迎，不及屏也。上顧見，問何物，普以實對。上曰：「此海物必佳。」即命啓之，皆滿貯瓜子金也。普皇恐，頓首謝曰：「臣未發書，實不知，若知之，當奏聞而却之。」上笑曰：「但取之無慮。彼謂國家事皆由汝書生耳。」因命普謝而受之。

王始爲相，太祖命薛居正、吕餘慶參知政事以副之，不知印，不奏事，不押班，但奉行制書而已，事無大小，一決於王。開寶中，盧多遜因對屢攻其短，雷有鄰復訟其庇吏受賕。上怒，下御史府案問，抵吏罪，詔參知政事更知印、押班、奏事，以分其權。

王性深沈，有岸谷，多忌克。初以吏道聞，寡學術。太祖常勸以讀書，晚年手不釋卷。其爲宰相，以天下事爲己任，沈毅果斷，當世無與爲比。

昭憲太后聰明有智度，嘗與太祖參決大政，及疾篤，太祖侍藥餌，不離左右。太后曰：「汝自知所以得天下乎？」太祖曰：「此皆祖考與太后之餘慶也。」太后笑曰：「不然，正由柴氏使幼兒主天下耳。」因戒敕太祖曰：「汝萬歲後，當以次傳之二弟，則并汝之子亦獲安矣。」太祖頓首泣曰：「敢不如母教！」太后因召趙普於榻前，爲約誓書，普於紙尾自署名云：「臣普書。」藏之金匱，命謹密宫人掌之。及太宗即位，普爲盧多遜所譖，出守河陽，日夕憂不測。上一旦發金匱，得書，大寤，遂遣使急召之，普惶恐，爲遺書與家人別而後行。既至，復爲相。《記聞》

盧多遜貶朱崖。諫議大夫李符求見趙普言：「朱崖雖在海外，而水土無它惡；春州雖在内地，而至者必死。望追改前命，以外彰寬宥，乃置於必死之地。」普頷之。後月餘，符坐事貶宣州行軍司馬，上怒未已，令再貶嶺外，普具述其事，即以符知春州，到郡月餘卒。《湘山野録》

太平興國中，朝士祖吉典郡姦贓，事覺下獄。時郊禮將近，太宗怒其貪墨，諭旨執政，特俾郊赦不宥。趙普奏曰：「敗官抵罪，宜正刑辟。然而國家卜郊肆類，所以對越天地，告休神明，吉本何人，安足以隳改陛下赦令哉！」上善其對而止。沂公《筆録》

彌德超自冗列爲諸司使，驟被委遇，誣奏侍中曹公彬有不軌謀，太宗疑之。拜德超樞密副使，不數月，趙普再相，因爲辯雪，上乃大悟，即逐德超而待彬如故。自是數日，上頗不懌，從容謂普曰：「朕以聽斷不明，幾悮大事，夙夜循省，内愧于心。」普對曰：「陛下知德超才幹而任用之，察曹彬無罪而昭雪之。有勞者進，有罪者誅，物無遁情，事至立斷。此所以彰陛下之明聖也，雖堯舜何以過此哉！」上於是釋然。沂公《筆録》

李繼遷擾邊，太宗用趙普計，封趙保忠守夏臺故地，令滅之。保忠反與繼遷合謀，大爲邊患。《玉壺清話》

丁謂《丁晉公談録》 韓王普初罷隴州巡官到京，至日者王勛卜肆問命。次簾下，看魯公騶殿稍盛，歎曰：「似此大官，修箇甚福，來得到此。」勛曰：「員外即日富貴，更强似此人，何足嘆羡，往往便爲交代，亦未可知。」後果如其言。

太祖初即位，命韓王爲相，顧謂趙曰：「汝雖爲相，見舊相班立坐起，也須且讓他。」趙奏曰：「陛下初創業，以爲相，正欲彈壓四方。臣見舊相，臣須在上，不可更讓也。」太祖嘉之。洎因奏忤旨，上怒，就趙手掣奏劄子，挼而擲之。趙徐徐拾之起，以手展開，近前復奏。上愈怒，拂袖起，趙猶奏曰：「此事合如此，容臣進入取旨。」其膽量也如此。仍忽因大宴，大雨驟至，上不悦。少頃雨不止，形於言色，以至叱怒左右。趙近前奏曰：「外面百姓正望雨。官家大宴何妨，只是損得些少陳設，濕得些少樂人衣裳。但令樂人雨中做雜劇，此時雨難得，百姓得雨快活之際，正好喫酒娱樂。」上於是大喜，宣樂人就雨中奏樂，入雜劇。是日，屢勸近臣百官軍員喫酒，盡歡而散。趙之爲相，臨時機變，能回聖上之心也如此。又言：趙嘗出鎮河陽、襄、鄧三郡，皆以嚴重肅下，政務自集。唯聖節日，即張樂設筵，則豐厚飲饌。凡一巡酒，則遍勸席中喫盡，盡與不盡，但勸至三而止。其雅素也又如此。在相府，或一日奏太祖曰：「石守信、王審琦皆不可令主兵。」上曰：「此二人豈肯作罪過？」趙曰：「然，此二人必不肯爲過。臣熟觀其非才，但慮不能制伏於下。既不能制伏於下，其間軍伍忽有作孽者，臨時不自由耳。」太祖又謂曰：「此二人受國家如此擢用，豈負得朕？」趙曰：「只如陛下，豈負得世宗？」太祖方悟而從之。

江休復《江鄰幾雜志》 安道侍郎云：趙韓王客長安，購唐太宗骨葬昭陵下。一豪姓畜腦骨，比求得甚艱。

宋敏求《春明退朝録》卷上 孫之翰言：太祖一日召對趙中令，出取幽州圖以示之。趙令詳觀，稱嘆曰：「是必曹翰所爲也。」帝曰：「何以知之？」普對：「方今將帥材謀無出於翰，此圖非翰，他人不可爲也。翰往必可得幽州，然既得幽州，陛下遣何人代翰？」帝默然，持圖歸内。

釋文瑩《湘山野録》續録 祖宗居潛日，與趙韓王游長安市。時陳摶乘一衛遇之，下驢大笑，巾幘幾墜。左手握太祖，右手挽太宗：「可相從市飲乎？」祖宗曰：「與趙學究三人並游，可當同之。」陳睥睨韓王甚久，徐曰：「也得，也得，非渠不得預此席。」既入酒舍，韓王足疲，偶坐席左，陳怒曰：「紫微帝垣一小星，輒據上次，不可！」斥之使居席右。

釋文瑩《玉壺清話》卷六 太祖受禪，以趙韓王普有佐命巨勳，除右諫議大夫、樞密直學士。未幾，范質罷相，以公爲門下侍郎、平章事。既冠台府，參總廟權，參政吕餘慶、薛居正雖副之，但奉行制書，備位而已，不宣制，不預奏事，不押班，每府候對長春殿廬，啓沃大小之務，盡決於公。兼權之議，誼於時論。會李繼遷擾邊，用公計，封趙保忠守夏臺故地，因令滅之。保忠翻與繼遷合謀爲邊患，河西極撓。咎歸於公，因不得專政，詔令參政更掌印押班奏事，分其權也。舊制，宰相報到，未刻方出中書，會歲大熱，特許公纔午歸第，遂爲永制。年七十一，病久無生意，解所寶雙魚犀帶，遣親吏甄潛者詣上清太平宫醮星露懇，以謝往咎。上清道録姜道元爲公叩幽都，乞神語，神曰：「趙某開國忠臣也，奈何冤累不可逃。」道元又叩乞所冤者，神以淡墨一巨牌示之，濃煙罩其上，但牌底見「大」字爾。潛歸，公力疾冠帶出寢，涕泣受神語，聞牌底「大」字，公曰：「我知之矣，此必秦王廷美也。然當時事曲不在我，渠自與盧多遜遣堂吏趙白交通，其事暴露，自速其害，豈當咎予？但願早逝，得面辨於幽獄，曲直自正。」是夕，普卒。上感悼涕泗，自撰神道碑，八分御書賜之。

夷門君玉《國老談苑》卷一 太祖將親征潞賊李筠，詔留後吕餘慶、趙普於京師。普因私謁太宗於朱邸，且曰：「普託迹諸侯十五年，今偶雲龍，變家爲國，賊勢方盛，萬乘蒙塵，是臣子效命之日。幸望啓奏，此誠願軍前自効。」太宗即以聞上。太祖笑曰：「趙普豈勝甲冑乎？」因謂太宗曰：「是行也，朕勝則不言，萬一不利，則使趙普分兵守河陽，别作一家計度。」及凱旋，第賞宰臣撥官。太祖曰：「普有從朕伐叛之勳，宜當加等。」於是授侍郎、樞密使。

張舜民《畫墁録》 趙韓王兩京起第，外門皆柴荆，不設正寢。□□□□三間，小廳事堂中位七間，左右分子舍三間，南北各七位，與堂相差。每位東西廡鑿二井，後園亭榭制作雄麗，見之使人竦然。廳事有倚子一隻，樣制古朴，保坐分列，自韓王安排，至今不易。太祖幸洛，初見柴荆，既而觀堂筵以及後圃，哂之曰：「此老子終是不純。」堂中猶有雷時酒，如膠漆，以水參之，芳烈倍常，飲之皆醉。初，河南府歲課修内木植或不前，俾有司督按，乃曰：「爲趙普修宅買木所分。」既而有旨：「修趙普宅了上供。」

沈括《夢溪筆談》卷二四　趙韓王治第，麻擣錢一千二百餘貫，其他可知。蓋屋皆以板爲笪，上以方塼甃之，然後布瓦，至今完壯。塗壁以麻擣土，世俗遂謂塗壁麻爲「麻擣」。

龐元英《文昌雜録》卷二　禮部謝侍郎言：昔有一軍校，與趙韓王同甲，月、日、時亦同。韓王每遷拜，此校亦略有轉補；或大有錫賚，亦須薄有霑賜。然韓王微疾，此校必劇病；或薄謫，必大受笞辱。福常輕而災常重，豈君子小人，理固如此邪，抑亦偶然邪？

邵伯温《邵氏聞見録》卷六　國初，趙普中令爲相，於廳事坐屏後置二大甕，凡有人投利害文字，皆置中，滿即椪於通衢。

李格非《洛陽名園記》　趙韓王宅園，國初詔將作營治，故其經畫制作，殆侔禁省。韓王以太師歸是第，百日而薨。子孫皆家京師，罕居之。故園池亦以扃鑰爲常，高亭大榭，花木之淵藪，歲時獨厮養擁彗負畚鍤者於其間而已。蓋人之於宴閒，每自吝惜，宜甚於聲名爵位。

朱弁《曲洧舊聞》卷一　世傳太祖將禪位於太宗，獨趙韓王密有所啓，太祖以重違太母之約，不聽。太宗即位，入盧多遜之言，怒甚，召至闕而詰之。韓王曰：「先帝若聽臣言，則今日不睹聖明。然先帝已錯，陛下不得再錯。」太宗首肯者久之，韓王由是復用。

蔡絛《鐵圍山叢談》卷三　趙安定王普，佐藝祖以揖讓得天下，平僭亂，大一統。當其爲相時，每朝廷遇一大事，定大議，纔歸第則亟閉户，自啓一篋，取一書而讀之，有終日者，雖其家人莫測也。及翌旦出，則是事必決矣。用是爲常，故世議疑有若子房解后黄石公事，必得異書焉。及後王薨，家人始得開其篋而視之，則《論語》二十卷。

王銍《默記》　藝祖仕周世宗，功業初未大顯。會世宗親征淮南，駐蹕正陽，攻壽陽劉仁贍未下，而藝祖分兵取滁州。距壽州四程皆大山，至清流關而止。關去州三十里則平川，而西澗又在滁城之西也。是時，江南李景據一方，國力全盛。聞世宗親至淮上，而滁州其控扼，且援壽州，命大將皇甫暉、臨軍姚鳳提兵十萬扼其地。太祖以周軍數千與暉遇於清流關隘路，周師大敗。暉整全師入憩滁州城下，令翼日再出。太祖兵再聚於關下，且虞暉兵再至，問諸村人，云有鎮州趙學究在村中教學，多智計，村民有争訟者，多詣以決曲直。太祖微服往訪之，學究者固知爲趙點檢也，迎見加禮。太祖再三叩之，學究曰：「皇甫暉威名冠南北，太尉以爲與己如何？」曰：「非其敵也。」學究曰：「然彼之兵勢與己如何？」曰：「非其比也。」學究曰：「然兩軍之勝負如何？」曰：「彼方勝，我[illegible]已敗，畏其兵出，所以問計於君也。」學究曰：「然且使彼來日整軍再乘勝而出，我師絶歸路，不復有噍類矣。」太祖曰：「當復奈何？」學究曰：「我有奇計，所謂『因敗爲勝，轉禍爲福』者。今關下有徑路，人無行者，雖暉軍亦不知之，乃山之背也，可以直抵城下。方阻西澗水大漲之時，彼必謂我既敗之後，無敢躡其後者。誠能由山背小路率衆浮西澗水至城下，斬關而入，彼方戰勝而驕，解甲休衆，必不爲備，可以得志，所謂『兵貴神速，出其不意』。若彼來日整軍而出，不可爲矣。」太祖大喜，且命學究指其路。學究亦不辭，而遣人前導。即下令誓師，夜出小路亟行。三軍跨馬浮西澗以迫城，暉果不爲備，奪門以入。既入，暉始聞之，旋率親兵擐甲與太祖巷戰，三縱而三擒之。既主帥被擒，城中咸謂周師大兵且至。城中大亂，自相蹂踐，死亡不計其數，遂下滁州。即《國史》所載，太祖曰「餘人非我敵，必斬皇甫暉頭」者，此時也。滁州既破，中斷壽州爲二，救兵不至，壽州爲孤軍。周人得以擒仁贍，自滁州始也。擒暉送世宗正陽御寨，世宗大喜，見暉於簣中，金瘡被體，自撫視之。暉仰面言：「我自貝州卒伍起兵，佐李嗣源，遂成唐莊宗之禍。後率衆投江南，位兼將相，前後南北二朝，大小數十戰未嘗敗。而今日見擒於趙某者，乃天贊趙某，豈臣所能及！」因盛稱太祖之神武，遂不肯治瘡，不食而死。至今滁人一日五時鳴鐘，以資薦暉云。蓋淮南無山，惟滁州邊淮，有高山大川，江、淮相近處，爲淮南屏蔽，去金陵纔一水隔耳。既失滁州，不惟中斷壽州援，則淮南盡爲平地。自是遂盡得淮南，無復障塞。世宗乘滁州破竹之勢，盡收淮南，李景割地稱臣者，由太祖先擒皇甫暉，首得滁州阻固之地故也。此皇甫暉所以稱太祖爲神武者，暉亦非常人，知其天授，非人力也。其後仁宗時，所以建原廟於滁而殿曰端命者，太祖歷試於周，功業自此而成，王業自此而始，故號「端命」。蓋我宋之咸、鎬、豐、沛也。其趙學究即韓王普也。實與太祖定交於滁州，引爲上介，辟爲歸德軍節度使巡官。以至太祖受天命，卒爲宗臣，比跡於蕭、曹者，自滁州始也。

袁褧《楓窗小牘》卷上　趙韓王疾，夜夢甚惡，使道流上章禳謝。道流請章旨，趙難言之，從枕躍起，索筆自草曰：「情關母子，弟及自出於人謀；計協臣民，子賢難違乎天意。乃憑幽祟，逞此强陽，瞰臣氣血之衰，肆彼魘呵之厲。倘合帝心，誅既不誣管、蔡；幸原臣死，事堪永謝朱均。」云云。密封，令勿發，向

空焚之，火正爇函，而此章爲大風所掣，吹墮朱雀門，爲人所得，傳誦於時，竟不起。

莊綽《雞肋編》卷上　趙普以佐命功封韓王。車駕在臨安，趙子晝、韓肖胄、王衣同爲貳卿，時人目之爲「趙韓王」。

李元綱《厚德録》卷三　趙韓王普初爲滁州軍事判官，太祖過滁上，與語奇之。會獲盜百餘人，將就死。普意其有冤，啓太祖更訊之，所活者十七八矣。

備論

《宋史》卷二五六《趙普傳》　論曰：自古創業之君，其居潛舊臣，定策佐命，樹事建功，一代有一代之才，未嘗乏也。求其始終一心，休戚同體，貴爲國卿，親若家相，若宋太祖之於趙普，可謂難矣。陳橋之事，人謂普及太宗先知其謀，理勢或然。事定之後，普以一樞密直學士立於新朝數年，范、王、魏三人罷相，始繼其位，太祖不亟於酬功，普不亟於得政。及其當揆，獻可替否，惟義之從，未嘗以勳舊自伐。偃武而修文，慎罰而薄斂，三百餘年之宏規，若平昔素定，一旦舉而措之。太原、幽州之役，終身以輕動爲戒，後皆如其言。家人見其斷國大議，閉門觀書，取決方册，他日竊視，乃《魯論》耳。昔傅説告商高宗曰：「學于古訓乃有獲，事不師古，以克永世，匪説攸聞。」普爲謀國元臣，乃能矜式往哲，蓍龜聖模，宋之爲治，氣象醇正，兹豈無助乎。晚年廷美、多遜之獄，大爲太宗盛德之累，而普與有力焉。豈其學力之有限而猶有患失之心歟？君子惜之。

王稱《東都事略》卷二六《趙普傳》　臣稱曰：自古受命之君，必有碩大光明之臣，以左右大業。太祖光宅中夏，普以謀議居中，用能削百年藩鎮之權，剗五季僭僞之國，撥亂世反之正。獨相十年，天下廓廓，日以無事。至太宗寵遇愈隆矣。古之人臣，有非常之功，則人主亦必報之以非常之禮。觀二帝所以待普者，可謂至矣。勳名爛然，與宋無極。盛哉！

藝文

王禹偁《小畜集》卷九《太師中書令魏國公册贈尚書令追封真定王趙諱普挽謌十首》　玄象中台拆，皇家上相薨。大功銘玉鉉，密事在金縢。無復同魚水，空嗟失股肱。若言豐沛舊，陪葬近長陵。

經緯千年業，陶鎔萬物功。藩垣龍節在，禁掖鳳池空。鹵簿蒙寒雨，銘旌颭曉風。太常草儀注，全似葬周公。

重位經三入，高年過七旬。有言皆爲國，無日不憂民。温樹蕭蕭影，甘棠漠漠春。遥知神德廟，配饗更何人。

國喪三台首，家藏五廟尊。紀功誰秉筆，册贈帝臨軒。盛德留千古，貞魂閉九原。皇情彌輟悼，天柱折崑崙。

麟喪虛靈囿，鳳哀空帝梧。陶鎔存庶彙，霖雨潤寰區。舊疏同伊訓，遺章入禹謨。九原何所恨，猶未滅匈奴。

空留遺像在凌烟，誰繼堂堂命世賢。將相位高三十載，風雲道合一千年。霖收傳説巖前雨，石隕媧皇補後天。見説吾君舉哀處，重瞳揮洒淚潺湲。

君恩雖聽罷居留，官拜維師命更優。異物忽隨黄石葬，晚年終負赤松遊。憑誰借筯論歸馬，無復停車問喘牛。唯有功名書信史，肯同塵土一時休。

曾拜四章辭相府，又陳三表罷留司。朝廷年德劉仁軌，終始功名郭子儀。印鑠黄金塵暗澹，堂閑緑野草離披。吾君若念先朝舊，應似文貞御製碑。

忍聽鼕鼕窆鼓聲，笳簫嗚咽暮雲凝。勳勞自合同蕭相，謚法還須比魏徵。曉月暗垂丹旐露，夜風輕觸繐帷燈。三川父老知何限，盡逐靈輀淚滿膺。

元老令終歸葬日，有司重奏輟朝時。駢羅鹵簿三公禮，告赴同盟五月期。何處更求廊廟器，是誰重作帝王師。商山副使偏垂淚，未報當年國士知。

王柏《魯齋集》卷六《趙韓王普》　五閏將曉，大明赫然。抑抑人傑，佐命之元。功銘玉鉉，名注金縢。風雪夜計，一新乾坤。

石守信部

綜述

《宋史》卷二五〇《石守信傳》　石守信，開封浚儀人。事周祖，得隸帳下。廣順初，累遷親衛都虞候。從世宗征晉陽，遇敵高平，力戰，遷親衛左第一軍都校。師還，遷鐵騎左右都校。從征淮南，爲先鋒，下六合，入渦口，克揚州，遂領嘉州防禦使，充鐵騎、控鶴四廂都指揮使。從征關南，爲陸路副都部署，以功遷殿前都虞候，轉都指揮使、領洪州防禦使。恭帝即位，加領義成軍節度。

太祖即位，遷侍衛馬步軍副都指揮使，改領歸德軍節度。李筠叛，守信與高懷德率前軍進討，破筠衆于長平，斬首三千級。又敗其衆三萬于澤州，獲僞河陽節度范守圖，降太原援軍數千，皆殺之。澤、潞平，以功加同平章事。李重進反揚州，以守信爲行營都部署兼知揚州行府事。帝親征至大儀頓，守信馳奏：「城破在朝夕，大駕親臨，一鼓可平。」帝亟赴之，果克其城。建隆二年，移鎮鄆州，兼侍衛親軍馬步軍都指揮使，詔賜本州宅一區。

乾德初，帝因晚朝與守信等飲酒，酒酣，帝曰：「我非爾曹不及此，然吾爲天子，殊不若爲節度使之樂，吾終夕未嘗安枕而卧。」守信等頓首曰：「今天命已定，誰復敢有異心，陛下何爲出此言耶？」帝曰：「人孰不欲富貴，一旦有以黄袍加汝之身，雖欲不爲，其可得乎。」守信等謝曰：「臣愚不及此，惟陛下哀矜之。」帝曰：「人生駒過隙爾，不如多積金、市田宅以遺子孫，歌兒舞女以終天年。君臣之間無所猜嫌，不亦善乎。」守信謝曰：「陛下念及此，所謂生死而肉骨也。」明日，皆稱病，乞解兵權，帝從之，皆以散官就第，賞賚甚厚。

已而，太祖欲使符彦卿管軍，趙普屢諫，以爲彦卿名位已盛，不可復委以兵權，太祖不從。宣已出，普復懷之，太祖迎謂之曰：「豈非符彦卿事耶？」對曰：「非也。」因奏他事。既罷，乃出彦卿宣進之，太祖曰：「果然，宣何以復在卿所？」普曰：「臣託以處分之語有侏儷者，復留之。惟陛下深思利害，勿復悔。」太祖曰：「卿苦疑彦卿，何也？朕待彦卿厚，彦卿豈負朕耶。」普對曰：「陛下何以能負周世宗？」太祖默然，事遂中止。

開寶六年秋，加守信兼侍中。太平興國初，加兼中書令。二年，拜中書令，行河南尹，充西京留守。三年，加檢校太師。四年，從征范陽，督前軍失律，責授崇信軍節度、兼中書令，俄進封衛國公。七年，徙鎮陳州，復守中書令。九年，卒，年五十七，贈尚書令，追封威武郡王，謚武烈。

守信累任節鎮，專務聚斂，積財鉅萬。尤信奉釋氏，在西京建崇德寺，募民輦瓦木，驅迫甚急，而傭直不給，人多苦之。子保興、保吉。

雜録

王稱《東都事略》卷一九《石守信傳》　石守信，開封浚儀人也。始事周太祖，得隸帳下，累遷指揮使。世宗征河東，戰于高平，守信以功遷親衛左第一軍都指揮使。從征淮南，又從征關南，俱有戰功。自江州防禦使拜義成軍節度使。

太祖受禪，遷侍衛馬步軍副指揮使，改鎮歸德。李筠反，守信與高懷德率前軍破筠衆于長平，斬首三千級。又與懷德敗其衆三萬于澤州。澤潞平，以功加同平章事。李重進反，復命守信討重進，兼知揚州行府事。太祖親征，守信馳奏：「城中危迫，破在昕夕，大駕親臨，可一鼓而平。」太祖從之，即日克其城。移鎮天平，兼侍衛馬步軍都指揮使。建隆三年，請解軍職，太祖許之。守信每入朝，宴賜甚渥，加兼侍中。太平興國初，加中書令，爲河南尹。從征幽州，坐失律，責授崇信軍節度使兼中書令。尋封衛國公，徙鎮陳州。卒年五十七，贈尚書令，追封武威郡王，謚曰武烈。

備録

王闢之《澠水燕談録》卷一　太祖登極數年，石守信等猶典禁衛，趙忠獻屢請于上授以他任。上乃曲燕守信等，道舊甚懽，從容曰：「朕與卿等義均手足，豈有他耶，而言者累及之。卿等各自擇善地，出就藩鎮，租賦之入奉養甚厚，優游卒歲，不亦樂乎！朕有數女，與卿結親，庶無閒耳。」皆感稱謝。於是諸帥歸鎮或有至二十餘年者，常富貴榮寵，極于一時。前代之保全功臣，無以過也。

邵伯温《邵氏聞見録》卷一　上因晚朝，與故人石守信、王審琦飲酒，帝屏左右謂曰：「吾資爾曹之力多矣，念爾之功不忘。然爲天子亦大艱難，殊不若爲節度使之樂，吾今終夕未嘗敢安枕而卧也。」守信等問其故，帝曰：「此豈難知？所謂天位者，衆欲居之爾。」守信等皆頓首曰：「陛下何爲出此言？今天命已定，誰敢復有異心？」上曰：「不然，汝曹雖無此心，其如麾下之人欲富貴者何？一旦以黄袍加汝之身，汝雖欲不爲，其可得乎？」守信等泣涕曰：「臣愚不及此，惟陛下哀憐，示以可生之塗。」上曰：「人生如白駒過隙耳，所謂富貴，不過欲多積金錢，厚自娱樂，使子孫顯榮耳。汝曹何不釋去兵權，擇便好田宅市之，爲子孫立永久之業，多置歌兒舞女，日飲食相懽以終天命。君臣之間兩無猜嫌，上下相安，不亦善乎！」守信等皆拜謝曰：「陛下念臣及此，所謂生死而肉骨也。」明日，皆稱病，乞解兵權。上許之，皆以散官就第，賜賚甚厚，或與之結爲婚姻。置易制者，使主親軍。其後又置轉運使、通判，使主諸道錢穀。收天下精兵，以備宿衛。而諸功臣亦以善終，子孫富貴，迄今不絶。

王鞏《聞見近録》　太祖將北征，過韓通飲，通子欲弑之，通力止乃已。明日陳橋欣戴，入御曹門，以待將相之至。時伏弩右掖門外，通出，死矢下。石守信實守右掖，開關以迎王師。至中書，立都堂下，召范質、王溥、魏仁浦與語，移刻，將校持刃迫質，帝叱之。質與帝約，賓禮柴氏，保其天年。乃召陶穀草制，詣前殿，帝北面立，宣制，制畢，坐朝百官。

備論

《宋史》卷二五〇《石守信傳》　論曰：石守信而下，皆顯德舊臣，太祖開懷信任，獲其忠力。一日以黄袍之喻，使自解其兵柄，以保其富貴，以遺其子孫。漢光武之於功臣，豈過是哉。然守信之貨殖鉅萬，懷德之馳逐敗度，豈非亦因以自晦者邪。

王稱《東都事略》卷一九《石守信傳》　臣稱曰：唐季以來，至于五代，藩鎮之禍烈矣。宋興，【略】守信、審琦、彦超等以宿將處方鎮，而數子者識曆數之攸在，知天命之有歸，故號令一出，莫不稽首聽命。或納節以備宿衛，或請老而知止足，使藩鎮之禍泯然而不作，克保功名，長守富貴。雖太祖之善御豪傑，而亦數子者能擇其禍福輕重而審處之，斯可以言智矣。

曹彬部

綜述

《宋史》卷二五八《曹彬傳》 曹彬字國華，真定靈壽人。父芸，成德軍節度都知兵馬使。彬始生周歲，父母以百玩之具羅於席，觀其所取。彬左手持干戈，右手持俎豆，斯須取一印，他無所視，人皆異之。及長，氣質淳厚。漢乾祐中，爲成德軍牙將。節帥武行德見其端慤，指謂左右曰：「此遠大器，非常流也。」周太祖貴妃張氏，彬從母也。周祖受禪，召彬歸京師。隸世宗帳下，從鎮澶淵，補供奉官，擢河中都監。蒲帥王仁鎬以彬帝戚，尤加禮遇。彬執禮益恭，公府讌集，端簡終日，未嘗旁視。仁鎬謂從事曰：「老夫自謂夙夜匪懈，及見監軍矜嚴，始覺己之散率也。」

顯德三年，改潼關監軍，遷西上閤門使。五年，使吴越，致命訖即還。私覿之禮，一無所受。吴越人以輕舟追遺之，至於數四，彬猶不受。既而曰：「吾終拒之，是近名也。」遂受而籍之以歸，悉上送官。世宗强還之，彬始拜賜，悉以分遺親舊而不留一錢。出爲晉州兵馬都監。一日，與主帥暨賓從環坐於野，會鄰道守將走价馳書來詣，使者素不識彬，潛問人曰：「孰爲曹監軍？」有指彬以示之，使人以爲紿己，笑曰：「豈有國戚近臣，而衣弋綈袍、坐素胡床者乎？」審視之方信。遷引進使。

初，太祖典禁旅，彬中立不倚，非公事未嘗造門，羣居讌會，亦所罕預，由是器重焉。建隆二年，自平陽召歸，謂曰：「我疇昔常欲親汝，汝何故疏我？」彬頓首謝曰：「臣爲周室近親，復忝内職，靖恭守位，猶恐獲過，安敢妄有交結？」遷客省使，與王全斌、郭進領騎兵攻河東樂平縣，降其將王超、侯霸榮等千八百人，俘獲千餘人。既而賊將弢進率兵來援，三戰皆敗之。遂建樂平爲平晉軍。乾德初，改左神武將軍。時初克遼州，河東召契丹兵六萬騎來攻平晉，彬與李繼勳等大敗之於城下。俄兼樞密承旨。

二年冬，伐蜀，詔以劉光毅爲歸州行營前軍副部署，彬爲都監。峽中郡縣悉下，諸將咸欲屠城以逞其欲，彬獨申令戢下，所至悦服。上聞，降詔褒之。兩川平，全斌等晝夜宴飲，不恤軍士，部下漁奪無已，蜀人苦之。彬屢請旋師，全斌等不從。俄而全師雄等構亂，擁衆十萬，彬復與光毅破之于新繁，卒平蜀亂。時諸將多取子女玉帛，彬槖中唯圖書、衣衾而已。及還，上盡得其狀，以全斌等屬吏。謂彬清介廉謹，授宣徽南院使、義成軍節度使。彬入見，辭曰：「征西將士俱得罪，臣獨受賞，恐無以示勸。」上曰：「卿有茂功，又不矜伐，設有微累，仁贍等豈惜言哉？懲勸國之常典，可無讓。」

六年，遣李繼勳、黨進率師征太原，命爲前軍都監，戰洞渦河，斬二千餘級，俘獲甚衆。開寶二年，議親征太原，復命爲前軍都監，率兵先往，次團柏谷，降賊將陳廷山。又戰城南，薄于濠橋，奪馬千餘。及太祖至，則已分砦四面，而自主其北。六年，進檢校太傅。

七年，將伐江南。九月，彬奉詔與李漢瓊、田欽祚先赴荆南發戰艦，潘美帥步兵繼進。十月，詔以彬爲昇州西南路行營馬步軍戰櫂都部署，分兵由荆南順流而東，破峽口砦，進克池州，連克當塗、蕪湖二縣，駐軍采石磯。十一月，作浮梁，跨大江以濟師。十二月，大破其軍於白鷺洲。

八年正月，又破其軍於新林港。二月，師進次秦淮，江南水陸十餘萬陳於城下，大敗之，俘斬數萬計。及浮梁成，吴人出兵來禦，破之於白鷺洲。自三月至八月，連破之，進克潤州。金陵受圍，至是凡三時，居人樵采路絶，頻經敗衄，李煜危甚，遣其臣徐鉉奉表詣闕，乞緩師，上不之省。先是，大軍列三砦，美居守北偏，圖其形勢來上。太祖指北砦謂使者曰：「吴人必夜出兵來寇，爾亟去，令曹彬速成深溝以自固，無墮其計中。」既成，吴兵果夜來襲，美率所部依新溝拒之，吴人大敗。奏至，上笑曰：「果如此。」

長圍中，彬每緩師，冀煜歸服。十一月，彬又使人諭之曰：「事勢如此，所惜者一城生聚，若能歸命，策之上也。」城垂克，彬忽稱疾不視事，諸將皆來問疾。彬曰：「余之疾非藥石所能愈，惟須諸公誠心自誓，以克城之日，不妄殺一人，則自愈矣。」諸將許諾，共焚香爲誓。明日，稍愈。又明日，城陷。煜與其臣百餘人詣軍門請罪，彬慰安之，待以賓禮，請煜入宫治裝，彬以數騎待宫門外。左右密謂彬曰：「煜入或不測，奈何？」彬笑曰：「煜素愞無斷，既已降，必不能自引決。」煜之君臣，卒賴保全。自出師至凱旋，士衆畏服，無輕肆者。及入見，刺稱「奉敕江南幹事回」，其謙恭不伐如此。

初，彬之總師也，太祖謂曰：「俟克李煜，當以卿爲使相。」副帥潘美預以爲賀。彬曰：「不然，夫是行也，仗天威，遵廟謨，乃能成事，吾何功哉。況使相極品乎！」美曰：「何謂也？」彬曰：「太原未平爾。」及還，獻俘。上謂曰：「本授卿使相，然劉繼元未下，姑少待之。」既聞此語，美竊視彬微笑。上覺，遽詰所以，美不敢隱，遂以實對。上亦大笑，乃賜彬錢二十萬。彬退曰：「人生何必使相，好官亦不過多得錢爾。」未幾，拜樞密使、檢校太尉、忠武軍節度使。

太宗即位，加同平章事。議征太原，召彬問曰：「周世宗及太祖皆親征，何以不能克？」彬曰：「世宗時，史彥超敗于石嶺關，人情驚擾，故班師；太祖頓兵甘草地，會歲暑雨，軍士多疾，因是中止。」太宗曰：「今吾欲北征，卿以爲何如？」彬曰：「以國家兵甲精銳，翦太原之孤壘，如摧枯拉朽爾，何爲而不可。」太宗意遂決。太平興國三年，進檢校太師，從征太原，加兼侍中。八年，爲弭德超所誣，罷爲天平軍節度使。旬餘，上悟其譖，進封魯國公，待之愈厚。

雍熙三年，詔彬將幽州行營前軍馬步水陸之師，與潘美等北伐，分路進討。三月，敗契丹于固安，破涿州，戎人來援，大破之于城南。四月，又與米信破契丹于新城，斬首二百級。五月，戰于歧溝關，諸軍敗績，退屯易州，臨易水而營。上聞，亟令分屯邊城，追諸將歸闕。

先是，賀令圖等言於上曰：「契丹主少，母后專政，寵倖用事，請乘其釁，以取幽薊。」遂遣彬與崔彥進、米信自雄州，田重進趣飛狐，潘美出鴈門，約期齊舉。將發，上謂之曰：「潘美之師但先趣雲、應，卿等以十萬衆聲言取幽州，且持重緩行，不得貪利。彼聞大兵至，必悉衆救范陽，不暇援山後矣。」既而，美之師先下寰、朔、雲、應等州，重進又取飛狐、靈丘、蔚州，多得山後要害地，彬亦連下州縣，勢大振。每奏至，上已訝彬進軍之速。及彬次涿州，旬日食盡，因退師雄州以援餉餽。上聞之曰：「豈有敵人在前，反退軍以援芻粟，失策之甚也。」亟遣使止彬勿前，急引師緣白溝河與米信軍會，案兵養鋭，以張西師之勢；俟美等盡略山後地，會重進之師而東，合勢以取幽州。時彬部下諸將，聞美及重進累建功，而己握重兵不能有所攻取，謀議蜂起。彬不得已，乃復裹糧再往攻涿州。契丹大衆當前，時方炎暑，軍士乏困，糧且盡，彬退軍，無復行伍，遂爲所蹑而敗。

彬等至，詔鞫於尚書省，令翰林學士賈黃中等雜治之，彬等具伏違詔失律之罪。彬責授右驍衛上將軍，彥進右武衛上將軍，信右屯衛上將軍，餘以次黜。四年，起彬爲侍中、武寧軍節度使。淳化五年，徙平盧軍節度。真宗即位，復檢校太師、同平章事。數月，召拜樞密使。

咸平二年，被疾。上趣駕臨問，手爲和藥，仍賜白金萬兩。問以後事，對曰：「臣無事可言。臣二子材器可取，臣若內舉，皆堪爲將。」上問其優劣，對曰：「璨不如瑋。」六月薨，年六十九。上臨哭之慟，對輔臣語及彬，必流涕。贈中書令，追封濟陽郡王，謚武惠；且贈其妻高氏韓國夫人；官其親族、門客、親校十餘人。八月，詔彬與趙普配饗太祖廟庭。

彬性仁敬和厚，在朝廷未嘗忤旨，亦未嘗言人過失。伐二國，秋毫無所取。位兼將相，不以等威自異。遇士夫於塗，必引車避之。不名下吏，每白事，必冠而後見。居官，奉入給宗族，無餘積。平蜀回，太祖從容問官吏善否，對曰：「軍政之外，非臣所聞也。」固問之，唯薦隨軍轉運使沈倫廉謹可任。爲帥知徐州日，有吏犯罪，既具案，逾年而後杖之，人莫知其故。彬曰：「吾聞此人新娶婦，若杖之，其舅姑必以婦爲不利，而朝夕笞詈之，使不能自存。吾故緩其事，然法亦未嘗屈焉。」北征之失律也，趙昌言表請行軍法。及昌言自延安還，被劾，不得入見。彬在宥府，爲請於上，乃許朝謁。

子璨、珝、瑋、玹、玘、珣、琮。珝娶秦王女興平郡主，至昭宣使。玹左藏庫副使，玘尚書虞部員外郎，珣東上閤門使，琮西上閤門副使。玘之女，即慈聖光獻皇后也。芸，累贈魏王。彬，韓王。玘，吳王，謚曰安僖。玘之子佾、傅。佾見《外戚傳》。傅，后兄也，榮州刺史，謚恭懷。

杜大珪《名臣碑傳琬琰集》中卷四三《曹武惠王彬行狀》 曹彬字國華，真定靈壽人。父芸，成德節度都知兵馬使。彬幼沈厚謹願，漢乾祐中，承父籍補牙職。郎帥武行德見其端慤，甚異之，嘗指彬謂左右曰：「此遠大之器，非常流也。」周太祖貴妃張氏，即彬從母。周祖受禪，世宗致書鎮帥何福進，召彬歸京師，隸帳下，從征澶淵。及嗣位，補供奉官，擢客省副使、河中都監。蒲帥王仁鎬以彬帝戚，尤加禮待。彬奉仁鎬益恭，公府讌集，必危坐終日，未常轉眄。仁鎬語從事曰：「老夫自謂夙夜匪懈，及見監軍矜嚴，始覺己之疎怠。」顯德三年，移潼關監軍，就遷西上閤門使。五年，代還，奉詔賜吳越王鎧甲、弓弩、鎗劍，及中吳軍節度錢文奉國信。既致命，即日遽還，私覿之禮，一無所受。吳人趣舟追及，因與之，猶不納，至數四。彬曰：「吾終近之，是拒名也。」歸籍其數，悉上送官。世宗謂之曰：「前使浙中者，取求無厭，其辱君命；汝獨能如此廉潔，甚可

嘉也。」盡以所輸還之，彬始拜賜，分遺親黨。明年，判四方館事，出爲晉州兵馬都監。時劉鈞盜據并、汾，晉爲敵境，彬晝則訓師，夜則巡警，以勤瘁聞。廷璋節制平陽，頗推服之。一日，廷璋率彬及賓佐游郊外，方環坐笑語，會鄰道王將走單介馳書詣彬，詢於左右曰：「孰是曹監軍？」有指彬示之，使人以爲紿也，笑曰：「豈有國親內職，而衣弋綈袍、坐素胡牀者乎？」轉引進使。初，太祖典禁旅，尤器重彬，彬非公事，未嘗上謁，平居讌會，亦罕預，太祖奇之。建隆二年，趣召歸闕，謂之曰：「我疇昔欲親汝，汝何故疎我？」彬頓首謝曰：「臣事周室爲近親，歷職禁近，安敢交結尊貴？」上益嘉獎。轉客省使，俄命與王全斌、郭進領步騎萬餘攻河東之樂平縣，降其將王超、侯霸榮等千八百人，又獲千餘人。俄而賊進，悉漢兵來救，三戰皆敗之。詔廷尉爲平晉軍，又降靜陽等十八寨。乾德初，改左神武將軍，充內客省使。河東來攻平晉軍，命彬與郭進、張彥進、陳萬通援之。未至一舍，賊遁去。時初克遼州，河東召契丹五押騎六萬餘來攻，又命彬與李繼勳、羅彥環、郭進、武懷節援之，大敗虜騎於城下。俄兼樞密承旨。二年冬，遣將兩路伐蜀，詔馬軍劉光義爲歸州行營前軍副部署，以彬爲都監。峽中郡縣悉下，又降遂州。時諸將咸欲屠城殺降以逞，惟彬申令戢下，所至悅服。太祖聞之，詔書褒美，使謂彬曰：「汝能約束將士，禁暴恤民，吾任得其人矣。」兩川平，會益州，王全斌、崔彥進、王仁贍等晝夜宴，不恤軍士，因而部下漁奪貨財，蜀人苦之。彬屢請旋師，全斌輩逗留不發。俄而全師雄等搆亂，復與光義破之于新繁，擒萬餘人，與彥通協力剪滅。及還京師，上盡得全斌輩事狀，因面詰仁贍。仁贍歷詆諸將爲奢縱不法事，冀以自解，且曰：「清廉畏慎，不辜陛下任使者，惟曹彬一人耳。」乃以全斌等屬吏。即日授彬宣徽南院使、檢校太保、領義成軍節度。彬入見，上奏曰：「征西將皆以獲罪，臣獨受賞，何以寧處？不敢奉詔。」上曰：「卿有功無過，又不自矜伐，苟有纖介之累，仁贍豈爲汝隱邪？懲勸，國之常典，可勿讓。」六年，遣李繼勳、黨進率師征太原，命彬與行營前軍馬步軍都監，戰洞過河，斬一千餘人級，奪人馬甚衆。開寶二年，太祖將親征，復爲前軍都監，率兵先赴太原，次團柏谷，降賊將陳廷山。又戰城南，薄于濠，擒奪千餘級。太祖至城下，分置寨於四面，命彬主其北。六年，進檢校太傅。江南李煜違詔，稱疾不朝，完城壘，繕甲兵，漸失藩臣禮。七年九月，詔彬與馬軍都虞候李漢瓊、判四方館使田欽祚率兵先赴荆南，大發舟艫。上連日幸迎春苑，登汴隄，觀戰櫂東下。又命潘美發步士總十餘萬，水陸齊進。太祖御長春殿宴餞，語彬曰：「南方之事，一以委卿，慎勿暴掠生民，惟示以威令，使自歸順，不須急擊也。」十月，詔以彬爲昇州西南路行營馬步軍戰櫂都部署。彬分兵甲荆南，順流而東，破峽山口寨，殺守卒八百人，生擒二百七十人，獲池州牙校王仁震、王晏、錢興，進克池州。又戰銅陵，生擒八百人，獲戰艦二百餘艘，連克當塗、蕪城二縣，駐軍采石磯。十一月，又擊敗吳兵二萬餘衆，生擒僞兵馬副部署楊收、都監孫震，獲馬三百餘匹。詔作浮梁，跨大江以濟師。彬等進師，破江南軍數千人於新陵寨，獲艦三十餘艘。十二月，破其軍五千衆於白鷺州，生擒百餘人，獲戰艦百五十艘。八年正月，破其衆萬餘於新林港口，斬二千級，焚戰艦六十餘艘。二月，軍次秦淮。吳人水陸十萬陣於城下，大敗之，俘斬數萬計，獲兵器數萬，印數十鈕。及浮梁城，吳人進師出禦，大敗其衆，獲僞將衛軍都頭鄭賓七輩，及軍器萬餘。又攻其城南水寨，殺戮千餘，破數千衆於白鷺州，俘朝千計於江中。三月，破吳兵數千衆於江中，俘五百人。破關城，悉焚其廬舍，殺千餘衆，溺死者又千計。守陴者皆遁，僞天德軍都知兵馬使張進等九人來降。俄又破其軍二千衆於秦淮北。六月，又破其二萬衆於城下，奪戰艦數千艘。八月，丁德裕與兩浙軍克潤州，部送降卒數千人赴軍前，卒多道亡，遂發檄招誘，稍皆集，又慮其爲變，盡殺之。自長圍金陵，歷春夏至秋，凡三時，而居人樵采路絕，頻經敗衄，城中喪氣。李煜危迫既甚，遣其大臣徐鉉奉表詣闕，乞緩師。太祖不知省，號令諸將，促煜之降。煜遷延未能決，夜出鋭卒數千人，構炬鼓譟，犯潘美之壁。先是，本軍列二寨，美居其北，分道攻城，畫其地形曲折來上，太祖指寨謂其使曰：「此宜深溝以自固，吳人必夜出兵來寇。爾亟去，令曹彬自督促，併力速成之，無墮其計中。」彬等晝夜督丁夫掘塹，成，果出兵來襲，美驅帳下精甲依新搆拒之，吳人大敗，破五千餘于城下，又獲僞印十餘鈕，殺戮殆盡。奏至，上笑曰：「果如此。」彬等率士卒晨夜攻城。長圍中，彬每緩師，冀煜歸服，煜尚爲左右所惑。十一月，鑿城將陷，彬又使人入諭煜曰：「事勢如此，則所惜者一城生聚。主能歸命，策之上也。」煜猶豫不決。翌日，城陷，彬申嚴禁暴之令，兵不血刃。煜與其臣百餘人詣軍門請罪，彬慰安之，待以賓禮，請煜入宮治裝，盡以其族歸京師，彬殿數騎待於宮門外。煜既入，左右密啓彬曰：「縱煜入宮，或致不測，爲之奈何？」彬笑曰：「煜甚愞，素無斷，既已降，必不能自引決。」果如彬言。僞朝文武官吏，賴彬保全，各得其所，親屬爲軍士所掠者，即遣還之。因大搜軍中，無得匿人妻女。倉廩府庫，委轉運使安籍檢視，彬一不問。師旋，舟中惟圖籍衣衾而已。以功拜樞密、

檢校太尉、領忠武軍節度。太宗即位，加同平章事。太平興國三年，進檢校太師，從平太原，加兼侍中。八年，爲弭德超所譖，出爲天平軍節度。旬餘，太宗悟其事，待之愈厚，俄進封魯國公。雍熙三年，大議北伐，命彬爲幽州道行營前軍馬步水陸都部署，河陽節度崔彦進爲之副，内客省使郭守文爲都監，日騎天武四廂都指揮使，傅潛爲都指揮使，龍衛右廂都指揮使李延斌，神衛右廂都指揮使馬正分爲馬步都指揮使，馬步軍都軍頭范廷召、文思使薛繼昭爲先鋒，都軍頭田紹斌，荆罕英、宫苑使李繼隆策先鋒，光州刺史陳廷山、隰州刺史史珪、左神武將軍劉知信、六宅使符昭壽押陣。以侍衛馬軍都指揮使米信爲幽州西北道行營都部署，沙州觀察使杜彦圭副之，蔚州觀察使趙延溥、内衣庫使張昭勍，引進使董愿爲都監，亳州刺史蔡玉爲排陣使，馬步軍副都軍頭韓彦卿、竇暉爲先鋒，曹美策先。侍衛步軍都指揮使田重進爲定州路行營都部署，蘄州刺史譚延美、西上閤門使袁繼忠爲都監。上召彬等，授以方略。又以忠武軍節度潘美爲雲、應、朔州都部署，雲州觀察使楊業副之，令分路進討。三月，破虜固安南，斬首千餘級，克其城。又下新城、涿州。戎人來援，大破其衆於城南，獲馬五百疋，殺奚酋賀思相公。四月，又與米信破虜於辛城東北，斬首二百級。五月，與虜戰，攻溝關，王師不利，收餘師宵涉巨馬河，退屯易州，臨易水營焉。宫苑使王繼恩馳驛奏其事，上至，令分屯邊城，追諸將歸闕。先是，賀令圖及其父懷浦，薛繼昭、劉文裕、侯莫陳利用相繼上言：「虜母專政，寵倖用事，請乘其釁，以取幽薊。」遂遣彬、彦進與米信自雄州，田重進趣飛狐，潘美出鴈門，約從齊舉。將發，上謂之曰：「潘美之師但先趣雲、應，卿等以十萬衆聲言取幷州，且持重緩行，不得貪利。虜聞大兵且至，必悉衆救范陽，不暇援山後矣。」既而美之師先下寰、朔、雲、應等州，重進之師又取飛孤、靈丘、蔚州，多得山後要害之地，而彬之大軍亦聯下州縣，軍勢大振。每捷奏至，上已訝彬進軍之速，而憂虜斷粮道。彬次涿州，旬日食盡，因退師以援餉饋。上聞之曰：「豈有敵人在前，返退軍以援芻粟，何失策之甚也。」亟遣使止彬勿前，急引兵緣白溝河與米信軍會，案兵養鋭，以張西師之勢；待美等盡掠山後之地，會重進之師東下，合勢以取幽州。時彬部下諸將，聞美、重進攻城野勝，累獲其利，以爲己握重兵，不能有所攻取，謀畫鋒起，更相矛盾。彬不能制，乃裹五十日粮再往攻涿州。虜大衆當其前，且行且戰，去城裁百里，二十日始至焉，頻克捷。而時方炎暑，軍士乏困，粮且盡，彬退兵，無復行伍，爲虜所躡，遂至於敗。彬等至，詔鞫於尚書省，令翰林學士賈黄中、右諫議大夫雷德驤、知雜御史李巨源雜治之。彬、守文、潛具狀違詔失律，士多死亡。信、彦進違部署節制，别道回軍，爲虜所敗。彦圭不容軍士晡食，設陣不整，致亡失軍士。玉遇敵畏懦不擊，易服潛遁。廷山涿州會戰失期，繼昭臨陣先謀引退，軍情撓惑。刑部大理寺上言：「彬等奉辭出征，大失輜重，準律，主將守備不設，爲賊掩覆，臨陣先退，皆坐死。」又下其事，工部尚書扈蒙等議，如有司所定。彬素服待罪，深自引咎，責授檢校太保、右驍衛上將軍，彦進爲右武衛上將軍，信爲右屯衛上將軍，仍削爵，餘皆以次降黜。四年，起彬爲檢校太傅、兼侍中、武寧軍節度。耕籍恩加檢校太尉。召還，會上元侍宴觀燈，上顧歷數前朝將相，皆有評品。徐州民數百，詣闕求彬還本鎮，優詔褒諭。淳化五年，徙平盧軍節度。真宗嗣位，復檢校太師。數月，召入拜樞密使。咸平二年，被疾。上趣駕臨幸，手和藥餌之，賜白金萬兩。供奉醫僧供蘊宿其第診視，中使撫問。六月，卒，年六十九。上親臨哭之慟，甚震悼，言必流涕，廢朝五日。贈中書令，追封濟陽郡王，謚曰武惠；又贈其亡妻高氏爲韓國夫人，録其親族、門客、校尉，拜官者十餘人。八月，又詔與趙普同配享太祖廟庭。彬性仁恕清慎，遜言恭色，在朝廷未嘗抗辭忤旨。博覽强記，美談論，被服清素，有同儒者。尤疎財，未嘗聚蓄，伐二國，秋毫無所取。位兼將相，不以等威自異。造其門者，皆爲揖客，不名下吏，每白事，不冠不見。局量寬博，喜愠不形，未嘗言人過。平蜀廻，太祖因從容問以官吏善否，彬曰：「臣止監軍旅，至於采察官吏，非所職也。」及因詢之，唯薦隨軍轉運使沈淪廉謹可任。其爲藩帥，遇朝士於塗，必引車避。過市，則戒騶御，不令傳呼。北征之失律也，趙昌言表請行軍法。及昌言自延安還，因事被劾，未得入見，彬在近密，遽爲上請，乃許朝。彬歸休閉閣，門無雜賓。保功名，守法度，近代良將，稱爲第一，真宗屢對近臣稱歎其名德。

曾鞏《隆平集》卷九《曹彬傳》　曹彬，字國華，真定人也。父芸，爲成德軍兵馬使。周祖貴妃張氏，彬之從母也。仕周至引進使，建隆初遷客省使。乾德二年伐蜀，以内客省使監歸州路行營劉光乂軍。兩川平，除節度使。開寶元年爲宣徽南院使，八年平江南，九年樞密使。太宗即位，加同平章事。太平興國八年爲弭德超所誣，罷爲天平軍節度使。雍熙三年詔彬與崔彦進、傅潛、潘美等北伐，雖尅新城，破涿州，而繼有岐溝之敗，降右驍衛上將軍。真宗即位，復樞密使，加檢校太師、平章事。咸平二年薨於位，年六十九，贈中書令，追封濟陽郡王。彬敬慎和厚，在朝廷未嘗忤旨，亦未嘗言人過失。平蜀還，太祖詢官吏善

否，對曰：「軍政之外，非臣所聞。」時諸將皆欲屠城殺降，彬獨任恕而戢下，所至悦服。太祖降璽書褒之。時諸將多有子女金帛，彬橐中惟圖書、衣衾而已。故主帥俱貶，而彬獨進擢。及征江南，亦緩攻取，數遣開諭，亦冀其降。雖已城陷，猶納歸欵，僞朝君臣，賴以獲免。自出師至凱旋，士衆畏服，無輕肆者。其軍政如此。雖弭德超之譖，暫解機務，而太宗察其忠謹，待遇彌厚。北征諸將，以潘美獨拔三州，遂違節制，而失利於岐溝。此愛克厥威之過也。時趙昌言在魏，奏乞誅彬。及昌言自延安還，被劾，不得入見，彬居樞府，爲請於上。彬之仁厚皆此類也。周朝嘗使吳越，訖事即行，不受私覿。吳越屢追遺之，彬曰：「吾終拒之，是近名也。」遂受而歸，盡輸内帑。世宗强還之，欲辭不獲，命悉以分親舊，而一介不取。居官俸入，給宗族無餘積。遇人雖甚微賤，莫不以禮待。遇朝士大夫，必引車避之。真宗聞其疾，親視臨問，手爲和藥。及以訃聞，惻然震悼，對輔臣語及彬，必流涕。以遺恩官其親族門下吏十餘人。

王稱《東都事略》卷二七《曹彬傳》　曹彬字國華，真定靈壽人也。父芸，成德軍兵馬使。彬始生周歲日，父母以百翫之具羅於席，觀其所取。彬左手持干戈，右手取俎豆，斯須取一印，他無所視，人皆異之。既長，氣質淳厚。漢乾祐中，爲成德牙將。周太祖貴妃張氏，彬之從母也。彬歸京師，得隷世宗帳下，補供奉官，累遷西上閤門使。出使吳越，訖事即行，不受私覿。吳越人以輕舟追遺之，至於數四，彬猶不受。既而曰：「吾或終拒之，是近名也。」遂受而歸，盡輸内帑。世宗彊還之，欲辭不獲，悉以分親舊，而一介不取。遷引進使。

宋興，遷客省使。與王全斌、郭進屢破北寇。太祖伐蜀，以内客省使監歸州路行營劉光毅軍。峽中郡縣悉下，諸將皆欲屠城殺降，彬獨任恕而戢下，所至悦服。太祖降璽書褒之。蜀平，王全斌等不恤軍事，蜀人苦其侵奪，彬屢請旋師，全斌等不從，俄而全師雄等作亂，擁衆十萬，彬復與光毅破之于新繁，卒平蜀亂。時諸將多有子女玉帛，彬橐中惟圖書衣衾而已。太祖以全斌等貪縱不法屬吏，而謂彬清介廉謹，拜宣徽南院使、義成軍節度使。彬辭曰：「伐蜀將士俱得罪，臣以無功獨蒙褒寵，恐無以勸天下。」太祖曰：「卿有茂功，加以不伐，設有微累，全斌等豈惜言哉！夫懲惡勸善，朕所以勵臣下也。」彬乃不敢辭。太祖將親征太原，爲前軍都監，率兵次團柏谷，降賊將陳廷山。太祖伐江南，以彬將行營之師。彬分兵由荆南順流而東，破峽口砦，進克池州，連克當塗、蕪湖二縣，駐軍采石磯。作浮梁，跨大江以濟師，大破其軍于白鷺洲。師進，次秦淮，江南水陸十萬陳於城下，大敗之，俘斬數萬計。遂克潤州，進圍金陵。李煜危甚，遣其臣徐鉉奉表詣闕，乞緩師。彬亦緩攻取，冀煜歸服。使人諭之曰：「事勢如此，所惜者一城生聚。若能歸命，策之上也。」城垂克，彬忽稱疾不視事。諸將皆來問疾，彬曰：「余之病非藥石所愈，惟須諸公誠心自誓，以克城之日不妄殺一人，則自愈矣。」諸將許諾，共焚香爲誓。明日稱愈。遂克金陵，城中皆按堵如故。李煜與其臣百餘人，詣軍門請罪，彬慰安之，待以客禮。煜之君臣賴以獲免。自出師至凱旋，士衆畏服，無輕肆者，其軍政如此。及入見，以牓子進稱「奉敕江南幹事回」，其謙恭不伐又如此。

初，彬之總師也，太祖謂曰：「俟克李煜，當以卿爲使相。」副帥潘美豫以爲賀，彬曰：「不然。夫是行也，仗天威，遵廟謨，乃能成事，吾何功哉？況使相極品乎！」美曰：「何謂也？」彬曰：「太原未平爾。」已而還朝獻俘，太祖曰：「本除卿使相，然劉繼元未下，姑少待之。」既聞此語，美竊視彬微哂。太祖覺之，遽詰所以，美不敢隱，遂以前對。太祖亦大笑，乃賜彬錢二十萬。彬曰：「人生何必使相，好官亦不過多積金錢耳。」未幾，拜樞密使、忠武軍節度使。

太宗即位，加同平章事。太宗議征太原，召彬問曰：「周世宗及太祖皆親征，何以不能克？」彬曰：「世宗時，史彥超敗于石嶺關，人情驚擾，故班師。太祖頓兵甘草地，會歲暑雨，軍士多疾，因是中止。」太宗曰：「今吾欲北征，卿以爲如何？」彬曰：「以國家兵甲精鋭，翦太原之孤壘，譬摧枯拉朽爾，何爲而不可？」太宗意遂決。從平太原，加兼侍中。後爲弭德超所誣，罷爲天平軍節度使。既而，太宗悟其譖，封魯國公，待之愈厚。

雍熙三年，詔彬將幽州行營前軍馬步水陸之師，與潘美等北伐，敗契丹于固安，破涿州。又與米信破契丹于新城，戰于岐溝關，我師敗績。

初，諸將上言：「契丹主少，母后專政，寵倖用事，請乘其釁，以取幽薊。」遂遣彬與崔彥進、米信自雄州，田重進趣飛狐，潘美出鴈門，約期齊舉。將發，太宗謂之曰：「潘美之師但先趣雲、應，卿等以十萬衆聲言取幽州，且持重緩行，毋貪利。虜聞大兵至，必悉衆救范陽，不暇援山後矣。」既而，美之師先下寰、朔、雲、應四州，彬等至涿州，以糧運不繼，退師雄州，以援其餽。彬部下諸將，以爲已握重兵不能有所攻取，由是謀議蜂起。彬不得已，乃復裹糧再往攻涿州，而失利於

歧溝。

太宗追諸將赴京師，鞫於尚書省，令翰林學士賈黄中等雜治。彬等具伏違詔失律之罪，責右驍衛上將軍，彦進右武衛上將軍，信右屯衛上將軍。四年，起彬爲侍中、武寧軍節度使，徙鎮平盧。

真宗即位，復同平章事，召入爲樞密使。咸平二年，被疾，真宗親視臨問，手爲和藥，仍賜以白金萬兩。問以後事，對曰：「臣無事可言。臣二子璨與瑋，材器有取，臣若内舉，皆堪爲將。」真宗問以優劣，對曰：「璨不如瑋。」薨，年六十九。真宗惻然震悼，對輔臣語及彬，必流涕。贈中書令，追封濟陽郡王，謚曰武惠，與趙普配享太祖廟廷。

彬仁敬和厚，在朝廷未嘗忤旨，亦未嘗言人過失。伐二國，秋毫無所取。位兼將相，不以等威自異待。遇士大夫，必引車避之。居官，奉入給宗族，無餘積。平蜀回，太祖詢官吏善否，對曰：「軍政之外，非臣所聞也。」固問之，唯薦隨軍轉運使沈倫，廉謹可任。北征之失律也，趙昌言在魏，奏乞誅彬，及昌言自延安還，被劾不得入見，彬在右府，爲請於太宗，乃許朝謁。彬之仁厚，皆此類也。

雜録

備録

朱熹《五朝名臣言行録》卷一之二《樞密使濟陽曹武惠王》　王事周嘗監蒲州軍，蒲帥王仁鎬性長厚，以王帝室近親，尤所加禮，而王恭謹彌至，雖公府宴樂，必端簡終日，未嘗旁視。王公謂從事曰：「老夫自謂夙夜匪懈，今覩監軍，誠散率之甚也。」李宗諤撰《行狀》

使吴越，宣賚既畢，即日而廻，私覿之禮，皆所不受。越人追以奉之，王猶不納。既而曰：「吾或終拒之，是近名也。」遂盡籍其數，歸奏世宗，願納内帑。世宗曰：「前使東南者，皆分外求索，是致遠人頗輕朝命。汝獨如此，可謂賢矣。然此常禮，不必固辭。」王始拜賜，悉散遺親舊，不留一錢。《行狀》

充晉州兵馬都監，劉鈞盜據并、汾，晉爲敵境，王未及壯，爰膺戎寄，晝則訓練，夜則警巡，食無膏粱，衣靡文采。嘗一日，王與主帥暨諸賓從環坐於野，適有鄰道守將命單介馳書詣王，使人素不識，潛問人曰：「誰爲曹公？」有指王以示之者，使人初謂其紿也，笑曰：「豈有國戚近臣，肯衣弋綈袍，坐木素胡床者乎？」審視之方信。其簡儉如此。《行狀》

太祖始在潛躍，實典禁軍，以王中立不倚，尤所推重。然王非因公事，未嘗造門，羣居醼樂，亦所罕至。太祖益以此奇之。建隆二年，自平陽召歸，謂曰：「我當日常欲親汝，汝何故疏吾？」王頓首謝曰：「臣事周朝，連葭莩之親，復忝内職，靖恭守位，猶恐獲過，安敢妄有交納？」太祖曰：「朕素知汝意，方將擢用，宜罄乃誠，以輔新邦也。」《行狀》又《記聞》云：太祖事世宗於澶州，曹彬爲世宗親吏，掌茶酒。太祖嘗從求酒，彬曰：「此官酒，不敢相與。」自沽酒以飲太祖。及即位，語羣臣曰：「世宗舊吏，不欺其主者，獨曹彬耳。」由是委以腹心，使監征蜀之軍。

大舉伐蜀，詔劉光義充歸州路行營前軍副部署，以王爲都監。始破三會、巫山寨，次平夔州，又取遂州。時諸將皆欲屠城殺降，以逞威暴，唯王申禁戢之令，明勸賞之法，繇是乘破竹之勢，不血刃而峽中郡縣悉下。兩川平，王與諸將會成都，大將王全斌等日夕縱酒，不恤軍事，部下列校，皆求取無厭，蜀人苦之。王屢勸全斌等宜速振旅凱旋，全斌等逗留不發。卒致全師雄等作亂，郡縣相應，盜賊蜂起。王與崔彦進悉力剪平之。洎全斌等歸闕，太祖盡得全斌等所爲事狀，又面詰王仁贍，仁贍歷詆諸將奢縱不法事，冀以自解，止言清畏廉恪，唯曹彬一人耳。太祖大怒，全斌等並下吏議。即日授王宣徽南院使、充義成軍節度使。王獨懇請曰：「收蜀將校皆得罪，臣以無功獨蒙厚賞，恐無以勸天下。」太祖笑曰：「卿有茂功，加以不伐，設有微累，仁贍肯惜言哉！夫懲惡勸善，此所以厲臣子也。」王不敢辭。《行狀》又《摭遺》曰：曹彬討蜀，初克成都，有獲婦女者，彬悉閉于一第，竅以度食，且戒左右曰：「是將進御，當密衛之。」洎事罷，咸訪其親以還之，無者備禮以嫁之。及師還，輜重甚多，或譖言：「悉奇貨也。」太祖密令伺之，圖書也，無銖金寸錦之附焉。又《記聞》曰：王仁贍自劍南獨先歸闕，乞見，曆數王全斌等貪縱之狀。太祖笑謂仁贍曰：「納李廷珪妓，擅開豐德庫金寶，此又誰邪？」仁贍惶怖，叩伏待罪。曰：「此行清介畏謹，但止有曹彬一人爾。」《晉公談録》曰：太祖遣王全斌等平蜀，全斌殺降兵三千人。時曹彬不從，但收其文案，不署字。及師還，太祖傳宣送中書取勘，左右曰：「方克復西蜀回，雖殺降兵，亦不可便案劾，今後陛下如何用人？」太祖曰：「不然。河東、江南，皆未歸服，若不勘劾，恐今後委任者轉亂殺人，但且令勘劾。」洎勘案成，宣令後殿見責，問曰：「如何敢亂殺人？」又曰：「曹

彬但退，不干你事。」曹不退，但叩頭伏罪曰：「臣同商議，罪合誅戮。」太祖遂皆原之。後忽一日，宣曹并潘美曰：「命汝收江南。」又顧曹曰：「更不得似往時西川亂殺人。」曹徐奏曰：「臣若不奏，又恐陛下未知。曩日西川殺降之事，臣曾商量，固執不下，臣見收得當日文案，元不着字。」太祖令取覽之，謂曰：「如此則當時何故堅自服罪？」曰：「臣從初與全斌等同被委任，若全斌等獲罪，臣獨清雪，不爲穩便，所以一向服罪。」太祖曰：「卿既欲自當罪，又安用留此文字？」曰：「臣初謂陛下必行誅戮，故留此文書，令老母進呈，乞全老母之命。」太祖尤器遇之。又潛謂曰：「但只要他歸服，切勿煞。是他無罪過，自是自家着他不得。卿切會取。」曹曰：「謹奉詔旨，不敢違越。」晉公曰：今國家享無疆之休，良由是耳。而曹之諸子，皆享豐禄，豈非餘慶乎。

王與太祖密論天下事，無不合上意，而公堂會議，如不能言。太祖益所器重。《行狀》

太祖遣曹彬、潘美征江南，彬辭才力不迨，乞別選能臣，美盛言江南可取。帝大言諭彬曰：「所謂大將者，能斬出位犯分之副將，則不難矣。」美汗下，不敢仰視。將行，夜召彬入禁中，帝親酌酒。彬醉，宫人以水沃其面。既醒，帝撫其背以遣曰：「會取會取，他本無罪，只是自家着他不得。」蓋欲以恩德來之也。是故以彬之厚重，美之明鋭，更相爲助，令行禁止，未嘗妄戮一人，而江南平。《聞見録》

曹彬事太祖，時將討金陵，責後主稱疾不朝之罪。以彬長者，令爲統帥，將終全其城。彬累遣告城中：「大軍決取十一月二十七日破城，宜早爲之圖。」後主將遣其愛子清源郡公仲寓入覲，至仲冬下旬，日日克期，仲寓未出。彬屢遣督之，言：「郎君到寨，即四面罷攻。」後主終惑左右之言，以爲：「堅壘如此，天象無變，豈可計日而取？蓋敵人之言，豈足爲信？但報言行李之物未備，宫中之宴餞未畢，將以二十七日出。」彬又令懇言：「至二十六日，亦無及矣！」果以是日城陷。整軍成列，至其宫城門，後主方開門奉表納降，彬答拜，爲之盡禮。先是，宫中預積薪，後主誓言：「若社稷失守，當携血屬以赴火。」既見彬，彬諭以歸朝俸賜有限，費用至廣，當厚自齎裝，既歸有司之籍，則無及矣。遣後主入治裝。裨將梁迥、田欽祚皆力争，以爲苟有不虞，咎將誰執？彬但笑而不答。迥等切諫，彬曰：「非爾所知。觀煜神氣，懦夫女子之不若，豈能自引決哉！」煜果無他。彬遣五百人爲般致輜重登舟，有一卒負籠下道旋，彬立命斬之，負檐者罔敢蹉跌。後主既失國，殊無心問家計。既升舟，隨軍官吏入其宫，屏幃几硯什器，皆設不動，所齎持鮮矣。《談苑》

江南文武官吏，賴王保全，皆得其所，親屬有爲軍士所掠者，王即時遣還之。因大搜軍中，無得匿人妻女。倉廩府庫，悉委轉運使按籍檢視，王一不問。振乏絶，恤鰥寡，仁人之心，無所不至。吴人大悦，及歸，舟中無他物，惟圖籍衣被而已。《行狀》

曹彬攻金陵，垂克，忽稱疾不視事。諸將皆來問疾，彬曰：「余之病非藥石所愈，唯須諸公共發誠心，自誓以克城之日，不妄殺一人，則自愈矣。」諸將許諾，共焚香爲誓。明日，稍愈。及克金陵，城中皆按堵如故。曹翰克江州，忿其久不下，屠戮無遺。彬之子孫貴盛，至今不絶，翰卒未三十年，子孫有乞匄於海上者矣。程頤云。《記聞》

金陵之陷，後主以藏中黄金分賜近臣辦裝。張佖得二百兩，詣曹彬白陳不受，願奏其事。彬以金輸官，而不以聞。《談苑》

太祖遣曹彬等下江南，許以平定之日，授之相印。洎凱旋，恩禮踰厚，而絶無前命。彬等因曲宴，從容陳叙及之，上曰：「非忘之也，顧念河東未下，而卿等官位隆重，豈可更親此事耶？」彬等宴退，其家各賜錢百萬，其重爵勸功若此。沂公《筆録》《涑水記聞》云：彬怏怏而退，至家，見錢滿室，乃歎曰：「好官亦不過多得錢耳，何必使相也！」

以功拜樞密使。王在宥密，常公服危坐，如對君父，接小吏亦以禮，未嘗以名呼。歸私第，唯閉閤宴居，不妄通賓客。五鼓纔動，已待漏於禁門矣，雖雪霜不易其操，如此者八年。《行狀》

王和氣接物，煦如陽春；忠誠事君，皎如白日。不以富貴驕人，唯以謙恭自處。兩總機密，五臨蕃翰，位益高而志益下，寵愈厚而憂愈深。不蓄羡財爲子孫計，不樹私黨爲門館恩。所居之宅，僅芘風雨；敗簷疏牖，不堪其憂。而王處之，恬然自若。喜愠之色，家人不知；湛然澄波，莫窺其際。所以西降蜀，南平吴，出將入相，善始令終者，蓋王能以功業自全，而善守富貴也。加以歷代治亂，近朝興廢，燦然胸中，問一知十，每與朝士清談終日，鴻儒碩生，自以爲不及。《行狀》

曹侍中爲人仁愛多恕，平數國，未嘗妄斬人。嘗知徐州，有吏犯罪，既立案，逾年然後杖之，人皆不曉其旨，彬曰：「吾聞此人新娶婦，若杖之，彼其舅姑必以婦爲不利而惡之，朝夕笞駡，使不能自存。吾故緩其事，而法亦不赦也。」其用志如此。《記聞》

曹武惠王，國朝名將，勳業之盛，無與爲比。嘗曰：「自吾爲將，殺人多矣，然未嘗以私喜怒輒戮一人。」其所居堂室弊壞，子弟請加修葺，公曰：「時方大冬，墻壁瓦石之間，百蟲所蟄，不可傷其生。」其仁心愛物蓋如此。既平江南回，詣閤門入見，牓子稱「奉敕江南幹當公事回」，其謙恭不伐又如此。《歸田録》

曹武惠王始生，周歲日，父母以百玩之具羅於席，觀其所取。武惠左手提干戈，右手取俎豆，斯須取一印，餘無所視。後果爲樞密、使相，卒贈濟陽王，配享帝食。公雖兼領將相，不以爵禄自大，造門者皆降廡而揖，不名呼下吏，吏之禀白者，雖劇暑，不冠不見。伐江南、西蜀二國，諸將皆稇載而歸，惟公但圖史衾簟而已。爲藩帥，中塗遇朝紳，必引車避。過市，戢其傳呵，戒導吏去馬不得越十輪，恐壅遏市井。性仁恕，清謹，無撓，强記，善談論。清白如寒儒，宅帑無十日之蓄，至坐武帳，止衣弋綈紵絮而已。征幽州，偶失律於涿鹿，素服待罪。趙參政昌言請按軍法，朝廷察之，止責右驍衛上將軍，未幾遂起。趙參政自延安還，因事被劾於尚書省，久不許見。時公已復樞密使，三抗疏，力雪之，方許朝謁。士論歎伏。《玉壺清話》

侍中曹公彬爲樞密使，向公敏中爲副使。當是時，契丹犯塞，繼遷叛命，每軍書狎至，上必亟召樞臣計議。彬則曰：「此狂寇，當速發兵誅討，斬決而已。止用强弩若干，步兵若干，定矣。」敏中徐曰：「某所儲廩未備，或道途迂遠，或出兵非其時，當别施方略制之。」纖悉措置，多從敏中所議。上謂將帥難其人，彬必懇激而言：「臣請自效！」更無他説。敏中常私怪之。及子瑋，亦有將材，累歷邊任，威名甚重。晚自樞貳出鎮西鄙，臨事整衆，酷類先君，復果於戰鬬，而不肯以安民柔遠爲意。豈將帥之體，固當若是邪？王沂公《筆録》

曹冀王彬，前後受命帥師征討諸國，凡降四國主，江南，西川，廣南，湖南也，未嘗殺一無辜，功名顯著，爲諸將之首。諸子皆賢令，瑋、琮、璨繼領旄鉞。陶弼觀王畫像，有詩曰：「蒐兵四把降王縛，教子三登上將壇。」其後少子玘追封王爵，實生慈聖光獻太后，輔佐仁祖，母儀累朝，聖功仁德，天下懷慕，以至濟陰生享王爵，子孫昌盛，近世無比。非元功陰德，享報深厚，何以至此！雖漢馬、唐郭，殆無以過。嗚呼盛哉！《澠水燕談》

丁謂《丁晉公談録》 洎即位後，遣王全斌等先鋒，王自大散關入，船自夔峽而入，水陸齊攻，曹彬爲都監，沈義倫爲行營判官，收復西蜀。無何，全斌殺降兵三千人。是時，曹不從命，但收其文案，不署字。王、曹、沈等回，太祖傳宣送中書取勘。左右曰：「方克復西蜀回，然殺降兵，亦不可便按劾。今後陛下如何用人？」太祖曰：「不然。今河東、江南皆未歸復，若不勘劾，恐今後委任，轉亂殺人。」但令勘成案，宣令後殿見，責問曰：「如何敢亂殺人？」又曰：「曹彬但退，不干汝事。」曹不退，但叩頭伏罪，曰：「是臣同商議，殺戮降兵，朝廷問罪，臣首合誅戮。」太祖見曹如此，皆與原之。王受金州節度，餘皆次第進擢也。忽一日，宣曹太尉彬、潘太傅美曰：「命汝收江南。」又顧曹曰：「更不得似西蜀時亂殺人。」曹徐奏曰：「臣若不奏，又恐陛下未知。曩日西川，元不是臣要殺降卒，緣臣商量固執不下，臣見收得當日文案，臣元不肯着字。」太祖令取進呈，太祖覽之，又謂曰：「卿既商量不下，爲何對朕堅自伏罪？」曰：「臣從初與王全斌等同奉陛下委任，若王全斌等獲罪，獨臣清雪，不爲穩便，臣是以一向伏罪。」太祖曰：「卿既自欲當辜如此，又安用此文字？」曰：「臣從初謂陛下必行誅戮，臣留此文書，令老母進呈陛下，乞全母一身。」太祖尤器遇之，又潛謂曰：「但只要他歸伏，慎勿殺人。是他無罪，只是自家著他不得。卿切會取。」曹曰：「謹奉詔旨，不敢違越。」晉公曰：「今國家享無疆之休，良由是耳。曹之四子璨、瑋、珣、琮，皆享豐禄，豈非餘慶乎？」

田況《儒林公議》 曹冀王彬遭會興運，勳效寖著。諸將平蜀，競掠財貨，彬獨不犯氂忽，由是太祖益知之。性兢畏不伐，破僞唐迴入都城，令監門者但報自江南勾當公事回。及勳望日隆，名寵亦峻，愈謙下誡懼，以保禄位。每出鎮藩閫，卑躬待士。遇計臺巡視封部，雖朝籍，省部位至下者，亦屏遠從者，端笏迓於路左。使者見之，無不愧恐。賓僚或有以過禮爲言，彬曰：「上使此人來窺我爾。」其畏惕如此。子孫知義方者，亦能遵其家法。

曹彬下江南城，李煜面縛就彬請命。彬謂之曰：「國主可歸宫，厚有裝橐，以備歸朝。」煜深德之。諸將争言不可，蓋懼其或自引決爾。彬徐曰：「無畏。彼若能死，則豈復忍耻以見吾輩耶？」畢如其言，衆皆服其識量。

曹彬居第卑陋，未嘗修廣。蓋深懼侈滿，安於儉德。臨終誡諸子曰：「慎不得修第。」厥後遵其遺訓，無敢踰者。及中宫升儷，門户翕赫，里巷之間輿馬填轫，亦止加丹堊而已。噫！夫人欲之縱，由外物之侈也。據廣侈之居以養氣體，則儉非之奉不能充，理勢然矣。矧子孫被華腴之廕，不知艱苦者哉。其致滿覆也，必矣。如曹王之保家訓後，可以爲富貴之師乎。

司馬光《涑水記聞》卷一 太祖事世宗於澶州，曹彬爲世宗親吏，掌茶酒，太

祖嘗從之求酒，彬曰：「此官酒，不敢相與。」自沽酒以飲太祖。及即位，常語及世宗舊吏，曰：「不欺其主者，獨曹彬耳。」由是委以腹心，使監征蜀之軍。堯夫云。

夷門君玉《國老談苑》卷一　曹彬初尅成都，有獲婦女者，彬悉閉於一第，竅度食，且戒左右：「是將進御，當密衛之。」洎事寧，咸訪其親以還之，無親者備禮以嫁之。彬平蜀回，輜重甚多。或言悉奇貨也。太祖令伺之，皆古圖書，無銖金寸錦之附。

王鞏《隨手雜録》　曹彬、潘美伐太原，將下，曹麾兵少却，潘力争進兵，曹終不許。既歸至京，潘詢曹何故退兵不進，曹徐語曰：「上嘗親征不能下，下之，則我輩速死。」既入對，太祖詰之，曹曰：「陛下神武聖智尚不能下，臣等安能必取？」帝頷之而已。

陳師道《後山談叢》卷三　曹武惠王既下金陵，降後主，復遣還内治行。潘公憂其死，不能生致也，止之。王曰：「吾適受降，見其臨渠猶顧左右，扶而後過，必不然也。且彼有烈心，自當君臣同盡，必不生降，既降，亦必不死也。」

李心傳《舊聞證誤》卷一　曹彬、潘美伐太原將下，曹麾兵稍卻，潘力争進兵，曹終不許，即歸。至京，潘詢曹何故退兵不進，曹徐語曰：「上嘗親征不能下，下之，則我輩速死。」既入對，太祖詰之，曹曰：「陛下神武聖智，尚不能下，臣等安能必取？」帝頷之而已。太祖親征太原不能下，開寶二年春也。時曹武惠實掌兵扈駕。明年，命潘武惠伐嶺南。四年，嶺南平，留知廣州。五年，兼嶺南轉運使。六年，還朝。七年，與曹武惠同伐江南諸國，八年克之，九年還朝。是歲，太祖崩。二公未嘗共伐太原也。按《史》，開寶元年嘗伐北漢，李繼勳爲大將，曹王爲都監。然上親征乃在次年。此謂神武聖智尚不能下，蓋誤也。太平興國四年，曹王爲樞密使，潘武惠爲北面都招討制置使，二公同行，然是歲太宗乃親平太原，亦與此《録》不合。又按：平晉之歲，太宗親征幽州不能下。雍熙三年，曹、潘二王同出，亦無功。疑所云神武聖智不能下者指此。然是役也，曹出山前，潘出山後，潘克雲中五郡，以曹失律遂班師，實不同行。此云曹麾兵稍卻，潘力争，亦非也。曹既失律，召還下吏，責爲衛將軍。潘屯雁門如故，久之乃入朝。此云既還京，曹語潘云云亦謬。

備論

《宋史》卷二五八《曹彬傳》　論曰：曹彬以器識受知太祖，遂膺柄用。平居，於百蟲之蟄猶不忍傷，出使吴越，籍上私餽，悉用施予，而不留一錢；則其總戎專征，而秋毫無犯，不妄戮一人者，益可信矣。【略】謚武惠，與配饗，子孫樹立，享富貴。【略】君子謂仁恕清慎，能保功名，守法度，唯彬爲宋良將第一，豈無意哉？

樓鑰《攻媿集》卷七五《書曹武惠王傳後》　康王之誥曰：「昔君文武……則亦有熊羆之士、不二心之臣，保乂王家，用端命于上帝。」夫所謂不二心者，人但謂其忠于所事而已。書之意，蓋謂其臣與文武之心爲一，如咸有一德之謂也。藝祖之造邦，武惠之元勛，不容贊嘆。後人徒知藝祖之神武，而不知創業垂統本于不嗜殺人；徒知武惠爲熊羆之士，不知其用兵行師不妄殺一人。所謂不二心之臣，故伐蜀而戢兵。藝祖使人謂王曰：「汝能戒士暴掠，成吾不殺之志，仁得其人矣。」江南將下，藝祖夢神人奏：「上天以金陵一城生靈爲曹厶後，自知厶必能副朕不殺之志矣。嗚呼！我宋之國祚無窮，曹氏之餘慶流衍，三代之君臣，何以尚兹！

王稱《東都事略》卷二七《曹彬傳》　臣稱曰：曹潘二武惠，俱以大將之材，慷慨仗義，征伐四克，勒功帝籍。而彬操履忠厚，戒誓諸將，不妄殺戮，得王師弔伐之體。【略】天相忠孝，子孫多賢，武穆治軍整暇，羌戎畏服，父子俱配食清廟，其最優也夫。

藝文

王柏《魯齋集》卷六《曹周王彬》　帝王之將，翼義羽仁。泛埽氛祲，湛布陽春。雷歸電熄，天宇清明。不矜不伐，流慶殷殷。

潘美部

綜述

《宋史》卷二五八《潘美傳》 潘美字仲詢，大名人。父璘，以軍校戍常山。美少倜儻，隸府中典謁。嘗語其里人王密曰：「漢代將終，凶臣肆虐，四海有改卜之兆。大丈夫不以此時立功名、取富貴，碌碌與萬物共盡，可羞也。」會周世宗爲開封府尹，美以中涓事世宗。及即位，補供奉官。高平之戰，美以功遷西上閤門副使。出監陜州軍，改引進使。世宗將用師隴、蜀，命護永興屯兵，經度西事。

先是，太祖遇美素厚，及受禪，命美先往見執政，諭旨中外。陜帥袁彦凶悍，信任羣小，嗜殺黷貨，且繕甲兵，太祖慮其爲變，遣美監其軍以圖之。美單騎往諭，以天命既歸，宜修臣職，彦遂入朝。上喜曰：「潘美不殺袁彦，能令來覲，成我志矣。」

李重進叛，太祖親征，命石守信爲招討使，美爲行營都監以副之。揚州平，留爲巡檢，以任鎮撫，以功授泰州團練使。時湖南叛將汪端既平，人心未寧，乃授美潭州防禦使。嶺南劉鋹數寇桂陽、江華，美擊走之。溪峒蠻獠自唐以來，不時侵略，頗爲民患。美窮其巢穴，多所殺獲，餘加慰撫，夷落遂定。乾德二年，又從兵馬都監丁德裕等率兵克郴州。

開寶三年，征嶺南，以美爲行營諸軍都部署、朗州團練使，尹崇珂副之。進克富州，鋹遣將率衆萬餘來援，遇戰大破之，遂克賀州。十月，又下昭、桂、連三州，西江諸州以次降。美以功移南面都部署，進次韶州。

韶，廣之北門也，賊衆十餘萬聚焉。美揮兵進乘之，韶州遂拔，斬獲數萬計。鋹窮蹙，四年二月，遣其臣王珪詣軍門求通好，又遣其左僕射蕭漼、中書舍人卓惟休奉表乞降。美因諭以上意，以爲彼能戰則與之戰，不能戰則勸之守，不能守則諭之降，不能降則死，不能死則亡，非此五者他不得受。美即令殿直冉彦衮部送漼等赴闕。

鋹復遣其弟保興率衆拒戰，美即率厲士卒倍道趨柵頭，距廣州百二十里。鋹兵十五萬依山谷堅壁以待，美因築壘休士，與諸將計曰：「彼編竹木爲柵，若攻之以火，彼必潰亂。因以鋭師夾擊之，萬全策也。」遂分遣丁夫數千人，人持二炬，間道造其柵。及夜，萬炬俱發，會天大風，火勢甚熾。鋹衆驚擾來犯，美揮兵急擊之，鋹衆大敗，斬數萬計。長驅至廣州，鋹盡焚其府庫，遂克之，擒鋹送京師，露布以聞。即日，命美與尹崇珂同知廣州兼市舶使。五月，拜山南東道節度。五年，兼嶺南道轉運使。土豪周思瓊聚衆負海爲亂，美討平之，嶺表遂安。

七年，議征江南。九月，遣美與劉遇等率兵先赴江陵。十月，命美爲昇州道行營都監，與曹彬偕往，進次秦淮。時舟楫未具，美下令曰：「美受詔，提驍果數萬人，期於必勝，豈限此一衣帶水而不徑度乎？」遂麾以涉，大軍隨之，吴師大敗。及采石磯浮梁成，吴人以戰艦二十餘鳴鼓泝流來趨利。美麾兵奮擊，奪其戰艦，擒其將鄭賓等七人，又破其城南水砦，分舟師守之。奏至，太祖遣使令亟徙置戰櫂，以防他變。美聞詔即徙軍。是夜，吴人果來攻砦，不能克。進傅金陵，江南水陸十萬陳於城下，美率兵襲擊，大敗之。李煜危甚，遣徐鉉來乞緩師，上不之省，仍詔諸將促令歸附。煜遷延未能決，夜遣兵數千，持炬鼓譟來犯我師。美率精鋭以短兵接戰，因與大將曹彬率士晨夜攻城，百道俱進。金陵平，以功拜宣徽北院使。

秋，命副黨進攻太原，戰于汾上，破之，且多擒獲。太平興國初，改南院使。三年，加開府儀同三司。四年，命將征太原，美爲北路都招討，判太原行府事。部分諸將進討，并州遂平。繼征范陽，以美知幽州行府事。及班師，命兼三交都部署，留屯以捍北邊。三交西北三百里，地名固軍，其地險阻，爲北邊咽喉。美潛師襲之，遂據有其地。因積粟屯兵以守之，自是北邊以寧。美嘗巡撫至代州，既秣馬蓐食，俄而遼兵萬騎來寇，近塞，美誓衆銜枚奮擊，大破之。封代國公。八年，改忠武軍節度，進封韓國公。

雍熙三年，詔美及曹彬、崔彦進等北伐，美獨拔寰、朔、雲、應等州。詔内徙其民。會遼兵奄至，戰於陳家谷口，不利，驍將楊業死之。美坐削秩三等，責授檢校太保。明年，復檢校太師。知真定府，未幾，改都部署，判并州。加同平章事，數月卒，年六十七。贈中書令，謚武惠。咸平二年，配饗太宗廟庭。

子惟德至宫苑使，惟固西上閤門使，惟正西京作坊使，惟清崇儀使，惟熙娶秦王女，平州刺史。惟熙女，即章懷皇后也。美後追封鄭王，以章懷故也。

惟吉，美從子，累資爲天雄軍駐泊都監。雖連戚里，能以禮法自飭，歷中外，人咸稱其勤敏云。

杜大珪《名臣碑傳琬琰集》下卷一《實録·潘武惠公美傳》 潘美，大名人。父璘，以膂力應募，隸兵籍，遷軍小校，戍常山，以病免歸鄉里。美少有大志，隸府中典謁，時漢政荒亂，美私語里人王密曰：「漢氏歷數將終，凶臣肆虐，有三靈改卜之兆，大丈夫當於此時立功名，取富貴，豈宜碌碌然與萬物共盡。」會周祖鎮大名，世宗自環衛領牙門軍，美遂解職委質焉。世宗即位，補供奉官。從征高平，配美精卒數千，扼江渚嶺，虜果由其路來援，美堅壁不與戰，虜遁去。以功遷西上閤門副使。凱旋，還正使，出監陝州軍，俄遷東上閤前使。從征關南，遷改引進使。世宗將用師隴、蜀，命美護永興屯兵，因令經度西事。恭帝嗣位，召爲客省使。太祖素與美厚善，及爲諸軍推戴，還入京城，即遣美往見執政，美因敷述天命以諭之。陝帥袁彥，性凶率，恣行威福，羣小用事，多殺人取財賄，陝民苦之，復日夕繕治甲兵。太祖慮其爲變，遣美監其軍，遂圖之。美單騎入城，諭以受命之事，因諷令入朝，彥即治裝上道。上喜，謂左右曰：「潘美不殺袁彥，諭令朝覲，成我志矣。」李重進叛，命美乘傳發宿州兵擊賊。會以石守信爲招討使，即以美爲行營都監。楊州平，留美爲巡檢以鎮撫之。車駕還都，録其功，授秦州團練使。屬湖南軍亂，其將汪端友叛，朝廷興師翦滅，人心未寧，以美爲潭州防禦使，賜黄金帶、御馬。嶺南劉鋹數寇桂陽、江華，美率兵擊走之。郡界溪洞蠻獠，自唐末之亂，不供王賦，頗恣侵略，爲居民患。美率兵深入，窮其巢穴，斬首萬餘級，餘黨潰散，美悉令招誘，貸其罪，以己奉市牛酒宴犒，賜金帛以慰撫之，夷落遂定。乾德二年，又與南面兵馬都監引進使丁德裕、朗州團練尹崇珂、衢州刺史張繼勳，率兵克郴州。即日，繼勳爲刺史。開寶三年九月，征嶺南，以美爲賀州路行營馬步都部署，遣使十餘，發諸州兵赴賀州。是月，進兵，克富州，敗廣軍萬餘衆。進師，至臨賀，鋹遣將伍彥柔率萬餘衆來援，美逆戰於南鄉，俘千餘人，斬首數千級。彥柔衆大潰，克賀州。十月，又下昭、桂、連三州，西江諸州相繼而下，即以美爲南面都部署。長驅至韶州，其地，越人之北門也，衆十餘萬，背城而陣，以待官軍。美揮兵乘之，鋹軍大敗，棄甲而遁，俘斬數萬計，拔韶州。鋹既窮蹙，四年二月，遣僞諫議大夫王珪詣軍門，求通好，罷兵。又遣僞左僕射蕭漼、中書舍人卓惟休，奉表至軍中乞降，美即令殿直冉彥衮部送漼等赴闕。鋹復遣其弟保興率衆拒戰，美即率厲士卒，倍道趨柵頭，去廣州百二十里，鋹衆十五萬，依山谷，堅壁以待王師。美因築壘休士，與轉運使王明及諸將計曰：「彼編竹木爲柵，若構火以焚之，必擾亂，以鋭師夾擊之，此萬全之策也。」遂分遣丁夫數千人人，持二炬，間道造其柵。會暮夜，萬炬俱發，天大風，火勢甚盛，鋹衆驚擾，來犯王師，美麾兵急擊之，鋹衆大敗，斬數萬計，長驅抵城下。鋹盡焚其府庫，及克其城，擒鋹送闕下，露布告捷。即日，命美與尹崇珂同知廣州，兼市舶使。五月，録功，就拜山南東道節度。五年，兼領南道轉運使。土豪周思瓊聚衆負海爲亂，美討平之，嶺表以定。七年，召還，命升殿，慰勞，賜御馬、玉帶。八年秋，議征江南。九月，遣美與步軍都虞候劉遇、東上閤門使梁迥，並率兵先赴江陵。十月，既命美爲昇州西南路行營馬步軍戰櫂都監，與曹彬偕往，自江陵發兵，進討秦淮。次時，舟楫未具，美率兵先赴，號令軍中曰：「美受詔提驍果數萬人，戰必勝，攻必取，豈限此一帶水而不徑度乎！」遂率麾下涉水，大軍隨之，吴師大敗。及采石磯浮梁城，吴以戰艦二十餘艘，鳴鼓泝流而上，急趣浮梁。美麾兵擊敗之，奪其戰艘，生擒僞神衛諸軍頭鄭賓等七人，獲軍器萬餘計。俄又破其城南水寨，殺戮千餘衆，美分師以保之。奏至，太祖立召樞密副使楚昭輔草詔，令徙置戰櫂以防它變，即賜其食，遣馳駟徑去。使者至，會暮，美即準詔徙軍。是夕，吴人急攻水寨，皆無所獲。進傳金陵城下，王師日進捷。江南平，録其功，加檢校太傅，宣徽北院使。是秋，命副黨進攻太原，爲行營馬步軍都監。與并人萬餘衆戰汾上，破之，獲馬千餘疋，牛羊數千計，俘數萬口以歸。太平興國初，還，改南院使。三年，加封開府儀同三司。四年正月，命將征太原，遣美爲北路都招討兼制置太原行府，部分諸將進討。美等奉辭，太宗召升殿，授以方略，賜龍衣、金帶，鞍勒馬，遣之。及繼元降，并州平，隳其城，以榆次縣爲治所。王師征范陽，又以美知幽州行府事。及班師，命美兼三交都部署，留兵留屯，以扞北寇，以功加檢校太師。三交西北三百里，地名固軍，溪谷險絶，虜之所保，多由此入寇，美潛師襲之，虜棄城遁，軍使安慶以其族降，因積粟屯兵以守之。自是虜不敢侵軼，居民以安。頃之，美巡撫至代州，宿，戒部下秣馬蓐食，俄虜萬餘騎來寇近寨，美令軍士銜枚往擊之，大破其衆，生擒其都指揮使李重誨，殺其駙馬侍中一人，獲馬數百疋，俘馘甚衆，手詔褒諭，進封代國公。七年，以三交寨爲并州治所，詔美爲都部署。八年，以王顯、弭德超爲宣徽南北院使，美罷使，改忠武軍節度，進封韓國公，領屯兵如故。雍熙二年，太宗爲真宗娶美次女爲夫人，後追謚莊懷皇后。將成禮，召美還都，數月，歸屯所。三年春，大舉征幽州，爲雲、應、朔

等州行營部部署，雲州觀察使楊業爲之副，磁州團練使郭超爲押陣都監。三月，美率師出西徑，與虜遇，追到寰州，破之，斬首五百級，刺史趙彦辛以城降。遂圍朔州，其節度副使趙希贊以城降。轉攻應州，其節度副使文正、觀察判官宋雄以城降。四月，下雲州，斬首千級。會班師，詔美歸代州。俄受詔，遷四州之民於内地，會戎人奄至，與戰不利，喪驍將楊業。八月，詔曰：「忠武軍節度、檢校太師潘美：位處殿邦，任隆分閫，揔貔貅之族，執金鼓之權。昨以雲、朔吏民，不忍委於戎虜，因令南徙，俾總援兵。經塗非賒，精甲甚衆，不能申明斥堠，謹設隄防，陷此生民，失吾驍將，據其顯咎，合正刑書。尚念久在邊陲，累分憂寄，爰伸念舊，特示從輕。可削三資，爲檢校太保。」明年二月，復爲檢校太尉。端拱初，知真定府。未幾，復爲并代都部署、知并州。淳化二年，就加同平章事。數月，卒，年六十七。廢朝二日，贈中書令，謚武惠。中使護其喪，歸葬洛陽。

曾鞏《隆平集》卷一一《潘美傳》 潘美，字仲洵，魏郡人。少倜儻，常謂其里人王密曰：「漢代將終，凶臣肆虐，四海有改卜之志，大丈夫不於此時立功名，取富貴，與萬物共盡，可惜也。」仕周，至客省使。太祖與美素相厚，受禪，命諭旨中外。陝帥袁彦凶悍，上懼其有變，詔美監其軍，俾圖之。美至，諭以天命，彦遂入朝。上言：「潘美不殺袁彦，而彦朝覲，成我志矣。」上親征李重進，以美爲揚州巡檢。録功，除團練使。湖南既平，授美潭州防禦使。劉鋹數侵湖湘，美擊走之。溪峒蠻獠，自唐以來爲居民患，美亦討平。開寶三年，命美征嶺南，以尹崇珂副之。由賀州進兵，相繼破賊數十萬衆，俘斬不可勝計，遂擒鋹至闕下。又平樂範等所據容、韶五州之地，嶺表遂安。詔與崇珂同知廣州。七年冬，詔與曹彬率師伐江南，江南平。九年除宣徽北院使，太宗即位改南院。太平興國四年親征，劉繼元降，因命美鎮太原。三交西北三百里，地號故軍，最險阻，戎人之咽喉也。美帥師襲之，虜衆遂遁。美安撫至代郡，適戎人萬數攻近塞，美誓衆銜枚大破之，俘獲甚衆。雍熙三年，詔與曹彬、崔彦進、傅潛等北伐，美獨拔寰、朔、雲、應四州。有旨護其民内徙，虜復至，楊繼業戰歿於陳家谷口，詔削三官。四年復舊，未幾加太師，又兼同平章事，封韓國公。卒，年六十七，贈中書令，謚武惠。

王稱《東都事略》卷二七《潘美傳》 潘美字仲詢，魏郡人也。少倜儻，嘗謂其里人王密曰：「漢代將終，凶臣肆虐，四海有改卜之志。大丈夫不以此時立功名，取富貴，與萬物共盡，可羞也。」周世宗爲開封尹，美以中涓事世宗。及即位，徙供奉官。高平之戰，美以功遷西上閤門副使，稍遷客省使。

太祖與美素相厚，既受禪命，諭旨中外。陝帥袁彦凶悍，太祖慮其爲變，以美監其軍，俾圖之。美至，喻以天命，彦遂入朝。太祖曰：「潘美不殺袁彦，而彦朝覲，成我志矣。」

太祖親征李重進，以美爲揚州巡檢，以功除泰州團練使。湖南既下，授美潭州防禦使。嶺南劉鋹數侵湖湘，美擊走之。溪洞蠻獠，自唐以來爲居民患，美率兵平之。開寶三年，征嶺南，以美將行營諸軍，朗州團練使尹崇珂副之。進兵克富州，又克賀州，又下昭、桂、連三州，拔韶州，斬獲凡數萬計。鋹勢窮蹙，乃遣其臣王珪求通好，又遣其左僕射蕭漼、中書舍人卓惟休奉表，至軍中乞降。美因諭以上意，以爲彼若能戰則與之戰，不能戰則勸之守，不能守則諭之降，不能降則死，不能死則亡，非此五者他不得受。使者泣，美即令殿直冉彦衮部送漼等至京師。鋹復遣其弟保興率衆拒戰，鋹衆十五萬依山谷，堅壁以待王師。美因築壘休士，與諸將計曰：「彼編竹木爲柵，若以火焚之，必擾亂。以鋭師夾擊之，萬全策也。」遂分遣丁夫數千人，人持二炬，間道造其柵。暮夜，萬炬俱發。天大風，火勢甚盛。鋹衆驚擾來犯王師，美麾兵急擊之，鋹衆大敗，斬數萬計。長驅至廣州，鋹盡焚其府庫，遂克之，擒鋹送京師，露布以聞。拜山南東道節度使，與尹崇珂同知廣州。土豪周思瓊聚衆負海爲亂，美討平之，嶺表遂安，兼嶺南轉運使。

七年，征江南，以美爲昇州道行營都監，與曹彬偕往。美因造舟以濟師，至金陵，江南水陸十萬衆陳於城下，美率兵襲擊，大敗之。李煜危甚，遣徐鉉來乞緩師，太祖不之省，仍號令諸將促令歸附。煜遷延未能決，夜還精鋭數千，持炬鼓譟犯我軍壘。美率精鋭，以短兵接戰，因與大將曹彬率士晨夜攻城，百道俱進。金陵平，以功拜宣徽北院使，與黨進攻晉陽，戰于汾上，多所擒獲。太宗即位，改南院使。

太宗征太原，以美將河東行營之師，判太原行府事。三交西北三百里，地號固軍，最險阻，虜人之咽喉也。美帥師襲之。美巡撫至代州，虜萬騎攻近塞，美誓衆銜枚，大破之。封代國公，改忠武軍節度使，進封韓國公。詔美及曹彬、崔彦進等北伐，美獨拔寰、朔、雲、應州。詔内徙其民。虜復至，驍將楊業戰没于陳家谷口，美坐削秩三等。明年，復故官，知真定府，改判并州，加同平章事。卒，年六十七，贈中書令，謚曰武惠。

雜録

備録

吳處厚《青箱雜記》卷七　廣南劉龑初開國，營搆宮室，得石讖，有古篆十六，其文曰：「人人有一，山山值牛，兔絲吞骨，蓋海承劉。」解者云「人人有一，大人也。山山，出也。值牛者，龑建漢國，歲在丑也。兔絲者，晟襲位，歲在卯也。吞骨者，滅諸弟也。越人以天水爲趙爲蓋海，指皇朝國姓也，承劉者，言受劉氏降也。」又乾和中，童謡曰：「羊二四日天雨至。」解者以羊是未之神，是歲辛未二月四日，國亡，天雨，猶天水，斥國姓。又曰大寶末，有稻田自海中浮來，上魚藻門外，民聚觀之，布衣林楚材見而歎曰：「水魚湫湫兮。」當時好事或有記其語，洎王師至，潘美爲部署，方悟爲潘字。

王鞏《隨手雜録》　曹彬、潘美伐太原，將下，曹麾兵少却，潘力爭進兵，曹終不許。既歸至京，潘詢曹何故退兵不進，曹徐語曰：「上嘗親征不能下，下之，則我輩速死。」既入對，太祖詰之，曹曰：「陛下神武聖智尚不能下，臣等安能必取？」帝頷之而已。

太祖、太宗時，諸節度皆解兵柄，獨潘美不解，美每赴鎮，留妻子，止攜數妾以往。或有子，即遣其妾與子歸宗，仍具奏，乞陛下特照管。

陳師道《後山談叢》卷四　潘美爲并帥，代之北鄙，山有天池焉，歲遣通判祭之，其後憚遠而罷。久之，契丹遺祭焉，又易其屋記。至熙寧中，始有其地，凡數歲，兩使往來，卒不能辨而與之。

王銍《默記》　藝祖初自陳橋推戴入城，周恭帝即衣白襴，乘轎子出居天清寺。天清，世宗節名，而寺其功德院也。藝祖與諸將同入內，六宮迎拜。有二小兒丱角者，宮人抱之亦拜。詢之，乃世宗二子，紀王、蘄王也。顧諸將曰：「此復何待？」左右即提去，惟潘美在後以手掐殿柱，低頭不語。藝祖云：「汝以爲不可耶？」美對曰：「臣豈敢以爲不可，但於理未安。」藝祖即命追還，以其人賜美。美即收之以爲子，而藝祖後亦不復問。其後名惟正者是也。案：王鞏《隨手雜録》云名惟吉。每供三代，惟以美爲父，而不及其他。故獨此房不與美子孫連名。名夙者，乃其後也。夙爲文官，子孫亦然。夙有才，爲名帥，其英明有自云。

李心傳《舊聞證誤》卷一　太祖遣曹彬取江南，潘美爲副。太祖知美有謀難制，召二人升殿，謂曰：「但大使斬得副使，取得江南。」美震怖而出，由是訖無敗事。出《祖宗獨斷》。按《國史》，曹彬以宣徽使行，潘美以山南東道節度使，實不過闕也。太祖所言，蓋翰、彬之副田欽祚等爾。

備論

《宋史》卷二五八《潘美傳》　論曰：【略】潘美素厚太祖，信任於得位之初，遂受征討之託。劉鋹遣使乞降，觀美所喻，辭義嚴正，得奉辭伐罪之體，則其威名之重，豈待平嶺表、定江南、征太原、鎮北門而後見哉？【略】謚武惠，與配饗，子孫皆能樹立，享富貴。而章懷稱賢后，非偶然也。

王稱《東都事略》卷二七《潘美傳》　臣稱曰：曹、潘二武惠，俱以大將之材，慷慨仗義，征伐四克，勒功帝籍。而彬操履忠厚，戒誓諸將，不妄殺戮，得王師弔伐之體，則美有不逮矣。

宋太宗部

綜述

《宋史》卷四《太宗紀一》　太宗神功聖德文武皇帝諱炅，初名匡乂，改賜光義，即位之二年，改今諱，宣祖第三子也，母曰昭憲皇后杜氏。初，后夢神人捧日以授，已而有娠，遂生帝於浚儀官舍。是夜，赤光上騰如火，閭巷聞有異香，時晉天福四年十月七日甲辰也。

帝幼不羣，與他兒戲，皆畏服。及長，隆準龍顔，望之知爲大人，儼如也。性嗜學，宣祖總兵淮南，破州縣，財物悉不取，第求古書遺帝，恒飭厲之，帝由是工文業，多藝能。

仕周至供奉官都知。太祖即位，以帝爲殿前都虞候，領睦州防禦使。親征澤、潞，帝以大内點檢留鎮，尋領泰寧軍節度使。征李重進，爲大内都部署，加同平章事，行開封尹，再加兼中書令。征太原，改東都留守，别賜門戟，封晉王，序班宰相上。

開寶九年冬十月癸丑，太祖崩，帝遂即皇帝位。乙卯，大赦，常赦所不原者咸除之。丙辰，羣臣表請聽政，不許；丁巳，宰相薛居正等固請，乃許，即日移御長春殿。庚申，以弟廷美爲開封尹兼中書令，封齊王；先帝子德昭爲永興軍節度使兼侍中，封武功郡王；德芳爲山南西道節度使，興元尹、同平章事。薛居正加左僕射，沈倫加右僕射，盧多遜爲中書侍郎，曹彬仍樞密使，並同平章事。楚昭輔爲樞密使，潘美爲宣徽南院使，内外官進秩有差。詔茶、鹽、榷酤用開寶八年額。

十一月癸亥朔，帝不視朝。甲子，追册故尹氏爲淑德皇后，越國夫人符氏爲懿德皇后。戊辰，罷州縣奉户。庚午，詔諸道轉運使察州縣官吏能否，第爲三等，歲終以聞。命諸州大索知天文術數人送闕下，匿者論死。乙亥，命權知高麗國事王伷爲高麗國王。癸未，幸相國寺。己丑，遣著作郎馮正、佐郎張玘使契丹告哀。詔文武官由譴累不齒者，有司毋得更論前過。

十二月己亥，置直舍人院。甲寅，御乾元殿受朝，樂縣而不作。大赦，改是歲爲太平興國元年。命太祖子及齊王廷美子並稱皇子，女並稱皇女。丁巳，置三司副使。戊午，契丹遣使來賻。己未，幸講武池，遂幸玉津園。庚申，節度使趙普、向拱、張永德、高懷德、馮繼業、張美、劉廷讓來朝。

二年春正月壬戌，以大行殯，不視朝。丙寅，禁居官出使者行商賈事。戊辰，親試禮部舉人。甲戌，上大行皇帝謚曰英武聖文神德，廟號太祖。丙子，幸相國寺，還御東華門觀燈。庚辰，閱禮部貢士十舉至十五舉者百二十人，並賜出身。戊子，命邕州廣源州酋長坦綽儂民富爲檢校司空、御史大夫、上柱國。辛卯，幸講武池。置江南榷茶場。

二月甲午，契丹遣使來賀即位及正旦。吴越國遣使來貢。罷南唐鐵錢。庚子，帝改名炅。壬寅，大宴崇德殿，不作樂。乙巳，幸新鑿池，遂幸講武池，宴射玉津園。丁未，占城國遣使來貢。己酉，令江南諸州鹽先通商處悉禁之。戊午，幸太平興國寺，遂幸造船務，還幸建隆觀。

三月壬戌朔，始立試銜官選限。己卯，以河陽節度使趙普爲太子少保。己丑，幸開寶寺。置威勝軍。禁江南諸州銅。許契丹互市。

夏四月辛卯，大食國遣使來貢。丁酉，契丹遣使來會葬。乙卯，葬太祖于永昌陵。

五月壬戌，河南法曹參軍高丕、伊闕縣主簿翟嶙、鄭州滎澤令申廷温坐不勤事並免。癸亥，向拱、張永德、張美、劉廷讓皆罷節鎮，爲諸衛上將軍。乙丑，幸新水磑，遂幸玉津園宴射。丙寅，詔繼母殺子及婦者同殺人論。庚午，宴崇德殿，不作樂。遣辛仲甫使契丹。甲戌，以十月七日爲乾明節。己卯，祔太祖神主于廟，以孝明皇后王氏配；又以懿德皇后符氏、淑德皇后尹氏祔別廟。庚辰，詔作北帝宫于終南山。癸未，幸新水磑，遂宴射玉津園。

六月辛卯朔，白龍見邠州要策池中。乙卯，幸開寶寺，遂幸飛龍院，賜從官馬。是月，磁州保安等縣墨蟲生，食桑葉殆盡。潁州大水。

秋七月庚午，詔諸庫藏敢變權衡以取羨餘者死。癸未，鉅鹿、沙河步屈食桑麥，河決滎澤、頓丘、白馬、温縣。

閏月己亥，幸白鶻橋，臨金水河。己酉，河溢開封等八縣，害稼。甲寅，詔發潭州兵擊梅山洞賊。丁巳，有司上閏年輿地版籍之圖。令支郡得專奏事。

八月癸亥，黎州兩林蠻來貢。乙丑，平海軍節度使陳洪進來朝。癸酉，以觀

燈遂幸相國寺。戊寅，詔作崇聖殿。是月，陝、澶、道、忠、壽諸州大水，鉅鹿步蝻生，景城縣雹。

九月乙未，幸弓箭院，遂幸新修三館。壬寅，幸新水磑，遂幸西御園宴射。丁未，渤尼國遣使來貢，山後兩林蠻來獻馬。辛亥，幸講武臺大閱。容州初貢珠。乙卯，鎮海、鎮東軍節度使錢惟濬來朝。丙辰，狩近郊。丁巳，吴越王遣使乞呼名，不允。是月，興州江水溢，濮州大水，汴水溢。

冬十月戊午朔，賜百官及在外將校、長吏冬服。辛酉，契丹來賀乾明節。己巳，幸京城西北，觀衛士與契丹使騎射，遂宴苑中。己巳，羣臣請舉樂，表三上，從之。丙子，詔禁天文卜相等書，私習者斬。辛巳，畋近郊。初榷酒酤。

十一月，既。庚寅，日南至，帝始受朝。甲午，遣李瀆等賀契丹正旦。丁酉，禁江南諸州新小錢，私鑄者棄市。癸丑，幸御龍弓箭直營，賜軍士錢帛有差。

十二月丁巳朔，試諸州所送天文術士，隸司天臺，無取者黥配海島。庚午，畋近郊。癸酉，詔定晉州礬法，私煮及私販易者罪有差。辛巳，幸新水磑。高麗國王使其子元輔來賀即位。

三年春正月丙戌朔，不受朝，羣臣詣閤賀。庚寅，殿直霍瓊坐募兵劫民財，腰斬。甲午，浚汾河。雅州西山野川路蠻來朝。戊戌，開襄、漢漕渠，渠成而水不上，卒廢。己亥，光禄丞李之才坐擅入酒邀同列飲殿中，除名。庚子，罷陳州蔡河舟算。辛丑，浚廣濟、惠民及蔡三河。治黄河隄。乙巳，浚汴口。己酉，命修《太祖實録》。辛亥，命羣臣禱雨。癸丑，京畿雨足。

二月丙辰，幸鄭國公主第。以三館新修書院爲崇文院。丁巳，詔班諸州録事、縣令、簿尉曆子合書式。甲子，罷昌州七井虚額鹽。丙寅，泗州録事參軍徐璧坐監倉受賄出虚券，棄市。辛未，幸西綾錦院，命近臣觀織室機杼，還幸崇文院觀書。詔鑿金明池。甲申，禁沿邊諸郡闌出銅錢。製西京新修殿名。

三月乙酉朔，貝州清河民田祚十世同居，詔旌其門閭，復其家。辛丑，監海門戍、殿直武裕坐姦贓棄市。壬寅，秦州言，戎酋王泥猪寇八狼戍，巡檢劉崇讓擊敗之，梟其首以徇。己酉，吴越國王錢俶來朝。壬子，幸開寶寺。是月，壽州甘露降。

夏四月乙卯朔，命羣臣禱雨。召華山道士丁少微。丙辰，禁民自春及秋毋捕獵。庚午，幸建隆觀，遂幸西染院，又幸造船務。乙亥，置諸道轉運判官。己卯，陳洪進獻漳、泉二州，凡得縣十四、户十五萬一千九百七十八、兵萬八千七百二十七。庚辰，幸城南觀麥，遂幸玉津園宴射。辛巳，侍御史趙承嗣坐監市征隱官錢，棄市。癸未，以陳洪進爲武寧軍節度使、同平章事。錢俶乞罷所封吴越國王，及解天下兵馬大元帥，并寢書詔不名之命，歸其兵甲，求還，不許。是月，河決獲嘉縣。

五月乙酉，赦漳、泉，仍給復一年。錢俶獻其兩浙諸州，凡得州十三、軍一、縣八十六、户五十五萬六百八十、兵一十一萬五千三十六。丁亥，封錢俶爲淮海國王，其子惟濬徙淮南軍節度使，惟治徙鎮國軍節度使。戊子，赦兩浙，給復如漳、泉。癸巳，遣李從吉等使契丹。乙未，占城國遣使獻方物。壬寅，定難軍節度使李克叡卒，子繼筠立。乙巳，以繼筠襲定難軍節度使。幸殿前都指揮使楊信第視疾。戊申，以秦州節度判官李若愚子飛雄矯制乘驛至清水縣，縛都巡檢周承瑨及劉文裕、馬知節等七人，將劫守卒據城爲叛，文裕覺其詐，禽縛飛雄按之，盡得其狀，詔誅飛雄及其父母妻子同産，而哀若愚宗奠無主，申戒中外臣庶，自今子弟有素懷凶險、屢戒不悛者，尊長聞諸州縣，錮送闕下，配隸遠處，隱不以聞，坐及期功以上。

六月戊午，復給乘驛銀牌。壬午，秦州清水監軍田仁朗擊破西羌，斬獲甚衆。癸未，詔：太平興國元年十月乙卯以來諸職官以贓致罪者，雖會赦不得叙，永爲定制。是月，泗州大水，汴水決寧陵縣。

秋七月乙酉，大雨震電，西窑務藁聚焚。壬辰，右千牛衛上將軍李煜卒，追封吴王。戊戌，金鄉縣民李光襲十世同居，詔旌其門。庚戌，改明德門爲丹鳳門。壬子，中書令史李知古坐受賕擅改刑部所定法，杖殺之。

八月癸丑，幸南造船務，遂幸玉津園宴射。滑州黄河清。丙辰，詔兩浙發淮海王緦麻以上親及管内官吏赴闕。辛未，夷州蠻任朗政來貢。癸酉，詹事丞徐選坐贓，杖殺之。甲戌，羣臣請上尊號曰應運統天聖明文武皇帝，許之。

九月甲申，親試禮部舉人。壬子，以布衣張遜爲襄邑縣主簿，張文旦濮陽縣主簿。

冬十月癸丑朔，契丹遣使來賀乾明節。高麗國王遣使來貢。庚申，幸武功郡王德昭邸，遂幸齊王邸，賜齊王銀萬兩、絹萬匹，德昭、德芳有差。辛酉，復兖州曲阜縣襲封文宣公家。庚午，畋近郊。是月，河決靈河縣。

十一月丙申，祀天地于圜丘，大赦。御乾元殿受尊號。庚子，幸齊王邸。丙午，以郊祀中外文武加恩。

十二月乙丑，幸講武臺觀機石連弩。庚午，畋近郊。戊寅，契丹遣使來賀正旦。己卯，置三司推官、巡官。

四年春正月丁亥，命太子中允張洎、著作佐郎句中正使高麗，告以北伐。遣官分督諸州軍儲輸太原行營。庚寅，以宣徽南院使潘美爲北路都招討制置使，分命節度使河陽崔彥進、彰德李漢瓊、彰信劉遇、桂州觀察使曹翰，副以衛府將直，四面進討。侍衛馬軍都虞候米信、步軍都虞候田重進並爲行營指揮使，將其軍以從，西上閤門使郭守文、順州團練使梁迥監護之。辛卯，命雲州觀察使郭進爲太原石嶺關都部署，以斷燕薊援師。癸巳，置簽署樞密院事，以石熙載爲之。乙未，宴潘美等于長春殿，賜以襲衣、金帶、鞍馬。癸卯，新渾儀成。

二月壬子，幸國子監，遂幸玉津園宴射。甲寅，以齊王廷美子德恭爲貴州防禦使。丙辰，以中書侍郎、尚書右僕射、同平章事沈倫爲東京留守兼判開封府事，宣徽北院使王仁贍爲大内都部署，樞密承旨陳從信副之。癸亥，賜扈從近臣鞍馬、衣服、金玉帶有差。甲子，帝發京師。戊寅，次澶州，觀魚于河。

三月庚辰朔，次鎮州。丁亥，郭進破北漢西龍門砦，禽獲甚衆。乙未，郭進大破契丹于關南。庚子，左飛龍使史業破北漢鷹揚軍，俘百人來獻。乙巳，夏州李繼筠乞帥所部助討北漢。詔泉州發兵護送陳洪進親屬赴闕。

夏四月己酉朔，嵐州行營與北漢軍戰，破之。庚戌，盂縣降。以石熙載爲樞密副使。辛酉，以孟玄喆、劉廷翰爲兵馬都鈐轄，崔翰總馬步軍，並駐泊鎮州。壬戌，帝發鎮州。折御卿克岢嵐軍，獲其軍使折令圖。乙丑，克隆州，獲其招討使李詢等六人。己巳，折御卿克嵐州，殺其憲州刺史郭翊，獲夔州節度使馬延忠。庚午，次太原，駐蹕汾東行營。辛未，幸太原城，詔諭北漢主劉繼元使降。壬申夜，帝幸城西，督諸將發機石攻城。甲戌，幸諸砦。乙亥，幸連城，視攻城諸洞。

五月己卯朔，攻城西南，遂陷羊馬城，獲其宣徽使范超，斬纛下。辛巳，攻城西北。壬午，其騎帥郭萬超來降，遂移幸城南，手詔賜繼元。癸未，進攻，將士盡奮，若將屠之。是夜，繼元遣使納款。甲申，繼元降，北漢平，凡得州十、縣四十、户三萬五千二百二十。命祠部郎中劉保勛知太原府。乙酉，赦河東常赦所不原者，命録死事將校子孫，瘞戰士。戊子，以榆次縣爲新并州。優賞歸順將校，盡括僧道隸西京寺觀，官吏及高貲户授田河南。北漢節度使蔚進盧遂以汾州降。己丑，以繼元爲右衛上將軍、彭城郡公。帝作《平晉詩》，令從臣和。辛卯，繼元獻官妓百餘，以賜將校。乙未，築新城。送劉繼元緦麻以上親赴闕。丙申，幸城北，御沙河門樓。盡徙餘民于新城，遣使督之，既出，即命縱火。丁酉，以行宫爲平晉寺，帝作《平晉記》刻寺中。廢隆州，隳其城。庚子，發太原。丁未，次鎮州。

六月甲寅，以將伐幽薊，遣發京東、河北諸州軍儲赴北面行營。庚申，帝復自將伐契丹。丙寅，次金臺頓，募民爲鄉導者百人。丁卯，次東易州，刺史劉宇以城降，留兵千人守之。戊辰，次涿州，判官劉厚德以城降。己巳，次鹽溝頓，民得近界馬來獻，賜以束帛。庚午，次幽州城南，駐蹕寶光寺。契丹軍城北，帝率衆擊走之。壬申，命節度使定國宋偓、河陽崔彥進、彰信劉遇、定武孟玄喆四面分兵攻城。以潘美知幽州行府事。契丹鐵林廂主李札盧存以所部來降。癸酉，移幸城北，督諸將進兵，獲馬三百。幽州神武廳直并鄉兵四百人來降。乙亥，范陽民以牛酒犒師。丁丑，帝乘輦督攻城。

秋七月庚辰，契丹建雄軍節度使、知順州劉廷素來降。壬午，知薊州劉守恩來降。癸未，帝督諸軍及契丹大戰于高梁河，敗績。甲申，班師。庚寅，命孟玄喆屯定州，崔彥進屯關南。乙巳，帝至自范陽。

八月壬子，西京留守石守信坐從征失律，貶崇信軍節度使。甲寅，彰信軍節度使劉遇貶宿州觀察使。癸亥，命潘美屯河東三交口。甲戌，汴水決宋城縣。武功郡王德昭自殺。詔作太清樓。是月，秦州大水。

九月己卯，河決汲縣。丁亥，置皇子侍讀。己亥，幸新城，觀鐵林軍人射強弩。庚子，華山道士丁少微詣闕獻金丹及巨勝、南芝、玄芝。癸卯，山後兩林蠻以名馬來獻。丙午，鎮州都鈐轄劉廷翰及契丹戰于遂城西，大敗之，斬首萬三百級，獲三將，馬萬匹。

冬十月乙亥，以平北漢功，齊王廷美進封秦王，薛居正加司空，沈倫加左僕射，盧多遜兼兵部尚書，曹彬兼侍中，白進超、崔翰、劉廷翰、田重進、米信並領諸軍節度使，楚昭輔、崔彥進、李漢瓊並加檢校太尉，潘美加檢校太師，王仁贍加檢校太傅，石熙載加刑部侍郎，文武從臣進秩有差。

十一月庚辰，放道士丁少微歸華山。己丑，畋近郊。辛卯，忻州言與契丹戰，破之。關南言破契丹，斬首萬餘級。

十二月丁未，占城國遣使來貢。丁卯，畋近郊。置諸州司理判官。

五年春正月庚辰，詔宣慰河東諸州。壬午，新作天駟左右監，以左右飛龍使爲左右天廄使，閑廄使爲崇儀使。庚寅，改端明殿學士爲文明殿學士。

二月戊辰，斬徐州妖賊李緒等七人。廢順化軍。

三月戊子，會親王、宰相、淮海國王及從臣蹴鞠大明殿。己丑，左監門衛上將軍劉鋹卒，追封南越王。癸巳，代州言，宣徽南院使潘美敗契丹之師于鴈門，殺其駙馬侍中蕭咄李，獲都指揮使李重誨。

閏三月丙午，幸水磑，因觀魚。甲寅，親試禮部舉人。丁巳，親試諸科舉人。庚午，幸講武池觀習樓船。辛未，甘、沙州回鶻遣使以橐駝名馬來獻。

夏四月癸未，親試應百篇舉趙昌國，賜及第。壅汾河晉祠水灌太原，隳其故城。是月，壽州風雹，冠氏縣雨雹。

五月癸卯朔，大霖雨。辛酉，命宰相祈晴。

六月壬午，高麗國王遣使來貢。是月，潁州大水，徐州白溝溢入城。

秋七月丁未，討交州黎桓，命蘭州團練使孫全興、八作使張璿、左監門衛將軍崔亮、寧州刺史劉澄、軍器庫副使賈湜、閤門祇候王僎並爲部署。全興、璿、亮由邕州，澄、湜、僎由廉州，各以其衆致討。庚申，北海虸蚄生。

八月甲申，西南蕃主龍瓊琚使其子羅若從并諸州蠻來貢。

九月癸卯，黎桓遣使爲丁璿上表求襲位。甲辰，史館上《太祖實録》。壬戌，畋近郊。

冬十月戊寅，大發兵屯關南及鎮、定州。己丑，發京師至雄州民治道。甲午，命侍衛馬軍都指揮使米信護定州屯兵。

十一月庚子朔，安南静海軍節度行軍司馬、權知州事丁璿上表求襲位，不報。丙午，以秦王廷美爲東京留守，王仁贍爲大内都部署，陳從信副之。己酉，帝伐契丹。壬子，發京師。癸丑，次長垣縣。關南與契丹戰，大破之。以河陽三城節度使崔彦進爲關南都部署。戊午，駐蹕大名府。諸軍及契丹大戰于莫州，敗績。

十二月甲戌，大閱，遂宴幄殿。衛士有盜獲麞者當坐，詔特釋之。戊寅，以保静軍節度使劉遇、威塞軍節度使曹翰爲幽州東、西路部署。庚辰，發大名府，因校獵。乙酉，帝至自大名府。交州行營與賊戰，大破之。

六年春正月癸卯，置平塞、静戎二軍。辛亥，易州破契丹數千衆。丙寅，改静戎軍爲安静軍。

二月己卯，命宰臣禱雨。

三月己酉，興元尹德芳薨，追封岐王。癸丑，詔令諸路轉運使察官吏賢否以聞。丙辰，置破虜、平戎二軍。丁巳，高昌國遣使來貢。壬戌，交州行營破賊于白藤江口，獲戰艦二百艘，知邕州侯仁寶死之。會炎瘴，軍士多死者，轉運使許仲宣驛聞，詔班師。詔斬劉澄、賈湜于軍中，徵孫全興下獄。令諸州長吏五日一慮囚。

夏四月辛未，幸太平興國寺禱雨。丙戌，高麗國遣使來貢。禁西川諸州白衣巫師。罷湖州織羅，放女工。

五月己未，雨。降死罪囚，流以下釋之。平塞軍與契丹戰，破之。

六月甲戌，司空、平章事薛居正薨。

七月丙午，詔渤海琰府王助討契丹。是月，延州、鄜、寧、河中大水，宋州蝗。

九月，甲辰，左拾遺田錫上疏極諫，詔嘉獎之。丙午，置京朝官差遣院，初令中書舍人郭贄等考校課績。辛亥，以趙普爲司徒，石熙載爲樞密使。壬子，詔求直言。丙辰，易州言破契丹。斬緜州妖賊王禧等十人。

冬十月癸酉，羣臣三奉表上尊號曰應運統天睿文英武大聖至明廣孝皇帝，許之。甲申，以河陽三城節度使崔彦進爲關南都部署，侍衛馬軍都指揮使米信爲定州都部署。丙戌，校歷代醫書。甲午，詔作蘇州太一宫成。

十一月丁酉，監察御史張白坐知蔡州日假官錢糴糶，棄市。甲辰，改武德司爲皇城司。女真遣使來貢。辛亥，祀天地于圜丘，大赦。御乾元殿受尊號，内外文武加恩。壬子，令諸州監臨官有所聞見傳聞須面陳者，俟報。丁巳，交州行營部署孫全興棄市。辛酉，以樞密使楚昭輔爲左驍衛上將軍。

十二月癸酉，購求醫書。己卯，畋近郊。己丑，諸道節度州置觀察支使，奉料同掌書記，仍不得並置。辛卯，禁民私市近界部落馬。

七年春正月甲午朔，不受朝，羣臣詣閤稱賀。壬戌，定輿服等差及婚取喪葬儀制。

二月甲申，改關南爲高陽關，徙并州治唐明鎮。乙酉，特貰廬州管内逋米萬七千二百四十石。

三月，乙未，以秦王廷美爲西京留守。乙巳，以旱分遣中黄門徧禱方岳。交州以王師致討遣使來謝。壬子，賜秦王襲衣、通犀帶、錢十萬。是月，舒州上玄石，有白文曰「丙子年出趙號二十一帝」。宣州雪霜殺桑害稼。北陽縣蝗，飛烏數萬食之盡。

夏四月甲子，以樞密直學士竇偁、中書舍人郭贄並參知政事，如京使柴禹錫

爲宣徽北院使兼樞密副使。戊辰，中書侍郎兼兵部尚書、平章事盧多遜罷爲兵部尚書。丁丑，西京留守、秦王廷美罷歸第，復其子德恭、德隆名皇姪，女韓氏婦落皇女、雲陽公主之號。盧多遜褫職流崖州，并徙其家，期周以上親悉配遠裔。庚辰，左僕射、平章事沈倫罷爲工部尚書。禁河南諸州私鑄鉛錫惡錢及輕小錢。是月，潤州大水。

五月辛丑，崔彦進敗契丹于唐興。戊申，慮囚。己酉，夏州留後李繼捧獻其銀、夏、綏、宥四州。辛亥，三交行營言，潘美敗契丹之師于鴈門，破其壘三十六。丙辰，秦王廷美降封涪陵縣公，房州安置。以崇儀副使閻彦進知房州，監察御史袁廓通判軍州事，各賜白金三百兩。己未，府州破契丹于新澤砦，獲其將校以下百人。是月，陝州蝗，蕪湖縣雨雹。

六月乙亥，遣使發李繼捧緦麻已上親赴闕，其弟繼遷奔地斤澤。丙子，置譯經院。是月，河決臨濟縣，漢陽軍大水。

秋七月甲午，以子德崇爲檢校太傅、同平章事，封衛王；德明爲檢校太保、同平章事，封廣平郡王。乙卯，工部尚書沈倫以左僕射致仕。是月，河決范濟口，淮水、漢水、易水皆溢，陽穀縣蝗，關、陝諸州大水。

八月庚申朔，太子太師王溥薨。己卯，詔川峽諸州官織錦綺、鹿胎、透背、六銖、欹正、龜殼等悉罷之，民間勿禁。

九月己丑朔，西京諸道係籍沙彌，令祠部給牒。甲寅，貴妃孫氏薨。邠州蝗。

冬十月癸亥，詔：河南吏民不得闌出邊關侵撓略奪，違者論罪；有得羊馬生口者還之。戊辰，幸金明池，御龍舟觀習水戰。河決武德縣，蠲臨河民租。己卯，左諫議大夫、參知政事竇偁卒。癸卯，《乾元曆》成。是月，岳州田鼠食稼。

十一月己酉，以李繼捧爲彰德軍節度使。禁民喪葬作樂。

十二月，庚午，蠲兩浙諸州太平興國六年以前逋租。戊寅，高麗國王伷卒，其弟治遣使求襲位，詔立治爲高麗國王。

閏月戊子朔，豐州與契丹戰，破之，獲其天德軍節度使蕭太。占城國獻馴象。丙申，狩近郊。辛亥，詔赦銀、夏等州常赦所不原者。諸州置農師。

八年春正月己卯，以東上閤門使王顯爲宣徽南院使，酒坊使弭德超爲北院使，並兼樞密副使。癸未，詔令州縣長吏延問高年耆德。

二月，丁酉，禁內屬部落私市女口。

三月庚申，以右諫議大夫宋琪爲參知政事。豐州破契丹兵，降三千餘帳。癸亥，分三司，各置使。癸酉，幸金明池，觀習水戰。丙子，親試禮部舉人。甲申，除福建諸州鹽禁。

夏四月壬寅，班《外官戒諭辭》。壬子，流樞密副使弭德超于瓊州，并徙其家。乙卯，幸樞密使石熙載第視疾。

五月丁卯，詔作太一宫于都城南。黎桓自稱三使留後，遣使來貢，并上丁璿讓表。詔諭桓送璿母子赴闕，不聽。丁亥，流威塞軍節度使曹翰于登州。乙亥，詔長吏誘致闕、隴流亡。是月，河決滑州，過澶、濮、曹、濟，東南入于淮。相州風雹。

六月己亥，以王顯爲樞密使，柴禹錫爲宣徽南院使兼樞密副使。己酉，兖州泰山父老及瑕丘等七縣民詣闕請封禪。是月，穀、洛、瀍、澗溢，壞官民舍萬餘區，溺死者以萬計，鞏縣壞殆盡。

秋七月辛未，參知政事郭贄罷爲秘書少監。庚辰，加宋琪刑部尚書，以工部尚書李昉參知政事。是月，河、江、漢、滹沱及祁之資、滄之胡盧、雄之易砦池水，皆溢爲患。

八月壬辰，以大水故，釋死罪以下。丁酉，山後兩林蠻來貢。溪、錦、敘、富四州蠻來附。庚戌，以樞密使石熙載爲右僕射。辛亥，增謚法。詔：軍國政要令參知政事李昉及樞密院副使一人録送史館。

九月癸丑朔，占城國獻馴象。初置水陸路發運于京師。是月，睢溢，浸田六十里。

冬十月戊戌，改衛王德崇名元佐，廣平郡王德明名元祐，德昌名元休，德嚴名元雋，德和名元傑。己酉，進元佐爲楚王，元祐陳王，封元休韓王，元雋冀王，元傑益王，並檢校太保、同平章事。司徒、兼侍中趙普罷爲武勝軍節度使。

十一月壬子朔，以參知政事宋琪、李昉並平章事。癸丑，除川峽民祖父母父母在別籍異財棄市律。己未，太一宫成。壬申，以翰林學士李穆、吕蒙正、李至並參知政事，樞密直學士張齊賢、王沔並同簽署樞密院事。庚辰，置侍讀官。

十二月壬午朔，詔綏、銀、夏等州官吏招誘没界外民歸業，仍給復三年。丁亥，賜河北、河東緣邊戍卒襦，京城諸軍米。淮海國王錢俶三上表乞解兵馬大元帥、國王、尚書中書令、太師等官。罷元帥名，餘不許。西人寇宥州，巡檢使李詢擊走之。是月，醴泉縣水中草變爲稻，滑州河決。

雍熙元年春正月壬子朔，不受朝，羣臣詣閤拜表稱賀。戊午，右僕射石熙載薨。壬戌，購逸書。丁卯，涪陵縣公廷美薨，追封涪陵王。壬申，蠲諸州民去年官所貸粟。癸酉，左諫議大夫、參知政事李穆卒。

三月丁巳，滑州河決既塞，帝作《平河歌》賜近臣，蠲水所及州縣今年租。癸未，以涪陵王子德恭、德隆爲刺史，壻韓崇業爲静難軍司馬。

夏四月乙酉，泰山父老詣闕請封禪。戊子，羣臣表請凡三上，許之。甲午，幸金明池，觀習水戰，因幸講武臺觀射，賜武士帛。

五月庚戌朔，除江南鹽禁。辛亥，幸城南觀麥，賜刈者錢帛。罷諸州農師。壬子，西州回鶻與波斯外道來貢。丁丑，乾元、文明二殿災。己卯，以京官充堂後官。

六月丁亥，詔求直言。己丑，遣使按察兩浙、淮南、西川、廣南獄訟。鎮安軍節度使、守中書令石守信薨。庚子，令諸州長吏十日一慮囚。壬寅，詔罷封泰山。甲辰，禁邊臣境外種蒔。

秋七月壬子，改乾元殿爲朝元殿，文明殿爲文德殿，丹鳳門爲乾元門；改匭院爲登聞鼓院，東延恩匭爲崇仁檢院，南招諫匭爲思諫檢院，西申冤匭爲申明檢院，北通玄匭爲招賢檢院。

八月丁酉，親祠太一宫。壬寅，河水溢。是月，淄州大水。

九月壬戌，羣臣表三上尊號曰應運統天睿文英武大聖至仁明德廣孝皇帝，不許；宰相叩頭固請，終不許。丙寅，幸並河新倉。

冬十月甲申，賜華山隱士陳摶號希夷先生。夏州言，掩擊李繼遷，獲其母妻，俘千四百餘帳，繼遷走。壬辰，禁布帛不中度者。癸巳，嵐州獻牝獸一角。

十一月壬子，高麗國王遣使來貢。丁巳，祀天地于圜丘，大赦，改元，中外文武官進秩有差。癸酉，以浦城童子楊億爲秘書省正字。

十二月庚辰，淮海國王錢俶徙封漢南國王。癸未，賜京畿高年帛。丁亥，罷嶺南採珠場。壬辰，立德妃李氏爲皇后。丙申，御乾元門，賜京師大酺三日。戊戌，大雨雪。

《宋史》卷五《太宗紀二》 二年春正月丙辰，以德恭爲左武衛大將軍判濟州，封定安侯；德隆爲右武衛大將軍判沂州，封長寧侯。右補闕劉蒙叟通判濟州，起居舍人韓儉通判沂州。乙丑，賜德恭、德隆常奉外支錢三百萬。

二月戊寅，權交州留後黎桓遣使來貢。乙未，夏州李繼遷誘殺汝州團練使曹光實。己亥，占城遣使來貢。

三月己未，親試禮部舉人。江南民饑，許渡江自占。

夏四月乙亥朔，遣使行江南諸州，振饑民及察官吏能否。戊寅，遣忠武軍節度使潘美復屯三交口。己卯，詔以帝所生官舍作啓聖院。己丑，殿前承旨王著坐監資州兵爲姦贓，棄市。庚子，甘露降後苑。辛丑，夏州行營破西蕃息利族，斬其代州刺史折羅遇并弟埋乞，又破保、洗兩族，降五十餘族。

五月甲子，幸城南觀麥，賜田夫布帛。天長軍蝝生。

六月甲戌朔，河西行營言，獲岌羅賦等十四族，焚千餘帳。戊子，復禁鹽、榷酤。

秋七月庚申，詔諸道轉運使及長吏，宜乘豐儲廪以防水旱。

八月癸酉朔，遣使按問兩浙、荆湖、福建、江南東西路、淮南諸州刑獄，仍察官吏勤惰以聞。癸巳，西南奉化王子以慈來貢。是月，瀛、莫二州大水。

九月丙午，以歲無兵凶，除十惡、官吏犯贓、謀故劫殺外，死罪減降，流以下釋之，及蠲江、浙諸州民逋租。庚戌，重九，賜近臣飲于李昉第，召諸王、節度使宴射苑中。是夕，楚王宫火。辛亥，廢楚王元佐爲庶人，均州安置。丁巳，羣臣請留元佐養疾京師，許之。己未，西南蕃王遣使來貢。己巳，禁海賈。

閏月，甲申，幸天駟監，賜從臣馬。乙未，禁邕管殺人祭鬼及僧人置妻孥。己亥，坊州獻一角獸。

冬十月辛丑朔，慮囚。丙午，以天竺僧天息災、施護、法天並爲朝請大夫、試鴻臚少卿。己酉，汴河主糧胥吏坐奪漕軍口糧，斷腕徇于河畔三日，斬之。甲寅，黎邛部蠻王子來貢。

十一月壬午，狩于近郊，以所獲獻太廟，著爲令。戊子，禱雪。辛卯，詔在官丁父母憂者並放離任。

十二月，癸卯，南康軍言，雪降三尺，大江冰合，可勝重載。丁未，遣中使賜緣邊戍卒襦袴。丙辰，門下侍郎兼刑部尚書、平章事宋琪罷守本官。

三年春正月辛未，右武衛大將軍、長寧侯德隆薨，以其弟德彝嗣侯，仍知沂州。庚辰，夜漏一刻，北方有赤氣如城，至明不散。己丑，知雄州賀令圖等請伐契丹，取燕薊故地。庚寅，北伐，以天平軍節度使曹彬爲幽州道行營前軍馬步水陸都部署，河陽三城節度使崔彦進副之；侍衛馬軍都指揮使、彰化軍節度使米

信爲西北道都部署，沙州觀察使杜彦圭副之，以其衆出雄州；侍衛步軍都指揮使、静難軍節度使田重進爲定州路都部署，出飛狐。戊戌，參知政事李至罷爲禮部侍郎。

二月壬子，以檢校太師、忠武軍節度使潘美爲雲、應、朔等州都部署，雲州觀察使楊業副之，出鴈門。

三月癸酉，曹彬與契丹兵戰固安南，克其城。丁丑，田重進戰飛狐北，又破之。潘美自西陘入，與契丹兵遇，追至寰州，破之，其刺史趙彦辛以城降。辛巳，曹彬克涿州。潘美圍朔州，其節度副使趙希贊以城降。癸未，田重進戰飛狐北，獲其西南面招安使大鵬翼、康州刺史馬頵、馬軍指揮使何萬通。乙酉，曹彬敗契丹于涿州南，殺其相賀斯。丁亥，潘美師至應州，其節度副使艾正、觀察判官宋雄以城降。司門員外郎王延範與祕書丞陸坦、戎城縣主簿田辯、術士劉昂，坐謀不軌棄市。庚寅，武寧軍節度使、同平章事、岐國公陳洪進卒。辛卯，田重進攻飛狐，其守將吕行德、張繼從、劉知進等舉城降，以其縣爲飛狐軍。占城國遣使來貢。丙申，進圍靈丘，其守將穆超以城降。

夏四月辛丑，潘美克雲州。田重進戰飛狐北，破其衆。壬寅，曹彬、米信戰新城東北，又破之。己酉，田重進再戰飛狐北，再破之，殺二將。乙卯，重進至蔚州，其牙校李存璋、許彦欽殺大將蕭啜理，執其監城使、同州節度使耿紹忠，以城降。

五月庚午，曹彬之師大敗于岐溝關，收衆夜渡拒馬河，退屯易州，知幽州行府事劉保勳死之。丙子，召曹彬、崔彦進、米信歸闕，命田重進屯定州，潘美還代州。徙雲、應、寰、朔吏民及吐渾部族，分置河東、京西。會契丹十萬衆復陷寰州，楊業護送遷民遇之，苦戰力盡，爲所禽，守節而死。

六月，甲辰，以御史中丞辛仲甫爲參知政事。

秋七月庚午，貶曹彬爲右驍衛上將軍，崔彦進爲右武衛上將軍，米信爲右屯衛上將軍，杜彦圭爲均州團練使。應羣臣、列校死事及陷敵者，録其子孫。壬午，徙山後降民至河南府、許汝等州。丁亥，以簽署樞密院事張齊賢爲給事中，知代州。癸巳，階州福津縣有大山飛來，自龍帝峽壅江水逆流，壞民田數百里。甲午，詔改陳王元祐爲元僖，韓王元休爲元侃，冀王元儁爲元份。

八月丁酉朔，以王沔、張宏並爲樞密副使。丁未，大雨，遣使禱岳瀆，至夕雨止。劍州民饑，遣使振之，因督捕諸州盜賊。辛亥，降潘美爲檢校太保，贈楊業太尉、大同軍節度使。

九月丙寅朔，減兩京諸州繫囚流以下一等，杖罪釋之。賜所徙寰、應、蔚等州民米，昇、宣等十四州雍熙二年官所振貸並蠲之。戊寅，賜北征軍士陣亡者家三月糧。

冬十月甲辰，以陳王元僖爲開封尹。壬子，高麗國王遣使來貢。庚申，詔以權静海軍留後黎桓爲本軍節度。

十一月丙戌，幸建隆觀、相國寺祈雪。

十二月乙未朔，大雨雪，宴羣臣玉華殿。己亥，定州田重進入契丹界，攻下岐溝關。壬寅，契丹敗劉廷讓軍於君子館，執先鋒將賀令圖、高陽關部署楊重進死之。壬子，建房州爲保康軍，以右衛上將軍劉繼元爲節度使。代州副部署盧漢贇敗契丹于土鐙堡，斬獲甚衆，殺監軍舍利二人。

是歲，壽州大水，濮州蝗。

四年春正月甲子朔，不受朝，羣臣詣閤拜表稱賀。己卯，遣使按問西川、嶺南、江、浙等路刑獄。丙戌，詔：「應行營將士戰敗潰散者並釋不問，緣邊城堡備禦有勞可紀者所在以聞。瘞暴骸，死事者廪給其家，録死事文武官子孫。蠲河北雍熙三年以前逋租，敵所蹂踐者給復三年，軍所過二年，餘一年。」

二月丙申，以漢南國王錢俶爲武勝軍節度使，徙封南陽國王。丁酉，繕治河北諸州，軍城隍。甲寅，錢俶改封許王。

三月庚辰，詔申嚴考績。

夏四月癸巳朔，以御史中丞趙昌言爲右諫議大夫、樞密副使。乙未，詔：諸州郡暑月五日一滌囹圄，給飲漿，病者令醫治，小罪即決之。丁未，幸金明池觀水嬉，遂習射瓊林苑，登樓，擲金錢繒綵於樓下，縱民取之。併水陸發運爲一司。

五月丙寅，遣使市諸道民馬。庚辰，改殿前司日騎爲捧日，驍猛爲拱辰，雄勇爲神勇，上鐵林爲殿前司虎翼，腰弩爲神射，侍衛步軍司鐵林爲侍衛司虎翼。丁亥，詔諸州送醫術人校業太醫署。賜諸將陣圖。

六月丁酉，以右驍衛上將軍劉廷讓爲雄州都部署。戊戌，以彰國軍節度使、駙馬都尉王承衍爲貝、冀都部署，郭守文及鄆州團練使田欽祚並爲北面排陣使。庚子，定國軍節度使崔翰復爲高陽關兵馬都部署。是月，鄜州獻馬，前足如牛。

秋七月丙寅，幸講武池觀魚。是月，置三班院。

八月庚子，免諸州吏所逋京倉米二十六萬七千石。

九月癸亥，校醫術人，優者爲翰林學生。

冬十月丙午，流雄州都部署劉廷讓于商州。壬子，左僕射致仕沈倫薨。

十一月庚辰，詔以實數給百官奉。

十二月壬寅，幸建隆觀、相國寺祈雪。庚戌，畋近郊。丁巳，大雨雪。

端拱元年春正月己未朔，不受朝，羣臣詣閤拜表稱賀。乙亥，親耕籍田。還御丹鳳樓，大赦，改元，除十惡、官吏犯贓至殺人者不赦外，民年七十以上賜爵一級。癸未，幸玉津園習射。乙酉，禁用酷刑。是月，澶州黄河清。

二月乙未，改左右補闕爲左右司諫，左右拾遺爲左右正言。丙申，禁諸州獻珍禽奇獸。己亥，詔瀛州民爲敵所侵暴者賜三年租，復其役五年。庚子，以籍田，開封尹、陳王元僖進封許王，元侃襄王，元份越王，錢俶鄧王，中書門下平章事李昉爲尚書右僕射，參知政事吕蒙正同中書門下平章事，樞密使王顯加檢校太傅，給事中許國公趙普守太保兼侍中，參加政事辛仲甫加户部侍郎，樞密副使趙昌言加工部侍郎，樞密副使王沔爲參知政事，御史中丞張宏爲樞密副使，餘内外並加恩。甲辰，升建州爲建寧軍節度。庚戌，以子元偓爲左衛上將軍、徐國公，元偁爲右衛上將軍、涇國公。

三月甲戌，貶樞密副使趙昌言爲崇信軍行軍司馬。乙亥，鄭州團練使侯莫陳利用坐不法，配商州禁錮，尋賜死。癸未，幸玉津園習射。廢水陸發運司。

夏四月丁亥，賜京城高年帛。己丑，加高麗國王治、静海軍節度使黎桓並檢校太尉。

五月辛酉，置祕閣于崇文院。辛未，感德軍節度使李繼捧賜姓趙氏，名保忠。壬申，以保忠爲定難軍節度使。

閏五月辛卯，以洺州防禦使劉福爲高陽關兵馬都部署，濮州防禦使楊贊爲貝州兵馬都部署。乙未，賜諸州高年爵公士。丁酉，交州黎桓遣使來貢。壬寅，親試禮部進士及下第舉人。

六月丙辰朔，右領軍衛大將軍陳廷山謀反伏誅。丁丑，改湖南節度爲武安軍節度。親試進士諸科舉人。

秋七月丙午，除西川諸州鹽禁。辛亥，忠武軍節度使潘美知鎮州。

八月，甲子，以宣徽南院使郭守文爲鎮州路都部署。戊寅，太師、鄧王錢俶薨，追封秦國王，謚忠懿。庚辰，幸太學，命博士李覺講《易》，賜帛。遂幸玉津園習射。是月，鳳凰集廣州清遠縣廨合歡樹，樹下生芝三莖。

九月乙酉朔，以侍衛馬軍都指揮使李繼隆爲定州都部署。

冬十月壬午，以侍衛步軍都指揮使戴興爲澶州都部署。癸未，詔罷游獵，五方所畜鷹犬並放之，諸州毋以爲獻。

十一月甲申朔，高麗王遣使來貢。己丑，郭守文破契丹于唐河。

十二月辛未，以夏州蕃落使李繼遷爲銀州刺史，充洛苑使。

二年春正月癸未朔，不受朝，羣臣詣閤拜表稱賀。壬辰，以涪州觀察使柴禹錫爲澶州兵馬部署。癸巳，詔議北伐。

二月壬子朔，令河北東、西路招置營田。癸丑，詔録將校官吏功及死事使臣、官吏子孫，士卒廩給其家三月。平塞、天威、平定、威虜、静戎、保塞、寧邊等軍，祁、易、保、定、鎮、邢、趙等州民，除雍熙四年正月丙戌詔給復外，更給復二年；霸、代、洺、雄、莫、深等州，平虜、岢嵐軍，更給復一年。戊午，罷乘傳銀牌，復給樞密院牒。以太倉粟貸京畿饑民。癸亥，作方田。戊辰，以國子監爲國子學。

三月辛卯，命高瓊爲并代都部署。壬寅，親試禮部舉人。

夏四月丁巳，置富順監。辛未，幸趙普第視疾。

五月戊戌，以旱慮囚，遣使決諸道獄。是夕，雨。

秋七月甲申，以知代州張齊賢爲刑部侍郎、樞密副使，鹽鐵使張遜爲宣徽北院使、簽署樞密院事。戊子，有彗出東井，上避正殿，減常膳。辛丑，契丹犯威虜軍，崇儀使尹繼倫擊破之，殺其相皮室，大將于越遁去。

八月丙辰，大赦。癸亥，詔作開寶寺舍利塔成。

九月壬午，邛部川、山後百蠻來貢。

冬十月辛未，以定難軍節度使趙保忠同平章事。以歲旱、彗星謫見，詔曰：「朕以身爲犧牲，焚於烈火，亦未足以答謝天譴。當與卿等審刑政之闕失、稼穡之艱難，恤物安人，以祈玄祐。」

十二月辛亥，置三司都磨勘官。丙辰，大雨雪。庚申，詔令四方所上表祇稱皇帝。羣臣請復尊號，不許。辛酉，上法天崇道文武皇帝，詔去「文武」二字，餘許之。三佛齊國遣使來貢。

淳化元年春正月戊寅朔，減京畿繫囚流罪以下一等。改元，内外文武官並加勳階爵邑，中書舍人、大將軍以上各賜一子官。賜鰥寡孤獨錢，除逋負。受尊號，改乾明節爲壽寧節。戊子，詔作清心殿。

二月丁未朔，除江南、兩浙、淮西、嶺南諸州漁禁。己酉，改大明殿爲含光殿。

三月丙子朔。乙未，幸西京留守趙普第視疾。

夏四月庚戌，遣中使詣五嶽禱雨，慮囚，遣使分決諸道獄。甲寅，詔尚書省四品、兩省五品以上舉轉運使及知州、通判。五溪蠻田漢權來附。戊午，建婺州爲保寧軍節度。丙寅，命殿前副都指揮使戴興爲鎮州都部署。

五月甲午，給致仕官半奉。辛卯，置詳覆、推勘官。

六月丙午，罷中元、下元張燈。

秋七月丁丑，太白復見。是月，吉、洪、江、蘄、河陽、隴城大水。開封、陳留、封丘、酸棗、鄢陵旱，賜今年田租之半，開封特給復一年。京師貴糴，遣使開廩減價分糶。

八月乙巳，毁左藏庫金銀器皿。己巳，禁川峽、嶺南、湖南殺人祀鬼，州縣察捕，募告者賞之。庚午，西南蕃主使其子龍漢興來貢。是月，京兆長安八縣旱，賜今年租十之六。蠲舒州宿松等三處魚池税。

九月，大宴崇政殿。禁川峽民父母在出爲贅壻。是月，蠲滄、單、汝三州今年租十之六。

冬十月甲辰，交州黎桓遣使來貢。乙巳，熒惑陵左執法。乙丑，知白州蔣元振、知須城縣姚益恭並以清幹聞，下詔褒諭，賜粟帛。是月，以乾鄭二州、河南壽安等十四縣旱，州蠲今年租十之四，縣蠲其税。

十一月，是月，蠲大名府管内今年租十之七。

十二月乙巳，占城遣使來貢。乙卯，高麗國遣使來貢。辛酉，詔中外所上書疏及面奏制可者，並下中書、樞密、三司中覆頒行。

是歲，洪、吉、江、蘄諸州水，河陽大水。曹、單二州有蝗，不爲災。開封、大名管内及許、滄、單、汝、乾、鄭等州，壽安、長安、天興等二十七縣旱。深冀二州、文登牟平兩縣饑。

二年春正月壬申朔，不受朝，羣臣詣閤拜表稱賀。丙子，遣商州團練使翟守素帥兵援趙保忠于夏州。乙酉，置内殿崇班、左右侍禁，改殿前承旨爲三班奉職。己丑，詔陝西諸州長吏設法招誘流亡，復業者計口貸粟，仍給復二年。

二月癸丑，盡易宫殿彩繪以赭堊。監察御史祖吉坐知晉州日爲姦贓，棄市。乙丑，斬夔州亂卒謝榮等百餘人於市。

閏月，戊寅，禱雨。丁亥，詔内外諸軍，除木槍、弓弩矢外不得蓄他兵器。己丑，詔：京城蒲博者開封府捕之，犯者斬。命近臣兼差遣院流内銓。是月，河水溢，鄆城縣蝗，汴河決。

三月乙卯，幸金明池御龍舟，遂幸瓊林苑宴射。己巳，以歲蝗旱禱雨弗應，手詔宰相呂蒙正等：「朕將自焚，以答天譴。」翌日而雨，蝗盡死。

夏四月庚午，罷端州貢硯。辛巳，以張齊賢、陳恕並參知政事，張遜兼樞密副使，温仲舒、寇準並爲樞密副使。是月，河水溢，虞鄉等七縣民饑。

五月己亥朔，詔減兩京諸州繫囚流以下一等，杖罪釋之。庚子，置諸路提點刑獄官。丙辰，左正言謝泌以敢言擢右司諫，賜金紫，錢三十萬。

六月甲戌，忠武軍節度使、同平章事潘美卒。命張永德爲并、代都部署。乙酉，以汴水決浚儀縣，帝親督衛士塞之。庚寅，禁陝西緣邊諸州闌出生口。是月，楚丘、鄄城、淄川三縣蝗，河水、汴水溢。

秋七月己亥，詔陝西緣邊諸州，饑民鬻男女入近界部落者官贖之。李繼遷奉表請降，以爲銀州觀察使，賜國姓，改名保吉。是月，乾寧軍蝗，許、雄、嘉三州大水。

八月己卯，置審刑院。己丑，雅州言登遼山崩。

九月丁酉朔，户部侍郎、參知政事王沔，給事中、參知政事陳恕，並罷守本官。己亥，中書侍郎兼户部尚書、平章事呂蒙正罷爲吏部尚書，以右僕射李昉、參知政事張齊賢並平章事，翰林學士賈黄中、李沆並爲給事中、參知政事。帝飛白書「玉堂之署」四字，以賜翰林承旨蘇易簡。壬寅，邛部川蠻來貢。癸卯，罷樞密使王顯爲崇信軍節度使。甲辰，以張遜知樞密院事，温仲舒、寇準同知院事。

十一月丙申朔，復百官次對。乙巳，罷京城内外力役土功。己酉，幸建隆觀、相國寺祈雪。

十二月丙寅朔，行入閤儀。乙亥，賜秦州童子譚孺卿本科出身。癸未，保康軍節度使劉繼元卒，追封彭城郡王。大雨無冰。

是歲，女真表請伐契丹，詔不許，自是遂屬契丹。大名、河中、絳、濮、陝、曹、濟、同、淄、單、德、徐、晉、輝、磁、博、汝、兗、虢、汾、鄭、亳、慶、許、齊、濱、棣、沂、貝、衛、青、霸等州旱。

三年春正月癸卯，大雨雪。乙巳，詔常參官舉可任升朝官者。丙午，詔宰相、侍從舉可任轉運使者。

三月乙未朔，以趙普爲太師，封魏國公。戊戌，親試禮部舉人。辛丑，親試諸科舉人。戊午，以高麗賓貢進士四十人並爲秘書省秘書郎，遣還。庚申，帝幸金明池觀水戲，縱京城觀者，賜高年白金器皿。

夏四月丁丑，詔江南、兩浙、荆湖吏民之配嶺南者還本郡禁錮。癸未，上作《刑政》《稼穡詩》賜近臣。

五月甲午朔，御文德殿，百官入閤。壬寅，詔御史府所斷徒罪以上獄具，令尚書丞郎、兩省給舍一人慮問。丁未，户部郎中田錫、通判殿中丞郭渭坐稽留刑獄，並責州團練副使，不簽署州事。戊申，詔：太醫署良醫視京城病者，賜錢五十萬具藥，中黄門一人按視之。己酉，以旱遣使分行諸路決獄。是夕，雨。辛亥，置理檢司。甲寅，詔作秘閣。

六月丁丑，大風晝晦，京師疫解。戊寅，慮囚。甲申，飛蝗自東北來，蔽天，經西南而去。是夕，大雨，蝗盡死。庚寅，以殿前都虞候王昭遠爲并、代兵馬都部署。辛卯，置常平倉。

秋七月己酉，太師、魏國公趙普薨，追封真定王。是月，許、汝、兖、單、滄、蔡、齊、貝八州蝗，洛水溢。

八月戊辰，以秘閣成賜近臣宴。壬申，召終南山隱士种放，不至。庚辰，闍婆國遣使來貢。丁丑，釋嶺南東、西路罰作荷校者。

九月丙申，遣官祈晴京城諸寺觀。甲寅，幸天駟監，賜從臣馬。乙卯，羣臣上尊號曰法天崇道明聖仁孝文武皇帝，凡五表，終不許。

冬十月辛酉朔，折御卿進白花鷹，放之，詔勿復獻。戊寅，始置京朝、幕職、州縣官考課，并校三班殿最。戊子，高麗、西南蕃皆遣使來貢。

十一月己亥，許王元僖薨。甲申，慮囚，降徒流以下一等，釋杖罪。趙保忠貢鶻，號「海東青」，還之。己未，禁兩浙諸州巫師。置三司主轄收支官。是月，蔡州建安大火。

十二月丁卯，大雨雪。己卯，占城國王楊陀排遣使來貢。是月，雄州言大火。

是歲，潤州丹徒縣饑，死者三百户。

四年春正月庚寅朔，享太室，羣臣詣齋宫拜表稱賀。辛卯，祀天地于圜丘，以宣祖、太祖配，大赦。乙未，大雨雪。高麗國遣使來貢。乙巳，藏才西族首領羅妹以良馬來獻。

二月，壬戌，召賜京城高年帛，百歲者一人加賜塗金帶。是日，雨雪大寒，再遣中使賜孤老貧窮人千錢、米炭。置昭宣使。癸亥，廢沿江榷貨八務。乙丑，加高麗國王王治檢校太師，静海軍節度使黎桓封交阯郡王。己卯，詔以江、浙、淮、陝饑，遣使巡撫。詔：分遣近臣巡撫諸道，有可惠民者得便宜行事，吏罷軟、苛刻者上之，詔令有未便者附傳以聞。丙戌，置審官院、考課院。永康軍青城縣民王小波聚徒爲寇，殺眉州彭山縣令齊元振。是月，商州大雨雪。

三月壬子，詔權停貢舉。

四月己卯，諸司奉行公事不得輒稱聖旨。

五月戊申，罷鹽鐵、户部、度支等使，置三司使。

六月戊午朔，詔中丞已下皆親臨鞫獄。丙寅，吏部侍郎、平章事張齊賢罷爲尚書左丞。壬申，宣徽北院使、知樞密院事張遜貶右領軍衛將軍，右諫議大夫、同知院事寇準罷守本官。以涪州觀察使柴禹錫爲宣徽北院使、知樞密院事，樞密直學士吕端參知政事，劉昌言同知樞密院事。戊寅，初復給事中封駁。

七月丁酉，大雨。戊戌，復沿江務，置諸路茶鹽制置使。

八月，癸酉，以向敏中、張詠始同知銀臺、通進司，視章奏案牘以稽出入。

九月丙申，詔：諸雜除禁錮人，州縣有闕得次補以責効，能自新勤幹者具聞再叙。乙巳，以給事中封駁隸銀臺、通進司。丙午，命侍從舉任才堪五千户以上縣令者二人。自七月雨，至是不止。是月，河水溢，壞澶州；江溢，陷涪州。詔：溺死者給斂具，澶人千錢，涪人鐵錢三千，仍發廪以振。

冬十月壬戌，罷諸路提點刑獄司。庚午，始分天下州縣爲十道，兩京爲左右計，各署判官領之，置三司使二員。辛未，右僕射、平章事李昉，給事中、參知政事賈黄中、李沆，左諫議大夫、同知樞密院事温仲舒，並罷守本官。以吏部尚書吕蒙正平章事，翰林學士蘇易簡爲給事中、參知政事；樞密都承旨趙鎔爲宣徽北院使，樞密直學士向敏中爲右諫議大夫，並同知樞密院事。丁丑，以右諫議大夫趙昌言爲給事中、參知政事。辛巳，遣使按行畿縣，民田被水者蠲其租。是月，河決澶州，西北流入御河。

閏月辛卯，幸水磑觀魚。己酉，置三司總計度使。

十一月丁巳，萬安州獻六眸龜。癸酉，還隴西州所獻白鷹。

十二月辛丑，大雨雪。戊申，西川都巡檢使張玘與王小波戰江原縣，死之。小波中流矢死，衆推其黨李順爲帥。

五年春正月甲寅朔，不受朝，羣臣詣閤拜表稱賀。戊午，李順陷漢州，己未，陷彭州。乙丑，慮囚，流罪以下釋之。己巳，李順陷成都，知府郭載奔梓州，順入據之，賊兵四出攻劫州縣。遣使振宋、亳、陳、潁州饑民，別遣決諸路刑獄，應因饑劫藏粟，誅爲首者，餘減死。癸酉，以侍衛馬軍都指揮使李繼隆爲河西行營都部署，討李繼遷。甲戌，命昭宣使王繼恩爲兩川招安使，討李順。詔諸州能出粟貸饑民者賜爵。辛巳，詔除兩京諸州淳化三年逋負。

二月乙未，李順分攻劍州，都監西京作坊副使上官正、成都監軍供奉官宿翰合擊大破之，斬馘殆盡。丙午，幸南御莊觀稼。己酉，以益王元傑爲淮南、鎮江等軍節度使，徙封吳王。辛亥，詔除劍南東西川、峽路諸州主吏民卒淳化五年以前逋負。

三月乙亥，趙保忠爲趙保吉所襲，奔還夏州，指揮使趙光嗣執之以獻。李繼隆帥師入夏州。交阯郡王黎桓遣使來貢。

夏四月壬午朔，詔除天下主吏逋負。甲申，削趙保吉所賜姓名。丙戌，置起居院，初復起居注。以國子學復爲國子監。辛卯，慮囚。大食國王遣使來貢。戊戌，赦諸州，除十惡、故劫殺、官吏犯正贓外，降死罪以下囚。己亥，王繼恩帥師過綿州，賊潰走，追殺及溺死者甚衆。庚子，復綿州。內殿崇班曹習破賊于老溪，復閬州。綿州巡檢使胡正遠帥兵進擊，復巴州。壬寅，西川行營擊賊于研口砦，破之，復劍州。癸卯，大雨。

五月丁巳，西川行營破賊十萬衆，斬首三萬級，復成都，獲賊李順。其黨張餘復攻陷嘉、戎、瀘、渝、涪、忠、萬、開八州，開州監軍秦傳序死之。丙寅，河西行營送趙保忠至闕下，釋其罪，授右千牛衛上將軍，封宥罪侯。己巳，以知梓州張雍、都巡檢使盧斌嘗堅守却賊，斌進擊解閬州圍，遂平蓬州，雍加給事中，斌領成州刺史。以少府監雷有終爲諫議大夫、知成都府。庚午，賊攻夔州，峽路都大巡檢白繼贇、夔州巡檢使解守顒大敗其衆于西津口，斬首二萬級，獲舟千餘艘。辛未，降成都府爲益州。壬申，右僕射李昉以司空致仕。甲戌，詔利州、興元府、洋州、西縣民並給復一年。丙子，磔李順黨八人于鳳翔市。庚辰，初伏，帝親書綾扇賜近臣。

六月辛卯，詔赦李順脅從詿誤。是月，都城大疫，分遣醫官煮藥給病者。賊攻施州，指揮使黃希遜擊走之。戊戌，峽路行營破賊于廣安軍，又破賊張罕二萬衆于嘉陵江口，又破于合州西方溪，俘斬甚衆。戊申，以侍衛步軍都指揮使高瓊爲鎮州都部署。賊攻陵州，知州張旦擊破之。高麗遣使，以契丹來侵乞師。

秋七月辛亥朔，賊攻眉州，知州李簡等堅守踰月，賊引去。癸亥，置江、淮、兩浙發運使。丙寅，除兩浙諸州民錢俶日逋負。甲戌，置威塞軍。乙亥，李繼遷遣使來貢。

八月甲申，詔有司講求大射儀注。癸巳，以內班爲黃門。甲午，置宣政使，以宦者昭宣使王繼恩爲之。乙未，詔釋劍南、峽路諸州亡命。戊戌，以通遠軍復爲環州，置清遠軍。庚子，大雨。貝州言驍捷卒劫庫兵爲亂，推都虞候趙咸雍爲帥，轉運使王嗣宗率屯兵擊敗之，擒咸雍，磔于市。辛丑，詔遣知益州張詠赴部，得便宜從事。癸卯，以參知政事趙昌言爲西川、峽路招安馬步軍都部署，尋詔昌言駐鳳翔，遣內侍押班衛紹欽往行營指揮軍事。峽路行營破賊帥張餘，復雲安軍。李繼遷使其弟奉表待罪。

九月庚戌朔，户部尚書辛仲甫以太子少保致仕。甲寅，賜三司錢百萬，募能言司事之利便者，量事賞之，盡則再給以備賞。己未，罷諸州榷酤。改黄門院爲內侍省，以黄門班院爲內侍省內侍班院，入內黄門班院爲入內侍省入內侍班院。辛酉，遣使分行宋、亳、陳、潁、泗、壽、鄧、蔡等州按行民田，被水及種蒔不及者並蠲其租。壬申，以襄王元侃爲開封尹，改封壽王。大赦，除十惡、故謀劫闘殺、官吏犯正贓外，諸官先犯贓罪配隸禁錮者放還。乙亥，以左諫議大夫寇準參知政事。丁丑，以蜀部漸平，下詔罪己。戊寅，西川行營言衛紹欽破賊于學射山，別將楊瓊復蜀州，曹習等又破賊于安國鎮，誅其帥馬太保。

冬十月庚辰，詔釋殿前司逃軍親屬之禁錮者。西川行營指揮使張嶙殺其將王文壽以叛，遣使招撫其衆，遂共斬嶙首以降。乙未，楊瓊等復邛州。乙巳，改青州平盧軍爲鎮海軍，杭州鎮海軍爲寧海軍。

十一月庚戌，遣使諭李繼遷，賜以器幣、茶藥、衣服。丙辰，賜近臣飛白書。庚申，詔：江南西路及荆湖南北路、嶺南溪洞接連，及蕃商、外國使誘子女出境者捕之。癸亥，賊攻眉州，崇儀使宿翰等擊敗之，斬其僞中書令吳蘊。丙寅，幸國子監，賜直講孫奭緋魚，因幸武成王廟，復幸國子監，令奭講《尚書》，賜以束帛。大寒，賜禁衛諸軍緡錢有差。

十二月，辛巳，命樞密直學士張鑑、西京作坊副使馮守規安撫西川。丙戌，命諸王畋近郊。弛忠、靖二州刑徒。庚寅，宿翰等引兵趨嘉州，僞知州王文操以城降。乙未，祕書丞張樞坐知榮州降賊，棄市。辛丑，以三司兩京、十道復歸三

部，各置使一員，每部置判官、推官、都監，分勾院爲三。

至道元年正月戊申朔，改元，赦京畿繫囚，流罪以下遞降一等，杖罪釋之。蠲諸州逋租，蠲陝西諸州去年秋税之半。丙辰，詔作上清宫成。丁巳，涼州吐蕃當專以良馬來獻。戊午，占城國王楊陀排遣使來貢。辛酉，上御乾元門觀燈。癸亥，契丹大將韓德威誘黨項勒浪、嵬族自振武犯邊，永安節度使折御卿邀擊，敗之于子河汊，勒浪等乘亂反擊德威，遂殺其將突厥太尉、司徒、舍利等，獲吐渾首領一人，德威僅以身免。戊辰，以翰林學士錢若水爲右諫議大夫、同知樞密院事，樞密副使劉昌言罷爲給事中。以宣祖舊第作洞真宫成。甲戌，李繼遷遣使以良馬、橐駝來貢。

二月甲申，命宰相禱雨。令川峽諸州瘞暴骸。戊戌，以旱慮囚，減流罪以下。丙午，雨。嘉州函賊帥張餘首送西川行營，餘黨悉平。蠲襄、唐、均、汝、隨、鄧、歸、峽等州去年逋租。振亳州、房州、光化軍饑，遣使貸之。

三月庚申，詔求直言。辛酉，以會州觀察使、知清遠軍田紹斌爲靈州兵馬都部署。己巳，廢邵武軍歸化縣金坑。

夏四月癸未，吏部尚書、平章事吕蒙正罷爲右僕射，以參知政事吕端爲户部侍郎、平章事。宣徽北院使、知樞密院事柴禹錫罷爲鎮寧軍節度使，參知政事蘇易簡爲禮部侍郎，以翰林學士張洎爲給事中、參知政事。甲申，以宣徽北院使、同知樞密院事趙鎔知樞密院事。乙酉，契丹犯雄州，知州何承矩擊敗之，斬其鐵林大將一人。辛丑，遣使分決諸路刑獄，劫賊止誅首惡，降流罪以下一等。壬寅，慮囚。甲辰，大雨，雷電。開寶皇后宋氏崩。

六月乙酉，購求圖書。丙戌，遣使諭李繼遷，授以鄜州節度使，繼遷不奉詔。丁亥，以銀州左都押衙張浦爲銀青光禄大夫、檢校工部尚書、鄭州刺史、兼御史大夫，充本州團練使。己亥，許士庶工商服紫。是月，大熱，民有暍死者。

秋七月丙寅，除陳、許等九州及光化軍今年夏税。

八月壬辰，詔立壽王元侃爲皇太子，改名恒，兼判開封府。大赦，文武常參官子爲父後見任官者，賜勳一轉。癸巳，以尚書左丞李至、禮部侍郎李沆並兼太子賓客。癸卯，禁西北緣邊諸州民與内屬戎人昏娶。

九月丙午，西南蕃牂牁諸蠻來貢，詔封西南蕃主龍漢璓爲歸化王。丁卯，御朝元殿册皇太子。庚午，清遠軍言李繼遷入寇，率兵擊走之。

冬十月甲戌朔，皇太子讓宫僚稱臣，許之。乙丑，陝西轉運使鄭文寶坐撓邊，責授藍山縣令。

十一月己未，閲武便殿。是月，以峯州團練使上官正、右諫議大夫雷有終並爲西川招安使，召王繼恩歸闕。

十二月甲戌，羣臣奉表加上尊號曰法天崇道上聖至仁皇帝，凡五上，不許。契丹犯邊，折御卿率兵禦之，卒于師。斬馬步軍都軍頭孫贊于軍中。庚辰，新渾儀成。

二年春正月辛亥，祀天地于圜丘，大赦，中外文武加恩。丁卯，廢諸州司理判官。

二月壬申朔，司空致仕李昉薨。戊寅，以越王元份爲杭州大都督兼領越州，吴王元傑爲揚州大都督兼領壽州。己卯，以徐國公元偓爲洪州都督、鎮南軍節度使，涇國公元偁爲鄂州都督、武清軍節度使。庚辰，以御史中丞李昌齡爲給事中、參知政事。辛巳，以吕蒙正爲左僕射，宋琪爲右僕射。乙未，定任子官制。

三月丙寅，以京師旱，遣中使禱雨。戊辰，命宰臣祀郊廟、社稷，禱雨。

夏四月甲戌，命侍衛馬軍都指揮使李繼隆爲環、慶等州都部署，殿前都虞候范廷召副之，討李繼遷。癸未，雨。

五月癸卯，李繼遷寇靈州。

六月戊戌，黔州言蠻寇鹽井，巡檢使王惟節戰死。是月，亳州蝗。

秋七月己亥朔，命殿前都指揮使王超爲夏、綏、麟、府州都部署。庚子，詔作壽寧觀成。丙寅，給事中、參知政事寇準罷守本官。戊辰，蠲峽路諸州民去年逋租。是月，汴水決穀熟縣，許、宿、齊三州蝗抱草死。

閏月庚寅，詔江、浙、福建民負人錢没入男女者還其家，敢匿者有罪。

八月辛丑，密州言蝗不爲災。

九月戊寅，右僕射宋琪薨。詔川峽諸州民家先藏兵器者，限百日悉送官，匿不以聞者斬。己卯，夏州、延州行營言破李繼遷於烏白池，獲未幕軍主、吃囉指揮使等二十七人，繼遷遁。甲申，會州觀察使、環慶副都部署田紹斌貶右監門衛率府副率，虢州安置。丙戌，秦、晉諸州地晝夜十二震。丙申，詔廢衢州治。

冬十月己未，詔以池州新鑄錢監爲永豐監。

十一月丁卯朔，增司天新曆爲一百二十甲子。戊寅，置簽署提點樞密、宣徽院諸房公事。辛卯，許州羣盗劫鄽城縣居民，巡檢使王正襄

擊之，獲賊首宋斌及餘黨，皆斬于市。甲午，禁淮南通行鹽稅。

十二月，命宰相以下百官詣諸寺觀禱雪。甲寅，雨雪。

大有年。是歲，處州稻再熟。

三年春正月丙子，以户部侍郎温仲舒、禮部侍郎王化基並參知政事，給事中李惟清同知樞密院事，參知政事張洎罷爲刑部侍郎。乙酉，孝章皇后陪葬永昌陵。辛卯，以侍衛馬步軍都虞候傅潛爲延州路都部署，殿前都虞候王昭遠爲靈州路都部署。

二月丙申朔，靈州行營破李繼遷。辛丑，帝不豫。甲辰，降京畿死罪囚，流以下釋之。壬戌，大食、賓同隴國並來貢。

三月丁卯，占城國來貢。壬辰，不視朝。癸巳，追班于萬歲殿，宣詔令皇太子柩前即位。是日崩，年五十九，在位二十二年，殯于殿之西階。羣臣上尊謚曰神功聖德文武皇帝，廟號太宗。十月己酉，葬永熙陵。

王稱《東都事略》卷三《太宗紀》 太宗至仁應道神功聖德文武睿烈大明廣孝皇帝，宣祖第三子也。母曰昭憲皇后，后夢神人捧日寘于懷，遂有娠，以晉天福四年十月甲辰生於開封府浚儀縣崇德北坊官舍，赤光滿室。

幼穎悟，好讀書。宣祖爲將，征淮上，克州縣，諸將皆爭子女玉帛，宣祖爲訪其書籍，歸以遺太宗，謂之曰：「文武立身之本，汝其勉之。」

及長，隆準龍顔，望之儼然。周顯德初，補右班殿直，遷供奉官。五年，改殿前祇候，供奉官都知。太原劉承鈞結契丹寇邊，命太祖北伐，太宗從行，至陳橋爲六軍推戴，太祖受周禪，以太宗爲殿前都虞候，領睦州防禦使。太祖征澤、潞，留爲大内都點檢，領泰寧軍節度使。太祖征李重進，又爲大内都點檢。二年，爲開封尹，同平章事。乾德二年，拜中書令。開寶初，太祖征太原，以爲京師留守。

六年，封晉王，有詔班宰相上。

九年十月癸丑，太祖崩，奉遺詔即皇帝位，大赦天下。庚申，以皇弟廷美爲開封尹，封齊王；太祖子德昭始封武功郡王；盧多遜同中書門下平章事，楚昭輔樞密使。十一月甲子，追册故尹氏及越國夫人符氏爲皇后。丁卯，詔曰：「帝堯之化，實先於敦族；成周之制，爰後於異姓。自今朝會，齊王廷美、武功郡王德昭，位宜在宰相上。」

太平興國元年冬十二月甲寅，大赦天下，改元。

二年春二月庚子，皇帝更名。夏四月乙卯，葬英武聖文神德皇帝于永昌陵。秋八月，作崇聖殿。

三年春三月己酉，吳越國王錢俶來朝。夏四月己卯，陳洪進以漳、泉兩州歸于有司，得縣十四。五月乙酉，赦漳、泉。吳越國王錢俶以國歸于有司，得州十三、軍一、縣八十六。丁亥，徙封錢俶爲淮海國王。戊子，赦兩浙。秋七月乙酉，大雨震電。八月，黄河清。甲戌，羣臣上尊號曰應運統天聖神文武皇帝。冬十一月丙申，合祭天地于圜丘，大赦天下。

四年春正月庚寅，以潘美伐太原。石熙載僉書樞密院事。二月辛亥，詔幸鎮州。丙辰，沈倫爲東京留守。甲子，發京師。三月乙未，郭進大破契丹于石嶺關。夏四月庚戌，石熙載樞密副使。壬戌，皇帝幸太原。折御卿克岢嵐軍。乙丑，克隆州。己巳，克嵐州。辛未，皇帝幸太原城，以手詔諭劉繼元。五月壬午，幸城南。癸未，劉繼元降，釋其罪，太原平得州十、軍一、縣四十一。乙酉，赦太原。己丑，以劉繼元爲右衛上將軍，封彭城郡公。丁酉，隳隆州。六月庚申，北征。庚午，次幽州。秋七月甲申，班師。乙巳，皇帝至自范陽。八月甲戌，武功郡王德昭薨。冬十月乙亥，皇弟廷美進封秦王。

五年秋七月丁未，討交州。冬十一月丙午，以秦王廷美爲東京留守。己酉，詔幸北邊。壬子，發京師。戊午，駐蹕于大名。十二月乙酉，皇帝至自大名。

六年春三月己酉，太祖子德芳薨。交州行營大破賊軍于白藤江口。夏六月甲戌，薛居正薨。秋九月，辛亥，趙普爲司徒兼侍中，石熙載樞密使。秦王廷美乞班趙普下，從之。壬子，詔曰：「古者振木鐸于路，所以來四方之風謡，設獸樽于庭，所以延羣臣之諫諍。在朝内外官，自今或知民間利病及時政得失，並得直言無隱。」冬十月癸酉，羣臣上尊號曰應運統天睿文英武大聖至德廣孝皇帝。十一月癸亥，合祭天地于圜丘，大赦天下。癸丑，楚昭輔罷。

七年春三月，乙巳，以皇弟廷美爲西京留守。交州遣使來謝罪。唐州蝗。夏四月甲子，竇偁、郭贄並參知政事，柴禹錫樞密副使。盧多遜罷。乙丑，皇弟廷美勒歸第。盧多遜流崖州。庚辰，沈倫貶。五月己酉，夏州李繼捧來朝，以其地來獻，得州四、縣八。繼捧之弟繼遷叛。丙辰，皇弟廷美降封涪陵公，房州安置。秋七月甲午，皇子德崇封衛王，德明廣平郡王。冬十月己卯，竇偁薨。十二月，丙午，赦銀、夏等州。令諸州置農師。

八年春正月戊寅，曹彬罷。己卯，王顯、弭德超並樞密副使。癸未，詔曰：「養老乞言，哲王之丕訓；觀民設教，載籍之大猷。故遒人振鐸以采詩，刺史褰

帷而按部，所以參考風俗，周知其淑慝，延訪耆艾，詳求於利病。斯爲茂典，可舉而行。宜令州縣長吏，或部内有耆德高年，爲鄉里所信者，並須延問民間疾苦、吏治得失，退而行之，以稱吾意。」甲申，詔曰：「傳云能以禮讓爲國乎，何有。宜令開封府及諸州，於衝要處設榜刻儀制令，論如律。」三月庚申，宋琪參知政事。甲申，除福建諸州鹽禁。夏四月壬子，弭德超流瓊州。六月己亥，王顯樞密使。秋七月辛未，郭贄罷。庚辰，李昉參知政事。八月庚戌，石熙載罷。冬十月己酉，趙普罷。皇子元佐封楚王，元佑陳王，皇第三子封韓王，元俊冀王，元傑益王。十一月壬子，宋琪、李昉並同中書門下平章事。甲寅，令宰相班諸王上。壬申，李穆、呂蒙正、李至並參知政事，張齊賢、王沔並同僉書樞密院事。

雍熙元年春正月壬戌，求遺書於天下。乙丑，涪陵公廷美卒。癸酉，李穆薨。夏四月甲午，詔以今年十一月有事于泰山。五月，廢諸州農師。丁丑，乾元、文明殿災。六月丁亥，詔求直言。上謂近臣曰：「朕訪求讜議，以規己失。昔禹拜昌言，世稱其明。今之諫者，苟能中時病，朕豈惜夏禹之拜乎。」壬寅，詔罷封泰山，以冬至有事於南郊。秋八月丁酉，親祠太一宫。冬十一月丁卯，合祭天地于圜丘，大赦天下，改元。十二月庚辰，錢俶改封漢南國王。壬辰，德妃李氏立爲皇后。

二年秋九月庚戌，楚王宫火。辛亥，楚王元佐廢。閏月乙未，詔曰：「嶺南之俗，民嫁娶喪葬、衣服制度，委所在長吏漸加戒厲，俾遵條式；其殺人祭鬼、病不求醫，僧置妻孥，深宜化導，使之悛革。」冬十二月，丙辰，宋琪、柴禹錫罷。

三年春正月庚寅，命曹彬、崔彦進、米信、田重進、潘美北伐契丹。戊戌，李至罷。三月，曹彬克契丹固安城。田重進破契丹于飛狐北。潘美自西陘與契丹遇，追至寰州，克之。辛巳，曹彬克涿州；潘美取朔州，又取應州；田重進圍靈丘。夏四月，潘美克雲州。五月，曹彬等與契丹戰于歧溝關，我師敗績。潘美還代州，徙雲、應、寰、朔四州之民，分置河東及京西，計口給田，免其租役。六月戊戌朔，辛仲甫參知政事。秋八月丁酉，王沔、張宏並樞密副使。雲州觀察使楊業與虜戰，死之。冬十二月，王師敗績于君子館。

四年春二月丙申，錢俶封南陽國王。甲寅，錢俶改封許王。夏四月癸巳，張宏罷，趙昌言樞密副使。冬十一月庚辰，詔曰：「王者設班爵以馭貴，差禄秩以養賢，所以責之廉隅，懋其官業也。奉給之數，宜從優厚，應百官奉錢，給佗物以八分爲十者，自今給其實數。」

端拱元年春正月戊辰，黄河清。乙亥，親耕藉田，始三推，上曰：「朕志在勤農，恨不得終於千畝，豈止以三推爲限哉！」遂耕數十步。大赦天下，改元。二月丙申，李昉罷。趙普爲太保兼侍中，呂蒙正同中書門下平章事。皇子元僖封許王，皇第三子封襄王，元份越王，錢俶徙封鄧王。王沔參知政事，張宏樞密副使，楊守一僉書樞密院事。庚戌，皇子元偓封徐國公，元偁涇國公。三月乙丑，趙昌言貶。乙亥，誅侯莫陳利用于商州。秋八月甲子，鄧王錢俶薨。九月乙酉，楊守一卒。

二年秋七月己卯，張齊賢樞密副使，張遜僉書樞密院事。戊子，彗出東井。八月丙辰，大赦天下。冬十二月庚申，詔曰：「古先哲王，託居人上，蓋務求於至治，豈有尚於虛名。矧乃皇帝之稱，已極崇大，爰自唐室，始加美號，洵臣子之愛戴，著方策之典常，踵事增華，積習無改。朕博考載籍，追法古道，既異三五之舊制，深懼賓實之有踰，憮然自思，不遑寧處。自今四方所上表，宜祇稱皇帝。」上又謂宰相曰：「皇帝二字，亦不可兼，蓋起於秦始皇，後代因之不改。朕比欲止稱王，但以諸子封王爲不便耳。」羣臣上表請復尊號，上不許。又上法天崇道文武皇帝，詔去「文武」二字，乃許。

淳化元年春正月戊寅朔，改元。戊子，趙普罷。秋八月己巳，禁川峽、嶺南採材。

二年春閏二月，三月乙丑，辛仲甫罷。夏四月辛巳，張齊賢、陳恕並參知政事，張遜、温仲舒、寇準並樞密副使。張宏罷。秋七月，李繼遷歸順。九月丁酉，王沔、陳恕罷。己亥，呂蒙正罷。李昉、張齊賢並同中書門下平章事，賈黄中、李沆並參知政事。癸卯，王顯罷。甲辰，張遜知樞密院事，温仲舒、寇準同知院事。

三年春正月乙巳，詔曰：「昔舜之有天下也，選於衆而舉善人，則不仁不善者斯遠矣。矧今提封至廣，設官尤衆，銓選既限於常調，英俊或沉於下僚，俾振滯淹，屬在倫類。傳不云乎，如有所譽者，其有所試矣。朕當親覽而進之。其令常參官舉升朝官者各二人。」夏五月，旱。秋七月己酉，太師趙普薨。冬十一月己亥，開封尹、許王元僖薨。

四年春正月辛卯，合祭天地於圜丘，以宣祖、太祖並配，大赦天下。二月己未朔，盜起于蜀。夏六月丙寅，張齊賢罷。壬申，張遜、寇準罷。柴禹錫知樞密院事，呂端參知政事，劉昌言同知樞密院事。冬十一月辛未，李昉、賈黄中、李

沆、温仲舒並罷。呂蒙正同中書門下平章事，趙鎔、向敏中同知樞密院事，蘇易簡參知政事。丁丑，趙昌言參知政事。十二月，賊推李順爲首，陷蜀州，又陷邛州，又陷永康軍。

五年春正月，李順陷漢州，又陷彭州。癸酉，命李繼隆討李繼遷。甲戌，命内侍王繼恩率兵討李順。二月，李順陷成都府。夏四月，李繼隆克夏州，擒趙保忠以獻，詔釋之，授右千牛衛上將軍，封宥罪侯。壬寅，王師克劍州。五月，克閬州，又克巴州。師進，破賊十萬，遂克成都，李順之黨並伏誅。秋八月，蜀寇平。九月壬申，皇第三子爲開封尹，封壽王，大赦天下。上謂壽王曰：「政教在得人心而不擾之，得人心莫若示之以誠信，不擾之無如鎮之以清浄。推是而行，雖虎兕亦當馴狎，況於人乎。書曰撫我則后，虐我則讎。信哉，斯言也！爾宜戒之。」乙亥，寇準參知政事。丁丑，詔曰：「朕惟蜀川，文翁之化在焉。乃者盜興畎畝，連陷州城，静言思之，非民之咎，蓋由朕委任非當，燭理不明，親民之官失於綏養，筦榷之吏恣其誅求致然也。念兹失德，是務責躬，永鑒前非，庶無貳過，咨爾民庶，當體朕懷。」是歲，大有年。

至道元年春正月戊申朔，改元。丙辰，上清宫成。上曰：「朕在藩邸，以先帝所賜營是宫，欲以祈福而庇民也。」癸亥，趙昌言罷。戊辰，錢若水同知樞密院事。劉昌言罷。三月庚申，詔曰：「國家郡縣至廣，吏員衆多，自公卿以至卑品，逮千萬數，皆懷材抱器，明習利病，非開言路，曷導下情。宜令幕職州縣等官，並許言公私利害，附傳置以聞。」夏四月癸未，呂蒙正罷。呂端同中書門下平章事。蘇易簡、柴禹錫罷。張洎參知政事。甲申，趙鎔知樞密院事。甲辰，開寶皇后宋氏崩。秋八月壬辰，詔以皇第三子開封尹、壽王爲皇太子，大赦天下，改元。

二年春正月辛亥，合祭天地于圜丘，大赦天下。二月庚辰，李昌齡參知政事。秋七月丙寅，寇準罷。

三年春正月丙子，温仲舒、王化基並參知政事，李惟清同知樞密院事。張洎罷。乙酉，葬孝章皇后于昌陵之北。二月，靈州行營大破李繼遷，繼遷遁。辛丑，皇帝不豫。三月癸巳，皇帝崩于萬歲殿，聖壽五十九，殯于殿之西階。羣臣上尊謚曰神功聖德文武皇帝，廟號太宗。十月己酉，葬永熙陵。大中祥符元年，加上尊謚曰至仁應運神功聖德文武大明廣孝皇帝，五年，再加上尊謚曰至仁應運神功聖德文武睿烈大明廣孝皇帝。

雜録

備録

夷門君玉《國老談苑》卷一　太宗志遵儉謹，每居内，服澣濯之衣。或有穿者，則命紉補以進。

太宗嘗冬月命徹獸炭。左右或啓曰：「今日苦寒。」上曰：「天下民困是寒者衆矣，朕何獨温愉哉？」

太宗一日寫書，筆滯，思欲滌硯中宿墨，顧左右咸不在，因自俯銅池滌之。既畢，左右方至。上徐顧曰：「爾輩何處來？」

太宗嘗幸龍圖閣閲書，指西北架一添函，上親自署鑰者，謂學士陳堯咨曰：「此田錫章疏也。」已而愴然久之。

太宗退朝，常以經籍自娱。所閲之策，以帕裹，小黄門持之。巡行殿籞畢，以爲從藥糊之須，率皆副焉。又以柏爲界尺，長數寸，謂之隔筆簡。每御製，或飛宸翰，則用以鎮所臨之紙。

田況《儒林公議》　太宗志奉釋老，崇飾宫廟。建開寶寺靈感塔以藏佛舍利，臨瘞爲之悲涕。興國寺搆一閣，高與塔侔，以安大像。遠都城數十里已在望，登六七級方見佛腰腹，佛指大皆合抱，觀者無不駭愕。兩閣之間通飛樓爲御道。麗景門内創上清宫，以尊道教，殿閣排空，金碧照耀，皆一時之盛觀。自景祐初至慶曆中，不十年間，相繼災燬，畧無遺焉。有爲之福，如是其效乎？

釋文瑩《續湘山野録》　太宗作九絃琴、七絃阮。嘗聞其琴，蓋以宫絃加廿絲號爲大武，宫絃減廿絲號爲小武；其大絃下宫徵之一徽定其聲，小絃上宫徵之一徽定其聲。太宗嘗酷愛宫詞中十小調子，乃隋賀若弼所撰，其聲與意及用指取聲之法，古今無能加者。十調者：一曰《不博金》，二曰《不换玉》，三曰《夾泛》，四曰《越溪吟》，五曰《越江吟》，六曰《孤猿吟》，七曰《清夜吟》，八曰《葉下聞蟬》，九曰《三清》，外一調最優古，忘其名，琴家衹命曰《賀

若》。太宗嘗謂《不博金》、《不換玉》二調之名頗俗，御改《不博金》爲《楚澤涵秋》，《不換玉》爲《塞門積雪》。命近臣十人各探一調撰一辭，蘇翰林易簡探得《越江吟》，曰：「神仙神仙瑶池宴，片片碧桃，零落春風晚。翠雲開處，隱隱金輿挽，玉鱗背冷清風遠。」文瑩京師遍尋琴、阮待詔，皆云七絃阮、九絃琴藏祕府，不得見。

釋文瑩《玉壺清話》卷八　太宗御廐一馬號「碧雲霞」，折德扆獲之於燕澗，因貢焉。口角有紋如碧霞，夾於雙勒，圉人飼秣，稍跛音「貞」。倚失恭，則蹄齧吼噴，怒不可解。從征太原，上下岡阪，其平如砥，下則伸前而屈後，登高則能反之。太宗甚愛，上樽餘瀝時或令飲，則嘶鳴喜躍。後聞宴駕，悲頳骨立，真宗遣從皇輦於熙陵，數月遂斃。詔令以敝幃埋桃花犬之旁。

太宗親征北虜，師還，途中御製詩有「鑾輿臨紫塞，朔野凍雲飛」。遂令何蒙進《鑾輿臨塞賦》、《朔雲飛》詩，召對嘉賞，授贊善。詩有「塞日穿痕斷，邊雲背影飛。縹緲隨黄屋，陰沉護御衣」。俄一縣尉宋捷者，庸督護輦道，倚其姓名之讖，旋搆一官。因而章疏歌頌，雜進不已，諸科亦扣行在，乞免文解，其表面籤題云：「進上官家趙。」浼瀆旒扆，有司亟請隨駕至銀臺，應奏御文字，先經本臺封駁方進，因而少戢。

邵伯温《邵氏聞見録》卷六　太宗一日謂宰輔曰：「朕如何唐太宗？」衆人皆曰：「陛下堯、舜也，何太宗可比？」丞相文正公李昉獨無言，徐誦白樂天詩云：「怨女三千放出宫，死囚八百來歸獄。」太宗曰：「朕不如也。」神宗序温公《資治通鑑》曰：「若唐之太宗，孔子所謂『禹吾無間焉』者。」神宗可謂無愧於太宗矣。至召見王荆公，首建每事當法堯、舜之論，神宗信之。荆公與其黨始務爲高大之説，至厭薄祖宗以爲不足法，況唐之太宗乎？文正公之言可拜也。

蔡絛《鐵圍山叢談》卷一　太宗始嗣位，思有以帖服中外。一日，輦下諸肆有爲丐者不得乞，因倚門大罵爲無賴者。主人遜謝，久不得解。即有數十百衆，方擁門聚觀，中忽一人躍出，以刀刺丐者死，且遺其刀而去。會日已暮，追捕莫獲。翌日奏聞，太宗大怒，謂是猶習五季亂，乃敢中都白晝殺人。即嚴索捕，期在必得。有司懼罪，久之，迹其事，是乃主人不勝其忿而殺之耳。獄將具，太宗喜曰：「卿能用心若是，雖然，第爲朕更一覆，毋枉焉。且攜其刀來。」不數日，尹再登對，以獄詞并刀上。太宗問：「審乎？」曰：「審矣。」於是太宗顧旁小内侍，取吾鞘來。小内侍唯命，即奉刀内鞘中。因拂袖而起，入曰：「如此，寧不妄殺人。」

王闢之《澠水燕談録》卷六　太宗鋭意文史，太平興國中，詔李昉、扈蒙、徐鉉、張洎等，門類羣書爲一千卷，賜名《太平御覽》。又詔昉等撰集野史爲《太平廣記》五百卷。類選前代文章爲一千卷，曰《文苑英華》。太宗日閲《御覽》三卷，因事有闕，暇日追補之，嘗曰：「開卷有益，朕不以爲勞也。」

王闢之《澠水燕談録》卷七　太宗朝，有王著學右軍書，深得其法，侍書翰林。帝聽政之餘，留心筆札，數遣内侍持書示著，著每以爲未善，太宗益刻意臨學，又以問著，對如初。或詢其意，著曰：「書固佳矣，若遽稱善，恐帝不復用意。」其後，帝筆法精絶，超越前古，世以爲由著之規益也。

葉夢得《石林燕語》卷三　太宗留意字書。淳化中，嘗出内府及士大夫家所藏漢、晉以下古帖，集爲十卷，刻石於祕閣，世傳爲「閣帖」是也。中間晉、宋帖多出王貽永家。貽永，祁公之子，國初藏名書畫最多真蹟，今猶有爲李駙馬公炤家所得者，實爲奇蹟。而當時摹勒出待詔手，筆多凝滯。間亦有僞本，如李斯書，乃李陽冰、王密《德政碑》石本也。石後入禁中，被火焚，絳人潘師旦取閣本再摹，藏於家，爲絳本。慶曆間，劉丞相沆知潭州，亦令僧希白摹刻於州廨，爲潭本。絳本雜以五代近世人書，微出鋒。希白自善書，潭本差能得其行筆意。元祐間，徐王府又取閣本刻於木板，無甚精彩。建中靖國初，曾丞相布當國，命劉燾爲館職，取淳化所遺與近出者，別爲《續法帖》十卷，字多作燾體，又每下矣。

葉夢得《石林燕語》卷八　太宗當天下無事，留意藝文，而琴棊亦皆造極品。時從臣應制賦詩，皆用險韻，往往不能成篇；而賜兩制棋勢，亦多莫究所以，故不得已，則相率上表乞免和訴不曉而已。王元之嘗有詩云：「分題宣險韻，翻勢得仙棋。」又云：「恨無才應副，空有表虔祈。」蓋當時事也。見《小畜集》八。

吴曾《能改齋漫録》卷一一　太宗萬幾之暇，留心弈棊，自製三勢。一曰對面千里勢，二曰天鵝獨飛勢，三曰海底取明珠勢。一時近臣，例以棊圖頒賜。故王元之詩云：「太宗多材復多藝，萬幾餘暇翻棊勢。對面千里爲第一，獨飛天鵝爲第二。第三海底取明珠，三陣堂堂皆御製。中使宣來賜近臣，天機秘密通鬼神。」所以紀其事也。

江少虞《宋朝事實類苑》卷二　太宗初即位，幸左藏庫，視其儲積，語宰相

曰：「此金帛如山，用何能盡？先皇居常焦心勞慮，以經費爲念，何其過也！」薛居正等聞上言，皆喜。其後征晉陽，討幽薊，歲遣戍邊，用度寖廣，鹽鐵榷酤，關市鬻茗之禁彌峻，太宗嘗語近臣曰：「俟天下無事，當盡蠲百姓租稅。」終以多故，不果。

太宗將討太原，選軍中驍勇趫捷者數百人，教以舞劍，皆能擲劍高丈餘，袒裼跳躍，以身左右承之，妙絶無比，見者莫不震懼。會北戎使至，宴便殿，因令劍舞者數百人，科頭露股，揮劍而入，跳擲承接，霜鋒雪刃，飛舞滿空，戎使懼形於色，淮海國王錢俶等驚懼不敢仰視。俶言於上曰：「此尚書所謂『如熊如羆，如虎如貔』者也。」上甚悦，及親征，每巡城督戰，必令前導逞技，賊乘城望之，破膽。

太宗征太原，行次澶淵，有太僕寺丞宋捷者，掌出納行在軍儲，迎謁道左，太宗見其姓名，喜，以爲我師有必捷之兆。車駕將至，令語攻城諸將曰：「我端午日當置酒高會於太原城中。」至癸未，繼元降，乃五月五日也。

太宗留心政事，淳化五年，自署一幅云：「勤公潔己，奉法除姦，惠愛臨民，始可稱良吏。本官有俸，並給見緡。」凡手札三十餘通，命有司擇京朝官之有課最者賜之。殿中丞李虛己以循良清白預其選，得知遂州，虛己作叙感詩以獻，自陳祖母年八十餘，喜聞其孫中循吏之目。上喜甚，批紙尾云：「吾真得良二千石矣。」賜錢五十萬。以遺祖母，翌日，對宰相言及之，云：「已與五十緡」，宰相曰：「前日所賜蓋五百緡」，上曰：「此誤也，不可以追改。」虛己父寅，舉進士，年六十餘，以母老，求致仕，得著作佐郎，有詞學，清苦。虛己亦純學篤慎，家極貧，雖至尊之誤筆，乃天之所賜，如郭巨得金，黄尋飛錢之比歟？然自是詔閤門，不得受羣臣詩賦雜文之獻，欲自薦者，授文于中書宰臣，第其臧否上之。並楊文公《談苑》。

太宗淳化五年《日曆》載，上謂侍臣曰：「聽斷天下事，直須耐煩，方盡臣下之情。昔莊宗可謂百戰得中原之地，然而守文之道，可謂懵然矣。終日湛飲，聽鄭衛之聲，與胡家樂合奏，自昏徹旦，謂之聒帳。半酣之後，置畎酒篦，沈醉射弓，至夜不已，招箭者但以物擊其銀器，聲言中的。與俳優輩結十弟兄，每略與近臣商議事，必傳語伶人，叙相見遲晚之由。縱兵出獵，涉旬不返，於優倡猱雜之中，復自矜寫春秋，不知當時刑政如何也？」蘇易簡書於時政曰：「上自潛躍以來，多詳延故老，問以前代興廢之由，銘之於心，以爲鑑戒。」上來數事，皆史傳不載，秉筆之臣，以記録焉。

至道初，李繼遷遣其大校張浦入貢。上御便殿，召衛士數百輩，習射御前，所挽弓皆一石五斗以上。先是，賜繼遷一弓，皆一石六斗，繼遷但以朝廷威示戎虜，謂非人力所能挽，至是，衛士皆引滿平射，有餘力。上問浦：「戎人敢敵否？」浦曰：「蕃部弓弱矢短，但見此長大，固已逃遁，豈敢拒敵？」上悦，後以浦爲鄭州防禦使，留京師。

至道二年夏，大旱，遣中使分詣五岳祈雨，學士草祝，上自書名，隨其方設香，再拜而遣之。王禹偁時在翰林，上言：「五岳視三公，從前祝版御署，已踰禮典，固無君上親書之理。」上署之紙尾云：「昔成湯剪爪斷髮，禱桑林之社，尚無愛，矧爲百姓請命，豈於筆札，而有所惜哉？」

太宗詔作上清宫，謂左右曰：「朕在藩時，太祖特鍾友愛，賞賚不可勝紀，今悉貿易以作一宫，爲百姓請福，不令費庫物。」王沔曰：「土木之作，必有勞費，不免取百姓脂膏耳。」上嘿然。既嘗繕，命中人董役，役夫常不滿三千人，三司率多移撥三五百人給它作。中人言於上，上曰：「有司所須之人，皆要切，汝當自與計議圓融，勿令有妨。」既而數年，功不就，言事者多指之，遂令罷役。歲餘，内道場與道流言及之，上即令出南宫舊金銀器數萬兩，鬻於市以給工錢，訖其役。宫成，常服一詣，焚香而已。

王明清《揮麈録・後録》卷一 太平興國中，諸降王死，其舊臣或宣怨言，太宗盡收用之，寘之館閣，使修羣書，如《册府元龜》、《文苑英華》、《太平廣記》之類，廣其卷帙，厚其廩禄贍給以役其心，多卒老於文字之間云。朱希真先生云。

袁褧《楓窗小牘》卷上 太祖征李筠，以太宗爲大内都點檢，汴民驚曰：「點檢作天子矣，更爲一天子地邪！」此又人口木簡也。

備論

《宋史》卷五《太宗紀二》 贊曰：帝沈謀英斷，慨然有削平天下之志。既即大位，陳洪進、錢俶相繼納土。未幾，取太原，伐契丹，繼有交州、西夏之役。干戈不息，天災方行，俘馘日至，而民不知兵；水旱螟蝗，殆徧天下，而民不思亂。其故何也？帝以慈儉爲寶，服澣濯之衣，毁奇巧之器，却女樂之獻，悟畋遊

之非。絕遠物，抑符瑞，閔農事，考治功。講學以求多聞，不罪狂悖以勸諫士，哀矜惻怛，勤以自勵，日晏忘食。至於欲自焚以答天譴，欲盡除天下之賦以紓民力，卒有五兵不試，禾稼薦登之效。是以青、齊耆耋之叟，願率子弟治道請登禪者，接踵而至。君子曰：「得乎丘民而爲天子」，帝之謂乎。故帝之功德，炳焕史牒，號稱賢君。若夫太祖之崩不踰年而改元，涪陵縣公之貶死，武功王之自殺，宋后之不成喪，則後世不能無議焉。

王稱《東都事略》卷三《太宗紀》　臣稱曰：太宗以英睿之姿，佐太祖定天下，開子孫帝王萬世之業，故太祖勤勤於傳襲，非特以昭憲顧命而已。太宗以明繼聖，而能廣文之聲，卒其伐功，乃大一統，于時北自常碣，南極嶺表，東際海岱，西接洮隴，宋之威德，斯爲盛矣。

陳櫟《歷代通略》卷三　太宗之立也，開寶九年丙子十月，至十二月，改爲太平興國元年。踰年改元，尚矣，何急而不少忍旬月耶！親試舉人，興國二年。曰求才科場中，非敢望拔十得五，止得一二亦可爲致治之具。第一人果得呂蒙正，後爲賢相焉。築講武臺，大閱，甲兵之盛，近古所無。三館、崇文六庫儲書，八萬卷。策府之文，焕乎一變。即位之初，文事武備兩得之矣。陳弘進獻章、泉，二州。錢俶獻吴越。十四州，興國三。親征河東，劉繼元降，遂征契丹，謀復幽薊，攻幽州不下，遂班師。此行本取晉爾，狃于取晉之易，而忘取幽薊之難，不惟無功，反以致寇，損威重而輕國勢，繇不能蓄力以俟時觀釁故也。德昭太祖長子。從北征，軍中嘗夜驚，不知上所在，有謀立德昭者，上聞不悦。及歸，久不行太原賞，德昭言之，上大怒曰：「待汝自爲，賞未晚也。」德昭退而自刎。夫北征自不利，太原則有功矣，乃遷怒而不行賞，德昭不善韜晦，似欲收人心者，太宗銜夜驚之事，深疑忌之，律以誅心之法，謂之太宗殺德昭可也，共保富貴之言何如哉？繼而德芳亦卒，太祖二子盡于此矣。契丹入寇，輕信賀令圖雄守。之言，命曹彬等北伐，糧盡大敗，契丹遂陷深、易、魏博之北，深被其禍，上深哀痛，下詔寬恤，無及已。五年。初，昭憲之命太祖傳太宗可也，本欲上復傳之秦王廷美，杜后幼子。廷美傳之德昭。二子繼死，廷美始不自安。上以傳國事訪趙普，普曰：「太祖已誤，陛下豈容再誤？」于是普復相，廷美遂得罪。勒歸私第。普又使李符言廷美怨望，遂安置房州，以憂卒。普爲開國元勳，而爲此姦邪傾險，以取再相，曾不顧太祖之恩義，天下之名節矣，成太宗之過，虧垂統之美，普實爲之，普蓋功之首，罪之魁也。以後諸相，如李昉、吕蒙正、張齊賢、吕端俱以賢稱，寇準、李沆、向敏中亦已參政，宋之人才，雖盛于景德、慶曆後，實以培養于此時矣。西夏之事，則李繼捧以四州獻，賜姓名趙保忠。其弟繼遷賜姓名趙保吉。叛亂不已，終太宗世不能討平。蓋太宗于西北二邊胥失之，取幽薊失之躁急，以結釁于北，收靈夏失之姑息，以遺患於西。繼捧既納土矣，不當復以夏臺故地與之，授定難節度使，賜以銀、夏、綏、宥、静五州，使圖繼遷。並賜姓名。恩禮過驟，適啓其驕，叛服不常，討伐悠緩，復啓其玩。使初不輕用其力于北，而專用于西，豈有是哉。然太宗善政嘉言，實多可書。畿民有詣登聞訴失豬者，賜千錢償之，曰：「似此亦爲聽決，可笑也。」然推此心以臨天下，可無冤民矣。三司言市征負官課，上曰：「司計當以至公爲心，無事刻剥而傷和氣也。」作戒論辭以戒州縣官，曰：「爾俸爾禄，民膏民脂。下民易虐，上天難欺。」置侍讀官，聽政之暇，日閲經史。《太平御覽》成，日讀三卷，或恐疲聖躬，曰：「開卷有益，不爲勞也。」又曰：「朕觀書深夜迺寢。凡飲食飽，無不昏濁。倘四肢無所運用，便復就枕，血脉凝滯，諸疾必生。」又曰：「嗜好不可不謹。符彦卿喜射獵，左右爭獻鷹犬，因爲恣橫。故知人君當澹然無欲，勿使嗜好形于外，則姦邪無自入焉。」又曰：「寸陰可惜，苟終日爲善，百年之間亦無幾耳。」又謂近臣曰：「每見縉紳端雅者，常代其父母喜，召拜近臣，必爲擇良日，欲以保終吉。閭里間每旦祝天子萬歲，次則大臣眉壽，朕與卿等安得不日思善事，以副億兆之禱耶？」皆名言也。宴羣臣于後苑，賞花釣魚遂爲故事。太祖世，進士不過三十人，諸科五十人，太宗臨御幾二紀，登第近萬人，文華寖昌，武功少競，已見于此矣。又有一失，以宦者統兵是也。李順亂蜀，命王繼恩平之，是襲唐中葉之失，而開宣和童貫、譚稹之端也。大關倫紀，又有一失，太祖宋后之崩，羣臣不成服，王禹偁以爲言，貶滁州，太宗薄于倫紀如此，德昭、廷美之不得其死，於此益表見其心矣，共保富貴之言又何如哉？若夫訓導諸子，謹重國本，則深可法，戒元僖後不壽。等曰：「汝生長宫中，每著一衣則憫蠶婦，每餐一食則念耕夫。逆吾者是吾師，順吾者是吾賊，不可不察也。」謂近臣曰：「諸子幼沖，未有成人之性，僚屬亟擇良士，至臺隸等亦自揀擇，不以邪佞在其左右。讀書聽講，咸有課程。」立元侃真宗，更名恒。爲皇太子，畢士安、李沆兼庶子賓客，其選嚴矣。上不豫，李后與王繼恩忌太子英明，謀立楚王元佐。上崩，后遺繼恩召宰相吕端議所立，端使繼恩入閤檢墨詔，鎖之閤內，使人守之，而入曰：「先帝立太子，正爲今日，豈容更有異論。」后默然而止。太子即位，是爲真宗，端平立殿下不拜，請捲簾，升殿審視，降，率羣臣拜呼萬歲。太宗

之任相託孤，呂端之達變任重，蓋兩得之。嗟夫太宗之約己愛民，崇文好學，勤政聽諫，知人善任如此，其於垂後昆則爲創業垂統，其於承太祖則爲繼體守文，可謂兼有之矣。使能厚於倫紀，待太祖之后與子及秦王廷美，歸于忠孝，尚何疵焉。

柯維騏《宋史新編》卷二《太宗紀》 論曰：藝祖受禪十有七年，次第削平諸國，獨太原猶負固，吴越漳泉未納土，竟賴太宗之沉謀睿斷，區宇混同。雖不得志於幽燕，而繼述之業，亦云弘矣。且畏天憫人，好文納諫，昭儉防淫，所以循家法而培國基者，日兢兢焉。卒而五兵不試，百穀屢豐，非太平之效耶。惜大行在殯，不踰年改元，宋后之崩不成喪；涪陵、武功，並不得其死，謂先帝何。嗚呼！是無怪議者有疑於受遺之際也。

藝文

王禹偁《小畜集》卷一一《太宗皇帝挽歌三首》 卜世知無極，上仙安可尋。祝堯違衆望，傳啓合天心。陵栢蕭騷韻，階茅寂寞陰。何人開殿閣，塵暗九絃琴。

舜化無偏黨，堯年欠耄期。世間人自哭，天上事難知。終讓東封禮，遂成南狩悲。金鑾舊學士，頭白涕漣洏。

日到虞泉落，天從杞國崩。去年壽寧節，今夕永熙陵。薤露悲風起，松阡苦霧凝。龍髯攀不及，千古恨難勝。

吕蒙正部

綜述

《宋史》卷二六五《吕蒙正傳》 吕蒙正字聖功，河南人。祖夢奇，户部侍郎。父龜圖，起居郎。蒙正，太平興國二年擢進士第一，授將作監丞，通判昇州。陛辭，有旨，民事有不便者，許騎置以聞，賜錢二十萬。代還，會征太原，召見行在，授著作郎、直史館，加左拾遺。五年，親拜左補闕、知制誥。

初，龜圖多内寵，與妻劉氏不睦，并蒙正出之，頗淪躓窘乏，劉誓不復嫁。及蒙正登仕，迎二親，同堂異室，奉養備至。龜圖旋卒，詔起復。未幾，遷都官郎中，入爲翰林學士，擢左諫議大夫、參知政事，賜第麗景門。上謂之曰：「凡士未達，見當世之務戾于理者，則怏怏于心；及列於位，得以獻可替否，當盡其所蘊，雖言未必盡中，亦當僉議而更之，俾協于道。朕固不以崇高自恃，使人不敢言也。」蒙正初入朝堂，有朝士指之曰：「此子亦參政耶？」蒙正陽爲不聞而過之。同列不能平，詰其姓名，蒙正遽止之曰：「若一知其姓名，則終身不能忘，不若毋知之爲愈也。」時皆服其量。

李昉罷相，蒙正拜中書侍郎兼户部尚書、平章事，監修國史。蒙正質厚寬簡，有重望，以正道自持。遇事敢言，每論時政，有未允者，必固稱不可，上嘉其無隱。趙普開國元老，蒙正後進，歷官一紀，遂同相位，普甚推許之。俄丁内艱，起復。

先是，盧多遜爲相，其子雍起家即授水部員外郎，後遂以爲常。至是，蒙正奏曰：「臣忝甲科及第，釋褐止授九品京官。況天下才能，老於巖穴，不霑寸禄者多矣。今臣男始離襁褓，膺此寵命，恐罹陰譴，乞以臣釋褐時官補之。」自是宰相子止授九品京官，遂爲定制。

朝士有藏古鏡者，自言能照二百里，欲獻之蒙正以求知。蒙正笑曰：「吾面不過楪子大，安用照二百里哉？」聞者歎服。

淳化中，左正言宋沆上疏忤旨，沆，蒙正妻族，坐是罷爲吏部尚書，復相李昉。四年，昉罷，蒙正復以本官入相。因對，論及征伐，上曰：「朕比來征討，蓋爲民除暴，苟好功黷武，則天下之人熸亡盡矣。」蒙正對曰：「隋、唐數十年中，四征遼碣，人不堪命。煬帝全軍陷没，太宗自運土木攻城，如此卒無所濟。且治國之要，在内修政事，則遠人來歸，自致安静。」上韙之。

嘗燈夕設宴，蒙正侍，上語之曰：「五代之際，生靈凋喪，周太祖自鄴南歸，士庶皆罹剽掠，下則火災，上則彗孛，觀者恐懼，當時謂無復太平之日矣。朕躬覽庶政，萬事粗理，每念上天之貺，致此繁盛，乃知理亂在人。」蒙正避席曰：「乘輿所在，士庶走集，故繁盛如此。臣嘗見都城外不數里，饑寒而死者甚衆，不必盡然。願陛下視近以及遠，蒼生之幸也。」上變色不言。蒙正侃然復位，同列多其直諒。

上嘗欲遣人使朔方，諭中書選才而可責以事者，蒙正退以名上，上不許。他日，三問，三以其人對。上曰：「卿何執耶？」蒙正曰：「臣非執，蓋陛下未諒爾。」固稱：「其人可使，餘人不及。臣不欲用媚道妄隨人主意，以害國事。」同列悚息不敢動。上退謂左右曰：「蒙正氣量，我不如。」既而卒用蒙正所薦，果稱職。

至道初，以右僕射出判河南府兼西京留守。蒙正至洛，多引親舊歡宴，政尚寬静，委任僚屬，事多總裁而已。

真宗即位，進左僕射。會營奉熙陵，蒙正追感先朝不次之遇，奉家財三百餘萬以助用。葬日，伏哭盡哀，人以爲得大臣體。咸平四年，以本官同平章事、昭文館大學士。國朝以來三入相者，惟趙普與蒙正焉。郊祀禮成，加司空兼門下侍郎。六年，授太子太師，封萊國公，改封徐，又封許。

景德二年春，表請歸洛。陛辭日，肩輿至東園門，命二子掖以升殿，因言：「遠人請和，弭兵省財，古今上策，惟願陛下以百姓爲念。」上嘉納之，因遷從簡太子洗馬，知簡奉禮郎。蒙正至洛，有園亭花木，日與親舊宴會，子孫環列，迭奉壽觴，怡然自得。大中祥符而後，上朝永熙陵，封泰山，祠后土，過洛，兩幸其第，錫賚有加。上謂蒙正曰：「卿諸子孰可用？」對曰：「諸子皆不足用。有姪夷簡，任潁州推官，宰相才也。」夷簡由是見知於上。

富言者，蒙正客也。一日白曰：「兒子十許歲，欲令入書院，事廷評、太祝。」蒙正許之。及見，驚曰：「此兒他日名位與吾相似，而勳業遠過於吾。」令與諸子同學，供給甚厚。言之子，即弼也。後弼兩入相，亦以司徒致仕。其知人類

如此。

許國之命甫下而卒，年六十八。贈中書令，謚曰文穆。

蒙正初爲相時，張紳知蔡州，坐贓免。或言於上曰：「紳家富，不至此，特蒙正貧時勾索不如意，今報之爾。」上命即復紳官，蒙正不辨。後考課院得紳實狀，復黜爲絳州團練副使。及蒙正再入相，太宗謂曰：「張紳果有贓。」蒙正不辨亦不謝。在西京日，上數遣中貴人將命至，蒙正待之如在相位時，不少貶，時人重焉。

子從簡，再爲國子博士；惟簡，太子中舍；承簡，司門員外郎；行簡，比部員外郎；務簡，亦國子博士；居簡，殿中丞；知簡，太子右贊善大夫。

蒙正弟蒙休，咸平進士，至殿中丞。

杜大珪《名臣碑傳琬琰集》上卷一五《吕文穆公蒙正神道碑》　東平吕公相我太宗、真宗垂二十年。咸平六年夏，以疾罷歸第。大中祥符四年四月十九日，遂不起，年六十六。五年十月二十七日，葬于河南府洛陽縣金石鄉奉先里。後五十七年，其子居簡始議琢碑于墓次，請文于里人富某。某義不得辭，輒用纂其世次德業之實，以告諸神曰：吕氏其先，出於炎帝，姜姓。虞夏之際，始封于吕，其後遂以所封爲氏。周初，太公望以功國于齊。穆王時，有吕侯爲周司寇，王命作《吕刑》以訓。至西漢，其裔孫有居東平者，即吕侯之後也。本大支茂，歷世有人，以文武勳德顯名於當時者，偉然相望。唐末，徙籍太原。國初，遷居洛，今遂爲洛陽人也。公諱蒙正，字聖功。太宗太平興國三年春，首拔進士第，初命將作監丞、通判昇州。四年代還，會帝征太原劉氏，朝于行在，道受著作郎、直史館，旋加右拾遺，服銀緋。五年，轉左補闕、知制誥，服金紫。八年，遷都官郎中，召入翰林，充學士。是冬，擢爲左諫議大夫、參知政事，俄陞給事中。端拱元年，拜中書侍郎，兼户部尚書，同中書門下平章事，監修國史。未幾，代趙普爲上相。淳化二年，罷爲吏部尚書，奉朝請。四年，復爲上相。至道元年，除授左僕射，判河南府，兼西京留守。真宗紹位，就加左僕射。咸平三年，詔歸。四年，復爲上相，益以昭文館大學士。五年，册拜司空，兼門下侍郎。明年，感疾，凡七上章求解政事，改太子太師，仍封萊國公。以告成泰山，進封徐國。祠后土，又進封許國。及薨，天子震怛，哭甚悲，不能視朝者三日。遣使弔祭，賻賜特厚，贈中書令，謚文穆。公以諸子位于朝，累贈太師兼尚書令、秦國公。始公少時，考妣以口舌偶相戾，遂以異處，然情義内篤，交誓不復嫁娶。考後連佐邊幕，妣居洛中，并留公侍焉。公每感歎憤懣，絶迹于龍門山，躬事薪汲，力奉慈養。而日痛自刻責以爲業，晝夜漏相接，未始少懈。嘗泣淚滿所讀書，而悅悅日若無以爲生者。如是數年，學益富，文益奇，聲動天下，士友益附。太祖開寶末，公侍母氏，赴舉東都。時太宗以晉王尹開封，聞公名，召見，復索其所著文，大稱之，期以公輔之器。是秋府薦，甲於鄉書，明年即上第。自此七年，參預國政，總十二年，凡七遷，遂作宰相。領萬務必本於仁義教化，而不專尚條約，鈞酌衡量，咸適其宜，中外静明，翕然稱治，精於選任，憸庸者不得進。久之，知蔡州、金部員外郎張紳以贓敗，或譖于帝曰：「紳亦洛人，家甚富。昔吕某方就學，苦貧，恨紳不能如意資其用，今挾權諷下誣以賄免耳，是豈好貨者也？」帝驟信，立還紳官，而以它事罷公相。公退就常參位，怡然一不自明。踰年，帝得紳贓實，始悟，遽黜紳爲絳州副使。翊日，復以相命公，慰勞優篤，遂及紳事，而公亦不謝。帝既愛其能守法度，而復重其沈毅不撓。俄欲遣人使朔方，諭中書選才而可責以事者聞，公退以名上，帝不許。他日又問，公以前所選對，帝亦不許。他日又問益急，公終不肯易其人。帝盛怒，投其奏書于地，曰：「吕蒙正何太執耶，必爲我易之！」公徐對曰：「臣非執，蓋陛下未諒耳。」因固稱其人可使，餘不及，「臣不欲用媚道妄隨人主意以害國事。」同府皆惕息不敢動，公拜笏俛而拾其書，徐懷之而下。帝退謂親信曰：「是公氣量，我不如。」既而卒用公所選。復命，大稱旨，帝於是益知能任人而加有不可奪之志。上元觀燈，一夕，帝宴近臣于端拱樓，樂車馬之藝，左右顧曰：「五代都邑凋喪，閭巷無幾人，今其全盛如此，可喜可喜！」公避席曰：「乘輿所在，士庶皆走集，故盛。臣常見都外不數里，饑寒而死者甚衆，不必盡然。願陛下視近以及遠，蒼生之幸也。」帝頳顔不語。王禹偁名謇諤，時亦在列，聞其對，爲之汗下，而公侃然復位，無懼色。帝以西、北二虜弗服，忿之，常議討伐。公切諫：「兵者，傷人匱財，不可屢動。漢武郡國萬里外，可謂快其志矣，然天下已困，終悔之。唐文皇親征遼碣，手運土木，卒無功而還，亦悔。是二主者，曠百代無比，而用兵皆不免於悔，爲後世非笑。陛下及其未有以悔也，惟早慎之。直宜以道德恩信横于中而澹乎外，則夷狄自賓。與夫命死官，舉凶器，校其所不足，與校於無用之地而又倖勝於萬一者，豈不遠哉！」帝傾聽褒納，自是伐議遂寢，但用應兵而已。本朝故事，宰相子起家爲水部員外郎，公長子從簡當得之。公以延蔭太寵，非所以慎官賞勵寒進也，懇辭不拜，祇受將作監丞，因以爲著例，于今不易。在河南，會熙陵役作，公念輔政既久，恩寵特殊，羸然曳縗，謁

靈輿於境上，伏地哭幾絶，屢哭屢幾絶，行路皆哭，皇皇焉不忍去。不得已，乃出私錢三百萬助復土之費而還。其在疾告也，降醫走使，不絶于道。公以盡瘁積疾，猝未有瘳，累表乞骸骨，優詔不允。已而姑願歸洛，將行，聽肩輿至殿門，俾二子掖而登，坐而訪問，日昃方罷，二子咸面推以恩。公晚築園宅于洛，至則以琴觴雅宴自肆于其間。間與樵釣野叟駢席而語，不以軒冕累其歡，曠如也。公渾厚淵博，忠亮寬懿，無煩語，不妄顧。與人無親疏、無高下陛級，而一歸於至正。其爲諫諍、爲侍從、爲執政，凡嘉猷偉畫皆不作己出，而密歸之于上，惟上自行之，故人無知者。其有不能秘，須論議別白而後方從者遂傳焉，則天下稱道聳伏，想望其人，邈如神明。自始仕至再罷相，惟在昇與河南爲外委，餘並處内不出，未嘗一日遠于朝廷。至於河南之行，尚非太皇雅意，蓋强出之，將以遺嗣君以結公心。故章聖初亟復在位，三入相皆首之，所以專其任也。丁内外艱，皆奪情而起，不容終制，不欲使他人代也。賜第東都，以安其居，俾無外徙之請也。移疾歸鄉黨積十年，卒不許還政，第詔令休息頤養，而密常使人候其安否。章聖謁陵寢，祀汾陰，再駕西都，皆幸其第，又親視其疾，思復用也。非公謀謨設施潛運默化，人雖罕得見其跡，而功自被于四海，致時昇平，則疇能感夫兩朝眷遇絶比，如此其至者乎！公策名冠天下士，而位登元宰，官至三公，階勳、爵、邑咸第一。勤畏翼翼，乃心王家，周旋始終，豪髮無玷。以老疾懇請而退，天子慊然猶欲起其廢而用之。嗚呼，盛矣哉！可謂聖世令德鉅人者矣。曾王父諱韜，皇王莫州莫縣簿，贈太保。曾王母太原王氏，封許國太夫人。王父諱夢奇，皇户部侍郎，贈太保。王母潁川郡君陳氏，封鄧國太夫人。父諱龜圖，皇起居郎，贈尚書令。母彭城劉氏，封徐國太夫人。公掌誥時，會令君朝京師，公跪而泣于令君、徐國，且告曰：「大人母氏皆老矣，不肖子不忍見茲睽忤不偶，願復故好，敢以死請。」語訖又伏于前，泣下不止。令君、徐國不得已，憐而從之，然終異堂而處。公晨暮交走，咸盡色養，人於是始知公之純孝大行于其家也。初娶宋氏，封廣平縣君，再娶薛氏，封譙國夫人，皆殁于公之先。男十人。從簡，駕部員外郎。知簡，大理寺丞。惟簡，庫部郎中。承簡，虞部郎中。行簡，比部郎中。次未名。次易簡，奉禮郎。務簡，光禄少卿。居簡，龍圖閣直學士、尚書兵部侍郎。師簡，司農少卿。公退居于里，常召諸子立庭下，誨之曰：「吾觀舊史，見唐中葉後至周末，亂離相繼不絶，卿相往往不得其死而無歸全之所。吾幸生盛時，碩茂尊顯，今又奉身至此，知夫免矣。矧若曹皆得爲王官，其無爲世胄子弟之爲者以自蹈不淑，且重汙吾而將以累吾家。」由是諸子夙夜相警勵，不忘詔教，持身謹勑，咸稱善人。惟龍圖公最爲肖公，沉識懿行，動有規法。力以詞業，自登名於英俊之域，入踐臺閣，出更藩服，藹著嘉績，稔於輿論，異日必能蹈公之武于廊廟之上而增大乎門構矣，今自海南移典鄭州。餘九人者，先後公皆卒。孫二十五人，曾孫三十一人，並傳公之所誨于其父祖，罔敢不率，人於是又知公之義訓大施于其後。孫皆有官，而曾孫亦有未仕者。女六人。長嫁光禄寺丞、直集賢院孫暨。次嫁刑部侍郎、參知政事趙安仁。次嫁太常博士周漸。次嫁觀文殿學士、尚書右丞丁度。次早夭。次嫁永州推官揚巽。文集二十卷，行於時。銘曰：

天之生賢，而不世出。出不逢時，亡位而没。生而無成，不若勿生。主辰而成，惟公奠京。初隱而學，四方聞聲。舉以魁衆，四方益驚。歲始踰七，遂爲相臣。相我二宗，太皇粤真。三相必首，不令後人。善不有己，造寧密陳。事苟咈鬱，衆皆逡巡。公勇而前，悉心以論。帝怒斯震，公顔益温。居若柔弱，語焉不聞。及以議諍，骨鯁必伸。公久不渝，一心劬劬。帝知忠竭，始貳終孚。帝嗟乎公，我有不如。百職具舉，萬方以胥。成我太平，匪公曷圖。公處厥位，天子是依。讒免疾去，天下以思。進則以道，勒勞飭之。退必以禮，燕樂適之。曰子芸芸，曰孫羣羣。厥有肖子，又絶其倫。天其意者，斯爲報與。文石于墓，無窮之所告歟。

曾鞏《隆平集》卷四《吕蒙正傳》 吕蒙正，字聖功，河南人。太平興國二年登進士甲科，歷官一紀，遂至相位。嘗任知制誥、翰林學士、參知政事，端拱初相，淳化二年罷，四年復相，六年罷相。國朝以來，三居相位，唯趙普及蒙正。蒙正沈厚寡言，有器局，以正道自持。張紳知蔡州，以贓敗，有爲紳營解於上曰：「紳家富，不至此。特蒙正貧時有求不獲，今報之耳。」上即復紳官，蒙正不辯。後考課院得其實，黜之。太宗復謂曰：「張紳果有贓。」蒙正亦不答。判江寧府，數遣中貴人將命，待之如在相位時不少減。近制，宰相子起家，即授水部員外郎加朝散階。蒙正固辭，止授九品京官。自是以爲例。罷相歸西洛養疾，有園亭，時會親舊。環侍皆子孫，間舉壽觴，釋然自得。真宗謁陵寢，祠后土，過洛汭，兩幸其第，當世榮之。父龜圖，仕至起居郎。初，龜圖黜妻劉並蒙正。劉誓不改適，及蒙正涖官，迎二親同堂異室，奉養並至，時稱其孝。累改封，以許國公薨，年六十八，贈太師、中書令。

王稱《東都事略》卷三二《吕蒙正傳》 吕蒙正字聖功，河南人也。祖夢奇，

户部侍郎。父龜圖，起居郎。蒙正舉進士第一，爲將作監丞，通判昇州。授著作郎、直史館，加左拾遺，拜左補闕、知制誥。

初龜圖黜其妻劉氏，并棄蒙正，劉氏誓不改適。及蒙正莅官，迎二親，同堂異室，奉養並至，時稱其孝。龜圖卒，有詔起復。未幾，遷翰林學士，拜左諫議大夫、參知政事。蒙正入朝，堂有朝士指之曰：「此子亦參政耶？」蒙正佯爲不聞而過之。其同列不平，令詰其姓名，蒙正遽止之。罷朝，同列猶不能堪，悔不窮問。蒙正曰：「若一知其姓名，則終身不能忘，固不知毋知也。」時皆服其量。

李昉罷相，以蒙正爲中書侍郎、户部尚書、同中書門下平章事，監修國史。蒙正寬簡有重望，以正道自持。遇事敢言，每論事，政有未允者，固稱不可，太宗嘉其無隱。趙普開國元老，蒙正晚出，歷官一紀，與普同在相位，普甚推許之。

先是盧多遜爲相，其子雍起家即授水部員外郎，後遂以爲常。及是，蒙正奏曰：「臣忝甲科及第，釋褐止授九品京官。況天下才能，老於巖穴不能沾寸禄者，多矣。今臣男始離襁褓，膺此寵命，恐罹譴責。乞以臣釋褐時所授官補之。」自是止授九品京秩，因以爲定制。

有朝士家藏古鏡，自言能照二百里，欲因蒙正之弟來獻以求知。其弟因閒從容言之，蒙正笑曰：「吾之面不過鏡許，安用照二百里？」其弟遂不復敢言，聞者歎服。

淳化中，罷爲吏部尚書，復相李昉。四年，昉罷，蒙正復爲相。嘗因對論及征伐，太宗曰：「朕比來征討，蓋爲民除暴，苟好功黷武，則天下之人消亡矣。」蒙正對曰：「隋唐數十年中，四征遼碣，人不堪命。煬帝全軍陷没，太宗自運土木攻城，如此卒無所濟。且治國之要，在内修政事，苟政事既修，則治格安静，蠻夷來歸矣。」太宗韙之。

太宗因上元觀燈，蒙正侍宴，語蒙正曰：「五代之際，生靈凋喪，周太祖自鄴南歸，士庶皆罹剽掠，下則火光，上則彗孛，觀者恐懼，當時謂無復太平之日矣。朕躬覽庶政，萬事粗理，每念上天之貺，致此繁盛，乃知理亂在人。」蒙正避席曰：「乘輿所在，士庶走集，故繁盛如此。臣常見都城外不數里，飢寒而死者甚衆，不必盡然。願陛下視近以及遠，蒼生之幸也。」太宗變色不言。蒙正侃然復位，同列咸多其伉直。

太宗欲遣人使朔方，諭中書選才而可責以事者，蒙正退，以名上，太宗不許。它日凡三問，終不易其人。太宗曰：「卿何執耶？」蒙正曰：「臣非執，蓋陛下未諒耳。」因固稱：「其人可使，餘人不及，臣不欲用媚道妄隨人主意，以害國事。」同列皆惕息不敢動。太宗退，謂親信曰：「蒙正氣量，我不如。」既而卒用蒙正所選者，果稱職。以右僕射出判河南府。真宗即位，進左僕射，拜同中書門下平章事、昭文館大學士。國朝以來三居相位，唯趙普與蒙正。拜司空兼門下侍郎。咸平六年，授太子太師，封萊國公，改封徐，又封許。

洛中有園亭，時會親舊，環侍皆子孫，閒舉壽觴，釋然自得。真宗謁陵寢、祠后土，過洛，兩幸其第，當世榮之。真宗問蒙正曰：「卿諸子孰可用？」蒙正對曰：「諸子皆不足用，有姪夷簡，宰相才也。」蒙正客富言一日白蒙正曰：「言有子甚幼，欲令入書院就讀。」蒙正許之。蒙正見其子，驚曰：「此兒他日名位與吾相似，而勳業遠過吾。」言之子，即弼也。蒙正知人如此。卒，年六十八，贈中書令，謚曰文穆。蒙正初爲相時，張紳知蔡州，以贓敗。有爲紳嘗解於太宗曰：「紳家富不至此，特蒙正貧時有求不獲，今報之爾。」太宗即復紳官。蒙正終不辨。後得其實，黜爲絳州團練副使。太宗復謂曰：「張紳果有贓。」蒙正亦不辨。在西京，真宗數遣中貴人將命，待之如在相位時，不少減，時人重焉。

龜圖弟龜祥，龜祥子蒙亨，蒙亨子即夷簡也。仁宗朝位宰相，自有傳。

蒙正有子居簡，當慶曆中爲提點京東刑獄。時夏竦有憾于石介，介已死，竦言於仁宗曰：「介不死，北走胡矣。」乃遣中使發介棺以驗。居簡謂中使曰：「萬一介果死，則朝廷爲無故發人之墓，奈何？」中使曰：「於君何如？」居簡曰：「介之死，當時必有内外親族及門生會葬，今檄問之可也。」中使從其言，令結狀保證。中使入奏，仁宗察其誣，乃得不發。時人以居簡爲長者。居簡官至龍圖閣直學士。

雜録

備録

朱熹《五朝名臣言行録》卷一之六《丞相許國吕文穆公》 淳化三年，太宗謂宰相曰：「治國之道，在乎寬猛得中。寬則政令不成，猛則民無所措手足。有天

下者，可不敬之哉！」吕蒙正曰：「老子稱『治大國若烹小鮮』。夫魚，擾之則亂。近日内外皆來上封，求更制度者甚衆。望陛下漸行清浄之化。」上曰：「朕不欲塞人言路，至若愚夫之言，賢者擇之，亦古典也。」趙昌言曰：「今朝廷無事，邊境謐寧，正當力行好事之時。」上喜曰：「朕終日與卿論此事，何愁天下不治？苟天下親民之官皆如此留心，則刑清訟息矣。」《談苑》

上聞汴水輦運，卒有私質市者，謂侍臣曰：「幸門如鼠穴，何可塞之？但去其尤者可矣。篙工楫師，苟有少販鬻，但無妨，公不必究問，冀官物之入無至損折可矣。」吕蒙正曰：「水至清則無魚，人至察則無徒。小人情僞，在君子豈不知之？若以大度兼容，則萬事兼濟。曹參不擾獄市者，以其兼受善惡，窮之則姦慝無所容，故戒勿擾也。聖言所發，正合黄、老之道。」《事實》

國朝三入中書，惟公與趙韓王爾。未嘗以姻戚徼寵澤。子從簡當奏補，舊制，宰相奏子，起家即授水部員外郎加朝階。公奏曰：「臣昔忝甲科及第，釋褐止授九品京官。況天下才能，老於巖穴，不能霑寸禄者無限。今從簡始離襁褓，一物不知，膺此寵命，恐罹陰譴，止乞以臣釋褐所授官補之。」固讓方允，止授九品京官，自爾爲制。《湘山野録》

吕蒙正不喜記人過。初參知政事，入朝堂，有朝士於簾内指之曰：「是小子亦參政邪？」蒙正佯爲不聞而過之。其同列怒，令詰其官位姓名，蒙正遽止之。罷朝，同列猶不能平，悔不窮問，蒙正曰：「若一知其姓名，則終身不能復忘，固不如毋知也。且不問之何損？」時皆服其量。《記聞》

吕文穆公以寬厚爲宰相，太宗尤所眷遇。有一朝士，家藏古鑑，自言能照二百里，欲因公弟獻以求知。其弟伺間從容言之，公笑曰：「吾面不過楪子大，安用照二百里？」其弟遂不復敢言。聞者歎服，以謂賢於李衛公遠矣。蓋寡好而不爲物累者，昔賢之所難也。《歸田録》

吕公蒙正嘗問諸子曰：「我爲相，外議如何？」諸子云：「大人爲相，四方無事，蠻夷賓服，甚善。但人言無能爲，事權多爲同列所争。」公曰：「我誠無能，但有一能，善用人耳，此真宰相之事也。」公夾袋中有册子，每四方人替罷謁見，必問其有何人才，客去隨即疏之，悉分門類。或有一人而數人稱之者，必賢也，朝廷求賢，取之囊中。故公爲相，文武百官各稱職者，以此。《厄史》

吕文穆公既致政居洛，真宗祀汾陰過洛，文穆尚能迎謁，至回鑾，已病，帝爲幸其宅，問曰：「卿諸子孰可用？」公對曰：「臣諸子皆豚犬不足用，有姪夷簡，任潁州推官，宰相才也。」帝記其語，遂至大用，文靖公也。先是，富韓公之父貧甚，客文穆公門下。一日，白公曰：「某兒子十許歲，欲令入書院事廷評、太祝。」公許之。其子，韓公也。文穆見之，驚曰：「此兒它日名位，與吾相似。」亟令諸子同學，供給甚厚。文穆兩入相，以司徒致仕，後韓公亦兩入相，以司徒致仕。文穆知人之術如此。《聞見録》

公質厚寬簡，有重望，不結黨與。遇事敢言，每論政事，有未允者，必固稱不可。太宗嘉其無隱。趙韓王開國元老，公晚輩驟進，同在相位，韓王甚推許之。

田況《儒林公議》 吕蒙正居宰弼，一日，諫官張觀忤太宗旨，送臺獄。蒙正翊日不入朝，上遣使問其故，對曰：「臣爲宰臣，致諫官下獄，復何面目見君上耶？」上急出觀焉。

釋文瑩《玉壺清話》卷三 吕中令蒙正，國朝三入中書，惟公與趙韓王爾，未嘗以姻戚徼寵澤。子從簡當奏補，時公爲揆門相，舊制，宰相奏子，起家即授水部員外郎，加朝階。案《宋史》，起於盧多遜之子雍，後遂以爲常。公奏曰：「臣昔忝甲科及第，釋褐止授九品京官。況天下才能老於巖穴，不能霑寸禄者無限。今臣男從簡始離襁褓，一物不知，膺此寵命，恐罹陰譴，止乞以臣釋褐日所授官補之。」固讓方允，止授九品京官，自爾爲制。公生於洛中祖第正寢，至易簀，亦在其寢。其子集賢二卿居簡，平日親與文瑩語此事云。

吴處厚《青箱雜記》卷一 洛陽龍門有吕文穆公讀書龕，云文穆昔嘗棲偃於此。初有友二人，一人，則温尚書仲舒，一人忘其姓名，而三人誓不得狀元不仕。及唱第，文穆狀元，温已不意，然猶中甲科，遂釋褐，其一人徑拂衣歸隱。後文穆作相，太宗問：「昔誰爲友？」文穆即以歸隱者對，遽以著作佐郎召之，不起。故文穆罷相尹洛，作詩曰：「昔作儒生謁貢闈，今提相印出黄扉。九重鵷鷺醉中別，萬里烟霄達了歸。鄰叟盡垂新鶴髮，故人猶著舊麻衣。洛陽謾道多才子，自嘆遭逢似我稀。」所謂故人，蓋斥其友歸隱者。

文穆有大第在洛中，真宗祠汾時，車駕幸止其廳，後人不敢復坐。圍以欄楯，設御榻焉。即今張文孝公宅是也。

邵伯温《邵氏聞見録》卷七 吕文穆公諱蒙正，微時於洛陽之龍門利涉院土室中，與温仲舒讀書，其室中今有畫像。有詩云：「八灘風急浪花飛，手把魚竿傍釣磯。自是釣頭香餌別，此心終待得魚歸。」又云：「怪得池塘春水滿，夜來雷雨起南山。」後狀元及第，位至宰相。温仲舒第三人及第，官至尚書。公在龍門時，

一日行伊水上，見賣瓜者，意欲得之，無錢可買，其人偶遺一枚於地，公悵然取食之。後作相，買園洛城東南，下臨伊水起亭，以「饐瓜」爲名，不忘貧賤之義也。

葉夢得《避暑録話》卷下 呂文穆公父龜圖，與其母不相能，併文穆逐出之，羈旅於外，衣食殆不給。龍門山利涉院僧識其爲貴人，延致寺中，爲鑿山巖爲龕居之。文穆處其間，九年乃出，從秋試，一舉爲廷試第一。是時，太宗初與趙韓王議，欲廣致天下士，以興文治，而志在幽燕，試《訓練將士賦》。文穆辭既雄麗，唱名復見容貌偉然。帝曰：「吾得人矣。」自是七年爲參知政事，十二年而相。其後諸子即石龕爲祠堂，名曰「肄業」，富韓公爲作記云。王尚書士禎《香祖筆記》云，今人以傳奇有破窑之説，志書亦沿俗論，但言窑而不知有龕，并龍門僧亦湮没不傳，可惜也。

呂文穆公既登第，攜其母以見龜圖，雖許納之，終不與相見，乃同堂異室而居。賈直孺母少亦爲其父所出，更娶他氏。直孺登第，乃請奉其出母而歸，與其後母並處。既貴，二母猶無恙，並封。二人皆廷試第一，雖爲出母之榮，而父子之間禮經所無有者，處之各盡人情，爲難能也。

王銍《默記》 呂文穆蒙正少時，嘗與張文定齊賢、王章惠隨、錢宣靖若水、劉龍圖燁同學賦於洛人郭延卿。延卿，洛中鄉先生。一日，同渡水謁道士王抱一求相，有僧應門曰：「師出矣。」衆問僧：「何爲師道士？」僧曰：「學術數於道士三十年矣。」衆因泛問之，僧曰：「吾師切戒，術未精，慎毋爲人言。君等必欲知，明日復來扣師可也。」明日，遂見之。文穆對席，張、王次之，錢又次之，劉居下座。坐定，道士撫掌太息。衆問所以，道士曰：「吾嘗東至於海，西至流沙，南窮嶺嶠，北抵大漠，四走天下，求所謂貴人以驗吾術，了不可得，豈意今日貴人盡在座中！」衆驚喜。徐曰：「呂君得解及第，無人可奉壓，不過十年作宰相，十二年出判河南府，自是出將入相三十年，富貴壽考終始。張君後三十年作相，亦皆富貴壽考終始。錢君可作執政，然無百日之久。劉君有執政之名，而無執政之實。」語遍及諸弟子，而遺其師。郭君忿然，以爲謬妄，曰：「坐中有許多宰相乎？」道士色不動，徐曰：「初不受饋，必欲聞之，請得徐告：後十二年，呂君出判河南府，是時君可取解。次年，雖登科，然慎不可作京官。」延卿益怒，衆不自安，乃散去。久之，詔下，文穆果魁多士，而延卿不預。明年，文穆廷試第一。是所謂「得解及第，無人可壓」矣。後十年作相，十二年，有留鑰之命，悉如所言。延卿連蹇場屋，至是預鄉薦。鹿鳴燕日，文穆命道士與席。賓散，獨留二人者入內閤，盡歡如平生。文穆矜歎，賦詩曰：「昔作儒生謁貢闈，今爲丞相出黄扉。兩朝鴛鷺醉中别，萬里烟霄達了歸。羽客漸垂新鶴髪，故人猶著舊麻衣。洛陽謾説多才子，從昔遭逢似我稀。」道士索紙札似若復章者，乃書偈曰：「重日重月，榮華必别。笙歌前導，偃師看雪。」文穆心知其異，敬收之。其後，錢貳樞府，未百日罷；張、王先後登庸；劉守蒲中，朝廷議除執政，命未及下而卒；延卿以文穆極力推挽登第，未久改秩，後卒。無一差者。獨贈文穆之偈，乃致仕薨於西京，以重陽日喪過偃師。是日，大寒微霰，笙歌乃敕葬鹵簿鼓吹也。

備論

王明清《揮麈録・前録》卷二 呂文穆相太宗，猶子文靖參真宗政事，相仁宗。文靖子惠穆爲英宗副樞，爲神宗樞使；次子正獻爲神宗知樞，相哲宗。正獻孫舜徒爲太上皇右丞。相繼執七朝政，真盛事也。

《宋史》卷二六五《呂蒙正傳》 論曰：《詩》云：「允也天子，降予卿士，實維阿衡，實左右商王。」言有是君則有是臣，有是臣則足以相是君也。太宗勵精庶政，注意輔相，【略】擢蒙正【略】，居相位，【略】俾參大政。【略】將順德美，修明庶政，以致承平之治，可謂君臣各盡其道者矣。君子謂【略】蒙正爲張紳所污而不辨，【略】此固人之所難也。而况蒙正者，賢宰輔，又能進退有禮，以善終，非盛德君子，其孰能與於斯？

王稱《東都事略》卷三二《呂蒙正傳》 臣稱曰：【略】蒙正爲張紳所汙而不辨，【略】嗟乎，君子哉！非甚盛德蔑以加。此【略】人者，名宰相，又能引年謝事，優游林泉，以佚其老。其處進退之際，綽然有餘裕矣。

藝文

吴師道《禮部集》卷一八《呂文穆公誥詞》 呂文穆公既相宋，其從子文靖公、文靖公之子正獻公皆相繼相，爲名臣世家，與宋始終。文穆世居河南，文靖

由壽春徙開封，建炎渡江，裔孫一派僑居吾婺，于是東萊先生出焉。先生之祖父暨其季大愚忠公，皆葬武義縣之朋招山，吕氏遂爲婺之望族。近益衰微，凡譜牒、告身、遺像之屬，爲人所購售，至冒稱苗裔者有之，竊嘗爲之嘆息！兹來京師，獲見文穆進封徐國公、加食邑誥一通，蓋祥符元年，東封泰山霈澤也。九世孫某所藏故物，宛然典刑如在，非賢子孫不能世守也。伯温昆季方進膺華要，河南之世復興，又安得不爲之深喜乎！

宋真宗部

綜述

《宋史》卷六《真宗紀一》 真宗應符稽古神功讓德文明武定章聖元孝皇帝，諱恒，太宗第三子也，母曰元德皇后李氏。初，乾德五年，五星從鎮星聚奎。明年正月，后夢以裾承日有娠，十二月二日生于開封府第，赤光照室，左足指有文成「天」字。

幼英睿，姿表特異，與諸王嬉戲，好作戰陣之狀，自稱元帥。太祖愛之，育於宮中。嘗登萬歲殿，升御榻坐，太祖大奇之，撫而問曰：「天子好作否？」對曰：「由天命耳。」比就學受經，一覽成誦。

初名德昌，太平興國八年，授檢校太保、同中書門下平章事，封韓王，改名元休。端拱元年，封襄王，改元侃。淳化五年九月，進封壽王，加檢校太傅、開封尹。至道元年八月，立爲皇太子，改今諱，仍判府事。

故事，殿廬幄次在宰相上，宮僚稱臣，皆推讓弗受。見賓客李至、李沆，必先拜，迎送降階及門。開封政務填委，帝留心獄訟，裁決輕重，靡不稱愜，故京獄屢空，太宗屢詔嘉美。

三年三月，太宗崩，奉遺制即皇帝位於柩前。

夏四月乙未，尊皇后爲皇太后，赦天下，常赦所不原者咸除之。丙申，羣臣請聽政，表三上，從之。戊戌，始見羣臣于崇政殿西序，尋賜器幣。癸卯，門下侍郎兼兵部尚書、平章事呂端加右僕射；弟越王元份進封雍王，吳王元傑進封兗王，並兼中書令；徐國公元偓進封彭城郡王，涇國公元偁進封安定郡王，並同平章事；元儼封曹國公；姪閬州觀察使惟吉爲武信軍節度使；侍衛馬步軍都虞候傅潛、殿前都指揮使王超、侍衛馬軍都指揮使李繼隆、侍衛步軍都指揮使高瓊並領諸軍節度；駙馬都尉王承衍、石保吉、魏咸信並爲諸軍節度使。甲辰，宣徽北院使、知樞密院事趙鎔加南院使，左丞李至、禮部侍郎李沆並參知政事。丁未，中外羣臣進秩一等。罷鹽鐵、度支、户部副使。癸丑，置鎮戎軍。乙卯，静海軍節度使、交趾郡王黎桓加兼侍中，進封南平王。

五月丁卯，詔求直言。庚午，命兩制議豐盈之術以聞。甲戌，户部侍郎、參知政事李昌齡責授忠武行軍司馬。甲申，放宮人給事歲久者。丙戌，以鎮安軍節度使李繼隆同平章事。封姊秦國、晉國二公主並爲長公主，齊國公主改許國長公主，妹宣慈、賢懿、壽昌、萬壽四公主並爲長公主。丁亥，立秦國夫人郭氏爲皇后。

六月乙未，以太宗墨蹟賜天下名山。戊戌，追復涪王廷美西京留守兼中書令、秦王，贈兄魏王德昭太傅，岐王德芳太保。己亥，上大行皇帝謚曰神功聖德文武皇帝，廟號太宗。辛丑，詔罷獻祥瑞。甲辰，復封兄元佐爲楚王。乙巳，追册莒國夫人潘氏爲皇后，謚莊懷。以工部侍郎、同知樞密院事錢若水爲集賢院學士。贈弟元億爲代國公。

秋七月乙丑，詔轉運使更迭赴闕，訪以民事。癸酉，詔訪孔子嫡孫。乙亥，以殿前都虞候范廷召領河西軍節度使，葛霸保順軍節度使，王漢忠威塞軍節度使，康保裔彰國軍節度使，王昭遠保静軍節度使。甲申，以范廷召、葛霸爲定州、鎮州駐泊都部署，王漢忠爲高陽關行營都部署，康保裔爲并、代州都部署。

八月丙申，罷鹽井役。己亥，以鎮海軍節度使曹彬爲樞密使，知樞密院事趙鎔爲壽州觀察使，同知樞密院事李惟清爲御史中丞，户部侍郎向敏中、給事中夏侯嶠並爲樞密副使。庚子，命以十二月二日爲承天節。戊申，太白犯太微。己酉，封乳母齊國夫人劉氏爲秦國延壽保聖夫人。先是，帝以漢、唐封乳母爲夫人、縣君故事付中書，已乃有是命。戊午，熒惑入東井。庚申，西川廣武卒劉旴逐巡檢使韓景祐，掠蜀、漢等州，招安使上官正、鈐轄馬知節討平之。

九月，戊寅，以孔子四十五世孫延世爲曲阜縣令，襲封文宣公。

冬十月，夏人寇靈州，合河都部署楊瓊擊走之。己酉，葬太宗于永熙陵。丁巳，賜山陵使而下銀帛有差。

十一月甲子，祔太宗神主于太廟，以懿德皇后配，祔莊懷皇后於別廟。丙寅，詔兩京死罪以下遞減一等，緣山陵役民賜租有差。己巳，詔工部侍郎錢若水修《太宗實録》。己卯，賜帛西鄙餫餉士卒。閲騎射，擢精鋭者十人遷職。乙酉，廢理檢院。

十二月癸巳，承天節，羣臣上壽於崇德殿。丙申，追尊母賢妃李氏爲皇太后。辛丑，詔諸路轉運使申飭令長勸農。甲辰，以銀州觀察使趙保吉爲定難軍

節度使。

咸平元年春正月辛酉，詔改元。丙寅，上皇太后李氏謚曰元德。丁丑，召學官崔頤正講《書》，因命宰臣選明經術者以聞。戊寅，閱御龍直。辛巳，僧你尾尼等自西天來朝，稱七年始達。甲申，彗出營室北。

二月癸巳，吕端等言彗出之應，當在齊、魯分。帝曰：「朕以天下爲憂，豈直一方耶？」甲午，詔求直言，避殿減膳。乙未，慮囚，老幼疾病，流以下聽贖，杖以下釋之。丁酉，彗滅。

三月己巳，置太平州。壬申，賜進士孫僅等宴瓊林。辛巳，以趙保吉歸順，遣使諭陝西，縱綏，銀流民還鄉，家給米一斛。

夏四月，旱。壬辰，禱白鹿山。壬寅，趙保吉遣弟繼瑗入謝。己酉，遣使按天下吏民逋負悉除之。

五月，甲子，幸大相國寺祈雨，升殿而雨。

六月辛卯，詔近臣舉常參官才堪轉運使者。丙辰，以旱免開封、二十五州軍田租。

秋七月甲子，詔民供億山陵者賜租什二。己巳，詔沿淮諸州藏瘞遺骸。

八月癸卯，禁新小錢。己酉，幸諸王宮。

九月己巳，詔吕端、錢若水重修《太祖實録》。壬申，賜終南隱士种放粟帛緡錢。己卯，以左衛上將軍張永德爲太子太師。

冬十月丙戌朔，日有食之。戊子，吕端爲太子太保，户部尚書張齊賢、參知政事李沆並平章事，李至爲武勝軍節度使。己丑，參知政事温仲舒罷爲禮部尚書，樞密副使夏侯嶠罷爲户部侍郎，翰林侍讀學士，以樞密副使向敏中爲兵部侍郎、參知政事，翰林學士楊礪、宋湜並爲樞密副使。丙午，許羣臣著述詣閤獻，令兩制詮簡。

十一月丙辰，龍鉢貢馬二千騎。甲子，詔葺歷代帝王陵廟。

十二月庚寅，幸許國長公主第視疾。癸卯，令三司判官舉才堪知州者各一人。

是歲，溪峒、吐蕃諸族，勒浪十六府大首領，甘州回鶻、西南蕃黎州山後蠻來貢。定州雹傷稼，遣使振恤，除是年租。

二年春正月甲子，詔：尚書丞、郎、給、舍，舉升朝官可守大郡者各一人。丙子，定諸司使以下至三班使臣有罪比品聽贖。

二月丙申，以趙普配饗太祖廟庭。詔羣臣迎養父母，蠲天下逋負，釋繫囚。己酉，戒百官比周奔競，有弗率者御史臺糾之。

三月丙辰，江、浙發廩振饑。戊辰，置荆湖南路轉運使。壬申，王漢忠爲涇、原、邠、寧、靈、環都部署。

閏月丁亥，以久不雨，帝諭宰相曰：「凡政有闕失，宜相規以道，毋惜直言。」詔天下繫囚非十惡、枉法及已殺人者，死以下減一等。幸許國長公主第視疾，又幸北宅視德愿疾。詔兩京諸路收瘞暴骸，營塞破塚。戊子，幸太一宫、天清寺祈雨。己丑，上皇太后宫名曰萬安。庚寅，罷有司營繕之不急者。詔中外臣直言極諫。從弟德愿卒。壬辰，雨。辛丑，江南轉運使言宣、歙竹生米，民採食之。丙午，詔江、浙饑民入城池漁採勿禁。

夏四月丙寅，許國長公主薨。

五月丁亥，嚴服用之制。乙巳，幸曹彬第視疾。

六月丁巳，宰臣進《重修太祖實録》。戊午，曹彬薨。庚辰，大食國遣使來貢。

七月甲申，以傅潛爲鎮、定、高陽關行營都部署，張昭允爲都鈐轄。給外任官職田。己丑，以横海軍節度使王顯爲樞密使。壬寅，製《聖教序》賜傳法院。甲辰，幸國子監，召學官崔偓佺講《尚書·大禹謨》。還幸崇文院，賜秘書監、祭酒以下器幣。丙午，置翰林侍讀學士，以兵部侍郎楊徽之等爲之；置翰林侍講學士，以國子祭酒邢昺爲之。

八月辛亥，御文德殿，文武百官入閤。乙卯，羣臣上尊號曰崇文廣武聖明仁孝皇帝。丁巳，大宴崇德殿，始作樂。戊午，社宴近臣于中書。丙寅，大閱於東北郊。癸酉，楊礪卒。乙亥，以太師贈濟陽郡王曹彬配饗太祖廟庭，司空贈太尉中書令薛居正、忠武軍節度使贈中書令潘美、右僕射贈侍中石熙載配饗太宗廟庭。

九月，戊子，召宗室宴射後苑。甲午，奉安太宗聖容於啓聖院新殿，帝拜而慟，左右皆掩泣。賜修殿内侍緡錢。癸卯，幸騏驥院，賜從官馬，還宴射後苑。鎮、定都部署言敗契丹兵於廉良路，殺獲甚衆。

冬十月壬子，宜州執溪峒蠻酋三十餘人詣闕，詔釋其罪，遣還。癸丑，放澧州蠻界歸業民租。戊午，置福建路惠民倉。

十一月壬午，詔親王領大都督府節鎮者勿兼長史。乙酉，饗太廟。丙戌，祀

天地于圜丘，以太祖、太宗配，大赦天下，録功臣子孫之無禄者。御朝元殿受尊號册。丁亥，賜羣臣帶服、鞍馬、器幣有差。庚寅，大宴含光殿。壬辰，張齊賢加門下侍郎，李沆加中書侍郎，中外臣悉加恩。甲午，以左神武軍大將軍德恭爲左衛大將軍，左衛大將軍德彝爲左神武軍大將軍。乙未，詔：幸河北，所次頓舍給用，毋泛及州縣。以周瑩爲駕前軍都部署，石保吉爲行營先鋒都部署。己亥，狩近郊。辛丑，賜京城父老衣帛。戊申，以魏咸信爲貝冀行營都部署。己酉，以李沆爲東京留守。

十二月辛亥，賜近臣戎服厩馬。甲寅，駕發京師，次陳橋。王昭遠卒。戊午，駐蹕澶州。冀州言敗契丹兵於城南，殺千餘人，奪馬百餘匹。辛酉，宴從臣于行宫。以王超等督先鋒，仍示以陣圖，俾識部分。壬戌，賜近臣甲冑弓劍。幸浮橋，登臨河亭，賜澶州父老錦袍、茶帛。甲子，次大名，躬御鎧甲於中軍。契丹攻威虜軍，本軍擊敗之，殺其酋帥。府州言官軍入契丹五合川，拔黄太尉砦，殲其衆，焚其車帳，獲馬牛萬計。丁卯，召見大名府父老，勞賜之。

是歲，沙州蕃族首領、邛部川蠻、西南蕃、占城、大食國來貢。江、浙、廣南、荆湖旱，嵐州春霜害稼，分使發粟振之。

三年春正月己卯朔，駐蹕大名府。詔并代都部署高瓊等分屯冀州、邢州。辛巳，臨視樞密副使宋湜疾。癸未，以葛霸爲貝冀、高陽關前軍行營都部署。萊州防禦使田紹斌凡十人以功進秩。契丹犯河間，高陽關都部署康保裔死之。乙酉，流忠武軍節度使傅潛于房州，都鈐轄張昭允于通州，並削奪官爵。丁亥，幸紫極宫，還登子城閲騎射。高陽關、貝冀路都部署范廷召等追契丹至莫州，斬首萬餘級。庚寅，赦河北及淄、齊州罪人，非持杖劫盗、謀故殺、枉法贓、十惡至死者並釋之。録將吏死事者子孫，民被焚掠者復其租。罷緣邊二十三州軍榷酤。令諸州舉吏民有武藝及材力過人者。壬辰，宋湜卒。甲午，發大名府。益州軍變，害鈐轄符昭壽，逐知州牛冕等，推都虞候王均爲首作亂。詔户部使雷有終爲瀘州觀察使，帥師會李惠等討之，均閉城門固守。庚子，至自大名府。戊申，幸吕端第視疾。

二月庚申，宴含光殿。辛酉，詔：「近臣并知雜御史、尚書省五品及帶館閣三司職者，各舉升朝官有武幹堪邊任一人。」癸亥，以周瑩爲宣徽南院使，王繼英爲北院使，並知樞密院事；王旦爲給事中，同知樞密院事。乙丑，以王顯爲定州路行營都部署，王超爲鎮州路行營都部署。丁卯，益州王均開城僞遁，雷有終等入城爲所敗，退保漢州，李惠死之。戊辰，京畿旱，慮囚。癸酉，大雨。甲戌，置静樂軍。丙子，賞花苑中，召從臣宴射。

三月，甲午，御崇政殿試禮部貢舉人。

夏四月戊申朔，賜進士陳堯咨等袍笏。庚戌，吕端薨。甲寅，閲河北防城舉人康克勤等擊射。乙卯，葬元德皇太后。丁巳，以葛霸爲邠寧環慶都部署。壬申，前知益州牛冕、西川轉運使張適並削籍，冕流儋州，適爲連州參軍。

五月丁卯，詔天下死罪減一等，流以下釋之，十惡至死、謀故劫殺、坐贓枉法者論如律。幸玉津園觀刈麥。己丑，幸金明池觀水嬉，遂幸瓊林苑宴射。壬寅，御試河北舉人。河決鄆州，詔徙州城。

六月，丁卯，以向敏中爲河北、河東宣撫使，按巡郡國，存慰士民。

秋七月己亥，以翰林侍讀學士夏侯嶠、侍講邢昺爲江、浙巡撫使。

八月辛亥，京東水災，遣使安撫。

九月庚辰，賜契丹降人蕭肯頭名懷忠，爲右領軍衛將軍、嚴州刺史；招鶻名從化，爲右監門衛將軍；虫哥名從順，爲千牛衛將軍。壬辰，幸大相國寺，遂宴射玉津園。壬寅，衛國公張永德薨。

冬十月甲辰，雷有終大敗賊黨，復益州，殺三千餘人。壬子，綿、漢都巡檢、澄州刺史張思鈞削籍流封州。乙卯，幸元份宫視疾。令諸州兼羣牧。己未，濱州防禦使王榮削籍流均州。己丑，雷有終追斬王均于富順監，禽其黨六千餘人。詔原川峽路繫囚雜犯死罪以下。雷有終等以功進秩有差。丙寅，以翰林學士王欽若、知制誥梁顥分爲川、峽安撫使。延州言破大盧、小盧等十族，獲人畜二十萬。

十一月甲戌，環慶副部署徐興削籍配郢州。乙亥，靈州副部署孫進責授復州團練副使。鄆州決河塞。戊寅，均畿内田税。壬午，詔羣臣盡言無諱，常參官轉對如故事，未預次對者聽封事以聞。辛卯，日南至，御朝元殿受朝。丙申，張齊賢罷爲兵部尚書。

十二月戊申，狩近郊，以親獲禽獻太廟。甲寅，大宴含光殿。乙卯，幸元份宫視疾。丁巳，閲武藝，遂宴射苑中。庚申，罷京畿均田税。育吾蕃部貢犛牛。甲子，契丹税木監使黄顒等率屬内附，賜冠帶。丙寅，開封府奏獄空，詔嘉之。丁卯，詔河東、北緣邊吏民斬邊寇首一級支錢五千，禽者倍之，獲馬者給帛二十四。

是歲，高麗、大食國、高州蠻來貢。畿内、江南、荆湖旱，果、閬州水，並振之。

四年春正月甲戌朔，詔天下繫囚死罪已下減一等，杖罪釋之。辛巳，幸范廷召第視疾。甲申，命樞密直學士馮拯、陳堯叟詳中外封事。詔應益州軍民因城亂殺傷劫盜，除官吏外皆釋不問。乙酉，命收瘞西川遺骸。丁亥，幸開寶寺，還御乾天門觀燈。庚子，謁啓聖院太宗神御殿。

二月丁未，祈雨。戊申，交州黎桓貢馴犀象。癸丑，決天下獄。丁巳，幸大相國寺、上清宫祈雨。戊午，雨，帝方臨軒決事，霑服不御蓋。壬戌，詔羣臣子弟奏補京官者試一經。甲子，釋逋負官物者二千六百餘人，蠲逋負物二百六十餘萬；已納而非理者以内府錢還之，没者給其家。丙寅，詔學士、兩省御史臺五品、尚書省諸司四品以上，舉賢良方正直言敢諫一人。己巳，置永利監。

三月甲戌，撫水州蠻酋蒙瑛等來納兵器、毒藥箭，誓不復犯邊。乙亥，詔史館韓瑗等舉御史臺推勘官。丁丑，風雪，帝謂宰相曰：「霾曀頗甚，卿等思闕政，以佐予治。」李沆等乞免官，不許。辛巳，分川峽轉運使爲益、利、梓、夔四路。召終南隱士种放，辭疾不至。庚寅，左僕射吕蒙正、兵部侍郎向敏中並平章事，中書侍郎、平章事李沆加門下侍郎，高瓊爲殿前都指揮使，葛霸爲侍衛馬軍都指揮使，王漢忠爲殿前副都指揮使，並領節度。司天監進《儀天曆》。辛卯，以參知政事王化基爲工部尚書，同知樞密院事王旦爲工部侍郎、參知政事，樞密直學士馮拯、陳堯叟並爲右諫議大夫、同知樞密院事。

夏四月丙午，葛霸爲并代行營都部署。壬子，詔親老無兼侍者特與近任。回鶻可汗禄勝貢玉勒鞍、名馬、寶器，願以兵助討繼遷。丙辰，審官院引對京朝官，閱殿最而黜陟之。己未，以王欽若爲左諫議大夫、參知政事。庚申，幸元份宫視疾，遂幸諸王宫。辛未，御試制科舉人。

五月壬申朔，御乾元殿受朝。京畿繫囚罪流以下遞減一等，杖罪釋之。癸酉，以元儼爲平海軍節度使。甲申，工部侍郎致仕朱昂對便殿，賜器幣。戊子，亳州貢白兔，還之。乙未，大同軍留後桑贊爲侍衛步軍副都指揮使，領河西軍節度。

六月癸卯，有司言減天下冗吏凡十九萬五千餘人。丁巳，詔東川民田先爲江水所害者除其租。丁卯，詔州縣學校及聚徒講誦之所，並賜《九經》。戊申，出陣圖示宰相，命督將練士，以備北邊。

秋七月庚午，以河朔餽運勞民，詔轉運使減徭役存恤。己卯，邊臣言契丹謀入寇。以王顯爲鎮、定、高陽關三路都部署，王超爲副都部署，王漢忠爲都排陣使。

八月辛丑，張齊賢爲涇、原等州安撫經略使。戊申，出環慶至靈州地圖險要示宰相，議戰守方略。己酉，御試制科舉人。壬子，幸開寶寺。又幸御龍營閱武藝，賜緡錢有差。遂觀稼北郊，宴射於含芳園。丁卯，遣使巴蜀，廉察風俗、官吏能否。戊辰，社宴宰相於中書。

九月，慶州地震。李繼遷陷清遠軍。

冬十月，曹璨以蕃兵邀李繼遷輜重於唐龍鎮。己未，張斌破契丹於長城口。

十一月壬申，知階州竇玭獻白鷹，還之。王顯奏破契丹，戮二萬人，獲統軍鐵林等。癸未，京城民獲金牌，有「趙爲君萬年」字。庚寅，畋近郊。甲午，龜茲國來貢。

十二月丁未，詔：蜀賊王均既平，除追捕亡命，餘詿誤之民並釋不問。訛言動衆者有司斬以聞。丙寅，太白晝見南斗。丁卯，詔罷三路都部署兼河北轉運使。

閏月己巳，幸大相國寺。丁丑，邠寧副都部署楊瓊等七將流嶺南。戊寅，李繼遷蕃族訛遇等歸順。己卯，以兵部尚書張齊賢爲右僕射。壬午，靈州言河外砦主李瓊等以城降西夏。上念其力屈就禽，特釋其親屬。乙酉，李繼遷部族訛豬等率屬來附。庚寅，河北饑，蠲賦減役，發廩振之。

是歲，龜茲、丹眉流、宜高上溪撫水州蠻來貢。梓州水，遣使振恤。

五年春正月壬寅，李繼遷部將卧浪己等内附，給田宅。壬戌，環慶部署張凝襲諸蕃，焚族帳二百餘，斬首五千級，降九百餘人。

二月乙酉，詔邊士疾病戰没者，冬春衣聽給其家。己丑，幸上清宫。以王漢忠爲邠寧環慶路都部署。

三月丁酉，李繼遷陷靈州，知州裴濟死之。庚戌，比部員外郎洪湛削籍流儋州，工部尚書趙昌言責授安遠軍司馬，知雜御史范正辭滁州團練副使。己未，御試禮部舉人。

夏四月壬申，詔陝西民輓送緣邊芻糧者，賜租之半。壬午，命三司歲較户口。丙戌，賜深、霸九州民租有差。癸巳，復雄州榷場。

五月庚子，減河北冗官。壬寅，知滎州褚德臻坐盜取官銀棄市。癸卯，置憲州。代州進士李光輔善擊劍，詣闕，帝曰：「若獎用之，民悉好劍矣。」遣還。甲

辰，詔申明内侍養一子制。乙巳，蠲天下逋負。丙午，以王顯爲河陽三城節度使。

六月癸酉，繼遷圍麟州，曹瑑請濟師，詔發并、代、石、隰州兵援之。乙亥，以侍衛馬軍都虞候王超爲定州路駐泊行營都部署。己卯，以宣徽南院使、知樞密院事周瑩爲永清軍節度使。己酉，詔益兵八千分屯環慶、涇原。知麟州衛居實言繼遷以衆二萬來攻，城兵出擊走之，殺傷過半。是月，都城大雨，壞廬舍，民有壓死者，振恤其家。

秋七月，戊戌，幸啓聖院、太平興國寺、上清宫致禱，雨霽，遂幸龍衛營視所壞垣室，勞賜有差。乙巳，召終南隱士种放。疏丁岡河。癸丑，詔許高州蠻田彦伊子承寶等入朝，賜器帛、冠帶。乙卯，募河北丁壯。壬戌，契丹大林砦使王昭敏等來降。戎人寇洪德砦，守將擊走之。癸亥，增川峽官奉錢。

八月，羣臣三表上尊號，不允。丙子，沙州曹宗壽遣使入貢，以宗壽爲歸義軍節度使。乙酉，石隰部署言河西蕃族拽浪南山等四百人來歸。

九月戊申，种放對于便殿，授左司諫、直昭文館。乙卯，賜种放第宅。

冬十月己巳，遣使齎藥賜鎮戎軍將士。戊寅，詔河西戎人歸順者，給内地閒田處之。又詔諸州長吏與佐職官同録問大辟罪人。辛巳，涇原部署繫内屬蕃族數叛者九十一人，請誅之，詔釋其罪。丁亥，平章事向敏中罷爲户部侍郎，右僕射張齊賢爲太常卿。庚寅，修豐州城。

十一月壬辰，詔麟州給復一年。甲午，六谷首領潘羅支等貢馬，第給其直。辛丑，享太廟。壬寅，祀天地于圜丘，大赦。丁未，白州民黄受百餘歲，賜粟帛。己酉，封子玄祐爲信國公。庚戌，吕蒙正加司空，李沆加右僕射，楚王元佐爲右羽林軍上將軍，雍王元份守太傅，兖王元傑守太保，曹國公元儼同平章事。

十二月壬午，賜京城百歲老人祝道喦爵一級。癸未，遷麟州内屬人於樓煩。

是歲，河北、鄭曹滑州饑，振之。

《宋史》卷七《真宗紀二》 六年春二月戊寅，幸飛山雄武營，觀發機石、連弩，遂宴射潛龍園。己卯，以京東西、淮南水災，遣使振恤貧民，平決獄訟。幸北宅視德潤疾。庚辰，以西涼府六谷首領潘羅支爲朔方軍節度，靈州西面都巡檢使。甲申，封賢懿長公主爲鄭國長公主。蕃部葉市族囉埋等内附。己丑，德潤卒。庚寅，屯田員外郎盛梁坐受賕枉法，流崖州。

三月辛卯朔，欽州言交州八州使黄慶集等來歸。石隰都巡檢使言綏州東山蕃部軍使拽臼等内屬。己酉，餞种放還山。乙卯，幸惟吉第視疾。戊午，幸元份宫視疾。

四月，李繼遷寇洪德砦，蕃官慶香、乩𡖅慶等擊走之。以慶香等領刺史。契丹來侵，戰望都縣，副都部署王繼忠陷於敵，發河東廣鋭兵赴援。辛巳，信國公玄祐薨。

五月，辛亥，録望都戰没將士子孫。癸丑，鎮州副都部署李福坐望都之戰臨陣退衄，削籍流封州。京城疫，分遣内臣賜藥。

六月丁卯，詔命官流竄没嶺南者，給緡錢歸葬。豐州瓦窑没剺、如羅、昧克等族以兵濟河擊李繼遷，敗之。丁丑，隴山西首領禿逋等貢馬，願附大兵擊賊。丁亥，寇準爲三司使。復鹽鐵、度支、户部副使。

秋七月癸丑，兖王元傑薨。

八月，辛未，原、渭等州言西蕃八部二十五族納質來歸。丙子，詔：環慶秋田經寇踐傷者，頃賜粟十五斛；民被掠者口賜米一斛。蠲棣州民租十之三。

九月己丑，蒲端國獻紅鸚鵡。丙申，出内府繒帛，市穀實邊。甲辰，以吕蒙正爲太子太師、萊國公。

十月丁丑，狐出皇城角樓，獲之。戊寅，給軍中傳信牌。

十一月癸巳，慮囚，雜犯死罪以下遞減一等，杖釋之。苦寒，令諸路休役兵。己亥，閱捧日軍士教三陣于崇政殿。壬寅，幸大相國寺。庚戌，雨木冰。

十二月庚申，遣使西北，勞賜將士。甲子，詔求直言。西面部署言李繼遷攻西涼，知府丁維清没焉。庚午，以李繼隆爲山南東道節度使。甲戌，萬安太后不豫，詔求良醫。戊寅，赦天下，死罪減一等，流以下釋之。

是歲，西涼府暨龍野馬族、三佛齊、大食國來貢。河北、興元府、遂郢州大熟。

景德元年春正月丙戌朔，大赦，改元。丁亥，麟府路言契丹言涅族拔黄三百餘帳内屬。癸巳，幸天駟監，賜從官馬。丙申，京師地震。辛丑，詔：民間天象器物讖候禁書，並納所司焚之，匿不言者死。石、隰州言河西蕃部四十五族首領率屬内附。京師地再震。乙巳，廢高州。丁未，京師地復震。壬子，開定州河通漕。

二月，環慶部署言西涼府潘羅支集六谷蕃部合擊李繼遷敗之，繼遷中流矢死。羅支使來獻捷。戊寅，太常卿張齊賢爲兵部尚書。冀、益、黎、雅州地震。

三月，威虜軍守將破契丹於長城口，追北過陽山，斬獲甚衆。柳谷川蕃部入寇，麟府擊敗之，擒千餘人。己亥，皇太后崩。辛丑，羣臣三上表請聽政，不允。乙巳，李沆等詣宫門，見帝毁瘠過甚，退上五表求見，言西北軍事方殷，力請聽政，從之。麟府路言敗西人於神堆，破其砦柵。己酉，帝始於崇政殿西廡衰服慟哭見羣臣。

夏四月甲寅，上大行皇太后謚曰明德。羣臣三請御正殿，從之。丙辰，邢州地震不止。以溪蠻寧息，民多復業，蠲澧州石門縣租二年。丁卯，以隆暑，休北邊役兵。瀛州地震。

五月甲申，邢州地連震不止，賜民租之半。蒲端國遣使來貢。丁巳，詔：諸路轉運使代還日，在任興除利害，升黜能否，凡所經畫事悉條上以聞。

六月己未，幸北宅視德鈞疾。洪德砦言繼遷部將都尾等率屬歸附。甲子，詔罷川峽、閩、廣州軍貢承天節，自今三千里外者罷之。鎮戎軍言敗戎人於石門川。庚午，德鈞卒。洪德砦言蕃部羅泥天王本族諸首領各率屬歸附。趙保忠卒。壬午，暑甚，罷京城工役，遣使賜暍者藥。

秋七月癸未，班用兵誅賞格。丙戌，李沆薨。庚寅，以翰林侍讀學士畢士安爲吏部侍郎、參知政事。庚子，益都民李仁美、國凝母皆百餘歲，詔賜粟帛。

八月，涇原部署言擊萬子軍主族帳，斬首二百餘級。己未，以畢士安、寇準並平章事，宣徽南院使王繼英爲樞密使，同知樞密院事馮拯、陳堯叟並簽署樞密院事。壬申，詔常參官二人共舉州縣官可任幕職者一人。丙子，以保平軍節度石保吉爲武寧軍節度、同平章事。庚辰，遣使廣南東、西路疏決繫囚，犒勞軍校父老，訪民間便宜。

九月癸未，罷北面齎御劍內臣，以劍屬主將。丙戌，令諸路轉運使考察官吏能否，己丑，詔翰林學士承旨宋白等舉文武官可任藩郡者各一人。丁酉，召宰相議親征。契丹耶律吴欲來降。宋州汴水決。乙巳，置祁州。河決澶州，遣使具舟濟民，給以糧餉。

閏月乙卯，詔河北吏民殺契丹者，所至援之，仍頒賞格。壬申，江南旱，遣使決獄，訪民疾苦，祠境內山川。癸酉，明德皇太后殯沙臺。北平砦、威虜軍合兵大破契丹。乙亥，參知政事王欽若判天雄軍府兼都部署。契丹統軍撻覽率衆攻威虜、順安軍，三路都部署擊敗之，斬偏將，獲其輜重。又攻北平砦及保州，復爲州、砦兵所敗。撻覽與契丹主及其母并衆攻定州，宋兵拒於唐河，擊其游騎。契丹駐陽城淀，因王繼忠致書于莫州石普以講和。丙子，以天雄軍都部署周瑩爲駕前貝冀路都部署，侍衛馬軍都指揮使葛霸爲駕前邢洺路都部署。己卯，高繼勳率兵擊敗契丹數萬騎於岢嵐軍。

冬十月壬午，詔修葺歷代聖賢陵墓。癸未，麟府路率部兵入朔州，破大狼水砦。乙酉，令漕運所經州軍長吏兼董運事。戊子，祔明德皇后于太廟。庚寅，命張齊賢兼青、淄、濰安撫使，丁謂兼鄆、齊、濮安撫使。癸巳，幸故鄭國長公主第。乙未，詔王超等率兵赴行在。丁酉，詔魏能、張凝、田敏屯定州。癸卯，以廝鐸督爲朔方軍節度、靈州西面巡檢、西涼府六谷大首領。保莫州、威虜岢嵐軍及北平砦皆擊敗契丹。既而王繼忠上言契丹請和，命閤門祇候曹利用往答之。丁未，以雍王元份爲東京留守。己酉，置龍圖閣待制。

十一月，乙卯，遣使撫河北。契丹攻瀛州，知州李延渥率兵敗之，殺傷十餘萬衆，遁去。官吏進秩，賜物有差。己未，遣使安撫河東諸州。契丹逼冀州，知州王嶼擊走之。甲子，校獵近郊。丙寅，遣使安集河北流民。戊辰，以山南東道節度、同平章事李繼隆爲駕前東面排陣使，武寧軍節度、同平章事石保吉爲駕前西面排陣使。石州地震。庚午，車駕北巡。司天言：日抱珥，黄氣充塞，宜不戰而却。癸酉，駐蹕韋城縣。甲戌，寒甚，左右進貂帽毳裘，却之曰：「臣下皆苦寒，朕安用此。」王繼忠數馳奏請和，帝謂宰相曰：「繼忠言契丹請和，雖許之，然河冰已合，且其情多詐，不可不爲之備。」契丹兵至澶州北，直犯前軍西陣，其大帥撻覽耀兵出陣，俄中伏弩死。丙子，帝次澶州。渡河，幸北砦，御城北樓，召諸將撫慰。鄆州得契丹諜者，斬之。戊寅，曹利用使契丹還。

十二月，契丹使韓杞來講和。辛巳，遣使安撫河北、京東。壬午，幸城南臨河亭，賜鑿凌軍綿襦。癸未，幸北砦，又幸李繼隆營，命從官將校飲，犒賜諸軍有差。詔諭兩京以將班師。甲申，契丹使姚東之來獻御衣食物。乙酉，御行營南樓觀河，遂宴從官及契丹使。丙戌，遣使撫諭懷、孟、澤、潞、鄭、滑等州，般强壯歸農。遣監西京左藏庫李繼昌使契丹定和，戒諸將勿出兵邀其歸路。丁亥，遣使安集河北流民，瘞暴骸。以閤門祇候曹利用爲東上閤門使、忠州刺史。戊子，幸北砦勞軍，召李繼隆、石保吉宴射行宫西亭。壬辰，赦河北諸州死罪以下，民經蹂踐者給復二年，死事官吏追録子孫。癸巳，雍王元份疾，命參知政事王旦權東京留守。甲午，車駕發澶州，大寒，賜道傍貧民襦袴。乙未，契丹使丁振以誓書來。丁酉，契丹兵出塞。戊戌，至自澶州。己亥，幸雍王元份宫視疾。辛丑，

録契丹誓書頒河北、河東諸州。癸卯，遣使撫問河北東、西路官吏將卒，訪察功狀。甲辰，改威虜諸軍名。戊申，詔恤河北傷殘。

是歲，交州、西涼府、西高昌甘沙州、占城大食蒲端龜兹國來貢。江南東、西路饑，陝、濱、棣州蝗害稼，命使振之。

二年春正月庚戌朔，以契丹講和，大赦天下，非故鬬殺、放火、强盗、僞造符印、犯贓官典、十惡至死者，悉除之。壬子，放河北諸州强壯歸農，令有司市耕牛給之。癸丑，罷諸路行營，合鎮、定兩路都部署爲一。乙卯，罷北面部署、鈐轄、都監，使臣二百九十餘員。振河北饑。遣監察御史朱搏赴德清軍收瘞戰没遺骸，致祭。罷江、淮、荆、浙增榷酤錢。丙辰，幸雍王元份宫視疾。甲子，詔淮南以上供軍儲振饑民。戊辰，以天平軍節度使王超爲崇信軍節度。省河北戍兵十之五，緣邊三之一。所在量軍儲饋給，勿調民飛輓。癸酉，幸李繼隆第視疾。京西民轉送軍儲者賜租十二。丁丑，詔河北轉運使察官屬不任職者以名聞。戊寅，取淮、楚間踏犁式頒之河朔。

二月嘉，邛州鑄大鐵錢。置霸州、安肅軍榷場。癸未，李繼隆卒。甲申，定入粟實邊授官等級。乙酉，遣使安撫交州。甲午，詔緣邊得契丹馬牛，悉縱還之；没蕃漢口歸業者，給資糧。弛邊民鐵禁。環州言戎人入寇，擊走之，俘其軍主。癸卯，遣太子中允孫僅等使契丹。丁未，吕蒙正對便殿。

三月甲寅，御試禮部貢舉人。戊午，鄭州防禦使魏能坐歸師不整，責授右羽林將軍。庚申，禁邊民入外境掠奪。

夏四月，賜進士李迪等瓊林宴。丁酉，樞密直學士劉師道責授忠武軍行軍司馬，右正言、知制誥陳堯咨罷州團練使，俱坐考試不公。己亥，葺河北城池。癸卯，置資政殿學士，以王欽若爲之。馮拯爲參知政事。甲辰，以寧國軍留後、駙馬都尉吴元扆爲武勝軍節度。戎人寇環州，擊敗之，執其酋慶移，請戮之，詔釋其罪，配淮南。

五月戊申，幸國子監。丁巳，司天少監史序上《乾坤寶典》。己未，幸元份宫視疾。庚申，御試河北舉人。丁卯，宴近臣于資政殿。餞种放游嵩山。癸酉，詔天下榷利勿增羡爲額。

六月丁丑，詔勸學。幸諸王宫。己卯，命法直官用士人。己丑，曹州民趙諫、趙諤以恐喝贓鉅萬伏誅。辛卯，以趙德明歸款，諭河西諸蕃各守疆界。高瓊求板本經史，詔給之。

秋七月庚戌，劉質進《兵要論》，召試中書。甲子，詔復賢良方正能直言極諫等六科。

八月戊寅，雍王元份薨。丙戌，有司上新定權衡法。遣内臣奉安太祖聖容於揚州建隆寺。丁亥，翰林學士晁迥先爲鄆王元份留守官屬，坐輔導無狀，責授右司郎中。辛丑，幸南宫及恭孝太子宫。

九月丁未，以向敏中爲鄜延路都部署。庚戌，淮南旱，詔轉運使疏理繫囚。癸亥，三司上《新編敕》。羣臣三表上尊號，不允。庚午，幸興國寺傳法院觀新譯經。辛未，命近臣慮開封府繫囚。壬申，詔：荆湖溪峒民爲蠻人所掠而歸者，勿限年月，給還舊産。

冬十月庚辰，丁謂上《景德農田編敕》。乙酉，畢士安薨。丙戌，遣職方郎中韓國華等使契丹。

十一月戊申，詔翰林侍講學士邢昺等舉堪爲學官者十人。丙辰，享太廟。丁巳，祀天地于圜丘，大赦。庚申，大宴含光殿。癸亥，寇準加中書侍郎兼工部尚書，楚王元佐爲右衛上將軍，彭城郡王元偓進封寧王，安定郡王元偁進封舒王，曹國公元儼進封廣陵郡王，安定郡公惟吉加同平章事。癸酉，契丹使來賀承天節。

十二月辛巳，置資政殿大學士，以王欽若爲之。癸未，以高瓊爲忠武軍節度，葛霸爲昭德軍節度。對京畿父老於長春殿，賜帛有差。契丹遣使賀明年正旦。

是歲，夏州、西涼府、邛部川蠻來貢。淮南、兩浙、荆湖北路饑，京東蝻生，閩颶風不害稼，遣使分振。

三年春正月丁巳，親釋逋負繫囚。振饑縣貧民，收瘞遺骸。丁卯，詔緣邊歸業民給復三年。辛未，置常平倉。

二月甲戌，幸北宅省德恭疾。乙亥，詔京東西、淮南、河北振乏食客户。己卯，謁明德皇后攢宫，賜守奉人緡帛。甲申，禁民開近陵域地。以宋州爲應天府。丁亥，王繼英卒。戊戌，以中書侍郎、兼工部尚書、平章事寇準爲刑部尚書，左丞、參知政事王旦爲工部尚書、平章事。己亥，王欽若、陳堯叟並知樞密院事。翰林學士趙安仁參知政事。樞密都承旨韓崇訓、馬知節並簽署樞密院事。

三月，辛亥，免隨州光化民貸糧。己未，詔儆諫臣悉心獻替。

夏四月癸酉，幸秦國長公主第。丙子，幸開寶寺，遂幸御龍直班院，觀教閲

弓刀。又幸左騏驥院，賜從官馬，羣牧使等器幣。還幸崇文院觀圖籍，賜編修官金帛有差。己卯，置清平、宣化二軍。乙酉，置河北緣邊安撫使副、都監于雄州。壬辰，命使巡撫益、利、梓、夔、福建諸路，決獄及犒設將吏、父老。乙未，种放賜告歸終南山。己亥，遣使巡撫江、浙路。

五月，辛亥，置京東五路巡檢。丁巳，幸北宅視德恭疾。己未，德恭卒。西涼府廝鐸督部落多疾，賜以藥物。渭州妙娥族三千餘帳内附。復置高州。

六月丙子，羣臣固請聽樂，從之。詔三班考較使臣以七年爲限。知廣州凌策請發兵定交阯亂，帝以黎桓素修職貢，不欲伐喪，命遵前詔安撫。戊寅，罷兩川税課金二分。乙未，汴水暴漲，賜役兵錢。丙申，遣使振應天府水災及瘞溺死者。

秋七月壬寅，減鄜延戍兵。庚戌，詔渭州、鎮戎軍收獲蕃部牛送給内地耕民。壬子，賜廣南《聖惠方》，歲給錢五萬，市藥療病者。邵曄上邕州至交阯水陸路及控制宜州山川等圖，帝曰：「祖宗闢土廣大，唯當慎守，不必貪無用地，苦勞兵力。」甲子，大宴含光殿，始用樂。丙寅，大風，遣中使視稼。

八月甲戌，閲太常新集雅樂。丁丑，幸寶相院。戊寅，詔川峽戍兵二年者代之。庚辰，工部侍郎董儼坐躁競傾狡，責授山南東道行軍司馬。

九月甲寅，宴射含芳園。丙辰，御試賢良方正直言極諫科。壬戌，幸元偓宫視疾。甲子，置諸陵齋宫。乙丑，放西州納質人。夏州趙德明奉表歸款。

冬十月庚午，以趙德明爲定難軍節度兼侍中，封西平王。甲午，兩浙轉運使姚鉉坐不法除名，爲連州文學。丁酉，葬明德皇后。

十二月，戊寅，高瓊卒。乙酉，狩近郊，以親獲免付有司薦廟。戊子，詔牛羊司畜有孳乳者放牧勿殺。辛卯，朝陵，緣路禁樂。壬辰，幸秦國長公主第，又幸北宅視德鈞疾。

是歲，西涼府龕谷十族、高溪州、風琶溪洞諸蠻酋來貢。京東西、河北、陝西饑，振之。博州蝝，不爲災。

四年春正月己亥朔，御朝元殿受朝。詔：京畿繫囚流以下減一等。甲辰，以陳堯叟爲東京留守。德鈞卒。乙巳，契丹使辭歸國。以丁謂爲隨駕三司使。己未，車駕發京師。庚申，次中牟縣，除逋負，釋繫囚，賜父老衣幣，所過如之。王顯卒。丙寅，次永安鎮。丁卯，帝素服詣諸陵。減西京及諸路繫囚罪，如己亥詔。置永安縣及三陵副使都監。

二月己巳，幸西京，經漢將軍紀信塚，司徒魯恭廟，贈信太尉、恭太師。命吏部尚書張齊賢祭周六廟。詔從官先塋在洛者賜告祭拜。癸酉，詔西京建太祖神御殿。置國子監、武成王廟。甲戌，幸上清宫。詔賜酺三日。辛巳，録唐白居易孫利用爲河南府助教。壬午，幸呂蒙正第。甲申，御五鳳樓觀酺，召父老五百人，賜飲樓下。丁亥，幸元偓宫。戊子，葺周六廟。加號列子。增封唐孝子潘良瑗及其子季通墓，仍禁樵採。庚寅，詔河南府置五代漢高祖廟。辛卯，車駕發西京。甲午，次鄭州，遣使祀中嶽及周嵩、懿二陵。丁酉，賜隱士楊璞繒帛。

三月己亥，至自西京。甲辰，謁啓聖院太宗神御殿。癸丑，趙德明遣使來謝廪給，因貢駝馬，優賜答之。丁巳，詔天下收瘞遺骸，致祭。庚申，蠲河南府倉庫吏逋負芻糧緡帛四十五萬。

夏四月癸酉，詔嶺南官除赴以時，以避炎瘴。辛巳，皇后郭氏崩。甲午，詔榷酤不得增課。

五月，辛亥，有司上大行皇后謚曰莊穆。減并、代戍兵屯河東，以省饋運。戊午，幸元偁宫視疾。兖州增二千户守孔子墳。

閏月戊辰，減劍、隴等三十九州軍歲貢物，夔、賀等二十七州軍悉罷之。己巳，幸秦國長公主第省疾。壬申，御試制科舉人。丙戌，詔張齊賢等各舉供奉官、侍禁、殿直有謀略武幹知邊事者二人。癸巳，詔：開封府斷獄，雖被旨仍覆奏。

六月，盛暑，減京城役工日課之半。丁未，令翰林講讀、樞密直學士各舉常參官一人充御史。司天監言五星聚而伏於鶉火。乙卯，葬莊穆皇后。

秋七月丁卯，莊穆皇后祔别廟。庚午，置靈臺令。壬申，增置開封府判官、推官各一員。甲戌，宜州兵亂，軍校陳進殺知州劉永規等，劫判官盧成均爲首。詔閤門使曹利用等討之。乙亥，交州來貢，賜黎龍廷《九經》及佛氏書。辛巳，以龍廷爲静海軍節度、交阯郡王，賜名至忠。癸巳，復置諸路提點刑獄。

八月壬寅，幸大相國寺，遂幸崇文院觀書，賜修書官器幣。又幸内藏庫。丁未，中書門下言莊穆皇后祥除已久，秋宴請舉樂，不允。己酉，頒宜州立功將士賞格。益州地震。辛亥，賜文宣王四十六世孫聖佑同學究出身。壬子，邢昺加工部尚書。中書門下再表請秋宴聽樂，又不允。丙辰，涇原路言瓦亭砦地震。丁巳，詔王旦、楊億等修《太祖史》、《太宗史》。置龍圖閣直學士，以右諫議大夫杜鎬爲之。丁謂上《景德會計録》。

九月己巳，賜交阯郡王印及安南旌節。壬申，賜畿縣《聖惠方》。丁亥，幸舒王宫視疾。辛卯，賜監修國史王旦宴。

冬十月，曹利用破賊於象州，擒盧成均，斬陳進。優賜將士，利用等進秩賜物有差。乙巳，頒考試進士新格。祠祭置監祭使二員，以御史充。詔翰林學士晁迥等舉常參官可知大藩者二人。丁未，升象州爲防禦。甲寅，詔：「宜柳象州、懷遠軍死罪以下，非十惡、謀故鬬殺、官吏犯枉法贓者，並原之。廣南東、西路雜犯死罪以下遞減一等，脅從受署者勿理。蠲宜柳象州、懷遠軍丁錢及夏秋租，桂、昭州秋租。」乙卯，毀諸道官司非法訊囚之具。

十一月戊辰，日南至，御朝元殿受朝。曹利用等言招安賊黨，其饋賊食物者，請追捕減死論，詔釋不問。

十二月己亥，賜近臣、契丹錦綺綾縠等物。癸卯，廢兗州鐵冶。己未，甘州僧翟大秦等獻馬，給其直。

是歲，河西六谷、夏州、沙州、大食、占城、蒲端國、西南蕃溪峒蠻來貢。雄州、安肅、廣信饑。宛丘、東阿、須城縣蝗，不爲災。諸路豐稔，淮、蔡間麥斗十錢，粳米斛二百。

大中祥符元年春正月乙丑，有黄帛曳左承天門南鴟尾上，守門卒塗榮告，有司以聞。上召羣臣拜迎于朝元殿啓封，號稱天書。丁卯，紫雲見，如龍鳳覆宫殿。戊辰，大赦，改元，羣臣加恩，賜京師酺。幽州旱，求市麥種；夏州饑，請易粟，並許之。己巳，詔：黎、雅、維、茂四州官以瘴地二年一代。甲戌，大雪，停汴口、蔡河夫役。戊寅，蠲畿内貸糧。己卯，詔以天書之應，申儆在位。乙酉，制加交阯郡王黎至忠功臣食邑。

二月壬辰，御乾元門觀酺，賜父老千五百人衣服、茶綵。丁酉，分遣中使六人錫邊臣宴。丙午，申明非命服勿服銷金，及不許以金銀爲箔之制。

三月甲戌，兗州父老千二百人詣闕請封禪；丁卯，兗州并諸路進士等八百四十人詣闕請封禪；壬午，文武官、將校、蠻夷、耆壽、僧道二萬四千三百七十餘人詣闕請封禪：不允。自是表凡五上。

夏四月甲午，詔以十月有事于泰山，遣官告天地、宗廟、嶽瀆諸祠。乙未，以知樞密院事王欽若、參知政事趙安仁爲泰山封禪經度制置使。丙申，以王旦爲封禪大禮使，馮拯、陳堯叟分掌禮儀使。庚子，幸元偓宫視疾。壬寅，御試禮部貢舉人。丙午，作昭應宫。戊申，幸秦國長公主第省疾。又幸晉國、魯國長公主第，並賜白金千兩，綵二千匹。曹濟州、廣濟軍耆老二千二百人詣闕請臨幸。

五月壬戌，王欽若言泰山醴泉出，錫山蒼龍見。丙子，詔瘞汴、蔡、廣濟河流尸暴骸，仍致祭。丁丑，幸南宫視惟能疾。壬午，詔緣路行宫舊屋止加塗塈，毋別創。癸未，置天書儀衛使副、扶侍使都監、夾侍，凡有大禮即命之。詔離京至封禪以前不舉樂，所經州縣勿以聲伎來迓。甲申，放後宫一百二十人。戊子，詔：除乘輿供帳，存於禮文者如舊，自今宫禁中外進奉物，勿以銷金文繡爲飾。

六月乙未，天書再降于泰山醴泉北。丁酉，詔宫苑皇親臣庶第宅飾以五綵，及用羅製幡勝，繒帛爲假花者，並禁之。壬寅，迎泰山天書於含芳園，雲五色見，俄黄氣如鳳駐殿上。庚戌，曲赦兗州繫囚流罪以下。辛亥，羣臣表上尊號曰崇文廣武儀天尊道寶應章感聖明仁孝皇帝。

秋七月，丙寅，詔：諸州市上供物，非土地所宜者罷之。

八月己丑，上太祖尊謚曰啓運立極英武聖文神德玄功大孝皇帝，太宗曰至仁應道神功聖德文武大明廣孝皇帝。庚寅，詔東封道路軍馬毋犯民稼，開封府毋治道役民。庚子，置河東緣邊安撫司。乙巳，黔州言磨嵯、洛浦蠻首領龔行滿等率族二千三百人内附。己酉，王欽若獻芝草八千餘本。

九月戊午，令有司勿奏大辟案。岳州進三脊茅。庚申，以向敏中權東京留守。甲子，奉天書告太廟，悉陳諸州所上芝草、嘉禾、瑞木於仗内。戊辰，幸元偓宫視疾。壬申，知晉州齊化基坐貪暴削籍，流崖州。乙亥，幸潛龍園宴射。丁丑，幸惟吉宫視疾。戊寅，西京諸州民以車駕東巡貢獻，召對勞賜之。己卯，以馬知節爲行宫都部署。庚辰，趙安仁獻五色金玉丹、紫芝八千七百餘本。乙酉，親習封禪儀于崇德殿。

冬十月戊子，上御蔬食。庚寅，以巡幸置考制度使、副，凡巡幸則命之。是夕，五星順行同色。辛卯，車駕發京師，扶侍使奉天書先道。丙申，次澶州，宴周瑩于行宫。戊戌，許、鄆、齊等州長吏赴泰山陪位。辛丑，駐蹕鄆州，神光起昊天玉册上。甲辰，詔扈從人毋壞民舍、什器、樹木。丁未，法駕入乾封縣奉高宫。戊申，王欽若等獻泰山芝草三萬八千餘本。己酉，五色雲起嶽頂。庚戌，法駕臨山門，黄雲覆輦，道經險峻，降輦步進。先夕大風，至是頓息。辛亥，享昊天上帝於圜臺，陳天書於左，以太祖、太宗配。帝衮冕奠獻，慶雲繞壇，月有黄光；命羣臣享五方帝諸神於山下封祀壇，上下傳呼萬歲，振動山谷。降谷口，日有冠戴，黄氣紛郁。壬子，禪社首，如封祀儀。紫氣下覆，黄光如星繞天書匣。縱四方所

獻珍禽奇獸。還奉高宮，日重輪，五色雲見。作會真宮。癸丑，御朝覲壇之壽昌殿，受羣臣朝賀。大赦天下，常赦所不原者咸赦除之。文武並進秩。賜致仕官本品全奉一季，京朝官衣緋緑十五年者改賜服色。令開封府及所過州軍考送服勤詞學、經明行修舉人，其懷材抱器淪於下位，及高年不仕德行可稱者，所在以聞。三班使臣經五年者與考課。兩浙錢氏、泉州陳氏近親，蜀孟氏、湖南馬氏、荆南高氏、廣南河東劉氏子孫未食禄者，聽叙用。賜天下酺三日。改乾封縣爲奉符縣。泰山七里内禁樵採。大宴穆清殿。又宴近臣、泰山父老於殿門，賜父老時服、茶帛。甲寅，復常膳。次太平驛，賜從官辟寒丸、花茸袍。丙辰，次兖州，以州爲大都督府。

十一月戊午，幸曲阜縣，謁文宣王廟，鞾袍再拜。幸叔梁紇堂。近臣分奠七十二弟子。遂幸孔林，加謚孔子曰玄聖文宣王，遣官祭以太牢，給近便十户奉塋廟，賜其家錢三十萬，帛三百匹。以四十六世孫聖佑爲奉禮郎，近屬授官、賜出身者六人。追謚齊太公曰昭烈武成王，令青州立廟；周文公曰文憲王，曲阜縣立廟。辛酉，賜諸蕃使袍笏。壬戌，次中都縣，幸廣相寺。癸亥，次鄆州，幸開元寺。丁卯，賜曲阜孔子廟經史。辛未，幸河瀆廟，加封。癸酉，曲宴永清軍節度使周瑩，賜兵士緡錢。丁丑，帝至自泰山，奉天書還宮。壬午，詔以正月三日爲天慶節。甲申，命王旦奉上太祖、太宗謚册，親享太廟。乙酉，大宴含光殿。

十二月辛卯，御乾元殿受尊號。庚子，葛霸卒。辛丑，王旦加中書侍郎兼刑部尚書；楚王元佐加太傅；寧王元偓爲護國軍節度，舒王元偁爲平江、鎮江軍節度，並兼侍中；廣陵郡王元儼進封榮王；安定郡公惟吉爲威德軍節度，餘進秩有差。癸卯，幸上清宮、景德開寶寺。王欽若加禮部尚書。甲辰，張齊賢爲右僕射，温仲舒、寇準並爲户部尚書，王化基、邢昺、郭贄並爲禮部尚書。詔：天下宮觀陵廟，名在地志，功及生民者，並加崇飾。戊申，以德雍、德文、德存、惟正、惟忠、惟叙、惟和、惟憲並領諸州刺史，允升、允言、允成、允寧、允中並爲各衛將軍。庚戌，幸元偁宮視疾。又幸元偓宮。辛亥，交阯郡王黎至忠加同平章事。壬子，幸元偁宮。契丹使上將軍蕭智可等來賀。

是歲，西涼府、甘州、三佛齊、大食國、西南蕃等來賀封禪。諸路言歲稔，米斗七八錢。

二年春正月癸亥，以封禪慶成，賜宗室、輔臣襲衣、金帶、器幣。乙丑，置内殿承制。戊辰，詔：「誘人子弟析家産，或潛舉息錢，輒壞墳域者，令所在擒捕流配。」庚午，詔：「讀非聖之書及屬辭浮靡者，皆嚴譴之。已鏤板文集，令轉運司擇官看詳，可者録奏。」乙酉，以陝西民饑，遣使巡撫。

二月己丑，改定入内内侍省内侍名職。壬辰，詔立曲阜縣孔子廟學舍。乙未，賜撫州高年黄泰粟帛。甲辰，蠲同、華民租。乙巳，幸大相國等寺、上清宮祈雨。戊申，遣使祠太一，祀玄冥。己酉，雨。癸丑，禁毁金寶塑浮屠像。甲寅，以丁謂爲三司使。

三月，辛未，賜京城酺。己卯，左屯衛將軍允言坐稱疾不朝，降太子左衛率。

夏四月戊子，昇州火，遣御史訪民疾苦，蠲被火屋税。己丑，餞种放還山。乙未，河北旱，遣使祠北岳。己亥，以丁謂爲修昭應宮使。壬寅，詔禁中外羣臣非休暇無得羣飲廢職。詔醫官院處方并藥賜河北避疫邊民。丙午，試服勤詞學、經明行修國監生。丁未，振陝西民饑。

五月乙卯，追封孔子弟子七十二人。罷韶州獻頻婆菓。丁卯，遣使陝西決獄，流罪以下減一等，死罪情可憫者上請。庚辰，陝西旱，遣使禱太平宮、后土、西嶽、河瀆諸祠。代州地震。

六月乙酉，頒幕職、州縣官招集户口賞條。甲午，幸昭應宮，賜修宮使器幣。辛卯，保州增屯田務兵三百人。戊戌，麟府言社慶族依唐龍鎮爲援，數擾別部，請出兵襲之。帝曰：「均吾民也。」不許。壬寅，詔量留五坊鷹鶻，備諸王從時展禮，餘悉縱之。罷邕、宜州歲貢藥箭。庚戌，御試東封路服勤詞學、經明行修貢舉梁固等九十二人。

秋七月甲寅，詔張齊賢等各舉才堪御史者一人。丁巳，置糾察在京刑獄司。辛酉，復以萬安宮爲滋福殿。己巳，幸惟吉宮視疾。辛未，以昭應宮爲玉清昭應宮。乙亥，蠲京東徐、濟七州水災田租。戊寅，詔孔子廟配享魯史左丘明等十九人加封爵。庚辰，蠲天下封禪赦前逋負千二百六十六萬緡。

八月丙戌，京東惠民河溢，居民避水所過津渡，戒有司勿算。甲辰，西南蕃龍漢璓來貢，賀東封，加漢璓寧德大將軍。

九月戊午，賜秦州被水民粟人一斛。壬戌，合鎮、定部署爲一。甲子，浚汴口。命工部侍郎馮起爲契丹國信使。乙丑，幸潛龍園宴射。甲戌，遣使賜戎、瀘軍民辟瘴藥。乙亥，無爲軍言大風拔木，壞城門、營壘、民舍，壓溺者千餘人。詔内臣恤視，蠲來年租，收瘞死者，家賜米一斛。丁丑，發官廩振鳳州水災。

冬十月癸未，優賞寧朔軍士。戊子，詔江、浙運糧兵卒經冬停役兩月。甲

午，詔天下置天慶觀。甲辰，兗州霖雨害稼，振恤其民。

十一月丙辰，作《文武七條》戒官吏。甲子，詔：諸路官吏蠹政害民，轉運使、提點刑獄官不舉察者坐之。癸酉，蕃部阿黎等來朝貢，授阿黎懷化司戈。

十二月辛巳，詔：晉國大長公主喪，罷承天節上壽及明年元旦朝會。交州黎至忠貢馴犀。乙未，幸惟吉宮視疾。辛丑，丁謂上《封禪朝覲祥瑞圖》，劉承珪上《天書儀仗圖》。甲辰，幸惟吉宮視疾。契丹國母蕭氏卒，輟視朝。

是歲，于闐、西涼府、西南蕃羅崑州蠻來貢。雄州蟲食苗即死，遣使振恤。

三年春正月丁巳，賜建安軍父老江禹錫粟帛。

二月乙酉，丁謂請承天節禁屠宰刑罰，從之。癸巳，交州黎至忠卒，大校李公蘊自稱留後。己亥，禁方春射獵，每歲春夏所在長吏申明之。辛丑，以張齊賢判河陽。

閏月辛亥，帝御文德殿，羣臣入閤。甲寅，冬官正韓顯符上新造銅候儀。乙卯，詔轉運司貸恤黎州夷人。丁卯，幸開封府射堂宴射，賜開封府將吏器幣。戊辰，詔：「東京畿内死罪以下遞減一等。將吏逮事太宗藩府者並賜予。赤縣父老本府宴犒，年九十者授攝官，賜粟帛終身；八十者爵一級。」甲戌，以射堂爲繼照堂。丁丑，召宰臣於宣聖殿，謁太宗聖容、玉皇像。戊寅，幸韓國長公主第視疾。

三月壬辰，以權静海軍留後李公蘊爲静海軍節度，封交阯郡王，賜衣帶器幣。丙申，幸石保吉第視疾。辛丑，詔戎、瀘州給復一年，艱食者振之。

夏四月辛亥，左屯衛將軍允言坐狂率責授太子左衛副率。壬子，石保吉卒。乙卯，陝西民疫，遣使齎藥賜之。丁巳，詔中書以五月一日進中外文武升朝官及奉使歲舉官名籍。辛酉，賜泰山隱士秦辨號貞素先生，放還山。甲子，契丹國母葬，廢朝，禁邊城樂。甲戌，加王旦兵部尚書，知樞密院事王欽若户部尚書，陳堯叟工部尚書。

五月己卯，幸惟吉宮視疾。壬午，以西涼府覓諸族瘴疫，賜藥。丙戌，惟吉卒。辛丑，京師大雨，平地數尺，壞廬舍，民有壓死者，賜布帛。

六月庚戌，邊臣言契丹饑，來市糴，詔雄州糴粟二萬石振之。河中府父老千餘人請祀后土，不許。丙辰，頒天下《釋奠先聖廟儀》并《祭器圖》。詔：前歲陝西民飢，有鬻子者，官爲購贖還其家。壬戌，幸邢昺第視疾，賜金帛。乙丑，幸元偁宫視疾。

秋七月丙申，温仲舒卒。己亥，以右丞向敏中爲工部尚書、資政殿大學士。置龍圖閣學士，以直學士杜鎬爲之。詔南宮北宅大將軍以下，各勤講肄，諸子十歲以上並受經學書，勿令廢惰。辛丑，文武官、將校等三上表請祠汾陰后土。

八月丁未朔，詔：明年春有事于汾陰，州府長吏勿以修貢助祭煩民。戊申，陳堯叟爲祀汾陰經度制置使。己酉，王旦爲祀汾陰大禮使，王欽若爲禮儀使。庚戌，詔汾陰路禁弋獵，不得侵占民田，如東封之制。辛亥，以江南旱，詔轉運使決獄。壬子，幸元偁宫視疾。昇、洪、潤州屢火，遣使存撫，祠境内山川。戊午，賜占城國主馬及器甲。庚申，幸天駟監，賜從官馬。解州池鹽不種自生。辛酉，給鄆州牧馬草地還民。甲子，罷江、淮和糴，所在繫囚遞減一等，盜穀食者量行論決。丁卯，羣臣五表上尊號，不許。戊辰，詔昇、洪、揚、廬州長吏兼安撫使。甲戌，以澄州團練使朱能爲左龍武軍大將軍。乙亥，河中府父老千七百人來迎，上勞問之，賜以緡帛。

九月癸未，賜錢三十萬給故盧多遜子葬其父母。丁亥，作《宗室座右銘》賜諸王。華州言父老二千餘人請幸西嶽。癸巳，杖殺入内高品江守恩於鄭州，知州俞獻卿坐論救削一任。乙未，幸崇真資聖院視吳國長公主疾。甲辰，内出《綏撫十六條》頒江、淮南安撫使。

冬十月辛亥，契丹使耶律寧告征高麗。河中民獲《靈寶真文》。庚申，丁謂等上《大中祥符封禪記》。

十一月庚寅，遣内臣奉安宣祖、太祖聖容於二陵。乙未，甘州回鶻來貢。己亥，幸太一宮。陝州黄河清。

十二月，陝州黄河再清。庚戌，集賢校理晏殊獻《河清頌》。癸丑，詔天下貧民及漁採者過津渡勿算。乙卯，告太廟。詔自今謁廟入東偏門。以資政殿大學士向敏中權東京留守。丁巳，翰林學士李宗諤等上《諸道圖經》。辛酉，謁玉清昭應宮。丙寅，詔沙門島流人特給口糧。己巳，作《奉天庇民述》示宰相。禁扈從人燔道路草木。辛未，以太宗御書賜交州李公蘊。

是歲，龜茲、占城、交州來貢。陝西飢。江、淮南旱。

《宋史》卷八《真宗紀三》 四年春正月辛巳，詔執事汾陰懈怠者，罪勿原。乙酉，習祀后土儀。丁亥，將祀汾陰，謁啓聖院太宗神御殿、普安院元德皇后聖容。丙申，詔以六月六日天書再降日爲天貺節。丁酉，奉天書發京師。日上有黄氣如匹素，五色雲如蓋，紫氣翼仗。庚子，右僕射、判河陽張齊賢見于汜水頓。

陳堯叟獻白鹿。辛丑，陳幄殿於訾村，望拜諸陵。甲辰，至慈澗頓，賜道傍耕民茶荈。

二月戊申，賜扈駕諸軍緡錢。華州獻芝草。東京獄空。壬子，出潼關，渡渭河，遣近臣祠西嶽。癸丑，次河中府。丁巳，黄雲隨天書輦。次寶鼎縣奉祇宫。戊午，登後圃延慶亭。己未，瀵泉湧，有光如燭。辛酉，祀后土地祇。是夜，月重輪，還奉祇宫，紫氣四塞，幸開元寺，作大寧宫。壬戌，甘州回鶻、蒲端、三麻蘭、勿巡、蒲婆、大食國、吐蕃諸族來貢。大赦天下，常赦不原者咸赦除之。文武官並遷秩，該叙封欲回授祖父母者聽；四品以上，追事太祖、太宗潛藩或嘗更邊任家無食禄者，録其子孫。建寶鼎縣爲慶成軍。建隆佐命及公王將相丘冢，所在致祭。給西京分司官實奉三分之一。令法官慎刑名，有情輕法重者以聞。賜天下酺三日。大宴羣臣於穆清殿，賜父老酒食衣幣。作《汾陰配饗銘》《河瀆四海贊》。召草澤李瀆、劉巽，瀆以疾辭，授巽大理評事。乙丑，觀酺。加號西嶽。詔葺夷、齊祠。丁卯，賜寧王元偓服帶鞍馬有加。乙巳，次華州，幸雲臺觀。庚午，宴宣澤亭，紫雲如龍，起嶽上。召見隱士鄭隱、李寧，賜茶果束帛。辛未，次閿鄉縣，召見道士柴又玄，問以無爲之要。壬申，宴虢州父老于湖城行宫。

三月甲戌，次陝州，召草澤魏野，辭疾不至。乙亥，賜運船卒時服。己卯，次西京。庚辰，罷河北緣邊工役。壬午，幸上清宫。甲申，幸崇法院，移幸呂蒙正第，賜服御金幣。丙戌，大宴大明殿。丁亥，詔葺所經歷代帝王祠廟。己丑，御五鳳樓觀酺。壬辰，詔朝陵自西京至鞏縣不舉樂。癸巳，禁扈從人踐田稼。甲午，發西京。丙申，謁安陵、永昌諸陵。壬寅，幸列子廟，表潘孝子墓。

夏四月甲辰朔，上至自汾陰。壬子，幸元偁宫視疾。駙馬都尉李遵勗責授均州團練副使。峽路鈐轄執爲亂夷人王羣體等，帝憫其異俗，免死配隸。丙辰，大宴含光殿。己未，餞种放歸終南。甲子，王旦加右僕射，元佐爲太尉，元偓進封相王。乙丑，幸元偓宫視疾。丙寅，以張齊賢爲左僕射。丁卯，許國公吕蒙正薨。葺尚書省。加王欽若吏部尚書，陳堯叟户部尚書，馮拯工部尚書。

五月丙子，加交阯郡王李公藴同平章事。癸未，廬、宿、泗等州麥自生。辛卯，幸北宅視德存疾。京兆旱，詔振之。癸巳，詔州城置孔子廟。乙未，加上五嶽帝號，作《奉神述》。丁酉，慮囚，死罪流徙降等，杖以下釋之。辛丑，視德存疾。

六月丙午，太白晝見。亳州二龍見禹祠。德存卒。丙寅，遣使安撫江、淮南水災，許便宜從事。詔授交甘等州、大食、蒲端、三麻蘭、勿巡國奉使官。

秋七月壬申朔，除閩、浙、荆湖、廣南歲丁錢四十五萬。壬午，韓國、吴國、隋國長公主進封衛國、楚國、越國長公主。鎮、眉、昌等州地震。己丑，詔先蠲濱、棣州水災田租十之三，今所輸七分更除其半。丙申，江、洪、筠、袁江漲，没民田。

八月，丙午，幸南宫視惟叙疾。詔除畲田租。庚戌，曲宴諸王、宰相。癸丑，賜青州孤老惸獨民帛。惟叙卒。丙辰，録唐長孫無忌、段秀實等孫，授官。丁巳，詔文武官有言刑政得失、邊防機事者並賜對。癸亥，甘州回紇可汗夜落紇奉表詣闕。乙丑，刻御製《大中祥符頌》於左承天祥符門。河決通利軍，合御河，壞州城及傷田廬，遣使發粟振之。

九月丁丑，涇原鈐轄曹瑋言籠竿川熟户蕃部以閑田輸官，請於要害地募兵以居，從之。戊子，幸太乙宫祈晴。辛卯，向敏中等爲五嶽奉册使。癸巳，御乾元樓觀酺。

冬十月戊申，御朝元殿發五嶽册。丁巳，定江、淮鹽酒價，有司慮失歲課，帝曰：「苟便於民，何顧歲入也。」

十一月庚午，占城國貢獅子。丙子，御試服勤詞學、經明行修貢舉人。

十二月乙巳，詔：楚、泰州潮害稼，復租；没溺人賜千錢、粟一斛。

是歲，西涼府、夏豐交州、甘州、諸溪峒蠻來貢。畿内蝗。河北、陝西、劍南饑。吉州、臨江軍江水溢，害民田舍。兖州虸蚄蟲不爲災。

五年正月乙亥，賜處州進士周啓明粟帛。戊寅，雨木冰。壬午，幸元偁宫視疾。河決棣州。

二月庚戌，詔貢舉人公罪聽贖。丙寅，詔官吏安撫濱、棣被水農民。

三月己丑，御試禮部舉人。丁未，峒酋田仕瓊等貢溪布。庚戌，王旦等並加特進、功臣。丁巳，免濱、棣民物入城市者税一年。

夏四月戊申，以向敏中爲平章事。有司請違法販茶者許同居首告，帝謂以利敗俗非國體，不許。壬子，除通、泰、楚州鹽亭户積負丁額課鹽。乙丑，樞密直學士邊肅責授岳州團練副使。

五月辛未，江、淮、兩浙旱，給占城稻種，教民種之。戊寅，修儀劉氏進封德妃。丁亥，免棣州租十之三。戊子，賜近臣金華殿所種麥。

六月庚申，賜杭州草澤林逋粟帛。壬戌，詔常參官舉幕職、州縣官充京官。癸亥，賜邵武軍被水者錢粟。

秋七月戊辰，作保康門。

八月，丁酉，禁周太祖葬冠劍地樵採。戊戌，張齊賢爲司空致仕。甲辰，詔樞密直學士限置六員。庚戌，淮南旱，減運河水灌民田，仍寬租限，州縣不能存恤致民流亡者罪之。己未，作五嶽觀。

九月辛未，張齊賢入對。壬申，觀新作延安橋。幸大相國寺、上清宫。射于宜春苑。癸酉，徙澄海三指揮屯嶺北州郡。戊子，王欽若、陳堯叟並爲樞密使、同平章事，丁謂爲户部侍郎、參知政事。庚寅，幸故鄆王、兖王宫。

冬十月戊午，延恩殿道場，帝瞻九天司命天尊降。己未，大赦天下，賜致仕官全奉。辛酉，作《崇儒術論》，刻石國學。

閏月己巳，上聖祖尊號。辛未，謝太廟。壬申，立先天、降聖節，五日休沐、輟刑。乙亥，詔上聖祖母懿號，加太廟六室尊謚。丙子，羣臣上尊號曰崇文廣武感天尊道應真佑德上聖欽明仁孝皇帝。丁丑，出舒州所獲瑞石，文曰「誌公記」。戊寅，建景靈宫、太極觀於壽丘。辛巳，建安軍鑄聖像。龍見雲中。戊子，御製配享樂章并二舞名，文曰《發祥流慶》，武曰《降真觀德》。

十一月丙申，親祀玉皇於朝元殿。甲辰，加王旦門下侍郎，向敏中中書侍郎，楚王元佐太師，相王元偓太傅，舒王元偁太保。内外官加恩。置玉清昭應宫使，以王旦爲之。丁未，作《汴水發願文》。庚戌，詔允言朝參。乙卯，罷獻珍禽異獸。

十二月甲子，置景福殿使。戊辰，作景靈宫。京師大寒，鬻官炭四十萬，減市直之半以濟貧民。壬申，改謚玄聖文宣王曰至聖文宣王。戊寅，溪峒張文喬等八百人來朝。己卯，知天雄軍寇準言獄空，詔奬之。乙酉，振泗州饑。丙戌，詔：天慶等節日，民犯罪情輕者釋之。丁亥，立德妃劉氏爲皇后。

是歲，交州、甘州、西涼府、溪峒蠻來貢。京城、河北、淮南饑，減直鬻穀以濟流民。

六年春正月癸巳朔，上御朝元殿受朝。司天監言五星同色。庚子，詔減配隸法十二條。戊申，禁内臣出使預民政。己酉，賜京師酺五日。辛亥，進封衛國、楚國、越國長公主三人爲徐國、邠國、宿國。庚申，置淑儀、淑容、順儀、順容、婉儀、婉容，在昭儀上。置司宫令，在尚宫上。以婕妤楊氏爲婉儀，貴人戴氏爲修儀，美人曹氏爲婕妤。辛酉，詔宗正寺以帝籍爲玉牒。

二月戊辰，觀酺。己亥，泰州言海陵草中生聖米，可濟飢。

三月丁未，詔沙門島流人罪輕者徙近地。乙卯，建安軍鑄玉皇、聖祖、太祖、太宗尊像成，以丁謂爲迎奉使。

夏四月庚辰，詔淮南給飢民粥，麥登乃止。癸未，幸元偁宫視疾。丙戌，詔諸州死罪可疑者詳審以聞。

五月壬辰，詔伎術官未升朝特賜緋紫者勿佩魚。甲辰，聖像至。丙午，詔：聖像所經郡邑減繫囚死罪，流以下釋之。升建安軍爲真州。乙卯，謁聖像，奉安於玉清宫。丁巳，遣使奏告諸陵。

六月壬戌，惟和卒。趙州黑龍見。丁卯，壽丘獻紫莖金芝。癸酉，保安軍雨，河溢，兵民溺死，遣使振之。丙子，詔翰林學士陳彭年等刪定《三司編敕》。丁丑，崇飾諸州黄帝祠廟。

秋七月癸巳，上清宫道場獲龍於香合中。己亥，中書門下表請元德皇后祔廟。庚子，行配祔禮。癸卯，詔天下勿税農器。己酉，亳州官吏父老三千三百人詣闕請謁太清宫。

八月庚申，詔來春親謁亳州太清宫。辛酉，以丁謂爲奉祀經度制置使。丙寅，禁太清宫五里内樵採。庚午，加號太上老君混元上德皇帝。置禮儀院。

九月庚寅，幸元偁宫視疾。丁酉，出玉宸殿種占城稻示百官。

冬十月辛酉，元德皇后祔廟。甲子，亳州太清宫枯檜再生。真源縣菽麥再實。癸酉，謁玉清昭應宫。己卯，作《步虚詞》付道門。壬午，降聖節賜會如先天節儀。

十一月辛亥，幸元偁宫視疾。癸丑，賜御史臺《九經》、諸史。甲寅，判亳州丁謂獻芝草三萬七千本。乙卯，龜兹遣使來貢。

十二月，庚申，涇原鈐轄曹瑋言發兵討原州界撥藏族違命者，捕獲甚衆。回鶻遣使來貢。己巳，天書扶侍使趙安仁等上奉天書車輅、鼓吹、儀仗。壬申，獻天書於朝元殿，遂告玉清昭應宫及太廟。乙亥，幸開寶寺、上清宫。己卯，幸太一宫。戎、瀘蠻寇平。

是歲，西蕃、高州蠻、龜兹來貢。

七年春正月辛丑，慮囚。壬寅，車駕奉天書發京師。丙午，次奉元宫。判亳州丁謂獻白鹿一，芝九萬五千本。戊申，王旦上混元上德皇帝册寶。己酉，朝謁太清宫。天書升輅，雨雪倏霽，法駕繼進，佳氣彌望。是夜，月重輪，幸先天觀、廣靈洞霄宫。曲赦亳州及車駕所經流以下罪。升亳州爲集慶軍節度，減歲賦十

之二。改奉元宫爲明道宫。太史言含譽星見。庚戌，御均慶樓，賜酺三日。壬子，詔所過頓、遞侵民田者，給復二年。丙辰，建南京歸德殿，赦境内及京畿車駕所過流以下罪。追贈太祖幕府元勛僚舊，録常參官逮事者並進秩，欲授子孫者聽。作鴻慶宫。

二月戊午，次襄邑縣，皇子來朝。庚申，夏州趙德明遣使詣行闕朝貢。辛酉，至自亳州。丙寅，詔大地壇非執事輒臨者斬。辛未，饗太廟。壬申，恭謝天地，大赦天下。乙亥，益州鑄大鐵錢。

三月，城渭井監。癸巳，雄州甲仗庫火。甲午，制加宰相王旦、向敏中、楚王元佐、相王元偓、舒王元偁、榮王元儼樞密使、同平章事。乙未，宴翔鸞閣。辛丑，發粟振儀州飢。復諸州觀察使兼刺史。甲辰，幸元偁宫視疾。丁未，封皇子慶國公。青州民趙嵩百一十歲，詔存問之。

夏四月丁巳，西涼府斯鐸督遣使來貢。己未，賜淮南諸州民租十之二。癸亥，河南府獄空，有鳩巢其户，生二雛。甲子，以歸義軍留後曹賢順爲歸義軍節度使。丙子，舒王元偁薨。

五月壬辰，王旦爲兖州景靈宫朝修使，乙未，又爲天書刻玉使。涇原言葉施族大首領豔般率族歸順。

六月乙卯，禁文字斥用黄帝名號故事。丙辰，眉州通判董榮受賕鬻獄，長安知縣王文龜酗酒濫刑，並投荒裔。戊午，戒州縣官吏決罪逾法。壬申，封婉儀楊氏爲淑妃。乙亥，樞密使王欽若罷爲吏部尚書，陳堯叟爲户部尚書。以寇準爲樞密使、同平章事。丙子，詔：棣州經水，流民歸業者給復三年。

秋七月辛丑，交州李公蘊敗鶴柘蠻，獻捷。甲辰，以同州觀察使王嗣宗、内客省使曹利用並爲樞密副使。

八月甲寅，置景靈宫使，以向敏中爲之。乙卯，除江、淮、兩浙被災民租。丁巳，楊光習坐擅領兵出砦，又誣軍中謀殺司馬張從吉，配隸鄧州。乙丑，給河東沿邊將士皮裘氈襪。甲戌，河決澶州。丁丑，命内臣奉安太祖、太宗聖像于鴻慶宫。辛巳，詔嶺南戍兵代還日人給裝錢五百。

九月，辛卯，尊上玉皇聖號曰太上開天執符御歷含真體道玉皇大天帝。戊戌，御試服勤詞學、經明行修舉人。辛丑，幸五嶽觀。

冬十一月乙酉，濱州河溢。玉清昭應宫成，詔減諸路繫囚罪流以下一等。己丑，加王旦司空，修宫使。壬辰，御乾元門觀酺。

十二月癸丑朔，日當食不虧。丙辰，詔王欽若等五人各舉京朝、幕職、州縣官詳練刑典、曉時務、任邊寄者二人。丁巳，詔川峽閩廣轉運、提點刑獄官察屬吏貪墨慘刻者。己未，作元符觀。庚申，契丹使蕭延寧等辭歸國。辛酉，加楚王元佐尚書令，相王元偓太尉，榮王元儼兼中書令，忠武軍節度使魏咸信同平章事，餘並進秩。涇原路請築籠竿城。

是歲，夏州、西涼府、高麗、女真來貢。淮南、江、浙飢，除其租。天下户九百五萬五千七百二十九，口二千一百九十七萬六千九百六十五。

八年春正月壬午朔，謁玉清昭應宫，奉表告尊上玉皇大天帝聖號，奉安刻玉天書于寶符閣，還御崇德殿受賀，赦天下，非十惡、枉法贓及已殺人者咸除之。文武官滿三歲者有司考課以聞。乙酉，詔環州緣邊卒人賜薪水錢。庚寅，置清衛二指揮奉宫觀。乙未，皇女入道。戊戌，徙棣州城。庚戌，詔王欽若等舉供奉官至殿直有武幹者一人。

二月，泗州周憲百五歲，詔賜束帛。甲寅，宗正寺火。丙辰，唃厮囉、立遵貢名馬。丙寅，以元佐爲天策上將軍、興元牧，賜劍履上殿，詔書不名。丁卯，遣使巡撫淮、浙路。癸酉，祈雨。丙子，詔進士六舉、諸科九舉者，許奏名。庚辰，大雨。

三月乙酉，幸元偓宫視疾。戊戌，宴宗室，射于苑中。壬寅，御試禮部貢舉人。

夏四月辛酉，賜宰相《五臣論》。壬戌，以寇準爲武勝軍節度使、同平章事，王欽若、陳堯叟並爲樞密使、同平章事。戊辰，德彝卒。壬申，榮王元儼宫火，延及殿閣内庫。癸酉，詔求直言。命丁謂爲大内修葺使。戊寅，王膺坐準詔言事乖繆貶。

五月壬午，榮王元儼罷武信軍節度使，降封端王。庚寅，熒惑犯軒轅。壬辰，廢内侍省黄門。禁金飾服器。庚子，放宫人一百八十四人。

六月，辛未，詔諸州以《御製七條》刻石。乙亥，惟忠卒。

閏月己卯，赦天下。庚辰，王欽若上《彤管懿範》。

七月丙辰，以諸州牛疫免牛税一年。戊午，王嗣宗爲大同軍節度使。丙寅，幸相王元偓新宫。以宫城火，詔諸王徙宫于外。丙子，幸瑞聖園觀稼，宴射于水心殿。

八月己卯，大理少卿閻允恭、開封判官韓允坐枉獄除名。戊戌，詔京兆河中

府、陝同華號等州貸貧民麥種。

九月，注輦國貢土物、珍珠衫帽。甲寅，唃厮囉聚衆數十萬，請討平夏人以自效。丁卯，宴宗室，射于後苑。己巳，賜注輦使袍服、牲酒。

冬十月乙巳，王欽若上《聖祖先天紀》。戊申，回鶻可羅等來貢。

十一月辛酉，相王元偓加兼中書令，端王元儼進封彭王。癸亥，高麗使同東女真來貢。

十二月戊寅，皇子冠。丁亥，侍禁楊承吉使西蕃還，以地理圖進。辛卯，皇子慶國公封壽春郡王。

是歲，占城、宗哥族及西蕃首領來貢。坊州大雨，河溢。陝西饑。

九年春正月丙辰，置會靈觀使，以丁謂爲之，加刑部尚書。壬申，以張士遜、崔遵度爲壽春郡王友。

二月丁亥，王旦等上《兩朝國史》。戊子，加旦守司徒，修史官以下進秩賜物有差。甲午，詔以皇子就學之所名資善堂。延州蕃部飢，貸以邊穀。

三月丙午，除雷州無名商税錢。秦州曹瑋撫捍蕃境得宜，詔嘉之。己酉，王欽若上《寶文統録》。辛酉，以西蕃宗哥族李立遵爲保順軍節度使。壬戌，詔舉官必擇廉能。癸亥，置修玉牒官。乙丑，著作佐郎高清以贓賄仗脊，配沙門島。

夏四月庚辰，周伯星見。丙申，賜天下酺。振延州蕃族飢。庚子，幸陳堯叟第視疾。壬寅，以唐相元稹七世孫爲台州司馬。

五月乙巳，邠寧環慶部署王守斌言夏州蕃騎千五百來寇慶州，内屬蕃部擊走之。癸丑，幸南宮視惟憲疾。甲寅，惟憲卒。乙卯，毛尸等三族蕃官馮移埋率屬來歸，詔撫之。丙辰，詔天下繫囚死罪減等，流以下釋之。丁巳，向敏中爲宫觀慶成使。甲子，左天厩草場火。

六月戊寅，幸會靈觀，宴祝禧殿。癸未，京畿蝗。

秋七月，撫水蠻寇宜州，廣南西路請便宜掩擊，許之。丁未，增築京師新城。丙辰，開封府祥符縣蝗附草死者數里。戊午，停京城工役。癸亥，以畿内蝗下詔戒郡縣。甲子，詔京城禁樂一月。丁卯，幸太乙宫、天清寺。

八月壬申，知秦州曹瑋言伏羌砦蕃部厮鷄波與宗哥族連結爲亂，以兵夷其族帳。丙子，令江、淮發運司留上供米五十萬以備飢年。磁、華、瀛、博等州蝗不爲災。丙戌，製玉皇聖號册文。以陳堯叟爲右僕射。戊子，以旱罷秋宴。壬辰，羣臣請受尊號册寶，表五上，從之。

九月癸卯，雄、霸河溢。甲辰，以丁謂爲平江軍節度使。丙午，陳彭年、王曾、張知白並參知政事。丁未，曹瑋言宗哥唃厮囉、蕃部馬波叱臘魚角蟬等寇伏羌砦，擊敗之，斬首千餘級。庚戌，以不雨罷重陽宴。利州水漂棧閣。甲寅，雨。督諸路捕蝗。丁巳，詔以旱蝗得雨，宜務稼省事及罷諸營造。戊午，禁諸路貢瑞物。戊辰，青州飛蝗赴海死，積海岸百餘里。己巳，詔：民有出私廪振貧之者，三千石至八千石第授助教、文學、上佐之秩。

冬十月己卯，王欽若表上《翊聖保德真君傳》。壬申，詔馮拯等各舉殿直以上武幹者一人。壬辰，置直龍圖閣。

十一月，會靈觀甘露降。乙巳，詔河、陝諸路州簡禁軍五百人。丁未，河西節度使石普坐妄言災異，除名流賀州。丁卯，以唐裴度孫坦爲鄭州助教。

是歲，西蕃宗哥族、邛部山後蠻、夏州、甘州來貢。諸州有隕霜害稼及水災者，遣使振卹，除其租。

天禧元年春正月辛丑朔，改元。詣玉清昭應宫薦獻，上玉皇大天帝寶册、袞服。壬寅，上聖祖寶册。己酉，上太廟謚册。庚戌，享六室。辛亥，謝天地于南郊，大赦，御天安殿受册號。乙卯，宰相讀天書於天安殿，遂幸玉清昭應宫，作《欽承寶訓述》示羣臣。壬戌，詔以四月旦日爲天祥節。丙寅，命王旦爲兗州太極觀奉上册寶使。

二月庚午，詔振災，發州郡常平倉。壬申，御正陽門觀酺。丁丑，置諫官、御史各六員，每月一員奏事，有急務聽非時入對。戊寅，王旦加太保，中書侍郎、平章事，向敏中加吏部尚書。楚王元佐領雍州牧；相王元偓加尚書令兼中書令，進封徐王；彭王元儼加太保；壽春郡王禎兼中書令。王欽若加右僕射，趙德明加太傅，中外官並加恩。辛巳，考課京朝官改秩及考者。壬午，定宗室子授官之制。庚寅，進封李公蘊爲南平王。秦州神武軍破宗歌族、馬波叱臘等於野吴谷，多獲人馬。己亥，陳彭年卒。

三月辛丑，以不雨禱于四海。壬寅，不雨，罷上巳宴。庚申，免潮州逋鹽三百七十萬有奇。辛酉，令作淖糜濟懷、衛流民。

夏四月庚辰，陳堯叟卒。戊子，邵州野竹生實，以食飢。

五月戊戌，詔所在安卹流民。戊申，以王旦爲太尉、侍中，五日一入中書，旦懇辭不拜。己酉，熒惑犯太微。乙卯，縱歲獻鷹犬。己未，奉太祖聖容於西京應天院，向敏中爲禮儀使。諸路蝗食苗，詔遣内臣分捕，仍命使安撫。

六月壬申，赦西京繫囚，死罪減一等，流以下釋之。父老年八十者賜茶帛，除其課役。戊寅，除昇州後湖租錢五十餘萬，聽民溉田。陝西、江淮南蝗，並言自死。庚辰，盜發後漢高祖陵，論如律，并劾守土官吏，遣内侍王克讓以禮治葬，知制誥劉筠祭告。因詔州縣，申前代帝王陵寢樵採之禁。乙酉，免大食國蕃客税之半。龜兹國使張復延等貢玉勒鞍馬，令給其直。己丑，王旦對于崇政殿。

秋七月丁未，霖雨，放朝。己未，幸魏咸信第視疾。甲子，魏咸信卒。

八月庚午，以王欽若爲左僕射兼中書侍郎、平章事。壬申，向敏中加右僕射兼門下侍郎。王旦對于便殿。丙子，詔京城禁圍草地聽民耕牧。丁丑，禁採獵。戊寅，免牛税一年。

九月癸卯，以參知政事王曾爲禮部侍郎，李迪爲參知政事，馬知節知樞密院事，曹利用、任中正、周起並同知樞密院事。丙午，幸王旦第視疾。戊申，以蝗罷秋宴。己酉，王旦薨。甲寅，詔能拯救汴渠覆溺者給賞，或溺者貧者以官錢給之。丁未，教衛士騎射。

冬十月辛未，詔閤門，自今審官、三班院、流内銓，後殿日引公事，勿過兩司。壬申，諭諸州非時災沴不以聞者論罪。己卯，罷京東上貢物。辛卯，賜壽春郡王及王友張士遜等詩。

十一月己亥，詔曲宴日輟後殿視事。辛丑，曹瑋平鬼留家族。壬寅，詔淮、浙、荆湖治放生池，禁漁採。乙卯，幸太一宫，大雪，帝謂宰相曰：「雪固豐稔之兆，第民力未充，慮失播種。卿等其務振勸，毋遺地利。」壬戌，契丹使耶律準來賀承天節。高麗使徐訥率女真首領入對崇政殿，獻方物。

十二月丙寅，京城雪寒，給貧民粥，并瘞死者。乙亥，罷京城工役。丙子，嚴寒，放朝。丁丑，放逋負，釋繫囚。己卯，女真國人歸，給裝錢。高麗使徐訥賜射瑞聖園。辛卯，詔陝西緣邊鬻穀者勿算。壬辰，遣使緣汴河收瘞流尸。

是歲，三佛齊、龜兹國來貢。諸路蝗，民飢。鎮戎軍風雹害稼，詔發廩振之，蠲租賦，貸其種糧。

二年春正月乙未，真遊殿芝草生。壬寅，振河北、京東飢。辛亥，賜壽春郡王《卹民歌》。戊午，王欽若等上《天禧大禮記》四十卷。己未，遣使諭京東官吏安撫飢民，又命諸路振以淖糜。

二月丙寅，甘州來貢。丁卯，壽春郡王加太保，進封昇王。詔近臣舉常參官堪任御史者。庚午，右正言劉燁請自今言事許升殿，從之。庚辰，振京西饑。乙西，幸徐王元偓宮視疾。

三月辛丑，修京城。丙辰，先貸貧民糧種止勿收。

夏四月戊子，幸飛山雄武教場，宴賜從臣將士。庚寅，赦天下，死罪減　等，流以下釋之。

閏月，辰州討下溪州蠻，斬首六十餘級，降千餘人。己亥，詔户部尚書馮拯等舉幕職、令録堪充京官者各二人。癸卯，馬知節爲彰德軍留後。丁未，靈泉出京師，飲者愈疾。作祥源觀。壬子，幸徐王元偓宮視疾。

五月壬戌，詔長吏卹孝弟力田者。甲子，徐王元偓薨。丁卯，釋下溪州蠻彭儒猛罪。丙戌，西京訛言妖如帽，夜蜚，民甚恐。

六月壬辰，詔三班使臣經七年者考課遷秩。己亥，詔諸州上佐、文學、參軍謫降十年者，聽還鄉。乙巳，訛言帽妖至京師，民夜叫譟達曙，詔捕嘗爲邪法人耿槩等棄市。辛亥，彗出北斗魁。

秋七月壬申，以星變赦天下，流以下罪減等，左降官羈管十年以上者放還京師，京朝官丁憂七年未改秩者以聞。丁亥，彗没。

八月庚寅，羣臣請立皇太子，從之。壬寅，下溪州彭儒猛納所掠漢生口、器甲等，詔賜袍帶。甲辰，立皇子昇王爲皇太子。大赦天下，宗室加恩，羣臣賜勛一轉。戊申，黎州山後兩林百蠻都王李阿善遣使來貢。壬子，彭王元儼進封通王。以李迪兼太子賓客。癸丑，作《元良箴》賜皇太子。甲寅，楚王元佐加興元牧，徐國長公主進封福國，邠國長公主進封建國，宿國長公主進封鄂國。乙卯，詔畎索河水入金水河。丙辰，以德雍、德文、惟政並爲諸州防禦使，允成、允升、允寧並爲諸州團練使。

九月丁卯，册皇太子。庚午，詔全給外戍諸軍物。庚辰，御乾元門觀酺。

冬十月庚子，御玉宸殿，召近臣觀刈占城稻，遂宴安福殿。

十二月辛丑，以張旻爲武寧軍節度使、同平章事。

是歲，占城國、甘州、溪峒、黎州山後蠻來貢。陝西旱，振之。江陰軍蝻不爲災。

三年春正月癸亥，貢舉人郭稹等見崇政殿。稹冒喪赴舉，命典謁詰之，即引咎，殿三舉。

二月乙未，河南府地震。

三月戊午朔，遣吕夷簡體訪陝、亳民訛言。丙寅，御試禮部貢舉人。癸未，

翰林學士、工部尚書錢惟演等坐知舉失實，降一官。甲申，潁州石隕出泉，飲之愈疾。

夏四月甲午，西上閤門使高繼勛坐市馬虧直削官。

五月丁巳，大食國來貢。乙丑，左諫議大夫戚綸坐訕上，貶岳州副使。辛未，慮囚。

六月癸未，浚淮南漕渠，廢三堰。甲午，王欽若爲太子太保。河決滑州。戊戌，以寇準爲中書侍郎兼吏部尚書、平章事，丁謂爲吏部尚書、參知政事。滑州決河，泛澶、濮、鄆、齊、徐境，遣使救被溺者，卹其家。

秋七月壬申，曹瑋卒。羣臣表上尊號曰體元御極感天尊道應真寶運文德武功上聖欽明仁孝皇帝。

八月丁亥，大赦天下。普度道釋童行。滑州龍見，河決。辛卯，太白晝見。己亥，慶州亡去熟户委乞等來歸。庚戌，遣使撫卹京東西、河北水災。

九月乙丑，慶州骨咩、大門等族歸附。辛巳，遣中官存問高麗貢使之被溺者。

冬十一月己巳，謁景靈宮。庚午，饗太廟。辛未，祀天地于圜丘，大赦天下。選兩任五考無責罰者試身、言、書、判。丁丑，御天安殿受尊號册。

十二月丙戌，富州蠻酋向光澤表納土，詔卻之。辛卯，向敏中加左僕射、中書侍郎兼禮部尚書、平章事，寇準加右僕射，通王元儼進封涇王，曹利用、丁謂並爲樞密使，百官加恩。癸巳，以任中正、周起並爲樞密副使。

是歲，高麗、女真來貢。江、浙及利州路飢，詔振之。

四年春正月乙丑，以華州觀察使曹瑋爲鎮國軍留後、簽署樞密院事。丙寅，開揚州運河。己巳，幸元符觀。庚午，贈處士魏野著作郎，賜其家粟帛。

二月，帝不豫。癸未，遣使安撫淮南、江、浙、利州飢民。滑州決河塞。辛丑，發唐、鄧八州常平倉振貧民。

三月戊午，以淄州民飢貸牛糧。甲子，振蓄部粟。庚午，詔：川峽致仕官聽還本貫。癸酉，川、廣舉人勿拘定額。己亥，振益、梓民飢。己卯，向敏中薨。

夏四月丁亥，大風，晝晦。庚寅，分江南轉運使爲東西路。丙申，杖殺前定陶縣尉麻士瑶於青州。

五月丁巳，發粟振秦、隴。

六月丙申，以寇準爲太子太傅、萊國公。河決滑州。壬寅，御試禮部奏名舉人九十三人。

秋七月，辛酉，京城大雨，水壞廬舍大半。丙寅，以李迪爲吏部侍郎兼太子少傅、平章事，馮拯爲樞密使、吏部尚書、同平章事。以霖雨壞營舍，賜諸軍緡錢。庚午，以丁謂爲平章事，曹利用同平章事。癸酉，入内副都知周懷政伏誅。丁丑，太子太傅寇準降授太常卿，翰林學士盛度、樞密直學士王曙並罷職。

八月，永興軍都巡檢使朱能殺中使叛。乙酉，以任中正、王曾並參知政事。詔利、夔路置常平倉。丙戌，朱能自殺。壬寅，寇準貶道州司馬。甲辰，賜諸軍器幣。入内押班鄭志誠坐交朱能削兩任，配隸房州。

九月己酉，分遣近臣張知白、晁迥、樂黄目等各舉常參官，諸路轉運及勸農使各舉堪京官、知縣者二人，知制誥、知雜御史、直龍圖閣各舉堪御史者一人。丙辰，始御崇德殿視事，治朱能黨，死、流者數十人。己未，久雨，放朝。壬戌，給事中朱巽、工部郎中梅詢坐不察朱能姦謫官。丁卯，赦天下。己巳，遣使安撫永興軍。壬申，賜京城酺。

冬十月戊寅，命依唐制雙日不視事。壬午，幸正陽門觀酺。帝自不豫，浸少臨行，至是人情大悦。壬辰，以王欽若爲資政殿大學士。甲辰，減水災州縣秋租。丙午，召皇子、宗室、近臣玉宸殿觀稻，賜宴。

十一月戊午，召近臣於龍圖閣觀御製文詞，帝曰：「朕聽覽之暇，以翰墨自娱，雖不足垂範，亦平生游心於此。」宰臣丁謂請鏤板宣布。庚申，内出御製七百二十二卷付宰臣。丙寅，丁謂加門下侍郎兼太子太傅，李迪加中書侍郎兼尚書左丞，依前少傅。迪、謂忿争於帝前。戊辰，罷謂爲户部尚書，迪爲户部侍郎。任中正、王曾、錢惟演並兼太子賓客，張士遜、林特並兼太子詹事，晏殊爲太子左庶子。己巳，詔謂赴中書視事如故。庚午，詔自今除軍國大事仍舊親決，餘皆委皇太子同宰相、樞密使等參議行之。太子上表陳讓，不允。以丁謂兼太子少師，馮拯兼少傅，曹利用兼少保。辛未，詔自今羣臣五日於長春殿起居，餘隻日視朝於承明殿。甲戌，丁謂等請作天章閣奉安御集。

十二月乙酉，皇太子親政，詔内臣傳旨須覆奏。丁亥，龜兹、甘州回鶻遣使來貢。己丑，王欽若加司空。庚寅，議事資善堂，命張景宗侍皇太子。丁酉，以王欽若爲山南東道節度使、同平章事。

閏月丁卯，以唃厮囉爲邊患，詔陳堯咨等巡撫。庚午，京城穀貴，減直發常平倉。乙亥，帝不豫，力疾御承明殿，賜手書宰相，諭以輔導儲貳之意。

是歲，京西、陝西、江、淮、荆湖諸州稔。

五年春正月己丑，帝疾愈，出幸啓聖院。癸巳，詔天下死罪降，流以下釋之。乙未，遣使撫京東水災。丁酉，以張士遜爲樞密副使。己亥，宴近臣承明殿。

二月甲寅，審刑院言天下無斷獄。丙寅，賜天下酺。庚午，以孔子四十七世孫聖祐襲封文宣公。

三月辛巳，御正陽門觀酺。辛丑，京東、西水災，賜民租十之五。壬寅，丁謂加司空，馮拯加左僕射，曹利用加右僕射，任中正工部尚書。

五月乙亥，慮囚，降天下死罪。

秋七月，戊寅，新作景靈宫萬壽殿。

九月戊寅，唃厮囉請降。

冬十月癸卯，蠲京東西、淮、浙被災民租。壬子，依漢、唐故事，五日一受朝，遇慶會，皇太子押班。

十一月戊子，王欽若以山南東道節度使坐擅赴闕，降司農卿，分司南京。

是歲，高麗遣使來貢。京東、河北、兩川、荆湖稔。

乾興元年春正月辛未朔，改元。丁亥，御東華門觀燈。戊戌，蠲秀州水災民租。

二月庚子，大赦天下。癸卯，上尊號曰應天尊道欽明仁孝皇帝。詔蘇、湖、秀州民飢，貸以廪粟。甲辰，制封丁謂爲晉國公，馮拯爲魏國公，曹利用爲韓國公。庚戌，詔徐州振貧民。甲寅，對宰相于寢殿。帝不豫增劇，禱于山川神祇。戊午，帝大漸，遺詔皇太子於柩前即皇帝位。尊皇后爲皇太后，權處分軍國事，淑妃爲皇太妃。

帝是日崩于延慶殿，年五十五，在位二十六年。十月己酉，葬永定陵。己未，祔太廟。天聖二年十一月，上尊謚曰文明武定章聖元孝皇帝，廟號真宗。慶曆七年，加謚膺符稽古神功讓德文明武定章聖元孝皇帝。

王稱《東都事略》卷四《真宗紀一》 真宗膺符稽古成功讓德文明武定章聖元孝皇帝，太宗第三子也，母曰元德皇后李氏，以開寶元年十二月生于開封第，赤光照室。

幼而聰睿，姿表奇異，與諸王戲，好作戰陳之狀，自稱元帥。太祖愛之，謂之曰：「汝爲天子否？」對曰：「由天命耳。」

太平興國八年，拜同中書門下平章事，封韓王。端拱元年，加侍中、判南淮南節度使，封襄王。淳化五年，爲開封尹，進封壽王。至道元年八月，立爲皇太子，仍判府事。

三年三月癸巳，太宗崩，奉遺制即皇帝位于柩前。夏四月乙未，尊皇后曰皇太后，大赦天下。皇弟元份封雍王，元傑兗王，元偓彭城郡王，元偁安定郡王，元儼曹國公。李至、李沆並參知政事。五月丁卯，詔求直言極諫。甲戌，李昌齡貶。丁亥，立秦國夫人郭氏爲皇后。六月戊戌，皇叔廷美追復秦王。辛丑，詔天下勿得以祥瑞來獻。甲辰，皇兄元佐復封楚王。乙巳，追册莒國夫人潘氏爲皇后。錢若水罷。秋八月己亥，曹彬樞密使兼侍中，趙鎔罷，向敏中、夏侯嶠並樞密副使，李惟清罷。冬十月乙酉，葬神功聖德文武皇帝于永熙陵。十二月丙申，追尊帝母賢妃李氏爲皇后。

咸平元年春正月辛酉朔，改元。二月甲午，詔曰：「昔之哲王，樂聞己過，博延讜論，庸致時雍。矧于沖人始嗣基業，政化猶鬱，星變遽彰，敢忘責躬，以答垂譴。其令有位，極言無隱。」夏五月戊午朔，日有食之。冬十月丙戌朔，日有食之。戊子，吕端罷，張齊賢、李沆並同中書門下平章事，李至罷。己丑，温仲舒、夏侯嶠罷，向敏中參知政事，楊礪、宋湜並樞密副使。

二年春閏三月庚寅，詔開言路。夏六月，詔曰：「服用之制，條式具存，儻奢僭不懲，則耗蠹茲甚。自今臣庶，有鋪金泥玉之飾，其禁之。」戊午，曹彬薨。己丑，王顯樞密使。秋八月乙卯，羣臣上尊號曰崇文廣武聖明仁孝皇帝。癸酉，楊礪薨。冬十一月丙戌，合祭天地于圜丘，奉太祖、太宗並配，大赦天下。契丹寇邊。乙未，詔幸河北。己酉，李沆留守京師。十二月甲寅，發京師。戊午，駐蹕澶州。甲子，次大名。契丹寇威虜軍。王師破契丹于五合川。

三年春正月己卯朔，益州軍亂。向敏中權同知樞密院事。契丹寇河間，康保裔死之。庚申，赦河北。壬辰，宋湜薨。甲午，發大名。益州叛軍推王均爲首。庚子，皇帝至自大名。二月癸亥，王顯罷。周瑩、王繼英並知樞密院事，王旦同知院事。三月，己卯，葬元德皇后。夏五月丁丑，赦天下。六月丁卯，向敏中爲河北、河東宣撫大使。冬十月，雷有終復益州，王均伏誅。十一月壬午，詔曰：「在昔，黄帝有下風之問，伯禹有昌言之拜，勤納規諫，以致雍和，君臣叶心，上下無壅。永念于此，予心惕然。間者深詔朝倫，大闢言路，而箝結相尚，啓沃無聞。豈朕之誠信未孚邪？將庶官狃於因循也。今順攷舊規，延進讜議，凡朕躬過失，時政違尤，教令之闕遺，人情之壅閼，並可條上，勿或緘藏。言近訐者，

亦議優容；文不工者，許其直致。固將親覽，宜體至懷。」甲申，張齊賢罷。

四年春二月丙寅，詔舉賢良方正直言極諫。三月庚寅，吕蒙正、向敏中並同中書門下平章事。辛卯，王化基罷。王旦參知政事，馮拯、陳堯叟同知樞密院事。夏四月己未，王欽若參知政事。秋九月，李繼遷陷清遠軍。冬十一月，王顯大破契丹于威虜軍。

五年春二月癸酉，詔曰：「比司帑廩者，以羨剩爲勞，蓋出納之際，有所輕重，此可責而不可獎也。宜令有司嚴加戒勵，無復使然。」三月，李繼遷陷靈州，守臣裴濟死之。夏六月己卯，周瑩罷。冬十月丁亥，向敏中罷。十一月壬寅，合祭天地于圜丘，大赦天下。己酉，皇子祐封信國公。

六年夏四月，契丹入寇，王超逆戰于定州之望都，王繼忠陷于陳。辛巳，皇子祐薨。秋七月癸丑，兖王元傑薨。九月甲辰，吕蒙正罷。冬十二月甲子，詔曰：「朕爲民司牧，罔敢逸豫，冀聞闕政，屢詔讜言，而羣臣奏封，罕有極陳得失。豈詢求之未至，何循默以自持。其令御史臺諭内外官，各上所見，勿爲顧避。」李繼遷攻西涼。戊寅，赦天下。

景德元年春正月丙戌朔，大赦天下，改元。辛丑，京師地震。丁未，復震。二月，西涼潘羅支擊李繼遷，繼遷中流矢死。三月己亥，皇太后崩于萬安宫。秋七月丙戌，李沆薨。庚寅，畢士安參知政事。八月己未，畢士安、寇準並同中書門下平章事，王繼英樞密使，馮拯、陳堯叟並改僉書樞密院事。契丹入寇。乙巳，河決澶州。閏月，以王欽若判天雄軍。契丹將撻覽率衆寇威虜、順安軍，又與契丹主及其國母寇定州，駐于陽城淀以求和。契丹寇岢嵐軍。冬十月，王繼忠以契丹來請和，命曹利用使于契丹。丁未，皇弟元份留守京師。十一月辛亥，契丹寇瀛州，又逼冀州。庚午，皇帝親征。王繼忠爲契丹請和。契丹率衆犯澶州，射殺其將撻覽。丙子，幸北砦。戊寅，移御澶州北城行宫。曹利用還。十二月，契丹使韓玘來請和。詔諸將按兵。壬辰，赦河北。癸巳，皇弟元份疾，以王旦權留守。甲午，發澶州。契丹使丁振來上誓書。契丹出塞。戊戌，皇帝至自澶州。

二年春正月庚戌朔，大赦天下。夏四月己亥，詔河北諸州葺城池。癸卯，王欽若罷。馮拯參知政事。六月，趙德明歸款。秋七月甲子，詔復賢良方正能直言極諫、博通墳典達於教化、才識兼茂明於體用、武足安邊洞明韜略、運籌決勝軍謀宏遠、才任邊寄堪爲將帥六科。八月戊寅，雍王元份薨。冬十月乙酉，畢士安薨。十一月丁巳，合祭天地于圜丘，大赦天下。皇弟元偓封寧王，元偁舒王，元儼廣陵郡王。

三年春二月丁亥，王繼英薨。戊戌，寇準罷。王旦同中書門下平章事。己亥，王欽若、陳堯叟並知樞密院事，趙安仁參知政事，韓崇訓、馬知節僉書樞密院事。冬十月，葬明德皇后。

四年春正月甲辰，陳堯叟留守京師。己未，皇帝朝謁諸陵，發京師。丙寅，奠獻安陵、永昌、永熙陵及諸后陵。二月己巳，幸西京。辛卯，發西京。甲午，次鄭州，遣使謁周嵩、慶二陵。三月己亥，皇帝至自西京。夏四月辛巳，皇后郭氏崩。甲午，詔曰：「榷酤之利，素有定規，過求羨贏，是縱掊克。自今中外不得增課，庶以息民。」六月乙卯，葬莊穆皇后。秋七月，宜州軍校陳進以宜州亂，陷柳象州、懷遠軍。八月庚子，韓崇訓罷。冬十月，曹利用擊敗賊黨，陳進伏誅。乙卯，詔曰：「拷掠之法，素著科條，非理擅行，兹謂慘酷。諸道官司，應有非法訊囚之具，一切毁棄。」

大中祥符元年春正月乙丑，天書大中祥符三篇降于左丞天闕之上。戊辰，大赦天下，改元。夏四月甲午，詔以十月有事于泰山。王欽若、趙安仁爲泰山封禪經度制置使。丙午，作玉清昭應宫。五月戊子，詔貴戚進奉物，勿以銷金文繡爲飾。六月乙未，天書再降于泰山醴泉。庚戌，赦兖州。辛亥，羣臣上尊號曰崇文廣武儀天尊道寶應章感聖明仁孝皇帝。秋八月己丑，上太祖、太宗尊謚。九月庚申，向敏中留守京師。甲子，皇帝奉天書告太廟。冬十月辛卯，發京師。辛亥，享昊天上帝于泰山之圜壇，陳天書于左，奉太祖、太宗配。命羣臣享五方帝諸神于山下。大赦天下。丙辰，次兖州。十一月戊午，幸曲阜，進謁文宣王廟，加上文宣王曰玄聖文宣王。丁丑，皇帝至自泰山。壬午，以正月三日爲天慶節。甲申，親享六室。十二月，皇弟元儼封榮王。

二年冬十月甲午，詔天下置天慶觀。十一月丙辰，皇帝作文武七條，賜文臣任轉運使以下至知縣，武臣任將帥以下至巡檢者。

三年春閏二月戊辰，赦京畿。秋八月，詔以來年春有事于汾陰，以陳堯叟爲祀汾陰經度制置使。冬十一月，陝州黄河清。十二月，又清。向敏中留守京師。

四年春正月丙申，以六月六日天書再降日爲天貺節。丁酉，皇帝奉天書發京師。庚子，至氾水。辛丑，望拜諸陵。二月辛酉，皇帝詣睢上，祀后土地祇，奉太祖、太宗配。大赦天下。三月，次西京。丙申，謁安陵、永昌、永熙，元德皇后

陵。夏四月，皇帝至自汾陰。皇弟元偓封相王。五月乙未，詔曰：「峻極之岳，神靈主焉，其加上五嶽帝號。」秋七月壬申，詔兩浙、福建、荆湖、廣南路諸州，每歲丁錢四十五萬四百千，悉(降)〔除〕之。甲午，馮拯罷。八月乙巳，河決通利軍。

五年夏四月戊申，向敏中同中書門下平章事。三司言民有販茶違法者，許同居告，上曰：「以利而壞風俗，可乎？」不許。九月戊子，王欽若、陳堯叟並樞密使，同平章事，馬知節樞密副使，丁謂參知政事。趙安仁罷。冬十月戊午，九天司命天尊降于延恩殿，諭以本人皇九天之一，乃趙始祖，再降爲黃帝，後唐時復降，主趙氏之族。己未，大赦天下。閏月己巳，上天尊聖號曰聖祖上靈高道九天司命保生天尊大帝。辛未，謁謝太廟。壬申，詔避聖祖名。以七月一日爲先天節，十月二十四日爲降聖節。乙亥，上聖祖母懿號曰元天大聖后，又加上太廟六室尊謚。丙子，羣臣上尊號曰崇文廣武感天尊(帝)〔道〕應真佑德上聖欽明仁孝皇帝。十二月丙申，親祀玉皇于朝元殿，以聖祖、太祖、太宗配。十二月壬申，改謚孔子爲至聖文宣王。丁亥，以德妃劉氏爲皇后。

六年春正月辛酉，詔宗正寺以帝籍爲玉牒。夏五月，赦東京建安軍，以鑄玉皇、聖祖、太祖、太宗尊像成故也。秋七月癸卯，詔天下勿税農器。八月庚申，詔以來春親謁亳州太清宮。辛酉，以丁謂爲奉祀經度制置使。庚午，加上老子號曰太上老君混元上德皇帝。冬十二月，丙寅，寇準留守京師。

七年春正月壬寅，皇帝奉天書發京師。己酉，朝謁太清宮。庚戌，幸亳州，謁聖祖殿。乙卯，次應天府。丙辰，詔曰：「應天府，太祖興王之邦也，其建南京。」作鴻慶宮。二月辛酉，皇帝至自亳州。壬申，恭謝天地于南郊，大赦天下。三月丁未，皇子封慶國公。夏四月丙子，舒王元偁薨。六月乙亥，王欽若、陳堯叟、馬知節罷。寇準樞密使。秋七月癸卯，王嗣宗、曹利用並樞密副使。九月辛卯，上玉皇聖號曰太上開天執符御曆含真體道玉皇大天帝。冬十二月己未，作元符觀。

八年春正月壬午朔，大赦天下。夏四月壬戌，寇準罷。王欽若、陳堯叟復爲樞密使。丙寅，詔曰：「倉庾出納，自今勿得以羨餘爲吏課。」壬申，榮王宮火。五月庚子，放宮人一百八十四人。丙午，皇弟元儼降封端王。詔宗室皇親及外庭臣庶之家，不得以銷金、戧金、金線之類爲衣服器用。六月，閏月己卯，大赦天下。秋七月戊午，王嗣宗罷。冬十一月辛酉，皇弟元儼封彭王。十二月辛卯，皇子封壽春郡王。

九年春正月丙辰，張旻樞密副使。夏五月，景靈宮會靈觀、兖州景福宮太極觀成。秋七月，蝗。八月丙戌，陳堯叟罷。九月甲辰，丁謂罷。丙午，陳彭年、王曾、張知白並參知政事，任中正樞密副使。宗哥唃廝羅入寇，曹瑋擊敗之。冬十一月乙卯，詔改元。

天禧元年春正月，薦獻玉皇大天帝于玉清昭應宮，上聖祖天尊大帝仙服于景靈宮。辛亥，恭謝天地于南郊，大赦天下。以四月一日爲天祺節。二月戊寅，皇弟元偓封徐王。己亥，陳彭年薨。夏四月乙亥，頒聖祖金寶牌于天下。五月戊申，王旦爲太尉、侍中，遇軍國重事，不限時日入預參決。六月壬申，赦西京。秋七月丁巳，王旦罷。八月庚午，王欽若同中書門下平章事。張旻罷。戊寅，免牛税。九月癸卯，王曾罷。李迪參知政事，馬知節知樞密院事，曹利用、任中正、周起並同知院事。冬，大雪。

二年春二月丁卯，皇子封昇王。夏四月庚寅，赦天下。癸卯，馬知節罷。作祥源觀。五月壬戌，詔曰：「民勤稼穡，家有儲偫，所以備流行之災，而末俗澆浮，罕務蓄積，歲或小歉，便至流亡，豈教導之方未甚篤也。今禾麥將稔，令所在長吏躬親勉諭，無使復然。」甲子，徐王元偓薨。六月乙未，曹利用知樞密院事。秋七月壬申，赦天下。八月甲辰，詔以皇子昇王爲皇太子，大赦天下。壬子，皇弟元儼封通王。冬十二月丙午，張知白罷。

三年春三月，是月，朱能以天書降于乾祐山中。夏六月甲午，王欽若罷。河決滑州。戊戌，寇準同中書門下平章事，丁謂參知政事。秋七月壬申，羣臣上尊號曰體元御極感天尊道應真寶運文德立功上聖欽明仁孝皇帝。八月丁亥，大赦天下。冬十一月乙卯，詔曰：「自今犯酒麴、銅鍮等條，有死刑者去之。」己巳，月重輪。辛巳，合祭天地于圜丘，大赦天下。十二月辛卯，皇弟元儼封涇王。曹利用、丁謂並樞密使，任中正、周起並副使。

四年春正月乙丑，曹瑋僉書樞密院事。三月己卯，向敏中薨。夏六月丙申，寇準罷。秋七月丙寅，李迪同中書門下平章事，馮拯樞密使。庚子，丁謂同中書門下平章事。癸酉，誅內侍周懷政。八月乙酉，任中正、王曾並參知政事，錢惟演樞密副使。九月丙辰，周起、曹瑋罷。丁卯，赦天下。冬十一月戊辰，丁謂、李迪罷。己巳，謂仍赴中書視事，馮拯同中書門下平章事。庚午，詔：「自今除軍國大事，朕自親決，餘皆委皇太子同宰相、樞密使等參議施行。」十二月乙亥，皇帝不豫。

五年春正月癸巳，赦天下。丁酉，張士遜樞密副使。

乾興元年春正月辛未朔，改元。二月庚子朔，大赦天下。詔自今中外所上表，咸去稱號。羣臣請上尊號曰應天尊道欽明仁孝皇帝，從之。庚戌，皇帝不豫。戊午，皇帝崩于延慶殿，聖壽五十五，殯于殿之西階，羣臣上尊謚曰文明章聖元孝皇帝，廟號真宗。冬十月己酉，葬永定陵。天聖二年，加上尊謚曰文明武定章聖元孝皇帝。慶曆七年，再加上尊謚曰膺符稽古神功讓德文明武定章聖元孝皇帝。

雜録

備録

丁謂《丁晉公談録》 真宗忽一日於龍圖閣，諸侍讀、侍講學士、待制、直閣環侍，以問《九經》書並疏共多少卷數，侍講邢昺尚書而下俱不能對。

江休復《江鄰幾雜志》 真宗宴近臣禁中，語及《莊子》。忽命呼秋水至，則翠環緑衣小女童也，誦《秋水》之篇，聞者莫不悚異。

歐陽修《歸田録》卷一 真宗好文，雖以文辭取士，然必視其器識。每御崇政賜進士及第，必召其高第三四人並列於庭，更察其形神磊落者，始賜第一人及第，或取其所試文辭有理趣者。徐奭《鑄鼎象物賦》云：「足惟下正，詎聞公餗之欹傾；鉉乃上居，實取王臣之威重。」遂以爲第一；蔡齊《置器賦》云：「安天下於覆盂，其功可大。」遂以爲第一人。

司馬光《涑水記聞》卷六 真宗嘗讀《易》，召大理評事馮元講《泰卦》。元曰：「泰者，天氣下降，地氣上騰，然後天地交泰。亦猶君意接於下，下情達於上，無有壅蔽，則君臣道通。嚮若天地不交，則萬物失宜；上下不通，則國家不治矣。」上大悦，賜元緋衣。

真宗東封還，羣臣獻歌頌稱贊功德者相繼，惟進士孫籍獻書言：「封禪帝王之盛事，然願陛下慎於盈成，不可遂自滿假。」上善其言，即召試中書，賜同進士出身。

真宗即位，每旦，御前殿，中書、樞密院、三司、開封府、審刑院及請對官以次奏事，辰後入宮上食。少時，出坐後殿，閲武事，至日中罷。夜則召侍讀、侍講學士，詢問政事，或至夜分還宮。其後率以爲常。

真宗晚年不豫，嘗對宰相盛怒曰：「昨夜皇后以下皆云，劉氏獨置朕於宮中。」衆知上眊亂誤言，皆不應。李迪曰：「果如是，何不以法治之？」良久，上寤，曰：「無是事也。」章獻在帷下聞之，由是惡迪。初，自給事中、參知政事除工部尚書、平章事，既而貶官，十餘年，歷諸侍郎，景祐初，復以工部尚書入相。陸子履云。

真宗嘗謂李宗諤曰：「聞卿能敦睦宗族，不隕家聲，朕今保守祖宗基業，亦猶卿之治家也。」

真宗初即位，以工部侍郎郭贄知天雄軍，郭贄辭訴不肯赴職，上不許。贄退，上以問宰相，對曰：「近例亦有已拜而復留不行者。」上曰：「朕初嗣位，命贄爲大藩而不行，後何以使羣臣？」卒遣之。

魏泰《東軒筆録》卷一 太宗以元良未立，雖意在真宗，尚欲遍知諸子，遂命陳摶歷抵王宮，以相諸王。摶回奏曰：「壽王真他日天下主也。臣始至壽邸，見二人坐於門，問其姓氏，則曰張旻、楊崇勳，皆王左右之使令。然臣觀二人，他日皆至將相，即其主可知。」太宗大喜。是時，真宗爲壽王。異日，張旻侍中，楊崇勳使相，皆如摶之相也。

真宗天縱睿明，博綜文學，尤重儒術，凡侍從之臣，每因賜對，未始不從容顧問。真宗善設論，雖造次應答，皆典雅有倫。當時儒學之士擢爲侍從，則有終身不爲外官者。杜鎬以博學尤承眷禮，晚年苦肺疾，累乞閒地，真宗不允，至數年加劇，又於便坐懇述。真宗曰：「卿自擇一人學術可以代卿者。」鎬於是薦戚綸以代，又逾年，未及得請而卒。

真宗聖性好學，尤愛文士。即位之初，王禹偁爲知制誥，坐事謫守黄州，謝上表有「宣室鬼神之問，豈望生還；茂陵封禪之書，唯期身後」之語。真宗覽表，驚其辭之悲，方欲内徙，會黄州境有二虎鬭而食其一，占者以爲咎在守土之臣。遽有旨移守蘄州，以避其變，勑下，而禹偁死矣。

吴處厚《青箱雜記》卷三 真宗聽政之暇，唯務觀書，每觀畢一書，即有篇詠，使近臣賡和，故有御製《看尚書詩》三章、《看春秋》三章、《看周禮》三章、《看毛詩》三章、《看禮記》三章、《看孝經》三章。復有御製《讀史記》三章、《讀前漢書》三首、《讀後漢書》三首、《讀三國志》三首、《讀晉書》三首、《讀宋書》二首、《讀

陳書》二首、《讀魏書》三首、《讀北齊書》二首、《讀後周書》三首、《讀隋書》三首、《讀唐書》三首、《讀五代梁史》三首、《讀五代後唐史》三首、《讀五代晉史》二首、《讀五代漢史》二首、《讀五代周史》二首。可謂近代好文之主也。

釋文瑩《湘山野録》卷中　真宗居藩邸，升儲宮，命侍講邢昺説《尚書》凡八席，《詩》、《禮》、《論語》、《孝經》皆數四。既即位，咸平辛丑至天禧辛酉二十一年之間，雖車輅巡封，遍舉曠世闊典，其間講席歲未嘗輟。至末年，詔直閣馮公元講《周易》，止終六十四卦，未及《繫辭》，以元使虜，遂罷。及元歸，清蹕漸不豫。後仁宗即位半年，侍臣以崇政殿閣所講遺編進呈，方册之上，手澤凝籤，及細筆所記異義，歷歷盡在。兩宮抱泣於靈幄數日，命侍臣撰《講席記》。

釋文瑩《湘山野録》卷下　真宗深念稼穡，聞占城稻耐旱，西天菉豆子多而粒大，各遣使以珍貨求其種。占城得種二十石，至今在處播之。西天中印土得菉豆種二石，不知今之菉豆是否？始植於後苑，秋成日宣近臣嘗之，仍賜占稻及西天菉豆御詩。

釋文瑩《續湘山野録》　景德初，匈奴寇澶，車駕議幸。時曹武公瑋及秦翰爲澶駐泊，詔許便宜軍馬事，不由中覆。二將議曰：「戚輅不過河則已，萬一渡橋，奈北澶州素不設備。」遂督士卒深闊渠以遶，城遂開，旋以枯蒿雜草覆渠面，使虜不測其深淺。駕至澶，臣僚乞駐蹕澶南，宣靈誅以滅之可也。唯高殿前瓊力挽鑾駕以進，揚其聲曰：「儒人之言多二三，願陛下勿遲疑，不渡河無以安六軍之心。」御駕方渡橋時，士卒不山呼，左右頗異之。瓊曰：「乞急張黄屋，使遠邇認之。」既而果齊聲呼「萬歲」！士氣歡振。是夕，車駕次北澶，匈奴毳帳前一里，星殞如巨石，其聲鳴吼，移刻殆盡，此最爲澶淵之先吉也。皇弟雍王元份留守東京，暴中風眩，急詔王文正旦代司留都事。

釋文瑩《玉壺清話》卷二　真宗喜談經，一日，命馮元談《易》，非經筵之常講也。謂元曰：「朕不欲煩近侍久立，欲於便齋亭閣選純孝之士數人，上直司人，便衮頂帽，横經竝坐，暇則薦茗果，盡笑談，削去進説之儀，遇疲則罷。」元薦查道、李虚己、李行簡三人者預焉。奏曰：「道，歙州人，母病嘗思鱖羹，方冬無有市者，道泣禱河神，鑿冰脱巾，取得鱖魚果尺餘以饋母，後舉賢良入第四等。虚己母喪明，醫者曰『浮翳泊睛，但舌舐千日，勿藥自瘳。』虚己舐睛二年，遂明。行簡父患癱極痛楚，以口吮其敗膏，不唾於地，父疾遂平。」真宗立召之，曰俾陪侍，喜曰：「朕得朋矣。」

王闢之《澠水燕談録》卷一　真宗一日晚坐承明殿召學士對，既退，中人就院宣諭曰：「朕適忘御袍帶，卿無訝焉。」學士將降謝，中人止之云：「上深自媿責，有旨放謝。」真宗禮遇詞臣厚矣。

太祖討平諸國，收其府藏貯之别府，曰封樁庫，每歲國用之餘皆入焉。嘗語近臣曰：「石晉割幽、燕諸郡以歸契丹，朕憫八州之民久陷夷虜，俟所蓄滿五百萬緡，遣使贖北虜，以贖山後諸郡。如不我從，即散府財募戰士，以圖攻取。」會上晏駕，乃寢。後改曰左藏庫，今爲内藏庫。

邵伯温《邵氏聞見録》卷一　真宗東封西祀，禮成，海内晏然。一日，開太清樓宴親王、宰執，用仙韶女樂數百人。有司以宫嬪不可視外，於樓前起彩山幛，樂聲若出於雲霄間者。李文定公、丁晉公坐席相對，文定令行酒黄門密語晉公曰：「如何得倒了假山？」晉公微笑。上見之，問其故，晉公以實對，上亦笑，即命女樂列樓下，臨軒觀之。宣勸益頻，文定至霑醉。

江少虞《宋朝事實類苑》卷四八　太宗八子，真宗爲第三，已封壽王。詔一異僧忘其名入禁中，遍相諸王，已見七王矣。惟真廟時方寢息，未得見之，僧奏曰：「遍觀諸邸，皆不及壽王者。」上曰：「卿未見，安得知？」僧曰：「見三僕立其門，皆將相材器，其僕既爾，主可知矣。」三僕者，乃張相耆、楊相崇勳、郭太尉承祐。

袁褧《楓窗小牘》卷下　真宗時，賈昌朝撰《國朝時令》。初景祐中，丁度等承詔約唐時令爲國朝時令，以備宣讀。最後，昌朝又參以蔡邕、高誘、李林甫諸家月令之記爲集。時劉安静撰《時鏡》，所書以四時分十二月，各繫其事。孫昱撰《備用時令》，見賈昌朝所奏時令。見夫紹興中，雖訪得之，非復舊本，乃以景祐曆書者，日月之合，疏列分度，併取一二名數，註字音於下，以備閲時之宜焉。

真宗皇帝祀汾而還，駕過伊闕，親洒宸翰，爲銘勒石，文不加點，羣臣皆呼萬歲。其文曰：「夫結而爲山，融而爲谷，設險阻於地理，資守距於國都，足以表坤載之無疆，示神州之大壯者也。矧復洪源南導，高岸中分，夏禹濬川，初通闕塞；周成相宅，肇建王城，風雨所交，形勢斯在。靈葩珍木，接畛而揚芬；盤石檻泉，奔流而激響。寶塔千尺，蒼崖萬尋，祕等覺之真身，刻大雄之尊像，豈獨勝遊之是屬，故亦景貺之潛符。躬薦兩圭，祝汾陰而祈民福；言旋六轡，臨雒宅而觀土風。既周覽於名區，乃刊文於真石。銘曰：高闕巍峩，羣山迤邐，乃固王域，是通伊水。形勝居多，英靈萃止，螺髻偏摩，雁塔高峙。奠玉河濱，回輿山

趾，鳴蹕再臨，貞珉斯紀。」

王明清《揮麈録・後録》卷五 大中祥符間，章聖祀汾陰，至泰山下，聚觀者幾數萬人，闐擁道路，警蹕不能進。上以詢左右，或云：「村民所畏者尉曹也，俾彈壓之。」即命亟召之。少焉，一緑衣少年躍馬疾馳而前，羣氓大呼：「官人來矣！」奔走辟易而散。上笑云：「我不是官人邪？」王嶼季夷云。

王明清《投轄録》 祥符中，封禪事竣，宰執對于後殿。真宗曰：「治平無事，久欲與卿等至一二處未能，今日可矣。」遂引羣公及内侍數人入一小殿。殿後有假山甚高，而山面有洞。上既先入，復招羣公從行。初覺暗甚，行數十步則天宇豁然，千峰百嶂，雜花流水，盡天下之偉觀。少焉，至一所，重樓複閣，金碧照輝。有二道士，貌亦奇古，來揖上，執禮甚恭，上亦答之良厚。邀上主席，上再三遜讓，然後坐。羣臣再拜，居道士之次。所論皆玄妙之旨，而肴醴之屬又非人間所見也。鸞鵠舞于堂，笙簫振林木，至夕而罷。道士送上出門而别，曰：「萬機之暇，毋惜與諸公頻見過也。」復由舊路以歸。臣下因以請于上，上曰：「此道家所謂蓬萊三山者。」羣臣惘然自失者累日，後亦不復再往。不知何術以致之。祖父聞於歐陽文忠公。

備論

《宋史》卷八《真宗紀三》 贊曰：真宗英晤之主。其初踐位，相臣李沆慮其聰明必多作爲，數奏災異以杜其侈心，蓋有所見也。及澶淵既盟，封禪事作，祥瑞沓臻，天書屢降，導迎奠安，一國君臣如病狂然，吁，可怪也。他日修《遼史》，見契丹故俗而後推求宋史之微言焉。宋自太宗幽州之敗，惡言兵矣。契丹其主稱天，其后稱地，一歲祭天不知其幾，獵而手接飛鴈，鴇自投地，皆稱爲天賜，祭告而誇耀之。意者宋之諸臣，因知契丹之習，又見其君有厭兵之意，遂進神道設教之言，欲假是以動敵人之聽聞，庶幾足以潛消其窺覦之志歟？然不思修本以制敵，又效尤焉，計亦末矣。仁宗以天書殉葬山陵，嗚呼賢哉。

王稱《東都事略》卷四《真宗紀》 臣稱曰：宋興承五季之餘，天下得離兵革之苦，至真宗之世，太平之治洽如也。咸平以來，君明臣良，家給人足，刑措不用，契丹請和，示以休息，德明納款，撫以恩信。於是朝帝陵，封岱宗，祀汾脽，謁亳社，絶代曠典，莫不具舉，禮樂明備，頌聲洋溢，崇本報功，以告神明，千載一時，豈不休哉。噫！守成之賢，致治之盛，周成康、漢文景可以比德矣。

陳櫟《歷代通略》卷三 真宗即位之初，名元侃，更名恒，太宗立爲太子，在位廿六年。咸平六、景德四、大中祥符九、天禧五、乾興元，戊戌至壬戌，壽五十四，陵名永定。首禁祥瑞，有請改舊政者，曰：「先帝賜名之日，撫朕背曰，名此欲我兒有常德也。朕何敢忘。」觀此，初意豈不甚美。

其於西北二邊也，田錫言繼遷不合與夏州，黜事姑息，似失事機，關輔勞擾，從此生矣。既而果陷靈州，中流矢死，子德明嗣，請降，懼討也。曹瑋彬子。言不早圖之，後必難制。尋封西平王，雖一時苟安，至其子元昊反錫，瑋之言驗矣。

契丹入寇，上親征至大名，傅潛擁兵不進，當斬貸之，楊瓊繼喪師亦不誅，陳貫安陽人。上言前日不斬傅潛，致此輩畏死不畏法，今不嚴其制，後當益弛。不報，宋之武功不競，自軍法不嚴始，一失於傅潛，再失於楊瓊，又屢失于張昭、王超，皆以奔敗不誅，仁厚信有餘，國勢不期而漸弱矣。

上之北征也，宰相李沆留守，輦下清肅。咸平二。上初即位，沆日取四方水旱、盜賊奏之，王旦以爲細事，不足煩上聽。沆曰：「人主少年，當使知人間疾苦，不然血氣方剛，不留意聲色犬馬，則土木、甲兵、禱祠之事作矣。吾老不及見此，參政他日憂也。」文靖此意，漢魏相遺意也。時方用兵，邊奏日聳，旦曰：「安得見太平，常優游無事乎。」沆曰：「敵國外患，適足爲警懼，異日天下晏然，未必高拱無事，君其念之。」此又范文子釋楚爲外懼之遺意也。沆自言居重位無補，惟四方言利害者，未嘗一施行，聊以此報國耳。朝廷防制備具，或狥所請，妄有更張，所傷多矣。此又曹參客至欲開説，飲以醇酒勿聽之遺意也。寇準薦丁謂于沆，久之不用，準問之，沆曰：「才則才矣，可使之在人上乎？」準謂不然，沆笑曰：「他日當思吾言。」逮至後來，沆言皆驗，旦、準皆名相，然以文靖此數言觀之，二公之不及也遠矣。沆卒，畢士安、寇準竝相，景德元。以準好剛，用士安重德鎮之。未幾，澶淵之征，獲準剛決之功，而内焉鎮静，亦獲士安重德之力，蓋兩得之。

契丹再舉國入寇，王欽若參政。請幸金陵，陳堯叟簽書。請幸蜀。上問準，準曰：「臣欲得獻策者，斬以釁鼓，然後北伐。天子神武，將帥協和，親征彼必遁，不然出奇以撓其謀，堅守以老其衆，勞逸之勢，我得勝筭矣。奈何欲委社稷，

遠之楚、蜀耶！」陳瓘曰：「使當時無準，天下分爲南北久矣。時契丹母老，頗厭兵，王繼忠宋將陷虜。乘間言和之利，契丹以繼忠奏詣莫州。上問準，準曰：「如用臣策，可數百年無事，不然，四五十年後，戎心又生。」上曰：「朕不忍生靈受困，不如且聽其和。然非懷以至德，威以大兵，豈能柔服。」乃手詔繼忠、曹利用往使，車駕北征，契丹抵澶州，大將達蘭中弩死，大挫衄。駕次澶，渡河幸北城，登樓，諸軍呼萬歲，聲聞數十里，契丹駭怖，和議遂定，許歲遺絹二十萬疋、銀十萬兩。尋退師，自是不復寇邊，和好數世不失。是役也，以戰爲和，非以和爲和，故和可久也。

既和，上待準厚，欽若深害之，曰：「陛下以準有社稷功耶？城下之盟，春秋恥之。陛下知博乎？陛下，寇準之孤注也。」上愀然，準罷相，相王旦。上心怏怏，欽若曰：「爲大功業，庶刷此恥。」問：「何謂功業？」曰：「封禪是矣。封禪得天瑞乃可爲，前代有以人力爲之，人主信奉，以示天下，則與天瑞無異矣。」上初憚王旦，欽若以上意諭之，賜酒得珠，不復持異焉。有大臣而可以貨取乎，且不爲無罪也。明年正月，大中祥符元年。天書降承天門，上拜受，大赦，改元。此蓋合王莽、明皇二人而一之者也。上先語輔臣，某夜見神人，星冠絳袍，告朕當降天書大中祥符三篇。君臣爲兒戲事，以欺天人祇貽笑千古耳。上問待制孫奭以天書，對曰：「天何言哉，豈有書也。」天書再降大內，三降泰山，遂封泰山，禪社首，東封未幾，西祀繼之，又奉天書如西京，祀后土于睢上焉。駕次曲阜，拜謁孔廟，加謚孔子至聖文宣王，且于廟立學。宋興至是五十年，天下州縣有學始此。然是時諸州置天慶觀，天下遍有道像亦始此，此與漢明臨雍講學之時，即有迎佛天竺之事，亦何以異。召處士魏野，陝人。不至，或以林逋杭人。名聞，其卒也，有句曰：「茂陵他日求遺藁，猶喜曾無封禪書。」是時朝臣，自孫奭外，有愧于處士者多矣。

向敏中相，欽若樞使，丁謂參政，祥符五年。玉清昭應宮成。丁謂以夜繼晝，七年始成，凡三千五百區。張詠臨終，八年。奏不當造宮觀，竭天下之財，乞斬丁謂以謝天下。詠之忠可嘉，謂之姦誠可誅也。祥符末，飛蝗過京城，上方御膳，蝗勢障日，意甚不怡，聖體自是不康，矯誣上天，曾何補哉。王旦柄用十八年，相十二年。至是以疾求去，遂罷。欽若相。欽若曰：「爲王子明故，使我作相遲却十年。」初，旦聞李沆言，及親見欽若，謂所爲，歎曰：「李文靖，聖人也。」每有大禮奉天書以行，常悒悒不樂，上不能格君心，次猶能奉身以退，猶庶幾焉。天禧二年。寇準鎮永安，奏天書降乾祐山，巡檢使朱能所爲。迎入內，準遂三入相。準以大勳重望亦爲此，可嘆也。丁謂讒準，準罷再貶雷州。李迪、丁謂相。會食羹污準鬚，參政丁謂起拂之，準曰：「參政乃爲官長拂鬚耶！」謂甚慙，讒誣之心始此，遂因上疾讒準于宮中。尋小幾搖東宮，太子禎，即仁宗。上因迪言大悟，未幾迪亦罷。

上崩，乾興元年。太子禎即位。雷允恭宦者。擅移山陵，王曾參政。白太后，劉氏，真后。謂令允恭移皇堂絕地，謂罷相，貶厓州。京師語曰：「欲得天下寧，當拔眼中丁。」公論快之。王曾相，以嗣君即位，宜近師儒，命孫奭等侍經筵，隻日亦不輟講讀，沂公相業，首可見于此矣。

呂中曰：「真宗景德之前，此一時也，祥符以後，又一時也。景德以前之相，呂端、張齊賢、李沆、呂蒙正、畢士安、寇準、王旦皆君子，而沆之賢爲之最。祥符以後之相，王欽若、陳堯叟（馬）〔馮〕拯、丁謂、曹利用皆小人，而欽若、謂之姦邪爲之最。雖有向敏中、李迪二賢相，則不踰時而去矣。調護兩宮，去丁謂之大姦，輔天聖仁宗初年。之初政，猶幸有王曾在也。」愚按真宗除天書一事外，餘多可稱，亦守成賢主也。寇準有功社稷，貽景德以後十八九年之安平，而得以優游于東封西祀者，誰實爲之。欽若奸邪小人，只以孤注、天瑞兩語，下以讒功臣，上以蠱君心，成真宗矯誣之大過，而虧其守成之全美，吁，可畏哉！

柯維騏《宋史新編》卷三《真宗紀》論曰：真宗承昇平之業，黎氓樂生，久不識兵革，一旦契丹內侵，我師弗利，遂大舉乘勝抵澶州，逼門庭矣。帝用寇準謀，親帥六師，濟河決戰，竟褫其氣，以歲幣定盟，各罷兵。詩曰「徐方既同，天子之功。」帝之謂也。抑帝之深思長慮，詎保黠虜不吾叛耶。遼史紀契丹之獵也，手接飛鴈鴉自投于地，稱曰天賜祭告，而夸耀之。帝之崇奉天書，蓋陰寓制禦之術，然其費無藝，而國用爲竭。豈策之得哉，豈策之得哉！

呂端部

綜述

《宋史》卷二八一《呂端傳》　呂端字易直，幽州安次人。父琦，晉兵部侍郎。端少敏悟好學，以蔭補千牛備身。歷國子主簿、太僕寺丞、祕書郎、直弘文館，換著作佐郎、直史館。

太祖即位，遷太常丞、知浚儀縣，同判定州。開寶中，西上閤門使郝崇信使契丹，以端假太常少卿爲副。八年，知洪州，未上，改司門員外郎、知成都府，賜金紫。爲政清簡，遠人便之。

會秦王廷美尹京，召拜考功員外郎，充開封府判官。太宗征河東，廷美將有居留之命，端白廷美曰：「主上櫛風沐雨，以申弔伐，王地處親賢，當表率扈從。今主留務，非所宜也。」廷美由是懇請從行。尋坐王府親吏請託執事者違詔市竹木，貶商州司户參軍。移汝州，復爲太常丞，判寺事。出知蔡州，以善政，吏民列奏借留。改祠部員外郎、知開封縣，遷考功員外郎兼侍御史知雜事。使高麗，暴風折檣，舟人怖恐，端讀書若在齋閤時。遷户部郎中、判太常寺兼禮院，選爲大理少卿，俄拜右諫議大夫。

許王元僖尹開封，又爲判官。王薨，有發其陰事者，坐裨贊無狀，遣御史武元穎、内侍王繼恩就鞫于府。端方決事，徐起候之，二使曰：「有詔推君。」端神色自若，顧從者曰：「取帽來。」二使曰：「何遽至此？」端曰：「天子有制問，即罪人矣，安可在堂上對制使？」即下堂，隨問而答。左遷衛尉少卿。會置考課院，羣官有負譴置散秩者，引對，皆泣涕，以饑寒爲請。至端，即奏曰：「臣前佐秦邸，以不檢府吏，謫掾商州，陛下復擢官籍辱用。今許王暴薨，臣輔佐無狀，陛下又不重譴，俾亞少列，臣罪大而幸深矣！今有司進退善否，苟得潁州副使，臣之願也。」太宗曰：「朕自知卿。」無何，復舊官，爲樞密直學士，逾月，拜參知政事。

時趙普在中書，嘗曰：「吾觀呂公奏事，得嘉賞未嘗喜，遇抑挫未嘗懼，亦不形于言，真台輔之器也。」歲餘，左諫議大夫寇準亦拜參知政事。端請居準下，太宗即以端爲左諫議大夫，立準上。每獨召便殿，語必移晷。擢拜户部侍郎、平章事。

時呂蒙正爲相，太宗欲相端，或曰：「端爲人糊塗。」太宗曰：「端小事糊塗，大事不糊塗。」決意相之。會曲宴後苑，太宗作《釣魚詩》，有云：「欲餌金鈎深未達，磻溪須問釣魚人。」意以屬端。後數日，罷蒙正而相端焉。初，端兄餘慶，建隆中以藩府舊僚參預大政，端復居相位，時論榮之。端歷官僅四十年，至是驟被奬擢，太宗猶恨任用之晚。端爲相持重，識大體，以清簡爲務。慮與寇準同列，先居相位，恐準不平，乃請參知政事與宰相分日押班知印，同升政事堂，太宗從之。時同列奏對多有異議，惟端罕所建明。一日，内出手札戒諭：「自今中書事必經呂端詳酌，乃得聞奏。」端愈謙讓不自當。

初，李繼遷擾西鄙，保安軍奏獲其母。至是，太宗欲誅之，以寇準居樞密副使，獨召與謀。準退，過相幕，端疑謀大事，邀謂準曰：「上戒君勿言於端乎？」準曰：「否。」端曰：「邊鄙常事，端不必與知，若軍國大計，端備位宰相，不可不知也。」準遂告其故，端曰：「何以處之？」準曰：「欲斬於保安軍北門外，以戒凶逆。」端曰：「必若此，非計之得也，願少緩之，端將覆奏。」入曰：「昔項羽得太公，欲烹之，高祖曰：『願分我一杯羹。』夫舉大事不顧其親，況繼遷悖逆之人乎？陛下今日殺之，明日繼遷可擒乎？若其不然，徒結怨讎，愈堅其叛心爾。」太宗曰：「然則何如？」端曰：「以臣之愚，宜置於延州，使善養視之，以招來繼遷。雖不能即降，終可以繫其心，而母死生之命在我矣。」太宗撫髀稱善曰：「微卿，幾誤我事。」即用其策。其母後病死延州，繼遷尋亦死，繼遷子竟納款請命，端之力也。進門下侍郎兼兵部尚書。

太宗不豫，真宗爲皇太子，端日與太子問起居。及疾大漸，内侍王繼恩忌太子英明，陰與參知政事李昌齡、殿前都指揮使李繼勳、知制誥胡旦謀立故楚王元佐。太宗崩，李皇后命繼恩召端，端知有變，鎖繼恩於閣内，使人守之而入。皇后曰：「宫車已晏駕，立嗣以長，順也，今將如何？」端曰：「先帝立太子正爲今日，今始棄天下，豈可遽違命有異議邪？」乃奉太子至福寧庭中。真宗既立，垂簾引見羣臣，端平立殿下不拜，請卷簾，升殿審視，然後降階，率羣臣拜呼萬歲。以繼勳爲使相，赴陳州；貶昌齡忠武軍司馬；繼恩右監門衛將軍，均州安置；旦除名流潯州，籍其家貲。

真宗每見輔臣入對，惟於端肅然拱揖，不以名呼；又以端軀體洪大，宫庭階戺稍峻，特令梓人爲納陛。嘗召對便殿，訪軍國大事經久之制，端陳當世急務，皆有條理，真宗嘉納。加右僕射，監修國史。明年夏，被疾，詔免常參，就中書視事。上疏求解，不許。十月，以太子太保罷。在告三百日，有司言當罷奉，詔賜如故。車駕臨問，端不能興，撫慰甚至。卒，年六十六，贈司空，謚正惠，追封妻李氏涇國夫人，以其子藩爲太子中舍，荀大理評事，蔚千牛備身，藹殿中省進馬。

端姿儀瓌秀，有器量，寬厚多恕，善談謔，意豁如也。雖屢經擯退，未嘗以得喪介懷。善與人交，輕財好施，未嘗問家事。李惟清自知樞密改御史中丞，意端抑己，及端免朝謁，乃彈奏常參官疾告逾年受奉者，又構人訟堂吏過失，欲以中端。端曰：「吾直道而行，無所愧畏，風波之言不足慮也。」

端祖兖，嘗事滄州節度劉守文爲判官。守文之亂，兖舉族被害。時父琦方幼，同郡趙玉冒鋒刃紿監者曰：「此予之弟，非吕氏子也。」遂得免。玉子文度爲耀帥，文度孫紹宗十餘歲，端視如己子，表薦賜出身。故相馮道，鄉里世舊，道子正之病廢，端分奉給之。端兩使絶域，其國歎重之，後有使往者，每問端爲宰相否，其名顯如此。

景德二年，真宗聞端後嗣不振，又録蔚爲奉禮郎。藩後病足，不任朝謁，請告累年，有司奏罷其奉，真宗特令復舊官，分司西京，給奉家居養病。端不蓄貲産，藩兄弟貧匱，又迫婚嫁，因質其居第。真宗時，出内府錢五百萬贖還之；又别賜金帛，俾償宿負，遣使檢校家事。藩、荀皆至國子博士，蔚至太子中舍。

曾鞏《隆平集》卷四《吕端傳》 吕端，字易直，其先燕人。父琦，《五代史》有傳。兄名犯太祖諱下一字，字餘慶。太祖節制同州，餘慶爲賓佐。及即位，累擢參知政事。蜀平，知成都府。不罷政事，以執政涖藩鎮，自餘慶始。歸朝，復舊任。既而引疾求罷，除尚書左丞。卒年五十。太祖幕客，餘慶居其先。趙普、李處耘首大用，餘慶獨不介意。及除執政，而處耘被黜，同列欲共排之。上問處耘，第以實對。普忤旨而罷，仍力爲辯釋。餘慶重厚有守，所至以寬簡治。與弟端俱以文官三品蔭補千牛衛備身。端在周直史館，建隆初遷太常丞，歷官四十年始大用。淳化四年參知政事，至道初拜相。太宗嘗憾任用之晚。端持重識大體。同列奏對，或多異議。一日，内出手札戒諭，自今中書事經吕端裁決乃得聞奏。真宗即位，尤加體貌，見必拱揖。以其身體偉大，爲納陛，俾登殿所。咸平初以疾罷，薨年六十六。贈司空，謚正惠。子荀、藩、蔚、藹。李惟清自樞密改中丞，意端抑己，屢遣人訟堂吏過，又彈端久在病告。端曰：「吾直道而行，無所媿也。」端姿表瓌秀，器識和裕。屢遭擯棄，未始經意。嘗使高麗，暴風折檣，舟人恐怖，端讀書自若。兩使絶域，後有往者，必問端爲宰相未。其爲遠近所慕如此。

王稱《東都事略》卷三一《吕端傳》 端，字易直。【略】在周爲直史館。建隆初，遷太常丞，知浚儀縣，同判定州。開寶中，遣西上閤門使郝崇信使契丹，以端爲之副。八年，以司門員外郎知成都府，爲政清簡，人用便之。秦王廷美爲開封尹，召拜考功員外郎、開封府判官。太宗征河東，廷美將有居留之命，端曰：「主上櫛風沐雨，以申弔伐，王當扈從主。留務，非所宜也。」廷美由是懇請從行。尋坐王府親吏請託執事者違詔市竹木，貶商州司户。移汝州，復爲太常丞。出知蔡州，入知開封縣，爲侍御史知雜事。使高麗，暴風折檣，舟人怖恐，端讀書自若，人服其量。遷大理少卿，拜右諫議大夫。

許王元僖爲開封尹，又爲判官。王薨，有發其陰事者，端坐裨贊無狀，左遷衛尉少卿。淳化四年，復故官，爲樞密直學士，拜參知政事，擢户部侍郎，同中書門下平章事。端歷官四十年始大用，太宗常恨任用之晚。端持重，識大體。同列奏對或多異議，一日，内出手札戒諭：「自今中書事，經吕端裁決，乃得聞奏。」

初，李繼遷擾西鄙，嘗獲其母矣。至是，太宗欲誅之，獨召寇準與之謀，宰相不與也。端謂準曰：「陛下戒君勿言於端乎？」準曰：「否。」端曰：「邊鄙常事，端不必與知。若軍國大計，端備位宰相，不可不知也。」準以繼遷母告，端曰：「君何以處之？」準曰：「欲斬於保安軍北門之外，以戒凶逆。」端曰：「陛下以爲如何？」準曰：「陛下以爲然。」端曰：「必若此，非計之得也，願君少緩其事，端將覆奏之。」端即入奏，具道準言，且曰：「昔項羽得太公，欲烹之，高祖曰：『願分我一桮羹。』夫舉大事者，不顧其親，況繼遷胡夷悖逆之人哉？陛下今日殺之，而明日繼遷可擒乎？若其不然，徒結怨讎而愈堅其叛心爾。」太宗曰：「然則何如？」端曰：「以臣之愚，謂宜置於延州，使善養視之，以招徠繼遷。雖不能即降，終可以繫其心。而母死生之命在我矣。」太宗撫髀稱善，曰：「微卿，幾誤我事。」即用其策。進門下侍郎兼兵部尚書。

真宗即位，加右僕射，監修國史。初，太宗疾，大漸，内侍王繼恩忌太子英明，陰與參知政事李昌齡、知制誥胡旦謀立故楚王元佐。太宗崩，太后使繼恩召問端。端知有變，鎖繼恩於閤內，使人守之，而入。太后謂曰：「宫車已晏駕，立

嗣以長，順也。今將如何？」端曰：「先帝立太子，正爲今日。今始棄天下，豈可遽違先帝之命，更有異議耶？」乃迎太子立之。

真宗既立，垂簾引見羣臣，端平立殿下，不拜。請卷簾升殿，審視，然後降階，率羣臣拜呼萬歲。尋罷昌齡，貶忠武軍司馬；繼恩均州安置；旦除名，流潯州。端身體偉大，凡加禮貌，必見拱揖，爲納陛升殿。以疾求罷，除太子太保。卒，年六十六，贈司空，謚曰正惠。

端有器量，而性寬厚，雖經擯斥，未嘗以得喪介意。始李維清自樞密改中丞，意端抑己，屢遣人訟堂吏過，又彈端久在病告。端曰：「吾直道而行，無所愧也。」端之孫誨，自有傳。

雜録

備録

朱熹《五朝名臣言行録》卷二之一《丞相呂正惠公》 呂正惠公使高麗，遇風濤，檣折，舟人大恐，公恬然讀書，若在齋閣時。《玉壺清話》

太宗欲相正惠公，左右或曰：「呂端之爲人糊塗。讀爲鶻突。」帝曰：「端小事糊塗，大事不糊塗。」決意相之。《呂氏家塾記》

保安軍奏獲李繼遷母，太宗甚喜。是時寇準爲樞密副使，呂端爲宰相，上獨召準與之謀。準退，自宰相幕次前過不入，端使人邀至幕中，曰：「鄉者主上召君何爲？」準曰：「議邊事耳。」端曰：「陛下戒君勿言於端乎？」準曰：「不然。」端曰：「若邊鄙常事，樞密院之職，端不敢與知。若軍國大計，端備位宰相，不可以莫之知也。」準以獲繼遷母告，端曰：「君何以處之？」準曰：「準欲斬於保安軍北門之外，以戒凶逆。」端曰：「陛下以爲何如？」曰：「陛下以爲然，令準之密院行文書耳。」端曰：「必若此，非計之得者也。願君少緩其事，文書勿亟下，端將覆奏之。」即召閤門吏，使奏「宰臣呂端請對」。上召入之，端見，具道準言，且言：「昔項羽得太公，欲烹之，漢高祖曰：『願遺我一盃羹。』夫舉大事者，固不顧其親，況繼遷胡夷悖逆之人哉！且陛下今日殺繼遷之母，繼遷可擒乎？若不然，徒樹怨讎而益堅其叛心耳。」上曰：「然則奈何？」端曰：「以臣之愚，謂宜置於延州，使善養視之，以招徠繼遷，雖不能即降，終可以繫其心，而母死生之命在我矣。」上撫髀稱善，曰：「微卿，幾誤我事。」即用端策。其母後病死於延州，繼遷尋亦死，其子竟納款請命。《記聞》

太宗大漸，李太后與宣政使王繼恩忌太子英明，陰與參知政事李昌齡、殿前都指揮使李繼勳、知制誥胡旦謀立潞王元佐。太宗崩，太后使繼恩召宰相呂端，端知有變，鏁繼恩於閣內，使人守之而入。太后謂曰：「宫車已晏駕，立嗣以長，順也。今將何如？」端曰：「先帝立太子，正爲今日。今始棄天下，豈可遽違先帝之命，更有異議？」乃迎太子立之。尋以繼勳爲使相，赴陳州本鎮，昌齡爲忠武行軍司馬，繼恩爲右監門衛將軍，均州安置，胡旦除名，流潯州。《記聞》

真宗既於大行柩前即位，垂簾引見羣臣，宰相呂端於殿下平立不拜，請卷簾，升殿審視，然後降堦，率羣臣拜呼萬歲。《記聞》又《談叢》曰：太宗不豫，呂正惠公日與太子問起居。既崩，奉太子至福寧庭中，而先登御榻，解衣視之而降，揖太子以升，遂即位。

趙普在中書，呂端爲參政。趙嘗謂人曰：「吾嘗觀呂公奏事，得嘉賞未嘗喜，遇抑挫未嘗懼，亦不形言，真台輔之器也。」《晉公談録》

公姿儀瓌秀，有器量，寬厚多恕，意豁如也。雖屢經擯退，未嘗以得喪介懷，深爲當世所服。善與人交，輕財好施，未嘗問家事。其爲相，持重識大體，以清静簡易爲務。每奏對同列多異議，公罕所建明。一日，内出手扎戒曰：「自今中書事，必經呂端詳酌，乃得聞奏。」公讓不敢當。真宗初即位，每見公，肅然拱揖，不以名呼。嘗召對便殿，訪軍國大事，經久之制，陳當世急務，皆有條理，上甚嘉納。

丁謂《丁晉公談録》 呂丞相端，本自奏蔭而至崇顯，蓋器識遠大，有公輔之才。自爲司户參軍，便置外厨，多延食客，能知典故，凝然不動。年五十六七，猶爲太常丞，充開封府判官。時秦州楊平木場坊木筏，沿程免稅而至京。呂之親舊競託選買，呂皆從而買之，於是入官者多揀退材植。值三司使、給事中侯陟急於富貴，於太宗前欲傾其衆人，無何呂獨當之，認爲己買。太宗赫怒，俾臺司枷項，送商於安置。滅耳後猶簽書府中舊事，怡然曰：「但將來，但將來，著枷判事，自古有之。」洎後發往商州，身體魁梧，太宗傳宣，令不得騎馬，只令步去。尋相座傳語：「且請認災。」公曰：「不是某災，是長耳災。」談諧大笑如式，畧不

介撓。時有善算者，吕公木在土下宫，又是方主晚年大達，須位極人臣，此何用慮耳。尋自商州量移汝州。上谷寇準屢奏：「吕某器識非常人，漸老矣，陛下早用之。」太宗曰：「朕知此人，是人家子弟，能喫大酒肉，餘何所能。」後近臣皆上言，稱「吕某宜朝廷大用」。尋自太常丞、知蔡州召入，拜户部員外郎，爲樞密直學士。時王二丈禹偁行誥詞，畧曰：「多直道以事君，每援經而奏事。」後苑賞花宴，太宗宣臣僚賦詩，吕奏曰：「臣無出身，不敢應詔。」洎爲户部尚書門下相，上谷猶爲諫議大夫參政。忽一日，未後三棒鼓，吕上馬至門道裏，立馬候上谷多時，探上谷者曰：「參政方洗面裹。」吕乃徐謂從人曰：「餵得馬飽否。」其微旨如此。後表讓李參政沆大拜，吕乞養疾。授太子太保，在京薨背，享年七十三。

釋文瑩《玉壺清話》卷五　吕正惠公端使高麗，遇風濤恍恍，摧檣折舵，舟人大恐。公恬然讀書，若在齋閣。時首台吕文穆蒙正告老甚切，上宴後苑，作《釣魚詩》獨賜公，斷章云：「欲餌金鉤深未到，磻溪須問釣魚人。」意以首宰屬公。公和進云：「愚臣鉤直難堪用，宜問濠梁結網人。」文穆得謝，果冠台席。真宗初即位，居諒闇，每見公則肅然起敬，吴本「起敬」作「接揖」。未嘗名呼，或以字呼，上對公但稱「小子」。公體貌魁梧，庭陛頗峻，命梓人别爲納陛。兩使外域，虜主欽重，後使虜者至，則問曰：「吕公作相未？」

孫升《孫公談圃》卷上　吕相端奉使高麗，過洋祝之曰：「回日無虞，當以金書《維摩經》爲謝。」比回，風濤輒作，遂取經沉之。聞絲竹之聲起于舟下，音韻清越，非人間比。經沉隱隱而去。崔伯易在禮部求奉使高麗故實，遂得申公事。故楊康國、錢勰皆寫此經往。豐稷爲楊掌牋表，言：「東海洋龍宫之寶藏所也，氣如厚霧，雖無風亦有巨浪。使人卧木匣中，雖蕩而身不摇，食物盡嘔，唯飲少漿。舟前大黿如屋，兩目如巨燭，光耀沙上。舟人以此卜之，見則無虞也。」

楊億《楊文公談苑・修河橋》　有司歲調竹索以修河橋，其數至廣，太宗曰：「渭川竹千畝，與千户侯等，自河渠之役歲調寖廣，民間竹園率皆蕪廢，爲之奈何？」吕端曰：「芟葦亦可爲索，後唐莊宗自揚留口渡河，爲浮梁，用葦索。」上然之，分遣使臣詣河上刈葦爲索，皆脆不可用，遂寢。當莊宗渡河，蓋暫時濟師也。同上

備論

《宋史》卷二八一《吕端傳》　論曰：吕端諫秦王居留，表表已見大器，與寇準同相而常讓之，留李繼遷之母不誅。真宗之立，閉王繼恩於室，以折李后異謀，而定大計；既立，猶請去簾，升殿審視，然後下拜，太宗謂之「大事不糊塗」者，知臣莫過君矣。

寇準部

綜述

《宋史》卷二八一《寇準傳》　寇準字平仲，華州下邽人也。父相，晉開運中，應辟爲魏王府記室參軍。準少英邁，通《春秋》三傳，年十九，舉進士。太宗取人，多臨軒顧問，年少者往往罷去。或教準增年，答曰：「準方進取，可欺君邪？」後中第，授大理評事，知歸州巴東、大名府成安縣。每期會賦役，未嘗輒出符移，唯具鄉里姓名揭縣門，百姓莫敢後期。累遷殿中丞、通判鄆州。召試學士院，授右正言、直史館，爲三司度支推官，轉鹽鐵判官。會詔百官言事，而準極陳利害，帝益器重之。擢尚書虞部郎中、樞密院直學士，判吏部東銓。嘗奏事殿中，語不合，帝怒起，準輒引帝衣，令帝復坐，事決乃退。上由是嘉之，曰：「朕得寇準，猶文皇之得魏徵也。」

淳化二年春，大旱，太宗延近臣問時政得失，衆以天數對。準對曰：「《洪範》天人之際，應若影響；大旱之證，蓋刑有所不平也。」太宗怒，起入禁中。頃之，召準問所以不平狀，準曰：「願召二府至，臣即言之。」有詔召二府入，準乃言曰：「頃者祖吉、王淮皆侮法受賕，吉贓少乃伏誅；淮以參政沔之弟，盜主守財至千萬，止杖，仍復其官，非不平而何？」太宗以問沔，沔頓首謝，於是切責沔，而知準爲可用矣。即拜準左諫議大夫、樞密副使，改同知院事。

準與知院張遜數爭事上前。他日，與溫仲舒偕行，道逢狂人迎馬呼萬歲，判左金吾王賓與遜雅相善，遜嗾上其事。準引仲舒爲證，遜令賓獨奏，其辭頗厲，且互斥其短。帝怒，謫遜，準亦罷知青州。

帝顧準厚，既行，念之，常不樂。語左右曰：「寇準在青州樂乎？」對曰：「準得善藩，當不苦也。」數日，輒復問。左右揣帝意且復召用準，因對曰：「陛下思準不少忘，聞準日縱酒，未知亦念陛下乎？」帝默然。明年，召拜參知政事。

自唐末，蕃户有居渭南者，溫仲舒知秦州，驅之渭北，立堡柵以限其往來。太宗覽奏不懌，曰：「古羌戎尚雜處伊、洛，彼蕃夷易動難安，一有調發，將重困吾關中矣。」準言：「唐宋璟不賞邊功，卒致開元太平。疆埸之臣邀功以稔禍，深可戒也。」帝因命準使渭北，安撫族帳，而徙仲舒鳳翔。

至道元年，加給事中。時太宗在位久，馮拯等上疏乞立儲貳，帝怒，斥之嶺南，中外無敢言者。準初自青州召還，入見，帝足創甚，自褰衣以示準，且曰：「卿來何緩耶？」準對曰：「臣非召不得至京師。」帝曰：「朕諸子孰可以付神器者？」準曰：「陛下爲天下擇君，謀及婦人、中官，不可也；謀及近臣，不可也；唯陛下擇所以副天下望者。」帝俛首久之，屏左右曰：「襄王可乎？」準曰：「知子莫若父，聖慮既以爲可，願即決定。」帝遂以襄王爲開封尹，改封壽王，於是立爲皇太子。廟見還，京師之人擁道喜躍，曰：「少年天子也。」帝聞之不懌，召準謂曰：「人心遽屬太子，欲置我何地？」準再拜賀曰：「此社稷之福也。」帝入語后嬪，宮中皆前賀。復出，延準飲，極醉而罷。

二年，祠南郊，中外官皆進秩。準素所喜者多得臺省清要官，所惡不及知者退序進之。彭惟節位素居馮拯下，拯轉虞部員外郎，惟節轉屯田員外郎，章奏列銜，惟節猶處其下。準怒，堂帖戒拯毋亂朝制。拯憤極，陳準擅權，又條上嶺南官吏除拜不平數事。廣東轉運使康戩亦言：呂端、張洎、李昌齡皆準所引，端德之，洎能曲奉準，而昌齡畏愞，不敢與準抗，故得以任胸臆，亂經制。太宗怒，準適祀太廟攝事，召責端等。端曰：「準性剛自任，臣等不欲數爭，慮傷國體。」因再拜請罪。及準入對，帝語及馮拯事，自辯。帝曰：「若廷辯，失執政體。」準猶力爭不已，又持中書簿論曲直於帝前，帝益不悅，因歎曰：「鼠雀尚知人意，況人乎？」遂罷準知鄧州。

真宗即位，遷尚書工部侍郎。咸平初，徙河陽，改同州。三年，朝京師，行次閿鄉，又徙鳳翔府。帝幸大名，詔赴行在所，遷刑部，權知開封府。六年，遷兵部，爲三司使。時合鹽鐵、度支、户部爲一使，真宗命準裁定，遂以六判官分掌之，繁簡始適中。

帝久欲相準，患其剛直難獨任。景德元年，以畢士安參知政事，踰月，並命同中書門下平章事，準以集賢殿大學士位士安下。是時，契丹內寇，縱游騎掠深、祁間，小不利輒引去，徜徉無鬭意。準曰：「是狃我也。請練師命將，簡驍鋭據要害以備之。」是冬，契丹果大入。急書一夕凡五至，準不發，飲笑自如。明日，同列以聞，帝大駭，以問準。準曰：「陛下欲了此，不過五日爾。」因請帝幸澶州。同列懼，欲退，準止之，令候駕起。帝難之，欲還內。準曰：「陛下入則臣不

得見，大事去矣，請毋還而行。」帝乃議親征，召羣臣問方略。

既而契丹圍瀛州，直犯貝、魏，中外震駭。參知政事王欽若，江南人也，請幸金陵；陳堯叟，蜀人也，請幸成都。帝問準，準心知二人謀，乃陽若不知，曰：「誰爲陛下畫此策者，罪可誅也。今陛下神武，將臣協和，若大駕親征，賊自當遁去。不然，出奇以撓其謀，堅守以老其師，勞佚之勢，我得勝算矣。奈何棄廟社欲幸楚、蜀遠地，所在人心崩潰，賊乘勢深入，天下可復保邪？」遂請帝幸澶州。

及至南城，契丹兵方盛，衆請駐蹕以覘軍勢。準固請曰：「陛下不過河，則人心益危，敵氣未懾，非所以取威決勝也。且王超領勁兵屯中山以扼其亢，李繼隆、石保吉分大陣以扼其左右肘，四方征鎮赴援者日至，何疑而不進？」衆議皆懼，準力爭之，不決。出遇高瓊於屏間，謂曰：「太尉受國恩，今日有以報乎？」對曰：「瓊武人，願效死。」準復入對，瓊隨立庭下，準厲聲曰：「陛下不以臣言爲然，盍試問瓊等。」瓊即仰奏曰：「寇準言是。」準曰：「機不可失，宜趣駕。」瓊即麾衛士進輦，帝遂渡河，御北城門樓，遠近望見御蓋，踴躍歡呼，聲聞數十里。契丹相視驚愕，不能成列。

帝盡以軍事委準，準承制專決，號令明肅，士卒喜悦。敵數千騎乘勝薄城下，詔士卒迎擊，斬獲太半，乃引去。上還行宫，留準居城上，徐使人視準何爲。準方與楊億飲博，歌謔歡呼。帝喜曰：「準如此，吾復何憂。」相持十餘日，其統軍撻覽出督戰。時威虎軍頭張瓌守床子弩，弩撼機發，矢中撻覽額，撻覽死，乃密奉書請盟。準不從，而使者來請益堅，帝將許之。準欲邀使稱臣，且獻幽州地。帝厭兵，欲羈縻不絶而已。有譖準幸兵以自取重者，準不得已許之。帝遣曹利用如軍中議歲幣，曰：「百萬以下皆可許也。」準召利用至幄，語曰：「雖有敕，汝所許毋過三十萬，過三十萬，吾斬汝矣。」利用至軍，果以三十萬成約而還。河北罷兵，準之力也。

準在相位，用人不以次，同列頗不悦。它日，又除官，同列因吏持例簿以進。準曰：「宰相所以進賢退不肖也，若用例，一吏職爾。」二年，加中書侍郎兼工部尚書。準頗自矜澶淵之功，雖帝亦以此待準甚厚。王欽若深嫉之。一日會朝，準先退，帝目送之，欽若因進曰：「陛下敬寇準，爲其有社稷功邪？」帝曰：「然。」欽若曰：「澶淵之役，陛下不以爲恥，而謂準有社稷功，何也？」帝愕然曰：「何故？」欽若曰：「城下之盟，《春秋》恥之；澶淵之舉，是城下之盟也。以萬乘之貴而爲城下之盟，其何恥如之！」帝愀然爲之不悦。欽若曰：「陛下聞博乎？博者輸錢欲盡，乃罄所有出之，謂之孤注。陛下，寇準之孤注也，斯亦危矣。」

由是帝顧準寖衰。明年，罷爲刑部尚書、知陝州，遂用王旦爲相。帝謂旦曰：「寇準多許人官，以爲己恩。俟行，當深戒之。」從封泰山，遷户部尚書、知天雄軍。祀汾陰，命提舉貝、德、博、洺、濱、棣巡檢捉賊公事，遷兵部尚書，入判都省。幸亳州，權東京留守，爲樞密院使、同平章事。

林特爲三司使，以河北歲輸絹闕，督之甚急。而準素惡特，頗助轉運使李士衡而沮特，且言在魏時嘗進河北絹五萬而三司不納，以至闕供，請劾主吏以下。然京師歲費絹百萬，準所助纔五萬。帝不悦，謂王旦曰：「準剛忿如昔。」旦曰：「準好人懷惠，又欲人畏威，皆大臣所避；而準乃爲己任，此其短也。」未幾，罷爲武勝軍節度使、同平章事，判河南府。徙永興軍。

天禧元年，改山南東道節度使，時巡檢朱能挾内侍都知周懷政詐爲天書，上以問王旦。旦曰：「始不信天書者準也。今天書降，須令準上之。」準從上其書，中外皆以爲非。遂拜中書侍郎兼吏部尚書、同平章事、景靈宫使。

三年，祀南郊，進尚書右僕射、集賢殿大學士。時真宗得風疾，劉太后預政於内，準請間曰：「皇太子人所屬望，願陛下思宗廟之重，傳以神器，擇方正大臣爲羽翼。丁謂、錢惟演，佞人也，不可以輔少主。」帝然之。準密令翰林學士楊億草表，請太子監國，且欲援億輔政。已而謀洩，罷爲太子太傅，封萊國公。時懷政反側不自安，且憂得罪，乃謀殺大臣，請罷皇后預政，奉帝爲太上皇，而傳位太子，復相準。客省使楊崇勳等以告丁謂，謂微服夜乘犢車詣曹利用計事，明日以聞。乃誅懷政，降準爲太常卿、知相州，徙安州，貶道州司馬。帝初不知也，他日，問左右曰：「吾目中久不見寇準，何也？」左右莫敢對。帝崩時亦信惟準與李迪可託，其見重如此。

乾興元年，再貶雷州司户參軍。初，丁謂出準門至參政，事準甚謹。嘗會食中書，羹污準鬚，謂起，徐拂之。準笑曰：「參政國之大臣，乃爲官長拂鬚邪？」謂甚愧之，由是傾構日深。及準貶未幾，謂亦南竄，道雷州，準遣人以一蒸羊逆境上。謂欲見準，準拒絶之。聞家僮謀欲報仇者，乃杜門使縱博，毋得出，伺謂行遠，乃罷。

天聖元年，徙衡州司馬。初，太宗嘗得通天犀，命工爲二帶，一以賜準。及

是，準遣人取自洛中，既至數日，沐浴，具朝服束帶，北面再拜，呼左右趣設臥具，就榻而卒。

初，張詠在成都，聞準入相，謂其僚屬曰：「寇公奇材，惜學術不足爾。」及準出陝，詠適自成都罷還，準嚴供帳，大爲具待。詠將去，準送之郊，問曰：「何以教準？」詠徐曰：「《霍光傳》不可不讀也。」準莫諭其意，歸取其傳讀之，至「不學無術」，笑曰：「此張公謂我矣。」

準少年富貴，性豪侈，喜劇飲，每宴賓客，多闔扉脱驂。家未嘗爇油燈，雖庖匽所在，必然炬燭。

在雷州踰年。既卒，衡州之命乃至，遂歸葬西京。道出荆南公安，縣人皆設祭哭於路，折竹植地，挂紙錢，逾月視之，枯竹盡生筍。衆因爲立廟，歲時享之。無子，以從子隨爲嗣。準歿後十一年，復太子太傅，贈中書令、萊國公，後又賜謚曰忠愍。皇祐四年，詔翰林學士孫抃撰神道碑，帝爲篆其首曰「旌忠」。

杜大珪《名臣碑傳琬琰集》上卷二《寇忠愍公準旌忠之碑》 上祀合宫之明年夏四月，召兩府臣諭之曰：「故太子太傅、萊國公寇準，方嚴鯁亮，有文武偉才，在太宗、真宗朝建大功，立大節，輸謀納忠，誠貫白日。不幸以譴終，朕甚歎嘉之，其勑史氏譔揚勳烈，具誌于石，用垂示來世。」遂以命臣抃。翌日，又下詔賜「旌忠」之額，且親篆以賁寵焉。臣承命恐悸，謹拜手稽首書其事。公諱準，字平仲，其先出上谷昌平，蓋春秋時司寇蘇公有勞於王室，因官以命氏。後世率多聞人，若東漢恂子翼漕河内，破蘇茂，畫像雲臺，爲中興勳臣。曾孫侍中榮以辦絜亡匿，宗黨潛散它土，故譜諜亡傳。又數世，有徙居馮翊者，藉于三峯下，遂爲華州下邽人。曾祖賓、祖延良，以唐末亂，不仕。父湘，博古嗜學，有文章名。晉開運中，登甲科，冠多士，後應辟爲魏王記室，終焉，知人者惜之。以公貴封燕、陳、晉三國公，贈官至太師、尚書令。曾祖母白氏、祖母鄭氏、母趙氏，封許、陳、曹三國太夫人。準始生，風骨峻爽，與常童不類。及從師入學校，趍隅占對，毅然有成人風采。既冠，讀《左氏》、《公羊》、《穀梁傳》，不俟講説，不循注疏，三家異同之説，輙援筆剖析以辨明之，辭道理正，沛若大手。先儒老生曰：「是真所謂宿習者！」年十九，一舉擢進士第，解褐受大理評事、知歸州巴東縣，時太平興國五年也。後三歲，補大名府成安宰，三遷殿中丞，調兵食于西夏。還，差通判鄆州，得召見，稱旨，遂給札試禁中，授右正言、分直東觀。中謝日，賜緋袍銀魚。汶上之命，充三司度支推官。俄轉鹽鐵蠲司判官公事，會詔百官言邊事，準極疏利病，天子器之。擢署尚書虞部郎中、充樞密直學士，賜金紫，判吏部東銓。未幾，丁曹國太夫人憂，有詔權奪，不得已，起視事。淳化改元，授左諫議大夫、充樞密副使，尋改同知樞密院事，封上谷縣開國男。是年十月，領青州。明年九月，召赴闕，守本官、參知政事，進上谷郡開國侯。至道二年閏七月，知鄧州。真宗皇帝嗣位，遷尚書工部侍郎。咸平元年五月，移河陽軍。二年八月，改同州。三年夏，朝京師，行次闅鄉，授鳳翔府。五年五月，詔詣行在，轉刑曹，權知開封府。六年六月，遷兵部、充三司使，進封開國公。時始復鹽鐵、度支、户部爲一使。景德元年，特授守本官、同中書門下平章事、集賢殿大學士。二年十一月，加中書侍郎兼工部尚書。三年二月，罷相，進刑部尚書、知陝府。祥符初，扈從東封回，遷户部尚書、知天雄軍。四年四月，改兵部尚書。車駕幸亳，權東京留守。六月，遷檢校太尉、同中書門下平章事、充樞密使。八年四月，罷機務，授同中書門下平章事、持節鄧州諸軍事、行鄧州刺史、充武勝軍節度、鄧州管内觀察處置使、知河南府兼西京留守司，移判永興軍。天禧元年二月，換節襄州。三年四月，詔赴京。六月，特授行中書侍郎兼吏部尚書、同中書門下平章事、充景靈宫使、集賢殿大學士。十二月，改尚書右僕射。四年六月，罷相，授太子太傅，進封萊國公。七月，降授太常卿、知相州。八月，移守安州，途次棗陽，貶道州司馬。乾興元年二月，再貶雷州司户參軍。準疏通博裕，果敢沈毅，能斷大務，不循細檢。喜風幹，善議論，與人無城府，接物無崖岸。顧大義可爲者，必奮勵翔躍，以身先之，其勇若賁、獲。至於外險中艱，斬然涯垠，亦坦坦無退衄意。聞一善，薦道推挽，不進用不已。附離苟合者，疾之如仇讎。初補吏，治二邑，推至信，部中會期賦役，止計鄉里姓名，諭寺門，民赴之無毫髮稽遲者。本道論薦，至有以魯恭、卓茂爲比。嘗奏事真宗，言切直，上怒起，準以手攀帝衣，復御坐，持議益勁，神色瞭然。事既決，乃退。上曰：「此真將相才，吾得之，若唐文皇倚魏鄭公爾！」歲大旱，上問政闕失，準對曰：「在《洪範》，天人之際若影響，是固刑有所不平爾。祖吉、王維皆陛下朝臣，頃曲法受財，各伏萬計。吉伏誅，家具籍没；維止校于私室，仍領濠之定遠簿，蓋參知政事沔同母弟也。陛下重輕如是，亢熯之咎，殆天所誡告。」上嗟悟者久之。咸平、景德中，契丹頻歲犯塞，多縱遊騎剽略，小不利即引去，僞徜徉無鬬意。準曰：「是狃我也。願朝廷練師徒，簡驍鋭，分據要害地以備之。」是冬，果大舉舉國來寇，越瓦橋，攻高陵，直抵于澶、魏，將飲馬河濡。真宗憂之，召羣臣議，或曰：「寇深矣，宜戒嚴京城，益重兵守

衛，或有西南之幸。」準止之曰：「淺議淺議！方今聖德明備，上合天心；將臣協和，參講師律。若帝馭順動而北，彼黨類自當遁走；設未然，則出兵以撓其謀，堅守以老其衆，願主客勞逸之狀，我得勝筭必矣。」上悦，於是大駕北征，至澶南城，中外獻言願駐蹕以觀形勢，準曰：「不過河，則人心未寧，虜氣未懾，非所以取威決勝也。且王超領勁兵屯中山以扼其亢，李繼隆、石保吉以大兵扼其左右肘，四方征鎮，赴援日至，何慮而不進？」固争之，連頓首於上前，意氣詞語，憤然感慨，是日幸北寨，御北樓，觀視營壁，撫勞部伍。軍民歡呼，自近及遠，聲振于數郡。虜相視怖駭，不能成列。俄而勁弓伏發，殄其元帥，因密奉書以請盟，朝廷始遣曹利用往成之。御史闕，準取沈毅敢言士塞詔，同列者不悦，屢白吏持例文進。準曰：「宰相所以器百官，今用例，則所謂進賢退不肖乃虚語耳！」命去之。故士擢用，在準持衡時，得人爲多。先帝倦庶政，丁謂曲姦迎合，結權倖以用事。準請間便殿，數其姓名曰：「某與某皆壬人，異時不可輔少主，願更擇方亮大臣爲羽翼。矧皇太子睿德天縱，英聲日茂，延師傅，議經史，默識古今成敗事，見臣寮決機務，周知天下安危計，雖周之成、漢之昭，殆難以擬議。陛下胡不協天人之傒望，講宗社之正謀，引登大明，敷照重霄，固祖宗萬世之基本？」言訖，腐伏嗚噎。議未下，明日，黨人以急變聞，飛語密中準，準坐此得罪。既行，過零陵，踰大陂，護兵從騎前後不相屬，溪夷乘間抄掠而去。已而酋長召告之曰：「聞寇準在道，若等奈何竊賢相行橐？神明其祐若乎！」趣遣種人持所掠還準，伏道引罪且拜，公慰遣之。至南海，晨旦朝謁，從事如常。時謂其子曰：「守法奉正，士人常操。以窮通成敗易之者，非吾意。」先是，署東偏屋瓦數楹，陋不蔽風雨，準完基訪材，揭爲層樓，置几榻其間，經、史、老莊及天竺書，環列前後，暇或看誦之。賓至則憑高瞰虚，笑語燕燕，若初無廊廟之貴者。嶠南山水峻絶，其道路往往斬崖瀕澗，曲折高下，馬不能平進。郡縣官有伐竹爲輕輿以迓準者，謝曰：「吾罪人，騎馬足矣。」冒炎溽，捫險阻，日行百里，左右爲之泣下，準昂然無隕穫容色，其度量過人如此。及雷陽，吏以圖獻，閲視之，首載郡東南門抵海岸凡十里，準怳然悟曰：「吾少時有『到海抵十里，過山應萬重』之句，廼今日應爾，人生得喪豈偶然耶？」自是色空夢幻，深諳諦法，危坐終日，寂無它營。天聖元年閏九月，移授銀青光禄大夫、檢校國子祭酒、行衡州司馬。是月七日，以疾終於貶所，年六十三。嗚呼！非常之功，遇非常之器，業然後成，不世之節，待不世之忠，賢然後立。且準初繇計府入輔，屬三聖紹統，四隅晏和，上方講稽儒術，尊右文教，以盛太平之形容。敵入睢盱，出我不意，衆號百萬，北方騷然。文紳武綏，策慮倒置，準抗難犯之色，建不拔之議。天威燀揚，霆激而電掣；大惠鋪迪，春熙而日融。民焉息肩，士也卷甲，慓彼氛祲，凝爲至和，逮令三紀矣；而羽書不馳，烽燧不舉，義信惇結，古無與隣。準之功焉，伏波尚父之功矣。洎自秦川再相時，闈闥親政，猾險當路，恟恟中外，靡遑底寧。準密圖本元，深遏萌漸，毅氣一吐，形于明謨，排邪斥疑，濱死不顧。聞準之風者，心魄駭褫，而後知大正不可干，大姧不可肆，大名不可取，大器不可窺。倭夫忠，懦夫有立志。及真皇棄天下，倖黨斂手，畏伏忠義，兩宫坐朝，庶政平一，輔翊慈惠，卒隆寶圖。準之節，霍子、孟狄梁公之節矣。準篤志于學，而晉公亡，歲時祠祀，感激泪泣，然若孺慕者，終其身不易。在成安，兄弟以卜葬爲請，準曰：「未也，父爲士，子爲大夫，葬則士，祭則大夫。吾先人以文學中高第，卒事王藩，若追贈未逮，則陪臣矣。吾豈忍以士禮葬？」既通顯，乃護二喪還成安，太子遣中貴人勉諭賻卹，恩禮數踰等，大爲搢紳榮。初，丁崖貳政，以諼冒自任，又能陽爲戚施，伺人顔色，密圖忌間之漸。一日，會食政事堂，羹瀝準鬚，謂起以袖徐拂之，準正色曰：「公忝國大臣，乃曲躬爲官長拂鬚耶？」謂大愧。其後邪正寖戾，甚於冰炭，簧言營營，日肆媒孽。準簡固醇挺，未始一疑於心。故及南遷之難，至於天下皆冤之。無幾何謂敗，得竄，道繇海康。準從者有欲釋憾，謀不利於謂。準知之，陳大席一廡間，設戲具，悉召坐，且命之博奕，因隱几觀焉。謂行乃罷。平生著述，於章疏尤工，國政民事無巨細，鈎校利害，爲上悉陳之，其旨粹，其言簡，故多所開益，餘藁即焚滅棄去，雖至戚不得見。好爲詩，警策清悟，有劉夢得、元微之風格，其氣焰奇拔，則又過之。準起諸生，兩朝内外，更委幾四十載。其間較評銓選，揔決浩穰，主財利之煩，膺居留之重，助數密畫，參告大猷，剖符十藩，持節二鎮，一踐樞弼，再登宰輔。小則糾逖逋隱，刷除弊欺，嚴之以關防，正之以繩墨，差立定格，牢不可踰；大則鼓動賢業，彌綸帝載，朝家繫之休戚，政教關之治亂，表正四海，斷焉一德。凡累封户萬三百、真二千七百，爵上公，階勳極品，功臣始賜「推忠佐理」，加「推誠保德崇仁忠亮翊戴」，人臣之遇，其亦至矣。然而不置私第，不營田園，所得俸賜，皆分給宗黨故舊，去之日，家無餘資。及朝廷許葬洛師，獲還之讚，僅能完給。久之，詔復舊官爵，賜謚曰「忠愍公」。前娶許氏，故給事中仲宣之女，不及準貴而亡。再娶宋氏，故左衛上將軍邢公延渥之女，封晉國夫人。準無子，以弟之子隨爲後。隨勁介有履行，終于殿中丞。女

四人：長適樞密使、尚書吏部侍郎、同中書門下平章事王曙；次適太府卿畢慶長；次又爲畢氏繼室；次適司封員外郎、直史館張子皐。孫四人：長謜，贊善大夫；次誦、諴，並大理評事；次諭，未仕。君子謂公慮己也輕以約，謀國也勇而固，誼在則死不足畏，義亡則生不足惜。勢無以移其操，利無以疚其心。出處始終，孚合大正。昔之垂勳名、載簡編者有幾，宜乎没世三十年而天子思之，生民懷之，搢紳景行之。古風穆然，炳炳如在。《詩》云「樂只君子，邦家之基」，準之請也。銘曰：

太宗膺圖，章聖御極。丕昭武經，誕布文德。準起孤童，遂階貴籍。歷事兩朝，薦奮庶職。剛嚴俊明，篤厚且直。非義不蹈，非忠不迪。開補治具，柏柏智力。指陳機宜，侃侃容色。遼人猖狂，入犯王域。蟻結魏南，狼跳燕北。準抗一言，羣類惕息。天嗣繼照，闈慈參翊。猜萌構險，佞間投隙。準矢一謀，姦人跋踖。晏晏萬務，愉愉四國。如石之堅，我社我稷。如山之安，我疆我場。亮節高峙，讒言衆惑。勞既不圖，咎從而得。風濤暮涉，瘴嶺晨陟。氣陵飛雲，誠貫白日。至于隕世，曾靡憂戚。道無久否，帝用近惜。申詔在庭，俾書其實。海田變更，陵谷遷易。準之大名，時萬時億。

曾鞏《隆平集》卷四《寇準傳》 寇準，字平仲，華州下邽人。太平興國中登進士第，器識文學，時鮮其比。初補歸州巴東令，五年不得代。既又宰大名府成安，賦役期會，書鄉里姓名揭之縣門，民無違者。巴東有秋風亭，準析韋應物一言爲二句云：「野水無人渡，孤舟盡日橫。」識者知其必大用。後因言事，太宗深器之。淳化二年，擢樞密副使。四年，罷知青州。太宗對左右數語及準，有間言，至終不能移上意。五年，召參知政事，因奏對切直，上怒起，輒挽衣留，以俟處決。太宗嘆曰：「真宰相才也。」上欲建儲，密詢於準。對曰：「謀及婦人、中官、近臣，皆不可也。惟擇所以副天下望者。」上屏左右問曰：「襄王可乎？」對曰：「非臣所知也。」及真宗爲太子，人望翕然。上曰：「天下心屬太子，將置我何地？」準曰：「願得所付，天下之福也。」至道二年，罷政知鄧州。咸平六年，除三司使。景德元年，與畢士安同相。契丹入寇，上召羣臣問禦戎策。畢士安請選將，王欽若勸幸金陵，陳堯叟以幸蜀爲請。準曰：「非親征不可。」上從準議，兵威大振，車駕及衛南，而捷書來上。三年，罷相。大中祥符七年，除同平章事充樞密使，八年罷。天禧三年復相。四年，真宗不豫，皇太后參議政。準請間曰：「丁謂，佞人也，不可輔少主，願擇方正大臣羽翼太子。」上然之。準因命楊億草太子監國制，且進億以代謂，甚密。詰朝，準被酒自漏言。謂乘婦人車詣曹利用第，謀逐準，遂發周懷政、朱能天書事。遷準以太子太傅歸班。請對不許，降太常卿、知相州，徙安州，貶道州司馬。仁宗即位，再貶雷州司户。踰年，徙衡州司馬。命未至，卒，年六十三。詔許歸葬西京。過公安縣，民擁道設祭，立竹焚幣。焚餘，竹無根株，踰月皆自生。邑民嗟賞，即生竹地立祠，歲時祭之，謂其竹曰「寇公竹」。歲久成林，人不忍伐。仁宗對輔臣哀準以忠貶死，贈中書令、萊國公。《謚》：危身奉上曰忠，佐國遭憂曰愍。詔賜準謚忠愍。錢惟演素忌準，又諂附丁謂，作《樞密直學士題名記》，輒不列準。後蔡齊言於上，即命刊去。上又哀準無子，以從子隨爲後，乃擢其壻屯田員外郎張子皋直秘閣，俾齎詔河南，就賜其家祭酎之。初，準至雷州，吏以圖經獻，視其四至，云東南門至海岸十里。準悦曰：「吾少時有詩云，到海祇十里，過山應萬重，豈偶然耶？」南行之初，過零陵，行橐爲溪寇所掠，其酋聞而趣還之。世言忠義，足動獷俗，況氣同者乎？準剛正，篤於自信，不能與世俯仰，故人多惡之。至道郊恩，以左正言馮拯爲虞部員外郎，拯訴於朝，罷政事者七年，未始少抑。雖王旦亦以爲好人懷惠，又欲人畏威，皆大臣所宜避，準自以爲己任，此其短也。惡之者，或云在相位與張齊賢相傾，或云朱能爲天書降乾祐縣，準知而不言。審如是，丁謂之拂鬚，固足以悦，詎致其媒孽耶？及謂道出雷州，欲見而不可得，其不能與世俯仰如此。而蔽以險詖庸回，不其過歟？準知將逝，遣人取太宗所賜通天犀帶於洛中，半年始致，沐浴具朝服，束帶北面再拜，俄登榻而終，非達於死生之數，能如是歟？

王稱《東都事略》卷四一《寇準傳》 寇準，字平仲，華州下邽人也。少力學，有器識，舉進士，爲巴東令。巴東有秋風亭，準析韋應物一言爲二句云：「野水無人度，孤舟盡日橫。」識者知其必大用。在巴東，五年不得代。又宰成安，賦役期會，書鄉里姓名揭之，民無違者。遷殿中丞、通判鄆州。召試左正言、直史館，爲三司度支推官。會詔百官言邊事，準極陳利害，太宗深器之，擢樞密直學士。

淳化二年，大旱，太宗延近臣問時政得失。準對曰：「《洪範》天人之際，其應若影響。大旱之徵，蓋刑有所不平爾。」太宗怒，起入禁中。頃之，召準問所以不平狀，準曰：「願召二府至前，臣即言之。」有詔召二府入，準乃言曰：「有二臣者犯法，一死一不問，而不問者乃參知政事王沔之弟也。非不平而何？」太宗於是切責沔，而知準可用。是歲，拜左諫議大夫、樞密副使，改同知樞密院事。與

張遜不協，罷知青州。太宗對左右數語及準，有閒言至，終不能移上意也。

五年，召爲參知政事，因奏對切直，太宗怒起，準輒挽上衣，留以俟處決。太宗歎曰：「真宰相才也。」又嘗語左右曰：「朕得寇準，猶唐太宗之得魏鄭公也。」加給事中。始自青州召還也，太宗謂之曰：「卿何來緩邪？」準曰：「臣非召不得至。」【略】皇太子人望翕然，太宗曰：「天下心屬太子，將置我何地？」準曰：「顧得所付，天下之福也。」

太宗祠南郊，中外官皆進秩。廣州左通判、左正言馮拯轉虞部員外郎，右通判、太常博士彭惟節乃轉屯田員外郎。惟節自以素居拯下，章奏列銜皆如舊不易，準怒，特詔拯無得亂朝制。拯因上疏陳準擅權，又條嶺南官除拜不平數事。準入對自辨，太宗曰：「若廷辨是非，失執政體。」力爭不已，太宗因歎曰：「鼠雀尚知人意，況人乎？」明日，準又持中書簿論曲直于上前，太宗滋不悅，遂罷知鄧州。咸平初，徙河陽，改同州，又徙鳳翔府。轉刑部侍郎，知開封府，遷兵部侍郎，爲三司使。

景德元年，拜同中書門下平章事、集賢殿大學士。是歲，契丹入邊，直抵澶、魏，真宗召羣臣問禦戎策。參知政事王欽若，江南人也，請幸金陵。僉書樞密院事陳堯叟，蜀人也，請幸成都。真宗以問準。時欽若、堯叟在側，準心知二人所爲，陽若不知，曰：「誰爲陛下畫此二策者？罪可斬也。今虜勢憑陵，陛下當率厲衆心進前禦敵，以衛社稷，奈何欲委棄宗廟，遠之楚、蜀邪？且以今日之勢，鑾輿回軫一步，萬衆雲散，楚、蜀可得至邪？」準乃叱欽若等曰：「天子神武而將臣協和，若車駕親征，賊當遁去。不然，則出奇以撓其謀，堅守以老其衆，使勞逸之勢我得勝筭。」因請幸澶州，並陳河北用兵之略甚備。真宗遂幸澶州。

至南城，皆言虜兵方盛，願駐蹕以觀兵勢。準固請曰：「陛下不過河，人心益危，虜氣未懾，非所以取威決勝之勢。河北將士，旦夕望陛下至。士氣百倍，何疑而不進哉？」真宗即日度河，軍威大震。御城門，觀視營壁，撫勞部伍，軍民懽呼聲聞數十里。契丹相視怖駭，不能成列。俄而勁弩伏發，射殺其貴將撻覽。契丹懼，因密奉書請盟，河北遂罷兵。

準在位，喜用寒進。每御史缺，嘗取敢言之士用之，同列頗不悅。它日又除官，同列目吏持例簿以進，準曰：「宰相，所以器百官，用例簿非所謂進賢退不肖。」因却而不視。加中書侍郎兼工部尚書。三年，以刑部尚書罷知陝州，遷户部尚書，知天雄軍，入判尚書都省。真宗幸亳州，以準留守京師。大中祥符七年，拜同平章事、充樞密使。八年，罷爲武勝軍節度使、同平章事。踰月，判河南府，徙判永興軍。天禧元年，爲山南東道節度使。三年，復拜中書侍郎兼吏部尚書、同中書門下平章事、集賢殿大學士，進右僕射。

初，劉后之立也，準及王旦、向敏中皆諫，以爲出於側微，不可，后銜之。及真宗不豫，后參與朝政，準請閒曰：「太子睿德天縱，足以任天下之事，陛下胡不協天人之係望，講社稷之丕謀，引登大明，敷照重霄。若丁謂侍才而挾姦，曹利用恃權而使氣，皆不可輔少主。願擇方正大臣，羽翼太子。」真宗然之。準乃屬翰林學士楊億草表請太子監國，且欲進億以代謂。億私語其妻弟張演曰：「數日之後，事當一新。」語稍洩，丁謂夜乘婦人車詣曹利用第，謀其事，遂密以聞。明日罷準爲太子太傅，封萊國公。踰月，楊崇勳等告内侍周懷政謀廢皇后，奉真宗爲太上皇而傳位太子，復用準爲相。懷政既事泄被誅，又降準爲太常卿，知相州，徙安州，貶道州司馬，再貶雷州司户參軍。

丁謂遣中使齎敕往，授之以錦囊貯劍，揭於馬前。既至，準方與羣臣宴，驛吏言狀，羣臣皆竦懼出迎。中使避不見，問其所以來之故，不答，上下益懼。準神色自若，使人謂之曰：「朝廷若賜準死，願見敕書。」中使不得已，乃以敕授準。準拜于庭，升階復宴，人服其量。準至雷州，吏以《圖經》獻，視其四至，云東南至海十里，準悵然曰：「吾少時有『到海只十里，過山應萬重』之句，人生得喪，豈偶然邪？」

初，丁謂爲參知政事，事準甚謹。嘗會食中書，羹污準鬚，謂起徐拂之。準笑謂曰：「君國之大臣，乃爲官長拂鬚邪？」謂甚愧恨。及南遷，天下莫不冤之。初過零陵，行囊爲溪寇所掠，其酋長聞而趣還之。準剛正，篤於自信，不能與世俯仰，故人多惡之。踰年，徙衡州司馬。丁謂亦以罪貶，道出雷州。欲見準，準拒絶之。太宗嘗得通犀，命工爲二帶，一以賜準。及是，準遣人取自洛中。至數日，具朝服被帶，北面再拜。呼左右趣設卧具，就榻而卒。年六十三。

詔許歸葬西京，過公安，民擁道設祭，立竹焚幣，月餘枯竹皆自生。邑民嗟嘆，即生竹地立祠，歲時享之，謂其竹曰「寇公竹」。歲久成林，人不忍伐。仁宗對輔臣哀準以忠死，贈中書令、萊國公，謚曰「忠愍」。無子，以從子隨爲後。隨終于殿中丞。

雜録

備録

朱熹《五朝名臣言行録》卷四之二《丞相萊國寇忠愍公》　太宗幸魏也，公之年十有六，以父陷蕃，上書行在，辭色激昂，舉止無畏。上壯之，命有司記姓名，後二年進士及第，寖以貴顯。《遺事》

公年十九，舉進士。時太宗取人，多問其年，年少者往往罷遣。或教公增其年，公曰：「吾初進取，可欺君耶？」

知歸州巴東縣，每期會賦役，不出符移，唯具鄉里姓名揭縣門，民莫敢後者。嘗賦詩，有「野水無人渡，孤舟盡日横」之句，時以爲若得用，必濟大川。手植雙柏於縣庭，至今民以比甘棠，謂之「萊公柏」。《政要》又《燕談》云：元祐九年，巴東大火，柏與公祠俱焚。明年，莆陽鄭贛來爲令，悼柏之焚，惜公手植，不忍剪伐，種凌霄於下，使附幹以上，以著公遺迹，且慰邦人之思。

太宗時，寇公爲員外郎，奏事忤上旨，上拂衣起，欲入禁中，公手引上衣，令上復坐，決其事然後退。上由是嘉之，嘗曰：「朕得寇準，猶唐文皇之得魏鄭公也。」《記聞》

太宗時，一歲大旱，天子以爲憂。嘗輦過館中，泛以問衆。衆皆曰：「水旱，天數也，堯、湯所毋奈何。」準獨曰：「朝廷刑罰偏頗，凡天旱爲是發耳。」上怒，起入禁中。頃之，召準問所以偏頗狀，準曰：「願召兩府至前，臣即言之。」有詔召兩府入，準乃言曰：「某子甲坐贓若干，少爾，罪乃至死；參知政事王沔其弟淮，盜所主守財至千萬以上，顧得不死，毋罪。非偏如何？」上顧問沔，沔頓首謝，即皆罷去。其暮遂大雨。上大喜，以準可用，遂驟進。劉貢父撰《萊公傳》又《遺事》云：公性忠朴，喜直言，無顧避，時人爲之語曰：「寇準上殿，百僚股栗。」

公在青州，太宗久不豫，驛召還問後事。公曰：「知子莫若父，臣愚，不當與也。」固問之，公再拜曰：「臣觀諸皇子，惟壽王得人心。」上大悦，遂定策，以壽王爲太子。謁太廟還，六宫登樓以觀，百姓皆合手叩額，歌呼相慶，曰：「少年天子也。」李后聞之不悦，以告上，上即召公責曰：「百姓但知有太子，而不知有朕，卿誤朕也。」公曰：「太子萬世嗣，社稷之主也。若傳之失其人，是爲可憂。今天下歌其得賢臣，敢以爲賀。」上意始解。《遺事》

章聖即位，公守青州，上想見之。會遣中使撫巡山東，因令問公安否，且促取朝見表來。公再拜謝曰：「陛下若不棄臣，朝召而夕行也，要君之章，實不敢上。」既而召還，遂領相印。《遺事》按：此乃太宗朝事也。

契丹犯澶淵，急書一夕凡五至，萊公不發封，飲笑自如。明日同列以聞，真宗大駭，取而發之，皆告急也，大懼，以問，公曰：「陛下欲了欲未了邪？」曰：「國危如此，豈欲久耶！」曰：「陛下欲了，不過五日爾。」其説請幸澶淵。上不語，同列懼，欲退，公曰：「士安等止候駕起，從駕而北。」上難之，欲還内，公曰：「陛下入，則臣不得見，而大事去矣！請無還而行也。」遂行，六軍百司，追而及之。《談叢》

澶淵之役，王超、傅潛兵力弗加，遂致中外之議不一，至有以北戎犯開運之勝聞於上者。唯寇萊公首乞親征，李沆、宋湜贊之，然而羣下終以未必勝爲言。時陳堯叟請幸蜀，王欽若乞幸江南。上召萊公問之，公曰：「不知誰爲此謀者？」上曰：「卿姑斷其可否，勿問其人也。」公曰：「臣欲得獻策之人，斬以釁鼓，然後北伐耳。」上悟，遂決澶淵之行。見《東軒筆録》、《遺事》及《聞見録》亦與此同。

行次長垣，遣置邊河守將。準侍上側，積制書數十通，近臣在東西廡下，呼而命之，皆辭曰「無兵」。詔報曰：「百姓皆兵，府庫皆財。聽若所爲，不責若野戰。但陷失城郭，則以軍法從事。」皆馳傳去，州郡卒無陷者。《萊公傳》

公從上在澶淵，王欽若陰請幸金陵，陳堯叟請幸蜀。上以問公，時欽若、堯叟在旁，公心知二人所爲，陽爲不知，曰：「誰爲陛下畫此策者？可斬也。今虜勢憑陵，陛下當率勵衆心，進前禦敵，以衛社稷，奈何欲委棄宗廟，遠之楚、蜀邪？且以今日之勢，鑾輿回軫一步，則四方瓦解，萬衆雲散，虜乘其勢，楚、蜀可得至邪？」上悟，乃止。二人由是怨公。《記聞》又曰：乘輿在河上行宫，召公入計事。公將入，聞内中人謂上曰：「羣臣欲將官家何之？何不速還京師？」及入見，上問以二人之策，公曰：「羣臣怯懦無知，不異向者婦人之言。」云云。上善其計，遂北渡河。按：此二説與前説異，當以前説爲正，然其所記萊公之言爲尤詳，故並録之。

契丹寇河北，南至冀、貝，虜騎甚盛，州郡震動。天子北巡至澶州，虜騎已過魏府矣。上疑，不欲渡河，駐南澶州。準勸上北渡，以固士卒心，毋令虜得乘勝。

上猶豫未決。時陳堯叟勸上避之蜀，王欽若勸上避之金陵，上以問準，準曰：「誰爲陛下畫此計者？」上曰：「顧所畫如何耳，毋問其名。」準曰：「臣姑欲知之，先斬此曹，以令天下。且先帝建都垂五十年，天下財用兵甲，聚於京師，宗廟社稷之所寄也。不幸有事，陛下當與臣等以死守之，今一旦棄去，非復陛下所有，若盜賊因緣而起，陛下當何歸乎？」上默然。按：此亦與《涑水記聞》之説同。準又勸上北渡，上猶未決。因起更衣，準亦下殿去。時高瓊爲殿前都指揮使，宿衛殿下，準謂瓊曰：「事當奈何？太尉胡不一言！」瓊曰：「相公謀之廟堂，瓊何敢與知。然相公所以謂上何？」準曰：「今渡河，則河北不勞力而定，不渡則虜日益熾，人心不敢自固，雖有智者，不能善其後矣。」瓊呼曰：「陛下聽寇準語，準所言是也。」上還問之，語良久，準即眣瓊，以其兵先渡，又自牽馬奉上，上乃從之。既至澶州，上御城北門，準居上前，上盡以軍事委準，準因承制專決，號令明肅，士卒喜悦。虜數千騎乘勝薄城下，有詔吏士迎擊之，斬獲太半，虜乃引退，不敢復逼。會暮，上還宫，留準居城上，上使人視準何爲，曰：「準方飲酒歌笑。」上未嘗不釋然也。《遺事》云：上至澶州，賊猶未退，公曰：「六軍心膽在陛下身上，今若登城，必禽賊矣。」上因御澶之北門，將士望見黄屋，皆呼萬歲，聲震原野，勇氣百倍。又《記聞》曰：公在澶淵，每夕與楊億飲博謳歌，諧謔喧呼常達旦，或就寢則鼾息如雷。上使人覘之，喜曰：「得渠如此，吾復何憂！」相持十餘日，契丹計索，欲引去，始遣使請和。既有約矣，又率其衆，詐欲填壕，會有飛矢射其統軍殺之，契丹大擾，其請和遂益堅。準不肯，虜使來益恭，上將許之，準欲邀使稱臣，且獻幽州地，時上厭兵事，姑欲羈縻不絶而已。於是有譖準不願與虜平，幸有兵事，以自取重。上亦不悦準，不得已，乃許之。當時虜舉國來寇，入中國千餘里，其歸，不十日不能出漢地，郡邑堅壁清野以待，寇虜人馬飢乏，百萬之衆，可毋戰而死。虜窘如此，誠少抑緩之，契丹不敢不稱臣，幽州可必得也。《萊公傳》又《遺事》云：虜請和，上以問公，公曰：「如用臣策，可數百年無事，不然四五十年後，臣恐戎心又生矣。」上曰：「朕不忍生靈受困，不如且聽其和，四五十年後，安知無能捍塞者乎！」戎遂得和。

虜兵既退，來求和親，命曹利用與之約。時契丹已疲，又懼鎮定大兵，扼其歸路，見利用至甚喜，寢以珠緣貂褥。虜主求割河北，利用曰：「如此，臣得族罪矣。不敢以聞。」許歲給金繒二十萬，虜嫌其少。利用復還奏之，上曰：「百萬以下，皆可許也。」利用出，準召利用至幄次，語之曰：「雖有敕旨，汝往，所許毋得過三十萬，過三十萬勿來見準，准將斬汝。」利用股栗。再至虜帳，果以三十萬成約而還。《記聞》

和議成，諸將請設伏邀擊，可使虜匹馬不返。萊公勸帝勿從，縱虜歸國，以保盟好。《聞見録》

真宗之次澶淵也，一日，語萊公曰：「今虜騎未退，而天雄軍截在賊後，萬一陷没，則河朔皆虜境也。何人可爲朕守魏？」萊公曰：「當此之際，無方略可展。古人有言，智將不如福將。臣觀參知政事王欽若福禄未艾，宜可爲守。」於是即時進熟出敕。退召欽若，諭以上意，授敕俾行。欽若茫然自失，未及有言，公遽曰：「主上親征，非臣子辭難之日。參政爲國柄臣，當體此意。駟騎已集，仍放朝辭，便宜即塗，身乃安也。」遽酌大白飲之，命曰「上馬盃」。欽若驚懼，不敢辭，飲訖拜别。公答拜曰：「參政勉之，回日即爲同列也。」欽若馳入魏，則戎虜滿野，無以爲計，但屯塞四門，終日危坐。越數日，虜騎退，乃召爲次相。或云：王公數進疑辭於上前，故萊公因事出之，以成勝敵之勳耳。《東軒筆録》

初，契丹入寇，陳堯叟奏請沿河皆撤去浮橋，舟船皆收泊南岸。敕下，河陽、河中、陝府如其奏，百姓驚擾。知河中府王濟獨不肯撤，封還敕書，且奏以爲不可。陝州通判張稷時以公事在外，州中已撤浮橋，稷還，聞河中不撤，乃復脩之。寇公由是知此二人。明年，召濟爲知雜御史，稷爲三司判官。濟性鯁直，衆多嫌之，及寇公罷，濟亦出守而卒。《記聞》又《談叢》曰：澶淵之役，真宗欲南下，萊公不可，曰：「是棄中原也。」欲斷橋，因河而守，公曰：「是棄河北也。國之存亡在河北，不可棄也。」

澶淵之役，所下一紙書爾：州縣堅壁，鄉村入保，金幣自隨，穀不可徙，隨在瘗藏，寇至勿戰。故虜雖深入而無得，才破德清一城，而得不補失，未戰而困。《談叢》

章聖嘗謂兩府，欲擇一人爲馬步軍指揮使。公方議其事，吏有以文籍進者，公問其故，曰：「例簿也。」公叱曰：「朝廷欲用一牙官，尚須檢例，即安用我輩哉！壞國政者，正由此耳。」《遺事》

上以澶淵之功，待公至厚，羣臣無以爲比，數稱其功，王欽若疾之，承間言曰：「澶淵之役，準以陛下爲投瓊，與虜博耳。苟非勝虜，則爲虜所勝，非爲陛下畫萬全計也。且城下之盟，古人恥之，今虜衆悖逆，侵迫畿甸，準爲宰相，不能殄滅凶醜，卒爲城下之盟以免，又足稱乎？」上由是寖疏之。頃之，準罷而天書事起。《記聞》又《聞見録》云：上既回鑾，每歎萊公之功。小人或譖之曰：「陛下知博乎？錢輸將盡，取其餘盡出之，謂之孤注。陛下，寇準之孤注也。尚何念！」帝聞之驚甚，萊公眷禮

遂衰。

公鎮大名府，北使道由之，謂公曰：「相公望重，何以不在中書？」公曰：「皇上以朝廷無事，北門鎖鑰，非準不可。」《擬遺》

大中祥符元年正月，天書降于宫中承天門，天子以改元。其六月，又降于泰山，是歲十月，封泰山。間二歲，祀后土，汾陰。天子奉天書謹甚，載以玉輅，天書所行，天子不敢當其道。居無幾何，復有神降于延恩殿，號稱天尊。天子親自見之，上於是益崇飾祀事。自天書始降，則築昭應宫，其後復置會靈、景靈之屬，而祀老子于亳州，天下無慮皆神事矣。準是時出爲外官，又不信天書，上益疏準。最後知京兆府，都監朱能復獻天書。上以問王旦，旦曰：「始不信天書者準也，今天書降，準所當，令準上之，則百姓將大服，而疑者不敢不信也。」上從之，使中貴人逼準。朱能素事宦者周懷政，而準婿王曙居中與懷政善，勸準與能合。準始不肯，曙固要準，準亦因此復爲中書侍郎、平章事，天禧三年也。《萊公傳》

天禧末，真宗寢疾，章獻明肅劉太后漸預朝政，真宗意不能平。寇萊公探此意，遂欲廢章獻，立仁宗，尊真廟爲太上皇，而誅丁謂、曹利用等。於是引李迪、楊億、曹瑋、盛度、李遵勗等叶力，處畫已定，凡誥命盡使楊億爲之，且將舉事。會萊公因醉漏言，有人馳報謂，謂夜乘犢車往利用家謀之。明日，利用入，盡以萊公所謀白太后，遂矯詔罷公政事。及真宗上仙，遂指公爲反，而投海上。其事有類上官儀者，天下冤之。楊億臨死，取當時所爲詔誥及始末事迹，付遵勗收之。章獻上仙，遵勗乃抱億所留書進呈仁宗，及叙陳本末，仁宗盡見當日曲直，感歎再三，遂下詔湔滌其冤，贈中書令，謚曰「忠愍」。又贈楊億禮部尚書，謚曰「文」。凡預萊公黨而被逐者，皆昭雪之。故李淑爲億贈官制曰：「天禧之末，政漸宫闈，能叶元臣，議尊儲極。」蓋謂是也。《東軒筆録》又《龍川志》云：真宗晚年得風疾，自疑不起，嘗卧枕宦者周懷政股，與之謀，欲命太子監國。懷政，東宫官也，出與寇準謀之，準遂議立太子，廢劉后，黜丁謂等，使楊億草具詔書。億私語其妻弟張演曰：「數日之後，事當一新。」語稍洩，丁謂夜乘婦人車與曹利用謀之，誅懷政，黜準。召億至中書，億懼，便液俱下，面無人色。謂素重億，無意害之，徐曰：「謂當改官，煩公爲一好詞耳。」億乃少安。準初爲此謀，欲遣使四方，宣示風指，誅異己者，使楊億爲詔書，遣其婿王曙出使。曙知其不可，力止之，意其必有禍敗，藏其詔書草，使其妻縫置夾衣中。及劉后既没，朝廷方欲理準舊勛，曙出其書，文字磨滅，殆不可復識。由此億得贈官賜謚。準爲人忠亮自信，固無異心，然使之得志，必有恣横失衆之事，未必不爲國之禍也。又《記聞》曰：真宗不豫，寇萊公與周懷政密言於上，請傳位太子，上許之。自皇后以下皆不與知。既而月餘無所聞。二月二日，上幸後苑，命後宫挑生菜，左右皆散去。懷政何上獨處，密懷小刀至上所，涕泣言曰：「臣前言社稷大計，陛下既許臣等，而月餘不決，何也？臣請割心以明忠款。」因以刀劃其胸，僵仆於地，流血淋漓。上大驚，因是疾復作，左右扶輿入禁中。皇后命收懷政下獄，案問其狀。又於宫中索得萊公奏言傳位事，乃命親軍校楊崇勳密告云：「寇準、周懷政等謀廢上立太子。」遂誅懷政而貶萊公。按此三書所載大同小異，今並存之。

公好士樂善，不倦推薦，种放、丁謂之徒，皆出其門。然嘗語所親曰：「丁生誠奇材，惟不堪重任。」公爲丞相，謂參知政事，嘗會食都堂，羹染公鬚，謂起拂之，公正色曰：「身爲執政，而親爲宰相拂鬚耶？」謂慚不勝，公恃正直而不虞巧佞，故卒爲所陷。《遺事》

公爲樞密使，曹利用爲副使，公以其武人，輕之。議事有不合者，輒曰：「君一武夫耳，豈解此國家大體！」利用由是銜之。真宗將立劉后，公及王旦、向敏中皆諫，以爲出於側微，不可。劉氏宗人横於蜀，奪民鹽井，上以后故，欲捨之，公固請行法。是時上已不豫，不能記覽，政事多宫中所決。丁知曹、寇不平，遂與利用合謀，請罷公政事，除太子少傅。上初不知，歲餘，忽問左右：「吾目中久不見寇準，何也？」左右亦莫敢言。上崩，太后稱制，公再貶雷州。是歲，丁亦獲罪。《記聞》又《倦遊録》云：丁謂言：「先朝因節日，賜宴于寇相第，寇好以大白飲人，時曹利用爲樞密副使，不領其意。寇怒曰：『若一夫耳，敢爾邪！』曹厲聲曰：『利用在樞府，而相公謂之一夫，明日當於上前辨之！』自此二公不協。厥後發萊公之事者，曹貂也，預謂何事？」然中外皆知萊公之禍，丁有力焉。又《遺事》云：章聖不預，謂侍臣曰：「使朕無後世憂者，惟寇準、李迪爲可託。」及大漸，乃用丁謂而黜公，皆非上意也。

公始謫道州司馬，素無公宇，百姓聞之，競荷瓦木，不督而會，公宇立成，頗亦宏壯。守土者聞于朝，遂再有海康之行。《倦遊録》

公之貶雷州也，丁謂遣中使賫敕往授之，以錦囊貯劍，揭於馬前。既至，公方與郡官宴飲，驛吏言狀，公遣郡官出迎之。中使避不見，入傳舍中，久之不出。問其所以來之故，不答。上下皆皇恐，不知所爲。公神色自若，使人謂之曰：「朝廷若賜準死，願見敕書。」中使不得已，乃以敕授之。公乃從録事參軍借緑衫着之，短纔至膝，拜受於庭，升堦復宴飲，至暮而罷。《記聞》

公貶死於雷，詔還葬雒陽，過公安，民皆迎祭，哭其喪，斬竹插地，以掛紙錢焚之。尋復生笋成林，邦人神之，號曰「相公竹」。因立廟其旁，祀奉甚謹。劉貢父、王樂道各嘗爲文刻石以記其事。見《塵史》及《名臣傳》又《東軒筆録》云：公赴貶雷州，道出公安，剪竹插於神祠之前，而祝曰：「準之心若有負朝廷，此竹必不生。若不負朝廷，

此枯竹當再生。」其竹果生。按此説與前二書異，竊意前説爲是。

公少時不脩小節，頗愛飛鷹走狗。太夫人性嚴，嘗不勝怒，舉秤鎚投之，中足流血，由是折節從學。及貴，母已亡，每捫其痕輒哭。《記聞》

公初爲樞密直學士，賞賜金帛甚厚。乳母泣曰：「太夫人不幸時，家貧，求一縑作衾襚不可得，豈知今日富貴哉！」公聞之慟哭，盡散金帛，終身不畜財産。後雖出入將相，所得俸禄，惟務施與。公外奢内儉，無聲色之娱，寢處一青幃，二十餘年，時時有破壞，益命補葺。或以公孫洪事靳之，笑答曰：「彼詐我誠，雖弊何憂？且不忍處之久而以弊復棄也。」靳者愧之。《遺事》

處士魏野贈公詩曰：「有官居鼎鼐，無宅起樓臺。」及上即位，北使至，賜宴，兩府預坐，北使歷視坐中，問譯者曰：「誰是『無宅起樓臺』相公？」坐中無答。丁謂令譯者謂曰：「朝廷初即位，南方須大臣鎮撫，寇公暫撫南夏，非久即還。」《政要》

鄧州花蠟燭名著天下，雖京師不能造，相傳云是寇萊公燭法。公嘗知鄧州，而自少年富貴，不點油燈，尤好夜宴劇飲，雖寢室亦燃燭達旦。每罷官去，後人至官舍，見厠溷間燭淚在地，往往成堆。杜祁公爲人清儉，在官未嘗燃官燭，油燈一炷，熒然欲滅，與客相對清談而已。二公皆爲名臣，而奢儉不同如此。然祁公壽考終吉，萊公晚有南遷之禍，遂殁不反，雖其不幸，亦可以爲戒也。《歸田録》

準爲人敏鋭多智，忼慨好樂賓客。奢侈玉食，其自奉養，時時越法度。然不治産業，而矜權尚氣，收取聲名，其天性也。《萊公傳》

王元之之子嘉祐爲館職，平時若愚騃，獨寇萊公知之，喜與之語。萊公知開封府，一旦問嘉祐曰：「外人謂劣丈云何？」嘉祐曰：「外人皆云丈人旦夕入相。」萊公曰：「於吾子意何如？」嘉祐曰：「以愚觀之，丈人不若未爲相爲善，相則譽望損矣。」萊公曰：「何故？」嘉祐曰：「自古賢相，所以能建功業、澤生民者，其君臣相得，皆如魚之有水，故言聽計從，而功名俱美。今丈人負天下重望，相則中外有太平之責焉，丈人之於明主，能若魚之有水乎？此嘉祐所以恐譽望之損也。」萊公喜，起執其手曰：「元之雖文章冠天下，至於深識遠慮，殆不能勝吾子也。」《記聞》

張忠定公守蜀，聞萊公大拜，曰：「寇準真宰相也。」又曰：「蒼生無福。」門人李畋怪而問之，曰：「人千言而不盡者，準一言而盡。然仕太早，用太速，不及學耳。」張，寇布衣交也，萊公兄事之，忠定常面折不少恕，雖貴不改也。萊公在岐，忠定在蜀，還，不留，既別，顧萊公曰：「曾讀《霍光傳》否？」曰：「未也。」更無它語。萊公歸取其傳讀之，至「不學無術」，笑曰：「此張公謂我矣。」《談叢》

張乖崖常稱：「使寇公治蜀，未必如詠。至於澶淵一擲，詠亦不敢爲也。」深歎服之。《記聞》

準疏通博裕，果敢沈毅，能斷大務，不循細檢。喜風幹，善議論，與人無城府，接物無崖岸。顧大義可爲者，必奮厲翔躍，以身先之，其勇若賁、獲。至於外險中艱，嶄然涯垠，亦坦坦無退衄意。聞一善，薦道推輓，不進用不已。附離苟合者，疾之如仇讎。孫抃奉敕撰《旌忠碑》

準得罪南行，過零陵，踰大陂，溪夷承間鈔掠而去。已而酋長召告之曰：「若等奈何竊賢相行橐，神明其佑若乎？」趣遣種人，持所掠還準，伏道下引罪，且拜。準慰遣之。至南海，晨旦朝謁，從事如常。時謂其子曰：「守法奉正，士人常操，以窮通成敗易之者，非吾意也。」爲層樓於署東偏，置几榻其間，危坐終日，寂無它營。經、史、老、莊，及天竺書，環列前後，暇或看誦之。賓至則憑高瞰虚，笑語燕燕，若初無廊廟之責者。嶠南山水峻絶，馬不能進，郡縣官有伐竹爲輕輿以迓準者，準謝曰：「吾罪人，騎馬足矣。」冒炎溽，捫險阻，日行百里，左右爲之泣下，準昂然無隕穫容色，其度量過人如此。及雷陽吏以圖獻，閲視之，首載郡東南門抵海岸凡十里，準怳然悟曰：「吾少時有『到海秪十里，過山應萬重』之句，迺今日意爾。人生得喪，豈偶然耶？」《旌忠碑》

丁謂敗，得竄，道繇海康。準從者有欲釋憾，謀不利於謂。準知之，陳大席一廡間，設戲具，悉召坐，且命之博弈，因隱几觀焉。聞謂行，迺罷。《旌忠碑》又《歸田録》云：寇忠愍公貶雷州，時丁晉公與馮相拯在中書，丁當秉筆，初欲貶崖州，而丁忽自疑，語馮曰：「崖州再涉鯨波，如何？」馮唯唯而已。丁乃徐擬雷州。丁之貶也，馮遂擬崖州。當時好事者相語曰：「若見雷州寇司户，人生何處不相逢。」比丁之南也，寇復移道州。寇聞丁當來，遣人以蒸羊逆于境上，而收其僮僕，杜門不放出。聞者多以爲得體。

準平生著述，於章疏尤工，旨粹言簡，多所開益，餘藁即焚滅棄去，雖至戚不得見。好爲詩，警策清悟，有劉夢得、元微之風格，其氣燄奇拔，則又過之。《旌忠碑》

田況《儒林公議》　太宗嘗因久旱，欲遣使四方詢民疾苦，因謂大臣曰：「天下官吏必有用刑不當者。」時寇準副位樞弼，前對曰：「天下官吏未聞用刑不當者，陛下用刑則實有不當。」上默然久之，問曰：「何也？」準曰：「晉州祖吉受所

監臨贓，罪不至死，陛下特命杖殺之。參知政事王沔弟犯監主自盜贓，罪至死，陛下以沔故恕其罪。此陛下用刑不當也。」上爲之感悟，罷沔參知政事。

江休復《江鄰幾雜志》 萊公性自矜，惡南人輕巧。蕭貫當作狀元，萊公進曰：「南方下國，不宜冠多士。」遂用蔡齊。出院顧同列曰：「又與中原奪得一狀元。」時爲樞密使。

歐陽修《歸田録》卷一 寇忠愍公準。之貶也，初以列卿知安州，既而又貶衡州副使，又貶道州別駕，遂貶雷州司户。時丁晉公與馮相拯。在中書，丁當秉筆，初欲貶崖州，而丁忽自疑，語馮曰：「崖州再涉鯨波，如何？」馮唯唯而已。丁乃徐擬雷州。及丁之貶也，馮遂擬崖州。當時好事者相語曰：「若見雷州寇司户，人生何處不相逢？」比丁之南也，寇復移道州，寇聞丁當來，遣人以蒸羊逆於。境上，而收其僮僕，杜門不放出。聞者多以。爲得體。

范鎮《東齋記事》佚文 寇萊公嘗知鄧州，鄧人至今廟祀之。熙寧中，侍讀學士陳和叔知州，下令閉廟，不得修祀。一日，陳方食夾子，忽就楪失之，已而乃見在萊公祠外土偶手中。陳大怖駭，立榜示百姓，依舊祭享。

釋文瑩《湘山野録》卷上 寇萊公詩「野水無人渡，孤舟盡日横」之句，深入唐人風格。初，授歸州巴東令，人皆以寇巴東呼之，以比前趙渭南、韋蘇州之類。然富貴之時，所作詩皆淒楚愁怨，嘗爲《江南春》二絶，云：「波淼淼，柳依依，孤村芳草遠，斜日杏花飛。江南春盡離腸斷，蘋滿汀洲人未歸。」又曰：「杳杳煙波隔千里，白蘋香散東風起。日落汀洲一望時，愁情不斷如春水。」余嘗謂深於詩者，盡欲慕騷人清悲怨感以主其格，語意清切脱灑孤邁則不無。殊不知清極則志飄，感深則氣謝。萊公富貴時，送人使嶺南，云「到海只十里，過山應萬重」。人以爲警絶。晚竄海康，至境首，雷吏呈圖經迎拜於道，公問州去海近遠？曰：「只可十里。」憔悴犇竄已兆於此矣。予嘗愛王沂公曾布衣時，以所業贄呂文穆公蒙正，卷有早梅句云：「雪中未問和羹事，且向百花頭上開。」文穆曰：「此生次第已安排作狀元宰相矣。」後皆盡然。

鼎州甘泉寺介官道之側，嘉泉也，便於漱酌，行客未有不舍車而留者。始寇萊公南遷日，題於東檻，曰：「平仲酌泉經此，回望北闕，黯然而行。」未幾，丁晉公又過之，題於西檻，曰：「謂之酌泉禮佛而去。」後范補之諷安撫湖南，留詩於寺曰：「平仲酌泉回北望，謂之禮佛向南行。煙嵐翠鎖門前路，轉使高僧厭寵榮。」詩牌猶存。

釋文瑩《湘山野録》卷中 寇忠愍罷相，移鎮長安，悰悅牢落，有戀闕之興，無階而入。忽天書降於乾祐縣，指使朱能傳意密諭之，俾公保明入奏，欲取信於天下。公損節遂成其事，物議已譏之。未幾，果自秦川再召入相。將行，有門生者（忘其名）請獨見，公召之，其生曰：「某愚賤，有三策輒瀆鈞重。」公曰：「試陳之。」生曰：「第一，莫若至河陽稱疾免覲，求外補以遠害。第二，陛覲日，便以乾祐之事露誠奏之，可少救平生公直之名。第三，不過入中書爲宰相爾。」公不悅，揖起之。後詩人魏野以詩送行，中有「好去上天辭將相，歸來平地作神仙」之句，蓋亦警之爲赤松之游。竟不悟，至有海康之往。

寇萊公一日延詩僧惠崇於池亭，探鬮分題，丞相得「池上柳」，青字韻；崇得「池上鷺」，明字韻。崇默遶池徑，馳心於杳冥以搜之，自午及晡，忽以二指點空微笑曰：「已得之，已得之。此篇功在明字，凡五押之俱不倒，方今得之。」丞相曰：「試請口舉。」崇曰：「照水千尋迥，棲煙一點明。」公笑曰：「吾之柳，功在青字，已四押之終未愜，不若且罷。」崇詩全篇曰：「雨絶方塘溢，遲徊不復驚。曝翎沙日暖，引步島風清。」及斷句云：「主人池上鳳，見爾憶蓬瀛。」

釋文瑩《湘山野録》卷下 寇萊公嘗曰：「母氏言，吾初生，兩耳垂有肉環，數歲方合，自疑嘗爲異僧。好游佛寺，遇虚窗静院，惟喜與僧談真。」公歷富貴四十年，無田園邸舍，入覲則寄僧舍或僦居。在大名日，自出題試貢士，曰《公儀休拔園葵賦》、《霍將軍辭治第詩》，此其志也。詩人魏野獻詩曰：「有官居鼎鼐，無地起樓臺。」采詩者以爲中的。虜使至大名，問公曰：「莫是『無地起樓臺』相公否？」公因早春宴客，自撰樂府詞，俾工歌之，曰：「春早柳絲無力，低拂青門道。暖日籠啼鳥，初折桃花小。遥望碧天净如埽，曳一縷輕煙縹緲。堪惜流年謝芳草，任玉壺傾倒。」

司馬光《涑水記聞》卷六 上以澶淵之功，待準至厚，羣臣無以爲比，數稱其功，王欽若疾之。久之，數承間言於上曰：「澶淵之役，準以陛下爲孤注，與虜博耳。苟非勝虜，則爲虜所勝，非爲陛下畫萬全計也。且城下之盟，古人恥之；今虜衆悖逆，侵逼畿甸，準爲宰相，不能殄滅兇醜，卒爲城下之盟以免，又足稱乎！」上由是寖疎之。頃之，準罷而天書事起。

孫升《孫公談圃》卷下 契丹犯澶淵，奏至，寇準適在病告，上遣數輩召與計事。準辭疾。復遣衛士舁病而入，亦不至。明日，準入對。上引視二圖，一江南，一蜀中也。準曰：「江南必王欽若，蜀中必陳堯咨也，二人以其鄉里，皆亡國

詔不可。」固請鑾輿親征，即出懷中所擬將校姓名，凡數百人，詔敕皆具。天戈即日言邁，遂平大寇。準之力也。

夷門君玉《國老談苑》卷一　寇準再入中書，魏野貽詩曰：「好去上天辭富貴，却來平地作神仙。」未幾南遷，常誦此詩句。

夷門君玉《國老談苑》卷二　寇準出入宰相三十年，不營私第。處士魏野贈詩曰：「有官居鼎鼐，無地起樓臺。」洎準南遷，時北使至，內宴，宰執預焉。使者歷視諸相，語譯導者曰：「孰是『無地起樓臺』相公？」畢坐無答者。

寇準鎮大名府，北使路由之，謂準曰：「相公望重，何以不在中書？」準曰：「主上以朝廷無事，北門鎖鑰非準不可。」

寇準有飲量，每飲，賓席常闔扉輟驂以留之。未嘗點油，雖溷軒、馬廐必用蠟炬。

寇準年三十餘，太宗欲大用，尚難其少。準知之，遽服地黄，兼餌蘆菔以反之。未幾，髭髮皓白。

寇準謫營道，惟衣裘繫爲相時所得金笏頭帶。當權希時者諷其逾禮，準拒之曰：「君父所賜，服之不忘，未見禮之失也。」諷者慙恧而退。

寇準初爲密學，方年少得意，偶撰《江南曲》云：「江南春盡離腸斷，蘋滿汀洲人未歸。」又云：「日暮江南一望時，愁情不斷如春水。」意皆悽慘，末年果南遷。

寇準掾雷康。丁謂謫朱崖，將假路於雷康。準聞之，以蒸羊逆諸境上，曰：「某之竄逐誠冤於謂。今謂窮來，而吾僕有剛者，必將致仇，當爲防之。」於是，聚令博易，亦閱之。詰旦，聞夜三更謂往矣，乃令散。

沈括《夢溪續筆談》　寇忠愍拜相白麻，楊大年之詞，其間四句曰：「能斷大事，不拘小節。有干將之器，不露鋒鋩；懷照物之明，而能包納。」寇得之甚喜曰：「正得我胸中事。」例外別贈白金百兩。

王闢之《澠水燕談録》卷六　初寇萊公十九擢進士第，有善相者曰：「君相甚貴，但及第太早，恐不善終。若功成早退，庶免深禍。蓋君骨類盧多遜耳。」後果如其言。

王鞏《聞見近録》　寇忠愍知永興軍，于其誕日排設如聖節儀，晚衣黄道服，簪花。走馬承受且奏寇準有叛心，真宗驚，手出奏示執政，曰：「寇準乃反耶？」先文正熟視，笑曰：「寇準許大年紀，尚騃耳。可劄與寇準知。」上意亦解。

陳師道《後山談叢》卷一　契丹侵澶，萊公相真宗北伐，臨河未渡。是夕，內人相泣。明日，參知政事王欽若請幸金陵，樞密副使陳文忠公堯叟請幸蜀。真宗以問公，公曰：「此與昨暮泣者何異！」議數日不決，出遇高烈武王，而謂之曰：「子爲上將，視國之危不一言，何也？」王謝之。乃復入，請召問從官，至皆默然。楊文公獨與公同，其説數千言，真宗以一言折之曰：「儒不知兵！」又請召問諸將，王曰：「蜀遠，欽若之議是也。上與後宫御樓船浮汴而下，數日可至。」殿上皆以爲然，公大驚色脱。王又曰：「臣言亦死，不言亦死，與其事至而死，不若言而死。今陛下去都城一步，則城中別有主矣！吏卒皆北人，家在都下，將歸事其主，誰肯送陛下者？金陵可到邪？」公又喜過望，曰：「瓊知此，何不爲上駕邪！」王乃大呼：「逍遥子！」公掖真宗以升，遂渡河而成功。欽若媿其議，譖於真宗曰：「寇準孤注子爾！」博者謂窮而盡所有以幸勝爲「孤注」，言以人主而一決也。

陳師道《後山談叢》卷二　寇萊公準，少嘗爲淮漕，有方士爲治丹砂，用竹百二十尺而通其節，以器盛丹置其上而立之，半埋地中。於時才得六十尺竹，接而用之。始於歲之朔旦，盡歲而止，丹已融而墮器矣。

陳師道《後山談叢》卷四　張忠定守蜀，聞萊公大拜，曰：「寇準真宰相也。」又曰：「蒼生無福。」幕下怪問之，曰：「人千言而盡，準一言而盡，然仕太早，用太速，未及學爾。」張、寇布衣交也，萊公兄事之，忠定常面折不少恕，雖貴不改也。萊公在岐，忠定任蜀還，不留，既别，顧萊公曰：「曾讀《霍光傳》否？」曰：「未也。」更無他語。蓋以不學爲戒也。

萊公性資豪侈，自布衣夜常設燭，厠間燭淚成堆，及貴而後房無嬖幸也。

陳師道《後山談叢》卷六　丁謂當國，竄逐李、寇二公，欲殺不可。既南貶而文定復相。相傳忠愍爲閻羅王，世謂「死活不得」。

魏泰《東軒筆録》卷一　真宗次澶淵，一日，語萊公曰：「今虜騎未退，而天雄軍截在賊後，萬一陷没，則河朔皆虜境也。何人可爲朕守魏？」萊公曰：「當此之際，無方畧可展，古人有言，知將不如福將。臣觀參知政事王欽若，福禄未艾，宜可爲守。」於是即時進熟劄，退召王公於行府，諭以上意，授敕俾行。王公茫然自失，未及有言，萊公遽曰：「主上親征，非臣子避難之日。參政爲國柄臣，當體此意。驛騎已集，仍放朝辭，便宜即塗，身乃安也。」遽酌大白飲之，命曰「上馬盃」，王公驚懼，不敢辭，飲訖拜别。萊公答拜，且曰：「參政勉之，迴日即爲同

列也。」王公馳騎入天雄，方戎虜滿野，無以爲計，但屯塞四門，終日危坐。越七日，虜騎退，召爲同中書門下平章事、集賢殿大學士，如萊公之言也。或云王公數進疑辭於上前，故萊公因事出之，以成勝敵之勳耳。

魏泰《東軒筆録》卷二　寇萊公始與丁晉公善，嘗以丁之才薦於李文靖公沆屢矣，而終未用。一日，萊公語文靖曰：「準屢言丁謂之才，而相公終不用，豈其才不足用耶？抑鄙言不足聽耶？」文靖曰：「如斯人者，才則才矣，顧其爲人，可使之在人上乎？」萊公曰：「如謂者，相公終能抑之使在人下乎？」文靖笑曰：「他日後悔，當思吾言也。」晚年與寇權寵相軋，交至傾奪，竟有海康之禍，始伏文靖之識。

魏泰《東軒筆録》卷三　天禧末，真宗寢疾，章獻明肅太后漸預朝政，真宗意不能平。寇萊公探此意，遂欲廢章獻，立仁宗，策真廟爲太上皇，而誅丁謂、曹利用等。於是引李迪、楊億、曹瑋、盛度、李遵勗等叶力，處畫已定，凡詔命，盡使楊億爲之，且將舉事。會萊公因醉漏言，有人馳報晉公，晉公夜乘犢車往利用家謀之。明日，利用入，盡以萊公所謀白太后，遂矯詔罷公政事。及真宗上仙，乃指萊公爲反，而投海上，其事有類上官儀者，天下寃之。楊億臨死，取當時所爲詔誥及始末事迹，付遵勗收之。至章獻上仙，遵勗乃抱億所留書，進呈仁宗，及叙本末，仁宗盡見當日曲直，感歎再三，遂下詔湔滌其寃，贈中書令，謚曰「忠愍」。又贈楊億禮部尚書，謚曰「文」。凡預萊公黨而被逐者，皆詔雪之。故億贈官制曰：「天禧之末，政漸中闈，能叶元臣，力屏儲極。」蓋謂是也。

魏泰《東軒筆録》佚文　寇準拜中書侍郎平章事，丁謂參知政事，嘗會食於中書，有羹污準鬚，謂與拂之，準曰：「君爲參預大臣，而與官長拂鬚耶？」謂顧左右，大愧恨之。章聖既倦政，而丁謂曲意迎合太后之意，有臨朝之謀。準便殿請對，言：「太子叡德天縱，足以任天下之事，陛下胡不協天人係望，講社稷之丕謀，引望大明，敷照重霄？若丁謂恃才而挾姦，曹利用恃權而使氣，皆不可輔幼主，恐亂陛下家事。」因俯伏嗚咽流涕，真宗命中人扶起，慰諭之。明日，謂之黨以急變聞，飛不軌之語以中準，坐是罷相。乾興元年二月，貶雷州司户參軍，皆謂所爲也。赴雷州時，道出公安，剪竹插於神祠之前，而祝曰：「準之心若有負朝廷，此竹必不生。若不負國家，此枯竹當再生。」其竹果生。後范仲淹作蘗石詩，言準無辜被誣。天聖元年閏九月，移授銀青光禄大夫、檢校祭酒、衡州司馬。蓋上知其無辜，將復其位。其月死於貶所，年六十三。尋復官爵，謚忠愍。及上即位，北使至，賜宴，唯兩府預焉。北使歷視坐中，問譯者曰：「誰是無宅起樓臺相公？」坐中無答，丁謂令譯者謂曰：「朝廷初即位，南方須大臣鎮撫，寇公撫南夏，非久即還。」

葉夢得《石林燕語》卷四　寇萊公性豪侈，所臨鎮燕會，常至三十醆。必盛張樂，尤喜《柘枝舞》，用二十四人，每舞連數醆方畢。或謂之《柘枝顛》。始罷樞密副使，知青州，太宗眷之未衰，數問左右：「寇準在青州樂否？」如是一再。有揣帝意欲復用者，即曰：「陛下思準不少忘，聞準日置酒縱飲，未知亦思陛下否？」上雖少解，然明年卒召爲參知政事。祖宗用人之果，不使細故讒人得乘間如此。

高晦叟《珍席放談》卷上　寇萊公當國，契丹入境，河朔戒嚴，朝論二三，未知適從。獨公勸上親幸澶淵，得以振士氣。章聖面諭，擘畫邊事及駕起與不起至何處者，準條四事以對，曲盡機要。其狀右奏語云：「陛下睿智淵深，聖猷宏遠，固以坐籌而決勝，尚猶虚己以詢謀。兼彼契丹，頗乏糧糗，雖持甲兵之衆，必懷首尾之憂，豈敢不顧大軍，乃圖深入。然亦慮其凶狡，須至過有防虞。」由是宸衷決從其策不惑。鑾輿順動，敵兵北歸，議者以寇公之功烈崛然第一，信不誣也。

寇公性尚華侈，夏英公亦然。夏嘗語門下客曰：「萊公自奉豪奢，而世弗非者，至某則云云者多，何也？」客對曰：「舊傳寇公在鎮，暇日與僚屬出郊圍坐，席上聞馱鐸聲，遣介問之，乃一縣令代還，行李經由。公即召同席，從容宴賞。侍中今待入京士大夫與出都之人禮數已自加損，況其他歟，宜乎物論之不同矣。」竦默然久之。夫虚心下士，弗論高卑疎昵者，無賢不肖，悉皆推尚。曲意輕重，欲收人情者，譽未必至，而毁亦莫可逃也。

曾敏行《獨醒雜志》卷二　寇萊公謫居道州，初至不諳風土，欲得樓居以御嵐瘴之氣，而力不能舉。一日，與客言之，客曰：「此易事。」乃以語郡人，於是爭爲出力營建，不日落成。及公薨，道之人繪公像祠於樓上，至今奉事唯謹。

湖湘官道，窮日之力僅能盡兩驛。父老相傳，以爲寇萊公爲丁、曹所誣蠛，謫爲道州司馬，欲以憂困殺之，陰令於衡、湘間十里則去一堠，以爲五里，故道里之長如是。公既居道，一日宴客，忽報中人傳勑來，且有持劍前行者。坐客皆失色，公不爲動。中人既至，公謂曰：「願先見勑。」中人出勑示，乃貶雷州司户。

因就郡僚假緑綬拜命，終宴而罷。

吴曾《能改齋漫録》卷一八　寇萊公善飲酒，人罕能敵。迨罷相，判永興，宫吏賓客之能飲者，不限位貌，常令陪飲席。時處士魏野、僧夢英亦常預坐。有倅連困于酒，已疾，而公尚促之不已，其妻乃叩公庭而訟焉，遂免。後有一道人上謁，自言能劇飲，一引可盡斗瓶。索公以瓶爲對，公喜如其請。既而道人舉瓶，一引而盡，公則不能。道人强之，公笑曰：「量不可加。」遂止。道人因謂公曰：「今後少勸人酒。」公悟，自爾勸酒減矣，道人遂不復見。

洪邁《容齋三筆》卷二　漢周勃誅諸吕，立文帝以安劉氏。及爲丞相，朝罷趨出，意得甚。上禮之恭，常目送之。爰盎進曰：「丞相何如人也？」上曰：「社稷臣。」盎曰：「絳侯所謂功臣，非社稷臣。社稷臣，主在與在，主亡與亡。方吕后時，諸吕用事，擅相王，絳侯爲太尉，本兵柄，弗能正。吕后崩，大臣相與共誅諸吕，太尉主兵，適會其成功，所謂功臣，非社稷臣。丞相如有驕主色，陛下謙遜，臣主失禮，竊爲陛下弗取也。」後朝，上益莊，丞相益畏。久之，勃遂有逮繫廷尉之禍，幾於不免。寇萊公決澶淵之策，真宗待之極厚，王欽若深害之。一日會朝，準先退，欽若進曰：「陛下敬畏寇準，爲其有社稷功邪？」上曰：「然。」欽若曰：「臣不意陛下出此言。澶淵之役，不以爲恥，而謂準有社稷功，何也？」上愕然，曰：「何故？」對曰：「城下之盟，雖春秋時小國猶恥之。今以萬乘之貴，而爲此舉，是盟於城下也，其何恥如之。」上愀然不能答。由是顧準稍衰，旋即罷相，終海康之貶。嗚呼，絳侯、萊公之功，揭若日月，而盎與欽若以從容一言，移兩明主意，訖致二人於罪斥。讒言罔極，吁可畏哉。

張師正《倦游雜録》　寇忠愍初登第，授大理評事，知歸州巴東縣。時唐郎中謂方爲郡，夕夢有人告云：「宰相至。」唐思之，不聞朝廷有宰相出鎮者。晨興視事，而疆吏報寇廷評入界，唐公驚喜，出郊迓勞。見其風神秀偉，便以公輔待之，且出諸子羅拜。唐新飾勸驫，置廳之左，寇既歸船，其子拯白其父曰：「適者寇屢目此，宜即送之。」寇果詢牙校：「何人知吾欲此？」對以十四秀才。既而力爲延譽，拯於孫漢公榜等甲成名。《類苑》卷四十八

寇萊公卒于海康，詔許歸葬，道出荆南公安縣，邑人迎祭于道，斷竹插地，以掛紙錢，竹遂不根而茂。邑人神之，立廟于側，奉祀甚謹。《類説》卷十六。《竹譜詳録》卷六節引此文

袁抗大監嘗言，曾守官營道，聞吏官言，寇萊公始謫爲州司馬，素無公宇，百姓聞之，競荷瓦木，不督而會，公宇立成，頗亦宏壯。守土者聞于朝，遂再有海康之行。始戒途，吏民遮道，馬復踣蹶不進，寇以策叩馬曰：「吾尚敢留滯邪？汝何不行？」馬即前去，寇泣且曰：「語丁謂，我負若何事？致我于極地邪！」其後丁自朱崖移道州，袁嘗接其語論，遂以所聞質之。丁曰：「寇自粗疎。先朝因節日，賜宴于寇相第，寇好以大白飲人，時曹利用爲樞密副使，不領其意，寇曰：『某勸太傅酒，何故不飲？』曹竟不濡脣，寇怒曰：『若一夫耳，敢爾邪？』曹厲聲曰：『上擢某在樞府，而相公謂之一夫，明日當於上前辨之。』自此二公不協，厥後發萊公之事者，曹㫚也。預謂何事？」然中外皆知萊公之禍，丁有力焉。二公之在政府也，當太平之盛，至於贊燮王度，亦無善惡之大者。至今天下識與不識，知與不知，聞萊公之名，則許以忠藎；言晉公之爲，則目以姦諛。豈非丁以才過其實，寇以誠過其才歟？《類苑》卷十一

備論

《宋史》卷二八一《寇準傳》　論曰：宰相不和，不足以定大計。畢士安薦寇準，又爲之辨誣。契丹大舉而入，合辭以勸真宗，遂幸澶淵，終却鉅敵。及議歲幣，因請重賄，要其久盟；由是西夏失牽制之謀，隨亦内附。景德、咸平以來，天下乂安，二相協和之所致也。準於太宗朝論建太子，謂神器不可謀及婦人，謀及中官，謀及近臣，此三言者，可爲萬世龜鑑。澶淵之幸，力沮衆議，竟成雋功，古所謂大臣者，於斯見之。然挽衣留諫，面詆同列，雖有直言之風，而少包荒之量。定策禁中，不慎所與，致啓懷政邪謀，坐竄南裔。勳業如是而不令厥終，所謂「臣不密則失身」，豈不信哉！

王稱《東都事略》卷四一《寇準傳》　臣稱曰：自古功名之機，惟斷乃成者，斯難哉。方契丹舉國入寇，準排羣議決親征之策，一戰而勝，遂與之和，功名之機，準誠得之矣。及章聖寢疾，政出帷幄，而準忘身徇國，爲社稷計，乃以漏言貶死，哀哉！韓子有言：「夫事以密成，而以泄敗。」未必其身泄之也，而語及其所匿之事，如是者身危，其準之謂邪？

藝文

劉敞《公是集》卷四九《萊公祠堂碑辭》 上元年相國萊公以讒死南方，有詔歸葬雒陽，道出江陵，江陵之人德公之相天下，又哀其死，相率迎柩公安，哭以過喪，大家賻，莫小家斬竹揭錢幣獻之。已獻，因投諸路旁，竹皆更生，蔥菁成林。邦人神之，號曰「相公竹」云。遂私作祠堂，以爲公歸。水旱疾疫，於是請命，罔不響答。後二十餘歲，南郡太守乃告縣更作公廟，以遂百姓之思，昔者召伯聽訟，甘棠勿伐。鄒子吹律，陰谷生黍。全而封殖，孰與斷而蕃育？爲之而榮，孰與感之而生？惟萊公相天下，生能使一物不失其所，死能使枯槁復息，以昭其仁，以顯其神，黔首戴之，子孫不忘，可謂靈矣。乃作哀歌，刻之廟碑。辭曰：

孰作祠堂，江陵之人。云孰享之，萊公之神。
孰毁萊公，朝廷不知。孰譖萊公，死而不歸。
公歸無所，于汝信處。取彼譖人，投畀豺虎。
赫赫萊公，爲天子忠。公今既死，誰相天子。
西有昆夷，北有玁狁。公乎不存，鰥寡尤蠢。
纖纖之竹，昔惟枯莖。公惠我民，速哉青青。
誰謂公遠，我瞻在堂。顧我人斯，亦孔之明。
誰謂公遠，我瞻在竹。顧我人斯，亦孔之育。
世勿我摧，萊公之依。於斯萬年，不遐有違。

王十朋《梅溪集》前集卷一一《寇萊公》 嗚呼萊公，相我真宗。契丹南牧，朝野洶洶。羣臣勸帝，幸蜀江東。微公決策，天下興戎。百年無兵，繄誰之功。

王十朋《梅溪集》後集卷二六《寇忠愍公巴東祠記》 詩言志，非謂其必出於作者之手而後見其志也，後之人有取於古詩，一章一句而賦詠之，亦足以見焉。國朝太平興國中，寇萊公爲巴東令，有「野水無人渡，孤舟盡日横」之句，識者知其必大用。然世知誦公詩而不知是詩本出於韋應物，公取其七字，析而增之。應物雖能道是語，而官止郡刺史，不見於施設，殆不過爲詩人之詩而已。及公取而用之，則果能舟楫巨川，是豈後人因其已試之効而爲是附會之説耶？蓋公雅存濟世之心，與「舟横」「野渡」之意合，正猶鄭七子之徒取風人之意而賦之，言發諸口，而肺肝之隱洞然可見，志之善惡、身之吉凶禍福，皆不逃趙孟之所料也。公爲是邑，時年方喻冠，有愛在民，世呼爲「寇巴東」，其後致身宰相，踐其所言。景德澶淵之功，尤爲雋偉。方契丹入寇，中外洶洶，當時苟從建議之臣幸蜀、江南，則胡馬不止於飲河洛，而三光五岳之氣必分。公獨毅然決親征之策，鑾輿一動，醜虜自斃，社稷安於泰山，天下混一者二百年。較其功烈，與傅岩之人任舟楫之寄、中興有商，未可得而輕重。然性素剛直，不與物浮沉，晚節爲奸邪所擠，流落南荒以死，天下至今哀之。某頃過公安，問枯竹再生處，有祠在焉，因賦詩吊之。過巴東舊治，訪其祠，則已廢矣，惟秋風亭尚存，則又賦詩有不似公安之嘆。尉王寧孫，永嘉人也，因命其建祠塑像。寧孫即亭祠之既成，以其圖來，令毛君恕集公詩百餘篇，并刻予詩，以寄予平生欣慕公之爲人。每嘆靖康間復有如公者出，則南北豈至於分裂耶？公之事固予所樂書，尚奚俟乎再三之請。然巴東故祠廢而復興，殘編斷藁散而復集，江山增氣，如公更生，雖發端於予，而卒成就之者令與尉也，皆不可以不書。乾道二年八月朔，永嘉王某記。

李洪《芸庵類稿》卷六《寇萊公贊》 堂堂萊公，龍章鳳姿。文武憲邦，太宗知之。景德之元，獫狁侵邊。公相天子，匈奴讋焉。真宗倚公，躬乘戎輅。七萃六師，闞如虓虎。公仗黄鉞，克揚天聲。不敢多殺，從其乞盟。遂講和戎，誓天歃血。南北赤子，永享黄髮。公在廟堂，四方訓之。身遭讒黜，節無磷緇。我覩公像，英風凛凛。微管之歎，吾其左衽。在仁宗時，敵情中渝。鄭公繼焉，尋盟如初。非天私我，有邦惟天。佑于一德，篤生巨賢。以幹王國，社稷之福。澤在生民，即圖稱贊。以勸爲臣。

張栻《南軒集》卷四三《丞相萊國寇忠愍公祠公安》 國有大議，發言盈庭。紛紛鄙夫，蹙縮經營。豈國之愛，惟謀厥身。從違之間，興喪所分。不有英哲，孰相其成。一言之決，九鼎莫傾。允矣萊公，社稷之臣。定計澶淵，功垂日星。匪功之艱，其見克明。惟見之獨，勇莫我嬰。黄蓋一張，虜膽已醒。是曰廟勝，豈幸之云。彼纖雖巧，寧屈其伸。是非之公，久焉益新。蕞爾茲邑，公所常經。民之愛公，孔悲以忱。有剪者竹，爲之發生。我來拜公，[起而涕零。才難道遠，孰起九原。何以昭之，不在斯文？]

王柏《魯齋集》卷六《寇忠愍準》 有倬萊國，恢恢廟謨。濟川之志，到海之符。青衫瘴雨，竹柏靈敷。澶淵一擲，千載偉夫。

王旦部

綜述

《宋史》卷二八二《王旦傳》：王旦字子明，大名莘人。曾祖言，黎陽令。祖徹，左拾遺。父祐，尚書兵部侍郎，以文章顯於漢、周之際，事太祖、太宗爲名臣。嘗諭杜重威使無反漢，拒盧多遜害趙普之謀，以百口明符彦卿無罪，世多稱其陰德。祐手植三槐于庭，曰：「吾之後世，必有爲三公者，此其所以志也。」

旦幼沉默，好學有文，祐器之曰：「此兒當至公相。」太平興國五年，進士及第，爲大理評事、知平江縣。其廨舊傳有物怪憑戾，居多不寧，旦將至前夕，守吏聞羣鬼嘯呼云：「相君至矣，當避去。」自是遂絶。就改將作監丞。趙昌言爲轉運使，以威望自任，屬吏屏畏，入旦境，稱其善政，以女妻之。代還，命監潭州銀場。何承矩典郡，薦入爲著作佐郎，預編《文苑英華詩類》。遷殿中丞、通判鄭州。表請天下建常平倉，以塞兼并之路。徙濠州。淳化初，王禹偁薦其才，任轉運使。驛召至京，旦不樂吏職，獻文召試，命直史館。二年，拜右正言、知制誥。

初，祐以宿名久掌書命，旦不十年繼其任，時論美之。錢若水有人倫鑒，見旦曰：「真宰相器也。」與之同列，每曰：「王君凌霄聳壑，棟梁之材，貴不可涯，非吾所及。」李沆以同年生，亦推重爲遠大之器。明年，與蘇易簡同知貢舉，加虞部員外郎、同判吏部流内銓、知考課院。趙昌言參機務，旦避嫌，引唐獨孤郁、權德輿故事辭職。太宗嘉其識體，改禮部郎中、集賢殿修撰。昌言出知鳳翔，即日以旦知制誥，仍兼修撰、判院事，面賜金紫，擇犀帶寵之，又令冠西閣。至道元年，知理檢院。二年，進兵部郎中。

真宗即位，拜中書舍人，數月，爲翰林學士兼知審官院、通進銀臺封駁司。帝素賢旦，嘗奏事退，目送之曰：「爲朕致太平者，必斯人也。」錢若水罷樞務，得對苑中，訪近臣之可用者，若水言：「旦有德望，堪任大事。」帝曰：「此固朕心所屬也。」咸平三年，又知貢舉，鎖宿旬日，拜給事中、同知樞密院事。踰年，以工部侍郎參知政事。

契丹犯邊，從幸澶州。雍王元份留守東京，遇暴疾，命旦馳還，權留守事。旦曰：「願宣寇準，臣有所陳。」準至，旦奏曰：「十日之間未有捷報時，當如何？」帝默然良久，曰：「立皇太子。」旦既至京，直入禁中，下令甚嚴，使人不得傳播。及駕還，旦子弟及家人皆迎于郊，忽聞後有騶訶聲，驚視之，乃旦也。二年，加尚書左丞。三年，拜工部尚書、同中書門下平章事、集賢殿大學士、監修《兩朝國史》。

契丹既受盟，寇準以爲功，有自得之色，真宗亦自得也。王欽若惎準，欲傾之，從容言曰：「此《春秋》城下之盟也，諸侯猶恥之，而陛下以爲功，臣竊不取。」帝愀然曰：「爲之奈何？」欽若度帝厭兵，即謬曰：「陛下以兵取幽燕，乃可滌恥。」帝曰：「河朔生靈始免兵革，朕安能爲此？可思其次。」欽若曰：「唯有封禪泰山，可以鎮服四海，誇示外國。然自古封禪，當得天瑞希世絶倫之事，然後可爾。」既而又曰：「天瑞安可必得，前代蓋有以人力爲之者，惟人主深信而崇之，以明示天下，則與天瑞無異也。」帝思久之，乃可，而心憚旦，曰：「王旦得無不可乎？」欽若曰：「臣得以聖意喻之，宜無不可。」乘間爲旦言，旦黽勉而從。帝猶尤豫，莫與籌之者。會幸秘閣，驟問杜鎬曰：「古所謂河出圖、洛出書，果何事耶？」鎬老儒，不測其旨，漫應之曰：「此聖人以神道設教爾。」帝繇此意決，遂召旦飲，歡甚，賜以尊酒，曰：「此酒極佳，歸與妻孥共之。」既歸發之，皆珠也。由是凡天書、封禪等事，旦不復異議。

大中祥符初，爲天書儀仗使，從封泰山，爲大禮使，進中書侍郎兼刑部尚書。受詔撰《封祀壇頌》，加兵部尚書。四年，祀汾陰，又爲大禮使，遷右僕射、昭文館大學士。仍撰《祠壇頌》，將復進秩，懇辭得免，止加功臣。俄兼門下侍郎、玉清昭應宫使。五年，爲玉清奉聖像大禮使。景靈宫建，又爲朝修使。七年，刻天書，兼刻玉使，選御厩三馬賜之。玉清昭應宫成，拜司空。京師賜酺，旦以慘恤不赴會，帝賜詩導意焉。《國史》成，遷司空。旦爲天書使，每有大禮，輒奉天書以行，恒邑邑不樂。凡柄用十八年，爲相僅一紀。

會契丹修和，西夏誓守故地，二邊兵罷不用，真宗以無事治天下。旦謂祖宗之法具在，務行故事，慎所變改。帝久益信之，言無不聽，凡大臣有所請，必曰：「王旦以爲如何？」旦與人寡言笑，默坐終日，及奏事，羣臣異同，旦徐一言以定。歸家或不去冠帶，入静室獨坐，家人莫敢見之。旦弟以問趙安仁，安仁曰：「方議事，公不欲行而未決，此必憂朝廷矣。」

帝嘗示二府《喜雨詩》，旦袖歸曰：「上詩有一字誤寫，莫進入改却否？」王欽若曰：「此亦無害。」而密奏之。帝愠，謂旦曰：「昨日詩有誤字，何不來奏？」旦曰：「臣得詩未暇再閱，有失上陳。」惶懼再拜謝，諸臣皆拜，獨樞密馬知節不拜，具以實奏，且曰：「王旦略不辨，真宰相器也。」帝顧旦而笑焉。天下大蝗，使人於野得死蝗，帝以示大臣。明日，執政遂袖死蝗進曰：「蝗實死矣，請示於朝，率百官賀。」旦獨不可。後數日方奏事，飛蝗蔽天，帝顧旦曰：「使百官方賀，而蝗如此，豈不爲天下笑耶？」

宫禁火災，旦馳入。帝曰：「兩朝所積，朕不妄費，一朝殆盡，誠可惜也。」旦對曰：「陛下富有天下，財帛不足憂，所慮者政令賞罰之不當。臣備位宰府，天災如此，臣當罷免。」繼上表待罪，帝乃降詔罪己，許中外封事言得失。後有言榮王宫火所延，非天災，請置獄劾，當坐死者百餘人。旦獨請曰：「始火時，陛下已罪己詔天下，臣等皆上章待罪。今反歸咎於人，何以示信？且火雖有迹，寧知非天譴耶？」當坐者皆免。

日者上書言宫禁事，坐誅。籍其家，得朝士所與往還占問吉凶之説。帝怒，欲付御史問狀。旦曰：「此人之常情，且語不及朝廷，不足罪。」真宗怒不解，旦因自取嘗所占問之書進曰：「臣少賤時，不免爲此。必以爲罪，願并臣付獄。」真宗曰：「此事已發，何可免？」旦曰：「臣爲宰相執國法，豈可自爲之，幸於不發而以罪人。」帝意解。旦至中書，悉焚所得書。既而復悔，馳取之，而已焚之矣。繇是皆免。仁宗爲皇太子，太子諭德見旦，稱太子學書有法。旦曰：「諭德之職，止於是耶？」張士遜又稱太子書，旦曰：「太子不在應舉，選學士不在學書。」

契丹奏請歲給外別假錢幣。旦曰：「東封甚近，車駕將出，彼以此探朝廷之意耳。」帝曰：「何以答之？」旦曰：「止當以微物而輕之。」乃以歲給三十萬物内各借三萬，仍諭次年額内除之。契丹得之，大慚。次年，復下有司：「契丹所借金幣六萬，事屬微末，今仍依常數與之，後不爲比。」西夏趙德明言民饑，求糧百萬斛。大臣皆曰：「德明新納誓而敢違，請以詔責之。」帝以問旦，旦請敕有司具粟百萬于京師，而詔德明來取之。德明得詔，慚且拜曰：「朝廷有人。」

寇準數短旦，旦專稱準。帝謂旦曰：「卿雖稱其美，彼專談卿惡。」旦曰：「理固當然。臣在相位久，政事闕失必多。準對陛下無所隱，益見其忠直，此臣所以重準也。」帝以是愈賢旦。中書有事送密院，違詔格，準在密院，以事上聞。旦被責，第拜謝，堂吏皆見罰。不踰月，密院有事送中書，亦違詔格，堂吏欣然呈旦，旦令送還密院。準大慚，見旦曰：「同年，甚得許大度量？」旦不答。寇準罷樞密使，託人私求爲使相，旦驚曰：「將相之任，豈可求耶！吾不受私請。」準深憾之。已而除準武勝軍節度使、同中書門下平章事。準入見，謝曰：「非陛下知臣，安能至此？」帝具道旦所以薦者。準媿歎，以爲不可及。準在藩鎮，生辰，造山棚大宴，又服用僭侈，爲人所奏。帝怒，謂旦曰：「寇準每事欲效朕，可乎？」旦徐對曰：「準誠賢能，無如騃何。」真宗意遂解，曰：「然，此正是騃爾。」遂不問。

翰林學士陳彭年呈政府科場條目，旦投之地曰：「内翰得官幾日，乃欲隔截天下進士耶？」彭年皇恐而退。時向敏中同在中書，出彭年所留文字，旦瞑目取紙封之。敏中請一覽，旦曰：「不過興建符瑞圖進爾。」後彭年與王曾、張知白參預政事，同謂旦曰：「每奏事，其間有不經上覽者，公批旨奉行，恐人言之以爲不可。」旦遜謝而已。一日奏對，旦退，曾等稍留，帝驚曰：「有何事不與王旦來？」皆以前事對。帝曰：「旦在朕左右多年，朕察之無毫髮私。自東封後，朕諭以小事一面奉行，卿等謹奉之。」曾等退而愧謝，旦曰：「正賴諸公規益。」略不介意。

帝欲相王欽若，旦曰：「欽若遭逢陛下，恩禮已隆，且乞留之樞密，兩府亦均。臣見祖宗朝未嘗有南人當國者，雖古稱立賢無方，然須賢士乃可。臣爲宰相，不敢沮抑人，此亦公議也。」真宗遂止。旦没後，欽若始大用，語人曰：「爲王公遲我十年作宰相。」欽若與陳堯叟、馬知節同在樞府，因奏事忿爭。真宗召旦至，欽若猶讙不已，知節流涕曰：「願與欽若同下御史府。」旦叱欽若使退。帝大怒，命付獄。旦從容曰：「欽若等恃陛下厚顧，上煩譴訶，當行朝典。願且還内，來日取旨。」明日，召旦前問之，旦曰：「欽若等當黜，未知坐以何罪？」帝曰：「坐忿爭無禮。」旦曰：「陛下奄有天下，使大臣坐忿爭無禮之罪，或聞外國，恐無以威遠。」帝曰：「卿意如何？」旦曰：「願至中書，召欽若等宣示陛下含容之意，且戒約之。俟少間，罷之未晚也。」帝曰：「非卿之言，朕固難忍。」後月餘，欽若等皆罷。

旦嘗與楊億評品人物，億曰：「丁謂久遠當何如？」旦曰：「才則才矣，語道則未。他日在上位，使有德者助之，庶得終吉；若獨當權，必爲身累爾。」後謂果如言。

旦爲兖州景靈宫朝修使，内臣周懷政偕行，或乘間請見，旦必俟從者盡至，冠帶出見于堂皇，白事而退。後懷政以事敗，方知旦遠慮。内臣劉承規以忠謹

得幸，病且死，求爲節度使。帝語旦曰：「承規待此以瞑目。」旦執不可，曰：「他日將有求爲樞密使者，奈何？」遂止。自是内臣官不過留後。

旦爲相，賓客滿堂，無敢以私請。察可與言及素知名者，數月後，召與語，詢訪四方利病，或使疏其言而獻之。觀才之所長，密籍其名，其人復來，不見也。每有差除，先密疏四三人姓名以請，所用者帝以筆點之。同列不知，争有所用，惟旦所用，奏入無不可。丁謂以是數毁旦，帝益厚之。故參政李穆子行簡，以將作監丞家居，有賢行，遷太子中允。使者不知其宅，真宗命就中書問旦，人始知行簡爲旦所薦。旦凡所薦，皆人未嘗知。旦没後，史官修《真宗實録》，得内出奏章，始知朝士多旦所薦云。

諫議大夫張師德兩詣旦門，不得見，意爲人所毁，以告向敏中，爲從容明之。及議知制誥，旦曰：「可惜張師德。」敏中問之，旦曰：「累於上前言師德名家子，有士行，不意兩及吾門。狀元及第，榮進素定，但當静以待之爾。若復奔競，使無階而入者當如何也。」敏中啓以師德之意，旦曰：「旦處安得有人敢輕毁人，但師德後進，待我薄爾。」敏中固稱：「適有闕，望公弗遺。」旦曰：「第緩之，使師德知，聊以戒貪進、激薄俗也。」

石普知許州，不法，朝議欲就劾。旦曰：「普武人，不明典憲，恐恃薄效，妄有生事。必須重行，乞召歸置獄。」乃下御史按之，一日而獄具。議者以爲不屈國法而保全武臣，真國體也。薛奎爲江、淮發運使，辭旦，旦無他語，但云：「東南民力竭矣。」奎退而曰：「真宰相之言也。」張士遜爲江西轉運使，辭旦求教，旦曰：「朝廷榷利至矣。」士遜迭更是職，思旦之言，未嘗求利，識者曰：「此運使識大體。」張詠知成都，召還，以任中正代之，言者以爲不可。帝問旦，對曰：「非中正不能守詠之規。他人往，妄有變更矣。」李迪、賈邊有時名，舉進士，迪以賦落韻，邊以《當仁不讓於師論》以「師」爲「衆」，與注疏異，皆不預。主文奏乞收試，旦曰：「迪雖犯不考，然出於不意，其過可略。邊特立異説，將令後生務爲穿鑿，漸不可長。」遂收迪而黜邊。

旦任事久，人有謗之者，輒引咎不辨；至人有過失，雖人主盛怒，可辨者辨之，必得而後已。素羸多疾，自東魯復命，連歲求解，優詔褒答，繼以面諭，委任無貳。天禧初，進位太保，爲兖州太極觀奉上寶册使，復加太尉兼侍中，五日一赴起居，入中書，遇軍國重事，不限時日入預參決。旦愈畏避，上疏懇辭，又託同列奏白。帝重違其意，止加封邑。一日，獨對滋福殿，帝曰：「朕方以大事託卿，而卿疾如此。」因命皇太子出拜，旦皇恐走避，太子隨而拜之。旦言：「太子盛德，必任陛下事。」因薦可爲大臣者十餘人，其後不至宰相惟李及、凌策二人，亦爲名臣。旦復求避位，帝覩其形瘁，憫然許之。以太尉領玉清昭應宫使，給宰相半奉。

初，旦以宰相兼使，今罷相，使猶領之，其專置使自旦始焉。尋又命肩輿入禁，使子雍與直省吏挾扶，見于延和殿。帝曰：「卿今疾亟，萬一有不諱，使朕以天下事付之誰乎？」旦曰：「知臣莫若君，惟明主擇之。」再三問，不對。時張詠、馬亮皆爲尚書，帝歷問二人，亦不對。因曰：「試以卿意言之。」旦强起舉笏曰：「以臣之愚，莫如寇準。」帝曰：「準性剛褊，卿更思其次。」旦曰：「他人，臣所不知也。臣病困，不能久侍。」遂辭退。後旦没歲餘，竟用準爲相。

旦疾甚，遣内侍問者日或三四，帝手自和藥，并薯蕷粥賜之。旦與楊億素厚，延至卧内，請撰遺表。且言：「忝爲宰輔，不可以將盡之言，爲宗親求官；止叙生平遭遇，願日親庶政，進用賢士，少減焦勞之意。」仍戒子弟：「我家盛名清德，當務儉素，保守門風，不得事於泰侈，勿爲厚葬以金寶置柩中。」表上，真宗歎之，遂幸其第，賜白金五千兩。旦作奏辭之，藁末自益四句云：「益懼多藏，況無所用，見欲散施，以息咎殃。」即舁至内閣，詔不許。還至門，旦已薨，年六十一。帝臨其喪慟，廢朝三日，贈太師、尚書令、魏國公，謚文正，又别次發哀。後數日，張旻赴鎮河陽，例宜飲餞，以旦故，不舉樂。録其子、弟、姪、外孫、門客、常從，授官者十數人。諸子服除，又各進一官。已而聞旦奏藁自益四句，取視，泣下久之。旦有文集二十卷。乾興初，詔配享真宗廟廷。及建碑，仁宗篆其首曰：「全德元老之碑。」

旦事寡嫂有禮，與弟旭友愛甚篤。婚姻不求門閥。被服質素，家人欲以繒錦飾氈席，不許。有貨玉帶者，弟以爲佳，呈旦，旦命繫之，曰：「還見佳否？」弟曰：「繫之安得自見？」旦曰：「自負重而使觀者稱好，無乃勞乎！」亟還之。故所服止於賜帶。家人未嘗見其怒，飲食不精潔，但不食而已。嘗試以少埃墨投羹中，旦惟啖飯，問何不啜羹，則曰：「我偶不喜肉。」後又墨其飯，則曰：「吾今日不喜飯，可别具粥。」旦不置田宅，曰：「子孫當各念自立，何必田宅，徒使争財爲不義爾。」真宗以其所居陋，欲治之，旦辭以先人舊廬，乃止。宅門壞，主者徹新之，暫于廡下啓側門出入。旦至側門，據鞍俯過，門成復由之，皆不問焉。

杜大珪《名臣碑傳琬琰集》上卷二《王文正公旦全德元老之碑》 至和二年

七月乙未，樞密直學士、右諫議大夫王素奏事殿中，已而泣且言曰：「臣之先臣旦，相真宗皇帝十有八年，今臣素又得待罪侍從之臣。惟是先臣之訓，遺業餘烈，臣實無似，不能顯大，而墓碑至今無辭以刻。惟陛下哀憐，不忘先帝之臣，以假寵於王氏，而勗其子孫。」天子曰：「嗚呼！惟汝父旦，事我文考真宗，葉德一心，克終厥位，有始有卒，其可謂全德元老矣。汝素以是刻于碑。」素拜稽首泣而出。明日，有詔史館修撰歐陽脩曰：「王旦墓碑未立，汝可以銘。」臣脩謹按：故推誠保順同德守正翊戴功臣、開府儀同三司、守太尉、充玉清昭應宫使、上柱國、太原郡開國公、贈太師、尚書令兼中書令、追封魏國公、謚曰文正王公，諱旦，字子明，大名莘人也。皇曾祖諱言，滑州黎陽令，追封許國公。皇祖諱徹，左拾遺，追封魯國公。皇考諱祐，尚書兵部侍郎，追封晉國公。皆累贈太師、尚書令兼中書令。曾祖妣姚氏，魯國夫人。祖妣田氏，秦國夫人。妣任氏，徐國夫人；邊氏，秦國夫人。公之皇考，以文章自顯周、漢之際，逮事太祖、太宗爲名臣。嘗諭杜重威使無反漢，拒盧多遜言趙普之謀，以百口明符彦卿無罪，故世多稱王氏有陰德。公之皇考，亦自植三槐于庭，曰：「吾之後世，必有爲三公者，此其所以志也。」公少好學，有文。太平興國五年，進士及第，爲大理評事、知臨江縣，監潭州銀場，再遷著作佐郎，與編《文苑英華》。遷中丞，通判鄭、濠二州。王禹偁薦其材，任轉運使，驛召至京師，辭不受。獻其所爲文章，得試，直史館，遷右正言、知制誥，知淳化三年禮部貢舉，遷虞部員外郎、同判吏部流内銓、知考課院。右諫議大夫趙昌言參知政事，公以壻避嫌，求解職。太宗嘉之，改禮部郎中、集賢殿修撰。昌言罷，復知制誥，仍兼修撰，判院事，召賜金紫。久之，遷兵部郎中，居職。真宗即位，拜中書舍人，數日，召爲翰林學士，知審官院、通進銀臺封駁事。公爲人嚴重，能任大事，避權遠勢，不可干以私，由是真宗益知其賢。錢若水名能知人，常稱公曰：「真宰相器也！」若水爲樞密副使，罷，召對苑中，問誰可大用者，若水言公可用，真宗曰：「吾固已知之矣。」咸平三年，又知禮部貢舉。居數日，拜給事中、知樞密院事。明年，以工部侍郎參知政事，再遷刑部侍郎。景德元年，契丹犯邊，真宗幸澶州。雍王元份留守東京，得暴疾。命公馳自行在，代元份留守。二年，遷尚書左丞。三年，拜工部尚書、同中書門下平章事、集賢殿大學士、監修國史。是時，契丹初請盟，趙德明亦納誓約，願守河西故地，二邊兵罷不用，真宗遂欲以無事治天下。公以謂宋興三世，祖宗之法具在，故其爲相，務行故事，慎所改作，進退能否，賞罰必當。真宗久而益信之，所言無不聽，雖他宰相大臣有所請，必曰：「王某以謂如何？」事無大小，非公所言不決。公在相位十餘年，外無夷狄之虞，兵革不用，海内富實，群公百司，各得其職。故天下至今稱爲賢宰相。公於用人，不以名譽，必求其實，苟賢且材矣，必久其官，而衆以爲宜某職然後遷，其所薦引，人未嘗知。寇準爲樞密使，當罷，使人私公，求爲使相。公大驚曰：「將相之任，豈可求耶！且吾不受私請。」準深恨之。已而制出，除準武勝軍節度使、同中書門下平章事。準入見，泣涕曰：「非陛下知臣，何以至此？」真宗具道公所以薦者，準始愧歎，以爲不可及。故參知政事李穆子行簡有賢行，以將作監丞居于家。真宗召見，慰勞之，遷太子中允。初遣使者召見之，不知其所止，真宗命至中書問王某，然後人知行簡公所薦也。公自知制誥至爲相，薦士尤多。其後公薨，史官修《真宗實録》，得内出奏章，乃知朝廷之士多公所薦者。公與人寡言笑，其語雖簡，而能以理屈人，默然終日，莫能窺其際。及奏事上前，群臣異同，公徐一言以定。今上爲皇太子，太子諭德見公，稱太子學書有法。公曰：「諭德之職，止於是邪？」趙德明言民饑，求糧百萬斛。大臣皆曰：「德明新納誓而敢違，請以詔書責之。」真宗以問公，公請勑有司具粟百萬於京師，詔德明來取，真宗大喜。德明得詔，慙且拜曰：「朝廷有人！」大中祥符中，天下大蝗，真宗使人於野得死蝗以示大臣。明日，他宰相有袖死蝗以進者，曰：「蝗實死矣，請示于朝，率百官賀。」公獨以爲不可。後數日，蝗飛蔽天，真宗顧公曰：「使百官方賀，而蝗如此，豈不爲天下笑耶？」宦者劉承規以忠得幸，病且死，求爲節度使。真宗以語公曰：「承規待此以瞑目。」公執以爲不可，曰：「他日將有求爲樞密使者，奈何？」至今内臣不過留後。公任久，人有謗公於上者，公輒引咎，未嘗自辨。至人有過失，雖人主盛怒，可辨者辨之，必得而後已。榮王宫火，延前殿，有言非天災，請置獄劾火事，當坐死者百餘人。公獨請見，曰：「始失火時，陛下以罪已詔天下，而臣等皆上章待罪，今反歸咎於人，何以示信？且火雖有迹，寧知非天譴耶？」由是當坐者皆免。日者上書言宫禁事，坐誅，籍其家，得朝士所與往還占問吉凶之説。真宗怒，欲付御史問狀。公曰：「此人之常情，且語不及朝廷，不足罪。」真宗怒不解，公因自取嘗所占問之書進曰：「臣少賤時，不免爲此，必以爲非，願并臣付獄。」真宗曰：「此事已發，何可免？」公曰：「臣爲宰相，執國法，豈可自爲之，幸於不發而以罪人？」真宗意解。公至中書，悉焚所得書。既而真宗悔，復馳取之，公曰：「臣已焚之矣。」由是獲免者衆。公累官至太保，以病求罷，入見滋福殿。真宗曰：「朕方以大事託卿，

而卿疾如此。」因命皇太子拜公。公言皇太子盛德，必任陛下事，因薦可爲大臣者十餘人。其後不至宰相者，李及、淩策二人而已，然亦皆爲名臣。公屢以疾請，真宗不得已，拜公太尉兼侍中，五日一朝視事，遇軍國大事，不以時入參決。公益恐，因卧不起，以疾懇辭。册拜太尉、玉清昭應宫使。自公病，使者存問，日常三四，真宗手自和藥賜之。疾亟，遽幸其第，賜以白金五千兩，辭不受。天禧元年九月癸酉，薨于家，享年六十有一。真宗臨哭，輟視朝三日，發哀于苑中。其子弟、門人、故吏，皆被恩澤。即以其年十一月庚申，葬公於開封府開封縣新里鄉大邊村。公娶趙氏，封榮國夫人，後公若干年卒。子男三人：長曰司封郎中雍，次曰贊善大夫沖，次素。女四人：長適太子太傅韓億，次適兵部員外郎、直集賢院蘇耆，次適右正言范令孫，次適龍圖閣直學士、兵部郎中吕公弼。公事寡嫂謹，與其弟旭相友悌尤篤，任以家事，一無所問，而務以儉約率勵子弟，使在富貴不知爲驕侈。兄子睦欲舉進士，公曰：「吾常以太盛爲懼，其可與寒士争進？」至其薨也，子素猶未官，遺表不求恩澤。有文集二十卷。乾興元年，詔配享真宗廟廷。臣脩曰：「景德、祥符之際盛矣。」觀公之所以相，而先帝之所以用公者，可謂至哉！是以君明臣賢，德顯名尊，而俱享其榮，没而長配於廟，可謂有始有卒，如明詔所褒。昔者《烝民》、《江漢》，推大臣下之事，所以見任賢使能之功，雖曰山甫、穆公之詩，實歌宣王之德也。臣謹考國史、實録，至於搢紳、故老之傳，得公始終之節，而録其可紀者，輒聲爲銘詩，昭示後世，以彰先帝之明，以稱聖恩褒顯王氏，流澤子孫，與宋無極之意。銘曰：

烈烈魏公，相我真宗。真廟翼翼，魏公配食。公相真宗，不言以躬。時有大事，事有大疑。匪卜匪筮，公爲蓍龜。公在相位，終日如默。問其夷狄，包裹兵革。問其卿士，百工以職。問其庶民，耕織衣食。相有賞罰，功當罪明。相所黜陟，惟否惟能。執其權衡，萬物之平。孰不事君，胡能必信。孰不爲相，胡能有終。公薨于位，太尉之崇。天子孝思，來薦清廟。佑我聖考，惟時元老。天子念功，報公之隆。春秋從享，萬祀無窮。作爲歌詩，以詒廟工。

曾鞏《隆平集》卷四《王旦傳》 王旦，字子明，大名人。父祐，有文行，國史有傳。旦沈厚好學，祐知其必致公輔，手植三槐於庭以爲識。旦太平興國五年登進士第，淳化初獻文，除直史館。明年，知制誥。祐久典書命，旦不十年繼之。咸平初，入翰林爲學士。三年，樞密副使。四年，參知政事。景德三年拜相。在樞府一年，參知政事八年，任首相十二年。以疾懇求退不已，意不可奪，除太尉，仍詔禮官具上事儀。未上而薨，年六十一，贈太師、尚書令，謚文正。初，旦與錢若水同在西掖，若水善人倫，常曰：「王君淩霄聳壑，棟梁才也，非吾所能及。」李沆以同年生，亦相厚善，謂爲遠大之器。旦端重介直，明達治體。接物雖和易，而風格峻整。當官臨事，獨不可犯。爲相屬罷兵之後，務在鎮静。善於獻納，言簡順理。慎惜名器，敘進才品不以私怨廢公義，薦用人有終身不知者。不許子弟應舉，以妨寒俊。亦不薦補諸子。居第湫隘，服器質素。與弟旭友愛甚至。敦獎名教，留意文雅，近世典章族氏，尤極該洽。真宗初置天書刻玉使，以旦領之。國朝以來，居相位天下無間言者，唯旦及李沆云。

王稱《東都事略》卷四〇《王旦傳》 王旦，字子明，大名莘人也。父祐，有傳。旦少好學，祐器之，嘗手植三槐于庭，曰：「吾之後，必有爲三公者。」舉進士，爲大理評事、知臨江縣。再遷殿中丞，通判鄭、濠二州。王禹偁薦其才，旦亦獻其所爲文章，得直史館，拜右正言、知制誥。趙昌言參知政事，旦以壻避嫌，改集賢殿修撰。昌言罷，復知制誥。

真宗即位，拜中書舍人、翰林學士。錢若水名能知人，嘗見旦，曰：「真宰相器也。」若水爲樞密副使，罷，召對苑中，問：「誰可大用者？」若水言：「旦可大用。」真宗曰：「吾固已知之矣。」咸平三年，拜給事中、同知樞密院事。明年，以工部侍郎參知政事。

景德元年，契丹犯邊，真宗幸澶州，雍王元份留守京師，得暴疾，命旦馳白行在，代元份留守。三年，拜工部尚書、同中書門下平章事、集賢殿大學士、監修國史。天書降，爲天書儀仗使，東封泰山，西祀汾陰，俱爲大禮使。累遷右僕射、昭文館大學士。聖祖降，爲玉清奉聖像大禮使。真宗以兖州、壽丘爲聖祖降生之地，建景靈宫，以旦爲朝修使。宫成，册拜司空，進司徒，遷太保。方是時，契丹既已請盟，趙德明亦納誓約，願守河西故地。二邊兵罷不用，天下無事。旦以謂宋興三世，祖宗之法具在，其爲相務行故事，進退能否，真宗久而益信之，所言無不聽。雖他宰相大臣有所請，必曰：「王旦以謂如何？」事無大小，非旦所言不決。

旦在相位久，外無夷狄之虞，兵革不用，海内富實，羣工百司，各得其職，故天下稱爲賢相。旦於用人不以名譽，必求其實，苟賢且才矣，必久其官。衆以爲宜其職，然後遷。其所薦引，人未嘗知。寇準爲樞密使，當罷，使人告旦求爲使

相，旦大驚曰：「將相之任，豈可求邪？且吾不受私請。」準深恨之。已而制出，除準武勝軍節度使、同平章事。準入見，泣涕曰：「非陛下知臣，何以至此？」真宗具道旦所薦，準始媿歎，以爲不可及。

趙德明言民飢，求糧百萬，大臣皆曰：「德明新納誓而敢違，請以詔書責之。」真宗以問旦，旦請敕有司，具粟百萬於京師，詔德明來取。真宗大喜。德明得詔書，慙且拜曰：「朝廷有人。」大中祥符中，天下大蝗，真宗使人於野得死蝗，以示大臣。明日，執政有袖死蝗以進者，云：「蝗實死矣。」請示於朝，率百官賀，旦獨以爲不可。後數日，方奏事，飛蝗蔽天。真宗曰：「使百官方賀，而蝗如此，豈不爲天下笑邪？」宦者劉承規病且死，求爲節度使。真宗以語旦曰：「承規待此以瞑目。」旦執以爲不可，曰：「他日將有求爲樞密使者，奈何？」自是內臣官不過留後。

旦任事久，有謗於上者，旦輒引咎，未嘗自辨。人有過失，雖人主盛怒，可辨者辨之，必得而後已。榮王宫火，延前殿，有言非天災，請置獄劾大事，當坐死者百餘人。旦獨請見，曰：「始失火時，陛下已罪己詔天下，而臣等皆上章待罪。今反歸咎於人，何以示信？且火雖有迹，寧知非天譴邪？」由是當坐者皆免。日者上書言宫禁事，坐誅，籍其家，得朝士所與往還問吉凶之説。真宗怒，欲付御史問狀。旦曰：「此人之常情，且語不及朝廷，不足罪。」真宗怒不解，旦因自取嘗所占問之書進，曰：「臣少賤時，不免爲此。必以爲罪，願併臣付獄。」真宗曰：「此事已發，何可免？」旦曰：「臣爲宰相執國法，豈可自爲之，幸於不發而以罪人。」真宗意解。旦至中書，悉焚所得書。既而，真宗悔，復馳取之，旦曰：「臣已焚之矣。」於是獲免者衆。

旦在政府十八年，以病求罷。入見滋福殿，真宗曰：「朕方以大事託卿，而卿疾如此。」因命皇子拜旦，旦言：「皇子盛德，必任陛下事。」因薦可爲大臣者十餘人。其後不至兩府者，李及、凌策二人而已，然亦爲名臣。旦屢以疾請，真宗不得已，拜太尉兼侍中，五日一朝，遇軍國大事，不以時參決。以疾懇辭，册拜太尉、玉清昭應宫使。初，旦以宰相兼領，至是罷政，仍領使。宫觀專置使始于旦。自旦病，使者存問，日嘗三四，真宗手自和藥賜之。薨，年六十一，贈太師、尚書令、魏國公，謚曰文正。乾興元年，配享真宗廟廷。

旦事寡嫂謹，兄弟友愛尤篤，而務以儉約率勵子弟，使在富貴不知爲驕侈。兄子睦欲舉進士，旦曰：「吾常以太盛爲懼，其可與寒士争進？」至其薨也，子素猶未官云。子雍、冲、素。雍官至司封郎中，冲至左贊善大夫。

雜録

備録

朱熹《五朝名臣言行録》卷二之四《太尉魏國王文正公》　王晉公祐事太祖爲知制誥。太祖遣使魏州，以便宜付之，告曰：「使還，與卿王溥官職。」時溥爲相也。蓋魏州節度使符彦卿，太宗夫人之父，有飛語聞于上。祐往別太宗於晉邸，太宗卻左右，欲與之語。祐徑趨出。祐至魏，得彦卿家僮二人挾勢恣横，以便宜決配而已。及還朝，太祖問曰：「汝敢保符彦卿無異意乎？」祐曰：「臣與符彦卿家各有百口，願以臣之家保符彦卿。」又曰：「五代之君，多因猜忌殺無辜，故享國不長。願陛下以爲戒。」帝怒其語直，貶護國軍行軍司馬，華州安置，七年不召。太宗即位，以兵部侍郎召，不及見而薨。初，祐赴貶時，親賓送於都門外，謂祐曰：「意公作王溥官職矣。」祐笑曰：「祐不做，兒子二郎必做。」二郎者，文正公旦也。祐素知其必貴，手植三槐于庭，曰：「吾子孫必有爲三公者。」已而果然。天下謂之三槐王氏云。《聞見録》

文正公通判鄭州，建言請天下置常平倉，以抑兼并。爲人嚴重，能任大事，避遠權勢，不可干以私。爲學士時，嘗奏事退，上目送之曰：「爲朕致太平者，必斯人也。」錢宣靖公名知人，常稱公有宰相器。上嘗問以羣臣可大用者，錢以公對。上曰：「吾固已知之矣。」遂以爲參知政事。

公扈從在澶淵，雍王元份留守，得暴疾，命公代之。公曰：「願宣寇準來，臣有所陳。」準至，公奏曰：「十日之間，未有捷報，時當如何？」上良久黯然曰：「立皇太子。」《遺事》

上在澶淵，遣公還守東都。既至，直入禁中，下令甚嚴，使人不得傳播。後車駕自河北還，公家人及子弟輩皆出迎於郊外，忽聞後有呵喝之聲，驚而視之，乃公也。其處事謹密如此。《遺事》

公與人寡言笑，其語雖簡，而能以理屈人。默然終日，莫能窺其際。及奏事

上前，群臣異同，公徐一言以定。今上爲皇太子，太子諭德見公，稱太子學書有法，公曰：「諭德之職，止於是耶？」歐公撰《神道碑》又《遺事》云：張士遜言：「皇太子學書甚好。」公曰：「皇太子不待應舉選學士去，不必學書。」由是文懿日以善道規贊皇太子。

趙德明言民飢，求糧百萬斛。大臣皆曰：「德明新納誓而敢違，請以詔書責之。」真宗以問公，公請敕有司，具粟百萬於京師，詔德明來取。真宗大喜。德明得詔書，慚且拜曰：「朝廷有人。」《神道碑》

契丹奏請歲給外別假錢幣。上以示公，公曰：「東封甚近，車駕將出，以此探朝廷之意耳。」上曰：「何以答之？」公曰：「止當以微物而輕之也。」乃於歲給三十萬物內，各借三萬，仍諭次年額內除之。契丹得之大慚。次年復下有司：「契丹所借金帛六萬，事屬微末，仰依常數與之，今後永不爲例。」《遺事》

大中祥符中，天下大蝗。真宗使人於野得死蝗，以示大臣。明日，他宰相有袖死蝗以進者，曰：「蝗實死矣，請示於朝，率百官賀。」公獨以爲不可。後數日，方奏事，飛蝗蔽天。真宗顧公曰：「使百官方賀，而蝗如此，豈不爲天下笑邪！」《神道碑》又《遺事》所載與此同，但云諸公皆謝曰：「王旦遠識，非臣等所及。」公但斂容退身而已。

宦者劉承規，以忠謹得幸，病且死，求爲節度使。真宗以語公曰：「承規待此以瞑目。」公執以爲不可，曰：「他日將有求爲樞密使者，奈何？」至今內臣官不過留後。《神道碑》

薛簡肅公天禧初爲江淮發運使，辭王文正公，王無他語，但云：「東南民力竭矣。」薛退而謂人曰：「真宰相之言也。」《湘山野録》

張士遜出爲江西轉運使，辭公於政事堂，且求教。公從容曰：「朝廷榷利至矣。」士遜起謝。後迭更是職，思公之言，未嘗求錐刀之利。識者曰：「此運使最識大體。」《遺事》

景德中，李迪、賈邊皆舉進士，有名當時，及就省試，主文咸欲取之。既而二人皆不與。取其卷視之，迪以賦落韻，邊以《當仁不讓於師論》以「師」爲「衆」，與注疏異說，乃爲奏，具道所以，乞特收試。時王文正公爲相，議曰：「迪雖犯不考，然出於不意，其過可恕；如邊特立異說，將令後生務爲穿鑿，漸不可長。」遂收迪而黜邊。《國朝事實》

宫禁火災，公馳入對。上驚惶語公曰：「兩朝所積，朕不妄費，一朝殆盡，誠可惜也。」公對曰：「陛下富有天下，財帛不足憂。所慮者政令賞罰，有所不當。臣備位宰府，天災如此，臣當罷免。」繼上表待罪。上乃降詔罪己，許中外上封事，言朝政得失。後有大臣，言非天災，乃榮王宫失於火禁，請置獄。出其狀，當斬決者數百人，公持以歸。翌日，乞獨對，曰：「初，火災，陛下降詔罪己，臣上表待罪，今反歸咎於人，何以示信？且火雖有迹，寧知非天譴邪？果欲行法，願罪臣以明無狀。」上欣然聽納，減死者幾百輩。《遺事》

公在昭應宫齋宿，寶符閣役工有墜死者。公得報，繳奏曰：「陛下崇奉上靈，爲民祈福，今反傷民損財，豈合天意？乞諭有司，省工惜費。」《遺事》

石普知許州，不法，朝廷議欲就劾。公曰：「普本武人，不明典憲，恐恃薄効，妄有生事。必須重行，乞召歸置獄。」乃下御史，俟普至按之，一日而獄具。議者以爲不屈國法而保全武臣，真國體也。《遺事》

公任事久，人有謗公於上者，公輒引咎，未嘗自辨。至人有過失，雖人主盛怒，可辯者辯之，必得而後已。日者上書言宫禁事誅，籍其家，得朝士所與往還占問吉凶之説，真宗怒，欲付御史問狀。公曰：「此人之常情，且語不及朝廷，不足罪。」真宗怒不解，公因自取嘗所占問之書進曰：「臣少賤時，不免爲此，必以爲罪，願并臣付獄。」真宗曰：「此事已發，何可免？」公曰：「臣爲宰相，執國法，豈可自爲之，幸於不發，而以罪人？」真宗意解。公至中書，悉焚所得書。既而真宗悔，復馳取之，公曰：「臣已焚之矣。」由是獲免者衆。《神道碑》

上出喜雨詩示二府，公袖歸，諭同列曰：「上詩有一字誤寫，莫進入，改却。」王欽若曰：「此亦無害。」欽若退，密奏之。翌日，上怒謂公曰：「昨日詩有誤字，何不奏來！」公再拜謝曰：「臣昨日得詩，未暇再閲，有失奏陳，不勝惶懼。」諸公皆再拜，獨樞密馬公知節不拜，具以實奏。又曰：「王旦略不辯，真宰相器也。」上顧公笑。《遺事》

中書有事，關送密院，事礙詔格。寇萊公準在樞府，特以聞。上以責公，公拜謝引咎，堂吏皆遭責罰。不踰月，密院有事送中書，亦違舊詔，堂吏得之，欣然呈公。公曰：「却送與密院。」吏出白寇公，寇公大慚。翌日見公曰：「同年甚得許大度量。」公不答。《名臣遺事》○又《龜山語録》云：昔王文正在中書，寇萊公在密院，中書偶倒用了印，萊公須勾吏人行遣。它日密院亦倒用了印，中書吏人呈覆，亦欲行遣。文正問吏人：「汝等且道密院當初行遣倒用印者是否？」曰：「不是。」文正曰：「既是不是，不可學他不是。」更不問。

王欽若、陳堯叟、馬知節同在樞府。一日，上前因事忿争，上召公，公至則見

欽若諠譁不已，馬公流涕曰：「願與王欽若同下御史府。」公廼叱欽若曰：「王欽若，對上豈得如此，下去！」上大怒，乃命下獄。公從容曰：「欽若等恃陛下顧厚，上煩陛下譴訶，當行朝典。然觀陛下天顏不怡，願且還內，來日取旨。」上許之。翌日，上召公問：「欽若等事當如何？」公曰：「欽若等當黜，然未知坐以何罪？」上曰：「朕前忿争無禮。」公曰：「陛下奄有天下，而使大臣坐忿争無禮之罪，恐夷狄聞之，無以威遠。」上曰：「卿意如何？」公曰：「願至中書，召欽若等宣示陛下含容之意，且戒約之。俟少間，罷之未晚。」上曰：「非卿之言，朕固難忍。」後月餘，欽若等皆罷。《遺事》

是時，契丹初請盟，趙德明亦納誓約，願守河西故地，二邊兵罷不用，真宗遂欲以無事治天下。公以謂宋興三世，祖宗之法具在，故其爲相，務行故事，謹所改作，進退能否，賞罰必當。真宗久而益信之，所言無不聽也。雖他宰相大臣有所請，必曰：「王旦以謂如何？」事無大小，非公所言不决。公在相位十餘年，外無夷狄之虞，兵革不用，海内富庶，群工百司，各得其職，故天下至今稱爲賢相。《神道碑》

王沂公曾、張文節公知白、陳彭年參預政事，因白公曰：「每奏事，其間有不經上覽者，公但批旨奉行，恐人言之以爲不可。」公遜謝而已。一日奏對，公退，諸公留身。上已驚，曰：「有何事不與王旦同來？」諸公以前説對。上曰：「旦在朕左右多年，朕察之無毫髮之私，自東封後，朕諭以小事一面奉行，卿等當謹奉之。」諸公退而愧謝。公曰：「向蒙諭及，不可自言曾得上旨，然今後更賴諸公規益。」《名臣遺事》

公於用人，不以名譽，必求其實，苟賢且才矣，必久其官，衆以爲宜某職，然後遷。其所薦引，人未嘗知。寇準爲樞密使，當罷，使人私公，求爲使相。公大驚曰：「將相之任，豈可求耶？且吾不受私。」準深恨之。已而制出，除準武勝軍節度使、同中書門下平章事。準入見，泣涕曰：「非陛下知臣，何以至此！」真宗具道公所以薦準者，準始媿歎，以爲不可及。故參知政事李穆子行簡，有賢行，以將作監丞居于家。真宗召見慰勞之，遷太子中允。初遣使者召之，不知其所止，真宗命至中書問王旦，然後人知行簡，公所薦也。公自知制誥至爲相，薦士尤多。其後公薨，史官修《真宗實録》，得内出奏章，乃知朝廷之士，多公所薦者。《神道碑》

真宗時，王文正公爲相，賓客雖滿坐，無敢以私干之者。既退，公察其可與言者及素知名者，使吏問其居處。數月之後，召與語，從容久之，詢訪四方利病，或使疏其所言而獻之，觀其才之所長，密籍記其名。他日其人復來，則謝絶不復見也。每有差除，公先密疏三四人姓名請於上，上所用者，輒以筆點其首，同列皆莫之知。明日，於堂中議其事，同列争欲有所引用，公曰：「當用某人。」同列争之莫能得。及奏入，未嘗不獲可。同列雖疾之，莫能間也。丁謂數毁公於上，上益親厚之。《記聞》

諫議大夫張師德謁向文簡公曰：「師德兩詣王相公門，皆不得見，恐爲人輕毁，望公從容明之。」一日方議知制誥，公曰：「可惜張師德。」向公曰：「何謂？」公曰：「累於上前説張師德名家子，有士行，不意兩及吾門。狀元及第，榮進素定，但當静以待之耳。若復奔競，使無階而進者當如何也？」向公方以師德之意啓之。公曰：「旦處安得有人敢輕毁人，但師德後進，待我淺也。」向公固稱：「師德適有闕，望公弗遺。」公曰：「第緩之，使師德知，聊以戒貪進、激薄俗也。」《名臣遺事》

張尚書知成都召還，朝議以任中正代之，言者以爲不可。是時王文正公爲相，上責問之，對曰：「非中正不能守詠之規，它人往，妄有變更矣。」上是之。言者亦伏王之能用人也。《湘山野録》

以病求罷，入見滋福殿。真宗曰：「朕方以大事託卿，而卿病如此。」因命皇太子拜公，公言：「皇太子盛德，必任陛下事。」因薦可爲大臣者十餘人，其後不至宰相者，李及、凌策二人而已，然亦皆爲名臣。《神道碑》○又《政要》云：真宗命太子拜旦，旦惶恐走避，太子隨而拜之。仁宗幼年，尊重大臣已如此。

公久疾不愈，上命肩輿入禁中，使其子雍與直省吏扶之，見於延和殿，勞勉數四，命曰：「卿今疾亟，萬一有不諱，使朕以天下事付之誰乎？」公謝曰：「知臣莫若君，惟明主擇之。」再三問，不對。是時張詠、馬亮皆爲尚書。上曰：「張詠如何？」不對。又曰：「馬亮如何？」不對。上曰：「試以卿意言之。」公强起舉笏曰：「以臣之愚，莫若寇準。」上憮然有間，曰：「準性剛褊，卿更思其次。」公曰：「他人，臣所不知也。臣病困，不任久侍。」遂辭退。公薨歲餘，上卒用準爲相。《記聞》

王太尉薦寇萊公爲相，萊公數短太尉於上前，而太尉專稱其長。上一日謂太尉曰：「卿雖稱其美，彼專談卿惡。」太尉曰：「理固當然。臣在相位久，政事闕失必多，準對陛下無所隱，益見其忠直，此臣所以重準也。」上由是益賢太尉。

初，萊公在藩鎮，嘗因生日造山棚大宴，又服用僭侈，爲人所奏。上怒甚，謂太尉曰：「寇準每事欲效朕，可乎？」太尉徐對曰：「準誠賢能，無如騃何？」上意遽解，曰：「然此止是騃耳。」遂不問。《記聞》又《名臣遺事》云：寇萊公在長安，因生日爲會，有所過當，轉運使以聞，上怒，以狀示公。公覽狀笑曰：「寇準許大年幾，尚騃耶！」因奏請録付準，使自知過。萊公皇恐待罪。

陳彭年任翰林學士日，求對歸詣政府，公延見之。陳起呈其狀，曰《科場條貫》，公投之於地曰：「内翰做官幾日，待隔截天下進士！」陳惶懼而退。時向文簡同在中書，一日，陳再來，公不見，曰：「令到集賢廳相見。」既而向出陳所留文字，公瞑目取紙封之。向曰：「何不一覽？」公曰：「不過興建符瑞圖進爾。」《遺事》

公嘗與楊文公評品人物，文公曰：「丁謂久遠果何如？」對曰：「才則才矣，語道則未。他日在上位，使有德者助之，庶得終吉；若獨當權，必爲身累。」後謂果被流竄。《遺事》

上欲命王欽若作相，公曰：「欽若遭逢陛下，恩禮已隆，且乞在樞密院，兩府亦均。臣見祖宗朝未嘗有南方人當國，雖古稱立賢無方，然須賢士乃可。臣爲宰相，不敢沮抑人，此亦公議也。」上遂止。後公罷，欽若乃相。出語人曰：「爲王公遲却我十年作宰相。」《遺事》

公爲兗州景靈宫朝修使，内臣周懷政同行，或乘間請見，公必俟從者盡至，冠帶以出，見於堂隍，周乃白事而退。後周以事敗，方知公遠慮，不涉嫌忌之間。《遺事》

王文正公或歸私第，不去冠帶，入静室中默坐，家人惶恐，莫敢見者，而不知其意。後公弟以問趙公安仁，趙公曰：「見議事公不欲行而未決，此必憂朝廷矣。」《名臣遺事》

王文正公晚年官重，每家人出賀，立令止之。因語其弟曰：「遭遇如此，愈增憂懼，何可賀也？」公每有賜予，見家人置於庭下，乃瞑目而歎曰：「生民膏血，安用許多！」《名臣遺事》

公事寡嫂謹，與其弟旭友悌尤篤，任以家事，一無所問，而務以儉約率勵子弟，使在富貴不知爲驕侈。兄子睦欲舉進士，公曰：「吾嘗以太盛爲懼，其可與寒士爭進？」至其薨也，子素猶未官，遺表不求恩澤。《神道碑》○又《韓魏公别録》云：王文正母弟傲不可訓。一日，逼冬至，祠家廟，列百壺於堂前，弟皆擊破之，家人惶駭。文正忽自外入，見酒流滿路，不可行，俱無一言，但攝衣步入堂。其後弟忽感悟，復爲善，終亦不言。

公每見家人服飾似過，即瞑目曰：「吾門素風，一至於此！」亟令減損。故家人或有一衣稍華，必於車中易之，不敢令公見焉。《遺事》

有貨玉帶者，公弟以呈公，公曰：「如何？」弟曰：「甚佳。」公命繫之，曰：「還見佳否？」弟曰：「繫之安得自見？」公曰：「自負重而使觀者稱好，無乃勞乎！我腰間不稱此物，亟還之！」故平生所服，止於賜帶。《名臣遺事》

王太尉不置田宅，曰：「子孫當各念自立，何必田宅？置之徒使爭財爲不義耳。」《温公日録》

王文正太尉局量寬厚，未嘗見其怒，飲食有不精潔者，但不食而已。家人欲試其量，以少埃墨投羹中，公惟啖飯而已。家人問其何以不食羹，曰：「我偶不喜肉。」一日又墨其飯，公視之曰：「吾今日不喜飯，可具粥。」其子弟愬於公曰：「庖肉爲饔人所私，食肉不飽，乞治之。」公曰：「汝輩人料肉幾何？」曰：「一斤。今但得半斤食，其半爲饔人所廋。」公曰：「盡一斤可得飽乎？」曰：「盡一斤固當飽。」曰：「此後人料一斤半可也。」其不發人過皆類此。嘗宅門壞，主者徹屋新之，暫於廊廡下啓一門出入。公至側門，門低，據鞍俯伏而過，都不問。門畢，復行正門，亦不問。有控馬卒歲滿辭公，公問：「汝控馬幾時？」曰：「五年矣。」公曰：「吾不省有汝。」既去，復呼回，曰：「汝乃某人乎？」於是厚贈之。乃是逐日控馬，但見背，未嘗視其面，因去，見其背，方省。《筆談》

公病危，上臨視，賜白金五千兩。公召楊大年，於床前作辭章，既成，乃自書四句云：「已懼多藏，況無用處，見謀散施，以息咎殃。」是夕，公薨。文公歎曰：「精爽不亂如此。」文公因至上前語及，上令内司賓取元草視之。後榮國大人謁章獻太后，語曰：「上見公表，泣下久之。」《遺事》

王魏公與楊文公大年友善，疾篤，延大年於卧内，託草遺奏，言忝爲宰相，不可以將盡之言爲宗親求官，止叙平生遭遇之意。表上，真宗歎惜之，遽遣就第，取子弟名數録進。《記聞》

公端重介直，操履堅正，明達治體，接物若甚和易而風格峻整。當官涖事，莊厲不可犯。妙於啓奏，言簡理順，有識略。善鎮定大事，惜重名器，叙進材品，必使人得其所。士雖咈於已者，亦不以私廢公。冲澹寡欲，奉身至薄，所居甚陋。真宗嘗欲爲治之，公以先人舊廬，懇辭而止。被服質素，家人欲以繒錦飾氈席，拒而不許。婚姻不求門閥。事寡嫂有禮，與弟旭友愛甚篤。

李文靖公居相位，王文正公旦參預朝政。一日，便殿論邊事退，王文正公歎曰：「何日邊候徹警，使吾輩得爲太平宰輔？」文靖公不答。至中書，獨召文正公語之：「唯聖人能內外無患，自非聖人，外寧必有內憂。譬人有疾，常在目前，則知憂而治之。沆死，子必爲相，遽與虜和親。一朝疆場無事，不有盤游之樂，必興土木之功矣。」及祥符間，契丹既脩好，兵革不用，近習任事之人，始建議封泰山，祀汾陰，築玉清昭應宮，崇奉天書，耗用寖廣。文正公常悒悒不自得，然不忍獨善其身以去，曰：「誰爲國家抗羣小者？」乃薦先祖文靖公暨王沂公曾等二十餘人，布列于位。所以小人卒不能勝，而成仁宗持盈之業，文正公之勳也。《呂氏家塾記》

契丹既受盟而歸，寇公每有自多之色，雖上亦以自得也。王欽若深患之。一日，從容言於上曰：「此《春秋》城下之盟也，諸侯猶且耻之，而陛下以爲功，臣竊不取。」真宗愀然不樂，曰：「爲之奈何？」欽若度上厭兵，即謬曰：「陛下以兵取幽、燕，乃可刷耻。」上曰：「河朔生靈，始免兵革之禍，吾安能爲此？可思其次。」欽若曰：「唯有封禪泰山，可以鎮服四海，誇示夷狄。然自古封禪，當得天瑞希世絕倫之事，然後可爲也。」既而又曰：「天瑞安可必得，前代蓋有以人力爲之者矣，惟人主深信而崇奉之，以明示天下，則與天瑞無異也。」上久之乃可。然王旦方爲相，上心憚之，曰：「王旦得無不可乎？」欽若曰：「臣得以聖意喻旦，宜無不可。」乘間爲旦言之，旦黽勉而從。然上意猶未決，莫適與籌之者。它日，晚幸秘閣，唯杜鎬方直宿，上驟問之曰：「古所謂河出圖，洛出書，果何事耶？」鎬老儒，不測上旨，漫應之曰：「此聖人以神道設教耳。」其言適與上意會。上由此意決，遂召王旦飲酒於內中，歡甚，賜以樽酒，曰：「此酒極佳，歸與妻孥共之。」既歸發之，乃珠子也。由是天書、封禪等事，旦不復異議。旦爲相，才有過人者，然至此不能力争，議者少之。蓋旦之爲人類馮道，皆偉然宰相器也，道不幸生於亂世，死生之際不能自立，旦事真宗，言聽諫從，安於勢位，亦不能以正自終，其實與道何異？祥符之末，每有大禮，輒奉天書以行。旦爲天書使，常邑邑不樂。既寢疾，欲削髮披緇以斂。素善楊大年，死後諸子欲從之，大年不可，乃止。雖富貴終身，實不得志也。《龍川志》

真宗臨御歲久，中外無虞，與羣臣燕語，或勸以聲妓自樂。王文正公性儉約，初無姬侍。其家以二直省官治錢，上使內東門司呼二人者，責限爲相公買妾，仍賜銀三千兩。二人歸以告公，公不樂，然難逆上旨，遂聽之。蓋公自是始衰，數歲而捐館舍。初，沈倫家破，其子孫鬻銀器，皆錢塘錢氏昔以遺中朝將相者，花籃火筩之類，非家人所有。直省官與沈氏議，止以銀易之，具白於公。公嚬蹙曰：「吾家安用此！」其後姬妾既具，乃呼二人，問昔沈氏什器尚在可求否？二人謝曰：「向私以銀易之，今見在也。」公喜，用之如素有。聲色之移人如此！《龍川志》

釋文瑩《湘山野録》卷上 王文正公旦釋褐知臨江縣，時獄有合死囚，公一夜不寐，思以計活之。方五鼓，空中人喝直更速起，相公將出廳。果斯須開堂門升廳，急呼死囚出問。公之父晉公祐嘗曰：「此兒異日必爲三公。」因手植三槐於庭以待之，有作詩紀其事者甚多。晉國知制誥二十餘年，最號淹遲，文正知誥與父相去不十年，入西掖，牆壁間其父翰墨手澤猶在，坐卧不易處。長城錢公若水風鑒最高，與公同直史館，謂人曰：「王子明既貴且壽，吾進用雖在其先，皆所不及也。」果長城公後四十卒。

釋文瑩《湘山野録》續録 本朝眷待耆德，於儀物之盛，惟王文正公也。病深，屢乞骸，不允。扶掖求對於便坐，面懇之，真宗遣皇太子出幕拜留，曰：「吾方以卿翼吾兒，卿瘦瘠殆此，朕安敢强。」翊日，册拜太尉，詔禮官草儀，就都堂赴上，五日一起居，起居日，入中書預參決。遇軍國重事，不限時日並入。至病之革，公召楊文公於卧內，囑以後事曰：「吾深厭煩惱，慕釋典，願未來世得爲苾蒭，林間宴坐，觀心爲樂。將易簀之時，君爲我剃除鬚髮，服壞色衣，勿以金銀之物置棺內。用茶毗火葬之法，藏骨先塋之側，起一茆塔，用酬夙願。吾雖深戒子弟，恐其拘俗，託子叮嚀告之。」又曰：「仗子撰遺表，但罄敘感戀而已，慎毋及姻戚。」大年謂曰：「餘事敢不一一拜教，若剃髮三衣之事，此必難遵。公，三公也，萬一薨奄，鑾輅必有祓禓之臨，自當斂贈公衮，豈可加於僧體乎？」至薨，大年與諸孤協議，但以三衣置柩中，不藏寶貨而已。壽六十一。配享真宗廟廷。

司馬光《涑水記聞》卷五 王旦太尉薦寇萊公爲相。萊公數短太尉於上前，而太尉專稱其長。上一日謂太尉曰：「卿雖稱其美，彼專談卿惡。」太尉曰：「理固當然。臣在相位久，政事闕失必多。準對陛下無所隱，益見其忠直，此臣所以重準也。」上由是益賢太尉。初，萊公在藩鎮，嘗因生日搆山棚大宴，又服用僭侈，爲人所奏。上怒甚，謂太尉曰：「寇準每事欲效朕，可乎？」太尉徐對曰：「準誠賢能，無如騃何！」上意遽解，曰：「然。此止是騃耳。」遂不問。及太尉疾亟，上問以後事，唯對以宜早召寇準爲相云。袁默云。

司馬光《涑水記聞》卷六 王旦久疾不愈，上命肩輿入禁中，使其子雍與直

省吏扶之，見於延和殿。勞勉數四，因命曰：「卿今疾亟，萬一有不諱，使朕以天下事付之誰乎？」旦謝曰：「知臣莫若君，惟明主擇之。」再三問，不對。是時張詠、馬亮皆爲尚書。上曰：「張詠如何？」不對。又曰：「馬亮如何？」不對。上曰：「試以卿意言之。」旦强起舉笏曰：「以臣之愚，莫若寇準。」上憮然，有間，曰：「準性剛褊，卿更思其次。」旦曰：「他人，臣所不知也。臣病困，不任久侍。」遂辭退。旦薨歲餘，上卒用準爲相。直省吏今尚存，親爲元震言之。前數事皆元震聞其先人所言也，元震先人爲内侍省都知。右皆藍元震云。

真宗時，王文正旦爲相，賓客雖滿座，無敢以私干之者。既退，旦察其可與言者及素知名者，使吏問其居處。數月之後，召與語，從容久之，詢訪四方利病，或使疏其所言而獻之，觀其才之所長，密籍記其名。他日，其人復來，則謝絶不復見也。每有差除，旦先密疏三四人姓名請於上，上所用者，輒以筆點其首，同列皆莫之知。明日，於堂中議其事，同列争欲有所引用，旦曰：「當用某人。」同列争之莫能得。及奏入，未嘗不獲可。同列雖疾之，莫能間也。丁謂數毁旦於上，上益親厚之。

曹瑋久在秦州，累章求代。上問旦誰可代瑋者，旦薦樞密直學士李及，上即以及知秦州。衆議皆謂及雖謹厚有行檢，非守邊之才，不足以繼瑋。楊億以衆言告旦，旦不答。及至秦州，將吏心亦輕之。會有屯駐禁軍，白晝掣婦人銀釵於市中，吏執以聞。及方坐觀書，召之使前，略加詰問，其人服罪，及不復下吏，亟命斬之，復觀書如故。將吏皆驚服。不日，聲譽達於京師。億聞之，復見旦，具道其事，謂旦曰：「向者相公初用及，外廷之議皆恐及不勝其任；今及材器乃如此，信乎相公知人之明也。」旦笑曰：「外廷之議，何其易得也。夫以禁軍戍邊，白晝爲盗於市，主將斬之，事之常也，烏足以爲異政乎？旦之用及者，其意非爲此也。夫以曹瑋知秦州七年，羌人讋服，邊境之事，瑋處之已盡其宜矣。使他人往，必矜其聰明，多所變置，敗壞瑋之成績。旦所以用及者，但以及重厚，必能謹守瑋之規摹而已矣。」億由是益服旦之識度。張宗益云。

真宗既與契丹和親，王文正旦問於李文靖沆曰：「和親何如？」文靖曰：「善則善矣，然邊患既息，恐人主漸生侈心耳。」文正亦未以爲然。及真宗晚年，多事巡游，大修宫觀，文正乃潛嘆曰：「李公可謂有先知之明矣。」傅欽文云。

司馬光《涑水記聞》卷七　王旦字子明，大名人。祖徹，進士及第，官至左拾遺。父祐，以文學介直知名，知制誥二十餘年，官至兵部侍郎，風鑑精審。旦少時，祐常明以語人，謂旦必至公輔，手植三槐於庭以識之。旦幼聰悟，寬裕清粹。太平興國中，一舉登進士第，除大理評事、知岳州平江縣事，徙監潭州酒稅。知州事何承矩薦其才行，太宗召除著作佐郎。是時方興文學，修三館，建秘閣，購文籍，旦以選與校正。遭父喪，追出供職。端拱中，通判鄭州事，月餘，徙濠州。遭母喪去，詔復故任。淳化初，以殿中丞直中館。明年，除左正言、知制誥。四年，同判吏部流内銓、知考課院。會妻父趙昌言參知政事，旦上奏，以知制誥中書屬官，引唐獨孤郁避權德輿故事，固求解職，上嘉而許之，以禮部郎中充集賢院修撰，掌銓課如故。踰年，昌言罷政事，旦即日復知制誥，依前修撰，仍賜金紫。逮真宗即位，除中書舍人。數月，召入翰林爲學士，尋知審官院，兼通進銀臺司。咸平三年，權知貢舉，鎖宿旬日，就拜給事中、同知樞密院事。明年，遷工部侍郎、參知政事。景德初，契丹入寇，從車駕幸澶淵。時鄆王留守京師，暴得心疾，詔旦權東京留守司事，乘傳而歸，聽以便宜從事。三年，以工部尚書同中書門下平章事、集賢殿大學士。明年，車駕幸永安，以旦爲朝拜諸陵大禮使。及還，監修《國史》。大中祥符元年，天書降，以旦爲封禪大禮使，又入爲天書儀衛使；從登封泰山，遷中書侍郎兼刑部尚書、同平章事；受詔作《封祀壇頌》遷兵部尚書、同平章事。及祀汾陰，以旦爲汾陰大禮使，還，遷右僕射、同平章事；受詔作《汾陰祠壇頌》，上更欲遷旦官，旦瀝懇固辭，乃止加昭文館大學士及增功臣而已。及聖祖降，又加門下侍郎；玉清昭應宫成，以旦爲玉清昭應宫使；鑄天尊銅像成，以旦爲迎奉聖像大禮使；寶符閣成，又爲天書刻玉使；車駕幸亳，以旦爲奉祀大禮使。上以兖州壽丘爲聖祖降生之地，於是處建景靈宫，以旦爲朝修使；宫成，拜司空。《國史》成，進拜司徒。天禧元年，進拜太保，並同平章事。聖祖上尊號，以旦爲太極觀奉上寶册使。旦在政府十有八年，以疾辭，累章不許。及自兖州還，懇請備至，乃詔册拜太尉兼侍中，五日一起居，因入中書；遇軍國有重事，不以時日，並入參決。旦聞之惶恐，拜章乞寢恩數，至閤門俟命，乃止增封邑，而優假之數率如前詔。既而疾甚，求對便座，扶以升殿，上見其癯瘠，惻然許之。旦退，復上奏。明日，册拜太尉，依前玉清昭應宫使，罷知政事，特給宰臣月俸之半，仍令禮官草具尚書省都堂署事之儀。未及行，其年九月己酉薨，册贈太師、尚書令，謚文正。上出次發哀，羣臣奉慰。擢其弟度支員外郎旭爲司封員外郎，兄子大理評事睦爲大理寺丞，弟子衛尉寺丞質爲大理寺丞；外孫韓綱、蘇舜元、范禧並同學究出身；子素、弟子徽俱未官，素補太常寺太祝，徽秘書

省校書郎。初，旦與錢若水同直史館、知制誥，有僧善相，謂若水曰：「王舍人他日位極人臣，富貴無與爲比。」若水曰：「王舍人面偏而喉骨高，如何其貴也？」僧曰：「作相之後，面當自正。喉骨高者，主自奉養薄耳。」後果如其言。旦以寬厚清約爲相幾二十年，遭時承平，人主寵遇至厚，公廉自守，中外至今稱之。事寡嫂謹，撫弟妹有恩，禄賜所得，與宗族共之。家事悉委弟旭，一無所問。遇恩，蔭補偏於羣從，身殁之日，諸子猶有褐衣者。性好釋氏，臨終遺命剃髮着僧衣，棺中勿藏金玉，用茶毗火葬法，作卵塔而不爲墳。其子弟不忍，但置僧衣於棺中，不藏金玉而已。出《行狀》。

真宗時，馬知節、韓崇訓皆以檢校官簽署樞密院事。知節爲人質直。真宗東封泰山，車駕發京師，上及從官皆蔬食。封禪禮畢，上勞宰臣王旦等曰：「卿等久食蔬，不易。」旦等皆再拜。知節獨進言：「蔬食者唯陛下一人而已。王旦等在道中與臣同次舍，無不私食肉者。」又顧旦等曰：「知節言是否？」旦再拜曰：「誠如知節之言。」鄧保吉云。

范鎮《東齋記事》卷三　王文正公之爲相也，王沂公爲知制誥，吕許公爲太常博士、知濱州，沂公嘗見文正公，問：「君識太常博士吕夷簡否？」沂公曰：「不識也。」他日復見，復問之，沂公曰：「見朝士多稱其才者。」凡三見三問，乃曰：「此人異日當與公同秉國政。」是時，沂公既有名當世，頗以器業自許，中不能平，因曰：「公識之耶？」曰：「不識也。」「然則何以知？」曰：「吾見其奏請爾。」沂公猶不信，强應曰：「諾。」其後，丁晉公既敗，沂公先在中書，而許公自知開封府除參知政事，二人卒同秉政。沂公乃爲許公言之，問其當時奏請，乃不稅農器等事也。

范鎮《東齋記事》佚文　王文正公旦，相真宗僅二十年，時值四夷納款，海内無事，天書薦降，祥瑞沓臻，而大駕封岱祠汾，皆爲儀衛使扈蹕。處士魏野獻詩曰：「太平宰相年年出，君在中書十四秋。西祀東封俱已畢，可能來伴赤松游。」世傳王公嘗記前世爲僧，與唐房太尉事頗相類，及將捐館，遺命剔髮，以僧服斂。家人不欲，止以緇褐一襲納諸棺。然公風骨清峭，項微結喉，有僧相。人皆謂其寒薄，獨一善相者目之曰：「公名位俱極，但禄氣不豐耳。」故旦雖位極一品，而飲啗全少，家亦不畜聲伎。晚年移疾在告，真宗嘗密賚白金五十兩，旦表謝曰：「已恨多藏，況無用處。」竟不之受，其清苦如此。

吴處厚《青箱雜記》卷一　王文正公旦，相真宗僅二十年，時值四方納欵，海内無事，天書薦降，祥瑞沓臻，而大駕封岱祠汾，皆爲儀衛使扈蹕。處士魏野獻詩曰：「太平宰相年年出，君在中書十四秋。西祀東封俱已畢，可能來伴赤松游。」

世傳真宗任旦爲相，常倚以決事。故歐陽少師撰《旦神道碑銘》曰：「國有大事，事有大疑，匪卜匪筮，公爲蓍龜。」公雖荷真宗眷委之重，每慎密遠權以自防，故君臣之間，畧無纖隙可窺。

公與楊文公億爲空門友，楊公謫汝州，公適當軸，每音問不及他事，唯談論真諦而已。餘嘗見楊公親筆與公云：「山栗一秤，聊表村信。」蓋汝唯産栗，而億與王公忘形，以一秤栗遺之，斯亦昔人雞黍縞紵之意也。

夷門君玉《國老談苑》卷二　王旦在中書，祥符末，内帑災，縑帛幾罄。三司使林特請和市於河外，草三上，旦悉抑之。頃而，特率屬僚訴於宰府。旦徐曰：「瑣微之帛，固應自至，柰何彰國弱於四方？」居數日，外貢併集，受帛四百萬。蓋旦先以密符督之也。

王旦在中書二十年，常日罷歸，徑趍書閤，闔扉以自息，雖家人之親密者，不復接焉。常以蝗旱憂愧辭位。俄而疾發不食，真宗命内饔調肉糜，宸翰緘器以賜，日常三四。旦疾亟，聚家人謂曰：「吾無狀，久坐台司，今且死矣，當祝髮緇衣以塞吾平昔之志。」未幾而絶。家人輩皆欲從其言，惟壻蘇耆力排而止之。

王旦在中書，東封西祀，悉嘗總領。祥符中，處士魏野令山童持詩以獻曰：「聖朝宰相頻頻出，君在中書十四秋。西祀東封俱禮畢，好來相伴赤松遊。」旦袖其詩，累於上前求退，不遂。

王旦在中書。祥符末，大旱。一日，自中書還第，路由潘氏旗亭。有狂生號王行者在其上，指旦大呼曰：「百姓困旱，焦勞極矣，相公端受重禄，心得安邪？」遂以所持經擲旦，正中于首。左右擒之，將送京尹。旦遽曰：「言中吾過，彼何罪哉？」乃命釋之。

沈括《夢溪筆談》卷九　王文正太尉氣羸多病，真宗面賜藥酒一注缾，令空腹飲之，可以和氣血，辟外邪。文正飲之大覺安健，因對稱謝，上曰：「此蘇合香酒也。每一斗酒，以蘇合香丸一兩同煮。極能調五臟，卻腹中諸疾，每冒寒夙興則飲一盃。」因各出數榼賜近臣。自此臣庶之家皆倣爲之。蘇合香丸盛行於時。此方本出《廣濟方》，謂之「白术丸」。後人亦編入《千金外臺》。治疾有殊効，予於《良方》叙之甚詳，然昔人未知用之。錢文僖公集《篋中方》，蘇合香丸注云：

「此藥本出禁中，祥符中嘗賜近臣。」即謂此也。

王闢之《澠水燕談録》卷二　祥符中，天下大蝗，近臣得死蝗于野以獻，宰臣率百官稱賀，王魏公旦獨執不可。數日，方罷朝，飛蝗蔽天，真宗歎曰：「使百官將賀，而蝗遽至，豈不爲天下笑耶！」

真宗朝，宦者劉承珪以端謹事上，病且死，求爲節度使。上促授之，王魏公旦執不從，曰：「復有求爲樞密使者，何以絶之！」至今宦者官不過留後。

王魏公旦與楊文公大年友善，疾篤，大年於卧内，託草遺奏，言「爲宰相，不可以將盡之言爲宗親求官，止敘平生遭遇之際。」表上，真宗歎之，遽遺就第，名數進録。

王文正太尉局量寬厚，未嘗見其怒。飲食有不精潔者但不食而已。家人欲試其量，以少埃墨投羹中，公唯啖飯而已。問其何以不食羹，曰：「我偶不喜肉。」一日又墨其飯，公視之曰：「吾今日不喜飯，可具粥。」其子弟愬於公曰：「庖肉爲饔人所私，食肉不飽，乞治之。」公曰：「汝輩人料肉幾何？」曰：「一斤，今但得半斤食，其半爲饔人所廋。」公曰：「盡一斤可得飽乎？」曰：「盡一斤固當飽。」曰：「此後人料一斤半可也。」其不發人過皆類此。嘗宅門壞，主者徹屋新之，暫於廊廡下啓一門以出入。公至側門，門低，據鞍俯伏而過，都不問。門畢，復行正門亦不問。有控馬卒歲滿辭公，公問：「汝控馬幾時？」曰：「五年矣。」公曰：「吾不省有汝。」既去，復呼回曰：「汝乃某人乎？」於是厚贈之，乃是逐日控馬，但見背未嘗視其面，因去見其背方省也。

孔平仲《談苑》卷一　真宗將立明肅作后，令丁謂諭旨於楊大年，令作册文，丁云：「不憂不富貴。」大年答曰：「如此富貴亦不願。」王旦相，罕接見賓客，惟大年來，則對榻卧談。卒時，屬其家事一付大年。丁晉公來求婚，大年令絶之。

王文正公以清德事真皇，上特敬重。一日御宴，陳設鮮華，旦顧視，意色不悦。上已覺其如此，至中休，命左右以舊陳設易之矣。

張耒《明道雜志》　世傳王魏公當國時，玉清宫初成，丁崖相令大具酒食，列幕次以飲食游者。後游者多詣丁，訴玉清飲食官視不謹，多薄惡不可食。丁至中書言於魏公，公不答。丁三四言，終無所云。丁色變，問相公何以不答，公曰：「此地不是與人理會饅頭夾子處。」

洪邁《容齋隨筆》卷四　祥符以後，凡天書禮文、宫觀典册、祭祀巡幸、祥瑞頌聲之事，王文正公旦實爲參政、宰相，無一不預。官自侍郎至太保，公心知得罪於清議，而固戀患失，不能決去。及其臨終，乃欲削髮僧服以斂，何所補哉。魏野贈詩，所謂「西祀東封今已了，好來相伴赤松游」，可謂君子愛人以德，其箴戒之意深矣。歐陽公神道碑，悉隱而不書，蓋不可書也。雖持身公清，無一可議，然特張禹、孔光、胡廣之流云。

李元綱《厚德録》卷四　李和文都尉好士，一日，召從官呼左右軍官妓置會夜午。臺官論之，楊文公以告王文正，文正不答，退以紅牋書小詩以遺和文，且以不得預會爲恨。明日，真宗出章疏，文正曰：「臣嘗知之，亦遺其詩，恨不得往也。太平無象，此其無象乎？」上意遂釋。

備論

《宋史》卷二八二《王旦傳》　論曰：宋至真宗之世，號爲盛治，而得人亦多。【略】王旦當國最久，事至不膠，有謗不校，薦賢而不市恩，救罪輒宥而不貴辭。澶淵之役，請于真宗曰：「十日不捷，何以處之？」真宗答之曰：「立太子。」契丹踰歲給而借幣，西夏告民饑而假糧，皆一語定之，偉哉宰相才也。惟受王欽若之說，以遂天書之妄，斯則不及李沆爾。

王稱《東都事略》卷四〇《王旦傳》　臣稱曰：李沆、王旦相繼相章聖，君臣俱欲無爲。上則陰陽和，風雨時；下則水土平，艸木茂；外則邊鄙不聳，内則比屋可封，真得宰相之職矣。而沆猶日奏水旱盜賊之事，以防人主侈心，其先識遠慮蓋如此。以旦之賢，諫行言聽，而於此有媿於沆焉。此《春秋》之法，所以責備於賢者也。

藝文

孔文仲等《清江三孔集》卷一七《宋岳州平岡縣王文正公祠堂碑》　岳州平岡縣，故丞相王文正公所嘗治也。舊有公祠堂，歲久寖敝。治平元年，知縣事張仲舒遷于寶積寺。以公之歿更歷四朝，而民奉事如初。公諱旦，字子明，大名莘人。太平興國五年，登進士第，授大理評事。天子加恤遠方，爲親擇縣令。是

歲，公承命以來，爲政簡明，百姓安之。及其去，老幼遮道涕泣。公爲人靜默，不干時譽。久之，近臣薦其才，乃歸朝。以文章登侍從，卒致位丞相。秉國之政，十有八年，天下乂安。公之澤被四海，而兹邑之人德公尤深。宜其尸而祠之，雖久而不忘也。曾孫古賢聞于時。元祐元年，奉使湖南。追感其家世，且見謂曰：「開寶中，晉公出守長沙。至太宗時，文正爲縣湖北。父子繼蹤于湖湘之間，小子不敏復備位于此。而文正之祠不大顯，宜有碑銘，揭之後世，願以屬于子。」武仲嘗考近古名世之迹，得公之遺事，謂公功業宜爲王者相，道義宜爲學者師。恨不及識公也。聞公之像實在近境，欲一拜于堂下，未能也。誠得名載公碑，以自託不朽，其又何辭！乃爲之述，而繼以詩曰：

自昔爲相，先試治民。非但人事，天意或然。商周之師，釣渭耕莘。涉歷險阻，知民艱難。及其見用，利澤加人。龍之將升，亦泥于蟠。朋蛇侣螾，畜智潛神。雷風相趨，遂濟豐年。惟文正公，之孝之忠，之量之才，之勳之庸，卓大深長，羣臣之宗。天子仰之，惟公議從。元首股肱，始卒一躬。號稱太平，三代是同。大湖之濱，今有公宫。昔公宰是，惠及纖洪。肇自百里，施于萬邦。其遇也時，其進從容。勒之堅珉，以告無窮。

葉適《水心集》卷一〇《平江縣王文正公祠堂記》 湖外俗簡樸畏事，而平江喜訟善逃，與江、浙嚚縣比，其土風所從來久矣。昔王文正公宰是邑，民甚愛之，生爲奉祠，豈非公能以德揉其民於平，而不以刑迫其民於險歟！公時初仕，年又極少。夫初則涉歷無素，少則血氣未定，公方凝然安靜，乃若老宦備嘗者，賢之稟質，要當與常人異耶！然公既去平江，又監潭之銀場，通判濠。鄭州王禹偁薦其材可轉運使，驛召至京師，辭不拜。獻所爲文，然後得直史館，知制誥，則是不獨長者盛德，而又嘗以吏能稱矣。其爲民補弊剔蠹，鋤其悍頑，而興作利政，以惠養之，意必有風迹可述，惜其世遠而不能傳也。陋者從以公爲宰相，民所夸羡；甚至魑退舍，蟻避席，亦曰福力使然，尤謬妄矣。且有功德於其民，去而見思，雖狼狽困辱，尚不忍忘，豈待其必爲大官哉！不然，則彼嘗所臨涖非不多，而獲祠於民何其少也！

嘉定六年，永嘉陳君觀任平江令。蓋今之平江又異昔者，舊訟始決而新争無窮，逋賦適償而追斂無已，至於版籍府藏，一切廢壞。君敏於應猝，易亂爲整。未幾而縣大治，則完揭學舍，以善道示民。公祠故在長慶寺，去縣七十九里，君患其不足繫民瞻也，即學後新立堂祀公，邑先大夫皆像於兩傍，作《四慕詩》以風勸之。其人跂而竦，俛而悟，肸蠁感召，如公復出，亦一時之盛也。夫化不可驟，而君之歲月不及待其久而成。雖然，餘所謂有風迹可述，必於君取之。縣有幙阜、連雲二山，高踰萬尋，衡嶽反在其下。其雲氣異物，怳惚有無之間，可以渺然而賦矣。

王柏《魯齋集》卷六《王文公旦》 鬱鬱三槐，陰覆萬宇。直幹承天，屹然八柱。棲鸞停鵠，蓄雲洩雨。穆如清風，作宋申甫。

王欽若部

綜述

《宋史》卷二八三《王欽若傳》 王欽若字定國，臨江軍新喻人。父仲華，侍祖郁官鄂州，會江水暴至，徙家黃鶴樓，漢陽人望見樓上若有光景，是夕，欽若生。欽若早孤，郁愛之。太宗伐太原時，欽若纔十八，作《平晉賦論》獻行在。郁爲濠州判官，將死，告家人曰：「吾歷官逾五十年，慎於用刑，活人多矣，後必有興者，其在吾孫乎！」

欽若擢進士甲科，爲亳州防禦推官，遷秘書省秘書郎，監廬州稅。改太常丞，判三司理欠憑由司。時毋賓古爲度支判官，嘗言曰：「天下逋負，自五代迄今，理督未已，民病幾不能勝矣。僕將啓蠲之。」欽若一夕命吏勾校成數，翌日上之。真宗大驚曰：「先帝顧不知邪？」欽若徐曰：「先帝固知之，殆留與陛下收人心爾。」即日放逋負一千餘萬，釋繫囚三千餘人。帝益器重欽若，召試學士院，拜右正言、知制誥，召爲翰林學士。蜀寇王均始平，爲西川安撫使。所至問繫囚，自死罪以下第降之，凡列便宜，多所施行。還，授左諫議大夫、參知政事，以郊祀恩，加給事中。

河陰民常德方訟臨津縣尉任懿賂欽若得中第，事下御史臺劾治。初，欽若咸平中嘗知貢舉，懿舉諸科，寓僧仁雅舍。仁雅識僧惠秦者與欽若厚，懿與惠秦約，以銀三百五十兩賂欽若，書其數於紙，令惠秦持去。會欽若已入院，屬欽若客納所書于欽若妻李氏，惠秦減所書銀百兩，欲自取之。李氏令奴祁睿書懿名於臂，并以所約銀告欽若。懿再入試第五場，睿復持湯飲至貢院，欽若密令奴索取銀，懿未即與而登科去。仁雅馳書河陰，始歸之。德方得其書，以告御史中丞趙昌言，昌言以聞。既捕祁睿等，亦請逮欽若屬吏。

祁睿本亳小吏，雖從欽若久，而名猶隸亳州。欽若乃言：「嚮未有祁睿，惠秦亦不及門。」帝方顧欽若厚，命邢昺、閻承翰等於太常寺別鞫之。懿更云妻兄張駕識知舉官洪湛，嘗俱造湛門；始但以銀屬二僧，不知達主司爲誰。昺等遂誣湛受懿銀，湛適使陝西還，而獄已具。時駕且死，睿又悉逎去，欽若因得固執祁睿休役後始傭於家，它奴使多新募，不識惠秦，故皆無證驗。湛坐削籍，流儋州，而欽若遂免。方湛代王旦入知貢舉，懿已試第三場，及官收湛贓，家無有也，乃以湛假梁顥白金器輸官，湛遂死貶所。人知其冤，而欽若恃勢，人莫敢言者。

景德初，契丹入寇，帝將幸澶淵。欽若自請北行，以工部侍郎、參知政事判天雄軍，提舉河北轉運司，真宗親宴以遣之。素與寇準不協，及還，累表願解政事，罷爲刑部侍郎、資政殿學士。尋判尚書都省，修《册府元龜》，或褒贊所及，欽若自名表首以謝，即繆誤有所譴問，戒書吏但云楊億以下，其所爲多此類也。歲中，改兵部，升大學士、知通進銀臺司兼門下封駁事。初，欽若罷，爲置資政殿學士以寵之，準定其班在翰林學士下。欽若訴於帝，復加「大」字，班承旨上。以尚書左丞知樞密院事，修國史。

大中祥符初，爲封禪經度制置使兼判兗州，爲天書儀衛副使。先是，真宗嘗夢神人言「賜天書於泰山」，即密諭欽若。欽若因言，六月甲午，木工董祚於醴泉亭北見黃素曳草上，有字不能識，皇城吏王居正見其上有御名，以告。欽若既得之，具威儀奉導至社首，跪授中使，馳奉以進。真宗至含芳園奉迎，出所上《天書再降祥瑞圖》示百僚。欽若又言至嶽下兩夢神人，願增建廟庭；及至威雄將軍廟，其神像如夢中所見，因請構亭廟中。封禪禮成，遷禮部尚書，命作《社首頌》，遷户部尚書。從祀汾陰，復爲天書儀衛副使，遷吏部尚書。明年，爲樞密使、檢校太傅、同中書門下平章事。初，學士晁迥草制，誤削去官，有詔仍帶吏部尚書。聖祖降，加檢校太尉。欽若居第在太廟後壖，自言出入訶導不自安，因易賜官第於安定坊。七年，爲同天書刻玉使。

馬知節同在樞密，素惡欽若，議論不相下。會瀘州都巡檢王懷信等上平蠻功，欽若久不決，知節因面詆其短，争於帝前。及趣論賞，欽若遂擅除懷信等官，坐是，罷樞密使，奉朝請。改刻玉副使、知通進銀臺司。復拜樞密使、同平章事。上玉皇尊號，遷尚書右僕射、判禮儀院，爲會靈觀使。有龜蛇見拱聖營，因其地建祥源觀，命欽若總領之。尋拜左僕射兼中書侍郎、同平章事。明年，爲景靈使，閲《道藏》，得趙氏神仙事迹四十人，繪于廊廡。又明年，商州捕得道士譙文易，畜禁書，能以術使六丁六甲神，自言嘗出入欽若家，得欽若所遺詩。帝以問欽若，謝不省，遂以太子太保出判杭州。

仁宗爲皇太子，自以東宮師保請歸朝，復爲資政大學士。詔日赴資善堂侍

講皇太子。會輔臣兼領三少，欽若以品高求换秩，拜司空，尋除山南道節度使、同平章事，判河南府。與宰相丁謂不相悦，以疾請就醫京師，不報。令其子從益移文河南府，輿疾而歸。謂言欽若擅去官守，命御史中丞薛映就第按問。欽若惶恐伏罪，降司農卿，分司南京，奪從益一官。

仁宗即位，改秘書監，起爲太常卿、知濠州，以刑部尚書知江寧府。仁宗嘗爲飛白書，適欽若有奏至，因大書「王欽若」字。是時，馮拯病，太后有再相欽若意，即取字緘置湯藥合，遣中人齎以賜，且口宣召之。至國門而人未有知者。既朝，復拜司空、門下侍郎、同平章事、玉清昭應宫使、昭文館大學士，監修國史。

帝初臨政，欽若謂平時百官叙進，皆有常法，爲《遷叙圖》以獻。《真宗實録》成，進司徒，以郊祀恩，封冀國公。知邵武軍吴植病，求外徙，因殿中丞余諤以黄金遺欽若，未至，而植復遣牙吏至欽若第問之。欽若執以送官，植、諤皆坐貶。初，欽若安撫西川，植爲新繁縣尉，嘗薦舉之。至是，亦當以失舉坐罪，詔勿問。兼譯經使，始赴傳法院，感疾亟歸。帝臨問，賜白金五千兩。既卒，贈太師、中書令，謚文穆，録親屬及所親信二十餘人。國朝以來宰相卹恩，未有欽若比者。

欽若嘗言：「少時過圃田，夜起視天中，赤文成『紫微』字。後使蜀，至褒城道中，遇異人，告以他日位至宰相。既去，視其刺字，則唐相裴度也。」及貴，遂好神仙之事，常用道家科儀建壇場以禮神，朱書「紫微」二字陳於壇上。表修裴度祠於圃田，官其裔孫，自撰文以紀其事。

真宗封泰山，祀汾陰，而天下争言符瑞，皆欽若與丁謂倡之。嘗建議躬謁元德皇太后别廟，爲莊穆皇后行期服。議者以謂「天子當絶傍期，欽若所言不合禮」。又請置先蠶并壽星祠，升天皇北極帝坐於郊壇第一龕，增執法、孫星位，别制王公以下車輅、鼓吹，以備拜官、婚葬。所著書有《鹵簿記》、《彤管懿範》、《天書儀制》、《聖祖事跡》、《翊聖真君傳》、《五嶽廣聞記》、《列宿萬靈朝真圖》、《羅天大醮儀》。欽若自以深達道教，多所建明，領校道書，凡增六百餘卷。

欽若狀貌短小，項有附疣，時人目爲「癭相」。然智數過人，每朝廷有所興造，委曲遷就，以中帝意。又性傾巧，敢爲矯誕。馬知節嘗斥其姦狀，帝亦不之罪。其後仁宗嘗謂輔臣曰：「欽若久在政府，觀其所爲，真姦邪也。」王曾對曰：「欽若與丁謂、林特、陳彭年、劉承珪，時謂之『五鬼』。姦邪險僞，誠如聖諭。」

夏竦《文莊集》卷二八《贈太師中書令冀國王公行狀》 公之先，周王子晉之後，世家太原。唐末，高祖諱退，隨曾祖冀公倅江西廉幕，始占籍新喻。祖鄭公，生而警悟。三歲，冀公教誦書，日數百言。七歲，遂熟五經。僞吴順義初，賜童子及第。弱冠，僞唐調僞授本縣尉。屢宰劇邑，陰布德惠，專以寬刑利物爲意，諸郡累表爲戎佐。仕至常州都團練判官、檢校水部郎中、通判軍州事。歸朝，終于濠州團練判官。父晉公，幼有志節，刻誦墳典。江南明經登科選限，未選，復舉五經，與故龍圖閣學士、刑部侍郎杜公鎬同榜擢第，特授本縣尉，治有風迹，秩滿而終。初，晉公侍鄭公任鄂州通判日，秦國夫人有娠，就蓐之日，江水暴溢，將壞廨舍，亟遷于黄鶴樓，既夕生公。或言漢陽居人遥望樓際，若有氣象。公幼而秀異，資性機敏。六歲，丁秦國夫人之喪，十二鍾晉公之戚。哀瘠以禮，有如成人。初秦國夫人疾，啓鄭公曰：「此兒生時頗有異，將大王氏門户，願愛之。」鄭公視如子，保育于魯國夫人，教于家庭，不就外傳。涉獵書傳，詞筆早成。鄭公之在冀幕也，公甫十八，太宗皇帝弔伐大鹵，譔《平晉賦論》獻于行在而還。鄭公益奇之，待以賓禮。鄭公移濠梁，公應進士舉，將拔覃懷解。鄭公三止之曰：「吾年七十有三，恐不逮汝之返也。」公既行踰時，鄭公忽一夕沐浴易衣，會家人置酒，夜分，疏記後事，且曰：「吾歷官五十餘載，慎刑罰，活人多矣。後有興者，其在吾孫乎！」遽捨筆就枕而薨。府中聞樂聲泠然。公淳化三年第十一人擢第，釋褐試秘書省校書郎、亳州防禦推官，勵精吏職。屬朝廷遣著作佐郎、直史館曾會，中使李知信察近郡風俗，吏民狀公政迹。會等上之，有詔褒諭，就遷防禦判官，加文散十階。尚書屯田員外郎舒公薦公藝文可稱，温裕有素，特改秘書郎，司市征于泗上。真宗即位，就遷太常丞。時大統初集，急于用人，詔近臣舉轉運使副、三司判官，給事中喬公維岳首以公應詔。召赴闕，主判三司憑由、理欠司，賜五品服。公抗疏請盡蠲宿逋，用廣寬惠，辭甚詳切，上嘉納之。未幾，命宰府召試《孝爲德本頌》，授右正言、知制誥，歷判大理寺、審刑院，賜服金紫。三年，權知貢舉，召入翰林爲學士。時蜀寇始翦，反仄未安，朝廷切于綏集，以公充西川安撫使。寬宥枝黨，蠲去逋租，驛奏便宜，大愜上旨。趣遣使召還，授左諫議大夫、參知政事。明年郊祀，加給事中。景德中，契丹寇北鄙，駕將幸澶淵，特加工部侍郎、判天雄軍，兼兵馬都總管，並參豫如故。敵騎引退，王師凱旋，公以台席不協，懇退時柄。遷刑部侍郎，上特置資政殿學士員以處之。有司定議，班在翰林學士之下。尋充南郊鹵簿使，禮訖，撰《鹵簿記》上之。改兵部侍郎，充資政殿大學士，位在翰林承旨之上。尋知承進銀臺司兼門下封駮。三年，遷尚書左丞，知樞密院事，修國史。明年，瑞命集於東闕，改元大中祥符，泰山父老請紀

云岱，公首建大議，將明上志。遂以公充封禪制置禮儀使，兼判兖州。禮畢，加禮部尚書，受詔撰《社首壇頌》，加户部尚書。從祀睢丘，加吏部尚書，並掌機密。明年，加檢校太傅，充樞密使、同中書門下平章事。有詔，仍帶天官之秩。九皇降格，加檢校太尉。七年，罷樞要，以吏部尚書奉朝請，再典銀臺之務。未幾，復拜樞密使如故。九年，典校道書畢，加檢校太師，尋兼羣牧制置使。明年改元天禧，上《玉皇寶册》。禮畢，加右僕射。尋兼判禮儀院，充會靈觀使。亟遷左僕射，兼中書侍郎、平章事，監修國史。明年，充景靈宫使，都總管、判祥源觀事。三年，授太子太保，判杭州。歲餘召還，復爲資政殿大學士，加司空，尋制授山南道節度使，檢校太師、中書門下平章事，判河南府。輿疾還第，除司農卿，分司南都。今上即位，改秘書監，分司如故。旋起授太常卿、知濠州，遷刑部尚書、知江寧府。天聖元年九月，詔還，制授司空、門下侍郎、平章事，充玉清昭應宫使、昭文館大學士，監修國史。《真宗實録》畢，加司徒。二年，郊祀，封冀國公。三年冬十月，兼譯經使，赴上于傳法院，歸第感疾，請告踰月，詔使國醫相望于道。十一月丙午，聖駕臨問，賜白金五千兩。戊申，薨于東京永定坊第之正寢。遺命歸葬濠梁，從祖塋也。翌日，皇太后車駕臨哭出涕，制贈太師、中書令，輟朝三日。遣起居郎、直史館、修起居注李仲容攝鴻臚卿護喪，内侍省都知、雅州防禦使韓守英副之，官給經費。十二月乙卯，上内殿成服。哀榮之禮，近世無比。公五子，並先公而亡。次子從益，仕至贊善大夫。第三子慶之，終于衛尉寺丞，追賜進士及第。女二人：長早亡，次適大理評事張瓌，故參知政事洎之嫡孫也。孫女一人，適太子中舍陳執禮，故尚書左丞恕之子也。外孫女一人，男一人，並幼。遺奏之上，嗣男將作監丞寅亮，詔授大理寺丞。諸父，比部員外郎、判尚書刑部司農寺仲微，素負吏幹，累更事任，特授司勳員外郎。餘戚屬授官者九，親信録用者十五人。夫人李氏，世本名宗，允懷淑德，累封崇國夫人。公嘗言：往歲曾行圃田，宿村舍，夜起視天中，有赤文成紫微二大字，光耀奪目。使蜀還褒城，路中遇異人。視刺字，乃唐相裴度晉公。告公以默定之語，而隱公之貴也。遂留心羽化之事，凝神雲漢之表。多用道家科儀，建壇場以禮神，朱篆「紫微」二字陳于醮所，以餘俸脩晉公祠于圃田，自撰文書石以紀其事。永定在御，真蔭方隆，謁欸神靈，對越天地，尊尚道德，布宣符瑞，創圖訪對，多自于公。注意沃心，無與爲比。若乃頌祇睢壤，奠璧瀨鄉，扢恭謝之壇，增耀魄之號，公皆爲禮儀使。法駕之展盛容也，奉寶文以先道，公繼爲天書禮儀副使，同天書儀衛使。路寢之尊景命也，披帝籙以肇宣，公爲讀天書禮儀使。良金之範真儀也，公爲迎奉聖像禮儀使。温玉之勒乾文也，公爲天書同刻玉使。前後所賜手詔璽書無慮二百函，奉和御製及御和賜所進歌詩僅三百餘首。初罷參庶務，備問内殿，特賜宸章，辭極褒賁。西鎮洛師，南撫淛水，皆有睿作寵行。榮冠一時，事超千古，逢辰之盛，理絶名言。尤善筆劄，勢甚峭勁，自成一家，老而益壯。好奕碁以自娱。嘗奉詔撰集《詡聖保德真君傳》三卷，《先天紀》三十卷，《五嶽廣聞》一百卷。與諸賢同撰集《册府元龜》一千卷，《彤管懿範》二百卷。又奉詔撰僖祖、太祖、太宗謚册，今上徽號册文，汾陰朝覲壇頌，西京應天禪院、太原資聖禪院碑銘，《天書祥符贊》，《彤管儀範序》，《廣孝泉崇真橋記》，《冉耕封東平公贊》，皆爲大筆，或藏秘館，或行於世。公出入兩府，時將二紀。敏于見事，詳于敷奏。智術過人，慎勤無及。朝廷大議，帷幄潛慮，或造膝以言，或密封先達，詭詞焚藁，世莫得聞。其茂功懿績，藏在盟府；景行嘉猷，播諸物聽。謹次官閥，敢告良史。謹狀。

夏竦《文莊集》卷二九《故守司徒兼門下侍郎同中書門下平章事充玉清昭應宫使昭文館大學士監修國史冀國公贈太師中書令謚文穆王公墓誌銘并序奉敕撰》

天聖三祀，歲次星紀，黄鍾布序，丙午建辰，皇帝御瑀輿，詔金蹕，山景龍門，幸永定坊北第，視大丞相冀公之疾，賜白金五千兩。戊申，丞相薨于位，享年六十有四。兩宫震悼，皇太后車駕臨哭盡哀。天子素服，三日不視朝，以太子中書令告第。大小斂遺尚宫弔祠，法賻加等，有司謚曰「文穆」。命左史攝鴻臚卿副内侍太監送喪，官給經費，具本品鹵簿。以明年仲春之壬申，歸全於濠川鍾離縣廣德鄉西原之祖塋。有詔侍臣書其徽烈。公諱欽若，字定國。其先緱山遠系，潁陽茂緒。武岡睢陵之材，啟國於晉；永寧清源之德，胙土於唐。本居太原，世爲鼎族。高祖諱遂，以巢寇之亂，避地江楚。喜玉笥之岑寂，惟厥田之沃衍，始家宜春之新喻。遂生遐，仕至江南西道鹽鐵巡官。遐生郁，幼而警悟，不樂嬉戲。徧誦五經，僞吴童子擢第，釋褐本縣尉。諸郡累表爲戎佐，視秩臺郎，關決郡務。歸朝，爲懷、冀、濠三州判官。郁生仲華，夙有志尚，刻誦墳索，爲唐明經中選。又以五經登科，復尉本縣，時議榮之。公即濠州府君之孫，新喻府君之子。及公之貴，三代皆贈太師、尚書令兼中書令。曾門封冀，祖廟封鄭，禰室封晉，皆爲國公。恭惟鄭公當五代紛競，仕僞唐之僭據，轉側江介，間關世路，而能治尚清約，志在平反。愛哲孫以字升卿，高門閭以容駟馬。克祚厥後，何其盛

歟！公聰識早成，性資强敏。六歲喪母，十二而孤。鄭公愛之，保育於祖妣魯國太夫人，教于家庭，不就外傳。道藝兼該，辭筆贍逸。弱冠初拔進士解，淳化中策高第。試吏芸局，從事譙幕，加倅職，再毗戎務。被舉，遷秘書郎，典關市于汜上。升朝爲太常丞，理通欠於計司。以右正言歷掌内外書命，授左諫議大夫。再遷工部侍郎，并參大政。以刑部侍郎充資政殿學士，改兵部，充大學士。繇尚書左丞三轉至吏部尚書，皆知樞密院。自檢校太傅再加至檢校太師、行尚書右僕射，並使東樞，實兼宰職。俄以左揆兼中書侍郎，監修國史，對掌魁柄。以太子太保判餘杭，歸朝，再爲資政大學士。尋拜司空。未幾，視秩維師，兼榮鉉府，節制襄峴，居守伊洛。輿疾還第，左遷司農卿，改秘書監，並分務南都。起授太常卿，典濠州。轉刑部尚書，知江寧府。召還，復序正司。再升中書兼門下侍郎，充昭文館大學士，實首台席，遂作司徒，乃封冀壤，勳階爵邑名數咸極。初，永定在御，憲章大備。以駉牧之重，領于樞臣，公嘗爲羣牧制置使。肇玉清昭應宫以事有帝，崇景靈宫以奉真祖，營會靈觀以禮岳鎮，並建職局，綜於兩府，公繼爲三宫觀使。惟公事三朝，相二帝，嘉猷亮節，深圖遠筭，秘諸信史，此不獲書。若夫建隆以還，萬國上計，辟名既辨，斸盗未償，領于司存，列之辭案，人生有訖，吏責無窮。公抗疏切陳，援赦蠲弛，深達國體，克稱上仁。注意之求，實自于此。咸平初，寇劇緣間，摇亂益部，偏師致討，剗削厲階。武臣尚威，傷斬過當，餘孽亡命，反仄靡遑。公往宣使指，悉貫枝黨，處置機事，彼方遂寧。召參台衡，刻印以待。景德始，邊城晏開，羽檄四馳，烽火相照。公感憤激節，慷慨請行，并護將臣，克全魏壁。洎乎元符候日，奉高望幸，三事優游而未決，禮官希潤而難講。公首抗大義，先置喬岳，芝英醴泉之品，喬雲葉氣之祥，圖素寫形，使驛言狀，旁午亭傳，覺悟黔黎，此其昭昭者也。若乃尊事神祇，專精齋祭，寅威妙本，校正真科，交集上儀，莫匪嘉慮。是以再長樞軸，三陟正司，中外迭居，左右更踐。體貌無比，論議必從，寵冠一時，年踰二紀。至若薙牲睢壤，徐鑾曲里，登魄寶之號，熙報況之壇，奉貞像於琳宫，宣寶文於路寢宫，繼掌禮儀，並持使印。又若明禋藏事，珍符先道，聿嚴容典，奉以金輿，公三職儀衛，殊庭考閣，常籙是藏，内出丹書，勒於瑶簡，公同司刻玉。並兼置使之重，益爲希代之榮。祥符之間，天下大治，制有破觚之易，法有漏魚之寬。太和陶蒸，善氣回襲，雲物絢色，羽毛綷質。百嘉茂育，萬瑞畢臻。天子好文，挺睿辭以昭紹；惟公順美，著嘉頌以游揚。前後賜御製屬和并御和賜歌詩僅三百篇。若夫入幹庶績，出撫近封，鋪陳密議，條對急政，所受詔荅，將二百函。又奉命纂集《翊聖保德真君傳》三卷，撰進《先天紀》三十卷，《五嶽廣聞》一百卷，《鹵簿記》三卷，與諸儒同集《册府元龜》一千卷，《彤管懿範》二百卷。又封祀既畢，歸尊宗廟，承詔撰僖祖、太祖、太宗謚册。神聖纂服，初受鴻名，奉制撰令上徽號册文。及前後被旨撰社首壇、汾陰朝覲壇頌，西京應天禪院、太原資聖院碑銘，天書祥瑞、西祀瑞贊，《彤管懿範序》、《廣孝泉崇真橋記》、《冉耕封東平公贊》。博雅多文，盡在兹矣。公嘗言：初晉公侍鄭公之任武昌也，公母秦國夫人有娠，江水壞廨舍，徙居黄鶴樓，既夕而生公。或言漢口居人遥望樓際，若有氣象然。公居景亳，行視圃田，暮宿村廬，夜分偶起，見天中有赤文成「紫微」字。使蜀言旋，次褒成驛，有客爲謁，具唐相晉國裴公之名，告公以默定之期而隱。公嘗朱篆所見文字，及因鄂守增飾黄鶴樓，又以俸錢修圃田晉公祠，爲文書石以紀之。常練氣於朝霞，期脱屣于塵世。姚顗承白衣之報，子房慕赤松之游，參實于斯，諒不誣矣。雅好奕碁，善于筆劄，樂醇旨之飲，喜清商之樂。第有北園，壘石爲陂，甘果美木，蔭庇其下，退食休澣，於焉游息。晚年親歷艱難，頗厭富貴，延問高釋，留心真際，遂兼譯經使。二府柄臣送上於傳法院，梵卿薦香，大官具食。歸第感疾，請告累旬，侍醫盈門，詔使係道，錫萬金之良藥，殫九折之妙伎。天乎不弔，命將奈何！輟相興謡，見於斯矣。夫人李氏，山河象德，圖史時憲，哀深惟殯，痛極終天，送往盡哀，庇親惟睦，累封崇、許二國夫人。有子五人，皆先公而亡。内次子從益，仕至贊善大夫。第三子慶之，終于衛尉寺丞，追賜進士及第。女二人：長早亡，次適故參知政事張公洎之嫡孫、秘書省校書郎壞。孫女一人，適故尚書左丞陳公恕之子、大禮寺丞執禮。並懿行美材，大宗良配。外孫男元壽、女壽姐，並幼。遺奏之上也，二宫哀軫，録舊念勳，並加常制。嗣男將作監丞寅亮，授大理寺丞。瓌遷大理評事、充秘閣校理。執禮改太子中舍。又以公叔父仲微剖竹列成，累書吏課，握蘭建禮，實綜虞衡，兼秋曹之覆刑，主大農之平糴，特除司勳員外郎，允淮南提點刑獄、勸農使。自餘戚屬授官，親信叙用者二十有四人。嗚呼！高明令終，寵靈顯赫，會元公之殯，送文恭之喪，極人臣之盛。公以臣嘗豫寮舊，屢刊史課，爰有治命，請誌幽礎。仰奉宸旨，不獲固辭。謹作銘曰：

兵政宥密，機軸穹崇，惟公再踐，昭事功兮。將鉞在庭，相印垂組，惟公保釐，兼文武兮。洪爐造物，威柄御人，惟公三入，秉國均兮。龍章在躬，庭槐表位，惟公經邦，極名器兮。帝師尊異，内樞隆顯，襚以印章，豐贈典兮。

乘輿縞素，笳吹悲鳴，送以纁玉，盡哀榮兮。

曾鞏《隆平集》卷四《王欽若傳》 王欽若，字定國，臨江軍新喻人。少孤，祖郁嘗曰：「吾歷官五十餘年，慎用刑，活人多矣，後必有興者，其吾孫乎？」淳化三年登進士甲科，累遷知制誥、翰林學士。咸平四年，參知政事。景德初，契丹入寇，欽若請行，以參知政事判天雄軍。上親燕以遣之。還朝，累求罷政事，制特置資政殿學士寵之。既久，又加大學士之名。景德三年，知樞密院事。大中祥符五年，除樞密使、同平章事。七年兼同天書刻玉使，是年罷。八年，復樞密使，平章事。天禧元年，拜相。三年，商州捕得道士譙之易畜禁書，能使六丁六甲神，而欽若贈之詩故，罷知杭州。踰年，復資政大學士、資善堂侍讀，進司空。既而除節制，檢校太師、同平章事、判河南府，以疾不俟報赴闕，降司農卿、分司南京。仁宗即位，復秘書監，改太常卿、刑部尚書。天聖元年，復相，進司徒。三年，薨於位，贈太師、中書令，謚文穆。録親屬及門下吏二十餘人。前此宰相，優恤未有其比。欽若少時，過圃田，夜視天文有「紫微」字赤色。及使蜀，褒城道中有通刺字，未暇視而與之見。告欽若曰：「異日位至宰相。」既去，視刺字，乃唐裴晉公也。自是遂喜神異事，且撰文以記之。真宗即位，欽若判三司理欠憑由司，奏蠲乾德至咸平逋負千餘萬，釋繫囚三千餘人，以廣惠澤。參知政事日，有訟欽若及洪湛貢舉受賂，命刑昺鞫之。時上顧欽若方隆，故湛獨流儋州，人以爲冤。大中祥符間，與馬知節同在樞府。知節惡其爲人，不能相下，故兩罷之。封泰山，祀汾陰，天下言符瑞，欽若皆與焉。朝廷有所興作，必委曲遷就，以合上意。與丁謂、陳彭年、林特及内臣劉承規交通，縱跡詭異，時論謂之「五鬼」。真宗作《喜雪詩》，誤用旁韻，王旦白，欽若曰：「天子詩可校以禮部格耶？」他日，上謂輔臣曰：「王欽若幾爲衆所咍。」與楊億等同譔《册府元龜》，有褒詔則自爲表謝，譴問則戒吏云，第言億等，故馬知節面斥其姦罔。其後，仁宗亦謂王曾曰：「欽若所爲，真姦邪也。」五子皆夭，以從姪寅亮爲後。

王稱《東都事略》卷四九《王欽若傳》 王欽若，字定國，臨江軍新喻人也。祖郁，嘗官鄂州，家黄鶴樓，漢陽人望樓上若有仙景，一夕，欽若生。父仲華。欽若少孤，郁愛之。郁後爲濠州判官，嘗曰：「吾之後，必有興者，其在吾孫乎？」

欽若舉進士甲科，爲亳州防禦推官，遷太常丞，理欠憑由司奏蠲乾德至咸平逋負千餘萬，釋繫囚三千餘人，以廣惠澤。召試學士院，真宗覽其文謂輔臣曰：「欽若非獨敏於吏事，兼富於文辭。」遂以右正言知制誥，遷翰林學士，拜左諫議大夫、參知政事。

景德初，契丹入寇，欽若請行。以工部侍郎、參知政事判天雄軍，還朝，罷政事，特置資政殿學士以寵之。既久，又加大學士。三年，遷尚書左丞、知樞密院事。真宗既與契丹和，寇準之功也。契丹受盟而歸，準每有自多之色，雖真宗亦以自得也。欽若深害之，一日從容言於真宗曰：「澶淵之役，準以陛下爲投瓊與敵博耳。錢輸將盡，盡出之謂之孤注。陛下，寇準之孤注也。且城下之盟，古人羞之，而陛下以爲功乎？」真宗愀然曰：「爲之奈何？」欽若知真宗厭兵，即謬曰：「陛下以兵取幽燕，乃可刷耻。」真宗曰：「河朔生靈始免兵革之禍，吾安能爲此？可思其次。」欽若曰：「惟有封禪泰山，可以鎮服四海，誇示夷狄。然自古封禪，當得天瑞希世絶倫之事，然後可爲也。」既而又曰：「天瑞安可必得？前代蓋有人力爲之者也。」真宗久之乃可。然王旦方爲相，真宗曰：「王旦得無不可乎？」欽若曰：「臣得以聖意諭旦，宜無不可。」欽若乘間爲旦言之，旦黽勉而從。然真宗意猶未决也。它日晚，幸秘閣，惟杜鎬方直宿，真宗驟問之曰：「古所謂河出圖，洛出書，果何事也？」鎬曰：「此聖人以神道設教耳。」其言適與真宗意合，真宗遂意决。於是天書降于左承天闕之上。

大中祥符初，泰山父老請封禪，遂爲經度制置使兼判兗州。又爲天書儀仗副使。天書再降泰山，欽若以聞。真宗謂輔臣曰：「朕五月十七日夜夢神人來言，當賜天書於泰山，秘不敢言，今果與夢協。」出欽若所上《天書再降祥瑞圖》以示百僚。欽若又言：「至嶽下兩夢神人，願增建廟亭。」真宗從之。封禪禮成，遷禮部尚書。祀汾陰，復爲天書儀仗副使，還吏部尚書。明年，爲樞密使同平章事。

初，真宗議立皇后，參知政事趙安仁謂：「劉德妃家世寒微，不如沈才人出於相門。」真宗雖不樂，亦不罪也。它日與欽若論方今大臣之長者，欽若欲排安仁，乃譽之曰：「趙安仁，長者也。安仁昔爲故相沈倫所知，至今不忘舊德，常欲報之。」真宗默然，始有斥安仁之意矣。

安仁既罷，王旦欲引所善李宗諤參知政事，嘗以告欽若，欽若唯唯。宗諤家貧，禄廩不足以給婚嫁，旦前後資借甚多，欽若知之。故事，參知政事謝日，所賜之物幾三千緡，欽若因密奏：「宗諤負王旦私錢不能償，且欲引宗諤參知政事，得賜物以償己，非爲國計也。」明日，旦果以宗諤名聞，真宗不許。欽若因薦丁謂，謂遂參知政事。欽若與謂及劉承規、陳彭年、林特交通，蹤跡詭異，時以「五

鬼」目之。

七年，爲同天書刻玉使。馬知節與欽若同在樞府，知節惡其爲人，不相下，因詆其短爭於上前，由是罷樞密使。八年，復爲樞密使同平章事。天禧元年，上玉皇尊號，遷右僕射，尋拜左僕射兼中書侍郎、同平章事。初，真宗欲相欽若，王旦曰：「欽若遭遇陛下恩禮已隆，且兩府任用亦均，臣見祖宗朝未嘗使南人當國，雖古稱立賢無方，然必賢士乃可。臣位居元宰，不敢沮抑人，此亦公議也。」及旦罷，真宗始相欽若。三年，人有言其受金者，欽若於上前自辨，乞下御史臺覆實。真宗不悦曰：「國家置御史臺，固欲爲人辨虚實耳？」欽若皇恐，因求出藩。會商州捕得道士譙之易，蓄禁書，能以術使六丁六甲神，而欽若贈之詩，故罷爲太子太保，尋判杭州。踰年，復資政殿大學士、資善堂侍講，進司空。既而除山南東道節度使、同平章事，判河南府。以疾不俟報赴闕，降司農卿，分司南京。仁宗即位，復秘書監，改太常卿，知濠州。還刑部尚書，知江寧府。天聖元年，復拜司空門、下侍郎、同平章事、昭文館大學士，進司徒，封冀國公，薨于位。贈太師中書令，謚曰「文穆」。欽若嘗言：「少時過圃田，夜視天文有『紫微』字。又嘗於蜀褒城道中，有通刺字未暇視，而與之相見，告欽若曰：『異日位宰相。』既去，視刺字，乃唐相裴度也。」自此遂喜神異事，且撰文以紀之。朝廷有所興作，必委曲遷就以合上意。

真宗作喜雪詩，誤用旁韻，王旦欲白真宗，欽若曰：「天子詩可校以禮部格耶？」旦遂止。欽若退，遽密以聞。他日，真宗謂輔臣曰：「前日所賜詩，微欽若，幾爲衆所笑。」與楊億等同撰《册府元龜》，有褒詔，則自爲表謝，譴問，則戒吏云第言億等。故馬知節面斥其姦罔，仁宗亦謂王曾曰：「欽若所爲，真姦邪也。」

雜録

備録

歐陽修《歸田録》卷一 王冀公欽若。罷參知政事，而真宗眷遇之意未衰，特置資政殿學士以寵之。時寇萊公在中書，定其班位依雜學士，在翰林學士下。冀公因訴於上，曰：「臣自學士拜參知政事，今無罪而罷，班反在下，是貶也。」真宗爲特加。大學士，班在翰林學士上，其寵遇如此。

釋文瑩《湘山野録》卷上 冀公王欽若，淳化二年自懷州赴舉，與西州武覃偕行，途次圃田，忽失公所在。覃遂止於民家，散僕尋之。俄見僕凋步而至，驚悸言曰：「自此數里有一神祠，見公所乘馬弛韁宇下，某徑至蕭屏，有門吏約云『令公適與王相歡飲，不可入也。』某竊窺見其中，果有笙歌杯盤之具。」覃亟與僕同往，見公已來，將半酣矣。詢之，笑而不答。覃却到民家，指公會處，乃裴晉公廟，覃心異之，知公非常人矣。公登第後，不數年爲翰林學士，使兩川，回軺至褒城驛，方憩於正寢，將吏忽見導從自外而至，中有一人云：「唐宰相裴令公入謁。」公忻然接之。因密謂公大用之期，乃懷中出書一卷，示公以富貴爵命默定之事，言終而隱。及公登庸，圃田神祠出俸修飾，爲文紀之。

釋文瑩《湘山野録》卷中 僕射相國王公，至道丙申歲，爲譙幕，因按逃田饑而流亡者數千户，力謀安集，疏奏乞貸種粒牛糧，懇訴其苦，朝廷悉可之。一夕，次蒙城驛舍，夢中有人召公出拜，空中紫綬象簡者，貌度凝重，如牧守赴上之儀，遣一緑衣丱童遺公曰：「以汝有憂民深心，上帝嘉之，賜此童爲宰相子。」受訖即寤。迨曉，憩食於楚靈王廟，作詩誌於壁。是夕，夫人亦有祥兆，而因娠焉。後果生一子，即慶之是也。器格清粹，天與文性，未十歲，公已貴，蔭爲奉禮郎。恥門調，止稱進士，或號棲神子。惟談紫府丹臺間事。有《古木詩》「不逢星漢使，誰識是靈槎」。祥符壬子歲，謂所親曰：「上元夫人命我爲玉童，只是吾父未受相印，受則吾去矣。」不數日，公正拜，慶之已疾，公憶丙申之夢，默不敢言。不踰月，慶之卒，年十七。真宗聞其才，矜卹特甚，命尚宫就宅加賵襚，詔賜進士及第，焚誥於室。

王冀公欽若鄉薦赴闕，張僕射齊賢時爲江南漕，以書薦謁錢希白公易，時以才名，方獨步館閣。適會延一術士以考休咎，不容通謁。冀公蹋促門下，因厲聲詬閽人，術者遥聞之，謂錢曰：「不知何人耶？若聲形相稱，世無此貴者，但恐形不副貌耳。願邀之，使某獲見。」希白召之。冀公單微遠人，神骨疎瘦，復贅於頸，而舉止山野。希白蔑視之，術者悚然，側目瞻視。冀公起，術者稽顙興嘆曰：「人中之貴有此十全者！」錢戲曰：「中堂内便有此等宰相乎？」術人正色曰：「公何言歟！且宰相何時而無，此君不作則已，若作之，則天下康富，而君臣相得，至死有慶而無弔。不完者，但無子爾。」錢戲曰：「他日將陶鑄吾輩乎？」

術者曰：「恐不在他日，即日可待，願公毋忽。」後希白方爲翰林學士，冀公已真拜。

釋文瑩《湘山野録》卷下　王冀公罷參政，真宗朝夕欲見，擇便殿清近，惟資政爲優，因以公爲本殿大學士。公奏曰：「臣雖出於寒賤，不能獨宿，欲乞除一臣僚兼之。」遂以陳文僖彭年並直。一夕，公携一巨榼入宿，方與陳寒夜閑飲，遽中人持鑰開宫扉獨召公，匆匆而入，謂陳曰：「請同院不須相候，獨酌數杯先寢。」至行在，真宗與公對飲，飲罷持禁燭送歸，繁若列星。陳危坐伺之，已四更，笑曰：「同院尚未寢乎？」陳曰：「恭候司長，豈敢先寢。」喜笑倒載，解襪褫帶幾不能，坦腹自矜曰：「某江南一寒生，遭際真主，適主上以巨觥敵飲，僅至無算，抵掌語笑，如僚友之無間。」已而遂寢。殆曉盥櫛罷，與陳相揖，覺夜歸數談頗疎漏，自言：「夜來沉湎，殊不記歸時之早晚，無乃失容於君子乎？」陳曰：「無之，但殷勤愧謝。」既别，已將趁班，同趨出殿門，執其手以語封之曰：「夜來數事，止是同院一人聞之。」文僖歸謂子弟曰：「大臣慎密，體當如此。」

宋敏求《春明退朝録》卷下　文穆王冀公，天聖初再爲相，既拜命謝恩，即請詣景靈宫奉真殿朝謝真宗皇帝。冀公仍以五百千建道場，託先公爲齋文，其畧曰：「奉諱之初，謝病於外，臨西宫而莫及，企南狩以方遥。」失其本，餘不盡記。自後二府初拜恩入謝，即詣景靈宫，蓋踵冀公故事也。

司馬光《涑水記聞》卷七　真宗時，王欽若善承人主意，上望見輒悦之。每拜一官，中謝日，輒問曰：「除此官且可意否？」其寵遇如此。欽若爲人陰險多詐，善以巧譎中人，人莫之寤。與王旦同爲相，翰林學士李宗諤有時名，旦善視之。旦欲引宗諤參知政事，以告欽若，欽若曰：「善。」旦曰：「當以白上。」宗諤家素貧，禄廪不足以給婚嫁，旦前後資借之，凡千餘緡，欽若知之。故事，參知政事中謝日，所賜物近三千緡。欽若因密奏：「宗諤負王旦私錢，不能償。旦欲引宗諤參知政事，得賜物以償己債，非爲國擇賢也。」明日，旦果以宗諤名薦於上，上作色不許。其權譎皆此類。後罷相，爲資政殿學士。故事，雜學士並在翰林學士下。及欽若入朝，上見其位在李宗諤下，怪之，以問左右，左右以故事對。上即日除欽若資政殿大學士，位在翰林學士上。資政殿大學士自此始。初，欽若與丁謂善，援引至兩府。及謂得志，稍叛欽若，欽若恨之。及立皇太子，以當時兩府領少師、少傅、少保，召欽若於外，爲太子太保。欽若既謁上，明日入資善堂見太子，位在三少之上。是時上已不豫，事多遺忘。丁謂方用事，尋有詔，欽若以太子太保歸班。欽若袖詔書白上：「臣已歸班，不識詔旨所謂。」上留其詔，改除司空、資政殿大學士。頃之，欽若宴見，上問：「卿何故不之中書？」對曰：「臣不爲宰相，安敢之中書？」上顧都知，送欽若詣中書視事。欽若既出，使都知奏：「以無白麻，不敢奉詔。」因歸私第。上命中書降麻。丁謂因除欽若節度使、同平章事、西京留守。上但聞降麻，亦不之寤也。久之，丁謂密使人謂欽若曰：「上數語及君，思見之，君第上表徑來，上必不訝也。」欽若信之，即上表請覲，未報，亟留府事委僚屬而入朝。謂因責以擅委符印詣闕，無人臣禮，下詔貶司農卿、南京分司。會今上即位，丁謂敗，章獻太后以欽若先朝寵臣，復起知昇州。自昇州召還，比至京，大臣始知之。既至，復爲相。然欽若不復大用事如真宗時矣。未幾，有朝士自外方以寄遺欽若，爲人所知，欽若因自發其事，太后由是解體。頃之，薨於位，謚曰文穆。無子，養族人爲後。欽若方用事時，四方饋遺，不可勝紀。其家金帛、圖書、奇玩，富於丁謂，爲天火所焚，一朝殆盡。辛若渝云。

王文穆爲人雖深刻，然其人智畧士也。澶淵之役，文穆鎮天雄。契丹既退，王親軍率大兵嚮魏府，魏府鈐轄懼，欲閉城拒之，文穆曰：「不可。若果如此，則猜嫌遂形，是成其叛心也。」乃命於城外十里結綵棚以待之。至則迎勞，歡宴飲酒連日。既罷，其所統軍皆已分散諸道矣，親軍皆不知焉。康定初，河亭上遇一朝士縗服者言之。

王欽若爲翰林學士，與比部員外郎、直集賢院、修起居注洪湛同知貢舉，湛後差入貢院，時諸科已試第六場。是時，法禁尚疎，欽若奴祁睿得出入貢院。欽若妻受一舉人賂，書睿掌以姓名語欽若，皆奏名。有濟源經科，因一僧許賂欽若銀十挺，既入六挺，餘負而不歸，僧往索之，因諠鬭。事發，下御史臺鞫案。事方紛紜，真宗擢欽若參知政事。中丞趙昌言以獄辭聞，收欽若下臺對辨，上雖知其情，終不許，曰：「朕待欽若至厚，欽若欲銀，當就朕求之，何苦受舉人賂邪？且欽若纔登兩府，豈可遽令下吏乎？」昌言爭不能得。湛乃獨承其罪，詔免死罪，杖背，免刺面，配嶺南牢城。湛家貧，每會客從同館梁顥借銀器，是時適在其家，因没以爲贓。欽若内亦自愧，其後擢湛子鼎爲官以報之。真宗晚年，欽若恩遇寖衰，人有言其受金者，欽若於上前自辨，乞下御史臺覈實。上不悦，曰：「國家置御史臺，固欲爲人辨虚實耳！」欽若皇恐，因求出藩，乃命知杭州。蘇子容云。

王欽若爲亳州判官，監會亭倉。天久雨，倉司以穀溼不爲受納，民自遠方來輸租者，食穀且盡，不能得輸。欽若悉命輸之倉，奏請不拘年次，先支溼穀，不至

朽敗。奏至，太宗大喜，手詔答許之，因識其名。秩滿入見，擢爲朝官。真宗即位，欽若首乞免放欠負，由是大被知遇，以至作相。天聖初，契丹遣使請借塞内地牧馬，朝廷疑惑，不知所答。欽若方病在家，章獻太后命肩輿入殿中問之，欽若曰：「不與則示怯，不如與之。」太后曰：「夷狄豺狼，奈何延之塞内？」欽若曰：「虜以虚言相恐愒耳，未必敢來。宜密詔曹瑋，使奏乞整頓士馬以備非常。」太后從之，契丹果不入塞。瑋時知定州。董泂云。

吴處厚《青箱雜記》卷三 景德中，上欲優寵王欽若，乃特置資政殿學士以處之。既而有司定議，班在翰林學士下。尋又置資政殿大學士，亦以欽若爲之，而班在翰林承旨之上。則資政殿學士與大學士，皆自王欽若始也。

吴處厚《青箱雜記》卷六 王文穆公欽若，臨江軍人。母李氏，父仲華，嘗侍祖郁任官鄂渚，而李氏有娠，就蓐之夕，江水暴溢，將壞廨舍，亟遷於黄鶴樓，始免身，生男，即公也。時隔岸漢陽居人，遥望樓際，若有光景氣象云。又公昔歲行圃田道中，宿於村舍，夜起，視天中，有赤文成「紫薇」二大字，光耀奪目。使蜀還褒城，路中有人展謁，熟視刺字，乃唐相裴度，告公以默定之語，及言公他日當貴。兹亦異矣。後公每設壇禮神，必朱籙「紫薇」二字，陳之醮所。又輟俸修晉公祠於圃田，作記以述其肸蠁云。

真宗封岱祠汾，雖則繼述先志，昭答靈貺，中外臣民，協謀同欲，然實由文穆之力贊焉。祠禮畢，章聖登太山頂，偕近臣周覽前代碑刻，内一碑首云：「朕欽若昊天。」真宗顧文穆笑曰：「元來此事前定，只是朕與欽若。」與隋史萬歲討蠻入峒，遇碑云：「萬歲後遇此」，頗相類。文穆王公不惟被章聖顧遇，至於明肅太后，亦深眷焉。先是知邵武軍吴植餉金於文穆，而誤投沂公之第，沂公以聞，植坐追停。文穆以不知，特寢不問，故植之貶詞曰：「如何匪人，瀆我元老。」此可見矣。

世傳文穆遭遇章聖，本由一言之寤。蓋章聖踐祚之初，天下宿逋數百萬計，時文穆判三司理欠司，一日抗疏請盡蠲放以惠民。上遽召詰之，曰：「此若惠民，曷爲先帝不行？」公對曰：「先帝所以不行者，欲以遺陛下，使結天下人心。」於是上感然頷之。未幾，命宰府召試《孝爲德本頌》，授右正言、知制誥，不數年，遂大拜。

夷門君玉《國老談苑》卷一 仁宗既即位，每朝退，多弄翰墨。一日學書，適遇江陵王欽若奏章上達，因飛帛大書「王欽若」三字。既罷，左右取之，呈於太后。是時，欽若有再命相之議。太后遂令中使合其字，緘爲湯藥，馳馹以賜欽若，即口宣召之。欽若至闕下，故寂無知者。

夷門君玉《國老談苑》卷二 王欽若，母賓古同倅三司。一日，賓古曰：「天下宿逋之財，自五代迄今，理督未已，亡族破家，疵民大矣，俟啓而蠲之。」欽若即命吏理其數，翌日上奏。真宗大驚曰：「先帝豈不知耶？」欽若曰：「先帝非不審其弊，蓋與陛下收天下心。」真宗霑泣久之，遽詔有司俾盡釋焉。欽若自此宸眷之厚。

魏泰《東軒筆録》卷一 真宗次澶淵，一日，語萊公曰：「今虜騎未退，而天雄軍截在賊後，萬一陷没，則河朔皆虜境也。何人可爲朕守魏？」萊公曰：「當此之際，無方畧可展，古人有言，知將不如福將。臣觀參知政事王欽若，福禄未艾，宜可爲守。」於是即時進熟劄，退召王公於行府，諭以上意，授劄俾行。王公茫然自失，未及有言，萊公遽曰：「主上親征，非臣子避難之日。參政爲國柄臣，當體此意。驛騎已集，仍放朝辭，便宜即塗，身乃安也。」遽酌大白飲之，命曰「上馬盃」，王公驚懼，不敢辭，飲訖拜别。萊公答拜，且曰：「參政勉之，迴日即爲同列也。」王公馳騎入天雄，方戎虜滿野，無以爲計，但屯塞四門，終日危坐。越七日，虜騎退，召爲同中書門下平章事、集賢殿大學士，如萊公之言也。或云王公數進疑辭於上前，故萊公因事出之，以成勝敵之勳耳。

魏泰《東軒筆録》卷二 真宗晚年欲策后，時王旦爲宰相，趙安仁參知政事，將問執政，會王旦告病去，遂獨問安仁曰：「朕欲以賢妃劉氏爲后，卿意何如？」趙對曰：「劉氏出於側微，恐不可母儀天下。」真宗不懌。翊日，以趙之語告王冀公欽若，冀公曰：「陛下姑問安仁，意欲以何人爲后？」異時，上果以冀公之言問趙，對曰：「德妃沈氏，乃先朝宰相沈倫之家，宜可以作配聖主。」真宗翊日以語冀公，冀公曰：「臣固知如此，蓋趙安仁嘗爲沈倫門客。」真宗深以爲然。未幾，罷安仁參知政事，轉欽若一官，爲天書扶持使，劉氏竟立，即明肅太后也，冀公權寵自此愈固。

曾敏行《獨醒雜志》卷一 王冀公，新喻人，微時往觀社求祭肉，衆問：「爾爲誰？」曰：「我秀才也。」衆曰：「何所能？」曰：「能詩。」時無紙筆，即取炭畫猪皮上曰：「龍帶晚烟歸洞府，鴈拖秋色入衡陽。」後之人謂此句有宰相氣象。汪聖錫幼年與羣兒聚學，有謁其師，因問能屬對者，師指聖錫。客因舉對云：「馬蹄踏破青青草。」聖錫應對曰：「龍爪拏開淡淡雲。」客大驚曰：「此子有魁天下之志。」聖錫年未冠，果廷試第一。

邵博《邵氏聞見録》卷一一　王冀公久被真廟异眷，晚居政府。某州妖獄發，盡以中外士大夫與妖人往來歌詩聞，有云「左僕射中書門下平章事王欽若」，真廟面責之，冀公辨數四，終不置，則頓首曰：「臣官工部尚書，安敢擅增至左僕射？此理明甚，而聖意終不解者無他，蓋臣福謝耳。」竟坐策免云。

吴曾《能改齋漫録》卷一八《王丞相禱雨》　真宗朝，黄震知亳州永城縣。時大旱，王丞相欽若爲郡倅，全邑祈雨。夜祭祠下，王默禱，他日如至台輔，四更當雨。黄密知之，私戒鼓吏，促其更籌，遽擊四鼓，而雲未應。王亦自信之重，莊嚴而待，及朝果雨，竟如所望。

王明清《揮麈録・餘話》卷一　王文穆欽若以故相來守杭州。錢唐一老尉，蒼顔華髮矣，文穆初甚不樂，詢其履歷乃同年生，惻然哀之，遂封章於朝，詔特改京秩。尉以詩謝之云：「當年同試大明宫，文字雖同命不同。我作尉曹君作相，東君元没兩般風。」晁武子云。

備論

《宋史》卷二八三《王欽若傳》　論曰：王欽若、丁謂【略】世皆指爲姦邪。真宗時，海内乂安，文治洽和，群臣將順不暇，而封禪之議成于謂，天書之誣造端于欽若，所謂以道事君者，固如是耶？【略】欽若以贜賄幹吏議，其得免者幸矣。

王稱《東都事略》卷四九《王欽若傳》　臣稱曰：帝王之功業，未始不成於艱難多事之時，而肆於安逸無事之日。真宗之初，北有契丹之彊，西有繼遷之患，真宗既已馴服二虜，天下無事，欽若乃首爲天書之説。自是封禪之禮行，而祥瑞興矣。雖曰褒功頌德以歸美于上，是豈忠臣之所當然者與？聖人不畏多難畏無難，詎可忽哉！

宋仁宗部

綜述

《宋史》卷九《仁宗紀一》 仁宗體天法道極功全德神文聖武睿哲明孝皇帝，諱禎，初名受益，真宗第六子，母李宸妃也。大中祥符三年四月十四日生。章獻皇后無子，取爲己子養之。天性仁孝寬裕，喜愠不形於色。七年封慶國公。八年封壽春郡王，講學于資善堂。天禧元年兼中書令，明年進封昇王，九月丁卯，册爲皇太子，以參知政事李迪兼太子賓客。癸酉，謁太廟。四年，詔五日一開資善堂，太子秉笏南鄉立，聽輔臣參決諸司事。

乾興元年二月戊午，真宗崩，遺詔太子即皇帝位，尊皇后爲皇太后，權處分軍國事。遣使告哀契丹。己未，大赦，除常赦所不原者。百官進官一等，優賞諸軍。山陵諸費，毋賦於民。庚申，命丁謂爲山陵使。出遺留物賜近臣、宗室、主兵官。甲子，聽政于崇政殿西廡。乙丑，以生日爲乾元節。丙寅，遣使以先帝遺留物遺契丹。進封涇王元儼爲定王，賜贊拜不名。以丁謂爲司徒兼侍中、尚書左僕射，馮拯爲司空兼侍中、樞密使、尚書右僕射，曹利用爲尚書左僕射兼侍中。戊辰，貶道州司馬寇準爲雷州司户參軍，尚書户部侍郎李迪爲衡州團練副使，宣徽南院使曹瑋爲左衛大將軍。

三月乙酉，作受命寶。庚寅，初御崇德殿，太后設幄次于承明殿，垂簾以見輔臣。

夏四月壬子，遣使以即位告契丹。丙寅，交州來貢。

五月乙亥，録繫囚，雜犯死罪遞降一等，杖以下釋之。

六月己酉，命參知政事王曾按視山陵皇堂。丁巳，契丹使來祭奠弔慰。庚申，入内侍省押班雷允恭坐擅移皇堂伏誅。丁謂罷爲太子少保，分司西京。甲子，改命馮拯爲山陵使。丙寅，降參知政事任中正爲太子賓客。

秋七月辛未，馮拯加昭文館大學士，王曾爲中書侍郎、同中書門下平章事、集賢殿大學士，吕夷簡、魯宗道參知政事。乙亥，遣使報謝契丹。丙子，樞密副使錢惟演爲樞密使。戊寅，改翼祖定陵爲靖陵。辛卯，貶丁謂爲崖州司户參軍。

八月壬寅，遣使賀契丹主及其妻生日、正旦。乙巳，皇太后同御承明殿垂簾決事。

九月壬申，告大行皇帝謚于天地、宗廟、社稷。癸酉，上謚册于延慶殿。己卯，命以天書從葬。

冬十月壬寅，契丹使來賀即位。己酉，葬真宗皇帝于永定陵。詔中外避皇太后父諱。己未，祔真宗神主于太廟，廟樂曰《大明之舞》，以莊穆皇后配。辛酉，降東、西京囚罪一等，杖以下釋之。蠲山陵役户及靈駕所過民田租。

十一月丁卯朔，錢惟演罷。甲戌，唃厮囉、立遵求内附。乙亥，以皇太后生日爲長寧節。辛巳，初御崇政殿西閤講筵，命侍講孫奭、馮元講《論語》。壬午，以張知白爲樞密副使。

十二月壬戌，契丹使來賀明年正旦。

是歲，蘇州水，滄州海潮溢，詔振䘏被水及溺死之家。南平王李公蘊遣使進貢。

天聖元年春正月丙寅朔，改元。庚午，契丹使初來賀長寧節。癸未，命三司節浮費，遂立計置司。戊子，以京東、淮南水災，遣使安撫。辛卯，發卒增築京城。

二月戊戌，許唃厮囉歲一入貢。丁巳，奉安太祖、太宗御容于南京鴻慶宮。壬戌，減諸節齋醮道場。

三月甲戌，奉安真宗御容于西京應天院。丙子，詔減西京囚罪一等，徒以下釋之。賜城中民八十以上者茶帛，仍復其家。甲申，詔自今營造，三司度實給用。辛卯，司天監上《崇天曆》。行淮南十三山場貼射茶法。

夏四月辛丑，罷禮儀院。丁未，乾元節，百官及契丹使初上壽于崇德殿。癸丑，詔文武官奏蔭親屬從本資。丁巳，詔近臣舉諫官、御史各一人。

五月甲子，行陝西、河北入中芻糧見錢法。庚午，詔禮部貢舉。辛未，録繫囚。甲戌，命魯宗道按視滑州決河。庚寅，議皇太后儀衛制同乘輿。

六月甲辰，罷江寧府溧水縣采丹砂。乙卯，禁毁錢鑄鐘。

秋七月壬申，除戎、瀘州虚估税錢。詔：職田遇水旱蠲租如例。辛巳，蠲天下逋負。

八月乙未，募民輸芟塞滑州決河。丙申，下德音，減天下囚罪一等，杖以下

釋之。廢鄆州東平馬監，以牧地賦民。甲寅，芝生天安殿柱。

九月丙寅，馮拯罷，以王欽若爲門下侍郎、同中書門下平章事、昭文館大學士。辛巳，詔凡舉官未改轉而坐贓者，舉主免劾。庚寅，宴崇德殿。

閏月甲午，詔裁造院女工及營婦配南北作坊者，並釋之。戊戌，寇準卒於雷州。己亥，馮拯卒。丁未，禁彭州九隴縣采金。丁巳，禁伎術官求輔臣、宗室薦舉。

冬十月辛酉朔，徙陝西緣邊軍馬屯內地。

十一月丁酉，詔諸州配囚，録具獄與地里，上尚書刑部詳覆。禁兩浙、江南、荆湖、福建、廣南路巫覡挾邪術害人者。戊午，置益州交子務。

是歲，甘、沙州來貢，涇原咩迷下杏家族納質內附。

二年春二月庚午，遣內臣收瘗汴口流屍，仍祭奠之。

三月丁酉，奉安真宗御容于景靈宮奉真殿。癸卯，王欽若上《真宗實録》。是月，賜禮部奏名進士、諸科及第出身四百八十五人。

夏四月辛酉，詔三司歲市紬、絹非土産者罷之。乙酉，録晉石氏后。

五月乙未，録繫囚。

六月壬申，罷天慶、天祺、天貺、先天、降聖節宮觀然燈。

秋七月癸丑，奉安真宗御容于玉清昭應宮安聖殿。

八月丙辰朔，宴崇德殿，初用樂之半。詔舉官已遷改而貪汙者，舉主以狀聞；聞而不以實者，坐之。己卯，幸國子監，謁孔子，遂幸武成王廟。甲申，太白入太微垣。

九月辛卯，祠太一宮，賜道左耕者茶帛。

冬十月丙辰，奉安真宗御容于洪福院。

十一月甲午，加上真宗謚。乙未，朝饗玉清昭應、景靈宮。丙申，饗太廟。丁酉，祀天地于圜丘，大赦。百官上尊號曰聖文睿武仁明孝德皇帝，上皇太后尊號曰應元崇德仁壽慈聖皇太后。賜百官諸軍加等。乙巳，立皇后郭氏。辛亥，加恩百官。

十二月庚午，詔開封府每歲正旦、冬至禁刑三日。

是歲，龜茲、甘肅來貢。

三年春正月辛卯，長寧節，近臣及契丹使初上皇太后壽于崇政殿。

二月戊寅，詔陝西災傷州軍，盜廪穀非傷主者，刺配隣州牢城，徙減一等。

夏四月丁丑，詔三館繕書藏太清樓。

五月庚寅，録繫囚。癸巳，幸御莊觀刈麥，聞民舍機杼聲，賜織婦茶帛。己亥，賜隱士林逋粟帛。己酉，禁臣僚奏薦無服子弟。

六月癸酉，環、原州屬羌叛寇邊，環慶都監趙士隆等死之，遣使者安撫陝西。

秋七月戊子，詔諸路轉運使察舉知州、通判不任事者。丙午，詔邊户爲羌所擾者蠲租，復役二年。

八月戊午，以忠州鹽井歲增課，夔州奉節巫山縣舊籍民爲營田，萬州户有稅者歲糴其穀，皆爲民害，詔悉除之。辛未，蠲陝西州軍旱災租賦。

九月乙巳，詔司天監奏災異據占書以聞。

冬十月辛酉，晏殊爲樞密副使。

十一月己卯朔，罷貼射茶法。辛卯，以襄州水蠲民租。晉、絳、陝、解州飢，發粟振之。戊申，王欽若卒。

十二月癸丑，王曾爲門下侍郎、昭文館大學士，張知白同中書門下平章事、集賢殿大學士。乙丑，張旻爲樞密使。

是歲，龜茲、甘州、于闐來貢。環慶蕃部嵬逋等內附。補涇原降羌首領潘征爲本族軍主。

四年春正月己亥，命章得象與流內銓同試百司人。庚子，涇原兵破康奴族。

二月甲寅，詔吏犯贓至流，按察官失舉者，併劾之。庚午，置西界和市場。

三月甲申，詔轉運使、提點刑獄罷勸農司。己亥，鄜延蕃部首領曹守貴等內附。

夏四月壬子，詔京東西、河北、淮南平穀價。

五月己卯，詔禮部貢舉。壬午，詔大辟疑者奏讞，有司毋輒舉駁。戊子，録繫囚。己亥，詔士有文而行不副者，州郡毋得薦送。

閏月戊申，減江、淮歲漕米五十萬石。除舒州太湖等九茶場民逋錢十三萬緡。己酉，詔補太廟室長、齋郎。辛亥，復陝西永豐渠以通解鹽。

六月丁亥，建、劍、邵武等州軍大水，詔賜被災家米二石，溺死者官瘞之。庚寅，大雨震電，京師平地水數尺。辛卯，避正殿，減常膳。丁酉，降天下囚罪一等，徒以下釋之。畿內、京東西、淮南、河北被水民田蠲其租。癸卯，詔官物漂失，主典免償。流徙者，所在撫存之。

秋七月戊申，御長春殿復常膳。辛未，減兩川歲輸錦綺，易綾紗爲絹，以給

邊費。壬申，詔諸路轉運使舉所部官通經術者。

八月丁亥，築泰州捍海堰。己丑，詔施州溪峒首領三年一至京師。

九月乙卯，詔孫奭、馮元舉京朝官通經術者。庚申，詔禮部貢院，諸科通三經者薦擢之。録周世宗從孫柴元亨爲三班奉職。辛未，廢襄、唐州營田務，以田賦民。

冬十月壬辰，詔：郎中以上致仕，賜一子官。甲午，昏霧四塞。丙申，奉安真宗御容于鴻慶宫。

十二月丁丑，發米六十萬斛貸畿内飢。丁亥，帝白太后，欲元日先上太后壽乃受朝，太后不可。王曾奏曰：「陛下以孝奉母儀，太后以謙全國體，請如太后令。」

五年春正月壬寅朔，初率百官上皇太后壽于會慶殿，遂御天安殿受朝。己未，晏殊罷。戊辰，以夏竦爲樞密副使。

二月癸酉，命吕夷簡、夏竦修先朝國史，王曾提舉。丙子，詔振京東流民。丁丑，西域僧法吉祥等來獻梵書。

三月戊申，賜禮部奏名進士、諸科及第出身一千七十六人。秦州地震。罷瓊州歲貢瑇瑁、鼊皮、紫貝。

夏四月壬辰，壽寧觀火。

五月庚子朔，詔武臣子孫習文藝者，聽奏文資。丙午，閱諸班騎射。辛亥，録繫囚。辛酉，命吕夷簡等詳定編敕。癸亥，楚王元佐薨。是月，京畿旱，磁州蟲食桑。

六月甲戌，祈雨于玉清昭應宫、開寶寺。丙子，詔決畿内繫囚。丁丑，雨。癸未，罷諸營造之不急者。

秋七月己亥朔，振秦州水災，賜被溺家錢米。丙辰，發丁夫三萬八千、卒二萬一千，緡錢五十萬塞滑州決河。詔察京東被災縣吏不職者以聞。

九月庚戌，閱龍衛神勇軍習戰。

冬十月辛未，罷陝西青苗錢。癸酉，奉安真宗御容于慈孝寺崇真殿。己丑，頒新定《五服敕》。甲午，同皇太后幸御書院，觀太宗、真宗御書。乙未，詔西川、廣南在官物故者，遣人護送其家屬還鄉，官爲給食。丙申，滑州言河平。

十一月丁酉朔，以陝西旱蝗，減其民租賦。庚子，遣使河北體量安撫。壬寅，復作指南車。辛亥，朝饗景靈宫。壬子，饗太廟。癸丑，祀天地于圜丘，大赦。賀皇太后于會慶殿。丁巳，恭謝玉清昭應宫。

十二月辛未，加恩百官。甲戌，詔輔臣南郊恩例外，更改一子官。丁亥，詔：百官宗室受賂，冒爲親屬奏官者，毋赦。

是歲，甘州及南平國王李公蘊遣人來貢。京兆府、邢洺州蝗。華州旱，蝗蝻蟲食苗。

六年春正月己酉，罷兩川乾元節歲貢織佛。戊午，罷提點刑獄。

二月庚辰，大風晝晦。壬午，張知白薨。

三月丙申朔，日有食之。壬子，以張士遜同中書門下平章事、集賢殿大學士。癸丑，以姜遵爲樞密副使。己未，以范雍爲樞密副使。壬戌，作西太一宫。

夏四月戊辰，詔審官、三班院、吏部流内銓、軍頭司各引對所理公事。自帝爲皇太子，輔臣參決諸司事于資善堂，至是始還有司。丁丑，貸河北流民復業者種食，復是年租賦。癸未，命官減三司歲調上供物。甲申旦，有星大如門，自北流至西南，光燭地，有聲如雷。庚寅，下德音，以星變齋居，不視事五日；降畿内囚死罪，流以下釋之；罷諸土木工；振河北流民過京師者。

五月乙未朔，交阯寇邊。

六月丙寅，罷戎、瀘諸州榖税錢。

秋七月壬子，江寧府、揚真潤州江水溢，壞官民廬舍，遣使安撫振恤。

八月乙丑，詔免河北水災州軍秋税。乙亥，河決澶州王楚埽。丙戌，録唐張九齡後。

九月己亥，詔：京朝官任内，五人同罪奏舉者，減一任。癸卯，祠西太一宫。甲辰，詔：河北災傷，民質桑土與人者悉歸之，候歲豐償所貸。乙巳，遣使修諸路兵械。

冬十月甲申，除福州民逋官莊錢十二萬八千緡。

十一月戊午，京西言穀斗十錢。

十二月癸亥，祠西太一宫。

是歲，甘州、三佛齊來貢。

七年春正月癸卯，曹利用罷。丙辰，降利用爲左千牛衛上將軍。

二月庚申朔，魯宗道卒。甲子，詔：文臣歷邊有材勇、武臣之子有節義者，與换官，三路任使。丙寅，張士遜罷，以吕夷簡同中書門下平章事、集賢殿大學士。丁卯，以夏竦、薛奎參知政事，陳堯佐爲樞密副使。癸酉，貶曹利用爲崇信

軍節度副使，房州安置，未至自殺。乙酉，以河北水災，委轉運使察官吏，不任職者易之。

閏月癸巳，募民入粟以振河北。戊申，禁京城創造寺觀。壬子，復制舉六科，增高蹈丘園、沉淪草澤、茂才異等科，置書判拔萃科及試武舉。癸酉，置理檢使，以御史中丞爲之。

三月乙丑，詔吏胥受賕毋用蔭。辛巳，詔：契丹飢民，所過給米，分送唐、鄧等州，以閒田處之。癸未，詔百官轉對，極言時政闕失，在外者實封以聞。

夏四月庚寅，赦天下，免河北被水民租賦。辛卯，南平王李公蘊卒，其子德政遣人來告，以爲交阯郡王。

五月乙未朔，詔禮部貢舉。庚申，詔戒文弊。己巳，頒新令。庚午，詔先朝文武官自刺史、少卿監以上，並録其後。癸酉，録繫囚。庚辰，御承明殿，臣僚請對者十九人，日昃乃罷。

六月壬辰，置益、梓、廣南路轉運判官。丁未，大雷雨，玉清昭應宫災。甲寅，王曾罷。

秋七月癸亥，以玉清昭應宫災，遣官告諸陵，詔天下不復繕修。乙亥，詔殿直以上毋得换文資。乙酉，罷諸宫觀使。

八月丁亥朔，日有食之。詔罷天下職田，官收其入，以所直均給之。己丑，以吕夷簡爲昭文館大學士。辛卯，夏竦復爲樞密副使，陳堯佐、王曙並參知政事。己亥，詔命官犯正入贓，毋使親民。

冬十月壬寅，閲虎翼武騎卒習戰。丙午，京師地震。詔知州軍歲舉判、司、簿、尉可縣令者一人。

十一月癸亥，冬至，率百官上皇太后壽于會慶殿，遂御天安殿受朝。庚午，詔天下孤獨疾病者，致醫藥存視。詔：周世宗後，凡經郊祀，録其子孫一人。

是歲，河北水。遣使決囚，振貧，瘞溺死者，給其家緡錢，察官吏貪暴不恤民者。黿兹、下溪州黔州蠻來貢。

八年春正月甲戌，曹瑋卒。辛巳，作會聖宫于西京永安縣。

二月戊子，詔：五代時官三品以上告身存者，子孫聽用蔭。

三月壬申，幸後苑，遂宴太清樓。乙亥，禁以財冒士族娶宗室女者。詔河北被水州縣毋税牛。是月，賜禮部奏名進士、諸科及第出身八百二十二人。

五月甲寅，賜信州龍虎山張乾曜號澄素先生。丙辰，大雨雹。辛酉，録繫囚。

六月癸巳，吕夷簡上新修國史。己亥，詔御史臺獄勿關糾察司。乙巳，親試書判拔萃科及武舉人。

秋七月丙子，策制舉人。

八月丙戌，詔詳定鹽法。丁亥，詔近臣宗室觀祖宗御書于龍圖、天章閣，又觀瑞穀于元真殿，遂宴蘂珠殿。戊子，詔流配人道死者，其妻子給食送還鄉里。

九月癸丑，復置諸路提點刑獄官。丙辰，罷轉對。乙丑，姜遵卒。己巳，以趙稹爲樞密副使。

冬十月壬辰，奉安太祖御容于太平興國寺開先殿。丙申，弛三京、河中府、潁許汝鄭鄆濟衛晉絳虢亳宿等二十八州軍鹽禁。壬寅，置天章閣待制。

十一月丙寅，朝饗景靈宫。丁卯，饗太廟。戊辰，祀天地于圜丘，大赦。賀皇太后于會慶殿。

十二月癸未，加恩百官。辛丑，西平王趙德明、交阯王李德政并加賜功臣。

是歲，高麗、占城、邛部川蠻來貢。

九年春正月辛亥，詔諸路轉運判官、員外郎以上遇郊聽任子弟。丙辰，長寧節，百官初上皇太后壽于會慶殿。辛未，減畿内民租。

二月癸巳，詔復郡縣職田。

三月甲寅，奉安太祖、太宗、真宗御容于會聖宫。

夏四月戊寅，詔以隴州論平民五人爲劫盗抵死，主者雖更赦，并從重罰。乙巳，閲大樂。

五月乙丑，録繫囚。

六月庚辰，宋綬上《皇太后儀制》。

秋七月丙午朔，契丹使來告其主隆緒殂，遣使祭奠弔慰，及賀宗真立。

九月癸亥，祠西太一宫，賜道左耕者茶帛。

冬十月丙戌，詔公卿大夫勵名節。乙未，詔常參官已授外任，毋得奏舉選人。辛丑，罷益、梓、廣南路轉運判官。

閏月戊辰，翰林侍讀學士孫奭請老，命知兗州，曲宴太清樓送之。

十一月丁亥，弛兩川礬禁。己丑，祈雪于會靈觀。丁酉，出知雜御史曹修古，御史郭勸、楊偕，推直官段少連。

十二月甲寅，詔吏部銓：選人父母年八十以上者，權注近官。辛酉，大風

三日。

是歲，契丹主及其國母遣使來致遺留物及謝弔祭。南平王李德政遣人謝加恩。龜茲、沙州來貢。女真晏端等百八十四人内附。

《宋史》卷一〇《仁宗紀二》 明道元年春二月癸卯，呂夷簡上《三朝寶訓》。丙午，詔仕廣南者毋過兩任，以防貪黷。庚戌，以張士遜同中書門下平章事、集賢殿大學士。戊午，録故宰臣孫並試將作監主簿。甲子，詔員外郎以上致仕者，録其子校書郎，三丞以上齋郎。丁卯，以真宗順容李氏爲宸妃，是日妃薨。

三月戊子，頒《天聖編敕》。戊戌，以江、淮旱，遣使與長吏録繫囚，流以下減一等，杖笞釋之。己亥，除婺、秀州丁身錢。

夏四月丙午，録繫囚。戊午，知棣州王涉坐冒請官地爲職田，配廣南牢城。

五月癸酉，遣使點檢河北城池器甲，密訪官吏能否。壬午，廢杭、秀二州鹽場。

秋七月丙申，詔諸路轉運使舉國子監講官。丁酉，王曙罷。

八月辛丑，以晏殊爲樞密副使。丙午，晏殊參知政事。甲寅，以楊崇勛爲樞密副使。辛酉，授喃厮囉爲寧遠大將軍、愛州團練使。壬戌，大内火，延八殿。癸亥，移御延福宫。甲子，以呂夷簡爲修内使。乙丑，詔羣臣直言闕失。丁卯，大赦。

九月庚寅，重作受命寶。丙申，皇太后出金銀器易左藏緡錢二十萬，以助修内。

冬十月丁巳，詔漢陽軍發廩粟以振飢民。

十一月甲戌，以修内成，恭謝天地于天安殿，謁太廟，大赦，改元，百官進秩，優賞諸軍。是日還宫。己卯，冬至，率百官賀皇太后于文德殿，御天安殿受朝。壬辰，延州言夏王趙德明卒。癸巳，以德明子元昊爲定難軍節度使、西平王。

十二月壬寅，以楊崇勛爲樞密使。戊午，詔獲劫盜者奏裁，毋擅殺。壬戌，西北有蒼白氣亘天。

是歲，京東、淮南、江東饑。

二年春正月己卯，詔發運使以上供米百萬斛振江、淮飢民，遣使督視。

二月庚子，詔江、淮民飢死者，官爲之葬祭。乙巳，皇太后服袞衣、儀天冠饗太廟，皇太妃亞獻，皇后終獻。是日，上皇太后尊號曰應元齊聖顯功崇德慈仁保壽皇太后。丁未，祀先農于東郊，躬耕籍田，大赦。百官上尊號曰睿聖文武體天法道仁明孝德皇帝。

三月庚午，加恩百官。丁亥，祈雨于會靈觀、上清宫、景德開寶寺。庚寅，以皇太后不豫，大赦，除常赦所不原者；乾興以來貶死者復官，謫者内徙。甲午，皇太后崩，遺誥尊皇太妃爲皇太后。呂夷簡爲山陵使。

夏四月丙申朔，出大行皇太后遺留物賜近臣。壬寅，追尊宸妃李氏爲皇太后，至是帝始知爲宸妃所生。甲辰，以大行皇太后山陵五使並兼追尊皇太后園陵使。戊申，聽政于崇政殿西廂。己酉，罷乾元節上壽。壬子，詔臣僚、宗戚、命婦毋得以進獻祈恩澤，及緣親戚通表章。罷創修寺觀。帝始親政，裁抑僥倖，中外大悦。癸丑，召還宋綬、范仲淹。丙辰，内侍江德明等並坐交通請謁黜。己未，呂夷簡、張耆、夏竦、陳堯佐、范雍、趙稹、晏殊皆罷。以張士遜爲昭文館大學士，李迪同中書門下平章事、集賢殿大學士，王隨參知政事，李諮爲樞密副使，王德用簽書樞密院事。壬戌，御紫宸殿，以張士遜爲山陵使兼園陵使。癸亥，上大行太后謚曰莊獻明肅，追尊宸妃李氏爲皇太后謚曰莊懿。

五月戊辰，詔禮部貢舉。癸酉，詔中外勿輒言皇太后垂簾日事。乙亥，罷羣牧制置使。丙子，命宰臣張士遜撰《謝太廟》及《躬耕籍田記》。檢討宋祁言，皇太后謁廟非後世法，乃止撰《籍田記》。戊寅，録繫囚。

六月壬寅，録周世宗及高季興、李煜、孟昶、劉繼元、劉鋹後。癸卯，命審刑、大理詳定配隸刑名。戊午，減天下歲貢物。

秋七月丁丑，詔知耀州富平縣事張龜年增秩再任，以其治行風告天下。戊子，詔以蝗旱去尊號「睿聖文武」四字，以告天地宗廟，仍令中外直言闕政。

八月甲午朔，契丹使來弔慰祭奠。壬寅，作奉慈廟。甲辰，詔中外毋避莊獻明肅太后父諱。丁巳，置端明殿學士。

九月甲戌，幸洪福院，臨莊懿太后梓宫。丙子、壬午，臨如之。

冬十月甲午，禁登州民采金。丁酉，祔葬莊獻明肅皇太后、莊懿皇太后于永定陵。甲辰，詔以兩川歲貢綾錦羅綺紗，以三之二易爲紬絹，供軍須。己酉，祔莊獻明肅太后、莊懿太后神主于奉慈廟。癸丑，下德音，降東、西京囚罪一等，徒以下釋之；緣二太后陵應奉民户，免租賦科役有差。丙辰，贈周王祐爲皇太子。戊午，張士遜、楊崇勛罷，以呂夷簡爲門下侍郎、同中書門下平章事、昭文館大學士，王曙爲樞密使，王德用爲樞密副使，宋綬參知政事，蔡齊爲樞密副使。

十一月癸亥朔，薛奎罷。詔增宗室奉。乙丑，追册美人張氏爲皇后。甲戌，贈寇準爲中書令。

十二月丙申，復置提點刑獄。丁酉，詔諸路轉運使、副，歲徧歷所部，仍令州軍具所至月日以聞。甲辰，以京東飢，出內藏絹二十萬代其民歲輸。乙巳，詔修周廟。丁未，詔臺官非中丞、知雜保薦者勿任。戊申，出宫人二百。乙卯，廢皇后郭氏爲浄妃、玉京冲妙仙師，居長寧宫。御史中丞孔道輔率諫官、御史，大呼殿門請對，詔宰相告以皇后當廢狀。丙辰，出道輔及諫官范仲淹，仍詔臺諫自今毋相率請對。丁巳，詔明年改元。禁邊臣增置堡砦。

是歲，畿内、京東西、河北、河東、陝西蝗，淮南、江東、兩川飢，遣使安撫，除民租。注輦國來貢。

景祐元年春正月甲子，發江、淮漕米振京東飢民。丙寅，詔開封府界諸縣作糜粥以濟飢民，諸災傷州軍亦如之。戊辰，詔三司鑄景祐元寶錢。甲戌，詔執政大臣議兵農可更制者以聞。詔募民掘蝗種，給菽米。癸未，詔：禮部所試舉人十取其二；進士三舉、諸科五舉嘗經殿試，進士五舉年五十、諸科六舉年六十，及曾經先朝御試者，皆以名聞。甲申，淮南飢，出內藏絹二十萬代其民歲輸。丁亥，置崇政殿説書。庚寅，詔停淮南上供一年。

二月乙未，罷書判拔萃科。辛丑，詔禮部貢院，諸科舉人七舉者，不限年，並許特奏名。甲辰，權減江、淮漕米二百萬石。戊申，詔麟、府州振蕃漢飢民。

三月壬午，免諸路災傷州軍今年夏税。癸未，詔解州畦户逋鹽蠲其半。是月，賜禮部奏名進士、諸科及第出身七百八十三人。

夏四月丁酉，開封府判官龐籍言，尚美人遣内侍稱教旨免工人市租。帝爲杖内侍，仍詔有司，自今宫中傳命，毋得輒受。癸丑，詔置殿中侍御史、監察御史裏行。

五月辛酉，出布十萬端易錢糴河北軍儲。丁卯，禁民間織錦刺繡爲服飾。西川歲織錦上供亦罷之。癸酉，詔：臺諫未曾歷郡守者，與郡。壬午，録繫囚。是月，契丹主宗真之母還政於子，出居慶陵。

六月壬辰，交州民六百餘人内附。庚子，免畿内被災民税之半。己酉，策制舉、武舉人。乙卯，詔州縣官非理科決罪人至死者，並奏聽裁。

閏月甲子，泗州淮、汴溢。己巳，常州無錫縣大風發屋。乙亥，毁天下無額寺院。壬午，罷造玳瑁、龜筒器。

秋七月丙申，賜壽州下蔡縣被溺之家錢有差。己亥，樞密使王曙加同平章事。辛丑，詔文武提刑毋得互相薦論。壬子，詔轉運使與長吏，舉所部官專領常平倉粟。甲寅，河決澶州横隴埽。

八月庚申，薛奎卒。癸亥，王曙卒。戊辰，帝不豫。庚午，以王曾爲樞密使。辛未，以星變大赦，避正殿，減常膳，輔臣奏事延和殿閤。壬申，詔浄妃郭氏出居于外，美人尚氏入道，楊氏安置别宅。

九月壬辰，百官請雙日御前殿，如先帝故事，詔可。丁酉，帝康復，御正殿，復常膳。甲辰，詔立皇后曹氏。

冬十月庚申，罷淮南、江、浙、荆湖制置發運使，詔淮南轉運兼發運事。乙亥，作郊廟《景安》、《興安》、《祐安之曲》。

十一月己丑，册曹氏爲皇后。癸丑，作《大安之曲》以饗聖祖。

十二月癸酉，賜西平王趙元昊佛經。

是歲，南平王李德政獻馴象二，詔還之。開封府、淄州蝗。

二年春正月癸丑，置邇英、延義二閣，寫《尚書・無逸篇》于屏。

二月戊午，御延福宫觀大樂。癸亥，舊給事資善堂者皆推恩。戊辰，李迪罷，以王曾爲門下侍郎、同中書門下平章事、集賢殿大學士，王隨、李諮知樞密院事，蔡齊、盛度參知政事，王德用、韓億同知樞密院事。

三月戊申，出内庫珠賜三司，以助經費。

夏四月庚午，詔天下有知樂者，所在薦聞。

五月甲午，徭、獠寇雷、化州，詔桂、廣會兵討之。丙申，録繫囚。庚子，議太祖、太宗、真宗廟並萬世不遷；南郊升侑上帝，以太祖定配，二宗迭配。丙午，降天下繫囚罪一等，杖以下釋之。丁未，廣西言鎮寧州蠻入寇。

六月丁巳，詔幕職官初任未成考，毋薦。乙亥，頒《一司一務及在京敕》。鎮寧蠻請降。

秋七月戊申，廢西京採柴務，以山林賦民，官取十之一。

八月壬子朔，詔輕强盜法。甲寅，宴紫宸殿，初用樂。甲戌，幸安肅門砲場閲習戰。己卯，置提點銀銅坑冶鑄錢官。

九月壬寅，按新樂。己酉，作睦親宅。命中丞杜衍等汰三司胥吏。宋綬上《中書總例》。

冬十月辛亥朔，復置朝集院。癸亥，復群牧制置使。丁卯，詔諸路歲輸緡錢

福建、二廣易以銀，江東以帛。

十一月戊子，廢后郭氏薨。癸巳，朝饗景靈宮。甲午，饗太廟、奉慈廟。乙未，祀天地于圜丘，大赦。録五代及諸國後。宗室任諸司使以下至殿直者，换西班官。百官上尊號曰景祐體天法道欽文聰武聖神孝德皇帝。丁未，加恩百官。

十二月壬子，加唃厮囉爲保順軍留後。丙子，詔長吏能導民修水利闢荒田者賞之。

是歲，以鎮戎軍荐飢，貸弓箭手粟麥六萬石。

三年春正月壬辰，追復郭氏爲皇后。丁酉，葬皇后郭氏。

二月丙辰，命官較太常鐘律。壬戌，詔兩制、禮官詳定京師士民服用、居室之制。甲子，以廣南兵民苦瘴毒，爲置醫藥。丁卯，修陝西三白渠。

三月癸巳，復商賈以見錢算請官茶法。乙未，觀新定鐘律。戊戌，詔兩省、卿監、刺史、閤門以上致仕，給奉如分司官，長吏歲時勞賜之。改維州爲威州。

夏五月庚辰，購求館閣逸書。丙申，録繫囚。丙戌，天章閣待制范仲淹坐譏刺大臣，落職知饒州。集賢校理餘靖、館閣校勘尹洙、歐陽修並落職補外。詔戒百官越職言事。

六月壬申，虔、吉州水溢，壞城郭廬舍，賜被溺家錢有差。

秋七月丁亥，禁民間私寫編敕、刑書。乙未，置大宗正司。庚子，大雨震雹。太平興國寺災。辛丑，降三京罪囚一等，徒以下釋之。

八月己酉，班民間冠服、居室、車馬、器用犯制之禁。

九月庚辰，幸睦親宅宴宗室。是月，定申心喪解官法。

冬十月丁未，命章得象等考課諸路提刑。甲寅，作朝集院。

十一月戊寅，保慶皇太后楊氏崩。辛卯，上保慶太后謚曰莊惠。

十二月丙寅，李諮卒。丁卯，王德用知樞密院事，章得象同知樞密院事。

是歲，南平王李德政、西南蕃來貢。南丹州莫淮戟内附。

四年春正月壬午，詔均諸州解額。

二月己酉，葬莊惠皇太后于永定陵。己未，祔神主于奉慈廟。庚申，德音：降東、西京及靈駕所過州縣囚罪一等，徒以下釋之。乙丑，置赤帝像于宮中祈嗣。

三月甲戌，置天章閣侍講。戊寅，詔禮部貢舉。

夏四月乙巳，吕夷簡上《景祐法寶新録》。甲子，吕夷簡、王曾、宋綬、蔡齊罷，以王隨爲門下侍郎、同中書門下平章事、昭文館大學士，陳堯佐同中書門下平章事、集賢殿大學士，盛度知樞密院事，韓億、程琳、石中立參知政事，王鬷同知樞密院事。

五月庚戌，皇子生，録繫囚，降死罪一等，流以下釋之。是日皇子薨。乙卯，以旱遣使決三京繫囚。

六月乙亥，杭州江潮壞隄，遣使致祭。戊子，出《神武秘略》賜邊臣。己丑，奉安太祖御容于揚州建隆寺。

秋七月丁未，詔河東、河北州郡密嚴邊備。

八月甲戌，越州水，賜被溺民家錢有差。甲午，詔三司、轉運司毋借常平錢穀。

冬十一月癸亥，罷登、萊買金場。

十二月甲申，并、代、忻州並言地震，吏民壓死者三萬二千三百六人，傷五千六百人，畜擾死者五萬餘。遣使撫存其民，賜死傷之家錢有差。

是歲，滑州民蠶成被，長二丈五尺。唃厮囉、龜茲、沙州來貢。

寶元元年丙辰，以地震及雷發不時，詔轉運使、提點刑獄按所部官吏，除并、代、忻州壓死民家去年秋糧。

二月壬申，詔復日御前殿。甲午，安化蠻寇宜、融州。

三月戊戌朔，王隨、陳堯佐、韓億、石中立罷，以張士遜爲門下侍郎、同中書門下平章事、昭文館大學士，章得象同中書門下平章事、集賢殿大學士，王鬷、李若谷並參知政事，王博文、陳執中同知樞密院事。己亥，發邵、澧、潭三州駐泊兵討安化州蠻。是月，賜禮部奏名進士、諸科及第出身七百二十四人。

夏四月癸酉，王博文卒。乙亥，以張觀同知樞密院事。壬辰，除宜、融州夏税。

五月乙巳，録繫囚。

六月戊寅，罷舉童子。己卯，建州大水，壞民廬舍，賜死傷家錢有差，其無主者官葬祭之。甲申，詔天下諸州月上雨雪狀。

秋七月壬戌，策制舉人。癸亥，策武舉人。

八月丁卯，復淮南、江、浙、荆湖制置發運使。

九月戊申，詔應祀事，已受誓戒而失虔恭者，毋以赦原。賜宜、融州討蠻兵

緡錢。
冬十月丙寅，詔戒百官朋黨。
十一月甲辰，詔廣西鈐轄進兵討安化蠻。乙巳，詔宜、融州民嘗從軍役者，免今夏税，運糧者免其半。戊申，朝饗景靈宫。己酉，饗太廟及奉慈廟。庚戌，祀天地于圜丘，大赦，改元。百官上尊號曰寶元體天法道欽文聰武聖神孝德皇帝。乙卯，復奏舉縣令法。王曾薨。
十二月癸亥朔，加恩百官。甲子，京師地震。丙寅，鄜延路言趙元昊反。甲戌，禁邊人與元昊互市。己卯，奉寧軍節度使、知永興軍夏竦兼涇原秦鳳路安撫使，振武軍節度使、知延州范雍兼鄜延環慶路安撫使。
是歲，達州大水，黎州蠻來貢。
二年春正月己酉，王隨卒。辛亥，安化蠻平。癸丑，趙元昊表請稱帝改元。
三月丁未，鑄皇宋通寶錢。乙卯，閲試衛士。戊午，賜陝西緣邊軍士緡錢。
夏四月癸亥，授唃廝囉二子瞎氊、磨氊角團練使。乙丑，放宫女二百七十人。壬申，免昭州運糧死蠻寇者家傜二年、賦租一年。丁亥，募河東、陝西民入粟實邊。
五月癸巳，詔近臣舉方略材武之士各二人。己亥，禁皇族及諸命婦、女冠、尼等非時入内。癸卯，命近臣同三司議節省浮費。丙午，遣使體量安撫陝西、河東。己酉，録繫囚。壬子，王德用罷，以夏守贇知樞密院事。
六月壬戌，詔省浮費，自乘輿服御及宫掖所須，宜從簡約，若吏兵禄賜，毋概行裁減。戊辰，詔諸致仕官嘗犯贜者，毋推恩子孫。丁丑，益州火，焚廬舍三千餘區。壬午，削趙元昊官爵，除屬籍。
秋七月丁巳，詔宗室遇南郊及乾元節恩，許官一子，餘五歲授官。戊午，以夏竦知涇州兼涇原秦鳳路沿邊經略安撫使、涇原路馬步軍都總管，范雍兼鄜延環慶路沿邊經略安撫使、鄜延路馬步軍都總管。
八月丁卯，以筆篥城唃厮波補本族軍主。甲戌，皇子生。丙子，降三京囚罪一等，徒以下釋之。辛巳，命輔臣報祠高禖。
九月壬寅，詔河北轉運使兼都大制置營田屯田事。乙卯，出内庫銀四萬兩，易粟振益、梓、利、夔路飢民。
十月庚午，賜麟、府州及川、陝軍士緡錢。甲申，詔兩川飢民出劍門關者勿禁。
十一月戊子朔，出内庫珠，易緡錢三十萬糴邊儲。丁酉，盛度、程琳罷，出御史中丞孔道輔。壬寅，以王鬷知樞密院事，宋庠參知政事。
十二月庚申，詔審刑院、大理寺、刑部毋通賓客。壬申，詔御史闕員朕自擇舉。
是歲，曹、濮、單州蝗。
康定元年春正月壬戌，賜國子監學田五十頃。是月，元昊寇延州，執鄜延、環慶兩路副都總管劉平，鄜延副都總管石元孫。詔陝西運使明鎬募强壯備邊。
二月丁亥，以夏守贇爲宣徽南院使，陝西馬步軍都總管、經略安撫使。詔潼關設備。壬辰，夏守贇兼沿邊招討使。出内藏緡錢十萬賜戍邊禁兵之家。知制誥韓琦安撫陝西。甲午，括畿内、京東西、淮南、陝西馬。丙申，詔諸路轉運使、提刑，訪知邊事者以聞。丁酉，詔樞密院同宰臣議邊事。辛丑，出内藏緡錢八十萬付陝西市糴軍儲。丙午，德音：釋延州保安軍流以下罪，寇所攻掠地除今夏税，戍兵及戰死者賜其家緡錢。是日改元，去尊號「寶元」字，許中外臣庶上封章言事。丁未，詔陝西量民力，蠲所科芻糧。癸丑，降范雍爲尚書吏部侍郎、知安州。甲寅，出内庫珠償民馬直。
三月丙辰，詔大臣條陝西攻守策。癸亥，命韓琦治陝西城池。乙丑，閲虎翼軍習戰。辛未，詔延州録戰没軍士子孫，月給糧。丙子，大風，晝暝，是夜有黑氣長數丈，見東南。丁丑，罷大宴。詔中外言闕政。戊寅，王鬷、陳執中、張觀罷，以晏殊、宋綬知樞密院事，王貽永同知樞密院事。詔按察官舉才堪將帥者。庚辰，詔參知政事同議邊事。辛巳，德音：降天下囚罪一等，徒以下釋之。賜京師、河北、陝西、河東諸軍緡錢，蠲陝西夏税十之二，减河東所科粟。
夏四月丙戌，省陝西沿邊堡砦。癸巳，詔諸戍邊軍月遣内侍存問其家，病致醫藥，死爲斂葬之。甲午，遣使籍陝西强壯軍。乙未，契丹國母復遣使來賀乾元節。乙巳，增補河北强壯軍。丙午，鄜延路兵馬都監黄德和坐棄軍要斬。丁未，贈劉平、石元孫官，録其子孫。辛亥，築延州金明栲栳砦。
五月甲寅朔，詔前殿奏事毋過五班，餘對後殿。命大官賜食。壬戌，張士遜致事，吕夷簡爲門下侍郎、同中書門下平章事、昭文館大學士。癸酉，詔夏守贇進屯鄜州。戊寅，以夏竦爲陝西馬步軍都總管兼招討使。是月，元昊陷塞門砦，

兵馬監押王繼元死之，又陷安遠砦。

六月丙戌，詔假日御崇政殿視事如前殿。丁亥，以夏守贇同知樞密院事。

甲午，降三京囚罪一等，徒以下釋之。乙未，南京鴻慶宫神御殿火。壬寅，遣使體量安撫京東、西。甲辰，增置陝西、河北、河東、京東西弓手。

秋七月乙丑，遣使以討元昊告契丹。庚午，閲諸軍習戰。戊寅，皇子昕爲忠正軍節度使，封壽國公。

八月戊戌，禁以金箔飾佛像。癸卯，遣尚書屯田員外郎劉渙使邈川。戊申，夏守贇罷，以杜衍同知樞密院事。辛亥，詔范仲淹、葛懷敏領兵驅逐塞門等砦蕃騎出境，仍募弓箭手，給地居之。

九月甲寅，滑州河溢。戊午，李若谷罷，以宋綬、晁宗慤參知政事，鄭戩同知樞密院事。戊辰，以晏殊爲樞密使，王貽永、杜衍、鄭戩並樞密副使。甲戌，詔使臣、諸班、諸軍有武藝者自陳。辛巳，閲諸軍習戰。是月，元昊寇三川砦，都巡檢楊保吉死之；又圍師子、定川堡，戰士死者五千餘人，遂陷乾溝、乾河、趙福三堡。環慶路兵馬副都總管任福破白豹城。

冬十月乙未，製銅符、木契、傳信牌。甲辰，録方略士六十一人，授官有差。

十二月癸未，出内藏庫絹一百萬助糴軍儲。詔南京祠大火。丙戌，詔以常平緡錢助糴軍儲。癸卯，宋綬卒。戊申，鑄「當十」錢權助邊費。

《宋史》卷一一《仁宗紀三》　慶曆元年春正月辛亥朔，御大慶殿受朝。己未，加唃廝囉河西節度使。壬申，詔歲以春分祠高禖。是月，元昊請和。

二月己亥，壽國公昕薨。辛亥，罷大宴。京東西、淮、浙、江南、荆湖置宣毅軍。甲辰，詔：臣僚受外任者，毋得因臨遣祈恩。丙午，京師雨藥。是月，元昊寇渭州，環慶路馬步軍副總管任福敗于好水川，福及將佐軍士死者六千餘人。

三月庚戌朔，修金堤。乙卯，詔止郡國舉人，勿以邊機爲名希求恩澤。

夏四月甲申，以資政殿學士陳執中同陝西馬步軍都總管兼經略安撫沿邊招討等使，知永興軍。詔夏竦仍判永興軍。乙巳，下德音：降陝西囚死罪一等，流以下釋之；特支軍士緡錢；振撫邊民被鈔略者親屬。

五月丁巳，録繫囚。甲子，出内藏緡錢一百萬助軍費。乙丑，追封皇長子爲褒王，賜名昉。丁卯，罷陝西經略安撫沿邊招討都監。辛未，宋庠、鄭戩罷，以王舉正參知政事，任中師、任布爲樞密副使。詔夏竦屯軍鄜州，陳執中屯軍涇州。癸酉，閲試衛士。

六月壬辰，詔陝西諸路總管司嚴邊備，毋輒入賊界，賊至則禦之。乙巳，詔近臣舉河北陝西河東知州、通判、縣令。

秋七月壬戌，置萬勝軍凡二十指揮。是月，元昊寇麟、府州。

八月戊寅，詔鄜延部署以兵援麟、府。甲申，河北置場括市戰馬，緣邊七州軍免括。乙未，毁潼關新置樓櫓。乙巳，募民間材勇者補神捷指揮。是月，元昊寇金明砦，破寧遠砦，砦主王世亶、兵馬監押王顯死之；陷豐州，知州王餘慶、兵馬監押孫吉死之。

九月壬子，命河東鑄大鐵錢。乙亥，復置義倉。

冬十月甲午，詔罷陝西都部署，分四路置使。置陝西營田務。己亥，罷銅符、木契。是月，修河北城池。

十一月壬子，置涇原路强壯弓箭手。丙辰，發廪粟，減價以濟京城民。甲子，朝饗景靈宫。乙丑，饗太廟、奉慈廟。丙寅，祀天地于圜丘，大赦，改元。蠲陝西來年夏税十之二，及麟、府民二年賦租。臣僚許立家廟，功臣不限品數賜戟。增天下解額。弛京東八州鹽禁。是月，令江、饒、池三州鑄鐵錢。

十二月丙子，加恩百官。丁丑，司天監上《崇天萬年曆》。戊寅，詔陝西四路總管及轉運使兼營田。甲午，置陝西護塞軍。

是歲，湖南洞蠻知徽州楊通漢貢方物。

二年春正月丁巳，復京師榷鹽法。壬戌，詔以京西閑田處内附蕃族無親屬者。遣使河北募兵，及萬人者賞之。癸亥，詔磨勘院考提點刑獄功罪爲三等，以待黜陟。

二月乙未，詔：河北强壯刺手背爲義勇軍。

三月甲辰朔，詔殿前指揮使、兩省都知舉武臣才堪爲將者。丁巳，杜衍宣撫河東。辛酉，晁宗慤罷。己巳，契丹遣蕭英、劉六符來致書求割地。是月，賜禮部奏名進士、諸科及第出身八百三十九人。

夏四月戊寅，命御史中丞、諫官同較三司用度，罷其不急者。庚辰，知制誥富弼報使契丹。

五月辛亥，録繫囚。壬子，減皇后及宗室婦郊賜之半。甲寅，詔三館臣僚上封事及聽請對。丙辰，詔醫官毋得换右職。戊午，建大名府爲北京。降河北州軍繫囚罪一等，杖、笞以下釋之。乙丑，罷左藏庫月進錢。戊辰，禁銷金爲服飾。是月，契丹集兵幽州，聲言來侵，河北、京東皆爲邊備。

六月甲戌，出内藏銀、紬、絹三百萬助邊費。癸未，以特奏名武藝人補三班。丙戌，置北平軍。丙申，閲蕃落將士騎射。戊戌，詔減省南郊臣僚賜與。

秋七月丙午，任布罷。丁未，詔：軍校戰没無子孫者，賜其家緡錢。戊午，大雨雹。以吕夷簡兼判樞密院事，章得象兼樞密使，晏殊加平章事。癸亥，富弼再使契丹。詔：京官告病者，一年方聽朝參。

八月丁丑，策制舉人。戊寅，策武舉人試騎射。戊子，出内藏庫緡錢十萬修北京行宫。己亥，遣使安撫京東，督捕盜賊。

九月丙午，吕夷簡改兼樞密使。乙丑，契丹遣耶律仁先、劉六符持誓書來。

閏月戊戌，罷河北民間科徭。是月，元昊寇定川砦，涇原路馬步軍副都總管葛懷敏戰没，諸將死者十四人，元昊大掠渭州而去。

冬十月庚戌，刺陝西保捷軍。甲寅，遣使安撫涇原路。丙辰，知制誥梁適報使契丹。戊午，發定州禁軍二萬二千人屯涇原。庚申，詔恤將校陣亡，其妻女無依者養之宫中。丙寅，契丹遣使來再致誓書，報徹兵。

十一月辛巳，復都部署兼招討等使，命韓琦、范仲淹、龐籍分領之。甲申，以泰山處士孫復爲國子監直講。

是歲，占城獻馴象三。

三年春正月庚午朔，封皇子曦爲鄂王。辛未，曦薨。丙子，減陝西歲市木三之一。辛巳，詔輔臣議蠲減天下賦役。戊子，詔録將校死王事而無子孫者親屬。辛卯，置德順軍。壬辰，録唐狄仁傑後。癸巳，元昊自名曩霄，遣人來納款，稱夏國。

二月丙午，賜陝西招討韓琦、范仲淹、龐籍錢各百萬。辛酉，立四門學。

三月壬申，閲衛士武技。戊子，吕夷簡罷爲司徒、監修國史，與議軍國大事。以章得象爲昭文館大學士，晏殊爲集賢殿大學士並兼樞密使，夏竦爲樞密使，賈昌朝參知政事。

夏四月戊戌朔，幸瓊林苑閲騎士。癸卯，遣保安軍判官邵良佐使元昊，許封册爲夏國主，歲賜絹十萬匹、茶三萬斤。甲辰，以韓琦、范仲淹爲樞密副使。乙巳，詔夏竦還本鎮，以杜衍爲樞密使。丙辰，以春夏不雨，遣使祠禱于嶽瀆。甲子，吕夷簡罷議軍國大事。

五月庚午，録繫囚。戊寅，詔諸路轉運使並兼按察使，歲具官吏能否以聞。庚辰，祈雨于相國寺、會靈觀。癸未，置御史六員，罷推直官。丁亥，置武學。戊子，雨。己丑，謝雨。辛卯，築欽天壇于禁中。乙未，近臣薦試方略者六人，授官有差。是月，忻州地大震。虎翼卒王倫叛于沂州。

六月甲辰，詔諸路漕臣令所部官吏條茶、鹽、礬及坑冶利害以聞。

秋七月辛未，詔許二府不限奏事常制，得敷陳留對。丙子，王舉正罷。壬午，罷陝西管内營田。甲申，命任中師宣撫河東，范仲淹宣撫陝西。乙酉，獲王倫。

八月乙未朔，命官詳定編敕。戊戌，詔諫官日赴内朝。丁未，以范仲淹參知政事，富弼爲樞密副使。癸丑，韓琦代范仲淹宣撫陝西。戊午，罷武學。

九月丁卯，詔輔臣對天章閣。戊辰，吕夷簡以太尉致仕。乙亥，任中師罷。丁丑，詔執政大臣非假休不許私第受謁。是月，桂陽洞蠻寇邊，湖南提刑募兵討平之。

冬十月丙午，詔中書、樞密同選諸路轉運使。丁未，詔縣令佐能根括編户隱僞以增賦入者，量其數賞之。戊申，詔二府同選諸路提刑。甲寅，復諸路轉運判官。乙卯，詔修兵書。壬戌，詔二府頒新定磨勘式。甲子，築水洛城。是月，光化軍亂，討平之。

十一月丙寅，上清宫火。癸未，詔館職有闕，以兩府、兩省保舉，然後召試補用。丁亥，更蔭補法。壬辰，限職田。

十二月乙巳，桂陽監徭賊復寇邊。丁巳，大雨雪，木冰。河北雨赤雪。交阯獻馴象五。安化州蠻來貢。

四年春正月庚午，京城雪寒，詔三司減價出薪米以濟之。壬申，西蕃磨氈角入貢。乙亥，荆王元儼薨。辛卯，太常禮儀院上新修《禮書》及《慶曆祀儀》。

二月丙申，出奉宸庫銀三萬兩振陝西饑民。甲寅，罷陝西四路馬步軍都總管、經略安撫招討使，復置隨路都總管、經略安撫招討使。

三月癸亥朔，以旱遣内侍祈雨。辛未，省廣濟河歲漕軍儲二十萬石。乙亥，詔天下州縣立學，更定科舉法，語在《選舉志》。己卯，出御書治道三十五事賜講讀官。庚辰，録唐郭子儀後。甲申，免衡道州、桂陽監民經徭賊劫略者賦役一年。

夏四月丙申，詔湖南民誤爲征徭軍所殺者，賜帛存撫其家。丁酉，宜州蠻區希範叛，詔廣西轉運鈐轄司發兵討捕。壬子，以錫慶院爲太學。

五月庚午，録繫囚。壬申，幸國子監謁孔子，有司言舊儀止肅揖，帝特再拜。賜直講孫復五品服。遂幸武成王廟，又幸玉津園觀種稻。乙亥，撫州獻生金山。丙子，詔西川知州軍監，罷任未出界而卒者，録其子孫一人。戊寅，詔募人納粟振淮南饑。乙酉，忻州言地震，有聲如雷。丙戌，曩霄遣人來，復稱臣。

六月壬子，降天下繫囚流、徒罪一等，杖、笞釋之。范仲淹宣撫陝西、河東。癸丑，詔諸軍因戰傷廢停不能自存及死事之家孤老，月給米人三斗。

秋七月戊寅，封宗室德文等十人爲郡王、國公。癸未，契丹遣使來告伐夏國。甲申，夷人寇三江砦，淯井監官兵擊走之。丙戌，詔諸路轉運、提刑察舉守令有治狀者。

八月辛卯，命賈昌朝領天下農田，范仲淹領刑法事。甲午，富弼宣撫河北。戊戌，命右正言余靖報使契丹。保州雲翼軍殺官吏據城叛。庚子，命右正言田況度視保州，仍聽便宜行事。丙午，進宗室官有差。戊午，詔輔臣所薦官，毋以爲諫官、御史。

九月辛酉，保州平。壬戌，詔：「保州官吏死亂兵而無親屬者，官爲殯斂，兵官被害及戰没，並優賜其家。民田遭蹂踐者，蠲其租。」癸亥，以真宗賢妃沈氏爲德妃，婉儀杜氏爲賢妃。戊辰，吕夷簡薨。庚午，晏殊罷。乙亥，遣使安撫湖南。甲申，以杜衍同中書門下平章事兼樞密使，集賢殿大學士，賈昌朝爲樞密使，陳執中參知政事。丁亥，宴宗室太清樓，射于苑中。

冬十月庚寅，賜曩霄誓詔，歲賜銀、絹、茶、綵凡二十五萬五千。陳堯佐薨。丙申，命范仲淹提舉三館秘閣繕校書籍。癸丑，桂陽蠻降，授蠻酋三人奉職。

十一月壬戌，以西界内附香布爲團練使。己巳，詔戒朋黨相訐，及按察恣爲苛刻，文人肆言行怪者。己卯，改上莊穆皇后謚曰章穆，莊獻明肅皇太后曰章獻明肅，莊懿皇太后曰章懿，莊懷皇后曰章懷，莊惠皇太后曰章惠。庚辰，朝饗景靈宫。辛巳，饗太廟、奉慈廟。壬午，冬至，祀天地于圜丘，大赦。

十二月壬辰，加恩百官。乙未，封曩霄爲夏國主。丁酉，詔州縣以先帝所賜七條相誨敕。辛亥，置保安、鎮戎軍榷場。

是歲，黎州邛部川山前、山後百蠻都鬼主牟黑來貢。

五年春正月甲戌，罷河東、陝西諸路招討使。乙亥，復置言事御史。丙子，契丹遣使來告伐夏國還。庚辰，命知制誥余靖報使契丹。癸未，詔：京朝官因被彈奏，雖不曾責罰，但有改移差遣，並四週年磨勘。乙酉，范仲淹、富弼罷。丙戌，杜衍罷，以賈昌朝同中書門下平章事兼樞密使、集賢殿大學士，王貽永爲樞密使，宋庠參知政事，吴育、龐籍並爲樞密副使。

二月辛卯，詔罷京朝官用保任叙遷法，又罷蔭補限年法。壬辰，曩霄初遣人來賀正旦。癸卯，以久旱，詔州縣毋得淹繫刑獄。辛亥，祈雨于相國天清寺、會靈祥源觀。癸丑，桂陽監言唐和等復内寇。乙卯，謝雨。

三月己未，詔大宗正勵諸宗子授經務學。辛酉，韓琦罷。癸亥，詔禮部貢舉。甲子，宜州蠻賊區希範平。甲戌，詔監司按察屬吏，毋得差官體量。甲申，詔陝西以曩霄稱臣，降繫囚罪一等，笞釋之，邊兵第賜緡錢；民去年逋負皆勿責，蠲其租税之半，麟、府州嘗爲羌所掠，除逋負租税如之。丙戌，罷入粟補官。

夏四月丁亥朔，録繫囚，遣官録三京囚。辛卯，曩霄初遣人來賀乾元節。戊申，章得象罷，以賈昌朝爲昭文館大學士，陳執中同中書門下平章事、集賢殿大學士兼樞密使。庚戌，以吴育參知政事，丁度爲樞密副使。

五月己巳，罷諸路轉運判官。

閏月丙午，曩霄遣人來謝册命。

六月丁卯，減益、梓州上供絹歲三之一，紅錦、鹿胎半之。

秋七月戊申，廣州地震。

八月庚午，荆南府、岳州地震。

九月庚寅，詔：文武官已致仕而舉官犯罪當連坐者，除之。辛卯，以重陽曲宴近臣、宗室于太清樓，遂射苑中。

冬十月乙卯，契丹遣使來獻九龍車及所獲夏國羊馬。辛酉，祔章獻明肅皇后、章懿皇后神主于太廟，大赦。罷轉運使兼按察。庚午，幸瓊林苑，遂畋楊村，遣使以所獲馳薦太廟，召父老賜以飲食、茶帛。辛未，頒曆于夏國。庚辰，罷宰臣兼樞密使。

十一月丁亥，冬至，宴宗室于崇政殿。己酉，詔河北長吏舉殿直、供奉官有武才者。

是歲，施州溪洞蠻、西南夷龍以特來貢。

六年春正月戊申，徙廣南戍兵善地，以避瘴毒。

二月戊寅，青州地震。詔陝西經略安撫及轉運司，議裁節諸費及所置官員無用者以聞。

三月，録繫囚。庚寅，登州地震，岠嵎山摧，自是屢震，輒海底有聲如雷。甲午，月犯歲星。是月，賜禮部奏名進士、諸科及第出身八百五十三人。

夏四月甲寅，遣使賜湖南戍兵方藥。

五月甲申，京師雨雹，地震。丙戌，録繫囚。戊子，減邛州鹽井歲課緡錢一百萬。丙申，詔陝西市蕃部馬。丁酉，京東人劉巹、劉沔、胡信謀反伏誅。

六月庚戌朔，詔夏竦與河北監司察帥臣、長吏之不職者。丙寅，以久旱，民多暍死，命京城增鑿井三百九十。丁丑，詔制科隨禮部貢舉。

秋七月庚寅，河東經略司言雨壞忻、代等州城壁。

八月癸亥，策試賢良方正能直言極諫，並試武舉人。癸酉，以吴育爲樞密副使，丁度參知政事。

九月甲辰，登州言有巨木三千餘浮海而出。

冬十月辛未，詔發兵討湖南徭賊。

十一月己卯，遣官議夏國公封界。癸未，湖南徭賊寇英、韶州界。辛丑，畋東韓村，乘輿所過及圍内田，蠲其租一年。

是歲，邈川首領唃厮囉、西蕃瞎氊磨氊角、安化州蠻蒙光速等來貢。交趾獻馴象十。道州部瀧西李石壁等降。

七年春正月丙子朔，御大慶殿受朝。丁亥，詔：河北所括馬死者，限二年償之。己亥，頒《慶曆編敕》。壬寅，詔減連州民被徭害者來年夏租。

二月己酉，詔取益州交子三十萬，於秦州募人入中糧。丙辰，令内侍二人提舉月給軍糧。

三月壬午，録繫囚。癸未，詔：「天下有能言寬恤民力之事者，有司驛置以聞，以其副上之轉運司，詳其可行者輒行之。」毁後苑龍船。丁亥，以旱罷大宴。癸巳，詔：避正殿，減常膳，許中外臣僚實封條上三事。乙未，賈昌朝罷，以陳執中爲昭文館大學士，夏竦同中書門下平章事、集賢殿大學士，吴育爲給事中歸班，文彦博爲樞密副使。罷出獵。丁酉，以夏竦爲樞密使，文彦博參知政事，高若訥爲樞密副使。辛丑，祈雨于西太一宫，及還遂雨。壬寅，陳執中、宋庠、丁度以旱降官一等。

夏四月丁未，謝雨。己酉，詔：「前京東轉運使薛紳專任文吏伺察郡縣細過，江東轉運使楊紘、判官王綽，提點刑獄王鼎苛刻相尚，並削職知州，自今毋復用爲部使者。」壬子，御正殿，復常膳。乙卯，復執中、庠、度官。己巳，詔諫官非公事毋得私謁。

五月戊寅，詔：武臣非歷知州軍無過者，毋授同提點刑獄。己丑，補降徭唐和等爲峒主。己亥，命翰林學士楊察蠲放天下逋負。辛丑，詔西北二邊有大事，二府與兩制以上雜議之。

六月乙巳，詔禁畜猛獸害人者。辛酉，詔天下知縣非鞫獄毋得差遣。壬戌，詔：臣僚朝見者，留京毋過十日。

秋七月癸未，奉安太祖、太宗、真宗御容于南京鴻慶宫。甲申，德音：降南京畿内囚罪一等，徒以下釋之；賜民夏税之半；除災傷倚閣税及欠折官物非侵盗者。辛丑，禁貢餘物饋近臣。

八月乙丑，析河北爲四路，各置都總管。

九月丁酉，詔删定《一州一縣敕》。

冬十月壬子，李迪薨。甲子，幸廣親宅，謁太祖、太宗神御殿，宴宗室，賜器幣有差。乙丑，河陽、許州地震。

十一月乙未，加上真宗謚。丙申，朝饗景靈宫。丁酉，饗太廟、奉慈廟。戊戌，冬至，祀天地于圜丘，大赦。貝州宣毅卒王則據城反。

十二月戊申，加恩百官。庚戌，樞密直學士明鎬體量安撫河北。癸丑，詔貝州有能引致官兵獲賊者，授諸衛上將軍。甲寅，遣内侍以敕榜招安貝賊。

是歲，西蕃磨氊角來貢。

八年春正月丁丑，文彦博宣撫河北，明鎬副之。壬午，江寧府火。

閏月辛丑，貝州平。甲辰，曲赦河北，賜平貝州將士緡錢，戰没者官爲葬祭，兵所踐民田蠲其税，改貝州爲恩州。戊申，文彦博同中書門下平章事、集賢殿大學士，官吏將士有功者遷擢有差。辛酉，親從官顔秀等四人夜入禁中謀爲變，宿衛兵捕殺之。丙寅，磔王則于都市。丁卯，知貝州張得一坐降賊伏誅。

二月癸酉，頒《慶曆善救方》。夏國來告曩霄卒。己卯，賜瀛、莫、恩、冀州緡錢二萬，贖還饑民鬻子。丁酉，奉安宣祖、太祖、太宗御容于睦親宅。

三月甲辰，詔禮部貢舉。辛亥，遣使體量安撫陝西。甲寅，幸龍圖、天章閣，詔輔臣曰：「西陲備禦，兵冗賞濫，罔知所從，卿等各以所見條奏。」又詔翰林學士、三司使、知開封府、御史中丞曰：「朕躬闕失，左右朋邪，中外險詐，川郡暴虐，法令有不便於民者，朕欲聞之，其悉以陳。」壬戌，以霖雨，録繫囚。癸亥，以朝政得失、兵農要務、邊防備豫、將帥能否、財賦利害、錢法是非與夫譏人害政、

姦盜亂俗及防微杜漸之策，召知制誥、諫官、御史等諭之，使悉對于篇。

夏四月己巳朔，封曩霄子諒祚爲夏國主。壬申，丁度罷，明鎬參知政事。

五月辛酉，夏竦罷，宋庠爲樞密使，龐籍參知政事。

六月戊辰朔，詔近臣舉文武官材堪將帥者。丙子，河決澶州商胡埽。壬辰，以久雨齋禱。甲午，明鎬卒。乙未，詔館閣官須親民一任，方許入省，府及轉運、提點刑獄差遣。丙申，章得象薨。

秋七月戊戌，以河北水，令州縣募饑民爲軍。辛丑，罷鑄鐵錢。

八月己丑，以河北、京東西水災，罷秋宴。

九月戊午，詔三司以今年江、淮漕米轉給河北州軍。

冬十一月己亥，作「皇帝欽崇國祀之寶」。壬戌，出廩米減價以濟畿內貧民。

十二月乙丑朔，以霖雨爲災，頒德音，改明年元，減天下囚罪一等，徒以下釋之。出內藏錢帛賜三司，貿粟以濟河北，流民所過，官爲舍止之，所齎物毋收算。丁卯，册美人張氏爲貴妃。戊子，遣使體量安撫利州路。

是歲，廬州合肥縣稻再實。交州來貢。

皇祐元年春正月甲戌朔，以河北水災，罷上元張燈，停作樂。庚戌，張士遜薨。己未，詔以緡錢二十萬市穀種分給河北貧民。辛酉，詔臺諫非朝廷得失、民間利病，毋風聞彈奏。

二月戊辰，以河北疫，遣使頒藥。辛未，發禁軍十指揮赴京東、西路備盜。

三月丁巳，録繫囚。己未，契丹遣使來告伐夏國。庚申，翰林院學士錢明逸報使契丹。是月，賜禮部奏名進士、諸科及第出身千三百九人。

四月癸未，梓州轉運司言淯井監夷人平。

六月甲子，蠲河北復業民租賦二年。甲戌，始置觀文殿大學士。戊寅，詔中書、樞密非聚議毋通賓客。戊子，詔轉運使、提點刑獄，所部官吏受贓失覺察者，降黜。

秋七月丁酉，詔臣僚毋得保薦要近內臣。己未，詔諸州歲市藥以療民疾。

八月壬戌，陳執中罷。以文彦博爲昭文館大學士，宋庠同中書門下平章事、集賢殿大學士，龐籍爲樞密使，高若訥參知政事，梁適爲樞密副使。甲申，策制舉、武舉人。

九月乙巳，廣源州蠻儂智高寇邕州，詔江南、福建等路發兵以備。己未，罷武舉。

冬十一月丙申，詔：河北被災民八十以上及篤疾不能自存者，人賜米一石、酒一斗。辛丑，詔民有冤，貧不能詣闕者，聽訴於監司以聞。

十二月甲子，遣入內供奉高懷政督捕邕州盜賊。

是歲，大留國來貢。

《宋史》卷一二《仁宗紀四》二年春正月癸卯，以歲饑罷上元觀燈。壬子，命近臣同三司較天下財賦出入之數。

二月甲申，出內庫絹五十萬，下河北、陝西、河東路，以備軍賞。

三月戊子朔，詔：季秋有事于明堂。己丑，以大慶殿爲明堂。甲午，遣官祈雨。丁酉，月犯軒轅大星。戊戌，詔：明堂禮成，羣臣毋上尊號。庚子，契丹遣使以伐夏師還來告。丙午，雨。己酉，詔：兩浙流民聽人收養。翰林學士趙槩報使契丹。

夏五月丁亥朔，新作明堂禮神玉。己亥，旌定州義民李能。

六月己未，出新製明堂樂八曲。丁卯，以自製黃鐘五音五曲，並肄于太常。庚午，定選舉縣令法。癸未，録繫囚。

八月癸亥，出內藏絹百萬市糴軍儲。壬申，深州大雨，壞廬舍。

九月丁亥，閱雅樂。己酉，朝饗景靈宮。庚戌，饗太廟。辛亥，大饗天地于明堂，以太祖、太宗、真宗配，如圜丘。大赦，百官進秩一等。詔：「自今內降指揮，百司執奏毋輒行。敢因緣干請者，諫官、御史察舉之。」

冬十月乙亥，宴京畿父老于錫慶院。

閏十一月己未，詔后妃之家毋得除二府職任。丙寅，秀州地震，有聲如雷。丁卯，詔中書門下省，兩制及太常官詳定太樂。河北水，詔蠲民租，出內藏錢四十萬緡、絹四十萬匹付本路，使措置是歲芻糧。

十二月甲申，定三品以上家廟制。唃厮囉、西蕃瞎氈、西南蕃龍光瀧、占城、沙州來貢，涇原路生户都首領那龍男阿日丁內附。

三年春正月乙丑，幸魏國大長公主第視疾。

二月丙戌，宰臣文彦博等進《皇祐大饗明堂記》。己亥，復行河北沿邊州軍入中糧草見錢法。

三月庚申，宋庠罷，以劉沆參知政事。癸酉，儂智高表獻馴象及金銀，卻之。

夏四月癸未，詔：「河北流民相屬，吏不加恤，而乃飾厨傳，交賂使客，以取名譽。自今非犒設兵校，其一切禁之。」

五月庚戌，以恩、冀州旱，詔長吏決繫囚。壬申，置河渠司。乙亥，頒《簡要濟衆方》，命州縣長吏按方劑以救民疾。丁丑，録繫囚。

六月丁亥，無爲軍獻芝草，帝命姑免知軍茹孝標罪，戒州郡自今勿復獻。

秋七月癸丑，詔：「少卿、監以下，年七十不任釐務者，御史臺、審官院以聞。嘗任館閣、臺諫及提刑者，中書裁處。待制以上能自引年，則優加恩禮。」丙辰，以孔氏子孫復知仙源縣事。丁巳，兩制、禮官上大樂，名曰《大安》。辛酉，河決大名府郭固口。乙丑，罷、徙州縣長吏不任事者十有六人。丙子，減郴永州、桂陽監丁身米歲十萬餘石。

八月丙戌，遣使安撫京東、淮南、兩浙、荆湖、江南饑民。辛卯，詔諸路監司具所部長吏治狀能否以聞。是月，汴河絶流。

冬十月庚子，文彦博罷，以龐籍同中書門下平章事、昭文館大學士，高若訥爲樞密使，梁適參知政事，王堯臣爲樞密副使。

十一月辛亥，減漳州、泉州、興化軍丁米。

十二月庚辰，新作渾儀。庚子，詔文武官七十以上未致仕者，更不考課遷官。甲辰，罷災傷州軍貢物。

是歲，涇原樊家族密斯歌内附。

四年春正月己巳，詔諸路貸民種。乙亥，塞大名府決河。

二月庚子，蠲湖州民所貸官米。

三月己酉，詔禮部貢舉。丙辰，蠲江南路民所貸種數十萬斛。辛酉，録繫囚。辛未，詔宫禁市物給實直，非所闕者毋市。

夏四月庚辰，詔：修河兵夫逃亡死傷，會其數，以議官吏之罰。廣源州蠻儂智高反。

五月乙巳朔，智高陷邕州，遂陷横、貴等八州，圍廣州。壬申，命知桂州陳曙率兵討智高。

六月乙亥，起前衛尉卿余靖爲秘書監、湖南安撫使、知潭州，前尚書屯田員外郎、直史館楊畋體量安撫廣南，提舉經制盜賊事。庚辰，改余靖爲廣西安撫使、知桂州，命同提點廣東刑獄李樞與陳曙討智高，廣東轉運鈐轄司發兵援之。丁亥，以狄青爲樞密副使。

秋七月乙巳，出内藏錢絹助河北軍儲。丙午，命余靖經制廣南盜賊事。丁巳，大風拔木。壬戌，智高引衆去廣州，廣東兵馬鈐轄張忠、知英州蘇緘邀擊于白田，忠戰殁。甲子，廣東兵馬鈐轄蔣偕又敗于路田。

八月癸未，詔開封府，比大風雨，民廬摧圮壓死者，官爲祭斂之。辛卯，命樞密直學士孫沔安撫湖南、江西，内侍押班石全斌副之。

九月丁巳，命餘靖提舉廣南兵甲經制賊盜事。庚申，廣西兵馬鈐轄王正倫討智高于昭州館門驛，戰殁。智高入昭州。庚午，以狄青爲宣徽南院使、宣撫荆湖路，提舉廣南經制賊盜事。是月，智高襲殺蔣偕于太平場。

冬十月詔鄜延、環慶、涇原路擇蕃落廣鋭軍各五千人赴廣南行營。丁丑，智高入賓州。甲申，復入邕州。丁亥，以諸路飢疫並征徭科調之煩，令轉運使、提點刑獄，親民官條陳救恤之術以聞。

十一月戊午，詔免江西、湖南、廣南民供軍須者今年秋租十之三。

十二月壬申朔，廣西兵馬鈐轄陳曙討智高兵，戰于金城驛。壬辰，觀新樂。乙未，録唐顔真卿後。

是歲，河北路及鄜州水，蠲河北民積年逋負、鄜州民税役。

五年春正月壬寅朔，御大慶殿受朝。庚戌，以廣南用兵，罷上元張燈。丁巳，會靈觀火。戊午，狄青敗智高于邕州，斬首五千餘級，智高遁去。甲子，遣使撫問廣南將校，賜軍士緡錢。

二月癸未，狄青復爲樞密副使。甲申，赦廣南。凡戰殁者，給槥櫝護送還家，無主者葬祭之。賊所過郡縣，免其田租一年，死事家科徭二年。貢舉人免解至禮部，不預奏名者亦以名聞。丙戌，詔廣西都監蕭注等追捕智高。丁亥，下德音：減江西、湖南繫囚罪一等，徒以下釋之。丁壯饋運廣南軍須者，減夏税之半，仍免差徭一年。戊子，詔：百官遇南郊奏薦，無子孫者聽奏期親一人。乙未，詔：宗室通經者，大宗正司以聞。

三月癸亥，遣使奉安太祖御容于滁州，太宗御容于並州，真宗御容于澶州。是月，賜禮部奏名進士、諸科及第出身千四十二人。

夏四月甲午，命劉沆、梁適監議大樂。

五月乙巳，詔輔臣凡有大政，許復對後殿。高若訥罷，以狄青爲樞密使。丁未，孫沔爲樞密副使。戊申，詔轉運使毋取羨餘以助三司。庚戌，詔：智高所至州，無城壘，若兵力不敵而棄城者，奏裁。壬子，録繫囚。丁巳，詔轉運司振邕州貧民，户貸米一石。甲子，詔諫官、御史毋挾私以中善良，及臣僚言機密事毋得漏泄。

六月乙亥，御紫宸殿按《大安樂》，觀宗廟祭器。丙戌，作集禧觀成。乙未，詔：「河北荐饑，轉運使察州縣長吏能招輯勞來者，上其狀；不稱職者，舉劾之。」

秋七月乙巳，詔：荆湖北路民因災傷所貸常平倉米免償。己酉，詔：薦舉非其人者，令御史臺彈奏，見任監司以上弗許薦論。戊午，詔太常定謚，毋爲溢美。

閏月戊辰，詔：廣南民逃未還者，限一年歸業，其復三歲。壬申，龐籍罷，以陳執中同中書門下平章事、昭文館大學士，梁適同中書門下平章事、集賢殿大學士。乙亥，詔武臣知州軍，須與僚屬參議公事，毋專決。庚辰，秦鳳路言總管劉焕等破蕃部，斬首二千餘級。

八月丁酉朔，詔：民訴災傷而監司不受者，聽州軍以狀聞。辛酉，策制舉、武舉人。壬戌，詔：南郊以太祖、太宗、真宗並配。

九月乙酉，觀新樂。

冬十月壬子，作「鎮國神寶」。丁巳，詔：以蝗旱，令監司諭親民官上民間利害。

十一月丁卯，朝饗景靈宮。戊辰，饗太廟、奉慈廟。己巳，祀天地于圜丘，大赦。丁丑，加恩百官。戊子，放天下逋負。

十二月戊午，詔轉運官毋得進羨餘。壬戌，以曹、陳、許、鄭、滑州爲輔郡，隸畿內，置京畿轉運使。

是歲，占城國來貢。

至和元年春正月辛未，詔：「京師大寒，民多凍餒死者，有司其瘞埋之。」壬申，碎通天犀和藥以療民疫。癸酉，貴妃張氏薨，輟視朝七日，禁京城樂一月。丁丑，追册爲皇后，賜謚温成。辛卯，録繫囚，減三京、輔郡雜犯死罪一等，徒以下釋之。

二月庚子，詔：「治河堤民有疫死者，蠲户税一年；無户税者，給其家錢三千。」壬戌，孫沔罷，以田況爲樞密副使。

三月己巳，王貽永罷，以王德用爲樞密使。辛未，命曾公亮等同試入内醫官。壬申，賜邊臣攻守圖。置京畿提點刑獄。乙亥，太史言日當食四月朔。庚辰，下德音，改元，減死罪一等，流以下釋之。癸未，易服，避正殿，減常膳。乙酉，詔：京西民飢，宜令所在勸富人納粟以振之。

夏四月甲午朔，日有食之，用牲于社。辛丑，御正殿，復常膳。祥源觀火。

五月戊寅，以河北流民稍復，遣使安撫。

秋七月丁卯，以程戡參知政事。立温成園。戊辰，梁適罷。己巳，出御史馬遵、吕景初、吴中復。

八月丁酉，詔：「前代帝王後嘗仕本朝，官八品以下，其祖父母、父母、妻子犯流以下罪，聽贖；未仕而嘗受朝廷賜者，所犯非兇惡，亦聽贖。」丙午，以劉沆同中書門下平章事、集賢殿大學士。命修起居注官侍經筵。

九月乙亥，契丹遣使來告夏國平。辛巳，遣三司使王拱辰報使契丹。己丑，太白晝見。

冬十月壬辰，詔：「士庶家毋得以嘗傭顧之人爲姻，違者離之。」丁酉，葬温成皇后。丙午，温成皇后神主入廟。戊午，幸城北砲場觀發砲，宴從臣，賜衛士緡錢。

十一月甲子，出太廟禘、祫、時饗及温成皇后廟祭饗樂章，肄于太常。

十二月丙午，詔司天監天文算術官毋得出入臣僚家。癸丑，詔：内侍傳宣，令都知司劄報，被旨者覆奏。

是歲，融州大丘洞楊光朝内附。

二年春正月丁卯，奉安真宗御容于萬壽觀。減畿内、輔郡囚罪一等，徒以下釋之。賜諸軍緡錢。戊辰，邕州言蘇茂州蠻内寇，詔廣西發兵討之。丁亥，晏殊薨。

二月壬辰，汾州團練推官郭固上車戰法，既試之，授衛尉丞。

三月丁卯，詔修起居注立於講讀官之次。丙子，封孔子後爲衍聖公。是月，以旱除畿内民逋芻及去年秋逋税，罷營繕諸役。

夏四月己亥，契丹遣使賀乾元節，以其主之命持本國三世畫像來求御容。辛亥，定差衙前法。乙卯，出米京城門，下其價以濟流民。

五月己未，録繫囚。辛酉，詔中書公事並用祖宗故事。戊寅，詔戒百官務飭官守。

六月戊戌，陳執中罷。以文彦博同中書門下平章事、昭文館大學士，劉沆監修國史，富弼同中書門下平章事、集賢殿大學士。乙巳，儂智高母儂氏、弟智光、子繼宗繼封伏誅。

秋八月戊子，減畿内、輔郡囚罪一等，徒以下釋之。乙未，置臺諫章奏簿。

壬子，詔中書、樞密院第宗姓服屬，自明堂覃恩後及十年者，咸與進官。

九月戊午，契丹使來告其國主宗真殂，帝爲發哀，成服于内東門幕次，遣使祭奠、弔慰及賀其子洪基立。戊辰，詔：試醫官須引《醫經》、《本草》以對，每試十道，以六通爲合格。辛巳，罷輔臣、宣徽、節度使乾元節任子恩。

冬十月丙戌，録唐長孫無忌後。己丑，詔京畿毋領輔郡，罷京畿轉運使、提點刑獄。癸丑，下溪州蠻彭仕義内寇，詔湖北路發兵捕之。

十一月乙卯，交趾來告李德政卒，其子日尊上德政遺留物及馴象。己未，行並邊見錢和糴法。

十二月丁亥，修六塔河。丁酉，詔：武臣有贜濫者毋得轉横行，其立戰功者許之。庚子，契丹遣使致其主宗真遺留物及謝弔祭。壬子，作醴泉觀成。

是歲，西界阿訛等内附，詔遣還。龍賜州彭師黨以其族來歸，大食國、西蕃、安化州蠻來貢。

嘉祐元年春正月甲寅朔，御大慶殿受朝。是日，不豫。辛酉，輔臣禱祠于大慶殿，齋宿殿廡。近臣禱于寺觀，及遣諸州長吏禱于嶽瀆諸祠。壬戌，御崇政殿。癸亥，賜在京諸軍緡錢。甲子，赦天下，蠲被災田租及倚閣税。戊辰，罷上元張燈。辛未，命輔臣禱天地、宗廟、社稷。是月，大雨雪，木冰。

二月甲辰，帝疾愈，御延和殿。

三月丁巳，詔禮部貢舉。辛未，司天監言：自至和元年五月，客星晨出東方守天關，至是没。壬申，遣官謝天地、宗廟、社稷、寺觀、諸祠。癸酉，契丹遣使來謝。

閏月癸未朔，以王堯臣參知政事，程戡爲樞密副使。詔前後殿間日視事。

夏四月壬子朔，六塔河復決。丙辰，裁定補蔭選舉法。甲戌，録繫囚。是月，大雨，水注安上門，門關折，壞官私廬舍數萬區。諸路言江、河決溢，河北尤甚。

六月辛亥朔，詔：雙日不御殿，伏終如舊。辛未，免畿内、京東西、河北被水民賦租。乙亥，雨壞太社、太稷壇。戊寅，遣使安撫河北。己卯，詔羣臣實封言時政闕失。

秋七月乙酉，命京東西、湖北監司分行水災州軍振飢蠲租。丙戌，賜河北流民米，壓溺死者賜其家錢有差。己丑，出内藏銀絹三十萬振貸河北。乙巳，貸被水災民麥種。環州小遇族叛，知州張揆破降之。

八月癸亥，狄青罷，以韓琦爲樞密使。甲子，出恭謝樂章，肄于太常。乙亥，朝謁景靈宫，減京城繫囚徒罪一等，杖笞釋之。戊寅，詔湖北招安彭仕義。

九月庚寅，命宰臣攝事于太廟。辛卯，恭謝天地于大慶殿，大赦，改元。丁酉，加恩百官。庚子，賜致仕卿、監以上及曾任近侍之臣粟帛酒饌。癸卯，舉行御史遷次格。自京至泗州置汴河木岸。

十一月辛巳，王德用罷，賈昌朝爲樞密使。

十二月壬子，劉沆罷，以曾公亮參知政事。

是歲，西蕃磨氊角、占城、大食國來貢。融、桂州蠻楊克端等内附。

二年春二月己酉，梓夔路三里村夷人寇淯井監。庚戌，録繫囚，降罪一等，徒以下釋之。遣使録三京、輔郡繫囚。壬戌，杜衍薨。澧州羅城洞蠻内寇，發兵擊走之。癸酉，王德用卒。是月，雄、霸州地震。

三月戊寅，振河北被災民。乙未，契丹使耶律防、陳覬來求御容。戊戌，淮水溢。遣張昪報使契丹。癸卯，狄青卒。是月，賜禮部奏名進士、諸科及第出身八百七十七人。親試舉人免黜落始此。

夏四月丁未，以河北地數震，遣使安撫。丙寅，幽州地大震，壞城郭，覆壓死者數萬人。己巳，邕州火峒蠻儂宗旦入寇。癸酉，以彭仕義未降，遣官安撫湖北。

五月庚辰，管勾麟府軍馬公事郭恩爲夏人所襲，歿于斷道塢。己亥，詔舉行磨勘法。

六月戊午，夏國主諒祚遣人來謝使弔祭。戊辰，以淑妃苗氏爲賢妃。

秋七月辛巳，詔河北諸道總管分遣兵官教閲所部軍。辛卯，命孫抃、張昪磨勘轉運使及提點刑獄課績。丁酉，詔陝西、河北諸路經略安撫舉文武官材堪將領者各一人。

八月己酉，詔：每歲賜諸道節鎮、諸州錢有差，命長吏選官和藥，以救民疾。壬子，命富弼等詳定《編敕》。庚申，録繫囚，降罪一等，徒以下釋之。癸亥，策制舉人。丁卯，置廣惠倉。

九月庚子，契丹再使蕭扈、吴湛來求御容。

冬十月乙巳，遣胡宿報使契丹。丙午，班《禄令》。

十一月丙申，詔三司使體量判官才否以聞。

十二月戊申，詔：「自今間歲貢舉，天下進士、諸科解舊額之半，置明經科，

罷説書舉人。」辛亥，立内降關白二府法。

是歲，西蕃瞎氊並諸族、西平州黔南道王石自品、西南蕃鵝州來貢。

三年春正月戊戌，鑿永通河。

二月癸卯，契丹使來告其祖母哀，輟視朝七日，遣使祭奠弔慰。癸丑，録繫囚，降罪一等，徒以下釋之。

三月甲戌，詔禮部貢舉。

夏四月甲子，吴育卒。乙丑，罷睦親宅祖宗神御殿。丙辰，詔：「守令或貪恣耄昏，以弛爲寬，以苛爲察，以增賦斂爲勞，以出入刑罰爲能，而部使者莫之舉劾。自今其各思率職，毋撓權幸，毋縱有罪，以稱朕意。」

五月壬申，增國子監生員。甲午，契丹遣使致其祖母遺留物。

六月丙午，文彦博、賈昌朝罷，以富弼爲昭文館大學士，韓琦同中書門下平章事，集賢殿大學士，宋庠、田況爲樞密使，張昪爲樞密副使。甲寅，詔學士院編國朝制誥。丁卯，交阯貢異獸。

秋七月丙子，詔：「廣濟河溢，原武縣河決，遣官行視民田，振恤被水害者。」癸巳，以夔州路旱，遣使安撫。

八月己未，王堯臣卒。庚申，彭仕羲率衆降。

九月癸酉，議罷榷茶法。己丑，契丹遣使來謝。

冬十月癸亥，除河北坊郭客户乾食鹽錢。

十一月癸酉，議減冗費。己丑，置都水監，罷三司河渠司。

十二月己巳，詔三司歲上天下税賦之數，三歲一會虧贏以聞。

閏月丁卯朔，詔：「吏人及伎術官職，毋得任知州軍、提點刑獄，自軍班出至正任者，方得知邊要州軍。」丁丑，詔裁定制科及進士高第人恩數。庚辰，詔：明年正旦日食，其自丁亥避正殿，減常膳。宴契丹使，毋作樂。壬午，録繫囚，降三京囚罪一等，徒以下釋之。

是歲，安化上中下州、北遐鎮蠻人來貢。

四年春正月丙申朔，日有食之。用牲于社。辛丑，御正殿，復常膳。以自冬雨雪不止，遣官分行京城，賜孤窮老疾錢，畿縣委令佐爲糜粥濟飢。壬寅，賜在京諸軍班緡錢。頒《嘉祐驛令》。

二月己巳，罷榷茶。庚午，廣南言交阯寇欽州。乙亥，以廣惠倉隸司農寺。

三月戊戌，命近臣同三司減定民間科率。是月，賜進士、諸科及第出身三百三十九人。

夏四月丁卯，詔孟冬大祫于太廟。癸酉，封柴氏後爲崇義公，給田十頃，奉周室祀。丙子，復銀臺司封駁制。癸未，陳執中薨。辛卯，詔：「中外臣庶居室、器用、冠服、妾媵，有違常制，必罰毋貸。」壬辰，録繫囚，降罪一等，徒以下釋之。大震電，雨雹。

五月戊戌，詔：「兩制臣僚舊制不許詣執政私第，執政嘗所舉薦不得用爲御史，今除其法。」庚子，詔：内臣員多，權罷進養子入内。壬子，遣官經界河北牧地，餘募民種藝。

六月己巳，羣臣請加尊號曰「大仁至治」，表五上，不許。癸酉，詔諸路經略安撫、轉運使、提點刑獄，各舉本部官有行實政事者三人，以備升擢。嘗任兩府者，許舉内外官。丁丑，詔轉運司，凡鄰州饑而輒閉糴者，以違制論。辛卯，放宫女二百十四人。

秋七月丁未，放宫女二百三十六人。

八月乙亥，策制舉人。

冬十月壬申，朝饗景靈宫。癸酉，大祫于太廟，大赦。詔諸路監司察士有學行爲鄉里所推者，同長吏以聞。民父母年八十以上，復其一丁。復益州爲成都府，并州爲太原府。戊寅，加恩百官。

十一月庚子，汝南郡王允讓薨。

是歲，唃厮囉來貢。

五年春正月己亥，録劉繼元後。

二月壬戌，録繫囚。

三月壬辰，詔禮部貢舉。癸巳，劉沆薨。壬子，詔以蝗滂相仍，敕轉運使、提點刑獄督州縣振濟，仍察不稱職者。

夏四月癸未，程戡罷，以孫抃爲樞密副使。丙戌，命近臣同三司議均税。

五月戊子朔，京師民疫，選醫給藥以療之。己丑，京師地震。丁酉，詔三司置寬恤民力司。己酉，王安石召入爲三司度支判官。丁巳，録繫囚，降罪一等，徒以下釋之。

六月乙丑，詔戒上封告訐人罪或言赦前事，及言事官彈劾小過不關政體者。乙亥，遣官分行天下，訪寬恤民力事。

秋七月癸巳，邕州言交阯與甲峒蠻合兵寇邊，都巡檢宋士堯拒戰死之，詔發

諸州兵討捕。丙申，詔待制、臺諫官、正刺史以上各舉諸司使至三班使臣堪將領及行陣戰鬬者三人。戊戌，翰林學士歐陽脩上新修《唐書》。庚戌，詔中書門下采端實之士明進諸朝，辨激巧僞者放黜之。

八月壬申，詔求逸書。庚辰，置陝西估馬司。乙酉，罷諸路同提點刑獄使臣。丙戌，置江、湖、閩、廣、四川十一路轉運判官。

冬十月乙酉，深州言野蠶成繭，被于原野。

十一月辛卯，罷内臣寄遷法。辛丑，宋庠罷。以曾公亮爲樞密使，張昪、孫抃爲參知政事，歐陽脩、陳升之、趙槩爲樞密副使。

十二月己卯，蘇茂州蠻寇邕州。辛巳，補諸州父老百歲以上者十二人爲州助教。

是歲，大食國來貢。

六年春正月乙未，許兩制與臺諫相見。

二月丁巳，詔：宗室賜名授官者，須年及十五方許轉官。乙丑，詔：良民子弟或爲人誘隸軍籍，自今兩月内父母訴官者還之。丙寅，録繫囚，降罪一等，徒以下釋之。

三月己亥，富弼以母喪去位。庚子，以富弼母喪罷大宴。戊申，給西京周廟祭享器服。是月，賜進士、諸科及第同出身二百九十五人。

夏四月辛酉，詔：嶺南官吏死于儂賊而其家流落未能自歸者，所在給食，護送還鄉。庚辰，陳升之罷，以包拯爲樞密副使。出諫官唐介趙抃、御史范師道吕誨。

五月丙戌，官諸路敦遺行義文學之士七人。庚戌，録繫囚，降罪一等，徒以下釋之。分命官録三京繫囚。

六月丙子，以司馬光知諫院，入對。戊寅，以王安石知制誥。

秋七月乙酉，泗州淮水溢。丙戌，詔淮南、江、浙水災，差官體量蠲税。戊子，録昭憲皇太后、孝明孝惠孝章淑德皇后家子孫，進秩授官者十有九人。癸巳，詔：「臺諫爲耳目之官，乃聽險陂之人興造飛語，中傷善良，非忠孝之行也。中書門下其申儆百工，務敦行實，循而弗改者絀之。」

八月乙亥，策制舉人。丁丑，詔：「諸路刺舉之官，未有以考其賢否，比令有司詳定厥制，其各務祇新書，以稱朕意。仍令考校轉運、提刑課績院以新定條目施行。」戊寅，詔：州縣長吏有清白不擾而實惠及民者，令本路監司保薦再任，政迹尤異，當加奬擢。

閏月乙酉，復以成都府爲劍南西川節度。庚子，以韓琦爲昭文館大學士，曾公亮同中書門下平章事、集賢殿大學士，張昪爲樞密使。辛丑，以胡宿爲樞密副使。

冬十月壬午，定内侍磨勘法。丙戌，詔京西、淮、浙、荆湖增置都同巡檢。壬辰，起復皇姪前右衛大將軍岳州團練使宗實爲泰州防禦使、知宗正寺。辭以喪不拜。

十一月己巳，許夏國用漢衣冠。癸酉，賜昭憲皇太后家信陵坊第。戊寅，許康州刺史李樞以己官封贈父母。

十二月丙戌，復豐州。庚寅，命諸路總管集隨軍功過簿，以備遷補。

是歲，冬無冰。占城國獻馴象，安化州蠻來貢。

七年春正月辛未，復命皇姪宗實爲泰州防禦使、知宗正寺。乙亥，詔南郊以太祖配爲定制。改温成皇后廟爲祠殿。

二月己卯朔，更江西鹽法。詔開封府市地于四郊，給錢瘞民之不能葬者。癸未，録繫囚，命官録被水諸州繫囚。

三月辛亥，詔禮部貢舉。乙卯，孫抃罷，以趙槩參知政事，吴奎爲樞密副使。甲子，以旱罷大宴。乙丑，祈雨于西太一宫。庚午，謝雨。壬申，徐州彭城、濠州鐘離地生麪十餘頃，民皆取食。

夏四月壬午，頒《嘉祐編敕》。己丑，夏國主諒祚進馬求賜書，詔賜《九經》，還其馬。

五月庚午，包拯卒。

秋七月壬子，詔季秋有事于明堂。

八月乙亥朔，出明堂樂章，肄于太常。己卯，詔以宗實爲皇子。癸未，賜名曙。丁亥，奉安真宗御容于壽星觀。庚子，以立皇子告天地宗廟諸陵。

九月乙巳朔，以皇子爲齊州防禦使，進封鉅鹿郡公。己酉，朝饗景靈宫。庚戌，饗太廟。辛亥，大饗明堂，奉真宗配，大赦。己未，加恩百官。

冬十月乙亥，皇子表辭所除官，賜詔不允。丙申，詔内藏庫、三司共出緡錢一百萬，助糴天下常平倉。

十二月甲午，德妃沈氏爲貴妃，賢妃苗氏爲德妃。丙申，幸龍圖、天章閣，召羣臣宗室觀祖宗御書。又幸寶文閣，爲飛白書分賜從臣。作《觀書詩》，命韓琦

等屬和，遂宴羣玉殿。庚子，再召從臣于天章閣觀瑞物，復宴羣玉殿。

是歲，冬無冰。占城來貢。

八年春正月辛亥，交阯貢馴象九。

二月癸未，帝不豫。甲申，下德音，減天下囚罪一等，徒以下釋之。丙戌，中書、樞密奏事于福寧殿之西閣。

三月戊申，龐籍薨。癸亥，御内東門幄殿，優賜諸軍緡錢。甲子，御延和殿，賜進士、諸科及第同出身三百四十一人。辛未，帝崩于福寧殿，遺制皇子即皇帝位，皇后爲皇太后，喪服以日易月，山陵制度務從儉約。謚曰神文聖武明孝皇帝，廟號仁宗。十月甲午，葬永昭陵。

王稱《東都事略》卷五《仁宗紀一》 仁宗體天法道極功全德神文聖武睿哲明孝皇帝，真宗第六子也，母曰章懿皇后李氏，嘗夢二日在天，其一忽墜，以裾承之，自是有娠，以大中祥符三年四月十四日生，是日大雷震。章獻明肅皇后以爲己子。七年，爲左衛上將軍，封慶國公。八年，拜中正軍節度使兼侍中，進封壽春郡王。天禧元年，兼中書令。二年，爲建康軍節度使、太保，封昇王，八月立爲皇太子。仁宗容止莊重，不妄言笑。四年，詔中書、樞密院及諸司，非大事並委皇太子資善堂裁處以聞。

乾興元年春二月戊午，真宗崩，奉遺制即皇帝位于柩前。尊皇后曰皇太后，以皇帝尚幼，軍國事兼權取皇太后處分。己未，大赦天下。丙寅，丁謂以司徒、馮拯以司空兼侍中，皇叔元儼封定王。三月乙酉，作受命寶。夏六月庚申，誅内侍雷允恭。癸亥，丁謂貶，任中正罷。秋七月辛未，王曾同中書門下平章事，吕夷簡、魯宗道並參知政事。丙子，錢惟演樞密使。八月乙巳，皇帝、皇太后初御承明殿垂簾決事。九月己卯，以天書從葬永定陵。冬十月己酉，葬文明章聖元孝皇帝于永定陵。十一月丁卯朔，錢惟演罷。張知白樞密副使。

天聖元年春正月丙寅朔，改元。秋七月辛巳，放天下逋欠。八月丙午，赦天下。九月丙寅，馮拯罷。王欽若以司空同中書門下平章事。

二年春二月癸未，皇太后詔宰臣曰：「吾受先帝顧託之深，皇帝富于春秋，助成正道，用乂斯民，期見抱孫之歡，永遂含飴之樂，此吾之志也。更賴三事，庶尹百工羣司，勉悉乃心，同底于道。」秋八月丙辰朔，詔自今舉官已遷改而貪污者，許元舉官以狀聞，不以實者劾其罪。冬十一月甲午，加上真宗尊謚。丁酉，合祭天地于圜丘，大赦天下。羣臣上尊號曰聖文睿武仁明孝德皇帝，上皇太后尊號曰應元崇德仁壽慈聖皇太后。乙巳，立皇后郭氏。

三年夏四月壬子朔，詔恤刑獄。冬十月辛酉，晏殊樞密副使。十一月戊申，王欽若薨。十二月，張知白同中書門下平章事。乙丑，張耆樞密使。

四年夏五月壬午，詔曰：「國家勤卹黎庶，必期無訟，而生齒之繁，犯者頗衆。朕甚閔焉。應天下大辟，情理可憫及刑名疑慮者，具案以聞，有司無得舉駮。」閏月，減江、淮發運司歲漕，止六百萬石。六月，建州、劍州、邵武軍大水。庚寅，大雨震雷，平地水數尺，壞京城民舍。河南府、鄭州大水。秋九月乙卯，詔曰：「講學之廢久，而執卷者不知經義，非上之教導有失邪。其令講官孫奭、馮元舉京朝官博通經術者，以名聞。」冬十月甲戌朔，日有食之。十二月丁亥，皇帝白皇太后，欲元日率百官先上皇太后壽，然後受朝，太后曰：「豈可爲吾而後元會之禮哉！」王曾奏曰：「陛下以孝奉母儀，而太后以謙全國體，請如太后令。」

五年春正月壬寅朔，皇帝率百官上皇太后壽于會慶殿，朝于天安殿。己未，晏殊罷。戊辰，夏竦樞密副使。三月，秦州地震。夏五月癸亥，楚王元佐薨。冬十一月癸丑，合祭天地于圜丘，大赦天下。

六年春二月壬午，張知白薨。三月壬子，張士遜同中書門下平章事，姜遵、范雍樞密副使。辛酉，建太一宫。夏四月甲申，流星大如斗。秋七月，河北大水。九月，遣近臣十七人巡行河北。

七年春正月癸卯，曹利用罷。二月庚申朔，魯宗道薨。丙寅，張士遜罷。吕夷簡同中書門下平章事，夏竦、薛奎參知政事，陳堯佐樞密副使。三月癸未，詔曰：「國家設制策之科，將博詢於鯁議，有能規朕躬之過失，陳宰相之闕遺，糾中外之姦回，斥左右之朋比，述未明之機事，貢無隱之密謀，以至臺省之官阿私而罔上，郡國之吏專恣以濫刑，或通受貨財，潛行請託，或恃憑權勢，敢事貪殘，並許極言，朕當親覽。其令百官遇起居日轉對，在外臣僚亦許具實封以聞。」夏四月庚寅，大赦天下。六月丁未，玉清昭應宫災。甲寅，王曾罷。秋八月丁亥朔，日有食之。詔以天下職田租送官，以數上三司均給之。辛卯，夏竦樞密副使，陳堯佐、王曙並參知政事。冬十月丙午，京師地震。十一月癸亥，皇帝率百官上皇太后壽于會慶殿。是歲，皇叔元儼封鎮王。

八年秋九月乙丑，姜遵薨。己巳，趙稹樞密副使。冬十月丙申，詔罷榷池鹽地分。初，陝西、京西、京南路許解鹽，餘皆榷之，議者以輦運之役困軍民，至是京西、京北、河東、京東路，並聽以見錢金銀輸京師榷貨務，就池給鹽。其後商賈

流通，而官課損矣。十一月戊辰，合祭天地於圜丘，大赦天下。

九年春二月癸巳，詔曰：「天下吏給職田，所以惠養廉節也。而貪汙之人，並緣爲私，侵漁細民，滋以爲害，比詔有司，皆從停罷。如聞勤事之吏，祿薄不足以自養，朕甚愍焉。其復職田。」冬十月丙戌，詔曰：「朕遵列聖之謀，荷慈宸之教，于茲八年矣。而搢紳之間，名節罔勵，矜勞者掠美以近名，希進者行險以徼寵，詆誣執政，干撓有司，分屏翰者或奏請之靡厭，主按察者或寬縱之爲得。貪而無耻，姑務營私，老而非材，曾不知退，蹈廉耻之未飭，致風化之靡醇。此豈朕之所望哉！用稽彝訓，申儆羣倫，苟少冒於官箴，將自投於公憲。布告遐邇，體朕意焉。」

明道元年春二月庚戌，張士遜同中書門下平章事。丁卯，順容李氏爲宸妃，是日薨。秋七月乙酉，王曙罷。八月庚子朔，晏殊樞密副使。丙午，殊參知政事。甲寅，楊崇勳樞密副使。壬戌，文德殿成。是夜，禁中火。乙丑，詔求直言。丁卯，大赦天下。冬十一月甲戌，恭謝天地于天安殿，遂謁太廟，大赦天下，改元。癸未，皇叔元儼徙封孟王。辛卯，封荆王。十二月壬寅，楊崇勳樞密使。

二年春二月乙巳，皇太后饗太廟。羣臣上皇太后尊號曰應元齊聖顯功崇德慈仁寶壽皇太后。丁未，皇帝祀神農于壇，乃就耕位，執耜行籍田之禮，三推，有司請止，上曰：「朕將耕之終畝，以勸天下之力農。」乃耕十二步而止。大赦天下。羣臣上尊號曰睿聖文武體天法道仁明孝德皇帝。三月庚寅，皇太后不豫，大赦天下。甲午，皇太后崩于寶德殿。夏四月，罷命婦進獻祈乞恩澤，凡表奏無得緣親戚投進禁中；事有傳宣，令有司實封覆奏；內批改官及與差遣未得即行，委中書樞密院審取處分。天下毋得刱修寺觀，聖節所進香合山儀並停。上親政，中外大悦。己未，吕夷簡、張耆罷。李迪同中書門下平章事。夏竦、陳堯佐、范雍、趙稹、晏殊罷。王隨參知政事，李諮樞密副使，王德用僉書樞密院事。五月癸酉，詔曰：「大行皇太后，保佑冲人十有二年，恩勤至矣。而言者罔識大體，詆訐一時之事，非所以慰朕孝思也。其垂簾日事，中外毋輒以言。」上親攬政，而言者多譏斥垂簾日事，上惡其持情近薄，故禁之。乙亥，李諮以父憂起復。秋七月戊子，詔曰：「比年以來，蝗旱作沴，郡國交奏，日月相仍。豈朕德之不明，將天時之適爾。夙夜循省，咎實在予。自今尊號去睿聖文武四字，仍令中外各直言極諫，朕將親覽焉。」八月庚申，以內藏錢百萬賜三司。初，三司以用度不足告于上，上曰：「國家禁錢，本無內外，蓋以助經費也。」自是，歲歉或調發，則出內藏以濟之。冬十月丁酉，葬莊獻明肅皇后于永定陵。戊午，張士遜、楊崇勳罷。吕夷簡同中書門下平章事，王曙樞密使，宋綬參知政事，王德用、蔡齊樞密副使。十一月癸亥朔，薛奎罷。十二月乙卯，皇后郭氏廢。丁巳，詔改元。

景祐元年夏閏六月甲子，泗洲淮、汴溢。秋八月壬戌，有星孛於張翼。癸亥，王曙薨。庚午，王曾樞密使。辛未，以星變大赦天下。九月甲辰，立皇后曹氏。冬十月，西戎寇邊。

二年春二月戊辰，李迪罷。王曾同中書門下平章事，王隨、李諮並知樞密院事，王德用、韓億同知院事，蔡齊、盛度並參知政事。夏四月庚午，詔曰：「雅樂之作，治道所基，郊丘宗廟之祠，朝廷饗侑之禮，人神和會，茲實重焉。爰命有司，考正鍾律，應中外臣僚，暨州里儒學，草澤博聞之士，能洞曉古今雅樂製作，及音律得失灰琯測候之法，並許所在薦聞，或自言官司，將較試之。」五月甲申朔，詔曰：「朕恭惟太祖皇帝受天命，建大業，可謂有功矣，二聖繼統，重熙累洽，可謂有德矣。其令禮官，稽按典籍，辨崇配之序，定二祧之位，中書門下審加詳閲，以稱朕心。」於是禮院言：「我太祖經綸草昧，遂有天下，功宜爲帝者祖，太宗勤勞製作，真宗功成治定，德宜爲帝者宗，三廟並萬世不毁。至於升侑上帝，請自今以太祖爲定配，二宗爲迭配，將來皇帝親祠，請以三聖並侑。」中書門下奏請如禮官議，詔恭依。庚寅，禁銷金、縷金之飾。秋七月戊戌，羣臣上尊號曰景祐體天法道欽文聰武聖神孝德皇帝。九月，新樂成。己酉，建睦親宅、廣親宅。冬十一月戊子，廢后郭氏薨。乙未，合祭天地于圜丘，大赦天下。

三年秋七月，初置大宗正司。八月乙酉，詔天下士庶之家，凡室宇非邸第樓閣，無得四鋪作鬭八；非品官無得起門屋；非宫室寺觀，無得綵繪棟宇及間朱梁柱，器用無得純金及表裏用朱；非三品以上及宗室戚里之家，無得金稜器及用玳瑁器；非命婦無得金爲首飾，及真珠裝綴首飾，衣服凡帟幕架帕床帷，無得用純錦；民間無得乘檐子，其用兜子者，所舁無得過二人；非五品以上，無得乘鬧裝銀鞍，其乘金塗銀粺條子促結鞍轡，自文武升朝以上聽；違者物主、工匠並以違制論，過百日而不變毁者，坐之。冬十一月戊寅，保慶太后楊氏薨。十二月，李諮薨。王德用知樞密院事，章得象同知院事。

四年夏四月甲子，呂夷簡、王曾、宋綬、蔡齊罷。王隨、陳堯佐並同中書門下平章事，盛度知樞密院事，韓億、程琳、石中立並參知政事，王鬷同知樞密院事。六月乙亥，杭州大風雨。秋七月戊申，有星數百西南流。冬十二月，忻、代、并三州地震。

寶元元年春正月甲辰，麟、府州及陜西大雨雹。三月戊戌，王隨、陳堯佐、韓億、石中立罷。張士遜、章得象並同中書門下平章事，王鬷、李若谷並參知政事，王博文、陳執中並同知樞密院事。夏四月辛未，王博文薨。乙亥，張觀同知樞密院事。秋七月丙辰，大臣以將郊上尊號，上曰：「唐穆宗謂彊我懿號，不若使我爲有道之君，加我虚尊，不若居我於無過之地。朕常愛斯言。」羣臣請不已，上刊英睿二字而受之。於是上尊號曰寶元體天法道欽文聰武聖神孝德皇帝。冬十一月庚戌，合祭天地于圜丘，大赦天下。十二月甲子，京師地震。趙元昊反，僭號于夏州。

二年夏五月壬子，王德用罷。夏守贇同知樞密院事。六月壬午，削奪元昊在身官爵，仍除屬籍，有能生擒及斬首來獻者，與除定難軍節度使。秋八月甲戌，皇子生。十一月戊子，出禁中真珠，估緡三十萬賜三司，上曰：「此無用之物，不欲捐棄，不若散之民間，收其直，助給邊儲，亦可紓吾民之力也。」丁酉，盛度、程琳罷。壬寅，王鬷知樞密院事，宋庠參知政事。十二月，夏人犯保安軍，狄青敗之。

康定元年春正月乙亥，元昊圍延州，劉平、石元孫與賊戰于三川口，王師敗績，平死之。二月丙午，赦延州保安軍。改元。夏守贇罷。三月戊寅，王鬷、陳執中、張觀罷。宋綬、晏殊並知樞密院事，王貽永同知院事。夏四月丙午，誅内侍黄德和。五月壬戌，張士遜以太傅致仕，呂夷簡同中書門下平章事。六月乙亥，夏守贇同知樞密院事。秋八月戊午，夏守贇罷。杜衍同知樞密院事。九月壬午，李若谷罷。宋綬、晁宗慤參知政事，鄭戩同知樞密院事。戊辰，王師失利于三川砦。晏殊樞密使，王貽永、鄭戩、杜衍並改副使。辛未，范仲淹以任福等出師攻賊白豹城，破之。冬十一月，范仲淹以葛懷敏出師出歸娘谷，與夏人戰，敗之。十二月，宋綬薨。

王稱《東都事略》卷六《仁宗紀二》　慶曆元年春二月辛卯，韓琦以任福等與賊戰于好水川，任福及耿傅、桑懌、王珪、武英死之。己亥，皇子昕薨。夏五月乙丑，皇子昉薨。辛未，宋庠、鄭戩罷。王舉正參知政事，任中師、任布並樞密副使。秋八月，元昊寇麟、府二州。戊子，元昊陷豐州，守臣王餘慶死之。乙未，毁潼關。九月乙亥，詔天下立義倉。冬十一月丙寅，合祭天地于圜丘，大赦天下，改元。

二年春正月，契丹聚兵幽、薊。三月丁巳，杜衍宣撫河東。辛酉，晁宗慤罷。己巳，契丹遣蕭英、劉六符來求關南地。夏四月庚寅，命富弼使于契丹。五月丁巳，陞大名府爲北京。戊寅，詔自中宫已下，並不得衣銷金、縷金、蹙金、陷金、明金、泥金、楞金、背金、欄金、盤金、織金、金線、撚金等。秋七月丙午，任布罷。戊午，呂夷簡判樞密院，章得象兼樞密使。富弼還。癸亥，再使契丹。九月丙午，呂夷簡改兼樞密使。乙丑，契丹遣邪律仁先、劉六符來修好。甲午，葛懷敏與元昊戰于定川砦，敗績。冬，元昊求納款。

三年春正月辛未，封皇子曦爲鄧王，是日薨。癸巳，延州言元昊稱夏國，遣賀從勗來納款。二月，遣梁適使于契丹。三月戊子，呂夷簡守司空，軍國大事與中書門下、樞密院同議以聞。晏殊同中書門下平章事兼樞密使，賈昌朝參知政事。夏四月癸卯，以邵良佐使夏州。甲辰，韓琦、范仲淹並樞密副使。乙巳，杜衍樞密使。夏竦罷。甲子，呂夷簡罷與議軍國大事。五月乙亥，忻州地震。丁亥，置武學。戊子，雨。上曰：「天久不雨，將害民田。朕每焚薌上禱於天，昨寢殿中聞雷，遽起，冠帶露立殿庭，須臾雨霑衣，或冀枯苗尚可救。」秋七月甲子，王舉正罷。甲戌，任中師宣撫河東，范仲淹宣撫陜西。元昊遣使來。八月丁未，范仲淹參知政事，富弼樞密副使。癸丑，以韓琦宣撫陜西。九月乙亥，任中師罷。冬十月，詔韓琦等曰：「比以中外人望，故決意用卿等。今琦暫往陜西，仲淹、弼宜與宰相得象盡心國事，毋或有所顧避。其當世急務，有可建明者，悉爲朕陳之。」壬寅，詔曰：「虞典考三載之績，周官計羣吏之治，考課則有限年之制，入官則有循資之格。然非褒沮善惡，則不激厲，非甄別流品，則不憤發，特須程式，以茂官箴。自今京朝官有舉官五人，方得磨勘，外郎至卿監亦如之，其舉者不足，增二年。」甲子，鄭戩奏城水洛。冬十一月丙寅，上清宫災。庚寅，韓琦使還。

四年春正月乙亥，荆王元儼薨。丙子，宜州歐希範叛，破環州。癸未，詔：「自今見任兩府及兩省已上官，不得陳乞子弟親戚爲館職。其進士及第三人已上者，一任回無過犯，須進經術十卷，下兩制看詳可否召試，入優等方得除館職；或闕人，即以嘗有兩府臣僚二人，或大兩省已上三人保薦者，並令進文字，

然後補試之。」丁亥，詔曰：「周禮大司樂掌學政，以六藝教國子。漢制光禄勳典任藉，以四行察三省郎。今蔭法之所原，古典刑之是憲。夫冢嗣先録以篤，爲後之體，支子限年以明，入官之重，非惟爲國造士，是乃爲臣立家。咨爾百僚，體朕兹意。」壬辰，詔曰：「廉素者士之常，而富貴者是人之所欲也。昔先帝詔復公田，合王制班禄之差，得聖人養賢之道。然郡縣受地，有無不齊，其議所以均之。」三月壬申，詔曰：「夫儒者，通乎天地人之理，而兼明古今治亂之原，可謂博矣。然學者不得騁其説，而有司務先聲、病章句，以牽拘之，則吾豪儁奇偉之士，何以奮焉。士有明純樸茂之美，而無教學養成之法，其飭身勵節者，使與不肖之人雜而並進，則夫懿德敏行之賢，何以見焉。今朕建學興善，以尊子大夫之行，而更革弊法，以盡學者之材，其於教育之方，勤亦至矣。有司其務嚴訓導，精察舉，以稱朕意。學者其思進德修業，而無失其時。」於是諸路州、府、軍、監並立學，如修學者多及二百人以上，許更置縣學。夏四月，令杜杞往平歐希範。五月庚午，忻州地震。丙戌，元昊遣使來稱臣，更名曩霄。秋七月，水洛城成。庚戌，范仲淹宣撫陝西、河東。癸未，契丹遣邪律元衡，來告舉兵攻夏州。八月，富弼宣撫河北。戊戌，保州軍亂。九月辛卯，田況以李昭亮平保州。庚午，晏殊罷。甲申，杜衍同中書門下平章事兼樞密使，賈昌朝樞密使，陳執中參知政事。冬十一月壬寅，改謚真宗五后尊謚。壬午，合祭天地于圜丘，大赦天下。十二月乙未，封曩霄爲夏國主。

五年春正月乙酉，范仲淹、富弼罷。丙戌，杜衍罷。賈昌朝同中書門下平章事兼樞密使，王貽永樞密使，宋庠參知政事，吳育、龐籍樞密副使。二月辛卯，詔曰：「比者京朝官須因人保任，始得遷官。朕念廉士或不能以自進也，其罷之。」三月己未，詔大宗正寺曰：「朕思古之人君，莫不厚親戚以輔王室，始邦家而化天下。宋興八十餘載，宗室蕃衍，宜令睦親宅諸院，教授官課經典文詞以聞。」辛酉，韓琦罷。甲子，杜杞誘歐希範，醢之。甲申，赦陝西。戊申，章得象罷。陳執中同中書門下平章事兼樞密使。庚戌，吳育參知政事，丁度樞密副使。秋七月甲子，廣州地震。乙卯，荆南、岳州地震。冬十月乙卯，契丹使來獻捷。辛酉，升祔章獻、章懿于真宗廟室，大赦天下。庚戌，宰相罷兼樞密使。

六年春二月戊寅，青州地震。三月庚寅，登州地震。五月甲申，雨雹，地震。秋八月癸酉，吳育樞密副使，丁度參知政事。九月丁卯，登州地震。上曰：「山東連地震，宜防未然之變，其下登州嚴武備。」

七年春二月己未，賈昌朝、吳育罷。夏竦樞密使，文彦博樞密副使。丁酉，文彦博參知政事，高若訥樞密副使。冬十月乙丑，河陽、許州地震。十一月乙未，加上真宗尊謚。戊戌，合祭天地于圜丘，大赦天下。王則反于貝州。

八年春正月丁丑，文彦博宣撫河北。閏月辛丑，文彦博平貝州。甲辰，赦河北。戊申，文彦博同中書門下平章事。甲子，衛士作亂于禁中。丙午，王則伏誅。夏四月壬辰，丁度罷。明鎬參知政事。五月，夏竦罷。宋庠樞密使，龐籍參知政事。六月甲午，明鎬薨。河北大水。冬十二月乙丑朔，詔改元。

皇祐元年春二月，淯井蠻寇邊。秋八月壬戌，陳執中罷。宋庠同中書門下平章事，龐籍樞密使，高若訥參知政事，梁適樞密副使。九月，廣源州蠻寇邕州。

二年春三月戊子朔，詔以九月有事于明堂。夏四月乙丑，詔曰：「明堂之禮，前代並用鄭康成、王肅義説，兼祭昊天上帝，已爲變禮。國朝自祖宗以來，三歲一親郊，即偏祭天地，而百神靡不從祀。明堂正當三歲親郊之期，而禮官所定上祭昊天五帝，而不及地祇，又配坐不及祖宗，未合三朝之制。今移郊爲大享，蓋爲民祈福，若祭天而不祭地，又祖宗不得偏配，於禮未安。其將來親祀明堂，宜合祭昊天、皇地祇，奉太祖、太宗、真宗並配，而五帝神州地祇亦親獻，日月河海諸神，悉如圜丘從祀之數，以稱朕躬事天地、祖宗神靈之意。」五月，廣源州蠻遁。秋九月辛亥，大享明堂，大赦天下。冬十一月，秀州地震。

三年春三月庚申，宋庠罷。夏五月，眉州進瑞麥圖，上曰：「朕嘗禁四方瑞物，今則西川麥秀可謂真瑞矣。其賜田夫束帛，以敦勸之。」六月，無爲軍獻芝草，上曰：「朕以豐年爲瑞，賢臣爲寶，至於草木蟲魚之異，焉足尚哉！」仍戒州郡，自今無得以聞。」秋七月丙辰，詔曰：「兖州仙源縣，自國朝以來，孔子子孫知縣事，使奉承廟祀，近歲廢而不行，非所以尊先聖也。自今宜以孔子孫知縣事。」冬十月，作隆儒殿。庚子，文彦博罷。龐籍同中書門下平章事，高若訥樞密使，梁適參知政事，王堯臣樞密副使。

四年夏四月，廣源州蠻儂智高反。五月乙巳，儂智高陷邕州，司户參軍孔宗旦死之。癸丑，儂智高陷横州。丙辰，陷貴州。庚申，陷龔州。辛酉，陷藤州，又陷梧州，又陷封州，守臣曹覲死之。壬戌，陷康州，守臣趙師旦死之。癸亥，儂智高陷端州。丙寅，儂智高圍廣州。六月丁亥，狄青樞密副使。秋七月壬戌，智高

去。九月庚午，命狄青討儂智高。冬十月丁丑，儂智高陷賓州。甲申，智高入據邕州。

五年春正月戊午，狄青敗儂智高于歸仁鋪，智高遁。二月甲申，赦廣南。三月甲子，奉太祖御容赴滁州，太宗御容赴并州，真宗御容赴澶州，立原廟。夏四月壬申，狄青還。五月乙巳，狄青樞密使，高若訥罷。丁未，孫沔樞密副使。六月己亥，奏新樂。秋閏七月壬申，龐籍罷。陳執中、梁適並同中書門下平章事，劉沆參知政事。冬十一月己巳，合祭天地于圜丘，大赦天下。

至和元年春正月癸酉，貴妃張氏薨。三月己巳，王貽永、孫沔罷。王德用樞密使，田況副使。庚申，改元。秋七月丁卯，程戡參知政事。戊辰，梁適罷。八月丙午，劉沆同中書門下平章事。

二年春三月丙子，詔封孔子後爲衍聖公。夏四月己亥，契丹遣使以其主繪像來獻，且求御容。六月，陳執中罷。戊申，文彦博、富弼並同中書門下平章事。

嘉祐元年春正月庚申，皇帝不豫。甲子，大赦天下。二月甲辰，御延和殿。閏三月癸未，王堯臣參知政事，程戡樞密副使。夏四月，河北大水。壬子，河決商胡。六月乙亥，太社、太稷壇壞。己卯，詔曰：「迺者淫雨降災，大水爲沴，兩河之間，決溢爲患，皆朕不德，天意所譴。其令中外，實封言時政闕失，毋有所諱。」秋八月癸亥，狄青罷。韓琦樞密使。九月辛卯，恭謝天地于大慶殿，大赦天下，改元。冬十一月辛巳，王德用罷。賈昌朝樞密使。十二月戊申朔，劉沆罷。曾公亮參知政事。

二年春三月丁丑，雄、霸州地震。三月己未，契丹遣邪律防來求御容。秋八月丁卯，天下置廣惠倉。九月，契丹遣蕭扈來求御容。冬十月乙巳，以張昇奉御容使于契丹。

三年夏六月丙午，文彦博罷。韓琦同中書門下平章事。賈昌朝罷。宋庠、田況樞密使，張昇副使。乙亥，交趾獻異獸。秋八月己未，王堯臣薨。冬閏十二月丁丑，詔曰：「朕惟國之取士，士之待舉，皆不可以曠久，亦不可以泛冗，冗則課校不審，久則賢儁或滯。用間歲之期，而約貢舉之數，以精其選，著爲定法，申敕有司，而高下之。往嘗不次而用，若猶例進，終至溢員，故增其任以舉其材，緩其進以圖其效，此天下之士所同欲，而朕果於必行也。若夫高材異行，施於有政，忠謨嘉猷，見諸行事，已試之狀，爲衆所推，必有非常之恩，以示至公之道。咨爾多士，體朕意焉。」

四年春三月辛卯，詔：「凡宮室之制，器用之度，冠服之章，妾媵之數，其令中外各遵守前後詔條，違者御史臺及開封府糾察以聞。諸路即委轉運使、提點刑獄及長吏如詔施行。」夏四月癸酉，詔曰：「先王推紹天之序，尚尊賢之義，褒其後嗣，賓以殊禮，豈非聖人稽古報功之大典哉！國家受命之元，繼周而王，雖民靈欣戴，曆數允集，而虞賓將遜，德美丕顯。頃者推原本始，褒及支庶，恩則厚矣，而義未稱。將上采姚姒之舊，略循周、漢之典，詳其世嫡，優以公爵，異其仕進之路，申以土田之錫，俾寢廟有奉，庶幾乎春秋通三統之義，厚先代之制矣。其以柴氏最長一人封崇義公，與河南鄭州差遣，給公田十頃，以奉周祀，至知州資敘，即別與差遣，却取以次近親人襲爵，永爲定式。」五月丙辰，田況罷。六月辛亥，放宮女二百一十四人。冬十月癸酉，祫祭于太廟，大赦天下。

五年夏四月癸未，程戡罷。孫抃樞密副使。五月，京師地震。六月乙丑，詔曰：「朕聞前代之稱治者，君臣同心，上下輯睦，人知禮義之節，俗無激訐之風，何其德之盛也。朕雖弗敏，切嘗慕焉。自今臣僚，如有輒上封章，告人罪及以赦前事言者，並當訊劾之；言事之臣，雖許風聞，宜務大體，如事關朝政，無憚極論，自餘小過細故，勿須察舉。」秋七月庚戌，詔曰：「夫和平醇一之政行，則民休美之氣應；險刻媮薄之路啓，則民戚慘之變生。蓋風化之感天下，其猶影響之相從也。御史執法，嘗爲朕言，宜深詔執事，以遏浮競之風。其令中書門下，務采端厚忠實，可以表厲風俗之士，並進于朝，以啓迪朕心；其詭激辨巧，敢涉朋比之迹者，必行放棄之罰，庶幾朝廷清明，百異消弭，以起治平。咨爾攸司，其服朕命。」冬十一月辛丑，宋庠罷。曾公亮樞密使，張昇、孫抃參知政事，歐陽脩、陳升之、趙槩並樞密副使。

六年春三月己亥，富弼以母喪罷。夏四月庚辰，陳升之罷。包拯樞密副使。秋七月癸巳，詔曰：「朕惟善治之主，以天下耳目爲視聽，而不自任其聰明。耳目之官，今臺諫之任也。夫以四海之廣，萬事之衆，臺官數人，不能以周知，固將詢及士大夫，而其間傾邪險害之徒，不惟朝廷義理所在，謂職在言責，執必施行，輒徇己之愛憎，倚依形似，扇造語言，以中善良，豈朕所以圖治之意哉。昔夏后氏之時，官師相規，漢之公卿，耻言人過。今吾士大夫，乃違古人之守，蹈薄俗之爲，日益之流，漫不知止，甚無謂也。其令中書門下，開儆百工，務行敦實。」閏八月庚子，曾公亮同中書門下平章事，張昇樞密使，歐陽脩參知政事，胡宿樞密副使。冬十月壬辰，詔以皇姪起復知宗正寺。

七年春正月乙亥，詔自今南郊以太祖皇帝定配。三月乙卯，孫抃罷。趙槩參知政事，吴奎樞密副使。夏五月庚午，包拯薨。秋八月己卯，詔曰：「人道親親，王者之所先務也。蓋二帝之隆治由斯出，朕甚慕之。右衛大將軍、岳州團練使某，皇兄濮安懿王之子，而朕之猶子也，少鞠于宫中，而聰智仁賢，見於夙成。向者選於宗子，近藉命以治宗正之事，使者數至其第，乃崇執謙退，久不受命，朕默然有嘉焉。朕承先帝遺緒，奉承聖業，罔敢失墜。夫立愛之道，自親者始，固可以厚天下之風，而上以嚴夫宗廟也。其以爲皇子。」九月辛亥，大享明堂，大赦天下。

八年春二月癸未，皇帝不豫。甲申，赦天下。三月辛未，皇帝崩于福寧殿，聖壽五十四。甲午，殯于殿之西階，羣臣上尊謚曰神文聖武明孝皇帝，廟號仁宗。冬十月甲午，葬永昭陵。元豐六年，加上尊謚曰體天法道極功全德神文聖武睿哲明孝皇帝。

雜録

備録

歐陽修《歸田録》卷一 仁宗萬幾之暇，無所翫好，惟親翰墨，而飛白尤爲神妙。凡飛白以點畫象物形，而點最難工。至和中，有書待詔李唐卿撰飛白三百點以進，自謂窮盡物象。上亦頗佳之，乃特爲「清净」二字以賜之，其六點尤爲奇絶，又出三百點外。

仁宗聖性恭儉。至和二年春，不豫。兩府大臣日至寢閣問聖體，見上器服簡質，用素漆唾壺盂子，素甆盞進藥，御榻上衾褥皆黄絁，色已故暗，宫人遽取新衾覆其上，亦黄絁也。然外人無知者，惟兩府侍疾，因見之爾。

司馬光《涑水記聞》卷五 嘉祐違豫。嘉祐元年正月甲寅朔，上御大慶殿，立仗朝會。前夕，大雪，至壓宫架折。上在禁庭，跣禱於天。及旦而霽，百官就列。既捲簾，上暴感風眩，冠冕欹側，左右復下簾。或以指抉上口出涎，乃小愈；復捲簾，趣行禮而罷。戊午，宴契丹使者於紫宸殿，平章事文彦博奉觴詣御榻上壽，上顧曰：「不樂邪？」彦博知上有疾，猝愕無以對。然尚能終宴。己未，契丹使者入辭，置酒紫宸殿，使者入至庭中，上疾呼曰：「趣召使者升殿，朕幾不相見！」語言無次。左右知上疾作，遽扶入禁中。文彦博遣人以上旨諭契丹使者，云昨夕宫中飲酒過多，今日不能親臨宴，遣大臣就驛賜宴，仍授國書。彦博與兩府俟於殿閣，久之，召内侍都知史志聰、鄧保吉等，問上起居狀，志聰等對以禁中事嚴密，不敢泄。彦博怒，叱之曰：「主上暴得疾，繫社稷之安危，惟君輩得出入禁闥，豈可不令宰相知天子起居，欲何爲邪？自今疾勢稍有增損，必一一見白。」仍命直省官引至中書，取軍令狀。志聰等素謹愿，及夕，諸宫門白下鏁，志聰曰：「汝曹自白宰相，我不任受其軍令。」庚申，兩府詣内東門小殿門起居。上自禁中大呼而出曰：「皇后與張茂則謀大逆！」語極紛錯。宫人扶侍者皆隨上而出，謂宰相曰：「相公且爲天子肆赦消災。」兩府退，始議下赦。茂則，内侍也，上素不之喜，聞上語即自縊，左右救解，得不死。文彦博召茂則責之曰：「天子有疾，譫言耳，汝何遽如是？汝若死，使中宫何所自容邪？」戒令常侍上左右毋得輒離。曹后以是亦不敢輒近上左右。諸女皆幼，福康公主最長，時已病心，初不知上之有疾，更無至親在上側者，惟十閤宫人侍奉而已。上既不能省事，兩府但相與議定，稱詔行之。兩府謀以上躬不寧，欲留宿宫中而無名。辛酉，文彦博建議設醮祈福於大慶殿，兩府晝夜焚香，設幄宿於殿之西廡。史志聰等曰：「故事，兩府無留宿殿中者。」彦博曰：「今何論故事也？」壬戌，上疾小間，暫出御崇政殿以安衆心。癸亥，賜在京諸軍特支錢。兩府求詣寢殿見上，史志聰等難之，平章事富弼責之，志聰等不敢違。是日，兩府始入福寧殿卧内奏事，兩制近臣日詣内東門問起居，百官五日一入。甲子，赦天下。知開封府王素夜叩宫門，求見執政白事。文彦博曰：「此際宫門何可夜開？」詰旦，素入，白有禁卒告都虞候欲爲變者，執政欲收捕按治，彦博曰：「如此，則張皇驚衆。」乃召殿前都指揮使許懷德問曰：「都虞候某甲者，何如人？」懷德曰：「在軍職中最爲謹良。」彦博曰：「可保乎？」曰：「可保。」彦博曰：「然則此卒有怨於彼，誣之耳。當亟誅之以靖衆。」衆以爲然。彦博乃請平章事劉沆判狀尾，斬於軍門。及上疾愈，沆譖彦博於上曰：「陛下違豫時，彦博擅斬告反者。」彦博以沆判呈上，上意乃解。先是，富弼用朝士李仲昌策，自澶州商胡河穿六漯渠，入横隴故道。北京留守賈昌朝素惡弼，陰結内侍右班副都知武繼隆，令司天官二人俟兩府聚處，於大慶殿庭執狀抗言：「國家不當穿河於北方，致上體不安。」文彦博知其意

有所在，顧未有以制也。後數日，二人又上言請皇后同聽政，亦繼隆所教也。史志聰等以其狀白執政，彥博視而懷之，不以示同列，有喜色。同列問，不以告。既而，召二人詰之曰：「汝今日有所言乎？」對曰：「然。」彥博曰：「天文變異，汝職所當言也，何得輒預國家大事？汝罪當族！」二人懼，色變。彥博曰：「觀汝直狂愚耳，未欲治汝罪，自今無得復爾。」二人退，彥博乃以狀示同列，同列皆憤怒曰：「奴敢爾妄言，何不斬之？」彥博曰：「斬之則事彰灼，中宮不安。」衆皆曰：「善。」既而議遣司天官定六漯於京師方位，彥博復遣二人往。武繼隆白請留之，彥博曰：「彼不敢輒妄言，有人教之耳。」繼隆默不敢對。二人至六漯，恐治前罪，乃更言六漯在東北，非正北，無害也。戊辰以後，上神思寖清寧，然終不語，羣臣奏事，大抵首肯而已。壬申，罷醮，兩府始分番歸第，不歸者各宿於其府。二月癸未朔，甲申，詔惟兩府近臣日候問於内東門，餘悉罷之。甲辰，上始御延和殿，自省府官以上及宗室皆入參。丙午，百官奏賀康復。

司馬光《涑水記聞》卷八　慶曆三年五月旱，丁亥夜雨。戊子，宰相章得象等入賀，上曰：「昨夜朕忽聞微雷，因起，露立於庭，仰天百拜以禱。須臾雨至，朕及嬪御衣皆沾濕，不敢避去，移刻雨霽，再拜而謝，方敢升階。」得象對曰：「非陛下至誠，何以感動天地！」上曰：「比欲下詔罪己，避寢撤膳，又恐近於崇飾虚名，不若夙夜精心密禱爲佳耳。」

王闢之《澠水燕談録》卷一　慶曆中，開寶寺塔災，國家遣人鑿塔基，得舊瘞舍利，迎入内庭。送本寺，令士庶瞻仰。傳言在内庭時，頗有光怪，將復建塔。余襄公靖言：「彼一塔不能自衛，何福逮于民？凡腐草皆有光，水精及珠之圓者夜亦有光，烏足異也。梁武造長干塔，舍利長有光，臺城之敗，何能致福！乞不營造。」仁宗從之。

明道二年二月十一日，仁宗行籍田禮。上就耕位，侍中奉耒進御，上搢圭秉耒三推，禮儀使奏禮成。上曰：「朕既躬耕，不必泥古，願終畝以勸天下。」禮儀使復奏，上遂耕十有二畦。翌日，作《籍田禮畢詩》賜宰臣已下和進，尋詔呂文靖公編爲《籍田記》。時許開封國學舉人陪位，因得免解。

沈括《夢溪筆談》卷二五　慶曆中，河北大水，仁宗憂形于色。有走馬承受公事使臣到闕，即時召對，問河北水災何如？使臣對曰：「懷山襄陵。」又問百姓如何？對曰：「如喪考妣。」上默然。既退，即詔閤門：「今後武臣上殿奏事，並須直說，不得過爲文飾。」至今閤門有此條，遇有合奏事人，即預先告示。

范鎮《東齋記事》卷一　仁宗當暑月不揮扇，鎮侍邇英閣，嘗見左右以拂子祛蚊蠅而已。冬不御爐，每御殿，則於朶殿設爐以禦寒氣，寒甚，則於殿之兩隅設之。醫者云：體被中和之氣則然矣。

陳師道《後山談叢》卷三　仁宗在位四十年，邊奏不入御閤。每大事，賜宴二府，合議以聞。仁宗崩，訃於契丹，所過聚哭。既訃，其主號慟執使者手曰：「四十二年不識兵矣！」葬而來祭，以黄白羅爲錢，他亦稱是。仁宗崩，天下喪之如親，余時爲童，與同僚聚哭，不自知其哀也。仁宗既疾，京師小兒會闕下，然首臂以祈福，日數百人，有司不能禁。將葬，無老幼男女，哭哀以過喪。

陳師道《後山談叢》卷四　仁宗初即位，燕恭肅王以親尊自居，上時遣使傳詔，王坐不拜。使還以聞，上曰：「燕王朕叔父，毋妄言！」久而王聞之，稍自屈，奉藩臣禮。

陳師道《後山談叢》卷六　仁宗每私宴，十閤分獻熟食。是歲秋初，蛤蜊初至都，或以爲獻，仁宗問曰：「安得已有此邪！其價幾何？」曰：「每枚千錢，一獻凡二十八枚。」上不樂，曰：「我常戒爾輩勿爲侈靡，今一下箸費二十八千，吾不堪也。」遂不食。

魏泰《東軒筆録》卷三　仁宗聖性好學，博通古今，自即位，常開邇英講筵，使侍講、侍讀日進經史，孜孜聽覽，中昃忘倦。有林瑀者，自言於《周易》得聖人秘義，每當人君即位之始，則以日辰支干配成一卦，以其象繇爲人君所行之事，其説支離詭駁，不近人情。及爲侍讀，遽奏仁宗曰：「陛下即位，於卦得《需》，象曰『雲上於天』，是陛下體天而變化也。其下曰『君子以飲食宴樂』，故臣願陛下頻宴遊，務娛樂，窮水陸之奉，極玩好之美，則合卦體，當天心，而天下治矣。」仁宗駭其言，翊日，問賈魏公昌朝，魏公對曰：「此乃誣經籍以文姦言，真小人也。」仁宗大以爲然，於是逐瑀，終身不齒矣。

魏泰《東軒筆録》卷九　仁宗初逐林瑀，一日執政奏事罷，談時政，而共美上以聰明睿知，洞察小人情狀。仁宗曰：「卿等謂林瑀去，而朝廷遂無小人耶？」執政曰：「未諭聖旨，不識小人爲誰？」仁宗從容曰：「蘇紳可侍讀學士，知河陽。」

釋文瑩《湘山野録》卷上　天聖七年，曹侍中利用因姪汭聚無賴不軌，獄既具，有司欲盡劾交結利用者。時憸人幸其使，陰以文武四十餘人諷之俾深治。仁宗察之，急出手詔：「其文武臣僚，内有先曾與曹利用交結往還，曾被薦舉及

嘗親暱之人，並不得節外根問。其中雖有涉汭之事者，恐或詿誤，亦不得深行鍛鍊。」其仁卹至此。是年，聖算方二十。

釋文瑩《玉壺清話》卷六　慶曆壬午歲，王師失律於河西好水川，亡没數巨將劉平、葛懷敏、任福等，石元孫陷虜。急奏入，已旬餘，大臣固緩之。仁宗因御化成殿，一寬衣老卒擁帚掃大陰下，忽厲聲長歎曰：「可惜劉太尉。」上怪問：「何故獨語？」此老卒曰：「官家豈不知劉太尉與五六大將一時殺了？」上驚問：「汝何聞此？」老卒因捨帚，解衣帶書進呈曰：「臣知營州西虎翼一營盡折，臣壻亦物故於西陣，此書乃家中人急報也。」上以書急召執政視之，大臣始具奏：「臣實得報，恐未審，候旦夕得其詳，方議奏聞，乞自寬聖慮。」上厲聲曰：「事至如此，猶言自寬聖慮，卿忍人也！」冢宰因謝病，乞骸骨。

王銍《默記》　皇祐二年，有狂人冷青言，母王氏本宮人，因禁中火，出外。已嘗得幸有娠，嫁冷緒而後生青，爲藥鋪役人。與高繼安者謀之，詣府自陳，并妄以神宗與其母繡抱肚爲驗。知府錢明逸見其姿狀魁傑，驚愕起立。後明逸以狂人置不問，止送汝州編管。推官韓絳上言：「青留外非便，宜按正其罪，以絶羣疑。」翰林學士趙槩亦言：「青果然，豈宜出外？若其妄言，則匹夫而希天子之位，法所當誅。」遂命槩并包拯按得姦狀，與繼安皆處死。錢明逸落翰林學士，以大龍圖知蔡州；府推張式、李舜元皆補外。世安以宰相陳執中希温成旨爲此，故誅青時，京師昏霧四塞。殊不知執中已罷，是時宰相乃文、富二賢相，處大事豈有誤哉？

蔡絛《鐵圍山叢談》卷一　仁廟晚未得嗣，天意頗無聊，稍事燕游。一日，於後苑龍翔池南作兩小亭，東一亭曰「迎曙」。未幾，立皇姪爲皇子，而賜名適與亭名合。不一年即位，是爲英宗。

仁宗聖度深遠，臨事不懼。當寶元、康定之時，西夏元昊始叛，而劉平敗死，京師爲雨血。及報敗聞，上喜曰：「天下平安久，故兵將不知戰。今既衄，必自警。宜少須之，當有人出矣。」後果勝，而元昊請服。上又曰：「國家竭力事西陲，累數年，海内不無勞弊。今幸甫定，然宜防盜發，可詔天下爲預防也。」會山東有王倫者猋起，轉鬭千餘里，至淮南，郡縣既多預備，故即得以殺捕矣。

江少虞《宋朝事實類苑》卷四　仁宗皇帝時，學士書詔，未嘗有所增損。慶曆七年春，旱，楊億再當制，降詔中書門下，既進草，上以爲罪己之辭未至也，令更撰之。其辭有「乃自去冬，時雪不降，今春大旱，赤地千里，天威震動，以戒朕躬。茲用屈己，以謝愆歸，誠而上叩，冀高穹之降監，閔下民之無辜，與其降疾於人，不若移災於朕。」自三月十九日避殿減膳，許中外實封言事。後三日，賈魏相。吴春卿罷樞密副使。又詔罷出獵，明日又詔南郊，毋得上尊號。二十七日幸西太一宫祈雨，日色方熾，上命撤蓋。既還，乃雨。又明日，宰相參知政事降官，是日遂大雨，上作喜雨詩，賜二府。

仁宗退朝，嘗命侍臣講讀於邇英閣，賈侍中昌朝時爲侍講，講春秋左氏傳，每至諸侯淫亂事，則略而不説。上問其故，賈以實對。上曰：「六經載此，所以爲後王鑑戒，何必諱。」出廬陵《歸田録》。

江少虞《宋朝事實類苑》卷五〇　仁宗嘉祐中，宴大臣于羣玉殿，嘗以其墨賜之，曰「新安香墨」。其後翰林諸君承賜者，皆庭珪雙脊龍，尤爲佳品。出《澠水燕談》。

邵伯温《邵氏聞見録》卷二　伯温嘗得老僧海妙者言：仁宗朝，因赴内道場，夜聞樂聲出雲霄間。帝忽來臨觀，久之，顧左右曰：「衆僧各賜紫羅一疋。」僧致謝，帝曰：「來日出東華門，以羅置懷中，勿令人見，恐臺諫有文字論列。」嗚呼，仁宗以微物賜僧，尚畏言者，此所以致太平也！海妙又言：嘗觀仁宗二十許歲時，祀南郊回，坐金輦中，日初出，面色與金光相射，真天人也。因以記之。

仁宗至和間不豫，昏不知人者三日。既愈，自言夢行荆棘中，周章失路，有神人被金甲自天而下，謂帝曰：「天以陛下有仁心，錫一紀之壽。」帝曰：「吾何以歸？」神人曰：「請以臣之車輅相送。」帝登車，問神人何人，曰：「臣所謂葛將軍者。」帝寤，令檢案《道藏》，果有葛將軍主天門事，因增其位號於大醮儀中，立廟京師。帝自此御朝，即拱默不言。大臣奏事，可即肯首，不即摇首，而時和歲豐，百姓安樂，四夷賓服，天下無事。蓋帝知爲治之要：任宰輔，用臺諫，畏天愛民，守祖宗法度。時宰輔曰富弼、韓琦、文彦博，臺諫曰唐介、包拯、司馬光、范鎮、吕誨云。嗚呼，視周之成、康，漢之文、景，無所不及，有過之者，此所以爲有宋之盛歟！

仁宗初升遐，禁中永昌郡夫人翁氏會有私身韓蟲者，自言嘗汲水，仁宗見龍繞其身，因幸之，留其釧，復遺以物爲驗，遂稱有娠。既踰期不産，按驗，皆蟲之詐。得其釧於佛閣土中，乃蟲自埋也。翁氏削一資，杖韓蟲，配尼寺爲童。初，執政請誅之，光獻太后曰：「置蟲於尼寺，欲令外人盡知其詐；若殺之，則必謂

蟲寔生子也。」英宗初載，光獻后垂簾同聽政，其決事之明類如此。

邵博《邵氏聞見後録》卷一　仁宗皇帝四時衣裌，冬不御爐，夏不御扇，稟天地中和之氣故也。

仁皇帝崩，遣使訃于契丹，燕境之人無遠近皆聚哭。北主執使者手號慟曰：「四十二年不識兵革矣。」其後北朝葬仁皇帝所賜御衣，嚴事之，如其祖宗陵墓云。

仁皇帝慶曆年，京師夏旱。諫官王公素乞親行禱雨。帝曰：「太史言月二日當雨，一日欲出禱。」公言：「臣非太史，是日不雨。」帝問故，公曰：「陛下幸其當雨以禱，不誠也。不誠不可動天，臣故知不雨。」帝曰：「明日禱雨醴泉觀。」公曰：「醴泉之近，猶外朝也，豈憚暑不遠出耶？」帝每意動則耳赤，耳已盡赤，厲聲曰：「當禱西太乙宮。」公曰：「乞傳旨。」帝曰：「車駕出郊不豫告，卿不知典故。」公曰：「國初以虞非常。今久太平，豫告百姓，但瞻望清光者衆耳，無虞也。」諫官故不扈從。明日，特召王公以從。日色甚熾，埃霧漲天，帝玉色不怡。至瓊林苑，回望西太乙宮，上有雲氣如香煙以起，少時，雷電雨甚至。帝却逍遥輦，御平輦，徹蓋還宮。又明日，召公對，帝喜曰：「朕自卿得雨，幸甚。」又曰：「昨即殿庭雨立百拜，焚生龍腦香十七斤，至中夜舉體盡濕。」公曰：「陛下事天當恭畏，然陰氣足以致疾，亦當慎。」帝曰：「念不雨，欲自以身爲犧牲，何慎也。」

吴曾《能改齋漫録》卷一二　仁宗皇帝守成，皆遵先朝法度。時久無嫁公主事，晚年止一公主，欲厚遺之。恐踰舊章，乃詢皇姑魏國大長公主當年下嫁體例。公主以帝止有一女，不可以已爲比，言多則實無，言少則恐沮帝意，乃答以歲月之久，皆忘記。帝始加厚其禮以遣焉。

仁宗嘗御便殿，有二近侍争辯，聲聞御前。仁宗召問之，甲言貴賤在命，乙言貴賤由至尊。帝默然，即以二小金合各書數字藏于中。曰：「先到者，保奏給事，有勞推恩。」封秘甚嚴。先命乙携一，往内東門司。約及半道，命甲攜一繼往。無何，内東門司保奏甲推恩。仁宗怪問之，乃是乙至半道，足跌傷甚，莫能行，甲遂先到。

朱弁《曲洧舊聞》卷一　仁宗皇帝至誠納諫，自古帝王無可比者。一日，朝退至寢殿，不脱御袍，去幞頭，曰：「頭癢甚矣，疾唤梳頭者來。」及内夫人至，方理髮次，見御懷中有文字，問曰：「官家是何文字？」帝曰：「乃臺諫章疏也。」問：「所言何事？」曰：「霖淫久，恐陰盛之罰。嬪御太多，宜少裁減。」掌梳頭者曰：「兩府、兩制家中各有歌舞，官職稍如意，往往增置不已。官家根底剩有一兩人，則言陰盛須待減去，只教渠輩取快活。」帝不語。久之，又問曰：「所言必行乎？」曰：「臺諫之言，豈敢不行？」又曰：「若果行，請以奴奴爲首。」蓋恃帝寵也。帝起，遂呼老中貴及夫人掌宮籍者，攜籍過後苑。有旨戒閽者云：「雖皇后不得過此門來。」良久降指揮，自某人以下三十人，盡放出宮，卧房所有，各隨身不得隱落，仍取内東門出盡文字回奏。時迫進膳，慈聖慮帝御匕箸後時，亟遣，莫敢少稽滯。既而奏到，帝方就食。終食，慈聖不敢發問。食罷進茶，慈聖云：「掌梳頭者是官家常所嬖愛，奈何作第一名遣之？」帝曰：「此人勸我拒諫，豈宜置左右？」慈聖由是密戒嬪侍：「勿妄言，無預外事。汝見掌梳頭者乎？官家不汝容也。」

羅從彦《尊堯録》卷四　仁宗初選郭氏爲皇后，甚有姿色，然剛妬無子，又嘗與向美人争毆，帝以爲不可母天下，廢爲庶人。右司諫范仲淹諫曰：「后者所以長陰教而母萬國，不宜以過失輕廢之，且人孰無過，陛下當諭后失，置之别館，擇嬪妃老者勸導之，俟其悔而復宮。」書奏不納，明日又率其屬伏閤論列，帝遣中人押送中書商量。宰相以漢唐有廢后故事，仲淹曰：「上天姿堯舜，相公奈何以前世弊法累盛德？」御史中丞孔道輔又極論其不可。明日留班與宰相廷辨是非，仲淹等得罪，后遂廢居瑶華宮。

備論

《宋史》卷一二《仁宗紀四》　贊曰：仁宗恭儉仁恕，出於天性，一遇水旱，或密禱禁廷，或跣立殿下。有司請以玉清舊地爲御苑，帝曰：「吾奉先帝苑囿，猶以爲廣，何以是爲？」燕私常服澣濯，帷帟衾裯，多用繒絁。宮中夜飢，思膳燒羊，戒勿宣索，恐膳夫自此戕賊物命，以備不時之須。大辟疑者，皆令上讞，歲常活千餘。吏部選人，一坐失入死罪，皆終身不遷。每論輔臣曰：「朕未嘗詈人以死，況敢濫用辟乎！」

至於夏人犯邊，禦之出境；契丹渝盟，增以歲幣。在位四十二年之間，吏治若媮惰，而任事蔑殘刻之人；刑法似縱弛，而決獄多平允之士。國未嘗無弊倖，

而不足以累治世之體，朝未嘗無小人，而不足以勝善類之氣。君臣上下惻怛之心，忠厚之政，有以培壅宋三百餘年之基。子孫一矯其所爲，馴致於亂。《傳》曰：「爲人君，止於仁。」帝誠無愧焉！

王稱《東都事略》卷六《仁宗紀二》 臣稱曰：神文皇帝，即位四十二年，恢廓有聖度，以大公至正臨御，不爲喜怒愛憎之所遷，尊敬大臣，容受直諫，其於宫室苑囿無所興作，三司請以玉清舊地爲御苑，上曰：「吾奉先帝苑囿，猶謂其廣，何以苑爲？」其事天地、宗廟，則齊栗不自勝，或遇時變，必跣足露立，致禱於庭，退則静思所以致變者。所幸張貴妃，每責以正禮，見其以珠玉爲飾，則却而不視，帷帟衾裯，多施以繒絁。元昊不臣，懷以文德，契丹渝盟，敦守大信。專務恭儉，以德化民。天下大辟有疑而情可閔者，皆令上讞之，所活歲以千數。吏有失入死者，則終身不用。嘗曰：「朕未嘗詈人以死，况敢濫刑罰乎！」是以四海之内，舉熙熙然，至於昆蟲草木，各安其生。又能傳政賢明，克昌景祚，烏虖，仁哉！

陳櫟《歷代通略》卷三 仁宗臨御四十一年，名禎，年十三即位，在位四十一年，天聖十、明道二、景祐五、寶元三、康定二、慶曆八、皇祐六、至和三、嘉祐八。癸亥至癸卯，壽五十四，陵名永昭。享國最爲長久，天性最爲仁厚，即位年十三，讀改元詔，泣曰：「不忍遽更先帝號也。」終喪宴用半樂，未始屬目，終宴有戚容，天聖二。仁孝夙成也如此。

上以幼沖，皇太后劉氏同聽政，凡十有一年。契丹嘗饑，流民及境，上曰：「皆吾赤子也，賑之。天聖九。」太后崩，明道二。遺詔尊楊太妃爲皇太后。仁宗，李宸妃生，太后子之，命楊妃保視。仁宗幼，呼太后大孃孃、小孃孃，至是以宫名呼寶慶太后。始有以李宸妃時已没。誕育上躬告者，號慟累日，追尊改葬，言者多暴垂簾時事，范仲淹司諫。言：「太后保育聖躬十餘年，宜掩小故全大德。」詔毋得復言垂簾事。劉太后賢明慈愛，然欲立劉氏七廟，服衮冕，大非矣，賴臣僚諫之，而能聽也。

上始親政，裁抑僥倖，中外大悦。初，上立后意在張氏，郭后之立，太后意也。莊憲崩，美人尚、楊有寵，尚語不遜，后批其頰，誤批上頸，宰相吕夷簡贊上廢后，仲淹、孔道輔極諫，夷簡曰：「廢后亦漢、唐故事。」道輔中丞。曰：「人臣致君堯、舜，乃以漢、唐失德爲證耶！」出道輔、仲淹。范睦州，明道二。尚、楊益有寵，上體爲之獘，寶慶太后屢言，迺命出宫。立皇后曹氏。彬孫女，景祐元。【略】

契丹乘西夏之叛，遣使求瓦橋關南地，十縣。時富弼忤夷簡，夷簡薦弼使契丹，弼謂其主宗真曰：「北朝忘章聖皇帝真宗。之德乎？澶淵之役，從諸將之言，爾無遺類矣。且通好則主專其利，而臣下無所獲，用兵則利歸臣下，而主受其禍。故北朝臣勸用兵者，皆爲身謀，非爲國也。今中國精兵百萬，北朝用兵，能保必勝乎？所亡士馬，羣臣當之歟？人主當之歟？」宗真悟，曰：「欲得祖宗故地耳。」弼曰：「晉以盧龍道賂契丹，周世宗伐取關南地，皆異代事。宋興已九十年，若各求異代故地，豈北朝之利哉？」主上命使臣則有辭矣，曰：「朕爲祖宗守國，必不敢以地與人，朕不欲争地以多殺兩朝赤子，當畧增幣以代賦入。北欲得故地，南豈肯失故地哉？」弼歸，再使，契丹欲誓書入獻字或納字，弼峻拒之，卒從晏殊議，許納字，弼争不能得。時契丹特以虚聲動中國，中國方困于西兵，夷簡持之不堅，卒增金幣二十萬以和，弼除翰林學士，力辭，卒不拜。元昊入寇，葛懷敏復敗死，自劉平、任福敗，至此賊勢益張，然猶守巢穴不敢遠離者，以琦、仲淹等備禦之嚴，牽制之也。慶曆三年。未幾，亦遣使稱臣，戢兵以待命矣。後元昊死，封其子諒祚爲夏國王。

孫沔陝西轉運。上言夷簡，在中書二十年，三冠輔臣，有宋得君一人而已，以柔而易制者升爲腹心，以姦而可使者保爲羽翼。夷簡以疾辭，遂罷相。柄國最久，斥逐正人，收召姦佞庸瑣，致西北繹騷桀驁，夷簡之過也。然能悔悟，起仲淹而委任之，猶幸其有以補過也。

夷簡既退，遂相章得象、晏殊，命王素、歐陽修、蔡襄知諫院，余靖爲右正言，時謂之四諫官。琦、仲淹副樞，以樞使召夏竦，臺諫力攻之，代以杜衍。時弼、衍、琦、淹在二府，修等爲諫官，宋之得人，于斯爲盛。石介中允。作慶曆聖德詩，有曰：「衆賢之進，如茅斯拔；大姦之去，如距斯脱。」大姦謂竦也，竦深恨之，造爲黨論，目衍、琦、淹、修等爲黨人，修作朋黨論上之，終不能救。

未幾，仲淹參政，弼副樞，琦宣撫陝西。仲淹、弼每進見，必責以太平，開天章閣，給筆劄，使條奏當世急務。仲淹退列十事，曰明黜陟抑僥倖，謂任子冗濫，精貢舉擇官長，謂委二府選監司，監司舉知州縣，均職田，厚農桑，修武備，減徭役，覃恩信。弼列爲二策，曰止重命，抑僥倖。上方信嚮，悉用其説。以王素等爲諸路按察使，被按者罪法必得，定取士法，先策論兼對大義，嚴監司選，更蔭補法，十事之言，亦畧施行。慶曆四年。仲淹感眷遇，以天下爲己任，與弼日夜謀慮，期興太平，然規模闊大，論者難之，及按察使多舉劾，人不自安，任子恩薄，磨勘法密，僥倖者不便，

於是毀謗寖盛，朋黨之論，滋不可解矣。

先是，介奏記弼責以行伊、周事，諫使女奴陰習介書，改伊、周爲伊、霍，且僞作介與弼撰廢立詔草，飛語上聞，仲淹、弼始不自安，固請出按邊。仲淹宣撫陝西，弼安撫河北，修亦罷按察，知滁州，范、富既出，或奏戒按察苛刻，包拯。首變天章所條行事矣。晏殊罷，杜衍相，又以剛愎不學之陳執中爲參政。衍多寢內降恩，僥倖者不悦。集賢校理蘓舜欽，衍子婿，仲淹所薦也，用鬻故紙公錢會客，名流多與。中丞王拱辰，嗾其屬劾舜欽，因傾衍、仲淹，舜欽除名，王洙等竝逐。拱辰曰：「吾一舉網盡矣。慶曆四年。」衍相纔百二十日，遂罷，五年。仲淹、弼皆罷。皇祐四年，仲淹卒。西北二邊之平，繄誰之力，邊事寧，二人可逐矣。自此正人四逐，慶曆之治衰焉。

使仁宗此時久用韓、范、富、杜于二府，而不以一姦庸間之，其何以加諸。未幾，琦、得象亦罷，而執中相矣。復以詩賦取士，轉運罷兼按察，皆變仲淹天章所條事也。雖文彥博、龐籍相，皇祐三年。然不久皆罷，而執中再相矣。五年。孫抃等交攻執中，執中遂再罷，至和二年。始竝相文彥博、富弼焉。宣制之日，士大夫相慶，知并州龐籍過京師，上問：「朕用二相何如？」籍曰：「甚副天下望。」既知二臣而用之，當信之堅，任之久，然後可以責成功，若以一人之言進之，又以一人之言疑之，太平未易猝致也。歐陽修亦復翰林學士。仁宗用人，前盛于慶曆，後盛于至和，自此以後，琦相，修副樞，而卒于琦托孤焉。

嘉祐元正，上感風眩，不能省事，遇事二府議定，稱詔行之。上之疾也，宰臣勸立宗實，疾瘳中輟。范鎮奏曰：「天下事有大于此者乎？」章十九上，鬚髮爲白，并倅司馬光亦言之。光後在諫院，嘉祐五年。力申前言，上曰：「送中書。」光見琦曰：「不及今定議，異日夜半，禁中出片紙，以某人爲嗣，則莫敢違矣。」琦乘間極言，遂降詔，以皇兄濮安懿王之子宗實爲皇太子，賜名曙。此事緩半年，則大可慮矣，僅定，而仁宗上僊天也，明年二月，上崩，皇子即位，是爲英宗。

仁宗性至仁厚，大辟疑讞，歲活千計。嘗云：「朕未嘗詈人以死，況敢濫刑。」嘗夜饑思燒羊，恐取索，遂爲例，曰：「豈可不忍一夕之饑，而啟無窮之殺。」或獻蛤蜊二十八枚，枚千錢，曰：「一下筯費二十八千，吾不堪也。」北使言高麗職貢踈，今欲加兵。謂曰：「此只王子罪，不干百姓事。今加兵未必能誅王子，且屠戮百姓。」卒寢其兵。其他善政不勝紀。廟號仁宗，不亦宜乎。又好衛崇儒，扶植斯道，上承一祖二宗之心，下開濂、洛道學之懿，經筵，謂侍臣曰：「朕盛暑未嘗少倦，但恐卿等勞耳。」詔州縣皆立學，定太學生員，以孫復、石介、胡瑗爲國子直講，王堯臣及第，賜中庸篇，呂溱及第，賜大學篇，于戴記中表章此二篇，以風厲儒臣，是已開四書之端矣。考帝平生，白璧微瑕，其郭后一事乎。三句出廷芳。

呂中曰：仁宗之世，諸賢凛凛，以西北二方爲憂，而天下之勢，終如倚泰山而坐平原。蓋宋以仁立國，故其勢稍弱，以儒爲政，故其文稍勝，所恃以維紀綱者，君子也，公論也。而君子之聚，公論之明，莫甚于仁宗之時。天聖之初，王曾以身任怨，然政在東朝，朝廷大勢，終有所牽制也。明道二年，親政之後，已胚胎慶曆之盛矣。寶元以來，朝廷無日不爲西北虞，西事則韓、范之功，而夷簡亦爲有功，北事則富弼之功，而夷簡不爲無罪。自慶曆以來，杜、富、韓、范相繼秉政，而朋黨之論起，然君子之類終勝，諸賢論事如争，而下殿不失和氣。譬之推車，主于必行，以輔成一代之治。末年，皇嗣未定，賴諸賢力言之，皆君子終聚，公論終明之效也。四十二年用相二十三人，初十年則王曾爲有功，後二十年則杜衍、文彥博、龐籍、富弼、韓琦皆有功，其中十年，則夷簡三相，功過不相揜也。所大可惜者，晚欲大用仲淹，而仲淹已即世矣。

因考宋立國之本末，自李沆抑四方言利害而不行，所以積而爲慶曆之緩勢，自范仲淹天章閣一疏不盡行，所以激而爲熙寧之急政。仲淹之在慶曆，亦猶安石之在熙寧也，諸事之行未及一年，僥倖者已不悦矣。安石上書，于嘉祐變法之蘊，亦已畧見。嘉祐五年，安石爲度支判官，上書畧曰：天下宜大治而未治，法度雖多而不合先王也。朝廷異時欲有所施爲變革，流俗僥倖之人，不悦而非之，則遂止而不敢爲。安石所謂欲變而遂止，指沮仲淹天章所條也。後來安石變法于熙寧，皆自此書所陳而充廣之。特安石更變之説，與仲淹同，而意與仲淹異，仲淹之志不盡用于慶曆，而安石之志乃盡用于熙寧，世道升降之機，寧不于此三歎焉。愚謂仁宗仁厚有餘，而明斷堅毅不足，用君子多矣，而不免參之以小人，慶曆用范、富、韓不力，猶幸末年能聚韓、富、歐、馬於朝，託以子而夾輔之也。使仁宗之用仲淹能如神宗之用安石，尚何惜哉！

柯維騏《宋史新編》卷四《仁宗紀》 論曰：自漢以來，稱守成令主，必曰文、景，豈不以仁厚恭儉、延重熙累洽之澤耶？有宋仁宗果何媿矣。帝在位四十二年，宮室苑囿無所增飾，燕私常服澣濯；著令諸州旬上雨雪，遇水旱則密禱禁庭，或跣立殿下；夜饑思膳燒羊，戒勿宣泄；大辟疑者皆上讞，嘗謂輔臣曰：

「朕未嘗詈人以死，況敢濫用辟乎。」至於以忠厚待士夫，以至誠待夷狄，視累朝不加優哉！乃若稽古右文，表章學庸爲正學倡，斯又文景所弗逮者。獨惜關睢化缺，不能復三代之治也。噫！

藝文

韓琦《安陽集》卷四五《仁宗皇帝挽辭三首》 道久民胥化，幾先慮極深。勤邦循禹度，傳聖得堯心。生德齊天地，仁聲振古今。三山神藥在，滄海信空沉。

薄葬定隣邊，民安即舊塵。大非空六馬，深不錮三泉。忍逐宮車出，飄隨玉輅旋。西都無限竹，淚色似湘川。

聖治方無事，仙遊遽不還。心休黃屋外，鄉遠白雲間。笳鼓悽寒月，旌旗卷暮闕。孤臣期得殉，黃鳥願重刪。

蔡襄《端明集》卷七《仁宗皇帝挽詞七首》 道德由來太古同，生靈休養至仁中。五兵不試歸神武，萬物無私是化工。玉座忽逢春月盡，金旌遥指洛川窮。年年翠輦長陪扈，那向西城别梓宫。

向近千秋節，何言七月期。遺恩群玉宴，往事荷宫祠。仙路雲龍會，秋風鼓角悲。萬人瞻彩仗，猶認吉行時。

聲教中原泰，恩仁萬國臨。憂勤符帝夢，付與得天心。簫吹凝寒氣，雲山歛夕陰。還期千載後，歌頌莫知深。

儉薄留遺詔，遵行在繼承。桐棺會稽冢，瓦器孝文陵。闕外秋螢度，林端曉月澄。須知無可欲，終古不騫崩。

萬世威神在，多方惠澤隆。密音通虜壤，行哭亦兒童。畫翣離丹闕，幽堂對紫嵩。孤臣空雨泣，白首抱遺弓。

儉勤追禹績，恭讓體堯仁。措枉朝多直，除苛吏盡循。遵儒恩禮異，左戚賞刑均。立子如天意，超然即上賓。

攢宫開七月，隊路用千秋。地帶三川坼，天含萬國愁。烏雲知聖没，龍駕想神遊。厚禄將無報，慙恩更白頭。

《張方平集·樂全集》卷三《仁宗皇帝挽辭三首》 享國承熙盛，斯民老太平。無私均覆載，大德共生成。陰騭無留迹，神功不可名。曰仁歸禰廟，時夏繹清明。

臨御自初終，恭勤一日同。慈心夷夏等，誠意地天通。垂拱成文治，安和即武功。含生遊壽域，四十二年中。

謨訓垂寬大，基圖得顯承。新宫開玉鏁，舊册閟金縢。龍駕歸虚極，鸞旗建大升。平生懷孝慕，游仗展三陵。

韓維《南陽集》卷一二《仁宗皇帝挽歌三首》 遠俗長歸塞，中原不見兵。禮文興廢絶，刑典蹈寬平。慘動三危色，哀纏萬國情。新宫表仁號，堯德恐難名。

玉几宵登寢，靈衣晝入宫。追□□□□，□□□兒童。松柏三川路，旌旗十月風。龍髯攀才得，法泣抱遺弓。

丹扆中天坐，猶思玉色臨。威神隨日遠，德澤在人深。謚定圜丘意，功傳清廟音。誰將良史筆，難狀志仁心。

司馬光《傳家集》卷一五《仁宗皇帝挽辭二首》 聲教萬餘里，文明四十春。茂勳留信史，盛德滿生民。共適禽魚樂，安知稟籥仁。百年龍馭遠，空復仰威神。

霧曉銅魚躍，霜寒閶闔開。哀聲際海發，靈仗拂天來。别寢嚴虚位，重闈閟夜臺。柏城空有路，無復屬車回。

王安石《王文公文集》卷七八《仁宗皇帝挽辭四首》 去序三朝聖，行朋萬國天。憂勤無曠古，治洽最長年。仁育齊高厚，哀思罄幅員。欲知千載美，道德冠遺編。

馮几微言絶，羣臣涕泗揮。哀號三級陛，縞素九重圍。天上仙遊遠，宫中御座非。最悲帷幄侍，不復未明衣。

厭代人間世，收神天上游。遽然虚玉座，不復望珠旒。待旦移巾幘，饔人改膳羞。尋常飛白几，寂寞暗塵浮。

同軌羣方至，因山十月催。永違天日表，空有肺肝摧。帳殿流蘇卷，鈴歌薤露哀。宫中垂曉軔，西去不更回。

劉敞《公是集》卷二二《挽仁宗皇帝歌四首》 漢恩隆四世，商歷盛三宗。與子孫能繼，寧民户可封。雲歸疑厭代，鼎就莫攀龍。廟樂兼韶武，應傳盛德容。

措刑文武後，四十有餘年。幾與華胥比，寧知帝力然。占齡無協夢，棄蹝趣登山。後世稱稽古，應參堯舜篇。

不陣威逾遠，無爲俗自柔。詩書通月窟，簫勺靖炎陬。畢陌宫車晚，蒼梧草

露秋。定知千歲後，民尚是軒丘。

謳歌歸命啟，遏密馨宗堯。陵寢略依漢，衣冠深葬橋。空看同軌至，非復總章朝。西望新宫柏，悲風亦後凋。

曾鞏《元豐類稿》卷六《仁宗皇帝挽詞三首》 納諫終無忤，知人久更明。恩波通四海，壽域載群生。異俗衣裳會，諸儒雅頌聲。威靈空想象，盛德詎能名。

日轉歸人外，天移入畫中。冕旒餘澤在，警蹕舊儀空。卜宅三州繞，方喪萬里通。初寒石門路，松檜颼悲風。

滄海難回日，青雲如送春。服喪三月徧，遏樂四夷均。感格英靈在，褒揚大號新。依然社稷計，王業付真人。

王曾部

綜述

《宋史》卷三一〇《王曾傳》　王曾字孝先，青州益都人。少孤，鞠于仲父宗元，從學於里人張震，善爲文辭。咸平中，由鄉貢試禮部，廷對皆第一。楊億見其賦，歎曰：「王佐器也。」以將作監丞通判濟州。代還，當召試學士院，宰相寇準奇之，特試政事堂，授秘書省著作郎、直史館、三司户部判官。

景德初，始通和契丹，歲遣使致書稱南朝，以契丹爲北朝。曾曰：「從其國號足矣。」業已遣使，弗果易。遷右正言、知制誥兼史館修撰。時瑞應沓至，曾嘗入對，帝語及之。曾奏曰：「此誠國家承平所致，然願推而弗居，異日或有災沴，則免輿議。」及帝既受符命，大建玉清昭應宫，下莫敢言者，曾陳五害以諫。舊用郎中官判大理寺，帝欲重之，特命曾。且謂曾曰：「獄，重典也，今以屈卿。」曾頓首謝。仍賜錢三十萬，因請自辟僚屬，著爲令。遷翰林學士。帝嘗晚坐承明殿，召對久之，既退，使内侍諭曰：「嚮思卿甚，故不及朝服見卿，卿勿以我爲慢也。」其見尊禮如此。

知審刑院。舊違制無故失，率坐徒二年，曾請須親被旨乃坐。既而有犯者，曾乃以失論。帝曰：「如卿言，是無復有違制者。」曾曰：「天下至廣，豈人人盡曉制書，如陛下言，亦無復有失者。」帝悟，卒從曾議。再遷尚書主客郎中。知審官院、通進銀臺司、勾當三班院，遂以右諫議大夫參知政事。

時宫觀皆以輔臣爲使。王欽若方挾符瑞，傅會帝意，又陰欲排異己者，曾當使會靈，因以推欽若，帝始疑曾自異。及欽若相，會曾市賀皇后家舊第，其家未徙去，而曾令人舁土置門外，賀氏訴禁中。明日，帝以語欽若，乃罷曾爲尚書禮部侍郎、判都省，出知應天府。天禧中，民間訛言有妖起若飛帽，夜搏人，自京師以南，人皆恐。曾令夜開里門，敢倡言者即捕之，卒無妖。徙天雄軍，復參知政事，遷吏部侍郎兼太子賓客。

真宗不豫，皇后居中預政，太子雖聽事資善堂，然事皆決于后，中外以爲憂。錢惟演，后戚也，曾密語惟演曰：「太子幼，非宫中不能立。加恩太子，則太子安；太子安，所以安劉氏也。」惟演以爲然，因以白后。帝崩，曾奉命入殿廬草遺詔：「以明肅皇后輔立皇太子，權聽斷軍國大事。」丁謂入，去「權」字。曾曰：「皇帝冲年，太后臨朝，斯已國家否運。稱『權』，猶足示後。且增減制書有法，表則之地，先欲亂之邪？」遂不敢去。仁宗立，遷禮部尚書。羣臣議太后臨朝儀，曾請如東漢故事，太后坐帝右，垂簾奏事。丁謂獨欲帝朔望見群臣，大事則太后召對輔臣決之，非大事令入内押班雷允恭傳奏禁中，畫可以下。曾曰：「兩宫異處，而柄歸宦官，禍端兆矣。」謂不聽。既而允恭坐誅，謂亦得罪。自是兩宫垂簾，輔臣奏事如曾議。

謂初敗，任中正言：「謂被先帝顧託，雖有罪，請如律議功。」曾曰：「謂以不忠得罪宗廟，尚何議邪！」時真宗初崩，内外洶洶，曾正色獨立，朝廷倚以爲重。拜中書侍郎兼本官、同中書門下平章事、集賢殿大學士、會靈觀使。王欽若卒，曾以門下侍郎兼户部尚書爲昭文館大學士、監修國史、玉清昭應宫使。曾以帝初即位，宜近師儒，即召孫奭、馮元勸講崇政殿。天聖四年夏，大雨。傳言汴口決，水且大至，都人恐，欲東奔。帝問曾，曾曰：「河決，奏未至，第民間妖言爾，不足慮也。」已而果然。陝西轉運使置醋務，以榷其利，且請推其法天下，曾請罷之。

曾方嚴持重，每進見，言利害事，審而中理；多所薦拔，尤惡僥倖。帝問曾曰：「比臣僚請對，多求進者。」曾對曰：「惟陛下抑奔競而崇恬静，庶幾有難進易退之人矣。」曹利用惡曾班己上，嘗怏怏不悦，語在《利用傳》。及利用坐事，太后大怒，曾爲之解。太后曰：「卿嘗言利用强横，今何解也？」曾曰：「利用素恃恩，臣故嘗以理折之。今加以大惡，則非臣所知也。」太后意少釋，卒從輕議。

始，太后受册，將御大安殿，曾執以爲不可，及長寧節上壽，止共張便殿。太后左右姻家稍通請謁，曾多所裁抑，太后滋不悦。會玉清昭應宫災，乃出知青州。以彰德軍節度使復知天雄軍，契丹使者往還，斂車徒而後過，無敢譁者。人樂其政，爲畫像而生祠之。改天平軍節度使、同中書門下平章事、判河南府。景祐元年，爲樞密使。明年，拜右僕射兼門下侍郎、平章事、集賢殿大學士，封沂國公。

曾進退士人，莫有知者。范仲淹嘗問曾曰：「明揚士類，宰相之任也。公之盛德，獨少此耳。」曾曰：「夫執政者，恩欲歸己，怨使誰歸？」仲淹服其言。初，吕夷簡參知政事，事曾謹甚，曾力薦爲相。及夷簡位曾上，任事久，多所專決，曾不能堪，論議間有異同，遂求罷。仁宗疑以問曾曰：「卿亦有所不足邪？」時外

傳知秦州王繼明納賂夷簡，曾因及之。帝以問夷簡，曾與夷簡交論帝前。曾言亦有過者，遂與夷簡俱罷，以左僕射、資政殿大學士判鄆州。寶元元年冬，大星晨墜其寢，左右驚告。曾曰：「後一月當知之。」如期而薨，年六十一。贈侍中，謚文正。

曾資質端厚，眉目如畫。在朝廷，進止皆有常處，平居寡言笑，人莫敢干以私。少與楊億同在侍從，億喜談謔，凡僚友無不狎侮。至與曾言，則曰：「余不敢以戲也。」平生自奉甚儉，有故人子孫京來告别，曾留之具饌，食後，合中送數軸簡紙，啓視之，皆它人書簡後裁取者也。皇祐中，仁宗爲篆其碑曰《旌賢之碑》，後又改其鄉曰旌賢鄉。大臣賜碑篆自曾始。仁宗既祔廟，詔擇將相配享，以曾爲第一。曾無子，養子曰繹。又以弟子融之子繹爲後，尚書兵部郎中、秘閣校理致仕，卒。

杜大珪《名臣碑傳琬琰集》中卷四四《王文正公曾行狀》 故推誠保德崇仁守正協恭忠亮翼戴功臣、資政殿大學士、開府儀同三司、行尚書左僕射、判鄆州、上柱國、沂國公，食邑一萬二千五百户，食實封五千一百户，贈侍中。曾祖鐸，累贈太師、尚書令、中書令、越國公。曾祖母趙氏，趙國太夫人。祖繼華，累贈太師、尚書令、陳國公。祖母劉氏，陳國太夫人；衛氏，楚國太夫人。考兼皇，任著作佐郎，累贈太師、尚書令、魯國公。母張氏，燕國太夫人；何氏，魯國太夫人。青州益都縣興儒鄉秀士里。姓王氏，諱曾，字孝先，年六十一。王氏以爵祖於周，至東漢霸，始居太原，别族支居瑯琊及祁，皆爲望姓。而太原者尤著，世世有子不絶。公即太原人也。其先旅於無棣，唐末屢徙，晉避地青社，遂家。魯國太夫人始生公，法相甚異，魯公謂人曰：「是必大吾門。」八歲亡怙恃，仲父工部撫愛逾所生，公賴以育，事之如事父。鄉先生清河張震，年過九十，名有道，以經術教授，門人達者甚夥，公從而學。嚢以語工部曰：「老矣，未嘗見如是兒，觀其識致宏遠，終任將相。」年十五，時郡有田訟久不質，將佐患之。公偶與典校者坐，亟聞其味語，謂不可白，公立爲發其姦隱，訟者氣索，獄遂判，理人伏其幼悟。嘗適江左，護外喪，度京口，大風起，舟子請急艤焉。公念赴喪事宜不得緩，促遂行。顧前後舟皆欲覆，公所乘獨安然以濟，聞者歎異之。既冠，舉進士。咸平五年，試禮部及後殿，皆爲第一，署將作監丞，通判濟州。會北虜寇邊，京東地迫河朔，緣督供饋，濟人大擾。公推是具陳二道被苦，且指畫便宜以聞。上嘉其初任能志於民，報可。即代還，復試以文。舊制當屬學士舍人院，寇萊公入相號賢，以公名盛不與他埒，特召試政事堂，授著作郎、直史館、銀章赤紱，主判三司户部案。是歲，朝廷修虜好息民，遣使稱北朝，公卿以下謂事適然亡異論。公獨抗章曰：「古者尊中國，賤夷狄，直若首足。二漢始失，乃議和親，然禮亦不至均。今若是，是與之亢立，首足並處，失孰甚焉？狄固不可啓，臣恐久之非但並處，又病倒植，願如其國號契丹足矣。」章聖尤所賞激，然使者業已往，又重變，遂已。景德四年，領右正言、知制誥，賜三品服。明年祥符紀元，天子封泰山，入南臺爲北曹副郎。又明年，加史館修撰。四年，畢汾祠，遷主客郎中，未幾，判大理寺。初用散郎，至是帝以不重，故特命公。且謂曰：「廷尉主天下獄，思得詳敏者治之乃不亂，無以易卿。」公因請得自辟署，既始於我，亦遂爲故事。五年，詔使虜。彼俗重射，邀公校其能，視公儒者，謂必負虜人，環擁左右，公一發破的，衆聳伏。迓者邢祥辯給，好以氣凌人，盛稱本國宗枝賢，且相友愛，近賜以鐵券。公曰：「鐵券所以安反側也，大臣功高不賞，天子疑則賜之，何用及親賢哉？」祥大慙然，賜還不復語。六年，召入翰林，爲學士。直日，先帝燕衣坐便殿，賜對罷，就院内使即諭曰：「向渴卿甚，因不及御朝服見，亡謂吾嫚。」其爲人主尊敬如此。理局以寬明聞。俄知審刑院，法有違制者報徒，公請非親被以失論，從杖。既外郡有以是具獄聞者，真宗怒，詔論如法。公執前議，上謹容曰：「若卿，白是無違制者。」公遽曰：「如詔旨，不復有失者。天下之廣，豈人人盡知制耶？惟上裁幸。」上悟，欣然下其議，因爲著令。佐吏趙廓立其後，聞之，出語人曰：「王公犯顔不撓，廓汗下不能仰視，公施施自若。」九年，轉兵部。逾月，以諫議大夫參知政事。明年改元天禧，加給事中。時上方好神仙，築昭應、景靈、會靈三宫觀，以盧諸真，咸用弼臣領職，得者以爲寵。公選爲會靈觀使，非志也，讓于冀國王公欽若。上以爲異，除禮部侍郎，罷知政。入謝，上怒未霽，始責以「大臣當傳會國事，何遽自異耶？」公頓首謝曰：「夫君從諫謂明，臣盡忠謂義。陛下不知臣駑，使待罪政府，臣知義而已，不知異也。」太尉王公旦時在列，歸以語所親曰：「予執政二十年，日夕見上，上意微忤即懼，逡巡不敢語。王貳卿始得進用，避觀使咈旨被詰，占對詞甚直，了不憚，過吾遠矣。」頃之，出守南京，稍遷天雄軍。四年，召還中書。數月，擢爲中書侍郎、平章事。天聖三年，改門下，又累遷兼吏部。凡作相，領會靈觀、昭應宫二使，集賢殿、昭文館二大學士。始之還也，會章聖病弥留，今上位儲，決政資善堂。劉后諷宰相丁謂，謀臨朝，物議洶洶，搢紳皆潛有所去就。公恐計日中宫挾外援，圖所非冀，是未可以口舌爭，即不聽，且何

從倚辨？非所以安趙氏也。因説后戚錢公惟演曰：「帝仁孝，結於民心深，今適不豫，且大漸，天下莫不延領屬吾諸君，而劉后遂欲稱制以疑百姓。公獨不見呂、武之事乎？誰肯附者？必如所欲，將劉氏無處矣。公實后肺腑，因何不入白，即帝不諱後立儲君，后建長樂宮輔政，此萬世之福也。」錢懼，從之。后因省，不復有它志。未幾，今上踐祚。遺詔軍國事權聽后旨，儀法久未決。丁謂沿后素意，乃上議太后朝近臣，處大政，皇帝朝朔望，獨見群臣，余庶務悉令入内押班雷允恭傳奏禁中取可否，即下不以覆。謂之黨附和以爲便。公颺言於朝曰：「是故欲壅上聽而絶下情耶！」且天下公器，豈庸兩宮異位？又政出宦人，亂之起也，不可。」乃引後漢馬、鄧故事奏，凡御朝，帝坐左，母后坐右，而簾前奏事以次，如常儀。納之。士大夫由是識上下之分。已而治定陵，謂果與允恭謀改吉卜，幸咎禍。事殿抵罪，謂之列佑于上曰：「謂首被顧託，請以議功。」衆愕，未有以對。公進曰：「謂事干宗社，議功不及。」卒放謂於崖，佑者隨廢。先是謂用事，威賞皆專達，不謀於朝。既已竄，馮公拯繼爲上相，復躡故跡，公獨諭以禍福，且折其牙角，使不得露。自是事一決於兩宮。然而太后稍自尊侈，上徽號，乃欲御大安正寢受册。公執不從，遂降御文德殿。長寧上壽，復欲御大安，公又固執，益不許，卒御别殿。由是大失太后意，指昭應灾爲不職，免相事，出知青州。嗚呼！人臣大節，始見其心！平時立朝，被冠紱，逶迤矩步，自飾邊幅，坐與人談忠義，若不恤死。及見人主，則迎意苟合，夙夜醖巧智，媚悦萬狀，以固禄位。時複倖倖眩小直，干細人之譽。一日國有大事，相顧色喪，噤不敢開口，亦不自愧羞。豈如公方太后時，主少國疑，人無一志。大臣不協恭，而奮不慮，已特以身捍患，遇事必立，見非義，未嘗不直之。凡措置亡失策，動赴機會，左右王室，始終以寧，得俟上專政，光明剛健，其功業可稱道哉！與其小夫懦臣異日談也。治平二年，再移天雄軍。威懷素著，人繪像事之。戎使每及境，必整其徒然後入；至宴勞時，坐皆有節，俯伏聽命，不少譁。過别郡，乃大鼓譟，無行列，禁亦不止。俄領彰德軍節度使、檢校太尉，遷太師。明年，加同平章事。又明年，徙判河南府。景祐元年，驛召拜樞密使。二年，遷右僕射，復門下侍郎，爲亞相，啓沂國公。久之，表以老不任，求解甚頻。至四年，授資政殿大學士，轉左僕射，判鄆州。將行，語弟皞曰：「唐李英公遺誡，可謂深切。」皞曰：「然終爲裔孫所累。」曰：「彼忠於國，奚暇保家爲？」君子益以是知公之心也。五年冬十月甲戌，有巨星隕于寢，十一月癸卯，感疾，丙午，薨。君子曰：「知命矣。」辛丑，以喪如京師。訃聞，天子震悼，廢朝二日，贈侍中，賻物加等，親與隸屬拜官者若干人，又詔鴻臚給葬事。家人狀理命辭于朝，許之。公自一命至考終，位上宰，官二品，階與爵第一，勳第二，衍邑過萬户，恩禮之極也。中外煩使，太凡知通進銀臺司、審官院、禮儀院、三班院各再，判都省、大理寺、審刑院、糾察京獄，契丹生日、幸亳考制度使、南郊大禮使各一，試貢士三，修書時政記、定儀注、删條敕、釋御集等局總十有二，書尊號寶、受命寶、謚册文各一，幹任之重也。自余凢煩者不列焉。更城所至，必首建學校，多出俸賜備經費。公天性過人，輔以學，所作必精詣極摯。凡居官，率以仁聞。平生亡分毫失，謹厚莊重，雖家居莫見其惰容。衷實自任，不妄與人語。至於親識書問，亦不必昫欨密而情好自篤。不身使勿知。或有謝者，必正容拒去。惟不引用親屬，有出上意者，亦奏㒞報罷。秋終，公率同列獻詩以賀。二者尤大佳事，一時朝廷翕然有風采。上嘗親署「忠亮忠厚」四大字獨賜公，用是益自感奮，勤勞王家，知無不爲。人望素重，比外遷，天下惜其去，再用乃大喜。及是終也，皆失聲，閭巷相吊，非德至厚者孰與焉！世有年八十者，衆謂之壽，然既死，人不復經道，如向無其人。公之名與公遂不朽，人念之常如生，豈不所謂壽者耶？公雅善屬文，深茂典懿，有《兩制雜著》五十卷、《大任後集》七卷、《筆録遺逸》一卷上之，志在諷諫。有詔嘉奬，刻板均賜近位。又喜筆札琴阮，皆極其妙。初娶蔡氏，處士光濟女，卒。再娶李氏，故相文靖公女。繼室以其妹，封許國夫人，賢令可法。【略】弼素稔公實，又嘗爲其僚，且辱公弟請，所不得讓。謹件係官次行事，上考功，牒奉常。謹狀。

杜大珪《名臣碑傳琬琰集》中卷五《王文正公曾墓誌銘》　景祐二年，丞相右府缺，上方圖任耆俊，參付魁柄。越二月，制詔太原王公曾，其上樞密使印綬，還來相予，進拜尚書右僕射、門下侍郎，所以命賜之尤渥。公拜稽首，讓弗遂。於是擇典訓庸，以熙百工。外懷邇協，以種九德，飪味燮和，辰階比平，翼戴聖猷，溥大光明。廼十一月，從欽天柴，胙沂以爲公國。它日，請間伏青蒲，上陳瘁苑，嬰霜露以蹃，願前此納政，避賢人路。帝憮然無開可意，公執不奪，卒改左僕射，加資政大學士，鎮東平。戊寅仲冬，感疹，門子謁急書聞，亟命將高手鬫跳駈趨

視。不半道，丙午，薨。上推甲子，得三百六十六，復所生之辰。家丞列治，讓還鴻臚典葬。天子隱遺老之弗憖也，再昕置朝，歔左貂以禭，法贈備厚。恩録宗姻僚陪十人，容官合「文正」二言以謹周道。公之喪來京師，其引也，蓋殯也。邦人官師沱涕相弔。明年，有司持丁亥詔書到公第，仍舉中書令密章以告。愍册焜煌，再漏下泉，本公之綢繆感會，寵存賁往，有以致者，其如仁歟！其司直歟！公字孝先，由逸民霸，飛天漢顯。基素德，支裔屢徙，今爲青州益都著姓。曾祖諱鐸，祖諱繼華，皆蹈道沉冥，陰儲世烈。考諱兼，甘節難進，仕未及膴，終著作佐郎。深根浚源，叢沛來祉。公貴推澤，並贈開府儀同三司、尚書令、中書令，爵皆爲公。大王父國于越，配國于魯。妣曰張，别贈燕夫人；曰何，爲魯夫人。公即何夫人之子。軒渠卓異，魯公曰：「是大吾門。」八歲，終二喪，斬焉致毁。仲父宗元育之過所生，一情以均。公亦以所愛事仲父如父。甫冠，與士鄉游，汎博書記，不爲章句儒，諸老先生皆拆輩行以交。咸平中，偕郡上計，委符入闕。策進士，再爲天下第一。當此時，二篇賦，學者争傳，都紙爲貴，以王佐期之。初，命將作監丞，通治濟陽。代還，試政事堂，以大著作直太史，服五品。判三司户部案，轉右正言、知制誥，服三品，充史館修撰。入翰林爲學士，自司計外郎再遷至中兵，拜諫議大夫，參議大政，加給事中。以禮部侍郎守應天、大名兩府，復貳鼎席，兼太子賓客。由左户再遷至春官卿。以内書侍郎執宰相筆，陟東臺，兼地官，遂躋上衮。閲五歲，琳宫火，一昔焚，册災異免，以天官爲本州。又易天雄軍，即拜彰德軍節度使、檢校太尉。稍换天平軍，檢校太師。俄同中書門下平章事，徙判河南府。入冠樞極，罷幢棨，還冢宰，它如故。公由布衣狃君門，譽處時行，爲龍光景式，凡三十七年。别任九：判大理、尚書都省、登聞檢、知審刑、審官、禮儀院、通進銀臺司門下封駁事，莅三班院，糾察在京刑獄。領使五：持金絮遺湟水酋，爲生辰使；肇謁譙祠，爲考制度使；館寓神嶽，以中台爲會靈觀使；高真寶符，以元輔爲玉清昭應宫使；再見上帝，爲南郊大禮使。主工部一。由集賢殿、昭文館及西清之秘，爲大學士三。監脩國史一。階一品，勳十二轉，表功十有四字，食虚邑萬有二千五百室，實五千一百室。此踐揚隆赫，其大較也。初，契丹盗邊，濟爲寰服最近，早符晏檄，悉財賦佐軍興。公由倅事，疏一二便宜，數奏蒙可，衆器其能。天禧夜，妖自三川相靡而東，公守睢陽，不逞讙，恐里閭晝闔。公闢牙門，分吏曉，捕先倡者鞭梏之，妖息不復南。築雒都城，周萬雉，雲陴言言，宸居以尊。復陜路轉粟歲二十萬，饟得無乏。歲旱蝗，齊、楚、周

十八以上民曹逃，貸困粟，鄉縣株送，結强盜抵死，公一切榜遣，流瘠吏生以千計。所至立學官，分租奉，助興作。五州鑱金石以頌，魏人畫像事之，課治者以公爲尤。緑圖夜降，度宫以儀，曲密礱石庀材，規創萬楹。公列五害，覶省損制度，奉承大中之意。先帝弗豫，太子已決事，或議長秋臨政，憸人惎語翕翕。公時訓護儲邸，謂后姻倖曰：「太子長秋誼不獨立，有如兩宫相維，社稷安矣。」后悟，由是内外恭順無違言。莊獻總軍國，儀不時立，佞黨投罅，廷議放肆。公獨引東漢故事，朝則帝在左，太后在右，施簾自彰，群臣奏事于前，詔如公請。長樂上徽册，供張天安殿中，公執不可，改御文德，差損扆坐，志在强王室，安外家，使無纖介。納忠者以公爲盡。大理揔天下獄，異時爲冗，帝欲重之，公白西臺被選，評廷訊讞，許自辟丞屬，遂踵爲故事。法家有違制而情不一，公請非親被以失論。會具獄須報，公據前比，帝曰：「自是無復有違制邪？」公曰：「如陛下言，亦無復有失者。」帝悦，更從輕坐，語林者嚚公之果。踐内外辭禁，贊爲名命。渾灝炳純，僞古同風。或選爲昌言，或求爲賡歌，則家集合五十六篇詳矣。上始鄉學，公采聖君賢臣事，繪解爲三十篇，因以勸成德美，詔鏤于槧，徧賜邇臣。其它纂次尤多，尚不録，言文者歸公之治。嗚呼！惟公侃然正，崖然立，周密靖慎，久而無流心。在上前開陳處可，辯博有餘言，國家用。至日旰出沐燕私，訖不道省中語。天資方重，每廣朝大會，盛服玉色，郎謁者視進止，如有尺寸，未嘗過缺。雖妄庸人嗤歷詆，亦不能加半言毁短於公。當國七年，萬物茂宜，四夷休寧，稼茨于原，兵仆于鄙。嘉生迴薄，無有恫怨。務大體若丙吉，清浄如曹參，總領衆職如魏相，内文明如鄧禹。于時被公之化，察察者敦，沾沾者愧。建啓露門祕禁，召惇儒碩老，侍擿勸講。復諫署舊員，使正辭謇議日興于朝。進賢不植私，愛士不謀黨，退不肖，不奸怨。奉群母孝，與諸弟友，親族可任，言之上；不可任，厚分之財。姻婭進用，皆以嫌自退。上嘗大署「忠亮忠厚」四字錫之，蓋實録云。天下稱爲賢公。乾興、天聖之際，時多故矣，身荷重任，爲國休戚，雖參和傳會，權定大争，貐彼怒牙，浣其它腸，庇焉如幈幪，慮焉如蓍蔡，然至閑居獨念，猶感槩以之。是必彌綸之才，軋于群媢而未悉獲騁；健粹之氣，有所難屈而弗慊于心。煩慮焚和，且至大病，斯可慟已。先時，大星辰落郡寢上，左右驚白，公曰：「後一月乃自知之。」如期而始悟。寧傅箕蕭昴，有馮以始，亦有以終邪！君子謂爲知命。公始合姓於蔡，實處士光濟之女。又合姓於李，故相文靖公之女。卒，繼室以其妹。芳猷淑則，送映中壼。后夫人獨偕公老，故啓許國，享脂田焉。

晝哭未期，又不幸以褕衣而復。母弟曰皥，字子融，爲刑部郎中、直集賢院；曰閔，字孝德，終國子博士。子四人，曰絪、緣、綷、縯。絪止光禄寺丞，緣夭閼，縯止將作監丞，綷爲光禄寺丞。綷之幼，公取皥子繹以嗣，及終，又命之。故繹即喪序，今爲大理寺丞、秘閣校理。三女，二早世，一適屯田郎中沈惟温。公之捐館，門下生與宗家計，咸曰：大墓無穆位，不可以葬，乃改卜於滎陽，惟新鄭吉，又筮於臨洧鄉，惟梁原吉。先是，蔡夫人之殁已祔於姑。歲在單閼冬十月乙酉，子融與繹等竭誠信，舉公及二夫人之喪合窆新阡，順也。子融雖受公蔭，然自以材略奮。迨公時已翔册府，操計籌，糾都獄，籍籍爲聞人。而孔懷爲位之哀，連歲摧潰，既奔走蒇事。且求狀於太子中允、直集賢院富弼，又自裒公行事一篇，合前後贊書，見授而爲之誌。恭惟令君之德在生人，其憲度在臺閣，其言在謨命，其履踐在圖書，其人與不可傳者皆士矣。令所摭次，姑舉縉紳所道者，著于篇而納之壙中。以慰蓼莪之思，以謹高岸之變，噫！繹也綷也，既收而食矣，尚不隕厥問，而世其家云。銘曰：

斤斤令君，朅來山東。利見國光，參偶時龍。既奮厥庸，遂爲宗工，訂平津之封兮。上初纂嗣，母闈參治。揭日當天，實相以濟。讒脣不摇，王室無甚，賴陳平之智兮。五藩于宜，既仁且賢。邦民宜之，厥猷茂焉。乃建將牙，乃示台躔，翳吉甫之憲兮。鄭圃聯圻，泉塗啓扉。刻章美櫝，終天此依。九京千載，凔仰餘徽，惟隨武之歸兮。

杜大珪《名臣碑傳琬琰集》中卷五《王文正公曾碑陰》 故丞相沂國公既葬十二年，仲弟天章閣待制子融請間見，上追歎公據正有守，得宰相體。子融頓首謝，且言：「臣兄曾事章聖皇帝，興諸生，不十年參總大政。其後拜玉几下，聞顧命。大行詔章獻皇后權軍國大事，於時宰相謂下謂也陰開邪謀，規刊權文，營罔中外，衆莫敢抗，獨臣兄毅然不肯移。又欲建白天子朝朔望。太后聽政，附中人通裁可。即又引東漢故事，請帝、太后同視事，僞計不行。方謂譖逐大臣如寇準、李迪等，鈎索株連，以動衆心，臣兄中立其間，爲國督視。隱匿庋情，卒不得施，遂用詐敗。太后再受徽號，欲御天安殿。復奏言，止御文德殿，既忤旨，因災異策免。然太后以數救諫，不能無念。抑畏謙慈，勤翊王家，大業以安。此其事陛下尤彰明較著者。」上曰：「乃昴之勳，予一人不忘。」子融再拜曰：「陛下幸詔臣察，勤詞隧石，誠得天筆篆額，敷賁前人，死骨不朽。勸寵忠門，由臣爲初。」制曰可，乃署「旌賢碑」三字賜焉。於是，天章君即金石刻，又欲侈上之褒，丐辭序其來。僕念已嘗誌丞相墓，且翰林銘功，其事大畧著矣。獨原夫天子念丞相賢而旌之者，寧不以臨大事不可奪歟？損益過舉，以絶未萌，而爲之所歟？功格于天，默不自名歟？僕嘗論治亂之機不容髮。如令丞相當是時一有假借，則紀律約更，權迫勢陵，憸人乘之，抵巇投隙，意有所肆，淪胥滔夷，遂蹈後艱。凡列爵幾何，底罰幾何，而後能定。由是觀之，丞相之勛，可以言者其大也。夫陰施之所及廣，則陽德之報蒙顯。故丞相雖賢，待聖人乃明。初，公於天章敦愛甚，而天章奉公也無不至。始丞相未貴時，娶蔡、李二夫人，早亡。及貴，謙不封國。天章歲比當遷，輒上書還一官爲二夫人追封，成公志也。至是，又引甲令，建螭首龜趺，丞相之名，由天章益傳。《春秋》之法，於善善也，長至刻祭，彝銘樂欒，皆所以行遠。況珉表之隱然，天文之燦然，披九幽之潛光，奮無窮之休烈。後雖千百歲，拜餘風、泣遺直者曰，此賢承一相之隴歟！嗚呼，盛哉！

曾鞏《隆平集》卷五《王曾傳》 王曾，字孝先，青州益都人。咸平中登進士甲科，所試《有物混成賦》，天下以爲賦格。累擢知制誥、翰林學士，大中祥符九年參知政事。時王欽若方挾祥瑞迎合人主意，陰排異己者，以細故罷曾政事。天禧中，復參知政事兼太子賓客。仁宗即位，以爲宰相。忤太后意，罷知青州。景祐二年復相，封沂國公。與呂夷簡議論不協，求退，出判鄆州，加資政殿大學士。卒年六十，贈侍中，謚文正。有文集五十卷。子緯幼，以姪繹爲後。景祐初，契丹始修好，所致書以南北朝冠國號之上，曾時直史館，言：《春秋》外夷狄，爵不過子，今與抗，非外夷狄之意。上嘉之。天書降，詔作玉清昭應宫，廷臣莫有言者。曾陳五害以諫。在翰林，一日，上晚坐承明殿召對，命謁者諭之曰：「思卿甚，故不及御朝服。」爲上所敬如此。知審刑院，初，違制之法，無故失率，坐徒二年。曾請分故失，非親被制書者，止以失論。上不悦曰：「如是無復有違制者。」曾曰：「如陛下言，亦無復有失者矣。」自是，違制遂分故失。大禧初，知應天府。民訛言有妖若飛帽搏人，自京以南皆驚恐。曾夜開里門，捕倡言者，民乃定。真宗晏駕，丁謂欲皇太后對近臣決政事，皇帝獨朔望見群臣，庶務悉令入内押班雷允恭畫可於禁中。曾曰，兩宫異處，柄歸宦者，禍端兆矣。乃奏請如東漢舊制，太后坐右，垂簾同聽政焉。真宗不豫，有引漢唐事諷太后稱制者。曾密語后戚錢惟演曰：「今太子決政資善堂，天下固已屬望，可異議耶？」惟演悟，不敢異議。丁謂坐雷允恭改皇堂事，參知政事任中正言於上曰：「謂被先帝顧託，請如律議功。」曾曰：「謂不忠，無足議者。」於是謂貶崖州，中正而下十數人

隨亦廢黜。是時中外洶洶，曾正色立朝，姦邪憚焉。前後輔政十年，處天下事，審而中理。性儉素，居家人不見其喜愠之色。入朝盛服，進止如有尺寸。士大夫服其清修，莫敢干以私者。與王旦同謚，世皆謂之賢相。

王稱《東都事略》卷五一《王曾傳》 王曾，字孝先，青州益都人也。幼孤，鞠於仲父宗元。里人張震，有道之士也，曾從之學，謂有將相之器。甫冠，舉進士第一，爲將作監丞，通判濟州。代還，直史館。

景德初，契丹始脩好，所致書以南北朝冠國號之上。曾言：「春秋外夷狄，爵不過子。今與抗稱兩朝，非外夷狄之意。」真宗嘉之，擢右正言、知制誥。天書降，詔作玉清昭應宫，規創萬楹，廷臣莫有言者。曾列五害，願省損制度。奉使契丹，而迓者邢祥辯給，好以氣陵人，稱本國宗支皆賜鐵券。曾曰：「大臣反側，賜鐵券以安其心，何爲及宗支哉？」祥大慙。大中祥符六年，爲翰林學士。一日，真宗晚坐承明殿召對，命謁者諭之曰：「思卿甚，故不及御朝服，毋謂朕慢卿也。」初違制之法，無故失率坐徒二年，曾知審刑院，請分故失非親被制書者，止以失論。真宗不悦曰：「如是不復有違制者。」曾曰：「如陛下言，亦無復有失者矣。」自是違制遂分。九年，以右諫議大夫參知政事。時王欽若挾祥瑞迎合人主意，陰排異己者，真宗怒責：「大臣當傅會國事，何遽自異耶？」曾曰：「君從諫謂明，臣盡忠謂義。陛下不知臣不肖，使待罪政府，臣知義而已，不知異也。」及欽若爲相，乃以禮部侍郎罷曾政事。頃之，知應天府。天禧初，民訛言有妖若飛帽，搏人，自京以南皆驚恐。曾夜開里門，捕倡言者，民乃定。徙天雄軍，復爲參知政事，再遷吏部侍郎兼太子賓客。仁宗即位，遷禮部尚書。

方真宗不豫也，有諷皇后謀稱制者，曾密語后戚錢惟演曰：「今太子決政資善堂，天下固已屬望，而劉氏遂欲稱制以疑百姓，公獨不見呂、武之事乎？」惟演悟，不敢異議。及真宗崩，丁謂欲皇太后對近臣決政事，皇帝獨朔望見羣臣，庶務悉令入内押班雷允恭畫可於禁中。曾曰：「天下者，太祖、太宗之天下，非劉氏之天下，奈何使兩宫異處，柄歸宦者？禍端兆矣。」乃奏請如東漢舊制，太后坐右，垂簾同聽政。謂與允恭改皇堂抵罪，參知政事任中正言於仁宗曰：「謂被先帝顧命，請如律議功。」曾曰：「謂不忠，無足議。」於是謂貶崖州，中正而下十數人隨亦廢黜。

是時，中外洶洶，曾正色立朝，姦邪懼焉。未幾，拜中書侍郎同中書門下平章事、集賢殿大學士，遷門下侍郎兼户部尚書、昭文館大學士。踰年，進吏部尚書。嘗請用孫奭、馮元勸講殿中，又自采聖賢事迹會解用爲規戒。

曾薦參知政事呂夷簡才望可當政柄，章獻未用。曾奏曰：「臣言呂夷簡而未用，以臣度太后之意，不欲其班在樞密使張耆之上耳。且耆一赤脚健兒，豈容妨賢如此。」章獻曰：「固無此意，行且用矣。」夷簡遂拜相。

章獻與政久，稍通請托，曾力裁制，忤章獻意。及章獻受册，供帳天安殿，曾執不可，於是改文德殿，章獻滋不悦。玉清昭應宫災，章獻有再興葺意，曾又以爲不可，乃罷相，知青州。徙天雄軍，拜彰德軍節度使。魏人愛其政，生祠之。改鎮天平，同平章事，判河南府。景祐二年，召拜樞密使。明年，拜右僕射兼門下侍郎、同平章事、集賢殿大學士，封沂國公。

是時呂夷簡爲昭文相，專決事，曾與夷簡議論多不協，力求去。以右僕射出知青州。既入謝，改判鄆州，加資政殿大學士。由宰相罷政而帶職，自曾始。

曾前後輔政十年，處天下事，審而中禮。性儉素，居家人不見其喜愠之色。在上前開陳處可，辨博有餘。每廣朝大會，盛服正色，郎謁者視進止如有尺寸。士大夫服其清脩，莫敢干以私者。嘗云：「大臣執政，不當收恩避怨。」故其言曰：「恩若己出，怨將誰歸？」聞者歎服。薨，年六十一。贈侍中，謚曰「文正」。

皇祐中，曾弟子融言：「臣兄曾事章聖，興諸生，不十年總大政，其後拜玉几下，聞顧命。章獻聽政，臣兄確然秉正，勤翊王家，大業以安。陛下幸詔詞臣勒銘隧石，誠得天筆篆額，敷賁前人，死且不朽。」因以唐明皇所題裴耀卿碑額上之，仁宗乃御篆「旌賢碑」三字賜其家。其後踵爲故事。治平中，以曾配享仁宗廟庭。

雜録

備録

朱熹《五朝名臣言行録》卷五之一《丞相沂國王文正公》 公青州發解，及南省、庭試，皆爲首冠。中山劉子儀爲翰林學士，戲語之曰：「狀元試三場，一生喫着不盡。」沂公正色答曰：「曾平生之志，不在温飽。」《東軒筆録》

公自濟州代還，當召試學士院，宰相寇萊公奇之，特召試政事堂。

景德中，朝廷始與北虜通好，詔遣使，將以「北朝」呼之。王沂公以爲太重，請止稱契丹本號可也。真宗激賞再三，朝論韙之。《記聞》

祥符中，王沂公奉使契丹，館伴邢祥頗肆談辨，深自衒鬻，且矜新賜鐵券。公曰：「鐵券蓋勳臣有功高不賞之懼，賜之以安反側耳。何爲輒及親賢？」祥大沮失。《記聞》

祥符中，公在掖垣，時瑞應沓臻，公嘗請對，上語及之。公奏曰：「斯誠國家承平所感而致，然願推而勿居，異日或有災沴，則免夫輿議。」退，又白於執政。及後飛蝗旱暵，公乃亟被擢用焉。《沂公言行録》

公以建昭應宫上疏陳事之不便者五條以諫，請殺其制，其餘論事甚衆，皆削其稾，惟此疏偶存。《言行録》

公在閣下累年，時楊文公已居内制，楊性詼諧，好嘲誚，凡僚友無不狎侮，至公則曰：「第四廳舍人，不敢奉戲。」故李翰林昌武尤所歎服，常曰：「若王舍人，可謂不可得而親疏也。」《言行録》

公任審刑日，建議違制須親被乃坐。未幾，外郡有以具獄讞聞，章聖俾以違制坐之。公奏以制非親被，請從違失。上曰：「若卿之言，自爾無復有違制之罪。」公遽曰：「誠如聖旨，自爾亦無復輕議矣。」上怡然可其奏。時佐吏趙廓同侍，嘗以語人曰：「廓始聞王公抗議，不覺跼蹐自失。後陰察王公，未嘗語於人，亦無自得之色。」《言行録》

公前在政府日，請置諫臣以廣言路。後公再出守外藩，孔道輔、曹脩古皆以言事謫去。及公肆覲，屢以爲言，恐杜天下之口。《言行録》

寇萊公鎮秦，民有檛登聞鼓興訟者。上以問公，公奏曰：「長安故都，民心豪舉，若寇準重官，或以訟解。則後人何由鎮服矣！」上意釋然，但命降詔以諭之。《言行録》

公辭會靈使領，真宗疑其自異，王欽若從而擠之。會公市賀皇后家舊第，其家未徙，而公使人輦土置其門。賀氏入訴禁中，公遂罷去。

章聖不豫，劉后諷宰臣丁謂欲臨朝，中外洶洶，無敢言者。時宰相王曾謂后戚錢惟演曰：「漢之吕后，唐之武氏，皆非據之位，其後子孫誅戮，不得保首領。公后之肺腑，何不入白皇后，萬一宫車不諱，太子即位，太后輔政，豈不爲劉氏之福乎？若欲稱制以取疑於天下，非惟爲劉氏之禍，恐亦延及公矣！」惟演大懼，入白之，其議遂止。《政要》　又《言行録》曰：章聖久不預，莊憲太后欲自臨朝，令上居東宫，於資善堂決事。會公自大名召還，再貳鈞席，語錢惟演曰：「皇儲沖幼，非中宫不可獨立，中宫非倚皇儲之重，則人心不附矣。」惟演亟入白之，兩宫由是益親，人遂無間。

初，章聖上僊，外尚未聞，中書、密院同入問起居，召詣寢閣，東面垂帷，明肅傳遺命，輔立皇太子及皇太后權聽斷軍國大事，退而發哀。公於殿廬草具遺制，丁謂欲去「權」字，加淑妃爲皇太妃字，公執咨曰：「皇帝沖年，太后臨朝，斯已國家否運，稱『權』猶足示後，況言猶在耳，何可改也？且增減制書有法，豈期表則之地，先欲亂之耶？曷爲更載立妃之文？必若尊禮，當俟事定而議。」謂勃然曰：「參政却欲擅改遺制乎？」公曰：「曾適來寢殿中，實不聞此言，若誠有之，豈敢改也！」諸公無相同者，遂依違而行，然「權」字遂不敢去。故謂之恥，公首被爰立之命。《言行録》

章獻明肅太后權處分軍國事，聽斷儀式，久而未定。丁謂欲每議大政，則皇太后坐後殿朝執政，朔望則皇帝坐前殿朝群臣，其餘庶務，獨令入内押班雷允恭禁中附奏，傳命中書、樞密院平決之。公時判禮儀院，乃采用蔡邕《獨斷》所述東漢故事，皇帝在左，母后在右，同殿垂簾，中書、樞密院以次奏事如儀。人心乃定。公嘗於廣坐抗語丁相曰：「政出幃房，斯已國家之否運，然推之至公，不猶愈於政出群下乎！」《言行録》又《政要》所載與此同，但云庶務悉令雷允恭傳奏取旨，即下不覆。曾獨奏曰：「天下者，太祖、太宗、先帝之天下也，非陛下之天下也。奈何使兩宫異位，不共天下之政，是壅主上之聰明，絶下情而不使通。況宦人傳政，亂之始也。」餘並同。

真宗初上仙，公與丁謂同在中書。公獨人劄子，乞於山陵已前一切内降文字，中外並不得施行，又乞今後凡兩府行下文字，中書侯宰臣、参政，密院須樞密使、副、簽書員同在，方許中外承受。兩宫可其奏。謂聞之，愕然自失，由是深憚公矣。《東軒筆録》

丁謂既逐李文定於衡州，遣中使齎詔賜之，不道所以。李聞之欲自裁，其子柬之救之得免。謂因大行貶竄王欽若、丁度等，皆投之遠方。時王沂公參知政事，不平之，曰：「責太重矣。」謂孰視久之，曰：「居亭主人恐亦未免也。」沂公踧然而懼，因密謀去之。内侍雷允恭既有力於謂，謂深德之。至是允恭爲山陵都監，司天邢中和爲允恭言：「今山陵上百步，法宜子孫，類汝州秦王墳。」允恭曰：「如此何故不就？」中和曰：「恐下有石并水耳。」允恭曰：「先帝獨有上，無它子，若如秦王墳，何故不用？」中和曰：「山陵事重，踏行覆按，動經日月，恐不

及七月之期爾。」允恭曰：「第移就上穴，我走馬入見太后言之，安有不從？」允恭素貴横，人不敢違，即改穿上穴。及允恭入白太后，太后曰：「此大事，何輕易如此？出與山陵使議可否。」允恭見謂，具道所以，謂亦知其非，而重違允恭，無所可否，唯唯而已。允恭不得謂決語，入奏太后曰：「山陵使亦無異議矣。」既而上穴果有石，石盡水出。沂公具得其事，以謂擅易陵地，意有不善，欲奏之而不得間，語同列曰：「曾無子，欲令弟子過房。來日奏事畢，略留奏之。」謂不以爲疑。太后聞之，大驚，即命差官按劾其事，而謂不知也。比知之，於簾前訴之，移時，有内侍卷簾曰：「相公誰與語？駕起久矣。」謂知太后意不可回，以笏叩頭而退。謂既得罪，山陵竟就下穴。蓋謂所坐本欲庇雷允恭，不忍破其妄作耳。然其邪謀深遠，得位歲久，心不可測，雖沂公以計傾之，而公議不以爲非也。《龍川志》

沂公在中書，得光州奏，祕書監致仕丁謂卒，顧謂同列曰：「斯人平生多智數，不可測，其在海外，由能用智而還，若不死，數年未必不復用。斯人復用，則天下之不幸可勝道哉！吾非幸其死也。」《東軒筆録》

曹利用既授南陽之命，將入謝。莊憲慮其詆訐，而未有以却之，遣中使江德明問公，公亦慮其交惡兩宫，遽請傳宣放謝。利用泯墨而去。初，利用恃恩恣横，公每加裁抑，及其得罪，公獨極言其枉。太后曰：「卿常言利用之非，今何爲佑之？」公對曰：「臣所述利用侵官弄權，慮壞朝廷綱紀。今被以不軌，則爲枉爾。」故卒從輕議。《言行録》

明肅攝政，馬季良聯姻劉氏，以非道干進，太后欲擢爲龍圖閣待制，顧公守正，難之。會公移疾數日，喻貳政者擢季良，且曰：「王曾在告，當亟行之。」諸公承順匆遽，故季良止以太常丞充職，蓋三丞未嘗有預内閣清職者。中外諠傳，而公持正之名益重焉。《言行録》

天聖初，公嘗詮録古先聖賢事跡凡六十事，繪事以獻。上嘉納之，降詔褒美，仍敕鏤板模印，均賜近侍，因命禁署，月繪二十軸以進焉。公又建議，請擇名儒勸講。尋命孫奭、馮元更侍經筵。及《戴禮》終帙，公率同列獻詩以賀。後孫公即世，馮亦外補，公自魏移洛，經塗肆覲，復以講席爲言。《言行録》

天聖中，陳堯咨尹京，自以先朝初榜狀元，未大用，頗觖望，常爲誣謗，明肅惑焉。公奏曰：「臣等職預弼諧，敢不心存公正！但讒人罔極，不可不察。臣請以藥物喻之。醫方謂藥有相使相反惡者，而甘草爲國老，以其性能和衆藥，故湯劑中不以寒温，多或用之，而班猫有毒相反，若同用之，則致害人。此其驗也。」后即時大悟。數日，陳有廉車之命，出守於外。《言行録》

天聖中，楊崇勳帥殿衛，日詣中書白事。屬微雨新霽，穿泥鞹直登堦，公頷之，不以常禮延坐。楊退，劾奏其罪，送宣徽院問狀。翌日，奏請傳詔釋之。明肅訝其然，公曰：「崇勳武夫，不知朝廷之儀。舉奏者，柄臣所以振紀綱；寬釋者，人主所以示恩德。如此，則仁愛歸於上，而威令肅於下矣。」《言行録》

王欽若再秉大政，屢以宫觀欽奉疏簡，不若昔時爲言。明肅依違未能決。公一日於簾前奏曰：「天道遠，人道邇。天禧中，靈文降，言先帝聖壽三萬日，時欽若率先慶抃曰：『三萬日，八十三歲。』太后必亦記之。後乃無驗。然則今日欽奉之禮，自不須過當。」欽若赧然而退，自爾不復言。《言行録》

韓魏公言，希文、師魯畏沂公。師魯初入館，編校四年，復欲得一差遣，遂至中書援錢延年例。沂公徐曰：「學士自待，何爲在錢延年等列耶？」師魯終身以爲媿。《魏公别録》

韓魏公言，王沂公當國，門下未嘗見顯拔一人。希文乘間輒諷之曰：「明揚士類，宰相之任也。公之盛德，獨少此爾。」沂公徐應之曰：「司諫不思邪，恩若己出，怨將誰歸？」希文憫然嘆曰：「真宰相也！」《魏公别録》又《歸田録》云：王沂公方正持重，最爲賢相，嘗以大臣執政，不當收恩避怨，曰：「恩欲歸己，怨使誰當？」聞者歎服，以爲名言。

錢惟演出守河橋，詣公爲别。公酌酒餞之。錢曰：「惟演身列將相，不爲不重。然朝廷每闕輔相，議不在中，惟公憐之。」公答曰：「相公才用閥閲，豈曾所敢望。然曾忝冠宰府，僅已數年。相公尚寄藩屏者何也？」錢曰：「惟演才識不茂，寔假遭逢，相公科第文章，揚歷中外，豈惟演所敢侔哉！」公曰：「不然。曾之才不及公，而猥當柄用，乃先於公者，蓋以搢紳之士，畏公而不畏曾故也。公誠能去其可畏之跡，使人無所復畏，登庸調化，必有日矣。」杜杞書

公嘗言，始參大政，屬故太尉王公當國，每進用朝士，必先望實。或曰：「某人才，某人賢。」則曰：「誠知此人，然歷官尚淺，人望未著，且俾養望，歲久不渝，而後擢任，則榮塗坦然，中外允愜。」故公執政之日，遵行是言，而人皆心服。《言行録》

公留守洛師，屬歲歉，里有困積者，飢民聚黨脅取，隣郡以强盜論，報死者甚衆。公但重笞而釋之。遠近聞以爲法，全活者數千計。仍上言：「國初江、浙未

下之日，嘗命陝、雍、晉、絳歲漕粟以赴京師。」遂詔給陝粟二十萬，儲廪充而民息肩，于今賴之。《言行録》

公凡更四鎮，所至悉興學校，輟俸錢以助其費，青州仍出家藏書以備習讀。《言行録》

公非聖之書未嘗再覽，邪誕之事未嘗致毁，亦不之信。南都府署之内有神祠，頗推靈怪，日有請禱。公下車之始，即杜其出入之所，惟朔望俾牙校致奠，訖無他異。時訛言有怪物夜飛下食小兒者，遠近相恐，未昏則楗户滅燭，蔽匿童稚，以黄紙薰炷置門，用爲厭勝。公聞之，戒徼巡之吏，悉令屏去，有爲先倡者，捕而重笞，逐出於境。民情遂安。妖至襄邑而止。《言行録》

公再莅大名，代陳堯咨。既視事，府署毁圮者，即舊而葺之，無所改作。什器之損失者，完補之如數。政有不便，委曲彌縫，悉掩其非。及移守洛師，陳復爲代，覩之歎曰：「王公宜其爲宰相，我之量弗及已！」蓋陳以昔時之嫌，意謂公必返其故，發其隱也。《言行録》

公再莅大名，治政益信於俗，民居軍伍，咸畫像以事之。時虜使每往復入境，皆云：「此府王公在焉。」必沐浴潔服而後入。《言行録》

公前罷參政日，往候故太尉王公，王已疾困辭，弗得見。既而顧其婿范令孫再言曰：「王君介然，他日勳業德望甚大，顧余不得見之耳。」且曰：「王君昨以避讓會靈使領咈上意，而王君進對詳雅，詞直氣和，了無所懾。且王君始被進用，而能若是，僕在政府幾二十年，每進對忤意，即蹴踖不能自容，以是知其偉度矣。」初，公自登朝，歷掖垣内署，每謁王公，必語及闕政，公辭以不在其位，不敢預聞。王曰：「嘻！君他日必當重任，期君振擧之耳。」《言行録》

韓魏公言，王沂公德器深厚而寡言。當時有得其品題一兩句者，人皆以爲榮。琦爲諫官時，因納劄子，忽云：「近日頻見章疏，甚好，只如此可矣。向來如高若訥輩，多是擇利，范希文亦未免近名。要須純意於國家事爾。」琦聞此言，益自信也。《魏公别録》

公嘗語曰：「昔楊文公有言，人之操履，無若誠實。吾每欽佩斯言。苟執之不渝，夷險可以一致。」《言行録》

公自奉甚薄，待客至厚，於滋味無所偏嗜，庖人請命，未嘗改饌。事諸父、諸母、乳母，盡其孝謹。葬外氏十餘喪，嫁姻族孤女數人。《言行録》

王沂公與孫冲同膀，冲子京一日往辭，沂公相留云：「喫食了去。」飭子弟云：「已留孫京喫食，安排饅頭。」饅頭時爲盛饌也。食後合中送數軸簡紙，開看，皆是他人書簡後截下紙。其儉德如此。《韓莊敏遺事》

王沂公當國，屢薦吕許公夷簡，是時明肅太后聽政，沂公奏曰：「臣屢言夷簡才望可當政柄，而兩宫終未用。以臣度太后之意，不欲其班在樞密使張旻之上耳。且旻一赤脚健兒，豈容妨賢如此？」太后曰：「固無此意，行且用夷簡矣。」沂公曰：「兩宫既已許臣，臣請即令宣召學士草麻。」太后從之。及許公大拜，漸與沂公不葉。《東軒筆録》

公資質端厚，眉目如刻畫，盛服屹然，入朝進止有常處，平居寡言，自奉廉約，人莫敢干以私。楊文公嘗目之曰：「王君揚休山立，宗廟器也。」

胡文定公曰：李文靖澹然無欲，王沂公儼然不動。資禀既如此，又濟之以學，故是八九分地位也。

田況《儒林公議》　王曾僕射有台宰之量，每進擢時材，不欲人歸恩在己。初參大政，嘗薦蘇維甫者可當煩使。維甫至京師，屢造其門，不敢輒干以私。一日，久奉朝請，資用已乏，因旬澣詰旦詣公，語餘遂及身計。公答以他辭，維甫退，所館已有持勅者在門。乃新命江淮都大發運使，寔朝行之極選也，乃王公九日所署勅也，維甫慚歎久之。其它事多類此。范仲淹被遇極深，嘗贊之曰：「久當朝柄，未嘗樹私恩，此人之所難也。」公曰：「恩若自樹，怨使誰當？」識者以爲明理之言。

江休復《江鄰幾雜志》　真宗上僊，明肅召兩府諭之，一時號泣。明肅曰：「有日哭在，且聽處分。」議畢，王文正曾作參政，秉筆，至淑妃爲皇太妃，卓筆曰：「適來不聞此語。」丁崖州曰：「遺詔可改邪？」衆亦不敢言。明肅亦知之，始惡丁而嘉王之直。

歐陽修《歸田録》卷一　王文正公曾。爲人方正持重，在中書最爲賢相。嘗謂：大臣執政，不當收恩避怨。公嘗語尹師魯曰：「恩欲歸己，怨使誰當！」聞者歎服，以爲名言。

歐陽修《歸田録》卷二　咸平五年，南省試進士《有教無類賦》，王沂公爲第一。賦盛行於世，其警句有云：「神龍異禀，猶嗜欲之可求；纖草何知，尚薰蕕而相假。」時有輕薄子擬作四句云：「相國寺前，熊翻筋鬥；望春門外，驢舞柘枝。」議者以爲言雖鄙俚，亦著題也。

釋文瑩《湘山野録》卷上　予嘗愛王沂公曾布衣時，以所業贄吕文穆公蒙

正，卷有早梅句云：「雪中未問和羹事，且向百花頭上開。」文穆曰：「此生次第已安排作狀元宰相矣。」後皆盡然。

佚名《道山清話》 王沂公每見子姪語話，學人鄉音，及效人舉止，必痛抑之，且曰：「不成登對。」後亦如此。

沈括《夢溪補筆談》卷二 有一朝士與王沂公有舊，欲得齊州。沂公曰：「齊州已差人。」乃與廬州，不就，曰：「齊州地望，卑於廬州，但於私便爾耳。相公不使一物失所，改易前命，當亦不難。」公正色曰：「不使一物失所，唯是均平。若奪一與一，此一物不失所，則彼一物必失所。」其人慚沮而退。

王闢之《澠水燕談録》卷二 真宗晏駕，二府受遺制：「輔立仁宗及皇太后權聽斷軍國事。」宰相丁謂欲去「權」字，王沂公時參大政，獨執之曰：「皇帝沖年，太后臨朝，斯非國家常典，稱『權』猶足示後，況言猶在耳，何可改也！」謂深感其言，「權」字遂不敢去。

景德中，朝廷始與北虜通好，詔遣使將以北朝呼之，王沂公以爲太重，請但稱契丹本號可也。真宗激賞再三，朝論韙之。

祥符中，王沂公奉使契丹，館伴耶律祥頗肆談辨，深自衒鬻，且矜新賜鐵券。公曰：「鐵券，蓋勳臣有功高不賞之懼，賜之以安反側耳，何爲輒及親賢？」祥大沮矣。

乾興初，丁謂欲每議大政則太后後殿朝執政，朔望則皇帝前殿朝羣臣；其餘常事，獨令入内押班雷允恭附奏禁中，傳命二府。衆以爲隔絶中外，不便。王沂公時判禮院，引東漢故事，皇帝在左，太后在右，同殿加簾，中書、樞密院以次奏事，人心乃安。

王闢之《澠水燕談録》卷三 王沂公當軸，以厚重鎮天下，尤抑奔競。張師德久次館閣，博學有時望，而不事造請，最爲魯肅簡公所知。一日，中書議除知制誥者，魯盛稱張才德，沂公以未識爲辭。魯密諷張見沂公，張辭不往，魯屢諷之，張重違魯意，始緣職事一往，沂公辭不見，張大悔恨。他日，中書復議，魯無以易張，曰：「向已爲公言之矣。」沂公曰：「張君器識行義足以爲此，然尚有請謁耳。」逾年，方命掌誥。沂公之取人如此，故當時士大夫務以沖晦自養焉。

王闢之《澠水燕談録》卷七 王文正公曾、李文定公迪，咸平景德間，相繼狀元及第。其後更踐政府。及罷相鎮青，又爲交承。故文正《送文定移鎮兗海詩》有「錦標得儁曾相繼，金鼎調元亦踐更」之句，又云「并土兒童君再見，會稽章紱我偏榮。」蓋文定再鎮兗，而青社，文正鄉里也。

孔平仲《談苑》卷二 王曾在青州爲舉人時，或令賦《梅花詩》，曾詩云：「而今未説和羹用，且向百花頭上開。」識者已許曾必狀元及第，仕宦至宰相。

真皇上僊，執政因對奏：寇準與南行一郡。丁謂至中書云：「雷州司户。」王曾參政云：「適來不聞有此指揮。」丁云：「居停主人，宜省言語。」王悚息而已。蓋王是時，僦寇宅而居。

魏泰《東軒筆録》卷三 真宗初上仙，丁晉公、王沂公同在中書。沂公獨入劄子，乞於山陵已前一切内降文字，中外並不得施行，又乞今後凡兩府行下文字，中書須宰臣、參政，密院樞密使、副、簽書員，方許中外承受。兩宫可其奏。晉公聞之，愕然自失，由是深憚沂公矣。

魏泰《東軒筆録》卷七 王沂公曾當國，屢薦吕許公夷簡，是時，明肅太后聽政，沂公奏曰：「臣屢言吕夷簡才望可當政柄，而兩宫終未用，以臣度太后之意，不欲其班在樞密使張旻之上耳。且旻亦赤脚健兒，豈容妨賢如此？」太后曰：「固無此意，行且用夷簡矣。」沂公曰：「兩宫既以許臣，請即今宣召學士草麻。」太后從之。及許公大拜，漸與沂公不叶，晚年暌異，勢同水火。當時士大夫各有附麗，故慶曆中朝廷有黨人論矣。

葉夢得《石林燕語》卷七 寇萊公初入相，王沂公時登第，後爲濟州通判。滿歲，當召試館職。萊公猶未識之，以問楊文公曰：「王君何如人？」文公曰：「與之亦無素，但見其兩賦，志業實宏遠。」因爲萊公誦之，不遺一字。萊公大驚，曰：「有此人乎？」即召之。故事，館職者皆試於學士院或舍人院，是歲沂公特試於中書。

葉夢得《石林燕語》卷九 王沂公初就殿試時，固已有盛名。李文靖公沆爲相，適求婿，語其夫人曰：「吾得婿矣。」乃舉公姓名曰：「此人今次不第，後亦當爲公輔。」是時，吕文穆公家亦求姻於沂公。公聞文靖言，曰：「李公知我。」遂從李氏，唱名果爲第一。晏元獻公嘗屬范文正公擇婿。久之，文正言有二人，其一富高，一張爲善。公曰：「二人孰優？」曰：「富君器業尤遠大。」遂納富，即富公也。時猶未改名。以宰相得宰相，衣冠以爲盛世事。爲善亦安道舊名。

朱弁《曲洧舊聞》卷一 王文正爲參知政事，嫉丁晉公姦邪，屢欲開陳，以宰執同對，未果。每閑暇與晉公語，色欲言而輒止者數四。晉公詰之，文正曰：「弟某當遠官，而老母鍾愛，兹事頗亂方寸也。」晉公曰：「公可留身面陳其事，得

旨，吾曹亟奉行爾。」明日，宰執退，而文正獨留。晉公悟，悔之不及。文正具陳謂姦邪，簾幃嘉納。丁自此黜，士論莫不快之。

施德操《北窗炙輠録》卷下　王沂公作三元，人皆賀之，皆交贊其三元之盛，沂公正色曰：「曾當時牕下讀書意，本不爲此二字。」又在太學時，至貧，冬月止單衣，無綿背心，寒甚，則二兄弟乃以背相抵，晝夜讀書，人或遺之以衣服，皆不受。」蓋是時已氣蓋天下矣，安得不亨達？

王銍《默記》　丁謂當國，權勢震主，引王沂公爲參知政事，諂事謂甚至。既登政府，每因閒暇與謂言，必涕泣作可憐之色，晉公問之數十次矣。一日，因問，閔默對曰：「曾有一私家不幸事，恥對人言。曾少孤，惟老姊同居，一外生不肖，爲卒，想見受艱辛杖責多矣。老姊在青州鄉里，每以爲言。」言訖又涕下。謂亦惻然，因爲沂公言：「何不入文字，乞除軍籍？」沂公曰：「曾既污輔臣之列，而外生如此，豈不辱朝廷？自亦慙言於上也。」言畢，又涕下。謂再三勉之云：「此亦人家常事，不足爲媿，惟早言於上，庶脱其爲卒之苦爾。」自後謂數數勉之留身上前奏知，沂公必涕下曰：「豈不知軍卒一日是一日事？但終自羞赧爾。」晉公每催之，且謂沂公曰：「某日可留身奏陳。」沂公猶不欲，謂又自陳之。一日，且責沂公：「門户事乃爾緩？謂當奉候於閤門。」沂公不得已，遂留身。既留身踰時，至將進膳猶不退，盡言謂之盜權姦私，且言：「丁謂陰謀詭譎多智數，變亂在頃刻。太后陛下若不亟行，不惟臣身齏粉，恐社稷危矣！」太后大怒，許之，乃退。晉公候於閤門，見其甚久，即頓足捩耳云：「無及矣！」方悟知其令謂自爲己謀，不使之覺，欲適當山陵之事而發故也。沂公既出，遇謂於閤門，含怒不揖而出。晉公始悟見賣，含毒而已不覺也。是日，既至都堂，召兩府入議，而不召謂。謂知得罪，祈哀於馮拯、錢惟演及曾等，曰：「今日謂家族在諸公矣。」太后欲誅謂，拯申理之。沂公奏請召知制誥，就殿廬草制罷之，不復宣麻。太后從之。責太子少保，分司西京，俄竄崖州。向使謂防閑沂公，則豈有此禍？故知權數在謂之上也。

吴曾《能改齋漫録》卷一二　王沂公狀元及第，還青州故郡。府帥聞其歸，乃命父老倡樂迎於近郊。公乃易服，乘小衛，由他門入。遽謁守，守驚曰：「聞君來，已遣人奉迎。門司未報，君何爲抵此？」王曰：「不才幸忝科第，豈敢煩郡守父老致迓，是重其過也。故變姓名，誑迎者與門司而上謁。」守歎曰：「君所謂真狀元矣。」遂許之遠大。

陸游《家世舊聞》卷下　先君諱宰，字元鈞。言，青州王沂公所居坊，有榜曰三元文正之坊。又嘗見沂公初登科，報其父書曰：「曾今日殿前唱名，遂忝第一。皆先世積德，大人教訓所至。然此亦是世間有底事，大人不須過喜。」因言楚公登科時，第四人張中在殿廷喜甚，挈楚公手曰：「如何得鄉里知去。」楚公不答，及歸密謂親曰：「此殆非遠器也。」中爲明州象山縣官，坐私與高麗人朴寅亮倡和詩停官，終身沈滯。雖一時不幸坐法，亦器宇非遠大也。

李元綱《厚德録》卷二　王沂公曾留守洛師，歲歉，里有囷積者。饑民聚黨脇取，鄰郡以强盜論報，死者甚衆。公但重笞而釋之，遠近聞以爲法，全活者數千計。仍上言：國初淮、浙未下之日，嘗命陝、雍、晉、絳，歲漕粟以赴京師。遂詔給陝粟二十萬。儲廩充而民息肩，於今賴之。

校書郎張子奭居三川間，嘗請見王沂公。延於便坐，屏左右語之曰：「聞伊闕令劉定基貪虐無狀，民將興訟。」又出書一軸，悉數其罪，且曰：「爲吏至此，誠不足念。若舉以成獄，則平民罹其害者，不啻千人。今將先事除之如何？」子奭對以漢薛宣故事，公頷之。未幾，檄召令至府面詰之，仍示以鄉來書軸，俾自閲之。劉首伏，不敢有隱，且求解去。翌日，以疾告自免。由是訟息而民安。出王皞《王沂公言行録》。

韓淲《澗泉日記》卷下　王公曾、張公詠、錢若水微時，謁華山陳希夷求相，欲以學仙者。希夷謂王、張曰：「爾輩非仙才，王當爲宰輔。」顧張取紙筆遺之，張曰：「悟矣，推吾入鬧中耶。」又謂錢曰：「余不足以知子，當見白閣道者。」錢遂造之，道者曰：「君急流中勇退人也。」其後，王果拜相，張位至八座，歷試中外，以才顯。錢爲樞臣。

王栐《燕翼詒謀録》卷四　歐陽修少孤，其叔父教之學，既貴，乞以一官回贈，以報其德。詔從之。乃自員外郎贈郎中。後世以爲美談，不知又有先於修者，王曾爲參知政事，改葬叔太子中舍宗元、叔母嚴氏，自言幼孤，叔父母育之。詔贈宗元工部員外郎，嚴氏懷仁縣太君。

岳珂《桯史》卷九　内黄傅珏者，以財雄大名。父世隆，決科爲二千石。珏不力於學，弁髦碌碌下僚，獨能知人。嘗坐都市，閲公卿車騎之過者，言它日位所至，無毫髪差。初不能相術，每曰：「予自得於心，亦不能解也。」嘗寓北海，王沂公曾始就鄉舉，珏偶俟其姻于棘圍之外，遇之，明日，以雙筆要而遺之，曰：「公必冠多士，位宰相，它日無相忘。」聞者皆笑。珏不爲怍，遂定交，傾貲以助其

用，沂公賴之。既而如言，故沂公與其二弟以兄事之，終身不少替。前輩風誼凜凜固可敬，而珏之識亦未易多得也。珏死明道間，官止右班殿直，監博州酒。其孫獻簡堯俞，元祐中爲中書侍郎，自誌其墓，余舊嘗見前輩所記，與誌微不同。

葉寘《愛日齋叢鈔》卷二 王沂公以簡紙數軸送人，皆他人書簡後截下紙。晏元獻公凡書簡首尾空紙，皆手剪熨，置几案以備用。王文康公平生不以全幅紙作封皮，嘗戒其子弟。諸公皆身處貴盛，儉德若此。世俗費紙者何人，語以古事，未必不毁薄。梁東莞臧逢世就姊夫劉緩乞丐客刺書翰，末寫《漢書》，見《顔氏家訓》。

備論

《宋史》卷三一〇《王曾傳》 論曰：李迪、王曾、張知白、杜衍，皆賢相也。四人風烈，往往相似。方仁宗初立，章獻臨朝，頗挾其才，將有專制之患。迪、曾正色危言，能使宦官近習，不敢窺覦；而仁宗君德日就，章獻亦全令名，古人所謂社稷臣，於斯見之。【略】宋之賢相，莫盛於真、仁之世，漢魏相，唐宋璟、楊綰，豈得專美哉！

王稱《東都事略》卷五一《王曾傳》 臣稱曰：章獻擁幼君制天下，時大臣怙權，乘之以逞，曾毅然奮忠，臨大節而不可奪，卒使帝室尊榮，禍亂不作，可謂社稷之臣矣。夫賢者以身爲天下用，而安危繫焉。曾佩安危之寄，功烈光明，何媿於古！宜仁宗之旌異云。

藝文

尹洙《河南集》卷一七《祭僕射王沂公文》 年月日，故吏尹某謹以清酌之奠，敢昭告於故資政殿大學士、僕射、相國沂公之靈：景祐，初公臨洛師，某在幕府，公以才敏見目，數被器使。議獄處事，某或依違其言，公必丁寧，勗以正道。及公再秉大政，嘗以身事，有請門下。公莊色厲辭，不少恩假。某始懼中慊，終則大悟。嗚呼！凡公語言，雖因事見誨，然公在大位，默不敢傳。公今薨謝，輒録以自思，一言之誣，天實鑒之。以衰服不獲備故吏之列，情禮莫伸，嗚呼哀哉！

宋祁《景文集》卷九《王沂公挽詞三首》 盡瘁辭當國，均勞得偃藩。幄中留秘畫，天下滿危言。日企還三事，寧圖閟九原。誰將河海淚，一灑問乾坤。

下閣成憂疢飛，郵走詔醫。遵鴻徒望渚，浴鳳不歸池。宣室君朝罷，翹車客涕垂。正應廊廟上，畫一奉蕭規。

翣路風號野，松阡水溢滎。滕君今見日，傅魄上騎星。詒訓金籯滿，圖功簡史青。空嗟令君坐，千古掩餘馨。

劉敞《公是集》卷三六《王沂公祠堂記》 齊、魯雖皆稱貴文學、尚禮義之國，然其俗亦與時升降。小白右功力，任權數，則其敝多匿智。伯禽尊尊親親，至其衰也，洙泗之間，長幼相揖讓，其失蓋以遠矣。然仲尼稱之曰：「齊一變至于魯，魯一變至于道。」由此論之，非明君賢師扶世導民，孰能反其本哉？五代之亂，儒術廢絶。宋受命垂七十年矣，天下得養老長幼，無兵革之憂，庶且富矣，然未有能興起庠序，致教化之隆者也。自齊、魯之間，弦誦闕然，況其外乎？丞相沂公之初守青也，爲齊人建學。其後守鄆也，爲魯人建學。由是二國之俗，始益知貴詩書之業，而安其性之所樂。老師宿儒，幼子童孫，粲然自以復見三代之美。禮讓日興，刑罰日衰。嗚呼，君子之盛德大業哉！孔子所謂至于道者非耶？沂公薨于鄆且二十年，鄆人愛慕而悲思之，僉曰：「不可使文正之德不享于世。」前太守錢公子飛聞之，因即學宫而建祠堂，以稱士大夫之意。錢公去位之五年，堂乃成，其廣若干，脩若干，崇若干，凡皆錢公之素也。《甘棠》之詩曰：「勿翦勿伐，召伯所茇。」亦諸侯之正風哉。序其語于石，以詔後世。又作登歌一章，并刻之云。

文武維周，天命郅隆。孰相其成？周公、太公。周公冢宰，太公尚父。遜厥碩膚，惠于齊魯。維此齊魯，聖賢之緒。尊德樂道，四方爰茹。不振不競，靡則靡定。既晦而明，在我文正。天子是毗，諸侯是師。賦政于外，俾民不迷。乃設學校，乃敦詩書。翼翼齊魯，若周之初。二公之位，文正履之。二公之治，文正以之。周歷千歲，二公實使之。文正之功，後亦將似之。徂徠之松，新甫之柏，我作此堂，以告無斁。

王柏《魯齋集》卷六《王沂公曾》 温温沂公，大志厚德。桃李成蹊，春風無迹。計折姦回，理化后戚。宗廟之器，揚休山立。

吕夷簡部

綜述

《宋史》卷三一一《吕夷簡傳》 吕夷簡字坦夫,先世萊州人。祖龜祥知壽州,子孫遂爲壽州人。夷簡進士及第,補絳州軍事推官,稍遷大理寺丞。祥符中,試材識兼茂明於體用科,或言六科所以求闕政,今封禪告成,何闕政之求,罷之。通判通州,徙濠州,再遷太常博士。

河北水,選知濱州。代還奏:「農器有算,非所以勸力本也。」遂詔天下農器皆勿算。擢提點兩浙刑獄,遷尚書祠部員外郎。時京師大建宫觀,伐材木于南方。有司責期會,工徒至有死者,誣以亡命,收繫妻子。夷簡請緩其役,從之。又言:「盛冬挽運艱苦,須河流漸通,以卒番送。」真宗曰:「觀卿奏,有爲國愛民之心矣。」擢刑部員外郎兼侍御史知雜事。

蜀賊李順叛,執送闕下,左右稱賀。既而屬御史臺按之,非是,賀者趣具順獄,夷簡曰:「是可欺朝廷邪?」卒以實奏,忤大臣意。歲蝗旱,夷簡請責躬修政,嚴飭輔相,思所以共順天意;及奏彈李溥專利罔上。寇準判永興,黥有罪者徙湖南,道由京師,上準變事。夷簡曰:「準治下急,是欲中傷準爾,宜勿問,益徙之遠方。」從之。趙安仁爲御史中丞,夷簡以親嫌,改起居舍人、同勾當通進司兼銀臺封駁事。使契丹,還,知制誥。兩川饑,爲安撫使,進龍圖閣直學士,再遷刑部郎中、權知開封府。治嚴辦有聲,帝識姓名于屏風,將大用之。

仁宗即位,進右諫議大夫。雷允恭擅徙永定陵地,夷簡與魯宗道驗治,允恭誅,以給事中參知政事,因請以祥符天書内之方中。真宗祔廟,太后欲具平生服玩如宫中,以銀罩覆神主。夷簡言:「此未足以報先帝。今天下之政在兩宫,惟太后遠姦邪,奬忠直,輔成聖德,所以報先帝者,宜莫若此也。」故事,郊祠畢,輔臣遷官,夷簡與同列皆辭之,後爲例。遷尚書禮部侍郎、修國史,進户部,拜同中書門下平章事、集賢殿大學士、景靈宫使。玉清昭應宫災,太后泣謂大臣曰:「先帝尊道奉天而爲此,今何以稱遺旨哉。」夷簡意其將復營構也,乃推《洪範》災異以諫,太后默然。因奏罷二府兼宫觀使。進吏部,拜昭文館大學士、監修國史,史成,辭進官。

天聖末,加中書侍郎。章懿太后爲順容,薨,宫中未治喪,夷簡朝奏事,因曰:「聞有宫嬪亡者。」太后矍然曰:「宰相亦預宫中事邪?」引帝偕起。有頃獨出,曰:「卿何間我母子也?」夷簡曰:「太后他日不欲全劉氏乎?」太后意稍解。有司希太后旨,言歲月葬未利。夷簡請發哀成服,備儀仗葬之。

大内火,百官晨朝,而宫門不開。輔臣請對,帝御拱辰門,百官拜樓下,夷簡獨不拜。帝使人問其故,曰:「宫庭有變,羣臣願一望清光。」帝舉簾見之,乃拜。詔以爲修大内使。内成,進尚書右僕射兼門下侍郎,辭僕射,乃兼吏部尚書。

初,荆王子養禁中,既長,夷簡請出之。太后欲留使從帝誦讀,夷簡曰:「上富春秋,所親非儒學之臣,恐無益聖德。」即日命還邸中。太后崩,帝始親政事,夷簡手疏陳八事,曰:正朝綱,塞邪徑,禁貨賂,辨佞壬,絶女謁,疏近習,罷力役,節冗費。其勸帝語甚切。

帝始與夷簡謀,以張耆、夏竦皆太后所任用者也,悉罷之,退告郭皇后。后曰:「夷簡獨不附太后邪?但多機巧、善應變耳。」由是夷簡亦罷爲武勝軍節度使、檢校太傅、同中書門下平章事、判陳州。及宣制,夷簡方押班,聞唱名,大駭,不知其故。而夷簡素厚内侍副都知閻文應,因使爲中詗,久之,乃知事由皇后也。歲中而夷簡復相。

初,劉涣上疏請太后還政,太后怒,使投嶺外,屬太后疾革,夷簡請留之。至是,涣以前疏自言,帝擢涣右正言,顧謂夷簡:「向者樞密院亟欲投涣,賴卿以免。」夷簡謝,因曰:「涣由疏外故敢言,大臣或及此,則太后必疑風旨自陛下,使子母不相安矣。」帝以夷簡爲忠。

郭后以怒尚美人,批其頰,誤傷帝頸。帝以爪痕示執政大臣,夷簡以前罷相故,遂主廢后議。仁宗疑之,夷簡曰:「光武,漢之明主也,郭后止以怨懟坐廢,況傷陛下頸乎?」夷簡將廢后,先敕有司,無得受臺諫章奏。於是御史中丞孔道輔、右司諫范仲淹率臺諫詣閤門請對,有旨令臺諫詣中書,夷簡乃貶出道輔等,后遂廢。宗室子益衆,爲置大宗正糾率,增教授員。加右僕射,封申國公。

王曾與夷簡數争事,不平,曾斥夷簡納賂市恩。夷簡乞置對,帝問曾,曾語屈,於是二人皆罷。夷簡以鎮安軍節度使、同平章事判許州,徙天雄軍。未幾,以右僕射復入相,逾年,進位司空,辭不拜,徙許國公。時方飭兵備,以判樞密院

事，而諫官田況言總判名太重，改兼樞密使。

契丹聚兵幽薊，聲言將入寇，議者請城洛陽。夷簡謂：「契丹畏壯侮怯，遽城洛陽，亡以示威，景德之役，非乘輿濟河，則契丹未易服也。宜建都大名，示將親征以伐其謀。」或曰：「此虛聲爾，不若修洛陽。」夷簡曰：「此子囊城郢計也。使契丹得渡河，雖高城深池，何可恃耶？」乃建北京。

未幾，感風眩，詔拜司空、平章軍國重事。疾稍間，命數日一至中書，裁決可否。夷簡力辭，復降手詔曰：「古謂髭可療疾，今翦以賜卿。」三年春，帝御延和殿召見，敕乘馬至殿門，命內侍取兀子輿以前。夷簡引避久之，詔給扶毋拜。乃授司徒，監修國史，軍國大事與中書、樞密同議。固請老，以太尉致仕，朝朔望。既薨，帝見羣臣，涕下，曰：「安得憂國忘身如夷簡者！」贈太師、中書令，謚文靖。

自仁宗初立，太后臨朝十餘年，天下晏然，夷簡之力爲多。其後元昊反，四方久不用兵，師出數敗；契丹乘之，遣使求關南地。頗賴夷簡計畫，選一時名臣報使契丹，經略西夏，二邊以寧。然建募萬勝軍，雜市井小人，浮脆不任戰鬥。用宗室補環衛官，驟增奉賜，又加遺契丹歲繒金二十萬，當時不深計之，其後費大而不可止。郭后廢，孔道輔等伏閤進諫，而夷簡謂伏閤非太平事，且逐道輔。其後范仲淹屢言事，獻《百官圖》論遷除之敝，夷簡指爲狂肆，斥于外。時論以此少之。

夷簡當國柄最久，雖數爲言者所詆，帝眷倚不衰。然所斥士，旋復收用，亦不終廢。其於天下事，屈伸舒卷，動有操術。後配食仁宗廟，爲世名相。始，王旦奇夷簡，謂王曾曰：「君其善交之。」卒與曾並相。後曾家請御篆墓碑，帝因慘然思夷簡，書「懷忠之碑」四字以賜之。有集二十卷。

張方平《樂全集》卷三六《故推誠保德宣忠亮節崇仁協恭守正翊戴功臣開府儀同三司守太尉致仕上柱國許國公食邑一萬八千四百户食實封七千六百户贈太師中書令謚文靖呂公神道碑銘并序》 皇宋受命，光宅天下，唯上帝顧保，世賚良弼。在太宗朝，有若呂文穆公蒙正，率循大卞，乂寧王家，克左右亂四方，以底綏大業。聖上纘服，有若元宰太尉許公，寅亮一德，謨明修輔，荅揚祖宗之猷訓，以緝熙於光明。此所以持盈保成，重雍累洽，隆無疆之基者也。公諱夷簡，字坦夫，文穆公之從子。太嶽之後，流光源深。大王父夢奇，唐兵部侍郎、北京副留守，以文穆貴，追贈太師。王父龜祥，以殿省丞守壽春，有善政，没，因家焉。考蒙亨，嘗舉進士，禮部奏名處高等，方從兄執政，嫌不就廷試。後選集吏部銓，得引對，太皇顧判銓王旦曰：「某佳士，奈何以蒙正故抑之？」旦曰：「此其文學政事有過人者。」即授光禄寺丞，改丞大理，無禄早世。公登台司，追錫命三代，並至開府儀同三司、中書令兼尚書令，封齊、祁、魏三國。咸平三年，章聖始御便座，閱郡國貢士，公以進士擢第，解褐絳州推官，再調鹽城監判官，將漕以幹局聞。就遷大理丞，榷定鹽筴，度署西溪，大儲放利。會詔舉六科，以才識兼茂試政事堂。屬將封泰山，或言非訪闕政時，因例報罷，出倅通、濠。材譽日洽，章聖識其名。濱城並河水，羨溢爲害，寇萊公鎮魏，請擇守於朝。上諭宰司，而以公行。到郡循隄防，究民利病，平繇省賦，拯諸墊昏。暇日閱征簿，見田鎛之筭，曰：「先儒有言，王道本於農，此何名哉？」表請除之，朝廷推其法天下，自是農器無征。太尉王文正當國，深器重公。時王沂公曾在西掖，文正嘗從容問沂公：「頗知呂濱州乎？」曰：「聞名舊矣。」太尉曰：「他日成天下之務者斯人也，君善交之。」後公竟與沂公同當鈞軸。徙兩浙提點刑獄，時緣瑞符繕靈宫，上所嚴嚮，貴權督作，外希風旨，趨副期會，役徒斬材，或殞林壑，吏輒以亡命聞，而囚其孥。公具條白，採伐爲緩。桃木浮河，調夫輓送，方冬水涸，暴宿河埭，公請一切散遣，須春流，番兵更。還陛覲，面承慰奬，擢刑部員外郎，知御史臺雜事，賜五品服。數治詔獄，聽訟事，閱實明辯，當比平恕。天禧旱蝗，祆民驚譁，屢奏讜言，指陳變咎。公之論事婉而正，辯而裁，通而易從，不崇空語，以干浮譽，故人主樂於聽受。嘗臨諭曰：「卿言朕自主，勉毋悼害。」復因占對稱旨，特寵金艾。近姻除中丞，換起居舍人，領通進銀臺封駮。從官小會，必蒙特召，後亦不得以爲例也。每上前目送，注意殊渥。內史缺，丞相進名而不及公，帝曰：「呂某固宜此選。」公適持金絮使臨湟，命虛員以待。復節，除兵部員外郎、知制誥，俄授刑部郎中、龍圖閣直學士、知開封府。都邑務劇，尹正才難，擊斷者雜中善良，循恕者并容姦蠹。公之爲理，雅得其術，威而不猛，寬而無犯，機芒不施，區橐自破，治政清净，府庭肅然。逮今言尹京之政，公爲吏師。今上莅阼，優除右諫議大夫。永定甫窆，內璫徙筮山，辭連冢司，詔公馳驛覆視，初陵既復，同軌如期。朝廷曰能，遂以給事中參知政事。自章聖愆豫，希見大臣，翼室宅宗，房闥助治，二府機政稍復壅閡。公時判禮儀事，請親户牖之聽，以分帷帟之重，柅絶矯漏，用周幾微。綴衣移御，即請罷天書儀衛，納靈文方中，闇然日章，其慮遠矣。祏主登祔，章獻慕往，本室器服欲如事生，公執禮文，竟循舊典。東朝參決，抗尊當

寧，裁葹儀物，無溢等數，事規諸萌，務全王體。進貳六職，歷小宗伯、小司徒，毗贊七年，遂正宰席，領景靈宫使、集賢殿大學士。一心百慮，知無不爲，推選名儒，增設講員，敷經上前，導以典學。每奏事之間，輒引經史，稱古昔以諭，哲惠日新，發於啓迪。玉清災，議止繕營，因表謝宫使，加吏部侍郎、昭文館大學士、監修國史，登冠三階。公自參貳，兼掌國策，合三朝之載以緒成大典，至是史成，凡預筆削，率被遷賞。公前事確讓，特蒙褒許。久之，拜中書侍郎兼兵部尚書，復辭都兵。章懿之即遠也，獻后俾爲菆塗，且毋變朝夕，公請襄事如禮。司天探旨，撓以拘忌，獻后遣謁者挾日官使公裁，公執大義不可奪，卒制服發哭，考吉日，備宫仗，葬近原，以究恤典。禁籞春宴，獻后命無廢，會公固啓而罷。翚幄顯威，龍德務晦，懿不待養，弗言而毀，得伸情禮，緊公將順。且念輔臨之久，而虞倖密之間，規中造滕，事爲之慎。自此至尊舉息皆章惠躬涖，簡用剛鋭，任之言責，協規交警，俾僾后心。欽承二宫，周旋十年，内無隙言，外無異慮。孝慈篤至，固由上聖之姿；佐佑彌縫，抑自嘉猷之助。天聖保定，公實勤止。禁城火，領使庀作，落成，進右僕射兼門下侍郎。時二駕復新宫，肆大眚，恩覃内外，特疇公勞而加異數。公請均同列，懇讓不拜，止以吏部尚書兼鸞臺。獻后登遐，上念章惠擁翼之勤，褒上崇名，著之遺札。公以漸不可長，亟白刊誥，止奉保慶之册，以揭大明之照。時王路方正，乾剛獨運，攄發健粹，始初清明。公手疏七條，以端治本，杜宣授，止中畫，斷側門之貢，絶刊章之弊。天下聞聽，廓焉更新，永底蒸民之生，則惟我后之德。衮司十稔，深懷抑畏，頓首上前，祈避重位。制授武勝軍節度使、同中書門下平章事、判陳州。將行燕見，願得上三年計。帝曰：「行矣，半歲其還相余。」公之在朝也，則聖人之心易然，而無天下之憂；公之不在於朝也，則聖人之心慊然，若無與屬其天下。至於朝議塗説，咸企公歸。如期而召，復冠鈞衡，修明治方，綜覈名實。自左右常任、準人、牧夫，俊乂在官，本於訓迪。光天之下，至於蠻貊之邦，但見巍巍之尊，如天之覆，美利所及，日用不知。惟景祐之平康，則變諧之績用。若乃並侑三后，著不祧之式，以顯揚文武之烈；崇建中壼，尊順成之體，以嚴對宗廟之重。其糾睦公族也，則官之環尹，以别庶姓，勗之講學，以納軌善；其章叙庶工也，則陞之類舉，以合公論，集之朝邸，以嚴班制。伸理誣枉，若寇忠愍之比，悉及昭恤；紹續功舊，如潘武惠而下，咸加甄叙。此又贊襄餘論，推廣德澤一二大較也。若其沃心話言，極深研幾，慎密不出，莫悉聞已。景祐二年，拜右僕射。冬至，上享帝於陽丘，封申國公。三年，表六上納政，手札譬止。次春，復五上，天子重違沖旨，命以鎮安軍節度使、檢校太師、同平章事判許州。在許二年，而夏戎叛，公聞之，曰：「嘻！鷇羽翼成，是必颺去。吾恐謀國者慮害不深，事失機先，必致朝廷旰食。」已而如公言，卒至繹擾，天下被其勞。故徙公鎮魏，固河朔心。公比當衡，每籌邊奏，揣敵動静，效如在目。及此過覲，手詔問策。公儁陳西北守禦利害，朝議賴以適從。至魏，浚城洫，除器備，審佼壯籍，蒐補其缺，番休訓肆，聲懾戎境，大河之北，長城岌然。康定元年五月，復召輔政，悉仍舊秩。騎寇犯塞，赤囊日至。公慮屯戍之久，生佗盜心，於是始議營北都，城鎮寧，以謹北門之閉；募民兵，增州防，以重庶邦之守。三邊守宰悉從擇遣，俾綏凋敝；諸府裨校間爲召見，使知感歎。夜思而得，旦請而行。已而北人來渝平。山東饑，多盜，備預有素，恃而無虞。冬郊，改封許國公，特拜司空，堅謝得允。上惟文武之柄，付倚在公，倘計議不齊，則事功難集，下制兼判樞密院事。公以二府之舊，相均爲重，啓辭判總，止兼使名。上體愛人之心，密講和戎之畫，數下恩旨，切勑邊吏，内保疆埸，遏其侵軼；外推信義，示之綏懷；意在我守有餘，賊勢自殆，而後可與惟新矣。後諸路防禦益嚴，夏人通款納誓，訖如公策。慶曆二年季冬甲寅，夙興將朝，遂感風眩。上憫公勞瘁，至忘其身，詔除司空、平章軍國重事，聽三五日一入。累牘遜免。朝機邊畫，就第咨訪。勑就開寶浮圖設道會，祝公延壽。御府出萬金藥，上剪髭和匕以賜，至有「移疾朕躬」之諭。遂再辭位，中旨斷表。三年三月，召見延和殿，俾騎及殿扉，以不良行，顧内侍與以前，固辭，更給扶，命無拜。面謝衰篤，慈衷惻然，册拜司徒，猶監史閣，軍國大事。尋致軍國之議，頻表請老，乃以太尉致仕，朝朔望班等丞相，使璫密札軫問無虚月。公世葬鄭原，既得謝，如鄭展墓。郡以疾聞，詔使馳餉藥奩，而已不及，春秋六十六薨。問至，輔臣方奏事，上哭發聲，謂左右曰：「乃心國家，而任大事如吕某者，可復得乎！病不就訣，殁不臨𨤲，吾恨何既哉！」感悼不已，爲制服苑中，哭之甚哀，不視朝三日。贈太師、中書令，禮官考行，謚曰「文靖」。比葬，内密四致奠，賻賜累千。葬日，復廢朝。有以見大君元臣感通契會，同德一體，恩榮始終之極致者矣。其配秦國夫人扶風馬氏，太子少保忠肅公亮之女。婦體順而正，母道慈以嚴。公在許昌，夫人以殁。及鄭展墓也，且將葬夫人，卜有日矣，而公薨，即以慶曆四年十一月壬申，祔於新鄭陪先兆，君子以爲知命。七子：公綽，兵部員外郎、史館修撰；公弼，度支員外郎、三司鹽鐵判官；公著、公孺，並太常博士，操行器識，儒學吏用，維其

似之，必復大顯；公餗，贈右贊善大夫；餘早夭。二女：長適司封郎中雍，文正公子也，次不育。公性莊重，有儀矩，望之毅然而姿宇渾厚，即之溫如而神采英發，才全道周，用無常器。踐歷臺閣，綢繆廊廟。一話一言，莫不留爲故事；有猷有爲，莫不著爲令典。不潔名，不矜勢，敢任天下之怨，不敢有天下之德。至於風郡國，建學校，以廣教育之本；循貢舉，張六科，以大招延之路；志在得士，爲邦家基，推賢援能，彙征於朝。有自常參同時宰廷人物，藻鑒賞別，精裁其品題，初若未盡者，已而果然。善合羣慮，考用衆長，樂道人善，而忘嫌惡。雖待微者，若亡貴賤之間，以延盡下情。其接僚友，周而不比，寬而有辨；其事上，直而無怫，順而能守；其殿邦撫民，條教明，使人便安，而下不敢犯；其在朝位，若不勝其恭者，退而燕居，恂恂如也。與季氏宗簡尤爲友愛，休暇相對，談名理之賾，不及公家之事。而又敏學多聞，精識强記，殫簡册而備究，經耳目者不忘。屬辭雄贍，長於理道，朝廷典册多出公手。至於文史之學，名法之書，當世所行，率公考正。非夫命世之稟，生人之傑，安能德言並立，功名兼劭，如此其章烜也！宗簡惟古之君子論譔其前人之美，以明著於後世，禮之大者，故推諸孤之志，舉烝彝景鐘之義，以請於上。有命史臣，俾敷揚其休烈，康許公，抑所以表其子孫也。銘曰：

天監有宋，世祚明德。能哲而惠，以熙衮職。考慎厥相，用康保民。式克欽承，相惟其人。其人維何，文武許公。實經大猷，股肱王躬。帝視公視，帝聽公聽。有翼有爲，訏謨賦命。恭默未言，弼諧二尊。如權如衡，如篪如塤。嚮明專治，啟發健粹。秉國之平，遵王之義。百揆四岳，庶政惟和。六府三事，九功可歌。于蕃許昌，孰尸鼎鉉。以速寇戎，丕艱廟筭。公體慈旨，請寬叛刑。勅邊謹守，戎卒來庭。三冠泰階，再擁方鉞。忠勞則多，恩禮亦絶。曰師曰公，名器之隆。於申於許，山川之封。二十三年，盡瘁王室。納政於上，請老以佚。臨雍未拜，熒圃言歸。古有知命，公乎庶幾。訃奏來聞，上哭之慟。蓋隱家邦，摧此隆棟。爰命史臣，纂揚丕績。陵谷有遷，音徽無斁。

曾鞏《隆平集》卷五《呂夷簡傳》 呂夷簡，字坦夫，壽州人。曾祖夢奇，後唐爲工部侍郎。咸平三年，夷簡登進士第，累擢知制誥、龍圖閣直學士。仁宗即位，除參知政事。天聖六年拜相，明道二年罷，是年復相。景祐二年封申國公，四年罷，以使相判許州，徙天雄軍。未幾復相。慶曆元年，進封許國公，判樞密院。以判院太重，改兼樞密使。二年，以病特進司空、平章軍國重事。上憂之，翦髭賜以療其疾。夷簡薦富弼等數人可大用，因再辭位。進司徒，固請老，以太尉致仕。卒，年六十六。贈太師、中書令，謚文靖，賜御篆碑額曰「懷忠之碑」。子公綽、公餗、公弼、公著、公孺。始王旦嘗謂王曾曰，夷簡器識遠大，君其善交之。後果與曾並相。夷簡通判貝州，按河北水災，請除田器之算以重本。因詔天下農器皆除算。寇準知永興軍，擿巨姦徙湖南過闕，有上變事者。夷簡曰：「此必有使之者，宜勿問，益徙之遠方。」上從之。權知開封，與魯宗道同按雷允恭徙皇堂事。真宗既祔廟，太后欲神主復日，悉陳其平生服玩。夷簡曰：「太后奉遺以保嗣君，非遠姦進忠，愛民欽天，未足爲報也。」故事，輔臣因郊恩遷官，夷簡與同列豫辭之，遂著爲式。章懿太后上仙，夷簡因奏事簾前曰：「聞夜中有宮嬪亡者。」太后即起，有頃獨出，謂夷簡曰：「卿何間我母子也？」夷簡曰：「太后他日不欲保全劉氏乎？」太后悟，乃發喪成服，備禮葬之。大內災，宮門晨未闢，輔臣請對，上御拱辰門樓，百官拜樓下。夷簡獨不拜，上遣問其故。曰：「宮庭有變，願一見上。」上爲舉簾見之。章獻皇后崩，夷簡手疏，請正朝綱，塞邪徑，禁貨賂，辨佞士，絶女謁，疏近習，罷力役，節冗費。既又立州郡學校，授宗室環衛官，建睦親宅，增教授官，置大宗正以總之。郭后廢，上欲立民間女陳氏爲后。夷簡力止之。慶曆初，契丹兵壓境，夷簡請都大名，示親征之意，曰此囊瓦城郢計也。於是建北京。天聖初，太后臨朝，內外無間言，夷簡之力爲多。議者以其再相，增契丹歲賜，授宗室環衛官，非計之得也。

王稱《東都事略》卷五二《呂夷簡傳》 呂夷簡字坦夫，河南人。祖龜祥，嘗知壽州，遂以家焉。夷簡，大理寺丞蒙亨之子，而宰相蒙正之猶子也。夷簡擢進士，又舉制科，嘗通判通、濠二州。往河北按行水災，還奏曰：「今田器有算，非所以重本也，請除之。」真宗納其言。自是天下農器皆免算。

時王曾爲知制誥，一日至中書見宰相王旦，旦謂曾曰：「君識呂夷簡否？」曾曰：「不識也。」它日復問，曾曰：「嘗訪之士大夫，人多稱其才者。」旦曰：「此人器識遠大，君其善交之。異日，當與君對秉鈞軸。」曾曰：「公何以知之？」旦曰：「吾亦不識夷簡，但以其奏請得之。」曾曰：「奏請何事？」旦曰：「如不稅農器是已。」既而，擢提點兩浙刑獄。方是時，大建宮觀，尚方伐材木期會嚴峻，至有死者，則以其亡命捕繫其子。夷簡上疏請緩其程役。又方冬水涸，民苦於輓運，宜須河疏通以卒送之。真宗以夷簡爲有憂國愛民之心，可其奏。除侍御史知雜事。

寇準知永興軍，擿巨奸徙湖南，有過闕而上變事者。夷簡曰：「此必有以使之，宜勿問，益徙之遠方。」真宗從之。改起居舍人，擢知制誥。西蜀饑，出爲安撫使，除龍圖閣直學士，知開封府。雷允恭擅移皇堂而丁謂庇之，命夷簡與魯宗道乘傳按視，盡得其迹及允恭盜陵中金寶狀聞。允恭誅而罷謂相，乃以夷簡爲給事中、參知政事。

自祥符以來，崇奉天書，設官置使典司其事，儀衛物采甚盛。夷簡建議請納天書於陵中，而官司儀衛悉罷。夷簡處事類如此。真宗既祔廟，章獻后欲神主復日，悉陳其平生服翫，夷簡奏曰：「太后於先帝喪祭之禮，曲盡尊奉，此雖至誠至孝之道，然未足以報先帝。惟遠姦邪，進忠直，推心待下，克己抑謙，愛惜民財，拔擢時彦，使邊鄙寧謐，人物庶富，皇帝德業日茂，太后壽樂無憂，此乃報先帝之大節也。」

仁宗嘗問輔臣：「四方奏獄來上，不知所以裁之，如之何則可？」夷簡曰：「凡奏獄必出於疑，疑則從輕可也。」仁宗深以爲然，終仁宗之世，疑獄一從於輕。故事，輔臣因郊恩遷官，夷簡與同列豫辭之，遂著爲令。天聖七年，以户部侍郎拜同中書門下平章事、集賢殿大學士。時王曾爲首相，與夷簡同列，果如王旦之言。曾嘗從容與夷簡具道旦語，皆嗟歎以爲不可及。玉清昭應宫災，曾因是罷相。章獻意欲復脩，夷簡固請罷之，以答天戒。拜昭文館大學士，進吏部侍郎，監脩國史。

章懿皇后上仙，夷簡因奏事簾前曰：「聞夜中有宫嬪亡者。」章獻即起挽仁宗入內。有頃獨坐，謂夷簡曰：「一宫人死，相公何與？」夷簡曰：「臣待罪宰相，內外事無不當與。」章獻怒曰：「相公欲離間吾子母耶？」夷簡曰：「太后它日不欲保全劉氏乎？太后不以劉氏爲念，則臣不敢言；若尚念劉氏也，喪禮宜從厚。」章獻悟，乃曰：「宸妃也。」夷簡曰：「宸妃之薨，當斂以后服，實以水銀。」司天承章獻之意，且言歲月葬未利，夷簡黜其説，乃發哀成服，備禮以葬。章獻有旨，令鑿內城垣以出神柩。夷簡遽求對，言其鑿垣非禮，宜開西華門以出。章獻使內侍羅崇勳諭夷簡曰：「向夷簡道，豈意卿亦如此也。」夷簡曰：「臣爲宰相，朝廷大事，理當廷争。」因正色謂崇勳曰：「宸妃誕育聖主，而送終之禮如此，異日治今日之事，莫道夷簡不曾説來。」崇勳大懼，馳以告，章獻於是始從其言。

大內災，宫門晨未闢，輔臣請對，仁宗御拱辰門樓。百官拜樓下，獨夷簡不拜。仁宗遣問其故，曰：「宫庭有變，願一見上。」仁宗爲舉簾見之，然後拜。初，章獻后養荆王子於禁中，既長矣，夷簡請出之。章獻欲與仁宗伴讀，夷簡曰：「皇帝富於春秋，非親儒學之臣，則恐無以輔導聖德。」即日命還邸中。

章獻崩，夷簡上疏，請正朝綱，塞邪徑，禁貨賂，辨佞壬，絶女謁，疏近習，罷力役，節冗費，言甚剴切。章獻既崩，或疑章懿之喪。仁宗遣李用和發其葬，視之，容貌如生。使者馳入奏，仁宗於章獻神御前焚香泣告曰：「人言其可信邪？」先是章懿之葬，命晏殊撰志文。殊謂后無子，至是仁宗親政，殊爲參知政事。一日，內出志文以示夷簡曰：「先后誕育朕躬，殊爲侍從，安得不知？」夷簡曰：「宫省事祕，殊之不審，理容有之。然方章獻臨御，若明言先后實生聖躬，可乎？」仁宗默然。良久，命出殊守金陵，明日以爲遠，改守南都。夷簡輯睦二宫、保全大臣如此。明道二年，罷爲武勝軍節度使、同平章事、判陳州，期以半歲召還。是歲，復入爲門下侍郎兼吏部尚書、同平章事、昭文館大學士，兼脩國史。

郭后與尚美人、楊美人争寵，尚氏有侵后不遜語，后不勝忿，起批其頰，仁宗自起救之，誤傷仁宗頸。仁宗大怒，內侍閻文應白仁宗，以爪痕示執政大臣而謀之。夷簡遂欲廢后。仁宗疑之，夷簡曰：「光武，漢之明主也，郭后止以怨懟坐廢，況傷乘輿乎？」夷簡將廢后，請敕有司，無得受臺諫章奏。於是御史中丞孔道輔、右司諫范仲淹帥臺諫詣閤門請對。須臾有旨，令臺諫詣中書。夷簡即貶出道輔等，后遂廢。其後，仁宗欲立民間女陳氏爲后，夷簡力止之。

景祐二年，封申國公。夷簡嘗建議立州郡學校，又因郊禮授宗室子以環衛官，建睦親宅，增教授員，置大宗正以總之。始王曾薦吕夷簡爲相，未幾曾罷，夷簡爲首相。及王曾復相，夷簡專決政事，曾不能平，因對斥夷簡嘗納賂市恩。仁宗以問夷簡，夷簡請置對，曾亦請罪求去。遂以曾知鄆州，亦除夷簡鎮安軍節度使、同平章事，判許州，徙天雄軍。未幾，復入爲右僕射兼門下侍郎、同平章事、昭文館大學士。慶曆元年，拜司空，封許國公。二年，兼判樞密院事，改兼樞密使。

自西鄙用兵，劉平死於陳，黄德和誣平降賊，詔腰斬德和。議者以朝廷使宦者監兵，主帥節制不得專，故平失利，乞罷監兵。仁宗以問夷簡，夷簡曰：「不必罷，但擇謹厚者爲之。」仁宗委夷簡擇其人，夷簡曰：「臣待罪宰相，不與中官私交，無由知其賢否。願詔押班保舉，有不職與同罪。」仁宗許之。翌日，都知押班叩首乞罷監兵，於是士大夫嘉夷簡之有謀。

契丹兵壓境，范仲淹奏乞城京師以備。狄衆是其説，唯夷簡以爲非，曰：「雖有契丹之虞，設備當在河北，奈何遽城京師，以示弱乎？使虜深入而獨固一

城，天下殆矣。」乃建議北都，因脩其城池，增置守備，示親征之意。且曰：「此子囊城郢計也。」卒建北京，識者韙之。契丹遣劉六符等來議和親，夷簡奏曰：「蕃國求和親，漢唐所不免，徐議所以荅之者耳，無深憂也。」仁宗然之。及六符至殿上，讀書如平日，無所問。六符失色，咨嗟而出。至殿門幄次曰：「事已漏矣。」由此有司與之評議無甚難，遂不復求昏，而朝廷許增歲幣，與之再和。以疾辭位，拜司空，平章軍國重事。仁宗憂之，乃翦鬚賜之以療疾。夷簡薦范仲淹、富弼、韓琦、文彦博、龐籍、梁適、曾公亮等可大用，因再引退，拜司徒，固請老，以太尉致仕。薨，年六十六，贈太師中書令，謚曰文靖。

夷簡爲相，方章獻臨朝，內外無間言，天下晏然，夷簡之力爲多。王曾家請篆其墓碑，仁宗惨然思夷簡，書「懷忠碑」三字賜之。治平中，配享仁宗廟廷。

雜録

備録

朱熹《五朝名臣言行録》卷六之一《丞相許國吕文靖公》 歲大水，濱州河溢，寇忠愍公知大名府，請擇守臣。天子親諭宰相，以公行。至則究利害，固隄防，分導水勢，卒不爲民患。濱人至今思之。李宗諤撰《行狀》

河北自五代末即算田鏄。公嘆曰：「王道本於農，此何名哉！」因表除之。朝廷推其法它路，自是農器無征。《行狀》

祥符末，王沂公知制誥，朝望日重。一日，至中書，見王文正公，問：「君識一吕夷簡否？」沂公曰：「不識也。」退而訪諸人，許公時爲太常博士，通判濱州，人多稱其才者。它日復見文正，復問如初，沂公曰：「公前問及此人，退而訪之。」具所聞以告。文正曰：「此人異日與舍人對秉鈞軸。」沂公曰：「公何以知之？」曰：「吾亦不識，但以其奏請得之。」沂公曰：「奏請何事？」曰：「如不税農器等數事。」時沂公自待已不淺，聞文正之言，不信也。姑應之曰：「諾。」既而許公自濱罷，擢提點兩浙刑獄，未幾，爲侍從。及丁晉公敗，沂公引爲執政，卒與沂公並相。沂公從容道文正語，二公皆嗟嘆，以爲非所及。其後張公安道得其事於許公，故於《許公神道碑》略叙一二。《龍川志》

祥符中，營繕宫館，材用所取，東南騷動，斬材木者或碎首洞胸。官嚴期會，以希上意，死者以亡命捕繫妻子。公抗疏條白，卒緩其役，調夫挽送材木。盛冬河涸，暴露岸次，又請一切罷遣。《行狀》

嶺南獲賊，意以爲蜀盜李順者，獻闕下。王欽若在樞府，即稱慶。上以屬臺，公劾之無實，乃守臣利其功鍛成之，具以聞。欽若愧其前慶，欲遂致其罪，公執平無所變撓，上亦從之。《行狀》

歲旱蝗，公表請飭躬修政，略去賡吟小技，敕輔相以弭災變。《行狀》

寇忠愍公知永興軍，府有姦民，吏不能制，寇公摘其罪，竄湖外。過京師，上變自訴，且告寇公有異謀。公惡姦人得志，傷信任之體，請加重刑，益遠竄。報可。公不欲外聞，以恩自歸，戒吏不泄語，外卒無知者。《行狀》

時有習妖術者，相傳能飛，且攫人。都下大駭，捕工術數者，皆考訊傅致其罪。公奏請取捕吏，使參考以防其枉。帝寤，遂無冤者。《行狀》

祥符中，崇奉天書，設官置使，典司其事，儀衛物采甚盛矣。真宗崩，比將葬，文靖公判禮儀院，建議納天書於方中，而官司儀衛皆罷。天慶、天祺、先天、降聖等節，但存其名而已。凡公處事皆類此。《家塾記》

入內押班雷允恭擅移永定陵皇堂，而丁謂庇之。朝廷命公與魯肅簡公乘傳按視，盡得其迹，及允恭等盜没方中金寶以萬計。狀聞，乃用按行故地，抵允恭罪，而罷謂相。《行狀》

真廟升祔器服，一倣宫中，務極隆厚。公因論事奏曰：「皇太后於先帝喪祭之禮，曲盡尊奉，此雖至誠至孝之道，然未足以報先帝。惟遠姦邪，奬忠直，推心待下，克己抑謙，愛惜民財，拔擢時彦，使邊鄙寧静，人物富庶，皇帝德業日茂，太后壽樂無憂，此乃報先帝之大節也。」太后又命真廟神主覆以銀罩，及供設用鏤器。公引「祀無豐昵」、「清廟茅屋」、「丹楹刻桷」之戒，手疏以聞。后亦從焉。《行狀》

太后初臨朝，宣諭兩府：「深不欲行此禮，候皇帝長立，別有處分。」公即日編入《時政記》。後每言事，必引及之，以感動后意。又多稱引前代母后臨政所以致禍之道，以勸戒焉。《行狀》

天聖郊燔卒事，柄臣例進官，至是有司援舊以請。公倡同列確讓不拜，遂著爲定式。《行狀》

曹利用得罪，遣内侍押班江德明圍其第。公與王沂公列奏：「利用雖有罪，非至不軌，乞從寬宥。」遂止遠貶。《行狀》

玉清宫災，太后見大臣泣且曰：「先帝尊道奉天，並建宫宇，今忽焦灼，何以稱遺意哉！」公知后旨且復營建，因推《洪範》以明災異之所致，請罷不復建。因率同列讓去使名，止令内臣兼領，遂不復葺。《行狀》

公以主上方富春秋，宜導之典學，擢孫奭等居講席，以經義輔導。後又增置崇政説書，天章閣侍講之職，以廣聞見。

太后親祠大廟，衮冕服章，欲一用天子之制。公帥禮官前請，於是冕十旒，衣用十章，物數之間，悉損於上。《行狀》

初，章懿之誕上也，章惠、章獻皆以母稱，而懿不得名。及是章懿崩，公聞之，方奏事，因曰：「竊聞昨夕有宫嬪亡。」后聞之不懌，不待公盡言，曰：「宰相豈管宫中事！」遽引帝起。頃之，后獨出，曰：「卿固欲間吾母子耶？」公曰：「太后他日不欲保全劉氏乎？」后乃命公裁之，公請葬如禮，司天探后意，以陰陽拘忌聞。公執議益堅。卒輟視朝發哭，備宫仗葬西原苑中。春會，太后以君臣宴豫，不應罷，公固請，乃已。《行狀》 又《聞見録》云：李宸妃薨，章獻欲以宫人禮治喪於外。文靖奏宜從厚，章獻遽引帝起。頃之，獨坐簾下，召公問曰：「一宫人死，相公云云何與？」公曰：「臣待罪宰相，事無内外，無不當預。」章獻怒曰：「相公欲離間吾母子耶？」公從容對曰：「陛下不以劉氏爲念，臣不敢言。尚念劉氏也，喪禮宜從厚。」章獻悟，遽曰：「宫人李宸妃也，且奈何？」文靖乃請治喪皇儀殿，太后與帝舉哀後苑，百官奉靈轝由西華門以出，用一品禮殯洪福寺。公又謂入内都知羅崇勳曰：「宸妃當以后服殮，用水銀實棺，異時莫道夷簡不曾説來。」章獻皆從之。後章獻上仙，燕王謂仁宗言：「陛下，李宸妃所生，妃死以非命。」仁宗號慟毁頓，不視朝者累日，下哀痛之詔自責，尊宸妃爲皇太后，謚章懿。甫畢章獻殿殯，幸洪福寺祭告，易梓宫，帝親哭視之，后玉色如生，冠服如皇太后者，以有水銀沃之，故不壞也。帝嘆息曰：「人言其可信哉！」待劉氏加厚。又《龍川志》云：章獻既没，或疑章懿之喪。仁皇遣李用和發其葬，視之，容貌如生。使者馳入奏，仁皇於章獻神御前，焚香泣告曰：「自今大孃孃平生分明矣。」

公在章獻朝，近臣頗以言事去職，或勸公宜退。公曰：「先帝待我厚，期以宗廟安寧，死而不愧於先帝。故平、勃不去，所以安漢，仁傑不去，所以安唐。使吾亦潔虚名而去，治亂未可知也。」故孜孜燮輔，知無不爲，雖禍之未形，事之將然，必先爲之救禦。《行狀》

太后嘗欲進荆王爲皇太叔，公力爭以爲不可，遂止。又以荆王子養於宫中，既長而弗出。公因對言及，以爲不可。后曰：「無他，欲令與皇帝同讀書耳。」公言：「皇帝春秋方盛，自當親接儒臣，日聞典訓，今與童稚處，無益，乞早令就邸。」他日又極言。后曰：「何至如此！」公曰：「前代母后多利於幼稚，試披史籍，即可見，嫌疑之際，不可不謹。臣今只在中書聽旨。」后寤，即日遣令出宫。《行狀》

大内災，宫室略盡，比曉，朝者盡至，日宴，宫門不發，不得聞上起居。兩府請入對，不報。久之，追班，上御拱宸門樓，有司贊謁，百官盡拜樓下，公獨立不動。上使人問其意，對曰：「宫廷有變，群臣願一望天顔。」上爲舉簾俯檻見之，乃拜。《行狀》

明肅太后臨朝，一日，問宰相曰：「福州陳絳贓污狼籍，卿等聞否？」王沂公對曰：「亦頗聞之。」太后曰：「既聞而不劾，何也？」沂公曰：「外方之事，須本路監司發擿，不然，臺諫有言，中書方可施行。今事自中出，萬一傳聞不實，即所損又大也。」太后曰：「速選有風力更事任一人，爲福建路轉運使。」二相稟旨而退。至中書，沂公曰：「陳絳，滑吏也，非王耿不足以擒之。」立命進熟。吕許公俛首曰：「王耿亦可惜也。」沂公不諭。時耿爲侍御史，遂以爲轉運使。耿拜命之次日，有福建路衙校拜于馬首，云：「押進奉荔枝到京。」耿偶問其道路山川風候，而其校應對詳明，動合意旨。耿遂密訪絳所爲。校輒泣曰：「福州之人，以爲終世不見天日也，豈料端公賜問，然某尤爲絳所苦者也。」遂條陳數十事，皆不法之極。耿大喜，遂留校於行臺，俾之幹事。既置詔獄，事皆不實，而校遂首常納禁器于耿。事聞，太后大怒，下耿吏，獄具，謫耿淮南副使。皆如許公之料也。《澠水燕談》

契丹遣使借兵伐高麗，明肅欲與之。文靖公堅執不可。后云：「適已微許其使矣，不與恐生怨，奈何？」公曰：「但以臣不肯拒之。」既而后語其使曰：「意非不欲應，但吕相公堅不可耳。」使人無語而去。趙元昊反，有詔削奪在身官爵，募能生擒元昊若斬首者，即爲節度使，仍賜錢萬貫。公時在大名府，聞之，驚曰：「謀之誤矣！」立削奏曰：「前代方鎮叛命，如此詰誓，則有之矣，非所以禦戎狄也。萬一反有不遜之言，得無損國體乎？」朝廷方改之，已聞有指斥之詞矣。《家塾記》

章獻嘗爲大車乘幸浮圖。公曰：「太后既稱制，出宜有仗，此車無名，命有司鎖之，不復以進。」其防微杜漸皆此類。《行狀》

章獻明肅之盛，文靖公整救防微杜漸者非一，未嘗與人言，天下亦莫知也。

仁宗既親政，大臣或言當垂簾，時有劉涣者，嘗上章請歸政，得罪于太后。帝顧文靖公曰：「當時樞臣欲黥配嶺南，賴卿力言得免。」若公者，苟利國家，雖舉世不知，弗與辨也。儻非聖主親發德音，人誰知之？豈比夫賤丈夫，急己之毁譽，而緩國之休戚哉！《家塾記》

章獻崩，上始親政事，公手疏爲治之本，以諷于上，其目有《正朝綱》、《塞邪徑》、《禁貨賂》、《辨姦壬》、《絶女謁》、《遠近習》、《罷力役》、《節冗費》，條奏甚詳。《行狀》

上以章惠有保護之勤，因太后遺誥，特上尊名。公請刊遺誥，止於宮中尊奉。后不悦。上不得已，出公判陳州。將行燕見，期以半歲召還，及期果召。《行狀》《韓魏公别録》云：仁宗欲以楊太妃爲太后，問於吕申公，公曰：「典故無此事。」上曰：「奈已許之。」吕曰：「如此則陛下宫中姑立之可也。」吕以此意密語公，時諫官御史知其非，而不敢争也。又《龍川志》曰：章獻崩，吕許公以后遺令，册楊太妃爲皇太后，且復垂簾。御史中丞蔡齊將留百官班争之，乃止。許公歎曰：「蔡中丞不知吾心，吾豈樂爲此哉！上方年少，禁中事莫主張者。」其後盛美人等恣横争寵，無如之何，許公之意或在是矣。然人主既壯，而母后聽政，自非國家令典。雖或能整齊禁中，而垂簾之後，外家用事，亦何所不至？古今母后臨朝，如宣仁后專奉帝室，不爲私計，蓋未有也。

天下學校久廢，公請詔州皆立學。國朝公族，分居邸第，無所統一，公請置大宗正，建睦親宫，置教授官，悉授諸衛官，以别庶姓。《行狀》

寇忠愍公以忠義自許，邪臣因中以事，廢死南荒。公辨其枉，請加甄叙及賜謚以褒之。《行狀》

長秋虚位，公抗疏請擇勳德之後。有豪民陳氏女，已預推擇，公以爲不可，乃止，即選納曹氏。《行狀》《韓魏公别録》云：吕申公固多不正以結上，然皆有説以勝人，人亦不能奪也。劉后服未除，而勸仁宗立曹后，希文進曰：「又教陛下做一不好事。」它日申公語公曰：「此事外人不知。上春秋盛，郭后、尚美人皆以失寵廢，以色進者不可勝數，已幾於昏矣，不立后無以正之。」每事自有深意，多此類也。

寶元中，御史府久闕中丞。一日，李淑對，仁宗偶問以憲長久虚之故，李奏曰：「此乃吕夷簡欲用蘇紳。臣聞夷簡已許紳矣。」仁宗疑之。異時，因問許公曰：「何故久不除中丞？」許公奏曰：「中丞者，風憲之長，自宰相而下，皆得彈擊。其選用，當出聖意，臣等豈敢銓量之？」仁宗頷之。《東軒筆録》

初，元昊拒命，契丹重兵壓境上，以伺釁。議者請城洛陽，爲遷都之計。公獨謂：「虜畏壯侮怯，易以威制。洛邑山川狹隘，以壯則不足，以威則退縮。」遂請建都大名，示將親征，以伐虜謀。或曰：「此爲虚聲爾，不若增修東都城池，以沮契丹之志。」公曰：「此子囊城郢計也。使虜果南嚮，則雖城固無益。」卒申前議。既而契丹求和親，割關南之地，及劉六府等再至，桀驁，久留不能遣。公奏請於殿外幕次，與虜使相見，置酒面議以折之。上以爲然，虜使見公畏伏，語於館伴使曰：「觀宰相如此，雖留無益。」遂亟就道，前好如初。《行狀》

景祐中，吕許公執政，范文正公以天章閣待制知開封府，屢攻吕公之短，坐落職，知饒州。康定元年，復舊職，知永興軍。會許公自大名復入相，言於仁宗曰：「仲淹賢者，朝廷將用之，豈可但除舊職耶？」即除龍圖閣直學士、陝西經略安撫副使。上以許公爲長者，天下亦以許公不念舊惡。文正面謝曰：「曏以公事忤犯相公，不意相公乃爾獎拔。」許公曰：「夷簡豈敢復以舊事爲念邪？」及文正知延州，移書諭趙元昊以利害，元昊復書，語極悖慢，文正具奏其狀，焚其書，不以聞。時宋庠爲參知政事。先是，許公執政，諸公唯諾書紙尾而已，不敢有所預，宋公多與之論辨，許公不悦。一日，二人獨在中書，許公從容言曰：「人臣無外交，希文乃擅與元昊書，得其書又焚去不奏，它人敢爾耶？」宋公以爲許公誠深罪范也。時朝廷命文正分析，文正奏：「臣始聞虜有悔過之意，故以書誘諭之。會任福敗，虜勢益振，故復書悖慢。臣以爲使朝廷見之而不能討，則辱在朝廷，乃對官屬焚之，使若朝廷初不知者，則辱專在臣矣。故不敢以聞也。」奏上，兩府共進呈，宋公遽曰：「范仲淹可斬！」杜祁公時爲樞密副使，曰：「仲淹之志，出於忠果，欲爲朝廷招叛虜耳，何可深罪？」争之甚力。宋公謂許公必有言助己，而許公默然，終無一語。上顧問許公：「何如？」許公曰：「杜衍之言是也，止可薄責而已。」乃降一官，知耀州。於是論者喧然，而宋公不知爲許公所賣也，尋出知揚州。《記聞》又《行狀》云：范仲淹在延州，馳書使諭元昊，已乃奏上。上遣中使於界首等，截取其報書。仲淹知之，使人先路取其書，去首尾以進。上怒，出書以示二府。同列有抗言乞斬仲淹者，公言：「閫外之事，不可中御。兵交使在其間，仲淹不可加罪。」上怒遂釋。

某公惡韓、富、范三公，欲廢之而不能。軍興，以韓、范爲西帥，遣富使北，名用仇而實間之。又不克軍罷而請老，盡用三公及宋莒公、夏英公于二府，皆其仇也。又以其黨賈文元、陳恭公間焉。猶欲因以傾之，譬范、富皆王佐，可致太平，於是天子再賜手詔，又開天章閣，而命之坐，出紙筆使疏時政所當因革，諸公皆推范、富，請退而具草。使二宦者更往督之，且命領西北邊事。既而各條上十數事，而易監司、按群吏、罷磨勘、減任子，衆不利而謗興。又使范公日獻二事以困

之，及請城京師，人始笑之。初，某公每求去以候主意，常未厭而去，故能三入，及老，大事猶問。西北相攻，請出大臣行三邊。於是范公使河東、陝西，富公使河北。初，某既廷議，乃數出道者院宿焉，范公既奉使，宿道者院而某在焉。賓退，使人致問，范公往見之，某佯曰：「參政欲求去邪？」范公以對，某曰：「大臣豈可一日去君側，去則不復還矣！今萬里奉使，故疑求去耳。」范公私笑之。久而覺，報緩而請不獲，召堂吏而問曰：「吾爲西帥，每奏即下，而請輒得。今以執政奉使，而請報不迨，何也？」曰：「某別置司專行鄜、延事，故速而必得耳。」范公始以前言爲然，乃請守邊矣。而富公亦不還，韓又罷去，而賈、陳相矣。及某薨，范公自爲祭文，歸重而自訟云。《談叢》

王洙修《經武聖略》，仁宗覽而善之，命呂夷簡用洙直龍圖閣。夷簡曰：「此特《會要》中《邊防》一門耳，不足加賞。」既出，乃謂洙曰：「夷簡以修《經武聖略》欲用學士直龍圖閣，而上謂特《會要》中《邊防》一門耳，不足加賞，故不果。」洙退歸。會上使中人獎諭，具道欲用洙與夷簡以爲不可者，洙因出紙筆，請中人具記上語。明日，往見夷簡，問昨日嘗語洙者，夷簡復稱説如昨。洙因出中人所記示之。夷簡起立索笏曰：「上萬幾事繁，恐不記夷簡語。」其後，洙又修《祖宗故事》，參知政事范仲淹請用洙直龍圖閣，上已許之，仲淹又曰：「乞宣諭出自上意。」上正色曰：「當用則用，何必出朕意！今欲宣諭，是不當用也。」其命遂寢。仲淹大慚而退。此洙自爲孫之翰言之。《南豐雜識》

景祐末，西鄙用兵，大將劉平死之。議者以朝廷委宦者監軍，主帥節制有不得專者，故平失利。詔誅監軍黄德和。或請罷諸帥監軍，仁宗以問宰臣呂文靖公，公曰：「不必罷，但擇謹厚者爲之。」仁宗委公擇之，對曰：「臣待罪宰相，不當與中貴私交，何由知其賢否？願詔都知、押班保舉，有不稱職者，與同罪。」仁宗從之。翊日，都知叩頭乞罷諸監軍宦官，士大夫嘉公之有謀。《記聞》

仁宗以西戎方熾，歎人才之乏，凡有一介之善，必收録之。杜丞相衍經撫關中，薦長安布衣雷簡夫才器可任，遽命賜對於便殿。簡夫辯給，善敷奏，條列西事甚詳。仁宗嘉之，即降旨中書，令檢真宗召種放事。是時呂許公當國，爲上言曰：「臣觀士大夫有口才者，未必有實効，今遽爵之以美官，異時用有不周，即難於進退。莫若且除一官，徐觀其能，果可用，遷擢未晚。」仁宗以爲然。遂除耀州幕官。簡夫後累官至員外郎、三司判官，而才實無大過人者。《東軒筆録》

慶曆初，仁宗服藥，久不視朝。一日，聖體康復，思見執政，坐便殿，促召二府。宰相呂許公聞命，移刻方赴召，比至，中使數輩促公，同列亦贊公速行，公愈緩轡。既見，上曰：「久疾方平，喜與卿等相見，而遲遲其來，何也？」公曰：「陛下不豫，中外頗憂，一旦聞急召近臣，臣若奔馳以進，慮人心驚動耳。」上以爲深得輔臣之體。《記聞》

呂相在中書，奏令參知政事宋綬編次《中書總例》，謂人曰：「自吾有此《例》，使一庸夫執之，皆可以爲相矣。」《記聞》

文靖夫人因内朝，皇后曰：「上好食糟淮白魚。祖宗舊制，不得取食味於四方，無從可致。相公家壽州，當有之。」夫人歸，欲以十奩爲進。公見，問之，夫人告以故。公曰：「兩奩可耳。」夫人曰：「以備玉食，何惜也？」公悵然曰：「玉食所無之物，人臣之家安得有十奩也？」其智慮過人類此。《聞見録》

公感風眩，天子憂甚，手詔拜司空、平章軍國重事，三日一入中書。公表固辭。御府出萬金藥，上剪髭以賜公，手詔曰：「古人有言，髭可療疾，雖無痊驗，今朕剪髭合湯藥，表予意也。卿久病，中書、密院臣寮全然不勾當公事住滯。卿録可以委任臣寮三五人來，卿更調攝，副朕眷焉。更有西北兩事，子細一一奏來。」公首奏陳西北事機，因薦范仲淹、韓琦、文彦博、龐籍、梁適、曾公亮等數人，後皆大用。《行狀》

公薨于鄭，訃聞，上震悼，對執政語公輒涕下曰：「安得憂公忘身，理萬事，幹四鄙如呂夷簡者！」《行狀》

上嘗大書「方正忠良」四字以賜，及親篆王曾墓碑額，因慨然曰：「呂夷簡宜賜之。」遂書「懷忠之碑」以賜。其後大臣家繼有陳請，自此始也。《行狀》

公於天下事，屈伸舒卷，動有操術。然嘗建募萬勝軍，雜市井小人，浮脆不任戰鬬；用宗室補環衛官，驟增俸賜；又加遺契丹歲繒金二十萬，當時不深計之，至于後世，費大而不可止。

司馬光《涑水記聞》卷三 張安壽曰：呂申公夷簡平生朝會，出入進止，皆有常處，不差尺寸。慶曆中爲上相，首冠百僚起居，誤忘一拜而起，外間讙言呂相失儀。余時舉制科在京師，聞之，曰：「呂公爲相久，非不詳審者，今大朝會而失儀，是天奪之魄，殆將亡矣。」後十四日，忽感風疾，遂致仕，以至不起。

司馬光《涑水記聞》卷八 范文正公於景祐三年言呂相之短，坐落職、知饒州，徙越州。康定元年，復天章閣待制、知永興軍，尋改陝西都轉運使。會許公自大名復入相，言於仁宗曰：「范仲淹賢者，朝廷將用之，豈可但除舊職邪？」即

除龍圖閣直學士、陝西經畧安撫副使。上以許公爲長者，天下皆以許公爲不念舊惡。文正面謝曰：「曏以公事忤犯相公，不意相公乃爾獎拔。」許公曰：「夷簡豈敢復以舊事爲念邪？」

司馬光《涑水記聞》卷一〇 呂許公疾病，仁宗剪髭爲藥以賜之，又手詔以問羣臣可任兩府者。其親遇如此。

蘇轍《龍川别志》卷上 王沂公爲相，兼玉清昭應宮使，宮焚而罷，呂許公當國。是時太后臨朝，仁宗尚幼，公能以智輯睦二宮，無纖毫之隙。及許公薨，仁宗方視朝，慟哭久之，顧左右大臣曰：「呂夷簡死，誰復能辨大事者。」及舉哀，哭之甚慟，遂以祭奠器皿盡賜其家。張公安道時攝太常卿，親見其事。其後奉勑撰《許公神道碑》，其家欲言和協二宮事，安道於上前質其虚實，上不喜，曰：「吾不能復記此事。」良久乃曰：「明肅章獻嘗自言夢周王祐真宗長子，早夭。來告，將脱生荆王宫中。時允初始生，允初，荆王少子。所謂五相公者。太后欲取入宫養之，呂夷簡争之，乃止。」上所言如此，則許公信有力矣。

孫升《孫公談圃》卷下 呂文靖生四子。公弼、公著、公奭、公孺，皆少時，文靖與其夫人語：「四兒他日皆繫金帶，但未知誰作宰相？吾將驗之。」他日，四子居外，夫人使小鬟擎四寶器貯茶而往，教令至門故跌而碎之。三子皆失聲，或走歸告夫人者，獨公著凝然不動。文靖謂夫人曰：「此子必作相。」元祐果大拜。

劉斧《青瑣高議》前集卷五 大丞相呂夷簡，一日，有儒者張球獻詩曰：

近日厨中乏短供，孩兒啼哭飯籮空。母因低語告兒道：爹有新詩上相公。

公見詩甚悦，因以俸錢百緡遺之。又爲引道貴官門館，得依棲之。公三十年居政地，引援寒賤，拯濟士類，外牧守得其人，内卿大夫各舉其職，太平之賢宰相也。嗚呼盛哉！

王闢之《澠水燕談録》卷一 真宗初上仙，莊獻攀慕號切，凡喪祭之禮，務極崇厚。呂文靖公奏曰：「太后爲先帝喪紀之數，宗廟之儀，不忍裁減，曲盡尊奉，此雖至孝之道，以臣所見，尚未足報先帝恩遇之厚。唯是遠姦邪，奬忠直，惜民財，拔擢時彦，使邊徼寧靖，人物富安，皇帝德業日茂，太后壽樂無憂，此報先帝之大節也。」

王闢之《澠水燕談録》卷二 景祐末，西鄙用兵，大將劉平死之，議者以朝廷使宦者監軍，主帥節制有不得專者，故平失利。詔誅監軍黄德和。或乞罷諸帥監軍，仁宗以問宰臣，呂文靖公曰：「不必罷，但擇謹厚者爲之。」仁宗委公擇之，對曰：「臣待罪宰相，不當與中貴私交，無由知其賢否。願詔都知、押班保舉，有不職，與同罪。」仁宗從之。翊日，都知叩首乞罷諸監軍，士大夫嘉公有謀。

慶曆中，仁宗服藥，久不視朝。一日，聖體康復，思見執政，坐便殿，促召二府。宰相呂許公聞命，移刻方赴召。比至，中使數促公，同列亦贊公速行，公愈緩步。既見，上曰：「久疾方平，喜與公等相見，而遲遲其來，何也？」公從容奏曰：「陛下不豫，中外頗憂，一旦聞忽召近臣，臣等若奔馳以進，慮人驚動耳。」上以爲得輔臣之體。

王闢之《澠水燕談録》卷七 海陵西溪鹽場，初，呂文靖公嘗官于此，手植牡丹一本，有詩刻石。後范文正公亦嘗臨涖，復題一絶：「陽和不擇地，海角亦逢春。憶得上林色，相看如故人。」後人以二公詩筆故，題詠極多，而花亦爲人貴重，護以朱欄，不忍採折。歲久茂盛，枝覆數丈，每花開數百朵，爲海濱之奇觀。

孔平仲《談苑》卷一 張鄧公、呂許公同作宰相，一日朝退，仁宗獨留呂公，問曰：「張士遜久在政府，欲與一差遣出去。」呂公曰：「士遜出入兩朝，亦頗宣力。」仁宗曰：「恩命如何？」呂公曰：「與除静江軍節度使、檢校太傅、知許州。」仁宗曰：「不虧他否？」呂公曰：「聖恩優厚。」呂公既退，張、呂親姻也，私焉。曰：「主上獨留公，必是士遜别有差遣。」因祈以恩命，呂沉吟久之，曰：「使弼，使弼。」張亦欣然慰望。是日，張公打屏閣子内物色過半矣，既夕鎖院。明日早，張公令院子盡般閣子内物色歸家，更不趨待漏院，只就審官東院待漏。既入朝，張公唯祇候宣麻，呂公唯準擬押麻耳。忽有堂吏報呂公云：「相公知許州。」呂公大驚，於是張公押麻，乃呂公除静江軍節度使、檢校太傅、知許州也。

邵伯温《邵氏聞見録》卷八 呂文靖公爲相，章獻太后垂簾同聽政。李宸妃薨，章獻祕之，欲以宫人常禮治喪於外。文靖早朝，留身奏曰：「聞禁中貴人暴薨，喪禮宜從厚。」章獻遂挽仁宗入内。少頃，獨坐簾下，召文靖問曰：「一宫人死，相公云云何與？」公曰：「臣待罪宰相事，内外無不當預。」章獻怒曰：「相公欲離間吾母子耶？」公從容對曰：「陛下不以劉氏爲念，臣不敢言。尚念劉氏也，喪禮宜從厚。」章獻悟，遽曰：「宫人李宸妃也，且奈何？」文靖乃請治喪皇儀殿，太后與帝舉哀後苑，百官奉靈舉繇西華門以出，用一品禮殯洪福寺。公又謂入内都知羅崇勳曰：「宸妃當以后服殮，用水銀實棺，異時莫道夷簡不曾説來。」章獻皆從之。後章獻上仙，燕王謂仁宗言：「陛下李宸妃所生，妃死以非命。」仁宗號慟毁頓，不視朝者累日，下哀痛之詔自責，尊宸妃爲皇太后，謚章懿。甫畢，

章獻殿殯，幸洪福寺祭告。易梓宮，帝親啟視之，后玉色如生，冠服如皇太后者，以有水銀沃之，故不壞也。帝歎息曰：「人言其可信哉！」待劉氏加厚。使仁宗孝德、章獻母道兩全，文靖公先見之明也。嗚呼智哉！

呂文靖公致政，居鄭州。范文正公自參知政事出爲河東陝西宣撫使，過鄭，見文靖公。文靖問曰：「參政出使何也？」文正曰：「某在朝無補，自謂此行欲圖報於外。」文靖笑曰：「參政誤矣，既跬步去朝廷，豈能了事？」文正聞其言，始有悔意。未幾，除資政殿學士、知邠州，兼陝西四路安撫使。時富韓公亦自樞密副使爲河北宣撫使，將還朝，除資政殿學士、知鄆州，兼四路安撫使。嗚呼，文靖公既老，其料天下事尚如此，智數絶人遠矣！

至和間，仁宗不豫，一日少間，思見宰執。執政聞召亟往。呂文靖爲相，使者相望於路，促其行，公按轡益緩。至禁中，諸執政已見上，上體未平，待公久，稍倦，不樂曰：「病中思見卿，何緩也？」文靖徐曰：「陛下不豫，久不視朝，外議頗異。臣待罪宰相，正晝自通衢馳馬入內，未便。」帝聞其言，咨歎久之，諸公始有愧色。又文靖夫人因內朝，皇后曰：「上好食糟淮白魚。祖宗舊制，不得取食味於四方。無從可致。相公家壽州，當有之。」夫人歸，欲以十奩爲獻。公見，問之，夫人告以故。公曰：「兩奩可耳。」夫人曰：「以備玉食，何惜也？」公悵然曰：「玉食所無之物，人臣之家安得有十奩也？」嗚呼，文靖公者，其智絶人類此。

魏泰《東軒筆録》卷三　呂許公夷簡爲郡守，上言乞不稅農器。真宗知其可爲宰相，記名殿壁，後果正台席。燕肅爲郡守，上言應天下疑獄，並具事節奏取勑裁。仁宗知其有仁心，後至龍圖閣直學士。王安石爲翰林學士，萊州阿芸謀殺夫，以爲案問，欲舉免所因之罪，主上決意用爲輔相。自燕肅之説進，歷仁宗、英宗、神宗，三朝之中，凡有奏疑，未始不免死。案問之律行，凡臨劾而首陳者，皆得原減。所謂仁人之言，其利溥也。

真宗崩，丁晉公爲山陵大禮使，宦者雷允恭爲山陵都監。及開皇堂，泉脈坌湧，丁私欲庇覆，遂更不聞奏，擅移數十丈。當時以爲移在絶地，於是朝論大諠。是時，呂公夷簡權知開封府，推鞫此獄。丁既久失天下之心，而衆咸目爲不軌，以至取彼頭顱置之郊社。云云。獄既起，丁猶秉政，許公雅知丁多智數，凡行移、推勘文字，及追證左右之人，一切止罪允恭，略無及丁之語。獄具，欲上聞，丁信以爲無疑，令許公對。公至上前，方暴其絶地之事，謂竟以此投海外，許公遂參知政事矣。

馬尚書亮，以尚書員外郎、直史館使淮南，時呂許公夷簡尚爲布衣，方侍其父罷江外縣令，亦至淮甸，上書求見。馬公一閲，知其必貴，遂以女妻之，後許公果爲宰相。馬公知江寧府，時陳恭公執中以光禄寺丞經過，馬接之極厚，且謂曰：「寺丞他日必至真宰。」令其數子出拜曰：「願以老夫之故，他日稍在陶鑄之末。」曾諫議致堯性剛介，少許可。一日，在李侍郎虛己坐上，見晏元獻公。晏，李之壻也，時方爲奉禮郎。諫議熟視之曰：「晏奉禮他日貴甚，但老夫耄矣，不及見子爲相也。」呂許公夷簡爲相日，文潞公彦博爲太常博士，進謁，許公改容禮接，因語之曰：「太傅此去十年，當踐某位。」夏英公竦謫守黄州，時龐潁公司理參軍，英公曰：「龐司理他日富貴，遠過於我。」既而四公皆至元宰。古云貴人多識貴人，信有之也。

魏泰《東軒筆録》卷四　章懿太后之葬也，明肅方聽政，有旨令鑿內城垣以出柩。是時，呂文靖公夷簡當國，遽求對，而明肅已揣知其意，止令入內都知羅崇勳問有何事。文靖具奏鑿垣非禮，宜開西華門以出神柩。明肅使崇勳報曰：「向夷簡道，豈意卿亦如此也。」文靖答曰：「臣備位宰相，朝廷大事當廷争，太后不允，臣終不退。」崇勳三返，而太后之意不回。文靖正色謂崇勳曰：「宸妃誕育聖主，而送終之禮如此，異時治今日之事，莫道夷簡不争。太尉日侍太后左右，不能開述諷導，當爲罪魁矣。」崇勳大懼，馳告明肅，於是始允所請。

范文正公仲淹爲參知政事，建言乞立學校、勸農桑、責吏課、以年任子等事，頗與執政不合。會有言邊鄙未寧者，文正乞自往經撫，於是以參知政事爲河東陝西安撫使。時呂許公夷簡謝事居圃田，文正往候之，許公問曰：「何事遽出也？」范答以暫往經撫兩路，事畢即還矣。許公曰：「參政此行，正蹈危機，豈復再入？」文正未諭其旨，果使事未還，而以資政殿學士知邠州。

葉夢得《石林燕語》卷八　慶曆初，呂許公在相位，以疾甚求罷。仁宗疑其辭疾，欲親視之。乃使乘馬至殿門，坐椅子舁至殿陛，命其子公弼掖以登。既見，信然，乃許之。前無是禮也。大中祥符九年，樞密使陳堯叟足疾甚，以尚書右僕射免。肩輿入辭，至使坐，許三子扶掖升殿，則仁宗以前有是禮也。

《攷異》：《呂傳》云：命內侍取兀子舁以前。

高晦叟《珍席放談》卷下　文靖長於知人，世能道其事者。王仲儀，故相子，待制年未四十，一日謁公，簪紳騎從華奕，公二子窺之，相與羡慕。公知而語

曰：「汝輩何愛王某？」對云：「以其少年榮達耳。」又告之曰：「爾曹皆當遠過斯人。」二子者，晦叔、寶臣，一宰相，一樞密使。鑒裁之精如此。

蘇象先《丞相魏公譚訓》卷一〇　吕文靖少時，伯父司空不以任子薦之。宗親爲言，司空曰：「彼當自致公輔，豈可以門閥卑之。」後中甲科，爲幕職官，月俸五千八百。乃約家人，日用不過百金。有餘，置竹筒盛之。一千以供太夫人，一千以畀内子，八百以備伏臘。竹筒之積，具飯以待同寮。上下欣然，無不足之色。後果繼世父官。鈞慶院賜宴官食，方暑，不可下箸。曾祖居與相對，究國太夫人治家，乃排五六十位，但具匕筯，置白餅縷肉飯。下飯，瓜姜醎豉爾。人人至者，自食飽足。後吕司空每見必戲曰：「未常忘一飯之德也。」

沈作喆《寓簡》　仁宗初即位，章獻明肅皇后垂簾。一夕大内火，宫門晨未啟，輔臣請對，上與太后御拱宸門樓，百官拜樓下。申公獨立不肯拜，曰：「昔者禁掖不戒于火，中外震動。願一見上，乃敢拜。」詔爲舉簾見之。廷中聳然稱歎，皆曰：「此真宰相器也！」

王明清《揮麈録·後録》卷二　五代時，有姓吕爲侍郎者三人，皆名族，俱有後仕本朝爲相。吕琦，晉天福爲兵部侍郎，曾孫文惠端相太宗。吕夢奇，後唐長興中爲兵部侍郎，孫文穆蒙正相太宗，曾孫文靖夷簡相仁宗，衣冠最盛，已具《前録》。吕咸休，周顯德中爲户部侍郎，七世孫正愍大防相哲宗。異哉！

李元綱《厚德録》卷四　仁宗初蒞政，問輔臣：「四方奏獄來上，不知所以裁之，如之何則可？」吕文靖公夷簡進曰：「凡奏獄必出於疑，疑則從輕可也。」帝深以爲然，故終仁宗之世，疑獄一從於輕。

備論

《宋史》卷三一一《吕夷簡傳》　論曰：吕夷簡以儒學起家，列位輔弼。仁宗之世，天下承平，因時制宜，濟以寬厚，相臣預有力焉。【略】方夷簡在下僚，諸父蒙正以宰相才期之。及其爲相，深謀遠慮，有古大臣之度焉。在位日久，頗務收恩避怨，以固權利，郭后之廢，遂成其君之過舉，咎莫大焉。雖然，吕氏更執國政，三世四人，世家之盛，則未之有也。

王稱《東都事略》卷五二《吕夷簡傳》　臣稱曰：宰相之位，必得人而後可以持其權。蓋位者，君子行道之具，而權者因以爲利用也。得其位，用其權，而道於是乎可行。夷簡相仁宗，策功立名，有益於世。方其王治喪之禮，則其見遠矣。消監兵之策，則其意深矣。請建都之議，則其謀偉矣。斯善持宰相之權者與！噫！夷簡誠有絶人之才，故能達權而應變。然其功最大者，乃在於處仁宗母子之際，使人無可乘之隙。消患於未萌，制治於未亂，朝廷以之安静，公卿士大夫亦賴以無禍。此其所以有後也哉！

藝文

韓琦《安陽集》卷四五《太尉吕公挽辭二首》　韋平傳慶裔，方召起隆名。塞上天聲遠，帷中廟筭精。衆期調玉鉉，時忽喪金城。朝野悲何甚，邦家重老成。

要劇更中外，幾微照古今。嘉謀增國重，和氣入人深。龍已須雲起，星俄向壘沉。得名非得壽，天報此難忱。

陸游《渭南文集》卷三一《跋吕文靖門銘》　「一言可以終身行之者，其恕乎？」此聖門一字銘也。「詩三百，一言以蔽之，曰『思無邪。』」此聖門三字銘也。其簡且盡如此。學者苟能充之，雖入聖域不難矣。丞相申國文靖吕公作門銘，自忠孝十有八字，廣吾夫子之訓，以遺後人。某得本於公元孫祖平，敢再拜書其後，致願學之意。嘉定元年夏五月辛亥，山陰陸某謹識。

王柏《魯齋集》卷六《吕文靖夷簡》　賓日天聖，政闔簾帷。起賢弭黨，慮遠防微。月殿濟權，玉棺破惑。舒卷屈伸，深哉仁術。

范仲淹部

綜述

《宋史》卷三一四《范仲淹傳》　范仲淹字希文，唐宰相履冰之後。其先，邠州人也，後徙家江南，遂爲蘇州吴縣人。仲淹二歲而孤，母更適長山朱氏，從其姓，名説。少有志操，既長，知其世家，迺感泣辭母，去之應天府，依戚同文學。晝夜不息，冬月憊甚，以水沃面；食不給，至以糜粥繼之，人不能堪，仲淹不苦也。舉進士第，爲廣德軍司理參軍，迎其母歸養。改集慶軍節度推官，始還姓，更其名。

監泰州西溪鹽税，遷大理寺丞，徙監楚州糧料院，母喪去官。晏殊知應天府，聞仲淹名，召寘府學。上書請擇郡守，舉縣令，斥游惰，去冗僭，慎選舉，撫將帥，凡萬餘言。服除，以殊薦，爲祕閣校理。仲淹汎通《六經》，長於《易》，學者多從質問，爲執經講解，亡所倦。嘗推其奉以食四方遊士，諸子至易衣而出，仲淹晏如也。每感激論天下事，奮不顧身，一時士大夫矯厲尚風節，自仲淹倡之。

天聖七年，章獻太后將以冬至受朝，天子率百官上壽。仲淹極言之，且曰：「奉親于內，自有家人禮，顧與百官同列，南面而朝之，不可爲後世法。」且上疏請太后還政，不報。尋通判河中府，徙陳州。時方建太一宫及洪福院，市材木陝西。仲淹言：「昭應、壽寧，天戒不遠。今又侈土木，破民産，非所以順人心、合天意也。宜罷修寺觀，減常歲市木之數，以蠲除積負。」又言：「恩倖多以内降除官，非太平之政。」事雖不行，仁宗以爲忠。

太后崩，召爲右司諫。言事者多暴太后時事，仲淹曰：「太后受遺先帝，調護陛下者十餘年，宜掩其小故，以全后德。」帝爲詔中外，毋輒論太后時事。初，太后遺誥以太妃楊氏爲皇太后，參決軍國事。仲淹曰：「太后，母號也，自古無因保育而代立者。今一太后崩，又立一太后，天下且疑陛下不可一日無母后之助矣。」

歲大蝗旱，江、淮、京東滋甚。仲淹請遣使循行，未報。乃請間曰：「宫掖中半日不食，當何如？」帝惻然，迺命仲淹安撫江、淮，所至開倉振之，且禁民淫祀，奏蠲廬舒折役茶、江東丁口鹽錢，且條上救敝十事。

會郭皇后廢，率諫官、御史伏閤争之，不能得。明日，將留百官揖宰相廷争，方至待漏院，有詔出知睦州。歲餘，徙蘇州。州大水，民田不得耕，仲淹疏五河，導太湖注之海，募人興作，未就，尋徙明州，轉運使奏留仲淹以畢其役，許之。拜尚書禮部員外郎、天章閣待制，召還，判國子監，遷吏部員外郎、權知開封府。

時吕夷簡執政，進用者多出其門。仲淹上《百官圖》，指其次第曰：「如此爲序遷，如此爲不次，如此則公，如此則私。況進退近臣，凡超格者，不宜全委之宰相。」夷簡不悦。他日，論建都之事，仲淹曰：「洛陽險固，而汴爲四戰之地，太平宜居汴，即有事必居洛陽。當漸廣儲蓄，繕宫室。」帝問夷簡，夷簡曰：「此仲淹迂闊之論也。」仲淹迺爲四論以獻，大抵譏切時政。且曰：「漢成帝信張禹，不疑舅家，故有新莽之禍。臣恐今日亦有張禹，壞陛下家法。」夷簡怒訴曰：「仲淹離間陛下君臣，所引用，皆朋黨也。」仲淹對益切，由是罷知饒州。

殿中侍御史韓瀆希宰相旨，請書仲淹朋黨，揭之朝堂。於是祕書丞余靖上言曰：「仲淹以一言忤宰相，遽加貶竄，况前所言者在陛下母子夫婦之間乎？陛下既優容之矣，臣請追改前命。」太子中允尹洙自訟與仲淹師友，且嘗薦己，願從降黜。館閣校勘歐陽修以高若訥在諫官，坐視而不言，移書責之。由是，三人者偕坐貶。明年，夷簡亦罷，自是朋黨之論興矣。仲淹既去，士大夫爲論薦者不已。仁宗謂宰相張士遜曰：「向貶仲淹，爲其密請建立皇太弟故也。今朋黨稱薦如此，奈何？」再下詔戒敕。

仲淹在饒州歲餘，徙潤州，又徙越州。元昊反，召爲天章閣待制、知永興軍，改陝西都轉運使。會夏竦爲陝西經略安撫、招討使，進仲淹龍圖閣直學士以副之。夷簡再入相，帝諭仲淹使釋前憾。仲淹頓首謝曰：「臣鄉論蓋國家事，於夷簡無憾也。」

延州諸砦多失守，仲淹自請行，遷户部郎中兼知延州。先是，詔分邊兵：總管領萬人，鈐轄領五千人，都監領三千人。寇至禦之，則官卑者先出。仲淹曰：「將不擇人，以官爲先後，取敗之道也。」於是大閲州兵，得萬八千人，分爲六，各將三千人，分部教之，量賊衆寡，使更出禦賊。時塞門、承平諸砦既廢，用种世衡策，城青澗以據賊衝，大興營田，且聽民得互市，以通有無。又以民遠輸勞苦，請建鄜城爲軍，以河中、同、華中下户税租就輸之。春夏徙兵就食，可省糴十之三，

他所減不與。詔以爲康定軍。

明年正月，詔諸路入討，仲淹曰：「正月塞外大寒，我師暴露，不如俟春深入，賊馬瘦人饑，勢易制也。況邊備漸修，師出有紀，賊雖猖獗，固已懾其氣矣。鄜、延密邇靈、夏，西羌必由之地也。第按兵不動，以觀其釁，許臣稍以恩信招來之。不然，情意阻絶，臣恐偃兵無期矣。若臣策不效，當舉兵先取綏、宥，據要害，屯兵營田，爲持久計，則茶山、横山之民，必挈族來歸矣。拓疆禦寇，策之上也。」帝皆用其議。仲淹又請修承平、永平等砦，稍招還流亡，定堡障，通斥候，城十二砦，於是羌漢之民，相踵歸業。

久之，元昊歸陷將高延德，因與仲淹約和，仲淹爲書戒喻之。會任福敗於好水川，元昊答書語不遜，仲淹對來使焚之。大臣以爲不當輒通書，又不當輒焚之，宋庠請斬仲淹，帝不聽。降本曹員外郎、知耀州，徙慶州，遷左司郎中，爲環慶路經略安撫、緣邊招討使。初，元昊反，陰誘屬羌爲助，而環慶酋長六百餘人，約爲鄉道，事尋露。仲淹以其反復不常也，至部即奏行邊，以詔書犒賞諸羌，閱其人馬，爲立條約：「若讎已和斷，輒私報之及傷人者，罰羊百、馬二，已殺者斬。負債爭訟，聽告官爲理，輒質縛平人者，罰羊五十、馬一。賊馬入界，追集不赴隨本族，每户罰羊二，質其首領。賊大入，老幼入保本砦，官爲給食；即不入砦，本家罰羊二；全族不至，質其首領。」諸羌皆受命，自是始爲漢用矣。

改邠州觀察使，仲淹表言：「觀察使班待制下，臣守邊數年，羌人頗親愛臣，呼臣爲『龍圖老子』，今退而與王興、朱觀爲伍，第恐爲賊輕矣。」辭不拜。慶之西北馬鋪砦，當後橋川口，在賊腹中。仲淹欲城之，度賊必爭，密遣子純祐與蕃將趙明先據其地，引兵隨之。諸將不知所向，行至柔遠，始號令之，版築皆具，旬日而城成，即大順城是也。賊覺，以騎三萬來戰，佯北，仲淹戒勿追，已而果有伏。大順既城，而白豹、金湯皆不敢犯，環慶自此寇益少。

明珠、滅臧勁兵數萬，仲淹聞涇原欲襲討之，上言曰：「二族道險，不可攻，前日高繼嵩已喪師。平時且懷反側，今討之，必與賊表裏，南入原州，西擾鎮戎，東侵環州，邊患未艾也。若北取細腰、胡蘆衆泉爲堡障，以斷賊路，則二族安，而環州、鎮戎徑道通徹，可無憂矣。」其後，遂築細腰、胡蘆諸砦。

葛懷敏敗於定川，賊大掠至潘原，關中震恐，民多竄山谷間。仲淹率衆六千，由邠、涇援之，聞賊已出塞，乃還。始，定川事聞，帝按圖謂左右曰：「若仲淹出援，吾無憂矣。」奏至，帝大喜曰：「吾固知仲淹可用也。」進樞密直學士、右諫議大夫。仲淹以軍出無功，辭不敢受命，詔不聽。

時已命文彦博經略涇原，帝以涇原傷夷，欲對徙仲淹，遣王懷德喻之。仲淹謝曰：「涇原地重，第恐臣不足當此路。與韓琦同經略涇原，並駐涇州，琦兼秦鳳，臣兼環慶。涇原有警，臣與韓琦合秦鳳、環慶之兵，掎角而進；若秦鳳、環慶有警，亦可率涇原之師爲援。臣當與琦練兵選將，漸復横山，以斷賊臂，不數年間，可期平定矣。願詔龐籍兼領環慶，以成首尾之勢。秦州委文彦博，慶州用滕宗諒總之。孫沔亦可辦集。渭州，一武臣足矣。」帝采用其言，復置陝西路安撫、經略、招討使，以仲淹、韓琦、龐籍分領之。仲淹與琦開府涇州，而徙彦博帥秦，宗諒帥慶，張亢帥渭。

仲淹爲將，號令明白，愛撫士卒，諸羌來者，推心接之不疑，故賊亦不敢輒犯其境。元昊請和，召拜樞密副使。王舉正懦默不任事，諫官歐陽修等言仲淹有相材，請罷舉正用仲淹，遂改參知政事。仲淹曰：「執政可由諫官而得乎？」固辭不拜，願與韓琦出行邊。命爲陝西宣撫使，未行，復除參知政事。會王倫寇淮南，州縣官有不能守者，朝廷欲按誅之。仲淹曰：「平時諱言武備，寇至而專責守臣死事，可乎？」守令皆得不誅。

帝方鋭意太平，數問當世事，仲淹語人曰：「上用我至矣，事有先後，久安之弊，非朝夕可革也。」帝再賜手詔，又爲之開天章閣，召二府條對，仲淹皇恐，退而上十事：

一曰明黜陟。二府非有大功大善者不遷，内外須在職滿三年，在京百司非選舉而授，須通滿五年，乃得磨勘，庶幾考績之法矣。二曰抑僥倖。罷少卿、監以上乾元節恩澤；正郎以下若監司、邊任，須在職滿二年，始得蔭子；大臣不得薦子弟任館閣職，任子之法無冗濫矣。三曰精貢舉。進士、諸科請罷糊名法，參考履行無闕者，以名聞。進士先策論，後詩賦，諸科取兼通經義者。賜第以上，皆取詔裁。餘優等免選注官，次第人守本科選。進士之法，可以循名而責實矣。四曰擇長官。委中書、樞密院先選轉運使、提點刑獄、大藩知州；次委兩制、三司、御史臺、開封府官、諸路監司舉知州、通判；知州通判舉知縣、令。限其人數，以舉主多者從中書選除。刺史、縣令，可以得人矣。五曰均公田。外官廩給不均，何以求其爲善耶？請均其入，第給之，使有以自養，然後可以責廉節，而不法者可誅廢矣。六曰厚農桑。每歲預下諸路，風吏民言農田利害，堤堰渠塘，州縣選官治之。定

勸課之法以興農利，減漕運。江南之圩田，浙西之河塘，隳廢者可興矣。七曰修武備。約府兵法，募畿輔彊壯爲衛士，以助正兵。三時務農，一時教戰，省給贍之費。畿輔有成法，則諸道皆可舉行矣。八曰推恩信。赦令有所施行，主司稽違者，重置於法；別遣使按視其所當行者，所在無廢格上恩者矣。九曰重命令。法度所以示信也，行之未幾，旋即釐改。請政事之臣參議可以久行者，删去煩冗，裁爲制敕行下，命令不至於數變更矣。十曰減徭役。户口耗少而供億滋多，省縣邑户少者爲鎮，併使、州兩院爲一，職官白直，給以州兵，其不應受役者悉歸之農，民無重困之憂矣。

天子方信嚮仲淹，悉采用之，宜著令者，皆以詔書畫一頒下；獨府兵法，衆以爲不可而止。

又建言：「周制，三公分兼六官之職，漢以三公分部六卿，唐以宰相分判六曹。今中書，古天官冢宰也，樞密院，古夏官司馬也；四官散於羣有司，無三公兼領之重。而二府惟進擬差除，循資級，議賞罰，檢用條例而已。上非三公論道之任，下無六卿佐王之職，非治法也。臣請倣前代，以三司、司農、審官、流内銓、三班院、國子監、太常、刑部、審刑、大理、羣牧、殿前馬步軍司，各委輔臣兼判其事。凡官吏黜陟，刑法重輕，事有利害者，並從輔臣予奪；其體大者，二府僉議奏裁。臣請自領兵賦之職，如其無補，請先黜降。」章得象等皆曰不可。久之，乃命參知政事賈昌朝領農田，仲淹領刑法，然卒不果行。

初，仲淹以忤吕夷簡，放逐者數年，士大夫持二人曲直，交指爲朋黨。及陝西用兵，天子以仲淹士望所屬，拔用之。及夷簡罷，召還，倚以爲治，中外想望其功業。而仲淹以天下爲己任，裁削倖濫，考覈官吏，日夜謀慮興致太平。然更張無漸，規摹闊大，論者以爲不可行。及按察使出，多所舉劾，人心不悦。自任子之恩薄，磨勘之法密，僥倖者不便，於是謗毁稍行，而朋黨之論浸聞上矣。

會邊陲有警，因與樞密副使富弼請行邊。於是，以仲淹爲河東、陝西宣撫使，賜黄金百兩，悉分遺邊將。麟州新罹大寇，言者多請棄之，仲淹爲修故砦，招還流亡三千餘户，蠲其税，罷榷酤予民。又奏免府州商税，河外遂安。比去，攻者益急，仲淹亦自請罷政事，迺以爲資政殿學士、陝西四路安撫使、知邠州。其在中書所施爲，亦稍稍沮罷。

以疾請鄧州，進給事中。徙荆南，鄧人遮使者請留，仲淹亦願留鄧，許之。尋徙杭州，再遷户部侍郎，徙青州。會病甚，請潁州，未至而卒，年六十四。贈兵部尚書，謚文正。初，仲淹病，帝常遣使賜藥存問，既卒，嗟悼久之。又遣使就問其家，既葬，帝親書其碑曰「褒賢之碑」。

仲淹内剛外和，性至孝，以母在時方貧，其後雖貴，非賓客不重肉。妻子衣食，僅能自充。而好施予，置義莊里中，以贍族人。汎愛樂善，士多出其門下，雖里巷之人，皆能道其名字。死之日，四方聞者，皆爲歎息。爲政尚忠厚，所至有恩，邠、慶二州之民與屬羌，皆畫像立生祠事之。及其卒也，羌酋數百人，哭之如父，齋三日而去。

杜大珪《名臣碑傳琬琰集》中卷一二《范文正公仲淹墓誌銘》　皇祐四年夏五月二十日甲子，資政殿學士、户部侍郎范公以疾薨於徐。吏走驛馬，以公喪聞，天子感慨，一不御垂拱殿朝，特贈兵部尚書。太常考行，謚文正。録孤賻物，悉用加等。中外士大夫駭然相弔以泣，至於巖壑處逸，無不痛惜之。其孤護帷櫝還洛，卜以是年十一月一日壬申，葬於河南縣萬安山尹樊里先壠之側。孤馳使來求銘，將納於竁。曰：公之先，始居河南，後徙于長安。唐垂拱中，履冰相則天，以文章稱，實公之遠祖也。四代祖隨，唐末嘗爲幽州良鄉主簿，遭亂奔二浙，家於蘇之吴縣，自爾遂爲吴人。時中原多故，王澤不能逮遠，於是世食錢氏之禄。蘇州糧料判官夢齡，以才德雄江右，即公之曾王父也。判官生贊時，初聰警，嘗舉神童，位秘書監，集《春秋》洎歷朝史爲《資談録》六十卷行於時。秘監生墉，博學善屬文，累佐諸王幕府。端拱初，隨錢俶納國，終武寧軍節度掌書記。公即掌記之第三子也。朝廷以公貴，用太保、太傅、太師追贈三代，又擇徐、許、越，吴四大國追封王妣陳氏、妣陳氏、謝氏爲太夫人。公諱仲淹，字希文。不幸二歲而孤，吴國太夫人以北歸之初，亡親戚故舊，貧而無依，遂再適朱氏。公既長，未欲與朱氏子異姓，懼傷吴國之心，姑姓朱。後從事於亳，吴國命始奏而復焉。公少舉進士，祥符八年中第，調廣德軍司理掾，權集慶軍節度推官。制置使舉擢泰州西溪鹽廪，以勞進大理丞。又舉知興化縣，建州關隸，以吴國老疾辭，監楚州糧料院。丁憂去官。服除，晏丞相以文學薦公於朝，試可，署秘閣校理。時章獻皇太后臨政，已巳歲冬至，上欲率百僚爲壽，詔下草儀注，搢紳失色相視，雖切切口語而畏憚，無一敢論者。上又專欲躬孝德以勵天下，而未遑餘衈。公獨抗疏曰：「人主北面是首，顧居下。矧爲后族强倡之階，不可以爲法。或宫中用是爲家人禮，權而卒於正，斯亦庶乎其可也。」疏奏，遂罷上壽儀，然后頗不懌。尋出爲河中府通判，轉殿中丞。謀葬吴國，再請通判陳州，遷太常博士。聞京師

多不關有司而署官賞者，訪焉，出於中旨，乃附驛奏，疏甚懇至，願以上官賀屢事爲戒。明年章后棄長樂，擢爲右司諫。屬朝廷用章后遺令，策太妃楊氏爲皇太后預政。制出，都下訩訩。公上疏，極陳：「王者立太后，所以尊親也，不容冀幸於其間。未聞武武相躡，一二而數，況復稱制以取惑天下耶？臣恐後世有以窺之者。」上悟，第存后位號而止。公彈補闕失，無所阿忌，貴倖仄目，不欲久留諫職。因江淮饑，以才命公體量安撫。雖別領走外，亦懇懇不忘憂國，途中上《時弊十事》，皆政教之大者。累月還朝，適議廢郭后，公上書曰：「后者君稱，以天子之配至尊，故稱后。后所以長養陰教而母萬國也。故繫如此之重，未宜以過失輕廢立。且人孰無過，陛下當面諭后失，放之別館，揀妃嬪老而仁者朝夕勸導，俟其悔而復其宮，則上有常尊而下無輕議矣。」書奏不納。明日又率其屬及群御史，伏閤門論列如前日語。上遣中貴人揮之，令詣中書省。宰相窘，取漢唐廢后事爲解。公曰：「陛下天姿如堯舜，公宜因而輔成之，奈何欲以前世弊法累盛德耶？」中丞孔道輔名骨鯁，亦扶公，論議甚切直。又明日晨，率道輔將留百辟班，挹宰相庭辯，抵漏舍。會降知睦州，臺吏促上道。在郡歲餘，知蘇州。朝廷知清議屬公，就拜禮部員外郎、天章閣待制，召還。有入內都知閻文應者，專恣不恪，事多矯旨以付外，執政知而不敢違。公聞之，不食，將入辯，謂若不勝，必不與之俱生。即以家事屬長子，明日盡條其罪惡聞於上。上始知，遽命竄文應嶺南，尋死於道。公自還闕，論事益急。宰相陰使人諷公：「待制主侍從，非口舌任也。」公曰：「論思者，正侍臣之事，予敢不勉？」宰相知不可誘，乃命知開封府，欲撓以劇煩而不暇他議，亦幸其有失即罷去。公處之宷月，威斷如神，吏縮手不敢舞其姦，京邑肅然稱治。於時官方無紀，每對，未嘗不爲上力陳治亂之道，皆由用人得失。此實宰相之職也，天子日擁萬幾，非所宜專，然不可以不察。因取職局官品，以類撰次，至於超遷序進，附見其下，爲圖以獻，庶上易覽。宰相益不悅，嗾其黨短公於上前。公亦連詆宰相不道，不行不肯已，坐是去閣職，貶知饒州。是日上封移書，論公以忠義獲譴，極道所不可者，皆當世英豪。宰相指爲朋，相繼謫去。治饒未久，徙潤，又徙越。寶元初，羌人壓境叛，間歲悉衆寇延州，大將戰没，關中警嚴。於是還公舊職，移知永興軍，道授陝西都轉運使。議者謂將漕之任，不預戎事，遂改充經略安撫副使，仍遷龍圖閣直學士、吏部員外郎以寵之。至部，首按鄜延。時延安始困兵火，障戍掃地，城外即寇壤，巋然孤壘，人心危恐，廢食待竄。凡朝廷遣守，皆以事避免，遷延不時往。公遂留不行，騎奏願兼領延州事，以待寇之復來，上嘉而從之。屬亡戰日久，兵無紀律，猝有外警，蕩然不支。公於是大閲州兵，得萬八千人，析爲六將，分命裨佐訓敕。不數月，舉爲精鋭，士氣大振，莫不思戰。而寇知我有備，即引去。朝廷推其畫諸路，諸路皆以爲法。力城青澗，復散亡屬羌萬餘帳，開營田數千頃以收軍實。人視延塞，其完固如山立，不可動，謂宜討賊，不可坐守老吾師。朝廷下其議，將從之，公執猶以爲未也。無幾，涇原師出，敗於好水川，天子由是益信公智謀過人遠甚。前此賊以書署僭號遺公請和，公不忍俾朝廷報賊，乃自占答，黜其僭署，爲陳逆順禍福，立遣使者還。未出境，聞好水敗，始悟賊書譎而非誠，益自信立報。爲是執政以公擅報罪當誅，上知亡其責，止命削一官，降知耀州。幾月，拜户部郎中，起知慶州，尋遷左司郎中、本路經略安撫招討使，兼兵馬都部署。有馬砦者，素爲賊衝，然地與賊境相衡，久不能城。公至，自領牙兵，出不意駐柔遠砦，別遣蕃將取其地，得之。先命長子入據以率衆，公亦親往勞士。有頃，賊三萬騎叩城下，公麾兵血戰，則遽北，戒諸將勿追，已而果有伏，夜遁。城既立，詔名大順。徐又城細腰，復胡盧等砦，招明珠、密臧二强族各萬餘人及并環千餘帳内附。自此環慶屬羌，悉爲吾用。先是卒驕難使，主將咸務姑息。公築延慶諸城堡，募民不足，乃雜使禁旅，蓋素服公威惠，勞苦雖且死不怨。久之，涇原師再喪定川，關輔復震，而虞變生。公知，親率戲下兵連夜赴援，且將邀賊歸路擊之。會已出塞，遂班師，因移其兵耀於關輔，人心於是大定。初，定川事聞，上頗駭，謂侍臣曰：「得范某出援，吾無憂矣。」數日公奏至，上大喜，懷其章示執政曰：「吾知范某可用。」加樞密直學士、右諫議大夫。時朝廷以戍卒屢衄，議黥鄉人爲軍，人懼甚，竄匿不願黥。公改命涅刺其手，其校戰，請農於家。後罷兵，獨環慶路鄉軍得復爲民，民德公至於今不忘。朝廷尋盡以西路委公，置府於涇州，授陝西四路安撫經略招討使。方謀取橫山故地，漸復靈、夏，然後可以誅賊。賊知亡無日，懼不克當，因遣使講和。明年春，召公爲樞密副使，凡五讓不從，乃拜之。輿議謂公有經綸才，不當跼於兵府，是秋改參知政事。上倚公右於諸臣，公亦務盡所藴以圖報。然天下久安則政必有弊者，三王所不能免。公將劘以歲月而人不知驚，悠久之道也。上方鋭於求治，間數命公條當世急務來。公始未奉詔，每辭以事大不可忽致。於是露薰，降手詔者再，遣内臣就政事堂督取，開龍圖閣給筆札，令立疏者各一，日日面詰者不可數。退曰：「吾君求治如此之切，其暇歲月待耶？」即以十策上之，蓋取士、課吏、減任子、更衛兵、擇守宰、謹赦令、厚農

桑之類者。又先時别上法度之説甚多，皆所以抑邪佞、振綱紀、扶道經世，一一可行。上覽奏褒納，益信公忠耿，不爲身謀卹也，遽下二府促行。論者漸齟齬不合，作謗害事。公知之如不聞，持之愈堅。明年秋，邊奏疑若有警者，公慮帥臣恃和而懈，因懇請按邊，即命爲河東陝西宣撫使。麟州向者亦被寇掠，邈然在賊腹中，本道帥病無供餉，奏欲棄之。公曰：「麟棄，疆埸日蹙，不可。」請復廢障，使民耕於鄙，於是得不棄。又代郡西四州軍附邊，有廢地尤廣，著令禁不得耕，郡縣以敵嫌不敢正視。前歐陽修來使，盡籍其利害，請弛禁，許人耕以輸，可代岢嵐一境，而塞粟已充矣。公至，知其利大且亡所嫌者，屢奏如修議便，後止耕轉輓之勞，以帥議不協罷。公既度陝，以西羌好難保而邊計尚缺，疏手奏願解政事，復領四路以總護諸將，即除授資政殿學士、知邠州、兼陝西四路安撫使。以疾請鄧，許，還給事中。三年，又請淅郡，因得展先臣之墓。移杭州，加禮部侍郎。祀明堂，汎遷户部，又移青州，兼東路安撫使。幾歲，疾病，又請潁。肩舁至彭門，遂不起，年六十四。公爲學好明經術，每道聖賢事業，輒跂聳勉慕，皆欲行之於己。自始仕，慨然已有康濟之志。凡所設施，必本仁義而將之以剛決，未嘗爲人屈撓。歷補外職，以嚴明馭吏，使不得欺，於是民皆受其賜。立朝益務勁雅，事有不安者，極意論辯，不畏權倖，不蹙憂患。故屢亦見用，然每用必黜之。黜則欣然而去，人未始見其有悔色。或唁之，公曰：「我道則然，苟尚未遂棄，假百用百黜，亦不悔。」噫！如公，乃韓愈所謂信道篤而自知明者也。在陝西尤爲宣力，以儒者奉武事。又邊備久廢忽，而王師新敗，剥喪破漏，茫乎無所取濟。公周旋安集，坐可守禦，蓄鋭覰釁，適圖進討。會羌人復修貢，朝廷姑議息兵而從其請，於是不能成殄滅之功。然其閲武練將，可以震敵；城要害，屬雜羌，可以扼寇。此後世能者未易過也。至於墾田阜財，立法著信，愛民全國體，赫赫在人耳目，皆可爲破敵之地者，又可道哉！其歷二府，纔歲餘而罷。若夫天下至重，久安之弊至深，而欲以一二歲臨之而望治，雖愚者知其不可得，況所奏議阻而不行者十八九，行者又即改廢不用，兹所以重主憂而生民未得安也。宣撫之初，讒者乘間蜂起，益以奇中造端飛語，亡所不及，甚者必欲擠之死而後已。賴上寬度明照，知公無他，始終保全，獲没牖下。嗚呼！道之難行也，而至是乎！憸人苟欲伸己志而不志乎邦家，此先民所以甘藜藿而蹈江海也。公天性喜施與，人有急必濟之，不計家用有無。既顯，門中如賤貧時，家人不識富貴之樂。每撫邊，賜金良厚，而悉以遺將佐。在杭，盡餘俸買田於蘇州，號義莊，以聚疏屬。而斂無新衣，友人醵貲以奉葬。諸孤亡所處，官爲假屋韓城以居之。遺奏不干私澤，此益見其始卒志於道，不爲禄位出也。作文章尤以傳道名世，不爲空文，有文集二十卷，奏議若干卷，兩府論事若干卷。娶李氏，故參知政事昌齡之姪，封金華縣君，卒於鄱陽，今舉而祔焉。四子：純佑，守將作監主簿，少有氣節，以疾廢於家；純仁，進士第，光禄寺丞；純禮，太常寺太祝。皆温厚而文，識者曰范氏有子矣。三女，長適殿中丞蔡交，次適封丘主簿賈蕃。諸孫三，長正臣，守將作監主簿。一男純粹、一女二孫并幼。銘曰：

公之世系，源於陶唐。晉會食范，厥姓始彰。睢、痤、蠡、增、滂、寧、雲、質，兹惟聞人，間代而出。或霸或季，所有何述。粤自得姓，千五百年，獨公挺生，爲天下賢。涉聖之餘，揭厲洄沿。道尊德融，事公實繁。人獲一善，已謂其難，公實百之，如無有然。遭時得君，位亦顯焉。罹此讒慝，志莫究宣。元元卒艱，噫嘻乎天！

歐陽修《歐陽修全集·居士集》卷二一《資政殿學士户部侍郎文正范公神道碑銘》 皇祐四年五月甲子，資政殿學士、尚書户部侍郎、汝南文正公薨於徐州，以其年十有二月壬申，葬於河南尹樊里之萬安山下。公諱仲淹，字希文。五代之際，世家蘇州，事吳越。太宗皇帝時，吳越獻其地，公之皇考從錢俶朝京師，後爲武寧軍掌書記以卒。

公生二歲而孤，母夫人貧無依，再適長山朱氏。既長，知其世家，感泣去之南都。入學舍，掃一室，晝夜講誦，其起居飲食，人所不堪，而公自刻益苦。居五年，大通六經之旨，爲文章，論説必本於仁義。祥符八年，舉進士，禮部選第一，遂中乙科，爲廣德軍司理參軍，始歸迎其母以養。及公既貴，天子贈公曾祖蘇州糧料判官諱夢齡爲太保，祖秘書監諱贊時爲太傅，考諱墉爲太師，妣謝氏爲吳國夫人。

公少有大節，於富貴、貧賤、毀譽、歡戚，不一動其心，而慨然有志於天下，常自誦曰：「士當先天下之憂而憂，後天下之樂而樂也。」其事上遇人，一以自信，不擇利害爲趨捨。其所有爲，必盡其力，曰：「爲之自我者當如是，其成與否，有不在我者，雖聖賢不能必，吾豈苟哉！」

天聖中，晏丞相薦公文學，以大理寺丞爲秘閣校理。以言事忤章獻太后旨，通判河中府。久之，上記其忠，召拜右司諫。當太后臨朝聽政時，以至日大會前殿，上將率百官爲壽。有司已具，公上疏言天子無北面，且開後世弱人主以彊母

后之漸，其事遂已。又上書請還政，天子不報。及太后崩，言事者希旨，多求太后時事，欲深治之。公獨以謂太后受託先帝，保佑聖躬，始終十年，未見過失，宜掩其小故以全大德。初，太后有遺命，立楊太妃代爲太后。公諫曰：「太后，母號也，自古無代立者。」由是罷其册命。

是歲，大旱蝗，奉使安撫東南。使還，會郭皇后廢，率諫官、御史伏閤爭，不能得，貶知睦州，又徙蘇州。歲餘，即拜禮部員外郎、天章閣待制，召還，益論時政闕失，而大臣權倖多忌惡之。

居數月，以公知開封府。開封素號難治，公治有聲。事日益簡，暇則益取古今治亂安危爲上開説，又爲《百官圖》以獻，曰：「任人各以其材而百職修，堯、舜之治不過此也。」因指其遷進遲速次序曰：「如此而可以爲公，可以爲私，亦不可以不察。」由是吕丞相怒，至交論上前，公求對，辨語切，坐落職，知饒州。

明年，吕公亦罷。公徙潤州，又徙越州。而趙元昊反河西，上復召相吕公。乃以公爲陝西經略安撫副使，遷龍圖閣直學士。是時，新失大將，延州危。公請自守鄜延扞賊，乃知延州。元昊遣人遺書以求和，公以謂無事請和，難信，且書有僭號，不可以聞，乃自爲書，告以逆順成敗之説，甚辯。坐擅復書，奪一官，知耀州。未逾月，徙知慶州。既而四路置帥，以公爲環慶路經略安撫、招討使、兵馬都部署，累遷諫議大夫、樞密直學士。

公爲將，務持重，不急近功小利。於延州築青澗城，墾營田，復承平、永平廢寨，熟羌歸業者數萬户。於慶州城大順以據要害，奪賊地而耕之。又城細腰、胡蘆，於是明珠、滅臧等大族，皆去賊爲中國用。自邊制久隳，至兵與將常不相識。公始分延州兵爲六將，訓練齊整，諸路皆用以爲法。公之所在，賊不敢犯。人或疑公見敵應變爲如何？至其城大順也，一旦引兵出，諸將不知所向，軍至柔遠，始號令告其地處，使往築城。至於版築之用，大小畢具，而軍中初不知。賊以騎三萬來爭，公戒諸將：戰而賊走，追勿過河。已而賊果走，追者不渡，而河外果有伏。賊既失計，乃引去。於是諸將皆服公爲不可及。公待將吏，必使畏法而愛己。所得賜賚，皆以上意分賜諸將，使自爲謝。諸蕃質子，縱其出入，無一人逃者。蕃酋來見，召之卧内，屏人徹衛，與語不疑。公居三歲，士勇邊實，恩信大洽，乃決策謀取横山，復靈武，而元昊數遣使稱臣請和，上亦召公歸矣。初，西人籍其鄉兵者十數萬，既而黥以爲軍，惟公所部，但刺其手，公去兵罷，獨得復爲民。其於兩路，既得熟羌爲用，使以守邊，因徙屯兵就食内地，而紓西人饋輓之勞。其所設施，去而人德之，與守其法不敢變者，至今尤多。

自公坐吕公貶，羣士大夫各持二公曲直，吕公患之，凡直公者，皆指爲黨，或坐竄逐。及吕公復相，公亦再起被用，於是二公歡然相約勠力平賊。天下之士皆以此多二公，然朋黨之論遂起而不能止。上既賢公可大用，故卒置羣議而用之。

慶曆三年春，召爲樞密副使，五讓不許，乃就道。既至數月，以爲參知政事，每進見，必以太平責之。公歎曰：「上之用我者至矣，然事有先後，而革弊於久安，非朝夕可也。」既而上再賜手詔，趣使條天下事，又開天章閣，召見賜坐，授以紙筆，使疏於前。公惶恐避席，始退而條列時所宜先者十數事上之。其詔天下興學，取士先德行不專文辭，革磨勘例遷以别能否，減任子之數而除濫官，用農桑、考課、守宰等事，方施行，而磨勘、任子之法，僥倖之人皆不便，因相與騰口，而嫉公者亦幸外有言，喜爲之佐佑。會邊奏有警，公即請行，乃以公爲河東、陝西宣撫使。至則上書願復守邊，即拜資政殿學士、知邠州，兼陝西四路安撫使。其知政事，纔一歲而罷，有司悉奏罷公前所施行而復其故。言者遂以危事中之，賴上察其忠，不聽。

是時，夏人已稱臣，公因以疾請鄧州。守鄧三歲，求知杭州，又徙青州。公益病，又求知潁州，肩舁至徐，遂不起，享年六十有四。方公之病，上賜藥存問。既薨，輟朝一日，以其遺表無所請，使就問其家所欲，贈以兵部尚書，所以哀卹之甚厚。

公爲人外和内剛，樂善汎愛。喪其母時尚貧，終身非賓客食不重肉，臨財好施，意豁如也。及退而視其私，妻子僅給衣食。其爲政，所至民多立祠畫像。其行己臨事，自山林處士、里閭田野之人，外至夷狄，莫不知其名字，而樂道其事者甚衆。及其世次、官爵，誌于墓、譜于家、藏于有司者，皆不論著，著其繫天下國家之大者，亦公之志也歟！銘曰：

范於吴越，世實陪臣。俶納山川，及其士民。范始來北，中間幾息？公奮自躬，與時偕逢。事有罪功，言有違從。豈公必能，天子用公。其艱其勞，一其初終。夏童跳邊，乘吏怠安。帝命公往，問彼驕頑。有不聽順，鋤其穴根。公居三年，怯勇隳完。兒憐獸擾，卒俾來臣。夏人在廷，其事方議。帝趣公來，以就予治。公拜稽首，茲惟難哉！初匪其難，在其終之。羣言營營，卒壞于成。匪惡其成，惟公是傾。不傾不危，天子之明。存有顯

榮，没有贈謚。藏其子孫，寵及後世。惟百有位，可勸無怠。

曾鞏《隆平集》卷八《范仲淹傳》　范仲淹，字希文，唐相復冰之後。其先邠州人，後徙居蘇州。祖贊，仕錢氏爲秘書監。仲淹二歲喪父，而母改適長山朱氏，故從繼父姓。大中祥符八年登進士第，曰朱説。後喪母服除，始復其姓，而改今名。初，以憂去官，晏殊知應天府，表掌府學，上書執政萬餘言，皆時之先務。及終喪，殊又薦之，除秘閣校理。明道初召爲右司諫，累擢天章閣待制，落職知饒州。元昊叛，復待制，知永興軍。夏竦爲陝西招討使，進仲淹龍圖閣直學士以副之。改知延州，降官知耀州，職如故。徙慶州，復舊官，爲環慶路經略安撫沿邊招討使。時始分陝西爲四路也。慶曆二年，除邠州觀察使，辭不拜。遷樞密直學士，爲陝西路招討使。三年，樞密副使。是秋，改參知政事。四年，出爲陝西、河東宣撫使。五年，罷爲資政殿學士知邠州。以疾請知鄧州，加給事中知杭州，遷禮部侍郎。祀明堂恩，進户部，徙青州。疾甚，請潁州，未至卒，年六十四，贈兵部尚書，謚文正。子純佑、純仁、純禮、純粹。御篆其神道碑額曰「褒賢」。所著《丹陽集》二十卷，《奏議》十七卷。仲淹事母至孝，以母在時家甚貧，及既貴，非賓客不食肉。妻孥膳服，僅足而已。姑蘇之范皆疎屬，而置義莊以賙給之。天下想聞其風采，賢士大夫以不獲登其門爲耻。下至里巷，遠及夷狄，皆知其名字。衆莫知其所以然也。初，章獻太后欲以冬至御會慶殿，太常具儀請天子率百官獻壽。仲淹在秘閣，上疏言：「王者奉親於内，則有家人禮，若稱觴殿下，是以天子北面行人臣事，抑尊損威，不可爲後世法。」不報。又請太后復辟，遂出通判河中府。又章獻太后遺詔，以太妃楊氏爲皇太后，參決軍國事。仲淹上疏言：「太后，母之名號也，未聞因保育而代立者。今一太后崩，又立一太后，天下疑陛下不可一日無母后之助也。」太妃雖受太后册，遂不復同聽政。郭皇后廢，上書諫，不報。與御史中丞孔道輔合諫官、御史伏閤諫。遣中貴人諭令詣中書。宰相曰：「漢唐廢后久矣。」仲淹曰：「何爲援前世衰政以累聖朝？」明日，將留百官班揖宰相廷争。至待漏院，有詔出知睦州，即日就道。明道末，言事者多摘太后時事以暴於朝。仲淹諫曰：「太后受遺詔保佑聖躬者十年，宜掩其小故，以全大德。」上感悟，始抑言者。歲饑，出使江淮，體量安撫。所至除淫祀，賑乏絶。民有食烏昧草者，擷草以進，示六宫貴戚，戒其侈心。因陳八事以諫。其一曰，祖宗時，江淮饋運至少，而養六軍取天下。今東南歲漕米六百餘萬石，府庫財帛又皆出於民，而饑年艱食如此。願下裁造務後苑，作文思院、糧料院，取祖宗歲用之數，則奢儉可見矣。其二曰，國家太平垂三十年，暴斂未除，濫賞未革。近年赦宥既頻，賞給復厚。聚於艱難，散於容易。國無遠備，非社稷之福也。願無數赦推賞。且祖宗欲復幽薊，故謹内藏，庶行師之時，不擾於下。其三曰，江淮諸路，歲已餽糧，於租税之外，復又入糴。兩浙七十萬，以諸路計之，不下二三百萬。雖豐年，穀價亦高。官以傷財，民且乏食，今宜銷冗兵，削冗吏，禁游惰，省工作。既損京師用度，然後減江淮饋運。以租税上供外，可罷高價入糴，則歲省數百萬緡錢。或上京師實府庫，或以給還商旅。商人既通則榷貨務，入便漸廣，而入中之法可以兼行矣。其四曰，國家重兵，悉在京師。仰給度支，則所養之兵，不得不精也。一卒之費，歲不下百千。卒萬人，則百萬緡矣。至七十歲放停，是未停之前，大蠹國用。及其羸老，歸復何託？咸平中，揀鄉兵，人無歸望，號怨之聲，動於四野。大中祥符間，選退冗兵，無歸之人，大至失所。此近事之鑒也。請下殿前、馬軍司，禁軍選不堪披帶者，别立本鄉州軍就糧指揮。至彼有田園骨肉者許之歸，則不至失所矣。其五曰，緣邊市馬，歲費不貲。罷之則絶戎人，行之則困中國。自古騎兵，未必爲利。開元、天寶間，牧馬數十萬匹，禄山爲亂，王師敗績於函谷，曾何救焉？然西北戎馬不可牧，既至京師，宜多鬻於民間。或有邊用，一呼可集。重税以禁江淮小馬，使不至近裏州軍，則西北之馬可行。外慰戎心，内減芻秣以億萬計。其六曰，發運司歲漕六百餘綱，省員殿侍以歲勞改班行。若綱運可減，則歲改職者，止賞給緡錢。諸州都知兵馬使，滿歲如實廉幹，須知州、通判同罪保舉，方與班行。武臣薦子弟，並令引見試驗。若無所取及年幼者，止與奉職，至殿侍而已。其七曰，百司流外，日以增冗，請罷招置，三五年可去其半。舊二百人者，以百人爲額，餘並移補諸司。其八曰，真州建長蘆寺，役兵糧已四萬斛。棟宇塑像，金碧之資，又三十萬緡。施之於民，可以寬重斂。施之於士，可以增厚禄。施之於兵，可以拓舊疆矣。上嘉納之。及在從班，言事益無避。因言古之治亂繇用人得失，此宰相之職也。獻《百官圖》，指其遷轉次序遲速曰，如此可以爲法，陛下不可不察。又獻四論，曰《帝王好尚》，二曰《選賢任能》，三曰《近名》，四曰《推變》。其大指言治亂賢所任，區别而進退左右，人主之權也，不可以委臣下。上因面質於宰相呂夷簡。夷簡以爲仲淹離間君臣，至交論上前。出知饒州。殿中侍御史韓瀆希旨，請榜仲淹朋黨於朝。秘書丞余靖上疏言，仲淹嘗言陛下母子夫婦之間，尚加優容。今以一言觸大臣，遽至黜逐，非朝廷福。太子中允、館閣校勘尹洙，自幼與仲淹善

兼師友，且嘗被論薦，請從降黜。館閣校勘歐陽脩，移書左司諫高若訥，責其依違。若訥繳奏之。靖等悉貶。其後延州諸寨失守，東西四百里無藩籬，人心危恐，知州張友辭不知兵且老，乃以仲淹代之。析州兵馬爲六將，將三千人，隨部分教之，使更禦賊。朝廷推其法諸路。又築青澗城以阨寇衝，復屬羌數千落，墾田二千頃，許互市通有無。又建康定軍，積蒲充民租，春則徙兵就糧，減饋運之費三之一。時議諸路討賊，獨仲淹固守鄜延不從。及元昊僞請和，仲淹答書令去僭號，元昊復有書不遜。仲淹焚其書不以聞。執政以爲不當輒通書，而又擅焚之。參知政事宋庠請論以軍法，上不從，降員外郎知耀州，職如故。未逾月，徙慶州，而復其官。州之西北有寨，據後橋川，南通鳳州、華州池，北扼白豹、金湯，種落彊悍而善耕，久不能城。仲淹一日擁兵城之，賊騎三萬薄關城下，佯北，仲淹戒諸將持重，勿過河，既而果設伏河外。城成，詔賜名曰大順城。環州屬羌明珠、滅臧二族各萬餘人，皆附賊。仲淹又請復細腰城、胡蘆泉諸寨，招致二族以扼賊。又復近羌千三百餘帳。葛懷敏之敗，關中民皆竄匿山谷，乃率部下兵赴援，而募兵關下，人心始安。仁宗初按圖示左右曰：「若得仲淹出援，涇原可勿憂矣。」或以爲恐道遠不能至，後數日上出其章，謂宰相曰：「仲淹果出援如所料。」在政府，欲倣《周官》以六卿事分委輔臣，而自領兵刑之任。上方鋭意政事，數於天章閣詢執政世務。仲淹言：「天下之治莫若守宰得人。欲得人，先擇轉運、按察使。」又云：「取士不可以不根行實而先詞華。圭田不均則不足以養廉吏，農桑不課則民失業，詔令屢更則下不信。」又請復府兵以宿衛京師，併縣邑以寬徭役。又欲減五品以上任子例。明年，與韓琦列上禦邊四策。既欲改制，故忌之者衆，而僥倖者不便。因出宣撫，遂罷政事焉。王倫之叛，州縣官吏有不能守者，朝廷議欲盡誅之。仲淹曰：「平時諱言武備，盜賊之至，責守臣死事不可。」故守令皆得不誅。仲淹所至恩威並行，鄧、慶之民並西陲屬羌，皆繪像生祠之。其卒也，上尤嗟嘆焉。

王稱《東都事略》卷五九上《范仲淹傳》　范仲淹，字希文，唐相履冰之後。其先，邠州人也。後徙蘇州。祖贊時，仕錢氏爲祕書監。父墉，從錢俶歸京師，後爲武寧軍掌書記以卒。仲淹二歲而孤，母貧無依，改適長山朱氏，故冒朱姓，名說。舉進士，爲廣德軍司理參軍，始歸迎其母以養。

仲淹少有大志，於富貴、貧賤、毁譽、歡戚一不動其心，而慨然有志於天下。嘗自誦曰：「士當先天下之憂而憂，後天下之樂而樂。」此其志也。爲楚州糧料院，母喪去官。自言不敢以一身之戚而忘天下之憂，乃上書宰相，極論天下事，所言皆執政時所施行者也。宰相王曾見而奇之，晏殊知應天府，表掌府學。及終喪，乃歸宗，易今名。時晏殊在京師，薦一士爲館職，曾謂殊曰：「公知范仲淹，捨不薦而他薦乎？公宜更薦范仲淹也。」殊從之，遂用爲祕閣校理。

章獻明肅皇后欲以元日御會慶殿，太常具儀，請天子率百官獻壽。仲淹上疏言：「王者父天母地，若奉親於內，則有家人禮。今稱觴殿下，是以天子北面行人臣事，抑尊損威，不可爲後世法。」殊謂仲淹曰：「此豈君所當言邪？」仲淹抗言曰：「仲淹受公誤知，常懼不稱，爲知己羞。仲淹所言，正論也，公反以爲罪乎？」殊慙，無以應。仲淹又上疏請太后復辟，以爲：「陛下擁扶聖躬，聽斷大政，日月持久。今皇帝春秋已盛，睿哲明發，臣願陛下保慶壽於長樂，卷收大權還上真主，以享天下之養。」遂出通判河中府。久之，仁宗記其忠，召爲右司諫。章獻崩，言事者希旨多言章獻時事，仲淹諫曰：「太后受託先帝，保佑聖躬，始終十年，未見過失。宜掩其小故以全大德。」章獻有遺命以太妃楊氏爲皇太后，參決軍國事。仲淹上疏言：「太后，母之名號也，未聞因保育而代立者。今一太后崩，又立一太后。天下且疑陛下不可一日無母后之助。」由是罷其册命。

歲饑，出使安撫東南，所至除淫祀，賑乏絶。民有食烏味草者，擷草以進，請示六宫、貴戚，戒其侈心。因陳八事以諫。會郭皇后廢，仲淹上書諫，不報。與御史中丞孔道輔合諫官御史伏閤諫，仁宗遣中貴人諭令詣中書。宰相呂夷簡曰：「廢后自有典故。」仲淹曰：「相公不過引漢光武勸上耳，此乃光武失德，何足法？自餘廢后，皆前世昏君所爲，主上躬堯舜之資，而相公奈何更勸之效昏君所爲，豈不爲聖明之累乎？」明日，留百官揖宰相廷爭至待漏院。有詔出知睦州，徙蘇州。歲餘，拜天章閣待制。召還，益論事無所避。

知開封府。仲淹明敏通照，決事如神，京師謡曰：「朝廷無憂有范君，京師無事有希文。」仲淹言：「洛陽險固，而汴州四戰之郊，急難則居洛，太平乃都汴。今洛宫本備巡幸，可漸廣儲蓄，繕脩之。」又言古之治亂繇用人得失，此宰相之職也。爲《百官圖》以獻，曰：「任人各以其材，而百職脩，堯舜之治不過此也。」因指其進退遲速次序曰：「如此可以爲公，可以爲私，陛下不可以不察。」又獻四論：一曰帝王好尚，二曰選賢任能，三曰近名，四曰推變。其大指言治亂繫所任，區别而進退左右，人主之權也，不可以委臣下。仁宗因而質於宰相呂夷簡。夷簡以爲仲淹離間君臣，至交論上前，坐落職，出知饒州。余靖上疏言：「仲淹

嘗言，陛下母子夫婦之間尚加優容，今以一言觸大臣，遽至黜逐，非朝廷福。」尹洙亦自訟與仲淹義兼師友，且嘗被論薦，請從降黜。歐陽脩移書諫官高若訥，責其不言。若訥繳奏之，靖等悉坐貶。當時謂之四賢、一不肖。一不肖，指若訥也。後徙潤、越二州。

趙元昊反，仁宗知仲淹材兼文武，復天章閣待制，知永興軍。夏竦爲陝西招討使，進仲淹龍圖閣直學士以副之。是時，延州諸砦失守，東西四百里無藩籬，人心危恐。乃以仲淹知延州。仲淹析州兵爲六將，將三千人，訓練齊整，使更禦賊。諸路皆用以爲法，賊聞之，弟戒曰：「無以延州爲意。今小范老子腹中自有數萬兵甲，不比大范老子可欺也。」大范老子，謂雍也。又築青澗城以阨寇衝，墾田二千頃。復承平、永平廢砦，屬羌歸業者數萬户。時議諸路進討，獨仲淹固守鄜延不從。

及元昊遣人遺書以求和，仲淹以謂：「無事請和，難信。且書有僭號，不可以聞。」乃自爲，書令去僭號，告以逆順成敗之説甚辯，見西夏事中。元昊復有書，不遜，仲淹焚其書不以聞，坐奪一官，知耀州。

未踰月，徙慶州。分陝西爲四路，以仲淹爲環慶路經略安撫招討使。仲淹上攻守二策，仁宗報之曰：「閲所奏二策，思慮精密矣。然將帥士卒累衄，氣未甚振，若幸於或勝，恐非良謀。備有克獲，又煩守備。若乃勤於訓練，嚴加捍禦，遠設斥候，制其奔衝，俟時而動，庶以養鋭持久。卿宜深體朕意，與諸帥協心并力，互相應援，或有便宜密奏。」仲淹又言：「西戎背德，卿大夫爭進計策，而未能副陛下憂邊之心。且議攻者謂守則示弱，議守者謂攻必速禍，是二者之議卒不能合也。臣前在延安，初則請復諸砦爲守禦之備，次則幸其休兵，輒遣一介示招納之意。朝廷以羣言之異，未垂采納。今臣領慶州，日夜思之，乃知攻有利害，守有安危。何則？攻其遠則害必至，攻其近則利亦隨。守以土兵則安，守以東兵則危。臣所謂攻宜取其近而兵勢不危，守宜圖其久而民力不匱，招納之策可行於其間。今奉詔俾嚴加捍禦，俟時而動，與鄰道協心而共圖之。又覩赦文，謂彼無騷動我不侵掠，臣恐賊寇一隔，遠在數百里外，應援不及，須爲牽制之策，以沮賊氣。願朝廷於守策之外更備攻術，有備而不行，豈當行而無備也。臣前常遣人入界，通往來之問，或更有人至不可不答。朝廷先降密旨，令往復論議，歲年之間當有成事。且自古兵馬精勁，西戎之所長也；金帛富庶，中國之所有也。禮義不可化，干戈不可取，則當任其所有，勝其所長，此霸王之術也。」仁宗嘉其議。

慶曆二年，改邠州觀察使，不拜。州之西北有砦，據後橋川南通鳳州、華州，池北接白豹、金湯，種落强悍而善耕，久不能城。仲淹一日擁兵出，諸將不知所向。軍至柔遠，始號令告其地處，所往築城。至於板築之用，大小畢具，而軍中初不知。賊以騎三萬來争，仲淹戒諸將，戰而賊走，追勿過河。已而賊果走，追者不度，而河外果有伏賊，失計乃引去。於是諸將皆服，以爲不可及。詔賜名曰「大順城」。環州屬羌明珠、滅臧二族，兵各萬餘人，皆附賊。仲淹又請復細腰城、葫蘆泉諸砦，招致二族以扼賊。又復近羌千三百餘帳。

葛懷敏之敗定川也，關中民竄匿山谷，乃率部下兵赴援，而募兵關中，人心始安。仁宗聞定川之敗，頗以西方爲憂，謂近臣曰：「若得仲淹出援，涇原可無慮矣。」及聞其出師，甚喜。進樞密直學士、右諫議大夫，尋拜陝西四路安撫緣邊招討使。

仲淹待諸吏，必使畏法而愛己所得賜賚皆以上意分賜諸將，使自爲謝。諸蕃質子縱其出入，無一人逃者。蕃酋來，召之卧内，屏人徹衛，與語不疑。仲淹與韓琦俱有威名，軍中爲之語曰：「軍中有一韓，西賊聞之心骨寒；軍中有一范，西賊聞之驚破膽。」居三歲，士勇邊實，恩信大洽。乃決策謀取横山，復靈武，而元昊數遣使來請和。初，西人籍爲鄉兵者十數萬，既而黥以爲軍，惟仲淹所部刺其手。仲淹去，兵罷，獨得復爲民。仲淹在邊，其所施設，去而人德之，與守其法，不敢變也。

自仲淹坐吕夷簡貶，羣士大夫各持二人曲直。夷簡患之，凡直仲淹者，皆指爲黨，或坐竄逐。及夷簡復相，仲淹再起被用，於是歡然相得，戮力平賊，天下兩賢之。召拜樞密副使。頃之，與韓琦出巡邊，爲陝西宣撫使。未行，改參知政事，而以琦代使陝西。

會盜起淮南，知高郵軍晁仲約度不能禦，諭軍中富民出金帛，具牛酒，使人迎勞，且厚遺之。賊悦，徑去。事聞，富弼時在樞府，議欲誅仲約以正軍法，仲淹欲宥之。弼曰：「盜賊公行，守臣不能戰又不能守，而使民醵錢遺之，法所當誅也。」仲淹曰：「郡縣兵械足以戰守，遇賊不禦而又賂之，此法所當誅也。今高郵無兵無械，雖仲約之義當勉力戰守，然事有可恕，戮之恐非法意也。」仁宗從之，仲約由此免死。

仲淹在政府，欲放周官，以六卿事分委輔相，而自領兵刑之任。仁宗方鋭意

政事，仲淹每進見，仁宗必以太平責之。仲淹歎曰：「上之用我者至矣，然事有先後，而革弊於久安，非朝夕可也。」既而，再賜手詔，趣使條天下事。又開天章閣召見，賜坐，詢以世務。仲淹言：「天下之治莫若守宰得人，欲守宰得人，先擇轉運按察使。」又云：「取士不可以不根行實而先詞華。圭田不均，則不足以養廉吏；農桑不課，則民失業；詔令屢更，則下不信。」又請復府兵以宿衛京師，併縣邑以寬徭役，又欲減五品以上任子例。明年，與韓琦列上禦邊四策。既欲改制，故忌之者衆，而僥倖者不悦，因出爲河東、陝西宣撫使，而富弼亦出按治河北道。改資政殿學士，知邠州，以疾請知鄧州，加給事中。知杭州，再遷户部侍郎，徙青州。疾甚，請潁州，未至，卒。年六十四，贈兵部尚書，謚曰「文正」。所著《丹陽集》二十卷、《奏議》十七卷。

仲淹爲人外和內剛，樂善泛愛。喪其母時尚貧，終身非賓客食不重味。臨財好施，意豁如也。及退而視其私，妻子僅給衣食。姑蘇之范，皆疏屬，而置義莊以周急之。天下想聞其風采，賢士大夫以不獲登其門爲恥。下至里巷及夷狄，皆知其名字。鄧、慶之民與屬羌，皆繪像生祠之。其卒也，仁宗甚悼惜之。

雜録

備録

朱熹《五朝名臣言行録》卷七之二《參政范文正公》 公生二歲而孤，母夫人貧無依，再適長山朱氏。既長，知其世家，感泣去，之南都，入學舍，掃一室，晝夜講誦。其起居飲食，人所不堪，而公自刻益苦。居五年，大通《六經》之旨，爲文章論説，必本於仁義。歐陽公撰《神道碑》又《遺事》云：公處南都學舍，晝夜苦學，五年未嘗解衣就寢。夜或昏怠，輒以水沃面。往往饘粥不充，日昃始食。同舍生或饋珍膳，皆拒不受。又《東軒筆録》云：公少與劉某同上長白山僧舍脩學，惟煮粟米二升，作粥一器，經宿遂凝，刀畫爲四塊，早晚取二塊，斷虀十數莖，醋汁半盂，入少鹽，煖而啗之。如此者三年。

范公少冒朱姓，舉學究，且甚厄瘠。嘗同衆客見諫議大夫姜遵，遵素以剛嚴著名，與人不款曲，衆客退，獨留范公，引入中堂，謂其夫人曰：「朱學究年雖少，奇士也。它日不唯爲顯官，當立盛名於世。」參坐置酒，待之如骨肉，人莫測其何以知之也。年二十餘，始改科舉進士。《記聞》

公以進士解褐爲廣德軍司理參軍，日抱具獄，與太守争是非，守盛怒臨之，公不爲屈，歸必記其往復辨論之語于屏上。比去，至字無所容。貧止一馬，鬻馬徒步而歸。汪藻撰《祠堂記》

通、泰、海州皆濱海，舊日潮水皆至城下，土田斥鹵，不可稼穡。范文正公監西溪倉，建白於朝，請築捍海堤於三州之境，長數百里，以衛民田，朝廷從之。以文正爲興化令，專掌役事，發通、泰、楚、海四州民夫治之。既成，民至今饗其利。興化之民往往以范爲姓。《記聞》

晏丞相殊留守南京，范公遭母憂，寓居城下。晏公請掌府學，范公常宿學中，訓督學者，皆有法度，勤勞恭謹，以身先之。夜課諸生讀書，寢食皆立時刻，往往潛至齋舍詗之，見有先寢者，詰之，其人紿云：「適疲倦，暫就枕耳。」問：「未寢之時，觀何書？」其人亦妄對。則取書問之，其人不能對，乃罰之。出題使諸生作賦，必先自爲之，欲知其難易，及所當用意，亦使學者準以爲法。由是四方從學者輻湊。其後宋人以文學有聲名於場屋朝廷者，多其所教也。《記聞》

范公服中上宰相書，言朝政得失及民間利病，凡萬餘言，王曾見而偉之。時晏殊亦在京師，薦一人爲館職，曾謂殊曰：「公知范仲淹，捨不薦，而薦斯人乎？已爲公置不行，宜更薦仲淹也。」殊從之，遂除館職。頃之，冬至立仗，禮官定議欲媚章獻太后，請天子帥百官獻壽於庭，范公奏以爲不可，晏殊大懼，召公責怒之，以爲狂。公正色抗言曰：「仲淹受明公誤知，常懼不稱，爲知己羞。不意今日更以正論獲罪於門下也。」殊慚無以應。《記聞》又《神道碑》云：當太后臨朝時，以至日大會前殿，上將率百官爲壽，有司已具。公上疏言：「天子無北面，且開後世弱人主以强母后之漸。」其事遂已。《東坡志林》云：先君奉詔脩《太常因革禮》，求之故府朝正，案牘具在。考其始末，無諫止之事，而有已行之明驗。質之於文忠公，公曰：范公實諫，而卒不從。墓碑誤也，當以案牘爲正。今按：《涑水記聞》亦但云「奏以爲不可」，而不言見從與否，則蘇公所記，疑若可信。但諸書皆云「冬至」，而蘇公獨云「朝正」，則誤也。

又上書請還政，天子不報。出，通判河中府。及太后崩，召拜右司諫。時言事者希旨，多求太后時事，欲深治之，公獨以謂：「太后受託先帝，保佑聖躬，宜掩其小故，以全大德。」初，太后有遺命，立楊太妃代爲太后，公諫曰：「太后，母號也。自古無代立者。」繇是罷其册命。《神道碑》

是歲大旱蝗，詔公奉使安撫江淮。還以太平州貧民所食烏昧草進呈，乞宣示六宫戚里，用抑奢侈。《澠水燕談》

郭皇后廢，率諫官、御史伏閤争，不能得，貶知睦州，又徙蘇州。歲餘，即拜天章閣待制，召還，益論時政闕失，而大臣權倖多忌惡之。居數月，以公知開封府，素號難治，公治有聲，事日益簡。暇則益取古今治亂安危，爲上開説，又爲《百官圖》以獻，曰：「任人各以其材而百職脩，堯、舜之治，不過此也。」因指其遷進遲速次序曰：「如此而可以爲公，可以爲私，亦不可以不察。」由是吕丞相怒，至交論上前。公求對，辨語切，坐落職知饒州。《神道碑》又《塵史》云：公尹京時，有内侍怙勢作威，傾動中外。公抗疏列其罪，疏欲上，家所藏書有言兵者悉焚之，仍戒其子曰：「我上疏言斥君側宵人，必得罪以死。我既死，汝輩勿復仕宦，但於墳側教授爲業。」疏奏，嘉納，爲罷黜内侍云。又《澠水燕談》云：公貶饒州，謝表云：「此而爲郡，陳優優布政之方；必也立朝，增蹇蹇匪躬之節。」天下歎公至誠許國，始終不渝，不以進退易其守也。

趙元昊反河西，上復召相吕公，乃以公爲陝西經略安撫副使，遷龍圖閣直學士。是時新失大將，延州危，公請自守鄜延捍賊，乃知延州。元昊遣人遺書以求和，公以謂無事請和，難信，且書有僭號，不可以聞，乃自爲書，告以逆順成敗之説甚辨。坐擅復書奪一官，知耀州。未踰月，徙知慶州，既而四路置帥，以公爲環慶路經略安撫招討使。公爲將務持重，不急近功小利。於延州築清澗城，墾營田，復承平、永平廢寨，熟羌歸業者數萬户，於慶州城大順以據要害，奪賊地而耕之。又城細腰、胡盧，於是明珠、滅臧等大族，皆去賊爲中國用。自邊制久隳，至兵與將常不相識，公始分延州兵爲六將，訓練齊整，諸路皆用以爲法。公之所在，賊不敢犯。人或疑公見敵應變爲如何？至其城大順也，一旦引兵出，諸將不知所向，軍至柔遠，始號令告其地處，使往築城，至於版築之用，大小畢具，而軍中初不知。賊以騎三萬來争，公戒諸將：「戰而賊走，追勿過河。」已而賊果走，追者不渡，而河外果有伏。賊既失計，乃引去。於是諸將皆服公爲不可及。公待將吏，必使畏法而愛己，所得賜賚，皆以上意分賜諸將，使自爲謝。諸蕃質子，縱其出入，無一人逃者。蕃酋來見，召之卧内，屏人徹衛，與語不疑。居邊二歲，士勇邊實，恩信大洽，乃決策謀取横山，復靈武，而元昊數遣使稱臣請和，上亦召公歸矣。《神道碑》又《名臣傳》云仲淹領延安，閲兵選將，日夕訓練，又請戒諸路，養兵畜鋭，毋得輕動。夏人聞之，相戒曰：「無以延州爲意，今『小范老子』腹中自有數萬兵甲，不比『大范老子』可欺也。」戎人呼知州爲「老子」，大范謂雍也。在慶州，請以种世衡守環州，招屬羌千餘帳。久之，王師再敗於定州，仲淹晝夜領兵赴援，賊遂遁去。初，關輔人心動摇，及仲淹兵出，號令嚴明，人心遂安。上聞定川之敗，頗以西方爲憂，謂近臣曰：「得仲淹出援，吾無慮。」及聞其出師，甚喜。又《澠水燕談》云：范文正公帥邠、延、涇、慶四郡，威德著聞，夷夏聳服，熟户蕃部，率稱曰「龍圖老子」，至於元昊，亦以此呼之。又《龍川志》云：宋公庠爲叅知政事，欲傾宰相吕申公而未得其要。吕公覺之。吕公覺之。會范公擅焚元昊國書，而以私書復之，事至朝廷，諸公議之，申公謬謂大不可，公庠信之，亟於上前乞斬范公，申公徐救之，公庠倉猝失措，相次以事罷去。范氏子弟至今恨之。

仁宗時，西戎方熾，韓魏公爲經略招討副使，欲五路進兵，以襲平夏。時范文正公守慶州，堅持不可。是時尹洙爲經略判官，一日，將命至慶州，約范公以進兵。范公曰：「我師新敗，士卒氣沮，當自謹守，以觀其變。豈可輕兵深入耶？以今觀之，但見敗形，未見勝勢也。」洙歎曰：「公於此乃不及韓公也。韓公嘗云：『大凡用兵，當先置勝敗於度外。』今公乃區區過謹，此所以不及韓公也。」范公曰：「大軍一動，萬命所懸，而乃置於度外，仲淹不見其可。」洙議不合，遽還。魏公遂舉兵入界，次好水川。元昊設覆，全師陷没，大將任福死之。魏公遽還，至半塗，而亡者父兄妻子數千人號於馬首，皆持故衣紙錢招魂而哭曰：「汝昔從招討出征，今招討歸而汝死矣，汝之魂識，亦能從招討以歸乎？」既而哀慟聲震天地，魏公不勝悲憤，掩泣駐馬，不能前者數刻。范公聞而歎曰：「當是時，難置勝敗於度外也。」《東軒筆録》

仲淹與韓琦葉謀，必欲收復靈、夏、横山之地。邊上謡曰：「軍中有一韓，西賊聞之心骨寒。軍中有一范，西賊聞之驚破膽。」元昊大懼，遂稱臣。《名臣傳》

初，西人籍爲鄉兵者數萬，既而黥以爲軍，唯公所部，但刺其手，公去兵罷，獨得復爲民。其於兩路，既得熟羌爲用，使以守邊，因徙屯兵，就食内地，而紓西人饋輓之勞。其所設施，去而人德之，與守其法不敢變者，至今尤多。《神道碑》

自公坐吕公貶，群士大夫各持二公曲直，吕公患之，凡直公者，皆指爲黨，或坐竄逐。及吕公復相，公亦再起被用，於是二公驩然相約，戮力平賊，天下之士，皆以此多二公，然朋黨之論遂起而不能止。上既賢公可大用，故卒置群議而用之。《神道碑》又《邵氏聞見録》曰：歐陽公作碑如此。文正之子堯夫以爲不然，從歐陽公辨，不可，則自削去「驩然」、「戮力」等語。歐陽公殊不樂，謂蘇明允云：「《范公碑》爲其子弟擅於石本改動文字，令人恨之。」又《龍川志》曰：范文正公篤於忠亮，雖喜功名，而不爲朋黨。早歲排吕申公，勇於立事，其徒因之，矯厲過直，公亦不喜也。自饒州還朝，出領西事，恐申公不爲之地，無以成功，乃爲書自咎，解仇而去。故歐陽公爲《文正神道碑》，言二公晚年，歡然相

得，由此故也。後生不知，皆咎歐陽公。予見張公言之，乃信。

公爲參知政事，每進見，上必以太平責之。公歎曰：「上之用我者至矣，然事有先後，而革弊於久安，非朝夕可也。」既而上再賜手詔，趣使條天下事，又開天章閣，召見賜坐，授以紙筆，使疏于前。公惶恐避席，始退而條列時所宜先者十數事之上。其詔天下興學，取士先德行不專文辭，革磨勘例遷以別能否，減任子之數而除濫官，用農桑考課守宰等事方施行，而磨勘、任子之法，僥倖之人皆不便，因相與騰口，而嫉公者亦幸外有言，喜之爲佐佑。會邊奏有警，公即請行，乃以公爲河東、陝西宣撫使。至則上書，願復守邊，即拜資政殿學士，知邠州，兼陝西四路安撫使。其知政事，纔一歲而罷，有司悉奏罷公前所施行而復其故，言者遂以危事中之，賴上察其忠，不聽。是時，夏人已稱臣，公因以疾請鄧州。《神道碑》又《龍川志》云：范公以參知政事出使，呂公已老居鄭，范公往見之，呂公欣然相與語終日。問曰：「何爲亟去朝廷？」范公言：「欲經制西事耳。」呂公曰：「經制西事，莫如在朝廷之爲便。」范公爲之愕然。又《東軒筆録》亦載此事，云：呂公問：「何爲遽出？」范公曰：「暫往經撫兩路，事畢即還矣。」呂公曰：「參政此行，必蹈危機，豈復再入？」范公遂去。未還而有邠州之命。

慶曆四年四月戊戌，上與執政論及朋黨事，參知政事范仲淹對曰：「方以類聚，物以群分，自古以來，邪正在朝，未嘗不各爲一黨，不可禁也，在聖鑑辨之耳。誠使君子相朋爲善，其於國家何害？」《記聞》

慶曆中，劫盜張海横行數路，將過高郵。知軍晁仲約度不能禦，喻軍中富民出金帛，具牛酒，使人迎勞，且厚遺之。海悦，徑去不爲暴。事聞，朝廷大怒。時范文正公在政府，富鄭公在樞府，鄭公議欲誅仲約以正法，范公欲宥之，爭於上前。富公曰：「盜賊公行，守臣不能戰，又不能守，而使民醵錢遺之，法所當誅也。不誅，郡縣無復肯守者矣。聞高郵之民，疾之欲食其肉，不可釋也。」范公曰：「郡縣兵械足以戰守，遇賊不禦，而又賂之，此法所誅也。今高郵無兵與械，雖仲約之義當勉力戰守，然事有可恕，戮之恐非法意也。小民之情，得醵出財物，而免於殺掠，理必喜之，而云欲食其肉，傳者過也。」仁宗釋然從之，仲約由此免死。既而富公愠曰：「方今患法不舉，方欲舉法，而多方沮之，何以整衆？」范公密告之曰：「祖宗以來，未嘗輕殺臣下，此盛德之事，奈何欲輕壞之？且吾與公在此，同僚之間，同心者有幾？雖上意亦未知所定也，而輕導人主以誅戮臣下，它日手滑，雖吾輩亦未敢自保也。」富公終不以爲然。及二公迹不安，范公出按陝西，富公出按河北，范公因自乞守邊。富公自河北還，及國門，不許入，未測朝廷意。比夜，徬徨不能寐，遶床歎曰：「范六丈，聖人也！」《龍川志》又《遺事》亦載此事，但云淮南盜王倫，與此不同。又載公與富公爭於上前之語曰：「寇至無備，若守臣死之，則民盡塗炭。今吏雖不死節，而民之完者數萬家，誠國家實事，所存不細，乃與有備而縱賊者例行誅罰，恐非陛下寧失不經之意。」退至政事堂，昌言曰：「朝廷異時以四方無事，不肯爲郡縣設備，吏敢以治城隍、閲兵卒爲請者，以狂妄坐之，一旦事生不虞，吾輩不自引咎，專以死責外臣，誠有愧於青史也。」

公爲參政，與韓、富二樞並命，鋭意天下之事。患諸路監司不才，更用杜杞、張昷之輩。公取班簿，視不才監司，每見一人姓名，一筆勾之，以次更易。富公素以丈事公，謂公曰：「十二丈則是一筆，焉知一家哭矣！」公曰：「一家哭何如一路哭耶！」遂悉罷之。《遺事》

歐陽脩、余靖、蔡襄、王素爲諫官，時謂之四諫。四人力引石介，執政欲從之。時范公爲參知政事，獨曰：「介剛正天下所聞，然性亦好異，使爲諫官，必以難行之事，責人君以必行。少拂其意，則引裾折檻，叩頭流血，無所不爲。主上富春秋，無失德，朝廷政事亦自脩舉，安用如此諫官也。」諸公伏其言而罷。《東軒筆録》

慶曆中，議弛茶鹽之禁及減商税。范文正以爲不可，「茶鹽、商税之入，但分減商賈之利耳，行於商賈，未甚有害也。今國用未減，歲入不可闕，既不取之於山澤及商賈，須取之於農，與其害農，孰若取之於商賈？今爲計莫若先省國用，國用有餘，當先寬賦役，然後及商賈，弛禁非所當先也。」其議遂寢。《筆談》

皇祐二年，吴中大饑，殍殣枕路。是時范文正公領浙西，發粟及募民存餉，爲術甚備。吴人喜競渡，好爲佛事，公乃縱民競渡，太守日出宴于湖上，自春至夏，民民空巷出遊。又召諸佛寺主首，諭之曰：「饑歲工價至賤，可以大興土木之役。」於是諸寺工作鼎興。又新敖倉吏舍，日役千夫。監司奏劾杭州不恤荒政，嬉遊不節，及公私興造，傷耗民力。公乃自條叙所以宴遊及興造，皆欲以發有餘之財，以惠貧者，貿易飲食，工技服力之人，仰食於公私者，日無慮數萬人。荒政之施，莫此爲大。是歲，兩浙惟杭州晏然，民不流徙，皆公之惠也。歲饑發司農之粟，募民興利，近歲遂著爲令。既已恤饑，因之以成就民利，此先王之美澤也。《筆談》

范文正公鎮青社，會河朔艱食。青之輿賦博州置場納，青民大患輦置之苦。

公戒民納價，每㪷三鍰，給抄與之。以書與博守，遣官輓金，詣博坐倉，以倍價招之。齎巨榜數道，介其境則張之。且戒曰：「郡不假廩，則寄僧舍可也。」至則貿者山積，不五日遂足，而博斛亦衍。斛金尚餘數千緡，按等差給還之。青民因立像祠焉。《東齋記事》

韓魏公言：「章得象在中書時，方天下多弊事，且有西鄙之患，每與希文、彦國以文字至兩府，輒閉目不應。彦國憤惋，欲悖之，希文惜大體，不許也。」《魏公别録》

韓魏公言：「希文嘗與呂申公論人物，申公曰：『吾見人多矣，無有節行者。』希文曰：『天下固有人，但相公不知爾。以此意待天下士，宜乎節行者之不至也。』」《魏公别録》

公言：「幕府辟客，須可爲己師者，乃辟之，雖朋友亦不可辟。蓋爲我敬之爲師，則心懷尊奉，每事取法，於我有益耳。」《遺事》

范文正言：「息盗賊，誅姦雄，浩然無憂，乃所以爲身謀。若未能如是，雖州里不可保，七尺之軀，無所措於天地間矣。」《胡氏傳家録》

范文正公曰：「吾遇夜就寢，即自計一日食飲奉養之費，及所爲之事。果自奉之費與所爲之事相稱，則鼾鼻熟寐。或不然，則終夕不能安眠，明日必求所以稱之者。」《聞見後録》

公之子純仁娶婦將歸，或傳婦以羅爲帷幔者。公聞之不悦，曰：「羅綺豈帷幔之物耶？吾家素清儉，安得亂吾家法！敢持至吾家，當火於庭！」《遺事》

公既貴，常以儉約率家人，且戒諸子曰：「吾貧時與汝母養吾親，汝母躬執爨，而吾親甘旨未嘗充也。今而得厚禄，欲以養親，親不在矣。汝母又已早世。吾所最恨者，忍令若曹饗富貴之樂也。」《遺事》

公爲吏部員外郎出守時，有三婢。及官大歷二府，以至于薨，凡十年不增一人，亦未嘗易也。《遺事》

公在杭州，子弟以公有退志，乘間請治第洛陽，樹園圃以爲逸老之地。公曰：「人苟有道義之樂，形骸可外，况居室哉！吾今年踰六十，生且無幾，乃謀樹第治圃，顧何待而居乎？吾之所患，在位高而艱退，不患退而無居也。且西都士大夫，園林相望，爲主人者，莫得常遊，而誰獨障吾遊者？豈必有諸已而後爲樂耶？俸賜之餘，宜以賙宗族。若曹遵吾言，毋以爲慮。」《遺事》

横渠張先生言：「嘗有欲爲公買緑野堂者，公不肯：『在唐如晉公者，是可尊也。一旦取其物而有之，如何得安寧？使耕壞及它人有之，己則不可取也。』」《程氏遺書》

公語諸子弟曰：「吾吴中宗族甚衆，於吾固有親疏。然吾祖宗視之，則均是子孫，固無親疏也。吾安得不恤其飢寒哉！且自祖宗來，積德百餘年，而始發於吾，得至大官，若獨饗富貴而不恤宗族，異日何以見祖宗地下？今亦何顔以入家廟乎！」故恩例俸賜，常均族人，并置義田宅云。《遺事》

范文正公輕財好施，尤厚於族人。既貴，於姑蘇近郭買良田數千畝，爲義莊以養群從之貧者，擇族人長而賢者一人，主其出納，人日食米一升，歲衣縑一匹，嫁娶喪葬，皆有贍給。聚族人僅百口。公殁踰四十年，子孫賢令，至今奉公之法，不敢廢弛。見《澠水燕談》

范文正公自政府出，歸姑蘇焚黄，搜外庫惟有絹三千匹。令掌吏録親戚及閭里知舊，自大及小，散之皆盡，曰：「宗族鄉黨，見我生長、幼學、壯仕，爲我助喜，我何以報之哉！」《戹史》

公以朱氏長育有恩，常思厚報之。及貴，用南郊所加恩乞贈朱氏。太常博士暨諸子，皆公爲葬之，歲别爲饗祭。朱氏它子弟以公廕得補官者三人。《遺事》

范文正公在睢陽，遣堯夫到姑蘇般麥五百斛。堯夫時尚少，既還，舟次丹陽，見石曼卿，問：「寄此久何如？」曼卿曰：「兩月矣。三喪在淺土，欲葬之而北歸，無可與謀者。」堯夫以所載麥舟付之，單騎自長蘆捷徑而去。到家，拜起侍立良久，文正曰：「東吴見故舊乎？」曰：「曼卿爲三喪未舉，方留滯丹陽，時無郭元振，莫可告者。」文正曰：「何不以麥舟與之？」堯夫曰：「已付之矣。」《冷齋夜話》

范文正公守邠州，暇日帥僚屬登樓置酒，未舉觴，見衰絰數人營理喪具者。公亟令詢之，乃寄居士人卒於邠，將出殯近郊，賵斂棺槨皆所未具。公憮然，即徹宴席，厚賙給之，使畢其事。坐客感歎有泣下者。《記聞》

公爲人作銘文，未嘗受遺。後作《范忠獻銘》，其子欲以金帛謝，拒之，乃獻以所蓄書畫，公悉不收，獨留《道德經》，而還書戒之曰：「此先君所藏，世之所寶，仲淹切爲宗家惜之，毋爲人得也。」

晏元獻公判南京，范希文以大理寺丞丁憂，權掌西監。一日，晏謂范曰：「吾一女及笄，仗君爲我擇婿。」范曰：「監中有二舉子富皐、張爲善，皆有文行，

它日皆至卿輔，並可婿也。」晏曰：「然則孰優？」范曰：「富倬謹，張疏俊。」晏曰：「唯。」即取富皋爲婿。後改名，即富公弼也。爲善後亦更名方平云。《筆録》

公與南都朱某相善，朱且病，公視之，謂公曰：「某常遇異人，得變水銀爲白金術，吾子幼，不足傳，今以傳君。」遂以其方并藥贈公，公不納，强之，乃受。未嘗啓封，後其子宷長，公教之，義均子弟，及宷登第，乃以所封藥并其術還之。《遺事》

昔錢尚書遹爲洪州職官，緣事過鄱陽見彭器資，值月朔，有衣冠數十輩來，見彭公設拜，各人進問起居而退。錢在書齋中窺見，甚訝之，因問公：「此輩何人？」公曰：「皆鄉里後進子弟也。」錢曰：「今它處後進，必居於位，或與先生並行，何以有此？」公曰：「昔范希文自京尹謫守是邦，其爲政，以名教厚俗，孰尚風義爲先，州人仰慕，咸傾嚮之，遂以成俗。故至今爲尊長者，以父兄自處而不辭，後進以子弟自任而不敢忽，久之不變也。」此大賢臨政之效，可以爲法。見《胡氏傳家録》

公少有大節，其於富貴貧賤，毀譽歡戚，不一動其心，而慨然有志於天下。常自誦曰：「士當先天下之憂而憂，後天下之樂而樂也。」其事上遇人，一以自信，不擇利害爲趨捨。其有所爲，必盡其方，曰：「爲之自我者，當如是，其成與否，有不在我者，雖聖賢不能必，吾豈苟哉！」《神道碑》

公爲人外和内剛，樂善泛愛。喪其母時尚貧，終身非賓客食不重肉。臨財好施，意豁如也。及退而親其私，妻子僅給衣食。其爲政所至，民多立祠畫像。其行己臨事，自山林處士，里閭田野之人，外至夷狄，莫不知其名字，而樂道其事者甚衆。《神道碑》

蘇軾序公《文集》曰：古之君子，如伊尹、太公、管仲、樂毅之流，其王霸之略，皆素定於畎畝中，非仕而後學者也。淮陰侯見高帝於漢中，論劉、項短長，畫取三秦，如指諸掌。及佐帝定天下，漢中之言，無一不酬者。諸葛孔明卧草廬中，與先主論曹操、孫權，規取劉璋，因蜀之資以争天下，終身不易其言。此豈口傳耳受，嘗試爲之，而僥倖其或成哉！公在天聖中居大夫人憂，則已有憂天下致太平之意，故爲萬言書以遺宰相，天下傳誦。至用爲將，擢爲執政，考其平生所爲，無出此書者。今其集二十卷，其於仁義禮樂，忠信孝悌，蓋如飢渴之於飲食，欲須臾忘而不可得。如火之熱，如水之濕，蓋其天性有不得不然者。雖弄翰戲語，率然而作，必歸於此。故天下信其誠，争師尊之。孔子曰：「有德者必有言。」非有言也，德之發於口者也。又曰：「我戰則克，祭則受福。」非能戰也，德之見於怒者也。

張横渠謂范文正才氣老成。《程氏遺書》

梅堯臣《碧雲騢》 范仲淹收群小，皷扇聲勢，又籠有名者爲羽翼，故虚譽日馳，而至參知政事。上自即位，視群臣多矣，知仲淹無所有，厭之，而密試以策，觀其所藴。策進，果無所有。上笑曰：「老生常談耳。」因喻令求出，遂爲河東陜西宣撫使。因不復用。後爲鄧、青、杭三州，專務燕游，其政大可笑。自謂已作執政，又知上厭之，不復收群小、籠名士，故底裏盡露也。仲淹微時甚貧，常結中吏人范仲尹爲族弟。仲淹及第時，姓朱名説，自朱改范姓，遂與仲尹連名。及爲諫官，攻吕許公而得罪，仲尹亦遭逐。仲尹自中書録事出，合爲供奉，許公怒仲尹刺探事令仲淹知，故祇與三班借職。自此家破，曩大有貲蓄已爲仲淹取給盡矣。仲尹貧，范仲淹畧不撫其家。

釋文瑩《湘山野録》卷中 范文正公鎮青社，會河朔艱食，青之輿賦移博州置納，青民大患輦置之苦，而河朔斛價不甚翔踴。公止戒民本州納價，每斗三鍰，給鈔與之，俾簽幕者輓金往幹，曰：「博守席君夷亮，余嘗薦論，又足下之婦翁也。携書就彼坐倉，以倍價招之，事必可集。賫巨榜數十道，介其境則張之。設郡中不肯假廩，寄僧舍可也。」簽稟教行焉，至則皆如公料。村斛時爲厚價所誘，貿者山積，不五日遂足。而博斛亦衍，斛金尚餘數千緡，隨等差給還。青民因立像祠焉。

釋文瑩《湘山野録》續録 范文正公仲淹爲右司諫，章獻劉太后聽政，忽遣一巨璫諭之曰：「今後凡有大號令，不須强上拗，三五年爲一宰相，不難致。」公覺其言甘，必有所謂。果誕告冬至日大會前殿，仁宗率羣臣爲壽。有司將具，公上疏曰：「臣聞王者尊稱，儀法配天，故所以齒輅馬，踐厩芻尚皆有諫，况屈萬乘之重，冕旒行北面之禮乎？此乃開後世弱人主以强母后之漸也。陛下果欲爲大宫履長之賀，於閨掖以家人承顔之禮行之可也。抑又慈慶之容御軒陛，使百官瞻奉，於禮不順。」事遂已。又獨銜乞皇太后還政，疏曰：「陛下擁扶聖躬，聽斷大政，日月持久。今上皇帝春秋已盛，睿哲明發，握乾綱而歸坤紐，非黄裳之吉象也。豈若保慶壽於長樂，卷收大權，還上真主，以享天下之養。」

范文正公以言事凡三黜。初爲校理，忤章獻太后旨，貶倅河中。僚友餞於都門曰：「此行極光。」後爲司諫，因郭後廢，率諫官、御史伏閣争之不勝，貶睦

州。僚友又餞於亭曰：「此行愈光。」後爲天章閣，知開封府，撰《百官圖》進呈。丞相怒，奏曰：「宰相者，所以器百官。今仲淹盡自掄擢，安用彼相？臣等乞罷。」仁宗怒，落職貶饒州。時親賓故人又餞於郊曰：「此行尤光。」范笑謂送者曰：「仲淹前後三光矣，此後諸君更送，只乞一上牢可也。」客大笑而散。惟王子野質力疾獨留數夕，抵掌極論天下利病，留連惜别。范嘗謂人曰：「子野居常病羸不勝衣，及其論忠義，則龍驤虎賁之氣生焉。」明日，子野歸，客有迎大臣之旨惴之者：「君與范仲淹國門會别，一笑語、一樽俎，采之皆得其實，將有黨錮之事，君乃第一人也。」子野對曰：「果得覘者録某與范公數夕郵亭之論，條進於上，未必不爲蒼生之幸，豈獨質之幸哉？」士論壯之。文正公雖極端方，而笑謔有味。師魯時謫筠州監榷，郡守趙可度者，迎時之好惡，酷加凌忽。公爲郡帥，特奏曰：「尹洙多病，可惜死於僻郡，乞令就任所醫理。」可其奏。遂客於鄧。舉不如意，凡樽俎語言皆無悰，侑人不敢侍之，或怒至以雙指扭其臉。侑者泣訴於公，公曰：「爾輩豈知，此是龍圖硬性。」客笑，而師魯不笑。

蘇轍《龍川别志》卷上　范文正公篤於忠亮，雖喜功名，而不爲朋黨。早歲排呂許公，勇於立事，其徒因之，矯厲過直，公亦不喜也。自越州還朝，出鎮西事，恐許公不爲之地，無以成功，乃爲書自咎，解讎而去。其後以參知政事安撫陝西，許公既老居鄭，相遇於途。文正身歷中書，知事之難，惟有過悔之語，於是許公欣然相與語終日。許公問何爲亟去朝廷，文正言欲經制西事耳。許公曰：「經制西事，莫如在朝廷之便。」文正爲之愕然。故歐陽公爲《文正神道碑》，言二公晚年歡然相得，由此故也。後生不知，皆咎歐陽公。予見張公言之，乃信。

吴處厚《青箱雜記》卷一〇　范文正公作《金在鎔賦》云：「儻令區别妍媸，願爲軒鑑；若使削平禍亂，請就干將。」則公負將相器業、文武全才，亦見於此賦矣。公又爲《水車賦》，其末云：「方今聖人在上，五日一風，十日一雨，則斯車也，吾其不取。」意謂水車唯施於旱歲，歲不旱則無所施。則公之用捨進退，亦見於此賦矣。蓋公在寶元、康定間，遇邊鄙震聳，則驟加進擢，及後晏静，則置而不用，斯亦與水車何異。

孫升《孫公談圃》卷中　范文正少養於外氏朱家。朱，南京人，今留府後朱少卿宅是也。文正學於府庠，同舍有病者，文正親調藥以療。病極，囑文正曰：「吾無以報子，平生有一術，游遠方未嘗窮之者，術之力也，今以遺子。」因授藥一囊，方書一小册。文正不得已而留之，未嘗取視。後二十年，得其子，還之，封識宛然。

劉斧《青瑣高議》前集卷五　范文正公鎮越，民曹孫居中死於官。其家大窘，惟二子幼妻，長子方三歲。公乃以俸錢百緍賙之，其他郡官從而遺之，若有倍公數。公爲具舟，擇一老吏將轄其舟，且誡其吏曰：「過關防，汝以吾詩示之。」其詩曰：

一葉輕帆泛巨川，來時煖熱去涼天。關防若要知名姓，乃是孤兒寡婦船。

沈括《夢溪筆談》卷一〇　慶曆中，有近侍犯法，罪不至死，執政以其情重，請殺之。范希文獨無言，退而謂同列曰：「諸公勸人主法外殺近臣，一時雖快意，不宜教手滑。」諸公默然。

王闢之《澠水燕談録》卷二　景祐中，范文正公以言事觸宰相，黜守饒州，到任謝表云：「此而爲郡，陳優優布政之方；必也立朝，增蹇蹇匪躬之節。」天下歎公至誠於國，始終不渝，不以進退易其守也。

范文正公以龍圖閣直學士帥邠、延、涇、慶四郡，威德著聞，夷夏聳服，屬户蕃部率稱曰「龍圖老子」，至于元昊亦以是呼之。

初范文正公貶饒州，朝廷方治朋黨，士大夫莫敢往别，王待制質獨扶病餞於國門，大臣責之曰：「君長者，何自陷朋黨？」王曰：「范公天下賢者，顧質何敢望之。若得爲范公黨人，公之賜質厚矣！」聞者爲之縮頸。

景祐中，范文正公知開封府，忠亮讜直，言無回避，左右不便，因言公「離間大臣，自結朋黨」，仍落天章閣待制，黜知饒州。余靖安道上疏論救，以朋黨坐貶。尹洙師魯言：「靖與仲淹交淺，臣與仲淹義兼師友，當從坐。」貶監郢州稅。歐陽永叔貽書責司諫高若訥不能辯其非辜，若訥大怒，繳其書，降授夷陵縣令。永叔復與師魯書云：「五六十年來，此輩沈默畏怖在世間，忽見吾輩作此事，下至竈間老婢亦爲驚怪。」時蔡君謨爲《四賢一不肖詩》布在都下，人争傳寫，鬻書者市之，頗獲厚利。虜使至，密市以還。張中庸奉使過幽州，館中有書君謨詩在壁上。四賢，希文、安道、師魯、永叔。一不肖，謂若訥也。

范文正公知邠州，暇日率僚屬登樓置酒，未舉觴，見縗絰數人營理葬具者。公亟令詢之，乃寓居士人卒于邠，將出殯近郊，賵斂、棺槨皆所未具。公憮然，即徹宴席，厚賙給之，使畢其事，坐客感歎有泣下者。

王闢之《澠水燕談録》卷七　范文正公未免乳喪其父，隨母嫁淄州長白山朱氏。既冠，文章過人，一試爲南宫第一人，遂擢第。仕宦四十年，晚鎮青，西望故居纔百餘里，以詩寄其鄉人曰：「長白一寒儒，登榮三紀餘。百花春滿地，二麥

雨隨車。鼓吹前迎道，煙霞指舊廬。鄉人莫相羨，教子苦詩書。」

王闢之《澠水燕談録》卷八　皇祐中，范文正公鎮青，龍興僧舍西南洋溪中有醴泉湧出，公構一亭泉上，刻石記之。其後青人思公之德，目之曰「范公泉」。環泉古木蒙密，塵迹不到，去市廛才數百步而如在深山中，自是，幽人逋客往往賦詩鳴琴，烹茶其上。日光玲瓏，珍禽上下，真物外之遊，似非人間世也。歐陽文忠公、劉翰林貢父及諸名公多賦詩刻石，而文忠公及張禹功、蘇唐卿篆石榜之亭中，最爲營丘佳處。元祐中，青守以其地與王氏爲水磑，稍復完葺。

孔平仲《談苑》卷三　范仲淹，字希文，知開封府事，決事如神，京師謡曰：「朝廷無憂有范君，京師無事有希文。」每奏事，多陳治亂，歷詆大臣不法。言者以仲淹離間君臣，落職知饒州。寶元中，元昊叛，上知其才兼文武，起帥延安，日夕訓練精兵，賊聞之曰：「無以延州爲意，今小范老子腹中有數萬甲兵，不比大范老子可欺也。」戎人呼知州爲「老子」，「大范」謂雍也。後知慶州，時王師定川之敗，議點鄉軍，仲淹令刺其手，及兵罷，環慶路皆復得爲農。上以四路諸招討委之。仲淹與韓琦謀，必欲收復靈夏橫山之地，邊上謡曰：「軍中有一韓，西賊聞之心骨寒；軍中有一范，西賊聞之驚破膽。」元昊聞而懼之，遂稱臣。

范希文知鄧州，是時法網疎闊，監司尚預游宴。張去惑爲提點刑獄，醉中起舞，既而曰：「啟諫議，壞了提刑也。」

范文正公幼孤，隨母適朱氏，因冒朱姓，後復本姓，啟曰：「志在投秦，入境遂稱於張禄；名非霸越，乘舟乃效于陶朱。」以范雎、范蠡嘗改姓故也。僞蜀范禹稱亦嘗冒張姓，謝啟云：「昔年上第，誤標張禄之名；今日故園，復作范雎之裔。」然不若文正謝啟之精切也。

邵伯温《邵氏聞見録》卷八　慶曆三年，范文正公作參知政事，富文忠公作樞密副使。時盜起京西，掠商、鄧、均、房，光化知軍棄城走。奏至，二公同對上前，富公乞取知軍者行軍法，范公曰：「光化無城郭，無甲兵，知軍所以棄城。乞薄其罪。」仁宗可之。罷朝，至政事堂，富公怒甚，謂范公曰：「六丈要作佛耶？」范公笑曰：「人何用作佛，某之所言有理，少定爲君言之。」富公益不樂。范公從容曰：「上春秋鼎盛，豈可教之殺人？至手滑，吾輩首領皆不保矣！」富公聞之汗下，起立以謝曰：「非某所及也。」富公素以父事范公云。

賈內翰黯以狀元及第歸鄧州，范文正公爲守，內翰謁文正曰：「某晚生，偶得科第，願受教。」文正曰：「君不憂不顯，惟『不欺』二字，可終身行之。」內翰拜其言不忘，每語人曰：「吾得於范文正者，平生用之不盡也。」嗚呼，得文正公二字者，足以爲一代之名臣矣！

魏泰《東軒筆録》卷七　仁宗時，西戎方熾，韓魏公琦爲經畧招討副使，欲五路進兵，以襲平夏。時范文正公仲淹守慶州，堅持不可。是時，尹洙爲秦州通判兼經畧判官，一日，將魏公命至慶州，約范公以進兵。范公曰：「我師新敗，士卒氣沮，當自謹守，以觀其變，豈可輕兵深入耶？以今觀之，但見敗形，未見勝勢也。」洙歎曰：「公於此，乃不及韓公也。韓公嘗云：『大凡用兵，當先置勝敗於度外。』今公乃區區過慎，此所以不及韓公也。」范公曰：「大軍一動，萬命所懸，而乃置於度外，仲淹未見其可。」洙議不合，遽還。魏公遂舉兵入界，既而師次好水川，元昊設覆，全師陷没，大將任福死之。魏公遽還，至半塗，而亡卒父兄妻子，號於馬首者幾千人，皆持故衣紙錢招魂而哭曰：「汝昔從招討出征，今招討歸而汝死矣，汝之魂識，亦能從招討以歸乎？」既而哀慟聲震天地，魏公不勝悲憤掩泣，駐馬不能前者數刻。范公聞而歎曰：「當是時，難置勝敗於度外也。」

魏泰《東軒筆録》卷一一　范文正公守邊日，作《漁家傲》樂歌數闋，皆以「塞下秋來」爲首句，頗述邊鎮之勞苦，歐陽公嘗呼爲窮塞主之詞。及王尚書素出守平涼，文忠亦作《漁家傲》一詞以送之，其斷章曰：「戰勝歸來飛捷奏，傾賀酒，玉階遥獻南山壽。」顧謂王曰：「此真元帥之事也。」

范文正公以晏元獻薦入館，終身以門生事之，後雖名位相亞亦不敢少變。慶曆末，晏公守宛丘，文正赴南陽，道過，特留，歡飲數日。其書題門狀，猶皆稱門生。將别，以詩敘殷勤，投元獻而去。有「曾入黄扉陪國論，卻來絳帳就師資」之句，聞者無不歎服。

范文正公始以獻《百官圖》譏切吕申公，坐貶饒州。梅聖俞時官旁郡，作《靈烏賦》以寄，所謂「事將兆而獻忠，人返謂爾多凶」，蓋爲范公設也。故公亦作賦報之，有言「知我者謂吉之先，不知我者謂凶之類」。及公秉政，聖俞久困，意公必援己，而漠然無意，所薦乃孫明復、李泰伯。聖俞有違言，遂作《靈烏後賦》以責之。略云：「我昔閔汝之忠，作賦弔汝。今主人誤豐爾食，安爾巢，而爾不復啄叛臣之目，伺賊壘之去，反憎鴻鵠之不親，愛燕雀之來附。」意以其西帥無成功。世頗以聖俞爲隘。

龔明之《中吳紀聞》卷一　天聖五年，范文正公居母喪，上書宰執，請擇郡守、舉縣令、斥游惰、去冗僭、遴選舉、崇教育、養將材、實邊備、保直臣、斥佞人，

使朝廷無過，生靈無怨，以杜姦雄，凡萬餘言。時王文正公曾爲相，見而偉之，服滿，薦充館職，由此爲人主所知，不次擢用。慶曆三年九月，拜參知政事。上開天章閣，訪以治道，公條陳當世急務十條：一曰明黜陟，二曰抑僥倖，三曰精貢舉，四曰擇官長，五曰均公田，六曰厚農桑，七曰脩武備，八曰覃恩信，九曰重命令，十曰減徭役。上嘉納之，一歲之間，次第舉行，無或遺者。公初上宰相書，即受知於王文正，後陳十事，即見聽於仁宗，雖曰抱負奇偉，不容不見於施設，自非聖君賢相委曲信任之，亦安能行其所學邪！

龔明之《中吴紀聞》卷二　范文正公幼孤，隨其母適朱氏，因從其姓。登第時，姓名乃朱説也。後請于朝，始復舊姓，表中改用鄭準一聯云：「志在投秦，入境遂稱於張禄；名非伯越，乘舟偶效於陶朱。」范蠡、范雎事，在文正用之尤爲切當，今集中不載。

龔明之《中吴紀聞》卷三　文正公自政府出，歸鄉焚黄，未至近邑，先投遠狀。或以爲太過，公曰：「『維桑與梓，必恭敬止』，敢不盡禮乎？」既至，搜外庫，惟有絹三千匹。令掌吏録親戚及閭里知舊，自大及小，散之皆盡，曰：「宗族鄉黨，見我生長、幼學、壯仕，爲我助喜。我何以報之？」又買負郭常稔之田千畝，號曰義田，以濟養羣族，擇族之長而賢者一人主之。其計日食人米一升，歲衣人二縑，嫁女者錢五十千，娶婦者二十千，再嫁者三十千，再娶者十五千，葬者如再嫁之數，葬幼者十千。族之聚者九十口，歲入粳稻八百斛，以其所入給其所聚，仕而家居俟代者預焉，仕而之官者罷其給。公雖没，後世子孫修其業，承其志，如公存也。

龔明之《中吴紀聞》卷五　曾王父捐館，至五七日，曾王妣前一夕夢還家，急令開篋笥，取新公裳而去。因問之曰：「何忽促如此？」答曰：「來日當見范文正公，衣冠不可不早正也。」又問：「范公何爲尚在冥間？」曰：「公本天人也，見司生死之權。」既覺，因思釋氏書，謂人死五七，則見閻羅王，豈文正公聰明正直，故爲此官邪！

徐度《卻掃編》卷下　范文正公自京尹謫守鄱陽，作堂於後圃，名曰「慶朔」。未幾，易守丹陽，有詩曰：「慶朔堂前花自栽，便移官去未曾開。如今憶着成離恨，祇託春風管句來。」予昔官江東，嘗至其處，龕詩壁間，郡人猶有能道當時事者，云：「春風，天慶觀道士也。其所居之室曰『春風軒』，因以自名。公在郡時與之遊，詩蓋以寄道士云。」

沈作喆《寓簡》卷五　范文正公用士，多取氣節，而闊畧細故，如孫威敏、滕達道，皆所素厚。其爲帥，辟置幕客，多取見居謫籍未牽復。人或疑之，公曰：「人有才能而無過，朝廷自應用之，若其實有可用之材，不幸陷於吏議深文者，不因事起之，則遂爲廢人矣。」故公所舉用，多得賢能之士。文正公真一世豪傑也。石林嘗爲予言之。

范文正公微時，嘗慷慨語其友曰：「吾讀書學道，要爲宰輔，得時行道，可以活天下之命。不然，時不我與，則當讀黄帝書，深究醫家奧旨，是亦可以活人也。」公既仕進顯貴，入爲執政大臣，出爲大帥，其謀謨經畫，所活多矣，於醫則固未暇也。君子之重人命，其立志如此。予觀東晉殷浩妙解脈法，嘗有給使叩頭祈死，詰問久之，乃言：「小人有母，年垂百歲，抱疾不除。若蒙官一診視，便有生理，退就屠戮無恨。」浩爲按脈，處方一劑便愈，於是悉焚經方。嗚呼！浩功名大繆，幸有絶藝可以起死，而深諱其事，反以能活人爲慚悔。自范公視之，浩可謂不仁者哉！浩不善用其所能，而强爲其不能，宜其敗也。

姚寬《西溪叢語》卷下　范文正守鄱陽，喜樂籍，未幾召還，作詩寄後政云：「慶朔堂前花自栽，爲移官去未曾開。年年憶著成離恨，只託春風管領來。」到京，以綿臙脂寄其人，題詩云：「江南有美人，别後長相憶。何以慰相思，贈汝好顔色。」至今，墨跡在鄱陽士大夫家。

邵博《邵氏聞見後録》卷二一　范文正公尹天府，坐論吕申公降饒州，歐陽公爲館職，以書責諫官不言，亦貶夷陵。未幾，申公亦罷。後歐陽公作《文正神道碑》云：「吕公復相，公亦再起被用，于是二公驩然相約，共力國事。天下之人皆以此多之。」文正之子堯夫，以爲不然，從歐陽公辨，不可，則自削去「驩然」「共力」等語。歐陽公殊不樂，爲蘇明允云：「《范公碑》爲其子弟擅于石本改動文字，令人恨之。」《文正墓誌》，則富公之文也。先是，富公自歐陽公平章，其書畧曰：「大都作文字，其間有干着説善惡，可以爲勸戒者，必當明白其詞，善惡焕然。使爲惡者稍知戒，爲善者稍知勸，是亦文章之用也。豈當學聖人作《春秋》，隱奥微婉，使後人傳之、注之，尚未能通，又疏之，疏之尚未能盡，以至爲説，爲解，爲訓釋，爲論議，經千餘年而學者至今終不能貫徹曉了。弼謂如《春秋》者，惟聖人可爲，降聖人而下皆不可爲，爲之亦不復取信于後矣。學者能約《春秋》大義，立法立例，善則褒之，惡則貶之，苟有不得已須當避者，稍微其詞可也，不宜使後人千餘年而不知其意也。若善不能勸，惡不能戒，則是文字將何用哉？

既書之而惡者自不戒，善者自不勸，則人之罪也，于文何過哉？弼常病今之人，作文字無所發明，但依違模棱而已。人之爲善固不易，有遭讒毀者，有被竄斥者，有窮困寒餓者，甚則誅死族滅。而執筆者但求自便，不與之表顯，誠罪人也。人之爲惡者，必用姦謀巧詐，貨賂朋黨，多方以逃刑戮，況不止刑戮是逃，以至子子孫孫享其餘蔭而不絶，可謂大幸矣。執筆者又隱之，不敢書其惡，則惡者愈惡，而善人常沮塞不振矣。君子爲小人所勝所抑者，不過禄位耳。惟有三四寸竹管子，向口角頭褒善貶惡，使善人貴，惡人賤，善人生，惡人死，須是由我始得，不可更有所畏怯而噤默，受不快活也。向作《希文墓誌》，蓋用此法，但恨有其意而無其詞，亦自謂希文之善稍彰，姦人之惡稍暴矣。今永叔亦云：『胸臆有欲道者，誠當無所避，皎然寫之。洩忠義之憤，不亦快哉！』則似以弼之説爲是也。然弼之説，蓋公是公非，非于惡人有所加諸也，如《希文墓誌》中所詆姦人，皆指事據實，盡是天下人聞知者，即非刱意爲之。彼家數子皆有權位，必大起謗議，斷不卹也。」初，寶元、慶曆間，范公、富公、歐陽公，天下正論所自出。范公薨，富公、歐陽公相約書其事矣。歐陽公後復不然，何也？予讀富公之書至汗出，尚以《春秋》之誅爲未快，嗚呼，可畏哉！

吴曾《能改齋漫録》卷一一　范文正公守番陽郡，創慶朔堂。而妓籍中有小鬟妓，尚幼，公頗屬意。既去，而以詩寄魏介曰：「慶朔堂前花自栽，便移官去未曾開。年年長有别離恨，已託東風幹當來。」介因鬻以惠公。今州治有石刻。

吴曾《能改齋漫録》卷一三　范文正公微時，嘗詣靈祠求禱，曰：「他時得位相乎？」不許。復禱之曰：「不然，願爲良醫。」亦不許。既而嘆曰：「夫不能利澤生民，非大丈夫平生之志。」他日，有人謂公曰：「大丈夫之志于相，理則當然。良醫之技，君何願焉？無乃失于卑耶？」公曰：「嗟乎，豈爲是哉。古人有云：『常善救人，故無棄人；常善救物，故無棄物。』且大丈夫之于學也，固欲遇神聖之君，得行其道。思天下匹夫匹婦有不被其澤者，若己推而内之溝中。能及小大生民者，固惟相爲然。既不可得矣，夫能行救人利物之心者，莫如良醫。果能爲良醫也，上以療君親之疾，下以救貧民之厄，中以保身長年。在下而能及小大生民者，捨夫良醫，則未之有也。」

洪邁《容齋五筆》卷五　范文正公守桐廬，始於釣臺建嚴先生祠堂，自爲記，用《屯》之初九，《蠱》之上九，極論漢光武之大，先生之高，財二百字。其歌詞云：「雲山蒼蒼，江水泱泱。先生之德，山高水長。」既成，以示南豐李泰伯。泰伯讀之，三歎味不已，起而言曰：「公之文一出，必將名世，某妄意輒易一字，以成盛美。」公瞿然握手扣之，答曰：「雲山、江水之語，於義甚大，於詞甚溥，而『德』字承之，乃似趢趚，擬换作『風』字，如何？」公凝坐頷首，殆欲下拜。張伯玉守河陽，作《六經閣記》，先託游士及在職者各爲之，凡七八本，既畢，並會於府，伯玉一一閲之，取紙書十四字，徧示客曰：「六經閣，諸子、史、集在焉，不書，尊經也。」時曾子固亦預坐，驚起摘伏。邁頃聞此二事於張子韶，不能追憶經閣所在及其文竟就於誰手，後之君子，當有知之者矣。

周密《齊東野語》卷一　文正范公《岳陽樓記》有云：「先天下之憂而憂，後天下之樂而樂。」其後東坡行忠宣公辭免批答，徑用此語云：「吾聞之乃烈考曰：『君子先天下之憂而憂，後天下之樂而樂。』雖聖人復起，不易斯言。卿將書之紳，銘之盤盂，以爲一言而可以終身行之者歟！則今兹爰立之命，乃所以委重投艱而已，又何辭乎？」其後忠宣上遺表，亦用之云：「蓋嘗先天下之憂，期不負聖人之學。此先臣所以教子，而微臣所以事君。」此又述批答之意，亦前所未見也。

周密《齊東野語》卷一三　范文正公仲淹，自知開封落待制，以吏部員外郎知饒州，出都時，惟王待制質餞宿于城外，洎水道之官歷十餘州，無一人出迎迓者。時陳恭公執中，以龍圖閣直學士知揚州，迎送問勞甚至，雖時宰好惡，能移衆人，而方正之士，亦不可變也。

彭乘《墨客揮犀》卷三　慶曆中范希文以資政殿學士判邠州。予中途上謁，翌日召食時，李郎中丁同席。范與丁，同年進士也。因道舊日某修學時，最爲貧窶，與劉某同在長白山僧舍，日惟煮粟米二升，作粥一器，經宿遂凝，以刀爲四塊，早晚取二塊，斷虀十數莖，醋汁半盂，人少鹽，暖而啗之，如此者三年。

釋惠洪《冷齋夜話》卷二　范文正公鎮鄱陽，有書生獻詩甚工，文正禮之。書生自言：「天下之至寒餓者無在某右。」時盛行歐陽率更書，《薦福寺碑》墨本直千錢，文正爲具紙墨，打千本，使售于京師。紙墨已具，一夕雷擊碎其碑。故時人爲之語曰：「有客打碑來薦福，無人騎鶴上揚州。」東坡作《窮措大》詩曰：「一夕雷轟《薦福碑》。」

釋惠洪《冷齋夜話》卷五　范仲淹少時求爲秦州西溪監鹽，其志欲吞西夏，知用兵利病耳。而廨舍多蚊蚋，文正戲題其壁曰：「飽去櫻桃重，饑來柳絮輕。但知離此去，不用問前程。」雖戲笑之語，亦愷悌渾厚之氣逼人，況其大者乎！

葉夢得《石林燕語》卷七　祖宗用人，多以兩省爲要，而翰林學士尤號清切，由是登二府者，十常六七。杜正獻公以清節名天下，然一生多歷外職，五爲使者，偏典諸名藩；在内惟爲三司户部副使、御史中丞、知開封府，遂至爲樞密副使。范文正公自諫官被責，召還，以天章閣待制判國子監，遷知開封府，復責，晚乃自慶州亦入爲樞密副使。二公皆未嘗歷兩省，而文正之文學不更文字之職，世尤以爲歉也。

葉夢得《石林燕語》卷九　晏元獻公喜推引士類，前世諸公爲第一。爲樞府時，范文正公始自常調薦爲祕閣校勘。後爲相，范公入拜參知政事，遂與同列。孔道輔微時，亦嘗被薦。後元獻再爲御史中丞，復入爲樞府，道輔實代其任。富韓公，其壻也。吕申公薦報聘虜，公時在樞府，亦從而薦之，不以爲嫌。蘇子容爲謚議，以比胡廣與陳蕃並爲三司、謝安引從子玄北伐云。

《宋人年譜叢刊》第一册樓鑰《范文正公年譜》　公昔遠祖博士范滂爲清詔使，裔孫履冰爲唐丞相鸞臺鳳閣平章事，世居河内。四世祖上柱國，唐懿宗朝咸通二年任幽州良鄉主簿，誥書猶存。至十一年，遷處州麗水縣丞。一支渡江，中原亂離，不克歸，子孫遂爲中吴人。曾祖夢齡，仕吴越，中吴節度判官，宋贈太師、徐國公。祖贊時，仕吴越，九歲童子出身，終秘書監，宋贈太師、唐國公。父墉，從錢俶歸宋，任武寧軍節度掌書記，武寧軍即徐州。封太師、周國公。文正公即書記第三子也，諱仲淹，字希文。端拱二年己丑八月癸酉二日丁丑，以宰丑時生。二歲而孤，母夫人謝氏貧無依，再適淄州長山朱氏，亦以朱爲姓，名説，上長白山僧舍修學。醴泉寺内有祠。後居南都郡庠五年，大通六經之旨，爲文章論説必本於仁義孝弟忠信。祥符八年，年二十七歲，舉進士禮部選第一，遂中乙科，初任廣德軍司理。後迎侍母夫人至姑蘇，欲還范姓，而族人有難之者，公堅請云：「止欲歸本姓，他無所覬。」始許焉。至天禧元年，爲亳州節度推官，始奏復范姓。其後名益大，位益顯，嘗語諸子弟曰：「吾吴中宗族甚衆，於吾固有親疏。然以吾祖宗視之，則均是子孫，固無親疏也。吾安得不恤其饑寒哉？且自祖宗來，積德百餘年而始發於吾，得至大官，若獨享富貴而不恤宗族，異日何以見祖宗於地下，亦何以入家廟乎？」故恩例俸賜嘗均族人，盡以俸餘買田於蘇州，號曰義莊。贍養宗族，無間親疏，日有食，歲有衣，嫁娶凶葬咸有贍給。錢公輔爲撰《義田記》，趙雍書石，在本祠。公爲人外和内剛，樂善汎愛。喪母時尚貧，終身非賓客食不重肉。臨財樂施，意豁如也。及退而視其私，妻子僅給衣食。其於富貴、貧賤、毀譽、歡戚，不一動其心，而慨然有志於天下。常自誦曰：「士當先天下之憂而憂，後天下之樂而樂也。」其事上遇人，一以自信，不擇利害爲趨捨。凡有所爲，必盡其方，曰：「爲之自我者當如是，其成與否，有不在我者，雖聖賢不能必，吾豈苟哉！」公爲政所至，民多立祠畫像。其行己臨事，自山林處士、甲閭田野之人，外至夷狄，莫不知其名字而樂道其事。仕至參知政事，謚文正。道德博洽曰文，經天緯地曰文，内外賓服曰正。有《文集》二十卷，《別集》五卷，蘇軾作序，《政府論事》三卷，《奏議》十七卷，韓琦作序。娶李氏，參政昌齡女也。公有四子。長曰純佑，歷守將作監主簿。自幼讀書爲文章，籍籍可稱。嘗侍公城馬鋪寨，率兵馳據其地，西戎兵衆大至，且戰且督，不數日而成其城，一路恃以爲安。次曰純仁，字堯夫，皇祐元年進士。相哲宗，謚忠宣，御書世濟忠直之碑。高宗朝贈太師，追封許國公。次曰純禮，字彝叟，仕至尚書右丞。次曰純粹，字德孺，仕至龍圖閣學士，户部侍郎，知河南府。

太宗皇帝端拱二年己丑

秋八月丁丑，公生於徐州節度掌書記官舍。

按：公《神道碑》及國史皆云年六十四，薨於皇祐四年也。

淳化元年庚寅

丁父太師憂，年二歲。

真宗皇帝大中祥符元年戊申，年二十歲。

按：公譔《鄠郊友人王鎬墓表》云：君之父贊善公衮，慷慨有英氣，善爲唐律詩，歷著作、通判，會太守不法，憤而辱之，失官。居長安中，與豪士游，縱飲浩歌，有嵇、阮之風，人特駭之。公不安其高，復起家就禄，得請監終南山上清太平宫，從吏隱也，時祥符紀號之初載。某薄游至止，及公之門，因與君交，相與嘯詠於鄠、杜之間。

二年己酉，年二十一歲。

讀書長白山。醴泉寺。是歲改科舉取士。

按：《言行録》載《涑水記聞》曰：范公少冒朱姓，舉學究，嘗同衆客見姜諫議遵。遵素以剛嚴著名，與人不款曲。衆客退，獨留范公，引入中堂，謂其夫人曰：「朱學究年雖少，奇士也。他日不惟爲顯官，當立盛名於世。」參坐置酒，待之如骨肉，人莫測其何以知之也。

三年庚戌，年二十二。

讀書長白山。

按：《東軒筆録》：公與劉某同在長白山醴泉寺僧舍讀書，日作粥一器，分爲四塊，早暮取二塊，斷虀數莖，入少鹽以啗之，如此者三年。

四年辛亥，年二十三。

詢知世家，感泣去，之南都，入學舍，掃一室，晝夜講誦。其起居飲食，人所不堪，而公自刻益苦。

按：《家録》云：公以朱氏兄弟浪費不節，數勸止之。朱兄弟不樂，曰：「吾自用朱氏錢，何預汝事？」公聞此疑駭，有告者曰：「公乃姑蘇范氏子也。太夫人攜公適朱氏。」公感憤自立，決欲自樹立門户。佩琴劍，徑趨南都。謝夫人亟使人追之，既及，公語之故，期十年登第來迎親。

五年壬子，年二十四。

以朱説名舉進士禮部第一。

七年甲寅，年二十六。

有《睢陽學舍書懷》詩。在南都學舍。

《家録》云：真宗謁太清宫，幸亳，駕次南京。皆往觀之，獨公不出，或以問公，公曰：「異日見之未晚。」留守有子居學，見公食粥及不出觀駕，歸告其父，以公厨食饋公。既而悉已敗矣，留守子曰：「大人聞公清苦，故遺以食物。而不下筯，得非以相浼爲罪乎？」公謝曰：「非不感厚意，蓋食粥安之已久，今遽享盛饌，後日豈能啗此粥乎？」

又按《遺事》云：公處南都學舍，晝夜苦學，五年未嘗解衣就枕。夜或昏怠，輒以水沃面。往往饘粥不充，日昃始食。

八年乙卯，年二十七。

登蔡齊榜中乙科秦刻作「二十八」，誤。又無「登蔡齊榜」四字。第九十七名。試《置天下如置器賦》《君子以恐懼修省》詩、《順時知微何先論》。登第後，有詩云：「長白一寒儒，名登二紀餘。百花春滿路，二月雨隨車。鼓吹迎前道，煙霞指舊廬。鄉人莫相羨，教子讀詩書。」調廣德軍司理參軍。

按：張唐英撰公傳云：「祥符八年登進士第，朱説者是也。」

又按：汪藻撰《祠堂記》云：公以進士釋褐，爲廣德軍司理參軍，日抱具獄與太守争是非。守數以盛怒臨之，公不爲屈，歸必記其往復辯論之語於屏上。比去，字無所容。貧止一馬，鬻馬徒步而歸。非明於所養者能如是乎？獄官有亭，以公名之者舊矣。公既登仕版，始迎其母以養。初，廣德人未知學，公得名士三人爲之師，於是郡人之擢進士第者相繼於時。

天禧元年丁巳，年二十九。

遷文林郎，權集慶軍按《九域志》，亳州也。節度推官，始復范姓。其表略云：「名非霸越，乘舟偶效於陶朱；志在投秦，入境遂稱於張禄。」用事最爲親切。

二年戊午，年三十歲。

爲譙郡從事。亳州也。

又《太子中舍上官融墓銘》云：余天禧中爲譙之從事。

秋八月，進《皇儲資聖頌》。

《祭龍圖楊給事文》曰：余歲三十兮從事於譙，獨棲難安兮孤植易搖。公方監郡兮風采翹翹，一顧而厚兮甚乎神交。

三年己未，年三十一。

除秘書省校書郎。

四年庚申，年三十二。

是歲校書芸省，守官集慶。

五年辛酉，年三十三。

監泰州西溪鎮鹽倉。有《西溪見牡丹》詩、《西溪書事》。

按《皇朝類苑》云：初，吕文靖嘗官於此，手植牡丹，有詩刻。後公復題一絶。後人以二公詩故，題咏極多，而花亦爲人重，護以朱闌，歲久益茂，爲西陵奇觀。

乾興元年壬戌，年三十四歲。

按《文集》，冬十二月有《上張知白右丞書》，稱文林郎、試秘書省校書郎、權集慶軍推官、監泰州西溪鎮鹽倉。

仁宗皇帝天聖元年癸亥，年三十五。

公在西溪上言寇準被誣事，除興化令。時富鄭公弼冠來謁，公識其遠大，力教戒而激勸之，故其祭文略云：「昔弱初冠，識公海陵，顧我譽我，謂必有成。我稔公德，知己服膺。自是相知，莫我公比。一氣殊息，同心異體。始未聞道，公實告之。未知學文，公實教之。肇復制舉，我憚大科，公實激之。既舉而仕，政則未諭，公實飭之。」

徙楚州糧料院。

二年甲子，年三十六。

遷大理寺丞。

子純佑生。

三年乙丑，年三十七。

夏四月二十日，上書請救文弊，復武舉，重三館之選，賞直諫之臣，及革賞延之弊。

四年丙寅，年三十八。

丁母夫人憂。有書與發運使張綸，言復海堰之利。

按：李燾《通鑑長編》：泰州海堰久廢不治，歲患海濤，冒民田疇。公言於發運副使張綸，請修復之。綸遂奏以公知興化縣，總其役。難者謂濤患不息，則積潦必爲災，綸曰：「濤之患十九，而潦之患十一，獲多亡少，豈不可乎！」役遂興。會大雨雪，驚濤洶湧，役夫散走，旋濘而死者百餘人。衆讙言曰：「堰不可成。」復詔遣中使按視，將罷之。又詔淮南轉運使胡令儀同公度其可否，令儀力主公議，而公尋以憂去。綸表請身自督役。踰年堰成，民至今享其利。

又按：《記聞》：通、泰、海州皆濱海，舊日潮水皆至城下，田土斥鹵，不可稼穡。文正公監西溪鹽倉，建白於朝，請築捍海堤於三州之境。長數百里，以衛民田。朝廷從之，以公爲興化令掌斯役，發通、泰、楚、海四州民夫治之。既成，民享其利，興化之民，往往以范爲姓。

五年丁卯，年三十九。

夏六月丁亥，子純仁生。時公寓南京應天府。

按：公《言行録》云：時晏丞相殊爲留守，遂請公掌府學。公嘗宿學中，訓督學者皆有法度，勤勞恭謹，以身先之。由是四方從學者輻湊，其後以文學有聲名於場屋、朝廷者，多其所教也。

是年有《上執政書》，略云：「蓋聞忠孝者，天下之大本也。其孝不逮，忠可忘乎？所以冒哀上書言國家事，不以一心之戚而忘天下之憂。請擇郡守，舉縣令，斥游惰，去冗僭，遴選舉，敦教育，養將材，保直臣，斥佞臣，使朝廷無過，生靈無怨，以杜姦雄。」凡萬餘言。

《東軒筆録》云：公在睢陽按《九域志》，南京應天府睢陽郡。掌學，有孫秀才者素游上謁，公贈一千。明年，孫生復謁，公又贈一千。因問何爲汲汲於道路，孫生戚然動色，曰：「母老無以養，若日得百錢，則甘旨足矣。」公曰：「吾觀子辭氣非乞客，二年僕僕，所得幾何，而廢學多矣。吾今補子爲學職，月可得三千以供養，子能安於學乎？」孫生大喜。於是授以《春秋》，而孫生篤學，不舍晝夜，行復修謹，公甚愛之。明年，公去睢陽，孫亦辭歸。後十年間，泰山下有孫明復先生，以《春秋》教授學者，道德高邁。朝廷召至，乃昔日索游孫秀才也。

有《送李紘殿院赴闕》詩。

六年戊辰，年四十歲。

上書言朝政得失、民間利病。宰相王曾見而偉之。時晏殊在樞府，薦一士爲館職，曾謫之曰：「公知范仲淹，舍而他薦乎？」晏公遂以狀舉公，其略云：「臣伏以先聖御朝，羣才效用，惟小大之畢力，協天人之統和。凡有位於中朝，顧薦能於丹扆，不虞進越，用廣詢求。臣伏見大理寺丞范仲淹爲學精勤，屬文典雅。略分吏局，亦著清聲。前曾任泰州興化縣，興海堰之利。昨因服制，退處睢陽，日於府學之中，觀書肄業，敦勸徒衆，講習藝文，下出户庭，獨守貧素儒者之行，實有可稱云云。欲望試其詞學，獎以職名。庶參多士之林，允洽崇丘之詠。」

是歲服除。冬十二月甲子，以公爲祕閣校理，晏丞相殊之薦也。

又《文集》有《南京府學生朱從道名述》，有《南京書院題名記》，又《奏乞王洙充南京講書狀》。

七年己巳，年四十一歲。

按：《長編》：是年十一月癸亥冬至，上率百官上皇太后壽於會慶殿，乃御天安殿受朝。公上疏言：「天子有事親之道，無爲臣之禮；有南面之位，無北面之儀。若奉親於內，以行家人禮可也。今顧與百官同列，虧君體，損主威，不可爲後世法。」疏入，不報。

《東坡志林》云：先君奉詔修《太常因革禮》，求之故府，朝正案牘具在，考其始末，無諫止之事，而有已行之明驗。質之於文忠公，公曰：「范公實諫而卒不從，墓碑誤也，當以案牘爲正。」

今按：《涑水記聞》亦但云奏以爲不可，而不言見從與否。則蘇公所記，疑若可信。但諸書皆云冬至，而蘇公獨云朝正，則誤也。

晏公所薦公爲館職，聞之大懼，召公詰以狂率邀名，且將累朝薦者。公正色抗言曰：「某緣屬公舉，每懼不稱，爲知己羞。不意今日反以忠直獲罪門下。」殊不能答。公退又作書遺殊，申理前奏，不少屈，殊卒媿謝焉。

又奏疏請皇太后還政，亦不報。遂乞補外，尋出爲河中府通判。

八年庚午，年四十二歲。

按：《長編》：上疏論職田不可罷，其略曰：「真宗初賜職田，實遵古制，蓋大賚於多士，俾無蠹於生民。無厭之徒或冒典憲，由濫官之咎，非職田之過。若從而廢罷則吏困於廉，收而均給則民受其弊。天下幕職、州縣官、三班使臣俸禄微薄，全藉職田濟贍。其無職田處，持廉之人例皆貧窘。曩時士員尚少，凡得一任，必五六年方有交替，到闕即日差除，復便請給。當時條例未密，士寡廉隅，雖無職田，自可優足。今物貴與昔不同，替罷之後，守選待闕動踰二年，官吏衣食不足，廉者復濁，何以致化？天下受弊，必如臣言。乞深加詳軫，不以一時之論廢經遠之制，天下幸甚。

上疏論士人寄貫開封府。上疏論太后復辟，其略云：「陛下擁扶聖躬，聽斷大政，日月持久。今皇帝春秋已盛，睿哲明聖，握乾綱而歸坤紐，非黄裳之吉象也。豈若保慶壽於長樂，卷收大權，還上真主，以享天下之養。」疏入，不報。

是歲三月，三司言方建太乙宫等處，乞下陝西市材，詔可。公在河中府上言：「昭應、壽寧，天戒不遠，今復侈土木，破民產，非所以順人心、合天意也。宜罷修宫觀，減定常歲市木之數，蠲除積負，以彰聖治。」

夏四月，轉殿中丞。

五月，有《上時相議制舉書》。

六月十五日，有《與周騤推官書》。

七月十二日，有《與歐静書》。

上疏言減郡邑以平差役，其略云：「天下郡縣至密，吏役至繁，奪其農時，遺彼地利，是以邊廪或窘，民財未豐。臣觀漢光武朝併合四百餘縣，吏職減損，十置其一。今欲去煩苛之役，致富壽之俗，當施此令，以寬兆民。如河中府倚郭二縣，惟河東縣主户四千，不至逼迫。河西縣主户一千九百，内八百餘户屬鄉村。本縣尚差公吏三百四十人，内一百九十五人於鄉村差到。緣鄉村中等户只有一百三十户，更於已下抽差，是使堪役之家無所休息。以臣管見，其河西縣宜併入河東。及大名府縣分極多，甚可省去。或謂縣邑之中有榷酤關征之利，臣謂所廢之縣，止可爲鎮，而坊市仍舊。所貴吏役稍減，農時不奪，地利無遺，民財可阜也。」

有《上資政晏侍郎書》。

十二月，《與唐處士書》。

《邵氏聞見録》云：富鄭公初游場屋，穆修伯長謂之曰：「進士不足以盡子之才，當以大科名世。」公果禮部試下。時太師公官耀州，公西歸次陝，范文正公遣人追公曰：「有旨以大科取士，可亟還。」公復還見文正，辭以未嘗爲此學，文正曰：「已同諸公薦君矣。久爲君闢一室，皆大科文字，可往就館。」時晏元獻公判南京，公以大理寺丞丁憂，權西監。一日，晏謂范曰：「吾一女及笄，仗君爲我擇婿。」范曰：「監中有二舉子，富皋、張爲善，皆有文行，他日皆至卿輔，并可婿也。」晏曰：「然則孰優？」范曰：「富修謹，張疏俊。」晏曰：「唯。」即取富皋爲婿，後改名，即富公弼也。爲善後亦更名方平云。按《登科記》，天聖八年，富弼中制科。然按國史，范文正公是時當在陳州，薦舉求婚之事未詳。

九年辛未，年四十三歲。

春三月辛巳，子純禮生。

公遷太常博士，移通判陳州。上疏乞將磨勘轉官恩澤移贈考妣，其略曰：「臣自蒙恩改授京官，到今七年，不敢僥求磨勘。今爲遷奉在邇，未曾封贈父母。竊念臣襁褓之中，已丁何怙。鞠養在母，慈愛過人，卹臣幼孤，憫臣多病，夜叩星象，食斷葷血，踰二十載，至於其終。又臣遊學之初，違離者久，率嘗殞血，幾至喪明。而臣仕未及榮，親已不逮。既育之恩則重，罔極之報曾無。今欲將磨勘轉官恩澤，乞先移贈考妣，所貴安厝之日，得及追榮。臣在壯年，序進未晚。伏望特降曲成之造，用覃廣愛之風。」

奏《致仕分司官乞與折支全俸狀》。

明道元年壬申，年四十四歲。

在宛邱。聞京師多不關有司而署官賞者，乃附驛奏，疏甚懇至，願以唐中宗朝上官婕妤、賀婁氏賣墨敕斜封官爲戒。又屢上疏言内降之弊，引韋后爲戒。

二年癸酉，年四十五歲。

是年三月甲子，太后崩。帝始親政，裁抑僥倖，中外大悦。時公爲陳州通判、太常博士。

四月，公被召赴闕，除右司諫。公初聞遺誥以楊太妃爲皇太后，參決國事，亟上疏言：「太后，母號也，未嘗因保育而代立者。今一太后崩，又立一太后，天下且疑陛下不可一日無母后之助也。」時已删去參決等語，然太后之號訖不改，止罷其册命而已。時太后既崩，言者多追斥垂簾時事。公言於上曰：「太后受遺先帝，保佑聖躬十餘年矣。宜掩其小故，以全其大德。」上大感悟。

五月，降詔曰：「大行皇太后保佑冲人十有二年，恩勤至矣。而言者罔識大體，務訐一時之事，非所以慰朕孝思也。其垂簾日詔命，中外毋輒以言。」行公之言也。

六月，同審刑院、大理寺詳定天下當配隸罪人刑名。

秋七月甲子，以公同管勾國子監。是歲以江淮京東災傷，公奏請遣使巡行，未報。公請間曰：「宫掖中半日不食，當何如？今數路艱食，安可置而不恤？」

八月甲申，遂命公安撫江淮。所至開倉廪，賑乏絶，禁淫祀，奏蠲廬、舒折役茶，江東丁口鹽錢。饑民有食烏味草者，擷草進御，請示六宫貴戚，以戒侈心。又陳救弊八事，上嘉納之。又薦知崇州吴遵路爲郡得古人風，乞以遵路救災事迹頒諸州，并付史館。

十二月，奏請天下諸郡縣弓手七週年者，聽歸農，從之。時郭皇后廢，率諫官、御史伏閤諫。先是美人向氏於上前有侵皇后語，后不勝忿，批其頰。上自起救之，誤批上頰，上大怒。内侍閻文應因與上謀廢后，且勸上以爪痕示執政。上乃示宰臣吕夷簡，且告之故。夷簡以前罷相故怨后，而范諷方與夷簡相結，乘間言后九年無子當廢，夷簡贊其言。上意未決，外人籍籍，頗有聞者。公因對，極言不可，且曰：「宜早息此議，不可聞於外也。」居久之，乃定議廢后。夷簡先敕有司無得受臺諫章疏。詔稱皇后以無子願入道，特封净妃、玉京冲妙仙師，賜名清悟，别居長寧宫。臺諫章疏果不得入。公即與中丞孔道輔率知諫院孫祖德等詣垂拱殿門，伏奏皇后不當廢，願賜對以盡其言。守殿門者闔扉不爲通，道輔撫銅環大呼曰：「皇后被廢，奈何不聽臺諫入言？」尋有詔，宰相召臺諫，諭以當廢狀。道輔等悉詣中書，語夷簡曰：「人臣於帝后，猶子事父母也。父母不和，固宜諫止，奈何順父出母乎？」夷簡曰：「廢后自有故事。」道輔及公曰：「公不過引漢光武勸上耳。是乃光武失德，何足法也！自餘廢后，皆前世昏君所爲。上堯舜之資，而公顧勸之效昏君所爲，可乎？」夷簡不能答，拱立曰：「諸君更自見上力陳之。」道輔與公等遂退，將以明日留百官揖宰相廷争，而夷簡即奏臺諫伏閤請對，非太平之美事。遂詔出道輔知泰州，公知睦州，祖德等罰金，詔諫官、御史自今毋得相率請對。於是御史楊偕請與道輔等俱貶，御史郭勸復言廢后及不許請對之説爲非是。河陽簽判富弼亦言：「朝廷一舉而二失，縱不能復后，宜還范仲淹，以來言路。」疏入，不報。

景祐元年甲戌，年四十六。

是歲春正月，出守睦州。有《睦州謝上表》及《出守睦州》詩、《赴桐廬淮上遇風三首》、《出守桐廬道中十絶》。

公在桐廬，與晏尚書書，略云：「罪有餘責，尚叨一麾。敢不盡心，以求疾苦。二浙之俗，躁而無剛。豪者如虎，示之以文；弱者如鼠，示之以仁。吞奪之害稍稍而息，乃延見諸生，以博以約，非某所能，蓋師門之禮訓也。」又云：「郡之山川，滿目奇勝。且有章、阮二從事，俱富文能琴，夙宵爲會，交迭唱和。爲郡之樂有如此者，於君親之恩，知己之賜，宜何報焉！」

在郡有《瀟灑桐廬郡十絶》、《新定感興五首》、《遊烏龍山寺詩》、《桐廬郡齋書事一首》、《依韻酬周騤太博同年》詩。

建嚴先生祠堂，復其子孫四家而奉祠焉。以從事章岷往構堂，召會稽僧悦躬圖其像於堂，自爲文以記之，與邵餗先生求篆額。

又圖唐處士方干像於堂之東壁。洎移守姑蘇，道出嚴祠下，見東嶽絶壁白雲徐生，云方干處士之舊隱，遂訪焉。其家子孫尚多儒服，有楷者新策名而歸，因留二十八言，又圖處士像於嚴堂之東壁，楷請刊詩於其左。

夏六月壬申，徙蘇州。蘇爲公鄉郡，地濱震澤，田多水患。募游手疏五河，導積水入海。

有《上吕相公并呈中丞諮目》，言水利事。

秋八月，徙明州。轉運使上言公治水有緒，願留以畢其役。

九月，詔復知蘇州。有《與曹都官書》。

《與孫明復書》略云：某至新定，江山清絶，自謂得計。及來姑蘇，卻修人事，斯亦勞矣。今在海上部役開決積水，俟寒而罷之。足下未嘗游浙，或能枉駕與吴中講貫經籍，教育人材，是亦先生之爲政。買山之圖，其在中矣。以來者衆，未易他謀也。

《與晏尚書書》云：某自睦改蘇，首捧鈞翰，屬董役海上。至還郡中，災困之氓，其室十萬，疾苦紛沓，夙夜營救。智小謀大，厥心惶惶，久而未濟。

在郡有《蘇州十詠》、《用韻謝晏尚書近著示及》詩，又有《奉酬晏尚書見寄》詩、《天平山白雲泉》詩、《題常熟頂山上方院僧居》詩。

二年乙亥，年四十七歲。

是年公在蘇州，奏請立郡學。先是公得南園之地，既卜築而將居焉，陰陽家謂當踵生公卿，公曰：「吾家有其貴，孰若天下之士咸教育於此，貴將無已焉。」

遂即地建學。既成，或以爲太廣，公曰：「吾恐異時患其隘耳。」今學明倫堂東西有公手栽樹二株，郡縣各建一石坊樹下，題曰：「范文正公手植。」元祐四年，公之子純禮出自奉常，制置江淮六路漕事，持節過鄉郡，即學拜公像。睹學之弊，復請於朝，新而廣之。吳學至今甲於東南。

五月八日，有《朝賢送定惠大師詩序》。

八月，有《祭謝賓客文》。

冬十月，除尚書禮部員外郎、天章閣待制，有謝表，見《文集》。召還，判國子監。時朝廷更定雅樂，詔求知音，公薦白衣胡瑗，對崇政殿，授校書郎。

公進除吏部員外郎，權知開封府。公自還朝，論事益急。宰相陰使人諷公：「待制侍臣，非口舌任也。」公曰：「論思正侍臣事，余敢不勉？」宰相知不可誘，乃命知開封府，欲撓以繁劇，使不暇他議，亦幸其有失，即罷去。公決事如神，京邑肅然稱治。都下謡曰：「朝廷無憂有范君，京師無事有希文。」

十二月，郭皇后暴薨，中外疑内侍閻文應置毒。公劾奏其事，即不食，悉以家事屬其長子曰：「吾不勝，必死之。」上卒聽其言，竄文應嶺南，尋死於道。

三年丙子，年四十八歲。

春正月，公上太宗尹京日所判案牘，遂命崇政殿説書賈昌朝、王宗道同編次。

三月，《應制賞花釣魚》詩。

夏五月戊寅朔，公論建都事，其略謂：「洛陽險固，而汴爲四戰之地。西洛帝王之宅，絶無儲備，宜以將有朝陵爲名，漸營廩食。陝西有餘，可運而下；東路有餘，可運而上。數年之間，庶幾有備。太平則居東京通濟之地，以便天下；急難則居西洛險固之宅，以守中原。陛下内惟修德，使天下不聞其過；外亦設險，使四夷不敢生心，此長世之策也。」

上嘗以遷都事訪諸夷簡，夷簡謂公迂闊，務名無實。公聞之，又上四論以獻，一曰帝王好尚，二曰選賢任能，三曰近名，四曰推委，大抵譏指時政。

又爲《百官圖》以獻，因指其遷進遲速次序，曰某爲超遷，某爲左遷，如是爲公，如是爲私，意在丞相。又言：「漢成帝信張禹，不疑舅家，故有王莽之亂。臣恐今日朝廷亦有張禹，壞陛下家法，以大爲小，以易爲難，以未成爲已成，以急務爲閒務者，不可不蚤辯。」夷簡大怒，以公語辯於上前，且訴公越職言事，薦引朋黨，離間君臣。公亦交章辯折，辭益切，遂罷黜，落職知饒州。

時朝士畏宰相，無敢過公者，獨龍圖閣直學士李紘、集賢校理王質出郊餞飲之。時質以病在告，扶病祖宴都門，獨留語累夕。大臣謂之曰：「子有疾可辭，何爲自陷朋黨？」質曰：「范公天下賢者，質何敢忘之？若得爲其黨人，公之賜質厚矣。」聞者爲之縮頸。

公既貶，諫官、御史莫敢言，祕書丞、集賢校理余靖上言，謂公所言事在陛下母子夫婦之間，猶以合典禮，故加優獎；今坐刺譏大臣，重加譴謫。倘其言未協聖慮，在陛下聽不聽耳，安可以爲罪乎？陛下自專政以來，三逐言事者，恐非太平之政也。請速改前命。靖遂落職，監均州酒税。

太子中允、館閣校勘尹洙言：臣常以范仲淹直諒不回，義兼師友。自其被罪，朝中多云臣亦被薦論，范某既以朋黨得罪，臣固當從坐。況余靖素與范某分疏，猶以朋黨〔被罪〕。臣不可苟免，願從降黜，以昭明憲。〔貶〕洙爲崇信軍節度掌書記、監郢州酒税。

館閣校勘歐陽修移書責右司諫高若訥曰：「范希文平生剛正，好學通古，今班行中無與比者。其立朝有本末，天下所共知。今以言事觸宰相得罪，足下既不能爲辯其非辜，又畏有識者之責己，遂隨而詆之，以爲當黜，是可怪也。今皇帝即位以來，進用諫臣，容納言論。足下幸生此時，遇納諫之聖主如此，猶不敢一言，何也？前日又聞御史臺牓朝堂，戒百官不得越職言事，是可言者惟諫臣爾。若足下又遂不言，是天下無得言者也。足下在其位而不言，便當去之，無妨他人之堪其任者也。《春秋》之法，責賢者備。今修區區，猶望足下之能一言，不忍便絶足下而以不賢者責。若猶以希文不賢而當逐，則予今所言如此，乃是朋邪之人爾。願足下直攜此書於朝，使正予罪而誅之，亦諫臣之一效也。」若訥得書，忿，乃言：「范某貶職之後，臣諸處察訪端由，參驗所聞，與敕牓中意頗同，固不敢妄有營救。今歐陽修移書詆臣，言范某平生剛直，好學通古，今班行中無與比者。責臣不能辯其非辜，猶能以面目見士大夫，出入朝中，稱諫官，及謂臣不復知人間有羞恥事。仍言今日天子與宰臣以迕意逐賢人，責臣不言。臣謂賢臣者，國家恃以爲治也，若陛下以迕意逐之，臣合諫；宰相以迕意逐之，臣合争。臣愚以范某頃以論事切直，亟加遷用；今茲狂言，自取譴辱。豈得謂之非辜？恐中外聞之，謂天子以迕意逐賢人，所損不細。請令有司召修戒諭。」修坐罪貶爲夷陵令。

西京留守推官仙游蔡襄作《四賢一不肖詩》傳於時，四賢指公、靖、洙、修，不肖指若訥也。是時契丹使至，密市以歸。張中庸使虜，過幽州，見燕山館中已有書永叔書於壁者。

秋八月，饒州有《謝上表》，略曰：「守土非輕，報天無所。臣出自畎畝，階於縉紳。驟陞天閣之游，親委王畿之政。至孤難立，屢請弗諧。眷寵既渥，補報宜異。必將危墜，猶或建明。情雖匪他，罪實由己。然而有犯無隱，惟上則知；許國忘家，亦臣自信。此時爲郡，陳優優布政之方；必也立朝，增蹇蹇匪躬之節。」

公又遷建饒之郡學。饒之山水大率秀拔，公識其形勝，曰妙果院，一塔高峙，當城之東南，屹起千餘尺。城之下枕瞰數湖，水脈連秀，於是名之曰文筆峰硯池。學既建而生徒浸盛，由公遷指學基而興建也。且曰：「二十載後，當有魁天下者。」逮治平乙巳，彭汝礪果第一人及第。公沈幾遠識如此。其《題芝山院》詩有「偶臨西閣坐，五老夕陽開」之句。五老峰有亭，饒人踏青而至，必曰范公五老亭。又饒有九賢堂，自開寶迄紹聖，郡守六十八人，而在九賢之序者，公一人而已。饒人爲立祠頌春堂、天慶觀。州學之講堂凡三所，由景祐距此六十載，牲牢日盛。凡禱晴雨及州官之到罷，皆致禮焉。講堂每上丁具禮祝。

有《滕公夫人刁氏墓誌銘》，有《靈鳥賦》，《和謝希深學士見寄》詩。在郡有《依韻酬黄灝秀才》詩，《鄱陽酬泉州曹使君見寄》詩。《郡齋即事》詩云「三出專城鬢似絲」，蓋公先歷睦、蘇二郡也。

四年丁丑，年四十九歲。

十二月壬辰，公徙知潤州，上諭執政令移近地故也。先是京師地震，直史館葉清臣上疏，因言公與余靖以言事被黜，天下之人齰舌不敢議朝政者，行將二年。願陛下深自咎責，詳延忠直敢言之士，庶幾明威降鑒而善應來集也。書奏數日，公等皆得近徙。公既徙潤州，讒者恐其復用，遽誣以事。語入，上怒，亟命置之嶺南。參政陳琳辯其不然，公訖得免。自公貶而朋黨之論起，朝士牽連出語及公者，皆指爲黨人。琳獨爲上開説，上意解乃已。

有《潤州謝上表》，《移丹陽郡先游茅山》詩、《京口即事》詩、《滕子京魏介之二同年相訪丹陽郡》詩。

寶元元年戊寅，年五十歲。

春正月十三日，赴潤州。道由彭澤，謁狄梁公廟，慨慕名節，爲之作記立碑。至郡，謁甘露寺李衛公祠，以其湫隘，遷於南樓，并以本傳刻之祠下。

《與李泰伯書》云：今潤州初建郡學，可能屈節教授？又慮遠來，難爲將家。蘇州掌學胡瑗祕閣校理見《明堂圖》，亦甚奉仰。或能挈家，必有經畫，請先示音爲幸。

《與胡安定屯田書》略云：近改丹徒，併獲雅問，豈君之心不易改更而然耶？某念入朝以來，思報人主，言事太急，貶放非一。然僕觀《大過》之象，患守常經。九四以陽處陰，越位救時，則王室有棟隆之吉；九三以陽處陽，固位安時，則天下有棟撓之凶。非如艮止之時，思不出位者也。吾儒之職，去先王之經，則茫乎無從矣。又豈暇學人之巧，失其故步？但惟精惟一，死生以之。

冬十一月，徙知越州。

按：公《文集》有《刻唐祖先生墓誌於賀監祠堂序》，題曰：「寶元元年，知越州范某序。」係元年知越州。《長編》卻稱二年三月丁未，當考。

是冬，元昊僭號。元昊性兇鷙猜忌，通漢文字，嘗諫父德明毋臣中國，德明曰：「吾族三十年衣錦綺，此聖宋天子恩，不可負也。」元昊曰：「英雄之生，當霸王耳，何錦綺爲？」明道元年，德明死，朝廷遂命元昊襲父爵。元昊雖嘗奉貢，然居國中益僭侈。景祐元年春，始寇邊，犯府州。秋七月，又寇環慶，因下詔約束之。元昊既悉有夏、銀、綏、静、宥、靈、鹽、會、勝、甘、涼、瓜、肅之地，仍居興州，阻河依賀蘭山爲固，始大補僞官，創十六司以統衆務。又置十八監軍司，委酋豪分統其衆，總十五萬。又選豪族善弓馬三千人迭直，僞號六班直。至是用其黨楊守素之謀，築壇受册僭號，始受英武興法建禮仁孝皇帝，國稱大夏，改天授禮法延祚元年。點兵蓬子山，遣使奉表來告僭號，納旌節敕告。鄜州通判宣弼請斬其使。尋詔削元昊官爵，除屬籍，絶互市，牓沿邊有能擒元昊，除定難節度使。

寶元二年己卯，公年五十一歲。

在越。有《諸暨道中》詩，《越上聞子規》詩。

春二月，有《兵部侍郎胡公墓誌銘》，有《贈兵部尚書田公墓誌銘》，有《題翠峰院》詩。有《與李泰伯書》，其略云：「此地比丹陽又似閒暇，可以卜居，請一來講説，因而圖之，誠衆望也。兒子在蘇州，今年欲行鄉飲酒，俟先生講求也。」公在越有《清白堂記》。

六月，有《祭胡侍郎文》，又有《祭蔡侍郎文》。

康定元年庚辰，年五十二歲。

春二月，有《胡公夫人陳氏墓誌銘》，《節度掌書記沈君墓誌銘》。

三月，公復天章閣待制，知永興軍，用陝西安撫使韓琦之言也。未至永興，又改陝西都轉運使。

五月甲戌，西方用兵，公上疏言守邊城、實關中之計：「近邊城砦有五七分之備，而關中之備無二三分者。昊賊深入，乘關中之虛，或東阻潼關，隔兩川貢賦，則朝廷不得安枕矣。爲今之計，莫若且嚴戒邊城，使持久可守；實關內，使無虛可乘。若寇至，使邊城清野，不與大戰，關中稍實，豈敢深入。既不得大戰，又不能深入，二三年間，彼自困弱，此上策也。又聞邊臣多請五路入討，臣恐未可輕舉。太宗朝以宿將精兵，而西討艱難，終未收復。況今承平歲久，無宿將精兵，一旦興深入之謀，臣謂國之安危未可知也。惟陛下緩而圖之。」

七月己卯，公除龍圖閣直學士，與韓琦並爲陝西經略安撫副使，同管句都部署司事。初，公與呂夷簡有隙，及議加職，夷簡請超遷之，上悅，以夷簡爲長者。既而公入謝，上諭公使釋前憾，公頓首曰：「臣向所論蓋國事，於夷簡何憾也。」

八月庚戌，兼知延州，有《延州謝上表》。先是，詔分邊兵，部署領萬人，鈐轄領五千人，都監領三千人，有寇則官卑者先出。公曰：「不量賊衆寡而出戰以官爲先後，取敗之道也。」乃分州兵爲六將，將三千人，分部教之，量賊衆寡，使更出禦賊，賊不敢犯，既而諸路皆取法焉。賊相戒曰：「無以延州爲意，今小范老子腹中有數萬甲兵，不比大范老子可欺也。」大范蓋指雍也。

是歲横渠先生張載來謁，勸讀《中庸》。

呂與叔作《横渠先生行狀》云：「康定用兵時，先生方年十八，慨然以功名自許，上書謁范文正公。公知其遠器，欲成就之，反責之曰：『儒者自有名教，何事於兵？』因勸讀《中庸》。」即是年也。

築青澗城，復承平、永平廢砦。

《神道碑》云：公爲將務持重，不急近功小利，於延州築青澗城，墾營田，復承平、永平廢寨，屬羌歸業者數萬户。 牒种世衡等：無牛具者，官與量借糧收買；缺乏糧食者，計户口數目量支借貸禄粟。

有《舉張問孫明復狀》、《乞修京城》二劄子。

慶曆元年辛巳，年五十三歲。

朝命以正月出兵討元昊，公上疏，其略云：「正月起兵，塞外雨雪大寒，暴露僵仆，我師可憂。萬一有失，噬臍何及！春深漸暖，方賊馬瘦人饑，其勢易制，此得天時之便，又可以擾其耕作。且元昊謂國家太平忘戰，邊城無備，是以桀驁。今邊鄙漸飭，賊至則争。願許臣稍以恩信示之，或可招納。不然，臣恐情意阻絶，偃兵無期。若用臣(等)〔策〕歲月無效，徐圖舉兵，先取綏、宥，據其要害，屯兵營田，爲持久之計，則横山人户挈族來歸。拓疆禦寇，莫此之利。」上用其議，於是公固守鄜延。

有《答趙元昊書》。是年元昊遣塞門寨主高延慶還延州，令見公約和。公不聞之朝廷，乃自爲書遺元昊，諭以禍福。

二月，元昊寇渭州。始朝廷既從陝西都部署司所上攻守策，經略安撫判官尹洙以正月丙子至延州，與公謀出兵。越三日，公徐言已得旨聽兵勿出。洙留延州幾兩旬，公堅持不可。辛丑，洙還至慶州，乃知任福等敗績，賊侵劉墦堡未退。因遣權環慶路都監劉政將鋭卒數千來援，未至，賊引去。夏竦尋劾奏洙擅發兵，降通判濠州。始韓周等持公書入西界，逆者禮意殊善。行兩日，聞山外諸將敗亡。周等抵夏州，留四十餘日。元昊俾其親信野利旺榮爲書報公，别遣使與周俱還，且言不敢以聞兀卒，書辭益慢，公對使者焚其書，而潛録副本以聞。書凡二十六紙，其不可以聞者二十紙，公悉焚之，餘又略删改。書既達，大臣皆(爲)〔謂〕公不當輒與元昊通書，又不當輒焚其報。宋庠因言於上，謂公可斬。杜衍謂公本志蓋忠朝廷，欲招納叛羌爾，何可深罪。夷簡亦徐助衍言，知諫院孫沔又上疏爲公辯，上悟，乃薄其責。

夏四月癸未，公以陝西經略副使兼知延州、龍圖閣直學士、户部郎中降爲户部員外郎、知耀州，職如故。有《謝降官知耀州表》及《耀州謝上表》。

五月壬申，公徙知慶州，兼管句環慶路都部署司事。初，元昊反，陰誘屬羌爲助。環慶酋長六百人約與賊爲鄉導，後雖首露，猶懷去就。公至部，即奏行邊，以詔書犒賞諸羌，閱其人馬，立條約，明賞罰。諸羌受命悦服，始爲漢用。

九月辛酉，公復户部郎中。

十月，公以龍圖閣直學士、户部郎中、管句環慶路部署司事、兼知慶州，爲左司郎中。是月，梁適自陝西還，公附奏攻守二議。

是歲有《舉滑州節度判官歐陽修充經略安撫司掌書記狀》，又《舉天雄軍通判張方平充經略安撫司掌書記狀》。

是歲築大順城。

《神道碑》云：於慶州城大順以據要害，又城細腰、胡盧，於是明珠、滅臧等大族皆去賊，爲中國用。

又曰：其城大順也，一旦引兵出，將不知所嚮。軍至柔遠，始號令告其地處，(所)〔使〕往築城。至於版築之用，大小畢具，而軍中初不知。賊以三萬騎來争，公戒諸將，戰而敗走者追勿過河。已而賊果走，追者不渡，而河外果有伏。賊失計，乃引去。於是諸將服公爲不可及。

有《兵部尚書蔡公墓誌銘》、《太常少卿賈公墓誌銘》、《舉邱良孫應制科狀》。

二年壬午，年五十四歲。

三月癸丑，公請給樞密院空名宣及宣徽院頭子各百道，以備賞功，從之。巡邊至環州，州屬羌陰連虜，爲患邊上。公謂种世衡素得屬羌心，而青澗城已堅固，乃奏世衡知環州以鎮撫之，詔從其請。

四月癸亥，除鄜州管内觀察使，辭不受。其讓表略云：「觀察使班待制下，臣守邊數年，羌胡頗親愛臣，呼臣爲龍圖老子。今改觀察使，則與諸族首領名號相亂，恐爲賊所輕。且無功不應更增厚禄。」辭甚切，表三上，乃命復爲龍圖閣直學士、左司郎中。有《謝守舊官表》。傳宣：「候將來邊事稍甯，詔卿用在兩地。非出擬議，亦非臣僚奏舉，特出朕意，宣諭卿知。」兼令密舉臣僚代邊任奏聞，先差人内内侍省高班陳舜封至傳宣，又差人内西頭供奉官麥知微至傳宣旨撫問，賜鳳茶一合。

有《上吕相公》三書。

十月辛亥，以公爲樞密直學士、右諫議大夫、鄜延路都部署、經略安撫招討使，有讓表。

元昊寇邊，葛懷敏戰死，賊大掠至潘原，關中震恐。公自將兵由邠涇援之，知賊已出塞，乃還。上始聞定川事，按圖謂左右曰：「若仲淹出援，吾無慮矣。」奏至，上大喜曰：「吾固知仲淹可用。」亟加職進官。公以西(帥)〔師〕久無功，密疏乞賜貶降，以謝邊陲。辭不受命，不聽。

十一月，復置陝西四路都部署、經略安撫兼沿邊招討使，命公及韓琦、龐籍分領之。公與琦開府涇州，而徙文彦博帥秦，滕宗諒帥慶，皆從公之請也。

十二月壬戌，詔韓琦、范仲淹、龐籍已帶四路都招討使，其諸路招討使副並罷，從知慶州滕宗諒請也。有《舉滕宗諒狀》。

是歲有《書環州馬嶺鎮夫子廟碑陰》，乃正月書也。

三年癸未，年五十五歲。

正月辛卯，詔陝西沿邊招討使韓琦、范仲淹、龐籍，凡軍期申覆不及，皆便宜從事，用安撫使王堯臣議也。上親擢公與富、韓諸賢而黜夏竦，國子監直講石介作《慶曆聖德詩》以美之，指夏竦爲大姦。公聞之不樂，蓋恐其召禍於後日也。

二月乙卯，公與韓琦上疏，言元昊如大言過望，爲不改僭號之請，則有不可許者三；如卑辭厚禮，從兀卒之稱，亦有大可防者三。

《神道碑》云：公待將吏，必使畏法而愛己。所得賜賚，皆以上意分賜諸將，使自爲謝。請蕃質子縱其出入，無一人逃者。蕃酋來見者，召之卧内，屏人徹衛，與語不疑。公居三歲，士勇邊實，恩信大洽。乃決策謀取横山，復靈武，而元昊數遣使稱臣請和，上亦召公歸矣。

按：《名臣傳》曰：公與韓琦協謀，必欲收復靈、夏、横山之地，邊上謡曰：「軍中有一韓，西賊聞之心膽寒；軍中有一范，西賊聞之驚破膽。」元昊大懼，遂稱臣。

四月甲辰，公與韓琦並除樞密副使，皆以西事未寧，凡五辭不許而後就道。有《除樞密副使召赴闕陳讓五表》。有《與朱校理書》云：「十六日被旨赴闕，至二十五日，與韓公同上五章，爲邊事未寧，防秋在近，乞且留任，必得俞允。入則功遠而未濟，後有邊患，咎歸何人？軍民億萬，生死一戰，得爲小事耶？」

諫官歐陽修言公與韓琦久在陝西，備諳邊事，才識不類常人，宜時御便殿訪問，使其盡陳西邊事宜合如何措置。

是歲自春至夏不雨，上言六事，其略云：「臣親聞德音，謂屢有災異，當修德以及民，并詔臣等謹省刑法，此實見聖人憂畏之心，合於天意。今條奏數事：一，降詔罪己；二，遣使決獄；三，詔州縣賑卹；四，存養陣亡之家；五，邊民被戎狄驅虜者，量支官物贖還；六，已該赦除放欠負，官司不得催理。」

諫官歐陽修、余靖、蔡襄咸言公有宰輔才，不宜局在兵府，願罷王舉正，以公代之。舉正亦自求罷，上從其請。

(六)〔七〕月丁丑，除參知政事，固辭不拜。甲申，以公爲陝西宣撫使。公既辭參政，願與韓琦迭出行邊。上因付以西事，而公又言河東亦當爲備，任師中常守并州，上即命使河東。兩人留京師，第先移文兩路。公又請近臣同使，每事議而後行，詔命田況爲副使。

按：公《尺牘》載《與中舍家書》略云：某近蒙恩擢貳樞府，此蓋祖宗之慶下及家世，累讓不允。今月二日，已簽署句當。至十二日，蒙恩改參大政。尋而陳利害，已得旨依讓，且在西府，相次必出巡邊。諸骨肉各安吉，互相戒約，勿煩州

縣。如輒興詞訟，必奏乞深行。請旨揮兒姪知委。

八月丁未，公自樞密副使、右諫議大夫復除參知政事。知諫院蔡襄言已差公宣撫陝西，又除參政，未有巡邊之日。切以西賊遣使入朝，其言驕慢，必無可從之理。原其狡心，本無欲和之意。朝廷既罷遣之，其勢必須用兵。邊將雖多，莫如朝廷輟柄臣以臨之。又謂柄臣之中莫如公自行，望於西人未行之前，早遣巡邊，無使後時，以失大計。

先是，公與任師中分路宣撫，踰月皆未行。韓琦言賊恐乘忿盜邊，當速遣某河東。臣方壯年，可備奔走。師中宿舊大臣，毋勞往。乃詔琦宣撫陝西，師中卒不行。

九月庚辰，命同修中書時政記。有《述賓諫議陰德録》、《祭石曼卿學士文》、《祭吳龍圖文》。

上擢任公與韓琦、富弼，每進見，必以太平責之，數令條奏當世之務。公語人曰：「上用我至矣。然事有先後，且革弊於久安，非朝夕可能也。」上再賜手詔督促曰：「比以中外人望，不次用卿等。今琦暫往陝西，仲淹、弼與宰臣章得象盡心國事，毋或有所顧避。其當世急務有可建明者，悉爲朕陳之。」既又開天章閣，召對賜坐，給筆劄，使疏於前。公與弼皆皇恐避席，退而列奏十事，一曰明黜陟，二曰抑僥倖，三曰精貢舉，四曰擇官長，五曰均公田，六曰厚農桑，七曰修武備，八曰減徭役，九曰覃恩信，十曰重命令。上方信嚮公等，悉用公説，當著爲令者，皆以諸事畫一次第頒下，獨府兵輔臣共以爲不可而止。

十月丙午，詔中外有陳叙勞績或訴雪罪狀，中書批送有司者，謂之送殺，更不施行。自宣令主判官詳其可行者，別奏聽裁。行公之奏也。

是歲，劫盜張海横行數路，剽劫淮南，將過高郵。知軍晁仲約度不能禦，諭富民出金帛牛酒，使人迎勞。盜悦，徑去，不爲暴。事聞，朝廷大怒。樞副富弼議欲誅仲約，公時爲參政，欲宥之，争於上前。弼曰：「盜賊公行，守臣不能戰，不能守，而使民醵錢遺之，法所當誅也。聞高郵之民疾之，欲食其肉，不可釋也。」公曰：「郡縣兵械足以戰守，遇賊不禦，而又賂之，此法所當誅也。今高郵無兵與械，雖仲約之義當勉力戰守，然事有可恕，戮之恐非法意也。小民之情，醵出錢物而得免於殺掠，或喜之，而云欲食其肉，傳者過也。」上釋然，從之，仲約由此免死。既而弼愠甚，謂公曰：「方今患法不舉，舉法而多方沮之，何以整衆？」公密告之曰：「祖宗以來，未嘗輕殺一臣下，此盛德之事，奈何欲輕壞之？且吾與公在此，同僚之間同心者有幾？雖上意亦未知所定，而輕導人主以誅戮臣下，他日手滑，雖吾輩亦未敢自保也。」弼終不以爲然。其後兩人不安於朝，相繼出使。弼還自河北，及國門，不許入，未測上意。比夜，彷徨不能寐，遶牀歎曰：「范六丈，聖人也。」又《遺事》亦載此事，但云淮南盜王倫，與此不同。又載公與富公争於上前之語曰：「寇至無備，若守臣死之，則民盡塗炭。今吏雖不死節，而民之完者數萬家，誠國家實事，所存不細。乃與有備而縱賊者例行誅罰，恐非陛下寧失不經之意。」退至政事堂，昌言曰：「朝廷異時以四方無事，不肯爲郡縣設備。吏敢以治城隍、閲兵卒爲請者，以狂妄坐之。一旦事生不虞，吾輩不自引咎，專以死責外臣，誠有愧於青史也。」

按：《言行録》載遺事曰：公爲參政，與韓、富二樞并命，鋭意天下之事，患諸路監司不才，更用杜杞、張温之輩。公取班簿，視不才監司，每見一人姓名，一筆句之，以次更易。富公素以文事公，謂公曰：「范六丈公則是一筆，焉知一家哭矣。」公曰：「一家哭，何如一路哭耶！」遂爲罷之。

四年甲申，年五十六歲。

四月，上與執政論及朋黨事，公對曰：「方以類聚，物以群分。自古以來，邪正在朝，未嘗不各爲一黨，不可禁也，在聖上鑒辨之耳。誠使君子相朋爲善，其於國家何害？」

五月壬戌朔，公與韓琦對於崇政殿，上四策：一曰和，二曰守，三曰戰，四曰備。請朝廷力行七事：一，密爲經略；二，再議兵屯；三，專於遺將；四，急於教戰；五，訓練義勇；六，修京師外城；七，密定討伐之謀。是日公與琦指陳於上前，數刻乃罷。

六月，公與琦又奏陝西八事，河北五事。已而公又奏：「今防秋事近，願賜罷臣參政，知邊上一郡，帶安撫之名，足以照管邊事。乞更不帶招討、都部署職任。」遂以公爲陝西、河東宣撫使。

先是，公嘗言契丹、元昊事可疑者六，可憂者三。始公以忤吕夷簡放逐數年，士大夫持二人曲直，交指爲黨。及陝西用兵，天子以公士望所屬，拔用護邊。及夷簡罷，召還，倚以爲治，中外屬望，公亦感激眷遇，以天下爲己任。遂與富弼日夜謀慮興致太平，然規模闊大，論者以爲難行。及按察使多所舉劾，人心不自安；任子恩薄，磨勘法密，僥倖者不便。於是謗毁浸盛，而朋黨之論滋不可解，然公與弼等所議不變。先是石介奏記於弼，責以伊、周之事。夏竦怨介斥己，又欲因是傾弼等，乃使女奴陰習介書。久之習成，遂改伊、周曰伊、霍，而僞作介爲

弼撰《廢立詔草》，飛語上聞。上雖不信，而公與弼恐懼，不敢自安於朝，皆請出按西北邊，未許。適有邊奏，公因固請行，乃有是命。

初，公之出也，過鄭州，因見呂夷簡，問何事遽出，公對以暫往經撫兩路，事畢即還。夷簡曰：「君此行正蹈危機，豈復再入！」又《龍川志》云：范公以參知政事出使，呂公已老居鄭，范公往見之。呂公欣然，相與語終日，問曰：「何爲亟去朝廷？」范公言：「欲經制西事耳。」呂公曰：「經制西事，莫如在朝廷之爲便。」范公爲之愕然。公遂去。自公出使，讒者益深。而王益柔者，亦公所薦，王拱辰因其作《傲歌》事劾奏之，力言其罪當誅，蓋欲因益柔以累公也。時賈昌朝陰主拱辰等議，及輔臣進白，琦獨言：「益柔少年狂語，何足深治。天下大事固不少，近臣同國休戚，置此不言，而攻一王益柔，此其意有所在，不特爲《傲歌》事可見也。」上悟，乃寬之。

夏六月，有《上呂相公書》。

八月辛卯，命公領刑法事，賈昌朝領天下農田，有利害，其悉條上之。初，公援唐故事，請以輔臣分總其務。雖嘗降敕，然其後弗果行。有《上呂相公書》。

冬十月丙申，命公提舉三館祕閣寫書籍。上疏乞罷政事，知邠州，詔不許。

十一月四日，又有《上呂相公書》，有《舉許渤簽署陝府判官事狀》。

十二月，公議築古細腰城，檄知環州种世衡與知原州蔣偕共幹其事，又檄偕築大蟲堡。

是歲有《陳乞邠州狀》。十二月，有《祭呂相公文》、《祭陳相公文》，有《舉張伯玉應制科狀》。

五年乙酉，年五十七歲。

正月乙酉，公自右諫議大夫、參知政事除資政殿學士、知邠州，兼陝西四路緣邊安撫使，可賜推誠保德功臣。有《謝授邠州表》、《邠州謝上表》，有《祭韓少傅文》。

二月癸卯，公請以新建細腰城隸原州，從之。有《邠州建學記》，有《論復併縣劄子》。

閏五月，有《祭環州种染院文》。

八月，有《祭陝府王待制文》。

自公與韓琦出使，讒者益甚，兩人在朝所施爲亦稍沮止，獨杜衍左右之，上頗惑焉。公愈不自安，因奏乞罷政事。上欲聽其請，章得象謂公素有虛名，今一請遽罷，恐天下謂陛下輕黜賢臣，不若且賜不允。若即有謝表，則是挾詐要君，乃可罷也。上從之。公果捧表謝，上愈信得象言。於是富弼自河北還，將及國門，右正言錢明逸希得象等意，言弼過，又言公去年受命宣撫河東、陝西，聞有詔戒勵朋黨，心懼彰露，稱疾乞醫。纔見朝廷別無行遣，遂拜章乞罷政事，知邠州，欲固己位，以弭人言。欺詐之迹甚明，乞早廢黜，以安天下之心，使姦詐不敢效尤，忠實得以自立。明逸疏奏，即降詔罷公及弼，并鎖學士院草制罷衍。

十一月，詔以邊事寧息，盜賊衰止，罷公陝西四路安撫使，并罷富弼安撫。其實讒者謂石介謀亂，弼將舉一路兵應之故也。公先引疾求解邊任，遂改知鄧州。有《陳乞鄧州表》。

是月乙未，轉給事中、資政殿學士、知鄧州。《謝轉給事中知鄧州表》、《鄧州謝上表》。

六年丙戌，年五十八歲。

秋七月丙戌，子純粹生。

公在鄧。是年鄧人賈内翰黯以狀元及第，歸鄉謁公，願受教。公曰：「君不憂不顯，惟不欺二字可終身行之。」内翰不忘其言，每語人曰：「吾得於范文正者，平生用之不盡也。」

二月，有《祭謝希深舍人文》。

九月十五日，作《岳陽樓記》，中有「先天下之憂而憂，後天下之樂而樂」之句，蓋公平日允蹈之言也。

有《依韻酬答邠州通判王稷》詩、《依韻酬太傅張相公見贈》詩、《依韻酬李光化見寄》詩、《依韻答王源政憶百花洲》詩、《中元夜百花洲》詩、《覽秀亭》詩、《答提刑張太博嘗新醖》詩、《喜雪》詩、《資政殿學士謚忠獻范公雍墓誌銘》、《依韻和安陸孫司諫》詩、《送河東提刑張太博》詩、《种世衡墓誌銘》。

七年丁亥，年五十九歲。

公在鄧。二月，有《祭龍圖楊給事中文》，有《祭尹師魯舍人文》。

按：《尺牘》載《與韓魏公書》略云：師魯去赴均州時，已覺疾作。至均，寢食或進或退，僅百餘日，得提刑司文字，舁疾來鄧，以存歿見託。至五日而啟手足，苦痛苦痛！至終不亂，初相見時，卻且著灸，不談後事。疾勢漸危，遂中夜詣驛看他，告伊云：「足下平生節行用心，待與韓公、歐陽公各做文字，垂於不朽。」他舉手叩頭。又告伊云：「待與諸公分俸贍家，不令失所。」他舉手云：「渭州有

二兒子。」即就枕，更不語。來日與趙學士看他，云：「夜來示諭，並記得，已相别矣。」顧家人云：「我自了當，不復管汝。」略無憂戚。又兩日，猶能扶行，忽索灌漱訖，憑案而化。衆人無不悲泣，無不欽服其明也。别趙學士云：「不怛化。」别韓倅云：「少年樹德。」别賈狀元云：「亦無鬼神，亦無煩惱。」尋常於兒女多愛，不謂能了了如此。

又云：「已去安州孫之翰處作行狀，待送永叔作墓誌。某不敢作，恐知當年事不備故也。卻待作文集序，明公可與他作墓表也。」

十一月，有《祭故相太傅李侍中文》，有《乞召還王洙及就遷職任事劄子》。

八年戊子，年六十歲

春正月丙寅，徙知荆南府。鄧人愛之，遮使者請留，公亦願留，從其請也。有《謝依舊知鄧州表》。公守鄧凡三歲，求知杭州。

二月，有《十六羅漢因果識見頌序》。

皇祐元年己丑，年六十一歲

正月乙卯，公知杭州。有《杭州謝上表》。

公守杭日，林逋隱孤山。公過其廬，贈詩曰：「巢由不願仕，堯舜豈遺人。風俗因君厚，文章到老醇。」其激賞如此。《與人約訪林處士阻雨見寄》詩，《和沈書記同訪林處士》詩。

時孫甫爲兩浙轉運，公以大臣或便宜行事，孫曰：「范公，貴人也。吾屈於此，不得不伸於彼。」由是一切繩以法，而常以監司自處。范公遇之無倦色，公遇范公不少下，退而未嘗不稱其賢也。

按《文集》，《天竺山日觀大師塔記》云：皇祐元年，余至錢塘。

正月，帝御便殿，訪近臣以備禦之策。權三司使葉清臣言詔問輔弼之能，今爲社稷之固者莫如公，又謂公深練軍政。

公在杭有《過餘杭白塔寺》詩、《西湖筵上贈胡侍郎》詩、《和僧湖居五絶》、《和運使舍人觀湖二首》、《和蘇州蔣密學》詩并《謝賜鳳茶表》、《和孫之翰對雪》詩、《和并州鄭宣徽見寄二首》。

秋七月癸卯，除尚書禮部侍郎。《舉張昇自代》云：伏見工部郎中、集賢殿脩撰、知潤州張昇，筮仕以來，清介自立。精思劇論，有憂天下之心；純誠直道，無讓古人之節。朝野推服，臣所不如。乞回臣所授，以允公論。

十月庚申朔，有《祭葉翰林文》。置義莊於蘇州。

按：《言行録》云：公在杭，子弟以公有退志，乘間請治第洛陽，樹園圃以爲逸老之地。公曰：「人苟有道義之樂，形骸可外，況居室乎？吾今年踰六十，生且無幾？乃謀治第樹園圃，顧何待而居乎？吾之所患在位高而艱退，不患退而無居也。且西都士大夫園林相望，爲主人者莫得常游，而誰獨障吾游者？豈必有諸己而後爲樂耶？俸賜之餘，宜以賙宗族。若曹遵吾言，毋以爲慮。」

又按：《程氏遺書》云：横渠張先生言，有欲爲公買緑野堂，公不肯，曰：「在唐如晉公者，誰可尊也。一旦取其物而有之，如何得安？寧使耕壞及他人有之，已則不可取也。」

二年庚寅，年六十二歲

春，有《段君墓表》、《兵部員外郎王君墓表》。公在杭，轉尚書户部侍郎，依前職任，有謝表。

按：沈存中《筆談》云：皇祐二年，吴中大饑，殍殣枕路。是時公領浙西，發粟募民存餉，爲術甚備。吴民喜競渡，好爲佛事。乃縱民競渡，太守日出宴於湖上，自春至夏，居民空巷出游。又召諸寺主首，諭以饑歲工價至賤，可大興土木，於是諸寺工作鼎興。又新倉廒吏舍，日役千夫。監司奏劾杭州不恤荒政，嬉游不節，及公私興造，傷耗民力。公乃自條敘所以宴游興造，皆欲以有餘之財以惠貧者。貿易飲食、工技服力之人，仰食於公私者，日毋慮數萬人，荒政之施，莫此爲大。是歲兩浙惟杭州晏然，民不流徙，皆公之惠也。歲饑，發司農之粟募民興利，近歲遂著爲令。既已恤饑，因之以成就民利，此先王之美澤也。

八月，建昌軍草澤李覯撰《明堂圖議》，公奏之，授試太學助教。「覯能研精經訓，會同大義，按而視之，可以興制。今朝廷行此盛禮，千載一辰。斯人之學，上契聖作。謹具録以進，庶討論之際，有所補助。」詔送兩制看詳，稱其學業優博。

有《舉李宗易向約堪任清要狀》，有《乞召杜衍等備明堂老更表》，《進故朱寀所撰春秋文字狀》。

冬十一月，有《兄中舍墓銘》。

三年辛卯，年六十三歲

是歲公以户部侍郎知青州，兖、淄、濰等州安撫使。有《青州謝上表》。正月八日，有《續家譜序》。

按：《尺牘》載《與韓魏公書》云：某上巳日方至青社，繼富公之後，庶事有倫，守之弗墜。但歲饑物貴，河朔流民尚在村落，因須救濟。

又按：《言行録》載《東齋記事》云：公鎮青社，會河朔艱食，青之輿賦，博州置納場，青民大患輦置之苦。公戒民納價每斗三鍰，納鈔與之，以書與博守，遣官輓金詣博坐倉，以倍價招之。賞巨牓數道，介其境則張之，且戒曰：「郡不假廪，寄僧舍可也。」至則貿者山積，不五日遂足，而博斛亦衍。斛金尚餘數千緡，按等差給還之，青民因立像祠焉。

有《舉彭乘自代狀》、《舉張諷李厚充青州職官狀》。正月有《祭杜待制文》。三月有《太子中舍上官君墓銘》，有《陳乞潁亳一郡狀》。

冬十有一月戊申，有《寫黄素伯夷頌寄京西轉運蘇才翁》，文潞公、杜祁公、富鄭公等一時名人題跋。

上書言：古者内置大夫、士助天子司察天下之政，外置岳牧、方伯、刺史、觀察使、採訪使、統領、諸侯、守宰以分理之。今轉運、按察使，古之岳牧、方伯；知州、知縣，古之諸侯、守宰之任也。與陛下共理天下者，惟守宰最要耳。比年以來，不知擇選，一切以例除之。以一縣觀一州，一州觀一路，一路觀天下，率皆如此。其間縱有良吏，百無一二。使天下賦税不得均，獄訟不得平，水旱不得救，盜賊不得除，民既無告訴，必生愁怨。救之之術，莫若守宰得人。若守宰政舉，則天下自無事矣。

四年壬辰，年六十四。

春正月戊午，徙知潁州。

夏五月二十日，至徐州，薨。

先是，公在青未盈歲，以疾徙知潁州，詔自青州徙，行於徐州，[卒]，有《遺表》。歷官推誠保德功臣、資政殿學士、金紫光禄大夫、尚書户部侍郎、護軍、汝南郡開國公，食邑二千三百户，食實封六百户，贈兵部尚書，謚文正，累贈太師、中書令、兼尚書令，追封楚國公。

十二月壬申，葬於河南洛陽縣尹樊里之萬安山下。初，公病，上嘗遣使賜藥存問。既卒，嗟悼者久之，輟朝一日。以其《遺表》無所請，遣使就問其家所欲。既葬，上親篆其碑曰褒賢之碑，敕賜西京褒賢顯忠禪寺、蘇州天平山白雲禪寺奉公香火，賜忠烈廟額。

爲政忠厚，所至有恩，邠、慶二州之民與羌屬皆畫像立生祠。及其卒也，羌酋人數百爲舉哀佛寺，哭之如父，三日而去。

宣和五年，慶帥宇文虚中奏請賜忠烈廟額。慶陽、平江府凡一十九處、成都府學以上并有公祠，朝旨所在監司、郡守、學官歲時詣祭祀。

欽宗皇帝靖康元年丙午二月壬寅，詔褒贈近世名臣，故任資政殿學士、贈太師、追封楚國公、謚文正范某，可特追封魏國公。

五世孫之柔校正

備論

《宋史》卷三一四《范仲淹傳》 論曰：自古一代帝王之興，必有一代名世之臣。宋有仲淹諸賢，無愧乎此。仲淹初在制中，遺宰相書，極論天下事，他日爲政，盡行其言。諸葛孔明草廬始見昭烈數語，生平事業備見於是。豪傑自知之審，類如是乎！攷其當朝，雖不能久，然先憂後樂之志，海内固已信其有弘毅之器，足任斯責，使究其所欲爲，豈讓古人哉！

王稱《東都事略》卷五九上《范仲淹傳》 臣稱曰：仲淹之語憂樂，信所謂有一言而可以終身行之者，雖聖人復起，不易斯言矣。方其爲書以遺宰相，慨然有興王道、致太平之意。故其治民、馭軍、執政，皆無易此書者。得非致君謀國之畧素已定於胸中與？石介頌之曰：「維仲淹、弼，一夔一契。」是誠知言哉！

李綱《梁溪先生文集》卷一六〇《書范文正公事》 文正范公爲諫官時，以言事左遷者屢矣。方其在朝，自奉簡儉，及謫居于外，則務爲豐腆。或問其故，答曰：「吾以自適耳。」

夫進退者士之常，而比年以來，士風頽靡，進則窮奢極侈，以事富貴；退則愀然，有憔悴可憐之色者，皆是也。觀公之所以自處者如此，可謂深達進退之理矣。夫進而簡儉，則無所戀著，而去就輕；退則豐腆，則有以自適，而志氣完。若公之高明，豈不知進退如一，而爲此不同哉！蓋將以其身爲中人法故也。予得此事於吴元中給事，因書之，使后進知前輩所爲，皆有深意。

藝文

《蘇軾文集》卷一〇《范文正公文集叙》 慶曆三年，軾始總角入鄉校，士有

自京師來者，以魯人石守道所作《慶曆聖德詩》示鄉先生。軾從旁竊觀，則能誦習其詞，問先生以所頌十一人者何人也？先生曰：「童子何用知之？」軾曰：「此天人也耶，則不敢知；若亦人耳，何爲其不可！」先生奇軾言，盡以告之，且曰：「韓、范、富、歐陽，此四人者，人傑也。」時雖未盡了，則已私識之矣。嘉祐二年，始舉進士至京師，則范公殁。既葬，而墓碑出，讀之至流涕，曰：「吾得其爲人。」蓋十有五年而不一見其面，豈非命也歟。

是歲登第，始見知于歐陽公，因公以識韓、富，皆以國士待軾，曰：「恨子不識范文正公。」其後三年，過許，始識公之仲子今丞相堯夫。又六年，始見其叔彝叟京師。又十一年，遂與其季德孺同僚于徐。皆一見如舊。且以公遺藁見屬爲敘。又十三年，乃克爲之。

嗚呼，公之功德，蓋不待文而顯，其文亦不待敘而傳。然不敢辭者，自以八歲知敬愛公，今四十七年矣。彼三傑者，皆得從之遊，而公獨不識，以爲平生之恨，若獲挂名其文字中，以自托於門下士之末，豈非疇昔之願也哉。

古之君子，如伊尹、太公、管仲、樂毅之流，其王霸之略，皆素定於畎畝中，非仕而後學者也。淮陰侯見高帝於漢中，論劉、項短長，畫取三秦，如指諸掌，及佐帝定天下，漢中之言，無一不酬者。諸葛孔明卧草廬中，與先主策曹操、孫權，規取劉璋，因蜀之資，以爭天下，終身不易其言。此豈口傳耳受嘗試爲之而僥倖其或成者哉。

公在天聖中，居太夫人憂，則已有憂天下致太平之意，故爲萬言書以遺宰相，天下傳誦。至用爲將，擢爲執政，考其平生所爲，無出此書者。今其集二十卷，爲詩賦二百六十八，爲文一百六十五。其於仁義禮樂，忠信孝弟，蓋如飢渴之於飲食，欲須臾忘而不可得。如火之熱，如水之濕，蓋其天性有不得不然者。雖弄翰戲語，率然而作，必歸於此。故天下信其誠，爭師尊之。孔子曰：「有德者必有言。」非有言也，德之發於口者也。又曰：「我戰則克，祭則受福。」非能戰也，德之見於怒者也。元祐四年四月十一日。

范仲淹《范文正公文集》別集卷四《乾道饒州刊范文正公文集跋》 鄱陽在江左號古郡，昔之爲守者固多，以賢稱者僅九人；而傑出於九賢之中，又止唐之顔魯公、本朝之范文正公，可謂難得也已。二公名氏在史官，大節在天下，至於文章，散落人間，雖筆端游戲之餘，而典雅純實，可以經世而出治，垂久而行遠。蓋其所養得天地之正氣，故文亦如之。然是邦實二公舊治，獨無墨本，而間見於他處，誠闕典也。翊攝乏來此，首訪而得之，鳩工鏤板，以傳不朽。斯人之眷眷二公，雖不繫於文集之有無，然使學士大夫家有其書，如潮人之於退之，柳人之於子厚，因書以致其師仰敬慕之意，不猶愈於甘棠之思乎？乾道丁亥五月既望，邵武俞翊謹識。

范仲淹《范文正公文集》別集卷四《淳熙重修饒州本范文正公文集跋》 鄱陽郡齋州學有文正范公文集、奏議，歲久板多漫滅，殆不可讀。判府太中先生嘗謂此郡太守名德如日月之照、終古不泯者，在唐則顔魯公，本朝則范文正公。文正之集，士大夫過郡者莫不欲見，其可不整治乎？於是委屬寮以舊京本《丹陽集》參校，且捐公帑刊補之。又得詩文三十七篇爲《遺集》，附於後。其間尚有舛誤，更俟後之君子訪善本訂正焉。淳熙丙午十二月日，郡從事北海綦煥謹識。

韓琦《安陽集》卷二二《文正范公奏議集序》 某嘗謂自古國家之治否，生民之休戚，在人不在天。人或不然之。今於文正范公，然後知其説之勝，或者不足疑，而於教之有補也。公以王佐之才，遇不世出之主，竭忠盡瘁，知無不爲。故由小官擢諫任，危言鯁論，建明規益，身雖可絀，義則難奪，天下正人之路，始公闢之。其後恤災南方，扞寇西垂，貳機政，陪宰席，宏謀大策，出入仁義，朝思夕慮，條疏深切，志欲膏澤中夏，鞭笞四夷，使我宋之基，萬世不拔。不幸經遠而責近，識大而合寡，故其言格而未行，或行而復沮者，幾十四五。逮公之亡也，聞聽所及，莫不咨嗟感動。惜公所藴，不克盡施於世，甚則推諸天，謂人謀之不足爲也。嗚呼！公之所陳，用於時者，大則恢永圖，小則革衆弊，爲不少矣；其未用者今副藁所存，爛然可究，一旦朝廷舉而行之，興起太平，如指掌之易耳。此天乎哉？必在乎人而已矣！次子寺丞君緝公遺文，得《奏議》十七卷，《政府論事》二卷，以某昔帥西兵，翊内樞，與公並任，而出處之與公同也，俾序以冠其首。夫以公之文武兼備，乃靖王室，朝野所論，謂道之亨塞，時之重輕，率繫公之用不用，則其德業之著於天下也久矣，惡假鄙文而後知哉？但以忝緣僚舊，飫公盛美，義不敢讓，且慰賢嗣之意云。具位某序。

韓琦《安陽集》卷四三《祭文正范公文》 維某年某月某朔某日，具官某謹以清酌庶羞之奠，致祭於資政范公之靈。嗚呼哀哉！上天生公，固爲吾宋。以堯舜佐吾君兮，既忘身而忠國。以成康期吾俗兮，又竭思而仁衆。升贊樞宰，孰云不用？殿撫藩服，孰云不重？何太平之策噤而不得施兮，委經綸於一夢。此一人所震嗟，而天下之所深痛。豈止乎平生之交，得訃音而長慟！嗚呼哀哉！僕

始立朝，接公尚疏。道同氣合，千里相符。忝帥於西，乃與公俱。協心畢力，誓翦兇渠。義切王室，情均友于。雖千艱而萬險，仗忠信而如無。僕之望公，公驥僕駑。十駕未逮，敢擬齊驅。人胡不辨，遂連公呼。自顧無有，媿常汗珠。繄公是託，終履夷途。叛羌來附，一節同趨。與公並命，參翊萬樞。凡有大事，爲國遠圖。争而後已，歡言如初。指之爲黨，果如是乎！道卒與干時戾，謂公迂而僕愚。相緣補外，謗毀崎嶇。感公之知，謂死不渝。嗚呼哀哉！定之去青，不遐驛置。自公之東，信問時至。愛顧益深，交朋莫二。蠅頭細書，以時爲寄。珠貝累幅，氣嚴法備。自云矍鑠，以將厚意。謂公康寧，日保純粹。忽以疾聞，求醫往視。矍然遣使，候公鑒寐。會公得潁，肩輿赴治。尚煩公答，親筆數字。意公小痊，粗以爲慰。方具書藥，詣公所憩。得元規報，云公永逝。讀之駭然，手足俱廢。氣塡滿膺，食不知味。惟公事君之大端，固始終而一致。有生即有死兮，雖聖智其安避？所惜者國家待賢而後久，天胡不仁而不憖遺。嗚呼哀哉！公之所存，履夔蹈禼。高文奇謀，大忠偉節。充塞宇宙，照耀日月。前不愧于古人，後可師於來哲。固有良史直書，海内公説。亘億萬載，不可磨滅。此爲天而爲壽兮，信識者之能别。豈於一奠之間，可盡公之德烈。惟是冥然而思，默然而悲。此生未殞，曾無已時。公乎，知乎不知？

《范文正公褒賢集》卷一《祭范文正公文》　維年月日，具銜富某，謹遣左教練使陳節詣徐州，以清酌庶羞之奠，致祭於故資政殿學士、户部侍郎范公六丈之靈。嗚呼公乎！天之生公，實將濟此下民乎。功乎未宣，何遽奪之而不踐其初乎。天乎忍爲是，而不自信之甚乎。不然，何賦公道大德具，而罔克終其施乎！某愚不文，而不能盡揚公之懿，聊書其概，以寓其悲。公幼孤無依，零丁自生。徒步游學，至於成名。奔走銓選，益困於行。僅改一秩，卿寺之丞。有宗公晏，薦公文章。典校圖籍，館閣之光。獻后誕節，姦謀請皇，下率百辟，北面奉觴。公聞駭走，出疏於囊。雖示民孝，君入臣行。願得元宰，外行故常。帝首宗之，内宴是將。衆爲公慄，公膽益張。於時非公，大節幾忘。并悟獻姦，遄逋於外。獻既往矣，諫垣召拜。夙夜蹇蹇，益用不怠。帝怒椒掖，講從廢殪。公率諸僚，御史協力。伏閤而諫，氣直寰域。坐是謫去，中外失色。累易郡璽，召尹上京。尹職非志，志安朝廷。連拄柄臣，又竄南征。忠亮信特，天下皆傾。有夏不軌，西鄙用兵。遽召起公，來撫方城。大將失律，關陝震驚。延是孤危，賊謂已物。命者必辭，公獨請之。人惜公去，公馬星馳。居未席暖，賊遁而歸。賊措無所，羽書見詒。公比尊君，不欲中報。手爲答書，禍福以告。既驛以聞，上曾而喜。耆明贊云，可附於史。昧者詆媒，嫉其出己。胡然守邊，宜賜以死。常賴邇臣，勉徇所啓。徙公内藩，物論麻起。俄建帥旗，總護諸將。帝心思賢，天下是訪。擢貳樞管，復參政鈞。二府交入，萬微日新。不設機械，不作崖岸。坦坦一心，惟道之踐。讒間得行，孤立誰辨？因其出撫，遂留豳方。穰下得請，旋易於杭。又易青社，曾未盈歲。恙起不測，又求潁水。及徐不行，託友以死。嗚呼，公止於是而已乎！某昔初冠，識公海陵。顧我譽我，謂必有成。我稔公德，亦已服膺。自是相知，莫我公比。一氣殊息，同心異體。始未聞道，公實告之。未知學文，公實教之。肇復制舉，我憚大科，公實激之；既舉而仕，政則未諭，公實飭之。公在内史，我陪密幄，得同四輔之儀。公撫陝西，我撫河北，又分三面之寄。公既罷去，我亦隨逝。從古罪人，以干魑魅。公我明時，咸得善地。自此蠹孽，毁訾如沸。必寘其死，以快其志。公云聖賢，鮮不如是。出處以道，俯仰無愧。彼姦伊何，其若天意？我聞公説，釋然以寧。既而吺吺，果不復行。於是相勗以忠，相勸以義，報主之心，死而後已。嗚呼哀哉！公今死矣，忠義已矣。萬不伸一，賫恨多矣。世無哲人，吾道窮矣。我雖苟活，與死均矣。嗚呼哀哉！師友僚類，殆三十年，一日棄我，悲何可存！我守蔡印，公薨彭門。我去無所，公來已魂。我慟幾絶，公聞不聞？走使持奠，作文叙冤。嗚呼哀哉，尚饗！

《歐陽修全集·居士集》卷五〇《祭資政范公文》　月日，廬陵歐陽修謹以清酌庶羞之奠，致祭于故資政殿學士、尚書户部侍郎范文正公之靈曰：

嗚呼公乎！學古居今，持方入圓。丘、軻之艱，其道則然。公曰彼惡，謂公好訐；公曰彼善，謂公樹朋。公所勇爲，謂公躁進；公有退讓，謂公近名。讒人之言，其何可聽！先事而斥，羣議衆排。有事而思，雖仇謂材。毁不吾傷，譽不吾喜。進退有儀，夷行險止。

嗚呼公乎！舉世之善，誰非公徒？讒人豈多，公志不舒？善不勝惡，豈其然乎？成難毁易，理又然歟？

嗚呼公乎！欲壞其棟，先摧桷榱；傾巢破觳，披折傍枝。害一損百，人誰不罹？誰爲黨論，是不仁哉！

嗚呼公乎！易名謚行，君子之榮。生也何毁，殁也何稱？好死惡生，殆非人情。豈其生有所嫉，而死無所争？自公云亡，謗不待辨。愈久愈明，由今可見。始屈終伸，公其無恨。寫懷平生，寓此薄奠。

蔡襄《端明集》卷三二《祭范侍郎文》 謹遣某人以清酌庶羞之奠，致祭於故資政侍郎高平范公之靈。嗚呼！生死聚散，物理之宜，何公之亡，賢愚涕洟。人幸公年，非有愛私。幸公復用，庶幾有利於時。嗚呼！使公且存而復用，終有爲乎，其無有也？在天聖中，公當言責。時士大夫，依阿厚嘿。公乃言事，傾動天下。觸指權奸，開道諫諍。尹京之政，例爲寬大。借吏齒牙，光飾眉面。公政清明，卒以毀去。羌種窺邊，天兵議討。公云士伍，未可即用。投書叛酋，語之禍福。逮其款附，終若前料。登於政府，天子問狀。公拔根株，扳攝三代，不爲目前苟且之計。勸農養士，塞窒僥進。衆訾成波，擠落在外。至死流離，惟道是賴。大航楫維，膠於泥沙。涉者罔濟，臨流齎嗟。公薨之初，衆悼以嘩。市利田宅，子女金犀。厚味入骨，老死嘗持。公薨之後，獨無餘資。君國以忠，親友以義。進退安危，不易其志。立身大節，明白如是。襄晚登公門，嘗辱知遇。公喪在東，欲弔無路。陳酹以文，千古斯慕。

《張方平集・樂全集》卷三五《祭資政范侍郎文》 維皇祐四年歲次壬辰七月甲辰朔，具官某謹以清酌果羞之奠，致祭於故資政殿學士、户部侍郎、贈兵部尚書范文正公之靈。嗚呼！孔氏之門，四科高第。惟達者之十子，得聖人之一體。猗嗟乎公，德行則充。文學純深，政事閎通。風節是勉，名教是踐。玉氣千尋，金精百鍊。赤墀清規，正色讜辭。引義忼慨，主尊臣卑。夏戎不虔，文告弗悛。付公蕭斧，詩書在邊。公允文武，威行士附。革其鴞首，亂亦遄沮。復節還臺，皇皇泰階。縉紳謂言，股肱良哉。維直方大，熙帝之載。古訓是式，王猷亶邁。惟日孜孜，愛莫助之。時望去朝，識者曰咨。比釐南夏，爰徙東社。遘疾避劇，汝陰促駕。彌留泗濱，竟號車棼。精氣歸天，復其清純。死生去來，於達奚哀。渠渠大廈，怛此棟摧。公陪宰席，嘗僚右掖。炳然絲綸，賞有餘色。濤江湯湯，往襲遺芳。見公不興，德音未忘。念言薄祐，遭家艱疚。莫適匍匐，殞涕如溜。平生素琴，已矣知音。寄衷一酹，髣髴垂臨。尚饗！

王安石《王文公文集》卷八一《祭范潁州仲淹文》 嗚呼我公，一世之師。由初迄終，名節無疵。明肅之盛，身危志殖。瑤華失位，又隨以斥。治功亟聞，尹帝之都。閉姦興良，稚子歌呼。赫赫之家，萬首俯趨。獨繩其私，以走江湖。士爭留公，蹈禍不慄。有危其辭，謁與俱出。風俗之衰，駭正怡邪。蹇蹇我初，人以疑嗟。力行不回，慕者興起。儒先酋酋，以節相侈。公之在貶，愈勇爲忠。稽前引古，誼不營躬。外更三州，施有餘澤。如釃河江，以灌尋尺。宿贓自解，不以刑加。猾盜涵仁，終老無邪。講藝弦歌，慕來千里。溝川障澤，田桑有喜。戎孽猘狂，敢齮我疆。鑄印刻符，公屏一方。取將於伍，後常名顯。收士至佐，維邦之彦。聲之所加，虜不敢瀕。以其餘威，走敵完鄰。昔也始至，瘡痍滿道。藥之養之，内外完好。既其無爲，飲酒笑歌。百城晏眠，吏士委蛇。上嘉曰材，以副樞密。稽首辭讓，至於六七。遂參宰相，釐我典常。扶賢贊傑，亂冗除荒。官更於朝，士變於鄉。百治具修，偷墮勉强。彼閼不遂，歸侍帝側。卒屏於外，身屯道塞。謂宜耇老，尚有以爲。神乎孰忍，使至於斯！蓋公之才，猶不盡試。肆其經綸，功孰與計？自公之貴，廐庫逾空。和其色辭，傲訐以容。化於婦妾，不靡珠玉。翼翼公子，弊綈惡粟。閔死憐窮，惟是之奢。孤女以嫁，男成厥家。孰堙於深？孰鍥乎厚？其傳甚詳，以法永久。碩人今亡，邦國之憂。矧鄙不肖，辱公知尤。承凶萬里，不往而留。涕哭馳辭，以贊醪羞。《臨川先生文集》卷八五。

司馬光《傳家集》卷八〇《祭范尚書文》 嗚呼！天生偶賢，爲國之紀。服休服采，以翼天子。冠帶立朝，正色巘巘。讜言直節，奮不顧己。乃率西師，氐羌率俾。乃贊公台，緝熙物軌。乃牧東夏，刑清政理。德實光大，才則茂美。宜其永齡，享有多祉。如何不淑，進塗中止。輤車過都，頓舍甚邇。莫不手觴，僭痛何已。靈底其衷，歆茲馨旨。尚饗！

蘇頌《蘇魏公文集》卷七〇《代張端明祭范資政文》 元間積粹，降爲賢智。華我王國，居然廟器。生都顯榮，殁有徽謚。全斯令名，在公無媿。公之處躬，挺特不羣。倜儻大志，上干霓雲。策名從仕，英稱動人。人皆謂之，才宜致君。公爲文章，據經守道。時務華淫，我尚體要。論述古今，發明世教。非苟知之，亦思允蹈。公爲諫官，慷慨敢言。自下劘上，弗屈要權。帝用嘉之，擢寘禁聯。終靡悼害，三黜三遷。公殿西陲，歷更四帥。躬提成師，瞻威遐裔。羌人卒和，請降納質。我實屍之，時爲長利。公登廟堂，左右聖皇。更贊二府，弊革維張。肅將朝命，拊循邊疆。務在經遠，煖席未遑。公之出藩，時乃均逸。不詘下遷，首公如壹。詔條敷宣，民隱勤恤。身居江海，心存王室。公適逢辰，且更大用。疇不屬之，宜壽且寵。云胡靡諶，摧我時棟。人之云亡，士倫所痛。某早歲之幸，辱公周旋。鄉閭相從，日接燕閒。自登禁闥，嘗從内班。昨麾武林，復踵於賢。朋好之篤，晚乃益堅。論議相直，中無間然。江干交臂，俯仰二年。何言此別，遂成終天。薄祐多難，家遭艱釁。廬居睢陽，咫尺徐鎮。聞公之喪，百感交進。欲往弔之，滯留爲恨。言念平生，聲容未忘。設位寢門，悲酸盈腸。遣使致

蕤，蔬肴絜觴。精誠不泯，歆此令芳。

蘇頌《蘇魏公文集》卷七〇《代杜丞相祭范資政文》 嗟嗟希文，於是已乎！哲人已矣，孰不悲吁！吾失我友，天乎祝予。福善之報，意亦何如？我思若人，才質美粹。識通道廣，心和色毅。政事文學，聖門高第。蹇蹇匪躬，王臣之義。克全厥修，以輔天子。在天聖間，猶爲小官。屬時無事，法弛禁寬。論疏利病，書聞扆前。上察其忠，擢寘諫垣。國蠹民害，造膝極言。三黜無慍，天下稱賢。氏羌負固，抗吾王旅。召還遠邦，更帥西府。令肅而壹，士豫以附。書責渠帥，敵氣敗沮。果入請和，復期其故。告厥成功，登贊台輔。亦既遇時，知無不爲。修明百度，更張四維。銓度流品，經制邊陲。事靡不舉，政無闕遺。始進以勤，竭精宣力。俄罷而休，謂宜偃息。忠臣惓惓，遠不忘國。王事一埤，爲我心惻。寒暑交侵，中若結轖。東徂不歸，大病俄革。嗚呼！大名罕兼，五福難具。人得其薄，我享其厚。仕歷三公，不謂不偶。年過六十，不謂不壽。所可惜者，居位未久。經濟之謀，莫克盡究。今亡矣夫，餘慶在後。某也無似，處時寡與。辱爲交遊，聲氣相許。契闊晚途，南北修阻。不意一别，乃成今古。君喪在徐，我居於宋，欲往莫得，臨風愴慟。言念平生，奄忽如夢。薄奠寄誠，心焉茹痛。

范純仁《范忠宣公集》卷一一《修文正祠堂祭文》 維熙寧八年歲次乙卯二月癸亥朔十日壬申，嗣子朝奉郎、守尚書工部郎中、直龍圖閣、知慶州軍州兼權發遣環慶路經略安撫使、兼馬步軍都總管、輕車都尉、賜紫金魚袋范某，謹以清酌時果之奠，敢昭告於先考太師令文正公之靈：某蒙賴貽謀，獲踐世職。瞻仰祠貌，哀榮交心。唯是塑繪弗工，群情未厭。爰加修繕，以傳無窮。彷彿慈顔，不任永慕。尚饗！

《范文正公褒賢集》卷三《淄州長山縣建范文正公祠堂記》 古之治天下，所謂不賞而民勸者，非謂絶而不賞之也。賞一善而百善進也，何哉？自京師至於郡縣，郡縣至於鄉黨，其間有德行節義可稱者取而旌之，爵於朝廷，死表其門閭，如此風俗莫不勉勵也。漢唐之間，雖不及於三代，而以號爲治者，此道素行也。且今之天下，何異乎古之天下，然而風俗未厚於古者，得非此道之廢歟？故文正公范希文之于於陵也，豈特德行節義而已矣。夫公家世姑蘇，幼而孤弱，無父所怙，而後隨其母氏來居兹土，留而不出，遂爲邑人。及其長也，卓有所立，鄉人奇之。嘗廬於長白，日自諷誦，雖刻苦不暇，每患其寡友。一日，超然遐舉，四走方外，求老師巨儒，以成就其業。不數歲間，大通六籍，聲名傾動當世。祥符中，會明天子詔天下舉賢者能者，公素擅鄉閭之譽，爲卿大夫之所賓興，一上而中殊科。尋補職任，驟歷臺諫，丕功碩惠，加乎生民，鯁議讜言，許於當國。天下之人，無賢不肖，不謀而同辭曰：「范公如登輔相，太平可期。」及乎領邊郡，握兵權，談笑樽俎之間，折衝方面之難，威聲遠布，坐鎮獷俗，以致疆埸塵清，投烽釋警，虜不敢犯邊，盜不敢入寇。天子倚之如金湯，視之如腹心，何患乎西戎，何憂乎北狄！時以海内既安，邦國無事，乃擢貳樞府，參預機務。天下之人驩然相語曰：「范公用矣，但翹首跂足以俟太平爾。」公自是負上重責，以謂其功不可亟成也，必待馴致。故其所爲，志在遠大。移風易俗，蠹革頹弊。下輯臣儀，上裨袞職。欲行之以久，而冀效於後也。《大易》稱「漸以正邦」，公寔用之矣，惜乎其不能終之而薨。設使而終之，則周、召、伊、傅曷以加此。嗚呼！天之生公，將以輔世，功未及宣，何速奪之！《詩》云：「彼蒼者天，殲我良人！」此之謂也。公没之後，邑里無傳焉。噫！古之人有德行節義，取而旌之，猶能以勵其風俗，况有功於天下者乎？治平中，澤出宰是邑，訪公之跡，得公之實，因謂邑中諸君子曰：「范公爵位如此其達，功烈如此其顯，豈非兹邑之勝事耶？何久而不爲之祠？」諸君從容而語曰：「今日之議，允符夙昔之願。」蓋邑素有是心，而患在位者未嘗注意。既聞澤言，翕然樂從。爰飭梓人構堂宇，命繪工圖儀形。一之日二之日經始，三之日四之日告成。財斂餘羡，用不漁民。既而脩虔誠，謁偉像，洋洋乎如在。使夫十室之民，朝夕耳傾而目屬，自非嵬瑣之類，得無(聲)〔聳〕激！薄者敦，懦者立，如是何患風俗不及古也？故曰「不賞而民勸」，謂此矣。愚之所以建公祠者，非止爲乎公也，爲民也；非止爲乎民也，爲天下也。澤竊邑兹久，慚無異政，聊述其美，以傳之後。公之能事，大參歐陽公褒賢之碑詳矣，此不覼縷舉其梗概而已。治平二年三月四日記，尚書虞部員外郎、知縣事、上騎都尉、賜緋魚袋韓澤述。將仕郎、守縣尉、兼主簿事劉鼎，三班奉職、監酒税徐士安，宣奉郎、守殿中丞、知縣事、兼兵馬都監郭槩同立石。鄉貢進士王特篆額，郊社齋郎韓敦仁書丹。刊者董選。

《范文正公褒賢集》卷三《池州范文正公祠堂記》 文正范公以勁節大志，盛德壯烈，卓然爲宋名臣，凡宦游，人懷其惠，莫不有祠。池陽雖非公所仕之地，而亦祠之學宫，蓋以其少長於長山朱氏也。《國史》本傳及歐陽公撰《神道碑》俱云，公生二歲而孤，母貧無依，改適長山朱氏。然人漫不知長山爲何地，朱氏爲何人，而公之寓於其家幾何時也。天台丁君木宰池之青陽，政成暇日，討究先賢

遺事，慨然慕之。長山去縣僅十五里，朱之族故在，遂訪求其家，得公之續譜遺墨及公與母謝夫人之畫像，又從好古博雅之士根據其本末源流。既畢，委故人程君倫過黼而言曰：「將爲祠堂，願有述焉。」黼謝不敢，其請益堅，有不得辭。凡公之立言立功，具載方册，不必贅叙，獨以其在長山之事言之。謹稽諸記録，公之父墉從吴越錢氏入朝，曆成德、成信、武甯軍掌書記以卒。元妃陳氏，繼室以謝氏。其卒於徐也，歸葬於吴中之天平山，陳氏祔焉。謝氏無以爲生，改適朱君文翰。公生於端拱二年，猶在襁褓，而鞠於母朱氏云。族有在應天府者，故公以及冠，辭母，絶江逾淮，學於應天，蓋景德之末、祥符之初也。閲五六歲，登進士第，則在祥符之八年。欲便親養，授廣德軍司理參軍，迎母以往。攝集慶軍節度推官，辟泰州西溪鹽税。再辟興化縣令，徙楚州糧料院，母終於楚。天聖五年，公復如應天府。晏元獻公知之，表掌府學。服除，乃歸宗易名。越明年，晏公再薦，召試爲秘閣校理，始克請於朝，追贈父母，遷奉母喪，葬於河南尹樊里萬安山下。參考歲月，公之從朱姓幾四十年，登科記用今氏名，後人改之耳。朱氏之譜，則文翰以景德初嘗任淄州長史，後以公贈典行太常博士。公之手帖與博士之孫延之在明道二年，乃改郡至丹陽時猶稱延之爲秀才，而待以子姪禮。又一帖在慶曆五年者，則稱之爲官人，蓋已受公奏補，而帖中頗及延之兄之子求異姓恩澤事。由此觀之，公留止往來長山歷時最久，其親愛顧念朱氏情義最篤，皆以母故也。公之宦游，遠者三四歲，近者一二歲，猶皆立祠，長山獨無祠，可乎！此丁令君所以拳拳不能已也。攷禮諏經，法施於民，以死勤事，以勞定國，能禦大災，能捍大患，皆所宜祀。公於數者，殆無愧焉。其神氣精爽，如五行麗天，芒寒色正，不可晦蝕，中國夷狄所共瞻仰，豈特其平生經歷之處宜奉祠事，而猶區區於是邑之長山者！蓋祀，國之大節，邦政之所成，可以興起人心，可以扶持教化，此不特爲公設也。祠堂擇地之爽塏，且與朱氏附近，爲屋十楹，有室以奉遺像，有堂以嚴祭享，有東西廂以居守祠者、憩待祠者。固以門扃，繚以周垣。夾道以松杉，而直達於通衢。規模邃潔，不侈不陋。費從官給，役不民勞。委學職王震董其成，朱氏近族守其祀，是亦可矣。令君又云：去長山數里，有滕子京待制墓。公與滕爲同年進士，生嘗薦諸朝，死嘗銘其竁，欲以配祀。黼嘗聞公之守嚴，脩子陵祠，而以唐隱士方干配。況滕既奇才，而公與之同時共事，情好款密，以配公祠爲宜。遂并書以贊其決，且諗來者勿廢云。紹定二年九月二十有二日，朝請大夫丁黼記。

《范文正公褒賢集》卷三《范公慶州祠堂碑陰記》 范公之名與其施設，天下之人無智愚稚耋皆所以想聞，而懼一不得知者垂四十年。既薨，則墓銘、神道表記公終始尤得其詳。今龍圖閣直學士汝南周公因慶民之思，又爲作祠堂，命屬僚書其實於廡下。然公之惠愛及民之多，有不爲士大夫所聞者，文亦不克究，日月之光，猶或晦焉。昔西事初，慶以賊羌臣屬日久，忽於儲備，一旦重兵宿野，亡所取濟。鳳翔府天興令持監司符檄來攝州事，以芻糧數百萬計暴加於民，促圖已功，沸若羹鼎，至有力不堪弊，羣竄他邦，甚者斷吭絶脰，死以期免。公是時方經略四路，請留延安。民聞之，亟相提挈，馳告麾下。公即日走符，檄放天興令者還任，凡百苛斂，一切罷去。未幾，公即受命專本路之師，竄者還，危者安，里巷相保，卒如平時之樂。及朝廷欲驅邊人而戰，先墨以著軍籍。獨公所部之衆改涅其手，非講習攻鬭，各聽處田野，故上不縻廪食而得其用，下不失爲良農，此略從三代之法，較之他路，歡慼斯可計矣。先是，賊餤狂熾日虞，竊增屯士馬殆十數倍，民坊佛廟皆得而止之。公恤其非便，乃圜視内外，得州之北隅，拓城樹宇，分列營校。工興之日，有畚锸發及枯骸者，詢之，即昔之廢壠焉。公命索其所餘，以俸金買近阜民田聚而葬之，喪具祭品必親視而後給。是歲久旱，已而復雨，僉謂公之陰德，故天報之。郡以處高，艱於井飲舊矣。公至，乃以地勢迹之，命匠氏直城之西北鑿及甘泉，凡百餘井，人無一金之費，日用以足。前此戍守，多闕輔之卒，往往三數歲不能得其歸。公謂人久勞則怨且惰，將何以因衆心而取完力也？自爾更相成役，止一歲爲限。推此五事，實公始未至與既至而所爲者。雖體有小大，蓋不獨善士所悦，若庸夫悍兵皆骨髓其賜，迄今無忘。公嘗出使江淮，守七州，歷四帥，爲開封内史，以至參預大政柄，率皆除大害，興大利，由一方訖四海，父荷子戴，固縷縷有條目，或薦紳先生暨太史氏未能盡其傳，諒亦然也。汝南公方將博采遺烈，以盡立祠之意。會郡進士劉頌件右來獻，且曰：「此而不書，大懼舌語所傳不足以信後世。」因爾次其説，請刻於碑之陰。時嘉祐五年五月十一日，文林郎、試秘書省校書郎、權儀州軍事判官、監環州折博務蹇周輔記，内殿承制、慶州兵馬都監、兼在城巡檢雷周輔書并題額。龍圖閣直學士、朝散大夫、尚書兵部郎中、環慶路馬步軍都部署、經略安撫使、兼知慶州軍州事及管内勸農使、護軍、永安縣開國伯、食邑八百户、賜紫金魚袋周沆。義渠荔菲彬刊。

牟巘《牟氏陵陽集》卷九《范文正公忠烈廟記》 文正范公忠烈廟，今在姑蘇

三讓里天平山。公自睦移守鄉郡，再省三世松楸，不但漢人過家上冢之榮而已。嘗建白雲菴奉香火，洎登政府，得追奉三世，置墳寺，始奏改菴爲白雲寺，祀徐國公、唐國公、周國公。蓋慶曆時也，猶未有忠烈廟之名。先是，元昊據靈武，納旌節，僭位號，威脅諸羌，肆爲邊患。朝議舉兵攻討，遂以邊事付公。首用种世衡，築青澗城扼衝要，大營屯田，聽民互市。鄜延乃異時西夏貢路，但嚴備不出，以示招納。有築大順城以捍環慶，築細腰、朝蘆十二寨以制明珠、滅臧二族，元昊勢漸析。乃命公及諸號知兵者，分領要害，爲持久計，以待其敝。已而昊卒內疑，如公言。而公在廟堂，以議論不同，均佚南陽，繼遂謝事矣。公內剛外和，恩威迭用，當時邊人相語：「此小范老子，胷中有數萬甲兵，不比大范。」指雍也。或又以「龍圖老子」、「人范老子」稱之，其爲人所畏愛如此。邠慶諸郡與屬羌皆立生祠，繪像以事。其終也，屬羌酋數百，舉哀僧舍哭之，如此三日乃去。宣和間，慶帥宇文虛中以郡人思公不忘，祠祀甚謹，奏賜額忠烈廟。它有舊額，皆易新榜。紹興失秦隴慶陽，廟貌邈在它方，始改奉于天平山。每歲上巳，三司率僚屬，郡博士率前序，偕來致祭。廟久頹毀，至元乙酉，主祭邦瑞、提管士貴共議重建，取義學餘米婦之義莊，爲上木費，司計邦翰、宗遜等佐之。其年四月既望，新廟成。丙戌二月既望，率族奉安。前設文正公神像，內設三國公神儀。廟凡十楹，黝堊丹漆，備極壯麗，供具皆完好。大德甲辰，行省聞于朝，禁治煩擾，崇奉尤嚴。於是士貴以書抵某，碑記厥成，謭焉末學，固辭弗獲。惟昔文正公在朝，聞延州危急，自請代張存，正欲委身不測之地，人以爲難。某竊謂未若公上《百官圖》，詆宰相爲張禹，雖觸盛怒，坐以越職，曾不少沮，爲尤難。蓋不顧其一身之利害禍福，故能內肅朝綱，外抗方面，謚曰「文正」，廟號「忠烈」，如是之偉也。夫士大夫則知尊祖矣，尊之者何？銘其德善也。是宜作爲銘詩，刻石列廡下。其辭曰：

南陽諸葛，蜀漢再造。志決身殲，民哭陌道。乃廟沔陽，成都饗子。號曰「忠武」，西人悲喜。相傳尚記，馘雙誅郃。於惟文正，異世同轍。雖老益壯，雖死不亡。精忠盛烈，夏日秋霜。昔討靈武，皇威遠加。聲勢震燀，摧其角牙。忠宣有廟，參錯西土。公像在堂，莫予敢侮。天平之山，白雲之泉。公歸自西，廟貌宛然。誰實新之，偉矣柱石。上公之服，揚休山立。內祀先公，爰備廟制。維垣啓宇，光榮三世。式濟美忠，宣弟之昆。粤至斯今，代有賢孫。迺厚義廩，迺廣義學。同忠合慮，新廟攸作。潔我牲牢，率我宗黨。竭虔妥靈，默通肹蠁。公在帝旁，玉虯既駕。神遊逶迤，馭風來下。佑我後人，俾熾而昌。廟祐是保，千載奉嘗。

樓鑰《攻媿集》卷五五《廣德軍范文正公祠記》 文正范公勳業在國史，其祠于廣德則已具見于內相浮溪汪公之記。茲以祠宇久圮不修，從弟鏞以嘉定二年爲郡博士，撤而新之，求記于鑰。語之曰：文正公盛德絶識，才兼文武，非贊揚所能盡。然大要在立志不苟而已耳。方在貧約，則朝暮甘虀粟之味。既已富貴，則子弟均布帳之清。在海陵爲一倉官，而築海隄數百里。在桐川爲一獄掾，而所立已卓然如此。一馬微矣，居則鬻以養士，去又鬻之，徒步而歸。其跋《乞米帖》云：「顔魯公唐朝第一等人，而饘粥不繼，非所謂君子固窮者歟？」又有家書云：「老夫平生屢經風波，惟能忍窮，故得免禍。」公之所存類如此，此其所以大過人者，故曰：「志士不忘在溝壑，勇士不忘喪其元。」公之自處直欲追古人而友之，故其見于行事亦非今人所能及也。學既奉公之祠，則爲士者無徒慕公之名位，當求其所以致此者。鑰既爲推公之所以致此者而爲之記，又因以勉吾弟與吾黨之士。鑰雖老，尚當相與思古人與稽之義云。

汪藻《浮溪集》卷一八《范文正公祠堂記》 孟子之言氣，曰至大至剛，以直養而無害，則塞乎天地之間。夫直之爲言，大公至正之道也。以大公至工之道，固守而力行之，不爲富貴貧賤威武之所搖奪，雖乘田委吏之卑，亦必盡百誠，充吾職。卒而至于立國家，定社稷，安邊境，服强鄰，其功烈與日月争光，而精神折衝萬里之外，謂之氣塞乎天地之間可也。後世見古人功名之盛，以爲類出于偶然，不知公正素定于胷中者，未嘗無所從來，而其銘鼎彝、書竹帛者非一日之積也。文正范公自未第時，已慨然有天下之志，不以死生禍福動其心。逮遭明天子，有爲于時，其立朝如史魚、汲黯，其憂國如賈誼、劉向，其守邊如馬伏波、羊叔子，雖庸人孺子，莫不知之。獨筮仕之初，有卓然大過人者，國史失其傳，故不得而不紀也。公以進士釋褐爲廣德軍司理參軍，日抱獄具，與太守争是非。守數以盛怒臨公，公未嘗少撓，歸必記其往復辨論之語于屏上，比去，至字無所容。貧止一馬，鬻馬徒步而歸。非明于所養者能如是乎！獄官有亭，以公名之者舊矣。公卒二十年，而高郵孫覺莘老爲廣德軍，始以詩志公之事，而刻之亭中。又六十九年，丹陽洪興祖慶善來守，讀莘老之詩而慕之。初廣德人未知學，公得名士三人爲之師，于是郡人之擢進士第者相繼。于時慶善乃求公遺像，繪而置之學宫，使學者世祀之，而屬余記其事。嗚呼！公之盛德豈待文而後傳，而藻亦豈

記公者哉！昔段秀實盡忠于唐，世徒以爲一時奮取功名之人，而不知居官必有可書之事，柳宗元爲摭其實，上之史官。今所以知段太尉逸事者，宗元發之也。秀實固不足以擬公，而余幸從慶善得公之詳，與夫徵夏無且，畫工爲無所愧，安知後世不採此以補史官之闕乎？然慶善爲政而首及公，可謂知所本矣。柔亦不茹，剛亦不吐，文正公有焉；好賢如緇衣，慶善有焉，其不可以不書！紹興九年六月記。

王十朋《梅溪集》前集卷一一《范文正公》 堂堂范公，人中之龍。正色立朝，姦邪不容。材兼文武，躬履仁義。出將入相，十纔一試。真王佐才，用之未至。

王十朋《梅溪集》後集卷四《范文正公祠堂詩并序》 寶元間，文正范公自潤徙越，治先風化，一日獲廢井于州治之西，澄而新之，易舊堂，築新亭，俱名曰「清白」，規官師也。閲歲浸久，舊刻弗存。紹興戊寅秋，吏部尚書王公來師是邦，暇日會僚屬于兹堂，酌泉煮茗，修范公故事，慨然歎曰：自漢迄今，守兹土者亡慮數百人，莫賢於范，堂與泉盡其甘棠也，記其可以不刊。又謂公自筮仕掾桐川，興郡帥邊，所至立祠，獨越無有，於典爲缺。於是求公遺像，得之於其家，比它本爲真，乃命工繪之，即其堂而祠焉。明年閏六月庚申，躬帥幕僚祀之，某作詩以紀盛事。

堂堂范公真天人，配我仁祖爲元臣，材兼文武懷經綸。先憂後樂不爲身，上與夔卨相等倫。正色朝端批逆鱗，三黜愈光名愈聞。一麾東游禹所巡，作詩懷蠡祠季真。卧龍山麓井久湮，綆而汲之清且新。堂于其旁記厥因，名標清白垂不泯。規爾官師意諄諄，洗貪濯盗思還淳。人亡迹在嗟已陳，斷碑往往埋荆榛。後人不識真天人，但能日飲堂中春。越以清白堂名酒。使君好事賢且仁，治民律已惟公遵。登堂感槩懷斯文，刻石繪像揚清芬。丹青炳燿如麟麟，凛然如生見如親。躬修祀事率幕賓，手酌寒泉羞澗蘋。一酌清我僚吏民，再酌爲國清簪紳。要將清白風無垠，庶俾范公遺志伸。公乎爲仙爲明神，爲澤爲瑞爲星辰。當寧焦勞思若人，九原唤起清邊塵。

王柏《魯齋集》卷六《范文正仲淹》 雪壓孤根，斷虀力學。危言正色，蹇蹇諤諤。靈府兵精，氊裘膽落。先天下憂，後天下樂。

朱翌《灊山集》補遺《范文正公畫像贊并序》 文正范公名在天壤，功在社稷，國史書之，鐘鼎勒之，四夷百蠻傳之如神明，天下後世仰之如日月。山澤之儒嗟歎不足，仰瞻遺像，再拜而爲之贊曰：

乾綱回薄，妙變四時。有大坤輿，載厚不移。其中哲人，千載一至。其至維何，天地則理。巍巍文正，國之著龜，民之父師，以天下之重自任，故舉萬鈞而若無，以四海赤子爲心，故甘百謫而不悔。垂紳正笏，聳泰華衡嵩之表；活涸濡枯，傾江河淮濟之利。日月有時而食，而公之名不朽；鐘鼎有時而盡，而公之功不磨。唐郭令公之武，漢周絳侯之氣，吾儕小人手舌俱廢，拜願有泚求之夢寐。

元好問《遺山先生文集》卷三八《范文正公真贊》 文正范公，在布衣爲名士，在州縣爲能吏，在邊境爲名將。在朝廷，則又孔子之所謂大臣者，求之千百年之間蓋不一二見，非但爲一代宗臣而已。丁酉四月，獲拜公像於其七世孫道士圓曦，乃爲之贊云：

以將則視管、樂爲不忝，以相則方韓、富爲有餘。其忠可以支傾朝而寄末命，其量可以際圓蓋而蟠方輿。朱衣玄冠，珮玉舒徐，見于丹青。英風凛如古之所謂垂紳正笏，不動聲氣，而措天下於泰山之安者，其表固如是歟。

富弼部

綜述

《宋史》卷三一三《富弼傳》 富弼字彥國，河南人。初，母韓有娠，夢旌旗鶴鴈降其庭，云有天赦，已而生弼。少篤學，有大度，范仲淹見而奇之，曰：「王佐才也。」以其文示王曾、晏殊，殊妻以女。

仁宗復制科，仲淹謂弼：「子當以是進。」舉茂材異等，授將作監丞、簽書河陽判官。仲淹坐爭廢后事貶，弼上言：「是一舉而二失也，縱未能復后，宜還仲淹。」不聽。通判絳州，遷直集賢院。趙元昊反，弼疏陳八事，乞斬其使者。召爲開封府推官、知諫院。康定元年，日食正旦，弼請罷宴徹樂，就館賜北使酒食。執政不可，弼曰：「萬一契丹行之，爲朝廷羞。」後聞契丹果罷宴，帝深悔之。時禁臣僚越職言事，弼因論日食，極言應天變莫若通下情，遂除其禁。

元昊寇鄜延，破金明，鈐轄盧守懃不救，內侍黃德和引兵走，大將劉平戰死，德和誣其降賊。弼請按竟其獄，德和坐要斬。夏守贇爲陝西都部署，又以入內都知王守忠爲鈐轄。弼言：「用守贇既爲天下笑，今益以守忠，殆與唐監軍無異。守懃、德和覆車之轍，可復蹈乎！」詔罷守忠。又請令宰相兼領樞密院。時西夏首領二人來降，但補借奉職。弼言當厚賞以勸來者。事下中書，宰相初不知也。弼歎曰：「此豈小事，而宰相不知邪！」更極論之，於是從弼言。除鹽鐵判官、史館修撰，奉使契丹。慶曆二年，爲知制誥，糾察在京刑獄。堂吏有僞爲僧牒者，開封不敢治。弼白執政，請以吏付獄，吕夷簡不悅。

會契丹屯兵境上，遣其臣蕭英、劉六符來求關南地。朝廷擇報聘者，皆以其情叵測，莫敢行，夷簡因是薦弼。歐陽脩引顏真卿使李希烈事，請留之，不報。弼即入對，叩頭曰：「主憂臣辱，臣不敢愛其死。」帝爲動色，先以爲接伴。英等入境，中使迎勞之，英託疾不拜。弼曰：「昔使北，病臥車中，聞命輒起。今中使至而君不拜，何也？」英矍然起拜。弼開懷與語，英感悅，亦不復隱其情，遂密以其主所欲得者告曰：「可從，從之；不然，以一事塞之足矣。」弼具以聞。帝唯許增歲幣，仍以宗室女嫁其子。

進弼樞密直學士，辭曰：「國家有急，義不憚勞，奈何逆以官爵賂之。」遂爲使報聘。既至，六符來館客。弼見契丹主問故，契丹主曰：「南朝違約，塞鴈門，增塘水，治城隍，籍民兵，將以何爲？羣臣請舉兵而南，吾以謂不若遣使求地，求而不獲，舉兵未晚也。」弼曰：「北朝忘章聖皇帝之大德乎？澶淵之役，苟從諸將言，北兵無得脱者。且北朝與中國通好，則人主專其利，而臣下無獲；若用兵，則利歸臣下，而人主任其禍。故勸用兵者，皆爲身謀耳。」契丹主驚曰：「何謂也？」弼曰：「晉高祖欺天叛君，末帝昏亂，土宇狹小，上下離叛，故契丹全師獨克，然壯士健馬物故太半。今中國提封萬里，精兵百萬，法令修明，上下一心，北朝欲用兵，能保其必勝乎？就使其勝，所亡士馬，羣臣當之歟，抑人主當之歟？若通好不絶，歲幣盡歸人主，羣臣何利焉？」契丹主大悟，首肯者久之。弼又曰：「塞鴈門者，以備元昊也。塘水始於何承矩，事在通好前。城隍皆修舊，民兵亦補闕，非違約也。」契丹主曰：「微卿言，吾不知其詳。然所欲得者，祖宗故地耳。」弼曰：「晉以盧龍賂契丹，周世宗復取關南，皆異代事。若各求地，豈北朝之利哉？」

既退，六符曰：「吾主恥受金帛，堅欲十縣，何如？」弼曰：「本朝皇帝言，朕爲祖宗守國，豈敢妄以土地與人。北朝所欲，不過租賦爾。朕不忍多殺兩朝赤子，故屈己增幣以代之。若必欲得地，是志在敗盟，假此爲詞耳。澶淵之盟，天地鬼神實臨之。今北朝首發兵端，過不在我。天地鬼神，其可欺乎！」明日，契丹主召弼同獵，引弼馬自近，又言得地則歡好可久。弼反覆陳必不可狀，且言：「北朝既以得地爲榮，南朝必以失地爲辱。兄弟之國，豈可使一榮一辱哉？」獵罷，六符曰：「吾主聞公榮辱之言，意甚感悟。今惟有結昏可議耳。」弼曰：「婚姻易生嫌隙。本朝長公主出降，齎送不過十萬緡，豈若歲幣無窮之利哉？」契丹主諭弼使歸，曰：「俟卿再至，當擇一受之，卿其遂以誓書來。」

弼歸復命，復持二議及受口傳之詞于政府以往。行次樂壽，謂副使張茂實曰：「吾爲使者而不見國書，脱書詞與口傳異，吾事敗矣。」啓視果不同，即馳還都，以晡時入見，易書而行。及至，契丹不復求婚，專欲增幣，曰：「南朝遺我之辭當曰『獻』，否則曰『納』。」弼争之，契丹主曰：「南朝既懼我矣，於二字何有？若我擁兵而南，得無悔乎！」弼曰：「本朝兼愛南北，故不憚更成，何名爲懼？或不得已至於用兵，則當以曲直爲勝負，非使臣之所知也。」契丹主曰：「卿勿固

執，古亦有之。」弼曰：「自古唯唐高祖借兵於突厥，當時贈遺，或稱獻納。其後頡利爲太宗所擒，豈復有此禮哉！」弼聲色俱厲，契丹知不可奪，乃曰：「吾當自遣人議之。」復使劉六符來。弼歸奏曰：「臣以死拒之，彼氣折矣，可勿許也。」朝廷竟以「納」字與之。始受命，聞一女卒；再命，聞一子生，皆不顧。又除樞密直學士，遷翰林學士，皆懇辭，曰：「增歲幣非臣本志，特以方討元昊，未暇與角，故不敢以死爭，其敢受乎！」

三年，拜樞密副使，辭之愈力，改授資政殿學士兼侍讀學士。七月，復拜樞密副使。弼言：「契丹既結好，議者便謂無事，萬一敗盟，臣死且有罪。願陛下思其輕侮之恥，坐薪嘗膽，不忘修政。」以誥納上前而罷。踰月，復申前命，使宰相諭之曰：「此朝廷特用，非以使遼故也。」弼乃受。帝銳以太平責成宰輔，數下詔督弼與范仲淹等，又開天章閣，給筆札，使書其所欲爲者；且命仲淹主西事，弼主北事。弼上當世之務十餘條及安邊十三策，大略以進賢退不肖、止僥倖、去宿弊爲本，欲漸易監司之不才者，使澄汰所部吏，於是小人始不悦矣。

元昊遣使以書來，稱男不稱臣。弼言：「契丹臣元昊而我不臣，則契丹爲無敵於天下，不可許。」乃却其使，卒臣之。四年，契丹受禮雲中，且發兵會元昊伐呆兒族，於河東爲近，帝疑二邊同謀。弼曰：「兵出無名，契丹不爲也。元昊本與契丹約相左右，今契丹獨獲重幣，元昊有怨言，故城威塞以備之。呆兒屢寇威塞，契丹疑元昊使之，故爲是役，安能合而寇我哉？」或請調發爲備，弼曰：「如此正墮其計，臣請任之。」帝乃止，契丹卒不動。夏竦不得志，中弼以飛語。弼懼，求宣撫河北，還，以資政殿學士出知鄆州。歲餘，讒不驗，加給事中，移青州，兼京東路安撫使。

河朔大水，民流就食。弼勸所部民出粟，益以官廩，得公私廬舍十餘萬區，散處其人，以便薪水。官吏自前資、待缺、寄居者，皆賦以禄，使即民所聚，選老弱病瘠者廩之，仍書其勞，約他日爲奏請受賞。率五日，輒遣人持酒肉飯糗慰藉，出於至誠，人人爲盡力。山林陂澤之利可資以生者，聽流民擅取。死者爲大冢葬之，目曰「叢冢」。明年，麥大熟，民各以遠近受糧歸，凡活五十餘萬人，募爲兵者萬計。帝聞之，遣使褒勞，拜禮部侍郎。弼曰：「此守臣職也。」辭不受。前此，救災者皆聚民城郭中，爲粥食之，蒸爲疾疫，及相蹈藉，或待哺數日不得粥而仆，名爲救之，而實殺之。自弼立法簡便周盡，天下傳以爲式。

王則叛，齊州禁兵欲應之，或詣弼告。齊非弼所部，恐事泄變生，適中貴人張從訓銜命至青，弼度其可用，密付以事，使馳至齊，發吏卒取之，無得脱者。即自劾顓擅之罪，帝益嘉之，復以爲禮部侍郎，又辭不受。遷大學士，徙知鄭、蔡、河陽，加觀文殿學士，改宣徽南院使、判并州。至和二年，召拜同中書門下平章事、集賢殿大學士，與文彦博並命。宣制之日，士大夫相慶於朝。帝微覘知之，以語學士歐陽脩曰：「古之命相，或得諸夢卜，豈若今日人情如此哉？」脩頓首賀。帝弗豫，大臣不得見，中外憂慄。弼、彦博入問疾，因託禳禬事止宿連夕，每事皆關白乃行，宫内肅然，語在《彦博傳》。嘉祐三年，進昭文館大學士、監修國史。

弼爲相，守典故，行故事，而傅以公議，無容心於其間。當是時，百官任職，天下無事。六年三月，以母憂去位，詔爲罷春宴。故事，執政遭喪皆起復。帝虚位五起之，弼謂此金革變禮，不可施於平世，卒不從命。英宗立，召爲樞密使。居二年，以足疾求解，拜鎮海軍節度使、同中書門下平章事、判揚州，封祁國公，進封鄭。

熙寧元年，徙判汝州。詔入覲，許肩輿至殿門。神宗御内東門小殿，令其子掖以進，且命毋拜，坐語，從容訪以治道。弼知帝果於有爲，對曰：「人主好惡，不可令人窺測；可測，則姦人得以傅會。當如天之監人，善惡皆所自取，然後誅賞隨之，則功罪無不得其實矣。」又問邊事，對曰：「陛下臨御未久，當布德行惠，願二十年口不言兵。」帝默然。至日昃乃退。欲以集禧觀使留之，力辭赴郡。明年二月，召拜司空兼侍中，賜甲第，悉辭之，以左僕射、門下侍郎同平章事。

時有爲帝言災異皆天數，非關人事得失所致者。弼聞而歎曰：「人君所畏惟天，若不畏天，何事不可爲者！此必姦人欲進邪説，以摇上心，使輔拂諫争之臣，無所施其力。是治亂之機，不可以不速救。」即上書數千言，力論之。又言：「君子小人之進退，繫王道之消長，願深加辨察，勿以同異爲喜怒、喜怒爲用捨。陛下好使人伺察外事，故姦險得志。又多出親批，若事事皆中，亦非爲君之道；脱十中七八，積日累月，所失亦多。今中外之務漸有更張，大抵小人惟喜生事，願深燭其然，無使有悔。」是時久旱，羣臣請上尊號及用樂，帝不許，而以同天節契丹使當上壽，故未斷其請。弼言此盛德事，正當以此示之，乞并罷上壽。帝從之，即日雨。弼又上疏，願益畏天戒，遠姦佞，近忠良。帝手詔褒答之。

王安石用事，雅不與弼合。弼度不能争，多稱疾求退，章數十上。神宗將許之，問曰：「卿即去，誰可代卿者？」弼薦文彦博，神宗默然，良久曰：「王安石何

如？」弼亦默然。拜武寧節度使、同中書門下平章事、判河南，改亳州。青苗法出，弼以謂如是則財聚於上，人散於下，持不行。提舉官趙濟劾弼格詔旨，侍御史鄧綰又乞付有司鞫治，乃以僕射判汝州。安石曰：「弼雖責，猶不失富貴。昔鯀以方命殛，共工以象恭流，弼兼此二罪，止奪使相，何由沮姦？」帝不答。弼言：「新法，臣所不曉，不可以治郡。願歸洛養疾。」許之。遂請老，加拜司空，進封韓國公致仕。弼雖家居，朝廷有大利害，知無不言。郭逵討安南，乞詔逵擇利進退，以全王師；契丹爭河東地界，言其不可許；星文有變，乞開廣言路；又請速改新法，以解倒縣之急。帝雖不盡用，而眷禮不衰，嘗因安石有所建明，卻之曰：「富弼手疏稱『老臣無所告訴，但仰屋竊歎』者，即當至矣。」其敬之如此。

元豐三年，王堯臣之子同老上言：「故父參知政事時，當仁宗服藥，嘗與弼及文彥博議立儲嗣，會翌日有瘳，其事遂寢。」帝以問彥博，對與同老合，帝始知至和時事。嘉弼不自言，以爲司徒。六年八月，薨，年八十。手封遺奏，使其子紹庭上之。其大略云：

陛下即位之初，邪臣納説圖任之際，聽受失宜，上誤聰明，浸成禍患。今上自輔臣，下及多士，畏禍圖利，習成敝風，忠詞讜論，無復上達。臣老病將死，尚何顧求？特以不忍上負聖明，輒傾肝膽，冀哀憐愚忠，曲垂采納。

去年永樂之役，兵民死亡者數十萬。今久戍未解，百姓困窮，豈諱過恥敗不思救禍之時乎？天地至仁，寧與羌夷校曲直勝負？願歸其侵地，休兵息民，使關、陝之間，稍遂生理。兼陝西再團保甲，又葺教場，州縣奉行，勢侔星火，人情惶駭，難以復用，不若寢罷以綏懷之。臣之所陳，急於濟事。若夫要道，則在聖人所存，與所用之人君子、小人之辨耳。陛下審觀天下之勢，豈以爲無足慮邪？

帝覽奏震悼，輟朝三日，内出祭文致奠，贈太尉，謚曰文忠。

弼性至孝，恭儉好修，與人言必盡敬，雖微官及布衣謁見，皆與之亢禮，氣色穆然，不見喜愠。其好善嫉惡，出於天資。常言：「君子與小人並處，其勢必不勝。君子不勝，則奉身而退，樂道無悶。小人不勝，則交結構扇，千岐萬轍，必勝而後已。迨其得志，遂肆毒於善良，求天下不亂，不可得也。」其終身皆出於此云。元祐初，配享神宗廟庭。哲宗篆其碑首曰：「顯忠尚德」，命學士蘇軾撰文刻之。紹聖中，章惇執政，謂弼得罪先帝，罷配享。至靖康初，詔復舊典焉。

范純仁《范忠宣公集》卷一七《故開府儀同三司守司徒檢校太師武寧軍節度徐州管內觀察處置等使徐州大都督府長史致仕上柱國韓國公食邑一萬二千七百户食實封四千九百户富公行狀》 曾祖處謙，故内黄令，贈太師、中書令兼尚書令、鄧國公。曾祖母劉氏，贈魯國太夫人。祖令荀，故商州馬步使，贈太師、中書令兼尚書令、韓國公。祖母趙氏，贈韓國太夫人。父言，故都官員外郎，贈太師、中書令兼尚書令、秦國公。母韓氏，封秦國太夫人。公諱弼，字彥國，其先出於周大夫富辰之後。至高祖諱璘，因五代之亂，自齊徙居於汴，仕唐至京兆少尹。至鄧公，始還於洛，今爲河南人。初，秦國太夫人夢有天赦，旌旛鶴鴈，降盈其家，覺而生公。才數歲，方戲於庭，忽大雷震，同戲兒皆奔走，公獨神息自若，人以此異之。少篤學自刻，寓於僧舍，不就寢榻。冬夜以冰雪沃面，鄰居僧有持苦行者，猶服公之勤。後應舉京師，我先君文正公方居文館，見公而奇之，與語終日，曰：「真王佐才也！」自此深愛重之，親懷其文以見丞相王沂公、御史中丞晏元獻公洎諸近侍，曰：「此人天下之奇才也，願舉於朝而用之。」晏公世號知人，遂以女妻之。時仁宗再復制科，先文正公謂公曰：「子之才非常流，宜應是詔。」天聖八年，公遂以茂材異等中第，授將作監丞、知河南府長水縣。逾月，用丞相李文定公辟，簽書河陽節度判官廳公事。丁秦國公憂，服除，會先文正公言郭后不當廢，左遷知睦州，公上疏曰：「廢后非治世所宜，又以諫諍斥逐忠良，是一舉而獲二過於天下也。矧忠良漸逐，則異日國家緩急，何由得忠臣之心、聞骨骾之論哉？」除通判絳州。時天下久安，四方弛武備。因東南歲凶，民多失職，或散爲盜賊，公因上章言四事：一曰閱將，謂宜立武學，設科目，教養選求將帥之才，及不當禁孫、吴之書。二曰聚兵，謂詔凶荒之郡，置營募兵，收其壯健，不止免爲盜賊，兼可訓練以爲四方之備。三曰救農，謂以流民棄地召飢者，貸以種食，而耕爲屯田，上可以資倉儲，下可以賑窮乏。四曰弭寇，謂宜增邑尉、弓手之數，明其賞罰，以捕小盜；省巡檢之冗員，明其兵力，以防大寇。景德四年，召試館職，公以不爲詞賦求免，仁宗特令試以策論。遷太子中允、直集賢院。自此登制科人，試館職止用策論，由公始也。從丞相王沂公辟，通判鄆州。寶元元年，趙元昊反河西，僭大號，遣使致書，且求割地、邀金帛。時事起倉卒，朝廷施設用人，或失折衝制勝之術。公上疏陳八事：一曰宜先斬其使，則可以示國威、折姦謀。二曰聞閱兵四方，馳使煩數，非所以示威重、安民心。三曰兵興財用至廣，宜佐以内府金帛，不宜專責外計，必將侵刻人民，傷蠹國本。四曰宜重賞戰功，以勸死士。五曰不宜以節旄王爵購募首惡，殆非示武明罰之道，徒可取輕夷狄。

六曰勿用夏守贇充樞密使，以輕兵本、妨賢路。七曰備邊乏人，宜選擇群臣，不限品格，各舉其類，以收才能。八曰每遣邊臣，請先賜對，觀其敷奏，以察人才，撫以德音，俾竭死力。書奏，中外服其切中時務。二年，召還爲開封府推官，賜五品服，改知諫院。時朝廷悉天下兵以防西北，而東南九道至乏守備，公上言：「宜於逐道，擇其要郡，各募兵數千人，立帥訓練，以備他虞。」又茶鹽之禁方密，利厚而法重，致貧民抵刑者衆。公上言：「願省羸兵，節冗費，以佐國用，而弛其禁，以追王風。」康定元年歲旦日食，公上言：「請罷其日錫宴，以答天譴。雖戎使在館，亦宜徹樂，就賜飲食。」朝廷不從，公曰：「萬一北虜行之，則貽朝廷羞矣。」後使虜者還，云虜中果於此日罷宴，中外服公遠識。先是，仁宗推委執政，而執政者惡上聞其過失，因嘗貶諫者，遂牓朝堂，禁臣僚越職言事。公因日食，上疏曰：「懼災修省之道，無若開通言路，納諫無諱，使人人皆得盡言，陳上得失，擇善而行，則萬務皆修，不獨可答天譴，亦將遂致太平。矧庶政之多，豈一二臺諫之臣，所能畢舉？必資衆賢多士之助。願降詔求言，盡除越職之禁，俾狂夫瞽叟皆得獻議，則可以下盡人情，上答天戒。」尋下詔，許臣僚皆得言事。公又言：「西陲用兵，臣僚奏封事甚多，乞選侍臣置局，詳擇可采，悉施行之。」會劉平戰殁，中貴人黄德和逃歸，誣平以降賊，朝廷以兵卒禁守平家。公上言曰：「臣聞平受命之日，即時首路，志在忘家徇國，寧肯降賊？必德和自以敗歸，苟求脱免，而造此語。兼聞遣内臣體量，深恐同類附會，誤朝廷賞罰，請遣文武信臣以往。」後劉平果非降賊，德和坐要斬。入内都知王守忠除陝西兵馬都鈐轄，公上言曰：「有唐之衰，始疑將帥，遂以内臣監軍，取敗非一。今命守忠爲都鈐轄，乃監軍之任也。臣恐兵權遂移，邊將無功，請罷遣。」朝廷從之。又言：「今邊事繫國安危，不當專委樞密，而相臣不預。乞如國初，令宰相兼樞密使。」朝廷從之。西夏大首領吹同乞砂、吹同山乞各稱僞將相，來降朝廷，補乞砂以奉職，山乞以借職，置於荆湖間。公上言曰：「二人向化而來，宜厚加賞勞，探訪賊情。今乃置之遠郡，俾被羈縻之苦。矧其親屬，必已夷滅，使有悔順之痛，將何以招懷來者？請召還優待，以佐滅賊之計。」又言：「朝廷取士路狹，天下必多遺佚。按兩漢有賢良、孝廉、孝弟、明經、秀才、進士之科，在唐亦有制舉五十餘科，本朝唯進士、學經二科，及近復制舉，大概所取文士而已。其他人材，悉皆棄遺。願以臨難不顧、武勇絶倫，智足安邊、才可將帥，謀慮宏遠、可使絶域之類，多設科目，委逐路監司察訪選舉，以盡遺佚之才。」朝廷從之。明年，充三司鹽鐵判官，遷太常丞、史館修撰，差使契丹。二年五月，改右正言、知制誥，糾察在京刑獄，賜三品服。時有用僞祠部牒爲僧者，事覺，牒乃堂吏爲之，開封按餘人而不及堂吏。公遂白執政，請收堂吏付獄，執政指其坐曰：「他日公當居此，無事沽激。」蓋羞己不能戢吏，而以此誘公覬止其事。公正色曰：「今以公事來白，何得以私意相誘？必得吏正其罪乃止。」由是執政者慚而憾之，差同判太常寺兼禮儀事。西鄙連年用兵，師老財匱，北虜乘我之弊。慶曆二年正月，聚其衆於境上，遣其臣蕭英、劉六符非時來聘，朝廷爲之旰食。預選報聘者，難其人，遂命中書徧擇侍臣，率畏避免辭。執政有忌公者，以事方危難，若俾公往，則覬其小失，因可害公，於是力薦公宜使契丹。仁宗召公，面諭之，公曰：「主憂臣辱，今北虜驕慢如此，臣焉敢愛死？」遂先命公爲接伴，以觀其意。英等入境，仁宗遣中使慰勞，英偃蹇託足疾不拜，公謂曰：「僕嘗使北，病卧車中，尚聞命起拜。今公豈得聞天子之命而不拜耶？」英畏其言，遂使人掖而拜之。前後接伴者，未嘗敢與虜使語及他事。時朝廷猶未測虜使所以來，及國書中意。公欲知其情，遂開懷與之談論，時動以息兵繼好之意。至大名，宴勞，尹勸六符酒，公亦贊之，六符曰：「在途久荷庇護，今日功虧一簣矣。」公曰：「九仞之功已大，豈當以一簣遽棄耶？」六符笑而飲之，退謂公曰：「朝來九仞之言甚好，願善承之。」公曰：「敢不奉教。」自是英等始肯漸貢其誠實。他日，六符謂公曰：「國書中事，可從者從之，其不可從者，宜別思一策，以善言答之。況士者愛養生民，舊好不可失也。」又一日，英等與公從容語，請却左右。公即爲屏之。英等曰：「此來蓋因兩國相疑，初聞南朝疑北朝借兵助元昊，而北朝疑南朝將違約襲幽燕。」公曰：「北朝與南朝歡好既久，縱有間言，南朝不疑也。凡疑不可有，有則兩情不通，而姦人得逞其離間之計。若兩朝洞達此理，自然無事。」英等笑而稱善，曰：「如此議論通透，夫復何疑？」又曰：「此來國書大意，止欲復晉祖所與故地關南十縣耳。吾主深戒使臣，毋得先泄書意，今不免爲公言之者，欲公先聞於天子，議其可不，思其所以答之耳，吾儕當爲兩朝共惜生民也。」又言：「將來兩朝遣使，必慎擇其人，使通兩主之意，以解其疑。」其意蓋喜公之明決忠信，不以戎狄外之，欲復得如公者以終其事也。六符密謂公之介曰：「六符燕人，與南朝之臣本是一家，今所事者乃是非類，則於公敢不盡情？彼方盛强，且與西夏世婚相黨，南朝慎勿與之失歡也。」因再三詛誓。此皆非虜使所當言，亦由公至誠感動使然。至都，公先以其言奏之，朝廷始盡得虜情，豫以待之。公又請遣大臣就館與議，若措置得宜，可使此

虜息心；萬一乖失，不能揣見虜情，兩疑不解，則爲患不細。仁宗遣御史中丞賈文元公館伴，不許割地，而許以結婚，將以太宗親孫允寧之女嫁其子梁王，或止增歲幣。公聞之，語所親曰：「北虜無名肆慢朝廷，遽有許與，若增歲幣猶可，如結婚其可哉？」四月，拜公樞密直學士，公上章懇辭不受，尋假資政殿學士、尚書户部侍郎，使契丹，英等聞之甚喜。公至虜境，接伴者問公以書意，公即詰其求地之故，彼曰：「吾故地也。」公曰：「且燕、薊尚皆中國舊封，豈得關南却爲北朝故地也？又聞北朝來書，以晉陽爲舊附之封，且晉陽自古未嘗北屬，此語尤不中理。況彼此大國，豈當妄相加陵？設有他國如此加陵，北朝豈能堪耶？皇帝初聞，即欲厚有報復，徐思先朝歡好，又以久爲兄弟，故且隱忍。聞今來書中，但略辨北朝所疑而已。」至虜帳，見其館伴劉六符，曰：「公來，得非以向來賈中丞言結婚與歲遺事耶？」公曰：「然。」六符曰：「北朝皇帝不允此議，堅要割地。南朝亦嘗議及之乎？」公曰：「北朝若論割地，此必是志在敗盟，假此爲名耳。南朝亦必不從，當橫戈相待而已。」六符曰：「若兩朝堅執，則事安得濟？」公曰：「北朝無故求地，南朝不即興兵相拒，而遣使好辭更議。嫁公主、益歲幣，北朝猶不相從，乃是北朝堅執，非南朝執也。」及見虜主，公曰：「兩朝人主，父子繼好，垂四十年。一旦忽求割地，不知何故？兩主無由相見，故遣愚臣問其所以。」虜主曰：「以南朝違約塞雁門，又河北展塘水、治城隍、點民兵，意將何爲？諸臣競請興兵，寡人謂不若遣使求關南故地，求而不得，興兵未晚。」公對曰：「雁門近元昊，慮其潛有侵軼，故塞之，且塘水始於何承矩，事在通好前十餘年，以地卑水聚，故滋廣耳。城隍皆完葺其舊，且非創有增立。民兵亦皆舊有，久不補，將廢，故按籍補之。非違約也。」虜主曰：「非卿言，寡人不知其詳。」又曰：「寡人欲得者，祖宗故地耳。」公曰：「晉高祖以盧龍一道賂契丹，周世宗復取關南，皆異代事。宋興已九十年，豈得復理前代所取之地乎？必欲各理異代舊疆，則豈北朝之利也？」虜主無言，徐曰：「元昊稱藩尚主，南朝加之以兵，獨不先告我知乎？」公曰：「北朝向伐高麗黑水，豈嘗報南朝耶？兼天子遣臣致意於陛下曰：『嚮也不知元昊與弟有姻，今元昊負恩作亂，故討之。而弟有煩言，今擊之，則傷兄弟之情，不擊則不忍坐視吏民之死，不知弟將何以處之？』」虜主顧其臣，胡語良久，曰：「元昊爲寇，豈有使南朝不擊之理？」他日，六符謂公曰：「昔南朝太宗皇帝既平河東，遂襲幽、燕。今雖云西邊用兵，無乃復欲謀燕、薊乎？」公曰：「其時北朝先遣拽刺梅里來聘，既而復出兵石嶺關，以助河東。太宗怒其反覆，遂伐燕、薊。蓋北朝有以召之，過不先在南朝，與今時異矣。」六符又曰：「吾主恥受金帛，堅欲十縣，何如？」公曰：「南朝皇帝曾言：『朕爲人子孫，豈敢妄以祖宗之地與人？昔澶淵方以白刃相向，章聖尚不與昭聖關南故地，但約歲致金帛，豈今日而可求割地耶？北朝今要十縣，不過利其租賦耳。今以金帛代之，亦足使坐資國用。朕念兩國生民，不欲使之肝腦塗地，故不愛金帛，屈己以徇北朝之意。譬如人家，兄順其弟，弟必亦當順兄，則敦睦矣。若兄既順弟，弟不順其兄，則必致爭訟，他人亦共見其曲直矣。若北朝必欲得地，是志在背盟棄好也，朕獨避用兵乎？況澶淵之盟，天地神祇實鑒臨之，今北朝先發兵端，朕不愧心，亦不愧天地矣。天道助順，人道助信，朕何憂不勝乎？』」六符顧其介曰：「南朝皇帝存心如此，大善，即當共奏之，使兩主意通。」翌日，虜主召公同獵，引公并馬，問公所欲言，公曰：「南朝唯欲歡好之久耳。」虜主曰：「我得地，則歡好可久。」公曰：「南朝皇帝遣臣聞於陛下：『北朝欲得祖宗故地，南朝豈肯失祖宗故地耶？且北朝既以得地爲榮，則南朝以失地爲辱矣。既爲兄弟之國，不可一榮一辱。朕豈忘燕、薊舊封，焉有可復之理耶？此事政應彼此自喻耳。』」退而六符謂公曰：「皇帝聞公榮辱之言，甚開悟。然金帛必不欲取，唯結婚可議耳。」公曰：「結婚易生釁隙，況夫婦情好難必，而復人命修短，存歿或異，則所託不堅，不若增金帛之便也。」六符曰：「南朝皇帝必有女？」公曰：「帝女才四歲，成婚須在十餘年。雖允寧女，成婚亦在四五年後。今欲解目前之疑，豈可待乎？不若金帛之速也。」公又知虜欲結婚，志在多得金帛，因曰：「南朝嫁長公主常制，齎送不過十萬緡耳。」由是虜緩結婚之意。虜主曰：「事皆多卿等口傳而書中不言，何也？」公曰：「書之末有令臣口陳之語，斯可憑矣。」虜朝示公以辭曰，公曰：「議未決，安敢徒還？願留畢其議。」虜主曰：「候卿再來，當擇一事受之。宜以誓書俱來，足明修好決矣。」公乃還，奏其事，仁宗大悅，除公以吏部郎中、樞密直學士，懇辭不受。七月，復假前官，持二事以往，受書并口傳之辭於政府。公既行，至樂壽縣，忽思未嘗見國書，其中或有與口傳者小異，則何以示信折敵耶？乃竊發書視之，果有不同，遂日夜馳驛，歸至都，時欲晡矣。徑叩閤門，閤門吏白公以常制：前夕進名，翌日方對。公曰：「我以機事來，主上所急要聞也，遲之罪在爾曹！」吏遂急奏，公得對，既而宿於漏舍，一夕，乃易書而往。非公精慮善斷，幾敗國事。及至其國，虜主曰：「寡人熟思卿前言，結婚則夫婦難必諧和，徒使南朝嫁女異國，懷骨肉之思，誠不如金帛爲便。然受之無名，須於書中

加一『獻』字乃可。」公曰：「『獻』字乃下奉上、臣奉上之詞，非可施於敵國也。況南朝爲兄，豈有兄獻於弟乎？」虜主曰：「今南朝以厚幣遺寡人，是懼寡人矣，尚何『獻』字之惜？」公曰：「南朝皇帝承祖宗之土宇，繼先皇之盟好，故以善意相承，致幣帛以代干戈，豈懼北朝哉？今陛下忽發此言，正欲絶棄舊好，以必不可事相邀耳。南朝顧惜生靈，故曲爲歲增金帛。今北朝見陵無已，則南朝亦不暇顧生靈矣。」虜主曰：「改爲『納』字如何？」公曰：「亦不可。」虜主曰：「卿勿固執，恐敗乃事。我若擁兵南下，豈不爲卿國之禍乎？」公曰：「陛下出兵，能保其必勝哉？」虜主曰：「不可保也。」公曰：「勝既不保，安知其不敗乎？」虜主曰：「南朝既以厚幣與我，『納』字何惜？況自古有之。」公曰：「自古唯唐高祖借兵於突厥，而臣事之。當時遺賂，或稱『獻納』，則不可知。其後頡利爲太宗所擒，豈復更有此禮？」虜主默然，復見公辭色俱厲，知其志不可奪，乃曰：「我自當遣使，與南朝皇帝議之。」公又嘗謂虜宰相及劉六符等曰：「北朝皇帝謂南朝懼北朝，此是以五代之際待南朝也。自祖宗削平諸國，東至南海，西暨蜀漢，提封萬餘里，精甲滿天下，何鄰國之懼乎？」六符曰：「南朝歲增金帛二十萬，尚何愛於一字？」公曰：「金帛自前世固嘗有之，至於『獻納』二字，實繫國體。金帛，南朝所輕；國體，南朝所重，何可比也？」公自至虜中，日與其君臣論難，或自日出爭至晡時方罷，至指帳前高山曰：「此山可踰，若於『獻納』二字，則如天矣，不可得而升也。使臣頭可斷，此議決不敢諾。」於是虜留所許歲增金帛誓書，復遣耶律仁先、劉六符齎其國誓書以來，仍求『納』字。公至都，上言曰：「契丹求『獻納』二字，臣既以死拒之矣。願朝廷嚴敕館伴，力拒絶之。彼察吾意稍緩，則必逞其志，然後歸耳。」時非公忠憤忘身，詞辯如湧，幾貽國辱。公始受命，聞一女卒；再受命，聞一男生。皆亟行不顧，其徇公忘家如此。尋遷翰林學士。公上章及面啓仁宗曰：「朝廷專力西事，河北無備。臣不敢以死争，實慮激起干戈，國家無以支吾。遂奉朝廷之命，歲增金帛以緩其兵。此豈得謂之有功，而遽受厚賞哉？臣願朝廷增修武備，俟釁而動，庶雪國恥。」遂不拜。仁宗益嘉公有功而能讓。三年三月，遂命公爲樞密副使，公復上章曰：「臣昨奉使契丹，彼執政之官，漢使未嘗見者，臣皆見之。兩朝使臣，昔所諱者，臣皆言之。以是得詳知其情狀，願朝廷勿以既和而忽之。臣今受賞，彼一旦渝盟，臣不唯受朝廷斧鉞之誅，天下公論，其謂臣何？臣畏公論甚於斧鉞，願收新命，則中外之人必曰：使臣不受賞，是事未可知，則守備不敢懈弛。非臣飾小廉，恐誤國事也。」亦不拜。七月，再除前命，公直携綸誥納於上前而罷。逾月，復除樞密副使。時元昊使辭，群臣班於紫宸殿門，仁宗俟綴樞密院班，方御殿，且命章丞相諭公曰：「是朝廷特命，不緣使虜之勞。」公知不可辭，方拜受。公既在樞府，自以遇主得位，於是進賢退不肖，興利除害，知無不爲，忤權要不爲身謀。時杜祁公爲相，先文正公參知政事，韓魏公爲樞密副使，與之同心協力，期致太平。仁宗開龍圖、天章閣，命兩府輔臣各陳天下大政之先，公條列十餘事之上，及《河北安邊十三策》。又言乞擇宗室之才者，使補外官，試以爲政，漸增朝廷藩屏之固。又奏以爲安民在守宰得人，守宰難朝廷遍擇，請令兩府協心共議擇諸路轉運使，委轉運使擇知州，令知州擇知縣，則天下治矣。元昊遣六宅使賀從齎書稱「男兀卒曩霄上父皇帝」，公上言曰：「處事心當在初。竊聞西路待其使過厚，通判就驛置酒，及入見，賜與亦多，又聽稱其僞官，此適足長其驕慢無厭之心也。今若許以不臣，則契丹尚臣屬之，必曰：『彼既與南朝爲敵國，則天下獨我之尊。』因此妄有邀求，如何可拒？」由是朝廷却其使，卒令稱臣。四年七月，契丹來告舉兵討元昊。十二月，朝廷册元昊爲夏國主。使將行而止之，以俟虜使。公上言：「今若虜使未至而行，則是事由我出；使至而後行，則是恩歸契丹。萬一虜詞不順，豈可則却拒元昊而徇契丹？則爲夷狄所笑。」朝廷從之。是年契丹發兵，會元昊討呆兒族，路近河東境東，朝廷欲發兵調才爲備。會垂拱奏事，仁宗面諭曰：「虜主在雲中受禮，恐遂襲我河東，今兩府設備。」公上章奏曰：「契丹必不入寇，其事有九：出兵無名，一也。自稱王師，不肯竊發，二也。河北平坦，可以長驅；河東險阻，易入難出，必不肯捨易就險，三也。河北富貴，河東貧乏，不肯捨富就貧，四也。河北無備，河東有備，不肯捨無備而攻有備，五也。若欲入寇，當行詭道，不應先言雲中受禮，六也。契丹始與元昊約同困中國，今契丹背約，受中國益幣，元昊屢出怨辭。契丹壓元昊境，築威塞州以備之，而呆族屢殺威塞役兵。契丹疑元昊使之，遂發兵西伐，必無會合入寇之理，七也。契丹惜燕地如腹心，若寇河東，豈不防我攻燕牽制，八也。契丹自得燕、薊，更不由河東入寇，九也。臣以謂契丹異日作難，必在河朔，所以奏河北守禦之策也。乞自守一要郡，躬行其事，庶將刷身羞國恥。」其後契丹果不入寇。公在西府，力劃久安之弊。時京邑局務，如皇城、群牧司之類，有以親近官領之，而十年不更代者，公爲立三年之制，仍不許干求久任。由是權倖之徒，多不便之。會大臣亦有以飛語譏公者，仁宗雖不疑，而公恐懼不安，遂因保州賊平，求爲河北路宣撫使，避之於外。使將

還，遂除資政殿學士、知鄆州，兼京東西路安撫使。讒者不已，復罷公安撫使。後歲餘，讒者無驗，加公給事中，移知青州，兼京東東路安撫使。時河北大水，民流移入京東，至公部中者六十七萬人。公擇屬郡之豐稔者五州，勸民輸粟，多者二石，少者五斗，得十五餘萬斛，隨其處而儲之，仍佐以官廪，復於鄉村。城郭關盧舍十餘萬區，擇官吏，至於前資待闕寓居者，皆給俸而遣，各即流民之所，選其羸病老幼不能自營食者籍名，授歷而分領之。均占居處，給糧假器，使便樵蘇之利，而無遠赴待給之勞。至明年二麥既登，計其鄉里遠近，給以裹糧，俾歸土著，活者五十萬人。及募其强壯，黥爲軍者萬餘，得不爲盜，且用衣糧活其妻子父母兄弟。及弛其公私山林池澤之禁，恣其所取以自活者，復不可勝計。其偶不幸者，即爲葬埋，公自爲文以祭之，謂其冢曰叢冢。朝廷聞之，遣使獎勞，拜公禮部侍郎。公以賑恤乃安撫之職，懇辭不拜。時王則據貝州亂，齊州禁卒千人，謀屠其城以應之。有詣公告者，公以齊非屬郡，且不可報以移文。會有中使張從訓銜命在青，公受檄，使往合齊人而捕之，至悉就擒，而上章自陳擅遣中使之罪。向非公深謀果斷，幾速其變，齊人爲魚肉矣。朝廷嘉之，再除禮部侍郎，公亦懇辭不拜。俄加資政殿大學士。明堂禮畢，拜禮部侍郎。以秦國太夫人久違鄉里，請京西一郡，徙知鄭州，又徙蔡州，加觀文殿學士、知河陽，遷户部侍郎。至和二年，拜宣徽南院使、判并州，兼河東路經略安撫使。六月，拜同中書門下平章事、集賢殿大學士，與文潞公并命。宣制之日，仁宗遣小黄門數輩密詢於廟堂，聞士論翕然，或舉手相賀。後數日，翰林歐陽文忠公奏事垂拱殿，仁宗曰：「近除文、富二相，士人相賀。古者求相，得於夢卜。今朕得於人情，則不待夢卜也。」歐陽公頓首稱賀。嘉祐初，仁宗弗豫，輔臣雖在政府，朝夕不得詳知起居狀。公與文潞公懼有姦人矯妄之變，遂率輔臣求入侍疾，内侍之長止之曰：「未得詔旨。」公叱之曰：「豈有宰相一日不見天子耶？」遂直入見上。因以監視僧徒祈禳爲名，奏乞留宿内殿。自此宫中命令出納，事無巨細，皆關白丞相而後行，内外帖然。至末年，賴以爲法。公以民間常多疾苦，乃横賦重役，朝廷有不知者，遂遣使分往諸路，寬恤民力，其所革弊事及省徭役甚衆。公又以仁宗春秋漸高，國本未立，遂與昭文文潞公、集賢劉公沆、參知政事王文安公同議，擇宗室之賢者，建立儲貳。王公素聞英宗賢聖，遂共以其名上之，仁宗曰：「朕志已定，卿等勿復疑也。」諸公喜而退。三年，加禮部尚書、昭文館大學士、監修國史。仁宗淵默垂拱，萬機之政，皆仰成宰相府。公選用賢俊，庶位得人，而野無遺才。除榷茶之禁以省刑罰，至於民物豐阜，夷夏安寧，而天下不知輔相之權。則公代天翊世之勳，不可勝言矣。五年，丁秦國太夫人憂，仁宗爲特罷春宴。五遣中使詔起復，公上章懇求終喪，從之，仍給半俸。英宗即位，服除，拜樞密使、同中書門下平章事，遷户部尚書。逾年，以足疾求退，章二十上，方拜鎮海軍節度使、同中書門下平章事、判河陽，封祁國公。今上即位，移鎮武寧軍，進鄭國公。累求罷將相，上以公輔佐累朝，年耆德盛，爲海内所重，人無間言，虚心待之。以尚書左僕射、觀文殿大學士、集禧觀使召赴闕，公以足疾，未能拜，固辭。詔以新官復判河陽。熙寧元年正月，移判汝州，且俾入覲，詔曰：「渴見儀容，願聞風論。」以公足疾，肩輿至崇政殿門，令男紹庭入殿扶持，仍不拜。又以門距殿上遠，上特爲之御内東門小殿以見之。恩禮優重，群臣莫及。賜其子緋衣銀魚，召坐從容，日昃始退。再對，上欲留爲集禧觀使，公懇辭。之官，上欲召公爲相，先遣中使諭旨曰：「卿今兹無得更辭，當力疾入輔，爲宗社計。」明年正月，召還京師。二月，除司空兼侍中、昭文館大學士，賜甲第一區，皆懇辭不受。復拜左僕射、門下侍郎、同平章事。未陛見，聞有人於上前言「災異皆是時數，不由人事」者，公遂上章曰：「《春秋》書災異，所以警悟人君，使恐懼修省，董仲舒所謂『天人相與之際』，甚可畏也。又孟子對梁惠王：『塗有餓莩而不知發，人死則曰「非我也，歲也」。王無罪歲，斯天下之民至焉。』是皆不聞以災凶歸之於時數也。在人之一身，則曰『作善降之百祥，作不善降之百殃』；在一家，則曰『積善之家，必有餘慶，積不善之家，必有餘殃』。一身一家，至小也，餘慶、餘殃，尚因人之善惡而致，寧有國家天下之災祥，而反歸之於天數？而無事而致，亦未聞推之於天也。陛下萬一或時而信，則救災恤患、答謝天譴之意有時而怠，虧損陛下之德，不爲生靈之福，無甚於此。」是時群臣上尊號及聽樂，上以久旱，皆不受。而群臣猶堅聽樂之請，公上言：「故事有災變皆撤樂，恐陛下以同天節契丹使者與群臣皆當上壽，故未止其奏。臣以爲陛下聖政惟新，四海屬目，正宜彰盛德以示夷狄，願并上壽罷之，益足見陛下嚴恭寅畏之美也。」上從之。即日而雨，公復上章曰：「陛下答謝天譴，不爲不至；上天報應陛下，不爲不速。矧今戎使目覩中國異事，更願陛下未以今日雨澤爲喜，當以累年災變爲懼，遠斥姦佞，親近忠良，恭畏上天，即太平可至。」上即親書答詔云：「義忠言親，理正文直，苟非意在憂君，志存王室，何以臻此？敢不置之枕席，銘諸肺腑，終老是戒！更願公不替今日之志，則天災不難弭，太平可立俟也。」公又上章，力陳「君子小人之情僞，繫王道之

消長，天下之安危。望陛下深思，辨察用舍，小失則招致禍亂，爲國大患」。八月，以疾辭位，除判河南府，復得請判亳州，移武寧軍節度使、同中書門下平章事。四年，拜左僕射、判汝州，再上章以不識近制，詔許歸洛養疾。其年冬，乞還政事，拜司空，復武寧節鉞，封韓國公致仕。元豐三年改官制，授開府儀同三司。又以王文安公之子同老陳嘉祐嘗啓建儲舊勳，上以諸公未嘗自言，深嗟異之，特拜司徒，仍以子紹京爲閤門祇候。六年閏六月二十二日，薨於正寢，享年八十。上聞訃震悼，爲輟視朝，内賜祭文，遣入内供奉官勾當御藥院梁從政致祭，賜賻慰恤其家甚厚。士大夫識與不識，皆垂泣相弔。公自還政，未嘗一日忘愛君憂國之心，朝廷有大事，或降詔訪問，必竭誠盡忠，纖悉以陳，略無顧忌。安南用師，公復力言：「大兵遠行，供餉皆出民力，慮將帥漕郡縣之官，務逃己責，不恤百姓。願深加存撫，以安國本。」晚年復上書，力裨時政。臨終猶以遺稿一封，付其子上之。公爲人端厚明粹，識度淵遠，事無巨細，皆反覆熟慮，深極底裏，必萬全無失，然後行之。凡受爵進位，未嘗不辭讓至六七，不得已，然後拜受。接士以至誠，雖微官布衣，皆與之抗禮，笑語從容，送之及門。人有所長，不啻在己，委曲采問，覬盡其能。汎與人語，詞氣極温；及其臨大節，正色慷慨，莫之能屈。深嫉邪惡，闢之盡力。聞端人良士偶在憂患，必誠心軫恻，竭意勞護。其處家雖纖悉之務，皆有規法。四夷蠻貊，盡服其名，北虜使至，多問公所在及安否，如愛父兄。至公爲宰相，王德用爲樞密使，謂館伴者曰：「南朝用二公，何得人之盛耶？」退居西都十餘年，深居罕出。嘗之老子祠，乘小轎，過天津橋，市人喜公之出，隨而觀之；至徽安門，市爲之空，其得民心也如此。文潞公尹河南，擇鄉里年德諸公爲耆英之會，公爲之冠。公平生達性命之理，臨終安坐，奄然而逝。未薨前旬日，有星墜於所居還政堂之後。有文集六十卷。夫人晏氏，封周國夫人。子三人：長曰紹庭，朝奉郎，少有才行；次曰紹京，供備庫副使，後公一月而卒；次曰紹隆，光禄寺丞，早卒。女四人：長適觀文殿大學士、知真定府馮京，早亡，追封某郡夫人；次爲之繼室，封某郡夫人；次適宣德郎范大琮；次適霍丘縣令范大珪。孫男三人：長曰直方，守秘書省校書郎；次曰直清，守將作監主簿；次曰直亮，假承務郎。孫女三人：長適試將作監主簿張備，次未嫁，次尚幼。其孤朝奉將以元豐六年十月甲子，葬公於河南府河南縣金谷鄉南張里秦國公之墓次，某謹具公之家世歷官行事，次爲行狀，將以求立言者銘於墓，紀於碑，及請謚於考功而書於國史。謹狀。元豐六年七月，具位范某狀。

韓維《南陽集》卷二九《富文忠公墓誌銘并序》 元豐六年閏六月丙申，司徒韓國公致仕富公薨於京西里第之正寢，享年八十。天子聞訃震悼，爲輟視朝，内出祭文，遣中貴人致祭，所以賻恤其家甚厚，且贈太尉，鄭國公，謚曰文忠。公諱弼，字彦國，河南人。曾大父内黄縣令諱處謙，大父商州馬步使諱令荀，考尚書都官員外郎諱言，并以公貴，贈中書令、尚書令，封鄧、韓、秦三國爲公。曾祖母劉氏，祖母趙氏，母韓氏，贈魯、韓、秦三國太夫人。公少有大志，自刻苦爲學，寓於僧坊，夜分略假寐憑几，既寤，則以冰雪沃面，復起讀書。應舉京師，范文正公一見奇之，與語終日，曰：「真是王佐才也。」天聖八年，中茂才異等科，授將作監，出知河南府長水縣。逾月，用李文定公辟，簽書河陽節度判官廳公事。丁秦國公憂，服除，會范文正公言郭后不當廢，左遷知睦州，公上疏曰：「廢后非治世所宜，又以諫諍斥逐忠良，是一舉而二失也。且國家緩急，何由得忠臣之心，來諫諍之論哉？」降通判絳州。景祐四年，召試館職，擢太子中允，直集賢院。從王沂公辟，通判鄆州。寶元元年，趙元昊反，僭大號，朝廷倉卒措事，用人多失其當。公上疏陳八事：一曰宜先斬其使，以張國威，折姦謀；二曰閲兵四方，使者旁午，非□□重威安民；三曰兵興，用度益廣，宜佐以内府金帛，不宜專責外計，恐其乘急賦調，重傷民力；四曰宜重賞戰功，以勸死事；五曰不宜以厚禄高爵購募首惡，恐非示武明罰之道；六曰不可用夏守贇充樞密使，以輕兵本，妨賢路；七曰造次乏人，宜選群臣，不限資格，各舉其類，以備任使；八曰每遣邊臣，請先賜對以觀其才，撫以恩信，俾効死力。三年，召爲開封府推官，賜五品服，兼知諫院。時朝廷悉兵備西北，而東南九道俱無守衛，公請於每道要郡各募兵數千，部署訓練，可以備他虞；又茶鹽之榷，利厚而法重，貧民誤犯罪者衆，願省嬴兵，節冗費，以佐國用而弛其税，以追王風。康定元年日食歲旦，公請罷宴徹樂以答天戒，戎使止就館賜飲食，而不樂不宴。且曰：「萬一北虜行之，則中國可愧矣。」後使北虜，歸言：「虜果罷宴。」先是，執政者惡上聞其過失，因貶逐言者，遂牓朝堂，禁臣僚越職言事。公因日食上疏曰：「脩省之道，莫若通言路，使人各得陳上之得失，擇善而行，則萬務皆舉。願降詔求直言，革除越職之禁，則可以盡人情，答天意。」尋詔許臣下皆得言事。公又言：「奏封事者衆，乞選侍臣分閲，擇可用施行之。」劉平戰没，中貴人黄德和上章誣平以降賊，朝廷以兵禁守平家。公言：「中貴傳命，平即日引道，志在忘家徇國，寧有降賊事？此必德和敗歸，搆此語求自脱耳。兼聞遣内侍往勘，深恐同類傅致，誤朝廷賞罰。願更遣文

武謹信者以往。」後劉平果非降賊，德和坐腰斬。入内都知王守忠除陝西兵馬都鈐轄，公又言：「有唐之世，上始疑將帥，遂以内臣監軍，取敗非一。今命守忠爲都鈐轄，乃監軍之任也。臣恐將權遂移，邊將自此無功矣。」朝廷爲罷守忠不遣。又言：「邊事係國安危，不當專委樞密院而宰相不與。乞如國初，令宰相兼樞密使。」西夏首領吹同乞砂、吹同山乞各稱僞將相來降，朝廷補乞砂以奉職、山乞以借職安置，戍之荆、湖間。公又言：「二人向化同來，其家必盡種族。臣謂當厚加賞勞，訪索敵情，以助破敵之計。今乃投之遠方，待以羈囚，將何以懷勸來者？」又言：「朝廷取人路狹，所得文士而已。天下多遺佚。願以臨難不顧，武勇絶倫，智足安邊，才任將帥，謀慮宏遠，可使絶域之類，多設科目，委諸路監司察舉，以盡人才。」皆見施行。明年，充三司鹽鐵判官，遷太常丞、史館修撰。五月，改右正言、知制誥，糾察在京刑獄，賜三品服。時有用僞祠部牒爲僧者，事覺，牒乃堂吏所爲，開封府獄具而不及堂吏。公白執政，請收僞造者付吏。執政指其座曰：「他日公自當居此，奚事沽激爲？」公正色曰：「某以公事來察，何以甘言見誘邪？必得吏正其罪乃已。」差同判太常寺，兼禮儀事。時西陲困於用兵，慶曆二年正月，北虜乘我間，聚其衆境上，遣使蕭英、劉六符來求地，朝廷以爲憂。歷選近臣任使事者，往往怯懦不肯行。執政以公名聞，仁宗召對，面諭。公曰：「主憂臣辱，今北虜狂慢如此，臣何敢自愛，以憂吾君？」上先命公爲接伴，以覘其意。英等入境，遣中使慰勞，英稱足疾不拜，公謂曰：「僕嘗使北，病卧車中，聞命尚起拜，今君豈得聞天子命而不拜？」蕭英惕然起，遂使人掖而拜。至大名尹觴，六符辭，公勸之。六符曰：「在途久荷庇護，今日功虧一簣矣。」公曰：「九仞之功已大，豈以一簣之微而遽棄邪？」六符遂盡觴，退謂公曰：「九仞之言甚善，願卒成之。」公曰：「敢不奉教。」自是英等始開口論議，公亦推誠心與之往復，因盡得其所以來之狀上聞，且請遣大臣至館議所欲與。仁宗遣御史中丞賈文元爲館伴議之。初，敵欲得晉祖所與關南十縣者，朝廷不許；而議欲結婚，以宗室允寧女嫁其子梁王；或增歲遺。公聞之，謂所親曰：「北虜無名肆慢，不得已者，可少增歲幣，奈何以婚姻許之？」四月，除樞密直學士，辭不受。尋假資政殿學士、尚書户部侍郎使契丹。至虜帳，其館伴劉六符曰：「公來，得非以結婚與歲遺事邪？」公曰：「然。」六符曰：「北朝皇帝堅欲割地，亦嘗議及之乎？」公曰：「北朝若欲割地，此必志在敗盟，假此爲名。南朝決不從，有横戈相待耳。」六符曰：「若兩朝堅執，則事安得濟？」公曰：「北朝無故求地，南朝不即發兵拒却，而遣使好詞更議，嫁女、益歲幣，猶不從，乃是北朝堅執，非南朝執也！」及見虜主，公曰：「兩朝人主父子繼好垂四十年，一旦忽求割地，不知何故？兩主無由相見，故遣愚臣問其所以。」虜主曰：「南朝違約，塞鴈門，又河北展塘水，治城隍，點民兵，將以何爲？諸臣競請興兵，寡人謂不若遣使求關南故地，求而不得，興兵未晚。」公對曰：「鴈門近元昊境，慮其潛有浸軼，故塞之；塘水成於何承矩，事在通好前，以地卑水聚，故滋廣耳；城隍完葺其舊，民兵按故籍補之。皆非創有增立也。」虜主曰：「微卿言，不知其詳。」又曰：「朕欲得者祖宗故地。」公曰：「晉高祖以盧龍一道賂契丹，周世宗復取關南，皆異代事。宋興已九十年，豈得復理前代所取之地乎？必欲各理舊疆，恐非北朝之利也。」虜主無言，徐曰：「元昊稱藩尚主，南朝加兵，獨不先告我，何也？」公曰：「北朝向伐高麗、黑水，豈嘗報朝廷乎？兼天子遣臣致意於陛下曰：『向不知元昊與弟國通姻，以其負恩擾邊，故加討戮。而弟有煩言，擊之則傷兄弟之情，不擊則不忍坐視吏民之死而莫救也。不知弟何以處之？』」虜主顧其臣胡語良久，曰：「元昊爲寇，豈有使南朝不擊之理？」他日，六符謂公曰：「昔南朝太宗皇帝既平河東，遂襲幽燕。今雖云西邊用兵，無乃復欲窺幽薊乎？」公曰：「其時北朝先遣拽刺梅里來聘問，而復出兵石嶺關以助河東。太宗怒其反覆，故伐燕薊，蓋北朝自取之也。」六符又曰：「吾主不受金帛，堅欲十縣，如何？」公曰：「南朝皇帝嘗言：『凡爲人子孫，豈敢妄以祖宗土地與人？昔澶淵之役，盟約相好，章聖尚不與昭聖關南縣，豈今日而反求多邪？且北朝要十縣，不過利其租賦耳。今以金帛代之，亦足坐資國用。朕念兩國生民，不忍使之肝腦塗地，不愛金帛，屈己以徇北朝之欲。親如家人，兄順其弟，弟亦順兄，則睦矣；兄既順弟，而弟不順兄，則必致争鬩。若北朝必欲得地，是志在背盟棄好，朕獨得避用兵乎？且澶淵之盟，天地神祇，實共臨之。今北朝先發兵端，朕不愧於心，亦不愧於天地神祇矣。』」六符謂其介曰：「南朝皇帝存心如此大善，當共奏使兩主意通。」翌日，召公同獵，引公馬自近，問所欲言。公曰：「南朝唯欲歡好之久耳。」虜主曰：「我得地則歡好可久。」公曰：「南朝皇帝遣臣聞於陛下：『北朝若欲得祖宗故地，南朝亦豈肯失祖宗故地邪？且北朝既以得地爲榮，則南朝亦以失地爲辱矣。兄弟之國，豈可使一榮一辱？朕非忘燕薊舊封，亦安可復理此事？正應彼此自諭耳。』」退而六符告公曰：「皇帝聞公『榮辱』之言，意甚悟。然金帛堅不欲取，唯結婚可議耳。」公曰：「結婚易生釁隙，蓋夫婦情好難必兼，人命脩短或異，則所盟不終，不

若增金帛之便也。」六符曰：「南朝皇帝向自有言。」公曰：「帝女才四歲，成婚須在十餘年後。雖選宗女成婚，亦須四五年後。今欲釋目前之疑，豈能待哉？」公又揣虜欲結婚意在多得金幣，因曰：「南朝嫁長公主，故事，資從不過十萬緡耳。」由是虜緩結婚之意，且諭公歸。公曰：「二論未決，何敢便還？願留畢議。」虜主曰：「候卿再來，當擇一事受之，宜以誓書俱至也。」公乃還奏，仁宗悅，除吏部郎中、樞密直學士，又以辭不受。七月，復假前官議前事以往，受書并口傳之詞於政府。公既行至靈壽，獨念未嘗見國書，其中或有與口傳違異，則無以折敵示信。乃發書視之，果不同。遂疾馳復至京師，日欲晡矣。徑叩閤門求對，因宿侍宿舍一夕，易書而行。至其國，虜主曰：「寡人熟思卿前言，誠不如金帛便。然受之無名，須於書中加一『獻』字乃可。」公曰：「『獻』字乃下奉上之辭，非可施於敵國。況南朝爲兄，豈有兄獻於弟乎？」虜主曰：「南朝以厚幣遺我，是懼我也。『獻』字何可惜？」公曰：「南朝皇帝守祖宗之土宇，繼先皇之盟好，以善意相承，故致幣帛以代干戈，蓋生靈是恤，豈懼北朝哉？今陛下忽發此言，正欲絶棄舊好，以必不可之勢相要耳，則南朝亦何暇顧生靈哉？」虜主曰：「改爲『納』字如何？」公曰：「亦不可。」虜主曰：「卿無固執，恐敗乃主事。我若擁兵南下，豈不禍乃國耶？」公曰：「陛下出兵，能保其必勝否？」虜主曰：「不能。」公曰：「勝既不保，安知其不敗耶？」虜主曰：「南朝既以金幣與我，『納』字何惜？況自古有之。」公曰：「自古惟唐高祖臣事突厥而借兵焉，當時賂遺，或稱『納』，今則不可。況其後頡利爲太宗所擒，豈復更有是理？」虜主默然，見公詞色俱厲，度不可奪，曰：「我别遣使與南朝皇帝議之。」公自至虜中，日與其君臣論難，或自旦及夕，至指帳前高山曰：「此尚可踰，若欲『獻』、『納』二字，則如天不可得而上也。使臣頭可斷，此議決不可諾。」於是，虜留所許歲增金帛誓書，復遣耶律仁先、劉六符齎其國誓書以來，仍求『納』字。公至都，言曰：「契丹求『獻』、『納』二字甚急，臣既以死拒之矣，願朝廷終絶之。」公初奉使，聞一女卒，再奉使，聞一男生，皆不顧，亟行。尋遷翰林學士。公上章及面啓曰：「朝廷方事西路，河北無備，臣奉使所以不敢死争者，實慮興戎以敗國事，功於何有而遽受賞哉？願陛下增修武備，俟釁而動，以洗國恥。」卒不拜。仁宗益嘉公勞而不有，三年三月，遂命公爲樞密副使，辭不受，拜資政殿學士，兼翰林院侍讀學士，知審官院。七月，再除樞密副使，固辭不受，至持誥命納於上前而罷。逾月，復除前命，值元昊使人致辭，群臣班於紫宸殿門，有詔促公假樞密院班，方御殿，且命宰相諭旨曰：「朝廷用賢，不緣使虜之勞。」公知不可辭，方受拜。公既典幾密，自以爲遭時得位，知無不爲。時晏元獻公爲宰相，范文正公參知政事，杜祁公居樞密，公與之同心合力，期致太平。仁宗開龍圖、天章閣，命輔臣各條天下大事。公列上十餘事及河北安邊十三策，又乞擇宗室之才者試以爲政，漸壯藩屏，又言：「安民在守宰，請令二府合議，擇諸路轉運使，轉運使擇知州，知州擇知縣，則天下得人矣。」元昊遣使奉書稱「男兀卒曩霄上父皇帝」，而不稱臣。公又言：「事在慎始，向聞西路待其使過厚，又聽其稱僞官，入見賜與亦加多，此適足以張其驕慢之心耳。且曩霄尚臣屬契丹，奈何後中國乎？」由是朝廷却其使，卒令稱臣。四年七月，契丹來告舉兵討元昊。十二月，朝廷册元昊爲夏國主。使將行復止，以俟虜使。公又言：「虜使未至而行，則事由我出；使至而後行，則恩歸契丹矣。」遂遣使行。契丹發兵，會元昊討呆兒族，道出河東境外。仁宗面諭輔臣：「宜設備待之。」公發九事，料其必不入寇，已而果然。時天下久安，事或靡敝不振。京師要司厚廩多近倖領之，至有十年不代者，公爲立三歲之任；州縣官吏偷惰不舉職，置按察使以糾之。中外多不便公者，會大臣亦有以飛語中公。仁宗雖不聽，而公懼不自安，因保州賊平，求爲河北路宣撫使以避之。使還，道除資政殿學士知鄆州，兼京東西路安撫使，尋又罷公安撫使。後歲餘，讒言不驗，加給事中，移知青州，兼京東東路安撫使。河北大水，流民入京東者不可勝數。公擇所部豐稔者五州，勸民出粟，隨在所貯之，以助賑給。行於鄉村城郭，得廬舍可以寓人者十餘萬所。官吏自前資待問寄居者，各給以俸。即民所聚，别其老幼病瘠者，籍名授券，分主而均廩之。下至器用薪芻微細之物，處之皆有法。不幸死者，即爲收瘞，公自爲文祭之。其明年夏麥既登，乃爲計其道里遠近，俾裹囊遣歸業所，全活者五十萬人，募而爲兵者又萬餘人。天子聞之，遣使勞公，即拜禮部侍郎。公曰：「恤災賑乏，職也。」辭不受。王則據貝州叛，齊之禁兵密謀，於時屠其城以應。有告變者，公以齊非所部，且慮事泄變作，會中使張從訓銜命在青州，公檄從訓會齊官吏捕之，悉從擒戮，而自劾擅遣中使之罪。仁宗嘉之，再除禮部侍郎，公又懇辭。俄遷資政殿大學士，未幾，又拜禮部侍郎。以秦國太夫人久去鄉里，求徙京西。移知鄭州，又移蔡州。加觀文殿大學士，知河陽，遷户部侍郎。至和二年，拜宣徽南院使，判并州，兼河東路經略安撫使。六月，拜同中書門下平章事，集賢殿大學士，與文潞公同日宣制。仁宗遣小黄門數輩覘於廷，士大夫皆以得人相慶。後數日，翰林歐陽公入對。仁宗曰：「近除文彥博、富弼作宰

相，士人相賀。古人求相，或得之夢卜；今朕得於人情，何待夢卜也？」歐陽公頓首稱賀。嘉祐初，仁宗弗豫，不御殿者久之，雖執政不得許知其起居狀。公與文潞公率輔臣求入侍疾，内侍都知止之曰：「未有詔旨。」公叱曰：「豈有宰相一月而不見天子乎？」徑入見上，因請以監視禱禳留宿殿中。自是宫掖事無巨細皆白宰相而後敢行，中外晏然。仁宗春秋漸高，國嗣未立，公與同列議擇宗室之賢者以建儲貳，遂以英宗名上。仁宗曰：「朕志已定，卿等勿疑也。」三年，加禮部尚書、昭文館大學士、監修國史。時仁宗倦勤，庶政皆仰成宰相。公以州縣繇役賦斂或非法制，乃選使分行諸道，命之曰「寬恤民力」。多所釐正，人賴其澤。又弛茶禁，通商販。民以不犯法，刑爲之省。五年，丁秦國太夫人憂，詔特罷春宴。五遣中使起公復位，公懇求終喪，從之。仍給半俸，辭不受。英宗即位，公服除，拜樞密使、同中書門下平章事，遷户部尚書。踰年，以足疾求解機務，章二十上，拜鎮海軍節度使、同中書門下平章事、判河陽，封祁國公。今上踐祚，移鎮武寧軍，進封鄭國公。屢乞罷將相任，上以公累朝輔佐，年耆德盛，尤虚以待之，以尚書左僕射、觀文殿大學士、集禧觀使召公，公以足疾未任拜，固辭，詔以新官復判河陽。熙寧元年正月，徙判汝州，且俾入覲。以公足疾許肩輿至崇政殿門，令男紹隆扶掖以進，且命不拜。又以門距殿遠，更御内東門便殿見之。賜坐從容，日昃始退。仍賜其子緋衣銀魚。蓋近世寵遇大臣，未有恩禮如此之厚也。上欲復以集禧觀使留之，公懇辭，之鎮。明年正月，再召赴闕。上之將召之，先遣中使諭之曰：「卿今兹毋得重辭，當力疾入輔，爲宗社計。」二月，遂除司空，兼侍郎、昭文館大學士，賜甲第一區，皆不受。復拜左僕射、門下侍郎、同平章事，未陛見，會有以「災異皆常數，不繫人事得失」言於上前者，公上章曰：「《春秋》書災異，所以警悟人君，使恐懼修省。《洪範》庶徵，亦以五事而致，未聞歸之天數也。陛下萬一過聽，寅畏消復之意有時而怠，則虧損聖德，無甚於此。」是時，群臣請上尊號及聽樂，上以久旱不許，而群臣尤固請聽樂。公又言：「故事，有災變皆徹樂。恐陛下以同天節契丹使與群臣當上壽，故未斷其來請。臣以爲陛下始親庶政，四海屬耳目，尤宜日新盛業，以示四鄰。願并上壽罷之，益見陛下嚴恭天戒之美。」從之，即日而雨。公又言：「陛下荅謝天戒不爲不至，上天報應不爲不速。願陛下不以今日得雨爲喜，更以累年災變爲懼，遠離奸幸，親近忠良，恭畏上天，則太平可致。」上親書荅詔曰：「義忠言親，理正文直。苟非意在愛君，志存王室，何以臻此！敢不置之枕席，銘之肺腑，終老是戒。更願公自兹輸誠翊輔，則天災不難弭，太平可立俟也。」公又陳：「君子小人情僞係王道之消長，天下之安危，望陛下深加辨察。所喜者不可遽用，所怒者不可遽棄。用舍小失，則招致禍敗不細矣。」八月，以疾辭位，拜武寧軍節度使、同中書門下平章事、判河南府。復用公請，改判亳州。四年，提舉河南常平倉趙濟，言公於青苗法不行，除左僕射，判汝州。再上章願歸洛養疾，許之。其年冬，請老，拜司空，復武寧節，兼同中書門下平章事，進封韓國公致仕。元豐三年，官制改，授開府儀同三司。又以王同老言嘉祐中其父嘗與啓建儲事，上嘉公初不自言，特拜司徒，仍以其子紹京爲閤門祗候。公爲人端厚沈正，臨事而慎。其處已謀國必熟復周慮，度不萬全不發。接士大夫，盡誠以有禮，雖布衣必與之亢。不妄笑語以下賓客，爲聲名，嘉善嫉邪，出於天性。居閒，猶詢問當世人物，以知其賢不肖，尤慎許與，未嘗輕以加人。出入尊寵垂四十年，而服用素約，無聲色之玩。雖高年，未嘗一日廢書不觀，以至釋氏、老莊方外之説，莫不究極精致。有文集八十卷，藏於家。公嘗語人曰：「吾才學非能過人，但有不欺耳。」蓋公之所以自養者如此，故其行己也，外如其中，其事君也，終如其初，久而益見信於天下，雖窮閻遠國，莫不知公之姓與官號。北虜使每至，必候公出處，問其安否。公雖退居，明詔之所咨訪，密章之所啓告，蓋不乏矣。至其將没，猶以遺稿一通付其子上之，然其詳莫得而知也。推公之意，苟可以益君上、厚民人者，蓋忘其身之老且死而言之也。嗚呼，可謂忠已！初，公之將生，秦國太夫人夢幡旗鶴鴈甚衆，降集其家，云天有赦，寤而生公。其將薨，有大星殞於所居還政堂之後。噫！天之生大賢不數，生則必福其國，澤其民。如公之爲相，則首定儲位，以啓神聖，爲社稷無疆之休；其奉使，則辨折强虜，攘其奸萌，易干戈爲和好；其撫東夏，則安輯流冗，以食以處，續將絶之命者數十萬人。則其兆神靈之應，錫壽寵之享，固其理然，惡足怪哉！【略】周國夫人與其孤遂以公薨之年冬十一月庚申，奉公之柩葬於河南府河南縣金谷鄉南張里，從秦國公之兆也。謂某辱公之知實厚且久，以銘見屬，義不得辭。銘曰：

富氏之先，其尚莫窮。辰見於周，仕而不逢。時君弗察，以死償忠。爰及後世，顯莫如公。公之筮仕，遭我仁宗。奮辭發策，厥聞載鴻。遂司諫垣，達帝之聰。朝對夕啓，靡言不從。左右王體，蔚然古風。乃奉使指，抗擅龍庭。扶義據正，折其奸萌。守地息民，訖如初盟。出撫東夏，水溢民流。峙糧授室，畢給其求。既安既飽，復其先疇。凡公之爲，主是歸正。有

其害之，必攘必争。奸謀險言，以撼皇聽，崎嶇杌隉，卒莫能病。既極而通，惟誠之勝。爰命作相，付畀邦政。質於朝言，人用胥慶。匪夢匪卜，天子神聖。嘉祐之末，主鬯虚位。聿求宗藩，首定聖嗣。繄公一言，萬世之利。上眷舊德，恩無與二。義忠言親，形於詔旨。辭隆即安，屏翰是寄。公拜稽首，謝不任事。將旄相紱，歸老於第。優游偃息，默與道會。翛然一室，物莫奸志。惟是報國，老而益厲。忠規讜謀，没然後已。昔周之宣，天錫良輔。賦政四方，闕衮是補。柔亦不茹，剛亦不吐。迹公猷爲，實蹈其武。礱堅勒休，以誌公墓。億萬斯年，爲宋山甫。

《蘇軾文集》卷一八《富鄭公神道碑》 宋興百三十年，四方無虞，人物歲滋。蓋自秦、漢以來，未有若此之盛者。雖所以致之非一道，而其要在於兵不用，用不久，常使智者謀之而仁者守之，雖至於無窮可也。契丹自晉天福以來，踐有幽、薊，北鄙之警，略無寧歲，凡六十有九年。至景德元年，舉國來寇，攻定武，圍高陽，不克，遂陷德清以犯天雄。真宗皇帝用宰相寇準計，決策親征，既次澶淵，諸道兵大會行在。虜既震動，兵始接，射殺其驍將順國王撻覽。虜懼，遂請和，時諸將皆請以兵會界河上，邀其歸，徐以精甲躡其後，殲之。虜懼，求哀於上。上曰：「契丹、幽、薊，皆吾民也，何多以殺爲！」遂詔諸將按兵勿伐，縱契丹歸國。虜自是通好守約，不復盜邊者三十有九年。

及趙元昊叛，西方轉戰連年，兵久不決。契丹之臣有貪而喜功者，以我爲怯，且厭兵，遂教其主設詞以動我，欲得晉高祖所與關南十縣。慶曆二年，聚重兵境上，遣其臣蕭英、劉六符來聘。兵既壓境，而使來非時，中外忿之。仁宗皇帝曰：「契丹吾兄弟之國，未可棄也，其有以大鎮撫之。」命宰相擇報聘者。時虜情不可測，羣臣皆莫敢行。

宰相舉右正言、知制誥富公，公即入對便殿，叩頭，曰：「主憂臣辱，臣不敢愛其死。」上爲動色，乃以公爲接伴。英等入境，上遣中使勞之，英託足疾不拜。公曰：「吾嘗使北，病卧車中，聞命輒起拜。今中使至而公不起，此何禮也？」英矍然起拜。公開懷與語，不以夷狄待之。英等見公傾盡，亦不復隱其情，遂去左右，密以其主所欲得者告公，且曰：「可從，從之；不可從，更以一事塞之。」公具以聞。

上命御史中丞賈昌朝館伴，不許割地，而許增歲幣，且命公報聘。既至，六符館之，反往十數，皆論割地必不可狀。及見虜主，問故。虜主曰：「南朝違約，塞鴈門，增塘水，治城隍，籍民兵，此何意也？羣臣請舉兵而南，寡人以謂不若遣使求地，求而不獲，舉兵未晚也。」公曰：「北朝忘章聖皇帝之大德乎？澶淵之役，若從諸將言，北兵無得脱者。且北朝與中國通好，則人主專其利，而臣下無所獲。若用兵，則利歸臣下，而人主任其禍。故北朝諸臣争勸用兵者，此皆其身謀，非國計也。」虜主驚曰：「何謂也？」公曰：「晉高祖欺天叛君，而求助於北，末帝昏亂，神人棄之。是時中國狹小，上下離叛，故契丹全師獨克。雖虜獲金幣，充牣諸臣之家，而壯士健馬，物故太半，此誰任其禍者。今中國提封萬里，所在精兵以百萬計，法令修明，上下一心，北朝欲用兵，能保其必勝乎？」曰：「不能。」公曰：「勝負未可知。就使其勝，所亡士馬，羣臣當之歟，抑人主當之歟？若通好不絶，歲幣盡歸人主，臣下所得，止奉使者歲一二人耳，羣臣何利焉！」虜主大悟，首肯者久之。公又曰：「塞鴈門者，以備元昊也。塘水始於何承矩，事在通好前，地卑水聚，勢不得不增。城隍皆脩舊，民兵亦舊籍，特補其缺耳，非違約也。晉高祖以盧龍一道賂契丹，周世宗復伐取關南，皆異代事。宋興已九十年，若各欲求異代故地，豈北朝之利也哉。本朝皇帝之命使臣，則有詞矣。曰：『朕爲祖宗守國，必不敢以其地與人。北朝所欲，不過利其租賦耳。朕不欲以地故，多殺兩朝赤子，故屈己增幣以代賦人。若北朝必欲得地，是志在敗盟，假此爲詞耳。朕亦安得獨避用兵乎？澶淵之盟，天地鬼神實臨之。今北朝首發兵端，過不在朕。天地鬼神，豈可欺也哉！』」虜大感悟，遂欲求婚。公曰：「婚姻易以生隙，人命脩短不可知，不若歲幣之堅久也。本朝長公主出降，齎送不過十萬緡，豈若歲幣無窮之獲哉？」虜主曰：「卿且歸矣，再來，當擇一授之，卿其遂以誓書來。」

公歸復命，再聘，受書及口傳之詞于政府，既行次樂壽，謂其副曰：「吾爲使者而不見國書，萬一書詞與口傳者異，則吾事敗矣。」發書視之，果不同。乃馳還都，以晡入見，宿學士院一夕，易書而行。

既至，虜不復求婚，專欲增幣，曰：「南朝遺我書當曰獻，否則曰納。」公争不可。虜主曰：「南朝既懼我矣，何惜此二字，若我擁兵而南，得無悔乎？」公曰：「本朝皇帝兼愛南北之民，不忍使蹈鋒鏑，故屈己增幣，何名爲懼哉？若不得已而至於用兵，則南北敵國，當以曲直爲勝負，非使臣之所憂也。」虜主曰：「卿勿固執，自古亦有之。」公曰：「自古惟唐高祖借兵於突厥，故臣事之。當時所遺，或稱獻、納，則不可知。其後頡利爲太宗所擒，豈復有此理哉！」公聲色俱厲，虜

知不可奪，曰：「吾當自遣人議之。」

於是留所許增幣誓書，復使耶律仁先及六符以其國誓書來，且求爲獻、納。公奏曰：「臣既以死拒之，虜氣折矣，可勿復許，虜無能爲也。」上從之，增幣二十萬，而契丹平。北方無事，蓋又四十八年矣。契丹君臣至今誦其語，守其約不忍敗者，以其心曉然，知通好用兵利害之所在也。故臣嘗竊論之，百餘年間，兵不大用者，真宗、仁宗之德，而寇準與公之功也。

公諱弼，字彦國，河南人。曾大父内黄令諱處謙，大父商州馬步使諱令荀，考尚書都官員外郎諱言，皆以公貴，贈太師中書令、尚書令，封鄧、韓、秦三國公。曾祖母劉氏，祖母趙氏，母韓氏，封魯、韓、秦三國太夫人。

公幼篤學，有大度，范仲淹見而識之，曰：「此王佐才也。」懷其文以示王曾、晏殊，殊即以女妻之。仁宗復制科，仲淹謂公曰：「子當以是進。」天聖八年，公以茂材異等中第，授將作監丞，知河南府長水縣。用李迪辟，簽書河陽節度判官事。

丁秦國公憂，服除，會郭后廢，范仲淹等爭之，貶知睦州。公上言：「朝廷一舉而獲二過，縱不能復后，宜還仲淹，以來忠言。」通判絳州。景祐四年，召試館職，遷太子中允，直集賢院。從王曾辟，通判鄆州。

寶元初，趙元昊反。公上疏陳八事，且言：「元昊遣使求割地邀金帛，使者部從儀物如契丹，而詞甚倨，此必元昊腹心謀臣自請行者。宜出其不意，斬之都市。」又言：「夏守贇，庸人也，平時猶不當用，而況艱難之際，可爲樞密乎！」議者以爲有宰相氣。召還，爲開封府推官，擢知諫院。

康定元年，日食正旦。公言請罷燕徹樂，雖虜使在館，亦宜就賜飲食而已。執政以爲不可。公曰：「萬一北虜行之，爲朝廷羞。」後使虜，還者云：「虜中罷燕。」如公言。仁宗深悔之。初，宰相惡聞忠言，下令禁越職言事。公因論日食，以謂應天變莫若通下情，遂除其禁。

元昊寇鄜延，殺二萬人，破金明，擒李士斌，延帥范雍、鈐轄盧守勤閉門不救，中貴人黄德和引兵先走，劉平、石元孫戰死，而雍、守勤歸罪於通判計用章、都監李康伯，皆竄嶺南，德和誣奏平降賊，詔以兵圍守其家。公言：「平自環慶引兵來援，以姦臣不救，故敗，竟駡賊不食而死，宜卹其家。守勤、德和皆中官，怙勢誣人，冀以自免，宜竟其獄。」樞密院奏方用兵，獄不可遂。公言：「大臣附下罔上，獄不可不竟。」時守勤男昭序爲御藥，公奏乞罷之，德和竟坐腰斬。

延州民二十人詣闕告急，上召問，具得諸將敗亡狀。執政惡之，命邊郡禁民擅赴闕者。公言：「此非陛下意，宰相惡上知四方有敗耳，民有急，不得訴之朝，則西走元昊，北走契丹矣。」夏守贇爲陝西都總管，又以入内都知王守忠爲都鈐轄。公言：「用守贇既爲天下笑，而守忠鈐轄乃與唐中官監軍無異，將吏必怨懼，盧守勤、黄德和覆車之轍，可復蹈乎？」詔罷守忠。

時又用觀察使，魏昭昞爲同州，鄭守忠爲殿前都指揮使，高化爲步軍都指揮使。公言：「昭昞乳臭兒，必敗事；守忠與化故親事官，皆奴才小人，不可用。」詔遣侍御史陳洎往陝西督脩城，且城潼關。公言：「天子守在四夷，今城潼關，自關以西爲棄之耶？」語皆侵執政。自用兵以來，吏民上書者甚衆，初不省用。公言：「知制誥本中書屬官，可選二人置局，中書考其所言，可用用之。」宰相以付學士，公言：「此宰相偷安，欲以天下是非盡付他人。」乞與廷辯。又言：「邊事係國安危，不當專委樞密院。周宰相魏仁浦兼樞密使，國初范質、王溥亦以宰相參知樞密院事。今兵興，宜使宰相以故事兼領。」仁宗曰：「軍國之務，當盡歸中書，樞密非古官。」然未欲遽廢，内降令中書同議樞密院事，且書其檢。宰相以内降納上前，曰：「恐樞密院謂臣奪權。」公曰：「此宰相避事耳，非畏奪權也。」

時西夏首領吹同乞砂、吹同乞山各稱僞將相來降，補借奉職，羈置荆湖。公言：「二人之降，其家已族矣，當厚賞以勸來者。」上命以所言送中書。公見宰相，論之，宰相初不知也。公嘆曰：「此豈小事而宰相不知耶？」更極論之，上從公言，以宰相兼樞密使。

除鹽鐵判官，遷太常丞，史館脩撰，奉使契丹。二年，改右正言、知制誥，糾察在京刑獄。時有用僞牒爲僧者，事覺，乃堂吏爲之。開封，按餘人而不及吏。公白執政，請以吏付獄。執政指其坐曰：「公即居此，無爲近名。」公正色不受其言，曰：「必得吏乃止。」執政滋不悦，故薦公使契丹，欲因事罪之。歐陽脩上書引顔真卿使李希烈事留公，不報。

使還，除吏部郎中、樞密直學士，懇辭不受。始受命，聞一女卒，再受命，聞一男生，皆不顧而行。得家書，不發而焚之，曰：「徒亂人意。」尋遷翰林學士。公見上力辭，曰：「增歲幣，非臣本志也，特以朝廷方討元昊，未暇與虜角，故不敢以死爭，其敢受賞乎！」

慶曆三年三月，遂命公爲樞密副使，辭之愈力。改授資政殿學士兼翰林侍讀學士。七月，復除樞密副使。公言：「虜既通好，議者便謂無事，邊備漸弛，虜

萬一敗盟，臣死且有罪。非獨臣不敢受，亦願陛下思夷狄輕侮中原之耻，卧薪嘗膽，不忘脩政。」因以告納上前而罷。逾月，復除前命。

時元昊使辭，羣臣班紫宸殿門，上俟公綴樞密院班，乃坐，且使宰相章德象諭公曰：「此朝廷特用，非以使虜故也。」公不得已乃受。

時晏殊爲相，范仲淹爲參知政事，杜衍爲樞密使，韓琦與公副之，歐陽脩、余靖、王素、蔡襄爲諫官，皆天下之望。魯人石介作《慶曆聖德詩》，歷頌羣臣，皆得其實。曰：「維仲淹、弼，一夔一契。」天下不以爲過。公既以社稷自任，而仁宗責成於公與仲淹，望太平於朞月之間，數以手詔督公等條具其事。又開天章閣召公等，公等坐，且給筆札，使書其所欲爲者，遣中使二人更往督之，且命仲淹主西事，公主北事。公遂與仲淹各上當世之務十餘條。又自上河北安邊十三策，大畧以進賢，退不肖，止僥倖，去宿弊爲本，欲漸易諸路監司之不才者，使澄汰所部吏。於是小人始不悦矣。

元昊遣使以書來，稱男而不臣。公言：「契丹臣元昊而我不臣，則契丹爲無敵於天下。」不可許。乃却其使，卒臣之。

四年七月，契丹來告，舉兵討元昊。十二月，詔册元昊爲夏國主，使將行而止之，以俟虜使。公曰：「若虜使未至而行，則事自我出，既至，則恩歸契丹矣。」從之。

是歲契丹受禮雲中，且發兵，會元昊伐呆兒族，於河東爲近。上問公曰：「虜得無與元昊襲我乎？」公曰：「虜自得幽、薊，不復由河東入寇者，以河北平易富饒，而河東嶮瘠，且虞我出鎮定，擣燕薊之虚也。今兵出無名，契丹大國，決不爲此。就使妄動，當出我不意，不應先言受禮雲中也。元昊本與契丹約，相左右以困中國，今契丹背約，結好於我，獨獲重幣，元昊有怨言，故虜築威塞州以備之，呆兒屢殺威塞人，虜疑元昊使之，故爲是役，安能合而寇我哉！」或請調發爲備。公曰：「虜雖不來，猶欲以虚聲困我，若調發，正墮其計。臣請任之。虜若入寇，臣爲罔上且誤國。」上乃止，虜卒不動。公謂契丹異日作難，必於河朔。

既上十三策，又請守一郡行其事。小人怨公不已，而大臣亦有以飛語讒公者。上雖不信，公懼，因保州賊平，求爲河北宣撫使以避之。使將還，除資政殿學士、知鄆州兼京東西路安撫使，讒者不已，罷安撫使。歲餘，讒不驗。加給事中，移知青州兼京東東路安撫使。

河朔大水，民流京東。公擇所部豐稔者五州，勸民出粟，得十五萬斛，益以官廩，隨所在貯之。得公私廬舍十餘萬區，散處其人，以便薪水。官吏自前資待闕、寄居者，皆給其禄，使即民所聚，選老弱病瘠者廪之。山林河泊之利，有可取以爲生者，聽流民取之，其主不得禁。官吏皆書具勞約爲奏請，使他日得以次受賞於朝。率五日，輒遣人以酒肉糗飯勞之，出於至誠，人人爲盡力。流民死者，爲大冢葬之，謂之叢冢，自爲文祭之。明年麥大熟，流民各以遠近受糧而歸，凡活五十餘萬人。募而爲兵者又萬餘人。上聞之，遣使勞公，即拜禮部侍郎。公曰：「救災，守臣職也。」辭不受。前此救災者，皆聚民城郭中，煮粥食之，饑民聚爲疾疫，及相蹈藉死，或待次數日不食，得粥皆僵仆，名爲救之而實殺之。自公立法，簡便周至，天下傳以爲法，至于今，不知所活者幾千萬人矣。

王則據貝州叛，齊州禁兵馬達、張青與姦民張握等得劍印于妖師，欲以其衆叛，將屠城以應則。握之壻楊俊詣公告之，齊非公所部，恐事泄變生。時中貴人張從訓銜命至青，公度從訓可使，即以事付從訓，使馳至郡，發吏卒取之，無得脱者。且自劾擅遣中使罪，仁宗嘉之。再除禮部侍郎。公又懇辭不受。

遷資政殿大學士，以明堂恩，除禮部侍郎，徙知鄭州，又徙蔡州，加觀文殿學士，知河陽，遷户部侍郎，除宣徽南院使，判并州兼河東經畧安撫使。至和二年，召拜同中書門下平章事、集賢殿大學士，與文彦博並命。

宣制之日，士大夫相慶於朝，仁宗密覘知之。歐陽脩奏事殿上，上具以語脩，且曰：「古之求相者，或得於夢卜，今朕用二相，人情如此，豈不賢於夢卜也哉！」脩頓首稱賀。

仁宗弗豫，大臣不得見，中外憂恐。文彦博與公等直入問疾，内侍止之，不可。因以監視禳禱爲名，乞留宿内殿，事皆關白而後行，禁中肅然。嘉祐三年，加禮部尚書、昭文館大學士，監脩國史。

公之爲相，守格法，行故事，而附以公議，無心於其間，故百官任職，天下無事。以所在民力困弊，賦役不均，遣使分道相視裁減，謂之寬卹民力。又弛茶禁，以通商賈，省刑獄，天下便之。

六年，丁秦國太夫人憂，詔爲罷春燕故事。執政遇喪皆起復，公以謂金革變禮，不可用於平世。仁宗待公而爲政，五遣使起之，卒不從命，天下稱焉。

英宗即位，拜樞密使、同中書門下平章事，遷户部尚書。逾年，以足疾，求解機務，章二十上，拜鎮海軍節度使、同中書門下平章事，判河陽，封祁國公。公五上章，辭使相，且言：「真宗以前不輕以此授人，仁宗即位之初，執政欲自爲地，

故開此例。終仁宗之世，宰相樞密使罷者皆除使相，至不稱職，有罪者亦然，天下非之。今陛下初即位，願立法自臣始。」不從。

神宗即位，改鎮武寧軍，進封鄭國公。公又乞罷使相，乃以爲尚書左僕射、觀文殿大學士、集禧觀使，召赴闕。公以足疾，固辭，復判河陽。熙寧元年，移汝州，且詔入覲。以公足疾，許肩輿至殿門，上特爲御内東門小殿見之。令男紹隆入扶，且命無拜，坐語從容，至日昃，賜紹隆五品服。再對，上欲留公爲集禧觀使，力辭赴郡。明年二月，除司空兼侍中昭文館大學士，賜甲第一區，皆辭不受。復拜左僕射、門下侍郎、同中書門下平章事。

公既至，未見。有於上前言災異皆天數非人事得失所致者。公聞之，歎曰：「人君所畏惟天，若不畏天，何事不可爲者。去亂亡無幾矣。此必姦臣欲進邪說，故先導上以無所畏，使輔拂諫諍之臣，無所復施其力，此治亂之機也。吾不可以不速救。」即上書數千言，雜引《春秋》、《洪範》及古今傳記，人情物理，以明其決不然者。

羣臣請上尊號及作樂，上以久旱不許。羣臣固請作樂，公又言：「故事，有災變皆徹樂，恐上以同天節虜使當上壽，故未斷其請，臣以爲此盛德事，正當以示夷狄，乞并罷上壽。」從之。即日而雨。

公又上疏，願益畏天戒，遠姦佞，近忠良。上親書答詔曰：「義忠言親，理正文直。苟非意在愛君，志存王室，何以臻此。敢不置之枕席，銘諸肺腑，終老是戒。更願公不替今日之志，則天災不難弭，太平可立俟也。」公既上疏謝，復申戒不已，願陛下待羣臣不以同異爲喜怒，不以喜怒爲用捨。

公始見上，上問邊事。公曰：「陛下即位之始，當布德行惠，願二十年口不言兵。」因以九事爲戒。八月，以疾辭位，拜武寧軍節度使、同中書門下平章事，判河南。復以公請，改亳州。

時方行青苗息錢法。公以謂此法行則財聚於上，人散於下，且富民不願請，願請者皆貧民，後不可復得，故持之不行。而提舉常平倉趙濟劾公以大臣格新法，法行當自貴近者始，若置而不問，無以令天下。乃除左僕射，判汝州。公言：「新法臣所不曉，不可以復治郡，願歸洛養疾。」許之。尋請老，拜司空，復武寧節度及平章事，進封韓國公，致仕。

公雖居家，而朝廷有大利害，知無不言。交趾叛，詔郭逵等討之。公言：「海嶠嶮遠，不可以責其必進，願詔逵等擇利進退，以全王師。」契丹來爭河東地界，上手詔問公。公言：「熙河諸郡，皆不足守，而河東地界，決不可許。」元豐三年，官制行，改授開府儀同三司。是歲，故參知政事王堯臣之子同老上言：「至和三年仁宗弗豫，其父堯臣嘗與文彦博、劉沆及公同決大策，乞立儲嗣，仁宗許之，會翊日有瘳，故緩其事，人無復知者。」以其父堯臣所撰詔草上之。上以問彦博，彦博言與同老合。上嘉公等勳績如此，而終不自言，下詔以公爲司徒，且以其子紹京爲閤門祗候。

六年閏六月丙申，薨于洛陽私第之正寢，享年八十。手封遺表，使其子上之，世莫知其所言者。上聞訃，震悼，爲輟視朝，内出祭文，遣使致奠所，以賻卹其家者甚厚。贈太尉，謚曰文忠。十一月庚申，葬于河南府河南縣金谷鄉南張里。【略】

公性至孝，恭儉好禮，與人言，雖幼賤必盡敬，氣色穆然，終身不見喜愠。然以單車入不測之虜廷，詰其君臣，折其口而服其心，無一語少屈，所謂大勇者乎！其好善疾惡，蓋出於天資。常言：「君子小人如冰炭，決不可以同器，若兼收並用，則小人必勝，薰蕕雜處，終必爲臭。」其爲宰相及判河陽，最後請老居家，凡三上章，皆言：「天子無職奏，惟辨君子小人而進退之，此天子之職也。君子與小人並處，其勢必不勝，君子不勝，則奉身而退，樂道無悶，小人不勝，則交結構扇，千歧萬轍，必勝而後已。小人復勝，必遂肆毒於善良，無所不爲，求天下不亂，不可得也。」

其爲文章，辯而不華，質而不俚。有《文集》八十卷、《天聖應詔集》一卷、《諫垣集》二卷、《制草》五卷、《奏議》十三卷、《表章》三十卷、《河北安邊策》一卷、《奉使録》四卷、《青州振濟策》三卷。

平生所薦甚衆，尤知名者十餘人，如王質與其弟素、余靖、張瓌、石介、孫復、吴奎、韓維、陳襄、王鼎、張昷之、杜杞、陳希亮之流，皆有聞於世，世以爲知人。

元祐元年六年，有詔以公配享神宗皇帝廟廷。明年，以明堂恩，加贈太師。紹庭請于朝曰：「先臣墓碑未立，願有以寵綏之。」上爲親篆其首，曰顯忠尚德之碑，且命臣軾撰次其事。謹拜手稽首而獻言曰：世未嘗無賢也。自堯舜三代以至于今，有是君則有是臣，故仁宗、英宗至于神考，咸有一德，克享天心，則天界以人，光明偉傑有如公者。觀公之行事，而味其平生，則三宗之盛德，可不問而知也。古之人臣，功高則身危，名重則謗生，故命世之士，罕能以功名終始者。臣觀三宗所以待公，全其功名而保其終始，蓋可謂至矣。方契丹求割地，上

命宰相，歷問近臣孰能爲朕使虜者，皆以事辭免。公獨慨然請行。使事既畢，上欲用公，公逡巡退避不敢居，而向之辭免者，自耻其不行，則惟公之怨，比而讒公，無所不至。及石介爲《慶曆聖德詩》，天下傳誦，則大臣疾公如仇，構以飛語，必欲致之死地。仁宗徐而察之，盡辨其誣，卒以公爲相。及英宗、神宗之世，公已老矣，勳在史官，德在生民。天子虛己聽公，西戎、北狄視公進退，以爲中國輕重。然一趙濟敢摇之，惟神宗日月之明，知公愈深。公雖請老，有大政事必手詔訪問。又追論定策之勳，以告天下，寵及其子孫，然後小人不敢復議，雍容進退，卒爲宗臣。古人有言曰：「爲君難爲臣不易。」豈不然哉！公既配食清廟，宜有頌詩，以昭示來世。

其詞曰：五代八姓，十有二君。四十四年，如絲之棼。以人爲嬉，以殺爲假。兵交兩河，腥聞于天。上帝厭之，命我祖宗。畀爾鑪錘，往銷其鋒。孰謂民遠，我聞其呻。寧爾小忍，無殘我民。六聖受命，惟一其心。敕其後人，帝命是承。勿劓刖人，矧敢好兵。百三十年，諱兵與刑。惟彼北戎，謂帝我驕。帝聞其言，折其萌芽。篤生萊公，尺箠笞之。既服既馴，則擾綏之。堂堂韓公，與萊相望。再聘于燕，北方以寧。景德元祺，始盟契丹。公生是歲，天命則然。公之在母，秦國寤驚。旌旗鶴雁，降充其庭。云有天赦，已而生公。天欲赦民，公啓其衷。北至燕然，南至于河。億萬維生，公手撫摩。水潦荐饑，散流而東。五十萬人，仰哺于公。公之在內，自泉流瀕。其在四方，自葉流根。百官維人，百度惟正。相我三宗，重華協明。帝謂公來，隕星其堂。有墳其丘，公豈是藏。維嶽降神，今歸不留。臣軾作頌，以配崧高。

王稱《東都事略》卷六八《富弼傳》 富弼，字彦國，河南人也。幼篤學，有大度。范仲淹見而識之，曰：「此王佐才也。」懷其文以示王曾、晏殊，殊即以女妻之。

舉茂才異等，授將作監丞，知長水縣，簽書河陽節度判官。會郭皇后廢，范仲淹爭之，貶知睦州。弼言：「朝廷一舉而獲二過，縱不能復后，宜還仲淹，以來忠言。」通判絳州，遷太子中允、直集賢院。從王曾辟，通判鄆州。趙元昊反，弼上疏陳八事，且言：「元昊遣使求割地，邀金帛，使者部從儀物如契丹，而詞甚倨，此必元昊腹心謀臣自請行者，宜出其不意，斬之都市。」又言：「夏守贇，庸人也。平時猶不當用，而況艱難之際，可爲樞密乎？」召爲開封府推官，擢知諫院。康定元年，日食，正旦弼言：「請罷燕徹樂，雖虜使在館，亦宜就賜飲食而已。」執政以爲不可。弼曰：「萬一北虜行之，爲朝廷羞。」後使虜還者，云虜中罷燕，如弼言，仁宗深悔之。初，宰相惡聞忠言，下令禁越職言事。弼因論日食以謂「應天變莫若通下情」，遂除其禁。

元昊寇鄜延，破金明，延帥范雍、鈐轄盧守懃閉門不救，內侍黄德和引兵先走，劉平、石元孫戰殁，而雍、守懃歸罪於通判計用章、都監李康伯，皆竄嶺南。德和誣奏平降賊，詔以兵圍守其家。弼言：「平自環慶引兵來援，以姦臣不救故敗，竟罵賊不食而死。宜卹其家。守懃、德和，皆中官，怙勢誣人，不可但已。」時守懃子昭序爲御藥，弼奏乞罷之，德和竟坐腰斬。夏守贇爲陝西都總管，又以入內都知王守忠爲都鈐轄。弼言：「用守贇既爲天下笑，而守忠鈐轄乃與唐中官監軍無異，將吏必怨懼。」乃罷守忠不遣。又言：「邊事係國安危，不當專委樞密院，乞如國初，令宰相兼領。」仁宗從之。以宰相兼樞密使爲三司鹽鐵判官，遷史館修撰。

慶曆二年，改右正言、知制誥，契丹聚重兵境上，遣其臣蕭英、劉六符來求關南地。兵既壓境，而使來非時，中外忿之。仁宗曰：「契丹，吾兄弟之國，未可棄也，其有以大鎮撫之。」命宰相擇報聘者。時虜情不可測，羣臣皆不敢行，宰相舉弼使契丹。弼即入對便殿，叩頭曰：「主憂臣辱，臣不敢愛其死。」乃以弼爲接伴。弼開懷與語，不以夷狄待之。英等見弼傾盡，亦不復隱其情，遂去左右，密以其主所欲得者告弼。且曰：「可從，從之；不可從，更以一事塞之。」弼具以聞，仁宗命御史中丞賈昌朝館伴，不許割地而許增歲幣。以弼爲樞密直學士，辭不拜，假資政殿學士、户部侍郎使契丹。

既至，六符館之。往反十數，皆論割地必不可狀。及見虜主，問故，虜主曰：「南朝違約，塞鴈門，增塘水，治城隍，籍民兵，此何意也？」羣臣請舉兵而南，寡人以謂不若遣使求地。求而不獲，舉兵未晚也。」弼曰：「北朝忘章聖皇帝之大德乎？澶淵之役，若從諸將言，北兵無得脱者。且北朝與中國通好，則人主專其利，而臣下無所獲。若用兵，則利歸臣下，而人主任其禍。故北朝諸臣爭勸用兵者，此皆其身謀，非國計也。」虜主驚曰：「何謂也？」弼曰：「晉高祖欺天叛君，而求助於北，末帝昏亂，神人棄之。是時，中國狹小，上下離叛，故契丹全師獨克。雖虜獲金帛，充牣諸臣之家，而壯士健馬物故大半，此誰任其禍者？今中國提封萬里，所在精兵以百萬計，法令修明，上下一心，北朝欲用兵，能保其必勝乎？」曰：「不能」。弼曰：「勝負未可知，就使其勝，所亡士馬羣臣當之歟？抑

人主當之歟？若通好不絶，歲幣盡歸人主，臣下所得止奉使者歲一二人耳。羣臣何利焉？」虜主大悟，首肯者久之。

弼又曰：「塞鴈門者，以備元昊也。塘水始於何承矩，事在通好前。地卑水聚，勢不得不增。城隍皆修舊，民兵亦舊籍，特補其缺耳，非違約也。晉高祖以盧龍一道賂契丹，周世宗復伐取關南，皆異代事。宋興已九十年，若各欲求異代故地，豈北朝之利也哉？本朝皇帝之命使臣，則有詞矣，曰：『朕爲祖宗守國，必不敢以其地與人。北朝所欲，不過利其租賦耳，朕不欲以地故多殺兩朝赤子，故屈己增幣，以代賦入。若北朝必欲得地，是志在敗盟，假此爲辭耳。朕亦安得獨避用兵乎？澶淵之盟，天地鬼神實臨之。今北朝首發兵端，過不在朕，天地鬼神豈可欺也哉？』」虜主大感悟，遂欲求昏。弼曰：「昏媾易以生隙，人命脩短不可知，不若歲幣之堅久也。本朝長公主出降，齎送不過十萬緡，豈若歲幣無窮之獲哉？」虜主曰：「卿且歸矣，再來當擇一授之。卿其遂以誓書來。」弼歸復命。

再聘，受書及口傳之詞于政府。既行，次樂壽，謂其副曰：「吾爲使者而不見國書，萬一書詞與口傳者異，則吾事敗矣。」發書視之，果不同。乃馳還都，以晡入見宿學士院，一夕易書而行。既至，虜不復求昏，專欲增幣，曰：「南朝移我書當曰獻，否則曰納。」弼争不可，虜主曰：「南朝既懼我矣，何惜此二字？若我擁兵而南，得無悔乎？」弼曰：「本朝皇帝兼愛南北之民，不忍使蹈鋒鏑，故屈己增幣，何名爲懼哉？若不得已而至於用兵，則南北敵國，當以曲直爲勝負，非使臣之所憂也。」虜主曰：「卿勿固執，古亦有之。」弼曰：「自古惟唐高祖借兵於突厥，故臣事之。當時所遺，或稱獻納則不可知。其後頡利爲太宗所擒，豈復有此禮哉？」弼聲色俱厲，虜知不可奪，曰：「吾當自遣人議之。」於是留所許增幣誓書，復使邪律仁先及六符以其國誓書來，且求獻納。弼奏曰：「臣既以死拒之，敵氣折矣。可勿許，虜無能爲也。」仁宗從之，增歲幣二十萬。而契丹平時有用僞牒爲僧者，事覺，乃堂吏爲之，開封按餘人而不及吏。弼白宰相呂夷簡，請以吏付獄，且言曰：「必得吏乃止。」夷簡不悦，故薦弼使契丹，且變易國書，欲因事罪之。歐陽脩上書引顔真卿使李希烈事，留之不報。

使還，除樞密直學士，懇辭不受。尋遷翰林學士，弼見仁宗力辭曰：「增歲幣，非臣本意也，特以朝廷方討元昊，未暇與敵角，不敢以死争爾。其敢受賞乎？」三年，拜樞密副使，辭之愈力。改資政殿學士兼翰林侍讀學士，既又復除樞密副使。弼言：「虜既通好，議者便謂無事，邊備漸弛。虜萬一敗盟，臣死且有罪。非獨臣不敢受，亦願陛下思契丹輕侮中原之耻，坐薪嘗膽，不忘修政。」因以告納上前而罷。逾月，復除前命。時元昊使辭，羣臣班紫宸殿門趨，弼綴樞密院班。乃御殿，又命宰相章得象諭弼曰：「此朝廷特用，非以使敵故也。」弼乃受命。

時晏殊爲相，范仲淹爲參知政事，杜衍爲樞密使，韓琦與弼副之，歐陽脩、余靖、王素、蔡襄爲諫官，皆天下之望。弼既以社稷自任，而仁宗責成於弼與仲淹，望太平於朞月之間，數以手詔督弼等條具其事。又開天章閣，召弼等坐，具給筆札，使書其所欲爲者，遣中使二人更往督之。且命仲淹主西事，弼主北事。弼遂與仲淹各上當世之務十餘條，又自上河北安邊十三策。大略以進賢退不肖、止僥倖去宿弊爲本，欲漸易諸路監司之不才者，使澄汰所部吏。於是小人始不悦矣。

元昊遣使以書來，稱男而不臣，弼言：「契丹臣元昊而我不臣，則契丹爲無敵於天下，不可許。」乃却其使，卒臣之。四年，契丹來告舉兵討元昊。時册命元昊爲夏國主，使將行而止之，以俟虜使。弼曰：「若虜使未至而行，則事自我出。既至，則恩歸契丹矣。」從之。是歲，契丹受禮雲中，且發兵會元昊伐呆兒族，於河東爲近。仁宗問弼曰：「虜得無與元昊襲我乎？」弼曰：「虜自幽薊不復由河東入寇者，以河北平易富饒，而河東險瘠，且虞我出鎮定擣燕薊之虚也。今兵出無名，契丹大國決不爲此。就使妄動，當出我不意，不應先言受禮雲中也。元昊本與契丹約相左右，以困中國，今契丹背約結好於我，獨獲重幣，元昊有怨言，故築威塞州以備之。呆兒屢殺威塞人，虜疑元昊使之，故爲是役，安能合而寇我哉？」或請調發爲備，弼曰：「虜雖不來，猶欲以虚聲困我。若調發，正墮其計。臣請任之，虜若入寇，臣爲罔上且誤國。」仁宗乃止，虜卒不動。

初，魯人石介作《慶曆聖德詩》，歷頌羣臣，以弼、仲淹比之夔、契，而詆夏竦，竦怨之。會介奏記於弼，説以行伊周之事。竦因傾弼等，乃改伊周曰伊霍，使女奴陰習介書，爲廢立詔草。飛語上聞，仁宗雖不信，弼懼，因保州賊平，求爲河北宣撫使以避之。使還，道除資政殿學士、知鄆州兼京東西路安撫使，而衍、仲淹皆罷政。未幾，石介死，讒者以介北走契丹，結連起兵，弼以一路兵應之。罷弼安撫使，且欲發介墓以觀之。

歲餘，讒不驗，加給事中知青州。河朔大水，民流京東，弼擇所部豐稔者五州，勸民出粟，得十五萬斛，益以官廩，隨所在貯之。得公私廬舍十餘萬區，散處

其人，以便薪水。官吏自前資、待闕、寄居者，皆給其禄，使即民所聚，選老弱病瘠者廪之。山林河泊之利，有可取以爲生者，聽流民取之，其主不得禁。官吏皆書其勞，約爲奏請，使他日得以次受賞於朝。率五日輒遣人以酒肉糗飯勞之，出於至誠，人人爲盡力。流民死者，爲大冢葬之，謂之「叢冢」，自爲文祭之。明年，麥大熟，流民各以遠近受糧而歸，凡活五十餘萬人，募而爲兵又萬餘人。仁宗遣使慰勞，即拜禮部侍郎。弼曰：「救災，守臣職也。」辭不受。

王則據貝州叛，齊州禁兵千人欲屠城以應之。有告變者，弼以齊非所部，恐事泄生變。會中使張宗訓銜命至青，弼檄宗訓使馳至郡，發吏卒取之，無得脱者。且自劾擅遣中使罪，仁宗嘉之，再遷禮部侍郎，弼又懇辭不受。遷資政殿大學士，以明堂恩除禮部侍郎、知鄭州，徙知蔡州，加觀文殿學士、知河陽，遷户部侍郎，除宣徽南院使、判并州。

至和二年，召拜同中書門下平章事、集賢殿大學士，與文彦博並命。宣制之日，士大夫相慶於朝，仁宗密覘知之。歐陽脩奏事殿上，仁宗具以語脩，且曰：「古之求相者，或得於夢卜。今朕用二相，人情如此，豈不賢於夢卜也哉？」脩頓首稱賀。仁宗弗豫，大臣弗得見，中外憂恐。文彦博與弼等直入問疾，内侍止之，不可。因以監視禳祈爲名，乞留宿内殿，事皆關白而後行，禁中肅然。嘉祐三年，加禮部尚書，昭文館大學士，監脩國史。仁宗悉以政事仰成宰府，弼總綱紀號令，謹守典法，所選用多得人，天下無事，號稱賢相。六年，丁母憂，仁宗爲罷春宴。故事，執政遇喪，皆起復，弼以謂金革變禮，不可用於平世，五遣使起之，卒不從命。

英宗即位，拜樞密使同平章事，遷户部尚書。初，仁宗弗豫，皇嗣未立，人情憂恐。弼與文彦博等議請蚤定儲嗣。會仁宗康復，故緩其事。後韓琦以定策立英宗。至是慈聖后還政并弼遷官制詔，録其前議。弼奏曰：「至和中臣雖泛議建儲，其於陛下則如在茫昧杳冥之中，未見形象，安得與韓琦等等哉？今陛下録臣先帝時微勞，曷若報皇太后之大恩。皇太后嘗謂臣與胡宿、吴奎曰：『無夫孤孀婦人，無所告訴。』其言至不忍聞，臣寔痛心。豈仁宗之所望於陛下哉？仁宗與皇太后於陛下有天地之恩，而未聞所以爲報。臣於陛下不過有先時議論絲髮之勞爾。臣願陛下，外則以仁恩道德訓天下、結人心，内則以純孝恭恪奉仁宗、事太后，則臣雖啜菽飲水，奔走陛下左右，以死無悔。」一日，韓琦進擬二宦者策立有勞，當遷官，弼曰：「先帝以神器授陛下，皇太后叶贊之力，而此輩何功可書？」琦竦然有愧色，却立數武。

弼嘗進除目，英宗適震怒，擲之榻下。弼搢笏拾取以進曰：「前日陛下在藩邸時喜怒猶不可妄，況今即天子位。切以天子亦有怒焉，出九師以伐四夷，否則陳斧鉞以誅大臣。今日陛下之怒不爲常事，除目也。必以臣等有大過惡可怒者，何不斬臣以謝天下？」英宗爲之霽色温言，弼猶進説不已。治平二年，以疾辭位，拜鎮海軍節度使、同平章事，判河陽，封祁國公。

神宗即位，改鎮武寧，進封鄭國公。弼屢乞罷使相，乃以爲尚書左僕射、觀文殿大學士、集禧觀使，復判河陽。熙寧元年，移汝州。且詔入覲，以足疾許肩輿至殿門，神宗特爲御内東門小殿見之，令男紹隆入扶，且命毋拜。坐語從容至日昃，問以治道，弼對曰：「人君好惡不可令人窺測其意。陛下當如天之鑒人，隨人善惡，然後誅賞從之，則功罪得其實矣。」神宗又問以邊事，弼曰：「陛下即位之始，當布德行惠，願二十年口不言兵。」神宗又問爲治所先，弼曰：「阜安寓内爲先。」

明年，除司空兼侍中，弼力辭。復拜左僕射、同中書門下平章、事昭文館大學士。弼既至未見，有於上前言：「災異皆天數，非人事得失所至者。」弼聞之歎曰：「人君所畏惟天，若不畏天，何事不可爲者？去亂亡無幾矣。此必姦臣欲進邪説，故先導上以無所畏，使輔弼諫諍之臣無所復施其力。此治亂之幾也，吾不可以不速救。」即上書數千言，雜引《春秋》、《洪範》及古今傳記人情物理，以明其決不然者。

羣臣請上尊號及作樂，神宗以久旱不許。羣臣固請，弼又言：「故事，有災變，皆徹樂，恐陛下以『同天節敵使當上壽』，故未斷其請。臣以爲此盛德事，正當以示夷狄，乞并罷上壽。」從之，即日而雨。弼又上疏，願益畏天戒，遠姦佞，近忠良。神宗親書答詔曰：「義忠言親，理正文直，苟非意在愛君，志存王室，何以臻此？敢不置之枕席，銘諸肺腑，終老是戒。更願公不替今日之志，則天災不難弭，太平可立俟也。」

王安石始爲參知政事，議改法理財，與神宗合意。而弼不欲有所變更，與安石不合，多稱疾家居，求退。章數十上。神宗將許之，問曰：「卿即去，誰可代卿者？」弼薦文彦博。神宗默然良久曰：「王安石何如？」弼亦默然。拜武寧軍節度使、同平章事，判亳州。時方行青苗息錢法，弼以爲此法行則財聚於上，人散於下，且富民不願請，願請者皆貧民，後不可復得。故持之不行。而提舉常平倉趙濟，劾弼以大臣格新法，法行當自貴近者始，若置而不問，無以令天下。乃除左僕射、判汝州。弼言：「新法，臣所不曉，不可以復治郡，願歸洛養疾。」許之。尋請老，拜司空，復武寧軍節度使及平章事，進封韓國公，致仕。

弼雖家居，而朝廷有大利害知無不言。交趾叛，以郭逵等討之。弼言：「海嶠嶮遠，不可以責其必進，願詔逵等擇利進退，以全王師。」因極言時弊，請速改新法以救倒懸之急。契丹來争河東地界，手詔問弼，弼言：「熙河諸郡，皆不足守，而河東地界，決不可許。」官制行，改授開府儀同三司。故參知政事王堯臣之子同老上言，至和三年仁宗弗豫，其父堯臣嘗與文彦博、劉沆及弼同決大策，乞立儲嗣，以其父堯臣所撰詔草上之。神宗以問彦博，彦博言與同老合。神宗嘉之，以弼爲司徒。

元豐六年，弼年八十，懷不能已，又上疏，論治亂不出於用諛佞、讜直二端而已，今諛佞者競進，讜直者多處外，忠義之士仰室竊歎，天下之敝陛下不得知而更張之，恐禍亂將至，益煩聖慮亦無及矣。疏奏，又條陳時政之失，以待上問。封之，以付其子。未幾而薨。贈太尉，謚曰「文忠」。元祐初，加贈太師，配享神宗廟庭，御篆其碑曰：「顯忠尚德。」紹聖中，章惇用事，謂弼得罪先帝，罷配享。至靖康而復侑食于廟。

弼性至孝，恭儉好禮。與人言，雖幼賤必盡敬，氣色穆然，不見喜慍。其好善疾惡，蓋出於天性。常言：「君子小人如冰炭，決不可以同器。若兼收並用，則小人必勝。薰蕕雜處，終必爲臭。」其爲宰相及判河陽，最後請老家居，凡三上章，皆言：「天子無職事，惟辨君子小人而進退之，此天子之職也。君子與小人並處，其勢必不勝。君子不勝，則奉身而退，樂道無悶；小人不勝，則必交結，千岐萬轍，必勝而後已。小人復勝，必遂肆毒於善良，無所不爲，求天下不亂不可得也。」弼早有公輔之望，天下皆稱曰「富公」。名聞夷狄，虜使每至必問其出處安否。忠義之性，老而彌篤云。

雜録

備録

朱熹《三朝名臣言行録》卷二之一《丞相韓國富文忠公》 富韓公初遊場屋，穆脩伯長謂之曰：「進士不足以盡子之才，當以大科名世。」公果禮部試下。時太師公官耀州，公西歸，次陝。范文正公遣人追公曰：「有旨以大科取士，可亟還。」公復還京師，見文正，辭以未嘗爲此學。文正曰：「已同諸公薦君矣。久爲君闢一室，皆大科文字，可往就館。」時晏元獻公爲相，求婚於文正，文正曰：「公女若嫁官人，仲淹不敢知。必求國士，無如富弼者。」元獻一見公，大愛重之，即議婚。公遂以賢良方正登第。《聞見録》

郭后廢，范仲淹争之，貶知睦州。公上言：「朝廷一舉而獲二過，縱不能復后，宜還仲淹，以來忠言。」蘇内翰撰《神道碑》

寶元初，趙元昊反，公時通判鄆州，陳八事，且言：「元昊遣使求割地，邀金帛，使者部從儀物如契丹，而詞甚倨。此必元昊腹心謀臣自請行者。宜出其不意，斬之都市。」又言：「夏守贇庸人，平時猶不當用，而況艱難之際，可爲樞密乎！」議者以爲有宰相器。《神道碑》

擢知諫院。康定元年，日食正旦。公言：「請罷燕徹樂，雖虜使在館，亦宜就賜飲食而已。」執政以爲不可。公曰：「萬一北虜行之，爲朝廷羞。」後使虜還者云：「虜中罷燕。」如公言。仁宗深悔之。初，宰相惡聞忠言，下令禁越職言事。公因論日食，以爲應天變莫若通下情，遂除其禁。《神道碑》

元昊寇鄜延，殺二萬人，延帥范雍、鈐轄盧守勤閉門不救，中貴人黄德和引兵先走，劉平、石元孫戰死，而雍、守勤歸罪於通判、都監，竄之嶺南，德和誣奏平降賊，詔以兵圍守其家。公言：「平自環慶引兵來援，以姦臣不救，故敗，竟罵賊不食而死。宜恤其家。守勤、德和皆中官，怙勢誣人，冀以自免，宜竟其獄。」樞密院奏方用兵，獄不可遂。公言：「大臣附下罔上，獄不可不竟。」時守勤養子爲御藥，亦奏罷之，德和竟坐腰斬。《神道碑》

延州民二十人詣闕告急，上召問，具得諸將敗亡狀。執政惡之，命遠郡禁民擅赴闕者。公言：「此非陛下意，宰相惡上知四方有敗耳。民有急，不得訴之朝，則西走元昊，北走契丹矣。」《神道碑》

夏守贇爲陝西都總管，又以宦者王守忠爲都鈐轄。公言：「用守贇已爲天下笑，而守忠鈐轄，乃與唐中官監軍無異，且守勤、德和覆車之轍，可復蹈乎？」詔罷守忠。《神道碑》

自用兵以來，吏民上書者甚衆，初不省用。公言：「知制誥本中書屬官，可選二人置局，中書考其所言，可用用之。」宰相以付學士。公言：「此宰相偷安，欲以天下是非盡付它人。」又引國初故事，請使宰相兼領樞密院。仁宗曰：「軍

國之務，當盡歸中書，樞密非古官。」然未欲遽廢，即詔中書同議樞密院事。宰相辭曰：「恐樞密院謂臣奪其權。」公曰：「此宰相避事耳，非畏奪權也。」會西夏首領二人來降，補借奉職，羈置荆湖。公言：「二人之降，其家已族矣，當厚賞以勸來者。」上命以所言送中書。公見宰相，論之，宰相初不知也。公嘆曰：「此豈小事而宰相不知耶？」更極論之。上從公言，乃以宰相兼樞密使。《神道碑》

劉從愿妻遂國夫人者，王蒙正女也。寶元中，出入内廷，或云得幸於上，外人無不知者。以此獲罪，奪封罷朝謁。久之，復得入。張公安道爲諫官，再以疏論列，皆留中。富鄭公時知制誥，制下復遂國之封，鄭公繳還詞頭，封命遂寢。唐制，唯給事中得封還詔書，中書舍人繳詞頭蓋自鄭公始。安道見呂申公，申公猶以非舊典，不樂。二公之不相喜，凡皆此類也。《龍川志》

契丹自晉天福以來，踐有幽薊，北鄙之警，略無寧歲，凡六十有九年。至景德元年，舉國來寇，真宗用寇準計，親征澶淵，射殺其驍將順國王撻覽，虜懼，遂請和。時諸將皆請以兵會界河上，邀其歸，徐以精甲躡其後殲之。虜懼，求哀於上。遂詔諸將按兵縱虜歸。虜自是通好守約，不復盜邊者三十有九年。及元昊叛，兵久不決。契丹之臣有貪而喜功者，以我爲怯，且厭兵，遂教其主設詞以動我，欲得晉高祖所與關南十縣。慶曆二年，聚重兵境上，遣其臣蕭英、劉六符來聘。仁宗命宰相擇報聘者，時虜情不可測，群臣皆莫敢行。宰相以公名聞，乃以公接伴。英等入境，上遣中使勞之，英託足疾不拜。公曰：「吾嘗使北，病卧車中，聞命輒起拜。今中使至而公不起，見何禮也。」英矍然起拜。公開懷與語，不以夷狄待之，英等遂去左右，密以其主所欲得者告公，且曰：「可從，從之。不可從，更以一事塞之。」公具以聞。上命御史中丞賈昌朝館伴，不許割地，而許增歲幣，且命公報聘。見虜主，虜主曰：「南朝違約，塞雁門，增塘水，治城隍，籍民兵，此何意也？群臣請舉兵而南，寡人以謂不若遣使求地，求而不獲，舉兵未晚。」公曰：「北朝忘章聖皇帝之大德乎？澶淵之役，若從諸將言，北兵無得脱者。且北朝與中國好，則人主專其利，而臣下無所獲。若用兵，則利歸臣下，而人主任其禍。故北朝諸臣争勸用兵者，此皆其身謀，非國計也。」虜主驚曰：「何謂也？」公曰：「晉高祖欺天叛君，而求助於北，末帝昏亂，神人棄之。是時中國狹小，上下離叛，故契丹全師獨克。雖虜獲金帛，充牣諸臣之家，而壯士健馬，物故太半，此誰任其禍者？今中國提封萬里，所在精兵以百萬計，法令脩明，上下一心，北朝欲用兵，能保其必勝乎？」曰：「不能。」公曰：「就使其勝，所亡士馬，群臣當之歟，亦人主當之歟？若通好不絶，歲幣盡歸人主，臣下所得，止奉使者歲一二人耳，群臣何利焉！」虜主大悟，首肯久之。公又曰：「塞雁門者，以備元昊也。塘水始於何承矩，事在通好前，地卑水聚，勢不得不增。城隍皆脩舊，民兵亦舊籍，特補其缺耳，非違約也。晉高祖以盧龍一道賂契丹，周世宗復伐取關南，皆異代事。宋興已九十年，若各欲求異代故地，豈北朝之利也哉！本朝皇帝之命使臣，則有詞矣。曰：『朕爲祖宗守國，必不敢以其地與人。北朝所欲，不過利其租賦耳。朕不欲以地故多殺兩朝赤子，故屈己增幣，以代賦入。若北朝必欲得地，是志在敗盟，假此爲詞耳，朕亦安得獨避用兵乎？澶淵之盟，天地鬼神實臨之。今北朝首發兵端，過不在朕。天地鬼神，豈可欺也哉！』」虜大感悟，遂欲求婚。公曰：「婚姻易以生隙，人命脩短不可知，不若歲幣之堅久也。本朝長公主出降，齎送不過十萬緡，豈若歲幣無窮之獲哉！」虜主曰：「卿且歸矣。再來，當擇一受之，卿其遂以誓書來。」公歸復命，再聘，受書及口傳之詞于政府。既行次樂壽，謂其副曰：「吾爲使者而不見國書，萬一書詞與口傳者異，則吾事敗矣。」發書視之，果不同。乃馳還都，以晡入見，宿學士院一夕，易書而行。《聞見録》云：富公再使，以國書與口傳之詞不同，馳還奏曰：「政府固爲此，欲置臣於死。臣死不足惜，奈國事何？」仁宗召宰相呂夷簡面問之，夷簡從容袖其書曰：「恐是誤，當令改定。」富公益辨論不平。仁宗問樞密使晏殊：「如何？」殊曰：「夷簡決不肯爲此，真恐誤耳。」富公怒曰：「晏殊姦邪，黨呂夷簡以欺陛下。」富公，晏公之婿也。其忠直如此。既至，虜不復求婚，專欲增幣。曰：「南朝遺我書當曰『獻』，否則曰『納』。」公争不可。虜主曰：「南朝既懼我矣，何惜此二字。若我擁兵而南，得無悔乎？」公曰：「本朝皇帝兼愛南北之民，不忍使蹈鋒鏑，故屈己增幣，何名爲懼哉？若不得已而至於用兵，則南北敵國，當以曲直爲勝負，非使臣之所憂也。」虜主曰：「卿勿固執，古亦有之。」公曰：「自古惟唐高祖借兵於突厥，故臣事之。當時所遺，或稱『獻納』，則不可知。其後頡利爲太宗所擒，豈復有此禮哉！」公聲色俱厲，虜知不可奪，曰：「吾當自遣人議之。」於是留所許增幣誓書，復使耶律仁先及六符以其國誓書來，且求爲『獻納』。公奏曰：「臣既以死拒之，虜氣折矣，可勿復許，虜無能爲也。」上從之，增幣二十萬，而契丹平。契丹君臣，至今誦其語、守其約不忍敗者，以其心曉然，知通好用兵利害之所在也。《神道碑》《温公日録》云：公力争「獻納」二字，及還，而晏公已稱「納」矣。

初，公糾察在京刑獄。時有用僞牒爲僧者，事覺，乃堂吏爲之。開封按餘人

而不及吏，公白執政，請以吏付獄。執政指其坐曰：「公即居此，無爲近名。」公正色不受其言，曰：「必得吏乃止。」執政滋不悅，故薦公使契丹，欲因事罪之。歐陽脩上書引顔真卿使李希烈事留公，不報。使還，除吏部郎中、樞密直學士，懇辭不受。始受命，聞一女卒，再受命，聞一男生，皆不顧而行。得家書，不發而焚之，曰：「徒亂人意。」尋遷翰林學士。公見上力辭，曰：「增歲幣非臣本志也，特以朝廷方討元昊，未暇與虜角，故不敢以死爭耳。」《神道碑》

富鄭公慶曆中以知制誥使北虜還，仁宗嘉之。一日，王拱辰言於上曰：「富弼亦何功之有？但能添金帛之數，厚夷狄而弊中國耳。」仁宗曰：「不然。朕所愛者，土宇生民爾，財物非所惜也。」拱辰曰：「財物豈不出於生民邪？」仁宗曰：「國家經費，取之非一日之積，歲出以賜夷狄，亦未至困民。若兵興調發，歲出不貲，非若今之緩取也。」拱辰曰：「犬戎無厭，好窺中國之隙。且陛下只有一女，萬一欲請和親，則如之何？」仁宗憫然動色曰：「苟利社稷，朕亦豈愛一女耶！」拱辰言塞，且知譖之不行也，遽曰：「臣不知陛下能屈己愛民如此，真堯舜之主也。」洒泣再拜而出。《東軒筆録》

慶曆三年三月，遂命公爲樞密副使，辭愈力。至七月，申前命。公言：「虜既通好，議者便謂無事，邊備漸弛，虜萬一敗盟，臣死且有罪。非獨臣不敢受，亦願陛下思夷狄輕侮中原之恥，坐薪嘗膽，不忘脩政。」因以告納上前而罷。踰月，復以命公。時元昊使辭，上俟公綴樞密院班，乃坐，且使宰相章得象諭公曰：「此朝廷特用，非以使虜故也。」公不得已乃受。時晏殊爲相，范仲淹爲參知政事，杜衍爲樞密使，韓琦與公副之，歐陽脩、余靖、王素、蔡襄爲諫官，皆天下之望。魯人石介作《慶曆聖德詩》以美之。公既以社稷爲任，而仁宗責成於公與仲淹，數以手詔督公等條具其事。又開天章閣，召公等坐，且給筆札，使書其所欲爲者，遣中使二人更往督之，且命仲淹主西事，公主北事。公遂與仲淹各上當世之務十餘條，又自上河北安邊十三策。大略以進賢、退不肖、止僥倖、去宿弊爲本，欲漸易諸路監司之不才者，使澄汰所部吏。於是小人始不悅矣。《神道碑》

元昊遣使以書來，稱「男」而不臣。公言：「契丹臣元昊而我不臣，則契丹爲無敵於天下，不可許。」乃却其使，卒臣之。四年七月，契丹來告，舉兵討元昊。十二月，詔册元昊爲夏國主，使將行而止之，以俟虜使。公曰：「若虜使未至而行，則事自我出，既至則恩歸契丹矣。」從之。是歲契丹受禮雲中，且發兵，會元昊伐呆兒族，於河東爲近。上問公曰：「虜得無與元昊襲我乎？」公曰：「虜自得幽薊，不復由河東入寇者，以河北平易富饒，而河東嶮瘠，且虞我出鎮、定，擣燕、薊之虚也。今兵出無名，契丹大國，決不爲此。就使妄動，當出我不意，不應先言受禮雲中也。元昊本與契丹約相左右以困中國，今契丹背約，結好於我，獨獲重幣，元昊有怨言，故虜築威塞州以備之，呆兒屢殺威塞人，虜疑元昊使之，故爲是役，安能合而寇我哉！」若請調發爲備。公曰：「虜雖不來，猶欲以虚聲困我，若調發，正墮其計。臣請任之。」上乃止，虜卒不動。公謂契丹異日作難，必於河朔。既上十三策，又請守一郡行其事。《神道碑》

初，石介《聖德詩》譽公等而詆夏竦，竦怨之。會介以書與公，責以伊、周之事，竦遂教女奴習介書，改「伊、周」曰「伊、霍」，又僞作介爲弼撰廢立詔草。飛語上聞，仁宗雖不信，而公懼不自安，因保州賊平，求出宣撫河北。歸及國門，不得見，除知鄆州。自鄆移青。會河朔大水，民流京東，擇所部豐稔者三州，勸民出粟，得十五萬斛，益以官廩，隨所在貯之。得公私廬舍十餘萬間，散處其人，以便薪水。《澠水燕談》云：各因坊村擇寺廟及公私空屋，又因山岩爲窟室，以處流民。官吏自前資待闕寄居者，皆給其禄，使即民所聚，選老弱病瘠者廩之。山林河泊之利，有可取以爲生者，聽流民取之，其主不得禁。官吏皆書其勞約爲奏請，使他日得以次受賞於朝。率五日輒遣人以酒肉糗飯勞之。出於至誠，人人爲盡力。流民死者，爲大冢葬之，謂之叢冢，自爲文祭之。明年，麥大熟，流民各以遠近受糧而歸，凡活五十餘萬人，募而爲兵者又萬餘人。上聞之，遣使勞公，即拜禮部侍郎。公曰：「救災，守臣職也。」辭不受。前此救災者，皆聚民城郭中，煑粥食之，飢民聚爲疾疫，反相蹈籍死，或待次數日不食，得粥皆僵仆，名爲救之，而實殺之。自公立法，簡便周至，天下傳以爲法，至于今，不知所活者幾千萬人矣。《神道碑》又《記聞》云：富公知青州，州歲穰，而河朔大飢，飢民東流。公以爲從來拯飢，多聚之州縣，人既猥多，倉廩不能供，散以粥飯，欺弊百端。由此人多餓死，死者氣熏蒸，疾疫隨起，居人亦致病斃。是時方春，野有青菜，公出榜要路，令飢民散入村落，使富民不得固陂澤之利，而等級出米以待之。民重公令，米穀大積，分遣寄居閑官往主其事，間有健吏，募流民中有曾爲吏胥走隸者，皆倍給其食，令供簿書，給納、守禦之役，借民倉以貯，擇地爲場，堀溝爲限，與流民約，三日一支，出納之詳，一如官府。公推其法於境内，吏之所在，手書酒炙之饋日至，人人忻戴，爲之盡力。比麥熟，人給路糧遣歸。餓死者無幾，作叢冢葬之。其間强壯堪爲禁卒者，募得數千人，面刺「指揮」二字，奏乞撥充諸軍。時朝中有與公不相能者，持之不報，人爲公憂之。公連上章懇請且待罪，乃得報。自是天下流民處，多以青州爲法。邵伯温曰：富公使虜功甚偉，而每不自以爲功。至知青州，活飢民四十餘萬，則每自言之曰：「過於作中書令二十

四考矣。」公之所以自任者，世烏得而窺之哉！蘇内翰奉詔撰公墓道之碑，首論公使虜之功，非公之心也。

王則據貝州反，齊州禁兵欲屠城以應之，或詣公告之，公以齊非所部，恐事泄變生。時中貴人張從訓銜命至青，公度從訓可使，即以事付從訓，使馳至郡，發吏卒取之，無得脱者。且自劾擅遣中使罪，仁宗嘉之。《神道碑》

至和二年，召拜集賢相，與文彦博並命。宣制之日，士大夫相慶於朝，仁宗密覘知之，謂侍臣歐陽脩曰：「古之求相者，或得於夢卜；今朕用二相，人情如此，豈不賢於夢卜也哉！」脩頓首稱賀。《神道碑》

富韓公爲相，議欲稍由學校進士，命侍從儒臣講立法制，太學諸生經明行脩者，由右學升左學，由左學升上舍，歲終擇上舍中經行尤高者，比及第人，命之以官。既簽同列奏，獨翰林歐陽永叔、舍人劉原父異論曰：「如是則通經者未升於左學，而辭賦者已在於高科矣。」事卒不行。《吕氏家塾記》

至和間，富公當國，立一舉三十年推恩之法。蓋公與河南進士段希元、魏升平同場屋相善，公作相，不欲私之，故爲天下之制。至今行之。《聞見録》

仁宗弗豫，大臣不得見，中外憂恐。文彦博與公等直入問疾，内侍止之，不可。因以監視禳禱爲名，乞留宿内殿，事皆關白而後行，禁中肅然。《神道碑》

公之爲相，守格法，行故事，而附以公議，無心於其間。故百官任職，天下無事。以所在民力困弊，賦役不均，遣使分道相視裁減，謂之寬恤民力。又弛茶禁，以通商賈，省刑獄，天下便之。《神道碑》

六年，丁秦國太夫人憂，詔爲罷春燕。故事，執政遇喪皆起復，公以謂金革變禮，不可用於平世。仁宗待公而爲政，五遣使起之，卒不從命，天下稱焉。《神道碑》又《龍川志》云：富鄭公、韓魏公同在中書。鄭公母老矣。一日，語及故事，宰相有起復視事者，魏公曰：「此非朝廷盛事。」已而鄭公居母憂，朝廷屢詔起之，上章三辭，貼黄言：「臣在中書日，嘗與韓琦言之，決不當起。」魏公歎曰：「吾但以實言之，不料以爲怨。」自此二人稍稍有隙。

仁宗末年，富公自相位丁太夫人憂。服除，英宗已即位，魏公已遷左相，故用富公爲樞密相，魏公已下皆遷官，富公亦遷户部尚書。公辭曰：「切聞制辭叙述，陛下即位，以臣在憂服，無可稱道，乃取嘉祐中臣在中書日嘗議建儲，以此爲效，而推今日之恩。嘉祐中雖嘗泛議建儲之事，仁宗尚祕其請。其於陛下，則如在茫昧杳冥之中，未見形象，安得如韓琦等後來功效之深切著明也？」《聞見録》

英宗即位之初，感疾不能視朝，大臣請光獻太后垂簾權同聽政，后辭之不獲，乃從。英宗才康復，后已下手書復辟。魏公奏：「臺諫有章疏，請太后早還政。」后聞之遽起。魏公急令儀鑾司徹簾，后猶未轉御屏，尚見其衣也。時富韓公爲樞密相，怪魏公不關報徹簾事，有「韓魏公欲致弼於族滅之地」之語。歐陽公爲參政，首議追尊濮安懿王，富公曰：「歐陽公讀書知禮法，所以爲此舉者，忘仁宗，累主上，欺韓公耳。」富公因辭執政例遷官，疏言甚危，三日不報。見英宗，面奏曰：「仁宗之立陛下，皇太后之功也。陛下未報皇太后大功，先録臣之小勞，非仁宗之意也。方仁宗之世，宗屬與陛下親相等者尚多，必以陛下爲子者，以陛下孝德彰聞也。今皇太后謂臣與胡宿、吴奎等曰：『無夫婦人無所告。』至不忍聞，臣寔痛之。豈仁宗之所望於陛下者哉！」以笏指御床曰：「非陛下有孝德，孰可居此？」英宗俯躬曰：「不敢。」富公求去益堅，遂出判河陽。自此與魏公、歐陽公絶。後富公致政居洛，每歲生日，魏公不論遠近，必遣使致書幣甚恭，富公但答以老病，無書。魏公之禮終不替，至薨乃已。天下兩賢之。魏公、歐陽公之薨也，富公皆不祭弔。《國史》著富公以不預策立英宗，與魏公絶，至此祭弔不通，非也。《聞見録》

英宗一日因公進除目而震怒，響滿一殿，擲除目榻下。公慨然搢笏，拾除目，執之進曰：「前日陛下在藩邸時，喜怒猶不可妄，況今即天子位？竊以天子亦有怒焉，出九師以伐四夷，否則陳斧鉞以誅大臣。今日陛下之怒，不爲常事除目也，必以臣等有大過惡可怒者，何不斬臣以謝天下！」英宗爲之霽色温言，公進説猶久之不已。晁以道《富公奏議序》

英宗初臨御，韓魏公爲相，富鄭公爲樞密相。一日，韓公進擬數官者策立有勞，當遷官。富公曰：「先帝以神器付陛下，此輩何功可書？」韓公有愧色。後韓公帥長安，爲范堯夫言其事曰：「琦便怕它富相公也。」《邵氏後録》

踰年，懇辭機務，章二十上，以使相判河陽，復五上章辭使相，且言：「真宗以前，不輕以此授人。仁宗即位之初，執政欲自爲地，故開此例。終仁宗之世，宰相樞密使罷者皆除使相，至不稱職有罪者亦然，天下非之。今陛下初即位，願立法自臣始。」不從。《神道碑》

神宗即位，以集禧觀使召赴闕，公辭不至。熙寧元年，移判汝州，且詔入覲，以公足疾，許肩輿至殿門，令公子紹隆扶以入，且命無拜，坐語從容，至日昃。又欲以觀使留公，公力辭，赴郡。明年二月，除司空、侍中、昭文館大學士，不拜。復以爲左僕射、平章事。公既至，未見。有於上前言災異皆天數，非人事得失所

致者。公聞之，歎曰：「人君所畏惟天，若不畏天，何事不可爲者，去亂亡無幾矣。此必姦臣欲進邪說，故先導上以無所畏，使輔拂諫諍之臣，無所復施其力。此治亂之機也，吾不可以不速救。」即上書數千言，雜引《春秋》、《洪範》及古今傳記，人情物理，以明其決不然者。《神道碑》

群臣請上尊號及作樂，上以久旱不許。群臣固請作樂，公又言：「故事，有災變皆徹樂，恐以同天節虜使當上壽，故未斷其請。臣以爲此盛德事，正當以示夷狄，乞并罷上壽。」從之。即日而雨。公又上疏，願益畏天戒，遠姦佞，近忠良。上親答詔曰：「義忠言親，理正文直。苟非意在愛君，志存王室，何以臻此！敢不置之枕席，銘諸肺腑，終老是戒。更願公不替今日之志，則天災不難弭，太平可立俟也。」公既上疏謝，復申戒不已，且云：「願陛下待群臣不以同異爲喜怒，不以喜怒爲用捨。」《神道碑》

熙寧初，韓魏公罷政，富公再相。神宗首問邊事，公曰：「陛下臨御未久，臣愚以爲首當推恩，惠布德澤，二十年未可道著『用兵』二字。若干戈一興，上貽聖憂，下竭民力，願勿首先留意邊事。萬一戎狄渝盟，人神共怒，爲應敵之計可也。」上問：「所先當如何？」公曰：「阜安宇内爲先。」蓋是時王荆公已有寵，勸帝用兵以威四夷，於是用王韶取熙河以窺靈武，結高麗以圖大遼，又用章惇取湖北夔峽之蠻，又用劉彝、沈起窺交趾。二人造戰艦於富良江上，交趾偵知，先浮海載兵陷廉州，又破邕州，殺守臣蘇緘，屠其城，掠生口而去。又用郭逵、趙卨宣撫廣南，使直搗交趾，逵老將，與卨議論不同，爲交趾扼富良江，兵不得進，瘴死者十餘萬人。元豐四年，五路大進兵，取靈武。夏人決黄河水櫃以灌吾壘，兵將凍溺飢餓，不戰而死者數十萬人。又用吕惠卿所薦徐禧築永樂城，夏人以大兵破之，自禧而下，死者十餘萬人。報夜至，帝早朝，當寧慟哭，宰執不敢仰視。帝嘆息曰：「永樂之舉，無一人言其不可者。」右丞蒲宗孟進曰：「臣嘗言之。」帝正色曰：「卿何嘗有言？在内惟吕公著，在外惟趙卨，曾言用兵不是好事。」既又謂宰執曰：「自今更不用兵，與卿等共饗太平。」然帝從此鬱鬱不樂，以至大漸。嗚呼痛哉！《聞見録》

時王安石參知政事，議改法理財，與公意不合。公稱病求去，章數十上。上問：「誰可代卿？」公薦文彦博。上默然，良久曰：「王安石何如？」公亦默然。八月，以武寧軍節度使同平章事判河南府，請改亳州。

公在亳州，時方行青苗息錢法，公以謂此法行則財聚於上，人散於下，且富民不願請，願請者皆貧民，後不可復得，故持之不行。而提舉常平倉趙濟劾公以大臣格新法，除左僕射，判汝州。公言：「新法臣所不曉，不可以復治郡，願歸洛養疾。」許之。《神道碑》

熙寧二年，富公自亳州被劾，移判汝州。過南京，張安道留守，富公來見，坐久之，富公徐曰：「人固難知也。」張公曰：「謂王安石乎？亦豈難知者！皇祐間，方平知貢舉，或薦安石有文學，宜辟以考校，姑從之。安石者既來，凡一院之事皆欲紛更之。方平惡其人，檄以出，自此未嘗與之語也。」富公俛首有愧色。蓋富公素喜荆公，至得位亂天下，方知其姦云。《聞見録》

富公熙寧中罷相鎮亳，常深居養疾，罕出視事。幕府事須稟命者，常以狀白公，公批數字於紙尾，莫不盡其理。或事有難決、幕府憂疑不能措手者，相與求見公，公以一二言裁處，徐語它事，幕府曉然，率常失其所疑者。退而歎伏，以爲不可及。公早使强虜，以片言折狂謀，尊中國。及總大政，視天下事若不足爲者，矧退處一郡乎？《澠水燕談》

公雖居家，而朝廷有大利害，知無不言。交趾叛，詔郭逵等討之。公言：「海嶠嶮遠，不可以責其必進。願詔逵等擇利進退，以全王師。」契丹來争河東地界，上手詔問公。公言：「熙河諸郡，皆不足守，而河東地界，決不可許。」《神道碑》

故參知政事王堯臣子同老上言，至和三年，仁宗弗豫，其父堯臣嘗與文彦博、劉沆及公同決大策，乞立儲嗣，仁宗許之。會翊日有瘳，故緩其事，人無復知者。以其父堯臣所撰詔草上之。上以問彦博，彦博言與同老合。上嘉公等勳績如此，而終不自言，下詔以公爲司徒。《神道碑》又《聞見録》云：富公之客李偲問公曰：「公治平初進户部尚書，屢辭，今進司徒，一辭而拜，何也？」公曰：「治平初乃弼自辭官，今日潞公皆遷，弼豈敢堅辭妨他人也？」蓋潞公與荆公論政事不合，出判北京，七年不召，自此眷禮復厚矣。

公性至孝，恭儉好禮，與人言，雖幼賤必盡敬，氣色穆然，終身不見喜愠。然以單車入不測之虜廷，詰其君臣，折其口而服其心，無一語少屈，所謂大勇者乎！其好善疾惡，蓋出於天資。常言：「君子小人如冰炭，決不可以同器。若兼收並用，則小人必勝。薰蕕雜處，終必爲臭。」其爲宰相及判河陽，最後請老家居，凡三上章，皆言：「天子無職事，惟辨君子小人而進退之，此天子之職也。君子與小人並處，其勢必不勝，君子不勝，則奉身而退，樂道無悶。小人不勝，則交

結構扇，千岐萬轍，必勝而後已。小人復勝，必遂肆毒於善良，無所不爲，求天下不亂，不可得也。」《神道碑》

平生所薦甚衆，尤知名者十餘人，如王質與其弟素、余靖、張瓌、石介、孫復、吴奎、韓維、陳襄、王鼎、張昷之、杜杞、陳希亮之流，皆有聞於世，世以爲知人。《神道碑》

元豐六年，富公疾病矣，上書言八事，大抵論君子小人爲治亂之本。神宗語宰輔曰：「富弼有章疏來。」章惇曰：「弼所言何事？」帝曰：「言朕左右多小人。」惇曰：「可令分析，孰爲小人。」帝曰：「弼三朝老臣，豈可令分析？」左丞王安禮進曰：「弼之言是也。」罷朝，惇責安禮曰：「左丞對上之言失矣。」安禮曰：「吾輩今日曰『誠如聖諭』，明日曰『聖學非臣所及』，安得不謂之小人！」惇無以對。是年五月，大星殞於公所居還政堂下，空中如甲馬聲，公登天光臺，焚香再拜，知其將終也。閏六月丙申，薨。司馬温公、范忠宣來弔哭，公之子紹庭、紹京泣曰：「先公有自封押章疏一通，殆遺表也。」二公曰：「當不啓封以聞。」蘇内翰作公《神道碑》，謂「世莫知其所言」者是也。神宗聞訃震悼，出祭文，遣中使設祭，恩禮甚厚。政府方遣一奠而已。《聞見録》

富公爲人温良寬厚，泛與人語，若無所異同者。及其臨大節，正色慷慨，莫之能屈。智識深遠，過人遠甚，而事無巨細，皆反復熟慮，必萬全無失，然後行之。宰相，自唐以來謂之禮絶百僚，見者無長幼皆拜，宰相平立，少垂手扶之，送客未嘗下階，客坐稍久，則吏從傍唱「相公尊重」，客踧踖起退。及公爲相，雖微官及布衣謁見，皆與之抗禮，引坐，語從容，送之及門，視其上馬，乃還。自是群公稍效之，自公始也。自致仕歸西都十餘年，常深居不出。晚年，賓客請見者亦多謝以疾。所親問其故，曰：「凡待人，無貴賤賢愚，禮貌當如一。吾累世居洛，親舊蓋以千百數，若有見有不見，非均一之道，若人人見之，吾衰疾，不能堪也。」士大夫亦知其心，無怨也。嘗欲之老子祠，乘小轎過天津橋，會府中徙市於橋側，市人喜公之出，隨而觀之，至於安門，市爲之空。其得人心也如此。及違世，士大夫無遠近識不識，相見則以言，不相見則以書，更相弔唁，往往垂泣。其得士大夫心又如此。嗚呼！苟非事君盡忠，愛民盡仁，推惻怛至誠之心，充於内而見於外，能如是乎？《記聞》

劉器之云：富鄭公年八十，書座屏云：「守口如瓶，防意如城。」《晁氏客語》

故事：宰相以使相致仕者給全俸。公以司徒使相致仕居洛，自三公俸一百二十千外，皆不受。公清心學道，獨居還政堂，每早作，放中門鑰，入瞻禮家廟。對夫人如賓客，子孫不冠帶不見。《塵史》云：富鄭公治家嚴整，子舍女僕戒不得互相往來，閨門肅如也。平時謝客。文潞公爲留守，時節往來。公素喜潞公，昔同朝，更拜其母，每勸其早退云。既薨，公子紹廷字德先，能守家法，與公兩婿及諸甥皆同居公之第，家之事一如公無恙時，毫髮不敢變，鄉里稱之。建中靖國初，擢爲河北西路提舉常平，德先辭曰：「熙寧變法之初，先臣以不行青苗法得罪。臣不敢爲此官。」上益嘉之，除祠部員外郎。崇寧中卒。《聞見録》

富文忠辭疾歸第，以其俸券還府，府受之。伊川先生曰：「受之者固無足議，然納者亦未爲得也，留之而無請可矣。」《程氏遺書》

富公致事家居，專爲佛老之學，故吏吕大臨與叔《奏記》於公曰：「大臨聞之，古者三公無職事，惟有德者居之，内則論道于朝，外則主教于鄉。古之大人，當是任者，必將以斯道覺斯民，成己以成物，豈以爵位進退，體力盛衰，爲之變哉！今大道未明，人趨異學，不入于莊，則入于釋，疑聖人爲未盡，輕禮義爲不足學，致人倫不明，萬物憔悴，此老成大人惻隱存心之時，以道自任，振起壞俗，在公之力，宜無難矣。若夫移精變氣，務求長年，此山谷避世之士，獨善其身者之所好，豈世之所以望於公者哉！」《吕集》

歐陽修《歸田録》卷二 國朝宰相，最少年者惟王溥，罷相時父母皆在，人以爲榮。今富丞相弼。入中書，時年五十二，太夫人在堂康强，後三年，太夫人薨。有司議贈卹之典，云：「無見任宰相丁憂例。」是歲三月十七日春宴，百司已具，前一夕有旨：「富某母喪在殯，特罷宴。」此事亦前世未有。

蘇轍《龍川别志》卷下 富鄭公、韓魏公同在中書，鄭公母老矣，一日，語及故事宰相有起復視事者。魏公曰：「此非朝廷盛事。」已而鄭公居母憂，朝廷屢起之。上章三辭，貼黄言：「臣在中書日，嘗與韓琦言之，決不當起。」魏公曰：「吾但以實言之，不料以爲怨。」自此二人稍稍有隙。

富公知青州，歲穰，而河朔大饑，民東流。公以爲從來拯饑多聚之州縣，人既猥多，倉廩不能供，散以粥飯，欺弊百端，由此人多饑死，死氣薰蒸，疫疾隨起，居人亦致病斃。是時方春，野有青菜，公出榜要路，令饑民散入村落，使富民不得固陂澤之利，而等級出米以待之。民重公令，米穀大積，分遣寄居閑官往主其事。問有健吏募民中有曾爲吏胥、走隸者，皆倍給其食，令供簿書、給納、守禦之役。借民倉以貯，擇地爲場，掘溝爲限。與流民約，三日一支，出納之詳，一如官

府。公推其法於境内。吏胥所在，手書，酒炙之餽日至，人人忻戴，爲之盡力。比麥熟，人給路糧遣歸，餓死者無幾，作叢冢葬之。其間强壯堪爲禁卒者，募得數千人，刺「指揮」二字，奏乞撥充諸軍。時中有與公不相能者，持之不報，人爲公憂之。公連上章懇請，且待罪，乃得報。自是天下流民處多以青州爲法。

吴處厚《青箱雜記》卷一〇　富文忠公，尤達性理。熙寧中，余守官洛下，公時爲亳守，遺余書，托爲訪荷澤諸禪師影像。余因以偈戲之，曰：「是身如泡幻，盡非真實相。況兹紙上影，妄外更生妄。到岸不須船，無風休起浪。唯當清静觀，妙法了無象。」公答偈曰：「執相誠非，破相亦妄。不執不破，是名實相。」既又以手筆貺余曰：「承此偈見警，美則美矣，理則未然。所謂無可無不可者，畫亦得，不畫亦得。就其中觀像者爲不得，不觀像者所得如何？禪在甚麼處？假不以有無爲礙者，近乎通也。思之，思之。」

王闢之《澠水燕談録》卷二　富公熙寧中，罷相，鎮亳，常深居養病罕出。時幕府諸公事須稟命，常以狀白公，公批數字于紙尾，莫不盡其理。或有難決之事，諸公憂疑不能措手者，相與求見公，公以一二言裁處，徐語它事，諸公曉然，率常失其所疑者。退而歎服，以爲世莫可及也。公早使虜，以片言折狡謀，尊中國。及總大政，視天下事若不足爲者，矧退處一郡乎！

慶曆末，富文忠公鎮青州，會河決商胡，北方大水，流民坌入京東。公勸所撫八州之民出粟以助賑給，各因坊村，擇寺廟及公私空舍，又因山崖爲窟室，以處流離。擇萬居官無職事者，各給以俸，即民所聚，籍而受券，以時給之，器物薪芻無不完具。不幸死者，爲叢冢收瘞，自爲文，遣使祭之。明年夏大稔，計其道里，資遣還業。八州之間所活者，無慮五十餘萬人；其募爲兵者，又萬餘人。仁宗嘉之，拜公禮部侍郎，公曰：「恤災賑乏，臣之職也。」卒辭不受。

嘉祐中，仁宗已不豫，久不御殿，雖宰臣亦不得見。富文忠公求入視疾，内侍以公未有詔旨止之，公叱之曰：「安有宰相一日不見天子？」遂趨入見，因乞監侍祈禱，留宿殿中。自是事無巨細，皆白執政而後行，上下晏然。

王鞏《聞見近録》　至和中，仁宗寢疾，時相富文忠密通意光獻立後，而慈聖意在英宗。傳道中外者，張茂則也，而伺察英宗起居狀者，王廣淵也，蔡抗也。事垂成，語文潞公，潞公爲首相，與富公議協，密諭王文忠爲詔草，常懷之以待非常。久之，仁宗疾有瘳，潞公服喪去位，富文忠乃召韓忠獻爲樞密使，且密告之，欲共圖其事。富文忠尋亦憂去，忠獻乃立英宗爲皇子。富文忠聞之不懌，以謂事固定，待有變而立可也。萬一有疑阻，則豈復得其人也。韓、富由是構隙。英宗即位，時富文忠解喪爲樞密使，一日，鎖院，麻出，乃立潁王制，富文忠初不與聞，遂以語侵忠獻，而引疾力去。韓忠獻之喪，富文忠一不弔問。

朱彧《萍洲可談》卷三　富鄭公致政歸西都，嘗著布直裰，跨驢出郊，逢水南巡檢，蓋中官也。威儀呵引甚盛，前卒呵「騎者下」，公舉鞭促驢，卒聲愈厲，又唱言：「不肯下驢，則請官位。」公舉鞭稱名曰：「弼。」卒不曉所謂，白其將曰：「前有一人，騎驢衝節，請官位不得，口稱『弼』。」將方悟曰：「乃相公也！」下馬執鋭，伏謁道左，其候贊曰：「水南巡檢唱喏！」公舉鞭去。

王銍《默記》　歐陽公爲西京留守推官，富鄭公猶爲舉子，每與公往來。是時，胥夫人乳媪年老不睡，善爲冷淘，鄭公喜嗜之。每晨起，戒中廚具冷淘，則鄭公必來。公怪而問之，乳媪云：「我老不睡，每夜聞遶宅甲馬聲，則富秀才明日必至，以此驗之。若如常夜，則必不來。」歐公知富公必貴。

邵伯温《邵氏聞見録》卷三　英宗即位之初，感疾不能視朝，大臣請光獻太后垂簾權同聽政，后辭之不獲，乃從。英宗才康復，后已下手書復辟。魏公奏：臺諫有章疏，請太后早還政。后聞之遽起。魏公急令儀鸞司撤簾，后猶未轉御屏，尚見其衣也。時富韓公爲樞密相，怪魏公不關報撤簾事，有「韓魏公欲致弼於族滅之地」之語。歐陽公爲參政，首議追尊濮安懿王，富公曰：「歐陽公讀書知禮法，所以爲此舉者，忘仁宗，累主上，欺韓公耳。」富公因辭執政例遷官，疏言甚危，三日不報，見英宗，面奏曰：「仁宗之立陛下，皇太后之功也。陛下未報皇太后大功，先録臣之小勞，非仁宗之意也。方仁宗之世，宗屬與陛下親相等者尚多，必以陛下爲子者，以陛下孝德彰聞也。今皇太后謂臣與胡宿、吴奎等曰：『無夫婦人無所告。』至不忍聞，臣實痛之。豈仁宗之所望於陛下者哉！」以笏指御牀曰：「非陛下有孝德，孰可居此？」英宗俯躬曰：「不敢。」富公求去益堅，遂出判河陽，自此與魏公、歐陽公絶。後富公致政居洛，每歲生日，魏公不論遠近，必遣使致書幣甚恭，富公但答以老病，無書。魏公之禮終不替，至薨乃已。豈魏公有愧於富公者乎？然天下兩賢之。魏公、歐陽公之薨也，富公皆有祭弔。國史著富公以不預策立英宗，與魏公絶，至此祭弔不通，非也。

邵伯温《邵氏聞見録》卷九　富韓公初遊場屋，穆修伯長謂之曰：「進士不足以盡子之才，當以大科名世。」公果禮部試下。時太師公官耀州，公西歸，次陜。范文正公尹開封，遣人追公曰：「有旨以大科取士，可亟還。」公復上京師，

見文正，辭以未嘗爲此學。文正曰：「已同諸公薦君矣。又爲君闢一室，皆大科文字，正可往就館。」時晏元獻公爲相，求婚於文正。文正曰：「公之女若嫁官人，某不敢知。必求國士，無如富某者。」元獻一見公，大愛重之，遂議婚。公亦繼以賢良方正登第。公之立朝，初以危言直道事仁宗爲諫官，至知制誥。宰相不悦，故薦公以使不測之遼。歐陽公上書，引盧杞薦顔真卿使李希烈事，言宰相欲害公也，不報。公能使，虜之君臣誦公之言，修好中國，不復用兵者幾百年，可謂大功矣。然公每不自以爲功也。使回，除樞密直學士，又除翰林學士，又除樞密副使，公皆以奉使無狀，力辭不拜，且言：「虜既通好，議者便謂無事，邊備漸弛。虜萬一敗盟，臣死且有罪。非獨臣不敢受，亦願陛下思金人玩弄我朝之恥，坐薪嘗膽，不忘修政。」因以告納上前而罷。逾月，復除樞密副使。時元昊使辭，羣臣班紫宸殿門，帝俟公綴樞密院班，乃坐。且使宰相章得象諭公曰：「此朝廷特用，非以使虜故也。」公不得已乃受。嗚呼，使虜之功偉矣，而不自有焉。至知青州，活飢民四十餘萬，每自言以爲功也，蓋曰過於作中書令二十四考矣。公之所以自任者，世烏得而窺之哉！蘇内翰奉詔撰公墓道之碑，首論公使虜之功，非公之心也。伯温先君子隱居謝聘，與公爲道義交，獨爲知之。

慶曆二年，大遼以重兵壓境，汎使劉六符再至，求關南十縣之地。虜意叵測，在廷之臣無敢行者。富韓公往聘，面折虜之君臣。虜辭屈，增幣二十萬而和。方富公再使也，受國書及口傳之詞於政府。既行，謂其副曰：「吾爲使者而不見國書，萬一書辭與口傳者異，則吾事敗矣。」發書視之，果不同。公馳還，見仁宗具論之，曰：「政府故爲此，欲置臣於死。臣死不足惜，奈國命何？」仁宗召宰相吕夷簡面問之，夷簡從容袖其書曰：「恐是誤，當令改定。」富公益辨論不平，仁宗問樞密使晏殊，曰：「夷簡決不肯爲此，真恐誤耳。」富公怒曰：「晏殊姦邪，黨吕夷簡以欺陛下。」富公，晏公之壻也，富公忠直如此。契丹既平，仁宗深念富公之功，御史中丞王拱辰對曰：「富弼不能止夷狄谿壑無厭之求，念陛下止一女，若虜乞和親，弼亦忍棄之乎？」帝正色曰：「朕爲天下生靈，一女非所惜。」拱辰驚懼，知言之不可，人因再拜曰：「陛下言及於此，天下幸甚！」嗚呼，吾仁宗聖矣哉！拱辰蓋吕丞相之黨云。

至和間，富公當國，立一舉三十年推恩之法。蓋公與河南進士段希元、魏升平同場屋相善，公作相，不欲私之，故立爲天下之制。二人俱該此恩，希元官至太子中舍，致仕，轉殿中丞；升平官至大理寺丞。此法至今行之。嗚呼，爲宰相者能如富公，可謂賢矣！升平既卒，公念之不忘，招其子宜與子孫講學。公薨，宜亦老，猶居門下。至崇寧間，立試門客法，宜不爲新學，始求去。仁宗末年，富公自相位丁太夫人憂，上遣使下詔起復者六七，公竟不起。至其疏云：「陛下得一不孝子，且將何用？」仁宗乃從其請。服除，英宗已即位，魏公已遷左相，故用富公爲樞密相。魏公已下皆遷官，富公亦遷戸部尚書。公辭曰：「竊聞陛下即位，録用舊臣，臣在憂服，無可稱道，乃取嘉祐中臣在中書日嘗議建儲，以此爲效，而推今日之恩。嘉祐中雖嘗汎議建儲之事，仁宗尚祕其請。其於陛下，則如在茫昧杳冥之中，未見形象，安得如韓琦等後來功效之深切著明也。」又辭曰：「韓琦等七人，委是有功，可以重疊受陛下官爵，臣獨無一毫之效。」又辭曰：「韓琦等七人於陛下有功有德，獨臣於陛下無功，不過在先朝有議論絲髮之勞。」又辭曰：「琦等勳烈彰灼，明如日星。中外執筆之士，歌詠之不暇。伏乞促令入謝，以快羣望。」以此見富公豈因不預定策而歉魏公哉！

熙寧初，富公再入，與曾魯公並相。吕公公弼爲樞密使，韓公絳、趙公槩、馮公京、趙公抃皆爲參知政事，俱久次。王荊公安石拜參知政事，乃薦吕公公著爲御史中丞。有旨特許不避公弼，公弼不自安，乞出，除宣徽使、判太原府，移秦州。趙公槩致仕，馮公、趙公皆出，富公判亳州，曾公判永興軍，惟韓公絳與荊公在政府。既而絳宣撫陝西，外拜昭文相，荊公拜史館相。絳失職，以本官知鄧州，荊公遂拜昭文相。司馬温公除樞密副使，以議新法不合，辭不拜，出知永興軍。吕公公著力言新法，罷中丞，出知永州。韓公維亦以論不合，罷開封府，知河陽。昔與荊公交遊揄揚之人，皆退斥不用，荊公獨用事。乃以富公爲沮青苗法，落使相，散僕射、判汝州。荊公後以觀文殿大學士知金陵，乃薦吕惠卿爲參知政事。惠卿既得位，遂叛荊公，出平日荊公移書，有曰：「無使齊年知。」齊年謂馮公京，蓋荊公與馮公皆辛酉人。又曰：「無使上知。」神宗始不悦荊公矣。惠卿又起李逢獄，事連李士寧。士寧者，蓬州人，有道術，荊公居喪金陵，與之同處數年，意欲併中荊公也。又起鄭俠獄，事連荊公之弟安國，罪至追勒。惠卿欲害荊公者，無所不至。神宗悟，急召荊公。公不辭，自金陵泝流七日至闕，復拜昭文相，惠卿以本官出知陳州。李逢之獄遂解，其黨數人皆誅死，李士寧止於編配。嗚呼，荊公非神宗保全則危矣！再相不久，復知金陵，領宫祠，至死不用。初，韓公絳論助役，與荊公同，後拜史館相，亦爲惠卿所不容，出知定州。

熙寧二年，富公判亳州，以提舉常平倉趙濟言公沮格新法，落武寧節度及平

章事，以左僕射判汝州。過南京，張公安道爲守，列迎謁騎從於庭，張公不出。或問公，公曰：「吾地主也。」已而富公來見，張公門下客私相謂：「二公天下偉人，其議論何如？」立屏後聽。張公接富公亦簡，相對屹然如山岳。富公徐曰：「人固難知也。」張公曰：「謂王安石乎？亦豈難知者！仁宗皇祐間，某知貢舉院，或薦安石有文學，宜辟以考校，姑從之。安石者既來，凡一院之事皆欲紛更之。某惡其人，檄以出，自此未嘗與之語也。」富公俛首有愧色。蓋富公素喜王荆公，至得位亂天下，方知其姦云。

元豐六年，富公疾病矣，上書言八事，大抵論君子小人爲治亂之本。神宗語宰輔曰：「富弼有章疏來。」章惇曰：「弼所言何事？」帝曰：「言朕左右多小人。」惇曰：「可令分析孰爲小人。」帝曰：「弼三朝老臣，豈可令分析？」左丞王安禮進曰：「弼之言是也。」罷朝，惇責安禮曰：「左丞對上之言失矣。」安禮曰：「吾輩今日曰『誠如聖諭』，明日曰『聖學非臣所及』，安得不謂之小人！」惇無以對。是年五月，大星殞於公所居還政堂下，空中如甲馬聲，公登天光臺，焚香再拜，知其將終也，異哉！公既薨，司馬温公、范忠宣公弔之。公之子紹廷、紹京泣曰：「先公有自封押章疏一通，殆遺表也。」二公曰：「當不啓封以聞。」蘇内翰作公神道碑，謂「世莫知其所言者」是也。神宗聞訃震悼，出祭文，遣中使設祭，恩禮甚厚。政府方遣一奠而已。朝廷故例：前宰相以使相致仕者給全俸。富公以司徒使相致仕，居洛，自三公俸一百二十千外，皆不受。公清心學道，獨居還政堂，每早作，放中門鑰，入瞻禮家廟，對夫人如賓客，子孫不冠帶不見，平時謝客。文潞公爲留守，時節往來，富公素喜潞公，昔同朝，更拜其母，每勸潞公早退，潞公愧謝。既薨，其子朝議名紹廷，字德先，守其家法者也。公兩女與其壻及諸甥，皆同居公之第，家之事一如公無恙時，毫髮不敢變，鄉里稱之。建中靖國初，朝廷擢德先爲河北西路提舉常平，德先辭曰：「熙寧變法之初，先臣以不行青苗法得罪，臣不敢爲此官。」上益嘉之，除祠部員外郎。崇寧中，德先卒，鄭人晁詠之誌其墓，文甚美，獨不書辭提舉常平，有所避也，惜哉！德先之子直柔，事今上爲同知樞密院事。

邵伯温《邵氏聞見録》卷一七　紀公實爲余言，嘗聞其父言：王冀公欽若以使相尹洛，振車騎入城，士民聚觀。富韓公方爲舉子，與士人魏叔平、段希元、一張姓者同觀於上東門裏福先寺三門上。門高，富公魁偉，三人者挽之以登，見其旌節道從之盛。富公歎曰：「王公亦舉子耶！」三人者曰：「君何歎，安知吾輩異日不爾也？」後富公歷將相，以三公就第，年八十乃薨，謚曰文忠，其名位不在冀公之下，而功德則過之。魏叔平、段希元至富公爲宰相，以特奏名命官，張姓者窮老而死云。

邵伯温《邵氏聞見録》卷一九　富公未第時，家於水北上陽門外，讀書於水南天宫寺三學院。院有行者名宗顥，嘗給事公左右。及公作相，顥已爲僧，用公奏賜紫方袍，號寶月大師。公致政，築大第於至德坊，與天宫寺相邇。公以病謝客，宗顥來或不得前，則直入道堂，見公曰：「相公頗憶院中讀書時否？」公每爲之笑。時節送遺甚厚。康節先公自共城遷洛，未爲人所知也，宗顥獨館焉。可見宗顥非俗僧也。康節登其院閣，嘗作《洛陽懷古賦》曰：「洛陽之爲都也，地居天地之中，有中天之王氣在焉。予家此治平歲，會秋，乘雨霽，與殿院劉君玉登天宫寺三學閣，洛之風景因得周覽。惜其百代興廢以乘，天子雖都之，而多不得其久居也。故有懷古之感，以通諷誦諭。君玉好賦，請以賦言。秋雨霽，日色清。景方出，秋益明。何幽懷之能快，唯高閣之可憑。天之空廓，風之輕泠，覽三川之形勝，感千古之廢興。乃眷西北，物華之姸，雲情物態，一氣茫然。擁樓閣以高下，焕金碧之光鮮。當地勢之拱處，有王居之在焉。惜乎天子居東都，此邦若諸夏，不會要於方來，不號令於天下。聲明文物，不此而出；道德仁義，不此而化。宫殿森列，鞠而爲茂草；園囿棊布，荒而爲平野。鑾輿曾不到者二十餘年，使人依然而歎曰：虚有都之名也。噫！夏王之治水也，四海之内列壤惟九，而居中者實曰豫州。荆河之北，此爲上流。周公之卜宅也，率土之濱建國爲萬，而居中者實曰洛陽。瀍、澗之側，此唯舊都。迄於今二千年之有餘，因興替之不定，故靡常其厥居。我所以作賦者，閲古今變易之時，述興亡異同之迹，追既失之君王，存後來之國家也。噫！大昊始法，二帝成之；三王全法，參用適宜。伊六聖之經理，實萬世之宗師。我乃謂治民之道，於是乎大盡矣。逮大五霸抗軌，七雄駕威，漢之興乘秦之弊，曹之擅幸漢之衰，始鼎立而治，終豆分而隳。晉中原之失守，宋江左之晝畿，或走齊而驛魏，或道陳而經隋。自元魏廓河南之土，植六朝之風物；李唐蟠關中之腹，孕五代之亂離。其間或道勝而得民，或兵强而懾下，或虎吞而龍噬，或雞狂而犬詐，或創業於艱難，或守成於逸暇，或覆餗而終焉，或苞桑而振者。故得陳其六事，雖善惡不同，其成敗一也。其一曰：大哉，德之爲大也！能潤天下，必先行之於身，然後化之於人。化也者，效之也，自人而效我者也。所以不嚴而治，不爲而成，不言而信，不令而行。順天

下之性命，育天下之生靈。其帝者之所爲乎！其二曰：至哉，政之爲大也！能公天下，必先行之於身，然後教之於人。教也者，正之也，自我而正人者也。所以有嚴而治，有爲而成，有言而信，有令而行。拔天下之疾苦，遂天下之生靈。其王者之所爲乎！其三曰：壯哉，力之爲大也！能致天下，必先豐府庫，峙倉箱，鋭鋒鏑，峻金湯。嚴法令於烈火，肅兵刑於秋霜，竦民聽於上下，慴夷心於外荒。其霸者之所爲乎！其四曰：時若傷之於隨，失之於寬，始則廢事，久而生姦。既利不能勝害，故宂得以疾賢。是必薄其賦斂，欲民不困而民愈困；省其刑罰，欲民不殘而民愈殘。蓋致之之道，失其本矣。其五曰：時若任之以明，專之以察，始則烈烈，終焉闕闕。既上下以交虐，乃恩信之見奪。是以峻其刑罰，欲民不犯而民愈犯；厚其賦斂，欲國不竭而國愈竭。蓋致之之道，失其末矣。其六曰：水旱爲沴，年歲耗虛，此天地之常理，雖聖人不能無，蓋有備而無患，貴儆戒於不虞。不得中者，加以寬猛失政，重輕逸權，不有水旱而民已困，而況有水旱兵革者焉！所謂本末交失，不亡何待。天下有成敗六焉，此之謂也。君天下者得不用聖帝之典謨，行明王之教化。士可殺不可辱，民可近不可下。上能撫如子焉，下必戴其后也。仲尼所以陳革命，則抑爲人之匪君；明遜國，則杜爲人之不臣。定禮樂而一天下之政教，修《春秋》而罪諸侯之亂倫，删《詩》以揚文、武之美，序《書》以尊堯、舜之仁，贊大《易》以都括，與《六經》而並存。意者不可以地之重，易民之教；不可以民之教，悖天之時。必時教之各備，則居地而得宜，是故知地不可固有之也。君上必欲上爲帝事，則請執天道焉；中爲王事，則請執人道焉；下爲霸事，則請執地道焉。三道之間，能舉其一，千古之上猶反掌焉。則是洛之興也，又何計乎都與不都也？如欲用我，吾從其中。」康節先生經世之學蓋如此，託賦以自見耳。熙寧間，宗顥尚無恙，伯温嘗就其院讀書，宗顥每以富公爲學晚事相勉，曰：「公夜枕圓枕，庶睡不能久。欲有所思，冬以冰雪、夏以新水沃面。其勤苦如此。」康節先公《懷古賦》初無本，唯宗顥能誦之，年幾九十乃死。康節先公常言：「本朝祖宗立天下之士，非前代可比。內無大臣跋扈，外無藩鎮强横，亦無大盜賊，獨夷狄爲可慮，故有《十六國詩》」云：「普天之下號寰區，大禹曾經治水餘。衣到弊時多蟣虱，爪當爛處足蟲蛆。龍章本不資狂寇，象魏何嘗薦亂胡？尼父有言堪味處，當時欠一管夷吾。」又作《觀碁詩》，歷叙古今至西晉云：「二主蒙霜露，五胡犯鼎彝。世無管夷吾，令人重歔欷。」常曰：「孔子念管仲之功，自以不被髮左衽爲幸。若管仲者，可輕議哉！」嗚呼，有以也夫！

葉夢得《巖下放言》卷中　富鄭公少好道，自言吐納長生之術，信之甚篤，亦時爲燒煉丹竈事，而不以示人。余鎮福唐，嘗得手書《還元火候訣》一篇於蔡君謨家，蓋至和間持其母服時，書以遺君謨者，方知其持養大槩。熙寧初再罷相，守亳州，公已無意於世矣。圓照大本者，住蘇州瑞光寺，方以其道震東南，潁州僧正容世號容華嚴者從之，得法以歸。鄭公聞而致之於亳，館於書室，親執弟子禮。一日旦起，公方聽事公堂。容視室中有書櫃數十，其一扃鑠甚嚴，廷琯按：「鑠」一作「鐍」。問之左右，曰：「公常手自啟閉，人不得與。」意必道家方術之言，亟使取火焚之，執事者争不得。公適至，問狀。容即告之曰：「吾先爲公去一大病矣。」公初亦色微變，若不樂者，已而意定，徐曰：「無乃太虐戲乎？」即不問。自是豁然，遂有得。容曰：「此非我能爲，公當歸之吾師。」乃以書偈通圓照，故世言公得法大本。然公晚年於道亦不盡廢，薨之夕，有大星隕於寢，洛人皆共見，此豈偶然哉！妙湛師爲余言，親得於其師小本，小本得其師大本云耳。

葉夢得《避暑録話》卷上　祖宗故事，進士廷試第一人及制科一任回，必入館。然須用人薦，且試而後除。進士聲律固其習，而制科亦多由進士，故皆試詩賦一篇。唯富鄭公以茂材異等起布衣，未嘗歷進士。既召試，乃以不能爲詩賦懇辭，詔試策論各一。自是遂爲故事，制科不試詩賦，自富公始。至子瞻復不試策，而試論三篇。

葉夢得《避暑録話》卷下　富鄭公爲樞密副使，坐石守道詩，自河北宣諭使還，道除知鄆州，徙青州，讒者不已，人皆爲公危懼。會河北大饑，流民轉徙東下者六七十萬人，公皆招納之。勸民出粟，自爲區畫，散處境內。屋廬、飲食、醫藥，纖悉無不備，從者如歸市。有勸公非所以處疑弭謗，禍且不測。公傲然弗顧，曰：「吾豈以一身易此六七十萬人之命哉！」卒行之愈力。明年，河北二麥大熟，始皆襁負而歸，則公所全活也。於是，雖讒公者亦莫不畏服，知不可撓，而疑亦因是浸釋。公在政府不久，而青州適當此變。嘗見其與一所厚書云：「在青州二年，偶能全活得數萬人，勝二十四考中書令遠矣。」張侍郎舜民嘗刻之石，余舊有模本，今亡之，不復見。

吕許公初薦富韓公使虜，晏元獻爲樞密使，富公不以嫌辭，晏公不以親避，愛憎議論之際，卒無秋毫窺其間者。其直道自信不疑，誠難能也。及使還，連除資政殿學士。富公始以死辭，不拜。雖義固當，然其志亦有在矣。未幾，晏公爲

相，富公同除樞密副使。晏公方力陳求去，不肯並立。仁宗不可，遂同處二府，前蓋未有比也。

朱弁《曲洧舊聞》卷二　富韓公居洛，其家圃中淩霄花無所因附而特起，歲久遂成大樹，高數尋，亭亭然可愛。韓秉則云：「淩霄花必依他木，罕見如此者，蓋亦似其主人耳。」予曰：「是花豈非草木中豪傑乎！所謂不待文王猶興者也。」秉則笑曰：「君言大是，請以此爲題而賦之。」予時爲作近體七字詩一首，詩見予家集中。

晁檢討説之，字季此，於崇寧初嘗爲予言：「富公晚年，見賓客譽其奉使之功，則面頸俱赤，人皆不喻其意。子弟於暇日以問公，公曰：『當吾使北時，元勳宿將皆老死久矣，後來將不知兵，兵不習戰，徒以聘問絡繹，恃以無恐。雖曲不在我，若與之較，則彼包藏禍心，多歷年所，事未可知。忍恥增幣，非吾意也。』吾家兄弟嘗論之，惜乎東坡作《神道碑》日，不知此一段事也。」

朱弁《曲洧舊聞》卷八　厚陵待近侍甚嚴，其徒讒巷煽熾，慈聖殊不懌。富韓公上書切諫，其略曰：「千官百辟在廷，豈能事不孝之主？伊尹之事，臣能行之。」厚陵時雖病，猶能嘉納。其後聖躬康復，車駕一出，都人懽忭鼓舞，所在相慶。慈聖語其事於宰執，宰執稱賀。魏公進曰：「臣觀太皇太后陛下所以諭臣等，必是聖心深厭萬幾，欲行復子明辟之事，此盛德也，前代母后豈能有哉！臣敢不仰承慈訓，以詔天下？臣等謹自此辭。」乃列拜，呼中貴捲簾而退。既下殿，富韓公徐曰：「稚圭茲事甚好，何不大家先商量。」魏公微笑而已。

高晦叟《珍席放談》卷下　富文忠、楊隱甫，皆晏元獻公婿也。公在二府日，二人已升貴仕。富每詣謁，則書室中會話竟日，家膳而去。楊或來見，則坐堂上，置酒從容，出姬侍，奏絃管按歌舞以相娛樂。人以是知公待二婿之重輕也。二婿之功名年位，亦自不相倫矣。

富文忠以累朝舊相，出鎮河陽，龍圖韓贄自西京被召孟洛，相去不及百里。雖非入都正驛，而迂行止一舍爾。韓未戒行，馳書于公，欲因而假道三城，以通典謁。公報拒之，意謂侍從被召，不當曲程先展私覿，慮招物議。大臣于事避慎如此，飛謗其能及乎。

富文忠卜宅洛陽，勝偉冠於西都，王君貺相繼起第，又復過之也。然而富公年七十，即上印綬乞骸致政，優佚自喜，家居十朞。太原公雖嘗暫止其間，老猶任事，擁節旄，殿方面，亟匄歸甚切，未俞而終於鎮，名圃廣廈虛設爾。有而不知足，失其所以有者也。

施德操《北窗炙輠録》卷下　富鄭公知鄆州，有士人出入一妓家久，其後與妓競，乃擿其面碎之，涅以墨，遂敗其貌。其妓號泣訴於府，公大怒，立逮士人至，即下之獄。數日，當決遣之，其士人素有才名，府幕皆更進言於鄭公曰：「此人實高才，有聲河朔間，今破除之，深爲可惜。」公曰：「惟其高才，所以當破除也！吾亦知其人非久於布衣者，當未得志，其賊害乃如此，以如此人而使其大得志，是虎生翼者也，今不除之，後必爲民害。」竟決之。

蔡絛《鐵圍山叢談》卷三　仁廟至和初暴得疾。時皇嗣未建，中外大恐。及既康復，小大交章，而仁廟慨然寤。大臣於是共白天子，以韓魏公厚重，可屬大事，請召之，除樞密使。未幾，富丞相丁内艱，魏公乃進，獨當國，因力請建立。於是制詔以英宗自團練使爲皇子，封鉅鹿郡公。幾年，仁廟登遐，英宗即位日，以悲傷得疾。國步方艱，萬機懼曠，而慈聖光獻曹后因垂簾視事者久之。魏公度上疾瘳矣，時旱甚，迺援故事請天子以素仗出禱雨。當是時，都人争矚曰懽呼，大慰中外望。魏公遂得藉是執奏，丐歸政天子。后許矣，未堅也。一旦魏公袖詔書簾前曰：「皇太后聖德光大，頃許復辟。今書詔在是，請付外施行。」后未及答，即顧左右曰：「撤簾。」后乃還宫。時鄭公方爲樞密，班繼執政，而上將奏事，則見簾已捲，天子獨當寧殿上矣，既下而怒。魏公曰：「非敢外富公也。懼不合則歸政未有期。」其後熙寧中，魏公薨於鄉郡，而鄭公不弔祭，識者以爲盛德之歉。

沈作喆《寓簡》卷五　富鄭公爲樞密使，英宗初即位，賜大臣永昭陵遺留器物，已拜賜，又例外獨賜鄭公如干。鄭公力辭，東朝遣小黄門諭公：「此微物，不足辭。」雖家人亦以爲大害大體，屢辭恐違中旨。公曰：「此固微物，要是例外也。大臣例外受賜不辭，若人主例外作事，何以止之？」竟辭不受。

邵博《邵氏聞見後録》卷二〇　仁皇帝問王懿敏素曰：「大僚中孰可命以相事者？」懿敏曰：「下臣其敢言。」帝曰：「姑言之。」懿敏曰：「唯宦官宫妾不知姓名者，可充其選。」帝憮然有間，曰：「唯富弼耳。」懿敏下拜曰：「陛下得人矣。」既告大庭相富公，士大夫皆舉笏相賀。或密以聞，帝益喜曰：「吾之舉賢于夢卜矣。」

邵博《邵氏聞見後録》卷二一　英宗初臨御，韓魏公爲相，富鄭公爲樞密相。一日，韓公進擬數官者策立有勞，當遷官。富公曰：「先帝以神器付陛下，此輩

何功可書？」韓公有愧色。後韓公帥長安，爲范堯夫言其事，曰：「琦便怕它富相公也。」

洪邁《容齋五筆》卷三　嘉祐中，富韓公爲宰相，歐陽公在翰林，包孝肅公爲御史中丞，胡翼之侍講在太學，皆極天下之望。一時士大夫相語曰：「富公真宰相，歐陽永叔真翰林學士，包老真中丞，胡公真先生。」遂有四真之目。歐陽公之子發、棐等叙公事迹載此語，可謂公言。

備論

《宋史》卷三一三《富弼傳》　論曰：國家當隆盛之時，其大臣必有耆艾之福，推其有餘，足芘當世。富弼再盟契丹，能使南北之民數十年不見兵革。仁人之言，其利博哉！【略】至於公忠直亮，臨事果斷，皆有大臣之風，又皆享高壽於承平之秋。至和以來，共定大計，功成退居，朝野倚重。熙、豐而降，弼、彦博相繼以老，憸人無忌，善類淪胥，而宋業衰矣！《書》曰：「番番良士，膂力既愆，我尚有之。」豈不信然哉！

王稱《東都事略》卷六八《富弼傳》　臣稱曰：弼使虜之功偉矣，而議者乃以活飢民爲功，何哉？方其廷屈虜之君臣，使曉然知通好用兵之利害，自是兩邊無虞者幾百年，其所活豈特五十萬人而已乎？及踐宰府，首開萬世之議，抑又有社稷之功矣。至於忠規激切，而上不忌，讜言深中，而上不疑，進退雍容，有始有卒，孔子所謂「大臣以道事君者」，豈不然哉？生而享其榮，殁而配於廟，爲一代之宗臣，有以也夫！

藝文

司馬光《傳家集》卷一五《司徒開府韓國富公弼挽辭四首》　天祐休明祚，時生儁杰臣。賢科首多士，宰府澤生民。焕爛三臺正，冲融四海春。欲知甄冶力，試問白頭人。

松漠驕無信，漁陽廣聚兵。移書侮中國，決意背齊盟。直氣輕軺入，英辭左衽驚。虜歸烽火滅，宇縣復升平。

大吕功名重，鴻毛軒冕輕。閑居客愈盛，暫出市皆傾。溟海涵容大，龍門謁見榮。謙光儼在目，慟哭望佳城。

杖履還私第，精誠在本朝。愛君老不懈，憂國没方昭。東閣秋牢落，西芒夜寂寥。只應忠亮志，氣運不能消。

文彦博《潞公文集》卷八《太尉韓國文忠富公哀詞弼》　蚤擅才名重，天資德望崇。大勳緣定策，美利在和戎。一代推人傑，三朝倚棟隆。音容雖已矣，永譽更無窮。

鼂董經邦策，臯夔濟世賢。頻堅挂冠請，未及從心年。早遂赤松伴，晚參黄蘖禪。懸車垂一紀，築室冠山川。瀟洒心中相，優游地上仙。尊榮兼壽考，五福在公全。

我愧才無取，公常問不能。白麻曾並命，黄閣遂同升。調燮彝倫叙，將明庶績凝。如仁今奄忽，昭代失良肱。

去年春作耆英會，一坐簪紳仰典刑。今日共嗟天不憖，惟瞻英範在丹青。

達觀定知無怛化，常情未免愴離魂。邛山土厚雖埋玉，遺烈餘芬萬古存。

范純仁《范忠宣公集》卷五《富相公挽詞五首》　河嶽神靈降，唐虞景運開。致君優聖域，躋俗在春臺。天上台星坼，人間梁木摧。霜風咽笳鼓，斷續送餘哀。

二紀經綸業，三朝翊戴勳。忘身裨庶政，憂國見遺文。東閣散羣彦，北邙歸大墳。邦人仰旟旐，灑淚向寒雲。

千齡遭際盛，五福始終全。還政周星紀，懷忠入夜泉。華夸思舊德，河洛遶新阡。空有云亡歎，何由止逝川。

皇天不憖遺，聖製極哀榮。遼海千年去，明堂一柱傾。赤松違素志，白日閟佳城。康濟無窮事，皆爲後世程。

北走單車馴貔貐，東徂萬室活飢羸。謀深先帝承祧日，功在仁皇與子時。英氣不隨鐘漏盡，高名長與日星垂。登龍孤客懷知遇，慟哭秋原欲訴誰。

范純仁《范忠宣公集》卷一一《祭韓國富公文》　嗚呼我公，一代師臣。始終名節，玉潔金純。策中大科，王佐之資。入掌誥命，朝夕論思。慶曆西討，師人財費。北狄驕慢，乘我之匱。命公往使，仗節專對。折其姦謀，朔陲用乂。進貳樞筦，謨謀宏遠。權倖交怨，東藩是典。易帥青、淄，河北薦饑。流亢百萬，稚艾

相携。鬼形鳥面，蟻聚三齊。公命羣吏，築室止棲。貸貲哺食，如母憐兒。卒逢善歲，完飽而歸。孰謂公仁，可敵天時。仁祖命相，公居冢席。密議建儲，宗室是擇。先皇繼明，扶天之力。功初不聞，後益顯赫。今上御極，首膺注意。以疾避權，還政居第。上壽而終，五福惟備。國喪元老，時頹泰山。天子震悼，士民悲酸。嗚呼哀哉！先君文正，識公於微。矧伊不肖，復辱公知。狂率抵罪，屢貽嗟咨。軫其顛危，憂見色詞。既獲安全，終莫瑕疵。情均父兄，恩重山丘。公今殁矣，誰復顧周？既百身之莫贖，諒畢世而難酬。嗚呼哀哉！

程顥、程頤《二程集・河南程氏文集》卷四《祭富韓公文》 維元豐六年，歲次癸亥，十一月壬寅朔，十九日庚申，奉議郎監汝州鹽酒稅，輕車都尉，賜緋魚袋程顥，謹遣外甥張敷，以清酌庶羞之奠，敢昭告于太尉文忠公之靈。

嗚呼！粵稽古昔，得全實難；惟夔、契出乎唐、虞之際，而姬、吕位乎文、武之間。其餘雖有鉅賢碩輔，僅或濟一時之險艱；真儒大聖，多處非其位而孤騫。孰如我公，道行乎重熙累洽之運，而身享乎尊富安榮之完；事繫天下之重，位極人臣之班？生逢四世，皆上聖之主；時歷七紀，膺太平之安。勳業揭乎日月，聞望塞乎天淵，優游里第者猶十有三年。於人之職，可謂無負；在天之理，亦爲曲全。然而捐館之日，遠近聞之，孰不齎咨而涕漣？尚以公之没也，爲有憾焉。

嗚呼！世之常態，苟於自便；終始之節，艱於永肩；屏伏者以憂責不及而怠懈，休老者以血氣既衰而志遷。惟公年彌高而志愈厲，身久退而誠益堅，惟是愛君憂國之道，極晝夜之拳拳。迨乎瞑目之旦，屬纊之前，萬物已莫累乎心胸，而朝廷之念獨有進乎昔日之當權。宜乎易名之謚典，號爲摭實；祭册之聖詔，極於哀憐。則士大夫以公之没爲憾者，蓋非偶然。

顥愚不肖，辱公禮遇；顧相期於義理，非見私於趨附。公薨於洛，賤居在汝；官守有制，欲往無路；斂不望棺，葬不臨墓；引領西風，悲慟何數！誠寓鄙文，祭陳菲具；恭崇道周，後期無所。嗚呼！哀哉！伏惟尚饗！

王柏《魯齋集》卷六《富鄭公弼》 慶曆人望，元豐老成。片言折虜，訪落戒兵。恩浸南北，壽配岡陵。鶴降星殞，始終之靈。

狄青部

綜述

《宋史》卷二九〇《狄青傳》　狄青字漢臣，汾州西河人。善騎射。初隸騎御馬直，選爲散直。

寶元初，趙元昊反，詔擇衛士從邊，以青爲三班差使、殿侍、延州指使。時偏將屢爲賊敗，士卒多畏怯，青行常爲先鋒。凡四年，前後大小二十五戰，中流矢者八。破金湯城，略宥州，屠嚨咩、歲香、毛奴、尚羅、慶七、家口等族，燔積聚數萬，收其帳二千三百，生口五千七百。又城橋子谷，築招安、豐林、新砦、大郎等堡，皆扼賊要害。嘗戰安遠，被創甚，聞寇至，即挺起馳赴，衆争前爲用。臨敵被髮、帶銅面具，出入賊中，皆披靡莫敢當。

尹洙爲經略判官，青以指使見，洙與談兵，善之，薦於經略使韓琦、范仲淹曰：「此良將材也。」二人一見奇之，待遇甚厚。仲淹以《左氏春秋》授之曰：「將不知古今，匹夫勇爾。」青折節讀書，悉通秦、漢以來將帥兵法，由是益知名。以功累遷西上閤門副使，擢秦州刺史、涇原路副都總管、經略招討副使，又加捧日天武四廂都指揮使、惠州團練使。

仁宗以青數有戰功，欲召見問以方略，會賊寇渭州，命圖形以進。元昊稱臣，徙真定路副都總管，歷侍衛步軍殿前都虞候、眉州防禦使，遷步軍副都指揮使、保大安遠二軍節度觀察留後，又遷馬軍副都指揮使。

青奮行伍，十餘年而貴，是時面涅猶存。帝嘗敕青傅藥除字，青指其面曰：「陛下以功擢臣，不問門地，臣所以有今日，由此涅爾，臣願留以勸軍中，不敢奉詔。」以彰化軍節度使知延州，擢樞密副使。

皇祐中，廣源州蠻儂智高反，陷邕州，又破沿江九州，圍廣州，嶺外騷動。楊畋等安撫經制蠻事，師久無功。又命孫沔、余靖爲安撫使討賊，仁宗猶以爲憂。青上表請行，翌日入對，自言：「臣起行伍，非戰伐無以報國。願得蕃落騎數百，益以禁兵，羈賊首致闕下。」帝壯其言，遂除宣徽南院使、宣撫荆湖南北路、經制廣南盜賊事，置酒垂拱殿以遣之。時智高還據邕州，青合孫沔、余靖兵次賓州。

先是，蔣偕、張忠皆輕敵敗死，軍聲大沮。青戒諸將毋妄與賊鬥，聽吾所爲。廣西鈐轄陳曙乘青未至，輒以步卒八千犯賊，潰于崑崙關，殿直袁用等皆遁。青曰：「令之不齊，兵所以敗。」晨會諸將堂上，揖曙起，并召用等三十人，按以敗亡狀，驅出軍門斬之。沔、靖相顧愕眙，諸將股栗。

已而頓甲，令軍中休十日。覘者還，以爲軍未即進。青明日乃整軍騎，一晝夜絶崑崙關，出歸仁鋪爲陣。賊既失險，悉出逆戰。前鋒孫節搏賊死山下，賊氣鋭甚，沔等懼失色。青執白旗麾騎兵，縱左右翼，出賊不意，大敗之，追奔五十里，斬首數千級，其黨黄師宓、儂建中、智中及僞官屬死者五十七人，生擒賊五百餘人，智高夜縱火燒城遁去。遲明，青按兵入城，獲金帛鉅萬、雜畜數千，招復老壯七千二百嘗爲賊所俘脅者，慰遣之。梟黄師宓等邕州城下，斂屍築京觀于城北隅。時賊屍有衣金龍衣者，衆謂智高已死，欲以上聞。青曰：「安知非詐邪？寧失智高，不敢誣朝廷以貪功也。」初，青之至邕也，會瘴霧昏塞，或謂賊毒水上流，士飲者多死，青殊憂之。一夕，有泉涌砦下，汲之甘，衆遂以濟。

復爲樞密副使，遷護國軍節度使、河中尹。還至京師，帝嘉其功，拜樞密使，賜第敦教坊，優進諸子官秩。初，青既行，帝每憂之曰：「青有威名，賊當畏其來。左右使令，非青親信者不可，雖飲食臥起，皆宜防竊發。」乃馳使戒之。及聞青已破賊，顧宰相曰：「速議賞，緩則不足以勸矣。」

始，交阯願出兵助討智高，余靖言其可信，具萬人糧于邕、欽待之。詔以緡錢三萬賜交阯爲兵費，許賊平厚賞之。青既至，檄余靖無通使假兵，即上奏曰：「李德政聲言將步兵五萬、騎一千赴援，非其情實。且假兵于外以除内寇，非我利也。以一智高而横蹂二廣，力不能討，乃假兵蠻夷，蠻夷貪得忘義，因而啓亂，何以禦之？請罷交阯助兵。」從之。賊平，人服其有遠略。

青在樞密四年，每出，士卒輒指目以相矜誇。又言者以青家狗生角，且數有光怪，請出青於外以保全之，不報。嘉祐中，京師大水，青避水徙家相國寺，行止殿上，人情頗疑，乃罷青爲同中書門下平章事，出判陳州。明年二月，疽發髭，卒。帝發哀，贈中書令，謚武襄。

青爲人慎密寡言，其計事必審中機會而後發。行師先正部伍，明賞罰，與士同饑寒勞苦，雖敵猝犯之，無一士敢後先者，故其出常有功。尤喜推功與將佐。始，與孫沔破賊，謀一出青，賊既平，經制餘事，悉以諉沔，退若不用意者。沔始

歎其勇，既而服其爲人，自以爲不如也。尹洙以貶死，青悉力賙其家事。

熙寧元年，神宗考次近世將帥，以青起行伍而名動夷夏，深沈有智略，能以畏慎保全終始，慨然思之，命取青畫像入禁中，御製祭文，遣使賫中牢祠其家。

余靖《武溪集》卷一九《宋故狄令公墓銘并序》　惟宋四世嘉祐二年三月，陳州上言：護國軍節度使、同中書門下平章事狄公，屬疾於鎮。詔遣國醫馳視，未至，以薨聞。天子震悼，爲之素服發哀，再不視朝。制贈中書令，厚賻其家，褒勳臣也。公諱青，字漢臣，贈太傅諱應之曾孫，贈太師諱真之孫，贈中書令諱普之少子。汾州西河人，遠祖唐納言梁文惠公仁傑，本家太原，危言直節，再復唐嗣，子孫或從汾晉，世爲著姓。公謹重信厚，風骨異常，少以騎射爲樂，期於功名自立。弱冠遊京師，係名拱聖籍中。國家自北人請盟，韜偃師節，息烽徹警，垂四十年。元昊世以河西稱藩，常歲遣牙校貢方物。胡賈往來，直抵都下。奸人窺覘，知我虛實，一旦上還印節，僭盜名字，朝廷始增兵擇將，以爲戎備，時寶元元年也。公初以散直爲延州指使。賊昊宿心苞藏，椎鋒甚鋭，吾邊弭兵滋久，士不知戰，他將過之，靡不折衄。延安最當賊衝，公以材武智略，頻與賊較，未嘗少沮。四年之間，大小二十五戰，中流矢者八，斬捕首虜萬餘，獲馬、牛、羊、橐駝、驢、鎧甲、符印、器仗以數萬計。攻賊金湯城及西南馬市，至於杏林原，破其鎮砦七，遂略宥州之境，屠龍咩、歲香等部落，燔其積聚數萬，廬舍千餘，收其族帳二千三百、生口五千七百。又城橋子谷，築招安、豐林、新塞、大郎堡，皆扼賊之要害，而奪其氣。朝恩懋賞，七遷至秦州刺史、涇原路兵馬副部署。上奇公功，欲召見之。無何，寇逼平涼，廼命公即趨涇原，俾圖形以進，京師不呼公名而呼狄萬，蓋比之關張也。公在涇原數歲，賊不敢犯塞。復以夏國主稱臣，由是邊柝解嚴矣。遂以侍衛親軍職名寵公，徙真定府路部署，累遷至彰化軍節度使、知延州。美人脩貢，道出高奴，邊事裁處，不違中覆，故僉議帥臣，常爲諸鎮之首。公當是任，邊戎畏伏，乃召爲樞密副使。會蠻寇內侵，嶺海警擾，公以疆場之虞、廊廟之憂，抗章請行，寬上南顧。上嘉其誠，遂改宣徽南院使、荆湖南北路宣撫使、提舉廣南經制賊盜事。初，儂氏之蠻，世爲酋豪，羈附交趾，智高趫勇而善用兵，因擊并旁近州邑而統有之。拓地寖廣，勝兵寖盛，交趾不能制，南方亡命者多歸之。由是擬正朔，置百官，潛窺據竊嶠南之計。以皇祐四年五月，舉兵攻邕州，陷之。乘鬱江瀑流，連陷沿江九郡，殺逐其守臣，遂攻廣州，圍之，連月不尅，大掠而還。仍覆没四將，燔毁二郡，俘刼兵民數萬。復據邕州城，誘略溪峒。江湘已南，爲之騷然。朝旨以公大臣，既可其行，第令駐於桂、象之間，訓練師旅，而指授方略於羣帥。公以二廣安危，在此一舉，若偏裨失利，則兵氣難振，自非躬親，無以號令，先行後聞，朝議韙之。五年正月甲辰，三將之兵會於賓州，公接士大夫以禮，御下以嚴，臨敵制變，衆莫之測。己酉下令，人賦十日之糧，諜者既去，詰旦遂行，故賊以師期尚緩，不克守險者以此。己未，至歸仁鋪，賊悉其衆據高迎戰，前鋒遇之，少却，左第一將孫節死之。公親執旗鼓，麾騎兵，左右馳出賊後，賊遂大敗，馳騎追捕，斬首二千二百，賊之謀主黃師宓、儂建忠等腹心爪牙没於陣者五十七人，智高焚營而遁。明日，按兵入城，獲金銀器用二萬，戎仗稱是，僞符節十一、馬牛千餘，老壯士女還城者三千餘人。再遣閱闠外創重歸死者，復得屍三千二百。翌日，分兵追襲賊之餘黨，幾殲焉，招復虜口七千三百。其邕人也，俾奠其居；非邕人者，賑廪續食，還其本土。所得賊之遺物暨首級之賞，估直四千萬，均給戰士，仍築京觀，以誌武功。二月丙子，班師。辛巳，詔遷檢校太尉、河中尹，召還樞府，遂曲赦廣南，至於江西、湖南，咸宣布德音焉。未幾，進拜樞密使，領節如故，仍賜城南第一區，諸子悉增其秩。職居機軸，勢均臺宰，外頒戎馬之政，內參宮省之務，弼違順美，動協厥中。越四年，願去權寵，以辭盛滿，遂兼相印出臨輔郡，暴疾而終，享年五十。公天賦明智，世推權勇，臨事董衆，識與幾會。其行師也，所統步騎不以衆寡，常取諸葛武侯八陣法以爲模楷，宿息坐作，悉成部伍，故雖倉卒遇敵，而師徒無撓。其爲偏裨時，每被髮面銅，其從騎兵馳突賊陣，羌人識之，見則辟易，無敢當者。嘗中流矢，創甚，聞寇至，裹創而行，帥不能止。公器度深遠，今相國韓公、故資政殿大學士范文正公之爲西帥也，公皆隸其節下，咸奇之曰：「此國器也。」文正嘗以《左氏春秋》授公曰：「孰此可以斷大事，將不知古今，匹夫之勇，不足爲也。」公於是晚節益喜書史，既明見時事成敗，尤好節義。其在涇原也，副起居舍人、知渭州尹洙與公同經略招討安撫使事。洙字師魯，有文武才略，博通古今，公與慮事，尤爲精密。師魯嘗稱公「古之名將，無以過也。」公於交游，在亡不渝，師魯後以貶死，公厚卹其孤，如至親焉。文正既没，其子純禮服除還臺，當涖吳中市征，公首爲啟陳，得署河南貢幕，以便墳壟，識者稱之。其徙真定也，過家上冢，還謁縣長，步趨令庭，以脩桑梓之恭，然令不敢當，議者重其得體。遂留里中，與故老釃酒相歡，揮金而去。其征蠻也，上親餞於垂拱，命爵者數焉。當是時，兖國太夫人侯氏微疾，公朝服而入，戒家人無得言治兵事，第云「奉使江表」，故得不憂。其純孝如此。公好以衆整，

又能分功與人，而令在必行，故師之所過，秋毫無犯。其爲小校延安也，大里、南安、安遠之功，初不自言，物議多之。其征南也，今觀文殿學士孫公時經制賊盜，與公偕行，其軍中之政，公實專之，至於南夏經久之制，多讓孫公裁處，談者嘉其謙挹。初，廣西鈐轄陳曙以步卒八千潰於崑崙關，公至，推首遁者殿直袁用而下并曙，誅三十一人，其下股慄，遂能一戰而成大功。公歷官自三班差使、殿侍還左右班殿直、侍禁、閤門祗候、通事舍人、西上閤門副使，正除秦州刺史、遥領惠州團練、眉州防禦使、保大軍兩使留後，真拜彰化、護國軍節度使。職事自指使遷延州西路巡檢、鄜延路都監、沿邊都巡檢、涇原儀渭兵馬部署，遂摠禁旅，歷捧日天武四廂都指揮使、步軍殿前都虞候、步軍馬軍副都指揮使。其爲兵馬部署，以涇原部署知渭州、真定部署權定州、鄜延路經略安撫使知延州，皆著能政。一拜宣徽使，再踐樞密副使，遂捴機政，以兼相判陳州。臨民統軍，未嘗少有差失。其征羌平蠻，名震夷狄，勳在竹帛，近代之良將也。公娶魏氏，封定國夫人。五男：長諮，西上閤門副使；次詠，東頭供奉官、閤門祗候；諰、諫，皆内殿崇班；説，東頭供奉官，不幸以夭。二女，許嫁而未行。孫璋，左侍禁；璹，尚幼。同産兄素，右班殿直。兄子五人：詢，左侍禁、閤門祗候；詵，左班殿直；諲、諄、詘，皆左侍禁。從父兄靖，右班殿直，其子詳，右侍禁。嗚呼！戎夷旅距之際，公悉力捍禦，以至平定，宜享遐福，而禀命不融，後世其有興者乎！公薨之年，歸殯京師，明年，卜宅西河之太平鄉劉村里，又明年二月十九日襄事。太常諡行，考功議績，百僚僉允，乃賜諡曰武襄。詔給本品鹵簿，送至都外，啓攢掩壙，並輟其日視朝；仍詔所經道發卒衛送葬所，州縣優假人牛車馬，特恩也。其孤諮等既已礱石樹碑神道之表，以靖嘗從征南，復謁銘以志幽。遂銘曰：

天生哲人，康濟斯民。不有屯難，何展經綸。眷言平夏，奕世稱世。一旦陸梁，邊鄙生塵。公之忠勤，威名冠軍。近闢遠略，歲策其勳。寇入蕭關，即鎮涇原。圖形以進，百辟改觀。入董衛卒，風清禁屯。出捴邊兵，霜凝塞垣。乃建高牙，以肅和門。延登樞府，式贊治源。蠢兹儂蠻，輕去巢穴。陷邕圍廣，圖據全越。公之善籌，成於廟謀。願得奮行，馘彼兇酋。帝念其誠，俾公專征。嶺海之區，徯公以寧。收復邊城，綏撫遺氓。南夏再平，繄公之靈。露布傳呼，歡聲九衢。曲赦嶺表，德音江湖。乃陟太尉，乃尹河中。陟捴機務，言疇厥庸。樞極之柄，兵戎大政。弼諧有託，方隅以静。致主推誠，辭權戒盈。乃錫相印，以鎮陪京。天胡不仁，奪我勳臣。上心嗟憫，悼往撫存。輴車孰引，發卒三川。銘旌改寵，鹵薄宣恩。佳城何在，汾河介山。勳書彝鼎，家象耆連。山西出將，天下稱賢。功名不朽，億萬斯年。

杜大珪《名臣碑傳琬琰集》上卷二五《狄武襄公青神道碑》 至和三年八月，上以樞密使、護國軍節度使、檢校太尉、河中尹天水狄公，拜同中書門下平章事、出判陳州。明年三月，感疾于州。未幾，以薨聞。天子蠹然，輟視朝二日，發哀苑中，贈中書令。太常諡行，諡曰「武襄」。既葬于汾之西河，有詔史臣，以刻其墓隧之碑。臣謹案，狄始周成王封少子於狄城，因以爲氏。其後代居天水，至梁文惠公，乃大顯于有唐，其子孫或徙汾晉間。公實西河人。贈太傅曰應之，於公爲曾王父。是生真，贈太師。太師生普，贈中書令。其配曰兖國太夫人侯氏。公其次子也，諱青，字漢臣。生而風骨奇偉，善騎射，少好將帥之節，里閭俠少多從之。初游京師，遂補拱聖籍中。寶元之初，元昊叛河西，兵出數無功。自散直爲延州指使，延帥知公敢行，故常使當賊鋒。凡數歲，出大里、清化、榆林、歸娘嶺，東女之崖，木匱山，渾州川，白草、南安、安遠等戰，大小二十有五，中流矢者八，斬首捕虜萬有餘，獲馬、牛、羊、橐駝、鎧仗、符印、車、輜重、器物以數萬計。嘗破賊金湯城，至于乾谷、三堆、杏林原，遂略宥州之境，屠嘑咩、歲香、毛奴、尚羅等族，燔其積聚數萬，廬舍數千，收其帳二千三百，生口五千七百。又城橋子谷，築招安、豐林、新寨、大郎堡，皆扼賊要害，使不能闚邊。以功亟遷至秦州刺史、涇原儀渭兵馬部英宗廟諱，經略招討副使。上欲召見公，會寇薄平涼，因命圖形以進，由是天下知公名。公提涇原之師，威震羌夷。既而曩霄復稱臣，西陲少事矣，乃以公爲捧日天武四廂都指揮使，徙鎮定路兵馬部英宗廟諱，遷侍衛親軍步軍、馬軍、殿前都虞候，歷惠州團練使、眉州防禦使、保大軍節度觀察留後，遷步軍、馬軍副都指揮使，遂領彰化軍節度使，知延州。一日，天子顧將帥之臣無踰公者，乃召爲樞密副使，加檢校司空。皇祐四年，廣源州蠻酋儂知高僭竊服號，以盛夏舉兵，陷于邕州。濟舟而東，又陷沿江九郡。進圍廣州，力屈不能下，還據于邕。所過吏民多被害，江湖之南，人心爲之蕭然。公於是抗章請行。又因侍上間，自言：「臣結髮起行伍，顧無以報國。今遠夷跳梁，不足爲陛下憂，願將鋭兵數千，當羈叛蠻之頸致之闕下。」上壯其言，遂改宣徽南院使、宣撫荆湖南北路，經置廣南盜賊事、加檢校司徒。上親餞于垂拱，所以臨遣之意厚甚。先是蔣偕、張忠等繼以輕敵失軍，士卒莫有戰鬭志。明年正月，自桂林次賓州，會廣

西鈐轄陳同英廟諱以步卒八千潰于崑崙關，公即按同英廟諱以不應令，并殿直袁用等三十一人，咸以軍法誅之，衆莫不惴恐。既而頓甲軍中，又下令且調十日之糧，或莫能測，賊使人覘吾軍而還。黎明，遂合三將之兵以行，乃絶崑崙，出歸仁鋪，先自爲陣。賊果失守險，遂悉其衆逆王師以戰。前鋒孫節搏賊，死山下，賊氣乘鋭确吾軍。公親執旗鼓，麾騎兵，縱左右翼，出賊非意。時會暮，賊前後不勝敵，遂大敗。馳騎追之，斬捕二千二百級，僞英宗廟諱黄師宓、儂建忠等五十七人没于陣，知高夜縱火城中而遁。明日，破賊入城，獲金貝之物以鉅萬，畜數千，悉分其戲下。招復老壯七千二百，嘗爲賊所俘脅者，皆慰遣以歸。又斂羣尸，築京觀于城之北隅。初，有衣金龍之衣，又金飾神龍于楯什其傍，或言知高已死亂兵中，有欲爲公亟作奏者。公曰：「安知其非詐也，寧失知高，敢誣朝廷以貪功邪？」二月班師，遂曲赦五嶺，又布德音，至于江湖之南。公還爲樞密副使，進位檢校太尉、河中尹，俄拜樞密使，賜第城南一區，子悉優以官。公固謝曰：「賴陛下神靈，出師大捷，皆諸校力戰之功也。臣之諸子，非有勤勞，何敢拜君命？」上固以寵之。在樞密四年，自以遭時奮用，乃夙夜一心，進圖國事，雖權幸不可撓以法。上累訪以邊機，嘗從容陳所以攻守之計，天子深然之。晚以盛滿爲戒，思避時柄，遽終于陳州，享年五十。公爲人慷慨，尚節義，有大慮，謹密寡言，外剛重静，鋭而内寬。其計事必審中機會而後發，其行師必正部伍營陳，明賞罰，雖敵猝犯之，無一士敢後先者。故常以少擊衆，而所鄉無不靡。與士卒同寒飢勞苦，而又分功與人，未嘗自言。安連之戰，方被創甚，聞寇且至，即挺身以前，衆莫不争爲用。間嘗獨被髮面銅具，馳突賊圍中，見者爲之辟易。今丞相韓公琦、故資政殿學士范公仲淹，同秉武節，經于西邊。公時爲裨將，殊爲二公見器。仲淹又嘗以《左氏春秋》授公，以謂爲將者不可不知書，匹夫之勇無足尚也。公於是自春秋、戰國，至于漢以來成敗之迹，槩而能通。公爲涇原招討，起居舍人尹洙知渭州，因與公善。洙學通古今，嘗與公談用兵之術，稱曰：「雖古名將，殆無以過。」其後洙以貶死，爲周旋其家事，唯恐不及。其從真定，道過故鄉，謁縣，先下車趨至令庭，遂燕故老於纛下，里中榮之。公事親孝，遭中令之喪，雖衽金革之事，而哀戚過人。方秉樞於朝，奉兖國大夫人膝下日，舉觴于堂，間又天子賜珍其家，極榮養矣。征南之日，戒内外不以聞，懼遺其親憂。始行至邕，會瘴霧之氣，昏鬱中人，或謂賊流毒水中，且士飲者多死。忽一夕泉湧于郊，汲之甘冽，遂濟其軍，此非誠所感邪？公薨之初，詔衛公匶歸殯京師。其葬也，寵以鼓吹、旌輅，送于都城之西。又勑所過郡治道上共具，發材官輕車，至于西河。卜用嘉祐四年二月甲申之吉。是歲，以祫饗恩，加贈兼尚書令。臣嘗伏讀兵法，曰：「以治待亂，以逸待勞，此善用兵者也。」又考前史之載，將而持重有謀者，其出靡不有功。如武襄之西定靈夏，南平嶠外，未嘗不擇形勝、整師徒，先計而後戰，遂摧兇陷敵，名動殊俗，爲國虎臣。善夫！臣洙以謂有古名將之略，豈誣也哉！【略】銘曰：

汾晉之氣，蒙于崆峒。有如其人，武襄之雄。始來京師，感槩從軍。以節自發，孰莫不聞？元昊雄姦，歸節塞下。西邊用兵，露甲在野。公出大里，至于杏林。奇謀縱横，以讋戎心。上顧將帥，威名無如。來汝陪予，秉國之樞。盜起南荒，乘邊弛防。陷邕圍廣，妖雰以猖。公於上前，憤然請討。賊失崑崙，膏血原艸。還服在廷，越茲累年。夙夜乃事，匪圖弗宣。將相出藩，年甫五十。公不復還，天子爲泣。生莫與榮，没莫與哀。彝常之載，其績有來。有勤其初，有大其後。書德於詩，以質不朽。

曾鞏《隆平集》卷一一《狄青傳》 狄青，字漢臣，汾州人。初爲騎御馬小底，後隸拱聖軍，選爲散直。元昊叛，擇青爲延州指揮使。前後二十五戰，中流矢者八，常破金湯城，略宥州，屠咙咩、歲香、毛奴、尚羅等族，燔積聚數萬，收族帳二千餘，生口五千餘。又城橋子谷，築招安等堡寨，以功遷至澶州刺史，累擢加節鉞。皇祐四年樞密副使，以宣徽南院使宣撫荆湖南北，經制廣南東西路盜賊。五年，平廣源州蠻儂智高，還復樞密副使，是年陞樞密使。嘉祐元年，以言者謂青家數有光怪，罷爲使相、河中尹、知陳州，髭發疽卒，年五十，贈中書令，謚武襄。子諒、諮、詠、諫、譓、説。初，韓琦、范仲淹經略陝西，見青皆器遇之。尹洙亦謂青有良將才。青慎密寡言，其計事，必審中機會而後發。行師正部伍，明賞罰，雖敵在前，士卒無敢後先者，故所向必有成功。仁宗聞其在陝西數戰勝，欲召見問其方略。適虜寇平涼，止命圖形以進。久之，方大用，而智高起廣源州，破邕及沿江九州。上憂顧左右，未有可屬者。青上表請行，明日賜對。且言，臣起行伍，非戰伐無以報國，願得蕃落騎兵數百，益以禁卒，當羈賊首致闕下。上壯其言，遂授以將鉞，宴垂拱殿遣之。先命孫沔、余靖爲安撫使，討賊未克，故又用青。青至，合沔、靖三將兵次賓州，召廣西路兵馬鈐轄陳曙，按其金城驛遇賊不戰之罪，及殿直袁用等三十一人悉戮之，軍士震恐。遂下令止具十日糧，明日絶崑崙關，出歸仁鋪。先布陣成列，而賊以覘者之誤，來獨後，遂失險，乃悉衆逆

戰。前鋒孫節戰死山下，而賊勢方鋭，青躬執白旗麾騎兵進，縱左右翼，出其意外，賊衆大潰，斬首二千二百級，獲僞官五十七人。智高夜縱火焚城而遁。詰朝，青入按城中，獲金帛鉅萬，馬牛數千，築京觀城之北隅，招復俘脅者七千二百，使還其家。初，所獲有衣纘金龍者，衆謂爲智高。青曰：「安知非詐？寧失智高，朝廷不可誣也。」後智高果不死，人服其詳慎。尹洙以貶死，青懷知己，常賙恤其家。

王稱《東都事略》卷六二《狄青傳》 狄青，字漢臣，汾州西河人也。家世爲農。青年十六時，其兄素與里人號鐵羅漢者鬬於水濱，至溺殺之。保伍方縛素，青適餉田見之，曰：「殺羅漢者，我也。」人皆釋素而縛青。青曰：「我不逃死，然待我救羅漢，庶幾復活。若決死者，縛我未晚也。」衆從之，青默祝曰：「我若貴，羅漢當蘇。」乃舉其尸，出水數斗而活，人咸異之。

初，爲騎馬小底，後隸拱聖軍，選爲散直。元昊叛，擇衛士從邊，以青爲延州指使。青勇於臨敵，嘗爲先鋒，前後二十五戰，中流矢者八。每戰，飾以銅面具，敵人望之如神。嘗破金湯城，略宥州，屠咙咩、歲、毛奴、尚羅等族，蟠積聚數萬，牧族帳二千二百，生口五千七百。又城橋子谷，築長安保砦，以功遷至泰州刺史、涇原路總管。仁宗聞其在陝西數戰勝，欲召見問其方略，會虜寇平原，仁宗命圖形以進。及元昊稱臣，西鄙休兵，入爲捧日天武四廂都指揮使、惠州團練使。歷步軍殿前都虞候、宥州防禦使、馬步軍副都指揮使，拜彰德軍節度使，知延州。

皇祐四年，擢樞密副使。廣源州蠻儂智高反。智高，蠻商之子。其母阿儂，左江武勒之族，轉至交趾，適儻猶州知州儂全福無子，全福爲交趾所虜，阿儂改適蠻商，生智高。長，遂殺其父。阿儂又爲特磨道儂夏卿之妻。智高聚兵入寇，初陷邕，州遂僭稱南天國，號仁惠皇帝。稱其母阿儂爲皇太后，建元啓歷。阿儂凶悍有謀，者小兒肉，間以具庖食。智高用其計，遂自邕攻横、貴、龔、封、藤、梧、端、康州，所至驅劫軍民，衆至數萬。乃進圍廣州。

朝廷以孫沔、余靖爲安撫使，久未奏功。仁宗以南方爲憂，青慨然請行，且言：「臣起行伍，非戰伐無以報國。願得蕃落騎兵數百，益以禁卒，當羈賊首至闕下。」仁宗壯其言，遂除宣徽南院使，宣撫荆湖南北、經制廣南盜賊事。青至，合沔、靖之兵，自桂林次賓州，召廣西鈐轄陳曉，按其遇賊不戰之罪，并殿直袁用等三十一人悉誅之，軍士震恐。遂下令止具十日糧，明日絶崑崙關，出歸仁鋪，先布陳成列，而賊以胡者之誤來獨後，遂失險，乃悉衆逆戰。前鋒孫節戰死山下，而賊勢方鋭。青躬執白旗，麾騎兵，出其不意，賊衆大潰，斬首二千二百級，獲僞官五十七人。智高夜縱火焚城而遁。詰朝，青入按城中，獲金帛鉅萬，牛、馬數千，築京觀城之北隅，招復俘脅者七千二百，使還其家。初所獲有衣纘金龍者，衆謂爲智高，青曰：「安知其非詐邪？吾寧失智高，朝廷不可誣也。」

智高既遁，奔大理國。其母阿儂潛歸特磨道，依其夫儂夏卿，收殘衆得三千餘人，復將入寇。有石鑑者，世居邕州，諜知其動息，遣峒丁入特磨道，掩襲，擒阿儂及智高一弟、二子，並檻送京師。阿儂年六十，朝廷始欲存之以俟智高之降，及智高已爲大理國所殺，故悉封戮都市。青還朝，復爲樞密副使，遂拜樞密使。在樞府四年，言者謂青家數有光怪，以護國軍節度使同平章事知陳州，未幾而卒，年五十，贈中書，謚曰「武讓」。

青爲人恭密寡言，其計事必審中機會而後發。行師，正部伍，明功罪，雖敵在前，士卒無敢後先者，故所向有功。韓琦、范仲淹特器遇之。又與尹洙善，嘗從洙議兵，洙以謂有古良將才。後洙以貶死，青懷知己，常周恤其家。熙寧元年，神宗思青勳烈，自爲文遣使祭之。

雜録

備録

朱熹《五朝名臣言行録》卷八之二《樞密使狄武襄公》 公風骨奇偉，善騎射，里閭俠少多從之。初游京師，遂補拱聖籍中。寶元之初，元昊叛河西，兵出數無功。公自散直爲延州指使，延帥知公敢行，故常使當賊鋒。凡數歲間，大小二十五戰，捕虜萬有餘，獲馬牛羊橐駝、鎧仗符印、車輜器物以數萬計，嘗破賊金湯城，遂略宥州之境，燔其積聚數萬，廬舍數千，收其帳二千三百五，口五千七百。又城橋子谷，築招安、豐林、新寨、大郎堡，皆扼賊要害，使不能闞邊。上欲召見公，會寇薄平涼，因命圖形以進，繇是天下知公名。王禹玉撰《神道碑》又《東齋記事》云：狄青與西賊戰，每帶銅面具，被髮出入行陣間，凡八中箭。累功至招討副使，而上

未識其面，遂令圖形以進。
寶元中，党項犯塞，時新募萬勝軍，未習戰陣，遇寇多北。狄青爲將，一日盡
取萬勝旗付虎翼軍，使之出戰，虜望其旗，易之，全軍徑趨，爲虎翼所破，殆無遺
類。《筆談》
青在涇原，嘗以寡當衆，度必以奇勝，預戒軍中，盡捨弓弩，皆執短兵。密令
軍中聞鉦一聲則止，再聲則嚴陣而陽却，鉦聲止則大呼而突之。士卒皆如其教。
纔遇敵，未接戰，遽聲鉦，士卒皆止；再聲，皆却。虜人大笑，相謂曰：「孰謂狄
天使勇？」時虜人謂青爲「天使」。鉦聲止，忽前突之，虜兵大亂，相蹂踐死者，不
可勝計也。《筆談》
狄青戍涇原日，嘗與虜戰，大勝，追奔數里，虜忽壅遏山踊，知其前必遇險，
士卒皆欲奮擊，青遽鳴鉦止之，虜得引去。驗其處，果臨深澗，將佐皆悔不擊。
青獨曰：「不然。奔亡之虜，忽止而拒我，安知非謀？軍已大勝，殘寇不足利，得
之無所加重，萬一落其術中，存亡不可知。寧悔不擊，不可悔不止。」《筆談》
廣源州蠻儂智高以其衆叛，乘南方無備，連破邕、賓等七州，至廣州，所至殺
吏民，縱掠。東南大駭，朝廷遣驍將張忠、蔣偕馳驛討之，甫至，則皆爲智高所摧
陷。又遣楊畋、孫沔、余靖招撫，皆久之無功。仁宗憂之，遂遣樞密副使狄青爲
宣撫使，率衆擊之。翰林學士曾公亮問所以爲方略者，青初不肯言，公亮固問
之，青廼曰：「比者軍制不立，又自廣川之敗，賞罰不明，今當立軍制、明賞罰而
已。然恐賊見青來，以謂所遣者官重，勢必不得見之。」公亮又問：「賊之摽牌殆
不可當，如何？」青曰：「此易耳。摽牌，步兵也，當騎兵則不能施矣。」初，張忠、
蔣偕之往，率皆自京師，六七日馳至廣州，未嘗拊士卒、立行伍，一旦見賊，則疾
驅使戰，又偕等所居不知爲營衛，故士卒皆望風退走。而忠臨陣，偕方卧帳中，
悉爲賊所虜。楊畋、余靖又所爲紛亂，不能自振。而孫沔大受請託，所與行者廼
朱從道、鄭紓、歐陽乾曜之徒，皆險薄無賴，欲有所避免，邀求沔引之自從，遠近
莫不嗟異。既至潭州，沔遂稱疾，觀望不敢進。青之受命，有因貴近求從青行
者，青延見，謂之曰：「君欲從青行，此青之所求也，何必因人之言乎？然智高小
寇，至遣青行，可以知事急矣。從青之士，能擊賊有功，朝廷有厚賞，青不敢不爲
之請也。若往而不能擊賊，則軍中法重，青不敢私也。君其思之，願行則即奏取
君矣，非獨君也，君之親戚交遊之士，幸皆以青此言告之。苟欲行者，皆青之所
求也。」於是聞者大駭，無復敢言求從青行者。其所辟取，皆青之素所與以爲可
用者，人望固已歸矣。及行，率衆日不過一驛，所至州輒休士一日。至潭州，遂
立行伍，明約束，軍行止皆成行列。至於荷鍤贏糧，持守禦之備，皆有區處。軍
人有奪逆旅菜一把者，斬之以徇，於是一軍肅然，無敢出聲氣，萬餘人行，未嘗聞
聲。青每止郵驛，四面嚴兵，每門皆諸司使二人，無一人得妄出入。而求見青
者，無不即時得通。其野宿皆成營栅，青所居四面陳兵，彀弓弩，皆數重，所將精
鋭，列布左右，守衛甚嚴。方青之未至，諸將屢敗屢走，皆以爲常。至是，知桂州
崇儀使陳某、知英州供備庫使蘇緘與賊戰，復敗走如常，時青至賓州，悉召陳與
裨校凡三十二人，數其罪，按軍法斬之。唯蘇緘在某所，使械繫上聞，於是軍中
人人奮勵，有死戰之心。是時智高還守邕州，青懼崑崙關險阨爲所據，乃下令賓
州具五日糧，休士卒。賊諜知不爲備。是夜大風雨，青率衆半夜時度崑崙關，既
度，喜曰：「賊不知守此，無能爲也。彼謂夜半風雨，吾不敢來，吾來所以出其不
意也。」已近邕州，賊方覺，逆戰於歸仁鋪，青登高望之，賊據坡上，我軍薄之，裨
將孫節中流矢死，青急麾軍進，人人皆殊死戰。先是，青已縱蕃落馬二千出賊
後，至是前後合擊，賊之標牌軍爲馬軍所衝突，皆不能駐，軍士又從馬上以鐵連枷
擊之，遂皆披靡，相枕籍死。賊遂大敗，智高果焚城遁去。青先與公亮言「立軍
制，明賞罰，賊不可得見，標牌不能當騎兵」，皆如其所料。青坐堂户之上，論數
千里之外，辭約而慮明，雖古之名將，何以加此？豈特一時之武人崛起者乎！方
慶曆中，葛懷敏與李元昊戰於廣川，懷敏敗死，而諸校與士卒既敗，多竄山谷間。
是時，以權宜招納，皆許不死，自此軍多棄其將，不肯死戰。故青云「自廣川之
敗，賞罰不行」。翰林學士蔡襄亦言聞於青者如此。《南豐雜識》
初，樞密副使狄青自請擊智高，以青爲宣徽南院使、荆湖南北路宣撫使，都
大提舉經制廣南東西路賊盜事。諫官韓絳上言：「狄青武人，不足專任，固請以
侍從文臣爲之副。」上以訪執政，時龐籍獨爲相，對曰：「屬者王師所以屢敗，皆
由大將權輕，偏裨人人自用，遇賊或進或退，力不能制也。今青起於行伍，若以
侍從之臣副之，彼視青如無，青之號令復不得行，是循覆車之軌也。青素名善
戰，今以二府將大兵討賊，若又不勝，不惟嶺南非陛下之有，荆湖、江南皆可憂
矣。禍難之興，未見其涯，不可不畏。青昔在鄜延，居臣麾下，沉勇有智略，若專
以智高事委之，使青先以威齊衆，然後用之，必能辦賊。幸陛下勿以爲憂也。」上
曰：「善。」於是詔嶺南用兵皆受青節度，處置民事，則與孫沔等議之。時余靖軍
于賓州，聞智高將至，棄其城及芻糧，走保邕。智高陷賓州，請引兵出，揚言邀

賊，留監押守邕州，監押亦走。智高復入邕州。十一月，狄青至湖南，諸道兵皆會，諸將聞宣撫使將至，争先立功。余靖遣廣南西路鈐轄陳某將萬人擊智高，爲七寨，逗遛不進。十二月壬申朔，智高與某戰於金城驛，某敗，遁歸，死者二千餘人，棄捐器械輜重甚衆。交趾王德政請出兵二萬助收智高，狄青奏：「官軍自足辦賊，無用交趾兵。」丁未，詔交趾毋出兵。青又請西邊蕃落廣鋭近二千騎與俱。五年正月，青至賓州，余靖、陳某皆來迎謁。時饋運未至，青初令備五日糧，既又備十日糧。智高聞之，由是懈惰不爲備，上元張燈高會。先是，諸將視其帥如僚寀，無所嚴憚，每議事，各執所見，喧争不用其命。己酉，狄青悉集將佐於幕府，立陳某於庭下，數其敗軍之罪，并軍校數十人皆斬之。諸將股栗，莫敢仰視。余靖起拜曰：「某之失律，亦靖節制之罪。」青曰：「舍人文臣，軍旅之責，非所任也。」於是勒兵而進，步騎二萬。或説儂智高曰：「騎兵利平地，宜遣兵守崑崙關，勿使度險，俟其兵疲食盡，擊之無不勝者。」智高驟勝，輕官軍，不用其言。青倍道兼行，出崑崙關，直趣其城。智高聞之，狼狽發兵出戰。戊午，相遇於歸仁鋪。青使步卒居前，匿騎兵於後。蠻使驍勇者執長槍居前，羸弱悉在其後。其前鋒孫節戰不利而死，將卒畏青令嚴，力戰莫敢退者。青登高丘，執五色旗，麾騎兵爲左右翼，出長槍之後，斷蠻軍爲三，旋而擊之，槍立如束，蠻軍大敗，殺獲三千餘人，獲其侍郎黄師宓等。智高走還城，官軍追之，營其城下。夜，營中驚呼，蠻聞之，以爲官軍且進攻，棄城走。明日，青入城，遣裨將于振追之，過田州，不及而還。智高奔大理。捷書至，上喜，謂龐籍曰：「嶺南非卿執議之堅，不能平，今日皆卿功也。」狄青還，上欲以爲樞密使、同平章事，籍曰：「昔曹彬平江南，太祖謂之曰：『朕欲以卿爲使相，然今外敵尚多，卿爲使相，安肯復爲朕盡死力耶？』賜錢二十萬緡而已。今青雖有功，未若彬之大，若賞以此官，則富貴極矣，異日復有寇盗，青更立功，將以何官賞之？且青起軍中，致位二府，衆論紛然，爲國朝未有此比。今幸而立功，論者方息，若又賞之太過，是復使青得罪於衆人也。臣所言非徒便於國體，亦爲青謀也。昔衛青已爲大將軍，封侯立功，漢武帝更封其子爲侯。陛下若謂賞功未盡，宜更官其諸子。」争之累日，上乃許之。二月癸未，加青護國軍節度使，樞密副使如故，仍遷諸子官。既而議者多謂青賞薄，石全彬復爲青訟功於中書。五月乙巳，竟以青爲樞密使。《記聞》

狄青宣撫廣西，時儂智高守崑崙關。青至賓州，值上元節，令大張燈燭，首夜燕將佐，次夜燕從軍官，三夜饗軍校。首夜樂飲徹曉。次夜二鼓時，青忽稱疾，暫起如内，久之，使人諭孫元規，令暫主席行酒，少服藥乃出，數使人勸勞座客。至曉，各未敢退。忽有馳報者云，是夜三鼓，青已奪崑崙矣。《筆談》又《東軒筆録》云：狄青之征儂智高也，自過桂林，即以辨色時先鋒行，先鋒既行，青乃出帳，受衙罷，命諸將坐，飲酒一卮，小餐，然後中軍行，率以爲常。及頓軍崑崙關下，翊日，將度關，晨起，諸將詣帳立甚久，而青尚未坐。殆至日高，親吏疑之，遽入帳周視，則不知青所在。諸將方相顧驚愕，俄有軍候至曰：「宣徽傳語諸官，請過關喫食。」方知青已微服同先鋒度關矣。此事二書不同，未知孰是。

公入邕州，獲金貝巨萬，畜數千，悉分戲下。賊所俘脅，皆慰遣之。斂積尸爲京觀于城北。尸有衣金龍之衣者，又得金龍楯於其傍，或言智高已死亂兵中，當亟作奏者。公曰：「安知其非詐？寧失智高，敢欺朝廷耶！」《神道碑》又《筆談》云：狄青平嶺寇，賊帥儂智高兵敗奔邕州，其下皆欲窮其窟穴，青亦不從，以謂趨利乘勢，入不測之城，非大將事。智高因而獲免。天下皆罪青不入邕州，脱智高於垂死。然青之用兵，主勝而已，不求奇功，故未嘗大敗，計功最多，卒爲名將。譬如奕棋，已勝敵，可止矣，然猶攻擊不已，往往大敗。此青之所戒也。臨利而能戒，乃青之過人處也。

狄青爲樞密使。是時，予爲諫官，人有相語童謡云：「漢似胡兒胡似漢，改頭换面總一般，只在汾河川子畔。」以爲青汾河人，面有刺字，不肯滅去，又姓狄，爲漢人。此歌爲是人作也，爲不疑矣。欲予言之。予應之曰：「此唐太宗殺李君羡事，上安忍爲！適以啓君臣疑心耳。」范蜀公《東齋記事》

公器度深遠。今相國韓公，故資政殿大學士范文正公之爲西帥也，皆隸其節下，咸奇之曰：「此國器也。」文正嘗以《左氏春秋》授公曰：「熟此可以斷大事。將不知古今，疋夫之勇，不足爲也。」公於是晚節益喜書史，既明見時事成敗，尤好節義。其在涇原也，起居舍人尹洙與公同經略招討安撫使事，洙有文武才略，博通古今，常稱公曰：「古之名將，無以過也。」公於交遊，在亡不渝。師魯後以貶死，公厚恤其孤，如至親焉。余襄公撰《墓誌》

其從真定，道過故鄉，謁縣，先下車趨至令庭，遂燕故老於纛下，里中榮之。公事親孝，遭父喪，雖衽金革之事，而哀戚過人。養母尤篤，征南之日，懼遺其憂，戒内外不以治兵事聞，第云奉使江表而已。始行至邕，會瘴霧之氣，昏鬱中人。或謂賊流毒水中，飲者多死，忽一夕泉湧于郊，汲之甘洌，遂濟其衆。《神道碑》

公之南征，今觀文孫公沔與公偕行，其軍中之政，公實專之。至于南夏經久之制，多讓孫公裁處。談者嘉其謙挹。《墓誌》

狄青作真定副帥，嘗宴公，惟劉易先生與焉。易性素疏訐，時優人以儒爲

戲，易勃然謂：「黥卒敢如此！」詬詈武襄不絶口，至擲樽俎以起。公是時觀武襄氣殊自若，不少動，笑語益温。次日，武襄首造劉易謝，公於是時已知其有量。《韓魏王别録》

陝西豪士劉易多遊邊，喜談兵。寶元、康定間，韓魏公宣撫五路，薦之，賜處士號。易善作詩，魏公爲書石。或不可其意，則發怒洗去。魏公欣然再書不憚。尹師魯帥平涼，延易府第尊禮之。狄武襄代師魯，遇之亦厚。每燕設，易喜食苦馬菜，不得之，即叫怒無禮。邊城無之，狄公爲求於内郡。后每燕集，終日唯以此菜啗之，易不能堪，方設常饌。時稱狄公善制易也。《聞見録》

狄武襄公爲范文正、韓忠獻諸公所知，後位樞密。或告以當推狄梁公爲遠祖，武襄愧謝曰：「青出田家，少爲兵，安敢祖梁公哉！」《筆談》云：狄青爲樞密使，有狄梁公之後持梁公畫像及告身十餘通，詣青獻之，以謂青之遠祖。青謝之曰：「一時遭際，安敢自附梁公？」厚贈而還之。比之郭崇韜哭子儀之墓，青所得多矣。或勸去鬢間字，則曰：「青雖貴，不忘本也。」或云：仁宗喻青使去其涅，青指其面曰：「臣所以至此者，以是耳。願留以視軍中，不敢奉詔。」每至韓公家，必拜于廟廷之下，入拜夫人甚恭，以郎君之禮待其子弟。其異於人如此。《聞見録》

京師火禁甚嚴，將夜分，即滅燭，故士庶家凡有醮祭者，必先關廂吏，以其焚楮幣在中夕之後故也。至和、嘉祐之間，狄武襄爲樞密使。一夕夜醮，而句當人偶失告報，中夕驟有火光，探卒馳白廂主，又報開封知府，到宅則火滅久矣。翊日，都下盛傳狄相公家有光怪燭天者。時劉敞爲知制誥，聞之，語權知開封府王素曰：「昔朱全忠居午溝，夜，光怪出屋，鄰里謂失火而往救，則無之。今日之異，得無類此乎？」此語喧於縉紳間，狄不自安，遽乞陳州，遂薨於鎮。而夜醮之事，竟無人爲辨之者。《東軒筆録》或云：青在樞府四年，每出，軍士必指以相誇：青家嘗有犬生角。又時彗出紫微垣，青去而滅云。

梅堯臣《碧雲騢》 狄青與文彦博同鄉人。青在定州，彦博令門客往游索，青遺之薄。客歸，彦博以書責青，再遣客往謁，青於是厚遺之。明年，青建節知延州，彦博又令客請青，曰：「延州之行，我有力焉。合奏異姓一人，當以客爲請。」青遂奏客爲試校書郎。會伐蠻賊，驚走歸洞，乃除青爲樞密使。

江休復《江鄰幾雜志》 都下鄙俗，目軍人爲赤老，莫原其意。緣尺籍得此名耶？狄青自延安入樞府，西府迓者累日不至，問一路人，不知乃狄子也。既云未至，因謾罵曰：「迎一赤老，累日不來。」士人因呼爲赤樞。伯庸常戲其涅文云：「愈更鮮明。」狄答云：「莫愛否，奉贈一行。」王大慚恧。

范鎮《東齋記事》卷一 皇祐末，邕州白氣亘天，江水泛溢，司户參軍孔宗旦白于知州陳珙宜備邊，珙不聽。未幾而儂智高内寇，破邕、貴、横、賀、潯、藤、梧、封、康、端十州，圍廣州，殺將吏張忠等數十人。最後，遣狄公青以蕃落五百騎敗於邕州歸仁鋪，凡得首級五千三百四十一，築爲京觀。初，謡言云：「農家種，糴家收。」至是爲狄公所敗。

孫升《孫公談圃》卷上 儂智高陷邕州，狄青討之，列軍陣城下。智高大宴城頭，鼓吹振作。一人衣道服，罵官軍。有善射者，一矢斃之。青隨行倚河東王簡子爲先鋒，勇甚，爲鏕所殺。青見之，汗出如雨。世言青真武神也。至是，曳兩皂旗麾兵而戰，先用蕃落馬貫賊亂之，大呼，騎步夾進，遂破智高。是時，智高可擒，青疑有伏兵，乃止。

孫升《孫公談圃》卷下 儂智高反時，官軍屢敗，孫沔、余靖軍行不整，所過殘掠。狄青爲帥，有婦人賣蔬於道，一卒倍取。青拽卒馬前斬之。至廣，召諸將，責陳曉犯英廟御名。違節制，斥起，大門外已羅酒炙，遂斬之。孫、余坐上股栗。自是軍聲大振，秋毫無犯，遂破賊焉。

張舜民《畫墁録》 狄武襄，西河書佐也，逋罪入京，竄名赤籍，以三班差使殿侍，出爲清澗城指揮使。种世衡知城、范文正帥鄜延，科閲軍書至夜分，從者皆休，唯狄不懈，呼之即至。每供事，兩手如玉。种以此異之，授以兵法，然又延之於范公，遂成名。

沈括《夢溪筆談》卷九 狄青爲樞密使，有狄梁公之後，持梁公畫像及告身十餘通詣青獻之，以謂青之遠祖。青謝之曰：「一時遭際，安敢自比梁公？」厚有所贈而還之。比之郭崇韜哭子儀之墓，青所得多矣。

沈括《夢溪筆談》卷一三 寶元中，党項犯塞。時新募「萬勝軍」，未習戰陳，遇寇多北。狄青爲將，一日，盡取「萬勝」旗付「虎翼軍」，使之出戰。虜望其旗易之，全軍徑趨，爲「虎翼」所破，殆無遺類。又青在涇原，嘗以寡當衆，度必以奇勝，預戒軍中盡捨弓弩，皆執短兵器，令軍中聞鉦一聲則止，再聲則嚴陣而陽卻，鉦聲止則大呼而突之，士卒皆如其教。纔遇敵，未接戰，遽聲鉦，士卒皆止，再聲，皆卻。虜人大笑，相謂曰：「孰謂狄天使勇？」時虜人謂青爲「天使」。鉦聲止，忽前突之，虜兵大亂，相蹂踐死者不可勝計也。

狄青爲樞密副使，宣撫廣西。時儂智高守崑崙關，青至賓州，值上元節，令

大張燈燭，首夜燕將佐，次夜燕從軍官，三夜饗軍校。首夜樂飲徹曉，次夜二鼓時，青忽稱疾，暫起如內，久之，使人諭孫元規，令暫主席行酒，少服藥乃出。數使人勸勞座客，至曉，各未敢退。忽有馳報者云：是夜三鼓，青已奪崑崙矣。

狄青戍涇原日，嘗與虜戰，大勝，追奔數里，虜忽壅遏山踊，知其前必遇險，士卒皆欲奮擊，青遽鳴鉦止之，虜得引去。驗其處，果臨深澗，將佐皆悔不擊。青獨曰：「不然。奔亡之虜，忽止而拒我，安知非謀？軍已大勝，殘寇不足利，得之無所加重。萬一落其術中，存亡不可知。寧悔不擊，不可悔不止。」青後平嶺寇，賊帥儂智高兵敗，奔邕州，其下皆欲窮其窟穴，青亦不從，以爲趨利乘勢入不測之城，非大將事，智高因而獲免。天下皆罪青不入邕州，脱智高於垂死。然青之用兵主勝而已。不求奇功，故未嘗大敗。計功最多，卒爲名將。譬如奕棊，已勝敵可止矣，然猶攻擊不已，往往大敗，此青之所戒也。臨利而能戒，乃青之過人處也。

王闢之《澠水燕談録》卷二 狄武襄公青，初以散直爲延州指使，是時西邊用兵，公以才勇知略頻立戰功。常被髮、面銅具馳突賊圍，敵人畏懾，無敢當者。公識度宏遠，士大夫翕然稱之，而尤爲韓魏公、范文正公所深知，稱爲國器。文正以《春秋》《漢書》授之曰：「將不知古今，匹夫之勇，不足尚也。」公於是博覽書史，通究古今，已而立大功，登輔弼，書史策，配享宗廟，爲宋名將，天下稱其賢。公初爲延州指使，後顯貴，天下猶呼公爲「狄天使」。

邵伯温《邵氏聞見録》卷八 狄武襄公青初以散直爲延州指揮使，時西夏用兵，武襄以智勇收奇功。嘗被髮帶銅鑄人面，突圍陷陣，往來如神，震畏懾服，無敢當者。而識達宏遠，賢士大夫翕然稱之，尤爲范文正、韓忠獻、范正獻諸公所知。文正公授以《春秋》《漢書》，曰：「爲將而不知古今，匹夫之勇耳。」武襄感服，自勉勵無怠，後位樞密。或告以當推狄梁公爲遠祖，武襄愧謝曰：「某出田家，少爲兵，安敢祖唐之忠臣梁公者？」又或勸去鬢間字，則曰：「某雖貴，不忘本也。」每至韓忠獻家，必拜於廟廷之下，入拜夫人甚恭，以郎君之禮待其子弟，其異於人如此。郭宣徽逵少時，人物已魁偉，日懷二餅，讀《漢書》於京師州西酒樓上。飢即食其餅，沽酒一升飲，再讀書。抵暮歸，率以爲常。酒家異之，後亦以散直爲延州指揮使。范文正公爲帥，令主私藏。端坐終日不出門，文正益任之。韓魏公代文正公，宣徽又事之，魏公尤器重。屢立大功，進至副都總管。治平中，召爲簽書樞密院。楊太尉遂，微時爲文潞公虞候吏，每燕會，太尉獨不食餘饌，他人與之，亦不顧。潞公以此奇之。公定貝州，太尉穴地道入城先登，受上賞。後官至節度使。苗太尉授爲小官時，客京師逆旅中，未嘗出行，同輩以爲笑。後爲名將帥，官節度使，兩除殿帥。四人者，其功業、智勇、貧賤、遇合略相似，故并書之。

魏泰《東軒筆録》卷四 狄青之征儂智高也，自過桂林，即以辨色時先鋒行，先鋒既行，青乃出帳，受衙罷，命諸將坐，飲酒一巵，小餐，然後中軍行，率以爲常。及頓軍崑崙關下，翊日，將度關，辰起，諸將張立甚久，而青尚未坐，殆至日高，親吏疑之，遽入帳周視，則不知青所在。諸將方相顧驚怛，俄有軍候至曰：「宣徽傳語諸官，請過關喫食。」方知青已微服同先鋒度關矣。

葉夢得《石林燕語》卷七 狄武襄起行伍，位近臣，不肯去其黥文，時特以酒濯面，使其文顯，士卒亦多譽之。或云：其家數有光怪，且姓合讖書，歐陽文忠、劉原甫皆屢爲之言。獨范景仁爲諫官，人有諷之者，景仁謝曰：「此唐太宗所以殺李君羡，上安忍爲也？」然武襄亦竟出知陳州。

葉夢得《石林燕語》卷九 狄武襄狀貌奇偉，初隸拱聖籍中，爲延州指揮使。范文正一見，知其後必爲名將，授以《左氏春秋》。遂折節讀書，自春秋、戰國至秦、漢用兵成敗，貫通如出掌中。與尹師魯尤善，師魯與論兵法，終不能屈。連立戰功，驟至涇原經略招討副使。仁宗聞其名，欲召見，會寇入平涼，詔圖形以進，於是天下始聳然畏慕之。神宗初即位，有意二邊。一日，忽内出御製祭文，遣使祭其墓，欲以感動將士。或云，滕元發之詞也。

狄武襄以樞密副使出討儂智高，換宣徽南院使，宣撫荆湖南北路，經制廣南盜賊事。師還，復舊任，蓋不欲以本官外使也。如嘉祐末，韓魏公待郭逵厚，始使帶簽書樞密院知延州。故熙寧初，王樂道論魏公，爲用周太祖故事命逵，蓋郭威實由是變也。魏公亦無以解。

蔡絛《鐵圍山叢談》卷二 南俗尚鬼。狄武襄青征儂智高時，大兵始出桂林之南，道旁偶一大廟，人謂其廟甚神靈。武襄遽爲駐節而禱之焉，因祝曰：「勝負無以爲據。」乃取百錢自持之，且與神約：「果大捷，則投此期盡錢面也。」左右或諫止，「儻不如意，恐沮師。」武襄不聽，萬衆方聳視，已揮手倏一擲，則百錢盡面矣。於是舉軍歡呼，聲震林野，武襄亦大喜。顧左右取百釘來，即隨錢疏密布地而釘帖之，加諸青紗籠覆，手自封焉，曰：「苟凱歸，當償謝神，始贖取錢。」其後破崑崙關，敗智高，平邕管。及師還，如言贖取錢，與羣幕府士大夫共視之，乃兩字錢也。詔封廟曰「靈順」。吾道過時夢甚異，又得是事於其父老云。

徐度《卻掃編》卷下　王文安公堯臣登第之日，狄武襄公始隸軍籍。王公唱名自內出，傳呼甚寵，觀者如堵。狄公與儕類數人止於道傍，或歎曰：「彼爲狀元，而吾等始爲卒，窮達之不同如此！」狄曰：「不然。顧才能如何爾。」聞者笑之。後狄公爲樞密使，王公爲副，適同

王銍《默記》　狄青善用兵，多智數，爲一時所伏。其出師討儂智高也，既行，燕犒士卒於瓊林苑中，將士皆列坐。酒既行，青自起巡而問之曰：「兒郎若肯隨青者，任其願同去。若有父母侍養，及家私幼小，畏怯不願去者，便請於此處自言。若大軍一起之後，敢有退避者，惟有劍耳。」於是三軍之士皆感泣自勵，至嶺外，無一人敢有怠惰者。

狄青宣撫廣南，平儂智高。未出師，先大陳軍儀，數諸將不俟大軍之到，先出師不利。就坐擒陳崇儀等三十餘人，拽出。一有「斬之」二字。次問余襄公，襄公矍然下拜，而孫元規頗申理之，得免。次及提刑祖擇之，問諸將兵敗亡之由。擇之知必不免，勃然起對曰：「太尉不得無禮！無擇來時金口別有宣諭。」其客將在廳下，即呼牽提刑馬，遂就廳事上馬以出於甲冑兵戈之間。既至所舍，便溺俱下，滿於鞍韉。此所謂氣勝也。蓋青武人，非倉猝之間言「金口別有宣諭」，以折其謀，則必不免矣。

韓魏公帥定，狄青爲總管。一日會客，妓有名白牡丹者，因酒酣勸青酒曰：「勸班兒一盞。」譏其面有涅文也。青來日遂笞白牡丹者。後青舊部曲焦用押兵過定州，青留用飲酒，而卒徒因訴請給不整，魏公命擒焦用，欲誅之。青聞而趨就客次救之。魏公不召，青出立於子階之下，懇魏公曰：「焦用有軍功，好兒。」魏公曰：「東華門外以狀元唱出者乃好兒，此豈得爲好兒耶！」立青而面誅之。青甚戰灼，久之，或白：「總管立久。」青乃敢退，蓋懼并誅也。其後，魏公還朝，青位樞密使，避火般家於相國寺殿。一日，衩衣衣淺黃襖子，坐殿上指揮士卒，盛傳都下。及其家遺火，魏公謂救火人曰：「爾見狄樞密出來救火時，著黃襖子否？」青每語人曰：「韓樞密功業官職與我一般，我少一進士及第耳。」其後彗星出，言者皆指青跋扈可慮，出青知陳州。同日，以魏公代之。是夕，彗滅。

吴曾《能改齋漫録》卷一二　武襄狄公青平儂智高，以用延州舊府蕃落騎兵之效，及歸，狄欲奬此一軍，乞于講武殿閱武試，冀仁宗親覩其驍勇。俄而奮擊號呼，一如臨敵，飛矢至殿陛，仁宗遽移御座，而中官前蔽，再三申命方止，識者鄙其不知體。是軍遂驕，因遣還邊。

狄武襄自拱聖長行至節度使平章事。世多言狄之隸籍與參政王堯臣作狀元之年同，後亦爲兩府，仁宗以其然，命王諭狄去其黥文。狄謂王曰：「青若無此兩行字，何由致身于此？斷不敢去，要使天下健兒知國家有此名位待之也。」議者韙其言。

王林《野客叢書》附王大成《野老記聞》　狄青爲樞密使，自恃有功，驕蹇不恭，怙惜士卒。每得衣糧皆負之，曰：「此狄家爺爺所賜。」朝廷患之。時文潞公當國，建言以兩鎮節度使出之。青自陳：「無功而受兩鎮節旄，無辜而出典外藩。」仁宗亦然之。及文公以對，上道此語，且言狄青忠臣。公曰：「太祖豈非周世宗忠臣？但得軍情，所以有陳橋之變。」上默然。青未知，到中書再以前語白文公。文公直視，語之曰：「無他。朝廷疑爾。」青驚怖，却行數步。青在鎮，每月兩遣中使撫問，青聞中使來，即驚疑終日。不半年疾作而卒。皆文公之謀也。

備論

《宋史》卷二九〇《狄青傳》　論曰：宋至仁宗時，承平百年，武夫驁卒遭時致位者雖有之，起健卒至政府，隱然爲時名將，惟青與逵兩人爾。青在邊境凡二十五戰，無大勝，亦無大敗，最後崑崙一舉，頗著奇雋。攷其識量，亦過人遠矣。

王稱《東都事略》卷六二《狄青傳》　臣稱曰：爲將之道有三：曰智，曰威，曰權。夫智與威，係乎將之所能，而權者，出乎君之所任。有所能之威、智，而無所任之權，則智不足以使人，而威不足以服衆，又何足以任天下之事者哉！蓋有智矣，必俟乎權，可以施其智；有威矣，亦必俟乎權，可以奮其威。觀狄青之討智高也，可謂能施其智而奮其威，以取勝於當世者矣。然青之所以能若是者，由仁宗專任而責成之也，是得君之權者也。使不得君之權以便其事，則安可以有功？烏虖，爲將而具三者，則可以爲名將矣。

藝文

韓琦《安陽集》卷四三《祭狄相文》　維嘉祐二年歲次丁酉，四月丙午朔，十六

日辛酉，具官某謹以清酌庶羞之奠，致祭於故相狄公之靈。惟靈忠孝沉厚，出於天資；威名方略，聳於塞外。入登樞府，蓋旌勳勞。出殿輔藩，聊遂偃息。何五福所鍾，而不與其壽？一人所悼者，未盡其才。某向處邊垂，公實裨佐。自聞傾喪，日極哀懷。茲承已擇良辰，權厝浄宇，敢憑薄酹，少致哀誠。魂兮有知，諒垂歆監。尚饗！

吳曾《能改齋漫録》卷一四《神宗御製祭狄青文》「惟天生賢，佑我仁祖。沉鷙有謀，重厚且武。昔居校聯，功名自喜。既登籌帷，益奮忠義。惟是南荒，有盜猖獗。陵轢二廣，震驚宫闕。羣公瞻顧，莫肯先語。惟卿請行，萬里跬步。首戮騎將，大振吾旅。金節一麾，孰敢齟齬。遇賊于原，親按旗鼓。彼長排鎗，我利刀斧。馬馳於旁，擣厥背膂。驅攘殲縶，如手探取。奏功來朝，遂長右府。旋升外相，均逸邦畿。如何不淑，早棄盛時。逮予纂服，弗覯音儀。因覽遺畧，又觀繪事。緬懷風徽，感歎無已。遣使臨奠，用旌前勳。靈而有知，當體茲意。尚饗！」

王柏《魯齋集》卷六《狄武襄青》 太平名將，偉哉氣節。卻梁公像，留鬢邊涅。西折元昊，南摧智高。童謡方息，角犬成妖。

唐士耻《靈巖集》卷五《神宗皇帝御製祭狄青文贊》 寶元、康定間，羌動銀夏，時以偃戈之久，戎備小有未諳，諸將折北不支，獨狄青起行伍，搴旂摧鋒，擅百勝之威，名振青海。羌既知困，有稱藩來王之漸，仁宗神文皇帝用釋西顧之慮，而青之名字簡在宸心，至命繪者圖之丹青，貌其體肖，爲圖來上，以快鼓鼙之思。我神宗皇帝憤西北二邊未汔歸者，遽興頗、牧之思，嗟九京之不可作，親御綈兒，雲漢之章，追酹忠魂，華衮之褒，五色下被，烈士知勸，懦夫可激而立也。夫一介之善，不惟見用當時，猶使後世明主起當饋之歎，其風烈言言，真可尚也。祓飾厥文，敬贊下方，小臣其敢辭？贊曰：

維彼遐方，曷爲之備，必也虎士，戎容暨暨。功見於先，後王惕焉，宜有衮褒，被之九原。昔者我國，有戎西極，敢曰叛涣，稱爾矛戟。屬其一時，武臣小熙，赳赳烈將，折北不支。狄青乃出，捐軀効力，所向無前，踏賀蘭石。當寧載咨，丹青其儀，其儀鷹揚，登于天墀。烈烈神廟，如日之皦，憤彼叛涣，期致天討。迺思力臣，迺撫忠魂，親摛宸藻，見之唐文。唐文偉已，壯士增氣，至于懦夫，亦有立志。頗牧是思，古則有之，不聞親作，下被昭回。帝王有製，意各有爲，厥意若何，漢封樂毅。黄金築臺，英士聿來，意之所見，罔不宏哉。維青良將，帝所嘉尚，英魄如在，儻其肹蠁。氣吞驕戎，事昭儁功，百世之下，凜焉清風。宸章衆矣，是豈其最？小臣欽贊，以錐測地。

韓琦部

綜述

《宋史》卷三一二《韓琦傳》 韓琦字稚圭，相州安陽人。父國華，自有傳。琦風骨秀異，弱冠舉進士，名在第二。方唱名，太史奏日下五色雲見，左右皆賀。授將作監丞、通判淄州，入直集賢院、監左藏庫。時方貴高科，多徑去爲顯職，琦獨滯筦庫，衆以爲非宜，琦處之自若。禁中需金帛，皆内臣直批旨取之，無印可驗，琦請復舊制，置傳宣合同司，以相防察。又每綱運至，必俟内臣監涖，始得受，往往數日不至，暴露廡下。衙校以爲病，琦奏罷之。

歷開封府推官、三司度支判官，拜右司諫。時宰相王隨、陳堯佐，參知政事韓億、石中立，在中書罕所建明，琦連疏其過，四人同日罷。又請停内降，抑僥倖。凡事有不便，未嘗不言，每以明得失、正紀綱、親忠直、遠邪佞爲急，前後七十餘疏。王曾爲相，謂之曰：「今言者不激，則多畏顧，何補上德？如君言，可謂切而不迂矣。」曾聞望方崇，罕所奬與，琦聞其語，益自信。權知制誥。

益、利歲饑，爲體量安撫使。異時郡縣督賦調繁急，市上供綺繡諸物不予直，琦爲緩調蠲給之，逐貪殘不職吏，汰冗役數百，活飢民百九十萬。趙元昊反，琦適自蜀歸，論西師形勢甚悉，即命爲陝西安撫使。劉平與賊戰，敗，爲所執，時宰入他誣，收繫平子弟，琦辨直其冤。

進樞密直學士，副夏竦爲經略安撫、招討使。詔遣使督出兵，琦亦欲先發以制賊，而合府固争，元昊遂寇鎮戎。琦畫攻守二策馳入奏，仁宗欲用攻策，執政者難之。琦言：「元昊雖傾國入寇，衆不過四五萬人，吾逐路重兵自爲守，勢分力弱，遇敵輒不支。若併出一道，鼓行而前，乘賊驕惰，破之必矣。」乃詔鄜延、涇原同出征。既還營，元昊來求盟。琦曰：「無約而請和者，謀也。」命諸將戒嚴，賊果犯山外。琦悉兵付大將任福，令自懷遠城趨德勝砦出賊後，如未可戰，即據險置伏，要其歸。及行，戒之至再。又移檄申約，苟違節度，雖有功，亦斬。福竟爲賊誘，没于好水川。竦使人收散兵，得琦檄於福衣帶間，言罪不在琦。琦亦上章自劾，猶奪一官，知秦州，尋復之。

會四路置帥，以琦兼秦鳳經略安撫、招討使。慶曆二年，與三帥皆换觀察使，范仲淹、龐籍、王沿不肯拜，琦獨受不辭。未幾，還舊職，爲陝西四路經略安撫、招討使，屯涇州。琦與范仲淹在兵間久，名重一時，人心歸之，朝廷倚以爲重，故天下稱爲「韓范」。東兵從宿衛來，不習勞苦，琦奏增土兵以代戍，建德順軍以蔽蕭關、鳴沙之道。方謀取横山，規河南，而元昊稱臣，召爲樞密副使。

元昊介契丹爲援，强邀索無厭，宰相晏殊等厭兵，將一切從之。琦陳其不便，條所宜先行者七事：一曰清政本，二曰念邊計，三曰擢材賢，四曰備河北，五曰固河東，六曰收民心，七曰營洛邑。繼又陳救弊八事，欲選將帥，明按察，豐財利，遏僥倖，進能吏，退不才，謹入官，去冗食。謂：「數者之舉，謗必隨之，願委計輔臣，聽其注措。」帝悉嘉納。遂宣撫陝西，討平羣盜張海、郭邈山；禁卒羸老不任用者，悉汰之；盡修鄜延城障，須敵悉歸所侵地，乃許和。歸陳西北四策，以爲：「今當以和好爲權宜，戰守爲實務。請繕甲厲兵，營修都城，密定討伐之計。」

時二府合班奏事，琦必盡言，雖事屬中書，亦指陳其實。同列或不悦，帝獨識之，曰：「韓琦性直。」琦與范仲淹、富弼皆以海内人望，同時登用，中外跂想其勛業。仲淹等亦以天下爲己任，羣小不便之，毁言日聞。仲淹、弼繼罷，琦爲辨析，不報。尹洙與劉滬争城水洛事，琦右洙，朝論不謂然。乃請外，以資政殿學士知揚州，徙鄆州、成德軍、定州。兼安撫使，進大學士，又加觀文殿學士。

初，定州兵狃平貝州功，需賞賚，出怨語，至欲謀城下。琦聞之，以爲不治且亂，用軍制勒習，誅其尤無良者。士死攻戰，則賞賻其家，籍其孤嫠繼廩之，威恩並行。又倣古三陣法，日月訓齊之，由是中山兵精勁冠河朔。京師發龍猛卒戍保州，在道爲人害，至定，琦悉留不遣，易素教者使之北，又振活飢民數百萬。璽書褒激，鄰道視以爲準。

拜武康軍節度使、知并州。承受廖浩然，怙中貴勢貪恣，既誣逐前帥李昭亮，所爲益不法，琦奏還之，帝命鞭諸本省。契丹冒占天池廟地，琦召其酋豪，示以曩日彼所求修廟檄，無以對，遂歸我斥地。既又侵耕陽武砦地，琦鑿塹立石以限之。始，潘美鎮河東，患寇鈔，令民悉内徙，而空塞下不耕，於是忻、代、寧化、火山之北多廢壤。琦以爲此皆良田，今棄不耕，適足以資敵，將皆爲所有矣。遂請距北界十里爲禁地，其南則募弓箭手居之，墾田至九千六百頃。久之，求知

相州。

嘉祐元年，召爲三司使，未至，迎拜樞密使。三年六月，拜同中書門下平章事、集賢殿大學士。六年閏八月，遷昭文館大學士、監修國史，封儀國公。帝既連失三王，自至和中得疾，不能御殿。中外惴恐，臣下争以立嗣固根本爲言，包拯、范鎮尤激切。積五六歲，依違未之行，言者亦稍怠。至是，琦乘間進曰：「皇嗣者，天下安危之所係。自昔禍亂之起，皆由策不早定。陛下春秋高，未有建立，何不擇宗室之賢者，以爲宗廟社稷計？」帝曰：「後宫將有就館者，姑待之。」已又生女。

一日，琦懷《漢書孔光傳》以進，曰：「成帝無嗣，立弟之子。彼中材之主，猶能如是，況陛下乎。願以太祖之心爲心，則無不可者。」又與曾公亮、張昪、歐陽脩極言之。會司馬光、吕誨皆有請，琦進讀二疏，未及有所啓，帝遽曰：「朕有意久矣，誰可者？」琦皇恐對曰：「此非臣輩所可議，當出自聖擇。」帝曰：「宫中嘗養二子，小者甚純，近不慧，大者可也。」琦請其名，帝以宗實告。宗實，英宗舊名也。琦等遂力贊之，議乃定。

英宗居濮王喪，議起知宗正。琦曰：「事若行，不可中止。陛下斷自不疑，乞内中批出。」帝意不欲宫人知，曰：「只中書行足矣。」命下，英宗固辭。帝復問琦，琦對曰：「陛下既知其賢而選之，今不敢遽當，蓋器識遠大，所以爲賢也。願固起之。」英宗既終喪，猶堅臥不起。琦言：「宗正之命初出，外人皆知必爲皇子，不若遂正其名。」乃下詔立爲皇子。明年，英宗嗣位，以琦爲仁宗山陵使，加門下侍郎，進封衛國公。

琦既輔立英宗，門人親客，或從容語及定策事，琦必正色曰：「此仁宗聖德神斷，爲天下計，皇太后内助之力，臣子何與焉。」英宗暴得疾，太后垂簾聽政。帝疾甚，舉措或改常度，遇宦官尤少恩。左右多不悦者，乃共爲讒間，兩宫遂成隙。琦與歐陽脩奏事簾前，太后嗚咽流涕，具道所以。琦曰：「此病固爾，病已，必不然。子疾，母可不容之乎？」脩亦委曲進言，太后意稍和，久之而罷。後數日，琦獨見上，上曰：「太后待我無恩。」琦對曰：「自古聖帝明王，不爲少矣。然獨稱舜爲大孝，豈其餘盡不孝耶？父母慈愛而子孝，此常事不足道；惟父母不慈，而子不失孝，乃爲可稱。但恐陛下事之未至爾，父母豈有不慈者哉。」帝大感悟。及疾愈，琦請乘輿因禱雨具素服以出，人情乃安。太后還政，拜琦右僕射，封魏國公。

夏人寇大順，琦議停歲賜，絶和市，遣使問罪。樞密使文彦博難之，或舉寶元、康定事，琦曰：「諒祚，狂童也，非有元昊智計，而邊備過當時遠甚。亟詰之，必服。」既而諒祚上表謝，帝顧琦曰：「一如所料。」帝寢疾，琦入問起居，言曰：「陛下久不視朝，願早建儲，以安社稷。」帝頷之，即召學士草制，立潁王。

神宗立，拜司空兼侍中，爲英宗山陵使。琦執政三世，或病其專。御史中丞王陶劾琦不赴文德殿押班爲跋扈。琦請去，帝爲黜陶。永厚陵復土，琦不復入中書，堅辭位。除鎮安武勝軍節度使、司徒兼侍中、判相州。入對，帝泣曰：「侍中必欲去，今日已降制矣。」賜興道坊宅一區，擢其子忠彦祕閣校理。琦辭兩鎮，乃但領淮南。

會种諤擅取綏州，西邊俶擾，改判永興軍，經略陝西。琦言：「邊臣肆意妄作，棄約基亂，願召二府亟決之。」琦入辭，曾公亮等方奏事，乞與琦同議。帝召之，琦曰：「臣前日備員政府，所當共議。今日，藩臣也，不敢預聞。」又言：「王陶指臣爲跋扈，今陛下乃舉陝西兵柄授臣，復有劾臣如陶者，則臣赤族矣。」帝曰：「侍中猶未知朕意邪？」琦初言綏州不當取，已而夏人誘殺楊定，琦復言：「賊既如此，綏今不可棄。」樞密院以初議詰之，琦具論其故，卒存之。

熙寧元年七月，復請相州以歸。河北地震、河決，徙判大名府，充安撫使，得便宜從事。王安石用事，出常平使者散青苗錢，琦亟言之。帝袖其疏以示宰臣，曰：「琦真忠臣，雖在外，不忘王室。朕始謂可以利民，今乃害民如此。且坊郭安得青苗，而亦强與之乎？」安石勃然進曰：「苟從其欲，雖坊郭何害。」明日，稱疾不出。當是時，新法幾罷，安石復出，持前議益堅。琦又懇奏，安石下之條例司，令其屬疏駁，刊石頒天下。琦申辨愈切，不克從。於是請解四路安撫使，止領一路，安石欲沮琦，即從之。六年，還判相州。

契丹來求代北地，帝手詔訪琦，琦奏言：

臣觀近年以來，朝廷舉事，似不以大敵爲恤。彼見形生疑，必謂我有圖復燕南意，故引先發制人之説，造爲釁端。所以致疑，其事有七：高麗臣屬北方，久絶朝貢，乃因商舶誘之使來，契丹知之，必謂將以圖我。一也。强取吐蕃之地以建熙河，契丹聞之，必謂行將及我。二也。遍植榆柳於西山，冀其成長以制蕃騎。三也。創團保甲。四也。諸州築城鑿池。五也。置都作院，頒弓刀新式，大作戰車。六也。置河北三十七將。七也。契丹素爲敵國，因事起疑，不得不然。

臣昔年論青苗錢事，言者輒肆厚誣，非陛下之明，幾及大戮。自此，聞新法日下，不敢復言。今親被詔問，事係安危，言及而隱，死有餘罪。臣嘗竊計，始爲陛下謀者，必曰治國之本，當先聚財積穀，募兵於民，則可以鞭笞四夷。故散青苗錢，使民出利；爲免役之法，次第取錢；追置市易務，而小商細民，無所措手。新制日下，更改無常，官吏茫然，不能詳記，監司督責，以刻爲明。今農怨於畎畝，商歎於道路，長吏不安其職，陛下不盡知也。夫欲攘斥四夷，以興太平，而先使邦本困摇，衆心離怨，此則爲陛下始謀者大誤也。

臣今爲陛下計，謂宜遣使報聘，具言向來興作，乃修備之常，豈有他意；疆土素定，悉如舊境，不可持此造端，以隳累世之好。以可疑之形，如將官之類，因而罷去。益養民愛力，選賢任能，疏遠奸諛，進用忠鯁，使天下悦服，邊備日充。若其果自敗盟，則可一振威武，恢復故疆，攄累朝之宿憤矣。

疏上，會安石再入相，悉以所争地與契丹，東西七百里，論者惜之。八年，换節永興軍，再任，未拜而薨，年六十八。前一夕，大星隕于治所，櫪馬皆驚。帝發哀苑中，哭之慟。輟朝三日，賜銀三千兩，絹三千匹，發兩河卒爲治冢，瑑其碑曰「兩朝顧命定策元勳」。贈尚書令，謚曰忠獻，配享英宗廟庭。常令其子若孫一人官于相，以護丘墓。故事，三省長官，惟尚書令爲尤重，贈者必兼他官。至琦，乃單贈。後又詔，雖當追策，不復更加師保，蓋貴之也。

琦蚤有盛名，識量英偉，臨事喜愠不見于色，論者以重厚比周勃，政事比姚崇。其爲學士臨邊，年甫三十，天下已稱爲韓公。嘉祐、治平間，再決大策，以安社稷。當是時，朝廷多故，琦處危疑之際，知無不爲。或諫曰：「公所爲誠善，萬一蹉跌，豈惟身不自保，恐家無處所。」琦歎曰：「是何言也。人臣盡力事君，死生以之。至於成敗，天也，豈可豫憂其不濟，遂輟不爲哉。」聞者愧服。在魏都久，遼使每過，移牒必書名，曰：「以韓公在此故也。」忠彦使遼，遼主問知其貌類父，即命工圖之，其見重於外國也如此。

琦天資朴忠，折節下士，無貴賤，禮之如一。尤以獎拔人才爲急，儻公論所與，雖意所不悦，亦收用之，故得人爲多。選飭羣司，皆使奉法循理。其所建請，第顧義所在，無適莫心。在相位時，王安石有盛名，或以爲可用，琦獨不然之。及守相，陛辭，神宗曰：「卿去，誰可屬國者，王安石何如？」琦曰：「安石爲翰林學士則有餘，處輔弼之地則不可。」上不答。其鎮大名也，魏人爲立生祠。相人愛之如父母，有門訟，傳相勸止，曰：「勿撓吾侍中也。」與富弼齊名，號稱賢相，人謂之「富韓」云。徽宗追論琦定策勳，贈魏郡王。子五人：忠彦、端彦、純彦、粹彦、嘉彦。端彦右贊善大夫。純彦官至徽猷閣直學士。

杜大珪《名臣碑傳琬琰集》中卷四八《韓忠獻公琦行狀》 韓姓出晉卿獻子後，國於韓，秦滅韓，子孫分散，以國爲氏。案公所爲家譜，推其先世功行爵里，至於八世有次序，曰：遠祖居深州，爲博陸人。八代祖朏爲沂州司户參軍，生洹，爲登州録事參軍。洹生全，爲處士，老博陸。全生三子，曰乂賓，曰文操，曰存。乂賓生定辭、昌辭，文操生隱辭、晦辭、審辭，存生正辭。乂賓仕爲成德軍節度判官、檢校太子左庶子，兼御史中丞，以唐光啓二年終鎮府立義坊之私第，以龍紀元年葬博野縣蠡吾鄉之北平原。其子昌辭爲坡城縣令，以天復二年三月終於真定，以天復三年七月葬蠡吾；以晉天福二年祔夫人張氏，改葬趙州贊皇城之北馬村，是爲高祖。昌辭生一子璆，終廣晉府永濟縣令，累贈太師、中書令、兼尚書令、齊國公。夫人史氏，追封齊國夫人。始葬相州安陽縣之豐安村，則公曾祖也。璆生公之皇祖構，仕本朝爲太子中允、知康州，終於治所，贈太師、中書令、兼尚書令、燕國公。夫人李氏，深人巘之女，晉相崧之猶子，追封燕國夫人。皇考國華，諫議大夫，卒建州，累贈太師、中書令、兼尚書令、魏國公，爲時勞臣，國史有傳。慶曆五年葬安陽縣新安村，尹洙師魯誌其墓，今富鄭公爲神道碑，載公事業甚詳。夫人羅氏，諫議大夫延吉之女，鄴王紹威之孫，追封魏國太夫人。公之所生母胡氏，蜀士人覺之女，追封秦國太夫人。由五代祖以上皆葬蠡吾，惟高祖葬贊皇，由曾祖以下皆葬安陽，故公爲相人。公之八代祖以下遭亂，雖仕不顯，而皆以儒學行義世其家。皇祖有功有德，用不極其器，一時有識咸謂慶必在後。公生泉州，將生，秦國有異夢，晨有釋子，狀異服怪，不知其所從來，忽詣門曰：「是間有奇兒，毋失護視！」忽不見。公既長，朴厚不浮，少嬉弄，視瞻步履端正而中甚敏，所學不用力而過人，性淳一無邪曲，孝於其母，悌事諸兄，皆不教而能。天聖五年，仁宗初臨軒試進士，公二十歲，名在第二，授將作監丞、同判淄州，侍秦國之官。踰年，秦國亡，哀毁過禮。服除，遷太子中允，又改太常丞、集賢院，知左藏庫，徙開封府推官，賜五品服。時高科多徑去爲顯職，鮮肯勤吏事，公獨視獄訟，決曲直，終日坐府舍不倦。府君王博文固已奇之，曰：「志異常人，此大器也。」遷度支判官，授太常博士。景祐三年，求外補，得知舒州。留不行，

以右司諫供職。勸上明得失，正朝廷綱紀，親近忠直，放遠邪佞。時災異數見，宰相非其才，參政事者喜言譊，望輕無所補。或私名器，用之中書，事擁不決。公屢上疏，數中書不法事，疏寢不報，則乞出疏示中書。敕御史臺集百官會議，決正是非。論既堅，卒罷執政四人者。又言賞罰當從中書出，今數聞有內降，此章獻明肅餘弊也，不可不止。王曾、蔡齊、宋綬，當世名臣，宜大用。上納其説。王沂公見公論事切直有本末，喜謂公曰：「比年臺諫官多畏避爲自安計，不則激發近名。如君固不負所職，諫官宜若此。」沂公天下正人，公得此益自信。未幾，同議雅樂，知胡瑗、阮逸、鄧保信黍尺鍾律之法出私見，乖戾古制，奏罷之，仍用王朴舊樂。公爲諫官三年，排斥權倖，數稱進名臣杜衍、范仲淹等，補時政之闕七十餘疏，凡數百事，施用者十常七八。朝廷寵其盡言，累欲用公知制誥，人以謂公，公曰：「吾乃以言責取利耶？」議亦中寢。假右司郎中、昭文館直學士充接伴使。發解開封府舉人，與三司同定茶法。爲契丹正旦國信使，還朝，同三司省國用，轉起居舍人、知諫院，寶元二年，擢知制誥、知審刑院。益、利路歲饑，爲體量安撫使，加三品服。蜀地號富饒，産金帛紈錦，中州歲仰給，有司乘便刻取，賦繇煩重，諸郡設而買院收市上供物，不以其直。公爲輕減蠲除之，逐貪殘不職吏，罷冗役七百六十人，爲饘粥濟饑人一百九十餘萬。蜀人曰：「使者之來，更生我也。」趙元昊初叛，兵鋒鋭甚，中國久不知戰，人心頗恐，士大夫多避西行。公使蜀，道潼、陝歸，奏事便殿。上問西兵形勢，公具以所聞對。上謂曰：「朕比憂乏人按邊，卿其爲朕往。」授陝西安撫使，趣上道，公勇欲自效，馳至延安，則羌已解圍去。士氣沮傷，將吏往往移病求罷職，公輒選練材武，治戰守器，慰安居人，收召豪傑，與之計議，檄諸郡守城郭，如河北，始設烽燧以候虜。先是，大將劉平戰北，或誣其叛去，遂錮守平妻子，具獄河中府。公力辯白釋之，録戰死者賻卹賞贈。邊臣皆勸范雍守延州，朝廷以爲不能，欲以趙振代。公奏曰：「振粗勇，可使搏戰，非謀議守邊材。願留雍以觀後效，無已則起范仲淹爲可。臣爲國家憂，非私仲淹也。若涉朋比，誤陛下事，當族。」慶人陳叔度等陳邊防策，既而補官東南。公奏曰：「忠義憤懣，爲國獻計，雖稍收用，乃置於僻左，實羈縻之，非所以開示誠意、來人才也。」又奏罷率馬令以寬民力，及裁處他利害甚悉，上益知可辦大事。康定元年五月，天子命夏公竦都護西師，開府於永興軍，而以公爲樞密直學士、陝西經略安撫使，同管勾都總管司事。未幾，遣學士晁宗慤、入內都知王守忠督出兵攻賊。公曰：「如詔意爲便，不則元昊聚兵出不意攻我，我倉卒赴敵，必敗。」合府争曰：「承平久不習戰，羌寇暴起，今兵與將未訓講，其可深入客鬭乎？願謹關塞以歲月平之。」公所論不得用，使持奏還。而元昊掠鎮戎軍，偏將劉繼宗逆戰，果不利，詔下切責，俾以進兵月日來上。衆復守舊議，公曰：「軍事雖可擇便宜行之，然大計亦不當固拒。」乃劃攻守二策，求中決。公馳驛奏闕下，上許用攻策。已而執政以爲難，公不得已，獨上章曰：「元昊竊數州之地，精兵不出五六萬，餘皆婦女老弱，舉族而行。我四路之兵不爲少，分戍數十城寨，彼聚而來故常衆，我散故常寡，每遇每不敵，是以元昊能數勝。今不究此失，乃待賊太過，以二十萬重兵惴然坐守界濠，不敢與虜確，臣實痛之。願更命近臣觀賊之隙，如不可不擊，則願不疑臣言。」奏雖不下，知兵者以公説爲然。公往來塞下，勤苦忘寢食，期有以報上。出按屯，至涇原，聞元昊乞和，公諭諸將曰：「無約而降者謀也，宜益備，不可懈弛。」遽調兵瓦亭，兵未集，賊果鈔山外。公指圖授諸將曰：「山間狹隘可守，過此必有伏。或致師以怒我，爲餌以誘我，皆無得輒出，待其歸且惰也邀擊之。」而裨將任福、王仲保狃小勝，數違制度。公遣府吏耿傳就詰責，不從，則又檄福曰：「違節度，有功亦斬。」任福猶進兵，遇伏，遂戰死。嫉公者乞置公大罪，後大帥使收餘兵，得檄福衣帶間，封上之。安撫使王公堯臣亦以實奏，朝廷知罪在諸將，止左遷右司諫，以職知秦州。數月還舊官，仍進禮部郎中，兼秦隴鳳翔階成州路駐泊步軍都總管、兼經略安撫、沿邊招討等使。公在秦，增廣州城，以保固東西京，招輯屬户，益市諸羌馬，討殺生羌之鈔邊者，厲兵以待賊。訖公去，秦賊不敢窺秦塞爲盜。慶曆二年，陝西四帥皆改觀察使，公爲秦州觀察使，曰：「吾君憂邊，臣子何可以擇官？」獨不辭。十月，還諫議大夫，復爲樞密直學士。十一月，充陝西四路沿邊都總管，經略安撫、招討等使，屯涇州。初，京師所遣戍兵，脆懦不習苦，賊常輕之，目曰東軍，而土兵勁悍善戰。公奏增土兵以抗賊，而稍減屯戍，内實京師。又以籠竿城據衝要，乞建爲德順軍，以蔽蕭關、鳴沙之道。既任事久，歲補月完，甲械精堅，諸城皆有備，賞罰信於軍中，將亦習鬭，識形勢，每出輒有功，勇氣倍於初。時公方建請於鄜、慶、渭三州各以土兵三萬爲一軍，軍雖别屯，而耳目相通爲一，視虜所不備，互出擣之，破其和市，屠其種落，困撓其國。因以招横山之人，度横山寨則平，夏兵素弱，必不能我支矣。下視興、靈，穴中兔耳。章既上，又與范公定謀益堅，而元昊黠賊，知不可敵，亦斂兵不敢輒近塞。公與范公在兵間最久，兩公名重一時，人心歸之，樂爲之用。朝廷倚以爲重，故天下稱爲「韓、范」。仁宗知公久勞

於外，遣使密諭旨曰：「卿孤立無人援薦，獨朕知之，行召卿矣。」明年春，與范公同召拜樞密副使。公自請捍邊至五表，不聽。既至，與范公伸前議，同決策上前，期以兵覆元昊。會夏國送欵，公謀不果用，范公每恨齟齬功不就，故作《閱古堂詩》叙其事，傳於世。邊事雖欲講解，元昊猶上書邀朝廷，其輕者欲自建元，爲父子，呼兀卒，及令我使與陪臣爲列。二府遽欲從之，公獨謂不可許，數廷議，衆尚不從。公持之愈堅，故晏丞相至變色而起。公守所見不易，卒殺其禮如公言。時仁宗以天下多事，急於求治，手詔宰相杜衍曰：「朕用韓琦、范仲淹、富弼，皆中外人望，有可施行，宜以時上之。」又開天章閣賜坐，咨訪急務。公條九事，大略備西北、選將帥、明按察、豐財利、抑僥倖、進有能、退不才、去冗食、慎入官；繼又獻七事，議稍用而小人已側目不安。二府或合班奏事，公必盡言，事雖屬中書，公亦對上指陳其實，同列尤不悦。獨仁宗識之曰：「韓琦性直。」蘇舜欽坐會飲奏邸，言者欲因緣舜欽事以累一二執政，彈劾甚急，宦者操文符捕人送獄，士人爲之紛駭。公從容奏曰：「舜欽一醉飽之過，止可付有司治之，何至若是？陛下聖德素仁厚，何嘗爲此耶？」上悔見於色。又近臣奏王益柔爲傲歌，乞誅。公因奏曰：「益柔少年狂語，何足深治？天下大事固不少，近臣同國休戚，置此不言，而攻一王益柔，此其意有所在，不特爲傲歌可見也。」上悟，稍寬之。富鄭公安撫河北，還至都門，命守鄆。公奏曰：「朝廷聞北虜點兵，弼以忠義請行，事畢歸奏，去京師咫尺，胸中籌策，不得一陳於陛下之前，乃責補閑郡，四方不聞其罪，曾無一人爲弼言者，臣竊爲陛下惜之。」累上不報。前此，陝西帥鄭公戩以劉滬、董士廉城水洛，涇原守將尹洙、狄青謂非便，詔輟其役。會戩罷兼涇原路，二人猶城之，青欲斬以徇，不克。戩論救於朝，朝廷薄滬、士廉罪，公曰：「二人者實違詔爾，可無罪？」列十事辨析。後士廉與二人者詣闕訟，而柄臣爲之左右，又屬公與當時有名大臣改更天下敝事，僥倖者憚之。故富公、杜公相繼罷去，公亦懇求補外，除資政殿學士、知揚州，徙鄆州，又知真定府，兼都總管。四年間連易三州，所至設條教，葺帑廪，治武庫，勸農興學，人人樂其愷悌，愛慕之如父母。移知定州事，兼都總管、本路安撫使。定州久用武將，治兵不知法度，至於驕不可使。明公鎬引諸州兵平甘陵，獨定兵邀賞賚，出怨語，幾欲譟城下。公素聞其事，以爲定兵不治將爲亂。既至，即用兵律裁之，察其横軍中尤不可教者，捽首斬軍門外。士死國，賙賞其家，養其孤兒，使繼衣廪。恩威既信，則倣古兵法作方、圓、鋭三陣，指授偏將，日月教習之。由是定兵精勁齊一，號爲可用，冠河朔。京師發龍猛卒戍保州，在道竊取人衣屨，或飲訖不與人直。至定即留不遣，曰：「保州極塞，嘗有叛者，豈可雜以驕兵戍之？」易素教者數百人以往，而所留卒未踰月，亦皆就律，不敢復犯法。二府裨佐如狄青輩，熟聞公平日語，見其施爲，後亦皆爲名將。歲大歉，爲法賑之，活饑人數百萬。詔書褒美，鄰城旁路制取其政以爲法，視中山隱然爲雄鎮，聲動虜中。加資政殿大學士、禮部侍郎，又加觀文殿大學士，俾公再任。皇祐年，受武康軍節度使、知并州，兼河東經略、安撫使。入境，罷前帥所興不急之役，奏逐怙勢不法宦者廖誥然。契丹吞蝕邊地，公遣將蘇安静抵境上，召酋豪與語曰：「爾移文嘗借天池廟，則皆我地，何可得壞國信義，侵淫詆讕。我，邊臣也，爲天子守此土，勢必與爾辯！」契丹理屈，遂歸我冷泉村。代州陽武寨，舊用黄嵬山麓爲界，戎人侵不已。公又遣安静塹地立石限之，自此不敢耕山上。後公爲樞密使，使人蕭滬、吴湛來，以辭受館伴使張昪曰：「南北地界多相冒，如黄嵬山則可，今已置不辯，願後謹封略。」昪欲勿受，公曰：「彼辭服矣，受之勿失。異時或有地界爲争端，此得以爲據。」昪受之。祖宗朝潘美爲帥，避寇鈔爲己累，令民内徙，空塞下不耕，號禁地，而忻、代州寧化、火山軍廢田甚廣。歐陽公修嘗奏乞耕之，爲并帥沮撓，久不行。公至，遣人行視曰：「此皆我腴田民居，若舊跡猶存。今不耕，適留以資虜，後且皆爲虜人有之矣。」遂奏募弓箭手居之。得户四千，墾地九千六百頃。屬城歲發防秋兵至河外，人病遠餉。公曰：「寇來可前知，奚防秋爲？」罷不復遣。河東俗雜，尤夷用火葬。公爲買田封表，刻石著令，使得葬於其中，人遂以焚屍爲恥。屬疾，上旌節，乞守便郡，命以節度使知相州。民遮留不得去，至發橋塹道，行六七驛，知不可留，乃還。守相踰年，疾既愈，召爲工部尚書、三司使。上道，除樞密使。公以皇朝百餘年，祖宗以征伐平定中國，外臨制四夷，機事歸樞密府，文書藏於吏舍，朽蠹散亡爲可惜，奏擇吏整比紀次之。多得三聖親筆，見其神斷及四方兵要根本，爲六百八十卷，則制禄令、驛令，使有成法，三司吏不得復弄文移爲稽。故賕賂自絶，迄今以爲便。請稍出内帑錢糴粟數百萬實邊備，建遣郝質、王慶民。度藏才三族故地，命郭靄復城爲豐州，與麟府相爲羽翼，瞰契丹、夏國相通之道。嘉祐三年，拜同中書門下平章事、集賢殿大學士。中書習舊弊，每事必用例。五房史操例在手，顧金錢惟意所出，去取所欲與一日舉用之所不決，欲行或匿例不見。公令删取五房例及刑房斷例，除其冗謬不可用者，爲綱目類次之，封縢謹掌，每用例必自閲。自是人始知賞罰可否在宰相，五房史不得高下於其間。又

編中書機密，知樞密院，舉督天下吏職，嚴京師司察，不職者及貴臣挾持放縱，有罪無所貸，以懲廢弛之風。陰消宦者權，又議試補宗室外官，興學校，變科舉，别考五路貢士，雖不行，其後頗如其説。公自爲宰相，即與當時諸公同力一德，謀議制作，完備天下。士所汲引，多正直有名，或忠厚可鎮風俗，列侍從、備臺諫，以公議用之，士莫自知出何人門下。嘉祐四年，下籲享赦，事多便民者。諸路舉學行尤異，敦遣詣京師，館於太學，試舍人院，差使受官。立柴氏後爲崇義公，法《春秋》存亡國繼絶之義。擇才臣詣四方，寬恤民力，籍户絶田租，爲廣惠倉以廣賑恤，募耕唐、鄧廢田，勸課農作。摹方書、賦藥物以救疾病。守令治最者久其任，以率吏課。載定令敕，以省疑讞。弛茶禁，以便東南之人，愚民得無陷大罪。議者以謂近於三代之仁義，多公所論議施行。六年八月，進拜刑部尚書、同中書門下平章事、昭文館大學士、監修國史。時朝廷閑暇，内外豐樂，百官有司各得其職，四民不失業，幼弱遂，老疾養，外夷賓服，天下稱太平矣。仁宗春秋高，繼嗣未立，天下以爲憂。雖或有言者，而大臣莫敢爲議首。公數乘間奏乞選立皇子。他日復進曰：「國繼嗣，天下社稷根本，天下元元之命繫於此。今不早定，日復一日，愚臣竊爲寒心。陛下置天下之民於仁壽安樂四十一年矣，惟萬世之業，何可不慮！臣備位冢宰，思所以報陛下，爲無窮計，宜莫先此。」上顧曰：「後宫一二欲就館，卿其無亟。」后誕育皆皇女。一日，挾《孔光傳》進對曰：「漢成帝立二十五年無繼嗣，已議立帝弟之子定陶王爲皇太子。成帝中材常主，猶能之，以陛下之聖，何難於此哉！太祖爲天下長慮，福流至今，況宗子入繼，則陛下真有子矣。盛德大慶，傳之萬古，孰有踰陛下者？惟陛下以太祖心爲心，則無不可矣。」仁宗感悟，始以英宗判宗正寺。英宗力辭，宦官宫妾勢未便，中外皆爲危之。公復啓曰：「陛下屬之以大任，而不肯當，蓋其沉遠詳重，識慮有以過人，非有他也。事猶豫不決，招讒慝、生變故。且名未正則尚得以辭，名體一定，父子之分明，則浮議亦不得復揺矣。」仁宗欣納曰：「如此，則宜乘明堂大禮前亟立爲皇子。」乃召樞密大臣諭其事。大臣或愕曰：「此大事，無遽！」上顧曰：「朕意決矣。」「誠如此，臣敢爲天下賀。」又召學士爲詔書，學士亦請對，然後進稿。英宗既爲皇太子，尚堅卧。公又奏曰：「今既爲陛下子，何所間哉？願令宫人就諭旨及本宫族屬敦勸。」上如其請，先帝始就慶寧宫。會仁宗棄天下，平旦入預主大計，英宗即皇帝位，宫門徐開，追百官班宣遺制，衛士坐甲，諸司幕廡下治喪，人情肅然，日至巳午，市肆猶有未知者。公性厚重，未嘗名其功，其門人親客或燕坐，從容語及立皇子定策事，必正色曰：「此仁宗神德聖斷，爲天下計，皇太后母道内助之力，朝廷有定議久矣，臣子何預焉？」故一二大事，天下莫知其詳。充仁宗皇帝山陵使，述仁宗遺意，省浮費，人不勞而辦。使還，累辭位，不許。英宗初即位，感疾，公日至寢門，執丹劑跪進。君臣相知，凡公所進，納而不拒。既退，則立簾下，以至誠大義上慰慈壽宫，鎮壓憸讒，委安内外。英宗疾已平，遂請日視朝前後殿，整素仗行，幸祈雨，幸宗室喪，以釋衆疑。民望見車駕出，咸感涕相賀曰：「吾君貌類祖宗，真聖主也。」慈壽宫聞之喜，即下手詔，辭預政。提舉修《仁宗實録》，仍進右僕射、門下侍郎、同中書門下平章事，懇免凡六七上章，不得請，乃已。又差兼樞密院事，公復上還相事。英宗手詔曰：「卿有大德於朕，有大功於時，一旦無名謝事而去，豈不駭天下之耳目，而重朕之過乎？其輔朕，使無忝先帝之命，則卿之終惠也。」公頓首奉詔。爲南郊大禮使，祠事畢，恩封魏國公。公辭兼樞密院，朝廷從之。濮安懿王以英宗踐祚，例當改封，英宗尤詳慎，不欲遽。既踰大祥，始詔兩制議其禮。兩制謂當封大國，稱皇伯，中書疑所生稱皇伯無經據，又封爵須下詔，名之則未得其中。事下三省再議。英宗復詔罷之，而臺諫官攻中書不已，尤指切歐陽公，至相率納告身。遊説者煽助之，凡論議是中書者，目爲邪佞，其勢可畏，諸公莫不避匿自解。公獨謂人曰：「此中書事，皆共議，何可獨罪歐陽公？」士大夫歎其平直忠諒，不肯推謗以與人。而英宗所生，訖今爲濮王，爲仙遊縣君，識者皆疑其非禮意。公素知陝西苦屯戍，餽餉頗艱，當得民兵以爲助，因乞籍民爲義勇。二府難其事，諫官亦争之。曰：「關輔民將驚駭亡去，願以一身救二十萬人死。」二府以白上。上曰：「河北有義勇乎？」曰：「有。」「河東有義勇乎？」曰：「有。」「然則陝西奚爲不可耶？」論遂決。至今關輔爲便，人皆服上之言簡而盡，而亦多公之守也。夏賊寇大順城，公言宜留歲賜，遣使詰其罪，大臣自文丞相悉以爲不然，左右或舉寶元、康定之喪帥以動上意。公曰：「軍事須料彼此，今日禦戎之備大過昔時，且諒祚狂童，國人不附其勢，何敢望元昊？詰之必服。」大臣或私相語曰：「渠謂料敵，且觀渠所料。」公卒建議遣何次公往詰諒祚，逾月而次公還，以諒祚表聞。屬英宗已卧疾，二府起居畢，公扣御榻曰：「諒祚表云何？」英宗力疾，顧曰：「一如所料。」及漸革，公親奉手札授内侍高居簡，命學士草制書，立今上爲皇太子，别置東宫官屬。上即位柩前，以爲英宗山陵使，加守司空兼侍中。王陶由東宫官入御史府爲中丞，意有所觖望，奏彈宰相不押常朝班。公以宰相日奏事垂拱，退詣文德殿押常

朝班，或已過辰正，則御史臺放班，行之已數十年爲故事。陶憤不勝，乃誣詆，語涉不遜，諫官陰爲協比。上察其姦，罷陶言職，公亦遽乞補郡。乃遣内侍張茂則賜手詔慰諭起之。永厚復土，還朝，又以疾辭位，除鎮安、武勝等節度使、司徒兼侍中、判相州，賜第京師，擢其子忠彦爲秘閣校理，遷其三子官。公謂領兩鎮，近世所無有，力辭不拜，改淮南節度使，虚上相之位以待。會种諤以兵取綏州，納降人嵬名山族帳數萬人，諒祚將以兵報，西邊皆警。公往經略，授陝西安撫使，判永興軍。方行，夏人誘保安軍守將楊定殺之以復怨。既趨關中，知羌中苦饑，又負罪，勢可以困，奏絶其歲賜，選將厲兵，具餱糗器用，移師西指，爲出討計。而諒祚死，秉常告哀謝罪，械送殺楊定者李宗貴、韓道喜以自贖。時議多欲棄綏州，朝廷已屢促廢。公曰：「綏州要害，出賊脅下，已得之，何可廢也？宜增築，畀屬户大酋折繼世、降羌嵬名山守之。後雖不取，足以易地。」未見聽，則使府佐劉航驛奏。後果用易塞門、安遠故寨，不合，卒留爲綏德城，險固可守，虜人常恨失之。狂人尉倉等謀爲亂，以術禽取戮之，不脱一人，寬其詿誤。又城噴洙保、據篳篥川、赴甘谷寨，拓秦川之塞，招引弓箭手居之，便宜修涇原。葉燮會爲《熙寧棚畫圖》付將吏，教以方略，張聲援，屯兵扼賊路。畢役，虜不敢犯，皆奪其地利，包屬羌於其中，以固藩衛。武事有序，則欲先收横山，漸取河南地，遂爲大字檄，陳向背禍福，榜塞下，謄入虜中，招横山之衆。而或者恐其有功，力沮壞之，乞退守鄉郡，復判相州。其年河決，地大震，比冬震未止，民多饑饉流亡。上遣貴近喻意，仍賜手詔，以爲河北安撫使、判大名府。又以手札敕中書，叶濟所畫，無或格留。公布宣朝廷恩意，給券賑米，本業之徒者半道而復。時方推行常平法，公言：「朝廷下令，以百姓不足而兼併之家乘其急以邀倍息，故貸予以賑其闕，有合於先王散惠興利之法。今郡縣欲收子錢，異令意。」遂與條例司章交上。乞守徐州，不許。初，法下，公曰：「某老臣也，義不敢默。」及不聽，曉官屬亟奉行曰：「某一郡守也，其敢不如令。」上留意河北事，詔問八條，公悉所見以對。熙寧四年二月，改永興軍節度使、京兆尹，再任，辭，乃仍舊官。六年，復請相。既至之二年，告老至三四，甚懇。每奏至，上必遣使宣諭。契丹遣使言沿邊地界，詔問策畫。公慨然曰：「君父遇我甚厚，有韞不言，是不忠也。生平於常人猶不敢不盡，况吾君乎？姑盡此心以報吾君。事吾君之心盡，則所以報先帝也。吾寧以言得罪，猶愈於老疾瀕死之年以不言負天下責。」遂條上數千言。既又力謝事，上加恩慰撫。八年，復改永興軍節度使、行京兆尹，不從其所請，而公已疾革矣。六月二十三日，大星墮於州園書錦堂側，櫪馬皆躍，郡中驚相語，家人不敢以告。公素明性理，雖篤，安卧不亂，以其月二十四日終於州治之正寢。公器量過人，性渾厚，不爲田畛峭壁巉塹，功蓋天下，位冠人臣，不見其喜；任莫大之責，蹈不測之禍，身危於累卵，不見其憂，怡然未嘗爲事物遷動。平生無僞飾，其語言、其行事，進立於朝，與士大夫語，退息於室，與家人言，一出於誠。人或從公數十年，記公言行，相與反復考究，表裏皆合，無一不相應。其所措置規模，宏大高遠，外視如甚略，已而詳觀之，中則細故微物，莫不各有區處，故有志必成。當其爲學士帥邊，年未三十，天下已稱爲韓公而不名。及典樞密，名益重，山東大儒石介嘗爲《慶曆聖德詩》，謂可屬大事，重厚如勃，世不以其言爲過。後屢當大事，繫安危，而有言於上，無不信者，由公素望信於人主，著於天下也。平居與人接，禮下之，問勞慰存，氣語和易。容人過失，不以爲己忤，小大無所較計。及朝廷事，則守其所當争，極於義理而後止，毅然不奪。喜用有名之士，或不識其面，既用之，其人亦不自知所進薦也。不私所親以官，而怨家仇人其才果可用，必用之。守揚州日，轉運使李參沮州事；在陝西嘗救有罪將李緯寬之，而緯子師中不知，猶訟於朝；孫沔爲御史，以西事詆公甚力，及爲宰相，悉置不報，顯進之。三人者皆愧悔深自恨。得恩義，好樂士大夫，獎與後進。賙人之急，視用財物如瓦礫糠粃，不以慁其意。既立則捐己服用玩好，或脱取家人簪珥與之，士歸趨之無遠近。公不厭疏戚，及交舊之孫子寒寠無所託以爲生者，常十數家。少善尹師魯，師魯亡，割俸俾其家，爲直其冤於朝，仍奏録其子。合宗族百口，衣食均等無所異。嫁孤女十餘人，養育諸姪，比於己子。所得恩例先及旁族，逮其終，子有褐衣未命者。追孝祖考，恨不及養奉，塋域甚厚。自五世祖冢皆訪得之，買田其旁，植梧檟，召人守視之。貴顯五十年，身爲將相，累更大賜予，及其殁也，卒無羨錢，室無奇玩，賴天子賜金帛、官出葬資，喪事得以無乏。姿貌英特，美鬚髯，骨骼清聳，眉目森秀，圖繪傳天下，人以謂如高山大岳，望之氣象雄傑，而包蓄細微，普施雷雨，藏匿寶怪，蓋自然也。每朝服冠蓋而出，民老幼倚舂弛擔，輒夾路觀，佇立咨嗟。平時家居，雖祁寒、盛暑、倦劇、對僮使，亦攝衣危坐無怠容。遇事遽卒而意不亂，冗劇而才有餘。萬兵侍帳，百吏遶前，處之安静裕如也，已而剖決，皆就條理。勤於吏職，簿書文檄，檢察研核，莫不躬親。左右或曰：「公位重，年耆艾，功名如此，朝廷賜守鄉郡以養安，幸無親小事。」公曰：「已憚勞煩，吏民當有受弊者。且俸禄日萬錢，不事事，吾何安哉？」公尤知命，

每誡其子曰：「窮達禍福固有定分，枉道以求之，徒喪所志，慎守勿爲也。余以孤忠自信，未嘗有因緣憑藉，而每遭人主爲知己。今忝三公，所恃者公道與神明而已矣，焉可誣哉！」其自守如此。所親重范文正公、今富鄭公最篤，及論事於上前，繫國家利害，各正色辨折，不相借假，退不失其歡。公既解相印，今僕射王丞相素負天下重名，少許可，嘗遺公書，謂過周勃、霍光、姚崇、宋璟。又曰：「爲古人所未嘗任，大臣所不敢。」天下以爲名言。歐陽文忠公亦曰：「進退之際，從容有餘，德業兩全，謗讒自止，過周公遠矣。」當時所降制書，亦多以伊周、裴度擬公焉。所歷諸大鎮，皆有遺愛，人皆畫像事之，獨魏人於生祠爲塑像，歲時瞻奠，比狄梁公。戎狄尤畏公名，凡使契丹及來使者，必問：「韓侍中安否？今何在？」其子忠彦使幕北，虜主問左右：「孰嘗屢使南朝，識韓侍中？觀忠彦貌類父否？」或對曰：「頗類。」乃即燕坐，命畫工圖之而去。館伴楊興宗遽以此告忠彦。北門爲聘使道，舊與京尹書皆押字不名。及公留守，則名於書。其副使成禹錫仍喻來介曰：「以侍中在此，故特名。」及公去魏，後留守引前比欲得其名，數彊之，卒不可。每南來涉臨青界，即誡其下曰：「此韓侍中境，無多須索也。」天姿簡儉，於圖畫博奕，凡聲伎之娛無所嗜，獨喜觀書史，晝夜不倦，記覽博洽。所爲文章，明白簡重有氣，如仁宗、英宗哀册文，諸應制及辯論碑志，天下傳愛之。餘暇學翰墨，得顔魯公楷法。家聚書萬餘卷，悉經簽題點勘，列屋貯之，目曰：「萬籍堂。」所著《安陽籍類》五十卷、《二府忠議》五卷、《諫垣存稿》三卷、《陝西奏議》二十卷，手編《家傳集》六十卷，藏於家，餘未及紀次，殘稿尚多。夫人崔氏，工部侍郎立之女，先公而亡，累封魏國夫人。六男：長忠彦，秘書丞秘閣校理；次端彦，大理寺丞；次良彦，秘書省校書郎，早卒；次純彦、粹彦，并大理評事；次喜彦，幼未仕。女子五人：長適大理寺丞王景修，三人不育，次在室。孫六人，曰治，大理評事；曰戢，太常寺太祝；曰澡、曰治、曰浩、曰誠，并幼。禮官李清臣曰：清臣少親魏國韓公，頗聞其終始大略行事如前。公之訃至也，天子即日下詔，以公配享英宗廟庭。又命清臣持中牢器幣馳驛祭，及使者賻金帛，貴臣往還護葬事，相錯道中，道路皆歎息感慟。祭事畢，清臣又以私禮哭其堂，入弔其孤，則北方父老，亦有遠千里來哭庭下者。及還朝，士大夫相問訊，亦莫不嗟慘見於色。暨趨太常，太常僚吏皆曰：七月日癸酉，上爲公素服哭苑中，舉音過常數，左右皆助惻慘，恩章追悼如此。清臣又嘗竊讀其家所被誥，乃真贈尚書令，不爲兼官以贈，於人臣貴莫比此，獨自韓公始，雖太宗褒贈趙韓王普，亦不能過也。退而思曰，上仁聖，顧念耆老恩禮至矣，然非公其孰宜之！公嘗爲宰相十年，仁宗待遇冠群臣，委之以政，而天下不見其有所專也。天下莫不遂其生，鼓舞歌頌一德，而不知其功出宰相也。及履艱危，定策奉詔之臣，立皇子、皇太子者各一，受遺詔、立天子者再，尊宗廟，强社稷，功及生人，而進退從容，不見有顔色之異也。當其可憂，人莫不憂，朝廷以公爲安危，人情視公爲去就，公於是時一却足，大事傾動矣。公屹然山立，決大疑，解大憂，至天下卒無事。今天子纂紹皇統，以文武仁孝惠養天下，日問安進膳，兩宮康樂。雖祖宗貺施，天地降福，聖德集於上躬，然考其功緒基源，則定策之臣功爲大。故曰：恩禮於公爲宜。清臣所摭皆實，敢以告史氏，以上尚書省，移於太常。謹狀。熙寧八年八月日，宣德郎、守太常寺、充集賢校理、同知太常禮院李清臣狀。

陳薦《韓魏公墓志銘》 宋故推忠宣德崇仁、保顔守正、協恭贊治、純誠亮節、佐運翊戴功臣，永興軍節度管内觀察處置等使，開府儀同三司，守司徒，檢校太師兼侍中，行京兆尹，判相州軍州事兼管内勸農使，上柱國，魏國公，食邑一萬六千八百户，食實封六千五百户，贈尚書令，謚忠獻，享配英宗廟廷，韓公墓志銘并序。

龍圖閣直學士、朝散大夫、尚書左侍郎中、提舉西京嵩崇福宮、上輕車都尉、潁川郡開國侯、食邑一千户、食實封二百户、賜紫金魚袋陳薦撰。

朝散大夫、右諫議大夫、充集賢院學士、史館修撰、宗正寺修玉牒官、權判尚書都省、判秘閣、提舉醴泉觀公事、上護軍、常山郡開國侯、食邑一千五百户、賜紫金魚袋宋敏求書。

河東節度使、開府儀同三司、守司徒、檢校太師兼侍中、行太原尹、判大名府兼北京留守司事、充大名府路安撫使兼大名府路駐泊馬步軍都總管、上柱國、潞國公文彦博篆蓋。

熙寧八年六月二十四日，永興軍節度使、守司徒兼侍中、行京兆尹、判相州軍州事魏國韓公薨于正寢，享年六十八。上聞震悼甚，罷三日視朝，贈尚書令，詔配享英宗廟廷，臨后苑發哀，音過常數。遣使吊問其孤，賻物加等。又令其家欲有所請而在著例外者，一一條上，后皆從之。親族拜官者十人，以其兄子正彦知相州。命太常丞、集賢校理李清臣祭以中牢。遣入都内知利州觀察使張茂則監護葬事。又遣勾當龍圖天章寶文閣入内供奉官張懷德增修墳苑，斫石以爲幽堂，其費皆給于官。有司考行，謚曰「忠獻」。以其年十一月二日葬于相州安陽

縣豐安村祖塋之西北。歷觀前世天子于勛舊大臣飭終恩禮，未嘗有如此之厚也。自公之薨，不問遠近少壯者艾聞之者，罔不失聲咨嗟，涕泣相吊。儻非有利澤嘗濟于天下，仁厚忠恕之德感人之深，孰能至于是乎？前葬，其孤以公之功實善行之録具書來授，請銘公墓。竊惟公之勛業名德，載之鐘鼎，書之功録，傳之四海内外，如星斗之光、雷霆之音，常在人觀聽，則垂之百世而益彰，又何必資淺陋朽拙者之言然后傳信？然壙必有銘。薦，公之故吏也，義不敢以衰病不能辭。謹考次始終大節以書。

韓本出姬姓，至厥爲晉正卿，謚曰「獻」。其後子孫散居他土，博陸之韓蓋其後也。五世祖乂賓而上皆葬博陸。乂賓仕唐，爲成德軍節度判官、檢校左庶子，以博學富文辭聞于時。高祖昌辭爲鼓城令，葬贊皇。曾祖璆爲廣晉府永濟令，累贈太師、中書令兼尚書令、齊國公，夫人史氏追封齊國夫人。祖構仕之本朝爲太子中允，累贈太師、中書令兼尚書令、燕國公。夫人李氏追封燕國夫人。父國華終右諫議大夫，爲世名臣，國史有傳，累贈太師、中書令兼尚書令、魏國公。夫人羅氏追封魏國太夫人。所生母胡氏追封秦國太夫人。皆葬安陽。公遂爲安陽人。

公諱琦，字稚圭。少敏悟過人，不煩師教而强學自立，謹重修潔，未嘗爲出防表嬉縱事。始冠，天聖五年登進士甲科授將作監丞、通判淄州。逾年，遭秦國憂。居喪，以孝聞。服除，遷太子中允。明道初，召試學士院，遷太常丞、直集賢院、監左藏庫，爲開封府推官，賜五品服。改度支判官，遷太常博士。景祐五年，拜右司諫。供職始，封諷仁宗「明得失，正綱紀，近忠良，遠奸佞」。時宰相以久疾廢朝謁，而日至中書視事，復同列議論不一，事多留積，又内降數出。公連抗疏極論，仁宗爲罷中書執政，内降而止。詔參議雅樂，而阮逸輩忝尺之法無所考據，奏罷之。公爲諫官三年，時政之闕知無不言，言無不盡，前後七十余疏，天子以爲忠，故多嘉納。五年，與三司同定茶法。又裁省國用。轉起居舍人、知諫院。寶元二年，拜知制誥、知審刑院，賜三品服。益、利路飢，爲體量安撫使，活兩路飢人一百九十余萬，倍尅之害一切蠲去，蜀人懷之。還朝，屬趙元昊初叛，邊將失律。仁宗自選公爲陝西安撫使，北馳至奴而賊已引去。將士皆傷夷之余，垂頭喪氣，居人惴惴未寧。公乃籍戰死之家厚加賻恤，又列其當贈録者聞于朝，更選材武之士以張兵勢，修嚴戰守之備以固邊圉，人情寢安。大將劉平之敗，將死猶叱賊，而小人誣其降，譴御史置獄以按之。公力爲辯其冤，平由是始得褒贈，家亦被恩。使還。康定元年，遷樞密直學士，爲陝西經略安撫副使，同管勾都總管司公事。明年春，按部至涇原，聞元昊遣使乞和，公戒諸將曰：「此兵法所謂『無約而請和者，謀也』。正欲款我而來犯塞，爾宜益嚴其備。」方會兵瓦亭而賊已山外，公疾馳至鎮，省軍，指圖以令總管任福曰：「賊必由此路往來，此地得形勝，可處高而陣，以壯兵勢。賊遠來，利在速戰，必不能久留，當整衆持重以挫其鋭，待其歸則擊之，未歸毋得輒擊。」既行，公又以其檄戒福曰：「違節度有功亦斬。」福愚勇，始見賊，殊不遵節度，屢貪小利，驅衆以深逐，不知其誘也。遂戰歿。大帥夏文莊公遣人收兵，得公所與檄於福衣帶，以聞安撫使王文安公，亦以是言。朝廷知罪在裨將，止下遷公右司諫，仍舊職，知秦州。數月，還舊官，俄，進尚書禮部郎中兼秦隴風翔階成州路駐泊馬步軍都總管、兼經略安撫、沿邊招討等使。慶曆二年，改秦州觀察使。秦之城素狹隘，民居兵營半在城外。公奏筑東西二城以環之，一物不取于民。十月，復爲樞密直學士、遷右諫議大夫。十一月，充陝西四路沿邊都總管、經略安撫、招討等使，駐涇州。初，京師所遣戍兵類多孱軟，而士兵勁律耐勞苦，公乃奏增置士兵而稍減屯戍。公護邊久，恩信周洽士賈余勇。與范文正公志同氣合，一歸于忠義，乃共謀出師取横山、恢復河南舊地。會元昊乞稱臣，遂未發。仁宗知公勤勞甚久，嘗賜密詔，先諭以初往之意。明年，與范公同召拜樞密副使。五上表乞守邊，不從。既至，與范公復陳取横山之策，而元昊已内附，乃止。賊雖納款，猶敢妄有邀求，欲自建元，爲父子，呼「吴祖」，使人與陪臣爲列。二府緣此欲議其輕者從之。公獨曰：「此皆非人臣禮，不可許。」後遂殺其禮爲夏國主云。仁宗方勵精庶政，手詔中書曰：「朕用韓琦、范仲淹、富弼，皆中外人望，其言之可行者，宜以時條奏。」又開天章閣賜坐，咨訪當世急務。公上十數事，其略：備西北，選將帥，明按察，豐財利，抑僥倖，進有能，退不才，去冗食，慎入官。言未及大施，而不便于己者毁已興矣。富鄭公宣撫河北，還，將至國門而命守鄆，公奏曰：「弼忠亮少輿，今天下不聞其過，使還，咫尺不得一望清范，少陳策畫，而責補閑州，臣竊爲陛下惜之。」不報。前此鄭文肅公領四路，以劉滬、董士廉城水洛，涇原帥尹洙言非，使詔止之。俄，鄭公罷四路而猶移文二人者城之。洙乃譴總管狄青自往，停其役，擒滬、士廉係獄。青欲斬之而洙不許。鄭公極語論救于朝。公乃上十事以數二人者之罪，然卒薄滬等職。后士廉詣闕訟其事而執政左右之，復城水洛。時同進數公皆已相繼罷去，公亦懇求補郡。五年，除資政殿學士、知揚州，遷給事中、徙鄆

州，又改成德軍。八年，河朔始分四路，移定州路都總管兼安撫使、兼知定州府。從來守將皆武人，安于無事，循尚姑息，兵亦驕縱。公至則修明軍政，剷除宿弊。士卒犯令或稍涉暴横則立斬以徇，連營惕息皆怗怗以就律，至不敢大聲高語。考李衛公遺法，爲方、圓、鋭三陣以教之，軍聲烈烈，震懾虜庭。楊懷敏建言禁并塞山林，公私不得樵采，居人亡去者十六七。公奏開其禁。會大水，歲飢。夙夜竭力以修荒政，豫儲菽粟，設區處以待流徙之民，遠近歸之者如市。至春獲，給路糧遣歸舊業，全活者不可勝數。優詔褒美。皇祐元年，拜資政殿大學士、遷尚書禮部侍郎，又拜觀文殿學士，再任。五年，授康武軍節度使、充河東路經略安撫使，兵馬都總管兼知并州。北虜謀侵我天池之地，公遣將蘇安静至塞上，召虜人諭之曰：「爾昔常借我天池廟焚香，文移具在，今何得妄言爾地？」虜人屈伏，遂并退連冷泉村地十余里。又伐北。舊以黄嵬山足爲界，自后戎人輒耕上山腹。公又遣安静穿濠以杜其侵越，遂復舊境。并北塞多閒田而甚美，太宗朝潘美爲帥，患虜患之鈔掠，驅其民内徙而空之，謂之禁地。晉歐陽公嘗奏乞耕而不果。公曰：「我今不耕，異時必爲虜人盜占。」遂奏。募人爲弓箭手，計頃分給。總得四千人，墾地九千六百頃。先是，歲遣將統内郡兵公戍近羌諸郡，謂之「防秋」。公曰：「河外無事久矣。平時坐耗邊廩，非策也。」乃不遣。太原之俗，死者多燔而后葬，貧人無地則收骨寄之佛祠中。公知，惻然。乃下令開諭：自今毋得燔。又爲近鄰買地，四隅立表：貧無地者得葬其中。自是其俗一變。會久疾，乞還節守鄉郡。詔領節知相州。并人環擁號泣者萬計，盡日不得出郭門，至有毁橋斷路隨行數驛后還者。逾年，召爲工部尚書、三司使，在道，除樞密使。國朝以來，右府圖籍紛亂叢委而未嘗紀次，每討舊文以證近事，不可遽得。乃奏選官編集爲六百八十卷，其間得祖宗神謀睿斷，載之御筆可以爲后世法者尤多。其后中書亦如之。又奏定禄令、驛令，請出内帑錢糴粟數百萬以實塞下。豐州、古九原也，與麟府鼎足，向以無水不能守，爲叛羌所破。公奏，遣郝質、郭靄、王慶民經度修復之。又置保寧、永安二寨，爲豐之屏蔽。嘉祐三年六月，拜同中書門下平章事、集賢殿大學士。六年，進拜刑部尚書、同中書門下平章事、昭文館大學士。時仁宗延禮輔臣圖講太平之治，袷享祀明堂，赦書下，仁惠周于海内，憂賦役之耗民力而遣寬恤之使；慮俊良之伏田野而有遺逸之舉，欲守令之修職業，增秩久任以勸之；矜茶禁之害齊民，除榷法以蘇之，籍户絶田租，置廣惠倉以救天下之窮獨；承印方書，給散藥劑以救天下之疾恙。其始議多自公發。七年，進封儀國公。仁宗春秋高，尚未有皇嗣。雖忠鯁之臣間有言者而未有開納。公朝夕深念。自以身都上相之位，國之大計無大于此者，乃進言曰：「陛下承三聖之緒，兢兢翼翼，日思光大先烈。今享御四十余年，主器之位恐非所以重宗廟之意也。臣竊深憂之，願早選宗室之賢建爲冢嗣，副萬國渠渠之望。」仁宗意猶未決，公乘間又數開白，言益至切。仁宗曰：「後宫將有就館者，卿姑待之。」后免乳皆皇女。公金石一心，挺然無所顧恤，一日，又懷《孔光傳》以上陳于扆前，曰：「漢成帝即位二十五年無繼嗣，遂立帝弟之子定陶王。成帝、中材之主，猶能之，況陛下聰明仁聖并迹堯舜，又何難哉？願陛下以太祖之心爲心，則無不可者。」仁宗釋然感悟。俄，選英宗判宗正寺而力辭不就職，日堅一日。公復啓曰：「陛下既知其賢而選之矣，今過自謙抑不敢遽當者，其器大識遠，非中智之所能跂及，此益所以爲賢也，願陛下固起之。」仁宗曰：「休更爲他名目，便可立爲皇子，于明堂大禮前成之。」公進曰：「此天地、祖宗、神靈扶佑，以開陛下之意，社稷幸甚。天下幸甚。今獨中書聞德音，而樞密未知，臣愚願陛下復宣諭及右府。」諸公對仁宗宣示一如前語。公奏曰：「兹事體大，願降詔中書、門下。」從之。中外傳聞，交語相慶。英宗已立爲皇子，猶冲退示離藩邸。公又奏曰：「今既命定爲子，雖已令本宫族屬敦勸，願更選親信内人往諭，陛下至誠則必出矣。」仁宗遂用公言。英廟遂入居于慶寧宫。八年三月，受仁宗遺制奉英宗即皇帝位。中外祗肅晏然無事。四月，充仁宗皇帝山陵使。是月，拜門下侍郎兼兵部尚書、進封衛國公。英宗初即位，感疾。慈壽宫以權宜預政。公以純誠一節承事兩宫，忠謀碩望鎮壓内外，人情安帖上下無異言。公審英宗已康復，乃力朔日御朝，臨幸禱雨，奠宗室之喪，以開慰衆心。及具素仗出，都人瞻望聖顔，皆躍躍以喜。其耆舊相與言曰：「吾君皃類祖宗，真英主也。」車駕還宫，起居安適一如平日。慈壽宫甚悦，未几遂還政。治平元年，提舉修《仁宗實録》。閏五月，進右僕射兼門下侍郎、權樞密院公事。英宗聽斷之始，未能周之群臣能否，公乃籍從官等名氏爲一編，各題品其才業之實、任用之宜以進。永昭陵使畢，懇辭。時炳英宗手詔曰：「卿有大德于朕，有大功于時，一旦無名謝事而去，豈不駭天下之耳目而重朕之過乎？其輔朕使無忝先帝之命，則卿之終惠也。」公見詔語峻甚，不敢復辭。郊祀，恩進封魏國公。辭兼樞密院公事，從其請。國朝舊制，天子初即位，宗室等引之已亡者，當贈官改封。濮安懿王，英宗所生父也，中書以本朝未有故事，請付有司考典禮以求其當。既而禮官與兩制共議，咸謂當改封

大國稱皇伯。中書以所生父稱伯疑無經據，方下三省再議，而英宗遽令權止。而臺官交攻不已，指歐陽公爲主議者，詆毀尤切。公謂人曰：「此中書事，皆嘗所共議，何得獨指歐陽公乎？」識者嘆其寬恕而篤于義，臨人之謗惠然肯與分之。公以陝西封域遼闊而兵常若不足，乃乞如河東、河北之制，籍鄉民爲義勇以助兵勢。言者深以爲不可，而公議適與英宗意合。卒行之。夏賊寇大順城，公言：「宜停□歲賜，遣使□詔問罪，以全國體。」而大臣議未定，或以寶元、康定之役爲言。公曰：「兵家須計彼此。于今我之兵勢大盛于前日，而諒祚乃一狂童，何得擬元昊？若問之，必服其罪。」卒，遣何次公持詔以往。次公還，以諒祚表進。屬英宗已嬰疾，二府同入問聖躬，畢，公奏曰：「諒祚表何言？」英宗顧曰：「一如所料、一如所料。」治平三年十二月，公親奉英宗手詔，立今天子爲皇太子。明年正月首，被英宗顧命，奉今天子踐祚。是月，充英宗皇帝山陵使，拜守司空兼侍中。御史中丞王陶，公素所奇待。一旦以所用非其所望，深疑公有不悦意，乃奏彈宰相不押常期班。執政日趨垂拱殿，起居畢，升殿奏事。退早則宰相又赴文德殿廷押常期班。或辰漏將盡，以久留百官且逼還政府治事，則宰相更不赴止御史臺放班，循舊例也。既而又奏疏肆言詆毀，且率諫官同對。上得其情，遽罷其臺職。公亦懇求補郡。上遣張茂則賜於詔慰勉，促令視事。使永厚陵還，復固以疾辭位，除鎮安、武勝等軍節度使，守司徒兼侍中，判相州，仍京師賜第一區。擢其子忠彦試帖職，授三子官。公以領兩鎮本朝宰相去位，未嘗有懇辭。改淮南節度使，未行，會種諤誘羌酋嵬名山一族向化，以兵取綏州，疆埸騷然，改陝西都總管、經略安撫使、判永興軍。公義不辭難，承命即行。時議者多以綏州孤絶難守，棄之便。上遣使促棄之。公奏曰：「綏州地形險要，已興師得之矣，安可復棄示弱于賊？宜益增葺，以折□世、嵬名山守之。後卒留爲綏德城，又城嘖珠堡，據葦篥川起甘谷城，即葉變，會爲天雄柵，皆控扼衝要以塞邊隙。屬羌得無侵軼之虞，公知虜中薦飢，種落凋困，可以利害動，乃爲牓大書開諭禍福揭於境上，以招橫山之衆。而與廟堂之意異，遂復乞守相州。至相未盡三月，會其年河決，地大震，民飢流亡滿道。上先遣中貴人喻意，仍賜手詔，遂以爲河北安撫使、判大名府。又諭中書，令協濟其經畫。公體天子仁惻之意，殫精畢慮，講衆術以賑恤之。由是飢羸者得霑寔惠，轉徙之民而多還本業。時「青苗法」初下，公奏曰：「愚民請之則甚易，納之則甚難。或遇荒，飢民無以輸，必恐本錢亦寖失矣，願罷之，復常平舊法。」俄，條例司疏駁以爲非是。公又建明言愈切直事，雖不就世亦稱其忠。固乞守徐州，不許。四年二月，改永興軍節度使、京兆尹，辭不受。虜使每至魏境，必先戒其下曰：「韓侍中在此，毋得過有須索。」虜使與京尹書，故事，其尾止押字，至是以公故，悉書名。六年，復判相州。公雖在外，上嘗有所咨訪，自以爲三朝老臣，志在竭忠報國，乃極陳時事之所以得、所以失，生民之所以休、所以戚，無毫銖回隱，務以補助聖政。比及一年，前後十余章告老。上眷禮優重，終不得謝。改永興軍節度使，再任，公益懇辭。使者辭詔答未至，而公已以疾不起矣。將薨之前夕，大星殞於晝錦堂之後，櫪馬皆驚，樓上掌漏者見之，疑以爲火也。公明誠，内融德量宏博物之至大小無所不容，然陰察其私，則短長輕重如寸量銖校皆不失其本真，猶黑白之不可亂也。臨大事，審義之得忘身忘家，誠意堅定如山嶽之不可移。而容體安舒，無几微之□見于辭氣。及其成就大功，則又退然不自爲□。降接布衣、小官，忘去貴重，温顔軟語以盡其懐。故人人退而各過其初望。待君子、小人一以誠，或不以誠應亦不之責也。引拔天下賢俊不問識與不識，多至顯仕而未嘗語于人。臨決劇務，雖千品百目紛委于前而精爽益明。儀狀英偉，人望之如衆山之中見嵩岱，氣象雄重奇拔莫可倫擬。自奉菲薄而輕財好施，士之窮窶歸者無虚日，及其去，無不各充其欲，親戚之貧乏無□仰公然后衣食者常十數家，一門百口而資用均一，無疏近之間。嫁中外孤女十余人，教育諸侄同于己子，所得恩例嘗先及旁支。逮其終，子猶有未官，家亦無留資。少善尹師魯及其二也，分俸以濟其家，又爲言于朝，官其一子。所至皆有遺愛，人多畫像以慰其思。魏人懷德之深，獨立生祠，爲塑像以事之，以比狄梁公。聞公之薨，聚哭奠祭于祠下者旬浹不止。遼人尤畏重之，凡使至其國，必問「韓侍中安否？今何在？」其子忠彦嘗使虜中，方晏，其主問左右曰：「孰□使南朝，識韓侍中，忠彦類父否？」或對曰：「□。」命畫工圖之。天資簡素，無他玩好，惟聚書□□卷，多手自刊校。雖老且病，未嘗一日廢書不觀。其爲文章，雄健明粹，有法而尚理。始好顔文忠公書，至晚年筆勢老勁，自名一家。奉先塋未嘗計所費，自四世祖至八世祖墳兆皆訪得之，增廣其地，培植松楸，起屋于其旁，募人守視。嘗謂子孫曰：「窮達固有命。吾入朝殆將四紀，孤直自信，未嘗枉道求合於權要以沽進，而獨人主知之，出入將相二十余年，遂至三公。其所恃者，忠信與天道而已矣。汝曹宜觀吾平生之所爲，無喪所守以墜吾教。」自號安陽戇叟。有《安陽集類》五十卷、《二府忠議》五卷、《諫垣存藁》三卷、《陝西奏議》五十卷、《河北奏議》三十卷、《雜集奏議》三十卷、《千

慮集》三卷、《古今參用家祭儀》一卷、《安陽舊文》十卷、手編《家集》六十卷。娶尚書工部侍郎崔公立之女，追封魏國夫人，柔嘉慈順，治内事有法度，先公而亡。公之葬祔焉。

□曰：惟天祐聖，賢出補時，丕丕魏公，相我盛期。君臣一德，上堯下夔。内如之何，□度清夷。外如之何，萬里天威。群材任職，物物遂宜。極天蟠地，太平之基。

開贊仁宗，選賢主器，帝屬英皇，曰：「爲予子，宗廟以重，萬靈以喜，聖聖繼明，延光億世。」皇室大勛，莫之與二。人視之艱，公視之易。俄膺顧托，今上御天，忠斯勤斯，侯肅侯虔，防滿避位，高風凛然。存有全德，殁有殊澤。中臺之長，官儀之極。英廟崇崇，享延配食。名俱天壤，跡留金石。太行之東，漳水之側，萬古是瞻，魏公貞宅。

杜大珪《名臣碑傳琬琰集》上卷一《神宗皇帝御製兩朝顧命定策元勛之碑》

熙寧八年六月甲寅，定策元勛之臣、永興軍節度使、守司徒兼侍中、魏國公判相州韓琦薨。訃來京師，朕蠹然追慟若不勝，詔輟視朝三日，贈尚書令，配享英宗廟庭。七月癸酉，成服於苑中，哭之慟。又勅入内都知、利州觀察使張茂則往護喪事。於是其孤忠彦上公勳德之狀於有司，已而集議，尚書省皆以謂謚公忠獻，無以易。朕念既葬而墓隧之碑未立，嘗考《大雅·蒸民》之詩，雖美宣王之德，而實大山甫之功，肇其所生，興其所施，及乎進止威儀、衣服車馬之盛，莫不與民詠歌之，以慰山甫之心，可謂至矣！蓋臣之致功者大，則君之享福也隆，然則可無述？今觀公之大節所以始，所以終，宜有金石刻之，以著信於後世，而錫訓於子孫，非朕，其誰爲之？惟韓氏遠有世叙，始武子，事晉，得封於韓，遂以爲氏。韓亡，其子孫散之他國，望出博陸，推其族世名爵，而譜猶存。其三世葬安陽。公，安陽人，字稚圭，生而有異稟，少好學，夙智早成。天聖五年，公甫冠，擢進士甲科，授將作監丞，同判淄州。召試學士院，除直集賢院，再遷太常丞，監左藏庫，歷開封府推官、三司度支判官，改左司諫。時天異數見，宰相以疾，五日一奉朝請，執政者德輕，不足與論天下事。公連疏中書所行乖失，久不報，又請下御史臺，集百官決是非。於是同日詔罷執政者四人。公爲諫官，凡中外職有預責，苟有所知者，未嘗不言。其啟迪上心，則又每以明得失、正綱紀、親忠直、遠邪佞爲急。初，王曾爲宰相，謂公曰：「今言者太激，無補上德，如公言可謂切而不迂矣。」是時曾望方崇，當時士人罕見獎與，公得其言，益以自信。俄詔同丁度定雅樂。公以阮逸、胡瑗尺律之法，出於私見，皆詔罷之，且請用王朴舊樂。遷起居舍人、知諫院、知制誥、知審刑院。益、利歲大荒，爲劍南三路安撫使，活飢民百餘萬，減冗役數百人，奏除諸郡收市上供綺繡不急之物以便民。趙元昊反，以兵圍延州，又爲陝西安撫使，馳往撫邊，至則賊引去矣。方大將劉平遇賊於百口，以軍敗被執，監軍黄德和懼罪，誣言上平實降。朝廷乃勅收其子，命御史臺置獄於河中府。公力爲陳之，平子既蒙釋，又得推恩及其家。夏竦爲陝西經略安撫招討使，公以樞密直學士副之。公持攻、守二策，以決於上，仁宗欲取攻策，執政者難之。公曰：「元昊以區區數州之地，其衆可知也，顧非舉國不能以内寇。漢拘賊法，城邑之守，未嘗出境謀，此賊所以猖獗而屢勝也。今彼志氣驕惰，我倘併兵從一道出，糧充械利，鼓行而前，宜無堅敵矣，曷不用攻策？」公言雖懇激，然朝廷終以爲不可。俄還涇原，聞元昊遽求盟，公曰：「無約而請和者，謀也。」下令諸將日夜戒嚴。方召兵瓦亭，賊已寇山外。公指圖授任福曰：「此地有險可保，彼雖衆，不足畏也。宜堅壁待之，無得輕出。軍久則勢自歸，且隨躡其後，擊之可有功。」既而又以檄戒福曰：「違節度，雖有功亦斬。」福，庸將也，卒爲致敵而死之。夏竦使人收散兵，得公所與檄於福衣帶間，乃言失軍之罪不在公。朝廷猶奪一官，得知秦州，數月復其官如故。會分陝西爲四路，改秦鳳經略安撫使。明年，詔易陝西四帥皆爲觀察使，如范仲淹、龐籍二公亦辭，公獨不辭，曰：「上方憂邊甚，臣子忍擇官乎！」頃之，復爲樞密直學士、諫議大夫，又爲陝西經略安撫招討使。公在邊久，積養士氣日益振，又欲用策取横山，以復河南故地，會元昊求稱臣而未遂。公與范仲淹素善，天下稱韓、范。仁宗亦知此二人者，遂同除樞密副使，而相與復陳其策上前。元昊已臣矣，其謀卒不得用。前此鄭戩代公爲四路帥，遣劉(滬)、章士廉即降羌所獻地，築永洛城。城役方作，會戩罷涇原帥，尹洙以爲非便，止之。扈等猶城不已，洙乃械送於獄。且將斬，而戩力爭於朝，公亦以爲永洛可罷，而扈等犯令之罪不可貸。朝廷命廷臣往視利害。既成，而士廉等詣闕訟其事。是時公同進用者已悉罷去，公因自請補外。詔以資政殿學士知揚州，又徙鄆州，徙成德軍。分河北爲四路，就移定州安撫使、知定州，更本殿大學士、尚書禮部侍郎，以觀文殿大學士留再任。拜武昌軍節度、河東經略安撫使、知并州。契丹侵我天池，公使裨將蘇安静諭之曰：「爾嘗求我脩池上神廟，今曷見侵也？」敵不服。安静指外横山鬼山之麓，與之爲約，不敢踰衍。塞下多閒田，先是，國初潘美爲帥，時敵頻出寇鈔，並邊之民甚苦

之。美乃令內徙，空其田，以爲禁地。公曰：「以敵日加侵，苟失不耕，是將遺敵也。」乃募弓箭手四千户墾田九千六百頃。公數罹霜露之疾，願上武康節，罷邊東還，詔聽以節知相州。且疾閒，授三司使、工部尚書，尋除樞密使。自國朝剗革僭暴，所積機要文書皆散亂湮鬱，不可考究，諸房比例，前後檢用未嘗同，吏每探之，下以市賂。乃命官條悉，册留而論次之，姦緣以止。其得祖宗御筆所裁，則悉上秘府，以爲世主憲，總千餘秩，後至中書亦行之。以本官同平章事，進刑部尚書、昭文館大學士、監修國史，封儀國公。仁宗方倚左右大臣以經略太平之務，公因得選勅羣司百吏，使奉法循理，各安其職，而天下晏然無事，百姓遂安，刑罰衰止，衣食滋殖，守成之業茂矣。仁宗在位四十二年，皇嗣未立，而天下共以爲憂，大臣顧避退縮，莫敢爲上言。公乘閒進曰：「皇嗣者天下安危之所係，自古禍亂之起，由策不早定也。今陛下春秋高，未有建立，何不擇宗室之賢者而定之，以爲宗廟社稷之計乎？」他日又進而言曰：「昔漢成帝在位二十五年，議立孝元帝孫定陶王爲子。成帝非高才主，且能之，以陛下之聰明睿智，奈何久不決也？」始以英宗判宗正寺。英宗稱畏，辭未受命。仁宗以問公，公曰：「名分之未定，去就之所難也，臣切憂之。」帝悟，遂詔立皇子。公復稽首曰：「事定矣，臣復何憂！」時詔雖下，英宗辭益堅。仁宗欣然用其策。英宗既爲皇子，遂入居於慶寧宮。嘉祐八年三月壬申，以仁宗顧命，奉皇子即皇帝位。於時天氣温晏，宫廷內外罔不肅然，自畿中市井猶有未知者。加門下侍郎兼兵部尚書、平章事，進封衛國公，爲仁宗山陵使。初，英宗暴得疾，皇太后垂簾權聽軍國事。及皇躬康復，公乃請乘輿具素仗出祈雨，都人猶未識新天子，至是瞻仰天日之表，乃相與言：「君貌類祖宗，真英主也。」皇太后聞之喜，即下令還政。進左僕射、兼樞密院事、提舉修《仁宗實録》。昭陵復土，上大丞相印綬。英宗親製手詔賜之，語甚眷，公乃起，不敢辭，辭兼樞密院事，許之。其年南郊大禮，進封魏國公。以陝西戍兵多，軍常不足，欲籍下民爲義勇。方議上，諫官司馬光言公曰：「往者常籍爲民兵，遂涅之爲官軍，父母妻子，莫不環顧以泣也。臣願以一身救數萬之命。」英宗曰：「河北、河東亦有義勇，何陝西爲不可？」公於是督使者疾馳往籍之，得十四萬人。光猶上前論其事。英宗曰：「已籍之矣，何獨未知也。」夏賊寇大順城，公即欲停歲賜絶和，以問罪於其主諒祚。大臣或有以寶元、康定之間四方用兵、王師傷敗之事諫於上前，陰撓其謀者。公曰：「此但膠往迹，何不較今日彼我乎！且諒祚狂童，非有元昊智計，而朝廷邊備乃大過昔日，誠詰之，心必服。」時衆雖屈公，然心不善之也。英宗既用公策，遂遣使齎詔往問罪，而諒祚懼以表謝於朝廷。會英宗已寢矣，輔臣入起居於便殿。公叩榻問諒祚所上表云何。英宗曰：「亦如前日所料耳。」於是向之異議者媿服公之謀，且善英宗之聽也。未幾，即卧内承詔，以朕爲皇太子。治平四年正月庚戌被顧命，奉朕即皇帝位，拜司空兼侍中，爲英宗山陵使。既還，又引故事，願罷相，不聽；固請，乃以鎮安、武勝軍節度使兼侍中判相州，仍虚上宰位待之，賜興道坊第一區。公因以國朝故事領兩鎮者未嘗有辭，不拜，改淮南節度使。種諤取綏州、宥州，貢不至。既勑備於陝西，又改陝西經略安撫使，判永興軍。或以綏州孤遠，難於饋餉，請棄與賊者，朝廷信之，命公廢焉。公以謂其城扼賊衝，横據山界，并視不平，不可毁，留詔抗議，以便宜檄邊固守之，乃得存，迄今爲延州東北形勢之障。公既常有滅賊志，因是乃大揭榜塞上，具陳向背禍福，招來横山之羌，爲進討之計。會關中頻歲不登，邊廪無餘粟，朝廷雖多公策，而時不相之，故其功卒不就。河北衍地數震，又改河北安撫使、判大名府兼北京留守。公名動外夷，每漢使至契丹，必問公安否。熙寧初，公子忠彦使北，燕於戎帳，其主顧問其常使漢者曰：「忠彦之兒肖其父乎？」曰：「然。」遽命工圖之而去。故例，遼使過北都，與留守通書，皆不名。明年，來賀同天節副使成堯錫謂接伴曰：「今以韓丞相故，特書名，後人雖欲其名而不得也。」以永興軍節度留再任。公雖留，辭所加命，復判相州。居二年，乃言：「臣老矣，恐不足任事，願乞骸骨以歸。」復以向所加命授之。公雖在外，朕常璽書訪以機事，使還具言公形，殆非復在執政日。朕方倚公深，遂不能起，可勝慟哉！公天資忠孝，凝然如山立。至論大事，決大疑，而辭氣雍容，不見其有憂喜之容也。方天下以爲憂，公獨能蹈危機，進沈斷，上以尊强宗廟社稷，下以慰安元元之心，功高而不矜，位大而不驕，禄富而不侈，自宋興以來功臣未能遠過也！公爲宰相十年，蓋進人多矣，然未嘗以官職私所親，例得恩澤，先推與其旁支，逮朝廷録遺其子，猶有未命者。公薨前夕，有大星隕於廐中，櫪馬皆鳴。其年十一月庚申，發兩河卒，以一品鹵簿葬公相州安陽縣豐安村之原，享年六十八歲。曾祖璆，廣晉府永濟縣令。祖搆，太子中允。父國華，諫議大夫。皆贈太師、中書令兼尚書令，追封齊、燕、魏三國公。【略】維公奉詔立皇子爲皇太子，被顧命立英宗爲皇帝，立朕以承祖宗之緒，可謂定策元勳之臣矣！或以公安社稷方周勃，政事比姚崇，其言不幾乎！朕既述公以文，遂篆其首曰：「兩朝顧命定策元勳之碑。」夫豈特慰公之知，亦將爲天下臣子之勸。

銘曰：

嶽祇業峨，默降靈氣。匪申匪甫，而相予治。赤精傳圖，繼生仁宗。誰適作相，有來魏公。烈文魏公，匪卜于枚。天實賚予，魏公有來。公治萬事，靡猷不經。進退賞罰，惟時權衡。晦明風雨，罔拂厥序。男女潔誠，以田以縷。萬物瑳瑳，四夷舞歌。雖本帝力，公陳亦多。皇有大器，誰嗣誰尸。公陳與予，天命不迷。功成辭隆，視天盈虧。旂常之載，勤勞終初。乘馬路車，衮衣赤舄。其誰公如，將相出入。公行不歸，公死是悼。尚想公儀，淚落苑草。永懷英宗，公則配食。我徂于宫，孝思罔極。潔粢碩牲，鐘鼓管絃。從公享之，何千萬年！

王稱《東都事略》卷六九《韓琦傳》 韓琦，字稚圭，相州安陽人也。父國華，終右諫議大夫。琦風骨秀異，弱冠舉進士，名在第二。時方倡名，太史奏日下五色雲見，左右侍從皆賀於殿上。授將作監丞，通判淄州，再遷太常丞，直集賢院、監左藏庫。歷開封府推官，三司度支判官，爲右司諫。

時災異數見，王隨、陳堯佐爲相，以疾五日一朝，數忿爭。參知政事韓億多私，石中立好戲謔。琦連疏，疏論其過曰：「仍歲以來，災異間作，考天戒之所譴告，則燮理之任，正當其責。陛下用輔臣如此，外夷聞之，亦有輕視中國之意。如望天責之可消，福應之自來，則恐不可得也。陛下若以退免大臣，其事至重，非臣下所宜輕議，孰若以祖宗八十年太平之業坐付庸臣，恣其毀壞乎？臣職在言責，可知而不言哉？伏請下御史臺，集百官決是非。」於是同日詔罷四人者，又請罷内降，排斥權幸。王曾見琦論事切直，有本末，喜謂琦曰：「比年臺諫，多畏避爲自安計，不則激切近名。如君固不負所職，諫官宜若此。」曾，正人也。琦得此，益自信。

未幾，同議雅樂，琦以胡瑗、阮逸、鄧保信、黍尺鍾律之法出私見，乖戾古制，奏罷之，仍用王朴樂。琦爲諫官，數稱進王曾、蔡齊、杜衍、范仲淹等，補政之闕，事多施行。以起居舍人知諫院。

趙元昊叛，琦上疏曰：「臣聞元昊，狂謀僭命，不修常貢，必爲邊患。今獻謀者不過欲朝廷選擇將帥，訓習士卒，修利戎甲，營葺城隍，廣蓄資糧，以待黠羌之可勝，此外憂也。若乃綱紀不立，忠佞不分，功罪不明，號令不信，浮費靡節，橫賜無常，宴衎之逸遊，宫庭之奢靡，受中謁之干請，容近昵之僥倖，此內患也。且四夷内窺中國，必觀釁而後動，故外憂之起，必始内患。臣願陛下先治内患，以去外憂。内患既平，外憂自息。儻外憂已兆，内患更滋。臣恐國家之患，非止一元昊而已。」擢知制誥。

益利歲饑，爲兩路安撫使，爲饘粥濟饑人一百九十餘萬。蜀人曰：「使者之來，更生我也。」元昊圍延州，琦適自蜀還，論西州形勢甚悉。乃以爲陝西安撫使，至則賊引去矣。初，大將劉平軍敗，爲賊所執，内侍黄德和懼罪，誣平降賊，朝廷信之。琦爲直其冤。遷樞密直學士、陝西經略招討使，與夏竦畫攻守二策。琦入對，請用攻策。

會元昊將寇渭州，遂趨鎮戎軍。時環慶副總管任福奉詔計事，琦盡出其兵，使福擊賊，授以方略，令自懷遠城趨德勝砦、羊牧隆城，出賊之後，如未可戰，即據險設伏以邀其歸。福既行，琦重戒之。福違琦節度，敗没于好水川，琦坐奪秩一等，降知秦州。居數月，復爲秦鳳經略使，換秦州觀察使。尋以舊職充陝西四路經略安撫招討使，屯涇州。琦與范仲淹在兵間最久，二人名重一時，人心歸之，朝廷倚以爲重，故天下稱爲「韓范」。

初，京師所遣戍兵，脆懦不習勞苦，賊常輕之，目曰「東軍」。而土兵勁悍善戰，琦奏增土兵以抗賊，而稍減屯戍，内實京師。又以籠竿城據衝要，乞建爲德順軍，以蔽蕭關鳴沙之道。又建請於鄜、慶、渭三州，各以土兵三萬爲一軍，軍雖别屯，而耳目相通爲一。視虜所不備，互出擣之，破其和市，屠其落種，因以招橫山之人，度橫山璨則平。夏兵素弱，必不能支，我下視興靈，穴中兔耳。章既上，又與仲淹定謀益堅。而元昊知不可敵，斂兵不敢近塞。入拜樞密副使。元昊既已臣，琦以爲邊備不可弛，請與仲淹俱出行。

已而，仲淹參知政事，以琦爲陝西宣撫使。使還，時仁宗急於求治，手詔宰相杜衍曰：「朕用韓琦、范仲淹、富弼，皆中外人望，有可施行，宜以時上之。」又開天章閣賜坐，咨訪時務。琦條上九事，大略：備西北，選將帥，明按察，豐財利，抑僥幸，進有能，退不才，去冗食，謹入官。繼又獻七事。議稍用而小人已側目矣。

富弼宣撫河北，還，未入國門，命守鄆州。琦奏曰：「朝廷聞北虜點兵，弼以忠義請行。事畢歸奏，去京師咫尺，曾中籌策不得一陳於陛下之前，而責補閑郡，四方不聞其罪，曾無一人爲弼言者。臣竊爲陛下惜之。」前此，陝西帥鄭戩以劉滬、董士廉城水洛，役方作而戩罷，涇原守將尹洙以爲非便而止之，滬等猶城不已乃械繫滬等，將斬之。戩力爭于朝，琦亦以水洛未可城，而滬等違令之罪不

可貸，朝廷卒城水洛，故罷琦以資政殿學士知揚州。徙鄆州，又徙鎮、定二州。

琦所至，設條教，葺帑廪，治武庫，勸農興學，人人樂其愷弟。定州久用武將，治兵無法度，至于驕不可使。琦修明軍政，劉除宿弊。士卒犯令者，一切繩以紀律。恩威既信，乃攷李靖兵法，作方圓鋭三陣，指授偏將，日月教習之，由是定兵冠河朔。加資政殿大學士，遷禮部侍郎、觀文殿學士，拜武康軍節度使、知并州，又知相州。入爲工部尚書、三司使，除樞密使，册拜同中書門下平章事、集賢殿大學士，遷刑部尚書，昭文館大學士、監修國史。

仁宗既連失褒、豫、鄂三王，至和中，得疾，皇子未立，中外憂之。諫官范鎮首發其議，司馬光繼之，自是言者常以固天下根本爲急，而富弼亦屢上言，歐陽脩因水災再上疏，輒留中。如此五六年，言者稍怠。琦乘間奏請立皇子。一日，取《漢書・孔光傳》懷之以進曰：「漢成帝即位二十五年，無嗣，立弟之子定陶王爲太子。成帝，中材之主，猶能之，況陛下之聖哉？太祖爲天下長慮，福流至今，惟陛下以太祖之心爲心，則無不可矣。」時諫官司馬光、知江州吕誨皆言立皇嗣，中書因將二疏以請。仁宗曰：「朕有意久矣，顧未得其人耳。宗室中誰可者？」琦對曰：「宗室不接外人，臣等無由知之，當出自聖斷。」仁宗乃稱英宗舊名曰：「宫中嘗養此人，唯此可耳。」是日，君臣定議於殿上，將退，琦奏曰：「此事至大，陛下今夕更思之，來日取旨。」明日請對，仁宗曰：「決無疑矣。」琦曰：「事當有漸，容臣等議。」新除官時，英宗方居濮王憂，遂議起復泰州防禦使，知宗正寺。仁宗大喜，琦奏曰：「此事既行，不可中止。」仁宗首肯之。時嘉祐六年也。及命下，英宗力辭，仁宗聽候服除。七年，英宗既免喪，稱疾不出。琦曰：「宗正之命既出，外人皆知，必爲皇子矣。今不若遂正其名，使知朝廷不可回之意。」歐陽脩亦進曰：「宗正舊不領職事，今有此命，天下皆知陛下意矣。然誥敕付閤門，得以不受。今若以爲皇子詔書一出，而事定矣。」仁宗以爲然，遂下詔英宗入居慶寧宫，封琦儀國公。

仁宗崩，英宗即位，加門下侍郎兼兵部尚書，進封衛國公，爲仁宗山陵使。琦既輔立英宗，其門人親客或燕坐從容語及立皇子定策事，必正色曰：「此仁宗神德聖斷爲天下計，皇太后母道内助之力，臣子何與焉？」英宗暴得疾，慈聖后垂簾聽政。英宗疾甚，有及慈聖語，慈聖不樂。琦與歐陽脩奏事簾前，慈聖嗚咽流涕，具道所以。琦曰：「此病故耳。病已，必不然。子疾，母可不容之乎？」慈聖意不釋。歐陽脩曰：「太后事仁宗數十年，仁聖之德著於天下。婦人之性，鮮不妬忌，昔温成之寵，太后處之裕然，何所不容？今母子之間，而反不能忍邪？」慈聖曰：「得諸君如此，善矣。」脩曰：「此事何獨臣等知之，中外莫不知也。」慈聖意稍和。脩進曰：「仁宗在位歲久，德澤在人，人所信服。故一日晏駕，天下稟承遺命，奉戴嗣君，無一人敢異同者。今太后一婦人，臣等五六書生耳，豈足造事？非仁宗遺意，天下誰肯聽從？」慈聖默然，久之而罷。後數日，琦獨見英宗。英宗曰：「太后待我無恩。」琦曰：「自古聖帝明王不爲少矣，然獨稱舜爲大孝。豈其餘盡不孝也？父母慈愛而子孝，此常事，不足道。惟父母不慈而子不失孝，乃可稱耳。今但陛下事之未至耳，父母豈有不慈者？」英宗大悟，自是不敢復言。

英宗疾既平，琦請乘輿具素服出祈雨，人情乃安。慈聖下令還政，進右僕射兼權樞密院，封魏國公。琦上還相事，英宗詔曰：「卿有大德于朕，有大功于時，一旦無名謝事，豈不駭天下之耳目，而重朕之過乎？」其輔朕，使無忝先帝，則卿之終惠也。琦以陝西戍兵多而食不足，請籍民丁爲義勇，得十四萬。

夏賊寇大順城，又請停歲賜，絶和市，遣使問罪。文彦博不可，或舉寶元、康定事，琦曰：「諒祚狂童，非有元昊智計，而邊備過昔日遠甚，詰之必服。」卒遣使齎詔而諒祚以謝表上。英宗寢疾，琦侯起居，問諒祚表云何，曰：「一如卿言。」英宗崩，琦奉詔立神宗，拜司空兼侍中，爲英宗山陵使。既復土，琦累辭位，拜鎮安、武勝等軍節度使，司徒兼侍中，判相州。辭兩鎮，改淮南節度使，判永興軍。种諤收綏州，詔廢之，琦議不可，乃留爲綏德城。因大揭榜招横山之人，會關陝薦饑而止。復判相州，改河北安撫使，判大名府。時初行青苗法，琦上疏論其害，以爲「國之發號令，立法制，必信其言而使民受實惠。陛下遣使給散青苗，乃令鄉村自第一等而下，皆立借錢貫百，三等以上，更許增數。坊郭户有物業抵當者，依青苗例支借。且鄉村上三等并坊郭有物力，乃從來兼并之家也，今皆得借錢。每借一千，令納一千三百，則是官放息錢，豈抑兼并濟困乏之意哉？欲民信服，不可得也。伏惟陛下自臨御以來，夙夜憂勤，勵精求治，況承祖宗百年仁政之後，民浸德澤，唯知寬恤，未嘗過擾。若但躬行節儉，以先天下，常節浮費，漸汰冗食，自然國用不乏，何必使興利之臣紛紛四出，以致遠邇之疑哉？」章下，制置條例司疏駮，攽行天下。琦又論奏不已，且聽解安撫使，改永興軍節度使。琦固辭，復判相州，既至之二年，告老。復除永興軍節度使，未拜而薨。年六十八，贈尚書令，謚「忠獻」。神宗自爲碑文，篆其首曰「兩朝顧命定策元勳之碑」，配享

英宗廟廷。琦少有大志，天下想望其風采。識量宏偉，臨事不見喜愠之色。天資朴忠，自稱「安陽戇叟」。輕財好施，家無留貲，折節下士，無貴賤禮之如一。奬拔賢俊，得人爲多。在相位時，王安石有盛名，或以爲可用，惟琦獨識其姦，終不肯進。及守相陛辭，神宗曰：「卿去，誰可屬國者？王安石何如？」琦曰：「安石爲翰林學士則有餘，處輔弼之地則不可。」神宗頷之。其鎮大名也，魏人爲立生祠，相人尤愛之。有鬭訟者，輒止之曰：「勿撓吾侍中也。」政和中，追論琦定策之勳，贈魏郡王。

雜録

備録

朱熹《三朝名臣言行録》卷一之一《丞相魏國韓忠獻王》 公自幼而孤，鞠於諸兄。既長，能自立，有大志，端重寡言，不好嬉弄。所學不用力而過人，性淳一無邪曲，孝于其母，悌事諸兄，皆不教而能。李清臣撰《行狀》

天聖五年，仁宗初臨軒試進士，公年二十，名在第二。時唱名第一甲方終，太史奏日下五色雲見，左右從官皆賀於殿上。《家傳》

監左藏庫，時方貴高科，多徑去爲顯職，公獨滯於筦庫，衆以爲非宜，公處之自若，不以爲卑冗，職事亦未嘗苟且。禁中須索金帛，皆内臣直批聖旨下庫，無印記可以考驗。公奏曰：「天禧中嘗專置傳宣合同一司，關防甚嚴，官物非得合同憑由，不可給。後相習爲弊，廢而不行。願復舊制。」詔從之。舊有監秤内臣一員，綱運至，必俟監秤，始得受納。内臣往往數日不至，寶貨皆暴露廊廡，遠方衙校，苦於稽留。公奏罷之。災傷，州郡所輸物帛不如度者，例猶追剥，公請蠲之。《家傳》

徙開封府推官，理事不倦，暑月汗流浹背，府尹王博文大器重之，曰：「此人要路在前，而治民如此，真宰相器也。」《胡氏傳家録》

以右司諫供職，勸上明得失，正朝廷紀綱，親近忠直，放遠邪佞。時災異數見，公以災變屢發，主於執政者非才，累言於上，未見納。公又奏曰：「豈陛下擇輔弼未得其人邪？若杜衍、范仲淹、孔道輔、宋郊、胥偃，衆以爲忠正之臣，可備進擢。不然，嘗所用者王曾、吕夷簡、蔡齊、宋綬亦人所屬望也。」章十上，不報。公乃抗疏乞出。疏示中書，敕御史臺集百官會議，上乃罷宰臣王隨、陳堯佐，參知政事韓億、石中立等四人者。《家傳》王巖叟編《別録》云：公常言天下事不如人望者多，仁宗朝王隨、陳堯佐爲輔相，皆老病而不和，中書事多不決。韓億、石中立二人參預，又頗以私意害公。公既論罷之，天下望在王沂公、吕申公、杜祁公、范希文，而公亦引薦之。及宣麻日，乃張士遜昭文，章得象集賢，宋庠、晁宗慤參政，天下大失望。是時朝廷欲以公爲知制誥，寵其盡言。公曰：「諫行足矣，因取美官，非本意也，人其謂何！」語聞，遂寢。

時災異數見，朝廷但齋醮禳謝，公既上疏極論，又聞大慶殿建設道場，公奏：「前世祈禱之法，必徹樂減膳，脩德理刑，下詔求言，側身避殿，始可轉禍爲福。願法而行之。宫中宴飲，亦望節減，不獨仰奉天戒，實可上安聖躬。且大慶殿者，國之路寢，陛下非行大禮，被法服，則未嘗臨，臣下非大慶會則不能一至于庭，豈容僧道凡庸之人，繼日累月，喧雜于上？非所以正法度而尊威神也。今後設醮，望於別所安置。」上嘉納之。《家傳》

公又言：「賞罰當從中書出，今數聞有内降，不可不止。王曾、蔡齊、宋綬，當世名臣，宜大用。」上納其説。王沂公見公論事切直有本末，喜謂公曰：「比年臺諫官多畏避爲自安計，不則激發近名。如君固不負所職，諫官宜若此。」沂公，天下正人，公得此益自信。《行狀》

民間復作銷金服玩，公請以先朝舊制禁絶之。乃下詔申諭。未幾，有犯者，開封以刑名未明，申請審刑院議，止徒三年。公奏：「大中祥符八年敕，犯銷金者斬。請復用之。」《家傳》

詔同詳定阮逸、胡瑗等所造鍾律。公論曰：「祖宗舊法，遵用斯久，屬者徇一士之偏議，變數朝之定律。臣切計之，不若窮作樂之源，爲致治之本，使政令平簡，民物熙洽，海内擊壤鼓腹以歌太平，斯乃上世之樂，可得以器象求乎？既達其源，又當究今之所急。國家方夏寧一，久弛邊備，犬戎之性，豈能常保？願陛下與左右弼臣，綏茲永樂之誠，移訪安邊之議，急其所急，在理爲長。」遂詔：「將來南郊，且用和峴舊樂。」《家傳》

發解開封府舉人，時惟禮部貢院，置封彌、謄録二司，開封止有封彌官。公請並設謄録司，以示至公。從之。《家傳》

侍御史袁素言：「乞依賈昌朝所奏，取景德至景祐年凡百用度，較其出入，

省罷不急。」詔公與張若谷、任中師同三司詳定。公謂：「景德以來，歲月已深，文案必不完具，若俟齊集而議，徒成淹久。但考見今日，實爲浮費，自可裁度上聞。如故將相戚里之家，多占六軍等耗，縣官衣糧，爲私家僕隷，在京不啻數千人。若此類，何必待景祐文書較計邪？」詔從之。又言：「自古興儉以勸天下，必以身先之。今欲減省浮費，莫如自宫掖始。請令三司取入内内侍省并御藥院、内東門司先朝及今來賜予支費之目，比附酌中，皆從減省，無名者一切罷之。」詔：「禁中支費，只入内内侍省、御藥院、内東門司同相度減省，報詳定所。其臣僚支賜，即許會問入内内侍省施行。」《家傳》

公爲諫官三年，所存諫藁，欲斂而焚之，以效古人謹密之義，欲恐無以見人主從諫之美，乃集七十餘章爲三卷，曰《諫垣存藁》，自序於首，大略曰：「諫主於理勝，而以至誠將之。」《家傳》

知審刑院。先是，盗殺同黨，既已就捕，例不抵死。公曰：「此但并有其貲，或就滅其口，非有自新改過之心，無足矜者。請更議其法。」乃詔：「盗殺其徒而不首者，毋得原。」《家傳》

以益、利路人飢，爲體量安撫使。公至則蠲減税以募人入粟，招募壯者，等第刺以爲厢禁軍。一人充軍，數口之家，得以全活。檄劍門關，民流移而欲東者勿禁。簡州艱食爲甚，明道中，以災傷嘗勸誘納粟，後糶錢十六餘萬，歸於常平。公曰：「是錢乃賑濟之餘，非官緡也。」發庫盡以給四等以下户，逐貪殘不職吏，罷冗役七百六十人，爲饘粥，活飢人一百九十餘萬。蜀人曰：「使者之來，更生我也。」《家傳》

李元昊初叛，兵鋒鋭甚，中國久不知戰，人心頗恐，士大夫多避西行。公使蜀道潼、陝歸，奏事便殿，上問西兵形勢，公具以所聞對。上即曰：「朕比憂乏人按邊，卿其爲朕往。」授陝西安撫使，趣上道。公勇欲自效，馳至延安，則羌已解圍去。然士氣沮傷，將吏往往移病求罷職。公即選練材武，治戰守器，慰安居人，收召豪傑，與之計議，檄諸郡完城郭如河北，始設烽燧以候虜。先是，大將劉平戰北，或誣其叛去，遂錮守平妻子，具獄河中府。公力辨白釋之。録戰死者，賻恤賞贈，邊臣皆勸。范雍守延州，朝廷以爲不能，欲以趙振代。公奏曰：「振麄勇，可使搏戰，非謀議守邊才。願留雍以觀後效。無已，則起范仲淹爲可。臣爲國家憂，非私仲淹也。若涉朋比，誤陛下事，當族。」慶人陳叔慶等陳邊防策，既而補官東南，公奏曰：「忠義憤懣，爲國獻計，雖稍收用，乃置于僻左，實羈縻之，非所以開示誠意，招徠人才也。」又奏罷率馬令，以寬民力，及裁處它利害甚悉。上益知公可辨大事。《行狀》

康定元年五月，天子命夏公竦都護西師，而以公副之。未幾，遣學士晁宗慤、内侍王守忠督出兵攻賊。公曰：「如詔意爲便，不則元昊聚兵出不意攻我，我倉猝赴敵，必敗。」合府争曰：「承平久，不習戰，羌寇暴起，今將與兵未訓講，其可深入客鬬乎？願謹關塞，以歲月平之。」公所論不得用，使持奏還，而元昊掠鎮戎軍，偏將劉繼宗逆戰，果不利。詔下切責，俾以進兵日月來上。衆復會議曰：「軍事雖可擇便宜行之，然大計亦不當遽。」乃晝攻守二策求中決。公馳驛奏闕下，上許用攻策，已而執政以爲難。公不得已，獨上章曰：「元昊竊敷州，精兵不出四五萬，餘皆婦女老弱，舉族而行。我四路之兵不爲少，分戍數十城塞，彼聚而來，故常衆，我散，故常寡，相遇每不敵，是以元昊能數勝。今不究此失，乃待賊太過，以二十萬重兵，惴然坐守界濠，不敢與虜確，臣實痛之。願更命近臣，觀賊之隙，如不可不擊，則願不疑臣言。」奏雖不下，知兵者以公説爲然。《行狀》

公往來塞下，勤苦忘寢食，期有以報上。出按屯至涇原，聞元昊乞和，公諭諸將曰：「無約而降者，謀也。宜益備，不可懈弛。」遽調兵瓦亭，兵未集，賊果入鈔山外。公指圖授諸將曰：「山間狹隘可守，過此必有伏，或致師以怒我，爲餌以誘我，皆無得輒出。待其歸且惰也，邀擊之。」而裨將任福、王仲寶狃小勝，數違節度。公遣府吏耿傅就詰責，不從。則又檄福曰：「違節度，有功亦斬。」福猶進兵，遇伏，遂戰死。嫉公者乞置公大罪，後大帥使收餘兵，得檄福衣帶間，封上之。安撫使王公堯臣亦以實奏，朝廷知罪在諸將，止左遷右司諫，知秦州。《行狀》

公在秦，增廣州城，以保固東西市，招輯屬户，益市諸羌馬，討殺生羌之鈔邊者，厲兵以待賊。訖公去，秦賊不敢窺秦塞爲盗。《行狀》

慶曆二年，陝西四帥皆改觀察使，公爲秦州觀察使，曰：「吾君憂邊，臣子何可以擇官？」獨不辭。《行狀》又《家傳》云：公上表謝曰：「辭之則有可疑之迹，擬希求進用之嫌；受之則有從權之名，協軍旅稱呼之便。」

初，京師所遣戍兵，脆懦不習勞苦，賊常輕之，目曰「東軍」，而土兵勁悍善戰。公奏增土兵以抗賊，而稍減屯戍，内實京師。又以籠竿城據衝要，乞建爲德順軍，以蔽蕭關、鳴沙之道。既任事久，歲補月完，甲械精堅，諸城皆有備，賞罰

信于軍中，將亦習鬭，識形勢，每出輒有功，勇氣倍于初時。公方建請：「於鄜、慶、渭三州，各以土兵三萬爲一軍，軍雖别屯，而耳目相通爲一，視虜所不備，互出擣之，破其和市，屠其種落，困撓其國，因以招横山之人，度横山瘵則平。夏兵素弱，必不能支，我下視興、靈，穴中免爾。」章既上，又與范公定謀益堅，而元昊黠賊，知不可敵，亦斂兵不敢輒近塞。《行狀》

丞相范公純仁，治平中爲御史，坐言事謫通判安州。嘗言康定間，元昊寇邊，韓魏公領四路招討，駐延安。忽夜有人攜匕首至卧内，遽褰幃帳，魏公起坐，問誰何，曰：「某來殺諫議。」又問曰：「誰遣汝來？」曰：「張相公遣某來。」蓋是時張元夏國正用事也。魏公復就枕曰：「汝携予首去。」其人曰：「某不忍，願得諫議金帶足矣。」遂取帶而出。明日，魏公亦不治此事。俄有守陴卒報城櫓上得金帶者，乃納之。時范兄純祐亦在延安，謂魏公曰：「不治此事爲得體。蓋行之則沮國威，今乃受其帶，是墮賊計中矣。」魏公握其手，再三嘆服，曰：「非琦所及。」《麈史》

公與范公在兵間最久，兩公名重一時，人心歸之，樂爲之用，朝廷倚以爲重，故天下稱爲「韓范」。仁宗知公久勞于外，遣使密諭旨曰：「卿孤立無人援薦，獨朕知之，行召卿矣。」明年春，與范公同召拜樞密副使。公自請捍邊，至五表，不聽。既至，又與范公伸前議，同決策上前，期以兵覆元昊。會夏國送款，公謀不果用，范公每恨齟齬功不就，故作《閱古堂詩》叙其事，傳于世。《行狀》

時邊事雖欲講解，元昊猶上書邀朝廷，其輕者欲自建元，爲父子，呼兀卒，及令我使與陪臣爲列。二府遽欲從之，公獨謂不可許。數廷議，衆尚不從，公持之愈堅，故晏丞相至變色而起，公守所見不易，卒殺其禮如公言。《行狀》

初，夏人方議講和，公以謂邊備不可弛，請與范公俱出按行。遂命公宣撫陝西，范公宣撫河東。范公請益兵數萬屯河陽、蒲中及以兵從，公以爲不必請兵。上前議未合，退於殿廬中，范公猶爭以爲非益兵不可。公曰：「若爾則琦乞自行，不用朝廷一人一騎。」范公色忿，欲再請對，道公語。公笑止之。會杜祁公、富韓公贊公説，卒不發兵，范公亦不以爲忤也。《家傳》又《别録》云：公嘗爲門人語此事曰：「國家事鎮之則静，但敢者少爾。如希文亦未免有易動處。」

公既至關、陝，屬歲大飢，群盗嘯聚商、虢之郊，張海、郭貌山、邵興衆數千人。巡檢上官珙與戰失利，餘軍潰散，藏匿山谷。邵興揭牓招誘商州錢監役兵，公遣屬官薛向乘傳往料簡之。其舊係邊兵，即令歸隸舊籍，餘並押赴陝府，填諸軍闕額。又遣人賫牓招致上官珙下散軍，諭以免罪，歸所屬。仍召揚拙等將沿邊士兵，入山捕張海、邵興等，皆相繼殲衄，關輔按堵。是冬大旱，河中、同、華等十餘州，飢民相率東徙出關。公即選官分詣州縣，發省倉賑之。又蠲賦役，察官吏能否者陞黜之。又以兵數雖多而雜以疲老，耗用度，選禁軍不堪征戰者，停放一萬二千餘人。後田況乞選諸路軍不堪戰者爲廂軍，云：「若謂兵驕久，一旦澄汰恐致亂，則去年韓琦汰邊兵萬餘人，豈聞有爲亂者哉！」《家傳》

時仁宗以天下多事，急于求治，手詔宰相杜衍曰：「朕用韓琦、范仲淹、富弼，皆中外人望，有可施行，宜以時上之。」又開天章閣賜坐，咨訪絶務。公條九事，大略備西北，選將帥，明按察，豐財利，抑僥倖，進有能，退不才，去冗食，謹入官。繼又獻七事。議稍用而小人已側目不安。二府或合班奏事，公必盡言，事雖屬中書，公亦對上指陳其實。同列尤不悦，獨仁宗識之，曰：「韓琦性直。」《行狀》又强至所編《遺事》云：公言仁廟御批：「朕用韓琦、富弼、范仲淹，皆公議人望之所歸，凡所議事，仰章得象、杜衍以下，公心協力行之。」文正家藏一本，一以與公，今尚存也。

蘇子美輩爲進奏院事發，仁宗爲讒者所惑，夜遣中使散入大臣家捕同飲者。公明日對曰：「夜來聞遣宦官遶京城捕館職，甚駭物聽。此事但付有司，自有行遣。緣陛下即位來，不曾做此等事，何故今日陡如此？」上色悔久之。《别録》

公云：諸人欲以進奏院事傾正黨，宰相章得象、晏殊不可否，賈昌朝參政陰主之，張方平、宋祁、王拱辰皆同力以排，至列狀言「王益柔作傲歌，罪當誅」。公時在右府，不與此事，因兩府同對，偶言：「益柔狂語，何足深計校？方平等皆陛下近臣，今西邊用兵，有何限大事不爲陛下論列，而同狀攻一王益柔，其情亦可見。」上遂釋然。《别録》

富鄭公安撫河北還，至都門，命守鄆。公奏曰：「朝廷聞北虜點兵，弼以忠義請行，事畢歸奏，去京師咫尺，胸中籌策，不得一陳於陛下之前，乃責補閑郡，四方不聞其罪，曾無一人爲弼言者。臣切爲陛下惜之。」累上，不報。《行狀》

前此，陝西帥鄭公戩以劉滬、董士廉城水洛，涇原守將尹洙、狄青謂非便，詔輟其役，會戩罷兼涇原路，二人猶城之，青欲斬以徇，不克，戩論救于朝，朝廷薄二人罪。公曰：「二人者實違詔，何可無罪？」列十事辨析。後士廉詣闕訟，而柄臣爲之佐佑，又屬公與當時有名大臣，改更天下敝事，僥倖者憚之，故富公、杜公相繼罷去，公亦懇求補外。《行狀》

徙知鄆州，京東素多盗，捕盗之法，以百日爲三限，限中不獲者抵罪。盗未

必得，而被刑者甚衆。公請獲它盜者，聽比折除過，捕者有免刑之路，故盜多獲。朝廷著爲天下法，至今用之。《家傳》

公自揚徙鄆，自鄆徙鎮定，所至設條教，葺帑廩，治武庫，勸農興學，人人樂其愷悌，愛慕之如父母。定州久用武將，治兵無法度，至于驕不可使。當明公鎬引諸州兵平甘陵，獨定兵邀賞賚，出怨語，幾欲譟城下。公素聞其事，以爲定兵不治，將爲亂。既至，即用兵律裁之。察其橫軍中尤不可教者，捽首斬軍門外。士死攻圍，賻賞其家，涅其孤兒，使繼衣廩。恩威既信，則效古兵法，作方員鋭三陣，指授偏將，日月教習之。由是定兵精勁齊一，號爲可用，冠河朔。京師發龍猛卒戍保州，在道竊取人衣屨，或飯訖不與人直。至定，公留不遣，曰：「保州極塞，嘗有叛者，豈可雜以驕兵戍之？」易素教者數百人以往，而所留卒未踰月亦皆就律，不敢復犯法。一府裨佐如狄青輩，熟聞公平日語，見(此下原闕一葉)潘美爲帥，避寇鈔爲己累，令民内徙，空塞下不耕，號禁地。而忻、代州、寧化、火山軍廢田甚廣。歐陽公脩嘗奏乞耕之，爲并帥沮撓，久不行。公至，遣人行視，曰：「此皆我腴田，民居舊迹猶存，今不耕，適留以資虜，後且皆爲虜人有之矣。」遂奏募弓箭手居之，得户四千，墾地九千六百頃。屬城歲發防秋兵至河外，人病遠餉。公曰：「寇來可預知，奚防秋？」爲罷不復遣。河東俗雜羌夷，用火葬，公爲買田，封表刻石著令，使得葬於其中，人遂以焚屍爲耻。《行狀》

除樞密使，公以皇朝百餘年，祖宗以征伐平定中國，外臨制四夷，機事歸樞密府，文書藏于吏舍，朽蠹散亡爲可惜，奏擇吏整比紀次之，多得三聖親筆，見其神斷，及四方兵要根本，爲六百八十卷。制《禄令》、《驛令》，使有成法，三司吏不復得弄文移爲稽，故賕賄自絶，訖今以爲便。請稍出内帑錢，糴粟數百萬實邊備。建遣郝質、王慶民、度藏才三族故地，命郭靄復城，爲豐州，與麟府相爲羽翼，瞰契丹、夏國相通之道。《行狀》

溪洞蠻彭仕羲納其子師寶之妻，師寶與子投辰州告之，且言將謀叛。轉運使李肅之等遂領兵討之，自是入寇不已。仕羲方乞復通貢奉，却欲得投來子孫。二府合議，宰相文彦博呼吏擬奏許之。公曰：「二子既還，則爲魚肉矣。它日朝廷何以來蠻夷也！」遂議遣殿中丞雷簡夫往議之，先約勿殺師寶，俾知龍賜州，然後許降。仕羲乃聽命納款，荆、湖之間遂無事。《家傳》

中書習舊敝，每事必用例。五房史操例在手，顧金錢惟意所去取。所欲與，白舉用之；所不欲行，或匿例不見。公令删取五房例，及刑房斷例，除其冗謬不可用者，爲綱目類次之，封縢謹掌。每用例，必自閲。自是人始知賞罰可否出宰相，五房史不得高下于其間。又編《中書機要》如樞密院，舉督天下吏職，嚴京百司，察不職者，及貴臣挾恃放縱，有罪無所貸，以懲廢弛之風，陰消宦者權。又試補宗室外官，興學校，變科舉，别考五路貢士。雖不行，其後頗如其説。《行狀》

公推廣上之仁德，使及微細。考尋天禧初，嘗於京門外四禪院買地，以瘞無主骸骨，官給錢六百，幼者半之，後因循不復給錢，而死者暴露於道，見者閔傷，乃舉舊制行之。《家傳》

公自爲宰相，即與當時諸公，同力一德，謀議制作，完補天下事。所汲引多正直有名，或忠厚可鎮風俗，列侍從，備臺諫，以公議用之，士莫自知出何人門下。嘉祐四年，下祫饗赦，事多便民者。命諸路舉學行尤異，敦遣詣京師，館于太學，試舍人院，差使授官。立柴氏後爲崇義公，法《春秋》存亡國，繼絶世之義。擇才臣，詣四方，寬恤民力，籍户絶田租爲廣惠倉，以廣賑恤。募耕唐、鄧廢田，勸課農作。摹方書，賦藥物，以救疾病。守令治最者，久其任，以率吏課。裁定令敕，以省疑讞。弛茶禁，以便東南之人，愚民得無陷大罪。議者以謂近于三代之仁義，多公所論議施行。《行狀》

仁宗春秋高，繼嗣未立，天下以爲憂。雖或有言者，而大臣莫敢爲議首。公數乘間伏奏，乞選立皇子。上顧曰：「後宫一二欲就館，卿其毋亟。」後誕育皆皇女。公一日挾《孔光傳》進對曰：「漢成帝立二十五年無繼嗣，已議立帝弟之子定陶王爲皇太子。成帝中材常主，猶能之，以陛下之聖，何難于此哉！太祖爲天下長慮，福流至今，惟陛下以太祖心爲心，則無不可矣。」仁宗感悟，始以英宗判宗正寺。英宗力辭，宦官宫妾勢未便，中外皆爲危之。公復啓曰：「陛下屬之以大任而不肯當，蓋其沉遠詳重，識慮有以過人，非有它也。事猶豫不決，招讒慝，生變故。且名未正則尚得以辭，名體一定，父子之分明，則浮議亦不復得摇矣。」仁宗欣納曰：「如此，則宜乘明堂大禮前，亟立爲皇子。」乃召樞密大臣諭其事，大臣或愕曰：「此大事，毋遽。」上顧曰：「朕意決矣。」曰：「誠如此，臣敢爲天下賀！」又召學士爲詔書，學士亦請對，然後進藁。英宗既爲皇子，尚堅卧。公又奏曰：「今既爲陛下子，何所間哉！願令宫人就諭旨，及本宫族屬敦勸。」上如其請。先帝始就慶寧宫。會仁宗棄天下，平旦，入預大議，英宗即皇帝位，宫門徐開，追百官班宣遺制，衛士坐甲，諸司幕廡下治喪，人情肅然。日至巳午，市肆猶有未知者。公性厚重，未嘗名其功，其門人親客，或燕坐從容，語及立皇子定策

事，必正色曰：「此仁宗神德聖斷，爲天下計，皇太后母道内助之力，朝廷有定議久矣。臣子何預焉！」故一二大事，天下莫知其詳。《行狀》又《遺事》云：公自定武入爲樞密使，時仁宗嗣未立，公請置内學，教宗子，建儲之意，默存其中。事未及行，公秉政。仁宗倦勤甚，勢漸迫，更不暇置内學。每進對罷，即論太子天下本，不可不預立，以繫天下心。語日益深切，前後不可勝數。仁宗終無一言，不喜亦不怒。公患之。它日，仁宗忽顧公謂：「朕亦有意多時。」時有二宗子，嘗育宮中。公乘其意動，急叩之，謂：「二宗子陛下亦必自能見其孰聰明，知否可屬大計。」仁宗以英宗爲言，公即將順，以彼一人便若幽、厲，語更不及英宗，乞降聖旨劄子，權判宗正司。後兩府通簽御劄，張昇太尉見之懼，深罪公何不素議及，次日殿上大言：「此事繫社稷，陛下不可錯！」上曰：「此事與相公經商量來。」昇下殿，至中書，又詰公，公曰：「此甚入思慮來，不錯。」昇退，公笑曰：「若與之素議，豈不壞了事？」

英宗初爲皇子，時允弼最尊屬，心不平，且有語。及即位，國朝制度，嗣天子即位，先親王賀，次六軍，次見百官。公是時先獨召允弼入，稱：「先帝晏駕，皇子即位，大王當賀。」允弼曰：「皇子爲誰？」曰：「某人。」允弼謂：「豈有團練使爲天子者？何不立尊行？」公曰：「先帝有詔。」允弼曰：「焉用宰相？」遂循殿陛上。公叱下，曰：「大王，人臣也。不得無禮！」左右甲士已至，遂賀。次召諸親王，見六軍百官，中外晏然。《遺事》

英廟即位已數日，初掛服于柩前，哀未發而疾暴作，大呼，語言恐人，所不可聞，左右皆反走，大臣輩駭愕癡立，莫知所措。公亟投杖於地，直趨至前，抱入簾曰：「誰激惱官家？且當服藥。」内人驚散，公呼之，徐徐方來，遂擁上以授之曰：「皆須用心照管官家。」再三慰安以出，仍戒當時見者曰：「今日事唯某人見，某人見，外人未有知者。」復就位哭，處之若無事然。歐陽永叔歸以語所親曰：「韓公遇事，真不可及。」《别録》

英宗初以驚疑得疾，雖平而疑未解，潛晦自居，猶若疾者，面壁堅卧，莫受藥餌。公日率同僚，自捧藥以進。公俯而懇告，則或熟視公而不言，或取藥覆公之衣而不顧。公或跪於榻上者移時，或拜於床下者數四。太后每勞公曰：「相公亦不易勝矣。大王汝自勸。」及大王勸之，尤不顧也，然須公強之而後服。《别録》

英宗遇貂璫少恩禮，左右不悦，多道禁中隱密者，雖大臣亦心惑其説，公獨屹然不動，昌言於衆曰：「豈有前殿不曾差了一語，而一入宮門，得許多錯來？琦深疑此事，簾前亦屢以此爲對。」自爾人情知公意不可摇，妄傳語言者遂稍息。慈壽一日送密札與公，有「爲孀婦作主」之語，仍敕中貴俟報。公但曰：「領聖旨。」公以山陵有事呈乞，晚臨後上殿，諸公不與。既見，謂上曰：「官家不得驚，有一文字須進呈，只是不可泄。陛下今日，皆太后力，恩不可報。然既非天屬之親，願加意承奉，便自無事。」上曰：「謹奉教。」公又云：「此文字臣不敢留，幸宮中密焚之，若泄，則間遂開，卒難合矣。」它日，光獻對中書泣訴英宗疾中語言起居之狀，繼而樞密院對語亦如前。富公弼退而謂公曰：「適聞得簾下所説否？弼則不忍聞。」蓋富意以太后之言爲然，而歸咎於英宗。及公力勸太后徹簾，不敢令富公預聞。後中書已得光獻旨還政，密院猶未知也。迨手書出，富公愕然，因此不悦。《家傳》

英廟既自外來，又方寢疾不豫，人情傾向在太后，公慮宮中有不測者。一日因對，深以言動太后曰：「臣等只在外面，不得見官家，内中保護，全在太后。若官家失照管，太后亦未安穩。」太后驚曰：「相公是何言語？自家更是用心！」公即曰：「太后照管，則衆人自照管。」同列爲縮頸流汗。既而吴奎長文曰：「語不太過否？」公曰：「不得不如此。」《别録》

公潛察英廟已安，而曹后未有還政意，乃先建議英廟曰：「可一出祈雨，使天下之人識官家。」上然之。咨太后，太后怒曰：「獨不先稟此耶？孩兒未安，恐未能出！」公曰：「可以出矣。」太后曰：「人主出，不可以不備禮儀，方處喪，素仗未具。」公曰：「此小事，朝廷頤旨即辦。」不數日，素仗成，上遂幸相國寺。京師之疑已解，太后不久竟還政。《别録》

曹后初未還政，公力引古以動之，云：「前世母后，更聰明者多，莫不以固吝權位敗名德。太后若脱然復辟，則是千古所未有。請閲史書，一一可見。」太后曰：「自家何敢望賢人。」公察其意回矣，即連贊成之。後數日，批出云：「某日更不御殿。」公亟令捲簾徹座。乃往白上，上曰：「莫未否？」公曰：「已得親詔矣。」上遂釋然。《别録》

初，曹后難於還政，公説曰：「當别與太后議儀制。」山呼、警蹕、益衛士五百人之類。太后既允，即以諷上。上曰：「相公苦崇獎母后，是豈好事？」公曰：「臣等亟以此誘之，方肯放下，陛下何惜此耶！若以輕重比之，與之者止如鷄卵，放下者乃如泰山。」富公云：「何啻泰山！」遂定。《别録》

英宗初在藩邸，恭儉好學，禮下師友，甚得名譽。嘉祐末，仁宗不豫，大臣議選立宗室子。仁宗勉從衆議，立爲皇子，然左右近習多不樂者。帝憂懼，辭避者久之。及仁宗晏駕，帝即位，以憂得心疾，大臣議請慈聖垂簾。帝疾甚，時有不遜語，后不樂。大臣有不預立皇子者，陰進廢立之計，惟宰相韓琦確然不變，參

知政事歐陽脩深助其議。嘗奏事簾前，慈聖嗚咽流涕，具道不遜狀。琦曰：「此病故耳，病已必不爾。子病，母可不容之乎？」慈聖不懌，曰：「皇親輩皆笑太后欲於舊渦尋兔兒。」聞者驚懼，皆退數步，獨琦不動，曰：「太后不要胡思亂量。」少間，脩乃進曰：「太后事仁宗數十年，仁聖之德，著於天下。婦人之性，鮮不妬忌，昔温成之寵，太后處之裕然，何所不容？今母子之間，而反不能忍耶？」太后曰：「得諸君知此，善矣。」脩曰：「此事何獨臣等知之，中外莫不知也。」太后意稍和，脩復進曰：「仁宗在位歲久，德澤在人，人所信服，故一日晏駕，天下稟承遺命，奉戴嗣君，無一人敢異同者。今太后一婦人，臣等五六措大耳，舉足造事，非仁宗遺意，天下誰肯聽從？」太后默然久之而罷。後數日，獨見英宗，帝曰：「太后待我無恩。」公曰：「自古聖帝明王，不爲少矣，然獨稱舜爲大孝，豈其餘盡不孝也？父母慈愛而子孝，此常事，不足道。惟父母不慈而子不失孝，乃可稱耳。今但陛下事之未至耳，父母豈有不慈者？」帝大悟，自是不復言太后短矣。熙寧中，歐陽公退居潁上，轍往見之，間言及此，公曰：「古所謂社稷臣，韓公近之。昔上在潁邸，方人情疑二，公招記室王陶，使密説王傾身奉事慈聖。王用其言，身執家人禮，至親奉几案，進飲食。慈聖由是歸心，而大計始定。」《龍川志》

仁宗靈駕欲到永昭，葬且有日，道路忽傳皇堂棟損，有司憂駭，不知所出。公至鄭始聞，時諸使見公，鈞公指，皆欲不問而掩之。公正色曰：「不可！果損，當易之。若違葬期，侈所費，此責猶可當，亦無可奈何。若苟且掩之，後有壞覆，人主致疑心，臣下何以當責？」一坐爲之歎息，服其不苟，處事必盡，識且及遠。既到皇堂，棟乃不損。《遺事》

英宗初立，外六班有謀變者，或言於公，公曰：「事不成，不過族耳，吾不懼也。」既而卒無事。英宗即政，公以其勇智不世出，可與有爲，乃考尋中書祖宗御批，得百餘番，俱缺落不完，補綴僅能識其字，皆經國長算大策，如取太原，下江南，伐犬戎，付中書之類。編成十餘軸。一日袖進，英宗一見之，不覺避御座。是時同列皆謂公有不言教萬乘事。後上僊，公哭之慟，曰：「何事不可爲？」《別録》

英宗即位，有疾，請光獻太后垂簾同聽政。有入内都知任守忠者，姦邪反復，間諜兩宮。時司馬温公知諫院，吕諫議爲侍御史，凡十數章，請誅之。英宗雖悟，未施行。宰相韓魏公一日出空頭敕一道，參政歐陽公已簽書矣，參政趙公槩難之，問歐陽公曰：「何如？」歐陽公曰：「第書之，韓公必自有説。」魏公坐政事堂，以頭子勾任守忠者立庭下，數之曰：「汝罪當死。」責蘄州團練副使，蘄州安置。取空頭敕填之，差使臣即日押行。其意以謂少緩則中變矣。《聞見録》

公爲宰相十年，當仁宗之末，英宗之初，朝廷多故，公臨大節，處危疑，苟利國家，知無不爲，若湍水之赴深壑，無所疑憚。或諫曰：「公所爲如是誠善，萬一蹉跌，豈惟身不自保，恐家無處所，殆非明哲之所尚也！」公歎曰：「此何言也！凡爲人臣者，盡力以事君，死生以之，顧事之是非何如耳！至於成敗，天也，豈可豫憂其不成，遂輟不爲哉！」聞者愧服。其忠勇如此，故能光輔三后，大濟艱難，使中外之人，餔啜嬉遊自若，曾無驚視傾聽竊語之警，坐置天下於太寧，公之力也。温公撰《祠堂記》

孫和甫嘉祐、治平間在中書編排文字，嘗言：「昭陵未復土，英廟未親政，朝廷多故，中書文字，日盈於前。公一一從頭看，看了即處置了。接人更久，處事更多，精神意思，定而不亂，静而不煩，如終日未嘗觸事者。殊不似議了一件事，讀了一紙文字，精神意思終日不來。」《別録》

治平中，夏國泛使至，將以十事聞朝廷，未知其何事也。時太常少卿祝諮主館伴，既受命，先見樞府，已而見丞相韓魏公，曰：「樞密何語？」曰：「樞府云：『若使人議及十事，第云受命館伴，不敢輒及邊事。』」公笑曰：「豈有止主飲食而不及它語耶！」公乃徐料十事，以授祝曰：「彼及某事，則以某辭對，辯某事則以某辭折。」祝唯唯而退。及宴使者，果及十事，凡八事正中公所料，祝如所教答之，夏人聳伏。《澠水燕談》

濮安懿王以英宗踐祚，例當改封。英宗尤詳謹，不欲遽。既踰大祥，始詔兩制議其禮。兩制謂當封大國，稱皇伯。中書疑所生稱皇伯，無經據，又封爵須下詔，名之則未得其中。方下三省再議，英宗復詔罷之，而臺諫官攻中書不已，尤指切歐陽公，諸公莫不避匿自解。公獨謂人曰：「此中書事，皆共議，何可獨罪歐陽公？」士大夫嘆其平直忠諒，不肯推謗以與人。《行狀》

公素知陝西苦屯戍，餽餉頗艱，當得民兵以爲助，因乞籍民爲義勇。二府難其事，諫官亦争之，曰：「關輔民將驚駭亡去，願以一身救二十萬人死。」二府以白上，上曰：「河北有義勇乎？」曰：「有。」又曰：「河東有義勇乎？」曰：「有。」「然則陝西奚獨爲不可？」論遂決，至今關輔爲便，人皆服上之言簡而盡，而亦多公之守也。《行狀》

夏賊叩大順城，公言：「宜留歲賜，遣使詰其罪。」大臣自文丞相悉以爲不

然，左右或舉寶元、康定之喪師以動上意。公曰：「軍事須料彼此，今日禦戎之備，大過昔時，且諒祚狂童，國人不附，其勢何敢望元昊？詰之必服。」大臣或私相語曰：「渠謂料敵，且觀渠所料。」公卒建遣何次公往詰諒祚，踰月而次公還，以諒祚表聞。屬英宗已卧疾，二府同入問起居畢，公叩御榻曰：「諒祚表云何？」英宗力疾顧曰：「一如所料，一如所料。」《行狀》

初，英宗卧疾久，一日，公問起居退，神宗出寢門，憂形於色，顧公曰：「奈何？」公曰：「願大王早暮在上左右。」神宗曰：「此乃人子之職。」公曰：「非爲此也。」神宗感悟而去。英宗自感疾後，不能語，凡處分事，皆書於紙。治平三年十二月，上疾漸革，二府問疾罷，公奏曰：「陛下久不視朝，中外憂惶，宜早建立太子，以安衆心。」上頷之。公請上親筆指揮。上乃批曰：「立大王爲皇太子。」公曰：「大王乃潁王也，煩聖躬更親書之。」英宗又批於後云：「大王潁王某。」公曰：「欲乞只今晚宣學士降麻。」上頷之。公召御藥高居簡於前，授以御札曰：「適已得聖旨，令今晚宣學士依此降制。」是晚鎖院，時神宗侍側，聞是命，辭於榻前者久之。制下，又設置東宮官屬，於是國本定矣。初，英宗既許建儲，處分畢，顔色悽慘，嘻噓涕下。文潞公退而語之曰：「相公適見上面色否？人至此，雖父子之間亦不能不動。」公曰：「國事至此，無可奈何。」《家傳》

英宗初晏駕，急召上，未至，英宗復手動，曾公愕然，亟告公，欲止召太子。公拒之曰：「先帝復生，乃一太上皇。」愈促召上。其達權知變如此。《遺事》

上既即位，王陶由東宮官入御史府爲中丞，意有所觖望，奏彈宰相不押常朝班。朝廷以宰相日奏事垂拱，退詣文德殿押常朝班，或已過辰正，則御史臺放班行之，已數十年爲故事。陶憤不勝，乃肆誣詆，語涉不遜，諫官陰爲協比。上察其姦，罷陶言職。公亦遽乞補郡，乃遣内侍張茂則賜手札慰諭起之。《行狀》又《聞見録》云：神宗初即位，王陶言魏公不押常朝班爲跋扈。帝遣近侍以陶疏示魏公，公奏曰：「臣非跋扈者，陛下遣一小黄門至，則可縛臣以去矣。」帝爲之動，出陶知陳州。又《家傳》云：王陶既出，邵亢猶欲撼公。上曰：「若不是韓琦，朕只是一皇親太保耳。」亢聞此語，惶懼自悔。

一日，中書進呈罷，上獨留公，訪對久之。因語及英宗初即位服藥次第，上曰：「是時不易處，當日如何？」公曰：「是時人情誠憂懼，然内則惟於太后前主以必不妨，外則急於皇子位差置官屬，相繼陛下自觀察使以使相封郡王奉朝請，立於允初之上，人心知有所屬，内外遂安，英宗亦得安然服藥。」上斂容拱手曰：「此恩何敢忘！」公惶恐謝。它日，上謂公：「近有欲以二大國封濮王者，如何？」公曰：「先帝遵守典禮，不敢爵父，而陛下豈可爵祖？又當以何親稱之邪？此必黨濮議者欲求必勝，殊不顧上累陛下孝德，而措先帝於重不幸也。願深察之。」上欣然納焉。《家傳》

韓魏公爲相日，曾公爲亞相，趙康靖、歐陽公爲參政。凡事該政令，則曰問集賢；該典故則曰問東廳；該文學則曰問西廳，至於大事，則自決之矣。人以爲得宰相體。《麈史》

公爲英宗山陵使，復土還朝，以疾辭位，除兩鎮節度使，判相州。公以兼領兩鎮，近世無有，力辭，改淮南節度使，虛上相之位以待之。會种諤以兵取綏州，納降人嵬名山族帳數萬人，諒祚將以兵報，西邊皆警輟，公往經略，授陝西安撫使，判永興軍。《家傳》曰：公辭二府，方奏事殿上，議邊事未決，曾公亮等奏曰：「今日韓琦朝辭在門外，乞與同議。」上亟召之，公既對，即奏曰：「臣前日備員政府，自當參議，今日藩臣也，惟奉行朝廷命令耳，決不敢預聞。」上觀公意確，遂罷議。後元豐中，呂惠卿除知延州，乃自請乞與二府同議邊事，坐是黜貶。上因諭輔臣曰：「嘗記韓琦初往陝西，召至此與二府議事，再三辭不肯預，始知老臣自識體也。」方行，夏人誘保安軍守將楊定，殺之以復怨。公既趨關中，知羌中苦飢，又負罪，勢可以困。奏絶其歲賜，選將厲兵，具餱糗器用，移師西指，爲出討計。而諒祚死，秉常告哀謝罪，械送殺楊定者李崇貴、韓道喜以自贖。時議多欲棄綏州，朝廷已屢趣廢。公曰：「綏州要害，出賊脅下，已得之，何可廢也？宜增築，畀熟户大酋折繼世、降羌嵬名山守之。後雖不取，猶足以易地。」未見聽，則使府佐劉航驛奏。後果用易塞門、安遠故寨，不合，卒留爲綏德城，險固可守，虜人常恨失之。狂人尉倉等謀爲亂，以術禽取戮之，不脱一人，寬其詿誤。又城噴珠堡，據葦箂川，赴甘谷寨，拓秦州之塞，招弓箭手居之，用便宜脩涇原葉燮會爲熙寧柵，畫圖付將吏，教以方略，張聲援，屯兵扼賊路。畢役，虜不敢犯，皆奪其地利，包屬羌于其中，以固藩衛。武事有序，則欲先收横山，漸取河南地，遂爲大字檄，陳向背福禍，牓塞下，騰入虜中，招横山之衆。而或者恐其有功，力沮壞之。《行狀》又《遺事》云：有以使永昭後公不退爲問者，公曰：「是時英宗始立，疾作不任事，慈壽懷二三。時在永昭，一日，遣一近璫，小封親札，諭英宗狂惑等事，問：『相公如何？』報曰：『慈壽既云未定疊，未定疊人言語何足怪？』它日復遣使見逼甚，公曰：『只乞與曾公亮以下商量。』曾公輩果不敢當，皆云：『候韓琦回。』琦是時既使回，一日奏對罷，直論以爲『太后既無親出子，上幸養在宮中久，先帝有詔與子，其於子母，不

爲不順，若更懷猶豫，聽讒佞，禍亂由此必起。立人之子，皆知不若立己之子，然太后既無子，不得不自認業。』慈壽由此語塞，不復出口。琦是時豈暇自顧進退之分？」未幾，英宗上仙，今上即位。一日，遂懇辭位。上流涕謂：「相公欲何之？」琦一日又盡持四方士人見責不退書開陳，以謂：「清議不容如此，豈敢安位？」上又流涕不語。請益堅。它日，忽宣諭已有恩命，云亦不久在外，虚冢席以待，故除兩鎮有「衮衣待還」之語。公復進見，謂：「制語太過，使臣不得安外，乞改之。」上不許，遂之相。後移雍，上使喻云：「只俟西帥回召見。」琦是時已知不可爲，堅請還相，次改北門，事由此分矣。

詔復知相州，仍令赴闕朝覲。陛辭之日，上從容訪問政事，公因進言：「用人當辨邪正，爲治之本，莫先於此。」上曰：「侍中國之龜鑑，朕敢不從！」《家傳》又《遺事》云：公自長安入觀，朝廷欲留之，公陰知時事，遂堅請相。陛辭日，上謂：「卿去，誰可屬國者？」公引元老二人，上默然。問：「金陵何如？」公曰：「爲翰林學士則有餘，處此地則不可。」上又不答。公便退。後有問公：「何以識之？」公曰：「嘗讀金陵答楊忱一書，窺其心術，只爲一身，不爲天下，以此知非宰相器。」又《聞見録》云：公自永興過闕，神宗問曰：「卿與王安石議論不同，何也？」魏公曰：「仁宗立先帝爲皇嗣時，安石有異議，與臣不同故也。」帝以魏公之語問荆公，公曰：「方仁宗欲立先帝爲皇子時，春秋未高，萬一有子，措先帝於何地？臣之論所以與韓琦異也。」荆公强辯類如此。當魏公請册英宗爲皇嗣時，仁宗曰：「少俟，後宫有就閤者。」公曰：「後宫生子，所立嗣退居舊邸可也。」蓋魏公有以處之矣。然荆公終英宗之世，屢召不至，實自慊也。

改判大名府。時朝廷行青苗法，衆議皆以謂不便，臺諫官凡言及者，皆以罪斥，中外無復敢言。公慨然上疏，乞罷其法。條例司疏難頒下，及令進奏官指揮，本院將中書劄子頒行天下，公再奏曰：「臣詳制置司疏駁事件，即將臣元奏要切之語，多從删去，唯舉大概，用偏辭曲爲阻難，及引《周禮》『國服爲息』之説，文其謬妄，上以欺罔聖聽，下以愚弄天下之人，將使無復敢言其非者。臣不勝痛憤，至再有辨列。按《周禮泉府》：『掌以市之征布，斂市之不售，貨之滯於民用者，以其價買之物，揭而書之，以待不時而買者，各從其抵。』鄭衆釋云：『書其價，揭著其物也。不時買者，謂急求者也。抵，故價也。』臣謂周制民有貨在市而無人買，或有積滯而妨民用者，則官以時價買之，書其物價示民，若有急求者，則以官元買價與之，此所謂王道也。經又云：『凡賖者，祭祀無過旬日，喪紀無過三月。』鄭衆釋云：『賖，貰也。以祭祀喪紀，故從官貰買物。』唐賈公彦疏云：『賖與民，不取利也。』經又云：『凡民之貸，與其有司辨之，以國服爲之息。』鄭衆釋云：『貸者，謂從官借本賈也，故有息。使民弗利，以其所賈之國，所出爲息也。』此所謂王道也。而鄭康成云：『以其於國服事之税爲息也。於國事受園廛之田，而貸萬泉者，則期出息五百。』臣謂《周禮》園廛二十而税一，近郊十一，遠郊二十而三，甸稍縣都，皆無過十二，唯其漆林之征，二十而五。鄭康成蓋約此法，謂從官貸錢，若受園廛之地，貸萬錢者，出息五百。公彦因而解謂近郊十一者，萬錢期出息一千，遠郊二十而三者，萬錢期出息一千五百，甸稍縣都之民，萬錢期出息二千。臣謂如此，則須漆林之户取貸，方出息二千五百也。然當時未必如此。今放青苗錢，凡春貸十千，半年之内，便令納利二千；秋再放十千，至年終，又令納利二千。則是貸萬錢者，不問遠近之地，歲令出息四千也。《周禮》至遠之地，止出息二千，今青苗取利尚過《周禮》一倍，則制置司所言『比《周禮》貸民取息立定分數，已不爲多』，亦是欺罔聖聽。且謂天下之人，皆不能辨也，且今古異制，貴於便時。《周禮》所載有不可施于今者，其事非一。若謂泉府一職，今可施行，則上言以官錢買在市不售，及民間積滯之貨，候民急求，則依元買價與之，民有祭祀喪紀，就官中借物，限旬日三月還官，而不取其利，制置司何不將此周公太平已試之法，盡申明而行之？豈可獨舉注疏貸錢取息之利事，以誑天下之公言哉！」上始得公疏，意已大悟，亟欲寢罷。王安石引疾在告，唯參知政事趙抃等對。上諭欲罷之意，抃乃曰：「此主於安石，乞更俟安石出議之。」安石既出，執之益堅，聞者惜之。未幾，御史中丞吕公著亦言青苗法非便，安石欲黜之。上曰：「須别坐事令出。」既而又曰：「公著言韓琦近有章疏，朝廷亦當聽納。自古執政與藩臣若生間隙，至有舉晉陽之甲，以逐君側之惡者。」安石遽曰：「只此可以逐矣。」公著遂坐誣大臣欲舉晉陽之甲，罷知蔡州。諫官孫覺聞之曰：「此言覺嘗奏之，今貶公著，誤也。」公既以言忤權臣，又公著告詞，明坐所因，公益皇恐，遂以疾上章，乞知徐州。章四上，神宗遣内侍李舜舉慰諭之，乃止。《家傳》又《行狀》云：初，法下，曰：「琦老臣也，義不敢默。」及不聽，曉官屬亟奉行，曰：「琦一郡守也，其敢不如令。」又《聞見録》云：魏公知揚州，王荆公初及第，爲簽判，每讀書至達旦，略假寐，日已高，急上府，多不及盥漱。魏公見荆公少年，疑夜飲放逸。一日，從容謂荆公曰：「君少年，無廢書，不可自棄。」荆公不答，退而言曰：「韓公非知我者。」魏公後知荆公之賢，欲收之門下，荆公終不屈。故荆公《熙寧日録》中短魏公爲多，每曰：「韓公但形相好爾。」作《畫虎圖詩》詆之。至魏公薨，荆公有挽詩云：「幕府少年今白髮，傷心無路送靈輀。」猶不忘魏公少年之語也。

太宗、真宗嘗獵於大名之郊，賦詩數十篇，賈魏公時刻于石。公留守日，以其詩藏于班瑞殿。既成，客有勸公摹本以進者。公曰：「脩之則已，安用進

爲？」客亦莫喻公意。韓絳來，遂進之。公聞之嘆曰：「昔豈不知進耶，顧上方鋭意四夷事，不當更導之爾。」《别録》

公因語華相在北門，頗姑息三軍，公曰：「御軍自有中道，嚴固不可，愛亦不可，若當其罪，雖日殺百人何害？人自不怨。」《遺事》

公曰：魏公、潞公俱嘗鎮北門。方魏公時，朝城令決一守把兵士，方二下，輒悖駡不已，知縣以解府。魏公使前問云：「汝駡長官，信否？」曰：「當時乘忿，實有之。」公曰：「汝爲禁兵，既差在彼，便有階級，安可如此？」即於解狀判「領赴市曹處斬」，從容平和，略不變色，衆但見其投筆，方知有異。至潞公時，復有外鎮解一卒如前者，潞公震怒，問之，兵對如實，亦判處斬而擲筆。以此見二公之量不同。如魏公則彼自犯法，吾何怒之有？不惟學術之妙，亦天資之過人爾。《元城語録》

公所歷諸大鎮，皆有遺愛，人人畫像事之，獨魏人於生祠爲塑像，歲時瞻奠，比狄梁公。戎狄尤畏公名，凡使契丹及來使者，必問：「韓侍中安否？今何在？」其子忠彦使幕北，虜主問左右：「孰屢使南朝，識韓侍中，觀忠彦貌類父否？」或對曰：「頗類。」乃即宴坐，命畫工圖之而去。館伴楊興功遽以告忠彦。北門爲聘使道，舊與京尹書，皆押字不名，及公留守，則名于書。其副使成禹錫仍喻來介曰：「以侍中在此，故特名。」及公去魏，後留守引前比，欲得其名數，强之，卒不可。每南來涉臨清界，即誡其下曰：「此韓侍中境，無多須索也。」《行狀》又《澠水燕談》云：公舊有德於關中，秦人愛之。後子華自丞相出宣撫陝西，父老有遠來觀於道傍者，愕然相謂曰：「吾以謂韓公，乃非也。」於是相引以去。

熙寧八年三月，上遣近璫賫詔書問公曰：「兩朝通好垂八十年，近歲以來，生事彌甚，代北舊疆，自有定封，比亦遣官案行，經界甚明。朕曲敦盟好，固欲息民。虜情無厭，勢未能已。今横使再來，意在必得祖宗舊地，決難順從。若事出不測，其將奈何？卿夙著忠義，歷事三朝，乃心罔不在王室。國有大政，謀及故老。今待遇之要，備禦之方如何，卿宜密陳，朕將親覽。」公慨然曰：「事至如此，難爲從半塗間理會，須講所以致之由乃可。」因手書千餘言以對。又面語使者曰：「横使雖傲不肯去，第勿恤，待以常禮，使之久留無害也，宜復遣使使虜就議，則渠自不安矣。」比使者歸朝廷，已許其地，而蕭禧還矣。《别録》又《聞見録》云：熙寧七年春，契丹遣泛使蕭禧來言：「代北對境有侵地，請遣使分畫。」神宗許之，遣太常少卿劉忱爲使。忱對便殿曰：「臣受命以來，在樞府考核文據，未見本朝有尺寸侵虜地。且雁門者，古名限塞，雖跬步不可棄，臣當以死拒之。」忱出疆，帝手敕曰：「虜理屈則忿，卿姑如所欲與之。」忱不奉詔。初，以祕書丞吕大忠爲副使，命下，大忠丁家艱，詔起復，未行，忱亦使回。虜又遣蕭禧來，帝開天章閣，召執政與忱、大忠同對，論難久之。忱固執前議，大忠亦然。執政知不可奪，罷忱爲三司判官，大忠乞終喪制。帝遣中使賜富韓公、韓魏公、文潞公、曾魯公手詔，問以計策。韓魏公疏曰：「臣觀近年以來，朝廷舉事，則似不以大敵爲恤，虜人見形生疑，必謂我有圖復燕南之意，故造此釁端，屢遣使以争理地界爲名，觀我應之之實如何爾。其所致虜之疑者七事：高麗臣屬契丹，於朝廷久絶朝貢，乃因商舶招諭而來，於國家初無損益，而契丹謂以圖我，一也；吐蕃部族不相君長，未嘗爲邊患，而强取其地，建熙河一路，殺其老弱以數萬計，契丹聞之，當謂行將及我，二也；邊近西山，地勢高仰，不可爲溏濼，向聞遣使部兵，徧置榆柳，以制虜騎，三也；義勇民兵，將校甚整，教習亦精，而忽創團保甲，一道紛然，義勇十去其七，破可用之成法，得增數之虚名，四也；河北城池，工築並興，增置守具，檢視器械，五也；創都作院，頒降弓刀新様，大作戰車，費財殫力，先自困弊，六也；置河北三十七將，各專軍政，州縣不得關預，聲言出征，又深見可疑之形，七也。夫北虜素爲敵國，因疑起事，不得不然，亦其善自爲謀者也。今横使再至，初示偃蹇，以探伺朝廷，況代北初與雄州素有定界，若優容而與之，虜情無厭，浸淫不許，虜遂持此以爲已直，縱未大舉，勢必漸擾諸邊，卒隳盟好。臣昔曾言青苗錢事，而言者輒賜厚誣，非陛下之明，幾及大戮。自此聞新法日下，實避嫌疑，不敢論列。今親被詔問，事係國家安危，言及而隱，罪不容誅。臣嘗切計，始爲陛下謀者，必曰自祖宗以來，因循茍簡，治國之本，當先富强，則可以鞭笞四夷，盡復唐之故疆，然後制作禮樂，以文太平。故散青苗錢，爲免役法，次第取錢。又内外置市易務。新制日下，更改無常，官吏違者坐徒，不以赦降。監司督責，以刻爲明。今農怨於畎畝，商旅嘆於道路，官吏不安其職，恐陛下不盡知也。大欲攘斥四夷，以興太平，而先使邦本困摇，衆心離怨，此則陛下始謀者大誤也。又好進之人，不顧國家利害，但得邊事將作，富貴可圖，必曰虜勢已衰，特外恃驕慢爾，以陛下神聖文武，若擇將臣領大兵深入虜境，則强劃之地，一舉可復。此又未之思也。今河朔累歲灾傷，民力大乏，將官麄勇寡謀，保甲未經訓練，若驅重兵頓於堅城之下，糧道不繼，腹背受敵，雖曹彬、米信，名德宿將，猶以此致岐溝之敗也。臣愚今爲陛下計，謂宜遣使報聘，優致禮幣，具言朝廷向來興作，乃脩備之常，與北朝通好之久，自古所無，豈有它意？且疆土素定，當如舊界，請命邊吏，退近者侵占之地，不可持此造端，隳累世之好。如將官之類，因而罷去，以釋虜疑。萬一聽服，則可以遷延歲月。陛下益養民愛力，選賢任能，疏遠姦諛，進用忠鯁，使天下悦服，邊備日充。虜果敗盟，然後一振威武，恢復故疆，快忠義不平之心，雪祖宗累朝之憤矣。」富韓公、文潞公、曾魯公皆主不與之論。時王荆公再入相，曰：「將欲取之，必固與之也。」以筆畫其地圖，命天章閣待制韓縝奉使，舉與之，蓋東西棄地五百餘里云。祖宗故地，荆公輕以畀鄰國，又建以與爲取之論，至後世姦臣以伐燕爲神宗遺意，卒致天下之亂，荆公之罪，可勝數哉！具載之以爲世戒。

公器量過人，性渾厚，不爲畦畛峭塹。功蓋天下，位冠人臣，不見其喜；任

莫大之責，蹈不測之禍，身危于累卵，不見其憂。怡然有常，未嘗爲事物遷動。平生無僞飾，其語言，其行事，進立于朝，與士大夫語，退息于室，與家人言，一出于誠。門人或從公數十年，記公言行，相與反復考究，表裏皆合，無一不相應。其所措置，規摹閎大高遠，外視如甚略，已而詳觀其中，則細故小物莫不各有區處，故有志必成。平居與人接，禮下之，問勞慰存，氣語和易，容人過失，不以爲己忤，小大無所較計，及朝廷事，則守其所當争，及於義理而後止，毅然終不可奪。《行狀》

公氣貌嚴重，人雖望而畏之，及乎接物，極恭而温。初爲館職，所與游者皆一時英俊。石曼卿氣豪邁，多戲侮同舍，獨見公不敢少慢，但時呼爲「韓家」。蓋當時市井小民，凡所畏者尊官，則呼厥姓曰「某家」，故石效此語。爲人敬服如此。器量閎博，無所不容。自在館閣，已有重望於天下。與同館王拱辰、御史葉定基同發解開封府舉人，拱辰、定基時有喧争，公安坐幕中閲試卷，如不聞。拱辰忿不助己，詣公室謂公曰：「此中習宰相器度耶！」公和顔謝之。《别録》云：趙良規賓客嘗曰：公初入館，時年二十餘歲，亦未嘗有事跡著于人者，然人意已自以公輔許之矣。及公爲樞密副使，石介有《慶曆聖德頌》曰：「予早識琦，琦有奇骨，可屬大事，敦厚如勃。」後爲宰相，歐陽永叔作《相州晝錦堂記》曰：「臨大節，決大事，垂紳正笏，不動聲氣，而措天下於泰山之安，可謂社稷之臣矣。」天下傳之，以爲知言。《家傳》

公爲陝西招討，時師魯與英公不相與，師魯於公處即論英公事，英公於公處亦論師魯。公皆納之，不形於言，遂無事。不然，不静矣。《遺事》

公言：在政府時，極有難處事。蓋天下事無有盡如意，須索包總，不然，不可一日處矣。《别録》

公言：琦待罪中書時，事有不當然者，必堅立不動，反覆論列，須正而後退，不敢取次便放過。《别録》

慶曆中，公與杜衍、富弼、范仲淹同心輔政，更革弊事，援引正人。時張方平、錢明逸、王拱辰爲兩制，皆歷中丞，故杜祁公而下爲三人者排逐，指爲朋黨，相繼罷去。是時二府許逐廳見賓客，拱辰來見，因諷勸公，奮手作跳擲勢曰：「須是躍出黨中。」公對：「琦惟義之從，不知有黨也。」既而公亦求去位。《家傳》又《遺事》云：公惟務容小人，善惡黑白不太分，故小人忌之亦少。如范、富、歐、尹常欲分君子小人，故小人忌怨日至，朋黨亦起。方諸公斥逐，獨公安焉，後扶持諸公復起，皆公力也。

公既解相印，王丞相遺公書謂「過周勃、霍光、姚崇、宋璟。」又曰：「爲古人所未嘗，任大臣所不敢。」天下以爲名言。歐陽文忠公亦曰：「進退之際，從容有餘，德業兩全，謗讒自止，過周公遠矣。」《行狀》

公在宰相，作《久旱喜雨》詩，上句言：「雷動風行雷雨作。」解之事。斷句云：「須臾慰滿三農望，却斂神功寂似無。」人謂此真做出相業也。在北門重陽有詩云：「不羞老圃秋容淡，且看寒花晚節香。」公居常謂保初節易，保晚節難，故晚節事事尤著力，所立特完。又作《喜雪》詩云：「危石蓋深鹽虎陷，老枝擎重玉龍寒。」人謂公身雖在外，自任以天下之重如此。公爲詩用意深，非詳味之莫見其指，皆此類也。《遺事》

公雖在外，然其心常繫社稷，至身老而心益篤。雖病不忘國家，或有時聞更祖宗一法度，壞朝廷一紀綱，則泣血，終日不食。《别録》

公曰：「琦平生仗孤忠以進，每遇大事，即以死自處，幸而不死，皆偶成，實天扶持，非琦所能也。」《别録》又《遺事》云：公云：「臨事若慮得是，劄定脚做更不移，成敗則任它，方可成務。如琦孤忠，每賴神道相助，幸而多有成耳。」

公嘗謂：「大臣以李固、杜喬爲本，其弊猶恐爲胡廣、趙戒。以胡、趙自處，弊可知也。」《遺事》

公曰：「昔與希文議邊事，唯旋旋小進爲得計，亟欲多展，必不可保。」《别録》

公言：慶曆中與希文、彦國，同在西府，上前爭事，議論各别，下殿各不失和氣，如未嘗爭也。當時相善三人，正如推車子，蓋其心主於車，可行而已，不爲己也。」《别録》

公因説康定以來事嘆曰：「忠義難立，直道難行。」《别録》「忠義」一作「中道」。

公因論進退曰：「處去就之難者，不可猛而有迹。」公每聞新執政用一人，歎曰：「放上則易，放下則難。」《遺事》

凡人語及其所不平，則氣必動，色必變，辭必厲。唯公不然，更説到小人忘恩背義，欲傾己處，辭和氣平，如道尋常事。《别録》

公爲丞相，每見文字有攻人隱惡者，即手自封之，未嘗使人見。《别録》

歐陽永叔在政府時，每有人不中理者，輒峻折之，故人多怨。公則不然，從容喻之以不可之理而已，未嘗峻折之也。《語録》

公因論君子小人之際，皆當以誠待之。但知其小人，則淺與之接耳。凡人至於小人欺己處，覺必露其明以破之。公獨不然，明足以照小人之欺，然每受之

未嘗形色也。《別録》又《遺事》云：人有疑公待君子小人皆以誠，往往爲小人所欺奈何？公曰：「不然，亦觀其人如何，隨分數放之耳。豈可以爲小人，不待以誠邪？」

公謂：「小人不可求遠，三家村中亦有一家，當求處之之理。知其爲小人，以小人處之，更不可校，如校之，則自小矣。人有非毁，但當反己是不是，己是則是在我，而罪在彼，烏用計其如何？」《遺事》

公語：「小人害君子，猶蜂蠆之毒物，違之正使不能加諸人。」可謂善處矣。《遺事》

公以恩及人，無求德心，故所及者廣，所感亦深。平時非不知人之欺，終不别白，能受其欺。賤官因事争於前，每及己之誤，即受之，事行其直者，不主己爲是。若禀事嘗訐觸，非而却之，異日復禀，終不以前日芥蔕置乎色，亦惟是之從。《遺事》

孫和甫奉使虜中，過魏，請教于公。公曰：「勿以爲夷狄而鄙薄之。」甚善。

公在魏府，僚屬路拯者，就案呈有司事，而狀尾忘書名。公即以袖覆之，仰首與語，稍稍潛卷，從容以授之。《別録》

禁卒有私逃數日而負其母以至者，軍中執之以見公，按法當死。卒曰：「母老且病，近在數舍間，常恐不復見，誠知擅去當誅，得一見，死無恨。」公惻然，考按得實，即以便宜釋之。軍中感悦，有垂涕者。《別録》

公性至仁，其臨事或誅一人，或笞一人，顔色不覺有異。《別録》

仁宗朝，李都尉喜延士大夫盡聲色之樂，一時館閣清流無不往者，公於其間最年少，獨未嘗造焉。李數召而公數以事辭，人有强之者，公曰：「固欲往，但未有名耳。」公處之不失和，李莫能致怨，同時諸公，亦不以爲介也。《別録》

公在大名日，有人獻玉盞二隻，云：「耕者入壞塚而得，表裏無纖瑕可指，亦絶寶也。」公以百金答之，尤爲寶玩。每開宴，召客特設一卓，覆以錦衣，置玉盞其上。一日，召漕使，且將用之酌酒勸坐客，俄爲一吏誤觸倒，玉盞俱碎，坐客皆愕然，吏且伏地待罪。公神色不動，笑謂坐客曰：「凡物之成毁，亦自有時數。」俄顧吏曰：「汝誤也，非故也，何罪之有？」坐客皆歎服公寬厚不已。《遺事》

公帥定武時，夜作書，令一侍兵持燭於旁，侍兵它顧，燭燃公鬚，公遽以袖摩之，而作書如故。少頃回視，則已易其人矣。公恐主吏鞭之，亟呼視之曰：「勿易，渠已解持燭矣！」軍中感服。《別録》

公姿貌英特，美鬚髯，骨骼清聳，眉目森秀，圖繪傳天下，人以謂如高山大岳，望之氣象雄傑，而包育微細，畜泄雲雨，藏匿寶怪，蓋自然也。平時家居，雖祁寒盛暑，倦劇對僮使，亦攝衣危坐無怠容。遇事遽猝而意不亂，冗劇而才有餘，萬兵侍帳，百吏遶前，處之安静，裕如也。已而剖决，皆就條理。勤于吏職，簿書文檄，檢察研核，莫不躬親。左右或曰：「公位重年耆艾，功名如此，朝廷賜守鄉郡以養安，幸無親小事。」公曰：「已憚煩勞，吏民當有受敝者。且俸禄日萬錢，不事事，吾何安哉！」公尤知命，每誡其子曰：「窮達禍福，固有定分，枉道以求之，徒喪所守，切勿爲也。余以孤忠，自信未嘗有因緣憑籍，而每遭人主爲知己，今忝三公，所恃者公道與神明而已矣，焉可誣哉！」其自守如此。《行狀》

公之在相位也，凡進用人，惟以公議所在，多有未嘗識者，人亦不知出何人門下。人或可詢，聞所稱薦，用之不疑。嘗訪於王安石，安石曰：「文行則孫覺，吏事則張頡，皆可用也。」時二人皆常調小官，公乃處覺於館閣，任頡於省府。它皆此類也。所薦引於上前者，未嘗輒漏其語。間因上有宣諭，或同僚談説，人始聞之。公初罷相，上問孰可以爲執政者，公力薦韓絳忠直有公輔之器。上遂用爲樞密副使。既而有排毁絳者，上曰：「韓琦之去，惟薦此人，朕豈可違？」公既罷去，蘇頌除脩注，往謝二府，參政趙概曰：「韓公屢欲用君，以魯公避親嫌，今乃上記前日韓公語矣。」二公始知公嘗援己也。《家傳》

公喜用知名士，或不識其面，既用之，其人亦不自知所進薦也。不私所親以官，而怨家仇人，其才果可用，必用之。守揚州日，轉運使李參沮州事；在陝西嘗救有罪將李緯寬之，而緯子師中不知，猶訟于朝；孫沔爲御史，以西事詆公甚力。及爲宰相，悉置不報，顯進之。三人者皆愧悔，深自恨。《行狀》又《遺事》云：李師中爲布衣，坐父緯鎮戎退陣當斬，公馳至鎮戎，以賊衆我寡，非諸將罪，且欲戮其爲首一人，師中父在貸中。方請于朝，李師中赴南宫試，遂上書論公募民爲兵往應賊，大擾，乞斬公謝陝西，既不行。後嘗有疑公心。公執政，有請勿害師中者，公曰：「彼是時以子救父，豈可加罪？」人聞之，咸服其公恕。然師中終未之信。後擢知兩制，師中方愧服，且深謝之。又《家傳》曰：師中方坐事廢黜，一日擢爲高陽關安撫使，賜對日，神宗諭曰：「韓琦力薦卿有才，故委以方面。」師中方大愧服。又《遺事》云：公兄爲泰倅，孫元規爲司理，嘗薦之，遂拜。元規書問，未嘗踰時不講。後公爲西帥兵敗，元規領言責，深議公罪，自此慊公，書問遂絶。公一日以書問元規：「平日事契如此，若以伯氏嘗薦而後見攻，此乃韓厥之舉也。若琦當言責，亦不爲元規隱，此何待琦之不廣？願公勿疑。」元規疑之，終不講書。公秉政，頗以公有害己心。後起廢爲慶帥，過闕，乃泣見曰：「沔真小人，公知沔，沔不知公。」又《家傳》曰：沔帥慶州，過闕賜對，英宗諭曰：「韓琦稱卿有邊帥才，故復用卿。」沔退而袖長書俯伏謝罪，皇愧

幾無所容。

有問公：「郭逵衆人皆謂出公力。」曰：「用人等事，非人臣得專，須還它主上。若用人是，則將順，非則開陳，何謂琦力？」始，英宗欲郝質在西府，公謂：「質固得，但二府論道經邦地，一黥卒主之，恐反使不安。如狄青才業爲中外所伏，一旦居此，論議卒紛然而去。愛之適所以害之。」英宗沉吟久，曰：「曰如此，則用郭逵粗勝質。」遂然之。既阻其一，又阻其次，不可。王陶遂見誣，以引往年之厮役。又曰：「此事惟趙少師知之。是時同議以謂大躐等，當近下安排名目，遂有同簽書之號。」《遺事》

公元勳盛德如此，聞人一小善，則曰：「琦不及也。」《别録》

公平日奬進人物極博，至心許者，不過一二人。多見其與人長，忘人短，而用之謂太濫，其實胸中不啻黑白。《遺事》

公平日論時望諸公，皆不以經綸許之，謂：「才器須周，可當四面，入麄入細，乃經綸事業。今皆可當一面才也。」《遺事》

公論近世宰相，獨許裴晉公，本朝惟師服王沂公。又嘗云：「若晉公，點檢著亦有未盡處。君子成人之美，不可言也。」不知摘晉公何事，恨不得聞也。或問公：「威克厥愛允濟，如潞公臨大事全是威，何如？」曰：「待威而後濟者，亦是也。然有不須以威而能濟者。」觀公意，豈以德不足者必待威以立事耶？古人謂鵰鶚百鳥望而畏之，鸞鳳百鳥望而愛之，其服則一，其品固相遠矣。《遺事》

公嘗言：「仁廟議配饗，清議皆與沂公，不與申公，誠意不可欺如此。」又曰：「頃時丁、寇立朝，天下聞一善事，皆歸之萊公，未必盡出萊公也；聞一不善事，皆歸之晉公，未必盡出晉公也，蓋天下之善惡爭歸焉。人之脩身養誠意，不可不謹。」又曰：「沂公爲相，論其事則無可數者，論其人則天下信之爲賢宰相。」又曰：「申公以進賢自任，恩歸於己，時士皆出其籠絡，獨歐、范、尹旋收旋失之，終不受其籠絡。」《遺事》

公謂：「挺然忠義，奮不顧身，師魯之所存也。身安國家可保，明消息盈虛之理，希文之所存也。」敢問二公，曰：「立一節則師魯可也，考其終身，不免終亦無所濟。若成就大事，以濟天下，則希文可也。」

公言：「富公爲鄆倅，沂公作安撫使，一日謂富公曰：『即日當曾位。』富不敢當。沂公曰：『然進時易，退時難。』」《遺事》

或問：「君實、晦叔，天下所屬望，它日大用，何如？」公曰：「才偏規摹小。」問晦叔平日，曰：「今日迺是平日。」《遺事》

孔嗣宗任河北憲，司農召議役法，别公請言，公不答。請益堅，公曰：「故舊不當無言，此行但爲河北説得些衆人不敢道意思足矣。」嗣宗臨上馬，又曰：「富貴易得，名節難保。」嗣宗歸，不懌者數日，終不能自克。《遺事》

吴長文子璟，素以堅挺有器節稱，公亦稱之。及幕府有闕，門下有以璟爲言者，公曰：「此人氣雖壯，然包蓄不深，發必暴，且不中節，當以此敗。」置而不言。不踰年，璟敗，皆如其言。《遺事》

趙君錫被召，别公請教，公曰：「平日之學，正爲今日，若不錯，餘不錯矣。」終不語及它事。又請云：「若上問某事，以何對？」公曰：「此則在廷評自處。」《遺事》

李清臣平日多於公前論釋氏貴定力，謂無定則不能主善，公每然之。後朝廷斥異論者，清臣頗持兩端。公因書問之曰：「比來臺閣，斥逐紛紛，吾親得不少加定力耶？」公之善諭人如此。《遺事》

錢明逸久在禁林，不滿意，出爲秦州，居常怏怏，不事事。公聞之，語人曰：「已雖不足，獨不思所部十萬生靈耶？」《别録》

公平日謂成大事在膽，未嘗以膽許人；往往自許也。《遺事》

公曰：「勇可習。」《遺事》

潞公在西府，人有以公進退諷潞公者，潞公曰：「彦博豈可望韓公？韓公地位别，彦博則有些麄材，蒙朝廷擢備兩府耳。」人頗與潞公自知之明。《遺事》

韓魏公屢薦歐陽公，而仁宗不用。它日，復薦之曰：「韓愈，唐之名士，天下望以爲相，而竟不用。使愈爲之，未必有補於唐，而談者至今以爲謗。歐陽脩，今之韓愈也，而陛下不用，臣恐後之談者，謗必及國，不特臣輩而已。陛下何惜不一試之以曉天下後世也？」上從之。《談叢》

公言：「歐、曾同在兩府，歐性素褊，曾則齷齪，每議事，至厲聲相攻，不可解。」公一切不問，俟其氣定，徐以一言可否之，二公皆伏。《遺事》

公晚與歐陽永叔相知，而相親最深。永叔心服公之德量，嘗曰：「累百歐陽脩，何敢望韓公？」公曰：「永叔相知無它，琦以誠而已。」公知永叔不以繫辭爲孔子書，又多不以文中子爲可取，中書相會累年，未嘗與之言及也。《别録》

石守道編《三朝聖政録》，將上，一日，求質於公，公指數事爲非。其一，太祖惑一宫鬟，視朝晏，群臣有言，太祖悟，伺其酣寢刺殺之。公曰：「此豈可爲萬世

法？已溺之，廼惡其溺而殺之，彼何罪？使其復有變，將不勝其殺矣！」遂去此等數事。守道服其清識。《遺事》

石守道作《慶曆聖德詩》，忠邪太明白，公與范公適自陝西來朝，道中得之，范公拊股謂公曰：「爲此怪鬼輩壞了也。」公曰：「天下事不可如此，如此必壞。」《別録》

公言：「始學行己，當如金玉，不受微塵之汙，方是，及其成德，有所受，亦有所不害者，不然無容矣。」《遺事》

公嘗謂：「忠義之心，皆有之，惟其執之不固，勉之不力，是以不及於古人。」《遺事》

公嘗從容議及養兵事，慨然曰：「琦有所思而得之，未嘗語人，人亦未必信。養兵雖非古，然積習已久，不可廢之，又自有利處，不爲不深。昔者發百姓，戍邊無虛歲，父子兄弟，有生離死別之苦。議者但爲不如漢、唐調兵於民，獨不見杜甫《石壕吏》一篇，調兵於民，其弊乃至此。後世既收拾强悍無賴者，養之以爲兵，良民雖税斂良厚，而終身保骨肉相聚之樂，此豈小事！又其練習戰陣，而豪勇可使，安得與農民同日道也！」《別録》

公嘗謂：「處事不可有心，有心則不自然，不自然則擾。太原土風喜射，故民間有弓箭社。琦在太原，不禁亦不驅，故人情自得，亦可寓武備於其間。後宋相繼政，頗著心處之，下令籍爲部伍，仍須用角弓，太原人貧，素只用木弓，自此有賣牛置弓者，人始騷然矣。此蓋出於有心也。」《遺事》

公重恩義，好樂士大夫，奬與後進，賙人之急，視用財物如瓦礫糠粃，不以恩其意，既乏，則捐己服用玩好，或脱取家人簪珥與之，士歸趨之無遠近。公不厭疏戚與交舊之孫子，寒窶無所託，而依以爲生者，常十數家。少善尹師魯，師魯亡，割俸畀其孤，爲直其冤于朝，仍奏録其子。合宗族百口，衣食均等無所異，嫁孤女十餘人，養育諸姪，比于己子。所得恩例，先及旁族，逮其終，子有褐衣未命者。追孝祖考，恨不及養，奉塋域甚厚，自五世祖冢皆訪得之，買田其旁，植松檟，召人守視之。貴顯五十年，身爲將相，累更大賜予，及其殁也，庫無羨錢，室無奇玩，賴天子賜金帛，宫出葬資，喪事得以無乏。《行狀》又《聞見録》云：尹師魯以貶死，其子朴，方襁褓。既長，韓魏公聞於朝，命以官，薦爲屬，教育之如子弟。朴少年有才，所爲或過舉，魏公掛師魯之像哭之。朴亦早死。

公天性清簡，至於圖畫、博奕、聲伎之娱，一無所好，獨觀書史，晝夜不倦。餘暇則喜書札，素愛顔魯公書，而加以遒健，自成一家，端重剛勁，類其爲人。《行狀》

韓魏公在相府時，家有女樂二十餘輩，及崔夫人亡，一日盡厚遣之。同列多勸且留以爲莫年歡，公曰：「所樂能幾何？而常令人心勞。孰若吾簡静之樂也！」識者以謂過人遠矣。《別録》

崔公孺，諫議大夫立之子，韓魏公夫人之弟也。性亮直，善而折人。魏公執政，用監司有非其人者，公孺曰：「公居陶鎔之地，宜法造化爲心。造化以虵虎者害人之物，故置虵於藪澤，置虎於山林。今公乃置之於通衢，使爲民害，可乎？」魏公甚嚴憚之。《記聞》

或問伊川：「量可學否？」曰：「可學。進則識進，識進則量進。」曰：「如魏公可學否？」曰：「魏公是間氣。」《胡氏傳家録》

論韓魏公、范文正公，皆是天資，不由講學。《上蔡語録》

朱熹《三朝名臣言行録》卷一之一《丞相魏國韓忠獻王》附王巖叟編《魏公別録》 公嘗言：「天下事不能必如人望。」仁宗時，王隨、陳堯佐爲輔相，皆老病而不和，中書事多不決，韓億、石中立二參政，又頗以私害公。公時爲諫官，屢疏不納，後物議益喧，公復上章乞廷辯。上迫於正論，遂罷四人者。當時天下望在王沂公、吕申公、杜祁公、范希文，而公亦引薦之。及宣麻日，乃張士遜昭文、章得象集賢、宋庠晁宗慤參政，天下大失望。公曰：「事固不可知如此，人意不能必也。」

李燾《續通鑑長編》按：王巖叟此録謬誤。宋庠參政在寶元二年十一月，晁宗慤參政在康定元年九月，不與士遜、得象同入中書明甚，宗慤此時在翰苑才二年，庠實初除翰苑。然上意本用庠，偶以譏止。更一年餘，卒用之。或傳聞疑似致此。而范仲淹二年前權知開封府，坐譏落天章閣待制，去冬補外，方自饒徙潤，猶未復職，驟遷政府，恐亦無此例。韓琦自言必不差。巖叟聽之不審，又不加參考，遽筆之于書耳。

子闓竊考《國史》，寶元元年三月，魏忠獻公以右司諫論罷宰執四人，遂拜張文懿昭文、章文簡集賢，同日參大政者，乃王忠穆、李康靖也。子闓五世祖文莊公時在北門，後又知開封府，康定元年五月，魏公爲樞密直學士、陝西經略安撫副使，文莊公以翰林學士兼龍圖閣學士使陝右，會魏公與夏英公議攻守策，九月使事還，道拜參知政事，與宋宣獻並制，亦非宋元憲。先是，康靖以大資政罷，文懿已去位，再相吕申公，距寶元之初僅三歲，河內《王公別録》所記舛誤，李貳卿

《續通鑑》論之詳矣。淳熙五年五月十二日，朝奉郎新通判盧州軍州事賜緋魚袋晁子闔謹題。

强至《韓忠獻公遺事》 仁宗彌留。英宗即位之次日，疾作不能視朝。慈壽攝政。疾每甚，即獨召公責曰：「相公自看取。」公謂：「不須如此，但服下涎藥，自無事。」公嘗藥以進。英宗怒，以藥覆公，公徐進藥而退。慈壽一日又獨召公入，英宗疾甚，直視二王，謂公曰：「何不立長君，此輩做不得。相公錯也。」公退立，俱無言。慈壽一日又謂公：「人皆謂錯。」公曰：「不錯。」慈壽怒曰：「文字滿前後，雖大臣亦有言者。」公力開陳，以爲不然。卒能翼清躬，復大位，皆公力也。

石守道編《三朝聖政録》，將上。一日，求質於公。公指數事爲非。其一，太祖時嘗惑一宫鬟，視朝晏，羣臣有言，太祖悟，潛伺鬟方酣寢，刺殺之。公曰：「此豈可爲萬世法。已溺之，乃惡其溺而殺之，彼何罪。使其復有變，將不勝其殺矣。」遂去此等數事。守道服其清識。

仁宗靈駕欲到永昭陵，葬且有日，道路妄傳皇堂棟損。有司驚駭，不知所出。公至鄭始聞。時諸使見公，鈎公旨，皆欲不問而掩之。公正色曰：「不可。果損當易之。若違葬期，侈所費，此責猶可當，亦無可奈何。若苟且掩之，後有壞覆，人主致疑心，臣下何以當責。」一坐爲之歎息，服其不苟，處事必盡識，且及遠。既到，皇堂棟乃不損。

劉御藥好收古畫，多求諸公跋尾。數册上有金書字，悉上筆，餘三册，公卿多題於後。劉到北門宣公，出畫册，謂獨未得公數字爲恨。公題云：「觀畫之術無他，惟逼真而已。得真之全者，絶也；得真之多者，上也；不得其多，非中即下矣。持吾説以觀劉氏之畫，其可逃乎哉。安陽戇叟病中題。」時公堅請相，上使劉宣問。人謂此術不獨可觀畫，亦可觀人物也。諸公題皆論一時，公獨兼之。

佚名《道山清話》 魏公一日至諸子讀書堂，見卧榻枕邊有一劍。公問儀公：「何用？」儀公言：「夜間以備緩急。」公笑曰：「使汝果能手刃賊，賊死于此，汝何以處？萬一奪人賊手，汝不得爲完人矣！古人青氈之説，汝不記乎？何至於是也！吾嘗見前輩云，夜行切不可以刃物自隨。吾輩安能害人？徒起惡心，非所以自重也。」

魏公在永興，一日，有一幕官來參。公一見，熟視，蹙然不樂。凡數月，未嘗交一語。儀公乘間問公：「幕官者，公初不識之，胡然一見而不樂？」公曰：「見其額上有塊隱起，必是禮拜，當非佳士。恁地人，緩急怎生倚仗？」

王闢之《澠水燕談録》卷二 治平中，夏國泛使至，將以十事聞於天子，未知其何事也。時太常少卿祝諮主館伴，既受命，先見樞府，已而見丞相韓魏公，公曰：「樞密何語？」諮曰：「樞密云若使人言及十事，第云受命館伴，不敢輒及邊事。」公笑曰：「豈有止主飲食，不及他語邪？」公乃徐料十事以授祝曰：「彼及某事則以某辭辯，言某事則以某辭折。」祝唯唯而退。及宴見，使者果及十事，凡八事正中公所料，祝如所教答之，夏人聳服。祝常以謂魏公真賢相，非它人可比也。

陳師道《後山談叢》卷四 故事：郊而後赦，奉祠不敬不以赦論。治平中，郎中缺姓易知素貪細，既食大官，醉飽失容，御史以不敬聞。韓魏公請論如律，英宗不欲也，魏公曰：「今而不刑，後將廢禮。」英宗曰：「寧以他事坐之。士以飲食得罪，使何面目見士大夫乎！」

英宗即位，韓忠獻公使諭宗室諸王曰：「皇帝已即位，大王宜思保富貴，毋行所悔。」諸王皇恐，詣次求見，公謝卻之。某王還次及階，足廢不舉，扶而後升。

張耒《明道雜志》 韓魏公帥太原，以多病求鄉郡，遂建相州之節。知相州，到郡，疾亦未安。一夕，有大星殞寢堂之後，家人大驚，以謂不祥。久之，魏公方行而仆於地，家人尤惡之。而久之疾遂平，了無一事。而一日邸報至，士貽永卒。貽永亦建相州節，星殞於相，爲貽永也。貽永庸人，方在位時，言官日方撼之不能損，豈知天上有物主之歟？貽永所謂没興王駙馬者。此事見魏公姪正彦説。

嘉祐中，韓魏公當國，遣使出諸道，以寬恤民力爲名。使既行，魏公大悔之。每見外來賓客，必問：「寬恤使者不擾郡縣否？」意恐詔使搔擾，民重不安也。無幾，皆罷之。王荆公行新法，每遣使，其大者曰察訪，小至於興水利、種稻田，皆遣使，使者項背相望於道。荆公嘗言：「讀大、小雅，言周文、武故事。而《小雅》第二篇便言『皇皇者華』，君遣使臣。故遣使爲先務。」二公所見如是。

邵伯温《邵氏聞見録》卷三 神宗開潁邸，英宗命韓魏公擇宫僚，用王陶、韓維、陳薦、孫固、孫思恭、邵亢，皆名儒厚德之士。王陶、韓維，進止有法。神宗内朝，拜稍急，維曰：「維下拜，王當效之。」諸公一日侍神宗坐，近侍以弓樣靴進。維曰：「王安用舞靴。」神宗有愧色，亟令毀去。其翊贊之功如此，故潁邸實僚號天下選云。

神宗初即位，中丞王陶言，宰相韓魏公不押常朝班爲跋扈。帝遣近侍以章疏示魏公，公奏曰：「臣非跋扈者，陛下遣一小黄門至，則可縛臣以去矣。」帝爲之動，出王陶知陳州。神宗即位，鋭意求治。初用吕溱爲翰林學士，爲開封府。溱死，又用滕甫爲翰林學士，爲御史中丞。甫性疎，上時遣小黄門持短封御札問事，甫誇示於人。或有見御札中誤用字者，乃反謗甫以爲揚上之短。上怒，疎斥之，以爲逆人李逢親黨，不復用。時王安石居金陵，初除母喪，英宗屢召不至。安石在仁宗時，論立英宗爲皇子，與韓魏公不合，故不敢入朝。安石雖高科有文學，本遠人，未爲中朝士夫所服，乃深交韓、吕二家兄弟。韓、吕，朝廷之巨室也，天下之士，不出於韓，即出於吕。韓氏兄弟，絳字子華，與安石同年高科；維字持國，學術尤高，不出仕，用大臣薦入館。吕氏公著字晦叔，最賢，亦與安石爲同年進士。子華、持國、晦叔争揚於朝，安石之名始盛。安石又結一時名德之士如司馬君實輩，皆相善。先是治平間，神宗爲潁王，持國翊善，每講論經義，神宗稱善。持國曰：「非某之説，某之友王安石之説。」至神宗即位，乃召安石，以至大用。

邵伯温《邵氏聞見録》卷九　韓魏公自樞密副使以資政殿學士知揚州，王荆公初及第爲僉判，每讀書達旦，略假寐，日已高，急上府，多不及盥漱。魏公見荆公少年，疑夜飲放逸。一日從容謂荆公曰：「君少年，無廢書，不可自棄。」荆公不答，退而言曰：「韓公非知我者。」魏公後知荆公之賢，欲收之門下，荆公終不屈，如召試館職不就之類是也。故荆公《熙寧日録》中短魏公爲多，每曰：「韓公但形相好爾。」作《畫虎圖》詩詆之。至荆公作相，行新法，魏公言其不便。神宗感悟，欲罷其法。荆公怒甚，取魏公章送條例司疏駁，頒天下。又誣吕申公有言藩鎮大臣將興晉陽之師，除君側之惡，自草申公謫詞，昭著其事，因以摇魏公。賴神宗之明，眷禮魏公，終始不替。魏公薨，帝震悼，親製墓碑，恩意甚厚。荆公有挽詩云：「幕府少年今白髮，傷心無路送靈輀。」猶不忘魏公少年之語也。

熙寧二年，韓魏公自永興軍移判北京，過闕上殿。王荆公方用事，神宗問曰：「卿與王安石議論不同，何也？」魏公曰：「仁宗立先帝爲皇嗣時，安石有異議。與臣不同，故也。」帝以魏公之語問荆公，公曰：「方仁宗欲立先帝爲皇子時，春秋未高，萬一有子，措先帝於何地？臣之論所以與韓琦異也。」荆公强辨類如此。當魏公請册英宗爲皇嗣時，仁宗曰：「少俟，後宫有就閤者。」公曰：「後宫生子，所立嗣退居舊邸可也。」蓋魏公有所處之矣。然荆公終英宗之世，屢召不至，實自慊也。或云蔡襄亦有異議，英宗知之，襄不自安，出知福州。治平初，英宗即位，有疾，疾作，請光獻太后垂簾同聽政。有人内都知任守忠者，姦邪反復，間諜兩宫。時司馬温公知諫院，吕諫議爲侍御史，凡十數章，請誅之。英宗雖悟，未施行。宰相韓魏公一日出空頭勑一道，參政歐陽公已簽，參政趙槩難之，問歐陽公曰：「何如？」歐陽公曰：「第書之，韓公必自有説。」魏公坐政事堂，以頭子勾任守忠至立庭下，數之曰：「汝罪當死。」責蘄州團練副使，蘄州安置。取空頭勑填之，差使臣即日押行。其意以謂少緩則中變矣。嗚呼，魏公真宰相也！歐陽公言：「吾爲魏公作《畫錦堂記》云『垂紳正笏，不動聲色，措天下於太山之安』者，正以此。」

魏泰《東軒筆録》卷四　楚執中性滑稽，謔玩無禮。慶曆中，韓魏公琦帥陝西，將四路進兵，入平夏，以取元昊，師行有日矣。尹洙與執中有舊，薦於韓公，執中曰：「虜之族帳無定，萬一遷徙深遠，以致我師，無乃曠日持久乎？」韓公曰：「今大兵入界，則倍道兼程矣。」執中曰：「糧道豈能兼程耶？」韓公曰：「吾已盡括關中之驢運糧，驢行速，可與兵相繼也。萬一深入，而糧食盡，自可殺驢而食矣。」執中曰：「驢子大好酬獎。」韓公怒其無禮，遂不使之入幕。然四路進兵，亦竟無功也。

魏泰《東軒筆録》卷六　韓魏公以病乞鄉郡，遂以使相、侍中判相州，既而疾革，一夕，星隕於園中，櫪馬皆鳴，翊日，公薨。上爲神道碑，具述其事。

熙寧初，朝廷初置條例司，諸路各置提舉常平司，及俵常平錢，收二分之息。時韓魏公鎮北都，上章論其事，乞罷諸路提舉官，常平法依舊，不收二分之息。魏公精於章表，其説從容詳悉，無所傷忤。有皇城使沈惟恭者，輒令其門客孫棐詐作魏公之表云：「欲興晉陽之甲，以除君側之惡。」表成，惟恭以示閤門使李評，評奪其藁以聞。上大駭，下惟恭、孫棐於大理，而御史中丞吕公著因便坐奏事，猶以棐言爲實。上出魏公章送條例司，惟恭流海上，孫棐杖殺於市，罷公著中丞，出知潁州，制曰：「比大臣之抗章，因便坐而與對，乃厚誣方鎮有除惡之謀，深駭予聞，乖事理之實。」蓋因此耳。

韓魏公，慶曆中以資政殿學士知揚州，時王荆公初及第，爲校書郎、簽書判官廳公事，議論多與韓公不合。洎嘉祐末，魏公爲相，荆公知制誥，因論蕭注降官詞頭，遂上疏争舍人院職分，其言頗侵執政。又爲糾察刑獄，駁開封府斷争鶉鶉公事，而魏公以開封爲直，自是往還文字甚多。及荆公秉政，又與常平議不

合。然而荆公每評近代宰相，即曰：「韓公德量才智，心期高遠，諸公皆莫及也。」及韓公薨，爲挽詞曰：「心期自與衆人殊，骨相知非淺丈夫。」又曰：「幕府少年今白髮，傷心無路送靈輀。」

葉夢得《巖下放言》卷中　韓魏公不甚言佛理，蓋平生所厚善而信者歐陽永叔，勢不得不然。每爲人言：「自少至老，始終所踐履，惟在一部《論語》中，未嘗須臾敢離。」文若云：「公晚鎮北門，已六十餘矣。玉汝爲都轉運使，公時多病，不甚視政事。數謁告家居，玉汝每攜文若問候。至則直造卧內，几案間不見他物，惟一唾壺與《論語》耳，乃信傳者不謬。」人果欲修身於《論語》，未論盡得，但能行其數十言，隨人品高下大小，無有不爲善人君子者，況略見其所不可得聞者乎？吾嘗爲《論語釋言》，未嘗沿襲，徒爲世俗傳注，真欲有不愧所聞者，所謂「造次必於是，顛沛必於是」，「立則見其參於前，在輿則見其倚於衡」。更須要講解，舉足動步無所非當。用意常須痛自鞭策耳。

葉夢得《石林燕語》卷一　韓魏公爲英宗山陵使。是時，兩宫常爲近侍姦人所間。一日侵夜，忽有中使持簾帷御封至，魏公持之久不發，忽自起赴燭焚之。使者驚，懇曰：「有事當別論奏，安可輙焚御筆？」公曰：「此某事，非使人之罪也，歸但以此奏知。」卒焚之。有頃，外傳有中使再至，公亟出迎問故。曰：「得旨追前使人，取御封。」公曰：「不發，焚之矣。」二使歸報，慈聖歎息曰：「韓琦終見事遠，有斷。」《攷異》：「英宗」當作「仁宗」。

施德操《北窗炙輠録》卷上　韓魏公與范文正公議西事，不合，文正徑拂衣去。魏公自後把住其手云：「希文，事便不容商量？」魏公和氣滿面，文正意亦解。只此一把手間，消融幾異同！魏公所以能當大事者，正在此也。

魏公夫人嘗蓄婢，而魏公不知也，教以歌舞。至魏公生朝乃出之，使上壽，公見其辨爽，悦之。其婢既上壽畢，忽泣下，公怪而問之，婢曰：「念妾父在時，每生朝，婢子輩上壽亦必歌此曲，今忽感其事，不知淚之所從也。」公曰：「汝父爲何人？」曰某人，嘗爲某州通判。公大驚，乃讓其夫人曰：「此士大夫之女，安得輒取爲婢？」夫人謝不知，魏公即令與諸女列，後擇一有官人厚嫁之。

韓魏公判北京，有術者上謁，言能視笏文知吉凶，魏公語其人明日至。明日，魏公作飯召通判，而術者得預焉。魏公預與通判易笏，令視之，術者視魏公笏言：「某日當再召，在相位必當若干年。」視通判笏曰：「某日當進秩，當至某官。」既畢，魏公令人厚謝之。通判曰：「狂生敢欺罔相公如此，罪應誅，乃反厚贈之，何也？」公曰：「琦先欺他。」

蔡絛《鐵圍山叢談》卷五　老王先生老志，道人前事未來者，凡有幾，罔不中。韓文公粹彦，吾妻父也。嘗得其手字曰：「憑取一真語，天官自相尋。」不月餘，自工部除禮部侍郎。小天一日命吾紹介，往見之。老志喜，即語小天曰：「紫府真人。」小天亦疾應曰：「先公魏國薨後，有家吏孫勔日主灑掃，因射大黿死被追，故有紫府真人事。或書於《青瑣》小説不謬也。」老志又曰：「紫府真人，實陰官之貴，匪天仙。魏公功德茂盛，近始陞諸天矣。其初玉華真人下侍者也。」小天疾應曰：「乃玉華真人下侍者也。」二人相語，即啐啄同時。吾大爲之駭。小天徐語吾及老志曰：「先公晚在鄉郡，但寢與食外，朝夕惟處道室中静默，有獨坐至夜分者。未薨之前，遂自悟其身乃玉華真人下侍者也。」時吾歎息不已，而老志喜色自布宅。此事獨吾得久矣，恨世猶未知也。仰惟魏忠獻王全德祐世，爲本朝宗臣第一，然其始也，一真人下侍者而已。今人動自負道家真伯，釋氏果位，恐悉過矣。得不勉旃！

王銍《默記》　神宗遣貴璫張茂則傳宣撫問韓魏公，公待以舊例常禮。或謂公：「茂則貴密方親信，宜厚遇之。」公曰：「正謂此也。我若過禮之，茂則歸奏，必爲人主所窺。不若且守中而已，乃所以防閑也。」

陸游《老學庵筆記》卷八　韓魏公罷政，以守司徒兼侍中、鎮安武勝軍節度使，公累章牢辭，至以爲恐開大臣希望僭忒之階，遂改淮南節。元豐間，文潞公亦加兩鎮，引魏公事辭，卒亦不拜。紹興中，張俊、韓世忠乃以捍虜有功拜兩鎮，俄又加三鎮，二人皆武人，不知辭。當時士大夫爲之語曰：「若加一鎮，即爲四鎮，如朱全忠矣，奈何！」

北方民家，吉凶輒有相禮者，謂之「白席」，多鄙俚可笑。韓魏公自樞密歸鄴，赴一姻家禮席，偶取盤中一荔支欲啗之，白席者遽唱言：「資政喫荔支，請衆客同喫荔支。」魏公憎其喋喋，因置不復取。白席者又曰：「資政惡發也，卻請衆客放下荔支。」魏公爲一笑。「惡發」，猶云怒也。

周煇《清波雜志》卷七　熙寧中，侍禁孫勉，監澶州堤，見一黿自黄河順流而下，射殺之，繼而暴卒。人冥爲黿訴，當償命。殿上主者乃韓魏公，勉實故史，乃再三求哀。公教乞檢房簿，既至陰府，如所教，以尚有壽十五年，遂放還。《韓魏公別録》所書，其略如此。《魏公家傳》則云：右侍禁孫勉，監元城埽，埽多墊陷，費工料。勉詢知有巨黿穴其下，乃伺出射殺之。數日，勉方晝卧，爲吏追去：

「有黿訴，當往證之。」既至一宮闕，守衛甚嚴，吏云：「紫府真人宮也。」勉仰視，真人乃韓魏公也，亟俯伏訴。公微勞之曰：「汝當往陰府證事乎？」勉述殺黿事，公取黄誥示之，謂曰：「黿不與人同，彼害汝婦，殺之，汝職也。」遣之使去，出門遂寤。事既播揚，神皇謂輔臣曰：「聞説韓琦爲真人事否？」皆曰：「未之聞也。」上具道所以，咨嗟久之。二説不同，當以《家傳》爲正。又一説：政和間，方士王老志語公之子吏部侍郎粹彦曰：「紫府真人乃陰官之貴，未爲天仙。」又云：「公亦嘗爲十華真人下侍者。」粹彦曰：「然。」

江少虞《宋朝事實類苑》卷八　韓魏公以元勳舊德，夷夏具瞻。熙寧中，留守北都，遼使每過境，必先戒其下曰：「韓丞相在此，無得過有須索。」遼使與京尹書，故事，紙尾止押字，至是，悉書名，其爲遼人尊畏如此。每使至其國，必問侍中安否。其後，公子忠彦奉使遼，遼主問嘗使中國者曰：「國使類丞相否？」或曰：「類。」即命工圖之。

韓魏公在相府時，家有女樂二十餘輩，及崔夫人亡，一日盡厚遣之。同列多勸且留，以爲暮年歡，公曰：「所樂能幾何？而常令人心勞，孰若吾簡静而樂也？」識者以謂過人遠矣。公舊有德於關中，秦人愛之。後子華自丞相出宣撫，秦之父老有遠來觀於道傍，乃愕然相謂曰：「吾以謂韓公，乃非也。」於是相引以去。虜人每見漢使，必起立致恭以問曰：「韓公安否？今在何處？」次問文、富二老，亦以公，或以名而已。公鎮大名四年，虜使每涉林清縣，即戒其下曰：「此韓侍中境内，慎勿亂需索，以辱我也。」又嘗有使曰：「我在國中，想望韓公名，今幸至此，如何得見？」故事，惟通攝少尹與之相見而已，留守不出也。又嘗有喻其下者曰：「獻侍中馬，須擇好者來。」既而不如旨，怒曰：「此豈比它處，敢爾不加意？」遂笞其人，易其馬。

韓忠獻公神道碑，神宗御製也。中云：「薨前一夕，有大星殞于園中，櫪馬皆鳴。」又曰：「公奉詔立皇子句。被顧命立英宗爲皇帝句。立朕以承祖宗之序。可謂定册元勳之臣。」後銘其碑曰：「公行不歸，中夕是悼，尚想公儀，淚落苑草。」復御篆十字，填金以冠其額曰：「兩朝顧命定策元勳之碑。」歸田録。

皇祐五年，韓魏公拜武康軍節度使，經略河東，時公在定五年矣。將行，定人爭欲遮留公，使不得出，公聞之，一日僞遊衆春園，陰欲由他道去。民初不知，至日晡，始悟，奔走宿於北門，門不得闔。寮屬相與設祖于道，鈐轄郝質，壯勇士也，首感泣大慟，聲徹于外，官吏皆泣下，既而道路士庶，哭聲動原野。北嶽祠在州之曲陽縣，歲久不葺，守臣奉祠，與執事者升降於頽簷壞廡間，公以爲慢神，莫斯爲甚，迺完廟宇，焕然一新。每雨雪不時降，公即走僚屬禱于祠下，而神必應之。時北道荐饑，定獨屢豐，故嘗有詩曰：「靈嶽祠官尚未迴，六花隨禱下瓊瑰。」其後公改帥并門，又嘗題于廟云：「每時有水旱，必致禱祠下，無不響答，故枉道，即靈居以謝。」並見魏王别録。

韓侍中薨，差内臣張都知督葬事，玄堂甃以石，一切用度，皆出于官。上自撰墓碑，題其額曰：「兩朝顧命定册元勳之碑。」明年，曾侍中薨，上題其墓碑額曰：「兩朝顧命贊册亞勳之碑。」倦遊録。

熙寧初，公在咸秦，平凉經略使蔡挺建議，欲城白塔，公許之。及本路兵馬夫丁既興，而虜騎亦至塞下，挺恐兵敗而事不濟，且已任其罪，乃走使京師，具事勢如此，及其可憂之狀，請命於朝廷。朝廷惟責公以不當增修保障，致一路溝城懼於奔衝，而不知始建謀者，挺也。公亦不自辨明，洎城成，無事，公復奏挺之功，而乞加奬諭焉。公鎮大名，魏之牒訴甚劇，而事無大小，公親眎之，雖在疾病不出，亦許通問請命，而就決於卧内。人或以公任勞事過多，勉其略於總劾，委於佐屬，而少自便安。公曰：「兩詞在官，人之大事或生或死，或予或奪，至此一言而決，吾何敢略也？吾恐有所不盡，而未嘗輒敢有以略也。況其可以委之人乎？」公當政府十有餘年，贊輔三朝，黜陟羣材，其入踐臺省，外總方鎮，出於門下者過半矣。然其知恩感義於公者幾稀，人或以此爲説，公曰：「吾以至公之道薦人，而不求人知。以至公之道責人，而不避人怨。但無愧於天地，豈復要於人心也？」

慶曆八年，大水，歲饑，流民滿道，公大發倉廩，募人入粟，分命官吏設飦粥以食民，公日往案視，遠近歸之者不可勝數。明年，皆給路糧遣歸。優詔褒美，其略曰：「河北都轉運司奏，去年河北艱食，人户流亡，卿多方擘畫，全活人命及七百萬，並歸本業，蓋是卿用心拯救，朕甚嘉之。」並見魏王别録。

江少虞《宋朝事實類苑》卷一四　韓魏公在大名日，有人獻玉盞二隻云：「耕者入壞塚而得，表裏無纖瑕可指，亦絶寶也。」公以百金答之，尤爲寶玩，每開宴召客，特設一卓，覆以錦衣，置玉盞其上。一日，召漕使，且將用之酌酒勸坐客。俄爲一吏誤觸倒，玉盞俱碎，坐客皆愕然，吏且伏地待罪，公神色不動，笑謂坐客曰：「凡物之成毁，亦自有時數。」俄顧吏曰：「汝誤也，非故也，何罪之有？」坐客皆嘆服公寬厚不已。公帥定武時，夜作書，令一侍兵持燭於旁，侍兵

他顧，燭燃公鬚，公遽以袖摩之，而作書如故。少頃回視，則已易其人矣。公恐主吏鞭之，亟呼視之，曰：「勿易，渠已解持燭矣。」軍中感服。

孫和甫，嘉祐治平間，在中書編排文字，嘗言，公嘗論昭陵未復土，哲廟未親政，朝廷多故。中書文字日盈於前，一一從頭看，看了即處置了。接人更久，處事更多，精神意思，定而不亂，靜而不煩，如終日未嘗觸事者。殊不似議了一件事，讀了一紙文字，精神意思半日不來。

歐陽永叔在政府時，每有人不中理者，輒峻折之，故人多怨。公則不然，從容喻之以不可之理而已，未嘗峻折之也。

公言：司馬君實初除樞密副使，竟辭不受。時公在魏，聞之，亟遣人賚書與潞公，勉之云：「主上倚重之厚，庶幾行道。道或不行，然後去之可也，似不須堅讓。」潞公以書呈君實，君實云：「自古被這般官爵引得壞了名節，爲不少矣。」後得寬夫書云：「君實作事，今人所不可及，須求之古人。」已上見魏王語録。

凡人語及其所不平，則氣必動，色必變，辭必厲，唯韓魏公不然。更說到小人忘恩背義，欲傾己處，辭和氣平，如道尋常事。公曰：「某平生仗孤忠以進，每遇大事，則以死自處。幸而不死，事皆偶成，實天扶持，非某能也。」仁宗朝，李都尉喜延士大夫，盡聲色之樂，一時館閣清流，無不往者。公於其間最年少，獨未嘗造焉。李數召，而公數以事辭，人有強之者，公曰：「固欲往，但未有名耳。」公處之不失和，李莫能致怨，同時諸公亦不以爲介也。

吳長文子璟，素以頸挺有器節稱，公亦稱之。及幕府有闕，門下有以璟爲言者，公曰：「此人氣雖壯，然包畜不深，發必暴，且不中節，當以此敗。」置而不言。不踰年，璟罪敗，皆如其言。

定州西北近邊山林，舊禁斬伐，其後楊懷敏建言，并以近裏淺山耕藝之地，概行禁止，督州縣自括河北，巡邏日益嚴，犯者輒致于法，邊人或徙居失業。公乃遣官行視，去北境尚五六十里，足爲防蔽，別定禁地，揭牓諭之。非今明抄本作「令」。所禁者，縱民採伐，由是得地六百餘里，莫不感悅。

禁卒有私逃，數日而負其母以至者，軍中執之以見公，按法當死。卒曰：「母老且病，近在數舍間，常恐不復見。誠知擅去當誅，得一見，死無恨。」公惻然，考按得實，即以便宜釋之。軍中感悅，有垂涕者。並見韓魏王别録。

江少虞《宋朝事實類苑》卷一七　蔡挺在密院日，有廢馬監之議，朝廷遂遣蔡確出相度利害，確以可廢聞。上以謂所得子利，給官吏與兵卒猶不足，則國家所費亦大，不如廢之便。公聞之，曰：「馬監之於國，爲利豈少哉！不惟馬之蕃息，足以備緩急之用，又足以爲四夷之聲勢。」魏王别録。

江少虞《宋朝事實類苑》卷二三　皇祐三年，本路八州之民，合數千人，檛登聞鼓，願不以三年代韓魏公。上自以中山地重，輟公未可，乃遷觀文殿學士，再任。其制略曰：「顧定武之雄塞，控燕垂之巨防。克宣壯猷，有嚴武服。戎落畏附，師屯肅和。思代爾庸，良難其付。且推進律之寵，宜懋增職之留。」中山之民，又嘗相率走闕下，願得生祀公以廟，天子嘉歎焉。故龍圖李公詢序閱古堂，嘗紀其事。後公薨，士民追思不已，相與立祠以成其志。魏王别録。

備論

《宋史》卷三一二《韓琦傳》　論曰：公亮靜重鎮浮，練達典憲，與韓琦並相，號稱老成。【略】然皆挾術任數，公亮疾琦專任，薦王安石以間之，升之陰助安石，陽爲異同，以避清議，二人措慮如此，豈誠心謀國者乎？

王稱《東都事略》卷六九《韓琦傳》　臣稱曰：仁宗皇帝在位四十二年，所用之相，莫非天下偉傑。蓋晚而相琦，屬以大事，柱石之力以扶持大厦，鈞衡之平以進退百官，用能光輔三宗，咸有一德，雖伊尹、周公何以過也。

藝文

司馬光《傳家集》卷一五《相國魏忠獻韓公琦挽辭三首》　瀛海訏謨定，宗祧指顧安。鴻勳柱石壯，勁節雪霜寒。翼亮三朝久，初終一德完。如何未黄髮，壟柏已丸丸。

愛物威容悴，憂公宿疹加。孤忠貫白日，美志掩丹霞。行路皆惆悵，聞風悉嘆嗟。英靈覲宗祖，猶想佑皇家。

惻怛動旒扆，鴻臚葬老臣。簫鐃振淦口，紼翣隘漳濱。久大英名在，貢榮異禮陳。豐碑紀遺烈，長泣鄴城人。

王安石《王文公文集》卷七八《忠獻韓公挽辭二首》　心期自與衆人殊，骨相

知非淺丈夫。獨幹斗杓環帝座，親扶日轂上（一作繼）天衢。鋤耰萬里山無盜，袞繡三朝國有儒。爽氣忽隨秋露盡，但留陳迹在龜趺。

兩朝身與國安危，典策哀榮此一時。木稼嘗聞達官怕，山頹果見哲人萎。英姿爽氣歸圖畫，茂德元勳在鼎彝。幕府少年今白髮，傷心無路送靈輀。

《宋集珍本叢刊》第六册王巖叟《忠獻韓魏王别録·序》 熙寧四年秋，河決魏北，家府以都水丞待罪于魏巖叟始得目魏公。五年夏，公薦以爲北京國子監教授，其冬又辟以就幕府。六年春，公得請守鄉郡，又延之於安陽。公既在安陽多暇日，而巖叟閒居且無職事，方得從容獨侍公於便坐。公不以爲不可與言，而開心寫誠，無復間外。其間事有時人之所不知，言有古人之所未到，退輒書而藏之；記或未詳，則他日再叩以（欽宗廟諱）其説。方貪嗜未足，而八年六月，我公已薨。嗚呼！清風在堂，俄隔萬古，望斷霄漢，不聞餘音。痛念二年之間，公以疾居於内，而巖叟以行役於外者，既已三之一；良時美景，與衆賓並進於宴賞之間者又三之一，則間見於公蓋無幾矣。竊自恨其生之晚而識公之不蚤，見公之不數而問公之不多也，姑悉所聞見者泣而次之，以爲公别録云。乙卯七月十五日。

王十朋《梅溪集》後集卷二八《韓魏公祠奉安祝文》 嗚呼！岳瀆之奇，實生聖賢。崧高甫申，尼丘文宣。或生他邦，必嘉山川。李居江東，蜀生謫仙。我宋名世之士三，而皆生于異郡焉。温公家陝右而生于光，文忠家江西而生于緜。人知忠獻公之爲相人也，而不知其乃生于泉。蜿蟺朋山，瀚淪清源，氣如洛陽，公得其全。有異人兮知其祥，有吉夢兮開其先。香名一呼，瑞日在天。勛業三朝，高視無前。社稷之臣無以加，伊、周之美罔敢專。然公所至之邦皆有祠，奚獨始生之地而闕然。景德逮今百五十年，泉人思公亦非不虔。采其謚以名堂，慕其風而欲傳。飲清泉兮有懷，薦一掬兮無緣。州宅之東，雲樹之邊，喬木一林，古屋數椽。即焉以祠，繚之以垣。龍章鳳姿，珥貂戴蟬。人皆曰我魏公也，莫不喜歎而駢肩，然公勛勒鼎彝，名光簡編，食配清朝，貌法凌烟。亦奚用乎州郡之祀，蓋聊以慰邦人之惓惓。

范純仁《范忠宣公集》卷一一《祭韓魏公文》 維熙寧八年歲次乙卯某月日，具位范某謹以清酌庶羞之奠，致祭於故司徒、侍中、贈尚書令、魏國韓公之靈。唯公量包宇宙，誠貫金石。伊、吕兼材，淵、騫比德。降精星辰，瑞我王國。在茂業與元勳，信輝今而映昔。仁祖夢卜，公秉鈞軸。志扶社稷，誓忘家族。聖嗣勃興，皇圖再續。建萬世不拔之基，爲四海無窮之福。非天下之至明，則孰定計之神速！若夫三紀弼亮，兩朝顧囑。智周慮遠，仁深義篤。以名教爲己任，俾多士之誠服。功蓋天下，而冲退不居；貴極公相，而謙卑自牧。馨竹帛以難紀，詎筆舌之能録！薨於畫錦，贈典繁縟。祠於大烝，盛美完足。浹遺愛於華夸，痛云亡於比屋。昔我先君，志同體均。出處竝命，六偕綍綸。金蘭之契，雖古罕倫。矧余不肖，辱視猶子。推輓保全，教誨飲食。聞一善則喜見顔色，憫獲罪則憂形歎喟。滲骨淪肌，恩深莫計。念初違離，八年於兹。移官鉅鹿，瞻拜有涯。中途改轅，志願復違。守官之邈，神魂坐馳。豈圖承訃，畢世長辭！驚呼沈痛，不特以私。爲朝廷惜，與蒼生悲。生不能奉教於朝夕，没不獲盡哀於寢闈。徒侑奠以空言，我公知乎不知？嗚呼哀哉，尚饗！

范純仁《范忠宣公集》卷一一《與慶州官吏祭韓魏公文》 年月日，具位范某遣指揮傳政謹以清酌庶羞之奠，致祭于魏國韓公之靈。唯公道足以窮聖人之奥，故關盛衰而不倚；德足以憲萬邦之重，故踐文武而竝濟。弼亮三朝之盛，扶登二聖之隆。朝廷治忽，伊尹所以自任；邦國若否，山甫所以儀圖。翊成隆平，坐致熙洽。哲謀肅乂，宜神理之助順；昌熾壽臧，固輿心之善頌。天不慭遺，人將安仰？薨謝之訃，上深惻於宸衷；褒贈之章，詔益進於寵數。名固耀於青史，祀已躋於大烝。哀榮所加，夷夏增欷。唯斯邊氓，早沐恩化。爰從慶曆西討，科役繁興。綏輯疲羸，繄公是賴。繼轂樞筦之責，復將西撫之命。厥後横山用武，狂寇竊發。公持四道之柄，密授神算；鎮以山嶽之重，迄臻安静。則唯兹土，受賜爲尤。凶問之來，孰不揮涕？某久被鈞播，方兹官守。謹同吏民之情，遠致薄奠。報德匪稱，致哀無窮。唯公英靈，鑒此誠意。尚饗！

蘇軾《東坡全集》卷九一《祭韓忠獻公文》 維元祐八年歲次癸酉十一月初一日乙亥，端明殿學士兼翰林侍讀學士、左朝奉郎、定州路安撫使兼馬步軍都總管知定州軍州事、上輕車都尉賜紫金魚袋蘇軾，謹以清酌庶羞之奠，昭告於魏國忠獻公之靈。嗚呼，我生雖晚，尚及昔人。堂堂魏公，河嶽之神。四十餘年，其德日新。鐘鼎有盡，竹帛莫陳。惟其大節，蔽以一言。忠以事君，允也上臣。我與弟轍，來自峨岷。公罔羅之，若獲鳳麟。契闊艱難，手書見存。勿以大匠，笑彼汗顔。援手拯溺，期我於仁。豈知無用，既老益頑。意廣才疏，將歸丘園。上未忍棄，畀之中山。公治此邦，没食其民。我獨何幸，敬踐後塵。公惟人傑，而

不自賢。堂名閲古，以古律身。況我小生，罕見寡聞。敢不師公，治民與軍。雖無以報，不辱其門。尚饗！

蘇轍《欒城集》卷二六《祭忠獻韓公文》 維元祐五年歲次庚午正月二十三日己丑，具官蘇轍、具官趙君錫，謹以清酌庶羞之奠，致祭於故某官韓公之靈：轍等游公之門，迹有戚疏。長育成材，公志不殊。譬諸草木，農夫所區。方其播之，匪擇瘠腴。既茁且實，物自亟徐。究觀厥成，功在於初。公之事君，社稷是爲。允有膂力，以執大器。既安且平，物賴其賜。豈惟吾儕，有禄與位。自公云亡，日月逾邁。蒼然墓木，過者垂涕。轍與君錫，偕使於遼。驅車往來，實出其郊。顧瞻西山，與公俱高。使事有期，當復於朝。觴豆甚微，懷想則勞。且竭其辭，徘徊奈何？尚饗！

王十朋《梅溪集》前集卷一一《韓魏公》 巍巍韓公，文武兼資。相我三宗，身任安危。周勃定策，霍光受遺。古社稷臣，公實有之。非我仁祖，其孰能知。

王柏《魯齋集》卷六《韓魏公琦》 堂堂魏公，受天間氣。赫奕孤忠，鎮定大器。手扶日月，身佩安危。大沛霖雨，寂然神機。

文彥博部

綜述

《宋史》卷三一三《文彥博傳》 文彥博字寬夫，汾州介休人。其先本敬氏，以避晉高祖及宋翼祖諱改焉。少與張昪、高若訥從潁昌史炤學，炤母異之，曰：「貴人也。」待之甚厚。及進士第，知翼城縣，通判絳州，爲監察御史，轉殿中侍御史。

西方用兵，偏校有臨陳先退、望敵不進者，大將守著令皆中覆。彥博言：「此可施之平居無事時爾。今擁兵數十萬，而將權不專，兵法不峻，將何以濟？」仁宗嘉納之。黄德和之誣劉平降虜也，以金帶賂平奴，使附己説以證。平家二百口皆械繫。詔彥博置獄于河中，鞫治得實。德和黨援盛，謀翻其獄，至遣他御史來。彥博拒不納，曰：「朝廷慮獄不就，故遣君。今案具矣，宜亟還，事或弗成，彥博執其咎。」德和并奴卒就誅。以直史館爲河東轉運副使。麟州餉道回遠，銀城河外有唐時故道，廢弗治，彥博父洎爲轉運使日，將復之，未及而卒。彥博嗣成父志，益儲粟。元昊來寇，圍城十日，知有備，解去。遷天章閣待制、都轉運使，連進龍圖閣、樞密直學士、知秦州，改益州。嘗擊毬鈐轄廨，聞外喧甚，乃卒長杖一卒，不伏。呼入問狀，令引出與杖，又不受，復呼入斬之，竟毬乃歸。召拜樞密副使、參知政事。

貝州王則反，明鎬討之，久不克。彥博請行，命爲宣撫使，旬日賊潰，檻則送京師。拜同中書門下平章事、集賢殿大學士。薦張瓌、韓維、王安石等恬退守道，乞褒勸以厲風俗。與樞密使龐籍議省兵，凡汰爲民及給半廩者合八萬，論者紛然，謂必聚爲盜，帝亦疑焉。彥博曰：「今公私困竭，正坐兵冗。脱有難，臣請死之。」其策訖行，歸兵亦無事。進昭文館大學士。御史唐介劾其在蜀日以奇錦結宮掖，因之登用。介既貶，彥博亦罷爲觀文殿大學士、知許州，改忠武軍節度使、知永興軍。至和二年，復以吏部尚書同中書門下平章事、昭文館大學士，與富弼同拜，士大夫皆以得人爲慶，語見《弼傳》。

三年正月，帝方受朝，疾暴作，扶入禁中。彥博呼內侍史志聰問狀，對曰：「禁密不敢漏言。」彥博叱之曰：「爾曹出入禁闥，不令宰相知天子起居，欲何爲邪？自今疾勢增損必以告，不爾，當行軍法。」又與同列劉沆、富弼謀啓醮大慶殿，因留宿殿廬。志聰曰：「無故事。」彥博曰：「此豈論故事時邪？」知開封府王素夜叩宮門上變，不使入；明旦言，有禁卒告都虞候欲爲亂。沆欲捕治，彥博召都指揮使許懷德，問都虞候何如人，懷德稱其愿可保。彥博曰：「然則卒有怨，誣之耳。當亟誅之以靖衆。」乃請沆判狀尾，斬於軍門。

先是，弼用朝士李仲昌策，自澶州商胡河穿六漯渠，入横壠故道。北京留守賈昌朝素惡弼，陰約內侍武繼隆，令司天官二人俟執政聚時，於殿庭抗言國家不當穿河于北方，致上體不安。彥博知其意有所在，然未有以制之。後數日，二人又上言，請皇后同聽政，亦繼隆所教也。史志聰以其狀白執政。彥博視而懷之，不以示同列，而有喜色，徐召二人詰之曰：「汝今日有所言乎？」曰：「然。」彥博曰：「天文變異，汝職所當言也。何得輒預國家大事？汝罪當族！」二人懼，色變。彥博曰：「觀汝直狂愚耳，未忍治汝罪，自今無得復然。」二人退，乃出狀示同列。同列皆憤怒曰：「奴敢爾僭言，何不斬之？」彥博曰：「斬之，則事彰灼，於中宮不安。」衆皆曰：「善。」既而議遣司天官定六漯方位，復使二人往。繼隆白請留之，彥博曰：「彼本不敢妄言，有教之者耳。」繼隆默不敢對。二人至六漯，恐治前罪，更言六漯在東北，非正北也。帝疾愈，彥博等始歸第。當是時，京師業業，賴彥博、弼持重，衆心以安。沆密白帝曰：「陛下違豫時，彥博擅斬告反者。」彥博聞之，以沆判呈，帝意乃解。御史吴中復乞召還唐介。彥博因言，介頃爲御史，言臣事多中臣病，其間雖有風聞之誤，然當時責之太深，請如中復奏。時以彥博爲厚德。久之，以河陽三城節度使同平章事、判河南府，封潞國公，改鎮保平、判大名府。又改鎮成德，遷尚書左僕射、判太原府。俄復鎮保平、判河南。丁母憂，英宗即位，起復成德軍節度使，三上表乞終喪，許之。

初，仁宗之不豫也，彥博與富弼等乞立儲嗣。仁宗許焉，而後宮將有就館者，故其事緩。已而彥博去位，其後弼亦以憂去。彥博既服闋，復以故官判河南，有詔入覲。英宗曰：「朕之立，卿之力也。」彥博竦然對曰：「陛下入繼大統，乃先帝聖意，皇太后協贊之力，臣何力之有？兼陛下登儲纂極之時，臣方在外，皆韓琦等承聖志受顧命，臣無與焉。」帝曰：「備聞始議，卿於朕有恩。」彥博遜避不敢當。帝曰：「暫煩西行，即召還矣。」尋除侍中，徙鎮淮南、判永興軍，入爲樞

密使、劍南西川節度使。

熙寧二年，相陳升之，詔：「彥博朝廷宗臣，其令升之位彥博下，以稱遇賢之意。」彥博曰：「國朝樞密使，無位宰相上者，獨曹利用嘗在王曾、張知白上。臣忝知禮義，不敢效利用所爲，以紊朝著。」固辭乃止。夏人犯大順，慶帥李復圭以陳圖方略授鈐轄李信等，趣使出戰。及敗，乃妄奏信罪。彥博暴其非，宰相王安石曲誅信等，秦人冤之。慶州兵亂，彥博言於帝曰：「朝廷行事，務合人心，宜兼采衆論，以靜重爲先。陛下厲精求治，而人心未安，蓋更張之過也。祖宗法未必皆不可行，但有偏而不舉之敝爾。」安石知爲己發，奮然排之曰：「求去民害，何爲不可？若萬事隳脞，乃西晉之風，何益於治？」御史張商英欲附安石，摭樞密使他事以搖彥博，坐不實貶。彥博在樞府九年，又以極論市易司監賣果實，損國體斂民怨，爲安石所惡，力引去。拜司空、河東節度使、判河陽，徙大名府。身雖在外，而帝眷有加。

時監司多新進少年，轉運判官汪輔之輒奏彥博不事事，帝批其奏以付彥博曰：「以侍中舊德，故煩卧護北門，細務不必勞心。輔之小臣，敢爾無禮，將別有處置。」未幾，罷去。初，選人有李公義者，請以鐵龍爪治河，宦者黄懷信沿其制爲濬川杷，天下指笑以爲兒戲，安石獨信之，遣都水丞范子淵行其法。子淵奏用杷之功，水悉歸故道，退出民田數萬頃。詔大名核實，彥博言：「河非杷可濬，雖甚愚之人，皆知無益，臣不敢雷同罔上。」疏至，帝不悦，復遣知制誥熊本等行視，如彥博言。子淵乃請覲，言本等見安石罷，意彥博復相，故傅會其説。御史蔡確亦論本奉使無狀。本等皆得罪，獨彥博勿問。尋加司徒。

元豐三年，拜太尉，復判河南。於是王同老言至和中議儲嗣事，彥博適入朝，神宗問之，彥博以前對英宗者復于帝曰：「先帝天命所在，神器有歸，實仁祖知子之明，慈聖擁佑之力，臣等何功？」帝曰：「雖云天命，亦繫人謀。卿深厚不伐善，陰德如丙吉，真定策社稷臣也。」彥博曰：「如周勃、霍光，是爲定策。自至和以來，中外之臣獻言甚衆，臣等雖嘗有請，弗果行。其後韓琦等訖就大事，蓋琦功也。」帝曰：「發端爲難，是時仁祖意已定，嘉祐之末，止申前詔爾。正如丙吉、霍光，不相揜也。」遂加彥博兩鎮節度使，辭不拜。將行，賜宴瓊林苑，兩遣中謁者遺詩祖道，當世榮之。

王中正經制邊事，所過稱受密旨募禁兵，將之而西。彥博以無詔拒之，中正亦不敢募而去。久之，請老，以太師致仕，居洛陽。元祐初，司馬光薦彥博宿德元老，宜起以自輔。宣仁后將用爲三省長官，而言事者以爲不可，乃命平章軍國重事，六日一朝，一月兩赴經筵，恩禮甚渥。然彥博無歲不求退，居五年，復致仕。紹聖初，章惇秉政，言者論彥博朋附司馬光，詆毁先烈，降太子少保。卒，年九十二。崇寧中，預元祐黨籍。後特命出籍，追復太師，謚曰忠烈。

彥博逮事四朝，任將相五十年，名聞四夷。元祐間，契丹使耶律永昌、劉霄來聘，蘇軾館客，與使入覲，望見彥博於殿門外，却立改容曰：「此潞公也邪？」問其年，曰：「何壯也！」軾曰：「使者見其容，未聞其語。其綜理庶務，雖精練少年有不如；其貫穿古今，雖專門名家有不逮。」使者拱手曰：「天下異人也。」既歸洛，西羌首領温溪心有名馬，請於邊吏，願以餽彥博，詔許之。其爲外國所敬如此。

彥博雖窮貴極富，而平居接物謙下，尊德樂善，如恐不及。其在洛也，洛人邵雍、程顥兄弟皆以道自重，賓接之如布衣交。與富弼、司馬光等十三人，用白居易九老會故事，置酒賦詩相樂，序齒不序官，爲堂，繪像其中，謂之「洛陽耆英會」，好事者莫不慕之。神宗導洛通汴，而主者遏絶洛水，不使入城中，洛人頗患苦之。彥博因中使劉惟簡至洛，語其故，惟簡以聞。詔令通行如初，遂爲洛城無窮之利。

彥博八子，皆歷要官。第六子及甫，初以大理評事直史館，與邢恕相善。元祐初，爲吏部員外郎，以直龍圖閣知同州。彥博平章軍國，及甫由右司員外郎引嫌改衛尉、光禄少卿。彥博再致仕，及甫知河陽，召爲太僕卿，權工部侍郎，罷爲集賢殿修撰，提舉明道宫。蔡渭、邢恕持及甫私書造梁燾、劉摯之謗，逮詣詔獄，及甫有憾於元祐，從而實之，亦坐奪職。未幾，復之，卒。

杜大珪《名臣碑傳琬琰集》下卷一三《實録·文忠烈公彥博傳》 紹聖四年四月丁巳，降授太子少保潞國公致仕文彥博薨。彥博字寬夫，汾州介休人。父洎，贈太師、韓國公。彥博天聖五年中進士第，授大理評事，知濟州翼城、并州榆次縣。改太常博士、通判兖州。

景祐四年，御史中丞張觀薦爲監察御史，遷殿中侍御史。丁父憂，服除，還舊職。會西鄙用兵，有臨陣先退，望敵不進者。置獄鄜郡，而推劾枝蔓，久不即誅。彥博請嚴軍法，以重將權。仁宗嘉納之。康定元年，元昊陷金明寨，詔劉平自環慶倍道兼行，與石元孫、黄德和合兵援延州，五龍川遇覆，敗績。德和本所部先遁，平、元孫皆爲敵執，德和妄奏平等降賊。遣彥博至河中鞫劾，具得奸狀，

德和伏誅。

爲河東轉運副使。麟、府二州皆在河外，因山而城。彦博父洎爲轉運使，以麟州餉道回遠，軍食不足，乃按唐張説嘗領并州兵萬人出合河關，掩擊黨項於銀城，比爲河外直道。自折德扆世有府谷即大河通保德，以便府人，故河關路廢而弗治。將復奏之，未及而卒。彦博領漕事，遂通銀城，由是州有儲粟。慶曆元年，元昊圍麟州二十日，知城中有備，解去。

初，并、代總管王亢、鈐轄康德輿、楊懷志檄調芻粟，彦博籍數州民饋運，以俟出兵。亢等按兵府州，閉壘自守。及陷豐川始出，屯城外數里，三日而還。居民謂寇復至，入保城郭，棄所賫於路。彦博以其事聞，且言西事未寧，悍邊全藉良將。亢等材駑下，必致敗事，願正典刑，别擇武臣，付以邊事。亢等悉坐貶秩。除尚書户部員外郎、直史館。

三年，遷天章閣待制，轉運使。元昊復寇西鄙，葛懷敏等敗績。三年，以彦博爲龍圖閣直學士、知渭州。未行，徙秦州。守邊有威名，虜不敢犯。四年，除樞密閣直學士、知益州。建言本路兵馬久不曾習戰，請立訓練之法。又言益、彭、邛、蜀、漢五州非用馬地，州屯二千餘騎，請易以步軍。詔從之。

七年，擢諫議大夫、樞密副使。改參知政事。貝州宣毅十將王則挾妖術與州校張巒、卜吉謀反，閉城拒守，改年置官。屬河北遣將勒兵傅城下，命權知開封府明鎬體量安撫，師久未克。彦博請行，因命爲宣撫使，鎬副之。至則督將攻城，旬餘未下。諜言賊欲潛兵出，邀虜使輜重，鎬先遣殿侍安素伏兵敗之。牢城卒董秀、劉炳請穴地以入。貝州南臨御河，秀等潛於岸下，夜穿晝匿，穴成，室以褐袍，走白彦博。募死士二百，銜枚由穴進。帳前虞候楊遂請行，許之。既出，登城殺守陴者，垂絙引城下人。賊以火牛突登者，不能拒，頗却。遂身被創，援戈刺牛，牛退走，踐賊潰，城破。生擒則，檻送京師，與群黨悉誅。

除禮部侍郎、同中書門下平章事、集賢殿大學士。彦博因進對言：「嘗聞德音，以縉紳多務奔競，非裁抑之無以厚風俗。若稍旌恬退守道者，則躁競庶幾知耻。」乃薦王安石、韓維、張瓌，悉被甄擢。與樞密使龐籍同議省兵，民汰爲民者六萬，減廪給之半者二萬。衆議紛然，以爲久衣食於官，不願爲農，且習弓刀，一旦散之閭閻，必爲盜賊。仁宗亦疑之，以問彦博，對曰：「公私困竭，正坐冗兵，果有患，臣願死之。」

皇祐元年，除吏部侍郎、昭文館大學士、監修國史。二年，大饗明堂禮畢，彦博與宋庠、高若訥修纂儀注，起自降詔，訖於禮成，係日以書，爲《大享明堂記》二十卷，目録一卷。又以親被訓諭，退而紀録者爲《紀要》二卷。書成，仁宗爲製序，引詔褒答，鏤板賜近臣。除禮部侍郎尚書。

三年，殿中侍御史里行唐介言：「彦博專權植黨，知益州日，以間金奇錦因內小臣遺宮掖。及參大政，與諫官吴奎相表里，欺君固寵。貝州賊平，乃明鎬之功，彦博幸會，遂叨相位。顯用張堯佐，陰結貴妃，爲謀身之計。」仁宗怒，召二府示之疏，介面論不已。樞密副使梁適叱介下殿，辭益堅。迨送臺劾介。既下，彦博留，再拜曰：「御史言事，職也，願不加罪。」不許。召當制舍人即殿廬草制，貶英州别駕。彦博以吏部尚書、觀文殿學士、知許州。翌日，出吴奎知密州。知諫院包拯上疏留奎。仁宗曰：「介言奎、拯陰結彦博，觀此奏，不誣也。」四年，徙知青州。五年，再徙秦州。尋除忠武軍節度使、知永興軍。

至和二年，再入爲平章事，昭文館大學士，與富弼同拜。宣麻之日，上遣黄門覘於庭，士大夫皆以得人相慶。明年正月，仁宗御殿，疾暴作，扶入禁中。二府俟於殿閣，召内侍史志聰問起居狀，對曰：「禁中事嚴密，不敢漏。」彦博叱曰：「上暴疾，係國安危，惟爾專出入禁闥，不令宰相知天子起居，欲何爲耶？自今疾勢增損必白，違當從軍法。」二府議留宿，未有以發。彦博請用道家説祈禳大慶殿，輔臣主祠事，設次宿殿廡。志聰等又白非故事。彦博曰：「豈論故事時耶？」知開封府王素夜叩宮門求見執政，彦博曰：「此時宮門何可夜開？」詰旦，素入白禁卒告都虞變者，同列欲捕治，彦博不可。乃召都指揮使許懷德問虞候某者何如人，懷德稱其謹畏，可保。彦博曰：「此卒者怨誣之爾，宜亟誅以靖衆。」乃請平章事劉沆判狀尾斬。仁宗疾已，沆譖之曰：「陛下違豫時，彦博擅斬告變者。」彦博以沆判聞，上意乃解。

嘉祐二年，監修國史。御史吴中復乞召唐介還朝。彦博因言：「介頃爲御史，言臣事多中臣病，其間雖有風聞之誤，然當時責之太深，請如中復奏召用之。」三年，三司鹽鐵使郭申錫與河北都轉運使李參議河事不協，訟參。參密遣指使高守忠賫黄河畫圖入中書，私屬彦博。御史張伯玉彈奏參奸邪結託，命待制盧士宗、司諫吴中復雜案，申錫所訟及彈文不實。申錫坐貶滁州，彦博尋以檢校太師、同平章事、河陽三城節度、判河南府。四年，封潞國公。五年，易節保平軍、判大名府。改成德軍節度使、尚書左僕射、太原府。俄復保平軍節度、判河南。丁母憂。

八年，英宗即位。起復同平章事、成德軍節度，加冠軍大將軍、左金吾衛大

將軍，三上表乞終喪，許之。詔給俸賜比宰臣之半，力辭不受。治平二年，服闋，復以舊官判河南。尋除侍中、淮南節度使、判永興。入爲樞密使兼群牧制置使，徙劍南西川節度使。

熙寧元年，河北糴便司言軍儲艱乏，神宗欲於貴糴州軍減住營兵額。彦博曰：「自古募營兵，遇事息輒罷。漢文帝恭儉，至武帝時府庫充實，因用兵遂致公私匱乏。」吕公弼以謂邊兵不可多減，遇大閲，師旅寡弱，啓侮夷狄。彦博曰：「自有戍卒，不至闕事也。」

二年，相陳升之。詔：「彦博朝廷宗臣，其令升之位彦博下，以稱遇賢之意。」彦博言：「國朝樞密使無位宰相右者，獨曹利用嘗在王曾、張知白上。臣忝文臣，粗知禮義，不敢紊亂朝著。」固辭，乃從。

三年，夏人犯大順城，至慶州。李復圭以陣圖方略授鈐轄李信、都巡檢劉甫，監押种咏，輒使出戰。信等如教，失利退走。復圭亟收所授方略，執信等繫獄，奏從軍法。彦博力言其非，宰相王安石白上，以復圭事爲當。信等伏誅，人皆冤之。

四年，軍亂，召二府對資政殿，輔臣深以用兵爲憂。彦博曰：「朝廷施爲，務合人心，以静重爲先。凡事當兼採衆論，不宜有所偏聽。陛下即位以來，勵精求治，而人情未安，蓋更張之過也。祖宗法未必皆不可行，但有廢墜不舉之處爾。」王安石曰：「朝廷求去民害，何不可？若萬事隳頽如西晉風，兹益亂也。」安石知爲已發，故力排之。監察御史張商英言：「樞密吏任遠恣横，使副黨庇不案。」彦博與吴充、蔡挺家居待罪，遣吏送印中書，不受，詔趣入院。彦博請以其章付有司正典刑。商英陰助中書，故彦博等不能平。會王安石亦不直商英，坐貶監荆南商税，彦博乃起視事。

六年，除守司空、河東節度使、判河陽。七年，徙判大名府。初，選人李公義爲鐵龍爪以浚河，宦官黄懷信更作浚川杷，天下指笑，以爲兒戲。王安石獨信之，除范子淵都水外丞，置浚川司，行其法。子淵奏功求賞，言疏導水勢悉歸故道，退出民田數萬頃。朝廷疑其妄，下大名府保奏。彦博言：「河水汗漫，非杷可浚，雖甚愚之人皆知無益。去年退地，止因霜降水落，今年未嘗用杷，而退地更多，臣不敢雷同欺罔。」奏至，上不悦，命知制誥熊本與都水主簿陳祐甫、河北漕臣陳知儉按視，如彦博言。子淵乃求對，言本等意安石罷彦博必相，故附會其説，且先詣彦博納拜宴飲。於是，知雜御史蔡確亦言本奉使不公，詔確與諫官黄復雜治。置獄逮繫二百餘人，數月獄成，子淵及本等皆重坐，彦博勿問。

熙寧七年，北虜再遣蕭禧議地界，命内侍裴昱賜彦博手詔，問所以待遇之要，備御之方。彦博奏：「中國御戎，守信爲上，必以誓書爲證，彼雖詭辭，難奪正論。若不計曲直利害，敢萌犯順之心，則預備之要：足食，足兵，堅修城壁，保全人民，以主待客，以逸待勞，理必勝矣。或曰先發制人，意在輕動；或曰乘其未備，襲取燕、薊，事不審處，後將噬臍，非王師萬全之舉也。」九年，除守太保再任，力辭太保，許之。

元豐三年，除太尉、開府儀同三司，復判河南。王堯臣子同老言：「至和三年，仁宗不豫，内外寒心。先臣參預朝政，與宰相文彦博、富弼請立英宗皇帝爲嗣，仁宗感悟開納，大計遂定。」會彦博來自北都，過闕入覲，神宗以問彦博。對曰：「先帝天命所在，神器有歸，實仁祖知子之明，慈聖擁佑之力，臣等何功？」神宗曰：「雖云天命，亦繫人謀，卿深厚不伐善，陰德如丙吉，真定策社稷臣也。」彦博曰：「如周勃、霍光，是爲定策，自至和以來，中外之臣乞立皇嗣者甚衆，臣等雖嘗有請，事未果行。至嘉祐末，韓琦等卒就大事，蓋琦等功也。」神宗曰：「議論於至和時，發端爲難，仁宗意已定，其後止申前詔爾，正如丙吉、霍光事，前後不相掩也。卿宜盡録本末，將付史官。」彦博乃具奏其詳。於是，手詔中書曰：「彦博稟德深厚，善不自伐，懷此大功，絶口不言，中外縉紳莫有知者。今緣故臣子明其父勛，始得本末，及知援立之功厥有攸在，嘉祐之詔但宣之爾。遂加彦博河東、永興軍節度使，録其子宗道爲承事郎。彦博亦力辭兩鎮，宴餞瓊林，輔臣皆預。兩遣中謁者遺詩以寵其行，有「報在不言功」之語，當世榮之。

四年，遣内侍王中正往鄜延體量經制邊事。中正既行，稱面受詔，所過募禁兵從者，將之而西，主兵官不敢違。至西京，彦博以無詔拒之，中正亦不敢募而去。六年，請老，除守太師、河東、永興軍節度使，彦博又固辭，許罷兩鎮，以守太師致仕。

元祐初，議除彦博三省長官，御史劉摯等有言，乃命平章軍國重事，六日一朝，一月兩赴經筵，邊事、河防及朝廷有大政令即與輔臣共議，恩遇甚渥。已而，彦博屢抗章請去。五年，復以太師致仕。

紹聖初，言者論彦博朋附司馬光，詆毁成烈，怨疾先朝。以理財裕民之政爲暴刻箕斂之科，以經武斥地之勛爲寇攘草竊之計，落河東節度、開府儀同三司、太原尹，降授太子太傅。卒，年九十二，特輟視朝一日。崇寧中，預元祐黨。後

特命出籍，追復太師，謚忠烈。

彦博凝簡莊重，顧盼有威，逮事四朝，薦更二府，七換節鉞，位將相五十餘年。再守秦州、大名、永興，五判河南，遍歷公孤，兩以太師致仕。英杰壽俊，名聞四夷。熙寧中，彦博在樞密府，尼惠普以妖妄就逮有司，奏縉紳所與簡牘，一時公卿多有之，獨彦博無有。神宗問其故，對曰：「但臣不知爾，如知之，亦當有書。」時人美其分謗。元豐中，判河南府，與富弼、席汝言、王尚恭、趙丙、劉幾、馮行己、楚建中、王慎言、張問、張燾、司馬光凡十一人，用白居易故事，就弼第置酒相樂，尚齒不尚官已而。圖形妙覺僧舍，謂之洛陽耆英會。光爲文序其事。宣徽使王拱辰守北都，以書來諭曰：「拱辰以家洛，位與年不居數客，顧以官守，不得執卮酒在坐席，願預名其間，幸無我遺。」其爲時所嘉美如此。彦博雖位體隆貴，而平居接物謙挹，尊德樂善，如恐不及。邵雍、程顥、程頤以道學名世，居洛陽，彦博與之游從甚密。及顥死，既葬，親爲題其墓爲「明道先生」。云子：恭祖、貽慶、齊賢、保雍、居中、及甫、維申、宗道。

王稱《東都事略》卷六七《文彦博傳》 文彦博，字寬夫，汾州介休人也。少舉進士，爲大理評事，知翼城，揄次二縣，改太常博士，通判兗州。入爲監察御史，遷殿中侍御史。

西鄙用兵，有臨陣先退、望敵不進者，置獄鄜郡，而推劾枝蔓，久不即誅。彦博上疏曰：「將權不可不專，軍法不可不峻。兵法曰：『畏我者不畏敵，畏敵者不畏我。』使之畏我，然非嚴刑，何以濟之乎？對敵而有伍，不進者伍長殺之，伍長不進，什長殺之。以什伍之長，尚得專殺，統帥之重，乃不能誅一小校，則軍中之令可謂褻矣。議者以今寇非大敵，師未深入，將校有犯，宜從中覆。夫寇非大敵，兵未深入，尚臨戰先退，儻遇大敵，孰肯奮邪？穰苴之戮莊賈，非大敵也，止於會軍而後期耳。孫武之斬隊長，非深入也，止於習戰而非笑耳。終於齊師勝晉，吳人入郢，委任專而法素行也。國朝著令，禁軍將校有過而從中覆，當施之於平居無事之時。今邊防用兵逾數十萬，將不專權，軍不峻法，何以禦之哉？」仁宗然之。明年，以户部員外郎直史館，爲河東轉運使。麟、府二州皆在河外，因山爲城，最險固。始彦博父洎爲轉運使，以餉道回遠，軍食不足，乃按唐張説嘗領并州兵萬人出合河關，掩擊黨項於銀城北，爲河外直道；自折德扆世有府谷，即大河通保德，以便府人；故河關路廢而弗治，將奏復之，未及而卒。彦博領漕事，遂通銀城，而州有積粟可守。元昊圍麟州，知城中有備，解圍而去。

未幾，遷天章閣待制，爲都轉運使。元昊復寇邊，以彦博爲龍圖閣直學士、知秦州，守邊二年，有威名，虜不敢犯。改樞密直學士、知益州，彦博以本道兵馬久不習戰，爲立訓練之法。又以益、彭、邛、蜀、漢五州非用馬地，州屯二千餘騎，悉易以步軍。慶曆七年，以右諫議大夫樞密副使召還，改參知政事。

貝州宣毅十將王則，挾妖術與州校張巒卜吉謀反，改年號，置官屬。河北諸路遣兵傅城下，命明鎬爲安撫使。師久未克，彦博請行，乃命爲宣撫使，以鎬副之。至則督將攻城，旬餘未下。諜言賊欲潛兵出邀虜使輜重，鎬先遣殿侍袁安設伏敗之。軍士有請爲穴地以入貝州，官軍即城南爲穴，因自攻其北以牽制之。彦博募死士二百，銜枚由穴進。既出登城，殺守陴者，則縱火。牛軍稍却，有以槍中牛鼻者，牛還攻之，遂大潰。城破，生擒則，檻送京師。拜禮部侍郎、同中書門下平章事、集賢殿大學士。彦博因進對言：「嘗聞德音以搢紳多務奔競，非裁抑之無以厚風俗。若恬退守道者，稍加旌擢，則奔競躁求者，庶幾知恥。」乃薦王安石、韓維、張瓌，悉被甄擢。與樞密使龐籍同議省兵，汰爲民者六萬，減廩給之半者二萬。衆議紛然，以爲久衣食於官不願爲農，且習弓刃，一旦散之閭閻，必爲盗賊。仁宗亦疑之，以問。彦博對曰：「公私困竭，正坐冗兵。果有患，臣願死之。」

皇祐初，除吏部侍郎、昭文館大學士、監修國史，大饗明堂，命彦博等修纂儀注，起自降詔，訖于禮成，繫日爲書，爲《大饗明堂記》。書成，仁宗爲制序。進禮部尚書。三年，御史唐介言，彦博以閒金奇錦因小臣遺宮掖顯用，張堯佐陰結貴妃爲謀身之計。仁宗怒，召二府以疏示之。介面論不已，詔送臺劾介。既下，彦博獨留，再拜曰：「御史言事，職也。願不加罪。」仁宗不許，介遂貶英州別駕，而彦博亦罷相，以吏部尚書、觀文殿大學士知許州，徙青州，又徙秦州。尋拜忠武軍節度使、知永興軍。至和二年，再入爲吏部尚書、同中書門下平章事、昭文館大學士，與富弼同拜。宣麻之日，仁宗遣小黄門覘於庭，士大夫皆以得人相慶，而天下謂之「文富」。

明年，仁宗御殿，疾暴作，扶入禁中，二府俟於殿閣。召内侍史志聰等問起居狀，對曰：「禁中事嚴密，不敢泄。」彦博怒叱之曰：「上暴疾繫國安危，惟爾曹得出入禁闥，不令宰相知天子起居，欲何爲耶？自今疾勢少有增損，必白顧直省官。」引至中書，取軍令狀，志聰等大懼。及夕，詣宫門白下鎖，志聰曰：「汝曹自白宰相，我不任受其軍令。」二府議留宿，未有以發。彦博請用道家説祈禱大慶殿，輔臣主祠事，設次宿殿廡。志聰等又白：「非故事。」彦博曰：「豈論故事時

耶！」富弼亦切責之，志聰等不敢違。

知開封府王素夜叩宫門求見執政，彦博曰：「此時宫門何可夜開？」詰旦，素入白禁卒告都虞候變者，同列欲捕治，彦博不可。乃召都指揮使許懷德問：「都虞候某者，何如人？」懷德稱其謹良，可保。彦博曰：「此卒有怨誣之爾，宜亟誅以靖衆。」衆以爲然，乃請劉沆判狀尾，斬于軍門。仁宗疾已，沆譖彦博曰：「陛下違豫時，彦博擅斬告變者。」彦博以沆判聞，仁宗意乃已。

御史吴中復乞召還唐介，彦博因言：「介頃爲御史，言臣事多中臣病，其間雖有風聞之誤，然當時責之太深，請如中復奏召用之。」時以彦博爲厚德。嘉祐三年，鹽鐵副使郭申錫與河北轉運使李參議河事不協，訟參遺人私屬彦博，爲御史所彈，申錫坐貶滁州。彦博尋以河陽三城節度使、同平章事、判河南府，封潞國公，改鎮保平，判大名府。又改鎮成德，遷尚書左僕射，判太原府。俄復鎮保平，判河南。丁母憂，英宗即位，起復成德軍節度使。乞終喪，許之。

初，仁宗之不豫也，彦博與富弼等乞立儲嗣，仁宗許焉，而後宫將有就館者，故其事緩。已而彦博去位，其後弼亦以憂去。彦博既服闋，復以故官判河南，有詔入覲。英宗曰：「朕之立，相公之力也。」彦博竦然對曰：「陛下入繼大統，乃先帝聖意與皇太后叶贊之力，人臣何力之有？兼陛下登儲纂極之時，臣方在外，皆韓琦等承聖志受顧命，臣無與焉。」英宗曰：「備聞始議，相公於朕有恩。」彦博遜避不敢當。英宗曰：「暫煩西行，即召還矣。」尋除侍中，徙鎮淮南，判永興軍，入爲樞密使、劍南西川節度使。

熙寧二年，相陳升之，詔曰：「彦博，朝廷宗臣，其令升之位彦博下，以稱遇賢之意。」彦博曰：「國朝樞密使無位宰相上者，獨曹利用嘗在王曾、張知白上。臣忝知禮義，不敢效利用所爲，以紊亂朝著。」固辭乃從。夏人犯大順城，李復圭知慶州，以陳圖方略授鈐轄李信、都巡檢劉甫、監押种詠，趣使出戰。信等失利，復圭亟收所授方略，執信等繫獄，奏從軍法。彦博力言其非，宰相王安石以復圭爲是，信等伏誅，人皆冤之。

明年，慶州軍亂，神宗召二府對資政殿，深以用兵爲憂。彦博曰：「朝廷施爲，務合人心，以靖重爲先。凡事當采衆論，不宜有所偏聽。陛下即位以來，厲精求治，而人情未安，蓋更張祖宗法之過也。」安石曰：「朝廷求去民害，何不可？若萬事隳頹，如西晉風，茲益亂也。」安石知爲己發，故力排之。

六年，除司空、河東節度使，判河陽，徙判大名府。初，選人李公義請爲鐵龍爪以濬河，宦者黄懷信更作濬川杷，天下指笑以爲兒戲，王安石獨信之，除范子淵都水監丞，置濬川司，行其法。子淵奏功，言疏道水勢悉歸故道，退出民田數萬頃。朝廷疑其妄，事下大名。彦博曰：「河水汗漫，非杷可濬，雖甚愚之人皆知無益。去年退地，止因霜降水落。今年未嘗用杷，而退地更多。臣不敢雷同欺罔。」奏至，神宗不悦，命知制誥熊本與河北漕臣陳知儉按視，如彦博言。子淵乃求對，言本等意安石罷彦博必相，故傅會其説。於是御史蔡確亦言本奉使不公。有詔雜治，子淵及本等皆重坐，而彦博勿問。七年，北虜遣蕭禧議地界，神宗遣中使賜彦博，詔問所以待遇之要、備禦之方。彦博奏以爲不可予，語在遼國事中。九年，除太保，力辭。元豐三年，除太尉，開府儀同三司，復判河南。王堯臣子同老言，仁宗不豫先臣與文彦博、劉沆、富弼等請立英宗皇帝爲嗣，仁宗感悟開納。

會彦博入覲，神宗以問彦博，對曰：「先帝天命所在，神器有歸，寔仁祖知子之明，慈聖擁佑之力，臣等何功？」神宗曰：「議論推輪於至和時，發端爲難。仁祖意已定，其後止申前詔爾。正如丙吉、霍光事，前後不相揜也。卿宜盡録本末，將付史官。」彦博乃奏其事曰：「至和三年，仁宗不豫兩月餘，是時以根本未立，中外人情不安。及聖體康復，顧念前此禁中侍藥，憂慮百端。堯臣與臣及劉沆、富弼竊議曰：『方今朝廷根本不可不蚤定，以定人心。』時亦不暇與密院同謀，亦未敢顯言。臣以堯臣久居禁近，多知朝廷事，因謂之曰：『必得賢嗣，以厭人心。』堯臣曰：『豈不知素育於宫中者邪？』於是臣等具奏春中服藥時事，中外人情非常憂恐，蓋爲儲嗣未立。仍引西漢故事，人主初即位建儲，今當以時立嗣，以固根本。臣等既叨輔相之重位，當任社稷之大計，此大計也，乞賜開納。仁宗淵默寡言，乃欣然嘉歎曰：『知卿等盡忠，然此大事也，朕更熟思之。』臣等既退，且請堯臣密作詔意，欲進呈施行。堯臣許，歸第乃密草詔意。然未及示臣等，臣等既登對，復申前請。仁宗曰：『朕意已定矣，卿等可無憂。』臣等既得此旨，決謂無疑矣。是年因樞府闕官，議於上前，乞召韓琦爲樞密使。蓋以琦忠義，必能當重事。仁宗可之。自後繼有議論。未幾，臣得請判河南，堯臣尋卒。臣所記當日之事，大槩如此。」於是手詔中書曰：「彦博博蓄德深厚，善不自伐，懷此大功，絶口不言，中外搢紳莫有知者。乃知援立之功，厥有攸在，嘉祐之詔，但宣之耳。其議所以褒顯之。」又詔曰：「朕恭聞仁宗皇帝，深惟天下大本，意有所付，而執政大臣文彦博、劉沆、富弼、王堯臣，實左右贊順，以成聖志。及英宗

皇帝進位元儲，纘承大統，四方上下，莫不安寧。而彦博等勳績，莫有聞者。比覽故臣家奏，攷驗不誣，其謙厚忠實可謂至矣。其議所以褒顯之，庶幾上昭神祖知人之明、文考報功之意焉。」遂加彦博河東、永興節度使。

彦博力辭兩鎮。宴餞瓊林，輔臣皆與，兩遣中謁者遺詩，以寵其行，有「報在不言功」之語，當世榮之。彦博至河南，未交印，先就第廟坐以見監司，既交府事，見監司府官如常式，或以問彦博，彦博曰：「吾未視府事，三公見庶僚也，既交印，河南尹見監司矣。」六年，請老，拜太師致仕。

元祐初，司馬光拜相，起彦博爲平章軍國重事。六日一朝，一月兩赴經筵，邊事河防及朝廷大政，令即與輔臣共議，恩遇甚渥。期年乃求去，詔曰：「昔西伯善養老，而太公自至。魯穆公無人子思之側，則長者去之。公自爲謀則善矣，獨不爲朝廷惜乎？」又曰：「唐太宗以干戈之事，尚能起李靖於既老，而穆宗、文宗以燕安之際，不能用裴度於未病。治亂之效，於斯可見。」彦博讀詔聳然，不敢言去。蓋後留四年，彦博請去不已，復以太師、河東節度使、開府儀同三司致仕。

紹聖初，言者觀望時政，謂彦博朋附司馬光，詆毀成烈，降太子少保。薨，年九十二。崇寧中，與元祐黨。後命出籍，追復太師，謚曰「忠烈」。

彦博凝簡莊重，有大臣體。位將相者五十餘年，徧歷公孤，兩以太師致仕。雖位貌隆貴，而平居接物，謙抑尊德，樂善如恐不及。邵雍、程顥、程頤，以道學名世，居洛陽，而彦博與之遊。元豐中，與富弼及當時老成而有賢德者十一人，用白居易故事，就弼第置酒相樂，尚齒不尚官。已而圖形妙覺僧舍，謂之「洛陽耆英會」。司馬光爲文序其事。王拱辰守北都，以書來詒曰：「拱辰亦家洛，位與年不居數客後，顧以官守不得執卮酒在坐席，願與名其間，幸無我遺。」其爲時所嘉羡如此。

雜録

備録

朱熹《三朝名臣言行録》卷三之一《太師潞國文忠烈公》　文潞公本姓敬，其曾大父避石晉高祖諱，更姓文。至漢，復姓敬。入本朝，其大父避翼祖諱，又更姓文。初，敬氏避諱，各用其一偏，或爲文氏，或爲苟氏。然「敬」字從茍，己力切，音棘。非苟也，從攴，非文也，俱非其一偏也。《聞見後録》

文潞公幼時與群兒擊毬，入柱穴中不能取，公以水灌之，毬浮出。司馬温公幼與群兒戲，一兒墮大水甕中，已没，群兒驚走不能救。公取石破其甕，兒得出。識者已知二公之仁智不凡矣。《聞見録》

文潞公謂予言：初及第，授大理評事、知絳州翼城縣。未赴任，有客李本者，三見訪而後得見之，且言：「本有婿爲縣中巡檢，幸公庇之。」又言曰：「本非獨奉干，亦有以奉助。本嘗知其邑户口衆，人猾難治。」因出一策文字，皆景跡人姓名，其首姓張。比潞公至，姓張人事已敗，縣未能結正。簿、尉皆云：「某等在此各歲餘，豈無過失爲此人所持？幸君之來，必辦之矣。」於是公盡得其姦狀，上于州，決配之。邑人皆悚畏。《東齋記事》

寶元中，河東闕漕使，堂上議難得可任者，章郇公言：「聞縉紳間説文彦博者，磊落有稱。」時呂許公曰：「恨不識也，可召來面詢之。」明日，召至堂上，許公都不交一談，但睥睨不已，郇公强問其鄉曲，任使次第，因問河東事，曰：「彦博鄉里，無所不知。」郇公喜之。文退，許公歎曰：「此大有福人，何所任用不可？」遂自殿中侍御史差委。明年，就遷待制。不出十年，出將入相。趙康靖公《録》

文潞公在成都，米價騰貴，因就諸城門相近院凡十八處，減價糶賣，仍不限其數，張榜通衢。翌日，米價遂減。前此或限勝斗以糶，或抑市井價直，適足以增其氣焰，而終不能平其價。大抵臨事當須有術也。《東齋記事》

文潞公知益州，喜遊宴。嘗宴鈐轄廨舍，夜久不罷，從卒輒拆馬廄爲之薪，不可禁遏。軍校白之，座客股栗，公曰：「天實寒，可拆與之。」神色自若，飲如故。卒氣沮，無以爲變。《記聞》

樞密直學士明鎬討貝州，久未下，上深以爲憂，問於兩府，參知政事文彦博請自往督戰。八年正月丁丑，以彦博爲河北宣撫使，監諸將討貝州。時樞密使夏竦惡鎬，凡鎬所奏請，多從中沮，惟恐其成功。彦博奏：「今在軍中，請得便宜從事，不中覆。」上許之。閏月庚子朔，克貝州，擒王則。初，彦博至貝州，與明鎬督諸將築距闉以攻城，旬餘不下，有牢城卒董秀、劉炳請穴地以攻城，彦博許之。貝州城南臨御河，秀等夜於岸下潛穿穴，棄土於水，晝匿穴中，城上不之見也。久之穴成，自教場中出，秀等以褐袍塞之，走白彦博，選敢死二百，命指使將之，

銜枚自穴入。有帳前虞候楊遂請行，許之。遂白軍士中有病欬者數人，此不可去，請易之。從之。既出穴，登城殺守者，垂絙以引城外人，城中驚擾。賊以火牛突之，登城者不能拒，頗引却。楊遂力戰，身被十餘創，援槍刺牛，牛却走，賊遂潰。王則、張巒、卜吉與其黨皆突圍走，至村舍，官軍追圍之。則猶著花幞頭，軍士爭趣之，部署王信恐則死無以辨，以身覆其上，遂生擒之。巒、吉死於亂兵，不知所在。彥博斬則於北京，夏竦奏言所獲賊魁恐非真，遂檻車送京師，剮於馬市。董秀、劉炳並除内殿崇班。《記聞》

文彥博知永興軍。起居舍人毋湜，鄠人也。至和中，湜上言：「陝西鐵錢不便於民，乞一切廢之。」朝廷雖不從，其鄉人多知之，爭以鐵錢買物，賣者不肯受，長安爲之亂，民多閉肆。僚屬請禁之，彥博曰：「如此是愈使惑擾也。」乃召絲絹行人，出其家縑帛數百疋，使賣之，曰：「納其直盡以鐵錢，勿以銅錢也。」於是衆知鐵錢不廢，市肆復安。《記聞》

至和初，陳恭公罷相，而並用文、富二公。正衙宣麻之際，上遣小黄門密於百官班中聽其論議，而二公久有人望，一旦復用，朝士往往相賀。黄門具奏，上大悦。余時爲學士，後數日，奏事垂拱，上問：「新除彥博等，外議如何？」余以朝士相賀爲對。上曰：「古之人君用人，或以夢卜。苟不知人，當從人望，夢卜豈足憑耶！」故余作文公批答云「永惟商、周之所記，至以蘿蔔而求賢。孰若用搢紳之公言，從中外之人望」者，具述上語也。《歸田録》

文潞公爲相，因進對言：「嘗聞德音，以搢紳多務奔競，非裁抑之無以厚風俗。莫若稍旌恬退之人，則躁競者自知愧耻。」乃薦王安石、韓維、張瓌，皆擢用焉。龐莊敏時爲樞密使，公與之同議省兵，汰爲民者六萬，減廩給之半者又二萬云。

唐質肅公爲御史，論公專權植黨，交結宫禁。仁宗怒，召二府示之疏，唐公語益切。樞密副使梁公適叱唐公下殿，詔送臺劾之。公獨留，再拜曰：「御史言事，職也，願不加罪。」於是唐公既貶，而公亦罷相。其後公再入相，首薦唐公，復召用焉。

嘉祐元年正月甲寅朔，上御大慶殿，立仗朝會。前夕，大雪，至壓宫架折。上在禁庭跣禱于天，及旦而霽，百官就列。既卷簾，上暴感風眩之疾，僅能成禮而罷。己未，契丹使者入辭，置酒紫宸殿，上疾又作，左右扶入禁中。文彥博遣人以上旨諭使者云：「昨夕宫中飲酒過多，今日不能親臨宴，遣大臣就驛賜宴，仍授國書。」彥博與兩府俟於殿閣，久之，召内侍都知史志聰、鄧保吉等，問上至禁中起居狀，志聰等對以禁中事嚴密，不敢泄。彥博怒，叱之曰：「主上暴得疾，繫社稷之安危，惟君輩得出入禁闥，豈可不令宰相知天子起居，欲何爲耶？自今疾勢小有增損，必一一見白。」仍命直省引至中書，取軍令狀。志聰等素謹願，及夕，諸宫門白下鎖，志聰曰：「汝曹自白宰相，我不任受其軍令。」兩府謀以上躬不寧，欲留宿宫中而無名。辛酉，文彥博建議設醮祈福於大慶殿，兩府晝夜焚香，設幄宿於殿之西廡。志聰等白：「故事，兩府無留宿殿中者。」彥博曰：「今何論故事也？」壬戌，上疾小間。兩府求詣寢殿見上，志聰等難之，平章事富弼責之，志聰等不敢違。知開封府王素夜叩宫門，求見執政白事。文彥博曰：「此際宫門何可夜開？」詰旦，素入白有禁卒告都虞候欲爲變者，執政欲收捕按治，彥博曰：「如此，則張皇驚衆。」乃召殿前都指揮使許懷德問曰：「都虞候某甲者，何如人？」懷德曰：「在軍職中最爲謹良。」彥博曰：「可保乎？」曰：「可保」。彥博曰：「然則此卒有怨於彼，誣之耳。當亟誅之以靖衆。」衆以爲然。彥博乃請平章事劉沆判狀尾，斬於軍門。及上疾愈，沆譖彥博於上曰：「陛下違豫時，彥博擅斬告反者。」彥博以沆判呈上，上意乃解。初，彥博欲判狀斬告變者，參政王堯臣捏其膝，乃請劉相判之。先是，富弼用朝士李仲昌策，自澶州商胡河穿六漯渠，入横隴故道。北京留守賈昌朝素惡弼，陰結内侍右班副都知武繼隆，令司天官二人俟兩府聚處，於大慶殿廷執狀抗言：「國家不當穿河於北方，致上體不安。」文彥博知其意有所在，未有以制也。後數日，二人又上言，請皇后同聽政，亦繼隆所教也。史志聰等以其狀白執政，彥博視而懷之，不以示同列，有喜色。同列問，不以告。既而，召二人詰之曰：「汝今日有所言乎？」對曰：「然。」彥博曰：「天文變異，汝職所當言也，何得輒預國家大事？汝罪當族！」二人懼，色變。彥博曰：「觀汝直狂愚耳，未欲治汝罪，自今無得復爾。」二人退。彥博乃以狀示同列，同列皆憤怒曰：「奴敢爾妄言，何不斬之？」彥博曰：「斬之則事彰灼，於中宫不安。」衆皆曰：「善。」既而議遣司天官定六漯於京師方位，彥博復遣二人往。武繼隆曰：「請留之。」彥博曰：「彼不敢輒妄言，有人教之耳。」繼隆默不敢對。二人至六漯，恐治前罪，乃更言六漯在東北，非正北，無害也。戊辰以後，上神思浸清寧。壬申，罷醮，兩府始分番歸第，不歸者各宿於其府。《記聞》又云：樞密使王德用開便門入中書，潞公執守門親事官送開封府撻之。明日，謂同列曰：「昨日悔不斬守門者。天子違豫，禁中門户豈得妄開邪？」

熙寧二年，潞公爲樞密使，陳升之拜相，以公宗臣，詔升之位公下。公言：「國朝樞密使無位宰相上者，獨曹利用嘗在王曾、張知白上，卒取禍敗。臣忝文臣，粗知義理，不敢紊亂朝著。」上從之。《温公日録》

慶州軍亂，二府入議。文潞公曰：「朝廷施爲，務合人心，以静重爲先，不宜偏聽。陛下即位以來，厲精求治，而人情未安者，更張之過耳。祖宗法未必不可行，但有廢墜不舉之處耳。」王荆公曰：「所以爲此，將以去民之害，何爲不可？若萬事隳頽如西晉風，兹乃益亂也。」蓋荆公知公言爲己發，故力排之。

于尼父師旦，密人，本選人，屢以贓失官，編管在蔡。尼嘗適人生子，後爲二鬼所憑，言事或有驗，遂爲尼，名惠普，士庶遠近輻湊，以佛事之。嘗因宦者言邵亢、石全彬、富弼、李柬之、肅之宜爲輔相，皆常敬之者也。柬之姪女二人事之，王樂道命李氏甥爲其母首傳習妖教，收下獄。詔京東差官按之，得諸公書，自韓，曾以下皆有之，文公獨無。上問其故，文曰：「臣但不知耳，知之亦當有書。」時人美其分謗。《温公日録》

韓魏公留守北京，李稷以國子博士爲漕，頗慢公。公不爲較，待之甚禮。俄潞公代魏公爲留守，未至，揚言云：「李稷之父絢，我門下士也。聞稷敢慢魏公，必以父死失教至此。吾視稷猶子也，果不悛，將庭訓之。」公至北京，李稷謁見。坐客次久之，公着道服出，語之曰：「而父，吾客也，只八拜。」稷不獲已，如數拜之。《聞見録》

文潞公判北京，有汪輔之者，新除運判，爲人卞急。初入謁，潞公方坐廳事，閲謁，置案上不問，入宅，久之乃出。輔之已不堪。既見，公禮之甚簡，謂曰：「家人頃令沐髮，忘見，運判勿訝。」輔之沮甚。舊例，監司至之三日，府必作會，公故罷之。輔之移文定日檢按府庫，通判以次白公，公不答。是日，公家宴，内外事並不許通。輔之坐都廳，吏白侍中家宴，匙鑰不可請。輔之怒，破架閣庫鎖，亦無從檢按也。密劾潞公不治。神宗批輔之所上奏付潞公，有云「侍中舊德，故煩卧護北門，細務不必勞心。輔之小臣，敢爾無禮，將別有處置」之語。潞公得之不言。一日，會監司曰：「老謬無治狀，幸諸君寬之。」監司皆愧謝。因出御批以示輔之，輔之皇恐逃歸，託按部以出。未幾，輔之罷。烏乎！神宗眷遇大臣，沮抑小人如此，可謂聖矣！《聞見録》

元豐三年，王堯臣子同老言：「至和三年，仁宗不豫，内外寒心。先臣參預朝政，與宰相文彦博、富弼請立英宗皇帝爲嗣。仁宗感悟開納，大計遂定。」會潞公來自北都，過闕入覲，神宗以問，公對曰：「自至和以來，中外之臣乞立皇嗣者甚衆，臣等雖有請，事未果行。至嘉祐末，韓琦等卒就大事。蓋琦等功也。」神宗曰：「議論椎輪於至和時，發端爲難。仁祖意已定，其後止申前詔耳。正如丙吉、霍光事，前後不相揜也。卿宜盡録本末，將付史官。」公乃具奏其詳。於是手詔中書曰：「彦博蓄德深厚，善不自伐，懷此大功，絶口不言，中外搢紳，莫有知者。今緣故臣子明其父勳，始得本末。乃知援立之功，厥有攸在，嘉祐之詔，但宣之耳。」遂加公河東、永興節度使，公復力辭。宴餞瓊林，輔臣皆預，兩遣中謁者，遺詩以寵其行，有「報在不言功」之語，當世榮之。《龍川志》云：至和三年，仁宗始不豫，皇嗣未建，宰相文、富、韓三公方議所立。參知政事王公堯臣之弟正臣，嘗爲宗室説書官，知十三使之賢，即言之諸公。諸公亦舊知之，乃定議草奏書，即欲上而上疾有瘳，即止。堯臣私收奏本。後累年，韓公當國，群臣相繼乞選立宗室子，乃定立十三使爲皇子。及仁宗晏駕，皇子踐祚，賞定策之功，以韓公爲首。及元豐末，堯臣子同老上書繳進元奏。時諸公惟文公、富公在，皆歸老於洛。會文公入助郊饗，神宗訪之，公具奏所以，神宗悦焉。故一時諸公，例皆被賞。而韓氏諸子惡分其功，辨之不已。文公之罷平章重事，由此故也。然英宗之譽布於諸公，則始於堯臣，而其爲皇子，嗣寶位，則韓公之力不可誣也。又《記聞》云：元豐中，文潞公自北都召對，上問以至和繼嗣事。公對曰：「臣等備位兩府，當此之際，議繼嗣乃職分耳。然亦幸值時無李輔國、王守澄之徒用事於中，故臣等得效其忠懇耳。」上憮然有間而善之。

元豐間，文潞公以太尉留守西京，未交印，先就第廟坐見監司、府官。唐介參政之子義問爲轉運判官，退謂其客尹焕曰：「先公爲臺官，嘗言潞公，今豈挾爲恨耶？義問當避之。」焕曰：「潞公所爲必有理，姑聽之。」明日，公交府事，以次見監司、府官如常儀。或以問公，公曰：「吾未視府事，三公見庶僚也。既交印，河南知府見監司矣。」義問聞之，復謂焕曰：「微君，殆有失於潞公也。」一日，潞公謂義問曰：「仁宗朝，先參政爲臺諫，以言彦博謫官，彦博亦罷相判許州。未幾，彦博復召還相位，即上言唐某所言正中臣罪，召臣未召唐某，臣不敢行。仁宗用彦博言起參政通判潭州，尋至大用，與彦博同執政，相知爲深。」義問聞潞公之言，至感泣，自此出入潞公門下。後潞公爲平章重事，薦義問以集賢殿脩撰帥荆南。烏乎！潞公之德度絶人蓋如此。《聞見録》

元豐五年，文潞公以太尉留守西都，時富韓公以司徒致仕，潞公慕唐白樂天九老會，乃集洛中公卿大夫年德高者爲耆英會。以洛中風俗尚齒不尚官，就資聖院建大厦曰耆英堂，命閩人鄭奂繪像堂中。時富韓公年七十九，文潞公與司封郎中席汝言皆七十七，朝議大夫王尚恭年七十六，太常少卿趙丙、祕書監劉

几，衛州防禦使馮行己皆年七十五，天章閣待制楚建中、朝議大夫王慎言皆年七十二，太中大夫張問、龍圖閣直學士張燾皆年七十。時宣徽使王拱辰留守北京，貽書潞公，願預其會，年七十一。獨司馬温公年未七十，潞公素重其人，用唐九老狄兼謨故事請入會。温公辭以晚進，不敢班文、富二公之後。潞公不從，令鄭奐自幕後傳温公像，又之北京傳王公像。於是預其會者凡十三人。潞公以地主携妓樂就富公宅作第一會。至富公會，送羊酒不出。餘皆次爲會。洛陽多名園古刹，有水竹林亭之勝，諸老鬚眉皓白，衣冠甚偉，每宴集，都人隨觀之。潞公又爲同甲會，司馬郎中旦、程太中珦、席司封汝言，皆丙午人也，亦繪像於資聖院。其夜司馬公與數公又爲真率會，有約：酒不過五行，食不過五味，唯菜無限。楚正議違約增飲食之數，罰一會。皆洛陽太平盛事也。洛之士庶又生祠潞公於資聖院，温公取神宗送公判河南詩，隸于牓曰竚瞻堂，塑公像其中，冠劒偉然，都人事之甚肅。《聞見録》

元祐初，哲宗幼沖，起文潞公以平章軍國重事，召程正叔爲崇政殿説書。正叔以師道自居，每侍上講，色甚莊，繼以諷諫，上畏之。潞公對上恭甚，進士唱名，侍立終日，上屢曰：「太師少休。」公頓首謝，立不去，時年九十矣。或謂正叔曰：「君之倨，視潞公之恭，議者以爲未盡。」正叔曰：「潞公三朝大臣，事幼主，不得不恭。吾以布衣爲上師傅，其敢不自重？吾與潞公所以不同也。」識者服其言。《聞見録》

公之在朝，契丹使耶律永昌、劉霄來聘，軾奉詔館客，與使者入覲，望見公殿門外，却立改容曰：「此潞公也耶？」所謂以德服人者。問其年，曰：「何壯也！」軾曰：「使者見其容，未聞其語。其總理庶務，酬酢事物，雖精練少年有不及；貫穿古今，洽聞强記，雖專門名家有不逮。」使者拱手曰：「天下異人也！」公既歸洛，西羌首領有温谿心者，請於邊吏，願獻良馬於公，邊吏以聞，詔聽之。《東坡集》

潞公凝簡莊重，顧眄有威。逮事四朝，薦更二府，七换節鉞，位將相五十餘年，再守秦州、大名、永興，五判河南，偏歷公孤，兩以太師致仕，英傑威重，名聞四夷。雖位體隆貴，而平居接物，謙挹尊德，樂善如恐不及。邵雍、程顥以道學名世，居洛陽，公與之游從甚密。及顥死，既葬，親爲題其墓爲「明道先生」云。

至和中，陳執中爲宰相，其嬖人張氏笞女隸至死，臺官趙抃、范師道極言執中營救張氏，故獄久不直，因言：「執中無材行，不可任宰相。」翰林學士歐陽脩亦上書請退執中。議久不決。左右怪仁宗禁中少遊燕，默有所思慮，焦勞見於容色，居月餘如此，因問上曰：「陛下比憂勞見於容色，得非思代執中者乎？」上曰：「然。」左右乃曰：「代執中者易得耳，何至此耶？」上曰：「此老子却可謾人！」久之，始用文彦博、富弼二人代之，朝議皆謂得人。數日，歐陽脩得對，上問：「新除彦博等，外議如何？」脩具以朝議爲對。上曰：「卿意如何？」脩曰：「誠如外議。」上又問：「彦博、弼果如何？」脩曰：「陛下已用彦博等，復問其如何，臣所未喻。」上曰：「彦博有才，然膽大；弼前在政府甚好，今復來，恐多顧慮。」良久，又曰：「弼前深爲人所中傷，今來亦焉能不顧慮？然不若守前志不變也。」既而彦博果不能謹畏，後因郭申錫李參争塞河事，彦博意有所左右，上由此罷之。弼亦竟以多顧慮少所建明。皆如所料。《南豐雜識》

梅堯臣《碧雲騢》 文彦博相，因張貴妃也。貴妃父堯封，嘗爲文彦博父洎門客。貴妃認堯佐爲伯父，又欲士大夫爲助，於是誘進彦博。彦博知成都，貴妃以近上元，令織異色錦。彦博逐令工人織金線燈籠，載蓮花，中爲錦紋。又爲秋遷，以備寒食。貴妃始衣之，上驚曰：「何處有此錦？」妃曰：「昨令成都文彦博織來，以嘗與妾父有舊。然妾安能使之？蓋彦博奉陛下耳。」上色怡，自爾屬意彦博。彦博自成都歸，不久參知政事。貝州王則叛，朝廷以明鎬往取之，賊將破，上以近京，甚憂之。一日宫中語曰：「執政大臣，無一人爲國家了事者。日日上殿，無有取賊意。何益？」貴妃密令人語彦博。明日上殿，乞身往破賊。上大喜，以彦博往統軍，至則鎬已破，賊擒矣。捷書至，遂就路拜彦博同平章事。彦博守後因監察御史唐介拜疏，召彦博殿上面條奇錦事數件，質於上，皆實事。彦博以本官出知許州。明年上元，中官有詩曰：「無人更進燈籠錦，紅粉宫中憶佞臣。」上聞此句亦笑。

范鎮《東齋記事》補遺 文潞公嘗言，初及第，授大理評事、知絳州翼城縣，未赴任。有客李本者，三見訪而後得見之，且言：「某有壻爲縣中巡檢，幸公庇之。」又言曰：「某非獨敢奉干，亦有以奉助。某嘗知其邑户口衆，人猾難治。」因出一策，文字皆影跡人姓名，其首姓張。比潞公至，姓張人事已敗，縣未能結正。簿、尉皆云：「某等在此各歲餘，豈無過失爲此人所持？計君之來，必辨之矣。」於是盡得其姦狀，上於州，決配之，邑人皆悚畏。

司馬光《涑水記聞》卷一〇 文潞公知益州，喜游宴。嘗宴鈐轄廨舍，夜久不罷，從卒輒拆馬厩爲薪，不可禁遏。軍校白之，座客股栗，公曰：「天實寒，可拆與之。」神色自若，宴飲如故，卒氣沮，無以爲變。楊希元云。

至和三年春，仁宗寢疾，不能言，兩府以設道場爲名，皆宿禁中，專決庶政。有禁卒詣開封府告大校謀爲變者，府中夜封上之。時富公以疾謁告，惟潞公、劉相、王伯庸居中。旦日，潞公召三帥問大校平日所爲如何，三帥言其謹愿。潞公秉筆欲判其狀，斬告變者，伯庸捏其膝，乃請劉相判之。

仁宗寢疾，兩府雖宿禁中，數日不知上起居。潞公召内侍都知等詰之曰：「主上疾有增損，皆不令兩府知，何也？」對曰：「禁中事不敢漏泄。」潞公怒曰：「天子違豫，海内寒心。彦博等備位兩府，與國同安危，豈得不預知也！何謂漏泄？」顧直省官曰：「引都知等至中書，令供狀：『今後禁中事如不令兩府知，甘伏軍令。』」諸内侍大懼。日暮，皇城諸門白下鎖，都知曰：「汝自白兩府，我當他劒不得！」由是禁中事兩府無不知者。樞密使王德用開便門入中書，潞公執守門親事官送開封府撻之。明日，謂同列曰：「昨日悔不斬守門者。天子違豫，禁中門户豈得妄開邪？」

沈括《夢溪筆談》卷九 古人謂貴人多知人，以其閱人物多也。張鄧公爲殿中丞，一見王城東，遂厚遇之，語必移時。王公素所厚唯楊大年，公有一茶囊，唯大年至則取茶囊具茶，他客莫與也。公之子弟，但聞取茶囊則知大年至。一日公命取茶囊，群子弟皆出窺大年，及至乃鄧公。他日公復取茶囊，又往窺之亦鄧公也。子弟乃問公：「張殿中者何人，公待之如此？」公曰：「張有貴人法，不十年當據吾座。」後果如其言。又文潞公爲太常博士，通判兗州，回謁吕許公，公一見器之，問潞公：「太博曾在東魯，必當别墨。」令取一丸墨瀕堦磨之，揖潞公就觀：「此墨何如？」乃是欲從後相其背。既而密語潞公曰：「異日必大貴達。」即日擢爲監察御史，不十年入相。潞公自慶曆八年登相，至七十九歲以太師致仕，凡帶平章事三十七年，未嘗改易，名位隆重，福壽康寧，近世未有其比。

沈括《夢溪補筆談》卷二 李學士世衡喜藏書，有一晉人墨迹，在其子緒處。長安石從事嘗從李君借去，竊摹一本以獻文潞公，以爲真迹。一日，潞公會客，出書畫，而李在坐，一見此帖，驚曰：「此帖乃吾家物，何忽至此？」急令人歸取驗之，乃知潞公所收乃摹本。李方知爲石君所傳，具以白潞公。而坐客牆進皆言潞公所收乃真迹，而以李所收爲摹本。李乃歎曰：「彼衆我寡，豈復可伸。今日方知身孤寒。」

王闢之《澠水燕談録》卷二 元豐七年春，文太師既告老，奏乞赴闕親辭天陛，庶盡臣子之誠。既見，神宗即日對御賜宴，顧問温渥，上酌御盞親勸。數日，朝辭，上遣中使以手札諭公留過清明，飭有司令與公備二舟，泝汴還洛。清明日，錫宴玉津園，公作詩示同席。翊日，上用公韻屬和，親洒宸翰，就第賜公。特命三省以上赴瓊林苑宴餞，復賜御詩送行。公留京師一月，凡對上者五，錫宴者三，錫詩者再，顧問不名，稱曰「太師」，寵數優異，近世無比。

朱彧《萍洲可談》卷三 文潞公在貝州時，有黄琠者，爲公筮。用一幅大綾，寫「九十二歲善終」六字，藏於家。考公自二十八歲作兩制，知成都；四十二歲平貝州賊，作宰相凡五十餘年。平日未嘗降官，雖贖銅罰俸亦無。元祐初，平章軍國重事，久之以太師、河東節度使、侍中居西京。紹聖元年，公九十二歲，坐異意降太子少保，河南府差通判來取節鉞。月餘終。

張耒《明道雜志》 潞公以太尉鎮洛師，遇生日，僚吏皆獻詩，多云五福全者。潞公不悦，曰：「遽使我考終命耶？」有一客詩云「綽約肌膚如處子」，蓋用《莊子》姑射仙人事也。洛人笑之曰：「願爾得婦色若此。」潞公色黔也。蘇惠州嘗以作詩下獄，自黄州再起，遂遍歷侍從。而作詩每爲不知者咀味，以爲有譏訕，而實不然也。出守錢塘，來别潞公，公曰：「願君至杭少作詩，恐爲不相喜者誣謗。」再三言之。臨别上馬，笑曰：「若還興也，便有箋云。」時有吴處厚者，取蔡安州詩作注，蔡安州遂遇禍，故有「箋云」之戲。「興也」，蓋取毛、鄭、孫詩分六義者。又云：「願君不忘鄙言。某雖老悖，然所謂者希之歲不妨也。」善之言。某謫監黄州市征，有一舉子惠簡求免税，書札稍如法，乃言舟中無貨可税，但奉大人指揮，令往荆南府取先考靈柩耳。同官皆絶倒。

邵伯温《邵氏聞見録》卷九 張金部名方，爲白波三門發運使；王司封名湛，爲副使；文潞公父令公名异，爲屬官。皆相善。張金部被召去，薦文令公爲代。潞公爲子弟讀書於孔目官張望家。望嘗爲舉子，頗知書，後隸軍籍，其諸子皆爲儒學。潞公少年好遊，令公怪責之，潞公久不敢歸。張望白令公曰：「郎君在某家，學問益勤苦，不復遊矣。」因出潞公文數百篇，令公爲之喜。王司封欲以女嫁公，其妻曰：「文彦博者寒薄，其可託乎？」乃已。後潞公出入將相，張望尚無恙。公判河南日，毋申國太夫人生日，張望自河清來獻壽，有詩云：「庭下郎君爲宰相，門前故吏作將軍。」張望以子通籍封將軍云。望嘗曰：「吾子孫當以立、門、金、石、心爲名。」長子靖，與潞公同年登科，兄弟爲監司者數人。潞公遇之甚厚。至門字行諸孫益顯，有爲侍從者。康節先生云：「嘗見張將軍沈深雄偉，有異於衆人。能識潞公於童子時，宜其有後也。」

邵伯温《邵氏聞見録》卷一〇　文潞公慶曆間，以樞密直學士知成都府。公年未四十，成都風俗喜行樂，公多燕集，有飛語至京師。御史何郯聖從，蜀人，因謁告歸，上遣伺察之。聖從將至，潞公亦爲之動。張俞少愚者謂公曰：「聖從之來無足念。」少愚因迎見於漢州。同郡會有營妓善舞，聖從喜之，問其姓，故曰：「楊。」聖從曰：「所謂楊臺柳者。」少愚即取妓之項上羅帕題詩曰：「蜀國佳人號細腰，東臺御史惜妖嬈。從今唤作楊臺柳，舞盡春風萬萬條。」命其妓作《柳枝詞》歌之，聖從爲之霑醉。後數日，聖從至成都，頗嚴重。一日，潞公大作樂以燕聖從，迎其妓雜府妓中，歌少愚之詩以酌聖從，聖從每爲之醉。聖從還朝，潞公之謗乃息。事與陶穀使江南《郵亭詞》相類云。張少愚者，奇士，潞公固重其人也。

文潞公判北京，有汪輔之者新除運判，爲人褊急。初入謁，潞公方坐廳事，閲謁，置案上不問，入宅，久之乃出，輔之已不堪。既見，公禮之甚簡，謂曰：「家人頃令沐髮，忘見，運判勿訝。」輔之沮甚。舊例：監司至之三日，府必作會，公故罷之。輔之移文定日檢按府庫，通判以次白公，公不答。是日公家宴，内外事並不許通。輔之坐都廳，吏白侍中家宴，匙鑰不可請。輔之怒，破架閣，庫鏁亦無從檢按也。密劾潞公不治。神宗批輔之所上奏付潞公，有云「侍中舊德，故煩卧護北門，細務不必勞心。輔之小臣，敢爾無禮，將別有處置」之語，潞公得之不言。一日，會監司曰：「老謬無狀，幸諸君寬之。」監司皆愧謝，因出御批以示輔之。輔之皇恐逃歸，託按郡以出。未幾，輔之罷。嗚呼，神宗眷遇大臣、沮抑小人如此，可謂聖矣！

魏泰《東軒筆録》卷一〇　嘉祐中，文潞公、富鄭公爲相，劉丞相沆、王文安公堯臣爲參知政事，始議立皇嗣，而事祕不傳，雖英宗亦莫知也。元豐中，文安子同老上書，言：「先帝之立，乃先臣在政府始議也，其始終事並藏于家。」及宣取，上驚歎久之。是時，鄭公、劉公、王公皆已薨，獨潞公留守西京，遽召至闕，慰藉恩禮，窮極隆厚，册拜太尉。及還西都，上作詩送行，有「報主不言功」之句。兩府並出餞，皆有詩，王丞相禹玉詩有「功業特高嘉祐末，精神如破貝州時」，蓋謂是也。

葉夢得《石林燕語》卷三　元豐末，文潞公致仕歸洛，入對時，年幾八十矣。神宗見其康彊，問：「卿攝生亦有道乎？」潞公對：「無他，臣但能任意自適，不以外物傷和氣，不敢做過當事，酌中恰好即止。」上以爲名言。

葉夢得《石林燕語》卷九　王武恭公自樞密使謫知隨州，孔道輔所論也。道輔死，或有告武恭：「害公者死矣。」武恭愀然曰：「可惜！朝廷又喪一直臣。」文潞公爲唐質肅所擊，罷宰相，質肅亦坐貶嶺外。至和間，稍牽復爲江東轉運使。會潞公復入相，因言唐某疏臣事固多中，初貶已重，而久未得顯擢，願得復召還。仁宗不欲，止命遷官，除河東。

神宗既不相潞公，而相陳暘叔，乃詔暘叔班潞公下。潞公辭曰：「國朝未有樞密使居宰相上者，惟曹利用嘗先王曾、張知白，臣忝文臣，不敢亂官制。」力辭久之，不聽，乃班暘叔上。已而閤門言：「舊制，宰相壓親王，親王壓使相。今彦博先升之，則遇大朝會，親王並入，亦當帶壓親王。」潞公復辭，始許班暘叔下。

葉夢得《石林燕語》卷一〇　文潞公父爲白波輦運，潞公時尚少。一日嘗以事忤其父，欲撻之，潞公密逃去。張靖父爲輦運司軍曹司，知其所在，迎歸使與靖同處。其父求潞公月餘不得，極悲思之，乃徐出見，因使與靖同學，後因登第。潞公相時，擢靖爲直龍圖閣。靖有吏幹。翰林學士張閣，其子也。

高晦叟《珍席放談》卷下　文潞公守成都，獻燈籠錦於溫成，宫中、都下傳其新異。代還輔政，繼而宰國。唐子方爲言官，舉貢錦事，廷斥其姦，詞甚鯁，忤天子震怒而不懾，左右之人靡不爲之惴惴也。坐是竄逐嶺外。李師中有詩送行云：「孤忠自許時不與，獨立敢言人所難。去國一身輕似葉，高名千載重如山。並游英俊顔何厚，未死奸諛骨已寒。天意若思安社稷，肯教夫子不生還。」人有易「未」字作「尚」者，蓋有所諱爾。當時義夫志士，非獨欽唐之孤節勁氣，而亦重李之鋭然樂善成美矣。後子方聲問寖揚，禄位益顯，爲御史中丞，俛默以養譽望而無所建明，不若前時之國爾忘家也。李遂貽書誚其故，索取昔年所送之詩，可謂直諒之友焉。噫，士之微時，以忠義自處，奮振身名，一旦踐更要地，冒榮固寵，爲私己之謀，匆變其操者尠，可責止於唐歟。

潞公嘉祐中位元台時，上偶違豫，二府同宿於内。一夕，有人款禁闥告變，公即命磨墨於盎，呼其人至前，濃塗面目，驅出，斬東華門外。翌日，都下帖然，雖左右亦莫知其上變者誰何也。倉卒之間，處非常之事如是，足鎮服中外，絶人遠甚，誠社稷之衛也。

馬永卿《懶真子》卷五　洛中士人張起宗，字起宗，以教小童爲生，居於會節園側，年四十餘。一日，行於内，前見有西來行李甚盛。問之，曰：「文樞密知成都回也。」姬侍皆騎馬，錦繡蘭麝，溢人眼鼻。起宗自歎曰：「我丙午生，相遠如此。」傍有瞽卜輒曰：「秀才，我與汝算命。」因與藉地，卜者出算子約百餘布地

上，幾長丈餘，凡閲兩時，曰：「好笑，諸事不同。但三十年後，有某星臨其所，兩人皆同。當並案而食者九箇月。」起宗後七十餘歲，時文公亦居於洛。起宗視其交遊飲宴者，皆一時貴人，輒自疑曰：「余安得並案而食乎？」一日，公獨遊會節園，問其下曰：「吾適來，聞園側教學者甚人？」對曰：「老張先生。」公曰：「請來。」及見，大喜，問其甲子，又與之同，因呼爲會節先生。公每召客，必預召；赴人會，無先生則不往。公爲主人，則拐於左；公爲客，則拐於右。並案而食者將及九月。公之子及甫知河陽府，公往視之。公所居私第地，名東田，有小姬四人，謂之東田小藉，共升大車隨行。祖於城西，有伶人素不平之，因爲口號曰：「東田小藉，已登油壁之車；會節先生，暫别玳筵之宴。」坐客微笑。自此潞公復歸洛，不復召之矣。瞽之言異哉！聞之於司馬文季。

施德操《北窗炙輠録》卷上　仁宗嘗郊，時潞公作宰相，百官已就位，上忽暴中風，左右驚擾，潞公急止之曰：「毋譁！」因誡左右曰：「事不得聞幄外。」乃扶上就湯藥，遂稱攝行事，至禮畢，百官無知者。當時但是樂減一奏，識者或疑之。及出，人始知之，皆大驚，且服潞公之能當大事也。

蔡絛《鐵圍山叢談》卷二　國朝禮大臣故事，亦與唐五季相踵。宰相遇誕日，必差官具口宣押賜禮物。其中有塗金鐫花銀盆四，此盛禮也。獨文潞公自慶曆八年入拜，厥後至紹聖歲丁丑，凡五十年，所謂閒鍍鈒花銀盆固在。「閒」字疑誤。遇其慶誕，必羅列百數於座右，以侈君賜。當時衣冠傳以爲盛事。

吴曾《能改齋漫録》卷一三　文潞公以使侍中，留守西洛。時薛适以汾州司户，爲京西漕司帳官。往修謁，典賓請致參。薛怒謂曰：「适是漕屬，有何統攝？」典賓以告。移時公出，據坐，命典賓揖薛庭參，曰：「京西帳幹，與西京留守，即無統攝；然侍中是河東節度使，汾州司户合受節制。」遂贊謁六拜而退。

王明清《玉照新志》卷三　石才叔蒼舒，雍人也。與山谷遊從，尤妙於筆札，家蓄圖書甚富。文潞公帥長安，從其借所藏褚遂良《聖教序》墨蹟一觀。潞公愛翫不已，因令子弟臨一本。休日宴僚屬，出二本令坐客别之，客盛稱公者爲真，反以才叔所收爲僞。才叔不出一語以辨，但笑啓潞公云：「今日方知蒼舒孤寒。」潞公大哂，坐客赧然。

張師正《倦遊雜録》　文潞公始登第，以大理評事知并州榆次縣，吏新鞔衙鼓，面新潔，公戲題詩于上曰：「置向譙樓一任撾，撾多撾少不知它。如今幸有黄紬被，努出頭來道放衙。」

備論

《宋史》卷三一三《文彦博傳》　論曰：國家當隆盛之時，其大臣必有耆艾之福，推其有餘，足芘當世。【略】文彦博立朝端重，顧盼有威，遠人來朝，仰望風采，其德望固足以折衝禦侮於千里之表矣。至於公忠直亮，臨事果斷，皆有大臣之風，又皆享高壽於承平之秋。至和以來，共定大計，功成退居，朝野倚重。熙、豐而降，弼、彦博相繼以老，憸人無忌，善類淪胥，而宋業衰矣！《書》曰：「番番良士，膂力既愆，我尚有之。」豈不信然哉！

王稱《東都事略》卷六七《文彦博傳》　臣稱曰：彦博以王佐之才克平妖難，致位丞弼，雖以人言去位，而天下之望日隆。及其再相也，乃秉忠竭誠，首議建儲，遂絶口不言。至神宗之世，因事自顯，人謂彦博不獨首建大策爲難，而有功不居之爲尤難也。烏虖，彦博出入四世，名倡九牧，神明所相，壽考康寧，近世以來一人而已。

藝文

畢仲游《西臺集》卷一七《祭太師潞國文公文》　元豐四年，公以太尉留守洛都，某實知長水縣事。長水，洛屬邑也。始識公，而待某加于等夷。又二年，公以太師致政，入覲神宗皇帝，某時爲倉官，復得請謁于京師。及聞神宗皇帝作詩以餞公，自丞相以下皆有詩，某亦爲詩四百言以紀公之行事。時公年七十有八，號太師，豈惟在廷之臣無出公右，而上世之臣亦少出公右者。惟鬻熊爲文王之師年九十，故某之詩嘗以鬻熊祝公。而公之壽考名位卒過于鬻熊，則舉三代以來爲人臣者，殆無與公比。今公捐館舍于西洛，其如傳説之爲星，臺駘之爲神，梅福之爲仙，不可知也，是無足恨。而四方萬里道路之人皆咨嗟涕洟，不謀同悲者，非公人人而德之，蓋失天下之大老，不能不悲爾。況某嘗造公之門，又嘗升公之堂，望公之顔色，接公之話言，豈可僅與道路之人同悲已耶？故凡以道德功名、高崇富貴與夫康寧壽考略見于前日之詩者不復載，而載夫詩之所不及者，爲

文以祭公。然則某之所以祭公者，其異乎人之祭公矣。嗚呼哀哉！尚饗。

楊萬里《誠齋集》卷九八《文潞公畫像》 竺景東畫文潞公像，陳勉之攜來求贊。曰：「俾宋作古，自我仁祖。心一德同，潞國文公。不兵不革，正是顔色，式是中國，震是戎狄。有頬者冠，忽然在前，喜有人焉，焉知九原？」

王十朋《梅溪集》前集卷一一《文潞公》 太師潞公，勳高業隆，四朝元老，福禄始終。元祐之初，太后臨極，起公於洛，平章軍國。夷狄來朝，服公之德。

王柏《魯齋集》卷六《文潞公彦博》 元祐黄耉，翼日導乾。出將入相，餘五十年。虎老風壯，松壽節堅。龐眉瑞世，遐福不騫。

包拯部

綜述

《宋史》卷三一六《包拯傳》 包拯字希仁，廬州合肥人也。始舉進士，除大理評事，出知建昌縣。以父母皆老，辭不就。得監和州稅，父母又不欲行，拯即解官歸養。後數年，親繼亡，拯廬墓終喪，猶裴徊不忍去，里中父老數來勸勉。久之，赴調，知天長縣。有盜割人牛舌者，主來訴。拯曰：「第歸，殺而鬻之。」尋復有來告私殺牛者，拯曰：「何爲割牛舌而又告之？」盜驚服。徙知端州，遷殿中丞。端土産硯，前守緣貢，率取數十倍以遺權貴。拯命製者才足貢數，歲滿不持一硯歸。

尋拜監察御史裏行，改監察御史。時張堯佐除節度、宣徽兩使，右司諫張擇行、唐介與拯共論之，語甚切。又嘗建言曰：「國家歲賂契丹，非禦戎之策，宜練兵選將，務實邊備。」又請重門下封駮之制，及廢錮贓吏，選守宰，行考試補蔭弟子之法。當時諸道轉運加按察使，其奏劾官吏多摭細故，務苛察相高尚，吏不自安，拯於是請罷按察使。

去使契丹，契丹令典客謂拯曰：「雄州新開便門，乃欲誘我叛人，以刺疆事耶？」拯曰：「涿州亦嘗開門矣，刺疆事何必開便門哉？」其人遂無以對。

歷三司户部判官，出爲京東轉運使，改尚書工部員外郎、直集賢院，徙陝西，又徙河北，入爲三司户部副使。秦隴斜谷務造船材木，率課取於民；又七州出賦河橋竹索，恒數十萬，拯皆奏罷之。契丹聚兵近塞，邊郡稍警，命拯往河北調發軍食。拯曰：「漳河沃壤，人不得耕，刑、洺、趙三州民田萬五千頃，率用牧馬，請悉以賦民。」從之。解州鹽法率病民，拯往經度之，請一切通商販。

除天章閣待制、知諫院。數論斥權倖大臣，請罷一切内除曲恩。又列上唐魏鄭公三疏，願置之坐右，以爲龜鑒。又上言天子當明聽納，辨朋黨，惜人才，不主先入之説，凡七事；請去刻薄，抑僥倖，正刑明禁，戒興作，禁妖妄。朝廷多施行之。

除龍圖閣直學士、河北都轉運使。嘗建議無事時徙兵内地，不報。至是，請：「罷河北屯兵，分之河南兗、鄆、齊、濮、曹、濟諸郡，設有警，無後期之憂。藉曰戍兵不可遽減，請訓練義勇，少給糇糧，每歲之費，不當屯兵一月之用，一州之賦，則所給者多矣。」不報。徙知瀛州，諸州以公錢貿易，積歲所負十餘萬，悉奏除之。以喪子乞便郡，知揚州，徙廬州，遷刑部郎中。坐失保任，左授兵部員外郎、知池州。

復官，徙江寧府，召權知開封府，遷右司郎中。拯立朝剛毅，貴戚宦官爲之斂手，聞者皆憚之。人以包拯笑比黄河清，童稚婦女，亦知其名，呼曰「包待制」。京師爲之語曰：「關節不到，有閻羅包老。」舊制，凡訟訴不得徑造庭下。拯開正門，使得至前陳曲直，吏不敢欺。中官勢族築園榭，侵惠民河，以故河塞不通，適京師大水，拯乃悉毁去。或持地券自言有僞增步數者，皆審驗劾奏之。

遷諫議大夫、權御史中丞。奏曰：「東宫虚位日久，天下以爲憂，陛下持久不決，何也？」仁宗曰：「卿欲誰立？」拯曰：「臣不才備位，乞豫建太子者，爲宗廟萬世計也。陛下問臣欲誰立，是疑臣也。臣年七十，且無子，非邀福者。」帝喜曰：「徐當議之。」請裁抑内侍，減節冗費，條責諸路監司，御史府得自舉屬官，減一歲休暇日，事皆施行。

張方平爲三司使，坐買豪民産，拯劾奏罷之；而宋祁代方平，拯又論之；祁罷，而拯以樞密直學士權三司使。歐陽脩言：「拯所謂牽牛蹊田而奪之牛，罰已重矣，又貪其富，不亦甚乎！」拯因家居避命，久之乃出。其在三司，凡諸筦庫供上物，舊皆科率外郡，積以困民。拯特爲置場和市，民得無擾。吏負錢帛多縲繫，間輒逃去，并械其妻子者，類皆釋之。遷給事中，爲三司使。數日，拜樞密副使。頃之，遷禮部侍郎，辭不受，尋以疾卒，年六十四。贈禮部尚書，謚孝肅。

拯性峭直，惡吏苛刻，務敦厚，雖甚嫉惡，而未嘗不推以忠恕也。與人不苟合，不僞辭色悦人，平居無私書，故人、親黨皆絶之。雖貴，衣服、器用、飲食如布衣時。嘗曰：「後世子孫仕宦，有犯贓者，不得放歸本家，死不得葬大塋中。不從吾志，非吾子若孫也。」初，有子名繶，娶崔氏，通判潭州，卒。崔守死，不更嫁。拯嘗出其媵，在父母家生子，崔密撫其母，使謹視之。繶死後，取媵子歸，名曰綖。有奏議十五卷。

王稱《東都事略》卷七三《包拯傳》 包拯字希仁，廬州合肥人也。舉進士，以大理評事知建昌縣，辭以親年高，改和州管庫，而親不欲去鄉里，遂解官就養。

及親亡，廬墓側終喪，不忍仕。久之，知天長縣，有訴盗割牛舌者，拯曰：「第殺而鬻之。」俄有告私屠牛者，拯曰：「已割其舌矣，非私殺也。」盗色變，遂引伏。徙知端州，入爲監察御史。建言：「國家取士，用人不得實，歲賂戎狄，非禦戎之策。」又言：「諸路轉運加按察使之名，以苛察相尚，奏劾官吏倍於前，皆捃摭細故，使吏不自安。」詔爲罷之。

使契丹，虜之典客曰：「雄州開便門，欲誘納叛人，刺候疆事邪？」拯曰：「誠欲刺之，自有正門，何必便門也？此豈問涿州門邪？」虜有沮色。爲三司户部判官，出爲京東轉運使，改直集賢院，徙陝西路，又徙河北，入爲三司户部副使。奏罷斜谷務造船材木十萬，及罷七州河橋竹索數十萬。奉使河北，言牧馬占邢、洺、趙三州沃壤萬五千頃，悉請以予民。事多施行。

擢天章閣待制、知諫院，張堯佐挾貴妃以請，自三司使拜宣徽、節度、景靈、羣牧四使，拯上疏切諫，語在堯佐傳。卒奪其宣徽、景靈二使。拯數論斥大臣，請罷一切内降。又録唐魏鄭公三疏，請置座右。及别條七事，言明察聽納，辨别朋黨，愛惜人才，不主先入之説，蕩去疑法，條責臣下，牽録微過，其論甚美。

除龍圖閣直學士，復爲河北轉運使，知瀛州。除放一路所負回易公使錢十餘萬，仍奏請諸州毋得回易公使錢。徙揚、廬二州。廬即拯鄉里也，親黨有犯法者，拯無少貸焉。坐失保任降知池州，徙江寧府，召知開封府。舊制，訟牒令知牌司收之於門外，拯使徑至庭下辨曲直。吏民不敢欺。京師大水，拯以勢家多置園第惠民河上，歲久湮塞，遂盡毁去。中貴人僞增地契步數者，拯奏劾之，權貴爲之斂迹。

嘉祐三年，除右諫議大夫、御史中丞，上疏請立皇嗣，曰：「東宫虚位日久，天下以爲憂。羣臣數以爲言，而陛下持久不決，何也？夫萬物皆有根本，而太子者，天下根本也。根本不立，禍孰大焉？」仁宗曰：「卿欲誰立？」拯曰：「臣乞陛下豫建太子者，爲宗廟萬世計耳。陛下問臣誰立，是疑臣也。臣行年六十，且無子，非徼後福者。」仁宗喜，乃曰：「當徐議之。」拯又上疏陳教養宗室之法，責諸路監司，聽御史府自舉屬官，諫官御史不避二府薦舉，兩制得至執政私第，減一歲休假日，皆施行之。

張方平爲三司使，拯攻罷之，而除宋祁。拯又擊祁，祁罷，遂除拯。三司使歐陽脩疏拯：「所謂牽牛蹊田而奪之牛，罰已重矣，又貪其富，不亦甚乎？」拯家居避命者久之。六年，拜禮部侍郎、樞密副使。七年，終于位，年六十四。贈禮部尚書，謚曰孝肅。

拯爲人不苟合，未嘗僞辭色以悦人。平居無私書，故人親黨亦皆絶之，人多憚其方嚴。仕已通顯，奉己儉約如布衣時。少爲劉筠所知，筠無子，爲奏其族子爲後，而請還其所没田廬。有奏議十五卷。

《包拯集》附録《宋故樞密副使孝肅包公墓誌銘》 宋故樞密副使、朝散大夫、給事中、上輕車都尉、東海郡開國侯、食邑一千八百户、食實封四百户、賜紫金魚袋、贈禮部尚書、謚孝肅包公墓志銘并序。

樞密副使、朝散大夫、左諫議大夫、騎都尉、濮陽縣開國子、食邑五百户、賜紫金魚袋吴奎纂。

朝奉郎、尚書屯田員外郎、知國子監書學兼篆石經、同判登聞鼓院、上騎都尉、賜緋魚袋楊南仲書。

甥將仕郎、守温州瑞安縣令文勛篆蓋

宋有勁正之臣，曰包公。始以孝聞於閭，及仕，從(州縣累遷至於二府，卓)立於時，無所聞。(提)舉有明效，其聲烈表爆天下人之耳目，雖外夷亦服其重名。朝廷士大夫達於遠方學者，皆不以其官稱，呼之爲公。□□□□□(公之薨也)，其縣邑公卿忠黨之士，哭之盡哀。京師吏民，莫不感傷，歎息之聲，聞於衢路，(若)相屬也。

公諱拯，字希仁，廬州合肥人。

天聖五年進士甲科。初命大理評事，知建昌縣。時皇考刑部侍郎家居，皇妣亦高年，樂處鄉里，不欲遠去，公肯辭爲邑，得監和州税。和鄰合肥，皇考妣亦不樂行，遣公之官。□□□□□□□□□□□□□□(遂解官)終養。積數年，皇考妣繼以耆終，公居喪毁瘠甚，廬墓終制。

(喪)服除，又二年，方調知揚州天長縣，(有盗割人牛舌者，主來訴。公曰：「第貴，殺而鬻之。」尋復有人來告私殺牛者，公曰：「何爲盗割牛舌？」)盗即款伏。

進丞大理。代還，知端州。州歲貢硯，前守率數十倍取之，以其餘(以遺權貴，公命製者纔足貢數。歲滿，不持一硯歸。)

(遷殿)中(丞)，還(爲權度支判官、勾當)東排岸司。纔數月，御史中丞王公拱辰援唐制，乞增置御史裏行。遂拜公監(察御史裏行。未幾，改監察御史。建言國家取士用人不得實，歲賂戎狄非御戎之策)，當選將練兵。國任宰相，繫時

安危，當取天(下公)議凡數十事。時邊郡有(警乃一例調發禁軍。公言：善馬精兵悉出於外，扈衛驍鋭爲之一空，朝廷憂患恐)深，然(河朔之民禀氣勁悍可用，令)河北河東所籍民兵，以户上下，故多隱(匿)。如約李抱貞之法，以丁(力衆寡，登降其數而籍之，不及數者即舍之，取其中富實者，出錢谷給籍丁之貧家，則内)治(平)矣。

選使契丹國。虜中神水館之(驛)舍，傳有兇怪，人莫敢居。前此數日，有三騶入其間，如有物擊之僕地。公徑入居之，戒從者：「雖有兇怪，毋得言。」至旦，亦無所恐。

爲三司户部判官，賜五品服，(出)爲京東路轉運使。未幾，改工部員外郎、直集賢院，陝府西路轉運使。詔許朝覲。既辭，(會他路監司有對自求改章服者。上不悦，因傳宣曰)：「包拯任陝西，當得金紫。」亟令賚賜。行次華陰受服焉。

徙河北路，未行，擢爲户部副使。嘗奏事，上(詢及本朝并唐編户多少之數，公退而遍考諸史，具陳歷代本末。因言)：「持政之仁暴，惟在薄賦斂，寬力役，救災患，慎行三者，則衣食滋殖，黎庶蕃息矣。」上深然之。

皇祐二年，(擢天章閣待制、知諫院，數論斥大臣。判亳州、宣徽南院使、建武節度使郭)承祐貪暴不法，公力疏褫其宣徽使、南京留守，以散節爲許州兵馬都部署。典祀明堂，恩遷兵部員外郎。(三司使、户部侍郎張堯佐除宣徽南院、淮康軍節度)，景靈宫、同羣牧制置，(兼)領四使，羣議凶凶，公與同列偕上極諫。事未及改，疏復連入。遂罷堯佐宣徽、景靈宫(二使。公亟言當以祖業爲重，親連宫掖，不可用爲執政之官。上感)其忠懇，因定(令)后妃之家，不得任二府職事。又寫上魏鄭公三疏及條七事，其論(辟)奥，深補於時。

四年，進龍圖閣(直學士，復爲河北都轉運使。前此，嘗建言河北屯兵)無事，時用不餘，請移屯内地，以省大費。事寢不報。至是，復陳其數，欲諸州緣足城守外，屯泊之兵，(悉)俾還營，或散處壘(就糧，或三年一代，遇有緊急，即時起發，必無後期不及)之患。議者復謂戍兵不可驟損，則可訓練曩所置義勇十八萬。教義勇以秋冬三月番休，按月補以糧食，歲費不過屯兵一月，用(一州之賦，可充鄉兵一歲之用，此利害灼然)甚明。上意向之，大臣議不合，乃止。

數月，徙高陽關路都部署、安撫使、知瀛州。自講和契丹，北邊爲無事，守將以宴飲饋贈爲稱職，(公選其辭氣瑰奇，素習邊事，有實材者，委而用之。)約其經用，罷公錢貿易，籍一路吏民所逋負積歲不能償者十餘萬，盡奏除之。

以喪子，丐便郡，得知揚州，旋改廬州。公性嚴毅，(有從舅犯法，公撻之，自是親舊)莫不(畏)服。遷刑部郎中。至和二年，坐保任非其人，降兵部員外郎，知池州。明年，遷舊官，徙知江寧府。

俄召歸，進右司郎中，權知開封府。府有(舊制，凡訴訟，訴牒令知牌司收之於門外)，卻不得逕至廷下，因緣爲奸，公纔視事，即命罷之。民得自趨至尹前，無復隔閡。有訟貴臣逋物貨久不償者，公批狀，俾亟還。貴臣負(勢，拒不償，公當即傳貴臣至庭，與訟者)置對，貴臣窘甚，立償之。中人有構亭榭盜跨惠民河堧表識者，會(有)詔書廢堧便河堧廬舍，完復舊坊，中人自言地契如此。公命(出地契一一審驗，有僞增步數者，掘土)丈餘，得河堧表識，即毁撤，中人皆服，遂坐(奪)官。嘗有二人飲酒，一能，一不能飲。能飲者袖有金數兩，恐其醉而遺也，納諸不能飲者。(能飲者醒而索之，不能飲者拒之)曰：「無之。」金主訟之。詰問，不服。公密遣吏持牒爲匿金者自通取諸其家。家人謂事覺，即付金於吏。俄而吏持金至，匿金者大驚，乃伏。

(嘉祐三年，除右諫議大夫，權御史中丞兼)理檢使。公之總風憲，法冠白(豸角)立，(峨)然有不可淩之勢。其所排擊，曲中理實，壞陰邪之機牙，(莫)敢妄發。至於時事多所建(言，請立皇嗣，條責諸路轉運)使，提點刑獄以職事，御史府自舉屬官，諫官御史不避二府薦舉之人，待制以上得至執政私第，損休假之日，皆自公發之。理檢例爲空名，及公(領事，有稱冤濫冗屈者)，咸爲(理)正。

四年，除樞密直學士、(權)三司使。異時，管利柄之臣，概爲豐財爲意。公所莅職，常遣吏寬民，凡橫斂無名之入，多所蠲除。剖析裁量，轉虚爲(盈。軍需所用物，預先)計(度)。舊庫務所需官物，科於郡縣，賈增數倍，靡費稱是。公爲置官場和市。民(無)科調之擾，物無虚直之耗。劍南酒户，歲入(宜)布四十餘萬匹，甚患其(苛，乃罷建河)用之(物共)十餘萬。吏員失官緡帛，觸罪罣械繫，或數(十年)不能自存，或逃亡遠地。其(繫者)，公皆釋之，與爲期以輸，率如期至。三部諸司所舉吏，承前制(多因循冗雜不可)用，公悉得當舉之官，(屬官又)得自舉。

六年，遷給事中，充三司使。數日，遷拜樞密副使。公之舉止，以義以正，達於幾微，敷奏明辯，婁引大體，裁國論之當(否，奏議平允，與人)不(苟合，不以辭色)假於人，正色昌言，時望彌洽，上所依重，體念備至。

七年五月己未，方視事，疾作以歸。上遣使賜良藥。辛未，遂以不起聞。車駕(幸其第臨奠，輟視朝一日。子綖)纔五歲，上顧見，慘愴久之，諭左右曰：「包拯公(而忘私，不邀陰幸也」。靈座置)御寺側，吊賜交至。

公幼則挺然若成人，不爲戲狎，長彌勖厲操守，(不作私書，絶于請，慎)交游，(喜讀)書，無所不覽，至於輔世康民，致君立節，可以訓人臣之失。公(性峭直，立朝剛毅)，爲國家事，詞嚴氣勁，件析明白，聞者莫不悚然服從。

其(使豈契丹，國事已畢，虜於公將還)時，嘗令典客張宥言雄州新開便門，誘納亡叛，探(刺疆事。公曰：「州郡開創門户，無關兩朝之事)也。假若雄州欲刺知此事，自有正門，何必側門(耶？今館伴以此)爲言，本朝豈問涿州開門耶？」虜意沮，不敢復言。

其(河北路人户累值灾)傷，(及公爲三司户部副)使，每以平(時)科輸，(從不)厚取於民。或水旱之灾(米價高，民食不足)，田租必改而動之，裕於民而已。廣平兩監牧地，占邢、洛、趙三州民田萬五千頃，多瀕漳水，(名爲沃壤，公奏請)民得自占，歲入得粟六十餘萬。羣牧司復視其(事，不報。至是，公亟)奏言：「爲政，奪民膏腴爲不牧之地，非仁厚之意。」詔以還民。

慶曆初，范宗杰奏榷解州鹽，官自置場，列置縣所鬻之。轉鹽諸郡，吏承其役，破産者不勝其數，(兵士逃亡死損)，議者皆言其非。詔公往視，且經畫之。公請復通商舊法，迄今爲便。

又奏罷秦隴所科斜谷造船材木數十萬，(及七州)所賦建河竹木亦數十萬。(公請以寬民恤物爲先，委三)司專得天下逋負。公承詔，除數十年追胥未入者，總一千二百萬。

公雖甚疾惡，至人情(不及)，推以恕心。故其(威)嚴而無(苛猛，民人愛之，有)君子(之風。廬州郡守劉筠爲)前朝名臣，既没，其嗣亦隕。公少爲筠所知，及親近懇請以筠族孫，爲其嗣之後，丐還田宅，從之。

公言治亂興衰之迹，與人論辨□□□□□□□□□□□□□□□□□。公守法持正，敢任事(責)，凛凛然有不可奪之節，蓋孔子所謂大臣者歟！前后奏議爲十五卷，皆援據古誼，究(治)時病，(明)德者之言。

公曾祖(諱襲，贈太子少保；曾祖妣□)氏，追封滎陽郡太夫人。祖諱士通，贈太子少傅，祖妣宣氏，追封馮翊郡太夫人。皇考諱令儀，贈至太保；皇妣張氏，追封□陽郡太夫人。初娶(張氏，早卒；續娶董氏，封永康)郡夫人。子繶，太常寺太祝，先公卒。綖，五歲兒也。天子念公之忠，録綖爲太常寺太祝，及官其族子若孫(數人。女二：一)女適陝州硤石縣(主簿王向，一女適)國子監主簿文效。以公之薨，朝命效爲保信軍節度推官，俾護喪歸。即以嘉祐癸卯八月癸酉日，葬公於合肥縣公誠里。銘曰：

□□□□，公□□□，□□□□，德行□躬。竭力於親，盡瘁於君。峻節高志，淩乎青雲。人或曲隨，我直其爲。人或善容，我抗其詞。自始至終，言行必一。□□□□，□□□□。□□□□，□□□□，□□□公。憂國□□，視民哀恫。念慮所至，聲乎無窮。維仁能力，維義能果。大奸必推，不顧細鎖。大義□發，每□□□，□□□□，□□□□，□□□□，□□□□。□□□止，能大其職。弗克遠圖，昊天胡啬。維公逝歿，聖主咨嗟。多賜秩物，厚撫其家。都人感愴，及乎□□。爲臣□□，□□□□。□□□□，萬□□□。惟令名之皎潔，與淮水而悠長。

《包拯集》附録《曾鞏孝肅包公傳》　包拯字希仁，廬州人。天聖五年登進士第，累擢天章閣待制、龍圖閣直學士、權三司使。嘉祐六年，遷給事中正三司使，數日，拜樞密使，遷侍郎，辭不受。七年，薨於位。年六十四。贈禮部尚書，謚孝肅，子綖。

初，拯以大理評事知建昌縣，辭以親年高，改和州管庫，而親不欲去鄉里，遂解官就養。及親亡，廬墓側終喪不忍仕。

久之，知揚州天長縣。有訴盗割牛舌者，拯曰：「第殺而鬻之。」俄有告私屠牛者，拯曰：「已割其舌矣，非私殺也。」盗色變，遂引伏。

嘗使北虜，虜之典客曰：「雄州開便門，欲誘納叛人，刺候疆事邪？」拯曰：「誠欲刺之，自有正門，何必便門也，此豈嘗問涿州開門邪？」虜有沮色。

爲御史，言諸道轉運加按察使之名，以苛察相尚，奏劾官吏，更倍於前，皆捃摭細故，使吏不自安，詔爲罷之。

除陝西轉運使，既行數日，有他路監司對而求章服者，上不悦，因傳宣中書曰：「包拯使陝西，未嘗自言也，可賫三品服賜之。」

及知諫院，數論斥大臣，請罷一切内降，又録唐魏鄭公三疏，請置座右。及別條七事，言明慎聽納，辯別朋黨，愛惜人才，不主先入之説，蕩去疑法，除責臣下牽録微過，其論甚美。

在陝西奏罷斜谷務造船材木十萬及罷七州河椿竹索數十萬。

奏使河北，言牧馬占邢、洺、趙三州沃壤萬五千頃，悉請以予民，從之。

知瀛州，除放一路所負回易公使錢十餘萬，仍奏諸州毋得回易公使錢，遂爲著令。

開封舊制，訟牒令知牌司收之於門外，拯知府開門使徑至庭下，辯曲直。

京師大火，拯以勢家多置園地惠民河上，歲久堙塞，遂盡毀去，宦者僞增地契步數，悉奏劾之，權貴爲之斂迹。

權中執法，請立皇嗣，陳教養宗室之法，責諸路監司，聽御史府自舉屬官，諫官御史不避二府薦舉，兩制得至執法私第，減一歲休暇日，皆施行。

及攻罷張方平三司使而除宋祁，拯又屢擊祁在蜀宴飲過度，遂除拯三司使。翰林學士歐陽修疏拯所謂「奪蹊田之牛，罰已重矣，又貪其富，不亦甚乎」，拯居家避命者久之。在三司，和市上供物，以革科率之擾。

其爲人不苟合。未嘗僞辭色以悦人，平居無私書，故人親黨亦皆絶之，人多憚其方嚴，雖里巷婦人稚子莫不知名。仕至通顯，奉己儉約如布衣時。

少爲劉筠所知，筠無子，爲奏其族子爲後，而請還其所没田廬。

《包拯集》附録《國史本傳》　包拯字希仁，廬州合肥人。天聖五年進士及第，授大理評事，知建昌縣，父母春秋高，辭不赴，得監和州税。和與廬雖鄰郡，而其親不欲去鄉里，遂解官歸養。後數年，親繼亡，墓下終喪，猶不忍去，里人數勸勉之。

出知揚州天長縣，有訴盜割牛舌者，拯使歸屠其牛鬻之；既而有告私殺牛者，拯曰：「何爲割某家牛舌而又告之？」盜驚伏。

徙知端州。權御史中丞王拱辰薦爲監察御史裏行。未幾，改監察御史，建言國家取士用人不得實，歲賂戎狄非禦戎之策，又欲重門下封駁之制，及廢錮贓吏，重選守宰，行考試，補蔭子弟之法。

初，諸道轉運加按察使，以苛察相尚，又疏言，今日奏劾官吏，文按數倍於前，皆捃摭細故，吏有不自安者，於是爲罷按察使。

使契丹，至神水館，前使者過，數遇兇怪，如有物擊之僕地，拯徑入居之，戒從者，雖有怪毋得言，至旦，亦無所恐。及還，虜人令典客謂曰：「雄州新開便門，乃欲誘結叛人，以刺候疆事乎？」拯毅然曰：「欲知此事，自有正門，何必便門也！此豈嘗問涿州開門邪？」虜折不復言。

爲三司户部判官，賜五品服，出爲京東轉運使，改工部員外郎，直集賢院。徙陝西，詔入見。既行數日，會他路監司有對自求改章服者，上不悦，因傳宣曰：「包拯任陝西，未嘗自言也，可賚賜之。」次華陰，換三品服。

又徙河北轉運使，入爲三司户部副使，奏罷秦隴所科斜谷務造船材木。近塞邊郡稍警，詔令近臣條對禦邊之策。拯對西北形勢山川扼塞，及所以先事選練稍儲之術甚備，遂命往河北調度軍食，言：「牧馬占邢、洺、趙三州民田萬五千頃，漳何沃壤，民不得耕，請悉以賦民。」從之。又往解州經度鹽法，請一切通商爲便。皇祐二年，擢天章閣待制，知諫院，數論斥大臣，請罷一切内降，奉詔除天下逋欠七千二百餘萬。嘗寫唐魏鄭公三疏上之，請置天子座右；及别條七事，大指明慎聽納，辨别朋黨，愛惜人材，不主先入之説，蕩去疑法，條責臣下牽録微過，其論甚美。

四年，除龍圖閣直學士，復爲河北轉運使。前此，嘗建議「當無事時徙兵内地」，不報；至是，復請罷河北屯駐兵而分之河南兖、鄆、齊、濮、曹、濟諸郡，遇警即發之，宜無後期不及之患。

徙知瀛州，悉除一路吏民所負回易公使錢十餘萬，仍奏諸州如瀛州悉禁公使錢毋得回易。以喪子，乞便郡，得知揚州，徙廬州，遷刑部郎中。至和二年，坐失保任，左授兵部員外郎，知池州。

明年，復其官如故，徙知江寧府，召權知開封府，除右司郎中。

拯立朝剛嚴，聞者皆憚之，至於閭里童稚婦女亦知其名，貴戚宦官爲之斂手。舊制，凡訟訴不得入門，拯使徑造庭下，自道曲直，吏民不敢欺。

京師大水，乃言勢家多置園第於惠民河上，歲久堙塞，遂盡毀去。中貴人有侵跨河壖爲亭榭者，自言地契若此，驗之，乃僞增步數，劾奏之。

嘉祐三年，除右諫議大夫，權御史中丞，數請立皇嗣，及陳宗室教養之法。又條責諸路監司，御史府得自舉屬官，諫官御史不避二府薦舉者，兩制得至執政私第，減一歲休假日，皆施行之。

張方平爲三司使，拯攻罷而除宋祁代之；拯又疏祁前在蜀燕飲過度，累擊之不已；祁既罷，而拯遂爲三司副使。翰林學士歐陽修復疏拯，所謂「牽牛蹊田而奪之牛，不已甚乎」，拯因家居避命者久之，乃出。其在三司，凡諸筦庫供上物，舊皆科率外郡，積以困民，拯特爲置場和市，民得免其擾；吏負錢帛多縲繫，間輒逃去，并械其妻子者，類皆釋之。

六年，遷給事中，爲三司使，數日，拜樞密副使，遷禮部侍郎，辭不受。一日，

暴得疾，歸，遂卒，年六十四。上幸其第臨奠，輟視朝一日，贈禮部尚書，謚孝肅。

拯性不苟合，未嘗僞色辭以悦人，平生無私書，至於干請，無故人親黨，一皆絶之。居家儉約，衣服器用飲食，雖貴，如初宦時。

少爲劉筠所知，嘗爲奏其族子爲筠後，又請還筠家向所没田廬。有《奏議》十五卷。子綖。

雜録

備録

朱熹《五朝名臣言行録》卷八之五《樞密包孝肅公》 包孝肅公知天長縣，有訴盜割牛舌者，公使歸屠其牛鬻之。既而有告私殺牛者，公曰：「何爲割某家牛舌，而又告之？」盜者驚伏。徙知端州，州歲貢硯，前守緣貢，率數十倍以遺權貴人。公命製者纔足貢數，歲滿，不持一硯歸。

呂許公夷簡聞包拯之才，欲見之。一日，待漏院見班次有包拯名，頗喜。及歸，又問知居同里巷，意以拯欲便於求見。無幾，報拯朝辭，乃就部注一知縣而出，尤奇之，遽使人追還，遂薦對除裏行，自此擢用。《卮史》

包孝肅在言路，極言時事。復爲京尹，令行禁止。至今天下皆呼「包待制」，又曰「包家」。市井小民，及田野之人，凡徇私者，皆指笑之曰：「你一箇包家！」見貪污者曰：「你一箇司馬家！」天下稱司馬公曰「司馬家」。《呂氏家塾記》

包孝肅公立朝剛嚴，聞者皆憚之，至於閭里童稚婦女，亦知其名，貴戚、宦官，爲之斂手。舊制：凡訟訴不得徑造庭下，府吏坐門，先收狀牒，謂之牌司。公開正門，徑使至前，自言曲直，吏民不敢欺。

包孝肅尹京，號爲明察。有編民犯法，當杖脊，吏受賕，與之約曰：「今見尹，必付我責狀，汝第呼號自辨，我與汝分此罪，汝決杖，我亦決杖。」既而包引囚問畢，果付吏責狀，囚如吏言，分辯不已。吏大聲訶之曰：「但受脊杖出去，何用多言！」包謂其市權，捽吏於庭，杖之十七，特寬囚罪，止從杖坐，以沮吏勢。不知乃爲所賣，卒如素約。小人爲姦，固難防也。孝肅天性峭嚴，未嘗有笑容，人謂「包希仁笑比黄河清」。《筆談》

王禹玉曰：「包希仁知廬州，廬州即鄉里也，親舊多乘勢擾官府。有從舅犯法，希仁撻之，自是親舊皆屏息。希仁始及第，以親老侍養，不仕宦且十年，人稱其孝。知開封府，爲人剛嚴，不可干以私，京師爲之語曰：「關節不到，有閻羅包老。」吏民畏服，遠近稱之。爲長吏，僚佐有所關白，喜面折辱人，然其所言若中於理，亦番然從之。剛而不愎，此人所難也。《記聞》

包孝肅知諫院，數論斥大臣權倖，請罷一切内降曲恩。又列上唐魏鄭公三疏，請置坐右，以爲龜鑑。別條七事，多見采納。及後爲中丞，奏曰：「東宫虚位日久，天下以爲憂，群臣數有言者，卒未聞有所處置，未審聖意持久不决何也？夫萬物皆有根本，而太子者，天下根本也。根本不立，禍孰大焉？」仁宗曰：「卿欲誰立？」公曰：「臣非才備位，所以乞豫建太子者，爲宗廟萬世計耳。陛下問臣欲誰立，是疑臣也。臣行年七十，且無子，非邀後福者。唯陛下裁察。」仁宗喜曰：「徐當議之。」

公性峭直，然奏議平允，常惡俗吏苛刻，務爲敦厚。雖嫉惡甚至，人情所不及，即推以恕。不爲苟合，未嘗僞色辭以悦人，不作私書。至於干請，無故人親黨，一皆絶之。居家儉約，衣服器用飲食，雖貴如初宦時云。

葉夢得《石林燕語》卷一〇 包孝肅爲中丞，張安道爲三司使，攻罷之。既又自成都召宋子京，孝肅復言其在蜀燕飲過度事，改知鄭州。已而乃除孝肅，遂就命。歐陽文忠時爲翰林學士，因疏孝肅攻二人，以爲不可，而已取之，不無蹊田奪牛之意。孝肅雖嘗引避，而不終辭。元祐間，蘇子由爲中丞，攻罷許沖元，繼除右丞，御史安鼎亦以爲言，二人固非有意者，然歐陽公之言，亦足以厚士風也。

曾敏行《獨醒雜志》卷一 包孝肅公尹京，人莫敢犯者。一日，閭巷火作，救焚方急。有無賴子相約乘變調公，亟走聲喏於前曰：「取水於甜水巷耶，於苦水巷耶？」公勿省，亟命斬之。由是人益畏服。

彭乘《墨客揮犀》卷一 包拯自御史直諫院，危言正議，傾動朝野。仁廟常温顔優納，近侍以爲難。帝曰：「忠鯁之言，固苦口而逆耳，蓋有所益也。設或無益，亦無所害，又何必拒而責之。」大聖之度，慈厚若此。

備論

《宋史》卷三一六《包拯傳》 論曰：拯爲開封，其政嚴明，人到于今稱之。而不尚苛刻，推本忠厚，非孔子所謂剛者乎？【略】夫聽諫者，明君所難，以唐文皇猶弗終於魏徵，觀四臣面諍，鯁吭逆心，或不能堪，而仁宗容之無咈，誠盛德之主哉！

藝文

《包拯集》附録《吴祇若紹興廬州刊本跋》 孝肅包公，名塞宇宙，小夫賤隸，類能談之；第其平昔嘉謨讜論，關國家大體者，雖縉紳閒或未盡聞。 廬江帥毘陵胡公彦國、倅建安章公籍，一日相與言曰：「此邦素多奇士，如包公實閈出也。惜其後無顯人，弗克爲之發揚。」因搜訪遺稿，欲傳之爲不朽計。

有攝助教蘇林進曰：「林舊藏公《奏議集》十卷，亡於兵火；今淮左總司屬官徐公修家有是本，請往求之。」遂不遠數百里，手抄以歸，前所謂嘉謨讜論，悉粲然在目矣。 帥倅得之，喜曰：「兹可以廣吾志也。」乃俾祇若是正訛謬，鏤板郡學，且命録公傳及祠記逸事，附於末，其好賢樂善之誠蓋如此，不可以不識。 紹興二十七年九月望日，左修職郎充廬州州學教授括蒼吴祇若書。

《包拯集》附録《趙磻老淳熙廬州刊本跋》 右孝肅包公《奏議》十卷，紹興閒胡帥治廬，以公本廬人，丘墓祠堂在焉，命置板郡學，艱難悉爲煨燼，獨歲時烝嘗之奉得不廢祀典。

淳熙元年春，郡既肇新學宫，别作公像，迎致於東序，懼其書之弗傳，將敬慕有時而怠，乃訪舊本於學正湯氏家，教授雪川吴公芸又從幕屬假番陽辛氏所藏補亡書七篇，是正訛謬，及遺脱計二百八十六字，遂爲繕本，鋟版以附新學。或公之道未墜於地，讀者必慕其爲人，且以遺君子之鄉，知名節取重於世，尚友先烈，庶幾乎遺風之不泯，是磻老區區建學刊書之意也，淳熙元年夏五月，書成，合肥假守東平趙磻老敬書其後。

張方平部

綜述

《宋史》卷三一八《張方平傳》　張方平字安道，南京人。少穎悟絶倫，家貧無書，從人假三史，旬日即歸之，曰：「吾已得其詳矣。」凡書皆一閲不再讀，宋綬、蔡齊以爲天下奇才。舉茂材異等，爲校書郎、知崑山縣。又中賢良方正，選遷著作佐郎、通判睦州。

趙元昊且叛，爲嫚書來，規得譴絶以激使其衆。方平請：「順適其意，使未有以發，得歲月之頃，以其間選將厲士，堅城除器，爲不可勝以待之。雖終於必叛，而兵出無名，吏士不直其上，難以決勝。小國用兵三年，而不見勝負，不折則破；我以全制其後，必勝之道也。」時天下全盛，皆謂其論出姑息，決計用兵。方平上《平戎十策》，以爲：「入寇當自延、渭，巢穴之守必虚。宜屯兵河東，卷甲而趨之，所謂攻其所必救，形格勢禁之道也。」宰相吕夷簡善其策而不果行。當召試館職，仁宗曰：「是非兩策制科者乎？何試也？」命直集賢院，俄知諫院。

夏人寇邊，方平首乞合樞密之職于中書，以通謀議。帝然之，遂以宰相兼樞密使。時調諸道弓手，刺其壯者爲宣毅、保捷，方平連疏争之，弗聽。既而兩軍驕甚，合二十餘萬，皆市人不可用，如方平言。

夏竦節制陝西幷護諸將，四路以禀復失事機，且詔使出師，逗遛不行。及豐州陷，劉平等覆師，主帥皆坐譴，竦獨不預，方平劾罷之，而請四路帥臣，各自任戰守。西師久未解，元昊亦困弊，方平言：「陛下猶天地父母也，豈與犬豕豺狼較乎？願因郊赦，引咎示信，開其自新之路。」帝喜曰：「是吾心也。」是歲，改慶曆赦書，敕邊吏通其善意，元昊竟降。

既，以修起居注使契丹。契丹主顧左右曰：「有臣如此，佳哉！」騎而擊毬於前，酌玉巵飲之，且贈以所乘馬。還，知制誥，權知開封府。府事叢集，前尹率書板識之，方平獨默記決遣，無少差忘。進翰林學士。元昊既臣，而與契丹有隙，來請絶其使，議者不可。方平曰：「得新附之小羌，失久和之强敵，非計也。宜賜元昊詔，使之審處，但嫌隙朝除，則封册暮下。如此，於西、北爲兩得矣。」時韙其謀。拜御史中丞，改三司使。

初，王拱辰議榷河北鹽，方平見曰：「河北再榷鹽，何也？」帝曰：「始立法耳。」方平曰：「昔周世宗以鹽課均之税中，今兩税鹽錢是也。豈非再榷乎？」帝驚悟，方平請直降手詔罷之。河朔父老迎拜於澶州，爲佛老會七日，以報上恩，事具《食貨志》。加端明殿學士、判太常寺。

禁中衛卒夜變，帝旦語二府，奬張貴妃扈蹕功。夏竦即倡言：「當求所以尊異之禮。」方平聞之，謂陳執中曰：「漢馮倢伃身當猛獸，不聞有所尊異；且皇后在而尊貴妃，古無是事。果行之，天下之責，將萃於公矣。」執中瞿然而罷。

帝以豐財省費訪羣臣，方平既條對，又獨上數千言，大略以爲：「祥符以來，務爲姑息，漸失祖宗之舊。取士、任子、磨勘、遷補之法壞，命將養兵，皆非舊律。國用既窘，則政出多門；大商豪民乘隙射利，而茶鹽香礬之法亂。此治忽盛衰之本，不可以不急。」帝覽對甚悦，且大用，會判官楊儀得罪，坐與交，出知滁州。頃之，知江寧府，入判流内銓。

以侍講學士知滑州，徙益州。未至，或扇言儂智高在南詔，將入寇，攝守亟調兵築城，日夜不得息，民大驚擾。朝廷聞之，發陝西步騎兵仗，絡繹往戍蜀。詔趣方平行，許以便宜從事，方平曰：「此必妄也。」道遇戍卒，皆遣歸，他役盡罷。適上元張燈，城門三夕不閉，得邛部川譯人始造此語者，梟首境上，而流其餘黨，蜀人遂安。

復以三司使召。方西鄙用兵，兩蜀多所調發，方平爲奏免横賦四十萬，減鑄鐵錢十餘萬緡。又建言：「國家都陳留，當四通五達之道，非若雍、洛有山川足恃，特倚重兵以立國耳。兵恃食，食恃漕運，以汴爲主，汴帶引淮、江，利盡南海。天聖已前，歲調民浚之，故水行地中。其後，淺妄者争以裁減役費爲功，汴日以塞，今仰而望焉，是利尺寸而喪丘山也。」乃畫上十四策。富弼讀其奏，漏盡十刻，帝稱善。弼曰：「此國計大本，非常奏也。」悉如其説行之。

遷尚書左丞、知南京。未幾，以工部尚書帥秦州。諜告夏人將壓境，方平料簡士馬，聲言出塞。已而寇不至，言者論其輕舉，曾公亮曰：「兵不出塞，何名輕舉？寇之不得至，有備故也。倘罪之，後之邊臣，將不敢爲先事之備矣。」方平不自安，請知南京。

英宗立，遷禮部尚書，請知鄆州。還，爲學士承旨。帝不豫，召至福寧殿，帝

馮几言，言不可辨。方平進筆請，乃書云：「明日降詔，立皇太子。」方平抗聲曰：「必潁王也，嫡長而賢，請書其名。」帝力疾書之，乃退草制。

神宗即位，召見，請約山陵費，帝曰：「奉先可損乎？」對曰：「遺制固云，以先志行之，可謂孝矣。」又請差減錫賚，以乾興爲準，費省什七八。方平進詔草，帝親批之曰：「卿文章典雅，焕然有三代風，又善以豐爲約，意博而辭寡，雖《書》之訓誥，殆無加也。」其見稱重如此。

拜參知政事。御史中丞司馬光疏其不當用，不聽。光解中丞，曾公亮議用王安石，方平以爲不可。數日，遭父憂，服闋，以觀文殿學士留守西京。入覲，留判尚書都省，力請知陳州。

安石行新法，方平陛辭，極論其害，曰：「民猶水也，可以載舟，亦可以覆舟；兵猶火也，弗戢必自焚。若新法卒行，必有覆舟、自焚之禍。」帝憮然。

韓絳主西師，慶卒亂，京西轉運使令一路各會兵于州，民大駭。方平持檄不下而奏之，帝曰：「守臣不當爾邪！」命罷諸郡兵。召爲宣徽北院使，留京師。王安石深沮之，以爲青州。未行，帝問祖宗禦戎之要，對曰：「太祖不勤遠略，如靈夏、河西，皆因其酋豪，許之世襲；環州董遵誨、西山郭進、關南李漢超，皆優其禄賜，寬其文法。諸將財力豐而威令行，間諜精審，吏士用命，故能以十五萬人而獲百萬之用。及太宗謀取燕薊，又内徙李彝興、馮暉，於是朝廷始旰食矣。真宗澶淵之克，與契丹盟，至今人不識兵革。三朝之事如此。近歲疆埸之臣，乃欲試天下於一擲，事成徼利，不成詒患，不可聽也。」帝曰：「慶曆以來，卿知之乎？元昊初臣，何以待之？」對曰：「臣時爲學士，誓詔封册，皆出臣手。」帝曰：「卿時已爲學士，可謂舊德矣。」

契丹泛使蕭禧來議疆事，臨當辭，卧驛中不起。方平謂樞密使吴充曰：「但令主者日致饋勿問，且使邊郡檄其國可也。」充啓從之，禧即行。除中太一宫使。

王安石弛銅禁，姦民日銷錢爲器，邊關海舶不復譏錢出，錢日耗。方平極論其害，請詰安石：「舉累朝之令典，一旦削除之，其意安在？」帝頗采其言，而方平求去。進使南院，判應天府。帝曰：「朕欲卿與韓絳共事，而卿論政不同；欲寘卿樞密，而卿論兵復異。卿受先帝末命，訖無以副朕意乎？」遂行。

高麗使過府，長吏當送迎，方平言：「臣班視二府，不可爲陪臣屈。」詔但遣少尹。王師征安南，方平言：「舉西北壯士健馬，棄之炎荒，其患有不可勝言者。若師老費財，無功而還，社稷之福也。」後皆如其言。

新法鬻河渡坊場，司農并及祠廟，宋閼伯、微子廟皆爲賈區。方平言：「宋王業所基，閼伯封於商丘，以主大火；微子爲始封之君，是二祠者，亦不得免乎？」帝震怒，批牘尾曰：「慢神辱國，無甚於斯！」於是天下祠廟皆得不鬻。數請老，以太子少師致仕。官制行，廢宣徽使，獨命領之如故。哲宗立，加太子太保。元祐六年，薨，年八十五。贈司空。遺令毋請謚，尚書右丞蘇轍爲請，乃謚曰文定。

方平慷慨有氣節，既告老，論事益切，至於用兵、起獄，尤反覆言之。且曰：「臣且死，見先帝地下，有以藉口矣。」平居未嘗以言徇物、以色假人。守蜀日，得眉山蘇洵與其二子軾、轍，深器異之。嘗薦軾爲諫官。軾下制獄，又抗章爲請，故軾終身敬事之，叙其文，以比孔融、諸葛亮。晚，受知神宗。王安石方用事，嶷然不小屈，以是望高一時。守宋都日，富弼自亳移汝，過見之曰：「人固難知也。」方平曰：「謂王安石乎？亦豈難知者！方平頃知皇祐貢舉，或稱其文學，辟以考校。既入院，凡院中之事，皆欲紛更。方平惡其人，檄使出，自是未嘗與語也。」弼有愧色，蓋弼素亦善安石云。

《張方平集》附録《張方平行狀》 本貫應天府宋城縣孟諸鄉。曾祖文熙，皇贈太師；曾祖妣蘇氏，武功郡太夫人；祖嶠，皇贈太師尚書令兼中書令；祖妣劉氏，沛國太夫人；考堯卿，皇贈太師、尚書令兼中書令、魏國公；妣稽氏，譙國太夫人。

公諱方平，字安道，世家睢陽。三代以公貴封贈各極品位。景德四年丁未生舟中。有盜躡後，旬浹未得發。是夕泊舟在野，盜乘便將逞，適太夫人欲就蓐，問乳醫居隔水，因移舟從之。有船後至，正泊其處。盜夜至，不知舟已易也，大譟攻劫。後舟乃武人，登岸與鬭，盜奔散。有被執者，自言其情，方知誤爾。由此母子無恙。

公髫齔英秀，神采瑩徹，見者莫不慕悦之，皆謂仙骨道韵，非風塵中人也。稍長，敏慧夙成，飄飄有淩雲之氣。太師沖默燕静，不以物累自嬰，而太夫人賢明知書，躬自教誨。年十三，太夫人撫之曰：「揚州俗浮薄。睢陽鄉里有庠序，四方學者萃焉，吾弟爲之領袖，汝方志學，盍往依焉。吾惟汝一子，念孟母徙鄰之義，不遠千里致汝外氏，俾之就業，汝往勉哉！」夫人有弟潁，時名士，有學行，故割情遣之。既至，舅氏器愛之，切磋講習，業大進。

常宿學齋，二鼓就寢，忽有叩門甚急，公起問之，乃一生自遠方至，舉子許育，

自亳州城父至因延與語。俄頃，室垣頹，簀案盡碎。公資性明悟，諸書一覽輒通，罕復再閱。不能爲精，若至其要節，不能遺忘。放曠不屑細故，其度廓如也。暑月乘醉步於郊外，大雨暴至，不覺行遠。向曉方醒，乃偃卧水中，奮而起歸，亦無他，不自測其然也。

在鄉黨，交游不雜，諸老先生皆自謂出其下，名聞四方。宋宣獻公綬、蔡文忠公齊繼守南都，解榻待焉，歸朝，大爲延譽。明道二年，制舉六科，因共稱薦，舉茂材异等科。范金華諷見公文章，曰：「奇士哉！」因同二公列名以聞。召試秘閣，選預廷對。釋褐，以私書省校書郎知蘇州佣山。吳劇邑，户三萬，多田訟，至三數十年不決。初，吳越歸國，郡邑地曠人殺，占田無限，但指四至涇瀆爲界。歲久水旱，涇瀆移易，更相侵越。縣受詞，歲追擾鄉鄰，覆驗往返，農務荒，習以爲常，鄉人不得安業，積苦之。公索田訟凡十餘案，召佃人問所輸租税幾何，大約百一二，公悉收其餘以賦貧户，自此田訟遂絶。范文正公仲淹、蔣公堂守姑蘇，邀公談游，罕在縣，縣亦無事。蔣公勉公曰：「即代歸朝，何以爲獻？空言無補，不若著諸時務之爲益於治也。」公因人事之間，採掇當世之得失，浹日成《芻蕘論》五十篇十卷。蔣公披閱，不能釋手，櫝而上之，薦應賢良方正、能直言極諫科。策入等，遷秘書省著作佐郎，通判睦州。

是歲地大震河東，災異數見，詔求直言。公上疏闕下，指切時政之失，引義慷慨，援經術，推明七事，極當世之弊，以大忤在勢者。制策登科，官罷當召試，公既孤介，未嘗造要門，復此奏疏，故不召。疏在《文集》先是，韓忠憲公解參知政事知南都，奏辟公通判應天府，既成命矣。及對策，指陳時事，無所顧避，執政竟用此更除新定，實左遷。策在《文集》仁宗張六科，網羅天下英俊，其自布衣登茂材异等者，惟公與富丞相，訖三朝，無復繼者。其再登科者，惟公一人。

至新定之次年，夏戎阻命，廟堂慮害不深，玩成大梗，興發調輸，不閱歲而天下被其勞，公上《平戎十策》。在《文集》時吕許公復入相，方勵精，得公十策，謂知樞密院宋宣獻公曰：「六科得人哉！」蓋以公初爲宣獻察舉爾，十策悉施用。時敕州郡諸縣增置弓手，約束甚略，郡縣异見，措置乖宜。公以謂賦役大事，理宜均當，列上節目八條。朝廷更爲詳議，事以周密。俄又命朝臣分使諸路，於所置弓手招募配補諸軍。公陳六患，上命中書下公奏所遣使者，由是募人莫敢迫，民情少安。二奏在《文集》吕丞相每閱公章奏，謂同列曰：「國器也。」凡條白，必施行焉。用舊相李文定公辟，徙通判天雄軍。續有旨召赴闕，既朝對，面賜五品服章。翼日，上諭執政送學士院試，俄而記之，曰：「是其再對制策者。」執政共白：「其所上章疏，朝廷採納，已見之行事矣。」上曰：「安用試！」即除直集賢院。以李公舊相，特旨俾赴辟命：「李迪或移徙，即令不俟代歸館供職。」公還南都，將迎親就官。李公徙青州，即日除太常丞、知諫院，舉劉夔、王質自代。夔遷知黄州，質除荆湖北路轉運使，皆有清名。

是時夏寇阻命，覆軍殺將相繼國家多事。公獨在諫垣，外論邊事，内正典刑，造膝盡規，悉心將救，仁宗寬大容納。當國者雖惡其切直，然亦賴以肅中外。王師挫衄關、陝動危。先是，張士遜作相，建言軍旅之事，樞密院任其咎，故罷免知院王鬷等，而中書自如也。公援典故，請政事總於中書，以通謀議。上以權宜爲然，降制宰臣兼樞密使，自是戎事機密，中書始關預。奏在《文集》夏竦等領陝西四路招討經略安撫使，并護諸將，四路稟復，事失機會。請罷竦總帥，使四路各自爲守，可以責效。朝議然之，故竦内徙而命四路帥臣，自此人知自力，備禦益修。奏在《文集》

前范仲淹在延州，遣人遺元昊書，喻以逆順禍福，既遣使而録其書本以聞。賊答書辭不遜，仲淹焚之。參知政事宋庠以爲邊臣擅交境外，又致慢書辱國，建議請斬仲淹，仁宗以其言險不用，然自此邊臣以爲戒。慶曆元年冬郊，公乃請因赦書招懷夏寇，因令邊臣通其善意。仁宗喜曰：「此朕心也。」至中書，又詳白執政。「嘉奏也，非君孰發此者！」郊禮成，肆大眚，赦文所載，皆如公請。因是西賊通問遣使，至於納款，解兵息民，公啟之也。奏疏在《文集》賊順命，范仲淹、韓琦、龐籍皆以西事平，登拜二府。是歲赦書，録用諸功臣之後，加賚戍邊守將，功臣立私廟，賜戟，凡九節，皆公建白。奏在《文集》又上親祠郊廟，徹登壇陛黄道，虚小次不禦，糾諸祠官不恪，饗用金石新樂，皆上特從公言。奏在《文集》惟日孜孜，以思補益，大旨：論風俗本於厚，論刑名本於恕，論賞罰本於正，論朝廷本於官人，論邊防本於選將，論財計本於嗇用，今所編《文集》後論事十卷，其著者存之，且數十百篇。有所不可傳及所遺者多矣，亦足以知公之納忠匪懈也。

公以章疏數上，思有以啟迪主心，俾不倦，因上言：「聞之荀卿曰：『聖王有百，吾孰法焉？禹、湯有傳政，而不若周之察也。』唐室治亂，於今最近，請即略《唐書》紀傳中事迹今可施行、有益時政者，日録一兩條上進，善者可以爲準的，惡者可以爲鑒戒，兹亦賈誼、晁錯借秦以喻漢事之意也。」上悦，從之。後遇事有當言，即取其類者以進。三五日不入，仁宗輒問其故。樞密使杜祁公衍聞之

曰：「此所謂陳古以刺今，詩人諷諫之旨矣。」後除知制誥，仁宗命取所録《唐書》奏禦者編次爲一集，留中焉。

明年春，除修起居註，仍領諫職。冬，使契丹，假起居舍人、知制誥。入北境及郊迎，北主與弟私至范陽郭門外，母闕支等亦乘駞車出郊，道旁填壅，觀者莫不屬目焉。燕日，北主親至坐前，命玉巵揖公曰：「聞君海量，畢之。」語左右曰：「有臣如此，鄆也。」又因公出館，至公寢室，繙藥奩，取湯茗，懷以去，所賫必別題送之，禮意殊厚。使回，進語録，中有對答數節，皆逆折其事端，當時禁中大黄簽摽之，以示中書。自此北使以事宜至者，輒命公館伴，慶曆中，館伴數矣。二月使還，三月召試中書，除右正言、知制誥，賜三品服章，時慶曆二年也。

尋糾察在京刑獄，判吏部流内銓、登聞檢院、昭文館、太常寺兼禮部事，知通進銀臺司兼門下封駁事，勾當三班院，知審刑院、審官院兼史館修撰，專修日曆，修宗正寺玉牒，詳定《編敕》，修《唐書》、《樂書》，充館伴使，考試制科、武舉，每兼職事以數四，輒辭避解之。於時仁宗眷公厚，對必留，降必目送，凡朝廷重議，官局要處，宰相不敢不以公名上。中書嘗擬曾公亮史館修撰，上不從，賈丞相語公亮：「得張君一薦，可哉！」公爲薦，仁宗即許。

西掖辭制，唐元稹獨得深厚之致。唐末歷五代、國朝，鮮及王言之體。公文既爾雅，濟之雄贍，號令風采，煥然一新，庶幾西漢之遺韻矣，至今天下推服。范文正公參知政事，時政有所釐革，必伺公入直，始出事目，降敕詞，嘗謂朝士：「張舍人於教化深，非但妙於文辭也。」自是兩禁辭命有訓誥之美，由公倡之。

仁宗臨御歲久，日曆因循失紀，章丞相監修國史，奏公續修之。公始請自乾興迄慶曆，臣僚之薨卒，悉追取其閥閱功狀。而已有門緒凋喪，或子孫不能紀其先世，遺落多矣，展轉究訪，僅可條次。至於諸司沿革事典，悉責送官，乃僅有存者。及仁宗在位四十二年，撰著實録，賴公中間採集，稍有預備。

於時操事者頗立交黨，更相貴寵，互爲游説，奔走胥附。公正色於朝，獨立不懼，衆雖不悦，無如之何。范文正公每以公議持之，上亦自知之深也。吴正肅育春卿、宋景文祁子京與公最厚善，每相謂曰：「不動如山，其張安道之謂歟！」領審刑，御史臺有獄，辭連歐陽修。時修任河北都轉運使，制使就推修不承。覆推如前，具奏，法官當修報上不以實之坐。公以案上，仁宗盛怒，謂使者有黨，故不盡情，命送中書選官復按。公謂賈丞相曰：「相君與修异，衆所知也。今覆推無狀而復按，雖有旨，天下必議公。公盍圖之！」賈丞相爲之解説，得罷按，而復下案審刑取旨。詳議官引江湖上佐之例以白公，公不從，乃上言：「審刑特旨，嘗在法外，而領審刑者一員，專其輕重。凡侍從官到任已，重有吏議，請自中書上，取衆議之允也。」竟不以上而送政府。賈丞相思公言，止奪修龍圖閣直學士，以知制誥知滁州。續有龍圖閣待制王素案，公引前請，又不斷而以送，中書不悦，公亦自引罷。審刑斷例，命官犯贓私罪，案後收坐舉主。公上言：「收坐舉主而許首免者，責使常察其所舉者之不法也。而致仕官既已解籍休退，謝遠人事，不當與在職者之責。」朝議謂然，由是致仕官免收坐，吏不及門矣。

夏文莊公有憾於張耆，耆子閤門使得一守貝州，到任七日，吏卒王則、卜吉生變拘得一，王師攻圍六十日，城破。下得一禦史臺，法官當得一謀叛，文莊欲盡叛法論。時相陳恭公執其事，以爲得一庸懦，被拘不能死，已抵重辟，叛無本謀。仁宗爲免緣坐，而猶没其第。公與張氏風馬牛不相及，聞耆妻僦陋舍，無以處其族，因從容爲言：「耆，真皇寵臣也，此第本恩賜。今得一妻子免緣坐，耆猶在，諸子衆，而没其賜第，法不類。」仁宗謂然，以其第給還之，迄今張氏子孫莫知者。

仁宗因從容問公：「臣寮上言，治術在刑法，今法弛，故下慢，非峻法，無以振頹敝。大臣亦有爲言者。何如？」公曰：「古之聖賢言治道，本於德義。三辟之興，皆叔世也。國朝列聖累仁積厚，急深故之罪，寬縱出之罰，百姓懷惠，安於壽域。法無由弛，人實弛之。去諸姑息，懲其僥倖，頹敝自振，不在峻也。」既而資政殿對策，條陳亦如此，仁宗善公言，群論遂息。

受命修《慶曆編敕》，公以爲：編敕者，當依律門類而備其起請之因，參詳之意，本末悉具，乃名編敕。治寧歲久，事目滋廣。天聖之後，文簿猥煩。乃許編修官刪潤而加損益，或數事并一條。比附有所不盡，天下承用，多失法意。議欲省其繁細，稍復舊體。執政難之。及書成，公校新敕，凡諸刑名，使無加於舊文乃上之。權知開封府，聽決明敏，雖不閲時，稱爲治辦。

除翰林學士，免京尹，領群牧使。公在兩禁，朝廷大事，時蒙訪逮。奏事在《文集》必披誠條對，一無顧慮，故人主嚮納之。群牧司自真皇時，以國馬大事，常命樞密使領之，職司甚重。天聖後，海内乂安，監牧多發，事積弛。公充使，乃修舉課牧之政，令復沙苑、東平監，創立綱目，將以廣蕃息，削除諸敝。經營未效，遷諫議大夫、御史中丞。甫受命。即知貢舉。時太學舉人妄變文體，以奇字僻語爲高，以游辭長句爲贍，四方學者承風而靡。公主文考試，有如是者，揭而斥

之，因上言請行誡勵。上命録公所上奏，大書牓於貢院前，由是士子知循舊格。奏在《文集》中

宰臣與參知政事辯争上前，且數日，舉朝喧然。公請對，具白道理所處。宰臣使人説公：「凡是非在公爾。參知政事今日免，公明日補其處。」公駭曰：「此言何爲至於我也！」所使人公所素善，及是深責而謝絶之。既而有自效於宰臣者，參知政事免，果得其處。宰臣恨之，欲有以危之。前當南郊，賞給未集，仁宗深憂之，三司使連坐此罷。故復公翰林學士，除三司使。至則督責郊費。公按京師及諸路支給名物，一一區處有備，籍以上聞。上大悦，讒言遂詘。至今計司以爲常例，遇郊輒前上籍。

公初覽事，吏白河朔榷鹽法議已定，方施行。公命收格，翼日登對，論此鹽莢非是：「唐末藩鎮專土，横賦積重，五代相承，中原窘狹，鹽禁峻密，民苦刑報。周世宗北伐，父老哀訴，請以鹽課均之地税而弛其禁，世宗矜而從之，今地税鹽錢是也。國初，征利之臣請復榷鹽之法，河朔父老詣闕叙陳，太祖皇帝問其本末，法竟不行。今日令下，百姓必來訴。不從，實非便。從而更之，不若以特旨先罷，俾軍民知惠。」仁宗深謂然，是日降手詔罷之，河北父老皆至澶州旁河橋，南向建道會，謝恩祝延，諸州以次浹而止。仁宗以諭公：「鹽事幾誤朝廷！」手詔今刻石在北京。

自西師屯戍，事邊寢廣，財用不贍，民力大屈。公大校國計，上言：「天之生民，以衣食爲命。聖人因是而爲之均節，立君臣貴賤等威之分，以止其争且亂。故禮也者，文飾此者也。刑也者，防禁此者也。凡所謂賞罰法令，仁義廉恥，皆緣此而後立者也。衣食不足，何禮刑之有哉！内無以保其社稷，外無以制諸夷狄，國非其國矣。故貨食者。人事之確論，非高譚虚辭之可致者也。」因條例盈虚之由，出納之數，請究其本原，節以制度。章數上，可謂精悉矣。中書繙閲經時，數議而不能有所措置也。郡國賦調，必寬爲之期會，故免卒暴之費。庫務給受，必明爲之程式，故無邀阻之患。省諸刑本，絶諸後害，幾按之前，四方蒙福。凡所建立，皆爲故事，至今老吏追懷。

南京鴻慶宫奉安三聖御容，當遣柄臣，上特俾公充禮儀使。禮畢錫燕，命公主會，鄉黨榮之。越明年春，以目疾懇請解邦計，上面諭：「卿領大計，事無闕誤，宜且小勉，不多時煩卿也。」(令)〔令〕宰臣陳恭公敦止，又欲正三司使名，公堅辭，又特命三部副使分受辭訟，常程細務，但令諸案發遣，大事乃稟白焉。仁宗於臣下鮮見厚薄之意，眷眷留公，蓋蔽志於進用。公以目痛，乃曰「不堪一日留也」。恭公爲之嘆咤曰：「禄位固有定分耶？」遂解計司歸翰林，仍兼端明殿學士，判尚書都省，領銀臺、封駁、審刑、太常。

三月，上召兩府兩制官於資政殿，觀龍圖、天章閣所貯瑞物，觀畢賜坐，陳列筆硯，上出一幅於懷，乃策問也，宣各就坐條對。宰臣陳執中獨固辭。已而二府并進，請歸中書、樞密院對而封進，許之。或云：樞密使夏竦忌執中，以其不由科第，少文，故建此以困之，執中毅重質直，心知其然，故力辭不對。執中本以章疏自達真皇，由此自光禄寺丞擢右正言，若奮筆，於時二府亦自鮮能企之。及此堅辭，識者以爲得體。時公出還禁林，是夕值鎖院，草麻制使相章得象除司空致仕訖方援紙，一草數千言，五鼓封入。仁宗披覽，以其精贍异之，復廣爲問，益爲條目，是日復中出御札，俾盡意以對。公所陳皆祖宗典故，時事之所要切，便宜得病，周詳該洽，上深簡在。月餘，復御迎陽門，召兩制近臣賜坐，又面賜問目，略云：「國之姦蠹，朝之憸諛，大臣之不才者，直書其狀，無有所隱。」其設席，引公自近密邇御座，且面丁寧，俾盡條析，覽訖當毀之，保無漏言，專註視公揮翰。公意不欲暴人之私而迫人於險，竟不如詔旨，泛論大體而已。奏御，上色不懌。初，上奇公前對，及御迎陽，專爲公發，問公「不才」者，意且即以代之。既不承旨，命遂中格。公聞之曰：「吾志在納忠，因而爲攻奪之便，豈我心也哉。」前對詔策二道在《文集》。迎陽門問對，對禦無藁。然上意自此解，左右浸潤，因乘間得入。

三司判官楊儀者，以請托被劾，行險者緣是以逞，連引近位及朝士十餘人。公與儀頗厚，故亦被問。獄具，法官當儀罪止於請求，而所累者殿前指揮使許懷德、御史中丞楊察、知臺雜事張昇、修起居註韓綜、開封府判官种世材等，皆詿細文，獨公無罪可書。時執政有欲中傷者，例從重議，公亦罷翰林，出知滁州。公久處清近，陟降論思，忽爾無名遠補淮甸，士友多相唁者。公曰：「是奚爲者！諸朝士代還求官，候闕輒三二年。今我何勞，懷郡章，即安逸，相賀可也。」沛然就郡，殊無不足之色。上意尋悔，到官三月，就除端明殿學士、知江寧府。公平日與所知譚民政之體，以謂獄市賦役，民所以慘舒者。獄斯無苛，市斯無擾，賦斯時，役斯均，民有所措手足矣。無苛本於恕，無擾本於約。時者，期會緩急之謂也。均者，簿書詳允之謂也。故公長民布政，允蹈所誌，凡此四事，必留心焉。用是所至清浄，吏民安之，不留章章之迹，久必見思，蓋體道之深耶！先是，江寧府廨火，及此，重修始成，特旨命公撰記，因著是説於文。《敕江寧府重修府權署記》

在《文集》中

明年冬，就加龍圖閣學士，還給事中，徙知杭州。錢塘氣俗輕侈，貨利湊聚，號煩劇難治。公纔渡江，望風歡迎。既下車，訟庭肅然。時清臺上言：推星占，吴越當災，非兵即疫。故命資政殿學士、知杭州范公仲淹兼浙江東、西兩路兵馬鈐轄。及公往代，吴大疫，越饑，故公修救荒之政，而人無失其所者。及公罷，遂分浙江東西爲兩路，不復專統焉。杭州地當醜會，賓客留泊，百姓積苦厨傳之擾。公聞其然，舟車入門，即時致饋。吏卒呼噪，供索無時，公命典庖晨一爨度已，餐醪豐潔，民以各安其業。公謂僚屬曰：「利害於人，不繫細大，歸於簡便，此政術也。大者畏之，小者忽之，何有於民也！」郡城溝瀆，自吴越納土，未嘗疏浚，渚亭穢濁，人户滌灌皆用之。公視江閘，方潮時，高下甚遠。因暑雨集舟百餘艘，蕩諸穢水，發閘瀉出之，流惡至富陽。乘潮納新水，溝瀆一清，城中相慶。凡諸施爲，舉從便利，錢塘人著之風謡，至今頌詠。未幾，丁太夫人憂，郡人哭送郊外，戀戀不忍還。

親舊聞公護喪，且歸南都，爲於嵩麓陽翟擇葬地以待。公至南都，謂鄉人曰：「三代以還，諸侯各世其國，未聞宋公葬於鄭、曹伯葬於許也。若以許、鄭水土深厚爲善，宋曹淺薄爲惡，則許先曹滅，宋後鄭亡。兩漢之間，州鄉著籍。魏晉以還，封壤分裂，衣冠始有僑寓矣。吾親知有睢陽爾，内外姻族，松楸相望也。吾未知陽翟所在，柰何委親於山麓，而與妻子自安鄉土哉！此地雖淺薄，吾將累甓爲坎窆，而下實之以土，免崩頽、漂浮、風水之患，蛇鼠狐狸無自入，不亦善乎！」遂以此竟襄事。今宋人舉用此法，遂以成俗。諸近郡縣稍稍仿此，咸得安厝之宜。

服除，還舊官。是歲，上郊陽丘，陳丞相問公：得無民間利病可布上之恩德者歟？公爲陳王畿税賦之重，及請減定刺配刑名。故赦書及之，畿縣兩税特於元額例減三分，永爲定式，及據續降敕刺配條，詳議減除。皇祐五年赦敕事在《文集》俄兼翰林侍讀學士，除秦鳳路經略安撫使、知秦州。時秦州蕃部有叛者，斷古渭路。都總管張昇舉兵討伐，副總管劉涣不禀令，互有論奏，故并内徙，而以公代昇。公請對曰：「邊有兵事，即合用典法。昇與劉涣自有階級，今乃更相論奏，又兩罷之，昇既自失帥主之體，涣有不禀節制之罪。較量輕重，律令具之。臣往代昇，何以御偏裨！」論列再三，竟不受命，故但徙涣而昇得免。

時朝議以陳、許、滑、鄭、曹爲輔郡，增兵防，上命於學士久次中選守臣，故公遷尚書禮部侍郎、知滑州。以三月赴上。七月，遷户部，徙益州，兼益利路兵馬鈐轄。戒路至陝，逢本路走馬承受張勉入奏廣南蠻賊儂智高誘扇雲南寇蜀，兵已涉邛部，坤維大擾。比至岐下，朝廷具事宜促行相繼，録下蜀中部司州郡奏報甚急，宣發秦、渭兵馬，轉送器甲，絡繹閣路。過兩當驛即入川界，州郡役民夫夜築城，諸縣弓手輒增三倍團練晨夕訓閲。比及綿、漢，城皆啟閉不以時，民結壇社，相約保險，嫁娶不復待年。窖藏諸物，訛言相驚，動危紛然。公徑至府，已視事，即日下教所部，諸所增弓手、築城役夫，即散遣之。告諸州縣，察諸言語相恐，禁止諸嫁娶不如禮者，解諸壇社。蜀人謂之「清壇」，蓋私與盟約。值上元觀燈，日夕設盛會，因大啟城諸門，三夜不閤，民心乃定。徐究傳言所來，乃邛部譯人欲軍馬集境上，規商販之利。追其造謀者戮之，餘投之湖、湘之間。乃具奏歸秦、渭戍兵，還器甲於岐、雍，蜀土又安如初。蜀父老相傳，太皇時李順、王小波以甲午年作亂，故蜀人識之，以甲午年爲惡，仁宗每以爲憂。癸巳歲夏，程戡自樞密直學士除端明殿學士、領益州，面諭此意，且曰「無事歸朝，置卿二府」。明年七月，以參知政事召還而公代之。及公定蜀，正甲午年也。初，張勉入奏，中外皆聳。公初授朝命，委之經略，即上言：「雲南去蜀險遠，久不與中國通。諸蠻雲南爲大，智高窮賊，豈應舉國從之！此殆虚言。然因民之憂，亦有以致動亂，惟宜静以待之。」既入鏡，比下車，處置已妥寧。俄而平安奏至，兩府共白「鎮撫得體」，仁宗爲之色動稱歎。龍圖閣學士王贄授瀛州過闕，仁宗遇贄素厚，公在中司，舉贄御史，上記之，問贄「張某，卿舉將也」。因及益部之事，咨嗟久之，曰：「昨深解朕憂。人之才，當以所爲觀之爾。」蜀人圖公像於浄衆寺。眉州蘇洵，西蜀名儒，爲公祠堂記。秘閣校理、知邛州李大臨，方雅士也，爲公畫像讚。所述皆足傳信矣。於時儂蠻通誅，實逸在雲南，故諜者乘而扇動，後此蠻竟爲雲南所戮。先是，智高母、妻、子皆執在京師猶存，欲以招智高。公奏至，始伏法。坤維方面險遠，藩鎮最爲雄大，故朝廷假之權重，民有姦暴，得法外彈治，事有艱急，得便宜裁處。或謂公：前守牧必以威嚴操下。公曰：「等王民也，何事爲虐！」治如内地，未嘗遠徙一民，故蜀人至今懷感。在蜀幾二年，以三司使召還。

公既對，未嘗言蜀故，意在復請一麾，不樂主計。時仁宗違豫初平，重煩上聽，遂就職。向自西鄙用兵，兩蜀多所調發，人用告困，公爲奏免横賦四十萬貫餘，又減鑄興、嘉、邛州鐵錢十餘萬緡，人賴其惠。公慶曆中總邦計，倉庾軍儲足支三年，馬粟備七年。及此嘉祐初，中間十年，軍儲減半，馬粟纔備一歲。因上

言：「今之京師，古所謂陳留，天下四衝八達之地，非如函秦天府百二之固，洛宅九州之中，表裏山河，形勝足恃。自唐朱温受封於梁，因而建都。至於石晉，割幽、薊之地以入契丹，遂與强敵共中原之地。故五代爭奪。華夏靡寧，其患由乎畿甸無藩籬之固，根本無所庇也。祖宗受命，規模畢講，不還周、漢之宇而梁氏是因，非樂是而處之，勢有所不獲已者，大體利漕運而贍師旅，依重師而爲國也。則是今日之勢，國依兵而立，兵以食爲命，食以漕運爲本。今仰給於官廩者，不惟三軍，至於士庶，以億萬計，大半仰食於軍稍之餘。故國家於漕事，最重最急。」因列畫漕運條件十四事奏上，時富丞相爲上宣讀，且開陳其説，是日留十刻，侍衛至跛倚，且曰：「此國計大本，非常事也。」公至中書，文丞相曰：「慶曆中公在三司，所陳邦計二奏，中書每議財策，必按以爲議本。於時公在杭州，已得旨召公復主計，值公服憂而止。」公凡論議，固有本末，未嘗徙廢，十四事一如條畫施行。奏京師軍儲事在《文集》後五年公過都，問三司舊吏，自行此法，倉儲足支五歲餘矣。公在三司，文移之下諸路者輒減半，廷無妄訴，獄無留繫，天下無暴賦，其愛利所及溥矣。

就省遷吏部侍郎。以目勞屢請解，輒降璽書不允。再閱歲，始得請，遷尚書左丞，還端明、龍圖二職，出領南京留府，奉親與歸里舍。未期，遷工部尚書，領秦州，申前命也。以親老、迎侍不便辭，章三上，三詔不聽。表及詔在《文集》先太師謂公曰：「君命當爾取必耶？顧吾任騎乘，汝盍行矣。」公始受命到闕。屬盛暑，仁宗特旨令俟秋涼，以便親也。秦壤接夏戎，統押洮、涼。邈川大首領，朝廷制誥但名「唃厮羅」久矣，中外莫知其所謂，公始詳究，得其種族名號，住坐遷徙，城邑部落，備録以聞。二府中多歷秦帥者，亦未嘗聞，乃曰「付之史官，西羌一傳備矣」。奏在《文集》政令嚴簡，卒乘輯和。時夏酋諒祚驕僭，遣使至朝廷乃稱宣徽使，而其界以侍御史知雜事大點集戎騎，立寨近鞏築城。城秦鄙也，旁邊番户多投匿山林。公料閲軍馬，聲言出境，以安内屬之心，實未嘗興發也。當言職者有憾於公，謂公輕舉，當國者乘便欲危之。一相云：「邊臣謹守備，職爾何論焉！有備無患，軍政所先。寇至而不戒，何以固吾圉？師不出營，何輕舉之有？」上亦素察公所爲，故言者不得逞。初命公奏，有旨除宣徽使，間言旁發，故除冬官，且有後命再任除之。及是，故不悦者將撓廢前命。公聞之曰：「宰相者，時來即爲，於我乎何有！」即懇辭，請解官奉親，歸里侍養，故復領南都留府。

英宗即位，加禮部尚書。自此數以歸養爲請。又徙陳州。過都，值仁宗神主祔廟，故止陪位，因留判尚書都省。未幾，請知鄆州。州北大澤，自青、齊間有河入焉，公私舟檝往來相屬。至壽張縣，河分二派，其一近南，安流徑易，其一近北，回曲岸，多石湍激，分十里許復合。有土豪甲氏居回曲處，積姦敝，澌湮塞。南道舟必由湍激，騰剥重載，僦人牛以挽之，而甲民專其利。公因歲饑，出倉粟募人疏濬，日役千工，出穀三千斛，浹旬而南道通，逮今公私獲便。刑部郎中李師中撰記，刻石在壽張未幾，加翰林侍讀學士，徙知定州、本路安撫使。公以親老復請歸養，改徐州。以舟行侍親爲便，故受命。

明年春，召還翰林，充學士承旨，遷刑部尚書。頃，赴東平。登對，英宗愕然曰：「吾籍卿名久矣，不知卿乃在朝！今何自爲郡？」公曰：「臣向領陳州過都，屬先帝昇祔陪位，因少留。無職事，故不敢見。今奉辭，亦思效涓塵。」出奏牘，言時政要務。在《文集》中顧問再三，業已外除，意若有悔。及徙徐州，屢語執政俾召還，凡三沮止。最後語云：「吾在藩邸時，覽其所著《芻蕘論》及所對賢良策，於時務該洽矣。以此典誥命，足揚朝廷光采。」沮者察上意堅，始奉詔。及入見，上具道此意，慰撫甚厚。且曰：「聞卿親老，當内直時或文字稀少，出宿可也。」上自在藩邸，好學，喜文辭。即位後，兩制代言多不稱旨，故喜公還。每覽詔命，謂知制誥蔡抗曰：「老筆自别。」一日登對，上問公：「吾昔觀卿著述，知於治道留心。所謂治道，其有體要歟？」公曰：「治道固有體要。」「何謂體要？」曰：「體要在乎易簡。」「其説云何？」曰：「易簡者，天地之理而賢人德業之所由出也。」因爲上開陳《繫辭》一篇之意。上曰：「何所施行而得至於易簡？」曰：「本於誠明爾。誠則易，明則簡。誠明者，君子之性也。誠則易知而有親，明則易從而有功，故其德業可久可大，其治天下，何啻乎視諸掌矣。」是日顧問甚久。上曰：「吾昔在藩邸，列於朝位，望兩制近臣，以爲皆天下之選。自即阼，方見其奏事或常常爾。不惟兩制，執政中亦鮮有發明者。今聞卿所譚，方知有人矣。」

上起宗子，及纂御，深自謙抑，自宰臣以下未嘗名，但呼官，館閣諸生有得對者，亦止呼學士。公從容白：君尊臣卑，國之大體。君前臣名，朝之常儀。肅權綱，正憲都，治道之本。待下之禮太過，非所以隆堂陛、明等威。上自此見衆臣稍正名分。有奏劄子在《文集》

公前在禁林修玉牒屬籍，及此再還内制，復司宗籍。見近歲宗室蕃衍，其賜名者率鄙惡，蓋四聲諸字取用已盡，宗室在亡已千餘名，以音同相避，名一字即餘字悉廢。公請以服屬疏近賜名，其音同字异者，不以相犯回避。由此宗子遂

得雅名。英宗屢稱其善，云：「張某可謂知救時敝者矣。」有奏，劄子在《文集》

上深患官冗，令兩制集議，以清其尤濫，向者兩省官議事多异同，不能折中詣理。及是，公爲兩禁之長，事必舉正於中，朝廷賴其裁定。諫官李受請對，論冗官之敝，上曰：「此議屬之張某。卿若别有意見，可以語張某，擇所長而處之也。」李端愿對亦及此，仍令端愿至學士院宣上此意。樞密副使胡宿請外補，出知杭州。翼日，中書請除人，上曰：張某。宰臣復欲沮之而難拒上意，乃曰：「向者常議，樞密院本有武臣一員，久闕不補，今請用前議以復舊典。」即歷數武臣三數人，至郭逵而稱其可用，除逵簽書樞密院公事。他日，公因對，上曰：「罷胡宿本以用卿，中書每不爲卿地。至如議用武臣，中間除吕公弼樞密副使時不舉前議，則其意可知也。」公曰：「自仁宗慶曆後，擢用二府，必與宰臣參之。臣知事君爾。」然所守有年歲矣。

十一月，英宗違豫。十二月，漸劇。二十一日，召公入福寧殿，上憑几授旨，册令上爲皇太子。翼日宣麻，盛傳制辭下四方。公至中書，執政皆言：「皇儲建立，國之慶典，得公制辭，足以增華儲邸，流芳史牒矣。」皇太子上辭表，公批答至儲宫，太子讀之稱善，宫僚皆誦之，莫不歎美。公受敕充册立皇太子禮儀使。

方討論大典，英宗昇遐。皇太子即位翼日，公首見召，對於側門，議加恩宰臣宗室。公因言：「仁宗晏駕，以在位四十二年，凶禮亡闕，倉卒綿蕝，事多過制，郡縣吏成勞擾。今請詳酌，裁定儀典，稍從簡便。」上曰：「朕思之，但奉先之禮，裁損非宜。」公曰：「請申明遺制。遺制固云：『應山陵事，并從儉約。』能奉先誌，可謂天子之孝矣。」上拊髀曰：「卿言甚有以發朕心。」即傳宣中書，差官就三司置司，省諸冗費不急之物，公私稱便焉。以即位推恩，遷户部尚書。時國家薦有大故，内外賞給，發及積藏。英宗登極，頒賚尤廣。公率近侍之官請從裁汰，故自宰臣以下，宗室戚里，例損十之七八，省費不貲。劄子在《文集》

公在内禁，諸詔命令，天下莫不傳布。英宗廟號、謚號、祧遷之議，諸大手筆，皆公撰定。凡所損益，莫不折中。謚議廟制皆在《文集》常問方今政務所先，公陳治道大體，國計大本，論國計事在《文集》是謂守位曰仁，聚人曰財，上曰：「此可謂政務所先也。」公所陳國計極詳，因曰：「陛下何以圖之？」上曰：「責之二府爾。」曰：「得之矣。既付二府，每旬浹輒一詰其施行條理，故二府亦莫敢懈，稍稍措置，所補亦不淺矣。」

四月，參知政事吴奎免。是日公適對，上語之故，且曰：「朕志先定，登卿政府。」公再三遜避。上曰：「卿歷三朝，可謂獨立傑出。知卿不結交黨，左右莫爲之先。今朕首舉卿以自輔，尚何辭之有！」既而語及韓琦久在告，其意保持奎，奎免，必不復起。公因言：「琦雖挾愛憎，然有勳王室，進退之禮，宜盡恩意。」上深然之，爲親札手詔敦諭琦，還奎於位，以慰安之。

上好文章，從容問及古今制誥優劣。公曰：「王言以簡重爲體。西漢制誥典雅深厚，辭約而意盡。故前史以爲漢之文章與三代同風，以其與訓誥近也。臣才學空疏，愧無以發明聖意，亦庶幾取其爾雅而已。」翼日降賜宸翰，稱其書詔，褒嘉殊重。時蒙訪逮，或見特召。一日謂公曰：「卿所上封奏，其精切者，朕置之卧内，時省閲之。」

九月，英宗神主入廟，忽夜召公入，以宰臣韓琦罷，議除拜恩典，因命公參知政事。時公以親疾在告固辭。上曰：「受命以慰親之意，亦庶於有瘳也。」徹御前雙燭送公歸院。是夕，别召知制誥鄭獬夜就起居院草公制，面諭贊辭之意。獬所草除書，皆上所授。故事：自知樞密院除授，皆中書得旨，以辭頭授當制舍人具草，未嘗夜召也。惟親王、將相大除拜，乃面召授命，節旄亦多用熟狀。翼日制出，公在告，宣入即時，中使召赴延和殿告謝。公立殿門外，以親疾自陳。促入，宣上殿，慰諭久之。公請候親疾良愈受命，不許。近璫即送赴中書。先一日，韓絳、邵亢除樞密副使。次日，公與趙抃并命。又次日，内殿起居。閤門儀制：兩府以先後入爲班次。班退，宣閤門使，上親定班，著以公爲首，絳次之，抃又次之，亢又次之。

至政府之次日，宰臣議以王安石補御史中丞。公曰：「御史中丞秉國憲度，安石以經術爲名，自處高，難居繩檢之地。」趙公亦以爲然，竟止。未幾，太師捐館，上聞震嘆，遣内司賓臨奠，近璫數撫問，賻賜尤厚。後每語及即嗟惜，命虚此位不除人以待公。安石預政，與公志趣不同，又聞中司之議沮，乘公執喪之間，衆口交爍。服竟，乃除觀文殿學士、知西京留府，遣使齎敕、誥、帶、馬、即家以賜。

旬餘，中批令赴闕朝見。公既入對，懇請南京留司御史臺。上慰問移晷，且諭公可以宣徽使留供職。公堅辭，惟南臺是請。翼日，乃除判尚書都省，領集禧觀。公復請對免，不受敕。上曰：「朕留卿，卿堅辭。卿所請，朕所難從。且若之何！藩鎮惟卿所擇。」歷問公太原、雍、河陽、許、青、鄆孰便。公曰：「不得已，願爲潁州。」上曰：「潁支郡。」公曰：「潁實鄜郡，自舊相皆領之。」曰：「孰與

陳？」公曰：「向經新行。經，國重戚也。」上曰：「經之移徙易爾。」遂領淮陽。公因面言：「臣被恩特深，當微有以展報也。」上曰：「甚善。」因探懷出單奏，具言：「近聞朝廷置條例司，開端創意，且大爲改作。若一司一務有所釐革，縱有過差，後皆可復。而國之大事，在兵與，不可易議也。師旅興發，患必在後。民心危動，安之實難。大兵爲凶器，戰爲危事，不可玩，夫民愚而不可欺，弱而不可勝，不可忽。故兵猶火也，可以焚物，亦以自焚；民猶水也，可以載舟，亦以覆舟。願陛下謹守祖宗之法，以保泰山之安。」時熙寧三年正月，條例之議始行，故公因對及之。退而謂親友曰：「吾此得見，亦不爲虛至矣。」奏辭，上問「且少留否？」公曰：「今出都門行矣。」既下殿，不復至私第，乘馬即戒路。聞後有賜，亦不及也。

在陳一年餘，慶州有叛卒構亂，聲勢動關中，本路轉運使沈起傳檄在所兵官，縣尉，各集兵境上防守，介冑持兵，村落皆擾，民大惶駭。州縣展轉騰報，急如星火。公發檄止之，故自陳以東皆安静，且具以聞。上以付樞密院，頒下諸路，兵方散。顧謂二府曰：「守臣不當爾耶！臨事乃見人器慮矣。」近臣登對者必語及之。特旨舉堪諫官者二員，公以李大臨、蘇軾應詔。或止公，公曰：「吾知舉堪諫官者，不知其他也。」時監司官有苛深者，事小嫌，輒別推，一州至設三數禁，官吏多被檄推事，州縣患闕官。陳州置推四所，速者猶淹半歲，追逮證驗數千里外，道路輿曳，或在禁疾病，寒暑瘐死間有之。公條例上聞，司官被問，郊霈得釋。朝廷因立約束頒行天下，諸路推獄由此不敢妄作，刑禁以清。

公在西軒，聞築者謳聲甚諠，問焉。曰：「民爲張太尉立廟。」公遣視之，男女奔走以輸財力材甓，貨食充積。他日國忌，僧寺行香，堂後門闔下見畫像。公問，左右曰：「唐趙太尉也。」公曰：「巢寇亂陳，今郡城北春磨寨遺迹在焉，其毒可知也。趙犨守孤城，以罷兵無日不戰，竟全此州，能捍大患而不廟食。張侯何者！」今有廟在京師，封靈應侯命徹張侯廟夷之，籍其資用送官，立趙太尉祠堂於寺中，至今官吏以時薦常事，陳人皆奉饗。石記在寺祠堂前

諸路司官所興功利，長吏皆不預聞。公曰：「吾衰矣，且素不能事人，盍歸歟！以全所志。」故復請南臺。不許。又累請，遂解州紱，判南京留司御史臺。先治裝，受命即行。掃舍掩關，罕所通接，坐忘遺照，游方之外矣。所居構虛堂，題曰「樂全」，蓋取莊生云「樂全之謂得志」。所謂「得志」者，非軒冕之謂也，謂其無以益其樂而已矣，自號樂全居士。謂知友曰：「一丘一壑，盡在是矣。」中外屬意，朝議謂公必尋起。或謂公「朝議如此，公將何如」？公曰：「吾進不求合，退不爲高。今以病故爾，何敢慢命也。」樞密副使蔡公挺，里人也，上時問公動静，時宰知旨，欲就除南都。公揣且別有除，謂蔡寧就陳，遂授陳州。未幾，夫人卒，因請易南都便葬，又徙南都。

上諭宰相韓公、參政馬公：「張某可令過闕。」二公因所親通旨，遂入覲。閤門新制，應見而當對者并待次。次日早宣令對，已退朝，不果對。又次日方對，慰問留數刻，語舊甚悦，曰：「先帝常説卿不立黨友，所居竹柵門常掩，或終日無一馬出入。」因曰：「且以宣徽使奉朝供職。」懇辭不敢當。宣坐賜茶。前殿罕嘗賜臣寮坐。既退，上語左右：「張某氣貌，可四十許人爾。」俄有旨下閤門：「前兩府見辭日即對，不得以班次隔。」遂著令。是夕，御筆批出令赴郊陪祠，執政者以爲大臣得請有陪位，今令陪祠，特旨也，即當攝事。乃降敕攝侍中，又攝太尉，皆見執政所承攝之職也。前一日，宣德門肄儀，公端笏挺然，進止詳整，樓前萬衆，無不屬目。

冬假未開，先投牒奏辭。上恩眷既渥，前嘗面諭令時對來，公不敢數。上意候假開且有除拜，勿睹奏辭，見班而公名在焉，訝之。夜半，降一幅批張某三字付外，在韓相所。中書早參，令改宣徽使判應天府。及入辭，上曰：「已有命。」懇辭，不可。居數日，閤門促受敕告謝。公請先對後謝。有旨令先謝後對，蓋絶其避免也。因陳宣徽使必由寄任而除，向臣以私便請南都，今授重官歸鄉里，是啟僥幸之路。上曰：「此意朕未之思也，卿自持誠得體。青州，重鎮也，人臣臨撫爲宜。」面諭輔臣咨嘉，稱有風節，改判青州兼京東路安撫使。

延和殿告謝，宣坐進茶。上問：「卿知邊事。祖宗時所以御戎者，策孰長？」公對：「軍旅之事，雖未之學，歷代史册所著得失成敗，亦可言之矣。本朝太祖專務擇人，以安邊保民，不勤遠略。如夏州李彝興、靈武馮暉、河西折御卿，皆因用其酋豪，使之承襲，以固疆圉。而選驍將如董遵誨捍環州一路，郭進守西山，李漢超保關南，并久於委寄，至十餘年不徙，優其給賜，寬其文法，使佚樂自恣，以收其力用。故盡太祖之時無鄙上之事。太宗既平并州，因兵勢遂欲收幽、薊。不克，乃與契丹交怨，邊難無歲不有。曹彬、劉廷讓、傅潛等皆大失亡，至各十餘萬人。又遣李彝興、馮暉之族内徙以取其地，因是致繼遷之亂，三邊人擾，朝廷旰食。後有蜀亂，以至憂勞厭兵，然悔無及矣。由是觀之，其御戎之策，得失明矣。真宗初，趙德明納欵，西邊安静。及澶淵之行，北國講和，軍士解甲，及

今七十年，生民安於富庶，可謂盛德大業者矣。近歲以來，頗聞邊臣獻開拓之議，此實進取之人僥倖立功，以干賞蹈利，恐非國家之遠慮。惟陛下思太祖之善制，鑒太宗之失策，謹三朝之好，以乂寧四方，撫育黎庶。」上曰：「慶曆以來事，卿知之乎？元昊初效順，如何待之？」公對：「元昊效順時，臣爲翰林學士，其誓詔封册皆臣所撰。」因具言其本末。曰：「爾時卿已爲學士耶？可謂舊臣矣。」又問：「慶曆初，契丹泛使來。常見富弼言，於時兵在境上，志必南侵，竟以金帛餌之而退。其謀果何在？」公對：「當時蕭英、劉六符來使，乘我西師之屢挫，知朝廷用兵之困。北國貪倖，故來渝盟。臣當時充諫官。亦曾上言『竊料敵情，餌以金帛必解。何以言之？自和好以來，北兵自亦驕惰，其貴近安於侈逸，其下無由自振，故生事以邀功而圖富貴，此人之常情也。今北國猶有舊臣如馬保忠之比，北國尊重，其爲之謀必忠。今若受金帛而解，耶律氏之利也。必棄好交兵，群下之利也。』於時仁宗命宰臣呂夷簡、樞密使晏殊於殿廬中置酒與議事。蕭英自言：『兩朝和好，乃是好事，豈願更見兵革耶！』又自言北國事，頗漏其情，六符變色目之。及歸，英竟以此獲罪。由此觀之，乘利而動，得所欲而解，其謀止於是矣。因言：今聞泛使復至，願陛下爲社稷生民計，所議更且深加含忍。今河朔薦饑，民多流散，財用不給，糧饋空虛。以至將帥之臣克堪整衆者實少，必有忍其乃有濟。有容德乃大。」時泛使蕭禧頗黠猾，恐對上禮有慢者，或不能容，故公深以爲言。上曰：「兵凶器，戰危事。朕念慶曆中敵再和之後，中國遂以自安，不以淩侮爲辱，亦不復忍戒備以善於後。故朕今者除戎器，訓軍旅，非有意於興舉，至於不得已以爲應兵爾。」公對：「此魏相所謂『兵應者王，兵貪者亡』。然應兵者，謂兵禍之已成也。及其未成，消平其患，乃善之善者也。」

公向在内禁，英宗大漸，召公至福寧殿，憑遯曰：「來日降制，册頊爲皇太子。」語少力，公請紙筆，書僅成，公亦不敢藏之私家，至是袖之面納。上曰：「何者？」公曰：「先帝御札。」欲閱之，公曰：「請内中披展。」上泫然以付侍璫。他日論曰：「卿所納先帝親札，乃憑几末命，此真可謂之顧命矣。」公不敢當，專乞赴青州。對下，上遣近璫就班次宣諭：「卿可候過正旦朝辭。」次日，中批俾就都亭驛押賜遼使御宴。都亭押宴常以兩府官，未嘗有外官主之。上曰：「卿舊望。館宴，可與戎使開懷譚話，不與新進者同矣。」元日館宴，戎使甚恭，曰：「敢問押宴宣徽貴壽？」公言年六十八，四人皆贊言，公顔全不動。公慶曆初嘗使北，是四人中必有曾見公者，既而竊竊耳語久之，蓋以公使北時，北主有异禮，北國紀之，迨今三十餘年，不意今猶在朝也。晚暮上馬，北人皆擁堂階聚觀，望公出門方散。

甫過元日，請辭赴任。面奉旨，令過上元。上親諭閤門使：「張某且赴常朝。」過上元，又請。上曰：「青州無事，且知州滕甫見在任。卿可留過同天節。」公對：「同天節猶遠，臣久留京闕，乞且赴任。」上曰：「卿老於朝廷典故，朕且欲時相見。」眷諭再三。是夕，中批令歸本院供職。公以爲宣徽使留京師，惟國之重戚，文臣未之有，具此瀝懇。竟不許，面諭曰：「宣徽院無事，留卿有以訪問，非但供職而已。」屬春宴，北使蕭禧在路，公請待禧到同此宴。上語及禧來爲河東疆事，諭示甚悉。公奏：「仁宗朝嘉祐二年，北使蕭扈已曾來辯，朝廷討尋本末，令館伴王洙等具言。扈辭屈，遂録節目付扈。」公猶收洙奏章，遂以上之。禧當辭，偃蹇，吏晨夕促之，不入。公於殿屏與樞密副使吴充并立，謂充：「北使留館，禮遣之，不行。俾主者日致饋而勿問，命邊吏以故移告北可矣。」充以此入啟，上然之。居數日，禧果自請辭。上曰：「朕謂卿自詳事體，兼一職。」乃除中太一宫使，面諭：「宫新成，國家所嚴奉，故創置使名。」公對：「臣此入覲，已荷顧遇之深。南都之命且引年矣，念他日莫復望清光，本志一謝恩眷即行，非爲官職來也。原不以進退累聖懷，臣自安分。」因辭宫使。降詔不允，上數言：「卿可謂顧命之舊臣矣，常求補外，得無在朝有所好惡者歟？」公曰：「君前何敢隱！臣實未嘗與人交惡也。」閤門儀制：宣徽使奏事，辰牌上，即赴後殿。公每對，遇報辰時，上必有旨次日前殿對，未嘗隔過後殿也，蓋其禮遇，不以常制待之。親知或勉公曰：「公得君，中外莫不知，盍體上意？數辭非宜。」公曰：「所謂得君者，謂行其誌也。余於國既無補，又懷恩而求容，以傷君之明，是重得罪也。引身而退有以遠恥辱，是亦一介之守也。」生日，中使賜飧醪。見任二府有此賜，宣徽使不及此异數也。奉朝夙退，門無雜賓。

久之，復丐徐、兖一郡，遂不入。上遣近侍就宣見問：「卿志常自疏外，何也？」公對曰：「大夫七十而致仕，禮也。臣年已迫，幸得請，冀便於告老。」上曰：「卿殊未衰，何謂年之迫也！」公曰：「譬之土木偶，外若可觀，中實乾朽。」上曰：「禮有不得謝，進退不在朕。」公曰：「不得謝，君所以加優老成者。然亦不屬以煩重之事矣。」上曰：「年至而任煩重者，固有之矣。」公曰：「天稟特异，不謂無之。大率古者四十而仕七十而老，中間三十年是爲一世，天之紀也。物狀則老。人之精力，年至自應衰。黽勉從事，顧禄位者爲之。臣雖知戀於聖朝，

豈敢忽於名教！」次日，中書緦奏事，上曰：「張某朕再三留，而請不已，須從之。」因議恩典。或有异言，乃易宣徽南院使加檢校太傅。有謂公：上殊慊然，有不足之色。遂判應天府。受命登對，上曰：「卿請已確，此命朕深不得已。」玉色不怡久之。辭日，特賜方團帶。宰臣解政除使相有此賜，餘無前比。優恩及於私室。辭後數日，有長星見於軫，犯左右轄，掩其中星。名長沙星上避正寢，降禮，下詔求直言。公上疏論時事得失，疏留中。

到南都，適高麗使人過府。先有制：夷使所過，長吏迓迎。公上言：宣徽使班秩同兩府，夷使，陪臣也，禮太過。特旨罷迓送，止令通判承事。使人來謁見，即與復禮。時使相公諸人之在揚州，令揚州依此。夷使入謁，退而謂中使馮宗道，通判韓晉卿、李鈞曰：「某在本國聞公名久矣，不意今日於此得參接也。」廣西守官侵擾諸蠻，交趾乘釁構亂，破邕州、廉州，大殺掠，南裔騷動。朝廷命師出，軍稱十萬，二廣、湖南至江西調夫輸送，發陝塞勁騎往討。公上疏論其事，凡十條。大意以爲：古之征蠻，未嘗舉大衆，以其巖壑深阻，水土風氣惡。今爲大舉，鋭士難以久於瘴鄉，突騎不能馳於鳥徑。蠻走險，兵不得用。謂宜選吏綏集亡散，保境，徐以謀取之爲善。疏上，師已出，竟以癘疫，兵夫不可留而還。時司農總制財利之條令，典其職者間或非其材，舉天下之祠廟，令比諸坊場河渡，歲入貲而專其祈祝之事。公時守南都，上言：「閼伯封於商，主大辰之祀。微子始封於宋。宋者，國家土業所興，而又以火德王，奉祀尤嚴。至於張巡、許遠、南霽雲，前代忠烈之臣，廟食於此。俾無賴之民得干黷之，殆非朝廷之議。」上覽奏，御筆批曰：「慢神辱國，無甚于斯。」使執政推究其施行之因，實未嘗經朝廷之議。有旨：前主判司農，嘗遇此事而不發舉者，以輕重加罰。申命天下，一切罷之。公身在外，視諸利害輒言。請禁錢無出邊關，復銅禁，高麗使人到闕，初無防遏，恣所適，公請絶其私游。凡有便宜，必以聞。

再閲歲，年七十，請老。章累上，每賜詔不允。王丞相以上意諭公所親，以爲雖百請，必不從。公致意相君：「姑就散地可哉。」相君爲言，乃除東太一宮使。府罷就第，遂屏人事。惟趙公叔平老在，鄉閭往來，未嘗他適也。僅二年，復請致仕。又三請，詔止之。最後，上以章付執政，令召知制誥李清臣至中書，宣諭以公懇謝之意，且令誥辭著公先預昇儲事，故命書具及之。以宣徽南院使、檢校太保、太傅、太子少師致仕，遣使臣齎誥、敕至第賜之。

聞蘇軾下吏，思有以寬朝憲，上言：「昔晉囚叔向，於時祁奚老矣，乘馹以見晉君，聞説而釋之，不見叔向而歸，示公言也。軾以刺譏爲罪，加譴而免囚，有以慰士大夫之望。」公坐軾，亦罰金。自是屏居一齋，方且齊生死，不但遺榮辱也。回首風塵，莊子所謂「若蟊虻之過乎前」矣。襟量坦夷無城府，不逆詐，不匿怨。性不喜爲聲名，故未嘗有所矜治標飾。其於毁譽，蔑如也。性不好交黨，故未嘗攀援結納，其於人事，泊如也。性不樂權利，故未嘗希時取容。雖事君，常禮不懈而已，其於進退，恬如也。所讀書專於六經，讀史但觀《太史公記》、班固《漢書》以爲猶足以傳信也。暇時頗樂老、彭道養之術，閲佛典楞伽，净名而得其理。每曰：「儒之誠明，道之正一，釋之定慧，其致一也。君子之道求諸己，以正性命而已矣。」公既兼内外之學，由是天下以通人推之。故頗僻詭邪不接於心術，愛惡哀懼無自入矣。

凡歷官：釋褐秘書省校書郎，著作佐郎，太常丞，右正言，諫議大夫，給事中，禮、吏、户部侍郎，尚書左丞，工、禮、刑、户部尚書，宣徽北院、南院使，檢校太保、太傅，以太子少師致仕。歷職：直集賢院，知制誥，史館修撰，翰林學士，龍圖閣、翰林侍讀，端明、觀文殿學士。在朝：知諫院，登聞檢院，糾察在京刑獄，太常寺兼禮儀事，吏部流内銓，審刑，審官，三班院，通進銀臺司兼門下封駁事，尚書都省，昭文館，秘閣，秘書省，宗正寺修玉牒官，提舉集禧觀，群牧使，知開封府，御史中丞，權三司使，正三司使，參知政事，宣徽使，中太一宫使。間授命修日曆、《唐書》、《樂書》，契丹國信使館伴、押宴，知貢舉，南京奉安三聖禮儀使，册立皇太子禮儀使。外任：知蘇州偁山縣，通判睦州，知滁州、江寧府、杭州、滑州、益州、應天府、秦州、鄆州、徐州、陳州，秦再除而一赴，陳五除而再就，應天四除而三至，西京、鎮定、太原、永興、青、徐，皆受命而不行。大約所歷藩鎮，至則清净，去必見思，抑可知其中外謳歷之風迹矣。文四十卷，號曰《樂全集》。内外制辭雜著二十卷，號曰《玉堂集》。元祐六年，歲在辛未，十二月二日，精神不動，寂然順化。享年八十五。訃聞，輟視朝二日，特贈司空，官其屬五人。其配永嘉郡夫人馬氏，太常少卿絳之女，有學識，婦道順而正，母德慈以均，晚年明性理，其殁也有異，别誌載之。四子：邦彦，大理評事；邦直、邦傑，并太常寺太祝。皆有文學行義，并先公以殁。季曰恕，克自修立，保家之子也。三女：長適殿中丞蔡天申，密副使挺之子；次適右朝奉郎王鞏，端明殿學士、工部尚書素之子；季嫁而復歸。以元祐七年八月九日庚申葬於宋城縣孟諸鄉之南原，從先塋也。

右謹具閥閱功狀上太常考功，請議謚及上史館，以備編録。年月日。王

犖狀。

《張方平集》附録《張文定公墓誌銘》　仁宗皇帝在位四十二年，蒐攬天下豪傑不可勝數，既自以爲股肱心膂，敬用其言以致太平，而其任重道遠者又留以爲三世子孫百年之用，至於今賴之。孔子曰：「惟天爲大，惟堯則之。」天下未嘗一日無士，而仁宗之世獨爲多士者，以其大也。賈誼歎細德之嶮微，知鳳鳥之不下，閔溝瀆之尋常，知吞舟之不容，傷時無是大者以容己也。故嘗竊論之：天下大器也，非力兼萬人，其孰能舉之，非仁宗之大，其孰能容此萬人之英乎！蓋即位八年而以制策取士，一舉而得富弼，再舉而得公。

公姓張氏，諱方平，字安道，其先宋人也，後徙揚州。高祖克，唐末爲亳州刺史。曾祖文熙，(亳)〔亳〕州軍事推官，贈太師；娶蘇氏，追封武功郡太夫人。祖嶠以進士及第，太宗嘗召對，選知鄆州，賜親札給全俸，終於尚書都官員外郎；娶劉氏，追封沛國太夫人。考堯卿，生而端默寡言，有出世間意，以父命勉娶，非其意也，父没，遂居一室，家人莫得見其面者十有七年，與祖、考皆贈太師、開府儀同三司，皆封魏國公。娶秘氏，追封譙國太夫人。

公年十三入應天府學，穎悟絶人。家貧無書，嘗就人借三史，旬日輒歸之，曰「吾已得其詳矣」。凡書皆一閲終身不再讀，屬文未嘗起草。宋綬、蔡齊見之，曰「天下奇材也」，與范諷皆以茂材异等薦之。以景祐元年中選，授校書郎、知偑山縣。蔣堂爲蘇州，得公所著《芻蕘論》五十篇上之，以賢良方正能直言極諫薦公。射策優等，遷著作佐郎，通判睦州。

時元昊欲叛而未有以發，則爲嫚書求大名以怒朝廷，規得譴絶，以激使其衆。公以謂：「朝廷自景德以來，既與契丹盟，天下忘備，將不知兵，士不知戰，民不知勞，蓋三十年矣。若驟用之，必有喪師蹶將之憂；兵連民疲，必有盜賊意外之患。當含垢匿瑕，順適其意，使未有以發，得歲月之頃，以其間選將厲士，堅城除器，爲不可勝以待之。雖元昊終於必叛，而兵出無名，吏士不直其上，難以決勝，小國用兵三年而不見勝負，不折則破。我以全制其後，必勝之道也。」是時士大夫見天下全盛而元昊小醜，皆欲發兵誅之，惟公與吴育同議。議者不深察，以二人之論爲出於姑息，遂決用兵，天下騷動。公獻《平戎十策》，大略以「邊城千里，我分而賊專，雖屯兵數十萬，然賊至，常以一擊十，必敗之道也。既敗而圖之，則老師費財，不可爲已。宜及民力之完，屯重兵河東，示以形勢。賊入寇必自延、渭，而興州巢穴之守必虚，我師自麟、府渡河，不十日可至，此所謂攻其所必救，形格勢禁之道也」。宰相吕夷簡見之，謂宋綬曰：「君能爲國得人矣。」然不果用其策。召對，賜五品服，直集賢院。遷太常丞、知諫院。首論祖宗以來，雖分中書、樞密院，而三聖英武獨運，斷歸於一。今陛下謙德仰成，二府不可以不合。仁宗嘉之。會富弼亦論此，遂命宰相兼樞密使。

方元昊之叛也，禁兵皆西，而諸路守兵多揀赴闕，郡縣無備，命調額外弓手，公在睦州條上利害八事。及是有旨，遣使於陝西、河東、京西四路刺弓手爲宣毅、保捷指揮，公連上疏，争之甚力，不從。宣毅十四萬人，保捷九萬人，皆市人不可用，而宣毅驕甚，所在爲寇。自是民力大困，國用一空，識者以不從公言爲恨。

時夏竦并護四路，劉平、石元孫、任福之敗，皆貶主帥，而竦獨不問。賊圍麟、府，詔竦出兵牽制，竦逗留不出，使賊平豐州，夷靈遠而去。公極言之，詔罷竦節制。自是四路各得專達，人人自效，邊備修完，賊至無所得。

及慶曆元年，西方用兵蓋六年矣，上既厭兵，而賊亦困弊，不得耕牧休息，虜中匹布至十餘千，元昊欲自通，其道無由。公慨然上疏曰：「陛下猶天地父母也，豈與此豺狼犬豕較勝負乎！原因今歲郊赦引咎示信，開其自新之路，申敕邊吏勿絶其善意，若猶不悛，亦足以怒我而怠彼，雖天地鬼神，必將誅之。」仁宗喜曰：「是吾心也。」命公以疏付中書。吕夷簡讀之，拱手曰：「公之及此，是社稷之福也。」是歲赦書開諭如公意。明年，元昊始請降。自元昊叛，公謀無遺策，雖不盡茫嚴，公有力焉。

修起居註，假起居舍人、知制誥使契丹。戎主雅聞公名，與其母後族人微行觀公於范陽門外。及燕，親詣前酌玉卮以飲公，顧左右曰：「有臣如此，佳哉！」騎而擊球於公前，以其所乘馬賜公。朝廷知之，自是虜使挾事至者，輒命公館之。

尋召試知制誥，遷右正言，賜三品服。誥命簡嚴，四方誦之。兼史館修撰。章得象監國史，以日曆自乾興至慶曆廢不修，以屬公，於是粲然復完。權知開封府。府事至繁，爲尹者皆書板以記事，公獨不用，默記數百人，以次決遣，不遺毫釐，吏民大驚以爲神，不復敢欺。拜翰林學士，領群牧使。牧事久不治，公始整齊之。

元昊遺使求通，已在境上，而契丹與元昊構隙，使來約我請拒絶其使。時議者欲納元昊，故爲答書曰：「元昊若盡如約束，則理難拒絶。」仁宗以書示公與宋

祁，公上議曰：「書詞如此，是拒契丹而納元昊，得新附之小羌，失久和之强虜也。若已封册元昊而契丹之使再至，能終不聽乎！若不聽，契丹之怨必自是始。聽而絕之，則中國無復信義，永斷招懷之理矣，是一舉而失二虜也。宜賜元昊詔曰：『朝廷納卿誠款，本絕契丹之請。今聞卿招誘契丹邊户，失舅甥之歡，契丹遣使爲言，卿宜審處其事。但嫌隙朝除，則封册暮行矣。』如此則於西、北爲兩得。」時人服其精識。

拜諫議大夫，爲御史中丞，中外之事，知無不言，至於宫妾宦官濫恩横賜，皆力争裁抑之。尋知貢舉。士方以游詞險語爲高，公上疏以謂，文章之變，實關盛衰，不可長也。詔以公言曉諭學者，宰相賈昌朝與參知政事吴育忿争上前，公將對，昌朝使人約公當以代育，公怒叱遣者曰：「此言何爲至於我哉！」既參，極論二人邪正曲直。然育卒罷，高若訥代之。

時當郊而費用未具，中外以爲憂，宰相欲以是危公，復拜翰林學士，爲三司使。公領使未幾以辦聞，仁宗大喜。至於今計司先郊告辦，蓋自公始。前三司使王拱辰請榷河北鹽，既立法矣而未下，公見上問曰：「河北再榷鹽何也？」仁宗驚曰：「始立法，非再也。」公曰：「周世宗榷河北鹽，犯輒處死。世宗北伐，父老遮道泣訴，願以鹽課均之兩税錢而弛其禁，世宗許之，今兩税鹽錢是也。豈非再榷乎！且今未榷也，而契丹常盜犯不已。若榷之則鹽貴，虜鹽益售，是爲我斂怨而虜獲福乎。虜鹽滋多，非用兵莫能禁也。邊隙一開，所獲利能補用兵之費乎！」仁宗大悟曰：「卿與宰相立罷之。」公曰：「法雖未下，民已户知之，當直以手詔罷，不可自有司出也。」仁宗大喜，命公密撰手詔下之。河朔父老相率拜迎於澶州，爲佛老會七日以報上恩，且刻詔書北京，至今父老過其下必稽首流涕。

南京鴻慶宫成，奉安三聖像當遣柄臣，特以公爲禮儀使，鄉黨榮之。仁宗遂欲用公，而公以目疾求去甚力，乃加端明殿學士歸院、判尚書都省，兼領銀臺司、審刑院、太常寺事。

慶曆中，衛士夜踰宫垣爲變，仁宗旦語二府，以貴妃張氏有扈蹕之功，樞密使夏竦倡言宜講求所以尊异貴妃之禮，宰相陳執中不知所爲。公見執中言：「漢馮婕好身當猛獸，不聞有所尊异。且皇后在，尊貴妃，古無是禮。若果行之，天下謗議必大萃於公，終身不可雪也。」執中聳然，敬從公言而罷。修宗正寺玉牒，補綴失亡，爲書數百卷。

自陝右用兵，公私困乏，士大夫争言豐財省費之道，然多不得其要。公自爲諫官、御史中丞、三司使，皆爲上精言之。一日，仁宗御資政殿，召兩府侍從賜坐，手詔問天下事。公退直禁林，是日有旨鎖院，公既草制書，又條對所問數千言，夜半與制書皆上。仁宗驚異，又手詔獨策公。明日，復出數千言，大略以謂：「太祖定天下，用兵不過十五萬，今百餘萬而更言不足。自祥符以來，萬事墮弛，務爲姑息，漸失祖宗之舊。取士、任子、磨勘、遷補之法既壞，而任將養兵皆非舊律。國用既窘則政出一切，大商姦民乘隙射利，而茶鹽香礬之法亂矣。此治亂盛衰之本，不可以不急治。」公既明習歷代損益，又周知祖宗法度，悉陳其本末嬴虚所以然之狀，及當今所宜救治施行之略。而其末乃論「古今治亂在上下離合之間，比年以來朝廷頗引輕險之人布之言路，違道干譽，利口爲賢，内則臺諫，外則監司，下至胥吏僮奴，皆可以搆危其上。自將相公卿宿貴之人，皆争屈體以收禮後輩。有不然者，則謗毁隨之，惴惴焉惟恐不免，何暇展布心體爲國立事哉！此風不革，天下無時而治也」。上益異之，書「文儒」二字以賜。月餘，御迎陽門召兩制近侍，復賜問目曰：「朕之闕失，國之姦蠹，朝之險詖，皆直言其狀。」獨引公近御榻密訪之，且有大用語。公嘆曰：「暴人之私，迫人於險而攘之，我不爲也。」終無所言。

公既剛簡自信，不恤毁譽，故小人思有以中之。會三司判官楊儀以請求得罪，公坐與儀厚善，遂罷職出知滁州。不數月，上悟，還端明殿學士，知江寧府。明年，加龍圖閣學士，遷給事中、知杭州。公生平學道，虚一而静，故所至皆不言而治，既去人必思之。自杭丁太夫人憂。服除，以舊職還朝，判流内銓。建言畿内税重，非所以示天下。是歲郊赦，減畿内税三分，遂爲定制。

秦州叛羌斷古渭，路帥張昇發兵討賊，而副總管劉涣不受命，皆罷之，拜公侍讀學士、知秦州。公力辭不拜曰：「涣與昇有階級，今互言而兩罷，帥不可爲也。」昇以故得不罷。以公爲禮部侍郎、知滑州。改户部侍郎，移鎮西蜀。

始李順以甲午歲叛，蜀人記之，至是方以爲憂，而轉運使攝守事。西南夷有邛部川首領者，妄言蠻賊儂智高在南詔，欲來寇蜀。攝守、妄人也，聞之大驚，移兵屯邊郡，益調額外弓手，發民築城，日夜不得休息。民大驚擾，争遷居城内，男女婚會不復以年，賤鬻谷帛市金銀埋之地中。朝廷聞之，發陝西步騎戍蜀，兵仗絡繹，相望於道。詔促公行，且許以便宜從事。公言：「南詔去蜀二千餘里，道險不通，其間皆雜種，不相役屬，安能舉大兵爲智高寇我哉！此必妄也，臣當以静鎮之。」道遇戍卒兵仗輒遣還。入境，下令邛部川曰：「寇來吾自當之，妄言者

斬。」悉歸屯邊兵，散遣弓手，罷築城之役。會上元觀燈，城門皆通夕不閉，蜀遂大安。已而得邛部川之譯人始爲此謀者斬之，梟首境上，而配流其餘黨於湖南，西南夷大震。先是，朝廷獲智高母子留不殺，欲以招智高，至是乃伏法。復以三司使召還，奏罷蜀橫賦四十萬，減鑄鐵錢十餘萬，蜀人至今紀之。

初主計，京師有三年糧，而馬粟倍之，至是，馬粟僅足一歲，而糧亦減半。因建言：「今之京師，古所謂陳留，天下四通五達之郊，非如雍、洛有山河形勝足恃也，特依重兵以立國耳。兵恃食，食恃漕運。汴河控引江、淮，利盡南海，天聖以前，歲發民濬之，故河行地中。有張君平者，以疏導京東積水始輟用汴夫，其後淺妄者争以裁減費役爲功，河日以堙塞。今仰而望河，非祖宗之舊也。」遂畫漕運十四策。宰相富弼讀公奏上前，晝漏盡十刻，侍衛皆跛倚，仁宗太息稱善。弼曰：「此國計大本，非常奏也。」悉知所啟施行。退謂公曰：「自慶曆以來，公論食貨詳矣，朝廷每有損益，必以公奏爲議本。凡除主計，未嘗敢先公也。」其後未朞年而京師有五年之蓄。遷吏部侍郎。復以目疾請郡，遷尚書左丞、知南京。未幾，以工部尚書知秦州。

時亮祚方驕僭，閱士馬，築堡箄築城之西，壓秦境上，屬户皆逃匿山林。公即料簡將士，聲言出塞，實按兵不動。賊既不至，言者因論公無賊而輕舉。宰相曾公亮昌言於朝曰：「兵不出塞，何名爲輕舉！張公豈輕者哉。賊所以不至者，以有備故也。有備而賊不至，則以輕舉罪之，邊臣自是不敢爲先事之備也。」議者乃服。初命公秦州，有旨再任當除宣徽使，議者欲以是沮撓之，公笑曰：「吾於死生禍福未嘗擇也，宣徽使於我何有哉！」力請解，復知南京，封清河郡公。

英宗即位，遷禮部尚書、知陳州。過都，留判尚書都省，請知鄆州。陛辭，論天下事，英宗歎曰：「學士其可以去朝廷哉！」公力請行，加侍讀學士，徙定州。乞歸養，改徐州，英宗屢欲召還，而左右無助公者，一日謂執政曰：「吾在藩邸時，見其《芻蕘論》及所對策。近者代言之臣未嘗副吾意，若使居典誥之任，亦國華也。」執政乃始奉詔，拜翰林學士承旨。問治道體要，公以簡易誠明爲對，言近而指遠，不覺前席曰：「吾昔奉朝請，望侍從大臣，以謂皆天下選人，今乃不然。聞學士之言，始知有人矣。」胡宿罷樞密副使，上欲以公代之，而執政請用郭逵，英宗以語公。公曰：「自慶曆以後，擢用二府必參之中書。臣知事君而已。」遷刑部尚書。英宗不豫，學士王珪當直不召，召公赴福寧殿。上憑几不言，賜公坐，出書一幅八字曰「來日降詔立皇太子」。公抗聲曰：「必潁王也，嫡長而賢，請書其名。」上力疾書以付公。公既草制，尋充册立皇太子禮儀使。

神宗即位，召見側門，公曰：「仁宗崩，厚葬過禮，公私騷然，請損之。」上曰：「奉先可損乎？」公曰：「遺制固云，以先誌行之，天子之孝也。」上歎曰：「是吾心也。」公又奏：「百官遷秩，恩已過厚，若錫賚復用嘉祐近比，恐國力不能支，乞追用乾興例足矣。」從之，省費十七八。遷户部尚書。

御史中丞王陶擊宰相，參知政事吳奎與之辯，上欲罷奎。公適對，上曰：「奎罷，當以卿代。」公力辭。上曰：「卿歷三朝，無所阿附，左右莫爲先容，可謂獨立傑出矣，先帝已欲用卿，今復何辭？」公曰：「韓琦久在告，意保全奎，奎免，必不復起。琦勳在王室，願陛下復奎位，手詔諭琦，以全始終之分。」上嗟歎久之，繼出小紙曰：「奎位執政而擊中司，謂朕手詔爲內批，持之三日不下，不去可乎！」公復論如初，上從之，賜琦詔如公言。久之，琦求去堅甚。夜召公議，公復申前論。上曰：「琦志不可奪也。」公遂建議宜寵以兩鎮節鉞，且虛府以示復用。從之，面命公爲參知政事。以親疾辭，上曰：「受命以慰親意，庶有瘳也。」是夕復召知制誥鄭獬內東門別殿，諭以用公意，制詞皆出上旨。制出，公以親疾在告，召對，押赴中書。御史中丞缺，曾公亮欲用王安石，公極論安石不可用。不數日，魏公捐館，上歎息不已，命近璫及內司賓存問日至，虛位以待公。尋詔起復，四上章乃免。

服除，以安石不悦，拜觀文殿學士、留守西京。入覲，請南京留臺。上欲以爲宣徽使、修國史，不可，則欲以爲提舉集禧觀、判都省，所以留公者百方，公皆力辭，遂知陳州。時方置條例司行新法，大率欲豐財而强兵，公因陛辭極論其害，皆深言危語，曰：「水所以載舟，亦所以覆舟。兵猶火也，不戢當自焚。若行新法已，其極必有覆舟自焚之憂。」上雅敬公，不甚其言，曰：「能復少留乎？」公曰：「退即行矣。」上亦愀然。

至陳，陝西方用兵，卒叛慶州，聲摇關輔，京西漕檄捕盗官以兵會所屬州，白刃橫野，民大惶駭，公收其檄不行而奏之。上謂執政曰：「守臣不當爾耶！」臨事乃見人。詔京西兵各歸其舊。吏方以苛察爲能，小不中意，輒置司推治，一州至數獄，追逮數千里，死者甚衆。公以事聞，詔以條約下諸路。時監司皆新進，趨時興利，長吏初不與聞。公曰：「吾衰矣，雅不能事人，歸歟，以全吾誌。」即力請留臺而歸。未幾，復知陳州。暇日坐西軒，聞外板築喧甚，曰民築嘉應侯張太尉廟。公曰：「巢賊亂天下，趙犨以孤城力戰保此邦，捍大患者也，此而不祀，張

侯何爲者哉！」命夷其廟，立趙侯祠佛舍中。

未幾，改南京。且命入覲，不待次對前殿，曰：「先帝嘗言卿不立交黨，退朝掩關，終日無一客。」命坐賜茶。尋拜宣徽北院使、檢校太尉、判應天府。公曰：「宣徽使非寄任不除，臣求鄉郡自便而得之，恐啟僥倖路。」上曰：「朕未之思。」改判青州。告免，延和殿賜坐，問祖宗御戎之策孰長。公曰：「太祖不勤遠略，如夏州李彝興、靈武馮暉、河西折禦卿，皆因其酋豪，許以世襲，故邊圉無事。董遵誨捍環州，郭進守西山，李漢超保關南，皆十餘年，優其祿賜，寬其文法而少遣兵。諸將財力豐而威令行，間諜精審，吏士用命，賊所入輒先知，并力禦之，戰無不克，故以十五萬人而獲百萬之用，終太祖之世，邊鄙不聳，天下安樂。及太宗平并州，欲遂取燕薊，自是歲有契丹之虞。曹彬、劉廷讓、傅潛等數十戰，各亡士卒十餘萬，又内徙李彝興、馮暉之族，繼遷之變，三邊皆擾，而朝廷始旰食矣。真宗之初，趙德明納款。及澶淵之克，遂與契丹盟，至今人不識兵革，可謂盛德大業。祖宗之事，大略如此，亦可以鑒矣。近歲邊臣建開拓之議，皆行險僥倖之人，欲以天下安危試之一擲，事成則身蒙其利，不成則陛下任其患，不可聽也。」上曰：「慶曆以來，卿知之乎？元昊初臣，何以待之？」公曰：「臣時爲學士，誓詔封冊皆臣所草。」具言本末。上驚曰：「爾時已爲學士，可謂舊德矣。」時契丹遣泛使蕭禧來，上問虜意安在。公曰：「虜自與中國通好，安於豢養，吏士驕惰，實不欲用兵。昔蕭英、劉六符來，仁宗命二府置酒殿廬與語，英頗洩其情，六符色目之，英歸，竟以此得罪。今禧黠虜，願如故事令大臣與議，無屈帝尊與虜交口。」上曰：「朕念慶曆再和之後，中國不復爲善後之備，故修戎事爲應兵耳。」公曰：「應兵者，兵禍之已成者也。消變於未成，善之善者也。」公每辭去，上輒還延之，三易其期，遂詔公歸院供職。

蕭禧至，以河東疆事爲辭，上復以問公。公曰：「嘉祐二年，虜使蕭扈嘗言之，朝廷討論之詳矣，命館伴王洙詰之，扈不能對，録其條目付扈以歸。」因以稿上之。禧當辭，偃蹇卧驛中不起，執政未知爲言。公班次二府，因朝謂樞密使吳充曰：「禧不即行，使主者日致饋而勿問，且使邊吏以其故檄虜中可也。」充啟用其説，禧即日行。除中太一宮使，進退禮秩凡皆與執政同。

公在朝雖不任職，然多所建明。上數欲廢易汴渠，公曰：「此祖宗建國之本，不可輕議。餉道一鯁，兵安所仰食，則朝廷無置足之地矣。非老臣誰敢言此。」自王安石爲政，始能銅禁，姦民日銷錢爲器，邊關海舶不復譏錢之出，故中國錢日耗，而西、南、北三虜皆山積。公極論其害，請詰問安石：「舉累朝之令典所以保國便民者，一旦削而除之，其意安在！」有星孛於軫，詔求直言，公上疏論所以致變之故，人皆爲恐慄，上皆優容。求去益力，上曰：「卿在朝豈有所好惡者歟？何欲去之速也。」公曰：「臣平生未嘗與人交惡，但欲歸老耳。」上知不可留，乃以爲宣徽南院使、檢校太傅、判應天府。上曰：「朕初欲卿與韓絳共事，而卿論政不同。又欲除樞密使，而卿論兵復異。卿受先帝末命，卒無以副朕意乎！」因泫然泣下，賜帶如嘗任宰相者。

高麗使過南京，長吏當送迎，公言：「臣班視二府，不可爲陪臣屈。」詔獨遣少尹。使者見公，恐慄不敢仰視。師征安南，公以謂舉西北壯士健馬棄之南方，其患有不可勝言者。若社稷之福，則勞師費財，無功而還。因論交趾氣俗與諸夷不類，自建隆以來，吳昌文、丁部、黎桓、李公緼，四易姓矣，皆以大校篡立，有唐末五代藩鎮傾奪之風，此可以計破者也。遂條上九事，習知蠻事者皆服其精練。師還，如公言。新法既鬻坊場河渡，司農又并祠廟鬻之，官既得錢，聽民爲賈區，廟中慢侮穢踐，無所不至。公言：「宋，王業所基也，而以火王，閼伯封於商丘以主大火。微子爲宋始封。二祠者獨不可免於鬻乎！」上震怒，批出曰「慢神辱國，無甚於斯」。於是天下祠廟皆得不鬻。公自念將老，無以報上，論事益切，至於論兵起獄，尤爲反復深言，曰：「老臣且死，見先帝於地下，有以藉口矣。」上爲感動。至永樂之敗，頗思其言。

公請老不已，拜東太一宮使就第，章數十上。拜太子少師，以宣徽使致仕。官制行，罷宣徽使，獨命公領使如舊。今上即位，執政輒罷公使，以太子太保致仕。元祐六年，詔復置宣徽使，乃命公復南院。章四上不拜，璽書嘉之。以其年十二月十日薨，享年八十五。訃聞，輟視朝一日，特贈司空，制服苑中，官其親屬五人，太皇太后對輔臣嗟歎其忠正。公遺令不請謚，尚書右丞蘇轍爲請，詔有司議，謚曰文定。

娶馬氏，太常少卿絳之女，追封永嘉郡夫人。四子：邦彦、大理評事，邦直、邦傑，太常寺太祝，皆先公卒；恕，今爲右朝散郎、通判應天府，信厚敦敏篤學，朝廷數欲用之，以公老不忍去左右，詔聽之。三女：長適殿中丞蔡天申，次適右朝奉郎王鞏，其季已嫁而復歸。孫男四人：欽咨，欽亮，欽弼，欽憲。孫女三人，并幼。

公晚自謂樂全居士，有《樂全集》四十卷，《玉堂集》二十卷，註仁宗《樂書》一

卷。神宗嘗賜親札曰：「卿文章典雅，焕然有三代之風，書之典誥，無以加焉，西漢所不及也。」所與交者，范仲淹、吴育、宋祁三人皆敬憚之。曰「不動如山，安道有焉」。晚與軾先大夫游，論古今治亂及一時人物，皆不謀而同，軾與弟轍以是皆得出入門下。軾嘗論次其文曰：「孔北海志大而論高，功烈不見於世，然英偉豪傑之氣自爲一時所宗。其論盛孝章、郗鴻豫書，慨然有烈丈夫之風。諸葛孔明不以文章自名，而開物成務之姿，綜練名實之意，自見於言語。至出師表，簡而盡，直而不肆，大哉言乎，與伊訓、説命相表裏，非秦漢以來以事君爲説者所能至也。常恨二人之文不見其全，公其庶幾乎！嗚呼，士不以天下之重自任久矣。言語非不工也，政事文學非不敏且博也，然至於臨大事，鮮不忘其故失其守者，其器小也。公爲布衣則頎然已有公輔之望。自少出仕至老而歸，未嘗以言徇物，以色假人。雖對人主，必同而後言。毁譽不動，得喪若一，真孔子所謂大臣『以道事君者』。世遠道散，雖志士仁人或少貶以求用，公獨以邁往之氣，行正大之言，曰『用之則行，舍之則藏』。上不求合於人主，故雖貴而不用，用而不盡；下不求合於士大夫，故悦公者寡，不悦公者衆。然至言天下偉人，則必以公爲首。」世以軾爲知言。

公始爲諫官薦劉夔、王質自代，即日擢用。及貝州軍叛，上欲遣公出征，舉明鎬自代，即以爲將而貝州平。熙寧中，軾將往見公於陳，宰相曾公亮謂軾曰：「吾受知張公，所以至此者，公恩也。」軾以問公，公悵然久之，曰：「吾密薦公亮，人無知者，豈仁宗以語之乎。」軾以是知公雖不偶於世，而人主信之蓋如此。

公性與道合，得佛老之妙。屬纊之日，凛然如平生，有星墜於北牖。及薨，赤氣自寢而昇，里人望驚焉。以七年八月九日庚申葬於宋城縣永安鄉仁孝里。其子恕使以王鞏之狀來求銘，銘曰：

大道之行，士貴其身，維人求我，匪我求人。秦漢以來，士賤君肆，區區僕臣，以得爲喜。功利之趨，謗毁是逃，我觀其身，夏畦之勞。紛紜叢脞，千載一律，帝閔下俗，昇人乃出。是生我公，龍章鳳姿，翔於千仞，世挽留之。浩氣直前，有礙則止，放爲江河，匯爲沼沚。穆穆三聖，如天如淵，前席惟誼，見黯必冠，豈不用公，道有不契。出其緒餘，則已驚世，公之所能，我不敢知。乘雲馭風，與汁漫期，噫天何時，復生此傑！我作銘詩，以詔王國。（四部備要本《東坡七集東坡後集》卷一七）

王稱《東都事略》卷七四《張方平傳》　張方平，字安道，宋城人也。少穎悟絶人，凡書一覽，終身不再讀。宋綬、蔡齊見之，以爲天下奇才也，共以茂才異等薦之。中選，爲校書郎、知崑山縣。復舉賢良方正能直言極諫，又中選，遷著作佐郎、通判睦州。

時趙元昊欲叛而未有以發，則爲嫚書，求大名以怒朝廷，規得譴絶，以激使其衆。方平以謂：「朝廷自景德以來，既與契丹盟，天下忘備，將不知兵，士不知戰，民不知勞，蓋三十年矣。若驟用之，必有喪師蹶將之憂。兵連民疲，必有盜賊意外之患。當含垢匿瑕，順適其意，使未有以發，得歲月之頃，以其閒選將厲士，堅城除器，爲不可勝以待之。雖元昊終於必叛，而兵出無名，吏士不直其上，難以決勝，小國用兵三年而不見勝負，不折則破，我以全制其後，必勝之道也。」是時士大夫皆欲發兵誅之，惟方平與吴育同。不果用其議，遂決計用兵，天下騷動。方平上《平戎十策》，大略以宜屯重兵河東，賊入寇必自延、渭，而興、靈巢穴之守必虚，我師自麟、府度河，不十日可至，此所謂攻其所必救，形格勢禁之道也。宰相吕夷簡見之，謂宋綬曰：「君能爲國得人矣。」召對，除直集賢院，遷知諫院。

時夏人寇邊，王師挫。宰相張士遜嘗建言：「軍旅之事，樞密院任其咎。」以故王鬷罷知院事，而中書自若也。方平援典故，請政事總於中書以通謀議。仁宗然之，遂以宰相兼樞密使。時夏竦爲四路帥，盡護諸將，四路禀復，事失機會。方平請罷竦總帥，使四路各自爲守。及慶曆元年，西方用兵蓋六年矣，方平上疏曰：「陛下猶天地父母也，豈與犬豕豺狼較勝負乎？願因赦書招徠夏寇，令邊臣通其善意。」仁宗喜曰：「此朕心也。」是歲，赦書開諭如方平意，自是元昊通好而西師解嚴。

修起居注，召試知制誥，拜翰林學士，遷御史中丞。初，唐詢爲御史，以親喪免，服除還故職。適與宰相賈昌朝親嫌，參知政事吴育用故事罷詢，而方平輒奏留詢，因譖育，育卒罷。

爲翰林學士、三司使，前三司使王拱辰請榷河北鹽，既立法矣而未下，方平見仁宗，問曰：「河北再榷鹽何也？」仁宗曰：「始立法，非再也。」方平曰：「周世宗榷河北鹽，犯輒處死。太祖征河東還，父老泣訴，願以鹽課均之兩税而弛其禁，今兩税鹽錢是也，豈非再榷乎？」仁宗曰：「卿語宰相力罷之。」方平曰：「法雖未下，民已户知之，當直以手詔罷之，不可自有司出也。」仁宗大喜，命方平密撰手詔下之，河朔父老相率拜迎於澶州，爲佛老會者七日以報上恩。加端明殿

學士。

慶曆中，衛士爲變，貴妃張氏有扈蹕功，樞密使夏竦倡言講求所以尊異貴妃之禮，宰相陳執中不知所爲。方平見執中言：「漢馮婕妤身當猛獸，不聞有所尊異；且皇后在而尊貴妃，古無是禮。若果行之，天下謗議必大萃於公。」執中聳然，從其言而罷。

會三司判官楊儀以請求得罪，事連方平，出知滁州。未幾，復以端明殿學士知江寧府。加龍圖閣學士，徙知杭州。以母喪，服除，判流内銓。建言畿内税重，非所以示天下。是歲，郊赦，減畿内税三分，遂爲定制。

以禮部侍郎知滑州，徙益州。走馬承受張勉入秦，廣南蠻賊儂智高誘雲南寇蜀，兵已涉邛部川。朝廷促方平行，且發秦、渭兵馬，役民夫晝夜築城，增諸縣弓手率三倍。方平徑至府，下令悉歸所增弓手，罷築城之役。會上元觀鐙，大啟城門，民心乃定。已而得邛部譯人始爲此謀者斬之，梟首境上，而流其餘黨於湖南。

以三司使召還，奏罷蜀賦四十萬，減鑄錢十餘萬。又列上漕運十四策，仁宗悉施行之，未朞年而京師有五年之蓄。遷尚書左丞、知南京。

未幾，以工部尚書帥秦州。夏酋諒祚大點集戎騎，並邊蕃户多逃匿山林，方平料閲軍馬，聲言出境。賊既不至，諫官司馬光因論方平無賊而輕舉。宰相曾公亮曰：「兵不出塞，何名爲輕舉哉！」復知南京。

英宗即位，遷禮部尚書。請知鄆州，明年還，爲翰林學士承旨。英宗不豫，召方平赴福寧殿，英宗憑几不言，出書一幅八字，曰：「來日降詔立皇太子。」方平抗聲曰：「必潁王也，嫡長而賢，請書其名。」英宗力疾書以付方平。翌日，制立潁王爲皇太子。

神宗即位，召見側門。方平曰：「仁宗崩，厚葬過禮，公私騷然。請損之。」神宗曰：「奉先可損乎？」方平曰：「遺制固云。以先志行之，天子之孝也。」神宗以爲然。除參知政事。御史中丞司馬光論方平貪邪，不當參大政。光既遷，以吕公著爲中丞，公著又以爲言。亦會方平丁父憂。免喪，拜觀文殿學士留守西京。知陳州。

時方置條例司行新法，方平因陛辭，極論其害曰：「水所以載舟，亦所以覆舟。兵猶火也，不戢當自焚。若行新法不已，其極必有覆舟自焚之憂。」神宗謂曰：「能復少留乎？」方平曰：「退即行矣。」詔舉諫官，方平以李大臨、蘇軾應詔。累請南京留司御史臺，許之。尋知陳州，徙南京。神宗欲除方平宣徽使，留京師。王安石言方平爲御史中丞，嘗附賈昌朝，今授以宣徽使無名，且不可留京師。遂拜宣徽北院使、知青州。除中太一宫使。久之，易南院使，判應天府。神宗曰：「朕欲卿與韓絳共事，而卿論政不同。又欲除卿樞密使，而卿論又復異。卿受先帝末命，卒無以副朕意乎！」

師征安南，方平以謂舉西北壯士健馬棄之南方，其患有不可勝言者，遂條上九事。新法鬻坊場河渡，司農請并祠廟鬻之，方平言：「宋，王業所基也，而以火王，閼伯封於商丘，以主大火。微子爲宋始封。此二祠者，獨不可免於鬻乎！」神宗震怒，批出曰：「慢神辱國，無甚於斯！」於是天下祠廟皆得不鬻。

請老，除東太一宫使。後二年，以宣徽南院使、太子少師致仕。官制行，罷宣徽院，獨命領使如舊。以太子太保致仕，卒，年八十五。贈司空，謚曰文定。

方平慷慨有氣節，善屬文，數千言立就。嘗知貢舉，有薦王安石文學，宜辟以考校，方平從之。安石既來，凡一院之事皆欲紛更之，方平惡之，檄以出，自是與之絶。守蜀日，蘇洵携其二子軾、轍游京師，方平一見，待以國士，而蘇氏父子名聲遂動天下云。有《樂全集》四十卷、《玉堂集》二十卷。

雜録

備録

朱熹《三朝名臣言行録》卷三之四《參政張文定公》 元昊既叛，陝西四路置帥，夏英公竦爲總帥，居長安，不臨邊，精兵勇將得留寘麾下，四路戰守出入皆取決焉。既遠不及事，而四路負敗，罰終不及總帥。知制誥張公安道爲諫官，言：「自古元帥無不身自對敵，雖齊桓、晉文霸主，亦親履行陣。至於將佐有敗，元帥必任其責。諸葛亮爲大將軍，馬謖之敗，降右將軍。此古今通義也。今夏竦端坐長安未嘗臨敵，諸路失律，一皆不問，有總帥之名，而無總帥之實。乞據四路敗事，加以責罰，而罷總帥，使四路帥臣，自任戰守之計，有事干它路者，遞相關報，隨宜救應，於事爲便。」朝廷從之。英公降知別州，而四路各任其事，蓋始於

此。《龍川志》

故事：歲賜契丹金繒服器，召二府觀焉。熙寧中，張文定公以宣徽使與召。衆謂：「天子脩貢爲辱，而陛下神武，可一戰勝也。」公獨曰：「陛下謂宋與契丹凡幾戰？勝負幾何？」兩府八公皆莫知也。神宗以問公，公曰：「宋與契丹大小八十一戰，惟張齊賢太原之戰才一勝耳。陛下視和與戰孰便？」上善之。《談叢》

司馬光《涑水記聞》卷一五　三司使章惇嘗登對，上譽張安道之美，問識否，惇退，以告吉甫。明旦，吉甫與安道同行入朝，因告以上語，且曰：「行當大用矣。」安道縮鼻而已。其暮，安道方與客坐，惇呵引及門入謁，安道使謝曰：「素不相識，不敢相見。」惇慙怍而退。故蔡承禧彈惇云：「朝登陛下之門，暮入惠卿之室。」爲此也。由是上惡惇，介甫惡安道，未幾皆出。

熙寧八年五月，內批：「張方平樞密使。」介甫即欲行文書，吉甫留之，曰：「當俟晚集更議之。」因私於介甫曰：「安道入，必爲吾屬不利。」明日再進呈，遂格不行。

司馬光《涑水記聞》卷一六　上將召用介甫，訪於大臣，爭稱譽之。張安道時爲承旨，獨言：「安石言僞而辨，行僞而堅，用之必亂天下。」由是介甫深怨之。

魏泰《東軒筆録》卷六　張諤檢正中書五房公事，判司農寺，上言：天下祠廟，歲時有燒香施利，乞依河渡坊場，召人買撲。王荊公秉政，多主諤言，故凡司農起請，往往中書即自施行，不由中覆。賣廟勑既下，而天下祠廟各以緊慢，價直有差。南京有高辛廟，平日絶無祈祭，縣吏抑勒，祝史僅能酬十千。是時張方平留守南京，因抗疏言：「朝廷生財，當自有理，豈可以古先帝王祠廟賣與百姓，以規十千之利乎？」上覽疏大駭，遂窮問其由，乃知張諤建言，而中書未嘗覆奏。自是有旨，臣僚起請，必須奏禀，方得施行。賣廟事尋罷。

魏泰《東軒筆録》卷一一　陳恭公拜集賢殿大學士，時賈文元公昌朝當國，張方平草麻，有「萬事不理，緊胡廣之能言；四方未平，賴陳平之達識。」賈公深惡之。韓魏公知定州日，作閱古堂，自爲記，書于石後，又畫韓魏公像於堂上。宋子京知定州，作樂歌十闋，其一曰：「聽説中山好，韓家閱古堂。畫圖真將相，刻石好文章。」魏公聞之，不喜。

蘇轍《龍川別志》卷下　儂智高自邕州敗奔南詔，西南夷聞之，聲言智高將借兵南詔以入蜀。時知成都程戡適罷去，轉運使高良夫權知成都，得報大恐，移檄屬郡，勸民遷入城郭，且令逐縣添弓手。蜀人久不見兵革，懼甚洶洶待亂。文潞公爲長安帥，知兩蜀無武備，即車載關中器甲入蜀，蜀人益懼。朝廷遣張安道出帥成都，於道中見所運關中器用，即令所至納下，仍罷所添弓手。蜀人聞之皆安，歸田畝。公徐問智高入蜀之報，本雅州蕃牙郎號任判官者所爲。遂呼至成都，詰其敢虚聲動摇兩蜀情狀，將斬之以狥。任震恐伏罪，乞以舉家數十口繫雅州獄，身自入蕃窮問智高諳實，通月不至，請舉家爲戮。公久之乃許。任如期至，得小雲南書，言智高至南詔，復謀爲亂，爲南詔所殺。公乃釋任而奏其事。初，邕州之捷，朝廷未知智高在亡，故未盡賞戰功，至是，乃命加賞將吏。

張安道知成都，日以醫官自隨。重九，請出觀藥市，五更，市方合而雨作，入玉局觀避之。至殿上，見一道人臨階而坐。往就之，相問勞已。道人曰：「張端明入蜀，今已再矣。」醫曰：「始一至蜀耳。」曰：「子不知也。凡人元氣重十六兩，漸老而耗，張公所耗過半矣。吾與之夙相好，今見子，非偶然也。」解衣裾出藥兩圓，曰：「一圓可補一兩氣。」醫曰：「張公雖好道，然性重慎，恐未信也。」道人曰：「所以二圓，正爲爾也。取一圓并水銀一兩納銚中，以盞蓋之，燒之良久，札札有聲，揭盞，以松脂末投之，當有異。三投而藥成，當如此非凡藥也。」醫徑歸白公，試之如其言。每投松脂，燄起先所坐小亭，至三投，燄如金色，傾出，則紫金也。乃服其一圓。而使醫遍游成都，冀復遇焉。後見之孔明廟前，復得一圓藥，然服之亦無他異。

王鞏《聞見近録》　張文定留守南京，高麗使者至，例當留守迎送，文定曰：「我前執政也，可與陪臣禮乎？」遂不出，而遣少尹。尋以其事聞，神宗以爲得體。仍令中書降旨揚州令陳升之如張某所請。

張舜民《畫墁録》　張安道晚年病目，家厚資，南京庫帑不迨也。常閉目，使人運籌，一算差必能摘之，庫物精粗，分毫不謬。

徐度《卻掃編》卷中　張文定公安道，平生未嘗不衣冠而食。嘗暑月與其婿王鞏同飯，命鞏褫帶，而已衫帽自如。鞏顧見不敢，公曰：「吾白布衣諸生，遭遇至此，一飯皆君賜也。享君之賜，敢不敬乎？子自食某之食，雖衩衣無害也。」

葉夢得《石林詩話》　張文定安道未第時，貧甚，衣食殆不給，然意氣豪舉，未嘗稍貶。與劉潛、李冠、石曼卿往來山東諸郡，任氣使酒，見者皆傾下之。沛縣有漢高祖廟并歌風臺，前後題詩人甚多，無不推頌功德，獨安道《高祖廟詩》曰：「縱酒疏狂不治生，中陽有土不歸耕。偶因亂世成功業，更向翁前與仲爭。」

又《歌風臺》曰：「落魄劉郎作帝歸，樽前感慨大風詩。淮陰反接英彭族，更欲多求猛士爲？」蓋自少已不凡矣。

陳鵠《耆舊續聞》卷七　張文定公年十六發解入京，從汴岸日者問休咎。日者曰：「子來正及時，吾嗜酒，然術甚高，每醉則不能推測，今日偶不飲，當爲盡言。」良久，曰：「言之勿怒，子更十年，當以三人及第。又二年，當爲狀元。」文定大怒曰：「三人及第，豈再魁乎！」拂衣而去。是歲下第。後十年，始以茂才異等除校書郎，知崑山縣，三人恩例也。又二年，再舉賢良方正，除將作監丞，通判睦州，狀元恩例也。

惠洪《冷齋夜話》卷七　張文定公方平爲滁州日，游琅邪，周行廊廡，神觀清淨，至藏院，俛仰久之，忽呼左右，梯梁間得經一函，開視之，則《楞伽經》四卷，餘其半未寫，公因點筆續之，筆蹟不異。味經首四句曰：「世間相生滅，猶如虛空花。智不得有無，而興大悲心。」遂大悟流涕，見前世事。蓋公生前嘗主藏于此，病革，自以寫經未終，願再來成之故也。公立朝正色，自慶曆以來名臣爲人主所敬者，莫如公。暮年出此經示東坡居士，坡爲重寫，題公之名于其右，刻于浮玉山龍游寺。

高晦叟《珍席放談》卷上　張文定守江陵，歲大旱，田稼將敗，民憂艱食。公自府宇率僚佐，炎日中，拖紳端笏撤蓋，徒步至承天寺佛舍匄雨，升殿焚香祀拜。才終，甘澤飄零，霈然霑足，邦人舞詠，遂獲有秋。故老尚能傳道其事以相語，至誠感格，如是之駛也。

張邦基《墨莊漫録》卷一　張宣徽安道守成都，眷籍娼陳鳳儀。後數年，王懿敏仲儀出守蜀，安道祝仲儀致書與之。仲儀至郡，呼鳳儀曰：「張尚書頃與汝留情乎？」鳳儀泣下。仲儀曰：「亦嘗遺尺牘，今且存否？」曰：「迨今蓄之。」仲儀云：「尚書有信至，汝可盡索舊帖，吾欲觀之，不可隱也。」遂悉取呈，韜於錦囊甚密。仲儀謂曰：「尚書以剛勁立朝，少與多讎，汝毋以此黷公。」乃取書付鳳儀，併囊盡焚之。後語安道，張甚感之。王、張，姻家也。

方勺《泊宅編》卷七　王荆公當國，欲逐張方平，白上曰：「陛下留張方平於朝，是留寒氣於内也。留寒氣於内，至春必發爲大疾癘，恐非藥石所能攻也。」東坡著《樂全先生集序》，乃以安道比孔文舉、諸葛孔明。二公議論，不侔如此。安道元豐間以宣徽南院使退居睢陽，是時東坡就逮下御史獄，安道獨上書力陳其可貸之狀。劉莘老、蘇子容同輔政，子容曰：「昨得張安道書，不稱名，但著押字而已。」莘老曰：「某亦得書，尚未啓封。」令取視之，亦押字也。二事人罕知，故記之。

洪邁《容齋四筆》卷四　張文定公在蜀，一見蘇公父子，即以國士許之。熙寧中，張守陳州南都，辟子由莫府。元豐初，東坡謫齊安，子由貶監筠酒税，與張別，張悽然不樂，酌酒相命，手寫一詩曰：「可憐萍梗飄蓬客，自歎匏瓜老病身。從此空齋掛塵榻，不知重掃待何人。」後七年，子由召還，猶復見之於南都。及元符末，自龍川還許昌，因姪叔黨出坡遺墨，再讀張所贈詩，其薨已十年，泣下不能已，乃追和之曰：「少年便識成都尹，中歲仍爲幕下賓。待我江西徐孺子，一生知己有斯人。」兩詩皆哀而不怨，使人至今有感於斯文。今世薄夫受人異恩，轉眼若不相識，況於一死一生，卷卷如此，忠厚之至，殆可端拜也。

阮閱《詩話總龜》卷四　元豐三年，蘇子由謫官筠州，張安道口占一絶送之云：「因嗟萍梗才名客，自歎匏瓜老病身。一榻從兹還倚壁，不知重掃是何人。」已而涕下。東坡云：「安道平生未嘗出涕向人。」

曾慥《高齋漫録》　三蘇自蜀來，張安道、歐陽永叔爲延譽於朝，自是名譽大振。明允一日見安道，問云：「令嗣近日看甚文字？」明允答以軾近日方再看《前漢》。安道曰：「文字尚看兩遍乎？」明允歸以語子瞻曰：「此老特不知世間人果有看三遍者。」安道嘗借人十七史，經月即還，云：「已盡。」其天資强記，數行俱下，前輩宿儒罕能及之。

陳善《捫蝨新話》卷一〇　世傳王荆公嘗問張文定公曰：「孔子去世百年，生孟子亞聖，後絶無人，何也？」文定公曰：「豈無？又有過孔子上者。」公曰：「誰？」文定曰：「江西馬大師，汾陽無業禪師，雪峰巖頭，丹霞雲門是也。」公暫聞，意不甚解，乃問曰：「何謂也？」文定曰：「儒門淡薄，收拾不住，皆歸釋氏耳。」荆公欣然歎服。其後説與張天覺，天覺撫几歎賞曰：「達人之論也。」遂記案間。予謂馬大師等在孔子上下，今不必論，然自馬大師之後，釋門又復淡薄，收拾不住，絶無一人，何也？豈其復生吾儒中乎？近世歐陽文忠公、司馬温公、范蜀公，皆不喜佛，然其聰明之所照了，德行之所成就，真儒法也，豈復在馬大師下乎？吾以是知儒釋二者，殆迭爲盛衰，不知歐公後數十年當復生釋氏中，未可知也。方當吾儒生聖賢之時，要不可使邪説詭服者，得以自肆可也。雖然，吾豈與今世脱空謾語者較其上下耶？惜荆公不聞此語。

備論

《宋史》卷三一八《張方平傳》　論曰：方平、拱辰之才，皆較然有過人者，而不免司馬光、趙抃之論。豈其英發之氣，勇於見得，一時趨鄉未能盡適於正與？及新法行，方平痛陳其弊，拱辰爭保甲，言尤剴切，皆謇謇不少貶，爲國老成，望始重矣。若方平識王安石於辟校貢舉之時，而知其後必亂政，其先見之明，無忝呂誨云。

王稱《東都事略》卷七四《張方平傳》　臣稱曰：方平附賈昌朝以譖吴育，【略】固正士之所不與也。然方平志大氣高，有弘毅開濟之資，識王安石之姦於將用之初，知蘇氏父子之賢於未遇之際，蓋有絶人者。【略】蘇軾序方平文有云：「世遠道散，雖志士仁人，或少貶以求用」，得非有爲而言與！

藝文

《張方平集》附《樂全集序》　孔北海志大而論高，功烈不見於世，然英偉豪傑之氣，自爲一時所宗，其論盛孝章、郗鴻豫書，慨然有烈丈夫之風。諸葛孔明不以文章自名，而開物成務之姿，綜練名實之意，自見於言語。至出師表，簡而盡，直而不肆，大哉言乎，與伊訓、説命相表裏，非秦漢以來以事君爲悦者所能至也。常恨二人之文不見其全。今吾樂全先生張公安道，其庶幾乎！

嗚呼，士不以天下之重自任久矣。言語非不工也，政事文學非不敏且博也，然至於臨大事，鮮不忘其故、失其守者，其器小也。公爲布衣，則頎然已有公輔之望。自少出仕，至老而歸，未嘗以言徇物，以色假人。雖對人主，必同而後言。毁譽不動，得喪若一，真孔子所謂大臣「以道事君」者，世遠道散，雖志士仁人，或少貶以求用。公獨以邁往之氣，行正大之言曰：「用之則行，舍之則藏」。上不求合於人主，故雖貴而不用，用而不盡；下不求合於士大夫，故悦公者寡，不悦者衆。然至言天下偉人，則必以公爲首。

公盡性知命，體乎自然而行乎不得已，非蘄以文字名世者也。然自慶曆以來，訖元豐四十餘年，所與人主論天下事，見於章疏者多矣，或用或不用，而皆本於禮義，合於人情，是非有考於前，而成敗有驗於後。及其他詩文，皆清遠雄麗，讀者可以想見其爲人，信乎其有似於孔北海、諸葛孔明也。

軾年二十，以諸生見公成都，公一見待以國士，今三十餘年，所以開發成就之者至矣，而軾終無所效尺寸於公者，獨求其文集，手校而家藏之，且論其大略，以待後世之君子，昔曾魯公嘗爲軾言，公在人主前論大事，他人終日反覆不能盡者，公必數言而決，粲然成文，皆可書而誦也，言雖不盡用，然慶曆以來名臣爲人主所敬，莫如公者。公今年八十一，杜門却掃，終日危坐，將與造物者游於無何有之鄉，言且不可得聞，而況其文乎！凡爲文若干卷，若干首。蘇軾撰。

《蘇軾文集》卷六三《祭張文定公文》　維元祐六年，歲次辛未，十一月乙卯朔，八日壬戌，門生龍圖閣學士、左朝奉郎、知潁州軍州事兼管内勸農使、輕車都尉、賜紫金魚袋蘇軾，謹以清酌庶羞之奠，昭告于故太子太保樂全先生張公之靈。

嗚呼！道大如天，見存乎人。小智自私，莫識其真。公生而悟，得其全淳。久乃妙物，凛然疑神。初如龍鳳，不可擾馴。游于帝郊，尚以其仁。可望可見，而不可親。師心而行，自屈自信。八十五年，以没元身。我先大夫，古之天民。被褐懷寶，陸沈峨岷。公曰惜哉，王國之珍。此太史公，筆回千鈞。獨置一榻，不延餘賓。時我兄弟，尚未冠紳。得交于公，先子是因。我晚聞道，困于垢塵。每從公談，棄故服新。頃獨怪公，倒廪傾囷。盡發其秘，有懷畢陳。曰再見子，恐無復辰。出户遲遲，默焉銜辛。穆穆昭陵，二三元臣。惟公終始，高節邁倫。一慟永已，山摧川堙。公視富貴，如賤與貧。公視生死，如夕與晨。老不惰媮，疾不嚬呻。有化非亡，有隱非淪。我獨何爲，涕流于巾。

《蘇軾文集》卷六三《祭張文定公文》　軾於天下，未嘗誌墓。獨銘五人，皆盛德故。偉歟我公，實浮於聲。知公者天，寧俟此銘。今公永歸，我留淮海。寓辭千里，濡袂有漼。

《蘇軾文集》卷六三《祭張文定公文》　我游門下，三十八年，如俯仰中。十五年間，六過南都，而五見公。升堂入室，問道學禮，靡求不供。有契于心，如水傾海，如橐鼓風。風水之合，豈特無異，將初無同。孰云此來，慟哭不聞，高堂莫空。斂不拊棺，葬不執紼，我愧于胸。公知我深，我豈不知，公之所從。生不求人，没不求天，自與天通。天不吾欺，壽考之餘，報施亦豐。一子四孫，鸞鵠在

庭，以華其終。自我先子，逮今三世，爲好無窮。以我此心，與此一觴，達于幽宫。

劉摯《忠肅集》拾遺《張文定玉堂集敍》 甚哉！辭之不可以已也。夫萬事異理，非言不命。四方異情，非解不通。《詩》不云乎：「辭之輯矣，民之洽矣。」《傳》亦有之：「子産有辭，諸侯賴之。」是以君天下者，必使其臣贊爲辭而後出之。周御史掌贊書，漢尚書作詔文，此其官之見於古者。歷代因之，其任愈重。夫以堂宁之一言，行乎四方萬里之外。不高深簡嚴，不足以重王體。又欲其誠之宣，不優柔曲折，不足以究民聽。又欲其言之約，三代而上，經聖人所定，不可尚已。三代而下，作者汙隆，隨時屢變。其間承平之時，訓辭深厚，號令温雅，有古風烈。而傾側之際，書詔所下，武夫悍卒，揮涕感動。終於亨好治之譽，建持危之功。則潤色之效，豈小補哉！自慶曆至於熙寧，雖仁祖恭儉寬大，英祖克篤前烈。主上長駕遠馭，略不世出。三朝政績，巍巍焕焕，非尋常耳目所能觀聽。而於斯時，典册告命多出公手。上之仁心德意，國之威福所指，明布諭下，昭如日星。學士大夫，都邑野人，莫不曉然知治道之所以然。雖政績固自卓越，而述作之妙，知有助哉！至於供奉歌頌，祠祝贊戒，勒之金石，播之樂府，多者千百，少數十言，體制紛紛，各得其度。衆人不給，我獨贏餘，又何其富也。

歐陽脩部

綜述

《宋史》卷三一九《歐陽脩傳》 歐陽脩字永叔，廬陵人。四歲而孤，母鄭，守節自誓，親誨之學，家貧，至以荻畫地學書。幼敏悟過人，讀書輒成誦。及冠，嶷然有聲。

宋興且百年，而文章體裁，猶仍五季餘習。鎪刻駢偶，淟涊弗振，士因陋守舊，論卑氣弱。蘇舜元舜欽、柳開、穆脩輩，咸有意作而張之，而力不足。脩游隨，得唐韓愈遺稿於廢書簏中，讀而心慕焉。苦志探賾，至忘寢食，必欲并轡絶馳而追與之並。

舉進士，試南宮第一，擢甲科，調西京推官。始從尹洙游，爲古文，議論當世事，迭相師友，與梅堯臣游，爲歌詩相倡和，遂以文章名冠天下。入朝，爲館閣校勘。

范仲淹以言事貶，在廷多論救，司諫高若訥獨以爲當黜。脩貽書責之，謂其不復知人間有羞耻事。若訥上其書，坐貶夷陵令，稍徙乾德令、武成節度判官。仲淹使陝西，辟掌書記。脩笑而辭曰：「昔者之舉，豈以爲己利哉？同其退不同其進可也。」久之，復校勘，進集賢校理。慶曆三年，知諫院。

時仁宗更用大臣，杜衍、富弼、韓琦、范仲淹皆在位，增諫官員，用天下名士，脩首在選中。每進見，帝延問執政，咨所宜行。既多所張弛，小人翕翕不便。脩慮善人必不勝，數爲帝分别言之。

初，范仲淹之貶饒州也，脩與尹洙、余靖皆以直仲淹見逐，目之曰「黨人」。自是，朋黨之論起，脩乃爲《朋黨論》以進。其略曰：「君子以同道爲朋，小人以同利爲朋，此自然之理也。臣謂小人無朋，惟君子則有之。小人所好者利禄，所貪者財貨，當其同利之時，暫相黨引以爲朋者，僞也。及其見利而争先，或利盡而反相賊害，雖兄弟親戚，不能相保，故曰小人無朋。君子則不然，所守者道義，所行者忠信，所惜者名節。以之修身，則同道而相益，以之事國，則同心而共濟，終始如一，故曰：惟君子則有朋。紂有臣億萬，惟億萬心，可謂無朋矣，而紂用以亡。武王有臣三千，惟一心，可謂大朋矣，而周用以興。蓋君子之朋，雖多而不厭故也。故爲君但當退小人之僞朋，用君子之真朋，則天下治矣。」

脩論事切直，人視之如仇，帝獨奬其敢言，面賜立品服。顧侍臣曰：「如歐陽脩者，何處得來？」同修起居注，遂知制誥。故事，必試而后命，帝知脩，詔特除之。

奉使河東。自西方用兵，議者欲廢麟州以省餽餉。脩曰：「麟州天險不可廢，廢之，則河内郡縣，民皆不安居矣。不若分其兵，駐並河内諸堡，緩急得以應援，而平時可省轉輸，於策爲便。」由是州得存。又言：「忻、代、岢嵐多禁地廢田，願令民得耕之，不然，將爲敵有。」朝廷下其議，久乃行，歲得粟數百萬斛。凡河東賦斂過重民所不堪者，奏罷十數事。

使還，會保州兵亂，以爲龍圖閣直學士、河北都轉運使。陛辭，帝曰：「勿爲久留計，有所欲言，言之。」對曰：「臣在諫職得論事，今越職而言，罪也。」帝曰：「第言之，毋以中外爲間。」賊平，大將李昭亮、通判馮博文私納婦女，脩捕博文繫獄，昭亮懼，立出所納婦。兵之始亂也，招以不死，既而皆殺之，脅從二千人，分隸諸郡。富弼爲宣撫使，恐後生變，將使同日誅之，與脩遇於内黄，夜半，屏人告之故。脩曰：「禍莫大於殺已降，況脅從乎？既非朝命，脱一郡不從，爲變不細。」弼悟而止。

方是時，杜衍等相繼以黨議罷去，脩慨然上疏曰：「杜衍、韓琦、范仲淹、富弼，天下皆知其有可用之賢，而不聞其有可罷之罪。自古小人讒害忠賢，其説不遠。欲廣陷良善，不過指爲朋黨，欲動摇大臣，必須誣以顓權，其故何也？去一善人，而衆善人尚在，則未爲小人之利；欲盡去之，則善人少過，難爲一一求瑕，唯指以爲黨，則可一時盡逐。至如自古大臣，已被主知而蒙信任，則難以他事動摇，唯有顓權是上之所惡，必須此説，方可傾之。正士在朝，羣邪所忌，謀臣不用，敵國之福也。今此四人一旦罷去，而使羣邪相賀於内，四夷相賀於外，臣爲朝廷惜之。」於是邪黨益忌脩，因其孤甥張氏獄傅致以罪，左遷知制誥、知滁州。居二年，徙揚州、潁州。復學士，留守南京，以母憂去。服除，召判流内銓，時在外十一年矣。帝見其髮白，問勞甚至。小人畏脩復用，有詐爲脩奏，乞澄汰内侍爲姦利者。其羣皆怨怒，譖之，出知同州，帝納吳充言而止。遷翰林學士，俾修《唐書》。奉使契丹，其主命貴臣四人押宴，曰：「此非常制，以卿名

重故爾。」

知嘉祐二年貢舉。時士子尚爲險怪奇澀之文，號「太學體」，脩痛排抑之，凡如是者輒黜。畢事，向之囂薄者伺脩出，聚譟於馬首，街邏不能制；然場屋之習，從是遂變。

加龍圖閣學士、知開封府，承包拯威嚴之後，簡易循理，不求赫赫名，京師亦治。旬月，改羣牧使。《唐書》成，拜禮部侍郎兼翰林侍讀學士。脩在翰林八年，知無不言。河決商胡，北京留守賈昌朝欲開横壠故道，回河使東流。有李仲昌者，欲導入六塔河，議者莫知所從。脩以爲：「河水重濁，理無不淤，下流既淤，上流必決。以近事驗之，決河非不能力塞，故道非不能力復，但勢不能久耳。横壠功大難成，雖成將復決。六塔狹小，而以全河注之，濱、棣、德、博必被其害。不若因水所趨，增堤峻防，疏其下流，縱使入海，此數十年之利也。」宰相陳執中主昌朝，文彦博主仲昌，竟爲河北患。

臺諫論執中過惡，而執中猶遷延固位。脩上疏，以爲「陛下拒忠言，庇愚相，爲聖德之累」。未幾，執中罷。狄青爲樞密使，有威名，帝不豫，訛言籍籍，脩請出之於外，以保其終，遂罷知陳州。脩嘗因水災上疏曰：「陛下臨御三紀，而儲宫未建。昔漢文帝初即位，以羣臣之言，即立太子，而享國長久，爲漢太宗。唐明宗惡人言儲嗣事，不肯早定，致秦王之亂，宗社遂覆。陛下何疑而久不定乎？」其後建立英宗，蓋原於此。

五年，拜樞密副使。六年，參知政事。脩在兵府，與曾公亮考天下兵數及三路屯戍多少、地理遠近，更爲圖籍。凡邊防久缺屯戍者，必加蒐補。其在政府，與韓琦同心輔政。凡兵民、官吏、財利之要，中書所當知者，集爲總目，遇事不復求之有司。時東宫猶未定，與韓琦等協定大議，語在《琦傳》。英宗以疾未親政，皇太后垂簾，左右交構，幾成嫌隙。韓琦奏事，太后泣語之故。琦以帝疾爲解，太后意不釋，脩進曰：「太后事仁宗數十年，仁德著於天下。昔温成之寵，太后處之裕如；今母子之間，反不能容邪？」太后意稍和，脩復曰：「仁宗在位久，德澤在人。故一日晏駕，天下奉戴嗣君，無一人敢異同者。今太后一婦人，臣等五六書生耳，非仁宗遺意，天下誰肯聽從。」太后默然，久之而罷。

脩平生與人盡言無所隱。及執政，士大夫有所干請，輒面論可否，雖臺諫官論事，亦必以是非詰之，以是怨誹益衆。帝將追崇濮王，命有司議，皆謂當稱皇伯，改封大國。脩引《喪服記》以爲：「『爲人後者，爲其父母服。』降三年爲期，而不没父母之名，以見服可降而名不可没也。若本生之親，改稱皇伯，歷考前世，皆無典據。進封大國，則又禮無加爵之道。故中書之議，不與衆同。」太后出手書，許帝稱親，尊王爲皇，王夫人爲后。帝不敢當。於是御史吕誨等詆脩主此議，爭論不已，皆被逐。惟蔣之奇之説合脩意，脩薦爲御史，衆目爲姦邪。之奇患之，則思所以自解。脩婦弟薛宗孺有憾於脩，造帷薄不根之謗摧辱之，展轉達於中丞彭思永，思永以告之奇，之奇即上章劾修。神宗初即位，欲深譴脩。訪故宫臣孫思恭，思恭爲辨釋，脩杜門請推治。帝使詰思永、之奇，問所從來，辭窮，皆坐黜。脩亦力求退，罷爲觀文殿學士、刑部尚書、知亳州。明年，遷兵部尚書、知青州，改宣徽南院使、判太原府。辭不拜，徙蔡州。

脩以風節自持，既數被汙衊，年六十，即連乞謝事，帝輒優詔弗許。及守青州，又以請止散青苗錢，爲安石所詆，故求歸愈切。熙寧四年，以太子少師致仕。五年，卒，贈太子太師，謚曰文忠。

脩始在滁州，號醉翁，晚更號六一居士。天資剛勁，見義勇爲，雖機穽在前，觸發之不顧。放逐流離，至于再三，志氣自若也。方貶夷陵時，無以自遣，因取舊案反覆觀之，見其枉直乖錯不可勝數，於是仰天嘆曰：「以荒遠小邑，且如此，天下固可知。」自爾，遇事不敢忽也。學者求見，所與言，未嘗及文章，惟談吏事，謂文章止於潤身，政事可以及物。凡歷數郡，不見治迹，不求聲譽，寬簡而不擾，故所至民便之。或問：「爲政寬簡，而事不弛廢，何也？」曰：「以縱爲寬，以略爲簡，則政事弛廢，而民受其弊。吾所謂寬者，不爲苛急；簡者，不爲繁碎耳。」脩幼失父，母嘗謂曰：「汝父爲吏，常夜燭治官書，屢廢而嘆。吾問之，則曰：『死獄也，我求其生，不得爾。』吾曰：『生可求乎？』曰：『求其生而不得，則死者與我皆無恨。夫常求其生，猶失之死，而世常求其死也。』其平居教他子弟，常用此語，吾耳熟焉。」脩聞而服之終身。

爲文天才自然，豐約中度。其言簡而明，信而通，引物連類，折之於至理，以服人心。超然獨騖，衆莫能及，故天下翕然師尊之。獎引後進，如恐不及，賞識之下，率爲聞人。曾鞏、王安石、蘇洵、洵子軾轍，布衣屏處，未爲人知，脩即游其聲譽，謂必顯於世。篤於朋友，生則振掖之，死則調護其家。

好古嗜學，凡周、漢以降金石遺文、斷編殘簡，一切掇拾，研稽異同，立説於左，的的可表證，謂之《集古録》。奉詔修《唐書》紀、志、表，自撰《五代史記》，法嚴詞約，多取《春秋》遺旨。蘇軾敘其文曰：「論大道似韓愈，論事似陸贄，記事

似司馬遷，詩賦似李白。」識者以爲知言。

《歐陽修全集》附録卷三吳充《行狀》　故推誠保德崇仁翊戴功臣、觀文殿學士、特進、太子少師致仕、上柱國、樂安郡開國公、食邑四千三百户、食實封一千二百户、贈太子太師歐陽公行狀。

曾祖郴，累贈金紫光禄大夫、太師、中書令。

祖偃，累贈金紫光禄大夫、太師、中書令、兼尚書令。

父觀，皇任泰州軍事判官，累贈金紫光禄大夫、太師、中書令、兼尚書令，追封鄭國公。

本貫吉州廬陵，年六十六。

歐陽氏之先，本出於夏禹之苗裔。少康封其庶子于會稽以奉禹祀，歷夏、商、周，以世相傳，至越王勾踐。傳五世至王無疆，爲楚威王所滅。諸子皆受封于楚，而無疆之子蹄封於歐餘山之陽，是爲歐陽亭侯，子孫遂以爲氏。後稍北徙青之千乘，冀之渤海。千乘之顯者曰生，字和伯，以經爲漢博士，所謂歐陽尚書者是也。渤海之顯者曰建，字堅石，所謂「渤海赫赫，歐陽堅石」者是也。詢，通父子顯于唐，自通三世生琮，爲吉州刺史。又八世生萬，爲吉州安福令。後世或居安福，或居廬陵。安福之六世孫，即公曾祖也，生八男。曰儀者，中南唐進士第，父母皆在，鄉里榮之，命其鄉曰儒林，里曰歐桂，坊曰具慶。曾祖仕南唐，爲武昌令、檢校右散騎常侍、兼御史大夫，性孝友，鄉里稱之，累贈金紫光禄大夫、太師、中書令。曾祖妣劉氏，追封楚國太夫人。皇祖少以文學稱，獻所爲文，南唐召試，爲南京街院判官，累贈金紫光禄大夫、太師、中書令、兼尚書令。祖妣李氏，累封吳國太夫人。皇考少孤力學，咸平中進士及第，天性仁孝，居官決獄主於平恕哀矜，終於泰州軍事判官，累贈金紫光禄大夫、太師、中書令、兼尚書令，追封鄭國公。妣鄭氏，累封韓國太夫人。皇考之捐館舍，公纔四歲，太夫人守節自誓，而教公以讀書爲文。及公成人，太夫人自力衣食，不以家事累公，使專務爲學。及見公之身名皆顯，而夫人壽考康寧，爲善之報，豈虚也哉！

公諱修，字永叔，天聖中進士甲科，補西京留守推官。用王文康公薦，召試，遷鎮南軍節度掌書記，館閣校勘。以書責諫官不論事，諫官以聞，謫峽州夷陵縣令，徙光化軍乾德令，改武成軍節度判官。范文正公經略陝西，辟掌書記，辭不就。俄遷太子中允、館閣校勘，方修禮書，命權同知太常禮院，辭不受。預修《崇文總目》成，改集賢校理，遂知太常禮院。請補外，通判滑州，召以爲太常丞、知諫院，賜緋衣銀魚。未幾，同修起居注。閲月，拜右正言、知制誥，賜三品服。出使河東，還，改龍圖閣直學士、河北都轉運按察使。左遷知制誥、知滁州，改起居舍人、知揚州，徙知潁州。復龍圖閣直學士，知應天府兼南京留守司，歷尚書禮部、吏部郎中。丁韓國太夫人憂，服除，判吏部流内銓，入翰林爲學士，加史館修撰，勾當三班院。請郡，改侍讀學士、知蔡州，留不行，判太常寺兼禮儀事，權知禮部貢舉，拜右諫議大夫，判尚書禮部，又判祕閣祕書省。加侍讀，辭不受。同修玉牒，兼龍圖閣學士、權知開封府，以給事中罷。同提舉在京諸司庫務，改羣牧使。《唐書》成，拜禮部侍郎兼侍讀學士。嘉祐五年，以本官爲樞密副使。明年閏八月，參知政事，兼譯經潤文，歷户部、吏部二侍郎，皆參大政。進拜左丞，出爲觀文殿學士、刑部尚書、知亳州。熙寧初，遷兵部尚書、知青州，京東東路安撫使，除檢校太保、宣徽南院使，判太原府，河東路經略安撫監牧使，兼并、代、澤、潞、麟、府、嵐、石路兵馬都總管，三辭不受，徙知蔡州。熙寧四年六月，以觀文殿學士、太子少師致仕，階特進，勳上柱國，食邑四千三百户，食實封一千二百户。明年閏七月二十三日，薨于汝陰之私第。天子聞之震悼，爲之一日不視垂拱朝。贈太子太師，卹孤治賻，皆從加等。

公爲人剛正，質直閎廓，未嘗屑屑於事。見義敢爲，患害在前，直往不顧，用是數至困逐。及復振起，終不改其操，真豪傑之士哉！居三朝，數十年間，以文章道德爲一世學者宗師。接人待物，誠信樂易，不爲表襮，諸生進者，與之抗聲極談，簡直明辨，至於貴顯，終始如一，見者莫不愛服。而天資高遠，常人自不能與之合，公待之一也，有所稱薦，姑取其一善。後或毁公於朝，遇其人或其家阨且困，必力振之，曰：「吾行己，不以喜怒私也。」於經術，務究大本，其所發明簡易明白。其論《詩》曰：「察其美刺，知其善惡，以爲勸戒，所謂聖人之志者，本也。因其失傳而妄自爲之説者，經師之末也。今夫學者得其本而通其末，斯善矣。得其本而不通其末，闕其所疑，可也。」不求異於諸儒，嘗曰：「先儒於經不能無失，而所得固多矣。盡其説而理有不通，然後得以論正。予非好爲異論也。」其於《詩》、《易》，多所發明。爲《詩本義》，所改正百餘篇，其餘則曰：「毛、鄭之説是矣，復何云乎。」

公幼孤，家貧無資，太夫人以荻畫地，教以字書。稍長，從閭里借書讀，或手抄之，抄未畢而成誦。公之舉進士，學者方爲時文，號四六。公就視之，曰「此不

足爲」，然切於養，勉爲之，而人亦不能及。故屢試有司，皆第一，名聲籍甚。及景祐中，與尹師魯偕爲古學。已而有詔，戒天下學者爲文使近古，學者盡爲古文，獨公古文既行，世以爲模範。自兩漢後，五六百年有韓愈，愈之後，又數百年而公繼出，李翺、皇甫湜、柳宗元之徒不足多也。蓋公之文備衆體，變化開闔，因物命意，各極其工，其得意處雖退之未能過。筆札精勁，自成一家，當世士大夫有得數十字，皆藏以爲寶。

生平以獎進人材爲己任，一時賢士大夫雖潛晦不爲人知者，必延譽慰薦，極其力而後已。後進之士一爲公所稱，遂爲聞人。篤於朋友，尹師魯、梅聖俞、孫明復皆貧甚，既卒，公力爲經紀其家，表其孤於朝，悉録以官。他嘗所與厚者，未嘗遺也。公既書責諫官以申范文正，坐謫夷陵，而尹洙、余靖亦連貶，蔡君謨爲《四賢詩》，世傳之。及范公之使陝西，辟公偕往，朝廷從之。時天下久無事，一旦西陲用兵，士之負材能者，皆欲因時有所施設，而范公望臨一時，好賢下士，故士之樂從者衆。公獨歎曰：「吾初論范公事，豈以爲己利哉！同其退，不同其進，可也。」卒辭焉。

慶曆初，公方登朝，數論天下事，爲策以揣敵情，及指陳利害甚衆。既而有詔，百官上封事，公又上疏言三弊五事，力陳當時之所宜憂者，仁宗增諫官員，首預其選。是時西師久，京東、西盜賊羣起，中外騷然。仁宗既進退大臣，欲遂改更諸事，公感激恩遇，知無不言。時范文正公、杜正獻公、今司徒韓公、司空富公，皆輔政，公屢請召對咨訪，責以所爲。既而仁宗降手詔，出六條，虚心以待。後遂下詔勸農桑，興學校，多所更革，小人不悦。一時知名士，見謂爲黨人矣。公爲《朋黨議》以進，見集中。温成后方有寵，公言前世女寵之戒，請加裁損。燕王薨，議者以國用不足，請待豐年以葬。公言士大夫家有所待而侈，不如及時薄葬，況天子叔邪，且非所以示四方也。卒從公議。澧州進柹木成文，有「太平之道」字。公言今四海騷然，未見太平之象。又太平之道其意可推，自古帝王致之，皆有道，得道則太平，失道則危亂。今見其失，未見其得，願陛下憂勤萬務，漸期致理，其瑞木請不宣示于外。淮南轉運使吕紹寧到任，進羨餘錢十萬貫，公請拒而不受，以防刻剥。陝西用兵之後，河東困弊，芻糧不足，言者請廢麟州，或請移於合河津，或請廢五塞。公既使河外，爲四議以較麟州利害，請移兵就食於瀕河清塞堡，緩急不失應援，而平時可省餽運，麟州得不廢。又建言忻、代、岢嵐、火山四州軍，沿邊有禁地棄而不耕，人户私糴北界斛斗，入中以爲邊儲，今若耕之，每年可得數百萬石以實邊。朝廷從之，大爲河東之利。自西事後，河東賦斂重而民貧，道路嗟怨，公奏罷數十事以寬民力。公自河東還，會保州兵叛，遂出爲河北都轉運使。保州卒既降，大將李昭亮私納婦女，通判馮博文等竊效之。公發其姦，下博文獄，昭亮惶恐，立出之。自保州之變，河北兵驕，小不如意，即謀爲亂。人情務在姑息，公乞假將帥權，事從鎮重以銷未萌，河北卒無事。保塞之脅從者二千餘人，分隸河北，宣撫使恐復生變，欲以便宜悉誅之。公權知成德軍，遇之於内黄，宣撫使夜半屏人以告公。公曰：「禍莫大於殺降。昨保州叛卒，朝廷許以不死，今戮之矣。此曹本以脅從，故得脱，奈何一旦殺無辜二千人？且非朝旨，若諸郡不肯從，緩之必生變，是趣其爲亂也。且某至鎮州，必不從命。」遂止。公在河北，奏置御河催綱司，通糧運，邊州賴之。置都作院於磁、相二州，以繕戎器。

仁宗遇公厚，嘗論及當世人材，目公曰：「如歐陽某者，豈易得哉！」常欲大用而未果。及使河北，陛辭日，上面諭曰：「無爲久居計，有事言來。」公對以「諫官得風聞。今在外，使事有指，越職，罪也。況不得其實邪」？上曰：「有事第以聞，勿以中外爲辭。」及黨論大起，公極言請加明辨，勢益危。初，公妹適張龜正，龜正無子，有女，非歐出也。妹既嫠，無所歸，以孤女偕來，及笄，以嫁宗人晟。張氏後以他事下獄，小人欲并中公，乃捃張氏貲産事窮治。久之，卒無有，猶貶滁上。公丁太夫人憂，既免喪，入見。仁宗惻然，怪公髮白，問在外幾年，今年幾何？恩意甚至。命判流内銓，小人恐公且復用，僞爲公奏乞汰内臣疏，傳之中外，宦者人人切齒。内官楊永德陰以言中公，出知同州。而外議不平，論救者衆。上尋開悟，故馮翊之命卒不行。

公在侍從八年，多所闓益。初，河決澶州，陳恭公爲相，欲塞商胡，開横壠故道。公言功大恐不可成，徒勞人。未幾，陳罷去，新宰相復用李仲昌議欲閼六塔河。公言六塔不能吞伏，且復決，再争之，不得，既而果然。濱、棣、德、博數千里，大被其害，仲昌等得罪流貶。至和初，公奉使契丹。契丹使其貴臣惕隱及北宰相蕭知足等來押宴，曰非常例也，以公名重故爾。其爲外夷所畏如此。公在翰林，仁宗一日乘間見御閣春帖子，讀而愛之，左右曰學士歐陽某之辭也。乃悉取宫中帖閲之，見其篇篇有意，歎曰：「舉筆不忘規諫，真侍從之臣也。」每學士院進文字，必曰「何人當直」？至公之筆，必詳覽之，每加歎賞。嘉祐初，公知貢舉，時舉者爲文以新奇相尚，文體大壞。公深革其弊，前以怪僻在高第者黜之幾

盡，務求平澹典要。士人初怨怒罵譏，中稍信服。已而文格遂變而復正者，公之力也。公之尹京，承包孝肅公之後。包以威嚴爲治，公一切循理，不事風采。或以爲言，公曰：「人材性各有短長，今捨所長，彊其所短，以徇俗求譽，我不能也。」至寵貴犯禁令，又求苟免者，必置於法，雖詔命有所不從，且請加本罪二等。至今行之，由公奏請也。公在樞密，與今侍中曾魯公悉力振舉紀綱，革去宿弊。考天下兵數，及三路屯戍多少，地理遠近，更爲圖籍之法，邊防久闕屯守者，大加蒐補。數月之間，機務浸理。嘗因嘉祐水災，凡再上疏，請選立皇子，以固天下根本，言甚激切。及在政府，遂與諸公協定大議。而先帝力辭宗正之命，公進曰：「宗室不領職事，忽有此除，天下皆知陛下將儲以爲嗣，不若遂正其名。且判宗正寺，誥敕付閤門，得以不受。今立爲皇子，止消一詔書，事定矣。」仁宗以爲然，遂下詔。及先帝初年，未親政事，慈壽垂簾。公與諸公往來兩宮，鎮撫內外，而危言密議，忠力爲多。至先帝親御萬機，內外肅然，每諸公聚議，事有未可，公未嘗不力諍，臺諫官至政事堂論事，往往面折其短。英宗嘗面稱公曰「性直不避衆怨」。嘗稱故相王沂公之言曰：「恩欲歸己，怨使誰當？」且曰：「貧賤常思富貴，富貴必履危機，此古人之所歎也。惟不思而得，既得而不患失之者，其庶幾乎。」及彭思永、蔣之奇等以飛語汚公，公杜門，請付有司治之。上連詔詰問所從來，二人辭窮，悉逐之。上親遣中貴人手詔慰安，公遂稱疾，力辭機務。自嘉祐以後，朝廷務惜名器，而進人之路稍狹。公屢建言：「館閣育材之地，材既難得而又難知，則當博採而多畜之，時冀一得於其間，則傑然出爲名臣矣，餘亦不失爲佳士也。」遂詔二府各舉五人，其後中選者，往往在清近，朝廷稍收其用矣。京師百司所行兵民官吏財用之類，皆無總數，中書一有行移，則下有司纂集。公因暇日，盡以中書所當知者，集爲總目。上有所問，宰相以總目爲對，公以祀假家居，上遣中貴人就中書閣取而閱之。連典劇郡，以鎮静爲本，不求赫赫名，舉大體而已。民便安之，滁、揚二州，生爲之立祠。公在亳，年甫六十，表致仕者六，不從。至蔡而請益堅，卒不能奪公志。其勇退如此。

公平生於物少所好，獨好收畜古文圖書，集三代以來金石銘刻爲一千卷，以校正史傳百家訛繆之説爲多。晚年自號六一居士，曰「吾《集古録》一千卷，藏書一萬卷，有琴一張，有棋一局，而常置酒一壺，吾老於其間，是爲六一」，自爲傳以刻石。嘗被詔撰《唐書·紀》十卷、《志》五十卷、《表》十五卷，又自撰《五代史》七十四卷，其爲紀，一用春秋法。於唐《禮樂志》，明前世禮樂之本出於一，而後世禮樂爲空名。《五行志》不書事應，盡破漢儒災異附會之説。其論著類此。《五代史》辭約而事備，及正前史之失爲多。公之薨，上命學士爲詔，求書於其家，方繕寫進御。嘗著《易童子問》三卷、《詩本義》十四卷、《居士集》五十卷、《歸榮集》一卷、《外制集》三卷、《内制集》八卷、《奏議集》十八卷、《四六集》七卷、《集古録跋尾》十卷，雜著述十九卷，諸子集以爲家書，總目八卷。其遺逸不録者尚數百篇，別爲編集而未及成。

公初娶胥氏，翰林學士、贈吏部侍郎偃之女；繼室楊氏，集賢院學士、諫議大夫大雅之女；今夫人薛氏，資政殿學士、户部侍郎、贈太尉簡肅公奎之女，累贈仁壽郡夫人。男八人，女三人。長女師，蚤卒。次發，光禄寺丞。次女，蚤卒。次奕，光禄寺丞。次棐，大理評事。次某，蚤卒。次辯，光禄寺丞。次三男，皆蚤卒。次女，封樂壽縣君，蚤卒。孫男四人，曰憑、曰憲、曰恕、曰愬，皆以公恩試秘書省校書郎。孫女六人，皆幼。將以熙寧八年九月二十六日，葬公於開封府新鄭縣旌賢鄉之原。謹狀。

熙寧六年七月某日，樞密副使、正奉大夫、行右諫議大夫、上柱國、賜紫金魚袋吴充狀。

《歐陽修全集》附録卷三韓琦《墓誌銘并序》 宋故推誠保德崇仁翊戴功臣、觀文殿學士、特進、太子少師致仕、上柱國、樂安郡開國公、食邑四千三百户、食實封一千二百户、贈太子太師、文忠歐陽公墓誌銘并序。

淮南節度觀察處置等使、開府儀同三司、守司徒、檢校太師兼侍中、判相州軍州事、上柱國、魏國公韓琦撰。

朝散大夫、右諫議大夫、充集賢院學士、史館修撰、權判尚書都省、判祕閣、提舉醴泉觀公事、上護軍、賜紫金魚袋宋敏求書。

翰林侍讀學士、龍圖閣學士、朝散大夫、尚書吏部郎中、知河陽軍州事、兼管内勸農使、上護軍、賜紫金魚袋韓維題蓋。

熙寧五年閏七月二十三日，觀文殿學士、太子少師致仕歐陽公，薨於汝陰之私第，年六十六。上聞震怛，不視朝，贈公太子太師，太常謚曰文忠，卹後加賻，不與常比。天下正人節士，知公之亡，罔不駭然相弔，痛失依仰。其孤寺丞君，乃以樞密副使吴公所次功緒，并致治命，以墓銘爲請。竊惟當世能文之士，比比出公門下，不屬於彼而獨以見屬，豈公素諒其愚，謂能直筆，足信後世邪，此其敢辭。

公諱修，字永叔。唐太子率更令詢四世孫琮，嘗爲吉州刺史，又八世孫萬，復爲吉之安福令，子孫因家焉。曾祖諱郴，安福六世孫也，孝悌之行，鄉里師服，仕南唐爲武昌令，累贈太師中書令。曾祖妣劉氏，追封楚國太夫人。祖諱偃，彊學善屬文，南唐時獻所爲文十餘萬言，召試，補南京街院判官，累贈太師中書令兼尚書令。祖妣李氏，追封吴國太夫人。父諱觀，性至孝，力學，咸平中擢進士第，當官明而尚恕，每決重辟，尤加審慎，苟理有可脱，必平反之，終泰州軍事判官，累贈太師中書令兼尚書令，追封鄭國公。自公祖始徙居吉水，後吉水析爲永豐，今爲永豐人。

公自四歲而孤，母韓國太夫人鄭氏守志不奪，家雖貧，力自營贍，教公爲學。公亦天資警絶，經目一覽，則能誦記。爲文，下筆出人意表，及冠，聲聞卓然。天聖中舉進士，凡兩試國子監，一試禮部，皆爲第一。逮崇政試，雖中甲科，人猶以不魁多士爲恨。初補西京留守推官，洛尹文康王公知非常才，歸薦於朝。景祐初召試，遷鎮南軍節度掌書記、館閣校勘。時文正范公權尹京邑，以直道自進，每因奏事，必陳時政得失，大忤宰相意，斥守饒州。諫官不敢言，公貽書責之，坐貶峽州夷陵令。余安道、尹師魯繼上書直范公，復被逐。當時天下以「四賢」稱之。俄徙光化軍乾德令，改武成軍節度判官。康定初召還，復館閣校勘，遷太子中允，預修《崇文總目》成，改集賢校理，同知太常禮院。請外補，通判滑州事。

慶曆初，仁宗御天下久，周悉時弊，重以西師未解，思欲整齊衆治，以完太平，登進輔臣，必取人望，收用端鯁，以增諫員。公首被其選，擢太常丞、知諫院事，賜五品服，未幾，同修起居注。公素凛忠義，遭時遇主，自任言責，無所顧忌，横身正路，風節凛然。時正獻杜公、文正范公、今司空富公皆在二府，公每勸上乘間延見，推誠諮訪。上後開天章閣，屢召諸公詢究治本，長策大議，稍稍施用，紀綱日舉，僥倖頓絶。小人始大不喜，相與巧詆，必期破壞。公常極力左右之。

俄拜右正言、知制誥，賜三品服。大臣有建白請廢麟州，徙其治於合河津，以省餽餉者。命公親往相視，使回奏曰：「麟州天險，正據要害，不可廢。第減其兵駐並河諸堡，有警呼集，數舍之近爾。兵既減，糧自不乏。」詔從之。又奏：「忻、代州，岢嵐、火山軍，並邊民田，始潘美爲帥，患虜時入寇，徙其民以空之，遂號禁地。自景德通好，我雖循舊，而虜人盜耕不已。請募民計頃出丁爲兵，量入租粟以耕之，歲可得數百萬斛，邊用給矣。不然，他日必盡爲虜人所有。」時并帥恥謀不自己，沮撓久之，其後卒如公請。凡賦斂過重民所不堪者，又奏罷十數事，疲俗以安。

四年秋，北虜盛兵雲州，聲言西討。朝廷疑其有謀，議選文武材臣密爲經畫，二府請輟公以往，即以公爲龍圖閣直學士、河北都轉運使。公至，則區别官吏，使能者盡力。均徙財用，而邊計有餘。奏廣御河漕運，造鎖栿船以絶侵盜。置都作院於磁、相州，一道兵械悉仰給焉。方條列北方利病，欲大爲措置，會文正范公與同時入輔者終爲讒説所勝，相繼罷去，一時進用者皆指之爲黨。公復慨然上書，極言論救。執政與其朋益怒，協力擠之。初，公有妹適張龜正。龜正亡，無子，妹挈前室所生孤女以歸，及笄，公爲選宗人晟以嫁之。會張氏以失行繫獄，言者乘此欲并中公，復捃張氏資産事，遂興詔獄窮治。上爲命内臣監劾，卒辨其誣，猶降授知制誥、知滁州事。執政意不快，摭劾官與監劾内臣細故，皆被責。八年春，就改起居舍人、知揚州事。踰年，徙知潁州事。

皇祐初，復龍圖閣直學士。二年秋，移知應天府兼南京留守司事，歷尚書禮部、吏部郎中。丁太夫人憂，去職。服除，入見，上怪公鬚髮盡白，惻然存撫，恩意甚厚，命判吏部流内銓。素忌公者恐將大用，乃僞爲公疏，請汰内臣，以激衆怒。有選人胡宗堯者，當引對改官，前任本州嘗以官舟假人，已而經赦去官，止得循資。公與判南曹官，對曰取旨，上欣然令改官。宦者楊永德密奏曰：「宗堯，翰林學士宿之子，有司援救之，私也。」遂出公知同州事。物論不平，上亟開悟，留公刊修《唐書》。俄入翰林爲學士，史館修撰，勾當三班院。至和二年夏，請郡，改侍讀學士、知蔡州事，留不行。復除翰林學士，判太常寺兼禮儀事，遷右諫議大夫。

嘉祐三年夏，兼龍圖閣學士，權知開封府事。前尹孝肅包公以威嚴得名，都下震恐，而公動必循理，不求赫赫之譽。或以「少風采」爲言，公曰：「人材性各有短長，吾之長止於此，惡可勉其所短以徇人邪？」既而京師亦治。四年春，請罷府事，改給事中，充羣牧使。《唐書》成，拜禮部侍郎，俄兼翰林侍讀學士。五年冬，以本官爲樞密副使。明年秋，參知政事。英宗登極，遷户部侍郎。治平初，特轉吏部侍郎。今上嗣位，改尚書左丞。

公自處二府，益思報稱，毅然守正，不爲富貴易節。凡大謀議大利害，與同官論辨，或在上前，必區判是否，未嘗少有回屈。文武之士，陳請百端，公常委曲開諭曰某事可行，某事不可行，用是人多怨誹。至於臺諫官論事有不中理者，往往正色折之，其徒尤切齒，日欲求疵合攻，公自視無他，不恤也。始英廟踐祚，按

祖宗舊典，皇族尊屬之亡者皆贈官改封。濮安懿王，英宗所生父也，中書以本朝未有故事，請付有司詳處其當。上謙恭慎重，命過仁廟大祥，下禮院與兩制官同議。如期詔下，衆乃言王當稱伯，改封大國。中書以所生父稱伯，疑無經據。方再下三省議，上遽令權罷，俾有司徐求典故，事久不行。臺官挾憤不已，遂持此斥公爲主議，上章歷詆，必請議定，及以朝廷未嘗議及之事，肆爲誣説，欲惑衆聽，又相率納告身，以示必去。上數敦諭，知不可留，各以本官補外，後來者以風憲不勝爲恥，窺伺愈急。今上即位初，御史蔣之奇者乃造無根之言，欲以污公，中丞彭思永乘虚助之。公退伏私居，力請公辨。上照其誣罔，連詔詰問，二人者辭窮，皆坐貶。公遂懇辭柄任，上不得已，除公觀文殿學士、刑部尚書、知亳州事。

熙寧元年秋，遷兵部尚書、知青州事，充京東東路安撫使。時散青苗錢法初行，衆議皆言不便，朝廷既申告誡，公猶請除去二分之息，令民止納本錢，明不取利。又請先罷提舉管勾官，然後可以責州縣不得抑配，不報。三年夏，除檢校太保，宣徽南院使，判太原府，河東路經略安撫使，公累上章辭，丐易蔡州，大略以「久疾昏耗，不任重寄」，復曰「時多喜新奇，而臣思守拙；衆方興功利，而臣欲循常」。執政知終不附己，俄詔聽以舊官知蔡州事。公在亳，已六上章請致政，上眷惜之，不允。至蔡踰年，復申前請，志益堅確，上察其誠，命優改官致仕，年方六十有五。天下士大夫聞公勇退，無不驚歎，云近古所無也。

公天資剛勁，見義敢爲，襟懷洞然，無有城府，常以平心爲難，故未嘗挾私以爲喜怒。獎進人物，樂善不倦，一長之得，力爲稱薦，故賞識之下率爲聞人。惟視姦邪，嫉若仇敵，直前奮擊，不問權貴。後雖陰被讒逐，公以道自處，怡怡如也。平生篤於朋友，如尹師魯、梅聖俞、孫明復既卒，其家貧甚，公力經營之，使皆得以自給，又表其孤於朝，悉録以官。自唐室之衰，文體墮而不振，陵夷至於五代，氣益卑弱。國初，柳公仲塗一時大儒，以古道興起之，學者卒不從。景祐初，公與尹師魯專以古文相尚，而公得之自然，非學所至，超然獨騖，衆莫能及。譬夫天地之妙，造化萬物，動者植者，無細與大，不見痕迹，自極其工。於是文風一變，時人競爲模範。自漢司馬遷没，幾千年而唐韓愈出，愈之後又數百年，而公始繼之，氣燄相薄，莫較高下，何其盛哉！所治經術，務究大本，嘗以「先儒於經，所得多矣，而不能無失，惟其説或有未通」，公始爲辨正，不過求聖人之意以立異論。嘉祐初，權知貢舉，時舉者務爲險怪之語，號太學體，公一切黜去，取其平澹造理者，即預奏名。初雖怨讟紛紜，而文格終以復古者，公之力也。筆翰遒勁，自成一家，人有得其片幅必寶藏之。歷典大郡，以鎮静爲本，明不至察，寬不至縱。吏民受賜，既去，追思不已，滁、揚二州皆立生祠。【略】熙寧八年九月庚申朔二十六日乙酉，諸孤奉公之喪，葬於開封府新鄭縣旌賢鄉之原。銘曰：

噫公之節，其剛烈烈。弼違斥姦，義不可折。噫公之文，天資不羣。光輝古今，左右《典》《墳》。直道而行，屢以讒蹶。卒寤而知，惟帝之哲。升贊議務，方隅以寧。參議宰政，社稷是經。成此王功，大忠以效。德高毁及，退不吾較。公之來歸，既安且怡。宜報以壽，戾也胡爲？公文在人，公迹在史。茲惟不窮，亘千萬祀。

《歐陽修全集》附録卷三蘇軾《神道碑》 熙寧五年秋七月，觀文殿學士、太子少師致仕歐陽文忠公薨於汝陰。八年秋九月，諸子奉公之喪，葬於新鄭旌賢鄉。自葬至崇寧五年，凡三十有二年矣。公子棐以墓隧之碑來請，轍方以罪廢於家，且病不能執筆，辭不獲命，乃曰：「病苟不死，當如君志。」既而病已，謹按歐陽氏自唐率更令之四世孫琮爲吉州刺史，後世因家於吉。曾祖諱郴，南唐武昌令，贈太師中書令。妣劉氏，追封楚國太夫人。祖諱偃，南唐南京街院判官，贈太師中書令兼尚書令。妣李氏，追封吴國太夫人。考諱觀，泰州軍事推官，贈太師中書令兼尚書令，封鄭國公。妣鄭氏，追封韓國太夫人。公諱修，字永叔，生四歲而孤。韓國守節自誓，親教公讀書，家貧，至以荻畫地學書。公敏悟過人，所覽輒能誦。比成人，將舉進士，爲一時偶儷之文，已絶出倫輩。翰林學士胥公時在漢陽，見而奇之，曰：「子必有名於世。」館之門下。公從之京師，兩試國子監，一試禮部，皆第一人，遂中甲科，補西京留守推官。始從尹師魯遊，爲古文議論當世事，迭相師友。與梅聖俞遊，爲歌詩相倡和，遂以文章名冠天下。

留守王文康公知其賢，還朝薦之。景祐初，召試，遷鎮南軍節度掌書記、館閣校勘。時范文正公知開封府，每進見，輒論時政得失，宰相惡之，斥守饒州。公見諫官高若訥，若訥詆誚范公，以爲當黜。公爲書責之，坐貶峽州夷陵令。明年，移乾德令，復爲武成軍節度判官。康定初，范公起爲陝西經略招討安撫使，辟公掌書記。公笑曰：「吾論范公，豈以爲利哉？同其退不同其進可也。」辭不就。召還，復校勘，遷太子中允，與修《崇文總目》。

慶曆初，遷集賢校理，同知太常禮院。求補外，通判滑州事。時西師未解，契丹初復舊約，京東、西盜賊蜂起，國用不給。仁宗知朝臣不任事，始登進范公

及杜正獻公、富文忠公、韓忠獻公，分列二府。增諫員，取敢言士。公首被選，以太常丞知諫院，賜五品服。未幾，修起居注。公每勸上延見諸公，訪以政事。上再出手詔，使諸公條天下事。又開天章閣，召對賜坐，給紙筆，使具疏於前。諸公惶恐，退而上時所宜先者十數事。於是有詔勸農桑，興學校，革磨勘、任子等弊。中外悚然，而小人不便，相與騰口謗之。公知其必爲害，常爲上分別邪正，勸力行諸公之言。

初，范公之貶饒州，公與尹師魯、余安道皆以直范公見逐，目之黨人。自是朋黨之論起，久而益熾。公乃爲《朋黨論》以進，言君子以同道爲朋，小人以同利爲朋，人君但當退小人之僞朋，用君子之真朋，其言懇惻詳盡。其後諸公卒以黨議不得久留於朝。公性疾惡，論事無所回避，小人視之如仇讎，而公愈奮厲不顧。上獨深知其忠，改右正言、知制誥，賜三品服，仍知諫院。故事：知制誥必試。上知公之文，有旨不試。與近世楊文公、陳文惠公比，逮公三人而已。嘗因奏事論及人物，上目公曰：「如歐陽修，何處得來！」蓋欲大用而未果也。

四年，大臣有言河東芻糧不足，請廢麟州，徙治合河津，或請廢其五寨。命公往視利害，公曰：「麟州天險，不可廢也。麟州廢，則五寨不可守；五寨不守，則府州遂爲孤壘。今五寨存，故虜在二三百里外；若五寨廢，則夾河皆虜巢穴，河内州縣皆不安居矣。不若分其兵，駐並河清塞堡，緩急不失應副，而平時可省轉輸。」由是麟州得不廢。又言：「忻、代州、岢嵐、火山軍，並邊民田，廢不得耕，號爲禁地。吾雖不耕，而虜常盜耕之。若募民計口出丁爲兵，量入租粟以耕，歲可得數百萬斛。不然，他日且盡爲虜有。」議下，太原帥臣以爲不便，持之，久之乃從。凡河東賦斂過重民所不堪，奏罷者十數事。

自河東還，會保州兵亂，又以公爲龍圖閣直學士、河北都轉運使。陛辭，上面諭：「無爲久留計，有所欲言，言之。」公曰：「諫官得風聞言事，外官越職而言，罪也。」上曰：「第以聞，勿以中外爲意。」河北諸軍怙亂驕恣，小不如意，輒脅持州郡。公奏乞優假將帥，以鎮壓士心，軍中乃定。初，保州亂兵皆招以不死，既而悉誅之，脅從二千人亦分隸諸州。富公爲宣撫使，恐後生變，與公相遇於内黄，夜半屏人謀，欲使諸州同日誅之。公曰：「禍莫大於殺已降，況脅從乎？既非朝命，州郡有一不從，爲變不細。」富公悟，乃止。公奏置御河催綱司，以督糧餉，邊州賴之。又置磁、相州都作院，以繕一路戎器。河北方小治，而二府諸公相繼以黨議罷去，公慨然上書論之，用事者益怒。會公之外甥女張，嫁公族人晟，以失行繫獄。言事者乘此欲并中公，遂起詔獄，窮治張資產。上使中官監劾之，卒辨其誣，猶降官知滁州事。

居二年，徙揚州，又徙潁州。遷禮部郎中，復龍圖閣直學士，留守南京，遷吏部郎中。丁韓國太夫人憂。至和初，服除，入見，鬚髮盡白。上怪之，問勞惻然，恩意甚厚，命判吏部流内銓。小人畏公且大用，僞爲公奏乞澄汰宦官，宦官聞之果怒。會選人胡宗堯當改官，坐嘗以官舟假人，經赦去官，法當循資。公引對取旨，上特令改官。宦官有密奏者曰：「宗堯，翰林學士宿之子，有司宥之，私也。」遂出公知同州。言者多謂公無罪，上悟，留刊修《唐書》。俄入翰林爲學士。自滁州之貶，至是十二年矣。上臨御既久，遍閲天下士，羣臣未有以大稱上意。上思富公、韓公之賢，復召置二府，時慶曆舊人惟二公與公三人，皆在朝廷。士大夫知上有致治之意，翕然相慶。公以學士判三班院。二年，奉使契丹，契丹使其貴臣宗愿、宗熙、蕭知足、蕭孝友四人押宴，曰「此非常例，以卿名重故爾」。

嘉祐初，判太常寺。二年，權知貢舉。是時進士爲文以詭異相高，文體大壞。公患之，所取率以詞義近古爲貴，凡以險怪知名者黜去殆盡。榜出，怨謗紛然，久之乃服。然文章自是變而復古。

三年，加龍圖閣學士，權知開封府事，所代包孝肅公以威嚴御下，名震都邑。公簡易循理，不求赫赫之譽，有以包公之政勵公者，公曰：「凡人材，性不一。用其所長，事無不舉；强其所短，勢必不逮。吾亦任吾所長耳。」聞者稱善。四年，求罷，遷給事中，充羣牧使。

《唐書》成，拜禮部侍郎，俄兼翰林侍讀學士。公在翰林凡八年，知無不言，所言多聽。河決商胡，賈魏公留守北京，欲開横壟故道，回河使東。有李仲昌者，欲道商胡入六塔河。詔兩省臺諫集議，公故奉使河北，知河決根本，以爲河水重濁，理無不淤，淤從下起，下流既淤，上流必決，水性避高，決必趨下。以近事驗之，決河非不能力塞，故道非不能力復，但勢不能久，必決於上流耳。横壟功大難成，雖成必有復決之患。六塔狹小，不能容受大河。以全河注之，濱、棣、德、博必被其害。不若因水所趨，增治堤防，疏其下流，浚之入海，則河無決溢散漫之憂，數十年之利也。陳恭公當國，主横壟之議。恭公罷去，而宰相復以仲昌之言爲然，行之而敗，河北被害者凡數千里。

狄武襄公爲樞密使，奮自軍伍，多戰功，軍中服其威名。上不豫，諸軍訛言籍籍。公言：「武臣掌機密而得軍情，不惟於國不便，鮮不以爲身害。請出之外

藩，以保其終始。」遂罷知陳州。公嘗因水災上言：「陛下臨御三十餘年，而儲宮未建，此久闕之典也。漢文帝即位，羣臣請立太子，羣臣不自疑而敢請，文帝亦不疑其臣有二心。後唐明宗尤惡人言太子事。然漢文帝立太子之後，享國長久，爲漢太宗。明宗儲嗣不早定，而秦王以窺覬陷於大禍，後唐遂亂。陛下何疑而久不定乎？」公言事不擇劇易類如此。

五年，以本官爲樞密副使。明年，爲參知政事。公在兵府，與曾魯公考天下兵數及三路屯戍多少、地里遠近，更爲圖籍，凡邊防久闕屯戍者，必加蒐補。其在政府，凡兵民、官吏、財利之要，中書所當知者，集爲總目，遇事不復求之有司。時富公久以母憂去位，公與韓公同心輔政，每議事，心所未可，必力爭，韓公亦開懷不疑。故嘉祐之政，世多以爲得。

時東宮猶未定，臣僚間有言者，然皆不克行。最後，諫官司馬光、知江州呂誨言之，中書將因二疏以請，幸上有可意，相與力贊之。一日，奏事垂拱，讀二疏，未及有言，上曰：「朕有意久矣，顧未得其人耳，宗室中誰可者？」韓公對曰：「宗室不接外人，臣等無由知之，抑此事非臣下所敢議，當出自聖斷。」上乃稱英宗舊名曰：「宮中嘗養此人，今三十許歲矣，惟此人可耳。」是日，君臣定議於殿上，將退，公奏曰：「此事至大，臣等未敢即行，陛下今夕更思之，來日取旨。」明日，請之崇政，上曰：「決無疑矣。」諸公皆曰：「事當有漸，容臣等議所除官。」時英宗方居濮王憂，遂議起復，除泰州防禦使，判宗正寺。來日復對，上大喜。諸公奏曰：「此事既行，不可中止，乞陛下斷之於心，內批付臣等行之可也。」上曰：「此豈可使婦人知之？中書行之足矣。」時六年十月也。及命下，英宗力辭，上聽候服除。七年二月，英宗既免喪，稱疾不出。至七月，韓公議曰：「宗正之命既出，外人皆知必爲皇子矣。今不若遂正其名，使知愈退而愈進，示朝廷不可回之意。」衆稱善，乃以其累表上之。上曰：「今當如何？」韓公未對，公進曰：「宗室舊不領職事，今有此命，天下皆知陛下意矣。然詔敕付閤門，得以不受。今若以爲皇子，詔書一出，而事定矣。」上以爲然，遂下詔。及宮車晏駕，皇子嗣位，海內泰然，有磐石之固。然後天下皆詠歌仁宗之聖以及諸公之賢，而向之黨議消釋無餘，至於小人亦靡滅不見矣。

英宗即位之初，以疾未親政，慈聖光獻太后臨朝。公與諸公往來二宮，彌縫其間，卒復明辟。樞密使嘗闕人，公當次補，韓公、曾公議將進擬，不以告公。公覺其意，謂二公曰：「今天子諒陰，母后垂簾，而二三大臣自相位置，何以示天下？」二公大服而止。其後張康節公去位，英宗復將用公，公又力辭不拜。公再辭重位，諸公不喻其意而服其難。八年，遷戶部侍郎。治平初，特遷吏部。

神宗即位，遷尚書左丞。公性剛直，平生與人盡言無所隱。及在二府，士大夫有所干請，輒面諭可否。雖臺諫論事，亦必以是非詰之，以此得怨，而公不卹也。朝廷議加濮王典禮，詔下禮官與從官定議，衆欲改封大國，稱伯父。議未下，臺官意公主此議，遂專以詆公。言者既以不勝補外，而來者持公愈急，御史蔣之奇并以飛語污公。公杜門求辨其事，神宗察其誣，連詔詰問，詞窮，逐去。公益堅求退，上知不可奪，除觀文殿學士，知亳州事。熙寧初，遷兵部尚書，知青州事，充京東東路安撫使。時諸路散青苗錢，公乞令民止納本錢，以示不爲利，罷提舉管勾官，聽民以願請，不報。三年，除檢校太保、宣徽南院使，判太原府、河東路經略安撫使。公辭，求知蔡州，從之。公在亳，已六請致仕，比至蔡，逾年，復請。四年，以觀文殿學士、太子少師致仕。公年未及謝事，天下益以高公。

公昔守潁上，樂其風土，因卜居焉。及歸而居室未完，處之怡然，不以爲意。公之在滁也，自號醉翁，作亭瑯琊山，以醉翁名之。晚年又自號六一居士，曰：「吾《集古録》一千卷，藏書一萬卷，有琴一張，有棋一局，而常置酒一壺，吾老於其間，是爲六一。」自爲傳刻石，亦名其文曰《居士集》。居潁一年而薨，享年六十有六，贈太子太師，謚文忠。天下學士聞之，皆出涕相弔。後以諸子贈太師，追封兗國公。公之於文，天材有餘，豐約中度，雍容俯仰，不大聲色而義理自勝，短章大論，施無不可。有欲效之，不詭則俗，不淫則陋，終不可及。是以獨步當世，求之古人，亦不可多得。公於六經，長於《易》、《詩》、《春秋》，其所發明多古人所未見。嘗奉詔撰《唐本紀・表・志》，撰《五代史》，二書《本紀》法嚴而詞約，多取《春秋》遺意，其《表》、《傳》、《志》、《考》，與遷、固相上下。凡爲《易童子問》三卷，《詩本義》十四卷，《唐本紀・表・志》七十五卷，《五代史》七十四卷，《居士集》五十卷，《外集》若干卷，《歸榮集》一卷，《外制集》三卷，《內制集》八卷，《奏議集》十八卷，《四六集》七卷，《集古録跋尾》十卷，雜著述十九卷。

昔孔子生於衰周而識文武之道，其稱曰：「文王既没，文不在茲乎？」雖一時諸侯不能用，功業不見於天下，而其文卒不可揜。孔子既没，諸弟子如子貢、子夏皆以文名於世，數傳之後，子思、孟子、荀卿並爲諸侯師。秦人雖以塗炭遇之，不能廢也。及漢祖以干戈定亂，紛紜未已，而叔孫通、陸賈之徒以《詩》、《書》、《禮》、《樂》彌縫其闕矣。其後賈誼、董仲舒相繼而起，則西漢之文後世莫

能仿佛。蓋孔氏之遺烈，其所及者如此。自漢以來，更魏、晉，歷南、北，文弊極矣。雖唐正觀、開元之盛，而文氣衰弱，燕、許之流，倔强其間，卒不能振。惟韓退之一變復古，閎其頽波，東注之海，遂復西漢之舊。自退之以來，五代相承，天下不知所以爲文。祖宗之治，禮文法度，追迹漢、唐，而文章之士楊、劉而已。及公之文行於天下，乃復無愧於古。於戲！自孔子至今，千數百年，文章廢而復興，惟得二人焉。夫豈偶然也哉！

公篤於朋友，不以貴賤生死易意。尹師魯、石守道、孫明復、梅聖俞既没，皆經理其家，或言之朝廷官其子弟。尤奬進文士，一有所長，必極口稱道，惟恐人不知也。公前後歷七郡守，其政察而不苛，寬而不弛，吏民安之，滁、揚之人至爲立生祠。鄭公嘗有遺訓，戒慎用死刑，韓國以語公，公終身行之，以爲漢法惟殺人者死，今法多雜犯死罪，故死罪非殺人者多所平反，蓋鄭公意也。【略】

公之在翰林也，先君文安先生以布衣隱居鄉閭，聞天子復用正人，喜以書遺公。公一見其文，曰「此孫卿子之書也」。及公考試禮部，亡兄子瞻以進士試稠人中，公與梅聖俞得其程文，以爲異人。是歲，轍亦中下第，公亦以謂不忝其家。先君不幸捐館舍，亡兄與轍皆流落不偶。元祐初，會於京師，公家以公碑諉子瞻，子瞻許焉，既又至於大故。轍之不敏，以父兄故，不敢復辭。銘曰：

於穆仁宗，有臣文忠。自險而夷，保其初終。惟古君臣，終之實難。匪不用賢，有孽其間。公奮自南，聲被四方。允文且忠，有煒其光。上實開之，下實柅之。三起三僨，誰實使之。僨而復全，惟天子明。克明克忠，乃卒有成。逮歲嘉祐，君臣一德。左右天造，民用飲食。舜禹相授，不改舊臣。白髮蒼顔，翼然在廷。功成而歸，維公本心。彼其何知，言恐不深。潁水之濱，甲第朱門。新鄭之墟，茂木高墳。野人指之，文忠之遺。忠臣不危，仁祖之思。

《歐陽修全集》附録卷二《神宗實録本傳墨本》　歐陽修字永叔，唐太子率更令詢之後。詢四世孫琮爲吉州刺史，又八世生萬，爲吉州安福令。其子孫或居安福，或居廬陵。萬之八世孫觀，修父也，徙居永豐。

修四歲而孤，母鄭氏有女節，以荻畫地，教修書字。稍長，從鄰里借書讀，或手抄之，抄未竟而成誦。舉進士，有聲，補西京留守推官。召試學士院，遷鎮南軍節度掌書記、館閣校勘。

修爲人質直閎廓，見義敢爲，機穽在前，直行不顧。每放逐困躓，輒數年，及復振起，終不改其操。范仲淹貶知饒州，論救者衆，諫官高若訥獨不言。修以書責若訥，言其不復知人間有羞恥事。若訥以聞，謫峽州夷陵令，徙光化軍乾德令，改武成軍節度判官。遷太子中允、館閣校勘，修《崇文總目》、《禮書》。《總目》成，改集賢校理，知太常禮院。數論天下事。陝西用師，上三策以揣敵情，及指陳利害甚衆。詔百官上封事，又上疏言三敝五事，力陳當時之所宜憂者。以貧求補外，得通判滑州。仁宗增諫官員，用天下名士，召修知諫院。是時西師久，京東、西群盜起，中外騷然。仁宗既進退大臣，欲遂改更諸事，范仲淹、杜衍、韓琦、富弼皆輔政。修屢請召對咨訪，責以所爲。仁宗降手詔，出六條，後遂下詔勸農桑，興學校，多所更革。用修同修起居注，閲月，拜右正言、知制誥。

初，吕夷簡罷相，夏竦爲樞密使，復奪之，代以杜衍，同時進用富弼、韓琦、范仲淹等。石介作《慶曆聖德詩》，言退姦不易，進賢之難，而終篇意在夏竦。竦尤不悦，因與其黨造爲黨論，目仲淹、衍及修爲黨人。修乃上《朋黨論》，其大略言：「小人無朋，惟君子則有之。蓋小人所好者利禄，所貪者財貨，當其同利之時，蹔相黨引以爲朋，及其見利而争先，或利盡而交疏，則反相賊害，雖其兄弟親戚不能相保，故曰小人無朋。君子則不然，所守者道義，所行者忠信，所惜者名節，以之修身則同道而相益，以之事國則同心而共濟，終始如一，故君子有朋也。」又上疏言：「杜衍、韓琦、范仲淹、富弼相繼罷去，天下皆知其有可用之賢，而不聞其有可罷之罪。自古小人讒害忠賢，其説不遠。欲廣陷良善，不過指爲朋黨；欲動摇大臣，必須誣以專權。其故何也？去一善人，而衆善人尚在，則未爲小人之利。欲盡去之，則善人少過，難爲一一求瑕。唯是指以爲朋，則可一時盡逐。至如自古大臣已被主知而蒙信任，則難以他事動摇，惟有專權是上之所惡，必須此語方可傾之。正士在朝，群邪所忌；謀臣不用，敵國之福也。今此四人一旦罷去，而使群邪相賀於内，四夷相賀於外，臣所以爲陛下惜之也。」爲黨論者，尤惡修異己，又善言其情狀，至使内侍藍元震上疏言：「范仲淹、歐陽修、尹洙、余靖，前日蔡襄謂之『四賢』，斥去未幾，復陞天衢。『四賢』得時，遂引蔡襄以爲同列，下則以國家爵禄爲己私惠，上則朋黨膠漆皆聚本朝。設使逐人私黨，不過十數，同心醜正，已爲五六十人，相依爲重，將紊紀綱。九重至深，萬機至重，何由察知？」賴仁宗終不之信。

修之使河東，以陝西用兵久，河東芻糧不足，言者請廢麟州，或請移治合河津，或請廢五寨。修爲四議，以較麟州利害，請移兵就食於濱河清塞堡，緩急不失應援，平時可省餽運，麟州得不廢。又建言忻、代、岢嵐、火山四郡有禁地，棄

而不耕，民私糴虜中，以應軍須，今悉耕之，歲可得數百萬石以實邊。又言河東民故貧，軍興以來賦斂尤重，行路嗟怨，條上可罷者數十事，以寬民力。

修自河東還，會保州兵叛，出修爲龍圖閣直學士、河北都轉運使。保州平，大將李昭亮私納婦女，通判馮博文等竊效之。修捕博文繫獄，昭亮皇恐，立出之。自保州之變，河北兵驕，小不可意則思亂，人情務在姑息。修乞假將帥權重，以消未萌。保塞之脅從者二千餘人，分隸河北，夏竦爲宣撫使，曰是去禍而遺根也，欲以便宜誅之。修權知成德軍，遇之於内黄，竦夜半屏人以告修。修曰：「禍莫大於殺降。昨保州叛卒，朝廷許以不死，今戮之矣。此曹本以脅從故得脱，奈何一旦殺無辜二千人？既非朝旨，諸郡且不肯從，緩之則籍籍必生變，是趣之爲亂也。」遂止。河決澶淵，陳執中欲塞商胡，決横隴故道。修言功大必不可成，徒勞人。執中罷，文彦博復用李仲昌議，欲開六塔河。修言六塔河不能吞伏，且復決，再争之不得，既而濱、棣、德、博數千里皆被害。

初，修出河北，仁宗面諭曰：「勿爲久居計。有事言來。」修對曰：「諫官乃得風聞，今在外，使事有指，越職罪也。」仁宗曰：「有事但以聞，勿以中外爲詞。」爲黨論者愈益惡之。修妹適張龜正，龜正無子而死，有龜正前妻之女才四歲，無所歸，以俱來。及笄，修以嫁族兄之子晟。張氏後在晟所與奴姦，事下開封府，獄吏附致其言以及修。乃以户部判官蘇安世、内侍王昭明雜治之，卒無秋毫。乃坐用張氏匳中物買田立歐陽氏券，左遷知制誥、知滁州。久之，遷起居舍人、知揚州，徙潁州。復龍圖閣直學士，知應天府，以母憂去。既免喪，入見，仁宗惻然，怪修髮白，問在外幾年，今年幾何，恩意甚至。命判流内銓。小人恐修復用，僞爲修奏，乞澄汰内侍兩省挾威令爲姦利者。書騰都下，宦者人人切齒，楊永德者陰以言中修，出知同州。外議不平，論救者衆。遂留刊修《唐書》，爲翰林學士，加史館修撰，勾當三班院。改侍讀學士、知蔡州，未行，復爲翰林學士，判太常寺。

修在朝，以奬進天下士爲己任，延譽尉薦，極其力而後已。於經術，治其大旨，不爲章句，不求異於諸儒。景祐中，與尹洙皆爲古學。已而有詔，戒天下學者爲文使近古，學者盡爲古文，而修之文章遂爲天下宗匠。蜀人蘇洵嘗論修文章「詞令雍容似李翺，切近適當似陸贄」，而修之才亦似過此二人。至修作《唐書・志》《五代史》，叙事不愧劉向、班固也。權知貢舉，文士以新奇相尚，文體大壞，修深革其弊，前以怪僻在高第者黜之幾盡，務求平淡典要。士人初怨怒罵譏，中稍信服，已而文格變而復正。

拜右諫議大夫，判尚書禮部，又判祕閣祕書省，加兼侍讀，辭不受。同修玉牒，兼龍圖閣學士，權知開封府，承包拯威儀之後，一切循理，不事風采。或以爲言，修曰：「人材性各有短長，實不能舍所長彊其所短。」以給事中罷，同提舉諸司庫務，改群牧使。《唐書》成，拜禮部侍郎，爲樞密副使，與曾公亮同力振舉紀綱，革去宿弊，考天下兵數及三路屯戍幾何，地里近遠，皆爲圖籍。未幾，參知政事，預定策立英宗爲皇子事，見《韓琦傳》。

英宗初年，未親政事，慈聖光獻太后垂簾。修與二三大臣佐佑兩宫，鎮撫四海，執政聚議事有未可，修未嘗不力争，臺諫官至政事堂論事，往往面折其短。英宗嘗面稱修曰「性直不避衆怨」。修亦嘗稱誦故相王曾之言曰「恩欲歸己，怨使誰當」？自嘉祐以後，朝廷務惜名器，而進人之路稍陋。修屢建言：「館閣育材之地，人材既難得，而又難知，則當博采而多畜之，時冀一得於其間，則傑然出爲名臣矣，餘亦不失爲佳士也。」遂詔韓琦、曾公亮、趙概及修各舉五人，其後中選者多在清近，朝廷亦稍收其用矣。京師百司所行兵民官吏財用皆無總數，中書一有行移，則下有司考會。修因暇日，盡以中書所當知者集爲總目。上有所問，宰相以總目對，修以奉祠假家居，上遣内侍就中書閣取而閲之。

蔣之奇言修帷箔事，事連其長子婦，修杜門請付有司案治。詔詰問之奇語所從來，之奇言得之彭思永。思永言出於風聞，曖昧無實，嘗戒之奇勿言。天子爲其辭窮，降思永知黄州，之奇監道州酒，遣中使手詔慰安修。修遂稱疾，力解機務，以觀文殿學士、刑部尚書知亳州，年六十矣。乞致仕者六，不從。遷兵部尚書，知青州。除檢校太保、宣徽南院使，判太原府，三辭不受。徙知蔡州，以老病乞骸骨，章數上，乃爲觀文殿學士、太子少師致仕。卒年六十有六，贈太子太師。太常初謚曰文，常秩曰修有定策之功，請謚文忠，乃用之。

方英宗亮陰，而修以治平元年五月，建議濮安懿王德盛位隆，宜有尊禮，詔須大祥後議之。二年四月，乃詔禮官與待制以上詳議，而有司以爲宜準先朝封贈期親尊屬故事，尊以高官大國。朝廷以典禮未稱，下尚書省集三省、御史臺官議奏，而皇太后手書以議事詰責執政，於是手詔罷議，令有司博求典故以聞。御史吕誨等彈奏修首開邪議，琦公、亮、概附會不正，請如有司所議。而修論「本生之親改稱皇伯，歷考前世，並無典據。進封大國，則又禮無加爵之道」。已而皇太后出手書，濮安懿王及譙國太夫人王氏、襄國太夫人韓氏、仙游縣君任氏，可

令皇帝稱親，仍尊濮安懿王爲皇，三夫人並稱后。是日手詔，欲遵慈訓稱親，而不敢當追崇之典。誨及范純仁、傅堯俞、趙瞻、趙鼎論列不已。英宗問執政當如何？修對曰：「御史以爲理難並立，臣等有罪，即留御史。若以臣等爲無罪，則取聖旨。」英宗猶豫良久，乃令出御史，而曰「不宜責之太重」。蔣之奇者私論濮園事，與修合，修薦之。時已用王珪等所薦御史孫昌齡、郭源明、黄照，又特批以之奇爲御史，論者以此短修。修議濮園事雖不叶群議，觀修結髮立朝，讜直不回，身任衆怨，至於白首，而謗訕不已，卒以不污。年六十，以論政不合，固求去位。可謂有君子之勇。而言者指修既爲執政，行私以專寵禄，亦過矣。

修博極群書，好學不倦。集三代以來金石刻爲一千卷，校正史氏百家譌謬之説爲多。所著《易童子問》三卷，《詩本義》十四卷，《居士集》五十卷，《内・外制》、《奏議》、《四六集》又四十餘卷。子：發、奕、棐、辯。

《歐陽修全集》附録卷三葉濤《重修實録本傳朱本》　修字永叔，唐太子率更令詢之後。詢裔孫萬爲吉州安福令，其子孫因家焉。至修父觀，始徙居永豐。

修四歲而孤，母鄭氏力教以讀書爲文。及冠，舉進士，翕然有聲。補西京留守推官，召試學士院，遷鎮南軍節度掌書記、館閣校勘。時范仲淹以陳時政得失不顧避，忤宰相意，貶知饒州。論救者甚衆，而諫官高若訥獨含胡不言。修以書質責若訥，至以爲「不知人間有羞恥事」。若訥大憤，連其書以聞。坐貶峽州夷陵令，徙光化軍乾德令，改武成軍節度判官，遷太子中允、館閣校勘。賈修《崇文總目》書成，改集賢校理，知太常禮院，出通判滑州。

慶曆初，吕夷簡以老病在相位，主斷既久，天下事積成玩弊，不思所以振治。而最後元昊盜邊，陝右師老兵頓。天子憂之，未知所出。一日夷簡罷相，夏竦爲樞密使，既除復罷，而更用杜衍。又范仲淹、富弼、韓琦同時擢執政，收攬一時名士，增諫官員，而修首在選中，擢太常丞，知諫院。修極力左右時事，屢請召對執政，責以時所可爲。於是仁宗開天章閣，給二府筆札，令具所以施行條上。其後下詔，勸農桑，興學校，於僥倖多所裁革，修之發明居多。是時執政，皆修素所厚善，而修所言事一意徑行，略不以形迹嫌疑顧避，亦卒無懷利附會之實。天下之士知其立朝有本末，質行正直，頗推許之。於是小人自此側目，而黨人之論作矣。初，石介作《慶曆聖德詩》，言進賢退姦之不易，其指以美杜衍等進而竦見黜也。竦既懷不滿，因與其黨造爲黨論，目仲淹、衍及修爲黨人。修乃上《朋黨論》，其大略言：「小人無朋，惟君子則有之。如《書》曰『受有臣億萬，惟億萬心。周有臣三千，惟一心』。紂億萬人各異心，可謂無朋矣，而紂用以亡。武王之臣三千人，可謂大朋矣，而周用以興。蓋君子之朋雖多而不厭故也。」俄擢同修起居注，閲月，拜右正言、知制誥。於是爲黨論者，惡修擿語其情狀，至使内侍藍元震密上疏，言「范仲淹、歐陽修、尹洙、余靖，前日蔡襄謂之『四賢』。斥去未幾，復還京師。四賢得時，遂引蔡襄以爲同列，以國家爵禄爲私惠，膠固朋黨，苟以報謝當時歌詠之德。今一人私黨止作十數，合五六人門下黨與，已無慮五六十人。使此五六十人遞相提挈，不過三二年，布滿要路，則誤朝迷國，誰敢有言，挾恨報讎，何施不可。九重至深，萬機至重，何由察知」。然仁宗終不之信也。

會被旨使河東。河東自陝西兵興，芻糧久不繼，言者屢請廢麟州。修請移兵就食濱河諸堡，使緩急不失應援，平時可省餽運，麟州以故不廢。又建言忻、代州，岢嵐、火山軍，故時并邊皆民田，潘美患虜入寇，乃使民内徙，空其地號禁地，自後虜人歲盜耕不已。請益募民賦田入租，歲可得穀數百萬斛給邊，仍計頃出丁爲兵，不者，他日盡爲虜所有矣。朝廷從之。

會保州兵叛，出修爲龍圖閣直學士、河北都轉運使。仁宗面諭曰：「勿爲久居計，有事第言之。」修對以：「諫官乃得風聞，今在外，使事有指，越職罪也。」仁宗曰：「事苟宜聞，豈可以中外爲辭耶？」嘗上疏言：「今杜衍、韓琦、范仲淹、富弼相繼罷去，天下皆知其有可用之賢，而不聞其有可罷之罪。自古小人敗事，其説不遠。欲廣陷良善，不過指爲朋黨；欲動摇大臣，必須誣以專權者。蓋去一善人而衆善人尚在，則未爲小人之利，欲盡去之，則善人少過，難以一一求瑕，唯是指以爲朋，則可一時盡逐。至如自古大臣，已被主知而蒙信任，則難以他事動摇，惟有專權是上之所惡，方可傾之。夫正士在朝，群邪所忌；謀臣不用，敵國之福。今此四人一旦罷去，而使群邪相賀於内，四夷相賀於外，此臣所以爲陛下惜之也。」於是爲黨論者愈益忌之。初，修妹適張龜正，龜正卒，無子而有女。女實前妻所生，甫四歲，以無所歸，其母攜養於外氏，及笄，修以嫁族兄之子晟。會張氏在晟所與奴姦，事下開封獄，獄吏因附致其言以及修。詔以户部判官蘇安世、内侍王昭明雜治之，卒無狀。乃坐用張氏奩中物置田立歐陽氏券，左遷知制誥、知滁州。久之，遷起居舍人、知揚州，徙潁州。復龍圖閣直學士、知應天府，以母憂去。既免喪，入見，仁宗惻然，怪修髮白，問在外幾年，今年幾何，恩意甚至，命判流内銓。小人恐修復用，乃僞爲修奏，乞汰内侍挾威令爲姦利者，宦者人人忿怒，楊永德者陰以言中修，出知同州。外議不平，仁宗復悟，留刊修《唐

書》，爲翰林學士，加史館修撰，勾當三班院，改侍讀學士、知蔡州。未行，復爲翰林學士，判太常寺。

時文士以磔裂怪僻相尚，文體大壞。及是，修知貢舉，深革其弊，前在高第者盡黜之，務求平淡典要。士人初怨怒罵譏，已而文格卒變。

拜右諫議大夫，判尚書禮部，又判祕閣祕書省，加兼侍讀，辭不受。同修玉牒，兼龍圖閣學士，權知開封府，以給事中罷，同提舉諸司庫務，改群牧使。《唐書》成，拜禮部侍郎，爲樞密副使。嘗因水災，凡再上疏請立皇子，言甚激切。未幾，參知政事，與韓琦等協定大議，立英宗。已而英宗力辭宗正之命，修進曰：「宗室不領職事，今忽有此除，天下皆知陛下將以爲嗣也，則不若遂正其名。且宗正誥敕付閤門，故得不受；若立爲皇子，則止降一詔書，大事定矣，不可辭也。」仁宗以爲然，遂下詔。

及英宗以疾未親政事，慈聖光獻太后垂簾，修與二三大臣主國論，每簾前奏事，或執政聚議，事有未可，修未嘗不抗是非力争。臺諫官至政事堂論事，事雖非己出，同列未及啓口，而修已直前折其短。以至士大夫建明利害及所祈請，前此執政多媕阿，不明白是非；至修必一二數之，曰某事可行，某事不可行，用是怨誹者益多。英宗嘗面稱修曰：「性直不避衆怨。」修亦嘗稱誦故相王曾之言曰「恩欲歸己，怨使誰當」？及上即位，御史蔣之奇言修帷箔事，事連其長子婦吴氏。修杜門，請付有司案治。先是修妻之從弟薛宗孺坐舉官被劾，内冀會赦免，而修乃言不可以臣故徼幸，乞特不原。以故宗孺坐免官，而怨修切齒，因構爲無根之言，苟欲以污辱修。會劉瑾亦素仇家，乃騰其謗，以語中丞彭思永，思永間以語之奇。之奇始以私議濮王事與修合，而修特薦爲御史，時方患衆論指目爲姦邪，及得此，因亟持以自解。於是詔詰語所從來，之奇言得之思永，思永以與瑾同鄉里，且相習熟，故力抵以爲風聞。天子爲其辭窮，降思永知黄州，之奇監道州酒。遣中使手詔慰安修，修遂稱疾，力乞解機務，以觀文殿學士、刑部尚書知亳州。時修年六十，乃連六表乞致仕，不從。遷兵部尚書、知青州，以擅止散青苗錢詔特放罪，除檢校太保，宣徽南院使，判太原府，三辭不受。徙知蔡州，以老病乞骸骨，章數上，乃爲觀文殿學士、太子少師致仕。卒年六十六，贈太子太師。太常初謚曰「文」，常秩曰「修有定策之功，請加以『忠』」，乃謚曰「文忠」。

初，英宗即位，按祖宗故事追贈宗室尊屬，至濮安懿王，中書以本朝未有故事，請付有司詳議。英宗謙恭重其事，詔須大祥後議之。後乃詔禮官與待制以上詳議，而有司以爲王當稱伯，改封大國。朝廷以典禮未正，再下尚書省集議，而皇太后手書以議事詰責執政。於是手詔權罷議，令有司博求典故以聞。御史吕誨等彈奏修首開邪議，琦公、亮、概附會不正，請如有司所議。修論本生之親改稱皇伯，歷考前世，皆無典據；進封大國，則又禮無加爵之道。已而皇太后出手書曰：「濮安懿王及譙國太夫人王氏、襄國太夫人韓氏、仙游縣君任氏，可令皇帝稱親。仍尊濮安懿王爲皇，三夫人並稱后。」是日手詔，欲遵太后手書稱親，而不敢當追崇之典。誨及范純仁、傅堯俞、趙瞻、趙鼎論列不已。英宗問執政當如何？修對曰：「御史以爲理難並立，若以臣等有罪，即留御史；若無罪，則惟聖旨是聽。」英宗猶豫良久，乃令出御史。其後修著《濮議》，引《喪服記》曰：『爲人後者，爲其父母報』。報者，齊衰期也。謂之降服，親不可降，降者，降其外物爾，喪服是也。其必降者，示有所屈也，以其承大宗之重，尊祖而爲之屈爾，屈於此以伸於彼也。生莫重於父母，而爲之屈者，以見承大宗者亦重也，此以義制者也。父子之道，天性也。臨之以大義，有可以降其外物，而本之於至仁，則不可絶其天性。絶人道而滅天理，此不仁者之或不爲也。故聖人制服，爲降三年爲期，而不没其父母之名，以見服可降而名不可没也，此以仁存心者也。」又曰：「今議者欲以爲人後之故，使一旦反視父母若未嘗生我者，其絶之已甚矣。使其真絶之歟，是非人情也；迫於義而僞絶之歟，是仁義者教人爲僞者也。」所議大略如此。

國朝接唐、五代末流，文章專以聲病對偶爲工，剽剥故事，雕刻破碎，甚者若俳優之辭。如楊億、劉筠輩，其學博矣，然其文亦不能自拔於流俗，反吹波揚瀾，助其氣勢，一時慕效謂其文爲昆體。時韓愈文，人尚未知讀也，修始年十五六，於鄰家壁角破簏中得本，學之。後獨能擺棄時俗故步，與司馬遷、賈誼、揚雄、劉向、班固、韓愈、柳宗元争馳逐，侵尋乎其相及矣。是時尹洙與修亦皆以古文倡率學者，然洙材下，人莫之與。至修文一出，天下士皆嚮慕，爲之唯恐不及，一時文字大變從古，庶幾乎西漢之盛者，由修發之。然至論《易》，則以《繫辭》非孔子之言，論《周禮》，則疑非周公所作，是以君子之愛其文者，猶嘆息於斯焉。

修性剛直，處善惡，黑白分明，於當路有權勢者，雖知其設機穽見待，必直前觸發之不顧。其放逐流離至數年者，屢矣，而復振起，志氣故自若也。

修雖以文雄一時，然無忌前好勝之氣，喜推轂賢士而身下之，一時聞人多出其門。嘉祐間，朝廷進人之路陋，修建言以館閣多蓄人材。後詔韓琦、曾公亮各

舉六人，歐陽修、趙概各五人，一時得士爲多。

修集三代以來金石刻爲一千卷，頗是正譌謬。所著《易童子問》三卷，《詩本義》十四卷，《居士集》五十卷，《內・外制》、《奏議》、《四六集》又四十餘卷。

子：發、奕、棐、辯。

王稱《東都事略》卷七二《歐陽脩傳》 歐陽脩字永叔，吉州廬陵人也。四歲而孤，母鄭氏守節自誓，親教脩讀書。家貧，至以荻畫地學書。比成人，舉進士，兩試國子監，一試禮部，皆第一，遂中甲科，補西京留守推官。始從尹洙遊，爲古文，議論當世事，迭相師友，與梅堯臣遊，爲歌詩相倡和，遂以文章名冠天下。

景祐初，召試爲館閣校勘。時范仲淹知開封府，每進見，輒論時政得失。宰相呂夷簡惡之，斥守饒州。諫官高若訥詆誚仲淹，以爲當黜。脩以書深責若訥，謂其不復知人間有羞耻事。若訥以聞，謫夷陵令，徙乾德，復爲武成軍節度判官。范仲淹帥陝西，辟脩掌書記。脩曰：「吾論范公，豈以爲利哉？同其退，不同其進可也。」辭不就。召還，復校勘。慶曆初，遷集賢校理、同知太常禮院。求補外，通判滑州。

仁宗登進杜衍、范仲淹、富弼、韓琦分列二府，增諫官員，用天下名士，召脩知諫院。未幾，修起居注。脩每勸上延見大臣，訪以政事。仁宗再出手詔，使條天下事。又開天章閣召對賜坐，給以筆札，使具疏于前。皆皇恐，退而上時所宜先者十數事。於是有詔勸農桑、興學校、革磨勘任子等弊，中外悚然，而小人不便，相與騰口謗之。脩常爲仁宗分別邪正，勸行其言。改右正言、知制誥，仍知諫院。故事，知制誥必試，仁宗知脩之文，有旨不試，與近世楊億、陳堯佐及脩三人而已。嘗因奏事論及人物，仁宗目脩曰：「如歐陽脩，何處得來？」

初，范仲淹之貶饒州也，脩與尹洙、余靖皆以直仲淹見逐，目之「黨人」。自是朋黨之論起，脩乃爲《朋黨論》以進，以爲：「君子以同道爲朋，小人以同利爲朋，此自然之理也。臣謂小人無朋，惟君子則有之。蓋小人所好者利祿也，所貪者財貨也。當其同利之時，暫相黨引以爲朋者，僞也。及其見利而爭先，或利盡而反相賊害，雖其兄弟親戚，不能相保，故臣謂小人無朋，其暫爲朋者僞也。君子則不然，所守者道義，所行者忠信，所修者名節。以之脩身，則同道而相益，以之事國，則同心而共濟，終始如一，故君子有朋也。故爲君者，但當退小人之僞朋，用君子之真朋，則天下治矣。」

四年，大臣有言河東芻粮不足，請廢麟州，命脩往視利害。脩以爲麟州天險不可廢。又言：「忻州、代州、岢嵐、火山軍並邊民田，廢不得耕，號爲禁地。吾雖不耕，而虜常盜耕之。若募民計口出丁爲兵，量入租粟以耕，歲可得數百萬斛。不然，他日且盡爲虜有。」議下，太原帥臣以爲不便，持之。久之乃從。凡河東賦斂過重民所不堪，奏罷十數事。

自河東還，會保州兵亂，以脩爲龍圖閣直學士、河北都轉運使。仁宗面諭曰：「無爲久留計，有所欲言，言之。」脩曰：「諫官得風聞言事，外官越職而言，罪也。」仁宗曰：「第以聞，勿以中外爲意。」方是時，二府相繼以黨議罷去，脩慨然上疏曰：「杜衍、韓琦、范仲淹、富弼，天下皆知其可用之賢，而不聞其有可罷之罪。自古小人讒害忠賢，其說不遠。欲廣陷良善，不過指爲朋黨，欲摇動大臣，必須誣以專權，其故何也？去一善人，而衆善人尚在，則未爲小人之利；欲盡去之，則善人少過，難爲一一求瑕，唯指以爲朋黨，則可以一時盡逐。至如自古大臣，已被主知而蒙信任，則難以他事動摇，唯有專權是上之所惡，必須此說，方可傾之。正士在朝，羣邪所忌，謀臣不用，敵國之福也。今此四人一旦罷去，而使羣邪相賀於內，四夷相賀於外，臣所以爲陛下惜之也。」

爲朋黨論者惡脩異己，又以善言其情狀，愈益忌之。會脩之外甥女張嫁族人晟，以失行繫獄，言事者乘此欲并中脩，遂起詔獄，窮治張資産。仁宗遣中官監劾之，卒辨其誣。脩坐左遷知制誥、知滁州，徙揚、潁二州。復龍圖閣直學士、留守南京，以母憂去。既免喪，入見，鬢髮盡白。仁宗怪之，問勞惻然，恩意甚厚。命判流内銓，小人畏脩復用，僞爲脩奏乞澄汰宦官。宦官聞之，果怒，會選人胡宗堯當改官，坐嘗以官舟假人，經赦去官，法當循資。脩引對取旨，仁宗特令改官。宦官有密奏者曰：「宗堯，翰林學士宿之子，有司右之，私也。」遂出知同州。

言者多謂脩無罪，仁宗悟，留刊修《唐書》，爲翰林學士加龍圖閣學士、知開封府，所代包拯以威嚴御下，名震都邑。脩簡易循理，不求赫赫之譽，或以爲言。脩曰：「凡人材性不一，用其所長，事無不舉。彊其所短，勢必不逮。吾亦任吾所長耳。」遷給事中，爲羣牧使。《唐書》成，拜禮部侍郎兼翰林侍讀學士。脩在翰林凡八年，知無不言，所言多聽。河決商胡，賈昌朝留守北京，欲開横壠故道，回河使東。有李仲昌者，欲道商胡入六塔河。詔兩省臺諫集議，脩故奉使河北，知河決根本，以爲：「河水重濁，理無不淤，淤從下起，下流必決。水性避高，決必趨下。以近事驗之，決河非不能力塞，故道非不能力復，但勢不能久，必決於

上流耳。橫壠功大難成，雖成必有復決之患。六塔狹小，不能容受大河，以全河注之，濱、棣、德、博必被其害。不若因水所趨，增治隄防，疏其下流，浚之入海，則河無決溢散漫之憂，數十年之利也。」陳執中當國，主橫壠之議，其後行之而敗，河北被害者凡數千里。臺諫謂執中過惡，而執中遷延尚玷宰相府。脩上疏曰：「陛下用相非其人，以天下之事，奈何委一不學無識、諂邪很愎之執中而甘心焉？然天下之人與後世之議者，謂陛下拒忠言，庇愚相，以爲聖德之累。」未幾，執中罷免。

狄青爲樞密使，奮自軍伍，多戰功，軍中服其威名。仁宗不豫，諸軍訛言藉藉，脩言：「武臣掌機密而得軍情，不惟於國不便，鮮不爲身害，請出之外藩，以保其終始。」遂罷青知陳州。脩嘗因水災上疏曰：「陛下臨御三十餘年，而儲宮未建，此久闕之典也。漢文帝即位，羣臣請立太子，羣臣不自疑而敢請，文帝亦不疑其臣有二心。後唐明宗尤惡人言太子事，然漢文帝立太子之後，享國長久，爲漢太宗。明宗儲嗣不早定，而秦王以窺覬，陷于大禍，後唐遂亂。陛下何疑而久不定乎？」

嘉祐五年，爲樞密副使。明年，拜參知政事。脩在兵府，與曾公亮考天下兵數及三路屯戍多少、地理遠近，更爲圖籍。凡邊防久闕屯戍者，必加蒐補。其在政府，與韓琦同心輔政。凡兵民、官吏、財利之要，中書所當知者，集爲總目，遇事不復求之有司。時東宮猶未定，與韓琦等協定大議，語在《琦傳》。英宗即位，以疾未親政，慈聖章獻皇后垂簾，脩與二三大臣往來二宮，彌縫其闕，卒復明辟。再遷吏部侍郎。神宗即位，遷尚書左丞。

脩性剛直，平生與人盡言無所隱。及在二府，士大夫有所干請，輒面諭可否，雖臺諫論事，亦必以是非詰之。初，朝廷議加濮王典禮也，臺臣以脩主此議，專以詆脩，語在濮王事中。脩著濮議，引《喪服記》曰：『爲人後者，爲其父母服。』服者，齊衰期也，謂之降服。親不可降，降者降其外物爾，喪服是也。其必降者，示有所屈也。以重承大宗之重，尊祖而爲之。屈於此以伸於彼也。生莫重於父母，而爲之屈者，以承大宗者，亦重也，此以義制者也。父子之道，天性也。臨之以大義，有可以降其外物而本之於至仁，則不可絕其天性。絕人道而滅天理，此不仁者之或不爲也。故聖人制服爲降，三年爲朞，而不没其父母之名，以見服可降而名不可没也。此以仁存者也。今議者欲以爲人後之故，使一旦反視父母，若未嘗生我者，其絕之也甚矣。使其真絕之與？是非人情也。迫於義而僞絕之與？是仁義者教之爲僞也。」其議如此。

臺臣既出，而來者持脩愈急。先是，蔣之奇盛稱濮議之是，脩由是薦之，得爲御史。既而反攻脩，及其帷薄事。事連其子婦，脩杜門求辨其事。詔詰問之奇語所從來，之奇言得之彭思永，思永言出於風聞，曖昧無實，嘗戒之奇勿言。神宗爲其詞窮，逐去。脩亦力求退，除觀文殿學士、刑部尚書、知亳州。遷兵部尚書、知青州。時諸路散青苗錢，脩乞令民止納本錢，以示不爲利。罷提舉官，聽民以願請。不報。除宣徽南院使、判太原府。脩力辭，丐易蔡州，大略以久疾昏耗，不任重寄。復曰：「時多喜新奇，而臣思守拙；衆方興功利，而臣欲循常。」以譏切王安石，遂聽以舊官知蔡州。

脩在亳已六請致仕，比至蔡逾年，復請，乃以觀文殿學士、太子少師致仕。脩昔守潁，樂其風土，因卜居焉。及歸而居室未備，處之怡然，不以爲意。脩之在滁也，自號醉翁，作亭琅邪山，以醉翁名之。晚年又自號「六一居士」，曰：「吾《集古録》一千卷，藏書一萬卷，有琴一張，有碁一局，而嘗置酒一壺，吾老於其間，是爲六一。」自爲傳，刻石。居潁一年而卒，年六十六，贈太子太師，謚曰文忠。

脩於六經，長於《易》、《詩》、《春秋》，其所發明多古人所未見。嘗奉詔撰唐本紀、表、志，又自撰《五代史記》。二書本紀法嚴而詞約，多取《春秋》遺意。其表、傳、志與遷、固相上下。有《易童子問》三卷、《詩本義》十四卷、《居士集》五十卷、《内外制》、《奏議》、《四六集》又四十餘卷。

脩篤於朋友，不以貴賤生死易意。尹洙、孫復、石介、梅堯臣既没，皆經理其家。或言之朝廷，官其子弟。蘇洵以布衣隱居於蜀，脩得其書，獻諸朝。當時文士一有所長，必極口稱道，惟恐人不知也。嘉祐間，朝廷進人之路稍狹，脩建言：「以館閣育材。材既難得，其人又難知，則當博採而多蓄之，冀一得其閒，則傑然出爲名臣矣，餘亦不失爲佳士也。」遂詔韓琦、曾公亮、趙槩及脩各舉五人，一時得士爲多。脩嘗稱故相王曾之言曰：「恩欲歸己，怨使誰當？」且曰：「貧賤嘗思富貴，富貴必履危機，此古人之所歎也。惟不思而得，既得而不患失之者，其庶幾乎？」脩以論政不合，固求去位，年未及即告老，天下高之。四子發、奕、棐、辨。

雜録

備録

朱熹《三朝名臣言行録》卷二之二《參政歐陽文忠公》 景祐中，范文正公知開封府，忠亮讜直，言無回避，左右不便，因言公離間大臣，自結朋黨，乃落天章閣待制，出知饒州。余靖安道上疏論救，以朋黨坐貶。尹洙師魯上言：「靖與仲淹交淺，臣於仲淹義兼師友，當從坐。」貶監郢州稅。歐陽脩永叔貽書責司諫高若訥不能辨其非辜，若訥大怒，繳奏其書，降授夷陵縣令。永叔復與師魯書云：「五六十年來，此輩沉默畏慎，布在世間，忽見吾輩作此事，下至竈間老婢，亦相驚怪。」時蔡襄君謨爲《四賢一不肖》詩以歌之。《記聞》

公在翰林，仁宗一日乘間見御閣春帖子，讀而愛之，問左右，曰：「歐陽脩之辭也。」乃悉取宮中諸帖閱之，見其篇篇有意，歎曰：「舉筆不忘規諫，真侍從之臣也。」

歐陽公在翰林日，建言：「讖緯之書，淺俗誣怪，誖經妨道，凡諸書及傳疏所引，請一切削去之，以無誤後學。」仁宗命國子學官取諸經正義所引讖緯之説，逐旋寫録奏上，時執政者不甚主之，事竟不行。《呂氏家塾》

孫侍郎長卿罷環慶路總管，拜集賢院學士，爲河東都轉運使。臺諫交章論列，長卿守邊無狀，宜加降黜。中書以長卿歲滿得代，無過可黜，而臺諫論奏不已。六月十一日進呈，上厲聲曰：「已行之事，何可改易？」臣脩奏曰：「臣等不爲已行難改。若朝廷果是除授不當，能用臺諫之言改正，足以上彰陛下從諫之聖。至於臣等能不遂非而服義，改過不吝，聖賢所難，亦是臣等好事。但以長卿除授不爲過當，若曲從臺諫之言，使彼銜冤受黜，於理豈安？故難行也。」上然之。上又曰：「人言臺諫奪權。」臣脩奏曰：「此則爲陛下言者過也。朝廷置臺諫官，專爲言事，若使默然，却是失職。苟以言事爲奪權，則臺諫無職可供矣。」《奏事録》

先朝僧官有闕，多因權要請謁，内降補人。時諫官御史累有論列。先帝深悟其事，因著令，僧職有闕，命兩街各選一人，較藝而補。至是鑑義有闕，中書已下兩街選人未上，而内臣陳承禮以寶相院僧慶輔爲請，内降令與鑑義。中書執奏以爲不可，韓、曾二公陳其事，臣脩亦奏曰：「補一僧官，當與不當，至爲小事，何繫利害！但中書事已施行，而用内降，衝改先朝著令，則是内臣干撓朝政，此事何可啓其漸？」又奏曰：「宦女近習，自前世嘗患難於防制，今小事若蒙聽許，後有大事，陛下必以害政不從，是初欲姑息，而返成怨望。不若絶之於漸。此一小事，陛下不以爲意而從之，彼必自張於外，以謂爲上親信，朝政可回。在陛下目前似一閑事，外邊盛勢不小矣。」上遽可中書所奏，只令依條例選試。臣脩又奏曰：「事既不行，彼必有言，云萬事只由中書，官家豈得自由行一事？陛下試思從私請與從公議，孰爲得失？」而韓、曾二公亦所陳甚多，上皆嘉納也。《奏事録》

歐陽文忠公在蔡州，屢乞致仕。門下生蔡承禧因間言曰：「公德望爲朝廷倚重，且未及引年，豈容遽去也？」歐公答曰：「脩平生名節，爲後生描畫盡，惟有蚤退，以全晚節，豈可更俟驅逐乎？」《倦遊雜録》

張舜民遊京師，求謁先達之門。是時歐陽公、司馬公、王荆公爲學者所趨，諸公之論，於行義文史爲多，唯歐陽公多談吏事。既久之，不免有請：「人凡學者之見先生，莫不以道德文章爲欲聞者，今先生多教人以吏事，所未喻也。」公曰：「不然。吾子皆時才，異日臨事，當自知之。大底文學止於潤身，政事可以及物。吾昔貶官夷陵，彼非人境也，方壯年，未厭學，欲求《史》《漢》一觀，公私無有也。無以遣日，因取架閣陳年公案反覆觀之，見其枉直乖錯，不可勝數，以無爲有，以枉爲直，違法徇情，滅親害義，無所不有。且以夷陵荒遠褊小，尚如此，天下固可知也。當時仰天誓心曰：『自爾遇事，不敢忽也！』迨今三十餘年，出入中外，忝塵三事，以此自將。今日以人望我，必爲翰墨致身，以我自觀，亮是當時一言之報也。」見《張芸叟集》

公與其姪通理書云：「自南方多事以來，日夕憂汝。得昨日遽中書，頓解憂想。歐陽氏自江南歸明，累世蒙朝廷官禄。吾今又被榮顯，致汝等並列官品，當思報效。偶此多事，如有差使，盡心向前，不得避事。至於臨難死節，亦是汝榮事。但存心盡公，神明自祐汝，慎不可思避事也。昨書中言欲買朱砂來，吾不闕此物，汝於官下宜守廉，何得買官下物？吾在官所除飲食外，不曾買一物，汝可觀此爲戒也。」内翰蘇公題其後曰：「凡人勉强於外，何所不至？惟考之其私，乃見真僞。此歐陽公與其弟姪家書也。」《東坡集》

蔡州妖尼于惠普，妄託佛法，言人禍福。朝中士大夫多往問之，所言時有驗，於是翕然共稱爲神尼。公既自少力排釋氏，故獨以爲妖尼。嘗有名公，於廣坐中稱尼靈異云：「嘗有牽二牛過尼前者，指示人曰：『二牛前世皆人也，前者一官人，後者是一醫人，官人嘗失入人死罪，醫藥誤殺人，故皆罰爲牛。』因各呼其前世姓名，二牛皆應。」一坐聞之，皆嘆其異，公獨折之曰：「謂尼有靈，能知牛前世，尚不足信。彼二牛安能自記其前世姓名，又能曉人言而應乎！且人爲萬物之最靈，其尤者爲聰明聖智，皆不能自知其前世，而有罪被罰之牛，乃能自知乎？」於是坐人皆屈伏。《遺事》

蘇内翰軾序公之文曰：自漢以來，道術不出於孔氏，而亂天下者多矣。晉以老、莊亡，梁以佛亡，莫或正之。五百餘年而後得韓愈，學者以愈配孟子，蓋庶幾焉。愈之後二百有餘年而後得歐陽子，其學推韓愈、孟子以達於孔氏，其言簡而明，信而通，引物連類，折之於至理，以服人心，故天下翕然師尊之，曰：「歐陽子，今之韓愈也。」宋興七十餘年，民不知兵，富而教之，至天聖、景祐極矣，而斯文終有愧於古，士亦固陋守舊，論卑而氣弱。自歐陽子出，天下争自濯磨，以通經學古爲高，以救時行道爲賢，以犯顔納諫爲忠。長育成就，至嘉祐末，號稱多士。歐陽子之功爲多。

歐陽文忠公《答李詡論性書》：「性非學者之所急，而聖人之所罕言。或因而及焉，非爲性而言也。」文忠雖有是説，然大約慎所習與所感及率之者，以孟、荀、楊之説皆爲不悖，此其大略也。臨岐計都官用章謂予曰：「性，學者之所當先，聖人之所欲言。吾知永叔卒貽後世之誚者，其在此書矣。」王公《麈史》

《孟子》一部書，只是要正人心，教人存心養性，收其放心。至論仁義禮智，則以惻隱、羞惡、辭讓、是非之心爲之端。論邪説之害，則曰生於其心，害於其政。論事君，則欲格君心之非，正君而國定。千變萬化，只説從心上來，人能正心，則事無足爲者矣。《大學》之修身齊家，治國平天下，其本只是正心誠意而已。心得其正，然後知性之善。孟子遇人便道性善，永叔却言聖人之教人，性非所先。永叔論列是非利害，文字上儘去得，但於性分之内，全無見處，更説不行，人性上不可添一物，堯、舜所以爲萬世法，亦只是率性而已。所謂率性，循天理是也。外邊用計而數，假饒立得功業，只是人欲之私，與聖賢作處，天地懸隔。《龜山語録》

歐陽修《歸田録》卷二　嘉祐二年，余與端明韓子華、翰長王禹玉、侍讀范景仁、龍圖梅公儀同知禮部貢舉，辟梅聖俞爲小試官。凡鎖院五十日。六人者相與唱和，爲古律歌詩一百七十餘篇，集爲三卷。禹玉，余爲校理時，武成王廟所解進士也，至此新入翰林，與余同院，又同知貢舉，故禹玉贈余云：「十五年前出門下，最榮今日預東堂。」余答云：「昔時叨入武成宫，曾看揮毫氣吐虹。夢寐閑思十年事，笑談今此一罇同。喜君新賜黄金帶，顧我宜爲白髮翁」也。天聖中，余舉進士，國學南省皆忝第一人薦名，其後景仁相繼亦然，故景仁贈余云：「澹墨題名第一人，孤生何幸繼前塵」也。聖俞自天聖中與余爲詩友，余嘗贈以《蟠桃》詩，有韓、孟之戲，故至此梅贈余云：「猶喜共量天下士，亦勝東野亦勝韓。」而子華筆力豪贍，公儀文思温雅而敏捷，皆勍敵也。前此爲南省試官者，多窘束條制，不少放懷。余六人者，懽然相得，群居終日，長篇險韻，衆製交作，筆吏疲於寫録，僮史奔走往來，間以滑稽嘲謔，形於風刺，更相酬酢，往往烘堂絶倒，自謂一時盛事，前此未之有也。

嘉祐八年上元夜，賜中書、樞密院御筵于相國寺羅漢院。國朝之制，歲時賜宴多矣，自兩制已上皆與。惟上元一夕，祇賜中書、樞密院，雖前兩府見任使相，皆不得與也。是歲昭文韓相、集賢曾公、樞密張太尉皆在假不赴，惟余與西廳趙侍郎槩、副樞胡諫議宿、吴諫議奎四人在席。酒半相顧，四人者皆同時翰林學士，相繼登二府，前此未有也。因相與道玉堂舊事爲笑樂，遂皆引滿劇飲，亦一時之盛事也。

蘇軾《仇池筆記》　歐公用尖筆作方闊字，神采秀發，膏潤無窮。後人見之，如見其清粹豐頰，進趣裕如也。

蘇軾《東坡志林》卷三　歐陽文忠公嘗語：「少時有僧相我：『耳白於面，名滿天下；唇不著齒，無事得謗。』其言頗驗。」耳白於面，則衆所共見，唇不著齒，余亦不敢問公，不知其何如也。

沈括《夢溪筆談》卷一　選人不得乘馬入宫門。天聖中，選人爲館職，始歐陽永叔、黄鑑輩，皆自左掖門下馬入館，當時謂之「步行學士」。嘉祐中，於崇文院置編校局，校官皆許乘馬至院門。其後中書五房置習學公事官，亦緣例乘馬赴局。

沈括《夢溪筆談》卷九　鄭毅夫自負時名，國子監以第五人選，意甚不平。謝主司啓詞，有「李廣事業，自謂無雙；杜牧文章，止得第五」之句。又云：「騏驥已老，甘駑馬以先之；巨鼇不靈，因頑石之在上。」主司深銜之。他日廷策，主

司復爲考官，必欲黜落以報其不遜。有試業似獬者，枉遭斥逐，既而發考卷則獬乃第一人及第。又嘉祐中，士人劉幾累爲國學第一人，驟爲怪嶮之語，學者翕然効之，遂成風俗。歐陽公深惡之，會公主文，決意痛懲，凡爲新文者一切棄黜，時體爲之一變，歐陽之功也。有一舉人論曰：「天地軋，萬物茁，聖人發。」公曰：「此必劉幾也。」戲續之曰：「秀才剌，試官刷。」乃以大朱筆横抹之，自首至尾，謂之「紅勒帛」，判大「紕繆」字榜之，既而果幾也。復數年，公爲御試考官，而幾在庭。公曰：「除惡務力，今必痛斥輕薄子，以除文章之害。」有一士人論曰：「主上收精藏明於冕旒之下。」公曰：「吾已得劉幾矣。」既黜，乃吳人蕭稷也。是時試《堯舜性仁賦》，有曰：「故得靜而延年，獨高五帝之壽；動而有勇，形爲四罪之誅。」公大稱賞，擢爲第一人，及唱名，乃劉煇，人有識之者曰：「此劉幾也，易名矣。」公愕然久之。因欲成就其名，小賦有「內積安行之德，蓋禀於天。」公以謂「積」近於學，改爲「蕴」，人莫不以公爲知言。

沈括《夢溪筆談》卷一五　歐陽文忠好推挽後學。王向少時爲三班奉職，幹當滁州一鎮，時文忠守滁州。有書生爲學子不行束脩，自往詣之，學子閉門不接，書生訟於向，向判其牒曰：「禮聞來學，不聞往教。先生既已自屈，弟子寧不少高？盍二物以收威，豈兩辭而造獄。」書生不直向判，徑持牒以見歐公。公一閱，大稱其才，遂爲之延譽奬進，成就美名，卒爲聞人。

吳處厚《青箱雜記》卷八　初，歐陽文忠公與趙少師槩同在中書，嘗約還政後再相會。及告老，趙自南京訪文忠公于潁上。文忠公所居之西堂曰「會老」，仍賦詩以志一時盛事。時翰林吕學士公著方牧潁，職兼侍讀及龍圖，特置酒於堂，宴二公。文忠公親作口號，有「金馬玉堂三學士，清風明月兩閒人」之句，天下傳之。

佚名《道山清話》　一長老在歐陽公座上，見公家小兒有小名僧哥者，戲謂公曰：「公不重佛，安得此名？」公笑曰：「人家小兒要易長育，往往以賤名爲小名，如狗、羊、犬、馬之類是也。」聞者莫不服公之捷對。

劉斧《青瑣高議》前集卷八　歐陽永叔登第，授西洛留守推官，是時梅聖俞爲洛陽簿，二人乃得志之初也。

一日，相約遊嵩山，永叔遇佳處乃吟咏。偶晚，永叔望西峯巨崖之巔，有丹書四字云：「神清之洞。」永叔乃引手指示聖俞曰：「公見此四字乎？」聖俞從公所指而視之，益無所見，永叔乃不言。洎乞身告老，高卧潁水，因思向四字，乃詩：

四字丹書萬仞崖，神清之洞鎖樓臺。煙霞極目無人到，猿鶴今應待我來。

吟詩後數月，公薨。以公之才學，乃神仙之中人也。公平生不言神仙事，公豈不知也？蓋公儒宗主，張吾道，當如是也。

錢世昭《錢氏私志》　歐文忠任河南推官，親一妓。時先文僖罷政，爲西京留守，梅聖俞、謝希深、尹師魯同在幕下。惜歐有才無行，共白于公，屢微諷而不之恤。一日宴于後園，客集，而歐與妓俱不至。移時方來，在坐相視以目。公責妓云：「末至何也？」妓云：「中暑往涼堂睡著，覺失金釵，猶未見。」公曰：「若得歐推官一詞，當爲償汝。」歐即席云：「柳外輕雷池上雨，雨聲滴碎荷聲。小樓西角斷虹明。闌干倚徧，待得月華生。燕子飛來栖畫棟，玉鉤垂下簾旌。涼波不動簟紋平。水精雙枕，傍有墮釵横。」坐皆稱善，遂命妓滿酌賞歐，而令公庫償釵。戒歐當少戢，不惟不恤，翻以爲怨。後修《五代史·十國世家》痛毁吳越，又于《歸田録》中說文僖數事，皆非美談。從祖希白嘗戒子孫：毋勸人陰事，賢者爲恩，不賢者爲怨。歐後爲人言其盜甥，表云：「喪厥夫而無託，攜孤女以來歸。」張氏此時年方七歲，內翰伯見而笑云：「七歲正是學簸錢時也。」歐詞云：「江南柳，葉小未成陰。人爲絲輕那忍折，鶯憐枝嫩不勝吟，留取待春深。十四五，閒抱琵琶尋。堂上簸錢堂下走，恁時相見已留心，何況到如今。」歐知貢舉時，落第舉人作《醉蓬萊》詞以譏之，詞極醜詆，今不録。

吕希哲《吕氏雜記》卷上　歐陽文忠公每爲文，既成，必屢自竄易，至有不留本初一字者。其爲大文章，則書而傅之屋壁，出入觀省之。至於尺牘單簡，亦必立藁，其精審如此。每一篇出，士大夫皆傳寫諷誦，唯覩其渾然天成，莫究斧鑿之跡也。曾於諸子學舍中與劉原父書，一書十數本。

陳師道《後山談叢》卷三　文元賈公居守北都，歐陽永叔使北還，公預戒官妓辦詞以勸酒，妓唯唯，復使都廳召而喻之，妓亦唯唯。公怪歎，以爲山野。既燕，妓奉觴歌以爲壽，永叔把琖側聽，每爲引滿。公復怪之，召問，所歌皆其詞也。

魏泰《東軒筆録》卷九　歐陽文忠公，自歷官至爲兩府，凡有建明於上前，其詞意堅確，持守不變，且勇於敢爲，王荆公嘗歎其可任大事。及荆公輔政，多所更張，而同列少與合者。是時，歐陽公以觀文殿學士知蔡州，荆公乃進之爲宣徽使，判太原府，許朝覲，意在引之執政，以同新天下之政。而歐陽公懲濮邸之事，

深畏多言，遂力辭恩命，繼以請老而去。荆公深歎惜之。

魏泰《東軒筆録》卷一〇　歐陽文忠公自館下謫夷陵令，移光化軍乾德縣，知軍者虞部員外郎張詢。詢，河北經生也，不能知文忠公，而待以常禮。後二年，詢移知清德軍，而文忠自龍圖學士爲河北都轉運使，詢乃部屬，初迎見文忠於郊外，詢雖負恐惕，猶斂板操北音曰：「龍圖久別安樂，諸事且望掩惡揚善。」文忠知其朴野，亦笑之而已。

魏泰《東軒筆録》卷一三　歐陽文忠公年十七，隨州取解，以落官韻而不收。天聖已後，文章多尚四六，是時，隨州試《左氏失之誣論》，文忠論之，條列左氏之誣甚悉，句有「石言于宋，神降于莘。外蛇鬭而内蛇傷，新鬼大而故鬼小。」雖被黜落，而奇警之句，大傳于時。今集中無此論，頃見連庠誦之耳。

釋文瑩《湘山野録》卷上　歐陽公頃謫滁州，一同年忘其人將赴閬倅，因訪之，即席爲一曲歌以送，曰：「記得金鑾同唱第，春風上國繁華。而今薄宦老天涯。十年岐路，孤負曲江花。聞説閬山通閬苑，樓高不見君家。孤城寒日等閑斜。離愁無盡，紅樹遠連霞。」其飄逸清遠，皆白之品流也。公不幸，晚爲憸人構淫艷數曲射之，以成其毁。予皇祐中，都下已聞此闋歌於人口者二十年矣。嗟哉！不能爲之力辨。公尤不喜浮圖，文瑩頃持蘇子美書薦謁之，迨還吴，蒙詩見送，有「孤閑竺乾格，平淡少陵才」，及有「林間著書就，應寄日邊來」之句，人皆怪之。

釋文瑩《湘山野録》卷下　歐公撰石曼卿墓表，蘇子美書，邵餗篆額。山東詩僧秘演力幹，屢督歐俾速撰，文方成，演以庚二兩置食於相藍南食殿罷，訖，白歐公寫名之日爲具，召館閣諸公觀子美書。書畢，演大喜曰：「吾死足矣。」飲散，歐、蘇囑演曰：「鐫訖，且未得打。」竟以詞翰之妙，演不能卻。歐公忽定力院見之，問寺僧曰：「何得？」僧曰：「半千買得。」歐怒，回詬演曰：「吾之文反與庸人半千鬻之，何無識之甚！」演滑稽特精，徐語公曰：「學士已多他三百八十三矣。」歐愈怒曰：「是何？」演曰：「公豈不記作省元時，庸人競摹新賦，叫於通衢，復更名呼云『兩文來買歐陽省元賦』，今一碑五百，價已多矣。」歐因解頤。徐又語歐曰：「吾友曼卿不幸蚤世，固欲得君之文張其名，與日星相磨，而又窮民售之，頗濟其乏，豈非利乎！」公但笑而無説。

釋文瑩《玉壺清話》卷三　寶元元年，朱正基駕部知峽州，即江陵内翰之子。一夕，夢一吏白云：「城隍神遣某督修夷陵縣廨宇，願速葺，不宜後。」時朱不甚爲意，連三夕夢之，方少異焉。因語同僚，亦盡異之，然亦未加葺。明日，報至，歐陽永叔謫授夷陵，報吏云：「已及荆門。」朱感其夢，待之特異。將入境，率僚屬遠郊迓之。歐公臨邑，亦以遷謫自處，益事謙謹，每稟白，皆斂板於庭。州將常伺之，俟入門，先抱笏降於階，至滿任，不改前容。歐公親語其事於其孫集賢初平學士焉。

王闢之《澠水燕談録》卷二　歐陽文忠公使遼，其主每擇貴臣有學者押宴，非常例也，且曰：「以公名重今代，故爾。」其爲外夷敬服也如此。

王闢之《澠水燕談録》卷七　歐陽文忠公，文章道義，天下宗師，凡世俗所嗜一無留意，獨好古石刻。自岐陽石鼓、岱山鄒嶧之篆，下及漢、魏已來碑刻，山崖川谷、荒林破塚，莫不皆取，以爲《集古録》。因其石本，軸而藏之。撮其大要，别爲目録，并載可以正史學之闕謬者，以傳後學。跋尾多公自題，復爲之序，請蔡君謨書之，真一代絶筆也。公之守亳也，余正蒙城簿，嘗得閲之。

王闢之《澠水燕談録》卷一〇　歐陽文忠公不喜釋氏，士有談佛書者，必正色視之，而公之幼子小字和尚。或問：「公既不喜佛，排浮屠，而以和尚名子何也？」公曰：「所以賤之也，如今人家以牛驢名小兒耳。」問者大笑，且伏公之辨也。

趙令畤《侯鯖録》卷一　歐公閑居汝陰時，一妓甚穎，公歌詞盡記之。筵上戲約，他年當來作守。後數年，公自維揚果移汝陰，其人已不復見矣。視事之明日，飲同官湖上，種黄楊樹子，有詩留擷芳亭云：「柳絮已將春去遠，海棠應恨我來遲。」後三十年東坡作守，見詩笑曰：「杜牧之緑葉成陰之句耶！」

趙令畤《侯鯖録》卷三　歐陽文忠公嘗以詩薦一士人與王渭州仲義，仲儀待之甚厚。未幾，贓敗。仲儀歸朝，見文忠公論及此士人，文忠公笑曰：「詩不可信也如此。」

馬永卿《懶真子》卷二　六一先生作事，皆寓深意。公生於景德之四年，至慶曆五年坐言者論張氏事，責知滁州，時方年三十九矣。未及强仕之年，已有「醉翁」之號，其意深矣。後韓魏公同在政府，六一長魏公一歲，魏公諸事頗從之。至議推尊濮安懿王，同朝俱攻六一，故六一遺令托魏公作墓誌。墓誌中盛言初議推尊時，乃政府熟議，共入文字，欲令魏公承當此事，以破後世之惑耳。或云：張氏事雖下六一千百輩人，猶且不爲。至若推尊，則遽亡前朝盛德，而大違典禮，故諸公攻之，不少貸也。然六一深以此事爲然，故於《五代史・義兒傳》

極致意焉。噫，人心不同，猶其面也。此言得之。

王銍《默記》 晏元獻以前兩府作御史中丞，知貢舉，出《司空掌輿地之圖賦》。既而舉人上請者，皆不契元獻之意。最後，一目眊瘦弱少年獨至簾前，上請云：「據賦題，出《周禮・司空》，鄭康成注云：『如今之司空，掌輿地圖也。』若如鄭説，『今司空掌輿地之圖也』，漢司空也。若周司空，不止掌輿地之圖而已。若不知做周司空與漢司空也？」元獻微應曰：「今一場中，惟賢一人識題，正謂漢司空也。」蓋意欲舉人自理會得寓意于此。少年舉人，乃歐陽公也，是榜爲省元。

王君辰牓，是時，歐公爲省元。有李郎中，忘其名，是年，赴試南宮。將迫省試，忽患疫，氣昏憒。同試相迫，勉扶疾以入。既而疾作，憑案上困睡，殆不知人。已過午，忽有人掖下觸之。李驚覺，乃鄰座也。問所以不下筆之由，李具言其病。其人曰：「科場難得，已至此，切勉强。」再三言之。李試下筆，頗能運思。鄰座者乃見李能屬文，甚喜，因盡説賦中所當用事，及將己卷子拽過鋪在李案子上，云：「某乃國學解元歐陽修，請公拆拽回互盡用之，不妨。」李見開懷若此，頓覺成篇，至於詩亦然。是日程試，半是歐卷，半是歐詩。李大感激，遂覺病去。論策二場亦復如此。牓出，歐公作魁，李亦上列，遂俱中第云。後李於家廟之旁畫歐公像，事之等父母，以獲禄位者皆公力也。李嘗與先祖同官，引先祖至影堂觀之。先祖、先公每言此，以爲世之場屋虛誕，以相忌嫉者之戒云。

歐陽文忠公在兩禁，因赴李都尉家會，至五鼓，傳呼呵殿而歸。至内前，禁中訝趨朝之早，呼歐公官，使人密覘之，知赴李氏集方歸。明日，出知同州。執政留之甚力，以修《唐書》爲言，方不行。

歐陽公爲河北都運使，時程文簡知大名府。歐公性急自大，而文簡亦狷介不容物。宰相意令二人憤争，因從而罪之。公悟其旨。初至大名，文簡迎于郊，因問歐公所以外補之由。公歎曰：「吾儕要會得，此正唐宰相用李紳、韓愈，令不臺參故例耳。吾二人豈可墮其計中耶？」文簡亦大歎，二人遂益交歡相好。宰相聞之，不久有孤甥之獄。

歐陽文忠公慶曆中爲諫官。仁宗更用大臣，韓、富、范諸公將大有爲。公鋭意言事，如論杜曾家事，通嫂婢有子，曾出知曹州，即自縊死；又論參知政事王舉正不才；及宰臣晏殊、賈昌朝舉館職淩景陽娶富人女，夏有章有贓，魏庭堅踰濫，三人皆廢終身。如此之類極多，大忤權貴，遂除修起居注、知制誥。韓、富既罷，未幾，以龍圖閣直學士爲河北都運，令計議河北二相賈昌朝、陳執中争邊事。其實宰相欲以事中之也。會令内侍供奉官王昭明同往相度河事，公言：「今命侍從出使，故事無内侍同行之理，臣實恥之。」朝廷從之。公在河北，職事甚振，無可中傷。會公甥張氏，妹一作虔州。壻龜正之女，非歐生也，幼孤，鞠育於家，嫁姪晟。晟自虔州司户罷，以替名僕陳諫同行，而張與諫通。事發，鞫於開封府右軍巡院。張懼罪，且圖自解免，其語皆引公未嫁時事，詞多醜異。軍巡判官、著作佐郎孫揆止劾張與諫通事，不復支蔓。宰相聞之怒，再命太常博士、三司户部判官蘇安世劾之，遂盡用張前後語成案。俄又差王昭明者監勘，蓋以公前事，欲令釋憾也。昭明至獄，見安世所劾案牘，視之駭曰：「昭明在官家左右，無三日不説歐陽修；今省判所劾，乃迎合宰相意，加以大惡，異日昭明喫劍了得。」安世聞之大懼，竟不敢易揆所劾，但劾歐公用張氏資買田産立户事奏之。宰相大怒。公既降知制誥、知滁州；而安世坐牒三司取録問吏人不聞奏，降殿中丞、泰州監税；昭明降壽春監税。公責告云：「不知淑慎以遠罪辜，知出非己族而鞠於私門；知女歸有室而納之羣從。向以訟起晟家之獄，語連張氏之資，券既不明，辨無所驗。以其久參侍從，免致深文，可除延閣之名，還序右垣之次，仍歸漕節，往布郡條，體余寬恩，思釋前咎。」又安世責詞云：「汝受制按考，法當窮審，而乃巧爲朋比，願弭事端，漏落偏説，陰合傅會。知朕慎重獄事，不聞有司而私密省寺，潛召胥役，跡其阿比之實，尚與朋黨之風」云云。其後，王荆公爲蘇安世埋銘，盛稱能回此獄。而世殊不知揆守之於其前，昭明主之於其後，使安世不能有所變改迎合也。然則二人可謂奇士爾。昭明後亦召用。而揆，饒州人，終殿中丞。當張獄之興，楊闢叔外爲舉人，上書陳相力救之。今宋文集中有外書。曾存之言。

范公偁《過庭録》 韓魏公在相，曾乞《晝錦堂記》于歐公，云：「仕宦至將相，富貴歸故鄉。」韓公得之愛賞。後數日，歐復遣介，别以本至，云：「前有未是，可换此本。」韓再三玩之，無異前者，但於「仕宦」、「富貴」下各添一「而」字，文義尤暢。先子云：「前輩爲文，不易如此。」

孔平仲《談苑》卷三 永叔夢爲鸜鵒，飛在樹上，意甚快悦，聞榆莢香特異。永叔嘗自言：上有一兄，未晬而卒，母哭之慟，夢神人别以一子授之，自毫滿身。母既娠，白毫無數，永叔生，毛漸退落。

邵伯温《邵氏聞見録》卷八 王懿恪公拱辰與歐陽文忠公同年進士。文忠自監元、省元赴廷試，鋭意魁天下。明日當唱名，夜備新衣一襲，懿恪輒先衣以

入，文忠怪焉。懿恪笑曰：「爲狀元者當衣此。」至唱名，果第一。後懿恪、文忠同爲薛簡肅公子壻，文忠先娶懿恪夫人之姊，再娶其妹，故文忠有「舊女壻爲新女壻，大姨夫作小姨夫」之戲。懿恪早貴，文忠自選入館職，謫夷陵時懿恪已爲知制誥，後入翰林爲學士，盡轉八座尚書。熙寧初，拜宣徽使，遍歷藩府。元豐初召還，赴院供職，出判北京，特賜笏頭毬露金帶，佩魚，如兩府之所服者。懿恪以表謝曰：「横金三紀，未佩隨身之魚；賜帶萬釘，改觀在廷之目也」。蓋祖宗舊制：見任兩府許笏頭毬露金帶，佩魚，前任者非得旨不許。尚書翰林學士於御仙花金帶上佩魚者，元豐近制也，惟方團胯帶乃可佩魚，毬露帶，方團胯也。故曰近制也。文忠與懿恪雖友壻，文忠心少之。文忠爲參政時，吏擬進懿恪僕射，文忠曰：「僕射，宰相官也。王拱辰非曾任宰相者，不可。」改東宫官，以至拜宣徽使，終身不至執政。蓋懿恪主呂文靖，文忠主范文正，其黨不同云。

葉夢得《石林詩話》卷下　至和、嘉祐間，場屋舉子爲文尚奇澀，讀或不能成句。歐陽文忠公力欲革其弊，既知貢舉，凡文涉雕刻者，皆黜之。時范景仁、王禹玉、梅公儀、韓子華同事，而梅聖俞爲參詳官，未引試前，唱酬詩極多。文忠「無譁戰士銜枚勇，下筆春蠶食葉聲」，最爲警策。聖俞有「萬蟻戰時春晝永，五星明處夜堂深」，亦爲諸公所稱。及放榜，平時有聲如劉輝輩，皆不預選，士論頗洶洶。未幾，詩傳，遂鬨鬨然，以爲主司耽於唱酬，不暇詳考校，且言以五星自比，而待吾曹爲蠶蟻，因造爲醜語。自是禮闈不復敢作詩，終元豐末幾三十年。元祐初，雖稍稍爲之，要不如前日之盛。然是榜得蘇子瞻爲第二人，子由與曾子固皆在選中，亦不可謂不得人矣。

朱弁《曲洧舊聞》卷三　歐公父爲綿州司户參軍，公生於司户之官舍，後人於官舍蓋六一堂，蜀中文士多賦詩。予政和初訪蜀人張元常於興國寺，見其唱和詩頗有佳者。

《醉翁亭記》初成，天下莫不傳誦，家至户到，當時爲之紙貴。宋子京得其本，讀之數過，曰：「只目爲醉翁亭賦，有何不可？」

歐公下士，近世無比。作河北轉運使，過滑州，訪劉羲叟於陋巷中。羲叟時爲布衣，未有知者。公任翰林學士，嘗有空頭門狀數十紙隨身，或見賢士大夫稱道人物，必問其所居，書填門狀，先往見之。果如所言，則便以延譽，未嘗以位貌驕人也。

朱弁《曲洧舊聞》卷七　歐公與王禹玉、范忠文同在禁林。故事，進春帖子，自皇后、貴妃以下諸閣皆有。是時，温成薨未久，詞臣闕而不進。仁宗語近侍：「詞臣觀望，温成獨無有。」色甚不懌。諸公聞之惶駭，禹玉、忠文倉卒作不成。公徐云：「某有一首，但寫進本時偶忘之耳。」乃取小紅箋自録其詩云：「忽聞海上有仙山，煙鎖樓臺日月閒。花下玉容長不老，只應春色勝人間。」既進，上大喜。禹玉拊公背，曰：「君文章真是含香丸子也。」

邵博《邵氏聞見後録》卷一六　曾南豐讀歐陽公《晝錦堂記》「來治於相」，《真州東園記》「泛以晝舫之舟」二語，皆以爲病。

惠洪《冷齋夜話》卷一　歐陽文忠公慶曆末宿采石，舟人甫睡，潮至，月黑。公方就寢，微聞呼聲曰：「去未？」舟尾有答者曰：「有參政船宿此，不可擅去，齋料幸爲携至。」五鼓，岸上臘臘馳驟聲，舟尾者呼曰：「齋料幸見還。」有且行且答者曰：「道場不清浄，無所得。」公異之。後遊金山，與長老瑞新語，新曰：「某夜建水陸，有施主携室至，忽乳一子，俄覺腥風滅燭，大衆恐。」使人問其時，公宿采石之夜。其後蔡州求退之鋭者，亦其前知然耶？時公自參知政事除蔡州。黄魯直熙寧初宿石塘寺，寺有鬼，靈異，僧敬信之。一夕夢曰：「分寧黄刑部至。」僧曰：「侍郎乎？尚書乎？」曰：「侍郎也。」魯直南遷已六十，親故憂其禍大，又南方瘴霧，非菜肚老人所宜。魯直笑曰：「宜州者所以宜人也。且石塘鬼侍郎之言，豈欺我哉！」魯直竟殁于宜州，較采石之鬼，何愚智相去三十里！豈魯直癡絶，故欺之耶？

惠洪《冷齋夜話》卷二　韓魏公罷政，判北京，作《園中行》詩：「風定曉枝蝴蝶鬧，雨匀春圃桔槔閑。」又嘗謂意趣所至，多見于嗜好。歐陽文忠喜士爲天下第一，嘗好誦孔北海「坐上客常滿，樽中酒不空」。范文正公清嚴而喜論兵，嘗好誦韋蘇州詩「兵衛森畫戟，燕寢凝清香」。東坡友愛子由而性嗜清境，每誦「何時風雨夜，復此對床眠」。山谷寄傲士林而意趣不忘江湖，其作詩曰：「九陌黄塵烏帽底，五湖春水白鷗前」；又曰：「九衢塵土烏靴底，想見滄洲白鳥雙」；又曰：「夢作白鷗去，江湖水貼天」；又作《演雅》詩曰：「江南野水碧於天，中有白鷗閑似我。」

曾敏行《獨醒雜志》卷二　兩府例得墳院，歐陽公既參大政，以素惡釋氏，久而不請。韓公爲言之，乃請瀧岡之道觀。又以崇公之諱，因奏改爲西陽宫，今隸吉之永豐。後公罷政出守青社，自爲阡表，刻碑以歸。江行過采石，舟裂碑沈，

舟人曰：「神如有知，石將出。」有頃，石果見，遂得以歸立于其宫。紹興乙卯，宫焚，不餘一瓦，碑亭獨無恙，信有神物護持云。

曾敏行《獨醒雜志》卷五　歐陽公自南京留守奉母喪歸葬於瀧岡，將興役，忽陰雨彌月。公念襄事愆期，日夕憂懼。里之父甲，往告公曰：「鄉有沙山之神，乃吾郡太守也，廟祀于此，里人遇水旱，禱之必應。盍以告焉？」公乃爲文，齋潔而謁于神曰：「修扶護母喪，歸祔先域，大事有日，陰雲屢興。今即事矣，幸神寬之，假三日之不雨，則終始之賜，報德何窮！」翌日，天宇開霽，始克舉事。公後在政府，一夕，忽夢如坐官府，門外列旗幟甚衆，視其名號，皆曰「沙山」。公因感悟前事，遂以神之嘉惠其民者聞於朝。沙山今在祀典。

曾敏行《獨醒雜志》卷八　歐陽在政府日，臺官以閨閫誣訕之，公上章力乞辨明。神宗手詔賜公曰：「春寒，安否？前事朕已累次親批出，詰問因依從來，要卿知。」又詔曰：「春暖久不相見，安否？數日來，以言者污卿以大惡，朕曉夕在懷，未嘗舒釋。故累次批出，再三詰問其從來事狀，訖無以報。前日見卿文字，要辨明，遂自引過。今日已令降出，仍出牓朝堂，使中外知其虚妄。事理既明，人疑亦塞，卿直起視事如初，毋恤前言。」又塗去「塞」字，改作「釋」字。宸翰今藏公家。

沈作喆《寓簡》卷八　歐陽公晚年，嘗自竄定平生所爲文，用思甚苦。其夫人止之曰：「何自苦如此，當畏先生嗔耶？」公笑曰：「不畏先生嗔，卻怕後生笑。」

曾慥《高齋漫録》　歐公作王文正墓碑，其子仲儀諫議，送金酒盤醆十副、注子二把，作潤筆資。歐公辭不受，戲云：「正欠捧者耳。」仲儀即遣人如京師，用千緡買二侍女并獻。公納器物而卻侍女，答云：「前言戲之耳。」蓋仲儀初不知薛夫人嚴而不容故也。

徐度《卻掃編》卷下　歐陽文忠公始自河北都轉運謫守滁州，於琅邪山間作亭，名曰「醉翁」，自爲之記。其後王詔守滁，請東坡大書此記而刻之，流布世間，殆家有之，亭名遂聞於天下。政和中，唐少宰恪守滁，亦作亭山間，名曰「同醉」，自作記，且大書之，立石亭上，意以配前人云。

陳鵠《耆舊續聞》卷一　中書待制公翌新仲嘗言：後學讀書未博，觀人文字不可輕詆。且如歐陽公與王荆公詩云：「翰林風月三千首，吏部文章二百年。」荆公答云：「他日若能窺孟子，終身安敢望韓公。」歐公笑曰：「介甫錯認某意。所用事迺謝朓爲吏部尚書，沈約與之書云：二百年來無此作也。若韓文公，迨一作「迄」。今何止二百年邪？」前後名公詩話，至今博洽之士莫不以歐公之言爲信，而荆公之詩爲誤。不知荆公所用之事乃見孫樵《上韓退之吏部書》：「二百年來無此文也。」歐公知其一，而不知其二。故介甫嘗曰：「歐公坐讀書未博耳。」雖然，荆公亦有强辯處。嘗有詩云：「黄昏風雨滿園林，殘菊飄零滿地金。」歐公見而戲之曰：「秋英不比春花落，傳語詩人仔細吟。」荆公聞之，曰：「永叔獨不見楚詞『夕餐秋菊之落英』邪？」殊不知楚詞雖有「落英」之語，特寓意「朝夕」二字，言吞陰陽之精蘂，動以香浄自潤澤爾。所謂「落英」者，非飄零滿地之謂也。夫百卉皆彫落，獨菊花枝上枯，雖童孺莫不知之。荆公作事動輒引經爲證，故新法之行亦取合於《周官》之書，其大槩類此爾。

方勺《泊宅編》卷六　歐陽公知應天府三日，謁廟史白有五郎廟甚靈，請致禮，不然且爲祟，公頷之。一日，食夾子，輒失之，明日夾子在土偶手中。遂命扃其廟，以留守印封之，戒曰：「予去此，則可開。」然亦無他異。

張邦基《墨莊漫録》卷二　揚州蜀岡上大明寺平山堂前，歐陽文忠公手植柳一株，謂之「歐公柳」，公詞所謂「手種堂前楊柳，别來幾度春風」者。薛嗣昌作守，相對亦種一株，自傍曰「薛公柳」，人莫不嗤之。嗣昌既去，爲人伐之。不度德有如此者。

張邦基《墨莊漫録》卷三　歐陽文忠公與韓子華、吴長文、王禹玉同直玉堂，嘗約五十八歲即致仕，子華書於柱上。其後過限七年，方踐前志，作詩寄子華曰：「俗諺云：也賣弄得過裏。」其詩曰：「人事從來無處定，世塗多故踐言難。誰知潁水閒居士，十頃西湖一釣竿。」

張邦基《墨莊漫録》卷八　三云：范公自言學道三十年，所得者平生無怨惡爾。公初以范希文事得罪于吕相，坐黨人，遠貶三峽，流落累年。比吕公罷相，公始被進擢。後爲范公作神道碑，言西事，吕公擢用希文，盛稱二人之賢，能釋私憾而共力於國家。希文子純仁大以爲不然，刻石時輒削去此一節，云我父至死，未嘗解仇」。公亦嘆曰：「我亦得罪於吕丞相者。惟其言公，所以信於後世也。」吾嘗聞范公自言平生無怨惡於一人，兼其與吕公解仇書，見在范集中，豈有父自言無怨惡於一人，而其子不使解仇於地下！父子之性，相遠如此。公知潁州時，吕公著爲通判，爲人有賢行而深自晦默，時人未甚知。公後還朝，力薦之，由是漸見進用。

四云：陳恭公執中，素不喜公。其知陳州時，公自潁移南京，過陳，拒而不見。後公還朝作學士，陳爲首相，公遂不造其門。已而陳出知亳州，尋罷使相换觀文，公當草制，自謂必不得好詞。及制出，詞甚美，至云「杜門却掃，善避權勢而免嫌；處事執心，不爲毁譽而更守」。陳大驚喜，曰：「使與我相知深者不能道此，此得我之實也。」手録一本寄門下客李師中，曰：「吾恨不早識此人。」

吴曾《能改齋漫録》卷一〇　東坡先生才氣高一時，未始下人，故自言嫉程頤之姦，見公奏議。又詆程爲「鏖糟陂裏叔孫通」。見孫君孚《談圃》。然議者以爲過。故吕原明《家塾記》云「元祐初，蘇子瞻與程正叔不相能」；又言：「不如歐陽永叔之善處石守道也。」以予觀之，豈特待守道爲然。江鄰幾與歐陽公契分不疎，晚著《雜誌》，詆公尤力。梅聖俞以爲言，而公終不問。鄰幾既死，公弔之，哭之痛。且告其子曰：「先公埋銘，修當任其責矣。」故公叙銘鄰幾，無一字貶之。前輩云：「非特見公能有所容，又使天下後世讀公之文，知公與鄰幾，始終如一，且將不信其所詆矣。」孟子曰：「以善養人者，然後能服天下。」歐陽公之謂矣。

吴曾《能改齋漫録》卷一三　張芸叟言：「初遊京師，見歐陽文忠公，多談吏事。張疑之，且曰：『學者之見先生，莫不以道德文章爲欲聞者。今先生多教人吏事，所未諭也。』公曰：『不然。吾子皆時才，異日臨事，當自知之。大抵文學止于潤身，政事可以及物。吾昔貶官夷陵，彼非人境也。方壯年未厭學，欲求《史》、《漢》一觀，公私無有也。無以遣日，因取架閣陳年公案，反覆觀之。見其枉直乖錯，不可勝數，以無爲有，以枉爲直，違法徇情，滅親害義，無所不有。且以夷陵荒遠偏小，尚如此，天下固可知矣。當時仰天誓心，自爾遇事，不敢忽也。迨今三十餘年，出入中外，忝塵三事，以此自將。今日以人望我，必爲翰墨致身；以我自觀，亮是當年一言之報也。』」張又言：「自得公此語，至老不忘。」是時，老蘇父子間亦在焉，嘗聞此語。其後子瞻亦以吏能自任，或問之，則答曰：「我于歐陽公及陳公弼處學來。」

王明清《揮麈録·前録》卷三　歐陽文忠公父名觀，文多避之，如《碧落碑》在絳州龍興宫」之類。蘇東坡祖名序，文多云「引」，或作「叙」。近爲文者或倣此，不知兩先生之意也。

陸游《老學庵筆記》卷五　沈義倫謚恭惠，其家訴於朝，欲帶一「文」字，議者執不可而止。張知白謚文節，御史王嘉言請改謚文正，王孝先爲相亦不肯改。歐陽文忠公初但謚文，蓋以配韓文公。當夷甫方兼太常，晚與文忠相失，乃獨謂公有定策功，當以「忠」字，實抑之也。李邦直作議，不能固執，公論非之。當時士大夫相謂曰：「永叔不得謚文公，此謚必留與介甫耳。」其後信然。

岳珂《桯史》卷九　歐陽文忠知貢舉，省闈故事，士子有疑，許上請。文忠方以復古道自任，將明告之，以崇雅黜浮，期以丕變文格，蓋至日昃，猶有喋喋弗去者，過晡稍閒矣。方與諸公酌酒賦詩，士又有扣簾，梅聖俞怒曰：「瀆則不告，當勿對。」文忠不可，竟出應，鵠袍環立觀所問。士忽前曰：「諸生欲用堯舜字，而疑其爲一事或二事，惟先生幸教之。」觀者鬨然笑。文忠不動色，徐曰：「似此疑事誠恐其誤，但不必用可也。」内外又一笑。它日每爲學者言，必蹙頞及之，一時傳以爲雅謔。余按《東齋記事》，指爲楊文公，而徒問其爲幾時人，歲遠傳疑，未知孰是。然是舉也，實得東坡先生，識者謂不啻足爲詞場刷恥矣，彼士何嗤。

李心傳《舊聞證誤》卷二　龍衮著《江南野録》云：歐陽觀義行頗愧，先出其婦，有子登科，詣之，待以庶人。觀乃文忠父，文忠自識其父墓，初無出婦之玷。衮與文忠爲鄉曲，豈非平時有宿憾與？夫祈望不至云爾。不可不爲之辨。出王明清《揮麈後録》。按歐陽公《瀧岡阡表》，以熙寧二年立，而云既葬之六十年，逆數之，葬時公才四歲耳。《表》中雖不見出婦事，然以志考之，觀年五十九卒官，而鄭夫人年方二十九，必非元配，蓋觀已出婦，其子固難言之。歐陽公撰《族譜》云觀二子，昞當是其前婦之子，所謂卒賴以葬者也。文忠後任昞之子嗣立爲廬陵尉，見焚黄祭文中。又文忠《貶滁州謝上表》云「同母之親，惟有一妹」，足見昞爲前母之子無疑。仲言雖欲爲歐陽公諱之，其意甚美，然非事實。況觀之前婦實有過，亦未可知。孔子、子思尚明言之，特歐陽公不可自言，他人何諱之有？

羅大經《鶴林玉露》甲編卷一《仕宦歸故鄉》　歐陽公居永豐縣之沙溪，其考崇公葬焉，所謂瀧岡阡是也。厥後奉母鄭夫人之喪歸合葬，載青州石鐫阡表。石緑色，高丈餘，光可鑑，阡近沙山太守廟。襄事禱于廟，祝板猶存。曰：「大事有日，陰雲屢興，假以三日之晴，則拜神之賜，其敢忘報！」執政得立功德寺，公素排佛教，雅不欲立寺。崇公諱觀，又不可立觀，乃立青陽宫。然公自葬鄭夫人之後，不復歸故鄉。其作《吉州學記》云：「幸餘他日，因得歸榮故鄉。將見吉之士，皆道德明秀，而可爲公卿。問於其俗，而婚喪飲食，皆中禮節。入於其里，而長幼相孝慈於其家。行於其郊，而少者扶其羸老，壯者代其負荷於道路。然後樂學之道成，而得時從先生者老，席于衆賓之後，聽鄉樂之歌，飲獻酬之酒，而以詩頌天子太平之功。周覽學舍，思詠李侯之遺愛，不亦美哉！」雖有此言，而迄

不踐。樂潁昌山水，作《思潁》詩，退休竟卜居焉。前輩議其無回首敝廬、息間喬木之意。近時周益公歸休，尹直卿以詩賀之云：「六一先生薄吉州，歸田去作潁昌游。我公不向螺江住，羞殺青原白鷺洲。」

《歐陽修全集》附録卷二歐陽發《先公事迹》 先公爲人天性剛勁，而氣度恢廓宏大，中心坦然，未嘗有所屑屑於事。事不輕發，而義有可爲，則雖禍患在前，直往不顧。以此或至困逐，及復振起，終莫能掩。而公亦正身特立，不少屈奪。四五十年之間，氣象偉然蓋天下，而以文章道德爲一世學者宗師。故歷事三聖，嘗被眷倚，遂託以天下安危之計。而公亦以身許國，進退出處，士人以爲輕重。至於接人待物，樂易明白，無有機慮與所疑忌。與人言，抗聲極談，徑直明辨，人人以爲開口可見心腑。至於貴顯，終始如一，不見大官貴人事位貌之體，一切出於誠心直道。無所矜飾，見者莫不愛服。而天資勁正高遠，無纖毫世俗之氣，常人亦自不能與之合也。平生學之所得，以至文章事業，皆明識所及，性所自得，不勞而至，無所勉强。而衆人學之者，終莫能及。其於經術，務明其大本而本於性情，其所發明簡易明白。其論《詩》曰：「察其美刺，知其善惡，以爲勸戒，所謂聖人之志者，本也。因其失傳而妄自爲之説者，經師之末也。今夫學者得其本而通其末，斯盡善矣。得其本而不通其末，闕其所疑，可也。」又云：「今夫學者知前事之善惡，知詩人之美刺，知聖人之勸戒，是謂知學之本而得其要，其學足矣，又何求焉？」公於經術，去取如此，以至先儒注疏有所不通，務在勇斷不惑。平生所辨明十數事，皆前世人不以爲非，未有説者。如五帝不必皆出於黄帝，春秋趙盾弑君非趙穿，許世子非不嘗藥，武王之十有一年非受命之年數，及力破漢儒災異五行之説。《正統論》破以秦爲僞閏，或以功德，或以國地不相臣屬，則必推一姓以爲主之説。以爲正者正天下之不正，統者統一天下之不一。至於各據地而稱帝，正朔不相加，則爲絶統，惟合天下於一者爲正統。統或絶、或續，而正統之説遂定焉。然亦不苟務立異於諸儒，嘗曰：「先儒於經不能無失，而所得已多矣。正其失可也，力詆之不可也。盡其説而理有不通，然後得以論正。予非好爲異論也」。其於《詩》、《易》，多所發明。爲《詩本義》，所改正百餘篇，其餘則曰：「毛、鄭之説是矣，復何云乎。」其公心通論如此。

先公四歲而孤，家貧無資，太夫人以荻畫地，教以書字，多誦古人篇章，使學爲詩。及其稍長，而家無書讀，就閭里士人家借而讀之，或因而抄録，抄録未畢，而已能誦其書。以至晝夜忘寢食，惟讀書是務。自幼所作詩賦文字，下筆已如成人。兵部府君閲之，謂韓國太夫人曰：「嫂無以家貧子幼爲念，此奇兒也，不惟起家以大吾門，他日必名重當世。」及舉進士時，學者方爲四六，號時文，公已獨步其間。天聖七年，補國子監生。是秋取解，明年南省試，皆爲第一人，由是名重當世。及景祐中，在西京，與尹公洙偕爲古文。已而有詔，戒天下學者盡爲古文。獨公古文既行，遂擅天下。四十年間，天下以爲模範，一言之出，學者競相傳道，不日之間，流布遠近，外至夷狄，莫不仰服。後進之士，爭爲門生，求受教誨。當世皆以爲自兩漢後，五六百年，有韓退之。退之之後，又數百年，而公繼出。自李翺、柳宗元之徒，皆不足比。然公之文，備盡衆體，變化開闔，因物命意，各極其工，或過退之。如《醉翁亭記》、《真州東園記》，創意立法，前世未有其體。作《尹公洙誌文》，以爲尹公文簡而有法，取其意而爲之，即得其體。《石先生介墓誌》，不多假事迹，但述其平生志意所存，與其大節氣概，讀之如見其人。作《集古録叙》，今王丞相以謂讀之可辟瘧鬼。

先公既奉敕撰《唐書・紀・志・表》，又自撰《五代史》七十四卷，其作《本紀》，用春秋之法，雖司馬遷、班固皆不及也。其於《唐書・禮樂志》，發明禮樂之本，言前世治出於一，而後世禮樂爲空名。《五行志》不書事應，悉破漢儒災異附會之説。皆出前人之所未至。其於《五代史》，尤所留心，褒貶善惡，爲法精密，發論必以「嗚呼」，曰「此亂世之書也」。其論曰：「昔孔子作《春秋》，因亂世而立治法；余述《本紀》，以治法而正亂君。」此其志也。書成，減舊史之半，而事迹添數倍，文省而事備，其所辨正前史之失甚多。嘉祐中，今致政侍郎范公等列言於朝，請取以備正史，公辭以未成。熙寧中，有旨取以進御。按《神宗實録》，熙寧五年八月丁亥，詔潁州令歐陽某家，上某所撰《五代史》。

先公筆札，精勁雄偉，自爲一家，當世士大夫有得數十字，皆藏以爲寶，而未嘗爲人書石。

先公平生以獎進賢材爲己任，一時賢士大夫雖潛晦不爲人知者，知之無不稱譽薦舉，極力而後已。既爲當世宗師，凡後進之士，公嘗所稱者，遂爲名人。時人皆以得公一言爲重，而公推揚誘進不倦，至於有一長者，識與不識皆隨其所長而稱之。至今當世顯貴知名者，公所稱薦爲多。今湖州孫正言覺爲合肥主簿，未與公相識。郡守怒之，欲捃拾以罪。時胡侍講在太學以屬公，公爲作手書與其寮佐，令保全之，遂獲免。福州處士陳烈，素不與公相識。公聞其名，知其行義，屢薦於朝，乞賜召用，朝廷即召烈爲國子監直講。

先公嘗言：平生爲學所得，惟平心無怨惡爲難。故於事未嘗挾私喜怒以爲意，雖仇讐之人，嘗出死力擠陷公者，他日遇之，中心蕩然，無纖芥不足之意。嘗曰：「孔子言以直報怨。夫直者，是之爲是，非之爲非。是非付之至公，則是亦不報也。」

先公初貶滁州，蓋錢明逸輩爲之。自外還朝，遇明逸於京師，屢同飲宴，不以爲嫌。其後公在中書，明逸罷秦州歸，復用爲翰林學士。近日小人蔣之奇妄興大謗，及公移青州，其兄之儀知臨淄縣，爲二司所不喜，力欲壞之，亦以託公。公察其實無他，力保全之。

先公平生文章擅天下，未嘗以矜人，而樂成人之美，不掩其所長。詩筆不下梅聖俞，而嘗推之，自謂不及，然識者或謂過之。初奉敕撰《唐書》，專成《紀》、《志》、《表》，而《列傳》則宋公祁所撰。朝廷恐其體不一，詔公看詳，令刪爲一體。公雖受命，退而曰：「宋公於我爲前輩，且人所見不同，豈可悉如己意？」於是一無所易。書成奏御，舊制惟列官最高者一人，公官高，當書。公曰：「宋公於傳，功深而日久，豈可掩其名，奪其功？」於是《紀》、《志》、《表》書公名，而《列傳》書宋公。宋丞相庠聞之歎曰：「自古文人好相淩掩，此事前所未有也！」

先公篤於交友，恤人之孤。梅聖俞家素貧，既卒，公醵於諸公，得錢數百千，置義田以恤其家，且乞録其子增。尹龍圖洙已卒，公乞録其子構。孫先生復有《尊王發微》十五卷，有旨進內，未畢而卒。公乞令其家録進，而推恩其子大年。尹構、孫大年、梅增，皆蒙録用以官。

天聖初，胥公在漢陽，先公時年二十餘，以所爲文謁之。胥公一見奇之曰：「子當有名於天下。」因館於門下。與公偕入京師，及公登第，乃以女妻之。

王文康公知西京，先公爲留守推官。一日，當都廳勘事，有一兵士自役所逃歸。文康問公曰：「勘兵士何謂未斷？」公曰：「合送本處行遣。」文康曰：「似此，某作官處斷過甚多，推官新作官，不須疑。」公曰：「若相公直斷，雖斬亦可，有司則不敢奉行。」一夜，文康夜召，問：「軍人未斷否？」公曰：「未。」文康曰：「幾至誤事。」明日，遂送所屬處。

先公在河南，以文學負當世之名。前後留守，皆名公好賢，莫不傾身禮接。王文康自西京召歸，謂公曰：「今來有例，合舉館職，當奉舉。」遂用王文康公薦，自西京留守推官召試。

范文正公以言事忤大臣，貶知饒州。先公一日遇司諫高若訥於余襄公家，若訥非短范公，以爲宜貶。公歸，遂爲書與之辯，且責若訥不能論列。若訥繳進其書，遂坐貶爲夷陵令。既而余襄公、尹公洙亦連坐被貶。蔡公爲《四賢詩》述其事，天下傳之。

先公既坐范公遠貶，數年，復得滑州職官。會范公復起，經略陝西，辟公掌箋奏，朝廷從之。時天下久無事，一旦西邊用兵，士之負材能者，皆欲因時有所施爲，而范公以天下重名好賢下士，故士之樂從者衆。公獨歎曰：「吾初論范公事，豈以爲己利哉！同其退不同其進可也。」遂辭不往。其於進退不苟如此，以至致位二府，惟以忠義自得主知，未嘗有所因緣憑藉。

先公在館中，遇西邊用兵，天下多事，詣闕上書，爲三策，以料賊情，及指陳天下利害甚衆。既而有詔，百官許上封章言事。公上疏言三弊五事，力陳當時之患。仁宗增諫官爲四員，先公與蔡公襄、余襄公靖、今致政王尚書素同時遷用。是時陝西用兵已久，京東、西盜賊羣起，內外多事。仁宗既進退大臣，遂欲改更闕失，方急於求治。公遇事感激，知無不言。范文正公、杜正獻公、今司徒韓魏公、富鄭公四人同時登用，公屢請召對訪問，責以所爲。既而仁宗降手詔，出六條以責諸公，各亦有所陳述。公言諸公所陳，宜力主張，勿爲羣言所奪。而王文安公爲三司使，有爲無名詩中之者。公請嚴禁止之，以絶小人流言，搖動朝政之漸，敕出官爵購捕其人。時上欲改更朝政，小人不便，故造作語言動搖，及敕榜出，自此遂絶。是後，上遂下詔勸農桑，興學校，改更庶事之弊。

自范文正公之貶，先公與余襄公等坐黨人被逐，朋黨之説遂起，久而不能解，一時名士皆被目爲黨人。公在諫院，爲《朋黨論》以獻，羣言遂息，大救當時之弊。時天下久安，上下失於因循，一旦陝西用兵，而羣賊王倫、張海等所在皆起。先公請遣使者按察州縣，朝廷命諸路轉運使皆兼按察。公言轉運使苟非其人，則按察遂爲空名，復條陳按察六事。於是兩府聚議，盡破常例，不次用人。後來別因一劄子中備言此事。其後州縣多所升降，內外百職振舉。及杜待制杞爲京西轉運使，與御史蔡禀同治賊事，公言杞可獨任，無用禀。杞果遂平諸盜，京西無事。

時張温成方有寵，人莫敢言，因生皇女，染綾羅八千疋。先公上言，乞裁損其恩寵，及其親戚恩澤太頻可以減罷，極陳女寵驕恣以至禍敗之戒。

皇叔燕王薨，議者以國用不足，請待豐年而葬。先公乞減費而葬，以爲不肯薄葬，留之以待侈葬，徒成王之惡名，使四夷聞天子皇叔薨，無錢出葬，遂輕中

國。有旨，減節浮費而葬。

澧州柿木成文，有「太平之道」四字。先公上言：「今四海騷然，未見太平之象。」又曰：「太平之道者，其意可推。自古帝王致太平，皆有道，得道則太平，失道則危亂。今見其失，未見其得，願陛下憂勤萬務，漸期致理。其瑞木，乞不宣示於外。」

慶曆三年，御試進士，以《應天以實不以文》爲賦題。公爲擬試賦一道以進，指陳當世闕失，言甚切至。

淮南轉運使吕紹寧，到任便進羨餘錢十萬。公乞拒而不受，以彰朝廷均恤外方，防禦刻剥。

前後所上章疏百餘，其間斥去姦邪，抑絶徼倖，以謂任人不可疑，節制不可不一，當推恩信以懷不服，其事往往施行。

先公以諫官除知制誥。故事：知制誥當先試。有旨更不召試，有國以來不試而受者惟楊文公、陳文惠公與公三人。公既典制誥，尤務敦大體。初作《勸農敕》既出，天下翕然，人人傳誦，王言之體，遠復前古。

陝西兵役之後，河東困敝，糧草闕少。又有言者請廢麟州，或請移於合河津，或請廢五寨。朝廷命先公視其利害，及訪察一路官吏能否，擘劃經久利害，及計置糧草。公爲四議，以較麟州利害，請移兵就食於河濱清塞堡，緩急不失應援，而平時可省餽運，麟州遂不廢。又建言忻、代、岢嵐、火山四州軍，沿邊有禁地棄而不耕，人户私糴北界斛斗，入中以爲邊儲，今若耕之，每年可得三二百萬石以實邊，朝廷從之。此兩事，至今大爲河東之利。

自西事後，河東賦斂重而民貧，道路嗟怨。先公奏罷十事，以寬民力。文字見《河東奏事》，謂乞罷和糴米、三司銀之類。

先公自河東還，會保州兵叛，遂出爲河北都轉運使，別得不下司劄子云：「河北宜選有文武材識轉運使二員，密授經略之任，使其熟圖利害，豫爲禦備。」

保州既降，總管李昭亮私取叛兵妻女，通判馮博文等亦往往效之。先公發博文罪，置獄推劾。昭亮恐懼，立令送出。

自保州事後，河北兵驕，少不如意即謀結集，處處有之。上下務在姑息。先公屢乞主張將帥每事鎮重，以遏士心，河北卒無事。

保州叛兵既降，其脅從者二千餘人，分隸河北諸州。富鄭公爲宣撫使，恐其復生變，欲委諸州同日誅之。方作文書，會先公權知鎮府，遇富公於內黃，富公夜半屏人，密以告公。公曰：「禍莫大於殺降。昨保州叛卒，朝廷許以不死招之，今已戮之矣。此二千人本以脅從，故得不死，奈何一旦無辜就戮！且無朝旨，若諸郡不肯從命，事既參差，則必生事，是趣其爲亂也。且某至鎮州，必不從命。」富鄭公遂止。

先公在河北，既被朝廷委任之重，悉力經營，凡一路官吏能否，山川地里，財産所出，兵糧器械，教閱陣法，一一别爲圖籍，盡四路之事如在目前。或問公曰：「公以文章儒學名天下，而治此俗吏之事乎！」公曰：「吏之不職，吾所愧也。繫民休戚，其敢忽乎？」奏置御河催綱司，通致糧運，以省入中之數。置都作院於磁、相二州，以省諸州兵器之費。既究見河北利害本末，乃一一條列，遍貽書於執政，將大爲經畫。未盡行，而公罷去。

慶曆初，仁宗既復四諫之職，拔英俊賢能材德之士，並進於朝。公負天下之望而居其職，仁宗寵異之意獨絶衆人，嘗因奏事，論及當世人材，仁宗不覺謂公曰：「如歐陽某，何處得來！」公乃盡心悉力，思所補報，遇事不避，以至犯忤權貴，排擊姦佞，怨怒隨至，常欲大用而未果。是時中外多事，仁宗意以謂艱難之際，非公不足以辦事，故自諫官奉使河東，委以一路之利害。及保州事作，河北轉運使張昷之得罪。公自河東還未數月，復出爲河北轉運使，及陛辭之日，仁宗面諭曰：「不久當還，無爲久居計。有事但言來，無以中外爲限。」公對曰：「在京師所言，尚以風聞，或恐失實，況於在外？」仁宗曰：「有所聞，但言來，行與不行則在此。」及至河北，百事振舉，小人忌公，恐大用。而又杜、范、韓、富同時罷黜，小人彙進。公上疏，極言四人忠實可用而無過，辨明小人誣罔之言，請加任用。於是羣小益懼，相與造爲謗辭。及詔獄之起，窮究無狀，仁宗亦悟，止奪職知滁州。

南京素號要會，賓客往來無虚日，一失迎候，則議論蜂起。先公在南京，雖貴臣權要過者，待之如一。由是造爲語言，達於朝廷。時陳丞相升之安撫京東，因令審察是非。陳公陰訪之民間，得俚語，謂公爲照天蠟燭。還而奏之，上方欲召用，而公丁太夫人憂。

先公初服除，還朝，惟除本官龍圖閣直學士，而無主判。入見日，仁宗惻然，怪公鬢髮之白，問公在外幾年，今年幾何，恩意甚至。公求補外，仁宗曰：「此中見人多矣。爲小官時，則有肯盡言，名位已高，則多顧藉。如卿且未要去。」明日以責大臣，即以公判流內銓。是時小人忌公且見進用，僞爲公乞澄汰內臣劄子，傳布中外。內臣人人切齒，判銓六日，楊永德以差船及引見胡宗堯事中公，出知

同州。而外議紛紜，論救者衆，上亦開悟。適會劉公沆有劄子，乞催宋公祁結絶《唐書》。上曰：「莫不須宋祁否？」劉公曰：「別未有人。」上曰：「歐陽某知同州，臣寮已有文字請留。」劉公曰：「乞自陛下宣諭。」明日朝辭，上殿。上曰：「休去同州，且修《唐書》。」既而曾魯公自翰林學士換侍讀學士、知鄭州，劉公奏歐陽某見未有主判處，乞替曾某判三班院。上曰：「翰林學士有人未？」劉公曰：「見商量。」上曰：「歐陽某不止一好差遣，亦好一翰林學士，便可替曾某。」遂入翰林，爲史官，判三班院。上嘗面問公以唐學士院鈐索故事，將議臨幸，其於眷待之意甚厚。

先公在侍從八年，知無不言，屢建議，多見施行。自初還朝，唐公介與諸公方居言職，所言久之未見聽納。公上疏言人君拒諫之失，請採聽言者。其後上遂用諫官言，進退宰相。用唐介等疏罷陳執中。

時議者方以河患爲意，陳恭公在相位，欲塞商胡，開横壠，回大河於故道。先公上疏言其不可。未幾，恭公罷去，新宰相復用李仲昌議，欲開六塔，全回河流。公兩上疏争之，不聽，河纔成而決，濱、棣、德、博數千里大被其害。仲昌等議者流竄遠方，卒如公議。

至和二年，先公奉使契丹，契丹使其貴臣陳留郡王宗愿、惕隱大王宗熙、北宰相蕭知足、尚父中書令晉王蕭孝友來押宴，曰：「此非常例，以卿名重。」宗愿、宗熙，并契丹皇叔；北宰相，蕃官中最高者，尚父中書令晉王，是太皇、太后弟。送伴使耶律元寧言：「自來不曾如此一併差近上親貴大臣押宴。」

嘉祐初，狄武襄公爲樞密使。狄自破蠻賊之後，方振威名。而是時仁宗不豫久之，初康復。而狄得士心，京師訛言詾詾。先公因水灾言武臣典機密，得士心，而訛言可畏，非國之便，請且出之於外，以保全之。未久，狄終以流言不已，罷知陳州。

嘉祐中，復用賈魏公爲樞密使。先公言其爲人好爲陰謀，陷害良士，小人朋附樂爲其用，前任相位，累害善人，所以聞其再來，望風畏恐，乞早罷還之舊鎮。其命遂止。

先公在翰林，嘗草春帖子詞。一日，仁宗因閒行，舉首見御閣帖子，讀而愛之，問何人作，左右以公對。即悉取皇后、夫人諸閣中者閲之，見其篇篇有意，歎曰：「舉筆不忘規諫，真侍從之臣也！」自是每學士院進入文書，必問何人當直，若公所作，必索文書自覽。先公每述仁宗恩遇，多言此事，云内官梁實爲先公説。春帖子詞有云「陽進升君子，陰消退小人。聖君南面治，布政法新春」，至今士大夫盡能誦之。及温成皇后閣帖子云「聖君念舊憐遺族，常使無權保厥家」。

仁宗嘉祐中，先公在翰林，富鄭公在中書，胡侍講在太學，包孝肅公爲中丞。士大夫相語曰富公「真宰相」，呼先公字曰「真翰林」，學士胡先生「真先生」，包公「真中丞」，時人謂「四真」。

嘉祐二年，先公知貢舉。時學者爲文以新奇相尚，文體大壞。僻澀如「狼子豹孫，林林逐逐」之語；怪誕如「周公伻圖，禹操畚鍤，傅説負版築，來築太平之基」之説。公深革其弊，一時以怪僻知名在高等者，黜落幾盡。二蘇出於西川，人無知者，一旦拔在高等，榜出，士人紛然，驚怒怨謗。其後，稍稍信服。而五六年間，文格遂變而復古，公之力也。

先公知開封府，承包孝肅公之後。包公以威嚴爲治，名震京師，而公爲治循理，不事風采。或謂公曰：「前政威名震動都下，真得古京兆尹之風采。公未有動人者，奈何？」公曰：「人材性各有短長，豈可捨己所長，勉强其所短，以徇俗求譽？但當盡我所爲，不能則止。」既而都下事無不治。

開封府既多近戚寵貴，干令犯禁，而復求以内降苟免。先公既受命，屢有其事，即上奏論列，乞今後求内降以免罪者更加本罪二等。内臣梁舉直私役官兵，付開封府取勘，既而内降放罪，凡三次内降，公終執而不行。

嘉祐三年閏十二月，京師大雪，民凍餒而死者十七八。明年上元，有司以常例張燈，先公奏請罷之。

故事，國史皆在史院；近制，皆進入内。自是每日歷成亦入内，而有司惟守空司。先公請録本付外，遂如公言，今史院之有國史，自公請也。

先公在密院，與今侍中曾魯公，悉力振舉紀綱，革去宿弊。大考天下兵數，及三路屯戍多少，地里遠近，更爲圖籍之法，邊防久闕屯守者大加蒐補。數月之間，機務浸理。

臺諫官唐公介、王公陶、范公師道、吕公景初，皆以言事被逐。先公言四人剛正敢言，蹤跡有本末，宜早賜牽復，其後四人遂復進用。

先公在侍從，因嘉祐水灾，凡再上疏請選立皇子，以固天下根本，言甚激切。及在政府，遂與諸公協定大議。而英宗力辭宗正之命，堅卧久之。諸公同議，不若遂正皇子之名，奏事仁宗前。顧問之際，公獨進曰：「宗室自來不領職事，今外人忽見有此除授，皆知陛下將以爲子，不若遂正其名。蓋判宗正寺，降誥敕，

得以不受。今立爲皇子，只煩陛下命學士作一詔書告天下，事即定矣。」仁宗以爲然，大計遂定。及英宗初年，未親政事，慈聖垂簾。危疑之際，公與諸公往來兩宫，鎮撫内外，而公之危言密議，忠力爲多。以至英宗親御萬機，内外睦然。

先公天性勁正，不顧仇怨。雖以此屢被讒謗，至於貶逐，及居大位，毅然不少顧惜，尤務直道而行，横身當事，不恤浮議。是時，今司徒韓魏公當國，每諸公聚議，事有未可，公未嘗不力争，而韓公亦欣然忘懷，以此與公相知益深。或奏事上前，衆議未合，公亦往返折難，無所顧避。嘗一日獨對，英宗面諭公曰：「參政英宗於先朝大臣，多不以名呼，而以官稱。性直，不避衆怨，每見奏事與二相公有所異同，便相折難，其語更無回避。亦聞臺諫論事，往往面折其短，若似奏事時語，可知人皆不喜也，宜少戒此。」而公又務抑絶僥倖，有以事干公者，或不可行，面爲其人分别可否，曰「此事必不可行」。以此人多怨謗，而公安然未嘗少卹，嘗稱故相王沂公之言曰：「恩欲歸己，怨使誰當？」每亦曰：「貧賤常思富貴，富貴必履危機，此古人之所歎也。惟不思而得，既得不患失之者，其庶幾乎。」及濮園議起，非公所獨專，朝廷亦未有定議。而言者妄以非禮之説，指公爲主議，公亦不與之較。其後小人彭思永、蔣之奇等造爲無根之飛語，欲以危公。自人主而下，朝廷名臣巨公，天下有識之士，皆知因公亮直不隱，得怨於小人。故上連降手詔，詰問思永、之奇，二人引服誣罔，悉皆貶逐。

自嘉祐以後，朝廷務惜名器，而進人之路稍狹。先公屢建言，館閣育材之地，宜盛其選，以廣賢路。遂令兩府人各舉五人，其後中選者十人。

嘗因僧官闕人，内臣陳承禮以寶相院僧慶輔爲請，内降從之。舊有著令：僧官必試而補。諸公相與執奏其事，先公進言曰：「補一僧官至爲小事，但内降衝改著令，内臣干撓朝政，不可啓其端。且宦女近習，前世常患難於防制，乞絶之於漸。」英宗即欣然嘉納。

契丹降人韓皐謨者，自言太叔使來，言太叔謀取其國，乞中國出兵爲應。二府會議其事，時有意主之者，將議從之。先公争曰：「中國待夷狄，宜以信義爲本，奈何欲助其叛亂？使事不成，得以爲辭。」主議者大笑曰：「迂儒迂儒！」公力争之不已，遂止。既而虜中太叔舉事不成而死。

初樞密使闕人，先公以次當拜。時英宗未親政事，二府密議，不以告公。一日待漏院中，公見二相耳語，知其所爲，問曰：「得非密院闕人，而某當次補乎？」二公曰然。公曰：「此大不可。今天子不親政，而母后垂簾，事之得失，人皆謂吾輩爲之耳。今如此，則是大臣二三人相補置耳，何以鎮服天下？」二公大然公言，遂止。及今致政張太師罷樞密使，英宗復用公，公力辭不拜。

京師百司所行兵民官吏財用之類，皆無總數，中書一有行移，則下有司纂集。先公因暇日，盡以中書所當知者集爲總目。一日上有所問，宰相以總目爲對，公以祀假家居，上遣中貴人就中書閣子取而閲之。

先公平生連典大郡，務以鎮静爲本，不求聲譽。治存大體，而施設各有條理，綱目不亂。非盜賊大獄，不過終日，吏人不得留滯爲姦。如揚州、南京、青州，皆大郡多事，公至數日，事十減五六，既久，官宇閴然。嘗曰：「以縱爲寬，以略爲簡，則事弛廢而民受弊。吾所謂寬者不爲苛急，簡者去其繁碎爾。」故所至不見治迹，而民安其不擾。既去，至今追思不已，今滁、揚二州皆有生祠。而公天性仁恕，斷獄常務從寬，嘗云「漢法惟殺人者死，後世死刑多矣」。故凡死罪非已殺人而法可出入者，皆全活之，曰「此吾先君之志也」。其在河北，一議活二千人之命。及晚年在京東奏寬沙門島刑名，設法減其人數，賴以獲全者甚衆。沙門島罪人，寨主舊敢專殺，故數不多而易制。馬默知登州，務全人命，舉察甚嚴，稍優卹罪人。罪人既多而又不畏本寨，漸恣横難制，京東議者大患之。有司之意，多欲許令依舊一面處置。公以爲朝廷既貸其命，豈可非理殺之，奏請將編敕州名合配沙門島，而情稍輕者只配遠惡州軍，見在島多年情輕者放還。遂以無事，而人亦獲全。

先公初有太原之命，令赴闕朝見。中外之望，皆謂朝廷方虚相位以待公。公六上章，堅辭不拜，而請知蔡州，天下莫不歎公之高節。

先公在亳，年纔六十一，已六上章乞致仕。而上方眷留，未聽。及在蔡，勤請益堅，遂如素志。公既氣貌康强，而年未及禮制，一旦勇退，近古數百年所未嘗有，天下士大夫仰望驚嘆。公雖退居于家，士論猶望以爲輕重。

先公平生以直道見忌於羣小，再被貶逐，而未嘗以介意。初在峽州，作至喜亭。及自河北，以小人無名之謗降知滁州，治州南山泉爲幽谷泉，作亭於瑯琊山，自號醉翁。及晚年，又自號六一居士，曰「吾《集古録》一千卷，藏書一萬卷，有琴一張，有棋一局，而常置酒一壺，吾老於其間，是爲六一」，自爲傳以刻石。

先公平生於物少所嗜好，雖異物奇玩不甚愛惜，獨好收蓄古文圖書，集三代以來金石銘刻爲一千卷，以校正史傳百家訛繆之説爲多。藏書一萬卷，雖至晚年，暇日惟讀書，未嘗釋卷。

先公平生著述：《易童子問》三卷，《詩本義》十四卷，《五代史》七十四卷，《居士

集》五十卷,《歸榮集》一卷,《外制集》三卷,《内制集》八卷,《奏議集》十八卷,《四六集》七卷,《集古録》跋尾十卷,雜著述十九卷。諸子集以爲家書,總目八卷。其遺逸不録者,尚數百篇,别爲編集而未及成。又奉敕撰《唐書·紀》十卷、《志》五十卷、《表》十五卷。在館職日,與同時諸公共撰《崇文總目》、《祖宗故事》。

《歐陽修全集》附録卷二《朱子考歐陽文忠公事迹》 余讀廬陵歐文新本,觀其附録所載行狀、謚議、二刻、四傳,皆以先後爲次。而此事迹者獨居其後,豈以公諸子之所爲,而不敢以先於韓、吴諸公及一二史臣之作邪?此其用意已精,而爲法亦嚴矣。然綜其實,則事迹云者正行狀之底本,而碑志、四傳所繇出也。向使直指先後之次而以冠於《附録》之篇,則彼數書者,皆可見其因革損益之次第矣,是亦豈不可邪。間又從鄉人李氏得書一編,凡十六條,皆記公事,大略與此篇相出入,疑即其初定之草稿。顧其標題,乃謂公所自記,而凡公字皆以丹筆圍之。此則雖未必然,然於此本亦有可相發明者,因略考其異同有無之互見者,具列於左方。

《歐陽修全集》附録卷一《歐陽修年譜》 真宗景德四年丁未

是歲,皇考崇國公觀爲綿州軍事推官。六月二十一日寅時,公生。

大中祥符元年戊申

大中祥符二年己酉

大中祥符三年庚戌

是歲,崇公終於泰州軍事判官。公叔父曄,時任隨州推官,因卜居焉。公母夫人鄭氏,年方二十九,攜公往依之,遂家於隨。貧無資,以荻畫地,教公書字。稍長,多誦古人篇章,使學爲詩。叔父後歷閬州推官、江陵府掌書記,仕至二千石,終都官員外郎。

大中祥符四年辛亥

是歲,葬崇公於吉州吉水縣瀧岡。其後至和元年,析吉水縣之報恩鎮,置永豐縣,遂隸永豐。

大中祥符五年壬子

大中祥符六年癸丑

大中祥符七年甲寅

大中祥符八年乙卯

大中祥符九年丙辰

公年十歲,在隨。家益貧,借書抄誦。州南大姓李氏子好學,公多遊其家,於故書中得唐韓昌黎文六卷,乞以歸,讀而愛之。爲詩賦,下筆如成人。都官曰:「奇童也,他日必有重名。」

天禧元年丁巳

天禧二年戊午

天禧三年己未

天禧四年庚申

天禧五年辛酉

乾興元年壬戌

二月,仁宗即位。

仁宗天聖元年癸亥

是歲,公應舉隨州,試左氏失之誣論。其略云:石言於晉,神降於莘,内蛇鬭而外蛇傷,新鬼大而故鬼小。人已傳誦。坐賦逸官韻,黜。

天聖二年甲子

天聖三年乙丑

天聖四年丙寅

公年二十,自隨州薦名禮部。

天聖五年丁卯公年二十一

是春試禮部,不中。

天聖六年戊辰公年二十二

是歲,公攜文謁胥學士偃於漢陽。胥公大奇之,留置門下。冬,攜公泛江,如京師。

天聖七年己巳公年二十三

是春,公從胥公在京師。試國子監爲第一,補廣文館生。秋,赴國學解試,又第一。

天聖八年庚午公年二十四

正月,試禮部,翰林學士晏公殊知貢舉,公復爲第一。三月,御試崇政殿,公甲科第十四名。五月,授將仕郎,試秘書省校書郎,充西京留守推官。(制詞)前鄉貢進士歐陽某:右可特授將仕郎、試秘書省校書郎、充西京留守推官,替仲簡。來年二月滿闕,候見任官月限滿日,即得赴任。敕前鄉貢進士邵景先等:咸以鄉舉,踐於貢闈。屬親校

於藝文，俾各升於科級。特假讐書之秩，式增結綬之榮。郡縣佐僚，各分其任。宜思勗勵，無曠乃官。可依前件。〔知制誥陳從易行〕

天聖九年辛未公年二十五

三月，公至西京。錢文僖公惟演爲留守，幕府多名士。與尹洙師魯、梅堯臣聖俞尤善，日爲古文歌詩，遂以文章名冠天下。初，胥公許以女妻公，是歲，親迎於東武。

明道元年壬申公年二十六

是春及秋，兩遊嵩嶽。秋，蓋從通判謝絳奉御香告廟也，禮畢同遊五人，皆見峭壁大書神清之洞。詳見《附録》後謝希深與梅聖俞書。公又嘗行縣，視旱蝗。

明道二年癸酉公年二十七

正月，以吏事如京師，因省叔父于漢東。三月，還洛，夫人胥氏卒，時生子未踰月。九月，莊獻劉后、莊懿李后祔葬定陵，公至鞏縣陪祭。十二月，進階承奉郎。

景祐元年甲戌公年二十八

三月，西京秩滿，歸襄城。五月，如京師，會前留守王文康公曙入樞府，薦召試學士院。閏六月乙酉，授宣德郎、試大理評事、兼監察御史、充鎮南軍節度掌書記、館閣校勘。〔制詞〕敕西京留守推官、承奉郎、試秘書省校書郎歐陽某：辭擅菁英，性推醇茂。早登名於仕版，遂從辟於賓筵。懋學逾惇，參籌有裕。眷吾樞近，嘗以薦論。逮課試之爰來，固辯麗之可獎。宜預屬書之列，仍遷管記之資。往服清階，善持素履。可特授宣德郎、試大理評事、兼監察御史、充鎮南軍節度掌書記、館閣校勘。〔李淑行〕三館秘閣所藏書多脱謬，七月甲辰，詔委官編定仿開元四部，著爲總目，公預焉。是歲，再娶諫議大夫楊公大雅女。

景祐二年乙亥公年二十九

是歲七月，公同産妹之夫張龜正死於襄城，謁告視之。九月，夫人楊氏卒。

景祐三年丙子公年三十

是歲，天章閣待制、權知開封府范仲淹言事忤宰相，落職，知饒州。公切責司諫高若訥，若訥以其書聞，五月戊戌，降爲峽州夷陵縣令。〔制詞〕敕鎮南軍節度掌書記、宣德郎、試大理評事、兼監察御史、館閣校勘歐陽某：鼎以藝文，擢參讐校，固當宿業，以荷育材。近者范仲淹樹黨背公，鼓讒疑衆，自干典憲，爰示降懲。爾託附有私，詆欺罔畏，妄形書牘，移責諫臣。恣陳訕上之言，顯露朋姦之迹，致其奏述，備見狂邪。合置嚴科，用警偷俗。尚軫包荒之念，祇從貶秩之文。往字吾民，毋重前悔。可降授守峽州夷陵縣令，替劉光裔，今年七月成資闕，散官如故，仍放謝辭。〔柳植行〕公自京師沿汴絶淮，泝江，奉母夫人赴貶所，十月至夷陵。

景祐四年丁丑公年三十一

三月，謁告至許昌，娶薛簡肅公奎女。是夏，叔父都官卒。九月，還夷陵。十二月壬辰，移光化軍乾德縣令。〔制詞〕敕宣德郎、守峽州夷陵縣令歐陽某：以懿辭決科，以敏智從事。薦承俊選，參校秘文。偶弗慎於言階，乃自貽於官譴。遠沿遐牒，亦既逾年，宜遷通邑之良，且寄字人之劇。余方甄録，爾尚勉勤。可特授守光化軍乾德縣令，替張宗尹，來年三月成資闕，散官如故。仍放謝辭。〔王堯臣行〕

寶元元年戊寅十一月改元公年三十二

三月，赴乾德。是歲，胥夫人所生子夭。

寶元二年己卯公年三十三

二月，知制誥謝希深絳出守鄧州，梅聖俞將宰襄城，與希深偕行。五月，公謁告往會，留旬日而還。六月甲申，復舊官，權武成軍節度判官廳公事。〔制詞〕降授宣德郎、守光化軍乾德縣令歐陽某：右可特授試大理評事、兼監察御史、充鎮南軍節度掌書記、權武成軍節度判官廳公事，替節度推官趙咸寧，來年二月滿闕，散官如故。仍放謝辭。敕前降授崇信軍節度掌書記、監郢州酒税務、朝奉郎、試大理評事、兼監察御史尹洙等：嚮者咸以儒才，籍於文館。旋坐朋游之累，自罹降謫之科。載軫淹沉，特推甄叙。或朝聞復秩，分寄於縣章；或府幕參謀，差冠於賓序。往虔予命，彌慎爾爲。可依前件。〔王舉正行〕公自乾德奉母夫人，待次於南陽。冬，暫如襄城。

康定元年庚辰二月改元公年三十四

是春，赴滑州，時范文正公起爲陝西經略招討安撫使，辟公掌書記，辭不就。六月辛亥，召還，復充館閣校勘，仍修《崇文總目》。十月，轉太子中允。〔制詞〕敕鎮南軍節度掌書記、宣德郎、試大理評事、兼監察御史、充館閣校勘歐陽某：朕意尚儒雅，博考辭藝，使優游並進，以光我太平之業，恩亦厚矣。爾往參典校，屬以事譴，會從薦引，復叙官榮，方思抆試而庸，寧限升遷之次。宮坊美秩，册府清塗，嘉乃雋才，尚勗來譽。可特授守太子中允，依舊館閣校勘，散官如故。〔聶冠卿行〕癸巳，同修《禮書》。是歲，子發生。

慶曆元年辛巳公年三十五

五月庚戌，權同知太常禮院，以見修《崇文總目》辭，許之。八月乙酉，許州對公事回，依舊供職。十一月丙寅，祀南郊，攝太常博士，引終獻。十二月，加騎都尉。〔制詞〕敕：大三靈之交，莫盛乎大旅；四海以職，畢奉于嚴禋。還御端闈，均慶綿宇。矧待時髦之地，素清儒館之遊。宜被徽章，以甄英俊。宣德郎、守太子中允、充館閣校勘歐陽某：雅材毓秀，吉履敦方。副妙簡於石渠，紬秘文於天禄。列於俊軷，光是珍草。屬此

推恩，遞增勳級。益厲夙秉，庸對寵嘉。可加騎都尉，餘如故。〔吴育行〕己丑，《崇文總目》成，改集賢校理。

慶曆二年壬午公年三十六

正月丁巳，考試别頭舉人。三月丙辰，御試進士《應天以實不以文》賦，公擬進一首，賜敕書獎諭。四月丙子，復差同知禮院。契丹遣泛使求關南地，宰相吕夷簡薦富弼報聘，人皆危之。公上書引顔真卿使李希烈事，乞留弼，不報。五月，復應詔上書，極陳弊事。八月，請外。九月，通判滑州，十月至。

慶曆三年癸未公年三十七

是歲，仁宗廣言路，修政事，人多薦公宜爲臺諫。三月，召還。癸巳，轉太常丞、知諫院。〔制詞〕宣德郎、守太子中允、充集賢校理、騎都尉歐陽某：右可特授守太常丞，依舊充集賢校理、知諫院事，散官、勳如故。敕：國家廣闢言路，崇設諫垣，擇方嚴之藎臣，登争諫之清列。責任尤重，眷懷亦深。向非練達民彝，精詳國體，利權不能易所守，貴勢無以摇其心，則安可劭厥清芬，補予闕政？以爾朝奉郎、侍御史、判三司都理分司、輕車都尉、賜緋魚袋魚周詢等：風猷鯁亮，器範沖深。并蘊博古之文，皆擢忝髦之選。清心莅局，交負幹才；議事飛章，第揚風采。僉詢朝論，亟簡朕心。宜進官聯，往參諫列。爾其勤乃節行，厲於忠誠。姑務謇諤之辭，敷陳而亡撓；豈宜持庸之計，畏避以自安。勉膺寵光，式遲明效。可依前件。〔孫抃行〕四月，至京。九月戊辰，賜緋衣銀魚。己巳，同詳定國朝勳臣名次。丙戌，同修三朝典故。十月戊申，擢同修起居注。十二月己亥，召試知制誥，公辭。辛丑，有旨不試，直以右正言知制誥，仍供諫職。〔制詞〕敕：夫出納朕命，裁成典誥，號令風采，布爲法度，所以炳焕皇業，羽儀近著。匪我俊乂，曷膺是選？宣德郎、守太常丞、充集賢校理、同修起居注、知諫院事、騎都尉、賜緋魚袋歐陽某：高才敏識，照於當世，特立不倚，拔乎其倫，秉心粹中，履道夷坦。學探繫象之表，文窮述作之源。而自抱槧書林，簪筆螭陛，詞皆體達，慮不及私。俾之代言，必能復古。用進七人之列，遂參四禁之嚴，豈惟序升，斷自余志？其於發揮藻潤之業，坦明深厚之體，皆汝素藴，不煩訓詞。可特授右正言、知制誥，依舊修起居注、知諫院事，散官、勳、賜如故。〔李育行〕丁未，同詳定編敕。是月立春，祭西太一宫，爲獻官，循例賜紫章服。

慶曆四年甲申公年三十八

三月庚午，兼判登聞檢院。四月乙未，押伴契丹賀生辰人使御筵於都亭驛。己亥，命公使河東，計度廢麟州及盗鑄鐵錢并礬課虧額利害。七月，還京師。八月甲午，保州軍叛。契丹聲言討西夏。癸卯，除公龍圖閣直學士、河北都轉運按察使。〔制詞〕宣德郎、行右正言、知制誥、騎都尉、賜紫金魚袋歐陽某：右可特授依前行右正言，充龍圖閣直學士、河北諸州水陸節度都轉運按察使，兼西路營田都大制置屯田，本路勸農使，替張昷之，散官、勳、賜如故。敕朝奉郎、守尚書禮部郎中、知制誥、知兗州、輕車都尉、賜紫金魚袋梁適等：四方有事，才者當爲國家馳騖矣。自夏人之不賓于廷，而王師外戍，天下共其勞。大侍從近列，得無同我此憂者歟？爾等並以才名器略，爲時英俊。凡予所以擢爾清切之禁，延閣憲臺，蓋備艱虞以爲用也。三城，西路之津會；中山，北道之吭喉。河朔委輸，事任尤重。靈昌，河上，至於平陽，皆方面之要害，朝廷所屬意處也。各遷近職，于蕃于宣，王室之勤，以慰予望。可依前件。〔張方平行〕九月，《三朝典故》成書，以公嘗預編纂，賜詔獎諭。十一月，南郊恩，進階朝散大夫，封信都縣開國子，食邑五百户。〔制詞〕敕：三年而郊，所以答天地，尊祖考，懷柔于百神，福惠于庶邦，使生生之類罔不滋殖。則吾左右近著，宜乎首被凱澤者矣。以爾河北都轉運按察使、龍圖閣直學士、宣德郎、行右正言、騎都尉、賜紫金魚袋歐陽某：學有師法，言無畏避。輟辭翰於西掖，董賦輿於北道。而能計國用，詳邊謀，擿吏姦，舒民困。才識參用，搢紳所推。今嚴禋成，百禮具，有司其申講舊典，導宣明命，峻之階品，增之封邑。以均禧祉，以對勤藎，以永朝家之休。可特授朝散大夫，依前行右正言、充龍圖閣直學士、河北都轉運按察使，特封信都縣開國子、食邑五百户，勳、賜如故。仍放朝謝。〔孫抃行〕

慶曆五年乙酉公年三十九

是春，真定帥田況移秦州，公權府事者三月。時二府杜正獻、范文正、韓忠獻、富文中公，以黨論相繼去，公上書辨之。小人素已憾公，會公孤甥張氏犯法，諫官錢明逸因以財産事及公，下開封鞫治。府尹楊日嚴觀望傅會，上命户部判官蘇安世、入内供奉官王昭明監勘，得無他。八月甲戌，猶落龍圖閣直學士，罷都轉運按察使，降知制誥、知滁州。〔制詞〕敕：夫賞不遺功，罰不阿近，有邦之彝典也。河北都轉運按察使、龍圖閣直學士、朝散大夫、行右正言、騎都尉、信都縣開國子、食邑五百户、賜紫金魚袋歐陽某：博學通贍，衆所見稱；言事感激，朕嘗寵用。而乃不能淑慎以遠罪辜。知出非己族，而鞠于私門；知女有室歸，而納之羣從。嚮以訟起晟家之獄，語連張氏之資，券既弗明，辯無所驗。朕以其久參近侍，免致深文，止除延閣之名，還序右垣之次。仍歸漕節，往布郡條。體予寬恩，思釋前吝。可落龍圖閣直學士，特授依前行右正言、知制誥，散官、勳、封賜如故。仍就差知滁州軍州，兼管内勸農使，替趙良規。仍放謝辭。〔楊察行〕十月甲戌，至郡。是歲，子奕生。

慶曆六年丙戌公年四十

公在滁，自號醉翁。

慶曆七年丁亥公年四十一

十二月，以南郊恩，加上騎都尉，進封開國伯，加食邑三百户。〔制詞〕敕：朕

禮天事神，以祈生民之佑；尊祖親考，以席鴻基之隆。爰罄齋明，仰膺顧諟；乃眷近侍，宜均恩典。朝散大夫、行右正言、知制誥、騎都尉、信都縣開國子、食邑五百户、賜紫金魚袋歐陽某：詞藻敏麗，風韻俊豪。參列諫垣，蔚有敢言之節；褒升詞禁，茂昭華國之文。委任素煩，安静攸處。屬修大祀，俾洽蕃休。特疏勳爵之儀，并厚邑封之數。中外之寄，待遇無殊，深體柬求，勉敦素履。可特授依前行右正言、知制誥，加上騎都尉，進封開國伯，食邑三百户，散官、賜如故。仍放朝謝。〔嵇穎行〕是歲，子棐生。

慶曆八年戊子公年四十二

閏正月乙卯，轉起居舍人，依舊知制誥，徙知揚州。〔制詞〕敕：勤求治道，優延近著。粤惟詞禁之彦，久布外邦之政，特推渥洽，蓋示眷懷。朝散大夫、行右正言、知制誥、知滁州、上騎都尉、信都縣開國伯、食邑八百户、賜紫金魚袋歐陽某：智慮淹通，文藻敏麗，善談當世之務，旋登近侍之班。向直内閣之嚴，實分北道之寄。爰司方郡，屢易周星，軫予意之良深，俾官儀而叙進。記言動者，良史之筆，授之以清階；督淮海者，廣陵之區，委之以會府。仍司雅誥，尚遠法垣。當欽待遇之榮，益務端莊之節。遲聞美績，用對寵靈。可特授行起居舍人、知制誥、知揚州軍州事、兼管内堤堰橋道勸農使，替張奎，散官、勳、封賜如故。仍放謝辭。〔嵇穎行〕二月庚寅，至郡。

皇祐元年己丑公年四十三

正月丙午，移知潁州。二月丙子，至郡，樂西湖之勝，將卜居焉。四月丙戌，轉禮部郎中。〔制詞〕敕：羣臣有常以善道益吾者，今雖在外，吾不忘也。事任有期，既未得即還左右，且進升其官秩，亦足表待遇之意焉。朝散大夫、行起居舍人、知制誥、知潁州、上騎都尉、信都縣開國伯、食邑八百户、賜紫金魚袋歐陽某：頃用文詞登朝，居諫諍之任，屢以謇諤之言陳闕失。朝奉郎、尚書工部員外郎、直龍圖閣、知亳州、上騎都尉、賜紫金魚袋王洙：往由經藝入侍，備顧問之職，嘗以博洽之學資見聞。間緣薄疵，并領外寄。嚴助守藩，久去承明之直；望之懷闕，應有本朝之思。吾嘉才猷，實用矜爾，爰各遷於品秩，俾仍頒於教條。行將召生，毋日留滯。《詩》曰：「心乎愛矣，遐不謂矣。」其務淑慎，體兹睠懷。修可特授尚書禮部郎中，依前知制誥、知潁州，散官、勳、封賜如故。仍放朝謝。洙可特授尚書刑部員外郎，依前直龍圖閣、知許州軍州，兼管内堤堰橋道勸農事，及管勾開治溝洫河道事，替宋祁，散官、勳，賜如故。仍放謝辭。〔李絢行〕八月辛未，復龍圖閣直學士。〔制詞〕敕：思文先朝，游心往籍。因層構之建，設近職之華。所以寵名儒，訪治道。我圖俊舊之望，時惟鯁亮之姿。差進禁聯，胥協公議。翰林侍讀學士、朝散大夫、右諫議大夫、知揚州、騎都尉、岐山縣開國子、食邑五百户、賜紫金魚袋楊察：精明博洽，端粹正方。擢在禁林，復典謨而歸厚；置之憲席，處論議而不阿。朝散大夫、尚書禮部郎中、知制誥、知潁州、上騎都尉、信都縣開國伯、食邑八百户、賜紫金魚袋歐陽某：識遠才長，文高行潔。篤於信道，不讀非聖之書；忠於本朝，屢條當世之務。並膺左右之選，歷宣内外之勞。峻節弗渝，公議彌勝。用進秘圖之拜，且光舊物之還。旌乃名臣，敷于茂典。爾身在外，朕心弗忘。嘉竚來忠，切懲前事。察可特授依前右諫議大夫，充翰林侍讀學士，兼龍圖閣學士，依舊知揚州，散官、勳、封賜如故。仍放朝謝。修可特授依前尚書禮部郎中、充龍圖閣直學士，依舊知潁州，散官、勳、封賜如故。仍放朝謝。〔胡宿行〕是歲，子辯生。

皇祐二年庚寅公年四十四

七月丙戌，改知應天府，兼南京留守司事。己酉，至府。十月己未，明堂覃恩，轉吏部郎中，加輕車都尉。〔制詞〕敕：朕聞王者尊其考，欲以配天。緣考之意，故推而上於祖。朕奉若斯義，乃以季秋之選，肇禋于太寢。禮備法物，樂和八音。三后上帝，亦既顧饗；六服羣辟，罔不蒙庥。眷言秘近之列，方殿股肱之郡，天地之福，其可不均？以爾樞密直學士、朝散大夫、右諫議大夫、上騎都尉、京兆郡開國侯、食邑一千户、賜紫金魚袋田況：懷誠秉彝，博見彊志。以爾龍圖閣直學士、朝散大夫、尚書禮部郎中、上騎都尉、信都縣開國伯、食邑八百户、賜紫金魚袋歐陽某：議論據古，忠正無私。並爲當世之宗，精究百家之術。施之政事，罔干譽而從欲；立於朝廷，不阿尊而事貴。風動全蜀，潤流京師。古者因禘以發爵禄，所以尊廟而貴命，况合宫之事哉？左省瑣闥之嚴，中臺宰屬之重。懋爾述職，推吾新恩。往哉生生，承此褒愛。况可特授給事中，依前充樞密直學士，加輕車都尉，散宫、封賜如故。仍放朝謝。修可特授尚書吏部郎中，依前充龍圖閣直學士，加輕車都尉，散官、封賜如故。仍放朝謝。〔吕泰行〕是歲，約梅聖俞買田於潁。

皇祐三年辛卯公年四十五

皇祐四年壬辰公年四十六

三月壬戌，丁母夫人憂，歸潁州。四月，起復舊官，公固辭。八月，許之。

皇祐五年癸巳公年四十七

八月，自潁州護母喪歸葬吉州之瀧岡，胥、楊二夫人祔焉。是冬，復至潁。

至和元年甲午三月改元公年四十八

五月，服闋，除舊官職，赴闕。〔制詞〕敕：人臣之大節，曰忠與孝。然處之者，或過不及。故先王設禮以爲之制，喪者不呼其門，盡爲子之志也。服除而從政，即爲臣之道也。前龍圖閣直學士、朝散大夫、尚書吏部郎中、輕車都尉、信都縣開國伯、食邑八百户、賜紫金魚袋歐陽某：以文章直亮，擢居近侍；以才略器幹，屢更劇任。自罹家艱，歸伏閭里。今祥禫甫畢，賁然斯來。文昌清曹，淵圖秘職，皆爾舊秩，往服新命，唯是移孝資忠之義，爾其懋哉。可特授尚書吏部郎中、充龍圖閣學士，散官、勳、封賜如故。〔蔡襄行〕六月癸巳，朝京師，乞郡，不許。七月甲戌，權判流内銓。會小人詐爲公奏請汰内侍，其徒怨怒，以胡宗堯不當改官事中公。戊子，出知同州。判吏部南曹吴充，爲公辨明，不報。知諫院范鎮一再極言，而參知政事劉沆方提舉修《唐書》，亦乞留公修書。八月

丙午，沆拜相。戊申，詔公修《唐書》。九月辛酉，遷翰林學士。〔制詞〕敕：帝王之制，坦然明白，發號出令，一日萬幾。其代予言，必資才哲。龍圖閣直學士、朝散大夫、尚書吏部郎中、輕車都尉、信都縣開國伯、食邑八百户、賜紫金魚袋歐陽某：言忠信，行篤恭，文參典謨，心固金石。頃在諫列，以直誠盡規，彌縫衮闕；遷登禁省，以深詔大册，振起國風。出按朔垂，罷守列郡。免喪還朝，即齗外補。朕嘉其難進易退，有賢者之節，又文學舊老，宜居禁中。是用延登玉堂，典司翰墨。僉謀四及，咸曰得人。當使班、馬之風，弗獨漢邇三代也。可特授依前尚書吏部郎中、知制誥、充翰林學士，散官、勳、封賜如故。〔王洙行〕壬戌，兼史館修撰。〔制詞〕敕：古者左史記動，右史記言，得失形於一朝，榮辱見於千載。今而墨筆操牘，總二職之美者，不在吾儒雅之臣乎？翰林學士、朝散大夫、尚書吏部郎中、知制誥、刊修《唐書》、輕車都尉、信都縣開國伯、食邑八百户、賜紫金魚袋歐陽某：學概道真，文得天粹；凛然風節，足爲世範。休有議論，實惟王體。更中外之衆務，在夷險而一心。益知汝賢，擢司内命，豈特屬文章以煩爾，蓋將咨謀慮以弼予。復此兼榮，亦非貳事。夫一家之法，傳信於方來；萬世有辭，垂裕於不朽。尚賴良直，以永休明。往服茂恩，奚假多訓。可特授依前尚書吏部郎中、知制誥，充史館修撰，仍舊翰林學士、刊修《唐書》，散官、勳、封賜如故。〔韓絳行〕又差勾當三班院。十月乙巳，朝饗景靈宫天興殿，攝侍中，捧盤取水。十二月庚戌，臘饗孝惠、孝章、淑德、章懷皇后廟，攝太尉行事。

至和二年乙未公年四十九

三月，同孫抃考試諸司寺監人吏。六月己丑，上書論宰相陳執中，已而乞外，改翰林侍讀學士、集賢殿修撰，出知蔡州。侍御史趙抃、知制誥劉敞上疏留公。七月戊午，復領舊職。八月辛丑，假右諫議大夫充賀契丹國母生辰使，將持送仁宗御容，會虜主殂。癸丑，改充賀登位國信使。十二月庚戌，宿虜界松山。

嘉祐元年丙申九月改元公年五十

二月甲辰，使還，進《北使語録》。閏三月丁亥，判太常寺兼禮儀事。孟夏薦饗，攝太尉行事。五月癸未，知通進銀臺司兼門下封駁事。乙未，免勾當三班院。六月甲子，奉敕祈晴醴泉觀。八月壬戌，知益州。張方平除三司使，甲子，詔公權發遣三司公事，以俟其至，而命李淑代知銀臺司。乙亥，車駕詣景靈宫，朝拜天興殿，充贊導禮儀使，又朝謁真宗及章懿太后神御殿，攝太常卿。九月辛卯，大慶殿行恭謝禮，爲贊引太常卿。禮成，加上輕車都尉，進封樂安郡開國侯，加食邑五百户。〔制詞〕敕：施厚而報豐，維人之常；誠至而禮簡，事天之宜。朕承先烈之丕基，祗畏勤紹，弗敢荒寧。亶勞維疚，於昭降康。四海萬靈，莫不底豫。念所以報，必竭其誠。乃即太寢之嚴，躬尚質之享，欽翼虔共，陶匏以薦。合法大神示，格於祖考，明靈降監，休應顯孚。膺受福釐，均自近始。翰林學士、朝散大夫、尚書吏部郎中、知制誥、充史館修撰、判太常寺兼禮儀事、輕車都尉、信都縣開國伯、食邑八百户、賜紫金魚袋歐陽某：文字復於古雅，正直邁於倫類。辨論堅確，救時爲心。在涅不淄，湜湜自信。倚其演潤，故置諸内署；藉其才識，故付之史筆；賴其謀用，故試之大計。沛有餘地，左右咸宜。熙事思成，相儀克允。峻其勳等，增厥賦封，尚體予衷，以孚邦家于休。可特授依前尚書吏部郎中、知制誥、史館修撰，充翰林學士，加上輕車都尉，進封樂安郡開國侯，食邑五百户，散官、勳、封賜如故。差遣依舊。〔吴奎行〕十二月，被差押伴契丹賀正旦人使御筵於都亭驛。

嘉祐二年丁酉公年五十一

正月癸未，權知禮部貢舉，賜御書文儒二字。乙巳，磨勘，轉右諫議大夫。〔制詞〕敕：禁密之重，朝廷所優。率從四歲之常，俾進兩官之次。示異等於流品，表殊恩於邇臣。推意之明，在予則至；顯忠之報，惟汝爲深。授受之間，善美良盡。翰林學士、朝散大夫、尚書吏部郎中、知制誥、充史館修撰、判太常寺兼禮儀事、上輕車都尉、樂安郡開國侯、食邑一千三百户、賜紫金魚袋歐陽某：風誼醇篤，謀猷浚明。憂天下之心，物議許其懇到；徇國家之急，朕志知其勇爲。矧夫統體之文，綽有雅健之氣。特立于世，能同于人。姑用歲勞，升爲諫長。未厭搢紳之望，徒收翰墨之長。亦爲顯承，當益章大。可特授右諫議大夫，依前知制誥、史館修撰，充翰林學士，散官、勳、封賜如故。差遣依舊。仍放朝謝。〔吴奎行〕三月癸卯，爲狄青發哀苑中，攝太常卿。六月丙寅，福康公主進封兖國公主，七月壬午，命公攝禮部侍郎，以印授册使。乙未，兼判尚書禮部。九月己卯，兼判秘閣秘書省。十一月辛巳，權判史館。丙申，權知審刑院，候胡宿回依舊，辛丑免。十二月辛亥，權判三班院。癸亥，權奉安明德、元德、章穆三后御容於啓聖院，車駕行酌獻禮，充禮儀使。是月，被差押伴契丹賀正旦人使御筵於都亭驛。

嘉祐三年戊戌公年五十二

正月壬午，上幸興國寺及啓聖院，朝謁太祖、太宗神御殿，攝太常卿。二月癸卯，契丹遣使告其國母哀，差公館伴。三月辛未，兼侍讀學士，以員多，固辭不拜。癸未，充宗正寺同修玉牒官。甲午，同陳旭考試在京百司等人。六月庚戌，加龍圖閣學士，權知開封府。〔制詞〕敕：「京邑翼翼，四方是則」，《商頌》之明訓也。朕念夫神皋奥區，大衆所聚，俗有五方之異，吏有百司之繁。貴近豪并，輕犯法禁，迫蹙則已苟細，寬縱則有放紛。尹正之才，不止乎決事無留、當官有守而已。維其明智足以照物，厚重足以鎮浮，先事以銷其萌牙，臨文以破其機械，俾夫下國有以依仿，則庶幾乎古之治矣。翰林學士、朝散大夫、右諫議大夫、知制誥、充史館修撰、充宗正寺修玉牒官、刊修《唐書》、判太常寺兼禮儀事、兼判尚書禮部、兼判秘閣秘書省、上輕車都尉、樂安郡開國侯、食邑一千三百户、賜紫金魚袋歐陽某：道德仁義，固其深藴；文學政事，矧乃兼長。老於詞禁之中，未愜搢紳之望。今詳試以煩劇，命允釐

於浩穰，寵以延閣之拜，優以京輔之授。爾其念古訓而用乂，毋曰時異，稍艱乎施設也。可特授依前右諫議大夫、知制誥、史館修撰，充翰林學士，兼龍圖閣學士、權知開封府，兼畿内勸農使，仍舊刊修《唐書》、兼判秘閣秘書省，散官、勳、封賜如故。〔吴奎行〕

嘉祐四年己亥公年五十三

二月戊辰，免開封，轉給事中，同提舉在京諸司庫務。〔制詞〕敕：漢制，給事中日上朝謁，平尚書奏事。近世所職雖異，而其親近左右，爲最要密，非得端士不以付焉。以爾翰林學士、兼龍圖閣學士、朝散大夫、右諫議大夫、知制誥、充史館修撰、刊修《唐書》、兼判秘閣秘書省、上輕車都尉、樂安郡開國侯、食邑一千三百户、賜紫金魚袋歐陽某：性資純良，識用明果。直道自奮，至忠不回。向自禁林，尹正京邑，摧抑權幸，崇奬善良，獄訟簡稀，幾至無事。方此眷賴，以圖靖嘉。而乃屢形奏封，求請便郡。朕惟亮正之益，不可使遠外；而煩劇之任，宜有以均勞。延登瑣闥，以備顧問。爾其祇服，體朕意焉。可特授給事中，依前知制誥、史館修撰、充翰林學士、兼龍圖閣學士，提舉在京諸司庫務，仍舊刊修《唐書》、兼判秘閣秘書省，散官、勳、封賜如故。〔范鎮行〕是月，充御試進士詳定官，賜御書善經二字。四月丁卯，奏告今冬太廟親行祫饗之禮。癸酉孟夏薦饗，並攝太尉行事。丙子，兼充羣牧使。六月甲申，删定《景祐廣樂記》。九月丁酉，奉敕祈晴相國寺。十月壬申，車駕朝饗景靈宫；癸酉，祫饗太廟，並攝侍中行事。丁丑，加護軍，食實封二百户。〔制詞〕敕：王道之最盛者，莫如宗廟；宗廟之至重者，莫如大祫。朕祇率舊禮，親執祀事。神人以和，祖考來格。此皆辟公卿士肅雍顯相之效也。福祉之流，朕安敢專？翰林學士、兼龍圖閣學士、朝散大夫、給事中、知制誥、充史館修撰、刊修《唐書》、兼判秘閣秘書省、兼充羣牧使、上輕車都尉、樂安郡開國侯、食邑一千三百户、賜紫金魚袋歐陽某：清識宏議，搢紳之表；醇文懿行，名世之選。此所以增朝廷之光，參瑚連之器。《詩》不云乎：「左右奉璋，髦士攸宜。」夫熙事休成，惠澤廣被，則賢者宜先矣。叙升書勳之籍，真食加田之賦，於以均七廟之慶，慰萬夫之望，其庶幾乎。可特授依前給事中、知制誥、史館修撰、充翰林學士、兼龍圖閣學士，加護軍、食實封二百户，散官、封賜、差遣如故。〔劉敞行〕

嘉祐五年庚子公年五十四

四月丁卯孟夏薦饗太廟，攝太尉行事。七月戊戌，上新修《唐書》二百五十卷。庚子，推賞，轉禮部侍郎。〔制詞〕敕：古之爲國者法後王，爲其近於己，制度文物可觀故也。唐有天下且三百年，明君賢臣相與經營扶持之，其盛德顯功、美政善謀固已多矣，而史官非其人，記述失序，使興壞成敗之迹晦而不章。朕甚恨之，故擇廷臣筆削舊書，勒成一家。翰林學士、兼龍圖閣學士、朝散大夫、給事中、知制誥、充史館修撰、刊修《唐書》、兼判秘閣秘書省、兼充羣牧使、護軍、樂安郡開國侯、食邑一千三百户、食實封二百户、賜紫金魚袋歐陽某，端明殿學士、兼翰林侍讀學士、龍圖閣學士、朝請大夫、守尚書吏部侍郎、充集賢殿修撰、知鄭州、上柱國、常山郡開國公、食邑二千三百户、食實封六百户、賜紫金魚袋宋祁，創立統紀，裁成大體。朝散大夫、尚書禮部郎中、知制誥、充集賢殿修撰、糾察在京刑獄、兼權判尚書工部、充宗正寺修玉牒官、騎都尉、高平縣開國男、食邑三百户、賜紫金魚袋范鎮，朝奉郎、守尚書刑部郎中、知制誥、同勾當三班院、上輕車都尉、賜紫金魚袋王疇，三司度支判官、朝奉郎、太常博士、充集賢校理、編修《唐書》官、上騎都尉、賜緋魚袋宋敏求，罔羅遺逸，厥協異同。凡十有七年，大典乃立，閎富精覈，度越諸子矣，皆譬有功。朕將據古鑒今，以立時治。爲朕得法，其勞不可忘也，皆遷秩一等，布其書天下，使學者咸睹焉。修可特授守尚書禮部侍郎，依前知制誥、史館修撰，充翰林學士，散官、差遣、勳、封、食實封、賜如故。祁可特授守尚書右丞，依前集賢殿修撰、充端明殿學士、兼翰林侍讀學士、龍圖閣學士，散官、差遣、勳、封、食實封、賜如故。仍放朝謝。鎮可特授尚書吏部郎中、依前知制誥、充集賢殿修撰，散官、差遣、勳、封賜如故。疇可特授守尚書右司郎中，依前知制誥，散官、勳、賜、差遣如故。敏求可特授尚書工部員外郎，依前集賢校理、充三司度支判官，散官、勳、賜如故。〔劉敞行〕九月丁亥，兼翰林侍讀學士。〔制詞〕敕：夫堯舜稱治之至，莫重於稽古，蓋順考前繹以施有政。故其聖功大烈，後世無以逾焉。朕睎風於既往，求理於當世，留神典册，用資聰明，務延道德之老，以爲勸講之益，進讀左右，尤任賢碩。翰林學士、兼龍圖閣學士、朝散大夫、守尚書禮部侍郎、知制誥、充史館修撰、判秘閣秘書省、兼充羣牧使、護軍、樂安郡開國侯、食邑一千三百户、食實封二百户、賜紫金魚袋歐陽某：素履夷直，懷負忠亮，雄詞奥學，高視前哲，讜議精識，推爲國器。方且擢處禁近，以襄大猷，登預經閣，庶幾自輔。夫維善言古，必驗於今，援史傳經，爾其無讓。可特授依前守尚書禮部侍郎、知制誥、史館修撰、充翰林學士、兼侍讀學士，散官、差遣、勳、封、食實封、賜如故。〔王疇行〕十月庚午，下元節，車駕朝拜景靈宫天興殿，朝謁真宗及章懿太后神御殿，攝侍中。十一月辛丑，拜樞密副使，加食邑五百户，食實封二百户。〔制詞〕敕：夫《詩》美吉甫，以有文武。故賢特之士，無施不可。朕惟天下之重，兵本之寄，委於廊廟之臣，責其講畫之用。則待遇之意，付畀之際，敢不慎乎！苟非材英，豈易圖任？翰林學士、兼侍讀學士、朝散大夫、守尚書禮部侍郎、知制誥、充史館修撰、護軍、樂安郡開國侯、食邑一千三百户、食實封二百户、賜紫金魚袋歐陽某：學通古今之宜，性符履道之直，議論明正，懷負高爽。久居禁近之從，屢更中外之事，選所踐試，悉著聲實。今樞筦之地，籌勝是經，擢貳大猷，適竚休績，惟公忠可以成務，惟寅亮可以就功。往其慎哉，無廢朕命。可特授依前守尚書禮部侍郎、充樞密副使，加食邑五百户、食實封二百户，散官、勳、賜如故。〔王疇行〕甲寅，同修《樞密院時政記》。十二月，被差押伴契丹賀正旦人使御筵於都亭驛。

嘉祐六年辛丑公年五十五

三月戊申，侍上幸後苑，賞花華景亭，釣魚涵曦亭，遂宴太清樓。閏八月辛丑，轉户部侍郎，參知政事，進封開國公，加食邑五百户、食實封二百户，公辭轉

官，許之。〔制詞〕敕：大萬務之理，命令之出，謀謨於堂上，風行於天下，使來者可觀而興言無譏者，非吾二三相輔乎？本兵之所，號爲樞機，布政之方，實繫原抵，更踐大府，參持衡柄，向匪全德，疇副毗倚？樞密副使、朝散大夫、守尚書禮部侍郎、護軍、樂安郡開國侯、食邑一千八百户、食實封四百户、賜紫金魚袋歐陽某：識鑒明遠，才猷通劭，議論貫前儒之學，文章擅獨步之名。遍歷清華，迭居中外，自居重任，已試異能，忠言不私，直道無屈。是用易地，且俾遷官，讓節逾高，誠心可諒。若夫禮樂未具，制度未立，基業未固，賦用未節，昔人有作，後世奚艱？俾我有宋之治，如三代盛時者，亦惟吾相輔而已。力行王道，今也其時，無謂吾不能行，其同心以濟，勉之哉！可特授依前守尚書禮部侍郎、參知政事，進封開國公，加食邑五百户、食實封二百户，散官、勳、賜如故。〔張懷行〕九月庚申，同修《中書時政記》。十二月丙戌，臘享太廟，攝太尉行事。

嘉祐七年壬寅公年五十六

正月己酉朔，大慶殿朝賀，攝侍中，承旨宣制。三月乙卯，祈雨南郊，攝太尉行事。辛酉，提舉三館秘閣寫校書籍，同譯經潤文。四月壬午，上《嘉祐編敕》。七月庚戌，差充明堂鹵簿使。九月戊申，文德殿奏請致齋，攝侍中，奏中嚴外辦。己酉，朝饗景靈宫。庚戌，朝饗太廟，并攝司徒。辛亥，大饗明堂。己未，進階正奉大夫，加柱國，仍賜推忠佐理功臣。〔制詞〕敕：合宫大饗，明靈居歆，報告神釐，蒙所勞矣。二三相事之老，宜均乃休。朝散大夫、守尚書禮部侍郎、參知政事、護軍、樂安郡開國公、食邑二千三百户、食實封六百户、賜紫金魚袋歐陽某：文章瑞時，議辯華國，進陪大政，時欲倚平。會資閎儀，贊成孝志，徹俎而命，宜先近班。功號崇階，副之勳等，往膺異數，是惟典常。可特授正奉大夫，依前尚書禮部侍郎、參知政事，加柱國，仍賜推忠佐理功臣，封、食實封，賜如故。〔張懷行〕十二月丙申，上幸龍圖、天章閣，召輔臣至待制、三司副使以上、臺諫官、皇子、宗室、駙馬都尉、管軍，觀三聖御書。又幸寶文閣，親飛白書，分賜羣臣。公得雙幅大書「歲」字，下有御押，加以御寶。王珪夾題八字云「嘉祐御札賜歐陽修」，仍於絹尾書「翰林學士臣王珪奉聖旨題賜名」。又出御製《觀書詩》一首，令羣臣屬和。公和篇在《外集》。遂宴羣玉殿。庚子，再召近臣及三館臣僚赴天章閣，觀三朝瑞物、太宗真宗御集。次赴寶文閣，觀御飛白書，賜公金花牋字。復燕羣玉殿。後數日，公以狀進詩謝。狀在《四六集》，詩在《居士集》。

按：兩宴皆有賜書，而《實録》及范蜀公《東齋記事》止載丙申有賜，當時王岐公親奉詔爲序，亦不及庚子再賜。而《實録》及序又不及館職預召，惟《東齋記事》言之。公記陸子履家藏飛白字，明言羣玉殿所賜，時子履任集賢校理，與《東齋記事》合。但不知是日公得何字？其爲金花牋則無疑。然陳無已《六一堂圖書詩》乃云黄絹兩大字，又何也？韓忠獻公謝詩云：「鸞拂宫綃舞」，胡文恭公亦有《謝御飛白扇子詩》，復非預坐者衆，所賜或不同邪？《實録》二十三日丙申、二十七日庚子，而岐公序乃作戊申壬子，不應差誤如此，殆傳寫訛耳。

是月，差押伴契丹賀正旦人使御筵於都亭驛。

嘉祐八年癸卯公年五十七

二月乙亥，奉敕充沈貴妃册禮使。不及行禮。四月壬申，英宗即位。甲戌，奉敕書大行皇帝哀册謚寶。甲申，覃恩轉户部侍郎，進階金紫光禄大夫，加食邑五百户、食實封二百户，仍賜推忠協謀佐理功臣。〔制詞〕敕：朕受命先帝，付畀大寶。始初踐阼，居士民之上，與二三臣輔講求天下之理，恩意之及，宜先老成。推忠佐理功臣、正奉大夫、尚書禮部侍郎、參知政事、柱國、樂安郡開國公、食邑二千三百户、食實封六百户、賜紫金魚袋歐陽某：氣清神深，學足以飾經治。推忠佐理功臣、正奉大夫、尚書禮部侍郎、參知政事、柱國、天水郡開國公、食邑二千五百户、食實封六百户、賜紫金魚袋趙概，性和識遠，言足以濟成謀。皆杞梓良材，廟堂重器，久弼亮於大本，方倚平於至公。尚書地官，機政所出，往踐厥服，思所以致君堯舜之任，無俾專美於前人，朕所望焉。修可特授金紫光禄大夫，行尚書户部侍郎，依前參知政事，加食邑五百户、食實封二百户，仍賜推忠協謀佐理功臣，勳、封如故。概可特授金紫光禄大夫，行尚書户部侍郎，依前參知政事，加食邑五百户、食實封二百户，仍賜推忠協謀佐理功臣，勳、封如故。〔張懷行〕乙酉，奉敕篆受命寶，其文曰「皇帝恭膺天命之寶」。五月戊辰，爲皇帝祈福於南郊，攝太尉行事。七月戊申，押伴契丹祭弔人使御筵於都亭驛。八月癸巳，奉敕篆大行皇帝謚寶，其文曰「神文聖武明孝皇帝之寶」。十月乙酉，增修太廟成，命告七室。十二月庚午，押伴契丹賀正旦人使御筵於都亭驛。

英宗治平元年甲辰公年五十八

四月甲午，奉敕祈雨社稷。閏五月戊辰，特轉吏部侍郎。〔制詞〕敕：先皇帝遺大投艱于朕躬，俾守宗廟，期年于茲。惟是一二政事之臣，輔朕不逮，以底於治。嘉乃勞止，是用疇庸。推忠協謀佐理功臣、金紫光禄大夫、行尚書户部侍郎、參知政事、柱國、樂安郡開國公、食邑二千八百户、食實封八百户歐陽某：精識照於古今，高明起於日月。文之以禮樂，濟之以公忠。頃在先朝，預聞大政。逮予嗣訓之始，繄爾定策之先。屬哀毀之過差，感疾疹之甚戾。醫禱備至，氣體訖康。苟非與在之良，曷見仰成之懿。宜峻天臺之秩，庸昭國棟之隆。褒德懋功，於是乎在。爾其夙夜茂勉，左右弼諧，用乂我王家。爾亦有無窮之聞，豈不休哉。可特授行尚書吏部侍郎，依前參知政事，功臣、散官、勳、封、食實封如故。〔宋敏求行〕八

月辛丑，奉敕祈晴太社。十二月壬子，差押伴契丹賀正旦人使御筵於都亭驛。

治平二年乙巳公年五十九

是春，上表乞外，不允。四月辛丑，景靈宫奉安仁宗御容，車駕行酌獻之禮，攝侍中。八月，以大雨水，再乞避位，不允。九月辛酉，提舉編纂太常禮書百卷成，詔名《太常因革禮》，賜銀、絹。十一月庚午，車駕朝饗景靈宫。辛未，饗太廟。壬申，祀南郊，攝司空行事。進階光禄大夫，加上柱國，食邑五百户。〔制詞〕敕：朕薦鬯清廟，懷祖宗之威神；升禋紫壇，致天地之明察。靈心顧享，熙事休成。臨端闈而肆霈中區，奉徽號而推尊父母。眷言賦政之重，宜首均釐之隆。推忠協謀佐理功臣、金紫光禄大夫、行尚書吏部侍郎、參知政事、柱國、樂安郡開國公、食邑二千八百户、食實封八百户歐陽某：道合誠明，學窮元本。被遇仁考，敭休禁塗。以經緯之文，施於典册；以直亮之節，顯於巖廊。薦更四近之聯，深暢萬機之會。邦禋肇議，朝務益繁。備公衮之華章，承祭除之盛禮。乃順神福，以甄爾勞。進文散之崇階，衍采田之多邑。仍推勳級，庸異弼臣。顧褒嘉而載優，當圖報而毋廢。我有明命，其懋承之。可特授光禄大夫，依前行尚書吏部侍郎、參知政事，加上柱國、食邑五百户，功臣、封、食實封如故。〔宋敏求行〕

治平三年丙午公年六十

三月三日，賜上巳宴。時初頒《明天曆》，適值丁巳。是月，以言者指濮議爲邪説，力求去，不允。七月癸酉，薦饗太廟，攝太尉行事。十二月癸未，奉敕篆皇帝尊號寶，其文曰「體乾膺歷文武廣孝皇帝之寶」。乙巳，押伴契丹賀正旦人使御筵於都亭驛。

治平四年丁未公年六十一

正月丁巳，神宗即位。戊辰，覃恩轉尚書左丞，進階特進，加食邑五百户、食實封二百户，仍賜推忠協謀同德佐理功臣。〔制詞〕敕：在昔成王有審訓，以屬於六卿。惟我先帝命沖人，實託於四輔。眷言莅阼之始，宜首懋官之恩。推忠協謀佐理功臣、光禄大夫、行尚書吏部侍郎、參知政事、上柱國、樂安郡開國公、食邑三千三百户、食實封八百户歐陽某：鯁亮發中，誠明暴外。文蔚典謨之體，學通治亂之原。弼翼兩朝，燮熙萬務。肆朕纂服，載深仰成。爰升肅於臺機，示疇庸於台佐。衍封增幹，賜號進階。祇式舊章，併推異數。噫，荷祖宗之垂佑，既嗣無疆之休；賴臣鄰而協恭，方求小毖之助。益宣賢業，茂對寵徽。可特授特進、行尚書左丞，依前參知政事，加食邑五百户、食實封二百户，仍賜推忠協謀同德佐理功臣，勳、封如故。〔宋敏求行〕二月，第三子棐登進士第。是月，御史彭思永、蔣之奇以飛語污公。上察其誣，斥之。公力求去。三月壬申，除觀文殿學士，轉刑部尚書、知亳州，改賜推誠保德崇仁翊戴功臣。〔制詞〕敕：朕惟國之大臣，毗倚於内，猶同體之股肱，淩雲之羽翼，責至重也。至於辭隆自潔，則必徇其雅志而尊顯之，蓋所以均其勞逸也。方朕守文之初，而一德舊老，以病自乞，章數上矣，其可留以佐我而飢進退之節乎？推忠協謀同德佐理功臣、特進、行尚書左丞、參知政事、上柱國、樂安郡開國公、食邑三千八百户、食實封一千户歐陽某：學通本原，邦之讜直；名重當世，士林師法。繇樞機之柄任，贊廊廟之全謨。兩受仍几之託，益堅事上之誠。踐更三朝，出入八載。濡頫瀝懇，守靡是蘄。雖詔批不可，而其請愈確。是用進職書殿，增秩秋官，授符于價藩，分憂于闔寄，褒渥備矣。書不云乎：「雖爾身在外，乃心罔不在王室。」勉勤所報，詎假予訓。可特授行刑部尚書、充觀文殿學士、知亳州軍州事、兼管内河堤勸農使及管勾開治溝洫河道事，仍改賜推誠保德崇仁翊戴功臣，散官、勳、封、食實封如故。〔吕夏卿行〕閏三月辛巳，宣簽書駐泊公事，陛辭，乞便道過潁少留，許之。五月甲辰，至亳。六月戊申，視事。

神宗熙寧元年戊申公年六十二

是歲，連上表乞致仕，不允。八月乙巳，轉兵部尚書，改知青州，充京東東路安撫使。〔制詞〕敕：朕惟北海，九州之古郡，而東人之都也。近世兩府出入，爲均逸之地，非耆德峻望，不爲倚毗。推誠保德崇仁翊戴功臣、觀文殿學士、特進、刑部尚書、知亳州、上柱國、樂安郡開國公、食邑三千八百户、食實封一千户歐陽某：以文學自進，以器能自任，早領樞務，旋參大政。奏封屢上，誠請益堅。俾守藩方，已逾歲律。乃進夏官之秩，往臨海岱之區。一道兵農，惠綏是賴。肅予近服，無假訓言。可特授行兵部尚書，依前充觀文殿學士、知青州軍州事、兼管内勸農使，充京東東路安撫使，功臣、散官、勳、封、食實封如故。仍放謝辭。〔李大臨行〕九月丙申，至青。十一月丁亥，郊祀恩，加食邑五百户、食實封二百户。〔制詞〕敕：朕嗣位之初，祇見上帝祖考，九州四海，莫不來祭。惟二三元老，雖爾身在外，乃心罔不在王室。推恩行爵，必先及之。推誠保德崇仁翊戴功臣、觀文殿學士、特進、行兵部尚書、上柱國、樂安郡開國公、食邑三千八百户、食實封一千户歐陽某：文章宿望，左右三朝。艱難之時，實賴其力。進退之節，不累於位。股肱近鎮，玉帛勤王。兹朕所以推神休而疏朝寵也。乃眷舊德，奚煩訓辭。可特授依前行兵部尚書、充觀文殿學士、加食邑五百户、食實封二百户，功臣、散官、勳、封如故。〔吴充行〕是歲，築第於潁。

熙寧二年己酉公年六十三

三月，内侍王延慶便道傳宣撫問，仍賜香藥一銀合，又遞賜新校定《前漢書》，以公嘗預刊定也。冬，乞壽州便私計，不允。

熙寧三年庚戌公年六十四

四月壬申，除檢校太保、宣徽南院使，判太原府，河東路經略安撫監牧使，兼并、代、澤、潞、麟、府、嵐、石路兵馬都總管。〔制詞〕敕：國家規制裔邊，並建帥領。惟河汾之一道，搤獯狁之二垂，爰咨衮路之賢，往付并門之筦。仍遷近府，用壯奥藩。具官某：道德文章，爲時矜式。謀猷忠亮，預政累朝。自獲解於台司，已再更於郡寄。委遠時柄，爾雖

樂於燕安，尊任賢能，朕豈忘於鑒採？眷言大鹵，方擇守臣，俾從表海之邦，就改近胡之鎮。班通四貴，所以褒寵於舊勳；節制諸戎，所以倚成於外閫。惟爾同寅之德，體予注意之隆，亟即新州，毋辭遠略。可特授檢校太保、宣徽南院使，判太原府，河東路經略安撫使，兼并、代、澤、潞、麟、府、嵐、石路兵馬都總管，功臣、散官、勳、封如故。〔蘇頌行〕公堅辭不受。七月辛卯，改知蔡州。九月甲寅，至蔡，是歲更號六一居士。

熙寧四年辛亥公年六十五

公在蔡，累章告老。六月甲子，以觀文殿學士、太子少師致仕。〔制詞〕敕：朕惟左右輔弼之臣，以道德自任者，其去就進退，莫不有義與命。而朝廷優寵遇待，不使之早告老以去者，非獨朕之恩典爲然，亦先王之禮意故也。以爾推誠保德崇仁翊戴功臣、觀文殿學士、特進、行兵部尚書、上柱國、樂安郡開國公、食邑四千三百户、食實封一千二百户歐陽某：文章學問，遠足以知先王；德義謀猷，近足以宜當世。陟降秘近，踐揚兹多。嚮繇樞庭，參决大政，乃能熙天之命，克勤王家。均休外藩，年德方茂，而乃安於義命，以禮請去，至於勤懇。雖朕之睠遇有加，亦終不能易爾志。重以先帝顧命，輔朕眇躬，勳勞問望，顧可以無報稱哉？是用度越常典，以榮爾歸，俾進東宫之師，仍兼秘殿之職。尚惟率身善俗，以助成王德，惟良顯哉！可特授太子少師，依前充觀文殿學士致仕，功臣、散官、勳、封、食實封如故。仍放朝謝。〔張懷行〕七月，歸潁。八月，將祀明堂，詔赴闕陪位。公上章乞免，從之。禮成，賜衣帶、器幣、牲餼。

熙寧五年壬子公年六十六

閏七月庚午，公薨。八月丁亥，贈太子太師。〔制詞〕敕：大臣還官告老，以高秩尊爵歸第，固朝廷所禮異也，矧嘗參决大政，有兩朝定策援立之勳。德甚盛而弗居，年未至而辭位，遽兹長逝，宜厚追褒。故推誠保德崇仁翊戴功臣、觀文殿學士、特進、太子少師致仕、上柱國、樂安郡開國公、食邑四千三百户、食實封一千二百户歐陽某：以文章革浮靡之風，以道德鎮流競之俗，挺節强毅而不撓，當官明辯而莫奪，三世寵榮，一德端亮。朕方將圖任舊老，疇咨肅乂。而雅志沖邈，必期退休，未閲數歲，章踰十上。在大義難盡其力，兹勤請所以不違，謂其脱去人間之累，當享期頤之壽。天遽殲奪，曾靡憖遺，覽奏之日，爲之不能臨朝。儲坊六傅，師惟長首，舉以爲贈，用紓予哀。尚其有知，享此嘉命。可特贈太子太師。〔王益柔行〕

熙寧七年八月謚文忠。

備論

《宋史》卷三一九《歐陽脩傳》 論曰：「三代而降，薄乎秦、漢，文章雖與時盛衰，而藹如其言，曄如其光，皦如其音，蓋均有先王之遺烈。涉晉、魏而弊，至唐韓愈氏振起之。唐之文，涉五季而弊，至宋歐陽脩又振起之。挽百川之頹波，息千古之邪説，使斯文之正氣，可以羽翼大道，扶持人心，此兩人之力也。愈不獲用，脩用矣，亦弗克究其所爲，可爲世道惜也哉！

《歐陽修全集》附録卷二《神宗舊史本傳》 史臣曰：《法言》變而有《離騷》。自是而降，相望千百年，其間雖有名世者，而馬遷、韓愈莫能過也。宋興，承平百年，士生斯時多矣，然接五代雕瑑之習，風聲氣俗尚在也。歐陽修奮然躡二子之後，無愧焉。至其以《繫辭》爲非孔子所作，此道隱於小成，言隱於浮華者歟！

王稱《東都事略》卷七二《歐陽修傳》 臣稱曰：斯文，古今大事也。天未嘗輕以畀人，然自孔子以來，千有餘載之閒，得其正傳者僅四五人而已。孔子既没，而孟子生。孟子之後，有荀卿。荀卿之後，而揚雄出。雄之後，而韓愈繼。愈之後，而脩得其傳。其所以明道祕而息邪説，立化本而振儒風，邃然以所學，入發爲朝廷之論議，志得道行，沛然有餘，則功利之及於物者，蓋天之所畀也。故天下尊仰之，如泰山、大河，日月所不能磨而竭矣。

藝文

《歐陽修全集》附録卷五蘇軾《居士集序》 夫言有大而非夸，達者信之，衆人疑焉。孔子曰：「天之將喪斯文也，後死者不得與於斯文也。」孟子曰：「禹抑洪水。孔子作《春秋》。而予距楊、墨。」蓋以是配禹也。文章之得喪，何與於天，而禹之功與天地並，孔子、孟子以空言配之，不已夸乎。自《春秋》作而亂臣賊子懼，孟子之言行而楊、墨之道廢。天下以爲是固然而不知其功。孟子既殁，有申、商、韓非之學，違道而趣利，殘民以厚主，其説至陋也，而士以是罔其上。上之人僥倖一切之功，靡然從之。而世無大人先生如孔子、孟子者，推其本末，權其禍福之輕重，以救其惑，故其學遂行。秦以是喪天下，陵夷至於勝、廣、劉、項之禍，死者十八九，天下蕭然。洪水之患，蓋不至此也。方秦之未得志也，使復有一孟子，則申、韓爲空言，作於其心，害於其事，作於其事，害於其政者，必不至若是烈也。使楊、墨得志於天下，其禍豈減於申、韓哉！由此言之，雖以孟子配禹可也。

太史公曰：「蓋公言黃、老，賈誼、鼂錯明申、韓。」錯不足道也，而誼亦爲之，子以是知邪說之移人，雖豪傑之士有不免者，況衆人乎！自漢以來，道術不出於孔氏，而亂天下者多矣。晉以老莊亡，梁以佛亡，莫或正之，五百餘年而後得韓愈，學者以愈配孟子，蓋庶幾焉。愈之後二百有餘年而後得歐陽子，其學推韓愈、孟子以達於孔子，著禮樂仁義之實，以合於大道。其言簡而明，信而通，引物連類，折之於至理，以服人心，故天下翕然師尊之。自歐陽子之存，世之不說者譁而攻之，能折困其身，而不能屈其言。士無賢不肖不謀而同曰：「歐陽子，今之韓愈也。」

宋興七十餘年，民不知兵，富而教之，至天聖、景祐極矣，而斯文終有愧於古。士亦因陋守舊，論卑而氣弱。自歐陽子出，天下爭自濯磨，以通經學古爲高，以救時行道爲賢，以犯顔納説爲忠。長育成就，至嘉祐末，號稱多士，歐陽子之功爲多。嗚呼，此豈人力也哉，非天其孰能使之！

歐陽子殁十有餘年，士始爲新學，以佛老之似，亂周、孔之實，識者憂之。賴天子明聖，詔修取士法，風厲學者專治孔氏，黜異端，然後風俗一變。考論師友淵源所自，復知誦習歐陽子之書。予得其詩文七百六十六篇於其子棐，乃次而論之曰：「歐陽子論大道似韓愈，論事似陸贄，記事似司馬遷，詩賦似李白。此非予言也，天下之言也。」歐陽子諱修，字永叔。既老，自謂六一居士云。元祐六年六月十五日叙。

《歐陽修全集》附録卷五陳亮《歐陽先生文粹跋》 右《歐陽文忠公文粹》一百三十篇。公之文根乎仁義而達之政理，蓋所以翼六經而載之萬世者也。雖片言半簡，猶宜存而弗削。顧猶有所去取於其間，毋乃誦公之文而不知其旨，敢於犯是不韙而不疑也。

初天聖、明道之間，太祖、太宗、真宗以深仁厚澤，涵養天下，蓋七十年。百姓能自衣食，以樂生送死，而戴白之老安坐以嬉，童兒幼稚什伯爲羣，相與鼓舞於里巷之間。仁宗恭己無爲於其上，太母制政房闥，而執政大臣實得以參可否，晏然無以異於漢文、景之平時。民生及識五代之亂離者，蓋於是與世相忘久矣。而學士大夫其文猶襲五代之卑陋，中經一二大儒起而麾之，而學者未知所向，是以斯文獨有愧於古。天子慨然下詔書，以古道飭天下之學者，而公之文遂爲一代師法。未幾，而科舉禄利之文，非兩漢不道，於是本朝之盛極矣。公於是時，獨以先王之法度未盡施於今，以爲大缺。其策學者之辭，殷勤切至，問以古今繁簡淺深之宜，與夫周禮之可行與不可行。而一時習見百年之治，若無所事乎此者。使公之志弗克遂伸，而荆國王文公得乘其間而執之。神宗皇帝方鋭意於三代之治，荆公以霸者功利之説飾以三代之文，正百官，定職業，修兵民，制國用，興學校，以養天下之才。是皆神宗皇帝聖慮之所及者，嘗試行之，尋察其有管、晏之所不道，改作之意，蓋見於末命，而天下已紛然趨於功利而不可禁。學者又習於當時之所謂經義者，剥裂牽綴，氣以日卑。公之文雖在，而天下不復道矣。此子瞻之所爲深悲而屢嘆也。元祐間始以末命從事，學者復知誦公之文，未及十年，浸復荆公之舊。迄於宣政之末，而五季之文靡然遂行於世，然其間可勝道哉！

二聖相承又四十餘年，天下之治大略舉矣，而科舉之文猶未還嘉祐之盛。蓋非獨學者不能上承聖意，而科制已非祖宗之舊，而況上論三代。是以公之文，學者雖私誦習之而未以爲急也。故予姑掇其通於時文者，以與朋友共之。由是而不止，則不獨盡究公之文，而三代、兩漢之書，蓋將自求之而不可禦矣。先王之法度，猶將望之，而況於文乎？則其犯是不韙，得罪於世之君子而不辭也。雖然，公之文雍容典雅，紆餘寬平，反復以達其意，無復毫髮之遺。而其味常深長於言意之外，使人讀之藹然，足以得祖宗致治之盛，其關世教，豈不大哉！

初，吕文靖公、范文正公以議論不合黨與遂分，而公實與焉。其後西師既興，吕公首薦范、富、韓三公以靖天下之難。文正以書自咎，歡然與吕公戮力。而富公獨念之不置。夫左右相仇，非國家之福。而内外相關而不相沮，蓋治道之基也。公與范公之意蓋如此。當是時，雖范忠宣猶有疑於其間，則其用心於聖賢之學，而成祖宗致治之美者，所從來遠矣。退之有言：「仁義之人，其言藹如也。」故予論其文，推其心存至公而學本乎先王。庶乎讀是編者，其知所趨矣。

乾道癸巳九月朔，陳亮書。

《歐陽修全集》附録卷五周必大《歐陽文忠公集跋》 歐陽文忠公集，自汴京、江、浙、閩、蜀，皆有之。前輩嘗言公作文，揭之壁間，朝夕改定。今觀手寫《秋聲賦》凡數本，《劉原父手帖》亦至再三，而用字往往不同，故别本尤多。後世傳録既廣，又或以意輕改，殆至訛謬不可讀。廬陵所刊，抑又甚焉，卷帙叢脞，略無統紀。私竊病之，久欲訂正，而患寡陋，未能也。會郡人孫謙益老於儒學，刻意斯文，承直郎丁朝佐博覽羣書，尤長考證，於是遍搜舊本，傍采先賢文集，與鄉貢進士曾三異等互加編校，起紹熙辛亥春，迄慶元丙辰夏，成一百五十三卷，别

爲附録五卷，可繕寫模印。惟《居士集》經公決擇，篇目素定，而參校衆本，有增損其辭至百字者，有移易後章爲前章者，皆已附注其下。如《正統論》、《吉州學記》、《瀧岡阡表》又迥然不同，則收置外集。自餘去取因革，粗有據依，或不必存而存之，各爲之説，列於卷末，以釋後人之惑。第首尾浩博，隨得隨刻，歲月差互，標注牴牾，所不能免。其視舊本，則有間矣。既以補鄉邦之闕，亦使學者據舊鑒新，思公所以增損移易，則雖與公生不同時，殆將如升堂避席，親承指授，或因是稍悟爲文之法，此區區本意也。六月己巳，前進士周必大謹書。

《歐陽修全集》附録卷一《謚議》　省司準敕定謚。據本家發到故推誠保德崇仁翊戴功臣、觀文殿學士、特進、太子少師致仕、上柱國、樂安郡開國公、食邑四千三百户、食實封一千二百户、增太子太師歐陽某行狀，依例牒太常禮院擬謚，今準回牒連到議狀，謚曰「文忠」。宣德郎、守太常丞、充集賢校理、同知太常禮院李清臣。

公歸老於家，以疾不起。將葬，行狀上尚書省，移太常請謚。太常合議曰：公維聖宋賢臣，一世學者之所師法。明於道德，見於文章，究覽六經羣史、諸子百氏，馳騁貫穿，述作千百萬言，以傳先王之遺意。其文卓然，自成一家，比司馬遷、揚雄、韓愈無所不及而有過之者。方天下溺於末習，爲章句聲律之時，聞公之風，一變爲古文，咸知趨尚根本，使朝廷文明不愧於三代、漢、唐者。太師之功，於教化治道爲最多，如太師真可謂「文」矣。博士李清臣得其議，則閲讀行狀，考按謚法，曰：唐韓愈、李翱、權德輿、孫逖，本朝楊億，皆謚「文」，太師固宜以「文」謚。吏持衆議白太常官長，官長有曰：「文」則信然，不復易也。然公平生好諫諍，當加「獻」爲「文獻」，無已，則加「忠」爲「文忠」。衆相視曰：其如何？則又合言曰：「忠」亦太師之大節，太師嘗參天下政事，進言仁宗，乞早下詔立皇子，使有明名定分，以安人心。及英宗繼體，今上即皇帝位，兩預定策翊戴，有安社稷功，和裕内外，周旋兩宫間，迄于英宗之視政。蓋太師天性正直，心誠洞達，明白無所欺隱，不肯曲意順俗，以自求便安。好論列是非，分別賢、不肖，不避人之怨誹狙嫉，忘身履危，以爲朝廷立事。按《謚法》，道德博聞曰「文」，廉方公正曰「忠」，今加「忠」以麗文，宜爲當。衆以狀授清臣，爲謚議。清臣曰：不改於「文」而傳之以「忠」，議者之盡也，清臣其敢不從。遂謚「文忠」。謹議。

朝奉郎、守尚書工部郎中、充秘閣校理、直舍人院、兼同修起居注、權判吏部流内銓、騎都尉、賜緋魚袋錢藻，宣德郎、守尚書刑部員外郎、充集賢校理、兼同修起居注、權同判吏部流内銓、騎都尉、賜緋魚袋竇卞，伏準太常禮院謚議如前。

天下文物繁盛之極，學士大夫競夫鎪刻組繪，日益靡靡，以汩沒於卓詭魁殊之説，而不復知淳古之爲正也。於是時，天下曰是，太師曰非；天下以爲韙，太師以爲陋。學士大夫磨牙淬爪，争相出力，以致之危害。太師不之顧曰：我道，堯、舜也，我言，孔子、孟軻也，而天下不我從，將焉往？然卒由太師而一歸於醇正。故仁義之言，其華煒然，獨輝灼乎一代之盛，遠出《二京》之上。嗚虖皦哉！大丈夫束帶立夫人之朝，所以大過人者，大節立焉。不齪齪小節以求曲全，可也。咈衆慮，彊君以難，是爲大節。不徇世俗之論，而先識以制未形，是爲大節。太師當嘉祐之間，協議建儲正名，挈天下之疑而伸之，萬世因而若維太山而安不危，斯之謂大節。《謚法》：道德博聞曰「文」，廉方公正曰「忠」。生平論譔文章，務明堯舜、孔孟之教於已壞之後，可謂道德博聞矣。排左右持禄取容之慮，特建萬世無窮之策，而自不以爲功，可謂廉方公正矣。太常易名曰「文忠」，庶乎天下有以知公議之不能泯也。

省司準例於都亭驛集合省官同參詳，皆協令式，請有司準例施行，謹詳定訖，遂具狀中書門下取裁。奉宰臣判準申，謹具狀奏聞，伏候敕旨。

熙寧八年九月乙酉葬開封府新鄭縣旌賢鄉。

元豐三年十二月以子升朝，遇大禮，贈太尉。〔制詞〕敕：朕齋明以祀，得歆於神，維顯及幽，并受多祉。奉議郎、輕車都尉、賜緋魚袋歐陽發：父歷任觀文殿學士、太子少師致仕、贈太子太師某，以高文典策，冠絶譽髦；以重德令名，進參機要。踐更事任，奮發猷爲。諒直公忠，簡於朕志。逝日逾遠，賢聲不忘。垂裕後昆，序朝通籍。丁時慶賁，愍錫有加。尚其營魂，膺此明命。可特贈太尉。〔王安禮行〕

元豐八年十一月贈太師，追封康國公。

紹聖三年五月，追封兗國公。〔制詞〕敕：宗祖之澤，充塞穹壤，國之故老，褒叙有章。朝請郎、充秘閣校理、輕車都尉、賜緋魚袋歐陽棐，弟通直郎、飛騎尉辯：故父任觀文殿學士、太子少師致仕、贈太子太師、追封康國公某：名世之才，出應期運。明於輔弼事業，而以風節始終。餘慶嗣人，追命成國。亶惟不没，尚克享兹。可特贈太師，追封兗國公。〔中書舍人盛陶行〕

崇寧三年追封秦國公。以子棐遇郊恩。

政和三年追封楚國公。以子棐遇郊恩。

《歐陽修全集》附録卷三韓琦《祭文》　維熙寧五年歲次壬子某月某日，具官某謹遣三班奉職隨行指使李珪，以清酌庶羞之奠，致祭於少師永叔之靈。

惟公之生，粹稟元精。偶聖而出，逢辰以亨。歷事三朝，翼登太平。大名既遂，大功既成。年未及老，深虞滿盈。連章得謝，穎第來寧。神當畀以福祿，天宜錫之壽齡。胡不慭遺，遽爾摧傾。此冥理莫得致詰，而天下爲之失聲。嗚呼哀哉！

公之文章，獨步當世。子長、退之，偉贍閎肆。曠無擬倫，逮公始繼。自唐之衰，文弱無氣。降及五代，愈極頽敝。唯公振之，坐還醇粹。復古之功，在時莫二。公雖云亡，其傳益貴。譬如天衢，森布列緯。海内瞻仰，日高而偉。

公之諫諍，務傾大忠。在慶曆初，職司帝聰。顔有必犯，闕無不縫。正路斯闢，姦萌輒攻。氣勁忘忤，行孤少同。於穆仁廟，誠推至公。孰好孰惡，是焉則從。善得盡納，治隨以隆。人畏清議，知時不容。各礪名節，恬乎處躬。二十年間，由公變風。

公之功業，其大可記。屢殿藩垣，所至懷惠。嘗尹京邑，沛有餘地。早踐西掖，晚當内制。凡厥代言，《典》《謨》之懿。凡厥出令，風雷其勢。三代炳焉，公辭無愧。樞幄猷爲，台衡弼貳。撫御四夷，兵戈不試。整齊百度，官師咸治。服勞一心，定策二帝。中外以安，神人胥慰。不校讒言，懇求去位。

公之進退，遠邁前賢。合既不苟，高惟戒顛。身雖公輔，志則林泉。七十致政，乃先五年。上惜其去，公祈益堅。卒遂其請，始終克全。嗚呼哀哉！

余早接公，道同氣類。出處雖殊，趣向何異。既忝宰司，日親高誼。可否明白，襟懷坦易。事貴窮理，言無飾僞。或不知公，因罹謗忌。青蠅好點，白璧奚累。嗚呼哀哉！自公還事，心慕神馳。徒憑翰墨，莫挹姿儀。公嘗顧我，惠以新詩。雖亟酬答，奈苦衰疲。欲復爲問，動已踰時。忽承訃音，且駭且悲。哀誠孰訴，肝膽幾墮。公之逝矣，世鮮余知。不如從公，焉用生爲。遐修薄薦，奠公一卮。魂兮有靈，其來監茲。尚饗。

《歐陽修全集》附録卷三王安石《祭文》　夫事有人力之可致，猶不可期，況乎天理之冥漠，又安可得而推。惟公生有聞於當時，死有傳於後世，苟能如此足矣，而亦又何悲？如公器質之深厚，智識之高遠，而輔以學術之精微。故形於文章，見於議論，豪健俊偉，怪巧瑰琦。其積於中者，浩如江河之停蓄；其發於外者，爛如日星之光輝。其清音幽韻，淒如飄風急雨之驟至；其雄辭閎辯，快如輕車駿馬之奔馳。世之學者，無問乎識與不識，而讀其文，則其人可知。

嗚呼！自公仕宦四十年，上下往返，感世路之崎嶇。雖屯邅困躓，竄斥流離，而終不可掩者，以其有公議之是非，既壓復起，遂顯於世。果敢之氣，剛正之節，至晚而不衰。方仁宗皇帝臨朝之末年，顧念後事，謂如公者，可寄以社稷之安危。及夫發謀決策，從容指顧，立定大計，謂千載而一時。功名成就，不居而去，其出處進退，又庶乎英魄靈氣，不隨異物腐散，而長在乎箕山之側與潁水之湄。然天下之無賢不肖，且猶爲涕泣而歔欷。而況朝士大夫，平昔游從，又予心之所嚮慕而瞻依。

嗚呼！盛衰興廢之理自古如此，而臨風想望不能忘情者，念公之不可復見而其誰與歸！

《歐陽修全集》附録卷三曾鞏《祭文》　維公學爲儒宗，材不世出。文章逸發，醇深炳蔚。體備韓、馬，思兼莊、屈。垂光簡編，焯若星日。絶去刀尺，渾然天質。辭窮卷盡，含意未卒。讀者心醒，開蒙愈疾。當代一人，顧無儔匹。諫垣抗議，氣震回遹。鼓行無前，跋疐非恤。世僞難勝，孤堅竟窒。紫微玉堂，獨當大筆。二典三謨，生明藏室。頓挫彌厲，誠純志壹。斟酌損益，論思得失。經體慮萌，沃心造膝。帝曰汝賢，引登輔弼。公在廟堂，尊明道術。清浄簡易，仁民愛物。斂不煩苛，令無迫猝。棲置木索，里安户逸。櫝斂兵革，天清地謐。日進昌言，從容密勿。開建國本，情忠力悉。卯未之歲，龍駕飆欻。再拯大期，垂紳秉笏。乾坤正位，上下有秩。功被社稷，等夷召畢。公在廟堂，總持紀律。一用公直，兩忘猜昵。不挾朋比，不虞訕嫉。獨立不回，其剛仡仡。愛養人材，獎成誘掖。甄拔寒素，振興滯屈。以爲己任，無有廢咈。

維公平生，愷悌忠實。内外洞徹，初終若一。年始六十，懇辭冕黻。連章累歲，乃俞所乞。放意丘樊，脱遺羈靮。沉浸圖史，左右琴瑟。志氣浩然，不陋蓬蓽。意謂百齡，重休累吉。還幹鼎軸，贊微計密。云胡傾殂，慭遺則弗。聞訃失聲，背淚横溢。戆冥不敏，早蒙振祓。言繇公誨，行繇公率。戴德不酬，懷情獨鬱。西望轜車，莫持紖紼。

維公犖犖，德義譔述。爲後世法，終天不没。託辭叙心，曷能仿佛。嗚呼哀哉！尚饗。

《歐陽修全集》附録卷三范鎮《祭文》　惟公平生，諒直骨鯁。文章在世，焯煒炳炳。老釋之闢，賁育之猛。拒塞邪説，尊崇元聖。天下四方，學子甫定。邇來此風，勃焉而盛。如醒復醉，如愈再病。粵醒與病，有幸不幸。幸不見排，不幸不正。嗟余空疏，敢處季孟。公訃之來，涙下縻綆。聞公卜宅，許洛之境。余

居在焉，儻得同井。異時往來，或接光影。薄酒一樽，非肴數皿。遠不得前，寄此耿耿。

《歐陽修全集》附録卷三蘇軾《祭文》 嗚呼哀哉！公之生於世，六十有六年。民有父母，國有蓍龜，斯文有傳，學者有師，君子有所恃而不恐，小人有所畏而不爲。譬如大川喬嶽，雖不見其運動，而功利之及於物者，蓋不可以數計而周知。今公之没也，赤子無所仰庇，朝廷無所稽疑，斯文化爲異端，學者至於用夷，君子以爲無與爲善，而小人沛然自以爲得時。譬如深山大澤，龍亡而虎逝，則變怪雜出，舞鰌鱓而號狐狸。昔公之未用也，天下以爲病；而其既用也，則又以爲遲；及其釋位而去也，莫不冀其復用；至其請老而歸也，莫不悵然失望。而猶庶幾於萬一者，幸公之未衰。孰謂公無復有意於斯世也，奄一去而莫予追。豈厭世溷濁，潔身而逝乎？將民之無禄，而天莫之遺？昔我先君，懷寶遁世，非公則莫能致。而不肖無狀，因緣出入，受教於門下者，十有六年於兹。聞公之喪，義當匍匐往救，而懷禄不去，愧古人以忸怩。緘詞千里，以寓一哀而已矣。蓋上以爲天下慟，而下以哭吾私。嗚呼哀哉！

《歐陽修全集》附録卷三蘇轍《祭文》 維年月日，具官蘇轍謹以清酌庶羞之奠，致祭於故觀文少師、贈太師九丈之靈。

嗚呼！嘉祐之初，公在翰林。維時先君，處於西南。世所莫知，隱居之深。作書號公，曰是知予。公應嗟然，我明子心。吾於天下，交遊如林。有如斯文，見所未曾。先君來東，實始識公。傾蓋之歡，故舊莫隆。遍出所爲，歎息改容。歷告在位，莫此蔽蒙。報國以士，古人之忠。公不妄言，其重鼎鐘。厥聲四馳，靡然向風。嗟維此時，文律頹毁。奇邪譎怪，不可告止。剽剥珠貝，綴飾耳鼻。調和椒薑，毒病唇齒。咀嚼荆棘，斥棄羹胾。號兹古文，不自愧恥。公爲宗伯，思復正始。狂詞怪論，見者投棄。踽踽元昆，與轍偕來。皆試於庭，羽翼病摧。有鑒在上，無所事媒。馳詞數千，適當公懷。擢之衆中，羣疑相豗。公恬不驚，衆惑徐開。滔滔狂瀾，中道而回。匪公之明，化爲詼俳。公德日隆，歷蹈二府。轍方在艱，撫視逾素。納銘幽宅，德逮存故。終喪而還，公以勞去。公年未衰，屢告遲暮。自亳徂青，迄蔡而許。來歸汝陰，嘯傲環堵。轍官在陳，於潁則鄰。拜公門下，笑言歡欣。杯酒相屬，圖史紛紜。辯論不衰，志氣益振。有如斯人，而止斯邪。書來告哀，情懷酸辛。報不及至，凶訃遄臻。

嗚呼！公之於文，雲漢之光。昭回洞達，無有采章。學者所仰，以克嚮方。知者不惑，昧者不狂。公之在朝，以直自遂。排斥姦回，罔有劇易。後來相承，敢隕故事。雖庸無知，亦或勉勵。此風之行，逾三十年。朝廷尊嚴，庶士多賢。伊誰云從，公導其先？自公之歸，忽焉變遷。又誰使然，要歸諸天？天之生物，各維其時。朝陽薰風，春夏是宜。凍雨急雪，匪寒不施。時去不返，雖彊莫違。矧惟斯人，而不有時。時既往矣，公亦逝矣。老成云亡，邦國瘁矣。無爲爲善，善者廢矣。時實使然，我誰懟矣。哭公於堂，維其悲矣。嗚呼！尚饗。

《歐陽修全集》附録卷四李端叔《像贊》一首 賢哉文忠，直道大節。知進知退，既明且哲。陸贄議論，韓愈文章，李、杜歌詩，公無不長。當世大儒，邦家之光。

霜空無雲，秋天澄霽。昭然政通，何勞鐘虡。儼然望之，希世一遇。萬拆方春，逢坡益注。

《歐陽修全集》附録卷四晁説之《像贊》 惟我昭陵，公乃得升。天下無朋，國有魏公。公乃得容，不朋以忠。風波既散，高山獨見。小人是嘆，昔賢在是。寧論厥似，聞其百世。

蘇頌《蘇魏公文集》卷一四《歐陽文忠公二首并序》 某到東陽累月，不聞中朝士大夫新作，頗有孤陋之歎。忽得潁上故人書，録公《會老堂唱和詩詞》爲示。遠方見之，不勝企聳，輒徧和以寄獻。未幾，聞公訃音，且思昨寓書時，乃公夢謝之月。因愴前事，作哀辭二篇，以述感舊懷德之思焉。

道繼三千子，文高二百年。朝廷得王佐，經術有師傳。筆削書纔就，彌綸志未宣。平生思潁事，倏忽啟新阡。

早向春闈遇品題，繼從留幕被恩知。何期潁水緘書日，正是椒陵夢奠時。感舊緒言猶在耳，愴懷雙淚謾交頤。誰將姓字題延道，共立門生故吏碑。

曾鞏部

綜述

《宋史》卷三一九《曾鞏傳》 曾鞏字子固，建昌南豐人。生而警敏，讀書數百言，脱口輒誦。年十二，試作《六論》，援筆而成，辭甚偉。甫冠，名聞四方。歐陽脩見其文，奇之。

中嘉祐二年進士第。調太平州司法參軍，召編校史館書籍，遷館閣校勘、集賢校理，爲實録檢討官。出通判越州，州舊取酒場錢給募牙前，錢不足，賦諸鄉户，期七年止；期盡，募者志於多入，猶責賦如初。鞏訪得其狀，立罷之。歲饑，度常平不足贍，而田野之民，不能皆至城邑。諭告屬縣，諷富人自實粟，總十五萬石，視常平價稍增以予民。民得從便受粟，不出田里，而食有餘。又貸之種糧，使隨秋賦以償，農事不乏。

知齊州，其治以疾姦急盜爲本。曲堤周氏擁貲雄里中，子高横縱，賊良民，汙婦女，服器上僭，力能動權豪，州縣吏莫敢詰，鞏取寘於法。章丘民聚黨村落間，號「霸王社」，椎剽奪囚，無不如志。鞏配三十一人，又屬民爲保伍，使幾察其出入，有盜則鳴鼓相援，每發輒得盜。有葛友者，名在捕中，一日，自出首。鞏飲食冠裳之，假以騎從，輦所購金帛隨之，夸徇四境。盜聞，多出自首。鞏外視章顯，實欲攜貳其徒，使之不能復合也。自是外户不閉。

河北發民濬河，調及它路，齊當給夫二萬。縣初按籍三丁出夫一，鞏括其隱漏，至於九而取一，省費數倍。又弛無名渡錢，爲橋以濟往來。徙傳舍，自長清抵博州，以達于魏，凡省六驛，人皆以爲利。

徙襄州、洪州。會江西歲大疫，鞏命縣鎮亭傳，悉儲藥待求。軍民不能自養者，來食息官舍，資其食飲衣衾之具，分醫視診，書其全失、多寡爲殿最。師征安南，所過州爲萬人備。他吏暴誅亟斂，民不堪。鞏先期區處猝集，師去，市里不知。加直龍圖閣、知福州。

南劍將樂盜廖恩既赦罪出降，餘衆潰復合，陰相結附，旁連數州，尤桀者呼之不至，居人慴恐。鞏以計羅致之，繼自歸者二百輩。福多佛寺，僧利其富饒，争欲爲主守，賕請公行。鞏俾其徒相推擇，識諸籍，以次補之。授帖於府庭，却其私謝，以絶左右徼求之弊。福州無職田，歲鬻園蔬收其直，自入常三四十萬。鞏曰：「太守與民争利，可乎？」罷之。後至者亦不復取也。

徙明、亳、滄三州。鞏負才名，久外徙，世頗謂偃蹇不偶。一時後生輩鋒出，鞏視之泊如也。過闕，神宗召見，勞問甚寵，遂留判三班院。上疏議經費，帝曰：「鞏以節用爲理財之要，世之言理財者，未有及此。」帝以《三朝》、《兩朝國史》各自爲書，將合而爲一，加鞏史館修撰，專典之，不以大臣監總，既而不克成。會官制行，拜中書舍人。時自三省百職事，選授一新，除書日至十數，人人舉其職，於訓辭典約而盡。尋掌延安郡王牋奏。故事命翰林學士，至是特屬之。甫數月，丁母艱去。又數月而卒，年六十五。

鞏性孝友，父亡，奉繼母益至，撫四弟、九妹於委廢單弱之中，宦學昏嫁，一出其力。爲文章，上下馳騁，愈出而愈工，本原《六經》，斟酌於司馬遷、韓愈，一時工作文詞者，鮮能過也。少與王安石游，安石聲譽未振，鞏導之於歐陽脩，及安石得志，遂與之異。神宗嘗問：「安石何如人？」對曰：「安石文學行義，不減揚雄，以吝故不及。」帝曰：「安石輕富貴，何吝也？」曰：「臣所謂吝者，謂其勇於有爲，吝於改過耳。」帝然之。吕公著嘗告神宗，以鞏爲人行義不如政事，政事不如文章，以是不大用云。弟布，自有傳。幼弟肇。

《曾鞏集》附録曾肇《行狀》 公諱鞏，字子固，建昌軍南豐人。曾祖諱仁旺，贈尚書水部員外郎。祖諱致堯，尚書户部郎中，直史館，贈右諫議大夫。考諱易占，太常博士，贈光禄卿。母吴氏，文城郡太君。母朱氏，仁壽郡太君。公嘉祐二年進士及第，爲太平州司法參軍。召編校史館書籍，歷館閣校勘、集賢校理，兼判官告院。嘗爲《英宗實録》檢討官，不踰月罷。出通判越州，歷知齊、襄、洪州，進直龍圖閣，知福州，兼福建路兵馬鈐轄，賜緋衣銀魚，召判太常寺，未至，改知明州，徙亳州，又徙滄州，不行，留判三班院。遷史館修撰、管勾編修院，兼判太常寺。元豐五年四月，擢試中書舍人，賜服金紫。九月丁母憂。明年四月丙辰終于江寧府，享年六十有五。自大理寺丞，五遷尚書度支員外郎，授朝散郎，勳累加輕車都尉。元配晁氏，光禄少卿宗恪之女。繼室李氏，司農少卿禹卿之女。子男三人：綰，太平州司理參軍；綜，太廟齋郎；綗，承務郎。一女蚤卒。孫男六人：悊、悳、愈、恳、忞、懃。悊，假承務郎，餘未仕。孫女五人。元豐七年

六月丁酉葬南豐從周鄉之源頭。

曾氏姒姓，其先魯人。至其後世，避地遷于豫章，子孫散處江南。今家南豐者，自高祖諱延鐸始也。初，蒧及參父子俱事孔子。蒧樂道忘仕，孔子與之。參以孝德爲世稱首。而參孫西，耻自比於管仲。其世德淵源所從來遠矣。至皇祖大夫以直道正言爲宋名臣，皇考光禄博學懿文，惇行孝友，明古誼，達時變，位不配德，著書垂後，畜厚流長。天以道德文章鍾于公身，以侈大前烈，開覺後嗣，實命世之宏材，不待文王而興者歟！

公生而警敏，不類童子，讀書數百千言，一覽輒誦。年十有二，日試六論，援筆而成，辭甚偉也。未冠，名聞四方。是時宋興八十餘年，海内無事，異材間出。歐陽文忠公赫然特起，爲學者宗師。公稍後出，遂與文忠公齊名。自朝廷至閭巷海隅障塞，婦人孺子皆能道公姓字。其所爲文，落紙輒爲人傳去，不旬月而周天下。學士大夫手抄口誦，唯恐得之晚也。蓋自揚雄以後，士罕知經，至施於政事，亦皆卑近苟簡，故道術寖微，先王之迹不復見於世。公生於末俗之中，絶學之後，其於剖析微言，闡明疑義，卓然自得，足以發六藝之藴，正百家之繆，破數千載之惑。其言古今治亂得失是非成敗，人賢不肖，以至彌綸當世之務，斟酌損益，必本於經，不少貶以就俗，非與前世列於儒林及以功名自見者比也。至其文章，上下馳騁，愈出而愈新，讀者不必能知，知者不必能言。蓋天材獨至，若非人力所能，學者僃精覃思，莫能到也。世謂其辭於漢唐可方司馬遷、韓愈，而要其歸，必止於仁義，言近指遠，雖《詩》、《書》之作者未能遠過也。

其爲人惇大直方，取舍必度於禮義，不爲矯僞姑息以阿世媚俗。弗在於義，雖勢官大人不爲之屈；非其好，雖舉世從之，不輒與之比。以其故，世俗多忌嫉之，然不爲之變也。

其材雖不大施，而所治常出人上。爲司法，論決重輕，能盡法意，繇是明習律令，世以法家自名者有弗及也。爲通判，雖政不專出，而州賴以治。初，嘉祐中，州取酒場錢給牙前之應募者，錢不足，乃俾鄉户輸錢助役，期七年止。後酒場錢有餘，應募者利於多入錢，期盡而責鄉户輸錢如故。公閲文書，得其姦，立罷輸錢者二百餘户，且請下詔約束，毋擅增募人錢。歲饑，度常平不足仰以賑給，而田居野處之人，不能皆至城郭，至者羣聚，有疾癘之虞。前期喻屬縣召富人，使自實粟數，總得十五萬石，視常平賈稍增以予民，民得從便受粟，不出田里而食有餘，粟賈爲平。又出錢粟五萬貸民爲種糧，使隨歲賦入官，農事賴以不乏。爲州務去民疾苦，急姦强盗賊而寬貧弱，曰：「爲人害者不去，則吾人不寧。」齊曲堤周氏，衣冠族也，以資雄里中。周氏子高橫縱淫亂，至賊殺平民，污人婦女，服器擬乘輿。高力能動權貴，州縣勢反出其下，故前後吏莫敢詰。公至，首取高置於法。歷城章丘民聚黨數十，横行村落間，號霸王社，椎埋盗奪纂囚縱火，無敢正視者。公悉擒致之，特配徒者三十一人，餘黨皆潰。是時州縣未屬民爲保伍，公獨行之部中，使譏察居人，行旅出入經宿皆籍記，有盗則鳴鼓相援。又設方略，明賞購，急追捕，且開人自言，故盗發輒得。有葛友者，屢剽民家，以名捕不獲。一日自出，告其黨。公予袍帶酒食，假以騎從，輦所購金帛隨之，徇諸郡中。盗聞多出自言。友智力兼人，公外示章顯，實欲携貳其徒，使之不能復合也。齊俗悍强，喜攻劫。至是豪宗大姓斂手莫敢動，寇攘屏迹，州部肅清，無枹鼓之警，民外户不閉，道不拾遺。閩粵負山瀕海，有銅鹽之利，故大盗數起。公至部時，賊渠廖恩者既赦其罪，誘降之，然餘衆觀望，十百爲群，既潰復合，陰相推附，至連數州。其尤桀者，隸將樂縣，縣嘗呼之不出，愈自疑，且起踵恩所爲，居人大恐。公念欲緩之，恐勢滋大，急之是趣其爲亂，卒以計致之。前後自歸若就執者幾二百人。又擒海盗八人，自殺者五人，老姦宿偷相繼縛致者又數十人。吏士以次受賞。公復請並海增巡檢員以壯聲勢。自是幅員數千里無敢竊發者，民山行海宿，如在郛郭。亳亦號多盗，治之如齊，盗爲引去。

公爲人除大患者既如此，至於澄清風俗，振理頹壞，門訟衰熄，綱紀具修，所至皆然也。其餘廢舉後先，則視其時，因其便爲之。在齊，會朝廷變法，遣使四出，公推行有方，民用不擾。使者或希望私欲有所爲，公亦不聽也。河北發民浚河，調及他路，齊當出夫二萬。縣初按籍，二丁三丁出一夫，公括其隱漏，後有至九丁出一夫者，省費數倍。又損役人以紓民力，弛無名渡錢，爲橋以濟往來。徙傳舍，自長清抵博州，以達于魏，視舊省六驛，人皆以爲利。其餘力比次案牘簿書，藏之以十五萬計，他州亦然。既罷，州人絶橋閉門遮留，夜乘間乃得去。襄州繼有大獄，逮繫充滿，有執以爲死罪者，公至，閲囚牘，法當勿論，即日縱去，并釋者百餘人。州人噪呼曰：「吾州前坐死者衆矣，孰知非冤乎？」在洪，會歲大疫，自州至縣鎮亭傳，皆儲藥以授病者。民若軍士不能自養者，以官舍舍之，資其食飲衣衾之具，以庫錢佐其費，責醫候視，記其全失多寡，以爲殿最，人賴以生。安南軍興，道江西者，詔爲萬人備。州縣暴賦急斂，芻粟賈踴貴，百姓不堪。公獨不以煩民，前期而辦，又爲之區處次舍井爨什器，皆有條理，兵既過而市里

不知也。福州多佛寺，爲僧者利其富饒，争欲爲主守，賕請公行。公俾其徒自相推擇，籍其名，以次補之，授文據廷中，却其私謝，以絶左右徼求之敝。民出家者三歲一附籍，殆萬人，闔府徼賂，至裒錢數千萬，公至不禁而自止。廢寺二，皆囊橐爲奸者，禁婦女毋入寺舍。明州有詔完城，既程工費，而會公至，初度城周二千五百餘丈，爲門樓十，故甓可用者收十之四，公爲再計，城減七十餘丈，門當高麗使客出入者，爲樓二，收故甓十之六，募人簡棄甓可用者，量酬以錢，又得十之二，凡省工費甚衆，而力出於役兵傭夫，不以及民。城成，總役者皆進官，而公不自言也。公嘗以謂州縣困於文移煩數，民病於追呼之擾也，故所至出教，事應下縣，責其屬，度緩急與之期。期未盡，不復移書督趣；期盡不報，按其罪；期與事不相當，聽縣自言，别與之期。而案與期者，即有所追逮，州不遣人至縣，縣毋遣人至田里。縣初未甚聽，公小則罰典史，大則并劾縣官。於是莫敢慢，事皆先期而集，民不知擾，所省文移數十倍。事在州者，督察勾稽，皆有程式，分任僚屬，因能而使，公總覽綱條，責成而已。蓋公所領州多號難治，及公爲之，令行禁止，莫敢不自盡。政巨細畢舉，庭無留事，囹圄屢空。人徒見公朝夕視事，數刻而罷，若無所用心者，不知其所操者約且要，而聰明威信足以濟之，故不勞而治也。吏民初或憚公嚴，已而皆安其政，既去，久而彌思之。其於内所更官告院、三班、太常，遇事不爲苟簡，革官告院宿敝尤多，凡所規畫，至今守之不改。

蓋公自在閭巷，已屬意天下事，如在朝廷。而天下亦謂公有王佐之材，起且大任，庶幾能明斯道，澤斯民，以追先王已墜之迹。然晚乃得仕，仕不肯苟合，施設止於一州。州又有規矩繩墨，爲吏者不敢毫髮出入。則其所設弛，特因時趣宜，固不足以發公之藴，又況其大者乎！

公自爲小官，至在朝廷，挺立無所附，遠迹權貴，由是愛公者少。爲編校書籍，積九年，自求補外，轉徙六州，更十餘年，人皆爲公慊然，而公處之自若也。公於是時，既與任事者不合，而小人乘間又欲擠之。一時知名士，往往坐刺譏辭語廢逐。公於慮患防微絶人遠甚，政事弛張操縱雖出於己，而未嘗廢法自用，以其故莫能中傷，公亦不爲之動也。

賴天子明聖，察公賢，欲用公者數矣。會徙滄州，召見勞問甚寵，且諭之曰：「以卿才學，宜爲衆所忌也。」遂留公京師。公亦感激奮勵，欲有所自效。數對便殿，所言皆大體，務開廣上意，上未嘗不從容領納，期以大任。一日手詔中書門下曰：「曾鞏以史學見稱士類，宜典五朝史事。」遂以公爲修撰。既而復諭公曰：「此特用卿之漸爾。」近世修國史，必衆選文學之士，以大臣監總，未有以五朝大典獨付一人如公者也。故世不以用公爲難，而以天子知人、明於屬任之爲難也。公夙夜討論，未及屬稿，會正官名，擢中書舍人，不俟入謝，使諭就職。時自三省至百執事，選授一新，除吏日至數十人，人人舉其職事以戒，辭約義盡，論者謂有三代之風，上亦數稱其典雅。皇子延安郡王牋奏，故事命翰林學士典之，至是上特以屬公。在職百餘日，不幸屬疾，遭家不造，以至不起。

始，公之進，天下相慶以爲得人，謂且大用。及聞公殁，皆嘆息相弔，以謂公之志，卒不大施於世，其命也夫！

公性嚴謹，而待物坦然，不爲疑阻。於朋友喜盡言，雖取怨怒不悔也。於人有所長，奬勵成就之如弗及。與人接，必盡禮。有懷不善之意來者，竣之益恭，至使其人心悦而去。遇僚屬盡其情，未嘗有所按謫，有所過誤抵法者，力爲辨理，無事而後已。在官有所市易，取賈必以厚，予賈必以薄，於門生故吏以幣交者，一無所受。福州無職田，歲鬻園蔬收其直，自入常三四十萬。公曰：「太守與民争利可乎？」罷之，後至者亦不復取也。

平生無所玩好，顧喜藏書，至二萬卷，仕四方，常與之俱，手自讐對，至老不倦。又集古今篆刻，爲《金石録》五百卷。公未嘗著書，其所論述，皆因事而發。既殁，集其稿爲《元豐類稿》五十卷、《續元豐類稿》四十卷、《外集》十卷。後之學者因公之所嘗言，於公之所不言，可推而知也。

初，光禄仕不遂而歸，無田以食，無屋以居，公時尚少，皇皇四方，營飦粥之養。光禄不幸蚤世，太夫人在堂，闔門待哺者數十口，太夫人以勤儉經理其内，而教養四弟，相繼得禄仕，嫁九妹皆以時，且得所歸，自委廢單弱之中，振起而亢大之，實公是賴。平居未嘗遠去太夫人左右，其仕於外，數以便親求從官，太夫人愛之異甚。

嗚呼！天奪吾母，不數月又奪吾兄，何降禍之酷至於斯極也！豈其子弟積惡，罰不於其身，而及其母兄，使之抱終天之痛，爲世之所大僇耶？不然，吾母之賢也，吾兄之盛德也，相繼而殞，所謂天道常與善人，果何如也？爲子弟者，不自滅身，罪固大矣。又不能推原前人德善勞績，托于當世之文章，以明著之無窮，是又罪之大者也。矧公於肇，屬則昆弟，恩猶父師，其於論次始終所不取廢。維公於葬宜有銘，於墓隧宜有碑，於國史宜有載。輒不自知其迷謬，忍痛輟泣，謹述公歷官行事如左。至於論議文章見于公集者，後當自傳，此弗著。特著其大

節，弗敢畧，弗敢誣，以告銘公葬若碑者，且以待史官之訪焉。

《曾鞏集》附録林希《墓誌》　公曾氏，諱鞏，字子固。其先魯人，後世遷豫章，因家江南。公之四世祖延鐸，始爲建昌軍南豐人。曾祖諱仁旺，贈尚書水部員外郎。祖諱致堯，太宗、真宗時，上書言天下事，嘗見選用，仕至尚書户部郎中，直史館，贈右諫議大夫，文忠歐陽公爲銘其墓碑。考諱易占，太常博士，贈光禄卿。

公生而警敏，讀書過目輒誦。十二歲能文，語已驚人，日草數千言。始冠遊太學，歐陽公一見其文而奇之。公於經，微言奥旨，多所自得。一不蔽於俗學，隨問講解，以開學者之惑。其議論古今治亂得失賢不肖，必考諸道，不少貶以合世。其爲文章，句非一律，雖開合馳騁，應用不窮，然言近指遠，要其歸必止於仁義，自韓愈氏以來，作者莫能過也。

由慶曆至嘉祐初，公之聲名在天下二十餘年，雖窮閻絶徼之人，得其文手抄口誦，惟恐不及，謂公在朝廷久矣。而公方以鄉貢中進士第，爲太平州司法參軍。歲餘，召編校史館書籍，爲館閣校勘，集賢校理，兼判官告院，爲英宗實録院檢討官。

出通判越州。初，嘉祐中，州取酒場錢給牙前之應募者，錢不足，乃使鄉户輸錢助役，期七年止，期盡而責鄉户輸錢如故。公閲文書，得其姦，立罷之，且請下詔約束，毋得擅增募人錢。歲饉，度常平不足以賑。前期諭屬縣，使富人自實粟，得十五萬石，視常平價稍增以予民。又出錢粟五萬，貸民爲種糧，使隨歲賦以入，民賴以全活。

徙知齊州。齊俗悍，喜攻劫，豪宗大姓多撓法。曲隄周氏世衣冠，以資雄里中。其子倩横，至賊殺平人，州縣莫敢詰。公至，首置之法。歷城章丘民聚黨數十百人，椎埋盜奪横行，無敢正視者。公禽致，悉黥徙之。弛無名渡錢，爲橋以濟往來。是時，州縣未屬民爲保伍，公獨行之。設方畧，明賞購，急追捕，且開人自言，盜發輒得。由是奸寇屏迹，民外户不閉，道至不拾遺，獄以屢空。會朝廷初變法，公推法意施行之，有次第，民便安之。後使者至，或希望私欲有所爲，公不聽也。

徙襄州，州繼有大獄，久不決。有當論死者，公閲其狀曰：「是當勿論，何得留此？」吏不能對。即出之，緣而釋者百餘人。州人叩頭曰：「吾州前坐死者衆矣，寧知非冤乎？」

又徙洪州，歲大疫，自州至縣鎮亭傳，皆儲藥以授病者，其不能具食飲衣衾者，佐以庫錢。師出安南，道江西者，詔爲萬人備。公獨不以煩民，爲之區處次舍井爨什器，皆前期而辦，兵既過，市里有不知者。已而它州以不蚤計擾民者皆得罪。

進直龍圖閣，知福州，兼福建路兵馬鈐轄，賜緋章服。時部中大盜數起，南劍州賊渠廖恩者，既赦其罪，誘降之，餘衆猶觀望，陰相推附，至連數州，其尤桀者，隸將樂縣，縣呼之不肯出，居人大恐。公遣使者以謀致之，前後自歸若就執者幾二百人，海盜自殺與縛致者又數十人。吏士以次受賞。復請並海增巡檢員，以壯聲勢，自是無敢竊發者。民行山浮海，如在郛郭。

召判太常寺，未至，改知明州。有詔完城，役有期。公親巡行，裁其工費甚衆，其力出於籍兵傭夫，而不以及民，城由是亟就。

數月徙亳州，亳亦多盜，公治之如在齊時。

公素慨然有志於天下事，仕既晚，其大者未及試。而外更六州皆劇處，然公爲之無難。始至，必先去民所甚患者，然後理積弊，正風俗。凡所措畫，皆曲折就繩墨。其餘力比次案牘簿書。與屬縣爲期會，以省追呼，皆有法，終其去州，未嘗有一人至田里者。故所至有惠愛，既去，民思之不已，所爲法後終不可改。寮屬聞公名，始皆嚴憚之，久而察公廉平無私，又未嘗有所按擿，卒皆愧服。福州無職田，州宅歲收菜錢常三四十萬，公獨不取，以佐公錢，後至者亦不敢取。平居推誠待物，坦然無疑，於朋友喜盡言，雖取怨怒亦不悔。自其求補外凡十二年，而不悦公者屢欲有以擠之。然公奉法循理，終莫能中傷。

賴天子聖明，察公賢，欲召用者數矣。元豐三年，徙知滄州，過都，召見勞問久之，留勾當三班院。公亦感激奮勵，思有所自效。數對便殿，其所言，上每嘉納之。四年，手詔中書門下曰：「曾鞏史學見稱士類，宜典五朝史事。」遂以爲史館修撰、管勾編修院，判太常寺，兼禮儀事。近世修國史，必衆選文學之士，以大臣監總，未有以五朝大典獨付一人如公者。公入謝曰：「此大事，非臣所敢當。」上曰：「此用卿之漸爾。」因諭公，使自擇其屬。公薦邢恕，以爲史館檢討。五年四月正官名，擢拜中書舍人，賜紫章服，始受命，促使就職。時自三省至百執事，選授一新，除吏日至數十，人人舉其職事以戒，上數稱其典雅，天下翕然傳之。皇子延安郡王牋奏，故事命翰林學士典之，上特以屬公。

九月遭母喪，罷。六年四月丙辰卒于江寧府，享年六十有五。【略】

公於取舍去就必應禮義，未始有所阿附。治平中，大臣嘗議典禮，而言事者多異論，歐陽公方執政，患之。公著議一篇，據經以斷衆惑，雖親戚莫知也。後十餘年，歐陽公退老于家，始出而示之，歐陽公謝曰：「此吾昔者願見而不可得者也。」

所著《元豐類稿》五十卷，《續元豐類稿》四十卷，《外集》十卷。性嗜書，家藏至二萬卷，集古今篆刻，爲《金石録》又五百卷，出處必與之俱。平生論事甚多，與夫所下條教可以爲世法者，不可悉著。

公少事光禄，家甚貧，奔走四方以致養。既孤，奉太夫人孝，鞠其四弟九妹，友愛甚篤，宦學婚嫁，一出公力。公既以文章名天下，其弟牟、宰、布、肇又繼中進士科，布嘗任翰林學士，肇以選爲尚書吏部郎中，與公同時在館閣，世言名家者推曾氏。公方遭時得君，未及有爲，而不幸以殁。士大夫爲之相吊，公之盛德，抑復有以遺于後乎。嗚呼，曾氏其顯矣！銘曰：

曾氏在南，三世有聞。維祖維考，始亨復屯。畜厚潛深，儒學之門。迨公之興，益顧於文。奮躬力行，道義之存。公自布衣，譽望四出。既位於朝，其剛不屈。公久於外，或留或徙。誰其知之？惟聖天子。天子曰咨，予惟汝賢。典予史事，五聖之傳。公拜稽首：臣敢不勉？肇新有官，左右慎選。於時中書，命令所在。帝曰往哉，予言汝代。凡百執事，分屬列職。肅然盈庭，俯聽訓敕。靖共夙夜，以出謀猷。四方鼓舞，天子之休。昔蔵父子，見稱仲尼。淵源有來，公則承之。矧公親逢，聖人之時。帝察其忠，從容眷睞。赫然榮名，受祉未艾。奄以艱去，訃聞何亟。搢紳咨嗟，相顧失色。有存者言，有遺者直。惟兹之銘，是謂不没。

《曾鞏集》附録韓維《神道碑》　公姓曾氏，諱鞏，字子固。其先魯人，後世遷豫章，因家江南。其四世祖延鐸，始爲建昌軍南豐人。曾祖諱仁旺，贈尚書水部員外郎。祖諱致堯，尚書户部郎中，直史館，贈右諫議大夫。考諱易占，太常博士，贈右銀青光禄大夫，其履閲行實，則有國史若墓銘在。

公生而警敏，自幼讀書爲文，卓然有大過人者。嘉祐二年登進士第，調太平州司法參軍。歲餘，召編校史館書籍，歷館閣校勘、集賢校理，兼判官告院，又爲英宗實録院檢討官。出通判越州，屬歲饑，公興積藏，通有無，老稚怡怡，不出里閭，鼓腹而嬉。擢知齊州，齊俗悍强，豪宗大姓抵冒僭濫，其尤無良者，羣行剽劫，光火發塚，吏不敢正視。公屬民爲伍，謹幾察，急追胥，且捕且誘，盗發輒得，市無攫金，室無冗壞，貨委于塗，犬不夜吠。徙知襄州，州有大獄，久不決，公一閲，知其冤，盡釋去，一郡稱其神明。又徙洪州，歲大疫，公儲藥物飲食，在所授病者，民以不夭死。師出安南道江西者，且萬人，公陰計逆具，師至如歸，既去而市里有不知者。進直龍圖閣，知福州，兼福建路兵馬鈐轄，賜五品服。時閩有大盗數千人，朝廷赦其罪降之，餘黨疑不順，往往屯聚，居人惴恐，瀕海山林阻深，椎埋剽盗，依以爲淵藪。公以方畧禽獲募誘，亡慮數百人，增置巡邏，水行陸宿，坦如在郛郭。召判太常寺，未至，改知明州，有詔完州城，公程工賦，裁省費十六，民不知役而城具。數月，徙亳州。元豐三年，知滄州，道由京師，召對，神宗察公賢，留勾當三班院。數對便殿，其所言皆安危大計，天子嘉納之。四年手詔中書門下曰：「曾鞏史學見稱士類，宜典五朝史事。」遂以爲史館修撰，管勾編修院，判太常寺，兼禮儀事。公入謝曰：「此大事，非臣所敢獨當。」上諭：「以此特用卿之漸耳，毋重辭。」五年，大正官名，擢拜中書舍人，賜三品服。時除授日數十百人，公各舉其職以訓，丁寧深厚，學者以爲復見三代遺風。今天子爲延安郡王，其牋奏，故事命翰林學士典之。先帝特以屬公。九月，以母喪罷。六年四月丙辰，卒于江寧府，年六十有五。七年六月丁酉，葬于南豐從周鄉之源頭，敕在所給其喪事。

公剛毅直方，外謹嚴而內知裕。與人交，不苟合。朋友有不善，必盡言其過，有善必推揚其所長。獎誘後進，汲汲惟恐不逮。其爲政，嚴而不擾，必去民疾苦而與所欲者。未嘗按劾官吏，所莅至于今思之。天子且欲大用，而公不幸死矣。自大理寺丞，五遷尚書度支員外郎，授朝散郎，勳累加輕車都尉。

母周氏，豫章郡太夫人；吴氏，會稽郡太夫人；朱氏，遂寧郡太夫人。元配晁氏，光禄寺少卿宗恪之女。繼室李氏，司農少卿禹卿之女。子男三人：綰，瀛州防禦推官，知揚州天長縣事；綜，瀛州防禦推官，知宿州蘄縣事；綱，右承務郎，監常州税務。二女蚤卒。孫男六人：悊、恚、愈、恳、忒、憇。悊，假承務郎。餘未仕。孫女五人。

公平生無所好，惟藏書至二萬卷，皆手自讐定。又集古今篆刻爲《金石録》五百卷，出處必與之俱。既殁，集其遺稿，爲《元豐類稿》五十卷，《續元豐類稿》四十卷，《外集》十卷。自唐衰，天下之文變而不善者數百年。歐陽文忠公始大正其體，一復於雅。其後公與王荆公介甫相繼而出，爲學者所宗，於是大宋之文章，炳然與漢唐侔盛矣。

初，光禄公歸，家甚貧，公竭力以養，温靖旨甘，無一不如志者。既孤，奉太夫人如事光禄，教養弟妹曲有恩意，四弟牟、宰、布、肇繼登進士第，布、肇以文學論議有聲當世。九妹皆得其所歸。

嗟乎，子固！而位止於斯，而壽止於斯，然其所以自立者，可以爲不亡矣，亦可以無憾矣！銘曰：

猗嗟子固，文與質生。不勤其師，幼則大成。學富行茂，其蓄弸弸。發爲文章，一世大驚。哲人既萎，邪説嗥吠。公不聽瑩，徑前無閡。砭廢藥瘍，抉昏剔瞶。波濤沄沄，東入于海。姬淪劉亡，文弊辭靡。引商召羽，偶六駢四。組綉芬葩，不見粉米。公於其間，鷹揚虎視。發揮奥雅，揀斥浮累。巍然高山，爲衆仰止。栖遲掾曹，翱翔書府。如鶩之鶚，如薪之楚。出貳于越，究問疾苦。屬歲大歉，稼荒于畝。興積于民，發藏于庾。既助既補，裹糧含哺。或歌或呼，謂公父母。一麾出守，六上郡計。振張領目，補葺刓弊，庭不留訟，獄無濫繫。勞之來之，鰥寡以遂。公殿海服，有命來覲。帝曰汝賢，毋遠王室。其代予言，汝且輔弼。五聖大典，唯公紬繹。百官正名，唯公訓敕。忠言嘉謀，入則造膝。公用不既，公至不卒。偉望廣譽，如星如日。石可磷兮，公名不没。

王稱《東都事略》卷四八《曾鞏傳》　鞏字子固。生而警敏，年十二能文。及冠，游太學，歐陽脩見其文而奇之，自是名聞天下。舉進士，調太平州司法參軍。召入編修史館書籍，遷館閣校勘、集賢校理，爲《英宗實録》檢討官。通判越州，歷知齊、襄、洪、福、明、亳、滄州，進職直龍圖閣。

鞏爲治尚威嚴，其徒滄州也，過闕，神宗召見，勞問甚寵，遂留判三班院。鞏上疏議經費曰：「宋興承五代之弊，六聖相繼，與民休息，故生齒既庶而財用有餘。且以景德、皇祐、治平校之：景德户七百三十萬，墾田一百七十萬頃；皇祐户一千九萬，墾田二百二十五萬頃；治平户一千二百七十萬，墾田四百三十萬頃。天下歲入，皇祐、治平皆一億萬以上，歲費亦一億萬以上。景德官一萬餘員，皇祐二萬餘員，治平并職幕官，州縣官三千三百餘員，總二萬四千員。景德郊費六百萬，皇祐一千二百萬，治平一千三百萬。以二者校之，官衆一倍於景德，郊之費亦一倍於景德。官之數不同如此，則皇祐、治平入官之門多於景德也。郊之費不同如此，則皇祐、治平用財之端多於景德也。誠詔有司案尋載籍，而講求其故，使官之數入者之多門可攷而知，而郊之費用財之多端可攷而知，然後各議其可罷者罷之，可損者損之，使天下之入如皇祐、治平之盛，而天下之用官之數、郊之費皆同於景德，二者所省蓋半矣。則又以類而推之，天下之費有約於舊而浮於今者，有約於今而浮於舊者。其浮者必求其所以浮之自而杜之，其約者必本其所以約之由而從之，如是而力行，以歲入一億萬以上計之，所省者什之一，則歲有餘財一萬萬。馴致不已，至於所省者什之三，則歲有餘財三萬萬。以三十年通計之，當有餘財九億萬，可以爲十五年之蓄。自古國家之富，未有及此也。古者言九年之蓄者，計每歲之入存什之三耳，蓋約而言之也。今臣之所陳，亦約而言之，其數不能盡同，然要其致必不遠也。前世於彫敝之時，尤能易貧而爲富。今吾以全盛之世，用財有節。其所省者一，則吾之一也；其所省者二，則吾之二也。前世之所難，吾之所易，可不論而知也。伏惟陛下沖静質約，天性自然，乘輿服器尚方所造，未嘗用一奇巧。嬪嬙左右掖庭之間，位號多闕，躬履節儉，爲天下先。所以憂閔元元、更張庶事之意，誠至惻怛，格于上下，其於明法度以養天下之財，又非陛下之所難也。」

已而再上議，曰：「陛下謂臣所言，以節用爲理財之要，世之言理財者，未有及此也。今付之中書，臣待罪三班。案國初承舊，以供奉官、左右班殿直爲三班，立都知行首領之。又有殿前承旨班院，别立行首領之。端拱已後，分東西供奉，又置左右侍禁及承旨借職，皆領于三班。三班之稱亦不改，三班吏員止於三百，或不及之。至天禧之間，乃總四千二百有餘。至于今，乃總一萬六千六百九十，宗室又八百七十。蓋景德員數已十倍於初，而以今攷之，殆三倍於景德。略以三年出入之籍較之，熙寧八年入籍者四百八十有七，九年五百四十有四，十年六百九十，而死亡退免出籍者，歲不過二百人，或不及之。則是歲歲有增，未見其止也。臣又略攷其入官之蹊，條於别記以聞，議其可罷者罷之，可損者損之，惟陛下之所擇，臣之所知者，三班也。吏部東西審官與天下他費，尚必有近於此者，惟陛下試加攷察，以類求之，使天下歲入億萬，而所省者什三，計三十年之通，當有十五年之蓄。夫財用，天下之本也，使國家富盛如此，則何求而不得，何爲而不成也哉？」神宗頗嘉納之。久之，手詔中書曰：「五朝史事宜付曾鞏。」遂以爲史館修撰，試中書舍人。遭母憂，卒，年六十五。

鞏少孤，奉母孝，鞠養羣弟妹，甚友愛，宦學、婚嫁一出鞏力。平生耆書，家藏至二萬餘卷，手自讎對，雖白首不倦。又集古今篆刻爲《金石録》五百餘卷，有文集曰《元豐類稿》五十卷，《外集》十卷，所爲文章開闔馳騁，應用不窮，然言近指遠，要其歸必止於仁義。

雜録

備録

朱熹《三朝名臣言行録》卷九之一《中書舍人曾公》 爲通判，歲飢，度常平不足仰以賑給，而田居野處之人，不能皆至城郭，至者群聚，有疾癘之虞。前期喻屬縣，召富人，使自實粟數，總得十五萬石，視常平價稍增，以予民，民得從便受粟，不出田里，而食有餘，粟價爲平。又出錢粟五萬，貸民爲種糧，使隨歲賦入官，農事賴以不乏。弟文昭公撰《行述》

爲州務去民疾苦，急姦强盜賊而寬貧弱，曰：「爲人害者不去，則吾民不寧。」是時州縣未屬民爲保伍，公獨行之部中，使幾察居人行旅，出入經宿，皆籍記。有盜則鳴鼓相援。又設方略，明賞購，急追捕，且開人自言，故盜發輒得。有葛友者，屢剽民家，以名捕不獲。一日自出告其黨，公與袍帶酒食，假以騎從，輦所購金帛隨之，徇諸部中。盜聞，多出，自言：「友智力兼人。」公外視章顯，實欲携貳其徒，使之不能復合也。齊俗悍强，喜攻劫，至是豪宗大姓，斂手莫敢動，寇攘屏迹，州郡肅清。《行述》

公在齊，會朝廷變法，遣使四出，公推行有力，民用不擾。使者或希望私欲，有所爲，公亦不聽也。河北發民濬河，調及它路，齊當出夫二萬，縣初按籍二丁三丁出夫一，公括其隱漏，後有至九丁出一夫者，省費數倍。又損役人，以紓民力，弛無名渡錢，爲橋以濟往來，徙傳舍，自長清抵博州，以達于魏，視舊省六驛。人皆以爲利。其餘力比次案牘簿書，藏之以十五萬計，至它州亦然。既罷，州人絶橋閉門遮留，夜乘間乃得去。《行述》

在洪，會歲大疫，自州至縣鎮亭傳，皆儲藥以授病者。民若軍士不能自養者，以官舍舍之，資其食飲衣衾之具，以庫錢佐其費，責醫候視，記其全失多寡，以爲殿最，人賴以生。安南軍興，道江西者詔爲萬人備，州縣暴賦急斂，芻粟價踴貴，百姓不堪。公獨不以煩民，前期而辦，又爲之區處次舍，井爨什器，皆有條理，兵既過，而市里不知也。《行述》

福多佛寺，爲僧者利其富饒，爭欲爲主守，賕請公行。公俾其徒自相推擇，籍其名，以次補之，授文據廷中，却其私謝，以絶左右徼求之敝。民出家者，三歲一附籍，殆萬人，闔府徼賂，至裒錢數千萬。公至不禁而自止，廢寺二，皆囊橐爲姦者，禁婦女毋入寺舍。《行述》

公所至出教，事應下縣，責其屬，度緩急與之期。期未盡，不復移書督趣。期盡不報，按其罪。期與事不相當，聽縣自言，别與之期，而案與期者，即有所追逮。州不遣人至縣，縣毋遣人呼其門。縣初未甚聽，公小則罰典吏，大則并劾縣官，於是莫敢慢事，皆先期而集，民不知擾，所省文移數十倍。事在州者，皆察勾稽皆有程式，分任僚屬，因能而使，公總攬綱條，責成而已。蓋公所領州，多號難治，及公爲之，令行禁止，吏莫敢不自盡，政巨細畢舉，庭無留事，囹圄屢空。人徒見公朝夕視事數刻而罷，若無所用心者，不知其所操者約且要，而聰明威信足以濟之，故不勞而治也。吏民初或憚公嚴，已而皆安其政，既去，久而彌思之。《行述》

公自爲小官，至在朝廷，挺立無所附，遠迹權貴，繇是愛公者少。爲編校書籍，積九年，自求補外，轉徙六州，更十餘年，人皆爲公慊然，而公處之自若也。公於是時既與任事者不合，而小人乘間又欲擠之，一時知名士，往往坐刺譏辭語廢逐，公於慮患防微，絶人遠甚，政事弛張，操縱雖出于己，而未嘗廢法自用，以其故莫能中傷，公亦不爲之動也。《行述》

天子察公賢，欲用公。一日，手詔中書門下曰：「曾鞏以史學見稱士類，宜典五朝史事。」遂以爲脩撰。近世脩《國史》，必衆選文學之士，以大臣監總，未有以五朝大典，獨付一人如公者。公夙夜討論，未及屬藁，會正官名，擢中書舍人，不俟入謝，諭使就職。時自三省至百執事，選授一新，除吏日至數十人，人舉其職事以戒，辭約義盡，論者謂有三代之風，上亦數稱其典雅。《行述》

公性謹嚴，而待物坦然，不爲疑阻。於朋友喜盡言，雖取怨怒不悔也。於人有所長，奬勵成就之如弗及。與人接，必盡禮，有懷不善之意來者，俟之益恭，至使其人心悅而去。遇僚屬盡其情，未嘗有所按謫。有以過誤抵法者，力爲辯理，無事而後已。在官有所市易，取賈必以厚，予賈必以薄。於門生故吏，以幣交者，一無所受。福州無職田，歲鬻園蔬收其直，自入常三四十萬。公曰：「太守與民爭利，可乎？」罷之。後至者亦不復取也。《行述》

曾子固初爲太平州司户，守張伯玉，前輩人也。歐陽公、王荆公諸名士共稱

子固文章。伯玉殊不顧。間語子固：「吾方作六經閣，其爲之記。」子固凡謄藁六七，終不當伯玉之意。則謂子固曰：「吾自爲之。」其書于紙曰：「六經閣者，諸子百家皆在焉，不書，尊經也。」云云。子固始大畏服，益自勵於學矣。《聞見後録》

子曾子初見神宗，上問曰：「卿與王安石布衣之舊，安石何如？」對曰：「安石文學行義，不減揚雄，然吝，所以不及古人。」曰：「安石輕富貴，非吝也。」對曰：「非此之謂。安石勇於有爲，吝於改過。」上頷之。《談叢》

曾子固罷檢討，以錢醇老代之。元素曰：「曾公知山陰，賤市民田數十頃，爲人所訟。曾易占時在越幕，説守倅曰：『曾宰高科，它日將貴顯，用玆事敗之可惜。父會爲明守，衰老，宜與謀，俾代其子任咎。』守倅從之。會由是坐贓追停，曾公猶以私坐監當，深德易占。後易占以信州縣宰坐贓，英州編管，亡匿於曾公別墅。會赦，自出，俾子固訟冤。再劾，復往英州，因死焉。子固時不奔喪，爲鄉議所貶，介甫爲作《辨曾子》以解之。子固及第，鄉人作感皇恩道場，以爲去害也。子固好依漕勢以陵州，依州陵縣，依縣陵民。」《溫公日録》案：曾公父死南都，杜祁公爲治其喪，時惟公在側。今《文集》有《謝杜公書》可見也。又荆公作《墓誌》，亦言「至南京病卒」，此云不奔喪者，溫公傳聞之悮也。

中書舍人王震序公之文曰：南豐先生以文章名天下久矣。異時齒髮壯，志氣鋭，其文章之慓鷙奔放，雄渾瓌偉，若三軍之朝氣，猛獸之抉怒，江湖之波濤，煙雲之姿狀，一何奇也。方是時，先生自負要似劉向，不知以韓愈爲何如爾。中間久外徙，世頗謂偃蹇不偶。一時後生輩鋒出，先生泊如也。晚還朝廷，天下望用其學，而屬新官制，遂掌書命。於是更置百官，舊舍人無在者。已試即入院，方除目填委，占紙肆書，初若不經意，午漏盡，授草院吏上馬去。凡除郎、御史數十人，所以本法意，原職守，而爲之訓敕者，人人不同，咸有新趣，而衍裕雅重，自成一家。余時爲尚書郎，掌付制吏部，一日得盡觀，始知先生之學，雖老不衰，而大手筆自有人也。

朱弁《曲洧舊聞》卷一〇　曾子固性矜汰多於傲忽。元豐中爲中書舍人，因白事都堂。時章子厚爲門下侍郎，謂之曰：「向見舍人《賀明堂禮成表》，真天下奇作也。」曾一無辭讓，但復問曰：「比班固《典引》如何？」章不答，語同列曰：「我道休撩撥。」蓋自悔失言也。徐德占雖與子固俱爲江西人，然生晚不及相接。子固中間流落外郡十餘年，迨復還朝。而德占驟進至御史中丞。中丞在法不許出謁，而子固亦不過之。德占以其先進，欲一識其人。因朝路相值，迎接甚恭。子固卻立曰：「君是何人？」德占因自叙。子固曰：「君便是徐禧耶？」頷之而去。

惠洪《冷齋夜話》卷六　舒王嗜佛書，曾子固欲諷之，未有以發之也。居一日，會于南昌，少頃，潘延之亦至。延之談禪，舒王問其所得，子固熟視之。已而又論人物，曰：「某人可秤。」子固曰：「弇用老而逃佛，亦可一秤。」舒王曰：「子固失言也，善學者讀其書，惟理之求。有合吾心者，則樵牧之言猶不廢。言而無理，周、孔所不敢從。」子固笑曰：「前言第戲之耳。」

王銍《默記》　王景彝以御史中丞知貢舉，而王平甫被黜。平甫對客云：「就試前，夢御街上騎驢而墜地，今果爲驢子所落。」景彝聞而大銜之。其後，平甫試大科，景彝彈其士檢不修，罷之。又曾子固作中書舍人還朝，自恃前輩，輕蔑士大夫。徐德占爲中丞，越次揖子固甚恭謹。子固問：「賢是誰？」德占曰：「禧姓徐。」子固答曰：「賢便是徐禧？」禧大怒，忿然曰：「朝廷用某作御史中丞，公豈有不知之理？」其後，子固除翰林學士，德占密疏罷之，又攻罷修《五朝史》。

王明清《揮麈録·後録》卷六　曾密公諱易占，字不疑。歐陽文忠識其碑曰：「少有大志，知名江南。」爲文忠所稱如此，則其人固可想矣。既以豪俠自任，□信州玉山令，有過客楊南仲，文采可喜，氣槩頗相投，公厚贐其行。會與郡將錢仙芝不叶，捃摭公以客所受爲賄，公引伏受垢，不復自辯，竟除名，徙英州。以赦自便，將愬其事於朝，行次南都而卒。時公子南豐先生子固，已名重於世，適留京師。而杜祁公以故相居宋，自來逆旅，爲辨後事。公既不偶以卒，再娶朱夫人年未三十，無以自存，領諸孤歸里中。南豐昆弟六人，久益滯落，與長弟曄應舉，每不利於春官。里人有不相悦者，爲詩以嘲之曰：「三年一度舉場開，落殺曾家兩秀才。有似簷間雙燕子，一雙飛去一雙來。」南豐不以介意，力教諸弟不怠。嘉祐初，與長弟及次弟、牟。文肅公、妹婿王補之、無咎。王彥深幾。一門六人，俱列鄉薦。既將入都赴省試，子壻拜別朱夫人於堂下，夫人歎曰：「是中得一人登名，吾無憾矣。」榜出唱第，皆在上列，無有遺者。楚俗，遇元夕第三夜，多以更闌時微行聽人語言，以卜一歲之通塞。子固兄弟被薦時，有鄉士黃其姓者亦預同升，黃面有瘢，俚人呼爲「黃痘子」。諸曾俱往赴省試，朱夫人亦以收燈夕往閭巷聽之，聞婦人酬酢造醬法云：「都得，都得。黃豆子也得。」已而捷音

至，果然人兩榜，文昭中第。兄弟三人，數年之間，並躋華貫曾氏繇此遂興。公永外祖云。

曾慥《類説》卷一六　曾鞏知襄州日，朝廷遣使按水利，各辨辟三兩選人充勾當公事。鞏一日宴諸使者，座客有言，昨日天星墜於西南，有聲甚厲，又有一小星隨之。鞏曰：「小星必天狗下勾當公事也。」

張光祖《言行龜鑑》卷二　曾公鞏，字子固，在官有所市易，取賈必以薄，予賈必以厚；于門生故吏，以幣交者，一無所受。福州無職田，歲鬻園蔬，收其直自入，常三四十萬。公曰：「太守與民争利，可乎？」罷之。後至者亦不復取也。

備論

《宋史》卷三一九《曾鞏傳》　論曰：劉敞博學雄文，鄰於邃古，其爲考功，仁宗賜夏竦謚，上疏争之，以爲人主不可侵臣下之官；及奉詔定樂，中貴預列，又諫曰：「臣懼爲袁盎所笑。」此豈事君爲容悦者哉。攽雖疎儁，文埒於敞。奉世克肖，世稱「三劉」。曾鞏立言於歐陽脩、王安石間，紆徐而不煩，簡奥而不晦，卓然自成一家，可謂難矣。肇以儒者而有能吏之才。宋之中葉，文學法理，咸精其能，若劉氏、曾氏之家學，蓋有兩漢之風焉。

王稱《東都事略》卷四八《曾鞏傳》　臣稱曰：【略】鞏與肇以文章被近用，爲時儒宗，學者仰之。

藝文

《曾鞏集》附録《南豐先生文集序》　南豐先生以文章名天下久矣。異時齒髮壯，志氣鋭，其文章之慓鷙奔放，雄渾瓌偉，若三軍之朝氣，猛獸之抉怒，江湖之波濤，煙雲之姿狀，一何奇也。方是時，先生自負要似劉向，不知韓愈爲何如爾。中間久外徙，世頗謂偃蹇不偶。一時後生輩鋒出，先生泊如也。晚還朝廷，天下望用其學，而屬新官制，遂掌書命。於是更置百官，舊舍人無在者。已試即入院，方除目填委，占紙肆書，初若不經意，午漏盡，授草院吏上馬去。凡除郎御史數十人，所以本法意，原職守，而爲之訓敕者，人人不同，咸有新趣，而衍裕雅重，自成一家。予時方爲尚書郎，掌待制吏部。一日得盡觀，始知先生之學，雖老不衰，而大手筆自有人也。嗚呼！先生用未極其學已矣，要之名與天壤相弊，不可誣也。客有得其新舊所著而哀録之者，予因書其篇首云。宋元豐八年季春三月朔日，中書舍人王震序。

《張耒集》卷五三《書曾子固集後》　元豐二年夏，曾公自四明守亳，道楚。予時自楚將赴河南壽安尉，始獲以書拜公于行次。公得予書，甚喜也，謂予曰：「我與子皆泝汴而西，能從我行乎？」時予舟無挽兵，爲予求之甚力。公又曰：「我行駛非子能及也。子至永城，當纜舟陸走，一日至亳，爲旬日會也。」公遂行。後予病六十日，至永城病未愈，不能騎，因永城令寓書于公。六年，予罷壽安尉，居宛，而聞公卒，爲文一篇將祭公于河南。而成都范祖禹夢得自言嘗爲公舉，亦欲爲文以祭，謂予有往江南者，約同祭之。而是歲予家多事，自洛來陳，明年又走淮南，未克祭也。八年四月，公弟翰林公自建昌赴京師，予謁見于咸平，知公已葬南豐。或客可寓以祭者，當書所爲文一弔公之墓焉。其意之所欲，則具之文矣。

秦觀《淮海集》卷四〇《曾子固哀詞》　皇受命而熙洽兮，實千祀而一時。協氣鬱而四塞兮，與盛德其俱升。麟鳳出而旁午兮，猶氤氲而扶輿。篤生我公兮，以文章爲世師。

公神禹之苗裔兮，肇子爵而鄫封。逮去邑而爲氏兮，季葉汩其南征。祖鶱翔而績著兮，考踸踔而文鳴。公既生而多艱兮，踵祖武而好修。既輕車又良御兮，遂大放乎厥詞。發天人之奥秘兮，約六藝而成章。元氣含而未泄兮，洞芒芴而窅冥。挽天河而一瀉兮，物應手而華昌。揖揚馬使先路兮，咸告公曰不敢。彼崔蔡之紛紛兮，孰云窺其藩翰？辰來遲而去速兮，固前終以跋疐。方盤礴而上征兮，遽相羊而補外。皇揆公之忠誠兮，即商墟而賜環。紬史諜乎東觀兮，裁誥命乎西垣。典章絶而復作兮，世争睹而快先。正經緯乎終古兮，配維斗而昭然。變化詭而難常兮，雖司命其或昧。忽遭艱而去國兮，遂銜哀而即世。述作紛其具存兮，帳爽靈之焉詣。信百年不斯須兮，猶電滅而猋逝。

天不慭遺一老兮，固縉紳之所傷。矧不肖以薄技兮，早獲進於門墻。路貫江而修阻兮，曾莫奠乎酒漿。悲填膺而茀鬱兮，聊自記於斯文。

孔文仲等《清江三孔集》卷一九《祭曾子固文》　惟公文爲世表，識在人先。憤道之息，志於必傳。絶衆超羣，自其少年。況有宗工，援引於前。雷動風興，

聲薄於天。匪獨好古，窮探簡編。又達世務，不以迹牽。豬爲積澤，決爲流泉。威爲秋肅，施爲春妍。時輩謂公，德業之全。外將六州，晚直西垣。商盤周誥，日代帝言。樞庭鈞府，衆曰必遷。壽柄誰操，付與何偏？山摧玉折，反掌之間。士亡宗師，國失能賢。我少方蒙，公發其源。長仕岱陰，從以周旋。決疑辨惑，一語不捐。或鈎其細，毫積絲聯。或究其大，苞方括圓。面獎所是，奪其不然。粗若有之，公賜多焉。公方擇隱，在溢之壖。我亦於此，謀安一廛。謂當優游，從容于田。幽明隔矣，所志不宣。茫茫太空，孰招以還。或當上浮，追躡列仙。決不没没，凡魂比肩。公名播後，不待銘鐫。公子俱秀，當復大官。今當會哭，阻以山川。東南悠悠，不見新阡。歛不造帷，窆不持棺。徒有傷悲，爲涕漣漣。

蘇轍《欒城集》卷一三《挽詞》 少年漂泊馬光禄，末路騫騰朱會稽。儒術遠追齊稷下，文詞近比漢京西。平生碑版無容繼，此日銘詩誰爲題？試數廬陵門下士，十年零落曉星低。

《曾鞏集》附録陳師道《挽詞》 早棄人間世，真從地下游。丘原無起日，江漢有東流。身世從違裏，功名取次休。不應須禮樂，始作後程仇。

精爽回長夜，衣冠出廣庭。勳庸留琬琰，形像付丹青。道喪餘篇翰，人亡更典刑。侯芭才一足，白首《太玄經》。

唃廝囉部

綜述

《宋史》卷四九二《唃廝囉傳》 唃廝囉者，緒出贊普之後，本名欺南陵温籛逋。籛逋猶贊普也，羌語訛爲籛逋。生高昌磨榆國，既十二歲，河州羌何郎業賢客高昌，見廝囉貌奇偉，挈以歸，置劘心城，而大姓聳昌廝均又以廝囉居移公城，欲於河州立文法。河州人謂佛「唃」，謂兒子「廝囉」，自此名唃廝囉。於是宗哥僧李立遵、邈川大酋温逋奇略取廝囉如廓州，尊立之。部族寖彊，乃徙居宗哥城，立遵爲論逋佐之。

立遵或曰李遵，或曰李立遵，又曰郢成藺逋叱。論逋者，相也。立遵貪，且喜殺戮，國人不附，既與曹瑋戰三都谷不勝，又襲西涼爲所敗。廝囉遂與立遵不協，更徙邈川，以温逋奇爲論逋，有勝兵六七萬，與趙德明抗，希望朝廷恩命。知秦州張佶奏請拒絶。涇原鈐轄曹瑋上言，宜厚唃廝囉以扼德明。而立遵屢表求贊普號，朝議以贊普戎王也，立遵居廝囉下，不應妄予，乃用廝鐸督恩例，授立遵保順軍節度使，賜襲衣、金帶、器幣、鞍馬、鎧甲等。

大中祥符八年，廝囉遣使來貢。詔賜錦袍、金帶、器幣、供帳什物、茶藥有差，凡中金七千兩，他物稱是。其年，廝囉立文法，聚衆數十萬，請討平夏以自效。上以戎人多詐，或生他變，命周文質監涇原軍，曹瑋知秦州兼兩路沿邊安撫使以備之。宗哥城東南至永寧九百一十五里，東北至西涼府五百里，西北至甘州五百里，東至蘭州三百里，南至河州四百一十五里，又東至龕谷五百五十里，又西南至青海四百里，又東至新渭州千八百九十里。九年，廝囉、立遵等獻馬五百八十二匹。詔賜器幣總萬二千計以答之。數使人至秦州求内屬。

明道初，即授廝囉寧遠大將軍、愛州團練使，授逋奇歸化將軍。已而逋奇爲亂，囚廝囉置穽中，出收不附己者，守穽人間出之。廝囉集兵殺逋奇，徙居青唐。

景祐中，以廝囉爲保順軍節度觀察留後，歲以奉錢令秦州就賜。元昊侵略其界，兵臨河湟，廝囉知衆寡不敵，壁鄯州不出，陰間元昊，頗得其虚實。元昊已渡河，插幟志其淺，廝囉潛使人移植深處以誤元昊。及大戰，元昊潰而歸，士視幟渡，溺死十八九，所鹵獲甚衆。自是，數以奇計破元昊，元昊遂不敢窺其境。及元昊取西涼府，潘羅支舊部往往歸廝囉，又得回紇種人數萬。廝囉居鄯州，西有臨谷城通青海，高昌諸國商人皆趨鄯州貿賣，以故富强。

寶元元年，加保順軍節度使，仍兼邈川大首領。時以元昊反，遣左侍禁魯經持詔諭廝囉，使背擊元昊以披其勢，賜帛二萬匹。經還，以勞擢閤門祗候。廝囉奉詔出兵嚮西涼，西涼有備，廝囉知不可攻，捕殺遊邏數十人亟還，聲言圖再舉。元昊既屢寇邊，仁宗召對魯經，欲再遣，經固辭，貶經爲左班殿直。募敢使者，屯田員外郎劉涣應詔。涣至，廝囉迎導供帳甚厚，介騎士爲先驅，引涣至庭。廝囉冠紫羅氈冠，服金線花袍、黄金帶、絲履，平揖不拜，延坐勞問，稱「阿舅天子安否」。道舊事則數十二辰屬，曰兔年如此，馬年如此。涣傳詔，已而廝囉召酋豪大犒，約盡力無負，然終不能有大功。後累加恩兼保順河西節度使、洮涼兩州刺史，又加階勛檢校官、功臣、食邑，賜器幣鞍勒馬。

嘉祐三年，擦羅部阿作等叛廝囉歸諒祚，諒祚乘此引兵攻掠境上，廝囉與戰敗之，獲酋豪六人，收橐駝戰馬頗衆，因降隴逋、公立、馬頗三大族。會契丹遣使送女妻其少子董氈，乃罷兵歸。

治平二年夏，羌邈奔及阿叔溪心以隴、珠、阿諾三城叛諒祚歸廝囉，廝囉不禮，乃復歸諒祚，請兵還取所獻地，諒祚不之罪，爲出萬餘騎隨邈奔、溪心往取，不能克，但取邈川歸丁家五百餘帳而還。廝囉其年冬死，年六十九，第三子董氈嗣。

曾鞏《隆平集》卷二〇《唃廝囉傳》 唃嘶囉初名欺南陵温籛逋，生磨榆國，蓋吐蕃贊普之苗裔也。同羌西部族未有服屬，大姓聳昌廝均等咸平中迎至河州，欲立文法，請吏其名曰唃嘶囉。河州人謂佛爲「唃」，謂兒子爲「嘶囉」。於是宗哥僧李立遵與邈川温、逋哥略嘶囉如郭州，立文法，部族稍歸之，因徙居宗哥城，以立遵爲輔。大中祥符末，嘶囉命立遵率衆十八萬襲秦州生熟户，知秦州曹瑋以兵擊之，趨走西涼府，又爲所敗，遂與立遵不協，徙居邈川，更以逋哥爲輔。遣使秦州求内屬。詔授嘶囉邈川首領寧遠大將軍、愛州團練使，以逋哥爲歸化將軍。後逋哥謀亂，嘶囉殺之，而改涖青唐。景祐中，授兩使留後。久之，朝廷以元昊不臣，遣屯田員外郎劉涣諭嘶囉攻元昊。適元昊大舉兵襲，嘶囉堅壁鄯州，不與戰。元昊度水，常植幟以誌深淺，嘶囉潛使移所植。及元昊衆潰，趨誌

處，溺死過半。自是數以計敗元昊。及元昊取西涼府，而嘶囉得厮鐸叔之衆十餘萬，回紇亦以數萬人歸焉，其勢遂强於諸羌。朝廷屢加以節命，爲保順、河西鎮節度使、洮涼兩州刺史。卒，年六十九。嘶囉三子，皆被恩命。曰瞎氊，居合龍谷；曰磨氊角，居宗哥城；曰董氊，爲嘶囉嗣。其母喬氏，獨居曆精城，有才色，所部六七萬人，號令嚴明，莫不畏服。

雜録

備録

魏泰《東軒筆録》卷三　唐末，西北蕃在者有回鶻、吐蕃，而吐蕃又分爲唃厮囉，始甚强盛，自祥符間屻於三都谷，勢遂衰弱，視中國爲神明，惕息不敢動。異時，與回鶻皆遣使自蘭州入鎮戎軍，以修朝貢。及元昊將叛，慮唃氏制其後，舉兵攻破萊州諸羌，南侵至於馬銜山，築瓦川會，斷蘭州舊路，留兵鎮守。目比唃氏不能入貢，而回鶻亦退保西州，元昊遂叛命，久爲邊害。朝廷患之，議者以爲唃氏尚在河湟間，又與元昊世讐，儻遣使通諭朝廷之意，使西戎有後顧之憂，則邊備解矣。仁宗然之，寶元二年，遣屯田員外郎劉渙奉使。渙自古渭州抵青堂城，始與唃氏遇，渙爲述朝廷之意，因以邈川都統爵命授之，俾犄角以攻元昊。厮囉謝恩大喜，請舉兵助中國討賊，自此元昊始病於牽制，而唃氏復與中國通矣。

江少虞《宋朝事實類苑》卷五六　寶元二年二月甲寅，保順軍節度使邈川大首領唃厮囉遣使李波末裏瓦等入貢方物。四月辛酉朔癸亥，樞密院奏唃厮囉前妻今爲尼，已有二子，曰瞎氊、磨氊。唃厮囉再娶喬氏女，今爲妻。詔唃厮囉前妻賜紫衣師號及法名，今妻賜邑號，瞎氊、磨氊並除團練使。康定元年四月癸巳，秦鳳路部署司奏磨氊自請奮擊夏虜，乞朝廷遣使監護，乃降詔命從之。八月辛丑，詔屯田員外郎劉渙往秦州，至邈川，以來朝當公事。渙知晉州，自言請使外國故也。楊文公《談苑》。

宋神宗部

綜述

《宋史》卷一四《神宗紀一》　神宗紹天法古運德建功英文烈武欽仁聖孝皇帝，諱頊，英宗長子，母曰宣仁聖烈皇后高氏。慶曆八年四月戊寅，生于濮王宮，祥光照室，羣鼠吐五色氣成雲。八月，賜名仲鍼。授率府副率，三遷至右千牛衛將軍。嘉祐八年，侍英宗入居慶寧宮，嘗夢神人捧之登天。英宗即位，授安州觀察使，封光國公。是年五月壬戌，受經于東宮。

帝隆準龍顏，動止皆有常度。而天性好學，請問至日晏忘食，英宗常遣內侍止之。帝正衣冠拱手，雖大暑未嘗用扇。侍講王陶入侍，帝率弟顥拜之。九月，加忠武軍節度使、同中書門下平章事，封淮陽郡王，改今諱。治平元年六月，進封潁王。三年三月，納故相向敏中孫女爲夫人。十月，英宗不豫，帝引仁宗故事，請兩日一御邇英閣講讀，以安人心。十二月壬寅，立爲皇太子。

四年正月丁巳，英廟崩，帝即皇帝位。戊午，赦天下常赦所不原者。遣馮行已告哀于遼。己未，尊皇太后曰太皇太后，皇后曰皇太后。命宰相韓琦爲山陵使。辛酉，遣孫坦等告即位于遼，以大行皇帝詔賜夏國主及西蕃唃廝囉。丙寅，羣臣表三上，始御迎陽門幄殿聽政。內醫侍先帝疾者，皆坐不謹貶之。詔東平郡王允弼、襄陽郡王允良朝朔望。以吳奎終喪，復授樞密副使。戊辰，以韓琦守司空兼侍中；曾公亮行門下侍郎兼吏部尚書，進封英國公；文彥博行尚書左僕射，檢校司徒兼中書令；富弼改武寧軍節度使，進封鄭國公；曹佾改昭慶軍節度使，檢校太傅；張昇改河陽三城節度使；宗諤同中書門下平章事，改集慶軍節度使，檢校尚書左僕射；歐陽脩、趙槩並加尚書左丞，仍參知政事；陳升之爲戶部侍郎；呂公弼爲刑部侍郎；允弼、允良並加守太保；弟東陽郡王顥進封昌王，鄂國公頵進封樂安郡王。羣臣進秩有差。

二月乙酉，初御紫宸殿。立向氏爲皇后。丁亥，詔入內內侍省、皇城司合覆奏事並執條覆奏。戊子，進封交阯郡王李日尊爲南平王。加邈川首領董氈檢校太保。詔山陵所須，應委三司、轉運司計置，毋輒擾民。詔提舉醫官院試其診御脈者六人。庚寅，以四月十日爲同天節。壬辰，詔公主下嫁者行見舅姑禮。甲辰，西蕃首領拽羅鉢、鳩令結二人誘蕃部三百餘帳投夏國，捕獲，斬之以徇。

三月壬子，曹佾加檢校太尉兼侍中。賜禮部進士及第、出身四百六十一人。甲寅，陝西宣撫使郭逵討蕃部黨令征等，平之。賜昌王顥公使錢歲萬緡，半給之。丙辰，昌王顥、樂安郡王頵乞解官行服，不許。癸亥，詔入內內侍省已經壽聖節任子者，同天節權罷奏薦。壬申，歐陽脩罷知亳州。癸酉，吳奎參知政事。乙亥，允良薨。

閏月甲申，夏國主諒祚遣使謝罪。辛卯，詔：齊、密、登、華、邠、耀、鄜、絳、潤、婺、海、宿、饒、歙、吉、建、汀、潮等十八州知州，慶、渭、秦、延四州通判，其選並從中書，毋以恩例奏授。乙未，張昇以太子太師致仕。庚子，詔求直言。御史中丞王陶乞許舉知縣資序人爲御史裏行，從之。癸卯，王安石出知江寧府。甲辰，詔：諸路帥臣及副總管，或有移易，依慶曆故事。乙巳，詔以孟夏農勞之時，令監司戒飭州縣省事，勸民力田，民有艱食者振之。

夏四月庚戌，請大行皇帝謚于南郊。辛酉，詔內外所上封事，令張方平、司馬光詳定以聞。丙寅，録囚。御史中丞王陶、侍御史吳申呂景以過毀大臣，陶出知陳州，申、景各罰銅二十斤。吳奎罷知青州。遣使循行陝西、河北、京東、京西路，體量安撫。壬申，奎復位。罷州郡歲貢飲食果藥。癸酉，詔陝西、河東經略轉運司，察主兵臣僚怯懦老病者以聞。

五月辛巳，以久旱，命宰臣禱雨。乙巳，寶文閣成，置學士、直學士、待制官。

六月己酉，遼遣蕭餘慶等來弔祭。己未，振河北流民。辛未，詔天下官吏有能知徭役利病可議寬減者以聞。乙亥，詔中書、樞密細務歸之有司。

秋七月庚辰，詔察富民與妃嬪家昏因夤緣得官者。甲申，石蕃來貢。己丑，命尚書戶部郎中趙抃、刑部郎中陳薦同詳定中外封事。辛卯，告英宗憲文肅武宣孝皇帝謚于天地、宗廟、社稷。壬辰，上寶冊于福寧殿。丙午，文州曲水縣令宇文之邵上書指陳得失。

八月戊午，復西夏和市。己巳，京師地震。癸酉，葬英宗于永厚陵。

九月丁丑，詔減諸路逃田稅額。壬午，祧僖祖及文懿皇后。乙酉，祔英宗神主于太廟，樂曰《大英之舞》。戊子，減兩京、畿內、鄭孟州囚罪一等，民役山陵者蠲其賦。辛卯，徙封顥爲岐王，頵爲高密郡王。富弼爲尚書左僕射。遣孫思恭

等報謝于遼，且賀生辰、正旦。壬辰，録周世宗從曾孫貽廓爲三班奉職。甲午，遼遣耶律好謀等來賀即位。戊戌，以王安石爲翰林學士。辛丑，韓琦罷爲司徒、鎮安武勝軍節度使、判相州。吴奎、陳升之罷。樞密副使呂公弼爲樞密使，張方平、趙抃並參知政事，邵亢爲樞密副使。壬寅，以曾公亮爲尚書左僕射，文彦博爲司空。潮州地震。癸卯，以權御史中丞司馬光爲翰林學士。

冬十月丙午，漳、泉諸州地震。丁未，富弼罷判河陽。戊申，建州、邵武興化軍地震。己酉，初御邇英閣，召侍臣講讀經史。以右諫議大夫、權御史中丞滕甫考諸路監司課績。張方平以父憂去位。庚戌，給陝西轉運司度僧牒。令糴穀振霜旱州縣。癸丑，詔翰林學士、御史中丞、侍御史知雜事舉材堪御史者各二人。詔將作監主簿常秩赴闕。甲寅，製《資治通鑑序》賜司馬光。癸酉，知青澗城种諤復綏州。

十一月丁丑，詔近臣各舉才行可任使者一人。戊寅，詔求直言。丙戌，詔二府各舉所知。丁亥，令考課院詳定諸州所上縣令治狀。戊子，分命宰臣祈雪。置馬監于河東交城縣。庚寅，詔：「近臣以舉官不當，經三劾者，中書別奏取旨。」乙未，詔令内外文武官各舉有材德行能者。

十二月丙辰，西南龍蕃來貢。辛酉，以來歲日食正旦，自乙丑避殿減膳，罷朝賀。壬戌，詔起居日增轉對官二人。丙寅，詔：州縣吏並緣爲姦，致獄多瘐死，歲終會死者多寡，以制其罪。著爲令。己巳，遼遣蕭傑等來賀正旦。

熙寧元年春正月甲戌朔，詔改元。丁丑，以旱，減天下囚罪一等，杖以下釋之。壬午，令州縣掩暴骸。丁亥，命宰臣曾公亮等極言闕失。庚寅，御殿復膳。壬辰，幸寺觀祈雨。丙申，趙槩罷知徐州，三司使唐介參知政事。丁酉，詔修《英宗實録》。壬寅，增太學生百人。

二月辛亥，令諸路每季上雨雪。乙卯，孔若蒙襲封衍聖公。壬戌，貸河東饑民粟。

三月庚辰，夏主諒祚卒，遣使來告哀。丙戌，詔恤刑。戊子，作太皇太后慶壽宫、皇太后寶慈宫。丁酉，簡州木連理，潭州雨毛。

夏四月乙巳，詔翰林學士王安石越次入對。戊申，命宰臣禱雨。以樞密直學士李參爲尚書右丞，判西京留守司御史臺。辛亥，同天節，羣臣及遼使初上壽于紫宸殿。

五月甲戌，募饑民補廂軍。庚辰，詔兩制及國子監舉諸王宫學官。戊戌，廢慶成軍。

六月癸卯，録唐魏徵、狄仁傑後。丁未，占城來貢。辛亥，詔諸路興水利。乙亥，河決棗彊縣。丙寅，命司馬光、滕甫裁定國用。

秋七月癸酉，詔：謀殺已傷，案問欲舉自首者，從謀殺減二等。乙亥，名秦州新築大甘谷口砦曰甘谷城。丁丑，詔諸路帥臣、監司及兩制、知雜御史已上，各舉武勇謀略三班使臣二名。賜布衣王安國進士及第。己卯，羣臣三表請上奉元憲道文武仁孝之號，不許。陳升之知樞密院事。給濮州雷澤縣堯陵守户。壬午，以恩、冀州河決，賜水死家緡錢及下户粟。甲申，京師地震。乙酉，又震，大雨。辛卯，以河朔地大震，命沿邊安撫司及雄州刺史候遼人動息以聞。賜壓死者緡錢。京師地再震。壬辰，遣御史中丞滕甫、知制誥吴充安撫河北。癸巳，疏深州溢水。甲午，減河北路囚罪一等。丁酉，賜河北安撫司空名誥敕，募民入粟。己亥，回鶻來貢。

八月壬寅，詔京東、西路存恤河北流民。京師地震。甲辰，又震。乙卯，賜河東及鄜延路轉運司空名誥敕，募民入粟實邊。甲子，詔中書門下，考屬近行尊者一人，王之。丙寅，罷宗諤平章事。丁卯，遣張宗益等賀遼主生辰、正旦。

九月辛未，太祖曾孫舒國公從式進封安定郡王。丁亥，減后妃臣僚薦奏推恩。戊子，莫州地震，有聲如雷。丁酉，詔三司裁定宗室月料，嫁娶、生日、郊禮給賜。

冬十月辛丑，給天下繫囚衣食薪炭。乙卯，出奉宸庫珠，付河北買馬。戊辰，禁銷金服飾。

十一月，癸未，命宰臣禱雪。丙戌，朝饗太廟，遂齋于郊宫。廢青城後苑。丁亥，祀天地于圜丘，大赦，羣臣進秩有差。乙未，京師及莫州地震。

十二月己亥朔，命宰臣禱雪。癸卯，瀛州地大震。庚戌，賜夏國主秉常詔，許納塞門、安遠二砦，歸其綏州。辛亥，録唐段秀實後。癸丑，禱雪于郊廟、社稷。庚申，以判汝州富弼爲集禧觀使，詔乘驛赴闕。壬戌，雪。甲子，遼遣耶律公質等來賀正旦。

二年春正月甲午，奉安英宗神御于景靈宫英德殿。

二月己亥，以富弼同中書門下平章事。庚子，以王安石參知政事。命翰林學士呂公著修《英宗實録》。乙巳，帝以災變避正殿，減膳徹樂。甲子，陳升之、王安石創置三司條例，議行新法。

三月乙酉，詔漕運鹽鐵等官各具財用利害以聞。丙戌，命宰臣禱雨。戊子，秉常上誓表，納塞門、安遠二砦，乞綏州，詔許之。乙未，以旱慮囚。

四月丁酉朔，羣臣再上尊號，不許。戊戌，省内外土木工。壬寅，遼遣耶律昌等來賀同天節。丁未，唐介薨，臨其喪。戊申，宰臣富弼、曾公亮以旱上表待罪，詔不允。癸丑，命曾公亮爲西京奉安仁宗、英宗御容禮儀使。丁巳，遣使諸路，察農田水利賦役。戊午，外任大使臣年七十以上，令監司體量，直除致仕者，更不與子孫推恩。甲子，御殿復膳。免河北歸業流民夏税。

五月辛未，宴紫宸殿，初用樂。己卯，賜河北役兵特支錢。癸未，翰林學士鄭獬罷知杭州，宣徽北院使王拱辰罷判應天府，知制誥錢公輔罷知江寧府。丁亥，奉安仁宗、英宗御容于會聖宫及應天院。甲午，減西京囚罪一等。台州民延贇等九人，年各百歲以上，並授本州助教。

六月丁巳，右諫議大夫、御史中丞吕誨以論王安石，罷知鄧州。以翰林學士吕公著爲御史中丞。命龍圖閣直學士張掞兼編排録用勳臣子孫。

秋七月，庚午，詔御史中丞舉推直官及可兼權御史者。甲戌，東平郡王允弼薨。辛巳，立淮、浙、江、湖六路均輸法。壬午，振恤被水州軍，仍蠲竹木税及酒課。癸未，詔：「自今文臣换右職者，須實有謀勇，曾著績効，即得取旨。」己丑，韓琦上《仁宗實録》，曾公亮上《英宗實録》。

八月癸卯，侍御史劉琦貶監處州鹽酒務，御史裏行錢顗貶監衢州鹽税，亦以論安石故。乙巳，殿中侍御史孫昌齡以論新法，貶通判蘄州。丙午，同修起居注范純仁以言事多忤安石，罷同知諫院。戊申，河徙東行。夏國請從舊蕃儀，詔許之。己酉，范純仁知河中府。甲寅，朝神御殿。辛酉，以秘書省著作佐郎程顥、王子韶並爲太子中允、權監察御史裏行。壬戌，侍御史知雜事劉述、同判刑部丁諷坐受刑名敕不即下，述貶知江州，諷貶通判復州。審刑院詳議官王師元坐言許遵所議刑名不當，貶監安州税。

九月甲子朔，交州來貢。乙丑，以古勿峒效順首領儂智會爲右千牛衛大將軍。丁卯，立常平給斂法。戊辰，出内庫緡錢百萬糴河北常平粟。丁丑，遣孫固等賀遼主生辰、正旦。辛卯，廢奉慈廟。壬辰，以祕書省著作佐郎吕惠卿爲太子中允、崇政殿説書。

冬十月丙申，富弼罷爲武寧軍節度使、判亳州。曾公亮、陳升之並同中書門下平章事。城綏州，命郭逵選將置守具。逵遣趙离交夏人所納安遠、塞門二砦，就定地界。夏人渝初盟，离請城綏州，不以易二砦，因改名綏德城。戊戌，以蕃官禮賓使折繼世爲忠州刺史，左監門衛將軍嵬名山爲供備庫使，仍賜姓名趙懷順。丙辰，詔御史請對並許直由閤門上殿。戊午，宗諤復平章事。己未，夏人來謝封册。辛酉，録楊承信曾孫立、田重進曾孫章爲三班借職。

十一月乙丑，命韓絳制置三司條例。甲戌，詔：祖宗之後世襲補外官，非袒免親罷賜名授官。丙子，罷諸路提刑武臣。頒《農田水利約束》。壬午，御邇英閣聽講。賜汴口役兵錢。己丑，減天下囚罪一等，徒以下釋之。

閏月庚子，濬御河。壬子，置交子務。是月，差官提舉諸路常平、廣惠倉，兼管勾農田水利差役事。

十二月癸亥朔，復減后妃公主及臣僚推恩。癸酉，增失入死罪法。丙戌，增三京留司御史臺、國子監及宫觀官，以處卿監、監司、知州之老者。戊子，遼遣蕭惟禧來賀正旦。

是歲，交州來貢。

《宋史》卷一五《神宗紀二》 三年春正月癸丑，録唐李氏、周柴氏後。乙卯，詔諸路散青苗錢禁抑配。戊午，判尚書省張方平罷知陳州。

二月壬申，以翰林學士司馬光爲樞密副使，凡九辭，詔收還敕誥。甲戌，以河州刺史瞎欺丁木征爲金紫光禄大夫、檢校刑部尚書。乙酉，韓琦罷河北安撫使，爲大名府路安撫使。

三月丙申，孫覺、吕公著、張戩、程顥、李常上疏極言新法，不聽。己亥，始策進士，罷詩、賦、論三題。戊申，李常言青苗斂散不實，有旨具析，翰林學士兼知通進、銀臺司范鎮封還詔書，以爲不當，坐罷職，守本官。壬子，賜禮部奏名進士、明經及第八百二十九人。乙卯，詔諸路毋有留獄。丙辰，立試刑法及詳刑官。右正言孫覺以奉詔反覆貶知廣德軍。

夏四月癸亥，幸金明池觀水嬉，宴射瓊林苑。丙寅，遼遣耶律寬來賀同天節。丁卯，給兩浙轉運司度僧牒，募民入粟。戊辰，御史中丞吕公著貶知潁州。己卯，趙抃罷知杭州，以韓絳參知政事。監察御史裏行程顥罷爲京西路同提點刑獄。壬午，右正言李常貶通判滑州，監察御史裏行張戩貶知公安縣，王子韶貶知上元縣。癸未，侍御史知雜事陳襄罷爲同修起居注，程顥簽書鎮寧軍節度判官公事，前秀州軍事判官李定爲太子中允、監察御史裏行。

五月癸巳，詔並邊州郡毋給青苗錢。太白晝見。壬寅，詔令司馬光詳定轉

對封事。甲辰，詔罷制置三司條例歸中書。辛亥，賜進士蘇丕號安退處士。壬子，罷入閤儀。丁巳，詔以審官院爲東院，別置西院。

六月，丁丑，封宗室秦、魯、蔡、魏、燕、陳、越七王後爲公。戊寅，詔修武成王廟。丙戌，知諫院胡宗愈貶通判真州。

秋七月辛卯，歐陽脩徙知蔡州。壬辰，吕公弼罷樞密使，以知太原府馮京爲樞密副使。罷潞州交子務。戊戌，雨雹。癸丑，詳定宗室襲封制度。甲寅，置三班院主簿。

八月戊午，罷看詳銀臺司文字所。丙寅，以旱慮囚，死罪以下遞減一等，杖笞者釋之。以衛州旱，令轉運司振恤，仍蠲租賦。戊寅，詔：川峽、福建、廣南七路官令轉運司立格就注，具爲令。遣張景憲等賀遼主生辰、正旦。己卯，夏人犯大順城，知慶州李復圭以方略授環慶路鈐轄李信、慶州東路都巡檢劉甫、監押种詠出戰，兵少取敗。復圭誣信等違其節制，斬信及劉甫，种詠死於獄。是月，慶州巡檢姚兕敗夏人於荔原堡。鈐轄郭慶、都監高敏死之。

九月戊子朔，中書置檢正官。乙未，韓絳罷爲陝西宣撫使。己亥，始試法官。庚子，曾公亮罷爲司空兼侍中、河陽三城節度使。辛丑，以馮京參知政事，翰林學士吴充爲樞密副使。乙巳，親策賢良方正及武舉。癸丑，作東西府以居執政。司馬光罷知永興軍。詔：環慶陣亡義勇餘丁當刺者，悉免之。

冬十月辛酉，詔延州毋納夏使。甲子，雨木冰。壬申，朝謁神御殿。丙子，知慶州李復圭擅興兵敗績，誣裨將李信、劉甫、种詠以死，御史劾之，貶保静軍節度副使。戊寅，陳升之以母憂去位。乙酉，詔罷諸場務内侍監當。

十一月戊子，振河北饑民徙京西者。己丑，官節行之士二十一人。壬辰，蠲陝西蕃部貸糧。癸卯，授布衣王存下班殿侍、三班差使、宣撫司指揮使。甲辰，夏人寇大順城，都監燕達等擊走之。庚戌，詔：升朝官除南郊赦封贈父母外，不得以加恩轉官。乙卯，以韓絳兼河東宣撫使。梓州路轉運使韓璹等以能興利除害，賜帛有差。

十二月己未，詔立諸路更戍法，舊以他路兵雜戍者遣還。乙丑，立保甲法。丁卯，以韓絳、王安石並同中書門下平章事，王珪參知政事。賜布衣陳知彦進士出身，知縣王輔同進士出身。庚午，夏人寇鎮戎軍三川砦，巡檢趙普伏兵邀擊，敗之。丁丑，增廣南攝官奉。戊寅，初行免役法。賜西蕃董氊詔並衣帶、鞍馬。庚辰，命王安石提舉編修三司令式。壬午，遼遣蕭遵道等來賀正旦。癸未，命宋敏求詳定命官、使臣過犯。

是歲，振河北、陝西旱饑，除民租。交阯入貢，廣源、下溪州蠻來附。

四年春正月丁亥朔，不視朝。己丑，种諤襲夏兵于囉兀北，大敗之，遂城囉兀。自是夏人日聚兵爲報復計，言者以謂爲稔邊患不便。壬辰，王安石請鬻天下廣惠倉田爲三路及京東常平倉本，從之。乙未，渝州夷賊李光吉叛，巡檢李宗閔等戰死，命夔州路轉運使孫構討平之。詔詳定大辟覆讞法。丁酉，朝謁太祖、太宗神御殿。庚子，幸集禧觀宴從臣，又幸大相國寺，御宣德門觀燈。韓絳等言种諤領兵入西界，斬獲甚衆，詔遣使撫問。乙巳，停括牧地。丁未，立京東、河北賊盜重法。庚戌，罷永興軍買鹽鈔場。甲寅，定文德殿朔望視朝儀。

二月丁巳朔，罷詩賦及明經諸科，以經義、論、策試進士。置京東西、陝西、河東、河北路學官，使之教導。辛酉，詔治吏沮青苗法者。戊辰，詔振河北民乏食者。賻恤西界戰死軍人。庚午，于闐國來貢。壬申，進封高密郡王頵爲嘉王。癸酉，詔審官院所定人赴中書，察堪任者引見。甲戌，賜討渝州夷賊兵特支錢。丁丑，禱雨。詔增漳河等役兵。

三月丁亥，夏人陷撫寧堡。戊子，慶州廣鋭卒叛，尋討平之。庚寅，詔給諸路學田，增教官員。辛卯，遣使察奉行新法不職者。癸卯，減河東、陝西路囚罪一等，徒以下釋之。民緣軍事科役者，蠲其租賦。丙午，种諤坐陷撫寧堡，責授汝州團練副使，潭州安置。丁未，韓絳坐興師敗衄罷，以本官知鄧州。辛亥，録唐李氏後。

夏四月丙辰朔，恤刑。辛酉，遼遣蕭廣等來賀同天節。壬戌，遣環慶都鈐轄玕贇以兵屯邠涇、河中，以備西夏。癸亥，罷陝西交子法。癸酉，司馬光權判西京留臺。种諤再貶賀州別駕。甲戌，詔司農寺月進諸路所上雨雪狀。丙子，遣使按視宿、亳等州災傷，仍令修飭武備。壬午，定進士考轉官。

五月甲午，右諫議大夫吕晦卒。壬寅，詔許富弼養疾西京。丙午，高麗國來貢。辛亥，詔：宗室率府副率以上，遭父母喪及嫡孫承重，並解官行服。壬子，詔：恩、冀等州災傷，遣使振恤，蠲其税。

六月丁巳，河北饑民爲盜者，減死刺配。庚申，羣臣三上尊號曰紹天法古文武仁孝皇帝，不許。甲子，歐陽脩以太子少師致仕。丙寅，慮囚。甲戌，富弼坐格青苗法，徙判汝州。

秋七月戊子，層檀國來貢。甲午，振恤兩浙水災。乙未，録死事將校崔達子

遇爲三班奉職。丁酉，監察御史裏行劉摯罷監衡州鹽倉，御史中丞楊繪貶知鄭州。庚子，詔宗室不得祀祖宗神御。丁未，詔唐、鄧給流民田。

八月癸丑朔，高麗來貢。遣官體量陝西差役新法及民間利害。甲寅，詔郡縣保甲與賊鬬死傷者，給錢有差。庚申，復《春秋三傳》明經取士。癸酉，遣楚建中等賀遼主生辰、正旦。置洮河安撫司，命王韶主之。

九月丙戌，河決鄆州。辛卯，大饗明堂，以英宗配。赦天下，内外官進秩有差。庚子，夏人入貢。癸卯，增選人奉。

冬十月壬子朔，罷差役法，使民出錢募役。立選人及任子出官試法。丙辰，置樞密院檢詳官。戊辰，立太學生内、外、上舍法。丙子，詔：罪人配流，遇冬者至中春乃遣。

十一月壬午朔，詔：凡賞功罰罪，事可懲勸者，月頒之天下。甲申，詔蠲逋租。丁亥，作中太一宫。壬寅，開洪澤河達于淮。

十二月辛亥朔，詔增賜國子監錢四千緡。戊午，歸夏俘。己未，安定郡王從式薨。甲子，封越國公世清爲會稽郡王。丙寅，省諸路廂軍。乙亥，崇義公柴詠致仕，子若訥襲封。丙子，遼遣耶律紀等來賀正旦。

五年春正月己丑，詔聽降羌歸國。己亥，詔：太廟時饗，以宗室使相已上攝事。置京城邏卒，察謗議時政者收罪之。

二月壬子，龜兹來貢。以兩浙水，賜穀十萬石振之，仍募民興水利。壬戌，詔罷陝西遞運銅錫。丙寅，以知鄭州吕公弼爲宣徽南院使，判秦州；龍圖閣直學士蔡挺爲樞密副使。

三月甲午，李日尊卒，子乾德嗣，遣使弔贈。戊戌，富弼以司空致仕，進封韓國公。立文武换官法。丙午，以内藏庫錢置市易務。

夏四月庚戌朔，立殿前馬步軍春秋校試殿最法。乙卯，遼遣耶律適等來賀同天節。己未，括閑田。置弓箭手。辛未，塞北京決河。

五月辛巳，詔以古渭砦爲通遠軍，命王韶兼知軍。行教閲法。宗室非袒免親者許應舉。庚寅，以青唐大首領俞龍珂爲西頭供奉官，賜姓名包順。壬辰，以趙尚寬等前守唐州辟田疏水有功，增秩以勸天下。行保馬法。

六月壬子，曾公亮以太傅致仕。癸亥，詔以四場試進士。丙寅，作京城門銅魚符。乙亥，置武學。

秋七月壬寅，初以文臣兼樞密都承旨。

閏月庚戌，遣中書檢正官章惇察訪荆湖北路。詔：入内供奉官以下，已有養子，更養次子爲内侍者斬。

八月甲申，太子少師致仕歐陽脩薨。秦鳳路沿邊安撫王韶復武勝軍。丁亥，詔求歐陽脩所撰《五代史》。壬辰，以武勝軍爲鎮洮軍。癸巳，遣崔台符等賀遼主生辰、正旦。乙未，詔侍從及諸路監司各舉有才行者一人。甲辰，王韶破木征于鞏令城。頒方田均税法。

九月癸丑，許宗室試换文資。癸亥，始御便殿，旬校諸軍武技。丙寅，少華山崩，詔壓死者賜錢，貧者官爲葬祭。淮南分東西路。

冬十月戊戌，升鎮洮軍爲熙州鎮洮軍節度，置熙河路。減秦鳳囚罪一等。

十一月癸丑，河州首領瞎藥等來降，以爲内殿崇班，賜姓名包約。丁卯，貶權監察御史裏行張商英監荆南税。壬申，分陝西爲永興、秦鳳路，仍置六路經略司。章惇開梅山，置安化縣。

十二月丙子，赦亡命荆湖溪洞者。丁丑，詔太原置弓箭手。戊寅，詔寺觀奉聖祖及祖宗陵寢神御者免役錢。改温成廟爲祠。壬午，陳升之爲樞密使。癸未，雨土。乙未，築熙州南北關及諸堡砦。己亥，遼遣蕭瑜等來賀正旦。

六年春正月辛亥，復僖祖爲太廟始祖，以配感生帝。祧順祖于夾室。

二月辛卯，夏人寇秦州，都巡檢使劉惟吉敗之。丙申，永昌陵上宫東門火。王韶復河州，獲木征妻子。壬寅，以韓絳知大名府。

三月己酉，詔贈熙河死事將田瓊禮賓使，録其子三人、孫一人。庚戌，親策進士。置經局，命王安石提舉。辛亥，試明經諸科。丙辰，以四月朔日當食，自丁巳避殿減膳，降天下囚罪一等，流以下釋之。己未，置諸路學官。壬戌，賜奏名進士、諸科及第出身五百九十六人。甲子，交州來貢。丁卯，宰相上表請復膳，不許。詔進士、諸科並試明法注官。戊辰，置刑獄檢法官。庚午，封李日尊子乾德爲交阯郡王。

夏四月，乙亥，御殿復膳。西南龍蕃諸夷來貢。置律學。丁丑，遼遣耶律寧等來賀同天節。甲午，定齊、徐等州保甲。戊戌，裁定在京吏禄。

五月癸卯朔，播州楊貴遷遣子光震來貢，以光震爲三班奉職。戊申，禱雨。乙丑，詔京東路察士人有行義者以聞。遣中書檢正官熊本措置瀘夷。西京左藏庫副使景思忠等攻燒遂州夷囤戰殁，録其子昌符等七人，軍士死者，賜其家錢帛有差。辛未，西南龍蕃來貢。

六月己亥，置軍器監。

秋七月乙巳，詔京西、淮南、兩浙、江西、荆湖等六路各置鑄錢監。丙午，大食陀婆離來貢。己酉，禱雨。甲寅，録在京囚，死罪以下降一等，杖罪釋之。丁巳，詔：沿邊吏殺熟户以邀賞者戮之。乙丑，分河北爲東西路。丙寅夜，西北有聲如礌。

八月壬申朔，遣賈昌衡等賀遼主生辰、正旦。甲申，罷簡州歲貢綿紬。甲午，賜熙河、涇原軍士特支錢。戊戌，復比閭族黨之法。

九月壬寅，置兩浙和糴倉，立斂散法。戊申，詔興水利。辛亥，策武舉。戊午，岷州首領木令征以其城降，王韶入岷州。戊辰，詔禱雨，決獄。

冬十月辛未，章惇平懿、洽州蠻。辛巳，以復熙、河、洮、岷、疊、宕等州，御紫宸殿受羣臣賀，解所服玉帶賜安石。甲申，朝獻景靈宮。丙戌，振兩浙、江、淮饑。壬辰，行折二錢。丁酉，遣使瘞熙河戰骨。

十一月癸丑，中太一宮成，減天下囚罪一等，流以下釋之。乙卯，親祀太一宮。丙寅，大雪，詔京畿收養老弱凍餒者。

十二月戊子，詔決開封府囚。丙申，遼遣耶律洞等來賀正旦。

七年春正月辛亥，賞復岷、洮等州功，西京左藏庫使桑湜等遷官有差。壬子，幸中太一宮宴從臣，又幸大相國寺，御宣德門觀燈。乙卯，封皇子俊爲永國公。甲子，熊本平瀘夷。

二月辛未，于闐來貢。發常平米振河陽饑民。癸未，詔三司歲會天下財用出入之數以聞。乙丑，禱雨。辛卯，置客省，引進、四方館，閤門使副等員。乙未，知河州景思立等與青宜結鬼章戰于踏白城，敗死。廢遼州。

三月壬寅，木征、鬼章寇岷州，高遵裕遣包順等擊走之。慮囚，減死罪一等，杖以下釋之。癸卯，以旱避殿減膳。丙午，遣使分行諸路，募武士赴熙河。庚戌，詔熙河死事者家給錢有差。罷兩浙增額預買紬絹。令諸路監司察留獄。癸丑，羣臣表請復膳，不許。丙辰，遼遣林牙蕭禧來言河東疆界，命太常少卿劉忱議之。己未，行方田法。甲子，遣使報聘于遼。乙丑，詔以災異求直言。

夏四月癸酉，以旱罷方田。是日，雨。遼遣耶律永寧等來賀同天節。乙亥，王韶破西蕃於結河川。丙子，御殿復膳。己卯，以高遵裕爲岷州團練使。甲申，詔：邊兵死事無子孫者，廩其親屬終身。乙酉，王韶進築珂諾城，與蕃兵連戰破之，斬首七千餘級，焚三萬餘帳，木征率酋長八十餘人詣軍門降。雨雹。丙戌，王安石罷知江寧府。以韓絳同中書門下平章事、監修國史，翰林學士呂惠卿參知政事。置沅州。丁酉，詔王韶發木征及其家赴闕。遼遣樞密副使蕭素議疆界于代州境上。

五月戊戌朔，減熙河路囚罪一等，流以下釋之。辛丑，詔河州瘞蕃部暴骸。壬寅，雨雹。癸卯，大雨雹。辛亥，罷賢良方正等科。乙丑，大雨水，壞陝、平陸二縣。

六月戊寅，賜討洮州將士特支錢。丁亥，作渾儀、浮漏。廣州鳳凰見。以木征爲榮州團練使，賜姓名趙思忠。

秋七月癸卯，羣臣五上尊號曰紹天憲古文武仁孝皇帝，不許。癸亥，詔河北兩路捕蝗。又詔開封淮南提點、提舉司檢覆蝗旱。以米十五萬石振河北西路災傷。

八月丁丑，賜環慶安撫司度僧牒，以募粟振漢蕃饑民。遣張芻等賀遼主生辰、正旦。辛卯，詔免淮南、開封府來年春夫，除放邢、洺等州秋税。癸巳，置場於南薰、安上門，給流民米。集賢院學士宋敏求上編修《閤門儀制》。

九月戊戌，以時雨降，詔河北、京西、陝西、淮南等路勸民趨耕，有因事拘繫者釋之。壬子，三司火。癸丑，置京畿、河北、京東西路三十七將。甲寅，詔樞密院議邊防。

冬十月壬申，詔韓琦、富弼、文彦博、曾公亮條代北事宜以聞。戊寅，詔浙西路提舉司出米振常、潤州饑。庚辰，置三司會計司，以韓絳提舉。辛巳，以河北災傷，減州軍文武官員。癸巳，以常平米於淮南西路易饑民所掘蝗種，又振河北東路流民。

十一月己未，祀天地于圜丘，赦天下。

十二月丙寅，省熙、河、岷三州官百四十一員。丁卯，文武官加恩。己丑，遼遣耶律寧等來賀正旦。

是歲，高麗入貢，清井、長寧夷十郡及武都夷内附。

八年春正月庚子，蔡挺罷判南京留司御史臺，馮京罷知亳州。丙午，分京東爲東西路。輟江南東路上供米，均給災傷州軍。丁未，御宣德門觀燈。乙卯，詔出使廷臣，所至采吏治能否以聞。雨木冰。戊午，詔所在流民願歸業者，州縣齎遣之。己未，洮西安撫司以歲旱請爲粥以食羌户饑者。

二月甲子，增陝西錢監改鑄大錢。癸酉，以王安石同中書門下平章事。戊

寅，詔樞密副都承旨張誠一等，以李靖營陣法教殿前馬步軍。乙酉，初行河北户馬法。丙戌，停京畿土功七年。

三月丁酉，振潤州饑。戊戌，知河州鮮于師中乞置蕃學，教蕃酋子弟，賜田十頃，歲給錢千緡，增解進士二人，從之。庚子，遼蕭禧再來，遣韓縝往河東會議。癸丑，知制誥沈括報聘。復振常、潤饑民。

夏四月乙丑，詔減將作監冗官。丁卯，遼遣耶律景熙等來賀同天節。乙亥，正僖祖禘祫東嚮位。戊寅，以吴充爲樞密使。壬午，湖南江水溢。

閏月乙未，陳升之罷爲鎮江軍節度使，判揚州。廣源州劉紀寇邕州，歸化州儂智會敗之。壬寅，沈括上《奉元曆》。癸卯，以宣徽北院使張方平判永興軍。分秦鳳路兵爲四將。壬子，沂州民朱唐告前餘姚縣主簿李逢謀反，辭連右羽林大將軍世居及河中府觀察推官徐革，命御史中丞鄧綰、知諫院范百禄、御史徐禧雜治之。獄具，世居賜死，逢、革等伏誅。甲寅，録趙普後。乙卯，詔西南蕃五姓蠻五年一入貢。

五月辛酉朔，慮囚，降死罪一等，杖以下釋之。甲子，分環慶兵爲四將。丁丑，雨土及黄毛。甲申，熙河路蕃官殿直頓埋謀叛伏誅。己丑，遣使振鄜延、環慶饑。

六月丙午，釃汴水入蔡河以通漕。己酉，頒王安石《詩》、《書》、《周禮義》于學官。辛亥，以安石爲尚書左僕射兼門下侍郎。戊午，太師魏國公韓琦薨。己未，以琦配饗英宗廟庭。

秋七月甲子，虔州江水溢。戊子，分涇原兵爲五將。命韓縝如河東割地。

八月，癸巳，募民捕蝗易粟，苗損者償之，仍復其賦。丙申，遣謝景温等賀遼主生辰、正旦。減官户役錢之半。詔：「發運司體實淮南、江東、兩浙米價，州縣所存上供米毋過百萬石，減直予民，斗錢勿過八十。」庚戌，韓絳罷。發河北、京東兵及監牧卒修都城。丁巳，大閲。

九月庚申朔，王安石兼修國史。立武舉絶倫法。

冬十月庚寅，吕惠卿罷知陳州。乙未，彗出軫。己亥，詔以災異數見，不御前殿，減常膳，求直言。壬寅，赦天下。罷手實法。丙辰，御殿復膳。

十一月戊寅，交阯陷欽州。壬午，立陝西蕃丁法。甲申，交阯陷廉州。丙戌，渝州改南平軍。

十二月丙申，濬河。壬寅，以翰林學士元絳參知政事，龍圖閣直學士曾孝寬簽書樞密院事。辛亥，天章閣待制趙卨爲安南道招討使，嘉州防禦使李憲副之，以討交阯。癸丑，遼遣耶律世通等來賀正旦。甲寅，熙河路木宗城首領結彪謀叛，熟羌日脚族青厮扒斬其首來獻，補下班殿侍。

九年春正月乙丑，雨木冰。戊辰，交阯陷邕州，知州蘇緘死之。己卯，下溪州刺史彭師晏及天賜州降。庚辰，遣使祭南嶽、南海，告以南伐。辛巳，贈蘇緘奉國軍節度使，謚忠勇，以其子子元爲西頭供奉官、閤門祗候。

二月戊子，宣徽南院使郭逵爲安南道招討使，罷李憲，以趙卨副之。詔占城、占臘合擊交阯。己丑，宗哥首領鬼章寇五牟谷，蕃官藺氊訥支等邀擊，大破之。己亥，以出師罷春宴。乙卯，雨雹。

三月丙辰朔，進仁宗婉容周氏爲賢妃。辛酉，御集英殿策進士。恤欽、廉、邕三州死事家，瘞戰亡士，賊所蹂踐除其田征。甲戌，賜進士、諸科及第出身五百九十六人。丁丑，以廣西進士徐伯祥爲右侍禁、欽廉白州巡檢。宗哥首領鬼章寇五牟谷，熙河鈐轄韓存寶敗之。庚辰，以种諤知岷州。

夏四月辛卯，遼遣耶律庶幾等來賀同天節。乙未，以遼主母喪，罷同天節上壽。戊戌，復廣濟河漕。癸卯，詔：廣南亡没士卒及百姓爲賊殘破者，轉運、安撫司具實并議振恤以聞。甲辰，給空名告身付安南，以招降賞功。詔諸路募武勇赴廣西。贈廣西死事將士官有差。丙午，遣王克臣等弔慰于遼。辛亥，茂州夷寇邊，遣内侍押班王中正經制。甲寅，遼遣耶律孝淳以國母喪來告，帝發哀成服，輟視朝七日。

五月丙辰朔，詔：邕州沿邊州峒首領來降者周惠之。癸亥，詔試醫學生。丙寅，分兩浙爲東西路。丁卯，城茂州。壬申，詔：安南諸軍過嶺有疾者所至護治。丙子，大理國來貢。庚辰，静州下首領董整白等來降。

六月丁亥，詔安南將吏，視軍士有疾者月以數聞。己丑，綿州都監王慶、崔昭用，劉珪、左侍禁張乂援戰茂州，死之。詔：慶等子與借職，女出嫁夫與奉職；白丁王禹錫等二人，賜錢其家。辛卯，詔濱海富民得養蜑户，毋致爲外夷所誘。己亥，慮囚，降死罪一等，杖以下釋之。癸卯，以水源等洞蠻主儂賀等七人爲定遠、寧遠將軍。

秋七月丙辰，朱崖軍黎賊黄嬰入寇，詔廣南西路嚴兵備之。庚申，關以西蝗蝻、蚜蝣生。壬戌，築下溪州，改名會溪城。癸亥，静州將楊文緒結蕃部謀叛，王中正斬之以徇。詔：廣西死事官無子孫者許立後。乙丑，詔：自今遇大禮推

恩，官昭憲太后族一人。是月，安南行營次桂州，郭逵遣鈐轄和斌等督水軍涉海自廣東入，諸軍自廣南入。

八月甲申朔，齊州監務左班殿直孫紀死賊，録其一子爲三班借職。戊子，以文彦博守太保兼侍中，行太原尹。己丑，遣程師孟等賀遼主生辰、正旦。罷鬻祠廟錢。丁酉，禁北邊民闌出穀粟。庚子，占城來貢。

九月戊午，濬汴河。丙寅，詔罷都大制置河北河防水利司。己卯，遼遣使回謝。詔恤嶺南死事家，表將士墓。

冬十月，乙未，詔東南諸路教閲新軍。丙午，王安石罷判江寧府。以吴充監修國史，王珪爲集賢殿大學士，並同中書門下平章事。資政殿學士馮京知樞密院。辛亥，除放沅州歸明人户去年倚閣秋税。

十一月乙卯，賜廣南東路空名告敕，募入錢助軍。辛酉，録唐相魏徵後同州司士參軍道嚴，流内銓特免試注官。乙亥，以安南行營將士疾疫，遣同知太常禮院王存禱南嶽，遣中使建祈福道場。己卯，洮東安撫司言包順等破鬼章兵於多移谷。壬午，鬼章寇岷州，知州种諤等敗之鐵城。

十二月丙戌，安南僞觀察使劉紀降。置司農丞。庚寅，子傭生。丁酉，詔：岷州界經鬼章兵燹者賜錢，脅從來歸者釋其罪。癸卯，郭逵敗交阯於富良江，獲其僞太子洪真，李乾德遣人奉表詣軍門降，逵遂班師。丁未，遼遣耶律運等來賀正旦。庚戌，詔：有得鬼章、冷鷄朴首者，賞之。置威戎軍。

十年春正月乙丑，御宣德門觀燈。戊辰，仙韶院火，不視朝。

二月甲申，以崇信軍節度使宗旦同中書門下平章事。戊子，以鬼章敗，种諤等賞官有差。甲午，詔：宗室使相雖及十年，更不取旨磨勘。丁酉，詔諸州歲以十一月給老疾貧乏者粟，盡三月乃止。己亥，以王韶知洪州。丙午，以復廣源、蘇茂等州，羣臣表賀，赦廣州囚罪一等，徒以下釋之。賜行營諸軍錢，民緣征役者恤其家。以廣源州爲順州，赦李乾德罪。以郭逵判潭州，趙卨知桂州。己酉，以交阯降，赦廣南東路、荆湖南路繫囚，餘各降一等，徒以下釋之。

三月辛未，慮囚，降死罪一等，杖以下釋之。壬申，詔州縣捕蝗。

夏四月辛巳，復置憲州。乙酉，遼遣蕭儀等來賀同天節。癸巳，文州蕃賊寇邊，州兵擊走之。丁酉，賜熙河路兵特支錢，戰死者賜帛，免夏秋税。

五月戊午，詔修《仁宗》、《英宗史》。

六月壬午，注輦國朝貢。癸巳，王安石以使相爲集禧觀使。丁未，置岷州鐵城堡。

秋七月甲寅，禱雨。丁巳，令諸路歲上縣令課績。辛酉，羣臣五上尊號曰奉天憲古文武仁孝皇帝，不許。乙亥，郭逵以安南失律，貶爲左衛將軍。丙子，河決澶州曹村埽。

八月壬寅，詔潭州置將及增武臣一員。遣蘇頌等賀遼主生辰、正旦。甲辰，詔侍從、臺諫、監司各舉文臣有才行者一人。

九月庚戌，詔：「河決害民田，所屬州縣疏瀹，仍蠲其税，老幼疾病者振之。」乙卯，詔：「諸傳宣、内批、面諭，事無法守，並從中書、樞密覆奏。其祈恩澤規免罪者劾之。」辛酉，詔鎮戎、德順軍各置都監一員。癸酉，立義倉。甲戌，宗樸兼侍中，封濮陽郡王。

冬十月戊寅朔，宗樸薨。癸巳，昭化軍節度使宗誼封濮國公。詔濮王子以次襲封奉祀。戊戌，太子太師張昇卒。

十一月庚午，以西蕃邈川首領董氈、都首領青宜結鬼章爲廓州刺史，阿令骨爲松州刺史。甲戌，祀天地于圜丘，赦天下。

十二月丁丑朔，占城國獻馴象。壬午，詔改明年爲元豐。甲申，以郊祀，文武官加恩。丁亥，封子傭爲均國公。辛丑，遼遣耶律孝淳等來賀正旦。

元豐元年春正月乙卯，以王安石爲尚書左僕射、舒國公、集禧觀使。戊午，命詳定郊廟禮儀。詔減陳留捧日、天武等軍剩員。庚申，御宣德門，召從臣觀燈。乙丑，以太皇太后疾，驛召天下醫者。

閏月辛巳，以翰林侍讀學士、寶文閣學士、提點中太一宫吕公著兼端明殿學士。己丑，詔贈尚書令韓琦依趙普故事。壬辰，樞密直學士孫固同知樞密院事。己亥，太傅兼侍中曾公亮薨。癸卯，以公亮配饗英宗廟庭。

二月庚戌，濮國公宗誼薨。甲寅，以邕州觀察使宗暉爲淮康軍節度使，封濮國公。戊辰，詔赦安南戰棹都監楊從先等，仍論功行賞。

三月辛巳，慮囚，降死罪一等，杖以下釋之。御邇英閣，沈季長進講《周禮》八法。癸未，詔内外文武官各舉堪應武舉一人。廣南西路經略司乞教閲峒丁，從之。乙未，御崇政殿閲諸軍。辰、沅猺賊寇邊，州兵擊走之。

夏四月己酉，遼遣耶律永寧等來賀同天節。丙辰，詔增置兩浙路提舉官。庚申，詔除《九經》外，餘書不得出界。乙丑，封號國公宗諤爲豫章郡王。戊辰，塞曹村決河，名其埽曰靈平。

五月甲戌朔，賜塞河役死家錢。乙亥，詔試中刑法官以次推恩。

六月，乙巳，詔以靈平功遷太常博士苗師中等各一官。

秋七月癸酉朔，命西上閤門使、忠州團練使韓存寶經制瀘州納溪夷。己亥，詔齊州預備水災。辛丑，夔州言甘露降。

八月癸卯，西邊將訥兒温、禄尊謀反伏誅。丁未，詔河北被水者蠲其租。甲寅，遣黄履等賀遼主生辰、正旦。戊午，以韓絳爲建雄軍節度使。己巳，詔：濱、棣、滄三州被水民以常平糧貸之。庚午，詔：青、齊、淄三州給流民食。

九月癸酉，交阯來貢。癸未，李乾德表乞還廣源等州，詔不許。乙酉，以端明殿學士吕公著、樞密直學士薛向並同知樞密院事。詔祀天地及配帝並用特牲。是月，武康軍嘉禾生，河中府甘露降。

冬十月庚戌，定秋試諸軍賞格。侍禁仵全死事，録其弟宣爲三班借職。辛亥，韓存寶破瀘夷後城十有三囤。癸亥，于闐來貢。

十一月己丑，命龍圖閣直學士宋敏求等詳定正旦御殿儀注。癸巳，辰州猺賊叛，詔沅州兵討之。乙亥，罷文武功臣號。是月，梁縣嘉禾生。

十二月丙午，日中有黑子，凡十二日。辛亥，録囚，降死罪一等，杖以下釋之。丙辰，詔：青州民王賨以復父讎免死，刺配鄰州。戊午，置大理寺獄。己未，詔罷都大提舉在京諸司庫務司。甲子，以婉容邢氏爲賢妃。詔罷三司推勘公事官，減軍器監勾當公事，審官東院、流内銓及將作監、三班院主簿，左右軍巡判官。丙寅，遼遣耶律隆等來賀正旦。

二年春正月乙亥，罷岢嵐、火山軍市馬。丙子，詔立高麗交易法。壬午，以容州管内觀察使、上柱國、南陽郡開國公楊遂爲寧遠軍節度使。癸未，詔知沅州謝麟督捕猺賊。甲申，御宣德門觀燈。丁亥，詔以經義、論試宗室。甲午，京兆府學教授蔣夔乞以十哲從祀孔子，從之。詔辰州敍浦縣置龍潭堡。是月，潁州、壽州甘露降。

二月甲寅，詔瘞漢州暴骸。乙卯，以瀘州夷乞弟犯邊，詔王光祖等討之。丙辰，詔定解鹽歲額。乙丑，滄州饑，發倉粟振之。

三月庚午朔，董氈遣使來貢。辛未，詔給地葬畿内寄菆之喪，無所歸者官瘞之。庚辰，親試禮部進士。壬午，試特奏名進士及武舉。癸未，試諸科明法。賜董氈繒錢、銀帛、對衣、金帶等物。丙戌，詔：雄州兩輸户南徙者諭令復業。庚寅，疏汴、洛。

夏四月辛丑，幸金明池觀水嬉，宴射瓊林苑。甲辰，遼遣蕭晟等來賀同天節。丁巳，陳升之以檢校太尉依前同中書門下平章事、鎮江軍節度使、上柱國、秀國公致仕。己未，陳升之卒。癸亥，定正旦御殿儀。甲子，詔增審刑院詳議、詳斷官，罷刑部校法官。是月，南康軍甘露降，眉州生瑞竹。

五月丙子，順州蠻叛，峒兵討平之。庚辰，詔以濮安懿王三夫人並稱王夫人，祔濮園。辛巳，太子太師致仕趙槩上所集《諫林》。甲申，元絳罷知亳州。乙酉，詔：安南軍死事孤寡廩給之。戊子，御史中丞蔡確參知政事。

六月甲辰，廣西捕斬儂智春，執其妻子以獻。戊申，命蔡確參定編修《傳法寶録》。癸丑，詔五路帥臣、副總管軍臣僚各舉任將領及大使臣者二人。甲寅，清汴成。辛酉，詔鎮寧軍節度使、魏國公宗懿追封舒王。是月，南康軍甘露降，忠州雨豆。

秋七月甲戌，張方平以太子少師致仕。戊寅，詳定朝會儀。己卯，命中書句考四方詔獄。庚辰，以淮康軍節度使宗暉同中書門下平章事。丁亥，詳定郊廟禮儀。是月，陳州芝草生，南賓縣雨豆，瓊州甘露降。

八月丙申朔，夏人寇綏德城，都監李浦敗之。辛丑，分涇原路兵爲十一將。壬寅，復八作司爲東西兩司，各置監官，文臣一員，武臣二員。遣李清臣等賀遼主生辰、正旦。甲寅，詔：「增太學生舍爲八十齋，齋三十人，外舍生二千人，内舍生三百人。月一私試，歲一公試，補内舍生。間歲一舍試，補上舍生。」以潁州爲順昌軍節度。是月，曹州生瑞穀，河陽生芝草。

九月癸未，降順昌軍囚罪一等，徒以下釋之。甲申，西南龍蕃來貢。丁亥，大宴集英殿。己丑，進婕妤朱氏爲昭容。壬辰，出《馬步射格鬭法》頒諸軍。甲午，西南羅蕃、方蕃來貢。

冬十月丙申，西南石蕃來貢。癸卯，置籍田令。詔立水居船户，五户至十户爲一甲。戊申，交阯歸所掠民，詔以順州賜之。己酉，太皇太后疾，上不視事。庚戌，罷朝謁景靈宫，命輔臣禱于天地、宗廟、社稷。減天下囚死罪一等，流以下釋之。乙卯，太皇太后崩。戊午，詔易太皇太后園陵曰山陵。辛酉，以羣臣七上表，始聽政。命王珪爲山陵使。

十一月癸未，始御崇政殿。丁亥，雨土。

十二月乙巳，御史中丞李定上《國子監敕式令》并《學令》，凡百四十條。丙午，復置御史六察。庚申，遼遣蕭寧等來賀正旦。是月，全州芝草生，桂州甘

露降。

《宋史》卷一六《神宗紀三》 三年春正月乙丑朔，以大行太皇太后在殯，不視朝。癸酉，陞許州爲潁昌府。丙子，降潁昌囚罪一等，徒以下釋之。戊寅，上太皇太后謚曰慈聖光獻。戊子，詔審刑院、刑部斷議官失入者，歲具數罰之。己丑，高麗國遣使來貢。辛卯，于闐國大首領阿令顛顙温等來貢。

二月丙午，以翰林學士章惇參知政事。丙辰，始御崇政殿視朝。丁巳，命輔臣禱雨。

三月乙丑，工部侍郎同平章事吳充罷爲觀文殿大學士、西太一宫使。癸酉，葬慈聖光獻皇后于永昭陵。丙子，南丹州入貢，以刺史印賜之。乙酉，祔慈聖光獻皇后神主于太廟。戊子，降兩京、河陽囚罪一等，民緣山陵役者，蠲其賦。己丑，以慈聖光獻皇后弟昭德軍節度使曹佾爲司徒兼中書令，改護國軍節度使，餘親屬加恩有差。

夏四月乙未，觀文殿大學士吳充薨。丁酉，封宗暉爲濮陽郡王，濮安懿王子孫皆進官一等。己亥，遼遣耶律永芳等來賀同天節。乙巳，以瀘州夷乞弟侵擾，詔邊將討之。戊申，乞弟寇戎州，兵官王宣等戰殁。甲寅，罷羣牧行司，復置提舉買馬監牧司。乙卯，令御史分案諸路監司。庚申，詔御史臺六察以糾劾多寡爲殿最，任滿取旨升黜。辛酉，增國子監歲賜錢六千緡。

五月乙丑，詔：自今三伏内，五日一御前殿。辛巳，以潁昌進士劉堂上制盜十策，授徐州蕭縣尉。甲申，復命韓存寶經制瀘夷。詔改都大提舉導洛通汴司爲都提舉汴河堤岸司。是月，青州臨朐、益都石化爲麪。

六月，戊戌，詔省宗室教授，存十三員。丙午，詔中書詳定官制。罷兵部勾當公事官。詔河北、河東、陝西路各選文武官一員提舉義勇保甲。壬子，詔罷中書門下省主判官，歸其事於中書。是月，安州、臨江軍産芝及連理麥。

秋七月庚午，河決澶州。甲戌，詔自今遇大禮罷上尊號。癸未，彗出太微垣。丙戌，避殿減膳，詔求直言。丁亥，罷羣神從祀明堂。

八月乙巳，罷省、寺、監官領空名者。癸丑，遣王存等賀遼主生辰、正旦。戊午，彗不見。

九月壬戌，增宣祖定州東安墳地二十頃及守園户。丙寅，御殿復膳。乙亥，正官名。以開府儀同三司易中書令、侍中、同平章事，特進易左右僕射，自是以下至承務郎易祕書省校書郎、正字、將作監主簿有差，檢校僕射以下及階散憲銜並罷，詳在《職官志》。辛巳，大饗明堂，以英宗配，赦天下。癸未，薛向、孫固並爲樞密副使。乙酉，詔即景靈宫作十一殿，以時王禮祠祖宗。以王安石爲特進，改封荆國公。丙戌，進封岐王顥爲雍王，嘉王頵爲曹王，並爲司空。文彦博爲太尉。封曹佾爲濟陽郡王，宗旦爲華陰郡王。馮京爲樞密使。薛向罷知潁州。丁亥，以吕公著爲樞密副使。

閏九月乙卯，加文彦博河東、永興軍節度使，以富弼爲司徒。

十二月甲辰，遼遣蕭偉等來賀正旦。

四年春正月乙未，命步軍都虞候林廣代韓存寶經制瀘夷。庚子，詔試進士加律義。辛亥，于闐來貢。馮京罷知河陽。孫固知樞密院，龍圖閣直學士韓縝同知樞密院事。

二月辛未，置秦州鑄錢監。己卯，分東南團結諸軍爲十三將。

三月乙未，詔在京官毋舉辟執政有服親。癸卯，章惇罷知蔡州。甲辰，以翰林學士張璪參知政事。乙巳，命官閱九軍營陣法於京城南。戊申，大閱。丙辰，董氈遣使來貢。

夏四月癸亥，遼遣耶律祐等來賀同天節。御延和殿閱試保甲。己巳，詔罷南郊合祭天地，自今親祀北郊如南郊儀，有故不行則以上公攝事。壬申，慮囚。山陰縣主簿余行之謀反伏誅。乙酉，河決澶州小吳埽。

五月丁酉，詔河東路提點刑獄劉定專振被水民。戊申，封晉程嬰爲成信侯，公孫杵臼爲忠智侯，立廟于絳州。

六月戊午，河北諸郡蝗生。癸未，命提點開封府界諸縣公事楊景略、提舉開封府界常平等事王得臣督諸縣捕蝗。

秋七月，庚寅，西邊守臣言夏人囚其主秉常，詔陝西、河東路討之。甲午，鄜延、涇原、環慶、熙河、麟府路各賜金銀帶、綿襖、銀器、鞍轡、象笏。甲辰，韓存寶坐逗留無功伏誅。丁未，大軍進攻米脂砦。己酉，詔曾鞏充史館修撰，專典史事。詔内外官司舉官悉罷。令大理卿崔台符同尚書吏部，審官東西、三班院議選格。

八月乙卯朔，罷中書堂選，悉歸有司。丙辰，詔蠲河北東路災傷州軍今年夏料役錢。辛酉，夏人寇臨川堡，詔董氈會兵伐之。以金州刺史燕達爲武康軍節度使。己巳，復置滑州。丁丑，熙河經制李憲敗夏人于西市新城，獲酋首三人、首領二十餘人。庚辰，又襲破于女遮谷，斬獲甚衆。辛巳，司馬光、趙彦若上所

修《百官公卿年表》十卷，《宗室世表》三卷。

九月乙酉，董氈遣使來貢，且言已遣首領洛施軍篤喬阿公等將兵三萬會擊夏國。李憲復蘭州古城。戊子，蘭州新順首領巴令謁等三族率所部兵攻夏人撒逋宗城，敗之。己亥，王珪上《國朝會要》。壬寅，閱河北保甲于崇政殿，官其優者三十六人。甲辰，詳定郊廟奉祀禮儀。丙午，詔諭夏主左右并嵬名部族諸部首領，並許自歸。庚戌，夏兵救米脂砦，鄜延經略副使种諤率衆擊破之。辛亥，种諤又敗夏人于無定川。

十月丁巳，米脂砦降。己未，拂菻國來貢。庚申，熙河兵至女遮谷，與夏人遇，戰敗之。乙丑，涇原兵至磨哆隘，遇夏人，與其統軍梁大王戰，敗之，追奔二十里，斬大首領没囉卧沙、監軍使梁格嵬等十五級，獲首領統軍姪訖多埋等二十二人。己巳，入銀州。庚午，環慶行營經略使高遵裕復清遠軍。种諤遣曲珍等領兵通黑水安定堡路，遇夏人，與戰破之，斬獲甚衆。癸酉，復韋州。乙亥，李憲敗夏人于屈吴山。丁丑，曲珍與夏人戰于蒲桃山，敗之。戊寅，种諤入夏州。詔諸將存撫降人。辛巳，史館修撰曾鞏乞收采名臣高士事迹遺文，詔從之。涇原節制王中正入宥州。

十一月，丁亥，諸軍合攻靈州，种諤敗夏人于黑水。己丑，李憲敗夏人于囉逋川。辛卯，种諤降横河平人户，破石堡城，斬獲甚衆。辛丑，師還。癸卯，种諤至夏州索家平，兵衆三萬人，以無食而潰。丙午，高遵裕以師還，夏人來追，遂潰。

十二月辛未，林廣破乞弟于納江。乙亥，慈聖光獻皇后禫祭，宰臣王珪等上表請聽樂，不許，自是五表，乃從之。戊寅，遼遣蕭福全等來賀正旦。

五年春正月癸未朔，不受朝。丙申，御宣德門觀燈。庚子，責授高遵裕郢州團練副使，本州安置。乙巳，作新渾儀、浮漏。辛亥，詔再議西討，以熙河經制李憲爲涇原、熙河蘭會安撫制置使，李浩權安撫副使。

二月癸丑朔，頒三省、樞密、六曹條制。詔鄜延軍士病不能歸者，賜其家絹十匹。丙辰，以乞弟平班師。辛酉，詔：董氈首領結隣死，其朝辭物給其子董訥支藺氈，增賜絹百匹。癸亥，華陰郡王宗旦薨。丁卯，封武昌軍節度觀察留後宗惠爲江夏郡王。癸酉，以出師赦梓州路，減囚罪一等，民緣軍事役者蠲其賦。封董氈爲武威郡王。丙子，渤泥來貢。

三月壬辰，親策進士。甲午，策武舉。己亥，以日當食，避殿減膳，赦天下，降死罪一等，流以下原之。詔杭州歲修吴越王墳廟。壬寅，鄜延路副總管曲珍敗夏人于金湯。乙巳，賜進士、諸科出身千四百二十八人。丙午，雨土。

夏四月，甲寅，御殿復膳。丁巳，遼遣耶律永端等來賀同天節。己未，沈括奏遣曲珍將兵綏德城，應援討葭蘆寨左右見聚羌落，詔從之。乙丑，以直龍圖閣徐禧知制誥，權御史中丞。癸酉，官制成。以王珪爲尚書左僕射兼門下侍郎，蔡確爲尚書右僕射兼中書侍郎。甲戌，太中大夫章惇爲門下侍郎，張璪爲中書侍郎，翰林學士蒲宗孟爲尚書左丞，翰林學士王安禮爲尚書右丞。録唐段秀實後，復其家。丁丑，同知樞密院吕公著罷知定州。

五月辛巳朔，行官制。丁亥，賞平蠻將士有差。癸巳，豐州卒張世矩等作亂伏誅。其黨王安以母老，詔特原之。作尚書省。戊戌，詔兩省官人舉可任御史者各二人。甲辰，遣給事中徐禧治鄜延邊事。

六月辛亥朔，環慶經略司遣將與夏人戰，破之，斬其統軍嵬名妹精嵬、副統軍訛勃遇。甲寅，王珪上《兩朝史》。戊午，詔修《兩朝寶訓》。詔以成都路供給瀘州邊事，曲赦，免二税。甲子，改翰林醫官院爲醫官局。壬申，交阯獻馴犀二。癸酉，豫章郡王宗諤薨。戊寅，曲珍等敗夏人于明堂川。作天源河。

秋七月辛巳，廣西經略司言知宜州王奇與賊戰，敗績。壬午，詔罷大理寺官赴中書省讞案。戊子，詔御史中丞舒亶舉任言事或察官十人。辛卯，詔尚書考功員外郎蔡京編手詔。庚子，以蔡京爲起居郎，仍同詳定官制。丁未，垂拱殿宴修史官。己酉，始建雩壇祀上帝，以太宗配。

八月庚戌朔，封御侍武氏爲才人。壬子，進封均國公傭爲延安郡王。以昭容朱氏爲賢妃。庚申，帝有疾。詔歲以四孟月朝獻景靈宫。辛未，遣韓忠彦等賀遼主生辰、正旦。鳳州團練使种諤以行軍迂道，降授文州刺史。壬申，詔罷增減幕職、州縣官奉。甲戌，城永樂。戊寅，河決原武。

九月丁亥，夏人三十萬衆寇永樂，曲珍戰不利，裨將寇偉等死之，夏人遂圍城。己丑，帝以疾愈，降京畿囚罪一等，徒以下釋之。壬辰，遣使行視畿縣民被水患者。乙未，詔張世矩等將兵救永樂砦。戊戌，永樂陷，給事中徐禧、内侍李舜舉、陝西轉運判官李稷死之。己亥，詔客省、引進、四方館、東西上閤門各置使、副等職。庚子，安化蠻寇宜州，知州王奇死之，詔贈忠州防禦使。辛丑，賞董氈將士有差。癸卯，滑州河水溢。

冬十月辛亥，洛口、廣武大河溢。甲寅，知延州沈括以措置乖方，責授均州

團練副使，隨州安置；鄜延路副都總管曲珍以城陷敗走，降授皇城使。丙辰，修定景靈宫儀。乙丑，詔贈永樂死事臣徐禧金紫光禄大夫、吏部尚書，李舜舉昭化軍節度使，並賜謚忠愍，李稷朝奉大夫、工部侍郎，入内高品張禹勤皇城使，各推恩賜贈有差。癸酉，貶知太原府、資政殿大學士呂惠卿知單州。

十一月戊寅朔，罷御史察諸路。壬午，景靈宫成，告遷祖宗神御。癸未，初行酌獻禮。乙酉，以奉安神御赦天下，官與享大臣子若孫一人。庚寅，紫宸殿宴侍祠官。

十二月丁巳，新樂成。以賢妃周氏爲德妃。辛酉，塞原武決河。丙寅，休日御延和殿，引進對官十人。辛未，西南龍蕃來貢。壬申，遼遣耶律儀等來賀正旦。丙子，録永樂死事將皇城使寇偉等十三人及東上閤門副使景思誼等九十人，贈賜有差。

六年春正月丁丑朔，御大慶殿受朝，始用新樂。儀鸞司徹幕屋壞，毁玉輅。丁亥，朝獻景靈宫。己丑，層檀入貢。庚寅，御宣德門觀燈。癸巳，詔御史六察罷上下半年更易法。乙未，詔修周、漢以來陵廟。乙巳，御崇政殿閱武士。丙午，封楚三閭大夫屈平爲忠潔侯。

二月丁未，夏人數十萬衆攻蘭州，鈐轄王文郁率死士七百餘人擊走之。丙辰，以夏人犯蘭州，貶熙河經略使李憲爲經略安撫都總管，以王文郁爲西上閤門使、知蘭州，副使李浩爲四方館使。甲子，詔供備庫使高遵治、西京左藏庫副使張壽各降一官。

三月辛卯，夏人寇蘭州，副總管李浩以衛城有功，復隴州團練使。乙未，休日御延和殿，引進對官八人。丙申，河東將薛義敗夏人于葭蘆西嶺。戊戌，以檢校太尉、上柱國、太原郡開國公王拱辰爲武安軍節度使。麟、府州將郭忠紹等敗夏人于乜離抑部，詔行賞有差。己亥，河東將高永翼敗夏人于真卿流部。

夏四月己酉，朝獻景靈宫。辛亥，遼遣蕭固等來賀同天節。甲子，禮部郎中林希上《兩朝寶訓》。李浩敗夏人于巴義谿。辛未，雨土。壬申，御邇英閣，蔡下進講《周禮》。

五月丙子朔，于闐入貢。甲申，以時暑趣決開封大理獄。庚寅，以旱慮囚。甲午，夏人寇蘭州，右侍禁韋定死之。癸卯，詔賜資州孝子支漸粟帛。是月，夏人寇麟州，知州訾虎敗之。

六月乙巳朔，詔御史臺六察各置御史一員。癸丑，詔御史中丞、兩省官各舉可任言事或監察御史五人。

閏月乙亥朔，夏主秉常請修貢，許之。戊寅，詔陝西、河東毋輒出兵。丙戌，詔内外文武各舉應武舉一人。汴水溢。丙申，太師、守司徒、韓國公富弼薨，謚文忠。

秋七月乙卯，祔孝惠、孝章、淑德、章懷皇后于廟。丙辰，以四后祔廟，降京畿囚罪一等，流以下原之。孫固罷知河陽。以同知樞密院韓縝知樞密院，户部尚書安燾同知樞密院。戊午，朝獻景靈宫。

八月丙子，賜升祔陪祠官宴于尚書省。己卯，太白晝見。乙酉，遣蔡京等賀遼主生辰、正旦。辛卯，蒲宗孟罷，王安禮爲尚書左丞，吏部尚書李清臣爲尚書右丞。

冬十月癸酉朔，秉常遣使上表，請復修職貢，乞還舊疆。戊子，封孟軻爲鄒國公。癸巳，會稽郡王世清薨。庚子，尚書省成。辛丑，封馬援爲忠顯王。

十一月癸卯，加上仁宗謚曰體天法道極功全德神文聖武睿哲明孝皇帝，英宗曰體乾應曆隆功盛德憲文肅武睿神宣孝皇帝。甲辰，朝獻景靈宫。乙巳，朝享太廟。丙午，祀昊天上帝于圜丘，赦天下。甲寅，文彦博以太師致仕。乙卯，以觀文殿大學士韓絳爲建雄軍節度使。庚申，幸尚書省，官執政五服内未仕者一人，進尚書以下官一等。

七年春正月丙午，封洺州防禦使世準爲安定郡王。癸丑，夏人寇蘭州，李憲等擊走之。甲寅，以賢妃朱氏爲德妃。

二月甲戌，太師文彦博入覲，置酒垂拱殿。癸未，進封濮陽郡王宗暉爲嗣濮王，封宗晟爲高密郡王，宗綽爲建安郡王，宗隱爲安康郡王，宗瑗爲漢東郡王，宗愈爲華原郡王。

三月辛丑，賜文彦博宴于瓊林苑，帝製詩以賜之。庚申，御崇政殿大閱。壬戌，詔賜鬼章寫經紙，還其所獻馬。

夏四月辛未，大食國來貢。乙亥，遼遣蕭浹等來賀同天節。丁丑，賜饒州童子朱天錫五經出身。丙戌，景靈宫天元殿門生芝草六本。壬辰，朝獻景靈宫。癸巳，夏人寇延州安塞堡，將官呂真敗之。

五月壬子，慮囚，降死罪一等，杖以下釋之。壬戌，以孟軻配食文宣王，封荀況、揚雄、韓愈爲伯，並從祀。詔諸路帥臣、監司等舉大使臣爲將領。

六月丙子，夏人寇德順軍，巡檢王友死之。辛卯，江夏郡王宗惠薨。

秋七月甲辰，伊、洛溢，河決元城。丙午，遣使振恤，賜溺死者家錢。壬子，朝獻景靈宮。甲寅，王安禮罷。

八月庚午，詔王光祖遣人招諭乞弟，許出降免罪補官，是歲乞弟死。辛巳，遣陳睦等賀遼主生辰、正旦。

九月壬寅，西南龍蕃來貢。乙巳，三佛齊來貢。乙丑，夏人圍定西城，熙河將秦貴敗之。

冬十月乙亥，夏人寇熙河。庚辰，饒州童子朱天申對于睿思殿，賜五經出身。辛巳，朝獻景靈宮。戊子，詔分畫交阯界，以六縣二峒賜之。乙未，夏人寇靜邊砦，涇原將彭孫敗之。

十一月丁酉朔，寇清邊砦，隊將白玉、李貴死之。甲辰，夏國主秉常遣使來貢。

十二月戊辰，端明殿學士司馬光上《資治通鑑》，以光爲資政殿學士，降詔獎諭。庚寅，詔門下、中書外省官同舉言事御史。辛卯，遼遣耶律襄等來賀正旦。

是歲，河東饑，河北水，壞洛州廬舍，蠲其稅。

八年春正月戊戌，帝不豫。甲辰，赦天下。乙巳，使輔臣代禱景靈宮。乙卯，分遣羣臣禱于天地、宗廟、社稷。

二月辛巳，開寶寺貢院火。丁亥，命禮部鎖試別所。癸巳，上疾甚，遷御福寧殿，三省、樞密院入見，請立皇太子及請皇太后權同聽政，許之。

三月甲午朔，立延安郡王傭爲皇太子，賜名煦，皇太后權同處分軍國事。乙未，赦天下，遣官告于天地、宗廟、社稷、諸陵。丁酉，皇太后命吏部尚書曾孝寬爲册立皇太子禮儀使。戊戌，上崩于福寧殿，年三十有八。皇太子即皇帝位，尊皇太后爲太皇太后，皇后爲皇太后，德妃朱氏爲皇太妃。太皇太后權同處分軍國事。

九月己亥，上大行皇帝謚曰英文烈武聖孝皇帝，廟號神宗。

十月乙酉，葬于永裕陵。

王稱《東都事略》卷八《神宗紀》 神宗體元顯道帝德王功英文烈武欽仁聖孝皇帝，英宗長子也，母曰宣仁聖烈皇后高氏，以慶曆八年四月十日生于濮安懿王之宮邸，祥光照室。初授率府副率，遷率府率，嘉祐五年，遷右千牛衛將軍。英宗入繼大統，拜安州觀察使，封安國公。加同中書門下平章事，忠武軍節度使，封淮陽郡王。治平元年，進封潁王。

四年春正月丁巳，英宗崩，奉遺制即皇帝位于柩前，尊皇太后曰太皇太后，皇后曰皇太后。戊午，大赦天下。丙寅，吴奎樞密副使。戊辰，韓琦以司空兼侍中。皇弟顥封昌王，頵樂安郡王。二月，詔曰：「朕常侍先帝左右，恭聞德音，以本朝舊制，士大夫之子有尚帝女者，輒皆升行，以避舅姑之尊。習行既久，義甚無謂，豈可以富貴之故，屈人倫長幼之序也。自今宜革之。」三月壬申，歐陽脩罷。癸酉，吴奎參知政事。閏月庚子，詔求直言。夏六月辛未，詔曰：「農，天下之本也，祖宗以來，務加惠養，比下寬恤之令，賜蠲復之恩。然而歷年于兹，未極富盛，閒因水旱，頗致流離。深惟其故，殆州郡差役仍重，勞逸不均，喜爲浮冗之名，不急之務，以奪其時，而害其財故也。其令逐路轉運司，下州縣，如官吏有差役利害，可以寬減者，實封條析以聞。秋八月己巳，京師地震。癸酉，葬憲文肅武宣孝皇帝于永厚陵。九月辛卯，皇弟顥封岐王，頵高密郡王。辛丑，韓琦及吴奎、陳升之罷。吕公弼樞密使，張方平、趙抃並參知政事，韓絳、邵亢樞密副使。癸卯，郭逵罷。冬十月己酉，張方平以父憂罷。癸酉，种諤率兵取綏州。戊寅，詔百官轉對。

熙寧元年春正月甲戌朔，改元。丙申，趙槩罷。唐介參知政事。秋七月癸酉，詔謀殺已傷，案問欲舉自首，從謀殺減二等論。己卯，陳升之知樞密院事。羣臣上尊號曰奉元憲道文武仁孝皇帝，司馬光入直，因言：「上尊號非先王令典，願陛下推而不居。」上用光言，不許，遂終身不受尊號。甲申，京師地震。乙酉，又震。是夕，月有食之。辛卯，京師地再震。八月甲辰，京師地震。甲子，詔封太祖之後爲王。九月辛未，封從式安定郡王。冬十一月丁亥，合祭天地于圜丘，大赦天下。十二月庚申，造神臂弓。辛酉，邵亢罷。

二年春二月己亥，富弼同中書門下平章事。庚子，王安石參知政事。甲子，陳升之、王安石同制置三司條例。三月乙酉，詔曰：「朕以爲欲致治於天下者，必富之而後可。今縣官之費不給，而民財大屈，故特詔輔臣，置司於內，以革其大弊。夫事顓於所習，則能明乎得失之原，今將權天下之財，而資之於有司能習知其事者焉，則其所得必精，所言必通，聚而求足，固足以成吾富民之術。若夫苛刻之論，務欲朘削於下，而斂怨於上者，斯亦朕之不取。宜令三司判官、諸路監司及內外官，限受詔後兩月，各具財用利害聞奏。」夏四月甲辰，詔曰：「方夏大旱，麥將槁，朕惟災變之來，蓋不虛發，豈朕政令未孚，聽納靡中，以致厥咎，與其罷同天節上壽。公卿大夫，其勉修厥職，以圖修復。」丁未，唐介薨。丙辰，詔

曰：「傳曰近臣盡規，以其榮耻與上同也。今此在位者，視朕過失與朝廷政事之闕，默而不言，乃或私議竊歎，若以其責不在己，夫豈皆習見成俗，以爲當然，其以有含章懷寶，待倡而發者也。今百度隋弛，風俗偷惰，薄蝕災異，譴告不一，此誠忠賢助朕憂惕，以刱制改法，救弊除患之時。宜令侍從官，自今視朕過失與朝廷政事之闕，無有巨細，各具章極言無隱。噫！言善而不用，朕有厥咎，道之而不言，爾爲不恭。朕將用此攷察在位所以事君之實，而明黜陟焉。」丁巳，遣使八人，相度農田水利、稅賦科率、徭役利害。五月壬辰，太皇太后遷居慶壽宮。冬十月丙申，富弼罷。陳升之同中書門下平章事。十一月，韓絳同制置三司條例。甲戌，詔裁宗室授官法，唯宣祖、太祖、太宗之子，擇其後一人爲公，世世不絶，其餘元孫之子，將軍以下，聽出外官，袒免之子更不賜名授官，許令應舉。初，呂夷簡在仁宗時，改宗室補環衛官，驟增廩給，其後費大而不可止，至韓琦爲相，嘗議更之而不果，上即位遂行之。閏月壬子，置諸路提舉常平、廣惠倉，行青苗法，應邵縣每歲春秋未熟，據民等第，以常平及廣惠倉錢斂散取息。

三年春正月，詔：「諸路常平、廣惠倉給散青苗錢本，以惠卹貧乏，並取民情願。今慮官吏不體此意，追呼均配抑勒，翻成騷擾。其令諸路提點刑獄官體量覺察，違者立以名聞，敢沮抑願請者，按罰亦如之。」二月壬申，司馬光樞密副使，光辭。三月己亥，廷試進士始用策。夏四月己卯，趙抃罷。韓絳參知政事。五月，罷條例司。壬子，罷入閣。戊午，新作來遠驛。六月丁丑，宗室承亮等襲封。秋七月壬辰，吕公弼罷。馮京樞密副使。九月，夏人寇慶州。乙未，韓絳宣撫陝西。庚子，曾公亮罷。辛丑，馮京參知政事，吴充樞密副使。冬十月，夏人寇環慶。戊寅，陳升之以母憂罷。十一月，韓絳爲陝西、河東宣撫使。十二月乙丑，行保甲法于諸路。丁卯，韓絳、王安石並同中書門下平章事，王珪參知政事。

四年春二月丁巳朔，罷貢舉詞賦科，以經術取士。壬申，皇弟頵封嘉王。夏人犯延州。慶州軍亂。三月丁未，韓絳罷。夏五月己亥，司農寺以免役法頒天下。秋九月辛卯，大享明堂，大赦天下。夏國主秉常請綏州。冬十一月丙申，月有食之。增廣太學，置三舍。

五年春二月丙寅，蔡挺樞密副使。三月丙午，京師置市易務。夏六月乙亥，置武學。冬十月，王韶收復鎮洮軍。十二月壬午，陳升之樞密使。

六年春正月辛亥，詔奉僖祖神主爲太廟始祖。二月丙申，克河州，遂復洮、岷、疊、宕等州。夏四月，己亥，文彦博罷。冬十月，章惇開梅山。十二月癸未，詔在京納免行錢。旱。

七年春正月乙卯，皇子俊封永國公。二月甲申，吐蕃青宜結鬼章圍河州，景思立與戰于踏白城，死之。三月丙午，王韶軍寧河，解河州圍。己酉，木征降。丙辰，遼主遣蕭禧來言蔚、應、朔三州地界，命韓縝報聘，又命劉忱、蕭士元、吕大忠同商量地界于代州。乙丑，詔曰：「朕涉道日淺，晻于致治，政失厥中，以干陰陽之和，乃冬迄春，旱暵爲虐，四海之内，被災者廣。間詔有司，損常膳，避正殿，冀以塞責消變，歷日滋久，未蒙休應，嗷嗷下民，大命近止。中夜以興，震惕靡寧，永惟其咎，未知攸出。意者朕之聽納不得於理與，獄訟非其情與，賦斂失其節與，忠謀讜言鬱於上聞，而阿諛壅蔽，以成其私者衆與，何嘉氣之久不效也。應中外文武臣僚，並許實封直言朝政闕失，朕將親覽，攷求其當，以輔政理。三事大夫，其務悉心交儆，成朕志焉。」夏四月己巳，上以久旱，見輔臣嗟歎懇惻，王安石曰：「水旱常數，堯、湯所不免。陛下即位以來，累年豐稔，今旱暵雖遠，但當修益人事，以應天災耳。」上曰：「朕所以恐懼如此者，正爲人事有所未修也。」辛未，頒方田制度。丙戌，王安石罷。韓絳同中書門下平章事，吕惠卿參知政事。己丑，詔曰：「朕嘉先王之法，澤於當時，而傳於後世，可謂盛矣。故夙興夜寐，八年于兹，度時之宜，造爲法令，布之四方，皆稽合先王，參攷羣策，而斷自朕志。已行之效，固已可見。士大夫其務奉承之，以稱朕意。」遼主遣蕭素、梁潁來。辛亥，罷制科。秋九月，蔡挺請置三十七將，河北十七、府界七、京東十、京西三。冬十月己未，合祭天地于圜丘，大赦天下。王韶樞密副使。

八年春正月庚子，蔡挺、馮京罷。二月丙寅，皇子僩封景國公。癸酉，王安石同中書門下平章事。三月庚子，遼主再遣蕭禧來，命韓縝乘驛會議。癸丑，命沈括使于遼。夏四月戊寅，吴充樞密使。庚寅，廢沙苑監。閏月己未，陳升之罷。壬子，宗室世居反，伏誅。秋八月庚戌，韓絳罷。冬十月庚戌，吕惠卿罷。丁酉，彗出軫。己亥，詔求直言。壬寅，大赦天下。十二月壬寅，元絳參知政事，曾孝寬僉書樞密院事。乙巳，皇子僩薨。交趾陷欽、廉、白三州。辛亥，命趙卨、李憲討之，尋罷憲，以郭逵爲宣撫使而卨副之。

九年春正月庚辰，交趾陷邕州，守臣蘇緘死之。秋八月壬辰，詔司農寺罷鬻天下祠廟。冬十月丙午，王安石罷。吴充、王珪並同中書門下平章事，馮京知樞密院事。十二月甲午，遣内侍李憲措置邊事。

十年春二月己亥，王韶罷。丙午，交趾李乾德納款。夏五月，廖恩叛于南劍

州。秋七月己亥，廖恩降。冬十月癸巳，詔濮安懿王諸子襲封濮國王，奉祠事，後承襲遍，即傳長孫。庚子，皇子俊薨。十一月甲戌，合祭天地于圜丘，大赦天下。十二月壬午，詔改元。丁亥，皇第六子封均國公，价建國公。

元豐元年春正月庚申，月有食之。閏月壬辰，孫固同知樞密院事。己亥，曾孝寬以父憂罷。秋九月乙酉，吕公著、薛向並同知樞密院事。冬十月丁未，重修都城畢工，興役凡三年。十二月壬子，皇子价薨。置大理獄。

二年春，瀘州蠻乞弟反，以韓存寶討之。三月庚辰，以内侍宋用臣導洛通汴。夏五月庚辰，詔曰：「濮安懿王，先帝斟酌典禮，即園立廟，詔王子孫歲時奉祀，義叶恩稱，後世無得議焉。今三夫人名位或未正，塋域或異處，有司置而不講，曷足以彰先帝甚盛之德，仰承在天之志乎。三夫人可並稱曰王夫人，命主司擇歲月遷祔濮園。」甲申，元絳罷。戊子，蔡確參知政事。六月，清汴成。冬十月庚戌，赦天下。乙卯，太皇太后曹氏崩。十二月乙巳，詔酌周官賓興之意，立太學三舍選察升補之法。

三年春二月丙午，章惇參知政事。三月乙丑，吴充罷。癸酉，葬慈聖光獻皇后于永昭陵。秋七月甲戌，詔曰：「朕惟皇以道，帝以德，王以業，各因時制名，用配其實，何必加崇稱號以自飭哉！秦漢以來，尊天子曰皇帝，其亦至矣。朕承祖宗之休，宅士民之上，凡虛文繁禮，悉已革去。而近司羣辟，猶或時以稱號見請，雖出於歸美報上之忠，然非朕所以若稽先王之意。自今每遇大禮，罷上尊號。」癸未，彗出西方。丙戌，詔曰：「乃孟秋癸未，彗出西方，朕甚懼焉。其令中外臣僚，並許直言朝政闕失，朕虛心以改。」丁亥，詔曰：「孝莫大於嚴父，嚴父莫大於配天。而屬有尊親之殊，禮有隆殺之别，故遠而尊者，祖則祀於郊之圜丘而配天，邇而親者，禰則祀於國之明堂而配上帝，圜丘祀天，則對越諸神，明堂則上帝而已，故其所配如此，然後足以適尊親遠近之義。其將來祀英宗皇帝於明堂，惟以配上帝，餘從祀羣臣悉罷。」八月乙巳，詔曰：「朕嘉成周以事建官，以爵制禄，小大詳要，莫不有叙，分職率屬，而萬事條理。國家受命百年，而官政尚愧前聞，參酌損益，趨時之宜，使臺、省、寺、監之官，實典職事，領空名者一切罷去，而易之以階，因以制禄，凡厥恩數，悉如舊章，中書具奏。」九月乙亥，初行官制。辛巳，大享明堂用新樂，大赦天下。癸未，薛向、孫固並改樞密副使。丙戌，皇弟顥封雍王，頵曹王。馮京樞密使。薛向罷。丁亥，吕公著改副使。冬十月甲戌，月有食之。

四年春正月，改五路義勇爲保甲。辛亥，馮京罷。孫固知樞密院事，韓縝同知院事。三月癸卯，章惇罷。甲辰，張璪參知政事。夏四月，种諤言夏人囚其王秉常，議討之。遣内侍王中正節制鄜延，内侍李憲節制環慶、涇原，高遵裕以環慶之師，劉昌祚以涇原之師，种誼以鄜延之師，問罪夏人。辛未，月有食之。五月庚子，皇子僩薨。秋七月癸卯，斬韓存寶于軍，更命林廣將存寶兵平乞弟。九月乙酉，復蘭州。冬，諸將之師至靈州城下，敗績。十二月，詔班師。林廣與乞弟戰，敗之。

五年春正月，林廣追逐乞弟至歸徠州。二月癸巳，還師。夏四月，癸丑，更官制，以王珪爲尚書左僕射兼門下侍郎，蔡確尚書右僕射兼中書侍郎，章惇門下侍郎，張璪改中書侍郎，蒲宗孟尚書左丞，王安禮尚書右丞。丁丑，吕公著罷。六月丙辰，詔自今事不以大小，並中書省取旨，門下省覆奏，尚書省施行，三省同得旨，更不帶三省字行出。是日，輔臣有言中書省獨取旨，事體太重，上曰：「三省體均，中書省揆而議之，門下省審而覆之，尚書省承而行之。苟有不論，自可論奏，不當緣此以亂體制也。」秋八月壬子，皇第六子封延安郡王。九月甲戌，城永樂，夏人來攻。戊戌，城陷，徐禧、李稷、李舜舉死之。冬十一月乙酉，奉安祖宗神御于景靈宮，大赦天下。

六年春正月丁丑朔，新玉輅毀。夏閏六月乙亥朔，夏國王秉常納款。壬辰，皇子佖封儀國公。庚子，加上仁宗、英宗尊謚。秋七月丙辰，孫固罷。韓縝知樞密院事，安燾同知院事。八月丁亥，月有食之。辛卯，蒲宗孟罷。王安禮尚書左丞，李清臣尚書右丞。冬十月，夏國主秉常遣使來。甲戌，皇第十一子封寧國公。十一月丙午，祭昊天上帝于圜丘，大赦天下。

七年春三月丁巳，皇子延安郡王侍宴于集英殿。秋七月甲寅，王安禮罷。八月己丑，皇子俣封成國公。冬十一月庚午，皇子似封和國公。

八年春正月戊戌，皇帝不豫。甲辰，大赦天下。三月甲午朔，皇太后垂簾，立皇子延安郡王爲皇太子。乙未，大赦天下。戊戌，皇帝崩于福寧殿，聖壽三十八，殯于殿之西階。羣臣上尊謚曰英文烈武聖孝皇帝，廟號神宗。冬十月乙西，葬永裕陵。紹聖二年，加上尊謚曰紹天法古運德建功欽仁皇帝。崇寧三年，再加上尊謚曰紹天法古運德建功英文烈武欽仁聖孝皇帝。政和三年，改上尊謚曰體元顯道帝德王功英文烈武欽仁聖孝皇帝。

雜録

備録

司馬光《涑水記聞》卷一六　上以外事問介甫，介甫曰：「陛下從誰得之？」上曰：「卿何必問所從來？」介甫曰：「陛下與他人爲密，而獨隱於臣，豈君臣推心之道乎？」上曰：「得之李評。」介甫由是惡評，竟擠而逐之。他日，介甫復以密事質於上，上問於誰得之，介甫不肯對，上曰：「朕無隱於卿，卿獨有隱於朕乎？」介甫不得已，曰：「朱明之爲臣言之。」上由是惡明之。明之，介甫妹夫也。及介甫出鎮金陵，吉甫欲引介甫親暱置之左右，薦明之爲侍講，上不許，曰：「安石更有妹夫爲誰？」吉甫以直講沈季長對，上即召季長爲侍講。吉甫又引弟升卿爲侍講。升卿素無學術，每進講，多捨經而談財穀利害、營繕等事。上時問以經義，升卿不能對，輒目季長從旁代對。上問難甚苦，季長辭屢屈，上問從誰受此義，對曰：「受之王安石。」上笑曰：「然則且爾。」季長雖黨附介甫，而常非王雱、王安禮及吉甫所爲，以謂必累介甫。雱等深惡之，故亦不甚得進用也。伯淳云。

沈括《夢溪筆談》卷二〇　熙寧七年，嘉興僧道親號通照大師，爲秀州副僧正，因遊溫州鴈蕩山，自大龍湫回，欲至瑞鹿院。見一人衣布襦行澗邊，身輕若飛，履木葉而過，葉皆不動。心疑其異人，乃下澗中揖之，遂相與坐於石上，問其氏族、閭里、年齒，皆不答，鬚髮皓白，面色如少年，謂道親曰：「今宋朝第六帝也，更後九年當有疾，汝可持吾藥獻天子。此藥人臣不可服，服之有大責，宜善保守。」乃探囊出一丸，指端大，紫色，重如金錫，以授道親曰：「龍壽丹也。」欲去，又謂道親曰：「明年歲當大疫，吳、越尤甚，汝名已在死籍，今食吾藥，勉脩善業，當免此患。」探囊中取一柏葉與之，道親即時食之。老人曰：「定免矣，慎守吾藥，至癸亥歲，自詣闕獻之。」言訖遂去。南方大疫，兩浙無貧富皆病。死者十有五六，道親殊無恙。至元豐六年夏，夢老人趣之曰：「時至矣，何不速詣闕獻藥？」夢中爲雷電驅逐，惶懼而起，徑詣秀州，具述本末，謁假入京，詣尚書省獻之。執政親問，以爲狂人，不受其獻。明日因對奏知，上急使人追尋，付内侍省問狀，以所遇對。未數日，先帝果不豫，乃使勾當御藥院梁從政持御香，賜裝錢百千，同道親乘驛詣鴈蕩山求訪老人，不復見，乃於初遇處焚香而還。先帝尋康復，謂輔臣曰：「此但預示服藥兆耳。」聞其藥至今在彰善閣，當時不曾進御。

張舜民《畫墁録》　神廟博涉多識，聞一該十，每發疑難，迥出衆人意表。故講官每以進講爲難，退而相語曰：「今日又言行過也。」黄履見蘇子由，以手捫其腹，曰：「予腹每趁講，未嘗不汗出也。」

王得臣《麈史》卷上　神宗皇帝聖學淵遠，原本作源，從鈔本改。莫窺涯涘。黄安中履任崇政説書，講《詩》至《噫嘻》、《振鷺》、《豐年》。上問曰：「有祈則有報，間之以《振鷺》，何也？」黄曰：「得四海之歡心以奉先王，維其如此，乃獲豐年之應。」一日，又講至《祈父》之篇，其卒章「祈父，亶不聰」。上問曰：「獨言聰而不言明，何也？」黄曰：「臣未之思也。」上曰：「豈非軍事尚謀，聰作謀故耶？」侍臣莫不歎服。蔡持正説。

魏泰《東軒筆録》卷四　神宗皇帝在春宮時，極沖幼，孫思恭爲侍讀，一日，講《孟子》至「多助之至，天下順之。寡助之至，親戚畔之。」思恭泛引古今助順之事，而不及親戚畔之者。主上顧曰：「微子，紂之諸父也，抱祭器而入周，非親戚畔之耶？」思恭釋然駭伏。上之睿明，可謂聞一知十矣。

熙寧十年夏，京輔大旱。主上以祈禱未應，聖慮焦勞，一夕，夢異僧吐雲霧致雨，翌日，甘澍滂足，遂以其像求之旁閣中，乃第十尊羅漢也。上之精虔感應如此。時集賢王丞相珪有《賀雨詩》，略曰：「良弼爲霖孤宿望，神僧作霧應精求。」即其事也。

魏泰《東軒筆録》卷五　熙寧四年，王荆公當國，欲以朱柬之監左藏庫，柬之辭曰：「左帑有火禁，而年高宿直非便。」聞欲除某人勾當進奏院，忘其人名。實願易之。」荆公許諾。翊日，於上前進某人監左藏庫，上曰：「不用朱柬之監左藏庫，何也？」荆公震駭，莫測其由。上之機神臨下，多知外事，雖纖微莫可隱也。

熙寧七年，王荆公初罷相，以吏部尚書、觀文殿學士知金陵，薦吕惠卿爲參政而去。既而吕得君怙權，慮荆公復進，因郊禮，薦荆公爲節度使平章事。方進熟勑，上察其情，遽問曰：「王安石去不以罪，何故用赦復官？」惠卿無以對。明年，復召荆公秉政，而王、吕益相失矣。

魏泰《東軒筆録》卷一二　元豐中，屢失皇子，有承議郎吳處厚，詣閤門上書

云：「昔程嬰、公孫杵臼二人，嘗因下宫之難，而全趙氏之孤，最有功於社稷，而皆死忠義。逮今千有餘歲，廟食弗顯，魂無所依，疑有祟厲者。願遣使尋訪冢墓，飾祠加封，使血食有歸，庶或變厲爲福。」是時，鄆王疾亟，主上即命尋訪，未數月，得二冢於絳州太平縣之趙村。詔封嬰爲成信侯、杵臼爲忠智侯，大建廟以時致祭，而以處厚爲將作監丞云。

釋文瑩《玉壺清話》卷一　熙寧元年，狀元吕公溱爲京尹，上殿進劄子，時府推官郎中周約隨趨於後。今上忽問吕曰：「卿體中無恙否？」吕對曰：「臣無事。」斯須又問：「卿果覺安否？」吕又對曰：「臣不敢强。」時吕公神彩氣燄畧無少虧。將退，又問周曰：「卿見吕溱如何？」周對曰：「以臣觀溱，似亦無事。」吕出殿門，深疑之，整巾拂面，索鏡自照，問周曰：「足下果見溱如何？」周曰：「龍圖無自疑，容彩安静。」果數日感疾，遄邇不起。此較然知聖人之觀物殊有夙見，況他事可昧天鑒哉？周中立責授巴陵，親語其尉朱元明。元明，佳士也，敢妄説乎？

邵伯温《邵氏聞見録》卷三　神宗初即位，中丞王陶言，宰相韓魏公不押常朝班爲跋扈。帝遣近侍以章疏示魏公，公奏曰：「臣非跋扈者，陛下遣一小黄門至，則可縛臣以去矣。」帝爲之動，出王陶知陳州。神宗即位，鋭意求治。初用吕溱爲翰林學士，爲開封府。溱死，又用滕甫爲翰林學士，爲御史中丞。甫性疎，上時遣小黄門持短封御札問事，甫誇示於人。或有見御札中誤用字者，乃反謗甫以爲揚上之短。上怒，疎斥之，以爲逆人李逢親黨，不復用。時王安石居金陵，初除母喪，英宗屢召不至。安石在仁宗時，論立英宗爲皇子，與韓魏公不合，故不敢入朝。安石雖高科有文學，本遠人，未爲中朝士夫所服，乃深交韓、吕二家兄弟。韓、吕，朝廷之巨室也，天下之士，不出於韓，即出於吕。韓氏兄弟，絳字子華，與安石同年高科；維字持國，學術尤高，不出仕，用大臣薦入館。吕氏公著字晦叔，最賢，亦與安石爲同年進士。子華、持國、晦叔爭揚於朝，安石之名始盛。安石又結一時名德之士如司馬君實輩，皆相善。先是治平間，神宗爲潁王，持國翊善，每講論經義，神宗稱善。持國曰：「非某之説，某之友王安石之説。」至神宗即位，乃召安石，以至大用。

神宗既退司馬温公，一時正人皆引去，獨用王荆公，盡變更祖宗法度，用兵言利，天下始紛然矣。帝一日侍太后，同岐王至太皇太后宫，時宗祀前數日，太皇太后曰：「天氣晴和，行禮日亦如此，大慶也。」帝曰：「然。」太皇太后曰：「吾昔聞民間疾苦，必以告仁宗，嘗因赦行之，今亦當爾。」帝曰：「今無它事。」太皇太后曰：「吾聞民間甚苦青苗、助役錢，宜因赦罷之。」帝不懌，曰：「以利民，非苦之也。」太皇太后曰：「王安石誠有才學，然怨之者甚衆。帝欲愛惜保全，不若暫出之於外，歲餘復召用可也。」帝曰：「羣臣中惟安石能横身爲國家當事耳。」岐王曰：「太皇太后之言，至言也，陛下不可不思。」帝因發怒，曰：「是我敗壞天下耶？汝自爲之！」岐王泣曰：「何至是也。」皆不樂而罷。温公嘗私記富韓公之語如此，而世無知者。崇寧中，蔡京等修《哲宗史》，以王安石爲聖人，然亦書慈聖光獻后、宣仁聖烈后因間見上，流涕爲言安石變亂天下，已而安石罷相。豈安石之罪雖其黨竟不能文耶？抑天欲彰吾本朝母后之賢，自不得而删也？帝退安石，十年不用。元豐末，帝屬疾，念可以託聖子者，獨曰：「將以司馬光、吕公著爲師傅。」王安石不預也。嗚呼，聖矣哉！神宗元豐四年，召北京留守文潞公陪祀南郊。會更官制，自司徒侍中拜太尉，罷侍中，爲開府儀同三司、判河南府，陛辭。先是，故參知政事王堯臣之子國老以至和中潞公與劉沆、富韓公、王參政堯臣，共乞立英宗爲皇嗣章草進，明其父功。帝留之禁中，面問潞公。公對與國老合，乃加潞公兩鎮節度使，官其子宗道爲承事郎。潞公力辭兩鎮，止受食邑。劉沆贈太師、中書令、兖國公，子瑾自祠部員外郎爲天章閣待制。王堯臣贈太師、中書令，謚文忠；子國老自水部員外郎充祕閣校理。富公進司徒，子紹京除閤門祗候。富公之客李偲問公曰：「公治平初進户部尚書，屢辭，今進司徒，一辭而拜，何也？」公曰：「治平初乃某自辭官，今日潞公以下皆遷，某豈敢堅辭，妨他人也？」蓋潞公與荆公論政事不合，出判北京，七年不召，自此帝眷禮復厚矣。

邵伯温《邵氏聞見録》卷四　神宗天資節儉，因得老宫人言祖宗時，妃嬪、公主月俸至微，歎其不可及。王安石獨曰：「陛下果能理財，雖以天下自奉可也。」帝始有意主青苗、助役之法矣。安石之術類如此，故吕誨中丞彈章曰：「外示朴野，中懷狡詐。」

吴曾《能改齋漫録》卷一三　神宗御邇英閣，問近臣：「《子衿》之詩，何以在《鄭詩》之末？」皆莫能對。帝曰：「此無他，虐政虐世，然後知聖人之爲郛郭也。」衆再拜，呼萬歲。

熙寧七年旱，神宗遣御藥吴有方詣集禧觀設醮。且諭以久旱，齋心致禱，庶有感應，汝宜前期儉視醮科。有方奏曰：「臣固當檢視醮科，陛下亦宜檢視政事。」帝不悦，翌日，帝笑曰：「吾昨夜三復汝言，甚當。足見汝之用心，吾已修

政事，答天戒。汝更宜爲吾嚴設。」有方再拜，往庀事焉。

葉夢得《石林燕語》卷一　熙寧末年旱，詔議改元。執政初擬大成，神宗曰：「不可！字成於文，一人負戈。」繼又擬豐亨，復曰：「不可！亨字爲子不成，惟豐字可用。」改元豐。

葉夢得《石林燕語》卷九　神宗天性至孝，事慈聖光獻太后尤謹。升遐之夕，王禹玉爲相入慰，執手號慟，因引致斂所，發視御容，左右皆感絶。將斂，復召侍臣觀入梓宮物，親舉一玉椀及玉絃曰：「此太后常所御也。」又慟幾欲仆。禹玉爲輓辭云：「誰知老臣淚，曾及見珠襦。」又云：「冰絃湘水急，玉椀漢陵深。」皆紀實也。

王明清《揮麈録・後録》卷一　神宗遵太祖遺意，聚積金帛成帑，自製四言詩一章云：「五季失圖，獫狁孔熾。藝祖造邦，思有懲艾。爰設内府，基以募士。曾孫保之，敢忘厥志。」每庫以一字目之。又別置詩二十字，分揭其上曰：「每虔夕惕心，妄意遵遺業。顧予不武資，何以成戎捷。」後來所謂御前封樁庫者是也。上意用此以爲開拓西北境土之資。始命王韶克青唐，然後欲經理銀、夏，復取燕、雲。元豐五年，徐禧永樂衂師之後，帝心弛矣。林宓《裕陵遺事》云。

神宗朝，詔修仁、英《兩朝國史》。開局日，詔史院賜筵。時吴沖卿爲首相提舉，二府及修史官就席上成詩賦。沖卿唱首云：「蘭臺開史局，玉斝賜君餘。賓友求三事，規摹本八書。汗青裁倣此，衰白盍歸歟。詔許從容會，何妨醉上車。」王禹玉云：「曉下金門路，君筵聽召餘。簪纓三壽客，筆削兩朝書。身老雖逢此，恩深盡醉歟。傳聞訪餘事，應走使臣車。」元厚之云：「殿帷昕對罷，省户雨陰餘。詔賜堯罇酒，人探禹穴書。夔龍方客右，班、馬蓋徒歟。徑醉俄歸弁，雲西見日車。」王君貺云：「累聖千年統，編年四紀餘。官歸柱史筆，經約魯麟書。班、馬才長矣，仁、英道偉歟。恩招宴東觀，醲酒荷盈車。」馮當世云：「天密叢雲曉，風清一雨餘。三長太史筆，二典帝皇書。接武知何者，霑恩匪幸歟。吐茵平日事，何憚汙公車。」曾令綽云：「御府朌醇釀，君恩錫餕餘。賜筵遵故事，紬史重新書。燕飲難偕此，風流不偉歟。素餐非所職，愧附相君車。」宋次道云：「二聖垂鴻烈，天臨四紀餘。元台來宰屬，賜會寵刊書。世業叨榮甚，君恩可報歟。衮衣相照爛，歸擁鹿鳴車。」王正仲云：「上聖思論著，前言摭緒餘。瓊筵初賜醴，石室載紬書。徽範貽來者，成功念昔歟。欲知開局盛，門擁相君車。」黄安中云：「禮攽三事宴，史發兩朝餘。偶綴金閨彦，來紬石室書。法良司馬否，辭措子游歟。盛事逢衰懶，重須讀五車。」林子中云：「調元台極貴，頒宴帝恩餘。昔副名山録，今裁史觀書。天心憂作者，國論屬誰歟。寂寞懷鉛客，容瞻相府車。」可見一時人物之盛。真迹今藏禹玉孫曉處，嘗出以示明清。曉云：「史院賜燕唱和，國朝故事也。」

熙寧中，神宗問鄧綰云：「西漢張良如何？」綰以班、馬所論對。上曰：「體道」綰以未喻聖訓，請于上，上又曰：「不唱。」綰退，因取《子房傳》考之，自從沛公入秦宮闕，至召四皓侍太子，凡所運籌，未有一事自其唱之。始知天縱之學，非人所及。鄧雍語先人云。

神宗遵太祖遺意，聚積金帛成帑，自製四言詩一章云：「五季失圖，獫狁孔熾。藝祖造邦，思有懲艾。爰設内府，基以募士。曾孫保之，敢忘厥志。」每庫以一字目之。又別置詩二十字，分揭其上曰：「每虔夕惕心，妄意遵遺業。顧予不武資，何以成戎捷。」後來所謂御前封樁庫者是也。上意用此以爲開拓西北境土之資。始命王韶克青唐，然後欲經理銀、夏，復取燕、雲。元豐五年，徐禧永樂衂師之後，帝心弛矣。林宓《裕陵遺事》云。

邵博《邵氏聞見後録》卷九　神宗惡《後漢書》范曄姓名，欲更修之。求《東觀漢記》，久之不得，後高麗以其本付醫官某人來上，神宗已厭代矣。至元祐年，高麗使人言狀，訪于書省，無知者。醫官已死，于其家得之，藏于中祕。予嘗寫本于吕汲公家，亦棄之兵火中矣。又予官長安時，或云鄠杜民家有《江表傳》、《英雄志》，因爲外臺言之，亟委官以取，民驚懼，遽焚之。世今無此三書矣。

江少虞《宋朝事實類苑》卷五　熙寧二年，上曰：「朕每思祖宗百戰得天下，今以一州生靈，付一庸人，嘗痛心疾首。」

陸游《老學庵筆記》卷七　元豐七年秋宴，神廟舉御觴示丞相王岐公以下，忽暴得風疾，手弱觴側，餘酒霑汙御袍。是時京師方盛歌《側金盞》，皇城司中官以爲不祥，有歌者輒收繫之，由是遂絶。先楚公進《裕陵挽詞》，有云：「輅從元朔朝時破，花是高秋宴後萎。」二句皆當時實事也。

備論

《宋史》卷一六《神宗紀三》　贊曰：帝天性孝友，其入事兩宫，必侍立終日，

雖寒暑不變。嘗與岐、嘉二王讀書東宮，侍講王陶講論經史，輒相率拜之，由是中外翕然稱賢。其即位也，小心謙抑，敬畏輔相；求直言，察民隱，恤孤獨，養耆老，振匱乏；不治宫室，不事遊幸，厲精圖治，將大有爲。未幾，王安石入相。安石爲人，悻悻自信，知祖宗志吞幽薊、靈武，而數敗兵，帝奮然將雪數世之恥，未有所當，遂以偏見曲學起而乘之。青苗、保甲、均輸、市易、水利之法既立，而天下洶洶騷動，慟哭流涕者接踵而至。帝終不覺悟，方斷然廢逐元老，擯斥諫士，行之不疑。卒致祖宗之良法美意，變壞幾盡。自是邪佞日進，人心日離，禍亂日起。惜哉！

王稱《東都事略》卷八《神宗紀》　臣稱曰：宋自建隆，迄于治平，百年之閒，四聖相授，深仁厚澤，浹于人心者至矣。承平日久，事多舒緩，神宗皇帝，乃慨然圖乂，立政造事，以新一代之治。於是廣親親之道，以睦九族；尊經術之士，以作人材；弛力役以便民，通貨財而阜國；時散薄斂以行補助之政；嚴修保伍，以爲先事之防；興水土之利，而厚農桑；分南北之祀，而侑祖禰；酌六典以正百辟；制九軍而攘四夷。凡所制作，欲以遠迹治古，可謂厲精之主矣。雖然鋭于始者其終必悔，神宗末年蓋亦悔矣。而臣下不能將順其意，此後日繼述之論，所由起也。

陳櫟《歷代通略》卷三　神宗之立也，名頊，在位十九年，熙寧十，元豐八，戊申至乙酉，壽三十八，陵名永裕。年甫二十，聰明英偉，鋭意有餘。韓維修起居注。上言：「天下大事，不可猝爲，人君設施，自有次第，惟當加意謹重。」時王安石未召，維已窺見其幾微矣。修罷參政，吴奎代之，琦罷相，富弼代之。屢召安石，始起爲翰林學士，奎首兩言其迂闊，不可大用，用之必紊亂朝綱。唐介亦謂其好學泥古，使爲政，必多變更，以擾天下。先是，邵雍治平中，於洛陽天津橋聞鵑聲，慘然曰：「洛陽無鵑，今始至，不二三年，南士爲相，專務紛更，天下自此多事矣。」

至是入對，上問：「唐太宗何如主？」對曰：「陛下當以堯、舜爲法，太宗所爲，不盡合先王。」遂奏本朝因循之弊，未嘗如古大有爲之君，討論先王之法，以措之天下也。因論減損郊賚，安石曰：「國用不足，由不善理財耳。善理財者，民不加賦而國用饒。」安石大言欲致君爲堯、舜之君，而首主桑弘羊欺漢武之説，抑何謬也。熙寧元年。及參大政，士大夫素重其名，多以爲太平可致，中丞呂誨獨彈之。司馬光曰：「命下之日，衆喜得人，奈何論之？」誨曰：「安石好執偏見，好人佞己，觀其言則美，施於事則踈，爲從官猶可，登政府天下必受其弊。」時雖未相，然紛紛變舊章，行新法，諸賢攻之力，上主之亦力。唐介參政。以忠憤卒，呂誨、范純仁、蘇轍等以言罷。富弼言不用，堅求罷相。相陳升之，升之與安石表裏者也。趙抃、孫覺、程顥、宋敏求、蘇頌、呂公著、張戩、王子韶、蘇軾、司馬光皆罷，而范鎮且力詆之而致其仕。安石遂代曾公亮、陳升之大拜矣。既相，楊繪、劉摯等復罷，鄭俠以上流民圖竄，正人去殆盡矣。

今觀其所行新法，則創制置三司條例司，置提舉常平司，奪三司利權以歸司農，奪轉運利權以歸常平使者，專主聚斂掊克，藏爲異日開邊之用。遣使察農田水利，程顥伯淳初亦與使者數。置中書檢正五房，編修條例，增宫觀官，以處異議者。行保馬、户馬法，行均輸、市易法，發運使主之，令民輸土地所饒，平其時價，市易司于他處鬻之。行青苗錢法，以度僧牒爲本錢，令民于苗青時請之，于收成時償之，取息三分。行保甲法，籍民兵五日一教。行免役錢及收市利錢法，京師細民，負水提茶，皆輸免役錢，不輸者毋得販鬻。正税百錢，收市利十錢，后正税不及者亦收十錢，末反重于本。行募役法，令人出免役錢，官户、女户、軍丁、未成丁而免役者，亦出助役錢。殿試變用策，葉祖洽以阿時政首選。更科舉法，用新經字説。行學校三舍法，凡此，皆其所行新法大凡也。

安石爲人，學術偏蔽，意見執拗，自視甚高，下視同朝，自知不明，知人尤暗。其學，初未嘗實見道體，故亦不能施于實用，徒引經言，以文繆法，泥周禮國服爲息之文，而失其意。及聞人主開課場之譏，則曰：「非陛下署見周禮，豈得不爲愧。」至春秋，則目爲斷爛朝報而去之。可見其經學實無所見也。與同列辨新法，則曰：「公輩坐不讀書耳。」是下視同朝，以爲皆不讀書，謂己獨能讀書也。讀書如此，奚取于讀書哉！是自知不明，不知其學之偏蔽之本，不可用也。上常欲其稍改常平法，以合衆論。安石曰：「陛下方以道勝流俗，與戰無異，若稍自卻，坐爲流俗所勝矣。」上以旱爲憂，欲盡廢保甲等法，安石持之益堅，是其執拗不回之弊也。

安石初意，蓋欲諸賢助之，既而諸賢不惟不助之，乃交攻之，始用羣小人呂惠卿、韓絳、曾布、蔡確、章惇、蔡京、卞輩，以奉行新法。又患諸賢之攻己不已也，遂引羣小人李定、舒亶、何正臣、鄧維、謝景温輩爲諫臺，使爲己鷹犬，以逐斥諸賢，且復置邏卒，察議時政者而罪之，厲王監謗何以異此。又私怨誣祖無擇，置詔獄，秀州捕鞫，其後誣陷善良，動起詔獄，自此始。又觀司馬光乞知許州，有曰：「忤安石，如蘇軾輩皆毀，其素履中以危法，臣不可以不去」。其固請判西京留臺，有曰：「臣之先見，不如呂誨，公直不如范純仁、程顥，敢言不如蘇軾、孔文

仲，勇決不如范鎮」。自後絶不言新法，他可知也。如吕惠卿、李定輩，本于新法何心，亦於善類何仇，不過以傾險之資，假此爲取寵禄之媒，故遂非而不改，肆毒而不止耳。

安石暗於知人，異己者指爲不肖，阿己者即爲賢能，故司馬公嘗謂之曰：「忠信之士，於公當路時，雖齟齬可憎，後必得其力；諂諛之士，於今誠順，適一旦失勢，必有賣公自售者。」蓋指惠卿也。熙寧七年，上以久旱爲憂，太皇太后力以新法不便，泣涕言之，而後安石始罷相。然薦韓絳爲相，惠卿參政，相與遵守其法，時謂絳爲傳法沙門，惠卿爲護法善神，猶安石不罷也。惠卿恐安石復入，首叛之，出其私書，多方沮之。韓絳勸上再召安石，安石自江陵七日至京，遂再相。又明年，上益厭之，乃再罷相，於是不復召矣。

若夫開邊一事，則自上初即位，西夏將以横山部内附，种諤以爲乘釁可復故地，遂取綏州，韓絳繼取銀州。及安石用，主王韶取熙河，上賜安石玉帶以賞之。繼是用章惇以取夔峽之蠻，用内侍李憲以取蘭州，經制熙河，分道伐夏人，及夏人陷永樂城，徐禧等死之，全軍皆殁。上覽奏慟哭曰：「安南與西師，死傷不下二十萬，朝廷不得不任其咎。」且安石嘗立論，謂祖宗不足法，人言不足恤，天變不足畏。祖宗、人言，安石信冥然不顧矣。初罷相也，以久旱民流，再入相也，彗星又見，其如天變之不可掩何，方且用劉彝激交趾反，推彗星，布新之徵於交趾焉，其矯誣一至於此。及遼人來議疆事，欲以分水嶺爲界，安石曰：「將欲取之，必姑與之。」乃割新疆東西七百里，遂使後之姦臣，以伐燕山爲神宗遺意，西事粗定，北事踵起，宣和之禍，實自安石啓之。

安石之罪，不特在於變亂法度，虐害生靈，實在於黨引小人，接踵相繼，言利生事，以至于亂亡而後已，乃其罪之大者也。觀安石再罷，吴充、王珪相，蔡確參政，充欲變新法，確持之而止，則可見矣，一安石去，有蔡確在，確即安石也。繼是接跡而用者，如惇、布、京、卞輩，無非安石，而且姦凶甚之也。

當時争新法者多，而持論之平者少，獨司馬光、吕公著之言爲善，光曰：「譬之居宅既久，缺漏則整之，苟非大壞，何必盡毁而更造。今無良匠良材，徒以少缺漏盡毁之，且人言安石姦邪，毁之太過，但不曉事又執拗耳。惠卿則憸巧非佳士，使安石負謗，皆其所爲也。」公著曰：「臣非謂今法令皆不可行，善者固當存之，未善者宜損之。苟其非便，不以已行而憚改，言有可取，不以異議而見廢。」明道嘗言熙豐之事，吾黨亦有過，謂激之者也。陸九淵曰：「新法之行，平者不一二，激者常七八。」光、公著之言，則平之者也。

嗟夫，神宗不世出之主也。當是時有周惇頤、程顥、程頤、張載，其學上接孔孟之傳，實不世出之賢也。天生二三大賢，與神宗同時而生，若有意矣，乃復生安石以爲之相，使之得君之專，如此而不使此二三大賢之得君，抑又何也，豈天未欲平治天下也歟？且神宗之用安石，直以聖人待之，安石以堯、舜望君，而乃以管、商自任，其負神宗也甚矣。觀神宗問程顥曰：「安石是聖人否？」顥對曰：「公孫碩膚，赤舄几几，聖人氣象如此，安石一身尚不能治，何聖人爲？」顥雖未可以言聖人，可謂亞聖之大賢矣。對面有亞聖大賢而不知，而謂安石爲聖人，何也？神宗用人，失之於安石，末年幸得司馬光。初，英宗命編歷代君臣事跡，書成，神宗賜名《資治通鑑》，親爲製序，及官制成，置御史大夫，欲光爲之，確、珪沮而止，詔光且任外職，迨至末年，卒儲之，爲元祐賢相以捄弊更化焉，亦可尚也夫。

柯維騏《宋史新編》卷五《神宗紀》 論曰：人主負高世之資者，恒患於喜功，人臣售遇主之術者，多失於自用，兹二者常相因爲害，可勝道哉。宋自開國，百餘年寓内乂安，神宗乃以不克復幽燕爲病，夙夜勵精，欲雪數世之恥，爲前人所不能爲。於是，在廷忠鯁之臣，斥逐以盡，惟任一合意之王安石，援引邪佞，悉更祖宗成法，經營所謂富强者，既而民怨日叢，外患日熾，帝至中夜不寐遶榻行，悔何及矣。安石既死，其説猶行於紹聖、崇寧、政和間，靖康之禍，誰實基之？書曰「邦之杌隉，曰由一人。」其神宗任安石之謂耶！

藝文

《張方平集・樂全集》卷三《神宗皇帝挽辭五首并引》 臣伏以大行皇帝山陵有日，哀纏萬國，昊天罔極，中外羣臣多進挽辭。臣早忝近班，受恩深重，今聞靈駕發引在近，老退田廬，無由得伸號慕，自勉荒陋，謹著挽辭五首，隨狀上進。

羲軒前載遠，虞夏信書傳。比德皆尊大，惟皇克繼先。五陵同厚地，兩曜出高天。制作流方策，憂勤十九年。

經綸成盛業，震耀烜威神。粹氣同乾健，含生自化醇。無文皆受職，重譯競來賓。東觀成書日，方知百度新。

經始開三殿，晨昏奉二宮。承顔專致樂，教孝遂移風。訪對朝曦昃，程書夜漏終。艱難思稼穡，意在紀元中。

叡智由天縱，規摹繼祖貽。有爲皆社稷，無逸著屏帷。傳令通湟陿，賡歌及島夷。時髦俱入彀，流美辟雍詩。

廣大天同量，淵深海共澄。遽聞憑玉几，恨不瘞金繩。同軌陪儀仗，因山鏁闕庭。深恩淪朽骨，孤夢遶新陵。

韓維《南陽集》卷一二《神宗皇帝挽歌三首》 立政追王體，修文邁古風。漢儀遵別廟，堂典倣新宮。却號追前美，更元記屢豐。龍髯攀不得，號絶抱遺弓。

庠序尊儒術，梯航走德輝。玉龍何地馹，金雁不時飛。聖治歸簾幄，歡謳奉袞衣。未嗟軒御遠，猶仰百年威。

奧並商宗學，雄趨漢武才。難回九清駕，空湛萬年杯。旂旐翻風遠，簫韶度阪來。臣民仰遺像，血書有餘哀。

司馬光《傳家集》卷一五《神宗皇帝挽辭五首》 決事神明速，任人金石堅。天機先兆朕，聖度蘊淵泉。仁義生知性，恩威獨化權。乾坤無毀息，長與大名傳。

聽政涉中昃，觀書度夜分。周王忘自逸，漢祖不知勤。棣萼因心友，雲章落筆文。佗年紬石室，光大繼皇墳。

至德成無象，徽名避不居。期門弋獵絶，步輦宴遊疎。錢列金釭暗，兵嚴武帳虚。蓬萊日晏仗，猶望駕宮車。

鼇禁叨承詔，金華侍執經。微生輕草芥，聖澤闊滄溟。鹿性安林野，葵心注闕庭。堯雲不可望，白首涕飄零。

式道清行馬，靈輴下陛簾。雲奔同軌集，雨泣兆民瞻。石闕蒼煙暝，松門白露霑。載弓徒隕絶，無計附龍髯。

王安石《王文公文集》卷七八《神宗皇帝挽辭二首》 將聖由天縱，成能與鬼謀。聰明初四達，俊乂盡旁求。一變前無古，三登歲有秋。謳歌歸子啓，欽念禹功修。

城闕宮車轉，山林隧路歸。蒼梧雲未遠，姑射露先晞。玉暗蛟龍蟄，金寒鴈鶩飛。老臣他日淚，湖海想遺衣。

劉攽《彭城集》卷一二《神宗皇帝挽詩四首》 制作夸三正，規模壯百王。自然推大畧，誰得望清光。東樂來蟠木，南琛過越裳。白雲那可測，應復向汾陽。

綿宇正歡心，虞韶驟遏音。戴天憂杞國，就日悵崦岑。貫朽三泉府，亡輸九牧金。斯民已仁壽，至理更難忱。

四塞聯初郡，千官僅代工。舟車逾漢迹，臺省變唐風。賢傑程能際，戎夷率服中。軒威百年在，何必畫周公。

晚駕嚴仙御，西巡即舊都。天寒餘鶴語，弓墮脱龍鬚。白髮孤臣淚，清湘萬里途。無由宣室問，回首叫蒼梧。

文彦博《潞公文集》卷八《神宗皇帝挽詞》 千齡逢聖旦，六葉嗣昌辰。睿智天攸縱，章程日又新。車書通絶域，雨露洽殊鄰。民罄華封祝，帝思蒼野巡。龍髯攀不及，鳳翼附無因。望斷喬山路，憂深杞國人。含生蒙聖德，率土祔堯仁。罔極何由報，徒能損百身。

元豐聖政洽隆平，溢牘聯篇載頌聲。皇武惟揚昭七德，帝華克協麗重明。喬山去日乘龍馭，蒼野巡時見象耕。億兆臣民蒙澤久，損身思報一毫輕。

老臣逢聖運，受眷獨優隆。覲禮超羣后，官儀極上公。皇慈矜舊物，帝念録微功。一酌堯罇異，臣致政後赴闕謝辭，蒙恩親御垂拱殿特賜宴，仍取御罇別酌一醆，面諭云：知酒量未退，可飲盡。玉音洋洋猶在於耳，今茲號慕無以勝任。三篇説命同。臣受命判河南府，蒙賜御詩一章。自後得請致政歸洛，又蒙賜御詩二章。恩禮之厚，中外榮觀。斯心期檢玉，不意遂遺弓。聲暨要荒外，哀纏普率中。淒涼石門路，慘淡柏城風。血淚盈襟隕，何由報昊穹。

范純仁《范忠宣公集》卷五《神宗皇帝挽詩四首》 舜孝高千古，堯仁化萬方。睿文超聖域，神武振皇綱。典册辭徽號，山河復舊疆。玉輿悲晚駕，陵路柏倉蒼。

應運千齡契，持盈七閏間。當年叨法從，終日奉威顔。鳳輦知何往，龍髯杳莫攀。深恩無路報，慟哭向橋山。

紫塞持戎節，青蒲職諫垣。囊封矜朴直，牘背辨深冤。終賴重瞳顧，難忘再造恩。微軀如擭殉，黄鳥不須論。

祖祭連馳道，宸儀出殯宮。旌旛紫曉露，笳鼓咽悲風。雨泣千官送，雲奔萬國同。丹心隨寵永，先到裕陵東。

《蘇軾詩集》卷二五《神宗皇帝挽詞三首》 文武固天縱，欽明又日新。化民何止聖，妙物獨稱神。政已三王上，言皆六籍醇。巍巍本無象，刻畫愧孤臣。

未易名堯德，何須數舜功。小心仍致孝，餘事及平戎。典禮從周舊，官儀與漢隆。誰知本無作，千古自承風。

接統真千歲，膺期止一章。周南稍留滯，宣室遂淒涼。病馬空嘶櫪，枯葵已泫霜。餘生卧江海，歸夢泣嵩邙。

蘇轍《欒城集》卷一四《神宗皇帝挽詞三首》 稽古堯無作，勤邦禹有功。政新天地力，事改漢唐風。禮樂寰中盛，梯航海外通。華封徒有誦，龍御忽乘空。

承平終不處，副託重艱難。統接神孫正，人依聖母安。橋山封劍佩，原廟見衣冠。萬國纏哀處，嵩陽檜柏寒。

取士忘疏賤，量書廢寢興。芻言本何益，玉殿最先登。日角依俙想，堯言涕泗稱。龍髯遠莫及，零淚凍成冰。

徐積《節孝集》卷二六《神宗皇帝挽詞》 顧託艱難後，宮城晝閉關。師屯五校肅，日馭六龍閒。易貯金莖露，難尋玉府山。裕陵人散後，猶望白雲間。

啓殯龍輴動，森森鳳翣移。迎神帳殿遠，背闕梓宮遲。日慘河山路，草枯霜霰時。綵庭覺瀟洒，應誦蓼莪詩。

《黃庭堅全集·正集》卷六《神宗皇帝挽詞三首》 文思昭日月，神武用雷霆。制作深垂統，憂勤減夢齡。孫謀開二聖，末命對三靈。今代誰班馬，能書汗簡青。

鈞築收賢輔，天人與聖能。輝光《唐六典》，度越漢中興。百世神宗廟，千秋永裕陵。帝鄉無馬跡，空望白雲乘。

帝德全三極，師臣論九疇。丘陵忽爲谷，天地不藏舟。河朔功無憾，幽燕策未收。嗣皇朝萬國，任姒正興周。

《張耒集》卷二四《神宗皇帝挽詞三首》 獨化陶鈞運聖謨，八方寥廓入雄圖。將軍已勒邊山頌，博士初脩玉檢書。西望忽驚新石闕，東來不是舊金輿。編年誰秉丹青筆，流落周南一腐儒。

三百年成玉鼎丹，縞帷驚變紫宸班。遺弓有淚哀何及，嘶馬無蹤去不還。霜露無情金闕暗，山川常在石麟閒。青衫曾賜當年桂，欲附龍髯不可攀。

風霆武略走夷蠻，雲漢文章著不刊。萬世基扃傳夏啓，百年威德畏軒轅。月游渭水儀空在，舞罷西陵淚未乾。腸斷反虞歌徹後，滿山松栢夜霜寒。

王安石部

綜述

《宋史》卷三二七《王安石傳》 王安石字介甫，撫州臨川人。父益，都官員外郎。安石少好讀書，一過目終身不忘。其屬文動筆如飛，初若不經意，既成，見者皆服其精妙。友生曾鞏攜以示歐陽脩，脩爲之延譽。擢進士上第，簽書淮南判官。舊制，秩滿許獻文求試館職，安石獨否。再調知鄞縣，起堤堰，決陂塘，爲水陸之利；貸穀與民，出息以償，俾新陳相易，邑人便之。通判舒州。文彦博爲相，薦安石恬退，乞不次進用，以激奔競之風。尋召試館職，不就。脩薦爲諫官，以祖母年高辭。脩以其須禄養言於朝，用爲羣牧判官，請知常州。移提點江東刑獄，入爲度支判官，時嘉祐三年也。

安石議論高奇，能以辨博濟其説，果於自用，慨然有矯世變俗之志。於是上萬言書，以爲：「今天下之財力日以困窮，風俗日以衰壞，患在不知法度，不法先王之政故也。法先王之政者，法其意而已。法其意，則吾所改易更革，不至乎傾駭天下之耳目，囂天下之口，而固已合先王之政矣。因天下之力以生天下之財，收天下之財以供天下之費，自古治世，未嘗以財不足爲公患也，患在治財無其道爾。在位之人才既不足，而閭巷草野之間亦少可用之才，社稷之託，封疆之守，陛下其能久以天幸爲常，而無一旦之憂乎？願監苟且因循之弊，明詔大臣，爲之以漸，期合於當世之變。臣之所稱，流俗之所不講，而議者以爲迂闊而熟爛者也。」後安石當國，其所注措，大抵皆祖此書。

俄直集賢院。先是，館閣之命屢下，安石屢辭；士大夫謂其無意於世，恨不識其面，朝廷每欲畀以美官，惟患其不就也。明年，同修起居注，辭之累日。閤門吏賫敕就付之，拒不受；吏隨而拜之，則避於廁；吏置敕於案而去，又追還之；上章至八九，乃受。遂知制誥，糾察在京刑獄，自是不復辭官矣。

有少年得鬭鶉，其儕求之不與，恃與之昵輒持去，少年追殺之。開封當此人死，安石駮曰：「按律，公取、竊取皆爲盜。此不與而彼攜以去，是盜也；追而殺之，是捕盜也，雖死當勿論。」遂劾府司失入。府官不伏，事下審刑、大理，皆以府斷爲是。詔放安石罪，當詣閤門謝。安石言：「我無罪。」不肯謝。御史舉奏之，置不問。

時有詔舍人院無得申請除改文字，安石争之曰：「審如是，則舍人不得復行其職，而一聽大臣所爲，自非大臣欲傾側而爲私，則立法不當如此。今大臣之弱者不敢爲陛下守法；而彊者則挾上旨以造令，諫官、御史無敢逆其意者，臣實懼焉。」語皆侵執政，由是益與之忤。以母憂去，終英宗世，召不起。

安石本楚士，未知名於中朝，以韓、吕二族爲巨室，欲藉以取重。乃深與韓絳、絳弟維及吕公著交，三人更稱揚之，名始盛。神宗在潁邸，維爲記室，每講説見稱，維曰：「此非維之説，維之友王安石之説也。」及爲太子庶子，又薦自代。帝由是想見其人，甫即位，命知江寧府。數月，召爲翰林學士兼侍講。熙寧元年四月，始造朝。入對，帝問爲治所先，對曰：「擇術爲先。」帝曰：「唐太宗何如？」曰：「陛下當法堯、舜，何以太宗爲哉？堯、舜之道，至簡而不煩，至要而不迂，至易而不難。但末世學者不能通知，以爲高不可及爾。」帝曰：「卿可謂責難於君，朕自視眇躬，恐無以副卿此意。可悉意輔朕，庶同濟此道。」

一日講席，羣臣退，帝留安石坐，曰：「有欲與卿從容論議者。」因言：「唐太宗必得魏徵，劉備必得諸葛亮，然後可以有爲，二子誠不世出之人也。」安石曰：「陛下誠能爲堯、舜，則必有臯、夔、稷、禼；誠能爲高宗，則必有傅説。彼二子皆有道者所羞，何足道哉？以天下之大，人民之衆，百年承平，學者不爲不多。然常患無人可以助治者，以陛下擇術未明，推誠未至，雖有臯、夔、稷、禼、傅説之賢，亦將爲小人所蔽，卷懷而去爾。」帝曰：「何世無小人，雖堯、舜之時，不能無四凶。」安石曰：「惟能辨四凶而誅之，此其所以爲堯、舜也。若使四凶得肆其讒慝，則臯、夔、稷、禼亦安肯苟食其禄以終身乎？」

登州婦人惡其夫寢陋，夜以刃斮之，傷而不死。獄上，朝議皆當之死，安石獨援律辨證之，爲合從謀殺傷，減二等論。帝從安石説，且著爲令。

二年二月，拜參知政事。上謂曰：「人皆不能知卿，以爲卿但知經術，不曉世務。」安石對曰：「經術正所以經世務，但後世所謂儒者，大抵皆庸人，故世俗皆以爲經術不可施於世務爾。」上問：「然則卿所施設以何先？」安石曰：「變風

俗，立法度，最方今之所急也。」上以爲然。於是設制置三司條例司，令與知樞密院事陳升之同領之。安石令其黨吕惠卿任其事。而農田水利、青苗、均輸、保甲、免役、市易、保馬、方田諸役相繼並興，號爲新法，遣提舉官四十餘輩，頒行天下。

青苗法者，以常平糴本作青苗錢，散與人户，令出息二分，春散秋斂。均輸法者，以發運之職改爲均輸，假以錢貨，凡上供之物，皆得徙貴就賤，用近易遠，預知在京倉庫所當辦者，得以便宜蓄買。保甲之法，籍鄉村之民，二丁取一，十家爲保，保丁皆授以弓弩，教之戰陣。免役之法，據家貲高下，各令出錢雇人充役，下至單丁、女户，本來無役者，亦一概輸錢，謂之助役錢。市易之法，聽人賒貸縣官財貨，以田宅或金帛爲抵當，出息十分之二，過期不輸，息外每月更加罰錢百分之二。保馬之法，凡五路義保願養馬者，户一匹，以監牧見馬給之，或官與其直，使自市，歲一閲其肥瘠，死病者補償。方田之法，以東、西、南、北各千步，當四十一頃六十六畝一百六十步爲一方，歲以九月，令、佐分地計量，驗地土肥瘠，定其色號，分爲五等，以地之等，均定税數。又有免行錢者，約京師百物諸行利入厚薄，皆令納錢，與免行户祗應。自是四方争言農田水利，古陂廢堰，悉務興復。又令民封狀增價以買坊場，又增茶鹽之額，又設措置河北糴便司，廣積糧穀于臨流州縣，以備饋運。由是賦斂愈重，而天下騷然矣。

御史中丞吕誨論安石過失十事，帝爲出誨，安石薦吕公著代之。韓琦諫疏至，帝感悟，欲從之，安石求去。司馬光答詔，有「士夫沸騰，黎民騷動」之語，安石怒，抗章自辨，帝爲巽辭謝，令吕惠卿諭旨，韓絳又勸帝留之。安石入謝，因爲上言中外大臣、從官、臺諫、朝士朋比之情，且曰：「陛下欲以先王之正道勝天下流俗，故與天下流俗相爲重輕。流俗權重，則天下之人歸流俗；陛下權重，則天下之人歸陛下。權者與物相爲重輕，雖千鈞之物，所加損不過銖兩而移。今姦人欲敗先王之正道，以沮陛下之所爲。於是陛下與流俗之權適争輕重之時，加銖兩之力，則用力至微，而天下之權，已歸于流俗矣，此所以紛紛也。」上以爲然。安石乃視事，琦説不得行。

安石與光素厚，光援朋友責善之義，三詒書反覆勸之，安石不樂。帝用光副樞密，光辭未拜而安石出，命遂寢。公著雖爲所引，亦以請罷新法出潁州。御史劉述、劉琦、錢顗、孫昌齡、王子韶、程顥、張戩、陳襄、陳薦、謝景温、楊繪、劉摯，諫官范純仁、李常、孫覺、胡宗愈皆不得其言，相繼去。驟用秀州推官李定爲御史，知制誥宋敏求、李大臨、蘇頌封還詞頭，御史林旦、薛昌朝、范育論定不孝，皆罷逐。翰林學士范鎮三疏言青苗，奪職致仕。惠卿遭喪去，安石未知所託，得曾布，信任之，亞於惠卿。

三年十二月，拜同中書門下平章事。明年春，京東、河北有烈風之異，民大恐。帝批付中書，令省事安静以應天變，放遣兩路募夫，責監司、郡守不以上聞者。安石執不下。

開封民避保甲，有截指斷腕者，知府韓維言之，帝問安石，安石曰：「此固未可知，就令有之，亦不足怪。今士大夫睹新政，尚或紛然驚異；況於二十萬户百姓，固有惷愚爲人所惑動者，豈應爲此遂不敢一有所爲邪？」帝曰：「民言合而聽之則勝，亦不可不畏也。」

東明民或遮宰相馬訴助役錢，安石白帝曰：「知縣賈蕃乃范仲淹之壻，好附流俗，致民如是。」又曰：「治民當知其情僞利病，不可示姑息。若縱之使妄經省臺，鳴鼓邀駕，恃衆僥倖，則非所以爲政。」其彊辯背理率類此。

帝用韓維爲中丞，安石憾曩言，指爲善附流俗以非上所建立，因維辭而止。歐陽脩乞致仕，馮京請留之，安石曰：「脩附麗韓琦，以琦爲社稷臣。如此人，在一郡則壞一郡，在朝廷則壞朝廷，留之安用？」乃聽之。富弼以格青苗解使相，安石謂不足以阻姦，至比之共、鯀。靈臺郎尤瑛言天久陰，星失度，宜退安石，即黥隸英州。唐坰本以安石引薦爲諫官，因請對極論其罪，謫死。文彦博言市易與下争利，致華嶽山崩。安石曰：「華山之變，殆天意爲小人發。市易之起，自爲細民久困，以抑兼并爾，於官何利焉。」閼其奏，出彦博守魏。於是吕公著、韓維，安石藉以立聲譽者也；歐陽脩、文彦博，薦己者也；富弼、韓琦，用爲侍從者也；司馬光、范鎮，交友之善者也：悉排斥不遺力。

禮官議正太廟太祖東嚮之位，安石獨定議還僖祖於祧廟，議者合争之，弗得。上元夕，從駕乘馬入宣德門，衛士訶止之，策其馬。安石怒，上章請逮治。御史蔡確言：「宿衛之士，拱扈至尊而已，宰相下馬非其處，所應訶止。」帝卒爲杖衛士，斥内侍，安石猶不平。王韶開熙河奏功，帝以安石主議，解所服玉帶賜之。

七年春，天下久旱，饑民流離，帝憂形於色，對朝嗟嘆，欲盡罷法度之不善者。安石曰：「水旱常數，堯、湯所不免，此不足招聖慮，但當修人事以應之。」帝曰：「此豈細事，朕所以恐懼者，正爲人事之未修爾。今取免行錢太重，人情咨

怨，至出不遜語。自近臣以至后族，無不言其害。兩宮泣下，憂京師亂起，以爲天旱更失人心。」安石曰：「近臣不知爲誰，若兩宮有言，乃向經、曹佾所爲爾。」馮京曰：「臣亦聞之。」安石曰：「士大夫不逞者以京爲歸，故京獨聞其言，臣未之聞也。」監安上門鄭俠上疏，繪所見流民扶老攜幼困苦之狀，爲圖以獻，曰：「旱由安石所致。去安石，天必雨。」俠又坐竄嶺南。慈聖、宣仁二太后流涕謂帝曰：「安石亂天下。」帝亦疑之，遂罷爲觀文殿大學士、知江寧府，自禮部侍郎超九轉爲吏部尚書。

呂惠卿服闋，安石朝夕汲引之，至是，白爲參知政事，又乞召韓絳代己。二人守其成模，不少失，時號絳爲「傳法沙門」，惠卿爲「護法善神」。而惠卿實欲自得政，忌安石復來，因鄭俠獄陷其弟安國，又起李士寧獄以傾安石。絳覺其意，密白帝請召之。八年二月，復拜相，安石承命，即倍道來。《三經義》成，加尚書左僕射兼門下侍郎，以子雱爲龍圖閣直學士。雱辭，惠卿勸帝允其請，由是嫌隙愈著。惠卿爲蔡承禧所擊，居家俟命。雱風御史中丞鄧綰，復彈惠卿與知華亭縣張若濟爲姦利事，置獄鞫之，惠卿出守陳。

十月，彗出東方，詔求直言，及詢政事之未協於民者。安石率同列疏言：「晉武帝五年，彗出軫；十年，又有孛。而其在位二十八年，與《乙巳占》所期不合。蓋天道遠，先王雖有官占，而所信者人事而已。天文之變無窮，上下傅會，豈無偶合。周公、召公，豈欺成王哉。其言中宗享國日久，則曰『嚴恭寅畏，天命自度，治民不敢荒寧』。其言夏、商多歷年所，亦曰『德』而已。裨竈言火而驗，欲禳之，國僑不聽，則曰『不用吾言，鄭又將火』。僑終不聽，鄭亦不火。有如裨竈，未免妄誕，況今星工哉？所傳占書，又世所禁，謄寫譌誤，尤不可知。陛下盛德至善，非特賢於中宗，周、召所言，則既閱而盡之矣，豈須愚瞽復有所陳。竊聞兩宮以此爲憂，望以臣等所言，力行開慰。」帝曰：「聞民間殊苦新法。」安石曰：「祁寒暑雨，民猶怨咨，此無庸恤。」帝曰：「豈若并祁寒暑雨之怨亦無邪？」安石不悦，退而屬疾臥，帝慰勉起之。其黨謀曰：「今不取上素所不喜者暴進用之，則權輕，將有窺人間隙者。」安石是其策。帝喜其出，悉從之。時出師安南，諜得其露布，言：「中國作青苗、助役之法，窮困生民。我今出兵，欲相拯濟。」安石怒，自草敕牓詆之。

華亭獄久不成，雱以屬門下客呂嘉問、練亨甫共議，取鄧綰所列惠卿事，雜他書下制獄，安石不知也。省吏告惠卿于陳，惠卿以狀聞，且訟安石曰：「安石盡棄所學，隆尚縱横之末數，方命矯令，罔上要君。此數惡力行於年歲之間，雖古之失志倒行而逆施者，殆不如此。」又發安石私書曰：「無使上知」者。帝以示安石，安石謝無有，歸以問雱，雱言其情，安石咎之。雱憤恚，疽發背死。安石暴綰罪，云「爲臣子弟求官及薦臣婿蔡卞」，遂與亨甫皆得罪。綰始以附安石居言職，及安石與呂惠卿相傾，綰極力助攻惠卿。上頗厭安石所爲，綰懼失勢，屢留之於上，其言無所顧忌；亨甫險薄，諂事雱以進，至是皆斥。

安石之再相也，屢謝病求去，及子雱死，尤悲傷不堪，力請解幾務。上益厭之，罷爲鎮南軍節度使、同平章事、判江寧府。明年，改集禧觀使，封舒國公。屢乞還將相印。元豐二年，復拜左僕射、觀文殿大學士。換特進，改封荆。哲宗立，加司空。

元祐元年，卒，年六十六，贈太傅。紹聖中，謚曰文，配享神宗廟庭。崇寧三年，又配食文宣王廟，列于顔、孟之次，追封舒王。欽宗時，楊時以爲言，詔停之。高宗用趙鼎、呂聰問言，停宗廟配享，削其王封。

初，安石訓釋《詩》、《書》、《周禮》，既成，頒之學官，天下號曰「新義」。晚居金陵，又作《字説》，多穿鑿傅會。其流入於佛、老。一時學者，無敢不傳習，主司純用以取士，士莫得自名一説，先儒傳註，一切廢不用。黜《春秋》之書，不使列於學官，至戲目爲「斷爛朝報」。

安石未貴時，名震京師，性不好華腴，自奉至儉，或衣垢不澣，面垢不洗，世多稱其賢。蜀人蘇洵獨曰：「是不近人情者，鮮不爲大姦慝。」作《辯姦論》以刺之，謂王衍、盧杞合爲一人。

安石性强忮，遇事無可否，自信所見，執意不回。至議變法，而在廷交執不可，安石傅經義，出己意，辯論輒數百言，衆不能詘。甚者謂「天變不足畏，祖宗不足法，人言不足恤」。罷黜中外老成人幾盡，多用門下儇慧少年。久之，以旱引去，洎復相，歲餘罷，終神宗世不復召，凡八年。子雱。

《琬琰集删存》卷三《實録·王荆公安石傳》 元祐元年四月癸巳，觀文殿大學士、守司空充集禧觀使、荆國公王安石薨。安石字介甫，撫州臨川人。父益都官員外郎。安石少有大志，慶曆二年登進士甲科，簽書淮南節度判官廳公事，代還，例當進所業試館職，安石獨不進，特召試，亦固辭。知明州鄞縣。通判舒州。除知建昌軍，不赴，召爲羣牧判官。差提點府界諸縣鎮公事，出知常州、提點江南東路刑獄。入爲三司度支判官，獻萬言書，極陳當世之務。居頃之，除直集賢

院，累辭不獲命，始就職。

嘉祐五年四月，除同修起居注，固辭不拜。十一月，申前命，章又五上，不許，遂除知制誥，糾察在京刑獄，移判三班院同知。嘉祐八年，貢舉，丁母憂。服除，英宗朝累召不赴。

神宗在藩邸，見其文異之，及即位，就除知江寧府，召爲翰林學士。初，入對，上曰：「方今治當何先？」安石曰：「以擇術爲先。」上曰：「唐太宗何如？」安石曰：「陛下當以堯、舜爲法。太宗所知不近，所爲不盡合先王，但乘□□，子孫又皆昏惡，所以獨見稱述。堯、舜所爲至簡而不煩，至要而不污，至易而不難，但末世學者不能通知，常以爲高不可及，不知聖人經世立法，以中人爲制也。」上曰：「卿可謂責難於君。朕自視眇然，恐無以副卿此意，可悉意輔朕，庶同濟此道。」一日，講席，羣臣退，上留安石坐，曰：「有欲從容與卿議論者。」因言唐太宗必得魏鄭公，劉備必得諸葛亮，然後可以有爲，二子誠不世出之人也。安石曰：「陛下誠能爲堯、舜，則必有臯夔、稷契；陛下誠能爲高宗，則必有傅説。魏鄭公、諸葛亮皆有道者所羞，何足道哉！以天下之大，人民之衆，百年承平，學者不爲不多，然常患無人可以助治者，以陛下擇術未明，推誠未至，雖有臯夔、稷契之賢，亦必爲小人所蔽，因卷懷而去耳。自古患朝廷無賢者，以人君不明，好近小人故也。好近小人，則賢人雖欲自達，無由矣。」上曰：「自古治世，豈能使朝廷無小人，雖堯、舜之時，豈能無四凶。」安石曰：「惟能辨四凶而誅之，此乃所以爲堯、舜也。若使四凶得肆其讒慝，則臯夔、稷契，亦安能苟食其禄以終身乎！」未幾，除諫議大夫、參知政事。

安石既執政，上曰：「人皆不能知卿，以爲卿但知經術，不可以經世務。」安石曰：「經術者，所以經世務也。後世所謂儒者，大抵皆庸人，故世俗皆以爲經術不可施於世務。」上曰：「朕察人情，比於卿有欲造事傾揺者，朕嘗以吕誨爲忠，實嘗毀卿於時事不通，趙抃、唐介數以言扞塞，惟恐卿進用。卿當力變此風俗，不知卿所施設以何爲先？」安石曰：「變風俗、立法度，最方今所急也。」於是青苗、市易、坊場、保甲、保馬、導河、免役之政，相繼並興，設制置三司條例司，與知樞密院事陳升之同領之。御史中丞吕誨論安石十事：以爲慢上無禮，見利亡義，要君取名，用情罔公，以私報怨，怙勢招權，專政害國，淩轢同位，朋姦害政，商推財利以動揺天下。疏奏，安石求去位，上爲出誨。知雜御史劉述、侍御史劉琦，侍御史裏行錢凱，又交論安石：「專肆胸臆，輕易憲度，與陳升之合謀侵奪三司吏柄，願罷免以尉天下。」殿中侍御史孫昌齡亦繼言，皆坐貶。同知諫院范純仁既抗疏論辨，又申中書，謂：「安石欲求近功，忘其舊學，尚法令則稱商鞅，言財利則背孟軻，鄙老成爲因循之人，棄公論爲流俗之語，異己者指爲不肖，合意者即謂才能。」且謂宰相曾公亮依隨，參知政事趙抃不能力救，請罷安石機務，留之經筵。詔罷純仁諫職。吕公著代吕誨爲中丞，亦請罷條例司并青苗等法。諫官孫覺、李常、胡宗愈，御史張戩、王子韶、陳襄、陳顥皆論列安石變法非是，以次罷去。

前宰相韓琦上疏論青苗法，乞罷諸路提舉官，委提點刑獄官，依常平舊法行之。奏至，安石稱疾求分司，上不許。時翰林學士司馬光當批荅，安石指言有「士大夫沸騰，黎民騷動」之語，上以手詔諭曰：「詔中二語，乃爲文督迫之過，而朕失於詳閲，當令吕惠卿諭指。」翌日，安石入謝，因爲上言中外大臣、從官、臺諫、朝士朋比之情，且曰：「陛下欲以先王之正道，勝天下流俗，故與流俗相爲輕重，流俗權重則天下之人歸流俗，陛下權重則天下之人歸陛下。權者與物相爲輕重，雖千鈞之物，所加損不過銖兩而移。今姦人欲敗先王之正道，以沮天下，與流俗之權適争輕重之時，加銖兩之力，則用力至微，而天下之權已歸于流俗矣。此所以紛紛也。」上以爲然，安石乃視事。

熙寧三年十二月，拜禮部侍郎、同中書門下平章事、監修國史。御史中丞楊繪陳免役有難行者五，御史劉摯陳十害，坐黜。御史林旦、薛昌朋、范育皆以言李定忤安石罷。知雜御史謝景初附安石，亦以不合去。六年三月，命知制誥吕惠卿修撰經義，以安石提舉，而子雱兼同修撰，固辭，弗聽。王韶取熙河、洮、岷、叠、宕等州，安石率羣臣入賀，上解所服玉帶賜安石，遣内侍諭旨曰：「洮河之舉，小大並疑，惟卿啓迪，迄有成功。今解所御帶賜卿，以旌卿功。」安石再拜，固辭，不許。安石益自任，時論卒不與，上疑之。

慈聖光獻宣仁聖烈皇后間見上，流涕言新法之不便者，且曰：「王安石亂天下。」上亦流涕，退命安石議裁損之，安石重爲解乃已。熙寧七年四月，上以久旱，百姓流離，憂形顔色，每輔臣進見，嗟歎懇惻，益疑法之不便。安石不悦，求避位，上固留之，請愈堅，遂拜吏部尚書、觀文殿大學士知江寧府，仍詔出入如二府儀，大朝會綴中書門下班，依舊提舉修撰經義。明年二月，拜同中書門下平章事、昭文館大學士。六月，三經義成，拜尚書左僕射、門下侍郎。

初，吕惠卿爲安石所知，驟引至執政，安石去，惠卿遂背之。安石再相，於是

起華亭詔獄，而徐禧、王古、蹇周輔三輩按之，惠卿情不得緣，練亨甫、呂嘉問以鄧綰所條惠卿事交鬭其間，復爲惠卿所中，語連安石子雱，既病，坐此憤恚而卒。安石憂傷益不堪，祈解機務。九年十月，拜檢校太傅，依前尚書左僕射、鎮南節度，同中書門下平章事判江寧府，安石懇辭，丐以本官領宫觀。上遣内侍王從政齎詔敦諭須視事，乃還，從政留金陵累月，安石請不已，許以使相爲集禧觀使。又累辭使臣，乃以本官爲觀文殿大學士，領使如故。元豐三年九月，拜特進，封荆國公。

哲宗即位，拜司空。明年四月癸巳，薨，年六十六，再輟視朝，贈太傅，推遺表恩七人，詔所在給葬事。紹聖初，謚文公，配享神宗廟廷，用子旁郊祀恩贈太師。崇寧二年，詔配祀文宣王廟。政和三年，封舒王。靖康元年，從諫議大夫兼國子祭酒楊時言，停文宣王廟配享，列于從祀。建炎二年夏，以久陰不解，詔百執事赴都堂，給扎條具時政闕失，司勳員外郎趙鼎言，自紹聖以來，學術政事敗壞殘酷，禍貽社稷，其源實出於安石，今安石之患未除，不足以言政。於是罷安石配享神宗廟廷。靖康初，廷臣有建議請罷安石配享者，争議紛然，卒無定論，至是始決。紹興四年八月，吏部員外郎呂聰問請奪安石謚，有詔追所贈王爵。

初，安石提舉修撰經義，訓釋《詩》、《書》、《周官》，既成，頒之學官，天下號曰《新義》。晚歲居金陵，爲《字説》二十四卷，學者争傳習之，凡以經試于有司，必宗其説，少異輒不中程。先儒傳注既盡廢，士亦無復自得之學，故當時議者謂王氏之患，在好使人同。靖康初，始詔有司取士擇經説優長者，無專主王氏。

安石早有盛名，其學以孟軻自許，荀況、韓愈不道也。性强忮，遇事無可否，信所見執意不回。司馬光謂其泥古，所爲迂闊。吴奎謂嘗與安石同領羣牧，備見其自用護前。嘉祐末，韓琦作相，安石糾察在京刑獄，争刑名不當，有旨釋罪，安石堅不入謝，意琦抑之，會以憂去職，服除，三召，終琦在相位不至。神宗謂：「人言安石姦邪則過，但太執不曉事耳。」唐介謂安石好學，惟護前。初，除安石爲翰林學士，命下數日，琦罷相，安石始造朝。其初執政也，宰相在告，進除目出侍從官，趙抃引故事争，安石辨益强，卒從之。至議變法，上未嘗不疑，在廷臣交執不可，安石傅經義出己意辨論，輒數百言，衆人不能詘。甚者，謂天變不足畏，祖宗不足法，又以人言是非一歸之流俗，故二年間，遍諫官、御史以安石去者，凡二十人，而安石不恤也。久之，上聞兩宫言，意感悟，安石因旱引去，洎復相歲余罷，終神宗朝，不復召者凡八年云。子雱、旁。

王稱《東都事略》卷七九《王安石傳》　王安石字介甫，撫州臨川人也。父益，都官員外郎。安石蚤有盛名，博聞强記，爲文動筆如飛，觀者服其精妙。舉進士高第，僉書淮南節度判官。召試館職，固辭，乃知鄞縣。安石好讀書，三日一治縣事，起堤堰，決陂塘，爲水陸之利；貸穀于民，立息以償，俾新陳相易；興學校，嚴保伍；邑人便之。通判舒州。

文彦博爲相，薦安石恬退，不次進用，可以激奔競之風。尋再召試，又固辭。乃以爲羣牧判官，出知常州，由是名重天下。提點江東刑獄，入爲三司度支判官，獻書萬餘言，極陳當世之務。居頃之，除直集賢院，累辭不獲命，始就職。除同修起居注，固辭不拜，遂除知制誥，自是不復辭官矣。以母憂去，服除，英宗朝累召不起。神宗即位，除知江寧府，召爲翰林學士。

初入對，神宗曰：「方今治當何先？」安石曰：「以擇術爲先。」神宗曰：「唐太宗何如？」安石曰：「陛下當以堯舜爲法，太宗所知不遠，所爲不盡合先王，但乘隋亂，子孫又皆昏愚，所以獨見稱述。堯舜所爲，至簡而不煩，至要而不迂，至易而不難。但末世學者不能通知，常以爲高不可及，不知聖人經世立法，以中人爲制也。」神宗曰：「卿所謂責難於君，朕自視眇然，恐無以副卿此意。可悉意輔朕，庶同濟此道。」

一日講席，羣臣退，神宗留安石坐，曰：「有欲從容與卿論議者。」因言：「唐太宗必得魏鄭公，劉備必得諸葛亮，然後可以有爲。二子誠不世出之人也。」安石曰：「陛下誠能爲堯舜，則必有臯、夔、稷、离；陛下誠能爲高宗，則必有傅説；魏鄭公、諸葛亮，皆有道者所羞，何足道哉？以天下之大，人民之衆，百年承平，學者不爲不多，然常患無人可以助治者，以陛下擇術未明，推誠未至，雖有臯、夔、稷、离、傅説之賢，亦必爲小人所蔽，因卷懷而去耳。自古患朝廷無賢者，以人君不明，好近小人故也。好近小人，則賢人雖欲自達，無由矣。」神宗曰：「自古治世，豈能使朝廷無小人？雖堯舜之時，不能無四凶。」安石曰：「惟能辨四凶而誅之，此乃所以爲堯舜也。若使四凶得肆其讒慝，則臯、夔、稷、离亦安肯苟食其禄以終身乎？」未幾，除右諫議大夫、參知政事。

安石既執政，神宗曰：「人皆不能知卿，以爲卿但知經術，不可以經世務。」安石曰：「經術者，所以經世務也。後世所謂儒者，大抵皆庸人，故世俗皆以經術不可施於世務。」神宗曰：「朕察人情，比於卿，有欲造事傾搖者。朕常以呂誨

爲忠實，毀卿於時事不通；趙抃、唐介數以言扞塞，惟恐卿進用。卿當立變此風俗，不知卿所施設以何爲先？」安石曰：「變風俗，立法度，最方今所急也。」於是設制置三司條例司，與知樞密院陳升之同領之。而青苗、免役、市易、保甲等法，相繼興矣。

常平倉法，以豐歲穀賤傷農，故增價收糴，使蓄積之家無由抑塞農夫，須令賤糴；凶歲穀貴傷民，故減價出糴，使蓄積之家無由邀勒貧民，須令貴糴。物價常平，公私兩利也。安石以常平法爲不善，更將糴本作青苗錢，散與人户，令出息二分，置提舉官以督之。古者百姓出力以供在上之役，安石以爲百姓惟苦差役破産，不憚增稅，乃請據家貲高下，各令出錢雇人充役。嚮者役人皆上等户得之，其下等單丁女户及品官僧道，本來無役，安石乃使之一槩輸錢，於是賦斂愈重。市易之法，聽人賒貸縣官貨財，以田宅或以金帛爲抵當，三人相保則給之，皆出息什分之二。過期不輸，息外每月更加罰錢百分之二。保甲之法，始因戎狄驕傲，侵據漢唐故地，有征伐開拓之志，故置保甲。乃藉鄉村之民，二丁取一，皆授以弓弩，教之戰陣。又令河北、陝西、河東三路，皆五日一教閱。每一丁教閱一丁，及諸縣弓手亦皆易以保甲。其保甲習於游惰，不復務農。京東西兩路保甲養馬，仍各置提舉官，權任比監司。自是四方争言農田水利，古陂廢堰，悉務興復。又立賒貸之法，又令民封狀增價以買坊場，又增茶鹽之額，又設措置河北糴便司，廣積糧穀於臨流州縣，以備饋運，而天下騷然矣。

自安石變法以來，御史中丞吕誨首論其過失，安石求去位，神宗爲出誨。御史劉琦、錢顗、劉述又交論安石專肆胷臆，輕易憲度。殿中侍御史孫昌齡亦繼言，皆坐貶。同知諫院范純仁亦論安石欲求近功，忘其舊學，罷諫職。吕公著代吕誨爲中丞，亦力請罷條例司并青苗等法。諫官孫覺、李常、胡宗愈，御史張戬、王子韶、陳襄、程顥，皆論安石變法非是，以次罷去。前宰相韓琦上疏論青苗之害，乞罷諸路提舉官，依常平舊法行之。奏至，安石稱疾求分司，神宗不許。時翰林學士司馬光當批答，安石指言光有「士夫沸騰，黎民騷動」之語，神宗諭安石曰：「詔中二語，乃爲文督迫之過，而朕失於詳閱。」當令吕惠卿諭旨。」翌日，安石入謝，因爲神宗言中外大臣、從官、臺諫、朝士朋比之情，且曰：「陛下欲以先王之正道勝天下流俗，故與流俗相爲輕重。流俗權重，則天下之人歸流俗；陛下權重，則天下之人歸陛下。權者與物相爲輕重，雖千鈞之物，所加損不過銖兩而移。今姦人欲敗先王之正道，以沮陛下之所爲。是於陛下與流俗之權適爭輕重之時加銖兩之力，則用力至微，而天下之權已歸於流俗矣，此所以紛紛也。」神宗以爲然，安石乃視事。

熙寧三年，拜禮部侍郎同中書門下平章事、監修國史，御史中丞楊繪、御史劉摯陳免役之害，坐黜。御史林旦、薛昌朝、范育皆以忤安石罷知雜。御史謝景温初附安石，亦以不合去。六年，命知制誥吕惠卿修撰經義，以安石提舉，而以子雱兼同修撰。王韶取熙、河、洮、岷、疊、宕等州，安石率羣臣入賀，神宗解玉帶賜之，以旌其功。慈聖光獻皇后、宣仁聖烈皇后閒見神宗，流涕言新法之不便者，且言王安石亂天下。神宗亦流涕，退命安石裁損之。安石重爲解，乃已。七年，神宗以久旱益疑新法之不便，安石不悦，求避位，遂拜吏部尚書、觀文殿大學士、知江寧府。明年，復拜同中書門下平章事、昭文館大學士。《三經義》成，拜尚書左僕射兼門下侍郎。

初，吕惠卿爲安石所知，驟引至執政。安石去位，惠卿遂叛安石。洎安石再相，苟可以中安石無不爲也。會安石子雱卒，安石力求去。九年，拜鎮南軍節度使、同平章事、判江寧府。安石丐奉祠，以使相爲集禧觀使，封舒國公。又辭使相，乃以左僕射爲觀文殿大學士。元豐三年，封特進，改封荆國公。

安石退居金陵，始悔恨爲吕惠卿所誤，每歎曰：「吾昔交游，皆以國事相絶，意甚自愧也。」哲宗即位，拜司空。明年薨，年六十六，贈太傅。紹聖初，謚曰文，配享神宗廟廷。崇寧二年，配享文宣王廟。政和三年，封舒王。靖康元年，停文宣王配享，列于從祀。後又罷安石配享神宗廟，而奪其王爵。

初，安石提舉修撰經義，訓釋《詩》、《書》、《周官》，既成，頒之學官，天下號曰《新義》。晚歲爲《字説》二十四卷，學者争傳習之。日以經試于有司，必宗其説，少異輒不中程。先儒傳注既盡廢，士亦無復自得之學，故當時議者謂王氏之患在好使人同己。安石又著《日録》七十卷，如韓琦、富弼、文彦博、司馬光、吕公著、范鎮、吕誨、蘇軾及一時之賢者，重爲毀詆，而安石不卹也。

安石性强忮，遇事無可否，自信所見，執意不回。至議變法，而在廷交執不可，安石傅經義出己意，辨論輒數百言，衆皆不能詘。甚者謂「天變不足畏，祖宗不足法，人言不足卹。」罷黜中外老成人幾盡，多用門下儇慧少年，久之，以旱引去。洎復相，歲餘罷。終神宗世八年，不復召，而恩顧不久衰云。第安國、安禮，子雱。

雜録

備録

朱熹《三朝名臣言行録》卷六之二《丞相荆國王文公》 王安石舉進士，有名於時。慶曆二年，第五人登科，初署楊州判官，後知鄞縣。好讀書，能强記，雖後進投贄及程試有美者，一讀過輒成誦在口，終身不忘。其屬文動筆如飛，初若不措意，文成，見者皆服其精妙。友愛諸弟，俸禄入家，數日輒盡爲諸弟所費用，家道屢空一不問。議論高奇，能以辨博濟其説，人莫能屈。始爲小官，不急急於仕進。皇祐中，文潞公爲宰相，薦安石及張瓌、曾公定、韓維四人恬退，乞朝廷不次進用，以激僥競之風。有旨皆籍記其名。至和中，召試館職，固辭不就，乃除羣牧判官，又辭，不許，乃就職。懇求外補，得知常州。由是名重天下，士大夫恨不識其面。朝廷常欲授以美官，惟患其不肯就也。自常州徙提點江南東路刑獄。嘉祐中，召除館職、三司度支判官，固辭，不許。未幾，命修起居注，辭以新入館，館中先進甚多，不當超處其右，章十餘上。有旨令閤門吏賫敕就三司授之，安石不受。吏隨而拜之，安石避之於廁。吏置敕於案而去，安石使人追而與之。朝廷卒不能奪。歲餘，復申前命，安石辭七八章，乃受，除知制誥。自此不復辭官矣。《温公瑣語》

司馬温公嘗曰：「昔與王介甫同爲羣牧司判官，包孝肅公爲使，時號清嚴。一日，群牧司牡丹盛開，包公置酒賞之，公舉酒相勸，光素不喜酒，亦强飲，介甫終席不飲，包公不能强也。光以此知其不屈。」《聞見録》

嘉祐末，王介甫以知制誥糾察在京刑獄。有少年得鬭鶉，其同儕觀之，因就乞之，鶉主不許，借者恃與之狎昵，遂持去。鶉主追及之，踢其脅，立死。開封府捕按其人，罪當償死。及糾察司録問，介甫駁之曰：「按律，公取、竊取皆爲盜。此不與而彼强携以去，乃盜也。此追而毆之，乃捕盜也，雖死當勿論。府司失入平人爲死罪。」府官不伏，事下審刑、大理詳定，以府斷爲是。有旨，王安石放罪。舊制，放罪者詣殿門謝。介甫自言：「我無罪，不謝。」御史臺及閤門累移牒趣之，終不肯謝。臺司因劾奏之，執政以其名重，不問。介甫亦竟不謝。《瑣言》

仁宗朝，王安石爲知制誥。一日，賞花釣魚宴，内侍各以金楪盛釣餌藥置几上，安石食之盡。明日，帝謂宰輔曰：「王安石詐人也，使誤食釣餌，一粒則止矣。食之盡，不情也。」常不樂之。後安石自著《目録》，厭薄祖宗，仁宗尤甚，每謂漢文帝不足取，其心薄仁宗也，故一時大臣富弼、韓琦、文彦博，皆爲其毁詆云。《聞見録》

初，韓魏公知楊州，介甫以新進士簽書判官事。魏公雖重其文學，而不以吏事許之。介甫數引古義争公事，其言迂闊，魏公多不從。介甫秩滿去。會有上韓公書者，多用古字，韓公笑而謂僚屬曰：「惜王廷評不在此，其人頗識難字。」介甫聞，以韓公爲輕己，由是怨之。及介甫知制誥，言事復多爲韓公所沮。會遭母喪，服除，時韓公猶當國，介甫遂留金陵，不朝參。曾魯公知介甫怨忌韓公，乃力薦介甫於上，强起之，其意欲以排韓公耳。《記聞》又《聞見録》云：韓魏公知楊州，王荆公爲簽判。每讀書達旦，略假寐，日已高，亟上府，多不及盥漱。魏公見荆公年少，意其夜飲放逸。一日，從容謂荆公曰：「君少年，毋廢書，不可自棄。」荆公不答，退而言曰：「韓公非知我者。」魏公後知荆公之賢，欲收之門下，荆公終不屈，如召館職不就之類是也。故荆公《熙寧日録》中短魏公爲多，每曰：「韓公但形相好耳。」作《畫虎圖詩》詆之。至荆公作相，行新法，魏公言其不便。神宗感悟，欲罷其法。荆公怒甚，取魏公之章送條例司疏駁，頒天下。又誣吕申公有言藩鎮大臣將興晉陽之師，除君側之惡，自草申公謫詞，明著其事，因以摇魏公。賴神宗之明，眷禮魏公，終始不替。及魏公薨，荆公有挽詩云：「幕府少年今白髮，傷心無路送靈輀。」猶不忘魏公「少年」之語也。又曰：熙寧二年，韓魏公自求興移判北京，過闕上殿。王荆公方用事，神宗問曰：「卿與王安石議論不同，何也？」魏公曰：「仁宗立先帝爲皇嗣時，王安石有異議，與臣不同故也。」帝以魏公之語問荆公，公曰：「方仁宗欲立先帝爲皇子時，春秋未高，萬一有子，措先帝於何地？臣之論所以與韓琦異也。」荆公强辯類如此。當魏公請册英宗爲皇嗣時，仁宗曰：「少俟，後宫有就閤者。」公曰：「後宫生子，所立嗣退居舊邸可也。」蓋魏公固有以處之矣。又《東軒筆録》云：嘉祐末，魏公爲相，荆公知制誥，因論蕭注降官詞頭，遂上疏争舍人院職分，其言頗侵執政，又爲糾察刑獄駁開封府斷争鵪鶉公事，而魏公以開封府爲直。自是文字還往甚多。及荆公秉政，又與常平議不合。然而荆公每評近代宰相，即曰「韓公德量才智，心期高遠，諸公皆莫及也。」

王安石居金陵，初除母喪，英宗屢召不至。安石在仁宗時論立英宗爲皇子，與韓公不合，故不敢入朝。安石雖高科，有文學，本遠人，未爲中朝士大夫所服，乃深交韓、吕二家兄弟。韓、吕，朝廷之臣室也，天下之士不出於韓，即出於吕。韓氏兄弟，絳字子華，與安石同年高科，維字持國，學術尤高，不出仕，用人臣薦

入館。呂氏公著，字晦叔，最賢，亦與安石爲同年進士。子華、持國、晦叔爭揚於朝，安石之名始盛。安石又結一時名德之士，如司馬君實輩皆相善。先是，治平間，神宗爲潁王，持國翊善，每講論經義，神宗稱善，持國曰：「非維之說，維之友王安石之說。」至神宗即位，乃召安石，以至大用。

治平四年，以介甫知江寧府。時介甫方乞分司，衆謂介甫必不肯起。既而詔到，即詣府視事。《温公日録》

荆公召爲翰林學士，初入對，神宗問：「方今治當何先？」公對曰：「擇術爲先。」上問：「唐太宗如何？」公曰：「陛下當以堯、舜爲法，太宗所知不遠，所爲不盡合先王，不足道也。堯、舜之道，至簡而不繁，至要而不迂，至易而不難，但末世學者不能通知，故常以爲高而不可及耳。」上曰：「卿可謂責難於君矣。朕自視眇然，恐無以副卿意。可悉意輔朕，庶同濟此道。」一日侍上，語及諸葛亮、魏鄭公。公對曰：「陛下誠能爲堯、舜，則必有咎、夔、稷、卨，陛下誠能爲高宗，則必有傅説。魏鄭公、諸葛亮，皆有道者所羞，何足道哉？但恐陛下擇術未明，推誠未至，則雖有咎、夔、稷、卨、傅説之賢，亦爲小人所蔽，因卷懷而去耳。」上曰：「自古治世，豈能使朝廷無小人？雖堯、舜之時，不能無四凶。」公曰：「唯能辨四凶而誅之，此乃所以爲堯、舜也。若使四凶得肆其讒慝，則咎、夔、稷、卨亦安肯苟食其禄以終身乎？」未幾，遂參大政。

荆公既爲參知政事，上謂之曰：「人皆不能知卿，以爲卿但知經術，不曉世務。」公對曰：「經術正所以經世務。但後世所謂者大抵皆庸人，故世俗皆以爲經術不可施於世務耳。」上問：「然則卿所施設，以何爲先？」公曰：「變風俗，立法度，最方今所急也。」於是青苗、市易、坊場、保甲、保馬、導洛、免役之政，相繼並興。設制置三司條例司，與知樞密院陳升之同領之。中丞呂公誨論公十事，公力求去位。上爲出呂公。而韓魏公亦上疏論青苗法，乞罷諸路提舉官。奏至，公稱疾求分司，上不許。公入謝，因爲上言：「陛下欲以先王正道變天下流俗，故與天下流俗相爲輕重。流俗權重，則天下之人歸流俗；陛下權重，則天下之人歸陛下。權者與物相爲輕重，雖千鈞之物，所加損不過銖兩而移。今姦人欲敗先王之正道，以沮陛下之所爲。是於陛下與流俗之權適爭輕重之時，加銖兩之力，則用力至微，而天下之權已歸流俗矣。此所以紛紛也。」上以爲然，公乃視事。

王荆公在臺閣侍從時，每爲人言唐太宗令諫官隨宰相入閤，最切於政道，後世所當行也。及入司政事，而孫莘老、李公擇在諫職，二人者熟荆公此論，遂列奏請舉行之，荆公不可，曰：「是又益兩參知政事也。」《呂氏家塾記》

王荆公知制誥，吳夫人爲買一妾，荆公見之曰：「何物女子？」曰：「夫人令執事左右。」曰：「汝誰氏？」曰：「妾之夫爲軍大將，部米運失舟，家資盡没，猶不足，又賣妾以償。」公愀然曰：「夫人用錢幾何得汝？」曰：「九十萬。」公呼其夫，令爲夫婦如初，盡以錢賜之。司馬温公從龐潁公辟爲太原府通判，尚未有子。夫人爲買一妾，公殊不顧。夫人疑有所忌也。一日，教其妾：「俟我出，汝自飾至書院中。」冀公一顧也。妾如其言，公訝曰：「夫人出，汝安得至此？」亟遣之。潁公知之，對僚屬咨其賢。荆公、温公不好聲色，不愛官職，不殖貨利皆同。二公除修注，皆辭至六七，不獲已方受。温公除知制誥，以不善作辭令屢辭免，改待制。荆公官浸顯，俸禄入門，任諸弟取去盡不問。温公通判太原時，月給酒饋待賓客外，輒不請。晚居洛，買園宅，猶以兄郎中爲户。故二公平生相善，至議新法不合，始著書絶交矣。《聞見録》

王荆公知明州鄞縣，讀書爲文章，二日一治縣事。起堤堰，決陂塘，爲水陸之利。貸穀于民，立息以償，俾新陳相易。興學校，嚴保伍，邑人便之。故熙寧初爲執政，所行之法皆本於此。然荆公知行於一邑則可，不知行於天下不可也。又所遣新法使者，多刻薄小人，急於功利，遂至決河爲田，壞人墳墓室廬膏腴之地，不可勝紀。青苗雖取二分之利，民請納之費，至十之七八。又公吏冒民，新舊相因，其弊益繁。保甲保馬，尤有害天下，騷然不得休息。蓋祖宗之法壹變矣。獨役法新舊差募二議俱有弊，吳、蜀之民以雇役爲便，秦、晉之民以差役爲便。荆公與司馬温公皆早貴，少歷州縣，不能周知四方風俗，故荆公主雇役，温公主差役。蘇内翰、范忠宣，温公門下士，復以差役爲未便。章子厚，荆公門下士，復以雇役爲未盡。三人雖賢否不同，皆聰明曉吏治，兼知南北風俗，其所論甚公，各不私於所主。元祐初，温公復差役，改雇役，子厚議曰：「保甲保馬一日不罷，有一日害，如役法則熙寧初以雇役代差役，議之不詳，行之太速，故後有弊，今復以差役代雇役，當詳議熟講，庶幾可行。而限止五日，太速，後必有弊。」温公不以爲然。子厚對太皇太后簾下，與温公爭辯，至言「異日難以奉陪喫劍」。太后怒其不遜，子厚罪去。蔡京者知開封府，用五日限盡改畿縣雇役之法爲差役，至政事堂白温公，公喜曰：「使人人如待制，何患法之不行？」紹聖初，子厚入相，復議以雇役改差役，置司講論，久不決。蔡京兼提舉，白子厚曰：「取熙

寧，元豐法施行之耳，尚何講爲？」子厚信之，雇役遂定。蔡京前後觀望反復，賢如温公，暴如子厚，皆足以欺之，真小人也。《聞見録》

熙寧四年，王荆公當國，欲以朱柬之監左藏庫。柬之辭曰：「左帑有火禁，而年高宿直非便，願易勾當進奏院。」荆公許諾。翊日，進擬某人監左藏庫，上曰：「何不用朱柬之監左藏庫可也？」荆公震駭，莫測其由。上之機神臨下，多知外事，雖纖微莫可隱也。《東軒筆録》

吐蕃在唐最盛，至本朝始衰。今河湟、邈川、青唐、洮、岷以至階、利、文、政、綿州、威、茂、黎、雅州夷人，皆其遺種也。獨唃厮囉一族最盛，雖西夏亦畏之，朝廷封西平王，用爲藩翰。陝西州縣特置驛，謂之唃家位，歲貢奉不絶。未開熙河前，關中士人多言其利害，雖張横渠先生之賢，少時亦欲結客以取。范文正公帥延安，招置府第，俾脩制科，至登進士第，其志乃已。仁宗皇帝朝，韓琦、富弼二公爲宰相，凡言開邊者皆不納。熙寧初，王荆公執政，始有開邊之議。王韶者，罷新安縣主簿，遊邊得其説，遂上開河湟之策。荆公以爲奇謀，乃有熙河之役。獨岷州白石大潭、秦州屬縣有賦税，其餘無斗粟尺布，唯仰陝西州郡，朝廷帑藏供給。故自開熙河以來，陝西民日困，朝廷財用益耗。初，唃厮囉分處諸子於熙、河、洮、岷之地，唃厮囉死，諸子皆褱弱，故韶能取之。唃厮囉諸子唯董氈者在湟、鄯最盛。韶之勢止能取河州，韶暫入朝，鬼章已舉兵攻河州，遂有踏白之敗，景思立死之。紹聖初，章惇作相，魯布作樞密，董氈已爲强臣阿里骨所簒，國人畏之。阿里骨死，其子瞎征立，國人思故主，不輔瞎征。瞎征懦弱，欲爲僧，國人又欲殺之。瞎征遂乞納土歸朝廷。時童貫初領邊事，乃受之，送于朝，封官爵，遣居熙州。建中靖國初，韓忠彦爲相，安燾爲樞密，遂棄鄯、鄯，求唃氏苗裔立之。韓忠彦罷，蔡京作相，復鄯、鄯，責安燾與熙河帥姚師雄及凡議棄者，邊事復興矣。靖康初，言者乞求青唐種族，以鄯、鄯之地賜之，朝廷下熙河帥議以聞，無敢任其責者，乃已。至金人陷陝之六路，兵入熙河，即求鄯、鄯舊族，盡以其地與之。《聞見録》

上以外事問介甫，介甫曰：「陛下從誰得之？」上曰：「卿何必問所從來？」介甫曰：「陛下與他人爲密，而獨隱於臣，豈君臣推心之道乎？」上曰：「得之李評。」介甫由是惡評，竟擠而逐之。他日，介甫復以密事質於上，上問：「於誰得之？」介甫不肯對。上曰：「朕無隱於卿，卿獨有隱於朕乎？」介甫不得已，曰：「朱明之爲臣言之。」上由是惡明之。明之，介甫妹夫也。及介甫出鎮金陵，吉甫欲引親暱置之左右，薦明之爲侍講，上不許，曰：「安石更有妹夫爲誰？」吉甫以直講沈道原對，上即以道原爲侍講。吉甫又引弟升卿爲侍講，升卿素無學術，每進講，多捨經而談財穀利害，營繕等事。上時問以經事，升卿不能對，輒目道原從旁代謝。《記聞》

熙寧六年十一月，吏有不附新法，介甫欲深罪之，上不可。介甫固争之曰：「不然，法不行。」上曰：「聞民間亦頗苦新法。」介甫曰：「祈寒暑雨，民猶有怨咨者，豈足顧也！」上曰：「豈若并祈寒暑雨之咨亦無邪？」介甫不悦，退而屬疾家居。數日，上遣使慰勞之，乃出。其黨爲之謀曰：「今不取門下士上所素不喜者暴進用之，則權輕，將有人窺間隙者矣。」介甫從之。既出，即奏擢章惇、趙子幾等，上喜其出，勉强從之。由是權益重。《記聞》

介甫請并京師行陝西所鑄折二錢，既而宗室及諸軍不樂，有怨言。上聞之，以問介甫，欲罷之。介甫怒曰：「朝廷每舉一事，定爲浮言所移，如此何事可爲？」退，遂移疾，卧不出。上使人諭之曰：「朕無間於卿，天日可鑒，何遽如此？」乃起。《記聞》

王荆公秉政，更新天下之務，而宿德舊人論議不叶，荆公遂選用新進，待以不次，故一時政事，不日皆舉，而兩禁臺閣，内外要權，莫非新進之士也。洎三司論市易，而呂參政指爲沮法，荆公信以爲然，堅乞罷相。既出，呂嘉問、張諤持荆公而泣，公慰之曰：「已薦呂惠卿矣。」二子收淚。及惠卿入參，有射羿之意，而一時之士見其得君，謂可以傾奪荆公矣，遂更朋附之。既而鄧潤甫枉爪廢王安國，而李逢之獄又扶李士寧之事以撼荆公，又言《熙寧編勑》不便，乞重編修，及令百姓手實供家財簿，又欲給田募役以破役法，其他夤緣事故非議前宰者甚衆，綱紀幾紊。天子斷意，再召荆公秉政。鄧綰懼不自安，欲弭前迹，遂發張若濟事，返攻呂惠卿。朝廷俾張諤爲兩浙路察訪，以驗其事。諤猶欲掩覆，而鄧綰復觀望意指，薦引匪人，於是惠卿自知不安，乃條列荆公兄弟之失凡數事面奏，意欲上意有貳。上封惠卿所言以示荆公，故荆公表有「忠不足以取信，故事事欲其自明；義不足以勝奸，故人人與之立敵」，蓋謂是也。既而惠卿出亳州，鄧綰、張諤之徒皆以罪去。然自是門下之人皆無固志，荆公無與共圖事者，又復請去，而再鎮金陵。故詩有「紛紛易變浮雲白，落落難鍾老栢青」者，蓋謂是也。《東軒筆録》

又云：熙寧七年，王荆公初罷相，薦呂惠卿爲參政。呂得君怙權，慮荆公復

進，因郊禮薦荊公爲使相，方進熟，上察見其情，遽問曰：「王安石去不以罪，何故用赦復官？」吕無以對。又曰：李士寧者，蜀人，得導氣養生之術，又能言人休咎。王荊公與之有舊，每延於東府，迹甚熟。及吕惠卿執政，會山東告李逢、劉育之變，事連宗子世居，起獄推治，劾者言士寧嘗預此謀，敕天下捕之。獄具，世居賜死，逢、育棄市，士寧決杖，流永州，連坐者甚衆。吕爲此獄引士寧者，意欲有所誣衊，會荊公再入，謀遂不行。

王荊公再秉政，既逐吕惠卿，門下之人復爲諛媚以自安。而荊公求退告去尤切。有練亨甫者，謂中丞鄧綰曰：「公何不言於上，以丞相之子雱爲樞密使，諸弟皆爲兩制，婿姪皆館職，京師賜第宅田邸，則庶幾可留也。」綰如所戒言之，上察知其阿黨，亦頷之而已。一日，荊公復於上前求去，上曰：「卿勉爲朕留，當一一如卿所欲，但未有一穩便第宅耳。」荊公駭曰：「臣有何欲？且何爲而賜第？」上笑而不答。翊日，荊公懇請其由，上出綰所上章，荊公即乞推劾。先是，綰欲用其黨方揚爲臺官，懼不厭人望，乃并彭汝礪薦之，其實意在揚也。無何，上黜汝礪，綰遽表言：「臣素不知汝礪之爲人，昨所舉鹵莽，乞不行前狀。」即此二事，上察見其姦，遂落綰中丞，以本官知虢州，亨甫奪校書，爲漳州推官。綰《制》曰：「操心頗僻，賦性姦回。論士薦人，不循分守。」又曰：「朕之待汝者，義形於色；汝之事朕者，志在於邪。」蓋謂是也。《東軒筆録》

初，吕惠卿爲荊公所知，驟引至執政。荊公去，惠卿遂背之。洎荊公再相，於是起華亭詔獄，而使徐禧、王古、蹇周輔三輩按之，惠卿情不得。練亨甫、吕嘉問以鄧綰所條惠卿事交鬭其間，復爲惠卿所中，語連荊公子雱，雱時已病，坐此憂憤而卒。荊公憂傷益不堪，遂再求罷去。

熙寧庚戌冬，荊公拜相，百官皆賀，荊公以未謝，皆不見之，獨與余坐西廡之小閣。忽顰蹙久之，取筆書窗曰：「霜筠雪竹鍾山寺，投老歸歟寄此生。」放筆揖余人。後再罷相，歸金陵，築第於白門外。元豐癸丑春，余謁公於第，公遽邀余同遊鍾山，憩法雲寺，偶坐於僧房，余因爲公道平昔之事及誦書窗之詩，公憮然曰：「有是乎？」微笑而已。《東軒筆録》

元豐七年春，公有疾，兩日不言。少蘇，與蔡元度書曰：「風疾暴作，心雖明了，口不能言。」語吳國夫人曰：「夫婦之情，偶合耳，不須它念，强爲善而已。」執葉濤手曰：「君聰明，宜博讀佛書，慎勿徒勞作世間言語。安石生來多枉費力，作閑文字，深自悔責。」吳國勉之曰：「公未宜出此言。」曰：「生死無常，吾恐時至不能發言，故今叙此，時至則行，何用君勸？」公疾瘳，乃自悔曰：「雖識盡天下理，而定力尚淺，或者未死，應尚竭力修爲。」陳子聞之而疑曰：「豈現行無常，現身有疾者乎？不可疑也。」《荊公語録》

元豐末，創爲户馬之説。神宗俯首歎曰：「朕於是乎愧於文彦博矣！」王珪等請宣德音，復曰：「文彦博頃年争國馬不勝，嘗曰：『陛下十年必思臣言。』」珪因奏曰：「罷去祖馬監，是王安石堅請行之者，本非陛下意也。」上復歎曰：「安石相誤，豈獨此一事？」神宗聞安石之貧，命中使甘師顔賜安石金五十兩。安石好爲詭激矯厲之行，即以金施之定林僧舍。師顔因不敢受常例，回具奏之。上諭御藥院牒江寧府，於安石家取甘師顔常例。安石約吕惠卿無令上知一帖，惠卿既與安石分黨，乃以其帖上之。上問熙河歲費之實於王韶，安石喻韶不必盡數以對。韶既畔安石，亦以安石言上之。晁以道《論神廟配享劄子》

王荊公晚年於鍾山書院多寫「福建子」三字，蓋悔恨於吕惠卿者，恨爲惠卿所陷，悔爲惠卿所誤也。每山行多恍惚，獨言若狂者。田晝承君云：荊公嘗謂其姪防曰：「吾昔好交游甚多，皆以國事相絶。今居閑復欲作書相問。」防忻然爲設紙筆案上，公屢欲下筆作書，輒長歎而止，意若有所愧也。公既病，和甫以邸吏狀視公，適報司馬温公拜相，公悵然曰：「司馬十二作相矣。」公所謂《日録》者，命防收之。公病甚，令防焚去，防以他書代之。後朝廷用蔡卞請下江寧府王防家取《日録》以進，卞方作史，乃假《日録》減落事實，文致姦僞，盡改元祐所修《神宗正史》。蓋荊公初相，以師臣自居，神宗待遇之禮甚厚。再相，帝滋不悦，議論多異同，故以後《日録》下欺，哲宗匿之。今見於世止七十餘卷，陳瑩中所謂「尊私史以壓宗廟」者也。至荊公薨，温公在病告中聞之，簡吕申公曰：「介甫無他，但執拗耳。贈卹之典宜厚。」温公之盛德如此。《聞見録》

王荊公改科舉，暮年乃覺其失，曰：「本欲變學究爲秀才，不謂變秀才爲學究也。」蓋舉子專誦王氏章句，而不解義，正如學究誦注疏爾。《談叢》

王荊公在金陵，聞朝廷變其法，夷然不以爲意。及聞罷役法，愕然失聲曰：「亦罷至此乎？」良久曰：「此法終不可罷。安石與先帝議之二年乃行，無不曲盡。」後果如其言。《巵史》

王丞相嘗云：「自議新法，始終言可行者，曾布也；言不可行者，司馬光也；餘皆前叛後附，或出或入。」

先生與僕論變法之初，僕曰：「神廟必欲變法，何也？」先生曰：「蓋有説

矣。天下之法，未有無敝者。祖宗以來，以忠厚仁慈治天下，至於嘉祐末年，天下之事似乎舒緩，委靡不振，當時士大夫亦自厭之，多有文字論列。然其實於天下根本牢固。至神廟即位，富於春秋，天資絶人，讀書一見便解大旨，是時見兩蕃不服，及朝廷州縣多舒緩，不及漢、唐全盛時，每與大臣論議，有怫然不悦之色。當時執政從官中有識者，以謂方今天下，正如大富家，上下和睦，田園開闢，屋舍牢壯，財用充足。但屋宇少設飾，器用少精巧，僕妾樸魯遲鈍，不敢作過。但有鄰舍來相淩侮，不免歲時以物贈之。其來已久，非自家做得如此，遂不敢承當上意，改革法度。獨金陵揣知上意，以一身當之，以激切奮怒之言，以動上意。遂以仁廟爲不治之朝。神廟一旦得之，以爲千載會遇。改法之初，以天下公論謂之流俗，内則太后，外則顧命大臣等，尚不能回，何況臺諫、侍從、州縣乎？祇增其勢爾！雖天下之人，群起而攻之，而金陵不可動者，蓋此八個字，吾友宜記之。」僕曰：「何等八字？」先生曰：「虚名實行，强辯堅志。當時天下之論，以金陵不作執政爲屈，此虚名也。平生行止，無一點涴，論者雖欲誣之，人主信乎？此實行也。論議人主之前，貫穿經史今古，不可窮詰，故曰强辯。前世大臣，欲任意行一事，或可以生死禍福恐之得回，此老實不可以此動，故曰堅志。因此八字，此法所以必行也。得君之初，與人主若朋友，一言不合己志，必面折之，反覆詰難，使人主伏弱乃已。及元豐之初，人主之德已成，又大臣尊仰將順之不暇，天容毅然正君臣之分，非與熙寧初比也。」《元城語録》

問：「荆公可謂得君乎？」曰：「後世謂之得君可也。然荆公之智識，亦自能知得，如表云『忠不足以信上，故事必待於自明；智不足以破姦，故人與之爲敵』也。『不破姦』此則未然，若君臣深相知，何待事事使之辨明也？舉此一事便可見。」曰：「荆公『勿使上知』之語信乎？」曰：「須看他當時因甚事説此話，且如作此事當如何，更須詳審，未要令上知之；又如説一事未甚切當，更須如何商量體察，今且勿令上知，若此類不成是欺君也。凡事未見始末，更切子細反覆推究方可。」《程氏遺書》

介甫不知事君道理，觀他意思，只是要樂子之無知。如上表言：「秋水既至，因知海若之無窮；大明方升，豈宜爝火之不息。」皆是意思常要己在人主上。自古主聖臣賢乃常理，何至如此？又觀其説魯用天子禮樂云：「周公有人臣所不能爲之功，故得用人臣所不得用之禮樂。」此乃大段不知事君。大凡人臣身上，豈有過分之事？凡有所爲，皆是臣職所當爲之事也。介甫平居事親最孝，觀其言如此，其事親之際，想亦洋洋自得，以爲孝有餘也。臣子身上，皆無過分事，惟是孟子知之，説曾子只言『事親若曾子可矣』，不言『有餘』，只言『可矣』。唐子方作一事，後無聞焉，亦自以爲報君足矣。當時所爲，蓋不出誠意。嘉仲曰：「陳瓘亦可謂難得矣！」先生曰：「陳瓘却未見其已。」《程氏遺書》

王荆公平生養得氣完，爲他不好做官職，作宰相只喫魚羹飯，得受用底不受用，緣省便去就自在。嘗上殿進一劄子擬除人，神宗不允，對曰：「阿除不得？」又進一劄子，擬除人，神宗亦不允，又曰：「阿也除不得？」下殿出來，便乞去，更留不住。平生不屈也奇特。《上蔡語録》

論及荆公「勝流俗」之説，人多謂荆公以同己者爲是，異己者爲流俗，切謂荆公「勝流俗」之説起於方特立有爲之前，非解於行新法之後，人能用此以行其所學，爲補不細。蕭謂：「先生有點鐵成金之語，人能用之於此，何所不可？但不知荆公勝之是否爾。」先生曰：「俗不善而能勝之也，不亦善乎？」又云：「荆公却養氣，今人都無此。」《上蔡語録》

因論荆公法云：「青苗、免役，亦是法，然非藏於民之道。如青苗，取息雖不多，然歲散萬緡，則奪民二千緡入官，既入官，則民間不復可得矣。免役法，取民間錢雇人役於官，其得此錢用者，蓋皆州縣市井之人，不及鄉民，鄉民惟知輸而不得用，故今鄉民多乏於財也。」「青苗二分之息，可謂輕矣，而不見利於百姓，何也？今民間舉債，其息少者亦須五七分，多者或倍，而亦不覺其爲害。」曰：「惟其利輕，且官中易得，人徒知目前之利，而不顧後患，是以樂請。若民間舉債，則利重，又百端要勒，得之極難，故人得已且已。又青苗雖名取二分之息，其實亦與民間無異，蓋小民既有非不得已而請者，又有非不得已用之。且如請錢千，或遇親舊於州縣間，須有酒食之費，不然亦須置小小不急之物，只使二百錢，已可比民間四分之息。又請納時往來之用，與官中門户之賂遺，至少亦不下百錢。況又有胥吏追呼之煩，非貨不行，而公家期限，又與私間不同，而民之畏法者，至舉債以輸官，往往沿此遂破蕩産業者固多矣，此所以有害而無利也。」或云：「官中息輕，民得之可以自爲經營，歲豈無二分之息乎？」「蓋未之思也。若用之商販，則錢散而難集，正公家期逼，卒收不聚，失所指凖，其患豈細？往年富家知此患也，官中配之，請不得已請而藏之，比及期出私錢爲息輸之官，乃無患。夫使民如此，是無事而侵擾之也，何名補助之政乎？」《龜山語録》

謂與季常言：「王氏只是以政刑治天下，『道之以德，齊之以禮』之事全無。」

他日季常曰：「細思之，實如公言。但『道以德，齊以禮』之事，於今如何做？」曰：「須有會做，只爲而今不用着此等人，若是他依本分會底，必有道理。」《龜山語録》

或曰：「正心於此安得天下便平治？」曰：「正心一事，自人未常深知之。若深知而體之，自有其效。觀後世治天下，皆未嘗識此，然此亦惟聖人力做得徹。蓋心有所忿懥恐懼，好樂憂患，一毫少差，即不得其正。自非聖人，必須有不正處。然有意乎此者，隨其淺深，必有見效，但不如聖人之效著耳。觀王氏之學，蓋未造乎此。其治天下，專講求法度。如彼脩身之潔，宜足以化民矣，然卒不逮王文正、吕晦叔、司馬君實諸人者，以其所爲無誠意故也。明道常曰：『有《關雎》、《麟趾》之意，然後可以行《周官》之法度。』蓋深達乎此。」《龜山語録》

荆公在上前争論，或爲上所疑，則曰：「臣之素行，亦不至無廉耻，如何不足信？」且論事當問事之是非利害如何，豈可以素有廉耻，劫人使信己也？夫廉耻在常人足道，若君子更自矜其廉耻，亦淺矣！蓋廉耻自君子所當爲者，如人守官，曰：「我固不受臟！」不受臟豈分外事乎？《龜山語録》

鄭季常作太學博士，言：「養士之道，當先善其心。今殊失此意，未知所以善之之方。」曰：「由今之道，雖賢者爲教官，必不能善人心。」曰：「使荆公當此職，不知如何？」曰：「荆公爲相，其道蓋行乎當年，今日學法，荆公之法也，已不能善之矣。」季常良久曰：「如是，如是。」《龜山語録》

神宗賜金，荆公即時送蔣山僧寺爲常住。了翁云：「嘗見人説，以此爲曠古所難。其實能有多少物？人所以難之，蓋自其眼孔淺耳。」曰：「荆公作此事，絶無義理。古者人君賜之果，尚懷其核，懷核所以敬君賜也。所賜金，義當受則受，當辭則辭，其可名爲受之，而施之僧寺乎？是賤君賜也。金可賤，君賜不可賤。《書》曰：『人不易物，唯德其物。』若於義當受，而家已足，不願藏之家，則班諸昆弟之貧者，則合禮矣。」《龜山語録》

王荆公天資孝友，俸禄入門，諸弟輒用之至盡，不問。其子雱既長，專家政，則不然矣。諸弟亦皆有文學，安禮者字和甫，嘗爲右丞，氣豪玩世，在人主前不屈也。一日，辛執同對，上有無人材之歎。左丞蒲宗孟對曰：「人材半爲司馬光以邪説壞之。」上不語，正視宗孟久之。宗孟懼甚，無以爲容。上復曰：「蒲宗孟乃不取司馬光耶？司馬光者未論别事，只辭樞密一節，朕自即位以來，唯見此一人，他人則雖迫之使去，亦不肯矣。」宗孟又因奏書請官屬恩，上曰：「所脩書謬甚，無恩。」宗孟又引例書局、儀鸞司等當賜帛，上以小故未答。安禮進曰：「修書謬，儀鸞司者恐不預。」上爲之笑。方蘇子瞻下御史獄，小人勸上殺之，安禮言其不可。安國者字平甫，尤正直有文。一日，荆公與吕惠卿論新法，平甫吹笛于内。荆公遣人諭曰：「請學士放鄭聲。」平甫即應曰：「願相公遠佞人。」惠卿深銜之。後荆公罷，竟爲惠卿所陷，放歸田里，卒以窮死。雱者字元澤，性險惡，凡荆公所爲不近人情者皆雱所教。吕惠卿輩奴事之。荆公置條例司，初用程顥伯淳爲屬。伯淳賢士，一日盛暑，荆公與伯淳對語，雱者囚首跣足，手携婦人冠以出，問荆公曰：「所言何事？」荆公曰：「以新法數爲人沮，與程君議。」雱箕踞以坐，大言曰：「梟韓琦、富弼之頭于市，則新法行矣。」荆公遽曰：「兒誤矣。」伯淳正色曰：「方與參政論國事，子弟不可預，姑退。」雱不樂，去。伯淳自此與荆公不合。祖宗之制，宰相之子無帶職者。神宗特命雱爲從官，然雱已病，不能朝矣。雱死，荆公罷相，哀悼不忘，有「一日鳳鳥去，千年梁木摧」之詩，蓋以比孔子也。荆公在鍾山，嘗恍惚見雱荷鐵枷杻如重囚者，荆公遂施所居半山園宅爲寺，以薦其福。後荆公病瘡良苦，嘗語其姪曰：「亟焚吾所謂《日録》者。」姪給公，焚他書代之，公乃死。或云又有所見也。《聞見録》

王安國常非其兄所爲。爲西京國子監教授，溺於聲色。介甫在相位，以書戒之曰：「宜放鄭聲。」安國復書曰：「安國亦願兄遠佞人也。」官滿，至京師，上以介甫故，召上殿，時人以爲必除侍講。上問以其兄秉政，物論如何，對曰：「但恨聚斂太急，知人不明耳！」上默然不悦，由是别無恩命。久之，乃得館職。安國嘗力諫其兄，以天下恟恟，不樂新法，皆歸咎於公，恐爲家禍。介甫不聽，安國哭於影堂，曰：「吾家滅門矣！」又嘗責曾布以誤惑丞相，更變法令，布曰：「足下，人之子弟，朝廷變法，何預足下事？」安國勃然怒曰：「丞相，吾兄也。丞相之父，即吾父也。丞相由汝之故，殺身破家，僇及先人，發掘丘壟，豈得不預我事邪？」《記聞》

平甫教授西京國子監，代還召對，上曰：「卿學問通古今，以漢文何主也？」對曰：「三代以後，賢主未有如文帝者。」上曰：「但惜其才不能立法更制爾。」對曰：「文帝自代來，夜入未央宫，於擾攘時定變故於俄頃之際，諸將故武大，皆脅息待命，恐無才者不及是。然能用賈誼言，待群臣有節，專務以德化民，海内興於禮義，幾致刑措，使一時風俗，耻言人過。則文帝加有才一等矣。」上曰：「王猛佐苻堅，以蕞爾國，而令必行。今朕以天下之大，而不能使人，何也？」對曰：

「王猛睚眦之忿必報，專教苻堅以峻刑法殺人爲事，此必小臣刻薄，有以誤陛下者。願專以堯、舜、三代爲法，理順而勢利，則下豈有不從者乎？」上深然之。

王安國著《序言》五十篇，上初即位，韓絳、邵亢爲樞密副使，同以《序言》進。上御批稱美，令召試學士院，將不次進用。而大臣有不喜之者，止得兩使職官，從辟爲西京國子監教授。後中丞吕誨彈奏王荆公，猶引以爲推恩太重。平甫博學，工文章，通古今，達治道，勁直寡合，不阿時之好惡，雖與荆公論議，亦不苟合，故異時執政得以中傷，而言事者謂非毁其兄，遂因事逐之，天下人皆以爲冤。初，荆公爲參知政事，時因閲晏元獻公小詞而笑曰：「爲宰相而作艷詞，可乎？」平父曰：「亦偶然爾。」吕惠卿爲館職在坐，遽曰：「爲政必放鄭聲，況自爲之乎！」平父正色曰：「放鄭聲，不若遠佞人也。」吕大以爲譏己，自是遂與平父相失云。《東軒筆録》案：鄭聲事三書所載不同，未知孰是。

鄭俠介夫者，福州福清人，荆公居憂金陵時嘗從學，後舉進士，調光州司法，秩滿至京師，會荆公秉政，俠見之，公喻使試刑法，俠辭不習。公問以所聞，俠因爲具言青苗、免役、用兵之害，公不答。俠退，又數以書論之，亦不報。久之，得監在京安上門，荆公又使人喻，將以爲經義局檢討，俠又辭之。公使人謂之曰：「凡仕宦，須改得一京官，然後可以别圖差遣，何得介僻如此？」俠對曰：「俠罷官而來，本求執經丞相門下耳，初不知官有美惡高下也。不意丞相一旦當路，發言無非以官爵爲先，殊非俠所望也。且丞相果欲援俠而進之，俠之所言，行其一二，使俠進而無愧，不亦善乎？」時初行免役及收市利錢法，京師細民，負水拾髮、擔粥提茶之類，皆有免行錢，不輸者毋得販鬻。市道、門司、税院，並行倉法，專欄月賦食錢，每正税百錢，則收市利十錢以給之。逮法之行，則正税不及十錢者，有司亦取之，其末反重於本。俠又言於荆公，得損其尤甚者數事。會大旱，自十一月不雨，至于三月，河東、河北、陝西流民大入京師，與城外飢民，市麻糂麥麩爲糜，或掘草根，采木實以食，或身被鎖械，而負瓦揭木，賣妻鬻子以償官。俠畫圖爲書，勾馬遞以聞，曰：「如行臣之言，十日不雨，即乞斬臣，以正欺罔之罪。」又自劾擅發馬遞待罪，時熙寧七年三月二十六日也。神宗皇帝覽疏歎息，終夕不寐。翌日，遂詔韓維、孫永體量免行錢，詔曾布體量市易法，又詔司農寺發常平倉，放商税務及諸門税錢三十文以下，市利錢二十文以下，青苗、免役權罷追索，方田、保甲並罷。凡此類十八事，民間歡呼相慶。四月一日，遂下詔責躬求言。越三日，大雨，十一日，早朝賀雨，神宗出圖狀示宰執，且責之，丞相以下皆謝罪。是日有旨，放俠擅發馬遞之罪，荆公遂力求去，於是其徒争言俠罪，詔送開封取勘。時士庶欲應詔言事者甚衆，聞此皆沮縮，而姦人託名爲書，曰詣匭獻之，乞留荆公，守新法，而治俠罪。會熙河小捷，群小因得入其言，吕惠卿、鄧綰之徒，至環泣上前。已而荆公卒去位，薦惠卿以代己，命下之日，京師大風雨，土翳席逾寸。俠又上書言：「安石本爲惠卿所誤至此，今復相扳援，以遂前非，不復爲宗社計。昔唐天寶之亂，國忠已誅，貴妃未戮，人以爲賊本尚在。今日之事，何以異此！」又上疏諫用兵，語甚切。屬熙河奏捷，殺戮甚衆，上爲惻然，手詔諭王韶等：「今後只務招降，未征餘黨，毋以多殺爲功。」於是惠卿等益惡之，亟取開封所勘擅發馬遞事下刑部，定合罰銅十斤，取旨勒停。俠又上書言：「大臣奏以三路流民，皆爲南北下各有田，名鶩子田，若北旱則南，南荒又北。此皆誣罔上聽。臣乞勘會三路之民，自去冬流移，至今不已，何人是南方有田者？」它語譏大臣甚衆，并詆臺諫皆如芻靈木偶，又言禁中被甲登殿等事。奏入，執政大怒，言於上以爲謗訕朝政，追毁出身以來文字，送汀州編管。既行，上問惠卿：「鄭俠小臣，禁中密事及大臣奏對之言，何自聞之？」惠卿對曰：「此皆馮京手録，使王安國持示，導之使言耳。」惠卿與京同列，議多矛盾，又以諂事荆公，爲安國所疾，屢諷其兄不寤，故併中之。已而上以惠卿語責京，京惶駭對曰：「臣與鄭俠素不相識。」上方疑之。御史知雜張琥遂以俠事劾京，京奏：「俠行未遠，乞追還對辨。」遂詔付臺推勘，遣奉禮郎舒亶追俠，及諸太康，搜其衣橐，得王克臣所贐銀三十兩，御史臺知班楊忠信所贈韓、范、司馬諸公所言新法不便奏藁兩帙，遂逮赴詔獄。俠對：「實不識京，但每遣門人吴無至詣檢院投匭，判院丁諷輒爲無至道京稱歎之語。及罷局時，遇安國於途，安國馬上舉鞭相揖曰：『賢可謂獨立不懼。』因隨至所居，求觀前後奏草。俠答以未嘗存留。安國言：『亦見所與家兄書，家兄雖安國之言亦不聽，而況公乎？』俠曰：『不意丞相一旦爲小人所誤，以至於此。』安國曰：『是何爲小人所誤！家兄自以爲人臣子不當避四海九州之怨，使四海九州之怨盡歸於己，方是臣子盡忠國家。』俠曰：『未聞堯、舜在上，夔、契在下，而有四海九州之怨。』安國以爲然。忠信者，嘗應四月一日詔書，言新法不便。因謂俠曰：『御史職在諫争，皆緘默不言，公一監門爾，乃上書不已，是言責在監門而臺中無人也。』探懷中書授俠曰：『以此爲正人助。』京未嘗使安國傳導省中語，凡所論乃鄰居内殿崇班楊永芳所告也。」安國赴對不承，俠責之曰：「凡對制使，不當有隱，口所言者，安得諱之？天地鬼神，

皆在左右，學士欲誰欺耶？」安國乃伏。獄成，俠改送英州編管，忠信、無至皆真決編管湖外，京罷政，諷落職，安國追毀告身，放歸田里。俠徒步赴貶居十年，樞密直學士陳襄在經筵日，嘗論薦當世之士，自司馬公而下三十三人，最後言：「鄭俠小臣，愚直敢言如此，是亦發於忠義，非陛下矜憐其志，而使得生還，誰復爲俠言者？」尋以哲宗登極恩霈放還，用蘇軾、孫覺、虞大寧等薦，除泉州州學教授。秩滿，諸生借留州，奏得再任。元符元年，再貶英州。徽宗登極放還，復爲泉學教授。崇寧初，又勒停，尋復將仕郎。宣和初卒。俠性清儉，布衣糲食終其身。平居進止，必以禮法，閨門怡然，不肅而治。喜賓客，樂教訓，嗇用廣施，鄉里敬之。中表有應舉不以實年者，俠戒之曰：「方謀入仕，已有欺君之心，不可。」暇日聞子姪誦《詩考槃》之義曰：「『弗諼』者，弗忘君之惡；『弗過』者，弗過君之朝；『弗告』者，弗告君以善。碩人之於君，有卷卷之不忍也，故永矢以絶之。」公嘆曰：「是何言與！古之人在畎畝不忘其君，況於賢者，一不見用而忿戾若是哉！蓋『弗諼』者，弗忘君也；『弗過』者，弗以君爲過也；『弗告』者，弗以告他人也。」其存心如此，故雖流落頓挫之餘，一話一言，未嘗不在君父，覩政役繁興，民物嗷嗷，但鞏顧而已。《鄭介夫言行録》

錢景諶者，忠懿王孫，師事康節先生，舊與王荆公善。後荆公用事，論新法不合，遂相絶，終身爲外官。其家集有《答兖守趙度支書》《自序》甚詳，云：「始僕爲進士時，彼爲太常博士，主別頭試，取僕於數百人之中。是後日遊其門，執師弟子之禮，授經論文，非二帝、三王之道，孔子、孟子之言不言。及僕丁家難，聞其參大政，天下之人無不懽喜鼓舞，謂其必能復三代之風，一致太平。是時僕自許昌以私事來京師，因見之於私第。方盛夏，與僧智緣者並卧於地，又與其日最親者一人袒露而坐於傍，顧僕脱帽褫服，初不及其他。卒然見問曰：『青苗、助役如何？』僕對以『利少而害多，後日必爲平民之患』。又問曰：『孰爲可用之人？』則對以『居喪不交人事，而知人之難尤非淺淺事』。彼不樂。僕私自謂，大賢爲政於天下，必有奇謀遠業，出人意表，亦不敢必其乖亂。及歸許，見其變祖宗法度，專以聚斂苛刻爲政，務爲新奇，謂之新法，而天下好進之人，紛紛然以利進矣，殊非前日之所講而聞者。又二三年，僕以調官來京師，當其作相，又往見之。彼喜僕之來，令先見其弟平甫。平甫固故人知我者，亦喜曰：『相君欲以館閣處君，而任以事。』僕戲與平甫相誚，以謂『百事皆可，所不知者新書、役法耳』。平甫雖以僕爲太方，然擊節賞歎，以爲知言。及見彼，首言欲僕治峽路役書，又以戎、瀘蠻事見委。僕以不知峽路民情，而戎、瀘用兵繫朝廷舉動，一路生靈休戚，願擇知兵愛人者。彼大怒。時坐客數十人，無不爲僕寒心者。後僕官繁、鄧，彼益任政用事，而一代成法無一二存者。百姓愁苦，而郡縣吏惴惴憂懼，虞以罪去。且不但變其法制而已，乃以穿鑿不經，入於虚無，牽合臆説，作爲《字解》者，謂之時學，而《春秋》一王之法，獨廢而不用。又以荒唐誕怪，非昔是今，無所統紀者，謂之時文。傾險趨利，殘民而無耻者，謂之時官。驅天下之人，務時學，以時文邀時官。僕既預仕籍，而所學者聖賢事業，專以《春秋》爲之主，皆大中至正，三綱五常之道。其所爲文，學《六經》而爲，必本於道德性命，而一歸於仁義。其施於官者，則又忠厚愛人，兼善天下之道。自顧不合於時，而學之又不能，方惶惶然無所容其迹。而故人張諫議正國辟僕爲高陽帥幙，到官已逾一年矣。今春邵堯夫先生亦有書招我爲洛中之游，兼有詩云：『年光空去也，人事轉蕭然。』止俟貧老之兄生事粗足，幼而孤者有分有歸，亦西歸洛中，守先人墳墓，徜徉于有洛之表，吾願畢矣。」《聞見録》

司馬光《涑水記聞》卷一五 前判都水監李立之云：介甫前作相，嘗召立之問曰：「有建議欲決白馬河堤以淤東方之田者，何如？」立之不敢直言其不可，對曰：「此策雖善，但恐河決，所傷至多。昔天聖初，河決白馬東南，泛濫十餘州，與淮水相通，徐州城上垂手可掬水，且横貫韋城，斷北使往還之路，無乃不可。」介甫沉吟良久，曰：「聽使一淤亦何傷，但恐妨北使路耳。」乃止。

司馬光《涑水記聞》卷一六 （王）介甫使徐禧、王古按秀獄，求惠卿罪不得，又使蹇周輔按之，亦無狀迹。王雱危之，以讓練亨甫、吕嘉問，亨甫等請以鄧綰所言惠卿事雜他書下秀獄，不令丞相知也。惠卿素加恩結堂吏，吏遽報惠卿於陳州。惠卿列言其狀，上以示介甫，介甫對「無之」，歸以問雱，乃知其狀。介甫以咎雱，雱時已寢疾，憤怒，遂絶。介甫以是慙於上，遂堅求退。

佚名《道山清話》 王安石配享文宣王廟庭，坐顔、孟之下，十哲之上。駕幸學，親行奠謁，或謂安石巍然而坐，有所未允。蔡知院元度曰：「便塑底也不得。」

李常爲言官，言王安石理財不由仁義，且言安石遂非喜勝，日與其徒吕惠卿等陰籌竊計，思以口舌以文厥過。以公論同乎流俗，以憂國爲震驚朕師，以百姓愁歎爲出自兼并之言，以卿士僉議爲生乎怨嫉之口，而又妄取經據，傅會其説。且言：「理財用而不由仁與義，不上匱則下窮矣。臣自知朝夕蒙戮，不憚開垂閉

之口，吐將腐之舌，爲陛下反覆道之。」凡數千言。上覽之，驚歎再三，撫諭曰：「不意班行中乃有卿也。從前無臣僚説得如此分明，待便爲施行。」明日，安石登對。神宗正色視安石：「昨覽李常奏，豈不悮他百姓？」安石垂笏低手，作怠慢之狀，笑而不對。神宗愈怒，遂再問之。安石略陳數語，人不聞安石所言何事，但見上連點頭曰：「極是，極是。」常之奏竟不見降出。常後對人言：「不知安石有甚狐媚厭倒之術？」

沈括《夢溪筆談》卷九　王荊公病喘，藥用紫團山人蔘，不可得，時薛師政自河東還，適有之，贈公數兩，不受。人有勸公曰：「公之疾，非此藥不可治，疾可憂，藥不足辭。」公曰：「平生無紫團蔘，亦活到今日。」竟不受。公面黧黑，門人憂之，以問醫，醫曰：「此垢汗，非疾也。」進澡豆令公頮面，公曰：「天生黑於予，澡豆其如予何！」

魏泰《東軒筆録》卷五　王荊公再爲相，承黨人之後，平日肘腋盡去，而在者已不可信，可信者又才不足以任事。平日惟與其子雱謀議，而雱又死，知道之難行也，於是慨然復求罷去，遂以使相再鎮金陵。未幾，納節，求閑地，久之，得會靈觀使，居於金陵。一日，豫國夫人之弟吴生者，來省荊公，寓止於佛寺行香廳。會同天節建道場，府僚當會於行香廳，太守葉均使人白遣吴生，吴生不肯遷。洎行香畢，大會于其廳，而吴生於屏後嫚駡不止。葉均俯首不聽，而轉運毛抗、判官李琮大不平之，牒州令取問。州遣二皂持牒追吴生，吴生奔荊公家以自匿，荊公初不知其事也。頃之，二皂至門下，云「捕人」，而諠忿于庭，荊公偶出見之，猶紛紜不已，公叱二皂去。葉均聞之，遂杖二皂，而與毛抗、李琮皆詣荊公，謝以公皂生疎，失於戒束。荊公唯唯不答，而豫國夫人於屏後叱均、抗等曰：「相公罷政，門下之人解體者十七八，然亦無敢捕吾親屬于庭者。汝等乃敢爾耶？」均等趨出。會中使撫問適至，而聞争廳事。中使回日，首以此奏聞。於是葉均、毛抗、李琮皆罷，而以吕嘉問爲守。又除王安上提點江東刑獄，俾建治於所居金陵。

魏泰《東軒筆録》卷七　汴渠舊例，十月闗口，則舟檝不行。王荊公當國，欲通冬運，遂不令閉口，水既淺澁，舟不可行，而流冰頗損舟檝。於是以船脚數千，前設巨碓，以搗流冰，而役夫苦寒，死者甚衆。京師有諺語曰：「昔有磨法磨平聲漿水，今見巨碓搗冬淩。」

魏泰《東軒筆録》卷一〇　嘉祐初，李仲昌議開六漯河，王荊公時爲館職，頗祐之。既而功不成，仲昌以贓敗。劉敞侍讀以書戲荊公，曰：「要當如宗人夷甫，不與世事可也。」荊公答曰：「天下之事，所以易壞而難合者，正以諸賢無意如鄙宗夷甫也。但仁聖在上，故公家元海未敢跋扈耳。」

熙寧中，詔王荊公及子雱同修經義。經成，加荊公左僕射兼門下侍郎，雱龍圖閣直學士，同日授命。故韓參政絳賀詩曰：「陳前輿馬同桓傳，拜後金珠有魯公。」

孫升《孫公談圃》卷下　安南不滅，議者歸咎王荊公進郭逵而退李憲，荊公笑曰：「使逵無功，勝憲有功。使宦者得志，吾屬異日受禍矣。」他日，有朝士在中書稱李憲字，荊公厲聲叱之曰：「是何人！」即出爲監當。

王闢之《澠水燕談録》卷一〇　頃有秉政者，深被眷倚，言事無不從。一日御宴，教坊雜劇爲小商，自稱姓趙名氏，負以瓦瓿賣沙糖，道逢故人，喜而拜之。仲足誤踏瓿倒，糖流于地，小商彈指歎息曰：「甜采你即溜也，怎奈何！」左右皆笑。俚語以王姓爲「甜采」。

蔡絛《鐵圍山叢談》卷三　王舒公介甫被遇神廟，方眷仗至深，忽一旦爲人發其私書者，介甫慚，於是丐罷，累表，不待報，徑出東水門，中使宣押不復還矣。神廟大不樂，遂復聽其去，然重其操節，且約再召期。當是時，既出，挈其家且登舟，而元澤爲從者，誤破其頮面瓦盆，因復命市之，則亦一瓦盆也。其父子無嗜欲，自奉質素如此，與段文昌金蓮華濯足大異矣。吾得之於魯公。

王元澤奉詔脩《三經義》，時王丞相介甫爲之提舉，蓋以相臣之重，所以假命於其子也。吾後見魯公與文正公二父，相與談往事，則每云：「《詩》、《書》蓋多出元澤暨諸門弟子手，至若《周禮新義》，實丞相親爲之筆削者。」及政和時，有司上言天府所籍吴氏資居檢校庫，而吴氏者王丞相之婣家也，且多有王丞相文書，於是朝廷悉命藏諸祕閣。用是吾得見之，《周禮新義》筆跡，猶斜風細雨，誠介甫親書，而後知二父之談信。

王舒公介甫，熙寧末復坐政事堂。每語叔父文正公曰：「天不生才且柰何！是孰可繼吾執國柄者乎？」乃舉手作屈指狀，數之曰：「獨兒子也。」蓋謂元澤。因下一指，又曰：「次賢也。」又下一指，即又曰：「賢兄如何？」謂魯公。則又下一指，沈吟者久之，始再曰：「吉甫如何？且作一人。」遂更下一指，則曰：「無矣。」當是時，元澤未病，吉甫則已隙云。及魯公久位公台，厭機務勞，自政和後蓋數悔歎，亦患才難，網羅者未盡善，常曰：「相門出將，將門出相。我閱人多

矣，罔敢不力，且略無可繼我者，天下事將柰何！」既莫用爲之計，至叩方士王老志，苦求人物。老志因舉二人，皆宰相也，李森、李彌遜。公大喜，於是亟召用之。又不慰公意。是後日掣其肘，竟付仗失當。俄羣小大用事，公志益弗伸，而淪胥矣。此吾備聆公語，目其事，亦傷哉。

蔡絛《鐵圍山叢談》卷四 昔與小王先生者言：「王舒公介甫何至於無後？」小王先生曰：「介甫，上天之野狐也。又安得有後？」吾默然不平，歸白諸魯公。魯公曰：「有是哉！」吾益駭。魯公始迺爲吾言曰：「頃有李士寧者，異人也。一旦因上七日入醴泉觀，獨倚殿所之楯柱，視卿大夫絡繹登階拜北神者。適睹一衣冠，亟問之曰：『汝非貛兒乎？』衣冠者爲之拜，迺介甫也。士寧謂介甫：『汝從此去，踰二紀爲宰相矣。其勉旃。』蓋士寧出入介甫家，識介甫之初誕生，故竟呼小字曰『貛兒』也。介甫見士寧後，果相神廟。而士寧又出入介甫家，適坐宗室世居事幾死，賴介甫得免，即屍解去矣。」吾得此更疑惑，久之，又白魯公：「造化块圠，天道濛鴻。彼實靈物也，獸其形，中則聖賢爾。今峩冠佩玉，彼□人也，中或畜產多有焉。要論其心斯可乎？」魯公爲頷之，而吾始得以自決。

劉斧《青瑣高議》 王荆公介甫退處金陵，一日，幅巾杖屨，獨游山寺，遇數客盛談文史，詞辯紛然。公坐其下，人莫之顧。有一客徐問公曰：「亦知書否？」公唯唯而已，復問公何姓，公拱手答曰：「安石姓王。」衆人惶恐，慚俯而去。

高晦叟《珍席放談》卷下 荆公在政府，鼎新百度，真大有爲也。有小詩云：「金明池道柳參天，投老歸來聽管絃。飽食大官猶昔日，夕陽流水思茫然。」此乃失意無聊者語也。公方君臣相遇，謀合計從，不應有此句，識者頗怪之也。其後去國，久居閑地，遂如所詠爾。荆公深知吕吉甫，力薦於上，遽位要津。不數年，同在政府，勢焰相軋，遂致嫌隙。吕並不安，謂人曰：「惠卿讀儒書，只知仲尼之可尊。看外典，只知佛之可貴。今之世，只知介甫之可師。不意爲人讒，失平日之歡，且容惠卿善去。」人有達其言於公者，公聞之，語其子元澤曰：「吕六却如此，使人不忍。」其子答云：「公雖不忍，人將忍公矣。」公默然。夫父子天資厚薄相遼，宜其道之至妙莫能相傳授也。

吕希哲《吕氏雜記》卷下 荆公熙寧、元豐間既閒居，多騎驢游肆山水間，賓朋至者亦給一驢。蘇子瞻詩所謂「騎驢渺渺入荒陂」是也。後好乘江州車，坐其一箱，其相對一箱不可虛，苟無賓朋，則使村僕坐焉，共載而行。其真率如此。

趙令時《侯鯖録》卷三 王介甫詭詐不通外除，自金陵過揚州，劉原父作守，以州郡禮邀之，遂留。方營妓列庭下，介甫作色，不肯就坐。原父辨論久之，遂去營妓，顧介甫曰：「燒車與船。」延之上坐。

元豐末，有以王介甫罷相歸金陵后，資用不足，達裕陵睿聽者，上即遣使以黄金二百兩就賜之。介甫初喜，意召己，既知賜金，不悦，即不受，舉送蔣山修寺，爲朝廷祈福。裕陵聞之，不喜。即有詩云：「穰侯老擅關中事，嘗恐諸侯客子來。我亦暮年專一壑，每聞車馬便驚猜。」此未能忘情在丘壑者也。

趙令時《侯鯖録》卷八 東坡自黄移汝，過金陵，見舒王，適陳和叔作守，多同飲會。一日，游蔣山，和叔被召將行，舒王顧江山曰：「子瞻可作歌。」坡醉中書云：「千古龍蟠並虎踞，從公一弔興亡處。渺渺斜風吹細雨，芳草路，江南父老留公住。　公駕飛軿淩紫霧，紅鸞驂乘青鸞馭。卻訝此洲名白鷺，非吾侶，翩然欲下還飛去。」和叔到任數日而去，舒王笑曰：「白鷺者，得無意乎？」

方勺《泊宅編》卷中 舒王一日與葉濤坐蔣山本府，一牙校來參，公問來意，其人乞屏左右，言：「昨夕夢至陰府，見待制帶鐵枷良苦，令某白相公，意望有所薦拔。某恐相公不信遲疑問待制云：『但説某時某處所議之事，今坐此備受慘毒。』」公悟其事，不覺大慟。公既薨，有武弁死而復甦，言：「王氏父子皆鐵枷，竊問何罪，曰緣曾議復肉刑致此。」乃與前校之夢略同。今士大夫往往皆知之。

王銍《默記》 先子言元豐末，王荆公在蔣山野次，跨驢出入。時正盛暑，而提刑李茂直往候見，即於道左遇之。荆公捨蹇相就，與茂直坐於路次。荆公以兀子，而茂直坐胡牀也。語甚久，日轉西矣，茂直令張傘，而日光正漏在荆公身上。茂直語左右，令移傘就相公。公曰：「不須。若使後世做牛，須着與他日裏耕田。」

嘉祐中，士大夫之語曰：「王介甫家，小底不如大底；南陽謝師宰家，大底不如小底。」謂安石、安禮、安國、安上，謝景初、景温、景平、景回也。

慶曆二年，御試進士，時晏元獻爲樞密使。楊察，晏壻也，時自知制誥避親，勾當三班院。察之弟寘時就試畢，負魁天下望。未放牓間，將先宣示兩府，上十人卷子。寘因以賦求察問晏公己之高下焉。晏公明日入對，見寘之賦已考定第四人，出以語察。察密以報寘。而寘試罷與酒徒飲酒肆，聞之，以手擊案歎曰：「不知那個衛子奪吾狀元矣！」不久唱名，再三考定第一人卷子進御。賦中有「孺子其朋」之言，不懌曰：「此語忌，不可魁天下。」即王荆公卷子。第二卷子即

王珪，以故事，有官人不爲狀元。令取第三人，即殿中丞韓絳。遂取第四人卷子進呈，上欣然曰：「若楊寘可矣。」復以第一人爲第四人。寘方以鄙語罵時，不知自爲第一人也。然荊公平生未嘗略語曾考中狀元，其氣量高大，視科第爲何等事而增重耶！

王荊公知制誥丁母憂，已五十矣。哀毀過甚，不宿於家，以藁秸爲薦，就廳上寢于地。是時，潘夙公所善，方知荊南，遣人下書金陵。急足至，升廳，見一人席地坐，露頭瘦損，愕以爲老兵也，呼院子令送書入宅。公遽取書，就鋪上拆以讀。急足怒曰：「舍人書而院子自拆可乎！」喧呼怒叫。左右曰：「此即舍人也。」急足皇恐趨出，且曰：「好舍人！好舍人！」

葉夢得《石林燕語》卷七 神宗初即位，猶未見群臣，王樂道、韓持國維等以宫僚先入，慰於殿西廊。既退，獨留維，問王安石今在甚處。維對在金陵。上曰：「朕召之肯來乎？」維言：「安石蓋有志經世，非甘老於山林者。若陛下以禮致之，安得不來。」上曰：「卿可先作書與安石，道朕此意，行即召矣。」維曰：「若是，則安石必不來。」上問何故，曰：「安石平日每欲以道進退，若陛下始欲用之，而先使人以私書道意，安肯遽就？然安石子雱見在京師，數來臣家，臣當自以陛下意語之，彼必能達。」上曰：「善。」於是荊公始知上待遇眷屬之意。

錢世昭《錢氏私志》 元豐閒，宋閣使者善人倫。上知而問云：「朕相如何？」對云：「陛下天日之表，神明之姿，下臣不得而名。」又問：「王安石如何？」對云：「安石牛行虎視。牛行足以任，虎視足以威。」又問：「卿如何？」對云：「臣草木瓦礫，陛下用之則貴，不用則賤。」

邵伯温《邵氏聞見録》卷三〇 傅獻簡云：王荊公之生也，有貛入其室，俄失所在，故小字貛郎。

惠洪《冷齋夜話》卷三 舒王在鍾山，有道士求謁，因與棋，輒作數語曰：「彼亦不敢先，此亦不敢先。惟其不敢先，是以無所争。惟其無所争，故能入於不死不生。」舒王笑曰：「此特棋隱語也。」

惠洪《冷齋夜話》卷五 舒王在鍾山，有客自黄州來。公曰：「東坡近日有何妙語？」客曰：「東坡宿于臨皋亭，醉夢而起，作《成都聖像藏記》千有餘言，點定纔一兩字。有寫本，適留舟中。」公遣人取而至。時月出東南，林影在地，公展讀于風簷，喜見眉鬚，曰：「子瞻，人中龍也，然有一字未穩。」客曰：「願聞之。」公曰：「『日勝日貧』，不若曰『如人善博，日勝日負』耳。」東坡聞之，拊手大笑，亦以公爲知言。

曾敏行《獨醒雜志》卷四 王荊公作《字説》，一日躊躇徘徊，若有所思而不得。子婦適侍見，因請其故。公曰：「解『飛』字未得。」婦曰：「鳥反爪而升也。」公以爲然。

彭乘《墨客揮犀》卷四 舒王性酷嗜書，雖寢食間，手不釋卷。晝或宴居默坐，研究經旨。知常州，對客語，未嘗有笑容。一日，大會賓佐，倡優在庭，公忽大笑，人頗怪之。乃共呼優人厚遺之曰：「汝之藝，能使太守開顔，其可賞也。」有一人竊疑公笑不由此，因乘間啓公，公曰：「疇日席上，偶思《咸》、《恒》二卦，豁悟微旨，自喜有得，故不覺發笑耳。」

彭乘《續墨客揮犀》卷四 熙寧初，富鄭公弼、曾魯公公亮爲相，唐質肅公介、趙少師抃、王荊公安石爲參知政事。是時荊公方得君，鋭意新美天下之政，自宰執同列無一人議論稍合，而臺諫章疏攻擊者無虚日，吕誨、范純仁、錢顗、程顥之倫尤極詆訾，天下之人皆目爲生事。是時鄭公以病足，魯公以年老，皆引例去。唐質肅屢争於上前，不能勝，未幾，疽發于背而死。趙少師力不勝，但終日歎息，遇一事更改，即聲苦者數十。故當時謂中書有生老病死苦，言介甫生、明仲老、彦國病、子方死、閱道苦也。

邵博《邵氏聞見後録》卷一四 東坡中制科，王荊公問吕申公：「見蘇軾制策否？」申公稱之。荊公曰：「全類戰國文章，若安石爲考官，必黜之。」故荊公後修《英宗實録》，謂蘇明允有戰國縱横之學云。

邵博《邵氏聞見後録》卷一九 晁以道言：「王荊公與宋次道同爲群牧司判官，次道家多唐人詩集，荊公盡即其本擇善者籤帖其上，令吏抄之。吏厭書字多，輒移荊公所取長詩籤置所不取小詩上。荊公性忽略，不復更視。唐人衆詩集以經荊公去取皆廢。今世所謂《唐百家詩選》曰荊公定者，乃群牧司吏人定也。」

王荊公初執政，對客悵然曰：「投老欲依僧耳。」客曰：「急則抱佛脚。」公微笑曰：「投老欲依僧，古人全句。」客曰：「急則抱佛脚，亦全俗語也。然上去投，下去脚，豈不爲的對邪？」公遂大笑。

邵博《邵氏聞見後録》卷二〇 王荊公在半山，使一老兵，方汲泉埽地當其意，譽之不容口。忽誤觸燈檠，即大怒，以爲不力，逐去之。參寥在坐，私語他客云：「公以喜怒進退一老兵，如在朝廷，以喜怒進退士大夫也。」

侯延慶《退齋筆録》 元豐中，王荆公乞罷機政，寓於劉沆相宅幾兩月，神宗未許其去。沆之子瑄嘗謁公坐間，聞公云：「化成住處在近，可令呼來。」化成者，工課命老僧也。少頃，化成至，公作一課，更爲看命，化成曰：「三十年前與相公看命，今仕至宰相，更復何問？」公微作色曰：「安石問命，又不待做官，但力乞去，上未許，只看易便去得否？」化成曰：「相公得意濃時正好休，要去，在相公，不在上，不疑何卜。」公悵然歎服，去意遂決。

袁褧《楓窗小牘》卷上 荆公柄國時，有人題相國寺壁云：「終歲荒蕪湖浦焦，貧女戴笠落柘條。阿儂去家京洛遥，驚心寇盜來攻剽。」人皆以爲夫出婦憂荒亂也。及荆公罷相，子瞻召還，諸公飲蘇寺中，以此詩問之，蘇曰：「于『貧女』句，可以得其人矣。『終歲』，十二月也，十二月爲『青』字。『荒蕪』，田有草也，草田爲『苗』字。『湖浦焦』，去水也，水旁去爲『法』字。『女戴笠』爲『安』字。『柘落木條』剩『石』字。『阿儂』是吴言，合吴言爲『誤』字。『去家京洛』爲『國』，『寇盜』爲『賊民』。蓋言青苗法安石誤國賊民也。」

徐度《卻掃編》卷中 王荆公、司馬温公、吕申公、黄門韓公維，仁宗朝同在從班，特相友善。暇日多會於僧坊，往往談燕終日，他人罕得而預，時目爲「嘉祐四友」。

劉貢甫舊與王荆公游甚欵，荆公在從班，貢甫以館職居京師，每相過必終日。其後荆公爲參知政事，一日，貢甫訪之，值其方飯，使延入書室中，見有藁草一幅在硯下，取視之，則論兵之文也。貢甫性强記，一過目輒不忘，既讀，復寘故處，獨念吾以庶僚謁執政，徑入其便坐，非是，因復趨出，待于廡下。荆公飯畢而出，始復邀入坐，語久之，問貢甫近頗爲文乎，貢甫曰：「近作《兵論》一篇，草創未就。」荆公問所論大槩如何，則以所見藁草爲己意以對。荆公不悟其嘗見己之作也，默然良久，徐取硯下藁草裂之。蓋荆公平日論議，必欲出人意之表，苟有能同之者，則以爲流俗之見也。

徐度《卻掃編》卷下 宰執生日禮物，舊多差親屬押賜，例有書，送物則赴閤門繳書，申樞密院取旨，出劄子許收，乃下牓子謝恩，雖子姪亦然。王荆公爲相，因生日差其子雱，因上言：「父子同財，理無饋，取旨謝恩皆僞作，竊恐君臣父子之間，爲禮不宜如此。請自今應差子孫弟姪押賜，並不用此例。」從之。

東坡初爲趙清獻公作《表忠觀碑》，或持以示王荆公。公讀之，沈吟曰：「此何語邪？」時有客在傍者，遽指摘而詆訾之，公不答。讀至再三，又攜之而起，行且讀，忽歎曰：「此《三王世家》也，可謂奇矣。」客大慚。

朱弁《曲洧舊聞》卷二 熙寧中，《三經義》成，介甫拜尚書左僕射，吕吉甫遷給事中。王元澤自天章閣待制進龍圖閣直學士，力辭不受。裕陵欲終命之。吉甫言雱以疾避寵，宜從其志。由是王、吕之怨益深。吉甫未幾以鄧綰等交攻，出知陳州，而發私書之事作矣。

朱弁《曲洧舊聞》卷一〇 王荆公性簡率，不事修飾奉養，衣服垢汙，飲食麤惡，一無所擇，自少時則然。蘇明允著《辨姦》，其言「衣臣虜之衣，食犬彘之食，囚首喪面，而談詩書」，以爲不近人情者，蓋謂是也。然少喜與吕惠穆、韓獻肅兄弟游。爲館職時，玉汝嘗率與同浴於僧寺，潛備新衣一襲，易其敝衣，俟其浴出，俾其從者舉以衣之，而不以告。荆公服之如固有，初不以爲異也。及爲執政，或言其喜食獐脯者，其夫人聞而疑之，曰：「公平日未嘗有擇於飲食，何忽獨嗜此？」因令問左右執事者，曰：「何以知公之嗜獐脯耶？」曰：「每食不顧他物，而獐脯獨盡，是以知之。」復問：「食時置獐脯何所？」曰：「在近匕筯處。」夫人曰：「明日姑易他物近匕筯。」既而果食他物盡，而獐脯固在。而後人知其特以其近故食之，而初非有所嗜也。人見其太甚，或者多疑其僞云。

張邦基《墨莊漫録》卷二 予友人相訪，指案間荆公《日録》曰：「僕不喜閲此書。」予問其故，客曰：「凡稱上曰某事如何，則言曰予不然。凡稱某事予則曰如何，則言上曰極是。」此尤可笑也。

荆公病革甚，吴夫人令蔡元度詣茅山謁劉混康問狀。劉曰：「公之病不可爲已。適見道士數十人往迎公，前二人執旛，旛面有字，若金書然。左曰『中函法性』，右曰『外習塵紛』。」元度自言如此。或者又云，荆公臨薨，頗有陰譴怪異之事。與此不同，未知孰是。

張邦基《墨莊漫録》卷五 王文公安石爲相日，奏事殿中，忽覺偏頭痛不可忍，遽奏上，請歸治疾。裕陵令且在中書偃卧，已而小黄門持一小金杯、藥少許賜之，云：「左痛即灌右鼻，右即反之。左右俱痛，並灌之。」即時痛愈。明日入謝，上曰：「禁中自太祖時有此數十方，不傳人間，此其一也。」因并賜此方。蘇軾自黄州歸，過金陵，安石傳其方，用之如神，但目赤，少時頭痛即愈。法用新蘿蔔取自然汁，入生龍腦少許調匀，昂頭使人滴入鼻竅。

吴曾《能改齋漫録》卷一三 熙寧元年，兩府辭郊賜。王荆公以爲兩府郊賚不多，減之未足以富國。今軍人郊賚不能減，而徒減兩府，失大體。兩府果能益

國，雖增祿十倍，不足辭；苟爲不能，當辭位，不當辭祿。司馬文正曰：「方今國用窘竭，非痛裁省浮費，不能復振。苟裁省不自貴近始，則在下不服。臣非謂今者得兩府郊賚能富國也，欲陛下以此爲裁省之始耳。且陛下彊裁省之，則傷體。今大臣以河北災傷，憂公體國，自求省郊賚。從其請，所以成其美，何傷體之有？且陪祀無功」云云。荆公曰：「窘乏非今日之急，得善理財者，何患不富？」文正曰：「善理財者，不過浚民之膏血耳。」神宗令且爲不允詔，會荆公當直，遂以其意爲之。余以爲荆公之意，乃唐常衮之言。

周煇《清波雜志》卷一二　王荆公墓在建康蔣山東三里，與其子雱分昭穆而葬。紹聖初，復用元豐舊人，起吕吉甫知金陵，時待制孫君孚責知歸州，經從，吕燕待之，禮甚厚。一日，因報謁於清涼寺，問孫：「曾上荆公墳否？」蓋當時士大夫道金陵，未有不上荆公墳者。五十年前，彼之士子，節序亦有往致奠者，時之風俗如此。曾子開亦有《上荆公墓》詩，見《曲阜集》。

陸游《老學庵筆記》卷二　王荆公作相，裁損宗室恩數，於是宗子相率馬首陳狀訴云：「均是宗廟子孫，且告相公看祖宗面。」荆公厲聲曰：「祖宗親盡，亦須祧遷，何況賢輩！」於是皆散去。

陸游《老學庵筆記》卷七　孫少述，一字正之，與王荆公交最厚。故荆公《别少述》詩云：「應須一曲千回首，西去論心有幾人。」又云：「子今此去來何時，後有不可誰予規？」其相與如此。及荆公當國，數年不復相聞，人謂二公之交遂睽。故東坡詩云：「蔣濟謂能來阮籍，薛宣真欲吏朱雲。」劉舍人貢父詩云：「不負興公《遂初賦》，更傳中散《絶交書》。」然少述初不以爲意也。及荆公再罷相歸，過高沙，少述適在焉。亟往造之，少述出見，惟相勞苦及弔元澤之喪，兩公皆自忘其窮達。遂留荆公置酒共飯，劇談經學，抵暮乃散。荆公曰：「退即解舟，無由再見。」少述曰：「如此更不去奉謝矣。」然惘惘各有惜别之色。人然後知兩公之未易測也。

岳珂《桯史》卷九　熙寧七年四月，王荆公罷相，鎮金陵。是秋，江左大蝗，有無名子題詩賞心亭，曰：「青苗免役兩妨農，天下嗷嗷怨相公。惟有蝗蟲感恩德，又隨鈞旆過江東。」荆公一日餞客至亭上，覽之不悦，命左右物色，竟莫知其爲何人也。

岳珂《桯史》卷一一　王荆公相熙寧，神祖虚心以聽，荆公自以爲遭遇不世出之主，展盡底藴，欲成致君之業，顧謂君不堯舜，世不三代，不止也。然非常之云，諸老力争，紛紜之議，殆偏天下，久之不能堪。又幸其事之集，始盡廢老成，務汲引新進，大更弊法，而時事斬然一新。至于元豐，上已漸悔，罷政居鍾山，不復再召者十年。其後元祐羣賢迭起，不推原遺弓之本意，急於民瘼，無復周防，激成黨錮之禍，可爲太息。余嘗侍樓宣獻及此，宣獻誦荆公《是時嘗因天雪有絶句》曰：「勢合便疑埋地盡，功成直欲放春回。農夫不解豐年意，祇欲青天萬里開。」其志蓋有在。余應曰：「不然，舊聞京師隆冬，嘗有官檢凍死秀才，脛間繫片紙，啓視之，乃喜雪詩四十韻，使來年果豐，已無救溝中之瘠矣。況小人合勢，如章、曾、蔡、吕輩，未知竟許放春否？」宣獻忻然是其説。及今觀之，發冢之議，同文之獄，以若人而居位，豈不如所臆度，荆公初心，於是孤矣。

羅大經《鶴林玉露》卷五甲編　王荆公少年，不可一世士，獨懷刺候濂溪，三及門而三辭焉。荆公恚曰：「吾獨不可自求之六經乎！」乃不復見。余謂濂溪知荆公自信太篤，自處太高，故欲少摧其鋭，而不料其不可回也。然再辭可矣，三則已甚。使荆公得從濂溪，沐浴於光風霽月之中，以消釋其偏蔽，則他日得君行道，必無新法之煩苛，必不斥衆君子爲流俗，而社稷蒼生將有賴焉。嗚呼！豈非天哉！

趙與時《賓退録》卷五　王荆公一日訪蔣山元禪師，坐間談論，品藻古今。元曰：「相公口氣逼人，恐著述搜索勞役，心氣不正，何不坐禪，體此大事？」又一日謂元曰：「坐禪實不虧人。余數年欲作《胡笳十八拍》不成，夜坐間已就。」元大笑。事見宗門武庫。

張端義《貴耳集》卷中　荆公在鍾山讀書，有一長老曰：「先輩必做宰相，但不可念舊惡，改壞祖宗格法。」荆公云：「一第未就，奚暇問作宰相，併壞祖宗格法？僧戲言也。」老僧云：「曾坐禪入定，見秦王入寺來，知先輩秦王後身也。」

張端義《貴耳集》卷下　荆公黜詞賦尊經，獨《春秋》非聖經不試，所以元祐諸人，多作《春秋》傳解，自胡安定先生始，如孫莘老輩，皆有《春秋集解》，則知熙寧、元祐諸人，議論素不同矣。唐子西云：「挾天子以令諸侯，諸侯必從，然謂之尊君則不可。挾《六經》以令百氏，百氏必服從，謂之尊經則不可。」

《宋人年譜叢刊》第三册《王荆文公年譜》　真宗皇帝天禧五年辛酉

公生於是年。

仁宗皇帝慶曆二年壬午，公二十二歲。

楊寘牓中甲科，以祕書郎簽書淮南節度判官廳公事。

時韓魏公作鎮。公後有《入瓜步望揚州》詩：「白頭追想當時事，幕府青衫最少年。」又，《魏公挽詞》亦有述。

慶曆三年癸未　四年甲申

在揚州。有《憶昨示諸外弟》等詩。

慶曆五年乙酉

有《與徐兵部書》。

慶曆六年丙戌

《馬漢臣墓誌》曰：「慶曆六年，漢臣從余入京，待進士舉。」蓋揚州官滿，是年方趨京師。尋授明州鄞縣宰。

慶曆七年丁亥

曾子固作《喜似》贈黃御史曰：「五年，時送別介父於洪州。」又曰：「介父時爲縣於鄞，蓋慶曆七年也。」

公有「自縣出，屬民使浚渠川」等語，及《經遊記》、《鄞女墓誌》并詩。

慶曆八年戊子

作《縣齋》詩：「收功無路去無田，竊食窮城度兩年。」又：「到得明年官又滿，不知誰見此花開。」

皇祐元年己丑

二月二十八日，刻善救方，立之縣門外。

皇祐二年庚寅

《別鄞女》詩：「年登三十已衰翁。」公生辛酉，是歲庚寅，三十矣。

皇祐三年辛卯

改殿中丞，通判舒州。

是年，召試館職，有狀，免試，發赴舒州。

皇祐四年壬辰

到舒，有《答平甫》等詩：「只愁地僻經過少，舊學從誰得指南。」晚封舒國，《謝表》亦云：「惟兹邦士之名，昔者宦遊之壤。」

皇祐五年癸巳

是年歐陽文忠公奏：「伏見殿中丞王安石，德行文學，爲衆所推，守道安貧，剛而不屈，久更吏事，兼有時才。曾詔試館職，久而不就。乞用此人，補充諫官。」公以祖母年高辭之。

是年，祖母吴氏卒。曾子固誌其墓，亦載此。

至和元年甲午

免試，特除集賢校理。公有狀，以私計辭。歐陽公言：「群牧司領内外坊監判官，比他司俸入最優。」乃以公兼群牧司判官。

至和二年乙未

王逢原寄公詩：「借使牛羊雖有責，獨於鳳鳥豈無嗟。」是年有酬答等詩。

嘉祐元年丙申

公上執政書曰：「方今仁聖在上，而安石得以此時被使畿内，而有不樂於此」云云。

王逢原有送公行畿縣詩，公亦有酬答。

嘉祐二年丁酉

三年戊戌

改太常博士，知常州。《謝表》云：「比在群牧，常求外官，伏蒙朝廷改職畿縣。未試賢勞之力，已纏悸眩之痾。區區本懷，懇懇自訴，遂承優詔，特與便州。」

嘉祐四年己亥

有《酬提刑邵學士》詩：「曾詠常州送主人，豈知身得兩朱輪。」蓋先曾有詩送沈康知常州也。

嘉祐五年庚子

改江東提刑，有《寄沈鄱陽》并《度麾嶺寄孫莘老》等詩。

嘉祐六年辛丑

除三司度支判官，尋除直集賢院。

嘉祐七年壬寅

除同修起居注，力辭，不許。尋除工部郎中、知制誥，糾察在京刑獄，管幹三班院。

嘉祐八年癸卯

仁宗皇帝登遐，英宗皇帝即位。

是年八月，丁母憂，事見《送陳和叔》詩引。

治平元年甲辰　二年乙巳

公持服。

治平三年丙午

十一月，有狀辭赴闕，乞分司於江寧府居住。

治平四年丁未

英宗皇帝登遐，神宗皇帝即位。

起以故官知江寧府。狀辭赴闕，且乞分司。又狀辭江寧府，若未許分司，則乞一留臺宫觀差遣，不許。冬，方就職。《謝表》云：「先帝登遐，既不獲奔馳道路。陛下即位，又未嘗瞻望闕廷」云云。

熙寧元年戊申

除翰林學士。

熙寧二年己酉

以右諫議大夫參知政事。

熙寧三年庚戌

十月，自參知政事拜同中書門下平章事、史館大學士。

熙寧四年辛亥　五年壬子　六年癸丑

作相。

熙寧七年甲寅

以觀文〔殿〕大學士知江寧府。

熙寧八年乙卯

自金陵復拜平章事，昭文館大學士。

是年，以《經義》成，進加左僕射，兼門下侍郎。未幾，喪子雱，復求去位。

熙寧九年丙辰

以使相再鎮金陵。到任未幾，納節與平章事。懇請數四，乃改右僕射。未幾，又求宫觀。累表，得會靈觀使。

熙寧十年丁巳

是年大禮，加恩，特授開府儀同三司、舒國公。再恩，方改特進，封荆國公。

元豐元年戊午

食觀使禄，居鍾山，有《示蔡元度》詩、《寄吴氏女》等詩。

元豐二年己未

有《半山園即事》、《歌元豐》等詩。

元豐三年庚申　四年辛酉

元豐五年壬戌

是年，《字説》成，進表，繫銜「觀文殿大學士、集禧觀使、特進、上柱國、荆國公」。

元豐六年癸亥

是年冬，公被疾。

元豐七年甲子

公引病，奏乞以住宅爲寺，有旨賜名報寧。既而疾愈，税城中屋以居，不復別造。

元豐八年乙丑

神宗皇帝登遐，哲宗皇帝即位。覃恩，公守司空。《謝表》曰：「居寵萬鍾，初未知於辭富；坐彌九載，方有俟於黜幽。」蓋自熙寧十年至是，食觀使禄，適九年矣。

又有《寄吴氏女子》等詩。

元祐元年丙寅

是年四月，公薨。贈太傅。

備論

《宋史》卷三二七《王安石傳》論曰：朱熹嘗論安石「以文章節行高一世，而尤以道德經濟爲己任。被遇神宗，致位宰相，世方仰其有爲，庶幾復見二帝三王之盛。而安石乃汲汲以財利兵革爲先務，引用凶邪，排擯忠直，躁迫强戾，使天下之人，囂然喪其樂生之心。卒之羣姦嗣虐，流毒四海，至於崇寧、宣和之際，而禍亂極矣」。此天下之公言也。昔神宗欲命相，問韓琦曰：「安石何如？」對曰：「安石爲翰林學士則有餘，處輔弼之地則不可。」神宗不聽，遂相安石。嗚呼！此雖宋氏之不幸，亦安石之不幸也。

王稱《東都事略》卷七九《王安石傳》臣稱曰：安石之遇神宗，千載一時也，而不能引君當道，乃以富國强兵爲事。擯老成，任新進，黜忠厚，崇浮薄，惡鯁正，樂諛佞，是以廉恥汨喪，風俗敗壞，孟子所謂「作於其心，害於其事，作於其事，害於其政」者，豈不然哉？烏虖，安石之學既行，則姦宄得志，假紹述之説，以

脅持上下；立朋黨之論，以禁錮忠良。卒之民愁盗起，社稷爲墟，其禍有不可勝言者。悲夫！

趙與時《賓退録》卷七 《四朝國史・王安石傳》，史臣曰：「嗚呼！安石託經術立政事，以毒天下。非神宗之明聖，時有以燭其姦，則社稷之禍，不在後日矣。今尚忍言之。『天變不足畏，祖宗不足法，人言不足恤』，此三者，雖少正卯言僞而辨，王莽誦六藝以文姦言，蓋不至是也。所立幾何？貽害無極。悲夫！」

呂中《類編皇朝大事記講義》卷一七《安石巧于進退》 自古所患者，人主不能信其臣，而神宗可謂能深信其臣矣；自古人臣常患不得君，而安石亦可謂得其君矣！蓋安石之虚名實行，足以眩人，使不用于世，天下後世將惜其泯没，以爲當世人主之過矣！天下之望歸安石，神宗以天下用之。既已用之，則自當無所疑貳，此用人之法也。然安石以法之行否爲身之去就，蓋其爲人，質雖清介，而器本褊狹，志雖高遠，而學寔凡近，足已自聖，而挾以爲高。故其于天下事既以躁率任意而失之于前，又以恨愎狥私而敗之于後。是則安石上負天子，非天子有負于天下也。

呂中《類編皇朝大事記講義》卷一七《安石復相》 王安石初入相之心，與再入相之心不同。其初入相，急于變法，急于興利，不過行其所學耳！未知法之弊也。至再入相，則明知其弊而遂非矣！故文公以爲，天下之事，既以躁率任意而失于前，又以恨愎狥私而敗之于後，當矣！然安石之法，猶出于安石之所見。至小人之行新法者，特以附安石耳！及安石失勢，則叛之，此小人之常態也。司馬温公知之久矣！

藝文

陸佃《陶山集》卷一三《祭丞相荆公文》 維元祐元年，歲次丙寅，四月某朔，某日某甲子，門生朝奉郎、試尚書吏部侍郎、充《實録》修撰陸其，謹以清酌庶羞，致祭于故司空、觀文殿大學士、贈太傅、荆國王公先生之靈。維公之道，形在言行。言爲《詩》、《書》，行則孔孟。孰挽而生，孰推以死？天乎人乎，抑莫之使。於皇神宗，更張治具。夔一而足，二則仲父。追龍之升，奄忽换世。公則從邁，天不憖遺。嗚呼哀哉！德喪元老，道亡真儒。嶠江漢以濯之，而泰山其頹乎！承學諸生，無問識否，齋戒是修，矧從公久。祝之使肖，成就長養。聞訃失聲，形留神往。回也昔何敢死，賜也今將安仰？慟貌象之誰如，悦音塵之可想。嗚呼已矣！病不請禱，葬不反築。寄哀一觴，百身何贖。尚饗！

陸佃《陶山集》卷一三《江寧府到任祭丞相荆公墓文》 維元祐七年，歲次壬申，某月朔，某日某甲子，門生朝奉大夫、充龍圖閣待制、知江寧軍府事、充江南東路兵馬鈐轄陸某，謹致祭于故司空、觀文殿大學士、贈太傅、荆國王公先生之墓。嗚呼！法始乎羲，朴散而器。列靈嗣興，文始具備。祖述憲章，約成六藝。大明西没，群星争麗。派别支分，散作百氏。歷漢更唐，衆説蜂起。天錫我公，放黜淫詖。發揮微言，貽訓萬祀。卒相裕陵，真真僞僞。義兼師友，進退鮮儷。荆山鼎成，龍去不回。公從而上，梁壞山頹。某始以諸生，得依門墻。一見如素，許以升堂。春風濯我，暴之秋陽。今也受命，來守是邦。公之所憩，蔽芾甘棠。蕙帳一空，墓柏已行。俯仰陳迹，失涕沾裳。論德叙情，以侑一觴。尚饗！

劉弇《龍雲集》卷三〇《代祭王荆公文》 噫嗟公乎，何爲其然乎！豈富貴迫而賢有智累乎？將造物者畀付施予，或嗇或贍，而羌不可以力騁乎？抑亦靈芝慶雲，止爲瑞物，而固不免夫翕霍而散、與濯濯而萎者乎？且從古以爲難者，莫甚于掃不振之蠹，起久仆之痿，以與一世，期乎有成。而甚者至使天子快登平之適，遭斯民無睭眙之斗駭，非守能固其初、力足以劭其後者，能之乎？然士或勇于有爲，而昧于知經，求完乎此者不踦則躓。而于斯時也，有能爍傳注之秋燐，探百聖乎虞淵，偉然號爲一家，而使後世于此有考者，方自我作訓，則可不謂睨聖人之閫而直躋者乎！已而擲去事權，一毛九牛，凡此者人皆難之，而公或以爲易；人皆偏焉，而公可得而兼。若公者，其殆命世乎！其有待而未已者乎！然則我尚何悲乎？夫惟周衮旋待于公歸，商霖更期于説作，天下之有望于公者以此。與夫識公于四十年之契闊，而遇我如旦暮之頃，訪公于千餘里之鍾山，而輒申我以縞紵之好，吾之有得于公者亦以此。而厥望未償，撫惠方爾，一旦歸竄于漠漠之九原，功業之及人者未能幾何，而塊獨遺此平生，則吾尚何可無悲乎！噫嗟公乎，庶其來，舉予觴乎！尚饗。

劉弇《龍雲集》卷三〇《代祭王荆公文》 嗚呼！麟鳳儀游，抃舞走飛，傑立一世，有公于兹。江河取東，吞吐源委，滋物洗光，非公而誰？自古在昔，革則實難，睢盱回沉，衆所共患。或拊而跳，或諗而讙，及公有爲，卒底于安。久矣聖經，理鬱弗通，傳注披披，帊覆幪蒙。繇漢迄唐，大陊厥宗。及公有訓，孰敢啅

訌？奎輝不揚，蔑我文造，冗長戚促，孰訂孰攷。朱藍等妍，鏤句雕藻，及公有作，霾翳一掃。始公熙寧，實舟。蓄錫大賚，天子是優；著蔡國經，天子是諏。人謂公進，説商旦周。公熙寧季，以位告去，孰視富貴，擲如遺屣。我徂東阡，甕牖蓬户，人謂公退，留侯疏傅。嗟嗟我公，今則已矣，來軫孔道，未税先柅。壽則大耆，及中斯止，平生磊砢，尚可僂指。曩予晚遭，公力是藉，方公長往，余吊莫暇。音徽永沫，碎影何謝，長跽薦辭，播哀倚夜。尚饗。

《陸九淵集》卷一九《荆國王文公祠堂記》　唐虞三代之時，道行乎天下。夏商叔葉，去治未遠，公卿之間，猶有典刑。伊尹適夏，三仁在商，此道之所存也。周歷之季，跡熄澤竭，人私其身，士私其學，横議蜂起。老氏以善成其私，長雄於百家，竊其遺意者猶皆逞於天下。至漢而其術益行，子房之師，實維黄石，曹參避堂以舍蓋公。高、惠收其成績，波及文、景者，二公之餘也。自夫子之皇皇，沮溺接輿之徒固已竊議其後。孟子言必稱堯舜，聽者爲之藐然。不絶如綫，未足以喻斯道之微也。陵夷數千百載，而卓然復見斯義，顧不偉哉？

裕陵之得公，問唐太宗何如主？公對曰：「陛下每事當以堯舜爲法，太宗所知不遠，所爲未盡合法度。」裕陵曰：「卿可謂責難於君，然朕自視眇然，恐無以副此意，卿宜悉意輔朕，庶同濟此道。」自是君臣議論，未嘗不以堯舜相期。及委之以政，則曰：「有以助朕，勿惜盡言。」又曰：「須督責朕，使大有爲。」又曰：「天生俊明之才，可以覆庇生民，義當與之戮力，若虚捐歲月，是自棄也。」秦漢而下，南面之君亦嘗有知斯義者乎？後之好議論者之聞斯言也，亦嘗隱之於心以揆斯志乎？曾魯公曰：「聖知如此，安石殺身以報，亦其宜也。」公曰：「君臣相與，各欲致其義耳。爲君則自欲盡君道，爲臣則欲自盡臣道，非相爲賜也。」秦漢而下，當塗之士亦嘗有知斯義者乎？後之好議論者之聞斯言也，亦嘗隱之於心以揆斯志乎？惜哉！公之學不足以遂斯志，而卒以負斯志；不足以究斯義，而卒以蔽斯義也。

昭陵之日，使還獻書，指陳時事，剖析弊端，枝葉扶疏，往往切當，然覈其綱領，則曰「當今之法度，不合乎先王之法度。」公之不能究斯義，而卒以自蔽者，固見於此矣。其告裕陵，蓋無異旨。勉其君以法堯舜，是也，而謂每事當以爲法，此豈足以法堯舜者乎？謂太宗不足法，可也，而謂其所爲未盡合法度，此豈足以度越太宗者乎？不知言，無以知人也。公疇昔之學問，熙寧之事業，舉不遁乎使還之書。而排公者，或謂容悦，或謂迎合，或謂變其所守，或謂乖其所學，是尚得爲知公者乎？氣之相迕而不相悦，則必有相訾之言，此人之私也。公之未用，固有素訾公如張公安道、吕公獻可、蘇公明允者。夫三公者之不悦於公，蓋生於其氣之所迕。公之所蔽，則有之矣，何至如三公之言哉？英特邁往，不屑於流俗，聲色利達之習，介然無毫毛得以入於其心，潔白之操，寒於冰霜，公之質也。掃俗學之凡陋，振弊法之因循，道術必爲孔孟，勳績必爲伊周，公之志也。不蘄人之知，而聲光燁奕，一時鉅公名賢爲之左次，公之得此，豈偶然哉？用逢其時，君不世出，學焉而後臣之，無愧成湯高宗。君或致疑，謝病求去，君爲責躬，始復視事，公之得君，可謂專矣。

新法之議，舉朝讙譁，行之未幾，天下恟恟，公方秉執《周禮》精白言之，自信所學，確乎不疑。君子力争，繼之以去，小人投機，密贊其決，忠樸屏伏，憸狡得志，曾不爲悟，公之蔽也。典禮爵刑，莫非天理，《洪範》九疇，帝實錫之，古所謂憲章、法度、典則者，皆此理也。公之所謂法度者，豈其然乎？獻納未幾，裕陵出諫院疏與公評之，至簡易之説曰：「今未可爲簡易。」修立法度，乃所以簡易也。熙寧之政，粹於是矣。釋此弗論，尚何以費辭於其建置之末哉？爲政在人，取人以身，修身以道，修道以仁。仁，人心也。人者，政之本也，身者，人之本也，心者，身之本也。不造其本而從事其末，末不可得而治矣。大學不傳，古道榛塞，其來已久。隨世而就功名者，淵源又類出於老氏。世之君子，天常之厚，師尊載籍，以輔其質者，行於天下，隨其分量，有所補益，然而不究其義，不能大有所爲。其於當時之弊有不能正，則依違其間，稍加潤飾，以幸無禍。公方恥斯世不爲唐虞，其肯安於是乎？蔽於其末而不究其義，世之君子，未始不與公同，而犯害則異者，彼依違其間，而公取必焉故也。熙寧排公者，大抵極詆訾之言，而不折之以至理。平者未一二，而激者居八九。上不足以取信於裕陵，下不足以解公之蔽，反以固其意，成其事，新法之罪，諸君子固分之矣。

元祐大臣一切更張，豈所謂無偏無黨者哉？所貴乎玉者，瑕瑜不相揜也。古之信史直書其事，是非善惡靡不畢見，勸懲鑑戒，後世所賴。抑揚損益，以附己好惡，用失情實，小人得以藉口而激怒，豈所望於君子哉？紹聖之變，寧得而獨委罪於公乎？熙寧之初，公固逆知己説之行，人所不樂，既指爲流俗，又斥以小人。及諸賢排公，已甚之辭，亦復稱是。兩下相激，事愈戾而理益不明。元祐諸公，可易轍矣，又益甚之。六藝之正，可文姦言，小人附託，何所不至。紹聖用事之人如彼其傑，新法不作，豈將遂無所竄其巧以逞其志乎？反復其手，以導崇寧

之姦者，實元祐三館之儲。元豐之末，附麗匪人，自爲定策，至造詐以誣首相，則疇昔從容問學，慷慨陳義，而諸君子之所深與者也。格君之學，克知灼見之道，不知自勉，而戛戛於事爲之末，以分異人爲快，使小人得間，順投逆逞，其致一也。近世學者，雷同一律，發言盈庭，豈善學前輩者哉？

公世居臨川，罷政徙于金陵。宣和間，故廬丘墟，鄉貴人屬縣立祠其上。紹興初，常加葺焉。逮今餘四十年，隳圮已甚，過者咨嘆！今怪力之祠，綿綿不絕，而公以蓋世之英，絕俗之操，山川炳靈，殆不世有，其廟貌弗嚴，邦人無所致敬，無乃議論之不公，人心之畏疑，使至是耶？郡侯錢公，期月政成，人用輯和。繕學之既，慨然撤而新之，視舊加壯，爲之管鑰，掌于學官，以時祠焉。余初聞之，竊所敬嘆！既又屬記於余，余固悼此學之不講，士心不明，隨聲是非，無所折衷。公爲使時，舍人曾公復書切磋，有曰：「足下於今，最能取於人以爲善，而比聞有相曉者，足下皆不足之，必其理未有以奪足下之見也。」竊不自揆。得從郡侯，敬以所聞薦於祠下，必公之所樂聞也。淳熙十有五年，歲次戊申，正月初吉，邦人陸某記

呂惠卿部

綜述

《宋史》卷四七一《呂惠卿傳》　呂惠卿字吉甫，泉州晉江人。父璹習吏事，爲漳浦令。縣處山林蔽翳間，民病瘴霧蛇虎之害，璹教民焚燎而耕，害爲衰止。通判宜州，儂智高入寇，轉運使檄璹與兵會，或勸勿行，不聽。將二千人躡賊後以往，得首虜爲多。爲開封府司録，鞫中人史志聰役衛卒伐木事，吏多爲之地，璹窮治之，志聰以謫去。終光禄卿。

惠卿起進士，爲真州推官。秩滿入都，見王安石，論經義，意多合，遂定交。熙寧初，安石爲政，惠卿方編校集賢書籍，安石言於帝曰：「惠卿之賢，豈特今人，雖前世儒者未易比也。學先王之道而能用者，獨惠卿而已。」及設制置三司條例司，以爲檢詳文字，事無大小必謀之，凡所建請章奏皆其筆。擢太子中允、崇政殿説書、集賢校理，判司農寺。

司馬光諫帝曰：「惠卿憸巧非佳士，使安石負謗於中外者皆其所爲。安石賢而愎，不閑世務，惠卿爲之謀主，而安石力行之，故天下并指爲姦邪。近者進擢不次，大不厭衆心。」帝曰：「惠卿進對明辨，亦似美才。」光曰：「惠卿誠文學辨慧，然用心不正，願陛下徐察之。江充、李訓若無才，何以能動人主？」帝默然。光又貽書安石曰：「諂諛之士，於公今日誠有順適之快，一旦失勢，將必賣公自售矣。」安石不悦。

會惠卿以父喪去，服除，召爲天章閣侍講，同修起居注，進知制誥，判國子監，與王雱同修《三經新義》。又知諫院，爲翰林學士。安石求去，惠卿使其黨變姓名，日投匭上書留之。安石力薦惠卿爲參知政事，惠卿懼安石去，新法必摇，作書徧遺監司、郡守，使陳利害。又從容白帝下詔，言終不以吏違法之故，爲之廢法。故安石之政，守之益堅。議罷制科，馮京争之不得。

弟升卿無學術，引爲侍講。又用弟和卿計，制五等丁産簿，使民自供手實，尺椽寸土，檢括無遺，至雞豚亦徧抄之。隱匿者許告，而以貲三之一充賞，民不勝其困。又因保甲正長給散青苗，使結甲赴官，不遺一人，上下騷動。

鄭俠疏惠卿朋姦壅蔽，惠卿怒，又惡馮京異己，而安石弟安國惡惠卿姦諂，面辱之。於是乘勢併陷三人，皆獲罪。安石以安國之故，始有隙。惠卿既叛安石，凡可以害王氏者無不爲。韓絳爲相不能制，請復用安石。安石至，猶與共事。御史蔡承禧論其惡，鄧綰又言其兄弟强借秀州富民錢買田，出知陳州。久之，以資政殿學士知延州。

始，陝西緣邊漢蕃兵各自爲軍，每戰則以蕃部爲先鋒，而漢兵城守，伺便乃出戰。惠卿始合之爲一，先蒐補守兵而出其選以戰，隨屯置將，具條約上之，邊人及議者多言不可。路都監高永亨，老將也，争之力，奏斥之。蕃部屈金也將入寇，惠卿以近世帥臣多養威持重，乃將牙兵按邊，啓師于東郊，遂趨綏德，抵無定河，歷十有八日而還。

俄丁母憂，詔於本奉外特給五萬，惠卿更請添支萬五千，御史劾之，將下揚州取奉曆，帝曰：「惠卿固貪冒，然嘗爲執政，治之傷體，姑責以義可也。」但削其誤奉，惠卿猶自辨。御史又論其方居喪，不應有言，詔勿問。

元豐五年，加大學士、知太原府。入見，將使仍鎮鄜延。惠卿云：「陝西之師，非唯不可以攻，亦不可以守，要在大爲形勢而已。」帝曰：「如惠卿言，是爲陝西可棄也，豈宜委以邊事？」數其輕躁矯誣之罪，斥知單州，明年復知太原。哲宗即位，敕疆吏勿侵擾外界。惠卿遣步騎二萬襲夏人於聚星泊，斬首六百級，夏人遂寇鄜延。

惠卿見正人彙進，知不容於時，懇求散地。於是右司諫蘇轍條奏其姦曰：「惠卿懷張湯之辨詐，有盧杞之姦邪，詭變多端，敢行非度。王安石强佷傲誕，於吏事冥無所知，惠卿指擿教導，以濟其惡。又興起大獄，欲株連蔓引，塗汙公卿。賴先帝仁聖，每事裁抑，不然，安常守道之士無噍類矣。安石於惠卿有卵翼之恩，父師之義。方其求進則膠固爲一，及勢力相軋，化爲敵讎，發其私書，不遺餘力。犬彘之所不爲，而惠卿爲之。昔吕布事丁原則殺丁原，事董卓則殺董卓；劉牢之事王恭則反王恭，事司馬元顯則反元顯；故曹操、桓玄終畏而誅之。如惠卿之惡，縱未正典刑，猶當投畀四裔，以禦魑魅。」中丞劉摯數其五罪，以爲大惡。乃貶爲光禄卿，分司南京。再責建寧軍節度副使，建州安置。中書舍人蘇軾當制，備載其罪於訓詞，天下傳誦稱快焉。

紹聖中，復資政殿學士、知大名府，加觀文殿學士、知延州。夏人復入寇，將以

全師圍延安，惠卿修米脂諸砦以備。寇至，欲攻則城不可近，欲掠則野無所得，欲戰則諸將按兵不動，欲南則懼腹背受敵，留二日即拔柵去，遂陷金明。惠卿求詣闕，不許。以築威戎、威羌城，加銀青光禄大夫，拜保寧、武勝兩軍節度使。

徽宗立，易節鎮南。因曾布有宿憾，徙爲杭州，而用范純粹帥延，治其上功罔冒事，奪節度。布去位，復武昌節度使，知大名。數歲，又以上表引喻失當，還爲銀青光禄大夫，令致仕。崇寧五年，起爲觀文殿學士、知杭州。坐其子淵聞妖人張懷素言不告，淵配沙門島，惠卿責祁州團練副使，安置宣州，再移廬州。復觀文殿學士，爲醴泉觀使，致仕。卒，贈開府儀同三司。

始，惠卿逢合安石，驟致執政，安石去位，遂極力排之，至發其私書於上。安石退處金陵，往往寫「福建子」三字，蓋深悔爲惠卿所誤也。雖章惇、曾布、蔡京當國，咸畏惡其人，不敢引入朝。以是轉徙外服，訖於死云。

《琬琰集删存》卷三《實録・呂參政惠卿傳》 政和元年十二月癸巳，贈觀文殿學士、光禄大夫致仕呂惠卿爲開府儀同三司。惠卿字吉甫，泉州晉江人，中嘉祐二年進士甲科，調真州推官，永興軍節度掌書記，改秘書省著作佐郎。韓絳辟爲三司檢法官，宰相曾公亮薦爲編校集賢院書集，遷校勘。

熙寧二年，王安石辟爲制置三司條例司檢詳，看詳編修中書條例，遷集賢校理。崇政殿説書。時方建青苗、助役、水利、均輸之政，置提舉官行其法於天下，謂之新法，一時奏請，皆惠卿發之。時議學校貢舉，惠卿乞選通經術、曉政事之人，主判太學令，侍從舉有學術行藝者爲教授，自京師至諸州皆建學，取以經義，策以時務，殿試專以策問，而學校貢舉法俱以次推行。兼判司農寺，請以見管常平、封樁斛賤糴貴糶，如淳化之制，又請人户以等第出免役錢，募人充役。父喪，服除，爲天章閣侍講，修起居注，管句國子監，校正中書五房公事，兼看詳編修中書條例。除知制誥，判國子監，同王雱修撰經義，兼判軍器監。

七年，爲河北東路青曹鄆齊濮淄州察訪使，兼判司農寺，召爲翰林學士。時王安石以久旱請去位，神宗久不許，令惠卿諭安石，安石堅求去，出知江寧府，惠卿遂以右諫議大夫參知政事。八年，安石復相，惠卿因對屢乞出，會御史蔡承禧言惠卿弟升卿爲國子考試官，而惠卿弟方通在高等事，凡數十條，有旨令升卿分析，惠卿乃三上表丐外，詔留之。雖復就職，而與安石議論不合矣。於是，御史交章論惠卿崇立私黨，阿蔽所親，彊借富民錢買田等事，遂罷政事，知陳州。十年，除資政殿學士知延州、鄜延路經略安撫使，築四堡以捍虜。母喪，服除，以資政殿大學士知太原府、河東路經略安撫使，陛對，請輔臣王珪同巡邊。時議欲復除惠卿鄜延，不果，移知蔡州，落職，知單州。元豐六年，復資政殿學士知定州，移太原。

哲宗即位，復資政殿大學士。元祐元年，移知揚州，引疾，提舉西京嵩山崇福宫。時諫官蘇轍論惠卿奸惡及知太原自違命出兵西界，落職爲光禄卿，分司南京，蘇州居住。尋責授建寧軍節度副使，本州安置。三年，宣州居住。八年，復中散大夫，提舉崇福宫。紹聖元年，知蘇州，改江寧，以資政殿學士知大名。二年，復資政殿大學士，以觀文殿學士知延安府。夏人猖獗，舉國犯塞，詔惠卿措畫邊防。四年虜復侵軼，惠卿復陳事宜，條築米脂等寨，會破夏羌于大沙堆，俘獲甚衆，制授保寧軍節度使。元符二年，徙節武勝軍，加檢校司空，移知杭州。

建中靖國元年，罷節，以觀文殿學士提舉杭州洞霄宫。崇寧初，復知杭州，改太原，以武昌軍節度使知大名。四年，復罷節提舉崇福宫。言者論其七罪，以右銀青光禄大夫致仕，復觀文殿學士。五年，知揚州，移青州，杭州。大觀元年，責授祁州團練副使，宣州安置，移鄂州、廬州。三年，復宣奉大夫，提舉亳州明道宫。四年，復資政殿學士，尋復觀文殿學士，知大名。政和元年，謁闕，留爲醴泉觀使。未幾，致仕，卒，年八十，贈開府儀同三司。

初，熙寧新法之行也，邇英進讀至蕭何、曹參事，司馬光因言法不可變，後數日，惠卿進講，乃言：「法有一年一變，五年一變，三十年一變者。前日光言非是，其意以諷朝廷，且譏臣爲條例司。」神宗以問光，光力詆之，且言：「不可使兩府侵三司職事，宰相以道佐人主，安用條例。」惠卿不能對。其後光遺安石書，言惠卿不可信，後果背安石。嘗爲手實法，天下病之，神宗感悟，尋亦罷去。先是，中書條例司乞罷制舉，馮京謂唐漢以來，豪傑多此塗出，不可廢。惠卿謂制科止於記誦，非義理之學，一應此科，或爲終身之累。制科遂罷。有文集一百卷、奏議一百七十卷、莊子解十卷。子淵、濰、洵、沆。

王稱《東都事略》卷八三《呂惠卿傳》 呂惠卿字吉甫，泉州晉江人也。舉進士，爲真州推官。曾公亮薦爲集賢校勘。

熙寧二年，王安石領制置三司條例司，以惠卿爲檢詳，遷集賢校理、崇政殿説書。方是時，建青苗、助役、水利、均輸之政，置提舉官，行其法於天下，謂之新法。一時奏請，皆惠卿發之。時議學校貢舉，惠卿乞選通經術、曉政事之人主判太學，令侍從舉有學術行藝者爲教授。自京師至諸州，皆建學，取以經義，策以時務。殿試專以策問，而學校貢舉法俱以次推行。於是王安石乞罷制舉，馮京

曰：「漢、唐以來，豪傑多此塗出，不可廢。」惠卿謂：「制科止於記誦，非義理之學。一應此科，或爲終身之累。」制科遂罷。兼判司農寺，父喪，服除，授天章閣侍講，修起居注、知制誥。七年，爲翰林學士。

時王安石因久旱去位，以執政薦惠卿，遂拜右諫議大夫、參知政事。惠卿既執政，恐安石復用，遂起王安國、李士寧之獄，苟可以陷安石者，無所不爲。八年，神宗復召安石爲相，惠卿不自安，會惠卿弟升卿考試國子監，而惠卿妻弟方通在高等，爲御史蔡承禧所奏。既而中丞鄧綰言：「惠卿崇立私黨，阿蔽所親，强借富民錢置田産。」遂罷政事，知陳州。

惠卿訟安石用綰詆辭而見黜，因謂：「安石盡棄舊學，而隆尚從衡之末數，以至譖愬脅持，蔽賢姦黨，移怒行很，方命矯令，罔上要君。凡此數惡，莫不備具，平日聞望掃地盡矣。謀身如此，以之謀國，豈有遠圖？陛下平時以何如人遇安石，而安石亦以何等人自任，而乃失志，倒行而逆施，一至是哉。」十年，除資政殿學士、知延州，加資政殿大學士、知太原府。神宗諭惠卿，令總四路守備，惠卿上疏言：「陝西之師，非惟不可以攻，亦不可以守，爲今之計，要在大爲形勢。」神宗曰：「如惠卿之言，陝西可棄也，豈宜委以邊事？」遂落職知單州。元豐六年，復資政殿學士、知定州，移太原。

哲宗即位，復資政殿大學士，移知揚州。引疾，提舉崇福宫。時諫官蘇轍疏其姦，以爲：「惠卿辨詐姦凶，見利忘義，王安石初任執政，用之心腹，惠卿指摘教導，以濟其惡。青苗、助役議出其手。又建手實簿法，尺椽寸土，撿括無遺，雞豚狗彘，抄劄殆遍。小民怨苦，甚於苗役。又因保甲正長，給散青苗，結甲赴官，不遺一户，上下搔動，不安其生。旋又興起大獄，以脅士人，力陳邊事，以中上意。永樂之敗，大將徐禧本惠卿自布衣保薦擢任，終始協議，遂付邊政。敗聲始聞，震動宸極，循致不豫，初實由此。安石之於惠卿，有卵翼之恩，有父師之義。方其求進則膠固爲一，更相汲引，以欺朝廷。及其權位既均，勢力相軋，反眼相噬，化爲讎敵。惠卿發安石私書，有『無使齊年知』。齊年者，馮京也，先帝猶薄其罪。惠卿復發，其一曰：『無使上知』，先帝由是不悦安石。夫惠卿與安石，出肺肝，託妻子，平居相結惟恐不深，故雖欺君之言見於尺牘，不復疑問。惠卿方其無事，已一一收録，以備緩急之用。一旦争利，遂相抉摘，不遺餘力。此犬彘之所不爲，而惠卿爲之。伏乞陛下斷自聖意，將惠卿追削官職，投界四裔，以禦魑魅。」

初，哲宗立，首發安邊之詔，惠卿時帥太原，乃違命遣將出兵西界。至是，御史中丞劉摯亦論其罪，以爲：「惠卿勞師動衆，以造釁夷狄，其罪猶未足論。而其公違詔敕，擅發師旅，實無人臣之禮，則其罪不可以不治。謹按惠卿遭遇暴起，初不以道幸。嘗備位執政，不深惟大義報國，乃欲徼非常之功，圖再進用。且邊竟本自無事，又陛下新即寶位，未遑用武，故上循祖宗故事，加惠邊垂，所以休息軍民，慰安夷夏，至恩盛德，孰不忻戴？而惠卿以前兩府居帥守之任，所宜將順上意以安人情，乃敢以貪功幸進之志，爲此亂階。夫違廢詔敕，虧臣子之道，其罪一也。當陛下諒陰之中，謀動干戈，其罪二也。受神宗遺詔未逾月而忘哀戚之情，冀幸功賞，其罪三也。致新天子命令，失信於四夷，其罪四也。開夷狄之隙，至今儆備未得安静，其罪五也。夫惠卿，天下知其爲姦人也，方命擅兵，天下之大惡也。以天下之姦人，行天下之大惡，臣恐防微杜漸，朝廷不當涵養而不問也。請以臣章付外施行，以爲姦臣叛命之戒。」責授光禄卿、分司南京，蘇州居住。尋又責建寧軍節度副使，建州安置。移宣州，復中散大夫、提舉崇福宫。

紹聖初，以資政殿學士知大名府，尋復大學士、知延安府。夏人舉國犯塞，惠卿修築米脂等砦。會破夏羌于大沙堆，拜保寧軍節度使。

惠卿與章惇外相善，惇以兄事惠卿，而心實忌之。故惇作相，惠卿不得入朝，帥延安累年，止於建節。惇既貶謫元祐臣僚，惠卿聞之笑曰：「章子厚得合死罪，人輒放之。」其凶險如此。徙鎮武勝，移知杭州，復爲觀文殿學士。崇寧初，拜武昌軍節度使、知太原府。以右銀青光禄大夫、觀文殿學士致仕。

起知揚、青、杭三州。妖人張懷素謀不軌，惠卿子淵見懷素道妖言，不以告，懷素既誅，淵配沙門島，惠卿坐責祁州團練副使、宣州安置，移鄂州、廬川，復資政殿學士、提舉明道宫。又復觀文殿學士，爲醴泉觀使。未幾，致仕。卒，年八十，贈開府儀同三司。有文集一百卷、《莊子解》十卷。

雜録

備録

孫升《孫公談圃》卷中　吴僧文捷，戒律精至。孫莘老知湖州日，問：「吕吉

甫如何？」時吉甫在潤州持服。捷曰：「只三年，便在官家。左右更有一人白皙而肥，一人美髯而長。」後三年，吉甫果參大政，同列韓子華、馮當世，皆如捷所言。

王銍《默記》 呂吉甫自罷參知政事，最爲偃蹇。元祐閒，貶爲散官，居於建州凡十年。再見紹聖，固當預政。章子厚、蔡元度先得路，百計逐之，老於爲帥。繼蔡元長久據大權，以妖人事再貶武昌。至張天覺作相，始薦於上皇，召爲宫使，留京師。吉甫作謝表云：「歷官三十八任，受恩雖出於累朝；去國四十二年，留侍方從於今日。」徽廟大喜，甚有大拜意。一日，書於紙曰：「何執中除太傅平章事，張商英左僕射兼門下侍郎，呂惠卿右僕射兼中書侍郎。」既書之矣，適一士人獻宫詞百篇，其一首云：「先帝熙寧有舊臣，曾陪元宰轉洪鈞。嗣皇不減周文美，八十重來起渭濱。」徽宗改「不減」作「不啻」，御書二扇，一以賜吉甫。衆謂必相矣。然何執中、鄭居中方攻天覺，盡用其黨，逐天覺門人，起大獄爲奇禍。而吉甫以腹疾乞致仕，卒於京師，其命矣乎！

魏泰《東軒筆録》卷七 熙寧八年，呂惠卿爲參知政事，權傾天下。時元參政絳爲翰林學士、判群牧，常問三命僧化成曰：「呂參政早晚爲相？」化成曰：「呂給事爲參政，譬如草屋上置鴟吻耳。」元曰：「然則其不安乎？」成曰：「其黜免可立而待也。」是時春方半，元曰：「事應在何時有消息？」成曰：「在今年五月十七日。」元憮然不測，亦潛記之。既而呂權日盛，臺諫禁口，無敢指議之者。會五月十七日，元退朝，因語府界提舉蔡確曰：「化成言呂參政禍在今日，真漫浪之語也。」二公相視而笑，遂同還群牧，促召成而誚之。成曰：「言必無失，姑且俟之。」二公愈笑其術之非，既而化成告去，蔡亦上馬。是時，曾待制孝寬同判群牧，薄晚來過廳，方即坐，元因訪今日有何事。曾曰：「但聞御史蔡承禧入劄子，不知言何等事也。」語未已，内探報，今日蔡察院言呂參政兄弟。元聞之，大駭，乃以化成之言告曾公，既而呂罷政事，實始此日也。

魏泰《東軒筆録》卷一三 泰州徐二公者，異人也，無家無子孫親屬，亦不知其何許人，日持一箒，以掃神祠佛殿，未嘗與人言，有問則不對而走，忽發一言，則應禍福。呂參政惠卿既除喪，將赴闕，便道訪二公，拜而問之，二公驚走，呂追之，忽回顧曰：「善守。」呂再拜而去，意謂俾其善守富貴也。及還朝，除知建州，徐禧、沈括新敗，懇辭不行，又乞與兩府同上殿，神宗怒，落資政殿學士、知單州，即「善守」之應也。

徐度《卻掃編》卷中 呂太尉惠卿赴延安帥，道出西都。時程正叔居里中，謂門人曰：「吾聞呂吉甫之爲人久矣，而未識其面。明旦西去，必經吾門，我且一覘之。」迨旦，了無所聞，詢之行道之人，則曰過已久矣，而道旁多不聞者。正叔歎曰：「夫以從者數百人，馬數十，行道中而能使悄然無聲，馭衆如此，可謂整肅矣。其立朝雖多可議，其才亦何可掩也。」

徐度《卻掃編》卷下 呂太尉惠卿，元祐閒貶建州，紹聖初復起。語人曰：「吾在謫籍九年，雖冷水亦不敢飲。設有疾病，則好事者必謂吾戚戚所致矣。」

陳長方《步里客談》卷上 元祐中，東坡行呂吉甫責詞，叙神考初用而中棄之曰：「先皇帝求賢如不及，從善若轉圜。始以帝堯之聰，姑試伯鯀；終焉孔子之聖，不信宰予。」又曰：「喜則摩足以相歡，怒則反目以相視。」既而語人云：「三十年作劊子，今日方剮得一箇有肉漢。」

呂惠卿附王介甫甚固。司馬公言：「利合必離。」後果發介甫手簡，云「無使上知」。蘇子瞻改鑄顔淵之語曰：「吾聞覩君子者，問彫人不問彫木。」曰：「人可彫歟？」曰：「呂惠卿彫王安石。」

朱弁《曲洧舊聞》卷七 呂惠卿之謫也，詞頭始下，劉貢父當草制。東坡呼曰：「貢父平生作劊子，今日纔斬人也。」貢父急引疾而出。東坡一揮而就，不日傳都下，紙爲之貴。暨紹聖初，牽復知江寧府，惠卿所作到任謝表，句句論辨，惟至「發其私書」，則云：「自省於己，莫知其端。」當時讀者莫不失笑。又自叙云：「顧惟妄論，何裨當日之朝廷；徒使煩言，有黷在天之君父。」或曰：「觀此一聯，其用心憸險如此，使其得志，必殺二蘇無疑矣。」蓋當時臺諫論列，多子由章疏，而謫辭東坡當筆故也。

邵伯温《邵氏聞見録》卷一一 東坡帥揚州，曾旼罷州學教授，經真州，見呂惠卿。惠卿問：「軾何如人？」旼曰：「聰明人也。」惠卿怒曰：「堯聰明，舜聰明邪？大禹之聰明邪？」旼曰：「雖非三者之聰明，是亦聰明也。」惠卿曰：「軾學何人？」旼曰：「學孟子。」惠卿益怒，起立曰：「何言之不倫也？」旼曰：「孟子以『民爲重，社稷次之』，此所以知蘇公學孟子也。」惠卿默然。

莊綽《雞肋編》卷下 呂惠卿吉甫自負高才，久排擯在外，大觀中，始召至京師，爲太一宫使。時年八十歲矣。視宰輔貴臣皆晚進出己下者，意氣頗自得。一日，延見衆客，有道士亦在其間，自稱宗人，禮數簡易。呂視之不平，因問其所能，曰：「能詩。」呂顧空中有紙鳶，即使賦之。道士應聲曰：「因風相激在雲端，

攫攫兒童仰面看。莫爲絲多便高放，也防風緊卻收難。」呂知其譏己，有慚色，方顧他客，已失所在。其風骨如世之畫呂洞賓。人皆疑其是也。

朱彧《萍洲可談》卷三　常州諸胡，余外氏，自武平使樞密，宗愈繼執政，宗回、宗師、宗炎、奕修皆兩制，宗質四子同時作監司，家貲又高，東南號「富貴胡家」。相傳祖塋三女山尤美，甚利子壻，余母氏乃尊行，如渭陽諸壻，錢昂、黄輔國、李詩、柳廷俊、張巨、陳舉、蔣存誠，皆爲顯官，餘無不出常調。呂吉甫太尉，自言其家不利女壻，不唯碌碌無用，如長倩余中，成婚二十餘年，元祐初觀望朝廷，上疏乞誅呂吉甫謝天下，後竟離婚。亦云祖塋三女山風水相刑也。余表姪李熙嘏，狂生登第，吉甫以孫女妻之，自延安帥遣人納吉，禮貌甚盛。熙嘏在京師，忽詣開封府投牒，願離婚。蔡元長尹京，驚問所以，并無違律及不爭財物，熙嘏但言平生不喜與「福建子」交涉，元長怒叱出，卒成婚。時人謂呂家風水已應。中州人每爲閩人所窘，目爲「福建子」，畏而憎之之辭。吉甫、元長皆閩人，故熙嘏戲之耳。

張邦基《墨莊漫録》卷六　揚州呂吉甫觀文宅，乃晉鎮西將軍謝仁祖宅也，在唐爲法雲寺，有雙檜存焉，猶當時物也。劉禹錫有詩云：「雙檜蒼然古貌奇，含煙吐霧鬱參差。晚依禪客當金殿，初對將軍映畫旗。龍象界中成寶蓋，鴛鴦瓦上出高枝。長明燈是前朝焰，曾照青青年少時。」吉甫家居時，檜尚依然。李之儀端叔用夢得詩韻云：「故迹悲涼古木奇，勢分庭下蔚相差。霜根半露出林虎，畫影全舒破賊旗。寶界曾回鋪地色，節旄遠映插雲枝。劉郎風韻知誰敵，儒帥端能表異時。」建炎兵火，樹遂亡矣。予後到鄉里，訪其遺迹，不可得矣。

周煇《清波別志》卷中　王荆公退居鍾山，切切以呂吉甫爲恨。呂除母喪，時公弟和甫執政，呂意切憚之，乃過金陵，以啓與公和。其啓曰：「合乃相從，豈有殊於天屬；析雖或使，殆不自於人爲。然以情論形，則已析者難以復合；以道致命，則自天者詎知其不人？如惠卿者，叨蒙一臂之援，謬意同心之列。忘懷履坦，失戒同巇。彎弓之泣非疎，輾足之辭亦已。而溢言皆達，茀氣並生。既莫知其所終，前不疑於有敵。而門牆責善，雖移兩解之書；殿陛對揚，親奉再和之詔。固其願也，方且圖之。重罹苫塊之憂，遂稽竿牘之獻。然以言乎昔，則一朝之過不足害平生之歡；以言乎今，則八年之間亦已隨教化之改。内省涼薄，尚無細故之嫌；仰揆高明，夫何舊惡之念？恭惟觀文特進相公，知德之奥，達命之情。親疎冥於所同，憎愛融於不有。冰炭之息，豁然儻示於至慈；桑榆之收，繼此請圖於改事。側躬以俟，惟命之從。」公巽言謝之，其書曰：「與公同心，以至異意，豈有他哉？同朝紛紛，公獨助我，則我何憾於公？人或言公，吾無預焉，則公何尤於我？趨時便事，吾不知其説焉；考實論情，公宜昭其如此。開論重悉，覽之悵然。昔之在我者，誠無細故之可疑；則今之在公者，尚何舊惡之足念？然公以壯烈，方進爲於聖世；而安石蕞爾衰疾，將待盡於山林。趨舍異路，則相呴以溼，不如相忘之爲愈也。趨召在朝夕，唯良食爲時自愛。」煇五十年前在建康，見荆公門人吴長吉云：「公得此啓，再三披閲，讀至『殿陛對揚，親奉再和之詔』，顧客曰：『彼不著詔旨，亦何自復相聞。不爾，此亦不必還答。』」又云：「『終是會做文字。』」蓋不以所甚惡而掩其所長，荆公醇德如此。

謝采伯《密齋筆記》卷三　呂惠卿遭責，謝表云：「蟲臂鼠肝，悉冥心於造化。」東坡謂：「福建子亦會做文字。」『蟲臂鼠肝』，蓋譏二蘇。見東坡《論列子由行詞》。

陸游《老學庵筆記》卷八　呂吉甫問客：「蘇子瞻文辭似何人？」客揣摩其意，答之曰：「似蘇秦、張儀。」呂笑曰：「秦之文高矣，儀固不能望，子瞻亦不能也。」徐自誦其表語云：「面折馬光於講筵，廷辯韓琦之奏疏。」甚有自得之色，客不敢問而退。

王韶部

綜述

《宋史》卷三二八《王韶傳》 王韶字子純，江州德安人。第進士，調新安主簿、建昌軍司理參軍。試制科不中，客游陜西，訪采邊事。

熙寧元年，詣闕上《平戎策》三篇，其略以爲：「西夏可取。欲取西夏，當先復河、湟，則夏人有腹背受敵之憂。夏人比年攻青唐，不能克，萬一克之，必併兵南向，大掠秦、渭之間，牧馬于蘭、會，斷古渭境，盡服南山生羌，西築武勝，遣兵時掠洮、河，則隴、蜀諸郡當盡驚擾，瞎征兄弟其能自保邪？今唃氏子孫，唯董氊粗能自立，瞎征、欺巴温之徒，文法所及，各不過一二百里，其勢豈能與西人抗哉！武威之南，至于洮、河、蘭、鄯，皆故漢郡縣，所謂湟中、浩亹、大小榆、枹罕，土地肥美，宜五種者在焉。幸今諸羌瓜分，莫相統一，此正可并合而兼撫之時也。諸種既服，唃氏敢不歸？唃氏歸則河西李氏在吾股掌中矣。且唃氏子孫，瞎征差盛，爲諸羌所畏，若招諭之，使居武勝或渭源城，使糾合宗黨，制其部族，習用漢法，異時族類雖盛，不過一延州李士彬、環州慕恩耳。爲漢有肘腋之助，且使夏人無所連結，策之上也。」神宗異其言，召問方略，以韶管幹秦鳳經略司機宜文字。

蕃部俞龍珂在青唐最大，渭源羌與夏人皆欲羈屬之，諸將議先致討。韶因按邊，引數騎直抵其帳，諭其成敗，遂留宿。明旦，兩種皆遣其豪隨以東。久之，龍珂率屬十二萬口內附，所謂包順者也。

韶又言：「渭源至秦州，良田不耕者萬頃，願置市易司，頗籠商賈之利，取其贏以治田。」帝從其言，改著作佐郎，仍命韶提舉。經略使李師中言：「韶乃欲指占極邊弓箭手地耳，又將移市易司於古渭，恐秦州自此益多事，所得不補所亡。」王安石主韶議，爲罷師中，以竇舜卿代，且遣李若愚按實。若愚至，問田所在，韶不能對。舜卿檢索，僅得地一頃，既地主有訟，又歸之矣。若愚奏其欺，安石又爲罷舜卿而命韓縝。縝遂附會實其事，師中、舜卿皆坐謫，而韶爲太子中允、祕閣校理。後帥郭逵上韶盜貸市易錢，安石以爲不足校，徙逵涇原。

帝志復河、隴，築古渭爲通遠軍，以韶知軍事。五年七月，引兵城渭源堡及乞神平，破蒙羅角，抹耳水巴等族。初，羌保險，諸將謀置陣平地，韶曰：「賊不舍險來鬥，則我師必徒歸。今已入險地，當使險爲吾有。」乃徑趣抹邦山，壓敵軍而陣，令曰：「敢言退者斬！」賊乘高下鬥，師小却。韶躬擐甲冑，麾帳下兵逆擊之，羌大潰，焚其廬帳而還，洮西大震。會瞎征度洮爲之援，餘黨復集。韶戒別將由竹牛嶺路張軍聲，而潛師越武勝，遇瞎征首領瞎藥等，與戰破之，遂城武勝，建爲鎮洮軍。進右正言、集賢殿修撰。復擊走瞎征，降其部落二萬。更名鎮洮爲熙州，以熙、河、洮、岷、通遠爲一路，韶以龍圖閣待制知熙州。

六年三月，取河州，遷樞密直學士。降羌叛，韶回軍擊之。瞎征以其間據河州，韶進破訶諾木藏城，穿露骨山，南入洮州境，道陿隘，釋馬徒行，或日至六七。瞎征留其黨守河州，自將尾官軍，韶力戰破走之，河州復平。連拔宕、岷二州，疊、洮羌酋皆以城附。軍行五十有四日，涉千八百里，得州五，斬首數千級，獲牛、羊、馬以萬計。進左諫議大夫、端明殿學士。七年，入朝，又加資政殿學士，賜第崇仁坊。

還至興平，聞景思立敗於踏白城，賊圍河州，日夜馳至熙。熙方城守，命撤之。選兵得二萬。議所向，諸將欲趨河州。韶曰：「賊所以圍城者，恃有外援也。今知救至，必設伏待我，且新勝氣鋭，未可與爭。當出其不意，以攻其所恃，此所謂『批亢擣虚，形格勢禁，則自爲解』者也。」乃直扣定羌城，破結河族，斷夏國通路，進臨寧河，分命偏將入南山。瞎征知援絶，拔柵去。

初，思立之覆師也，羌勢復熾，朝廷議棄熙河，帝爲之旰食，數下詔戒韶持重勿出。及是，帝大喜。韶還熙州，以兵循西山繞出踏白後，焚八千帳，瞎征窮蹙丐降，俘以獻。拜韶觀文殿學士、禮部侍郎。資政、觀文學士，非嘗執政而除者，皆自韶始。官其兄弟及兩子，前後賜絹八千匹。未幾，召爲樞密副使。

熙河雖名一路，而實無租入，軍食皆仰給他道。轉運判官馬瑊捃官吏細故，韶欲罷瑊，王安石右瑊，韶始沮，於是與安石異。數以母老乞歸，帝語安石勉留之。

安南之役，韶言：「決里、廣源之建，臣以爲貪虚名而忘實禍，執政乃疑臣爲刺譏。方舉事之初，臣力爭極論，欲寬民力而省財用，但同列莫肯聽，至以熙河事折臣。臣本意不費朝廷而可以至伊吾盧甘，初不欲令熙河作路，河、岷作州

也。今與衆異論，儻不求退，必致不容。」韶本鑿空開邊，驟躋政地，乃以勤兵費財歸曲朝廷，帝由是不悦，以故罷職知洪州，又坐謝表怨慢，落職知鄂州。元豐二年，還其職，復知洪州。四年，病疽卒，年五十二。贈金紫光禄大夫，謚曰襄敏。

韶起孤生，用兵有機略。臨出師，召諸將授以指，不復更問，每戰必捷。嘗夜卧帳中，前部遇敵，矢石已交，呼聲震山谷，侍者往往股栗，而韶鼻息自如。在鄂宴客，出家姬奏樂，客張績醉挽一姬不前，將擁之，姬泣以告。韶徐曰：「本出汝曹娱客，而令失歡如此。」命酌大盃罰之，談笑如故，人亦服其量。韶交親多楚人，依韶求仕，乃分屬諸將，或殺降羌老弱予以首爲功級。韶晚節言動不常，頗若病狂狀。既病疽，洞見五臟，蓋亦多殺徵云。子十人，厚、寀最顯。

王稱《東都事略》卷八二《王韶傳》 王韶字子純，江州德安人也。舉進士，調新安簿、建昌軍司理參軍，因客遊西邊，時神宗初立，韶内知天子智勇，有志于天下，乃上《平戎策》曰：「國家欲制西夏，當復河湟。河湟復，則西夏有腹背之憂。自唐乾元以後，吐蕃陷河隴至今，董氊不能制諸羌，而人自爲部，莫相統一。宜以時并有之，以絶夏人之右臂。」凡數千言，神宗覽而奇之。召問方略，以爲秦鳳路經略司機宜文字。

時青唐俞龍珂族大難制，而渭源諸羌與夏人誘令附己，有司請討且城之。韶以爲非計，遂親帥數騎直抵其帳中招諭之，且留宿以示不疑，青唐、渭源皆遣其族隨韶歸附。改保平軍節度推官，召對，因言渭源、成紀閒有曠田萬餘頃，可募人營田，及秦鳳諸羌互市之利，歲在商賈者不知幾千萬，乞置市易以實邊。朝廷從之。改著作佐郎、提舉鳳翔西京節度使，兼管營田、市易公事。

蕃僧結吴叱臈、康尊新羅結潛迎董容詣武勝軍，立文法謀昏，夏國有并吞諸羌之意。韶諭以禍福招兵，豪酋撒四等降之，結吴叱臈等至解内罷昏。未幾，康尊新羅結就擒於吴，諸羌多降附者。其後，結吴叱臈出降，俞龍珂率其族十二萬口内附。熙寧三年，詔奏墾田數，知秦州。李師中言其不實，奪一官。既而還之，入對，加太子中允、祕閣校理。

五年，改古渭砦爲通遠軍，以韶兼知軍。韶上所降蕃部版圖，得地二千餘里，口二十餘萬，以功授右正言、直集賢院，加集賢院修撰。舉兵城渭源堡，破蒙羅角，遂城乞神平，破抹耳水巴族。初，賊恃險，韶領師至抹邦山，踰竹牛嶺，壓賊軍而陳，下令曰：「敢有言退者斬。」使皆下馬少息。賊乘高下戰，官軍稍却，韶麾帳下兵逆擊之，賊潰走，獲首虜器甲，焚其族帳，洮西大震。

會木征度洮來寇，餘黨復集抹邦山。韶語諸將曰：「若官軍至武勝，則抹邦山可一舉而定。」即趍武勝，遇木征首領瞎藥等，與戰破之，遂城武勝。武勝，故武始郡也，賜名鎮洮軍。復遣將擊破木征，木征走，弟結吴延征舉其族二千餘人并大首領李藺氊等出降。陞鎮洮軍爲熙州，以熙州、洮岷州、通遠軍爲一路，即熙州爲帥府。進韶龍圖閣待制、知熙州，領兵由香子城討河州，木征戰敗，棄城遁，降羌反圍香子城，而諸羌屯積慶寺以應之，韶回軍欲擊諸羌，而木征復入河州。韶擊叛羌，解香子圍，破積慶寺諸羌而還，遷樞密直學士。

韶復遣將度洮，略定南山地，築回樂砦、結河當川二堡。韶自領兵破訶諾城，固城之，又城香子。令諸羌人謀伏兵南山斷官軍歸路，不利即伏木藏城。韶諜知之，遣將賜其伏兵投之，穿露骨山，南入洮州界，破木征弟巴氊角，盡逐南山諸羌。木征留其黨守河州，自將親鋭尾官軍伺擊。韶分兵爲兩道，別遣偏，其一攻河州，而以其一將逆木征，所在與戰，破走之。韶至河州，時守者猶以爲木征至，已而知其非，乃出，遂城之。韶又至馬練川，降瞎吴叱。進攻拔宕州，通洮山路，岷州本令征以城降。進軍岷州，通熙州路，疊州欽令征、洮州郭厮敦皆詣軍以城聽命，巴氊角亦以其族來附。是役也，行軍五十四日，涉千八百里，復州五，辟地東西千里，斬首三千餘級，獲牛羊馬以萬計。以功遷端明殿學士兼龍圖閣學士、左諫議大夫。入覲，進資政殿學士兼制置涇原、秦鳳軍馬糧草，賜崇仁坊第一區。

韶還至興平，會知河州景思立出兵踏白城，敗績，賊圍河州，韶曰：「賊所以圍河州者，恃有外援也。今知救至，必設伏以待我，不若以兵直趍定羌。」遣將破耳金、欺當二族，進次寧河，分兵討南山羌賊。賊失援，驚潰。初，思立輕敵覆軍，賊勢復振，而京師風霾、旱災連仍，論者欲棄河湟，神宗爲之旰食，數遣中使戒韶駐熙州，持重勿出。及是捷聞，神宗大喜，賜韶嘉之。

韶還熙州，遣將以兵循西山，出踏白後，賊黨望風奔潰，斬獲甚衆，於是木征請降。進觀文殿學士、禮部侍郎。七年，拜樞密副使，以母老丐外任，除觀文殿學士、户部侍郎、知洪州。以表謝上，御史蔡確言其罔慢，落職知鄂州。久之，還舊職，復知洪州。卒，年五十二。贈金紫光禄大夫，謚曰襄敏。

韶好兵喜殺，有方略。及罷樞府，獻所著書，名曰「發明自身之學」，皆荒浪狂譎之語」云。九子，厚爲將有功；端徽宗時爲顯謨閣待制；宷嘗著作東觀，後爲

兵部侍郎，以左道誅。

雜録

備録

魏泰《東軒筆録》卷五　王觀文韶始爲建昌軍司理參軍，時蔡樞密挺提點江西刑獄，一見知其必貴，顧待甚厚。數年，蔡知慶州，王調官關中，遂謁蔡於慶陽，且言將應制科，欲知西事本末。蔡遂以前後士大夫之言及邊事者皆示之，其間有向寶議洮河一説，王悦之，以爲可行。後掌秦州機宜，遂乞復洮河故地，朝廷命韶兼管勾蕃部，自是其謀浸廣，欲進取蘭州、鄯、廓。知秦州李師中以爲不可，而言事者亦多非沮，朝廷令王克臣乘驛參驗其事，克臣亦依違兩可。既而郭逵等又劾韶侵盜官物，興起大獄，俾蔡確推勘，蔡明其無罪，自是君相之意，斷然不疑。不數年，克青唐、武勝，城熙河，取洮、河、疊、宕，西團爲熙河一路，由上意不疑所致也。

魏泰《東軒筆録》卷七　王韶罷樞密副使，以禮部侍郎知鄂州。一日宴客，出家妓奏樂。入夜，席客張績沉醉，挽家妓不前，遽將擁之。家妓泣訴於韶，坐客皆失色。韶徐曰：「比出爾曹以娛賓，而乃令坐客失歡。」命取大杯罰家妓，既而容色不動，談笑如故，人亦伏其量也。

朱弁《曲洧舊聞》卷二　郭逵爲西帥，王韶初以措置西事至邊，逵知其必生邊患，用備邊財賦連及商賈，移牒取問。韶讀之，怒形顔色，擲牒于地者久之，乃徐取納懷中，入而復出，對使者碎之。逵奏其事，上以問韶，韶以元牒繳進，無一字損壞也。上不悟韶計，不直逵言。自後逵論韶，竝不報，而韶遂得志矣。予舊見前輩語及此事，無不切齒，而新進小生往往以此談韶不容口。近有一士人，自言久遊太學，論及韶行事，亦以此爲智數過人，而不以罔上陷老成罪韶。往時苟合干進者，持此自售，亦不足怪，不謂經此大變故，猶守舊聞。如此等輩，真是不識濁浄，其可責哉！

陳善《捫蝨新語》卷一四　王韶在熙河多殺伐。晚年乃出知洪州，頗多悔恨，悽心空寂，冀有以洗滌之。嘗請佛印元公升座，元知其意，炷香曰：「此香奉爲殺人不睫眼上將軍、立地成佛大居士。」于時，一衆莫不稱善。韶聽之亦悠然意消。後疑心未歇，又問黄龍心老曰：「昔未聞道，罪障固多，今聞道矣，罪障滅乎？」心老曰：「譬如有人貧時負債，及富而遇債主，其必償乎否也？」韶曰：「必償。」曰：「然則，雖聞道矣，奈債主不相放耶？」韶自是怏怏不悦，未幾，疽發背而卒。古人有曰：「病不除根，遇毒還作。」殆韶謂耶？

胡仔《苕溪漁隱叢話·後集》卷三六　王公韶少日，讀書於廬山東林裕老庵，庵前有老松，因賦詩云：「緑皮皴剥玉嶙峋，高節分明似古人。解與乾坤生氣概，幾因風雨長精神。裝添景物年年别，擺捭窮愁日日新。惟有碧霄雲裏月，共君孤影最相親。」王荆公爲憲江東，過而見之，大加稱賞，遂爲知己。

備論

《宋史》卷三二八《王韶傳》　論曰：神宗奮英特之資，乘財力之富，鋭然欲復河、湟，平靈、夏，而蔡挺、王韶、章楶輩起諸生，委褒衣，樹動戎馬間。世非無材，顧上所趣尚磨厲奚如耳。觀挺之治兵，韶之策敵，楶之制勝，亦一時良將。

王稱《東都事略》卷八二《王韶傳》　臣稱曰：蔡挺以邊臣用，王韶以熙河奮，薛向以財利進，夫殺人之禍莫大于用兵，而聚斂之禍與殺人等。烏虖！嫁怨於上以爲身謀，而謂我能爲辟土地、充府庫也，是亦不志於仁而已。

王珪部

綜述

《宋史》卷三一二《王珪傳》 王珪字禹玉，成都華陽人，後徙舒。曾祖永，事太宗爲右補闕。吴越納土，受命往均賦，至則悉除無名之算，民皆感泣。使還，或言其多弛賦租。帝詰之，對曰：「使新附之邦，蒙天子仁恩，臣雖得罪，死不恨。」帝大悦。

珪弱歲奇警，出語驚人。從兄琪讀其所賦，嘆曰：「騏驥方生，已有千里之志，但蘭筋未就耳。」舉進士甲科，通判揚州。吏民皆少珪，有大校嫚不謹，捽置之法。王倫犯淮南，珪議出郊掩擊之，賊遁去。召直集賢院，爲鹽鐵判官、修起居注。接伴契丹使，北使過魏，舊皆盛服入。至是，欲便服，妄云衣冠在後乘。珪命取授之，使者愧謝。遂爲賀正旦使。進知制誥、知審官院，爲翰林學士、知開封府。遭母憂，除喪，復爲學士，兼侍讀學士。

先是，三聖並侑南郊，而温成廟享獻同太室。珪言：「三后並配，所以致孝也，而瀆乎饗帝。後宫有廟，所以廣恩也，而僭乎饗親。」於是專以太祖侑于郊，而改温成廟爲祠殿。嘉祐立皇子，中書召珪作詔，珪曰：「此大事也，非面受旨不可。」明日請對，曰：「海内望此舉久矣，果出自聖意乎？」仁宗曰：「朕意決矣。」珪再拜賀，始退而草詔。歐陽脩聞而嘆曰：「真學士也。」帝宴寶文閣，作飛白書分侍臣，命珪識歲月姓名。再宴羣玉，又使爲序，以所御筆、墨、牋、硯賜之。

英宗立，當撰先帝謚，珪言：「古者賤不誄貴，幼不誄長，故天子稱天以誄之，制謚於郊，若云受之於天者。近制，唯詞臣撰議，庶僚不得參聞，頗違稱天之義。請令兩制共議。」從之。濮王追崇典禮，珪與侍從、禮官合議宜稱皇伯，三夫人改封大國，執政不以爲然。其後三夫人之稱，卒如初議。始，珪之請對而作詔也，有密譖之者。英宗在位之四年，忽召至蘂珠殿，傳詔令兼端明殿學士，錫之盤龍金盆，諭之曰：「祕殿之職，非直器卿于翰墨間，二府員缺，即出命矣。曩有譤口，朕今釋然無疑。」珪謝曰：「非陛下至明，臣死無日矣。」神宗即位，遷學士承旨。珪典内外制十八年，最爲久次，嘗因展事齋宫，賦詩有所感，帝見而憐之。熙寧三年，拜參知政事。九年，進同中書門下平章事、集賢殿大學士。

元豐官制行，由禮部侍郎超授銀青光禄大夫。五年，正三省官名，拜尚書左僕射兼門下侍郎，以蔡確爲右僕射。先是，神宗謂執政曰：「官制將行，欲新舊人兩用之。」又曰：「御史大夫，非司馬光不可。」珪、確相顧失色。珪憂甚，不知所出。確曰：「陛下久欲收靈武，公能任責，則相位可保也。」珪喜，謝確。帝嘗欲召司馬光，珪薦俞充帥慶，使上平西夏策。珪意以爲既用兵深入，必不召光，雖召，將不至。已而光果不召。永樂之敗，死者十餘萬人，實珪啓之。

八年，帝有疾，珪白皇太后，請立延安郡王爲太子。太子立，是爲哲宗。進珪金紫光禄大夫，封岐國公。五月，卒於位，年六十七。特輟朝五日，賻金帛五千，贈太師，謚曰文恭。賜壽昌甲第。

珪以文學進，流輩咸共推許。其文閎侈瓌麗，自成一家，朝廷大典策，多出其手，詞林稱之。然自執政至宰相，凡十六年，無所建明，率道諛將順。當時目爲「三旨相公」，以其上殿進呈，云「取聖旨」；上可否訖，云「領聖旨」；退諭稟事者，云「已得聖旨」也。紹聖中，邢恕謗起，黄履、葉祖洽、劉拯交論珪元豐末命事，以爲當時兩府大臣，嘗議奏請建儲，珪輒語李清臣云：「他自家事，外庭不當管。」恕又誘教高遵裕子士京上奏，言珪欲立雍王，遣士京故兄士充，傳道言語於禁中。珪由是得罪，追貶萬安軍司户參軍，削諸子籍。徽宗即位，還其官封。蔡京秉政，復奪贈謚。政和中，又復之。珪季父罕，從兄琪。

《琬琰集删存》卷一《王太師珪神道碑》 元豐八年四月，丞相王公珪感疾，詔國醫診視，遣尚宫數就問，賜以御膳珍藥。五月己酉，薨于位。訃聞，兩宫震悼，特輟視朝五日，諭三省悉哀故事，恤用優典，賻金帛五千，賜壽昌坊人第處其孤，加贈太師，錫符陵录婆律香，俾佐斂具。貴臣護喪，恩禮視魏國韓中獻公，勅使督將作穿土斲石治壙。卜開封東明縣清陵鄉之原曰：「廣阜在旁，小頓大起。五音地學，於商家吉。」將以九月辛酉襄事。有詔尚書右丞李清臣，其爲太師珪銘。臣清臣頓首曰：「臣淺陋，大懼晦太師顯行，天子有命，跛踖弗敢辭。」

臣竊觀熙寧以來，先皇帝憂勞天下。内孝養兩宫，友睦宗姓；外經緯文武，訓兵足食。斂爲訓言，陳爲法度，皆天子神智。然太師陪輔十有五年，其贊策納議爲最多。及先皇帝厭萬機，託國事，寶慈宫建立皇太子以定大統。未幾，今聖踐祚，太皇太后同聽斷，所以慰安人心，肅寧宫禁，流澤兆庶，懷服戎貊，至于天

下卒無事。原其功德，實自寶慈宮開佐聖孫，爲宗廟計，而太師一時元臣，與其列請命福寧閣，以及雙日朝廷和，謀謨陟降，癯瘁滋力，克終大事，有勳烈焉。

謹推考世次。公五世祖及曁高祖景圖，成都華陽人。曾祖永爲西畿令，從蜀王昶歸朝，授右補闕，遷起居舍人。祖贄歷侍御史，三司判官，九爲轉運使，更領十州，所至有能名。考諱準，以辭學擢祕閣校理，終鹽鐵判官。自公貴，三世贈太師、中書令兼尚書令，而曾祖封公于榮國，母尹氏封太夫人于燕國，祖封魏國，考封漢國，祖母丘氏、妣薛氏封太夫人，各從其國。由榮國以下，葬河南，始徙籍于舒。

公字禹玉。幼警悟力學，日誦數千言，識者奇之。十二能文辭，二十四舉進士，名在第二，授大理評事，通判揚州。召試優等，遷太子中允，直集賢院。對便殿，賜五品服，同修《起居注》，爲太常丞，遷博士；試中書，以右正言知制誥，加三品服，拜翰林侍讀學士，入翰林爲學士。丁內艱，喪除復職，兼史館修撰，又兼端明殿學士，進承旨。自起居舍人四遷爲給事中，修《仁宗實録》成，進尚書禮部侍郎。熙寧三年，參知政事；九年，拜同中書門下平章事、集賢殿大學士。元豐三年，朝廷用階官寄禄，超授銀青光禄大夫，兼門下侍郎，監修國史。五年四月，復三省官，爲尚書右僕射，兼門下侍郎，上日，御史中丞率百官班賀。仁宗、英宗加徽號，爲仁宗册寶使。禮成，封郇國公。上即位，恩加金紫光禄大夫，改岐國公。初任揚州，既還朝，遂極文章之選，自是不復更外，無事任要重，靡不歷試。嘗爲三司鹽鐵判官，又判句院國子監，糾察刑獄，修《三司條例》，判禮部、刑部，知吏部流內銓、審官、審刑院，提舉集禧觀，判昭文館，權發遣開封府，接伴契丹使，奉使契丹，提舉諸司庫務，權尚書都省。同議茶法，考轉運使，提點刑獄課績，判太常寺者再，知貢舉者四。英宗南郊，先帝兩祀明堂，及原廟成，奉安神御于天元殿，公歷爲頓遞、禮儀、大禮使，又爲慈聖光獻皇后大行皇帝山陵使。

公臨官不苟，務於稱辦，惡詭激慘覈者，曰：「訐上厲下，吾不爲也。」自初服政，已若宿練。其在揚州攝行太守事，大校以公年少，藐視不虔，立命捽首付獄。王倫大掠淮海，將及境，州將恐懼，公奮厲其衆，欲要擊之。賊聞，乃由他道去。公平居，言色安徐，猝應事物，初若不用意，而敏捷精盡，雖素慮者無以加也。其迎虜使至北都，使者欲輕裘便面過闕，公折以舊例必朝服，乃紿對服在後乘，公使馳取授之，虜人慚服。慶曆中，契丹數邀求生事，劉六符者號才黠，公出使，六符來會食，聲言將有所議，馳請公以動之，且觀其舉措。公怡然往，六符大爲公屈，卒無所言。舊待虜使應辦疲擾，公建爲三頓，請分供帳食飲器，後先迭用，以周其闕。尤明典章，善論事，其語潔齊易聽，故多施行。嘗言貢舉諸科滯於記誦，已立法使兼通本經大義，將有造浮説以摇前令者，願確守之，法卒不廢。又論伎術官蔭子孫，宜各以其類，若醫官使奏醫學，教坊使補色長，不獨使專其業，且以杜入官之濫。至今行之。皇祐中，三聖並配于郊，又温成皇后立廟薦獻比太廟。禮官列奏，以爲當改，而大臣猶不從。公曰「並配以致孝也，而瀆乎帝；后廟以廣恩也，而偕乎親。皆違經背禮，豈可以示後世乎？」遂定配太祖而改温成廟爲祠殿，薦以常饌。宮臣執事，自此正焉。嘗作《明堂樂章》因言升歌闋柷敔，無終始之節，而節鼓非雅音，乃詔增柷敔搏拊而黜節鼓。公爲《仁宗謚議》，奏謂賤不誄貴，故臣下稱天以誄天子，讀謚南郊，受之天也。今詞臣草謚議，即降詔命，有司初不預聞，殆非禮意，宜合百官讀謚圜丘。上可其議。仁宗既祔廟，以考位配明堂，而真宗當罷。御史請分太宗之大雩以配真宗，講官和之。公議曰：「嚴公配仁宗，得禮之正，而欲褫遷分祀以苟厭神靈之意，臣恐祖宗弗饗也。」知禮者以其言爲是。及論喪畢禘祫、神主祔廟已嘗吉祭，不當於禫畢復行饋食之禮，以折禮官，衆論遂定。治平中，大議追尊濮王，公於兩制爲議首，執用封期親尊屬故事，執政以爲不然。公持之，卒不奪。其後諫官、御史爭論，久不決，帝以手詔裁定，多如其初。熙寧元年，當郊，上疑於諒闇。公與兩制合奏：《王制》三年不祭，唯天地社稷越紼而行事，不以卑廢尊也。自漢文帝以來即位而謁廟，至唐德宗以後踰年而不行郊。真宗居明德太后喪，明年亦祀圜丘、享太廟。今宜如故事，其冕服、車輅、儀物、音樂緣神事者，皆不可廢。其年遂行大禮。朝廷將復入閤儀，公曰：「唐紫宸爲正衙，不御則喚仗由閤門入，則入閤非盛禮也，此不足復。」

公泛通六經，深於《詩》《書》，善史學，其爲文豪贍有氣，閎侈瓌麗而不失義正，自成一家。掌文誥二十年，每一篇出，四方傳誦之。帝數語大臣：「王珪誥有禮，他學士不逮遠矣。」朝廷有大述作，雖已秉政，猶特命爲之。修仁宗、英宗《實録》及正史，多所刊定，意足而無長語。擬藁上，先帝手詔以比班、馬。英宗爲皇子，中書召公草詔，公對曰：「天下屬望立嗣子久矣，然必出自陛下意，則後莫能摇。一有摇動，所以階禍亂也。」帝諭以「決自朕意」，乃進藁。歐陽文忠公以爲得學士體。公草仁宗遺制，先帝爲太子册、慶壽宮還政書，皆宣叙明鬯，人以謂協濟大事，有翰墨之功焉。又記寶文閣，奉詔爲高衛王、康王碑，發明天子

所以崇事聖母之意，天子嘉之。

公榮遇最久，諸臣無以爲比，而謙儉慎默，未嘗有過，有毁者率弗驗，其後眷待愈隆。御史欲誣其子仲端以事，公固請窮治，已而不挂一毫，言者服罪。英宗嘗召對蘂珠殿，設紫花墩命坐，翊日賜盤龍金盆以示恩意。先帝拓熙河，賜之玉帶，前後加勳至極品。元豐二年，增授功臣號，率同列辭上曰：「功臣自唐中葉以寵從行軍士，非古也。」因詔罷功臣。公自奉甚約，而厚於昆弟，然於親屬終不敢私援薦，不知者至或怨之。子：仲脩，以學登進士第，今爲祕書省著作佐郎；仲端，承事郎，籍田令；仲嶷，承奉郎；仲岏、仲煜，承事郎。女：長適鄆州教授李格非，早卒；次適前權太常博士閭丘籲；次許嫁前進士鄭居中，並封蓬萊縣君；次尚幼。孫男三人：昭，承奉郎；次晏，次晟。公享年六十七，文集一百卷。夫人鄭氏，奉國軍節度使戩之女，今舉以祔。銘曰：自公五世，居蜀成都。高祖逮祖，食吏躬儒。維昔漢公，始徙家舒。至于太師，幼奮鄉閭。發爲文章，璣貝瓊琚。翰林是職，相府是居。事業煌煌，何其偉與。公意愉夷，公貌虛徐。蹈勤履艱，勇則有餘。文武聖皐，造設新書。學以教士，士衆鼉魚。法以練卒，卒勁虎貙。拓洮披夏，聲動穹廬。贊贊厥功，公吁帝俞。聖母神孫，並照天衢。雩褰霧收，六合開除。公于斯時，載持載扶。有巖岱華，視我丕圖。公臥在疾，錫問趯趯。公終考年，僤賁幽墟。嗚呼太師，顯敦公如！

王稱《東都事略》卷八〇《王珪傳》 王珪字禹玉，成都華陽人也，徙家開封。父準，爲太常博士、祕閣校理。珪少好學，日誦數千言。及長，博通羣書。舉進士，庭試第二，爲大理評事，通判揚州。召試學士院，遷太子中允，直集賢院、同修起居注，改右正言、知制誥。其文典麗，有西漢風。

嘉祐初，爲翰林學士。初，詔以三聖並配於郊，溫成皇后立廟城南，牲幣、祼獻、登歌、設樂同太廟，珪曰：「三后並配，欲以致孝也，而瀆乎享帝。後宮有廟，欲以廣恩也，而僭乎享親。」於是郊以太祖專配，而改溫成廟爲祠。近世享郊，廟堂上升歌有節鼓而無柷敔，珪言：「柷敔所以著樂之終始八音，豈容有闕？願詔有司考古增定之。」是歲，明堂始置柷敔，黜節鼓而用搏拊，以備八音。

仁宗以英宗爲皇子，珪當草詔。明日請對崇政殿，曰：「天下望立皇子久矣，果出自陛下意乎？」仁宗曰：「朕意決矣。」珪再拜賀曰：「陛下誠能爲宗廟社稷計，天下之福也。」於是退而草詔。

英宗即位，詔珪撰仁宗謚，珪言：「古者賤不誄貴，幼不誄長，天子稱天以誄之，欲稽舊典，先請於郊。」遂爲定制。仁宗既祔廟，珪以嚴父配天之義，請以仁宗專配明堂。明年小祥，禮官言當以十月祫祭太廟，而未終三年之制，宜行時饗。既禫，請行禘祭，珪曰：「神主祔廟已嘗告祭，奈何禫畢復行饋食乎？」詔議濮安懿王典禮，珪與禮官合奏，宜依先朝封贈期尊稱皇伯，濮安懿王三夫人當封大國。執政不以爲然，其後三夫人卒如珪議。除端明殿學士，遷翰林學士承旨。

熙寧元年，當郊祀，神宗疑亮闇，珪曰：「《王制》喪三年不祭，惟祭天地社稷，爲越紼行事，不敢以卑廢尊。真宗居明德皇后之喪，既易月而服除，明年遂享太廟，祀天地于圜丘，請如故事。其服冕、車輅、儀物、音樂緣事神者，皆不可廢。」從之。三年，除參知政事。九年，拜同中書門下平章事、集賢殿大學士。

元豐二年，以階易官。珪時爲禮部侍郎，當爲正議大夫，遂越拜銀青光祿大夫兼門下侍郎、同中書門下平章事、監修國史。珪嘗薦張璪，不用，珪曰：「臣爲宰相，三薦璪矣而不見用，是臣失職也。」請罷，神宗喜曰：「宰相當如是。」神宗欲以內侍李憲主兵，珪奏非祖宗故事：「陛下獨不鑒漢、唐之亂乎？」五年，拜尚書左僕射兼門下侍郎，以蔡確爲右僕射。

初，神宗既新官制，先謂執政曰：「官制將行，欲新舊人兩用之。」又曰：「御史大夫非司馬光不可。」時珪、確相顧失色，珪憂甚，不知所出。確曰：「陛下久欲收復靈武，公能任責，則相位可保也。」珪喜謝之。自是西師深入靈武之役，死者十餘萬。蓋自西邊用兵，神宗常持淺攻之議，雖一勝一負，猶不至大有殺傷。至於西邊將帥，習知兵事，亦無肯言深入者。非珪、確不歷外任，不習邊事，無敢開此議者。

神宗不豫，珪奏：「乞立皇太子，請皇太后權同聽政，候聖體康復依舊。」神宗首肯之。皇太子既立，未幾，神宗升遐，哲宗即位，拜金紫光祿大夫，封岐國公，薨于位。贈太師，謚曰文恭。

紹聖四年，章惇奏：「神宗寢疾之際，中丞黃履言大臣奏請建儲，珪嘗語李清臣：『他家事，外廷不當與。』」邢恕又誘高遵裕之子士京上書，言珪當元豐末命，嘗招其兄士充詢遵裕以建儲意，遵裕怒叱其子勿再往。及議建儲，珪初無語，蔡確與章惇共詰之，珪乃曰：『上自有子，何議之有？』」用此爲珪罪，遂追貶萬安軍司户參軍。元符三年，其子仲脩訴其父冤，乃盡復故官、贈謚。及蔡京用事，以珪爲臣不忠，入黨籍。後以受八寶赦，出籍云。珪有文百卷，號《華陽集》。

雜録

備録

莊綽《雞肋編》卷中　岐國公王珪，在元豐中爲丞相，父準、祖贄、曾祖景圖，皆登進士第。其子仲修，元豐中登第。公有詩云：「三朝遇主惟文翰，十榜傳家有姓名。」注云：「自太平興國以來，四世凡十榜登科。」後姪仲原子耆、仲孜子昴，相繼登科，昴又魁天下。本朝六世登第者，與晁文元二家。而晁一世賜出身也。崇寧四年，耆初及第，歧公長子仲修作詩慶之曰：「錫宴便傾光禄酒，賜袍還照上林花。衣冠盛事堪書日，六世詞科只一家！」又漢國公準子四房，孫壻九人，余中、馬玿、李格非、閭丘籲、鄭居中、許光疑、張燾、高旦、鄧洵仁，皆登科。鄧、鄭、許相代爲翰林學士。曾孫壻秦檜、孟忠厚，同年拜相開府，亦可謂華宗盛族矣。

魏泰《東軒筆録》卷六　京師春秋社祭，多差兩制攝事。王僕射珪爲内外制十五年，祭社者屢矣。熙寧四年，復以翰林承旨攝太尉，因作詩曰：「雞聲初動曉驂催，又向靈壇飲福盃。自笑怡怡不辭醉，明年强健更須來。」是冬，遂參知政事。

錢世昭《錢氏私志》　岐公在翰苑時，中秋有月，上問當直學士是誰，左右以姓名對。命小殿對設二位，召來賜酒。公至殿側侍班。俄頃，女童小樂引步輦至，宣學士就坐。公奏：「故事無君臣對坐之禮，乞正其席。」上云：「天下無事，月色清美，與其醉聲色，何如與學士論文。若要正席，則外廷賜宴。正欲略去苛禮，放懷飲酒。」公固請不已，再拜就坐。上引謝莊賦、李白詩，美其才，又出御製詩示公。公嘆仰聖學高妙。每起謝，必勑内侍挾掖，不令下拜。夜漏下三鼓，上悦甚，令左右宫嬪各取領巾、裙帶或團扇、手帕求詩。内侍舉牙牀，以金相水晶硯、珊瑚筆格、玉管筆皆上所用者於公。前來者應之，略不停綴，都不蹈襲前人，盡出一時新意，仍稱其所長，如美貌者，必及其容色。人人得其歡心，悉以進呈。上云：「豈可虚辱，須與學士潤筆。」遂各取頭上珠花一朵，裝公幞頭，簪不盡者置公服袖中，宫人旋取針線縫聯袖口。宴罷，月將西沈，上命輟金蓮燭，令内侍扶掖歸院。翊日問：「學士夜來醉否？」奏云：「雖有酒不醉，到玉堂不解帶便上牀，取幞頭在面前，抱兩公服袖坐睡，恐失花也。」都下盛傳天子請客。明年中秋，公已參政，蔡確爲學士。上講故事，命宫嬪求詩。蔡奏云：「不敢。」遂命出公舊作。蔡云：「臣才思短澀，不及王某。」酒再行而止。左右不悦，云：「這箇學士剌撒。」又，上鍾愛一公主七歲而薨，親送殯宫，歸路悲甚，命宫門外再設祭，命公作祭文。公度起草不及，乃就馬上自書祝版，云：「唯主如冰如雪、如花如月，冰散雪消，花殘月缺。嗚呼哀哉！尚饗。」皆服其敏辨得體。在相位，御樓觀燈，同列謂公：「主上或索詩，用甚故事？」公云：「只是鰲山鳳輦。」同列以爲相薄。洎進詩云：「雪消華月滿仙臺，萬燭當樓寶扇開。五鳳雲中扶輦下，六鰲海上駕山來。鎬京春酒沾周宴，汾水秋風陋漢才。一曲昇平人共樂，君王又進紫霞杯。」時高麗賀正旦禮中有紫霞杯，五色玻璃也。是夕，上用進酒，同列始服。岐公，王禹玉也。

徐度《卻掃編》卷上　韓康公、王荆公之拜相也，王岐公爲翰林學士，被召命詞。既授旨，神宗因出手札示之曰：「已除卿參知政事矣。」國朝以來，因命相而遂用草制學士補其處，如此者甚多。近歲亦時有之，世謂之「潤筆執政」。

彭乘《墨客揮犀》卷四　荆公、禹玉，熙寧中同在相府。一日，同侍朝，忽有虱自荆公襦領而上，直緣其鬚。上顧之笑，公不自知也。朝退，禹玉指以告公，公命從者去之，禹玉曰：「未可輕去。輒獻一言，以頌虱之功。」公曰：「如何？」禹玉笑而應曰：「屢游相鬚，曾經御覽。」荆公亦爲之解頤。

江少虞《宋朝事實類苑》卷四三　熙寧十年，王禹玉丞相奏亡妻慶國夫人鄭氏臨終遺言，乞度爲女真。勑特許披戴，賜名希真，仍賜紫衣，號沖静大師。

邵伯温《邵氏聞見録》卷一三　熙寧中，朝廷有「生老病死苦」之語。時王荆公改新法，日爲生事。曾魯公以年老依違其間，富、韓公稱病不出，唐參政與荆公争，按問欲舉直不勝，疽發背死，趙清獻唯聲苦。時范忠宣公爲侍御史，皆劾之，言荆公章云：「志在近功，忘其舊學。」言富公章云：「謀身過於謀國。」言曾公、趙公章云：「依違不斷可否。」忠宣每曰：「以王介甫比莽、卓過矣，但急於功利，遂忘素守。」荆公猶欲用忠宣爲同修起居注，忠宣不從，出爲陝西漕，又移成都漕。荆公不悦，竟以事罷之。元豐初，蔡確排吴充罷相，指王珪爲充黨，欲并逐之。珪畏確，引用爲執政。時珪獨相久，神宗厭薄之，珪不悟。確機警，覺之，

一日密問珪曰：「近上意於公厚薄何如？」珪曰：「無他。」確曰：「上厭公矣！」珪曰：「奈何？」確曰：「上久欲收復靈武，患無任責者。公能任責，則相位可保也。」珪喜謝之。適江東漕張琬有違法事，帝語珪欲遣官按治，珪以帝意告都檢正俞充。充與琬善，以書告琬。琬上章自辯，帝問珪曰：「張琬事唯語卿，琬何從知？」珪以漏上語，退朝甚憂，召俞充問之，充對以實。珪曰：「某與君俱得罪矣。然有一策，當除君帥環慶，亟上取靈武之章，上喜罪可免。」乃除充待制，帥環慶，充果建取靈武之章。未幾，充暴卒，以高遵裕代之。有旨以遵裕節度五路大兵，爲靈武之役。涇原副帥劉昌祚領大部兵先至靈武城下，以遵裕未至，不敢進。熙河李憲兵不至，鄜延副帥种諤獨乞班師。遵裕至，夏人大集，決黄河水以灌我師，凍餒沉溺不戰而死者十餘萬人。遵裕狼狽以遁，虜追襲之。諤擁兵不救，以實其説。推其兵端，由王珪避漏泄上語之罪所致。紹聖初，謂珪策立哲宗有異議，以爲臣不忠追貶，實非其罪，而靈武之禍其罪也。蔡確罪尤大，貶死新州，有以也夫。蔡確鞫相州獄，朝士被繫者，確令獄卒與之同室而處，同席而寢，飲食旋溷共在一室，置大盆於前，凡饋食者羹飯餅餌悉投其中，以杓勻攪，分飼之如犬豕，置不問。故繫者幸其得問，無罪不承。確專以起獄致位宰相云。

趙令時《侯鯖録》卷二　元豐中，裕陵以元夕御樓，宰臣、親王觀燈，有御製，令從臣和進。王禹玉爲左相，蔡持正爲右相。蔡密叩王云：「應制上元詩，如何使事？」禹玉曰：「鼇山鳳輦外，不可使。」章子厚時爲黄門侍郎，面笑之，云：「此誰不知。」十七日登對，裕陵獨賞禹玉詩，云：「妙於使事。」詩云：「雪消華月滿仙臺，萬燭當樓寶扇開。雙鳳雲中扶輦下，六鼇海上駕山來。鎬京春酒霑周燕，汾水秋風陋漢才。一曲昇平人共樂，君王又進紫霞杯。」是夕以高麗進樂，又添一杯。

曾慥《高齋漫録》　王相珪當國，有故人至政事堂，公問勞甚厚。其人宦游不遂，有憔悴可憐之色。時用郊恩改章服，公曰：「吾友蹇連歲久，且喜近錫章服。」故人笑曰：「某舊著緑時，只是清貧，自著緋後，轉更赤窮。」諸公閧堂，爲之絶倒。

阮閲《詩話總龜》卷七　晁以道云王禹玉詩，世號至寶丹，以其多使珍寶，如黄金必以白玉爲對。有人云：「詩能窮人，且試强作富貴語看如何？」其人數日搜索，方止得一聯：「脛挺化爲紅玳瑁，眼睛變作碧琉璃。」爲之絶倒。

陳師道《後山詩話》　王岐公詩喜用金玉珠璧，以爲富貴，而其兄謂之「至寶丹」。

張邦基《墨莊漫録》卷四　王禹玉爲翰苑，治平三年二月十五日，召對蕊珠殿時，賜紫花墩，令坐蹁數刻方罷。明年，英廟上仙，珪作挽詞，有云：「曾陪蕊珠殿，獨賜紫花墩。」蓋謂是也。

張邦基《墨莊漫録》卷一〇　王禹偁元之，久爲從官，而未嘗知舉。有詩云「三入承明不知舉，看人門下放門生」。王岐公珪在翰苑凡十七八年，三爲主文，常在試闈，戲書考簿後云：「黄州才藻舊詞臣，幾嘆門生未有人。自笑晚游金馬客，曾來三鏁貢闈春。」

王明清《揮麈餘話》卷一　熙寧三年，曾宣靖爲昭文相，以疾乞解機政。久之，除守司空，侍中、河陽三城節度使、集禧觀使。王文恭爲内相，當制，進草。神宗讀至「高旗鉅節，遥臨踐土之邦；間館珍臺，獨揖浮丘之袂」，顧文恭笑云：「此句甚熟，想備下多時。」文恭云：「誠如聖訓。」歸語其子仲修云：「吾自聞魯公丐去，即辦此一聯。」歎服上之精鑒如此。

葉夢得《石林詩話》　元豐既行官制，準唐故事，定宰相上事儀，以御史中丞押百官班，拜於階下，宰相答拜於阼階上。時王禹玉除左僕射，蔡持正右僕射，神宗命即尚書省行之。二人力辭，帝不可，曰：「既以董正治官，不得不正其名分於始，此國體，非爲卿設也。」二人乃受命。時元厚之已致仕居吳，以詩賀王禹玉，有「前殿聽宣中禁制，南宫看集外朝班。星辰影落三階下，桃李陰成四海間」之句，時最爲盛事。自是相繼入相者，皆不復再講此禮，信不可常行也。

葉夢得《石林燕語》卷九　王禹玉歷仁宗、英宗、神宗三朝，爲翰林學士，其家自太平興國至元豐十榜，皆有人登科。熙寧初，葉尚書祖洽牓，聞吾燕席上和范景仁詩云：「三朝遇主惟文翰，十榜傳家有姓名。」此事他人所無有也。

葉夢得《石林燕語》卷一〇　王禹玉作《龐潁公神道碑》，其家送潤筆金帛外，參以古書名畫三十種，杜荀鶴及第時試卷，亦是一種。

惠洪《冷齋夜話》卷二　歐公、王禹玉俱在翰苑，立春日當進詩貼子。會温成皇后薨，閣虚不進，有旨亦令進。歐公經營中，禹玉口占便寫，曰：「昔聞海上有三山，煙鎖樓臺日月閑。花似玉容長不老，只應春色勝人間。」歐公喜其敏速。禹玉，歐公門生也，而同局，近世盛事。其詩略曰：「當年叩入武成宫，曾看揮毫氣吐虹。夢寐閒思十年事，笑談今此一樽同。喜君新賜黄金帶，顧我今爲白髮翁」云云。

備論

《宋史》卷三一二《王珪傳》 論曰：【略】及安石去位，充、珪實代之，天下喁喁，思有所休息。【略】珪容身固位，於勢何所重輕，而陰忌正人，以濟其患失之謀，鄙夫可與事君也與哉！

王稱《東都事略》卷八〇《王珪傳》 臣稱曰：王珪爲相，隨時俯仰，與蔡確比以沮司馬光而興西師之役，此可罪也。珪既死，而爲章惇所陷，誣以爲臣不忠，追貶散秩，則非其罪矣。其後惇於簾前有異議，亦以爲臣不忠貶。夫吉凶之於人，猶影響也，可不戒哉！

藝文

劉跂《學易集》卷八《代祭王左相文》 穆穆王公，盛德之興，世有顯聞，以遠厥聲。曰嘉與商，實相西京，自導至儉，江左底平。惟皇有作，克昌厥輔，擢之不疑，機柄以付。訓齊臣工，新美王度，二紀艱哉，始卒公助。據古殫洽，傳誼雍容，丙吉寬大，胡廣中庸。年高彌劭，道大益沖，古之惇史，舉世是宗。夫豈一名，厥有大節，繁潰危疑，談笑以決。淵渟無波，山立不折，皇哉得公，千百而一。惟皇厭世，御氣上賓，公亦不慭，奄忽收神。幽明異趣，竟爲君臣，公乎知終，實哀斯人。斯人是哀，亦私自唁，公方通顯，某則疏賤。省户選郎，宰府除掾，推轂提衡，媒之上眷。退而味公，直道是依，不以勢合，亦不以離。風雨如晦，金石能移，閲人孔多，曾獨見知。方以外使，越在西境，薨問奄至，哀惶悲哽。蓄厚不貲，覆以俄頃，一訣終天，無復音聲。嗚呼哀哉！三台夜坼，一鑑朝亡，宅更平仲，禭歸柳莊。殯帷沈寂，銘旐飛揚，城空鶴去，劍没龍藏。嗚呼哀哉！想公儀兮倏如故，魂幻眇兮今焉處。施則厚兮報無所，臨文辭兮涕零雨。嗚呼哀哉，尚饗！

鄧肅《栟櫚集》卷二〇《跋文恭公墓誌紹興二年正月》 安定文恭公執政日，力修盟好，重興兵革，當時貪功生事者往往未必以爲然。至宣和間，邊隙一開，海内鼎沸，二聖播遷，遠在沙漠，而天下横屍當以億兆計。然後知前輩愛主憂民之心，爲天下後世之慮；非世間薄夫淺子所能窺測也。九原已矣，不可復作，而天下之患有不可勝言者。伏讀誌文，謹慟哭以書之。紹興二年春正月庚申。

扈仲榮等《成都文類》卷五〇《祭王岐公文》 維鎮與公，官事多同。若一臂交，常相依從。公進於朝，鎮退居窮。罙十六年，公譽日充。方遂平生，奄忽以終。自予退居，人事殊絶。侍從常僚，不復通謁。惟公每歲，遇上元節，置酒開罇，笙歌間設。樂道舊故，窮歡極悦。自顧耄耋，年七十八。苟在人世，能幾日月？今公此行，豈爲永訣。所恨老劣，不能酬别。

蔡確部

綜述

《宋史》卷四七一《蔡確傳》 蔡確字持正，泉州晉江人，父徙陳。確有智數，尚氣，不謹細行。第進士，調邠州司理參軍，以贓聞。轉運使薛向行部，欲按治，見其儀觀秀偉，召與語，奇之，更加延譽。韓絳宣撫陝西，見所製樂語，以爲材，薦於弟開封尹維，辟管幹右厢公事，維去而確至。舊制當庭參，確不肯，後尹劉庠責之，確曰：「唐藩鎮自置掾屬，故有是禮。今輦轂下比肩事主，雖故事不可用。」遂乞解職。

王安石薦確，徙爲三班主簿。用鄧綰薦，爲監察御史裏行。王韶開熙河，多貸公錢，秦帥郭逵劾其罪，詔使杜純鞫治得實。安石卻其牘，更遣確，確希意直韶，逵、純獲譴。確善觀人主意，與時上下，知神宗已厭安石，因安石乘馬入宣德門與衛士競，即疏其過以賈直。加直集賢院，遷御史知雜事。

范子淵浚河之役，知制誥熊本按行以爲非是，爲子淵所訟，確劾本附文彦博，黜之，代爲知制誥、知諫院兼判司農寺。三司使沈括謁宰相吴充論免役法，確言括爲近臣，見朝廷法令未便，不公言之而私語執政，意王安石既去，新法可摇耳。括坐黜知宣州。

開封鞫相州民訟，事連判官陳安民，安民令其甥文及甫求援於充之子安持，及甫，充壻也。確言事關大臣，非開封可了，遂移御史臺。時獄起皇城，卒事多不讎。中丞鄧潤甫，御史上官均按之，與府獄同。王珪奏遣確詣臺參治，確鍛鍊爲獄，潤甫、均不能制，密奏確慘掠諸囚。確伺知之，即劾二人庇有罪，且詐使吏爲使者慮問，因稱冤，輒苦辱之。帝頗疑其濫，連遣諫官及内侍審直，皆怖畏，言不冤，由是潤甫、均皆罷，而確得中丞，猶領司農，凡常平、免役法皆成其手。

太學生虞蕃訟學官，確深探其獄，連引朝士，自翰林學士許將以下皆逮捕械繫，令獄卒與同寢處，飲食旋溷共爲一室，設大盆於前，凡羮飯餅胾舉投其中，以杓混攪，分飼之如犬豕。久繫不問，幸而得問，無一事不承。遂劾參知政事元絳有所屬請，絳出知亳州，確代其位。確自知制誥爲御史中丞、參知政事，皆以起獄奪人位而居之，士大夫交口咄罵，而確自以爲得計也。

吴充數爲帝言新法不便，欲稍去其甚者，確曰：「曹參與蕭何有隙，至代爲相，一遵何約束。今陛下所自建立，豈容一人挾怨而壞之。」法遂不變。

元豐五年，拜尚書右僕射兼中書侍郎。時富弼在西京，上言蔡確小人不宜大用。確既相，屢興羅織之獄，縉紳士大夫重足而立矣。初議官制，蓋仿《唐六典》，事無大小，並中書取旨，門下審覆，尚書受而行之，三省分班奏事，柄歸中書。確説王珪曰：「公久在相位，必得中書令。」珪信不疑。確乃言於帝曰：「三省長官位高，不須置令，但令左右僕射分兼兩省侍郎足矣。」帝以爲然。故確名爲次相，實顓大政，珪以左僕射兼門下，拱手而已。帝雖以次敍相珪、確，然不加禮重，屢因微失罰金，每罰輒門謝。宰相罰金門謝，前此未有，人皆恥之。

哲宗立，轉左僕射。韓縝入相中書，用其兩姪爲列卿，確風御史中丞黄履劾縝。始詔三省，凡取旨事及臺諫官章疏，並執政同進擬，不專屬中書。蓋確畏失權，又復改制也。

爲永裕山陵使，靈駕發引之夕，不宿於次，在道又不扈從，還，又不即去。御史劉摯、王巖叟連擊之，言確有十當去，「在熙寧、元豐時，冤獄苛政，首尾預其間。及至今日，稍語於人曰：『當時確豈敢言。』此其意欲固竊名位，反歸曲於先帝也」。司馬光、吕公著進用，蠲除煩苛，確言皆己所建白，公論益不容。太皇太后猶不忍即退斥。元祐元年閏二月，始罷爲觀文殿學士、知陳州。明年，坐弟碩事奪職，徙安州，又徙鄧。

初，神宗疾革，王珪議建儲事，確與同列皆在側，知狀。確自見得罪於世，陰與章惇、邢恕等合志邪謀，謂珪實懷異意，賴己擁護，故不得逞。確奉使陵下，韓縝白發其端，事寖籍籍。既失勢，愈怨望，怨又益爲往來造言，識者以爲憂，未有以發也。

確在安陸，嘗游車蓋亭，賦詩十章，知漢陽軍吴處厚上之，以爲皆涉譏訕，其用郝處俊上元間諫高宗欲傳位天后事，以斥東朝，語尤切害。於是左諫議大夫梁燾、右諫議大夫范祖禹、左司諫吴安詩、右司諫王巖叟、右正言劉安世，進上章乞正確罪。詔確具析，確自辨甚悉。安世等又言確罪狀著明，何待具析，此乃大臣委曲爲之地耳。遂貶光禄卿，分司南京，再責英州别駕，新州安置。宰相范純仁、左丞王存坐廉前出語救確，御史李常、盛陶、翟恩、趙挺之、王彭年坐不舉劾，中書舍人彭汝礪坐封還詞命，皆罷去。確後卒于貶所。

紹聖元年，馮京卒，哲宗臨奠。確子渭，京壻也，於喪次中闌訴。明日，詔復正議大夫。二年，贈太師，謚曰忠懷，遣中使護其葬，又賜第京師。崇寧初，配饗哲宗廟庭。蔡京請徽宗書「元豐受遺定策殊勳宰相蔡確之墓」賜其家。京與太宰鄭居中不相能，居中以憂去，京懼其復用，而居中，王珪壻也。時渭更名懋，京使之重理前事，以沮居中，遂追封確清源郡王，御製其文，立石墓前。擢懋同知樞密院事，次子莊爲從官，弟碩，贈待制，諸女超進封爵，諸壻皆得官，貴震當世。

高宗即位，下詔暴羣姦之罪，貶確武泰軍節度副使，竄懋英州，凡所與濫恩，一切削奪，天下快之。

《琬琰集删存》卷三《實録·蔡忠懷公確傳》　元祐八年正月甲申，英州別駕、新州安置蔡確卒。確字持正，泉州晉江人，父黄裳徙陳州。確有智數，尚氣不護細行。少登進士第，爲邠州司理參軍。陝西轉運使薛向始欲按其贓污，既至，見確姿狀秀偉，召與語，奇之，更加延譽。

丞相韓絳宣撫陝西，喜確所造樂語，薦其才，移太平州繁昌令。改著作佐郎，知陝州閿鄉縣事。絳又薦於其弟維，維知開封府，奏爲管勾右厢公事。後知府劉庠責確廷參，確以爲藩鎮辟除掾屬，乃有此理，今輦轂下比肩事主，雖故事不可用，庠不能屈。神宗聞而嘉之，改充三班院主簿，擢太子中允，權監察御史裏行。嘗論開封府訟不能決者，悉付司獄，民冤吏横，不可不戒。有詔輪推官一員監勘。

王韶開熙河貲用無藝，郭逵等奏韶盗貸官錢，詔杜純推鞫，純以實聞，宰相王安石怒却其奏，再遣確鞫于秦州，確希意直韶，逵、純皆坐譴。自是安石始親厚確。朝廷患官冗其事廢，詔補京朝官皆立試法，確謂未及使臣，則任官之弊未革，請下樞密院詳議立法，從之。

奉使契丹，遷太常丞，賜緋衣銀魚。除直集賢院，開封府界提點諸縣鎮，兼提舉常平倉，請增畿内保户馬，免其歲芻，罷錢布之賜。熙河措置財利司言，熙州糴場十四萬緡，管勾熙河文字張維，以官錢貸銀十五萬有奇，大半不知主名。詔確乘傳併劾之。

除御史知雜事，遷右正言、知審官院。詔定奪渭州運河及黄河濬川把等利害，主范子淵而抑熊本，本罷知制誥，判司農寺，遂除確知制誥，賜三品服，知諫院兼判司農。三司使沈括以免役事詣吴充，確論括爲近臣，見朝廷法令有所未便，不公言之，而陰以異論干執政，意王安石罷相，大臣於法令或有所更易，爲朋黨之資耳。括坐是出知宣州。又劾宣徽使郭逵經制安南，逗撓不即平賊；天章閣待制趙卨失措置芻糧；知洪州王韶謝表妄爲自潔之辭，歸過於上；又論陳繹污醜朋附，不宜居侍從。于是逵以左衛將軍安置，卨降職，韶落職知鄂州，繹罷知制誥。天子意確孤立無黨，頗信用之。確益以彈擊爲己任。

御史中丞鄧潤甫、監察御史上官均方受詔治相州馮言獄，有旨遣確詣臺參治，獄起皇城卒，事多不實，潤甫、均欲辨理於上前。確獨煆煉其事，以相州簽書判官陳安民，嘗屬大理評事文及甫，諭宰相吴充爲地，安民乃及甫之舅，而及甫充壻也。潤甫、均奏確掠訊過差，人悉誣服。潤甫、均留身經筵，極論其不可。確耳目長，具得所論曲折，即劾二人黨有罪，請併逐之。確又任殘賊吏，日引諸囚如使者慮問狀，稱冤輒苦辱之，有人情所不能堪者。上初疑濫及無辜，遣諫官黄履、中使李舜舉審覆，囚不知爲詔使，無敢一辭異者，由是潤甫落翰林學士、御史中丞兼侍讀，出知撫州，均責授光禄寺丞、知邵武軍光澤縣，而確遷右諫議大夫、權御史中丞，充理檢使兼直學士院。

會知江寧府吕嘉問違法營造，爲使者何琬按發，嘉問之黨，在京師摘語消息，確言當痛繩，以杜交通漏泄之姦。又言諸路常平司，舊以轉運司兼領，擅移用司農錢物，請提舉缺官止以提點刑獄官攝事，提舉官稱職有成效者，與遷提點刑獄，上皆可之。河決曹村，轉運使王居卿建横歸之法，決口斷流，確爲言其功，付都水監著爲法。太學生虞蕃訟學官，確與舒亶治其獄，確遂劾參知政事元絳，爲其族孫伯虎，私禱學官孫諤、葉唐懿補内舍生，諤、唐懿坐貶，絳罷政知亳州。拜確右諫議大夫、參知政事。確爲獄嚴而少恩，深文周納，以排陷縉紳，一掛吏議無有獲平反者，人論其爲知制誥，爲御史中丞，爲參知政事，皆以起獄奪人之位而代之。元豐三年，易太中大夫。五年，拜尚書右僕射兼中書侍郎。時富弼在西京，上言：「蔡確小人，不宜在陛下左右。」上亦悔之。

哲宗即位，遷通議大夫。王珪薨，代爲尚書左僕射兼門下侍郎。爲神宗皇帝山陵使，故事，靈駕進發前一夕，五使宿於沙幕次，確獨不入宿，御史劾其不恭，猶以祔廟恩遷正議大夫。元祐元年，提舉修神宗皇帝實録，言官論確「姦人之傑，欺罔先帝，無所不至。山陵復土之後，不求去位，升祔轉官，前此無敢受者，確獨貪榮受之，廉隅不修，甚於市井。」確浸不自安，乃連表求避位。除觀文殿學士、知陳州。二年，坐竊弄威福，故縱其弟碩盗用官錢，罪死，奪職知安州，滿歲，徙鄧州，充西京路安撫使。

四年，復觀文殿學士，會知漢陽軍吴處厚奏：「確昨責安州，作車蓋亭詩，語

涉譏訕。」詔確具析，確自辨數甚悉，而理終屈，責授左中散大夫、光禄卿分司南京。御史中丞傅堯俞、諫議大夫梁燾范祖禹、右正言劉安世、殿中侍御史朱光庭，交章論確：「怨謗不道，人臣所不忍聞。按確與章惇、黄履、邢恕，在元豐末結爲死黨，自謂聖主嗣位，皆有定策之功，確所以桀驁很愎，無所畏憚。若不早辨白解天下之疑，恐歲月浸久，邪説得行，離間兩宫，有傷慈孝。」於是太皇太后御延和殿，宣諭三省、樞密院大臣，曰：「皇帝是神宗長子，子承父業，其分當然。昨神宗服藥既久，曾因宰相入對，吾以皇子所書佛經宣示，是時衆中唯首相王珪，因奏延安郡王當爲皇太子，餘人無語。確有何策立之功？若它日復來欺罔上下，豈不爲朝廷之害！」遂責確英州别駕，新州安置，仍給遞馬發遣，惇、履、恕亦皆得罪。八年正月六日，確卒於貶所，年五十七。

明年改元紹聖，章惇爲相，履、恕皆用事，追復確觀文殿學士。確子渭及其祖母，朋挾權臣，訟粉昆事，將族滅劉摯、梁燾、王巖叟以償舊怨，既窮治無所得，而御史中丞黄履，言官來之邵、張商英、劉拯等論確先朝顧命大臣，宜盡復官爵恩數，乃贈確太師，謚忠懷，賜第一區，又追封郕、衛二國公。

崇寧初，蔡京擅政，自謂與確同功。元年，詔確配享哲宗廟廷，擢其子洗太僕寺丞，渭開封府判官。五年，請御書「元豐受遺定策殊勳宰臣蔡確之墓」賜其家。政和末，京爲太師，王珪婿鄭居中爲宰相，議論不相下。居中將除母喪，京恐其復位，乃收用確子渭，使論其父定策功及元豐末王珪事，以沮居中，其辭深詆宣仁，京爲之助，以熒惑上聽。未幾，渭更名懋，拜同知樞密院事，贈確清源郡王，封其愛妾爲郡夫人，賜御製《確傳》立石墓前，一門貴震當世。

今上即位，首辨宣仁聖烈皇后誣謗，命國史院摭寔刊修，播告天下，確追貶散官安置，懋散官安置嶺南，凡惇、京所與濫恩，並行追奪，天下咸仰英斷焉。有流星出天市候，星没箕南，赤黄色，有尾跡燭地。丁亥，上御邇英閣，召宰相、執政暨講讀官講《禮記》，讀《寶訓》，顧臨讀至漢武帝籍提封爲上林苑，仁宗曰：「山澤之利，當與衆共之，何此用也。」丁度對曰：「臣事陛下二十年，每奉德音，未始不本於憂勤，此蓋祖宗家法爾。」讀畢，宰臣吕大防等進曰：「祖宗家法甚多，自三代以後，唯本朝百三十年中外無事，蓋由祖宗所立家法最善。臣請舉其略，自古人主事母后，朝見有時，如漢武帝五日一朝長樂宫，祖宗以來，事母后皆朝夕見，此事親之法也。前代大長公主，用臣妾之禮，本朝必先致恭，仁宗以姪事姑之禮見獻穆大長公主，此事長之法也。」上曰：「今宫中見行家人禮。」大防等曰：「前代宫闈多不肅，宫人或與廷臣相見，唐入閤圖有昭容位，本朝宫禁嚴密，内外整肅，此治内之法也。前代外戚多預政事，常致敗亂，本朝母后之族，皆不預事，此待外戚之法也。前代宫室多尚華侈，本朝宫殿止用赤白，此尚儉之法也。前代人君雖在宫禁，出輿入輦，祖宗皆步自内庭，出御後殿，豈乏人力哉？亦欲涉歷廣廷，稍冒寒暑爾，此勤身之法也。前代人主，在禁中冠服苟簡，祖宗以來，燕居必以禮，竊聞陛下昨郊禮畢，具體服謝太皇太后，此尚禮之法也。前代多深於用刑，大者誅戮，小者遠竄，唯本朝用法最輕，臣下有罪，止於罷黜，此寬仁之法也。至於虚己納諫，不好畋獵，不尚玩好，不用玉器，飲食不貴異味，御厨止用羊肉，此皆祖宗家法，所以致太平者。陛下不須遠法前代，但盡行家法，足以爲天下。」上甚然之。

王稱《東都事略》卷八〇《蔡確傳》 蔡確字持正，泉州晉江人也。爲人有智數，少舉進士，爲邠州司理參軍，移繁昌令，改著作佐郎，知閿鄉縣。韓絳知開封府，奏爲巡官。後尹責確庭參，確謂：「藩鎮辟除掾屬，乃有此禮。今輦轂下比肩事主，雖故事不可用。」尹不能屈。神宗聞而嘉之。它日，臺官闕，執政奏乞除官，神宗曰：「祇用不肯階墀見開封尹者。」遂除監察御史裏行。

王韶開熙河，費用無藝，郭逵奏韶盗貸官錢，詔杜純推治。純奏以實，宰相王安石怒，再遣確鞫于秦州。確希意，逵、純皆坐譴。安石喜，遷直集賢院，除御史知雜事。詔定奪渭州運河及黄河濬川杷利害，確主范子淵而抑熊本。本罷知制誥，確遂代本知制誥、知諫院。

三司使沈括以論免役事詣吴充，確言：「括爲近臣，見朝廷法令有所未便，不公言之，而陰以異論干執政，意王安石罷相，大臣於法令有所更易，故爲朋附之資耳。」括坐是出知宣州。又劾宣徽使郭逵經制安南，逗撓不即平賊，天章閣待制趙卨失措置芻糧；觀文殿學士王韶知洪州，謝表妄爲自潔之辭，歸過于上。又論陳繹汙醜朋附，不宜居侍從。於是逵以左衛將軍安置，卨降職，韶落職知鄂州，繹罷知制誥，確益以彈擊爲己任。

初，相州有盗劫殺人，州處以死。大理寺以相州斷是，刑部用新法，引案問減等，方争論不決。會皇城司奏獄事枉法者，以御史中丞鄧潤甫、監察御史上官均治其獄。有旨遣確詣臺參治，潤甫、均欲辨理于上前，確獨鍛鍊其事，潤甫、均奏確掠訊過差，人悉誣服。確即劾二人黨，有罪，請併逐之。又任殘賊吏，日引諸囚，如使者慮問狀，稱冤者輒苦辱之。神宗遣諫官黄履、中使李舜舉審覆，因不知爲詔使，

無敢一辭異，於是皆抵罪，而潤甫、均俱出，確遂代潤甫爲御史中丞兼直學士院。

太學生虞蕃訟學官，確與舒亶治其獄，確遂劾參知政事元絳爲其族孫伯虎私禱學官，孫諤、葉唐懿補内舍生，諤、唐懿坐貶，絳罷政，確遂代絳爲參知政事。人謂其爲知制誥，爲御史中丞，爲參知政事，皆以起獄奪人之位。遂拜尚書右僕射兼中書侍郎。

時富弼在西京，上言：「蔡確小人，不宜大用。」確既相，屢興羅織之獄，搢紳士大夫重足而立矣。神宗嘗對確稱邢恕，謂其久在館中，當遷。確不可，神宗不顧。確有機巧，退即遷恕著作郎，自是恕爲確黨矣。

神宗不豫，繼而小康，將御殿而疾再作。確令恕要皇太后姪公繪、公紀至東府，令往見恕，恕曰：「家有桃，著白華，可愈人主疾，幸留一觀。」入中庭，紅桃華也。公繪等驚曰：「白華安在？」恕執二人手曰：「右相令布腹心，上疾未損，延安沖幼，宜早定議，雍、曹皆賢王也。」公繪等懼曰：「君欲禍吾家。」徑去。恕又往問確曰：「上疾再作而外庭不知，禁中必有變，有大臣爲之表裏者。公爲宰相，不知一上起居狀，一日片紙以某人爲嗣，公未知死所。公自度有功德在朝廷乎？天下士大夫素歸心乎？」確悚然曰：「且奈何？」恕徐曰：「上不豫，公能辨建儲一事，則如泰山之安矣。但今日建儲不比異時，當爲備。」確曰：「如何？」恕曰：「宜用知開封府蔡京領儈子，令待變於外，公但作問疾以入。若大臣有異議者，呼京領儈子斬之。祇可使章惇知，韓縝已下不可使知也。」確愧謝，謂恕曰：「君見子厚謀之。」惇時爲門下侍郎，恕見惇，如對確言。確遂約左相王珪及知樞密院韓縝，與惇等同入問疾。至政事堂，確、惇議紛然，珪徐曰：「上自有子。」確、惇不能起事，入對福寧殿。珪奏乞立延安郡王爲皇太子，請皇太后權同聽政，神宗許之。太后於簾下泣曰：「相公等能如此甚佳。」撫哲宗曰：「兒孝順，自皇帝服藥，不離左右，親書佛經，願皇帝早安。」珪等出，逢二王于殿門外，惇厲聲曰：「上立延安郡王爲皇太子矣。」二王曰：「天下幸甚。」確、惇既出，禁中無他事，蔡京乃放散儈子。

神宗崩，哲宗即位，遷通議大夫。王珪薨，代爲左僕射兼門下侍郎，爲山陵使。以祔廟遷正議大夫，爲言者攻其惡，確不自安，乃求避位。除觀文殿大學士、知陳州。弟碩爲軍器少監，坐贓抵罪，確坐故縱奪職，知安州，徙鄧州，復觀文殿學士。

時知漢陽軍吴處厚奏確在安州作詩，借郝處俊事以譏訕太皇太后。詔確具析，確奏曰：「臣在安州，州有涢溪，舊有郝處俊釣臺，因歎其忠直，見之詩句。臣僚謂臣譏訕君親，此最爲深切。處俊，唐之直臣，而上元中高宗令其子周王等分朋角勝爲樂。及欲傳位於武后，皆爲處俊論議所回，故臣詩因歎其有敢言之直氣。今臣僚以臣爲譏訕，其誣罔可見。伏惟太皇太后以帝之祖母垂簾聽政，而輒無故引唐高宗欲遜位與皇后之事，上瀆聖聽。以此論之，孰爲大不恭，孰爲非所宜言也。」遂責光禄卿，分司南司。

臺諫傅堯俞、朱光庭、梁燾、范祖禹、劉安世論確怨謗不道，人臣所不忍聞，按確與章惇、黄履、邢恕在元豐末結爲死黨，確、惇執政，倡之於内；履爲中丞，與其僚屬和之於外；恕立其間，往來傳送，自謂聖主嗣位，皆有定策之功。確所以桀驁很愎，無所畏憚，若不早辨白，解天下之疑，恐歲月浸久，邪説得行，離間兩宫，有傷慈孝。於是宣仁后謂輔臣曰：「皇帝是神宗長子，子承父業，乃分當然。昨神宗服藥既久，曾因宰執入對，吾以皇子所書佛經宣示。是時衆中唯首相王珪奏延安郡王爲皇太子，餘人無語，確有何策立之功？」再責確英州別駕、新州安置。卒于貶所，年五十七。

明年，章惇爲相，追復確觀文殿學士，黄履復爲中丞，與言官來之邵、張商英、劉拯論確先朝顧命大臣，宜盡復官爵恩數。乃贈太師，謚曰忠懷。又追封成、衛二國公。蔡京擅政，自謂與確同功，遂以確配享哲宗廟廷，御書「元豐受遺定策殊勳宰臣蔡確之墓」賜其家。其後，京收用其子渭，論其父定策之功。未幾，渭更名懋，宣和中拜同知樞密院，贈確清源郡王。賜御製《確傳》，立石墓前，一門貴震當世。

靖康二年，天子即位之二日，有旨辨宣仁聖烈皇后誣謗，命國史院摭實刊修，播告天下。確追貶武泰軍節度副使，懋單州團練副使，英州安置。

雜録

備録

司馬光《温公瑣語》 蔡確鞫相州獄，朝士被繫者，確令獄卒與之同室而處，同席而寢，飲食旋溷，共在一室。置大盆於前，諸家饋食者，羹飰餅餌，悉投其

中，以杓攪勻而分飼之。累旬不問，幸得其問，無罪不承。

王銍《默記》 歐陽大春，湖南人，元祐初爲廣州幕官。嘗夢入一僧舍，稍新潔，有大榜題其西室曰：「宰相蔡確死于此室。」既寤，不曉其旨。時持正尚在相位。未幾，聞外補，而大春以漕檄權知新州。一日，入僧舍，宛然夢中所見。又有西室，亦如夢也。乃歎息與同官言之。未幾，持正責新州。州無它僧寺，竟居於此寺，而所卒之地，悉如前夢。又何異也。

范公偁《過庭録》 蔡持正少於泗州道中山寺讀書，僧厭其久。書舍有竹，書一絶壁間云：「窗前翠竹兩三竿，瀟灑風吹滿院寒。常在眼前君莫厭，化成龍去見應難。」已有宰相氣味。蔡作相，其詩尚存。先子經過，常見之。

王鞏《隨手雜録》 蔡持正居宛邱，一日雪作，與里人黄好謙游一倡家，入門，見其肴醴特盛。他時，有美少年青巾白裘據席而坐，蔡、黄方引去，少年亟俾倡邀，二公欣然就席。酒酣，少年顧持正曰：「君正如李德裕。」顧黄曰：「君侯此公貴，憑藉亦顯。」語畢，少年亦引去。二公叩倡何人也，倡曰：「朝來齎錢具飲，亦不知誰氏也。」後如其言。持正爲侍御史，薦黄爲御史云。

初，吴處厚箋蔡持正詩進于朝，邸宫已傳本報之，凡進入三日而寂無聞。執政因奏事禀于簾前，宣仁云：「甚詩？未嘗見也。」執政云：「已進入，未降出。」簾中云：「待取看。」至午閒，遣中使語執政曰：「已降出矣。」三省皆云不曾承領，上下疑之。明日，乃在章奏房，與通封常程文字共爲一複，蓋初進入亦通封也。明日，進呈，殊不怒色，但云：「執政自商量。」繼而處厚復有疏，執政請送蔡確分析，諫官吴安詩、劉安世論列。而分析未上間，會梁燾自潞州召爲諫議大夫，至京，曰：「比過河陽，邢恕極論蔡確有策立勳，社稷臣也。」同諫官以恕之言論之，日益切直，宣仁始怒焉，泣諭執政曰：「當時誰曾有異議，官家豈不記得？但問他太妃。」遂擬蔡相謫命，執政議太常少卿、分司南京。議未决，會分析至，確盛言有策立之勳。諫官繼登論之益苦。明日，執政對，簾中忽語曰：「蔡確可英州别駕，新州安置。」諸公驚退，悉力開陳，久之，劉莘老曰：「蔡確母老，引柳宗元乞與劉禹錫换播州事。」吕微仲曰：「蔡確，先帝大臣，乞如劉摯所論，移一近裏州郡。」簾中曰：「山可移，此不可移也。」范堯夫揖王正仲，留身論之，意不解。堯夫曰：「告官家，且勸太皇太后念蔡確是先朝大臣。」哲宗不語，論辨往來，久之，堯夫曰：「臣奉詔。只乞免内臣押去。」宣仁曰：「如何？」堯夫以曹利用事言之，宣仁曰：「決不殺他，自生自殺，不差内臣，此無固必，但與執政商量。」執政議差小使臣或承務郎以上官伴送。至夜，批出，差内臣一員。已而堯夫、正仲與不論確事臺官皆罷去。初，處厚繳詩至京，莘老嘗問予曰：「■如何施行？」余曰：「此難行，前日諸公自罪李定，以詩罪人矣。」莘老曰：「豈可已乎？」余曰：「一則收殺，一則劄與蔡確知。」堯夫亦以見問，余語如前。堯夫曰：「吾弟更語莘老。」曰：「次第須謫。」曰：「重則分司，輕則小州。」余曰：「必若謫之，當與處厚並命，此風不可長也。」後一日，莘老召余入密室，見其顔色慘怛，曰：「九重之内，安知有英州、新州，此必有博士。」又曰：「今日進呈，此老斥駡，却不入來。」指文潞公也。余意以莘老賣潞公，遂往見，潞公問余曰：「近事如何？」余答曰：「蔡確，外議以謂過當。」潞公聲色皆厲曰：「見無禮於其君者，如鷹鸇之逐鳥雀。」又曰：「曾見司馬康否？」余曰：「見之。」潞公曰：「前日被旨召梁燾、司馬康，與執政面問邢恕語言。梁燾言與司馬康同坐，聞恕言蔡確社稷臣事，康乃曰：『不聽得。』燾曰：『時第三杯矣。』康曰：『時飢貪食肚羹不聽得。』」潞公曰：「康如此不肖耶？」余曰：「司馬康，温公子也，温公道德人也，康不證人於罪，真肖矣。」潞公即索湯，余引去，始知莘老之言不妄。

陳師道《後山談叢》卷二 蔡新州確、黄大夫好謙爲陳諸生，聞楊山人之善相人也，過使相之，曰：「蔡君宰相也，似丁晉公然丁還而君死也。黄君一散郎爾，然家口四十，則蔡貶矣。」元豐末，蔡爲相，黄由尚書郎出爲蔡州，過蔡而别，問其家，曰：「四十口矣。」蔡大駭曰：「楊生之言驗矣！」其後有新州之禍。

孔平仲《談苑》卷二 陳州有顓頊廟。狄青知州日，夢廟中有榜，題曰「宰相蔡確」。確是時方爲舉人，青訪知姓字，召見之，語以所夢，云善自愛。確後果相神宗皇帝。

何薳《春渚紀聞》卷一 蔡丞相持正爲府界提舉日，有人夢至一官府，堂宇高邃，上有具衮冕而坐者四人，傍有指謂之曰：「此宋朝宰相次第所坐也。」及仰視之，末乃持正也。既寤，了不解。至公有新州之命，始悟過嶺宰相盧、寇、丁，至公爲四也。

王得臣《麈史》卷中 元豐末，中書檢正官王陟臣希叔，一夕輒夢東華門外有天部儀衛一金朱車，訊云：「宋朝第四宰相。」再訊之，云：「丁丑人。」希叔蓋生丁丑，喜而前瞻，見車上一金字牌，乃清源蔡確持正也，同生丁丑。熙寧己未入參大政，辛酉登右揆，乙丑爲首台，元祐戊辰以謫官守安陸。嘗吟詩，言者以爲謗訕，貶英州别駕，新州安置，竟不還。識者以本朝宰相南行者，自盧、寇、丁

至蔡，乃第四矣。

魏泰《東軒筆録》卷六　王荆公再罷政事，吴丞相充代其任。時沈括爲三司使，密條常平役法之不便者數事，獻于吴公。吴公得之，袖以呈上，上始惡括之爲人。而蔡確爲御史知雜，上疏言：「新法始行，朝廷恐有未便，故諸路各出察訪，以視民之願否。是時沈括實爲兩浙路察訪使，還，盛言新法可行，百姓悦從，朝廷以其言爲信，故推行無疑。今王安石出，吴充爲相，括乃徇時好惡，詆毁良法，考其前後之言，自相背戾如此。况括身爲近侍，日對清光，事有可言，自當面奏，豈可以朝廷公議私於宰相，乃挾邪害正之人，不可置在侍從。」疏奏，落括翰林學士、知制誥，以本官知宣州。

莊綽《雞肋編》卷下　蔡確持正始爲京兆府司現參軍，會韓子華建節出鎮，初到設燕，蔡作口號，有「儒苑昔推唐吏部，將壇今拜漢將軍」之句，公喜薦之，改京秩。元豐中，致位宰相。元祐初，責知安州，後圃有浮雲樓，樓下臨涢河，嘗賦十詩，有「葉底出巢黄口鬧，溪邊逐隊小魚忙」之句。又一絶云：「矯矯名臣郝甑山，忠言直節上元間。釣臺蕪没知何處，嘆息斯公撫碧灣！」時宣仁聖烈皇后聽政，知漢陽軍吴處厚皆注釋以進，坐謗訕貶新州而死。其始終盛衰皆以詩句，亦可異也。

蔡忠懿既以詩得罪，遂以言爲戒。其往新州，止攜一愛妾，號琵琶姐。又蓄一鸚鵡，甚慧。每呼其妾，亦不言，止擊小鐘，鸚鵡聞之，即傳呼琵琶姐。未幾，其妾瘴癘而死，自是不復擊鐘。一日因聖節開啟，遂服冠裳，而帶尾誤擊鐘有聲，鸚鵡遂呼琵琶姐，公大感愴，因賦詩云：「鸚鵡聲猶在，琵琶事已非。堪傷江漢水，同去不同歸。」自是鬱鬱成病，以致不起。

陳鵠《耆舊續聞》卷一〇　蔡忠懷公持正爲某州司理日，韓康公宣撫陝右河東，道出其境，太守具宴，委蔡撰樂語口號，一聯云：「文價早歸唐吏部，將壇今拜漢淮陰。」康公極喜，請相見。觀其人物高爽，議論不凡，謂群將曰：「蔡司理非池中物。」因相與薦之改秩，已而薦與弟持國。時持國知開封府，初置八廂，乃辟爲都廂。暇日相見，頗加禮接，後已舉爲府曹。持國既入翰苑，劉彦尹京，趨上幕府階墀，持正獨否。劉大怒，奏聞。得旨取勘，持正不答，乞移棘寺，乃供狀云：「京朝官著令無階墀，蓋太宗、真宗爲牧時講此禮。今輦轂之下，比肩事主，雖故事，不可用，而開封府尚仍舊例，未當。」大理卿求對，特袖蔡所供呈奏。裕陵喜曰：「蔡確知典故，何得作幕府？可除館職。」到館，復進《百官圖》，識者云：「此生看看待作宰相。」久之果然。故元祐新州之貶，程顥有憂色，蓋憂其已甚也。

高晦叟《珍席放談》卷下　哲宗嗣統，宣仁權同聽斷。蔡持正以故相典安陸，暇日偶作小詩數篇。朝散郎吴處厚守漢陽，鄰封也，平日深嗛蔡秉政時不相推引，購得詩本，輒以己意曲加注釋，以爲意在怨訕，如其私説，飛驛上聞。禍起不測，遂竄嶺外。時上相吕大防等，居輔弼之地，皆緘默顧忌，無所論辯，奉行而已。惟右揆范堯夫奏疏理列，又與王正仲簾前再三爲之辯解，不克回已行之制，而二公亦各罷去。天下士論，靡不賢其人也。噫，人臣效情與夫媮合者，臨事則可見矣，可弗察哉。

王明清《揮麈録・後録》卷六　汪輔之，宣州人，少年有俊聲。皇祐中，覓舉開封，以「周以宗强」爲賦題，場中大得意。既出，宣言于衆，必爲解魁。偶與數客飲于都城所謂壽州王氏酒樓，聞隣閣有吴音士人，亦同場試者，誦其所作，輔之方舉酒，失措墜桮，即就約共坐，詢其姓氏，乃云湖州進士沈初也。輔之云：「適聞公程文，必奪我首薦。然我亦須作第二人。」後數日榜出，果然是。汪輔之登第，熙寧中，爲職方郎中、廣南轉運使。蔡持正爲御史知雜，摭其謝上表有「清時有味，白首無能」，以謂言涉譏訕，坐降知虔州以卒。有文集三十卷，行於世。後數年，興東坡之獄，蓋始於此，而持正竟以詩譴死嶺外。韓德全云。

王明清《揮麈録・三録》卷一　蔡持正既孤居陳州，鄭毅夫冠多士，通判州事，從毅夫作賦。吴處厚與毅夫同年，得汀州司理，來謁毅夫，間與持正遊。明年，持正登科，寖顯於朝矣。處厚辭王荆公薦，去從滕元發。薛師正辟於中山，大忤荆公，抑不得進。元豐初，師正薦於王禹玉，甚蒙知遇。已而持正登庸，處厚乞憐頗甚，賀啓云：「播告大廷，延登右弼。釋天下霖雨之望，尉海内巖石之瞻。帝渥俯臨，輿情共慶。共惟集賢相公，道包康濟，業茂贊襄，秉一德以亮庶工，遏羣邪以持百度。始進陪於國論，俄列俾於政經。論道於黄閣之中，致身於青霄之上。竊以閩川出相，今始五人；蔡氏登庸，古惟二士。澤干秦而騁辯，汲汲霸圖；義輔漢以明經，區區暮齒。孰若遇休明之運，當强仕之年。尊主庇民，已陟槐廷之貴；代天理物，遂躋鼎石之崇。處厚早辱埏陶，竊深欣躍。豨苓馬勃，敢希乎良醫之求；木屑竹頭，願充乎大匠之用。」然持正終無汲引之意。是時王、蔡並相，禹玉薦處厚作大理寺丞，會尚書左丞王和甫與御史中丞舒亶有隙。元豐初改官制，天子勵精政事，初嚴六察，亶彈擊大吏，無復畏避，最後糾和甫尚書省不用例事，以侵和甫。和甫復言亶以中丞兼直學士院，在官制既行之

後，祇合一處請給，今亶仍舊用學士院廚錢蠟燭，爲贓罪。亶奏事殿中，神宗面喻亶，亶力請付有司推治，詔送大理寺。亶恃主眷盛隆，自以無疵，欲因推治益明白，且上初無怒亶意，姑從其請而已。處厚在大理，適當推治亶，擊和甫，而和甫與禹玉合謀傾亶。亶事得明，必參大政；亶若罪去，則禹玉必引和甫並位，將代持正矣。處厚觀望，佑禹玉，鍛鍊傅致，固稱亶作自盜贓。是時大理正王吉甫等二十餘人咸言亶乃夾誤，非贓罪明白。禹玉、和甫從中助，下亶于獄，坐除名之罪。當處厚執議也，持正密遣達意捄亶，處厚不從。故亶雖得罪，而御史張汝賢、楊畏先後論和甫諷有司陷中司等罪，出和甫知江寧府，致大臣交惡。而持正大怒，處厚小官，規動朝聽，離間大臣，欲黜之，未果。會皇嗣屢夭，處厚論程嬰、公孫杵臼存趙孤事，乞訪其墳墓。神宗喜，禹玉請擢處厚館職，持正言反覆小人，不可近。禹玉每挽之，憚持正，輒止。終神宗之世，不用。哲宗即位，禹玉爲山陵使，辟處厚掌牋表。禹玉薨，持正代爲山陵使，首罷處厚。山陵畢事，處厚言嘗到局，乞用衆例遷官，不許，出知通利軍。後以賈種民知漢陽軍，種民言母老，不習南方水土，詔與處厚兩易其任。處厚詣政事堂言：「通利軍人使路已借紫矣，改漢陽則奪之一等作郡，請仍舊。」持正笑曰：「君能作真知州，安用假紫邪。」處厚積怒而去。其後，持正罷相守陳，又移安州。有静江指揮卒當出戍漢陽，持正以無兵，留不遣，處厚移文督之。持正寓書荆南帥唐義問，固留之，義問令無出戍。處厚大怒曰：「汝昔居廟堂，固能害我，今貶斥同作郡耳，尚敢爾耶！」會漢陽僚吏至安州者，持正問處厚近耗，吏誦處厚《秋興亭近詩》云：「雲共去時天杳杳，鴈連來處水茫茫。」持正笑曰：「猶亂道如此。」吏歸以告處厚，處厚曰：「我文章蔡確乃敢譏笑耶？」未幾，安州舉子吴□犯御名。自漢江販米至漢陽，而郡遣縣令陳當至漢口和糴，吴袖刺謁當，規欲免糴，且言近離鄉里時，蔡丞相作《車蓋亭》十詩，舟中有本，續以寫呈，既歸舟，以詩送之。當方盤量，不暇讀，姑置懷袖。處厚晚置酒秋興亭，遣介亟召當。當自漢口馳往，既解帶，處厚問懷中何書，當曰：「適一安州舉人遺蔡丞相近詩也。」處厚亟請取讀，篇篇稱善而已，蓋已貯於心矣。明日，於公宇冬青堂箋注上之。後兩日，其子柔嘉登第，授太原府司户，至侍下。處厚迎謂曰：「我二十年深仇，今報之矣。」柔嘉問知其詳，泣曰：「此非人所爲。大人平生學業如此，今何爲此，將何以立於世？柔嘉爲大人子，亦無容迹於天地之間矣。」處厚悔悟，遣數健步剩給緡錢追之。馳至進邸，云邸吏方往閤門投文書，適校俄頃時爾。先子久居安陸，皆親見之。又伯父太中公與持正有連，聞處厚事之詳。世謂處厚首興告訐之風，爲搢紳復讎禍首，幾數十年，因備敘之。先人手記。

邵伯温《邵氏聞見録》卷一一　元豐四年，官制書成，神宗自禁中帖定圖本出，先謂宰輔曰：「官制將行，欲取新舊人兩用之。」又曰：「御史大夫非司馬光不可。」蔡確進曰：「國是方定，願少遲之。」王珪亦助之。又有旨：范純仁、李常除太常少卿，珪、確奏曰：「純仁已病，止用李常。」後純仁弟純粹自京東提舉常平移陝西轉運判官，上殿，帝問：「純仁無恙？」純粹曰：「臣兄純仁無恙。」帝方悟。時純仁爲西京留臺，尋除直龍圖閣、知河南府，擢慶陽帥。珪、確知帝欲用之，故不令入朝。嗚呼！王珪、蔡確者不能將順神宗美意，取新舊人兼用之，遂起朋黨之禍，蓋其罪大矣。

邵博《邵氏聞見後録》卷三〇　劉貢父呼蔡確爲「倒懸蛤蜊」，蓋蛤蜊一名「殼菜」也。確深銜之。馬默擊劉貢父玩侮無度，或告貢父。貢父曰：「既稱馬默，何用驢鳴？」立占《馬默驢鳴賦》，有「冀北羣空，黔南技止」之警策，亦奇才也。

馬永卿《嬾真子》卷三　蔡忠懷確持正少年，嘗夢爲執政，仍有人告之曰：「俟汝父作狀元時，汝爲執政也。」持正覺而笑曰：「鬼物乃相戲乎！吾父老矣，方致仕閑居，乃云作狀元，何也？」後持正果作執政。一日，侍殿上聽唱進士第，狀元乃黄裳也。持正不覺失驚，且嘆夢之可信也。持正父名黄裳，乃泉州人，清正恬退，以故老於銓曹。常爲建陽令，及替，囊無建陽一物，至今父老能道之。最後以贊善大夫爲鎮安軍節度推官。鎮安，陳州也。官滿，貧不能歸，故忠懷遂爲陳州人。此聞之於忠懷之孫櫄子正。僕問子正：「爲幕職而帶贊善大夫，何也？」子正云：「此祖宗時官制，蓋以久次而得之，自不可解。」

蔡忠懷確。持正，其父本泉州人，晚年爲陳州幕官，遂不復歸。持正年二十許歲時，家苦貧，衣服稍敝。一日，與郡士人張湜。師是同行。張亦貧儒也。俄有道人至，注視持正久之。因謾問曰：「先生能相乎？」曰：「然。」又問曰：「何如？」曰：「先輩狀貌極似李德裕。」持正以爲戲己，因戲問曰：「爲相乎？」曰：「然。」「南遷乎？」曰：「然。」復相師是，曰：「當爲卿監。家五十口時，指持正云：『公當死矣。』」道人既去，二人大笑，曰：「狂哉，道人！以吾二人貧儒，故相戲耳。」後持正謫新州，凡五年。一日，得師是書云：「以爲司農無補，然闔門五十口居京師，食貧。近蒙恩守汝州」，持正讀至此，忽憶道人之言，遂不復讀。數日，得疾而卒。聞之於忠懷之孫禪子正。

備論

王稱《東都事略》卷八〇《蔡確傳》 臣稱曰：自古有天下者，必傳之子，由禹以來莫不然也。不幸當世主末命之際，大臣有受遺輔政，亦理之所必然者，而小人當此，遂謂有定策之功，可乎？烏虖，神宗之與子，宣仁之立孫，庸有異議？而確敢貪天之功乎？敢以臣而誣君乎？迹其姦凶，謂當播其惡以正典刑，而乃因詩罪之，竄死嶺嶠，以啟後日之禍，誣累宣仁者幾三十年，馴致大亂而後已，抑國家之不幸也。

沈括部

綜述

《宋史》卷三三一《沈括傳》　括字存中，以父任爲沭陽主簿。縣依沭水，乃職方氏所書「浸曰沂、沭」者，故跡漫爲汙澤，括新其二坊，疏水爲百渠九堰，以播節原委，得上田七千頃。

擢進士第，編校昭文書籍，爲館閣校勘，删定三司條例。故事，三歲郊丘之制，有司按籍而行，藏其副，吏沿以干利。壇下張幔，距城數里爲園囿，植采木、刻鳥獸綿絡其間。將事之夕，法駕臨觀，御端門、陳仗衛以閲嚴警，游幸登賞，類非齋祠所宜。乘輿一器，而百工侍役者六七十輩。括考禮沿革，爲書曰《南郊式》。即詔令點檢事務，執新式從事，所省萬計，神宗稱善。

遷太子中允、檢正中書刑房、提舉司天監，日官皆市井庸販，法象圖器，大抵漫不知。括始置渾儀、景表、五壺浮漏，招衛朴造新曆，募天下上太史占書，雜用士人，分方技科爲五，後皆施用。加史館檢討。

淮南饑，遣括察訪，發常平錢粟，疏溝瀆，治廢田，以救水患。遷集賢校理，察訪兩浙農田水利，遷太常丞，同修起居注。時大籍民車，人未諭縣官意，相挻爲憂；又市易司患蜀鹽之不禁，欲盡實私井而輦解池鹽給之。言者論二事如織，皆不省，括侍帝側，帝顧曰：「卿知籍車乎？」曰：「知之。」帝曰：「何如？」對曰：「敢問欲何用？」帝曰：「北邊以馬取勝，非車不足以當之。」括曰：「車戰之利，見於歷世。然古人所謂兵車者，輕車也，五御折旋，利於捷速。今之民間輜車重大，日不能三十里，故世謂之太平車，但可施於無事之日爾。」帝喜曰：「人言無及此者，朕當思之。」遂問蜀鹽事，對曰：「一切實私井而運解鹽，使一出於官售，誠善。然忠、萬、戎、瀘間夷界小井尤多，不可猝絶也，勢須列候加警，臣恐得不足償費。」帝頷之。明日，二事俱寢。擢知制誥，兼通進、銀臺司，自中允至是纔三月。

爲河北西路察訪使。先是，銀冶，轉運司置官收其利，括言：「近寶則國貧，其勢必然；人衆則囊橐姦僞何以檢頤？朝廷歲遣契丹銀數十萬，以其非北方所有，故重而利之。昔日銀城縣、銀坊城皆没於彼，使其知鑿山之利，則中國之幣益輕，何賴歲餉，鄰釁將自兹始矣。」

時賦近畿户出馬備邊，民以爲病，括言：「北地多馬而人習騎戰，猶中國之工彊弩也。今舍我之長技，强所不能，何以取勝。」又邊人習兵，唯以挽彊定最，而未必能貫革，謂宜以射遠入堅爲法。如是者三十一事，詔皆可之。

遼蕭禧來理河東黄嵬地，留館不肯辭，曰：「必得請而後反。」帝遣括往聘。括詣樞密院閲故牘，得頃歲所議疆地書，指古長城爲境，今所争蓋三十里遠，表論之。帝以休日開天章閣召對，喜曰：「大臣殊不究本末，幾誤國事。」命以畫圖示禧，禧議始屈。賜括白金千兩使行。至契丹庭，契丹相楊益戒來就議，括得地訟之籍數十，預使吏士誦之，益戒有所問，則顧吏舉以答。他日復問，亦如之。益戒無以應，謾曰：「數里之地不忍，而輕絶好乎？」括曰：「師直爲壯，曲爲老。今北朝棄先君之大信，以威用其民，非我朝之不利也。」凡六會，契丹知不可奪，遂舍黄嵬而以天池請。括乃還，在道圖其山川險易迂直，風俗之純龐，人情之向背，爲《使契丹圖抄》上之。拜翰林學士、權三司使。

嘗白事丞相府，吴充問曰：「自免役令下，民之詆訾者今未衰也，是果於民何如？」括曰：「以爲不便者，特士大夫與邑居之人習於復除者爾，無足恤也。獨微户本無力役，而亦使出錢，則爲可念。若悉弛之，使一無所預，則善矣。」充然其説，表行之。

蔡確論括首鼠乖刺，陰害司農法，以集賢院學士知宣州。明年，復龍圖閣待制、知審官院，又出知青州，未行，改延州。至鎮，悉以别賜錢爲酒，命廛市良家子馳射角勝，有軼羣之能者，自起酌酒以勞之，邊人驩激，執弓傅矢，唯恐不得進。越歲，得徹札超乘者千餘，皆補中軍義從，威聲雄他府。以副總管种諤西討拔銀、宥功，加龍圖閣學士。朝廷出宿衛之師來戍，賞賚至再而不及鎮兵。括以爲衛兵雖重，而無歲不戰者，鎮兵也。今不均若是，且召亂。乃藏敕書，而矯制賜緡錢數萬，以驛聞。詔報之曰：「此右府頒行之失，非卿察事機，必壞軍政。」自是，事不暇請者，皆得專之。蕃漢將士自皇城使以降，許承制補授。

諤師次五原，值大雪，糧餉不繼，殿直劉歸仁率衆南奔，士卒三萬人皆潰入塞，居民怖駭。括出東郊餞河東歸師，得奔者數千，問曰：「副都總管遣汝歸取糧，主者爲何人？」曰：「在後。」即諭令各歸屯。及暮，至者八百，未旬日，潰卒盡還。括出按兵，歸仁至，括曰：「汝歸取糧，何以不持軍符？」歸仁不能對，斬

以狥。經數日，帝使內侍劉惟簡來詰叛者，具以對。

大將景思誼、曲珍拔夏人磨崖葭蘆浮圖城，括議築石堡以臨西夏，而給事中徐禧來，禧欲先城永樂。詔禧護諸將往築，令括移府並塞，以濟軍用。已而禧敗沒，括以夏人襲綏德，先往救之，不能援永樂，坐謫均州團練副使。元祐初，徙秀州，繼以光祿少卿分司，居潤八年卒，年六十五。

括博學善文，於天文、方志、律曆、音樂、醫藥、卜算，無所不通，皆有所論著。又紀平日與賓客言者爲《筆談》，多載朝廷故實、耆舊出處，傳於世。

王稱《東都事略》卷八六《沈括傳》 沈括字存中，吴興人也。博覽古今，於書無所不通。舉進士，爲揚州司理參軍，編校昭文館書籍。熙寧閒，除太子中允，爲檢正中書刑房公事，遷集賢校理。察訪兩浙農田水利，遷太常丞、同修起居注。邊吏報北虜將入寇，亟遣中貴人取兩河民車以爲戰備，民大驚擾。自宰執以下言不便者牆進，俱不省。一日，括持筆立御坐側，神宗顧曰：「卿知籍車之事乎？」括曰：「未知，車將何用？」神宗曰：「北虜以多馬取勝，唯車可以當之。」括曰：「胡之來，民父子墳墓、田廬皆當棄去，復暇卹車乎？朝廷姑籍其數而未取，何傷？」神宗曰：「卿言有理，何論者之紛紛也？」括曰：「車戰之利見於歷世，巫臣教吴子以車戰，遂伯中國；李靖用偏箱鹿角車，以擒頡利。臣但未知一事，古人所謂輕車者，兵車也，五御折旋，利於輕速。今之民間輜車，重大椎樸，以牛挽之，日不能行三十里，少蒙雨雪，則跬步不進，故俗謂之太平車，或可施於無事之日，恐兵閒不可用耳。」神宗益喜曰：「無人如此語朕者，當更思之。」明日，遂罷籍民車。執政問括曰：「君以何術而立談罷此事？上甚多太平車之説也。」括曰：「聖主可以理奪，不可以言爭。若車可用，其敢以爲非？」

未幾，以右正言、知制誥察訪河北西路，出使遼國。使還，以淮、浙災傷，爲體量安撫使，權三司使，遷翰林學士。括詣宰相吴充陳説免役事，謂可變法令輕役，依舊輸差。御史蔡確論括非其職而遽請變法，括亦待罪求去。確復言：「括詭求罷免，有詔令供職，臣竊惑焉。且括謂役法可變，何不言之於檢正察訪之日，而言之於翰林學士之時；不言之於陛下，而言之於執政。原括之意，但欲依附大臣，巧爲身謀而已。」遂罷，以集賢院學士知宣州，復龍圖閣待制。召還，知審官院，復以言者罷知青州，尋知延州。

王師大舉伐西夏，种諤帥師入銀夏州而不能有。明年，括請城永樂。命徐禧、李舜舉計議邊事，李稷主糧餉，遂城永樂，距銀州五十里，米脂五十里。城成，賜名銀州砦。既而賊二十萬重圍永樂城，攻益急，城陷。於是漢蕃官二百三十人、兵萬二千三百人皆没焉。禧、舜舉、稷死之。神宗以括始議，責爲均州團練副使，隨州安置。徙秀州，復光祿卿、分司南京以卒。

括嘗上《熙寧奉元曆》，編修《天下郡國圖》，著述頗多，有《春秋機括》、《筆談》行於世。

雜録

備録

沈括《夢溪筆談》卷二一 三司使宅本印經院，熙寧中，更造三司宅，自薛師政經始。宅成，日官周琮曰：「此宅前河，後直太社，不利居者。」始自元厚之自拜日入居之，不久，厚之謫去。而曾子宣繼之，子宣亦謫去。子厚居之，子厚又逐。而予爲三司使，亦以罪去。李奉世繼爲之，而奉世又謫。皆不緣三司職事，悉以他坐褫削。奉世去，安厚卿主計，而三司官廢，宅毀爲官寺，厚卿亦不終任。

朱彧《萍洲可談》卷三 沈括存中，入翰苑，出塞垣，爲聞人。晚娶張氏，悍虐，存中不能制，時被箠罵，捽鬚墮地，兒女號泣而拾之，鬚上有血肉者，又相與號慟，張終不恕。余仲姊嫁其子清直，張出也。存中長子博毅，前妻兒，張逐出之。存中時往賙給，張知輒怒，因誣長子凶逆暗昧事，存中責安置秀州。張時時步入府中，訴其夫子，家人輩徒跣從勸於道。先公聞之，頗憐仲姊，乃奪之歸宗。存中投閑十餘年，紹聖初復官，領宮祠。張忽病死，人皆爲存中賀，而存中恍惚不安。船過揚子江，遂欲投水，左右挽持之，得無患，未幾不禄。或疑平日爲張所苦，又在患難，方幸相脱，乃爾何耶？余以爲此婦妬暴，非禄禄者，雖死魂魄猶有憑藉。

邵伯温《邵氏聞見録》卷二二 熙寧年，邊吏報北虜將入寇。亟遣中貴人取兩河民車，以爲戰備。民大驚擾。自宰執以下言不便者墻進，俱不省。時沈括存中爲記注。一日，侍筆立御座側，上顧曰：「卿知籍車之事乎？」括曰：「未知。車將何用？」上曰：「北虜以多馬取勝，唯車可以當之。」括曰：「胡之來，民父子墳墓田廬皆當棄去，復暇卹車乎？朝廷姑籍其數而未取，何傷？」上喜曰：

「卿言有理。何論者之紛紛也？」括曰：「車戰之利，見於歷史。巫臣教吴子以車戰，遂霸中國；李靖用偏箱鹿角車，以擒頡利。臣但未知一事，古人所謂輕車者，兵車也，五御折旋，利於輕速；今之民間錙車，重大椎樸，以牛挽之，日不能行三十里，少蒙雨雪，則跬步不進，故俗謂之太平車，或可施於無事之日，恐兵間不可用耳。」上益喜曰：「無人如此作口者，朕當更思之。」明日，遂罷籍民車。執政問括曰：「君以何術，而立談罷此事，上甚多太平車之説也。」括曰：「聖主可以理奪，不可以言争，若車可用，其敢以爲非。」括未幾遷知制誥。

趙令時《侯鯖録》卷七 沈存中括，元豐中入翰林爲學士，有《開元樂詞》四首，裕陵賞愛之。詞云：「鸛鵲樓頭日暖，蓬萊殿裏花香。草緑煙迷步輦，天高日近龍牀。」「樓上正臨宫外，人間不見仙家。寒食輕煙薄霧，滿城明月梨花。」「按舞驪山影裏，回鑾渭水光中。玉笛一天明月，翠華滿陌東風。」「殿後春旗簇仗，樓前御隊穿花。一片紅雲鬧處，外人遥認官家。」

備論

《宋史》卷三三一《沈括傳》 論曰：【略】沈括博物洽聞，貫乎幽深，措諸政事，又極開敏。【略】宋之縉紳，士各精其能，學不苟且，故能然也。

藝文

《沈括全集》附録一林靈素《蘇沈内翰良方序》 沈公内翰，字存中，博古通今，古君子也，留心醫書，非所好也，實有補於後世爾。公凡所至之處，莫不詢究，或醫師，或里巷，或小人，以至士大夫之家，山林隱者，無不求訪。及一藥一術，皆至誠懇切而得之，終不以權勢財貨逼而得之，可見其愛物好生之理也。公集而目之曰《良方》，如古之良醫者若孫真人，未嘗不以慈悲方便救護爲念也。近世有人，或得一方，小小有效，則終莫得之，此亦爲衣食故也。若夫腰金佩玉，出權貴之門，又安敢望其面目乎？余得此方十有餘年，恨篋無金帛而能成就一板，使流傳天下後世，療夫久疾疣痾纏綿之□者也，豈自言微功有所利也。然此方經驗有據，始敢鏤行。永嘉金門羽客林靈素序。

李之儀《姑溪居士前集》卷一二《沈存中畫像讚》 先天弗違，聖時以乘。人謀鬼謀，其誰與能？彼雖淵密，我則揆叙。萬目交張，維綱之舉。展也吾人，一世絶擬。孰友多文，宛在中沚。用此以通，亦以是窮。自崖反矣，凛然孤風。

宣仁高太后部

綜述

《宋史》卷二四二《英宗宣仁聖烈高皇后傳》 英宗宣仁聖烈高皇后，亳州蒙城人。曾祖瓊，祖繼勳，皆有勳王室，至節度使。母曹氏，慈聖光獻后姊也，故后少鞠宮中。時英宗亦在帝所，與后年同，仁宗謂慈聖，異日必以爲配。既長，遂成昏濮邸。生神宗皇帝、岐王顥、嘉王頵、壽康公主。治平二年册爲皇后。

后弟内殿崇班士林，供奉久，帝欲遷其官，后謝曰：「士林獲升朝籍，分量已過，豈宜援先后家比？」辭之。神宗立，尊爲皇太后，居寶慈宮。帝累欲爲高氏營大第，后不許。久之，但斥望春門外隙地以賜，凡營繕百役費，悉出寶慈，不調大農一錢。

元豐八年，帝不豫，浸劇，宰執王珪等入問疾，乞立延安郡王爲皇太子，太后權同聽政，帝頷之。珪等見太后簾下。后泣，撫王曰：「兒孝順，自官家服藥，未嘗去左右，書佛經以祈福，喜學書，已誦《論語》七卷，絶不好弄。」乃令王出簾外見珪等，珪等再拜謝且賀。是日降制，立爲皇太子。初，岐、嘉二王日問起居，至是，令毋輒入。又陰敕中人梁惟簡，使其妻製十歲兒一黄袍，懷以來，蓋密爲踐阼倉卒備也。

哲宗嗣位，尊爲太皇太后。驛召司馬光、吕公著，未至，迎問今日設施所宜先。未及條上，已散遣修京城役夫，減皇城覘卒，止禁庭工技，廢導洛司，出近侍尤亡狀者。戒中外毋苛斂，寬民間保户馬。事由中旨，王珪等弗預知。又起文彦博於既老，遣使勞諸途，諭以復祖宗法度爲先務，且令亟疏可用者。

從父遵裕坐西征失律抵罪，蔡確欲獻諛以固位，乞復其官。后曰：「遵裕靈武之役，塗炭百萬，先帝中夜得報，起環榻行，徹旦不能寐，聖情自是驚悸，馴致大故，禍由遵裕，得免刑誅，幸矣。先帝肉未冷，吾何敢顧私恩而違天下公議！」確悚慄而止。

光、公著至，並命爲相，使同心輔政，一時知名士彙進於廷。凡熙寧以來政事弗便者，次第罷之。於是以常平舊式改青苗，以嘉祐差役參募役，除市易之法，逭茶鹽之禁，舉邊砦不毛之地以賜西戎，而宇内復安。契丹主戒其臣下，復勿生事於疆埸，曰：「南朝盡行仁宗之政矣。」

蔡確坐《車蓋亭詩》謫嶺表，后謂大臣曰：「元豐之末，吾以今皇帝所書佛經出示人，是時惟王珪曾奏賀，遂定儲極。且以子繼父，有何間言？而確自謂有定策大功，妄扇事端，規爲異時眩惑地。吾不忍明言，姑託訕上爲名逐之耳。此宗社大計，姦邪怨謗所不暇恤也。」

廷試舉人，有司請循天聖故事，帝后皆御殿，后止之。又請受册寶於文德，后曰：「母后當陽，非國家美事，況天子正衙，豈所當御？就崇政足矣。」上元燈宴，后母當入觀，止之曰：「夫人登樓，上必加禮，是由吾故而越典制，於心殊不安。」但令賜之燈燭，遂歲以爲常。

姪公繪、公紀當轉觀察使，力遏之。帝請至再，僅遷一秩，終后之世不敢改。又以官冗當汰，詔損外氏恩四之一，以爲宮掖先。臨政九年，朝廷清明，華夏綏定。

宋用臣等既被斥，祈神宗乳媪入言之，冀得復用。后見其來，曰：「汝來何爲？得非爲用臣等游説乎？且汝尚欲如曩日，求内降干撓國政耶？若復爾，吾即斬汝。」媪大懼，不敢出一言。自是内降遂絶，力行故事，抑絶外家私恩。文思院奉上之物，無問巨細，終身不取其一。人以爲女中堯舜。

元祐八年九月，屬疾崩，年六十二。後二年，章惇、蔡卞、邢恕始造爲不根之謗，皇太后、太妃力辨其誣，事乃已。語在《恕傳》。至高宗時，昭暴惇、卞、恕罪，襃録后家，贈曹夫人爲魏、魯國夫人，弟士遜、士林及公繪、公紀皆追王，擢從孫世則節度使。他受恩者，又十餘人云。

王稱《東都事略》卷一四《英宗宣仁聖烈皇后高氏世家》 英宗宣仁聖烈皇后高氏，亳州蒙城人也。曾祖瓊贈魏王，祖繼勳贈楚王，父遵甫贈魯王。慈聖光獻皇后，后之從母也，以故少與英宗同育禁中，既長，歸英宗。英宗入繼大統，治平二年立爲皇后。

后明睿習史，所以輔佐憂勤備至。后既立，弟士林管當御藥院，將遷官，后曰：「妾乃安敢上比章獻明肅皇后及皇太后，陛下承顔長樂，故推恩曹氏，以致孝愛之意，願毋以妾故亂祖宗法。」神宗即位，尊爲皇太后，宫曰寶慈。

元豐七年，大燕，延安郡王侍立，神宗諭輔臣曰：「明年建儲，當以司馬光、

吕公著爲師保。」至明年，神宗不豫，王珪、蔡確、韓縝、章惇請對福寧殿，珪乞立延安郡王爲皇太子，請太后權同聽政。神宗頷之。珪等見太后簾下。后泣，撫王曰：「兒孝順，自官家服藥，未嘗去左右，書佛經以祈福，喜學書，已誦論語七卷，絶不好弄。」乃令王出簾外見珪等，珪等再拜謝且賀。是日降制，立爲皇太子。后敕中人梁惟簡曰：「令汝婦製一黄袍，十歲兒可衣者，密懷以來。」蓋爲王倉卒踐祚之備也。神宗與后屬意於哲宗者如此。初，雍王顥、曹王頵日詣寢殿問起居，至是，后諭二王非宣召毋得入。

哲宗即位，尊爲太皇太后，與皇帝御延和殿垂簾聽政。詔書稱吾，以生日爲坤成節，出入御大安輦，警蹕侍衛如乘輿立魯王諱，更宫名曰崇慶。召司馬光、吕公著等于外，未至，遣中使迎勞，手書問以今日設施所當先者。既而有旨散遣脩京城役夫，罷減皇城内覘者，止御前工作，出近侍無狀者三十餘人。戒敕中外無敢苛刻暴斂，廢導洛司物貨及民所養户馬，寬保馬限。皆從中出，大臣不與。王珪薨，蔡確、章惇以罪去，韓縝亦罷政。光與公著同心輔政，於是更新法之不便於民者，以常平舊法改青苗，以嘉祐差役參改募役，除市易之法，寬茶鹽之禁，賜邊砦贖亡民，以和西戎，而天下復安。

元祐三年，御試進士，有司請如天聖故事，皇帝、皇太后同御殿，不許。有司請受册文德殿，后曰：「吾豈敢比章獻，且文德殿天子正牙也，非女主所當御。」以旱詔停册禮，羣臣固請，乃聽。廷議患官冗，詔裁損外家恩四之一。服用儉質，素見厚於慶壽，遵其餘矩不敢忘，斥賣橐裝。命近侍往西洛，舉曹氏喪數百悉封之。后臨朝九年，於寢食起居，所以調護於哲宗者，懇惻周盡。八年，后寢疾，召宰輔至簾前，曰：「今日疾少閒，欲與公等訣。皇帝年少，善輔導之。」崩，年六十二。謚曰宣仁聖烈，葬永厚陵，神主祔享太廟。

雜録

備録

范公偁《過庭録》 元祐五年季秋二日，忠宣、吕汲公、安厚卿秉政，宣仁聖烈皇后寢疾，中外憂惶。三公詣閤門乞入問疾，詔許之。至御榻前，障以黄幔，哲廟黄袍襆頭立榻左，三臣立右。汲公進問曰：「太皇太后聖躬萬福。」后曰：「老婆待死也。累年保佑聖躬，粗究心力，區區之心，只欲不墜先烈，措世平泰，不知官家知之否？相公及天下知之否？」辭氣憤鬱，吕公未及對。哲廟作色叱曰：「大防等出。」三公趍退，相顧曰：「吾曹不知死所矣。」

王鞏《甲申雜記》 宣仁同聽政日，御廚進羊乳房及羔兒肉。宣仁蹙然動容曰：「羊方羔而無乳，則餒矣。」又曰：「方羔而烹之，傷夭折也。」卻而不食。有旨，不得宰羊羔以爲膳。

王鞏《聞見近録》 真宗皇帝聖嗣未立，以緑車旄節召濮安懿王，養之宫禁中。仁宗皇帝生，以簫韶部樂送歸邸。仁宗方盛年而嗣未立，以故事請楊太后選濮安懿王諸子以入禁中。英宗皇帝甚幼，初不在進名，楊后見之，抱之以歸。時宣仁聖烈皇后亦以慈聖光獻皇后甥養之宫闈，宫中號英宗爲官家兒，宣仁爲皇后女，仁宗每戲英宗曰：「皇后女可以爲婦乎？」英宗謝之。由是宫中每以爲戲。

曾慥《高齋漫録》 熙寧中上元，宣仁太后御樓觀燈，召外族悉集樓上。神宗皇帝數遣黄門稟曰：「外家有合推恩，乞疏示姓名，即降處分。」宣仁答云：「此自有所處，不煩聖慮。」明日，上問何以處之，宣仁答曰：「大者各與絹兩匹，小兒各與乳糖獅子兩箇。」時内外咸歎仰后德，爲不可及也。

朱弁《曲洧舊聞》卷二 裕陵彌留之際，宣仁呼小黄門出紅羅一段，密諭之曰：「汝見郡王身材長短大小乎？持以歸家，製袍一領，見我親分付，勿令人知也。」後數日，哲宗於梓宫前即位，左右進袍，皆長大不可御。近侍以不素備，皆倉皇失色，宣仁遣宫嬪取以授之。或曰小黄門即邵成章也。岐邸之謗大喧，成章不平之，嘗明此事於巨璫。巨璫呵之曰：「無妄言，滅爾族也。」

宣仁同聽政日，以内外臣僚所上章疏，令御藥院繕寫，各爲一大册，用黄綾裝背，標題姓名，置在哲宗御座左右，欲其時時省覽。或曰：「此事出於簾幃獨斷，外廷初不知也。」予見故族大家子弟，往往皆能言之。

哲宗御講筵，誦讀畢，賜坐，例賜扇。潞公見帝手中獨用紙扇，率羣臣降階稱賀。宣仁聞之，喜曰：「老成大臣用心，終是與人不同。」是日晚，問哲宗曰：「官家知大臣稱賀之意乎？用紙扇，是人君儉德也。君儉則國豐，國豐則民富而壽。大臣不獨賀官家，又爲百姓賀也。」

佚名《道山清話》 紹聖改元九月，禁中爲宣仁作小祥道場。宣隆報長老陞座，上設御幄於旁以聽。其僧祝曰：「伏願皇帝陛下愛國如身，視民如子。每念太皇之保佑，常如先帝之憂勤。庶尹百僚，謹守漢家之法度；四方萬里，永爲趙氏之封疆。」既而有僧問話云：「太皇今居何處？」答云：「身居佛法龍天上，心在兒孫社稷中。」當時傳播，人莫不稱歎。於戲！太皇之聖，華夷稱爲女堯舜。方其垂簾，每有號令，天下人謂之快活條貫。

葉夢得《石林燕語》卷一 明肅太后上徽號初，欲御天安殿，即今大慶殿也。沂公争之，乃改御文德殿。元祐初，宣仁太后受册，有司援文德故事爲請，宣仁不許，令學士院降詔。蘇子瞻當制，頗斥天聖之制，猶以御文德爲非是。既進本，宣仁批出曰：「如此是彰先姑之失，可別作一意，但言吾德薄，不敢比方前人。」聞者無不畏服。是歲，册禮止御崇德殿。

邵伯温《邵氏聞見録》卷三 英宗於仁宗爲姪，宣仁后於光獻爲甥，自幼同養禁中。温成張妃有寵，英宗還本宫，宣仁還本宅。温成薨，帝竟無子。一日，帝謂光獻曰：「吾夫婦老無子，舊養十三、英宗行次。滔滔，宣仁小字。各已長立。朕爲十三，后爲滔滔主婚，使相娶嫁。」時宫中謂天子娶婦，皇后嫁女云。蓋仁宗、光獻以英宗爲子，聖意素定矣。此殆天命，非人力也。至召英宗爲皇子，入謝，帝與后適御後苑迎曙閣，英宗諱。亭，帝謂后曰：「豈偶然哉！」嘉祐八年三月晦日，帝起居尚安，夜一更，遽索藥，且召后。后至，帝指心不能言。宣醫投藥，已無及。帝崩，左右欲開宫門召兩府，后曰：「此際宫門不可開，但以密敕召兩府，令黎明入。」又三更令進粥，四更再召醫入，使人守之，翌旦兩府入，后哭告以上崩，令召皇子嗣位。英宗初不敢當，兩府共抱之，解其髮，被以黄衣。命翰林學士王珪草遺詔，珪懼甚，筆不能下。丞相魏公韓琦從容曰：「大行皇帝在位幾年？」珪乃能草詔。英宗即位數日，有疾，執政大臣請光獻后垂簾權同聽政。后辭，退久之乃從。則光獻立子之功，其可掩哉！故神宗深感之，所以事光獻之禮甚至。迨光獻之崩，神宗哀毁，不能視朝，其所製輓章，至今讀之令人流涕也。韓魏公薨，其子孫倣郭汾陽，著《家傳》十卷，具載魏公功業，至英宗即位之初，乃云光獻信讒，屢有不平之語。魏公以危言感動曰：「若官家失照管，太后亦未得安穩。」又言太后曾問漢昌邑王事如何。又云太后言：「昨夕夢甚異，見這孩兒却在慶寧宫。謂英宗復在舊邸。」魏公曰：「却在慶寧宫，乃是聖躬復舊之兆，此是好夢。」又言英宗不豫，魏公奏曰：「大王長立，且與照管。謂神宗。」后怒曰：「尚欲舊窠中求兔耶？」又言太后對人臣泣訴英宗語曰：「富弼意主太后。」又云太后欲御前殿，魏公論奏云云，乃止。又云臺諫有章，乞早還政，太后泣曰：「若放下，更豈見眼道耶！」如此等事尚多，皆誕妄不恭，非所宜言。韓氏子孫販賣松櫃，張大勳業，以希進用，不知陷其父祖於不義也。王巖叟者，父子爲魏公之客，亦著《魏公遺事》一編，其記魏公言行甚詳，至論光獻權同聽政事，亦爲欺誕。謂太后還政之後，魏公勸英宗加儀衛，帝曰：「相公休獎縱母后。」又謂魏公對太后曰：「自家無子，不得不認業。」其意以爲英宗非魏公不得立；既立，非魏公不得安也。英宗受仁宗天下，貴爲天子思所以報光獻之德者，何以爲稱，反惜儀衛末禮，有「無獎縱母后」之語？於英宗孝德，不無累乎！恭惟太皇太后，天下之母也，以其無子而令認業。爲臣子者，悖慢至此，不幾於跋扈者乎！前代姦人自稱定策國老，以天子爲門生，皆繇此。以魏公之賢，使死者有知，其敢當也？故神宗嘗曰：「如此恐非韓琦之意。」伯温嘗論英宗之立，首建議者，范蜀公也；繼之者，司馬温公也；順成仁宗、光獻意者，韓魏公也。富公《辭户部尚書章》、吕誨中丞論《魏公以下遷官疏》，乃天下之公言也，具書之，以俟史官採擇。

邵博《邵氏聞見後録》卷一 文思院奉上之私，無物不具。宣仁后同聽政九年，不取一物。嗚呼！賢哉！

備論

陳櫟《歷代通略》卷三 神宗崩，太子煦立，是爲哲宗。年十一即位，在位十五年，元祐八、紹聖四、元符三。丙寅至庚辰，壽二十五歲，陵名永泰。哲宗初立幼沖，太皇英宗后高氏。簾聽，召司馬光、吕公著用之，俱爲門下侍郎，承神宗遺意也。首罷新法十事，如罷邏卒、開河夫、造軍器匠、户馬、成都等路買馬、在京物貨場、市易、地課，放市易、常平、免役息錢，罷免行錢，罷方田，罷後苑作方院。皆從中出，馬、吕二公未赴闕時也。

時王珪已卒，蔡確、韓縝相，章惇知院。光先疏時政當改者，且曰：「漢景改笞法，昭帝罷匀輸，唐德順初立，皆罷前朝弊政，是皆改父之政而當者，不可泥三年無改之説也。」公已預破張商英、李清臣之邪説矣。後來張商英以三年無改，清臣以紹述之説攻諸賢，卒禍國家。

召程顥宗正丞，未赴，卒。顥有志經濟，將用遽没，士大夫痛之，曰：「伯淳無福，天下亦無福。」文彦博題其墓曰明道先生。嗟夫，安石非真儒，乃借周公之善治以自文，明道以真儒，竟不及周公善治之實效，道明而不得行，人也亦天也。范純仁、孫覺、李常、劉摯、蘇軾、王嵓叟、范祖禹、吕大防、梁燾、朱光庭等，皆以次擢用。元豐六年。

臺諫數十章論確、惇，確罷相。相司馬光，議改新法，光曰：「先帝之法，其善者百世不可變。安石、惠卿所建，爲天下害，非先帝意者，改之當如救焚。況太皇以母改子，非子改父。」或曰他日小人以父子之議上聞，則朋黨之禍作矣。光曰：「天若祚宋，必無此事。」遂改之不疑。罷提舉常平官，復常平法，罷青苗錢，禁科舉用字説，置春秋博士，惟復差役法，東南、西蜀不便之，章惇争之，光不聽，公著、軾、轍皆以爲言，純仁尤切，至歎曰：「是又一介甫矣。」遺光簡曰：「此法緩行熟議則不擾，急行而疎畧則擾；將疎畧之法，使繆吏遽行，則擾民又在公意料之外。」亦弗聽。蔡京尹開封，用五日差千餘人，光喜曰：「人人如待制，何患法不行。」京苟欲媚光，非事實也。安石在金陵，聞罷役法，愕然曰：「亦罷至此乎？與先帝議之二年，乃行此法，終不可變。」後果如其言也。章惇、韓縝繼罷，吕惠卿竄，范純仁同知，吕公著相，文彦博太師平章。程頤崇政殿説書，進劄子畧曰：「上富春秋，在涵養熏陶，大率一日中，接賢士大夫之時多，親宦官、(官)〔宫〕女之時少，則自然氣質變化，德器成就。乞遴選賢德，以備勸講。」

天下重任，惟宰相與經筵，天下治亂繫宰相，君德成否責經筵。時相光，公著，而置頤經筵，極天下之選矣。其如二相不久而卒，頤不久而去，何哉？九月，光卒。光爲政踰年，病居其半，及卒，太皇哭之慟，上亦感涕不已。京師民皆罷市往哭，四方會葬者，如哭其親戚焉。初，公居洛十五年，天子以爲真宰相，田夫野老皆呼爲司馬相公，婦人孺子亦知爲君實也，及赴闕，入臨衛士見光，皆以手加額曰：「此司馬相公也。」民争擁馬呼曰：「公毋居洛，留相天子活百姓。」范純仁曰：「聞詔令下，民間歡呼，謂之快活條貫。」初，光既相，遼、夏必問其起居，遼人敕邊吏曰：「中國相司馬矣，毋生事開邊隙。」蘇軾嘗謂：「公所以感人心動天地者，誠而已。」人以爲知言。

軾爲翰林學士，撰館職策題，爲朱光庭、王嵓叟等所攻，雖太皇不聽，然隙自此開矣。初，軾、頤同在經筵，軾喜詼諧，頤持禮法，軾每靳之，光庭、賈易司諫、御史。皆頤門人，積不能平，乃謫文字以謗訕先帝攻軾。邵伯温曰：「元祐初，羣賢聚朝，不免以類相從，故當時有洛黨、川黨、朔黨之語。洛黨以頤爲領袖，裴光庭、賈易爲羽翼；川黨以軾爲領袖，吕陶等爲羽翼；朔黨以劉摯、梁燾、王嵓叟、劉安世爲領袖，而羽翼尤衆。惟吕大防秦人，戇直無黨，范祖禹師司馬公，不爲黨。時退元豐人于散地，皆啣怨入骨，陰伺間隙，而諸賢不悟，自分黨相攻，至紹聖，遂俱目爲元祐黨人，遠竄嶺海，秖可哀耳。元祐元年。」程頤罷經筵，孔文仲等論之也。元祐二年。公著司空、平章，大防、純仁相。明年公著卒，馬、吕人用，不久皆薨于相位，天不欲宋之平治天下也。夫趙挺之監察。又以策問攻蘇軾，軾罷學士知杭州，純仁亦罷相，元祐四年。文彦博致仕。吕大防、丞相。劉摯中書侍郎。欲引用元豐人平舊怨，謂之調停。蘇轍中丞。曰：「此人若返，豈肯徒然而已，人臣被禍不足言，所惜者朝廷宗社也。」劉摯右相，王嵓叟簽書，轍右丞，軾承旨。賈易復攻軾，軾、易竝罷。楊畏侍御史。攻劉摯，摯罷相，畏之去摯，謀相章惇也。元祐六年。蘇頌相，明年，畏攻頌罷之，亦爲章惇地也。

董敦逸言軾行惠卿詞指斥先帝，太皇曰：「先帝追悔往事，至於泣下，此事官家宜深知。」宣仁之慮深矣。純仁再相，來之邵、楊畏攻之，不報。太皇不豫，輔臣問疾，太皇曰：「試言九年中曾施恩高氏否？只爲至公，一男一女病且死，皆不得見。」言訖泣下。又曰：「正欲對官家説破，老身殁後，必多有調戲官家者，宜勿聽之。公等亦宜早退，令官家別用一番人。」太皇苦言及此，必深見哲宗之不明矣，可謂有先見，稱爲女中堯舜，不誣也。非不爲哲宗説破，異日尚有追廢宣仁之姦謀，哲宗幾墮其姦，幾不免爲宗社罪人，良可哀哉。

柯維騏《宋史新編》卷六《哲宗紀》　論曰：哲宗幼沖踐阼，政出宣仁，倚任元老，稟征衆賢，悉廢王安石所興爲，以復祖宗之舊。當是時，海内元元歡若更生，遼人亦以生事爲戒，封徼罷警，蓋庶幾慶曆、嘉祐之隆矣。及帝親政，乃惑於熙豐姦黨，假紹述以報復，由是仁賢受禍，國事日非，馴致靖康之難。夫審於忠邪則哲，察於理亂則哲，帝烏足以語此。

藝文

文彦博《潞公文集》卷八《宣仁聖烈皇太后挽詞》　九年四海被清輝，瑞彩重輪照殿幃。間日視朝勤旰食，未明思政事宵衣。存心庶務勞千慮，決意真游厭萬機。下土顒顒望霄漢，仙輿直指厚陵歸。

老臣八十慚尸素，掛了貂冠歸洛陽。芝詔薦臨優眷注，蒲輪促起預平章。

重辭禁幄猶如昨，今迓靈輿益自傷。勉策衰羸來鞏固，臨風洒淚厚陵傍。

韓維《南陽集》卷一二《太皇太后輓歌二首》 沙麓開祥兆，河洲邁德風。壯猷咨故老，柔道息諸戎。在己儀常損，於民惠少豐。誰持太史筆，善述九年功。

雲路回仙仗，簾帷閟玉音。詒孫爲後法，復辟是初心。教被宫庭肅，恩沾海宇深。常叨侍文陛，白首淚盈襟。

蘇頌《蘇魏公文集》卷一四《宣仁聖烈皇后挽詞五首》 辰極閟軒輝，天人覆玉衣。兩朝臨大寶，太皇太后在神宗末年已聽政。九載運璇璣。永巷私門絶，通闈外族稀。蕃釐崇構闢，應待富神歸。

及物深仁遠，流光内德昭。徽音繼任姒，至治協黄堯。崇慶纔虧膳，延和遽罷朝。千官號慕處，聲動九重霄。

避殿尊先后，垂帷祐聖孫。憂勤萬機政，聽納七臣言。功載生民詠，神遊永厚原。鴻名兼四德，難盡贊坤元。

六月因山葬，三年率土哀。風雲金殿暗，霧露石門開。羽衛環神岳，衣冠返帝臺。悲涼九虞禮，不見大安回。

元祼臨朝日，羣賢輔政辰。孤臣起南國，再命入洪鈞。雨露恩彌渥，涓埃報未因。守藩垂老恨，無路從靈輴。

《張耒集》卷二四《太皇太后挽詞》 坐安民物由修已，默合神明爲至公。他日已占懷月夢，後來方信補天功。四時化育坤無事，六合清明日正中。九載憂勤已陳迹，空留雙闕對青嵩。

司馬光部

綜述

《宋史》卷三三六《司馬光傳》司馬光字君實，陝州夏縣人也。父池，天章閣待制。光生七歲，凜然如成人，聞講《左氏春秋》，愛之，退爲家人講，即了其大指。自是手不釋書，至不知飢渴寒暑。羣兒戲於庭，一兒登甕，足跌没水中，衆皆棄去，光持石擊甕破之，水迸，兒得活。其後京、洛間畫以爲圖。仁宗寶元初，中進士甲科。年甫冠，性不喜華靡，聞喜宴獨不戴花，同列語之曰：「君賜不可違。」乃簪一枝。

除奉禮郎，時池在杭，求簽蘇州判官事以便親，許之。丁内外艱，執喪累年，毁瘠如禮。服除，簽書武成軍判官事，改大理評事，補國子直講。樞密副使龐籍薦爲館閣校勘，同知禮院。

中官麥允言死，給鹵簿。光言：「繁纓以朝，孔子且猶不可。允言近習之臣，非有元勳大勞，而贈以三公官，給一品鹵簿，其視繁纓，不亦大乎。」夏竦賜謚文正，光言：「此謚之至美者，竦何人，可以當之？」改文莊。加集賢校理。

從龐籍辟，通判并州。麟州屈野河西多良田，夏人蠶食其地，爲河東患。籍命光按視，光建：「築二堡以制夏人，募民耕之，耕者衆則糴賤，亦可漸紓河東貴糴遠輸之憂。」籍從其策；而麟將郭恩勇且狂，引兵夜渡河，不設備，没於敵，籍得罪去。光三上書自引咎，不報。籍没，光升堂拜其妻如母，撫其子如昆弟，時人賢之。

改直祕閣、開封府推官。交趾貢異獸，謂之麟，光言：「真僞不可知，使其真，非自至不足爲瑞，願還其獻。」又奏賦以風。修起居注，判禮部。有司奏日當食，故事食不滿分，或京師不見，皆表賀。光言：「四方見、京師不見，此人君爲陰邪所蔽；天下皆知而朝廷獨不知，其爲災當益甚，不當賀。」從之。

同知諫院。蘇轍答制策切直，考官胡宿將黜之，光言：「轍有愛君憂國之心，不宜黜。」詔置末級。

仁宗始不豫，國嗣未立，天下寒心而莫敢言。諫官范鎮首發其議，光在并州聞而繼之，且貽書勸鎮以死争。至是，復面言：「臣昔通判并州，所上三章，願陛下果斷力行。」帝沉思久之，曰：「得非欲選宗室爲繼嗣者乎？此忠臣之言，但人不敢及耳。」光曰：「臣言此，自謂必死，不意陛下開納。」帝曰：「此何害，古今皆有之。」光退未聞命，復上疏曰：「臣向者進説，意謂即行，今寂無所聞，此必有小人言陛下春秋鼎盛，何遽爲不祥之事。小人無遠慮，特欲倉卒之際，援立其所厚善者耳。『定策國老』、『門生天子』之禍，可勝言哉？」帝大感動曰：「送中書。」光見韓琦等曰：「諸公不及今定議，異日禁中夜半出寸紙，以某人爲嗣，則天下莫敢違。」琦等拱手曰：「敢不盡力。」未幾，詔英宗判宗正，辭不就，遂立爲皇子，又稱疾不入。光言：「皇子辭不貲之富，至于旬月，其賢於人遠矣。然父召無諾，君命召不俟駕，願以臣子大義責皇子，宜必入。」英宗遂受命。

兖國公主嫁李瑋，不相能，詔出瑋衛州，母楊歸其兄璋，主入居禁中。光言：「陛下追念章懿太后，故使瑋尚主。今乃母子離析，家事流落，獨無雨露之感乎？瑋既黜，主安得無罪？」帝悟，降主沂國，待李氏恩不衰。

進知制誥，固辭，改天章閣待制兼侍講、知諫院。時朝政頗姑息，胥史喧譁則逐中執法，輦官悖慢則退宰相，衛士凶逆而獄不窮治，軍卒詈三司使而以爲非犯階級。光言皆陵遲之漸，不可以不正。

充媛董氏薨，贈淑妃，輟朝成服，百官奉慰，定謚，行册禮，葬給鹵簿。光言：「董氏秩本微，病革方拜充媛。古者婦人無謚，近制惟皇后有之。鹵簿本以賞軍功，未嘗施於婦人。唐平陽公主有舉兵佐高祖定天下功，乃得給。至韋庶人始令妃主葬日皆給鼓吹，非令典，不足法。」時有司定後宫封贈法，后與妃俱贈三代，光論：「妃不當與后同，袁盎引却慎夫人席，正爲此耳。天聖親郊，太妃止贈二代，而况妃乎？」

英宗立，遇疾，慈聖光獻后同聽政。光上疏曰：「昔章獻明肅有保佑先帝之功，特以親用外戚小人，負謗海内。今攝政之際，大臣忠厚如王曾，清純如張知白，剛正如魯宗道，質直如薛奎者，當信用之；猥鄙如馬季良，讒諂如羅崇勳者，當疎遠之，則天下服。」

帝疾愈，光料必有追隆本生事，即奏言：「漢宣帝爲孝昭後，終不追尊衛太子、史皇孫；光武上繼元帝，亦不追尊鉅鹿、南頓君，此萬世法也。」後詔兩制集議濮王典禮，學士王珪等相視莫敢先，光獨奮筆書曰：「爲人後者爲之子，不得

顧私親。王宜準封贈期親尊屬故事，稱爲皇伯，高官大國，極其尊榮。」議成，珪即命吏以其手稿爲按。既上與大臣意殊，御史六人爭之力，皆斥去。光乞留之，不可，遂請與俱貶。

初，西夏遣使致祭，延州指使高宜押伴，傲其使者，侮其國主，使者訴於朝。光與呂誨乞加宜罪，不從。明年，夏人犯邊，殺略吏士。趙滋爲雄州，專以猛悍治邊，光論其不可。至是，契丹之民捕魚界河，伐柳白溝之南，朝廷以知雄州李中祐爲不材，將代之。光謂：「國家當戎夷附順時，好與之計較末節，及其桀驁，又從而姑息之。近者西禍生於高宜，北禍起於趙滋；時方賢此二人，故邊臣皆以生事爲能，漸不可長。宜敕邊吏，疆埸細故輒以矢刃相加者，罪之。」

仁宗遺賜直百餘萬，光率同列三上章，謂：「國有大憂，中外窘乏，不可專用乾興故事。若遺賜不可辭，宜許侍從上進金錢佐山陵。」不許。光乃以所得珠爲諫院公使錢，金以遺舅氏，義不藏於家。后還政，有司立式，凡后有所取用，當覆奏乃供。光云：「當移所屬使立供已，乃具數白后，以防矯僞。」

曹佾無功除使相，兩府皆遷官。光言：「陛下欲以慰母心，而遷除無名，則宿衛將帥、內侍小臣，必有覬望。」已而遷都知任守忠等官，光復爭之，因論：「守忠大姦，陛下爲皇子，非守忠意，沮壞大策，離間百端，賴先帝不聽；及陛下嗣位，反覆交構，國之大賊。乞斬於都市，以謝天下。」責守忠爲節度副使，蘄州安置，天下快之。

詔刺陝西義勇二十萬，民情驚撓，而紀律疏略不可用。光抗言其非，持白韓琦。琦曰：「兵貴先聲，諒祚方桀驁，使驟聞益兵二十萬，豈不震慴？」光曰：「兵之貴先聲，爲無其實也，獨可欺之於一日之間耳。今吾雖益兵，實不可用，不過十日，彼將知其詳，尚何懼？」琦曰：「君但見慶曆間鄉兵刺爲保捷，憂今復然，已降敕榜與民約，永不充軍戍邊矣。」光曰：「朝廷嘗失信，民未敢以爲然，雖光亦不能不疑也。」琦曰：「吾在此，君無憂。」光曰：「公長在此地，可也；異日他人當位，因公見兵，用之運糧戍邊，反掌間事耳。」琦嘿然，而訖不爲止。不十年，皆如光慮。

王廣淵除直集賢院，光論其姦邪不可近：「昔漢景帝重衛綰，周世宗薄張美。廣淵當仁宗之世，私自結於陛下，豈忠臣哉？宜黜之以厲天下。」進龍圖閣直學士。

神宗即位，擢爲翰林學士，光力辭。帝曰：「古之君子，或學而不文，或文而不學，惟董仲舒、揚雄兼之。卿有文學，何辭爲？」對曰：「臣不能爲四六。」帝曰：「如兩漢制詔可也；且卿能進士取高第，而云不能四六，何邪？」竟不獲辭。

御史中丞王陶以論宰相不押班罷，光代之，光言：「陶由論宰相罷，則中丞不可復爲。臣願俟既押班，然後就職。」許之。遂上疏論修心之要三：曰仁，曰明，曰武；治國之要三：曰官人，曰信賞，曰必罰。其說甚備。且曰：「臣獲事三朝，皆以此六言獻，平生力學所得，盡在是矣。」御藥院內臣，國朝常用供奉官以下，至內殿崇班則出；近歲暗理官資，非祖宗本意。因論高居簡姦邪，乞加遠竄。章五上，帝爲出居簡，盡罷寄資者。既而復留二人，光又力爭之。張方平參知政事，光論其不叶物望，帝不從。還光翰林兼侍讀學士。

光常患歷代史繁，人主不能遍覽，遂爲《通志》八卷以獻。英宗悅之，命置局祕閣，續其書。至是，神宗名之曰《資治通鑑》，自製《序》授之，俾日進讀。

詔録潁邸直省官四人爲閤門祗候，光曰：「國初草創，天步尚艱，故御極之初，必以左右舊人爲腹心耳目，謂之隨龍，非平日法也。閤門祗候在文臣爲館職，豈可使廝役爲之。」

西戎部將嵬名山欲以橫山之衆，取諒祚以降，詔邊臣招納其衆。光上疏極論，以爲：「名山之衆，未必能制諒祚。幸而勝之，滅一諒祚，生一諒祚，何利之有；若其不勝，必引衆歸我，不知何以待之。臣恐朝廷不獨失信諒祚，又將失信於名山矣。若名山餘衆尚多，還北不可，入南不受，窮無所歸，必將突據邊城以救其命。陛下不見侯景之事乎？」上不聽，遣將种諤發兵迎之，取綏州，費六十萬，西方用兵，蓋自此始矣。

百官上尊號，光當荅詔，言：「先帝親郊，不受尊號。末年有獻議者，謂國家與契丹往來通信，彼有尊號我獨無，於是復以非時奉册。昔匈奴冒頓自稱『天地所生日月所置匈奴大單于』，不聞漢文帝復爲大名以加之也。願追述先帝本意，不受此名。」帝大悅，手詔獎光，使善爲荅辭，以示中外。

執政以河朔旱傷，國用不足，乞南郊勿賜金帛。詔學士議，光與王珪、王安石同見，光曰：「救災節用，宜自貴近始，可聽也。」安石曰：「常衮辭堂饌，時以爲衮自知不能，當辭位不當辭禄。且國用不足，非當世急務，所以不足者，以未得善理財者故也。」光曰：「善理財者，不過頭會箕斂爾。」安石曰：「不然，善理財者，不加賦而國用足。」光曰：「天下安有此理？天地所生財貨百物，不在民，則在官，彼設法奪民，其害乃甚於加賦。此蓋桑羊欺武帝之言，太史公書之以見

其不明耳。」爭議不已。帝曰：「朕意與光同，然姑以不允答之。」會安石草詔，引常袞事責兩府，兩府不敢復辭。

安石得政，行新法，光逆疏其利害。邇英進讀，至曹參代蕭何事，帝曰：「漢常守蕭何之法不變，可乎？」對曰：「寧獨漢也，使三代之君常守禹、湯、文、武之法，雖至今存可也。漢武取高帝約束紛更，盜賊半天下；元帝改孝宣之政，漢業遂衰。由此言之，祖宗之法不可變也。」

呂惠卿言：「先王之法，有一年一變者，『正月始和，布法象魏』是也；有五年一變者，巡守考制度是也；有三十年一變者，『刑罰世輕世重』是也。光言非是，其意以風朝廷耳。」帝問光，光曰：「布法象魏，布舊法也。諸侯變禮易樂者，王巡守則誅之，不自變也。刑新國用輕典，亂國用重典，是爲世輕世重，非變也。且治天下譬如居室，敝則修之，非大壞不更造也。公卿侍從皆在此，願陛下問之。三司使掌天下財，不才而黜可也，不可使執政侵其事。今爲制置三司條例司，何也？宰相以道佐人主，安用例？苟用例，則胥吏矣。今爲看詳中書條例司，何也？」惠卿不能對，則以他語詆光。帝曰：「相與論是非耳，何至是。」光曰：「平民舉錢出息，尚能蠶食下户，況縣官督責之威乎！」惠卿曰：「青苗法，願取則與之，不願不强也。」光曰：「愚民知取債之利，不知還債之害，非獨縣官不强，富民亦不强也。昔太宗平河東，立糴法，時米斗十錢，民樂與官爲市。其後物貴而和糴不解，遂爲河東世世患。臣恐異日之青苗，亦猶是也。」帝曰：「坐倉糴米何如？」坐者皆起，光曰：「不便。」惠卿曰：「糴米百萬斛，則省東南之漕，以其錢供京師。」光曰：「東南錢荒而粒米狼戾，今不糴米而漕錢，棄其有餘，取其所無，農末皆病矣！」侍講吴申起曰：「光言，至論也。」

它日留對，帝曰：「今天下洶洶者，孫叔敖所謂『國之有是，衆之所惡』也。」光曰：「然。陛下當論其是非。今條例司所爲，獨安石、韓絳、惠卿以爲是耳，陛下豈能獨與此三人共爲天下邪？」帝欲用光，訪之安石。安石曰：「光外託劘上之名，内懷附下之實。所言盡害政之事，所與盡害政之人，而欲寘之左右，使與國論，此消長之大機也。光才豈能害政，但在高位，則異論之人倚以爲重。韓信立漢赤幟，趙卒氣奪，今用光，是與異論者立赤幟也。」

安石以韓琦上疏，卧家求退。帝乃拜光樞密副使，光辭之曰：「陛下所以用臣，蓋察其狂直，庶有補於國家。若徒以禄位榮之，而不取其言，是以天官私非其人也。臣徒以禄位自榮，而不能救生民之患，是盜竊名器以私其身也。陛下誠能罷制置條例司，追還提舉官，不行青苗、助役等法，雖不用臣，臣受賜多矣。今言青苗之害者，不過謂使者騷動州縣，爲今日之患耳。而臣之所憂，乃在十年之外，非今日也。夫民之貧富，由勤惰不同，惰者常乏，故必資於人。今出錢貸民而斂其息，富者不願取，使者以多散爲功，一切抑配。恐其逋負，必令貧富相保，貧者無可償，則散而之四方；富者不能去，必責使代償數家之負。春算秋計，展轉日滋，貧者既盡，富者亦貧。十年之外，百姓無復存者矣。又盡散常平錢穀，專行青苗，它日若思復之，將何所取？富室既盡，常平已廢，加之以師旅，因之以饑饉，民之羸者必委死溝壑，壯者必聚而爲盜賊，此事之必至者也。」抗章至七八，帝使謂曰：「樞密，兵事也，官各有職，不當以他事爲辭。」對曰：「臣未受命，則猶侍從也，於事無不可言者。」安石起視事，光乃得請，遂求去。

以端明殿學士知永興軍。宣撫使下令分義勇戍邊，選諸軍驍勇士，募市井惡少年爲奇兵；調民造乾糒，悉修城池樓櫓，關輔騷然。光極言：「公私困敝，不可舉事，而京兆一路皆内郡，繕治非急。宣撫之令，皆未敢從，若乏軍興，臣當任其責。」於是一路獨得免。徙知許州，趣入覲，不赴；請判西京御史臺歸洛，自是絶口不論事。而求言詔下，光讀之感泣，欲嘿不忍，乃復陳六事，又移書責宰相吴充，事見《充傳》。

蔡天申爲察訪，妄作威福，河南尹、轉運使敬事之如上官；嘗朝謁應天院神御殿，府獨爲設一班，示不敢與抗。光顧謂臺吏曰：「引蔡寺丞歸本班。」吏即引天申立監竹木務官富贊善之下。天申窘沮，即日行。

元豐五年，忽得語澀疾，疑且死，豫作遺表置卧内，即有緩急，當以畀所善者上之。官制行，帝指御史大夫曰：「非司馬光不可。」又將以爲東宫師傅。蔡確曰：「國是方定，願少遲之。」《資治通鑑》未就，帝尤重之，以爲賢於荀悦《漢紀》，數促使終篇，賜以潁邸舊書二千四百卷。及書成，加資政殿學士。凡居洛陽十五年，天下以爲真宰相，田夫野老皆號爲司馬相公，婦人孺子亦知其爲君實也。

帝崩，赴闕臨，衛士望見，皆以手加額曰：「此司馬相公也。」所至，民遮道聚觀，馬至不得行，曰：「公無歸洛，留相天子，活百姓。」哲宗幼沖，太皇太后臨政，遣使問所當先，光謂：「開言路。」詔榜朝堂。而大臣有不悦者，設六語云：「若陰有所懷；犯非其分；或扇摇機事之重；或迎合已行之令；上以徼倖希進；下以眩惑流俗。若此者，罰無赦。」后復命示光，光曰：「此非求諫，乃拒諫也。人臣惟不言，言則入六事矣。」乃具論其情，改詔行之，於是上封者以千數。

起光知陳州，過闕，留爲門下侍郎。蘇軾自登州召還，緣道人相聚號呼曰：「寄謝司馬相公，毋去朝廷，厚自愛以活我。」是時天下之民，引領拭目以觀新政，而議者猶謂「三年無改於父之道」，但毛舉細事，稍塞人言。光曰：「先帝之法，其善者雖百世不可變也。若安石、惠卿所建，爲天下害者，改之當如救焚拯溺。況太皇太后以母改子，非子改父。」衆議甫定。遂罷保甲團教，不復置保馬；廢市易法，所儲物皆鬻之不取息，除民所欠錢；京東鐵錢及茶鹽之法，皆復其舊。或謂光曰：「熙、豐舊臣，多憸巧小人，他日有以父子義間上，則禍作矣。」光正色曰：「天若祚宗社，必無此事。」於是天下釋然，曰：「此先帝本意也。」

元祐元年復得疾，詔朝會再拜，勿舞蹈。時青苗、免役、將官之法猶在，而西戎之議未決。光歎曰：「四患未除，吾死不瞑目矣。」折簡與呂公著云：「光以身付醫，以家事付愚子，惟國事未有所託，今以屬公。」乃論免役五害，乞直降敕罷之。諸將兵皆隸州縣，軍政委守令通決。廢提舉常平司，以其事歸之轉運、提點刑獄。邊計以和戎爲便。謂監司多新進少年，務爲刻急，令近臣於郡守中選舉，而於通判中舉轉運判官。又立十科薦士法。皆從之。

拜尚書左僕射兼門下侍郎，免朝覲，許乘肩輿，三日一入省。光不敢當，曰：「不見君，不可以視事。」詔令子康扶入對，且曰：「毋拜。」遂罷青苗錢，復常平糴糶法。兩宮虚己以聽。遼、夏使至，必問光起居，敕其邊吏曰：「中國相司馬矣，毋輕生事，開邊隙。」光自見言行計從，欲以身徇社稷，躬親庶務，不舍晝夜。賓客見其體羸，舉諸葛亮食少事煩以爲戒，光曰：「死生，命也。」爲之益力。病革，不復自覺，諄諄如夢中語，然皆朝廷天下事也。

是年九月薨，年六十八。太皇太后聞之慟，與帝即臨其喪，明堂禮成不賀，贈太師、温國公，襚以一品禮服，賻銀絹七千。詔户部侍郎趙瞻、内侍省押班馮宗道護其喪，歸葬陝州。謚曰文正，賜碑曰《忠清粹德》。京師人罷市往弔，鬻衣以致奠，巷哭以過車。及葬，哭者如哭其私親。嶺南封州父老，亦相率具祭，都中及四方皆畫像以祀，飲食必祝。

光孝友忠信，恭儉正直，居處有法，動作有禮。在洛時，每往夏縣展墓，必過其兄旦，旦年將八十，奉之如嚴父，保之如嬰兒。自少至老，語未嘗妄，自言：「吾無過人者，但平生所爲，未嘗有不可對人言者耳。」誠心自然，天下敬信，陝、洛間皆化其德，有不善，曰：「君實得無知之乎？」

光於物澹然無所好，於學無所不通，惟不喜釋、老，曰：「其微言不能出吾書，其誕吾不信也。」洛中有田三頃，喪妻，賣田以葬，惡衣菲食以終其身。

紹聖初，御史周秩首論光誣謗先帝，盡廢其法。章惇、蔡卞請發冢斲棺，帝不許，乃令奪贈謚，仆所立碑。而惇言不已，追貶清遠軍節度副使，又貶崖州司户參軍。徽宗立，復太子太保。蔡京擅政，復降正議大夫，京撰《姦黨碑》，令郡國皆刻石。長安石工安民當鐫字，辭曰：「民愚人，固不知立碑之意。但如司馬相公者，海内稱其正直，今謂之姦邪，民不忍刻也。」府官怒，欲加罪，泣曰：「被役不敢辭，乞免鐫安民二字於石末，恐得罪於後世。」聞者愧之。

靖康元年，還贈謚。建炎中，配饗哲宗廟庭。

《蘇軾文集》卷一六《司馬温公行狀》 曾祖政，贈太子太保。曾祖母薛氏，贈温國太夫人。祖炫，試秘書省校書郎，知耀州富平縣事，贈太子太傅。祖母皇甫氏，贈温國太夫人。父池，尚書吏部郎中，充天章閣待制，贈太師，追封温國公。母聶氏，贈温國太夫人。公諱光，字君實，其先河内人，晉安平獻王孚之後。王之裔孫征東大將軍陽，始葬今陝州夏縣涑水鄉，子孫因家焉。自高祖、曾祖皆以五代衰亂不仕。富平府君始舉進士，没於縣令。皆以氣節聞於鄉里。而天章公以文學行義事真宗、仁宗爲轉運使，御史，知雜事，三司副使，歷知鳳翔、河中、同、杭、虢、晉六州，以清直仁厚聞於天下，號稱一時名臣。

公自兒童，凛然如成人。七歲聞講《左氏春秋》，大愛之，退爲家人講，即了其大義。自是手不釋書，至不知饑渴寒暑。年十五，書無所不通。文辭醇深，有西漢風。天章公當任子，次及公，公推與二從兄，然後受補郊社齋郎，再奏，將作監主簿。年二十，舉進士甲科。改奉禮郎。以天章公在杭，辭所遷官，求簽書蘇州判官事以便親，許之。未上，丁太夫人憂。未除，丁天章公憂。執喪累年，毁瘠如禮。服除，簽書武成軍判官事，改大理評事，爲國子直講，遷本寺丞。

故相龐籍名知人，始與天章公遊，見公而奇之，及是爲樞密副使，薦公召試館閣校勘，同知太常禮院。中官麥允言死，詔以允言有軍功，特給鹵簿。公言：「孔子不以名器假人，繁纓以朝，且猶不可，允言近習之臣，非有元勳大勞，而贈以三公之官，給以一品鹵簿，其爲繁纓，不亦大乎？」故相夏竦卒，詔賜謚文正。公言：「謚之美者，極於文正，竦何人，可以當此！」書再上，改謚文莊。遷殿中丞，除史館檢討，修日曆，改集賢校理。龐籍爲鄆州，徙并州，皆辟公通判州事。公感籍知己，爲盡力。

時趙元昊始臣，河東貧甚，官苦貴糴，而民疲於遠輸。麟州窟野，河西多良

田，皆故漢地，公私雜耕。天聖中，始禁田河西者，虜乃得稍蠶食其地，俯窺麟州，爲河東憂。籍請公按視。公爲晝五策：「宜因州中舊兵，益禁兵三千，廂兵五百，築二堡河西，可使堡外三十里虜不敢田，則州西六十里無虜矣。募民有能耕麟州閑田者，復其税役十五年，能耕窟野、河西者，長復之，耕者必衆，官雖無所得，而糴自賤，可以漸紓河東之民。」籍移麟州，如公言。而兵官郭恩勇且狂，夜開城門，引千餘人渡河，載酒食，不爲戰備，遇敵死之。議者歸罪於籍，罷節度使知青州。公守闕，三上書，乞獨坐其事，不報。籍初不以此望公，而公深以自咎。籍既没，升堂拜其妻如母，撫其子如昆弟，時人兩賢之。

改太常博士，祠部員外郎，直秘閣，判吏部南曹，遷開封府推官，賜五品服。交趾貢異獸，謂之麟。公言：「真僞不可知，使其真，非自然而至，不足爲瑞，若僞，爲遠夷笑，願厚賜其使而還其獸。」因奏賦以諷。

遷度支員外郎，判句院。擢修起居注，五辭而後受。判禮部。有司奏六月朔，日當食。公言：「故事，食不滿分，或京師不見皆賀，臣以爲日食四方見京師不見，天意人君爲陰邪所蔽，天下皆知，而朝廷獨不知，其爲災當益甚，皆不當賀。」詔從之。後遂以爲常。

遷起居舍人，同知諫院。蘇轍舉直言策，入第四等，而考官以爲不當收。公言：「轍於同科四人中，言最切直，有愛君憂國之心，不可不收。」時宰相亦以爲當黜，仁宗不許。曰：「求直言，以直棄之，天下其謂朕何！」公遂與諫官王陶同上疏：「願爲宗廟社稷自重，却罷燕飲，安養神氣，後宫嬪御，進見有度，左右小臣，賜予有節，厚味腊毒，無益奉養者，皆不宜數御。」上嘉納之。

初，至和三年，仁宗始不豫，國嗣未立，天下寒心而不敢言，惟諫官范鎮首發其議，公時爲并州通判，聞而繼之。上疏言：「《禮》：大宗無子，則小宗爲之後。爲之後者，爲之子也。願陛下擇宗室賢者，使攝儲貳，以待皇嗣之生，退居藩服。不然，則典宿衛、尹京邑，亦足以係天下之望。」疏三上，其一留中，其二付中書。公又與鎮書：「此大事不言則已，言一出，豈可復反，願公以死争之。」於是鎮言之益力。及公爲諫官，復上疏，且面言：「臣昔爲并州通判，所上三章，願陛下果斷而力行之。」時仁宗簡默不言，雖執政奏事，首肯而已。聞公言，沈思久之，曰：「得非欲選宗室爲繼嗣者乎？此忠臣之言，但人不敢及耳。」公曰：「臣言此，自謂必死，不意陛下開納。」上曰：「此何害，古今皆有之。」因令公以所言付中書。公曰：「不可，願陛下自以意喻宰相。」是日，公復言江淮鹽事，詣中書白之。宰相韓琦問公，今日復何所言。公默計此大事，不可不使琦知，思所以廣上意者。即曰：「所言宗廟社稷大計也。」琦喻意，不復言。後十餘日，有旨令公與御史裏行陳洙同詳定行户利害。洙與公屏語曰：「日者大饗明堂，韓公攝太尉，洙爲監祭。公從容謂洙，聞君與司馬君實善，君實近建言立嗣事，恨不以所言送中書，欲發此議，無自發之，行户利害，非所以煩公也，欲洙見公達此意耳。」時嘉祐六年閏八月也。

至九月，公復上疏面言：「臣向者進説，陛下欣然無難，意謂即行矣，今寂無所聞，此必有小人言陛下春秋鼎盛，子孫當千億，何遽爲此不祥之事，小人無遠慮，特欲倉猝之際，援立其所厚善者耳。唐自文宗以後，立嗣皆出於左右之意，至有稱定策國老、門生天子者，此禍豈可勝言哉！」上大感悟，曰：「送中書。」公至中書，見琦等曰：「諸公不及今定議，異日夜半禁中出寸紙以某人爲嗣，則天下莫敢違。」琦等皆唯唯，曰：「敢不盡力。」後月餘，詔英宗判宗正寺，固辭不就職。明年遂立爲皇太子。稱疾不入。公復上疏言：「凡人争絲毫之利，至相争奪。今皇子辭不貲之富，至三百餘日不受命，其賢於人遠矣。有識聞之，足以知陛下之聖，能爲天下得人。然臣聞父召無諾，君命召不俟駕而行，使者受命不受辭，皇子不當辭避，使者不當徒反，凡召皇子，内臣皆乞責降，且以臣子大義責皇子，宜必入。」英宗遂受命。

兗國公主下嫁李瑋，以驕恣聞。公上疏言：「太宗時，姚坦爲兗王翊善，有過必諫，左右教王詐疾，踰月，太宗召王乳母，入問起居狀。母曰：『王無疾，以姚坦故，鬱鬱成疾耳。』太宗怒曰：『王年少，不知爲此，汝輩教之。』杖乳母數十，召坦慰勉之。齊國獻穆大長公主，太宗之子，真宗之妹，陛下之姑，而謙恭率禮，天下稱其賢。願陛下教子以太宗爲法，公主事夫以獻穆爲法。」已而公主不安於李氏，詔瑋出知衛州，公主入居禁中，而瑋母楊歸其兄璋，散遣其家人。公言：「陛下追念章懿皇后，故使瑋尚主，今乃母子離析，家事流落，陛下獨無雨露之感，悽惻之心乎？瑋既責降，公主亦不得無罪。」上感悟，詔公主降封沂國，待李氏恩禮不衰。

判檢院，權判國子監，除知制誥。力辭至八九，改授天章閣待制，兼侍講，賜三品服，仍知諫院。上疏言：「經畧安撫使以便宜從事，出於兵興權制，非永世法。及將相大臣典州者，多以貴倨自恃，凌忽轉運使，使不得舉職。朝廷務省事，專行姑息之政。至於胥吏讙譁而逐御史中丞，輦官悖慢而退宰相，衛士凶逆

而獄不窮姦澤加於舊，軍人詈三司使而法官以爲非犯堦級，於用法有疑。其餘，一夫流言於道路，而爲之變法推恩者多矣，皆陵遲之漸，不可以不正。」

充媛董氏薨，追贈婉儀，又贈淑妃，輟朝成服，百官奉慰定謚行册禮，葬給鹵簿。公言：「董氏秩本微，病革之日，方拜充媛。古者婦人無謚，近制惟皇后有之。鹵簿本以賞軍功，未嘗施於婦人，惟唐平陽公主有舉兵佐高祖定天下之功，乃得給，至韋庶人始令妃主葬日，皆給鼓吹，非令典，不足法。」時有司新定後宫封贈法，皇后與妃皆贈三代。公言：「別嫌明微，妃不當與后同。袁盎引却慎夫人坐，正爲此耳。天聖親郊，太妃止贈二代，而況妃乎！」

知嘉祐八年貢舉。仁宗崩，英宗以哀毀致疾，慈聖光獻太后同聽政。公首上疏言：「章獻明肅太后，保佑先帝進賢退姦，有大功於趙氏，特以親用外戚小人，故負謗天下。今太后初攝大政，大臣忠厚如王曾，清純如張知白，剛正如魯宗道，質直如薛奎者，當信用之。鄙猥如馬季良，讒諂如羅崇勳者，當疏遠之，則天下服。」又上疏英宗，言：「漢宣帝爲昭帝後，終不追尊衛太子、史皇孫，光武起布衣，得天下，自以爲元帝後，亦不追尊鉅鹿都尉、南頓君，惟哀、安、桓、靈，皆自旁親入繼大統，追尊其父祖，天下非之，願以爲戒。」

時公所得仁宗遺賜珠、金，直百餘萬，率同列三上章，言：「國有大憂，中外窘乏，不可專用乾興故事，若遺賜不可辭，則宜許侍從以上進金錢，佐山陵費。」不許。公乃以所得珠爲諫院公使錢，金以遺其舅氏，義不藏於家。

英宗疾既平，皇太后還政。公上疏言：「治身莫先於孝，治國莫先於公。」其言切至，皆母子間人所難言者。時有司立法，皇太后有所取用，有司奏覆，得御寶乃供。公極論以爲不可，當直下合同司移所屬立供，如上所取已，乃具數奏太后，以防矯僞。

曹佾除使相，兩府皆遷。公言：「佾無功而得使相，陛下以慰母心耳。今兩府皆遷，無名，若以還政爲功，則宿衛將帥，内侍小臣，必有覬望。」已而都知任守忠等皆遷。公復争之，因論：「守忠大姦，陛下爲皇子，非守忠意，沮壞大策，離間百端，賴先帝不聽。及陛下嗣位，反覆革面，交搆兩宫，國之大賊，人之巨蠹，乞斬於都市以謝天下。」詔以守忠爲節度副使，蘄州安置，天下快之。

時有詔陝西刺民兵號義勇，公上疏極論其害，云：「康定、慶曆間籍陝西民爲鄉弓手，已而刺爲保捷指揮，民被其毒，兵終不可用，遇敵先北，正兵隨之，每致崩潰。縣官知其坐食無用，汰遣歸農，而惰游之人，不能復反南畝，彊者爲盜，弱者轉死，父老至今流涕也。今義勇何以異此！」章六上，不從。乞罷諫官，不許。

王廣淵除直集賢院。公言：「廣淵姦邪不可近，昔漢景帝爲太子，召上左右飲，衛綰獨稱疾不行，及即位，待綰有加。周世宗鎮澶淵，張美爲三司吏，掌州之錢穀，世宗私有求假，美悉力應之，及即位，薄其爲人，不用。今廣淵當仁宗之世，私自結於陛下，豈忠臣哉！願黜之以厲天下。」

執政建言濮安懿王德盛位隆，宜有尊禮，詔太常禮院與兩制議。翰林學士王珪等相顧不敢先，公獨奮筆立議曰：「爲之後者爲之子，不敢復顧其私親，今日所以崇奉濮安懿王，典禮宜一準先朝封贈期親尊屬故事，高官大爵，極其尊榮。」議成，珪即敕吏，以公手藁爲案，至今存焉。

時中外訩訩，御史吕誨、傅堯俞、范純仁、吕大防、趙鼎、趙瞻等皆争之，相繼降黜。公上疏乞留之，不可。則乞與之皆貶。初，西戎遣使致祭，而延州指使高宜押伴，傲其使者，侮其國主。使者訴於朝，公與吕誨乞加宜罪，不從。明年西戎犯邊，殺畧吏士，趙滋爲雄州，專以猛悍治邊，公亦論其不可。至是契丹之民，有捕魚界河，伐柳白溝之南者。朝廷以知雄州李中祐爲不材，選將代之。公言：「國家當戎狄附順時，好與之計較末節，及其桀驁，又從而姑息之。近者西戎之禍，生於高宜，北狄之隙，起於趙滋。朝廷方賢此二人，故邊臣皆以生事爲能。今若選將代中祐，則來者必以滋爲法，而以中祐爲戒，漸不可長，宜敕邊吏，疆埸細故，徐以文檄往反，若輕以矢刃相加者，坐之。」

京師大水，公上疏論三事，皆盡言無所隱諱。除龍圖閣直學士，判流内銓，改右諫議大夫，知治平四年貢舉。

神宗即位，首擢公爲翰林學士，公力辭，不許。上面諭公：「古之君子，或學而不文，或文而不學，惟董仲舒、揚雄兼之，卿有文學，何辭爲？」公曰：「臣不能爲四六。」上曰：「如兩漢制詔可也。」公曰：「本朝故事不可。」上曰：「卿能舉進士，取高等，而云不能四六，何也？」公趨出，上遣内臣至閤門，强公受告，拜而不受。趣公入謝，曰：「上坐以待公。」公入，至廷中。以告置公懷中，不得已乃受。

遂爲御史中丞。初，中丞王陶論宰相不押常朝班爲不臣，宰相不從，陶争之力，遂罷。公既繼之，言：「宰相不押班，細故也，陶言之過。然愛禮存羊，則不可已。自頃宰相權重，今陶復以言，宰相罷，則中丞不可復爲，臣願候宰相押班，然後就職。」上曰：「可。」陶既出知陳州，謝章詆宰相不已。執政議再貶陶，公

言：「陶誠可罪，然陛下欲廣言路，屈己受陶，而宰相獨不能容乎？」乃已。

公上疏論修心之要三，曰仁、曰明、曰武。治國之要三，曰官人、曰信賞、曰必罰。其説甚備。且曰：「臣昔爲諫官，即以此六言獻仁宗，其後以獻英宗，今以獻陛下，平生力學所得，盡在是矣。」公在英宗時，與呂誨同論祖宗之制：「句當御藥院常用供奉官以下，至内殿崇班，則出。近歲居此位者，皆暗理官資，食其廪給，非祖宗本意。又故事，年未五十，不得爲内侍省押班，今除張茂則，止四十八，不可。」至是，又言之。因論高居簡姦邪，乞加遠竄。章五上，上爲盡罷寄資内臣，居簡亦補外。

未幾，復留陳承禮、劉有方二人，公復争之。又言：「近者王中正往陝西，知涇州，劉涣等諂事中正，而鄜延鈐轄吴舜臣，違失其意。已而涣等進擢，舜臣降黜，權歸中正，謗歸陛下。是去一居簡得一居簡。」上手詔問公所從知。公曰：「臣得之賓客，非一人言，事之有無，惟陛下知之。若無，臣不敢避妄言之罪。萬一有之，不可不察。」

詔用宫邸直省官郭昭選等四人爲閤門祗候。公言：「國初草創，天步尚艱，故即位之始，必以左右舊人爲腹心耳目，謂之隨龍，非平日法也。閤門祗候在文臣爲館職，豈可使厮役爲之。」

邊吏上言：「西戎部將嵬名山，欲以横山之衆，取諒祚以降。」詔邊臣招納其衆。公上疏極論，以爲：「名山之衆，未必能制諒祚，幸而勝之，滅一諒祚生一諒祚，何利之有。若其不勝，必引衆歸我，不知何以待之。臣恐朝廷不獨失信於諒祚，又將失信於名山矣。若名山餘衆尚多，還北不可，入南不受，窮無所歸，必將突據邊城以救其命，陛下獨不見侯景之事乎？」上不聽，遣將种諤發兵迎之，取綏州，費六十萬萬。西方用兵，蓋自是始矣。

英宗山陵，公爲儀仗使，賜金五十兩，銀合三百兩。三上章辭，從之。

兼翰林侍讀學士。登州有不成婚婦，謀殺其夫傷而不死者。吏疑問即承，知州事許遵讞之。有司當婦絞而詔貸之。遵上議，準律，因犯殺傷而自首者，得免所因之罪，婦當減三等，不當絞。詔公與王安石議之，安石是遵議。公言：「謀殺猶故殺也，皆一事，不可分爲二，若謀爲所因與殺爲二，則故與殺亦可爲二耶？」自宰相文彦博以下，皆附公議，然卒用安石言，至今天下非之。

權知審官院。百官上尊號，公當答詔。上疏言：「先帝親郊不受尊號，天下莫不稱頌，末年有建言者，國家與契丹有往來書信，彼有尊號而我獨無，以爲深耻。於是羣臣復以非時上尊號。昔漢文帝時，單于自稱『天地所生日月所置匈奴大單于』，不聞文帝復爲大名以加之也。願陛下追用先帝本意，不受此名。」上大悦，手詔答公：「非卿朕不聞此言，善爲答詞，使中外曉然，知朕至誠，非欺衆邀名者。」遂終身不復受尊號。

執政以河朔災傷，國用不足，乞今歲親郊，兩府不賜金帛，送學士院取旨。公言：「兩府所賜，以匹兩計止二萬，未足以救災，宜自文臣兩省武臣宗室刺史以上皆減半。」公與學士王珪、王安石同對。公言：「救災節用，宜自貴近始，可聽兩府辭賜。」安石曰：「常衮辭賜饌，時議以爲衮自知不能，當辭位不當辭禄，且國用不足，非當今之急務也。」公曰：「衮辭禄猶賢於持禄固位者，國用不足，真急務。安石言非是。」安石曰：「不足者，以未得善理財者故也。」公曰：「善理財者，不過頭會箕斂以盡民財，民窮爲盜，非國之福。」安石曰：「不然，善理財者，不加賦而上用足。」公曰：「天下安有此理，天地所生財貨百物，止有此數，不在民則在官。譬如雨澤，夏澇則秋旱。不加賦而上用足，不過設法陰奪民利，其害甚於加賦。此乃桑洪羊欺漢武帝之言，太史公書之，以見武帝不明耳。至其末年，盜賊蠭起，幾至於亂。若武帝不悔禍，昭帝不變法，則漢幾亡。」争議不已。王珪進曰：「救災節用，宜自貴近始，司馬光言是也。然所費無幾，恐傷國體，王安石言亦是。惟明主裁擇。」上曰：「朕意與光同。然姑以不允答之。」會安石當制，遂引常衮事責兩府，兩府亦不復辭。

兼史館修撰。上問公可爲諫官者，公薦呂誨，誨以天章閣待制知諫院。詔公與張茂則同相視二股河及土堤利害。公用都水監丞宋昌言策，乞於二股之西置土堤，約水東流，若東流日深，北流自淺，薪芻漸備，乃塞其北，放出御河、胡盧河下流，以紓恩、冀、深、瀛以西之患。時議者多不同，公於上前，反覆論難，甚苦，卒從之。後皆如公言，賜詔獎諭。

王安石始爲政，創立制置三司條例司，建爲青苗、助役、水利、均輸之政，置提舉官四十餘員，行其法於天下，謂之新法。公上疏，逆陳其利害，曰：後當如是。」行之十餘年，無一不如公言者。天下傳誦，以公爲真宰相，雖田父野老，皆號公司馬相公，而婦人孺子，知其爲君實也。

邇英進讀，至蕭何、曹參事。公曰：「參不變何法，得守成之道。故孝惠、高后時，天下晏然，衣食滋殖。」上曰：「漢守蕭何之法，不變可乎？」公曰：「何獨漢也，使三代之君，常守禹、湯、文、武之法，雖至今存可也。武王克商，曰：『乃

反商政，政由舊。』然則雖周亦用商政也。《書》曰：『無作聰明，亂舊章。』漢武帝用張湯言，取高帝法紛更之，盜賊半天下。元帝改宣帝之政，而漢始衰。由此言之，祖宗之法，不可變也。」後數日，呂惠卿進講。因言：「先王之法，有一年而變者，『正月始和布法象魏』是也。有五年一變者，巡狩考制度是也。有三十年一變者，『刑法世輕世重』是也。有百年不變者，父慈子孝兄友弟恭是也。前日光言非是，其意以諷朝廷，且譏臣爲條例司官耳。」上問公：「惠卿言何如？」公曰：「布法象魏。布，舊法也，何名爲變。若四孟月朔屬民讀法，爲時變月變耶？諸侯有變禮易樂者，王巡狩則誅之，王不自變也。刑新國用輕典，亂國用重典，平國用中典，是爲世輕世重，非變也。且治天下，譬如居室，敝則修之，非大壞不更造也。大壞而更造，非得良匠美材不成。今二者皆無有，臣恐風雨之不庇也。公卿侍從皆在此，願陛下問之。三司使掌天下財，不才而黜可也，不可使兩府侵其事，今爲制置三司條例司，何也？宰相以道佐人主，安用例？苟用例而已，則胥吏足矣。今爲看詳中書條例司，何也？」惠卿不能對。則詆公曰：「光爲侍從何不言，言而不從何不去？」公作而答曰：「是臣之罪也。」上曰：「相與論是非耳，何至是！」講畢，賜坐户外。將出，上命徙坐户内，左右皆避去。上曰：「朝廷每更一事，舉朝洶洶，何也？」王珪曰：「臣疎賤在闕門之外，朝廷之事不能盡知，借使聞之道路，又不知其虛實也。」上曰：「聞則言之。」公曰：「青苗出息，平民爲之，尚能以蠶食下户，至饑寒流離，況縣官法度之威乎？」惠卿曰：「青苗法，願取則與之，不願不强也。」公曰：「愚民知取債之利，不知還債之害，非獨縣官不强，富民亦不强也。臣聞作法於涼，其弊猶貪，作法於貪，弊將若之何！昔太宗平河東，立和糴法，時米斗十餘錢，草束八錢，民樂與官爲市。其後物貴而和糴不解，遂爲河東世世患，臣恐異日之青苗，猶河東之和糴也。」上曰：「陝西行之久矣，民不以爲病。」公曰：「臣陝西人也，見其病不見其利，朝廷初不許也。而有司尚能以病民，況立法許之乎？」上曰：「坐倉糴米何如？」坐者皆起曰：「不便。上已罷之，幸甚。」上曰：「未罷也。」公曰：「京師有七年之儲，而錢常乏，若坐倉錢益乏，米益陳，奈何？」惠卿曰：「坐倉得米百萬斛，則省東南百萬之漕，以其錢供京師，何患無錢？」公曰：「東南錢荒而米狼戾，今不糴米而漕錢，棄其有餘，取其所無，農末皆病矣。」侍講吳申起曰：「光言至論也。」公曰：「此皆細事，不足煩人主，但當擇人而任之。有功則賞，有罪則罰，此則陛下職也。」上曰：「然。文王罔攸，兼於庶言，庶獄庶慎，惟有司之牧夫。」公趨出。上曰：「卿得無以惠卿之言不樂乎？」公曰：「不敢。」韓琦上疏論青苗之害，上感悟，欲罷其法。安石稱疾求去。

會拜公樞密副使，公上章力辭，至六七。曰：「上誠能罷制置條例司，追還提舉官，不行青苗、助役等法，雖不用臣，臣受賜多矣。不然，終不敢受命。」上遣人謂公：「樞密，兵事也，官各有職，不當以他事爲詞。」公言：「臣未受命，則猶侍從也，於事無不可言者。」安石起視事，青苗法卒不罷，公亦卒不受命。

則以書喻安石，三往反，開喻苦至，猶幸安石之聽而改也。且曰：「巧言令色鮮矣仁，彼忠信之士，於公當路時，雖齟齬可憎，後必徐得其力，諂諛之人，於今誠有順適之快，一旦失勢，必有賣公以自售者。」意謂呂惠卿。對賓客，輒指言之曰：「覆王氏者，必惠卿也。小人本以利合，勢傾利移，何所不至。」其後六年，而惠卿叛安石，上書告其罪，苟可以覆王氏者，靡不爲也。由是天下服公先知。

公求補外，上猶欲用公，公不可。以端明殿學士出知永興軍。朝辭進對，猶乞免本路青苗、助役。

宣撫使下令，分義勇四番，欲以更戍邊，選諸軍驍勇，募閭里惡少爲奇兵，調民爲乾糧麨飯，雖内郡不被邊，皆修城池樓櫓如邊郡。且遣兵就糧長安、河中、邠，三輔騷然。公上疏，極言：「方凶歲，公私困弊，不可舉事，而永興一路城池樓櫓皆不急，乾糧麨飯昔嘗造，後無用腐棄之，宣撫司令，臣皆未敢從。若乏，軍興，臣坐之。」於是一路獨得免。

頃之，詔移知許州，不赴，遂乞判西京留司御史臺以歸。自是絕口不論事。以祀明堂恩，加上柱國。

至熙寧七年，上以天下旱、蝗，詔求直言。公讀詔泣下，欲默不忍，乃復陳六事。一青苗，二免役，三市易，四邊事，五保甲，六水利，此尤病民者，宜先罷。又以書責宰相吳充：「天子仁聖如此，而公不言，何也？」

元豐五年，公忽得語澁疾，自疑當中風，乃豫作遺表，大畧如六事加詳盡，感慨親書，緘封置卧内，且死，當以授所善范純仁、范祖禹使上之。

凡居洛十五年，再任留司御史臺，四任提舉崇福宮。官制行，改太中大夫加資政殿學士。

神宗崩，公赴闕臨，衛士見公入，皆以手加額，曰：「此司馬相公也。」民遮道呼曰：「公無歸洛，留相天子，活百姓。」所在數千人聚觀之。公懼，會放辭謝，遂徑歸洛。

太皇太后聞之，詰問主者，遣使勞公，問所當先者。公言：「近歲士大夫以言爲諱，閭閻愁苦於下，而上不知，明主憂懃於上，而下無所訴，此罪在羣臣，而愚民無知，歸怨先帝，宜下詔首開言路。」從之。下詔牓朝堂，而當時有不欲者，於詔語中設六事以禁切言者曰：「若陰有所懷，犯非其分，或扇搖機事之重，或迎合已行之令，上以觀望朝廷之意以僥倖希進，下以眩惑流俗之情以干取虛譽，若此者，必罰無赦。」太皇太后封詔草以問公。公曰：「此非求諫，乃拒諫也。人臣惟不言，言則入六事矣。」時太府少卿宋彭年、水部員外郎王諤皆應詔言事，有欲借此二人以懲天下言者皆以非職而言，贖銅三十斤。公具論其情，且請改賜詔書，行之天下。從之。於是四方吏民，言新法不便者數千人。

公方草具所當行者，而太皇太后已有旨，散遣修京城役夫，罷減皇城内覘者，止御前工作，出近侍之無狀者三十餘人，戒敕中外無敢苛刻暴斂，廢導洛司物貨場，及民所養户馬寬保馬限，皆從中出，大臣不與。公上疏謝：「當今急務，陛下略已行之矣，小臣稽慢，罪當萬死。」詔除公知陳州，且過闕入見，使者勞問，相望於道。至則拜門下侍郎，公力辭，不許。數賜手詔：「先帝新棄天下，天子沖幼，此何時，而君辭位耶？」公不敢復辭，以覃恩遷通議大夫。

初，神宗皇帝以英偉絶人之資，勵精求治，凜凜乎漢宣帝、唐太宗之上矣。而宰相王安石用心過當，急於功利，小人得乘間而入，吕惠卿之流以此得志，後者慕之，争先相高，而天下病矣。先帝明聖，獨覺其非，出安石金陵，天下欣然，意法必變，雖安石亦自悔恨。其去而復用也，欲稍自改，而惠卿之流，恐法變身危，持之不肯改。然先帝終疑之，遂退安石，八年不復召，而惠卿亦再逐不用。元豐之末，天下多故，及二聖嗣位，民日夜引領以觀新政，而進説者以爲三年無改於父之道，欲稍損其甚者，毛舉數事以塞人言。公慨然争之曰：「先帝之法，其善者，雖百世不可變也。若安石、惠卿等所建，爲天下害非先帝本意者，改之，當如救焚拯溺，猶恐不及。昔漢文帝除肉刑，斬右趾者棄市，笞五百者多死。景帝元年即改之。武帝作鹽鐵、榷酤、均輸等法。昭帝罷之。唐代宗縱宦官，公求賂遺，置客省拘滯四方之人。德宗立未三月，罷之。德宗晚年爲宫市，五坊小兒暴横，鹽鐵使月進羡餘。順宗即位，罷之。當時悦服，後世稱頌，未有或非之者也，况太皇太后以母改子，非子改父。」衆議乃定。

公以爲：「治亂之機，在於用人，邪正一分，則消長之勢自定。每論事，必以人物爲先，凡所進退，皆天下所謂當然者，然後朝廷清明，人主始得聞天下利害之實。」遂罷保甲團教，依義勇法，歲一閱。保馬不復買，見在者還監牧給諸軍。廢市易法，所儲物皆鬻之，不取息，而民所欠錢皆除其息。京東鑄鐵錢，河北、江西、福建、湖南鹽及福建茶法，皆復其舊。獨川、陜茶，以邊用，未即罷，遣使相視，去其甚者。户部左右曹錢穀，皆領之尚書。凡昔之三司使事，有散隸五曹及寺監者，皆歸户部，使尚書周知其數，量入以爲出。於是天下釋然，曰：「此先帝本意也，非吾君之子，不能行吾君之意。」時獨免役、青苗、將官之法猶在，而西戎之議未決也。

山陵畢，遷公正議大夫。公自以不與顧命，不敢當，詔不許。

元祐元年正月，公始得疾。詔公與尚書左丞吕公著朝會，與執政異班再拜而已，免舞蹈。公疾益甚，歎曰：「四患未除，吾死不瞑目矣。」乃力疾上疏論免役五害，乞直降敕罷之，率用熙寧以前法。有未便，州縣監司節級以聞，爲一路一州一縣法。詔即日行之。又論西戎大略，以和戎爲便，用兵爲非。時異議者甚衆，公持之益堅。其後太師文彦博議與公合，衆不能奪。又論將官之害，詔諸將兵皆隸州縣，軍政委守令通決之。又乞廢提舉常平司，以其事歸之轉運使及提點刑獄。公謂監司多新進少年，務爲刻急，天下病之，乞自太中大夫待制以上，於郡守中舉轉運使，提點刑獄，於通判中舉轉運判官。又以文學、德行、吏事、武略等爲十科，以求天下遺才，命文臣升朝以上，歲舉經明行修一人，以爲進士高選。皆從之。

拜左僕射。疾稍間，將起視事，詔免朝覲，許以肩輿，三日一入都堂或門下尚書省。公不敢當，曰：「不見君，不可以視事。」詔公肩輿至内東門，子康扶入對小殿，且曰毋拜。公惶恐入對延和殿，再拜。遂罷青苗錢，專行常平糴糶法，以歲上中下熟爲三等，穀賤及下等則增價糴，貴及上等則減價糶，惟中等則否，及下等而不糴，及上等而不糶皆坐之。時二聖恭儉慈孝，視民如傷，虚己以聽公。公知無不爲，以身任天下之責。

數月復病，以九月丙辰朔，薨於西府，享年六十八。太皇太后聞之慟，上亦感涕不已。時方躬祀明堂，禮成不賀，二聖皆臨其喪，哭之哀甚，輟視朝三日。贈太師、温國公，襚以一品禮服，賻銀三千兩，絹四千匹，賜龍腦水銀以斂。命户部侍郎趙瞻入内，内侍省押班馮宗道護其喪，歸葬夏縣，官其親族十人。

公忠信孝友，恭儉正直，出於天性。自少及老，語未嘗妄，其好學如饑渴之嗜飲食，於財利紛華，如惡惡臭，誠心自然，天下信之。退居於洛，往來陜郊，陜

洛間皆化其德，師其學，法其儉，有不善，曰：「君實得無知之乎！」博學無所不通，音樂、律曆、天文、書數，皆極其妙。晚節尤好禮，爲冠婚喪祭法，適古今之宜。不喜釋、老，曰：「其微言不能出吾書，其誕吾不信。」

不事生產，買第洛中，僅庇風雨。有田三頃，喪其夫人，質田以葬。惡衣菲食，以終其身。

自以遭遇聖明，言聽計從，欲以身徇天下，躬親庶務，不舍晝夜。賓客見其體羸，曰：「諸葛孔明二十罰以上皆親之，以此致疾，公不可以不戒。」公曰：「死生命也。」爲之益力。病革，諄諄不復自覺，如夢中語，然皆朝廷天下事也。既没，其家得遺奏八紙，上之，皆手札論當世要務。京師民畫其像，刻印鬻之，家置一本，飲食必祝焉。四方皆遣人購之京師，時畫工有致富者。

有《文集》八十卷，《資治通鑑》三百二十四卷，《考異》三十卷，《歷年圖》七卷，《通曆》八十卷，《稽古録》二十卷，《本朝百官公卿表》六卷，《翰林詞草》三卷，《注古文孝經》一卷，《易説》三卷，《注繫辭》二卷，《注老子道德論》二卷，《集注太元經》八卷，《大學中庸義》一卷，《集注揚子》十三卷，《文中子傳》一卷，《河外諮目》三卷，《書儀》八卷，《家範》四卷，《續詩話》一卷，《游山行記》十二卷，《醫問》七篇。

其文如金玉穀帛藥石也，必有適於用，無益之文，未嘗一語及之。初，公患歷代史繁重，學者不能綜，況於人主，遂約戰國至秦二世，如左氏體，爲《通志》八卷以進。英宗悦之，命公續其書，置局秘閣，以其素所賢者劉攽、劉恕、范祖禹爲屬官。凡十九年而成，起周威烈王訖五代，上下一千三百六十二載。其是非疑似之間，皆有辯論，一事而數説者，必考合異同而歸之一，作《考異》以志之。神宗尤重其書，以爲賢於荀悦，親爲製敍，賜名《資治通鑑》，詔邇英讀其書，賜潁邸舊書二千四百二卷。書成，拜資政殿學士，賜金帛甚厚。

娶張氏，禮部尚書存之女，封清河郡君，先公卒，追封温國夫人。子三人，童、唐皆早亡，康今爲秘書省校書郎。孫二人，植、桓皆承務郎。

公歷事四朝，皆爲人主所敬。然神宗知公最深，公思有以報之，常摘孟子之言曰：「責難於君謂之恭，陳善閉邪謂之敬，謂吾君不能謂之賊。」故雖議論違忤，而神宗識其意，待之愈厚。及拜資政殿學士，蓋有意復用公也。夫復用公者，豈徒然哉，將必行其所言。公亦識其意，故爲政之日，自信而不疑。嗚呼，若先帝可謂知人矣，其知之也深。公可謂不負所知矣，其報之也大。

軾從公遊二十年，知公平生爲詳，故録其大者爲行狀。其餘，非天下所以治亂安危者，皆不載，謹狀。

杜大珪《名臣碑傳琬琰集》卷一八范鎮《司馬文正公光墓誌銘》 公諱光，字君實。自兒童凛然如成人，至既没，其家得遺奏八紙上之，皆手札當世要務。已上《墓誌》全文悉取蘇文忠公所撰《司馬公行狀》，惟删出《行狀》所載公論交阯貢異獸、蘇轍舉直言及經略安撫使便宜從事非永世法、充媛董氏追贈非令典、并言太皇太后有所取用當如上所取、西戎遣使致祭邊臣生事及言用宫邸省直非平日法等六七事外，皆《行狀》全文，故不復載録，獨録范公所序而銘之之文云。翰林學士蘇軾狀公如此，蓋直記其事，且鎮所目擊，足以示後世者。鎮與公出處交游，四十餘年如一日。公之所以在家，如在朝也。事必稽古而行之，動容周旋，無不在禮。嘗自號爲迂叟，而親爲隸書以抵鎮曰：「迂叟之事親，無以逾人，能不欺而已矣。事君亦然。」今觀公得志，澤加於民，天下所以期公者，豈止不欺而已哉！且約鎮：生而互爲之傳，後死者當作銘。公則爲鎮《傳》矣，鎮未及爲而公薨。嗚呼，鎮老矣，不意爲公銘也！銘曰：

於穆安平，有魏忠臣。更六百年，有其元孫。元孫温公，前人是似。率其誠心，以佐天子。天子聖明，四世一心。有從有違，咸卒用公。公之顯庸，自我神考。命于西樞，曰予耆老。公言如經，其或不然。帝獨賢公，欲使並存。公退如避，歸居洛師。帝徐思之，既克知之。知而不以，以遺聖子。惟我聖子，協德神母。人事盡矣，天命順矣。如川之廻，如冰之開。或蹈其機，豈人也哉！公亦不知，曰是惟天。二聖臨我，如山如淵。公惟相之，亦何所爲？惟天是因，惟民是師。事既粗定，公亦不留。龍衮蟬冠，歸于其丘。公之在朝，布衣脱粟。惟其爲善，惟日不足。生既不有，死亦何失。四方頌之，豈惟兹石。

《初蜀公所作銘詩》云：

天生斯民，乃作之君。君不獨治，爰畀之臣。有忠有邪，有正有傾。天意若曰，待時而生。皇皇我宋，神器之重。卜年萬億，海内一統。而熙寧初，姦小淫縱。以朋以比，以閉以壅。乃于黎民，誕爲愚弄。人不聊生，天不詾詾。險詖憸猾，唱和雷同。謂天不足畏，謂衆不足從，謂祖宗不足法，而敢爲誕謾不恭。赫赫神宗，洞察于中。乃竄乃斥，遠佞投凶。誅鋤蠹毒，方復任公。奄棄萬國，未克厥終。二聖繼承，謨謨輔佐。乃曰斯時，非公不可。召公洛京，虚心至誠。公至京師，朝訪夕諮。公既在位，中外咸喜。信在言前，拭目可觀。日親萬機，勤勞百爲。晝瘁憂國，夢寐以之。曾未幾月，援溺振渴。事無巨細，悉究本末。利

興害除，賞信罰必。曰賢不肖，若别黑白。耆哲俊乂，野迄無遺。元惡大憝，去之不疑。無有遠近，風從響應。載考載稽，名實相稱。天胡不仁，喪吾良臣。天實不恕，喪吾良輔。嗚呼公乎，而不留乎？山岳可拔也，公之意氣，堅不可奪也；江海可竭也，公之正論，浚不可遏也。嗚呼公兮，時既得矣，道亦行矣，志亦伸矣，而壽止於斯，哀哉哀哉！

蘇文忠嘗書石，謂司馬公休云：「軾不辭，書此恐非三家之福。」遂易今銘。

《蘇軾文集》卷一七《司馬温公神道碑》 上即位之三年，朝廷清明，百揆時敍，民安其生，風俗一變。異時薄夫鄙人，皆洗心易德，務爲忠厚，人人自重，耻言人過，中國無事，四夷稽首請命。惟西羌夏人，叛服不常，懷毒自疑，數人爲寇。上命諸將按兵不戰，示以形勢，不數月，生致大首領鬼章青宜結闕下。夏人十數萬寇涇原，至鎮戎城下，五日無所得，一夕遁去。而西羌兀征聲延以其族萬人來降。黄河始決曹村，既築靈平，復決小吴，横流五年，朔方騷然，而今歲之秋，積雨彌月，河不大溢，及冬，水入地益深，有北流赴海復禹舊迹之勢。凡上所欲，不求而獲，而其所惡，不麾而去。天下曉然知天意與上合，庶幾復見至治之成，家給人足，刑措不用，如咸平、景德間也。

或以問臣軾：「上與太皇太后安所施設而及此？」臣軾對曰：「在《易·大有》：『上九，自天祐之，吉無不利。』孔子曰：『天之所助者，順也。人之所助者，信也。履信思乎順，又以尚賢也。是以自天祐之，吉無不利。』今二聖躬信順以先天下，而用司馬公以致天下士，應是三德矣。且以臣觀之，公，仁人也。天相之矣。』何以知其然也？」曰：「公以文章名於世，而以忠義自結人主。朝廷知之可也，四方之人何自知之？士大夫知之可也，農商走卒何自知之？中國知之可也，九夷八蠻何自知之？方其退居於洛，眇然如顔子之在陋巷，纍然如屈原之在陂澤，其與民相忘也久矣，而名震天下如雷霆，如河漢，如家至而日見之。聞其名者，雖愚無知如婦人孺子，勇悍難化如軍伍夷狄，以至於姦邪小人，雖惡其害己仇而疾之者，莫不斂衽變色，咨嗟太息，或至於流涕也。元豐之末，臣自登州入朝，過八州以至京師，民知其與公善也，所在數千人，聚而號呼於馬首曰：『寄謝司馬丞相，慎毋去朝廷，厚自愛以活百姓。』如是者，蓋千餘里不絶。至京師，聞士大夫言，公初入朝，民擁其馬，至不得行，衛士見公，擎跽流涕者，不可勝數，公懼而歸洛。遼人、夏人遣使入朝，與吾使至虜中者，虜必問公起居，而遼人敕其邊吏曰：『中國相司馬矣，慎毋生事開邊隙。』其後公薨，京師之民罷市而往弔，鬻衣以致奠，巷哭以過車者，蓋以千萬數。上命户部侍郎趙瞻、内侍省押班馮宗道，護其喪歸葬。瞻等既還，皆言民哭公哀甚，如哭其私親。四方來會葬者，蓋數萬人。而嶺南封州父老相率致祭，且作佛事以薦公者，其詞尤哀。炷薌於手頂以送公葬者，凡百餘人，而畫像以祠公者，天下皆是也。此豈人力也哉？天相之也！匹夫而能動天，亦必有道矣。非至誠一德，其孰能使之！《記》曰：『惟天下之至誠，爲能盡其性。能盡其性，則能盡人之性，能盡人之性，則能盡物之性。能盡物之性，則可以贊天地之化育矣。』《書》曰：『惟尹躬暨湯，咸有一德，克享天心。』又曰：『德惟一，動罔不吉。德二三，動罔不凶。』或以千金與人而人不喜，或以一言使人而人死之者，誠與不誠故也。稽天之潦，不能終朝，而一綫之溜，可以達石者，一與不一故也。誠而一，古之聖人不能加毫末於此矣，而況公乎！故臣論公之德，至於感人心，動天地，巍巍如此，而蔽之以二言，曰誠，曰一。」

公諱光，字君實，其先河内人，晉安平獻王孚之後，王之裔孫征東大將軍陽始葬今陝州夏縣涑水鄉，子孫因家焉。曾祖諱政，以五代衰亂不仕，贈太子太保。祖諱炫，舉進士，試秘書省校書郎，終於耀州富平縣令，贈太子太傅。考諱池，寶元、慶曆間名臣，終於兵部郎中、天章閣待制，贈太師温國公。曾祖妣薛氏，祖妣皇甫氏，妣聶氏，皆封温國太夫人。

公始以進士甲科事仁宗皇帝，至天章閣待制，知諫院。始發大議，乞立宗子爲後，以安宗廟，宰相韓琦等因其言，遂定大計。事英宗皇帝爲諫議大夫，龍圖閣直學士，論陝西刺義勇爲民患；及内侍任守忠姦蠹，乞斬以謝天下，守忠竟以讁死。又論濮安懿王當準先朝封贈期親尊屬故事，天下韙之。事神宗皇帝，爲翰林學士，御史中丞。西戎部將嵬名山欲以横山之衆降，公極論其不可納，後必爲邊患，已而果然。勸帝不受尊號，遂爲萬世法。及王安石爲相，始行青苗、助役、農田水利，謂之新法，公首言其害，以身争之。當時士大夫不附安石，言新法不便者，皆倚公爲重。帝以公爲樞密副使，公以言不行，不受命。乃以爲端明殿學士，出知永興軍，遂以留司御史臺及提舉崇福宫，退居於洛十有五年。及上即位，太皇太后攝政，起公爲門下侍郎，遷正議大夫，遂拜左僕射。公首更詔書以開言路，分别邪正，進退其甚者十餘人。旋罷保甲、保馬、市易及諸道新行鹽鐵茶法，最後遂罷助役、青苗。方議取士擇守令監司以養民，期於富而教之，凜凜乎嚮至治矣。

而公卧病，以元祐元年九月丙辰朔，薨于位，享年六十八。太皇太后聞之慟，上亦感涕不已。時方祀明堂，禮成不賀。二聖皆臨其喪，哭之哀甚，輟視朝。贈太師温國公，襚以一品禮服，謚曰文正。官其親屬十人。公娶張氏，禮部尚書存之女，封清河郡君，先公卒，追封温國夫人。子三人，童、唐皆早亡，康，今爲秘書省校書郎。孫二人，植、桓皆承奉郎。以元祐三年正月辛酉，葬于陜之夏縣涑水南原之晁村。上以御篆表其墓道，曰忠清粹德之碑，而其文以命臣軾。

臣蓋嘗爲公行狀，而端明殿學士范鎮取以志其墓矣，故其詳不復再見，而獨論其大槩。議者徒見上與太皇太后進公之速，用公之盡，而不知神宗皇帝知公之深也。自士庶人至于卿大夫，相與爲賓師朋友，道足以相信，而權不足以相休戚，然猶同己則親之，異己則疏之，未有聞過而喜，受誨而不怒者也，而況於君臣之間乎？方熙寧中，朝廷政事與公所言無一不相違者，書數十上，皆盡言不諱，蓋自敵以下所不能堪，而先帝安受之，非特不怒而已，乃欲以爲左右輔弼之臣，至爲敍其所著書，讀之於邇英閣，不深知公，而能如是乎？二聖之知公也，知之於既同。而先帝之知公也，知之於方異。故臣以先帝爲難。昔齊神武皇帝寢疾，告其子世宗曰：「侯景專制河南十四年矣，諸將皆莫能敵，惟慕容紹宗可以制之。我故不貴，留以遺汝。」而唐太宗亦謂高宗：「汝於李勣無恩，我今責出之，汝當授以僕射。」乃出勣於疊州都督。夫齊神武、唐太宗，雖未足以比隆先帝，而紹宗與勣，亦非公之流，然古之人君所以爲其子孫長計遠慮者，類皆如此。寧其身不受知人之名，而使其子孫專享得賢之利。先帝知公如此，而卒不盡用，安知其意不出於此乎？臣既書其事，乃拜手稽首而作詩曰：

於皇上帝，子惠我民。孰堪顧天，惟聖與仁。聖子受命，如堯之初。神母詔之，匪亟匪徐。聖神無心，孰左右之。民自擇相，我興授之。其相惟何，太師温公。公來自西，一馬二童。萬人環之，如渴赴泉。孰不見公，莫如我先。二聖忘己，惟公是式。公亦無我，惟民是度。民曰樂哉，既相司馬。爾賈于途，我耕于野。士曰時哉，既用君實。我後子先，時不可失。公如麟鳳，不鷙不搏。羽毛畢朝，雄狡率服。爲政一年，疾病半之。功則多矣，百年之思。知公于異，識公于微。匪公之思，神考是懷。天子萬年，四夷來同。薦于清廟，神考之功。

王稱《東都事略》卷八七《司馬光傳》　司馬光字君實，陜州夏縣人也。父池，有傳。光爲兒童時，凛然如成人。七歲聞講《左氏春秋》，大愛之，退爲家人講，即了其大義。自是手不釋卷，至不知飢渴寒暑。初以父任爲將作監主簿，舉進士甲科，僉書武成軍判官，改大理評事，爲國子直講。龐籍爲樞密副使，薦召試，除館閣校理，同知太常禮院。

中官麥允言死，特給鹵簿，光言：「孔子不以名器假人，繁纓以朝，猶且不可。允言近習之臣，非有元勳大勞，不可假以名器。今給以鹵簿，其爲繁纓，不亦大乎？」夏竦卒，賜謚文正，光言：「謚之美者，極於文正，竦何人，可以當此？」書再上，改謚文莊。除史館檢討，改集賢校理。

龐籍爲鄆州，徙并州，皆辟光通判州事。時趙元昊始臣，河東貧甚，官苦貴糴而民疲於遠輸，麟州屈野河西多良田，天聖中始禁田河西，而虜得稍蠶食其地。籍使光按視，光爲畫五策，築二堡河西，益兵守之，募民有能耕者長復之，漸以紓河東之民。而兵官郭恩勇且狂，夜開城門，引千餘人渡河，載酒食不爲戰備，遇敵死之。議者歸罪於籍，罷節度使，知青州。光守闕三上書，乞獨坐其事，不報。籍初不以此望光，而光深以自咎，時人兩賢之。

除直祕閣，爲開封府推官，修起居注。有司奏六月朔日當食，光言：「故事，食不滿分，或京師不見，皆賀。臣以爲日食，四方見京師不見，大意人君爲陰邪所蔽，天下皆知而朝廷獨不知，其災當益甚，皆不當賀。」詔從之，後遂以爲常。遷同知諫院。

初，至和三年仁宗始不豫，國嗣未立，天下寒心而不敢言，惟諫官范鎮首發其議。光時爲并州通判，聞而繼之，上疏言：「《禮》：『大宗無子，則小宗爲之後。』爲之後者，爲之子也。願陛下擇宗室賢者，使攝儲貳，以待皇嗣之生，退居藩服。不然，則典宿衛，尹京邑，亦足以係天下之望。」疏三上，又與鎮書：「此大事，不言則已，言一出，豈可復反？願以死爭之。」於是鎮言之益力。及光爲諫官，復上疏且面言：「臣昔爲并州通判，所上三章，願陛下果斷而力行之。」時仁宗簡默不言，雖執政奏事，首肯而已。聞光言，沈思久之，曰：「得非欲選宗室爲繼嗣者乎？此忠臣之言，但人不敢及耳。」因令光以所言付中書。光曰：「不可，願陛下自以意諭宰相。」

是日，光復言江淮鹽事，詣中書白之。宰相韓琦問光：「今日復何所言？」即曰：「所言宗廟社稷大計也。」琦諭意不復言。琦知御史裏行陳洙與光善，欲因洙諷光，使之終前議。俄有旨令光與洙同詳定行户利害，洙因此達琦意，時嘉祐六年也。光復上疏面言：「臣向者進説，陛下欣然無難意，謂即行矣。今寂無所聞，此必有小人言陛下春秋鼎盛，子孫當千億，何遽爲此不祥之事？小人無遠

慮，特欲倉卒之際，援立其所厚善者耳。唐自文宗以後，立嗣皆出於左右之意，至有稱『定策國老』、『門生天子』者，此禍豈可勝言哉？」仁宗大感悟，曰：「送中書。」光至中書，見琦等曰：「諸公不及今定議，異日夜半禁中出片紙，以某人爲嗣，則天下莫敢違。」琦等皆唯唯曰：「敢不盡力。」後月餘，以英宗判宗正寺，固辭不就職。明年，遂立爲皇子，稱疾不入。光復上疏言：「凡人争絲毫之利，至相争奪。今皇子辭不貲之富，至三百餘日不受命，其賢於人遠矣。有識聞之，足以知陛下之聖，能爲天下得人。然臣聞，父召無諾，君命召不俟駕，而禮：『使者受命不受詞。』皇子不當辭避，使者不當徒反。凡召皇子，内臣皆乞責降，且以臣子大義責皇子，宜必入。」英宗遂受命。

除知制誥，光力辭，改天章閣待制兼侍講，仍知諫院。上疏言：「經略安撫使以便宜從事，出於兵興權制，非永世法。及將相大臣典州者，多以貴倨自恃，陵忽轉運使，不得舉職。朝廷務省事，專行姑息之政，至於胥史讙譁而逐御史中丞，輦官悖慢而退宰相，衛士凶逆而獄不窮姦，澤加於舊，軍人詈三司使而法官以爲非犯階級，於用法疑其餘，有一大流言於道路而爲之變法推恩者，多矣。皆陵遲之漸，不可以不正。」時有司新定後宫封贈法，皇后與妃皆贈三代。光言：「別嫌明微，妃不當與后同。天聖親郊太妃，止贈二代，況妃乎？」

仁宗崩，英宗以哀毁致疾，慈聖光獻皇后同聽政。光首上疏言：「章獻明肅皇后保佑先帝，進賢退姦，有大功於趙氏。特以親用外戚小人，故負謗天下。今太后初攝大政，大臣忠厚如王曾，清純如張知白，剛正如魯宗道，質直如薛奎者，當信用之。鄙猥如馬季良，讒諂如羅崇勳者，當疏遠之。則天下服。」英宗疾未平，光慮姦人欲有關説涉於離間者，乃上疏言：「今日之事，皇帝非皇太后無以君天下，皇太后非皇帝無以安天下。兩宫相恃，猶頭目之安心腹也。皇帝聖體平寧之時，奉事皇太后承順顔色，宜無不如禮。若藥石未效，而定省温凊有不能周備者，亦皇太后所宜容也。孔子曰：『孝哉，閔子騫。人不閒於其父母、昆弟之言。』孟子曰：『父子責善，賊恩之大者也。』臣伏望皇帝常思孔子之言，皇太后無忘孟子之戒。」又上疏曰：「陛下既爲仁宗皇帝之後，皇太后即陛下之母也。皇太后母儀天下已三十年，陛下新自藩邸入承大統，若萬一兩宫有隙，陛下以爲誰逆誰順、誰得誰失？若陛下上失皇太后之愛，下失百姓之望，則雖大寶之位，將何以自安？凡人主所以保國家者，以有威福之柄也。今陛下即位將近期年，而朝廷政事一切委之大臣，未嘗詢訪事之本末，察其是非，有所與奪。臣恐上下之人習以爲常，威福之柄寖有所移，則雖四海之業，將何以自固？位則不安，業則不固，於陛下果何所利乎？」慈聖既還政，光上疏言：「治身莫先於孝，治國莫先於公。」其言切至，皆母子閒人所難言者。

時有司立法，皇太后有所取用，有司復奏得御寶乃供。光極論以爲不可，當立供如上所取，已，乃具疏奏太后，以防矯僞。曹佾除使相，兩府皆遷，光言：「佾無功而得使相，陛下以慰母心耳。今兩府皆遷無名，若以還政爲功，則宿衛、將帥、内侍、小臣必有覬望。」已而都知任守忠皆遷，光復争之，因論：「守忠大姦。陛下爲皇子，非守忠意。沮壞大策，離間百端，賴先帝不聽。及陛下嗣位，反覆革面，交亂兩宫，國之大賊，人之巨蠹，乞斬於都市，以謝天下。」守忠貶蘄州，天下快之。

時刺陝西民兵號義勇，光上疏極論其害云：「康定、慶曆閒，籍陝西民爲鄉弓手，已而刺爲保捷指揮，民被其害，兵終不可用。遇敵先北，正兵隨之，每致崩潰。縣官知其坐食無用，汰遣歸農，而惰游之久，不能復反南畝。强者爲盗，弱者轉死，父老至今流涕也。今義勇何以異此？」章六上，不從。乞罷諫職，不許。

執政建言濮安懿王德盛位隆，宜有尊禮，下太常禮院與兩制議。翰林學士王珪等相顧不敢先，光獨奮筆立議曰：「爲其後者爲之子，不敢復顧其私親。今日所以崇奉濮安懿王典禮，宜一準先朝封贈期親尊屬故事，高官大爵，極其尊榮。」議成，珪即敕吏以光手藁爲案。時中外訩訩，御史吕誨、傅堯俞、范純仁、吕大防、趙鼎、趙瞻等皆争之，相繼降黜。光上疏留之，不可，則乞與之皆貶。京師大水，光上疏論三事，皆盡言無所隱諱。除龍圖閣直學士，改右諫議大夫。

神宗即位，擢翰林學士。光以不能四六辭，神宗曰：「如兩漢制詔可也。」光趨出，神宗遣内臣趣光入謝，遂爲御史中丞。王陶論宰相不押常朝班爲不臣，宰相不從，陶争之力，遂罷。光既繼之，言：「宰相不押班，細故也，陶言之過。然愛禮存羊，則不可已。自頃宰相權重，今陶復以言宰相罷，則中丞不可復爲。臣願俟宰相押班，然後就職。」神宗曰：「可。」陶既黜知陳州，謝章詆宰相不已，執政議再貶陶。光言：「陶誠可罪，然陛下欲廣言路，屈己受陶，而宰相獨不能容乎？」乃已。

光上疏論修心之要三：曰仁，曰明，曰武。治國之要三：曰官人，曰信賞，曰必罰。其説甚備，且曰：「臣昔爲諫官，即以此六言獻仁宗，其後以獻英宗，今以獻陛下。平生力學所得，盡在是矣。」光在英宗時，與吕誨同論：「祖宗之制，

御藥院當用供奉官以下，至內殿崇班則出；近歲居此位者，皆暗理官資，食其廩給，非祖宗意。」神宗爲盡罷寄資內臣。

邊吏上言：「西戎部將嵬名山，欲以橫山之衆取諒祚以降。」詔邊臣招納其衆，光上疏極論，以爲：「名山之衆，未必能制諒祚。幸而勝之，滅一諒祚，生一諒祚，何利之有？若其不勝，必引衆歸我，不知何以待之。臣恐朝廷不獨失信於諒祚，又將失信於名山矣。若名山餘衆尚多，還北不可，入南不受，窮無所歸，必將突據邊城以救其命。陛下獨不見侯景之事乎？」神宗不聽，遣將种諤發兵迎之，取綏州，費六十萬萬。西方用兵，蓋自是始矣。

兼翰林侍讀學士。登州有不成婚婦謀殺其夫，傷而不死者，吏疑其獄，詔光與王安石議。安石以謀與殺爲二事，光言：「謀殺，猶故殺也，皆一事不可分。若謀爲所因，與殺爲二，則故與殺亦可爲二邪？」自文彥博以下皆附光議，然卒用安石言，至今天下非之。百官上尊號，光當答詔，上疏言：「先帝親郊，不受尊號，天下莫不稱頌。末年有建言者，國家與契丹往來書信，彼有尊號而我獨無，以爲深恥，於是羣臣復以非時上尊號。昔漢文帝時，單于自稱『天地所生日月所置匈奴大單于』，不聞文帝復爲大名以加之也。願陛下追用先帝本意，不受此號。」神宗大悦，手詔答光：「非卿，朕不聞此言。善爲答辭，使中外曉然知朕至誠，非欺衆邀名者。」遂終身不復受尊號。

執政以河朔災傷，國用不足，乞今歲親郊兩府不賜金帛。送學士院取旨，光言：「救災節用，宜自貴近始，可聽兩府辭賜。」王安石曰：「常衮辭賜饌，時議以爲衮自知不能，當辭位不當辭禄。且國用不足，非當今之急務也。」光曰：「衮辭禄，猶賢於持禄固位者。國用不足，真急務。安石言非是。」安石曰：「不足者，以未得善理財者故也。」光曰：「善理財者，不過頭會箕斂以盡民財。民窮爲盜，非國之福。」安石曰：「不然，善理財者不加賦而上用足。」光曰：「天下安有此理？天地所生，財貨百物，止有此數，不在民則在官。譬如雨澤，夏澇則秋旱。不加賦而上用足，不過設法陰奪民利，其害甚於加賦。此乃桑羊欺漢武帝之言，太史公書之，以見武帝不明耳。至於末年，盜賊蠭起，幾至於亂。若武帝不悔過，昭帝不變法，則漢幾亡。」爭議不已。王珪進曰：「救災節用，宜自貴近始，司馬光言是也。然所費無幾，恐傷國體，王安石之言亦是。惟明主裁擇。」神宗曰：「朕意與光同，然姑以不允答之。」會安石當制，遂引常衮事責兩府，兩府亦不復辭。

兼史館修撰，神宗問光可爲諫官者，光薦吕誨，誨即以天章閣待制知諫院。詔光與張茂則同視二股河及生隄利害，光乞約水東流，以紓恩、冀、深、瀛以西之患，時議者多不同，詔從光言。王安石始爲政，剏立制置三司條例司，建爲青苗、助役、水利、均輸之政，置提舉官四十餘員，行其法於天下，謂之新法。光上疏逆陳其利害，以爲：「法如是，是使百姓無有豐凶，長無休息之期。貧者既盡，富者亦貧，臣恐十年之後，富者無幾矣。」其後卒如光言。

初，富弼以疾罷相，神宗相陳升之，因問光：「朕相升之，如何？」光曰：「閩人狡險，楚人輕易，今執政皆閩楚人，必當援引鄉黨之士，充塞朝廷，風俗何以得更淳厚？」神宗曰：「升之有材智，曉民政邊事，他人莫及。」光曰：「升之誠有才智，但恐不能臨大節而不可奪耳。昔漢高祖論相，以爲王陵少戇，陳平可以輔之。平智有餘，然難獨任。真宗用丁謂、王欽若，亦以馬知節參之。凡才智之人，必得忠直之士從旁制之，此明主用人之法也。」神宗曰：「然。」光曰：「富弼老成，有人望，其去可惜。」神宗曰：「朕留之至矣。」光曰：「弼所以去者，蓋以所言不用，與同列不合也。」神宗又曰：「王安石何如？」光曰：「人言安石姦邪，則太過。但不曉事，又執拗耳。」神宗問吕惠卿，光曰：「惠卿憸巧，使王安石負謗於中外者，惠卿也。」神宗曰：「惠卿應對明辨，亦似美才。」光曰：「惠卿誠有才，然用心不端，陛下更徐察之。江充、李訓若無才，何以能動人主？」光因論：「臺諫，天子耳目，陛下當自擇。」神宗曰：「諫官難得，卿爲朕擇其人。」光退而舉陳薦、蘇軾、王元規、趙彥若。

至邇英進讀，至蕭何、曹參事，光曰：「參不變何法，得守成之道，故孝惠、高后時天下晏然，衣食滋殖。」神宗曰：「漢常守蕭何之法不變，可乎？」光曰：「何獨漢也，使三代之君常守禹、湯、文、武之法，雖至今存，可也。武王克商曰：『乃反商政，政由舊。』然則周亦用商政也。《書》曰：『無作聰明亂舊章。』漢武帝用張湯言，取高帝法紛更之，盜賊半天下。元帝改宣帝之政，而漢始衰。由此言之，祖宗之法不可變也。」後數日，吕惠卿進講，因言：「先王之法有一年一變者，『正月始和，布法象魏』是也。有五年一變者，巡狩考制度是也。有三十年一變者，『刑罰世輕世重』是也。有百年不變者，父慈子孝、兄友弟恭是也。前日光言非是，其意以諷朝廷，且譏臣爲條例司官耳。」神宗問光：「惠卿言何如？」光曰：「『布法象魏』，布舊法也，何名爲變？若四孟月朔，屬民讀法，爲時變月變邪？諸侯有變禮易樂者，王巡狩則誅之，王不自變也。刑新國用輕典，亂國用重

典，平國用中典，是謂世輕世重，非變也。且治天下譬如居室，弊則修之，非大壞不更造也。大壞而更造，非得良匠美材不成。今二者皆無有，臣恐風雨之不庇也。公卿、侍從皆在此，願陛下問之。三司使掌天下財，不才而黜可也，不可使兩府侵其事，今爲制置三司條例何也？宰相以道佐人主，安用例？苟用例而已，則胥吏足矣。今爲看詳中書條例司何也？」惠卿不能對，則詆光曰：「光爲侍從，何不言？言而不從，何不去？」光作而答曰：「是臣之罪也。」神宗曰：「相與論是非耳，何至是。」

神宗問：「朝廷每更一事，舉朝訩訩，何也？」光曰：「青苗出息，平民爲之，尚能使蠶食下户至飢寒流離，況縣官法度之威乎？」惠卿曰：「青苗法願取則與之，不願，不强也。」光曰：「愚民知取債之利，不知還債之害，非獨縣官不强，富民亦不强也。臣聞作法於涼，其弊猶貪；作法於貪，弊將若之何？昔太宗平河東，立和糴法。時米賤民樂，與官爲市。其後物貴而和糴不解，遂爲河東世世患。臣恐異日之青苗，亦猶河東之和糴也。」神宗曰：「陝西行之久矣，民不以爲病。」光曰：「臣陝西人也，見其病不見其利。朝廷初不許也，而有司尚能以病民，況立法許之乎？」神宗曰：「坐倉糴米何如？」坐者皆起曰：「不便。」獨惠卿曰：「坐倉得米百萬斛，則省東南百萬之漕，以其錢供京師，便。」光曰：「東南錢荒而米狼戾，今棄其有餘，取其所無，農末皆病矣。」侍講吴申起曰：「光言至論也。」光曰：「此皆細事，不足煩人主，但當擇人而任之。」神宗曰：「然。」光趨出，神宗曰：「卿得無以惠卿之言不樂乎？」光曰：「不敢。」

神宗一日問光青苗法，曰：「此《周禮・泉府》之職，周公之法也。」光曰：「陛下容臣不識忌諱，臣乃敢冒死言之。昔劉歆用此法以佐王莽，至使農商失業，涕泣於市道，卒亡天下，安足爲聖朝法也？且王莽以錢貸民，使爲本業，計其所得之利，什取其一，比於今日歲取四分之息猶爲輕也。」韓琦上疏論青苗之害，神宗感悟，欲罷其法。安石稱疾求去。

會拜光樞密副使，上章力辭至六七，曰：「陛下誠能罷制置條例司，追還提舉官，不行青苗助役等法，雖不用臣，臣受賜多矣。不然，終不敢受命。」神宗遣人謂光：「樞密，兵事也。官各有職，不當以他事爲辭。」光言：「臣未受命，則猶侍從也，於事無不可言者。」安石起視事，青苗卒不罷，光亦卒不受命。則以書喻安石，三往反，開諭苦至，猶幸安石之自悟而改也，且曰：「巧言令色鮮矣仁，彼忠信之士，於公當路時，雖齟齬可憎，後必徐得其力。諂諛之人，於今誠有順適之快，一旦失勢，必有賣公以自售者。」意謂吕惠卿。對賓客輒指言之曰：「覆王氏者，必惠卿也。小人本以利合，勢傾利移，何所不至？」其後六年而惠卿叛安石，上書告其罪，苟可以覆王氏者，靡不爲也。神宗猶欲用光，光不可。

以端明殿學士出知永興軍。朝辭進對，猶乞免本路青苗、助役，宣撫使下令調發，光拒不受。上疏極言：「方凶歲，公私困弊，不可舉事。若乏軍興，臣坐之。」於是一路獨得免。頃之，上疏曰：「臣之不才，最出羣臣之下。先見不如吕誨，公直不如范純仁、程顥，敢言不如蘇軾、孔文仲，勇決不如范鎮。此數人者，覩安石所爲，抗章對策，極言其害，而鎮因乞致仕。臣聞居其位者必憂其事，食其禄者必任其患。苟或不然，是爲盜竊。臣雖不似嘗受教於君子，不忍以身爲盜竊之行，今陛下唯安石之言是信，安石以爲賢則賢，以爲愚則愚，以爲是則是，以爲非則非，諂附安石者謂之忠良，攻難安石者謂之讒慝，臣之才識，固安石之所愚；臣之議論，固安石之所非。今日所言於陛下，亦安石之所謂讒慝者也。若臣罪與范鎮同，則乞依鎮例致仕。若罪重於鎮，或竄或誅，惟陛下裁處。」移知許州，不赴，遂乞判西京留司御史臺以歸。自是絶口不論事。

至熙寧七年，神宗以天下旱蝗，詔求直言。光讀詔泣下，欲默不忍，乃復陳六事：一青苗，二免役，三市易，四邊事，五保甲，六水利。此尤病民者，且先罷。又以書責宰相吴充：「天子仁聖如此，而公不言，何也？」凡居洛十五年，再任留司御史臺，四任提舉崇福宫，拜資政殿學士。神宗崩，光赴闕臨，衛士見光入，皆以手加額曰：「此司馬相公也。」民遮道呼曰：「公毋歸洛，留相天子，活百姓。」所在數千人聚觀之。光懼，會放，辭謝，遂徑歸洛。宣仁后聞之，遣使勞光，問所當先者。光言：「近歲士大夫以言爲諱，閭閻愁苦於下而上不知，明主憂勤於上而下無所訴，此罪在羣臣，而愚民無知，歸怨先帝，宜下詔首開言路。」從之。下詔牓朝堂，而當時有不欲者，於詔語中設六事以禁切言者，曰：「若陰有所懷，犯非其分，或扇摇機事之重，或迎合已行之令，上以顧望朝廷之意以僥幸希進，下以眩惑流俗之情以千取虚譽，若此者必罰無赦。」宣仁后封詔草以問光，光曰：「此非求諫，乃拒諫也。人臣惟不言，言則入六事矣。」請改賜詔書，放之天下。於是四方吏民言新法不便者數千人。

除知陳州，且過闕入見，使者勞問相望於道，至則拜門下侍郎，光力辭。詔曰：「先帝新棄天下，天子幼沖，此何時而君辭位邪？」光乃不敢辭。是時民日夜引領以觀新政，而進説者以爲三年無改於父之道，光慨然争之，曰：「先帝之

法，其善者雖百世不可變也。若安石、惠卿等所建，爲天下害，非先帝本意者，改之當如救焚振溺，猶恐不及。昔漢文帝除肉刑，斬右趾者棄市，笞五百者多死，景帝元年即改之。武帝作鹽鐵、榷酤、均輸等法，昭帝罷之。唐代宗縱宦官公求賂遺，置客省拘滯四方之人，德宗立未三月罷之。德宗晚年爲宫市、五坊小兒暴横，鹽鐵月進羡餘，順宗即位罷之。當時悦服，後世稱頌，未有或非之者也。況太皇太后以母改子，非子改父。」衆議乃定。遂罷保甲團教，依義勇法歲一閲。保馬不復買，見在者還監牧，給諸軍。廢市易法，所儲物皆鬻之，不取息，而民所欠錢皆除其息。户部左右曹，錢穀皆領之尚書。凡昔之三司使事，皆歸户部，使尚書周知其數，量入以爲出。時獨免役、青苗、將官之法猶在，而西戎之議未決也。

山陵畢，遷正議大夫，光自以不與顧命，不敢當，不許。元祐元年，光始得疾，歎曰：「四患未除，吾死不瞑目矣。」乃力疾上疏，論免役五害，乞直降敕罷之，率用熙寧以前法。又論西戎，大略以和戎爲便，用兵爲非。時異議者甚衆，其後文彦博議與光合，衆不能奪。又論將官之害，詔諸將兵皆隸州縣。又乞廢提舉常平司，以其事歸之轉運使及提點刑獄。光謂監司多新進少年，務爲刻急，天下病之，乞自大中大夫、待制以上，於郡守中舉轉運使、提點刑獄，於通判中舉轉運判官。又以文學、德行、吏事、武略等爲十科，以求天下遺才。命文武升朝以上歲舉經明行修一人，以爲進士高選。皆從之。

拜左僕射，疾稍間，將起視事，詔免朝覲，許以肩輿，三日一入都堂或門下尚書省。光不敢當，曰：「不見君，不可以視事。」詔肩輿至内東門，子康扶入，對小殿，且曰：「毋拜。」光皇恐，入對延和殿，再拜，遂罷青苗錢，專行常平糴糶法。數月，復病，薨于位，年六十八。宣仁后聞之慟，哲宗亦感涕不已。時方躬祀明堂，禮成不賀，贈太師、温國公，謚曰文正，御篆其碑曰「忠清粹德」。

光忠信孝友，恭儉正直出於天性。自少及老，語未嘗妄。其好學如飢之者食，於財利紛華如惡惡臭。誠心自然，天下信之。於學無所不通，音樂、律曆、天文、書數皆極其妙。晚節爲冠昏喪祭法，適古今之宜。自始立朝，至於爲相，自以遭遇聖明，言聽計從，欲以身徇天下。躬親應務，不捨晝夜，賓客見其體羸，曰：「諸葛孔明二十罰以上皆親之，以此致疾，公不可以不戒。」光曰：「死生有命也。」爲之益力。病革，諄諄不復自覺，如夢中語，然皆朝廷天下事也。既没，其家得遺奏八紙，上之，皆手札論當世要務。百姓聞其喪，罷市而往弔，粥衣而致奠，巷哭而過車，蓋以萬千數。而京師民畫其像，刻印鬻之，家置一本，飲食必祝焉。四方皆遣人求之京師，時畫工有致富者。

紹聖初，章惇擅政，用周秩爲監察御史。秩小人也，方光薨時，秩爲博士，議光謚爲文正。及是乃謂光改更弊法，爲盡廢先帝政事，於是追贈謚，及仆所賜神道碑，再貶清海軍節度副使，又追貶朱崖軍司户參軍。元符三年，復太子太保。蔡京爲相，復追降左光禄大夫，尋除名，入黨籍。大觀中，復太子太保。靖康元年，贈太師，復賜謚，配享哲宗廟廷。

光有文集八十卷，《資治通鑑》二百九十四卷，《目録》三十卷，《考異》三十卷。其所著述，又數百卷。初，光患歷代史繁重，學者不能綜，況於人主，遂約戰國至秦二世，如左氏體，爲《通志》以進。英宗命光續其書，置局祕閣，以其所素賢者劉攽、劉恕、范祖禹爲屬，凡十九年而成。神宗尤重其書，以爲賢於荀悦，親爲製序，賜名《資治通鑑》，詔邇英讀其書云。子康。

雜録

備録

朱熹《三朝名臣言行録》卷七之一《丞相温國司馬文正公》　山谷言：頃與范内翰純甫同宿，純甫多能言温公事。方公初官時，年尚少，家人每每見其卧齋中，忽蹶起，着公服，執手版危坐，久率以爲常，竟莫識其意。純甫常從容問之，答曰：「吾時忽念天下安危事。」夫人以天下安危爲念，豈可不敬耶？《冷齋夜話》

除知制誥，辭至八九，乃改天章閣待制，兼侍講。按《文集》，公有上龐丞相啓云：光於屬文性分素薄，又懶爲之，當應舉時，强作科場文字，雖僅能牽合，終不甚工。頗慕作古文，又不能刻意致力，闚前脩之藩，徒使其言迂僻鄙俚，不益世用。雖親舊書啓，不免假手於人，今知制誥之職掌，爲天子作詔文，宣布華夷，豈可使假手答書啓者爲之邪？若苟貪榮利，强顔爲之，不惟取一身没齒之羞，亦非所以增朝廷之光華也。」以是觀之，光之不授知制誥，出於赤誠，非飾讓也，但不爲朝廷及世人所諒耳。

公所得仁宗遺賜珠金直百餘萬，率同列三上章言：「國有大憂，中外窘乏，

不可專用乾興故事，若遺賜不可辭，則宜許侍從以上進金錢，佐山陵費。」不許。公乃以所得珠爲諫院公使錢，金以遺其舅氏，義不藏於家。

壬寅，延和登對，言張方平參政姦邪，貪猥不叶物望，仁宗知之，故不用，不然方平兩登制科，在兩府久矣。上作色曰：「朝廷每有除拜，衆言輒紛紛，非朝廷好事。」光曰：「此乃朝廷好事也。知人帝堯所難，況陛下新即位，萬一用姦邪，臺諫循嘿不言，陛下何從知之？此乃非朝廷好事也。若其競來論列，陛下可以察其是非，若所言公當，雖制命已行，亦當追寢，若挾私非是，自可罪言者。」既退，其暮復以一劄言方平。癸卯，聞予還翰林兼侍讀，滕元發權中丞。晦叔封駁言：「光在臺舉職，不宜遽罷，甫非光之比。」十月丙午朔，詔閤門召光及甫受命。光奏：「臣論張方平若當，方平當罷；不當，臣當貶。不可兩無所問。間臣更加美職，心所未安，不敢祗受。」晚際，上賜手詔敦喻，光上奏謝。丁未，受勑告。《日録》

甲寅，余初赴經筵，上自製自書《資治通鑑序》以授光，光受讀，降，再拜。讀《三家爲諸侯論》，上顧禹玉等，稱美久之。《日録》

邇英留對。是日，光讀《資治通鑑》賈山上疏言秦皇帝居滅絶之中不自知事，因言從諫之美，拒諫之禍。上曰：「舜聖讒説殄行，若臺諫欺罔爲讒，安得不黜？」光曰：「進讀及之耳，時事臣不敢論也。」及退，上留光謂曰：「吕公著言藩鎮欲興晉陽之甲，豈非讒説殄行也？」光曰：「公著平居與儕輩言，猶三思而發，何故上前輕發乃爾？外人多疑其不然。」上曰：「此所謂『静言庸違』者也。」光曰：「公著誠有罪，不在今日。向者朝廷委公著專舉臺官，公著乃盡舉條例司之人，與條例司互相表裏，使熾張如此，乃始逼於公議，復言其非，此所可罪也。」上言：「安石不好官職及自奉養，可謂賢者。」光曰：「安石誠賢，但性不曉事而愎，此其短也。又不當信任吕惠卿，惠卿真姦邪而爲安石謀主，安石爲之力行，故天下并指安石爲姦邪也。」上曰：「今天下洶洶者，孫叔敖所謂『國之有是，衆之所惡』也。」光曰：「然。陛下當審察其是非，然後守之。今條例司所爲，獨安石、韓絳、吕惠卿以爲是，天下皆以爲非也。陛下豈能獨與此三人共爲天下邪？」遂退。《日録》

上問：「近相陳升之，外議云何？」光對：「陛下擢用宰相，臣愚賤，何敢與？」上曰：「第言之。」光曰：「今已宣麻，誕告中外，臣雖言何益？」上曰：「雖然，試言。」光曰：「閩人狡險，楚人輕易。今二相皆閩人，二參政皆楚人，必將援引鄉黨之士，充塞朝廷，天下風俗，何以更得淳厚？」上曰：「然今中外人臣，更無可用者，獨升之有才智，曉民政邊事，它人莫及。」光曰：「升之才智，誠如聖旨，但恐不能臨大節而不可奪耳。昔漢高祖論相，以爲王陵少戇，陳平可以輔之。平智有餘，然難獨任。真宗用丁謂、王欽若，亦以馬知節參之。凡才智之士，必得忠直之人，從旁制之，此明主用人之法也。」上曰：「然升之朕固已誡之。」光曰：「富弼老成，有人望，其去可惜。」上曰：「朕所以留之至矣，彼堅欲去。」光曰：「彼所以欲去者，蓋以所言不用，與同列不合故也。」上曰：「若有所施爲，朕不從而去可也。自爲相，一無施爲，唯知求去，彼信于尼之言，云『雖親國家事亦勿與知』故也。」上又曰：「王安石何如？」光曰：「人言安石姦邪，則毁之太過，但不曉事，又執拗耳，此其實也。」上曰：「韓琦敢當事，賢於富弼，但木强耳。」光曰：「琦實有忠於國家之心，但好遂非，此其所短也。」上因歷問群臣，至吕惠卿，光曰：「惠卿憸巧，非佳士，使安石負謗於中外，皆惠卿所爲也。近日不次進用，大不合衆心。」上曰：「惠卿明辨，亦似美才。」光曰：「惠卿文學辨慧，誠如聖旨，然用心不端，陛下更徐察之。江充、李訓若無才，何以動人主？」上因論臺諫天子耳目，光曰：「臺諫天子耳目，陛下當自擇人。今言執政短長者皆斥逐之，盡易以執政之黨，臣恐聰明將有所蔽蒙也。」上曰：「諫官難得，卿更爲擇其人。」光退而舉陳薦、蘇軾、王元規、趙彥若。《日録》

庚申，延英進讀《通鑑》三葉畢，上更命讀一葉半。讀至蘇秦約六國從事，上曰：「蘇秦、張儀掉三寸舌，乃能如是乎？」光對曰：「秦、儀爲從横之術，多華少實，無益於治。臣所以存其事於書者，欲見當時風俗，專以辨説相高，人君委國而聽之，此所以謂利口之覆邦家者也。」上曰：「朕聞卿進讀，終日忘倦。」光曰：「臣空疎無取，陛下每過形獎飾，不勝惶懼。」上曰：「卿進讀，每存幾諫。」光對曰：「非敢然也，欲陳著述之本意耳。」《日録》

吕晦叔曰：昨使契丹，虜中接伴問副使狄諮曰：「司馬中丞今爲何官？」諮曰：「今爲翰林學士兼侍讀學士。」虜曰：「不爲中丞邪？聞是人甚忠亮。」晦叔以著於《語録》。《日録》

上謂晦叔曰：「司馬光方直，其如迂闊何？」晦叔曰：「孔子上聖，子路猶謂之迂。孟軻大賢，時人亦謂迂闊。況光豈免此名？大抵慮事深遠，則近於迂矣。願陛下更察之。」《日録》

八日，垂拱登對，乞知許州或西京留司御史臺、國子監。上曰：「卿何得出

外？朕欲申卿前命，卿且受之。」光曰：「臣舊職且不能供，求外補，況敢當進用！」上曰：「何故？」光曰：「臣必不敢留。」上沉吟久之，曰：「王安石素與卿善，卿何自疑？」光曰：「臣與王安石素善，但自其執政，違忤甚多。今忤安石者如蘇軾輩，皆毀其素履，中以危法。臣不敢避削黜，只欲苟全素履。臣善安石，豈如公著？安石舉公著云何，後毀之云何？彼一人之身，何前是後非，必有不信者矣。」上曰：「安石與公著如膠漆，及其有罪，不敢隱其惡，乃安石之至公也。」上曰：「青苗已有顯効。」光曰：「茲事天下知其非，獨安石之黨以爲是爾。」上曰：「蘇軾非佳士，卿誤知之。鮮于侁在遠，軾以奏藁傳之。韓琦贈銀三百兩而不受，乃販私鹽及蘇木、甆器。」光曰：「凡責人當察其情。軾販鬻之利，豈能及所贈之銀乎？安石素惡軾，陛下豈不知？以姻家謝景温爲鷹犬使攻之，臣豈能自保，不可不早去也。且軾雖不佳，豈不勝李定？定不服母喪，禽獸之不如，安石喜之，欲用爲臺官。」《日録》

公言司馬君實初除樞密副使，竟辭不受。時公在魏，聞之亟遣人賫書與潞公勉之云：「主上倚重之厚，庶幾行道，道或不行，然後去之可也。似不須堅讓。」潞公以書呈君實，君實云：「自古被這般官爵，引得壞了名節，爲不少矣。」後得寬夫書云：「君實作事，今人所不可及，須求之古人。」《韓魏公語録》又魏公與公書云：「伏承懇辭樞弼，必冀感悟，上聽，大忠大義，充塞天地，横絶古今，竊與海内有志之士同切傾慕，俱有執鞭之願焉。」

老先生嘗謂金陵曰：「介甫行新法，乃引用一副當小人，或在清要，或爲監司，何也？」介甫曰：「方法行之初，舊時人不肯向前，因用一切有才力者，候法行已成，即逐之，却用老成者守之。所謂智者行之，仁者守之。」老先生曰：「介甫誤矣。君子難進易退，小人反是。若小人得路，豈可去也？若欲去，必成讎敵，它日將悔之。」介甫默然。後果有賣金陵者，雖悔之亦無及也。《元城先生語録》

神宗既退司馬温公，一時正人皆引去，獨用王荆公，盡變更祖宗法度，用兵宣利，天下始紛然矣。帝一日侍太后，同祁王至太皇太后宮。時宗祀前數日，太皇太后曰：「天氣晴和，行禮日亦如此，大慶也。」帝曰：「然。」太皇太后曰：「吾昔聞民間疾苦，必以告仁宗，常因赦行之，今亦當爾。」帝曰：「今無它事。」太皇太后曰：「吾聞民間甚苦青苗、助役錢，宜因赦罷之。」帝不懌，曰：「以利民，非苦之也。」太皇太后曰：「王安石誠有才學，然怨之者甚衆。帝欲愛惜保全，不若暫出之於外，歲餘復召用可也。」帝曰：「群臣中惟安石能横身爲國家當事耳。」祁王曰：「太皇太后之言，至言也。陛下不可不思。」帝因發怒，曰：「是我敗壞天下耶？汝自爲之！」祁王泣曰：「何至是也。」皆不樂而罷。温公常私記富韓公之語如此，而世無知者。崇寧中，蔡京等脩哲宗史，爲王安石傳，至以安石爲聖人，然亦書慈聖光獻后、宣仁聖烈后因間見上，流涕爲言安石變亂天下，已而安石罷相。豈安石之罪，雖其黨竟不能文耶？抑天欲彰吾本朝母后之賢，自不得而删也？帝退安石，十年不用。元豐末，帝屬疾，念可以託聖子也，獨曰：「將以司馬光、吕公著爲師傅。」王安石不預也。烏乎，聖矣哉！《聞見録》

熙寧初，朝廷遣大理寺丞蔡天申爲京西察訪，妄作威福，震動一路。河南尹、轉運使蚤晚衙之甚恭。時司馬温公判留司御史臺，因朝謁應天院神御殿，天申者獨立一班，蓋尹以下不敢相壓也。既報班齊，温公呼知班曰：「引蔡寺丞歸本班。」知班引天申立監竹木務官富贊善之下。蓋朝儀位著以官爲高下，朝謁應天院，留臺職也。天申即日行。《聞見録》

孫和甫曰：固在西府，親見神宗晚年，以事無成功，當宁太息，欲召司馬君實用之。時王禹玉、蔡持正並在相位，相顧失色。禹玉憂不知所出，持正密議，欲於西邊深入，探虜巢穴，以爲此議若行，必不復召君實，雖召，將不至。自是西師入討，夷夏被害，死者無筭。蓋自西邊用兵，神宗嘗持淺攻之議，雖一勝一負，猶不至大有殺傷。至於西邊將帥，習知兵事，亦無肯言深入者。非禹玉、持正不歷外任，不習邊事，無敢開此議者。《龍川志》

元豐五年，文潞公與富韓公集洛中公卿大夫年德高者爲耆英會。以洛中風俗尚齒不尚官，就資聖院建大厦曰耆英堂，温公年未七十，潞公素重其人，用唐狄兼謩故事，請入會。温公辭以晚進，不敢班富、文二公之後。潞公謂温公曰：「彦博留守北京，遣人入大遼偵事回，云見虜主大宴群臣，伶人劇戲，作衣冠者，見物必攫取懷之，有從其後以挺扑之者，曰：『司馬端明耶？』君實清名在夷狄如此。」温公愧謝。《聞見録》

温公判西京留司御史臺，遂居洛，買園於尊賢坊，以獨樂名之，始與伯温先君子康節先生游。嘗曰：「光陝人，先生衛人，今同居洛，即鄉人也。有如先生道學之尊，當以年德爲貴，官職不足道也。」公嘗問康節曰：「光何如人？」康節曰：「君實脚踏實地人也。」公深以爲知言。康節又曰：「君實九分人也。」其重之如此。《聞見録》

司馬温公既居洛，時往夏縣展墓，省其兄郎中公，爲其群從鄉人説書講學，或乘輿遊荆、華諸山以歸。多遊壽安山，買甃窑畔爲休息之地。嘗同范景仁登嵩頂，由轘轅道至龍門，涉伊水，至香山，憩石樓，臨八節灘。凡所經從，多有詩什，自作序，曰遊山録，士大夫争傳之。公不喜肩輿，山中亦乘馬，路險，策杖以行，故嵩山題字曰：「登山有道，徐行則不困，措足於平穩之地則不跌，御名之哉！」其旨遠矣。《聞見録》

温公知永興軍，到官踰月，上章曰：「臣之不才，最出群臣之下。先見不如吕誨，公直不如范純仁、程顥，敢言不如蘇軾、孔文仲，勇決不如范鎮。伏望聖恩裁處其罪。若臣罪與范鎮同，則乞依范鎮例致仕。若罪重於鎮，或竄或誅，所不敢逃。」帝必欲用公，召知許州，令過闕上殿。方下詔，謂監察御史裏行程顥曰：「朕召司馬光，卿度光來否？」顥對曰：「陛下能用其言，光必來。不能用其言，光必不來。」帝曰：「未論用其言，如光者常在左右，人主自可無過。」公果辭召命。帝嘗謂左丞蒲宗孟曰：「如司馬光未論别事，只辭樞密一節，朕自即位以來，惟見此一人。」帝之眷禮於公不衰如此。特公以新法不罷，義不可起。元豐官制成，帝曰：「官制將行，欲取新舊人兩用之。」又曰：「御史大夫非用司馬光不可。」蔡確進曰：「國是方定，願少俟之。」王珪亦助其説。至元豐七年秋，《資治通鑑》書成進御，時拜公資政殿學士，賜帶如二府品數者，脩書官皆遷秩，召范祖禹及公子康爲館職。時帝初微感疾，既安，語宰輔曰：「來春建儲，以司馬公、吕公著爲師保。」至來春三月，未及建儲而帝升遐。神宗知公之深如此。《聞見録》

元祐初，司馬温公輔政，是歲天下斷死刑凡千人。其後二吕繼之，歲常數倍。此豈智力所能勝耶？《談叢》

公曰：温公當揆路日，蓋知後必有反覆之禍，然仁人君子，如救焚拯溺，何暇論異日事？元豐之末，京東劇寇欲取掊克吏吴居厚投之鑄冶中，賴居厚覺蚤，間道遁去，不然，賊殺一轉運使，從官得晏然而已乎？《劉先生譚録》

公欲改新法，或謂公曰：「元豐舊臣如章惇、吕惠卿輩皆小人，它日有以父子之義間上，則朋黨之禍作矣。」公正色曰：「天若祚宋，必無此事。」遂改之不疑。《聞見録》

温公與其兄伯康友愛尤篤，伯康年將八十，公奉之如嚴父，保之如嬰兒，每食少頃，則問曰：「得無飢乎？」天少冷，則拊其背曰：「衣得無薄乎？」《范太史集》

晁無咎言：司馬温公有言：「吾無過人者，但平生所爲，未嘗有不可對人言者耳。」《東坡集》

公又云：司馬文正對賓客，無問賢愚長幼，悉以疑事問之。有草簿數枚，常致坐間，苟有可取，隨手記録，或對客即書，率以爲常，其書字皆真謹。公見時已有三十餘簿。《劉先生譚録》

東都曹生言：「范右相既貴，接親舊情禮如故，它亦不改，世未有也。然體面肥白潔澤，豈其胷中亦以爲樂邪？惟司馬温公枯瘦自如，豈非不以富貴動其心邪？」《談叢》

先生每與司馬君實説話，不曾放過。如范堯夫十件事，只争得三四件便已。先生曰：「君實只爲能受盡言，儘人忤逆，終不怒，便是好處。」《程氏遺書》

伯淳道：「君實之語，自謂如人參、甘草，病未甚時可用也，病甚則非所能及。觀其自處，必是有以救之之術。」《遺書》

君實之能忠孝誠實，只是天資，學則元不知學。堯夫之坦夷，無思慮紛擾之患，亦只是天資自美爾，皆非學之功也。《遺書》又曰：或問范祖禹曰：「或謂大子有言：『人有篤學力行而不知道者。』信乎？」祖禹曰：「吾嘗聞之，夫子有指而言之也。」

或云：「三代以下，宰相學術，温公一人而已，公以爲何如？」公曰：「學術誠然，若宰相之才，所以圖回四海者，未敢以爲第一。」蓋當時正人多短於才，所謂愛而知其惡也。《劉先生譚録》

范太史祖禹作《布衾銘記》云：温國文正公所服之布衾，隸書百有十字。曰「景仁惠」者，端明殿學士范蜀公所贈也；曰「堯夫銘」者，右僕射高平公所作也。元豐中公在洛，蜀公自許往訪之，贈以是衾。先是，高平公作《布衾銘》以戒學者，公愛其文義，取而書於衾之首。及寢疾，東府治命，斂以深衣而覆以是衾。公於物澹無所好，唯於德義若利欲。其清如水，而澄之不已，其直如矢，而端之不止。故其居處必有法，動作必有禮，其被服如陋巷之士，一室蕭然，圖書盈几，終日静坐，泊如也。又以圓木爲警枕，小睡則枕轉而覺，乃起讀書。蓋恭儉勤禮，出於天性，自以爲適。不勉而能與二范公爲心交，以直道相與，以忠告相益，凡皆如此。其誠心終始如一，將歿而猶不忘。祖禹觀公大節與其細行，雖不可遽數，然本於至誠無欲，天下信之，故能奮然有爲，超絶古今。居洛十五年，若將終身焉，一起而功被天下，内之嬰童婦女，外之蠻夷戎狄，莫不敬其德服其名，

唯至誠故也。公兄子宏得公手澤紙本于家，屬祖禹序其本末，俾後世師公之儉云。《范集》

佚名《道山清話》 司馬君實與吕吉甫在講筵，因論變法事，至於上前紛拏。上曰：「相與講是非，何至乃爾！」既罷講，君實氣貌愈温粹，而吉甫怒氣拂膺，移時尚不能言。人言：「一箇陝西人，一箇福建子，怎生廝合得著？」

温公在永興，一日行國忌香，幕次中客將有事欲白公，悮觸燭臺，倒在公身上。公不動，亦不問。

司馬君實洛中新第，初遷入，一日步行，見牆外暗埋竹簽數十。問之，則曰：「此非人行之地，將以防盜也。」公曰：「吾篋中所有幾何，且盜亦人也，豈可以此爲防？」命亟去之。

温公無子，又無姬侍。裴夫人既亡，公常忽忽不樂，時至獨樂園，於讀書堂危坐終日。常作小詩，隸書梁間云：「暫來還似客，歸去不成家。」其回人簡有云：「草妨步則薙之，木礙冠則芟之，其他任其自然，相與同生天地間，亦各欲遂其生耳。」可見公存心也。

王闢之《澠水燕談録》卷一 仁宗朝，司天奏：「月朔，日當食而陰雲不見，事同不食，故事當賀。」司馬光曰：「日食，四方皆見而京師獨不見，天意若曰人君爲陰邪所蔽，天下皆知而朝廷獨不知，其爲災尤甚，不當賀。」詔嘉其言，後以爲例。

嘉祐中，内臣麥允言死，以其嘗有軍功，特給鹵簿。司馬光言：「古不以名器假人。允言近習之人，非有大功大勳而贈以一品，給以鹵簿，不可以爲法。」仁宗嘉納之。

王闢之《澠水燕談録》卷二 司馬文正公以高才全德，大得中外之望，士大夫識與不識，稱之曰君實，下至閭閻匹夫匹婦，莫不能道司馬。故公之退十有餘年，而天下之人日冀其復用於朝。熙寧末，余夜宿青州北淄河馬鋪，晨起行，見村民百餘人，歡呼踴躍，自北而南。余驚問之，皆曰：「傳司馬爲宰相矣。」余以爲雖出于野人妄傳，亦其情之所素欲也。故子瞻爲公《獨樂園》詩曰：「先生獨何事，四海望陶冶。兒童誦君實，走卒知司馬。」蓋紀實也。

司馬温公忠厚正直，出於天性，終始一節，故得天下之望。居洛十五年，天下之人日望以爲相。神宗上仙，公赴闕哭臨，衛士見公，皆以手加額曰「司馬相公」也。民遮道曰：「無歸洛，留相天子活百姓。」所在數千人觀之。公懼，徑歸。詔除知陳州，過闕，留拜門下侍郎，遂爲左僕射。及薨，京師民刻畫其像，家置一本，四方爭購之，畫工有致富者。公之功德爲民愛如此。

王闢之《澠水燕談録》卷四 司馬温公優游洛中，不屑世務，棄物我，一窮通，自稱曰「齊物子」。元豐中秋，與樂全子訪親洛汭，並轡過韓城，抵登封，憩峻極下院。趍嵩陽，造崇福宫、紫極觀，至紫虚谷，尋會善寺，過轘轅，遽達西洛。少留廣度寺，歷龍門，至伊陽，以訪奉先寺。登華嚴閣，觀千佛巖。躡山徑，瞻高公真堂。步潛溪，還寶應，觀文富二公庵，之廣化寺，拜汾陽祠。下涉伊水，登香山，到白公影堂。詣黄龕院，倚石樓，臨八節灘，還伊口。凡所經遊，發爲詠歌，歸敘之以爲《洛遊録》，士大夫爭傳之。

王闢之《澠水燕談録》卷八 司馬温公既居洛，每對客賦詩談文，或投壺以娱賓。公以舊格不合禮意，更定新格。以爲傾邪險詖，不足爲善，而舊圖反爲奇箭，多與之算，如倚竿帶劍之類，今皆廢其算以罰之。顛倒反覆，惡之人者，奈何以爲上，如倒中之類。今當盡廢壺中算，以明逆順。大底以精密者爲上，偶中者爲下，使夫用機徼幸者無所措手。此足以見公之志，雖嬉戲之間，亦不忘於正也。

孫升《孫公談圃》卷上 司馬温公隧牌，賜名清忠粹德。紹聖初，毁磨之際，大風走石。群吏莫敢近，獨一匠氏揮斤而擊，未盡碎，忽仆于碑下而死。

温公大更法令，欽之、子瞻密言宜慮後患，温公起立拱手，厲聲曰：「天若祚宋，必無此事。」二人語塞而去。方其病也，猶肩輿見吕申公，議改都省。臨終，牀簀蕭然，惟枕間有役書一卷。故公爲挽詞云：「漏殘餘一榻，曾不爲黄金。」

龐元英《文昌雜録》卷四 司門范郎中云：叔父蜀郡公鎮，近居許昌，作高庵以侍司馬公，累招未至。庵極高，在一臺基上。司馬公居洛，作地室，隧而入，以避暑熱，故蜀郡作高庵以爲戲也。北京留守王宣徽，洛中園宅尤勝。中堂七間，上起高樓，更爲華侈。司馬公在陋巷，所居才能芘風雨，又作地室，常讀書於其中。洛人戲云「王家鑽天，司馬家入地」。然而道德之尊，彼亦不知顔氏子之樂也。

陳師道《後山談叢》卷一 東都曹生言：「范右相既貴，接親舊情禮如故，他亦不改，世未有也。然體面肥白潔澤，豈其胸中亦以爲樂邪？惟司馬温公枯瘦自如，豈非不以富貴動其心邪！」

陳師道《後山談叢》卷四 元祐初，司馬温公輔政，是歲天下斷死罪凡十人。

其後二吕繼之，歲常數倍。此豈人力所能勝邪！

陳師道《後山談叢》卷六　參寥如洛，游獨樂園，有地高亢，不因枯枿生芝二十餘本。寥謂老圃：「盍潤澤之使長茂？」圃曰：「天生靈物，不假人力。」寥歎曰：「真温公之役也。」

朱彧《萍洲可談》卷三　司馬温公閒居西京，一日令老兵賣所乘馬，囑云：「此馬夏月有肺病，若售者，先語之。」老兵竊笑其拙，不知其用心也。

張耒《明道雜志》　范丞相、司馬太師俱以閑官居洛中，余時待次洛下。一日春寒中謁之，先見温公，時寒甚，天欲雪，温公命至一小書室中坐。對談久之，爐不設火。語移時，主人設粟湯一杯而退。後至留司御史臺見范公，纔見主人，便言天寒遠來不易，趣命温酒，大盃滿酹，三盃而去。此事可見二公之趣也。

費衮《梁谿漫志》卷三　司馬温公獨樂園之讀書堂，文史萬餘卷，而公晨夕所常閲者，雖累數十年，皆新若手未觸者。嘗謂其子公休曰：「賈豎藏貨貝，儒家惟此耳，然當知寶惜。吾每歲以上伏及重陽間，視天氣晴明日，即設几案於當日所，側羣書其上，以曝其腦，所以年月雖深，終不損動。至於啓卷，必先視几案潔淨，藉以茵褥，然後端坐看之。或欲行看，即承以方版，未嘗敢空手捧之，非惟手汗漬及，亦慮觸動其腦。每至看竟一版，即側右手大指面，襯其沿而覆，以次指面撚而挾過，故得不至揉熟其紙。每見汝輩多以指爪撮起，甚非吾意。今浮屠、老氏猶知尊敬其書，豈以吾儒反不如乎？當宜誌之。」

吕希哲《吕氏雜記》卷下　温公，熙寧三年辭樞密副使，不拜。四年，自永興路安撫使還京西北路安撫使，又辭不赴。請西京閑局留臺，許之。優游多暇，訪求河南境内佳山水處，凡目之所睹，足之所歷，窮盡幽勝之處。十數年間，倦於登覽，於是乃與楚正叔通議、王安之朝議耆老六七人，相與會於城中之名園古寺，且爲之約：果實不過五物，殽膳不過五品，酒則無筭，以爲儉則易供，簡則易繼也。命之曰「真率會」。文潞公時以太尉守洛，求欲附名於其間，温公爲其顯，弗納也。一日，潞公伺其爲會，戒厨中具盛饌，直往造焉。温公笑而延之，曰：「俗卻此會矣。」相與歡飲，夜分而散，亦一時之盛事也。亦曰平會。　後温公語人曰：「吾知不合放此老入來。」

莫君陳《月河所聞集》　司馬温公疾作二十八日，執政往問，囑之曰：「某有數劄子，切爲留意，若不蒙施行，光死不瞑目。」至死，神爽不亂，氣羸不食累日。因如厠，努氣少頃而逝。九月一日，上以祀天受齋戒，不及出臨喪。初七日，幸其第。

晁説之《晁氏客語》　司馬温公作相，以李公擇爲户部。公擇文士，少吏才，人多訝之。公曰：「方天下意朝廷急於利。舉此人爲户部，使天下知朝廷之意，且息貪吏望風掊刻之心也。」

邵伯温《邵氏聞見録》卷一一　司馬温公閒居西洛，著書之餘，記本朝事爲多，曰《齋記》、曰《日記》、曰《記聞》者不一也，今亡矣。時與王介甫已絶，其記介甫，則直書善惡不隱，曰：「王安石字介甫，撫州臨川人。舉進士，有名於時。慶曆二年第五人登科，初簽署揚州判官，後知鄞縣。好讀書，能强記，雖後進投藝及程試文有美者，讀一過輒成誦在口，終身不忘。其屬文動筆如飛，初若不措意，文成，觀者皆服其精妙。友愛諸弟，俸禄入家，數日輒無，爲諸弟所費用，家道屢空，一不問。議論高奇，能以辨博濟其説，人莫能詘。始爲小官，不汲汲於仕進。皇祐中，文潞公爲宰相，薦安石及張瓌、曾公定、韓維四人恬退，乞朝廷不次進用，以激澆競之風。有旨皆籍記其名。至和中，召試館職，固辭不就，乃除羣牧判官，又辭，不許，乃就職。少時懇求外補，得知常州。繇是名重天下，士大夫恨不識其面。朝廷常欲授以美官，惟患其不肯就也。自常州徙提點江南西路刑獄。嘉祐中，除館職、三司度支判官，固辭，不許。未幾，命修《起居注》，辭以新入，館職中先進甚多，不當超處其右。章十餘上，有旨令閤門吏齎敕就三司授之，安石不受，吏隨而拜之，安石避之於厠。吏置敕於案而去，安石使人追而與之。朝廷卒不能奪。歲餘，復申前命，安石又辭，七、八章乃受。尋除知制誥，自是不復辭官矣。」伯温惜其不傳於代，故表出之。

元豐變法之後，重以大兵大獄，天災數見，盜賊紛起，民不聊生。神宗悔之，欲復祖宗舊制，更用舊人，遽厭代未暇，而德音詔墨具在也。司馬温公自與王荆公論不合，不拜樞密副使，退居西洛，負天下重望十五年矣。故哲宗即位，宣仁后同聽政，首起公爲宰相，其於政事不容有回忌也，故公取其害民之尤甚者罷之。王荆公嘗有恙，歎曰：「終始謂新法爲不便者，獨司馬君實耳。」蓋貴其賢而不敢怨也。或謂公曰：「元豐舊臣如章惇、吕惠卿輩皆小人，它日有以父子之義間上，則朋黨之禍作矣，不可不懼。」公正色曰：「天若祚宋，當無此事。」遂改之不疑。嗚呼！公之勇猛，孟軻不如也。若曰當參用元豐舊臣，共變其法，以絶異時之禍，實公所不取也。自國朝治亂論之，曰元祐黨者，豈非天哉！後世得公之言，可以流涕痛哭矣。

熙寧初，朝廷遣大理寺丞蔡天申爲京西察訪，樞密挺之子也。至西京，以南資福院爲行臺，挾其父勢，妄作威福，震動一路。河南尹李師中待制、轉運使李南公等，日亟晚待之甚恭。時司馬溫公判留司御史臺，因朝謁應天院神御殿，天申者獨立一班，蓋尹以下不敢相壓也。既報班齊，溫公呼知班曰：「引蔡寺丞歸本班。」知班引天申立監竹木務官富贊善之下。蓋朝儀位著以官爲高下，朝謁應天院，留臺職也，天申即日行。

司馬溫公爲西京留臺，每出，前驅不過三節。後官宮祠，乘馬或不張蓋，自持扇障日。程伊川謂曰：「公出無從騎，市人或不識，有未便者。」公曰：「某惟求人不識爾。」王荆公辭相位，居鍾山，惟乘驢。或勸其令人肩輿，公正色曰：「自古王公雖不道，未嘗敢以人代畜也。」烏乎，二公之賢多同，至議新法不合絶交，惜哉！

邵伯温《邵氏聞見録》卷一八 熙寧三年，司馬溫公與王荆公議新法不合，不拜樞密副使，乞守郡，以端明殿學士知永興軍。後數月，神宗思之，曰：「使司馬在朝，人主自然無過舉。」移許州，令過闕上殿。公力辭，乞判西京留司御史臺。遂居洛，買園於尊賢坊，以獨樂名之，始與伯溫先君子康節游。嘗曰：「光陝人，先生衛人，今同居洛，即鄉人也。有如先生道學之尊，當以年德爲貴，官職不足道也。」公一日著深衣，自崇德寺書局散步洛水堤上，因過康節天津之居，謁曰程秀才云。既見，溫公也。問其故，公笑曰：「司馬出程伯休父，故曰程。」留詩云：「拜罷歸來抵寺居，解鞍縱馬罷傳呼。紫衣金帶盡脱去，便是林間一野夫。」「草軟波清沙路微，手攜笻杖著深衣。白鷗不信忘機久，見我猶穿柳岸飛。」康節和曰：「冠蓋紛華塞九衢，聲名相軋在前呼。獨君都不將爲事，始信人間有丈夫。」「風背河聲近亦微，斜陽淡泊隔雲衣。一雙白鷺來煙外，將下沙頭卻背飛。」公一日登崇德閣，約康節久未至，有詩曰：「淡日濃雲合復開，碧伊清洛遠縈廻。林間高閣望已久，花外小車猶未來。」康節和云：「君家梁上年時燕，過社今年尚未廻。謂罰誤君凝竚久，萬花深處小車來。」又云：「天啓夫君八斗才，野人中路必須廻。神仙一語難忘處，花外小車猶未來。」康節有《安樂窩中詩》云：「半記不記夢覺後，似愁無愁情倦時。擁衾側卧未欲起，簾外落花撩亂飛。」公愛之，請書紙簾上，字畫奇古，某家世寶之。公與康節唱酬甚多，具載《擊壤集》。公嘗問康節曰：「某何如人？」曰：「君實脚踏實地人也。」公深以爲知言。至康節捐館，公作挽詩二章，其一曰：「慕德聞風久，論交傾蓋新。何須半面舊，不待一言親。講道切磋直，忘懷笑語真。重言蒙蹠實，佩服敢書紳。」記康節之言也。康節又曰：「君實九分人也。」其重之如此。後公以康節之故，遇其孤伯溫甚厚。公無子，以族人之子康爲嗣。康字公休，其賢似公，識者謂天故生之也。公休與伯溫交游益厚，公薨，公休免喪。元祐間方欲大用，亦不幸，特贈諫議大夫。公休有子植，方數歲，公休素以屬伯溫。至范純夫内翰輩皆曰：「將以成溫公之後者，非伯溫不可。」朝廷知之，伯溫自長子縣尉移西京國子監教授，俾植得以卒業，因經紀司馬氏之家。植字子立，既長，其賢如公休，天下謂真溫公門户中人也。亦蚤死，無子，溫公之世遂絶。

司馬溫公初居洛，問於康節，康節曰：「有尹材字處初、張雲卿字伯紀、田述古字明之，三人皆賢。」後處初、明之得進於溫公門下，獨伯紀未見。康節以問公，公曰：「處初、明之之賢如先生言。張君者或聞旅殯其父於和州，久不省，未敢與見。」康節曰：「張雲卿可謂孝矣。雲卿之父謫官死和州，貧不能歸，因寓其喪。雲卿奉其母歸洛，貧甚。府尹哀之，俾爲國子監説書，得月俸七千以養。若爲和州一行，則罷俸數月，將飢其母矣。其故如此。」溫公悵然曰：「某之聽誤矣。」伯紀自此亦從溫公游。未幾，伯紀之母死，徒步至和州迎父柩合葬。三君子既受知溫公，公入相元祐，處初、明之以遺逸命，伯紀以累舉特恩，同除學官。溫公好賢下士，尊用康節之言如此。伯紀學問該洽，文潞公於經史注疏或有遺忘，多從伯紀質之。

邵伯温《邵氏聞見録》卷二〇 傳獻簡公云：「司馬文正公力辭樞近，嘗勉以主上眷意異等，得位庶可行道；道不行，去之可也。」公正色曰：「古今爲此名位所誘，虧喪名節者不少矣。」卒辭不就。文潞公曰：「司馬君實操行，直當求之古人中也。」

葉夢得《石林燕語》卷九 司馬溫公與吕申公素相友善，在朝有所爲，率多以取則。溫公自修起居注召試知制誥，申公亦自外同召。溫公既就試，而申公力辭不至，改除天章閣待制。溫公大悔，自以爲不及。命下凡九章，辭不拜，引申公自比云：「臣與公著同被召，公著固辭得請，而臣獨就職，是公著廉遜，而臣無愧耻也。」朝廷察其誠，因亦除天章閣待制。

葉夢得《石林燕語》卷一〇 司馬溫公自少稱「迂叟」，著《迂書》四十一篇。韓魏公晚號「安陽戇叟」，文潞公號「伊叟」。歐陽文忠公號「六一居士」，以琴、棋、書、酒、集古碑爲五而自當其一，嘗著《六一居士傳》。蘇子瞻謫黄州，號「東

坡居士」，東坡其所居地也。晚又號「老泉山人」，以眉山先塋有「老翁泉」，故云。子由自嶺外歸許下，號「潁濱遺老」，亦自爲傳。家有遺老齋，蓋元祐人至子由，存者無幾矣。

邵博《邵氏聞見後録》卷二一　元豐末，司馬文正《資治通鑑》成，進御。丞相王珪、蔡確見上，問何如？上曰：「當略降出，不可久留。」又咨歎曰：「賢於荀悦《漢紀》遠矣。」罷朝，中使以其書至政事，每葉縫合以睿思殿寶章。睿思殿，上禁中觀書之地也。舍人王震等在省中，從丞相來觀，丞相笑曰：「君無近禁臠。」以言上所愛重者。

邵博《邵氏聞見後録》卷二五　司馬公在洛陽自號迂叟，謂其園曰獨樂園。園卑小，不可與他園班。其曰讀書堂者，數椽屋，澆花亭者，益小；弄水種竹軒者，尤小；見山臺者，高不過尋丈；其曰釣魚菴、采藥圃者，又特結竹梢蔓草爲之。公自爲記，亦有詩行于世，所以爲人欽慕者，不在于園爾。

何薳《春渚紀聞》卷五　紹聖間，朝廷貶責元祐大臣及禁毁元祐學術文字。有言司馬温公《神道碑》乃蘇軾撰述，合行除毁。於是州牒巡尉，毁拆碑樓及碎碑。張山人聞之曰：「不須如此行遣，只消令山人帶一箇玉册官，去碑額上添鐫兩箇不合字，便了也。」碑額本云「忠清粹德之碑」云。

馬永卿《懶真子》卷一　温公之任崇福，春夏多在洛，秋冬在夏縣。每日與本縣從學者十許人講書，用一大竹筒，筒中貯竹簽，上書學生姓名。講後一日，即抽簽令講。講不通，則公微數責之。公每五日作一暖講，一盃、一飯、一麵、一肉、一菜而已。温公先壠在鳴條山，墳所有餘慶寺。公一日省墳，止寺中。有父老五六輩上謁，云：「欲獻薄禮。」乃用瓦盆盛粟米飯，瓦罐盛菜羮，真飯土簋，啜土鉶也，公享之如太牢。既畢，復前啓曰：「某等聞端明在縣，日爲諸生講書，村人不及往聽，今幸略說。」公即取紙筆，書《庶人章》講之。既已，復前白曰：「自《天子章》以下，各有《毛詩》兩句，此獨無有，何也？」公默然少許，謝曰：「某平生慮不及此，當思其所以奉答。」村父笑而去。每見人曰：「我講書曾難倒司馬端明。」公聞之不介意。

馬永卿《懶真子》卷二　温公熙寧、元豐間，嘗往來于陝、洛之間，從者才三兩人，跨驢道上，人不知其温公也。每過州縣，不使人知。一日，自洛趨陝時，陝守劉仲通諱航，元城先生之父也；知公之來，使人迓之，公已從城外過天陽津矣。劉遽使以酒四樽遺之，公不受。來使酷云：「若不受，必重得罪。」公不得已，受兩壺。行三十里，至張店鎮，乃古傅巖故地，於鎮官處借人，復還之。後因於陝之使宅建「四公堂」，謂召公、傅公、姚公、温公，此四公者，皆陝中故事也。唐姚中令，陝之硤石人，今陝縣道中路旁有姚氏墓碑，徐嶠之書并撰。

馬永卿《懶真子》卷四　司馬温公祖塋，在陝府夏縣之西二十四里地，名「鳴條山」，有墳寺，曰「餘慶」，山下即温公之祖居也。僕爲夏縣令日，屢至其處。及十許里有涑水，故温公號「涑水先生」。鳴條山即湯與桀戰之地；去解州安邑縣五十里，乃桀之都也。吕相《絶秦書》曰：「伐我涑川，俘我王官。」以此見秦、晉兩國境上二邑也。涑川即涑水也。王官屬今河中府虞鄉縣，唐末司空表聖隱於王官谷，有天柱峯、休休亭，乃一絶境也。

涑水先生一私印曰「程伯休甫之後」，蓋出於《司馬遷傳》，曰：「重黎世序天地。其在周，程伯休甫其後也。當宣王時，官失其守，而爲司馬氏。」故涑水引用之耳。伯休甫者，其字也。古字一字多矣，如爰絲、房喬、顔籀之類，三字無之。獨本朝有劉伯貢父、劉中原父。或云二人本字貢甫、原甫，以犯高魯王諱，故去「甫」而加「伯」「中」，時人因併三字呼之。此説非也。六一先生作《原甫墓誌》云：「公諱敞，字仲原父，姓劉氏。」「熙寧元年四月八日卒」。以此可知，彼但見錢穆甫以避諱，人或呼爲錢穆，或呼爲穆四，遂併二劉，失之誤矣。

馬永卿《懶真子》卷五　温公私第在縣宇之西北數十里，質朴而嚴潔，去市不遠，如在山林中。廳事前有棣華齋，乃諸弟子肄業之所也。轉齋而東，有柳塢，水四環之，待月亭及竹閣西東水亭也。巫咸榭乃附縣城爲之，正對巫咸山。後有賜書閣，貯三朝所賜之書籍。諸處榜額皆公染指書，其法以第二指尖抵第一指頭，指頭上節微屈，染墨書之。字亦尺許大，如世所見。公生明字，惟巫咸榭字差大爾。園圃在宅之東，温公嘗宿於閣下，東畔小閣，侍吏唯一老僕。一更二點，即令老僕先睡，看書至夜分，乃自掩火滅燭而睡。至五更初，公即自起，發燭點燈著述，夜夜如此。天明，即入宅起居其兄，且或坐於床前問勞，話畢即回閣下。

施德操《北窗炙輠録》卷下　温公每至夜輒焚香告天地曰：「司馬光今日不作欺心事。」夫君子行己固求合於道，既合於道，何必天地知之？而天地亦豈不知，温公何必若此哉？温公之爲此，蓋自警之術也。

朱弁《曲洧舊聞》卷二　元豐初，官制將行，裕陵以圖子示宰執，於御史中丞、執政位牌上，貼司馬温公姓名。又於中書舍人、翰林學士位牌上，貼東坡姓

名。其餘與新政不合者，亦各有攸處。仍宣諭曰：「此諸人雖前此立朝，議論不同，然各行其所學，皆是忠於朝廷也，安可盡廢！」王禹玉曰：「領德音。」蔡持正既下殿，謂同列曰：「此事烏可？須作死馬醫始得。」其後上每問及，但云臣等方商量進擬。未幾宫車晏駕，而裕陵之美意卒不能行。新州之貶，無人名正其罪。紹聖閒黨論一興，至崇、觀而大熾，其貽禍不獨縉紳而已。士大夫有知之者，莫不歎恨也。

朱弁《曲洧舊聞》卷三 蜀公與温公同遊嵩山，各攜茶以行。温公以紙爲貼，蜀公用小黑木合子盛之。温公見之，驚曰：「景仁乃有茶器也。」蜀公聞其言，留合與寺僧而去。後來士大夫茶器精麗，極世閒之工巧，而心猶未厭。晁以道嘗以此語客，客曰：「使温公見今日茶器，不知云如何也。」

朱弁《風月堂詩話》卷下 元豐之末，盜賊蜂起，聞司馬温公入相，衆皆盡散。

吴坰《五總志》 司馬温公昔在西都，每複被獨樂園，動輒經月。諸老時過之，間亦投壺，負者必爲冷淘，然亦未嘗置庖，特呼於市耳。會文潞公守洛，攜妓行春，日邀致公。一日自至獨樂園，吏視公歎息。公怪而詰之，答曰：「方花木盛時，公一出數十日，不惟老却春色，亦不曾看一行書，可惜瀾浪却相公也。」公深愧之。於是遣馬還第，誓不復出。諸老爭來邀公，必以園吏語謝之。公之克己雅素，固絶人遠甚。彼園吏者，亦以突過鄭玄奴婢矣。

張知甫《可書》 司馬温公在政府，每過潞公第，時潞公有門僧乞換道流，因緩頰言之。温公愕然，曰：「吾輩國之大臣，一言一行，四方風俗所繫。此僧既不能終於釋，豈能終於道，來即誅之。」僧聞即遁。

陳長方《步里客談》卷上 徐翼之云：見一老堂吏，言司馬文正在朝堂處置常程事宜，有尋常處忽發一事，便令人心服。

曾慥《高齋漫録》 司馬温公與蘇子瞻論茶、墨俱香云：「茶與墨者正相反。茶欲白，墨欲黑；茶欲重，墨欲輕；茶欲新，墨欲陳。」蘇曰：「奇茶妙墨俱香，是其德同也；皆堅，是其操同也。譬如賢人君子，黔皙美惡之不同，其德操一也。」公笑以爲然。

王明清《揮麈録・後録》卷六 司馬温公元豐末來京師，都人疊足聚觀，即以相公目之，馬至於不能行。謁時相於私第，市人登樹騎屋窺瞰。人或止之，曰：「吾非望而君，所願識者司馬相公之風采耳！」呵叱不退，屋瓦爲之碎，樹枝爲之折。一時得人之心如此。

温公在相位，韓持國爲門下侍郎。二公舊交相厚，温公避父之諱，每呼持國爲秉國。有武人陳狀省中，詞色頗厲，持國叱之曰：「大臣在此，不得無禮。」温公作皇恐狀曰：「吾曹叨居重位，覆餗是虞，詎可以大臣自居邪？秉國此言失矣，非所望也。」持國愧歎久之。於此亦見公之不自矜也。李粹伯云。

徐度《卻掃編》卷中 國朝以來，凡政事有大更革，必集百官議之，不然猶使各條具利害，所以盡人謀而通下情也。熙寧初，議貢舉、北郊猶如此，後厭其多異同，不復講。及司馬温公爲相，欲增損貢舉之法，復將使百官議，因自建經明行修使朝官保任之法，欲并議之，草具將上，光與范丞相謀，范公曰：「朝廷欲求衆人之長，而元宰光之，似非明夷涖衆之義。若已陳此書，而衆人不隨，則虚勞思慮，而失宰相體。若衆人皆隨，則相君自謂莫已若矣，然後諂子得志于其間，而衆人默而退，媢者既多，使人或自信如莫已若矣，前車可鑒也。不若清心以俟衆論，可者從，不可者更俟衆賢議之。如此則逸而易成，有害亦可改而責議者矣。若先漏此書之意，則諂者更能增飾利害，迎于公之前矣。」温公不聽，卒白而行之。《范氏家集》載此書甚詳。

徐度《卻掃編》卷下 陝人薛公度言，少時猶及見司馬温公，自洛中來夏縣上，家鄉人皆集，父老或請曰：「願聞資政講書，以爲鄉里之訓。」公欣然爲講《孝經・庶人章》。

司馬温公編修《資治通鑑》，辟劉貢甫、范純夫、劉道原爲屬，兩漢事則屬之貢甫，唐事則屬之純夫，五代事則屬之道原，餘則公自爲之，且潤色其大綱。書成，道原復類上古至周威烈二十二年以前事，爲《通鑑前紀》，又將取國朝事爲《後紀》。《前紀》既成而病，自度《後紀》之不復可成也，更《前紀》爲《外紀》。

周煇《清波別志》卷下 劉蒙賢良，書干司馬温公，乞以鬻下一婢之貲五十萬以濟其貧。又責公不效韓退之所爲，蓋己欲爲劉叉之攫金也。公復書，其略曰：某家居，食不敢常有肉，衣不敢純衣帛，何敢以五十萬市一婢乎？又曰：退之文爲天下貴，故當時王公碑碣靡不請焉，受其厚謝，隨散之親舊以行義。某豈敢望退之哉！一書千餘言，遜謝甚苦，訖無一語詆其妄。舊傳公未有子，清河郡君爲置一妾。一日，乘閒俾盛飾入書室，覬一顧。而公略不領，妾思所以嘗之，取一帙問曰：「中丞，此是何書？」公拱手莊色對曰：「此是《尚書》。」妾乃逡巡而退。公嘗答孫察爲其伯之翰求銘誌，書歷敘多年不爲人作碑志，所辭拒者數

十家。後復辭劉原父垂絶之託，於《十國紀年序》載之甚詳。以是知買婢之貲、撰碑之謝，公豈有之？蒙既登公門，公之介特真淳豈不素知，顧乃鑿空而舉二事，非公宏度，孰能非意理遣，一笑容之乎？

洪邁《容齋隨筆》卷一五 世傳孔毅甫《野史》一卷，凡四十事，予得其書於清江劉靖之所，載趙清獻爲青城宰，挈散樂妓以歸，爲邑尉追還，大慟且怒，又因與妻忿爭，由此惑志。文潞公守太原，辟司馬温公爲通判，夫人生日，温公獻小詞，爲都漕唐子方峻責。歐陽永叔、謝希深、田元均、尹師魯在河南，携官妓游龍門，半月不返，留守錢思公作簡招之，亦不答。范文正與京東人石曼卿、劉潛之類相結以取名，服中上萬言書，甚非言不文之義。蘇子瞻被命作《儲祥宫記》，大貂陳衍幹當宫事，得旨置酒與蘇高會，蘇陰使人發，御史董敦逸即有章疏，遂墮計中。又云子瞻四六表章不成文字。其它如潞公、范忠宣、吕汲公、吴沖卿、傅獻簡諸公，皆不免譏議。予謂決非毅甫所作，蓋魏泰《碧雲騢》之流耳。温公自用龐潁公辟，不與潞公、子方同時，其謬妄不待攻也。靖之乃原甫曾孫，佳士也。而跋是書云：「孔氏兄弟，曾大父行也。思其人欲聞其言久矣，故録而藏之。」汪聖錫亦書其後，但記上官彦衡一事，豈弗深考云。

吴曾《能改齋漫録》卷一三 神宗嘗謂吕正獻公晦叔曰：「司馬光方直，其如迂闊何？」吕曰：「孔子上聖，子路猶謂之迂。孟軻大賢，時人亦謂之迂。況光豈免此名？大抵慮事深遠，則近于迂矣。願陛下更察之。」

陸游《老學庵筆記》卷一〇 紹聖、元符之間，有馬從一者，監南京排岸司。適漕使至，隨衆迎謁。漕一見怒甚，即叱之曰：「聞汝不職，未欲按汝，何以不亟去？尚敢來見我耶！」從一皇恐，自陳湖湘人，迎親竊禄，求哀不已。漕察其語南音也，乃稍霽威云：「湖南亦有司馬氏乎？」從一答曰：「某姓馬，監排岸司耳。」漕乃微笑曰：「然則勉力職事可也。」初蓋誤認爲温公族人，故欲害之。自是從一刺謁，但稱監南京排岸而已。傳者皆以爲笑。

葉紹翁《四朝聞見録》甲集 今南屏山興教寺磨崖《家人卦》、《中庸》、《大學》篇，司馬公書，《新圖經》不載。錢唐自五季以來，無干戈之禍，其民富麗，多淫靡之尚，其于齊家之道或缺焉。故司馬書此以助風教，非偶然爲之也。今南屏遂爲焚櫬之場，莫有登山摩挲苔石者。

趙善璙《自警編》卷五 司馬光爲相，每詢士大夫私計足否。人怪而問之，光曰：「儻衣食不足，安肯爲朝廷而輕去就耶！」

周密《齊東野語》卷二〇 坡公《獨樂園》詩云：「兒童誦君實，走卒知司馬。」京師之貪汙不才者，人皆指笑之曰：「你好箇司馬家。」文潞公留守北京日，嘗遣人入遼偵事。回見遼主大宴群臣，伶人劇戲作衣冠者，見物必攫取懷之。有從其後以物仆之，云：「汝司馬端明邪？」是雖夷狄亦知之，豈止兒童走卒哉！宣和間，徽宗與蔡攸輩在禁中自爲優戲，上作參軍趨出。攸戲上曰：「陛下好箇神宗皇帝。」上以杖鞭之云：「你也好箇司馬丞相。」是知公論在人心，有不容泯者如此。

張端義《貴耳集》卷上 獨樂園，司馬公居洛時建。東坡詩曰：「青山在屋上，流水在屋下。中有五畝園，花竹秀而野。」有園丁吕直，性愚而鯁，公以直名之。夏月遊人入園，微有所得，持十千白公，公麾之使去。後幾日，自建一井亭，公問之，直以十千爲對，復曰：「端明要作好人，在直如何不作好人。」可以爲渡江以來相府廝役者之勸。

張端義《貴耳集》卷中 司馬公語元城曰：「因看《三國志》，識破一事，曹公平日之姦，至此盡矣。臨死作遺令，令者世之遺囑也，操之遺令，諄諄數百言，下至分香賣履之事，家人婢妾無不處置，獨禪代之事，此子孫自爲，吾未嘗教爲之，實以天下遺子孫，自享漢臣之名，奸雄雖死，亦有術也。操夜卧圓枕，啖野葛尺許，飲酖酒至一盞，恐人報已，揚此聲以誑人，遺令又揚此聲以誑後世。」

張光祖《言行龜鑑》卷六 安石爲相，行新法，置條例司，拜司馬公樞密院副使，公力辭至六七，卒不受命，則以書喻安石：「忠信之士於公當路時雖齟齬可憎，後必徐得其力；諂諛之人於今誠有順適之快，一旦失勢，必有賣公以自售者。」意謂吕惠卿。對賓客輒指言之曰：「覆王氏者，惠卿也。小人本以勢利合，勢傾利移，何所不至？」其後六年而惠卿叛安石，上書告其罪，苟可以覆王氏者，靡不爲也。由是天下服公先知。

備論

《宋史》卷三三六《司馬光傳》 論曰：「熙寧、元豐之際，天下賢士大夫望以爲相者，鎮與司馬光二人，至稱之曰君實、景仁，不敢有所軒輊。光思濟斯民，卒任天下之重；鎮嶷然如山，確乎其不可拔。君子之道，或出或處，易地則皆然，

未易以功名優劣論也。

王稱《東都事略》卷八七下《司馬光傳》 臣稱曰：君子之用世也，惟人心豈可以强得哉？湛然無欲而推之以至誠，斯天下歸仁矣。光以忠事仁宗，而大計以定；以義事英宗，而大倫以正；以道事神宗，而大名以立；以德事哲宗，而大器以安。方其退居于洛也，若與世相忘矣。及其一起，則澤被天下。此無他，誠而已。誠之至也，可使動天地、感鬼神，而況於人乎？故其生也，中國四夷望其用；及其死也，罷市巷哭思其德。其能感人心也如此，是豈人力所致哉？自古未之有也。

吕中《類編皇朝大事記講義》卷一九《元祐君子》 天將禄人之國，必先祚其君子；天將以元豐爲元祐，則使司馬光獲相于初元；天將使元祐爲紹聖，則不使司馬光憖遺于數歲。當是時，新法已多變矣，然君子未盡用也，小人未盡去也。公薨于今日，而黨議已兆于明日。使光尚在，則君子尚有所立，必無朋黨之禍，必無報復之事。一身之存亡，二百年治亂之係也！

藝文

范純仁《范忠宣公集》卷一一《祭司馬温公文》 維元祐元年歲次丙寅九月戊戌朔二十九日甲申，中大夫、同知樞密院事、上柱國范某，謹以清酌庶羞之奠，致祭於故贈太師、温國公之靈。嗚呼！天祚有邦，俾之元龜。篤生我公，爲世父師。夷、齊之清，淵、騫之德。子産之惠，叔向之直。人有其一，足以成名。公兼衆德，乾乾不寧。九流百家，金匱石室。鉤索沈隱，裁其失得。根柢治亂，經論皇極。作爲文章，有書秩秩。寶圭大裘，望之肅然。冬陽夏冰，赴者争先。仁、英兩朝，煌煌厥聲。國有正人，折姦於萌。荏苒者木，求直於繩。我公盡規，君心則寧。赫赫神考，體貌有德。公獻其可，嚴嚴翼翼。言有未用，不敢愛爵。深衣幅巾，歸休於洛。公則休矣，四方顒顒。君子野人，洎於他邦。聞風懷歸，於父於兄。天施不齊，或怨寒暑。公獨何施，四海一譽。元豐之末，國有大事。穆穆文母，佑我聖嗣。爰立作相，媚於神人。我公在廷，其重千鈞。士賀於朝，民歌於廛。農慶於野，兵休於邊。燠爾慄寒，養其饑孱。無痏於肌，無莠於田。培其本根，枝葉則茂。豈曰我作，憲章惟舊。於赫聖考，左右上帝。休公於家，實遺聖子。《卷耳》思賢，夙夜周京。不惑不疑，成此太平。公之去來，人之戚嬉。非人戚嬉，帝之從違。豈人事耶？天實爲之。某不才，辱公知深。人之相知，貴相知心。唯公我知，洞達表裏。采其所長，謂或可使。申固義好，丘山不移。匪我則然，公實取之。泚泚清洛，獨樂之園。嘉藥春敷，修竹夏寒。清酌傏然，我招我從。琅琅嘉言，有銘在躬。朝聽過實，備位樞機。入與國論，獲親風規。六七年間，爲益不貲。私祈白首，從公以歸。憂勞傷生，公既遘疾。庶幾有瘳，卒相王室。國祠既誓，公以喪聞。我心之悲，不獲走門。入哭於室，公既大斂。終天永違，不一見面。人生有死，如旦夜耳。曾子將没，知免而喜。公身既修，公志既畢。既壽令終，無一或失。有如公者，古今萬一。我每念此，紓心之悲。猶有鬼神，實聞我辭。嗚呼哀哉！

《蘇軾文集》卷四四《故贈太師追封温國公司馬光安葬祭文》 嗚呼！元豐之末，天步惟艱。社稷之衛，中外所屬。惟是一老，屏予一人。名高當世，行滿天下。措國於太山之安，下令於流水之源。歲月未周，紀綱略定。天若相之，又復奪之。殄瘁不哀，古今所共。知之者神考，用之者聖母。馴致其道，太平可期。長爲宗臣，以表後世。往奠其葬，庶知予懷。

《蘇軾文集》卷六三《祭司馬君實文》 左僕射贈太師温公之靈。嗚呼！百世一人，千載一時。惟時與人，鮮偶常奇。公事仁宗，百未一施。獨發大議，惟天我知。厚陵之初，先事而規。帝欲得民，一尊無私。母子之間，莫如孝慈。人所難言，我則易之。神宗知公，敬如蓍龜。專談仁義，輔以書詩。枉尺直尋，願公少卑。公曰天子，舜禹之姿。我若言利，非天誰欺。退居于洛，四海是儀。化及豚魚，名聞乳兒。二聖見公，曰予得師。付以衡石，惟公所爲。公亦何爲，視民所宜。有莠則鋤，有疾則醫。問疾所生，師老民疲。和戎上策，決用無疑。此計一定，太平可基。譬如農夫，既闢既菑。投種未粒，矧穫而炊。賓客滿門，公以疾辭。不見十日，入哭其帷。天爲雨泣，路人垂洟。畫像于家，飲食必祠。矧我衆僚，左右疇咨。共載一舟，喪其楫維。終天之訣，寧復來思。歌此奠章，以侑一巵。嗚呼哀哉！

蘇轍《欒城集》卷二六《代三省祭司馬丞相文》 嗚呼！元豐末命，震驚四方。號令所從，帷幄是望。公來自西，會哭於廷。搢紳咨嗟，復見老成。太任在位，成王在左。曰予惸惸，誰卹予禍？白髮蒼顔，三世之臣。不留相予，孰左右民？公出於道，民聚而呼。皆曰吾父，歸歟歸歟！公畏莫當，遄反洛師。授之宛

丘，實將用之。公之來思，岌然特立。身如槁木，心如金石。時當宅憂，恭默不言。一二卿士，代天斡旋。事棼如絲，衆比如櫛。治亂之幾，間不容髮。公身當之，所恃惟誠。吾民苟安，吾君則寧。以順得天，以信得人。鉏去太甚，復其本原。白叟黄童，織婦耕夫。庶幾休焉，日月以須。公乘安輿，入見延和。裕民之言，之死靡他。將享合宫，百辟咸事。公病於家，卧不時起。明日當齋，公訃莫聞。天以雨泣，都人酸辛。禮成不賀，人識君意。龍衮蟬冠，遂以往襚。公之初來，民執弓矛。逮公永歸，既耕且耰。公雖云亡，其志則存。國有成法，朝有正人。持而守之，有進毋隕。匪以報公，維以報君。天子聖明，神母萬年。民不告勤，公志則然。死者復生，信我此言。嗚呼哀哉！尚饗。

程顥、程頤《二程集・河南程氏文集》卷一一《爲家君祭司馬温公文》　嗚呼！公乎！誠貫天地，行通神明。徇己者私，衆口或容於異論；合聽則聖，百姓曾無於閒言。老始逢時，心期行道；致君澤物，雖有志而未終；救弊除煩，則爲功而已大。何天乎之不弔，斯人也而遽亡！溥天興殄瘁之悲，明主失倚毗之望。如其可贖，人百其身。死生既極於哀榮，名德永高於今古。藐茲羸老，夙被深知；撫柩興哀，聊陳薄奠。

范祖禹《范太史集》卷三七《祭司馬文正公文》　維元祐元年，歲次柔兆攝提格，九月丙辰朔，二十五日庚辰，門生具官范某，謹以深衣肴酌之奠，敬祭於太師温國公之靈。嗚呼！賢哲之生，得天粹精。伊尹之任，伯夷之清。惟公兼之，以集厥成。孝悌之性，感於神明。立於朝廷，乃見大節。莫堅金石，莫明日月。金鑠石毀，日昃月闕。公之忠誠，確不可奪。山有時而裂，谷有時而竭。玉有時而折，斧有時而缺。公之義烈，直不可屈。是故三公之位不能貴，萬鍾之禄不能富。公貴以德，公富以義。公所自有，非由外致。天下之士，聞公之風，貪者廉，懦者有立志。其流波之所激，餘風之所被，千世之下，猶將興起。充塞天地，外格夷狄。無有遠邇，愛戴如一。三尺之童，服公忠實。跂行喙息，被公德澤。進以天下，退以天下。凡民休戚，繫公用舍。爰立作相，六合鼓舞。如熱得濯，如饑得哺。曰明明天子，聖后惟母，子育我黎民，卑茲哲輔。盡瘁憂勤，不知有身。終食之間，不忘愛君。假寐之頃，亦常在民。遑恤其病，以至於歿。孰有如公，以身殉國。某自爲布衣，辱公之知。教誨成就，義兼父師。昔聞於公，生欲不欺，死欲不愧。奉以周旋，其敢失墜。從公在洛，十有三年。忝命還都，公入陶甄。謂别復合，如形影然。公今喪歸，乃始長乖。流慟何及，終天永懷。昔者子貢，築室於場。嗟今不能，撫己隕傷。薄奠矢辭，公乎不亡。尚饗！

范祖禹《范太史集》卷三七《又祭文正公文》　元祐二年正月闕日，門生范某，敬以清酌時羞之奠，祭於太師温國文正公。惟公静也嶽立，動也川鶩。宅道之奥，操治之具。舉而措之，事不愆素。期年而定，忽失其據。二聖軫悼，萬民思慕。愈久愈深，惟誠之著。峴首墮淚，蜀人野祭。方之今日，曾未足紀。某蚤以諸生，辱公之知。從公半世，以及長辭。日月其逝，宅兆已卜。義當奔走，千里赴哭。官守有常，又義不得。公之風烈，在於天下。一話一言，爲法來者。有狀有銘，有贈有謚。顧惟小子，復何述矣。猶當執筆，傳公行事。詳記實書，以待良史。寓奠告公，鑑此精意。尚饗！

范祖禹《范太史集》卷三七《祭文正公墓文》　維紹聖元年，歲次(戊)〔甲〕戌，七月庚子朔，門人龍圖閣學士、左朝奉大夫、前知陝州軍府事范某，謹以香幣時羞之奠，昭告於太師温國文正公。道有至公，德不以力。衆所同然，大不可易。古之聖哲，以衆爲師。衆不我秘，亦不我欺。匪力可致，惟誠之爲。伯夷之清，柳下之潔。三尺之童，莫不心悦。如彼白日，幽必見之。又如雷霆，隱必聞之。惟公之名，溥被四海。本其一心，罔有内外。著之簡册，發爲事功。加於生民，澤浸無窮。公初爲相，夷狄咸喜。公没於府，海濱來祭。歷考前世，名德之宰。三代以來，蓋未之有。某自昔從公，十有七載。今守是邦，歲月其邁。入敬公里，遺烈如在。近望公墓，不獲展拜。寫誠於文，薦此清酌。尚饗！

曾肇《曲阜集》卷三《代范樞密祭温公文》　嗚呼！天祚有邦，畀之元龜，篤生我公，爲世父師。夷、齊之清，淵、騫之德，子産之惠，叔向之直。人擅其一，足以成名，公兼衆德，乾乾不寧。九流百家，金匱石室，鉤索沉隱，裁其失得。根柢治亂，經綸皇極，作爲文章，有書秩秩。玄圭大裘，望之肅然，冬暘夏水，赴者爭先。仁、英兩朝，鍠鍠厥聲，國有正人，折姦于萌。荏染柔木，求直于繩，我公盡規，君心則寧。烈烈神考，體貌有德，公獻其可，巖巖翼翼。言有未用，不敢受爵，深衣幅巾，歸休於洛。君則休矣，四方顒顒，君子野人，洎于他邦，聞風懷歸，于父于兄。天施不齊，或怨寒暑，公獨何施，四海一舉。元豐二年，國有人事，穆穆文母，宥我神嗣。爰立作相，媚于神人，我公在庭，其重萬鈞。士賀于朝，民歌于廛，農慶于野，兵休于邊。澳爾慄寒，養其饑孱，無痏于肌，無休于田。培其本根，枝葉則茂，豈曰我作，憲章惟舊。於赫聖考，左右上帝，休公于家，實遺聖子。卷耳思賢，夙夜周京，不惑不疑，成此太平。公之去來，人之戚嬉，人之戚嬉，帝

之從違。豈人事耶，天實爲之。純仁不才，辱公之深。人之相知，貴相知心。惟公我知，洞達表裏，采其所長，謂或可使。申結義好，丘山不移，匪我則然，公實取之。泚泚清洛，獨樂之園，嘉華春蕚，修竹夏寒。清酌倫然，我招我從，琅琅嘉言，有銘在躬。朝偶乏人，備位樞機，入與國論，獲親風規。六七年間，爲益不貲，私祈白首，從公以歸。憂勞傷生，公既遘疾，庶幾有瘳，卒相王室。國祠既誓，公以喪聞，我心之悲，不獲至門。入哭于室，公既大斂，終天之情，不見一面。人生有死，如旦夜耳，曾子將殁，知免而喜。公身既修，公志既畢，既壽令終，無有其失，有如公者，古今萬一。任重道遠，税駕于兹，庶幾念此，以紓我悲。猶有鬼神，實聞我辭。

黄庭堅《黄庭堅全集·正集》卷六《司馬文正公挽詞四首》　元祐開皇極，功歸用老成。惟深萬物表，不令四時行。日者傾三接，天乎奠兩楹。堂堂寧復有，埋玉慟佳城。

國在多艱日，人如大雅詩。忠清居没世，孝友是生知。加璧延諸老，櫜弓撫四夷。公身與宗社，同作太平基。

獻納無虚日，居然迹已陳。清班區玉石，寶曆順星辰。更化思鳴鵙，遺書似獲麟。易名無異論，今代兩三人。

毁譽蓋棺了，于今名實尊。哀榮有王命，終始酌民言。蟬冕三公府，深衣獨樂園。平生兩無累，憂國愛元元。

晁補之《雞肋集》卷六〇《國子監祭司馬温公文》　維元祐元年九月日，具官某等，謹以清酌庶羞之奠，致祭于故丞相司馬公之靈曰：嗚呼公乎！寬栗柔立，根于明誠，進禮退義，世爲重輕。千乘不居，古稱好名，公乎不然，志合則行。布被脱粟，他人爲詐，公乎不然，則以身化。公卧洛師，閉關却掃，深衣講道，將以是老。公歸朝廷，路車乘馬，扶携襁負，民拜于野。聖母神孫，在宫載祗，公率其官，正人具來。誠心行義，令出而聽，國安九鼎，大勢已定。民以法治，法勝則煩，譬如魚噞，則清其源。賣刀緣畝，盜豈得發？苟無欲之，雖賞不竊。裴公處内，如不勝衣，問其貌年，威行四夷。楊公入輔，曾未幾何，毁第減騶，人去其華。忘身憂國，晚以骨立，生非其厚，所愛民力。有來遠縣，廢食與言，問民而殁，反席未安。帝祇合宫，公薨訃聞，徹尊往臨，追胙故温。公薨季秋，甲戌暮雪，民憂歲寒，相諺未褐。聞諸道路，信有斯言，曰公在天，胡俾我寒？以勞定國，人曰宜享，何以知之，家有公像。生爲民望，其殁亦神，公乎何憾，悲者世人！尚饗。

周紫芝《太倉稊米集》卷四三《司馬温公畫像贊》　瘠然其似枯，何先生之癯，而四海之腴也。愀然其似愁，何先生之憂，而四海之休也。至於疾惡如讎，惡佞似賊，則其風凛然，蓋古之遺直也。《詩》不云乎：「人之云亡，邦國殄瘁。」拜此典刑，潸焉出涕。

朱熹《晦庵先生朱文公文集》卷七六《資治通鑑舉要曆後序》　清源郡舊刻温國文正公之書，有文集及《資治通鑑舉要曆》，皆八十卷。曆篇之首，有紹興參知政事上蔡謝公克家所記，於其删述本指、傳授次第以及宣取投進所以然者甚悉。然其傳布未甚廣，而朝命以其版付學省，則下吏不謹，乃航海而没焉。獨文集僅存，而歷數十年未有能補其亡者。淳熙壬寅，公之曾孫龍圖閣待制伋來領郡事，始至而視諸政府，則文集者亦已漫滅而不可讀矣。乃用家本讎正，移之别板，且將次及《舉要》之書而未遑也。一日，過客有以爲言者。龍圖公矍然曰：「吾固已志之矣。」亟命出藏本刻焉。踰年告成，則又以書來語熹曰：「是書之成，不惟區區得以嗣承先志而修此邦故事之闕，抑亦吾子之所樂聞也。其爲我記其後。」熹竊聞之，《資治通鑑》之始奏篇也，神宗皇帝實親序之，則既有「博而得要，簡而周事」之褒矣。然公之意猶懼夫本書之所以提其要者有未切也，於是乎有《目録》之作，以備檢尋。既又懼夫目之所以周於事者有未盡也，於是乎有是書之作，以見本末。蓋公之所以愛君忠國、稽古陳謨之意，丁寧反復，至于再三而不能已者，尤於此書見之。顧以成之之晚，既未及以聞于上，而黨論繼作，科禁日繁，則又不得以布于下。是以三十餘年之間，學士大夫進而議於朝，退而語於家，皆不克以公書從事。而背道反理之言盈天下，其效至於讒諛得志，上下相蒙，馴致禍亂，有不可忍言者。然後公凡所陳符驗章灼，而其出於煨燼之餘者，乃得進登王府，啓迪天衷，既以助成皇家再造之業，而其摹印誦習又得以垂法戒於無窮。蓋公之志，於此亦庶幾少伸焉。不幸中間又更放失，以迄于今，乃有聞孫適守兹土，然後復得大傳於世，以永休烈。熹誠樂聞其事，而又竊有感焉，因悉著其説以附書後。後之君子盍亦視其書之顯晦而考其所以關於時運者爲如何，則公之所爲反復再三而不能自已之心，當有可爲太息而流涕者矣。十有一年冬十有一月乙未日南至，新安朱熹敬書。

朱熹《晦庵先生朱文公文集》卷八三《跋司馬文正公通鑑綱要真蹟》　右司馬文正公手書楚漢間事一卷，疑是《通鑑目録》草稿。然又加以總目，則今本所無。且别有「綱要」之名，不知又是何書也。嗚呼！公之願忠君父、陳古納誨之

心，可謂切矣。竊觀遺跡，三復敬歎，敢識其後云。

王十朋《梅溪集·前集》卷一一《司馬温公》　宋二百年，名臣輩出。孰爲第一？咸曰君實。田夫野老，識其遺風。至今猶語，司馬相公，以手加額，涕泗亡從。

袁説友《東塘集》卷一九《跋張季長同年所藏司馬温公通鑑漢元年藁》　予嘗與師友論《通鑑》漢高祖元年十月下不書五星聚東井之文，此正温公明漢史傅會之失也。魏高允謂金水二星常附日而行，冬十月旦日在尾箕，昏没於申南，而東井方出於寅北，何因背日而行？崔浩因之以驗其言，則五星乃前三月聚東井，非十月也。是時高祖未入關，不足爲興王之符，史臣傅會明矣。唐武德初，二星聚於奎，亦以爲唐興之應。然是時唐已革隋，其應後時矣。天寶、大曆間，或五星聚於尾箕，或再出於東方，皆青齊之分。然是時乃有安、史、朱泚、懷恩之變，謂星爲唐而聚耶？非也。史臣侈瑞以同傅會，前後一律也。故曰：「盡信書，不如無書。」去歲侍講金華，當時講官誦《通鑑》至漢高祖元年事，予亦嘗推明此説。兹來成都，同年張季長示以温公所修《通鑑》藁，則高祖元年藁也。舊史五星聚東井蓋爲異事，而温公獨削之弗録，是蓋《春秋》筆也，豈後史臣所能萬一哉！人之觀《通鑑》者，當自識之。

陸游《渭南文集》卷二五《書通鑑後》　司馬丞相曰：「天地所生，財貨百物，止有此數，不在民則在官。」其説辯矣，理則不如是也。自古財貨，不在民又不在官者，何可勝數？或在權臣，或在貴戚近習，或在强藩大將，或在兼并，或在老釋。方是時也，上則府庫殫乏，下則民力窮悴。自非治世，何代無之？若能盡去數者之弊，守之以悠久，持之以節儉，何止不加賦而上用足哉！雖捐賦以予民，吾知無不足之患矣。彼桑弘羊輩，何足以知之。然遂以爲無此理，則亦非也。

周世宗既服江南，諭使修守備。《通鑑》以爲近于大邦畏其力，小邦懷其德，是比之文王也。方是時，世宗將有事于燕晉，其謀以爲若南方有變，雖不能爲大害，然北伐之師，勢亦不得不還，故先思有以安江南之心，又疲其力于大役，使不得動。比北伐成功，江南折箠可致矣。此世宗本謀也，遽謂之近于文王，豈不過哉！然世宗之謀，則誠奇謀也。蓋先取淮南，去腹心之患，不乘勝取吴、蜀、楚、粤，而舉勝兵以取幽州。使幽州遂平，四方何足定哉！甫得三關，而以疾歸，則天也。其後中國先取蜀、南粤、江南、吴越、太原，最後取幽州，則兵已弊于四方，而幽州之功卒不成。故雖得諸國，而中國之勢終弱，然後知世宗之本謀爲善也。

名。

葉適《水心文集》卷九《司馬温公祠堂記》　公，河内人，生於光州，因以爲名。紹熙三年，太守王侯聞詩改祠公郡東堂。光邊遠極陋，民之智識不足於耕殖，而何暇知公之仁！雖然，公自元祐以來，由京師達四方，家繪其像，飲食皆祝，非必師友士大夫能敬公而已。公之鄉已不得見，因其嘗生也，表厲尊顯，以明尚賢治民之本旨，此侯之志歟！自王迹泯而聖賢之德業不著，士負所有而就功名，以爲凡用世操術，必將有異於人而後可。故或詭譎其身而出處亂，封大其欲而廉隅失；朴拙稱任重，跌宕爲豪英；寡學多惷，謂之有力，先從後畔，自許知權。其謬於情性倫理，固亦多悔，而猶强忮堅忍以冀其成者，蓋道德壺而流俗驅靡之然矣。公子弟力學，進士起家，州佐從辟，官使承事，猶常人爾。充實積久，而廉夫畏其潔，高士則其操，儒先宗其學，去就爲法故，步趨中繩墨，用舍進退關乎民心，爲宋元臣。至於深衣幅巾，退然山澤之間，誠意至義，不敢加一豪於嬰兒下走，而同其吉凶憂樂之變，豈必殊特自許，謂當離類絶倫，與人異趣者哉！若夫比並伊、吕，配擬經訓，使人主降屈體貌，自以聖人復出。及其造事改法，衆所不向，天下大擾，而公以身爭之，稍還其舊以便民。小人比而怨公，遂納善士於朋黨而指公爲魁傑，追斥崖上，刻名堅石。播之外朝，士皆燬廬滅迹，同族廢錮。當是時，天象錯戾，碑首仆裂。其後女真入中國，海内横流，余讀《實録》，至靖康元年二月壬寅詔贈公太師，未嘗不感憤淚落也。蓋是非邪正，久鬱不伸，至使夷狄駕禍以明之而後止。然則公獨夫之力豈能動天，而天人之際何其可畏若是哉！余是以因侯之作，併論次，以明聖賢之德業不在彼而在此也。

張栻《南軒集》卷三三《跋泰陵祭温公文稿》　嗚呼！此泰陵誄司馬丞相之辭也。歲未及期，綱紀略定，用賢之有益於國也如此。蓋此未期歲之間，非特足以開元祐一時之治，而所以培植邦本，祈天永命者至矣。嗚呼盛哉！後八十有六年，具位張某謹書。

扈仲榮等《成都文類》卷三五《司馬温公祠堂記》　故諫議大夫司馬君池，以某年作尉郫邑。越明年某月，生公于官廨，字之曰岷，以山稱也。是歲，諫議君手植松柟各一本於庭，迨今凡若而年。自諫議之卒，骨已朽矣，公相繼殂落，靈亦歸矣；而二木之中，其一松者亦枯摧矣。唯是兹柟，蒼蒼猶在，邦人依之，尚可想見公初生時也。公之遺德在天下，名在後世，行事在國史，固一代偉人也。當其道未合之初，天子敬之而不用，權臣憚之而不親，天下仰之而不濟，不獨其身見黜於朝廷，波及遺言，亦見抑於死後者凡數十載。則松之不變，而柟之不

録，固其宜也。

邇來世道頓革，士風漸回，上自朝廷，下逮黎庶，咸知公議之不可破，而公之言爲不可抑。於是朝廷旌其家，學士誦其書，後生想像其風采而不可得，則又丹青肖形以寫瞻慕者，無室不有。公之道蓋大明於天下矣。思其人，愛其樹，又理之必然者。

於是邑丞李公作堂以嚴公之祭，護木以永公之思，蓋從人望者。枏之青青，公生在兹，邦人是榮；祠之翼翼，公象在兹，後生是式。公之道彰矣，不假於一枏，而兹枏實託公以不朽；公之道傳矣，不私於一邑，而兹邑實賴公以不辱。枏之喬斤焉而彫，惟公之道磨天地而不銷；枏之節斧焉而缺，惟公之道涸河海而不竭。則兹堂之建，非以嚴公也，乃以爲護枏之標榜；兹枏之愛，非以榮公也，乃以榮邑之冠冕。堂之毁，公不毁也，枏則毁矣；枏之辱，公不辱也，郫則辱也。嗟乎，郫之民、郫之吏，繼今而後者，其善護兹木乎！

呂公著部

綜述

《宋史》卷三三六《呂公著傳》 呂公著字晦叔，幼嗜學，至忘寢食。父夷簡器異之，曰：「他日必爲公輔。」恩補奉禮郎，登進士第，召試館職，不就。通判潁州，郡守歐陽脩與爲講學之友。後脩使契丹，契丹主問中國學行之士，首以公著對。判吏部南曹，仁宗奬其恬退，賜五品服。除崇文院檢討、同判太常寺。壽星觀營真宗神御殿，公著言：「先帝已有三神御，而建立不已，殆非祀無豐昵之義。」進知制誥，三辭不拜。改天章閣待制兼侍讀。

英宗親政，加龍圖閣直學士。方議追崇濮王，或欲稱皇伯考，公著曰：「此真宗所以稱太祖，豈可施於王。」及下詔稱親，且班諱，又言：「稱親則有二父之嫌，王諱但可避於上前，不應與七廟同諱。」呂誨等坐論濮王去，公著言：「陛下即位以來，納諫之風未彰，而屢絀言者，何以風示天下？」不聽。遂乞補外，帝曰：「學士朕所重，其可以去朝廷？」請不已，出知蔡州。

神宗立，召爲翰林學士、知通進銀臺司。司馬光以論事罷中丞，還經幄。公著封還其命曰：「光以舉職賜罷，是爲有言責者不得盡其言也。」詔以告直付閤門。公著又言：「制命不由門下，則封駁之職，因臣而廢。願理臣之罪，以正紀綱。」帝諭之曰：「所以徙光者，賴其勸學耳，非以言事故也。」公著請不已，竟解銀臺司。

熙寧初，知開封府。時夏秋淫雨，京師地震。公著上疏曰：「自昔人君遇災者，或恐懼以致福，或簡誣以致禍。上以至誠待下，則下思盡誠以應之，上下至誠而變異不消者，未之有也。惟君人者去偏聽獨任之弊，而不主先入之語，則不爲邪説所亂。顔淵問爲邦，孔子以遠佞人爲戒。蓋佞人惟恐不合於君，則其勢易親；正人惟恐不合於義，則其勢易疏。惟先格王正厥事，未有事正而世不治者也。」禮官用唐故事，請以五月御大慶殿受朝，因上尊號。公著曰：「陛下方度越漢、唐，追復三代，何必於陰長之日，爲非禮之會，受無益之名？」從之。

二年，爲御史中丞。時王安石方行青苗法，公著極言曰：「自古有爲之君，未有失人心而能圖治，亦未有能脅之以威、勝之以辯而能得人心者也。昔日之所謂賢者，今皆以此舉爲非，而生議者一切詆爲流俗浮論，豈昔皆賢而今皆不肖乎？」安石怒其深切。帝使舉呂惠卿爲御史，公著曰：「惠卿固有才，然姦邪不可用。」帝以語安石，安石益怒，誣以惡語，出知潁州。

八年，彗星見，詔求直言。公著上疏曰：「陛下臨朝願治，爲日已久，而左右前後，莫敢正言。使陛下有欲治之心，而無致治之實，此任事之臣負陛下也。夫士之邪正、賢不肖，既素定矣。今則不然，前日所舉，以爲天下之至賢；而後日逐之，以爲天下至不肖。其於人材既反覆不常，則於政事亦乖戾不審矣。古之爲政，初不信於民者有之，若子産治鄭，一年而人怨之，三年而人歌之。陛下垂拱仰成，七年于此，然輿人之誦，亦未有異於前日，陛下獨不察乎？」

起知河陽，召還，提舉中太一宫，遷翰林學士承旨，改端明殿學士、知審官院。帝從容與論治道，遂及釋、老，公著問曰：「堯、舜知此道乎？」帝曰：「堯、舜豈不知？」公著曰：「堯、舜雖知此，而惟以知人安民爲難，所以爲堯、舜也。」帝又言唐太宗能以權智御臣下。對曰：「太宗之德，以能屈己從諫爾。」帝善其言。

未幾，同知樞密院事。有欲復肉刑者，議取死囚試劓、刖，公著曰：「試之不死，則肉刑遂行矣。」乃止。夏人幽其主，將大舉討之。公著曰：「問罪之師，當先擇帥，苟未得人，不如勿舉。」及兵興，秦、晉民力大困，大臣不敢言，公著數白其害。

元豐五年，以疾丐去位，除資政殿學士、定州安撫使。俄永樂城陷，帝臨朝嘆曰：「邊民疲弊如此，獨呂公著爲朕言之耳。」徙揚州，加大學士。將立太子，帝謂輔臣，當以呂公著、司馬光爲師傅。

哲宗即位，以侍讀還朝。太皇太后遣使迎，問所欲言，公著曰：「先帝本意，以寬省民力爲先。而建議者以變法侵民爲務，與己異者一切斥去，故日久而弊愈深，法行而民愈困。誠得中正之士，講求天下利病，協力而爲之，宜不難矣。」至則上言曰：「人君初即位，當正始以示天下，修德以安百姓。修德之要，莫先於學。學有緝熙於光明，則日新以底至治者，學之力也。謹昧死陳十事，曰畏天、愛民、修身、講學、任賢、納諫、薄斂、省刑、去奢、無逸。」又乞備置諫員，以開言路。拜尚書左丞、門下侍郎。

元祐元年，拜尚書右僕射兼中書侍郎。三省並建，中書獨爲取旨之地。乃請事于三省者，與執政同進呈，取旨而各行之。又執政官率數日一聚政事堂，事多決於其長，同列莫得預。至是，始命日集，遂爲定制。與司馬光同心輔政，推本先帝之志，凡欲革而未暇與革而未定者，一一舉行之。民讙呼鼓舞，咸以爲便。光薨，獨當國，除吏皆一時之選。時科舉罷詞賦，專用王安石經義，且雜以釋氏之説。凡士子自一語上，非新義不得用，學者至不誦正經，唯竊安石之書以干進，精熟者轉上第，故科舉益弊。公著始令禁主司不得出題老、莊書，舉子不得以申、韓、佛書爲學，經義參用古今諸儒説，毋得專取王氏。復賢良方正科。

右司諫賈易以言事訐直詆大臣，將峻責，公著以爲言，止罷知懷州。退謂同列曰：「諫官所論，得失未足言。顧主上春秋方盛，慮異時有進諛説惑亂者，正賴左右争臣耳，不可豫使人主輕厭言者也。」衆莫不歎服。

吐蕃首領鬼章青宜結久爲洮、河患，聞朝廷弭兵省戍，陰與夏人合謀復取熙、岷。公著白遣軍器丞游師雄以便宜諭諸將，不逾月，生致於闕下。

帝宴近臣於資善堂，出所書唐人詩分賜。公著乃集所講書要語明白、切於治道者，凡百篇進之，以備游意翰墨，爲聖學之助。

三年四月，懇辭位，拜司空、同平章軍國事。宋興以來，宰相以三公平章重事者四人，而公著與父居其二，士豔其榮。詔建第於東府之南，啓北扉，以便執政會議。凡三省、樞密院之職，皆得總理。間日一朝，因至都堂，其出不以時，蓋異禮也。

明年二月薨，年七十二。太皇太后見輔臣泣曰：「邦國不幸，司馬相公既亡，吕司空復逝。」痛閔久之。帝亦悲感，即詣其家臨奠，賜金帛萬。贈太師、申國公，謚曰正獻，御筆碑首曰《純誠厚德》。

公著自少講學，即以治心養性爲本，平居無疾言遽色，於聲利紛華，泊然無所好。暑不揮扇，寒不親火，簡重清静，蓋天稟然。其識慮深敏，量閎而學粹，遇事善決，苟便於國，不以私利害動其心。與人交，出於至誠，好德樂善，見士大夫以人物爲意者，必問其所知與其所聞，參互考實，以達于上。每議政事，博取衆善以爲善，至所當守，則毅然不回奪。神宗嘗言其於人材不欺，如權衡之稱物。尤能避遠聲跡，不以知人自處。

始與王安石善，安石兄事之，安石博辯騁辭，人莫敢與亢，公著獨以精識約言服之。安石嘗曰：「疵吝每不自勝，一詣長者，即廢然而反，所謂使人之意消者，於晦叔見之。」又謂人曰：「晦叔爲相，吾輩可以言仕矣。」後安石得志，意其必助己，而數用公議，列其過失，以故交情不終。於講説尤精，語約而理盡。司馬光曰：「每聞晦叔講，便覺己語爲煩。」其爲名流所敬如此。

紹聖元年，章惇爲相，以翟思、張商英、周秩居言路，論公著更熙、豐法度，削贈謚，毁所賜碑，再貶建武軍節度副使，昌化軍司户參軍。徽宗立，追復太子太保。蔡京擅政，復降左光禄大夫，入黨籍，尋復銀青光禄大夫。紹興初，悉還贈謚。子希哲、希純。

《琬琰集删存》卷三《實録·吕正獻公公著傳》 元祐四年二月甲辰，司空、同平章軍國重事吕公著薨。公著字晦叔，世本河東人，自從祖蒙正相太宗，因家於開封，父夷簡相仁宗，謚曰文靖。公著幼不好弄，嗜學忘寢食，夷簡尤器之，曰它日必至公輔任。爲奉禮郎，登慶曆二年進士第，累遷殿中丞，詔試館職不就。皇祐初，就判吏部南曹，仁宗諭曰：「知卿有恬退之節。」賜五品服。嘉祐中，同判太常寺兼禮儀事，數言濮安懿王在殯，請燕北使無用樂，輟上元遊幸，廢温成廟爲祠殿，多見聽用。擢天章閣待制，召試知制誥，三辭不就。除天章閣待制兼侍講，賜三品服。壽星觀建真宗神御殿，公著言都城中真宗有二御殿，而營建不已，非祀無豐昵之義。

治平元年，爲諫議大夫。時修慶寧宫建本命殿，公著言畿内、京東西、淮南飢，修宫非急務，宜罷以息民。王疇爲樞密副使，知制誥錢公輔坐封還詞頭貶，公著極論公輔舉職不宜黜。九月五日開邇英閣，至重陽節當罷，公著言：「陛下始初清明而親經術，講治道，願不惜頃刻之間，以御經筵。」從之。二年，同判流内銓，除龍圖閣直學士，郊祀攝太僕參，上問：「今之郊與古之郊何如？」對曰：「古之郊也，貴誠而尚質；今之郊也，盛儀衛而已。」因言仁宗親祀，去黄茵不入小次，上皆循用之。詔廷臣議追崇濮安懿王，或欲稱皇伯考，公著曰：「真宗以太祖爲皇伯考，非可加於濮王也。」及詔下稱親，公著言于仁宗有兩考之嫌。又班濮王諱，公著曰：「此羣臣於上前不當耳，不宜與祖宗七廟諱同。」御史吕誨、傳堯俞、范純仁、吕大防、趙瞻坐論濮王事貶，公著曰：「陛下臨御以來，納諫之風未形於天下，而誨等以言事去，非所以風示天下。」争之不可，因累章乞補外。上曰：「學士朕所重，豈得輕去朝廷。」復懇請家居者百餘日。上遣内侍楊安道敦請，且戒云：「吕公著勁直，宜徐勸諭之，語無太迫也。」起就職，數日復請去，出知蔡州。

神宗即位，召爲翰林學士兼侍讀，頃之兼寶文閣學士、知通進銀臺司。時御史中丞司馬光罷學士，公著封還制書，言：「光以言舉職而賜罷，則有言責者不得盡其言矣。陛下雖有欲治之心，而安危利害何從而知？」於是内出光誥付閤門，又言：「誥不由封駁而出，則是職因臣而廢。乞正臣之罪以正紀綱。」上手批其奏：「俟邇英當諭朕意。」後數日，講退獨留之語，曰：「朕欲光勸講左右，非爲其言事也。」公著請不已，會奉使契丹使還，解銀臺司。熙寧元年，修《英宗實録》，轉禮部侍郎、知開封府。自夏秋淫雨、地震，公著言：「自昔人君遇災異者，或恐懼以致福，或簡誣以致禍。上以至誠待下，則下思盡誠以應之，上下能相與以誠，而變異不消者，未之有也。夫衆人之言不一，而至當之論難見。君人者去偏聽、獨任之弊，而不私先入之言，則不爲邪説所亂。顔淵問爲邦，孔子以遠佞人爲戒，蓋佞人惟恐不合于君，則其勢易親，正人惟恐不合於義，則其勢易疏。惟先格王正厥事，蓋未有正事而世不治者。惟陛下勉行之而勉修之。」數月，請罷，復還翰林兼侍讀學士。禮官議欲用唐故事，五月朔請御大慶殿受朝，因上尊號。公著言：「五月會朝，始於唐德宗，取術數厭勝之口，憲宗以下罷之。況尊號非古典，不係人主重輕。」於是罷議尊號不受。近臣有請吏非領郡者兼任監司，公著曰：「人才類伏下流，而資格愈峻則簡拔愈難，審其才可用，宜不次用之，試而無效則已之。」及請增館閣之選，以長育人才，文武官致仕，非素有罪戾者，宜給俸以示始終，多用其言。二月，拜御史中丞，時兄公弼方爲樞密使，特聽不避，固辭，亦不許。

王安石秉政，始置三司條例司，行青苗助斂法，公著極論其不可，曰：「自昔有爲之君，未有失人心而能圖治者，亦有未脅之以威、勝之以辨而能得人心者。今在位之賢者，率以此舉爲非，而議者一切以流俗浮論詆黜之，豈有昔者賢而今皆不肖乎！」會韓琦論青苗不便罷河北安撫使，公著坐嘗面奏「若韓琦因人心不忍，如趙鞅舉晉陽之甲，除君側之惡，陛下何以待之？」罷爲翰林學士、知潁州。宋敏求草公著詞云「敷陳失實，援據非宜。」上令陳升之易，乃曰：「厚誣藩鎮興除惡之名，深駭予聞，乖事理之實。」其後公著爲相，提舉修《實録》，嘗辨其不然云。五年，復寶文閣學士，召還經筵，辭疾，提舉嵩山崇福宮。八年，彗星見，詔求直言，公著疏曰：「陛下臨朝願治日已久，左右前後莫敢正言，使陛下有欲治之心，而無致治之實者，此任事之臣負陛下也。夫士之邪正、賢不肖，蓋素定也。今則不然，前日舉之，以爲天下之至賢，後日逐之，以爲天下之至不肖，其於人才既反覆而不常，則於政事亦乖戾而不當矣。古之爲政，初不信於民者有之矣，鄭之子産是也，一年而鄭人怨之，三年而歌之。陛下垂拱仰成，七年於兹矣，輿人之誦亦未異於七年之前也，陛下獨不察乎？」十年，起知河陽，召還，提舉中太一宫。

元豐元年，除翰林學士承旨，懇辭，改端明殿學士、知審官西院。一日，邇英進讀罷，上與之極論治道，遂及釋老虚寂之旨，公著曰：「堯舜知此道乎？」上曰：「堯舜豈不知。」公著曰：「堯舜雖知此，然常以知人安民爲難，此所以爲堯舜也。」上又言：「唐太宗能以權智御臣下。」公著曰：「太宗所以成帝業者，以能屈己從諫耳。」上善其言，頃之拜同知樞密院事。時有請復肉刑者，詔執政議，公著曰：「後世禮教疎而刑獄繁，肉辟不可復，將有踊貴屨賤之譏。」或欲取天府死囚試劓刖之，公著曰：「不可。刖而不死，則此法遂行矣。」議遂寢。三年，官制行，改正議大夫，充樞密副使。四年，復同知樞密院，乞補外，上賜手札曰：「顧在廷之臣，可託中外腹心之寄，均皇家休戚之重，無逾卿者。可亟起視事。」初，夏人幽其主秉常，上將大舉兵討之，公著曰：「問師之罪，當得人爲帥，不得人，不如勿舉。」及兵興，河東、陝西民力大困，大臣不敢言，公著數爲上言其狀。五年，辭樞密，迺以資政殿學士、光禄大夫知定州。是年九月，永樂城陷，奏至，上特開天章閣對輔臣曰：「邊民疾弊如此，獨吕公著爲朕言之，它人未嘗及也。」在定州坐違制使禁卒護送囚徒，降秩徙知揚州。久之，除資政殿大學士，復降官。神宗將建儲，諭執政曰：「來年皇子出就學，當以吕公著爲師傅。」

哲宗即位，加銀青光禄大夫，召兼侍讀，提舉中太一宫，未至，太皇太后遣使迎問其所欲言，公著奏曰：「先帝即位之初，臣與學士命草詔以寬民力爲先，既而秉政者建議變舊法，以侵民爲意，言不便者，一切以沮壞新法斥去之，故日久而弊愈深，法行而民愈困。陛下既深燭其弊，誠得中正之士，使講求天下利害，上下協力而爲之，宜不難矣。」至則建言曰：「人君即位之始，宜講求修德爲治之要，以正其始。」乃條上十事：曰畏天，曰愛民，曰修身，曰講學，曰任賢，曰納諫，曰薄斂，曰省刑，曰去奢，曰無逸。又言先帝定官制，設諫員之目甚備，宜選忠鯁敢言士，徧置諸左右，使職諫諍。從之。拜尚書左丞。官制行，三省並建，而中書獨爲取旨之地，門下、尚書奉行而已。公著言：「三省官均輔臣也，正如同舟共輿以濟江陸，當一心並力，以修政事，諸事干三省者，自今執政同進呈取旨，而各行之。」遂定爲令。遷門下侍郎，拜尚書右僕射兼中書侍郎，提舉修神宗實録。

先是，執政五日或三日一聚都堂，事多長官專決，同列不預可否，至公著秉政，始日聚都堂，遂爲故事。司馬光薨，公著獨總揆務，所除吏皆一時之選，而端良質厚之士居多焉。

時科舉專用王安石經義，士無自得之學，而朝廷文辭之官，漸難其選。神宗以答高麗書不稱旨嘗以爲言，議者欲以詩賦代經義，公著請於經義科中益以詩賦，而先經義以盡多士之能。又戒有司無以老莊書出題，而學者不得以申韓、釋氏書爲説，參用古今諸儒之學，無專用王氏。又復賢良方正科，以致異能之士。

邊穀舊法儲三年而不足，公著請增爲五年，大出糴本錢以助之，邊用益給。吐蕃大酋領鬼章清宜結者，董氈之別將也，性凶悍爲洮河之患者，二十年間，朝廷罷兵，減隴右戍，又知夏人之怨失蘭州也，遂合從寇邊。公著建議遣軍器監丞游師雄，諭旨諸將以便宜出師，不逾月，熙河將种誼生擒鬼章致闕下，夏人因遣使修朝貢之職。元祐三年，懇辭，位拜司空、同平章軍國事。自宋興，大臣以三公平章軍國者四人，二人公著父子也，士豔其榮。詔建第於東府之南，啓北扉以便執政會議，三省、樞密院條例所當關者，目曰軍馬事焉，一月三至。經筵間日一入朝，非朝日不至都堂，其出也不以時，蓋異禮也。四年，以寢疾告不能朝，薨，年七十二。輟視朝三日，乘輿臨奠，成服苑中，敕有司治葬。贈太師、申國公，謚正獻。

公著識慮深敏，量閎而學粹，苟便於國，不以私利害動其心。與人誠，不事表襮，其好士樂善出於天性，士大夫有以人物爲意者，必問其所聞，相參覈以待上求。神宗嘗謂執政曰：「吕公著之於人材，其言不欺，如權衡之稱物。」上前議政事，盡誠去飾，博取衆人之善以爲善，至其所當守，毅然不可回奪之。初入館與王安石善，後安石秉政，公著爲中丞，安石冀其助己，已而公著論其過不爲少屈也。紹聖元年，用諫官翟思、張商英、周秩章疏，削公著謚，毀所賜神道碑。四年二月，追貶建武軍節度副使，又貶昌化軍司户參軍，盡奪遺表等恩數。元符三年，徽宗皇子生，詔公著可復太子太保，於是盡給還遺表等恩數，追取貶昌化軍司户參軍告毀抹，議者謂節副告亦當毀，而用事者不以爲然，故止追告。崇寧元年五月，有司言復官太優，詔降授左光禄大夫。自是蔡京擅朝，指公著爲姦黨首惡，始置元祐黨籍。三年六月，刻石文德殿及尚書省，又頒其書天下，立石於監司、郡守廳事。其後，徽宗因災異感悟，毀石刻，盡除黨禁，有詔復公著銀青光禄大夫。今上紹興元年，追復贈太師、申國公，謚正獻。子希哲、希績、希絶。

雜録

備録

朱熹《三朝名臣言行録》卷八之一《丞相申國吕正獻公》 公在潁逾年，而歐陽公脩爲守。初，脩以公爲相家令子弟，少有時譽，待公良厚，而未甚重也。劉原父敞博學有高才，王深父回好古君子也，二人者皆寓潁，公日與相從，脩等稍稍愛公之學識。其後脩入爲翰林學士，薦公文學行誼宜在左右，因數爲朝廷在位者稱公清静寡欲，有古君子之風。及脩使北虜，虜問中國德行文章之士，脩以公及王荆公安石對。《家傳》

歐陽公嘗患士大夫少高退之節，乃薦正獻公及張唐公、王荆公、韓持國，欲以激勵風俗。又薦王荆公與正獻公作諫官。《家塾記》

公既中第，詔叙次所業以進，將召試館職，公謙避，終無所進，朝廷知其意，不復索所業，令徑就試，亦不赴，故仁宗心重之。及領南曹，因引選人對便殿奏事畢，帝謂公曰：「知卿恬退，有顔氏之節。」時仁宗臨朝淵默，雖貴近亦罕聞德音，公以小官對，獨被褒語。《家傳》

公爲郡，率五鼓起，秉燭視案牘，黎明，出廳決民訟，退就便坐，宴居如齋，賓寮至者毋拘時。以故郡無留事，而下情通。凡典六郡，以爲常。後雖年高貴重，不少替。單，陋邦也，公以愷悌爲政，不嚴而肅。轉運司輦乳香數萬斤配賣郡中，公停之郡庫，雖符檄督迫，竟不爲强配。《家傳》

仁宗在位久，天下無事，一時英俊多聚於文館，日食祕閣下者常數十人。是時風俗淳厚，士大夫不喜道長短，爲風波，朝夕講論文義，賡唱詩什，或設棋酒以相娛。同舍有出任外官者，即相率就僧舍，爲盛會以餞之。然際接必以禮，平居非着帽垂紳，不出廬舍。公性安重寡言，析理精微，尤爲時流所敬。間有笑謔踰度者，公每以正色裁之，皆信服，不以爲恨。老儒掌禹錫被服不潔清，言動樸野，多爲人所玩，公獨未嘗以一語戲之，禹錫至感泣，衆亦以此益稱公之盛德。《家傳》

貴妃張氏薨，追册賜謚，以后禮葬。公當攝事引輴，聞有命，即歸家稱疾，中使挾太醫察視，公堅卧不起，竟獲免。《家傳》

差判登聞鼓院，公自單州歸，益研精講學，無進趨之意。嘗與王介甫相對而歎曰：「今天下雖小康，然堯、舜之道知不可復行。」以故求閑局，將以遂其志。《家傳》

公既侍經筵，時仁宗春秋高，公於經傳同異，訓詁得失，皆粗陳其略。至於治亂安危之要，聞之足以戒者，乃爲上反復深陳之。仁宗嘗詔講官：「凡經傳所載逆亂事，皆直言毋諱。」公因進講言：「弑逆之事，臣子之所不忍言，而仲尼書之《春秋》者，所以深戒後世人君，欲其防微杜漸，居安而慮危，使君臣父子之道素明，長幼嫡庶之分早定，則亂臣賊子，無所萌其姦心。故《易》曰：『履霜堅冰至。』由辯之不早辯也。」侍讀劉原父常退謂記言官曰：「當載之史册，以垂後世。」《家傳》

先是，上清宫火，壽星殿獨存，因以爲壽星觀，至此十有九年，詔建神御殿於觀中，將自禁中迎真宗繪像奉安。公言：「都城中真宗已有三神御，而營建不已，非『祀無豐暱』之義。」不報。呂汲公撰《神道碑》

英宗不豫久，中外疑駭，或謂朝廷將行永正故事。公一日因稟山陵事，獨至中書見韓魏公於後閤，因密白曰：「主上方富於春秋，非素有疾，徐當自平。審如外人之言，恐君臣父子之間，人情便不能安。唯公静以鎮之，則天下幸甚。」魏公頷曰：「正與琦意合。」未幾，上疾有瘳。《家傳》

詔與司馬光同定學制，而光前已獻議，公即獨疏其事，大略欲請錫慶院爲太學，增置講堂，立管句太學官一員，專治規矩，博士八員，分經教授，管句官及博士專委祭酒、司業舉任，專以學術行誼，無拘資考。始入學者爲外舍，滿歲，較其經行升于内舍，又滿歲，長貳學官，較内舍之尤異者三五人，薦於朝廷，覆試而授以官。具爲科條上之。不果行。《家傳》

英宗初親政，公言：「陛下以宗藩選繼大統，奉母后當極子道，雖居深宫之中，不以造次廢禮，則中外瞻仰，天下幸甚。」上嘉納之。《神道碑》

公每進講，多傳經義以進規。時上躬猶未全安，多不喜進藥，會講《論語》，至「子之所慎，齋，戰，疾。」公因言：「有天下者，爲天地、宗廟、社稷之主，其於齋戒祭祀，必須致誠盡恭，不可不慎。古之人君，一怒則伏尸流血，則於興師動衆，不可不慎。至於人之疾病，常在乎飲食起居之間，衆人之所忽，聖人之所慎，況於人君，任大守重，固當節嗜欲，遠聲色，近醫藥，爲宗社自愛，不可不慎。」上欽納其言。又講「人不知而不愠，不亦君子乎」，公言：「在下而不見知於上者多矣，然在上者亦有未見知於下者也。故古之人君，政令有所未孚，人心或有未服，則反身修德，而不以愠怒加之。如舜之『誕敷文德』，文王之『皇自敬德』是也。」上知公意深切，每改容鞠躬，如在車之式。《家傳》

公於講讀尤精，衆謂語約而義明，可以爲當世之冠。英宗嘗對執政稱其善。與司馬光同侍經筵，光退語人曰：「每聞晦叔講，便覺己語煩。」《神道碑》

自仁宗末，率以二月開經筵，至重午罷，八月復開，至冬至罷。是歲，詔以九月五日開經筵，至重陽罷。公上奏曰：「臣竊以國家置儒術之官，設勸講之制，蓋將以開廣聰明，究古今理亂之要，而求正身治天下國家之術，非徒以爲縉紳之美談，朝廷之虚文也。今陛下始初清明，勵精圖治，固宜親近儒雅，漸以歲月，猶恐未盡。今若自五日開講，至重陽祇是四日朝，著聞之頗已疑惑，若傳之四方，則爲損不細。臣願陛下日御邇英以循先帝故事，則天下幸甚。」詔即從之。後講《論語》將畢，公以《尚書》備二帝三王之道，尤切於治術，乞候進講《論語》畢日進講《尚書》。從之。《家傳》

公爲祭酒也，以太學爲教化之原，故究心經理之。舊制，薦舉學官、博士，皆嚴其資格，限以年齒。公數爲論列，冀稍寬其科條。前後所薦學官，如工回、吴孜、姜潛、張載，皆一世大儒；王存、顧臨，爲元祐名臣；常秩、吴申、黄履、朱臨、盛僑，亦顯於世；處士程頤，隱居不仕，公命衆博士即其家敦請，以爲太學正，頤固辭，公即命駕過之。後王陶用孟醇爲學正，亦遣博士致請，於是諸生始知有聘士禮。《家傳》

南郊，太僕卿升輅授綏，國朝陪乘皆差翰林學士，無雜學士者。至公始以直學士升輅。英宗自太廟赴南郊，中途問：「今之郊與古之郊何如？」公對曰：「古之郊貴誠尚質，今之郊盛儀衛，事物采而已。」因言：「仁宗郊祀，徹黄道以登虚，小次不入，立壇下，須禮成，詔祝册官至，慎毋輿。」上皆遵用焉。《家傳》

執政建議追崇濮安懿王，或欲稱皇伯考，公曰：「真宗以太祖爲皇伯考，豈可加於濮王耶？」及詔下稱親，公言：「於仁宗有兩考之嫌。」班濮王諱於天下，公獨以謂當避於上前，不當與七廟同諱。《神道碑》

御史臺官呂誨等六人以言事罷。公言：「陛下即位以來，納諫之風未形於天下，而誨等以言事去，非所以風示四方。」爭之不能得，乞補外任。上曰：「學

士朕所重，未可去朝廷。」公復懇請家居者百餘日，上遣内侍敦諭就職，曰：「宜徐徐勸誘，勿太迫也。」公起就職數月，又乞補外，三年，出知蔡州。《神道碑》

蔡所統十縣，汝陽宰政事修，公首薦之，以爲十縣最，於是屬吏人人争自飭。蔡多水泉，因爲釃水，以溉民田者數千頃。故時軍營皆草舍，率數歲一修，且多火災，人以爲病，公至，盡變爲瓦舍。轉運使惜其財，固争之，時公已被召，爲晝夜督吏卒，葦材用，致役所事集而後去。初至，孔子廟殿宇圮壞，會前守度材，將以構廳事，公命輟其材以修之。郡人郝戭有孝行，方壯歲，棄官就養，公薦之於朝，詔復起，戭竟不起。《家傳》

神宗自在藩邸，即熟聞公與司馬温公名，及即位，首召二公爲學士，朝論翕然稱上之得人。《家傳》

御史中丞司馬光以言事罷，公封還其誥，曰：「光以言舉職，而賜罷，則有責者不得盡其言。陛下雖有欲治之心，何從而知安危利害？」於是内出光誥付閤門，公又言：「誥不由封駁而出，則封駁之職，因臣而廢，乞正臣之罪，以正紀綱。」上手批公奏，因邇英講，獨留公以諭旨，公請不已，竟罷封駁事。《神道碑》

神宗初御經筵，公進講《尚書》，至「天乃錫王勇智」，上曰：「何以獨言勇智？」公曰：「仲虺方稱成湯能伐夏救民，故以勇智言之。然聖人之德，當如《易》所謂『聰明睿智神武而不殺』者，然後可以爲盡善。」時上方富於春秋，故公以好勇黷武爲戒。《家傳》

知開封府，時有内侍持龍鳳首飾入内東門，閽者擿其事，詔以付開封。少頃，復遣使追取，仍詔開封毋須覆奏。公言：「法當覆奏。」而後遣使人立廳事不肯去，公持之益堅，不得已，復命於禁中竟覆奏，然後遣。貴近憚焉。《家傳》

夏秋淫雨，京師地震，公言：「自昔人君遇災者，或恐懼以致福，或簡誣以致禍。上以至誠待下，則下思盡誠以應之。上下至誠，而變異不消者，未之有也。夫衆人之言不一，而至當之論難見。君人者去偏聽獨任之弊，而不主先入之語，則不爲邪説所亂。顔淵問爲邦，孔子以『遠佞人』爲戒，蓋佞人唯恐不合於君，則其勢易親，正人唯恐不合於義，則其勢易疏。唯先格王正厥事，蓋未有事正而世不治者。唯陛下勉行之而勉終之。」《神道碑》

禮官欲用唐故事，以五月朔御大慶殿受朝，遂上尊號。公以五月朔會朝與人君尊號皆非古典，言曰：「陛下方越漢、唐，追復三代，何必於陰長之月，爲非禮之會，受無益之名？」上從之。遂竟神宗朝不受尊號。《神道碑》

拜御史中丞，入對，上語及西陲事，公退而上奏曰：「臣早來入對，陛下論及夏國事宜。臣竊以夏國既不肯全歸二寨故地，則朝廷須至却留綏州，向去必是難保誓約，或至用兵。然臣以事勢料之，秉常年幼國弱，雖有黠臣爲之謀主，亦未能爲國家深患。唯當修嚴武備，來則應之，以逸待勞，保無失利。若臨遣大臣，張皇武事，或議深入，或求奇功，皆非國家至計。仍慮向後或有邊境急奏，乞朝廷静鎮，無致驚擾。」其後公去位未逾年，朝廷果遣宰臣臨邊，已而西征無功，士卒内潰，上爲之責躬肆赦，皆如公所料云。《家傳》

公薦張載修身講學，爲關右士人師表，且深知邊境利害。上特召對，以爲崇文院校書。公又言：「載老矣，宜任之以事。」不報。未幾，差載就鞫苗振於越州。公又言：「載賢者，獄事非所以使之。」亦不從。《家傳》

公同知貢舉，在貢院密上奏曰：「天子臨軒策士，而用詩賦，非舉賢求治之意，且近世有司考較，已專用策論，今來廷試，欲乞出自宸衷，唯以詔策咨訪治道。」是歲上臨軒，遂以策試進士。《家傳》

王安石秉政，置三司條例以商天下之財利，又置提舉常平官於諸路，爲斂散青苗之法以便民，其實征利，物議沸騰，以爲非是。公極論其不可，曰：「自古有爲之君，未有失人心而能圖治者，亦未有脅之以威、勝之以辯而能得人心者。昔日之所賢者，今皆以此舉爲非，主議者一切詆爲流俗詖説而助之。」會韓琦論青苗不便，用其請罷河北安撫使，司農駁琦奏議，摹印以下四方。言者或謂大臣不可輕詆摩，執政反謂公有藩鎮欲除君側之惡之語於上前，除翰林侍讀學士，知潁州，又改其誥以命之，衆皆謂安石欲去公而加之罪也。公初列館閣，與安石友善，安石博辯有文，同舍莫敢與之亢，獨公以精識約言服之。安石出守常州，求贈言，公以四言曰：「莊守情密。」安石至郡，寓書於公曰：「備客京師二年，疵吝積於心，每不自勝，一詣長者，即廢然而反。夫所謂德人之容，使人之意也消，吾於晦叔見之矣。」又謂人：「晦叔爲相，吾輩可以言仕矣。」後安石秉政，公爲中丞，安石冀其助己，公既以公議極論其過失，由此怨公，至以險語中傷，而公不屈也。《神道碑》又《家傳》云：公自二年十月，即奏乞罷制置條例司。三年二月，公自貢院遂論青苗錢法，前後章十數上，不見從。即上奏乞解憲職，再上章待罪。然神宗待公素厚，初無譴怒意，顧公言愈切，乃諭執政，聽解言職。四月五日，除翰林學士兼侍講學士、寶文閣學士。公上奏曰：「臣之義若既當言責，而言不見用，又不能避位而去，則於廉耻之節，全然隳喪。其或朝廷既不聽其言，又不許其去，則於進退群臣之禮，亦爲差謬。況臣已曾面陳，實爲多病

衰耗，兼因論列時事，乞補外任。今有此命，決不敢受。」於是落兩學士，除翰林侍讀學士，知潁州。先是，三月十一日，諫官孫覺見上，論青苗事，且言：「制置條例司取韓琦奏疏，條其疏謬，加以嗤毁，鏤板班天下，非陛下所以待勳舊大臣之意。如琦朴忠，固無慮設。當唐末五代藩鎮强盛時，豈不爲國生事耶？」後二日，公入對，復極論青苗事，而未嘗及琦也。已而上謂執政曰：「呂公著、孫覺皆極言青苗法不可行，且云駁難韓琦非是。」上因面咎絳、安石不當鏤板，初亦無罪覺意也。然既以不肯行縣事黜覺，執政遂以覺語加公。時舍人宋敏求當制，執政召敏求，面受意旨，使於制中叙韓琦事。敏求以爲口語難分明，不當載制中，曾公亮亦固以爲不可。安石即取制草改之，有曰「比大臣之抗章，因便坐之與對。乃誣方鎮，有除惡之謀；深駭予聞，乖事理之實」者，安石與陳升之所易也。二十四日，忽有旨放朝辭不許入對，令便赴本任。公即日行，時孫覺尚艤舟成東，覺素忠厚，乃謂人曰：「韓公事獨覺嘗言及爾。」然後人乃知公未嘗言琦也。宋敏求自以不得其職，即因事求罷掌誥，從之。初，趙清獻公抃在中書，與曾丞相平居竊語，深不悦更張事，亦間爲上言之。及公力言青苗法，二人乃相邀曰：「須獨坐，得罪，吾曹當引去。」公罷五日，趙公遂如約再上表，凡七日而罷。後歲餘，希績自瀛州罷官歸，過北都，見魏公，謂希績曰：「前日紛紛，特欲一發兩罷耳。」又《温公日録》云：介甫與晦叔素親，患臺諫多横議，故用晦叔爲中丞。既而天下皆患條例司爲民害，晦叔乃復言條例不便。介甫以晦叔叛己，怨之尤深。已而上語執政：「呂公著嘗言韓琦將興晉陽之甲，以除君側之惡。」介甫因用此爲晦叔罪，除知潁川。次道當爲告詞，介甫使之明著其語。次道但云：「敷奏失實，援據非宜。」介甫怒，明日進呈改之。晦叔素審謹，實無此語。咸云：莘老嘗爲上言，今藩鎮大臣如此論列而遭挫折，若當唐末、五代之際，必有興晉陽之甲，以除君側之惡者矣。上誤記以爲晦叔也。又《聞見録》云：王荆公與呂申公素相厚，嘗曰：「呂十六不作相，天下不太平。」及薦申公爲中丞，其辭以謂有八元、八凱之賢，未半年，所論不同，復謂有驩兜、恭工之姦。荆公之喜怒如此。蓋孫覺莘老嘗爲上言：「今藩鎮大臣，如此論列而遭挫折，若當唐末、五代之際，必有興晉陽之甲，以除君側之惡者矣。」上已忘其人，但記美鬚，誤以爲申公也。

公至潁，時部使者皆新進年少，輕鋭能擊搏，争陵轢舊臣，公一不與之較，專以庇民爲己任。會提舉官朱紘、王穎議免役法，集郡官置局，公密爲申解，因得少寬。《家傳》

彗星見，詔求直言，公疏曰：「陛下臨朝願治，日已久，左右前後，莫敢正言。陛下有欲治之心，而無致治之實者何哉？此任事之臣負陛下也。何以言之？蓋士之邪正賢不肖，蓋素定也。今則不然，前日舉之，以爲天下之至賢，後日逐之，以爲天下之至不肖。其於人才，既反覆而不常，則於政事，亦乖戾而不審矣。古之爲政，初不信民者有之，鄭之子產是也，一年而鄭人怨之，三年而鄭人歌之。陛下垂拱仰成，七年于兹矣，輿人之誦，亦未異於七年之前也。陛下獨不察乎？」《神道碑》

十年二月，差知河陽。初，公罷潁，領崇福，遷居西都，衆人謂公不見用於時，當放懷山水，爲終焉之計。公曰：「不然。吾於國家，可謂世臣，且主上待吾不薄，不幸爲人所間，退就閑散，豈吾所欲哉！」及王安石、呂惠卿相繼罷去，果復起公。三月，公至河陽，時役法已定，類多張虛數，以取羨餘。孟所統五縣，歲取於民者，有募監倉庫人等錢三千九百二十七緡，而官未嘗募人，實以軍吏代役，又有追償舊牙校重役錢五千五百緡，然至是所償已盡，而取於民者，遂爲定數，歲輸之無已。時公爲括其數以告于朝，請一切蠲之，以寬下户之輸錢者。詔付司農，竟不行。《家傳》

熙寧四年，申公以提舉嵩山崇福宮居洛，買宅於白師子巷張文節相宅西，隨高下爲園宅，不甚宏壯。康節、温公、申公時相往來，申公寡言，見康節必從容，終日亦不過數言而已。一日，對康節長歎曰：「民不堪命矣！」時荆公用事，推行新法者，皆新進險薄之士，天下騷然，申公所歎也。康節曰：「王介甫者遠人，公與君實引薦至此，尚何言？」公作曰：「公著之罪也。」十年春，公起知河陽，河南尹賈公昌衡率温公、程伯淳餞於福先寺上東院，康節以疾不赴。明日伯淳語康節曰：「君實與晦叔席上各辯論出處不已，顥以詩解之曰：『二龍閑卧洛波清，此日都門獨餞行。願得賢人均出處，始知深意在蒼生。』」申公鎮河陽歲餘，召拜樞密副使。後以資政殿學士知定州，又以大學士知揚州。哲宗即位，拜左丞，遷門下侍郎，與温公並相元祐，如伯淳之詩云。《聞見録》又《呂氏雜志》云：或問二程先生以二公出處爲有優劣，先生云：「正不如此。呂公，世臣也，不得不歸見上。司馬公，争臣也，不得不退處。」蓋自熙寧初正人端士相繼屏伏，上意常不樂，以爲諸賢不肯爲我用，故正獻公求在京宫祠，以明不然，上意始大喜。」

邇英進讀，上留公論治道，遂及釋、老虛寂之旨。公問上曰：「堯、舜知此道乎？」上曰：「堯、舜豈不知？」公曰：「堯、舜雖知此而常以知人安民爲志。」上又言：「唐太宗能以權智遇臣下。」公曰：「太宗所以致治者，以其能屈己從諫耳。」上臨御久，羣臣進説，罕能出上意，至聞公言，儼然加敬信。《神道碑》

澶州曹村埽決，河復塞。公因進規曰：「臣伏見昨來澶州曹村埽決潰，全河衝注山東，聖心惻然，即議閉塞，奮自獨斷，出於羣疑。功未踰時而有成，患不閲歲而尋弭。雖上下竭力，遂濟登兹，實由陛下有至誠憂民愛物之心，天相神助，

殆非人力。以此見天道聰明，日監在下，棐忱輔德，遄應不遲，爲人上者，可不欽畏？恭惟陛下聖德仁厚，出自天性，臨下御衆，有日月之明，天地之量，誠非凡庶庸妄所能臆度。以至近日數起詔獄，逮繫頗衆，有司極於鍛練，群下無不震恐，比至臨決，多從末減。昔于公，一郡之獄吏耳，猶以陰德有報，光大子孫。況萬乘之尊，六合之廣，布德施惠，固宜受福無疆，施及萬世。然臣願陛下雖聖性得之，猶復加聖心焉。上奉天，下接人，加精致誠，執要行簡。道高百王，而謙以自牧；學貫六藝，而虛以受人。雖威肅群品，不得謂下絶欺誣；雖智燭輿情，不得謂事無壅蔽。親賢士，拒任人，必有忍以濟事功，推内恕以及人物。于以崇起忠厚，保合泰和，則《易》所謂『自天祐之吉無不利』，《詩》所謂『干禄百福，子孫千億』者，蓋將以類而應。臣以無狀，獲備近列，竊慕古人將美盡規之義，惟陛下財幸。」七月，公入對，上迎謂公曰：「覽卿所奏，深得近臣盡規之義。」時獄犴寖蕃，而上繼嗣夫廣，公辭順而意切，故上深納焉。《家傳》

初，公自河陽入朝，都人環觀，相謂曰：「此公還朝，百姓之幸也。」至是士民相慶。既受命，出殿門，武夫衛卒，皆歡抃咨嘆。慈聖光獻太皇太后聞公進，尤喜曰：「積德之門也。」中謝日，有司供具，諸執政皆集，内出酒果殽饌，豐腆珍異，就宴賜之。侍史竊視其器皿，款識皆有「慶壽宫」字，然後知賜物乃光獻意也。時富韓公、司馬温公皆在洛，聞公登樞，富公寓書爲慶曰：「公之名德，聞于天下，然嘗以直道迕執政，士大夫未敢遽望登進。忽報拜命，出於事外，人甚驚喜，此得於輿論，非敢佞也。」司馬温公亦以書遺都下友人曰：「晦叔進用，天下皆喜，以爲治表，聞其猶力辭，光不敢致書，君宜勸之早就職。」《家傳》

公既就職，後數日，樞臣奏事畢，獨留占謝，因奏曰：「臣老於閑外，蒙陛下收之桑榆，唯知拳拳納忠，以報恩遇。自熙寧以來，朝廷論議不同，端人良士，例爲小人排格，指爲沮壞法度之人，不可復用，此非國家之利也。願陛下加意省察。」上曰：「然。當以次收用之。」《家傳》

上初即位，韓絳即建議復肉刑，至是復詔執政議。公以爲：「後世禮教未備而刑獄繁，肉辟不可復，將有踊貴屨賤之譏。」吴充議復置圜土，衆以爲難行，王珪欲取開封死罪囚，試以劓刖，公曰：「刖而不死，則肉刑遂行矣。」議竟得寢。《家傳》

詔以程顥同判武學，諫官李定以顥常爲御史論新法，言而罷之。公上疏曰：「臣向蒙擢在樞府，中謝之日，不敢縷陳細故，輒論及判别忠邪之道，頗蒙開納。蓋今日公卿士夫，嘗於朝廷法令有所同否，然其愛君許國之心愈久而益明者甚多。其唱和雷同，承迎附會，而姦言汙行，卒爲陛下所照者，蓋亦不少。然則人固易未知，而士亦不可忽也。況如顥者，陛下早自知之，其立身行己，素有本末，講學議論，久益疏通。且其在言路日，時有論列，皆辭意忠厚，不失臣子之體。使得復見用於聖世，其奮身報國，未必在時輩之後，兼所除武學差遣，亦未爲仕宦之要津，而小人齗齗必以爲不可者，直欲深梗正路，廣沮善人，其所措意，非特一二人而已。臣區區所慮者，讒説殄行之徒，日以熾盛，則守正向公之士，愈難自立矣。」《家傳》

初，公因陳世儒獄事被誣請囑，或謂公以輔弼掛吏議，當隨事自承，不宜有所陳。公曰：「不然。自古公卿大臣，遭枉濫而不能自直者，皆不得其時也。今吾生治世，事明主，近在帷幄之間，一旦被誣，而不能申理，則四方疏遠之人，何以自明？將恐治獄者狃以自強，被罪者望風畏却，一罹苛問，例自承服，致朝廷有濫罰之譏，罪乃在吾而不在朝廷也。」《家傳》

上以慈聖既升祔，大推恩於曹氏，凡進官被賞者二百餘人，且欲以佾爲中書令。公言：「正中書令，自宋興以來未嘗除人，況不帶節度使，即宰相也，非所以寵外戚。」乃以節度使兼中書令。公因言：「自古亡國亂家，不過親小人，任宦官，通女謁，寵外戚等數事而已。」上深以爲然。時王中正、宋用臣等任事，故公假此以諷上。既退，薛恭敏公向歎曰：「公乃敢言如此事，使向汗流浹背。」《家傳》

諜告夏幽其主秉常，上對二府議大舉兵以伐之。公曰：「如諜者所告，則夏人誠有罪。然陛下欲興弔伐之師，未審以何人爲元帥？未得其人，則不如不舉。」五年四月，公以西師無功，奏曰：「外奏皆謂王中正宜正典刑。」會改官制，以王珪、蔡確爲左右僕射。翌日，公上奏乞解樞務。或謂公曰：「今官制新行，所用爲相者，或素出公下，又樞府方以二員爲制，而公與孫公固、韓公縝爲三人，有溢員，上以是詔未用二員之制。今公遽去，得毋近於躁乎？」公曰：「所謂大臣者，病不能以義進退爾，遑卹其他哉！」章繼上，面請尤切，乃除資政殿學士，出爲定州路安撫使。及永樂城陷，奏至，上特開天章閣，對輔臣曰：「邊民疲弊若此，獨吕公著爲朕言之，他人未嘗及也。」《家傳》又《記聞》云：高遵裕既罷歸，元豐五年，李憲請發兵自涇原築寨，稍前直抵靈州，攻之可以必取。詔從之。先是，朝廷知陝西困

於夫役，下詔諭民，更不調夫。至是，李憲牒都轉運司，復調夫以饋糧，以和雇爲名，日給錢二百，仍使人逼之，云：「受密詔：若乏軍興，斬都運使以下。」民間騷然，相聚立栅於山澤，不受調，吏往輒毆之。解州枷知縣以督之，不能集。知州、通判自詣縣督之，亦不能集。命巡檢、縣尉逼之，則執梃欲鬪，州縣無如之何。士卒前出塞，凍餒死者什五六，存者皆憚行，無鬪志。倉庫蓄積皆竭。群臣莫敢言，獨西京留守文潞公上言：「師不可再舉。」天子遜辭謝之。樞密副使呂晦叔亦言其不可，上不懌。晦叔因請解機務，即除知定州。會内侍押班李舜舉自涇原來，爲上泣言：「必若出師，關中必亂。」上始信之，召晦叔尉勞之。舜舉詣執政，王禹玉迎，以好語悦之曰：「朝廷以邊事屬押班及李留後，無西顧之憂矣。」舜舉曰：「四郊多壘，此卿大夫之辱也。相公當國，而以邊事屬二内臣，可乎？内臣正宜供禁庭灑掃之職耳，豈可當將帥之任邪？」聞者代禹玉發慚。

公至定州謝表曰：「進不敢希功而生事，退不敢弛備以曠官。」人人傳誦，以爲摭實云。是時朝廷方經武事，增修邊備，趨時者争獻北伐之策，公至定武，即爲上言：「中國與契丹通好久，邊境晏然無事，塞上屯軍，素有節制，唯宜静以鎮之。保甲法新行，被邊皆設教場，日鳴金鼓，課人誦戰法，聲達於虜，虜檄邊郡以爲生事，違誓約。」上委公處其事，公即上奏以爲：「遣邊人習戰法於境上，非管子寓令之意也，請一切罷去，專以舊弓箭手法從事。」不聽。時以教保甲，修城池，建大倉，中使旁午於道，公預戒有司，謹敕餼勞。然公素静重寡言，接對有常禮，無假借，以是至者多不樂。承受陸中被中旨市絲五萬兩供尚方，已而復獻計增市，詔以付定州。公上言：「日前所市者，皆先期給緡錢，故民力猶可辦。今已涉夏，民間漸就機織，若再行收市，人將受害。」帝悟，即詔公寢其事。中又受旨專董倉役，日使人持挺立城四門，民有以車乘輦薪蒸鬻城中者，皆彊致之倉，所以供陶甓，城中幾廢爨。公命擒中所遣卒，盡杖之，一城歡呼。公之未至也，中受命經始倉役，即壞民居，毁僧舍。民有世葬於倉西者，中故築垣，直界其域中。民號泣，發其墓，持喪而去。其所占地蓋廣矣，然不足於素慮者，猶三百五十二楹。中因請别度地，建小倉以足之。公曰：「今二大倉所受已不貲，又益一倉，徒費公私，無益也。」奏罷之。中既數被沮，六年，遂奏定州差驍武卒護送罪人，違所降就配法，公坐是降正議大夫。先是，朝廷所欲更張，類出於邀功生事者之言，多非公意。唯州城興築且四年，僅成一面，公曰：「定，河朔衿喉，（此下原闕一葉）之要莫先於學。學有緝熙于光明，日新又新，以至于大治者，學之力也。臣待罪講讀，謹條上十議，以裨聰明。一曰畏天，二曰愛民，三曰修身，四曰講學，五曰任賢，六曰納諫，七曰薄斂，八曰省刑，九曰去奢，十曰無逸。」居月餘，除執政，遂倚以爲相。《神道碑》又《家塾記》云：今上即位，正獻公初自維揚召還經筵，至之日，上書言十事，皆據經直言，不爲浮辭虚説。其論薄斂之略曰：「昔鹿臺之財，鉅橋之粟，商紂聚之以喪國，周武散之以得民。由是觀之，人主當務仁義而已，何必曰利？」又《上蔡語録》云：申公初召還，上十事，如徐鉉《質論》，初成每篇數千字，後删改極簡，不止可用於當時，爲君之道，幾無出此十篇，可爲人君座右銘。

太皇太后遣使問公所欲言，公奏曰：「先帝即位之初，臣爲學士，今臣草詔，以寛省民力爲先。既而秉政者建議變舊法，以侵民爲意，其言不便者，指以爲沮壞新法，一切斥去之，故日久而弊愈深，法行而民愈困。陛下既深知其弊，誠得中正之士，使講求天下之利害，上下協力而爲之，宜不難矣。」又曰：「唐德宗拒諫，幾至覆國。今兩省諫官未備，三院御史主察者不許言事，恐未合先帝本意。」後卒施行。《神道碑》

官制三省並建，而中書獨爲取旨之地，門下、尚書，奉行而已。公曰：「三省均輔臣也，正如同舟共濟，當一心並力，以修政事。乞事干三省者，自今執政同進呈取旨，而各行之。」遂定爲令。《神道碑》

初，執政三五日一集都堂，長官專決，同列多不與議。及公秉政，非有故日聚都堂，遂爲故事。《神道碑》

公始與司馬光輔政，於是共推本先帝之意，蓋欲鞭笞四夷，以彊中國，阜蕃邦財，以佐其費。有司奉行，失其本旨，先帝固嘗患之矣。故欲更而未暇，與已更而未定，其詔墨記言具在，而可考者有若干事。若詰青苗之害，則曰：「常平泉穀，以禦水旱，而貪散以求利，至十之七八，國失拯救之備，而民之責償被笞箠者衆。」責興利之弊，則曰：「大傷鄙細，有損國體。」戒用兵之失，則曰：「南安西師，兵夫死傷者，皆不下二十萬，有司失一死罪，其責不輕，今無罪置數十萬人於死地，朝廷不得不任其咎。」救官制之滯，則曰：「更新官制，以覈正吏治，至今頒行無緒，有以啓寵四方，貽譏後世。」於是二公與同志者，建請以常平舊法改青苗，以嘉祐差役參改募役，罷保馬以復監牧，損保甲教選以便農作，除市易之令，寛茶鹽之禁，賜邊砦，贖亡民，和西戎。於是民讙呼鼓舞以爲便，而沮議者上則大臣，下則用事之小吏，蓋不可勝數。司馬光既卧疾于家，公與數人者同救其弊，太皇太后爲去其異議者，然後定。《神道碑》又《家傳》云：太皇太后問論執政曰：「民間養保馬，甚以爲苦，宜早罷之。臣民所言新法之不便於民者，亦宜以時施行。吾於大行，母子也，大行所立之法，苟民間不以爲便，當循至公，豈可不改？」又曰：「爲政莫如至公，

至公則人無不服。」又出士庶所上封事數萬通付政府。公意以爲，法之害於民而不合於先帝本指者，當以次更之，使觀聽不改而實利及民。而温公時已病，不能朝，自以當二宮大任，恐一旦殂謝，無以自効，於是奏疏相屬，力疾入對，意切語峻。未逾年而更張幾盡。温公病中與公簡曰：「晦叔自結髮志學，壯而行之，端方忠厚，天下仰服，垂老乃得秉國政，平生所藴，不施於今日，將何俟乎？比日以來，物論頗譏晦叔慎嘿太過。若此際復不廷爭，事蹉跌，則入彼朋矣！光自病以來，悉以身付醫，家事付康，惟國事未有所付，今日屬於晦叔矣。」又曰：「介甫文章節義，過人處甚多，但性不曉事，而喜遂非。致忠直疏遠，讒佞輻輳，敗壞百度，以至于此。今方矯革其弊，不幸介甫謝世，反覆之徒，必詆毀百端。光意以謂朝廷特宜優加厚禮，以振起浮薄之風。不識晦叔以爲如何？」

公與温公同奏舉河南處士程頤，乞特加召命，待不以次。詔以爲潁州團練推官、國子監教授，不就。又以爲宣德郎、秘書省校書郎，亦不就。已而召對便殿，拜通直郎、崇政殿説書，乃受命。議者譏頤辭卑而居尊。及在朝廷，以天下自任，好論説政事，褒貶人物，俗士好進者，嫉之若讎，竟不能自容而去。《家傳》

公上奏曰：「臣竊以自古治戎之策，雖三代之盛，亦不過來則禦之，去則備之。爲備之道，莫先於積穀。臣嘗任定州路安撫使，河北沿邊，大約有十年糧，蓋令商旅輸粟塞上而算請錢貨於京師，故能致此豐羨。訪聞西陲自兵興後至今，所儲軍糧，只可支一二年。若緩急更添屯軍馬，何以供之？乞令陝西經略司與轉運司同共廣作計置，使沿邊皆增及五年之蓄。如此，攻雖不足，守則有餘。《兵法》曰：『國雖大，好戰必亡；天下雖平，忘戰必危。』乞賜裁酌施行。」從之。《家傳》

先是，司馬温公上疏論免役法五害，乞變從舊法，詔付三省施行。蔡丞相建言：「此大事也，當與樞密共之。」公上奏曰：「臣竊尋故事，朝廷有大論議，多選近臣定奪。欲望選差三數人，詳定聞奏。」仍擬數人以聞詔，以吕大防、韓維、范純仁詳定，專付三省，不復令密院預議。初，温公議凡役人皆不許雇人以代，然東南及兩蜀諸路，民有高貲，或子弟業儒，皆當爲弓手、執賤役，既不許募代，甚苦之。公聞其弊，即令一切聽募雇，民情大悦。《家傳》

温公在門下省，建議：「天下案牘有不應讞者，舊皆放罪，無以懲謬妄，請悉勘劾。」温公意欲州郡慎聽獄，而官吏苟避譴罰。自是雖有疑案，皆不上。及公爲侍郎，乃請官吏案後帖放如舊制，迄今遵用焉。《家傳》

自官制改，盡廢三館直官校理，纔校書郎、正字數員爲職事官，至是乃盡復舊制。召試學士院，唯策問古今治亂之要，不復用詩賦。尚書省六曹遍置郎吏，而不計事之繁簡，或案牘填委，抵暮不得休，或終日無一事，而俸賜均等，公以爲非宜，乃省閑曹十九員，定爲三十五員。《家傳》

御史彈奏：「駕部員外郎賈種民素無行，元豐中任大理官，爲蔡確鷹犬，專中傷善良。」詔黜爲通判。公面奏曰：「方種民爲獄官，臣亦與被誣。今臣在相位，而種民得罪，恐所懲者小，所損者大，非所以示天下。」乃寢前命。門下韓公奏曰：「種民醜惡，衆所共知。奈何以公著故屈朝廷公議？」公復爲請，乃除知臨江軍，既而又以臨江僻遠，改知通利軍。《家傳》

内出手札云：「向者朝廷講求法度，務以愛民，而縉紳之士，往往不原朝廷本意，速希功賞，有誤使令，殘民蠹物，久益知弊，至使群言交攻不已，其罪顯者，已行譴逐，自餘干涉之人，自今更不追劾。可放此意作詔，布告中外，咸使改過自新，各安職業。」議者或咎公持心太恕，今除惡不盡，將失有罪，爲異日患。公曰：「爲治，去其太甚者耳。人才實難，當使之自新，豈宜使之自棄耶？」《家傳》

初，二聖首從公言，闢言路，自是臺諫官章疏無虚日，常假借納用焉。其後言者益自肆，上意寖不懌。會御史張舜民彈劉奉世，語侵太師文彦博，乃罷舜民臺職。於是臺諫交章，以爲舜民不當罷。上不從，中丞傅堯俞、諫議梁燾、侍御史王岩叟、司諫朱光庭、王覿，御史孫升，各居家待罪。上命執政召言官至都堂，諭以舜民言彦博私奉世，而奉世使夏國，非彦博所建，舜民難再除御史。堯俞等不受命，而燾尤喧勃。公上奏曰：「臣伏見陛下自臨政以來，開廣言路，登用直臣，納諫之盛，近古未有。然臺諫官數人，例各供職日久，言事既多，不能盡忠，固不可便行罷黜，又不可一向包容，恐向後愈更紛拏，朝廷却不能保全。欲乞稍與優遷，令解言職，更擇有名望學識臣僚，使備諫諍。如此，則陛下於言事之臣，可以全其恩意，不至駭動物聽。」自是堯俞等皆以善罷，無以言事降黜者。《家傳》

御批付中書省：「門下侍郎韓維，嘗面奏范百禄任刑部侍郎所爲不正。輔臣奏劾臣僚，當形章疏，明論曲直，豈但口陳，何異姦讒？維爲輔臣，不正如此，予何賴焉？可罷門下侍郎，分司南京，仍放辭謝。」公即上疏曰：「臣伏思陛下自臨政以來，慈仁寬大，判別忠邪，於輔弼之臣，每加優禮，故得上下安樂，人情悦服。若以奏劾臣僚，當以章疏，則自來大臣造膝密論，亦未嘗須有章疏。兼維素有人望，久以直言廢棄，陛下始初清明，方蒙收用，忽然峻責，罪狀未明，慮必有讎嫌中傷，以惑聖聽。況五六十年來，執政大臣，不曾有此降黜，恐中外驚駭，人

情不安。臣又竊思皇帝陛下春秋方富，正賴太皇太后陛下訓以仁厚之道，調平喜怒，以復仁祖之政。若大臣倉卒被罪，則小臣何以自保？臣受陛下厚恩，與常人不同，故今來雖當雷霆之怒，不敢愛身，以陷陛下於有過之地。伏望少回聖慮。」乃詔韓維除資政殿大學士、知鄧州，然猶用前責辭。公乃與中書侍郎呂大防同奏曰：「此大事也，更乞訪問太師文彦博。」時大防繼上奏論之，舍人曾肇亦再還辭頭，不肯命辭。然上意終未回，且批大防奏曰：「近臣若更有營救者，必當重行貶竄。」公又於便殿爲上詳言之，乃得旨改辭頭，作均勞逸之意。《家傳》

右司諫賈易降知懷州。自蘇軾以策題事爲臺諫官所言，而言者多素與程頤善，於是頤、軾交惡，黨與相攻，易獨建言，請并逐頤、軾，以靖朝廷。而易言侵及太師文彦博、同知樞密院范純仁，故太皇太后怒欲峻責易。公言：「易所言頗切直，唯詆大臣爲太甚，不可復處諫列爾。」后曰：「不責易，此亦難作。宗作切。公等自與皇帝議之。」公曰：「不先逐臣，易責命亦不可行。」争久之，乃止罷諫職，出知懷州。既退，公謂諸公曰：「諫官所論，得失未足言。顧主上方富於春秋，異時有進導諛之説，以惑上心者，當爾之時，正賴左右諫諍，不可預使人主輕厭言者也。」於是呂中書大防、劉左丞摯、王右丞存私相顧而歎曰：「呂公仁者之勇，乃至於此！」《家傳》

熙河蘭會路奏：「洮東安撫种誼等部領漢蕃人馬，於今月十九日午時攻破洮州，生擒西蕃大首領鬼章青宜結。」百官入賀，遣近臣告永裕陵。鬼章者，董氈之大將也，凶悍敢戰，熙寧間嘗覆官軍，殺大將景思立於河州，爲邊患者二十餘年。後遂據洮州與夏州合從，將入寇。邊臣言：「宜先事討之，以伐其謀。」公與同列議遣軍器監丞游師雄諭旨諸將。不逾月，果以捷奏至。公在上前，及與執政會議西陲事，諸公多欲舉熙寧、元豐所得地盡棄之以與夏人，不如是則邊境無寧日也。公曰：「先朝所取，皆中國舊境，而蘭州乃西蕃地，非先屬夏人也。今天子嗣守先帝境土，豈宜輕以與人？況羌戎貪惏無厭，與之，適是以啓其侵侮之心。但嚴守備以待之，彼亦安能遽爲患？」乃以詔賜乾德，其大略以爲：「前後用兵以來，其因而所得城寨，彼此各不曾交還，今來所請，義不可從。然朕獨以永樂之師陷没者衆，每一念此，常用惻然。汝黨能盡以見存漢人送歸中國，復修職貢，事上益恭，仍戢邊酋，無犯疆塞，則朕必釋然於尺寸之地，復何顧惜！當議特降指揮，據用兵以來所得地土，除元係中國舊寨及順漢西蕃上境外，餘委邊臣商量，隨宜分畫給賜。」又詔以「永樂將吏兵夫等，雖已詔汝發遣，然念城初失守，衆即散亡，或爲部落所匿藏，爲主者所轉鬻，汝可子細訪求發遣，據送到者，每人別賜絹十疋，命官以上，更加優賜，以給所得之家。」公既建議制五年之蓄，發内帑以濟之，又遣省官制置熙蘭財用，所省浮費，歲數十萬計，邊備寖實。及鬼章將寇熙河，夏人傾國會之，行半道，聞洮州破，鬼章就擒，而氣索而退，以兵圍鎮戎軍。由是朝廷嘗預戒邊吏，寇至，堅壁清野以待之，無與戰。至是夏人頓城下數日，無所得而遁。其後乾德遂入貢，稍還永樂所陷漢人，朝廷纔以四寨還之，而西陲竟無他虞。《家傳》

上以邇英講《論語》畢，賜執政、講讀官、左右史御筵於資善堂，内出御書唐人詩，分賜在坐。翌日，公上奏曰：「臣伏思皇帝陛下，睿哲之性，出於天縱，而復内禀慈訓，日新典學，誠以堯、舜、三代爲法則，四海不勞而治。將來《論語》終帙，進講《尚書》，二書皆聖人之格言，爲君之要道，臣輒於其中及《孝經》内節要語共一百段進呈。聖人之言，本無可去取，臣今唯取明白切於治道者，庶便於省覽，或游意筆硯之間，以備揮染，亦日就月將之一助也。」居數日，太皇太后宣諭曰：「呂相所進要語，已令皇帝即依所奏，每日書寫看覽，甚有益於學問，與寫詩篇不同也。」《家傳》

諫議大夫孔文仲言朱光庭除太常少卿不當。公與同列奏辯甚力，乃寢其奏，光庭竟就職。文仲本以伉直稱，然憃不曉事，數爲浮薄輩所使，以害善良。自程頤、賈易繼去，騰説者日益勝，於是李常、杜純、范純禮各求補外。公與執政面奏曰：「善人懼讒而不敢自安，非朝廷之福也。」上嘉納焉。文仲晚乃自悟爲小人所紿，感憤嘔血而卒。《家傳》

熙河路檻鬼章以獻，二聖御崇政殿受俘，遣閤門使面詰之。鬼章請罪，詔釋縛，貸其死。方邊議未定時，近臣多進計，請盡還西夏地，獨公與呂左相大防持不可。至是鬼章就擒，西賊却退，議者耻前説之謬，因言鬼章宜優命以官，置之秦鳳，或言遂放歸，以責其來効。又言熙河克捷，鎮戎守禦之功，皆不足賞。公曰：「鬼章爲邊患二十年，先帝欲獲之而不可得，今二聖待以不死，其恩固已厚矣，尚何官之有？況可放邪？疆場之功，雖不可過賞，然有勞不報，何以使人？」上納焉。《家傳》

公在上前，前後論救災事最詳。二宫初聽政，四方有以災旱聞者，公爲上言：「唐太宗正觀元年，天下霜儉，太宗悉心救卹。至四年，米斗三文。故爲人父母者，苟能以卹民爲心，極力賑濟，自然感召和氣，終至富盛，豈以不足爲患

哉！」自後每水旱災告，分遣諫官省郎使諸路，大發倉粟以濟之，又兑郡上供米，以繼乏絶，或爲饘粥湯藥以救疾，紙衣以禦寒，民有棄幼稚於路者，皆設法收養之。於是四方之人，知二聖以百姓爲心，人人愛戴，乃愈於無災云。《家傳》

郎官何洵直失本部印，公曰：「洵直誠有罪，然重譴之則自今猾吏皆有以制主司矣。」乃薄其罪。《家傳》

初，公在仁宗朝，嘗請進士先策論。神宗初，又獻議以經術取士。及知熙寧三年貢舉，遂密啓臨軒專用策試。未幾，公以言青苗等事得罪去，王安石專政，乃盡罷詩賦，一用經義，獨以《春秋》爲殘缺不可讀，廢其學，學者不得以應書。安石又與其子雱、其徒呂惠卿、升卿撰定《詩書周禮義》，模印頒天下，凡士子應書者，自一語以上，非新義不得用。於是舉者不復思索經意，亦不復誦正經，唯誦安石、惠卿書精熟者，輒得上第。有司發策問，必先稱頌時政，對者因大爲諛辭以應之。又多以佛書證《六經》，至全用天竺語以相高。晚尚字學，復以字書去取天下士，於是學者不復解經，而專解字，往往離析字畫，説一字至數百言，去經意益遠。由是中外議者，皆咎經義而思詩賦矣。元祐初，議者争言科舉之弊，請復舊制。公曰：「先帝更新法度，如造士以經術，最爲近古。且仲尼《六經》，何負於後世？特安石課試之法爲謬耳。安石解經，亦未必不善，唯其欲人同己爲大謬耳。」司馬温公亦以爲詩賦不可復，然論者習見經義之弊，忿懣不可遏，乃定制，進士初場試經義，次賦詩論策，對經義者許引用古今諸儒之説及己見。又詔立《春秋》科，太學置《春秋》博士二員，禁有司不得於莊、老書出題，程文不得雜用申、韓刑名之學及引釋氏書，仍罷試律義。至是將廷試，執政又以熙寧復策之初，進士葉祖洽譏議祖宗，自後對策者，皆訕前朝以阿當世，因以爲策問可廢，當復詩賦論三題。公曰：「天子臨軒發策，延四方貢士，詢以治道，豈非近古良法耶？至於對者是非邪正，則在考官去取耳。」乃仍舊試策。其後論科舉者亦未息，以至公薨，而詩賦益隆，期盡廢經義而後已，非公意也。《家傳》

中批右諫議大夫王覿論列新除右丞胡宗愈不當，落諫議大夫，與外任。公上奏曰：「臣與王覿舊不相識，在前朝及陛下臨政之初，並不曾舉薦。但見覿自任言責以來，凡所言事，最爲穩審。今來若止爲論列胡宗愈，便行責降，必未協衆情。乞與包容，更加裁酌。」又與二相論於簾前，上曰：「胡宗愈有何罪？司空與司馬丞相皆親嘗薦之。」公曰：「宗愈在先朝，誠有直聲，然自任中執法，頗爲浮議所惑，所言事多不協衆望。」乃除覿直龍圖閣、知潤州。其後宗愈竟以物論不與，不能安位而去。《家傳》

宋興以來，大臣以三公平章軍國者四人，二人出公家。草制之夕，上御閤殿見學士蘇軾曰：「呂僕射以疾求去，不欲煩以事，故以三公留之。」詔建府第於東府之南，啓北扉以便執政會議，三省、樞密院條其所當關者，以爲軍國事，一月三至經筵，三日一朝，非朝日不至都堂，其出也不以時。蓋異禮也。《神道碑》

初判大名府，韓絳建議開澶州故道，工役浩大，議者皆以爲不可行。已而都水使者王令圖、給事中案河使張問議開孫村減水河，而論者復不一。三年冬，乃詔吏部侍郎范百禄、給事中趙君錫案視之。百禄、君錫還奏：「見今北流深入地中，故道高仰，不當開治。」而執政未能決，公奏行之，蓋寢疾前一日也。《家傳》

公自少講學，即以治心養性爲本，其寡嗜欲，薄滋味，無疾言遽色，無窘步，無惰容，凡嬉笑俚近之語，未嘗出諸口，於世利紛華，聲伎遊宴，以至于博奕奇玩，淡然無所好。蓋得之天然。晚多讀釋氏書，益究禪理。司馬温公博學有至行，而獨不喜佛。公每勸其留意，且曰：「所謂佛學者，直貴其心術簡要爾，非必事事服習，爲方外人也。」自以服儒衣冠，燕居講道，未嘗爲沙門機警語。獨於先佛及祖師之言，掇其至要而默識之。大率以正心無念爲宗。自屬疾，雖子孫滿前，親舊遝至，初不談及身世，經理後事。上顧公甚厚，使人問勞，日再三至。又遣輔臣至第諭意，公對之，一無欣戀之色。及疾加甚，精神静定，手足安徐，聲氣不亂，以至於屬纊。《家傳》

正獻公簡重清静，出於天性，冬月不附火，夏月不用扇，聲色華耀，視之漠然也。范公内翰淳夫祖禹，實公之婿，性酷似公，後滎陽公長婿趙仲長演，嚴重有法，亦實似公焉。《童蒙訓》又《雜志》云：正獻公居家，夏不排窗，不揮扇，冬不附火。一日盛夏，楊大夫瓌寶字器之將赴鎮戎軍倅，來辭，器之乃呂氏甥，視正獻爲親堂舅，正獻於西窗下烈日中，公裳對坐，飲酒三盃，器之汗流浹背，正獻凝然不動。正獻退公，常坐堂中，應婢僕輩皆在堂外，不得入堂，堂中唯使諸孫。每有賜物，不問何物，但一呈過，置之不復問。傳宣中使，未嘗接坐。

正獻公燕居，凝塵滿案，澹然弗顧。所用硯或十數日不洗滌，亦不問也。平生每半年許一變饌，嘗言：「自吾友王深父，而道德性命之學日加益。」公天性清儉，然居處、飲食、衣服不過爲弊陋，從容有常。《家塾記》

正獻公爲小官時，每於中庭試馬，必具冠帶而後攬轡。平生未嘗行草書，尤

不喜人博，曰：「勝則傷仁，負則傷儉。」《家塾記》

正獻公平生未嘗較曲直，聞謗未嘗辯也。少時書于座右曰：「不善加己，直爲受之。」蓋其初自懲艾也如此。至和中，手書東漢延篤《與李文德書》于座右，又書古人詩「好衣不近節士體，粱穀似怕腹中書」兩句于子舍屏風。《家塾記》

正獻公每事持重近厚，然去就之際，極於介潔。其在朝廷，小不合便脱然無留意，故歷事四朝，無一年不自引求去。《家塾記》

正獻公爲樞密副使，年六十餘矣，常問太僕寺丞吴公傳正安詩已之所宜脩，傳正曰：「毋敝精神於蹇淺。」滎陽公以爲傳正之對不中正獻之病，正獻清静不作，爲患於太簡也。本中後思得，正獻問傳正時，年六十餘矣，位爲執政，人士皆師尊之，傳正，公所奬進，年纔三十餘，而公見之，猶相與講究，望其切磋，後來所無也。滎陽公獨論其問答當否，而不言下問爲正獻公之難，蓋前輩風俗純一，習與性成，不以是爲難能也。《童蒙訓》

呂晦叔真大臣，其言簡而意足。孫莘老嘗言「格陵好問」，且曰：「好問則裕。」晦叔曰：「好問而裕，不若聽德而聰。」人有非劉向彊聒而不舍者，呂晦叔曰：「劉向貴戚之卿。」此語可謂忠厚。然向之眷眷於漢室而不忍去，則是也。至於上變論事，亦可謂不知命矣。《龜山語録》

公平生以人物爲己任，好德樂善，出於天性。士夫有以人物爲意者，公必問其所知，與其所聞參互考實，以待上求。神宗嘗謂執政曰：「呂公著之於人材，其言不欺，如權衡之於稱物，其於用人，無遠邇疏密，一以至公待之。雖有舊怨，亦不以屑意。」其論事處物，不以徇己爲悦，從衆爲難，雖澹於世利，而勇於愛民，簡於應接，而周於慮世。上前議政事，盡誠去飾，博取衆人之善，至其所當守，毅然不可回奪也。《神道碑》

皇祐、至和間，司馬公名猶未甚輝赫，正獻公曰：「若君實者，可謂實過其名也。」後温公隆名蓋代，士無賢不肖，無貴賤，皆知畏而愛之，而知之衆人未知之前者，龐丞相與正獻公二人而已。《家塾記》

正獻公之在侍從也，專以薦賢爲務，如孫莘老覺、李公擇常、王正仲存、顧子敦臨、程伯淳顥、張天祺戩等，皆爲一時顯人。《童蒙訓》

正獻公既薦常秩，後差改節，嘗對伯淳有悔薦之意。伯淳曰：「願侍郎寧百受人欺，不可使好賢之心少替。」公敬納焉。《童蒙訓》

公自爲小官，不問生事，而夫人亦好施，仕寖顯，内外姻戚亦益多，初爲相，受賜所散至十之九，三公俸賜，率以周九族，家無餘積，米不足，至糴以繼之。《家傳》

司馬光《涑水記聞》卷一四　馮當世、孫和甫、呂晦叔、薛師正同在樞府，三人屢於上前爭論，晦叔獨默不言。既而上顧問之，晦叔方爲之開析可否，語簡而當，上常納之，三人亦不能違也。出則未嘗語人。外皆譏晦叔循默，不副衆望，晦叔亦不辨也，而同僚或爲辨之。

王闢之《澠水燕談録》卷二　國朝享國百三十餘年，人臣爲太師者，惟趙忠獻、文潞公二人耳。慶曆二年十二月，詔拜呂文靖公司空、平章軍國重事；元祐三年四月，正獻公又以司空、平章軍國事，父子繼以三公平章軍國，古所未有也。

李廌《師友談記》　二月十日，出陳橋門稍西十里白溝上原，謁陽翟縣令孫敬之愭，會開府承議郎張弼非夜語。張，浙人也。傳云劉簽樞知定州，錢穆父居樞位，其實則無也。廌謂孫敬之曰：「歲前，廌到陽翟，競傳蔣穎叔爲辭熙帥，奪待制以本官謫知舒州。廌曰出京時，上宫謝，見蔣穎叔以待制扈從，不足信，衆鄉人咻之。今日穆父之拜，竊恐如穎叔之傳也。」已而果然。乃知虚傳之書，不必遠方，雖國門之外，已不足信矣。敬之曰：「今年上元，呂丞相夫人禁中侍宴，獨以上相之夫人，得奉觴進於二聖。餘執政命婦，則並立副階上，北嚮羅拜。宴罷辭謝，皆登露臺望拜，奉觴以進，頗戰慄。寶慈曰：『夫人與吾年相若。』特命二女史扶擁，以示恩意。」敬之曰：「呂相夫人，乃中表親也，爲某言禁中禮數甚詳。曰：御宴惟五人，上居中，寶慈在東，長樂在西，皆南向，太妃暨中宫皆西向。寶慈暨長樂皆白角團冠，前後惟白玉龍簪而已，衣黄背子衣，無華彩。太妃暨中宫皆縷金雲月冠，前後亦白玉龍簪，而飾以北珠。珠甚大，衣紅背子，皆用珠爲飾。中宫雖預坐，而婦禮甚謹，惟内顧寶慈，坐不敢安，雖廣樂在廷，未嘗一視也。上前後供侍，固多女使，皆天下奇色，唯有四人一樣粧梳，衣服之類無少異。俄至上側，未移刻，又忽四人至。凡十有六番，其服飾珠翠之盛，信天下之所未覩。上天顔穆然，敬奉二宫，有不邇聲色之意。」

佚名《道山清話》　呂晦叔爲中丞，一日，報在假，館中諸公因問何事在假，時劉貢父在坐，忽大言：「今日必是一箇十齋日。」蓋指晦叔好佛也。

蔡絛《鐵圍山叢談》卷三　呂司空公著生重牙，亦異常人也。當元祐平章軍國重事時，魯公以待制從外鎮罷，召過闕。呂司空邀魯公詣東府，列諸子侍其右，而謂魯公曰：「蔡君，公著閲人多矣，無如蔡君者。」則以手自撫其座曰：「君

他日必據此座，願以子孫託也。」魯公後每謂吾言，惜以黨錮事，愧不能力副其意者。吾且謂人之不知也。及在博白，一日，吕公之孫切問來，因爲道是，而切問曰：「頃魯公居從班時，《祭司空公文》蓋備之矣。」於是相與得申其契好。噫！前輩識鑒，類多如此。

邵伯温《邵氏聞見録》卷一二　吕晦叔、王介甫同爲館職，當時閣中皆知名士，每評論古今人物治亂，衆人之論必止於介甫，介甫之論又爲晦叔止也。一日論劉向當漢末言天下事，反復不休，或以爲知忠義，或以爲不達時變，議未決。介甫來，衆問之，介甫卒對曰：「劉向强聒人耳。」衆意未滿。晦叔來，又問之，則曰：「同姓之卿歟！」衆乃服。故介甫平生待晦叔甚恭，嘗簡晦叔曰：「京師二年，庇吝積於心，每不自勝。一詣長者，即廢然而反。夫所謂德人之容使人之意消者，於晦叔得之矣。以安石之不肖，不得久從左右，以求於心而稍近於道。」又曰：「師友之義，實有望於晦叔。」故介甫作相，薦晦叔爲中丞。晦叔迫於天下公議，反言新法不便，介甫始不悦，謂晦叔有驩兜、共工之姦矣。

待之以禮，答之以簡，與賓客言，或許是爲得體。吕正獻公以翰林學士館伴北使，虜頗桀黠，語屢及朝廷政事。公摘契丹隱密詢之曰：「北朝嘗試進士，出《聖心獨悟賦》，賦無出處，何也？」虜使愕然語塞。專對之次，雖曰合成修好，唯恐失其歡心；若彼稍乖恭順，亦宜有以折其萌，俾知有人焉。於交鄰遇客，初無忤也。

徐度《卻掃編》卷上　吕申公素喜釋氏之學，及爲相，務簡静，罕與士大夫接，惟能談禪者，多得從客。於是好進之徒往往幅巾道袍，日游禪寺，隨僧齋粥，談説理情，覬以自售，時人謂之「禪鑽」云。

陳長方《步里客談》卷上　吕正獻初喜邢恕，聞恕到京，訪之旅邸中。

吕本中《童蒙訓》卷上　正獻公幼時，未嘗博戲。人或問其故，公曰：「取之傷廉，與之傷義。」

正獻公每時節必問諸生有何進益。

正獻公簡重清静，出於天性，冬月不附火，夏月不用扇，聲色華耀，視之漠然也。范公內翰淳夫祖禹，實公之婿，性酷似公。後滎陽公長壻趙仲長，演嚴重有法，亦實似公焉。

張知甫《可書》　正獻吕公著，哲宗以邇英講《論語》，終秩賜燕。上手書唐人詩賜輔臣，講讀官人一篇。翌日，公入謝，因摘取《尚書》、《論語》、《孝經》要語以進曰：「此皆明白，切於治道，可以備翰墨揮染，亦日就月將之一助。」太皇太后謂執政曰：「吕相進《三經要語》，皇帝每書以省覽，甚有益學問，與書唐人詩不類也。」

公退寓陳、洛，僦舍不庇風雨。公默然一室，凝塵滿席。及爲三公居大府，亦然。

公在相位數年，常恐一善不進而未及用，即歉然見於色。神宗嘗曰：「吕公著，人物權衡也。」

周煇《清波雜志》卷四　張芸叟云：吕申公名知人，故多得於下僚。家有茶羅子，一金飾，一銀，一棕櫚。方接客，索銀羅子，常客也；金羅子，禁近也；棕櫚，則公輔必矣。家人常挨排於屏間以候之。申公，温公同時人，而待客茗飲之器顧飾以金銀分等差，益知温公儉德，世無其比。

朱弁《曲洧舊聞》卷三　曾肇子開修史，書吕文靖事，不少假借。元祐間，申公當國，或以爲言，公不答，待子開如初。客以密問公者，公曰：「肇所職，萬世之公也；人所言，吾家之私也。使肇所書非耶，天下自有公議；所書是耶，吾行其私，豈能使後世必信哉！」晁以道嘗爲予説其事，歎曰：「申公度量如此，真宰相也！」

朱弁《曲洧舊聞》卷四　吕申公公著當文靖秉政時，自書鋪中投應舉家狀，敝衣蹇驢，謙退如寒素，見者雖愛其容止，亦不異也。既去，問書鋪家，知是吕廷評，乃始驚歎。

陸游《老學庵筆記》卷二　吕正獻平章軍國時，門下客因語次，或曰：「嘉問敗壞家法，可惜。」公不答，客愧而退。一客少留，曰：「司空尚能容吕惠卿，何況族黨。此人妄意迎合，可惡也。」公又不答。既歸，子弟請問二客之言如何，公亦不答。

趙善璙《自警編》卷一　吕正獻公平生未嘗較曲直，聞謗未嘗辨也。自少時書座右曰：「不善加己，直爲受之。」蓋其初自懲艾如此。

趙善璙《自警編》卷三　吕正獻公至和中手書東漢延篤《與李文德書》於座右，又書古人詩「好衣不近節士體，粱穀似怕腹中書」兩句於子舍屏風。

張光祖《言行龜鑑》卷四　吕正獻公公著，年三十餘，通判潁州，已有重名。范文正知青州，過潁，來汝謁公，呼公謂曰：「太博，近朱者赤，近墨者黑。歐陽永叔在此，太博宜近筆硯。」申國夫人在廳後，聞其語，以教滎陽公。

備論

《宋史》卷三三六《吕公著傳》 論曰：公著父子俱位至宰相，俱以司空平章軍國事，雖漢之韋、平，唐之蘇、李，榮盛孰加焉。夷簡多智數，公著則一切持正，以應天下之務，嗚呼賢哉。其論人才，如權衡之稱物，故一時賢士，收拾略盡。司馬光疾甚，諄諄焉以國事爲託，當時廷臣，莫公著若也審矣。追考其平生事業，蓋守成之良相也。然知子之賢而不能薦，殆猶未免於避嫌，而有愧於從祖云。

王稱《東都事略》卷八八《吕公著傳》 臣稱曰：以夷簡爲父，而公著爲子，其謀謨事業有大過人者。蓋夷簡善任智，而公著則持正以成天下之務，賢於父遠矣。昔伊尹相湯，咸有一德，子陟相太戊。巫咸乂王家，子賢以相祖乙。漢之韋、平，唐之蘇、李，吾宋之韓、吕氏，皆以相業世其家，烏虖盛歟！

藝文

蘇頌《蘇魏公文集》卷一四《司空平章軍國事贈太師開國正獻吕公五首》

二聖臨熙運，元精降佐臣。人承太嶽裔，生在敦音頓。牂辰。六紀登遐壽，三朝秉大均。公在相位三年。還騎箕尾去，仍值在蛇春。

運偶千齡旦，家傳萬石風。五朝京兆尹，文靖公乾興中尹京，後，公昆弟相繼至今。三世大司空。文穆公、文靖公並以司空平章，至公三世登台。致主唐虞上，論經伏鄭中。公前歲上《尚書》、《論語》、《孝經》要義百篇，又稱極有益于學問。生鍾維嶽降，葬復近神崧。公塋在新鄭縣神崧里。

首建司空府，前臨魏闕門。特留黄髮老，對直紫微垣。故事傳臺閣，清風遺子孫。四方桃李滿，不待史官言。

漢代明經相，唐朝鎮俗賢。時方尊長孺，天遽奪公權。衮冕頒新隧，笳簫入故阡。文成内外服，二美冠周篇。

自歎羇屯世少同，平生知己莫如公。早參直諒多聞數，晚入坯陶一器中。存殁交情成契闊，晤言名理謾研窮。追思五十年前會，已識河東乂祖風。景祐四年舉進士開封，公與故吕紫微縉叔每相期于場屋，始獲拜接，當時流輩皆知公公輔之器。

程顥、程頤《二程集·河南程氏文集》卷一一《爲家君祭吕申公文》 嗚呼！公稟則異，得天之粹，遘兹昌辰，出爲嘉瑞。生而富貴，處之無累；幼而聰明，充之能至。學既知真，仕則爲道；出入屢更，夷險一操。二聖臨御，人望是從；起藩入輔，命相册公。平日視公，静默恂恂；國論所斷，一言萬鈞。謂公無位，位爲相臣；謂公得志，志存未伸。然公心如權衡，所以無閒言於率土；德如山嶽，所以致敬心於人主。從容語默之間，人孰量其所補？胡上天之不弔，不一老之慭遺？淵水無涯，將孰求於攸濟？百身莫贖，爲有識之同悲。嗚呼哀哉！羸老餘生，辱知有素，二男論忘勢之交，不偶無疇知之路。阻臨穴以伸哀，姑託文而披露。想英靈兮如在，監丹誠而來顧！

范祖禹《范太史集》卷三七《祭吕正獻公文》 維元祐四年歲次己巳，二月壬寅朔，二十六日丁卯，壻修實録檢討官、承議郎、秘書省著作郎、兼侍講、上騎都尉、賜緋魚袋范某，謹以清酌庶羞之奠，恭祭於太師申公丈人之靈。嗚呼！去聖已遠，道學不明。中庸至德，民鮮能久。過與不及，其失之均。惟公體被中和，性涵純粹。天降大任，先覺斯民。真宰不言，化育萬物；巨浸無際，并包百川。從容廟堂，不見聲色。虚一而静，漠然無心。二聖恭己，四方奠枕，非夫深造自得，尚友淵騫，謨明弼諧，思齊稷契，何以居今之世，如見古人？極深研幾，宅道之妙，經濟之用，乃其緒餘。公今云亡，梁木實壞。邦國殄瘁，何痛如之！某辱知於公，實自早歲。取其迂拙，遂齒昏姻。知己義重，踰於親愛。儀刑師表，靡所瞻依。追惟訓言，流慟何已！敬致薄奠，惟公鑑之。尚饗！

范祖禹《范太史集》卷三七《又祭正獻公文》 維元祐四年五月庚午朔，十四日癸未，壻具位某，謹以清酌時羞之奠，恭祭於太師申國正獻公。嗚呼！自公之殁，緜歷旬時，邦家失其蓍蔡，善人喪其宗主。緬懷風烈，猶有典刑。二聖追思，衆賢景慕。尚式周公之訓，共守蕭相之規。庶幾有成，永底于治。日月遄遠，宅兆卜期。某官守有常，義不得往。西望引領，爲天下慟。寓此薄奠，惟公鑑之。尚饗！

畢仲游《西臺集》卷一七《祭司空吕申公文》 昔在真宗，文穆爲政。内舉兄子，是爲文靖。文靖之起，實相仁宗。三入之榮，禮如伯父。文靖傳公，公復名世。合德裕陵，相今皇帝。西樞舊臣，北門學士。司徒司空，上公之貴。誰實爲

之，父子兄弟。名聲焜燿，軒冕峨巍。世有令德，所以將之。請言公德，翼翼繩繩。至仁至静，至忠至平。國有大事，疑而未成。群疑四起，雨雹雷霆。趨舍相異，水火交興。公徐一語，不折而明。氛披霧霽，風斂波澄。雖有異論，莫公與京。人舍公就，公出人處。逮公還朝，文正是與。無遠無近，云司馬、吕。作之營之，所以具舉。徐之寧之，所以按堵。公所從事，官人以叙。大法以明，繁文以去。爲蓍爲鑑，爲棟爲輔。公所無事，風俗以固。禍亂以銷，蠻夷以附。長善興能，勝殘去侮。矧公平昔，惟德之名。山爲其重，淵爲其清。三十、四十，有煒厥聲。六十、七十，邦家以寧。以身殉國，以義殉身。以人事上，以身任人。世有杞梓，乃以蘭蓀。施及不肖，亦遊公門。遊而無取，我實辱公。逶迤紆鬱，逮公之終。公既終矣，道亦崇矣。豐功偉烈，莫形容矣。遺德餘勞，被無窮矣。失聲而慟，士斯同矣。嗚呼哀哉，尚饗。

汪應辰《文定集》卷一〇《題吕申公集》 頃知成都，始得正獻吕申公集，蓋散逸之餘，裒輯補綴，非當時全書矣。然見所未見，亦不爲少，其雜以他人所作者什三四。既而以授公之曾孫金部員外郎企中，金部又屬其兄子大麟、大虬，攷訂刊删，爲二十卷。方全盛時，士大夫家集之藏，未必輕出。中更黨禁，愈益閟匿，故一旦紛擾，遂不復見，而此雖殘闕不全，未易得也。金部惻然念之，欲以所得鍥板，庶幾廣其傳焉。某方待罪太史，論次熙寧、元豐以來公卿大夫事實。雖前修盛德，蓋有不待言論風旨而可知者，然而傳信垂後，不可以無證。詔求遺書，將以補史氏之闕，久之無送官者，每爲之閣筆而嘆也。使故家子孫皆能如金部用心，則其爲斯文之賴，豈不厚哉！

汪應辰《文定集》卷一〇《讀申國春秋》 右《申國春秋》十卷，蓋所記正獻吕公言行編年之書也。公方少時，天下期以經濟之業。雖出入四朝，人望愈重，然位有所局，時有所制，士君子有遺恨焉。元祐改元，乃始作相，二聖恭己仰成，而司馬文正同德比義，相爲左右。文正久病，繼以不起，公實獨當宰枋，既而平章軍國事。雖曰釋文昌之任，而三省、樞密院機務之要皆預焉，非特一相所領與夫平章重事而已。二府大臣，皆公素厚善或所汲引，而左右侍從，以至諫官御史，往往極一時選，公論無壅，下情畢達，進退人材，損益政事，詔令數下，沛然如流水之源，莫之能禦。于是昔之引領慕望者，詠嘆淫泆，以爲天下能事畢矣。然伊川先生獨曰：「謂公得志，尚存而未伸也。」蓋公之任重致遠，伊川先生之知之異乎人之知之，亦書所不能載也。因是書以攷公之言行，又因伊川先生之言以求所謂志存而未伸者，則公之所以言所以行，可默識而心通矣。

莊綽《雞肋編》卷六〇《館閣祭吕申公文》 維元祐四年月日，具官某等，謹以清酌庶羞之奠，致祭于故平章司空吕公之靈曰：嗚呼！大人之德，如山如川。作鎮九州，經營幅員。國有大人，君尊而榮，地有山川，氣傑以靈。豈惟寶藏，百貨所養，惟其高深，物則固往。善觀國者，庶其在兹，無象太平，望而知之。季札觀樂，興衰以喻，見遽伯玉，知衛無故。秦使入楚，楚寶爲陳，昭奚卹在，知楚有人。楚衛區區，何足與謀？有是二臣，以雄諸侯。如虎在林，如龍在淵，何必風雲，其威自然。小才近用，則不若此，方圓珠施，文武異事。一官得人，則一事行，比事得失，非國重輕。嗚呼公乎，敦大中和，代天之工，道固逶陀。處厚持滿，彊者莫先，清心守默，辯者莫前。是惟元宰，三公之德，豈如淺智，物我異職。魏公典籌，初不自務，既執弓矢，人服其能。徐公行義，亦既有常，世自奢儉，吾無低昂。巍巍兩朝，盛德高名，内則國幹，外則長城。沈幾入告，成敗先定，家人不知，矧復百姓。羣言並進，不尸其德，使公議安，人享其澤。二聖統臨，公秉政機，垂紳搢笏，百辟是儀。征繇不興，盜賊先改，商賈阜通，九河輸海。謂法未具，滋章已除，謂財未充，民氣已舒。謂人未用，忠賢既立，謂遠未賓，羌戎貢入。太平之功，可指日冀，人之無禄，天不憖遺。兩宫震悼，庶民嗟咨，哀榮典册，禮盛一時。某等在廷，辱公品職，陶冶之功，無所歸德。旂旍簫鼓，送公國門，攄詞隕涕，侑此酒尊。尚饗！

周敦頤部

綜述

《宋史》卷四二七《周敦頤傳》　周敦頤字茂叔，道州營道人。元名敦實，避英宗舊諱改焉。以舅龍圖閣學士鄭向任，爲分寧主簿。有獄久不決，敦頤至，一訊立辨。邑人驚曰：「老吏不如也。」部使者薦之，調南安軍司理參軍。有囚法不當死，轉運使王逵欲深治之。逵，酷悍吏也，衆莫敢争，敦頤獨與之辨，不聽，乃委手版歸，將棄官去，曰：「如此尚可仕乎！殺人以媚人，吾不爲也。」逵悟，囚得免。

移郴之桂陽令，治績尤著。郡守李初平賢之，語之曰：「吾欲讀書，何如？」敦頤曰：「公老無及矣，請爲公言之。」二年果有得。徙知南昌，南昌人皆曰：「是能辨分寧獄者，吾屬得所訴矣。」富家大姓、黠吏惡少，惴惴焉不獨以得罪於令爲憂，而又以汚穢善政爲恥。歷合州判官，事不經手，吏不敢決，雖下之，民不肯從。部使者趙抃惑於譖口，臨之甚威，敦頤處之超然，通判虔州，抃守虔，熟視其所爲，乃大悟，執其手曰：「吾幾失君矣，今而後乃知周茂叔也。」

熙寧初，知郴州。用抃及吕公著薦，爲廣東轉運判官，提點刑獄，以洗冤澤物爲己任。行部不憚勞苦，雖瘴癘險遠，亦緩視徐按。以疾求知南康軍。因家廬山蓮花峯下，前有溪，合於溢江，取營道所居濂溪以名之。抃再鎮蜀，將奏用之，未及而卒，年五十七。

黄庭堅稱其「人品甚高，胸懷灑落，如光風霽月。廉於取名而鋭於求志，薄於徼福而厚於得民，菲於奉身而燕及煢嫠，陋於希世而尚友千古。」

博學力行，著《太極圖》，明天理之根源，究萬物之終始。其説曰：

無極而太極。太極動而生陽，動極而静，静而生陰，静極復動。一動一静，互爲其根，分陰分陽，兩儀立焉。陽變陰合，而生水、火、木、金、土，五氣順布，四時行焉。五行一陰陽也，陰陽一太極也，太極本無極也。五行之生也，各一其性。無極之真，二五之精，妙合而凝，乾道成男，坤道成女。二氣交感，化生萬物，萬物生生，而變化無窮焉。

惟人也得其秀而最靈，形既生矣，神發知矣，五性感動而善惡分，萬事出矣。聖人定之以中正仁義而主静，立人極焉。故聖人與天地合其德，日月合其明，四時合其序，鬼神合其吉凶。君子修之吉，小人悖之凶。故曰：「立天之道，曰陰與陽。立地之道，曰柔與剛。立人之道，曰仁與義。」又曰：「原始反終，故知死生之説。」大哉《易》也，斯其至矣。

又著《通書》四十篇，發明太極之藴。序者謂「其言約而道大，文質而義精，得孔、孟之本源，大有功於學者也。」

掾南安時，程珦通判軍事，視其氣貌非常人，與語，知其爲學知道，因與爲友，使二子顥、頤往受業焉。敦頤每令尋孔、顏樂處，所樂何事，二程之學源流乎此矣。故顥之言曰：「自再見周茂叔後，吟風弄月以歸，有『吾與點也』之意。」侯師聖學於程頤，未悟，訪敦頤，敦頤曰：「吾老矣，説不可不詳。」留對榻夜談，越三日乃還。頤驚異之，曰：「非從周茂叔來耶？」其善開發人類此。

嘉定十三年，賜謚曰元公，淳祐元年，封汝南伯，從祀孔子廟庭。

二子壽、燾，燾官至寶文閣待制。

吕祖謙《宋文鑑》卷一四四《周茂叔墓誌銘》　吾友周茂叔諱敦頤，其先營道人。曾祖諱從遠，祖諱智强，皆不仕。考諱輔成，任賀州桂嶺縣令，贈諫議大夫。君幼孤，依舅氏龍圖閣學士鄭向，以君有遠器，愛之如子。龍圖公名子皆用敦字，因以敦名君。

景祐中，奏補試將作監主簿，授洪州分寧縣。君博學行己，遇事剛果，有古人風，衆交口稱之。部使者以君爲有才，奏舉南安軍司理參軍。轉運使王逵以苛刻莅下，吏無敢可否，君與之辨獄事，不爲屈。因置手版，歸取誥敕納之，投劾而去。逵爲之改容，復薦之。移郴令，改桂陽令，皆以治績。用薦者遷大理寺丞，知洪州南昌縣。其爲治精密嚴恕，務盡道理，民至今思之。改太子中舍、簽判，覃恩改虞部員外郎，通判永州。今上即位，恩改駕部。趙公抃入參大政，奏君爲廣南東路轉運判官，稱其職。遷虞部郎中，提點本路刑獄。君盡心職事，務在矜恕。雖瘴癘僻遠，無所憚勞，竟以此得疾，懇請郡符，知南康軍。未幾，分司南京。趙公抃復奏起君，而君疾已篤，熙寧六年六月七日，卒于九江郡之私第，享年五十七。君篤氣義，以名節自處。郴守李初平最知君，既薦之，又賙其所不給。及初平卒，子尚幼，君護其喪以歸葬之。士大夫聞君之風，識與不識，皆指

君曰：「是能葬舉主者。」君奉養至廉，所得俸禄分給宗族，其餘以待賓客。不知者以爲好名，君處之裕如也。在南昌時，得疾暴卒，更一日一夜始蘇。視其家服御之物，止一敝篋，錢不滿數百，人莫不嘆服。此余之所親見也。嘗過潯陽，愛廬山，因築室溪上，名之曰「濂溪書堂」。每從容爲予言：「可止可仕，古人無所必。束髮爲學，將有以設施，可澤於斯人者，必不得已，止未晚也。此濂溪者，異時與子相從於其上，歌詠先王之道，足矣。」此君之志也。尤善談名理，深於《易》學。作《太極圖》、《易説》、《易通》數十篇，詩十卷，今藏于家。母鄭氏，封仙居縣太君。娶陸氏，職方郎中參之女。再娶蒲氏，太常丞師道之女。子二，人曰壽、曰燾，皆補太廟齋郎。以其年十一月二十日，窆於德化縣德化鄉清泉社母夫人之墓左，從遺命也。壽等次列其狀來請銘，乃泣而爲之銘。銘曰：

人之不然，我獨然之。義貫于中，貴於自期。讜讜日甚，風俗之偷。乃如伊人，吾復何求。志固在我，壽則有命。道之不行，斯謂之病。

王稱《東都事略》卷一一四《周敦頤傳》 周敦頤字茂叔，春陵人也。初名惇實。始以蔭爲將作監主簿，調南安軍司理參軍。南安囚，法不當死，轉運使欲深治之，敦頤爭不勝，投其告身以去。曰：「如此尚可仕乎？殺人以媚人，吾不爲也。」轉運使感悟，囚卒不死。

後爲通判永州，用呂公著薦，擢廣南東路轉運判官，移提點刑獄。以病求知南康軍，病且劇，上南康印，分司南京。敦頤酷愛廬阜，買田其旁，築室以居，號曰「濂溪」。卒，年五十七。

敦頤倡明道學，程珦嘗與爲友。珦之二子顥、頤，聞敦頤論道，遂厭科舉之業，慨然有求道之志。敦頤嘗著《通書》行于世。子燾爲寶文閣待制。

雜録

備録

朱熹《晦庵先生朱文公文集》卷九八《濂溪先生事實記》 先生世家道州營道縣濂溪之上，姓周氏，名惇實，字茂叔。後避英宗舊名，改惇頤。用舅氏龍圖閣學士鄭公向奏，授洪州分寧縣主簿。縣有獄久不決，先生至，一訊立辨，衆口交稱之。部使者薦以爲南安軍司理參軍，移郴及桂陽令。用薦者改大理寺丞。知洪州南昌縣事，簽書合州判官事，通判虔州事，改永州，權發遣邵州事。熙寧初，用趙清獻公、呂正獻公薦，爲廣南東路轉運判官，改提點刑獄公事。未幾而病，亦會水齧其先墓，遂求南康軍以歸。既葬，上其印綬，分司南京。時趙公再尹成都，復奏起先生，朝命及門而先生卒矣。熙寧六年六月七日也，年五十有七。葬江州德化縣清泉社。

先生博學力行，聞道甚蚤，遇事剛果，有古人風。爲政精密嚴恕，務盡道理。嘗作《太極圖》、《易説》、《易通》數十篇，在南安時，年少，不爲守所知。洛人程公珦攝通守事，視其氣貌非常人，與語，知其爲學知道也，因與爲友，且使二子往受學焉。及爲郎，故事當舉代，每一遷授，輒以先生名聞。在郴時，郡守李公初平知其賢，與之語而歎曰：「吾欲讀書，何如？」先生曰：「公老無及矣，某也請得爲公言之。」於是初平日聽先生語，二年果有得，而程公二子即所謂河南二先生也。南安獄有囚，法不當死，轉運使王逵欲深治之。逵苛刻，吏無敢相可否。先生獨力争之，不聽，則置手板，歸取告身委之而去，曰：「如此尚可仕乎？殺人以媚人，吾不爲也。」逵亦感悟，囚得不死。在郴、桂陽，皆有治績。來南昌，縣人迎喜曰：「是能辨分寧獄者，吾屬得所訴矣」。於是更相告語，莫違教命。蓋不唯以抵罪爲憂，實以汙善政爲耻也。在合州，事不經先生手，吏不敢決。苟下之，民不肯從。蜀之賢人君子皆喜稱之。趙公時爲使者，人或讒先生，趙公臨之甚威，而先生處之超然。然趙公疑終不釋，及守虔，先生適佐州事，趙公熟視其所爲，乃寤，執其手曰：「幾失君矣，今日乃知周茂叔也。」於邵州，新學校以教其人。及使嶺表，不憚出入之勤，瘴毒之侵，雖荒崖絶島，人跡所不至者，必緩視徐按，務以洗冤澤物爲己任。施設措置未及盡其所爲而病以歸矣。

自少信古好義，以名節自砥礪。奉己甚約，俸禄盡以周宗族、奉賓友，家或無百錢之儲。李初平卒，子幼，護其喪歸葬之。又往來經紀其家，終始不懈。及分司而歸，妻子饘粥或不給，而亦曠然不以爲意也。襟懷飄灑，雅有高趣，尤樂佳山水，遇適意處，或徜徉終日。廬山之麓有溪焉，發源於蓮華峰下，潔清紺寒，下合於湓江。先生濯纓而樂之，因寓以「濂溪」之號，而築書堂於其上。豫章黄太史庭堅詩而序之曰：「茂叔人品甚高，胸中灑落，如光風霽月。」知德者亦深有取其言云。淳熙六年六月乙巳，後學朱熹謹記。

　朱晦翁曰：濂溪在當時，人見其政事精絶，則以爲宦業過人；見其有山林之志，則以爲襟懷洒落，有仙風道氣，無有知其學者。惟程太中知之。宜其生兩程夫子也。

朱晦翁贊公像曰：道喪千載，聖遠言湮。不有先覺，孰開我人？書不盡言，圖不盡意。風月無邊，庭草交翠。

蒲宗孟曰：茂叔仕而有所爲，亦大槩見於人。至其孤風遠操，寓懷塵埃之外，常有高棲遐遁之意，則世人未必盡知。

朱曰：道之在天下者未嘗亡，惟其託於人者或絶或續，故其行於世者有明有晦。是皆天命之所爲，非人智力之所能及也。夫天高地下，而二氣五行紛紜錯揉，升降往來於其間，其造化發育，品物散殊，莫不各有固然之理。最其大者，則仁、義、禮、智之性，君臣、父子、昆弟、夫婦、朋友之倫是已。是其周流充塞，無所虧間，夫豈以古今治亂爲存亡者哉？然氣之運也，則有淳漓判合之不齊；人之禀也，則有清濁昏明之或異。是以道之所以託於人而行於世者，惟天所畀，乃得與焉。若先生者，其天之所畀而得斯道之傳者與，不然。何其絶之久而續之易，晦之甚而明之亟也？蓋自孟氏没而此道之傳不屬，我宋受命，五星集奎，開文明之運，然後氣之漓者醇，判者合，清明之禀，得以全付乎人，而先生出焉。不繇師傳，默契道體，建圖屬書，根極領要。當時見而知之，有程氏者，遂廣大而推明之，使夫天理之微、人倫之著、事物之衆、鬼神之幽，莫不洞然畢貫于一，而周、孔、孟氏之傳焕然復明，非天所畀，孰能與於此。《江州書堂記》

又曰：先生之言，其高極乎無極太極之妙，而實不離乎日用之間；其幽探乎陰陽五行造化之賾，而實不離乎仁義禮智、剛柔善惡之際。其體用一源，顯微無間，秦、漢以下，誠未有臻斯理者，而實不外乎《六經》、《論語》、《中庸》、《大學》七篇之所傳也。蓋其所謂太極云者，合天地萬物之理，而一名之耳。以其無器與形，而天地萬物之理無不在是，故曰無極而太極。以其具天地萬物之理而無器與形，故曰太極本無極也。是豈離乎生民日用之常而自爲一物哉？其爲陰陽五行造化之賾者，固此理也。其爲仁義禮智、剛柔善惡者，亦此理也。性此理而安焉者，聖也。復此理而執焉者，賢也。自堯、舜以至孔、孟，所以相傳之説，豈有一言以易此哉？先生之所以繼往聖、開來學而有大功於斯世也。《隆興祠堂記》

又曰：自孟氏没，而聖道不傳，俗儒之學，内局於章句文辭之習，外雜於老子、釋氏之言，而所以脩己治人者，一出於私智人爲之鑿，今蓋千餘年矣。先生奮乎百世之下，乃深探聖賢之奥，疏觀造化之原而獨心得之，立象著書，闡發幽祕，辭義雖約，而天人性命之微，脩己治人之要，莫不畢舉。先生之功爲大矣。《袁州祠堂記》

又曰：秦漢以來，天下之士莫知所以爲學，是以天理不明而人欲熾，道學不傳而異端起，人挾其私智以馳騖一世。宋興，有濂溪者作，然後天理明而道學之傳復續。蓋有以闡夫太極、陰陽、五行之奥，而天下之爲中正仁義者，得以知其所自來。言聖學之有要，而下學者知勝私復禮之可以馴致於上達；明天下之有本，而言治者知誠心端緒之可以舉而措之於天下。其所以上接洙泗千載之統，下啓河洛百世之傳者，脈絡分明而規模亦宏遠矣。《韶州祠堂記》

張南軒曰：自秦漢以來，言治者汩於五伯功利之習，求道者淪於異端空虚之説，而於先王發政施仁之實，天理人倫之教，莫克推而講明之。故言治者若無豫於學，而求道者反不涉於事。民莫睹乎三代之盛，可勝歎哉！惟先生崛起於千載之後，獨得微指於殘編斷簡之中，推本太極，以及乎陰陽五行之流布，人物之所以生化，於是知人之爲至靈，而性之爲至善，萬物有其宗，萬事循其則，舉而措之，則可見先王之所以爲治者，皆非私知之所出，孔孟之意于以復明。至于二程先生，則又推而極之，凡聖人之所以教人與學者之所以用工，本末始終，精粗該備。於是求道者有其序，而言治道者有所本矣。《南康軍祠堂記》

又曰：去古益遠，儒學陵夷吾先生起於遠方，乃超然有所自得於其心。本乎《易》之太極、《中庸》之誠，以極乎天地萬物之變化。其教人使之志伊尹之志，學顔子之學，推之於治，先王之禮樂刑政可舉而行，如指諸掌。於是河南二程先生兄弟從而得其説，推明究極之，廣大精微，殆無餘藴，學者始知夫孔孟之所以教，蓋在此而不在乎他，學可以至於聖，治不可以不本於學，而道德性命初不外乎日用之實。而詖淫邪遁之説皆無以自隱，其形可謂盛矣。然則先生發端之功，顧不大哉！《道州祠堂記》

又曰：先生生乎千有餘載之後，超然獨得夫《大易》之傳，所謂《太極圖》乃其綱領也。推明動静之一源，以見生化之不窮。天命流行之體，無乎不在，文理密察，本末該貫，非闡微極幽，莫能識其指歸也。然而學者若何而進於是哉？亦曰敬而已矣。誠能起居食息，主一而不舍，則其德性之知，必有卓然不可揜於體察之際者，而後先生之藴可得而窮，太極可得而識矣！

葉水心曰：道之晦鬱於後者，天與人殊而人與己殊，道非其道而學非其學

也。理不盡，徒膠昔以病今；心不明，姑舍己以辨物。勤苦而種，皆文藻之末；鹵莽而穫，皆枝葉之餘。楊雄、韓愈猶然，況其下者乎！自周子、二程以來，天之命我者，屬乎不離也，我之事天者，脗乎有合也。舜、文之道；即己之道也。顏孟之學，即己之學也。辭華不黜而自落，功利不抑而自退，其本立也。兩迷者岐也，四達者路也，邪不亂正；燭火闇室也，煜日方旦也，幽不掩明。大經大法，未嘗不炳然具見，而何塞路之有！此其所以過之遠也。覺於是而進，余所進也；安於是而止，余亦止之。《南安軍二先生祠記》

魏鶴山曰：頤奮乎百世之下，始探造化之至賾，建圖著書，闡發幽祕，即斯人日用常行之際，示學者窮理盡性之歸，使誦其遺言者，始得以曉然於洙泗之正傳，而知世之所謂學者，非滯於俗師，則淪於異端，蓋有不足學者，於是二程親得其傳，而聖學益以大振。雖三人於時皆不及大用，而嗣往聖，開來哲，發天理，正人心，使孔孟絕學獨盛於本朝而超出乎百代，功用所關，誠爲不小。《請謚奏》

又曰：先生奮自南服，超然獨得，以上承孔、孟氏垂絕之緒。河南二程子神交心契，相與疏瀹闡明，而聖道復著。曰誠，曰仁，曰太極，曰性命，曰陰陽，曰鬼神，曰義利，綱條彪列，分限曉然，學者始有所準的。於是知身之貴果可以位天地，育萬物，果可以爲堯舜，爲周公仲尼。而其求端用力，又不出乎暗室屋漏之隱，躬行日用之近，亦非若異端之虛寂、百氏之支離也，相與翕然宗之。張、楊、游、呂、侯、謝、尹、張諸儒，口傳面授，至近世朱、呂推而大之。蓋自道湮民散，千有五六百年而後得所師承。嗚呼，幸哉！

又曰：聖遠言湮，俗淪士散。求道者離乎器，而不知一理二氣之互根；言性者離乎氣，而不知元亨變化之實理。知剛柔之爲善惡，不知剛不一於善，柔不一於惡也；知陰陽之爲動静，不知陰不一於静，陽不一於動也。先生始爲圖書，貫融而劈析之；二程親得其傳，道日以章；迨胡子、朱、張，推衍究極，亦幾無餘藴矣。

先生所得之奧，不俟師傳，匪由智索，神交心契，固已得其本統。不然，嗜溪流之紺寒，愛庭草之交翠，體夫子之無言，窮顏淵之所以樂，是果何味，而獨嚅嚌之耶？故能發前聖之所未發，覺斯人之所未覺，使高遠者不墮於荒忽，使循守者不淪於滯固。私意小智，何所容其巧；詭經僻説，何所肆其誣？功用豈不偉哉。

臧格《議謚》

真西山曰：自荀、揚以惡與混爲性，而不知天命之本然；老莊氏以虛無爲道，而不知天理之至實；佛氏以剗滅彝倫爲教，而不知天敘之不可易。周子生乎絕學之後，乃獨探本原，闡發幽祕，二程子見而知之，朱子又聞而知之，述作相承，本末具備。自是人知性不外乎仁義禮智而惡與混非性也，道不離乎日用事物而虛無非道也，教必本乎君臣父子夫婦昆弟而剗滅彝倫非教也。闡聖學之户庭，祛世人之矇瞶，千載相傳之正統，其不在兹乎？

細觀往昔，百聖相傳，敬之一言，實其心法。蓋天下之理，惟中爲至正，惟誠爲至極。然敬所以中，不敬則無中也，敬而後能誠，非敬則無以爲誠也。氣之決驟軼於奔駟，敬則其銜轡也；情之橫放甚於潰川，敬則其隄防也。故周子主静之言，程子主一之訓，皆其爲人最切者，而子朱子又丁寧反復之。學者儻於是而知勉焉，戒於思慮之未萌，恭於事物之既接，無少間斷，則德全而欲泯矣。

朱子曰：先生之學，其妙具於《太極》一圖，《通書》之言，亦皆此圖之藴，而程先生兄弟語及性命之際，亦未嘗不因其説。觀《通書》之誠、動静、理、性命等章及程氏書《李仲通銘》、《程邵公志》、《顏子好學論》等篇，則可見矣。潘清逸誌先生之墓，敘所著書，特以作《太極圖》爲稱首。然則此圖當爲先生書首不疑也。然先生既手以授二程，本因附書後，傳者見其如此，遂悞以圖爲書之卒章，不復釐正，使先生立象盡意之微指暗而不明，而驟讀《通書》者，亦復不知有所揔攝。此則諸本之失也。又嘗讀朱内翰震《進易説表》，謂此圖之傳，自陳摶、种放、穆脩而來。而五峯胡氏作序，又以爲先生非止爲种、穆之學者，此特其學之一師耳，非其至者也。夫以先生之學之妙不出此圖，以爲得之於人，則決非种穆所及。以爲非其至者，則先生之學又何以加於此圖哉？是以竊嘗疑之。及得誌文考之，然後知其果先生所自作，而非有受於人者。二公蓋有未嘗見此誌而云云耳。然胡公所論《通書》之指曰：「人見其書之約也，而不知其道之大也；見其文之質也，而不知其義之精也；見其言之淡也，而不知其味之長也。人有真能立伊尹之志，脩顏子之學，則知此書之言包括至大，而聖門之事業無窮矣。」此則不可易之至論，讀是書者所宜知也。《遺文跋》

又曰：《通書》夫子所作。本號《易通》，與《太極圖》並出程氏，以傳於世，而其爲説寔相表裏。大抵推一理、二氣、五行之分合，以紀綱道體之精微，決道義文辭祿利之取舍，以振起俗學之卑陋。至論所以入德之方、經世之具，又皆親切簡要，不爲空言。顧其宏綱大用既非秦漢以來諸儒所及，而其條理之密，意味之深，又非今世學者所能驟而窺也。是以程氏既没而傳者鮮焉，其知之者不過以

爲用意高遠而已。《通書序》

朱子既爲《太極圖説》，則録以寄張敬夫。敬夫以書來曰：「先生所與門人講論問答之言，見於書者詳矣。其於《西銘》，蓋屢言之。至此圖，則未嘗一言及也。謂其必有微意，是則固然。然則所謂微意者，果何謂邪？」熹竊以爲此圖立象盡意，剖析幽微，周子蓋不得已而作也。觀其手授之意，蓋以爲惟程子爲能當之。至程子而不言，則疑其未有能受之者爾。夫既未能嘿識於言意之表，則馳心空妙，入耳出口，其弊必有不勝言者。觀其答張閎中論《易傳》成書，深患無受之者，及《東見録》中論横渠清虚一大之説，使人向别處走，不若且只道敬，則其意亦可見矣。若《西銘》，則推人以之天，即近以明遠，於學者日用最爲親切，非若此書詳於性命之原而略於進爲之目，有不可以驟而語者也。

濂溪圖與書雖簡古淵深，未易究測，然其大指，不過語諸學者講學致思，以窮天地萬物之理，而勝其私以復焉。其施則善於家而達於天下，其具則復古禮，變今樂，政以養民而刑以肅之也。是乃所謂伊尹之志、顔子之學，而程氏傳之以覺斯人者。

先生之精，立圖以示；先生之藴，因圖以發，而其所謂無極而太極云者，又一圖之綱領，所以明大道之未始有物，而實爲萬物之根柢也，夫豈以爲太極之上復有所謂無極者哉？

太極書如《易》六十四卦，一一有定理，毫髮不差。自首至尾，只不出陰陽二端而已。始處是生生之初，終處是已定之理。

《太極圖》，熹若不分明别出許多節次出來，如何看得？未知後人果能如此子細去看否？

問：「《太極圖》，自太極以至萬物化生只是一個圈子，何嘗有異？」曰：「人、物本同，氣禀有異，故不同。」

問：「《太極圖》何以不言『禮智』，而言『中正』？莫是此圖本爲發明《易》道，故但言『中正』，是否？」曰：「亦不知是如何，但『中正』二字，較有力。」

問：「先生謂程子不以《太極圖》授門人，蓋以未有能受之者。孔門亦未嘗以此語顔、曾，如何？」曰：「焉知其不曾説？」曰：「觀顔、曾做工夫處，只是切己做將去。」曰：「此亦何嘗不切己？皆非在外，乃我所固有也。」曰：「言此徒長人臆度料想之見。」曰：「理會不得者固若此。若理會得者，莫非在我，便可受用，何臆度之有？」

問：「《太極圖》自一而二，自二而五，即推至於萬物。《易》則自一而二，自二而四，自四而八，自八而十六，自十六而三十二，自三十二而六十四，然後萬物之理備。《西銘》則止言陰陽，《洪範》則止言五行，或略或詳，皆不同，何也？」曰：「理一也，人所見有詳略耳，然道理亦未嘗相值也。」

問《太極圖》之説。曰：「以人身言之：呼吸之氣便是陰陽，軀體血肉便是五行，其性便是理。」又曰：「其氣便是春夏秋冬，其物便是金木水火土，其理便是仁義禮智信。」又曰：「氣自是氣，質自是質，不可衮説。」

問：「《太極圖》何爲列五者於陰陽之下？」曰：「五常是理，陰陽是氣。有理而無氣，則理無所立；有氣而後理方有所立，故五行次陰陽。」又問：「如此，則是有七？」曰：「義智屬陰，仁禮屬陽。」按：《太極圖》列金木水火土於陰陽之下，非列仁義禮智信於陰陽之下也。以氣言之，曰陰陽五行；以理言之，曰健順五常之性。此問似欠分别。

「大凡看道理，要見得大頭腦處分明。下面節節，只是此个道理散爲萬殊。如孔子教人，只是逐件事説个道理，未嘗説出大頭腦處。然四方八面合聚湊來，也自見得个大頭腦。若孟子，便已指出示人。至周子説出太極，已是大段分明指出矣。且如惻隱之端，從出處推上去，則是此心之仁；仁即所謂四德之元；元即太極之動處。如此節節推上去，亦自見得總腦處。若看得太極處分明，則盡見得天下許多道理皆自此出，事事物物皆有此个道理，元無虧欠也。

今人多疑濂溪之學出於希夷，厶曰：「濂溪書具存，如《太極圖》，希夷如何有此説？」

近世諸公知濂溪者甚淺，如吕氏《童蒙訓》稱其用意高遠，夫《通書》、太極之説，所以明天理之根源，究萬物之終始，豈用意而爲之？又何遠近高下之可道哉？

「《太極圖》若無《通書》，却教人如何曉得？故《太極圖》得《通書》而愈明。」

問：「《通書》多説『幾』。《太極圖》上却無此意。」曰：「『五性感動』動而未分者便是。」

問：「『誠無爲，幾善惡』一段，看此與《太極圖》相表裏？」曰：「然。周子一書都説這道理。」

《通書》文雖高簡，而體實淵慤，且其所論不出乎陰陽變化、脩己治人之事，未嘗劇談無物之先、文字之外也。

《通書》中數數拈出「幾」字，要當如此，瞥地即自然有個省力處。

問：「《通書》便可上接《語》、《孟》？」曰：「比《語》、《孟》便較分曉精深，結搆得密。《語》、《孟》説得較濶。」並《朱子語》

朱熹《伊洛淵源録》卷一《遺事》 伊川先生作其父太中公家傳曰：公嘗假倅南安軍，獄掾周惇實甚少，不爲守所知，公視其氣貌非常人，與語，果爲學知道者，因與爲友。及爲郎官，故事當舉代，每遷授，輒一薦之。

伊川先生作《明道先生行狀》曰：先生自十五六時，聞汝南周茂叔論道，遂厭科舉之業，慨然有求道之志。河間劉立之敘述明道先生事曰：先生從汝南周惇頤問學，窮性命之理，率性會道，體道成德，出入孔孟，從容不勉。

程氏門人記二先生語曰：昔受學於周茂叔，每令尋顔子、仲尼樂處，所樂何事。

又曰：明道先生言：「自再見周茂叔後，吟風弄月以歸，有『吾與點也』之意。」

又曰：李初平見周茂叔，云：「某欲讀書，如何？」茂叔云：「公老矣，無及矣。待某只説與公。」初平遂聽説話，二年，乃覺悟。

又曰：王君貺嘗見茂叔，爲與茂叔世契，便受拜。及坐間大風起，説《大畜》卦，君貺乃起曰：「適來不知，受却公拜，今却當請納拜。」茂叔走避君貺。此一事却過人。謝用休問：「當受拜？不當受拜？」曰：「分已定，不受乃是。」一本作「風天」「《小畜》卦」。

又曰：田獵，自謂今無此好。周茂叔曰：「何言之易也。但此心潛隱未發，一日萌動，復如初矣。」後十二年，因見，果知未也。明道年十六七時好田獵，既而自謂已無此好，聞周先生此語後十二年，暮歸，在田間見獵者，不覺有喜心。

又曰：周茂叔窗前草不除去，問之，云：「與自家意思一般。」子厚觀驢鳴，亦謂如此。

又曰：周茂叔謂荀子元不識誠。伯淳曰：「既誠矣，心焉用養邪！荀子不知誠。」

邵伯温作《易學辨惑》，記康節先生事，曰：伊川同朱光庭公掞訪先君，先君留之飲酒，因以論道。伊川指面前食桌曰：「此桌安在地上，不知天地安在甚處？」先君爲極論天地萬物之理，以及六合之外。伊川歎曰：「平生惟見周茂叔論至此。」

呂本中作《童蒙訓》，曰：正獻公在侍從，聞茂叔名，力薦之，自常調除轉運判官。茂叔以啓謝正獻公，云「在薄宦有四方之遊，於高賢無一日之雅」。

謍道何棄仲農父自作《謍道齋詩》，序曰：謍道縣出郭三十里而近，有村落曰濂溪，周氏家焉，族衆而業儒。至先生遠宦，弛肩廬阜，力不能返故居，乃結屋臨流，寓濂溪之名，志鄉關在目中也。蘇、黄二公與之同時，而所爲賦詩皆失本意，文字傳誤，吁，可歎已！濂溪之周，至今蕃衍云。

邢恕和叔敘述明道先生事，云茂叔聞道甚早，王荆公爲江東提點刑獄時，已號爲通儒，茂叔遇之，與語連日夜，荆公退而精思，至忘寢食。

朱弁《曲洧舊聞》卷三 周茂叔居濂溪，前輩名士多賦濂溪詩。茂叔能知人，二程從父兄南遊，時方十餘歲，茂叔愛其端爽，謂人曰：「二子他日當以經行爲世所宗。」其後果如其言。崇寧以來，非王氏經術皆禁止。而士人罕言其學者，號伊川學，往往自相傳道。舉子之得第者，亦有棄所學而從之者，建安尤盛。伊川一日對羣弟子，取《毛詩》讀一二篇，掩卷曰：「詩人託興立言，引物連類，其義理炳然如此，其文章渾然如此，諸君尚何疑耶！若勞苦旁求，謂我所自得以眩惑後生輩，吾不忍也，非獨《詩》爲然。凡聖人書熟讀之，其義自見，藏之於心，終身可行，患在信之不篤耳。」

張端義《貴耳集》卷上 本朝大儒皆出于世家。周濂溪以舅官出仕，兩改名。先名宗實，因英廟舊名改；後名惇頤，又以光宗御名改。二程父爲別駕。南軒，張魏公之長子。文公，朱郎中之子，奉使朱弁之姪。東萊，呂樞密之孫。致堂，胡文定公之子。惟横渠、象山，士子也。

王應麟《困學紀聞》卷一五 周元公濂溪先生生於道州，二程子生於明道元、二間，天所以續斯道之緒也。

羅大經《鶴林玉露》甲編卷五《荆公見濂溪》 王荆公少年，不可一世士，獨懷刺候濂溪，三及門而三辭焉。荆公恚曰：「吾獨不可自求之六經乎！」乃不復見。余謂濂溪知荆公自信太篤，自處太高，故欲少摧其鋭，而不料其不可回也。然再辭可矣，三則已甚。使荆公得從濂溪，沐浴於光風霽月之中，以消釋其偏蔽，則他日得君行道，必無新法之煩苛，必不斥衆君子爲流俗，而社稷蒼生將有賴焉。嗚呼，豈非天哉！

《宋人年譜叢刊》第三册《濂溪先生周元公年表》 真宗天禧元年丁巳盡五年。

某月某日，濂溪先生周子生。先生之生，所係甚大，當書其月日地，而史失其傳。今存其目而闕之，以俟博考。

先生初諱惇實，字茂叔，後避英宗舊諱，改惇頤。維周氏之先，自帝嚳生后稷至太王邑於周，後遂以爲氏。漢興，封周後於汝南，先生蓋其後也。明道《行狀》稱汝南周茂叔。世家營道，莫詳其遷徙所自。

族衆而業儒。曾祖從遠，祖智强。別本世家青州，遠祖崇昌，唐永泰中爲廉白州太守，因卜居道之寧遠縣太陽村。其裔孫諱虞賓，虞賓中子諱從遠，始徙家營道焉。從遠即先生曾大父也。生智强，即先生大父。智强五子：長識，別本作式。天聖五年王堯臣榜第二甲及第，終汀州上杭縣令；次鐸，次正，皆不仕；次輔成，次伯高，別本作輅。舉進士，該某年特奏名，迪功郎。輔成即先生之父，大中祥符八年蔡齊榜六舉以上特奏名，賜進士出身，終賀州桂嶺令，葬道州營道縣營樂鄉鍾樂里樓田，累贈諫議大夫。先娶唐氏，生礪，礪生仲章。唐卒。左侍禁鄭燦，其先成都人，隨孟氏入朝，因留於京師。有女先適盧郎中，盧卒，爲諫議公繼室，是生先生。善夫朱文公於《江州祠記》論之曰：「藝祖受命，五星集奎，實開文明之運。異人間出，孔孟已絶之緒，於是而復續焉。」蓋實録也，可謂極本窮原之論矣。

謹按：濂溪在營道之西，距縣二十餘里，蓋營川之支流也。以《營道大富橋古碑記》考之，自有所謂濂水者，蓋舂陵溪泉之名，大率多從水，如洄溪、池泉、涍泉之類，濂溪亦然耳。而蘇文忠公、黄太史皆其同時人，乃專指清廉爲義，若先生名之以自況者，不知何也。先生既愛廬山之勝，遂卜居山下，因溪流以寓其故鄉之名，築室其上，是爲濂溪書堂。學者宗之，號濂溪先生云。

乾興元年壬戌，先生時年六歲。

仁宗天聖元年癸亥，盡九年。先生時年七歲。

天聖七年己巳，先生時年十三。

志趣高遠。濂溪舊有橋，橋有小亭，先生常釣遊其上，吟弄風月，至今父老猶能言之。

天聖九年辛未，先生時年十五。

侍禁之子龍圖閣直學士鄭向向，南省元，大中祥符元年姚曄榜第三人及第。令先生母兄盧惇文挈之，遂偕母仙居縣太君自營道濂溪入京師，依舅氏。

按：石刻《家譜》以惇文爲先生弟，非也。惇文乃盧郎中子。鄭夫人先適盧郎中，盧卒，桂嶺公以爲繼室，而生先生焉。惇文，先生同母之兄也。

明道元年壬申二年，先生時年十六。

景祐元年甲戌，盡四年。先生時年十八。

景祐三年丙子，先生時年二十。

行義名稱，有聞於時。龍圖公名子皆以惇字，因以惇名先生，奏補試將作監主簿，故盧氏子亦名惇文。

景祐四年丁丑，先生時年二十一。

七月十六日，仙居縣太君鄭氏卒，葬於潤州丹徒縣龍圖公之墓側。

寶元元年戊寅二年，先生時年二十二。

康定元年庚辰，先生時年二十四。

服除，從吏部調洪州分寧縣主簿。

慶曆元年辛巳，盡八年。先生時年二十五。

按先生序彭應求詩，自言慶曆初爲分寧主簿，當是此年赴上。時分寧縣有獄不決，先生至，一訊立辨，士大夫交口稱之。《脩川志》：先生初仕分寧縣，有疑獄久不決，先生至，一訊立辨。邑人驚詫，曰老吏不如也。

嘗被臺檄攝袁州盧溪鎮市征局，鮮事，袁之進士來講學於公齋者甚衆。

慶曆四年甲申，先生時年二十八。

部使者以爲才，奏舉南安軍司理參軍。《脩川志》：分寧簿廳舊在縣西七十步，毁於兵火。紹興初，移在縣治西園。其西有虚直堂，晦庵朱文公爲清江劉升之名，取《通書》中静虚動直之義。分寧舊祠先生于學，雜以諸賢，頗不專，後遂特祠。

慶曆五年乙酉，先生時年二十九。

南安獄有囚，法不當死，轉運使王逵欲深治之。逵苛刻，吏無敢相可否。先生獨力争之，不聽，則置手版，歸取告身委之而去，曰：「如此尚可仕乎！殺人以媚人，吾不爲也。」逵感悟，囚得不死。

慶曆六年丙戌，先生時年三十。

大理寺丞、知虔州興國縣程公珦假倅南安，視先生氣貌非常人，與語，果知道者，因與爲友，令二子師之。及爲郎，每遷授當舉代，輒以先生名聞。二子即明道、伊川也。明道生於明道元年，伊川生於明道二年，時明道年十五，伊川年十四耳。故《明道傳》云：「自十五六時，與弟頤聞周惇實論學，遂厭科舉之業，慨然有求道之志。」先生手以《太極圖》授之。別本按《程氏家傳》，珦知虔州興國縣二年，就移知龔州二年。覃明堂恩改殿中丞，代還，在途而儂智高亂，陷龔州。按國史，皇祐二

年有事于明堂，其明年智高叛。則珦之宰興國，正是年也。

以轉運使王逵薦，移郴州郴縣令。長沙王民極云，先生首修縣學，有《修學記》。當考。

慶曆八年戊子，先生時年三十二。

爲郴縣令。知州事、職方員外郎李初平知其賢，不以屬吏遇之。嘗聞先生論學而嘆曰：「吾欲讀書，如何？」先生曰：「公老無及矣，某請得爲公言之。」初平遂日聽先生語，二年而後有得。初平兩知郴州，按《題名記》，此再任時也。

皇祐元年己丑，盡五年。先生時年三十三。

李初平卒，子幼，先生曰：「吾事也。」爲護其喪歸葬之。往來經紀其家，始終不懈。

皇祐二年庚寅，先生時年三十四。

爲郴州桂陽令。

皇祐五年癸巳，先生時年三十七。

先生在郴、桂皆有治績，諸公交薦之。別本云：此後至丙申，載先生出處，疑有小誤，讀者更當以歲月參考。

至和元年甲午二年，先生時年三十八。

用薦者言，改大理寺丞，制詞，王珪行，見附録。知洪州南昌縣。南昌人見先生來，喜曰：「是初仕分寧，始至能辨其疑獄者，吾屬得所訴矣。」嘗得疾，更一日夜始甦。潘興嗣視其家，服御之物止一弊篋，錢不滿數百。

嘉祐元年丙申，盡八年。先生時年四十。

以太子中舍僉署合州判官事。

先生性好山水，泝峽至秭歸，聞龍昌洞之勝，與盧陵蔣桀、洪崖彭德純遊焉。蔣記之，事見《秭歸集》。

十一月至合州，十日視事。有《回謁鄉官昌州司録黄君慶牒》。牒見遺文。

是歲轉殿中丞，賜五品服。別本云：按先生序彭推官詩石刻，在嘉祐二年正月十五，是時繫銜猶云「承奉郎、守太子中舍、僉署合州軍事判官廳公事周某撰」。又傳者嘉祐二年冬作先生書，尚稱爲宮舍，則轉殿中丞賜五品服，疑不在元年。

嘉祐二年丁酉，先生時年四十一。

正月十五日，作《彭推官宿崇勝院詩序》。

九月，《回謁鄉士牒》稱爲「解元才郎」，今不詳其爲誰氏子，當是去年鄉貢，今年南省下第而歸者。聞先生學問，故來求見耳。

遂寧傅耆伯成少有俊才，年十四薦於鄉。先生妻黨陸丞自小溪解官東歸，過合陽，爲先生言傅之爲人。先生致書於傅，傅答書云：「執事以濟衆爲懷，神所勞賚。故得高士與施至術，而心朋遠寓名方，豈不盛哉！賤子聞之，弗勝喜蹈。」書言「心朋」，意似指二程。後書又云：「違遠高賢，鄙吝復萌。曩接高論，固多餘意，行思坐誦，嘿有所得，不遂溺於時好，失於古道也。」時傅已來合陽見先生矣。後書又謂：「蒙示《説姤》，意遠而不迂，詞簡而有法，雜之元結集中，不知孰爲元，孰爲周也？」盧次山謂其詞深義密，如軻之文。鄭夫人前適盧郎中，次山必郎中族黨之知學者。味其言，尤爲知先生耳。

是歲，傅和先生《席上酬孟翱太博》詩。詩見附録。

嘉祐三年戊戌，先生時年四十二。

傅伯成請策題，先生未暇作，因遣人至遂寧探問新合州使君。有書寄傅，且託買皂紗，作夏衫并欞蒲綾袴段二箇。

按：先生在合州，與同事者三人：何涉、董宗式、李鄠。何涉之來，在先生前，李鄠在四年十月，惟宗式在三年三月。此乃三月四日書，則所探新合州爲宗式無疑耳。

嘉祐四年己亥，先生時年四十三。

左丞蒲公宗孟從蜀江道于合，初見先生，相與款語連三日夜，退而嘆曰：「世有斯人歟！」乃議以其妹歸之。

嘉祐五年庚子，先生時年四十四。

六月九日，先生解職東歸。時吕給事陶爲銅梁令，有送先生序并詩，今載集中。

先生初娶職方郎中陸參之女，封縉雲縣君。按：嘉祐二年，傅與先生書云：「封君尊候康寧。」又云：「聞封君雅候甚平復。」當是素抱疾，故門人書問及之，然竟以不起。又按，吕和叔有詩賀其弄璋，未知陸所出否也。

至是再娶太常丞蒲師道女，是爲左丞宗孟之妹。左丞二姊五妹，其《別黎郎十娘》詩云「六娘周家婦，晚方偶良姻。乃是我手聘，不見五六春」是也。

先生在合，士之從之者衆矣，而尤稱張宗範有文有行，名其所居之亭曰養心，且語之以聖學之要，其汲汲於傳道授業也如此。一郡之人，心悅誠服。事不經先生手，吏不敢決，苟下之，人亦不從。既去，相與祠之南禪，正少時猶及見之。南禪濱涪江，爲大水所漂，今不存。淳熙八年，簽判何預祠之官舍。紹熙二年，正請於

漕臺，祠之郡學。其後郡侯任逢重加修葺，姚自舜創田以備釋菜之用。今大帥曹叔遠又倣書院之意，增廣其田，以備延請堂長及養生徒之費云。

按：《劍門集》有先生詩。先生在合陽，無因過劍門，或是嘗過閬中蒲氏，聞劍門之勝，因往遊耳。

先生東歸時，王荆公安石年三十九，提點江東刑獄，與先生相遇，語連日夜。安石退而精思，至忘寢食。詳見遺事。

是歲趙清獻公抃以言事切直，出知虔州。別本：先生是年沿外臺檄按臨赤水縣簿書，與將仕郎、赤水縣令費琦遊龍多山，有唱和詩八首，正月刻石。又東歸時，十月二十一日，與余從周五人相會于江州東林寺，有題名。

嘉祐六年辛丑，先生時年四十五。

遂寧傳耆登第，相遇京師，先生刺云：「從表殿中丞、前合州從事周某，專謁賀新恩先輩傳弟，三月十二日手謁。」

是歲二月辛未，御崇政殿試禮部進士。三月癸巳，賜進士王俊民等一百三十九人及第，傳第三十人。十二日，則唱名之三日耳。

遷國子博士，通判虔州。先生前在合陽，或譖之清獻，清獻臨之甚威。先生處之超然，清獻疑終不釋。至是熟試先生所爲，執其手嘆曰：「幾失君矣，今日乃知周茂叔也。」薦之於朝，論之於士大夫，終其身。

嘉祐八年癸卯，先生時年四十七。

行縣至雩都，邀餘杭錢建侯拓、四明沈幾聖希顔遊羅巖。正月七日刻石。

四月壬申朔，英宗登極，遷虞部員外郎，追贈父桂嶺君爵郎中。

五月，作《愛蓮説》。

是歲虔州民家失火，焚千餘間，朝廷行遣差替。時先生季點外縣，不自辨明，韓魏公、曾魯公皆知之，遂對移通判永州。程師孟，吴下人，樂易純質，喜爲詩，時知洪州，以詩送行。詩見附録。

英宗治平元年甲辰，盡四年。先生時年四十八。

治平二年乙巳，先生時年四十九。

三月十四日，有《同宋復古游廬山大林寺至山巓》詩。復古名迪，善畫。

江南西路轉運使成都李公大臨才元以詩謁先生於濂溪云：「簷前翠靄逼廬山，門掩寒流盡日閑。」指江州之濂溪也。運使李公丁憂，四月，先生以疏慰之。

清獻公自成都寄詩云：「君向濂溪湖外行，倅藩仍喜便歸程。」指道州之濂溪也。按《成都記》，清獻以是年四月視事，所寄詩當在四月以後。

十一月，合饗天地於圜丘，先生遷比部員外郎。

先生在武昌，嘗以詩一軸寄蒲左丞，除夕方達。次年正月，左丞成十詩答之。別本：所寄詩有《對雪寄吴廷之》等作，今皆不存矣。或曰觀《大林》詩并李才元詩及蒲詩，有云：「溢浦方營業，濂溪旋結廬。」疑先生往來廬山，定居九江，在此一二年間。

治平四年丁未，先生時年五十一。

先生素貧，初入京師，鬻其産以行。擇留美田十餘畝，畀周興耕之，以灑掃其父郎中之墓。至是自永州移文謍道言之，因攜二子歸春陵展墓。

三月六日，與鄉人蔣瓘數人同遊含輝洞。

八月，謍道給吏文付周興，從先生之言也。神宗登極，遷朝奉郎、尚書駕部員外郎，加贈父諫議大夫。六月十四日，與其兄之子仲章手帖云「可具洒果香茶詣墳前，告聞先公諫議」是也。其帖後歸張敬夫，今刻之道州桂林學宫。

先生在永三年，嘗作《拙賦》。既去，永人思之，爲立祠，題曰康功。胡宏仁仲別本作胡寅明仲。有詩云：「千古濂溪周别駕，一篇清獻錦江詩。」

是秋攝邵州事。九月，先生自邵陽發遞，以改定《同人説》寄傅伯成傳時知嘉州平羌縣。明年，傅復書云：「蒙寄貺《同人説》，徐展熟讀，較以舊本，改易數字，皆人意所不到處，宜乎使人宗師仰慕之不暇也。」

先是，邵之學在牙城之中，左獄右庾，卑陋弗稱。先生始至，伏謁先聖祠下，起而悚然。乃度高明之地，遷於城之東南，逾月而成。

神宗熙寧元年戊申，盡十年。先生時年五十二。

荆湖北路轉運使孔延之爲先生作《邵學記》，書曰「治平五年正月三日」。其日先生率僚吏諸生告于先聖先師，亦書治平五年。神宗即位，改治平五年爲熙寧元年。時改元詔未到，故《學記》及《祝詞》皆作治平五年耳。後人徇尋常利便之説，輒徙其學他所。乾道九年，知州事胡侯始復其舊，張敬夫爲詳其事而記之。

吕正獻公公著在侍從，聞先生名，力薦之。會清獻公在中書，擢授廣南東路轉運判官。有啓謝正獻公云：「在薄宦有四方之游，於高賢無一日之雅。」

熙寧三年庚戌，先生時年五十四。

轉虞部郎中，擢提點廣南東路刑獄。

熙寧四年辛亥，先生時年五十五。

以正月九日領提點刑獄職事，治在韶州。行部至潮州，有《題大顛堂》詩。至春州有詩，至惠州有《題羅浮山》詩。

時虞部郎中杜諮知端州，禁百姓采石，獨知州占斷，人號爲杜萬石。先生惡其奪民之利，因爲起請，凡仕於州者，買硯毋得過二枚，遂爲著令。

先生盡心職事，務在矜恕，得罪者自以爲不冤。俄得疾，聞水齧僊居縣太君墓，遂乞南康。

八月朔，移知南康軍。

十二月十六日，改葬於江州德北縣清泉社三起山。葬畢，曰：「强疾而來者，爲葬耳。今猶欲以病污麾紱耶？」上南康印，分司南京。

熙寧五年壬子，先生時年五十六。

先生平日俸禄，悉以周宗族，奉賓友。及分司而歸，妻子饘粥不給，曠然不以爲意。酷愛廬阜，至是遂居于書堂。正過九江，必造焉。距州城十許里，堂之左即先生之祠，乃塑像，三山帽，紫衣方領赤舄，坐乎方床之上。又左則爲光風霽月亭，自州城來者先至焉。右則愛蓮亭、拙堂，後爲一室，室之前刻《愛蓮説》、《拙賦》及《太極圖》、《通書》、墓碣，祠記，圖書，皆附晦翁解釋於其下。不著何人書，或云永嘉陳益之書之。門外數步即發源蓮花峰下，先生寓名以爲濂溪者。溪之外不二十里，即廬山。正嘗留詩。今夔漕王忠甫嘗爲德化縣，近因書道舊，云好事者重修書堂，前詩不復存矣。詩附録。

熙寧六年癸丑，先生時年五十七。

清獻公再尹成都，聞先生之去，拜章乞留。朝命及門，以六月七日卒。

二子壽、燾，時皆太廟齋郎，以十一月二十一日葬先生於仙居縣太君墓左，從遺命也。

清逸處士潘興嗣爲墓銘，左丞蒲宗孟爲墓碣，而孔延之之子文仲爲文以祭之，曰：「童蒙之歲，隨宦于洪。論父之執，賢莫如公。公年甚壯，玉色金聲。從容和毅，一府盡傾。」又曰：「有文與學，又敏政事。絶今不比，伊傳自視。」

其後蘇文忠公追賦濂溪詩，有曰：「先生豈我輩，造物乃其徒。」言之至此，是必嘗見《太極圖》者，故推之於造物以形容之也。黄太史亦云：「人品甚高，胸中灑落，如光風霽月。」非其親見先生，接其辭氣，則其所以爲言，亦安能曲盡其妙。

惟先生稟生知之異質，加以汲汲於學，故一時老師宿儒，專門名家，一藝一能，有過於人，有聞於世者，無不訪問。然其所至，皆天造自得，所謂不由師傳，默契道體者，是爲得之。或謂陳摶傳种放，放傳穆修，修傳先生。今种、穆所著存於世者，古文而已，然亦未純於理。觀摶與張忠定語及公事先後，有太極動静分陰陽之意，然其所爲《龍圖記》，蓋直陳其數，無復文言，與《太極圖説》絶不相似。今觀《太極圖説》，精妙微密，與《易大傳》相類，蓋非爲此圖者不能爲此説，非爲此説者不能爲此圖，義理混然，出於一人之手，決非前人創圖，後人從而爲之説。正是以謂不由師傳，默契道體者之爲得之也。

或謂無極二字出於老子，先生之學蓋出老子。然老子之言無極，如列子、莊子之言無窮無極，釋氏之言無量無邊，蓋指四旁爲義。先生之言無極而太極，是指中間極至之理，未形之妙。今以其字之同，而不察其指之大異，比而同之，不惟不足以知先生之意，恐於老子之言亦未識其指歸也。

或謂先生與胡文恭公同師潤州鶴林寺僧壽涯，或謂邵康節之父邂逅文恭於廬山，從隱者老浮圖遊，遂同授《易》書，所謂隱者，疑即壽涯也。其後康節著《皇極經世書》，以數爲宗。文恭立朝，論堯遷閼伯於商丘，主辰，遷實沉於大夏，主參。商丘爲宋，宋火德。大夏爲并，并爲水。古稱參辰不並，火盛則水衰，宜進辰抑參。蓋亦星曆之學也。

先生之學，得之者莫如明道、伊川。明道、伊川嘗云：「靈山會下，若干人皆悟道。某敢道無一人悟者。若果有一人悟道，臨死時須求一尺帛裹頭。」蓋謂曾子以士之身死於大夫之簀爲非禮，必易之而後已。彼斷髮之人不能全，而歸之本之則無知，先生之所不取也。今以先生嘗請問於此二人者，即謂其學本出於此二人者，亦失之遠矣。蓋孔子問禮於老聃，訪樂於萇洪，謂孔子生知，未嘗師問老聃、萇洪者固不可，謂孔子之學本出於老聃、萇洪者可乎？此不待聖智知其必不然耳。

先生既没之後，春陵人祠之學官，復於里舍塑像。春秋二仲，有職於學官者，遵故事宿舍中，夙興盥薦惟謹。淳熙庚子，郡博士章穎捐俸金，率士子增大之，於廳之左右闢兩齋，扁曰吟風，曰弄月，以處學者。晦庵帥長沙，首遣祝幣奠，云云，詳見附録。今刻祠中。【略】

先生之學，門人弟子多矣，而二程爲能傳之。二程之學，門人弟子亦多矣。而謝上蔡、楊龜山、游定夫、張思叔、侯師聖、尹彦明爲能聞之。龜山傳之羅仲素，仲素傳之李延平，延平傳之晦庵先生。上蔡及師聖傳之胡文定，文定傳之五峰，五峰傳之張敬夫。敬夫及晦翁，相繼稍被召用，推明先生之學，所在祠先生於學官，以興起學者。而又解釋《太極圖説》及《通書》，正學者之差繆，明其心

法，以示後世，使百世之下，有志之士得其書而讀之，如親授於先生。聖賢事業可學而能，孔孟之學絶而復續，豈誣也哉。然必嘗從事於此，心通嘿識，然後爲能真知之矣。

近年以來，世之推行其學，講明踐修者益衆。臨邛魏華父了翁除潼川憲，下問政令所當先者，正謂之曰：「濂溪先生幸仕弊鄉，下車之初，宜遣祝幣，委簽判或教官告之，以導學者趨嚮。」既而華父更思所以表顯之者，遂有易名之請。上即可之，於是下太常定議，吏部覆議，久之議上，賜謚曰元，實嘉定十三年六月二十二日也。故併書之，以見聖朝褒崇儒學，以風勵學者如此其至，學者其可不勉之哉。

右正少時得明道、伊川之書讀之，始知推尊先生。而先生仕吾鄉時，已以文學聞於當世。遂搜求其當時遺文石刻，不可得。又欲於架閣庫討其書判行事，而郡當兩江之會，屢遭大水，無復存者。始仕遂寧，聞其鄉前輩故朝議大夫、知漢州傅耆曾從先生遊，先生嘗以《説姤》及《同人説》寄之，遂訪求之，僅得其目録及《長慶集》，載先生遺事頗詳。久之，又得其手書手謁二帖。其後過秭歸，得《秭歸集》；之成都，得李才元《書臺集》；至嘉定，得吕和叔《淨德集》；來懷安，又得蒲傳正《清風集》，皆載先生遺事。至於其他私記小説及先生當時事者，皆纂而録之。一日，與今夔路運司帳幹楊齊賢相會成都，時楊方草先生年譜，且見囑以補其闕，刊其誤。楊，先生之鄉士也，操行甚高，記覽亦極詳博，意其所考訂，必已精審。退而閲之，其載先生來吾鄉歲月，頗自差舛，甚者以周恭叔事爲先生事，又以程師孟送行詩爲趙清獻詩。於是屢欲執筆，未暇也。及來重慶，官事稍閒，遂以平日之所聞者而爲此編。然其所載，於先生入蜀本末爲最詳，其他亦不能保其無所遺誤。正往時嘗有志遍遊先生所遊之處，以訪其遺言遺行。今自以衰晚，莫能遂其初志。有志之士，儻能垂意搜羅，補而修之，使無遺缺，實區區之志也。嗚呼！天之未喪斯文也，故其絶千有餘年而復續，續之未久，復又晦昧，至近世而復燦然大明。小人之用事者，自以爲不利於己，盡力以抑絶之。賴天子聖明，大明黜陟，而斯文復興，如日月之麗天，人皆仰之，有願學之志。假令百世之下，復有能沮毁之者，其何傷於日月乎，其何傷於日月乎！嘉定十四年八月二十有九日，後學山陽度正謹序。

正頃在成都，夜讀《通鑑》，其後常患目昏，不能多作字。其編類《濂溪家世年表》，皆口授，子弟執筆從傍書之。書至「買平紋紗衫材樗蒲綾袴段」，曰：「不太苛細否？」曰：「此固哲人細事，如食之精，膾之細，魚之餒，紺緅之飾，紅紫之服，當暑之絺綌，《鄉黨》皆備書之。今讀之，如生於千載之前同堂合席也。豈可忽乎？」恐觀者之不達乎此，併令記之，以示同志云。嘉定十四年九月二十五日記。

藝文

孔文仲等《清江三孔集》卷一九《祭周茂叔文》 嗚呼！先君之壯，實難取友。逢公豫章，握手驩厚。二十餘年，不知其久。險夷之途，道義同守。蓋公之行，坦坦其誠。仁於鰥寡，信於友朋。不戚於貧，志氣內足。不撓於勢，廷争面觸。施之吏治，或猛或寬。視俗張弛，民謳翕然。既敏以明，學問又篤。縱横馳騁，瀚漫豬蓄。先儒論譔，嶔崎詰曲。獨纂聖微，浸釀醇熟。有書可傳，萬世之讀。惟愚不肖，幼也侍側。公故憐之，以勉以飭。稱譽所長，以灌以植。確如朝，不見厭斁。公之始終，明白純備。宜享遐年，顯大當世。如何不幸，纏疾艱躓。苦瘠日侵，遂以没地。報酢如此，孰曉天意。廬山之陰，松柏蒼蒼。歸厝其丘，日吉晨良。悲號一訣，萬世之長。寧不我顧，有酒盈觴。追懷平生，曷日而忘。

胡宏《五峰集》卷三《周子通書序》 《通書》四十一章，周子之所述也。周子名敦頤，字茂叔，春陵人。推其道學所自，或曰傳《太極圖》于穆修也。修傳《先天圖》于种放，放傳于陳摶。此殆其學之一師歟？非其至者。希夷先生有天下之願，而卒與鳳歌荷蓧長往而不來者伍，于聖人無可無不可之道，亦似有未至者焉。程明道先生嘗謂門弟子曰：「昔受學于周子，令尋仲尼、顔子所樂者何事。」而明道自再見周子，吟風弄月以歸，道學之士皆謂程顥氏續孟子不傳之學，則周子豈特爲种、穆之學而止者哉？奥若稽古，孔子述三王之道，立百王經世之法；孟軻氏闢楊、墨，推明孔子之澤，以爲萬世不斬，又謂孟氏功不在禹下。今周子啓程氏兄弟以不傳之學，一回萬古之光明，如日麗天，將爲百世之利澤，如水行地，其功蓋在孔、孟之間矣。人見其書之約也，而不知其道之大也；人見其文之質也，而不知其義之精也；人見其言之淡也，而不知其味之長也。顧愚何足以知之，然服膺有年矣，試舉一二語爲同志者啓予之益乎。患人以發策決科，榮身

肥家，希世寵爲事也，則曰志伊尹之所志。患人以知識聞見爲得而自盡，不待賈而自沽也，則曰學顔回之所學。人有真能立伊尹之志，修顔回之學，然後知《通書》之言包括至大，而聖門事業無窮矣。故此一卷書，皆發端以示人者，宜度越諸子，直與《易》、《詩》、《書》、《春秋》、《語》、《孟》同流行乎天下。是以叙而藏之，遇天下善士尚論前修而欲讀其書者則傳焉。

胡銓《澹庵文集》卷四《周濂溪先生祠堂記》　春陵太守直閣向公抵書某曰：「紹興之初，予嘗涖茲土。壬子春，坐諸司誣鑠，罷寓豐城僧舍。是秋，文定胡公自給事中免歸，亦館焉，得朝夕請益。一日謂予：『濂溪先生春陵人也，有遺事乎？』對以未聞。後讀河南《語録》，見程氏淵源自濂溪出，乃知先生學極高明，因傳《通書》成說，味於其所不味。茲幸復假守，視事三日，謁先聖畢，語儒官生徒：『先生天下後世標望，成說具在，後學獨不知尊仰，是大漏典。請建祠講堂後三元閣上。』咸應曰諾。夏四月辛卯，繪事孱工，合郡翕然向化，子其記之。」某謂自頃興法搶攘，刺郡者率爲吏牘埋没，至有難如素王之嘆，奚暇教化？公下車，首尊賢崇雅，且懇懇以誠爲言，此盛德事，某敢以固爲解？況伯氏辱知爲舊，其又奚辭？竊聞韓子曰「誠者不欺之名」，程子曰「誠者理之實，不誠無物」，言無實也。其說始於《易》，成於《禮》。考之《曲禮》，鬼神以誠；考之《檀弓》，慎終以誠；考之《特牲》，昏禮以誠；考之《月令》，工師以誠；考之《學記》，教學以誠；考之《樂記》，禮經以誠；考之《祭統》，祀享以誠；考之《中庸》，事親以誠；考之《大學》，治天下國家以誠。八者一不誠焉，皆欺矣。大哉誠乎！誠非難也，至誠之誠難也。夫婦之愚，反身可以爲誠，及其至也，雖堯舜之誠，荀卿猶以爲僞，堯舜豈僞也哉？故曰：至誠之誠難也。《禮》，至誠有五：能盡性也，能化也，前知如神也，無息也，知天地之化育也，是皆實理之極。不欺於人，故能盡性；不欺於物，故能化物；不欺於神，故能如神；不欺於己，故能無息；不欺於天地，故能知天地之化育。《通書》之作，蓋期學者至於是焉耳。云「性者，剛柔善惡中而已」，盡性也。云「動則變，變則化」者，能化也。「寂然不動者誠也，感而遂通者神也」，如神也。云「君子乾乾於誠」者，無息也。云「乾坤交感，化生萬物」者，知天地之化育也。知此五者，則知禮之所謂誠矣；知《禮》之所謂誠，則知《易》之所謂誠矣。《易》、《禮》、《通書》，其致一也。或曰：《通書》叙《乾損益動》，云「不息於誠」，叙《家人睽復无妄》，云「无妄則誠」，是卦皆誠也。而漢上丈人以爲《易》惟《乾》言誠，誠者天之道也，然則《通書》否乎？曰：非也。子獨不見夫一六之說乎？天以一生水，地以六成之，一六合而水可見；誠則明，明則誠，誠明合而道可見。古之人益以誠配一也，言誠而止於天，何知一而不知六也！按《誠說》，乾元誠之源，元亨誠之通，利貞誠之復。夫《乾》四德爲誠，《坤》《屯》《臨》《隨》《无妄》《革》亦四德也，不得爲誠乎？元亨誠之通，《大有》《蠱》《升》《鼎》非誠之通乎？利貞誠之復，《蒙》《同人》《大畜》《離》《咸》《恒》《遯》《大壯》《明夷》《家人》《蹇》《萃》《漸》《兑》《涣》《中孚》《小過》《既濟》，非誠之復乎？推此，則《易》非止《乾》爲誠也明矣。獨《乾》言誠者，端本之道耳，故曰乾元誠之源，其旨微哉！公往歲司風憲湖湘，戢吏字民，民至今思之。以不屈權勢，落落二十年，而所養益剛大。今復觀像濂溪，務實去僞，豈徒角空言而已！其必由先王之書以明《易》，以合乎《曲禮》之誠，以嚴屏攝；合乎《檀弓》之誠，使民送死無憾；合乎《特牲》之誠，使民婚姻以禮；合乎《月令》之誠，使民器不苦窳；合乎《學記》之誠，使民風易俗移；合乎《樂記》之誠，使民禮經無僞；合乎《祭統》之誠，使民祭思敬；合乎《中庸》之誠，使民養思孝；合乎《大學》之誠，使吾政術無煩，斯無所不用其實矣。由是而充焉，吾知公後日登樞贊元，致君堯舜上，則盡性也，能化也，前知如神也，無息則久也，知天地之化育也，宜皆脗合《通書》之旨，視濂溪其何愧焉！濂溪諱敦頤，姓周氏。一十九年五月日記。

朱熹《晦庵先生朱文公文集》卷七五《周子太極通書後序》　右周子之書一編，今春陵、零陵、九江皆有本，而互有同異。長沙本最後出，乃熹所編定，視他本最詳密矣，然猶有所未盡也。蓋先生之學，其妙具於《太極》一圖，《通書》之言，皆發此圖之藴，而程先生兄弟語及性命之際，亦未嘗不因其說。觀《通書》之誠、動静、理、性命等章及程氏書之《李仲通銘》、《程邵公誌》、《顔子好學論》等篇，則可見矣。故潘清逸誌先生之墓，叙所著書，特以作《太極圖》爲稱首。然則此圖當爲書首不疑也。然先生既手以授二程，本因附書後，祁寬居之云。傳者見其如此，遂誤以圖爲書之卒章，不復釐正，使先生立象盡意之微旨暗而不明，而驟讀《通書》者，亦復不知有所總攝。此則諸本皆失之。而長沙《通書》因胡氏所傳，篇章非復本次，又削去分章之目，而別以「周子曰」者加之，於書之大義雖若無所害，然要非先生之舊，亦有去其目而遂不可曉者。如理性命章之類。又諸本附載銘、碣、詩、文事多重複，亦或不能有所發明於先生之道，以幸學者。故今特據潘誌置圖篇端，以爲先生之精意，則可以通乎書之說矣。至於書之分章定次，亦皆復其舊貫。而取公及蒲左丞、孔司封、黄太史所記先生行事之實，删去重

複，合爲一篇，以便觀者。蓋世所傳先生之書、言行具此矣。潘公所謂「易通」，疑即《通書》，而《易》説獨不可見。向見友人多蓄異書，自謂有傳本，亟取而觀焉，則淺陋可笑，皆舍法時舉子葺緒餘，與《圖説》、《通書》絶不相似，不問可知其僞。獨不知世復有能得其真者與否。以圖書推之，知其所發當極精要，微言湮没，甚可惜也。嘉又嘗讀朱内翰震《進易説表》，謂此圖之傳，自陳摶、种放、穆修而來。而五峰胡公仁仲作《通書序》，又謂先生非止爲种、穆之學者，此特其學之一師耳，非其至者也。夫以先生之學之妙不出此圖，以爲得之於人，則決非种、穆所及。以爲非其至者，則先生之學又何以加於此圖哉？是以嘗竊疑之。及得誌文考之，然後知其果先生之所自作，而非有所受於人者。公蓋皆未見此誌而云云耳。然胡公所論《通書》之指曰：「人見其書之約而不知其道之大也，見其文之質而不知其義之精也，見其言之淡而不知其味之長也。人有真能立伊尹之志，修顔子之學，則知此書之言包括至大，而聖門之事業無窮矣。」此則不可易之至論，讀是書者所宜知也。因復掇取以系于後云。乾道己丑六月戊申，新安朱熹謹書。

朱熹《晦庵先生朱文公文集》卷七六《再定太極通書後序》 右周子《太極圖》并説一篇，《通書》四十一章，世傳舊本遺文九篇，遺事十五條，事狀一篇，熹所集次，皆已校定，可繕寫。熹按，先生之書近歲以來其傳既益廣矣，然皆不能無謬誤，唯長沙建安板本爲庶幾焉，而猶頗有所未盡也。蓋先生之學之奥，其可以象告者莫備於《太極》之一圖。若《通書》之言，蓋皆所以發明其藴，而誠、動静、理、性命等章爲尤著。程氏之書亦皆祖述其意，而《李仲通銘》、《程邵公誌》、《顔子好學論》等篇乃或并其語而道之。故清逸潘公誌先生之墓而叙其所著之書，特以作《太極圖》爲首稱，而後乃以《易》説、《易通》繫之，其知此矣。按，漢上朱震子發言陳摶以《太極圖》傳种放，放傳穆修，修傳先生。衡山胡宏仁仲則以爲种、穆之傳特先生所學之一師而非其至者。武當祁寬居之又謂圖象乃先生指畫以語二程，而未嘗有所爲書。此蓋皆未見潘誌而言。若胡氏之説，則又未考乎先生之學之奥，始卒不外乎此圖也。先生《易》説久已不傳於世，向見兩本，皆非是。其一《卦説》，乃陳忠肅公所著。其一《繫詞説》，又皆佛老陳腐之談，其甚陋而可笑者。若曰「《易》之冒天下之道也，猶狙公之罔衆狙也」，觀此則其決非先生所爲可知矣。《易通》疑即《通書》，蓋《易》説既依經以解義，此則通論其大旨而不繫於經者也。特不知其去「易」而爲今名始於何時爾。然諸本皆附於《通書》之後，而讀者遂誤以爲書之卒章，使先生立象之微旨暗而不明。驟而語夫《通書》者，亦不知其綱領之在是也。長沙本既未及有所是正，而《通書》乃因胡氏所定，章次先後輒頗有所移易，又刊去章目而別以「周子曰」者加之，皆非先生之舊。若理、性命章之類，則一去其目而遂不可曉。其所附見銘、碣、詩、文，視他本則詳矣，然亦或不能有以發明於先生之道，而徒爲重複。故建安本特據潘誌置圖篇端，而書之序次名章亦復其舊。又即潘誌及蒲左丞、孔司封、黄太史所記先生行事之實，删去重複，參互考訂，合爲事狀一端。其大者如蒲碣云：「屠姦剪弊如快刀健斧」，而潘誌云：「精密嚴恕，務盡道理。」蒲碣但云「母未葬」，而潘公所爲《鄭夫人誌》乃爲水齧其墓而改葬。若此之類，皆從潘誌。而蒲碣又云：「慨然欲有所施以見於世」，又云「益思以奇自名」，又云「朝廷躐等見用，奮發感厲」，皆非知先生者之言。又載先生稱頌新政，反覆數十言，恐亦非實。若此之類，皆削去。至於道學之微，有諸君子所不及知者，則又一以程氏及其門人之言爲正。以爲先生之書之言之行，於此亦略可見矣。然後得臨汀楊方本以校，而知其舛陋猶有未盡正者。如「柔如之」當作「柔亦如之」，師友一章當爲二章之類。又得何君《營道詩序》及諸嘗遊舂陵者之言，而知事狀所叙濂溪命名之説有失其本意者。何君既見遺事篇内，又按，濂溪，廣漢張栻所跋先生手帖據先生家譜云，濂溪隱居在營道縣榮樂鄉鍾貴里石塘橋西，濂蓋溪之舊名。先生寓之廬阜，以示不忘其本之意。而邵武鄒旉爲熹言，嘗至其處，溪之源自爲上下保，先生故居在下保，其地又別自號爲樓田。而「濂」之爲字，則疑其出於唐刺史元結七泉之遺俗也。今按，江州濂溪之西亦有石塘橋，見於陳令舉《廬山記》，疑亦先生所寓之名云。覆校舊編，而知筆削之際亦有當録而誤遺之者。如蒲碣自言初見先生于合州，相語三日夜，退而歎曰：「世乃有斯人耶！」而孔文仲亦有祭文序先生洪州時事曰：「公時甚少，玉色金聲，從容和毅，一府盡傾」之語。蒲碣又稱其孤風遠操，寓懷於塵埃之外，常有高棲遐遁之意，亦足以證其前所謂「以奇自見」等語之謬。又讀張忠定公語，而知所論希夷、种、穆之傳亦有未盡其曲折者。按，張忠定公嘗從希夷學，而其論公事之有陰陽頗與《圖説》意合。竊疑是説之傳固有端緒，至於先生，然後得之於心，而天地萬物之理，鉅細幽明，高下精粗，無所不貫，於是作爲此圖，以發其秘爾。嘗欲別加是正，以補其闕，而病未能也。兹乃被命假守南康，遂獲嗣守舊衷，復加更定，而附著其説如此，鋟板學官，以與同志之士共焉。淳熙己亥夏五月戊午朔，新安朱熹謹書。

朱熹《晦庵先生朱文公文集》卷八一《周子通書後記》 《通書》者，濂溪夫子之所作也。夫子姓周氏，名惇頤，字茂叔。自少即以學行有聞於世，而莫或知其師傳之所自。獨以河南兩程夫子嘗受學焉，而得孔孟不傳之正統，則其淵源因可概見。然所以指夫仲尼、顔子之樂而發其吟風弄月之趣者，亦不可得而悉聞

矣。所著之書又多放失，獨此一篇本號《易通》，與《太極圖説》并出程氏，以傳於世，而其爲説實相表裏。大抵推一理、二氣、五行之分合，以紀綱道體之精微，決道義文辭禄利之取舍，以振起俗學之卑陋。至論所以入德之方、經世之具，又皆親切簡要，不爲空言。顧其宏綱大用既非秦漢以來諸儒所及，而其條理之密，意味之深，又非今世學者所能驟而窺也。是以程氏既没而傳者鮮焉，其知之者不過以爲用意高遠而已。熹自蚤歲即幸得其遺編而伏讀之，初蓋茫然不知其所謂，而甚或不能以句。壯歲獲遊延平先生之門，然後始得聞其説之一二。比年以來，潛玩既久，乃若粗有得焉。雖其宏綱大用所不敢知，然於其章句文字之間，則有以實見其條理之愈密，意味之愈深而不我欺也。顧自始讀以至于今，歲月幾何？倏焉二紀。慨前哲之益遠，懼妙旨之無傳，竊不自量，輒爲注釋。雖知凡近，不足以發夫子之精藴，然創通大義，以俟後之君子，則萬一其庶幾焉。淳熙丁未九月甲辰，後學朱熹謹記。

朱熹《晦庵先生朱文公文集》卷八六《奉安濂溪先生祠文》 惟先生道學淵懿，得傳於天，上繼孔、顏，下啓程氏，使當世學者得見聖賢千載之上，如聞其聲，如睹其容，授受服行，措諸事業，傳諸永久而不失其正，其功烈之盛，蓋自孟氏以來未始有也。熹欽誦遺編，獲啓蒙吝，兹焉試郡，又得嗣守條教於百有二十餘年之後，是用式嚴貌象，作廟學宮。并以明道先生程公、伊川先生程公配神從享。惟先生之靈實臨鑒之。謹告。

張栻《南軒集》卷一〇《濂溪周先生祠堂記韶州》 淳熙二年冬，廣南東路提點刑獄公事詹君儀之以書抵某曰：「儀之幸得備使事，念無以稱上德意，始至，披考故籍，熙寧中濂溪先生實嘗爲此官，今壁之題名具存。儀之雖不敏，敢不知所師慕，且念宜有像設，以詔後世，庶幾來者感動焉。迺度地於治所曲江郡城之內，唐相張公故祠之東，爲屋三楹，以奉祀事。且崇其門垣，大書揭之，嚴其扃鑰，以時啓閉。十有一月告成，願請記。」某讀其書，喟然而歎曰：詹君下車，首爲是舉，可謂知所先務矣，其意豈不遠哉！則不敢辭，而爲之書。按廳壁記所書，先生以熙寧四年正月九日抵官下，是年八月朔旦移知南康軍，在官僅踰半載耳。考其行事，其見於先生之墓誌者曰：自廣東轉運判官改提點刑獄，不憚瘴毒，雖荒崖絶島，人跡所不至，皆緩視徐按，以洗冤澤物爲己任。未及盡其所爲，而已告病，求守南康以歸。而著作郎黄公庭堅作《濂溪詞》，亦稱先生爲使者，進退官吏，得罪者人自以爲不冤。以是二者觀之，亦可以想見當時施設之大概矣。雖然，凡先生之所施設，皆其學之所推，非苟然也。某嘗攷先生之學，淵源精粹，實自得於其心，而其妙乃在《太極》一圖，窮二氣之所根，極萬化之所行，而明主静之爲本，以見聖人之所以立人極，而君子之所當修爲者，由秦漢以來，蓋未有臻於斯也。故其所養，內克闇然而日章，雖不得大施於時，而涖官所至，如春風和氣，隨時發見，被飾萬物，百世之下，聞其風者猶將咨嗟興起之不暇。然則即其所嘗臨之地而繪像立祠，以昭示來世，豈非有志於名教者所宜汲汲者乎！使後之人睹先生晬然之容，而攷法其行事，因先生詳刑之心，而究極其淵源，則是祠之建，其爲益固有不可勝言者矣。抑嘗聞先生之論刑曰：「刑者，民之司命，情僞微曖，其變千狀，苟非中正明達果斷者不能治也。」夫中正者仁之所存，而明達者知之所行，果斷者又勇之所施也。以是詳刑，本末具矣。詹君之立祠，爲詳刑者設也，故某復以此繫於終焉。詹君嚴陵人，嘗爲御史臺主簿云。十有二月丁酉記。

陸游《渭南文集》卷二六《跋周茂叔通書》 濂溪之生也，世但以佳士許之耳。既死，蒲左轄作志，黄太史作詩，其稱述亦不過如此。向使無二程先生，後世豈知濂溪爲大儒，傳聖人之道者耶？以比知士之埋没無聞者，何可勝計。乾道壬辰十二月十五日，成都驛南窗書。

袁燮《絜齋集》卷九《濂溪先生祠堂記》 儒者得正大之傳，人道之所由立也。人與羣物竝生於覆載間，而人所以獨貴者，道在焉爾。道之切身，甚於饑渴，而窒焉弗通，終身冥行，奚别於物？故必有出羣拔萃之彦，發揮精微，斷然號於天下，曰如是而爲道，人心曉然知所適從，而後三綱五常不墜不絶矣。昔者孔氏之門，惟曾、顏最知道。顏子蚤死，夫子哭之慟，痛斯道之無託爾。幸而曾子得之，傳之子思，傳之孟子，皇皇乎正大之統，昭晰無疑，毫髮不差，此吾道所以與天地同流，日月竝明也。自時厥後，豈無儒宗？然雖有求道之心，而未有得道之實。揣度其義，故不能無疑；依倣其説，故不能無差。所謂儒宗者，視餘子爲優爾，聖人之堂奥，豈其能深造之哉！於是乎道統寖微，不絶如綫。寥寥至於我宋，乃始有若濂溪先生者，精思密察，窺見其真，得顏氏子之樂，潛養既深，蹈履既熟，乃筆之書，乃見諸行事。二程氏之學，淵源於兹，遂以斯道師表後進。迄今學者趨嚮不迷，繄誰之力？實惟先生復開其端，豈可忘所自哉。先生嘗爲理掾矣，囚或罪不至死，而轉運使欲殺之，力争不合，棄官將歸，使者感悟，囚卒不死。持節嶺表者再，荒崖絶島，巡歷殆徧，切于爲民，忘其爲瘴毒之侵也。嗚

呼！先生此心，足以對越上帝，無愧古人矣。趙清獻公始嘗疑之，後乃大服曰：「天下士也。」吕正獻公深知其賢，力薦諸朝。東坡蘇公不輕許可，而賦《濂溪》詩則曰：「先生本全德，廉退乃一隅。」此名未易得也。太史黄公又以光風霽月比之。想其脩然塵外，表裏融明，能使當代人物歛衽起敬如此，是可尚也。通守零陵之日，爲《拙賦》以見志。紹興間，贛川曾君迪爲倅，亦創一堂，以「拙」名之。嘉定八年，郡丞吴興臧君辛伯始繪其像，祠於廳事西偏。濟南吕君昭亮，丞相忠穆公孫也，來繼其後，思表先賢，以勵薄俗，乃闢地於拙堂之左，聿新棟宇，特設嚴像，實九年閏七月旬有一日。此俗吏之所未暇及者，而汲汲爲之，有加於舊，可謂達於風教之原矣。後之居是官者，毋忘兹意，稍弊則葺之，使先生之道德永爲邦人矜式，不亦善乎。此吕君之志也，遂爲之書。

李心傳《道命録》卷九《濂溪先生周元公謚議》 議曰：大哉元乎！在《易》爲乾元之首，在《春秋》爲始年之法。天下之理，蓋未嘗無其初也。古道修明，人心純一，聖賢之功固無自而見。不幸而涣散殫殘之餘，有能復振遺響，俾絶者自我而續，晦者自我而明，是故有元之義焉。參之大《易》《春秋》之説，又寧有異指哉。自孟軻氏没，異端滋熾，重以專門於漢，清談於晉，至唐，則文藝益工，展轉沈痼，以迄五季之陋，幾於蠹蝕不存矣。而在人心者，了無恙也。宋興，鉅公名人爲奕後先，其聞道亦不爲淺。大槩更相推激，不離乎文字論議之末。而挈提宗旨，孰主張是？天淑諸人，有濂溪先生出焉。先生道學淵懿，超然自達，敻出乎萬物之表。而其最深切者，《太極》有圖，所以發是理之幽秘，《易通》有書，所以闡是圖之精微。圖有無窮之義，書有不盡之言。學者潛玩而服行之，如是可以探二氣五行之運，如是可以見中正仁義之本，如是可以識神物動静之别。槩曰廣大高深，究其歸則不外乎日用飲食之常，斷斷乎其有功於斯世也。蓋嘗深探其造道之所由來矣，或謂得之先天，先天得之龍紀，其説幾於迂誕而無考。又曰其圖實出於穆修，修之傳出於陳摶，老子之學也。闔端清虚之地，而能純明斯道，抑有疑焉。要之，先生所得之奥，不俟師傳，匪由智索，神交心契，固已極其本统。不然，嗜流泉之紺寒，愛庭草之交翠，體夫子之無言，窮顔淵之所以樂，是果何味，而獨嚅嚌之邪？故能發前聖之所未發，覺斯人之所未覺，使高遠者不墮於荒忽，使循守者不淪於滯固。私意小智，何所容其巧；詭經僻説，何所肆其誣？如密雲宿霧，有日斯赫；如斷港絶潢，有泉斯湧。當旦晝梏亡之餘，而平旦之復固清明也。當六陰既剥之後，而天地之心固生，生而不息也，其功用豈不大哉。近世朱文公熹、張宣公栻、吕成公祖謙尊敬斯學，或列之篇端，或紀於書後，或辨于注釋之詳，或嚴於問對之確。先生之名，益閎大光明于時矣。謹按謚法，主善行德曰元。先生博學力行，會道有元，脈絡貫通，上接乎洙泗，條理精密，下逮乎河洛，以元易名，庶幾百世之下知孟氏之後觀聖道者必自濂溪始。昔潘興嗣何人，敢誌其墓？彼其爲説曰善談名理者，不免後人之誚也。承議郎、行太常博士臧格職當議謚，兹復妄論先生抽關啓鑰，得吾道之正傳，自爲無愧於心。若夫繪畫摹寫，似鄰於僭。異時或與潘同誚，則不敢辭。謹議。

李心傳《道命録》卷九《濂溪先生周元公覆謚議》 議曰：理學之説，隱然於唐虞三代之躬行，闡端於孔門洙泗之設教，推廣於子思、孟軻之講明，駁雜於漢、唐諸儒之論議，而復恢於我宋濂溪先生周公頤，一濬其源，而流之混混，益昌於今，放諸百世無疑也。先生亦何心於易名哉！監司有請，博士有議，謚曰元公，追尊也。然而《易》有太極，是生兩儀，乾坤位焉。大哉乾元，萬物資始，至哉坤元，萬物資生。凡曰元者，謂其肇於此者也。故曰元者善之長，又曰《春秋》以一爲元。先生之於理學，晦而明之，窒而通之，亦可以謂之元乎！及觀河汾王通嘗遊孔子之廟而歌曰：「大哉乎！君君臣臣、父父子子、兄兄弟弟、夫夫婦婦，夫子之力也。其與太極合德。」蓋嘗三復斯言，無極而太極，太極動而生陽，静而生陰，是又乾坤之元也。夫子生於晚周，果何與乎太極哉！無乃春秋之際，三綱淪，九法斁，邪誕妖異之説競起，塗生民之耳目，溺天下於污濁，理學亦幾乎息矣，夫子出而開天理，明人極，扶持而封植之，殆猶乾坤之再造，謂之合德太極宜矣。知夫子與太極合德，則闡夫子所謂合德者於剥蝕之餘，謚之以元，不亦可乎！謹議。

魏了翁《鶴山先生大全文集》卷五三《周元公程純公正公謚告序》 臣自嘉定八年司臬劍東，兼攝漕事。厥明年春，上疏請下禮官，爲周敦頤及程顥、程頤議所以易其名者。璽封下都省，省下春官，時少常伯亦上疏請謚二程，遂併以下奉常。博士曰事關名教，議不可輕，宜下都省集議，由是議久不決。厥十年，臣自漕臣再申述前奏，併以横渠張載爲請。久之，禮官議以周敦頤謚元，程顥謚純，頤謚正，上悉賜可。厥十有三年六月，乃以命書與其貳付元奏請官，臣遂得受而藏之。臣謂是舉也，百年間鴻儒碩士偶未及言，今乃自發於一介外小臣，而聖斷沈雄，不以人廢，亶謂盛典。然而郡國郎吏不得而傳也，臣慮四方學者未能徧睹，則無以仰稱聖上崇儒重道之指，乃摹勒樂石，龕置潼川校官，復鋟板以廣

其傳，俾凡承學之士有觀焉。若夫張載易名之請，諸儒從祀之議，則嗣此以聞，期於獲命乃已也。

高斯得《耻堂存稿》卷四《寶慶府濂溪書堂記》 宋君仲錫守寶慶之明年，以書來曰：「郡學有濂溪先生祠尚矣，紹定二年，教授梁君士英始即先生遷學舊址而改建焉，爲堂四楹，歲未久而頹圮不治。仲錫來謁，嘆曰，先生治平間遷學于是，豈苟然哉。邵水經其前，濱江繞其後，左挹東山，右俯清溪，高明爽曠，一郡神秀所鍾。學既他徙，昔人即其地以祠先生是矣。顧規模隘陋不足以稱，乃徹而大之，中爲先生祠堂，祠先賢於東西序以侑焉，其後爲講堂，直舍、齋廬、門廡、庖湢皆備。經始於寶祐三年十有一月，明年某月成。維昔紹熙郡學之祠，文公朱先生記之；紹定改建之祠，公之季父鶴山先生記之。今兹之役非公莫記，成事，敢以爲請。」斯得聞之，蹴然曰，季父之言立於世，淺聞者不足繼也，況朱子乎？且朱子之記，發揮太極圖書之妙，鶴山之記，闡明剛柔善惡陰陽動静之理，皆已至矣盡矣，後學措辭，不其僭乎？然而侯以邵士之請來，不可無以告也。惟先生卓然特立於羣聖人絶響之後，親承洙泗道統之傳，二程先生受業者也，先儒擬以顔、孟，然則舍夫子無以擬先生矣。大哉乾元，萬物資始，天道流行，物得之以正性命，先覺之倡道者似之，故原道於無極二五之先。夫子之言性與天道也，觀物於庭草不除之際；夫子之四時行、百物生也，玩心於聖人所樂之地。夫子之忘食忘憂，純亦不已也，涵泳從容，深造道妙，與天同體。嗚呼，其元氣之會乎？蘇公軾非爲先生之學者也，其詩曰：「先生豈我輩，造物乃其徒」，識者以爲善言德行，是豈無所見而言哉！然捨造物與孔子無以擬諸形容矣。學者誠能想其氣象而用力焉，則識趣造詣能見大意，雖未入先生之室，闖其藩，嚌其胾，其庶幾乎？邵士親染先生遺澤者也，聞風興起，豈無其人，故誦所聞若此，期與共學焉。

程顥部

綜述

《宋史》卷四二七《程顥傳》 程顥字伯淳，世居中山，後從開封徙河南。

高祖羽，太宗朝三司使。父珦，仁宗録舊臣後，以爲黄陂尉。久之，知龔州。時宜獠區希範既誅，鄉人忽傳其神降，言「當爲我南海立祠」，於是迎其神以往，至龔，珦使詰之，曰：「比過潯，潯守以爲妖，投祠具江中，逆流而上，守懼，乃更致禮。」珦使復投之，順流去，其妄乃息。徙知磁州，又徙漢州。嘗宴客開元僧舍，酒方行，人讙言佛光見，觀者相騰踐，不可禁，珦安坐不動，頃之遂定。熙寧法行，爲守令者奉命唯恐後，珦獨抗議，指其未便。使者李元瑜怒，即移病歸，旋致仕，累轉太中大夫。元祐五年，卒，年八十五。

珦慈恕而剛斷，平居與幼賤處，唯恐有傷其意，至於犯義理，則不假也。左右使令之人，無日不察其饑飽寒燠。前後五得任子，以均諸父之子孫。嫁遣孤女，必盡其力。所得奉禄，分贍親戚之貧者。伯母寡居，奉養甚至。從女兄既適人而喪其夫，珦迎以歸，教養其子，均於子姪。時官小禄薄，克己爲義，人以爲難。文彦博、蘇頌等九人表其清節，詔賜帛二百，官給其葬。

顥舉進士，調鄠、上元主簿。鄠民有借兄宅居者，發地得瘞錢，兄之子訴曰：「父所藏。」顥問：「幾何年？」曰：「四十年。」「彼借居幾時？」曰：「二十年矣。」遣吏取十千視之，謂訴者曰：「今官所鑄錢，不五六年即遍天下，此皆未藏前數十年所鑄，何也？」其人不能答。茅山有池，産龍如蜥蜴而五色。祥符中嘗取二龍入都，半塗失其一，中使云飛空而逝。民俗嚴奉不懈，顥捕而脯之。

爲晉城令，富人張氏父死，旦有老叟踵門曰：「我，汝父也。」子驚疑莫測，相與詣縣。叟曰：「身爲醫，遠出治疾，而妻生子，貧不能養，以與張。」顥質其驗。取懷中一書進，其所記曰：「某年月日，抱兒與張三翁家。」顥問：「張是時纔四十，安得有翁稱？」叟駭謝。

民税粟多移近邊，載往則道遠，就糴則價高。顥擇富而可任者，預使貯粟以待，費大省。民以事至縣者，必告以孝弟忠信，入所以事其父兄，出所以事其長上。度鄉村遠近爲伍保，使之力役相助，患難相卹，而姦僞無所容。凡孤煢殘廢者，責之親戚鄉黨，使無失所。行旅出於其途者，疾病皆有所養。鄉必有校，暇時親至，召父老與之語。兒童所讀書，親爲正句讀，教者不善，則爲易置。擇子弟之秀者，聚而教之。鄉民爲社會，爲立科條，旌別善惡，使有勸有恥。在縣三歲，民愛之如父母。

熙寧初，用吕公著薦，爲太子中允、監察御史裏行。神宗素知其名，數召見，每退，必曰：「頻求對，欲常常見卿。」一日，從容咨訪，報正午，始趨出，庭中人曰：「御史不知上未食乎？」前後進説甚多，大要以正心窒慾，求賢育材爲言，務以誠意感悟主上。嘗勸帝防未萌之欲，及勿輕天下士，帝俯躬曰：「當爲卿戒之。」

王安石執政，議更法令，中外皆不以爲便，言者攻之甚力。顥被旨赴中堂議事，安石方怒言者，厲色待之。顥徐曰：「天下事非一家私議，願平氣以聽。」安石爲之愧屈。自安石用事，顥未嘗一語及於功利。居職八九月，數論時政，最後言曰：「智者若禹之行水，行其所無事也；舍而之險阻，不足以言智。自古興治立事，未有中外人情交謂不可而能有成者，況於排斥忠良，沮廢公議，用賤陵貴，以邪干正者乎？正使徼倖有小成，而興利之臣日進，尚德之風浸衰，尤非朝廷之福。」遂乞去言職。安石本與之善，及是雖不合，猶敬其忠信，不深怒，但出提點京西刑獄。顥固辭，改簽書鎮寧軍判官。司馬光在長安，上疏求退，稱顥公直，以爲己所不如。

程昉治河，取澶卒八百而虐用之，衆逃歸。羣僚畏昉，欲勿納。顥曰：「彼逃死自歸，弗納必亂。若昉怒，吾自任之。」即親往啓門拊勞，約少休三日復役，衆讙踊而入。具以事上，得不遣。昉後過州，揚言曰：「澶卒之潰，蓋程中允誘之，吾且訴于上。」顥聞之，曰：「彼方憚我，何能爲。」果不敢言。

曹村埽決，顥謂郡守劉涣曰：「曹村決，京師可虞。臣子之分，身可塞亦所當爲，盍盡遣廂卒見付。」涣以鎮印付顥，立走決所，激諭士卒。議者以爲勢不可塞，徒勞人爾。顥命善泅者度決口，引巨索濟衆，兩岸並進，數日而合。

求監洛河竹木務，歷年不敘伐閲，特遷太常丞。帝又欲使修《三經義》，執政不可，命知扶溝縣。廣濟、蔡河在縣境，瀕河惡子無生理，專脅取行舟財貨，歲必焚舟十數以立威。顥捕得一人，使引其類，貰宿惡，分地處之，令以挽繂爲業，且

察爲奸者，自是境無焚剽患。內侍王中正按閱保甲，權焰章震，諸邑競侈供張悅之，主吏來請，顥曰：「吾邑貧，安能效他邑。取於民，法所禁也，獨有令故青帳可用爾。」除判武學，李定劾其新法之初首爲異論，罷歸故官。又坐獄逸囚，責監汝州鹽稅。哲宗立，召爲宗正丞，未行而卒，年五十四。

顥資性過人，充養有道，和粹之氣，盎於面背，門人交友從之數十年，亦未嘗見其忿厲之容。遇事優爲，雖當倉卒，不動聲色。自十五六時，與弟頤聞汝南周敦頤論學，遂厭科舉之習，慨然有求道之志。泛濫於諸家，出入於老、釋者幾十年，返求諸《六經》而後得之。秦、漢以來，未有臻斯理者。

教人自致知至於知止，誠意至於平天下，洒掃應對至於窮理盡性，循循有序。病學者厭卑近而騖高遠，卒無成焉，故其言曰：「道之不明，異端害之也。昔之害近而易知，今之害深而難辨。昔之惑人也乘其迷暗，今之惑人也因其高明。自謂之窮神知化，而不足以開物成務，言爲無不周遍，實則外於倫理，窮深極微，而不可以入堯、舜之道。天下之學，非淺陋固滯，則必入於此。自道之不明也，邪誕妖妄之説競起，塗生民之耳目，溺天下於污濁，雖高才明智，膠於見聞，醉生夢死，不自覺也。是皆正路之蓁蕪，聖門之蔽塞，辟之而後可以入道。」

顥之死，士大夫識與不識，莫不哀傷焉。文彥博采衆論，題其墓曰明道先生。其弟頤序之曰：「周公没，聖人之道不行；孟軻死，聖人之學不傳。道不行，百世無善治；學不傳，千載無真儒。無善治，士猶得以明夫善治之道，以淑諸人，以傳諸後；無真儒，則貿貿焉莫知所之，人欲肆而天理滅矣。先生生于千四百年之後，得不傳之學於遺經，以興起斯文爲己任，辨異端，闢邪説，使聖人之道煥然復明於世，蓋自孟子之後，一人而已。然學者於道不知所向，則孰知斯人之爲功；不知所至，則孰知斯名之稱情也哉。」

嘉定十三年，賜謚曰純公。淳祐元年封河南伯，從祀孔子廟庭。

程顥、程頤《二程集·河南程氏文集》卷一一《明道先生行狀》 曾祖希振，任尚書虞部員外郎；妣，高密縣君崔氏。祖遹，贈開府儀同三司吏部尚書；妣，孝感縣太君張氏，長安縣太君張氏。父珦，見任太中大夫，致仕；母，壽安縣君侯氏。先生名顥，字伯淳，姓程氏。其先曰喬伯，爲周大司馬，封於程，後遂以爲氏。先生五世而上，居中山之博野。高祖贈太子少師，諱羽，太宗朝以輔翊功顯，賜第於京師，居再世。曾祖而下，葬河南，今爲河南人。

先生生而神氣秀爽，異於常兒。未能言，叔祖母任氏太君抱之行，不覺釵墜，後數日方求之。先生以手指示，隨其所指而往，果得釵，人皆驚異。數歲，誦詩書，强記過人。十歲能爲詩賦。十二三時，羣居庠序中，如老成人，見者無不愛重。故户部侍郎彭公思永謝客到學舍，一見異之，許妻以女。

踰冠，中進士第，調京兆府鄠縣主簿。令以其年少，未知之。民有借其兄宅以居者，發地中藏錢。兄之子訴曰：「父所藏也。」令曰：「此無證佐，何以決之？」先生曰：「此易辨爾。」問兄之子曰：「爾父藏錢幾何時矣？」曰：「四十年矣。」「彼借宅居幾何時矣？」曰：「二十年矣。」即遣吏取錢十千視之，謂借宅者曰：「今官所鑄錢，不五六年即徧天下。此錢皆爾未居前數十年所鑄，何也？」其人遂服。令大奇之。

南山僧舍有石佛，歲傳其首放光，遠近男女聚觀，晝夜雜處，爲政者畏其神，莫敢禁止。先生始至，詰其僧曰：「吾聞石佛歲現光，有諸？」曰：「然。」戒曰：「俟復見，必先白吾，職事不能往，當取其首就觀之。」自是不復有光矣。府境水害，倉卒興役，諸邑率皆狼狽；惟先生所部，飲食茇舍無不安便。時盛暑泄利大行，死亡甚衆，獨鄠人無死者。所至治役，人不勞而事集。嘗謂人曰：「吾之董役，乃治軍法也。」

當路者欲薦之，多問所欲。先生曰：「薦士當以才之所堪，不當問所欲。」再期，以避親罷，再調江寧府上元縣主簿。田税不均，比他邑尤甚。蓋近府美田，爲貴家富室以厚價薄其税而買之，小民苟一時之利，久則不勝其弊。先生爲令畫法，民不知擾，而一邑大均。其始，富者不便，多爲浮論，欲摇止其事，既而無一人敢不服者。後諸路行均税法，邑官不足，益以他官，經歲歷時，文案山積，而尚有訴不均者，計其力比上元不啻千百矣。

會令罷去，先生攝邑事。上元劇邑，訴訟日不下二百。爲政者疲於省覽，奚暇及治道？先生處之有方，不閱月，民訟遂簡。江南稻田，賴陂塘以溉。盛夏塘堤大決，計非千夫不可塞。法當言之府，府禀於漕司，然後計功調役，非月餘不能興作。先生曰：「比如是，苗槁久矣，民將何食？救民獲罪，所不辭也。」遂發民塞之，歲則大熟。

江寧當水運之衝，舟卒病者，則留之爲營以處，曰小營子，歲不下數百人，至者輒死。先生察其由，蓋既留然後請於府，給券乃得食，比有司文具，則困於飢已數日矣。先生白漕司，給米貯營中，至者與之食，自是生全者大半。措置於纖微之間，而人已受賜，如此之比，所至多矣。先生常云：「一命之士，苟存心於愛

物，於人必有所濟。」

仁宗登遐，遺制官吏成服，三日而除。三日之朝，府尹率羣官將釋服。先生進曰：「三日除服，遺詔所命，莫敢違也。請盡今日。若朝而除之，所服止二日爾。」尹怒不從。先生曰：「公自除之，某非至夜不敢釋也。」一府相視，無敢除者。

茅山有龍池，其龍如蜴蜥而五色。祥符中，中使取二龍。至中途，中使奏一龍飛空而去。自昔嚴奉以爲神物，先生嘗捕而脯之，使人不惑。其始至邑，見人持竿道旁，以黏飛鳥，取其竿折之，教之使勿爲。及罷官，艤舟郊外。有數人共語：自主簿折黏竿，鄉民子弟不敢畜禽鳥。不嚴而令行，大率如此。

再期，就移澤州晉城令。澤人淳厚，尤服先生教命。民以事至邑者，必告之以孝弟忠信，入所以事父兄，出所以事長上。度鄉村遠近爲伍保，使之力役相助，患難相恤，而姦僞無所容。凡孤煢殘廢者，責之親戚鄉黨，使無失所。行旅出於其塗者，疾病皆有所養。諸鄉皆有校。暇時親至，召父老而與之語；兒童所讀書，親爲正句讀；教者不善，則爲易置。俗始甚野，不知爲學。先生擇子弟之秀者，聚而教之。去邑纔十餘年，而服儒服者蓋數百人矣。

鄉民爲社會，爲立科條，旌別善惡，使有勸有恥。邑幾萬室，三年之閒，無强盜及鬭死者。秩滿，代者且至，吏夜叩門，稱有殺人者。先生曰：「吾邑安有此？誠有之，必某村某人也。」問之果然。家人驚異，問何以知之？曰：「吾常疑此人惡少之弗革者也。」

河東財賦窘迫，官所科買，歲爲民患。雖至賤之物，至官取之，則其價翔踴，多者至數十倍。先生常度所需，使富家預儲，定其價而出之。富室不失倍息，而鄉民所費，比常歲十不過二三。民税常移近邊，載往則道遠，就糴則價高。先生擇富民之可任者，預使購粟邊郡，所費大省，民力用紓。縣庫有雜納錢數百千，常借以補助民力。部使者至，則告之曰：「此錢令自用而不敢私，請一切不問。」使者屢更，無不從者。先時民憚差役，役及則互相糾訴，鄉鄰遂爲仇讎。先生盡知民産厚薄，第其先後，按籍而命之，無有辭者。

河東義勇，農隙則教以武事，然應文備數而已。先生至，晉城之民遂爲精兵。晉俗尚焚屍，雖孝子慈孫，習以爲安。先生教諭禁止，民始信之。而先生去後，郡官有母死者，憚於遠致，以投烈火，愚俗視效，先生之教遂廢，識者恨之。先生爲令，視民如子。欲辨事者，或不持牒，徑至庭下，陳其所以。先生從容告語，諄諄不倦。在邑三年，百姓愛之如父母，去之日，哭聲振野。

用薦者，改著作佐郎。尋以御史中丞吕公公著薦，授太子中允，權監察御史裏行。神宗素知先生名，召對之日，從容咨訪，比二三見，遂期以大用，每將退，必曰：「頻求對來，欲常相見爾。」一日，論議甚久，日官報午正，先生遽求退。庭中中人相謂曰：「御史不知上未食邪？」前後進説甚多，大要以正心窒欲，求賢育材爲先。先生不飾辭辨，獨以誠意感動人主。神宗嘗使推擇人才，先生所薦者數十人，而以父表弟張載暨弟頤爲首。所上章疏，子姪不得窺其藁。嘗言：人主當防未萌之欲。神宗俯身拱手曰：「當爲卿戒之。」及因論人才，曰：「陛下奈何輕天下士？」神宗曰：「朕何敢如是？」言之至于再三。

時王荆公安石日益信用，先生每進見，必爲神宗陳君道以至誠仁愛爲本，未嘗及功利。神宗始疑其迂，而禮貌不衰。嘗極陳治道。神宗曰：「此堯、舜之事，朕何敢當？」先生愀然曰：「陛下此言，非天下之福也。」荆公浸行其説，先生意多不合，事出必論列，數月之閒，章數十上。尤極論者：輔臣不同心，小臣與大計，公論不行，青苗取息，賣祠部牒，差提舉官多非其人及不經封駮，京東轉運司剥民希寵不加黜責，興利之臣日進，尚德之風浸衰等十餘事。荆公與先生雖道不同，而嘗謂先生忠信。先生每與論事，心平氣和，荆公多爲之動。而言路好直者，必欲力攻取勝，由是與言者爲敵矣。

先生言既不行，懇求外補，神宗猶重其去，上章及面請至十數，不許，遂闔門待罪。神宗將黜諸言者，命執政除先生監司差權發遣京西路提點刑獄。復上章曰：「臣言是，願行之。如其妄言，當賜顯責。請罪而獲遷，刑賞混矣。」累請得罷。既而神宗手批，暴白同列之罪，獨於先生無責，改差簽書鎮寧軍節度判官事。

爲守者嚴刻多忌，通判而下，莫敢與辯事。始意先生嘗任臺憲，必不盡力職事，而又慮其慢己。既而先生事之甚恭，雖筦庫細務，無不盡心，事小未安，必與之辨，遂無不從者，相與甚歡。屢平反重獄，得不死者前後蓋十數。

河清卒於法不他役。時中人程昉爲外都水丞，怙勢，蔑視州郡，欲盡取諸埽兵治二股河，先生以法拒之。昉請於朝，命以八百人與之。天方大寒，昉肆其虐，衆逃而歸。州官晨集城門，吏報河清兵潰歸，將入城。衆官相視，畏昉欲弗納。先生曰：「此逃死自歸，弗納必爲亂。昉有言，某自當之。」即親往，開門撫諭，約歸休三日復役，衆歡呼而入。具以事上聞，得不復遣。後昉奏事過州，見

先生，言甘而氣懾，既而揚言於衆曰：「潰卒之潰，乃程中允誘之，吾必訴於上。」同列以告，先生笑曰：「彼方憚我，何能爾也？」果不敢言。

會曹村埽決，時先生方救護小吳，相去百里。州帥劉公涣以事急告，先生一夜馳至。帥俟於河橋。先生謂帥曰：「曹村決，京城可虞。臣子之分，身可塞亦爲之。請盡以廂兵見付。事或不集，公當親率禁兵以繼之。」帥義烈士，遂以本鎮印授先生，曰：「君自用之。」先生得印，不暇入城省親，徑走決堤，諭士卒曰：「朝廷養爾輩，正爲緩急爾。爾知曹村決則注京城乎？吾與爾曹以身捍之。」衆皆感激自効。論者皆以爲勢不可塞，徒勞人爾。先生命善泅者銜細繩以渡，決口水方奔注，達者百一，卒能引大索以濟衆，兩岸並進，晝夜不息，數日而合。其將合也，有大木自中流而下，先生顧謂衆曰：「得彼巨木横流入口，則吾事濟矣。」語纔已，木遂横，衆以爲至誠所致。其後曹村之下復決，遂久不塞，數路困擾，大爲朝廷憂。人以爲，使先生在職，安有是也？

郊祀霈恩，先生曰：「吾罪滌矣，可以去矣。」遂求監局，以便親養，得罷歸。自是醜正者競揚避新法之説。歲餘，得監西京洛河竹木務。薦者言其未嘗敘年勞，丐遷秩，特改太常丞。神宗猶念先生，會修三經義，嘗語執政曰：「程某可用。」執政不對。又嘗有登對者自洛至，問曰：「程某在彼否？」連言佳士。其後彗見翼軫閒，詔求直言，先生應詔論朝政極切。還朝，執政屢進擬，神宗皆不許，既而手批與府界知縣，差知扶溝縣事。先生詣執政，復求監當。執政諭以上意不可改也。數月，右府同薦，除判武學。新進者言其新法之初，首爲異論，罷復舊任。

先生爲治，專尚寬厚，以教化爲先，雖若甚迂，而民實風動。扶溝素多盜，雖樂歲，强盜不減十餘發。先生在官，無强盜者幾一年。廣濟蔡河出縣境，瀕河不逞之民，不復治生業，專以脅取舟人物爲事，歲必焚舟十數以立威。先生始至，捕得一人，使引其類，得數十人，不復根治舊惡，分地而處之，使以挽舟爲業，且察爲惡者。自是邑境無焚舟之患。

畿邑田税重，朝廷歲常蠲除以爲惠澤。然而良善之民憚督責而先輸，逋負獲除者皆頑民也。先生爲約，前料獲免者，今必如期而足，於是惠澤始均。司農建言，天下輸役錢，達户四等，而畿内獨止第三，請亦及第四。先生力陳不可，司農奏其議，謂必獲罪，而神宗是之，畿邑皆得免。

先生爲政，常權穀價，不使至甚貴甚賤。會大旱，麥苗且枯。先生教人掘井以溉，一井不過數工，而所灌數畝，闔境賴焉。水災民飢，先生請發粟貸之。鄰邑亦請。司農怒，遣使閲實。使至鄰邑，而令遽自陳穀且登，無貸可也。使至，謂先生盍亦自陳？先生不肯，使者遂言不當貸。先生力言民飢，請貸不已，遂得穀六千石，飢者用濟。而司農益怒，視貸籍户同等而所貸不等，檄縣杖主吏。先生言，濟飢當以口之衆寡，不當以户之高下；且令實爲之，非吏罪；乃得已。

内侍都知王中正巡閲保甲，權寵至盛，所至凌慢縣官，諸邑供帳，競務華鮮，以悦奉之。主吏以請，先生曰：「吾邑貧，安能效他邑？且取於民，法所禁也。今有故青帳，可用之。」先生在邑歲餘，中正往來境上，卒不入。鄰邑有寃訴府，願得先生決之者，前後五六。有犯小盜者，先生謂曰：「汝能改行，吾薄汝罪。」盜叩首願自新。後數月，復穿窬。捕吏及門，盜告其妻曰：「我與大丞約，不復爲盜，今何面目見之邪？」遂自經。

官制改，除奉議郎。朝廷遣官括牧地，民田當没者千頃，往往持累世契券以自明，皆弗用。諸邑已定，而扶溝民獨不服。遂有朝旨，改税作租，不復加益，及聽賣易如私田。民既倦於追呼，又得不加賦，乃皆服。先生以爲不可。括地官至，謂先生曰：「民願服而君不許，何也？」先生曰：「民徒知今日不加賦，而不知後日增租奪田，則失業無以生矣。」因爲言仁厚之道。其人感動，謝曰：「寧受責，不敢違公。」遂去之他邑。

不踰月，先生罷去。其人復至，謂攝令者曰：「程奉議去矣，爾復何恃而敢稽違朝旨？」督責甚急，數日而事集。鄰邑民犯盜，繫縣獄而逸，既而遇赦。先生坐是以特旨罷。邑人知先生且罷，詣府及司農丐留者千數。去之日，不使人知，老穉數百，追及境上，攀挽號泣，遣之不去。

以親老求近鄉監局，得監汝州酒税。今上嗣位，覃恩，改承議郎。先生雖小官，賢士大夫視其進退，以卜興衰。聖政方新，賢德登進，先生特爲時望所屬，召爲宗正寺丞。未行，以疾終，元豐八年六月十五日也，享年五十有四。士大夫識與不識，莫不哀傷，爲朝廷生民恨惜。

先生資稟既異，而充養有道：純粹如精金，温潤如良玉；寬而有制，和而不流；忠誠貫於金石，孝弟通於神明。視其色，其接物也，如春陽之温；聽其言，其入人也，如時雨之潤。胸懷洞然，徹視無閒；測其藴，則浩乎若滄溟之無際；極其德，美言蓋不足以形容。

先生行己：内主於敬，而行之以恕；見善若出於己，不欲勿施於人；居廣

居而行大道，言有物而動有常。

先生爲學：自十五六時，聞汝南周茂叔論道，遂厭科舉之業，慨然有求道之志。未知其要，泛濫於諸家，出入於老、釋者幾十年，返求諸《六經》而後得之。明於庶物，察於人倫。知盡性至命，必本於孝悌；窮神知化，由通於禮樂。辨異端似是之非，開百代未明之惑，秦、漢而下，未有臻斯理也。

謂孟子没而聖學不傳，以興起斯文爲己任。其言曰：「道之不明，異端害之也。昔之害近而易知，今之害深而難辨。昔之惑人也，乘其迷暗；今之入人也，因其高明。自謂之窮神知化，而不足以開物成務。言爲無不周徧，實則外於倫理；窮深極微，而不可以入堯、舜之道。天下之學，非淺陋固滯，則必入於此。自道之不明也，邪誕妖異之説競起，塗生民之耳目，溺天下於汙濁；雖高才明智，膠於見聞，醉生夢死，不自覺也。是皆正路之蓁蕪，聖門之蔽塞，闢之而後可以入道。」

先生進將覺斯人，退將明之書；不幸早世，皆未及也。其辨析精微，稍見於世者，學者之所傳爾。先生之門，學者多矣。先生之言，平易易知，賢愚皆獲其益，如羣飲於河，各充其量。

先生教人：自致知至於知止，誠意至於平天下，灑掃應對至於窮理盡性，循循有序；病世之學者捨近而趨遠，處下而窺高，所以輕自大而卒無得也。

先生接物：辨而不閒，感而能通。教人而人易從，怒人而人不怨，賢愚善惡咸得其心，狡僞者獻其誠，暴慢者致其恭，聞風者誠服，覿德者心醉。雖小人以趨向之異，顧於利害，時見排斥，退而省其私，未有不以先生爲君子也。

先生爲政：治惡以寬，處煩而裕。當法令繁密之際，未嘗從衆，爲應文逃責之事。人皆病於拘礙，而先生處之綽然；衆憂以爲甚難，而先生爲之沛然。雖當倉卒，不動聲色。方監司競爲嚴急之時，其待先生，率皆寬厚，設施之際，有所賴焉。先生所爲綱條法度，人可效而爲也；至其道之而從，動之而和，不求物而物應，未施信而民信，則人不可及也。

彭夫人封仁和縣君，嚴正有禮，事舅以孝稱，善睦其族，先一年卒。一有五字。子一有三早卒字。曰端懿，蔡州汝陽縣主簿；曰端本，治進士業。一有四字。女一有三夭二字。適假承務郎朱純之。卜以今年十月乙酉，葬于伊川先塋。謹書家世行業及歷官行事之大概，以求誌於作者，謹狀。元豐八年八月日弟頤狀。

程顥、程頤《二程集・河南程氏遺書》附録游酢《書行狀後》 先生道德之高致，經論之遠圖，進退之大節，伊川季先生與門人高第既論其實矣，酢復何言，謹捨其遺事，備採録云。

先生生而有妙質，聞道甚早。年逾冠，明誠夫子張子厚友而師之。子厚少時自喜其才，謂提騎卒數萬，可横行匈奴，視叛羌爲易與耳，故從之游者，多能道邊事。既而得聞先生論議，乃歸謝其徒，盡棄其舊學，以從事於道。其視先生雖外兄弟之子，而虚心求益之意，懇懇如不及。逮先生之官，猶以書抵扈，以定性未能不動致問。先生爲破其疑，使内外動静，道通爲一，讀其書可考而知也。其後子厚學成德尊，識者謂與孟子比，然猶秘其學，不多爲人講之。其意若曰：「雖復多聞，不務畜德，徒善口耳而已。」故不屑與之言。先生謂之曰：「道之不明於天下久矣，人善其所習，自謂至足，必欲如孔門『不憤不啓，不悱不發』，則師資勢隔，而先王之道或幾乎熄矣。趣今之時，且當隨其資而誘之，雖識有明暗，志有淺深，亦各有得焉，而堯舜之道，庶可馴致。」子厚用其言，故關中學者躬行之，多與洛人並，推其所自，先生發之也。

擢爲御史，睿眷甚渥，亟承德音，所獻納必據經術，事常辯於早而戒於漸。一日，神宗縱言，及於辭命。先生曰：「人主之學，惟當務爲急，辭命非所先也。」神宗爲之動顔。會同天節，宫嬪專獻奇巧，爲天子壽。先生既言於朝，又顧謂執政戒之。執政曰：「宫嬪實爲，非上意也，庸何傷？」先生曰：「作淫巧以蕩上心，所傷多矣，公之言非是。」執政辭遂屈。是時，有同在臺列者，志未必同，然心慕其爲人，嘗語人曰：「他人之賢者，猶可得而議也，乃若伯淳，則如美玉然，反覆視之，表裏洞徹，莫見疵瑕。」

先生平生與人交，無隱情，雖僮僕必託以忠信，故人亦不忍欺之。嘗自澶淵遣奴持金詣京師貿用物，計金之數，可當二百千。奴無父母妻子，同列聞之，莫不駭且誚。既而奴持物如期而歸，衆始歎服。蓋誠心發於中，暢於四肢，見之者信慕，事之者革心，大抵類此。

先生少長親闈，視之如傷，又氣象清越，洒然如在塵外，宜不能勞苦。及遇事，則每與賤者同起居飲食，人不堪其難，而先生處之裕如也。嘗董役，雖祁寒烈日，不擁裘，不御蓋，時所巡行，衆莫測其至，故人自致力，常先期畢事。異時夫伍，中夜多譁，一夫或怖，萬夫競起，姦人乘虚爲盗者不可勝數。先生以師律處之，遂訖去無譁者。及役罷夫散，部伍猶肅整如常。

初至鄂，有監酒税者以賄播聞，然怙力文身，自號能殺人，衆皆憚之，雖監司

州將未敢發。先生至，將與之同事，其人心不自安，輒爲言曰：「外人謂某自盜官錢，新主簿將發之，某勢窮，必殺人。」言未訖，先生笑曰：「人之爲言，一至於此。足下食君之禄，詎肯爲盜？萬一有之，將救死不暇，安能殺人！」其人默不敢言，後亦私償其所盜，卒以善去。州從事有既孤而遭祖母喪者，身爲嫡孫，未果承重。先生爲推典法意，告之甚悉，其人從之，至今遂爲定令，而天下搢紳始習爲常。蓋先生御小人使不麗於法，助君子使必成其美，又大抵類此。

先生雖不用，而未嘗一日忘朝廷，然久幽之操，確乎如石，胸中之氣沖如也。所至，士大夫多棄官從之學，朝見而夕歸，飲其和，茹其實，既久而不能去。其徒有貧者，以單衣御冬，累年而志不變，身不屈。蓋先生之教，要出於爲己，而士之游其門者，所學皆心到自得，無求於外。以故甚貧者忘飢寒，已仕者忘爵禄，魯重者敏，謹細者裕，强者無拂理，願者有立志，可以脩身，可以齊家，可以治國平天下。非若世之士，妄意空無，追咏昔人之糟粕，而身不與焉，及措之事業，則倀然無據而已也。

方朝廷圖任真儒，以惠天下，天下有識者謂先生行且大用矣，不幸而先生卒。嗚呼！道之行與廢，果非人力所能爲也，悲夫！哭而爲之贊曰：

天地之心，其太一之體歟！天地之化，其太和之運歟！確然高明，萬物覆焉；隤然博厚，萬物載焉，非以其一歟！陽自此舒，陰自此凝；消息滿虚，莫見其形，非以其和歟！夫子之德，其融心滌慮，默契於此歟！不然，何穆穆不已，渾渾無涯，而能言之士，莫足以頌其美歟！嗟乎！孰謂此道未施，此民未覺，而先覺者逝歟！百世之下，有想見夫子而不可得者，亦能觀諸天地之際歟！

韓維《南陽集》卷二九《程伯淳墓誌銘》 伯淳姓程氏，諱顥。其先有爲周大司馬者曰喬伯，封於程，後遂以爲氏。高祖贈太子少師諱羽，有功太宗朝，賜第京師。居再世，遷河南，今爲河南人。

先生生而秀爽，異於常兒。纔數歲，誦詩書，强記絶人。故户部侍郎彭公季長一見異之，遂許妻以女。舉進士中第，調京兆府鄠縣主簿。南山有石佛像浮屠，歲傳佛首放光，則遠近男女晝夜集會觀不止，爲縣者畏其神，莫敢禁。先生始至，詰其徒曰：「吾聞石像歲現光，有諸？」曰：「然。」戒之曰：「光現，必先告我，我當取其首視之。」自是不復有光矣。府境大水，諸縣倉卒興役，皆狼狽失措置，惟先生所治飲食茇舍無一不具。時暑甚役，人病多死，獨鄠人無死者。監司欲薦之，問其所欲，先生答以「薦士當以才之所堪，不當問所欲。」避親嫌，移江寧上元縣主簿，田税不均，比他邑尤甚，先生爲令畫法，民不知擾而税遂均。會令罷，攝邑事，牒訴日不減三二百數，先生處之不閱月，民訟遂簡。江南俗種稻，賴塘陂以溉。盛夏塘潰，計非千夫不能塞。故事，當言之府，禀之監司，然後計功調役。先生曰：「比如是，苗槁矣，救民獲罪，所不辭也。」遽發民塞之，歲則大穰。仁宗升遐，遺制官吏成服三日除，三日旦，知府事王贄率郡官將釋服，先生進曰：「請盡今日。」贄怒，不從。先生曰：「公自除之，某非至夜不敢釋。」一府視君，亦莫敢除。

移澤州晉城縣令，民以事至庭下者，必教之以事父兄、奉長上之道，暇則親至諸鄉校，召父老與之語。兒童讀書者，爲正其章句，置師不善則易之。初，俗甚野，不知爲學。後數年，服儒衣冠者遂衆。鄉里遠近爲伍保，使之力役相助，患難相卹，姦僞無所容。孤煢老疾者，責親黨使無失所；行旅出於其途者，疾病皆有所養。三年盜無剽刼，民無鬭死者。河東路財賦不充，官有科買，則物價騰踴，歲爲民患。先生度所須，使富家預儲其物，定價而出之，富家不失息，而鄉民所費，比舊纔十二三。鄉縣庫有雜納錢數百千，常借以補助民力。部使者至，則告以此錢，令自用而不敢私。使者諒君之誠，亦不問。先時，民憚差役，互相糾訴，鄉鄰往往爲讎。先生盡得民産厚薄，按籍而命之，莫有辭者。義勇常以農隙講事，然但文具而已。先生至，晉城民遂爲精兵。

用薦者改著作佐郎，尋以御史中丞吕公晦叔薦，授太子中允，權監察御史裏行。神宗素聞先生名，陛對之日，從容咨訪，比二三見，遂期以顯用。前後進説，大要以正心窒慾、求賢育材爲先。嘗言「人主當防未萌之欲」，神宗俯身拱手曰：「當爲卿戒之。」時王荆公爲宰相，多所措置。先生每進見，必爲上陳君道，以至誠仁愛爲本，不當及功利，又極陳治道。神宗曰：「此堯舜之事，朕何敢當？」先生愀然曰：「陛下有此言，非天下之福也。」章數十上，論輔臣不同心，小臣與大計，賣祠部牒，青苗取息，提舉官多非其人，命出不由門下，興利之臣日進，尚德之風寖衰。荆公雖與先生異論，而嘗目君以忠信。言既數不用，懇求外補，神宗猶重其去，上章及面請至十數，不許。遂闔門待罪，差權發遣西京路提點刑獄，復上章曰：「臣言是，願行之。如其妄，當賜顯黜。請罪而獲遷，失刑賞矣！」

改差簽書鎮寧軍節度判官事。河清卒法不他役，時中貴人程昉爲外都水，怙勢凌轢，州郡，官欲盡取諸埽兵治二股河，先生拒以法。昉請於朝，命以八百

人與之。天方大寒，衆不勝役，潰而歸城，吏來報，一府相視，畏昉不敢納。先生曰此逃死自歸，休三日而復役。曹村決，先生方護小吳埽，知州軍事劉涣以急告。先生夜馳至州，謂涣曰：「曹村決，京師可虞。臣子之分，身可塞亦爲之，請盡以廂兵見付。事或未集，公當率禁兵繼之。」徑走埽下，諭士卒曰：「朝廷養爾曹，正爲緩急，爾知曹村決則注京師乎？吾與爾以身捍之。」衆皆感激自効。決口將合，先生謂衆曰：「得彼木横流入口，吾事濟矣！」語已，木遂横，衆以爲至誠所致。郊祀霈恩，先生曰：「吾罪滌，可以去矣！」

遂求監臨，得西京洛河竹木務。薦者言君未嘗敘年勞遷秩，特改太常丞。其後彗星見，有詔求直言。先生極論時政，語甚切直。還朝，差知扶溝縣事。廣濟河出縣境，瀕河姦民不治生業，專以脇取舟人物爲事，歲必焚舟數十以立威。先生始至，捕一人，使列其黨，得數十輩，不復根治舊惡，分地而處之，使以挽舟爲業，且察姦不變者，自是焚舟之患遂絶。畿縣民苦税重，歲常以赦獲蠲免，然良農輸税率以時而稽，故獲免者皆頑民。先生與之約：前獲免者，後必如期而足。於是惠澤始均。司農建言天下輸役錢户凡四等，而畿内獨止三，請給第四。先生力陳不可，諸邑賴以皆免。水災民饑，先生請發粟貸之。鄰邑亦請。司農怒，遣使閲實，而鄰邑令遽自陳穀且登，可無貸。使至，謂先生曰：「盍亦自陳？」先生請貸不已，遂得穀六千石，饑者以濟。司農益怒，視貸籍而所賦不等，檄縣杖主吏。先生言：「濟饑當以口，而不當以户之高下。且令實爲之，非吏罪。」乃已。内侍都知王中正行按保甲，所至官吏多見慢辱，諸邑供帳，競務華潔以悦其意，主吏以請，先生曰：「吾邑貧，安能效他邑？且取於民，法所禁令。有故青帳，可用之。」先生在邑歲餘，中正往來境上，卒不入。有犯竊盜者，先生謂曰：「汝能改行，吾薄汝過。」盜叩首願自新，後數月復穿窬，捕吏及門，盜告其妻曰：「吾與太丞約不復爲盜，今何面目見之？」遂自縊。

官制行，改奉議郎。朝廷遣官括牧地，民田當没者千頃，往往持累世券契自明，詔改税作租，許賣易如私田，民乃服，先生以爲不可。括也官至，謂先生曰：「民願服而君不許，何也？」先生曰：「民徒知今日不加賦，而不知後日增租，奪田則失業，死矣！」因爲言：「使者當以仁厚爲心，不可便己以害人。」官感動，謝曰：「寧受責，不敢違公命。」遂去，之他邑，鄰邑民犯盜，繫縣獄而逸，更赦，猶以特旨罷先生邑事，邑人詣開封及司農丐留者以千數。先生之去縣，不使人知，老穉追及境上，攀挽號哭，不肯去。以親老求析資便養，得監汝州酒税。

今上嗣位，覃恩改承議郎，召爲宗正寺丞。未行，以疾卒，元豐八年六月十五日也。享年五十有四。士大夫識與不識莫不傷弔，以朝廷失賢者爲恨。父珦，大中大夫致仕，時年八十。母侯氏，壽安縣君；妻彭氏，仁和縣君：皆先君以卒。五子：三早卒；曰端懿，蔡州汝陽縣主簿；曰端本，舉進士。四女：三夭，一適假承務郎朱純之。卜得卒之歲十月乙酉，葬于伊川之先塋。

先生於書無所不讀，自浮屠、老子、莊、列，莫不思索究極以知其意，而卒歸於吾聖人之道。其持己清峻，若不可及，而與人甚恕而温。論治道，卓乎至於無能名，而應世接物，莫不曲盡其宜。苟善於君矣，爵禄可舍也；苟利於民矣，法禁不避也。自元豐以來，論賢士大夫宜在天子左右者，君必與焉。先生之罷扶溝，貧無以家，至潁昌而寓止焉。大夫以清德退居，弟頤正叔樂道不仕，先生與正叔朝夕就養。無違志，閨門之内，雍肅如禮。家無儋石之儲，而愉愉也。予方守潁昌，遂得從先生遊。先生不以老耄棄我，周旋啓告，所以爲益良厚，故於其亡也，哭之加哀，而銘不以辭。銘曰：

善乎，孟軻之言義、命也，蓋不知義不足以立命，不知命不足以存義。先生居官，不問内外大小，率所言所事一出於正，雖貴勢豪力不爲少變。嗚呼！其處義、命，可謂兼之矣。

程顥、程頤《二程集・河南程氏文集》卷一一《明道先生墓表》 大宋明道先生程君伯淳之墓，宋太師致仕潞國公文彦博題。

先生名顥，字伯淳，葬于伊川。潞國太師題其墓，曰明道先生。弟頤序其所以刻之石曰：周公没，聖人之道不行；孟軻死，聖人之學不傳。道不行，百世無善治；學不傳，千載無真儒。無善治，士猶得以明夫善治之道，以淑諸人，以傳諸後；無真儒，天下貿貿焉莫知所之，人欲肆而天理滅矣。先生生千四百年之後，得不傳之學於遺經，志將以斯道覺斯民。天不憖遺，哲人早世。鄉人士大夫相與議曰：「道之不明也久矣，先生出，倡聖學以示人，辨異端，闢邪説，開歷古之沉迷，聖人之道得先生而後明，爲功大矣。」於是帝師采衆議而爲之稱，以表其墓。學者之於道，知所向然後見斯人之爲功，知所至然後見斯名之稱情。山可夷，谷可堙，明道之名亘萬古而長存。勒石墓傍，以詔後人。元豐乙丑十月戊子書。

《琬琰集删存》卷三《實録・程宗丞顥傳》 元豐八年五月丁丑，承議郎、新除宗正寺丞程顥卒。顥字伯淳，父珦自有傳。顥踰冠中嘉祐二年進士第，調京

兆府鄠縣、江寧府上元縣主簿，澤州晉城縣令，用薦者改著作佐郎。御史中丞呂公著薦授太子中允、權監察御史裏行。

神宗素知其名，召對之日，從容咨訪，比三見進，期以大用，每將退，必曰：「頻求對來，欲常相見耳。」前後進説甚多，大要以正心窒欲，求賢育士爲先。顥不飾詞，獨以誠意感動，神宗嘗使推擇人才，顥所薦者數十人，而以父表弟張載與其弟頤爲首。嘗言人主當防未萌之欲，神宗俯身拱手曰：「當爲卿戒之。」

時王安石益信用，顥每進見，必陳君道以至誠仁愛爲本，未嘗及功利。安石浸行其説，顥意多不合，事出必論列，數月之間，章數十上。尤極論者，輔臣不同心，小臣預大計，公論不行，青苗取息，賣祠部，提舉官多非其人及不經封駮，京東轉運司剥民希寵，不加黜責，興利之臣日進，尚德之風浸衰等數十事。安石與顥雖不合，而嘗謂顥忠信，顥每與論事，心平氣和，安石多爲之動。

顥心以言不行求去，除京西提點刑獄，復上章請罷，改差簽書鎮寧軍節度判官公事。未幾，求監局，得監西河、洛河竹木務。薦者言其未嘗叙年勞，乞還秩改太常丞，差知扶溝縣事，坐縣獄逸鄉邑罪人，罷監汝州酒税。哲宗即位，覃恩改承議郎，召爲宗正丞，未行，以疾卒，年五十二。

顥自十五六時，與弟頤聞汝南周敦實論學，遂厭科舉之習，慨然有求道之志，汎濫於諸家，出入於釋老幾十年，反求諸《六經》，而後得之。其言曰：「道之不明，異端害之也。古之害近而易知，今之害深而難辨。昔之惑人也，承其迷暗；今之惑人也，因其高明。自謂窮神知化，而不足以開物成務，名爲無不周徧，而其寔乖於倫理。雖云窮深極微，而不可以入堯舜之道，天下之學，非淺陋固滯，則必入於此。自道之不明也，邪誕怪異之説競起，塗生民之耳目，溺天下於污濁，雖高才明智，膠於見聞，醉生夢死，不自覺也。是皆正路之蓁蕪，聖門之蔽塞，闢之而後可以入道。」

顥深有經濟之意，不幸早死，士大夫識與不識莫不哀傷。太師文彦博采衆議而題其墓曰：「明道先生」云。

王稱《東都事略》卷一一四《程顥傳》 程顥字伯淳，西洛人也。父珦，大中大夫。顥舉進士，爲鄠縣簿，又調上元簿、晉城令。呂公著爲御史中丞，薦爲監察御史裏行。前後進説甚多，大要以正心窒欲、求賢育才爲先。神宗嘗使推擇人材，顥所薦十數人，而以張載與其弟頤爲首。嘗言人主當防未萌之欲，神宗拱手曰：「當爲卿戒之。」

時王安石日益信用，顥每進見，必陳君道，以至誠仁愛爲本，未嘗及功利。安石寖行其説，顥意多不合，事出必論列，數月之間，章數十上。尤極論者：輔臣不同心，小臣與大計，公論不行，青苗取息，諸路提舉官多非其人，京東轉運司剥民希寵，興利之臣日進，尚德之風寖衰，凡十餘事，以言不行求去，除京西提點刑獄。復上章請罷，改僉判鎮寧軍，監西京路河竹木務，知扶溝縣。坐囹圄囚逸鄰邑者，罷監汝州酒税。哲宗立，召爲大宗正丞，未行而卒，年五十二。

始顥從周敦頤論學，故其言曰：「道之不明，異端害之也。古之害近而易知，今之害深而難辨。昔之惑人也，承其迷暗；今之入人也，因其高明。自謂之窮神知化，而不足以開物成務。名爲無不周徧，而其實乖於倫理。雖於窮深極微，而不可以入堯舜之道。天下之學非淺陋固滯，則必入於此。自道之不明也，邪誕怪異之説競起，塗生民之耳目，溺天下於污濁，雖高才明智，膠於見聞，醉生夢死，不自覺也。是皆正路之蓁蕪，聖門之蔽塞，闢之而後可以入道。」

神宗嘗問顥曰：「王安石何如人也？」顥曰：「安石博學多聞則有之，守約則未也。」又問：「是聖人否？」顥曰：「《詩》稱周公：『公孫碩膚，赤舄几几。』聖人蓋如此。安石剛褊自任，聖人豈然哉。」顥有經濟之術，不幸早死。太師文彦博表其墓曰「明道先生」云。弟頤。

雜録

備録

李幼武《宋朝道學名臣言行外録》卷二 有富民張氏子，其父死，有老父曰：「我汝父也，來就汝居。」張驚疑，請辨於縣，先生詰之，老父探懷取策，以進記曰：「某年某月日，某人抱氏與張三翁家。」先生問：「張及其父，年幾何？」謂老父曰：「是子之生，其父年纔四十，已謂之三翁乎？」老父驚服。

居職數月，其章疏尤係教化之本，則論王霸。略曰：「得天理之正，極人倫之至者，堯、舜之道也；用其私心，依仁義之偏者，霸者之事也。王道坦然，本乎人情，出乎禮義，若履大路而行，無復回曲。霸者崎嶇反側於曲徑之中，而卒不

與入堯、舜之道。故誠心而王則王矣，假之而霸則霸矣。」論正學厲賢，略曰：「君道在乎稽古正學，明善惡之歸，辨忠邪之分。趍道之正，又在乎君志先定。定志者，正心誠意，擇善而固執之也。惟以聖人之訓爲必當從，先王之治爲可法而已。然天下之患，常生於忽微，而志亦戒乎漸習。故古之君，出入間燕，必有誦訓箴諫之官，左右前後無非正人，以成德業。願陛下禮命老臣賢儒，日親便坐，講論道義，以輔聖德。又擇賢俊，使陪法從，朝夕進見，開陳善道，以廣聽聞，則知益明矣。」論養賢，略曰：「先王求治，何嘗不盡天下之才，今天下之大，豈爲乏賢？而朝廷無養賢之地，以容之徐察其器能高下而進退之也。欲乞朝廷設延英院以待賢，凡公論推薦及岩穴之士，必招致優禮，視品給俸，而不可遽進以官。凡有政治委之詳定，典禮使之討論，經畫得以奏陳，治亂得以講究也。使政府及近侍之臣互相與接，陛下時賜召對，訪以治道，可觀其能，察以累歲，然後使賢者就位，能者任職，無施之不稱也。」

朱子云：「王霸劄子說得好，自古論王霸，至此無餘蘊矣。」

先生云：「聖人用意深處，全在《繫辭》。詩書乃皆格言。觀《易》須識時，然後見逐爻之間，嘗包函數意。聖人嘗取其重者爲之辭，亦有《易》中言之已多，取其未嘗言者，亦不必重事。又有且言其時不及，其爻之材皆臨時參考，須先看卦，乃看得《繫辭》。學者全要識時，若不識時，不足以言學。」《尹焞語録》

又云：「厶書字時甚敬，非是要字好，只此是學。」

晦庵銘之曰：「握管濡毫，伸紙行墨。一在其中，點點畫畫。放意則荒，取妍則惑。必有事焉，神明厥德。」

侯仲良曰：「朱公掞見明道于汝州歸，謂人曰：『某在春風中坐了一月。』」

張九成曰：「明道書窗前有草茂覆砌，或勸之芟。明道曰：『不可，欲常見造物生意。』又置盆池畜小魚數尾，時時觀之。或問其故，曰：『欲觀萬物自得意。』草之與魚人所共見，惟明道見草則知生意，見魚則知自得意，此豈流俗之見可同日而語？」

朱子曰：「嘗愛《明道墓表》有云：『學者於道，知所向然後見斯人之爲功，知所至然後知斯名之稱情。』蓋此事在人隨其所至之淺深而自知之，彼不知者，豈可以口舌强争？彼知之矣，則又何待較短長而後喻哉？」

朱熹贊曰：「揚休山立，玉色金聲。元氣之會，渾然天成。瑞日祥雲，和風甘雨。龍德正中，厥施斯普。」

又曰：「明道答橫渠《定性書》，直是條理不亂。」

「《定性書》此篇，大綱只在『廓然而大公，物來而順應』兩句。」

「《定性書》自胷中瀉出云云。」問曰：「此正所謂『有造道之言』。」曰：「然。只是一篇之中，都不見一箇下手處。」問曰：「『廓然而大公，物來而順應』，這莫是下功處？」曰：「這是説已成處。」

「《遺書》録明道語，多有只載古人全句，不添一字底。亦有重出者，是當時舉此句教人去思量。」

「明道當初想明得煞容易，便無那查滓。只一再見濂溪，當時又不似而今有許多言語出來。不是他天姿高，見得易，如何便明得？」

「新法之行，諸公實共謀之，雖明道不以爲不是，蓋那時也是个合變時節。但後來人情洶洶，明道始勸之以爲不可做逆人情底事。及王氏排衆議行之甚力，而諸公始退散。」

或問：「新法之行，雖塗人皆知其害，何故明道不以爲非？」曰：「自是王氏行得來有害。若使明道爲之，必不恁地狼狽。」又問：「若二程出來擔負，莫復別否？」曰：「若如明道，十事須還他全別，方得。只看他當時薦章，謂其『志節慷慨』云云，則明道豈是循常蹈故塊然自守底人？」並《朱子語》

朱熹《伊洛淵源録》卷二《門人朋友叙述并序》 先兄明道之葬，頤狀其行以求誌銘，且備異日史氏採録。既而門人朋友爲文以叙其事跡，述其道學者甚衆。其所以推尊稱美之意，人各用其所知，蓋不同也，而以爲孟子而後傳聖人之道者一人而已，是則同。文多不能盡取，取其有補於《行狀》之不及者數篇，附于《行狀》之後。

河間劉立之曰：先生幼有奇一作「異」。質，明慧驚人。年數歲，即有成人之度。嘗賦《酌貪泉》詩，曰：「中心如自固，外物豈能遷。」當世先達許其志操。及長，豪勇自奮，不溺於流俗。從汝南周茂叔問學，窮性命之理，率性會道，體道成德，出處孔孟，從容不勉。踰冠，應書京師，聲望藹然，老儒宿學皆自以爲不及，莫不造門願交。

釋褐，主永興軍鄠縣簿。永興帥府，其出守皆禁密大臣，待先生莫不盡禮。爲令晉城，其俗朴陋，民不知學，中間幾百年無登科者。先生擇其秀異，爲置學舍糧具，聚而教之，朝夕督厲誘進，學者風靡日盛，熙寧、元豐間應書者至數百，登科者十餘人。先生爲政，條教精密，而主之以誠心。晉城之民被服先生之化，

暴桀子弟至有恥不犯，迄先生去三年間，編户數萬衆，罪入極典者纔一人，然鄉閭猶以不遵教令爲深恥。熙寧七年，立之得官晉城，距先生去已十餘年，見民有聚口衆而不析異者，問其所以，云守程公之化也。其誠心感人如此。

薦爲御史，神宗召對，問所以爲御史。對曰：「使臣拾遺補闕，裨贊朝廷，則可；使臣掇拾臣下短長，以沽直名，則不能。」神宗歎賞，以爲得御史體。神宗厲精求治，王荆公執政，議法改令，言者攻之甚力，至有發憤肆罵，無所不至者。先生獨以至誠開納君相，疏入輒削藁，不以示子姪。常曰：「揚己矜衆，吾所不爲。」嘗被旨赴中堂議事，荆公方怒言者，厲色待之。先生徐曰：「天下之事，非一家私議，願公平氣以聽。」荆公爲之愧屈，善談。

太中公得請領崇福，先生求折資監局以便養。歸洛，從容親庭，日以讀書勸學爲事。先生經術通明，義理精微，樂告不倦，士大夫從之講學者日夕盈門，虚往實歸，人得所欲。

先生在御史，有南士遊執政門者，方自南還，未至而附會之説先布都下，且其人素議虧闕，先生奏言其行。後先生被命判武學，其人已位通顯，懼先生復進，乃抗章言先生新法之初，首爲異論。先生笑曰：「是豈誣我邪。」復以便親乞汝州監局。先生高才遠業，淪屈卑冗，人爲先生歎息，而先生處之恪勤匪懈，曰：「執事安得不謹！」

今皇帝即位，以宗正丞召。朝廷方且用之，未赴闕，得疾以終。先生有天下重望，士民以其出處卜時隆污，聞訃之日，識與不識，莫不隕涕。

自孟軻没，聖學失傳，學者穿窬妄作，不知入德。先生傑然自立於千載之後，芟闢榛穢，開示本原，聖人之庭户曉然可入，學士大夫始知所向。然高才世希，能造其藩閾者蓋鮮，況堂奥乎！

先生德性充完，粹和之氣盎於面背，樂易多恕，終日怡悦。立之從先生三十年，未嘗見其一有「有」字。忿厲之容，接人温然，無賢不肖，皆使之欵曲自盡。聞人一善，咨嗟獎勞，惟恐其不篤；人有不及，開導誘掖，惟恐其不至。故雖桀傲不恭，見先生莫不感悦而化服。風格高邁，不事標飾，而自有畦畛。望其容色，聽其言教，則放心邪氣不復萌于胸中。

太中公告老而歸，家素清窶，僦居洛城。先生以禄養，族大食衆，菽粟僅足，而老幼各盡其歡。中外幼孤窮無託者皆收養之，撫育誨導，期于成人。嫁女娶婦，皆先孤遺而後及己子。食無重肉，衣無兼副。女長過期，至無貲以遣。

先生達於從政，以仁愛爲本，故所至，民戴之如父母。立之嘗問先生以臨民，曰「使民各得輸其情」；問御史，曰「正己以格物」。雖愚不肖，佩服先生之訓，不敢忘怠。先生抱經濟大器，有開物成務之才，雖不用于時，然至誠在天下，惟恐一物不得其所。見民疾苦，如在諸己；聞朝廷興作小失，則憂形顔色。嘗論所以致君堯舜、措俗成康之意，其言感激動人。千五百年一生斯人，時命不會如此，美志不行，利澤不施，惜哉！

立之家與先生有累世之舊，先人高爽有奇操，與先生好尤密。先人早世，立之方數歲，先生兄弟取以歸，教養視子姪，卒立其門户。末世俗薄，朋友道衰，聞先生之風，宜有愧恥。

立之從先生最久，聞先生教最多，得先生行事爲最詳。先生終，繫官朔陲，不得與於行服之列，哭泣之哀，承訃悲號，摧裂肝膈。先生大節高誼，天下莫不聞，至於委曲纖細，一言一行，足以垂法來世，而人所不及知者，大懼堙没不傳，以爲門人羞，輒書所知，以備採摭。

沛國朱光庭曰：嗚呼，道之不明不行也久矣！自子思筆之於書，其後孟軻倡之，軻死而不得其傳。退之之言信矣。大抵先生之學以誠爲本，仰觀乎天，清明穹窿，日月之運行，陰陽之變化，所以然者誠而已。俯察乎地，廣博持載，山川之融結，草木之繁殖，所以然者誠而已。人居天地之中，參合無間，純亦不已者，其在茲乎！蓋誠者，天德也。聖人自誠而明，其静也淵停，其動也神速。天地之所以位，萬物之所以育，何莫由斯道也。先生得聖人之誠者也，自始學至於成德，雖天資穎徹，絶出等夷，然卓然之見，一主於誠。故推而事親則誠孝，事君則誠忠，友于兄弟則綽綽有裕，信於朋友則久要不忘，脩身慎行則不愧於屋漏，臨政愛民則如保乎赤子，非得夫聖人之誠，孰能與於斯？才周萬物而不自以爲高，學際三才而不自以爲足，行貫神明而不自以爲異，識照古今而不自以爲得。至於《六經》之奥義，百家之異説，研窮搜抉，判然胸中。天下之事，雖萬變交於前，而燭之不失毫釐，權之不失輕重，凡貧富貴賤死生，皆不足以動其心，真可謂大丈夫者。非所得之深，所養之厚，能至於是歟？

嗚呼！天之生斯人，使之平治天下，功德豈小補哉！方當聖政日新，賢者彙進，殆將以斯道覺斯民，而天奪之速，可謂不幸之甚矣。孔子曰：「朝聞道，夕死可矣。」自孟軻以來千有餘歲，先王大道得先生而後傳，其補助天地之功，可謂盛矣。雖不得高位以澤天下，然而以斯道倡之于人，亦已較著，其間見而知之，尚

能似之，先生爲不亡矣。

河間邢恕曰：先生德性絶人，外和內剛，眉目清峻，語聲鏗然。恕早從先生之弟學，初見先生於磁州，其氣貌清明夷粹，其接人和以有容，其斷義剛而不犯，其思索妙造精義，其言近而測之益遠。恕蓋始恍然自失，而知天下有成德君子，所謂完人者若先生是已。

先生爲澶州幕官，歲餘罷歸。恕後過澶州，問村民，莫不稱先生，咨嗟嘆息。蓋先生之從政，其視民如子，憂公如家。其誠心感人，雖爲郡僚佐，又止歲餘而去，至使田父野人皆知其姓名，又稱嘆其賢。使先生爲一郡，又如何哉！使先生行乎天下，又如何哉！

既不用於朝廷，而以奉親之故，禄仕於筦庫以爲養。居洛幾十年，玩心於道德性命之際，有以自養其渾浩沖融，而必合乎規矩準繩，蓋真顔氏之流，黄憲、劉迅之徒不足道也。洛實别都，乃士人之區藪，在仕者皆慕化之，從之質疑解惑；閭里士大夫皆高仰之，樂從之游；學士皆宗師之，講道勸義。行李之往來過洛者，苟知名有識，必造其門，虚而往，實而歸，莫不心醉斂袵而誠服。於是先生身益退，位益卑，而名益高於天下。

今皇帝即位，太皇太后同聽斷，凡政事之利者存，害者去。復起司馬公君實以爲門下侍郎，用呂公晦叔爲尚書左丞，而先生亦以宗正丞召。執政日須其來，將大用之。訃至京師，諸公人人嘆嗟，爲朝廷惜。士大夫下至布衣諸生，聞之莫不相弔，以爲哲人云亡也。

嗚呼！惟先生以直道言事不合，去國十有七年，今太母制政下令，不出房闥，天下固已晏然。方大講求政事之得失，救偏矯枉，資人材以成治功之時，如先生之材，大小左右內外，用之無不宜。蓋其所知，上極堯、舜、三代帝王之治，其所以包涵博大，悠遠纖悉，上下與天地同流，其化之如時雨者，先生固已默而識之。至於興造禮樂制度文爲，下至行師用兵戰陣之法，無所不講，皆造其極。外之夷狄情狀，山川道路之險易，邊鄙防戍城寨斥堠控帶之要，靡不究知。其吏事操決，文法簿書，又皆精密詳練。若先生可謂通儒全才矣，而所有不試其萬一，又不究於高年，此有志之士所以慟哭而流涕也。

成都范祖禹曰：先生爲人，清明端潔，內直外方。其學本於誠意正心，以聖賢之道可以必至，勇於力行，不爲空文。其在朝廷，與道行止，主於忠信，不崇虚名。其爲政，視民如子，惨怛教愛，出於至誠，建利除害，所欲必得。故先生所至，民賴之如父母，去久而思之不忘。先生嘗言：「縣之政可達於天下，一邑者，天下之式也。」

先生以親老，求爲閒官，居洛陽殆十餘年，與弟伊川先生講學于家，化行鄉黨。家貧，疏食或不繼，而事親務養其志，賙贍族人必盡其力。士之從學者不絶於館，有不遠千里而至者。先生於經不務解析爲枝詞，要其用在己而明於知天。其教人曰：「非孔子之道不可學也。」蓋自孟子没，而中庸之學不傳，後世之士，不循其本而用心於末，故不可與入堯舜之道。先生以獨智自得，去聖人千有餘歲，發其關鍵，直睹堂奥，一天地之理，盡事物之變。故其貌肅而氣和，志定而言厲，望之可畏，即之可親，叩之者無窮，從容以應之，其出愈新，真學者之師也。成就人才，於時爲多，雖久去朝廷，而人常以其出處爲時之通塞。既除宗正丞，天下日望先生入朝，以爲且大用，及聞其亡，上自公卿，下至閭巷士民，莫不哀之，曰「時不幸也」。其命矣夫！

朱熹《伊洛淵源録》卷三《遺事》 明道先生曰：吾學雖有所受，「天理」二字，却是自家體貼出來。見《上蔡語録》。

先生謂學者曰：賢看顥如此，顥煞用工夫。

常見伯淳所在臨政，便上下響應，到了人衆後，便成風，成風則有所鼓動。天地間只是一箇風以動之也。見《程氏遺書》伊川先生語。

明道作縣，常於坐右書「視民如傷」四字，云：「顥每日常有媿於此。」觀其用心，應是不到錯決撻了人。見《龜山語録》。

明道臨民，刑未嘗不用，亦嚴亦威。然至誠感人而人化之。見侯子《雅言》。

明道主簿上元時，謝師直爲江東轉運判官。師宰來省其兄，嘗從明道假公僕掘桑白皮。明道問之曰：「漕司役卒甚多，何爲不使？」曰：「《本草》説桑白皮出土見日者殺人，以伯淳所使人不欺，故假之爾。」師宰之相信如此。見《文集·伊川記》。下同。

謝師直尹洛時嘗談經，與鄙意不合，因曰：「伯淳亦然。往在上元，景温説《春秋》，猶時見取，至言《易》，則皆曰非是。」頤謂曰：「二君皆通《易》者也。監司談經而主簿乃曰非是，監司不怒，主簿敢言，非通《易》，能如是乎？」

明道昔見上稱介甫之學，對曰：「王安石之學不是。」上愕然問曰：「何？」對曰：「臣不敢遠引，止以近事明之。臣嘗讀《詩》，言周公之德云『公孫碩膚，赤舄几几』，周公盛德，形容如是之盛。如王安石，其身猶不能自治，何足以及此。」

見《遺書》。又按《龜山語録》亦載此語，稱「周公『赤舄几几』，聖人蓋如此，若安石剛褊自任，恐聖人不然。」恐當以《遺書》爲正。

神宗問：「王安石之學如何？」明道對曰：「安石博學多聞則有之，守約則未也。」見《遺書》，下同。

荆公嘗與明道論事不合，因謂先生曰：「公之學如上壁。」言難行也。明道曰：「參政之學如捉風。」後來逐不附己者，而獨不怨明道，且曰：「此人雖未知道，亦忠信人也。」

新政之改，亦是吾黨争之有大過。成就今日之事，塗炭天下，亦須兩分其罪可也。當時天下岌岌乎殆哉，介甫欲去數矣。其時介甫直以數事上前卜去就，若青苗之議不行，則決其去。伯淳於上前與孫莘老同得上意，要了當此事。大抵上意不欲抑介甫，要得人擔當了。而介甫之意亦尚無必。伯淳嘗言：「管仲猶能言『出令當如流水，以順人心』，今參政須要做不順人心事，何故？」介甫之意，只恐始爲人所沮，其後行不得。伯淳却道：「但做順人心事，人誰不願從也？」介甫道：「此感賢誠意。」却則爲天祺其日於中書大悖，緣是介甫大怒，遂以死力争於上前，上爲之一以聽用，從此黨分矣。莘老受約束而不肯行，遂坐貶，而伯淳遂待罪，既而除以京西提刑。伯淳復求對，遂見上。上言：「有甚文字？」伯淳云：「今咫尺天顔，尚不能少回天意，文字更復何用！」欲去，而上問者數四，伯淳每以「陛下不宜輕用兵」爲言，「朝廷羣臣無能任陛下事者，以今日之患觀之，猶是自家不善從容，至如青苗，且放過又且何妨。」伯淳當言職，苦不曾使文字，大綱只是於上前説了，其他些小文字，只是備禮而已。大抵自仁祖朝優容諫臣，當言職者必以詆訐而去爲賢，習以成風，惟恐人言不稱職，以去爲落便宜。昨來諸君蓋未免此。苟如是爲，則是爲己，尚有私意在，却不在朝廷，不干事理。

今日朝廷所以特惡忌伯淳者，以其可理會事只是理會學，這裏動，則於他輩有所不便也，故特惡之深。以吾自處，猶是自家當初學未至，意未誠，其德尚薄，無以感動它天意，此自思則如此。然今日許大氣艷，當時欲一二人動之，誠如河濱之人捧土以塞孟津，誠可笑也。據當時事勢，又至於今日，豈不是命。

程伯淳先生嘗曰：熙寧初，王介甫行新法，並用君子小人。君子正直不合，介甫以爲俗學，不通世務，斥去。小人苟容諂佞，介甫以爲有才，知變通，用之。君子如司馬君實不拜同知樞密院以去，范堯夫辭同脩《起居注》得罪，張天祺自監察御史面折介甫被謫。介甫性狠愎，衆人皆以爲不可，則執之愈堅。君子既去，所用皆小人，争爲刻薄，故害天下益深。使衆君子未與之敵，俟其勢久自緩，委曲平章，尚有聽從之理，則小人無隙以乘，其爲害不至如此之甚也。見《邵氏聞見録》。

聖人志在天下國家，與常人志在功名全别。孟子傳聖人之道，故曰：「予豈若是小丈夫然哉？諫於其君而不受，則怒，悻悻然見於其面，去則窮日之力。」且看聖人氣象則别。明道先生却是如此。元豐中有詔起吕申公、司馬温公，温公不起，明道作詩送吕申公，又詩寄温公，二詩皆見《文集》。其意直是眷眷在天下國家。雖然，如此於去就又却極分明，不放過一步。作臺官時，言新法者皆得責，明道獨除提刑，辭不受，改除簽判，乃止。見《胡氏傳家録》。元豐二年二月，詔以程顥同判武學，顧臨權開封府推官，諫官李定以顥嘗爲御史論新法，與臨併言罷之。吕申公上疏，略曰：「顥立身行己，素有本末，講學議論，久益疏通。且其在言路日，時有論列，皆辭意忠厚，不失臣子之體。」

扶溝地卑，歲有水旱，明道先生經畫溝洫之法以治之，未及興工，而先生去官。先生曰：「以扶溝之地盡爲溝洫，必數年乃成。吾爲經畫十里之地，以開其端，後之人知其利，必有繼之者矣。夫爲令之職，必使境内之民凶年饑歲免於死亡，飽食逸居有禮義之訓，然後爲盡。故吾於扶溝開設學校，聚邑人子弟教之，亦幾成而廢。夫百里之施，至狹也，而道之興廢繫焉，是數事皆未及成，豈不有命與！然知而不爲，而責命之興廢，則非矣，此吾所以不敢不盡心也。」見《庭聞藁録》。

明道終日坐如泥塑人，然接人渾是一團和氣。所謂望之儼然，即之也温。見《上蔡語録》。

凡詩必使言之無罪，聞者知戒，所以尚譎諫也。如東坡詩只是譏誚朝廷，無至誠惻怛愛君之意，言之安得無罪，聞之豈足以戒乎！伯淳先生詩云「未須愁日暮，天際是輕陰」，又云「莫愁盞酒十分醉，只恐風花一片飛」，何其温柔敦厚也，聞之者亦且自然感動矣。見《龜山語録》。

學者須是胸懷擺脱得開始得。不見明道先生作鄠縣主簿時有詩云：「雲淡風輕近午天，傍花隨柳過前川。時人不識予心樂，將謂偷閑學少年。」看他胸中直是好，與曾點底事一般。先生又有詩云：「閑來無事不從容，睡覺東窗日已紅。萬物静觀皆自得，四時佳興與人同。道通天地有形外，思入風雲變態中。富貴不淫貧賤樂，男兒到此是豪雄。」問：「周恭叔恁地放開如何？」謝曰：「他不是擺脱得開，只爲立不住便放却，忒早在裏。明道門擺脱得開，爲他所過者

化。」問：「見箇甚道理，便能所過者化？」謝曰：「呂晉伯下得一轉語好，道所存者神，便能所過者化；所過者化，便能所存者神。橫渠云『性性爲能存神，物物爲能過化』，甚親切。」見《上蔡語録》，下同。

明道先生善言詩，他又不曾章解句釋，但優游玩味，吟哦上下，便使人有得處。又曰：「伯淳談詩，並不下一字訓詁，有時只轉一兩字點掇地念過，便教人省悟。」又曰：「古人所以貴親炙之也。」

伊川與君實語，終日無一句相合。明道與語，直是道得下。

明道先生與門人講論，有不合者，則曰「更有商量」，伊川則直曰「不然」。見《外書》。

康節邵先生作《四賢吟》云：「彦國之言鋪陳，晦叔之言簡當，君實之言優游，伯淳之言條暢。四賢洛陽之望，是以在人之上。有宋熙寧之間，大爲一時之壯。」見《擊壤集》。

元豐八年三月五日，神宗升遐，詔至洛。故相韓康公爲留守，程宗丞伯淳爲汝州酒官。會以檄來，舉哀於府。既罷，謂康公之子宗師兵部曰：「顥以言新法不便忤大臣，同列皆謫官，顥獨除監司，顥不敢當，辭之。念先帝見知之恩，終無以報。」已而泣。兵部曰：「今日朝廷之事如何？」宗丞曰：「司馬君實、呂晦叔作相矣。」兵部曰：「二公果作相，當如何？」宗丞曰：「當與元豐大臣同。若先分黨與，他日可憂。」兵部曰：「何憂？」宗丞曰：「元豐大臣皆嗜利者。使自變其已甚害民之法，則善矣。不然，衣冠之害未艾也。君實忠直，難與議，晦叔解事，恐力不足爾。」既而二公果並相。召宗丞，未行，以疾卒。宗丞爲温公、申公所重，使不早死，更相調護，協濟於朝，則元祐朋黨之論無自而起矣。論此事時，范醇夫、朱公掞、杜孝錫、伯温同聞之，今四十年而其言益驗，故表而出之。見《邵氏聞見録》。

先生《墓誌》，韓公持國撰，孫公曼叔書。見《文集》。然《誌》文作「不傳於世」，《韓氏家集》經亂而不存矣。

或問明道於富韓公。公曰：「伯淳無福，天下人也無福。」見《涪陵記善録》。

陳忠肅公嘗作《責沈文》送其姪孫淵幾叟，云：「葉公沈諸梁問孔子於子路，子路不對。葉公當世賢者，魯有仲尼而不知，宜乎子路之不對也。予元豐乙丑夏爲禮部貢院點檢官，適與校書郎范公淳夫同舍。公嘗論顔子之不遷不貳，惟伯淳有之。予問公曰：「伯淳誰也？」公默然久之，曰：「不知有程伯淳邪？」予謝曰：「生長東南，實未知也。」時予年二十九矣。自是以來，嘗以寡陋自媿。見《陳忠肅公集》。《范公遺事》云：「自是每得明道先生之文，必冠帶而後誦之。」

程顥、程頤《二程集·河南程氏文集》卷一二《家世舊事》 明道主簿上元時，謝師直爲江東轉運判官。師宰來省其兄，嘗從明道假公僕掘桑白皮。明道問之曰：「漕司役卒甚多，何爲不使？」曰：「《本草》説，桑白皮出土見日者殺人，以伯淳所使人不欺，故假之耳。」師宰之相信如此。

晁説之《晁氏客語》 伊川謂明道曰：「吾兄弟近日説話太多。」明道曰：「使見呂晦叔則不得不少，見司馬君實則不得不多。」

鄭克《折獄龜鑑》卷六 程顥察院知澤州晉城縣時，有富民張氏子，其父死未幾，晨起有老父在門曰：「我汝父也，來就汝居。」具陳其由。張氏子驚疑莫測，相與詣縣請辨之。老父曰：「業醫遠出治疾，妻生子，貧不能養，以與張氏。某年月日某人抱去，某人見之。」顥謂：「歲月久矣，爾何説之詳也？」老父曰：「某歸而知之，書於藥法册後。」因懷中取册以進。其記曰：「某年月日，某人抱兒與張三翁」。顥問張氏子：「爾年幾何？」曰：「三十六。」「爾父在年幾何？」曰：「七十六。」謂老父曰：「是子之生，其父年四十，人已謂之三翁乎？」老父驚駭服罪。

施德操《北窗炙輠録》卷下 明道在邑中，視其民如家人。或有所訴，至有不持牒竟造庭口述者，邑中事無晨夜得以聞。嘗夜半有殺人者，明道驚曰：「吾邑中安得有此事？」已而思之曰：「當是某村某人也。」問之，果然。皆大驚以問明道，明道曰：「曩者，吾嘗行諸鄉，遍閲諸鄉人，惟此人有悖戾氣，是以知之。」其明察如此。

張鎡《仕學規範》卷一 伯淳在澶州日，修橋少一長梁，曾博求之民間。後因出入，見林木之佳者，必起計度之心。因語以戒學者，心不可有一事。

吴子良《荆溪林下偶談》卷四 山谷稱周濂溪胸次如光風霽月，又云：「西風壯士淚，多爲程顥滴。」東坡爲濂溪詩云：「夫子豈我輩，造物乃其徒。」蓋蘇氏師友未嘗不起敬於周，程如此，惜乎後因嘻笑而成仇敵也。

備論

呂中《類編皇朝大事記講義》卷一八《崇道學之臣》 道之不明，天實惘之，

篤生賢哲，資稟特異，元氣之會，渾然天成，天意固有所屬矣！居言路十年，充養備至。人見其辭氣肅然，不敢即也；而和氣充浹，見面盎背，遽色厲辭無有也。人見其接物粹然，若可易也；而望之崇深，截乎規矩準繩之不敢慢也。局度清越世故，若將浼焉。而克勤小物，雖鄙賤猥瑣弗憚也。立言洒落，近而易知，扣之則無窮，扣之則愈新也。人隨其所見者不一，而不知先生道積于中，固純乎而不雜也。嘗究先生所以用力之地，謂心不可以一事留，學不可以一善止。有適有莫，戒其非天地之全；客氣未消，防其非義理之勝。去新學之支離，非釋氏之不相聯，屬志學者先立標準，斥記誦者之玩物喪志。游其門者，如羣飲於洛，各充其量，故得先生之教者，如顯道之誠篤；公掞之端厚，得先生之和者，如惇夫之安恬，中立之簡易，隨其所得，固已自足名世矣！元祐羣賢悉起散地，先生獨有憂色，使之叶濟於朝，以施調一之功，安有紹聖報復之禍哉？

藝文

程顥、程頤《二程集》附録《書明道先生遺文後乾道五年四月》 右明道先生遺文九篇。長沙學宫既刻二先生文集，後三年，新安朱熹復以此寄栻，云得之玉山汪應辰，敬以授教授何藴，俾嗣刻之。乾道己丑四月朔，廣漢張栻謹書。

程顥、程頤《二程集・河南程氏遺書》附録吕大臨《哀詞》 嗚呼！去聖遠矣，斯文喪矣。先王之流風善政，泯没而不可見；明師賢弟子傳授之學，斷絶而不得聞。以章句訓詁爲能窮遺經，以儀章度數爲能盡儒術；使聖人之道玩於腐儒諷誦之餘，隱於百姓日用之末；反求諸己，則罔然無得；施之於天下，則若不可行；異端争衡，猶不與此。

先生負特立之才，知《大學》之要；博文强識，躬行力究；察倫明物，極其所止；涣然心釋，洞見道體。其造於約也，雖事變之感不一，知應以是心而不窮；雖天下之理至衆，知反之吾身而自足。其致於一也，異端並立而不能移，聖人復起而不與易。其養之成也，和氣充浹，見於聲容，然望之崇深，不可慢也；遇事優爲，從容不迫，然誠心懇惻，弗之措也。其自任之重也，寧學聖人而未至，不欲以一善成名；寧以一物不被澤爲己病，不欲以一時之利爲己功。其自信之篤也，吾志可行，不苟潔其去就；吾義所安，雖小官有所不屑。夫位天地，育萬物者，道也；傳斯道者，斯文也；振已墜之文，達未行之道者，先生也。使學不卒傳，志不卒行，至於此極者，天也。先生之德，可形容者，猶可道也；其獨智自得，合乎天，契乎先聖者，不可得而道也。元豐八年六月，明道先生卒。門人學者皆以所自得者名先生之德，先生之德未易名也，亦各伸其志爾。汲郡吕大臨書。

范祖禹《范太史集》卷三七《明道先生哀詞元豐八年六月十五日卒》 先生爲人清明端潔，内直外方。其學本於誠意正心，以聖賢之道可以必至。勇於力行，不爲空文。其在朝廷，與道行止，主於忠信，不崇虚名。其爲政，視民如子，慘怛教愛，出於至誠，建利除害，所欲必得。故先生所至，民賴之如父母，去久而思之不忘。先生嘗言：「縣之政可達於天下，一邑者，天下之式也。」先生以親老求爲閑官，居洛陽殆十年，與弟伊川先生講學於家，化行鄉黨。家貧，蔬食或不繼，而事親務養其志，賙贍族人，必盡其力。士之從學者不絶於館，有不遠千里而至者。先生於經，不務解析爲枝辭，要其用在己，而明於知天。其教人曰：「非孔子之道，不可學也。」蓋自孟子没，而《中庸》之學不傳，後世之士不循其本，而用心於末，故不可與入堯舜之道。先生以獨智自得，去聖人千有餘歲，發其關鍵，直覩堂奥，一天地之理，盡事物之變。故其貌肅而氣和，志定而言厲，望之可畏，即之可親，叩之者無窮，從容以應之，其出愈新，真學者之師也。成就人才，於時爲多。雖久在朝廷，而人常以其出處爲時之通塞。既除宗正丞，天下日望先生入朝，以爲且大用。及聞其亡，上自公卿，下至閭巷士民，莫不哀之，曰：時之不幸也，其命也夫！

楊時《龜山集》卷二八《哀明道先生》 元豐八年夏六月既望，河南承議先生以疾終于官。是月晦，邸報至彭城，其門人楊某聞知，爲位，慟哭於寢門，而以書訃諸嘗同學者。嗚呼，道之無傳也久矣！孟子没千有餘歲，更漢歷唐，士之名世揚雄氏而止耳。雄之自擇所處，於義命猶有未盡。自雄而下，其智足以窺聖學門牆者，蓋不可一二數也，況足與語道而傳之哉！宋興百年，士稍知師古，諸子百氏之籍與夫佛老荒唐謬悠之書，下迨戰國縱横之論，幽人逸士浮誇詭異可喜之文章，皆雜出而并傳。世之任道者日夜憊精勞思，深探博取，可爲勤矣。然其支離蔓衍，不知慎擇而約守之，故其用志益勞，而去道彌遠。使天下學者靡然趨之，如適諸夏而棄通衢大道，犯荆棘之墟，行蒼崖之巔，眩然迷殆，而卒莫知自反者，其於世教何補哉！先生於是時乃獨守遺經，合内外之道，默識而性成之，其

學之淵源蓋智者不能窺，而善言者所不能稱説也。自周衰以來，天下之學其失如彼，則後之得聖人之道而傳之者，於吾先生可不獨任其責哉！嗚呼，道之傳亦難矣！夫由堯、舜而來，至於湯、文、孔子，率五百有餘歲而後得一人焉。孔子没，其徒環天下，然獨積百年而後孟子出。由孟子而來，迄漢、唐千有餘歲，卒未有一人傳之者。若孔、孟又皆窮老於衰世，其道方不得一施於天下。夫聖賢之不世出，而時之難值也如此。今幸而有其人，又且遭時清明，朝廷方登崇俊良，而先生未及用而死，則予之慟哭，豈特以師弟子之私恩而已哉！故爲辭以泄其哀而自慰云。余悲古人之不見兮，逢世德之險微。析道真之純美兮，肆全體而分割。駕異端而并逐兮，騈支轂乎多岐。亘千歲其泯泯兮，去聖遠而。卓彼先覺兮，惟德是仔。展斯文之在兹兮，萬世之師。鋤榛棘之荒穢兮，闢正路之孔夷。伏聖賢之軌躅兮，背世轍而疾馳。帶鉤距而負繩兮，紛萬變而莫窺。弛銜勒而弗厲兮，尚回旋其中規。嗟命之縣於天兮，匪予敢知。畜溟渤而載華岳兮，曾有塵之弗施。嘆道之難行兮，孔孟窮老以栖栖。伊時勢則然兮，此云胡其若兹？通闢闔於一息兮，尸者其誰？幹天樞而自爾兮，欲執咎其焉歸？齊死生於晝夜兮，天理之常。匪往匪來兮，雖壽夭兮何傷。想德音其未遠兮，儼若在傍。固誠之不可掩兮，何有何亡？日月逝兮形魂藏，嗚呼已矣兮斯亦難忘！

朱熹《伊洛淵源録》卷三陳恬《贊》 賢哉先生，始於孝弟。孝篤於親，弟友其弟。推以治人，不爲而化。民靡有争，揖讓于野。移之事君，讜言忠謨。姦邪之言，感動欷歔。舉以教人，粹然王道。天下英材，躬服允蹈。本於正身，惟德温温。如冬之日，如夏之雲。終其默識，洞暢今古。鈎深窮微，該世之務。賢哉先生，超然絶倫。大用甚邇，胡奪之年。先生之道，不在其弟。方其初起，天下咸喜。今其西矣，天下懷矣。誰爲有力，進之君矣。俾行其道，覺斯民矣。

朱熹《晦庵先生朱文公文集》卷七八《建康府學明道先生祠記》 資政殿大學士建安劉公珙居守建康之明年春某月，始立明道先生之祠于學，而以書走新安之婺源，抵熹曰：「吾少讀程氏書，則已知先生之道學德行實繼孔孟不傳之統。顧學之雖不能至，而心鄉往之。及來此邦，屬邑有上元者，先生少日宦遊處也。考之書記，均田塞堤，及民之政爲多；脯龍折竿，教民之意亦備。然問諸故老以稽其實，則兵革變故之餘，風聲氣俗蓋已無復有傳者矣。始至慨然，即欲奉祠，以致吾意，使此邦之爲士者有以興於其學，爲吏者有以法於其治，爲民者有以不忘於其德。不幸歲適大侵，救饑之事方急，於今乃克成其志。以吾子之嘗誦其詩而讀其書也，故願請文以記之。」

既而府學教授孫君某、沈君某亦以書來，申致公意，且具道公始之所以焦勞而未及，與今之所以暇豫而得爲者，其語詳焉。熹發書，喟然仰而嘆曰：「尊賢尚德，公之志則美矣。既富而教，公之政則得矣。屬筆於我，公之意則勤矣。雖然，先生之學自其大者而言之，則其所謂考諸前聖而不謬，百世以俟後聖而不惑者，蓋不待言而喻。自其小者而言之，則上元之政，於先生之遠者大者又惟其未足以稱揚也，吾何言哉？」於是伏而思之，先生之學固高且遠矣，然其教人之法，循循有序，而嘗病世之學者捨近求遠，處下窺高，所以輕自大而卒無得焉，則世之徒悦其大者，有所不察也。上元之政誠若狹而近矣，然其言有曰：「一命之士，苟存心於愛物，於人必有所濟」，則其中之所存者，又烏得以大小而議之哉？區區不敏，竊願以是承公之命，庶幾於公之志、先生之學兩有補焉。

又惟公之忠言大慮既已效於朝廷，今雖在外，而其所以救菑弭患者又如此其汲汲也，則於先生之所存，必有深感而默契于中者矣。其祠之也，豈獨以致其尊賢尚德之意，使民不忘而已哉！若夫推公之志而以先生之所以教者教其人，使之從事於爲己愛人之實而無虚言躐等之弊，是則孫、沈二君之任也歟？二君勉旃，熹於是其有望焉耳矣。淳熙三年夏四月丙申，新安朱熹記。

真德秀《西山文集》卷五二《明道祠堂祝文》 明道先生其年未弱冠，已知誦夫子之遺書。雖一命之士，當存心於愛物，況於乘使者之車！然學力未充，其愧於民者多矣。叨恩假守，誓當服膺訓言，益求所以用力者，庶幾有以贖今日之過乎！尚饗。

李心傳《道命録》卷九《明道先生程純公謚議嘉定十二年》 議曰：濂溪之脈，吾道賴以復傳者，有二程先生在。載惟二先生天分不齊，及其體道成德，則同歸一致。有司議節惠之典，未免從而區别。然二先生所得之妙，又豈宜以差殊觀哉。謹考伯淳先生窮理盡性，開示後學，潞國太師叶之公言，以表其墓曰明道先生。夫道之不明，天實憫之。今兹篤生賢哲，資禀特異，天意固有所屬矣。居洛十年，充養備至，融會貫通，内外洞徹，人見其氣貌肅然，不敢即也，而和氣充浹，睟面盎背，遽色厲辭亡有也。人見其接物粹然，若可易也，而望之崇深，巖巖乎規矩準繩，不敢慢也。局度清越，世故若將浼焉，而克勤小物，雖鄙賤猥瑣弗之憚也。立言灑落，近而易知，扣之則無窮，出之則愈新也。切議先生者，所見自不一，而不知先生道積于中，固純乎而不雜也。抑嘗究極先生所以用力之

地矣，謂心不可以一事留，謂學不可以一善止。有適有莫，戒其非天地之全；客氣未消，防其爲義理之勝。以至去新學之支離，非釋氏之不相聯屬，忌學者之先立標準，斥記誦之玩物喪志，蓋圭角少露，皆先生之所不予。若訓不息爲生，則曰中無間斷，推明《易》理，則曰敬無間斷，純亦不已，此天之所以爲天也。先生妙造精詣，渾渾無涯，其體純盡在是歟！異時身居御史，不用文字，以徵詆訐之失。元祐群賢悉起散地，先生獨有憂色，使之協濟於朝，以施調一之功，安有紹聖報復之禍哉？一時游其門者，日游乎寬平樂易之中，而無有枯槁樵悴、蹙迫無聊之態。如群飲於河，各充其量。故得先生之敬者，非顯道之誠明篤實，則公掞之端厚方重；得先生之和者，非淳夫之安恬静默，則中立之簡易平淡。誠以先生會道之全備，隨其所得者，固已足名世矣。按諸謚法，中正粹精曰純。伊川先生狀其行曰：「純粹如良金。」吕本中摭諸先賢之論曰：「温然純粹。」張宣公嘗爲之贊，亦曰：「會其純全。」今謚以「純」，庶足以賓其實。當先生既没，門人學子相與推尊稱美，其間固有不同者。夫以親見而師之，既無異教，必無異辭。特以先生道大未易稱，故各用其所知者以名之。使其有得乎純之説，雖千百載之上，又安有異辭乎。謹議。

李心傳《道命録》卷九《明道先生程純公覆謚議嘉定十三年正月十六日》　議曰：嘗觀明道先生有言曰：「仲尼元氣也，顔子春生也，孟子并秋殺盡見之。」又曰：「仲尼天地也，顔子和風慶雲也，孟子泰山巖巖氣象也。」先生之品藻聖賢，區别於片言隻字之間，儼然如在其左右也。然則今之議先生之謚者，烏可泛然而贅爲之説乎？博士謚曰純公，豈有得於春生而爲和風慶雲者乎？及觀伊川先生狀其行曰：「先生資禀既異，而充養有道，純粹如精金，温潤如良玉，寬而有制，和而不流。」信斯言也，謚之以純曰宜。謹議。

U0746614